Alfred Kölz / Jürg Bosshart / Martin Röhl

Kommentar zum
Verwaltungsrechtspflegegesetz des Kantons Zürich

Kommentar zum Verwaltungsrechtspflegegesetz des Kantons Zürich

Gesetz über den Rechtsschutz in Verwaltungssachen (Verwaltungsrechtspflegegesetz) vom 24. Mai 1959

von

Alfred Kölz
Dr. iur., Professor an der Universität Zürich

Jürg Bosshart
Dr. iur., Präsident des Verwaltungsgerichts des Kantons Zürich

Martin Röhl
Dr. iur., Sekretär am Verwaltungsgericht des Kantons Zürich

unter Mitarbeit von lic. iur. **Martin Bertschi**

Zweite, vollständig überarbeitete Auflage

Schulthess § Zürich 1999

Zitiervorschlag:

Kölz/Bosshart/Röhl, Kommentar zum Verwaltungsrechtspflegegesetz des Kantons Zürich, § 21 N. 31

© Schulthess Juristische Medien AG, Zürich 1999
ISBN 3 7255 3933 2

Vorwort zur zweiten Auflage

In der 1978 erschienenen ersten Auflage des Kommentars zum zürcherischen Verwaltungsrechtspflegegesetz vom 24.5.1959 konnte der Verfasser Alfred Kölz bereits die reichhaltige Praxis verarbeiten, die sich seit dem 1960 herausgegebenen Einführungskommentar von Eduard Bosshart entwickelt hatte. Dem Verfasser der ersten Auflage ging es darum, neben der Darstellung dieser Praxis Wege zur Lösung der zahlreichen dogmatischen Fragen aufzuzeigen, die damals in der schweizerischen Lehre und Rechtsprechung noch ungeklärt waren, weshalb des öftern auf das deutsche Verwaltungsprozessrecht und auf den Zivilprozess zurückgegriffen werden musste. Seither sind neben einer umfangreichen Gerichtspraxis zahlreiche weitere Monographien als Gesamtdarstellungen und zu Einzelfragen, vor allem mit Bezug auf die Bundesverwaltungsrechtspflege, entstanden, sodass sich heute der Rückgriff auf das deutsche Verwaltungsprozessrecht weitgehend erübrigt und die Anlehnung an den Zivilprozess nicht mehr im gleichen Mass wie damals geboten ist.

Anlass zur vorliegenden Überarbeitung bildete neben dem zeitlichen Nachholbedarf von rund 20 Jahren die Gesetzesrevision vom 8.6.1997, die zwar keine Totalrevision war, jedoch gleichwohl grundlegende Neuerungen, vor allem mit Bezug auf die Rekurs- und Beschwerdelegitimation, den verwaltungsinternen Instanzenzug sowie den gerichtlichen Rechtsschutz, brachte. Der Entschluss zur Überarbeitung wurde durch eine frühere Idee von Alfred Kölz und Jürg Bosshart inspiriert, die bereits 1975 eine gemeinsame Kommentierung des VRG erwogen hatten; in anderer Weise ist sie nun verwirklicht worden.

Bei der Überarbeitung standen zwei Zielsetzungen im Vordergrund: Bezüglich der neu gefassten oder eingefügten Bestimmungen geht es um eine Einführung unter Berücksichtigung der ersten Praxis des Verwaltungsgerichts sowie der bisherigen Rechtsprechung des Bundesgerichts zu den entsprechenden Fragen in der Bundesverwaltungsrechtspflege, hinsichtlich der unveränderten Bestimmungen um die Verarbeitung der verwaltungsgerichtlichen Praxis seit 1978. Auch bei den nicht oder nur unwesentlich geänderten Gesetzesbestimmungen ist die Kommentierung gegenüber der ersten Auflage in Text und Aufbau vollständig neu gestaltet worden. Die Autoren haben sich dabei wie folgt aufgeteilt (einschliesslich der jeweiligen Vorbemerkungen): Jürg Bosshart bearbeitete nebst der Einleitung die §§ 19–19c, 20, die §§ 32–86d, ferner unter massgebender Mitwirkung von Martin Bertschi die §§ 21, 29–31 sowie 87–94. Martin Röhl bearbeitete die §§ 1–17, 22–28 sowie 95–103. Alfred Kölz hat die Überarbeitung beratend begleitet und sich kritisch mit dem ganzen Manuskript auseinandergesetzt. Martin Bertschi erstellte das Sachregister. Praxis und Literatur sind bis September 1999 berücksichtigt.

Dank gebührt Dr. iur. Urs Steimen für die Durchsicht von Teilen des Manuskripts und seine wertvollen Anregungen. Dem Verlag, insbesondere Bénon Eugster und Werner Stocker, danken wir für die gute Zusammenarbeit bei der Gestaltung und Drucklegung.

Zürich, im Oktober 1999　　　　　　　　　　　Alfred Kölz
　　　　　　　　　　　　　　　　　　　　　　　Jürg Bosshart
　　　　　　　　　　　　　　　　　　　　　　　Martin Röhl

Inhaltsübersicht

Inhaltsverzeichnis zum Kommentar IX

Literaturverzeichnis XIV
1. Allgemeine Literatur XIV
2. Literatur zur neueren zürcherischen Verwaltungsrechtspflege .. XVII

Verzeichnis der Rechtsquellen und Materialien
(inkl. Abkürzungen) XX
1. Staatsverträge XX
2. Bundesrecht XX
3. Kantonales Recht XXII
4. Materialien XXVI

Abkürzungsverzeichnis XXVIII

Einleitung
Geschichte der Verwaltungsrechtspflege im Kanton Zürich 1

Kommentar zum Gesetz 17

Sachregister 891

Inhaltsverzeichnis zum Kommentar

(nach den Gesetzesbestimmungen, ergänzt durch Vorbemerkungen zu den Gesetzesabschnitten und -unterabschnitten)

	§	Seite
Erster Abschnitt **Die sachliche Zuständigkeit der Verwaltungsbehörden**		
Vorbemerkungen zu §§ 1–3		17
I. Grundsatz	1	18
II. Ausnahme	2	35
III. Vorbehalt besonderer gesetzlicher Bestimmungen	3	38
Zweiter Abschnitt **Das Verwaltungsverfahren**		
Vorbemerkungen zu §§ 4–31		39
A. Geltungsbereich		
Geltungsbereich	4	52
B. Allgemeine Vorschriften		
Vorbemerkungen zu §§ 4a–17		70
I. Beschleunigungsgebot	4a	72
Ia. Prüfung der Zuständigkeit	5	75
Ib. Ausstand	5a	87
II. Vorsorgliche Massnahmen	6	100
IIa. Verfahren mit mehreren Beteiligten	6a	116
IIb. Sitz im Ausland	6b	119
III. Untersuchung von Amtes wegen	7	122
IV. Akteneinsicht		
1. Grundsatz	8	153
2. Ausnahme	9	182
V. Mitteilung und Rechtsmittelbelehrung		
1. Grundsätze	10	187
2. Anordnungen ohne Begründung, Einspracheverfahren	10a	210
VI. Fristen		
1. Fristenlauf	11	218
2. Erstreckung und Wiederherstellung einer Frist	12	223

Inhaltsverzeichnis

	§	Seite
VII. Kosten und Parteientschädigung		
1. Verfahrenskosten und Kostenauflage	13	233
2. Kostenauflage bei gemeinsam Beteiligten	14	245
3. Kostenvorschuss	15	246
4. Unentgeltliche Rechtspflege	16	257
5. Parteientschädigung	17	276
C. Rekurs		
Vorbemerkungen zu §§ 19–28		294
I. Weiterziehbare Anordnungen		
1. Grundsatz	19	326
2. Erstinstanzliche Anordnungen der Direktionen	19a	370
3. Rekursentscheide der Direktionen	19b	371
4. Anordnungen und Rekursentscheide der Bezirksräte und Statthalter	19c	371
II. Rekursgründe	20	371
III. Zulassung zum Rekurs	21	387
IV. Rekurserhebung		
1. Ort und Frist	22	444
2. Inhalt der Rekursschrift	23	453
3. Beilage der Beweismittel	24	463
4. Aufschiebende Wirkung	25	463
V. Rekursverfahren		
1. Allgemeines	26	478
2. Verfahren vor dem Regierungsrat	26a	490
VI. Rekurserledigung		
1. Überprüfungsbefugnis	27	493
2. Behandlungsfrist	27a	501
3. Rekursentscheid	28	505
D. Vollstreckung		
Vorbemerkungen zu §§ 29–31		521
I. Zuständigkeit	29	523
II. Vollstreckbarkeit und Zwangsmittel	30	524
III. Zwangsandrohung	31	547

Inhaltsverzeichnis

§ Seite

Dritter Abschnitt
Die Verwaltungsgerichtsbarkeit

Vorbemerkungen zu §§ 32–86 549

A. Organisation des Verwaltungsgerichts

Vorbemerkungen zu §§ 32–40 554
- I. Bestand und Sitz des Verwaltungsgerichts 32 558
- II. Wahl des Verwaltungsgerichts 33 561
- III. Unvereinbarkeit 34 562
- III.bis Offenlegung von Interessenbindungen 34a 564
- IV. Stellung des Verwaltungsgerichts 35 566
- V. Vorsitz und Kanzlei 36 567
- VI. Besoldung 37 568
- VII. Geschäftserledigung 38 570
- VIII. Gesamtgericht 39 576
- IX. Verordnungsrecht 40 579

B. Das Verwaltungsgericht als Beschwerdeinstanz

Vorbemerkungen zu §§ 41–71 584
- I. Zulässigkeit der Beschwerde
  1. Grundsatz 41 587
  2. Ausnahmen
     a) Weiterzug an eine Verwaltungsbehörde oder Rekurskommission des Bundes 42 603
     b) Nach dem Inhalt der Anordnung 43 607
  3. Art der anfechtbaren Anordnung 48 627
- V. Beschwerdegründe
  1. Rechtsverletzung und Unangemessenheit 50 633
  2. Unrichtige Feststellung des Sachverhaltes 51 693
  3. Neue Beweismittel und neue Tatsachen 52 695
- VI. Die Beschwerde und ihre Wirkung
  1. Frist 53 702
  2. Beschwerdeschrift 54 705
  3. Aufschiebende Wirkung 55 708
- VII. Beschwerdeverfahren
  1. Vorprüfung 56 712
  2. Aktenbeizug 57 717
  3. Schriftliches Verfahren 58 719
  4. Mündliche Verhandlung 59 722
  5. Beweiserhebungen 60 726
  6. Schlussverhandlung 61 732
  7. Öffentlichkeit 62 733

Inhaltsverzeichnis

		§	Seite
VIII. Erledigung der Beschwerde			
1. Überprüfungsbefugnis		63	735
2. Rückweisung an die Vorinstanz		64	742
3. Form und Mitteilung des Entscheides		65	746
4. Vollstreckung		66	749
IX. Ergänzende Vorschriften			
1. Verwaltungsverfahren		70	751
2. Gerichtsverfassungsgesetz		71	753

C. Das Verwaltungsgericht als Rekurs- und Beschwerdeinstanz in Steuersachen

	§	Seite
I. Zuständigkeit	72	755
II. Verfahren	73	757

D. Das Verwaltungsgericht als Personalgericht

	§	Seite
Vorbemerkungen zu §§ 74–80d		760
I. Beschwerde		
1. Anfechtbare Anordnungen	74	765
2. Beschwerdegründe	75	772
II. Disziplinarrekurs		
1. Anfechtbare Anordnungen	76	773
2. Rekursgründe	78	778
III. Klage	79	780
IV. Verfahren		
1. Rechtsmittel gegen Kündigung, Nichtwiederwahl, Einstellung im Amt und vorzeitige Entlassung	80	781
2. Klagen aus vermögensrechtlichen Streitigkeiten	80a	784
3. Kosten	80b	787
4. Ergänzende Vorschriften	80c	788
V. Ausnahme von der Personalgerichtsbarkeit des Verwaltungsgerichts	80d	790

E. Das Verwaltungsgericht als einzige Instanz

	§	Seite
Vorbemerkungen zu §§ 81–86		791
I. Zuständigkeit		
1. Streitigkeiten zwischen Körperschaften des öffentlichen Rechts	81	795
2. Andere Streitigkeiten aus öffentlichem Recht	82	799
II. Verfahren		
1. Klageschrift	83	814
2. Weitere Rechtsschriften; mündliche Verhandlung	84	822
III. Erledigung der Klage	85	824
IV. Ergänzende Vorschriften	86	826

Inhaltsverzeichnis

		§	Seite
Vierter Abschnitt			
Die Revision			
Vorbemerkungen zu §§ 86a–86d			828
I.	Gründe	86a	837
II.	Gesuche	86b	843
III.	Verfahren	86c	847
IV.	Entscheid	86d	849
Fünfter Abschnitt			
Die Ombudsperson			
Vorbemerkungen zu §§ 87–94			852
I.	Wahl und Berichterstattung	87	858
II.	Sitz und Organisation	88	861
III.	Aufgabenbereich		
	1. Grundsatz	89	862
	2. Ausnahmen	90	866
IV.	Verfahren		
	1. Einleitung	91	874
	2. Erhebungen	92	877
	3. Erledigung	93	879
	4. Kosten	94	883
Sechster Abschnitt			
Schluss- und Übergangsbestimmungen			
I.	Aufhebung und Änderung von Gesetzen		
	1. Grundsatz	95	884
	2. Gesetz über die Streitigkeiten im Verwaltungsfach und über die Konflikte	96	885
	3. Einführungsgesetz zum Schweizerischen Zivilgesetzbuch	97	885
	4. Armenfürsorgegesetz	98	885
	5. Steuergesetze	99	885
	6. Verschiedene Gesetze	100	885
II.	Übergangsbestimmungen		
	1. Anhängige Verfahren	101	886
	2. Erste Amtsdauer der Mitglieder des Verwaltungsgerichts	102	886
	3. Inkrafttreten des Gesetzes	103	886

Schluss- und Übergangsbestimmungen der Gesetzesrevision vom 8.6.1997   887

Literaturverzeichnis

Die Zitierweise ist jeweils in Klammern angegeben. Weitere Literatur findet sich bei den einzelnen Paragraphen und Abschnitten; im Text wird diese Literatur mit «a.a.O.» gekennzeichnet. Die restliche Literatur findet sich mit vollständigen Quellenangaben im Text.

1. Allgemeine Literatur

AUBERT JEAN-FRANÇOIS, Bundesstaatsrecht der Schweiz, Bd. I: Fassung von 1967, neubearbeiteter Nachtrag bis 1990, Basel/Frankfurt a.M. 1991, Bd. II: Fassung von 1967, neubearbeiteter Nachtrag bis 1994, Basel/Frankfurt a.M. 1995 (Aubert).

AUER ANDREAS, Die schweizerische Verfassungsgerichtsbarkeit, Basel/Frankfurt a.M. 1984 (Auer).

AUER CHRISTOPH, Streitgegenstand und Rügeprinzip im Spannungsfeld der verwaltungsrechtlichen Prozessmaximen, Bern 1997 (Auer, Streitgegenstand).

BERTOSSA FRANCESCO D.A., Der Beurteilungsspielraum, Bern 1984 (Bertossa).

BIRCHMEIER WILHELM, Handbuch des Bundesgesetzes über die Organisation der Bundesrechtspflege vom 16. Dezember 1943, Zürich 1950 (Birchmeier).

BOCK CHRISTIAN, Das europäische Vergaberecht für Bauaufträge, Basel/Frankfurt a.M. 1993 (Bock).

BOSSHART DIETER RUDOLF, Die Anfechtungsobjekte der allgemeinen Verwaltungsgerichtsbarkeit, Zürich 1965 (Bosshart, Anfechtungsobjekte).

BURCKHARDT WALTHER, Methode und System des Rechts, Zürich 1936 (Burckhardt).

EYERMANN ERICH/FRÖHLER LUDWIG, Verwaltungsgerichtsordnung, Kommentar, 9. A., München 1988 (Eyermann/Fröhler).

FLEINER FRITZ, Institutionen des Deutschen Verwaltungsrechts, 8. A., Tübingen 1928 (Fleiner).

FLEINER FRITZ/GIACOMETTI ZACCARIA, Schweizerisches Bundesstaatsrecht, Zürich 1949 (Fleiner/Giacometti).

FORSTHOFF ERNST, Lehrbuch des Verwaltungsrechts, 1. Bd.: Allgemeiner Teil, 10. A., München 1973 (Forsthoff).

FRANK RICHARD/STRÄULI HANS/MESSMER GEORG, Kommentar zur Zürcherischen Zivilprozessordnung, 3. A., Zürich 1997 (Frank/Sträuli/Messmer).

FROWEIN JOCHEN ABR./PEUKERT WOLFGANG, Europäische Menschenrechtskonvention, EMRK-Kommentar, 2. A., Kehl/Strassburg/Arlington 1996 (Frowein/Peukert).

GADOLA ATTILIO R., Der Genehmigungsentscheid als Anfechtungsobjekt in der Staats- und Verwaltungsrechtspflege, AJP 1993, S. 290 ff. (Gadola, Genehmigungsentscheid).

Literaturverzeichnis

GADOLA ATTILIO R., Das verwaltungsinterne Beschwerdeverfahren, Zürich 1990 (Gadola).

GERMANN OSKAR ADOLF, Probleme und Methoden der Rechtsfindung, 2. A., Bern 1967 (Germann).

GIACOMETTI ZACCARIA, Allgemeine Lehren des rechtsstaatlichen Verwaltungsrechts, 1. Bd., Zürich 1960 (Giacometti).

GIACOMINI SERGIO, Vom «Jagdmachen auf Verfügungen», ZBl 94/1993, S. 237 ff. (Giacomini).

GRISEL ANDRÉ, Traité de droit administratif, 2 Bde., Neuchâtel 1984 (Grisel).

GULDENER MAX, Schweizerisches Zivilprozessrecht, 3. A., Zürich 1979 (Guldener).

GYGI FRITZ, Bundesverwaltungsrechtspflege, 2. A., Bern 1983 (Gygi).

GYGI FRITZ, Verwaltungsrecht, Bern 1986 (Gygi, Verwaltungsrecht).

HABSCHEID WALTHER J., Schweizerisches Zivilprozess- und Gerichtsorganisationsrecht, Basel/Frankfurt a.M. 1990 (Habscheid).

HAEFLIGER ARTHUR, Alle Schweizer sind vor dem Gesetze gleich, Bern 1985 (Haefliger, Rechtsgleichheit).

HAEFLIGER ARTHUR, Die Europäische Menschenrechtskonvention und die Schweiz, Bern 1993 (Haefliger, EMRK).

HÄFELIN ULRICH/HALLER WALTER, Schweizerisches Bundesstaatsrecht, 4. A., Zürich 1998 (Häfelin/Haller).

HÄFELIN ULRICH/MÜLLER GEORG, Grundriss des allgemeinen Verwaltungsrechts, 3. A., Zürich 1998 (Häfelin/Müller).

HALLER WALTER/KARLEN PETER, Raumplanungs- und Baurecht, 2. A., Zürich 1992 (4. Teil betreffend Rechtsschutz im Raumplanungs- und Baurecht: neubearbeitete 2. A., Zürich 1998) (Haller/Karlen).

HALTNER ROLF HEINRICH, Begriff und Arten der Verfügung im Verwaltungsverfahrensrecht des Bundes (Artikel 5 VwVG), Zürich 1979 (Haltner).

HAUSER WILLY/HAUSER ROBERT, Gerichtsverfassungsgesetz vom 29. Januar 1911 mit den seitherigen Änderungen, 3. A., Zürich 1978 (Hauser/Hauser).

HERZOG RUTH, Art. 6 EMRK und kantonale Verwaltungsrechtspflege, Bern 1995 (Herzog).

HILLER CHRISTOPH, Die Stimmrechtsbeschwerde, Zürich 1990 (Hiller).

IMBODEN MAX/RHINOW RENÉ A./KRÄHENMANN BEAT, Schweizerische Verwaltungsrechtsprechung, 2 Bde., 6. A., Basel/Frankfurt a.M. 1986; Ergänzungsband, Basel/Frankfurt a.M. 1990 (Imboden/Rhinow; Imboden/Rhinow/Krähenmann).

JAAG TOBIAS, Kantonale Verwaltungsrechtspflege im Wandel, ZBl 99/1998, S. 497 ff. (Jaag, Verwaltungsrechtspflege).

KÄLIN WALTER, Das Verfahren der staatsrechtlichen Beschwerde, 2. A., Bern 1994 (Kälin).

Literaturverzeichnis

KARLEN PETER, Verwaltungsgerichtsbeschwerde, in: Prozessieren vor Bundesgericht, hrsg. von Thomas Geiser und Peter Münch, 2. A., Basel/Frankfurt a.M. 1998, S. 91 ff. (Karlen).

KLEY-STRULLER ANDREAS, Art. 6 EMRK als Rechtsschutzgarantie gegen die öffentliche Gewalt, Zürich 1993 (Kley-Struller, Rechtsschutzgarantie).

KLEY-STRULLER ANDREAS, Der Anspruch auf richterliche Beurteilung «zivilrechtlicher» Streitigkeiten im Bereich des Verwaltungsrechts sowie von Disziplinar- und Verwaltungsstrafen gemäss Art. 6 EMRK, AJP 1994, S. 23 ff. (Kley-Struller, Richterliche Beurteilung).

KLEY-STRULLER ANDREAS, Der richterliche Rechtsschutz gegen die öffentliche Verwaltung, Zürich 1995 (Kley-Struller, Rechtsschutz).

KNAPP BLAISE, Précis de droit administratif, 4. A., Basel/Frankfurt a.M. 1991 (deutsche Übersetzung: Grundlagen des Verwaltungsrechts, 2 Bde., Basel/Frankfurt a.M. 1992/93) (Knapp).

KÖLZ ALFRED, Zur Auslegung einfachen Rechts durch den schweizerischen Verfassungsrichter, ZSR 95/1976 I, S. 29 ff. (Kölz, Auslegung).

KÖLZ ALFRED, Die Beschwerdebefugnis der Gemeinde in der Verwaltungsrechtspflege, ZBl 78/1977, S. 97 ff. (Kölz, Beschwerdebefugnis).

KÖLZ ALFRED, Prozessmaximen im schweizerischen Verwaltungsprozess, 2. A., Zürich 1974 (Kölz, Prozessmaximen).

KÖLZ ALFRED/HÄNER ISABELLE, Verwaltungsverfahren und Verwaltungsrechtspflege des Bundes, 2. A., Zürich 1998 (Kölz/Häner).

KÖLZ ALFRED/KOTTUSCH PETER, Bundesrecht und kantonales Verwaltungsverfahrensrecht, ZBl 79/1978, S. 421 ff. (Kölz/Kottusch).

KOLLER HEINRICH, Die Verwaltungsrechtspflege des Bundesrates als Residuat, in: Recht, Staat und Politik am Ende des zweiten Jahrtausends, Bern/Stuttgart/Wien 1993, S. 359 ff. (Koller).

Kommentar zum Bundesgesetz über die Raumplanung, hrsg. von Heinz Aemisegger, Alfred Kuttler, Pierre Moor, Alexander Ruch, Zürich 1999 ff. (Kommentar RPG).

Kommentar zur Bundesverfassung der Schweizerischen Eidgenossenschaft vom 29. Mai 1874, hrsg. von Jean-François Aubert, Kurt Eichenberger, Jörg Paul Müller, René A. Rhinow, Dietrich Schindler, Basel/Zürich/Bern 1987 ff. (Kommentar aBV).

Kommentar zum Umweltschutzgesetz, hrsg. von der Vereinigung für Umweltrecht und Helen Keller, 2. A., Zürich 1998 ff. (Kommentar USG).

KOTTUSCH PETER, Zum Verhältnis von Verfassungs- und Verwaltungsgerichtsbarkeit, Zürich 1973 (Kottusch).

LARENZ KARL, Methodenlehre der Rechtswissenschaft, 6. A., Berlin u.a. 1991 (Larenz).

Literaturverzeichnis

MERKER MICHAEL, Rechtsmittel, Klage und Normenkontrollverfahren nach dem aargauischen Gesetz über die Verwaltungsrechtspflege (VRPG) vom 9. Juli 1968, Zürich 1998 (Merker).

MERKLI THOMAS/AESCHLIMANN ARTHUR/HERZOG RUTH, Kommentar zum Gesetz über die Verwaltungsrechtspflege im Kanton Bern, Bern 1997 (Merkli/Aeschlimann/Herzog).

MOOR PIERRE, Droit administratif, Bd. I, 2. A., Bern 1994, Bd. II, Bern 1991, Bd. III, Bern 1992 (Moor).

PFEIFER MICHAEL, Der Untersuchungsgrundsatz und die Offizialmaxime im Verwaltungsverfahren, Basel/Stuttgart 1980 (Pfeifer).

POLEDNA TOMAS, Staatliche Bewilligungen und Konzessionen, Bern 1994 (Poledna).

RHINOW RÉNE A./KOLLER HEINRICH/KISS-PETER CHRISTINA, Öffentliches Prozessrecht und Justizverfassungsrecht des Bundes, Basel 1996 (Rhinow/Koller/Kiss).

SALADIN PETER, Grundrechte im Wandel, 3. A., Bern 1982 (Saladin, Grundrechte).

SALADIN PETER, Das Verwaltungsverfahrensrecht des Bundes, Basel/Stuttgart 1979 (Saladin).

SCHÜRMANN LEO/HÄNNI PETER, Planungs-, Bau- und besonderes Umweltschutzrecht, 3. A., Bern 1995 (Schürmann/Hänni).

SCHWARZENBACH HANS RUDOLF, Grundriss des allgemeinen Verwaltungsrechts, 11. A., Bern 1997 (Schwarzenbach, Verwaltungsrecht).

ULE CARL HERMANN, Verwaltungsprozessrecht, 9. A., München 1987 (Ule).

VILLIGER MARK E., Handbuch der Europäischen Menschenrechtskonvention (EMRK), 2. A., Zürich 1999 (Villiger).

WALDER HANS ULRICH, Zivilprozessrecht, nach den Gesetzen des Bundes und des Kantons Zürich unter Berücksichtigung anderer Zivilprozessordnungen, 4. A., Zürich 1996 (Walder).

WEBER-DÜRLER BEATRICE, Vertrauensschutz im öffentlichen Recht, Basel/Frankfurt a.M. 1983 (Weber-Dürler).

ZIMMERLI ULRICH/KÄLIN WALTER/KIENER REGINA, Grundlagen des öffentlichen Verfahrensrechts, Bern 1997 (Zimmerli/Kälin/Kiener).

2. Literatur zur neueren zürcherischen Verwaltungsrechtspflege

BOSSHARD URS, Die Sondergerichte des Kantons Zürich, Winterthur 1981 (Bosshard).

BOSSHARDT OSKAR, Das Zürcherische Verwaltungsgericht, SJZ 57/1961, S. 272 ff. (Bosshardt, Verwaltungsgericht).

BOSSHARDT OSKAR, Die Zuständigkeit des zürcherischen Verwaltungsgerichts in Streitigkeiten über Enteignungsakte, ZBl 64/1963, S. 33 ff. (Bosshardt, Zuständigkeit).

BOSSHARDT OSKAR, Erste Ergebnisse der zürcherischen Verwaltungsgerichtsbarkeit, ZBl 64/1963, S. 225 ff. (Bosshardt, Erste Ergebnisse).

Literaturverzeichnis

BOSSHART EDUARD, Zürcherische Verwaltungsrechtspflege, Kommentar zum zürcherischen Verwaltungsrechtspflegegesetz, Zürich 1960 (Bosshart).

BOSSHART EDUARD, Die Beschwerde ans Verwaltungsgericht als Beschwerdeinstanz nach zürcherischem Recht, SJZ 59/1963, S. 101 ff. (Bosshart, Beschwerde).

BOSSHART JÜRG, Überprüfung und Ermittlung des Sachverhalts im zürcherischen Steuerjustizverfahren, ZBl 85/1984, S. 1 ff. (Bosshart, Überprüfung).

BOSSHART JÜRG, Verfahrensmängel als Revisionsgrund in der zürcherischen Verwaltungs- und Steuerrechtspflege, ZBl 88/1987, S. 473 ff. (Bosshart, Verfahrensmängel).

FEHR OTTO, Verwaltungsrechtspflege im Kanton Zürich, Aarau 1941 (Fehr).

GUNDELFINGER DANIEL ELIAS, Das Arbeitsgesetz und die Verwaltungsrechtspflege im Bund und im Kanton Zürich, Diessenhofen 1983 (Gundelfinger).

HIRSCHI FRED, Wie werden Rechtsmittelentscheide der Kantonsregierung vorbereitet und getroffen?, ZBl 86/1985, S. 451 ff. (Hirschi).

HUBER FELIX, Die Beiladung insbesondere im Zürcher Baubewilligungsverfahren, ZBl 90/1989, S. 233 ff. (Huber).

HUBMANN TRÄCHSEL MICHÈLE, Die Koordination von Bewilligungsverfahren für Bauten und Anlagen im Kanton Zürich, Zürich 1995 (Hubmann Trächsel).

JAAG TOBIAS, Die Rechtsmittel des zürcherischen Gemeinderechts, ZBl 90/1989, S. 465 ff. (Jaag, Rechtsmittel).

JAAG TOBIAS, Verwaltungsrecht des Kantons Zürich, 2. A., Zürich 1999 (Jaag, Verwaltungsrecht).

KEISER ANDREAS, Öffentlichkeit im Verfahren vor dem Zürcher Verwaltungsgericht, ZBl 95/1994, S. 1 ff. (Keiser).

KEISER ANDREAS, Rechtsschutz im öffentlichen Personalrecht nach dem revidierten Verwaltungsrechtspflegegesetz des Kantons Zürich, ZBl 99/1998, S. 193 ff. (Keiser, Personalrecht).

KÖLZ ALFRED, Zu Fragen der Zuständigkeit des kantonalzürcherischen Ombudsmannes, ZBl 81/1980, S. 281 ff. (Kölz, Ombudsmann).

KÖLZ ALFRED/HÄNER ISABELLE, Verwaltungsverfahren und Verwaltungsrechtspflege des Bundes. Mit einem Grundriss der Verwaltungsrechtspflege des Kantons Zürich, Zürich 1993 (Kölz/Häner, 1. A.).

MÄDER CHRISTIAN, Das Baubewilligungsverfahren. Eine Darstellung unter besonderer Berücksichtigung des zürcherischen Rechts und der neueren zürcherischen Rechtsprechung, Zürich 1991 (Mäder).

MÄDER CHRISTIAN, Die Anfechtung baurechtlicher Entscheide durch Nachbarn unter besonderer Berücksichtigung der neueren Rechtsprechung des Zürcher Verwaltungsgerichts, PBG aktuell 3/1997, S. 5 ff. (Mäder, Anfechtung).

Literaturverzeichnis

MÄDER CHRISTIAN, Zur Bedeutung der VRG-Revision für das Raumplanungs- und Baurecht sowie das Enteignungsrecht, PBG aktuell 1/1998, S. 5 ff. (Mäder, VRG-Revision).

MOSER HANS PETER, Die akzessorische Normenkontrolle. Stichwörter zur Praxis des Zürcher Verwaltungsgerichts, ZBl 84/1983, S. 163 ff. (Moser).

ROTACH TOMSCHIN BEA, Die Revision des Zürcher Verwaltungsrechtspflegegesetzes, ZBl 98/1997, S. 433 ff. (Rotach).

RUCKSTUHL FRANÇOIS, Der Rechtsschutz im zürcherischen Planungs- und Baurecht, ZBl 86/1985, S. 281 ff. (Ruckstuhl).

RÜBEL EDUARD, Kirchengesetz und Kirchenordnung der Zürcher Landeskirche, 2. A., Zürich 1983 (Rübel).

SCHMID HANS, Die rechtliche Stellung der römisch-katholischen Kirche im Kanton Zürich, Zürich 1973 (Schmid).

SCHWARZENBACH HANS RUDOLF, Die Staats- und Beamtenhaftung in der Schweiz, mit Kommentar zum zürcherischen Haftungsgesetz, 2. A., Zürich 1985 (Schwarzenbach, Staats- und Beamtenhaftung).

SOMMER EDUARD, Zwei Jahre zürcherisches Verwaltungsgericht, ZBl 63/1962, S. 273 ff. (Sommer, Verwaltungsgericht).

SOMMER EDUARD, Fragen der Weiterentwicklung der zürcherischen Verwaltungsgerichtsbarkeit, ZBl 78/1977, S. 145 ff. (Sommer, Weiterentwicklung).

STRÄULI HANS, Kommentar zur Verfassung des eidgenössischen Standes Zürich vom 18. April 1869, Winterthur 1902 (Sträuli).

THALMANN HANS RUDOLF, Kommentar zum Zürcher Gemeindegesetz, 2. A., Wädenswil 1991 (Thalmann).

TINNER ROLF, Die gegenwärtige Ordnung der Verwaltungsrechtspflege im Kanton Zürich, ZBl 58/1957, S. 513 ff., 550 ff. (Tinner).

TRIPPEL SIMON ANDREAS, Gemeindebeschwerde und Gemeinderekurs im Kanton Zürich (§ 151 und 152 Gemeindegesetz), Zürich 1988 (Trippel).

WÄDENSWEILER JÖRG, Der Rechtsschutz im Planungs- und Baugesetz (PBG) des Kantons Zürich, Zürich 1987 (Wädensweiler).

ZÜND CHRISTIAN, Kommentar zum Gesetz über das Sozialversicherungsgericht des Kantons Zürich, Zürich 1999 (Zünd).

Verzeichnis der Rechtsquellen und Materialien (inkl. Abkürzungen)

1. Staatsverträge

Konvention zum Schutze der Menschenrechte und Grundfreiheiten vom 4.11.1950 (EMRK); SR 0.101.

Internationaler Pakt über wirtschaftliche, soziale und kulturelle Rechte vom 16.12.1966 (UNO-Pakt I); SR 0.103.1.

Internationaler Pakt über bürgerliche und politische Rechte vom 16.12.1966 (UNO-Pakt II); SR 0.103.2.

Abkommen zur Errichtung der Welthandelsorganisation vom 15.4.1994 (GATT/WTO-Abkommen); SR 0.632.20.

2. Bundesrecht

Bundesverfassung der Schweizerischen Eidgenossenschaft vom 18.4.1999 (BV); SR 101.

Bundesverfassung der Schweizerischen Eidgenossenschaft vom 29.5.1874 (aBV).

Bundesgesetz über Erwerb und Verlust des Schweizer Bürgerrechts vom 29.9.1952 (Bürgerrechtsgesetz; BüG); SR 141.0.

Bundesgesetz über Aufenthalt und Niederlassung der Ausländer vom 26.3.1931 (ANAG); SR 142.20.

Asylgesetz vom 5.10.1979 (AsylG); SR 142.31.

Bundesgesetz über die Gleichstellung von Mann und Frau vom 24.3.1995 (Gleichstellungsgesetz; GlG); SR 151.

Bundesgesetz über das Verwaltungsverfahren vom 20.12.1968 (VwVG); SR 172.021.

Bundesgesetz über das öffentliche Beschaffungswesen vom 16.12.1994 (BoeB); SR 172.056.1.

Verordnung über das öffentliche Beschaffungswesen vom 11.12.1995 (VoeB); SR 172.056.11.

Interkantonale Vereinbarung über das öffentliche Beschaffungswesen vom 25.11.1994 (IVöB); SR 172.056.4.

Bundesgesetz über die Organisation der Bundesrechtspflege vom 16.12.1943 (Bundesrechtspflegegesetz; OG); SR 173.110.

Verordnung über Organisation und Verfahren eidgenössischer Rekurs- und Schiedskommissionen vom 3.2.1993 (VOK); SR 173.31.

Schweizerisches Zivilgesetzbuch vom 10.12.1907 (ZGB); SR 210.

Verzeichnis der Rechtsquellen und Materialien

Bundesgesetz über den Erwerb von Grundstücken durch Personen im Ausland vom 16.12.1983 (BewG); SR 211.412.41.

Verordnung betreffend das Grundbuch vom 22.2.1910 (GBV); SR 211.432.1.

Bundesgesetz betreffend die Ergänzung des Schweizerischen Zivilgesetzbuches (Fünfter Teil: Obligationenrecht) vom 30.3.1911 (OR); SR 220.

Bundesgesetz über den Datenschutz vom 19.6.1992 (DSG); SR 235.1.

Bundesgesetz über den Bundeszivilprozess vom 4.12.1947 (BZP); SR 273.

Bundesgesetz über Schuldbetreibung und Konkurs vom 11.4.1889 (SchKG); SR 281.

Schweizerisches Strafgesetzbuch vom 21.12.1937 (StGB); SR 311.0.

Bundesgesetz über das Verwaltungsstrafrecht vom 22.3.1974 (VStrR); SR 313.0.

Bundesgesetz über den Natur- und Heimatschutz vom 1.7.1966 (NHG); SR 451.

Verordnung über den Natur- und Heimatschutz vom 16.1.1991 (NHV); SR 451.1.

Bundesgesetz über die direkte Bundessteuer vom 14.12.1990 (DBG); SR 642.11.

Bundesgesetz über die Harmonisierung der direkten Steuern der Kantone und Gemeinden vom 14.12.1990 (StHG); SR 642.14.

Bundesgesetz über die Raumplanung vom 22.6.1979 (RPG); SR 700.

Verordnung über die Raumplanung vom 2.10.1989 (RPV); SR 700.1.

Bundesgesetz über Fuss- und Wanderwege vom 4.10.1985 (FWG); SR 704.

Bundesgesetz über die Enteignung vom 20.6.1930 (EntG); SR 711.

Bundesgesetz über die Nutzbarmachung der Wasserkräfte vom 22.12.1916 (WRG); SR 721.80.

Strassenverkehrsgesetz vom 19.12.1958 (SVG); SR 741.01.

Postgesetz vom 30.4.1997 (PG); SR 783.0.

Allgemeine Geschäftsbedingungen der Post «Postdienstleistungen» vom 1.1.1999 (AGB Post).

Bundesgesetz über den Umweltschutz vom 7.12.1983 (Umweltschutzgesetz; USG); SR 814.01.

Verordnung über die Umweltverträglichkeitsprüfung vom 19.10.1988 (UVPV); SR 814.011.

Luftreinhalte-Verordnung vom 16.12.1985 (LRV); SR 814.318.142.1.

Lärmschutzverordnung vom 15.12.1986 (LSV); SR 814.41.

Verordnung über die Begrenzung der Zahl der Ausländer vom 6.10.1986 (BVO); SR 823.21.

Bundesgesetz über die Alters- und Hinterlassenenversicherung vom 20.12.1946 (AHVG); SR 831.10.

Verzeichnis der Rechtsquellen und Materialien

Verordnung über die Alters- und Hinterlassenenversicherung vom 31.10.1947 (AHVV); SR 831.101.

Bundesgesetz über die Invalidenversicherung vom 19.6.1959 (IVG); SR 831.20.

Verordnung über die Invalidenversicherung vom 17.1.1961 (IVV); SR 831.201.

Bundesgesetz über die berufliche Alters-, Hinterlassenen- und Invalidenvorsorge vom 25.6.1982 (BVG); SR 831.40.

Bundesgesetz über die obligatorische Arbeitslosenversicherung und die Insolvenzentschädigung vom 25.6.1982 (Arbeitslosenversicherungsgesetz; AVIG); SR 837.0.

Bundesgesetz über den Wald vom 4.10.1991 (Waldgesetz; WaG); SR 921.0.

Bundesgesetz über den Binnenmarkt vom 6.10.1995 (Binnenmarktgesetz; BGBM); SR 943.02.

3. Kantonales Recht

Verfassung des eidgenössischen Standes Zürich vom 18.4.1869 (KV); LS 101.

Gesetz über das Gemeindewesen vom 6.6.1926 (Gemeindegesetz; GemeindeG); LS 131.1.

Staatsbeitragsgesetz vom 1.4.1990 (StaatsbeitragsG); LS 132.2.

Verordnung zum Staatsbeitragsgesetz vom 19.12.1990 (Staatsbeitragsverordnung; StaatsbeitragsV); LS 132.21.

Verordnung über das Gemeinde- und das Kantonsbürgerrecht vom 25.10.1978 (kantonale Bürgerrechtsverordnung; BüV); LS 141.11.

Gesetz über Wahlen und Abstimmungen vom 4.9.1983 (Wahlgesetz; WahlG); LS 161.

Gesetz über die Haftung des Staates und der Gemeinden sowie ihrer Behörden und Beamten vom 14.9.1969 (Haftungsgesetz; HaftungsG); LS 170.1.

Gesetz über die Organisation und die Geschäftsordnung des Kantonsrates vom 5.4.1981 (Kantonsratsgesetz; KantonsratsG); LS 171.1.

Gesetz betreffend die Organisation und Geschäftsordnung des Regierungsrates und seiner Direktionen vom 26.2.1899 (OGRR); LS 172.1.

Beschluss des Regierungsrates über die Geschäftsverteilung unter den Direktionen vom 30.12.1980 (GeschäftsverteilB); LS 172.11.

Verordnung über die Delegation von Entscheidungsbefugnissen vom 10.12.1997 (Delegationsverordnung; DelegationsV); LS 172.14.

Verordnung über das Rekursverfahren vor Regierungsrat vom 5.11.1997 (VerfV); LS 172.15.

Gesetz über die Bezirksverwaltung vom 10.3.1985 (BezverwG); LS 173.1.

Verwaltungsrechtspflegegesetz vom 24.5.1959 (VRG); LS 175.2.

Verzeichnis der Rechtsquellen und Materialien

Verordnung über die Organisation und den Geschäftsgang des Verwaltungsgerichts vom 26.6.1997 (Geschäftsverordnung des Verwaltungsgerichts; GeschV VGr); LS 175.21.

Verordnung über die Organisation und die Aufgaben des Sekretariats und der Kanzlei des Verwaltungsgerichts vom 26.6.1997 (SKV VGr); LS 175.211.

Verordnung über Gebühren, Kosten und Entschädigungen im Verfahren vor Verwaltungsgericht vom 26.6.1997 (Gebührenverordnung des Verwaltungsgerichts; GebV VGr); LS 175.252.

Beschluss des Kantonsrates über die Bestellung des kantonalen Ombudsmanns und seiner Kanzlei vom 30.1.1978 (OmbudsB); LS 176.1.

Gesetz über das Arbeitsverhältnis des Staatspersonals vom 27.9.1998 (Personalgesetz; PG); LS 177.10.

Personalverordnung vom 16.12.1998 (PVO); LS 177.11.

Gesetz über die Versicherungskasse für das Staatspersonal vom 6.6.1993 (PersonalversG); LS 177.201.

Statuten der Versicherungskasse für das Staatspersonal vom 27.1.1988 (VersStat); LS 177.21.

Gesetz über die evangelisch-reformierte Landeskirche vom 7.7.1963 (refKG); LS 181.11.

Kirchenordnung der evangelisch-reformierten Landeskirche des Kantons Zürich vom 2.7.1967 (refKO); LS 181.12.

Gesetz über das katholische Kirchenwesen vom 7.7.1963 (kathKG); LS 182.1.

Kirchenordnung der römisch-katholischen Körperschaft des Kantons Zürich vom 28.11.1982 (kathKO); LS 182.12.

Gerichtsverfassungsgesetz vom 13.6.1976 (GVG); LS 211.1.

Gesetz über das Sozialversicherungsgericht vom 7.3.1993 (SozversG); LS 212.81.

Gesetz über den Rechtsanwaltsberuf vom 3.7.1938 (Anwaltsgesetz; AnwaltsG); LS 215.1.

Einführungsgesetz zum Schweizerischen Zivilgesetzbuch (EG zum ZGB) vom 2.4.1911 (EG ZGB); LS 230.

Einführungsgesetz zum Bundesgesetz über den Erwerb von Grundstücken durch Personen im Ausland (BewG) vom 4.12.1988 (EG BewG); LS 234.1.

Gesetz über den Schutz von Personendaten vom 6.6.1993 (Datenschutzgesetz; DatenschutzG); LS 236.1.

Datenschutzverordnung vom 7.12.1994 (DatenschutzV); LS 236.11.

Gesetz über den Zivilprozess vom 13.6.1976 (Zivilprozessordnung; ZPO); LS 271.

Gesetz betreffend die Ordnungsstrafen vom 30.10.1866 (OrdnungsstrafG); LS 312.

Gesetz betreffend den Strafprozess vom 4.5.1919 (Strafprozessordnung; StPO); LS 321.

Gesetz über das kantonale Strafrecht und über den Vollzug von Strafen und Massnahmen vom 30.6.1974 (Kantonales Straf- und Vollzugsgesetz; StVG); LS 331.

Verzeichnis der Rechtsquellen und Materialien

Gesetz über das gesamte Unterrichtswesen vom 23.12.1859 (Unterrichtsgesetz; UnterrichtsG); LS 410.1.

Verordnung über die Schulrekurskommission vom 2.6.1999 (SchulrekurskomV); LS 410.15.

Gesetz über die Volksschule und die Vorschulstufe vom 11.6.1899 (Volksschulgesetz; VolksschulG); LS 412.11.

Gesetz über das Arbeitsverhältnis der Lehrpersonen an der Volksschule vom 10.5.1999 (Lehrerpersonalgesetz; LehrerpersonalG).

Gesetz über die Trägerschaft der Berufsschulen vom 2.12.1984 (BerufsschulG); LS 413.10.

Mittelschulgesetz vom 13.6.1999 (MittelschulG); LS 414.21.

Gesetz über die Fachhochschulen und die Höheren Fachschulen vom 27.9.1998 (Fachhochschulgesetz; FachhochschulG); LS 414.31.

Gesetz über die Ausbildung von Lehrern für die Volksschulstufe und die Volksschule vom 24.9.1978 (Lehrerbildungsgesetz; LehrerbildungsG); LS 414.41.

Gesetz über die Universität Zürich vom 15.3.1998 (UniversitätsG); LS 415.11.

Verordnung über Organisation und Verfahren der Rekurskommission der Universität vom 19.10.1998 (UniversitätsrekurskomV); LS 415.113.

Archivgesetz vom 24.9.1995 (ArchivG); LS 432.11.

Gesetz über den Finanzhaushalt des Kantons vom 2.9.1979 (Finanzhaushaltsgesetz; FinanzhaushaltsG); LS 611.

Steuergesetz vom 8.6.1997 (StG); LS 631.1.

Gesetz über die direkten Steuern vom 8.7.1951 (Steuergesetz; aStG).

Gesetz über die Erbschafts- und Schenkungssteuer vom 28.9.1986 (Erbschafts- und Schenkungssteuergesetz; ESchG); LS 632.1.

Gesetz über die Erbschafts- und Schenkungssteuer vom 26.4.1936 (aEschG).

Verordnung über die Gebühren der Gemeindebehörden vom 8.12.1966 (GemeindegebV); LS 681.

Gebührenordnung für die Verwaltungsbehörden vom 30.6.1966 (GebührenO); LS 682.

Gesetz über die Raumplanung und das öffentliche Baurecht vom 7.9.1975 (Planungs- und Baugesetz; PBG); LS 700.1.

Verordnung über die nähere Umschreibung der Begriffe und Inhalte der baurechtlichen Institute sowie über die Mess- und Berechnungsweisen vom 22.6.1977 (Allgemeine Bauverordnung; ABauV); LS 700.2.

Verordnung über die ordentlichen technischen und übrigen Anforderungen an Bauten, Anlagen, Ausstattungen und Ausrüstungen vom 6.5.1981 (Besondere Bauverordnung I; BBauV I); LS 700.21.

Verzeichnis der Rechtsquellen und Materialien

Verordnung über die Verschärfung oder die Milderung von Bauvorschriften für besondere Bauten und Anlagen vom 26.8.1981 (Besondere Bauverordnung II; BBauV II); LS 700.22.

Normalien über die Anforderungen an Zugänge vom 9.12.1987 (Zugangsnormalien); LS 700.5.

Bauverfahrensverordnung vom 3.12.1997 (BauVV); LS 700.6.

Verordnung über die Organisation und den Geschäftsgang der Baurekurskommissionen vom 20.7.1977 (OV BRK); LS 700.7.

Baugesetz für Ortschaften mit städtischen Verhältnissen vom 23.4.1893 (BauG).

Gesetz über die Erhaltung von Wohnungen für Familien vom 30.6.1974 (WohnerhaltG).

Einführungsgesetz zum Gewässerschutzgesetz vom 8.12.1974 (EG GSchG); LS 711.1.

Gesetz über die Abfallwirtschaft vom 25.9.1994 (Abfallgesetz; AbfallG); LS 712.1.

Gesetz über den Beitritt des Kantons Zürich zur Interkantonalen Vereinbarung über das öffentliche Beschaffungswesen vom 22.9.1996 (IVöB-BeitrittsG); LS 720.1.

Submissionsverordnung vom 18.6.1997 (SubmV); LS 720.11.

Gesetz über den Bau und Unterhalt der öffentlichen Strassen vom 27.9.1981 (Strassengesetz; StrassG); LS 722.1.

Gesetz betreffend das Strassenwesen vom 20.8.1893 (aStrassG).

Wasserwirtschaftsgesetz vom 2.6.1991 (WasserwirtschaftsG); LS 724.11.

Gesetz über die Gewässer vom 15.12.1901 (WasserG).

Gesetz betreffend die Elektrizitätswerke des Kantons Zürich vom 19.6.1983 (EKZ-Gesetz); LS 732.1.

Gesetz über den öffentlichen Personenverkehr vom 6.3.1988 (PVG); LS 740.1.

Gesetz über die Verkehrsabgaben und den Vollzug des Strassenverkehrsrechtes des Bundes vom 11.9.1966 (Verkehrsabgabengesetz; VerkehrsabgabenG); LS 741.1.

Gesetz betreffend die Abtretung von Privatrechten vom 30.11.1879 (AbtrG); LS 781.

Verordnung betreffend das Administrativverfahren bei Abtretung von Privatrechten vom 6.3.1880 (AbtrV); LS 781.1.

Verordnung über das Verfahren der Schätzungskommissionen in Abtretungsstreitigkeiten vom 24.11.1960 (SchätzV); LS 781.2.

Gesetz über das Gesundheitswesen vom 4.11.1962 (Gesundheitsgesetz; GesundheitsG); LS 810.1.

Gesetz über die öffentlichen Ruhetage und über die Verkaufszeit im Detailhandel vom 14.3.1971 (RuhetagsG); LS 822.4.

Verzeichnis der Rechtsquellen und Materialien

Einführungsgesetz zu den Bundesgesetzen über die Alters- und Hinterlassenenversicherung und die Invalidenversicherung vom 20.2.1994 (Einführungsgesetz AHVG/IVG; EG AHVG/IVG); LS 831.1.

Gesetz über die öffentliche Sozialhilfe vom 14.6.1981 (Sozialhilfegesetz; SozialhilfeG); LS 851.1.

Gesetz über die Gebäudeversicherung vom 2.3.1975 (GebäudeversG); LS 862.1.

Gesetz über die Förderung der Landwirtschaft vom 2.9.1979 (Landwirtschaftsgesetz; LandwirtschaftsG); LS 910.1.

Gesetz über die Viehversicherung und über die Leistungen des Staates an die Bekämpfung von Tierseuchen vom 2.12.1973 (ViehversG); LS 916.20.

Gastgewerbegesetz vom 1.12.1996 (GastgewerbeG); LS 935.11.

Gesetz über das Gastwirtschaftsgewerbe und den Klein- und Mittelverkauf von alkoholhaltigen Getränken vom 21.5.1939 (WirtschaftsG).

Gesetz über die Vorführung von Filmen vom 7.2.1971 (Filmgesetz; FilmG); LS 935.21.

4. Materialien

4.1. Protokolle des Kantonsrats

Protokoll der kantonsrätlichen Kommission betreffend Verwaltungsrechtspflegegesetz 1957–1959 (Prot. KK).

Protokoll der kantonsrätlichen Kommission betreffend Änderung des Verwaltungsrechtspflegegesetzes 1995/96 (Prot. KK 1995/96).

Protokoll des Kantonsrates 1955–1959 (Prot. KR 1955–1959).

Protokoll des Kantonsrates 1995–1999 (Prot. KR 1995–1999).

4.2. Weisungen und Berichte des Regierungsrats

Weisung des Regierungsrates zur Abänderung der Art. 31, 40 und 45 der Staatsverfassung und zum Gesetz über die Verwaltungsrechtspflege, ABl 1957, S. 1020 ff. (Weisung 1957).

Weisung des Regierungsrates zum Gesetz über die Änderung des Verwaltungsrechtspflegegesetzes, des Gerichtsverfassungsgesetzes und des Wahlgesetzes (kantonaler Ombudsmann), ABl 1976 II, S. 966 ff. (Weisung Ombudsperson).

Weisung des Regierungsrates zur Änderung des Gesetzes über den Rechtsschutz in Verwaltungssachen (Verwaltungsrechtspflegegesetz), ABl 1995 II, S. 1501 ff. (Weisung 1995).

Beleuchtender Bericht des Regierungsrates zum Gesetz über den Rechtsschutz in Verwaltungssachen (Verwaltungsrechtspflegegesetz), ABl 1959, S. 391 ff. (Beleuchtender Bericht 1959).

Verzeichnis der Rechtsquellen und Materialien

Beleuchtender Bericht des Regierungsrates zum Gesetz über die Änderung des Verwaltungsrechtspflegegesetzes, des Gerichtsverfassungsgesetzes und des Gesetzes über die Wahlen und Abstimmungen, ABl 1977 II, S. 933 ff. (Beleuchtender Bericht Ombudsperson).

Beleuchtender Bericht des Regierungsrates zur kantonalen Volksabstimmung vom 8.6.1997, Änderung des Verwaltungsrechtspflegegesetzes, S. 5 f. (Beleuchtender Bericht 1997).

Abkürzungsverzeichnis

a	alt
A.	Auflage
a.a.O.	am angegebenen Ort (Literatur am Anfang des betreffenden Paragraphen bzw. Abschnittes)
a.M.	anderer Meinung
ABl	Amtsblatt des Kantons Zürich
Abs.	Absatz
AGB	Allgemeine Geschäftsbedingungen
AGVE	Aargauische Gerichts- und Verwaltungsentscheide
AHV	Alters- und Hinterlassenenversicherung
AJP	Aktuelle Juristische Praxis
Anm.	Anmerkung
AöR	Archiv des öffentlichen Rechts
Art.	Artikel
AS	Amtliche Sammlung des Bundesrechts
ASA	Archiv für schweizerisches Abgaberecht
BauO	(kommunale) Bauordnung
BBl	Bundesblatt der Schweizerischen Eidgenossenschaft
Bd., Bde.	Band, Bände
BEZ	Baurechtsentscheide Kanton Zürich
BG	Bundesgesetz
BGE	Entscheidungen des Schweizerischen Bundesgerichtes, amtliche Sammlung
BGr.	Bundesgericht
BJM	Basler Juristische Mitteilungen
Bl SchK	Blätter für Schuldbetreibung und Konkurs
BR	Bundesrat
BRB	Bezirksratsbeschluss
BRKE	Baurekurskommissionsentscheid
BRP	Bundesamt für Raumplanung

Abkürzungsverzeichnis

BS	Bereinigte Sammlung der Bundesgesetzes und Verordnungen 1848–1947
BUWAL	Bundesamt für Umwelt, Wald und Landschaft
BVR	Bernische Verwaltungsrechtsprechung
bzw.	beziehungsweise
d.h.	das heisst
Diss.	Dissertation
DÖV	Die Öffentliche Verwaltung
DVBl	Deutsches Verwaltungsblatt
E.	Erwägung
EGMR	Europäischer Gerichtshof für Menschenrechte
EJPD	Eidgenössisches Justiz- und Polizeidepartement
EKZ	Elektrizitätswerke des Kantons Zürich
ER	Erziehungsrat
ERB	Erziehungsratsbeschluss
etc.	et cetera
EuGRZ	Europäische Grundrechte-Zeitschrift
EVD	Eidgenössisches Volkswirtschaftsdepartement
EVG	Eidgenössisches Versicherungsgericht
f., ff.	und folgende
FS	Festschrift
G	Gesetz
GB RR	Geschäftsbericht des Regierungsrates
GemeindeO	Gemeindeordnung
gl.M.	gleicher Meinung
GS	Zürcher Gesetzessammlung 1981
Hrsg.	Herausgeber
hrsg.	herausgegeben
i.d.F.	in der Fassung
i.d.F.v.	in der Fassung vom
insb.	insbesondere
IV	Invalidenversicherung

Abkürzungsverzeichnis

i.V.m.	in Verbindung mit
KassGr.	Kassationsgericht
Kom.	Kommentar
KR	Kantonsrat
KRB	Kantonsratsbeschluss
lit.	litera
LS	Zürcher Loseblattsammlung
MBVR	Monatsschrift für bernisches Verwaltungsrecht und Notariatswesen
m.E.	meines Erachtens
N.	Note
NR	Nationalrat
Nr., Nrn.	Nummer, Nummern
OGr.	Obergericht
ORK	Oberrekurskommission des Kantons Zürich
OS	Offizielle Sammlung der Gesetze, Beschlüsse und Verordnungen des eidgenössischen Standes Zürich
Pra	Die Praxis des Bundesgerichts
Prot.	Protokoll
Prot. KK	Protokoll der kantonsrätlichen Kommission
Prot. KR	Protokoll des Kantonsrates
RB	Rechenschaftsbericht des Verwaltungsgerichts an den Kantonsrat
RB ORK	Rechenschaftsbericht der Oberrekurskommission an den Kantonsrat
RDAF	Revue de droit administratif et de droit fiscal
recht	Zeitschrift für juristische Ausbildung und Praxis
RR	Regierungsrat
RRB	Regierungsratsbeschluss
Rz.	Randziffer
SJZ	Schweizerische Juristen-Zeitung
SR	Systematische Sammlung des Bundesrechts
StE	Der Steuerentscheid
Sten Bull	Stenographisches Bulletin der Bundesversammlung

Abkürzungsverzeichnis

StR	Ständerat
TB	Tätigkeitsbericht der Ombudsperson an den Kantonsrat
u.a.	und andere
ÜbBest	Übergangsbestimmungen
URP	Umweltrecht in der Praxis
usw.	und so weiter
UVP	Umweltverträglichkeitsprüfung
V	Verordnung
VEB	Verwaltungsentscheide der Bundesbehörden
vgl.	vergleiche
VGr.	Verwaltungsgericht
Vorbem.	Vorbemerkungen
VPB	Verwaltungspraxis der Bundesbehörden
VV	Vollziehungsverordnung/Vollzugsverordnung
z.B.	zum Beispiel
ZBGR	Schweizerische Zeitschrift für Beurkundungs- und Grundbuchrecht
ZBJV	Zeitschrift des Bernischen Juristenvereins
ZBl	Schweizerisches Zentralblatt für Staats- und Gemeindeverwaltung, ab Band 90 (1989) Schweizerisches Zentralblatt für Staats- und Verwaltungsrecht
ZG	Zürcher Gesetzessammlung 1961
Ziff.	Ziffer
zit.	zitiert
ZKB	Zürcher Kantonalbank
ZR	Blätter für Zürcherische Rechtsprechung
ZSR	Zeitschrift für Schweizerisches Recht
ZStrR	Schweizerische Zeitschrift für Strafrecht

Einleitung

Geschichte der Verwaltungsrechtspflege im Kanton Zürich

Literatur
BLUNTSCHLI JOHANN CASPAR, Staats- und Rechtsgeschichte der Stadt und Landschaft Zürich, Zürich 1838; BOSSHARDT, Verwaltungsgericht; EICHENBERGER KURT, Der gerichtliche Rechtsschutz des Einzelnen gegenüber der vollziehenden Gewalt in der Schweiz, Gerichtsschutz gegen die Exekutive, in: Beiträge zum ausländischen öffentlichen Recht und Völkerrecht 52, Köln u.a. 1970, S. 943 ff.; FEHR, S. 53 ff.; FRITZSCHE HANS, Begründung und Ausbau der neuzeitlichen Rechtspflege des Kantons Zürich, Zürich 1931; HABLÜTZEL JAKOB, Die Abgrenzung der Administrativstreitsache von der Zivilprozesssache im zürcherischen Recht, Uster 1911; Handbuch der Schweizer Geschichte, Bd. 2, 2. A., Zürich 1980; HIS EDUARD, Geschichte des neuern Schweizerischen Staatsrechts, 3 Bde., Basel 1920/1929/1938; HOFMANN HERMANN, Der Rechtsschutz in Verwaltungssachen im Kanton Zürich, Zürich 1917; HUBER MAX, Das Staatsrecht der Republik Zürich vor den Jahren 1798, Basel 1904; HUNGERBÜHLER OTTO, Ein Verwaltungsgericht für den Kanton Zürich, ZBl 25/1924, S. 65 ff.; DERSELBE, Dem Rechtsstaat entgegen, ZBl 26/1925, S. 209 ff.; DERSELBE, Die prinzipielle Abgrenzung zwischen Rechts- und Verwaltungssache im Kanton Zürich und die Einführung der Verwaltungsgerichtsbarkeit, SJZ 16/1920, S. 113 ff.; DERSELBE, Verwaltungsrechtspflege und Verwaltungsgerichtsbarkeit im Kanton Zürich, ZBl 21/1920, S. 141 ff.; IMBODEN MAX, Erfahrungen auf dem Gebiet der Verwaltungsrechtsprechung in den Kantonen und im Bund, ZSR 66/1947, S. 1a ff.; KLAUS EMIL, Das Obergericht des Kantons Zürich als Disziplinargerichtshof, ZBl 42/1941, S. 1 ff.; DERSELBE, Die Oberrekurskommission des Kantons Zürich, ZBl 22/1921, S. 49 ff.; DERSELBE, Die Verwaltungsgerichtsfrage im Kanton Zürich, ZBl 29/1928, S. 465 ff.; KÖLZ ALFRED, Neuere Schweizerische Verfassungsgeschichte, Ihre Grundlinien vom Ende der Alten Eidgenossenschaft bis 1848, Bern 1992; DERSELBE, Von der Herkunft des schweizerischen Verwaltungsrechts, in: Festschrift Dietrich Schindler, Zürich 1989, S. 597 ff.; LARGIADÈR ANTON, Geschichte von Stadt und Landschaft Zürich, Bd. 2, Erlenbach 1945; RYFFEL H., Verwaltungsgerichtshöfe, SJZ 1/1905, S. 81 ff.; STEIGER J., Der Stand der Verwaltungsgerichtsfrage in der Schweiz, ZBl 2/1901, S. 1 ff.; TINNER, S. 513 ff.; WYSS DAVID, Politisches Handbuch für die erwachsene Jugend der Stadt und Landschaft Zürich, Zürich 1796; ZELLER HEINRICH, Denkschrift für die Errichtung eines Verwaltungsgerichtes für den Kanton Zürich, Zürich 1909.

Übersicht	Note
1. Entwicklung bis 1959	1
2. Das VRG von 1959	16
3. Änderungen bis 1997	21
4. Die Revision von 1997	23
5. Weitere Änderungen	28

1. Entwicklung bis 1959

Vor der von Aufklärung und Französischer Revolution ausgelösten politischen und staatsrechtlichen Umwälzung konnte man im Kanton Zürich weder von einem eigentlichen Verwaltungsrecht noch von einer geordneten Verwaltungs-

1

Einleitung

justiz sprechen. Zwar bestanden einige veröffentlichte Rechtsquellen, so die zahlreichen «Sittenmandate» und die «Sammlung der bürgerlichen und Polizeigesetze und Ordnungen Löblicher Stadt und Landschaft Zürich», welch letztere indessen erst in den Jahren 1757 bis 1793 erschien. Die darin enthaltenen Rechtsquellen administrativer Natur waren jedoch im Gegensatz zu jenen des Zivilrechts keine Rechtssätze im heutigen Sinn. Es handelte sich dabei vielmehr um blosse sogenannte «Ordonnanzen», eine Art Amtsinstruktionen oder Anweisungen, an welche nur die Untertanen, nicht aber die Behörden gebunden waren und deren Missachtung jenen daher keinen Anspruch auf formelle Beschwerde gab. Es galt der ominöse Satz «in Polizeisachen gibt es keine Appellation». Das Regime des patriarchalischen Polizeistaates bestimmte jeweils selbstherrlich über öffentliche Belange und setzte Polizeiakte nach eigenem Gutdünken. Den dadurch Betroffenen blieb nur die Möglichkeit, Bittschriften an die Behörden zu richten, wobei aber solche von der Obrigkeit manchmal ungünstig aufgenommen oder gar deren Verfasser mit Sanktionen belegt wurden. Besonders schlecht bestellt um den Rechtsschutz war es in der Landschaft. Die Landvögte vereinigten bei sich die administrative und weitgehend auch die richterliche Gewalt, letztere allerdings nur im Umfang der Niederen Gerichtsbarkeit. Die Landvögte verkörperten somit eine einheitliche Staatsgewalt; eine Trennung der Gewalten bestand nicht. Die Justiz wurde zudem als ein Element der Herrschaft über die Untertanen aufgefasst und als solches verdinglicht. Die «Gerichtsherrschaft» war daher käuflich und vererblich, was dazu führte, dass einzelne Gebiete von Junkersfamilien über Generationen hinweg in jeder Beziehung beherrscht wurden. Der Erfolg von Bittschriften gegenüber Polizeiakten der Landvögte hing daher ausschliesslich vom Wohlwollen der jeweiligen Amtsinhaber ab.

2 Ähnliches galt für die Stadt. Der Kleine Rat war zugleich Inhaber der Hohen Gerichtsbarkeit, der obersten administrativen Gewalt und in Einzelfällen Appellationsinstanz gegenüber Urteilen aus dem Bereich der Niederen Gerichtsbarkeit. Auch hier bestand keine Gewaltentrennung, was zur beinahe absoluten Herrschaft des Kleinen Rates führte. Die in Deutschland im 18. Jahrhundert sich ausbreitende sogenannte Fiskustheorie, welche wenigstens in vermögensrechtlichen Streitigkeiten zwischen Bürger und Staat einen gerichtlichen Rechtsschutz herbeiführte, konnte sich im alten Zürich infolge der Abhängigkeit der Justiz vom Kleinen Rat nicht durchsetzen. Der Private fand daher gegenüber polizeilichen Akten auch bei den Gerichten keinen Schutz.

3 Die Zeit der *Helvetik* verhalf in der Schweiz der Lehre von der Volkssouveränität, der Verfassungs- und der Rechtsstaatsidee zum entscheidenden Durchbruch, wenn auch die praktische Durchführung dieser Postulate auf grosse Schwierigkeiten stiess. In der Helvetik wurden zugleich mit der Auflösung des Polizeistaates die Untertanenverhältnisse aufgehoben, die Lehre von der Gewaltentrennung institutionalisiert und die Grundlage für die Ausbildung von eigent-

lichen, Bürger und Staat gleicherweise verpflichtenden Verwaltungsrechtssätzen gelegt. In diese Zeit fällt auch die Ausbildung der klaren Trennung zwischen Zivilrecht und öffentlichem Recht. Die vollziehende Gewalt lag auf der Ebene des Kantons beim Statthalter, auf jener der Bezirke beim Unterstatthalter. Die heutigen Statthalterämter haben teilweise heute noch Aufgaben, die den Unterstatthaltern in der Helvetik übertragen worden waren. In die Zeit der Helvetik fällt auch die Schaffung des Erziehungsrats. Die Verwaltung war jetzt zwar organisatorisch klar durchgebildet und grundsätzlich rechtssatzgebunden. Sie wurde jedoch keiner institutionalisierten Rechtskontrolle unterstellt, wie denn die Helvetik allgemein dem Rechtsschutz des Einzelnen gegenüber der Staatsverwaltung sehr wenig Beachtung geschenkt hat.

Erst die *Mediationszeit* brachte im Bereich der Verwaltung gewisse Anfänge spezieller Rechtsschutzeinrichtungen. Die Mediationsverfassung für den Kanton Zürich vom 19.2.1803 bestimmte in ihrem Art. 6, dass ein Kleiner Rat, bestehend aus 25 Mitgliedern des Grossen Rates, in letzter Instanz über alle Streitigkeiten im Verwaltungsfache entscheide. In der Verfassung war indessen keine Bestimmung darüber enthalten, wer in erster Instanz über Verwaltungsstreitigkeiten zu befinden habe. Durch das Gesetz betreffend die Rechtspflege in administrativen Streitigkeiten vom 27.5.1803 wurde dann einer Abteilung der Kommission des Innern, der sogenannten «Kommission für administrative Streitigkeiten», die erstinstanzliche Entscheidung von administrativen Streitigkeiten übertragen. Dem in der Helvetik neu geschaffenen Erziehungsrat wurde nun die Kompetenz zur erstinstanzlichen Entscheidung von Streitigkeiten aus dem Bereich des Unterrichtswesens zugewiesen. Schliesslich wurde einer besonderen Kommission die Aufgabe anvertraut, erstinstanzlich streitige Schätzungen beim Heuzehntenloskauf zu entscheiden. Alle diese Rechtsschutzeinrichtungen waren jedoch nicht selbständig und daher von der Verwaltung nicht unabhängig, wie das in einigen anderen, vor allem westschweizerischen Kantonen der Fall war. Die Kompetenz zur Rechtsprechung in Verwaltungssachen blieb vielmehr grundsätzlich bei den Verwaltungsbehörden; lediglich das Verfahren wurde etwas verbessert und bis zu einem gewissen Grad justizähnlich formalisiert. Die ordentlichen Gerichte (Zivil- und Strafgerichte) hatten nach französischem Vorbild überhaupt keine Rechtsprechungskompetenzen im Bereich der Verwaltung. Der Grund dafür lag in der besonderen historischen Situation Frankreichs vor der Revolution, wo die Gerichte gegenüber der Verwaltung traditionell eine Übermacht besassen. Zudem verkörperte die Justiz das reaktionäre Element im französischen Staat. Um der Verwaltung die Verwirklichung der von der Revolution postulierten Wohlfahrtsideen zu ermöglichen, musste sie verselbständigt und der Einfluss der ordentlichen Justiz auf sie ausgeschaltet werden, was zur Schaffung besonderer, der Verwaltung *angegliederter* Rechtsschutzeinrichtungen führte. Die von der Revolution geforderte Gewaltentrennung wurde daher im Bereich der Verwaltung nicht weiter in Verwaltungstätigkeit und Verwaltungsrechtsprechung ausdifferenziert. Man sah also jede

Einleitung

Justiztätigkeit im Bereich der Verwaltung als Gegensatz zum Gewaltenteilungsgrundsatz und als verpönte Hemmung der eigentlichen Verwaltungstätigkeit an – eine Auffassung, die sich in Frankreich bis auf den heutigen Tag hat halten können und die in der Schweiz namentlich Walther Burckhardt in Verbindung mit einem ausgeprägten Rechtspositivismus zur deutlichen Ablehnung der verwaltungsunabhängigen Rechtsprechung veranlasst hat. Auch im Kanton Zürich hat dieses französische Muster nachgewirkt und, namentlich unterstützt von den Ideen der demokratischen Bewegung der sechziger Jahre des vorigen Jahrhunderts, die frühzeitige Einführung der verwaltungsunabhängigen Verwaltungsgerichtsbarkeit verunmöglicht. Dies, obwohl die Situation hier interessen- und machtmässig anders lag: Es war nicht vor allem zu befürchten, die Verwaltung könnte durch eine justizmässige Kontrolle zu stark gehemmt werden, und es musste auch keine stärkere Verselbständigung der Verwaltung postuliert werden. Die Interessenlage war vielmehr die, dass sich der Bürger vor Übergriffen der Verwaltung zu schützen trachtete und – wie das spätere Eindringen der Fiskustheorie zeigt – den Einfluss der traditionellen Justiz auf die Verwaltung zu vergrössern suchte. Heute ist man daher je länger je mehr geneigt, das Fehlen einer verwaltungsunabhängigen justizmässigen Verwaltungskontrolle als Widerspruch zum (gewandelten) Gewaltenteilungsgrundsatz anzusehen. Vom traditionellen Verständnis des Gewaltenteilungsprinzips aus gesehen, hat sich die unabhängige Verwaltungsgerichtsbarkeit sozusagen als «neue Gewalt» zu etablieren vermocht. Es ist aber auch möglich, diesen neuen Rechtsprechungszweig der «ordentlichen» Justiz zuzurechnen, namentlich dann, wenn man das Prinzip der Hemmung der Gewalten in einen erweiterten Gewaltenteilungsbegriff integriert.

5 Die *Restaurationszeit* brachte keine wesentlichen Änderungen. Lediglich für die erstinstanzliche Entscheidung von Steuerstreitigkeiten zwischen Privaten und Gemeinden wurde neu der Oberamtmann (früher Unterstatthalter) eingesetzt; vorbehalten blieb der Rekurs an die Kommission für administrative Streitigkeiten.

6 Die *Regenerationsbewegung* hat auch im Kanton Zürich eine Verfassungserneuerung gebracht. Die neue Verfassung vom 10.3.1831 trachtete vor allem danach, den Grundsatz der Volkssouveränität und das Prinzip der Gewaltenteilung klarer durchzuführen. Es ging dabei vor allem darum, die Gerichte und den Grossen Rat der Beeinflussung durch den Kleinen Rat zu entziehen, welch letzterer sich in der Restaurationszeit wieder ähnlich wie das vorrevolutionäre Zunftregime gebärdet hatte. Die Regenerationszeit fasste das Gewaltentrennungsprinzip nicht mehr so auf, wie das im Ursprungsland Frankreich geschehen war. Man wollte vielmehr auch im Bereich der Verwaltung das Prinzip verwirklichen, dass Verwaltungs- und Justiztätigkeit getrennt sein sollen. Die neue Verfassung sah daher als Grundsatz vor, dass Streitiges ausschliesslich von den ordentlichen Gerichten zu entscheiden sei und weder die gesetzgebende noch die

Einleitung

vollziehende Gewalt richterliche Verrichtungen ausüben dürfe (Art. 10 KV). Im Bereich der Zivil- und Strafjustiz liess sich dieser Grundsatz ohne weiteres verwirklichen, bestand doch hier die traditionelle, ausgebaute Gerichtsorganisation. Schwierigkeiten ergaben sich im Bereich des Verwaltungsrechts. Obwohl Sinn und Wortlaut der fraglichen Verfassungsbestimmung unmissverständlich waren, ist es in der Folge nicht gelungen, alles Streitige im Bereich des Verwaltungsrechts den Gerichten zuzuweisen. Der Grund dafür lag weniger beim immer noch nachwirkenden Einfluss der französischen Verwaltungslehre als bei der Methode, nach der die Zuständigkeit der Zivilgerichte zur Entscheidung von Administrativstreitigkeiten umschrieben wurde. Man legte nämlich der Umschreibung der zivilgerichtlichen Kompetenzen neben der Lehre von den justizfreien Hoheitsakten die deutsche *Fiskustheorie* zugrunde. Diese war im älteren deutschen Justizstaat vor allem infolge des Wegfalls der Zuständigkeit des Reichskammergerichtes für die Entscheidung von Streitigkeiten zwischen Landesfürsten und Privaten entwickelt worden. Man ging dabei so vor, dass die Staatskasse zu einem besonderen, neben dem Staat stehenden Rechtssubjekt, dem Fiskus, gemacht wurde. Streitigkeiten zwischen dem fiktiven, als Privatrechtssubjekt aufgefassten «Fiskus» und den Bürgern konnten damit vor den Zivilrichter gebracht werden, sofern es gelang, den vermögensrechtlichen Charakter derselben nachzuweisen. Ursprünglich lieferte die Fiskustheorie ausschliesslich die Handhabe, *rein* vermögensrechtliche Streitigkeiten zwischen Bürger und Staat der zivilgerichtlichen Kognition zu unterwerfen. Es ging dabei vor allem um abgaberechtliche Forderungen. Mangels spezieller, von der Verwaltung unabhängiger Verwaltungsgerichte trachtete man immer mehr danach, den Umfang der Verwaltungsrechtsprechung durch ordentliche Gerichte zu erweitern. Zu diesem Zwecke strapazierte man die Fiskustheorie: An sich konnte der Private die ordentlichen Gerichte gegen einen Staatsakt *nicht* vermögensrechtlicher Natur nicht anrufen. Indem nun nicht die Anfechtung dieses Aktes an sich, jedoch die daraus allenfalls entstehende Schadenersatzforderung bei den ordentlichen Gerichten geltend gemacht werden konnte, wurde die mittelbare Kontrolle von *nicht* vermögensrechtlichen Staatsakten durch den ordentlichen Richter doch ermöglicht. Die Schadenersatzsumme wurde als Entgelt an den Bürger für die Verletzung seiner «*wohlerworbenen* Rechte» qualifiziert. Der Ersatzanspruch wegen Verletzung wohlerworbener Rechte übernahm damit die Funktion einer Rechtsschutzeinrichtung auf dem Gebiet des öffentlichen Rechts. Fritz Fleiner hat diese von einem ganz bestimmten Bedürfnis diktierte Ausdehnung des Rechtsschutzes gegenüber hoheitlichen Akten der Obrigkeit als die interessanteste Leistung der Fiskustheorie gewertet. Dennoch war diese nicht imstande, dem Auftrag der Regenerationsverfassung nachzukommen und sämtliche Streitigkeiten aus dem Gebiet des Verwaltungsrechts der ordentlichen Gerichtsbarkeit zu unterstellen. Dazu war ihr Fundament, welches trotz der Erweiterung auf die vermögensrechtliche Natur einer Sache abstellte, zu schmal. Als weiterer Grund für die Schwierigkeiten, alles Streitige

Einleitung

aus dem Gebiet des Verwaltungsrechts der Zivilgerichtsbarkeit zu unterstellen, kommt die ebenfalls vom älteren deutschen Justizstaat entwickelte und im Kanton Zürich rezipierte Lehre von den «*gerichtsfreien Hoheitsakten*» hinzu. Nach dieser Lehre gibt es bestimmte Verwaltungsakte, vor allem solche der Regierung selber, die wegen ihrer besonderen Natur auf keinen Fall von einem Gericht überprüft werden dürfen. Es handelt sich hierbei vor allem um Akte militärischer und ausnahmsweise polizeilicher Art, um Verfügungen über öffentliches Eigentum, um die Erteilung des Enteignungsrechts, um Akte in Bürgerrechtssachen, um Notstandsakte sowie um Personalakte und solche aussenpolitischer Art.

7   Vor dem Hintergrund der erweiterten Fiskustheorie und der Lehre von den justizfreien Hoheitsakten sind nun die zu Beginn der Regenerationszeit getroffenen gesetzlichen Massnahmen zu betrachten. § 1 des Gesetzes über die Streitigkeiten im Verwaltungsfache vom 23.6.1831 (VStG) bestimmte, dass alle Streitigkeiten über Existenz und Umfang von «erworbenen Rechten» in die Zuständigkeit der Zivilgerichte fallen. Im Ingress des genannten Gesetzes wurde indessen festgehalten, dass «ausnahmsweise» diejenigen Streitigkeiten, welche sich «unmittelbar» in dem Wirkungskreis der Regierung und der Verwaltungsbehörden überhaupt bei Ausübung ihrer Verwaltungsbefugnisse zu erheben pflegen, zu besonderer Behandlung an die Verwaltungsbehörden gewiesen werden. In § 2 VStG findet sich ein langer Ausscheidungskatalog. Dabei werden jeweils die ausschliesslich in die Zuständigkeit der Regierung fallenden Anstände zuerst genannt, dann aber Streitigkeiten darüber, ob durch bestimmte Verwaltungsakte in bestehende (wohlerworbene) Rechte Privater eingegriffen werde, den ordentlichen Gerichten zugeteilt. Auch Streitigkeiten über *Bestand* und Umfang erworbener Rechte fallen in die Zuständigkeit der ordentlichen Gerichte. Das VStG setzte ferner fest, dass in erster Instanz die Bezirksräte, in zweiter Instanz der Regierungsrat über Anstände, die in die Zuständigkeit der Verwaltung fallen, zu entscheiden habe. Schliesslich unterschied § 3 VStG zwischen «wirklichen Streitsachen im Verwaltungsfache» und «einfachen Verwaltungs- oder Rekurssachen» und stellte zugleich ein weiteres Gesetz in Aussicht, das diese beiden Arten von Verwaltungsstreitigkeiten voneinander abgrenzen sollte. Ein solches Gesetz ist jedoch nie erlassen worden. Es war zu erwarten, dass die auf die Natur der Streitsache abstellende Kompetenzausscheidung des VStG zu zahlreichen Kompetenzkonflikten zwischen den Gerichten und der Verwaltung Anlass geben würde. Es wurde daher am gleichen Tag das «Gesetz über die Konflikte» erlassen. Eine auf der Grundlage von Art. 67 KV, in strenger Durchführung des Gewaltenteilungsgrundsatzes aus Mitgliedern des Grossen Rates und paritätisch aus solchen des Regierungsrates und des Obergerichts zusammengesetzte Konfliktskommission hatte Kompetenzkonflikte zu entscheiden. In der Folge ergaben sich zahlreiche solche Konflikte, die aber oft nicht von der speziell dafür vorgesehenen Kommission entschieden werden konnten, weil versäumt worden war, das Vorgehen bei Stimmengleichheit gesetzlich zu

Einleitung

ordnen. Es musste daher des öftern der Grosse Rat als Gesamtbehörde entscheiden.

Obwohl das Bestreben, Verwaltungsstreitigkeiten durch von der Verwaltung völlig unabhängige Zivilgerichte entscheiden zu lassen, an sich einen beachtlichen Fortschritt darstellte, war die durch die Regeneration geschaffene Ordnung des Rechtsschutzes in Verwaltungssachen im Ganzen gesehen doch unbefriedigend, allein schon wegen der häufigen Kompetenzkonflikte. Zudem war das verwaltungsinterne Rekursverfahren derart unvollständig normiert, dass auch von einem nur *prozessähnlichen* Rechtsschutzverfahren gar nicht gesprochen werden konnte. Ein von Heinrich Escher ausgearbeiteter Gesetzesentwurf, eine eigentliche verwaltungsinterne Verwaltungsprozessordnung, hatte jedoch in dieser von Verfassungskämpfen gekennzeichneten Epoche keine gesetzgeberischen Folgen. Es wurden lediglich in einer Verordnung aus dem Jahre 1844 die Rekurs- und Appellationsfristen festgelegt. Die strafgerichtliche Verwaltungskontrolle hat im Kanton Zürich – im Gegensatz zu anderen Kantonen – nie nennenswerte Bedeutung erlangt. Dasselbe gilt für die parlamentarische Verwaltungsjustiz. 8

Die heute noch in Kraft stehende Verfassung vom 18.4.1869 ist von der *demokratischen Bewegung* der sechziger Jahre geprägt. Die verstärkten Mitwirkungsmöglichkeiten des Volkes bei der Gesetzgebung und bei der Wahl der Behörden und Beamten liessen das Bedürfnis nach verwaltungsexterner, justizmässiger Verwaltungskontrolle als gering erscheinen. Zudem befürchtete man aus demokratischer Sicht allgemein eine Ausdehnung der richterlichen Gewalt zulasten der vollziehenden. Obwohl das Gesetz über die Streitigkeiten im Verwaltungsfache durch die neue Verfassung formell nicht aufgehoben wurde, wurden die Kompetenzen der Zivilgerichte zur Entscheidung von Verwaltungsstreitigkeiten in den Jahren bis zum Ersten Weltkrieg sukzessive abgebaut. Das geschah einmal dadurch, dass in neueren Erlassen stets die Verwaltungsbehörden allein als zur Streitentscheidung zuständig erklärt wurden. Zudem wurde das VStG zugunsten der verwaltungsbehördlichen Zuständigkeit immer enger ausgelegt. In Weiterführung dieser Tendenz hat der Regierungsrat im Jahre 1902 und später noch einmal aufgrund eines Gutachtens von Prof. Fleiner sogar erklärt, das VStG sei durch die Verfassung von 1869, soweit es mit dieser in Widerspruch stehe, aufgehoben worden. 9

Bis zur Jahrhundertwende war daher der Umfang der zivilgerichtlichen Verwaltungsrechtsprechung absolut und relativ stark zurückgegangen. In der Zeit nach dem Ersten Weltkrieg ging man dann in neuen Erlassen trotzdem wieder dazu über, die Entscheidung materiell öffentlichrechtlicher Streitigkeiten dem Zivilrichter zu übertragen. Dies vor allem aus der Erkenntnis heraus, dass das geltende verwaltungsinterne Rekursverfahren nur sehr mangelhaft durchgebildet war, woran auch die durch das EG ZGB vorgenommene Neuregelung der Fristen nichts zu ändern vermocht hat. Relikte der langen Ära zivilgerichtlicher 10

Einleitung

Verwaltungskontrolle finden sich heute noch in den Zuständigkeitskatalogen des *Verwaltungsgerichts als einziger Instanz,* einer Verfahrensart, die bis heute in den Verwaltungsprozessordnungen ein Fremdkörper geblieben ist. Ferner ist auch die heute noch bestehende Zuständigkeit der Zivilgerichte zur Beurteilung von Haftungsansprüchen des Bürgers gegen den Staat eine historische Reminiszenz. Die Verfassung von 1869 hat an den in der Regeneration festgelegten Zuständigkeiten von Bezirksrat und Regierungsrat zur Entscheidung von Streitigkeiten nichts geändert. Auch die dem Erziehungsrat in der Mediationszeit verliehene Rechtsprechungskompetenz wurde nicht angetastet.

11 Der Ruf nach verwaltungsunabhängiger, justizmässiger Verwaltungskontrolle und nach einer durchnormierten verwaltungsinternen Rechtspflege ist trotz der Demokratisierung des Staates Zürich durch die Verfassung von 1869 nicht verstummt. Sowohl juristische Praktiker als auch Wissenschafter haben erkannt, dass die demokratischen Einwirkungsmöglichkeiten auf die Exekutive noch keineswegs eine gesetzmässige Verwaltung garantieren. Ferner wurde deutlich, dass auch die Tätigkeit des seit 1874 ständigen Bundesgerichts keinen genügenden Rechtsschutz gewährleisten konnte, wenn auch dessen Verfassungsrechtsprechung die kantonale Verwaltungsrechtspflege in positiver Weise zu beeinflussen vermochte. Nach den wenig ermutigend ausgefallenen Versuchen mit der Verwaltungsrechtspflege durch ordentliche Gerichte trachtete man nun danach, spezielle Verwaltungsgerichte (Rekurskommissionen) sowie ein allgemeines Verwaltungsgericht zu schaffen. Die guten Erfahrungen, welche in den süddeutschen Staaten sowie in den Kantonen Bern, Tessin und Basel-Stadt mit der Verwaltungsgerichtsbarkeit gemacht wurden, haben die Tendenz zu deren Einführung auch im Kanton Zürich massgebend verstärkt. Den ersten Schritt zur Schaffung eines allgemeinen Verwaltungsgerichts unternahm im Jahre 1902 Kantonsrat Dr. J. Ryf. Er reichte im Kantonsrat eine Motion in Form eines ausgearbeiteten Gesetzesentwurfs auf Bestellung eines Verwaltungsgerichts für den Kanton Zürich ein. Der Entwurf sah die allgemeine Kompetenz des zu schaffenden Verwaltungsgerichts vor, Streitigkeiten administrativer Art zwischen Privaten und dem Kanton zu entscheiden; eine Einschränkung der verwaltungsgerichtlichen Kognition hinsichtlich des Ermessens war nicht vorgesehen. Der Regierungsrat nahm die Motion Ryf mit Widerstreben entgegen; es geschah deshalb in der Folge in der Sache längere Zeit nichts mehr. Im Jahre 1909 wurde von Dr. H. Zeller ein «Entwurf zu einem Gesetz über die Errichtung eines Verwaltungsgerichtes», der bei der Umschreibung der gerichtlichen Zuständigkeit auf der Enumerationsmethode beruhte, veröffentlicht. Aufgrund dieses Entwurfs hat in der Folge der Verein zürcherischer Rechtsanwälte einen weiteren Gesetzesentwurf ausgearbeitet und mit Begründung der Justizdirektion eingereicht. Auch dieser Entwurf blieb vorläufig liegen. Daran vermochten auch die nun im Bund laufenden Arbeiten zur Schaffung einer Verwaltungs- und Disziplinarrechtspflege nichts zu ändern. Inzwischen war der Kanton Zürich seiner bundesrechtlichen Pflicht aufgrund des Bundesgesetzes über die Kran-

Einleitung

ken- und Unfallversicherung nachgekommen und hatte im Jahre 1916 das kantonale Versicherungsgericht geschaffen, ein Spezialverwaltungsgericht mit eng umschriebener Zuständigkeit. Mit dem neuen Steuergesetz vom 25.11.1917 wurde ein weiteres, für die Praxis ausserordentlich bedeutsames Spezialverwaltungsgericht geschaffen, die kantonale Oberrekurskommission für die letztinstanzliche Beurteilung von Steuerstreitigkeiten. Mit der Oberrekurskommission entstand, wie sich später zeigen sollte, die eigentliche Vorgängerin des Verwaltungsgerichts. Zugleich hat man jedoch damit eine verfahrensmässig und teilweise auch organisatorisch problematische Trennung des Abgaberechts vom allgemeinen Verwaltungsrecht eingeführt.

Im Jahre 1917 erhielt Prof. Fritz Fleiner von der Justizdirektion den Auftrag, Leitsätze und dann einen Gesetzesentwurf für die Schaffung eines allgemeinen Verwaltungsgerichts auszuarbeiten; Letzterer lag im Jahre 1919 vor. Die Zuständigkeit des Verwaltungsgerichts war mit einer Generalklausel umschrieben. Indessen ergaben sich in der Folge eine ganze Reihe behördeninterner Probleme; unter anderem hatte sich das Obergericht gegen die im Entwurf vorgesehene organisatorische Verbindung mit dem Verwaltungsgericht ausgesprochen. Nach Bereinigung dieser Probleme arbeitete Prof. Fleiner eine ausführliche Weisung zum Entwurf aus. Die damalige gesetzgeberische Tätigkeit von Fritz Fleiner wirkte noch während Jahrzehnten nach und hatte vor allem im Bereich der Rekurs- und Beschwerdelegitimation erhebliche praktische Konsequenzen. Fleiner war nämlich der sogenannten «süddeutschen Lehre» verpflichtet, welche im Gegensatz zur «preussischen» Richtung als Aufgabe der Verwaltungsgerichtsbarkeit ausschliesslich den Schutz der «subjektiven öffentlichen Rechte» der Bürger sah. Fleiners Auffassung kam positiv in der Legitimationsumschreibung mit der Formulierung «in seinen Rechten verletzt» zum Ausdruck. Sie wurde von den späteren Bearbeitern übernommen, namentlich auch deshalb, weil das alte OG im Bund von derselben Konzeption ausging.

In der Folge geschah mehrere Jahre nichts mehr in der Sache, obwohl verschiedene Behörden und private Organisationen, so der zürcherische Juristenverein, auf Beschleunigung drängten. Erst im Jahre 1929 wurde die auf der Generalklausel basierende Vorlage – im Wesentlichen das Werk von Prof. Fleiner – einer kantonsrätlichen Kommission zur Beratung überwiesen. Diese ersetzte indessen nach einem längeren Hin und Her die Generalklausel durch die Enumerationsmethode. Auch der Kantonsrat hielt in der Folge an der Enumerationsmethode fest. Im Übrigen wurde aber doch ein gut durchdachtes Gesetz verabschiedet. Am 28.5.1933 verwarf das Zürchervolk indessen die Vorlage mit 72'021 gegen 68'931 Stimmen. Der Grund für die knappe Verwerfung lag nicht zuletzt darin, dass der Regierungsrat dem Gesetz gegenüber kritisch eingestellt war und im Beleuchtenden Bericht an die Stimmberechtigten durchblicken liess, die Tätigkeit des Verwaltungsgerichts könnte zu einem Hemmnis für die Regierungstätigkeit werden.

Einleitung

14 In der Folge blieb es zehn Jahre lang still um die Verwaltungsgerichtsbarkeit. Im Jahre 1944 wurden im Kantonsrat zwei Motionen eingereicht, in welchen die Schaffung eines Verwaltungs- und Disziplinargerichts und gesetzliche Bestimmungen über das Verwaltungsverfahren verlangt wurden. In der Folge arbeitete Dr. Max Imboden auf der Grundlage der alten Entwürfe einen neuen aus, welcher wie die Vorlage aus dem Jahre 1933 bei der Umschreibung der verwaltungsgerichtlichen Zuständigkeit auf der Enumerationsmethode beruhte. Dieser Entwurf wurde vom Regierungsrat im Jahre 1949 beraten, doch wieder blieb in der Folge die Sache mehrere Jahre lang liegen; auch die inzwischen erfolgte Schaffung eines weiteren Spezialverwaltungsgerichts auf dem Gebiet der Alters- und Hinterlassenenversicherung (AHV-Rekurskommission) vermochte die Angelegenheit nicht zu beschleunigen.

15 Es fragt sich, warum die schon seit Generationen erhobene Forderung nach einer geordneten verwaltungsinternen Verwaltungsrechtspflege und einer eigentlichen Verwaltungsgerichtsbarkeit im Kanton Zürich derart steinigen Boden vorgefunden hat, obwohl von diesem Stand stets wesentliche neue Impulse auf das eidgenössische Rechtsleben ausgegangen sind und obwohl namentlich von den praktischen Juristen und von Vertretern der Universität immer wieder neue Anstrengungen in dieser Richtung unternommen worden sind. Ein wichtiger Grund dafür liegt wohl einmal im Zusammentreffen der von den Liberalen stipulierten Gewaltentrennungslehre mit justizstaatlichem Ideengut aus Deutschland während der Regenerationszeit, das die zivilgerichtliche Verwaltungsjustiz hervorgebracht hat. Zugleich wirkte aber die ältere französische Auffassung von der Gewaltentrennung immer noch nach, unterstützt von der deutschen Theorie der gerichts- oder justizfreien Hoheitsakte: diese beiden Theorien wiederum standen der Idee der verwaltungsunabhängigen Verwaltungskontrolle entgegen. Das Aufeinandertreffen der beiden Theorienpaare hat damals eine brauchbare praktische Lösung verunmöglicht, wie die sich über mehr als hundert Jahre hinziehenden verworrenen Kompetenzkonflikte zwischen Justiz und Verwaltung gezeigt haben. Ferner hat vom Jahr 1831 an auch das Justizregiment des Obergerichts unter der Führung von Friedrich Ludwig Keller, welches sich durch pandektistischen Positivismus und Formalismus auszeichnete, im Vorfeld, während und nach der «Konservativen Erhebung» im Volk eine gewisse Justizfeindlichkeit hervorgerufen, welche übrigens auch im Werk Gottfried Kellers deutlichen Niederschlag gefunden hat. Diese Justizfeindlichkeit ist von der demokratischen Bewegung, welche im Kanton Zürich besonders starken Widerhall gefunden hat, noch verstärkt worden, sodass die Idee der Verwaltungsjustiz für lange Zeit politisch keine Realisierungsmöglichkeit hatte. Ein letzter Grund für die lange Verzögerung liegt wohl im damaligen geringen Umfang des öffentlichen Rechts. Der seit der Regeneration die Geschichte des Kantons prägende *Liberalismus* war während des ganzen neunzehnten Jahrhunderts mit Erfolg bestrebt, den Umfang des kantonalen öffentlichen Rechts nicht zu stark anwachsen zu lassen; auch die demokratische Bewegung hat diese

Einleitung

Tendenz nur in geringem Masse zu beeinflussen vermocht. In Anbetracht des rein quantitativ gesehen wenig entwickelten materiellen Verwaltungsrechts war natürlich auch das Bedürfnis nach einem ausgebauten *Verfahrensrecht* nicht besonders gross. Diese Situation begann sich dann etwa um die Jahrhundertwende herum zu ändern. Die seitherigen Anstrengungen zur Schaffung der Verwaltungsgerichtsbarkeit wurden indessen durch den Ausbruch des Ersten Weltkrieges gehemmt. Die Vorlage, welche im Jahre 1933 verworfen wurde, fiel in eine Zeit der parteipolitischen Zerrissenheit, was sich schon in der Schlussabstimmung im Kantonsrat zeigte. Auch die Befürchtung der Regierung, eine reale Machteinbusse zu erleiden, trug wohl zum damaligen Misserfolg bei. Die Zeit des Zweiten Weltkriegs war für eine derart grundlegende Änderung in der zürcherischen Behördenorganisation nicht geeignet, weshalb erst die Nachkriegszeit den entscheidenden Durchbruch bringen konnte.

2. Das VRG von 1959

Am 11.3.1957 überwies der Kantonsrat dem Regierungsrat eine Motion von Heinrich Schalcher, in der die vordringliche Einführung der allgemeinen Verwaltungsgerichtsbarkeit verlangt wurde. Am 16.3.1957 reichte ferner Dr. Hans Meisser eine Einzelinitiative samt Gesetzesentwurf und Änderungsvorschlägen für die Kantonsverfassung ein. Am 10.10.1957 schliesslich überwies der Regierungsrat dem Kantonsrat seinen auf der Enumerationsmethode beruhenden Entwurf, welcher im Prinzip auf den in der Nachkriegszeit vorgenommenen Arbeiten basierte. Eine kantonsrätliche Kommission beriet diesen in der Folge durch und nahm teilweise wesentliche Änderungen vor. Der Kantonsrat verabschiedete das Gesetz am 16.3.1959. In der Volksabstimmung vom 24.5.1959 wurde dieses mit 100'132 gegen 36'146 Stimmen angenommen (OS 40, 546). Es ist am 1.5.1960 in Kraft getreten; auf diesen Zeitpunkt hin hat das neu geschaffene Verwaltungsgericht seine Tätigkeit aufgenommen.

Mit dem VRG wurden mehrere Grundanliegen verwirklicht. Die Gesetzesvorlage schied erstmals die Zuständigkeiten zwischen den Verwaltungsbehörden und den Zivilgerichten aus (Erster Abschnitt, §§ 1–3); massgebend ist danach grundsätzlich, ob es sich um öffentlichrechtliche oder um zivilrechtliche Angelegenheiten handelt. Sodann wurde mit dem Erlass allgemeiner Vorschriften über das Verfahren zur Verbesserung des Rechtsschutzes des Bürgers eine einheitliche Ordnung geschaffen, welche die verwirrende Vielfalt von Bestimmungen in einzelnen Sachgesetzen und Verordnungen ablöste (Zweiter Abschnitt), und zwar sowohl für das nichtstreitige Verfahren (§§ 4–18), wie auch für das verwaltungsinterne Rekursverfahren (§§ 19–28). Diese Vereinheitlichung war auch im Hinblick auf die Einführung der Verwaltungsgerichtsbarkeit erforderlich, da diese eine koordinierte Verfahrens- und Zuständigkeitsregelung der Vorinstanzen des Gerichts voraussetzte. Vom Geltungsbereich der neuen Bestim-

Einleitung

mungen wurden allerdings verschiedene verwaltungsrechtliche Teilgebiete ausgenommen (§ 4 Abs. 2 lit. a–c): a) Steuersachen, weil hier in der Steuergesetzgebung bereits eine eigenständige Ordnung bestand, die man nicht – auch nicht bezüglich des gerichtlichen Rechtsschutzes (vgl. §§ 72 und 73) – in das VRG integrieren wollte; Straf- und Polizeistrafsachen, weil sie nicht zu den «öffentlichrechtlichen» (verwaltungsrechtlichen) Angelegenheiten im Sinn von § 1 gerechnet wurden; b) personalrechtlichen Angelegenheiten mit Ausnahme der an das Verwaltungsgericht weiterziehbaren schwersten Disziplinarsanktionen (vgl. § 74), weil der Gesetzgeber von der heute überwundenen Auffassung ausging, personelle Entscheidungen gehörten zu den sogenannten justizfreien Hoheitsakten (zu den in der Praxis gleichwohl anerkannten Verfahrensgarantien und Rekursmöglichkeiten vgl. Kom. 1. A., § 4 N. 17–26); c) Akte im Rahmen des Vollzugs zwangsweiser administrativer Einweisungen mit Ausnahme der an das Verwaltungsgericht weiterziehbaren Entscheide über die Einweisung, deren Aufhebung oder deren Verlängerung (vgl. § 45 lit. a; vgl. Kom. 1. A., § 45 N. 2–4).

18 Kernstück der Vorlage bildete die Schaffung eines unabhängigen Verwaltungsgerichts. Dieses übernahm einerseits den bisher durch die Zivilgerichte gewährleisteten Rechtsschutz über öffentlichrechtliche Vermögensansprüche; anderseits ergänzte es die bisherigen punktuellen Ansätze verwaltungsgerichtlichen Rechtsschutzes (Versicherungsgericht, Oberrekurskommission für Steuerstreitigkeiten, Rekurskommissionen für AHV, für Altersbeihilfe und für die Landwirtschaft). Allerdings konnte sich die Idee eines integralen richterlichen Schutzes noch nicht durchsetzen; die sachliche Zuständigkeit des Verwaltungsgerichts wurde nicht mit einer Generalklausel, sondern durch Enumeration festgelegt. Bezeichnend hierfür sind die Ausführungen des Regierungsrats im Beleuchtenden Bericht 1959 (S. 393): Es entspreche einem «demokratischen Grundgedanken» der zürcherischen Verfassung von 1869, die Verwaltungssachen letztinstanzlich durch den Regierungsrat entscheiden zu lassen, dessen Wahl durch das Volk «eine politische Garantie des Rechtsschutzes des Bürgers» beinhalte. Diese «klare Verantwortlichkeit» werde mit der Schaffung des Verwaltungsgerichts «verwischt». Praktisch bleibe jedoch dieser Nachteil «erträglich», weil sich die Zuständigkeit des Verwaltungsgerichts gemäss den §§ 41–46, 72, 74–75 und 81–82 auf Streitigkeiten beschränke, die sich für eine gerichtliche Erledigung eigneten. Immerhin handelte es sich bei den im Katalog aufgezählten Zuständigkeiten grösstenteils um sogenannte Teilgeneralklauseln.

19 Bezüglich der Umschreibung der Rekurs- und Beschwerdelegitimation im verwaltungsinternen und im verwaltungsgerichtlichen Rechtsmittelverfahren blieb das VRG der süddeutschen Konzeption eines Schutzes der «subjektiven öffentlichen Rechte» verhaftet (vgl. N. 12; Kom. 1. A., § 21 N. 1–15), die noch heute bestimmend für die Verwaltungsrechtspflege in Deutschland ist (Eyermann/Fröhler, § 42 N. 120).

Beim Erlass des VRG war das zürcherische Verwaltungsprozessrecht infolge der relativ spät erfolgten Normierung sowie der nur punktuellen wissenschaftlichen Durchdringung dogmatisch noch wenig gefestigt, was sich bei der Anwendung des Gesetzes in verschiedenen grundsätzlichen Fragen zeigte. Die in Lehre und Praxis zu beobachtende Tendenz einer stärkeren Anlehnung an das hochentwickelte Zivilprozessrecht führt in vielen Fällen zu guten Ergebnissen. Dennoch stellen sich im Verwaltungsprozessrecht eine ganze Reihe von Fragen, deren Beantwortung nur aus Wesen und Inhalt des Verwaltungsrechts möglich ist. Das gilt namentlich für den Verfügungsbegriff, die Parteilehre und die Legitimation. 20

3. Änderungen bis 1997

Im Jahre 1968 überwies der Kantonsrat dem Regierungsrat eine Motion von Dr. Rudolf Friedrich, in welcher die Schaffung des Amtes eines kantonalen *Ombudsman* angeregt wurde. Der Regierungsrat legte dem Kantonsrat am 9.6.1976 Weisung und Entwurf zur Schaffung eines Ombudsman vor. Die Behandlung der Motion Friedrich dauerte vor allem deshalb längere Zeit, weil man mit guten Gründen die Erfahrungen nutzen wollte, welche die Stadt Zürich mit dem von ihr im Jahre 1970 geschaffenen Amt eines «Beauftragten in Beschwerdesachen» gesammelt hat. Das Zürchervolk hat die Vorlage über den Ombudsmann (heute «Ombudsperson») am 25.9.1977 angenommen (OS 46, 667). Der Kanton Zürich hat damit diese Institution als erster schweizerischer Kanton eingeführt. 21

Verschiedene punktuelle Änderungen, soweit heute noch von Belang, erweiterten oder modifizierten die *Zuständigkeit des Verwaltungsgerichts als einzige Instanz* im Klageverfahren (§§ 81 und 82): Mit dem Planungs- und Baugesetz vom 7.9.1975 wurden § 81 lit. c und § 82 lit. h eingefügt (OS 46, 833), wobei letztere Bestimmung durch das Abfallgesetz vom 25.9.1994 erweitert wurde (OS 52, 950). § 82 lit. i wurde eingefügt durch das EKZ-Gesetz vom 19.6.1983 (OS 48, 753), § 81 lit. d durch das Gesetz über Aufgabenteilung und Lastenausgleich (Trägerschaft der Berufsschulen) vom 2.12.1984 (OS 49, 232). Durch das Gesetz über die Bezirksverwaltung vom 10.3.1985 wurde § 81 lit. b angepasst (OS 49, 363; wegfallende Zuständigkeit für Streitigkeiten zwischen dem Staat und einer Gemeinde als Bezirkshauptort). Durch das Wasserwirtschaftsgesetz vom 2.6.1991 wurde § 81 lit. d geändert (OS 51, 707). Mit der Gesetzesnovelle vom 6.9.1987 wurde in § 17 Abs. 2 der Rahmen für die *Zusprechung einer Parteientschädigung* erweitert (OS 50, 221). 22

Einleitung

4. Die Revision von 1997

23 Die Revision beruht auf Vorarbeiten von Prof. Georg Müller, der als Gutachter im September 1991 einen Zwischenbericht und im Dezember 1992 einen bereinigten Vorentwurf vorlegte. Nach Durchführung eines Vernehmlassungsverfahrens erarbeitete die Justizdirektion unter Leitung des Experten einen im November 1994 abgeschlossenen Revisionsentwurf, der dem Regierungsrat als Grundlage bei der Vorbereitung des Antrags vom 3.5.1995 an den Kantonsrat diente.

24 Mit dieser Revision wurde vorab eine Anpassung an die *Vorgaben des übergeordneten Rechts* betreffend richterlichen Rechtsschutz angestrebt. Nach *Art. 6 Ziff. 1 EMRK* hat jedermann unter anderem Anspruch darauf, dass ein unabhängiges Gericht über *zivilrechtliche Ansprüche* und Verpflichtungen entscheidet. Der Begriff des «zivilrechtlichen Anspruchs» umfasst nach der Rechtsprechung des Europäischen Gerichtshofes für Menschenrechte auch weite Bereiche der nach schweizerischem Rechtsverständnis dem Verwaltungsrecht zuzuordnenden Materien, namentlich Verfahren mit Rückwirkung auf das Eigentumsrecht wie Enteignungsverfahren sowie teilweise auch Nutzungsplanungen und baurechtliche Verfahren, ferner Verfahren betreffend die Ausübung freiberuflicher und gewerblicher Tätigkeiten. Eine weitere Vorgabe enthält *Art. 98a OG* (i.d.F.v. 4.10.1991), der die Kantone verpflichtet, im Anwendungsbereich der Verwaltungsgerichtsbeschwerde an das Bundesgericht zu dessen Entlastung als letzte kantonale Instanzen richterliche Behörden zu bestellen (Abs. 1), deren Zuständigkeit, Organisation und Verfahren im Rahmen des Bundesrechts zu regeln (Abs. 2) und dabei Beschwerdelegitimation und Beschwerdegründe mindestens im gleichen Umfang wie für die Verwaltungsgerichtsbeschwerde an das Bundesgericht zu gewährleisten (Abs. 3). Das erforderte einen Ausbau der Zuständigkeit des Verwaltungsgerichts, dessen Anrufung mittels Beschwerde bis dahin gemäss § 49 VRG gerade dann ausgeschlossen war, wenn ein ordentliches Rechtsmittel an eine Bundesinstanz offen stand. Dieser Ausbau erfolgte durch Einführung einer mit Ausnahmen verbundenen Generalklausel (§§ 41–43). Der – teils zwingenden (Art. 98a Abs. 3 OG), teils freiwilligen – Anpassung an das übergeordnete Recht dient auch die erweiterte Umschreibung der *Legitimation* in § 21 VRG, die vom Regierungsrat beantragt worden war, in der kantonsrätlichen Kommission jedoch mehrheitlich verworfen wurde und sich erst im Rat durchsetzte.

25 Des Weiteren wollte man Anliegen der *Verfahrenskoordination* umsetzen, die sich aus dem Raumplanungs- und Umweltrecht sowie dessen Verflechtung mit dem kantonalen Recht ergeben. Das erforderte in erster Linie eine Änderung und Anpassung von Verfahrensbestimmungen in den einzelnen Sachgesetzen, insbesondere dem Planungs- und Baugesetz, dem Strassengesetz, dem Wasserwirtschaftsgesetz und dem Abtretungsgesetz. Die kantonsrätliche Kommission

erwog zunächst, dieses Revisionsziel von der Vorlage zur Revision des VRG abzutrennen und im Rahmen einer ohnehin anstehenden Revision des PBG umzusetzen, um eine weitere Verzögerung bei der Revision des VRG zu vermeiden (Prot. KK 1995/96, S. 168 ff.); in der Folge blieb sie jedoch bei der ursprünglichen Absicht, die entsprechenden Änderungen im Rahmen der VRG-Revision vorzunehmen (Prot. KK 1995/96, S. 320 ff.; vgl. §§ 309, 319, 329 PBG, §§ 15, 16, 17, 45 StrassG, §§ 18, 18a WasserwirtschaftsG, §§ 42, 46 AbtrG).

Eine weitere, politisch wichtige Zielsetzung bestand in der *Beschleunigung und Straffung der Verfahren*. Diesem Ziel dienen vorab die eingefügten bzw. neu gefassten §§ 10a (Verzicht auf Begründung und Rechtsmittelbelehrung unter den Voraussetzungen von Abs. 1 oder Abs. 2 lit. a bzw. lit. b), 19a–19c (Instanzenzug), 26 Abs. 3 (Beschränkung der Vernehmlassungsfristen), 27a (Behandlungsfrist für Rekurse) und 38 (Vereinfachungen im Verfahren vor Verwaltungsgericht: Dreierbesetzung bei Kammergeschäften, einzelrichterliche Behandlung gewisser Fälle, Möglichkeit von Entscheidungen auf dem Zirkularweg mit summarischer Begründung). 26

Im Übrigen beschränkte man sich auf eine «Nachführung» des VRG, um den in der Praxis seit 1960 gewonnenen Erfahrungen Rechnung zu tragen. Unter diesem Gesichtswinkel erfolgten die neuen Regelungen in den §§ 4 (Geltungsbereich), 5a (Ausstand), 6a (gemeinsames Zustellungsdomizil oder gemeinsamer Vertreter), 6b (Zustellungsdomizil oder Vertreter in der Schweiz), 10 (Mitteilung, Begründung und Rechtsmittelbelehrung), 12 Abs. 2 (Fristwiederherstellung), 15 (Kostenvorschuss), 16 (Unentgeltliche Rechtspflege) sowie 86a–86d (Revision). Die Beschränkung auf eine solche Nachführung bedeutete konzeptionell zugleich den Verzicht auf eine Totalrevision. Damit sollte der Charakter des geltenden VRG als einer punktuellen, auf das Wesentliche beschränkten Regelung beibehalten, die nötige Flexibilität für die Berücksichtigung künftiger Entwicklungen im übergeordneten Bundesrecht bewahrt und eine Kontinuität der Praxis zu den bisher normierten oder entwickelten Verfahrensgrundsätzen sichergestellt werden (Weisung 1995, S. 1521 ff.). Mit dieser Beschränkung sind indessen gewichtige Nachteile verbunden. Verschiedene Begriffe und Institute, Verfahrensgarantien und Rechtsbehelfe des Verwaltungsverfahrens werden im VRG nach wie vor nicht näher definiert oder normiert; das gilt insbesondere für die Begriffe der Verfügung und der Partei, Teilaspekte des (auch als Grundsatz nirgends erwähnten) rechtlichen Gehörs, die Institute der Erläuterung, der Berichtigung, der Wiedererwägung, der Rücknahme und der Anpassung sowie die Rechtsbehelfe der Aufsichtsbeschwerde und des Wiedererwägungsgesuchs. Diese insoweit lückenhaft gebliebene Ordnung kommt den Anliegen der Bürgernähe, Transparenz und Rechtssicherheit nicht entgegen (Rotach, S. 435). 27

Einleitung

5. Weitere Änderungen

28 Seit der Revision vom 8.6.1997 sind verschiedene Bestimmungen des VRG aufgehoben, eingefügt oder geändert worden: Mit dem Universitätsgesetz vom 15.3.1998 wurde der Aufgabenbereich der Ombudsperson erweitert (§ 89 Abs. 2; vgl. § 89 N. 8). Mit dem Personalgesetz vom 27.9.1998 wurde im Zusammenhang mit den neu eingeführten gemeinsamen Kompetenzen der obersten kantonalen Gerichte (neu §§ 210–216 GVG) die Verordnungskompetenz des Verwaltungsgerichts zur Regelung des Dienstverhältnisses seiner Beamten aufgehoben (§ 37 Abs. 2; vgl. § 37 N. 2). Mit der Revision des Gebäudeversicherungsgesetzes am 7.2.1999 wurde die verwaltungsgerichtliche Zuständigkeit zur Beurteilung von Ansprüchen gegen die kantonale Gebäudeversicherungsanstalt im Klageverfahren aufgehoben (§ 82 lit. f); dies ergab sich daraus, dass neu gegen alle Anordnungen der Gebäudeversicherungsanstalt Rekurs an die Rekurskommission der Gebäudeversicherung erhoben werden kann, deren Entscheide nunmehr der Beschwerde an das Verwaltungsgericht unterliegen (vgl. § 82 N. 16 ff.). Durch das Mittelschulgesetz vom 13.6.1999 wurden die Ausnahmen von der Zulässigkeit der Beschwerde im Unterrichtswesen erweitert (§ 43 Abs. 1 lit. f; vgl. § 43 N. 16 ff.). Mit dem Gesetz über die Offenlegung von Interessenbindungen von Richterinnen und Richtern vom 13.6.1999 wurde § 34a eingefügt (vgl. § 34a N. 1 ff.).

Gesetz über den Rechtsschutz in Verwaltungssachen (Verwaltungsrechtspflegegesetz)

vom 24. Mai 1959

Erster Abschnitt
Die sachliche Zuständigkeit der Verwaltungsbehörden

Vorbemerkungen zu §§ 1–3

Entgegen dem Wortlaut der Überschrift zum ersten Abschnitt befassen sich die §§ 1–3 nicht nur mit der sachlichen, sondern auch mit der funktionellen Zuständigkeit von Verwaltungsbehörden und Verwaltungsgericht. Entsprechend dem in § 1 formulierten Grundsatz gelten sie sowohl für das (nichtstreitige) Verwaltungsverfahren als auch für das Verwaltungsstreitverfahren (vgl. Prot. KK, 19.11.1957, S. 14). Mit Ausnahme des generellen Vorbehalts von § 3 grenzen sie die Zuständigkeit jedoch nur gegenüber den *Zivilgerichten,* nicht aber gegenüber den Strafgerichten ab. Ebenso verlautet nichts zur Frage der örtlichen Zuständigkeit der Verwaltungsbehörden und der Verwaltungsrechtspflegeinstanzen (vgl. § 5 N. 12 ff.). Diese Fragen wurden bei der Schaffung des VRG als durch das Bundesrecht und das übrige kantonale Recht hinreichend geregelt befunden (Prot. KR 1955–1959, S. 3267). An dieser Unvollständigkeit hinsichtlich der gesetzlichen Zuständigkeitsumschreibung änderte die Gesetzesrevision vom 8.6.1997 nichts, welche die §§ 1–3 unverändert beliess. Zum einen ist dies zweifellos darauf zurückzuführen, dass sich diese Unvollständigkeit in der Vergangenheit nicht als nachteilig erwies. Zum andern hätte dies den Zielen der Revisionsvorlage widersprochen (vgl. Weisung 1995, S. 1520 f.) und widerspiegelt sich darin der Charakter des VRG als bewusst unvollständig gehaltene Normierung (Weisung 1995, S. 1521 f.). 1

Da gemäss § 3 besondere gesetzliche Bestimmungen vorbehalten bleiben, kommt § 1 von vornherein nur subsidiäre Bedeutung zu. Eine derartige Spezialbestimmung bildet auch § 2, indem die dort genannten Schadenersatzansprüche in die Zuständigkeit der Zivilgerichte fallen (vgl. Beleuchtender Bericht 1959, S. 396). Diese Regelung hat den Nachteil, dass einige Verwaltungssachen im materiellen Sinn in die Zuständigkeit der Zivilgerichte fallen (namentlich die in § 2 genannten Materien). Dies steht im Widerspruch zur im modernen Rechtsstaat erkennbaren Tendenz, die Verwaltungsrechtspflege auszubauen und zu stärken und damit den Rechtsschutz des Bürgers gegenüber Staat und Be- 2 hörden zu verbessern (vgl. Weisung 1995, S. 1521). Zugunsten dieser Zuständigkeitsregelung ist aber festzuhalten, dass mit dem Inkrafttreten des VRG nicht alle von § 1 abweichenden Spezialgesetze abgeändert werden mussten.

I. Grundsatz **§ 1. Öffentlich-rechtliche Angelegenheiten werden von den Verwaltungsbehörden und vom Verwaltungsgericht entschieden. Privatrechtliche Ansprüche sind vor den Zivilgerichten geltend zu machen.**

Materialien
Weisung 1957, S. 1026; Prot. KK 19.11.1957; Prot. KR 1955–1959, S. 3267; Beleuchtender Bericht 1959, S. 395.

Literatur
BÄUMLIN RICHARD, Privatrechtlicher und öffentlich-rechtlicher Immissionsschutz, Rechtliche Probleme des Bauens, Berner Tage für die juristische Praxis, Bern 1969, S. 107 ff.; BULLINGER MARTIN, Öffentliches Recht und Privatrecht, Stuttgart 1968; CAGIANUT FRANCIS, Die Bedeutung des Zivilrechts für den Verwaltungsrichter, in: Festschrift zum 65. Geburtstag von Mario M. Pedrazzini, Bern 1990, S. 95 ff.; DESCHENAUX HENRI, Die Einleitungsartikel, in: Schweizerisches Privatrecht, Bd. II, Basel 1967, S. 15 ff.; DRUEY JEAN NICOLAS, Privatrecht als Kontaktrecht: ein Gedanke zur Unterscheidung von öffentlichem Recht und Privatrecht, in: Jahrbuch des öffentlichen Rechts der Gegenwart, 40/1991–92, S. 149 ff.; GIACOMETTI ZACCARIA, Über die Grenzziehung zwischen Zivilrechts- und Verwaltungsrechtsinstituten in der Judikatur des schweizerischen Bundesgerichts, Zürich 1924; GRISEL ANDRÉ, Des rapports entre le droit civil fédéral et le droit public cantonal, ZSR 70/1951, S. 293 ff.; DERSELBE, S. 104 ff.; GYGI FRITZ, Verwaltungsrecht und Privatrecht, Bern 1956; HÄFELIN/MÜLLER, Rz. 202 ff.; HUBER HANS, Berner Kommentar zum ZGB, Einleitung, Bern 1962, Art. 6 N. 110 ff.; DERSELBE, Das Verhältnis des kantonalen öffentlichen Rechts und des Bundeszivilrechts in der Gegenwart, ZBJV 98/1962, S. 169 ff.; IMBODEN MAX, Der verwaltungsrechtliche Vertrag, ZSR 77/1958 II, S. 1a ff.; IMBODEN/RHINOW/KRÄHENMANN, Nrn. 1–4; KNAPP BLAISE, in: Kommentar aBV, Art. 64 Rz. 11 ff.; KÖLZ ALFRED, Von der Herkunft des schweizerischen Verwaltungsrechts, in: Festschrift Dietrich Schindler, Zürich 1989, S. 597 ff.; KUTTLER ALFRED, Zur Problematik der gemischtrechtlichen Normen im Baurecht, ZBl 67/1966, S. 265 ff.; LIVER PETER, Privates und öffentliches Baurecht, Rechtliche Probleme des Bauens, Berner Tage für die juristische Praxis, Bern 1969, S. 13 ff.; MARTI ARNOLD, Zürcher Kommentar zum ZGB, Art. 1–7 ZGB, Zürich 1998, Vorbemerkungen zu Art. 5 und 6 ZGB N. 23 ff.; MOOR PIERRE, Le droit administratif et la distinction entre droit public et droit privé, in: Mélanges Henri Zwahlen, Lausanne 1977, S. 145 ff.; MOOR I, S. 125 ff.; MÜLLER PAUL RICHARD, Das öffentliche Gemeinwesen als Subjekt des Privatrechts, Zürich/St. Gallen 1970; NAWIASKY HANS, Der Unterschied zwischen Privatrecht und öffentlichem Recht, ZBl 43/1942, S. 193 ff.; RAMSTEIN KURT, Die Abgrenzung zwischen öffentlichem und privatem Recht im Lichte der bundesgerichtlichen Rechtsprechung, Winterthur 1959; RHINOW RENÉ A., Verfügung, Verwaltungsvertrag und privatrechtlicher Vertrag, in: Festgabe zum Schweizerischen Juristentag 1985, Basel/Frankfurt a.M. 1985, S. 295 ff.

Übersicht

	Note
1. Die Abgrenzung von öffentlichem Recht und Privatrecht	1
1.1. Theoretische Grundfragen	1
1.2. Leitende Grundsätze der Rechtsprechung	13
1.3. Verwaltungsrechtlicher und privatrechtlicher Vertrag	18

1.4.	Gemischtrechtliche Normen (Doppelnormen)	19
1.5.	Die Vergebung öffentlicher Aufträge (Submission)	20
1.6.	Die Verweisung des öffentlichen Rechts auf Normen des Privatrechts	21
1.7.	Kasuistik	22
	1.7.1. Planungs- und Baurecht	22
	1.7.2. Strassenrecht	23
	1.7.3. Verschiedenes	24
2.	Die Abgrenzung zwischen Verwaltungs- und Strafsachen	25
3.	Vorfragen	30
4.	Prorogation	37
5.	Kompetenzkonflikte	38

1. Die Abgrenzung von öffentlichem Recht und Privatrecht

1.1. Theoretische Grundfragen

§ 1 liegt der *Grundsatz* zugrunde, dass Streitigkeiten aus öffentlichrechtlichen Verhältnissen von Verwaltungs- und Verwaltungsrechtspflegebehörden, nicht vom Zivilrichter zu beurteilen sind. Dementsprechend geht das Gesetz von der die ganze Rechtsordnung durchziehenden Zweiteilung von öffentlichem Recht und Privatrecht aus. Diese herkömmliche Unterscheidung hat zwar in neuerer Zeit infolge der zunehmenden Verflechtung von Staat und Gesellschaft etwas an Bedeutung verloren, besonders in rechtsstruktureller und damit methodischer Beziehung. Gerade weil sie vielfach zu einem blossen praktischen Hilfsmittel geworden ist, verdient sie jedoch als unabdingbares, grundlegendes organisatorisches Prinzip eine Aufwertung (Moor I, S. 126). Praktisch ist die Unterscheidung namentlich deshalb von Bedeutung, weil von ihr der zulässige *Rechtsweg* abhängt. Zu beachten ist in diesem Zusammenhang, dass sich bei der Ausübung der Verwaltungstätigkeit verschiedentlich Berührungspunkte zwischen öffentlichem und privatem Recht ergeben und der Bereich des nicht eindeutig als «öffentlichrechtlich» oder «zivilrechtlich» einzuordnenden Rechts immer grösser wird.

Öffentliches Recht und Zivilrecht sind zunächst einmal als *formelle* Begriffe zu verstehen. In diesem Sinn erscheint eine Angelegenheit als öffentlichrechtlich, wenn sie in den Normbereich eines staats- oder verwaltungsrechtlichen Gesetzes fällt. Zivilrechtlich ist sie, wenn sie in einem zivilrechtlichen Erlass enthalten ist. Letzteres ist namentlich der Fall für die Bestimmungen der eidgenössischen Zivilrechtskodifikationen (OR, ZGB) mit Nebenerlassen. Dementsprechend hat es der Gesetzgeber in den Schranken der verfassungsrechtlichen Kompetenzordnung in der Hand, eine materielle Zivilsache zu einer formell öffentlichrechtlichen (und umgekehrt) zu machen (dazu §§ 2 und 3; Huber, a.a.O., Art. 6 N. 107 ff.; Moor I, S. 136). Die Feststellung, ob eine öffentlichrechtliche oder aber eine zivilrechtliche Angelegenheit vorliege, mag demnach zunächst einmal anhand der Bezeichnung eines Erlasses getroffen werden; ein

Anhaltspunkt kann auch der Verweis auf einen bestimmten Rechtsweg sein (vgl. § 19 HaftungsG).

3 Die vom kantonalen Gesetzgeber im Einzelfall getroffene Unterscheidung zwischen öffentlichrechtlicher und privatrechtlicher Angelegenheit muss sich nicht notwendig mit einer vom Bundesrecht getroffenen decken. Was nach dem kantonalen Recht Zivilsache ist, kann im Verfahren vor Bundesgericht Verwaltungssache sein. Für eine sinnvolle Entscheidung darüber, ob ein Rechtssatz öffentlichrechtlicher oder privatrechtlicher Natur ist, erweist sich das formelle Kriterium allerdings als wenig hilfreich (vgl. Häfelin/Müller, Rz. 205). Gerade das formelle Bundeszivilrecht enthält unzählige Normen, die öffentlichrechtlichen Charakter haben: Dies gilt etwa für die Stiftungsaufsicht (Art. 84 ZGB) oder für das Vormundschaftsrecht (Art. 360 ff. ZGB), jedenfalls soweit es aufgrund der staatlichen Eingriffsgewalt das Verhältnis des Privaten zur öffentlichen Hand als ihm übergeordnetes Rechtssubjekt regelt (Frank/Sträuli/Messmer, § 196a N. 24).

4 Die Unterscheidung bereitet denn auch Schwierigkeiten, sobald ein formelles Kriterium fehlt, etwa wenn ein ganzer Erlass nicht eingeordnet werden kann, sich einzelne Bestimmungen formell qualifizierter Erlasse ihrer Natur nach dort nicht einordnen lassen oder wenn ein Erlass gemischtrechtlichen Charakter hat (z.B. das EG ZGB; vgl. RB 1964 Nr. 1), also Bestimmungen öffentlichrechtlicher und zivilrechtlicher Natur enthält. Für solche Fälle wurden verschiedene *Abgrenzungstheorien* entwickelt. Dabei ist nicht auf eine einzige Theorie allein abzustellen; vielmehr ist die fragliche Norm mit Hilfe der verschiedenen Theorien zu qualifizieren und am Schluss abzuwägen, ob mehr für die Qualifizierung als öffentlichrechtlich oder aber als zivilrechtlich spricht; denn jede der Theorien hat einen richtigen Kern (vgl. Huber, a.a.O., Art. 6 N. 130; Imboden/Rhinow I, Nr. 1 B II).

5 Nach der *Subjektions- oder Subordinationstheorie* sind ein Rechtsverhältnis und die ihm zugrunde liegende Norm dann öffentlichrechtlich, wenn der Staat dem Individuum als übergeordnetes, mit obrigkeitlicher Macht ausgestattetes Gebilde entgegentritt. Das Privatrecht ordnet demnach die Rechtsbeziehungen zwischen gleichartigen, gleichwertigen, gleichberechtigten Rechtssubjekten, während das öffentliche Recht das Verhältnis des Individuums zur Staatsgewalt im Sinn von dessen *Unterordnung* regelt (BGE 109 Ib 152 f., mit Hinweisen). Diese Theorie steht jedoch im Widerspruch zum liberalen und demokratischen Staatsdenken, das den Staat heute nicht mehr als «Obrigkeit» auffasst, sowenig sich der Bürger als «Untertan» versteht.

6 Nach der auf das römische Recht zurückgehenden *Interessentheorie* (Ulpian, Digesten 1.1.1.) sind jene Normen öffentlichrechtlich, die vorwiegend im öffentlichen Interesse, jene zivilrechtlich, die vorwiegend im Interesse der einzelnen Bürger erlassen worden sind. Diese Theorie krankt an der Tatsache, dass

das Recht nicht ausschliesslich unter dem Interessengesichtspunkt betrachtet werden darf (vgl. Huber, a.a.O., Art. 6 N. 120). Zudem ist die Grenzziehung zwischen öffentlichem Interesse und Privatinteresse schwierig vorzunehmen; letztlich steht auch der Staat im Dienste von individuellen Interessen (vgl. die Kritik von Huber, a.a.O., Art. 6 N. 120; Knapp, a.a.O., Art. 64 Rz. 20). In der Nähe der Interessentheorie steht die Abgrenzung von öffentlichem und privatem Recht mittels der *typologischen Methode*. Gemäss dieser gelten Rechtsnormen als privatrechtlich, wenn sie die Voraussetzungen privatautonomer Rechtsgestaltung umschreiben, herkömmlicherweise mit der Privatrechtstradition zusammenhängen und typischerweise privatrechtliche Ziele verfolgen (Häfelin/Müller, Rz. 209a; vgl. VPB 46/1982 Nr. 20; Rhinow/Krähenmann, Nr. 1 B IV e).

Nach der *Funktionstheorie* sind solche Normen öffentlichrechtlicher Natur, die unmittelbar die Erfüllung einer öffentlichen Aufgabe oder die Ausübung einer öffentlichen Tätigkeit regeln. Die *modifizierte Funktionstheorie* stellt darauf ab, ob die Ausführung einer Rechtsnorm, die eine öffentliche Aufgabe oder Tätigkeit umschreibt, der öffentlichen Verwaltung übertragen ist (Merkli/Aeschlimann/Herzog, Art. 8 N. 11; vgl. BVR 1996, S. 334). Diese Theorien gehen davon aus, dass sich der Staat bei der Erfüllung der ihm übertragenen Aufgaben öffentlichrechtlicher Mittel zu bedienen hat. Insoweit sollen der «Flucht des Gemeinwesens in das Privatrecht» Schranken gesetzt werden. Dafür gibt es verschiedene Gründe: Einmal ist die demokratische Kontrolle über die Verwaltung besser gewährleistet, wenn letztere in den Formen des öffentlichen Rechts handelt. Zudem hat der Bürger bei Anwendung öffentlichen Rechts eine bessere Stellung, indem er sich auch auf die Grundrechte, vor allem das Rechtsgleichheitsgebot, berufen kann. Soweit das Gesetz kein förmliches Rechtsmittel vorsieht, ist dies dem Bürger bei privatrechtlichem Handeln des Gemeinwesens verwehrt, selbst wenn dieses dabei an die Grundrechte gebunden ist (BGE 109 Ib 155; Häfelin/Müller, Rz. 237 f.). Schliesslich wird durch das Handeln des Staates in privatrechtlicher Form das Prinzip der Gesetzmässigkeit staatlicher Verwaltung in Frage gestellt.

7

Nach der *Subjekttheorie,* die der Funktionstheorie verwandt ist, ist eine Norm dann öffentlichrechtlich, wenn zumindest auf einer Seite der Staat oder andere Subjekte öffentlichen Rechts beteiligt sind (vgl. Huber, a.a.O., Art. 6 N. 125). Diese Theorie leidet daran, dass der Staat seine Aufgaben nicht richtig erfüllen könnte, wenn er überhaupt nicht mehr in den Formen des Privatrechts handeln dürfte. Insbesondere im Bereiche der Verwaltung des Finanzvermögens und der administrativen Hilfstätigkeit ist der Staat auf privatrechtliche Mittel angewiesen, aber auch dort, wo er aus besonderen Gründen mit den Privatrechtssubjekten in Konkurrenz treten muss. Die Subjekttheorie unterscheidet sich von der Funktionstheorie insbesondere dadurch, dass sie sämtliche Akte, an denen staatliche Organe beteiligt sind, als öffentlichrechtlich qualifiziert, die

8

§ 1

Funktionstheorie dagegen nur Akte, die in *unmittelbarer* Erfüllung staatlicher Aufgaben ergehen.

9 Die *modale Theorie* besagt, dass eine Regelung dem öffentlichen Recht zuzuordnen ist, sobald die damit verbundene Sanktion öffentlichrechtlich ausgestaltet ist. Als privatrechtlich erscheint eine Norm demzufolge, wenn deren Verletzung eine zivilrechtliche Sanktion nach sich zieht (Häfelin/Müller, Rz. 210a).

10 Die Theorie vom *zwingenden und nachgiebigen Recht* (auch Verfügungstheorie genannt) stellt darauf ab, dass das öffentliche Recht zwingenden Charakter habe, das Privatrecht dagegen dispositiver Natur sei (vgl. Walther Burckhardt, Die Organisation der Rechtsgemeinschaft, 2. A., Zürich 1943, S. 41). Als Grundlage für die Bildung eines materiellen Begriffs ist diese Theorie nicht geeignet, weil sie deskriptiv ist und lediglich auf äussere Erscheinungen und Formen abstellt (Häfelin/Müller, Rz. 206; vgl. im Übrigen die Kritik bei Huber, a.a.O., Art. 6 N. 129).

11 Die sogenannte *Rechtsformentheorie* stellt auf das Gestaltungsmittel der handelnden Subjekte ab. Danach steht auf der einen Seite der Vertrag, dessen sich die Privaten unter sich bedienen; derartige Rechtsverhältnisse sind daher als privatrechtlich zu qualifizieren. Auf der andern Seite steht die Verfügung (der Befehl), deren sich der Staat bedient; solche Rechtsverhältnisse wären nach der Rechtsformentheorie als öffentlichrechtlich zu qualifizieren (vgl. Huber, a.a.O., Art. 6 N. 128). Auch diese Theorie steht vorwiegend auf deskriptiver Grundlage und ist für einen materiellen Begriff nur bedingt verwendbar. So kommt es für die Beurteilung, ob eine Sache öffentlichrechtlicher Natur sei, nicht darauf an, in welchen Formen eine Behörde tatsächlich gehandelt hat, sondern darauf, wie sie hätte handeln sollen.

12 Eine wichtige Rolle spielte früher die *Fiskustheorie*, gemäss welcher alle *vermögensrechtlichen Ansprüche* gegen das Gemeinwesen dem Privatrecht unterstehen (vgl. Einleitung N. 6). In Deutschland entwickelt, erlangte sie in der Schweiz im 19. Jahrhundert grosse Bedeutung. Mit dem Vordringen der demokratischen Kontrolle über Regierung und Parlament im Gefolge der demokratischen Bewegung der sechziger Jahre des 19. Jahrhunderts und später mit der Errichtung von Spezialverwaltungsgerichten, so auf dem Gebiet des Steuerrechts, aber auch allgemeiner Verwaltungsgerichte, verlor sie allmählich an Bedeutung. Sie wirkt aber nach, indem das Verfahren und der Instanzenzug betreffend Steuerstreitigkeiten noch heute eine Sonderstellung einnehmen (vgl. §§ 72 f.). Ferner sind gewisse Materien finanzieller Natur, die früher von den Zivilgerichten entschieden wurden, mit Erlass des VRG in das Klageverfahren gemäss §§ 81 ff. übergegangen (Verwaltungsgericht als einzige Instanz). Die Fiskustheorie hatte im 19. Jahrhundert die positive Wirkung, dass sie auf Umwegen eine beschränkte Verwaltungskontrolle ermöglichte. Heute sind von ihr nur noch negative Fol-

§ 1

gen geblieben, nämlich die Neigung des Gemeinwesens zur Flucht in die schlecht kontrollierbaren Formen des Privatrechts.

1.2. Leitende Grundsätze der Rechtsprechung

Weil jede der Abgrenzungstheorien einen wahren Kern beinhaltet (vgl. N. 4), sind die betreffenden Kriterien im Sinn eines *Methodenpluralismus* auf den Einzelfall anzuwenden, wobei keiner Methode der Vorrang zuzuerkennen ist. Vielmehr ist in jedem Einzelfall zu prüfen, welches Abgrenzungskriterium den konkreten Gegebenheiten am besten gerecht wird bzw. welche Kombination von Merkmalen eine sinnvolle Zuordnung ermöglicht (BGr. 27.9.1996, ZBl 98/1997, S. 410 f.; BGE 120 II 414, 109 Ib 149). 13

Im Rahmen der Rechtsprechung des Verwaltungsgerichts zur Unterscheidung von öffentlichem und privatem Recht tritt die Funktionstheorie deutlich hervor (RB 1990 Nr. 2, 1982 Nr. 3, 1981 Nr. 111, 1980 Nr. 24), was eine starke Bindung an das Prinzip der Gesetzmässigkeit der Verwaltung widerspiegelt. Zugleich wird damit der Verwaltungstätigkeit des Gemeinwesens in den Formen des Privatrechts ein Riegel geschoben (RB 1990 Nr. 2; RB 1975 Nr. 1 = ZBl 76/1975, S. 458 = ZR 74 Nr. 81; RB 1962 Nr. 24 = ZBl 63/1962, S. 324 = ZR 61 Nr. 124; Max Mettler, Das Zürcher Gemeindegesetz, 3. A., Zürich 1977, S. 30 f.). Es wird, von wenigen Ausnahmen abgesehen, am Grundsatz der Pflicht zur einseitigen Verfügung festgehalten; zivilrechtlichen Mitteln wird, sofern solche nicht als blosse Sicherung der nach öffentlichem Recht zulässigen Massnahmen erscheinen (RB 1962 Nr. 24 = ZBl 63/1962, S. 324 = ZR 61 Nr. 124), eine Wirkung auf dem Verwaltungsweg versagt. Demnach verleiht nicht die Form des Verwaltungshandelns (z.B. Rechnungsstellung statt Verfügung durch die Verwaltung), sondern der Inhalt, der materielle Kern, einem Rechtsakt öffentlichrechtlichen oder privatrechtlichen Charakter (vgl. Merkli/Aeschlimann/Herzog, Art. 8 N. 11). Ebenso wenig ist die Qualifikation eines Rechtsverhältnisses durch die Parteien entscheidend (Rhinow/Krähenmann, Nr. 4 B I). 14

Steht bei der Rechtsprechung des Verwaltungsgerichts die Funktionstheorie im Vordergrund, so misst das Bundesgericht in seinen Entscheiden der Subordinationstheorie vorrangige Bedeutung zu (Imboden/Rhinow/Krähenmann, Nr. 1 B IV; BGE 109 Ib 152, 101 II 369, 96 I 409). Letztlich haben sich jedoch alle kantonalen und eidgenössischen Verwaltungsbehörden und Verwaltungsrechtspflegeinstanzen bei der Abgrenzung von öffentlichem und privatem Recht des Methodenpluralismus zu bedienen, um zu einer sachgerechten Lösung dieser Frage zu gelangen (BGE 120 II 414; BGr. 27.9.1996, ZBl 98/1997, S. 410 f., mit Hinweisen). 15

Lehnt die Verwaltung die Behandlung einer Sache ab, weil sie diese als zivilrechtlich oder strafrechtlich qualifiziert, so hat sie eine begründete, anfechtbare Verfügung zu erlassen (vgl. § 10 Abs. 2; Kölz/Häner, 1. A., Rz. 486). 16

§ 1

17 Hat sich eine Behörde in rechtswidriger Weise der privatrechtlichen Form bedient, um einen öffentlichen Zweck zu erreichen, so muss die vorgesetzte Verwaltungsbehörde (das Verwaltungsgericht ist dazu nicht in der Lage) aufsichtsrechtlich den zivilrechtlichen Akt rückgängig machen. Ein Entscheid des Zivilrichters löst das Problem in der Regel nicht (vgl. VGr. 29.1.1973, VB 58/1972 i.V.m. ZR 73 Nr. 28).

1.3. Verwaltungsrechtlicher und privatrechtlicher Vertrag

18 Ob ein *verwaltungsrechtlicher oder ein privatrechtlicher Vertrag* vorliegt, beurteilt sich nicht nach Organisationsform oder Stellung der an einem Rechtsverhältnis beteiligten Rechtssubjekte (Häfelin/Müller, Rz. 850; Rhinow, a.a.O., S. 303; zur Beurteilung von Streitigkeiten aus verwaltungsrechtlichen Verträgen gemäss § 82 lit. k durch das Verwaltungsgericht vgl. § 82 N. 32 ff.). Vielmehr ist das dominierende Abgrenzungselement im Vertragsgegenstand und -zweck zu erblicken (RB 1997 Nr. 8). In Anlehnung an die Funktionstheorie ist ein Vertrag demnach öffentlichrechtlicher Natur, wenn er unmittelbar die Erfüllung einer öffentlichen Aufgabe betrifft oder Materien enthält, die an sich vom öffentlichen Recht geregelt werden (Häfelin/Müller, Rz. 849; Rhinow, a.a.O., S. 303; RB 1990 Nr. 2, mit Hinweisen). Zum Abschluss eines öffentlichrechtlichen Vertrags bedarf es keiner normativen Ermächtigung (vgl. dazu die Kritik bei Alfred Kölz, Intertemporales Verwaltungsrecht, ZSR 102/1983 II, S. 191, und Gygi, Verwaltungsrecht, S. 120 f., 208 ff.). Das Gemeinwesen ist im Übrigen jedoch an das materielle Recht gebunden, wie wenn es eine Verfügung erlassen würde (RB 1983 Nr. 29, 1982 Nr. 131). Probleme entstehen dann, wenn das Gemeinwesen auf dem Zivilweg, in den die Verwaltungsbehörden nicht eingreifen können, einen verpönten rechtsgeschäftlichen Akt durchsetzt (vgl. VGr. 29.1.1973, VB 58/1972; ZR 73 Nr. 28). Das Verwaltungsgericht kann mangels Aufsichtsbefugnissen nichts dagegen unternehmen. Hingegen können Regierungsrat, Direktionen und Bezirksräte derartige «zivilrechtliche» Akte aufsichtsrechtlich aufheben (vgl. N. 17).

1.4. Gemischtrechtliche Normen (Doppelnormen)

19 Probleme entstehen bei der Anwendung *gemischtrechtlicher Normen* (RB 1974 Nr. 1). Zu deren Auslegung sind Verwaltungsbehörden, Verwaltungsgericht und Zivilrichter gleichermassen zuständig (Merkli/Aeschlimann/Herzog, Art. 8 N. 12; vgl. RB 1989 Nr. 12). Der zivilrechtliche Entscheid nimmt dabei denjenigen der Verwaltungs(gerichts)behörde nicht vorweg und umgekehrt (vgl. RB 1961 Nr. 10; Arthur Meier-Hayoz, Berner Kommentar zum ZGB, Das Sachenrecht, 3. A., Bern 1975, Art. 680 N. 45 ff.). Dementsprechend besteht die Gefahr, dass sich widersprechende Entscheide ergehen, welche die Rechtssicherheit beeinträchtigen (Rhinow/Krähenmann, Nr. 4 B I; RB 1974 Nr. 1). Das Problem lässt sich wohl nur dadurch befriedigend lösen, dass die zeitlich später

§ 1

entscheidende Behörde sich der früheren anschliesst, sofern deren Entscheid nicht geradezu unhaltbar ist (zum Problem der gemischtrechtlichen Normen im Baurecht: Kuttler, a.a.O., S. 265 ff.; Robert Wolfer, Die verwaltungsrechtliche Baueinsprache des Dritten nach zürcherischem Recht, Zürich 1970, S. 123 ff.; Hans Siegenthaler, Gemischtrechtliche Bauvorschriften und ihre Durchsetzung, MBVR 1961, S. 1 ff.).

1.5. Die Vergebung öffentlicher Aufträge (Submission)

Umstritten ist die Rechtsnatur der *Vergebung öffentlicher Aufträge an Private* (vgl. dazu die Übersicht bei Bock, S. 82 ff.). Das Bundesgericht vertrat in seiner bisherigen Praxis den Standpunkt, dass der in einem behördlichen Submissionsverfahren ergehende Zuschlag einer Arbeit oder Lieferung an einen Bewerber bzw. die Verweigerung des Zuschlags gegenüber anderen Bewerbern keine anfechtbare Verfügung darstelle (vgl. BGE 119 Ia 427, mit Hinweisen). Die Kontroverse um die Rechtsnatur des Zuschlags hat allerdings insoweit an Bedeutung verloren, als nun Art. 9 BGBM bestimmt, dass Beschränkungen des freien Marktzugangs, d.h. Vergebungen von Arbeiten, Warenlieferungen und Dienstleistungen, durch Verfügung zu erfolgen haben. § 4 lit. a IVöB-BeitrittsG weist sodann dem Zuschlag die Bedeutung eines beim Verwaltungsgericht anfechtbaren Entscheids zu (zur Zuständigkeit des Verwaltungsgerichts als Beschwerdeinstanz im Bereich des öffentlichen Beschaffungswesens vgl. § 41 N. 21 f.). Infolgedessen stellt der Zuschlag *von Gesetzes wegen* eine anfechtbare Verfügung dar und ist somit öffentlichrechtlicher Natur (Merkli/Aeschlimann/Herzog, Art. 49 N. 37). Die Gesetzesänderungen im Bereich des öffentlichen Vergaberechts veranlassten schliesslich auch das Bundesgericht, seine bisherige Rechtsprechung aufzugeben; es würdigt nun Entscheide über den Zuschlag eines öffentlichen Auftrags als anfechtbare Hoheitsakte (BGE 125 II 94 f.; vgl. § 19 N. 28).

20

1.6. Die Verweisung des öffentlichen Rechts auf Normen des Privatrechts

Verweist das öffentliche Recht auf Normen des Privatrechts, bedeutet dies nicht, dass insoweit vom Zivilrichter zu beurteilendes Privatrecht vorliegt. Vielmehr werden die Bestimmungen des Privatrechts, auf die verwiesen wird, dadurch zum Bestandteil des Verwaltungsrechts und erlangen öffentlichrechtlichen Charakter. Sie gelten als *subsidiäres öffentliches Recht* (Häfelin/Müller, Rz. 244; Imboden/Rhinow/Krähenmann, Nr. 2 B III). Vom subsidiären öffentlichen Recht zu unterscheiden sind die allgemeinen Rechtsgrundsätze als Rechtsnormen, die wegen ihrer allgemeinen Tragweite in allen Rechtsgebieten, im öffentlichen Recht wie im Privatrecht, Geltung besitzen (vgl. Häfelin/Müller, Rz. 142 ff.; Imboden/Rhinow/Krähenmann, Nr. 2 B V).

21

§ 1

1.7. Kasuistik

1.7.1. Planungs- und Baurecht

22 — Der Rechtsstreit über den Bestand einer als Grunddienstbarkeit oder mit nur obligatorischer Wirkung begründeten Baubeschränkung ist eine Zivilstreitigkeit, es sei denn, die Baubeschränkung sei durch öffentlichrechtlichen Vertrag begründet worden; dessen Verletzung durch eine Baubewilligung kann mit der verwaltungsgerichtlichen Beschwerde angefochten werden (RB 1962 Nr. 21 = ZBl 63/1962, S. 510 = ZR 62 Nr. 64).

— Wird ein Bauprojekt von Nachbarn des Bauherrn zugleich vor dem Zivilgericht aufgrund einer Dienstbarkeit und vor Verwaltungsgericht aufgrund praktisch übereinstimmender öffentlichrechtlicher Bauvorschriften bekämpft, so muss sich das Verwaltungsgericht darauf beschränken, über die Streitsache als öffentlichrechtliche Angelegenheit zu befinden (RB 1964 Nr. 27).

— Die Verwaltungsbehörden sind für Streitigkeiten über Bestand und Auslegung öffentlichrechtlicher sowie – neben den Zivilgerichten – gemischtrechtlicher Eigentumsbeschränkungen zuständig. Streitigkeiten über rein privatrechtliche Beschränkungen des Grundeigentums hingegen spielen sich ausschliesslich im Zivilverfahren ab (RRB 2809/1971).

— Ein Erschliessungsvertrag, der zwecks Vollzugs eines behördlich genehmigten privaten Quartierplans abgeschlossen wird, ist öffentlichrechtlicher Natur (RB 1980 Nr. 24). Die Beziehungen unter den Quartierplangenossen und jene zur Gemeinde ordnet das öffentliche Recht, sodass für Streitigkeiten in diesem Bereich die Verwaltungsbehörden und das Verwaltungsgericht zuständig sind. Zivilrechtlicher Natur ist dagegen das Rechtsverhältnis der bauenden Quartierplangenossen bzw. der bauenden Gemeinde zum Ingenieur bzw. Bauunternehmer (RB 1980 Nr. 111).

— Ein Erschliessungsvertrag, den die Gemeinde in Erfüllung einer öffentlichen Aufgabe mit den Strassenanstössern für eine im Perimeter eines vom Gemeinderat genehmigten Quartierplans gelegene Strasse abschliesst, ist öffentlichrechtlicher Natur, selbst wenn er nicht den Vollzug eines vom Regierungsrat genehmigten Quartierplans regelt (RB 1990 Nr. 2).

— Zur Verteidigung eines Fuss- und Fahrwegrechts gegen ein Bauvorhaben ist der Zivilrichter anzurufen; Verwaltungsbehörden und Verwaltungsgericht sind in dieser Sache unzuständig (RB 1980 Nr. 11).

— Bei Dienstbarkeiten handelt es sich um rein privatrechtliche Ansprüche, zu deren Überprüfung den Verwaltungsbehörden die Zuständigkeit mangelt. Das zivilrechtliche Verfahren wird durch den vorliegenden Nichteintretensentscheid nicht präjudiziert (RRB 5185/1971).

— Über die zwischen einem Privaten und der Gemeinde abgeschlossene Personaldienstbarkeit, die ein allgemeines Genehmigungsrecht der Ge-

§ 1

meinde enthält, ist im Verwaltungsverfahren nicht zu entscheiden, weil es sich um eine zivilrechtliche Angelegenheit handelt (RRB 1035/1972).
– Eine Baubeschränkung in Form einer zugunsten der Gemeinde im Grundbuch angemerkten Dienstbarkeit ist nur dann als öffentlich zu qualifizieren, wenn sie aufgrund eines generell-abstrakten Erlasses erfolgte und vom Regierungsrat genehmigt wurde (RRB 3210/1972; GB RR 1970 Nr. 18).
– Streitigkeiten über Eigentumsverhältnisse sind vom Zivilrichter zu beurteilen (RRB 6513/1973; 2180/1970; vgl. RB 1974 Nr. 2).
– Beim sogenannten Hammerschlagsrecht gemäss §§ 229 f. PBG handelt es sich um ein Institut des Immobilarsachenrechts. Ebenso kommt auf eine im Sinn von § 291 PBG nicht gemeinsame Brandmauer Privatrecht zur Anwendung, im Fall des Überstellens der Parzellengrenze vorab Art. 674 ZGB. Diesbezügliche Streitigkeiten sind vom Zivilrichter zu beurteilen (VGr. 26.10.1990, VB 90/0078).
– Eine (private) Personalservitut, die ein Bauwilliger in Verbindung mit der Erteilung einer Baubewilligung zugunsten der Gemeinde im Grundbuch anmerken lässt, kann nicht Gegenstand eines Verwaltungsverfahrens sein. Verwaltungsbehörden und Verwaltungsgericht haben ausschliesslich aufgrund des öffentlichen Rechts über eine Baubewilligung zu entscheiden; das Urteil über Bestand und Wirkungen sachenrechtlicher Ansprüche steht dem Zivilrichter zu (VGr. 29.1.1973, VB 58/1972).
– Eine Gemeinde als Eigentümerin eines dienstbarkeitsberechtigten Grundstücks darf im Baubewilligungsverfahren das Baugesuch nicht aufgrund ihrer (privaten) Dienstbarkeit verweigern. Die Baubewilligung ist nichts anderes als die behördliche Feststellung, dass einem Bauvorhaben keine öffentlichrechtlichen Hindernisse entgegenstehen. Die Gemeinde hat sich, was die behauptete Verletzung der ihr zustehenden Dienstbarkeit betrifft, an den Zivilrichter zu wenden (RRB 1035/1970).
– Die Baubehörde ist bei der Beurteilung der rechtlichen Sicherung einer Zufahrt an den Grundbucheintrag gebunden. Die Mangelhaftigkeit desselben beschlägt das Privatrecht, weshalb der Zivilrichter über diese Frage zu befinden hat (VGr. 3.10.1991, VB 91/0084).

1.7.2. Strassenrecht

– Nimmt das Gemeinwesen das Eigentum an einem Strassen- oder Weggebiet in Anspruch, so ist es eine Frage des Privatrechts, ob ihm dieses Eigentum zustehe. Macht das Gemeinwesen dagegen geltend, das Strassen- oder Weggebiet stehe kraft öffentlichrechtlicher Eigentumsbeschränkung, die auf keinem besonderen Rechtstitel beruhen muss, der Öffentlichkeit zur Benutzung offen, so ist es Sache der Verwaltungsbehörden und des Verwaltungsgerichts, sich über den Bestand dieser Eigentumsbeschränkung auszusprechen (RB 1974 Nr. 2 = ZBl 76/1975, S. 119 =

§ 1

ZR 73 Nr. 116; vgl. Imboden/Rhinow I, Nr. 4 A I). Der Streit um die Rechte einzelner Flurgenossen oder Dritter an Flurwegen ist als privatrechtliche Angelegenheit durch die Zivilgerichte zu entscheiden, denn die Flurwege sind keine öffentlichen Sachen (VGr. 12.7.1974, VB 21/1974; vgl. § 108 Abs. 1 lit. b LandwirtschaftsG).

– Strassen- und Trottoirbeiträge aufgrund des Strassengesetzes sind öffentlichrechtliche Geldleistungen. Welche Gegenforderungen der Beitragspflichtigen mit den Beiträgen an das Gemeinwesen verrechnet werden können, ist eine Frage des öffentlichen Rechts. Vereinbarungen über die Höhe der Strassen- und Trottoirbeiträge und über deren Fälligkeit sind öffentlichrechtlicher Art, und zwar auch dann, wenn sie in einem Vertrag stehen, der ausserdem privatrechtliche Vereinbarungen – wie hier die Bestimmung über die Landabtretung – enthält. Ebenso gehört die Frage, ob ein vor Fälligkeit geleisteter öffentlichrechtlicher Beitrag vom Empfänger zu verzinsen sei, dem öffentlichen Recht an, selbst wenn bei deren Beantwortung auf im Privatrecht niedergelegte allgemeine Rechtsgrundsätze zurückgegriffen werden muss. Die Beurteilung der Verrechnungseinrede der Beklagten fällt somit in die Zuständigkeit der Verwaltungsbehörden – hier der Schätzungskommission – und des Verwaltungsgerichts (RB 1975 Nr. 1 = ZBl 76/1975, S. 458 = ZR 74 Nr. 81).

– Der Flughafen Zürich ist eine (unselbständige) öffentliche Anstalt. Die dazugehörigen Sachen sind Verwaltungsvermögen, das der Erfüllung des Anstaltszwecks dient. Die Dauerstationierung von Flugzeugen in Hangars des Flughafens stellt daher nicht Sondernutzung einer öffentlichen Sache im Gemeingebrauch, sondern die Nutzung einer Sache im Anstaltsgebrauch dar. Unabhängig davon, ob das Benutzungsverhältnis durch Vertrag oder Verfügung geregelt wurde, ist für den Rechtsschutz jene Rechtsmittelinstanz zuständig, die im Fall einer verfügungsmässigen Regelung kompetent wäre. Mithin sind solche Streitigkeiten von den Verwaltungs(rechtspflege)behörden zu entscheiden (RB 1994 Nr. 11; zum Aufstellen von Taxis auf dem Flughafengebiet vgl. RRB 5623/1971).

– Streitigkeiten über den Anspruch auf unentgeltliche Einräumung eines Wegrechts über eine aufgegebene öffentliche Strasse sind öffentlichrechtlicher Natur; sie sind daher von den Verwaltungsbehörden zu entscheiden (RB 1964 Nr. 1).

1.7.3. Verschiedenes

24 – Vermögensrechtliche Streitigkeiten zwischen öffentlichen Angestellten und Körperschaften des öffentlichen Rechts sind auch dann durch das Verwaltungsgericht zu beurteilen, wenn nicht nur öffentliches Personalrecht, sondern ergänzend oder vorfrageweise Zivilrecht anwendbar ist (RB 1977 Nr. 25).

§ 1

- Die Handlungen, die das kantonale Amt für Luftverkehr im Zusammenhang mit der Vermietung von Läden im Flughafengebäude vornimmt, sind solche rechtsgeschäftlicher Art. Der Kanton tritt gegenüber der Flughafenimmobiliengesellschaft, einer gemischtwirtschaftlichen Unternehmung, die für die Errichtung von Hochbauten auf dem Flughafenareal verantwortlich ist, als Mieter auf. Demzufolge ist auch die Untervermietung ein zivilrechtliches Verhältnis; dagegen kann kein Rekurs, sondern höchstens Aufsichtsbeschwerde erhoben werden (RRB 2876/1968; gleich lautend RRB 6141/1971).
- Die Verwaltungsbehörden sind auch dann zur Beurteilung einer öffentlichrechtlichen Geldforderung der Gemeinde gegen einen Privaten zuständig, wenn dieser die Forderung mit Einwendungen privatrechtlicher Natur bestreitet (RB 1982 Nr. 3).
- Hat eine Verwaltungsbehörde, statt einen privatrechtlichen Anspruch geltend zu machen, eine öffentlichrechtliche Gebühr erhoben, so ist der Streit über deren Rückerstattung von den Verwaltungsbehörden und vom Verwaltungsgericht zu entscheiden (RB 1971 Nr. 9).
- Streitigkeiten über die öffentliche oder private Natur von Gewässern fallen in die Zuständigkeit der Zivilgerichte (RB 1989 Nr. 86). Ebenso hat der Zivilrichter Streitigkeiten über Rechte an privaten Gewässern zu entscheiden (RB 1978 Nr. 15).
- Die Anschlusspflicht einer Liegenschaft an das Kanalisationsnetz (aufgrund einer kommunalen Kanalisationsverordnung) ist eine öffentlichrechtliche Angelegenheit im Sinn von § 1 VRG, zu deren Beurteilung die Behörden der Verwaltungsrechtspflege zuständig sind (RRB 1470/1975).
- Wenn gemäss Tarifreglement einer Gemeindewasserversorgung dem Gemeinderat ein grosses Ermessen für die Gewährung von Spezialtarifen an Bezüger mit stark schwankendem Wasserverbrauch zusteht, bedeutet das nicht, dass die Möglichkeit der freien (vertraglichen) Vereinbarung besteht. Es handelt sich lediglich um einen erweiterten Ermessensspielraum für umschriebene Sondertatbestände. Das Benutzungsverhältnis untersteht deshalb nicht dem privaten, sondern dem öffentlichen Recht (RRB 1901/1973).
- Das Verhältnis zwischen einem kommunalen Versorgungsbetrieb in Form einer unselbständigen öffentlichrechtlichen Anstalt und den Anstaltsbenutzern kann sowohl dem öffentlichen als auch dem privaten Recht unterstellt werden. Ist aufgrund des anwendbaren Reglements über die Abgabe elektrischer Energie das Verhältnis zwischen Elektrizitätswerk und den Strombezügern als öffentlichrechtliches zu qualifizieren, bleibt trotz des Vorrangs der Verfügung als Handlungsform bei der Konkretisierung des Rechtsverhältnisses Raum für den Abschluss verwaltungsrechtlicher Verträge. Ungeachtet dessen ist auf die Rechtsbeziehung zwischen dem

§ 1

Elektrizitätswerk und den Strombezügern öffentliches Recht anwendbar (RB 1995 Nr. 98).

– Der Streit über Bestand und Inhalt eines Expropriationsvertrags ist eine öffentlichrechtliche Angelegenheit (RB 1964 Nr. 2 = ZBl 66/1965, S. 120).

– Die Ausübung des Arztberufes an öffentlichen Spitälern durch angestellte Ärzte ist nach ständiger Rechtsprechung des Bundesgerichts öffentlichrechtlicher Natur (BGE 122 III 104; betreffend den Kanton Zürich BGE 115 Ib 179, 112 Ib 337, 111 II 151). Dies gilt aber nicht nur im Verhältnis zwischen Ärzten und Patienten, sondern insgesamt für die Beziehungen zwischen diesen und dem Spitalpersonal an öffentlichen und vom Staat unterstützten Spitälern (§ 2 Abs. 1 i.V.m. § 1 der Verordnung über die Rechte und Pflichten der Patienten in staatlichen und vom Staat unterstützten Krankenhäusern vom 28.8.1991 [Patientenrechtsverordnung; LS 813.13]). Gemäss § 2 Abs. 2 der Patientenrechtsverordnung gelangt dagegen Privatrecht zur Anwendung, soweit «die Ärzte öffentlich-rechtlicher Krankenhäuser befugt sind, Patienten auf eigene Rechnung zu behandeln» (kritisch zu dieser Beschränkung des Anwendungsbereichs des kantonalen Haftungsgesetzes auf dem Verordnungsweg Schwarzenbach, Staats- und Beamtenhaftung, S. 177; vgl. auch BGE 122 III 105).

2. Die Abgrenzung zwischen Verwaltungs- und Strafsachen

25 Die Formulierung von § 1 muss dahin präzisiert werden, dass strafrechtliche Angelegenheiten, die in der Lehre zu den öffentlichrechtlichen im weiteren Sinn gerechnet werden, *nicht* in die Kompetenz der Verwaltungsbehörden oder des Verwaltungsgerichts fallen. Nach dem Willen des Gesetzgebers umfassen die öffentlichrechtlichen Angelegenheiten nur solche im engeren Sinn (Prot. KR 1955–1959, S. 3267).

26 Die Abgrenzung der Zuständigkeit zwischen Verwaltungsbehörden bzw. Verwaltungsgericht und den Organen der Strafrechtspflege ergibt sich zunächst aus formellen Kriterien: Nicht öffentlichrechtlich im Sinn dieses Gesetzes sind das Strafgesetzbuch, die zürcherische Strafprozessordnung sowie das kantonale Straf- und Vollzugsgesetz, soweit es materielles Strafrecht enthält (vgl. Prot. KR 1955–1959, S. 3267). Dagegen gehört der Straf- und Massnahmenvollzug zum Bereich der Verwaltungssachen (Prot. KK 1995/96, S. 94 f., 304; vgl. § 43 N. 23). Strafsachen sind demnach strafrechtliche Sanktionen nach den Bestimmungen des Strafgesetzbuches und des Bundesnebenstrafrechts, während als Polizeistrafsachen die in die Zuständigkeit von Gemeinderäten und Statthalterämtern fallenden Übertretungen des eidgenössischen, kantonalen und kommunalen Rechts gelten (vgl. § 43 N. 21).

Die Beurteilung von Übertretungen gemäss Art. 292 und 293 StGB fällt nicht 27
in die Zuständigkeit der Verwaltungsbehörden und des Verwaltungsgerichts;
darüber befindet der ordentliche Strafrichter auf Anzeige durch die zuständige
Verwaltungsbehörde.

Die Strafverfügungen der Verwaltungsbehörden im Gebiet des kantonalen 28
Verwaltungsstrafrechts werden, sofern sich der Adressat ihnen nicht unterzieht,
vom ordentlichen Strafrichter beurteilt (vgl. §§ 341 ff. StPO; Fehr, S. 172 f.).

Als öffentlichrechtliche Angelegenheit im Sinn von § 1 gilt das Gesetz betref- 29
fend die Ordnungsstrafen vom 30.10.1866 (vgl. BGE 121 I 381). Verletzungen
dieses Gesetzes sind daher auf dem ordentlichen Verwaltungsweg zu rügen.
Zu beachten ist, dass Ordnungsstrafen im Sinn von § 4 Abs. 1 OrdnungsstrafG
nicht dem Schutz von Art. 6 Ziff. 1 EMRK unterstehen, da sie nicht kriminelles
Unrecht abgelten, sondern zu diesem Zweck allenfalls ein Strafverfahren
zusätzlich durchgeführt wird (BGE 121 I 382; Pra 88/1999 Nr. 51, S. 292). So
gelten insbesondere Ordnungsbussen von beschränkter Höhe, die Gerichte den
Parteien und Dritten auferlegen können, nicht als strafrechtliche Anklagen im
Sinn von Art. 6 Ziff. 1 EMRK und fallen daher nicht unter diese Konventionsbestimmung
(vgl. BGE 121 I 382 f.; dazu § 43 N. 26 ff.).

3. Vorfragen

Literatur
GYGI FRITZ, Zur strafrichterlichen Überprüfung von Verwaltungsverfügungen, in: Festgabe für Hans Schultz, Bern 1977, S. 399 ff.; IMBODEN/RHINOW/KRÄHENMANN, Nr. 142; JAAG TOBIAS, Die Überprüfung von Verwaltungsakten im strafgerichtlichen Kassationsverfahren, SJZ 76/1980, S. 157 ff.; KÄGI-DIENER REGULA, Justiz und Verwaltung aus der Sicht des Problems der Bindung des ordentlichen Richters an Verwaltungsakte, Zürich 1979; MERKLI/AESCHLIMANN/HERZOG, Art. 6 N. 5 ff.; NEF HANS, Prüfung von Verwaltungsverfügungen durch den Strafrichter?, in: Festgabe der schweizerischen Rechtsfakultäten zur Hunderjahrfeier des Bundesgerichts, Basel 1975, S. 213 ff.; RHINOW/KOLLER/KISS, Rz. 919 ff.

Manchmal ist vorfrageweise (inzidenter) zu entscheiden, ob die einem Verwal- 30
tungsakt zugrunde liegende Norm Bestand habe, insbesondere ob sie gesetzmässig
bzw. verfassungsmässig sei (akzessorisches Prüfungsrecht; dazu § 20 N. 25 ff.,
§ 50 N. 117 ff.). Davon zu unterscheiden ist der Fall, dass eine Verwaltungs-
oder Verwaltungsjustizbehörde einen Entscheid über eine Frage zu treffen hat,
der die Beantwortung einer Vorfrage aus einem anderen, ausserhalb des eigenen
Zuständigkeitsbereichs liegenden Rechtsgebiet voraussetzt. In diesem Sinn gilt
als *Vorfrage* jede entscheidungsnotwendige Rechtsfrage aus einem anderen Rechtsgebiet,
zu deren Beantwortung die Verwaltungsrechtspflegebehörden kompetent
sind. Im Gegensatz zur Vorfrage steht die Hauptfrage, zu deren Beantwortung
nur die formell zuständige Behörde befugt ist. Bildet sie eine notwendige

§ 1

Entscheidgrundlage für die Verwaltungsrechtspflegebehörden, so muss das Verfahren ausgesetzt werden, bis ein Entscheid vorliegt (vgl. N. 32 f.).

31 Grundsätzlich ist die für die Hauptfrage zuständige Behörde unter Vorbehalt einer abweichenden gesetzlichen Regelung befugt, Vorfragen aus einem anderen Rechtsgebiet zu prüfen, solange die zuständige Behörde darüber noch nicht entschieden hat (RB 1983 Nr. 70; vgl. BGE 122 III 117; vgl. auch Art. 96 Abs. 3 OG). Dabei ist sie an eine klare Praxis der eigentlich sachzuständigen Behörde gebunden (Häfelin/Müller, Rz. 52; Merkli/Aeschlimann/Herzog, Art. 5 N. 5). Umgekehrt ist der Vorfrageentscheid für die sachkompetente (Verwaltungs-)Behörde nicht verbindlich, indem die fremdrechtlichen Erwägungen nicht Bestandteil des Entscheiddispositivs sind (Häfelin/Müller, Rz. 55; Merkli/Aeschlimann/Herzog, Art. 5 N. 5; Rhinow/Koller/Kiss, Rz. 920; vgl. RB 1974 Nr. 2 = ZBl 76/1975, S. 119 = ZR 74 Nr. 11; BGE 102 Ib 369). Liegt hingegen ein rechtskräftiger Entscheid der zuständigen Behörde vor, sind Verwaltungs- und Verwaltungsjustizbehörden daran gebunden, es sei denn, der Entscheid erweise sich als absolut nichtig (RB 1983 Nr. 70; BGE 108 II 460 f., mit Hinweisen). Diese Bindung erstreckt sich grundsätzlich auch auf rechtskräftige Strafurteile, namentlich wenn die rechtliche Würdigung sehr stark von der Würdigung von Tatsachen abhängt, die der Strafrichter besser kennt als die Verwaltungsbehörde (BGE 119 Ib 162; VGr. 29.1.1999, VB.98.00250). Das Abweichen von einem solchen Strafurteil ist den Verwaltungsrechtspflegeinstanzen nur gestattet, soweit sich der Strafrichter eine unrichtige oder unvollständige Tatsachenfeststellung zu Schulden kommen liess oder einzelne Rechtsfragen nicht abklärte oder soweit die freie Würdigung der von den Verwaltungsbehörden erhobenen Beweise zu einer anderen Schlussfolgerung Anlass gibt (BGE 96 I 775). Zur beschränkten Bindung des Strafrichters an Verwaltungsverfügungen vgl. Häfelin/Müller, Rz. 60 ff.

32 Die Vorfragekompetenz trägt zur Vermeidung von Doppelprozessen bei und dient insoweit der Prozessökonomie. Es ist aber jeweils zwischen dem Gebot der Rechtssicherheit und Rechtseinheit sowie dem Gewaltenteilungsgrundsatz sorgfältig abzuwägen (BGE 101 Ib 273 f.). Eine Pflicht zum Entscheid über die Vorfrage besteht nicht. Insbesondere steht es im Ermessen der Verwaltungsrechtspflegebehörde, das Verfahren einzustellen, bis die sachkompetente Behörde über die Vorfrage entschieden hat. Dieses Vorgehen drängt sich auf, wenn sich komplexe Fragen oder solche von grosser praktischer Tragweite stellen, umfangreiche Beweismassnahmen erforderlich sind oder wenn bereits ein Verfahren zur Klärung der Vorfrage angehoben worden ist (Häfelin/Müller, Rz. 54; Merkli/Aeschlimann/Herzog, Art. 5 N. 6). Unter den in § 19 Abs. 2 umschriebenen Voraussetzungen kann ein derartiger Sistierungsbeschluss ein anfechtbarer Zwischenentscheid sein (vgl. hinten § 19 N. 46).

33 Eine Sistierung bis zum Entscheid einer nicht als blosse Vorfrage qualifizierten zivilrechtlichen Frage kommt praktisch selten vor, weil im Rahmen der Ein-

griffsverwaltung vielfach nur darüber zu befinden ist, ob einer Handlung öffentlichrechtliche Hindernisse entgegenstehen. Dieser Entscheid kann meistens ohne genaue Kenntnis der zivilrechtlichen Verhältnisse getroffen werden (vgl. RB 1964 Nr. 26; RRB 2636/1973). Diesfalls kann daher oft auf die Beantwortung der Vorfrage verzichtet werden; anders in der Leistungsverwaltung, wo etwa finanzielle staatliche Leistungen an zivilrechtliche Voraussetzungen (Eigentum, Wohnsitz etc.) geknüpft sind.

Im Interesse der klaren Kompetenzausscheidung zwischen den Rechtspflegeorganen ist bei der Entscheidung von Vorfragen Zurückhaltung geboten. Insbesondere darf nicht ein rechtskräftiger, wenn auch rechtswidriger Akt, der von einer andern Behörde gesetzt wurde, vorfrageweise aufgehoben werden. Verwaltungsgericht und Verwaltungsbehörden sind in der Beantwortung von Vorfragen mit Recht zurückhaltend (RB 1986 Nr. 25, 1978 Nr. 15, 1964 Nr. 27; VGr. 17.3.1989, VK 88/0008; 29.1.1973, VB 58/1972; RRB 2809/1971, 5185/1971, 1035/1972). Praktisch bedeutsam ist vor allem die Entscheidung zivilrechtlicher Vorfragen durch Verwaltungsrechtspflegebehörden; strafrechtliche Vorfragen kommen selten vor. 34

Art. 6 Ziff. 1 EMRK vermittelt dem Bürger das Recht, dass über zivilrechtliche Ansprüche und Verpflichtungen sowie über strafrechtliche Anklagen ein unabhängiges Gericht entscheidet. Diese Bestimmung gelangt jedoch nicht zur Anwendung, wenn in einem Verwaltungsprozess lediglich vorfrageweise über eine im Sinn der Konvention zivilrechtliche Streitfrage entschieden wird. Diesfalls steht mangels Bindung der in der Hauptfrage sachkompetenten Behörde die Möglichkeit offen, die Zivilrechtssache bei dieser Instanz einer gerichtlichen Beurteilung zu unterwerfen (Herzog, S. 73 f.; vgl. Häfelin/Müller, Rz. 64). 35

Eine strikte Bindung besteht hingegen an die Erwägungen im Entscheid einer Rechtsmittelinstanz, wenn diese eine Beschwerde im Sinn der Erwägungen gutheisst und den Fall zur neuen Beurteilung an die zuständige Vorinstanz zurückweist (Rhinow/Koller/Kiss, Rz. 921). 36

4. Prorogation

Entsprechend der allgemein zwingenden Natur des öffentlichen Rechts stellt auch die gesetzliche Zuständigkeitsordnung zwingendes Recht dar (Gadola, S. 188; Gygi, S. 80; Kölz/Häner, Rz. 231, 471; Rhinow/Koller/Kiss, Rz. 1103; VPB 56/1992 Nr. 37; vgl. Art. 7 Abs. 2 VwVG). Das zivilprozessuale Institut der Prorogation, die durch gegenseitige Übereinkunft der Parteien untereinander oder mit den Behörden begründete Zuständigkeit einer Verwaltungs- oder Verwaltungsjustizbehörde, ist daher sowohl dem Anfechtungs- als auch dem Klageverfahren fremd. Eine vertragliche Zuständigkeitsklausel kann somit nur insoweit beachtlich sein, als sie lediglich eine gesetzliche Zuständigkeitsrege- 37

§ 1

lung wiedergibt (RB 1983 Nr. 14). Ebenso wenig begründet die Einlassung einer Partei in ein Verfahren vor einer inkompetenten Behörde eine Zuständigkeit (Rhinow/Koller/Kiss, Rz. 1103). Der Ausschluss der Prorogation hat denn auch zur Folge, dass eine Verwaltungsbehörde gemäss § 5 Abs. 1 ihre Zuständigkeit von Amtes wegen zu prüfen hat, bevor sie auf die Behandlung einer Sache eintritt. Vgl. § 5 N. 2 f.

5. Kompetenzkonflikte

38 In Frage kommen vor allem Kompetenzkonflikte zwischen den Straf- und Zivilgerichten einerseits sowie den Verwaltungsbehörden und dem Verwaltungsgericht anderseits. Kompetenzkonflikte zwischen Verwaltungsbehörden bzw. dem Verwaltungsgericht und dem Kantonsrat auf dem Gebiet der Rechtspflege sind dagegen selten, weil der Kantonsrat nur noch äusserst beschränkte Rechtsprechungsbefugnisse besitzt (vgl. Art. 31 KV). Kompetenzkonflikte zwischen diesen Behörden beinhalten in der Regel blosse Organstreitigkeiten ohne Auswirkungen auf Rechte einzelner (vgl. Hans Nef, Die Genehmigung von Verordnungen des Regierungsrates durch den Kantonsrat im Kanton Zürich, Rechtsgutachten, Zürich 1976).

39 Nachdem im Zuge der Gesetzesrevision vom 8.6.1997 das Gesetz über die Konflikte vom 23.6.1831 mangels praktischer Bedeutung aufgehoben worden ist (Weisung 1995, S. 1547; Prot. KK 1995/96, S. 167), fällt die Beurteilung von Kompetenzkonflikten zwischen Verwaltung und Verwaltungsgericht einerseits und den übrigen Gerichten anderseits in die ausschliessliche Zuständigkeit des Kantonsrats (Art. 31 Ziff. 4 Abs. 1 KV; § 12 lit. i KantonsratsG). Dieser entscheidet erst- und letztinstanzlich sowohl über negative als auch über positive Kompetenzkonflikte. Diese Regelung erfasst jedoch nicht Zuständigkeitskonflikte zwischen dem Verwaltungsgericht und dem Regierungsrat, welche beide als obere kantonale Rechtspflegeinstanzen wirken. Diesbezüglich drängt sich eine analoge Anwendung von Art. 31 Ziff. 4 Abs. 1 KV auf. Der Entscheid steht demnach dem Kantonsrat zu. Dies hat gleichermassen für Kompetenzstreitigkeiten zwischen dem Regierungsrat oder dem Verwaltungsgericht und in ihrem Zuständigkeitsbereich als kantonale Behörden letztinstanzlich entscheidenden verwaltungsunabhängigen Justizbehörden, wie sie insbesondere die Baurekurskommissionen darstellen, zu gelten (§ 336 PBG i.V.m. § 330 PBG; vgl. Merkli/Aeschlimann/Herzog, Art. 7 N. 7). Kompetenzkonflikte unter den Verwaltungsbehörden entscheidet deren gemeinsame Aufsichtsbehörde (Kölz/Häner, 1. A., Rz. 485).

40 Im Unterschied zum Bundesrecht kennt das zürcherische Verwaltungsverfahrensrecht für den Fall von Zuständigkeitskonflikten das Institut des Meinungsaustausches nicht (vgl. Art. 8 Abs. 2 VwVG). Dies hindert die Verwaltungsrechtspflegeorgane jedoch nicht daran, bei Zweifeln an ihrer eigenen Zuständigkeit

mit den von ihnen als zuständig erachteten Behörden einen informellen Meinungsaustausch zu pflegen. Das Ergebnis einer auf diesem Weg erzielten Verständigung bindet die Parteien insoweit, als sie dagegen nicht an die Instanz gelangen können, die mangels Einigung über den Kompetenzkonflikt zu entscheiden berufen wäre (Gygi, S. 83; vgl. Gadola, S. 189 f.).

§ 2. Über Schadenersatzansprüche von Privaten gegen Staat und Gemeinde sowie gegen deren Beamte und Angestellte entscheiden die Zivilgerichte.

II. Ausnahme

Sie entscheiden auch über die Schadenersatzansprüche Privater gegen die Inhaber behördlicher Konzessionen, Bewilligungen oder Patente.

Materialien
Weisung 1957, S. 1027 f.; Prot. KK 19.11.1957; Beleuchtender Bericht 1959, S. 396.

Literatur
GROSS BALZ, Die Haftpflicht des Staates, Zürich 1996; GROSS JOST, Schweizerisches Staatshaftungsrecht, Bern 1995; SCHWARZENBACH, Staats- und Beamtenhaftung.

Der Gesetzgeber hat die *Staats- und Beamtenhaftung,* die materiell öffentlichrechtlicher Natur ist (B. Gross, a.a.O., S. 197), in Abweichung von § 1 in den Zuständigkeitsbereich des Zivilrichters verwiesen. Die Regelung des § 2 Abs. 1 ist einmal eine späte Folge der Fiskustheorie (dazu § 1 N. 12). Weiter war die Tatsache massgebend, dass die Beamten- bzw. Angestelltenhaftung nach OR und ZGB ebenfalls dem Zivilrichter zugewiesen wurde. Schliesslich war der Gesetzgeber der Auffassung, der Zivilrichter sei wegen seiner häufigen Beschäftigung mit Haftpflichtfragen besonders geeignet, auch Amtshaftpflichtfragen zu entscheiden (vgl. B. Gross, a.a.O., S. 188; J. Gross, a.a.O., S. 325; Schwarzenbach, Staats- und Beamtenhaftung, S. 209).

1

Das Haftungsgesetz vom 14.9.1969 hat die im VRG getroffene Zuständigkeitsordnung nicht angetastet (vgl. § 19 HaftungsG). Diese Regelung hat den Nachteil, dass der Zivilrichter sehr oft in die Lage kommt, vorfrageweise über die Rechtmässigkeit von Handlungen der Verwaltung entscheiden zu müssen (J. Gross, a.a.O., S. 325; Walder, § 1 Rz. 5 ff.; vgl. § 6 HaftungsG), wobei ihm die Überprüfung formell rechtskräftiger Verfügungen, Entscheide und Urteile nicht von vornherein untersagt ist (§ 21 HaftungsG). Zusammen mit der Bestimmung in § 19 Abs. 2 HaftungsG, wonach Ansprüche des Staates gegen Beamte und Gemeinden sowie von Beamten gegen Staat und Gemeinden in die Zuständigkeit des Verwaltungsgerichts als einzige Instanz fallen – soweit dafür nicht das Beschwerde- oder Disziplinarrekursverfahren offen steht (§ 79 VRG) –, ergibt sich eine uneinheitliche Lösung.

2

Zivilgerichte entscheiden gemäss § 2 Abs. 1 über Schadenersatzansprüche gegen Staat und Gemeinden, mithin gegen den Kanton, gegen alle Arten von

3

§ 2

Gemeinden sowie gegen Organisationen des kantonalen Rechts mit eigener Rechtspersönlichkeit (vgl. §§ 1–3 HaftungsG). Zu Letzteren gehören neben den Landeskirchen und kommunalen Zweckverbänden als öffentlichrechtliche Körperschaften namentlich selbständige öffentlichrechtliche Anstalten (z.B. die Sozialversicherungsanstalt und die Universität).

4 Wer als *Beamter* oder *Angestellter* im Sinn von § 2 Abs. 1 zu gelten hat, bestimmt sich anhand der für die Staats- und Beamtenhaftung massgebenden Gesetzesbestimmungen. Danach sind die Mitglieder und Ersatzmitglieder der Behörden und Gerichte des Staates, der Gemeinden und der Organisationen des kantonalen öffentlichen Rechts mit Rechtspersönlichkeit dem Haftungsgesetz und somit der Zivilgerichtsbarkeit unterstellt (§§ 1–3 HaftungsG). Unerheblich ist dabei, ob diese Personen vollamtlich, nebenamtlich oder nur vorübergehend für das Gemeinwesen oder die betreffende öffentlichrechtliche Organisation tätig sind (§ 4 HaftungsG). Für die Zürcher Kantonalbank und die Elektrizitätswerke des Kantons Zürich gelten sodann die besonderen Bestimmungen ihrer Organisationsgesetze (§ 3 Abs. 2 HaftungsG). Die Haftung der Betreibungs-, Zivilstands-, Vormundschafts-, Handelsregister- und Grundbuchbeamten ist im Bundeszivilrecht geregelt; zuständig sind ebenfalls die Zivilgerichte (vgl. Bosshart, § 2 N. 6).

5 Sind die Zivilgerichte zuständig für die Beurteilung von Schadenersatzansprüchen gegen Staat und Gemeinden sowie gegen deren Beamten und Angestellte (§ 2 Abs. 1), so gilt dies erst recht für Ersatzansprüche gegen Private. Dies gilt namentlich auch für den Fall, dass einem Privaten die Erfüllung einer öffentlichrechtlichen Aufgabe in selbständiger Erwerbstätigkeit übertragen wurde und eine subsidiäre Haftung des Staates im Sinn von § 4a Abs. 2 HaftungsG besteht (vgl. B. Gross, a.a.O., S. 104).

6 Ungeachtet der umstrittenen Rechtsnatur von Konzessionen (dazu Häfelin/Müller, Rz. 2009; Poledna, S. 29 ff.) und der sich daraus ergebenden Frage, ob Schadenersatzansprüche von Privaten gegen Inhaber behördlicher Konzessionen zivil- oder öffentlichrechtlicher Natur seien (vgl. Beleuchtender Bericht 1959, S. 396), qualifiziert § 2 Abs. 2 solche Ansprüche gleich wie die Ansprüche von Privaten gegen Inhaber von Bewilligungen und Patenten als (formell) zivilrechtlich. Schadenersatzansprüche namentlich gegen Eisenbahn-, Bergbau-, Wasserrechts-, Monopol-, Leitungs- und Sondernutzungskonzessionäre, solche gegen Jagdpächter, Fischereipatentinhaber sowie gegen Inhaber behördlicher Bewilligungen aller Art, sind demgemäss beim Zivilrichter geltend zu machen. Über andere Streitigkeiten zwischen Privaten und Staat oder Gemeinden aus öffentlichen Rechtsverhältnissen entscheiden dagegen Verwaltungsbehörden und Verwaltungsgericht.

7 Die Zuständigkeitsregelung von § 2 hat eine *Gabelung des Rechtswegs* zur Folge, indem ein Rechtsstreit, soweit er Schadenersatzansprüche betrifft, durch die

Zivilgerichte zu beurteilen ist, während er im Übrigen von den Verwaltungsrechtspflegeorganen zu behandeln ist (vgl. RB 1977 Nr. 1). Einzig vermögensrechtliche Streitigkeiten (einschliesslich Schadenersatzansprüche) zwischen einem öffentlichen Angestellten und Körperschaften des kantonalen öffentlichen Rechts aus dem Dienstverhältnis fallen gemäss § 79 i.V.m. §§ 74 und 76 in die Zuständigkeit des Verwaltungsgerichts, selbst wenn vorfrageweise zivilrechtliche Vorschriften anzuwenden sind. Insoweit hat § 2 VRG hinter die besonderen Zuständigkeitsvorschriften von § 79 VRG (i.V.m. §§ 74 und 76 VRG) und § 19 Abs. 2 HaftungsG zurückzutreten (vgl. RB 1964 Nr. 40 = ZBl 66/1965, S. 101 = ZR 64 Nr. 177; RB 1977 Nrn. 24 und 25 = ZBl 79/1978, S. 151; zur ausnahmsweisen Zuständigkeit des Obergerichts für vermögensrechtliche Ansprüche der Angestellten des Verwaltungsgerichts vgl. § 80d Abs. 2).

Mit Bezug auf die sachliche Zuständigkeit den Schadenersatzansprüchen im Sinn von § 2 gleichgestellt sind *Genugtuungsansprüche*, die gestützt auf §§ 10 und 11 HaftungsG geltend gemacht werden. 8

Stehen nicht Schadenersatzforderungen in Frage, sind Ansprüche von Privaten gegen den Staat somit von den Verwaltungsbehörden und vom Verwaltungsgericht zu beurteilen (Bosshart, § 2 N. 2). Im Rahmen der Zuständigkeitsprüfung haben die Verwaltungsrechtspflegeorgane daher zu prüfen, ob ein Schaden im Rechtssinn (dazu J. Gross, a.a.O., S. 206 ff.; Schwarzenbach, Staats- und Beamtenhaftung, S. 36 f., 180 f.) und ein entsprechender Ersatzanspruch geltend gemacht werden, die nach der gesetzlichen Ordnung grundsätzlich die Entscheidkompetenz der Zivilgerichte begründen (vgl. zur Ausnahme im Personalrecht N. 7). Dabei bedarf es der Beeinträchtigung eines subjektiven Rechts, insbesondere eines Vermögensrechts, damit ein Schadenersatzanspruch im Sinn von § 2 Abs. 1 vorliegt. Infolgedessen erleidet der Eigentümer eines an eine öffentliche Strasse anstossenden Grundstücks bei deren Aufhebung keinen Schaden; denn die Zulassung zum Gemeingebrauch einer Strasse hat nicht die Natur eines subjektiven Rechts, sondern verleiht nur einen faktischen Vorteil gegenüber anderen Benutzern. Soweit das Gemeinwesen für eine neue Verbindung des bisher erschlossenen Grundstücks mit dem öffentlichen Strassennetz zu sorgen hat, handelt es sich daher nicht um den Ersatz eines Schadens im Sinn von § 2 Abs. 1 (RB 1985 Nr. 123; RB 1963 Nr. 2 = ZR 63 Nr. 69; vgl. Imboden/Rhinow/Krähenmann, Nr. 117 B I e und III). 9

§ 2 beschlägt die Frage der Zuständigkeit für Ersatzansprüche der «Privaten». Wer als Privater in diesem Sinn zu gelten hat, bestimmt sich dabei anhand des Grundverhältnisses zwischen der öffentlichen Verwaltung und dem Privaten. Dieser kann eine natürliche oder juristische Person, ein Schweizer oder ein Ausländer sein. Von Bedeutung ist lediglich, dass der Private Träger öffentlichrechtlicher Rechte und Pflichten ist (vgl. Bosshart, Vorbem. zum Zweiten Abschnitt N. 5). Zur Unterscheidung zwischen öffentlichem und privatem Recht vgl. § 1 N. 1 ff. 10

§ 3

III. Vorbehalt besonderer gesetzlicher Bestimmungen

§ 3. Besondere gesetzliche Bestimmungen, welche die Zuständigkeit anders ordnen, bleiben vorbehalten.

Materialien
Weisung 1957, S. 1027 f.; Prot. KK 19.11.1957; Prot. KR 1955–1959, S. 3268; Beleuchtender Bericht 1959, S. 395 ff.

1 § 3 beinhaltet einen generellen Vorbehalt gegenüber der in den §§ 1 und 2 festgelegten Zuständigkeitsordnung (vgl. Vorbem. zu §§ 1–3 N. 1 f.), der in zweifacher Hinsicht eine Abweichung vom Grundsatz der lex posterior statuiert. Streitigkeiten, die vor Erlass des VRG formell als zivilrechtlich qualifiziert wurden, werden durch das VRG nicht zu öffentlichrechtlichen. Zudem stellt es das VRG dem späteren Gesetzgeber ausdrücklich frei, materiell öffentlichrechtliche Streitigkeiten zu formellen Zivilsachen zu erklären (vgl. Bosshart, § 3 N. 1 f.).

2 Derartige besondere Bestimmungen sind etwa § 46 des Gesetzes über Jagd und Vogelschutz vom 12.5.1929 (LS 922.1), § 70 LandwirtschaftsG und § 19 HaftungsG (wobei allerdings § 22 HaftungsG ein Vorverfahren bei den Verwaltungsbehörden vorschreibt). Im Ganzen gibt es nur noch wenige derartige Sonderbestimmungen (Beleuchtender Bericht 1959, S. 395), weshalb § 3 geringe praktische Bedeutung besitzt.

3 Für das verwaltungsgerichtliche Beschwerdeverfahren enthält § 41 einen inhaltlich gleich lautenden Vorbehalt abweichender Zuständigkeit. Diese Bestimmung enthält im Unterschied zu § 3 einen Vorbehalt nicht nur zugunsten der Zivil- und Strafgerichte, sondern zugleich auch für andere gerichtliche Instanzen (z.B. das Sozialversicherungsgericht). Demnach geniesst § 41 gegenüber § 3 als speziellere Norm mit einem weiteren Anwendungsbereich Vorrang. Zum Vorbehalt abweichender Zuständigkeit gegenüber jener des Verwaltungsgerichts vgl. § 41 N. 44 f.

Zweiter Abschnitt
Das Verwaltungsverfahren

Vorbemerkungen zu §§ 4–31

Literatur
Zum Verwaltungsverfahren im Allgemeinen vgl. die bei HÄFELIN/MÜLLER, vor Rz. 1268, angeführte Literatur.

Übersicht Note
1. Allgemeines 1
2. Nichtstreitiges und streitiges Verwaltungsverfahren 3
3. Die «Anordnung» gemäss VRG 8
    3.1. Im Allgemeinen 8
    3.2. Der Verfügungsbegriff 11
    3.3. Die Elemente des Verfügungsbegriffs 13
    3.4. Abgrenzungsfragen 19
4. Parteien und Verfahrensbeteiligte 21
5. Rechtshängigkeit 23
6. Sistierung 27
7. Vereinigung und Trennung von Verfahren 33

1. Allgemeines

In seinem zweiten, in vier Teile gegliederten Abschnitt befasst sich das Gesetz unter dem Titel «Verwaltungsverfahren» mit der Tätigkeit der Verwaltungsbehörden. In einem ersten Teil umschreibt § 4 den *Geltungsbereich* des zweiten Abschnitts. Dessen zweiter Teil regelt in den §§ 4a–17 das *nichtstreitige Verwaltungsverfahren,* während §§ 19–28 im dritten Teil das *streitige verwaltungsinterne Verfahren* normieren (zur Unterscheidung zwischen streitigem und nichtstreitigem Verwaltungsverfahren vgl. N. 3 ff.). Im letzten Teil des zweiten Abschnitts (§§ 29–31) finden sich sodann die Vorschriften über die Vollstreckung rechtskräftiger Verfügungen. 1

Die Vorschriften über das Verwaltungsverfahren sind vom Gesetzgeber bewusst *unvollständig* gestaltet worden (vgl. Beleuchtender Bericht 1959, S. 396; Weisung 1995, S. 1521; Sommer, Verwaltungsgericht, S. 158). Man wollte Raum für praktische Lösungen in einzelnen Gebieten offen lassen. Dieser Grundhaltung des seinerzeitigen Gesetzgebers blieb auch die Gesetzesrevision vom 8.6.1997 verhaftet (Weisung 1995, S. 1522; Prot. KR 1995–1999, S. 6421). Zugleich lässt diese Beschränkung auf eine punktuelle Regelung Raum für eine flexible Anpassung an die Entwicklungen des höherrangigen Rechts, insbesondere an die dem kantonalen Recht vorgehenden und sich ständig weiterentwi- 2

Vorbem. zu §§ 4–31

ckelnden Verfahrensgarantien des Bundesverfassungsrechts und des Völkerrechts (Weisung 1995, S. 1522).

2. Nichtstreitiges und streitiges Verwaltungsverfahren

3   Das *nichtstreitige* Verwaltungsverfahren umfasst die Vorbereitung und den Erlass von erstinstanzlichen Verfügungen durch Verwaltungsbehörden; mithin regelt es die Anwendung des materiellen öffentlichen Rechts im Einzelfall (Gadola, S. 5; Häfelin/Müller, Rz. 1268; Kölz/Häner, Rz. 3; Rhinow/Koller/Kiss, Rz. 1058). Die Form des Verwaltungshandelns ergibt sich demnach aus dem Verwaltungsverfahrensrecht, während das materielle Recht das Verwaltungshandeln inhaltlich bestimmt. Im Unterschied dazu betrifft das *streitige* Verwaltungsverfahren die Anfechtung von Verfügungen und das Verfahren, das vor Verwaltungsbehörden zur Erledigung des sich anschliessenden Rechtsstreits durchgeführt wird (Häfelin/Müller, Rz. 1269; Kölz/Häner, Rz. 4; Rhinow/Koller/Kiss, Rz. 1059). Das streitige Verwaltungsverfahren bildet somit Bestandteil der Verwaltungsrechtspflege. Ist die entscheidende Verwaltungsbehörde selbst Trägerin der Verwaltungsrechtspflege, spricht man von *verwaltungsinterner* Verwaltungsrechtspflege bzw. vom streitigen verwaltungsinternen Verfahren (vgl. Kölz/Häner, Rz. 8). Kennzeichnend für dieses Verwaltungsrechtspflegeverfahren ist, dass die Streiterledigung einer Behörde zusteht, welche in die Verwaltungshierarchie eingegliedert und nicht verwaltungsunabhängig ist (Kölz/Häner, Rz. 12).

4   Folgt man dieser Einteilung zwischen nichtstreitigem und streitigem verwaltungsinternem Verwaltungsverfahren, regeln die §§ 4a–17 wie erwähnt primär das Verfahren bis zur Entstehung einer Verfügung, während die §§ 19–28 bestimmen, wie Verfügungen (Anordnungen) angefochten werden können. Daneben finden sich innerhalb dieser Normen Vorschriften, die allgemein die Handlungsformen der Verwaltungsbehörden bestimmen (§§ 4a, 5, 5a, 10, 13). Dabei ist zu beachten, dass die allgemeinen Vorschriften des zweiten Abschnitts (§§ 4a–17) sowohl für das nichtstreitige als auch für das streitige Verwaltungsverfahren Geltung beanspruchen. Bei der Anwendung der §§ 19–28 ist daher jeweils auf die §§ 4a–17 zurückzugreifen.

5   Die Abgrenzung des nichtstreitigen vom streitigen Verwaltungsverfahrens schafft gelegentlich Schwierigkeiten. Allgemein ist das Verfahren nichtstreitig, wenn die Verwaltung noch nicht verfügt hat, auch wenn vorher bereits Differenzen zwischen Verwaltung und potenziellen Verfügungsadressaten bestanden hatten. Die Verfügung ist somit der eigentliche dogmatische Eckpfeiler des Verwaltungsverfahrens. Sie schliesst das nichtstreitige Verwaltungsverfahren ab und eröffnet zugleich das streitige Verwaltungsverfahren (auch Verwaltungsjustizverfahren genannt).

Die Abgrenzung des (nichtstreitigen) Verwaltungsverfahrensrechts vom materiellen Verwaltungsrecht kann nicht aufgrund eines formellen Kriteriums vorgenommen werden (vgl. Kölz/Häner, Rz. 85). Grundsätzlich regelt das Verfahrensrecht den Rahmen und den Gang der Verwaltungstätigkeit, während das materielle Verwaltungsrecht deren Inhalt und Umfang bestimmt sowie Rechte und Pflichten zwischen den Einzelnen und dem Gemeinwesen festlegt. Reines Verwaltungsverfahrensrecht sind demnach Verfahrensgarantien (insbesondere die Gewährleistung des rechtlichen Gehörs), Vorschriften über die Zuständigkeit der Verwaltungsbehörden sowie über Fristen und Parteientschädigungen. Materielles Verwaltungsrecht bilden Normen, die Rechtspositionen einräumen oder entziehen, wie dies bei Normen der Fall ist, welche die Voraussetzungen für die Erteilung oder den Entzug einer Bewilligung umschreiben. Gemischten Charakter haben schliesslich die Bestimmungen über die Bestandeskraft (Rechtskraft) bzw. den Widerruf von Verwaltungsakten (Kölz/Häner, Rz. 86; vgl. Vorbem. zu §§ 86a–86d N. 6). Im Verhältnis zum materiellen Recht besitzt das Verfahrensrecht eine dienende Funktion; es soll helfen, das materielle Recht zu verwirklichen. Zugleich hat das Verfahrensrecht insoweit selbständige Bedeutung, als korrekt angewendete Formvorschriften im Einzelfall die Verwirklichung des materiellen Rechts verhindern können. Auch hat es Ordnungsaufgaben zu erfüllen, indem es darauf abzielt, einen für alle Beteiligten verbindlichen Entscheid herbeizuführen und das Verfahren zu erledigen (Kölz/Häner, Rz. 83 f.).

6

Steht die Abgrenzung des streitigen Verwaltungsverfahrensrechts vom materiellen Verwaltungsrecht in Frage, zeigt sich, dass einige Normen des Verfahrensrechts, namentlich die Sachentscheidungsvoraussetzungen der Legitimation und des genügenden Anfechtungsobjekts in Form einer Verfügung, stark vom materiellen Recht abhängig sind und sich nicht auslegen lassen, ohne dass dieses miteinbezogen wird. Ihre unrichtige Anwendung kann gar die Vereitelung des materiellen Rechts zur Folge haben. Im Unterschied dazu lassen sich Verfahrensvorschriften mit streng prozessualem Charakter wie Frist- und Formvorschriften selbständig und aus sich selbst heraus auslegen (Kölz/Häner, Rz. 84 f.; Kölz/Kottusch, S. 427 f.).

7

3. Die «Anordnung» gemäss VRG

3.1. Im Allgemeinen

Die *Verfügung* ist für die Verwaltungstätigkeit und für die Verwaltungsrechtspflege von zentraler Bedeutung. Sie bildet den eigentlichen Angelpunkt zwischen dem nichtstreitigen und dem streitigen Verwaltungsverfahren (vgl. N. 5; Peter Saladin, Verwaltungsprozessrecht und materielles Verwaltungsrecht, ZSR 94/1975 II, S. 308 f.). Als Institut des materiellen Verwaltungsrechts legt sie

8

verwaltungsrechtliche Rechtsverhältnisse für die Beteiligten verbindlich und erzwingbar fest. Als Gegenstand der Anfechtung und Sachentscheidungsvoraussetzung in einem ist sie ein Institut des Verwaltungsprozessrechts, das den Zugang zum Anfechtungsstreit als Hauptform des Verwaltungsrechtspflegeverfahrens zugleich öffnet und begrenzt (Gadola, S. 280 f.; Gygi, Verwaltungsrecht, S. 124; Merkli/Aeschlimann/Herzog, Art. 49 N. 1 f.; Rhinow/Koller/Kiss, Rz. 968).

9 Im VRG finden sich die in der schweizerischen Literatur und Rechtsprechung gebräuchlichen Begriffe «Verfügung» für den erstinstanzlichen Verwaltungsakt und «Entscheid» für den von der Oberbehörde im Rechtsmittelverfahren gesetzten Verwaltungsakt nicht. Daran änderte auch die Revision vom 8.6.1997 nichts. Stattdessen verwendet das Gesetz durchwegs den Begriff «Anordnung». Diese umfasst nach dem Willen des Gesetzgebers als Oberbegriff sämtliche Entscheidungen, Verfügungen und Massnahmen einer Verwaltungsbehörde (Prot. KK 20.12.1957, S. 3; Kölz/Häner, 1. A., Rz. 529). Der Verzicht auf eine Abgrenzung zwischen Verfügung und Entscheid erscheint insofern als sinnvoll, als diese Unterscheidung nur geringe praktische Bedeutung besitzt, indem die Bezeichnung eines Verwaltungsakts für seine Qualifikation als Verfügung nicht ausschlaggebend ist (BGE 111 V 252 f.; Merkli/Aeschlimann/Herzog, Art. 49 N. 9; Rhinow/Krähenmann, Nr. 35 B I). Entscheidend ist vielmehr, ob der in Frage stehende Verwaltungsakt eine Verfügung im Rechtssinn darstellt. Denn erst dadurch wird dem Einzelnen der Zugang zum individuellen Rechtsschutz in einem Rechtsmittelverfahren gewährleistet, in welchem das Vorliegen einer Verfügung Sachentscheidungsvoraussetzung ist. Es rechtfertigt sich daher im Folgenden, Anordnung, Verfügung und Entscheid im Rahmen des Verwaltungs- und Verwaltungsrechtspflegeverfahrens als einander gleichgeordnete Erscheinungen zu behandeln. Häufig wird der Begriff Verfügung im Zusammenhang mit dem nichtstreitigen Verwaltungsverfahren sowie jener des Entscheids im Sinn von Rechtsmittelentscheid verwendet.

10 Im Unterschied zum Verwaltungsverfahrensgesetz des Bundes enthält das VRG keine Definition der «Anordnung». Es bleibt deshalb der Rechtsprechung überlassen, im Einzelfall darüber zu befinden, ob eine bestimmte behördliche Handlungsweise als Verfügung zu qualifizieren sei (Merkli/Aeschlimann/Herzog, Einleitung N. 32). Dies gestattet es, anderen staatlichen Handlungsformen, etwa dem sogenannten informalen Verwaltungshandeln, prozessual einfacher Rechnung zu tragen. Dies ändert allerdings nichts am Erfordernis, dass in der Regel sämtliche Begriffsmerkmale der Verfügung erfüllt sein müssen, wenn einer behördlichen Anordnung Verfügungscharakter zuerkannt und deren Anfechtung ermöglicht werden soll (Merkli/Aeschlimann/Herzog, Art. 49 N. 8; vgl. § 19 N. 10).

3.2. Der Verfügungsbegriff

Der Begriff der Anordnung im VRG entspricht grundsätzlich dem Verfügungsbegriff von Art. 5 Abs. 1 VwVG (Kölz/Häner, 1. A., Rz. 529). Im Unterschied zu dieser Legaldefinition ist er allerdings in zweierlei Hinsicht weiter gefasst: Zum einen braucht sich die Verfügung nicht auf öffentliches Recht des Bundes zu stützen. Zum andern werden aufgrund der fehlenden Legaldefinition sowie der Doppelfunktion der Verfügung – materiellrechtliche Handlungsform der Verwaltung einerseits und Anfechtungsobjekt im Verwaltungsprozess anderseits – in Grenz- bzw. Zweifelsfällen ausnahmsweise auch Akte erfasst, denen zwar einzelne Begriffsmerkmale einer Verfügung abgehen, die jedoch ganz erheblich in die Rechtsstellung des Einzelnen eingreifen; in solchen Fällen rechtfertigt es sich, zugunsten des Adressaten eines Verwaltungsakts dem individuellen Rechtsschutzbedürfnis – dem sogenannten «objektiven Anfechtungsinteresse» – Rechnung zu tragen (VGr. 11.3.1999, VB.98.00391; vgl. Merkli/Aeschlimann/Herzog, Einleitung N. 32, Art. 49 N. 2 und 30; zu weitgehend Kom. 1. A., § 19 N. 2 und 11, und Jaag, Verwaltungsrecht, Rz. 1008; RB 1984 Nr. 2 = ZBl 86/1985, S. 82 = ZR 84 Nr. 9; RB 1991 Nr. 60 = ZBl 92/1991, S. 495 = BEZ 1991 Nr. 23; kritisch Giacomini, S. 237 ff.; Tobias Jaag, Zur Rechtsnatur der Strassenbezeichnung, recht 1993, S. 50 ff.). In diesem Zusammenhang gilt es zu beachten, dass es den Kantonen verwehrt ist, einen engeren als den bundesrechtlichen Verfügungsbegriff zu verwenden, wenn und soweit die Anwendung öffentlichen Rechts des Bundes in Frage steht; andernfalls liesse sich der Rechtsweg an die Bundesbehörden bereits auf kantonaler Ebene vereiteln (Kölz/Kottusch, S. 446; Rhinow/Koller/Kiss, Rz. 967).

Entsprechend der bundesgesetzlichen Legaldefinition ist die Verfügung ein individueller, an den Einzelnen gerichteter Hoheitsakt, durch den eine konkrete verwaltungsrechtliche Rechtsbeziehung rechtsgestaltend oder feststellend in verbindlicher und erzwingbarer Weise geregelt wird (BGE 121 II 477, 104 Ia 29). Begriffswesentlich für die Verfügung ist somit das Vorliegen eines von einem Träger der öffentlichen Verwaltung erlassenen, hoheitlichen, rechtsverbindlichen, individuellen, konkreten und das materielle Verwaltungsrecht beschlagenden Aktes (Rhinow/Koller/Kiss, Rz. 976). Die *äussere Form* des Verwaltungshandeln ist dagegen nicht entscheidend dafür, ob eine Anordnung als Verfügung zu qualifizieren ist. Vielmehr ist einzig darauf abzustellen, ob eine behördliche Äusserung die Kriterien einer Verfügung erfüllt. Dies gilt gleichermassen für den Fall, dass eine solche Äusserung schriftlich erfolgt und von der Schriftform nicht alle Elemente einer Verfügung erfasst werden (Merkli/Aeschlimann/Herzog, Art. 49 N. 9; Rhinow/Krähenmann, Nr. 35 B I). Mithin kommt es vom materiellen Verfügungszweck her wesentlich auf die Wirkungen an, die eine Verwaltungshandlung auf den Einzelnen hat. Fehlt einem Akt, der (materiellen) Verfügungscharakter hat, die entsprechende Form, so hat die Behörde diese nachträglich herzustellen; im Fall der Weigerung hat die Oberbehörde die ursprünglich verfügende Instanz im Rekursverfahren oder aufsichtsrechtlich anzuweisen, das Versäumte nachzuholen.

3.3. Die Elemente des Verfügungsbegriffs

13 Als Verfügung gilt nur ein von einem *Träger der öffentlichen Verwaltung* erlassener Akt. Als solcher Verwaltungsträger gilt jede Stelle, die Aufgaben der öffentlichen Verwaltung wahrnimmt, gleichgültig, ob es sich um Organe der unmittelbaren oder mittelbaren Staatsverwaltung handelt. Bei der erlassenden Behörde kann es sich demnach um eine Verwaltungsbehörde oder um ein Organ der Legislative oder der Judikative handeln. Ebenso fallen Anordnungen von öffentlichen Anstalten, Körperschaften und Stiftungen darunter; dabei spielt es keine Rolle, ob die Behörde monokratisch oder kollegial organisiert ist. Weil grundsätzlich jeder Träger öffentlicher Gewalt zum Erlass von Verwaltungsverfügungen ermächtigt ist, trifft dies selbst auf Private zu, soweit sie in Erfüllung einer ihnen übertragenen Aufgabe handeln (Häfelin/Müller, Rz. 690; Merkli/Aeschlimann/Herzog, Art. 49 N. 10; Moor II, S. 115; vgl. BGE 112 Ia 184).

14 Die Verfügung zeichnet sich als *hoheitliche* Anordnung eines Verwaltungsträgers aus. Als hoheitlich gilt ein Akt, welcher im Rahmen der einer Behörde zustehenden öffentlichrechtlichen Befugnisse ergeht und im Bereich ihrer öffentlichrechtlichen Zuständigkeit liegt. Dadurch unterscheidet sich die Verfügung vom privatrechtlichen Handeln einer Verwaltungsbehörde. Willensäusserungen und Willenseinigungen, welche die Verwaltung als Subjekt des Privatrechts vornimmt, sind somit keine Verfügungen. Ebenso wenig bleibt Raum für die Verfügungsform, soweit die Verwaltung nach gesetzlicher Vorschrift rechtsgeschäftliche Handlungen zu vollziehen hat. Demgegenüber sind Verwaltungshandlungen in privatrechtlicher Form, zu denen die Verwaltung nicht kraft ausdrücklicher oder stillschweigender Ermächtigung befugt ist, unabhängig von der privatrechtlichen Form als Verfügungen zu qualifizieren (dazu § 1 N. 14).

15 Eine Abgrenzung gegenüber rechtsgeschäftlichen Handlungen ergibt sich zudem aus dem Kriterium der *Einseitigkeit* der Verfügung, indem diese aufgrund ihres hoheitlichen Charakters ein Rechtsverhältnis autoritativ regelt (vgl. Rhinow/Koller/Kiss, Rz. 1226). Da sich aber rechtsgeschäftliches und verfügungsmässiges Handeln nicht immer eindeutig unterscheiden lassen, ist im Einzelfall darauf abzustellen, welches der beiden Elemente überwiegt (Kölz/Häner, Rz. 490). Ein (privat- oder öffentlichrechtlicher) Vertrag liegt jedenfalls vor, wenn diesem eine übereinstimmende Willensäusserung der Parteien zugrunde liegt, weil eine solche im Widerspruch zur Ausübung einer autoritativen staatlichen Befehlsgewalt steht. Daneben gibt es jedoch zahlreiche Verfügungen, die der Mitwirkung der davon Betroffenen bedürfen, sei es, dass die betreffende Person um den Erlass eines Verwaltungsaktes nachsuchen muss (z.B. bei Bewilligungen) oder

Vorbem. zu §§ 4–31

dass die Verfügung ihrer Zustimmung bedarf, um rechtswirksam werden zu können (z.B. bei Anstellungen im öffentlichen Dienst). Diese *mitwirkungsbedürftigen* Verfügungen sind gleich zu behandeln wie die rein einseitig getroffenen Anordnungen und unterscheiden sich in ihren Rechtswirkungen und Anfechtungsmöglichkeiten nicht von diesen (Kölz/Häner, Rz. 490; Merkli/Aeschlimann/Herzog, Art. 49 N. 24).

Nur *individuell-konkrete* Anordnungen sind Verfügungen. Dies bedeutet, dass sich ein Verwaltungsakt an eine einzelne Person oder an mehrere bestimmte Adressaten richten und einen konkreten Sachverhalt oder eine bestimmte Vielzahl von Sachverhalten regeln muss (Häfelin/Müller, Rz. 689; Kölz/Häner, Rz. 493). Die Verfügung erfasst somit ein einmaliges, auf einen ganz bestimmten Sachverhalt bezogenes Rechtsverhältnis (vgl. BGE 98 Ib 462). Als konkret erweist sich eine Anordnung, die dermassen spezifiziert und typisiert ist, dass sie sich unmittelbar vollziehen lässt. Die unmittelbare *Vollziehbarkeit* ist damit das entscheidende Kriterium dafür, ob ein individueller Akt genügend konkretisiert ist, um als Verfügung zu gelten (vgl. BGE 98 Ib 463). Keine Verfügungen sind dagegen Akte, die allgemeine Regeln enthalten (RB 1963 Nr. 4 = ZR 63 Nr. 71). Dies gilt namentlich für generell-abstrakte Akte wie Verfassungsnormen, Gesetze, Verordnungen, autonome Satzungen, Reglemente, Bauordnungen (BGr. 12.7.72, ZBl 74/1973, S. 24; BGE 98 Ib 462; Sommer, Weiterentwicklung, S. 148). Auch *Verwaltungsverordnungen* (generelle Dienstanweisungen) sind keine Verfügungen (RB 1963 Nr. 4 = ZR 63 Nr. 71; Gygi, S. 134; Merkli/Aeschlimann/Herzog, Art. 49 N. 34). Richtet sich ein Verwaltungsakt, der lediglich eine bestimmte Situation ordnet, an einen generellen, nicht bestimmten Personenkreis, liegt eine *Allgemeinverfügung* vor. Diese steht als Rechtsform zwischen Rechtssatz und Verfügung, indem sie mit Ersterem den generellen Charakter und mit Letzterer die Regelung des konkreten Einzelfalls gemein hat (Häfelin/Müller, Rz. 738; Imboden/Rhinow I, Nr. 5 B II c; Merkli/Aeschlimann/Herzog, Art. 49 N. 45). Rechtlich ist die Allgemeinverfügung insbesondere mit Bezug auf den Rechtsschutz den gewöhnlichen Verfügungen gleichgestellt (BGE 112 Ib 252, mit Hinweisen; Häfelin/Müller, Rz. 739; Rhinow/Koller/Kiss, Rz. 1227; Tobias Jaag, Die Allgemeinverfügung im schweizerischen Recht, ZBl 85/1984, S. 447). Gegenüber den gewöhnlichen Verfügungen ergeben sich allerdings Besonderheiten hinsichtlich der akzessorischen Überprüfung und des Kreises der zur Anfechtung von Allgemeinverfügungen berechtigten Verfügungsadressaten (vgl. § 19 N. 8).

In Übereinstimmung mit der Legaldefinition von Art. 5 Abs. 1 VwVG ist die Verfügung auf die Herbeiführung von *Rechtswirkungen* im Bereich des Verwaltungsrechts ausgerichtet, indem Rechte und Pflichten begründet, geändert oder aufgehoben werden sollen (Häfelin/Müller, Rz. 691; vgl. Rhinow/Krähenmann, Nr. 35 B I). Die Verfügung dient aber auch dazu, bestehende Rechte und Pflichten autoritativ festzustellen (vgl. Art. 5 Abs. 1 lit. b VwVG). Diese Rechtswirkungen treffen unmittelbar die verfügenden Behörden einerseits und die Verfügungsadressaten anderseits (Kölz/Häner, Rz. 498).

18 Dem autoritativen Charakter der Verfügung entspricht, dass sie das von ihr geregelte Rechtsverhältnis in erzwingbarer Weise *verbindlich* festlegt (vgl. Häfelin/Müller, Rz. 693; Rhinow/Krähenmann, Nr. 35 B I). Diese Eigenschaft steht in Zusammenhang damit, dass eine Verfügung infolge der ihr innewohnenden Konkretheit unmittelbar vollstreckbar ist (vgl. N. 16); eine weitere Konkretisierung ist dafür nicht erforderlich. Zugleich hat die Rechtsverbindlichkeit zur Folge, dass Verfügungen in formelle Rechtskraft erwachsen.

3.4. Abgrenzungsfragen

19 Sind nicht alle Begriffsmerkmale einer Verfügung eindeutig erfüllt oder ergehen behördliche Akte, die sich auf individuelle Rechtsverhältnisse auswirken, nicht in Verfügungsform, ergeben sich mitunter Abgrenzungsprobleme, wenn sich nicht eindeutig bestimmen lässt, ob ein Verwaltungsakt Verfügungscharakter besitzt (vgl. N. 12). Diesfalls ist auf das gesetzgeberische Grundmotiv des VRG zurückzugreifen, wonach der individuelle Rechtsschutz gegenüber der Verwaltung gewährleistet werden soll. Bei der Beantwortung der Frage, ob der Verfügungscharakter einer behördlichen Handlung überwiegt und eine anfechtbare Verfügung vorliegt, ist somit auf das *objektive Rechtsschutzinteresse* des Betroffenen abzustellen (Merkli/Aeschlimann/Herzog, Art. 49 N. 27; vgl. Haltner, S. 103; Rhinow/Krähenmann, Nr. 35 B I). Dieses ersetzt aber nicht die Begriffsmerkmale der Verfügung, sondern ist lediglich ein im Interpretationsfall beizuziehendes Grundmotiv derselben.

20 Der Verfügungsbegriff ist vor allem im Zusammenhang mit dem Rechtsschutz gegenüber einem staatlichen Akt von Bedeutung. Soweit in Lehre und Rechtsprechung keine gefestigte Auffassung über die Rechtsnatur einer staatlichen Handlung besteht, ist daher anhand der vorstehend dargelegten Elemente des Verfügungsbegriffs zu prüfen, ob eine rekurs- bzw. beschwerdefähige Verfügung vorliegt, und diese von den übrigen staatlichen Handlungsformen abzugrenzen (dazu im Einzelnen § 19 N. 8 ff. und § 41 N. 5 ff.). Von dieser Sachlage zu unterscheiden ist der Umstand, dass Rekurs und Beschwerde nicht gegen alle Verfügungen offen stehen (vgl. § 19 Abs. 2, § 43, § 48). Dies bedeutet keine Einschränkung des verfahrensrechtlichen Verfügungsbegriffs, sondern lediglich eine solche der selbständigen Anfechtbarkeit oder der sachlichen Zuständigkeit (Rhinow/Koller/Kiss, Rz. 969).

4. Parteien und Verfahrensbeteiligte

21 Das VRG verwendet in zahlreichen Bestimmungen den Begriff der *Partei* und des (Verfahrens-) *Beteiligten,* ohne diese Begriffe näher zu umschreiben, von einan-

der abzugrenzen oder einheitlich zu gebrauchen. Infolgedessen ist von einer allgemeinen Umschreibung des *Parteibegriffs* auszugehen. Gemäss dieser ist Partei, wer sich am Verfahren beteiligen und *Parteirechte* – namentlich gestützt auf den Anspruch auf rechtliches Gehör (vgl. §§ 8 ff.) – ausüben kann und über die Rechtsmittelbefugnis verfügt. Zugleich sind die Parteien Träger von Mitwirkungspflichten im Verfahren und können sie mit Kosten belastet werden (Merkli/Aeschlimann/Herzog, Art. 12 N. 3; Rhinow/Koller/Kiss, Rz. 791). In diesem Sinn besteht zwischen den Begriffen der Partei und des (Verfahrens-)Beteiligten, wie sie das VRG verwendet, kein Unterschied. Sowohl den Parteien als auch den Verfahrensbeteiligten kommt daher im Verwaltungs- und Verwaltungsrechtspflegeverfahren Parteistellung zu. Partei in diesem Sinn kann somit die anordnende Behörde oder der Anordnungsadressat, der Gesuchsteller oder der Gesuchsgegner, der Rechtsmittelkläger oder der Rechtsmittelbeklagte, der Mitbeteiligte oder Beigeladene sein. Zur Parteistellung im Einzelnen, insbesondere im Zusammenhang mit der Rechtsmittellegitimation, vgl. § 21 N. 99 ff.

Von den Verfahrensbeteiligten im Sinn des VRG sind jene am Verfahren Beteiligten zu unterscheiden, die zwar in ein Verwaltungs(justiz)verfahren einbezogen sind, denen jedoch keine Parteistellung zukommt. Zu diesen gehören Personen und Behörden, die nicht in Parteifunktion in einem Verfahren mitwirken, etwa die im betreffenden Verfahren entscheidberufene (Rechtsmittel-)Behörde sowie Auskunftspersonen und Sachverständige, die bei der Sachverhaltsermittlung mitwirken (vgl. § 7 Abs. 1). Vorinstanzen ermangeln im Rechtsmittelverfahren regelmässig der Parteistellung (vgl. § 26 Abs. 2 und § 58; zu den Ausnahmen im verwaltungsgerichtlichen Verfahren vgl. § 58 N. 4). Sie sind allerdings als Partei bzw. Verfahrensbeteiligte im Sinn des VRG zu behandeln, soweit es sich bei ihnen zugleich um die erstinstanzlich anordnende Behörde handelt. 22

5. Rechtshängigkeit

Auftakt eines Verwaltungsjustizverfahrens bildet regelmässig das Rechtsmittelbegehren einer verfahrensbeteiligten Partei. Im Unterschied dazu kann das nichtstreitige Verwaltungsverfahren, welches auf den Erlass einer Anordnung abzielt, sowohl auf Gesuch hin als auch – in Anwendung der Offizialmaxime – von Amtes wegen eröffnet werden. Letzteres ist namentlich der Fall, wenn eine Behörde durch gesetzliche Vorschrift dazu verpflichtet ist oder hinreichender Anlass zur autoritativen Regelung eines Rechtsverhältnisses besteht. Mit der Gesuchseinreichung bzw. der Verfahrenseinleitung von Amtes wegen tritt die *Rechtshängigkeit* (Litispendenz) eines Verwaltungs- oder Verwaltungsrechtspflegeverfahrens ein. Im erstinstanzlichen Verwaltungsverfahren gilt ein Gesuch allerdings erst dann als eingereicht und somit als rechtshängig, wenn der angegangenen Behörde die wesentlichen, vom Gesuchsteller beizubringenden Unterlagen, die 23

Vorbem. zu §§ 4–31

ihr einen Entscheid über das Gesuch ermöglichen, zur Beurteilung vorliegen (vgl. VPB 60/1996 Nr. 49 S. 433; Merkli/Aeschlimann/Herzog, Art. 16 N. 2). Handelt es sich um ein Rechtsmittelbegehren, muss dieses grundsätzlich den gesetzlichen Formvorschriften genügen oder zumindest der Verbesserung gemäss § 23 Abs. 2 bzw. § 56 Abs. 1 zugänglich sein, um Rechtshängigkeit herbeizuführen. Rechtshängigkeit begründet auch das irrtümliche Einreichen eines Gesuchs oder Rechtsmittelbegehrens bei der unzuständigen zürcherischen Instanz (§ 5 N. 37); diese ist gemäss § 5 Abs. 2 zur Weiterleitung an die zuständige zürcherische Verwaltungs- oder Gerichtsbehörde sowie gestützt auf Art. 32 Abs. 5 und Art. 107 Abs. 2 OG an das Bundesgericht verpflichtet (vgl. § 5 N. 34 f.).

24 Mit dem Eintritt der Rechtshängigkeit entsteht ein Verfahrens- oder Prozessrechtsverhältnis zwischen der angerufenen oder tätig gewordenen Behörde und den Beteiligten, das durch den Amtsbetrieb beherrscht wird. Danach liegt die Verfahrensinstruktion bei der zuständigen Behörde; diese besorgt ausschliesslich die Verfahrensleitung. Sie ist dabei nicht ungebunden, sondern hat wie alle am Verfahrensverhältnis Beteiligten die gesetzlichen und die allgemeinen Verfahrensgrundsätze zu beachten (vgl. insb. §§ 4a–17 sowie Art. 4 Abs. 1 aBV bzw. Art. 29 und 30 BV). Zudem hat die instruierende Behörde den Grundsatz der Waffengleichheit im Sinn der Gleichbehandlung der Parteien zu berücksichtigen, der Verfahrensökonomie durch ein möglichst einfaches und effizientes Verfahren Rechnung zu tragen und durch rasches und sorgfältiges Vorgehen für die Verfahrensbeschleunigung (vgl. §§ 4a und 27a) besorgt zu sein (Merkli/Aeschlimann/Herzog, Art. 16 N. 6). Es ist sodann Pflicht der Behörde, bei der eine Angelegenheit anhängig ist, diese zu behandeln und durch Erlass einer Verfügung oder durch einen Rechtsmittelentscheid zum Abschluss zu bringen.

25 Um sich widersprechende Anordnungen und Entscheide in der gleichen Sache zu verhindern, schliesst die Rechtshängigkeit aus, dass während ihrer Dauer die einmal anhängig gemachte Angelegenheit gleichzeitig durch eine andere Instanz beurteilt werden kann. Den Verfahrenbeteiligten steht zu diesem Zweck die *Einrede der Rechtshängigkeit* zu, wobei aber die Frage der Litispendenz von Amtes wegen und nicht nur auf Einrede hin zu prüfen ist (Gygi, S. 189; Rhinow/Koller/Kiss, Rz. 856). Im Interesse der Verfahrensökonomie und -beschleunigung bleibt die im Zeitpunkt der Rechtshängigkeit – zu Recht – gegebene Zuständigkeit im Allgemeinen bestehen, selbst wenn sich die Voraussetzungen nachträglich ändern (§ 5 N. 4).

26 Die Rechtshängigkeit endet mit dem förmlichen Abschluss des Verfahrens durch die angerufene oder tätig gewordene Instanz. Die Erledigung kann durch eine Anordnung bzw. einen Rechtsmittelentscheid in der Sache oder – bei Fehlen einer Sachentscheidungsvoraussetzung, bei Rückzug und bei Vergleich – durch einen Prozessentscheid erfolgen (Gygi, S. 89; Merkli/Aeschlimann/Herzog, Art. 16 N. 7). Ein Verfahren muss somit vor jeder (Rechtsmittel-)Instanz von neuem anhängig gemacht werden, selbst wenn es noch nicht formell rechtskräftig

entschieden ist, weil ein Weiterzug möglich ist. Wird ein bei der unzuständigen Behörde eingereichtes Begehren von dieser aufgrund einer gesetzlichen Verpflichtung an die zuständige Instanz überwiesen (§ 5 Abs. 2; vgl. N. 23), hat dies zur Folge, dass die Rechtshängigkeit bei der überweisenden Instanz beendigt und die Angelegenheit vor der als zuständig erachteten Behörde erneut anhängig gemacht wird. Allerdings wird in diesem Fall das Datum der Rechtshängigkeit dem Sinn und Zweck der gesetzlichen Überweisungspflicht entsprechend auf jenen Zeitpunkt zurückbezogen, in dem die Sache bei der überweisenden Instanz anhängig gemacht wurde (vgl. Merkli/Aeschlimann/Herzog, Art. 16 N. 5).

6. Sistierung

Sistierung bedeutet vorläufige Einstellung (Ruhenlassen) eines hängigen Verwaltungs- oder Verwaltungsrechtspflegeverfahrens. Sie hat zur Folge, dass die zuständige Behörde während der Verfahrensaussetzung nur jene Verfahrenshandlungen vornimmt, die mit Blick auf die Wiederaufnahme des Verfahrens erforderlich sind. Entsprechend werden Eingaben vorläufig zu den Akten genommen, soweit sie nicht für die Wiederaufnahme des Verfahrens von Bedeutung sind. 27

Die Sistierung ist im Gesetz nicht geregelt. Dennoch kommt sie in der Praxis vor und ist im Rahmen der Verfahrensleitung als Rechtsinstitut allgemein anerkannt. Sistiert wird ein hängiges Verfahren in der Regel auf *Gesuch* einer verfahrensbeteiligten Person. Manchmal sieht sich auch die mit dem Verfahren befasste Behörde unabhängig vom Vorliegen eines Sistierungsbegehrens zu diesem Schritt veranlasst. Die Sistierung steht zwar im Widerspruch zum seit der Revision vom 8.6.1997 im Gesetz verankerten Beschleunigungsgebot (vgl. §§ 4a und 27a), doch gibt es zahlreiche Fälle, in denen gerade die Verfahrensökonomie eine vorübergehende Einstellung des Verfahrens gebietet. 28

Kasuistik: Die Sistierung ist sinnvoll, sobald der Entscheid einer Verwaltungs- oder Verwaltungsrechtspflegeinstanz von einem anderen Entscheid oder Urteil abhängt oder wesentlich beeinflusst wird. Dies gilt etwa für den Fall, dass der Ausgang eines anderen Verfahrens für das interessierende Verfahren von *präjudizieller Bedeutung* ist (BGE 123 II 3, 122 II 217). Das andere Verfahren braucht dabei noch nicht rechtshängig zu sein, muss aber zumindest konkret in Aussicht stehen. Eine Sistierung rechtfertigt sich auch, wenn in einem anderen Verfahren über Sachumstände oder rechtliche Voraussetzungen entschieden wird, die für den Ausgang des in Frage stehenden Verfahrens von massgebender Bedeutung sind. Erforderlich ist allerdings, dass beide Verfahren einen genügenden Sachzusammenhang aufweisen. Besteht zwischen zwei hängigen Rechtsmittelverfahren ein *innerer Zusammenhang,* darf deshalb das eine bis zur Erledigung des andern sistiert werden, falls die Möglichkeit besteht, dass durch einen 29 einzigen Entscheid beide Verfahren erledigt werden können; dies allerdings nur dann, wenn die rechtsmittelführende Partei dadurch keinen Nachteil erleidet (vgl. RRB 1982/1971). Zu sistieren ist ebenfalls, wenn der Entscheid über eine *fremdrechtliche Vorfrage* (z.B. Strafprozess, Zivilprozess) abgewartet werden soll, insbesondere wenn sich bei der Beurteilung dieser Vorfrage umfangreiche Beweismassnahmen aufdrängen oder sich heikle Rechtsfragen aus dem anderen Rechtsgebiet stellen (Merkli/Aeschlimann/Herzog, Art. 38 N. 3). Ist über die gleiche Rechtsfrage bereits in einem oder mehreren anderen Verfahren zu entscheiden, drängt sich die vorübergehende Verfahrenseinstellung aus verfahrensökonomischen Überlegungen insbesondere dann auf, wenn eine Vereinigung der Verfahren nicht möglich ist. Diesfalls gestattet es die Sistierung, die Streitfragen in einem oder mehreren Musterprozessen (Pilotprozess) zu beurteilen (vgl. Merkli/Aeschlimann/Herzog, Art. 38 N. 5). Die Sistierung kommt auch in Frage, wenn ein Verfahren nur vorsorglich – namentlich zwecks Wahrung der Rechtsmittelfrist – angehoben wird. Steht eine Rechtsänderung bevor, die für den Verfahrensausgang wesentlich ist, ist eine Sistierung lediglich angebracht, wenn die neuen Vorschriften bereits beschlossen oder zumindest aufgelegt sind. Vage Aussichten auf eine Rechtsänderung oder eine beschlossene Rechtsänderung mit unbestimmtem Inhalt genügen nicht (Imboden/Rhinow I, Nr. 17 B I; Merkli/Aeschlimann/Herzog, Art. 38 N. 6, vgl. RB 1971 Nr. 58). Unumgänglich ist die Verfahrenseinstellung nach dem Tod einer Partei, wenn über die Rechtsnachfolge Unklarheit herrscht. Von Amtes wegen können Verwaltungs- und Verwaltungsrechtspflegeverfahren eingestellt werden, wenn eine beteiligte Partei in Konkurs fällt, das hängige Verfahren den Bestand der Konkursmasse berührt und kein dringlicher Fall vorliegt (Art. 207 Abs. 2 i.V.m. Abs. 1 SchKG; vgl. § 21 N. 16).

30 Das sistierte Verfahren ist wieder aufzunehmen, sobald der Sistierungsgrund dahingefallen ist. Eine Verlängerung der Sistierung in diesem Fall würde ebenso eine Rechtsverzögerung bedeuten, wie das von vornherein ungerechtfertigte Anordnen einer Sistierung.

31 Zuständig für den Entscheid über Sistierung und Wiederaufnahme eines Verfahrens ist die *instruierende Behörde*. Sie verfügt dabei über ein erhebliches Ermessen, das sie sachgerecht und pflichtgemäss zu handhaben hat. Sie hat die betroffenen Interessen mitzuberücksichtigen und darf auch die Prozessaussichten in anderen Verfahren, die für den von ihr zu treffenden Aussetzungsentscheid von Bedeutung sind, abschätzen und in ihre Abwägungen miteinbeziehen (BGE 119 II 389). Sofern die Aussetzung des Verfahrens nicht zwingend ist, sind die Verfahrensbeteiligten anzuhören, unabhängig davon, ob ein Verfahren auf Gesuch hin oder von Amtes wegen sistiert werden soll. Im Interesse der Rechtssicherheit und des geordneten Verfahrensablaufs ist regelmässig *formell* zu sistieren, es sei denn, die Sistierung erfolge nur für kurze Zeit. Dies gilt selbst dann, wenn alle Verfahrensbeteiligten mit der nachgesuchten Sistierung einverstanden sind.

Die Behörde trifft ihren Entscheid in der Form einer prozessleitenden Anordnung, wenn durch die Sistierung Interessen der Beteiligten verletzt werden können. Als *Zwischenentscheide* im Sinn von § 19 Abs. 2 bzw. § 48 Abs. 2 sind Sistierungsverfügungen generell dann weiterziehbar, wenn sie für den Betroffenen einen Nachteil zur Folge haben, der sich später voraussichtlich nicht mehr beheben lässt (dazu § 19 N. 46 ff.). Das ist namentlich bei übermässiger Verzögerung eines Verfahrens zum Nachteil eines Beteiligten der Fall. 32

7. Vereinigung und Trennung von Verfahren

Vereinigung bedeutet Zusammenfassung mehrerer *hängiger* Beschwerde-, Rekurs- oder Verwaltungsverfahren zu einem einzigen Verfahren. Sie erfolgt durch die instruierende Behörde, die dabei über einen grossen Ermessensspielraum verfügt, und ist in jedem Verfahrensstadium möglich. Vielfach wird sie erst zusammen mit dem instanzabschliessenden Erkenntnis angeordnet. Die Vereinigung ist aus prozessökonomischen Gründen zulässig, wenn mehrere Begehren den gleichen Sachverhalt betreffen und dieselben Rechtsfragen aufwerfen. Allerdings dürfen den einzelnen Beteiligten dadurch keine *bedeutenden* Nachteile erwachsen. Ein solcher Nachteil wäre insbesondere in einer unzumutbaren Verfahrensverzögerung zu erblicken. 33

Eine Vereinigung ist angebracht, wenn sich zwei oder mehrere (Rechtsmittel-) Begehren eines Privaten oder des Gemeinwesens gegen dieselbe Verfügung richten. Darüber hinaus können Verfahren, die einen sachlichen Zusammenhang aufweisen, mit Einwilligung aller Rechtsmittelkläger bzw. Rechtsmittelbeklagten stets vereinigt werden. Als verfahrensleitende Anordnung erfolgt sie immer durch Verfügung oder Beschluss. Ist die Verfahrensvereinigung streitig, kann sie in einem separaten Beschluss angeordnet werden, der als *Zwischenentscheid* unter der in § 19 Abs. 2 bzw. § 48 Abs. 2 genannten Voraussetzung selbständig weiterziehbar ist. 34

Die Vereinigung hat zur Folge, dass die weiteren Verfahrensschritte für alle Beteiligten im Rahmen *eines* Verfahrens durchgeführt werden und über die vereinigten Eingaben in *einem* Verwaltungs- bzw. Rechtsprechungsakt gemeinsam entschieden wird. Die von einer Verfahrensvereinigung Betroffenen werden dadurch aber nicht zu einfachen oder notwendigen Streitgenossen. Anders als diesen bleibt es ihnen unbenommen, ihre Rechte weiterhin selbst und für sich allein zu wahren (Merkli/Aeschlimann/Herzog, Art. 17 N. 4). Demgemäss sind bei vereinigten Verfahren die Verfahrenskosten gleich zu verlegen, wie wenn die zuständige Behörde die einzelnen Eingaben getrennt behandelt hätte. Bei der Festsetzung der Kosten ist aber dem durch die Vereinigung gegenüber der getrennten Behandlung allenfalls verminderten Bearbeitungsaufwand Rechnung zu tragen (Merkli/Aeschlimann/Herzog, Art. 17 N. 7). 35

36 Gleich der Vereinigung kann aus prozessökonomischen Überlegungen auch die *Trennung* von Verfahren gerechtfertigt sein. Auf diese Weise kann die instruierende Behörde Schwierigkeiten Rechnung tragen, die sich aus gemeinsamer Verfahrensführung mit Bezug auf gemeinsam eingereichte oder zuvor vereinigte Eingaben ergeben können. Eine Trennung ist insbesondere angebracht, wenn sich mehrere Punkte einer Verfügung in sachlicher Hinsicht trennen lassen und erhebliche zeitliche Unterschiede bei der Behandlung der einzelnen Punkte zu erwarten sind. Dasselbe gilt für den Fall, da Begehren verschiedene Gegenstände betreffen oder von verschiedenen Personen gemeinsam eingereicht wurden, ein gesamthafter Entscheid aber nicht zweckmässig ist. Ein Verfahren ist sodann zu trennen, wenn eine der zusammen vorgehenden Personen stirbt oder ihr Begehren zurückzieht. Erfüllt dagegen nur ein Teil der gemeinsam Vorgehenden die Verfahrensvoraussetzungen (z.B. Legitimation gemäss § 21 oder Rechtzeitigkeit der Eingabe gemäss §§ 22 bzw. 53), erübrigt sich eine Trennung des Verfahrens; es genügt diesfalls, hinsichtlich der anderen Beteiligten auf deren Begehren nicht einzutreten.

37 Wie die Vereinigung ist auch die Trennung eines Verfahrens in jedem Verfahrensstadium möglich. Selbst zuvor vereinigte Verfahren können wieder getrennt werden. Der Trennungsbeschluss ist als *Zwischenentscheid* selbständig weiterziehbar, sofern die Voraussetzungen von § 19 Abs. 2 und § 48 Abs. 2 erfüllt sind. Allfällige Nachteile, die sich für die Betroffenen aus einer Verfahrenstrennung ergeben, sind in das instanzabschliessende Erkenntnis einzubeziehen. Die Verfahrenskosten sind getrennt zu verlegen, wobei aber der durch die ursprünglich gemeinsame Verfahrensführung verminderte Aufwand zu berücksichtigen ist (Merkli/Aeschlimann/Herzog, Art. 17 N. 10).

A. Geltungsbereich

Geltungsbereich **§ 4. Die Bestimmungen dieses Abschnittes gelten für das Verfahren vor den Verwaltungsbehörden der Gemeinden, der Bezirke und des Kantons, soweit nicht abweichende Vorschriften bestehen.**

Materialien
Weisung 1957, S. 1031 f.; Prot. KK 3.12.1957, 22.8.1958; Prot. KR 1955 1959, S. 3268; Beleuchtender Bericht 1959, S. 396 f.; Weisung 1995, S. 1524 f.; Prot. KK 1995/96, S. 5 f.

Übersicht Note
1. Allgemeines 1
2. Kantonales und kommunales Recht 7
3. Bundesrecht 10
4. EMRK 21
5. Übrige staatliche Abkommen 34

1. Allgemeines

§ 4 umschreibt den *Geltungsbereich* des zweiten Abschnitts. Zunächst hält das Gesetz den Grundsatz der *Subsidiarität* fest: Nur soweit nicht in anderen Erlassen (Staatsverträgen, Gesetzen, Verordnungen usw.) abweichende Vorschriften bestehen, ist der zweite Abschnitt anwendbar. Vorrang gegenüber dem VRG geniessen aber auch die im Rahmen der bundesgerichtlichen Rechtsprechung aus Art. 4 aBV abgeleiteten verfahrensrechtlichen Minimalgarantien (vgl. Art. 29 und 30 BV), soweit sie nicht bereits im VRG oder anderen Erlassen enthalten sind. In der Praxis zeigt sich allerdings, dass dem Subsidiaritätsgrundsatz wenig Bedeutung zukommt, weil gesetzliche Bestimmungen über das (nichtstreitige und streitige) Verwaltungsverfahren relativ selten sind; solches vom VRG abweichendes Verfahrensrecht ist zudem meistens lückenhaft. Infolgedessen gilt wiederum das VRG, wenn die abweichenden Bestimmungen ein Verfahren nicht vollständig regeln. Es sind somit bei fast allen Erlassen die Bestimmungen des VRG zumindest teilweise anwendbar. Das VRG ist daher im Kanton Zürich die eigentliche Kodifikation des Verfahrensrechts und findet im Zweifel Anwendung (vgl. Beleuchtender Bericht 1959, S. 394).

1

Abweichende Vorschriften gehen laut § 4 den Bestimmungen im zweiten Abschnitt des VRG generell vor. Vorbehalten bleibt somit das abweichende, vorrangig anwendbare kantonale Recht (N. 7 ff.), während die derogatorische Kraft des Bundesrechts (Art. 2 ÜbBest aBV bzw. Art. 49 Abs. 1 BV) zur Folge hat, dass das Bundesrecht insoweit kantonales Recht unabhängig von § 4 von vornherein verdrängt (vgl. N. 10 ff.). Infolgedessen besitzt neben den Staatsverträgen des Bundes (z.B. EMRK, UNO-Pakt II, GATT/WTO-Abkommen) das Bundesrecht aller Stufen (einschliesslich der Verordnungen) Vorrang vor dem kantonalen Recht (Art. 2 ÜbBest aBV bzw. Art. 5 Abs. 4 und 49 Abs. 1 BV; Häfelin/Haller, N. 369, 372). Obgleich sie ungeschriebenes Recht sind, gehören auch die *allgemeinen Rechtsgrundsätze* auf Gesetzesstufe (z.B. die Verjährung von öffentlichrechtlichen Ansprüchen, die Verzugszinspflicht, die Verrechnung von Geldforderungen; dazu Häfelin/Müller, Rz. 142 ff.) und auf Verfassungsstufe (z.B. das Gesetzmässigkeitsprinzip, der Grundsatz der Verhältnismässigkeit, der Grundsatz des öffentlichen Interesses; dazu Häfelin/Müller, Rz. 294 ff.) zum Bundesrecht. Zu diesem zählen ebenfalls die im Rahmen der bundesgerichtlichen Rechtsprechung entwickelten *verfahrensrechtlichen Minimalgarantien*, soweit sie nicht Eingang in das VRG gefunden haben, obschon es sich nicht eigentlich um Vorschriften mit Rechtssatzcharakter handelt.

2

Der zweite Abschnitt des VRG regelt sowohl das nichtstreitige als auch das streitige Verwaltungsverfahren (Vorbem. zu §§ 4–31 N. 1). Mit Bezug auf das nichtstreitige Verwaltungsverfahren sind jedoch lediglich diejenigen Verfahren erfasst, welche auf den Erlass einer Anordnung zielen. Formloses oder einfaches, tatsächliches Verwaltungshandeln ist deshalb vom Anwendungsbereich

3

§ 4

des VRG ebenso ausgeschlossen wie das vertragliche Handeln der Verwaltungsbehörden oder das Planerlassverfahren, soweit dieses die Festlegung des Planinhalts betrifft (vgl. § 7 PBG). Aufgrund der Verweisungen in §§ 70, 80c und 86 gelangen die §§ 4–31 sinngemäss bzw. entsprechend im verwaltungsgerichtlichen Beschwerdeverfahren (§§ 41 ff.) und dann zur Anwendung, wenn das Verwaltungsgericht als Personalgericht (§§ 74 ff.) oder als einzige Instanz entscheidet (§§ 81 ff.); Voraussetzung ist aber, dass das VRG für diese Bereiche keine abweichenden Vorschriften enthält.

4 Die §§ 4–31 gelten nach dem Gesetzeswortlaut für die Verwaltungsbehörden der Gemeinden, der Bezirke und des Kantons. Das Gesetz stellt dabei auf einen formellen Begriff der Verwaltungstätigkeit ab. Nur *Verwaltungsbehörden,* die formelles oder materielles Verwaltungsrecht anwenden, fallen darunter. Damit ist der ganze Bereich des Justizverwaltungsrechts der Gerichte ausgeschlossen. Ferner unterstehen die Notariate nicht dem VRG, weil diese kreisweise organisiert sind und nicht zu den Gemeinden bzw. Bezirken gehören (vgl. Beleuchtender Bericht 1959, S. 397). Auch die Tätigkeit der Betreibungsämter und Gemeindeammänner fällt nicht unter das VRG (Beleuchtender Bericht 1959, S. 397); für Erstere gilt das Schuldbetreibungs- und Konkursgesetz, für Letztere die Zivilprozessordnung.

5 Verwaltungsbehörden im Sinn von § 4 sind nicht nur jene Behörden, denen im Rahmen des nichtstreitigen Verwaltungsverfahrens die erstmalige Regelung öffentlichrechtlicher Rechtsverhältnisse zusteht, sondern auch Behörden, die im verwaltungsinternen und im verwaltungsexternen Einsprache- und Rekursverfahren tätig sind. Diese Verwaltungsjustizbehörden sind ebenfalls mit der Rechtsanwendung auf dem Gebiet des kommunalen, kantonalen und Bundesverwaltungsrechts befasst. Zu diesen Behörden sind namentlich der Regierungsrat, seine Direktionen, die Bezirksschulpflegen, die Bezirksräte und die Statthalter als verwaltungsinterne sowie die Baurekurskommissionen, die Schulrekurskommission, die Universitätsrekurskommission, die Gebäudeversicherungsrekurskommission und die landeskirchliche Rekurskommission als verwaltungsexterne Verwaltungsrechtspflegebehörden zu zählen (vgl. § 19 N. 81 ff.).

6 Verwaltungsbehörden im Sinn von § 4 sind nebst den Gemeinde-, Bezirks- und kantonalen Behörden die Organe der kantonalen öffentlichen Anstalten (Universität, Gebäudeversicherungsanstalt, Verkehrsverbund usw., nicht aber Zürcher Kantonalbank und Elektrizitätswerke des Kantons Zürich; vgl. Prot. KK 22.8.1958; Bosshart, § 4 N. 4) und der kantonalen öffentlichen Körperschaften (evangelisch-reformierte Landeskirche, römisch-katholische Körperschaft, christkatholische Kirchgemeinde Zürich) sowie diejenigen Organe, welche öffentliche Stiftungen verwalten (z.B. Zentralbibliothek Zürich). Kommunale Zweckverbände zählen als öffentlichrechtliche Körperschaften ebenfalls zu den Verwaltungsbehörden (vgl. § 7 GemeindeG; Jaag, Verwaltungsrecht, Rz. 803), sodass der zweite Abschnitt auch auf Streitigkeiten zwischen diesen und Priva-

ten anwendbar ist. Für Streitigkeiten zwischen Gemeinden aus dem Zweckverbandsvertrag ist indessen das Verwaltungsgericht als einzige Instanz zuständig (§ 81 lit. a). Fraglich ist, ob das VRG auf Genossenschaften des öffentlichen Rechts anwendbar ist; sofern eine solche als Verwaltungsbehörde auftritt, ist die Frage zu bejahen.

2. Kantonales und kommunales Recht

Abweichende, gegenüber den Bestimmungen des VRG vorrangige Vorschriften finden sich im kantonalen Verwaltungsrecht in den verschiedensten Sachgebieten. Mehrheitlich beziehen sich diese Ausnahmen auf das Rekursverfahren, während das VRG im nichtstreitigen Verwaltungsverfahren regelmässig anwendbar bleibt. Hervorzuheben ist, dass die das öffentliche Dienstverhältnis betreffenden Angelegenheiten seit der Revision vom 8.6.1997 nicht länger zu diesen Ausnahmen im Anwendungsbereich des VRG gehören. 7

Die wichtigsten Erlasse, auf die der zweite Abschnitt des VRG, wenigstens teilweise, nicht anwendbar ist, sind: 8

– § 151 GemeindeG umschreibt Beschwerdeobjekt, Beschwerdelegitimation, Beschwerdegründe und Beschwerdefrist der sogenannten Gemeindebeschwerde abweichend von den betreffenden Vorschriften des VRG (dazu im Einzelnen Thalmann, § 151 N. 2 ff.).

– Keine Anwendung findet das VRG im Steuerrecht (Prot. KK 1995/96, S. 5; Weisung 1995, S. 1525), indem das Steuergesetz das streitige und nichtstreitige Verfahren selbständig regelt (vgl. §§ 106 ff. StG).

– Für das Baubewilligungsverfahren gelten die §§ 309 ff. PBG; §§ 329 ff. PBG ordnen sodann den Rechtsschutz in Bausachen teilweise abweichend vom VRG.

– Das Verfahren vor den Schätzungskommissionen richtet sich nach den §§ 37–42 AbtrG und der Verordnung über das Verfahren der Schätzungskommissionen in Abtretungsstreitigkeiten vom 24.11.1960. Diese verweist hinsichtlich des Fristenlaufs und des Kostenvorschusses auf die bezüglichen Vorschriften des VRG (§ 5 Abs. 2 und § 24 Abs. 2 SchätzV). Die Rekursfrist gegen Entscheide der Schätzungskommissionen beträgt abweichend von § 22 Abs. 1 und § 53 VRG lediglich 20 Tage (§ 46 Abs. 1 AbtrG).

– Im Fall der fürsorgerischen Freiheitsentziehung für psychisch Kranke verweist § 49 GesundheitsG auf Art. 397a ff. ZGB und §§ 117a ff. EG ZGB, welche Bestimmungen vor allem den Rechtsweg abweichend vom VRG regeln. Im Übrigen sind aber die Verfahrensvorschriften des VRG anwendbar (§ 117b Abs. 1 EG ZGB).

§ 4

- In Straf- und Polizeistrafsachen gilt das VRG nicht, weil solche Materien nicht zu den öffentlichrechtlichen Angelegenheiten gemäss § 1 zählen (vgl. Weisung 1995, S. 1525; Prot. KK 1995/96, S. 5; § 1 N. 25 ff.; § 43 N. 21).
- In Abweichung von § 19b VRG sind Rekursentscheide betreffend Anordnungen über den Vollzug von Strafen und Massnahmen sowie über die Durchführung des Vollzugs endgültig, sofern nicht ein Weiterzug an eine richterliche Behörde offen steht (§§ 27 Abs. 2 und 36 Abs. 2 StVG; vgl. § 43 N. 23 ff.).
- Nicht in den Geltungsbereich des VRG fallen grundsätzlich das Verfahren und der Rechtsweg auf dem Gebiet der Sozialversicherung. Dementsprechend verweist § 15 EG AHVG/IVG für die Rechtspflege auf die Bestimmungen des Gesetzes über das Sozialversicherungsgericht. Eine eigenständige Regelung des Rechtswegs mit Weiterzugsmöglichkeit an das Sozialversicherungsgericht enthalten ebenfalls § 30 des Gesetzes über die Zusatzleistungen zur eidgenössischen Alters-, Hinterlassenen- und Invalidenversicherung vom 7.2.1971 (LS 831.3) und § 27 des Gesetzes über Kinderzulagen für Arbeitnehmer vom 8.6.1958 (LS 836.1).

9 § 4 Abs. 1 in der bis zur Revision vom 8.6.1997 geltenden Fassung beschränkte den Vorbehalt abweichender Vorschriften auf solche «in anderen Gesetzen». Diese Einschränkung fehlt nunmehr im revidierten § 4, doch gilt hinsichtlich des vorbehaltenen kantonalen Rechts wie bis anhin der Grundsatz, dass es zur Abänderung der verfahrensrechtlichen Bestimmungen des VRG eines kantonalen Erlasses auf Gesetzesstufe bedarf. Kantonales Verordnungsrecht vermag deshalb keine Abweichung zu begründen (a.M. Bosshart, § 4 N. 1); insbesondere dürfen auf Verordnungsstufe keine den individuellen Rechtsschutz einschränkende Bestimmungen (z.B. Einschränkungen des Rekurs- bzw. Beschwerderechts) erlassen werden. Demnach findet das VRG entsprechende Anwendung, sobald abweichende Bestimmungen auf Gesetzesstufe fehlen.

3. Bundesrecht

Literatur

AEMISEGGER HEINZ/HAAG STEPHAN, in: Kommentar RPG, Art. 33 Rz. 3 ff., 77 ff.; HUBMANN TRÄCHSEL; KLEY-STRULLER ANDREAS, Anforderungen des Bundesrechts an die Verwaltungsrechtspflege der Kantone bei der Anwendung von Bundesverwaltungsrecht, AJP 1995, S. 148 ff.; KÖLZ/HÄNER, Rz. 54 ff.; KÖLZ ALFRED/KELLER HELEN, Koordination umweltrelevanter Bewilligungsverfahren als Rechtsproblem, URP 1990, S. 385 ff.; KÖLZ/KOTTUSCH, S. 422 ff.; MARTI ARNOLD, in: Kommentar RPG, Art. 25a Rz. 1 ff.; MERKLI/AESCHLIMANN/HERZOG, Art. 1 N. 5 ff.; RHINOW/KOLLER/KISS, Rz. 98 ff.; SCHÜRMANN/HÄNNI, S. 340 ff.; SCHWEIZER RAINER J., Auf dem Weg zu einem schweizerischen Verwaltungsverfahrens- und Verwaltungsprozessrecht, ZBl 91/1990, S. 193 ff.; VALLENDER KLAUS A./MORELL RETO, Umweltrecht, Bern 1997, S. 431 ff.

Die Regelung des Verfahrens und der Behördenorganisation ist im Bereich des 10
Prozessrechts Sache der Kantone (Art. 3 BV). Diese *kantonale Verfahrens- und
Organisationshoheit* wird seitens des Bundesgesetzgebers und durch die bundesgerichtliche Rechtsprechung allerdings in unterschiedlichem Masse eingeschränkt, je nach dem ob die Anwendung und der Vollzug von kantonalem
oder von Bundesverwaltungsrecht in Frage stehen. Während im Bereich des
kantonalen Verwaltungsrechts eine eigentliche kantonale Verfahrensautonomie
besteht, beruhen die Vollzugskompetenzen der Kantone auf dem Gebiet des
Bundesverwaltungsrechts lediglich auf einer Delegation des Bundes an die Kantone (Gadola, S. 35 f.; Kley-Struller, a.a.O., S. 148 f.; Kölz/Kottusch, S. 422 f.;
Rhinow/Koller/Kiss, Rz. 98, 100).

Bei Streitigkeiten aus dem kantonalen Verwaltungsrecht bedarf es einer Verfassungsvorschrift, um die durch Art. 3 BV gewährleistete Autonomie einzuschränken. Ungeachtet dessen sind in einem solchen Verfahren nach kantonalem Recht 11
die vom Bundesgericht im Rahmen seiner Rechtsprechung zu Art. 4 aBV entwickelten verfahrensrechtlichen Minimalvorschriften – namentlich das Rechtsverweigerungsverbot, der Anspruch auf rechtliches Gehör und auf Begründung
einer Verfügung, das Verbot des überspitzten Formalismus, der Anspruch auf
unentgeltliche Prozessführung – zu berücksichtigen (Rhinow/Koller/Kiss,
Rz. 99; vgl. Art. 29 BV; N. 2). Ausserdem ergeben sich prozessuale Anforderungen unmittelbar aus der EMRK, deren Rechtsschutzgarantien in weiten Teilen
der Verwaltungsrechtspflege anwendbar sind (vgl. BGE 123 I 96, 121 II 222 f.).

Die bundesverfassungs- und konventionsrechtlichen Verfahrensanforderungen 12
sind auch zu beachten, wenn das kantonale Verfahrensrecht der Vollziehung
von Bundesverwaltungsrecht dient (Rhinow/Koller/Kiss, Rz. 101). Zudem ist
der Bundesgesetzgeber in diesem Fall befugt, in die kantonale Verfahrens- und
Organisationshoheit einzugreifen, soweit dies für die Verwirklichung des Bundesverwaltungsrechts und zur Sicherstellung von dessen einheitlicher Anwendung
und Durchsetzung erforderlich ist (BGE 111 Ib 203; Gygi, S. 26; Kölz/Häner,
Rz. 56; Moor II, S. 144; Rhinow/Koller/Kiss, Rz. 100). Zugleich ist es den
Kantonen untersagt, durch die an sich richtige Anwendung des kantonalen
Verfahrensrechts die Verwirklichung des materiellen Bundesrechts bzw. den vom
Bundesgesetzgeber angestrebten Zweck zu beschränken oder gar zu vereiteln
(Kölz/Kottusch, S. 441; vgl. BGE 122 I 74, mit Hinweisen). Eine Verletzung
dieses *Vereitelungsverbots* darf allerdings nicht leichthin angenommen werden;
in der Regel bedarf es einer so wesentlichen Erschwerung, dass der Vollzug des
Bundesrechts faktisch verhindert wird (Kley-Struller, a.a.O., S. 156). Zusätzliche Einschränkungen der kantonalen Verfahrenshoheit können sich aus dem
Grundsatz der Einheit des Verfahrens ergeben, wonach die Verfahrensvoraussetzungen und die Überprüfungsbefugnisse vor der unteren Instanz nicht enger
gefasst sein dürfen als vor der folgenden (Kölz/Häner, Rz. 58; vgl. Gygi,
S. 237 f.). Ihre Grundlage finden diese Beschränkungen der Kantone in der

§ 4

freien Anwendung ihres Verfahrensrechts zum einen in der bundesstaatlichen Kompetenzordnung (Art. 3 BV) und zum andern im Grundsatz der derogatorischen Kraft des Bundesrechts (Art. 2 ÜbBest aBV bzw. Art. 49 Abs. 1 BV).

13 Von dieser Befugnis, gestaltend auf das kantonale Verfahrensrecht einzuwirken, hat der Bundesgesetzgeber in weitem Umfang Gebrauch gemacht. So enthält das materielle Bundesrecht zahlreiche Verfahrensbestimmungen (vgl. Kölz/Häner, Rz. 62 f.; Kölz/Kottusch, S. 430 ff.), die gemäss § 4 den Regeln des VRG vorgehen und dessen Anwendung insoweit ausschliessen. Ein solches Eingreifen des Bundesgesetzgebers ist vor allem dann angebracht, wenn die Durchsetzung des Bundesrechts und der materiellen Prinzipien gefährdet erscheint, was namentlich auf die Sachbereiche der Raumplanung (vgl. Art. 33 RPG), des Umweltschutzes, der Gleichstellung von Mann und Frau (vgl. Art. 13 GlG), der Sozialversicherung und des Bundessteuerrechts zutrifft. Neben den zahlreichen spezialgesetzlichen Vorschriften sind auch Art. 1 Abs. 3 VwVG und Art. 98a OG von erheblicher Bedeutung für das nichtstreitige und streitige kantonale Verwaltungsverfahren. Diese Bestimmungen enthalten für den Fall der Anwendung von Bundesverwaltungsrecht durch die Kantons-, Bezirks- und Gemeindebehörden Mindestanforderungen an das kantonale Verfahrensrecht, um so die Einheit des Verfahrens zu gewährleisten und eine Vereitelung des Bundesrechts zu verhindern.

14 Obgleich die kantonalen, Bezirks- und Gemeindebehörden in bedeutendem Umfang Bundesrecht anwenden, findet das Verwaltungsverfahrensgesetz des Bundes in seiner Gesamtheit nur auf Bundesverwaltungsbehörden Anwendung (Art. 1 VwVG). Soweit die Tätigkeit *letzter kantonaler Instanzen,* die gestützt auf Bundesrecht nicht endgültig verfügen, in Frage steht, gilt das VwVG in beschränktem Umfang aber auch im kantonalen Verfahren *(Art. 1 Abs. 3 VwVG).* Danach haben diese kantonalen Instanzen die Art. 34–38, 61 Abs. 2 und 3 sowie 55 Abs. 2 und 4 VwVG über die Sprache, Eröffnung und Begründung von Verfügungen, die Pflicht zur Rechtsmittelbelehrung, die aufschiebende Wirkung von Beschwerden sowie Inhalt, Form und Eröffnung von Beschwerdeentscheiden zu beachten. Diese Aufzählung ist nicht abschliessend (BGE 117 V 189 f., mit Hinweisen). Um den reibungslosen Übergang vom kantonalen zum bundesrechtlichen Rechtsmittelverfahren und damit die Verfahrenseinheit sicherzustellen, können daher in solchen letztinstanzlichen kantonalen Verfahren mitunter weitere Normen des VwVG herangezogen werden. Entsprechend hat das Bundesgericht festgehalten, dass die Beschwerdelegitimation (Art. 48 VwVG), der Verfügungsbegriff (Art. 5 Abs. 1 VwVG) und die Wiederherstellung der aufschiebenden Wirkung (Art. 55 Abs. 3 VwVG) nach Bundesrecht zu bestimmen seien (vgl. BGE 112 Ia 189, mit Hinweisen). Soweit der Gesuchsteller ein schutzwürdiges Interesse nachweist, besteht gemäss Art. 25 Abs. 2 VwVG im Bereich des von den Kantonen zu vollziehenden Bundesverwaltungsrechts ein *bundesrechtlicher Anspruch* auf Erlass einer Feststellungsverfügung (Gygi, S. 144; Rhinow/Koller/Kiss, Rz. 1187; vgl. BGE 92 I 340).

Gleich Art. 1 Abs. 3 VwVG verfolgt auch *Art. 98a OG* das Ziel, die *Verfahrens-* 15
einheit zu wahren und dem Vereitelungsverbot Nachachtung zu verschaffen.
Art. 98a Abs. 3 OG schreibt den Kantonen in Anlehnung an die Rechtsprechung des Bundesgerichts zur Einheit des Verfahrens deshalb vor, Beschwerdelegitimation und Beschwerdegründe mindestens im gleichen Umfang wie für die Verwaltungsgerichtsbeschwerde an das Bundesgericht zu gewährleisten. Dies gilt sinngemäss auch, wenn ein ordentliches Rechtsmittel an eine andere Bundesbehörde gegeben ist (VPB 46/1982 Nr. 55 S. 307 f.). Überdies werden die Kantone verpflichtet, richterliche Behörden als letzte Instanzen zu bestellen, soweit gegen deren Entscheide die eidgenössische Verwaltungsgerichtsbeschwerde möglich ist (Art. 98a Abs. 1 OG), wobei sie Zuständigkeit, Organisation und Verfahren im Rahmen des Bundesrechts zu regeln haben (Art. 98a Abs. 2 OG; dazu Kley-Struller, a.a.O., S. 153 ff.). Art. 98a Abs. 1 OG geht dabei über den Rahmen des Vereitelungsverbots hinaus, indem mit dieser Gesetzesnorm in erster Linie ein sachgerechter Vollzug des Bundesverwaltungsrechts gewährleistet werden soll (Kley-Struller, a.a.O., S. 153). Im Übrigen bildete gerade die Bestimmung von Art. 98a OG eine wesentliche Ursache dafür, dass das VRG im Hinblick auf die Anpassung an die bundesrechtlichen Vorschriften einer Revision unterzogen werden musste (Weisung 1995, S. 1520 f.; Prot. KR 1995–1999, S. 6404, 6420). Diese Revision bewirkte in wesentlichen Punkten eine Angleichung des kantonalen an das Bundesverwaltungsverfahrensrechts, was aber lediglich die Entwicklung im Bereich des materiellen Rechts widerspiegelt (Kley-Struller, a.a.O., S. 161 f.).

Über Art. 1 Abs. 3 VwVG und Art. 98a OG hinausgehend leiten sich aus dem 16
Vereitelungsverbot weitere Verfahrensgrundsätze ab, die von den Kantonen bei der Anwendung von Bundesverwaltungsrecht zu befolgen sind (dazu eingehend Kölz/Häner, Rz. 64 f.; Kölz/Kottusch, S. 442 ff.). Hervorzuheben sind in diesem Zusammenhang der Grundsatz der Rechtsanwendung von Amtes wegen, die Pflicht zur Überweisung einer bei der unzuständigen Behörde eingelegten Eingabe an die zuständige Instanz, die Möglichkeit der Fristwiederherstellung und der Grundsatz, dass einem Anordnungsadressaten aus einem Eröffnungsmangel kein Nachteil erwachsen darf. Zudem kann es sich zur Wahrung des materiellen Bundesrechts aufdrängen, auf den bundesrechtlichen Verfügungsbegriff abzustellen, und bedarf es unter Umständen der Möglichkeit, vorsorgliche Massnahmen anordnen zu können. Um einer Vereitelung des Bundesrechts vorzugreifen, überprüft das Bundesgericht sodann kantonale Nichteintretensentscheide, allerdings nur unter dem Willkürgesichtspunkt (BGE 103 Ib 146, mit Hinweisen; Kley-Struller, a.a.O., S. 156). Letztinstanzliche kantonale Nichteintretensentscheide in Anwendung von materiellem Bundesrecht und kantonalem Verfahrensrecht sind daher stets mit einer Rechtsmittelbelehrung zu versehen (Art. 35 Abs. 2 i.V.m. Art. 1 Abs. 3 VwVG).

§ 4

17 In engem Zusammenhang mit dem Grundsatz der Einheit des Verfahrens, dem Vereitelungsverbot und der zunehmenden Regelungsdichte steht die vom Bundesgericht im Rahmen der Anwendung umweltrelevanten Rechts begründete Verpflichtung des kantonalen Gesetzgebers, den Vollzug des Bundesrechts zu *koordinieren* (vgl. Kley-Struller, a.a.O., S. 157 ff.; Kölz/Häner, Rz. 66 ff.; Marti, a.a.O., Rz. 1 ff.; Rhinow/Koller/Kiss, Rz. 107 ff.). Seine Grundlage findet das *Koordinationsgebot,* soweit es sich nicht schon aus spezialgesetzlichen Normen ergibt, im aus Art. 4 Abs. 1 aBV abgeleiteten Willkürverbot (vgl. Art. 9 BV), im Grundsatz der Einheit und Widerspruchslosigkeit des Verfahrens sowie im Vereitelungsverbot. Ziel der Koordination ist es, die Verfahren zu beschleunigen und den wirksamen Gesetzesvollzug zu fördern (Kölz/Häner, Rz. 69).

18 In Anwendung des Koordinationsgebots ist nicht nur eine *inhaltliche* Abstimmung der verschiedenen betroffenen Interessen anzustreben (*materielle* Koordination), sondern ebenso eine *verfahrensmässige* Abstimmung vorzunehmen (*formelle* Koordination). Koordinationsbedarf ist immer dann gegeben, wenn verschiedene materiellrechtliche Vorschriften anzuwenden sind und zwischen diesen ein derart enger Sachzusammenhang besteht, dass sie nicht getrennt und unabhängig voneinander angewendet werden dürfen (BGE 122 II 87, 116 Ib 57). Dies trifft insbesondere auf Verfahren zu, bei denen eine umfassende Interessenabwägung vorzunehmen ist (Rhinow/Koller/Kiss, Rz. 107). Die Koordinationspflicht gilt allerdings nur für *untrennbar* miteinander verbundene Rechtsfragen, deren verfahrensrechtlich getrennte Behandlung zu sachlich unhaltbaren Ergebnissen führen würde (BGE 117 Ib 40). Aus der Koordinationspflicht ergibt sich aber nicht zwingend, dass alle Entscheide, in denen Rechtsfragen mit engem Sachzusammenhang beurteilt werden, gleichzeitig eröffnet werden müssten; wesentlich ist vielmehr, dass aus Gründen des Sachzusammenhangs ein gegen alle Entscheide zulässiges, einheitliches Rechtsmittel zur Verfügung steht (BGE 122 II 87 f.). Demnach sind die Kantone aufgrund der bundesgerichtlichen Rechtsprechung in erster Linie verpflichtet, für eine materielle Koordination zu sorgen. Wie sie die verfahrensmässige Koordination sicherstellen, bleibt dagegen ihnen überlassen (Rhinow/Koller/Kiss, Rz. 108). Dabei umfasst die Verpflichtung zur Verfahrenskoordination nicht nur das Rechtsmittel-, sondern auch das erstinstanzliche kantonale Verfahren (Kley-Struller, a.a.O., S. 157). Die Kantone haben die Wahl, entweder *eine* Behörde für zuständig zu erklären (Konzentrationsmodell) oder bei verschiedenen erstinstanzlich zuständigen Behörden die einzelnen Verfahren aufeinander abzustimmen (Koordinationsmodell), wobei die Federführung regelmässig bei der für das Leitverfahren zuständigen Behörde liegen sollte (Kölz/Häner, Rz. 71). Sind im erstinstanzlichen Verfahren sowohl kantonale Behörden als auch Bundesbehörden beteiligt, ist eine Lösung für den Einzelfall zu suchen (BGE 118 Ib 400). Fraglich ist allerdings, ob es angesichts der bundesstaatlichen Kompetenzaufteilung nicht angebracht wäre, die Verpflichtung der Kantone zur verfahrensmässigen Koordination, namentlich hinsichtlich der Einrichtung eines einheit-

lichen Rechtsmittelverfahrens, durch den Bundesgesetzgeber festschreiben zu lassen. Aufgeteilte Zuständigkeiten und parallele Rechtsmittelverfahren allein bedeuten nämlich weder eine übermässige Erschwerung noch eine Vereitelung des Bundesrechts (Kölz/Häner, Rz. 72; Kölz/Keller, a.a.O., S. 403 ff.).

Obschon im Zusammenhang mit der Anwendung des umweltrelevanten Rechts entwickelt, handelt es sich bei der Koordinationspflicht um einen *allgemeinen Rechtsgrundsatz,* der in allen Rechtsgebieten zu beachten ist, sobald mehrere Verfahren auf ein einzelnes Projekt, Vorhaben oder einen Tatbestand einwirken (Kley-Struller, a.a.O., S. 159; vgl. Marti, a.a.O., Rz. 10 f., 14). Er ist allerdings nicht unmittelbar anwendbar (Kley-Struller, a.a.O., S. 158). Auch die Gesetzgebung des Bundes und der Kantone vermag sich der bundesgerichtlich statuierten Koordinationspflicht nicht zu entziehen (vgl. Kölz/Häner, Rz. 73 f.; Schürmann/Hänni, S. 357 ff.; Vallender/Morell, a.a.O., S. 440 ff.). So besteht eine Koordinationspflicht für Bauten, die der Umweltverträglichkeitsprüfung unterliegen (Art. 21 UVPV). Im Bereich der Raumplanung schreibt Art. 25a Abs. 1 RPG für das Baubewilligungsverfahren und sinngemäss auch für das Nutzungsplanungsverfahren vor, dass eine Behörde zu bezeichnen ist, die für ausreichende Koordination sorgt, sobald die Errichtung oder Änderung einer Baute oder Anlage Verfügungen mehrerer Behörden benötigt (dazu Marti, a.a.O., Rz. 15 ff.). Für solche Verfügungen kantonaler Behörden haben die Kantone einheitliche Rechtsmittelinstanzen vorzusehen (Art. 33 Abs. 4 RPG; dazu Aemisegger/Haag, a.a.O., Rz. 77 ff.). Zu beachten ist in diesem Zusammenhang, dass diese Koordinationspflicht alle für die Änderung einer Baute oder Anlage erforderlichen Verfügungen erfasst, unabhängig davon, ob sie sich auf Bundes-, kantonales oder Gemeinderecht abstützen und zwischen diesen ein enger Sachzusammenhang besteht. Damit wird der verfahrensrechtliche Rechtsschutzstandard des Bundes auf Materien übertragen, die bisher als Kernbereiche kantonaler Zuständigkeit galten (Kley-Struller, a.a.O., S. 159; vgl. Aemisegger/Haag, a.a.O., Rz. 3).

In Übereinstimmung mit diesen bundesgesetzlichen Verfahrensvorschriften bestimmt § 312 PBG seit der Revision vom 8.6.1997, dass Baugesuche und Gesuche um Erteilung weiterer für die Ausführung des Bauvorhabens notwendiger Bewilligungen ohne Rücksicht auf die sachliche Zuständigkeit bei der örtlichen Baubehörde einzureichen sind. §§ 7 ff. BauVV (i.V.m. § 319 Abs. 2 PBG) regeln sodann die Koordination und die Einzelheiten des Verfahrens bei Bauvorhaben, für die mehrere Bewilligungen verschiedener Instanzen erforderlich sind, während die Rekurs- und Beschwerdeinstanzen in § 329 PBG koordiniert werden (dazu Rotach, S. 454 f.; vgl. VGr. 11.2.1999, BEZ 1999 Nr. 3). Im Hinblick auf die Verfahrenskoordination ist schliesslich von nicht zu unterschätzender Bedeutung, dass die Revision vom 8.6.1997 einen Wechsel von der bisherigen Enumeration der Zuständigkeiten des Verwaltungsgerichts zur Generalklausel beinhaltet, sodass nunmehr ein Grossteil der staatlichen Anord-

§ 4

nungen einheitlich der Beschwerde an das Verwaltungsgericht unterliegt (vgl. § 41 N. 1). Damit ist auch die bis anhin auf § 49 VRG (i.d.F.v. 24.5.1959) beruhende Aufspaltung des Rechtswegs hinfällig geworden.

4. EMRK

Literatur
FROWEIN/PEUKERT, Art. 6 Rz. 1 ff.; HAEFLIGER, EMRK; HÄFELIN/HALLER, N. 1078 ff.; HANGARTNER YVO, Das Recht auf eine wirksame Beschwerde gemäss Art. 13 EMRK und seine Durchsetzung in der Schweiz, AJP 1994, S. 3 ff.; HERZOG; KLEY-STRULLER, Rechtsschutz; DERSELBE, Rechtsschutzgarantie; DERSELBE, Richterliche Beurteilung; KÖLZ/HÄNER, Rz. 31 ff.; MERKLI/AESCHLIMANN/HERZOG, Art. 1 N. 9 ff.; POLEDNA TOMAS, Praxis zur Europäischen Menschrechtskonvention (EMRK) aus schweizerischer Sicht, Zürich 1993; RHINOW/KOLLER/KISS, Rz. 63 ff., 215 ff.; SCHWEIZER RAINER J., Die schweizerischen Gerichte und das europäische Recht, ZSR 112/1993 II, S. 577 ff.; VILLIGER; WILDHABER LUZIUS, Die Europäische Menschenrechtskonvention, ZBl 76/1975, S. 273 ff.; WOHLFART HEINER, Anforderungen der Art. 6 EMRK und Art. 98a OG an die kantonalen Verwaltungsrechtspflegegesetze, AJP 1995, S. 1421 ff.; ZIMMERLI ULRICH, EMRK und schweizerische Verwaltungsrechtspflege, in: Aktuelle Fragen zur Europäischen Menschenrechtskonvention, Zürich 1994, S. 41 ff. Vgl. auch die bei § 50 N. 46 aufgeführte Literatur.

21 Neben Art. 98a OG gab auch die Rechtsprechung der Europäischen Kommission und des Europäischen Gerichtshofes für Menschenrechte zum Begriff der «zivilrechtlichen Ansprüche und Verpflichtungen» im Sinn von Art. 6 Ziff. 1 EMRK Anlass, das VRG einer Revision zu unterziehen (Weisung 1995, S. 1520). Zwar sind die materiellen Konventionsbestimmungen, insbesondere Art. 2–14 EMRK, mit Ausnahme des Art. 13 EMRK unmittelbar anwendbares Recht, mithin für Regierungen, Verwaltungsbehörden und Gerichte unmittelbar verbindlich und verpflichtend (BGE 111 Ib 71; Haefliger, EMRK, S. 31 f.; Villiger, N. 52; Wildhaber, a.a.O., S. 275). Dennoch drängt sich aus Gründen der Rechtssicherheit und -gleichheit, der Rechtsklarheit sowie der konsequenten Rechtsdurchsetzung eine Übernahme der konventionsrechtlichen Garantien auf (BGE 120 Ia 216; Herzog, S. 415 f.; Wohlfart, a.a.O., S. 1422).

22 Dass unter die in § 4 vorbehaltenen anderen Vorschriften auch das Konventionsrecht fällt, ergibt sich bereits aus dem Umstand, dass die EMRK sowohl als Staatsvertrag des Bundes als auch aufgrund des Primats des Völkerrechts dem kantonalen Recht vorgeht (Haefliger, EMRK, S. 33 f.; Villiger, N. 53). Die Verwaltungsbehörden sind deshalb verpflichtet, im Rahmen der Rechtsanwendung die Bestimmungen der EMRK zu beachten. Zum Umfang der Anerkennung der EMRK durch die Schweiz vgl. § 50 N. 46 f.

23 Neben Gewährleistungen zum Schutz der Privatsphäre und des menschlichen Zusammenlebens sowie Bestimmungen zur Sicherung elementarer Menschenrechte (Art. 2–4, 7–12, 14) enthält die EMRK verschiedene *Verfahrens- und Rechtsschutzgarantien* (Art. 5, 6, 13), die bei der Auslegung und Anwendung

§ 4

des VRG zu beachten sind. Die verfahrensrechtlichen Normen der EMRK beziehen sich dabei schwergewichtig auf die Bedingungen des Freiheitsentzugs (Art. 5) und das Strafverfahren (Art. 6 Ziff. 2 und 3), während die in Art. 6 Ziff. 1 EMRK niedergelegten Garantien eines fairen Gerichtsverfahrens im Verwaltungsverfahren erst in den letzten Jahren an Einfluss gewannen. Diese Ausdehnung des Anwendungsbereichs von Art. 6 Ziff. 1 EMRK auf weite Bereiche des Verwaltungsrechts ist in erster Linie auf die dynamische, einheitliche und autonome, d.h. vom innerstaatlichen Rechtsverständnis unabhängige Auslegungspraxis der EMRK-Organe zu den Begriffen «zivilrechtliche Ansprüche und Verpflichtungen» und «strafrechtliche Anklagen» zurückzuführen (vgl. Zimmerli, a.a.O., S. 50).

Die EMRK enthält keine ausdrückliche Regelung des persönlichen Geltungsbereichs der garantierten Rechte und Freiheiten. Art. 6 Ziff. 1 EMRK statuiert in eher unbestimmter Weise, dass die durch diese Konventionsbestimmung gewährleisteten Ansprüche jedermann zustehen; und Art. 34 EMRK erklärt natürliche Personen, nichtstaatliche Organisationen oder Personengruppen für befugt, Individualbeschwerde beim Europäischen Gerichtshof für Menschenrechte zu erheben. Mithin können sich neben den natürlichen auch die juristischen Personen des Privatrechts auf die Gewährleistungen der EMRK berufen, sofern nicht die Natur der angerufenen Garantie dies ausschliesst (Frowein/Peukert, Art. 25 Rz. 9; Merkli/Aeschlimann/Herzog, Art. 1 N. 11). Dagegen sind nach der bisherigen Rechtsprechung der EMRK-Organe juristische Personen des öffentlichen Rechts, die staatliche Funktionen ausüben, als «staatliche» Organisationen nicht parteifähig, ungeachtet der Möglichkeit, dass sie auch privatrechtlich auftreten können (Frowein/Peukert, Art. 25 Rz. 16). Im Unterschied dazu stehen die allgemeinen Grundrechte und Verfahrensgarantien nach schweizerischer Rechtsauffassung auch juristischen Personen des öffentlichen Rechts zu, wenn diese wie Privatpersonen auftreten oder betroffen sind. Infolgedessen besteht keine Veranlassung, die konventionsrechtlichen Verfahrensansprüche gegenüber öffentlichrechtlichen juristischen Personen nicht ebenfalls zu gewährleisten, wenn diese nicht hoheitlich handeln (Merkli/Aeschlimann/Herzog, Art. 1 N. 11; so auch Yvo Hangartner in den Bemerkungen zu BGE 121 I 30 ff. [in welchem Entscheid das Bundesgericht diese Frage aber offen liess], AJP 1995, S. 464). Diese Ausdehnung des persönlichen Geltungsbereichs der EMRK ist umso unbedenklicher, als die nationalen Organe ohne weiteres befugt sind, zugunsten der Verfahrensbeteiligten über den durch die EMRK gewährten Minimalstandard hinauszugehen. 24

Art. 6 Ziff. 1 EMRK gewährleistet jedermann, dass seine Sache in billiger Weise öffentlich und innerhalb einer angemessenen Frist von einem unabhängigen und unparteiischen, auf Gesetz beruhenden Gericht, das über zivilrechtliche Ansprüche und Verpflichtungen oder über die Stichhaltigkeit der gegen ihn erhobenen strafrechtlichen Anklage zu entscheiden hat, gehört wird. Zudem 25 schreibt diese Konventionsbestimmung in gewissen Schranken die öffentliche Verkündung des Urteils vor. Soweit zivilrechtliche Ansprüche und Verpflichtungen sowie strafrechtliche Anklagen in Frage stehen, garantiert Art. 6 Ziff. 1 EMRK somit als Teilgehalt der Verfahrensfairness den Anspruch auf rechtliches Gehör, den Grundsatz der Waffengleichheit, das Recht auf rechtsgenügliche Eröffnung und Begründung eines Entscheids, den Anspruch auf ein ordnungsgemässes Beweisverfahren und eine gerechte Beweismittelverwertung; gewährleistet sind ausserdem die Beurteilung durch ein unabhängiges und unparteiisches, auf Gesetz beruhendes Gericht im Sinn einer Rechtsweggarantie, die Öffentlichkeit der Verhandlung und der Urteilsverkündung sowie die angemessene Verfahrensdauer (Herzog, S. 321; Rhinow/Koller/Kiss, Rz. 70). Die Verfahrensgarantien von Art. 6 Ziff. 1 EMRK geniessen allerdings nur insoweit eigenständige Bedeutung, als sie über die im VRG enthaltenen Garantien hinausgehen und nicht bereits durch den durch die bundesgerichtliche Rechtsprechung weit gefassten Schutzbereich von Art. 4 Abs. 1 aBV bzw. durch Art. 9, 29 und 30 BV abgedeckt werden (Häfelin/Haller, N. 1081; Rhinow/Koller/Kiss, Rz. 66; vgl. auch § 50 N. 51).

26 Das in Art. 6 Ziff. 1 EMRK festgeschriebene Recht auf ein faires *Gerichts*verfahren ist im nichtstreitigen und streitigen Verwaltungsverfahren grundsätzlich nicht zu beachten. Die daraus fliessenden Garantien sind lediglich vor verwaltungsunabhängigen Justizbehörden zu gewährleisten (Herzog, S. 74, 309; Merkli/Aeschlimann/Herzog, Art. 1 N. 16; Schweizer, a.a.O., S. 684). Als solche gilt im Sinn von Art. 6 Ziff. 1 EMRK eine Behörde, die nach Gesetz und Recht in einem justizförmigen, fairen Verfahren begründete und bindende Entscheidungen über Streitfragen trifft (BGE 123 I 91, mit Hinweisen). Zu diesen Behörden gehören im Kanton Zürich im Bereich der Verwaltungsrechtspflege neben dem Verwaltungsgericht namentlich die Baurekurskommissionen und die Schätzungskommissionen, deren Verfahren sich auch nach den Vorschriften des VRG richtet (§ 9 OV BRK, § 5 Abs. 2 und § 24 Abs. 2 SchätzV). Hierbei ist allerdings fraglich, ob die Schätzungskommissionen über die richterliche Unabhängigkeit hinaus die weiteren Verfahrensgarantien von Art. 6 Ziff. 1 EMRK erfüllen müssen (vgl. § 19 N. 87). Ob den weiteren Rekurskommissionen (vgl. die Übersicht in § 19 N. 85) richterliche Unabhängigkeit im Sinn von Art. 6 Ziff. 1 EMRK zukommt, ist aufgrund bestehender organisatorischer und administrativer Verflechtungen unklar; dies muss für die einzelnen Kommissionen gesondert anhand der ihre Stellung regelnden Bestimmungen beurteilt werden. Zu verneinen ist dies jedenfalls hinsichtlich der Schulrekurskommission und der Universitätsrekurskommission (§ 19 N. 86). Ungeachtet dessen sind die Rekurskommissionen in ihrer Rechtsprechung unabhängig (so ausdrücklich § 75 Abs. 4 GebäudeversG für die Gebäudeversicherungsrekurskommission, § 2 Abs. 1 UniversitätsrekurskomV für die Universitätsrekurskommission und § 4 Abs. 1 SchulrekurskomV für die Schulrekurskommission). – Von vornherein nicht zu den verwaltungsunabhängigen Justizbehörden zählen die Bezirks-

behörden (namentlich Bezirksräte und Statthalter), soweit sie als Rekursbehörde amten. Zwar gewährt ihnen § 3 BezverwG Unabhängigkeit in der Rechtsprechung, doch ist zu beachten, dass diese Behörden nicht nur Rekursinstanz sind, sondern zugleich Verwaltungs- und Aufsichtsfunktionen wahrnehmen (§§ 10 und 12 BezverwG). Dies kann zur Folge haben, dass sie in der gleichen Angelegenheit einerseits als unabhängige Rechtsmittelinstanz und anderseits als – ihrerseits gegenüber dem Regierungsrat und seinen Direktionen weisungsgebundene – Aufsichtsbehörde tätig werden, was sich mit der für eine gerichtliche Instanz erforderlichen Unabhängigkeit kaum vereinbaren lässt (vgl. § 19 N. 82).

Es genügt, wenn die Anforderungen von Art. 6 Ziff. 1 EMRK im Rahmen einer gerichtlichen Nachkontrolle des Verwaltungshandelns erfüllt werden. Entscheidend ist, dass die Verfahrensgarantien von Art. 6 Ziff. 1 EMRK mindestens *einmal* im Verfahren gewährleistet sind (Herzog, S. 310; Merkli/Aeschlimann/Herzog, Art. 31 N. 4; vgl. BGE 123 I 90; § 19 N. 86). Dies schliesst nicht von vornherein aus, dass bereits das streitige Verwaltungsverfahren konventionskonform durchgeführt wird. Konventionswidrig wäre jedenfalls, wenn der einmal beschrittene Rechtsweg bei einer Verwaltungsbehörde enden würde, nachdem ein Gericht als Vorinstanz entschieden hat; die oberste Instanz muss immer ein Gericht sein (Kley-Struller, Rechtsschutzgarantie, S. 74). Obschon die rechtsanwendenden Verwaltungsbehörden die Verfahrensvorschriften von Art. 6 Ziff. 1 EMRK im Verwaltungsverfahren grundsätzlich nicht zu beachten haben, entfalten diese trotzdem gewisse Vorwirkungen auf das verwaltungsinterne Verfahren. So beginnt mit der Rechtshängigkeit eines Verfahrens vor Verwaltungsbehörde deren Verantwortung zu beförderlicher Streiterledigung (Vorbem. zu §§ 4–31 N. 24); zudem kann die Ausgestaltung des verwaltungsinternen Vorverfahrens – vor allem im Bereich der Sachverhaltsermittlung – das gerichtliche Verfahren präjudizieren (Herzog, S. 309; Schweizer, a.a.O., S. 684 f.).

27

Art. 6 Ziff. 1 EMRK ist auch im Verwaltungsverfahren nur anwendbar, wenn Rechts*streitigkeiten* um zivilrechtliche Ansprüche und Verpflichtungen oder strafrechtliche Anklagen in Frage stehen. Lediglich unter dieser Voraussetzung können sich Vorwirkungen auf das verwaltungsinterne Verfahren ergeben. Was im Einzelnen unter zivilrechtlichen Ansprüche und Verpflichtungen sowie unter strafrechtlichen Anklagen zu verstehen ist, ist *autonom* aus der Konvention heraus auszulegen, unabhängig von der Bedeutung, die das betroffene nationale Recht diesen Begriffen zuweist (Rhinow/Koller/Kiss, Rz. 73).

28

Als «zivilrechtlich» gelten gemäss der umfangreichen Kasuistik der EMRK-Organe alle Verfahren, die nach innerstaatlichem Recht als zivilrechtlich gewertet werden. Darüber hinaus fallen alle Verfahren unter diesen Begriff, die in ihrem Ergebnis unmittelbar bestimmend auf Rechte und Pflichten privater Natur wirken, aber auch der Lebenserwerb – z.B. der disziplinarische Entzug der Bewilligung zur Ausübung eines freien Berufs (BGE 123 I 88) –, alle synallagmatischen Verhältnisse sowie alle Verfahren mit pekuniärem Charakter (vgl. zur

29

§ 4

Begriffsbestimmung eingehend Herzog, S. 91 ff.; Kley-Struller, Rechtsschutz, S. 113 ff.; Kölz/Häner, Rz. 37; Rhinow/Koller/Kiss, Rz. 76 ff.; dazu auch § 50 N. 52). Nicht von Art. 6 Ziff. 1 EMRK erfasst werden Streitigkeiten über bürgerliche Pflichten, die in einer demokratischen Gesellschaft üblich sind; mithin sind das Steuerverfahren und Streitigkeiten um die Militär- und Zivilschutzdienstpflicht ausgeschlossen (Wohlfart, a.a.O., S. 1423; vgl. § 43 Abs. 1 lit. i). Ebenso ausgeklammert sind Streitigkeiten um die Staatsangehörigkeit (vgl. § 43 Abs. 1 lit. l) sowie Auseinandersetzungen auf den Gebieten des Fremdenpolizeirechts (vgl. § 43 Abs. 1 lit. h) und der politischen Rechte (vgl. § 43 Abs. 1 lit. a). Ebenso wenig kann sich der Dritte, der sich der Zulassung einer bestimmten Tätigkeit widersetzt, auf Art. 6 Ziff. 1 EMRK berufen, soweit die Erteilung der Bewilligung nicht unmittelbare und direkte Auswirkungen auf ein ihm zustehendes materiellrechtliches ziviles Recht hat (BGE 125 I 13). Keinen zivilrechtlichen Charakter weisen Streitigkeiten über das Ergebnis von Prüfungen und Promotionen auf (vgl. § 43 Abs. 1 lit. f); dies gilt jedenfalls insoweit, als das Prüfungs- oder das Promotionsergebnis nicht direkt den Zugang zu einem Beruf versperrt und kein direkter Zusammenhang zwischen der Prüfung bzw. Promotion und der Bewilligung zur Ausübung dieses Berufs besteht (BGr. 16.6.1999, 1P.4/1999). Nicht anwendbar ist Art. 6 Ziff. 1 EMRK sodann in rein prozessrechtlichen Verfahren, z.B. in Bezug auf vorläufige Massnahmen, die Rückweisung einer Eingabe aus prozessualen Gründen (namentlich fehlende Partei- und Prozessfähigkeit, Fristablauf, Nichtleisten von Kostenvorschüssen), die Kostenauflage, die Vollstreckung und die Urteilsrevision (BGE 124 I 325 f.; Herzog, S. 71 f.; Kley-Struller, Rechtsschutz, S. 122; Merkli/Aeschlimann/Herzog, Art. 1 N. 17).

30 Bei der Bestimmung des Begriffs «strafrechtliche Anklagen» ist von der Zuordnung der in Frage stehenden Materie zum nationalen Straf- und Disziplinarrecht auszugehen. Aufgrund der autonomen Auslegung durch die Konventionsorgane ist jedoch nicht allein darauf abzustellen. Ausschlaggebende Kriterien sind vielmehr die Natur der Zuwiderhandlung und deren Folgen sowie Art und Schwere der Sanktion (vgl. zur Begriffsbestimmung eingehend Herzog, S. 110 ff.; Kley-Struller, Rechtsschutz, S. 108 ff.; Kölz/Häner, Rz. 39; Rhinow/Koller/Kiss, Rz. 82 f.; Villiger, N. 392 ff.; dazu auch § 50 N. 53). Dies hat zur Folge, dass auch verwaltungsrechtliche Verfahren mit Strafcharakter als strafrechtliche Anklagen gelten können. Entscheidend ist, dass die in Frage stehende Norm einen präventiven oder repressiven Zweck verfolgt und unter Androhung erheblicher Nachteile ein für jedermann verbindliches Verhalten erzwingen will (Merkli/Aeschlimann/Herzog, Art. 1 N. 18, mit Hinweisen; vgl. Kley-Struller, Rechtsschutz, S. 111). Dementsprechend werden Führerausweisentzüge zu Warnungszwecken (BGE 121 II 26) und Verfahren wegen Steuerbetrugs und Steuerhinterziehung (BGE 119 Ib 317) sowie nicht geringfügige Ordnungsbussen, mindestens soweit diese ohne weiteres in eine Freiheitsstrafe umgewandelt werden können (BGE 121 I 383), zu den strafrechtlichen Anklagen gezählt. Ebenso

wird schweren Disziplinarstrafen Strafcharakter zugebilligt. Dagegen gelten beamtenrechtliche Disziplinarmassnahmen unabhängig von Art und Schwere nicht als strafrechtliche Anklagen (BGE 121 I 383; Herzog, S. 305; kritisch dazu Herzog, S. 384 f., und Kley-Struller, Rechtsschutzgarantie, S. 16). Die Auswirkungen dieser Rechtsprechung werden allerdings dadurch gemildert, dass schwere Disziplinarsanktionen vielfach mit einer Beeinträchtigung zivilrechtlicher Ansprüche einhergehen (Herzog, S. 305). Art. 6 Ziff. 1 EMRK ist ebenso wenig anwendbar bei weniger schwerwiegenden Diziplinarsanktionen im Rahmen von besonderen Rechtsverhältnissen oder bei Disziplinarmassnahmen gegenüber Personen, deren Tätigkeit staatlicher Aufsicht unterliegt, sofern dadurch nicht zivilrechtliche Ansprüche berührt werden (Kley-Struller, Rechtsschutz, S. 112 f.; Merkli/Aeschlimann/Herzog, Art. 1 N. 18; vgl. N. 29). Weitere Fälle, die nicht als strafrechtliche Anklagen im Sinn von Art. 6 Ziff. 1 EMRK gelten, bei Villiger, N. 401. Steht eine strafrechtliche Anklage in Frage, kommt die konventionsrechtliche Unschuldsvermutung zum Tragen (Art. 6 Ziff. 2 EMRK) und kann sich der Betroffene auf die in Art. 6 Ziff. 3 EMRK aufgeführten Verfahrensgarantien berufen.

Art. 6 Ziff. 1 EMRK gewährt im Sinn einer Rechtsweggarantie den *Zugang zu einem unabhängigen und unparteiischen Gericht*. Als solches gilt nur eine Behörde, die sich durch ihre Aufgabe als Rechtsprechungsorgan auszeichnet und die auf der Grundlage einer gesetzlichen Regelung nach Durchführung eines geordneten Verfahrens Entscheide zu fällen hat. Entscheidend ist dabei, dass ihr richterliche Unabhängigkeit zukommt, indem sie befugt ist, frei von Anweisungen oder Empfehlungen zu entscheiden (BGE 119 Ia 83 f.). Diese grundlegende Anforderung an eine richterliche Behörde erfüllen Verwaltungsbehörden von vornherein nicht, welche im nichtstreitigen und streitigen Verwaltungsverfahren tätig sind (Regierungsrat, Direktionen, Bezirksräte, Statthalter; vgl. N. 26). Infolgedessen besteht diesen Behörden gegenüber auch kein konventionsrechtlicher Anspruch auf Durchführung eines öffentlichen und mündlichen Verfahrens (Merkli/Aeschlimann/Herzog, Art. 36 N. 4 und Art. 37 N. 15). Soweit es sich jedoch um verwaltungsunabhängige Verwaltungsjustizbehörden handelt, wie sie namentlich die Baurekurskommissionen und allenfalls weitere Rekurskommissionen darstellen (vgl. N. 26), entfalten die Verfahrensgarantien gemäss Art. 6 Ziff. 1 EMRK volle Wirkung, sofern sie über das hinausgehen, was Art. 4 Abs. 1 und Art. 58 aBV (Art. 30 Abs. 1 und 3 BV) sowie das VRG bezüglich Verfahrensöffentlichkeit und -mündlichkeit sowie Unabhängigkeit und Unparteilichkeit bzw. Ablehnung und Ausstand gewährleisten. Zur Ungültigkeit der von der Schweiz angebrachten Vorbehalte und auslegenden Erklärungen zur EMRK vgl. § 50 N. 54 und Rhinow/Koller/Kiss, Rz. 71, 221, 397, sowie Kölz/Häner, Rz. 33 ff. 31

Obschon Art. 8 EMRK als materielle Konventionsbestimmung in erster Linie das Privat- und Familienleben schützt, ergeben sich aus dieser Bestimmung 32

§ 4

auch verfahrensrechtliche Ansprüche. Zum einen gelten ausser in fremdenpolizeilichen und asylrechtlichen Verfahren die Garantien von Art. 6 EMRK. Zum andern wird das freie Ermessen der Fremdenpolizeibehörden insoweit eingeschränkt, als eine Person aus familiären Gründen aus Art. 8 Ziff. 1 EMRK einen Anspruch auf Verbleiben in der Schweiz abzuleiten vermag (vgl. § 43 N. 34; BGE 120 Ib 259 f.).

33 Anders als die Rechts*weg*garantie von Art. 6 Ziff. 1 EMRK beinhaltet Art. 13 EMRK eine Rechts*mittel*garantie. Diese räumt die Befugnis ein, gegen Konventionsverletzungen eine wirksame Beschwerde bei einer nationalen Instanz einzulegen. Art. 13 EMRK kann aber nur zusammen mit anderen Bestimmungen der EMRK oder eines Zusatzprotokolls angerufen werden, wobei eine in vertretbarer Weise vorgebrachte, d.h. plausible Behauptung der Konventionsverletzung ausreicht (Hangartner, a.a.O., S. 4; Rhinow/Koller/Kiss, Rz. 215; Villiger, N. 648). Diese Garantie gewährleistet jedoch keinen Zugang zum Richter; vielmehr genügt bereits eine verwaltungsinterne Beschwerdemöglichkeit den Anforderungen von Art. 13 EMRK (Haefliger, EMRK, S. 266; Rhinow/Koller/Kiss, Rz. 216). Insbesondere besteht keine Verpflichtung, mehrere Beschwerdeinstanzen zu schaffen (Haefliger, EMRK, S. 268). Im Übrigen gewährt auch der in Art. 6 Ziff. 1 EMRK verbriefte Anspruch auf Zugang zu einem Gericht keinen Anspruch auf einen innerstaatlichen Weiterzug des Gerichtsentscheids an eine höhere Instanz. Ein solcher ergibt sich einzig bei strafrechtlichen Verurteilungen aus Art. 2 Abs. 1 des Zusatzprotokolls Nr. 7 zur EMRK (Schweizer, a.a.O., S. 693). Die von Art. 13 EMRK geforderte Beschwerdeinstanz muss immerhin hinreichend unabhängig sein, was bedeutet, dass die am Entscheid Beteiligten unparteiisch und weisungsungebunden zu sein haben. Als wirksam im Sinn von Art. 13 EMRK gilt eine Beschwerde, sobald der Beschwerdeführer einen Anspruch auf Prüfung seiner Vorbringen hat und der angefochtene Akt von der Behörde gegebenenfalls aufgehoben werden kann. Zusätzlich müssen die minimalen Verfahrensrechte gewährleistet sein, namentlich der Anspruch auf rechtliches Gehör und auf Begründung des Entscheids (BGE 121 I 90 f., mit Hinweisen). Grundsätzlich ist daher das Verfahren so auszugestalten, dass es vollen Rechtsschutz gewährleistet. Formlose Aufsichtsbeschwerden oder Empfehlungen der mit der Angelegenheit befassten Instanz vermögen diesem Erfordernis nicht zu genügen (BGE 121 I 91; Hangartner, a.a.O., S. 10). Im Verhältnis zu Art. 6 Ziff. 1 EMRK ist Art. 13 EMRK subsidiär, indem bei Art. 6 EMRK die Voraussetzungen strenger sind und die Garantien weiter gehen (Haefliger, EMRK, S. 267; Villiger, N. 648).

5. Übrige staatliche Abkommen

Literatur
KÄLIN WALTER/MALINVERNI GIORGIO/NOWAK MANFRED, Die Schweiz und die UNO-Menschenrechtspakte, 2. A., Basel/Frankfurt a.M. 1997; KÖLZ/HÄNER, Rz. 42 ff.; NOWAK MANFRED, UNO-Pakt über bürgerliche und politische Rechte und Fakultativprotokoll, CCPR-Kommentar, Kehl am Rhein/Strassburg/Arlington 1989; ROUILLER CLAUDE, Le Pacte international relatif aux droits civils et politiques, ZSR 111/1992 I, S. 107 ff.

Die im internationalen Pakt über die bürgerlichen und politischen Rechte (UNO-Pakt II) garantierten Rechte sind den in der EMRK und deren Zusatzprotokollen gewährleisteten ähnlich; gewisse Garantien bestehen zusätzlich zu den in der EMRK enthaltenen oder besitzen einen weiteren Schutzbereich als die Bestimmungen der EMRK (BBl 1991 I, S. 1198; Kölz/Häner, Rz. 44). Die Verfahrens- und Rechtsschutzgarantien des UNO-Pakts II entsprechen jedoch denjenigen der EMRK (Rhinow/Koller/Kiss, Rz. 84): Art. 14 UNO-Pakt II bildet eine Parallelbestimmung zu Art. 6 EMRK (Nowak, a.a.O., Art. 14 N. 1 und 4), Art. 9 UNO-Pakt II stimmt weitgehend mit Art. 5 EMRK überein (Nowak, a.a.O., Art. 9 N. 10 ff.) und Art. 2 Abs. 3 UNO-Pakt II ist mit Art. 13 EMRK gleichzusetzen. Diese Garantien sind wie diejenigen der EMRK unmittelbar anwendbar (self-executing), sodass sich der Bürger vor schweizerischen Gerichts- und Verwaltungsbehörden auf diese Rechte berufen kann (Rhinow/Koller/Kiss, Rz. 85). In verfahrensmässiger Hinsicht werden sie denn auch gleich behandelt wie die Rügen der Verletzung von Garantien der EMRK (BGE 120 Ia 255). Demgegenüber besitzt der internationale Pakt über wirtschaftliche, soziale und kulturelle Rechte (UNO-Pakt I) lediglich programmatischen Charakter; da er sich nur an den Gesetzgeber der Vertragsstaaten richtet, ist er nicht unmittelbar anwendbar (BBl 1991 I, S. 1202). Vgl. auch § 50 N. 57.

Ausser der EMRK und dem UNO-Pakt II beeinflussen verschiedene weitere Staatsverträge das kantonale Verwaltungs- und Verwaltungsrechtspflegeverfahren. Zu nennen sind in diesem Zusammenhang in erster Linie das Abkommen über die Rechtsstellung der Flüchtlinge vom 28.7.1951 (SR 0.142.30), das Übereinkommen gegen Folter und andere grausame, unmenschliche oder erniedrigende Behandlung oder Strafe vom 10.12.1984 (SR 0.105) sowie die zahlreichen Niederlassungsabkommen. Zu den staatlichen Abkommen sind aber auch die interkantonalen Vereinbarungen (Konkordate) zu zählen. So regeln Art. 15 ff. IVöB den Rechtsschutz abweichend vom VRG (vgl. § 1 IVöB-BeitrittsG). Anders als die Staatsverträge des Bundes, für die grundsätzlich der Vorrang des Völkerrechts vor dem übrigen Bundesrecht sowie dem kantonalen und kommunalen Recht gilt, stehen die Konkordate auf der Ebene des kantonalen Rechts (vgl. Häfelin/Haller, N. 1676); soweit sie eine vom VRG abweichende Verfahrensregelung beinhalten, gehen sie diesem gestützt auf § 4 vor.

Vorbem. zu §§ 4a–17

B. *Allgemeine Vorschriften*

Vorbemerkungen zu §§ 4a–17

1 §§ 4a–17 finden in erster Linie auf das nichtstreitige Verwaltungsverfahren Anwendung (Vorbem. zu §§ 4–31 N. 1). Zutreffend trägt dieser Unterabschnitt des VRG jedoch die Überschrift «Allgemeine Vorschriften». Damit wird klar zum Ausdruck gebracht, dass sich der Geltungsbereich von §§ 4a–17 nicht auf das nichtstreitige Verwaltungsverfahren beschränkt. Vielmehr sind die Bestimmungen dieses Unterabschnitts auch im Einsprache- und Rekursverfahren sowie aufgrund der Verweisung in § 70 (i.V.m. §§ 80 und 86) in allen Verfahren vor Verwaltungsgericht zu berücksichtigen. Sie gewährleisten damit einerseits die einheitliche Anwendung des Verwaltungsverfahrensrechts auf allen (Rechtsmittel-)Ebenen und andererseits die geordnete Verfahrensabwicklung insgesamt und vor den einzelnen Behörden.

2 Inhaltlich umschreiben die Vorschriften von §§ 4a–17 die grundlegenden Verfahrensrechte und -pflichten der Behörden und der Verfahrensbeteiligten. Die Regelung erweist sich nach dem Willen des Gesetzgebers allerdings als unvollständig und bedarf daher der Ergänzung (Vorbem. zu §§ 4–31 N. 2). Dies mag für die Behörden und die Rechtsuchenden gleichermassen unbefriedigend sein, indem sich zustehende oder wahrzunehmende Rechte und zu erfüllende oder aufzuerlegende Pflichten nicht unmittelbar der Verfahrensordnung entnehmen lassen. Eine Verschlechterung der Rechtsstellung des Ansprechers oder Rechtsuchenden ist damit aber nicht verbunden. Die umfangreichen Verfahrensgarantien des Bundesverfassungsrechts und des Völkerrechts (insbesondere aus Art. 4 Abs. 1 aBV bzw. Art. 29 und 30 BV sowie Art. 6 Ziff. 1 EMRK abgeleitet) und die dazu entwickelte Rechtsprechung des Bundesgerichts ergänzen die lückenhafte gesetzliche Ordnung oder treten an deren Stelle, soweit diese aufgrund der Entwicklung des übergeordneten Bundes- und Völkerrechts (vgl. Art. 2 ÜbBest aBV bzw. Art. 5 Abs. 4 und 49 Abs. 1 BV) oder der bundesgerichtlichen Rechtsprechung überholt ist.

3 Die unmittelbare Anwendung von Bestimmungen aus anderen Bereichen des kantonalen Verfahrensrechts erweist sich im nichtstreitigen Verwaltungsverfahren und im Rekursverfahren mangels eines entsprechenden Hinweises im VRG als unzulässig. Dagegen verweist § 71 (i.V.m. §§ 80 und 86 auch für Verfahren vor dem Verwaltungsgericht als Personalgericht und als einzige Instanz) für das verwaltungsgerichtliche Beschwerdeverfahren auf die Vorschriften des Gerichtsverfassungsgesetzes betreffend das Verfahren, und § 60 erklärt die zivilprozessualen Vorschriften über das Beweisverfahren als anwendbar. Dies schliesst jedoch nicht aus, dass über diese Verweisungen hinaus und ausserhalb des verwaltungsgerichtlichen Verfahrens die Bestimmungen des Gerichtsverfassungsgesetzes und der Zivilprozessordnung *analog* angewendet werden. Zugleich wird

damit zu einer durchaus wünschbaren Vereinheitlichung des gesamten kantonalen Verfahrensrechts beigetragen.

§§ 4a–17 tragen zum einen im Interesse der Behörden zur Vereinfachung des Verfahrens bei und beinhalten zum andern Festlegungen des Gesetzgebers in Verfahrensfragen, die für den Einzelnen zur Durchsetzung seines Anspruchs von erheblicher Bedeutung sind und deshalb seitens der Behörden und der Verfahrensbeteiligten oftmals zu Unsicherheiten und Beanstandungen Anlass geben. Der Verfahrensvereinfachung zugunsten der Behörden dienen namentlich: § 5 Abs. 3 (Rückweisung von unleserlichen, ungebührlichen oder übermässig weitschweifigen Eingaben zur Verbesserung), § 6a (Bezeichnung eines gemeinsamen Zustellungsdomizils oder Vertreters), § 6b (Bezeichnung eines Zustellungsdomizils oder Vertreters in der Schweiz), § 7 Abs. 2 (Mitwirkungspflicht der Verfahrensbeteiligten), § 10 Abs. 3 (Zustellung durch amtliche Veröffentlichung), § 10a (Verzicht auf Begründung einer Anordnung), § 14 (subsidiäre Haftung der an einem Verfahren gemeinsam Beteiligten für die gesamten Kosten), § 15 (Kostenvorschusspflicht). Im Dienste der Rechtsdurchsetzung und -verwirklichung vorab zugunsten des Einzelnen stehen: § 4a (Beschleunigungsgebot), § 5 Abs. 1 und 2 (Zuständigkeitsprüfung von Amtes wegen und Überweisungspflicht), § 5a (Ausstand), § 6 (vorsorgliche Massnahmen), § 7 Abs. 1 (Untersuchungsgrundsatz), § 7 Abs. 3 (Rechtshilfe), § 7 Abs. 4 (Rechtsanwendung von Amtes wegen), §§ 8, 9, 10 Abs. 1 und 2 (rechtliches Gehör), § 11 und 12 (Fristenlauf, Fristerstreckung und -wiederherstellung), § 16 (Anspruch auf unentgeltliche Rechtspflege), § 17 Abs. 2 (Parteientschädigung im Rechtsmittelverfahren).

Das VRG regelt zwar einzelne Verfahrensfragen ausdrücklich und räumt dem einzelnen Ansprecher oder dem an einem Rechtsmittelverfahren Beteiligten Rechte ein. Damit ist indessen nicht zwingend eine Verbesserung von dessen Rechtsposition gegenüber jenem Fall verbunden, wo der kantonale Gesetzgeber keine Regelung getroffen hat und infolgedessen die bundesrechtlichen Bestimmungen zur Anwendung gelangen. Denn gerade bei den im Rahmen der bundesgerichtlichen Rechtsprechung aus Art. 4 Abs. 1 aBV (vgl. Art. 29 und 30 BV) und Art. 6 Ziff. 1 EMRK abgeleiteten Verfahrensgarantien besteht eine gefestigte Praxis sowohl der Gerichte als auch der Verwaltungsbehörden auf kantonaler und Bundesebene, über die in der Regel auch die Vorschriften des VRG, soweit sie sich nicht von vornherein als unvollständig erweisen, nicht hinausgehen. Dies gilt namentlich für die Regelung des rechtlichen Gehörsanspruchs (§§ 9 und 10) und den Anspruch auf unentgeltliche Rechtspflege (§ 16).

§ 4a

I. Beschleunigungsgebot

§ 4a. Die Verwaltungsbehörden behandeln die bei ihnen eingeleiteten Verfahren beförderlich und sorgen ohne Verzug für deren Erledigung.

Materialien
Prot. KK 1995/96, S. 226 ff., 276 ff., 286; Prot. KR 1995–1999, S. 6423 ff., 6488, 6832; Beleuchtender Bericht 1997, S. 6.

Literatur
HERZOG, S. 354 ff.; KÖLZ/HÄNER, Rz. 153 ff.; MÜLLER GEORG, Übertriebene Erwartungen?, Schweizer Ingenieur und Architekt 1997, S. 321 ff.; RHINOW/KOLLER/KISS, Rz. 224 ff.; ROTACH, S. 445 f.; RUCH ALEXANDER, in: Kommentar RPG, Art. 25 Rz. 17 ff.; VILLIGER, N. 452 ff.

1 Das in § 4a festgeschriebene *Beschleunigungsgebot* bildete nicht Gegenstand des regierungsrätlichen Antrags an den Kantonsrat vom 3.5.1995, sondern gelangte erst im Rahmen der Beratungen der kantonsrätlichen Kommission nach ausgedehnten Diskussionen und gegen die Bedenken des Regierungsrats in das Gesetz (vgl. Prot. KK 1995/96, S. 226 ff., 276 ff.; Prot. KR 1995–1999, S. 6423). In der Detailberatung des Kantonsrats gab diese Bestimmung schliesslich zu keinen Bemerkungen Anlass (Prot. KR 1995–1999, S. 6488, 6832).

2 Mit § 4a wurde das bisher ungeschriebene Gebot der beförderlichen Behandlung von Verwaltungsverfahren in das VRG aufgenommen. Zum einen sollte auf diese Weise diesem Gebot Nachdruck verliehen werden (Prot. KR 1995–1999, S. 6425); zum andern stand dahinter die Absicht, Verwaltungsentscheide im Interesse der Rechtssicherheit und des Rechtsfriedens nicht nur qualitativ gut, sondern auch möglichst rasch zu treffen (Beleuchtender Bericht 1997, S. 6). § 4a beansprucht nicht nur für das nichtstreitige und das streitige Verwaltungsverfahren Geltung. Aufgrund des Verweises in § 70 auf die gesetzlichen Bestimmungen über das Verwaltungsverfahren ist auch das Verwaltungsgericht in seiner Tätigkeit an das Beschleunigungsgebot von § 4a gebunden.

3 Die Tragweite von § 4a erscheint ungewiss, verpflichtet diese Bestimmung doch die Verwaltungsbehörden lediglich zu beförderlichem, verzugslosem Handeln und Entscheiden, und dies in unbestimmter Weise. Was es im Einzelfall zu bedeuten hat, lässt sich der Norm also nicht entnehmen. Eine *Konkretisierung* des Beschleunigungsgebots von § 4a kann immerhin aus dem ebenfalls neu geschaffenen § 27a abgeleitet werden (Prot. KR 1995–1999, S. 6425; Rotach, S. 445). Danach haben verwaltungsinterne Rekursinstanzen sowie Rekurskommissionen ihren Entscheid innert 60 Tagen seit Abschluss der Sachverhaltsermittlungen zu treffen. Keine Geltung beansprucht jene Vorschrift nach dem klaren Gesetzeswortlaut allerdings für das nichtstreitige, erstinstanzliche Verwaltungsverfahren (§ 27a N. 3). In diesem Bereich unterliegt einzig das Baubewilligungsverfahren gestützt auf die in Art. 25 Abs. 1bis RPG enthaltene Verpflichtung der Kantone einer auf die Verfahrensbeschleunigung abzielenden gesetzlichen Regelung (vgl. Ruch, a.a.O., Rz. 22 ff.): Gemäss § 319 Abs. 1 PBG

§ 4a

haben die kantonalen und kommunalen Behörden innert zweier Monate seit der Vorprüfung (§ 313 PBG) über ein Bauvorhaben zu entscheiden; diese Frist verlängert sich für die erstmalige Beurteilung von Neubau- und grösseren Umbauvorhaben auf vier Monate. Fehlt eine ausdrückliche Fristbestimmung, so ist dem Beschleunigungsgebot Genüge getan, wenn die behördliche Handlung innert einer Frist vorgenommen wird, die den Umständen des konkreten Einzelfalls gerecht wird, insbesondere der Natur der Sache, der Bedeutung der Sache für die Parteien, dem Verhalten der am Verfahren beteiligten Parteien und der Komplexität des zugrunde liegenden Sachverhalts (BGE 117 Ia 197; vgl. Rhinow/Koller/Kiss, Rz. 225). Um nicht gegen das Beschleunigungsgebot zu verstossen, haben die Verwaltungsbehörden demnach einerseits so zu handeln, dass sie sich keine Rechtsverzögerung zu Schulden kommen lassen. Anderseits haben sie stets im Auge zu behalten, dass das Beschleunigungsgebot in ein Spannungsverhältnis zum Rechtsschutzbedürfnis des Einzelnen treten kann, sobald der raschen Verfahrenserledigung der Vorrang eingeräumt wird und sich die dadurch erreichte Effizienz des behördlichen Handelns auf die Entscheidqualität nachteilig auswirkt (Kölz/Häner, Rz. 155).

Dass bei § 4a lediglich ein *Gebot* zur Verfahrensbeschleunigung in Frage steht, zeigt neben der Unbestimmtheit in zeitlicher Hinsicht auch der Umstand, dass keine Sanktion gegen säumige Verwaltungsbehörden vorgesehen ist (vgl. demgegenüber die Pflicht zur Begründung der Verzögerung in § 27a Abs. 2 VRG [dazu § 27a N. 8 ff.] und § 319 Abs. 3 PBG). Dementsprechend bietet § 4a keine unmittelbare rechtliche Handhabe, um gegen die Säumnis der Behörden vorzugehen oder das hängige Verfahren zu beschleunigen. Zu diesem Zweck steht einzig die *Rechtsverweigerungs- und Rechtsverzögerungsbeschwerde* zur Verfügung; nur insoweit erweist sich das Beschleunigungsgebot als justiziabel. 4

Das Verbot der Rechtsverzögerung bzw. das Gebot zur Verfahrensbeschleunigung ergibt sich bereits aus Art. 4 Abs. 1 aBV (Art. 29 Abs. 1 BV) und Art. 6 Ziff. 1 EMRK. Die konventionsrechtliche Garantie, die lediglich zum Tragen kommt, soweit strafrechtliche Anklagen und zivilrechtliche Ansprüche im Sinn von Art. 6 Ziff. 1 EMRK in Frage stehen (dazu § 4 N. 29 f.), geht dabei in ihrer Tragweite nicht über das von Art. 4 Abs. 1 aBV Gewährleistete hinaus (BGE 119 Ib 323, 117 Ia 197, 113 Ia 420). Unterschiede bestehen aber in den Kriterien, wie die Unangemessenheit der Verfahrensdauer zu prüfen ist (Herzog, S. 356; Villiger, N. 455; zu den Kriterien gemäss Art. 6 Ziff. 1 EMRK im Einzelnen Villiger, N. 459 ff.). Zu beachten ist ausserdem, dass Art. 4 Abs. 1 aBV (Art. 29 Abs. 1 BV) für alle Behörden gilt, während Art. 6 Ziff. 1 EMRK nur auf Gerichte anwendbar ist, wobei aber dem Gerichtsverfahren vorangehende Verfahrensstadien ebenso zu berücksichtigen sind wie ein sich anschliessendes Rechtsmittelverfahren (Herzog, S. 356). Da das Beschleunigungsgebot bzw. Rechtsverzögerungsverbot seine Grundlage bereits in Art. 4 Abs. 1 aBV (Art. 29 Abs. 1 BV) findet und § 4a den Verwaltungsbehörden nur insoweit Schranken setzt, als 5

§ 4a

diese durch das Rechtsverzögerungs- und Rechtsverweigerungsverbot gebunden sind, weist § 4a grundsätzlich denselben Geltungsbereich wie das aus Art. 4 Abs. 1 aBV (Art. 29 Abs. 1 BV) abgeleitete Beschleunigungsgebot auf. Im Verhältnis zu Art. 4 Abs. 1 aBV (Art. 29 Abs. 1 BV) kommt § 4a deshalb keine eigenständige Bedeutung zu. Vielmehr verankert diese Bestimmung lediglich das ungeschriebene bundesrechtliche Rechtsverzögerungsverbot bzw. Beschleunigungsgebot im kantonalen Verfahrensrecht.

6 Obschon das Beschleunigungsgebot von § 4a gegenüber dem bundesrechtlichen Rechtsverzögerungsverbot keine selbständige Bedeutung besitzt, beinhaltet Ersteres für das kantonale Recht das rechtsstaatliche Gebot, durch eine sachlich und personell zureichende Ausstattung der zuständigen Behörden für eine beförderliche Verfahrenserledigung zu sorgen (vgl. Kölz/Häner, Rz. 153 ff.; Merkli/Aeschlimann/Herzog, Art. 49 N. 70; Rhinow/Koller/Kiss, Rz. 227; Villiger, N. 454). Im Übrigen sind die Wirkungen des Beschleunigungsgebots jedoch umstritten (vgl. Kölz/Häner, Rz. 155; Müller, a.a.O., S. 321). Zum einen ist nach wie vor im Einzelfall zu entscheiden, was unter einer beförderlichen und verzugslosen Verfahrenserledigung zu verstehen ist. Zum andern geht das Beschleunigungsgebot in seinen rechtlichen Wirkungen nicht weiter als das aus Art. 4 Abs. 1 aBV abgeleitete Verbot der Rechtsverweigerung und -verzögerung (vgl. Art. 29 Abs. 1 BV). Ebenso wenig hat ein drohender Verstoss gegen das Beschleunigungsgebot zur Folge, dass die erforderlichen Abklärungen des Sachverhalts oder der Rechtslage nicht mehr vorzunehmen wären; die Untersuchungspflicht gemäss § 7 wird durch § 4a nicht eingeschränkt (vgl. Merkli/Aeschlimann/Herzog, Art. 49 N. 63). Aufgrund der beschränkten Tragweite der gesetzlichen Normierung des Beschleunigungsgebots stellt sich gar die berechtigte Frage, ob es sich dabei nicht um eine blosse «Symbolgesetzgebung» handelt (Prot. KK 1995/96, S. 231 f., 280; Prot. KR 1995–1999, S. 6423). § 4a hat jedenfalls vorwiegend nur «Programm»-Charakter. Ungeachtet dessen ist die Verankerung des Beschleunigungsgebots im Gesetz grundsätzlich begrüssenswert, indem den Verwaltungs- und Verwaltungsrechtspflegebehörden dadurch ihre Pflicht zu beförderlichem Handeln im Interesse und zum Nutzen des Rechtsuchenden in Erinnerung gerufen wird.

7 Im Dienste der Verfahrensbeschleunigung stehen jedoch nicht nur die Programmnorm von § 4a und deren Konkretisierung in § 27a Abs. 1 VRG und § 319 Abs. 1 PBG. In dieser Hinsicht bedeutsamer ist, dass § 10a VRG die Möglichkeit einräumt, im nichtstreitigen, erstinstanzlichen Verwaltungsverfahren auf die Begründung einer Anordnung zu verzichten, wenn dem Begehren voll entsprochen wird oder eine nachträgliche Begründung verlangt oder bei der anordnenden Behörde Einsprache erhoben werden kann. Einen nicht unwesentlichen Beitrag zur Verfahrensbeschleunigung leistet sodann die Beschränkung des Rechtswegs auf in der Regel zwei Rechtsmittelinstanzen (vgl. §§ 19a, 19b und 19c). Zur beförderlichen Erledigung der Rekurs- und Beschwerdever-

fahren trägt auch bei, dass die der Vorinstanz und den Verfahrensbeteiligten zustehende Vernehmlassungsfrist gemäss § 26 Abs. 3 die Dauer der Rechtsmittelfrist (vgl. §§ 22 und 53) in der Regel nicht übersteigen soll und höchstens einmal um die gleiche Dauer erstreckt werden darf. Schliesslich gestatten es dem Verwaltungsgericht die einzelrichterlichen Kompetenzen (§ 38 Abs. 2) und die Möglichkeit, bei Dreierbesetzung gewisse Entscheide im Fall von Einstimmigkeit auf dem Zirkulationsweg und mit summarischer Begründung fällen zu können, das Beschwerdeverfahren rascher zum Abschluss zu bringen (dazu § 38, insb. N. 4 ff. und N. 18 ff.).

§ 5. Bevor eine Verwaltungsbehörde auf die Behandlung einer Sache eintritt, hat sie von Amtes wegen ihre Zuständigkeit zu prüfen.

Ia. Prüfung der Zuständigkeit

Eingaben an eine unzuständige Verwaltungsbehörde sind von Amtes wegen und in der Regel unter Benachrichtigung des Absenders an die zuständige Verwaltungsbehörde weiterzuleiten. Für die Einhaltung der Fristen ist der Zeitpunkt der Einreichung bei der unzuständigen Behörde massgebend.

Unleserliche, ungebührliche und übermässig weitschweifige Eingaben werden zur Verbesserung zurückgewiesen.

Materialien
Weisung 1957, S. 1026 ff.; Prot. KK 6.6.1958; Prot. KR 1955–1959, S. 3268; Beleuchtender Bericht 1959, S. 398 f.; Weisung 1995, S. 1530; Prot. KK 1995/96, S. 29 f., 36 f., 48; Prot. KR 1995–1999, S. 6488.

Literatur
GADOLA, S. 184 ff.; GYGI, S. 75 ff.; HÄFELIN/MÜLLER, Rz. 1275 ff.; IMBODEN/RHINOW/KRÄHENMANN, Nr. 40; KÖLZ/HÄNER, Rz. 226 ff.; MERKLI/AESCHLIMANN/HERZOG, Art. 3 N. 1 ff.; RHINOW/KOLLER/KISS, Rz. 957 ff., 1096 ff.; ZIMMERLI/KÄLIN/KIENER, S. 62 ff.

Übersicht	Note
1. Zu Abs. 1	1
1.1. Allgemeines	1
1.2. Sachliche Zuständigkeit	5
1.3. Örtliche Zuständigkeit	13
1.4. Funktionelle Zuständigkeit	20
1.5. Zuständigkeitskonflikte	23
1.6. Folgen der Unzuständigkeit	28
2. Zu Abs. 2	32
3. Zu Abs. 3	38

§ 5

1. Zu Abs. 1

1.1. Allgemeines

1 Die *Zuständigkeit* betrifft die Obliegenheit einer Behörde, in einem ordnungsgemäss anhängig gemachten Verfahren durch Erlass einer Anordnung tätig zu werden (Gygi, S. 76). Aus der Zuständigkeitsordnung ergibt sich, womit sich eine Behörde zu befassen und womit sie sich nicht zu befassen hat (Unzuständigkeit). Sie bestimmt die Gegenstände, die einer bestimmten Behörde zur Behandlung und Entscheidung gesetzlich zugewiesen und aufgetragen sind. Diese Ordnung wird nach *sachlichen, örtlichen* und *funktionellen* Kriterien festgelegt. Erst wenn diese drei Kriterien erfüllt sind, ist die kompetente Behörde für eine bestimmte Angelegenheit als zuständig zu betrachten (Merkli/Aeschlimann/Herzog, Art. 3 N. 1).

2 Die verwaltungsrechtliche Zuständigkeitsordnung steht im Dienste der Rechtsklarheit und des öffentlichen Interesses. Entsprechend ist sie als Kompetenzbestimmung des öffentlichen Rechts *zwingender Natur* (BGE 99 Ia 322; Gadola, S. 188; Gygi, S. 80; Merkli/Aeschlimann/Herzog, Art. 3 N. 10). Die Begründung einer Zuständigkeit durch Parteivereinbarung (Prorogation) zwischen Parteien und Behörden ist daher ausgeschlossen (dazu § 1 N. 37; Kölz/Häner, 1. A., Rz. 483; vgl. auch Art. 7 Abs. 2 VwVG). Dies gilt gleichermassen für die Zuständigkeitsbegründung durch sogenannte Einlassung (Kölz/Häner, Rz. 231; Rhinow/Koller/Kiss, Rz. 1103; vgl. § 12 ZPO). Ebenso ist es den Behörden verwehrt, auf ihre vom Gesetz umschriebene Zuständigkeit zu verzichten, diese abzuändern oder eine neue Zuständigkeit zu begründen. Denn dies käme einer Abänderung der geltenden Rechtsordnung für den Einzelfall gleich (Fehr, S. 193). Dabei ist nicht weiter von Belang, ob die Zuständigkeit von den Verfahrensbeteiligten bestritten wird oder anerkannt ist. Selbst eine falsche Rechtsmittelbelehrung vermag keine andere als die im Gesetz vorgesehene Zuständigkeit zu begründen. Zulässig sind hingegen Schiedsabreden zwischen den Parteien, sofern vertragliche Ansprüche zu beurteilen sind, die freier Parteidisposition unterliegen. Dasselbe gilt, wenn öffentlichrechtliche Geldforderungen zwischen Privaten im Streit liegen (Merkli/Aeschlimann/Herzog, Art. 3 N. 11).

3 Die Zuständigkeit ist eine Verfahrens- bzw. *Sachentscheidungsvoraussetzung*, weshalb sie von der angerufenen Behörde *von Amtes wegen* zu prüfen ist (Bosshart, § 5 N. 2; Gadola, S. 184; Merkli/Aeschlimann/Herzog, Art. 3 N. 14). Diese Behördenpflicht ergibt sich zum einen daraus, dass die Zuständigkeit aufgrund ihrer zwingenden Natur nicht zur Disposition der Verfahrensbeteiligten steht (N. 2). Zum andern hat die Behörde entsprechend der Untersuchungsmaxime die tatsächlichen Voraussetzungen der Zuständigkeit von sich aus zu untersuchen (vgl. Beleuchtender Bericht 1959, S. 398). Dabei hat aber der Gesuchsteller mitzuwirken, wenn er ein Begehren gestellt hat oder wenn ihm nach gesetzlicher Vorschrift eine Auskunfts- oder Mitteilungspflicht obliegt (§ 7 Abs. 2);

insoweit wird auch bei der Zuständigkeitsprüfung die Untersuchungspflicht relativiert.

Eine zum Zeitpunkt des Erlasses einer Verfügung begründete örtliche und sachliche Zuständigkeit einer bestimmten Behörde wird durch den späteren Wegfall der Zuständigkeitsvoraussetzungen nicht geändert (Kölz/Häner, Rz. 233; Merkli/Aeschlimann/Herzog, Art. 3 N. 16, Art. 51 N. 11). Dies gilt namentlich für das Rechtsmittelverfahren, während im nichtstreitigen Verwaltungsverfahren Sinn und Zweck der anzuwendenden Normen Differenzierungen erfordern können (vgl. BGE 108 Ia 141). Das Festhalten an einer einmal begründeten Zuständigkeit setzt voraus, dass die Zuständigkeitsbegründung der verfügenden Behörde zu Recht erfolgte. Diese Unabänderlichkeit der Zuständigkeit in einem laufenden Verfahren kann zur Folge haben, dass eine Verwaltungsbehörde mit einer Angelegenheit befasst bleibt, selbst wenn sie zuvor aufgrund eines rechtswidrigen, nunmehr weggefallenen Zustands gehandelt hat; diesfalls ist das Verfahren als aus materiellrechtlichen Gründen gegenstandslos geworden abzuschreiben.

1.2. Sachliche Zuständigkeit

Die sachliche Zuständigkeitsregelung teilt die Geschäfte auf Behörden auf, deren örtlicher Wirkungsbereich übereinstimmt und deren funktionelle Stufe die gleiche ist. Die sachliche Zuständigkeit ergibt sich einmal aus positiver Gesetzesvorschrift. Die meisten materiellen Erlasse enthalten solche Normen. Ferner sind im Gesetz betreffend die Organisation und Geschäftsordnung des Regierungsrats und seiner Direktionen, im Gesetz über die Bezirksverwaltung sowie im VRG (§§ 41–43, 72, 74, 76, 79, 81 f.) Bestimmungen über die sachliche Zuständigkeit zu finden. Spezialgesetzliche Zuständigkeitsregelungen gehen dabei dem Instanzenzug nach allgemeinem Verfahrensrecht vor. Fehlt eine positivrechtliche Anordnung, so ist vorab auf formelle Gesichtspunkte abzustellen (z.B. bei der Abgrenzung zwischen Verwaltungssachen und Strafsachen; dazu § 1 N. 25 ff.). Erst in letzter Linie sind materielle Kriterien beizuziehen. Dies gilt namentlich, wenn sich die Zuständigkeit in einer bestimmten Angelegenheit der Natur nach nicht auftrennen lässt. Diesfalls ist auf die Sachnähe oder darauf abzustellen, welcher Behörde das Schwergewicht bei den zu treffenden Massnahmen zukommt.

Manchmal müssen zur Bestimmung der sachlichen Zuständigkeit materiellrechtliche Vorfragen beantwortet werden, vor allem wenn konkurrierende Zuständigkeiten gegeben sind und klare formelle Kriterien fehlen. In einem solchen Fall begründen in Spezialgesetzen geregelte Nebenpunkte eines Regelungskomplexes keine Zuständigkeit einer formell nicht zuständigen Behörde.

Bei einigen Gesetzen, die eine polizeiliche Bewilligungspflicht oder ein Verbot gewisser Tätigkeiten statuieren, tritt eine *Aufspaltung der Zuständigkeiten* ein:

§ 5

Zuständig für Erteilung und Entzug von Bewilligungen sowie Verbotsanordnungen sind die Gemeindepolizeibehörden oder eine kantonale Amtsstelle, im Rekursfall die entsprechenden Oberbehörden. Bei Strafmassnahmen wegen Verletzung der betreffenden Gesetze ist der Statthalter und im Fall gerichtlicher Beurteilung der Strafrichter zuständig (vgl. z.B. §§ 2, 11, 13 und 27 des Gesetzes über die Märkte und Wandergewerbe vom 18.2.1979 [LS 935.31], §§ 5 und 9 des Gesetzes über die Geschäftsagenten, Liegenschaftenvermittler und Privatdetektive vom 16.5.1943 [LS 935.41]).

8 Die meisten Zuständigkeitsfragen in sachlicher Hinsicht stellen sich bei den Rekursinstanzen auf Bezirksebene, den Baurekurskommissionen und den Direktionen des Regierungsrats, während die Zuständigkeiten der Gemeinden und des Regierungsrats in der Regel weniger zu Schwierigkeiten Anlass geben. Namentlich die Abgrenzung der sachlichen Zuständigkeit des Bezirksrats von der des Statthalters und der Bezirksschulpflege ist nicht immer offenkundig.

9 Im Sinn einer *Auffangzuständigkeit* (Jaag, Verwaltungsrecht, Rz. 719) hat der Bezirksrat alle Bezirksaufgaben zu besorgen, die keiner anderen Behörde zugewiesen sind (§ 10 Abs. 2 BezverwG). In die Zuständigkeit der Statthalter fallen nach § 12 Abs. 1 BezverwG neben dem Übertretungsstrafrecht lediglich die Ortspolizei und das Feuerwehrwesen sowie der Entscheid über Rechtsmittel auf diesen Gebieten. Der Begriff «Ortspolizei» ist dabei eng zu handhaben; insbesondere umfasst er nicht das Baupolizeiwesen. Dagegen gehören kommunale Verkehrsvorschriften zu den ortspolizeilichen Befugnissen des Statthalters; dieser ist Aufsichts- und Rekursinstanz zugleich (§ 25 Abs. 2 der Verordnung über den Vollzug des Strassensignalisationsrechts des Bundes vom 12.11.1980 [LS 741.2]). Soweit in diesem Zusammenhang jedoch bauliche Massnahmen in Frage stehen, ist der Statthalter lediglich Aufsichtsinstanz, während der Bezirksrat als Rekursbehörde amtet (§ 40 Abs. 2 und 41 Abs. 1 StrassG).

10 Im Bereich des Bildungswesens sind die Zuständigkeiten der Bezirksschulpflege und des Bezirksrats gegeneinander abzugrenzen. Ersterer unterstehen Aufsicht und Rekursentscheidung über das Schulwesen im Bezirk (§ 20 Abs. 1 UnterrichtsG). Die Bezirksschulpflegen sind allerdings nur für jenen Teil des Schulwesens zuständig, der die *rein schulischen* Angelegenheiten betrifft (Fehr, S. 230; Jaag, Verwaltungsrecht, Rz. 728). Mithin untersteht ihnen nur ein eng begrenzter Teil des Schulwesens. Dazu gehören namentlich Promotionsfragen, Schülerzuteilungen, Entlassungen aus der Schulpflicht und Schuldispense. Fragen aus dem allgemeinen Verwaltungsrecht, Streitigkeiten über die Organisation der Schulbehörden, die formelle Seite ihrer Tätigkeit und über finanzielle Leistungen im Schulwesen sowie personalrechtliche Streitigkeiten fallen dagegen in die Zuständigkeit des Bezirksrats (Gutachten Direktion des Innern vom 25.11.1976; gl.M. Fehr, S. 230; Jaag, Verwaltungsrecht, Rz. 1918). So hat der Bezirksrat über einen Streit betreffend finanzielle Leistungen einer Gemeinde für schulzahnärztliche Behandlung zu entscheiden.

§ 5

Desgleichen ist die Zuständigkeit der Bildungsdirektion von jener des Bildungsrats abzugrenzen. Grundsätzlich besitzt die Bildungsdirektion keine Rechtsprechungsbefugnisse; Rekursinstanzen sind statt dessen die Schulrekurskommission (gegen Rekursentscheide der Bezirksschulpflegen und der Aufsichtskommissionen über die Mittelschulen), die Universitätsrekurskommission oder unmittelbar der Regierungsrat. 11

Zur sachlichen Zuständigkeit für personalrechtliche Anordnungen im Schul- und Kirchenwesen sowie in der Justiz vgl. § 74 N. 15 ff. 12

1.3. Örtliche Zuständigkeit

Der örtliche Geltungsbereich eines kommunalen oder kantonalen Erlasses und damit die Zuständigkeit der zürcherischen Gemeinde- und Kantonsbehörden richtet sich nach dem Umfang der *Gebietshoheit* des Kantons bzw. der einzelnen Gemeinden (vgl. Imboden/Rhinow I, Nr. 18). 13

Die Frage der örtlichen Zuständigkeit stellt sich vor allem dann, wenn mehrere sachlich und funktionell gleichermassen zuständige Behörden für ein bestimmtes Verwaltungsrechtsverhältnis in Frage kommen (Gygi, S. 78; Kölz/Häner, Rz. 229), innerkantonal somit vor allem auf Gemeinde- und Bezirksebene. Besteht für das ganze Kantonsgebiet hingegen nur eine einzige Justizinstanz (z.B. Regierungsrat, Verwaltungsgericht), ist die örtliche Zuständigkeit von vornherein gegeben. 14

In der Regel ergibt sich die Zuständigkeit unmittelbar aus dem Gesetz. Hat eine Behörde bereits verfügt oder entschieden, so ist die Zuständigkeit der ihr übergeordneten Rekursbehörde stets gegeben (Gerichtsstand der Verwaltungstätigkeit; vgl. Gygi, S. 79). Diese kann jedoch feststellen, die erstinstanzlich verfügende oder entscheidende Behörde sei örtlich nicht zuständig gewesen und deren Entscheid aufheben. Damit stellt sich die Frage der Zuständigkeit von neuem. 15

Die Garantie des allgemeinen Wohnsitzgerichtsstands gemäss Art. 59 aBV (Art. 30 Abs. 2 BV) gilt im öffentlichen Recht nicht (BGE 105 Ia 394, mit Hinweisen; Gygi, S. 79; Merkli/Aeschlimann/Herzog, Art. 3 N. 2). Dies schliesst aber nicht aus, die Zuständigkeit der Verwaltungs- und Verwaltungsjustizbehörden an den Wohnsitz des Anordnungsadressaten anzuknüpfen, soweit eine ausdrückliche Regelung fehlt. 16

Fehlen spezialgesetzliche Bestimmungen, ist die Zuständigkeit nach gewissen Anknüpfungspunkten festzulegen. Die Zuständigkeit der Behörde am *Ort der gelegenen Sache* drängt sich auf, sobald ortsgebundene Rechtsverhältnisse zu regeln sind. Zu diesen gehören namentlich Verfügungen über unbewegliches Vermögen (wie Grundstücke, Bauten, Strassen, Wohnräume, Wirtschaftsräume, Wasserläufe), Konzessionen, Jagdberechtigungen und übrige Regale sowie 17

§ 5

gewerbepolizeiliche Bewilligungen. Sodann kommt die Behörde am Ort in Frage, wo sich der *massgebliche Vorgang* abgespielt hat (Gadola, S. 186; Merkli/Aeschlimann/Herzog, Art. 3 N. 1). Darunter fallen etwa Notfallbehandlungen in einem öffentlichen Spital, Demonstrationsbewilligungen, Benützungsgebühren oder Kurtaxen. Schliesslich richtet sich die örtliche Zuständigkeit subsidiär nach dem *Wohnsitz* des Verfügungsadressaten. Vorausgesetzt ist dabei, dass keine spezielle Zuständigkeitsregelung besteht und weder der Ort der gelegenen Sache noch des massgeblichen Vorgangs in Frage kommen. Greift keiner dieser besonderen Gerichtsstände ein, ist letztlich auf den Gerichtsstand der Verwaltungstätigkeit abzustellen. Dieser wird durch den Amtssitz der verfügenden Behörde bestimmt (Gadola, S. 187; Gygi, S. 79; vgl. N. 15).

18 Die Anknüpfung der Zuständigkeit an den Wohnsitz kommt hauptsächlich bei der Leistungsverwaltung vor. Bei der Eingriffsverwaltung drängt sich die Anknüpfung an den Ort der gelegenen Sache oder jenen des massgeblichen Vorgangs auf (vgl. Imboden/Rhinow I, Nr. 18).

19 Im interkantonalen und internationalen Bereich sind die Fragen der örtlichen Zuständigkeit anhand der anerkannten Regeln des Bundesrechts bzw. des Völkerrechts zu beantworten (Gadola, S. 187; Imboden/Rhinow I, Nr. 18 B I).

1.4. Funktionelle Zuständigkeit

20 Die funktionelle Zuständigkeit bestimmt sich danach, welche Behörde oder Amtsstelle *innerhalb der Verwaltungs- und Justizhierarchie* zur Behandlung einer Sache verpflichtet und befugt ist. Die funktionelle Zuständigkeit hängt damit direkt mit dem Instanzenzug zusammen, indem sich aus der funktionellen Zuständigkeitsordnung zugleich der massgebende Instanzenzug ableitet (Fehr, S. 208; Gygi, S. 80). Aus der funktionellen Zuständigkeit ergibt sich die zeitliche Abfolge mehrerer Rechtsschutzeinrichtungen. Diese darf grundsätzlich nicht durchbrochen werden (Rhinow/Koller/Kiss, Rz. 959; vgl. aber als Ausnahme davon den sogenannten Sprungrekurs gemäss Art. 47 Abs. 2 VwVG und § 47 Abs. 3 VRG i.d.F.v. 24.5.1959).

21 Die Festlegung der funktionellen Zuständigkeit obliegt dem Gesetzgeber. Dem Regierungsrat als kantonaler Verwaltungs- und Vollziehungsbehörde steht dabei das Recht zu, die Erledigung eines Geschäfts durch die Gesetzgebung einer seiner Direktionen oder den einzelnen Ämtern und Abteilungen innerhalb der Direktionen zuzuweisen (§ 13 Abs. 1 und 2 OGRR). Gestützt darauf bestimmt die regierungsrätliche Verordnung über die Delegation von Entscheidungsbefugnissen vom 10.12.1997 (Delegationsverordnung), welche Ämter und Abteilungen anstelle der vorgesetzten Direktion entscheidberufen sind (vgl. auch §§ 19 ff.).

§ 5

Während auf unterer Stufe eine Vielzahl von Rechtspflegeinstanzen nebeneinander besteht (Bezirksräte, Bezirksschulpflegen, Statthalter, Baurekurskommissionen usw.), die unter sich durch die sachliche und örtliche Zuständigkeit abgegrenzt sind, mündet der funktionelle Instanzenzug alternativ in einer einzigen obersten Instanz (Regierungsrat oder Verwaltungsgericht). Auf diese Weise gewährleistet der Rechtsmittelzug im Rahmen der funktionellen Zuständigkeit eine gewisse Einheit der Rechtsanwendung (vgl. Gygi, S. 80). 22

1.5. Zuständigkeitskonflikte

Zuständigkeitskonflikte können sich zwischen den Verwaltungs- bzw. Verwaltungsjustizbehörden einerseits sowie zwischen diesen Behörden und den Verfahrensbeteiligten anderseits ergeben (zu den Kompetenzkonflikten zwischen Verwaltungsrechtspflegebehörden sowie Straf- und Zivilgerichten vgl. § 1 N. 38 ff.). Während sich positive Kompetenzkonflikte, bei denen mehrere Instanzen die Zuständigkeit für sich in Anspruch nehmen, in der Regel nicht zum Nachteil des Rechtsuchenden auswirken, können negative Kompetenzkonflikte – wenn keine Behörde die Angelegenheit an die Hand nehmen will – schlimmstenfalls zur Folge haben, dass ein Gesuchsteller mit seinem berechtigten Anliegen völlig rechtlos bleibt (Gadola, S. 189; vgl. RB 1985 Nr. 1). 23

Da das Institut des Meinungsaustausches im zürcherischen Verwaltungsverfahrensrecht nicht vorgesehen ist, sind Zuständigkeitskonflikte zwischen den Behörden in erster Linie auf dem Weg eines *informellen* Meinungsaustausches zu lösen (vgl. § 1 N. 40). Demnach hat sich eine Behörde im Zweifelsfall, bevor sie auf eine Sache eintritt oder einen Nichteintretensentscheid fällt, an die nach der Natur der Sache in Frage kommende andere Behörde zu wenden, um so eine Einigung zu erzielen. Ausschlaggebend für die Durchführung eines Meinungsaustauschverfahrens ist dabei, ob die angerufene Behörde tatsächlich Zweifel an ihrer Zuständigkeit hat und nicht, ob sie aus objektiver Sicht an ihrer Kompetenz zweifeln sollte (Merkli/Aeschlimann/Herzog, Art. 4 N. 13). – Ist einem solchen Vorgehen kein Erfolg beschieden, entscheidet die *gemeinsame Aufsichtsbehörde* Zuständigkeitskonflikte innerhalb der Verwaltung, letztinstanzlich der Regierungsrat (vgl. Art. 9 Abs. 3 VwVG). Ist die Zuständigkeit zwischen dem Regierungsrat und dem Verwaltungsgericht streitig, erscheint es mangels einer besonderen Regelung als angemessen, dass darüber der Kantonsrat befindet (vgl. § 1 N. 39). Streitigkeiten über die Zuständigkeit zwischen kantonalen Behörden und Bundesbehörden beurteilt dagegen das Bundesgericht im Verfahren der staatsrechtlichen Klage (vgl. Art. 83 lit. a OG; Häfelin/Haller, N. 1757 ff.), sofern ein praxisgemäss durchgeführter Meinungsaustausch erfolglos geblieben ist (Merkli/Aeschlimann/Herzog, Art. 7 N. 8). 24

Besteht zwischen einer gesuchstellenden Partei und einer Behörde Uneinigkeit über die Zuständigkeit, ist in aller Regel bezüglich der bestrittenen Zuständig- 25

§ 5

keit – anders als bei einem Zuständigkeitskonflikt zwischen verschiedenen Behörden – ein *selbständig anfechtbarer* Entscheid zu erlassen (Gadola, S. 190). Dies gilt vor allem für den Fall, dass sich eine Behörde entgegen der Behauptung eines Verfahrensbeteiligten für unzuständig erklärt (vgl. Art. 9 Abs. 2 VwVG). Weil gegen einen solchen Nichteintretensentscheid der Rekurs an die obere Behörde zulässig ist (§ 19 Abs. 1), hat die sich als unzuständig erklärende Behörde ihren Nichteintretensentscheid in die Form einer mit Rechtsmittelbelehrung versehenen Anordnung (Verfügung) zu kleiden, sofern sie die Sache nicht sofort an die zuständige Behörde weiterleitet (§ 5 Abs. 2; Kölz/Häner, 1. A., Rz. 486). Erachtet sich eine Behörde hingegen entgegen der Auffassung einer am Verfahren beteiligten Partei als zuständig, entscheidet sie nach pflichtgemässem Ermessen darüber, ob über die Zuständigkeitsfrage im Rahmen eines selbständigen Zwischenentscheids zu befinden sei (Merkli/Aeschlimann/Herzog, Art. 5 N. 1). Sie wird sich dabei vorab vom Gesichtspunkt der Prozessökonomie leiten lassen.

26 Die Unzuständigkeit oder Zuständigkeit einer Behörde muss nicht ausdrücklich behauptet bzw. bestritten werden. Die betroffene Partei muss jedoch auf irgendeine Weise klar und unmissverständlich zu erkennen geben, dass sie ihr Begehren von einer anderen Behörde behandelt haben will oder dass ihr an einem Entscheid gerade durch die angerufene Instanz liegt (vgl. BGE 108 Ib 544; Kölz/Häner, Rz. 239, Gadola, S. 190 f.).

27 Tritt die Behörde infolge Unzuständigkeit auf eine bei ihr anhängig gemachte Sache nicht ein und besteht keine Überweisungspflicht (vgl. § 5 Abs. 2), schliesst deren Nichteintretensentscheid das Verfahren ab (vgl. RB 1982 Nr. 32). Insofern handelt es sich um einen *Endentscheid*. Der Rechtsmittelweg gegen diesen wie auch gegen einen Zwischenentscheid über die Zuständigkeit ist dabei der gleiche wie für die Hauptsache (vgl. § 19 Abs. 1). Der selbständige Charakter eines solchen Zuständigkeitsentscheids zeigt sich darin, dass bereits dieser angefochten werden muss. Dessen spätere Anfechtung, namentlich zusammen mit der Hauptsache, ist ausgeschlossen (Merkli/Aeschlimann/Herzog, Art. 5 N. 4). Ein solches Vorgehen ist nur statthaft, wenn auch über die Zuständigkeit im Rahmen der Hauptsache entschieden wurde; dies ist der Fall, wenn die Zuständigkeit von keiner Seite bestritten wurde oder die sich als zuständig betrachtende Behörde nach pflichtgemässem Ermessen auf einen Zwischenentscheid in dieser Frage verzichtete.

1.6. Folgen der Unzuständigkeit

28 Es wird zwischen *Anfechtbarkeit* und *Nichtigkeit* unterschieden. Während eine anfechtbare Anordnung grundsätzlich sowohl gültig als auch rechtswirksam ist und eine Anfechtung in der Regel nur durch die Betroffenen möglich ist (Häfelin/Müller, Rz. 766), bedeutet Nichtigkeit absolute Unwirksamkeit einer Verfü-

§ 5

gung, die von Amtes wegen zu beachten und von jedermann jederzeit geltend gemacht werden kann (Häfelin/Müller, Rz. 768; Imboden/Rhinow I, Nr. 40 B III). Eine Anordnung ist dann nichtig und nicht bloss anfechtbar, wenn der ihr anhaftende Mangel besonders schwer und offensichtlich oder zumindest leicht erkennbar ist und zudem die Annahme von Nichtigkeit die Rechtssicherheit nicht ernsthaft gefährdet (BGE 117 Ia 220 f., mit Hinweisen, 98 Ia 571; vgl. Imboden/Rhinow/Krähenmann, Nr. 40 IV; vgl. auch Vorbem. zu §§ 86a–86d N. 3).

Die *örtliche* Unzuständigkeit ist in der Regel nur *Anfechtungsgrund*. Wenn aber eine Behörde in den Hoheitsbereich einer anderen eingreift, zeitigt der entsprechende Akt im Bereich der Letzteren keine Wirkungen, ist also nichtig (Gadola, S. 185; Häfelin/Müller, Rz. 771; Imboden/Rhinow I, Nr. 40 B V a 2). 29

Sachliche und *funktionelle* Unzuständigkeit haben in der Regel *Nichtigkeit* zur Folge, es sei denn, der verfügenden Behörde komme auf dem betreffenden Gebiet allgemeine Entscheidungsgewalt zu (Gadola, S. 185; Häfelin/Müller, Rz. 773; Imboden/Rhinow/Krähenmann, Nr. 40 B Va 1, mit Hinweisen). Bei der Anwendung der Unzuständigkeitsfolgen ist indessen das Prinzip von Treu und Glauben zu beachten. Infolgedessen ist eine Abwägung zwischen dem Gebot der Rechtssicherheit und dem Interesse an der richtigen Rechtsanwendung vorzunehmen. Letzteres muss überwiegen, damit die Rechtsfolge der Nichtigkeit eintritt. Mithin müssen einer Anordnung unter Umständen Rechtswirkungen zuerkannt werden, wenn sich ein Privater in guten Treuen auf eine Verfügung einer unzuständigen Behörde verlassen und entsprechende Dispositionen getroffen hat. 30

Im Interesse der Rechtssicherheit können nichtige Anordnungen auch im Rechtsmittelverfahren oder aufsichtsrechtlich aufgehoben werden (RB 1986 Nr. 11, 1985 Nr. 1; Gadola, S. 186). Hebt in einem solchen Fall eine obere Behörde den Entscheid einer unteren wegen Unzuständigkeit auf, hat dies hinsichtlich der Tragung der Verfahrenskosten zur Folge, dass diese für beide Instanzen auf die Staatskasse zu nehmen sind (vgl. RB 1985 Nr. 1). 31

2. Zu Abs. 2

§ 5 Abs. 2 auferlegt den Verwaltungs- und Verwaltungsjustizbehörden eine *Weiterleitungs- und Überweisungspflicht* an die zuständige Instanz. Diese Verpflichtung ist namentlich im Zusammenhang mit der Fristwahrung und der Rechtshängigkeit von Bedeutung. Satz 2 von § 5 Abs. 2 erklärt denn auch den Zeitpunkt der Einreichung bei der unzuständigen Behörde als für die Einhaltung der Fristen massgebend. Der Rechtsuchende soll nicht ohne Not um die Beurteilung seines Rechtsbegehrens durch die zuständige Instanz gebracht werden. Dabei handelt es sich um einen allgemeinen prozessualen Grundsatz, der 32

§ 5

sich auf die ganze Rechtsordnung bezieht und sich zugunsten des Rechtsuchenden auswirkt (BGE 121 I 95, 118 Ia 243 f.).

33 Eine Weiterleitung kann ohne weiteres sofort erfolgen, wenn die angerufene Instanz eindeutig unzuständig und die Zuständigkeit einer anderen Behörde offensichtlich ist. Hegt dagegen eine Behörde hinsichtlich ihrer Zuständigkeit Zweifel, so bedarf es vorab eines informellen Meinungsaustausches mit der von ihr als zuständig erachteten Behörde. Sofern sich diese von sich aus oder im Rahmen des Meinungsaustausches zuständig erklärt, steht einer einfachen Verfahrensüberweisung nichts entgegen. Andernfalls ist zur Lösung des Kompetenzkonflikts ein Nichteintretensentscheid zu fällen und die Angelegenheit weiterzuleiten, soweit die nichteintretende Instanz dazu verpflichtet ist. Dies gilt auch für den Fall, dass die rechtsuchende Partei unmissverständlich zu erkennen gibt, sie wolle ihre Sache gerade durch die angerufene Behörde erledigt haben (vgl. Merkli/Aeschlimann/Herzog, Art. 4 N. 6). Im Übrigen ist diese in ihrem Entscheid, ob eine Weiterleitung angebracht sei, nicht an die rechtliche Würdigung der Zuständigkeitsfrage durch die Rechtsuchenden gebunden; als Sachentscheidungsvoraussetzung ist die Zuständigkeit von Amtes wegen zu prüfen (vgl. N. 3). Ebenso wenig beeinflusst die Auffassung einer allfälligen Gegenpartei die Behörde in ihrem Entscheid über Zuständigkeit und Weiterleitung.

34 Der Weiterleitungs- und Überweisungspflicht gemäss § 5 Abs. 2 unterliegen lediglich *zürcherische* Verwaltungsbehörden (zum Begriff der Verwaltungsbehörde vgl. § 4 N. 4 ff.). Dies ergibt sich unmittelbar aus § 4, welche Bestimmung den Geltungsbereich des VRG umschreibt (vgl. § 4 N. 3). Stehen Überweisungen zwischen Zivil- oder Strafgerichten einerseits und Verwaltungs- oder Verwaltungsrechtspflegebehörden anderseits in Frage, ergibt sich die Weiterleitungspflicht aus § 194 Abs. 2 GVG (Kölz/Häner, 1. A., Rz. 484). Danach sind Eingaben und Zahlungen, die an eine unrichtige zürcherische Gerichts- oder Verwaltungsstelle gelangen, von Amtes wegen zu überweisen, sofern der Fehler auf einem *Irrtum* des Gesuchstellers beruht (vgl. § 194 Abs. 1 GVG). Obschon § 5 Abs. 2 dieses Erfordernis nicht nennt, rechtfertigt es sich, diese Bestimmung im gleichen Sinn auszulegen, um einem rechtsmissbräuchlichen Verhalten eines Gesuchstellers von vornherein vorzugreifen (vgl. N. 35).

35 Die Verpflichtung entfällt, wenn keine andere zürcherische Instanz zuständig ist. Dies schliesst eine formlose Überweisung an eine ausserkantonale Behörde nicht von vornherein aus, selbst wenn dies zur Fristwahrung nicht ausreicht. Regelmässig bedarf es dazu allerdings des Einverständnisses des Gesuchstellers, um diesem in der Zuständigkeitsfrage nicht den Rechtsweg zu verbauen. Immerhin verpflichtet Art. 107 Abs. 2 OG im Bereich der Verwaltungsrechtspflege alle Behörden in der Schweiz, fälschlicherweise bei ihnen eingereichte Verwaltungsgerichtsbeschwerden an das Bundesgericht zu überweisen. Zudem haben letzte kantonale Instanzen bei ihnen eingegangene Rechtsmitteleingaben, zu

deren Behandlung das Bundesgericht zuständig ist, diesem gestützt auf Art. 32 Abs. 5 OG zu überweisen (Merkli/Aeschlimann/Herzog, Art. 4 N. 4). Die Weiterleitungspflicht entfällt, wenn der Gesuchsteller gleich lautende Eingaben an mehrere Behörden gerichtet hat, von denen eine zuständig ist. Diesfalls genügt die blosse Mitteilung an die Verfahrensbeteiligten, dass eine bereits bediente Instanz als zuständig erachtet werde, und ist im Übrigen auf die Eingabe nicht einzutreten (Merkli/Aeschlimann/Herzog, Art. 4 N. 8). Von einer Überweisung ist aber auch dann abzusehen, wenn sich die gesuchstellende Partei der Unzuständigkeit der von ihr angerufenen Behörde bewusst ist, aber gleichwohl an diese gelangt. Ein solches Verhalten verdient als rechtsmissbräuchlich keinen Schutz.

Mitunter gelangt eine Behörde, der eine Eingabe zuständigkeitshalber überwiesen wurde, ihrerseits zum Ergebnis, dass sie nicht kompetent und die Angelegenheit an eine dritte Instanz zu überweisen sei. Einer solchen Weiterüberweisung steht § 5 Abs. 2 nicht entgegen. Unabhängig davon ist nach dem Gesetzeswortlaut in jedem Fall der Absender zu benachrichtigen. Der aus Art. 4 Abs. 1 aBV (Art. 29 Abs. 1 BV) abgeleitete Grundsatz des fairen Verfahrens gebietet jedoch, zusätzlich die weiteren Verfahrensbeteiligten von einem solchen Schritt zu benachrichtigen (Merkli/Aeschlimann/Herzog, Art. 4 N. 11). Eine solche Mitteilung stellt allerdings keine anfechtbare Anordnung im Sinn von § 19 dar: Weder ist die Sache damit materiell entschieden, noch wird sie durch Nichteintreten erledigt. Ebenso wenig bewirkt die Weiterleitung einen nicht wieder gutzumachenden Nachteil, da die Zuständigkeitsfrage in einem Rechtsmittelverfahren gegen den Entscheid der zweitbefassten Behörde aufgeworfen werden kann (vgl. BGE 121 I 175; Merkli/Aeschlimann/Herzog, Art. 4 N. 10). 36

Die eigentliche Bedeutung der Überweisungs- und Weiterleitungspflicht liegt darin, dass nach dem Willen des Gesetzgebers für die Einhaltung der Fristen der Zeitpunkt der Einreichung bei der unzuständigen Behörde massgebend ist. Damit ist die Gefahr einer Fristversäumnis zufolge einer Eingabe bei der unzuständigen Instanz gebannt. Zugleich bewirkt die Fristwahrung, dass die *Rechtshängigkeit* bereits bei der unzuständigen Behörde begründet wird und durch die Überweisung nicht verloren geht. Diese Rechtsfolgen treten allerdings nur ein, wenn die belangte Behörde gestützt auf § 5 Abs. 2 überweisungspflichtig ist. Dementsprechend tritt die fingierte Fristwahrung nur dann ein, wenn die Eingabe *irrtümlich* an eine unzuständige zürcherische oder eidgenössische Gerichts- oder Verwaltungsstelle gerichtet wurde (Merker, § 40 Rz. 14; vgl. N. 34 f.). Zur Fristberechnung vgl. § 11. 37

§ 5

3. Zu Abs. 3

Literatur
HAUSER/HAUSER, § 156 Anm. 4 ff.; POUDRET JEAN-FRANÇOIS, Commentaire de la loi fédérale d'organisation judiciaire du 16 décembre 1943, Volume I, Articles 1–40, Bern 1990, Art. 30 N. 3; ROTACH, S. 441.

38 § 5 Abs. 3 fand mit der Revision vom 8.6.1997 Eingang in das VRG, indem der bisherige § 18 über Ordnungsbussen für leichtfertige Verfahrenseinleitung und -führung aufgehoben und die Bestimmungen über die Verfahrensdisziplin neu geordnet wurden. Dadurch wurde eine Norm von geringer praktischer Bedeutung aus dem Gesetz eliminiert und erübrigen sich inskünftig Fragen der Abgrenzung zu den Bestimmungen des Gesetzes betreffend die Ordnungsstrafen vom 30.10.1866 (Weisung 1995, S. 1530).

39 Anders als bei Abs. 1 und 2 von § 5 handelt es sich bei Abs. 3 nicht um eine die Zuständigkeit einer Verwaltungsbehörde beschlagende Vorschrift. Ein gesetzessystematischer Zusammenhang zwischen diesen Normen besteht allerdings insoweit, als zu Beginn eines Verfahrens von Amtes wegen sowohl die Zuständigkeit der Behörde wie auch die Formgültigkeit der Eingabe zu prüfen sind (vgl. Prot. KK 1995/96, S. 36). Zudem ist in Betracht zu ziehen, dass eine unleserliche, ungebührliche oder übermässig weitschweifige Eingabe die Zuständigkeitsprüfung unverhältnismässig erschweren oder gar verunmöglichen kann.

40 Sein Vorbild findet § 5 Abs. 3 in Art. 30 Abs. 3 OG, welcher Bestimmung er weitgehend entspricht (Weisung 1995, S. 1530). Eine vergleichbare Vorschrift enthält zudem § 131 Abs. 1 Satz 2 GVG. § 5 Abs. 3 richtet sich nur gegen Eingaben, die unleserlich, ungebührlich oder übermässig weitschweifig sind, im Übrigen aber die Formerfordernisse erfüllen, namentlich einen Antrag und eine Begründung enthalten und unterschrieben sind (Poudret, a.a.O., Art. 30 N. 3.1). Die Behörden haben Eingaben *unverzüglich* auf Formmängel zu untersuchen und Verbesserungen sofort zu veranlassen (Merkli/Aeschlimann/Herzog, Art. 33 N. 3).

41 Als *unleserlich* erweisen sich neben Eingaben, die sich aufgrund des Schriftbilds nicht oder nur mit grosser Mühe entziffern lassen, auch Begehren, deren Inhalt wegen ungenügender formaler Darstellung unverständlich erscheint.

42 *Ungebührlich* ist sowohl die Missachtung der Würde und Autorität der Behörden, d.h. die Verletzung der den Behörden und insbesondere den Gerichten geschuldeten Achtung, als auch die persönliche – verleumderische, beleidigende oder ehrverletzende – Verunglimpfung oder Schmähung einer Gegenpartei (Hauser/Hauser, § 156 Anm. 5). Ungebührlichkeit ist nicht leichthin anzunehmen, da im Rahmen von Rechtsstreitigkeiten unzimperliche, übertriebene und verallgemeinernde Argumentationen in Kauf zu nehmen sind (Merkli/Aeschlimann/Herzog, Art. 33 N. 5).

Übermässige Weitschweifigkeit ist einem Verfahrensbeteiligten vorzuwerfen, der sich in langatmigen Ausführungen und Wiederholungen über einzelne Tat- oder Rechtsfragen ergeht, ohne dass dies aufgrund der tatsächlichen Verhältnisse zur Wahrung seines Anspruchs erforderlich ist (vgl. Hauser/Hauser, § 156 Anm. 6). 43

Mängel einer Eingabe im Sinn von § 5 Abs. 3 ziehen für den Urheber lediglich die Rückweisung zur Verbesserung nach sich. Indem sich eine solche Eingabe nicht von vornherein als unzulässig erweist, wird nicht zuletzt dem Verbot des überspitzten Formalismus Rechnung getragen (Poudret, a.a.O., Art. 30 N. 3.6). Für die Verbesserung ist eine angemessene Frist anzusetzen (vgl. § 23 Abs. 2); diese ist so zu wählen, dass die verlangte Verbesserung innert Frist tatsächlich möglich ist. Obschon vom Gesetz nicht vorgesehen, erweist es sich dabei als sachgerecht, zusammen mit der Fristansetzung Säumnisfolgen anzudrohen (ZR 95 Nr. 58; Frank/Sträuli/Messmer, GVG § 131 N. 1; Hauser/Hauser, § 156 Anm. 4; Poudret, a.a.O., Art. 30 N. 3.1). Um die Behebung des gerügten Mangels zu erreichen, erscheint die Androhung, bei Säumnis auf das Begehren nicht einzutreten, als angebracht und verhältnismässig (Rotach, S. 441). 44

Der Wahrung der Verfahrensdisziplin dient aber nicht nur § 5 Abs. 3. Gestützt auf § 1 Abs. 1 OrdnungsstrafG erweist sich im Verwaltungs- und Verwaltungsrechtspflegeverfahren auch die Ausfällung von Ordnungsstrafen als zulässig. Dies bildete einen wesentlichen Grund dafür, dass § 18 VRG (i.d.F.v. 24.5.1959) anlässlich der Revision vom 8.6.1997 aufgehoben wurde (vgl. N. 38). Insbesondere ungebührliche Eingaben lassen sich mitunter als Disziplinarfehler im Sinn von § 2 lit. a und d OrdnungsstrafG qualifizieren. Diesfalls ist die zuständige Verwaltungsbehörde befugt, solche Begehren zur Verbesserung zurückzuweisen und zugleich das beanstandete Verhalten mit einer *Ordnungsstrafe* zu ahnden (§ 4 OrdnungsstrafG). 45

§ 5a. Personen, die eine Anordnung zu treffen, dabei mitzuwirken oder sie vorzubereiten haben, treten in den Ausstand, wenn sie in der Sache persönlich befangen erscheinen, insbesondere:

Ib. Ausstand

a) in der Sache ein persönliches Interesse haben;

b) mit einer Partei in gerader Linie oder in der Seitenlinie bis zum dritten Grade verwandt oder verschwägert oder durch Ehe, Verlobung oder Kindesannahme verbunden sind;

c) Vertreter einer Partei sind oder für eine Partei in der gleichen Sache tätig waren.

Ist der Ausstand streitig, so entscheidet darüber die Aufsichtsbehörde oder, wenn es sich um den Ausstand eines Mitgliedes einer Kollegialbehörde handelt, diese Behörde unter Ausschluss des betreffenden Mitgliedes.

§ 5a

Materialien
Weisung 1995, S. 1525 f.; Prot. KK 1995/96, S. 6 ff.; Prot. KR 1995–1999, S. 6488.

Literatur
FRANK/STRÄULI/MESSMER, GVG §§ 95 ff.; GADOLA, S. 422 ff.; GYGI, S. 55 ff.; HÄFELIN/ HALLER, N. 1656 ff.; HÄFELIN/MÜLLER, Rz. 439 ff.; IMBODEN/RHINOW/KRÄHENMANN, Nr. 90; KÖLZ ALFRED, in: Kommentar aBV, Art. 58; KÖLZ/HÄNER, Rz. 246 ff.; MERKLI/ AESCHLIMANN/HERZOG, Art. 9 N. 1 ff.; MOOR II, S. 157 ff.; RHINOW/KOLLER/KISS, Rz. 139 ff., 1104 ff.; ROTACH, S. 439.

Übersicht	Note
1. Allgemeines	1
2. Zu Abs. 1	8
2.1. Kreis der Ausstandspflichtigen	8
2.2. Ausstandsgründe	10
2.2.1. Generalklausel	11
2.2.2. Vom Gesetz hervorgehobene Ausstandstatbestände	15
3. Zu Abs. 2	19
3.1. Zuständige Instanz	19
3.2. Rechtsnatur des Ausstandsentscheids	29

1. Allgemeines

1 Die *Unbefangenheit* von Verwaltung und Justiz ist ein wichtiger Garant für das Vertrauen des Volkes in die staatlichen Behörden (vgl. Hauser/Hauser, S. 381). Ungeachtet dessen enthielt das VRG vor der Revision vom 8.6.1997 lediglich Bestimmungen über den Ausstand im Verfahren vor Verwaltungsgericht, indem § 71 (i.d.F.v. 24.5.1959) die Ausstandsregeln des Gerichtsverfassungsgesetzes anwendbar erklärte (vgl. §§ 95–103 GVG). Demgegenüber beansprucht § 5a aufgrund seiner Stellung im zweiten Abschnitt des Gesetzes sowohl für das nichtstreitige und streitige Verwaltungsverfahren als auch gestützt auf den Verweis in § 70 (i.V.m. §§ 80c und 86) für alle verwaltungsgerichtlichen Verfahren Geltung. Zudem verweisen nunmehr § 70 Abs. 1 GemeindeG und § 43 Abs. 3 OGRR ebenfalls auf § 5a, sodass für sämtliche Verwaltungsverfahren und die Verwaltungsrechtspflege auf allen Stufen eine *einheitliche Ausstandsregelung* besteht (Weisung 1995, S. 1526; zum unechten Vorbehalt von § 43 Abs. 1 OGRR vgl. Rotach, S. 439 Anm. 32).

2 Nachdem das VRG den Ausstand nunmehr in § 5a selbst regelt und der Verweis auf die Ausstandsbestimmungen des Gerichtsverfassungsgesetzes in § 71 gestrichen wurde, bleibt grundsätzlich kein Raum mehr für die Anwendung von §§ 95–103 GVG. Insbesondere erübrigt es der generalklauselartige Ausstandsgrund des Anscheins persönlicher Befangenheit (§ 5a Abs. 1), auf die Ausstands- und Ablehnungsgründe gemäss §§ 95 und 96 GVG zurückzugreifen (vgl. Rotach, S. 439). Soweit sich die Ausstandsregelung des VRG – vor allem in verfahrensmässiger Hinsicht – jedoch als unvollständig erweist, erscheint

es gerechtfertigt, die entsprechenden Vorschriften des Gerichtsverfassungsgesetzes analog anzuwenden und auf die dazu entwickelte Praxis zurückzugreifen. Dies gilt namentlich für die Anzeige eines Ausstandstatbestands durch den Betroffenen oder einen Dritten (§§ 97 f. GVG), für Form und Inhalt eines Ausstandsbegehrens (§ 100 GVG) sowie für den Entscheid über ein Ausstandsbegehren (§ 101 GVG).

Sein Vorbild findet § 5a in Art. 10 VwVG, welche Bestimmung beinahe wörtlich übernommen wurde (Weisung 1995, S. 1526). Dieses Vorgehen des Gesetzgebers fördert nicht nur eine einheitliche Auslegungspraxis, sondern leistet zugleich einen Beitrag zur Vereinheitlichung des kantonalen und des Bundesverwaltungsverfahrensrechts. Im Zusammenhang mit den Vorschriften über den Ausstand sind aber auch Art. 58 Abs. 1 aBV bzw. Art. 30 Abs. 1 BV und Art. 6 Ziff. 1 EMRK zu beachten, die unabhängig vom anwendbaren Verfahrens- und Organisationsrecht dem Einzelnen unter anderem einen Anspruch darauf vermitteln, dass seine Sache von einem richtig besetzten sowie unvoreingenommenen, unparteiischen und unabhängigen Gericht beurteilt wird (Imboden/ Rhinow/Krähenmann, Nr. 90 B I, mit Hinweisen). Mithin bildet die Ausstandspflicht einen Teilgehalt von Art. 58 Abs. 1 aBV (Art. 30 Abs. 1 BV) und Art. 6 Ziff. 1 EMRK (vgl. BGE 114 Ia 54; Rhinow/Koller/Kiss, Rz. 148). Art. 58 Abs. 1 aBV bzw. Art. 30 Abs. 1 BV erfasst dabei nur die von einem Gesetz vorgesehenen *gerichtlichen* Verfahren, während Art. 6 Ziff. 1 EMRK zusätzlich voraussetzt, dass in einem solchen Verfahren *zivilrechtliche Ansprüche und Verpflichtungen* oder strafrechtliche Anklagen in Frage stehen. Diese Bestimmungen sind somit nicht auf Verwaltungsbehörden anwendbar, selbst wenn diese rechtsprechend tätig werden (kritisch dazu Gadola, S. 425; Kölz, a.a.O., Art. 58 Rz. 27). Ein Mindestanspruch auf Unabhängigkeit und Unbefangenheit ergibt sich aber aus Art. 4 Abs. 1 aBV bzw. Art. 29 Abs. 1 BV (BGE 120 Ia 186 f., mit Hinweisen; Häfelin/Haller, N. 1162a; Häfelin/Müller, Rz. 439; Rhinow/Koller/Kiss, Rz. 188). Er reicht allerdings nicht so weit wie die Gewährleistungen von Art. 58 Abs. 1 aBV (Art. 30 Abs. 1 BV) und Art. 6 Ziff. 1 EMRK, da die verwaltungsinterne Rechtspflege der Natur der Sache nach nicht die gleichen Verfahrensgarantien bietet wie die Rechtsprechung durch unabhängige Gerichtsbehörden (Haefliger, Rechtsgleichheit, S. 155; Merkli/Aeschlimann/Herzog, Art. 9 N. 1). § 5a ist deshalb insofern eigenständige Bedeutung zuzuerkennen, als er über die konventions- und verfassungsrechtlichen Garantien hinausgeht.

Die Garantie unabhängiger und unbefangener Verwaltungsbehörden und -rechtspflegeorgane umfasst auch den Anspruch auf *Bekanntgabe der personellen Zusammensetzung* der anordnenden Behörde (BGE 117 Ia 323, mit Hinweisen; vgl. VGr. 8.6.1989, SB 88/0053). Diese zu kennen, ist für den Einzelnen unabdingbar, um die Einhaltung der Ausstandsvorschriften überprüfen zu können. Dementsprechend genügt es, Ausstandsgründe vorzubringen, sobald bekannt oder absehbar ist, wer an der Behandlung einer Angelegenheit mitwirkt (Merkli/

§ 5a

Aeschlimann/Herzog, Art. 9 N. 6). Dabei wird von einer anwaltlich vertretenen Partei Kenntnis von der ordentlichen Besetzung der Spruchbehörde erwartet (BGE 117 Ia 323). *Gegenstand* der Bekanntgabe sind alle unmittelbar an der Entscheidfindung beteiligten Personen. Die *Form* der Bekanntgabe unterliegt keinen besonderen Anforderungen. Es genügt, wenn sich die Namen der mitwirkenden Personen aus einer allgemein zugänglichen Publikation (z.B. Staatskalender, Rechenschaftsbericht) ergeben (RB 1998 Nr. 1; VGr. 6.3.1992, VB 92/0009). Entscheidet dagegen ein Gremium, das Teil einer Kollegialbehörde bildet, so ist notwendigerweise die Zusammensetzung des Spruchkörpers im Einzelfall bekannt zu geben (Merkli/Aeschlimann/Herzog, Art. 9 N. 6; vgl. aber VGr. 6.3.1992, VB 92/0009, worin als zumutbar erklärt wird, in einem solchen Fall ein vorsorgliches Ausstandsbegehren zu stellen).

5 Die hoheitliche Tätigkeit verlangt stets Unvoreingenommenheit, weshalb es nicht vom Willen einer Verfahrenspartei abhängen darf, ob ein Behördenmitglied sein Amt ausüben kann (Merkli/Aeschlimann/Herzog, Art. 9 N. 3). Dementsprechend hat eine Verwaltungsbehörde *von Amtes wegen* zu prüfen, ob eines oder mehrere ihrer Mitglieder in den Ausstand zu treten haben (Gygi, S. 55; Rotach, S. 439). Ungeachtet dessen empfiehlt es sich, Ausstandsgründe so früh als möglich, d.h. sofort nach Kenntnis der Zusammensetzung der anordnenden Instanz, geltend zu machen. Dies gebieten das Rechtsmissbrauchsverbot und der Grundsatz von Treu und Glauben. Infolgedessen gilt das Untätigbleiben oder die Einlassung in ein Verfahren im Wissen um das Vorliegen von Ausstandsgründen als Verzicht und führt grundsätzlich zum Verwirken des Anspruchs (BGE 121 I 229, mit Hinweisen). Erhält eine Verfahrenspartei von Umständen, welche ein Ausstandsbegehren begründet erscheinen lassen, erst zusammen mit der Anordnung Kenntnis, kann sie die Verletzung der Ausstandsregeln auch noch im sich anschliessenden Rechtsmittelverfahren rügen, sofern ihr keine mangelnde Sorgfalt vorzuwerfen ist (RB 1982 Nr. 20; vgl. § 102 Abs. 2 GVG; dazu N. 19). Dabei ist es zulässig, von anwaltlich vertretenen Parteien ein erhöhtes Mass an Sorgfalt zu verlangen (vgl. N. 4). Trägt eine Partei durch ihr Verhalten dazu bei, dass von Amtes wegen zu berücksichtigende Ausstandsgründe verspätet entdeckt werden und entstehen dadurch zusätzliche Umtriebe, so wird sie für diese gemäss § 13 Abs. 2 kostenpflichtig (vgl. § 99 GVG).

6 Weil das Vorliegen von Ausstandsgründen von Amtes wegen zu beachten ist (vgl. N. 5), bedarf es weder eines Ausstandsbegehrens einer Verfahrenspartei noch eines solchen Antrags von Seiten eines verfahrensbeteiligten Behördenmitglieds. Trotzdem ist es diesen während des ganzen Verfahrens unbenommen, ein Ausstandsbegehren zu stellen (vgl. § 98 GVG). Zudem ist jedes Behördenmitglied verpflichtet, gesetzliche Hindernisse für seine Mitwirkung zu beachten und selbst dann in den Ausstand zu treten, wenn keine Partei Einwände erhebt (Merkli/Aeschlimann/Herzog, Art. 9 N. 3; vgl. § 97 GVG). Allerdings darf eine Ausstandserklärung nicht unbesehen hingenommen werden,

gilt es doch zwischen der Ausstandspflicht und dem Anspruch auf einen Entscheid durch die ordentlichen, durch Rechtssatz bestimmten Verwaltungs- und Verwaltungsrechtspflegebehörden abzuwägen. Der Ausstand hat daher die *Ausnahme* zu bleiben. Er erweist sich nur als rechtmässig, wenn die Befürchtungen mangelnder Unvoreingenommenheit aufgrund der konkreten Umstände als ernsthaft und begründet erscheinen (BGE 116 Ia 31 f.; VGr. 24.2.1999, VB.98.00384; vgl. § 100 Abs. 2 GVG). Dies hat zur Folge, dass die Ausstandsgründe namhaft zu machen sind und blosse Vermutungen, welche sich auf keine Tatsachen und Belege stützen, nicht genügen (vgl. § 100 Abs. 1 GVG; Frank/Sträuli/Messmer, GVG §§ 95 f. N. 19). Anzubringen ist ein Ausstandsbegehren bei derjenigen Stelle, welcher das Behördenmitglied angehört, dessen Ausstand in Frage steht (Hauser/Hauser, § 117 N. 1; vgl. § 98 GVG). Diese hat es alsdann, sofern der Ausstand bestritten wird, der nach § 5a Abs. 2 zum Entscheid zuständigen Instanz zu überweisen (vgl. N. 20 ff.).

Der Anspruch auf Unabhängigkeit und Unbefangenheit der anordnenden Instanz ist *formeller* Natur. Dessen Verletzung kann daher grundsätzlich auch in einem Rechtsmittelverfahren nicht geheilt werden; der Anspruch auf Unvoreingenommenheit besteht deshalb bereits im erstinstanzlichen ordentlichen Verfahren (BGE 114 Ia 145; Imboden/Rhinow/Krähenmann, Nr. 90 B VI; Rhinow/Koller/Kiss, Rz. 179; vgl. demgegenüber BGE 114 Ia 156 f., in welchem Entscheid das Bundesgericht die Frage der Heilung offen liess). – Die Nichtbeachtung der Ausstandspflicht stellt in der Regel eine schwerwiegende Verletzung der Verfahrensvorschriften dar und hat deshalb ungeachtet der materiellen Interessenlage die *Kassation* des unter Mitwirkung eines ausstandspflichtigen Behördenmitglieds gefassten Entscheids zur Folge (Rhinow/Koller/Kiss, Rz. 180). Ob dabei der betreffende Hoheitsakt nichtig oder bloss anfechtbar ist, hängt in erster Linie von der Schwere der Verletzung der Ausstandspflichten ab (vgl. Gadola, S. 430). Nur bei Nichtigkeit erfolgt die Aufhebung von Amtes wegen; andernfalls bedarf es dazu der rechtzeitigen Rüge des Mangels. Nichtigkeit der Anordnung setzt einen schweren Verstoss gegen die Ausstandspflichten voraus und ist nicht leichthin anzunehmen (Imboden/Rhinow/Krähenmann, Nr. 90 B VI; Merkli/Aeschlimann/Herzog, Art. 9 N. 4). Aus verfahrensökonomischen Gründen und im Interesse der Rechtssicherheit sowie des in die fragliche Anordnung gesetzten Vertrauens können allerdings geringfügige Verstösse, von denen angenommen werden kann, sie hätten sich auf das Prozessergebnis nicht ausgewirkt, von der Rechtsmittelbehörde trotz der formellen Natur des Ausstandsanspruchs geheilt werden, sofern der entscheidenden Behörde hinsichtlich des Streitgegenstands die gleiche Prüfungsbefugnis zusteht wie der Vorinstanz (Gadola, S. 430; Merkli/Aeschlimann/Herzog, Art. 9 N. 4). Die Heilung eines solchen Verfahrensmangels ist jedoch nur mit grösster Zurückhaltung anzunehmen, weil damit eine Verkürzung des Instanzenzugs verbunden ist (Kölz/Häner, Rz. 257). Jedenfalls ist die unter Verletzung der Ausstandspflichten vorgenommene Amtshandlung zu wiederholen, sofern sie sich auf den Ent-

§ 5a

scheid hat auswirken können. – Haben die Verfahrensbeteiligten auf die Geltendmachung von Ausstandsgründen *ausdrücklich* verzichtet, tritt nach Treu und Glauben von vornherein weder Nichtigkeit noch Anfechtbarkeit ein.

2. Zu Abs. 1

2.1. Kreis der Ausstandspflichtigen

8 Laut § 5a Abs. 1 trifft die Ausstandspflicht nur *natürliche Personen*, nicht ganze Behörden (vgl. RB 1996 Nr. 3). Davon zu unterscheiden ist der Fall, dass eine gesamte Behörde bei ihrer vorgesetzten Oberbehörde ein «Ausstandsbegehren» stellt, weil von ihr derart viele Mitglieder in den Ausstand treten müssen, dass sie nicht mehr beschlussfähig ist. Diesfalls hat die übergeordnete Instanz nicht nur über Unabhängigkeit und Unbefangenheit der ersuchenden Behörde zu befinden, sondern geeignete Massnahmen zu treffen, um die Handlungs- und Entscheidfähigkeit des betreffenden Verwaltungs- und Verwaltungsrechtspflegeorgans zu wahren (vgl. N. 25).

9 Den Kreis der ausstandspflichtigen Personen fasst § 5a Abs. 1 sehr weit. Nicht nur wer selbst eine Anordnung trifft, sondern ebenso wer diese vorbereitet oder daran mitwirkt, hat in den Ausstand zu treten. Die Ausstandspflicht erfasst somit alle Personen, die auf das Zustandekommen einer Anordnung Einfluss nehmen können. Namentlich gilt dies auch für beigezogene Sachverständige und weitere am Entscheid massgeblich beteiligte Personen ohne Entscheidkompetenz (z.B. Sachbearbeiter und juristische Kanzleisekretäre; vgl. BGE 124 I 265). Hingegen gehören ausschliesslich mit ausführenden Arbeiten beschäftigte Personen nicht dazu (z.B. das administrative Kanzleipersonal). Nach dem Wortlaut von § 5a Abs. 1 sind die Ausstandsbestimmungen einzig auf behördliche Verfahren anwendbar, die auf den Erlass einer Anordnung abzielen. Sie gelten somit nicht für alle Personen, die in irgendeiner Weise amtlich tätig werden (vgl. Prot. KK 1995/96, S. 7; VGr. 27.5.1998, AB.98.00001).

2.2. Ausstandsgründe

10 Anders als §§ 95 und 96 GVG trifft das VRG keine Unterscheidung zwischen Ausstandsgründen, die von Amtes wegen zwingend zu beachten sind, und Ablehnungsgründen, deren Geltendmachung im Belieben der Beteiligten steht. Somit ist stets von Amtes wegen zu prüfen, ob Ausstandsgründe vorliegen (vgl. N. 5). Im Sinn einer *Generalklausel* nennt § 5a Abs. 1 vorab den Fall, dass eine Person in der Sache persönlich befangen erscheint, um daran anschliessend drei Ausstandskategorien hervorzuheben (vgl. § 5a Abs. 1 lit. a–c). All diesen Ausstandsgründen liegt der Gedanke zugrunde, zu verhindern, dass Umstände, die ausserhalb eines Verfahrens liegen, in sachwidriger Weise zugunsten oder zulasten einer Partei auf einen Entscheid einwirken (BGE 119 Ia 57).

2.2.1. Generalklausel

Persönliche Befangenheit ist anzunehmen, wenn Umstände vorliegen, die geeignet sind, Misstrauen in die Unparteilichkeit eines Behördenmitglieds zu erwecken. Solche Umstände können entweder in einem bestimmten *persönlichen Verhalten* oder in gewissen *funktionellen und organisatorischen Gegebenheiten* begründet sein. Wegen persönlichen Verhaltens ist ein Behördenmitglied nicht erst dann von der Mitwirkung ausgeschlossen, wenn es deswegen tatsächlich befangen ist. Es genügt das Vorliegen von Umständen, die den *Anschein der Befangenheit* zu begründen vermögen. In beiden Fällen kann bei der Beurteilung der Umstände, welche die Gefahr der Voreingenommenheit begründen, nicht auf das subjektive Empfinden einer Partei abgestellt werden; das Misstrauen in die Unvoreingenommenheit muss vielmehr in *objektiver* Weise begründet erscheinen (BGE 124 I 261, 118 Ia 286, 116 Ia 34, mit Hinweisen).

11

Im Licht der bundesgerichtlichen Rechtsprechung vermögen namentlich *Vorbefassung*, Eigeninteresse, enge Beziehungen und Interessenbindung den Anschein der Befangenheit zu erwecken. Die Vorbefassung steht dabei vielfach im Zusammenhang mit den organisatorischen und funktionellen Verhältnissen. Vorbefasst und somit ausstandspflichtig sind insbesondere Personen, die am vorinstanzlichen Verfahren mitgewirkt haben und dabei auf das Zustandekommen der Anordnung Einfluss nehmen konnten. Im Übrigen begründet jedoch der Umstand, dass ein Behördenmitglied sich bereits früher mit einer bestimmten Angelegenheit befasst hat, nicht in jedem Fall eine Ausstandspflicht. In erster Linie ist darauf abzustellen, ob es im Rahmen der Vorbefassung eine ähnliche oder qualitativ gleiche Frage geprüft hat. Dies ist solange nicht zu beanstanden, als ein Verfahren in Bezug auf den konkreten Sachverhalt und die konkret zu beurteilenden Fragen trotzdem als *offen* und *nicht vorbestimmt* erscheint (BGE 120 Ia 187, mit Hinweisen). Dabei sind der zur Verfügung stehende Entscheidungsspielraum sowie die Bedeutung des früheren und des anstehenden Entscheids im Hinblick auf den Fortgang des Verfahrens zu berücksichtigen und fällt in Betracht, welche Fragen in den betreffenden Verfahrensabschnitten zu entscheiden waren bzw. sind und wie diese miteinander zusammenhängen (BGE 116 Ia 35). In Anbetracht dessen sind die Konstellationen der Vorbefassung sehr vielfältig (vgl. BGE 114 Ia 57 f., auch zum Folgenden):

12

– Ein offener, unbestimmter Verfahrensausgang ist anzunehmen, wenn eine andere Frage oder nur ein beschränkter Teil des hängigen Verfahrens zu behandeln war. Dies gilt z.B. für die Anordnung vorsorglicher Massnahmen, den Entscheid betreffend die aufschiebende Wirkung oder die Beurteilung eines Gesuchs um unentgeltliche Prozessführung und Rechtsverbeiständung.

– Keine unstatthafte Vorbefassung liegt vor, wenn nach Aufhebung eines Entscheids der Vorinstanz und Rückweisung an diese die Neubeurteilung der Sache durch dieselben Personen erfolgt oder wenn sich die beanstan-

§ 5a

dete Mitwirkung auf ein früheres Verfahren bei der gleichen Behörde mit anderem Gegenstand oder derselben Fragestellung bezieht.

– Nicht vorbefasst ist, wer einen Sachentscheid getroffen hat und nun in dieser Angelegenheit über ein Wiedererwägungs- bzw. Revisionsbegehren oder im Fall des Widerrufs einer Anordnung über deren Rücknahme oder Anpassung befindet (vgl. VGr. 1.11.1992, RG 91/0005).

– Aufgrund der hierarchischen Gliederung der Verwaltung ist eine unzulässige Vorbefassung des einzelnen Behördenmitglieds zu verneinen, wenn als Rechtsmittelbehörde die übergeordnete, der Vorinstanz gegenüber weisungsberechtigte Verwaltungsbehörde amtet.

13 Unabhängig von einer allfälligen Vorbefassung kann sich der Anschein der Voreingenommenheit aus der Zugehörigkeit des betreffenden Behördenmitglieds zu zwei funktionell zu trennenden Behörden ergeben (Rhinow/Koller/Kiss, Rz. 162; vgl. BGE 117 Ia 164 f.). Als problematisch erweist sich dabei in erster Linie ein Funktionswechsel während eines laufenden Verfahrens, durch den das Behördenmitglied unter Umständen in der alten wie in der neuen Funktion mit derselben Angelegenheit befasst wird. Die *gleichzeitige,* den Eindruck von Voreingenommenheit erzeugende Ausübung verschiedener Funktionen fällt demgegenüber weniger ins Gewicht, da hier von vornherein zahlreiche *Unvereinbarkeitsbestimmungen* zum Tragen kommen (vgl. § 34 VRG, §§ 105–113 WahlG). Fragen um die Zulässigkeit funktioneller Doppelrollen stellen sich vor allem im Verhältnis zwischen Untersuchungs-, Haft- und erkennendem Strafrichter (vgl. die Zusammenstellung bei Rhinow/Koller/Kiss, Rz. 164 ff.).

14 Misstrauen gegen die Unvoreingenommenheit kann nach der Rechtsprechung des Bundesgerichts auch das *persönliche Verhalten* eines Behördenmitglieds erwecken. Gleich der Vorbefassung kann solches Verhalten die verschiedensten Formen und Ausprägungen aufweisen. Massgebend ist in erster Linie, ob der Verdacht der Befangenheit *objektiv begründet* erscheint (N. 11):

– Als von vornherein unzulässig erweist sich die Mitwirkung in eigener Sache oder in Angelegenheiten nahestehender Personen (vgl. § 5a Abs. 1 lit. a und b; dazu N. 16).

– Eine ausstandsbegründende Nähe zu anderen Personen ergibt sich nicht allein aus den verwandtschaftlichen Verhältnissen. Ebenso gewichtig ist die enge freundschaftliche oder die aus anderen Gründen besonders gute Beziehung; richtigerweise erfordert auch die Feindschaft zu einem der Verfahrensbeteiligten den Ausstand (vgl. RB 1979 Nr. 1).

– Den Eindruck der Voreingenommenheit erweckt, wer die Angelegenheit ausserhalb des Verfahrens mit einer Partei besprochen oder gar Rat erteilt hat.

– Als befangen gilt auch, wer als Behördenmitglied im Rahmen eines Verfahrens einer Partei in einer das rechtliche Gehör der Gegenpartei verlet-

– zenden Weise Ratschläge für ein ihr vorteilhaftes weiteres Vorgehen erteilt hat (RB 1996 Nr. 3).
– Der Vorwurf der Befangenheit trifft denjenigen nicht, der in einer behördlichen oder gerichtlichen Vergleichsverhandlung die Erfolgsaussichten erörtert (vgl. BGE 114 Ia 162), in einem anderen Verfahren zuungunsten einer beteiligten Partei entschieden hat (BGE 114 Ia 279; RB 1990 Nr. 19) oder zu der anhängigen Fragestellung in der Literatur bzw. in einem anderen Verfahren eine bestimmte Meinung vertreten hat.
– Sind einem Behördenmitglied in einem Verfahren prozessuale Fehler oder ein Fehlentscheid in der Sache zur Last zu legen, lässt dies nur auf Befangenheit schliessen, wenn es sich dabei um wiederholte, krasse Irrtümer handelt, die zugleich als schwere Amtspflichtverletzung zu qualifizieren sind (BGE 116 Ia 138; RB 1996 Nr. 3).
– Die politische oder weltanschauliche Grundhaltung eines Behördenmitglieds oder dessen blosse Mitgliedschaft in einer politischen oder weltanschaulichen Vereinigung zwingt dieses nicht in den Ausstand, selbst wenn die betreffende Organisation Verfahrenspartei ist (Merkli/Aeschlimann/Herzog, Art. 9 N. 17; Rhinow/Koller/Kiss, Rz. 158). Anders ist zu entscheiden, wenn ein Behördenmitglied durch seine Äusserungen den Eindruck erweckt, sich im Voraus eine feste Meinung über das Verhandlungsergebnis gebildet zu haben (BGE 115 Ia 181, mit Hinweisen; Rhinow/Koller/Kiss, Rz. 159).

2.2.2. Vom Gesetz hervorgehobene Ausstandstatbestände

Die in § 5a Abs. 1 lit. a–c genannten Ausstandsgründe betreffen ausnahmslos die *persönlichen Verhältnisse* von Behördenmitgliedern und deren *Beziehungsnähe* zu den Verfahrensbeteiligten. Sie verdeutlichen lediglich die Tragweite der Generalklausel und besitzen dieser gegenüber grundsätzlich keine eigenständige Bedeutung. Davon auszunehmen ist einzig die Festlegung des ausstandsbegründenden Verwandtschaftsgrads (§ 5a Abs. 1 lit. b; dazu N. 17).

Dass jemand, der in der anhängigen Sache ein *persönliches Interesse* hat (§ 5a Abs. 1 lit. a), nicht neutral und unbefangen ist, versteht sich von selbst. Zu den persönlichen Interessen im Sinn des Gesetzes gehören dabei alle Interessen rechtlicher oder tatsächlicher Natur, welche ein Behördenmitglied direkt oder mittelbar betreffen können. Namentlich zählt dazu der Entscheid in eigener Sache, einschliesslich der Beurteilung des eigenen Ausstands. Bei mittelbarer Betroffenheit bedarf es zudem einer gewissen Beziehungsnähe, indem die *persönliche Interessensphäre* spürbar tangiert sein muss (Merkli/Aeschlimann/Herzog, Art. 9 N. 10). Auch muss es sich um ein besonderes Interesse einer einzelnen Person handeln und reicht es zur Schaffung eines Ausstandsgrunds nicht, wenn jedermann oder eine Vielzahl von Personen in gleicher Weise betroffen ist wie das Behördenmitglied, dessen Ausstand in Frage steht. Die Annahme eines persön-

§ 5a

lichen, den Ausstand erheischenden Interesses am Verfahrensausgang rechtfertigt sich etwa bei eigener Verfahrensbeteiligung, bei Mitwirkung als Organ einer verfahrensbeteiligten juristischen Person, bei Mitberechtigung oder Mitverpflichtung am streitigen Anspruch oder bei Erbberechtigung.

17 § 5a Abs. 1 lit. b zählt bestimmte *Verwandtschaftsverhältnisse* auf, die unabhängig von den tatsächlichen Gegebenheiten *in jedem Fall* eine Ausstandspflicht begründen. Damit wird dem Umstand Rechnung getragen, dass das Beziehungsgeflecht zwischen Angehörigen und nahen Verwandten aufgrund von Abhängigkeiten, Rücksichtnahmen und Einflussmöglichkeiten für Aussenstehende kaum überschaubar und noch weniger überprüfbar ist (Merkli/Aeschlimann/ Herzog, Art. 9 N. 12). Ehe, Verlobung und Kindesannahme, d.h. Adoption, zwingen daher das betreffende Behördenmitglied in den Ausstand. Im Übrigen zeitigen Verwandtschaft und Schwägerschaft bis zum dritten Grad in gerader Linie oder in der Seitenlinie zwingend Ausstandsfolgen (vgl. zur Interpretation der Verwandtschaftsgrade eingehend Hauser/Hauser, § 112 N. 11). Darin, dass er diese Abgrenzung vornimmt, liegt die eigentliche Bedeutung von § 5a Abs. 1 lit. b.

18 Die Pflicht, in den Ausstand zu treten, erfasst auch denjenigen, der *Vertreter einer Partei* ist oder für eine Partei in der gleichen, nunmehr anhängigen Sache tätig war (§ 5a Abs. 1 lit. c). Im Unterschied zu lit. a stehen hier nicht in erster Linie persönliche Interessen auf dem Spiel, sondern geht es vorab um die Wahrung von Parteiinteressen. Die Rechtsnatur des Vertretungsverhältnisses ist dabei unerheblich; es kann sich somit um eine gesetzliche, vertragliche oder statutarische Vertretung handeln. Nicht jedes Vertretungsverhältnis begründet aber ein Mass an Voreingenommenheit, das den Ausstand des betreffenden Behördenmitglieds als zwingend erscheinen lässt. Nicht befangen ist deshalb derjenige, der als Parteivertreter in einer anderen Sache ein einzelnes, inzwischen abgeschlossenes Mandat betreut hat (vgl. VGr. 27.9.1996, RG.96.00003; 28.8.1989, RG 89/0006). Besteht hingegen ein noch laufendes Mandat oder eine Art Dauerbeziehung, so ist der Anschein der Befangenheit zu bejahen, selbst wenn die in Frage stehende Vertretung eine andere Angelegenheit betrifft (BGr. 15.5.1992, ZBl 94/1993, S. 86, mit Hinweisen; BGE 116 Ia 489 f.).

3. Zu Abs. 2

3.1. Zuständige Instanz

19 Tritt ein Behördenmitglied von sich aus in den Ausstand, ohne dass dagegen Einwände erhoben werden, oder wird einem Ausstandsbegehren ohne weiteres entsprochen, bedarf es mangels Beschwer der Verfahrensbeteiligten keines formellen Entscheids in dieser Frage, sondern ist lediglich der Spruchkörper so zu ergänzen, dass er wieder gehörig besetzt und entscheidfähig ist. Ist der Ausstand

dagegen streitig, weil ein Ausstandsbegehren bestritten wird oder die zuständige Behörde diesem nicht stattgeben will, hat die gemäss § 5a Abs. 2 kompetente Behörde darüber zu befinden (dazu N. 20 ff.).

Für den Fall, dass der Ausstand *streitig* ist, erklärt § 5a Abs. 2 die Aufsichtsbehörde oder jene Kollegialbehörde als entscheidberufen, gegen deren Mitglied sich ein Ausstandsbegehren richtet. Diese Regelung der Entscheidzuständigkeit entspricht weitgehend derjenigen in § 101 Abs. 1 GVG für das Zivil- und Strafverfahren und wurde im Rahmen der Revision vom 8.6.1997 offensichtlich unbesehen in das VRG übernommen (vgl. Prot. KK 1995/96, S. 6 ff.; Prot. KR 1995–1999, S. 6425). Dabei wurde aber übersehen, dass im Zivil- und Strafverfahren die Aufsichtsbehörden fast immer zugleich Rechtsmittelinstanz gegen Entscheidungen der ihnen aufsichtsrechtlich unterstellten Behörden sind. Demgegenüber hat die mit der Revision vom 8.6.1997 erfolgte Straffung des Rechtswegs in der Verwaltungsrechtspflege, d.h. die grundsätzliche Beschränkung auf zwei Rechtsmittelinstanzen (vgl. §§ 19a–19c), zur Folge, dass in der gleichen Angelegenheit die Aufsichtsbefugnis und der Rechtsmittelentscheid verschiedenen Behörden zukommen. Um eine unerwünschte *Gabelung des Rechtswegs* zu vermeiden, ist im Rahmen von § 5a Abs. 2 daher zusätzlich zu unterscheiden, ob ein streitiges Ausstandsbegehren gestellt wird, bevor oder nachdem eine behördliche Anordnung ergangen ist. 20

Zwar besteht ein Anspruch auf Bekanntgabe der personellen Zusammensetzung der anordnenden Behörde (vgl. N. 4). Weil sowohl das nichtstreitige als auch das streitige Verwaltungsverfahren überwiegend von Schriftlichkeit geprägt sind, erlangen die Verfahrensparteien von Verstössen gegen die Ausstandsbestimmungen jedoch vielfach erst Kenntnis, nachdem die Behörde eine Anordnung getroffen hat. Da die Missachtung dieser Verfahrensvorschriften einen wesentlichen *Verfahrensmangel* darstellt (vgl. N. 7), ist es zulässig, diese als *Rechtsverletzung* mit Rekurs (§ 20 Abs. 1 und § 78) bzw. mit Beschwerde (§ 50 Abs. 2 lit. d und § 75 lit. a) bei der in der Sache zuständigen *Rechtsmittelinstanz* zu rügen (RB 1996 Nr. 18; RB 1982 Nr. 10 = BEZ 1982 Nr. 41; vgl. dagegen Kom. 1. A., § 48 N. 7). Mithin übernimmt bei dieser Sachlage die *Rechtsmittelinstanz* die Funktion der Aufsichtsbehörde im Sinn von § 5a Abs. 2, da sich nur auf diese Weise eine Gabelung des Rechtswegs vermeiden und sicherstellen lässt, dass alle Verfahrensmängel von derselben Rechtsmittelbehörde beurteilt werden. 21

Demgegenüber richtet sich die Entscheidzuständigkeit nach dem *Gesetzeswortlaut* von § 5a Abs. 2, wenn der Ausstand eines Behördenmitglieds *streitig* ist, das Verfahren bei der betreffenden Behörde weiterhin *anhängig* ist und diese noch *keine* Anordnung – weder in der Sache noch bezüglich des streitigen Ausstands – getroffen hat. 22

§ 5a

23 Sind Verwaltungs- und Verwaltungsrechtspflegebehörden *nicht* als Kollegium konstituiert, sondern werden deren Anordnungen von einer einzelnen Person getroffen (z.B. Statthalterämter, Direktionen des Regierungsrats), befindet demnach die Aufsichtsbehörde über den Ausstand (§ 5a Abs. 2). Diesbezüglich keine Entscheidbefugnis besitzt der gesetzlich vorgesehene Stellvertreter des Behördenmitglieds, dessen Ausstand in Frage steht.

24 Ist ein Verfahren bei einer *Kollegialbehörde* anhängig und ist der Ausstand eines ihrer Mitglieder streitig, hat diese unter Ausschluss das betreffenden Mitglieds über den Ausstand zu entscheiden (§ 5a Abs. 2). Die Kollegialbehörde ist aber auch zuständig, wenn eines ihrer Mitglieder in einzelrichterlicher Funktion oder als Referent amtet. Dies bedeutet nicht, dass – soweit vorhanden – in jedem Fall das Plenum der betreffenden Kollegialbehörde über den Ausstand zu befinden hätte. Ist diese in Abteilungen oder Kammern gegliedert, die ihrerseits als Kollegium konstituiert sind, sind diese und nicht das Plenum – allenfalls unter Beizug von Ersatzleuten zur gehörigen Besetzung – entscheidbefugt (vgl. Merkli/Aeschlimann/Herzog, Art. 9 N. 24). Infolgedessen hat über den Ausstand eines Referenten oder eines Einzelrichters am Verwaltungsgericht diejenige Kammer bzw. Abteilung des Gerichts zu befinden, welcher dieser als Referent bzw. Einzelrichter angehört (§ 21 GeschV VGr). Wird das Ausstandsbegehren lediglich damit begründet, dass das betreffende Behörden- oder Gerichtsmitglied in einer früheren Angelegenheit gegen den nun mehr Rechtsmittelführenden entschieden hat, liegt nicht nur kein Ausstandsgrund vor, sondern fehlt es an einem gültigen Ausstandsbegehren (vgl. RB 1990 Nr. 19 sowie N. 12); dieses ist deshalb unter erlaubter Mitwirkung des Abgelehnten durch einen Nichteintretensbeschluss zu erledigen (BGE 114 Ia 279, 105 Ib 303 f.; VGr. 6.3.1992, VB 92/0009; 23.10.1991, VB 91/0065).

25 Da Kollegialbehörden vielfach mehr Mitglieder (bzw. Ersatzmitglieder) aufweisen, als zur Entscheidfällung nötig sind, ist deren Beschlussfähigkeit kaum je gefährdet (vgl. BGE 122 II 476). Ist dies ausnahmsweise trotzdem der Fall und eine gehörige Besetzung nicht mehr möglich, so beurteilt in erster Linie das Plenum der betreffenden Kollegialbehörde die Ausstandsfrage. Fehlt ein solches oder befindet es sich selbst im Ausstand, ist der Entscheid von der Ober- bzw. *Aufsichtsbehörde* zu treffen. Diese ergibt sich entweder aus dem Gesetz oder aus der hierarchischen Gliederung der Verwaltung: So unterstehen die Gemeinderäte der Aufsicht durch den Bezirksrat (§ 141 Abs. 1 GemeindeG), die Bezirksräte jener des Regierungsrats (§ 8 BezverwG i.V.m. Art. 40 Ziff 4 KV) und die Schätzungskommissionen derjenigen des Verwaltungsgerichts (§ 35 AbtrG). Im Unterschied dazu ist der Regierungsrat als oberste kantonale Instanz der verwaltungsinternen Verwaltungsjustiz keiner eigentlichen Aufsichtsbehörde unterstellt, sondern lediglich dem Kantonsrat gegenüber rechenschaftspflichtig (vgl. Art. 31 Ziff. 4 Abs. 1 KV sowie § 19 OGRR). Treten mehr als vier Regierungsmitglieder in den Ausstand oder sind mehr als vier Mitglieder

§ 5a

von einem Ausstandsbegehren betroffen und ist der Regierungsrat daher nicht mehr beschlussfähig (§ 40 OGRR), ist die Ausstandsfrage dem Kantonsrat zum Entscheid vorzulegen (§ 44 Abs. 1 KantonsratsG; vgl. Prot. KR 1963–1967, S. 3438 ff.). Dies gilt gleichermassen für den Fall, dass sich das Verwaltungsgericht zum Entscheid über den Ausstand nicht mehr gehörig besetzen lässt, und entspricht der für das Obergericht und das Kassationsgericht – den beiden obersten kantonalen Rechtspflegeinstanzen in Zivil- und Strafsachen – vorgesehenen Ordnung (vgl. § 101 Abs. 2 Satz 2 GVG; Vorbem. zu §§ 32–40 N. 8).

Richtet sich das Ausstandsbegehren gegen eine am Entscheid beteiligte Person, der zwar keine Entscheidkompetenz zukommt, die aber in ihrer Funktion Teil der gehörig besetzten Behörde bildet (z.B. Protokollführer, juristische Gerichtssekretäre), ist ebenfalls gemäss der vorstehend beschriebenen Zuständigkeitsregelung zu verfahren (vgl. N. 19–25). Bei anderen massgeblich entscheidbeteiligten Personen ohne eigene Entscheidungsbefugnisse (z.B. juristische und nicht juristische Sachbearbeiter) erscheint es dagegen sachgerecht und verfahrensökonomisch, deren Vorgesetzte als Aufsichtsbehörde im Sinn von § 5a Abs. 2 über den streitigen Ausstand befinden zu lassen (vgl. Merkli/Aeschlimann/Herzog, Art. 9 N. 25). 26

Zum Weiterzug des (Zwischen-)Entscheids über den Ausstand vgl. N. 30 f. 27

Lässt sich eine Behörde zufolge Ausstands weder mit Stellvertretern noch durch den Zuzug von Ersatzleuten gehörig besetzen, ist sie mithin als Gesamtbehörde beschlussunfähig, hat diejenige Instanz, welche über den Ausstand befindet, die Entscheidung in der Sache selbst einer anderen kantonalen Instanz gleicher Stufe und Funktion zuzuweisen oder, wo dies nicht möglich ist, eine ausserordentliche Stellvertretung zu bezeichnen (vgl. § 103 GVG). Insoweit kann von den Vorschriften über die sachliche, örtliche und funktionelle Zuständigkeit abgewichen werden (vgl. § 5 N. 5 ff., 13 ff., 20 ff.). 28

3.2. Rechtsnatur des Ausstandsentscheids

Aus verfahrensökonomischen Gründen ist es angebracht, in einem hängigen Verfahren über den Ausstand eines Behördenmitglieds möglichst vorab und nicht erst zusammen mit dem Entscheid in der Sache zu befinden (Gadola, S. 429). Ein solches Vorgehen trägt zugleich der Obliegenheit der Verfahrensbeteiligten Rechnung, Ausstandsgründe zu rügen, sobald sie von diesen Kenntnis erlangt haben. Andernfalls läuft die anordnende Behörde Gefahr, dass ihr Sachentscheid in einem anschliessenden Rechtsmittelverfahren wegen der Verletzung von Ausstandsvorschriften als Ganzes aufgehoben wird (vgl. N. 7). 29

Fällt die entscheidberufene Behörde demzufolge einen gesonderten Entscheid über den Ausstand, trifft sie eine verfahrensleitende Anordnung in der Form eines Zwischenentscheids (vgl. Gadola, S. 429; Kölz/Häner, Rz. 256; Merkli/ 30

Aeschlimann/Herzog, Art. 9 N. 21). Dieser ist selbständig anfechtbar, sofern er für den Betroffenen einen Nachteil zur Folge hat, der sich später voraussichtlich nicht mehr beheben lässt (§ 19 Abs. 2 und § 48 Abs. 2; vgl. Art. 45 Abs. 2 lit. b VwVG). Diese Voraussetzung ist bei der Abweisung eines Ausstandsbegehrens in der Regel erfüllt (RB 1996 Nr. 18; vgl. auch § 19 N. 49). Besteht aber die Möglichkeit, bereits den Zwischenentscheid über ein Ausstandsbegehren anzufechten, hat dies grundsätzlich zur Folge, dass die Ausstandsfrage nicht mehr zum Gegenstand eines sich an den Sachentscheid anschliessenden Rechtsmittelverfahrens gemacht werden kann (zur Ausnahme bei nachträglicher Kenntnisnahme eines Ausstandsgrunds vgl. N. 21).

31 Die Ausstandsvorschriften zählen zu den wesentlichen Verfahrensbestimmungen, deren Verletzung einen Rechtsmangel im Sinn von § 20 Abs. 1 und § 50 Abs. 2 lit. d darstellt (vgl. N. 21). Infolgedessen kann dieser Mangel als Rechtsverletzung mit Rekurs oder Beschwerde gerügt werden; ein solches Vorbringen eines Verfahrensbeteiligten ist mithin nicht als formlose Aufsichtsbeschwerde zu behandeln, obschon gemäss § 5a Abs. 2 in Ausstandsfragen in erster Linie die Aufsichtsbehörde entscheidberufen ist (vgl. RB 1996 Nr. 18). Ein den Ausstand betreffender Zwischenentscheid ist daher an die nächsthöhere Rechtsmittelinstanz weiterziehbar, sofern diese auch in der Sache selbst zuständig ist. Auf diese Weise wird zum einen berechtigten Rechtsschutzinteressen der Verfahrensbeteiligten Rechnung getragen. Zum andern rechtfertigt sich diese Verfahrensordnung namentlich im Hinblick darauf, dass erst nachträglich zur Kenntnis eines Verfahrensbeteiligten gelangte Verstösse gegen die Ausstandsregeln ebenfalls in einem sich anschliessenden Rekurs- oder Beschwerdeverfahren geltend gemacht werden können. In Anbetracht dessen bestehen keine sachlichen Gründe dafür, die Parteien verfahrensmässig schlechter zu stellen, wenn über den Ausstand vorab durch Zwischenentscheid befunden wurde.

II. Vorsorgliche Massnahmen

§ 6. Die Verwaltungsbehörde trifft die nötigen vorsorglichen Massnahmen. Bei Kollegialbehörden ist in dringlichen Fällen der Vorsitzende hiezu ermächtigt.

Materialien
Weisung 1957, S. 1032 ff.; Prot. KK 3.12.1957, 9.9.1958; Prot. KR 1955–1959, S. 3268; Beleuchtender Bericht 1959, S. 398.

Literatur
BIRCHMEIER, S. 400 ff,; GADOLA, S. 376 ff.; DERSELBE, Die unbegründete Drittbeschwerde im öffentlichrechtlichen Bauprozess – Korrektiv zum Schutz des Baubewilligungspetenten, ZBl 95/1994, S. 97 ff.; GYGI FRITZ, Aufschiebende Wirkung und vorsorgliche Massnahmen in der Verwaltungsrechtspflege, ZBl 77/1976, S. 1 ff.; DERSELBE, S. 240 ff.; HÄNER ISABELLE, Die vorsorglichen Massnahmen im Verwaltungsverfahren und Verwaltungsprozess, ZSR 116/1997 II, S. 253 ff.; KÖLZ/HÄNER, Rz. 329 ff., 646 ff., 964 ff.; KUHN HANS RUDOLF, Der vorläufige Rechtsschutz im verwaltungsgerichtlichen Beschwerdeverfahren,

Liestal 1981; MERKER, § 44 Rz. 32 ff.; MERKLI/AESCHLIMANN/HERZOG, Art. 27 ff.; RHINOW/ KOLLER/KISS, Rz. 1089 ff., 1330 ff.; SCHAUB CHRISTOPH, Der vorläufige Rechtsschutz im Anwendungsbereich des Umweltschutzgesetzes, Zürich 1990; STEINMANN GEROLD, Vorläufiger Rechtsschutz im Verwaltungsbeschwerdeverfahren und im Verwaltungsgerichtsverfahren, ZBl 94/1993, S. 141 ff.; WIESELER WILLI, Der vorläufige Rechtsschutz gegen Verwaltungsakte, Bern 1967; ZIMMERLI/KÄLIN/KIENER, S. 137 ff.; ZOLLIKOFER GEROLD, Aufschiebende Wirkung und vorsorgliche Massnahmen im Verwaltungsrechtspflegeverfahren des Bundes und des Kantons Aargau, Zürich 1981.

Übersicht	Note
1. Allgemeines	1
2. Zulässigkeit	9
3. Arten und Inhalt	13
4. Verfahrensrechtliche Fragen	18
4.1. Antragsberechtigung	18
4.2. Zuständigkeit	19
4.3. Rechtliches Gehör	23
4.4. Form, Eröffnung und Begründung	24
4.5. Rechtsbeständigkeit	28
4.6. Vorsorgliche Massnahmen im Rechtsmittelverfahren	35
5. Verantwortlichkeit	39

1. Allgemeines

Vorsorgliche Massnahmen sind Anordnungen in Verfügungsform, die im Hinblick auf ein einzuleitendes Hauptverfahren oder während der Dauer desselben erlassen werden. Sie gelten nur vorläufig und ihre Regelungswirkung tritt nur vorübergehend ein. Mit Erlass oder Rechtskraft der Entscheidung in der Hauptsache fallen sie dahin. Sie ergehen in der Regel aufgrund einer *summarischen Prüfung* der Sach- und Rechtslage; weder Sachverhalt noch Rechtsfragen werden in diesem Rahmen endgültig geklärt. Es handelt sich bei den vorsorglichen Massnahmen somit um eine *Übergangslösung* bis zur rechtskräftigen Endentscheidung (Häner, a.a.O., Rz. 1 f.; Merker, § 44 Rz. 34). 1

Vorsorgliche Massnahmen finden ihre *gesetzliche Grundlage* sowohl für das nichtstreitige Verwaltungsverfahren als auch für das verwaltungsinterne und -externe Rekursverfahren sowie für die Verfahren vor Verwaltungsgericht in § 6 (i.V.m. §§ 4, 70, 80c und 86). Die Zulässigkeit vorsorglicher Massnahmen ergibt sich aber nicht allein aus dem kantonalen Verfahrensrecht. Diese finden ihre Grundlage zugleich in der *materiellrechtlichen* Norm, deren Durchsetzung vorläufig gesichert werden soll (Häner, a.a.O., Rz. 73; Kölz/Häner, Rz. 333; Rhinow/ Koller/Kiss, Rz. 1090; Schaub, a.a.O., S. 45; BGE 116 Ia 180). Insbesondere sind die Kantone unabhängig von der Ausgestaltung ihres eigenen Verfahrensrechts von Bundesrechts wegen verpflichtet, vorsorgliche Massnahmen zu treffen, wenn die Verwirklichung des Bundesverwaltungsrechts vom Erlass einer solchen Anordnung abhängt (Kölz/Kottusch, S. 449). Ein Widerspruch zwi- 2

§ 6

schen dem kantonalen Verfahrensrecht und dem materiellen (Bundes-)Recht lässt sich dabei weitgehend ausschliessen, weil § 6 in offener Formulierung den Behörden die Befugnis einräumt, alle «nötigen» Massnahmen zu ergreifen (vgl. Häner, a.a.O., Rz. 83). Soweit die aufschiebende Wirkung eines Rechtsmittels (vgl. §§ 25 und 55) zu den vorsorglichen Massnahmen gezählt wird (dazu N. 3; vgl. Art. 55 und 56 VwVG; BGE 117 V 189 f.), haben letzte kantonale Instanzen, die gestützt auf Bundesverwaltungsrecht nicht endgültig verfügen, zudem Art. 55 Abs. 2 und 4 VwVG zu beachten (Art. 1 Abs. 3 VwVG).

3 Zu unterscheiden ist, ob vorsorgliche Massnahmen im Zusammenhang mit einem nichtstreitigen Verwaltungsverfahren oder einem Verwaltungsprozess ergehen. Denn vor Erlass einer erstinstanzlichen Anordnung kann dieser keine aufschiebende Wirkung verliehen werden, während im Rechtsmittelverfahren neben vorsorglichen Massnahmen auch die *aufschiebende Wirkung* als Handlungsinstrument in Betracht fällt (Häner, a.a.O., Rz. 2). Letztere beschlägt bei Rekurs und Beschwerde die Vollstreckbarkeit einer Anordnung (§§ 25 Abs. 1 und 55 Abs. 1) und dient der Erhaltung des rechtlichen und tatsächlichen Zustands vor Erlass der erstinstanzlichen Anordnung, bis über das Rechtsmittel entschieden ist. Demgegenüber geht es bei einer vorsorglichen Massnahme gestützt auf § 6 um die Anordnung einer bestimmten (positiven oder negativen) Massnahme im Sinn eines Gebots oder Verbots für die Dauer des Verfahrens vor der anordnenden Behörde oder der Rechtsmittelinstanz (RB 1994 Nr. 1). Allerdings kann der aufschiebenden Wirkung auch die Bedeutung einer vorsorglichen Massnahme zukommen (vgl. die Randtitel zu Art. 55 und 56 VwVG). Wie diese hält sie ein Rechtsverhältnis in der Schwebe, sodass sie unter Umständen als vorsorgliche Massnahme beantragt und angeordnet werden kann. Dies ist namentlich der Fall, wenn der Suspensiveffekt spezialgesetzlich wegbedungen wird (Merkli/Aeschlimann/Herzog, Art. 27 N. 7; vgl. § 339 Abs. 1 PBG, wonach Rechtsmittel gegen eine baurechtliche Bewilligung den Baubeginn oder Baufortgang nur soweit hindern, als der Ausgang des Verfahrens die Bauausführung beeinflussen kann). Zwischen aufschiebender Wirkung und (anderen) vorsorglichen Massnahmen besteht somit ein enger Zusammenhang; ihre Unterscheidung im Einzelfall fällt nicht immer leicht (BGE 117 V 189; VGr. 18.12.1997, VB.97.00513+514; vgl. Steinmann, a.a.O., S. 144 f.).

4 Bisweilen bereitet es Mühe, vorsorgliche Massnahmen von ähnlichen Rechtsinstituten abzugrenzen. So bezweckt der *vorbeugende Rechtsschutz,* d.h. der gesetzlich vorgesehene Unterlassungsanspruch des Einzelnen gegenüber den Behörden, gleich den vorsorglichen Massnahmen die Abwehr einer bevorstehenden Rechtsbeeinträchtigung. Er stellt allerdings nicht nur eine Übergangslösung dar, sondern führt eine endgültige Regelung herbei (Häner, a.a.O., Rz. 16). Dasselbe gilt auch für *verwaltungsrechtliche Sanktionen,* die der Vollstreckung einer bereits ergangenen Anordnung dienen. Insbesondere die antizipierte Ersatzvornahme zielt nicht nur auf eine Zwischenlösung, sondern es werden in drin-

genden Fällen Verfügung und Vollzugsanordnung in einem Akt vereinigt (Häner, a.a.O., Rz. 19; Schaub, a.a.O., S. 20). Die *Gefahren- oder Risikovorsorge,* die der Vorbeugung oder besseren Abwehr einer künftigen Gefahr dient und für den Bereich des Umweltschutzes durch das in Art. 1 Abs. 2 USG geregelte Vorsorgeprinzip besonders hervorgehoben wird, unterscheidet sich von vorsorglichen Massnahmen dadurch, dass sie nicht in erster Linie im Hinblick auf eine noch zu erlassende Endverfügung angeordnet wird, sondern diese vielmehr überflüssig machen soll. Dies schliesst aber vorsorgliche Massnahmen auf dem Gebiet der Gefahrenvorsorge nicht von vornherein aus (Häner, a.a.O., Rz. 21). Anders als Anordnungen gestützt auf die *Polizeigeneralklausel* bedürfen vorsorgliche Massnahmen immer der Grundlage in einem Gesetz und dienen lediglich als Übergangslösung im Hinblick auf eine weitere Anordnung. Ist es jedoch ihre Aufgabe, selber eine schwere Gefahrenlage für die Polizeigüter zu verhindern, treten sie an die Stelle der aufgrund der Polizeigeneralklausel erlassenen Anordnungen (Häner, a.a.O., Rz. 24).

Zweck der vorsorglichen Massnahmen ist es, einen umfassenden und effektiven Rechtsschutz zu gewährleisten. Sie sind das Mittel, um die Wirksamkeit des nachfolgend zu erlassenden Entscheids in der Hauptsache sicherzustellen, indem sie die Schaffung vollendeter Tatsachen verhindern und so die angestrebte tatsächliche Überprüfung von Rechtsverhältnissen sichern. Denn der Rechtsschutz soll nicht nur unter Inkaufnahme erheblicher Nachteile zu erlangen sein oder gar illusorisch werden (RB 1998 Nr. 37; Häner, a.a.O., Rz. 40; Kölz/Häner, Rz. 330; Merkli/Aeschlimann/Herzog, Art. 27 N. 1; Rhinow/Koller/Kiss, Rz. 1089, 1332).

Vorsorgliche Massnahmen tragen dem Umstand Rechnung, das die tatsächlichen Ermittlungen, die einer Anordnung vorausgehen müssen, bisweilen geraume Zeit in Anspruch nehmen, während das öffentliche Interesse und das Interesse privater Dritter oft ein sofortiges Eingreifen der zuständigen Behörde erheischen. Es erscheint deshalb als sachgerecht, dass dieser für die Dauer der Vorbereitung einer anfechtbaren Anordnung die Kompetenz zusteht, im Sinn eines einstweiligen Rechtsschutzes vorsorgliche Massnahmen zu treffen. Einen weiteren Grund für ein sofortiges Eingreifen bildet die *vorläufige Sicherung des Streitgegenstands* (etwa die Verhinderung eines Hausabbruchs, einer Waldrodung usw.). Besonders wichtig ist die Möglichkeit zur Anordnung vorsorglicher Massnahmen dort, wo für eine bestimmte Tätigkeit Privater zwar öffentlichrechtliche Vorschriften bestehen, es aber an einer formellen Bewilligungspflicht fehlt (vor allem im Immissionsrecht). Auch die Sicherstellung der Vollstreckung kann Anlass zu einer vorsorglichen Massnahme geben (vgl. Gygi, a.a.O., S. 9 f.; dazu auch N. 4). Ferner kann das Vertrauen eines Privaten auf das Andauern eines während längerer Zeit unangefochtenen faktischen Zustands eine vorsorgliche Massnahme rechtfertigen. Das Andauern des Zustands darf aber nicht gegen öffentliche Interessen verstossen, weshalb die beteiligten Interessen gegen-

§ 6

einander abzuwägen sind (RB 1976 Nr. 1). Von besonderer Bedeutung sind vorsorgliche Massnahmen sodann im Zusammenhang mit *ablehnenden (negativen) Verfügungen*. Diese umfassen Anordnungen, mit denen die zuständige Behörde einem Begehren nicht entspricht bzw. eine Bewilligung verweigert. Weil die aufschiebende Wirkung im Rahmen eines Rekurses oder einer Beschwerde (vgl. §§ 25 Abs. 1 und 55 Abs. 1) gegen eine solche Verfügung nicht zur Folge hat, dass die streitige Bewilligung für die Dauer des Rechtsmittelverfahrens erteilt wird, können dem Gesuchsteller nur vorsorgliche Massnahmen im Sinn von § 6 helfen (RB 1983 Nr. 1; vgl. Gygi, S. 243).

7 Da Rekurs und Beschwerde grundsätzlich aufschiebende Wirkung zukommt (vgl. §§ 25 Abs. 1 und 55 Abs. 1), liegt das Hauptgewicht der vorsorglichen Massnahmen beim nichtstreitigen Verwaltungsverfahren, also beim Verfahren, das dem Erlass einer Anordnung bzw. Verfügung vorausgeht, sowie bei Rechtsmittelverfahren über negative Verfügungen.

8 Vorsorgliche Massnahmen sind bei der Eingriffsverwaltung nicht häufig, weil meistens von der zuständigen Behörde rasch materiell verfügt wird und diese es in der Hand hat, einem allfälligen Rekurs oder einer Beschwerde die aufschiebende Wirkung zu entziehen (§§ 25 Abs. 2 und 55 Abs. 2). Der Entzug der aufschiebenden Wirkung durch die verfügende Behörde erfüllt bei der Eingriffsverwaltung in der Regel den Zweck der Wahrung des öffentlichen Interesses und der Sicherung des Streitgegenstands sowie des Vollzugs. Im Unterschied dazu ist bei der Leistungs- und Lenkungsverwaltung die Anordnung vorsorglicher Massnahmen oft notwendig.

2. Zulässigkeit

9 Die Anordnung vorsorglicher Massnahmen bedarf des Vorliegens besonderer Gründe (RB 1998 Nr. 37, 1983 Nr. 1; VGr. 18.12.1997, VB.97.00513+514). Vorsorgliche Massnahmen sind dem Gebot effektiver Rechtsschutzgewährung entsprechend stets dann zulässig, wenn überwiegende öffentliche oder private Interessen zu wahren sind und der definitive materielle Entscheid aus verfahrensmässigen Gründen nicht sogleich getroffen werden kann (Gadola, S. 378; Kölz/Häner, Rz. 335). Dabei können sich nicht nur öffentliche und private Interessen, sondern namentlich im Rahmen einer Beschwerde von Dritten auch private Interessen gegenüberstehen (Steinmann, a.a.O., S. 150). Zwischen diesen Interessen hat die zum Massnahmeentscheid berufene Behörde abzuwägen. Vorsorgliche Massnahmen erweisen sich nur als zulässig, wenn sie im Einklang mit dem übergeordneten Recht stehen und die Rechtsgleichheit wahren sowie den Grundsatz von Treu und Glauben beachten (Häner, a.a.O., Rz. 89). Zudem ist *kumulativ* erforderlich, dass eine vorsorgliche Massnahme im Einzelnen notwendig sowie verhältnismässig ist und die zu erlassende Verfügung nicht

präjudiziert oder gar verunmöglicht (Kölz/Häner, Rz. 335; Rhinow/Koller/Kiss, Rz. 1091).

Als *notwendig* erweist sich eine Massnahme, wenn ein *schwerer, wahrscheinlich eintretender Nachteil* droht. Ein solcher liegt vor, sobald Zustände geschaffen werden, die sich nicht mehr oder nicht mehr leicht im Sinn der Endentscheidung ändern lassen und die dementsprechend die Wirksamkeit dieses Entscheids vereiteln; als Massstab kann die Wahrscheinlichkeit dienen, dass die Entscheidung infolge Wegfalls des Anfechtungsgegenstands oder des Rechtsschutzinteresses gegenstandslos wird (Häner, a.a.O., Rz. 103). Insoweit bedarf es eines nicht leicht wiedergutzumachenden Nachteils, um die Anordnung vorsorglicher Massnahmen zu rechtfertigen (vgl. § 110 Abs. 1 ZPO). Notwendigkeit setzt zugleich voraus, dass *unverzügliche* Vorkehrungen nötig sind, um die betroffenen Interessen zu wahren. Zeitliche Dringlichkeit ist zu bejahen, wenn mit der Massnahme nicht zugewartet werden kann, bis das Verfahren durchlaufen ist, weil eine überwiegende Wahrscheinlichkeit besteht, dass sich die abzuwendende Gefahr nach dem voraussehbaren Kausalverlauf verwirklichen wird (Häner, a.a.O., Rz. 111; Schaub, a.a.O., S. 97). – Vorsorgliche Massnahmen haben *verhältnismässig* zu sein. Sie müssen sich zur Abwehr eines bereits eingetretenen oder drohenden Nachteils eignen und dürfen in persönlicher, örtlicher, sachlicher und zeitlicher Hinsicht nicht über das zur Wahrung der gefährdeten Interessen Erforderliche hinausgehen (dazu Häner, a.a.O., Rz. 115 ff.). Schliesslich muss im Rahmen einer Interessenabwägung der schwere Nachteil, der zum Erlass einer vorsorglichen Massnahme führt, gewichtiger sein, als die bei einem Verzicht zu erwartenden Nachteile (RB 1998 Nr. 37; Häner, a.a.O., Rz. 118).

Ob sich eine vorsorgliche Massnahme als zulässig erweist, ist somit im Einzelfall zu entscheiden. Lässt sich in besonders gelagerten Fällen eine Präjudizierung trotz allem nicht ausschliessen, hat die Behörde die Güterabwägung besonders sorgfältig vorzunehmen oder aber möglichst rasch materiell zu entscheiden. Von vornherein zu verweigern sind vorsorgliche Massnahmen bei offensichtlich haltlosen Begehren (RB 1998 Nr. 37, 1994 Nr. 1).

Ob im Verfahren vor Verwaltungsgericht als Beschwerde- oder Klageinstanz analog zum summarischen Verfahren im Zivilprozess (vgl. § 222 Ziff. 3 i.V.m. § 228 ZPO) vorerst nur der Erlass vorsorglicher Massnahmen sowie die Fristansetzung zur Einreichung von Beschwerde oder Klage in der Hauptsache beantragt werden kann, hat das Verwaltungsgericht offen gelassen (VGr. 25.4.1997, VK.97.00008). Für das Beschwerdeverfahren ist dies jedenfalls zu verneinen, weil dies einer unzulässigen Erstreckung der gesetzlich vorgeschriebenen, 30-tägigen Beschwerdefrist gleichkäme (§ 12 Abs. 1 i.V.m. § 53). Im Klageverfahren steht einer analogen Anwendung von § 222 Ziff. 3 und § 228 ZPO grundsätzlich entgegen, dass § 86 für ergänzende Verfahrensvorschriften lediglich auf die Bestimmungen des Beschwerdeverfahrens verweist, die ihrerseits nur für das

§ 6

Beweisverfahren auf die Vorschriften der Zivilprozessordnung Bezug nehmen (vgl. §§ 60 und 70).

3. Arten und Inhalt

13 Die möglichen Arten vorsorglicher Massnahmen werden in § 6 nicht einzeln aufgeführt. Stattdessen ermächtigt der Gesetzgeber die Verwaltungsbehörden, die «nötigen» Massnahmen zu treffen. Je nach Stossrichtung einer vorsorglichen Massnahme kann es sich deshalb um *sichernde* Massnahmen handeln, mit denen der bestehende tatsächliche oder rechtliche Zustand einstweilen unverändert erhalten wird; oder sie ist als *regelnde* bzw. *gestaltende* Massnahme zu qualifizieren, durch die ein Rechtsverhältnis provisorisch in bestimmter Weise geregelt wird und zu der auch die Unterlassungsgebote zu zählen sind (Rhinow/Koller/Kiss, Rz. 1089; vgl. Kölz/Häner, Rz. 332).

14 Indem § 6 lediglich von den «nötigen» Massnahmen spricht, lässt er neben den Arten auch den zulässigen Inhalt vorsorglicher Massnahmen offen. Dieser ist anhand der Umstände des Einzelfalls und gestützt auf das Prinzip der Verhältnismässigkeit zu bestimmen. Dabei gilt es stets zu beachten, dass eine vorsorgliche Massnahme den materiellen Entscheid nicht präjudizieren soll. Im Übrigen fallen grundsätzlich alle Massnahmen in Betracht, die den Zielen des einstweiligen Rechtsschutzes dienen und der Situation angepasst sind (Merkli/Aeschlimann/Herzog, Art. 27 N. 13).

15 Beispiele zulässiger vorsorglicher Massnahmen:
– Nicht zu beanstanden ist ein befristetes Abbruchverbot, bis die zuständige Natur- und Heimatschutzkommission ein Gutachten über die Schutzwürdigkeit des Gebäudes abgegeben hat (RRB 1292/1973).
– Ist vorfrageweise in einem Verfahren die Schutzwürdigkeit einer Liegenschaft zu beurteilen, erweist sich im Rahmen vorsorglicher Massnahmen zur Sicherung des Streitgegenstands der Befehl zur Abdeckung von Löchern im Dach als verhältnismässig (RB 1994 Nr. 1).
– Die vorläufige Anordnung, ein bestimmtes Waldstück nicht abzuholzen, bis materiell über die rechtliche Qualifizierung des Waldes und über zulässige Veränderungen an demselben entschieden ist, ist ohne weiteres durch den Zweck der Sicherung des Streitgegenstands gedeckt (RRB 763/1976).
– Wird bei der Bauausführung von den bewilligten Plänen abgewichen, so kann (gestützt auf § 327 Abs. 2 PBG) als vorsorgliche Massnahme die Einstellung der Bauarbeiten verfügt werden (RB 1987 Nr. 86).
– Richtet sich ein hängiges Rechtsmittelverfahren gegen die Anordnung der Gesundheitsdirektion, bestimmten Spitälern keine Staatsbeiträge im

Sinn von § 40 GesundheitsG mehr auszurichten, kann im Rahmen vorsorglicher Massnahmen angeordnet werden, dass diese Beiträge aufgrund der gesamten Interessenlage, insbesondere mit Rücksicht auf den vorläufigen Weiterbetrieb dieser Spitäler, bis zum Entscheid in der Hauptsache weiterhin zu leisten sind (VGr. 18.12.1997, VB.97.00513+514).

– Die vorläufige Einstellung eines Lehrers im Schuldienst bis zur strafgerichtlichen Klärung dessen möglicherweise die Schüler gefährdenden Verhaltens nach nur summarischer Überprüfung erweist sich als gerechtfertigt (ERB 7.10.1973).

Vorsorgliche Massnahmen im Sinn von § 6 können unter den genannten Voraussetzungen (vgl. N. 9 f.) auch angeordnet werden, um die Wirkungen eines noch nicht in Kraft getretenen generell-abstrakten Erlasses zu sichern. Solange dieser dadurch nicht bereits zur Anwendung gelangt, ist darin keine unzulässige (positive) Vorwirkung zu erblicken (zur positiven Vorwirkung Häfelin/Müller, Rz. 280 f.). Zu unterscheiden sind die vorsorgliche Massnahmen sodann vom Tatbestand der *negativen Vorwirkung*. Diese, d.h. die Nichtanwendung des geltenden Rechts bis zum Inkrafttreten des neuen Rechts, erweist sich als zulässig, wenn sie vom geltenden Recht vorgesehen und zeitlich mässig ist, triftige Gründe bestehen, Rechtsungleichheiten vermieden und wohlerworbene Rechte beachtet werden (BGE 100 Ia 155; Häfelin/Müller, Rz. 284; Rhinow/Krähenmann, Nr. 17 B I). Die negative Vorwirkung bedarf demnach einer *ausdrücklichen* Vorschrift im geltenden Recht, welchem Erfordernis die generelle Ermächtigung der Behörden zum Erlass von vorsorglichen Massnahmen gemäss § 6 aber nicht zu genügen vermag. Weil die zulässige negative Vorwirkung gleich den vorsorglichen Massnahmen vielfach nur vorübergehende Wirkung entfaltet, ist es im Einzelfall oftmals schwierig, die beiden Institute auseinanderzuhalten. Namentlich ist es möglich, dass bei gesetzlich wegbedungener Suspensivwirkung im Zuge vorsorglicher Massnahmen die aufschiebende Wirkung erteilt wird; dies kann zur Folge haben, dass die Anwendung alten Rechts wie im Fall der Vorwirkung ausgesetzt wird und im Entscheidzeitpunkt das in der Zwischenzeit inkraftgetretene Recht zum Tragen kommt.

16

Aufgrund der Akzessorietät zur zugehörigen Hauptsache (vgl. N. 1) können vorsorgliche Massnahmen lediglich zum Schutz von Interessen angeordnet werden, die innerhalb des durch die spätere Hauptanordnung bestimmten Streitgegenstands liegen. Der mögliche Inhalt vorsorglicher Massnahmen ist daher insoweit begrenzt, als vorsorglich nicht mehr erwirkt werden kann, als im Hauptverfahren definitiv zu erreichen ist (Merkli/Aeschlimann/Herzog, Art. 27 N. 1).

17

§ 6

4. Verfahrensrechtliche Fragen

4.1. Antragsberechtigung

18 Eine vorsorgliche Anordnung kann *auf Antrag* oder aber *von Amtes wegen* getroffen werden. Dies gilt auch für das Rekursverfahren, weil dieses kein eigentliches Parteiverfahren darstellt. Gestützt auf den aus dem allgemeinen Rechtsgleichheitsgebot abgeleiteten Grundsatz der prozessualen Gleichheit kommt allen Verfahrensbeteiligten das gleiche Antragsrecht zu. Von Amtes wegen ist die zuständige Behörde zur Anordnung vorläufiger Massnahmen verpflichtet, wenn überwiegende öffentliche Interessen oder solche Dritter dies gebieten; zudem können auch Sinn und Zweck des materiellen Rechts ein solches Vorgehen erfordern (Häner, a.a.O., Rz. 148; vgl. N. 2). Jedenfalls steht der Entscheid über vorsorgliche Massnahmen nicht im Belieben der zuständigen Behörde; sind die Voraussetzungen erfüllt, hat die gesuchstellende Partei Anspruch auf vorläufigen Rechtsschutz (Merkli/Aeschlimann/Herzog, Art. 27 N. 2).

4.2. Zuständigkeit

19 Zuständig zum Erlass vorsorglicher Massnahmen ist die in der Hauptsache funktionell und sachlich zuständige Behörde. Im (nichtstreitigen) Verwaltungsverfahren ist dies die erstinstanzlich verfügende Behörde, in einem Rechtsmittelverfahren die Rechtsmittelinstanz. In Ausnahmefällen ist auch während eines Rechtsmittelverfahrens die Vorinstanz zur Anordnung vorsorglicher Massnahmen befugt (z.B. in einem Rekursverfahren die örtliche Gemeindebehörde bei besonderer Dringlichkeit und unmittelbarer Gefährdung öffentlicher oder privater Interessen; vgl. BRB Affoltern, 16.5.1975). Ist ein Hauptverfahren noch nicht rechtshängig, so hat diejenige Behörde zu entscheiden, die dereinst zur Instruktion des Hauptverfahrens kompetent sein wird (Häner, a.a.O., Rz. 149; Merkli/Aeschlimann/Herzog, Art. 27 N. 20). Bedarf es, nachdem eine Anordnung in der Hauptsache ergangen ist, noch vor der Rechtsmitteleinlegung vorsorglicher Massnahmen, ist dafür die anordnende Behörde zuständig. Diese Lösung drängt sich auf, weil zum einen ungewiss ist, ob überhaupt ein Rechtsmittel ergriffen wird; zum andern weist diese Behörde die nötige Sachnähe auf und ist sie zu objektiver Rechtsanwendung verpflichtet, will sie sich keine Rechtsverweigerung zu Schulden kommen lassen (Häner, a.a.O., Rz. 150; a.M. Merkli/ Aeschlimann/Herzog, Art. 27 N. 20). Ist hingegen die Zuständigkeit der Behörde in der Hauptsache streitig und sind gleichzeitig vorsorgliche Massnahmen zu treffen, rechtfertigt es sich, diejenige Behörde als entscheidberufen zu erklären, die über den Zuständigkeitskonflikt zu befinden hat (Häner, a.a.O., Rz. 151).

20 Fällt die Anordnung vorsorglicher Massnahmen in die Zuständigkeit von Kollegialbehörden, ist dazu grundsätzlich die *Gesamtbehörde* (Gemeinderat, Stadtrat, Bezirksrat, Bezirksschulpflege, Universitätsrat, Fachhochschulrat, Bildungs-

rat, Regierungsrat usw.) befugt (Bosshart, § 6 N. 2). Nur bei *zeitlicher Dringlichkeit* kann der Vorsitzende (Präsident, bei dessen Abwesenheit der Vizepräsident oder Stellvertreter) vorsorgliche Anordnungen treffen. Auf diese Weise wird dem Bedürfnis nach einer flexiblen, dem Dringlichkeitserfordernis angepassten Regelung Rechnung getragen (Häner, a.a.O, Rz. 153).

Das Kriterium der zeitlichen Dringlichkeit ist streng zu handhaben, da nicht von vornherein ausschlossen werden kann, dass vorsorgliche Massnahmen gestützt auf das Vertrauensprinzip eine Bindungswirkung entwickeln (Häner, a.a.O., Rz. 153). Nur wenn sich das Kollegium nicht innert nützlicher Frist versammeln lässt, ist daher der Vorsitzende zum Erlass vorsorglicher Massnahmen befugt. Die Zuständigkeit der Gesamtbehörde bleibt trotzdem gewahrt; sie muss Gelegenheit erhalten, vorsorgliche Massnahmen des Vorsitzenden in der nächsten Sitzung aufzuheben, abzuändern oder zu ergänzen (Bosshart, § 6 N. 2). Im Zweifel ist das Kollegialorgan zuständig. 21

Bei Amtsstellen der Zentralverwaltung ist bisweilen unklar, wer zur Anordnung vorsorglicher Massnahmen zuständig ist. Der Regierungsrat (bei Dringlichkeit dessen Präsident) kann nach der ratio legis im (nichtstreitigen) Verwaltungsverfahren nur dann zuständig sein, wenn er selber erstinstanzlich verfügt. Das trifft in den durch das VRG geregelten Bereichen sehr selten zu. Somit ist es in der Regel diejenige Instanz, der die Verfügungskompetenz zukommt, also das einzelne Amt (vgl. zur Übersicht über die entscheidbefugten Abteilungen und Ämter die Verordnung über die Delegation von Entscheidungsbefugnissen vom 10.12.1997 [Delegationsverordnung]) oder eine Direktion des Regierungsrats. Der Regierungsrat ist deshalb nur im Fall, da er als Rekursinstanz tätig wird (und im bereits erwähnten Fall, da er erstinstanzlich verfügt), zum Erlass vorsorglicher Massnahmen befugt. Über diese entscheidet abschliessend der Präsident des Regierungsrats (§ 3 Abs. 1 Ziff. 1 VerfV). 22

4.3. Rechtliches Gehör

Vor dem Erlass einer vorsorglichen Massnahme sind die Betroffenen anzuhören, wenn es die Umstände erlauben, wobei dem Gesuchsteller das rechtliche Gehör bereits durch das Gesuch selbst gewahrt ist (Merker, § 44 Rz. 47; vgl. § 8 N. 26). Nur bei besonderer Dringlichkeit, d.h. wenn der Anspruch schon bei etwas längerem Zuwarten als gefährdet erscheint, darf auf die Gehörsgewährung verzichtet werden. Eine solche *superprovisorische* Massnahme rechtfertigt sich aber nur, wenn erhebliche Anliegen gefährdet sind. Dies darf nicht leichthin angenommen werden (Merkli/Aeschlimann/Herzog, Art. 21 N. 20). In einem solchen Fall ist die Anhörung zum frühest möglichen Zeitpunkt nachzuholen (Gadola, S. 379; Rhinow/Koller/Kiss, Rz. 1092). Sobald diese stattgefunden hat, ist gegebenenfalls eine (ordentliche) vorsorgliche Massnahme zu erlassen, welche die superprovisorische ablöst (Merkli/Aeschlimann/Herzog, 23

§ 6

Art. 27 N. 5; Rhinow/Koller/Kiss, Rz. 1092). Im Übrigen ist die Gehörsgewährung nicht nur aus rechtsstaatlichen Gründen notwendig; sie kann durchaus dazu beitragen, dem Grundsatz der Verhältnismässigkeit Nachachtung zu verschaffen, indem ein vom Betroffenen vorgeschlagener, weniger weit gehender Eingriff allenfalls dem öffentlichen Interesse ebenso gerecht werden kann wie der vorgesehene Eingriff.

4.4. Form, Eröffnung und Begründung

24 Vorsorgliche Massnahmen wie auch die Abweisung eines Begehrens um Erlass vorsorglicher Massnahmen haben in der Form einer Verfügung oder eines Beschlusses zu ergehen und sind mit einer *Rechtsmittelbelehrung* zu versehen (vgl. VGr. 19.5.1976, VB 5/1976). Da eine solche Anordnung das Verfahren in der Regel nicht abschliesst, sondern bloss einen Schritt auf dem Weg zum Endentscheid darstellt, ist sie grundsätzlich als *Zwischenentscheid* zu qualifizieren, selbst wenn ein Hauptverfahren noch nicht eingeleitet worden ist. Bedingung ist allerdings, dass zu Letzterem eine genügend enge Beziehung besteht (vgl. Gygi, S. 140; Häner, a.a.O., Rz. 28; Kölz/Häner, 1. A., Rz. 505). Eine solche ist zu bejahen, sobald das Verfahren über den Zwischenentscheid an das zum Endentscheid führende Verfahren gebunden und diesem untergeordnet ist, indem es mit diesem eine Einheit bildet und in einer notwendigen Beziehung zu diesem steht. Unter dieser Voraussetzung gilt als Zwischenentscheid auch eine vorsorgliche Anordnung, die in einem engen Zusammenhang zu einem bestimmten Verfahren steht, jedoch nicht in diesem, sondern in einem separaten Verfahren ergeht (vgl. Häner, a.a.O., Rz. 27).

25 Dass solche Zwischenentscheide in die Form einer Verfügung oder eines Beschlusses zu kleiden und mit einer Rechtsmittelbelehrung zu versehen sind, ist insbesondere deshalb gerechtfertigt, weil der Erlass oder die Verweigerung vorsorglicher Massnahmen in der Regel einen Nachteil für den Betroffenen zur Folge hat. Lässt sich dieser später voraussichtlich nicht mehr beheben, ist es sowohl zulässig als auch erforderlich, bereits den Zwischenentscheid selbständig mit Rekurs oder Beschwerde anzufechten (§§ 19 Abs. 2 und 48 Abs. 2).

26 Da die Erledigung einer Angelegenheit im erstinstanzlichen Verwaltungsverfahren grundsätzlich (§ 10 Abs. 1) und im Rekurs- sowie im Beschwerdeverfahren in jedem Fall (§§ 28 Abs. 1 und 65 Abs. 1) schriftlich mitzuteilen ist, unterstehen auch Zwischenentscheide über vorsorgliche Massnahmen diesem *Schriftlichkeitserfordernis*.

27 Anordnungen im Rekurs- und Beschwerdeverfahren sind nicht nur schriftlich mitzuteilen, sondern immer auch zu *begründen* (§§ 28 Abs. 1 und 65 Abs. 1; vgl. Rotach, S. 442). Im nichtstreitigen Verwaltungsverfahren besteht dagegen die Möglichkeit, von der in § 10 Abs. 2 statuierten Begründungspflicht in den vom Gesetz vorgesehenen Fällen abzusehen. Gemäss § 10a ist dies der Fall,

§ 6

wenn einem Begehren voll entsprochen wird (Abs. 1), vom Verfahrensbeteiligten nachträglich eine Begründung verlangt (Abs. 2 lit. a) oder gegen die Anordnung bei der anordnenden Behörde Einsprache geführt werden kann (Abs. 2 lit. b). Dem Wesen der vorsorglichen Massnahmen entsprechend kann es sich zudem bei ausserordentlicher Dringlichkeit aufdrängen, Massnahmen unter Mitteilung an die Verfahrensbeteiligten vorerst ohne Begründung zu erlassen oder zu verweigern. Diesfalls ist die Begründung unverzüglich und nicht erst im Rahmen eines nachfolgenden Rechtsmittelverfahrens nachzuliefern, es sei denn, der begründete Entscheid in der Hauptsache ergehe innert sehr kurzer Frist (vgl. Merker, § 44 Rz. 49). Nur so kann dem Umstand Rechnung getragen werden, dass die Begründung einer Anordnung vielfach den Entscheid des Adressaten über die Einlegung eines Rechtsmittels erheblich beeinflusst (vgl. Häner, a.a.O., Rz. 163; Häfelin/Müller, Rz. 1294). – Die geforderte Begründungsdichte hängt von den Umständen des Einzelfalls ab. An Entscheide im Rahmen eines Rechtsmittelverfahrens sind jedenfalls höhere Anforderungen zu stellen als an erstinstanzliche Anordnungen (Häner, a.a.O., Rz. 163; Häfelin/Müller, Rz. 1295).

4.5. Rechtsbeständigkeit

Entsprechend der besonderen Natur der vorsorglichen Massnahmen müssen diese sofort wirksam und vollstreckbar sein, selbst wenn sie in der Folge mit einem Rechtsmittel angefochten werden. Da Rekurs und Beschwerde gemäss § 25 Abs. 1 und § 55 Abs. 1 aber aufschiebende Wirkung zukommt, ist diese im Einzelfall regelmässig von vornherein zu entziehen (§§ 25 Abs. 2 und 55 Abs. 2; Häner, a.a.O., Rz. 170; Merkli/Aeschlimann/Herzog, Art. 27 N. 11; Schaub, a.a.O., S. 88). 28

Weil vorsorgliche Massnahmen nur vorläufiger Natur sind, können sie von derjenigen Instanz, welche sie angeordnet hat, auf Antrag einer Partei oder von Amtes wegen *jederzeit* abgeändert oder in Wiedererwägung gezogen werden, sofern sich die *Verhältnisse massgeblich geändert* haben, indem die Umstände, die zum Erlass vorsorglicher Massnahmen geführt haben, nicht mehr gegeben sind und damit das schutzwürdige Interesse an ihrer Aufrechterhaltung dahinfällt (Merker, § 44 Rz. 41; Merkli/Aeschlimann/Herzog, Art. 27 N. 23; Rhinow/Koller/Kiss, Rz. 1095). Dies gilt gleichermassen für den Fall, dass der Erlass vorsorglicher Massnahmen verweigert wurde; der gesuchstellenden Partei steht es frei, ein neues Begehren zu stellen, wenn sich die Sachlage entscheidend verändert hat oder sie neue erhebliche Tatsachen oder Beweismittel vorbringen kann (Merkli/Aeschlimann/Herzog, Art. 27 N. 24). Ein solches Vorgehen von Behörden und Privaten erweist sich insbesondere deswegen als zulässig, weil vorsorgliche Massnahmen oftmals aufgrund einer summarischen Prüfung ohne weitere Beweiserhebungen angeordnet werden. – Wird eine schärfere Massnahme verfügt, so ist erneut das rechtliche Gehör zu gewähren. Die neue, schärfere 29

§ 6

Massnahme ist mit einer Rechtsmittelbelehrung zu versehen (vgl. N. 24 f.) und unterliegt als Zwischenentscheid in der Regel wiederum dem Rekurs (§ 19 Abs. 2) oder der Beschwerde (§ 48 Abs. 2).

30 Auch die Rekursinstanz kann eine vorsorgliche Massnahme abändern, notfalls verschärfen (vgl. § 27) oder aufheben. Im verwaltungsgerichtlichen Beschwerdeverfahren ist dagegen das *Verbot der reformatio in melius vel in peius* zu beachten (§ 63 Abs. 2); weder dürfen die vorsorglichen Massnahmen zum Nachteil der beschwerdeführenden Partei verschärft, noch darf über das von ihr Beantragte hinausgegangen werden (dazu § 63 N. 13 ff.). Hat der Vorsitzende einer Kollegialbehörde entschieden, kann auch die Gesamtbehörde dessen Anordnung abändern (vgl. N. 21).

31 Mit dem Eintritt der formellen Rechtskraft in der Hauptsache fällt die vorsorgliche Massnahme automatisch dahin (Kölz/Häner, Rz. 337; Rhinow/Koller/Kiss, Rz. 1095), sofern als Zeitpunkt des Dahinfallens nicht das Vollstreckungsdatum festgelegt worden ist. Infolgedessen bleiben vorsorgliche Massnahmen während der Dauer der Rechtsmittelfrist und eines sich anschliessenden Rechtsmittelverfahrens in Kraft, sofern die anordnende Behörde oder die Rechtsmittelinstanz nichts Gegenteiliges beschlossen hat (Merkli/Aeschlimann/Herzog, Art. 28 N. 5). – Obgleich vorsorgliche Massnahmen nur vorübergehender Natur sind, wirkt deren Dahinfallen nicht auf den Zeitpunkt des Erlasses (ex tunc), sondern nur in die Zukunft (ex nunc). Eine Missachtung vorsorglicher Massnahmen kann daher trotz des späteren Dahinfallens Sanktionen zur Folge haben (Merkli/Aeschlimann/Herzog, Art. 28 N. 7).

32 Vorsorgliche Massnahmen ergehen regelmässig in der Form eines *Zwischenentscheids* (vgl. N. 24 f.). Dieser ist mit Rekurs oder Beschwerde anfechtbar, wenn er für den Betroffenen einen Nachteil zur Folge hat, der sich später voraussichtlich nicht mehr beheben lässt (§§ 19 Abs. 2 und 48 Abs. 2). An diesen Nachteil sind allerdings keine hohen Anforderungen zu stellen; es genügt ein *schutzwürdiges rechtliches oder tatsächliches Interesse* an der sofortigen Aufhebung oder Änderung der in Frage stehenden Anordnung (RB 1986 Nr. 19; VGr. 18.12.1997, VB.97.00513+514; vgl. BGE 120 Ib 100; kritisch zum Erfordernis des nicht wiedergutzumachenden Nachteils bei der Anfechtung von Zwischenentscheiden betreffend vorsorgliche Massnahmen Häner, a.a.O., Rz. 174).

33 Der *Instanzenzug* richtet sich nach demjenigen der Hauptverfügung. Ist ein Hauptverfahren noch nicht rechtshängig, hat die zur Instruktion des Hauptrechtsstreits dereinst kompetente Behörde, der auch der Erlass der beantragten vorsorglichen Massnahme zusteht (N. 19), zu ermitteln, welches Rechtsmittel in jenem Verfahren offen stehen wird. Demnach kann eine vorsorgliche Massnahme mit Verwaltungsgerichtsbeschwerde weitergezogen werden, wenn das Verwaltungsgericht in der Hauptsache zuständig ist. Soweit durch vorsorgliche Massnahmen die in der EMRK garantierten Rechte tangiert sind, ist zusätzlich

die *Rechtsmittel*garantie gemäss Art. 13 EMRK zu beachten (Häner, a.a.O., Rz. 164). Danach hat eine unparteiische und weisungsungebundene Rechtsmittelinstanz über die vorsorgliche Massnahme zu befinden, wenn der Anspruch vertretbar ist und eine gewisse Bedeutung erlangt (dazu § 4 N. 33). Dagegen besitzt die *Rechtsweg*garantie von Art. 6 Ziff. 1 EMRK im Zusammenhang mit vorsorglichen Massnahmen nur geringe Bedeutung, da ein Rechtsverhältnis nur vorläufig geregelt und nicht über Rechte und Pflichten im Sinn der Konvention entschieden wird, wenn vorsorgliche Massnahmen in Abhängigkeit zu einer Hauptsache getroffen werden (Herzog, S. 71 f.; kritisch zur Beschränkung des Anwendungsbereichs von Art. 6 Ziff. 1 EMRK Häner, a.a.O., Rz. 165; vgl. auch § 4 N. 29).

Die *Frist* zur Einlegung eines Rechtsmittels gegen einen Zwischenentscheid 34 betreffend vorsorgliche Massnahmen beträgt gleich wie in der Hauptsache sowohl im Rekurs- als auch im Beschwerdeverfahren 30 Tage (§ 22 Abs. 1 und § 53). In Abweichung davon kann die *Rekurs*frist bei besonderer Dringlichkeit auf fünf Tage abgekürzt werden (§ 22 Abs. 2). Für das Beschwerdeverfahren fehlt diese Möglichkeit.

4.6. Vorsorgliche Massnahmen im Rechtsmittelverfahren

In besonderen Fällen kann es angezeigt sein, zusammen mit dem Erlass der 35 Hauptverfügung für die Dauer eines allfälligen Rekurs- oder Beschwerdeverfahrens gewisse vorsorgliche Massnahmen zu treffen. Es sind dies jene Fälle, da der Entzug der aufschiebenden Wirkung nach der Natur der Sache nicht genügt, um den Streitgegenstand zu sichern oder einen gefährlichen Zustand zu beseitigen (z.B. vorläufiges, befristetes Abbruchverbot von schützenswerten Häusern, bis über die ein definitives Abbruchverbot enthaltende Hauptverfügung entschieden ist, oder vorläufige Überwachung eines einsturzgefährdeten Gebäudes bis zur Rechtskraft der einen Renovationsbefehl enthaltenden Hauptverfügung). Es handelt sich dabei um flankierende Massnahmen zur Hauptverfügung, die nach Eintritt der Rechtskraft bzw. Vollstreckung der Hauptverfügung automatisch wegfallen. Zuständig ist die erstinstanzlich verfügende Behörde.

Praktisch wichtiger ist die Anordnung vorsorglicher Massnahmen durch die 36 Rechtsmittelinstanz auf Begehren des Rekurrenten oder Beschwerdeführers. Vorsorgliche Massnahmen während eines Rechtsmittelverfahrens sind angezeigt, wenn die Gewährung der aufschiebenden Wirkung zur Sicherung des Streitgegenstands nicht wirksam ist (vgl. Gygi, a.a.O., S. 9 f.). Das trifft vor allem auf das Leistungs- und Gestaltungsrecht zu; beim Eingriffsrecht genügt dagegen in der Regel das Institut der aufschiebenden Wirkung (dazu § 25).

Vorsorgliche Massnahmen während des Rekurs- oder Beschwerdeverfahrens 37 fallen allgemein dann in Betracht, wenn das Ziel des Anfechtungsverfahrens

§ 6

einen staatlichen Gestaltungsakt verlangt, der erst- oder vorinstanzlich im Sinn einer negativen Verfügung verweigert wurde. Denn die Rechtsmitteleinlegung hat nicht zur Folge, dass es wegen der aufschiebenden Wirkung des Rechtsmittels vorläufig so gehalten werden müsste, wie wenn dem gestellten Begehren stattgegeben worden wäre (RB 1983 Nr. 1; Gygi, a.a.O., S. 9; vgl. N. 6). In einem solchen Fall kommt die vorsorgliche Massnahme praktisch einer provisorischen Vorwegnahme der vom Rechtsmittelkläger begehrten Entscheidung gleich. Dies lässt sich aber von vornherein nur rechtfertigen, wenn das Begehren des Rechtsmittelklägers ernsthafte Erfolgsaussichten besitzt. Wie im Fall, da vorsorgliche Massnahmen angeordnet werden, bevor materiell verfügt wird, hat die Behörde, die über den Erlass vorsorglicher Massnahmen zu befinden hat, deshalb in summarischer Weise die Streitsache materiell zu prüfen (RB 1983 Nr. 1). In Anbetracht dessen ist von vorsorglichen Massnahmen zurückhaltend Gebrauch zu machen. Jedenfalls dürfen bei offensichtlich haltlosen Begehren keine vorsorglichen Massnahmen bewilligt werden (RB 1994 Nr. 1; vgl. N. 11). Sie sind aber bei besonders gelagerten subjektiven Härtefällen angezeigt, wobei die entgegenstehenden Interessen sorgfältig abzuwägen sind. Vorsorgliche Massnahmen können auch im Zusammenhang mit der Rückweisung einer Sache an die Vorinstanz (dazu § 28 N. 29 ff.) angeordnet werden (VPB 40/1976 Nr. 21 S. 97 f.).

38 Ob und welche vorsorglichen Massnahmen angeordnet werden müssen, hängt stark vom Rechtsgebiet und der im konkreten Fall gegebenen Interessenlage ab. Die Praxis der Verwaltungsbehörden zur Anordnung vorsorglicher Massnahmen ist daher uneinheitlich. Manchmal schliesst auch das materielle Recht vorsorgliche Massnahmen aus: So wird während eines hängigen Rekurs- oder Beschwerdeverfahrens eine Baufreigabe als vorsorgliche Massnahme regelmässig nicht bewilligt, da nach § 326 PBG alle baurechtlichen Bewilligungen rechtskräftig erteilt und alle auf den Baubeginn gestellten Nebenbestimmungen erfüllt sein müssen.

5. Verantwortlichkeit

39 Im Zusammenhang mit dem Erlass von vorsorglichen Massnahmen stellt sich die Frage, wer für den Fall, dass sich eine solche Anordnung nachträglich als ungerechtfertigt erweist, einen daraus entstandenen Schaden zu tragen hat. Das VRG äussert sich dazu nicht. Ebenso wenig unterliegen letzte kantonale Instanzen, die in Anwendung von Bundesverwaltungsrecht nicht endgültig entscheiden (Art. 1 Abs. 3 VwVG), beim Erlass vorsorglicher Massnahmen der Haftungsordnung von Art. 55 Abs. 4 VwVG (Häner, a.a.O., Rz. 202; Merker, § 44 Rz. 55; Steinmann, a.a.O., S. 151 f.). Soweit kantonale Behörden vorsorgliche Massnahmen treffen, richtet sich deren Verantwortlichkeit daher nach den Bestimmungen des *Haftungsgesetzes* (vgl. N. 40 f.). Ist der vorläufige Rechts-

schutz hingegen auf Antrag eines privaten Verfahrensbeteiligten, namentlich eines privaten Drittbeschwerdeführers, angeordnet worden, sind die ordentlichen Haftungsbestimmungen des Obligationenrechts anzuwenden, insbesondere die Vorschriften über die *unerlaubte Handlung nach Art. 41 ff. OR* (Gadola, S. 382; Derselbe, a.a.O., S. 101 f.; Gygi, S. 248; Häner, a.a.O., Rz. 204; Kölz/Häner, Rz. 656; vgl. N. 42).

Ist eine vorsorgliche Massnahme von der zuständigen Behörde von Amtes wegen angeordnet worden und hat sie sich nachträglich ausserhalb eines Rekurs- oder Beschwerdeverfahrens als ungerechtfertigt erwiesen, richtet sich die Verantwortlichkeit der Behörde nach § 6 Abs. 1 HaftungsG. Haftungsbegründend ist danach neben dem Eintritt eines Schadens unter anderem, dass sich der Erlass der in Frage stehenden vorsorglichen Massnahme als widerrechtlich erweist, was wiederum einen Verstoss gegen Gebote und Verbote der Rechtsordnung voraussetzt (Schwarzenbach, Staats- und Beamtenhaftung, S. 46). Da der Anordnung vorsorglicher Massnahmen regelmässig nur eine summarische materielle Prüfung vorangeht, ist Widerrechtlichkeit nicht leichthin anzunehmen. Dies gilt umso mehr, als es bei der Aufhebung einer vorsorglichen Massnahme in einem Rechtsmittelverfahren zur Begründung der Haftbarkeit des arglistigen Handelns der Vorinstanz bedarf (§ 6 Abs. 2 HaftungsG; vgl. N. 41). Rechtswidrigkeit ist deshalb zu verneinen, wenn die Behörde Tatbestand und Rechtslage soweit geprüft hat, als es die Dringlichkeit erlaubte, und die vorsorgliche Massnahme auf dieser Grundlage getroffen hat (Schaub, a.a.O., S. 111); für Schaden aus rechtmässiger Behördentätigkeit besteht denn auch grundsätzlich keine Haftung (§ 12 HaftungsG). Demgegenüber erweist sich eine Anordnung des vorläufigen Rechtsschutzes als widerrechtlich, wenn die Behörde geschriebene und ungeschriebene Normen über den vorläufigen Rechtsschutz missachtet hat und dadurch zu einem falschen Entscheid gelangt ist sowie allgemein bei Über- oder Unterschreitung oder Missbrauch des Ermessens (Gadola, S. 381 Anm. 105; Schaub, a.a.O., S. 110; vgl. BGE 107 Ib 164). Eine Haftung tritt sodann ein, wenn die anordnende Behörde willkürlich handelte und sich bei der Abwägung, ob das öffentliche Interesse oder dasjenige eines Dritten eine vorsorgliche Massnahme rechtfertige, von unsachlichen Motiven leiten liess (vgl. Art. 55 Abs. 4 VwVG). – Weil es sich bei der Haftung nach § 6 Abs. 1 HaftungsG um eine Kausalhaftung handelt (Schwarzenbach, Staats- und Beamtenhaftung, S. 175), wirkt sich der Ausgang des Verfahrens in der Hauptsache nicht auf die Frage der haftpflichtrechtlichen Verantwortlichkeit aus (Gadola, S. 381; Schaub, a.a.O., S. 110).

Ergibt sich die Unrechtmässigkeit einer vorsorglichen Massnahme erst im Verlauf eines dagegen angestrengten Rekurs- oder Beschwerdeverfahrens, erfährt die Verantwortlichkeit der Behörden gegenüber der Kausalhaftung gemäss § 6 Abs. 1 HaftungsG eine Einschränkung: Die haftungsbegründende Verantwortlichkeit setzt ein arglistiges Handeln der Vorinstanz voraus (§ 6 Abs. 2 Haf-

§ 6 / § 6a

tungsG). Erforderlich ist demnach, dass der vorinstanzliche Massnahmeentscheid unter einem besonders verwerflichen Vorsatz zustande kam (Schwarzenbach, Staats- und Beamtenhaftung, S. 182).

42 Ist die Anordnung einer vorsorglichen Massnahme auf das Begehren eines privaten Verfahrensbeteiligten – einschliesslich des Gemeinwesens, das wie eine Privatperson Parteirechte ausübt – zurückzuführen und erweist sich diese als unzulässig, haftet jene Partei für den zwischenzeitlich eingetretenen Schaden, welche die Massnahme beantragt hat (Häner, a.a.O., Rz. 204). Haftungsgrundlage bilden die Vorschriften von Art. 41 ff. OR über die unerlaubte Handlung. Dabei erweist sich Art. 41 Abs. 1 OR als äusserst strenge Norm, indem der zu seinem Nachteil von einer vorsorglichen Massnahme Betroffene sowohl die Widerrechtlichkeit als auch das Verschulden der Gegenpartei nachzuweisen hat. Zu beachten ist in diesem Zusammenhang insbesondere, dass der Antrag auf Erlass vorsorglicher Massnahmen als Wahrnehmung prozessualer Rechte grundsätzlich rechtmässig ist (Steinmann, a.a.O., S. 155; vgl. BGE 117 II 398 f., mit Hinweisen; Gadola, S. 382; Derselbe, a.a.O., S. 103; Gygi, a.a.O., S. 9; Häner, a.a.O., Rz. 205). Ins Recht gefasst werden kann daher einzig diejenige Partei, deren Massnahmebegehren als trölerisch, querulatorisch, treuwidrig, böswillig und damit als rechtsmissbräuchlich sowie als gegen die guten Sitten verstossend erscheint (Gadola, S. 382; Derselbe, a.a.O., S. 103 ff.; Häner, a.a.O., Rz. 206; Steinmann, a.a.O., S. 155). Die zivilrechtliche Verantwortlichkeit desjenigen, der in einem Verwaltungsverfahren ein Recht ausübt, setzt zudem voraus, dass ihm ein arglistiges oder grobfahrlässiges Verhalten vorzuwerfen ist (BGE 117 II 398, 112 II 35; Gadola, S. 382; Derselbe, a.a.O., S. 107). Grobfahrlässig handelt namentlich, wer die elementarsten Vorsichtspflichten ausser Acht lässt, die sich unter den gegebenen Umständen jedem vernünftigen Menschen aufgedrängt hätten. Dabei ist der Sorgfaltsmassstab vor allem bei Laien tief anzusetzen, um ihnen nicht durch ein überhöhtes Kostenrisiko die Ausübung der ihnen an sich zustehenden prozessualen Rechte zu verunmöglichen (vgl. Gadola, a.a.O., S. 107; Häner, a.a.O., Rz. 207). Unter diesen Umständen dürfte es schwer fallen, im Einzelfall das die Haftpflicht auslösende Verschulden des privaten Massnahmeklägers wie auch die Widerrechtlichkeit seines Verhaltens nachzuweisen (Gadola, S. 382; Derselbe, a.a.O., S. 109; Gygi, a.a.O., S. 9). Im Ergebnis hat daher die Partei, welche die vorsorglichen Massnahmen erfolgreich bekämpft hat, den ihr durch ein Massnahmebegehren erwachsenen Schaden in aller Regel selbst zu tragen.

IIa. Verfahren mit mehreren Beteiligten

§ 6a. Sind an einem Verfahren mehrere Personen beteiligt, die eine gemeinsame Eingabe oder inhaltlich gleiche Eingaben eingereicht haben, kann die Verwaltungsbehörde sie verpflichten, ein gemeinsames Zustellungsdomizil oder einen gemeinsamen Vertreter zu bezeichnen.

§ 6a

Kommen die Beteiligten dieser Aufforderung innert angemessener Frist nicht nach, so kann die Verwaltungsbehörde entweder ein Zustellungsdomizil oder einen Vertreter bestimmen.

Materialien
Weisung 1995, S. 1526; Prot. KK 1995/1996, S. 8 ff., 18; Prot. KR 1995–1999, S. 6425, 6488, 6832; Beleuchtender Bericht 1997, S. 6.

Der im Rahmen der Revision vom 8.6.1997 eingefügte § 6a ist als Antwort darauf zu verstehen, dass an Verwaltungs-, Rekurs- und Beschwerdeverfahren in zunehmendem Masse eine Mehrzahl von Personen beteiligt ist. Zurückzuführen ist diese Entwicklung nicht zuletzt auf die Ausweitung der Beschwerdelegitimation auf kantonaler Ebene: Nachdem bereits Art. 33 Abs. 3 lit. a RPG die Kantone im Bereich des Raumplanungs- und Baurechts zur Gewährung der Beschwerdelegitimation mindestens im gleichen Umfang wie für die Verwaltungsgerichtsbeschwerde an das Bundesgericht verpflichtete (vgl. Art. 103 OG und § 338a Abs. 1 PBG), gilt dies gestützt auf Art. 98a Abs. 3 OG nunmehr für alle Sachgebiete, in denen die Verwaltungsgerichtsbeschwerde an das Bundesgericht offen steht. Demzufolge genügt seit der Revision vom 8.6.1997 für die Rekurs- und Beschwerdelegitimation ein persönliches Berührtsein in schutzwürdigen tatsächlichen oder rechtlichen Interessen anstelle des bisher erforderlichen rechtlich geschützten Interesses (vgl. § 21). Auswirkungen zeitigt diese erweiterte Legitimation vor allem dort, wo entsprechend der Natur der Sache eine Vielzahl von Betroffenen besteht, so bei umweltrelevanten (Bau-)Vorhaben (z.B. Deponien und mit diesen im Zusammenhang stehende bauliche, geologische und hydrologische Abklärungen, private und staatliche Grossbauvorhaben) oder bei Nutzungsplanungen. 1

Da auch inskünftig mit einer weiteren Zunahme von sogenannten *Massenverfahren,* d.h. von Verfahren mit einer Vielzahl von Beteiligten, zu rechnen ist, trägt § 6a dazu bei, solche Verfahren vor den Verwaltungs- und Verwaltungsjustizbehörden zu vereinfachen und zu beschleunigen (Weisung 1995, S. 1526). Zugleich lässt sich damit ein gewisser Schutz vor missbräuchlichen Rechtsmittelverfahren erzielen, mit denen einzig beabsichtigt ist, einen Endentscheid möglichst lange hinauszuzögern (Prot. KK 1995/96, S. 12). – Mit § 6a vergleichbare Bestimmungen finden sich in den neueren Verwaltungsverfahrensrechten mehrerer Kantone sowie in Art. 11a VwVG. Diese Normen dienten denn auch dem zürcherischen Gesetzgeber als Vorbilder (Weisung 1995, S. 1526). 2

§ 6a Abs. 1 ermächtigt die zuständige Behörde, mehrere am Verfahren beteiligte Personen zur Bezeichnung eines gemeinsamen Zustellungsdomizils oder eines gemeinsamen Vertreters zu verpflichten, sofern es sich um eine *gemeinsame* Eingabe oder *inhaltlich gleiche* Eingaben handelt. Nachdem der Regierungsrat in seinem Antrag ursprünglich von einer festen Zahl von zehn beteiligten Personen ausgegangen war, entschied die kantonsrätliche Kommission, auf eine 3

§ 6a

bestimmte Anzahl zu verzichten und stattdessen der Verwaltung bei der Anwendung von § 6a Abs. 1 einen gewissen Ermessensspielraum einzuräumen (Prot. KK 1995/96, S. 11). Dies bedeutet jedoch nicht, dass bereits Verfahren mit wenigen Beteiligten als Massenverfahren zu gelten hätten. Vielmehr ist weiterhin von einer *Richtgrösse* von zehn Personen auszugehen, die im Einzelfall aber auch unterschritten werden darf (vgl. Rotach, S. 441).

4 Zu keinen Bedenken Anlass gibt die Anwendung von § 6a Abs. 1, wenn sich die Behörden bei einer *gemeinsamen Eingabe* mehrerer Personen auf diese Bestimmung berufen. Denn es handelt sich diesfalls lediglich um *ein* Verfahren und jene bilden eine – einfache oder notwendige – Streitgenossenschaft (vgl. Merkli/Aeschlimann/Herzog, Art. 15 N. 7; vgl. zur Streitgenossenschaft auch §§ 39 ff. ZPO). Da notwendige Streitgenossen – namentlich die Beteiligten an Gesamthandsverhältnissen wie Erbengemeinschaft und einfache Gesellschaft – Prozesshandlungen grundsätzlich nur gemeinsam und übereinstimmend vornehmen können (vgl. § 39 Abs. 1 ZPO), drängt sich ein gemeinsames Zustellungsdomizil oder eine gemeinsame Vertretung geradezu auf. Demgegenüber ist bei einfacher Streitgenossenschaft jeder Streitgenosse berechtigt, das Verfahren unabhängig von den weiteren Beteiligten zu führen (vgl. § 40 Abs. 2 ZPO). Infolgedessen kann sich insbesondere die Bezeichnung eines gemeinsamen Vertreters im Lauf eines (Rechtsmittel-)Verfahrens als ungeeignet erweisen.

5 Wann *inhaltlich gleiche Eingaben* vorliegen, lässt sich dagegen kaum in allgemeingültiger Weise sagen. Jedenfalls haben als inhaltlich gleich im Sinn von § 6a Abs. 1 nicht nur inhaltlich identische Eingaben zu gelten (vgl. Prot. KK 1995/96, S. 9); vielmehr genügt es, dass diesen Vorbringen der gleiche Sachverhalt zugrunde liegt und dass sie dieselben Rechtsfragen beschlagen. Letztlich hat die entscheidberufene Behörde darüber zu befinden, was unter den gegebenen Umständen als inhaltlich gleich zu betrachten ist. Der administrativen Zusammenfassung inhaltlich gleicher Eingaben kann jedoch die Absicht der beteiligten Parteien entgegenstehen, sich in einem Massenverfahren gegenseitig eine gewisse Autonomie zu sichern. Diese wird durch die Pflicht zur Bezeichnung eines gemeinsamen Zustellungsdomizils oder eines gemeinsamen Vertreters zweifellos beschnitten. Schliesslich können sich im Rahmen der Anwendung von § 6a Probleme mit dem Datenschutz ergeben, die sich auch dadurch nicht vermeiden lassen, dass die inhaltlich gleichen Eingaben durch Behördenbeschluss vereinigt werden. Die Praxis wird sich in solchen Fällen bei der Anwendung von § 6a eine gewisse Zurückhaltung auferlegen müssen (Rotach, S. 441).

6 Ob die an einem Verfahren Beteiligten gestützt auf § 6a Abs. 1 lediglich zur Bezeichnung eines gemeinsamen Zustellungsdomizils oder aber zur Ernennung eines gemeinsamen Vertreters zu verpflichten sind, liegt im Ermessen der anordnenden Verwaltungs(justiz)behörde. Im Rahmen einer pflichtgemässen Er-

messensausübung hat diese abzuwägen, welche der beiden Möglichkeiten der Vereinfachung und Beschleunigung des Verfahrens mehr dient und sich zugleich mit Blick auf den Einzelfall als verhältnismässig erweist. Die blosse Benennung eines Zustellungsdomizils ist dabei als die mildere Verpflichtung zu betrachten. Nur wenn dies nicht ausreicht, rechtfertigt sich daher die Aufforderung an die Verfahrensbeteiligten, einen gemeinsamen Vertreter zu bezeichnen.

Bei der als *gemeinsamer Vertreter* im Sinn von § 6a von den Beteiligten zu bezeichnenden Person muss es sich nicht um einen eigentlichen Rechtsbeistand handeln. Es genügt, dass diese Person den Behörden gegenüber berechtigt ist, in der Funktion eines Zustellungsdomizils behördliche Akte entgegenzunehmen, und allenfalls befugt ist, im Namen der Vertretenen den Behörden gegenüber rechtsgültig Erklärungen abzugeben und prozessuale Handlungen vorzunehmen. Dies setzt beim Vertreter Prozessfähigkeit voraus, d.h. dieser muss rechts- und handlungsfähig sein (vgl. Art. 11 Abs. 1 sowie Art. 14 und 16 ZGB; dazu Frank/Sträuli/Messmer, §§ 27/28 N. 1). Erfüllt eine der verfahrensbeteiligten Personen diese Anforderungen, kann auch sie die gemeinsame Vertretung übernehmen. 7

Kommen die mehreren, an einem Verfahren beteiligten Personen der behördlichen Aufforderung nicht nach, ein gemeinsames Zustellungsdomizil oder einen gemeinsamen Vertreter zu bezeichnen, ermächtigt § 6a Abs. 2 die zuständige Behörde, anstelle der Verfahrensbeteiligten zu handeln. Im Sinn einer *Ersatzvornahme* ist diese befugt, ein Zustellungsdomizil zu bezeichnen oder einen Vertreter zu bestimmen. Vorgängig hat sie den Betroffenen jedoch eine *angemessene Frist* zur Erfüllung der gemäss § 6a Abs. 1 auferlegten Verpflichtung anzusetzen. Als angemessen erweist sich dabei eine Frist, die es den Pflichtigen gestattet, unter Berücksichtigung der Umstände des Einzelfalls die verlangte Handlung ordnungsgemäss und fristgerecht vorzunehmen. Der anordnenden Behörde steht diesbezüglich ein erheblicher Ermessensspielraum zu. Eine Ersatzvornahme ist ferner nur dann rechtmässig, wenn ihr eine entsprechende *Androhung* vorangeht, damit die Betroffenen die Möglichkeit erhalten, die ihnen obliegende Pflicht selbst zu erfüllen (Häfelin/Müller, Rz. 932). Im Interesse der Verfahrensbeschleunigung und -ökonomie ist es angebracht, zugleich mit der Aufforderung gemäss § 6a Abs. 1 eine angemessene Frist anzusetzen und als Sanktion das Vorgehen gestützt auf § 6a Abs. 2 anzudrohen, wobei zulässig ist, im Sinn einer vorbehaltenen Alternative beide Sanktionen anzudrohen. 8

§ 6b. Verfahrensbeteiligte mit Sitz oder Wohnsitz im Ausland haben ein Zustellungsdomizil oder einen Vertreter in der Schweiz anzugeben.

Kommen die Beteiligten dieser Aufforderung innert angemessener Frist nicht nach, so kann die Verwaltungsbehörde entweder Zustellungen durch amtliche Veröffentlichungen ersetzen oder auf die Eingabe nicht eintreten.

IIb. Sitz im Ausland

§ 6b

Materialien
Weisung 1995, S. 1526; Prot. KK 1995/1996, S. 8 ff., 18; Prot. KR 1995–1999, S. 6425, 6488, 6832; Beleuchtender Bericht 1997, S. 6.

1 Die Verflechtung der Schweiz mit dem Ausland und die Stellung des Kantons Zürich als Grenzkanton haben in zunehmendem Masse zur Folge, dass im verwaltungsrechtlichen Verfahren Parteien mit Sitz oder Wohnsitz im Ausland auftreten (vgl. Weisung 1995, S. 1526). Dieser «Internationalisierung» des Verwaltungs- und Verwaltungsrechtspflegeverfahrens steht das völkerrechtliche Prinzip staatlicher Souveränität gegenüber, das die Staatsgewalt des Territorialstaats sichert; allein diesem kommt die Ausübung der Herrschaft in seinem Gebiet zu. Das Völkerrecht schliesst somit schweizerisches Verwaltungshandeln im Ausland weitgehend aus. Davon betroffen sind namentlich die direkte Zustellung von Verwaltungsakten durch die Post und die damit in Zusammenhang stehenden verwaltungsbehördlichen oder -gerichtlichen Vorbereitungs- und Vollzugshandlungen, mithin die direkte Regelung öffentlichrechtlicher Rechtsbeziehungen mit Personen im Ausland (RB 1983 Nr. 54; vgl. Merkli/Aeschlimann/Herzog, Art. 10 N. 15, Art. 15 N. 16). In Anbetracht dessen drängt sich eine Verpflichtung der Verfahrensbeteiligten zur Bezeichnung eines Zustellungsdomizils oder eines Vertreters in der Schweiz geradezu auf, um den ordnungsgemässen Gang der Verwaltung und der Verwaltungsrechtspflege gegenüber Personen mit Sitz bzw. Wohnsitz im Ausland zu gewährleisten. Dies liegt letztlich auch im Interesse der Verfahrensökonomie, indem sich Verfahren beschleunigen lassen und ein erhebliches Mass an Kosten und Aufwand eingespart werden kann.

2 Neben der Verfahrensvereinfachung und -beschleunigung dient die Verpflichtung gemäss § 6b zur Bezeichnung eines Zustellungsdomizils oder eines Vertreters in der Schweiz auch dazu, den Behörden die völkerrechtskonforme Zustellung ihrer Anordnungen zu ermöglichen (vgl. N. 1). Denn die Zustellung von Verwaltungsverfügungen sowie von prozessleitenden Anordnungen der Verwaltungsbehörden und Gerichte ist ein Hoheitsakt, weshalb sie an Adressaten im Ausland nur mit Bewilligung der zuständigen ausländischen Behörde erfolgen darf. Die direkte Zustellung durch die Post setzt voraus, dass sie mit dem betreffenden Staat vertraglich vereinbart ist oder von diesem geduldet wird. Andernfalls hat sie indirekt durch Vermittlung der zuständigen ausländischen Behörde zu erfolgen (Guldener, S. 253). In Abweichung von diesem Grundsatz ist die postalische Zustellung von behördlichen Mitteilungen informativen Charakters gemäss Völkergewohnheitsrecht und von den meisten Staaten geduldet (RB 1983 Nr. 54). Zu den Mitteilungen informativer Natur gehört namentlich auch die Aufforderung zur Bezeichnung eines Zustellungsdomizils oder eines Vertreters in der Schweiz gemäss § 6b, indem Verfahrensbeteiligte mit Sitz oder Wohnsitz im Ausland lediglich auf die ihnen gemäss Abs. 1 obliegende gesetzliche Verpflichtung (vgl. N. 3) und die damit verbundenen Säumnisfolgen gemäss Abs. 2 hingewiesen werden.

§ 6b

Der Regelung von § 6b unterstehen nur Verfahrensbeteiligte, die ihren *Sitz* 3
oder Wohnsitz im Ausland haben. Diese sind an sich von Gesetzes wegen verpflichtet, in ihren Eingaben einen Vertreter oder ein Zustellungsdomizil in der Schweiz anzugeben, ohne dass es dazu einer vorgängigen Aufforderung durch die Behörden bedürfte. Den pflichtigen Parteien steht es dabei frei, sich für die Benennung eines Vertreters oder für die blosse Bezeichnung eines Zustellungsdomizils zu entscheiden (zur Stellung des Parteivertreters im Sinn von § 6b Abs. 1 vgl. § 6a N. 7).

Kommen die Verfahrensbeteiligten ihrer gesetzlichen Pflicht nicht von sich aus 4
nach, treten allerdings nicht unmittelbar die Säumnisfolgen gemäss § 6b Abs. 2 ein. Dem Wortlaut dieser Bestimmung lässt sich entnehmen, dass die zuständige Behörde den säumigen Verfahrensbeteiligten vorerst eine *angemessene Frist* anzusetzen hat, die es diesen ermöglicht, ein Zustellungsdomizil oder einen Vertreter in der Schweiz anzugeben (zur Angemessenheit der Frist vgl. § 6a N. 8). Will sich die entscheidberufene Behörde im weiteren Verlauf des Verfahrens nicht dem Vorwurf formeller Rechtsverweigerung in Gestalt einer Gehörsverletzung aussetzen, hat sie zusammen mit dieser Aufforderung die gesetzlichen Säumnisfolgen anzudrohen (vgl. Frank/Sträuli/Messmer, § 30 N. 4; Häfelin/Müller, Rz. 924; Prot. KK 1995/96, S. 11). Dabei ist es zulässig, in der Androhung beide vom Gesetzgeber vorgesehenen Sanktionen aufzuführen, um bei der Auswahl der im Einzelfall geeigneten Rechtsfolge freie Hand zu haben (Frank/Sträuli/Messmer, § 30 N. 6).

Anders als § 6a Abs. 2 beschränkt sich § 6b Abs. 2 nicht darauf, den Behörden 5
die Befugnis einzuräumen, mittels Ersatzvornahme anstelle der säumigen Pflichtigen zu handeln (vgl. § 6a N. 8). Vielmehr sind sie befugt, die Zustellung durch amtliche Veröffentlichung zu ersetzen oder gar auf eine Eingabe nicht einzutreten. Aufgrund des klaren Gesetzeswortlauts ist davon auszugehen, dass sich die Behörden nicht mit einer blossen Ersatzvornahme begnügen dürfen.

Eine Publikation der in Frage stehenden Anordnung im kantonalen Amtsblatt 6
genügt den Anforderungen an die *amtliche Veröffentlichung*. Hat eine Behörde oder ein Gemeinwesen indessen weitere amtliche Publikationsorgane bezeichnet (z.B. regionale Tageszeitungen, Gemeindemitteilungsblatt usw.), ist die Anordnung auch in diesen zu veröffentlichen. Vor allem auf kommunaler Ebene ist zudem der öffentliche Aushang gebräuchlich. Dieser stellt allerdings keine genügende amtliche Veröffentlichung dar, weil es unverhältnismässig wäre, von den Betroffenen zu verlangen, dass sie sich in die betreffende Gemeinde begeben, um überhaupt von einer erfolgten Zustellung Kenntnis zu erhalten. – Hinsichtlich des Umfangs der Veröffentlichung einer Anordnung erscheint es in analoger Anwendung von § 187 Abs. 2 GVG als sachgerecht, diese grundsätzlich auf das Dispositiv zu beschränken. Je nach den Verhältnissen des Einzelfalls kann sich die Behörde auch mit der Angabe der Verfahrensparteien und des Verfahrensgegenstands, der Art der Anordnung, der laufenden Fristen und dem

§ 6b / § 7

Hinweis darauf begnügen, dass die vollständige Anordnung bei der zuständigen Behörde zu beziehen sei. In jedem Fall ist bei der amtlichen Veröffentlichung dem Schutz von Persönlichkeitsrechten hinreichend Rechnung zu tragen. Zu beachten ist dabei, dass die amtliche Veröffentlichung gestützt auf § 6b Abs. 2 grundsätzlich mit den Datenschutzvorschriften vereinbar ist (vgl. § 8 Abs. 1 DatenschutzG).

7 Während die amtliche Veröffentlichung die Rechtsstellung eines säumigen Verfahrensbeteiligten nicht grundlegend verschlechtert, bedeutet das *Nichteintreten* auf eine Eingabe für den Betroffenen in der Regel einen erheblichen, meist mit Kostenfolgen verbundenen Nachteil. Als schwerere der beiden vom Gesetz vorgesehenen Sanktionsmöglichkeiten ist Nichteintreten daher nur angebracht, wenn es sich im Einzelfall als verhältnismässig erweist. Die Behörden haben deshalb eine gewisse Zurückhaltung zu üben und ihr Auswahlermessen sorgfältig zu handhaben, wenn sie sich für ein Nichteintreten entscheiden. Die Rechtsfolge des Nichteintretens erscheint jedenfalls als angebracht, wenn sich die amtliche Veröffentlichung von vornherein als ungeeignet oder als sinn- und zwecklose Formalität erwiese.

III. Untersuchung von Amtes wegen

§ 7. Die Verwaltungsbehörde untersucht den Sachverhalt von Amtes wegen durch Befragen der Beteiligten und von Auskunftspersonen, durch Beizug von Amtsberichten, Urkunden und Sachverständigen, durch Augenschein oder auf andere Weise.

Die am Verfahren Beteiligten haben dabei mitzuwirken:

a) soweit sie ein Begehren gestellt haben;

b) wenn ihnen nach gesetzlicher Vorschrift eine Auskunfts- oder Mitteilungspflicht obliegt.

Für die Feststellung des Sachverhaltes sind Verwaltungsbehörden und Gerichte verpflichtet, notwendige Akten herauszugeben, Amtsberichte zu erstatten und Auskünfte zu erteilen. Vorbehalten bleiben besondere Vorschriften über die Geheimhaltung und den Datenschutz.

Die Verwaltungsbehörde würdigt das Ergebnis der Untersuchung frei. Sie wendet das Recht von Amtes wegen an. An die gestellten Begehren ist sie nicht gebunden.

Materialien
Weisung 1957, S. 1032 f.; Prot. KK 3.12.1957, 9.9.1958; Prot. KR 1955–1959, S. 3268; Beleuchtender Bericht 1959, S. 398; Weisung 1995, S. 1526 f.; Prot. KK 1995/1996, S. 13 f., 18 f.; Prot. KR 1995–1999, S. 6488; Beleuchtender Bericht 1997, S. 6.

§ 7

Literatur
BOSSHART, Überprüfung; GADOLA, S. 81 ff., 88 ff., 399 ff.; GYGI, S. 206 ff., 269 ff.; HABSCHEID WALTHER J., Beweisverbot bei illegal, insbesondere unter Verletzung des Persönlichkeitsrechts, beschafften Beweismitteln, SJZ 89/1993, S. 185 ff.; HÄFELIN/MÜLLER, Rz. 1283 ff.; HAUSER ROBERT/SCHWERI ERHARD, Schweizerisches Strafprozessrecht, 3. A., Basel 1997, S. 235 ff.; IMBODEN/RHINOW/KRÄHENMANN, Nrn. 88 f.; KÖLZ, Prozessmaximen, S. 128 ff.; KÖLZ/HÄNER, Rz. 105 ff., 267 ff.; KÖLZ/HÄNER, 1. A., Rz. 489 ff.; MEIER ISAAK, Zum Problem der Beweislastverteilung im schweizerischen Recht, ZSR 106/1987 I, S. 705 ff.; MERKLI/AESCHLIMANN/HERZOG, Art. 18–20, Art. 51 N. 1 ff.; PFEIFER, S. 77 ff.; RHINOW/KOLLER/KISS, Rz. 370 ff., 904 ff., 1119 ff., 1349 ff.; SUTTER PETER, Die Beweislastregeln unter besonderer Berücksichtigung des verwaltungsrechtlichen Streitverfahrens, St. Gallen 1988; WAGNER PFEIFER BEATRICE, Zum Verhältnis von fachtechnischer Beurteilung und rechtlicher Würdigung im Verwaltungsverfahren, ZSR 116/1997 I, S. 433 ff.; WALDER HANS ULRICH, Bemerkungen zum Beweisverbot bezüglich illegal beschaffter Beweismittel, SJZ 89/1993, S. 191 ff.; ZEISS WALTER, Die Verwertung rechtswidrig erlangter Beweismittel, Zeitschrift für Zivilprozess 89/1976, S. 277 ff.

Übersicht	Note
1. Allgemeines	1
2. Zu Abs. 1	7
2.1. Umfang der Sachverhaltsermittlung	7
2.2. Instrumente der Sachverhaltsermittlung	14
2.2.1. Allgemeines	14
2.2.2. Befragen der Beteiligten	17
2.2.3. Auskunftspersonen	20
2.2.4. Gutachten	22
2.2.5. Amtsberichte	31
2.2.6. Urkunden	37
2.2.7. Augenschein	41
2.2.8. Rechtswidrig erlangte Beweismittel	52
2.3. Verschiedenes	55
3. Zu Abs. 2	59
3.1. Allgemeines	59
3.2. Zu lit. a	66
3.3. Zu lit. b	67
3.4. Folgen unterlassener Mitwirkung	68
4. Zu Abs. 3	71
5. Zu Abs. 4	75

1. Allgemeines

§ 7 befasst sich mit den grundlegenden Verfahrensmaximen. Abs. 1–3 regeln die Untersuchungspflicht der Behörden, wobei Abs. 1 das Prinzip (Verantwortlichkeit der Behörden) und das Instrumentarium umschreibt, Abs. 2 die wichtigste Einschränkung (Mitwirkungspflicht der Verfahrensbeteiligten) festhält und Abs. 3 eine wirksame Ergänzung des Instrumentariums (Mitwirkungspflicht anderer Behörden durch Amts- und Rechtshilfe) anführt. Die drei in Abs. 4 angeführten Grundsätze betreffen die Würdigung des «Untersuchungsergeb-

1

§ 7

nisses» – wobei mit Letzterem nicht der bewiesene, sondern der behauptete oder sonst ungewisse Sachverhalt gemeint ist – in tatbeständlicher und rechtlicher Hinsicht sowie den Entscheidungsrahmen für die zu treffende Rechtsfolge. Im Einzelnen geht es dabei um die beweisrechtliche Würdigung von Tatsachenbehauptungen (Satz 1, Grundsatz der freien Beweiswürdigung), die materiellrechtliche Würdigung von (erwiesenen) Tatsachen (Satz 2, Grundsatz der Rechtsanwendung von Amtes wegen), und die Verantwortung für den Verfahrens- bzw. Streitgegenstand (Satz 3, keine Bindung an Begehren der Verfahrensbeteiligten). Gemeinsam ist allen drei in Abs. 4 festgehaltenen Grundsätzen, das sie der zuständigen Behörde gegenüber den Verfahrensbeteiligten eine autonome Stellung einräumen, indem Erstere weder an die Tatsachenbehauptungen noch an die Rechtsvorbringen noch an die Begehren der Letzteren gebunden ist.

2   Die in § 7 festgelegten Verfahrensprinzipien gelten grundsätzlich sowohl für das nichtstreitige wie auch für das streitige Verwaltungsverfahren (§ 4; vgl. aber N. 3 und 11). Im Beschwerdeverfahren vor Verwaltungsgericht kommen sie nur teilweise, kraft Verweisung in § 70, zur Anwendung.

3   Die in § 7 Abs. 1 statuierte Untersuchungspflicht der Behörden lässt sich als Ausfluss der Untersuchungsmaxime, die in § 7 Abs. 4 Satz 3 vorgesehene Freistellung von den Parteibegehren als Ausfluss der Offizialmaxime bezeichnen. Dabei ist jedoch zu beachten, dass die Untersuchungsmaxime und die Verhandlungsmaxime als ihr Gegenstück sowie die Offizialmaxime und als deren Korrelat die Dispositionsmaxime auf ein *streitiges* und damit auf ein Verfahren mit mindestens zwei Parteien zugeschnitten sind (Pfeifer, S. 22 ff., 95 ff., 144; Bosshart, Überprüfung, S. 10 f.). Das ergibt sich daraus, dass diese Maximen – als Modellvorstellungen – ursprünglich im Zivilprozess entwickelt und später für die Verwaltungsrechtspflege übernommen worden sind. Mit Bezug auf verwaltungsrechtliche Angelegenheiten liegt ihr eigentlicher Anwendungsbereich daher im streitigen Verwaltungsverfahren und im verwaltungsgerichtlichen Verfahren. Im nichtstreitigen Verwaltungsverfahren sind die Untersuchungspflicht der Behörden und deren Freistellung von Parteibegehren genaugenommen nicht Ausfluss der als Modellvorstellung dem Prozessrecht entstammenden Untersuchungsmaxime bzw. Offizialmaxime, sondern unmittelbar Ausdruck davon, dass die Verwaltungsbehörden nach dem *Legalitätsprinzip* zu handeln haben.

4   Als *Verfahrensmaxime* besagt der Untersuchungsgrundsatz, dass die Verwaltungs(justiz)behörden im Rahmen des Verfahrens- bzw. Streitgegenstands für die Beschaffung des die Urteilsgrundlage bildenden Tatsachenmaterials verantwortlich sind. Dies bedeutet, dass der rechtserhebliche Sachverhalt *von Amtes wegen* richtig und vollständig zu ermitteln ist (Gadola, S. 81; Merkli/Aeschlimann/Herzog, Art. 18 N. 1). Unter der Herrschaft des Untersuchungsgrundsatzes ist es Aufgabe der Behörden, die materielle Wahrheit, d.h. die wirkliche

Sachlage, zu suchen; anders als im Geltungsbereich der Verhandlungsmaxime dürfen sie sich nicht mit der in erster Linie auf den eingebrachten Informationen der Verfahrensbeteiligten beruhenden formellen Wahrheit zufrieden geben (Gygi, S. 207). Die Behörden sollen sich deshalb nur auf Sachumstände stützen, von deren Vorhandensein sie sich überzeugt haben; zugleich sind sie aber befugt, von den Verfahrensbeteiligten nicht vorgebrachte Sachumstände zu berücksichtigen (Rhinow/Krähenmann, Nr. 88 B I; Rhinow/Koller/Kiss, Rz. 905). – Die sich aus § 7 ergebende behördliche Untersuchungspflicht ist *zwingender Natur,* weil sie die materielle Rechtmässigkeit des zu setzenden bzw. zu überprüfenden Verwaltungsakts sicherstellt (Sommer, Verwaltungsgericht, S. 280). Dies bedingt, dass die erheblichen Tatsachen vollständig ermittelt und die massgebenden Normen richtig angewendet werden. Ersteres zu gewährleisten, ist die Aufgabe von § 7 Abs. 1, Letzteres die Funktion von § 7 Abs. 4.

Eingeschränkt wird der Untersuchungsgrundsatz durch die *Mitwirkungspflicht* 5 der am Verfahren Beteiligten (§ 7 Abs. 2; dazu N. 59 ff.). Im Rechtsmittelverfahren wird er zusätzlich dadurch eingeschränkt, dass der Rechtsmittelkläger die seine Rügen stützenden Tatsachen darzulegen und allenfalls Beweismittel einzureichen hat (Gadola, S. 82; Rhinow/Koller/Kiss, Rz. 907; vgl. §§ 23 und 54). Zum Umfang der notwendigen Sachverhaltsabklärungen durch die Behörden vgl. N. 7 ff. – Keinen Einfluss besitzt der Untersuchungsgrundsatz auf die *objektive Beweislast,* d.h. die Frage, wen die Folgen der Beweislosigkeit treffen. Diese richten sich sowohl unter Herrschaft der Untersuchungs- als auch der Verhandlungsmaxime in erster Linie nach dem materiellen Recht und subsidiär nach dem allgemeinen Rechtsgrundsatz von Art. 8 ZGB. Demnach trägt auch im Verwaltungsverfahren grundsätzlich derjenige die Beweislast, der aus der unbewiesen gebliebenen Tatsache hätte Rechte ableiten können. Infolgedessen hat die beweisbelastete Partei stets ein eigenes Interesse daran, an der Tatbestandsfeststellung und bei der Beweisbeschaffung mitzuwirken (Gadola, S. 400; Kölz/Häner, Rz. 269; Rhinow/Koller/Kiss, Rz. 910; vgl. VGr. 10.5.1994, VB 93/0195).

Da der Untersuchungsgrundsatz im Verwaltungsverfahren verschiedenen Einschränkungen und Relativierungen unterliegt (vgl. N. 5), ist die Aussage zu absolut, im Verwaltungsverfahren bestehe weder eine Behauptungs- noch eine subjektive Beweislast bzw. Beweisführungslast (so BGE 117 V 264, mit Hinweisen, 115 V 44; Kom. 1. A., § 7 N. 2 und Vorbem. zu §§ 19–28 N. 6; Kölz/Häner, Rz. 105; Rhinow/Krähenmann, Nr. 88 B I). Zwar sind es grundsätzlich die Behörden, welche die Beweise bezüglich des rechtserheblichen Sachverhalts erheben; die Verfahrensbeteiligten wirken jedoch mit, insbesondere im Rechtsmittelverfahren. In ihrer praktischen Bedeutung hat die Untersuchungsmaxime daher vorab eine *Milderung der Behauptungs- und Beweisführungslast* zur Folge (Gadola, S. 83, 399 f.; Gygi, S. 210; Merkli/Aeschlimann/Herzog, Art. 18 N. 6; Pfeifer, S. 113). 6

§ 7

2. Zu Abs. 1

2.1. Umfang der Sachverhaltsermittlung

7 Im Geltungsbereich der Untersuchungsmaxime muss die amtliche Untersuchung den Sachverhalt grundsätzlich in jeder Beziehung *umfassend* klären. Andernfalls liegt eine Verletzung der Untersuchungspflicht vor, die mit Rekurs oder Beschwerde gerügt werden kann (RB 1988 Nr. 2; vgl. §§ 20 und 51). Die Behörden haben deshalb stets selber an die Sachverhaltsabklärungen heranzutreten (Gygi, S. 210). Das bedeutet jedoch nicht, dass diese sich auf alle denkbaren Einzelheiten zu erstrecken haben. Vielmehr genügt es, auf die Erheblichkeit und Notwendigkeit der Ermittlungen abzustellen; der zuständigen Behörde kommt dabei ein weiter Ermessensspielraum zu (Gadola, S. 83; vgl. RB 1961 Nr. 97 = ZBl 63/1962, S. 17). Blosse Vermutungen und Möglichkeiten eines bestimmten Sachverhalts stellen allerdings noch keine genügende Sachverhaltsfeststellung dar (Merkli/Aeschlimann/Herzog, Art. 18 N. 8; Rhinow/Krähenmann, Nr. 88 B I). Stattdessen muss die Behörde vom Bestehen einer Tatsache überzeugt sein. Weil aber vielfach absolute Gewissheit nicht erlangt werden kann, genügt ein so hoher Grad an Wahrscheinlichkeit, dass keine vernünftigen Zweifel bleiben (Merkli/Aeschlimann/Herzog, Art. 19 N. 6). Unter Umständen ist bereits der Beweisgrad der überwiegenden Wahrscheinlichkeit hinreichend (vgl. Merkli/Aeschlimann/Herzog, Art. 19 N. 7; Rhinow/Krähenmann, Nr. 88 B I; vgl. BGE 115 V 44). Vorsorgliche Massnahmen (vgl. § 6) rechtfertigen sich gar, sobald deren Notwendigkeit vom Ansprecher glaubhaft gemacht wird, mithin ein erheblicher Grad von Wahrscheinlichkeit besteht (Merkli/Aeschlimann/Herzog, Art. 19 N. 7).

8 Die Untersuchungsmaxime steht einer Bindung der anordnenden Behörde an eine von allen Verfahrensbeteiligten übereinstimmend anerkannte Sachdarstellung entgegen. Aus verfahrensökonomischen Gründen rechtfertigt es sich indessen, dass die betroffene Instanz diesfalls nur weitere Untersuchungen und Beweiserhebungen trifft, soweit sie begründete Zweifel an der Richtigkeit des dargelegten Sachverhalts hat (vgl. Gadola, S. 83; Gygi, S. 210). Zugleich bleibt es ihr im Sinn eines *Untersuchungsrechts* unbenommen, von den Parteien nicht beantragte, geeignete Beweise zu erheben (vgl. RB 1982 Nr. 5; VGr. 3.4.1991, VB 90/0246; Rhinow/Koller/Kiss, Rz. 1119). Die Behörden sind im Rahmen von § 7 Abs. 1 auch nicht verpflichtet, alle Tatsachenbehauptungen von Amtes wegen auf ihren Wahrheitsgehalt hin zu überprüfen. Sie haben vielmehr den Sachverhalt nur dort abzuklären, wo Unklarheiten und Unsicherheiten bestehen, sei es, dass sie von Verfahrensbeteiligten auf Fehler hingewiesen werden, sei es, dass sie diese selber feststellen (BGE 100 V 63). Sobald jedoch die Verfahrensbeteiligten aufgrund von § 7 Abs. 2 mitwirkungsverpflichtet sind, besteht im Einzelfall ein Anspruch darauf, dass die im Umfang der Mitwirkungspflicht beantragten Beweise von den Verwaltungsbehörden abgenommen werden.

Die Wahrnehmung der Untersuchungspflicht wird den Behörden zusätzlich dadurch erleichtert, dass sie Offenkundiges sowie die auf allgemeiner Lebenserfahrung beruhenden Erfahrungssätze nicht weiter beweisen müssen. Als offenkundig gilt dabei, was allgemein bekannt ist, mithin viele mit Sicherheit wissen, und was amts- bzw. gerichtsnotorisch ist, d.h. was eine Behörde bei ihrer amtlichen Tätigkeit wahrgenommen hat (Merkli/Aeschlimann/Herzog, Art. 19 N. 2). Für die Behörde bindend ist sodann eine Vermutung, die das Gesetz im Sinn einer Fiktion als unwiderlegbar bezeichnet.

Erscheint der Sachverhalt umfassend ermittelt, obgleich nicht alle Möglichkeiten der Beweisführung ausgeschöpft wurden, und versprechen zusätzliche Abklärungen keine wesentlichen neuen Erkenntnisse, rechtfertigt es sich, auf weitere Untersuchungen zu verzichten. Ein Verzicht ist insbesondere geboten, wenn die Abnahme von Beweisen in Frage steht, die sich von vornherein als untauglich erweisen (Gadola, S. 83). Beweismassnahmen, die mit einem unverhältnismässig hohen Aufwand verbunden sind, setzen ein diesem Aufwand entsprechendes, bedeutendes Beweisinteresse voraus (Merkli/Aeschlimann/Herzog, Art. 18 N. 10). Um festzustellen, ob ein Sachverhalt hinreichend feststeht und ein Beweis zur Klärung der Sachlage etwas beiträgt, kommt die Behörde allerdings nicht umhin, das Beweisergebnis vorläufig zu würdigen. Diese *antizipierte Beweiswürdigung* und der darauf beruhende Verzicht auf Beweisabnahme sind mit dem Anspruch auf rechtliches Gehör vereinbar. Denn dieser beinhaltet lediglich eine behördliche Beweisabnahmepflicht für rechtzeitig und formrichtig angebotene Beweise, die eine erhebliche Tatsache betreffen und nicht offensichtlich untauglich sind (BGE 122 V 162, mit Hinweisen; BGr. 17.11.1987, ZBl 89/1988, S. 372; Häfelin/Müller, Rz. 1317; vgl. VGr. 18.9.1997, VB.97.00093). Werden dagegen gestützt auf den rechtlichen Gehörsanspruch alle Beweise unbesehen zugelassen und abgenommen, setzt sich die betreffende Behörde unter Umständen dem Vorwurf der Rechtsverzögerung aus (Merkli/Aeschlimann/Herzog, Art. 18 N. 9), namentlich wenn unnötigerweise zeitraubende Beweismassnahmen angeordnet werden (z.B. die Einholung eines Sachverständigengutachtens).

Hinsichtlich des Umfangs der Sachverhaltsermittlungen von Amtes wegen ist zu unterscheiden, ob es sich um ein nichtstreitiges oder ein streitiges Verwaltungsverfahren handelt und ob Ersteres von Amtes wegen oder auf Antrag hin eingeleitet wird. Im (nichtstreitigen) Verwaltungsverfahren geht die Untersuchungspflicht weiter als im Rekursverfahren, indem die Vermutung für die Richtigkeit des der erstinstanzlichen Verfügung zugrunde liegenden Sachverhalts spricht. Wird ein nichtstreitiges Verwaltungsverfahren von Amtes wegen eingeleitet, wie dies in der Eingriffsverwaltung teilweise der Fall ist, gilt die Untersuchungspflicht gemäss § 7 Abs. 1 umfassend. Damit wird dem Umstand Rechnung getragen, dass kein eigentliches Parteiverfahren vorliegt. Bildet dagegen das Begehren eines Privaten Ausgangspunkt des Verfahrens, was nament-

§ 7

lich bei staatlichen Leistungen und Bewilligungen der Fall ist, treten gewisse Merkmale eines Parteiverfahrens auf. Zu diesen gehört als wichtigstes die Mitwirkungspflicht desjenigen, der ein Begehren gestellt hat (§ 7 Abs. 2 lit. a); diese schränkt die Tragweite der Untersuchungsmaxime ein (vgl. N. 5). Ebenso gilt die Untersuchungspflicht im Rekursverfahren, das immer durch Parteiantrag eingeleitet wird, nicht umfassend, sondern wird sie durch das Rügeprinzip und das Begründungserfordernis erheblich relativiert (RB 1982 Nr. 5; VGr. 18.6.1997, VB.97.00070; 3.4.1991, VB 90/0246). Im Rekursverfahren kann sich die Behörde stärker auf das von den Beteiligten Vorgebrachte stützen. Sie darf von der *natürlichen Vermutung* ausgehen, der Rekurrent habe die für sein Begehren günstigen und der Rekursgegner die für jenen ungünstigen Umstände vorgebracht (Bosshart, Überprüfung, S. 19 ff.; vgl. Vorbem. zu §§ 19–28 N. 68 f.). Noch stärker relativiert ist die Untersuchungspflicht im verwaltungsgerichtlichen Verfahren (vgl. § 60 N. 1 ff.).

12 Ob ein nichtstreitiges Verwaltungsverfahren von Amtes wegen oder auf Parteiantrag eingeleitet wird, bestimmt sich nach dem materiellen Recht. Ein Verfahren, das nach gesetzlicher Vorschrift von Amtes wegen einzuleiten ist, wird durch ein Begehren von Seiten eines der Beteiligten nicht zu einem solchen gemäss § 7 Abs. 2 lit. a; die Untersuchungspflicht bleibt somit bestehen.

13 Der Untersuchungsgrundsatz schliesst in sich, dass im Rahmen des Streitgegenstands neue Tatsachenbehauptungen, neue Beweismittel und neue rechtliche Begründungen – unabhängig vom Zeitpunkt, in welchem sie sich verwirklicht haben – jederzeit vorgebracht werden können. Damit lässt sich sicherstellen, dass einer Anordnung der Sachverhalt, wie er sich im Zeitpunkt der Anordnung verwirklicht hat und bewiesen ist, zugrunde gelegt wird (vgl. RB 1987 Nr. 6 E. 2b; RB 1961 Nr. 106 = ZBl 63/1962, S. 83). Eine Pflicht der Behörden oder ein Anspruch der Verfahrensbeteiligten, später Nachgetragenes zu berücksichtigen, besteht jedoch nicht: Was nicht ausschlaggebend erscheint oder wegen nachlässiger Verfahrensführung oder gar zwecks Verfahrensverschleppung verspätet eingebracht wird, kann ausser Acht gelassen werden (RB 1994 Nr. 16, 1982 Nr. 40; Gadola, S. 386; Gygi, S. 67, 210; Kölz/Häner, Rz. 615). Werden nachträgliche Vorbringen trotzdem berücksichtigt, ist den Parteien dazu das rechtliche Gehör zu gewähren (vgl. RB 1982 Nr. 6).

2.2. Instrumente der Sachverhaltsermittlung

2.2.1. Allgemeines

14 § 7 Abs. 1 zählt die einer Verwaltungsbehörde zur Abklärung des Sachverhalts zur Verfügung stehenden Mittel auf. Der Katalog ist *nicht* abschliessend; die Verwaltung kann sich weiterer Massnahmen bedienen, die zur Sachverhaltsabklärung beitragen können, und ist befugt, zu diesem Zweck – neben den im Gesetz genannten – weitere Mittel beizuziehen. Als solche kommen nament-

lich Pläne, Modelle, Fotos, Gegenstände, Ton- und Bildaufnahmen sowie Datenaufzeichnungen in Frage. Ausgeschlossen sind lediglich die Einvernahme von Zeugen sowie die förmliche Parteiaussage (Parteiverhör, persönliche Befragung unter Ermahnung zur Wahrheit). Der ursprüngliche Entwurf zum VRG sah ein Recht der oberen Verwaltungsbehörden zur Zeugeneinvernahme vor (Weisung 1957, S. 996). Im Kantonsrat wurde dieses Institut jedoch abgelehnt (Prot. KR 1955–1959, S. 3373 ff.). Infolgedessen verfügen die Verwaltungsbehörden – anders als das Verwaltungsgericht (vgl. § 60) – auch im Disziplinarverfahren nicht über das Recht zur Einvernahme von Zeugen (RB 1966 Nr. 23 = ZBl 68/1967, S. 327 = ZR 66 Nr. 176).

Weil die Verwaltungsbehörden wegen des fehlenden Rechts auf Zeugeneinvernahme oft nicht in der Lage sind, einen Sachverhalt umfassend zu klären, muss zuweilen auf die tatsächlichen Abklärungen im Rahmen allfälliger Zivil- und Strafverfahren abgestellt werden. Das Verwaltungsverfahren ist dann, falls die Umstände es erlauben, für die Dauer dieser Verfahren zu sistieren (dazu Vorbem. zu §§ 4–31 N. 27 ff.). 15

Die Untersuchungsmaxime verpflichtet die Behörden grundsätzlich, den entscheidrelevanten Sachverhalt umfassend zu ermitteln (N. 7). Darüber hinaus obliegt ihnen im Interesse der Erforschung der materiellen Wahrheit die Aufgabe, Beweismittel zu erheben und zu beschaffen, welche die Richtigkeit der zu beurteilenden Tatsachen zu bezeugen vermögen (Gadola, S. 399). Davon erfasst werden sowohl nicht vorgebrachte, aber bedeutsame Umstände als auch nicht bestrittene Tatsachen, sofern Anlass besteht, an deren Richtigkeit zu zweifeln (Gadola, S. 402; Rhinow/Koller/Kiss, Rz. 1123). Dabei beinhaltet § 7 Abs. 1 nicht nur eine Untersuchungs*pflicht*, sondern zugleich auch ein Untersuchungs*recht* der Verwaltungsbehörden; diese dürfen alle Beweise erheben, die zur umfassenden Abklärung des Sachverhalts geeignet erscheinen (vgl. RB 1969 Nr. 4; dazu N. 8). Ob ein bestimmtes Beweismittel geeignet ist, eine Tatsache zu beweisen, ist von der Verwaltung nach pflichtgemässem Ermessen zu entscheiden. Steht bei einem Beweismittel von vornherein mit Sicherheit fest, dass es zur Sachverhaltsabklärung untauglich ist, so kann dessen Beizug oder Entgegennahme verweigert werden (antizipierte Beweiswürdigung; dazu N. 10; Sommer, Verwaltungsgericht, S. 283; Frank/Sträuli/Messmer, § 140 N. 4). Dagegen hängt von der Beweiswürdigung ab, ob ein Beweisergebnis eine bestimmte Tatsache als eingetreten erscheinen lässt (§ 7 Abs. 4; dazu N. 76 ff.). In diesem Zusammenhang ist auch der Verlässlichkeit einer Information und – vor allem bei Daten-, Bild- und Tonträgern – der Manipulierbarkeit eines Beweismittels Rechnung zu tragen (Merkli/Aeschlimann/Herzog, Art. 19 N. 11). 16

2.2.2. Befragen der Beteiligten

Beteiligte im Sinn von § 7 Abs. 1 und 2 sind in erster Linie *Gesuchsteller* und *Gesuchsgegner*. Weiter gelten diejenigen als Beteiligte, an die die Behörde eine 17

§ 7

Anordnung richten will oder gerichtet hat, also die *potenziellen* und *aktuellen Verfügungs- bzw. Entscheidungsadressaten*. Schliesslich kann die Behörde Dritte, deren schutzwürdige tatsächliche oder rechtliche Interessen durch eine Anordnung bzw. den Ausgang des Verfahrens berührt werden (vgl. § 21), als (Verfahrens-)Beteiligte heranziehen. In allen diesen Rollen kommen als Beteiligte sowohl Private wie auch Behörden in Betracht.

18 Das Vorgehen der Verwaltungsbehörden bei der Sachverhaltsermittlung durch Befragen der Beteiligten ist ausserordentlich vielfältig. Beteiligte werden in der Regel schriftlich befragt, wenn anzunehmen ist, sie vermöchten sich schriftlich genügend klar auszudrücken; andernfalls erfolgt eine mündliche Befragung. Eine solche vermag – vor allem in Gesprächsform – oftmals ein differenzierteres Bild über einen Sachverhalt zu vermitteln als die blosse schriftliche Stellungnahme (vgl. § 27 Abs. 1 der Verordnung zum Sozialhilfegesetz vom 21.10.1981 [LS 851.11]; RB 1998 Nr. 83). Mit telefonischen Befragungen der Beteiligten ist indessen Zurückhaltung zu üben (BGE 101 Ib 276); dieses Mittel kann nur für Nebenpunkte in Frage kommen.

19 Um allen Verfahrensbeteiligten das rechtliche Gehör gewähren und deren Gehörsanspruch wahren zu können, sind alle in der Sache vorgenommenen Handlungen zu belegen, insbesondere die tatsächlichen Ermittlungen. Der Gesuchsteller oder Rekurrent bzw. Beschwerdeführer muss zu sämtlichen seinen Fall betreffenden Beweisergebnissen Stellung nehmen können (RB 1964 Nr. 3). Über mündliche Befragungen ist deshalb zumindest eine Aktennotiz zu erstellen. In wichtigen Angelegenheiten ist ein Protokoll anzufertigen und dieses vom Aussagenden unterzeichnen zu lassen, so stets in Disziplinarfällen (RB 1994 Nr. 26 = ZBl 96/1995, S. 78; leicht relativierend RB 1995 Nr. 20). Mündliche Besprechungen mit Parteien und weiteren Verfahrensbeteiligten sind schriftlich festzuhalten; die formlose Befragung ohne Aufzeichnung genügt nicht. Letztlich müssen alle Informationen, die sich ein Sachbearbeiter verschafft hat, auch der entscheidenden Behörde zur Kenntnis gelangen (BGr. 19.9.1973, ZBl 75/1974, S. 30).

2.2.3. Auskunftspersonen

20 Als *Auskunftspersonen* gelten private Dritte, die nicht Verfahrensbeteiligte sind und kein schutzwürdiges rechtliches oder tatsächliches Interesse am Verfahrensausgang besitzen (vgl. N. 17). Sie können von den Verwaltungs- und Verwaltungsrechtspflegebehörden ebenfalls zum Sachverhalt befragt werden. Soweit ihnen nicht eine gesetzliche Auskunftspflicht obliegt, unterliegen sie allerdings nicht der Mitwirkungspflicht. Infolgedessen fehlt den Behörden eine Handhabe, um Auskunftspersonen zur Aussage veranlassen zu können; diesen erwachsen aus einer Aussageverweigerung grundsätzlich keine Rechtsnachteile. Ebenso wenig sind Auskunftspersonen zur Herausgabe von Urkunden verpflichtet.

Um private Dritte in ihrer Funktion als Auskunftsperson zur Aussage zu zwingen, bedarf es demnach einer klaren gesetzlichen Grundlage.

Private Auskunftspersonen sind in der Regel mündlich einzuvernehmen, und 21 es ist ein Protokoll aufzunehmen (vgl. BGE 101 Ib 276); bei wichtigen Aussagen ist dieses von der Auskunftsperson unterzeichnen zu lassen. Damit den Betroffenen rechtliches Gehör verschafft werden kann, sind Aussagen von Auskunftspersonen besonders sorgfältig schriftlich festzuhalten (RB 1995 Nr. 20, 1981 Nr. 32; vgl. BGE 101 Ib 276). Ein Anspruch auf Parteiöffentlichkeit der Befragung einer Auskunftsperson besteht nicht (RB 1997 Nr. 1). Zu beachten gilt es in diesem Zusammenhang, dass Art. 307 StGB auf das Verwaltungsverfahren nicht anwendbar ist, weshalb Auskunftspersonen nicht der Pflicht zu wahrheitsgetreuer Aussage unterliegen. Dies mindert die Aussage- und Beweiskraft der von einer Auskunftsperson gemachten Ausführungen, was die Behörden im Rahmen der freien Würdigung des Untersuchungsergebnisses zu berücksichtigen haben (vgl. § 7 Abs. 4 Satz 1). Gerade deswegen sind Auskunftspersonen auf die Bedeutung ihrer Aussage für den konkreten Fall hinzuweisen.

2.2.4. Gutachten

Gutachten von Sachverständigen sind anzuordnen, wenn zur Ermittlung des Sach- 22 verhalts besondere Sachkenntnisse erforderlich sind. Aufgabe des Sachverständigen ist es, ein Gutachten über *Tatsachen* abzugeben, die er im Lauf und zum Zweck des Verfahrens wahrnimmt und mit seiner besonderen Sachkunde würdigt (Rhinow/Krähenmann, Nr. 146 B II a). Gutachten über *Rechtsfragen* sind zulässig, soweit sie im verwaltungsinternen Rechtspflegeverfahren, d.h. von Behörden, die nicht primär rechtsprechende Funktionen ausüben, eingeholt werden. Hingegen sind Behörden, die in erster Linie Rechtsfragen zu entscheiden haben – namentlich das Verwaltungsgericht, die verwaltungsexternen Rekurskommissionen (z.B. die Baurekurskommissionen) und die Schätzungskommissionen –, nicht befugt, zur Entscheidfindung Rechtsgutachten beizuziehen (Gadola, S. 411; Imboden/Rhinow I, Nr. 146 B I; vgl. Kölz/Häner, Rz. 280).

Sachverständige im Sinn von § 7 Abs. 1 werden von der Behörde «beigezogen». 23 Von Verfahrensbeteiligten eingereichte Gutachten sind demgegenüber reine Parteigutachten, denen keine grössere Bedeutung zukommt als den übrigen rechtlichen Parteivorbringen.

Eine einheitliche Praxis darüber, in welchen Fällen Gutachten eingeholt wer- 24 den, besteht nicht. Vielmehr ist von Fall zu Fall über die Notwendigkeit eines Sachverständigenurteils zu entscheiden; dabei kommt der zuständigen Instanz ein erhebliches Ermessen zu. Im (nichtstreitigen) Verwaltungsverfahren wird in der Regel auf das Urteil sachverständiger Mitarbeiter abzustellen sein, sofern solche vorhanden sind. Demgegenüber ist im Rekursverfahren die Einholung eines Gutachtens geboten, sofern die Feststellungen der an der vorinstanzlichen

§ 7

Anordnung mitwirkenden Fachstelle in Zweifel zu ziehen sind, namentlich wenn ein vom Rekurrenten eingereichtes Privatgutachten der Beurteilung durch die Verwaltung in wesentlichen Punkten widerspricht und sich dieser Widerspruch nicht sofort beseitigen lässt (RB 1998 Nr. 19).

25 Wirkten an einem Verfahren bereits unabhängige Sachverständige mit, so drängt sich die Einholung eines zweiten Gutachtens – einer sogenannten *Oberexpertise* – nur auf, wenn begründete Zweifel an der richtigen Beurteilung der Sachfrage bestehen. Allgemein erscheint die Einholung eines Obergutachtens angezeigt, wenn sich das erste Gutachten als unklar, unvollständig oder nicht gehörig begründet erweist, aufgrund der Untersuchungsmaxime neue erhebliche Tatsachen zu berücksichtigen sind oder wenn dem Gutachter die Unbefangenheit fehlte (Sommer, Verwaltungsgericht, S. 283; vgl. RB 1998 Nr. 19, 1961 Nr. 109; VGr. 29.10.1996, VB.96.00112). Solche Zweifel sind z.B. angebracht, wenn der am Rekursverfahren mitwirkende Pädagogikexperte Mitglied der erstinstanzlich entscheidenden Prüfungskommission war (RRB 5354/1972) oder wenn im Rahmen der Erteilung der venia legendi (Befugnis der Lehrtätigkeit als Privatdozent an der Universität) die Beurteilung der den Anforderung genügenden Habilitationsschrift und jene der Probevorlesung stark divergierten und der Habilitationsentscheid praktisch auf eine 25-minütige Probevorlesung abzustützen war (RRB 1028/1975). Bei Prüfungsentscheiden drängen sich Oberexpertisen indessen nur auf, sofern glaubhaft Mängel am Prüfungsverfahren geltend gemacht werden können (RRB 4155/1975). Vor der Einholung eines zweiten Gutachten gilt es immer zu prüfen, ob sich Unklarheiten oder neue Tatsachen nicht durch ein Ergänzungsgutachten oder eine persönliche Befragung des Sachverständigen aufhellen lassen (Merkli/Aeschlimann/Herzog, Art. 19 N. 24; vgl. Frank/Sträuli/Messmer, § 181 N. 3).

26 (Ergänzungs-)Gutachten können mündlich oder schriftlich abgegeben werden, wobei Letzteres die Regel bildet. Im Fall der Mündlichkeit ist gleich wie bei der Befragung einer privaten Auskunftsperson zu verfahren (vgl. N. 21). Damit den Betroffenen das rechtliche Gehör gewährt werden kann, sind Sachverständige in der Regel in Anwesenheit der betroffenen Privaten zu befragen. Diesen ist mündlich oder schriftlich Gelegenheit zu bieten, Ergänzungsfragen zu stellen und Einwendungen zu erheben (BGE 101 Ib 276; VGr. 3.4.1991, VB 91/0022). Die Aussagen der Sachverständigen sind genau festzuhalten, namentlich im Interesse derjenigen Betroffenen, die der Befragung nicht beiwohnen. Zu beachten ist schliesslich, dass Sachverständige mangels Anwendbarkeit von Art. 307 StGB im Verwaltungsverfahren keiner Wahrheitspflicht unterliegen, deren Verletzung strafrechtliche Folgen zeitigen würde. Dies ist bei der Würdigung eines Sachverständigengutachtens durch die Behörden zu berücksichtigen.

27 Aus der systematischen Stellung von § 7 innerhalb des VRG und dem Fehlen einer § 60 entsprechenden Bestimmung ergibt sich, dass Sachverständige, die

im verwaltungsinternen Verfahren mitwirken, nicht an die strengen Bestimmungen der §§ 171 ff. ZPO gebunden sind (vgl. BGE 101 Ib 276). Ob diese zivilprozessualen Vorschriften im Verwaltungsverfahren gleichwohl zu berücksichtigen sind, hat das Verwaltungsgericht bis anhin offen gelassen (RB 1988 Nr. 3; VGr. 3.4.1991, VB 91/0022). Weil die §§ 171 ff. ZPO den Ablauf und insbesondere die Parteirechte bei der Einholung eines Sachverständigengutachtens eingehend regeln, drängt es sich jedoch auf, die einschlägigen Bestimmungen der Zivilprozessordnung analog anzuwenden (Kölz/Häner, 1. A., Rz. 491). Danach bestimmt die Verwaltung die Sachverständigen. Die Parteien können Vorschläge unterbreiten sowie gegen bestimmte Sachverständige Einwendungen – z.B. wegen Befangenheit – erheben (§ 172 ZPO). Eine Pflicht zur Übernahme eines Gutachtensauftrags besteht nicht, soweit es sich nicht um vom Staat für bestimmte Zwecke bestellte Experten handelt (§ 173 Abs. 1 ZPO). Der Sachverständige muss nach bestem Wissen und Gewissen amten, ohne dass er jedoch der Strafandrohung gemäss § 174 ZPO unterliegt; denn dafür fehlt mangels ausdrücklicher Verweisung im VRG eine genügende gesetzliche Grundlage. Die Behörden haben dem Sachverständigen seine Aufgabe schriftlich oder (als Ausnahme) mündlich zu erläutern, und es werden ihm die zur Erfüllung seines Auftrags notwendigen Akten zur Verfügung gestellt (§ 175 Abs. 1 und 3 ZPO). Den Parteien kann Gelegenheit geboten werden, sich zur Fragestellung an den Sachverständigen zu äussern und Änderungs- oder Ergänzungsfragen zu stellen (§ 175 Abs. 2 ZPO). Die Verwaltungsbehörde kann den Sachverständigen ermächtigen, einen Augenschein vorzunehmen, Urkunden beizuziehen sowie Parteien und Beteiligte zu befragen (§ 176 ZPO). Parteien und Dritte haben die vom Sachverständigen vorgenommenen Untersuchungen zu dulden und sollen mitwirken, soweit ihnen dies nach den Umständen zumutbar ist (§ 177 ZPO; vgl. auch § 7 Abs. 2 VRG). Das Gutachten ist zu begründen (§ 178 ZPO), und die Parteien erhalten – im Rahmen der Gewährung des rechtlichen Gehörs – Gelegenheit, dazu Stellung zu nehmen und Erläuterung oder Ergänzung oder die Bestellung eines andern Sachverständigen zu beantragen (§ 180 ZPO; vgl. N. 26). Die Verwaltungsbehörde lässt ein unvollständiges, unklares oder nicht gehörig begründetes Gutachten von Amtes wegen ergänzen oder erläutern (§ 181 ZPO; vgl. N. 25). Der Sachverständige kann zu den Verhandlungen beigezogen werden (§ 182 ZPO).

Sachverständige sind Mitwirkende im Sinn von § 5a Abs. 1, weshalb auf sie die gesetzlichen Ausstandsbestimmungen, wie sie für die entscheidenden Behördenmitglieder gelten, ebenfalls anwendbar sind (§ 5a N. 9). Die daraus resultierende Unbefangenheit des Experten erhöht zugleich das Gewicht des Gutachtens im Rahmen der freien Beweiswürdigung (vgl. § 7 Abs. 4 Satz 1). Aus der Anwendbarkeit der Ausstandsbestimmungen ergibt sich aber auch, dass als Sachverständige nur natürliche Personen in Frage kommen. Daher sind die einzelnen Angestellten in die Pflicht zu nehmen, wenn ein Gutachtensauftrag an eine juristische Person vergeben wird (vgl. Merkli/Aeschlimann/Herzog, Art. 19 N. 26). 28

§ 7

29 Gemäss § 15 Abs. 1 kann die Verwaltungsbehörde einen im Interesse eines Privaten liegenden Gutachterauftrag von der Leistung eines Barvorschusses abhängig machen (dazu § 15, insb. N. 13 ff.). Von dieser Möglichkeit wird in der Praxis zu Recht nur zurückhaltend Gebrauch gemacht. Die verwaltungsbehördliche Untersuchungspflicht würde sonst zu sehr relativiert. Die Vorschusspflicht sollte deshalb nur bei vom Privaten selber beantragten Gutachten Platz greifen. Angebracht ist ein Kostenvorschuss namentlich, wenn die dem Gutachten zugrunde zu legenden tatsächlichen Behauptungen als vage erscheinen oder wenn die Beweiseignung des Gutachtens grundsätzlich anzuzweifeln ist und der Beschwerdeführer gleichwohl an dessen Einholung festhält (Gadola, S. 412).

30 Geben die Äusserungen einer Amtsstelle deren besondere amtliche Sachkunde wieder, kommen sie *inhaltlich* einem eigentlichen Gutachten gleich (VPB 52/1988 Nr. 9 S. 44). *Formell* sind solche Stellungnahmen jedoch als Amtsberichte (vgl. N. 31 ff.) zu behandeln. Anders als der private Sachverständige sind Verwaltungsbehörden nämlich verpflichtet, Amtsberichte zu erstatten (§ 7 Abs. 3). Den Berichten der gestützt auf § 216 Abs. 1 PBG vom Regierungsrat eingesetzten kantonalen Natur- und Heimatschutzkommission, der kantonalen Denkmalpflegekommission und der kantonalen Archäologiekommission kommt daher lediglich die Bedeutung eines Amtsberichts zu (RB 1990 Nr. 73, 1972 Nr. 3). Dies gilt auch für Stellungnahmen vergleichbarer kommunaler Kommissionen (vgl. RB 1990 Nr. 73). Demgegenüber hat die Prüfung eines Berichts über die Umweltverträglichkeit im Sinn von Art. 9 USG durch die kantonalen Umweltschutzfachstellen in der Form einer amtlichen Expertise zu erfolgen (BGE 119 Ib 276). Diesem amtlichen Gutachten steht der vom Gesuchsteller einzureichende Umweltverträglichkeitsbericht gegenüber, der einem Privatgutachten gleichzustellen ist (Kölz/Häner, Rz. 283; Merkli/Aeschlimann/Herzog, Art. 19 N. 28).

2.2.5. Amtsberichte

31 *Amtsberichte* sind mündliche oder schriftliche Angaben einer Behörde oder Amtsstelle zuhanden der für ein Verwaltungsverfahren zuständigen anderen Behörde über bestimmte Tatsachen und Verhältnisse, über welche diese aufgrund ihrer Tätigkeit besondere Sachkenntnisse besitzt (Gadola, S. 409). Der Amtsbericht tritt an die Stelle der persönlichen Befragung, wenn eine Verwaltungsbehörde in der Funktion der Auskunftsperson in ein Verfahren miteinbezogen wird. Er unterscheidet sich insofern vom Gutachten des Sachverständigen, als er ein *Akt hoheitlicher Verwaltungstätigkeit* ist (vgl. RB 1972 Nr. 3). Problematisch ist die Abgrenzung zwischen Amtsberichten und Berichten von Fachleuten, die lediglich der behördeninternen Meinungsbildung dienen und in die deshalb keine Einsicht gewährt werden muss (RB 1995 Nr. 22 = ZBl 96/1995, S. 332). Letzteres gilt für Stellungnahmen, die sich lediglich mit der sach-

verständigen Würdigung feststehender, unbestrittener Tatsachen befassen und denen daher kein Beweischarakter zukommt. Sind sie dagegen von Bedeutung für den entscheidwesentlichen Sachverhalt, indem sie sich zu streitigen Sachverhaltsfragen äussern, lassen sie sich nicht mehr als rein verwaltungsinterne Akte qualifizieren; diesfalls rechtfertigt es sich, derartige behördeninterne Berichte als Amtsberichte zu betrachten (vgl. Merkli/Aeschlimann/Herzog, Art. 23 N. 8). Zur Gewährung des rechtlichen Gehörs vgl. N. 35.

Zur *Rechtshilfe* durch Amtsberichterstattung sind die zürcherischen Behörden und Gerichte aller Stufen und Ebenen im Rahmen der Sachverhaltsermittlung seit der Revision vom 8.6.1997 gesetzlich verpflichtet (§ 7 Abs. 3). Demgegenüber besteht für den Bund und die anderen Kantone in Verwaltungssachen keine solche ausdrückliche Verpflichtung; praktisch wird sie aber meist unter denselben Voraussetzungen wie innerkantonal gewährt (vgl. N. 72). Im Steuerrecht bestehen wiederum Spezialnormen. 32

Die Pflicht zur Erstattung von Amtsberichten gilt nicht absolut. Vielmehr sind in diesem Zusammenhang gemäss § 7 Abs. 3 Satz 2 die Vorschriften über die Geheimhaltung und den Datenschutz zu beachten (dazu N. 73). Ausserdem sind die betroffenen privaten und persönlichen Interessen zu berücksichtigen. Infolgedessen ist die Rechtshilfe mittels Amtsberichten auf ganz bestimmte hängige Verwaltungs- oder Rekursverfahren zu beschränken; die allgemeine Überlassung von Angaben ist im Interesse des Schutzes der Persönlichkeitsrechte nicht statthaft (Gadola, S. 410). Eine generelle gegenseitige Freigabe aller Informationen würde die in jedem konkreten Fall notwendige Güterabwägung zwischen öffentlichen und privaten Interessen von vornherein verunmöglichen. Im Übrigen bedarf der generelle Austausch von Personendaten – d.h. der allgemeine gegenseitige Zugriff auf Personendaten in Datenbanken (EDV-gestützte Geschäftsverwaltung) – zwischen einzelnen Verwaltungsbehörden bzw. Amtsstellen sowie zwischen diesen und den Verwaltungsrechtspflegebehörden einer ausdrücklichen gesetzlichen Grundlage (§ 8 Abs. 1 DatenschutzG; vgl. etwa für die Zusammenarbeit von Bund, Kantonen und Gemeinden im Bereich der Fremdenpolizei die Verordnung über das Zentrale Ausländerregister vom 23.11.1994 [SR 142.215]). Darüber hinaus ist im Interesse der richterlichen Unabhängigkeit (vgl. Art. 30 Abs. 1 BV) der Zusammenschluss der Datenbanken von Verwaltung und Gerichten von vornherein abzulehnen. Zur Amtshilfepflicht gemäss § 7 Abs. 3 vgl. auch N. 71 ff. 33

Die *Interessenabwägung* bei der Abgabe von Amtsberichten obliegt der auskunftserteilenden Behörde; sie kann zu diesem Zweck die Akten beiziehen. In der Praxis ergeben sich vor allem im Steuerrecht, im Stipendienrecht sowie im Fürsorge- und im Gesundheitswesen Konflikte bei der Auskunftserteilung. Im Regelfall wird aber auch in diesen Sachbereichen – allenfalls mit Einschränkungen (nur Teilauszüge aus umfassenden Registern, vertrauliche Behandlung) – der gesetzlichen Rechtshilfepflicht Folge geleistet. Im Zweifel entscheidet, ähn- 34

§ 7

lich wie beim Kompetenzkonfliktverfahren (vgl. § 1 N. 39 f. und § 5 N. 24), die gemeinsame *Aufsichtsbehörde* (in der Regel der Regierungsrat) über die Gewährung der Auskunft.

35 Der Anspruch auf rechtliches Gehör hat zur Folge, dass Amtsberichte vollumfänglich zu den Akten genommen werden müssen. Aus dem gleichen Grund und zur Berichtigung allfälliger Fehlinformationen sind sie den Beteiligten vorzulegen; mündliche Amtsberichte sind deshalb stets in einem Protokoll festzuhalten.

36 Zur Abgrenzung der Amtsberichte von den Sachverständigengutachten und zur Rechtsnatur von Berichten besonderer staatlicher Kommissionen vgl. N. 30.

2.2.6. Urkunden

37 *Urkunden* sind Aufzeichnungen in Schrift-, Bild- oder Zeichenform, die dazu bestimmt oder geeignet sind, rechtlich bedeutsame Tatsachen zu beweisen (vgl. Art. 110 Ziff. 5 StGB). Der Urkundenbegriff ist dabei angesichts der neuen und sich weiterentwickelnden Aufzeichnungsmöglichkeiten weit zu verstehen. Insbesondere gehören zu den Urkunden auch Pläne, Fotografien und bildliche Darstellungen, unabhängig davon, ob sie in Schriftform oder gespeichert auf Bild- oder Datenträgern vorliegen. Zu den Urkunden sind auch Schriftstücke zu zählen, die nicht von vornherein zum Beweis bestimmt sind, denen aber im Lauf eines Verfahrens Urkundencharakter zukommt (sogenannte Zufallsurkunden; vgl. Frank/Sträuli/Messmer, Vorbem. zu §§ 183 ff. N. 1). Wegen der überwiegenden Schriftlichkeit des nichtstreitigen und streitigen Verwaltungsverfahrens besitzen die Urkunden bei der Sachverhaltsermittlung vorrangige Bedeutung (Gadola, S. 405).

38 Hinsichtlich der *Beweiskraft* einer Urkunde sind öffentliche Urkunden und Register einerseits sowie Privaturkunden anderseits zu unterscheiden. Als *öffentliche Urkunden* gelten dabei Schriftstücke, die in amtlicher Eigenschaft und unter Beachtung der Zuständigkeits-, Form-, und Verfahrensvorschriften erstellt wurden (vgl. Art. 110 Ziff. 5 Abs. 2 StGB). Dazu gehören ebenfalls die von den zuständigen Organen davon erstellten und beglaubigten Kopien und Auszüge. Selbst der Fotokopie einer öffentlichen Urkunde kann die Bedeutung einer solchen zukommen, wenn sie im Geschäftsverkehr als Ersatz für das Original anerkannt ist und ihr daher Vertrauen entgegengebracht wird (Pra 77/1988 Nr. 280). Von den Privaturkunden unterscheiden sich die öffentlichen Urkunden nicht nur hinsichtlich ihrer Entstehung. Entscheidend ist, dass sie für die durch sie bezeugten Tatsachen vollen Beweis schaffen (Art. 9 Abs. 1 ZGB), soweit es den Inhalt betrifft, den die Urkunde ihrer Natur nach zu bezeugen bezweckt. Diese *Vermutung der Richtigkeit* lässt sich durch den schlüssigen Nachweis der Unrichtigkeit oder Unechtheit entkräften. Demgegenüber wird *Privaturkunden* keine erhöhte Beweiskraft zugebilligt. Diese unterliegen

mit Bezug auf ihre Eignung zur Sachverhaltsermittlung der freien Würdigung durch die zuständige Behörde. Demzufolge können Privaturkunden im Rahmen eines weit gefassten Urkundenbegriffs (vgl. N. 37) vielgestaltig in Erscheinung treten.

Keine öffentlichen Urkunden sind amtliche Aufzeichnungen, die ohne Beachtung von Zuständigkeits-, Form- und Verfahrensvorschriften erstellt wurden (Merkli/Aeschlimann/Herzog, Art. 19 N. 15; a.M. offenbar Rhinow/Koller/Kiss, Rz. 1125; vgl. ZR 98 Nr. 28 mit Bezug auf die Beweiseigenschaft eines Verhandlungsprotokolls, das von einem im betreffenden Strafverfahren nicht mitwirkenden juristischen Sekretär «i.V.» unterzeichnet wurde). Solche Aufzeichnungen sind daher bezüglich ihrer Beweiskraft den Privaturkunden gleichzustellen. Immerhin steht es dem Gesetzgeber frei, solchen amtlichen Aufzeichnungen von Gesetzes wegen die Wirkung öffentlicher Urkunden zu verleihen (Gygi, S. 276). Von dieser Befugnis hat der zürcherische Gesetzgeber keinen Gebrauch gemacht. 39

Da im Verwaltungs- und Verwaltungsrekursverfahren eine Zeugnispflicht nicht besteht (N. 14) und Auskunftspersonen keine Mitwirkungspflicht im Sinn von § 7 Abs. 2 trifft (N. 20), fehlt der zuständigen Behörde in diesem Rahmen grundsätzlich eine Handhabe, um die Herausgabe von Urkunden zu erzwingen. Allerdings unterliegen *Verfahrensbeteiligte* gemäss § 7 Abs. 2 bei der Sachverhaltsermittlung der Mitwirkungspflicht; diese sind somit verpflichtet, die sich in ihrem Herrschaftsbereich befindenden Urkunden der ersuchenden Behörde vorzulegen. Dabei bleibt es den editionspflichtigen Beteiligten unbenommen, Teile einer Urkunde, die für die Sachverhaltsermittlung unerheblich sind, durch entsprechende Vorkehren der Einsichtnahme durch die übrigen Verfahrensbeteiligten und allenfalls durch die zuständige Behörde zu entziehen. 40

2.2.7. Augenschein

Augenschein ist die «Besichtigung» einer Streitsache an Ort und Stelle durch die entscheidende Behörde, in der Regel in Anwesenheit der Verfahrensbeteiligten. Er ermöglicht der Behörde die unmittelbare Wahrnehmung von Tatsachen. Gegenstand eines Augenscheins können nicht nur visuelle Eindrücke sein, sondern sämtliche durch die Sinnesorgane wahrnehmbaren Fakten, d.h. alles, was durch den Seh-, Gehörs-, Geruchs-, Geschmacks- oder Tastsinn erfasst werden kann (Gygi, S. 276; Rhinow/Koller/Kiss, Rz. 1135; vgl. RB 1981 Nr. 2). 41

Der Entscheid darüber, ob ein Augenschein angeordnet wird, steht im pflichtgemässen Ermessen der anordnenden Behörde. Eine dahingehende *Pflicht* besteht nur, wenn die tatsächlichen Verhältnisse auf andere Weise überhaupt nicht abgeklärt werden können (Gadola, S. 408). Im Übrigen ist ein Augenschein gerade im schriftlichen Verwaltungsverfahren geeignet, den Entscheidungsträgern wertvolle zusätzliche Informationen zu vermitteln. Er erweist sich vor al- 42

§ 7

lem in raum- und umweltrelevanten Angelegenheiten, insbesondere in Planungs- und Bausachen und im Strassenwesen, als sinnvoll und allenfalls notwendig, da die zur Verfügung stehenden Pläne und Modelle vielfach nur unzureichende Anhaltspunkte über die tatsächlichen Verhältnisse zu liefern vermögen.

43 Baurekurskommissionen, Statthalter, Bezirksräte und Direktionen des Regierungsrats ordnen häufig Augenscheine an. Der *Regierungsrat* als erst- oder zweitinstanzliche Rechtsmittelbehörde hingegen nimmt Augenscheine in ständiger Praxis nur dann vor, wenn die tatsächlichen Verhältnisse in ungewöhnlichem Masse unklar sind und zudem anzunehmen ist, die Parteien vermöchten durch ihre Darlegungen auf dem Lokal Wesentliches zur Erhellung der tatbeständlichen Grundlagen des Rechtsstreits beizutragen. Obschon es im Interesse der Rechtsfindung wünschbar wäre, dass nicht nur der zuständige Sachbearbeiter oder ein Experte, sondern auch zumindest eine Abordnung der entscheidenden Behörde die örtlichen Verhältnisse genau kennen würde, steht die Zurückhaltung des Regierungsrats nicht im Widerspruch zu Art. 4 Abs. 1 aBV bzw. Art. 29 Abs. 2 BV und stellt keine Gehörsverweigerung dar (BGE 110 Ia 82, 100 Ib 400 f.; Georg Müller, in: Kommentar aBV, Art. 4 Rz. 121). In diesem Zusammenhang ist zu bedenken, dass der Regierungsrat als Gesamtbehörde aus zeitlichen Gründen kaum in der Lage ist, die notwendigen Augenscheine durchzuführen. Daran dürfte auch dessen spürbare Entlastung als Rekursinstanz durch die Revision vom 8.6.1997 nichts ändern. Es zeigen sich hier grundsätzliche Mängel und Grenzen der Rechtspflege durch anderweitig stark belastete politische Behörden.

44 Zur Entlastung von Kollegialbehörden, namentlich des Gesamtregierungsrats, besteht die Möglichkeit, dass im Rahmen eines sogenannten *Referentenaugenscheins* lediglich der im hängigen Verfahren zuständige Referent am Augenschein teilnimmt (RB 1967 Nr. 12). Ebenso erweist sich ein Augenschein durch eine Delegation der mit der Angelegenheit befassten Behörde als zulässig (Rhinow/ Koller/Kiss, Rz. 1137). In Anbetracht dessen drängt sich die Beteiligung des Gesamtregierungsrats an einem Augenschein nur in Ausnahmefällen auf (vgl. RB 1967 Nr. 12).

45 Die an einem ordnungsgemäss durchgeführten Augenschein gewonnenen Erkenntnisse der Örtlichkeiten dürfen auch in einem späteren Rechtsgang in der gleichen Sache verwendet werden; ein zweiter Augenschein vor dem Neuentscheid ist nicht notwendig. Ebenso ist es zulässig, dass sich eine Rechtsmittelinstanz auf das Ergebnis eines vorinstanzlichen Augenscheins abstützt (RB 1981 Nr. 2; VGr. 10.5.1996, VB.96.00033; BGr. 19.3.1969, ZBl 70/1969, S. 492). Dies setzt allerdings voraus, dass sich alle wesentlichen, anlässlich des Augenscheins gewonnenen Eindrücke und gemachten Feststellungen aus den Akten ergeben. Bei dieser Sachlage darf im Interesse der Verfahrensökonomie auf einen weiteren, letztlich nur eine formelle Wiederholung darstellenden Augenschein verzichtet werden.

§ 7

Soweit eine Verwaltungsbehörde einen Augenschein *anordnet,* hat sie dies – unabhängig davon, ob sie zu dessen Durchführung verpflichtet ist – in den verfassungsmässig vorgeschriebenen Formen unter Wahrung des rechtlichen Gehörsanspruchs zu tun (BGE 113 Ia 83, 112 Ia 5 f.). Alle Verfahrensbeteiligten haben daher das Recht, an einem *notwendigen* Augenschein teilzunehmen. Fehlt die Teilnahmemöglichkeit, so liegt ein Verstoss gegen den bundesverfassungsmässigen Grundsatz des rechtlichen Gehörs vor (RB 1981 Nr. 1, 1966 Nr. 1; vgl. RB 1998 Nr. 126; § 8 N. 36). Fraglich ist, ob Augenscheine, die nur dazu geeignet sind, *unwesentliche Nebenpunkte* zu verdeutlichen, nicht notwendig sind und deshalb nicht angeordnet zu werden brauchen (so RB 1966 Nr. 1). Dem steht entgegen, dass im Einzelfall nur ausserordentlich schwer bestimmbar ist, welches «Nebenpunkte» sind. Infolgedessen und angesichts der Bedeutung des rechtlichen Gehörsanspruchs ist am Grundsatz der Beteiligung aller Parteien am Augenschein konsequent festzuhalten. 46

Ist eine Partei durch einen Anwalt vertreten, so steht dem Rechtsvertreter ebenfalls ein Anspruch auf Teilnahme an allen Verfahrenshandlungen zu, insbesondere auch auf Teilnahme an Lokalaugenscheinen. Die Verwaltungsbehörden dürfen das Vertretungsverhältnis nicht übergehen, ansonst sie gegen das verfassungsmässige Recht der Parteien auf Teilnahme am Augenschein verstossen (RRB 2158/1973). 47

Das Recht auf Teilnahme an einem Augenschein muss manchmal hinter dem Interesse an der objektiven Sachverhaltserforschung zurücktreten. So sind Verwaltungsbehörden befugt, eine Streitsache auch *in Abwesenheit* der Beteiligten zu besichtigen, sofern sich nach der Natur der Sache ein wahres Bild der Verhältnisse nur gewinnen lässt, wenn die Kontrolle unangemeldet erfolgt; denn bei förmlich angekündigten Augenscheinsverhandlungen könnten die Beteiligten die Streitsache kurzfristig verändern (RB 1969 Nr. 3). Ebenso können zeitliche Dringlichkeit oder schützenswerte Interessen Dritter oder des Staates einen Augenschein unter Ausschluss der Beteiligten rechtfertigen. In solchen Fällen genügt es zur Wahrung des rechtlichen Gehörs, wenn die betroffene Partei nachträglich zum Ergebnis des Augenscheins Stellung nehmen kann (RB 1981 Nr. 1; BGE 116 Ia 100 f., 113 Ia 83; Gadola, S. 408; vgl. Müller, a.a.O., Rz. 106). 48

Zur nachträglichen Wahrung des rechtlichen Gehörs von Verfahrensbeteiligten, denen die Teilnahme an einem Augenschein aus nicht von ihnen selbst zu vertretenen Gründen verwehrt war, sowie im Hinblick auf die spätere Gewährung des Akteneinsichtsrechts und zwecks Schaffung einwandfreier Entscheidungsgrundlagen ist es unumgänglich, die anlässlich eines Augenscheins gemachten Feststellungen schriftlich festzuhalten. Die zuständige Behörde hat daher über die wesentlichen Ergebnisse eines Augenscheins immer ein *Protokoll* zu erstellen; dieses steht den Verfahrensbeteiligten nach dem Grundsatz des rechtlichen Gehörs jederzeit zur Einsichtnahme offen (Gadola, S. 409; Haefliger, Rechtsgleichheit, S. 141; Müller, a.a.O., Rz. 111). 49

§ 7

50　Die am Verfahren Beteiligten haben den Augenschein zu dulden. Das folgt aus ihrer Mitwirkungspflicht gemäss § 7 Abs. 2 (vgl. auch § 170 ZPO). Eine Verweigerung der Mitwirkung kann im Rahmen der freien Würdigung des Untersuchungsergebnisses zum Nachteil der betreffenden Verfahrenspartei berücksichtigt werden. Ebenso haben unbeteiligte Dritte einen Augenschein an Sachen in ihrem Gewahrsam zu dulden, insbesondere wenn ihnen daraus keinerlei Nachteile erwachsen.

51　Gegen die (in der Praxis häufig vorkommende) blosse Besichtigung der Streitsache ohne Anwesenheit eines Beteiligten ist aus der Sicht des rechtlichen Gehörs nichts einzuwenden; dieses Vorgehen verhilft dem Sachbearbeiter ohne grösserer Umtriebe zur notwendigen Kenntnis des Streitgegenstands. Dient die Besichtigung vor Ort dagegen der Klärung eines streitigen Sachverhalts, sind die Verfahrensbeteiligten zum Augenschein beizuziehen, um ihnen die Wahrung ihres rechtlichen Gehörsanspruchs zu ermöglichen (RB 1981 Nr. 1).

2.2.8. Rechtswidrig erlangte Beweismittel

52　Die Frage, ob ein *rechtswidrig erlangtes Beweismittel* im Rahmen der Sachverhaltsermittlung verwendet werden darf, ist in der Lehre umstritten. Die (bundesgerichtliche) Rechtsprechung folgt einer differenzierten Betrachtungsweise. Auszugehen ist vom in allen Rechtgebieten Geltung beanspruchenden Grundsatz, wonach die Verwertung rechtswidrig erlangter Beweismittel verboten ist (BGE 120 V 439 f., mit Hinweisen; vgl. RB 1985 Nr. 26). Das Verwertungsverbot gilt nicht absolut: Als rechtswidrig erlangt gelten nur Beweismittel, die nicht auch rechtmässig hätten beschafft werden können. Ebenso wenig bewirkt die Missachtung einer Verfahrensvorschrift, die weder bestimmt noch geeignet ist, die Beibringung eines Beweismittels zu verhindern, ein Verwertungsverbot (BGE 120 V 440, 96 I 441). Diese Ausnahmen vom Verwertungsverbot entfalten allerdings keine Wirkung, wenn bei der Beschaffung von Beweismitteln ein Rechtsgut verletzt wurde (namentlich durch Eingriff in den Kerngehalt eines Grundrechts), das im konkreten Fall den Vorrang vor dem Interesse der Wahrheitserforschung und der Durchsetzung des Rechts verdient (BGE 120 V 440, 109 Ia 246). Im Zusammenhang mit der Verwendung rechtswidrig erlangter Beweismittel ist daher in jedem Fall eine Güterabwägung vorzunehmen. Diese hat auch die im Unterschied zum Straf- und Zivilverfahren beschränkten Möglichkeiten der Verwaltungs- und Verwaltungsjustizbehörden bei der Sachverhaltsermittlung zu berücksichtigen. Dabei stehen sich das private Interesse an der korrekten Durchführung des Beweisverfahrens und das öffentliche Interesse an der Wahrheitsfindung gegenüber (Kölz/Häner, Rz. 288; Rhinow/Krähenmann, Nr. 89 B V). Nur eine solche Interessenabwägung gestattet es, besonders gewichtigen öffentlichen Interessen Rechnung zu tragen, indem zum Schutz hochwertiger Rechtsgüter die Achtung weniger bedeutender Rechtsgüter zurückweichen muss. So kann insbesondere der Schutz der Gesundheit und der Umwelt die Berücksichtigung von rechtmässig nicht zu erlangenden Beweisen erfordern (Kölz/Häner, Rz. 288; Kölz/Häner, 1. A., Rz. 492; Merkli/Aeschlimann/ Herzog, Art. 19 N. 9). Das Beweisverwertungverbot entfaltet dagegen seine volle Wirkung, soweit lediglich geringfügige öffentliche Interessen in Frage stehen; diesfalls sind die rechtswidrig erlangten Beweismittel aus dem Recht zu weisen. Dasselbe gilt bei rechtswidrig erlangten Beweismitteln in Bezug auf Tatsachen, die bereits aufgrund anderer Beweise als verwirklicht gelten dürfen.

Von den widerrechtlich erlangten Beweismitteln zu unterscheiden sind die sogenannten *Zufallsfunde*. Solche in anderem Zusammenhang als mit der konkreten Sachverhaltsermittlung entdeckten Beweise dürfen ohne Einschränkungen verwendet werden, wenn sie auch auf dem ordentlichen Weg der Sachverhaltsermittlung hätten beschafft werden können. Wäre das rechtmässige Beibringen dieser Beweise nicht möglich gewesen, ist gleich wie bei rechtswidrig erlangten Beweisen eine Güterabwägung zwischen dem Interesse des Privaten an einem ordnungsgemässen Verfahren und dem öffentlichen Interesse an der Wahrheitsfindung vorzunehmen (vgl. N. 52; Merkli/Aeschlimann/Herzog, Art. 19 N. 10). 53

Der Entscheid darüber, ob ein rechtswidrig erlangtes Beweismittel oder ein Zufallsfund in einem Verfahren verwertet werden darf, steht jener Behörde zu, die mit dem Verfahren befasst ist, in dem ein solches Beweismittel vorgelegt wird (vgl. BGE 122 I 191 f., 120 Ia 319). 54

2.3. Verschiedenes

§ 7 Abs. 1 auferlegt den Verwaltungsbehörden lediglich die Pflicht zur Sachverhaltsermittlung von Amtes wegen und zählt die wichtigsten dafür zur Verfügung stehenden Mittel auf. Zum Verfahren der Sachverhaltsermittlung äussert sich das VRG – abgesehen von der Mitwirkungspflicht der Verfahrensbeteiligten (§ 7 Abs. 2) und der Verpflichtung der Verwaltungsbehörden und Gerichte zur Rechtshilfe (§ 7 Abs. 3) – dagegen nicht. Während § 60 (i.V.m. §§ 80c und 86) die zivilprozessualen Vorschriften über das Beweisverfahren (vgl. §§ 133 ff. ZPO) im verwaltungsgerichtlichen Verfahren als sinngemäss anwendbar erklärt, fehlt im VRG ein entsprechender Verweis für das Verwaltungs- und Verwaltungsrekursverfahren. Darin liegt ein qualifiziertes Schweigen des Gesetzgebers, der die sinngemässe Anwendung von §§ 133 ff. ZPO in diesen Verfahrensstadien bewusst ausschloss. 55

Die grundsätzliche Nichtanwendbarkeit von §§ 133 ff. ZPO im nichtstreitigen und streitigen Verwaltungsverfahren schliesst auch den Erlass einer *formellen Beweisverfügung* (Beweisauflagebeschluss) im Sinn von § 136 ZPO aus. Dessen ungeachtet mag es in komplizierten Fällen sinnvoll sein, die Verfahrensbeteiligten darüber aufzuklären, welche Tatsachen den Ausgang des Verfahrens in dieser oder jener Weise beeinflussen (vgl. Gygi, S. 278). Notwendig ist dies vor allem 56

§ 7

dort, wo eine Mitwirkungspflicht besteht (vgl. § 7 Abs. 2), denn der zur Mitwirkung Verpflichtete muss wissen, welche Beweishandlungen er (bei Gefahr des Rechtsverlustes) vornehmen muss. Die Beteiligten sind mithin nach Treu und Glauben auf die Folgen der Beweislosigkeit hinzuweisen.

57 Die Weigerung, ein bestimmtes Beweismittel abzunehmen, kann in der Form einer anfechtbaren Zwischenverfügung ergehen (§ 19 Abs. 2). Aus prozessökonomischen Gründen wird indessen in der Regel ein Endentscheid vorzuziehen sein (vgl. Gygi, S. 141). Sofern die Notwendigkeit eines Beweisverfahrens von der Beantwortung einer Rechtsfrage abhängt, kann die Verwaltungsbehörde diese Rechtsfrage in einem selbständig weiterziehbaren Vorentscheid beantworten (RB 1973 Nr. 2 = ZBl 74/1973, S. 414 = ZR 72 Nr. 99 i.V.m. § 48 Abs. 3).

58 Die Rüge der mangelhaften Untersuchung braucht im Rekursverfahren nicht ausdrücklich erhoben zu werden; fehlende Sachverhaltsabklärung ist ein Mangel, der von Amtes wegen berücksichtigt wird (Bosshardt, Erste Ergebnisse, S. 253). Nur so lässt sich sicherstellen, dass der zu überprüfende Verwaltungsakt materiell rechtmässig ist; es muss Gewähr dafür bestehen, dass jedem Entscheid der wirkliche Sachverhalt zugrunde liegt (Sommer, Verwaltungsgericht, S. 280).

3. Zu Abs. 2

3.1. Allgemeines

59 § 7 Abs. 2 statuiert die *Mitwirkungspflicht* der Beteiligten. Sie ist vom Gesetzgeber als Ausnahme von der Untersuchungspflicht der Verwaltungsbehörden gemäss § 7 Abs. 1 gedacht. Daher gilt sie nicht allgemein, sondern ist sie nur für *zwei* bestimmte Fälle vorgesehen (vgl. § 7 Abs. 2 lit. a und b). Diese Beschränkung der Mitwirkungspflicht dient nicht zuletzt dem Schutz der am Verfahren beteiligten Bürger (Beleuchtender Bericht 1959, S. 398). Eine Mitwirkungspflicht kann sich über die gesetzlichen Tatbestände hinaus zusätzlich daraus ergeben, dass die Beteiligten gehalten sind, sich in einem Verfahren nach Treu und Glauben zu verhalten (Gygi, S. 285; Kölz/Häner, Rz. 273; Rhinow/Krähenmann, Nr. 88 B II c). Dies ist z.B. der Fall, wenn entscheidwesentliche Tatsachen für die Behörden nur schwer oder nicht zugänglich sind. Infolgedessen kann die Mitwirkungspflicht auch Private treffen, die eine bewilligungsfreie Tätigkeit auszuüben beabsichtigen, die mithin nicht als Gesuchsteller im Sinn von § 7 Abs. 2 lit. a auskunftsverpflichtet sind. Diesfalls ist es möglich, dass die zuständigen Verwaltungsbehörden Auskünfte über das Vorhaben des Privaten benötigen, um eine Gefährdung der Polizeigüter unter Wahrung der Verhältnismässigkeit des polizeilichen Eingriffs abwenden zu können (vgl. RB 1964 Nr. 5 = ZBl 66/1965, S. 23 = ZR 64 Nr. 195).

§ 7

Die Mitwirkungs*pflicht* ist keine eigentliche Beweispflicht (Prot. KK 3.12.1957, S. 3). Vielmehr handelt es sich um eine *beschränkte* Pflicht der Beteiligten, an der Sachverhaltsermittlung mitzuwirken. Als Korrelat dazu besteht ein Mitwirkungs*recht* der Verfahrensbeteiligten, indem diese zur Wahrung ihres rechtlichen Gehörsanspruchs berechtigt sind, an der Beweisbeschaffung mitzuwirken (vgl. Prot. KK 3.12.1957, S. 3; Gadola, S. 401). Dies kann im Einzelfall dazu führen, dass die Verwaltungsbehörde im Rahmen der Sachverhaltsermittlung verpflichtet ist, beantragte Beweise abzunehmen (vgl. N. 8). 60

Umfang und Art der Mitwirkungspflicht richten sich grundsätzlich nach der Zumutbarkeit und der Verhältnismässigkeit. Die verwaltungsgerichtliche Rechtsprechung verfolgt die Tendenz, die Mitwirkungspflicht der Verfahrensbeteiligten extensiv zu interpretieren (vgl. RB 1989 Nr. 20, 1986 Nr. 125, 1967 Nr. 54), ohne allerdings so weit zu gehen, den Beteiligten eine Beweisführungslast aufzuerlegen (vgl. N. 6). Dies ist grundsätzlich zu begrüssen, indem sich dadurch einerseits das Verwaltungsverfahren allgemein stärker dem Zweiparteienverfahren annähert und andererseits in zahlreichen Fällen ein Beteiligter besser als die Verwaltungsbehörde in der Lage ist, die rechtserheblichen Tatsachen darzulegen und Beweise zu beschaffen. Die im Verwaltungsverfahren geltende Untersuchungsmaxime verhindert nicht, dass jede Partei die objektive Beweislast für die ihr günstigen Normen trägt, denn Letztere hängt vom materiellen Recht ab (N. 5). Die Nichterbringung eines bestimmten Beweises bewirkt für den einen oder anderen Beteiligten eine Verschlechterung seiner Rechtsstellung, unabhängig davon, ob die entscheidende Behörde oder die Beteiligten für die Untersuchung des Sachverhaltes verantwortlich sind. Jeder Beteiligte hat danach ein eigenes Interesse daran, dass die für ihn günstigen Beweise erbracht werden. In Anbetracht dessen ist es nicht zu beanstanden, wenn die entscheidende Behörde diese Interessenlage zur Erfüllung ihrer Pflicht, den wahren Sachverhalt zu ermitteln, ausnützt. Die Mitwirkung der Privaten kann daher auch im öffentlichen Interesse liegen. 61

Im Allgemeinen endet die behördliche Untersuchungspflicht und beginnt die Mitwirkungspflicht der Verfahrensbeteiligten dort, wo keine besonderen Umstände und Anhaltspunkte in den Akten es den Verwaltungsbehörden nahelegen, den vorgelegten Sachverhalt weiter zu erforschen. Daraus folgt, dass die Beteiligten auf besondere, dem äusseren Anschein oder der allgemeinen Lebenserfahrung widersprechende Verhältnisse hinzuweisen und dafür allenfalls Beweis zu beschaffen haben (Imboden/Rhinow I, Nr. 88 B II c; Rhinow/Krähenmann, Nr. 88 II). Mitwirkungspflichtig sind auch beteiligte Private, von denen den Umständen nach eine Gegenäusserung oder ein eigenes Handeln erwartet werden darf; diese sind dabei zu behaften, dass sie es in unentschuldbarer Weise unterliessen, Tatsachen rechtzeitig vorzubringen. Eine Mitwirkung drängt sich sodann auf, wenn ein zu klärendes Sachverhaltselement in der Person eines Beteiligten selber liegt: Bestehen ernste Zweifel über die geistige Gesundheit 62

§ 7

einer Person, die sich um die Bewilligung zur selbständigen ärztlichen Tätigkeit bewirbt, so muss sich diese, um die Verweigerung der Bewilligung zu vermeiden, einer psychiatrischen Untersuchung unterziehen; mit der Weigerung, eine solche Untersuchung zu dulden, verstösst der Bewerber gegen § 7 Abs. 2 lit. a VRG (RB 1986 Nr. 125, 1967 Nr. 54). Gleiches gilt, wenn zur Entscheidung der Frage, ob ein Schüler in einer Klasse verbleiben kann oder aber zurückversetzt werden muss, eine schulpsychologische Untersuchung notwendig ist und sich die Eltern weigern, eine solche vornehmen zu lassen; ein solches Verhalten kann grundsätzlich wegen der dadurch bedingten ungenügenden Abklärung des Sachverhalts zu ihrem Nachteil ausschlagen (RRB 576/1972). Ebenso hat ein Autolenker, dem der Führerausweis gestützt auf Art. 17 Abs. 1bis SVG im Anschluss an eine psychotechnisch-psychologische Untersuchung auf unbestimmte Zeit entzogen wurde, selber darzutun, dass er die gesetzlichen Voraussetzungen für das Dahinfallen des Polizeiverbots erfüllt (vgl. GB RR 1966 Nr. 12 = SJZ 63/1967, S. 363 f.).

63 Damit die Verfahrensbeteiligten die ihnen obliegenden Mitwirkungspflichten und die ihnen in diesem Zusammenhang zustehenden Mitwirkungsrechte wahrnehmen können, bedarf es einer entsprechenden *Aufklärung* durch die Verwaltungsbehörden. Diese haben die Betroffenen darüber zu informieren, worin ihre Mitwirkungspflichten bestehen und insbesondere welche Beweismittel sie beizubringen haben (RB 1998 Nr. 84; vgl. N. 56). Die anordnende Behörde hat dabei den Grundsatz der Gleichbehandlung der Parteien zu beachten (Kölz/Häner, Rz. 274). Dieser verlangt nicht nur, die Parteien formell gleich zu behandeln; vielmehr verpflichtet er die Verwaltungsbehörde, einen unbeholfenen Beteiligten derart zu unterstützen, dass die «Waffengleichheit» gewährleistet ist. Von einem prozessual schwachen Beteiligten darf daher unter Umständen keine Mitwirkung verlangt werden (vgl. Kölz, Prozessmaximen, S. 131).

64 Beteiligte, die keine Mitwirkungspflicht trifft, werden sinnvollerweise nur dort freiwillig bei der Beweisbeschaffung mitwirken, wo sie zugleich die objektive Beweislast tragen; denn einem Beteiligten fehlt naturgemäss das Interesse an der Erbringung eines Beweises, wenn dessen Fehlen für ihn keinen Nachteil bedeutet.

65 Eine Untersuchung der von allen Verfahrensbeteiligten *anerkannten Tatsachen* ist nur sinnvoll und notwendig, wenn an deren Richtigkeit begründete Zweifel bestehen, etwa wenn die Rekursinstanz den Verdacht hegt, die ursprünglich verfügende Behörde habe einen Beteiligten privilegieren wollen (Kölz, Prozessmaximen, S. 132; vgl. N. 8). Es ist dabei auf die Interessenlage abzustellen.

3.2. Zu lit. a

66 Unter «Begehren» ist ein Begehren um Einleitung eines (nichtstreitigen) Verwaltungsverfahrens zu verstehen. Entwickelt sich daraus in der Folge ein Rekurs-

verfahren, so besteht die Mitwirkungspflicht weiter; denn Gegenstand des Rechtsmittelverfahrens bildet in der Regel der erstinstanzliche Entscheid über das ursprünglich gestellte Begehren. Namentlich Bewerber um Patente, Bewilligungen und Konzessionen sind generell, auch im nachfolgenden Rekursverfahren, mitwirkungsverpflichtet (vgl. RB 1967 Nr. 54, 1986 Nr. 125, 1989 Nr. 20). Darüber hinaus besteht im Rekursverfahren eine Mitwirkungspflicht insoweit, als die Rekursschrift einen Antrag und dessen Begründung enthalten muss (§ 23 Abs. 1) und die angerufenen Beweismittel genau zu bezeichnen und möglichst beizulegen sind (§ 24). Leitet dagegen die Verwaltung das erstinstanzliche Verfahren von Amtes wegen ein, trägt sie entsprechend der Untersuchungsmaxime grundsätzlich die alleinige Verantwortung für die Sachverhaltsermittlung; vorbehalten bleiben die gesetzlichen Auskunfts- und Mitteilungspflichten (§ 7 Abs. 2 lit. b) sowie die Mitwirkungspflicht aus Treu und Glauben (vgl. N. 59). Bezüglich des Umfangs der Mitwirkungspflicht kommt es somit massgebend darauf an, wer das Verwaltungsverfahren einleitet.

3.3. Zu lit. b

§ 7 Abs. 2 lit. b statuiert eine *Auskunfts- oder Mitteilungspflicht* der Verfahrensbeteiligten aufgrund gesetzlicher Spezialbestimmungen. Entgegen dem Gesetzeswortlaut umfasst sie nicht nur eine Pflicht der Beteiligten zur Auskunftserteilung oder Mitteilung an die zuständige Behörde, sondern es handelt sich um eine allgemeine Mitwirkungspflicht, deren Inhalt im Einzelnen von der betreffenden Gesetzesbestimmung umschrieben wird. Eine solche Mitwirkungspflicht besteht im Unterschied zu derjenigen gemäss § 7 Abs. 2 lit. a unabhängig davon, ob ein Verfahren von Amtes wegen oder auf Begehren hin eingeleitet wird. Sie entbindet die zuständige Verwaltungsbehörde aber nicht von ihrer Pflicht, den massgebenden Sachverhalt gemäss § 7 Abs. 1 von Amtes wegen zu ermitteln (RB 1998 Nr. 83). In der Gesetzgebung finden sich zahlreiche Mitwirkungspflichten der Beteiligten (z.B. § 310 PBG betrefffend Inhalt des Baugesuchs, § 12 der Verordnung über die Berufe der Gesundheitspflege vom 8.1.1992 [LS 811.31] betreffend die Meldepflicht bei Verlegung oder Aufgabe der Praxis, § 3 SozialhilfeG betreffend allgemeine Mitwirkungspflicht des Hilfesuchenden, § 42 GastwirtschaftsG betreffend die Führung einer Gästekontrolle in Beherbergungsbetrieben). Die spezialgesetzlichen Mitwirkungstatbestände stehen vorwiegend im Zusammenhang mit Bewilligungsverfahren oder bewilligungspflichtigen Tätigkeiten sowie mit Leistungen des Gemeinwesens, um die ersucht wird; insoweit überschneiden sie sich mit der Mitwirkungspflicht nach § 7 Abs. 2 lit. a. Unter gewissen Voraussetzungen sind Private nach der Praxis auch dann mitwirkungsverpflichtet, wenn weder die Voraussetzung von lit. a noch jene von lit. b gegeben ist (vgl. N. 59); dabei ist allerdings *Zurückhaltung* zu üben.

§ 7

3.4. Folgen unterlassener Mitwirkung

68 Das VRG äussert sich nicht zu den Folgen, welche die Verfahrensbeteiligten treffen, wenn sie ihrer Mitwirkungspflicht nicht nachkommen. Gestützt auf § 7 Abs. 4 können die Behörden eine solche Unterlassung jedenfalls im Rahmen der freien Würdigung des Ergebnisses der Sachverhaltsermittlung zuungunsten der nicht kooperativen Partei berücksichtigen. Diesfalls dürfen sie annehmen, die zu belegende Tatsache habe sich nicht verwirklicht, und zum Nachteil des Mitwirkungspflichtigen entscheiden (vgl. RB 1986 Nr. 125, 1967 Nr. 54; Bosshart, § 7 N. 5). Es ist indessen mit derartigen Fiktionen im Interesse der richtigen Sachverhaltsermittlung Zurückhaltung zu üben. Jedenfalls dann, wenn es in der Sache um Ansprüche des Gemeinwesens gegen den Mitwirkungspflichtigen geht, ist dieser unter Ansetzung einer Nachfrist und ausdrücklicher Androhung des Rechtsverlustes vorher zu *mahnen*.

69 Ergibt sich die Mitwirkungspflicht daraus, dass ein Verfahren auf Begehren des Pflichtigen eingeleitet wurde (§ 7 Abs. 2 lit. a), ist es den Behörden nicht nur möglich, dies zu dessen Nachteil zu berücksichtigen. Weil in erster Linie der mitwirkungspflichtige Gesuchsteller ein Interesse an der sachgerechten Behandlung des Begehrens durch die Behörden besitzt, erscheint es stattdessen gerechtfertigt, auf ein solches Begehren nicht einzutreten, sofern die notwendige und zumutbare Mitwirkung verweigert wird (vgl. Art. 13 Abs. 2 VwVG). Der Behörde ist es aber freigestellt, dennoch einzutreten und allenfalls das Begehren wegen «Beweislosigkeit» bestimmter Tatsachen materiell abzuweisen. Die Nichteintretensfolge ist dagegen ausgeschlossen, wenn die Mitwirkungspflicht auf einer spezialgesetzlichen Norm im Sinn von § 7 Abs. 2 lit. b beruht. Denn in diesem Fall liegt ihr vielfach ein öffentliches oder behördliches Interesse zugrunde, sodass die Behörden nicht allein im Interesse des Pflichtigen handeln. Diesfalls steht es ihnen frei, auf den Sachverhalt abzustellen, wie er sich aus den Akten ergibt. Da sowohl dies als auch das Nichteintreten für den pflichtigen Verfahrensbeteiligten mit einem Rechtsverlust verbunden sein kann, ist es geboten, säumige Beteiligte unter Fristansetzung und Androhung der Säumnisfolgen vorab zu *mahnen* (Gadola, S. 402; vgl. N. 68). Zudem ist es laut § 13 Abs. 2 zulässig, die ungerechtfertigte Weigerung, bei der Sachverhaltsabklärung mitzuwirken, bei den Kostenfolgen zu berücksichtigen.

70 Bei von Amtes wegen eingeleiteten Verfahren haben die Behörden zur Durchsetzung der Mitwirkungspflicht nicht nur die Möglichkeit, das Abstellen auf die Akten anzudrohen, sondern es stehen ihnen auch Zwangsmassnahmen zur Verfügung. Deren Anwendung erübrigt sich in der Regel, wenn sich das Fehlen eines Beweismittels zum Nachteil der Pflichtigen auswirkt. Diese werden im eigenen Interesse das Nötige vorkehren. Dagegen kann eine solche Massnahme sinnvoll sein, sobald öffentliche Interessen berührt sind. Die Durchsetzung der gesetzlichen Mitwirkungspflicht kann namentlich gestützt auf Art. 292 StGB erfolgen, indem der säumigen Partei die Bestrafung wegen Ungehorsams gegen

eine amtliche Verfügung angedroht wird (Kölz/Häner, 1. A., Rz. 495; vgl. VPB 51/1987 Nr. 54 S. 340). Manchmal hilft zur Beförderung des Verfahrens bereits die blosse *Androhung* von Strafsanktionen gemäss Art. 292 StGB. Erweist sich die Verweigerung der gemäss § 7 Abs. 2 gebotenen Mitwirkung als Störung der vorgeschriebenen Ordnung des Geschäftsgangs, rechtfertigt sich gegen den säumigen Mitwirkungspflichtigen die Verhängung einer *Ordnungsbusse* (§ 2 lit. a und c i.V.m. § 4 Abs. 1 Ziff. 2 OrdnungsstrafG; Bosshart, § 7 N. 5). Als unverhältnismässig erwiese sich zur Durchsetzung der Mitwirkungspflicht hingegen die Ausübung *unmittelbaren Zwangs* gegen Personen oder Sachen (VPB 51/1987 Nr. 54 S. 340 f.).

4. Zu Abs. 3

§ 7 Abs. 3 verpflichtet sämtliche Behörden und Gerichte im Bereich der Verwaltung und der Verwaltungsrechtspflege zu gegenseitiger *Amts- und Rechtshilfe* mit Bezug auf die Sachverhaltsfeststellung. Auf diese Weise lassen sich Schranken hinsichtlich der Zugriffs- und Durchsetzungsmöglichkeiten überwinden, die sich aus der örtlich, sachlich und funktionell begrenzten Zuständigkeit der Verwaltungs- und Verwaltungsjustizbehörden ergeben (vgl. Merkli/Aeschlimann/Herzog, Art. 10 N. 1). § 7 Abs. 3, der erst mit der Revision vom 8.6.1997 Eingang ins VRG fand und in erster Linie der Klarstellung eines bisher ungeschriebenen Grundsatzes dient (Weisung 1995, S. 1526), statuiert allerdings keine umfassende Rechtshilfepflicht. Vielmehr beschlägt er seinem Inhalt nach lediglich die eigentliche Amtshilfe, während die Rechtsdurchsetzungs- und Vollzugshilfe sowie die Rechtshilfe im Sinn der Zustellungs- und Beweisaufnahmehilfe davon nicht erfasst werden. Rechtshilfe beschlägt demnach richterliche Handlungen, derweil Amtshilfe die nichtrichterlichen Handlungen von Gerichten gegenüber Gerichten und Verwaltungsbehörden, die Unterstützungshandlungen von Verwaltungsbehörden gegenüber Gerichten sowie die Beistandsleistungen zwischen Verwaltungsbehörden umfasst. Amtshilfe setzt sodann voraus, dass ersuchende und ersuchte Instanz zueinander nicht in einem Subordinationsverhältnis stehen, sondern ihre Aufgaben unabhängig voneinander erfüllen (Jean-Philippe Walter, in: Kommentar zum Schweizerischen Datenschutzgesetz, Basel/Frankfurt a.M. 1995, Art. 19 N. 4).

71

Der Amtshilfepflicht gemäss § 7 Abs. 3 unterstehen nur *zürcherische* Behörden und Gerichte aller Stufen und Ebenen. Gegenüber anderen Kantonen und dem Bund ergibt sich eine analoge Pflicht zu Amts- und Rechtshilfe aus der in Art. 44 BV statuierten Pflicht zum Zusammenwirken von Bund und Kantonen (vgl. Eidgenössische Datenschutzkommission, 10.1.1997, ZBl 99/1998, S. 283). Bezüglich des Umfangs der Amtshilfe sind dabei dieselben Schranken zu beachten, wie sie auch innerkantonal gelten (vgl. N. 73). Im streitigen Verwaltungsverfahren findet § 7 Abs. 3 keine Anwendung auf die verfahrensbeteiligten Be-

72

§ 7

hörden, denen Parteistellung zukommt (vgl. Vorbem. zu §§ 4–31 N. 21 f.); für diese gilt die Mitwirkungspflicht nach § 7 Abs. 2. Für weitere am Rechtsmittelverfahren beteiligte Behörden, insbesondere die rechtsprechenden Vorinstanzen, richtet sich die Amtshilfe- und Mitwirkungspflicht nach den besonderen Bestimmungen über das Rekurs- und Beschwerdeverfahren (§ 26 Abs. 1 Satz 1 und § 57 Abs. 1 Satz 1 hinsichtlich der Aktenherausgabe sowie § 26 Abs. 2 und § 58 Abs. 1 Satz 1 mit Bezug auf die Rekurs- bzw. Beschwerdevernehmlassung; vgl. § 26 N. 8 und 18).

73 Die Amtshilfepflicht umfasst die Herausgabe von Akten, die Erstattung von Amtsberichten (dazu N. 32 ff.) und die Erteilung von Auskünften, soweit dies zur Abklärung des Sachverhalts notwendig ist. Sie erleichtert der zuständigen Verwaltungsbehörde, die den rechtserheblichen Sachverhalt von Amtes wegen zu ermitteln hat (§ 7 Abs. 1), ihre Aufgabe, indem sie sich dafür der Mithilfe anderer Behörden bedienen kann. Indessen erfährt die Verpflichtung zur Leistung von Amtshilfe insofern eine Einschränkung, als ihr besondere Geheimhaltungsvorschriften und die Bestimmungen über den Datenschutz entgegenstehen (§ 7 Abs. 3 Satz 2). Dieser Vorbehalt versteht sich von selbst (Prot. KK 1995/96, S. 18) und besitzt daher gegenüber den spezialgesetzlichen Schutznormen (z.B. § 120 StG oder § 10 DatenschutzG) keine eigenständige Bedeutung. So bestimmt § 10 lit. a DatenschutzG, dass eine Bekanntgabe von Personendaten – d.h. von Angaben, die sich auf eine bestimmte oder bestimmbare Person beziehen (§ 2 lit. a DatenschutzG) – eingeschränkt oder nur unter Auflagen zulässig ist, wenn wesentliche öffentliche Interessen oder offensichtlich schützenswerte Interessen einer betroffenen Person es verlangen. Neben den spezialgesetzlichen Bestimmungen kann der Leistung von Amtshilfe zudem entgegenstehen, dass die Behördenmitglieder an das Amtsgeheimnis gebunden sind: Die Offenbarung von Amtsgeheimnissen ist ohne schriftliche Einwilligung der vorgesetzten Behörde strafbar, wenn sie gegenüber Behörden und Angestellten erfolgt, die sich nicht mit der als geheim aufzufassenden Tatsache zu befassen haben (vgl. Art. 320 StGB). Sodann gilt es zu beachten, dass Amtshilfe nur für ein bestimmtes, hängiges Verfahren geschuldet ist, indem die allgemeine Überlassung von Angaben dem Schutz der Persönlichkeitsrechte zuwiderläuft (N. 33).

74 Kommt die ersuchte Behörde einem Begehren um Amtshilfe nicht nach, kann die ersuchende Behörde sich dagegen mittels *Aufsichtsbeschwerde* an die Aufsichtsinstanz der ersuchten Behörde zur Wehr setzen. Alsdann ist es Aufgabe der Aufsichtsbehörde, der Amtshilfepflicht, soweit eine solche besteht, Nachachtung zu verschaffen und der ersuchten Behörde gegebenenfalls die nötigen Weisungen zu erteilen (vgl. Merkli/Aeschlimann/Herzog, Art. 10 N. 9). Demgegenüber besitzen Verfahrensbeteiligte keine Handhabe gegen ein behördliches Amtshilfeersuchen: Weder sind sie Adressat einer solchen Anordnung, noch vermögen sie mangels Beschwer ein schutzwürdiges Interesse an deren Anfech-

tung geltend zu machen (vgl. § 21 lit. a). Die ersuchende Behörde kommt auf diese Weise lediglich ihrer gesetzlichen Untersuchungspflicht nach. Anfechtbar ist dagegen eine Anordnung, welche die ersuchte Behörde zur Erfüllung ihrer Amtshilfepflicht gegenüber den Verfahrensbeteiligten erlässt. Erhoben werden können dabei materielle und formelle Einwände, insbesondere die Rüge unzulässiger Grundrechtseingriffe, so die Verletzung des rechtlichen Gehörs, der persönlichen Freiheit oder der Eigentumsgarantie.

5. Zu Abs. 4

Abs. 4 von § 7 beinhaltet drei Grundsätze, die für die Verwaltungsbehörden im Zusammenhang mit der Entscheidfindung wesentlich sind. Alle verfolgen sie die Absicht, sicherzustellen, dass die Verwaltungsbehörden materiell richtige Anordnungen treffen. Diesem Ziel dienen die Verpflichtung der Verwaltungsbehörden zu freier Würdigung des Ergebnisses der Sachverhaltsermittlung (freie Beweiswürdigung), zur Rechtsanwendung von Amtes wegen sowie der Grundsatz, dass sie an die gestellten Parteianträge nicht gebunden sind. 75

Auch im Verwaltungs- und Verwaltungsrechtspflegeverfahren herrscht der in allen Prozessordnungen geltende *Grundsatz der freien Beweiswürdigung*. Dieser besagt, dass allein die Überzeugung der entscheidenden Behörde massgebend dafür ist, ob eine bestimmte Tatsache aufgrund des bestehenden Beweismaterials als eingetreten zu betrachten ist oder nicht. Formale Beweiserfordernisse bestehen ebenso wenig wie Bindungen an formelle Beweisregeln. Infolgedessen befindet die entscheidberufene Behörde selber über die Zulassung eines Beweismittels und über dessen Beweiswert (Gadola, S. 85); sie hat das Ergebnis der Sachverhaltsermittlung nach Massgabe der gesamten Umstände entsprechend dem Gewicht der vorliegenden Beweise zu werten (vgl. RB 1977 Nr. 2). Die freie Würdigung des Untersuchungsergebnisses darf aber nicht dem freien Ermessen gleichgestellt werden. Letzteres räumt den Behörden eine Wahlfreiheit ein, während die freie Beweiswürdigung auf die Ermittlung eines bestimmten Sachverhalts abzielt und den Behörden keine Auswahl zwischen mehreren möglichen Sachverhaltsdarstellungen ermöglicht (Gadola, S. 85; Gygi, S. 279). 76

Die Behörden haben sorgfältig, gewissenhaft und unvoreingenommen sowie in freier Überzeugung ihre Meinung darüber zu bilden, ob sie einen bestimmten Sachverhalt oder ein Sachverhaltselement als eingetreten betrachten. Absolute Gewissheit ist dafür nicht vorausgesetzt. Es genügt, wenn sie ihren Entscheid verantworten und sachlich begründen können (vgl. Rhinow/Koller/Kiss, Rz. 914). Zu veranschlagen haben sie in diesem Zusammenhang neben dem beigebrachten Beweismaterial auch das Verhalten der Verfahrensbeteiligten (Gygi, S. 279; vgl. N. 68). 77

§ 7

78 Die freie Würdigung des Untersuchungsergebnisses erfährt insoweit eine Einschränkung, als Gutachten und sachkundige Behördenauskünfte nur daraufhin geprüft werden, ob sie auf zutreffenden Rechtsgrundlagen beruhen und vollständig, klar sowie gehörig begründet und widerspruchslos sind. In einem Rechtsmittelverfahren betreffend Entzug der aufschiebenden Wirkung ist von den Erkenntnissen und Bewertungen eines amtlichen Gutachtens gar nur abzuweichen, wenn dieses offensichtliche Mängel aufweist (RB 1997 Nr. 9). Ausserdem muss die sachverständige Person hinreichende Sachkenntnisse und die nötige Unbefangenheit bewiesen haben (Kölz/Häner, Rz. 290; Kölz/Häner, 1. A., Rz. 493; Rhinow/Koller/Kiss, Rz. 1138; RB 1985 Nr. 47, 1984 Nr. 65, 1982 Nr. 35). Im Rahmen der freien Beweiswürdigung ist sodann (gesetzlichen) Beweislasterleichterungen Rechnung zu tragen, indem z.B. bei erfolgreicher Glaubhaftmachung bestimmter Tatsachen gesetzliche Vermutungen Platz greifen (vgl. Art. 6 GlG, dazu RB 1997 Nr. 19). Zur freien Beweiswürdigung im verwaltungsgerichtlichen Beschwerdeverfahren vgl. § 60 N. 18.

79 Der *Grundsatz der Rechtsanwendung von Amtes wegen* (iura novit curia) besagt, dass die Verwaltungsbehörde selbständig alle für einen bestimmten Tatsachenkomplex anwendbaren Rechtsnormen zu suchen, diese auszulegen und die daraus sich ergebenden rechtlichen Folgen zu ziehen hat (Kölz, Prozessmaximen, S. 10). Dies bedeutet jedoch nicht, dass die das Recht von Amtes wegen anwendende Instanz, die nicht zugleich Aufsichtsbehörde ist, befugt ist, losgelöst vom hängigen Rechtsstreit gegen rechtswidriges Verwaltungshandeln aufsichtsmässig einzuschreiten (Gygi, S. 213; Rhinow/Koller/Kiss, Rz. 929 f.).

80 Die Rechtsanwendung von Amtes wegen stellt keine Besonderheit des Verwaltungsverfahrensrechts dar, sondern gilt in allen Verfahrensordnungen, die nicht das reine Rügeprinzip vorsehen. Zusammen mit der Untersuchungsmaxime bildet dieser Grundsatz eine wichtige Garantie für die materielle Rechtmässigkeit des Verwaltungshandelns. Er verhindert, dass Rechtsunkenntnis den Verfahrensbeteiligten schadet (Gygi, S. 212; Kölz/Häner, Rz. 112; Pfeifer, S. 105).

81 Die Rechtsanwendung von Amtes wegen hat zur Folge, dass die Behörde von sich aus diejenigen Rechtsnormen heranzuziehen hat, die für einen Sachverhalt objektiv massgebend sind. Ihr obliegt die Verantwortung für die Rechtsermittlung, und sie hat diese Vorschriften so anzuwenden, wie sie es für richtig hält. Namentlich steht ihr auch das Recht zu, bei Bedarf eine Praxisänderung vorzunehmen (zu den Voraussetzungen im Einzelnen vgl. Häfelin/Müller, Rz. 417 ff.; Imboden/Rhinow/Krähenmann, Nr. 72; Merkli/Aeschlimann/Herzog, Art. 51 N. 5). An die Rechtsauffassung der Parteien und an die von diesen vorgebrachten rechtlichen Überlegungen sind die Behörden nicht gebunden (RB 1982 Nr. 5). Ebenso ist es ihnen verwehrt, unbesehen eine übereinstimmende Rechtsauffassung der Parteien zu übernehmen. Immerhin können die Rechtserörterungen einer Partei ein wesentliches Hilfsmittel im Rahmen der behördlichen Rechtsfindung bilden (Rhinow/Koller/Kiss, Rz. 916). Diese Ungebundenheit

der Behörden gegenüber den rechtlichen Parteivorbringen gestattet es den Verfahrensbeteiligten, ihren Rechtsstandpunkt im Verlauf eines Verfahrens zu ändern oder einen früheren Rechtsstandpunkt wieder aufzunehmen (Gygi, S. 212, mit Hinweisen; Merkli/Aeschlimann/Herzog, Art. 51 N. 1). In einem Rechtsmittelverfahren erlaubt es der Grundsatz der Rechtsanwendung von Amtes wegen der entscheidenden Instanz, eine im Ergebnis richtige, aber falsch begründete Anordnung mit anderen rechtlichen Überlegungen zu bestätigen (sogenannte Motivsubstitution). Die rechtliche Qualifikation ein und desselben Sachverhalts durch die Vorinstanz ist für die Rechtsmittelinstanz damit ebenso wenig bindend, wie es die Rechtsvorbringen der Parteien sind (Gadola, S. 88 f.; Kölz/Häner, Rz. 677; Rhinow/Koller/Kiss, Rz. 918).

Der Grundsatz der Rechtsanwendung von Amtes wegen gilt im erstinstanzlichen Verwaltungsverfahren absolut und erstreckt sich auf den gesamten zu regelnden Sachverhalt. In einem *Rechtsmittelverfahren* bildet dagegen der durch die Parteivorbringen festgelegte *Streitgegenstand* den Rahmen (Gadola, S. 89; Kölz/Häner, Rz. 675). An diesen haben sich die Rechtsmittelbehörden zu halten. Soweit im Rechtsmittelverfahren das *Rügeprinzip* massgebend ist, wie dies vor allem im verwaltungsgerichtlichen Beschwerdeverfahren der Fall ist (dazu § 50 N. 4 ff.), wird dadurch der Grundsatz der amtlichen Rechtsanwendung erheblich relativiert. Diesfalls ist die zuständige Instanz nicht verpflichtet, zu prüfen, ob sich eine Anordnung unter schlechthin allen in Frage kommenden Aspekten als rechtmässig erweist (BGE 110 V 53, mit Hinweisen; RB 1997 Nr. 7, 1982 Nr. 5). Eine von den Parteien nicht aufgeworfene Rechtsfrage wird die Rechtsmittelbehörde nur prüfen, soweit hierzu aufgrund der Parteivorbringen oder anderer sich aus den Akten ergebender Anhaltspunkte hinreichend Anlass besteht (BGE 110 V 53; Gadola, S. 89; Gygi, S. 214; Kölz/Häner, Rz. 114). Allerdings sind in diesem Zusammenhang an die dem Rekurrenten bzw. Beschwerdeführer obliegende Begründungspflicht (vgl. § 23 Abs. 1 und § 54) keine überspannten Anforderungen zu stellen (Rhinow/Koller/Kiss, Rz. 926). Grundsätzlich hat die Rechtsmittelbehörde auch Fragen des ausländischen Rechts von Amtes wegen abzuklären; doch sind die Verfahrensbeteiligten hier mitwirkungspflichtig (vgl. Gadola, S. 89 f.). Insoweit rechtfertigt sich eine analoge Anwendung von Art. 16 Abs. 1 Satz 2 des Bundesgesetzes über das Internationale Privatrecht vom 18.12.1987.

Die Rechtsanwendung von Amtes wegen kann dadurch eingeschränkt sein, dass eine andere Behörde in derselben Sache bereits eine bestimmte Rechtsauffassung geäussert hat und die nunmehr entscheidberufene Instanz daran gebunden ist. Dies gilt namentlich, wenn eine Behörde über *Vorfragen* aus einem anderen Rechtsgebiet oder Zuständigkeitsbereich zu befinden hat (zur Rechtsanwendung in diesen Fällen vgl. § 1 N. 30 ff.) oder wenn ein Rechtsmittel unter Rückweisung an die zuständige Instanz im Sinn der Erwägungen gutgeheissen wurde (vgl. § 28 N. 35 ff., § 64 N. 10 ff.).

§ 7

84 Der Anspruch auf rechtliches Gehör gebietet es, die Verfahrensbeteiligten jedenfalls dann vorgängig anzuhören, wenn eine Anordnung auf eine bisher nicht herangezogene Bestimmung, mit deren Erheblichkeit für das Verfahren nicht zu rechnen war, oder auf einen vom ursprünglich angenommenen wesentlich verschiedenen Sachverhalt in Verbindung mit einem anderen Rechtssatz – mithin einen anderen «Rechtsgrund» (Gygi, S. 213 f.) – abgestützt werden soll (vgl. § 8 N. 19).

85 Die Rechtsanwendung von Amtes wegen hat zur Folge, dass die anordnende Behörde jeweils überprüfen muss, ob die massgebenden Rechtssätze ihrerseits rechtmässig sind. Es besteht mithin eine Pflicht aller rechtsanwendenden Instanzen zur *vorfrageweisen Normenkontrolle* (akzessorisches Prüfungsrecht). Dies gilt in den Schranken von Art. 113 Abs. 3 und 114bis Abs. 3 aBV sowohl für Gerichte als grundsätzlich auch für Verwaltungsbehörden (Häfelin/Haller, N. 1797; Rhinow/Koller/Kiss, Rz. 922). Während obersten Verwaltungsbehörden das akzessorische Prüfungsrecht generell zusteht (vgl. BGE 108 Ia 46), ist umstritten, wieweit auch untergeordnete Verwaltungsinstanzen zur vorfrageweisen Normenkontrolle von Erlassen befugt sind. Dies wird vielfach unter Hinweis auf die hierarchische Unterordnung dieser Behörden und eine daraus folgende strenge Bindung an Erlasse der ihnen übergeordneten Instanzen verneint. Ungeachtet dessen muss jedenfalls bei *offensichtlichen Verfassungs- oder Gesetzesverletzungen* auch untergeordneten Verwaltungsbehörden ein akzessorisches Prüfungsrecht zugestanden werden (Häfelin/Haller, N. 391a; Merkli/Aeschlimann/Herzog, Art. 51 N. 4). Im Übrigen liegt es an den Verwaltungsbehörden, durch eine verfassungs- und gesetzeskonforme Auslegung und Rechtsanwendung Normenkollisionen von vornherein zu vermeiden. Vgl. zum Ganzen § 20 N. 25 ff.; zur akzessorischen Normenkontrolle im verwaltungsgerichtlichen Verfahren vgl. § 50 N. 117 ff.

86 Satz 3 von § 7 Abs. 4 statuiert die Offizialmaxime insoweit, als die Verwaltungsbehörden an die gestellten *Sach*begehren nicht gebunden sind (vgl. Bosshart, § 7 N. 6). Sie können somit ihren Entscheid frei von prozessualen Bindungen treffen. Diese Freistellung der Verwaltungsbehörden von den Parteibegehren sichert im Zusammenspiel mit der Untersuchungsmaxime, der freien Beweiswürdigung und der Rechtsanwendung von Amtes wegen die sachliche Richtigkeit einer Anordnung. Mithin geniesst die Durchsetzung des richtigen Rechts gegenüber den Interessen der Verfahrensbeteiligten grundsätzlich Vorrang. Für das Rekursverfahren bestimmt § 27 in gleicher Weise wie § 7 Abs. 3 Satz 3 für das nichtstreitige Verwaltungsverfahren, dass die Rekursinstanz nicht an die Rekursbegehren gebunden ist und deshalb über diese zum Vorteil des Rekurenten hinausgehen oder die angefochtene Anordnung zu dessen Nachteil abändern darf. Im Unterschied dazu untersagt § 63 Abs. 2 dem Verwaltungsgericht, über die gestellten Rechtsbegehren hinauszugehen oder die angefochtene Anordnung zum Nachteil des Rechtsuchenden abzuändern (Verbot der reformatio in melius vel in peius; dazu § 63 N. 13 ff.).

§ 8

§ 8. Personen, die durch eine Anordnung berührt sind und ein schutzwürdiges Interesse an deren Aufhebung oder Änderung haben, sind berechtigt, in die Akten Einsicht zu nehmen.

IV. Akteneinsicht

1. Grundsatz

Der Regierungsrat regelt die Herausgabe und Zustellung von Akten zur Einsichtnahme.

Materialien
Weisung 1957, S. 1033; Prot. KK 13.12.1957, 23.9.1958; Prot. KR 1955–1959, S. 3271; Beleuchtender Bericht 1959, S. 398 f.; Weisung 1995, S. 1527; Prot. KK 1995/96, S. 14, 19, 39, 46 ff., 76 ff., 233 ff., 250 f., 351; Prot. KR 1995–1999, S. 6427 ff., 6435 ff., 6488, 6830; Beleuchtender Bericht 1997, S. 6.

Literatur
COTTIER THOMAS, Der Anspruch auf rechtliches Gehör (Art. 4 BV), recht 1984, S. 1 ff., 122 ff.; DARBELLAY JEAN, Le droit d'être entendu, ZSR 83/1964 II, S. 419 ff.; DUBACH ALEXANDER, Das Recht auf Akteneinsicht, Zürich 1990; FISCHLI ERNST, Die Akteneinsicht im Verwaltungsprozess, in: Mélanges Henri Zwahlen, Lausanne 1977, S. 279 ff.; GADOLA, S. 62 ff.; GYGI, S. 69 f., 298; HÄFELIN/HALLER, N. 1177a, 1590 ff.; HÄFELIN/MÜLLER, Rz. 1306 ff.; HAEFLIGER, Rechtsgleichheit, S. 128 ff.; HALLER WALTER, Das rechtliche Gehör bei der Festsetzung von Raumplänen, in: Festschrift Otto K. Kaufmann, Bern 1989, S. 367 ff.; HUBER WILLY, Das Recht des Bürgers auf Akteneinsicht im Verwaltungsverfahren, St. Gallen 1980; IMBODEN/RHINOW/KRÄHENMANN, Nrn. 81–83, 87; KEHL ROBERT, Die gegenseitige Akten-Editionspflicht der Verwaltungsbehörden und der Zivilgerichte im schweizerischen Recht, Zürich 1955; KNEUBÜHLER LORENZ, Gehörsverletzung und Heilung, ZBl 99/1998, S. 97 ff.; KÖLZ/HÄNER, Rz. 129 ff., 292 ff.; KÖLZ/HÄNER, 1. A., Rz. 496 ff.; MERKLI/AESCHLIMANN/HERZOG, Art. 21–24; MOOR II, S. 183 ff.; MÜLLER GEORG, in: Kommentar aBV, Art. 4 Rz. 98 ff.; ODERMATT OSKAR, Das rechtliche Gehör im Verwaltungsverfahren, in: Festgabe Max Obrecht, Solothurn 1961, S. 184 ff.; REINHARDT KLAUS, Das rechtliche Gehör in Verwaltungssachen, Zürich 1968; RHINOW/KOLLER/KISS, Rz. 285 ff., 334 ff., 1142 ff.; RHINOW/KRÄHENMANN, Nr. 149 B III; ROTACH, S. 438; TINNER ROLF, Das rechtliche Gehör, ZSR 83/1964 II, S. 295 ff.; ZIMMERLI ULRICH, Zum rechtlichen Gehör im sozialversicherungsrechtlichen Verfahren, in: Festschrift 75 Jahre Eidgenössisches Versicherungsgericht, Bern 1992, S. 313 ff.; ZWEIFEL MARTIN, Das rechtliche Gehör im Steuerhinterziehungsverfahren, ASA 60/1991–92, S. 449 ff.

Übersicht	Note
1. Allgemeines zu §§ 8 und 9	1
2. Das rechtliche Gehör	2
2.1. Grundlagen	2
2.2. Rechtsnatur des Gehörsanspruchs	5
2.3. Träger und Adressaten des Gehörsanspruchs	7
2.4. Teilgehalte des Gehörsanspruchs	11
2.4.1. Das Recht auf Orientierung	12
2.4.2. Das Recht auf Äusserung und Anhörung	17
2.4.3. Das Recht auf Mitwirkung im Beweisverfahren	31
2.4.4. Verfahrenspflichten der Behörden	41
2.5. Zulässige Nichtgewährung des rechtlichen Gehörs	43
2.6. Heilung von Gehörsverletzungen	48
2.7. Verschiedenes	54

§ 8

    3. Zu Abs. 1   60
        3.1. Allgemeines   60
        3.2. Umfang der Akteneinsicht   66
        3.3. Modalitäten der Akteneinsicht   71
        3.4. Akteneinsicht und Datenschutz   77
    4. Zu Abs. 2   81

1. Allgemeines zu §§ 8 und 9

1 In den §§ 8 und 9 ist nur von der *Akteneinsicht,* nicht aber vom *Grundsatz des rechtlichen Gehörs* die Rede. Der Grundsatz des rechtlichen Gehörs findet sich nirgends im VRG, obwohl er eine grundlegende rechtsstaatliche Verfahrensmaxime ist und schon der seinerzeitige Gesetzgeber anerkannte, dass die Akteneinsicht lediglich einen Unterfall dieser Maxime bildet (vgl. Beleuchtender Bericht 1959, S. 398). Trotzdem wurde in der kantonsrätlichen Kommission die Aufnahme des Grundsatzes des rechtlichen Gehörs in das Gesetz mit der wenig überzeugenden Begründung abgelehnt, man wolle auf Schlagworte verzichten (Prot. KK 13.12.1957, S. 7). Anlässlich der Revision vom 8.6.1997 erwog der Regierungsrat, den Grundsatz des rechtlichen Gehörs im VRG zu verankern. Letztlich verzichtete er jedoch auf einen entsprechenden Antrag an den Kantonsrat, weil er den Gehörsanspruch zum einen als durch Art. 4 Abs. 1 aBV und durch die bundesgerichtliche Rechtsprechung hinreichend umschrieben erachtete und zum andern das rechtliche Gehör nur im bundesrechtlichen Rahmen gewährleisten wollte (Prot. KK 1995/96, S. 233). Dieser Auffassung folgte schliesslich auch die vorberatende Kommission des Kantonsrats in zweiter Lesung der Revisionsvorlage (Prot. KK 1995/96, S. 234), nachdem sie zuvor den Anspruch auf rechtliches Gehör und Ausnahmen davon als § 7a in die Revisionsvorlage aufgenommen hatte (vgl. Prot. KK 1995/96, S. 77 f.).

2. Das rechtliche Gehör

2.1. Grundlagen

2 Der *Grundsatz des rechtlichen Gehörs* stellt eine fundamentale Garantie für ein rechtsstaatliches Verfahren dar (Häfelin/Haller, N. 1590). Er bildet gleichsam die «Magna Charta» des Verfahrensrechts. Rechtliches Gehör bedeutet, dass alle Beteiligten mit allen ihnen zu Gebote stehenden Mitteln im Verfahren zum Zuge kommen müssen; niemand darf in seiner Rechtsstellung beeinträchtigt werden, ohne *vorher* angehört worden zu sein. Das Anhörungsrecht ist nach Lehre und Praxis *umfassend* und bezieht sich auf sämtliche Tat- und Rechtsfragen, die für eine Entscheidung *erheblich* sein können. Die entscheidende Behörde muss den Beteiligten Einblick in die Akten gewähren und ihnen Gelegenheit geben, sich sachgemäss, zweckentsprechend und erschöpfend zu äussern (vgl. BGE 122 I 55, mit Hinweisen; Häfelin/Haller, N. 1591; Häfelin/Müller,

Rz. 1306; Kölz/Häner, Rz. 129). Die Gewährung des rechtlichen Gehörs dient einerseits der *Sachaufklärung* und trägt dazu bei, nachträgliche Rechtsmittelverfahren zu vermeiden und die materielle Richtigkeit auch jener Anordnungen zu verbessern, die nicht angefochten werden. Anderseits stellt das rechtliche Gehör ein *persönlichkeitsbezogenes Mitwirkungsrecht* der Verfahrensbeteiligten dar, das sicherstellt, dass der Einzelne im Verfahren stets als Subjekt und nicht bloss als Objekt wahrgenommen wird (BGE 124 I 51, 122 I 55; Gadola, S. 64; Rhinow/Koller/Kiss, Rz. 288).

Der Umfang des Anspruchs auf rechtliches Gehör wird zunächst durch das kantonale Verfahrensrecht umschrieben. Wo dieser kantonale Rechtsschutz sich als ungenügend erweist, greifen die unmittelbar aus Art. 4 Abs. 1 aBV bzw. Art. 29 Abs. 2 BV folgenden *bundesrechtlichen Minimalgarantien* zur Sicherung des rechtlichen Gehörs Platz (BGE 122 I 112, mit Hinweisen), deren Anwendung das Bundesgericht im Unterschied zu den kantonalen Normen in freier Kognition prüft (BGE 122 I 158, 121 I 232, je mit Hinweisen). Die kantonalrechtlichen Verfahrensregeln geniessen mithin nur insoweit Vorrang, als sie über das durch Art. 4 Abs. 1 aBV bzw. Art. 29 Abs. 2 BV Gewährleistete hinausgehen. Einen Anspruch auf rechtliches Gehör räumt auch Art. 6 Ziff. 1 EMRK ein, sofern zivilrechtliche Ansprüche und Verpflichtungen im Sinn der Konvention in Frage stehen. Diese Konventionsbestimmung gewährt allerdings nicht mehr Rechte, als in konventionskonformer Verfassungsauslegung Verfahrensgarantien aus Art. 4 Abs. 1 aBV (Art. 29 Abs. 2 BV) abgeleitet werden (BGE 122 V 164, 119 Ia 264; Müller, a.a.O., Rz. 99, mit Hinweisen; Villiger, N. 488; dazu auch Häfelin/Haller, N. 1081, 1593a).

3

Der Grundsatz des rechtlichen Gehörs beherrscht als verfassungsrechtliches Prinzip die *gesamte* Rechtsordnung, also auch jede Verfahrensordnung. Er gilt für alle Rechtsanwendungsverfahren in allen Rechtsbereichen. Entsprechend ist er sowohl auf das nichtstreitige Verwaltungsverfahren als auch auf das Rekurs- und Beschwerdeverfahren anzuwenden, wenn Gefahr besteht, dass der Einzelne durch den Erlass einer Anordnung in seinen schutzwürdigen – rechtlichen oder tatsächlichen – Interessen berührt wird (vgl. BGE 110 Ia 75). Kein Anspruch auf rechtliches Gehör besteht im *Rechtsetzungsverfahren* (BGE 123 I 67, 121 I 232). Hier treten die demokratischen Mitwirkungsrechte an die Stelle des rechtlichen Gehörs. Dies mag ohne weiteres angehen, soweit Erlassen – vornehmlich auf Verordnungsstufe – nur beschränkte Bedeutung zukommt. Im Übrigen ist jedoch zu beachten, dass generell-abstrakte Erlasse durchaus einen bestimmten Personenkreis ganz spezifisch und anders als die Allgemeinheit berühren können (vgl. BGE 121 I 232; Cottier, a.a.O., S. 7). Ebenso wenig ergibt sich aus Art. 4 Abs. 1 aBV (bzw. Art. 29 Abs. 2 BV) ein Anspruch interessierter Berufsverbände oder anderer Privater, auch dann angehört zu werden, wenn eine Gerichtsinstanz darüber zu befinden hat, ob einer deren Interessen zentral berührenden Vorschrift im Rahmen der abstrakten Normenkontrolle die Gel-

4

§ 8

tung abgesprochen werden soll (BGr. 15.6.1999, 2P.195/1998). *Allgemeinverfügungen,* die zwar einen konkreten Gegenstand regeln, sich aber an einen mehr oder weniger grossen, offenen oder geschlossenen Adressatenkreis richten, werden mit Bezug auf die Gehörsgewährung grundsätzlich den Rechtssätzen gleichgestellt. Ein Anspruch auf individuelle Anhörung besteht deshalb nur, wenn einzelne Personen durch eine Anordnung wesentlich schwerwiegender betroffen werden als die übrige Vielzahl der Normaladressaten (BGE 119 Ia 150). In Verfahren der *Raumplanung* richtet sich der Anspruch auf rechtliches Gehör ebenfalls nach Massgabe der Betroffenheit der Adressaten (BGE 121 I 232, mit Hinweisen). Demnach sind die Grundeigentümer beim Erlass von Nutzungsplänen in geeigneter Form individuell anzuhören, bevor über die Zoneneinteilung ihrer Grundstücke endgültig entschieden wird; dabei genügt es, wenn sie Einwendungen im Rahmen eines Einsprache- oder Rechtsmittelverfahrens vorbringen können (BGE 119 Ia 150; RB 1996 N. 10). Mit Bezug auf die Pflicht zur Gehörsgewährung ist somit unerheblich, ob eine Anordnung von einer Verwaltungs- bzw. Verwaltungsrechtspflegebehörde oder von einer gesetzgebenden Behörde ausgeht (BGE 119 Ia 151).

2.2. Rechtsnatur des Gehörsanspruchs

5   Der Anspruch auf rechtliches Gehör ist *formeller Natur* und setzt den Nachweis eines materiellen Interesses nicht voraus (RB 1972 Nr. 36; RB 1961 Nr. 26 = ZR 60 Nr. 116; BGE 122 II 469, mit Hinweisen). Eine Gehörsverletzung zieht daher grundsätzlich die Aufhebung der angefochtenen Anordnung nach sich, ungeachtet der Erfolgsaussichten des Rechtsmittels in der Sache selbst. Zudem braucht die Rüge der Gehörsverletzung wegen der formellen Natur des Gehörsanspruchs nicht mit einem Antrag verbunden zu werden, wie das Dispositiv des angefochtenen Entscheids abzuändern ist (RB 1961 Nr. 26 = ZR 60 Nr. 116; RB 1998 Nr. 15). *Nichtigkeit* des zugrunde liegenden Verwaltungsakts bewirkt die Verweigerung des rechtlichen Gehörs aber nur, wenn darin ein ganz gewichtiger Verfahrensfehler zu erblicken ist. Das Vorliegen eines solchen wird nur in Ausnahmefällen zu bejahen sein, weshalb die Gehörsverweigerung eine erfolgte Anordnung in der Regel lediglich *anfechtbar* macht (RB 1995 Nr. 21; ZBl 97/1996, S. 426 f.; Imboden/Rhinow/Krähenmann, Nr. 87 B II). Der formelle Charakter des Gehörsanspruchs wird zusätzlich dadurch gemildert, dass unter bestimmten Voraussetzungen eine *Heilung* der festgestellten Gehörsverletzung möglich ist (dazu N. 48 ff.).

6   Aus der formellen Natur des Gehörsanspruchs, der Anerkennung des rechtlichen Gehörs als verfassungsmässiges Recht sowie der Pflicht der Behörden zur Rechtsanwendung von Amtes wegen (§ 7 Abs. 4 Satz 2) folgt, dass Gehörsverletzungen nicht nur beachtlich sind, wenn sie in einem Rechtsmittelverfahren ausdrücklich gerügt werden. Jedenfalls eindeutige und erhebliche Gehörsverletzungen sind auf Rekurs oder Beschwerde hin auch ohne dahingehende Rüge

von Amtes wegen aufzugreifen, sofern die Umstände nicht auf einen Verzicht durch die benachteiligte Partei schliessen lassen. Auch eine nicht gerügte qualifizierte Gehörsverletzung kann somit die Aufhebung einer Anordnung von Amtes wegen nach sich ziehen (Merkli/Aeschlimann/Herzog, Art. 21 N. 17).

2.3. Träger und Adressaten des Gehörsanspruchs

Der Anspruch auf rechtliches Gehör steht *natürlichen Personen* ungeachtet ihrer Nationalität und ihres Alters sowie *privaten juristischen Personen* zu. Das rechtliche Gehör ist auch Urteilunfähigen zu gewähren. Zu diesem Zweck ist diesen von der Vormundschaftsbehörde ein Vertreter zu bestellen (BGE 92 I 187), wobei es in der Regel angebracht ist, den Vertreter für das ganze Verfahren zu bestimmen. Vereinzelt wird der Gehörsanspruch zudem Behörden und Körperschaften des öffentlichen Rechts zugestanden (Cottier, a.a.O., S. 4 f., insb. Anm. 28). Insbesondere muss der Anspruch auf rechtliches Gehör den Gemeinden zustehen, sofern diese in einem Verfahren formelle Parteistellung haben und von einer Anordnung in ihrer Autonomie betroffen sind (vgl. Imboden/Rhinow/Krähenmann, Nr. 81 B I a; RB 1992 Nr. 16). Kein vorgängiges Anhörungsrecht besitzen Gemeinden dagegen als Subjekt in einem regierungsrätlichen Aufsichtsverfahren (RB 1986 Nr. 12). Nicht zum rechtlichen Gehör zu zählen ist sodann das Vernehmlassungsrecht einer nicht rechtsfähigen Behörde, die als Vorinstanz gewirkt hat (z.B. Direktion, Bezirksrat). Dieses erscheint als blosse prozessuale Berechtigung aufgrund konkreter Gesetzesbestimmungen.

Abgesehen von dieser generellen Abgrenzung lässt sich nur unter Berücksichtigung aller Umstände des Einzelfalls beurteilen, wem der Gehörsanspruch zukommt. Massgebend sind dabei in erster Linie *Intensität und Qualität der Betroffenheit*. Abzustellen ist grundsätzlich auf die *materielle* Betroffenheit, nicht etwa auf die rein formelle Verfahrensbeteiligung (Gadola, S. 73; Rhinow/Koller/Kiss, Rz. 289). Als materiell betroffen hat in der Regel zu gelten, wer von einer – in gehörsverletzender Weise zustande gekommenen – Anordnung berührt ist und an deren Aufhebung oder Änderung ein schutzwürdiges rechtliches oder tatsächliches Interesse hat (vgl. § 8 Abs. 1 betreffend den Anspruch auf Akteneinsicht). Folgerichtig besitzen Personen, die zwar nicht Verfahrensparteien sind, jedoch im genannten Sinn von einem negativen Verfahrensausgang betroffen sein könnten, einen Anspruch auf *Beiladung* zu einem Verfahren (vgl. RB 1996 Nr. 10, auch zum Folgenden; Imboden/Rhinow/Krähenmann, Nr. 92 B III). Von Amtes wegen im Rechtsmittelverfahren beizuladen sind daher die betroffenen Grundeigentümer, die bei Erlass oder Änderung einer kommunalen Nutzungsplanung keinen Anlass hatten, sich zu wehren. Im baurechtlichen Verfahren erfolgt die Beiladung jener Drittpersonen, die rechtzeitig die Zustellung des baurechtlichen Entscheids verlangt haben (§§ 315 f. PBG), dagegen nicht von Amtes wegen, sondern nur auf entsprechendes Gesuch hin. Dies bedingt, dass

§ 8

den potenziell Rechtsmittelbefugten möglichst früh von der Rechtsmittelerhebung Kenntnis gegeben wird (RB 1997 Nr. 5). Die Umschreibung des persönlichen Geltungsbereichs des Gehörsanspruchs anhand der materiellen Betroffenheit hat zur Folge, dass eine Gehörsverweigerung geltend machen kann, wer legitimiert ist, gegen die betreffende Anordnung Rekurs bzw. Beschwerde zu erheben (vgl. § 21 lit. a). Eine solche Rüge ist daher demjenigen verwehrt, der durch eine behördliche Anordnung nicht beschwert ist, indem seinem Antrag vollumfänglich entsprochen wird oder weil er besser gestellt wird, als er es verlangt hat (RB 1972 Nr. 36).

9   Der Gehörsanspruch richtet sich gegen die *anordnende Behörde*. Gegenüber *Kollegialbehörden* beinhaltet er indessen keinen Anspruch, durch die vollständig besetzte Behörde angehört zu werden (BGE 117 Ia 135, 115 II 133; RB 1994 Nr. 5). Es ist somit statthaft, die Anhörung einer Delegation der entscheidberufenen Behörde oder dem zuständigen Referenten zu übertragen, soweit es sich nicht um Parteivorbringen und Beweisabnahmen in einem ausschliesslich mündlich zu führenden Verfahren handelt (Rhinow/Koller/Kiss, Rz. 292; vgl. RB 1963 Nr. 84). Bei Anordnungen des Regierungsrats und seiner Direktionen darf der Gehörsanspruch nicht überspannt werden. Entsprechend ist es nicht gehörsverletzend, wenn an einem Augenschein im Rahmen eines regierungsrätlichen Rekursverfahrens kein Mitglied der Rekursbehörde persönlich anwesend ist (BGE 110 Ia 82; dazu kritisch Rhinow/Krähenmann, Nr. 82 B IV c; vgl. § 7 N. 43 f.). Diesfalls ist es aber unabdingbar, dass ein ausführliches Augenscheinsprotokoll, möglichst unter Einbezug von Fotos, erstellt wird und Pläne sowie weitere Unterlagen zur Verfügung stehen, die es dem Regierungsrat erlauben, sich ein klares Bild von den tatsächlichen Verhältnissen zu machen.

10 Verwaltungsbehörden sind selbst dann an die Grundrechte gebunden, wenn sie privatrechtlich handeln. Sie haben daher dem Anspruch auf rechtliches Gehör auch im Rahmen ihrer privatrechtlichen Aktivitäten Rechnung zu tragen (BGE 109 Ib 155; Häfelin/Müller, Rz. 236 f.). Ebenso sind privatrechtliche Organisationen unabhängig davon, ob sie in privatrechtlicher oder öffentlichrechtlicher Form handeln, an die verfassungsmässigen Rechte der Bürger gebunden, soweit sie öffentliche Aufgaben erfüllen (BGr. 10.7.1986, ZBl 88/1987, S. 207 f.; Häfelin/Müller, Rz. 1203).

2.4. Teilgehalte des Gehörsanspruchs

11 Das rechtliche Gehör als Recht auf Einflussnahme und Mitwirkung im Verfahren umfasst gemäss bundesgerichtlicher Rechtsprechung zu Art. 4 Abs. 1 aBV eine Vielzahl von Verfahrensgarantien zugunsten des Betroffenen und als Korrelat dazu verschiedene behördliche Verfahrenspflichten (N. 41 f.). Die aus dem Gehörsanspruch abgeleiteten Garantien lassen sich dabei im Wesentlichen dem

Recht auf *Orientierung* (N. 12 ff.) und dem Recht auf *Äusserung* (N. 17 ff.) zuweisen. Letzteres bildet zugleich den eigentlichen Kern des Anspruchs auf rechtliches Gehör (Pra 79/1990 Nr. 214, S. 761). Eine besondere Ausprägung erfahren diese beiden Teilgehalte des Gehörsanspruchs durch das Recht auf *Mitwirkung im Beweisverfahren* (N. 31 ff.).

2.4.1. Das Recht auf Orientierung

Das *Recht auf Orientierung* beinhaltet das Recht auf Akteneinsicht (dazu N. 60 ff.) und das Recht auf die Begründung von Anordnungen (dazu § 10 Abs. 2 und § 10a). Daneben ist auch der Anspruch auf eine Rechtsmittelbelehrung unter diesen Teilgehalt des rechtlichen Gehörs zu subsumieren, soweit sich ein solcher Anspruch aus dem kantonalen oder Bundesrecht ergibt (Rhinow/ Koller/Kiss, Rz. 303; vgl. § 10 Abs. 2 und § 10a Abs. 2). Sodann gewährt das Recht auf Orientierung dem Betroffenen einen allgemeinen Anspruch auf Information und Aufklärung durch die Behörden. Dies hat zur Folge, dass die Behörden sich nicht nur mit der schriftlichen Mitteilung der Erledigung einer Angelegenheit (§ 10) und im Übrigen mit einem passiven Gewährenlassen begnügen dürfen; vielmehr sind sie gehalten, die Betroffenen aktiv zu orientieren (Gadola, S. 71; Rhinow/Koller/Kiss, Rz. 299). Diese behördliche Obliegenheit trägt der Tatsache Rechnung, dass der Betroffene seinen Gehörsanspruch, namentlich das Recht auf Anhörung, lediglich dann wahrzunehmen vermag, wenn er Kenntnis vom Verlauf eines Verfahrens besitzt (vgl. N. 8). 12

Das Orientierungsrecht verpflichtet die Behörden, Gehörsberechtigte über entscheidwesentliche Aktenergänzungen zu informieren und ihnen Verhandlungen sowie Besprechungen, an denen teilzunehmen sie berechtigt sind, rechtzeitig bekannt zu geben. Dies bedeutet, dass von Amtes wegen mindestens eine Anzeige an den Berechtigten zu erfolgen hat und diesem die Akten zur Einsichtnahme offen zu halten sind (Gadola, S. 71 f.). Eine ausdrückliche Orientierung durch die Behörden kann jedoch unterbleiben, wenn es sich um Dokumente handelt, die jede Person einsehen kann und mit deren Beizug zu rechnen war (BGE 112 Ia 202; Merkli/Aeschlimann/Herzog, Art. 23 N. 11; Rhinow/ Koller/Kiss, Rz. 299; vgl. RB 1992 Nr. 60). Ein Anrecht auf Zustellung der Akten an einen Verfahrensbeteiligten beinhaltet der durch Art. 4 Abs. 1 aBV bzw. Art. 29 Abs. 2 BV gewährleistete Gehörsanspruch nicht (RB 1991 Nr. 11). Ebenso wenig besteht ein Anspruch darauf, dass demjenigen, der in einer Eingabe verschiedene Adressen angibt, Urkunden an alle aufgeführten Adressen zugestellt werden; die Zustellung an eine derselben genügt (BGE 101 Ia 332). 13

Es ist nicht gehörsverletzend, eine Rekurs- bzw. Beschwerdeantwort der Gegenpartei im Fall des Verzichts auf einen zweiten Schriftenwechsel (vgl. § 26 Abs. 4 und § 58) nur auf Verlangen zuzustellen (RB 1991 Nr. 11, 1985 Nr. 19; VGr. 25.11.1994, VB 94/0142; vgl. BGE 101 Ia 304). Die Zustellung hat von Amtes wegen zu erfolgen, sobald ein zweiter Schriftenwechsel angeordnet wird. 14

§ 8

15 Um ihrer Orientierungspflicht jederzeit im durch den Gehörsanspruch geforderten Umfang nachkommen zu können, ist es unabdingbar, dass die Behörden sämtliche entscheidwesentlichen Informationen (Telefongespräche, Besprechungen, Besichtigungen, Befragungen, Parteiverhandlungen usw.) in einem Protokoll oder in einer Aktennotiz festhalten. Dies gilt gleichermassen für entscheidnotwendige behördliche Kenntnisse (BGE 124 V 390 f.; vgl. RB 1997 Nr. 1; Tinner, a.a.O., S. 346 ff.).

16 Die Behörden handeln nicht gehörsverletzend, wenn sie die Betroffenen lediglich in der Amtssprache orientieren. Sie sind gestützt auf Art. 4 Abs. 1 aBV (bzw. Art. 29 Abs. 2 BV) nicht verpflichtet, mit einer Person, welche die Amtssprache nicht beherrscht, in deren Sprache zu verkehren. Vielmehr ist es Sache dieser Person, sich amtliche Schriftstücke übersetzen zu lassen (BGE 115 Ia 65; RB 1992 Nr. 36). Sind in einem Verfahren aber die Voraussetzungen für die Bestellung eines unentgeltlichen Rechtsbeistands erfüllt (vgl. § 16 VRG sowie Art. 6 Ziff. 3 lit. a und e EMRK), besteht unter Umständen Anspruch auf Beizug eines unentgeltlichen Übersetzers (vgl. RB 1992 Nr. 37; Müller, a.a.O., Rz. 104). Dies gilt namentlich in Verfahren um Sanktionen mit Strafcharakter, soweit dabei Konventionsrecht Platz greift (Merkli/Aeschlimann/Herzog, Art. 21 N. 11; vgl. BGE 121 I 205).

2.4.2. Das Recht auf Äusserung und Anhörung

17 Das *Recht auf Äusserung und Anhörung* beinhaltet das Recht des Einzelnen, sich *vorgängig* zu den ihn betreffenden, hoheitlichen Anordnungen zu äussern, sowie den Anspruch, in seinen Vorbringen auch tatsächlich gehört und ernst genommen zu werden (Rhinow/Krähenmann, Nr. 81 B I). Um dem Äusserungs- und Anhörungsrecht Nachachtung zu verschaffen, haben die verantwortlichen Behörden demnach den Gehörsberechtigten nicht nur anzuhören, sondern sie haben sich mit seinen Vorbringen auch auseinanderzusetzen (vgl. VGr. 18.12.1991, VB 91/0009). Sie haben aber nicht alle Äusserungen zu den Akten zu nehmen. Solche, die nicht zur Sache gehören, können sie aus dem Recht weisen; unleserliche, ungebührliche und übermässig weitschweifige Äusserungen dürfen zur Umarbeitung zurückgewiesen werden (vgl. § 5 Abs. 3; Tinner, a.a.O., S. 344 f.); hierbei ist aber Zurückhaltung geboten, besonders bei rechtsunkundigen Personen.

18 Angesichts der formellen Natur des Gehörsanspruchs (N. 5) ist es in der Regel unabdingbar, das Gehör *vorgängig* zu gewähren, d.h. bevor eine belastende Anordnung zum Nachteil des Betroffenen ergeht. Um diesem eine Stellungnahme zu ermöglichen, hat ihm die Verwaltungsbehörde den voraussichtlichen Inhalt oder zumindest die wesentlichen Elemente der zu treffenden Anordnung bekanntzugeben (Häfelin/Müller, Rz. 1314). Zum Verzicht auf die Gehörsgewährung und zur Heilung von Gehörsverletzungen vgl. N. 43 ff. und N. 48 ff.

Gegenstand des Äusserungsrechts bildet zwar der gesamte Verfahrensstoff, doch 19
steht dem Betroffenen ein uneingeschränktes Recht auf Äusserung nur zu, soweit sich diese auf die Sache bezieht (N. 17). Der Betroffene ist somit befugt, sich zu allen *entscheidwesentlichen Sachfragen* vernehmen zu lassen. Die rechtliche Beurteilung der Tatsachen durch die Behörden entzieht sich dagegen dem Gehörsanspruch, indem allein ihnen die Anwendung des auf den Sachverhalt zutreffenden Rechts obliegt (BGE 108 Ia 295). Das Äusserungsrecht ist indessen zumindest der beschwerten Partei zu gewähren, sobald die Behörden ihren Entscheid auf einen Rechtssatz oder einen Rechtsgrund abzustützen gedenken, der im vorangegangenen Verfahren nicht angerufen wurde und dessen Stellenwert die Beteiligten im konkreten Fall auch nicht abschätzen konnten (BGE 115 Ia 96 f.; RB 1982 Nr. 6; VGr. 7.4.1995, VB 95/0029; vgl. § 7 N. 84). Ein solches Vorgehen ist vielfach nicht zu umgehen, denn es ist eine Folge des Grundsatzes der richterlichen Rechtsanwendung (vgl. § 7 N. 79 ff.). Ein Beteiligter muss dagegen nicht angehört werden, wenn die Rechtsmittelinstanz einer schon von der unteren Instanz angewendeten Norm eine andere Interpretation gibt.

Das rechtliche Gehör kann *mündlich oder schriftlich* gewährt werden. Gestützt 20
auf Art. 4 Abs. 1 aBV bzw. Art. 29 Abs. 2 BV besteht jedoch nur ausnahmsweise ein Anspruch auf mündliche Anhörung (BGE 122 II 469; vgl. RB 1998 Nrn. 38 und 39). Mithin vermag die Möglichkeit schriftlicher Äusserung den Anforderungen an den verfassungsmässigen Gehörsanspruch grundsätzlich zu genügen. Mit Bezug auf die Stellungnahme zu einem Gutachten erscheint gar allein das Recht, sich schriftlich äussern zu können, dem Anhörungsanspruch ausreichend Rechnung zu tragen (BGE 101 Ia 314; Rhinow/Krähenmann, Nr. 81 B VI). Indessen soll den Parteien zumindest im nichtstreitigen Verwaltungsverfahren die Möglichkeit eingeräumt werden, sich mündlich beim zuständigen Sachbearbeiter oder bei der Amtsstelle zu äussern, welche die Anordnung vorbereitet und Antrag stellt (BGE 114 Ib 246; vgl. RB 1998 Nrn. 38 und 39). Diesfalls ist ein Protokoll zu erstellen, damit die entscheidende Behörde von den Äusserungen Kenntnis erhält (Rhinow/Koller/Kiss, Rz. 307). Die schriftlichen Vorbringen der Verfahrensbeteiligten sind zudem vollumfänglich zu den Akten zu nehmen. Eine mündliche Anhörung drängt sich auf, soweit persönlichkeitsbezogene Verhältnisse zu beurteilen sind, namentlich wenn der persönliche Eindruck von der Partei und Auskünfte über deren Lebensweise für die zu treffende Entscheidung wesentlich sind (BGE 117 II 137; vgl. RB 1998 Nr. 82, 1963 Nr. 84). Im Geltungsbereich von Art. 6 Ziff. 1 EMRK ist die mündliche Anhörung regelmässig geboten, sofern die Verfahrenbeteiligten nicht von vornherein darauf verzichtet haben (vgl. BGE 121 I 205). Erfolgt eine mündliche Anhörung in einem Verfahren vor einer Kollegialbehörde, bedeutet dies nicht, dass die Betroffenen berechtigt sind, sich vor der *gesamten* entscheidenden Behörde zu äussern (BGE 117 II 137; vgl. RB 1994 Nr. 5 sowie N. 9). Ein solcher Anspruch besteht lediglich bei der fürsorgerischer Freiheitsentziehung und vergleichbaren Verfahren (BGE 115 II 135).

§ 8

21 Die Behörden sind nicht nur befugt, die Betroffenen in der Amtssprache zu orientieren (N. 16), sondern sie dürfen von diesen auch verlangen, dass sie Rechtsschriften in der Amtssprache abfassen. Es bedeutet jedoch eine Verweigerung des rechtlichen Gehörs in Gestalt eines überspitzten Formalismus, wenn die Behörde auf eine in einer anderen Sprache abgefasste Eingabe nicht eintritt, ohne eine Nachfrist zur Übersetzung anzusetzen. Dies gilt auch dann, wenn das kantonale Recht die Ansetzung einer Nachfrist nicht vorsieht (BGE 102 Ia 37 f.). Zum Anspruch auf einen unentgeltlichen Übersetzer vgl. N. 16.

22 Fristen für Parteieingaben sowie Termine sind so anzusetzen, dass sie die Betroffenen unter zumutbaren Bedingungen auch tatsächlich wahrnehmen können (RB 1970 Nr. 38, 1969 Nr. 34; Gygi, S. 70). Dies hindert die Behörden nicht daran, bei der Fristansetzung den Interessen der Verfahrensökonomie und der Verfahrensbeschleunigung Rechnung zu tragen (§§ 4a und 27a; Gadola, S. 67).

23 Der Betroffene ist grundsätzlich immer anzuhören, und es ist ihm Gelegenheit zu geben, sich zu äussern, wenn ihm eine Verschlechterung seiner Rechtsstellung droht, die für ihn unvorhersehbar ist und mit der er nicht zu rechnen hatte (BGE 114 Ia 99, 109 Ia 5; BGr. 30.10.1987, ZBl 89/1988, S. 369 f.; vgl. § 31 Abs. 1 PG). Dies gilt bereits im erstinstanzlichen, auf Gesuch hin eingeleiteten Verwaltungsverfahren. Ergreift ein Dritter gegen die den Adressaten begünstigende Verfügung ein Rechtsmittel, ergibt sich das Anhörungsrecht des Adressaten schon daraus, dass diesem im Rechtsmittelverfahren Parteistellung einzuräumen ist (vgl. N. 8 sowie RB 1996 Nr. 10).

24 Das Gehör ist immer zu gewähren, wenn besonders gewichtige Eingriffe in die Rechtssphäre des Einzelnen bevorstehen (Tinner, a.a.O., S. 402), namentlich wenn dadurch eine staatliche Bewilligung widerrufen wird (z.B. für eine gewerbsmässige Tätigkeit; vgl. RB 1967 Nr. 76) oder in die Grundrechte eingegriffen wird, wie dies bei einer Anstaltseinweisung durch fürsorgerische Freiheitsentziehung (bezüglich der persönlichen Freiheit; vgl. § 117b Abs. 2 EG ZGB) der Fall ist. Zur Gehörsgewährung beim Erlass einer vorsorglichen Massnahme vgl. § 6 N. 23.

25 Aufgrund des strafähnlichen Charakters von Disziplinarmassnahmen (Tomas Poledna, Disziplinarische und administrative Entlassung von Beamten – vom Sinn und Unsinn einer Unterscheidung, ZBl 96/1995, S. 53; vgl. RB 1987 Nr. 15, 1966 Nr. 23) sind im *Disziplinarverfahren* hohe Anforderungen formeller Natur an die Anhörung des von einer staatlichen Anordnung Betroffenen zu stellen (RB 1995 Nr. 20, 1994 Nr. 26, 1981 Nr. 32, auch zum Folgenden). In einem solchen Verfahren ist das rechtliche Gehör in der Regel bereits vor der Disziplinarinstanz und nicht erst im Rechtsmittelverfahren zu gewähren. Dem Betroffenen sind nicht nur die in Betracht gezogenen Massnahmen und deren Motive zu eröffnen. Vielmehr sind die Vorfälle zu konkretisieren,

die Anlass zu Vorwürfen und Beanstandungen gegeben haben. Bloss allgemein gehaltene und damit schwer zu widerlegende Vorwürfe vermögen dem Gehörsanspruch nicht zu genügen. Diese hohen Anforderungen an das Anhörungs- und Äusserungsrecht gelten im Disziplinarverfahren gleichermassen für die Sachverhaltsermittlung und für die Beweiserhebungen. Durch Aufzeichnung der Sachverhaltsschilderungen von Auskunftspersonen ist es dem Betroffenen zu ermöglichen, sich insbesondere zu den ihn belastenden Aussagen zu äussern. Freilich besteht der Gehörsanspruch in einem Disziplinarverfahren nicht auf allen Stufen in gleichem Umfang; vielmehr ist das Prinzip entsprechend der Eigenart des Verfahrens differenziert anzuwenden und ist namentlich zu berücksichtigen, vor welcher Instanz das Verfahren stattfindet (Bosshart, Erste Ergebnisse, ZBl 64/1963, S. 255; RB 1966 Nr. 23 = ZBl 68/1967, S. 327 = ZR 66 Nr. 176). Nicht allzu strenge Anforderungen an die Gehörsgewährung bestehen im Fall einer ordentlichen *Kündigung* (RB 1995 Nr. 21; VGr. 22.5.1997, VK.96.00003). Zum Anspruch öffentlicher Angestellter auf vorgängige Anhörung bei personalrechtlichen Anordnungen vgl. auch Keiser, Personalrecht, S. 203 f.

Geringere Anforderungen an die Äusserungs- und Anhörungsmöglichkeiten gelten, sobald ein nichtstreitiges Verwaltungsverfahren auf *Gesuch,* Anmeldung oder Selbstdeklaration hin durchgeführt wird (vgl. Merkli/Aeschlimann/Herzog, Art. 21 N. 9). Diesfalls kann sich die antragstellende Person im Rahmen ihres Gesuchs oder ihrer Erklärung zur Sache äussern. Soweit nachträglich keine verfahrensmässigen Weiterungen erfolgen (z.B. Beweiserhebungen), ist damit dem Gehörsanspruch Genüge getan (RB 1998 Nr. 82). Das Anhörungserfordernis entfällt, wenn der auf Gesuch hin oder von Amtes wegen tätig gewordenen Behörde von Gesetzes wegen keinerlei Ermessen zukommt, sie z.B. bei einer Beitragsfestsetzung an eine rechtskräftige Steuererklärung gebunden ist (vgl. Art. 23 AHVV). Nicht von vornherein verwirkt derjenige sein Äusserungsrecht, der nach der behördlichen Rechnungsstellung eine anfechtbare Verfügung verlangt, ohne sich zugleich im Rahmen dieses Begehrens zur Sache zu äussern. Der verfahrensrechtlichen Bedeutung des rechtlichen Gehörs erscheint es angemessen, eine Stellungnahme auch nachträglich noch zu ermöglichen (a.M. Merkli/Aeschlimann/Herzog, Art. 21 N. 9).

26

Dem Äusserungs- und Anhörungsrecht ist auch bei der Beschlussfassung in der *Gemeindeversammlung* Rechnung zu tragen. Eine Entscheidung ist auszusetzen, wenn Anträge in der Versammlung erstmals gestellt werden und davon ausserhalb der Gemeinde wohnhafte Personen betroffen sind. Wirkt sich ein solcher Antrag dagegen lediglich auf stimmberechtigte Versammlungsteilnehmer aus, braucht der Entscheid zumindest dann nicht ausgesetzt zu werden, wenn diese nicht völlig unvorbereitet auf den gestellten Antrag erscheinen (BGE 111 Ia 167 f.). Zum Umfang des Anhörungsrechts im *Quartierplanverfahren* vgl. § 152 und §§ 154 ff. PBG sowie RB 1994 Nr. 76 = BEZ 1994 Nr. 24; RB 1991 Nr. 53; RB 1971 Nr. 53 = ZBl 73/1972, S. 148 = ZR 70 Nr. 41.

27

§ 8

28 Das Anhörungs- und Äusserungsrecht gilt im *Rechtsmittelverfahren* jedenfalls insoweit, als der Vorinstanz und den am vorinstanzlichen Verfahren Beteiligten von Gesetzes wegen Gelegenheit zur schriftlichen *Vernehmlassung* einzuräumen ist (§§ 26 Abs. 2 und 58; RB 1962 Nr. 14; VGr. 21.8.1990, VB 90/0111; 19.11.1990, VB 90/0072). Darüber hinaus lässt sich aus Art. 4 Abs. 1 aBV bzw. Art. 29 Abs. 2 BV weder ein genereller Anspruch auf einen *zweiten Schriftenwechsel* bzw. auf Replik noch ein Anspruch auf Zustellung von Rekurs- und Beschwerdeantwort von Amtes wegen ableiten. Ein solcher Anspruch besteht einzig, wenn in der Rechtsmittelantwort neue erhebliche Gesichtspunkte geltend gemacht werden, auf welche die Rechtsmittelinstanz in ihrem Entscheid abstellen will, wenn diese beabsichtigt, neu eingetretene oder bisher ausser Acht gelassene Tatsachen ihrem Entscheid zugrunde zu legen, oder wenn sie das Verfahren gestützt auf einen von keiner Partei angerufenen, für diese nicht vorhersehbaren Rechtsgrund entscheiden will (RB 1982 Nr. 6, 1974 Nr. 8; VGr. 6.6.1996, VB.96.00057; BGE 114 Ia 314, 111 Ia 3, 101 Ia 304; vgl. RB 1960 Nr. 67). Das Anhörungs- und Äusserungsrecht ist auch zu gewähren, wenn die Rekursbehörde eine reformatio in peius (vgl. § 27) beabsichtigt (Kölz, Prozessmaximen, S. 77; für das Bundesverwaltungsverfahren ausdrücklich Art. 62 Abs. 3 VwVG; vgl. § 27 N. 12 ff.). Diesfalls erhält der Rekurrent die Möglichkeit, sein Begehren rechtzeitig zurückzuziehen, worauf er im Rahmen der Anhörung ausdrücklich hinzuweisen ist (BGE 122 V 167 f.). Fasst die Behörde zugunsten des Rechtsmittelklägers dagegen eine reformatio in melius ins Auge, ist nicht in erster Linie diesem (vgl. N. 8), sondern der Gegenpartei das rechtliche Gehör zu gewähren. Letztere vermag allerdings der Verschlechterung ihrer Rechtsstellung nicht durch den Rückzug des eingelegten Rechtsmittels zu entgehen, weshalb in einem Mehrparteienverfahren grösste Zurückhaltung gegenüber einer reformatio in melius zu üben ist (Attilio R. Gadola, Die reformatio in peius vel in melius in der Bundesverwaltungsrechtspflege – eine Übersicht der neuesten Rechtsprechung, AJP 1998, S. 62).

29 Weist die Rechtsmittelbehörde ein Verfahren zur Entscheidung an eine Vorinstanz zurück, hat diese den Beteiligten erneut Gelegenheit zur Äusserung einzuräumen. Davon kann abgesehen werden, wenn weder Verfahrensfehler zu beheben noch weitere Sachumstände zu erhellen sind und die angewiesene Instanz zwar anders als die Rechtsmittelinstanz eine verhältnismässig grosse Entscheidungsfreiheit besitzt, sie jedoch aufgrund des Rückweisungsentscheids mit Bezug auf die zu treffende Anordnung über keinerlei Beurteilungsspielraum mehr verfügt (BGE 119 Ia 139; vgl. Merkli/Aeschlimann/Herzog, Art. 21 N. 12).

30 Schreitet der Regierungsrat aufsichtsrechtlich gegen eine Anordnung einer Gemeinde ein, ohne diese zuvor angehört zu haben, so liegt in dieser Unterlassung keine Verweigerung des rechtlichen Gehörs (RB 1986 Nr. 12; BGE 108 Ia 191 f.; vgl. N. 7).

2.4.3. Das Recht auf Mitwirkung im Beweisverfahren

Die *Mitwirkungsrechte im Beweisverfahren* leiten sich sowohl aus dem Recht auf Orientierung als auch aus dem Anhörungs- bzw. Äusserungsrecht ab. Sie umfassen das Recht, an der Erhebung *wesentlicher* Beweise mitzuwirken oder sich zumindest zum Beweisergebnis zu äussern, wenn dieses geeignet ist, den Entscheid zu beeinflussen (BGE 121 V 152, mit Hinweisen; RB 1982 Nr. 6). Die Wahrnehmung dieser Rechte setzt voraus, dass die Behörden den Betroffenen über die Vornahme und über das Ergebnis der Beweiserhebungen informieren. Auch haben sie alle für die Sachverhaltsabklärung *wesentlichen* Parteivorbringen zu prüfen und die von den Beteiligten angebotenen, *erheblichen* Beweise abzunehmen (BGE 118 Ia 19). Das Beweisverfahren ist mithin in der Regel parteiöffentlich, d.h. unter Beizug der beteiligten Parteien durchzuführen (Rhinow/Koller/Kiss, Rz. 310).

Ein Anspruch auf Mitwirkung im Beweisverfahren besteht sowohl im erstinstanzlichen Verwaltungs- als auch im Verwaltungsrechtspflegeverfahren und zwar unabhängig davon, dass den Verwaltungsbehörden die gesetzliche Untersuchungspflicht obliegt (vgl. § 7 Abs. 1; vgl. Rhinow/Koller/Kiss, Rz. 314). Namentlich ist dem Betroffenen auch im nichtstreitigen Verwaltungsverfahren Gelegenheit zu geben, an der Beweisabnahme mitzuwirken oder wenigstens nachträglich zum Beweisergebnis Stellung zu nehmen (vgl. BGE 121 V 152). Dazu gehört auch das Recht, selbst dann eigene Beweisanträge zu stellen, wenn das Verfahren von Amtes wegen eingeleitet wurde und von Gesetzes wegen keine Mitwirkungspflicht im Sinn von § 7 Abs. 2 besteht.

Der Grundsatz des rechtlichen Gehörs gewährt keine unbeschränkte Mitwirkung im Beweisverfahren. Zwar stehen Beweiserhebungen – z.B. die Einvernahme von Auskunftspersonen, Augenscheine oder Expertengutachten – allen Verfahrensbeteiligten offen. Im Einzelfall hat jedoch die verantwortliche Behörde abzuwägen zwischen dem Interesse an der Verfahrensbeschleunigung, der Zweckerreichung und der Verfahrensökonomie einerseits sowie dem Gehörsinteresse unter Berücksichtigung der Intensität der Betroffenheit und der Schwierigkeit des Falls anderseits (Rhinow/Krähenmann, Nr. 82 III c). Schliessen in der Folge schützenswerte Interessen Dritter oder des Staats, die überwiegen, eine Mitwirkung ganz oder teilweise aus, ist immerhin die Möglichkeit zur nachträglichen Stellungnahme zum Beweisergebnis zu wahren. Andernfalls darf im Entscheid nicht auf dieses Beweisergebnis abgestellt werden (BGE 121 V 152). Zur Mitwirkung öffentlicher Angestellter bei der Beweiserhebung in eigenen personalrechtlichen Angelegenheiten vgl. Keiser, Personalrecht, S. 204 f.

Rechtzeitig und *formgerecht* angebotene Beweismittel sind nur abzunehmen, sofern sie eine *erhebliche* Tatsache betreffen und *nicht offensichtlich untauglich* sind, um über diese Tatsachen Beweis zu erbringen (Häfelin/Müller, Rz. 1317); zudem müssen sie im anwendbaren Verfahrensrecht vorgesehen sein (Rhinow/

§ 8

Koller/Kiss, Rz. 318). Insoweit ist das Recht, Beweisanträge zu stellen, beschränkt. Aufgabe der anordnenden Behörde ist es daher, nach pflichtgemässem Ermessen zu entscheiden, welche Beweismittel für das Beweisergebnis erheblich und zur Erhärtung der behaupteten Tatsache wesentlich sind. Dabei verfügen die Behörden über einen weiten Ermessensspielraum; massgebend ist, ob das betreffende Beweismittel den Entscheid der Behörde zu beeinflussen vermag (BGE 115 Ia 11). Um dies festzustellen, bedarf es – zulässigerweise – einer antizipierten Beweiswürdigung (dazu § 7 N. 10). Lässt diese ein Beweismittel als erheblich erscheinen, hat sich die Behörde mit diesem materiell auseinanderzusetzen, um ihrer Beweisabnahmepflicht Genüge zu tun; bloss allgemein gehaltene Erwägungen reichen nicht aus (BGE 110 V 115). Eine Pflicht zur Einholung eines beantragten Gutachtens oder zur Durchführung eines Augenscheins besteht aber nur, wenn sich die Verhältnisse nicht anders schlüssig klären lassen (RB 1998 Nr. 19; VPB 44/1980 Nr. 66). Weitere Beweiserhebungen sind abzulehnen, sobald der massgebende Sachverhalt aufgrund der Akten feststeht (RB 1964 Nr. 38 = ZR 64 Nr. 185) oder die anordnende Behörde den Sachverhalt gestützt auf die eigene Sachkunde ausreichend zu würdigen vermag (BGE 122 V 162; Kölz/Häner, 1. A., Rz. 498). Im Rekurs- oder Beschwerdeverfahren ist ein beantragtes (Ober-)Gutachten allerdings einzuholen, wenn sich die Rechtsmittelinstanz auf die Sachkunde gerade jener Behörde abzustützen gedenkt, die im erstinstanzlichen Verfahren die streitige, einen komplexen Sachverhalt betreffende Anordnung erlassen hat (RB 1998 Nr. 19).

35 Die Behörden haben die Verfahrensbeteiligten umfassend über das Ergebnis der Beweiserhebungen zu unterrichten, soweit sie einen *streitigen* Sachverhalt betreffen. Die Orientierung hat so zu erfolgen, dass dem Betroffenen eine fundierte Stellungnahme möglich ist (BGr. 5.10.1977, ZBl 79/1978, S. 41). Die indirekte Kenntnisnahme durch mündliche Behördenauskunft vermag diesem Erfordernis in der Regel nicht zu genügen (BGE 101 Ia 314). Entsprechend sind der Beizug und der Inhalt entscheidwesentlicher Akten immer mitzuteilen. Davon kann abgesehen werden, wenn es sich um Akten oder Dokumente handelt, die öffentlich zugänglich sind und die deshalb jedermann hätte einsehen können.

36 Aus dem Recht auf Mitwirkung an den Beweiserhebungen ergibt sich zunächst ein Anspruch der Verfahrensbeteiligten auf Teilnahme an einem zur Sachverhaltsabklärung *notwendigen Augenschein* (RB 1981 Nr. 1, 1966 Nr. 1). Als notwendig in diesem Sinn ist dabei ein Augenschein zu bezeichnen, welcher der Feststellung wesentlicher Tatsachen dient, die als beweisbedürftig gelten und als solche eingeschätzt werden (BGE 113 Ia 83). Die Teilnahme an einem Augenschein ist ferner selbst dann zu ermöglichen, wenn dieser lediglich unwesentliche Nebenpunkte beschlägt (vgl. § 7 N. 46). Mit Blick auf den Grundsatz der prozessualen Gleichbehandlung sind alle an einem Augenschein Teilnahmeberechtigten einzuladen und hat diese Vorladung bzw. Anzeige *rechtzeitig* zu er-

folgen (BGE 112 Ia 6; RB 1979 Nr. 54, 1969 Nr. 34). Andernfalls ist auf eine Gehörsverweigerung durch Vereitelung des Augenscheins zu schliessen. Grundsätzlich nicht zu beanstanden ist, dass sich die entscheidberufene Behörde informell durch einen Augenschein ohne Beizug der Parteien orientiert (§ 7 N. 51). Diesfalls ist es ihr allerdings verwehrt, das Beweisergebnis zum Beweismittel zu erheben.

Werden zur Klärung streitiger Sachfragen verwaltungsexterne *Sachverständigengutachten* oder *Amtsberichte* eingeholt, sind diese den Verfahrensbeteiligten zur Kenntnis zu bringen und zur Stellungnahme zu unterbreiten (VGr. 3.4.1991, VB 91/0022). Dies gilt auch bei Gutachten und Amtsberichten, die von den Behörden eingeholt werden, ohne dass sie dazu verpflichtet sind, und die lediglich mündlich erstattet werden (vgl. § 7 N. 26). Besteht zu diesem Zeitpunkt die Möglichkeit, Einwände gegen die Person des Sachverständigen vorzubringen und Ergänzungsfragen zu stellen, ist dem Gehörsanspruch an sich Genüge getan (BGE 99 Ia 47). Darüber hinaus räumt die analoge Anwendung von §§ 171 ff. ZPO (dazu § 7 N. 27) den Parteien das Recht ein, sich bereits zur Ernennung des Sachverständigen zu äussern (§ 172 ZPO). Im Übrigen steht es im Ermessen der Behörden, ob den Beteiligten zusätzlich Gelegenheit zu geben ist, sich zur Fragestellung an den Sachverständigen auszusprechen und Änderungs- oder Ergänzungsanträge zu stellen (§ 175 Abs. 2 ZPO). Ein weitergehender Mitwirkungsanspruch besteht jedoch dann, wenn dies für die Festlegung des zu begutachtenden Sachverhalts unerlässlich ist (BGE 99 Ia 46). Dies hat sinngemäss auch für Amtsberichte zu gelten (Kölz/Häner, Rz. 322), namentlich wenn diese inhaltlich einem Gutachten gleichkommen (vgl. § 7 N. 30). 37

Nachträgliche Beweisergänzungen und entsprechende Anträge unterliegen ebenfalls dem Grundsatz des rechtlichen Gehörs (vgl. BGE 118 Ia 19 f.). 38

Der gehörsrechtliche Anspruch auf Mitwirkung im Beweisverfahren ändert an der Pflicht der entscheidberufenen Behörde zu freier Beweiswürdigung nichts (vgl. § 7 N. 76 ff.). Ersterer Anspruch beschlägt die Abklärung des entscheidwesentlichen Sachverhalts, während letztere Pflicht sich auf die Würdigung dieses Sachverhalts bezieht. 39

Zur Mitwirkung im Beweisverfahren vor Verwaltungsgericht vgl. §§ 60 und 61. 40

2.4.4. Verfahrenspflichten der Behörden

Weil das rechtliche Gehör nur durch ein Zusammenwirken der verantwortlichen Behörde mit dem Gehörsberechtigten gewährt werden kann, bedarf dieser des Zutuns der Behörden, um seine Rechte auf Orientierung, Anhörung und Äusserung sowie auf Mitwirkung im Beweisverfahren als Teilgehalte des Gehörsanspruchs vollumfänglich wahren zu können. Entsprechend leiten sich aus dem rechtlichen Gehör verschiedene Verfahrenspflichten der Verwaltungs- 41

§ 8

und Verwaltungsjustizbehörden ab, die ein unerlässliches Korrelat zu den vorgenannten Ansprüchen bilden (vgl. Rhinow/Koller/Kiss, Rz. 316 ff.; Rhinow/Krähenmann, Nr. 82 B IV).

42 Dem Orientierungsrecht steht die Pflicht der Behörden gegenüber, den Betroffenen fristgerecht oder allenfalls unter Ansetzung angemessener Fristen über die entscheidwesentlichen Vorgänge im Verfahrensverlauf und über den Abschluss des Verfahrens zu unterrichten (vgl. N. 12). Aus dem Äusserungsrecht ergibt sich nicht nur eine Pflicht zur Anhörung, sondern zugleich die Pflicht, alle Parteivorbringen zu prüfen und dazu Stellung zu nehmen, soweit sie für die zu treffende Entscheidung wesentlich sind (vgl. N. 17). Entsprechend sind angebotene, erhebliche Beweise abzunehmen (vgl. N. 34) und ist das Beweisergebnis zu würdigen. Das Ergebnis der behördlichen Prüfung hat sich in der Begründung der Entscheidung niederzuschlagen. In Verbindung mit der den Behörden gemäss § 7 Abs. 1 obliegenden Untersuchungspflicht erscheint die gehörsrechtliche Prüfungspflicht daher als Konkretisierung der im Verwaltungsverfahren vorherrschenden Untersuchungsmaxime (Rhinow/Krähenmann, Nr. 82 B IV a; vgl. RB 1986 Nr. 49). Schliesslich lässt sich aus dem rechtlichen Gehör, namentlich dem Äusserungs- und Anhörungsrecht, bzw. den damit in Zusammenhang stehenden behördlichen Pflichten ein Anspruch des Einzelnen auf eine behördliche Entscheidung überhaupt ableiten (vgl. Rhinow/Koller/Kiss, Rz. 320).

2.5. Zulässige Nichtgewährung des rechtlichen Gehörs

43 Obschon der Grundsatz des rechtlichen Gehörs eine fundamentale Garantie für ein rechtsstaatliches Verfahren darstellt, die sowohl im nichtstreitigen als auch im streitigen Verwaltungsverfahren sowie im Verwaltungsjustizverfahren zu beachten ist (vgl. N. 2 und 4), darf in gewissen Fällen von einer Orientierung und/oder Anhörung abgesehen werden. Namentlich wird Akteneinsicht nur auf Gesuch hin gewährt (N. 71). Sodann steht es dem Gehörsberechtigten frei, auf die ihm an sich zustehende Anhörung – zumindest im Einzelfall – zu verzichten (Rhinow/Koller/Kiss, Rz. 333; vgl. Ralph Malacrida, Der Grundrechtsverzicht, Zürich 1992, S. 123 f.). Dieser Verzicht kann ausdrücklich oder stillschweigend erfolgen und erstreckt sich grundsätzlich nur auf die betreffende Prozesshandlung und die davon erfassten Tatsachen und Rechtsfragen. Ein stillschweigender Verzicht ist nicht leichthin anzunehmen (vgl. BGE 101 Ia 313 f.). Als solcher gilt auch Säumnis im Verfahren. Die Annahme dieser Rechtsfolge setzt in der Regel jedoch voraus, dass eine entsprechende behördliche Androhung vorangeht (Tinner, a.a.O., S. 337 f.).

44 Selbst wenn der Berechtigte nicht von sich aus auf die Gehörsgewährung verzichtet, ist es unter bestimmten Voraussetzungen nicht rechtsverletzend, wenn die instruierende Behörde von einer Orientierung oder Anhörung absieht. Ohne

dass die Anhörung nachgeholt werden muss, ist dies etwa der Fall, wenn ein Gesuchsteller über seinen Antrag hinaus besser gestellt oder diesem voll entsprochen wird (N. 8), wenn der Antragsteller sich im Rahmen seines Gesuchs zu äussern vermochte (N. 26), wenn es sich um Akten oder Dokumente handelt, die öffentlich zugänglich sind und die die Betroffenen deshalb hätten einsehen können (N. 13, 35), wenn die Rechtsmittelinstanz eine Rechtsnorm abweichend von der Vorinstanz auslegt (N. 19), wenn eine Behörde an einen Rückweisungsentscheid gebunden ist (N. 29), wenn bei Verzicht auf einen zweiten Schriftenwechsel der Gegenpartei die Rekurs bzw. Beschwerdeantwort nicht zugestellt wird (N. 14, 28), wenn eine Behörde offensichtlich untaugliche Beweismittel nicht abnimmt oder bei feststehendem Sachverhalt auf weitere Beweismassnahmen verzichtet (N. 34) sowie wenn Gemeinden im regierungsrätlichen Aufsichtsverfahren nicht angehört werden (N. 7, 30). Die Nichtgewährung des rechtlichen Gehörs rechtfertigt sich sodann immer, wenn die bereits gewährte Anhörung als genügend gelten kann (vgl. VGr. 22.5.1997, VK. 96.00003).

Die *vorläufige* Nichtgewährung des rechtlichen Gehörs erweist sich als zulässig, 45 wenn Sinn und Zweck des Gehörsanspruchs angesichts der betroffenen Interessen eine *vorherige* Anhörung entweder nicht verlangen oder gar verbieten (dazu Cottier, a.a.O., S. 11 f.; Häfelin/Müller, Rz. 1311; Kölz/Häner, 1. A., Rz. 497). Diesfalls ist die Anhörung soweit möglich nachzuholen (BGE 122 II 286; vgl. § 31 Abs. 2 PG) und obliegt es den Behörden, berechtigte Anliegen zu berücksichtigen, welche die Verfahrensbeteiligten aufgrund der Gehörsbeschränkung nicht selbst wahrnehmen können (Müller, a.a.O., Rz. 107). So drängt besondere *Dringlichkeit* das Interesse an der vorgängigen Anhörung zurück, sofern eine Gefahr im Verzug liegt, die erhebliche Anliegen berührt und sofortiges Handeln gebietet. Dies gilt namentlich beim Erlass vorsorglicher Massnahmen (vgl. § 6 N. 23; VGr. 27.4.1989, VB 89/0071). Von der vorgängigen Gehörsgewährung ist sodann – vor allem im Rahmen der Beweiserhebung – abzusehen, wenn sich nicht ausschliessen lässt, dass die Betroffenen im öffentlichen Interesse liegende *Massnahmen vereiteln* oder dass dadurch *schutzwürdige Interessen* Dritter oder des Staats berührt werden (RB 1969 Nr. 3; zu den Schranken des Akteneinsichtsrecht vgl. § 9). *Verfahrensökonomische Gründe*, insbesondere das Interesse an der raschen Verfahrensabwicklung, gestatten es allenfalls, die Gewährung des rechtlichen Gehörs auf ein nachträgliches Einsprache- bzw. Rechtsmittelverfahren bei einer mit voller Kognition ausgestatteten Instanz zu verschieben (BGE 122 II 286, 116 Ia 100; Müller, a.a.O., Rz. 107; vgl. Art. 30 Abs. 2 lit. b und Art. 30a VwVG sowie § 10a Abs. 2 lit. b VRG).

Mit Bezug auf reine *Vollstreckungsanordnungen* ist das rechtliche Gehör nur so- 46 weit zu gewähren, als die Vollstreckungsmodalitäten in Frage stehen (vgl. Art. 30 Abs. 2 lit. d VwVG). In der Hauptsache ist dagegen auf eine Anhörung zu verzichten, sofern die Betroffenen bereits in einem vorangegangenen Hauptver-

§ 8

fahren Gelegenheit hatten, ihren Gehörsanspruch zu wahren. Stellen sich jedoch im Rahmen des Vollstreckungsverfahren neue Sachfragen, ist das Gehör in diesem Umfang erneut einzuräumen (Merkli/Aeschlimann/Herzog, Art. 21 N. 23).

47 Nicht zu beanstanden ist, wenn die Behörden bei *Zwischenentscheiden,* die nicht selbständig anfechtbar sind, darauf verzichten, das rechtliche Gehör zu gewähren. Nicht selbständig anfechtbar sind Entscheide, die für den Betroffenen keinen Nachteil zur Folge haben, der sich später voraussichtlich nicht mehr beheben lässt (§ 19 Abs. 2 und § 48 Abs. 2). Es handelt sich dabei meist um prozessleitende Anordnungen (z.B. Fristerstreckung, Beiladung, Aufforderung zur Einreichung einer verbesserten Rechtsmitteleingabe), die sich nicht auf das Interesse der Verfahrensbeteiligten auswirken, in der Hauptsache angehört zu werden. Bei solchen Anordnungen besteht für die Beteiligten häufig die Möglichkeit, sich dazu im weiteren Verfahrensverlauf zu äussern. Die Gehörsgewährung würde unter diesen Umständen lediglich zu prozessualer Weitläufigkeit führen, weshalb sich eine Beschränkung des Gehörsanspruchs mit Blick auf die Verfahrensökonomie rechtfertigt (vgl. N. 45).

2.6. Heilung von Gehörsverletzungen

48 Kommt eine Rechtsmittelbehörde zum Ergebnis, dass die angefochtene Anordnung das rechtliche Gehör verletzt, ist sie aufgrund der formellen Natur des Gehörsanspruchs an sich verpflichtet, diese Anordnung in jedem Fall aufzuheben (vgl. N. 5). Ungeachtet dessen gehen jedoch sowohl die bundesgerichtliche als auch die verwaltungsgerichtliche Praxis von der Möglichkeit der *Heilung* von Gehörsverletzungen aus (BGE 122 II 285, 119 Ib 266, 117 Ib 86 f., mit Hinweisen; RB 1995 Nr. 23, 1990 Nr. 15, 1987 Nr. 49; RB 1966 Nr. 23 = ZBl 68/1967, S. 327 = ZR 66 Nr. 176; RB 1964 Nr. 16; VGr. 18.12.1997, VB.97.00479; zum Begriff der «Heilung» vgl. Kneubühler, a.a.O., S. 102 Anm. 25). Immerhin tritt eine Heilung nur ein, wenn die unterlassene Gehörsgewährung tatsächlich unter Ausschöpfung der vollen Kognition in einem Rechtsmittelverfahren nachgeholt wird, das eine Prüfung im gleichen Umfang wie durch die Vorinstanz erlaubt (BGE 118 Ib 276, 116 Ia 95; Müller, a.a.O., Rz. 103; Rhinow/Koller/Kiss, Rz. 330). Zudem muss der Betroffene über die gleichen Möglichkeiten der Mitwirkung und der Durchsetzung seiner rechtlichen Interessen verfügen wie im unterinstanzlichen Verfahren (RB 1971 Nr. 53 = ZBl 73/1972, S. 148 = ZR 70 Nr. 41). Betrifft der Gehörsmangel nur Rechtsfragen, kann die Rechtsmittelinstanz diesen ausnahmsweise selbst dann heilen, wenn die Vorinstanz über eine umfassendere Kongition verfügte (BGE 116 Ia 95 f.; VGr. 18.12.1997, VB.97.00479). In jüngster Zeit scheint sich allerdings eine gewisse Zurückhaltung gegenüber der Heilung von Gehörsverletzungen abzuzeichnen (BGE 121 III 334) oder zumindest postuliert zu werden (RB 1995 Nr. 23; VGr. 18.12.1997, VB.97.00479). Das Eidgenössische Versiche-

rungsgericht verfolgt sodann die Praxis, die Heilung einerseits bei einer schwerwiegenden Verletzung der wesentlichen Verfahrensvorschriften (BGE 120 V 262 f.) und anderseits dann auszuschliessen, wenn davon auszugehen ist, dass die Verwaltungsbehörden darauf vertrauen, solche Verfahrensmängel würden in einem anschliessenden Rechtsmittelverfahren behoben (BGE 116 V 187; Pra 80/1991 Nr. 52, S. 253).

Die Heilung einer Gehörsverletzung im Rechtsmittelverfahren wird im Allgemeinen mit verfahrensökonomischen Überlegungen gerechtfertigt. Namentlich wird in einer Rückweisung der Sache zur Gewährung des rechtlichen Gehörs lediglich ein formalistischer Leerlauf erblickt, der zu einer unnötigen Verlängerung des Verfahrens führt (BGE 107 Ia 3, 103 Ia 205). Denn die Rechtsmittelbehörde muss im Rahmen der Feststellung einer Gehörsverletzung meist auch die materielle Streitfrage zur Kenntnis nehmen und ist deshalb in der Lage, den Verfahrensausgang bereits mit einiger Wahrscheinlichkeit vorherzusehen. Zudem kann die Gutheissung einer materiell aussichtslosen Beschwerde wegen Verletzung des rechtlichen Gehörs bei den Verfahrensbeteiligten falsche Hoffnungen in der Sache selbst wecken und ist gerade bei dieser Ausgangslage die Heilung und sofortige Beurteilung kostengünstiger als die Aufhebung einer Anordnung mit anschliessender Wiederholung des Verfahrens (Kneubühler, a.a.O., S. 110 f.). 49

Demgegenüber äussert ein überwiegender Teil der Lehre Bedenken gegenüber der Heilung von Gehörsverletzungen (vgl. Cottier, a.a.O., S. 9; Häfelin/Müller, Rz. 1329; Imboden/Rhinow/Krähenmann, Nr. 87 B III; Kölz/Häner, Rz. 131; Müller, a.a.O., Rz. 103; Rhinow/Koller/Kiss, Rz. 332; vgl. auch die Zusammenfassung bei Kneubühler, a.a.O., S. 107 ff.). Sie betrachtet die nachträgliche Gewährung des rechtlichen Gehörs in einem Rechtsmittelverfahren als einen unvollkommenen Ersatz für die unterlassene vorgängige Anhörung. Dem Betroffenen werde der Instanzenzug verkürzt und zugleich die Bürde auferlegt, sich gegen einen bereits ergangenen negativen Entscheid durchsetzen und dafür einen erhöhten Argumentationsaufwand betreiben zu müssen. Auch mache die Behörde den Betroffenen zu einem blossen Verfahrensobjekt und behandle ihn nicht als Partner, indem ihn die Gehörsverweigerung daran hindere, seine Sicht der Dinge darzulegen. Schliesslich wird bezweifelt, ob die Heilung einer Gehörsverletzung tatsächlich einen verfahrensökonomischen Nutzen aufweise und sich nicht durch einen regelmässigen Verzicht auf Heilung eine präventive Wirkung im Sinn einer besseren Beachtung des Gehörsanspruchs durch die Behörde erzielen liesse, was letztlich zu einer Entlastung der Rechtsmittelinstanzen führen würde. 50

Nicht zu beanstanden ist die Heilung einer Gehörsverletzung in einem Einspracheverfahren im Bereich der Massenverwaltung. Diesfalls rechtfertigen Gründe der Verfahrensökonomie den Verzicht auf eine vorgängige Gehörsgewährung, weil das Einspracheverfahren in der Regel vor der anordnenden 51

§ 8

Behörde erfolgt, diese eine umfassende Prüfungsbefugnis besitzt und ein neuer Entscheid ergeht, der an die Stelle der ursprünglichen Anordnung tritt (Kneubühler, a.a.O., S. 107). Die Heilung im Rechtsmittelverfahren ist ebenfalls als zulässig zu betrachten, wenn sie im Interesse des Betroffenen liegt oder auf dessen Wunsch hin erfolgt. Zu berücksichtigen sind dabei aber entgegenstehende Interessen allgemein-staatsrechtlicher Natur, etwa die präventiv-erzieherische Wirkung einer Rückweisung, sowie verfahrensökonomische Gründe, namentlich wenn die Rechtsmittelinstanz gezwungen wäre, Teile der von der Vorinstanz versäumten Sachverhaltsermittlung nachzuholen (Kneubühler, a.a.O., S. 114 f.).

52 Im Übrigen ist aufgrund der Umstände des Einzelfalls zu entscheiden, ob im Rechtsmittelverfahren eine Heilung der Verletzung des rechtlichen Gehörs durch die Vorinstanz eintreten soll. Dabei ist nicht allein ausschlaggebend, ob die Rechtsmittelinstanz insoweit, als das rechtliche Gehör verletzt wurde, die gleiche Kognition besitzt wie die Vorinstanz und das Versäumte nachholen kann. Die Möglichkeit einer Heilung ist daher zu verneinen, wenn eine schwerwiegende Gehörsverletzung vorliegt, die einen schweren Eingriff in die Rechtsposition des Betroffenen bedeutet, wie dies bei personenbezogenen Anordnungen regelmässig der Fall ist. Eine Heilung ist auch ausgeschlossen, wenn sich die betreffende Behörde wiederholt Gehörsverletzungen zu Schulden kommen lässt. Denn es liegt nicht im Belieben der Verwaltungsbehörden, sich über den Grundsatz des rechtlichen Gehörs hinwegzusetzen und auf eine Behebung des Verfahrensfehlers in einem allfälligen Rechtsmittelverfahren zu vertrauen. Insoweit ist die präventive, «erzieherische» Funktion der formellen Natur des Gehörsanspruchs zu betonen. Hingegen ist eine Heilung im Interesse der Verfahrensökonomie zuzulassen, sobald sich ein Rechtsmittel als klarerweise unbegründet erweist. Von einer Rückweisung zur nachträglichen Gehörsgewährung ist sodann abzusehen, wenn der Gehörsanspruch in einem Punkt verletzt wurde, der auf den Verfahrensausgang keinen Einfluss hatte, oder wenn die betroffene Partei ihre Rechte trotz Gehörsverletzung vollumfänglich wahren konnte (vgl. Haefliger, Rechtsgleichheit, S. 146).

53 Wurde das rechtliche Gehör im Zusammenhang mit einer Anordnung verweigert, die sich auf autonomes Recht einer Gemeinde stützt und Ermessensfragen enthält, kann eine Heilung nicht eintreten; die Verfügung muss stets aufgehoben und die Sache zur Verbesserung des Mangels an die Gemeinde zurückgewiesen werden.

2.7. Verschiedenes

54 Der Anspruch auf rechtliches Gehör besteht in der Regel von der Anhebung eines bestimmten Verfahrens bis zum Eintritt der Rechtskraft der Entscheidung in dieser Angelegenheit. Darüber hinaus kann es die Interessenlage des Betroffenen gebieten, verfassungsrechtliche Gehörsansprüche – namentlich das

§ 8

Akteneinsichtsrecht (vgl. N. 64) – sowohl vor Anhebung als auch nach Abschluss eines Verfahrens, unter Umständen sogar unabhängig von einem solchen, anzuerkennen (Cottier, a.a.O., S. 8). Unabhängig davon ist eine Gehörsverletzung durch eine Vorinstanz immer im unmittelbar anschliessenden Rechtsmittelverfahren geltend zu machen. Andernfalls ist ein Verzicht auf diese Rüge anzunehmen (vgl. N. 43) und die betreffende Partei mit diesem Einwand vor der nächsthöheren Behörde mangels Beschwer ausgeschlossen (Merkli/Aeschlimann/Herzog, Art. 21 N. 18).

Aus dem Anspruch auf rechtliches Gehör ergibt sich die Pflicht der Behörden, entscheidwesentliche Parteivorbringen zu prüfen und zu würdigen (dazu N. 42 sowie N. 17 und 34). Schöpft eine Behörde die ihr gemäss Gesetz zustehende freie Überprüfungsbefugnis nicht aus, indem sie z.B. auf gewisse Rügen nicht eintritt oder bestimmte Einwände nicht prüft, liegt darin eine Verweigerung des rechtlichen Gehörs und des Rechts überhaupt (Haefliger, Rechtsgleichheit, S. 147; Müller, a.a.O., Rz. 90, insb. Anm. 227, sowie Rz. 112). Das Ergebnis der behördlichen Prüfung und Würdigung hat sich schliesslich in der Begründung der Anordnung niederzuschlagen (BGE 121 I 57; dazu § 10 Abs. 2). Einen Anspruch auf eine schriftliche Begründung oder gar auf eine Begründung im gleichen Dokument, das die Anordnung enthält, gewährt der Gehörsanspruch jedoch nicht (BGE 121 IV 353, 111 Ia 4). Ebenso wenig lässt sich aus Art. 4 Abs. 1 aBV (Art. 29 Abs. 2 BV) bzw. dem Anspruch auf rechtliches Gehör eine behördliche Pflicht ableiten, dem Entscheid eine Rechtsmittelbelehrung beizufügen (Müller, a.a.O., Rz. 116; Rhinow/Koller/Kiss, Rz. 364; vgl. § 10 Abs. 2). 55

Der Anspruch auf rechtliches Gehör umfasst auch das Recht, sich in einem Verfahren vertreten und beratend unterstützen zu lassen (BGE 109 Ia 233). Dies trägt wesentlich zur Waffengleichheit zwischen dem Einzelnen und den Behörden und damit zu einem fairen Verfahren bei. Diese Befugnis ist insoweit beschränkt, als das Gesetz oder die instruierende Behörde einer Partei in einem Verfahren das persönliche Erscheinen vorschreiben kann (Müller, a.a.O., Rz. 118). – Beim berufsmässigen Vertreter muss es sich nicht um einen patentierten Rechtsanwalt handeln, da im Verwaltungs- und Verwaltungsjustizverfahren kein Anwaltszwang besteht (vgl. § 1 Abs. 1 AnwaltsG). Zur Bestellung eines unentgeltlichen Rechtsbeistands vgl. § 16 N. 40 ff. 56

Dem Recht auf Orientierung ist der Anspruch des Betroffenen zuzuordnen, dass ihm im Lauf des Verfahrens die Besetzung der entscheidenden Behörde bekanntgemacht oder spätestens zusammen mit der Anordnung eröffnet wird (dazu § 5a N. 4). Nur so ist es ihm möglich, zu beurteilen, ob sein verfassungsmässiger Anspruch auf richtige Besetzung der Behörde sowie auf unparteiische und unabhängige Beurteilung gewahrt wurde und ob Befangenheits- bzw. Ausstandsgründe vorliegen (BGE 114 Ia 279 f., 114 V 62). Um den Gehörsanspruch nicht von vornherein zu schmälern oder gar zu vereiteln, ist es schliesslich 57

§ 8

unzulässig, die Prüfung eines Ausstands- oder Ablehnungsbegehrens von der Sicherstellung der entsprechenden Kosten abhängig zu machen (BGE 100 Ia 31).

58 Das Bundesgericht hat aus Art. 4 Abs. 1 aBV nicht nur den Anspruch auf rechtliches Gehör im Sinn des Rechts auf Orientierung, Anhörung und Äusserung abgeleitet. Neben diesem eigentlichen *Recht auf Mitwirkung im Verfahren* (Rhinow/Koller/Kiss, Rz. 285) finden zahlreiche weitere *Verfahrensgarantien* ihre Grundlage in Art. 4 Abs. 1 aBV, namentlich solche, die gleich dem Anspruch auf rechtliches Gehör unter das *Verbot formeller Rechtsverweigerung* fallen (vgl. die Zusammenstellungen bei Rhinow/Koller/Kiss, Rz. 204, und Häfelin/Haller, N. 1584 ff.; vgl. nunmehr Art. 9, 29 und 30 BV). Vielfach stehen diese Garantien in engem Zusammenhang mit dem Gehörsanspruch, indem deren Verletzung oftmals zugleich den Anspruch auf rechtliches Gehör beeinträchtigt.

59 Letztlich kann jede Verweigerung oder Verzögerung eines Rechtsanwendungsakts sowie jeder überspitzte Formalismus zur Folge haben, dass der Betroffene die ihm aus dem Gehörsanspruch zukommenden Rechte nicht wahrnehmen kann. Aus dem gleichen Grund ist es unter Umständen nötig, unter den Voraussetzungen von § 16 die unentgeltliche Rechtspflege zu gewähren und einen unentgeltlichen Rechtsbeistand zu bestellen (vgl. § 16 N. 2 f.). – Von Bedeutung für die Gehörsgewährung ist sodann das Recht auf richtige Zusammensetzung der entscheidenden *Verwaltungsbehörde* (für richterliche Behörden vgl. Art. 58 Abs. 1 aBV bzw. Art. 30 Abs. 1 BV). Denn die Vorbringen eines Verfahrensbeteiligten vermögen ihre Wirkung nur zu entfalten, wenn sich die Behörde in richtiger Zusammensetzung mit den Parteivorbringen beschäftigt und sofern kein Behördenmitglied, das befangen ist, an einer Anordnung mitwirkt (Haefliger, Rechtsgleichheit, S. 155; Müller, a.a.O., Rz. 120). Dies bedeutet einerseits, dass die Behörde in der vom Gesetz vorgeschriebenen Zusammensetzung und vollzählig besetzt amten muss. Anderseits müssen die beteiligten Behördenmitglieder unabhängig und unbefangen sein, darf mithin gegen diese kein Ausstandsgrund vorliegen (dazu § 5a Abs. 1). – Art. 4 Abs. 1 aBV verleiht dem Einzelnen unter bestimmten Voraussetzungen auch einen Anspruch darauf, dass die Behörden auf eine formell rechtskräftige Anordnung zurückkommen und prüfen, ob diese fehlerhaft ist und deshalb geändert werden muss. Über die gesetzlich vorgesehenen Revisionsgründe (§ 86a) hinausgehend gestattet dies die Anpassung einer Anordnung an die Änderung der massgebenden Sachumstände und Rechtsgrundlagen (vgl. Vorbem. zu §§ 86a–86d N. 6, 10 f. und 13). Auf ein solches Gesuch ist demnach von der zuständigen Behörde einzutreten, sofern sich die Verhältnisse seit dem ersten Entscheid wesentlich geändert haben (Anpassung) oder der Gesuchsteller erhebliche Tatsachen oder Beweismittel namhaft macht, die im früheren Verfahren nicht bekannt waren oder die schon damals geltend zu machen für ihn unmöglich war oder keine Veranlassung bestand (Revision; BGE 118 Ib 138, 113 Ia 152, mit Hinweisen;

vgl. Häfelin/Müller, Rz. 838 ff., 1426; Rhinow/Koller/Kiss, Rz. 596; Rhinow/ Krähenmann, Nr. 43 B III). Der Anspruch auf Anpassung gestattet es dem Einzelnen, nachträgliche Veränderungen im Tatsächlichen und Rechtlichen geltend zu machen und mit seinen Vorbringen dazu auch gehört zu werden.

3. Zu Abs. 1

3.1. Allgemeines

Das in §§ 8 und 9 geregelte *Akteneinsichtsrecht* ist Bestandteil des Rechts auf Orientierung (N. 12). Es bildet wesentliche Voraussetzung für die Wahrnehmung des Äusserungsrechts und gestattet, Anordnungen auf ihre Rationalität und die Nachvollziehbarkeit ihrer Begründung zu überprüfen. Das Recht, in die Akten Einsicht zu nehmen, verdankt seine Bedeutung insbesondere dem Umstand, dass die Verwaltungstätigkeit grundsätzlich nur für die Verfahrensbeteiligten öffentlich ist (vgl. BGE 113 Ia 9 f.). In seiner Wirksamkeit wird es massgeblich durch die an die Aktenführung gestellten Anforderungen bestimmt. Es verblasst in seiner Substanz, sobald die zur Einsicht offen stehenden Unterlagen lückenhaft sind. Infolgedessen ist alles, was zur Sache gehört, in den Akten systematisch festzuhalten und hat die Behörde ihren Entscheid ausschliesslich gestützt auf diese Unterlagen zu treffen und zu begründen. Das Recht auf Akteneinsicht verpflichtet die Behörden somit, ein chronologisches, vollständiges und im Zeitpunkt der Entscheidung in sich geschlossenes Aktendossier zu führen (BGE 115 Ia 99; Cottier, a.a.O., S. 123; Merker, § 42 Rz. 4; Müller, a.a.O., Rz. 111). 60

Das Akteneinsichtsrecht steht laut § 8 Abs. 1 Personen zu, die durch eine Anordnung *berührt* sind und ein *schutzwürdiges Interesse* an deren Aufhebung oder Änderung haben. Damit erfuhr die Berechtigung zur Akteneinsicht anlässlich der Revision vom 8.6.1997 gleich der Rechtsmittellegitimation eine Erweiterung: Einsichtsberechtigt ist, wer auch rechtsmittellegitimiert ist (dazu N. 8 sowie § 21 lit. a). Den Parteien eines hängigen Verwaltungsverfahrens ist dabei ein schutzwürdiges Interesse an der Akteneinsicht von vornherein aufgrund ihrer Verfahrensbeteiligung zuzubilligen (vgl. auch § 26 Abs. 1 und § 57 Abs. 1 sowie § 26 N. 9 und § 57 N. 2 f.). Im Übrigen ist gestützt auf die tatsächlichen Umstände des Einzelfalls zu entscheiden, ob ein Gesuchsteller als betroffen im Sinn von § 8 Abs. 1 zu gelten hat. Schutzwürdig ist ein Interesse namentlich, wenn die Einsichtnahme in die Akten Voraussetzung für die Wahrung anderer Rechte ist, wenn sie wissenschaftlichen Zwecken dient, wenn sie sich auf den Anspruch auf Gleichbehandlung stützt oder wenn die Akten eine Person unmittelbar betreffen (Müller, a.a.O., Rz. 108). Ein Anspruch auf Akteneinsicht besteht somit nicht nur für Beteiligte in einem hängigen oder abgeschlossenen Verfahren, sondern auch für Dritte, die ausserhalb eines formellen Verfahrens 61

§ 8

stehen. Unter den Voraussetzungen von § 8 Abs. 1 ist auch der unmittelbar von einer staatlichen Handlung Betroffene ausserhalb jeglichen Verfahrens einsichtsberechtigt (BGE 122 I 161, 113 Ia 4). Ob derjenige, der eine Aufsichtsbeschwerde einreicht, ein Recht auf Akteneinsicht besitzt, beurteilt sich ebenfalls anhand von § 8 Abs. 1; weil dem Anzeigeerstatter nicht die Stellung einer Verfahrenspartei zukommt, ist ihm ein Recht auf Akteneinsicht regelmässig abzusprechen, sofern er nicht gleichwohl ein schutzwürdiges Interesse geltend zu machen vermag (vgl. Vorbem. zu §§ 19–28 N. 38). Zur Akteneinsicht Dritter beim Verwaltungsgericht vgl. §§ 4 und 6 des Reglements der Verwaltungskommission über die Aktenöffnung und Auskunftserteilung an Dritte vom 23.6.1997 (dazu § 40 N. 14 ff.) sowie bezüglich archivierter Akten Ziffern 4.1 und 4.2 des Reglements der Verwaltungskommission über das Archiv des Verwaltungsgerichts (Archivreglement) vom 28.4.1998.

62 Das Akteneinsichtsrecht eines *Gemeinwesens,* das wie ein Privater handelt oder in einem Verwaltungsverfahren als Partei beteiligt ist, richtet sich ebenfalls nach § 8 Abs. 1. Im Übrigen sind für die Akteneinsicht durch Behörden die Bestimmungen über die Amts- und Rechtshilfe massgebend (vgl. § 7 N. 71 ff.) und sind die besonderen Vorschriften der Geheimhaltung sowie ausserhalb hängiger Verfahren der Verwaltungsrechtspflege die Bestimmungen des Datenschutzgesetzes zu beachten (§ 3 Abs. 2 lit. b DatenschutzG).

63 Der Entscheid über die Gewährung des Akteneinsichtsrechts steht grundsätzlich der anordnenden Behörde zu (vgl. N. 9). Handelt es sich um archivierte Akten, ist die Behörde zuständig, in deren Archiv die betreffenden Akten liegen. Im Übrigen obliegt es den einzelnen Behörden, zu bestimmen, wer über die Erteilung des Akteneinsichtsrechts zu befinden hat (für das Verwaltungsgericht vgl. § 4 Abs. 1 und 3 sowie § 6 Abs. 3 des Reglements der Verwaltungskommission über die Aktenöffnung und Auskunftserteilung an Dritte vom 23.6.1997).

64 Den Verfahrensbeteiligten ist während der gesamten Verfahrensdauer, insbesondere auch während der Rechtsmittelfrist, Akteneinsicht zu gewähren; gerade in diesem Verfahrensabschnitt sind die Parteien auf die Kenntnis der Akten angewiesen (RB 1971 Nr. 2). Handelt es sich um komplexe Verwaltungsakte oder um solche mit mehreren voneinander abhängigen Beteiligten, erscheint die Gewährung *vorgängiger* Akteneinsicht als zweckmässig. Diesfalls ist den Betroffenen Gelegenheit zu geben, Gegenbeweismittel zu bezeichnen oder einzulegen. Die vorgängige Akteneinsicht ist manchmal auch gesetzlich vorgesehen, so beim Quartierplanverfahren gemäss §§ 151 ff. PBG. In einzelnen Verfahrensstadien, insbesondere während der Sachverhaltsermittlung (z.B. zugunsten einer laufenden Untersuchung), kann sich eine Beschränkung des Akteneinsichtsrechts aufdrängen, ohne dass darin eine Gehörsverletzung zu erblicken wäre (vgl. BGE 119 Ib 20 f. sowie § 9 Abs. 1). Das Recht auf Akteneinsicht kann aber nicht nur während eines hängigen Verfahrens geltend gemacht werden.

Vielmehr kann der Berechtigte auch nach Abschluss eines Verfahrens oder ausserhalb eines solchen, namentlich bevor ein (nichtstreitiges) Verwaltungsverfahren überhaupt eröffnet oder eine Anordnung erlassen wurde, Einsicht in die Akten verlangen (vgl. N. 54).

Der Einzelne kann auf die Einsichtnahme in die Akten verzichten, oder bestimmte Umstände können es rechtfertigen (vgl. N. 45 und 64), dass die zuständige Behörde von der Gewährung der Akteneinsicht absieht, wobei die Einsichtnahme soweit möglich nachzuholen ist. 65

3.2. Umfang der Akteneinsicht

Das Akteneinsichtsrecht erstreckt sich auf alle für den Entscheid *wesentlichen* Akten, d.h. auf jene Akten, die Grundlage einer Anordnung bilden (BGE 121 I 227, mit Hinweisen; RB 1973 Nr. 3). Abzustellen ist dabei ausschliesslich auf die *objektive Bedeutung* eines Schriftstücks für die entscheidwesentliche Sachverhaltsfeststellung (Rhinow/Koller/Kiss, Rz. 345; Rhinow/Krähenmann, Nr. 83 B IV a; vgl. RB 1995 Nr. 22 = ZBl 96/1995, S. 332; VGr. 22.5.1997, VB.97.00016). Insoweit verfügen die nach § 8 Abs. 1 Berechtigten über ein umfassendes Akteneinsichtsrecht. Unbeachtlich ist die Einstufung durch die Behörde als internes Papier (BGE 115 V 303); namentlich darf sie nicht einfach Unterlagen als Interna bezeichnen und sie mit dieser Begründung der Akteneinsicht entziehen. Zu den wesentlichen Akten sind insbesondere verwaltungsintern erstellte Berichte und Gutachten zu streitigen Sachverhaltsfeststellungen (BGE 115 V 303; RB 1995 Nr. 22 = ZBl 96/1995, S. 332), Registereinträge (BGE 113 Ia 10; RB 1979 Nr. 3) sowie alle übrigen Beweismittel, Parteieingaben, Vernehmlassungen der Behörden und Niederschriften eröffneter Verfügungen zu zählen (vgl. Art. 26 Abs. 1 VwVG). 66

Nicht dem Akteneinsichtsrecht unterliegen «verwaltungsinterne» Akten. Als solche sind Unterlagen zu bezeichnen, denen für die Behandlung eines Falls kein Beweischarakter zukommt, welche vielmehr ausschliesslich der verwaltungsinternen Meinungsbildung dienen und somit nur für den behördeninternen Gebrauch bestimmt sind (z.B. Auskünfte, Entwürfe, Anträge, Notizen, persönliche Aufzeichnungen, Mitberichte, Hilfsbelege, Mitteilungen; vgl. RB 1981 Nr. 80 mit Bezug auf den Antrag des Referenten an die Steuerrekurskommission). Zu diesen gehören auch Berichte verwaltungsinterner Fachstellen, die sich darauf beschränken, an sich feststehende Tatsachen sachverständig zu würdigen (BGE 115 V 304; VGr. 6.10.1995, VB.95.00031; zur Abgrenzung zu den dem Akteneinsichtsrecht unterstehenden Amtsberichten vgl. § 7 N. 31). Soweit diese internen Akten nicht zu den beweiserheblichen Aktenstücken zählen und der Einsicht entzogen bleiben, darf auf sie für die Feststellung des massgebenden Sachverhalts nicht abgestellt werden (Merkli/Aeschlimann/Herzog, Art. 23 N. 9). 67

§ 8

68 Diese Beschränkung des Akteneinsichtsrechts verhindert zwar, dass die ganze Meinungsbildung der Behörden über die entscheidwesentlichen Aktenstücke und die getroffenen begründeten Verfügungen hinaus vollständig vor der Öffentlichkeit ausgebreitet wird (BGE 122 I 161 f.). Doch gilt es zu bedenken, dass die Abgrenzung zwischen den dem Einsichtsrecht unterliegenden Akten und den behördeninternen Unterlagen vielfach Mühe bereitet. Zudem besteht die Gefahr, dass die entscheidende Instanz – wenn auch unbewusst – sich auf Grundlagen abstützt, die den Verfahrensbeteiligten aufgrund ihres internen Charakters nicht bekannt sind, weil ihnen dazu das rechtliche Gehör nicht gewährt wurde. Schliesslich gestattet es eine gestützt auf § 9 Abs. 1 angeordnete Beschränkung des Einsichtsrechts, den schutzwürdigen Geheimhaltungsinteressen der Behörden hinreichend Rechnung zu tragen. Dem Berechtigten sind daher alle entscheidwesentlichen Akten in vollem Umfang vorzulegen (Gadola, S. 69; vgl. Kölz/Häner, Rz. 296; Müller, a.a.O., Rz. 109; Rhinow/Koller/Kiss, Rz. 345), soweit nicht berechtigte Interessen im Sinn von § 9 einer Akteneinsicht entgegenstehen.

69 Die Einsicht in Akten, die der Einsichtsberechtigte selbst eingelegt oder unterzeichnet hat, darf diesem nicht verweigert werden (Rhinow/Koller/Kiss, Rz. 346; vgl. Art. 27 Abs. 3 VwVG).

70 Für das *Rekurs- und Beschwerdeverfahren* halten § 26 Abs. 1 und § 57 Abs. 1 ausdrücklich fest, dass auch die beigezogenen Akten zur Einsicht offen stehen. Anspruch auf Akteneinsicht besteht ebenfalls mit Bezug auf weitere Akten, die nachträglich beigezogen werden, sowie hinsichtlich der Vernehmlassungen anderer Verfahrensbeteiligter und der Vorinstanzen, sofern darin neue erhebliche Gesichtspunkte geltend gemacht werden (vgl. N. 28). Ebenso haben die Behörden Einsicht in ihre unveröffentlichten Entscheide zu gewähren, sobald sie in der Begründung einer Anordnung auf diese abzustellen gedenken (Kölz/Häner, Rz. 295).

3.3. Modalitäten der Akteneinsicht

71 Akteneinsicht wird grundsätzlich nur auf *Gesuch* hin gewährt. Die Behörden sind daher nicht verpflichtet, die Akten den Einsichtsberechtigten von Amtes wegen auszuhändigen oder zuzustellen (BGE 108 Ia 7). Akteneinsicht muss aber selbst dann gewährleistet sein, wenn der Betroffene sie nicht ausdrücklich verlangt (BGE 101 Ia 313). Um das Akteneinsichtsrecht nicht von vornherein zu vereiteln, haben die Behörden die Verfahrensbeteiligten über die Aktenlage zu informieren und Gelegenheit zur Einsichtnahme zu schaffen, sobald ohne deren Wissen neue entscheidwesentliche Akten, welche diese nicht kennen und auch nicht kennen können, beigezogen oder dem Dossier beigefügt werden (Cottier, a.a.O., S. 125; Rhinow/Krähenmann, Nr. 83 B IX; vgl. N. 70). Die Mitteilungspflicht entfällt, wenn Unterlagen beigezogen werden, die jede Person einsehen kann und mit deren Beizug zu rechnen war (BGE 112 Ia 202).

§ 8

Das Akteneinsichtsrecht beinhaltet lediglich den Anspruch, die Akten am Sitz 72
der entscheidenden Behörde einzusehen. Ein Recht, die Akten mit nach Hause
zu nehmen, besteht nicht (BGE 122 I 112; RB 1991 Nr. 11, 1971 Nr. 2). In
Abweichung von diesem Grundsatz pflegen die Verwaltungs- und Verwaltungsrechtspflegebehörden in konstanter Praxis die Akten den patentierten Anwälten zum Studium herauszugeben (RB 1981 Nr. 3; ein dahingehendes Gewohnheitsrecht allerdings verneinend RB 1976 Nr. 53, 1971 Nr. 4). Diese Praxis
rechtfertigen sowohl die besonderen tatsächlichen Verhältnisse und beruflichen
Bedürfnisse der Anwälte als auch das Vertrauen in die Person des Rechtsanwalts, der einer strengen Disziplinaraufsicht untersteht. Letztere bietet namentlich Gewähr dafür, dass die Akten nicht in die Hände Unberechtigter gelangen
und vollständig sowie unverändert wieder zurückgegeben werden. Die mit dieser Handhabung des Akteneinsichtsrechts verbundene Ungleichbehandlung des
nicht anwaltlich vertretenen Privaten ist mit Blick auf das verfassungsrechtliche
Gleichbehandlungsgebot deshalb nicht zu beanstanden (BGE 122 I 112, 108
Ia 8; kritisch dazu Cottier, a.a.O., S. 125). Ungeachtet dieses behördlichen Ent-
gegenkommens ist es Sache des Rechtsanwalts, rechtzeitig in die Akten Einsicht zu nehmen; ein Anspruch auf unverzügliche Zustellung der Akten durch
die Behörden besteht nicht (RB 1996 Nr. 7, 1971 Nr. 4).

Die Einsichtnahme in die Akten ist so auszugestalten, dass sie dem Berechtig- 73
ten ein sorgfältiges Studium der Akten ermöglicht. Die bloss mündliche Berichterstattung über den Inhalt einzelner Aktenstücke vermag daher nicht zu
genügen (BGE 101 Ia 312 ff.; Cottier, a.a.O., S. 125; vgl. N. 20). Der Einsichtsberechtigte ist befugt, aus den Akten Notizen zu machen und besitzt einen
bedingten Anspruch darauf, *Kopien* von Akten zu erstellen (BGE 122 I 112, mit
Hinweisen). Dabei ist er berechtigt, auf einem Fotokopiergerät der Verwaltung
normalformatige Kopien oder solche, die ohne besonderen Aufwand erstellt
werden können, gegen Gebühr selbst herzustellen. Entscheidend ist, dass die
Herstellung von Fotokopien den Behörden keinen unverhältnismässigen Aufwand bereitet, d.h. ohne weiteres möglich ist, und keine übermässigen Kosten
verursacht (BGE 117 Ia 327 f., 116 Ia 429, 112 Ia 380, 108 Ia 8). Der bedingte
Anspruch auf Kopien entfällt jedoch, wenn die betreffende Partei auch ohne
diese hinreichend informiert ist (Rhinow/Koller/Kiss, Rz. 349).

Um den grundrechtlichen Anspruch auf Akteneinsicht in seiner Substanz nicht 74
zu beeinträchtigen, ist es unzulässig, in einem hängigen Verfahren für die Akteneinsicht *Gebühren* zu erheben. Zurückhaltung ist diesbezüglich auch bei noch
nicht eröffneten oder abgeschlossenen Verfahren angebracht, insbesondere mit
Bezug auf ein Einsichtsbegehren des von einer staatlichen Handlung Betroffenen bzw. eines seinerzeitigen Verfahrensbeteiligten (vgl. aber Art. 26 Abs. 3
VwVG). Kostenlos ist die Akteneinsicht – einschliesslich der Zustellung der
Akten an Rechtsanwälte – beim Verwaltungsgericht. Weil die Gewährung der
Akteneinsicht keine gebührenpflichtige Amtshandlung im Sinn von § 4 Ge-

§ 8

bührenO darstellt, gilt dies auch für das nichtstreitige und streitige Verwaltungsverfahren. Dagegen versteht es sich von selbst, dass von den Behörden oder mit Fotokopiergeräten der Behörden erstellte Fotokopien in Rechnung gestellt werden dürfen. Allerdings können die meist relativ hohen Gebührenansätze für Fotokopien (vgl. z.B. § 11 GebV VGr) bei umfangreichen Akten zu einer Beeinträchtigung der Mitwirkungsmöglichkeit und Waffengleichheit im Verfahren führen (Cottier, a.a.O., S. 125 f.).

75 Wer um Akteneinsicht ersucht, hat grundsätzlich Anspruch darauf, dass ihm das *gesamte* Aktendossier überlassen wird. Er muss sich darauf verlassen können, dass die Akten vollständig sind (Rhinow/Koller/Kiss, Rz. 350; zur Aktenführungspflicht vgl. N. 60). Schutzwürdige Interessen können es indessen rechtfertigen, gewisse Akten nur den Anwälten unter der Auflage zu öffnen, dass sie bestimmte Einzelheiten (selbst ihren Klienten) nicht bekanntgeben. Zur Wahrung berechtigter Geheimhaltungsinteressen ist sodann eine mittelbare Einsichtnahme über eine dem Berufs- oder Amtsgeheimnis unterstehende Person denkbar (vgl. Rhinow/Koller/Kiss, Rz. 351). Diese Vorgehensweisen, denen gegenüber Zurückhaltung geboten ist, drängen sich im Interesse einer Partei in erster Linie bei medizinischen Gutachten auf, insbesondere um einen drohenden psychischen Zusammenbruch zu verhindern. Solche Fälle dürften sich vor allem im Vormundschaftswesen und im Bereich der fürsorgerischen Freiheitsentziehung finden.

76 Zum Zeitpunkt, in dem Akteneinsicht verlangt werden kann, vgl. N. 64 f.

3.4. Akteneinsicht und Datenschutz

77 Ein Anspruch auf Akteneinsicht besteht nicht allein gestützt auf §§ 8 und 9 VRG sowie die Grundsätze des rechtlichen Gehörs. Ein Einsichtsrecht vermittelt auch § 17 DatenschutzG. Dieses kommt allerdings nur ausserhalb hängiger Verfahren der Verwaltungs*rechtspflege* zum Tragen, d.h. im nichtstreitigen Verwaltungsverfahren und in abgeschlossenen Verfahren der verwaltungsinternen und -externen Verwaltungsjustiz (§ 3 Abs. 2 lit. b DatenschutzG). Das datenschutzrechtliche Auskunftsrecht ist auf (Personen-)Daten beschränkt, d.h. auf Angaben, die sich auf eine bestimmte oder bestimmbare Person beziehen (§ 17 i.V.m. § 2 lit. a DatenschutzG), und steht jeder Person nur hinsichtlich der sie selbst betreffenden Daten zu (§ 17 DatenschutzG). Die Behörden sind dabei berechtigt, die Auskunft aufzuschieben, einzuschränken oder zu verweigern, wenn gesetzliche Bestimmungen, überwiegende öffentliche Interessen oder überwiegende schützenswerte Interessen Dritter dies verlangen (§ 18 Abs. 1 DatenschutzG).

78 Über § 17 DatenschutzG hinausgehend sind die öffentlichen Organe gemäss § 8 Abs. 1 DatenschutzG befugt, Personendaten bekanntzugeben und insofern über diese Auskunft zu erteilen, wenn dafür eine gesetzliche Grundlage besteht

oder wenn die Daten für den Empfänger im Einzelfall zur Erfüllung seiner öffentlichen Aufgabe notwendig sind (lit. a), wenn die betroffene Person im Einzelfall eingewilligt hat oder die Einwilligung nach den Umständen vorausgesetzt werden darf (lit. b) oder wenn die betroffene Person ihre Daten allgemein zugänglich gemacht hat (lit. c). Die Behörden haben hierbei die Schranken von § 10 DatenschutzG zu beachten.

Im Unterschied zum verfahrensrechtlichen Akteneinsichtsrecht gestattet das datenschutzrechtliche Auskunftsrecht grundsätzlich keine Einsichtnahme in die Daten selbst. Auf schriftliches Gesuch hin haben die verantwortlichen Organe gemäss § 10 Abs. 1 DatenschutzV lediglich Auskunft zu erteilen bezüglich aller über die betreffende Person in der Datensammlung vorhandenen Daten (lit. a) sowie über die Rechtsgrundlage und den Zweck des Bearbeitens, die an der Datensammlung beteiligten Stellen und die regelmässigen Datenempfänger (lit. b). Die fehlende Möglichkeit unmittelbarer Einsichtnahme wird dadurch gemildert, dass die Auskunft in der Regel schriftlich und nur ausnahmsweise mündlich zu erteilen ist und dass sie, soweit es Mittel und Verfahren des Bearbeitens zulassen, auch durch Einsichtnahme erfolgen kann (§ 10 Abs. 2 DatenschutzV).

79

Das datenschutzrechtliche Akteneinsichts- bzw. Auskunftsrecht erweist sich somit gegenüber dem verfahrensrechtlichen Akteneinsichtsrecht als enger, indem es sich nicht auf alle verfahrenswesentlichen Akten, sondern nur auf die Daten über die betreffende Person erstreckt. Es reicht aber insofern weiter, als es grundsätzlich *ohne jeglichen Interessennachweis* auch ausserhalb eines Verwaltungsverfahrens geltend gemacht werden kann (vgl. BGE 123 II 538). Ein schützenswertes Interesse der gesuchstellenden Person ist nur nachzuweisen, wenn die Auskunft zu einem unverhältnismässigen Verwaltungsaufwand führen würde (§ 18 Abs. 2 DatenschutzG). Das datenschutzrechtliche und das verfahrensrechtliche Auskunfts- bzw. Akteneinsichtsrecht haben somit ihren besonderen Anwendungsbereich, der vom jeweils andern Anspruch nicht beschlagen wird. Dies schliesst nicht aus, dass sie sich in Teilbereichen überschneiden. Soweit § 17 DatenschutzG eine eigenständige Bedeutung hat, sind Streitigkeiten darüber im datenschutzrechtlich dafür vorgesehenen Verfahren zu entscheiden (BGE 123 II 539; vgl. § 20 DatenschutzG).

80

4. Zu Abs. 2

Der im Rahmen der Revision vom 8.6.1997 eingefügte § 8 Abs. 2 ermächtigt den Regierungsrat, die Herausgabe und Zustellung von Akten zur Einsichtnahme zu regeln. Der Regierungsrat ist indessen entgegen dem Gesetzeswortlaut befugt, nicht nur die Herausgabe und Zustellung der Akten zu ordnen, sondern zugleich Vorschriften über die näheren Bedingungen und Modalitäten der Akteneinsicht insgesamt zu erlassen. Namentlich gilt dies für den Anspruch auf

81

§ 8 / § 9

Erstellung von Fotokopien und allgemein für den Schutz des eingesehenen Akteninhalts vor unbefugter Kenntnisnahme Dritter (Weisung 1995, S. 1527). Weiterhin offen ist sodann, ob die Behörden *verpflichtet* sind, patentierten Rechtsanwälten auf Verlangen die Akten herauszugeben, diesen mithin ein dahingehender Rechtsanspruch zustehen soll (vgl. Prot. KK 1995/96, S. 14; Rotach, S. 438; N. 72).

82 Eine generelle Regelung der Akteneinsicht auf Verordnungsstufe hat der Regierungsrat bisher nicht erlassen. Allerdings finden sich in den regierungsrätlichen Verordnungen verschiedentlich Bestimmungen, welche auf die Akteneinsicht Bezug nehmen oder diese regeln (z.B. § 13 Abs. 2 der kantonalen Tierschutzverordnung vom 11.3.1992 [LS 554.11], § 16 der Ausführungsbestimmungen zur ostschweizerischen Vereinbarung über den Vollzug freiheitsentziehender Strafen und Massnahmen vom 18.6.1976 [LS 334.1], § 25 der Verordnung über Organisation und Verfahren der Rekurskommission des Interkantonalen Technikums Rapperswil [Ingenieurschule] vom 11.6.1980 [LS 414.323]). Zum Teil begnügen sich die Verordnungen auch damit, auf die Regelung des Akteneinsichtsrecht durch das VRG verwiesen (so etwa § 10 BüV, § 30 Abs. 3 OV BRK).

83 Die regierungsrätliche Verordnungskompetenz erfasst lediglich die Akteneinsicht im nichtstreitigen und im streitigen Verwaltungsverfahren aller Ebenen und Stufen. Sie gestattet es, die Einsichtnahme in die Akten bei den Verwaltungsbehörden auf Kantons-, Bezirks- und Gemeindeebene nach einheitlichen Grundsätzen auszugestalten und zugleich auf die besonderen Bedürfnisse bestimmter Bereiche der Verwaltung Rücksicht zu nehmen (Weisung 1995, S. 1527). Die Akteneinsicht beim Verwaltungsgericht und bei den verwaltungsunabhängigen Rechtspflegeinstanzen (z.B. Baurekurskommissionen, Schätzungskommissionen) fällt dagegen nicht in die Verordnungskompetenz des Regierungsrats.

2. Ausnahme § 9. Die Einsicht in ein Aktenstück, insbesondere in ein Einvernahmeprotokoll, kann zur Wahrung wichtiger öffentlicher oder schutzwürdiger privater Interessen oder im Interesse einer noch nicht abgeschlossenen Untersuchung verweigert werden. Die Verweigerung ist in den Akten zu vermerken und zu begründen.

Der wesentliche Inhalt eines Aktenstückes, in welches die Einsicht verweigert wurde, soll jedoch insoweit mitgeteilt werden, als dies ohne Verletzung der zu schützenden Interessen möglich ist. Bei mündlicher Bekanntgabe ist ein Protokoll zu erstellen, das derjenige zu unterzeichnen hat, der die Einsicht verlangt.

Materialien
Weisung 1957, S. 1033; Prot. KK 13.12.1957 S. 7, 23.9.1958 S. 1 f.; Prot. KR 1955–1959, S. 3271; Beleuchtender Bericht 1959, S. 399.

Literatur vgl. § 8.

§ 9

§ 9 regelt die Ausnahmen vom Recht auf Akteneinsicht. Dieses unterliegt als 1
Teilgehalt des rechtlichen Gehörs grundsätzlich denselben Schranken wie der
Gehörsanspruch im Allgemeinen. Von der Gewährung der Akteneinsicht kann
unter den gleichen Voraussetzungen wie von der Anhörung abgesehen werden
(dazu § 8 N. 43 ff.). § 9 kommt somit in erster Linie die Bedeutung zu, im
Interesse sowohl der Einsichtsberechtigten als auch der Behörden die Grenzen
des Akteneinsichtsrechts ausdrücklich festzuhalten.

Bei der Frage, ob Akteneinsicht zu gewähren sei, stehen sich drei unter Umstän- 2
den kollidierende Interessen gegenüber: das Interesse am Zustandekommen einer
materiell richtigen Anordnung, das Interesse privater Dritter an der Geheimhaltung
zum Schutz ihrer persönlichen Rechtsstellung sowie das öffentliche
Interesse der Verwaltung an der Geheimhaltung zwecks effizienter Verwaltungsführung
(vgl. Fischli, a.a.O., S. 285). Diese sich entgegenstehenden
Interessen sind im konkreten Fall mit Blick auf die Gewährung oder Verweigerung
der Akteneinsicht sorgfältig und umfassend abzuwägen. Die zuständige
Behörde hat ihr Ermessen dabei pflichtgemäss auszuüben und den Grundsatz
der Verhältnismässigkeit zu beachten. Es bedarf jedenfalls greifbarer wesentlicher
Anhaltspunkte, um die Verweigerung der Einsichtnahme zu rechtfertigen
(BGE 122 I 161, 115 V 302 f., 113 Ia 262).

Weist eine Behörde ein Gesuch um Akteneinsicht grundsätzlich und von vorn- 3
herein ab, ohne eine Interessenabwägung vorzunehmen, begeht sie eine Gehörsverletzung
und lässt sie sich zugleich eine formelle Rechtsverweigerung zu Schulden
kommen (BGE 110 Ia 86).

Als Interessen, die eine Verweigerung der Akteneinsicht rechtfertigen, nennt § 9 4
Abs. 1 zum einen die Wahrung wichtiger öffentlicher sowie schutzwürdiger privater
Interessen und zum andern das Interesse an einer noch nicht abgeschlossenen
Untersuchung. Da letzterem Interesse zugleich ein öffentliches Interesse
innewohnt, vermögen im Allgemeinen öffentliche und private Interessen von
erheblicher Intensität eine Beschränkung der Akteneinsicht zu begründen.

Als wichtige *öffentliche* Geheimhaltungsinteressen fallen Anliegen der Landes- 5
verteidigung und der Staatssicherheit in Betracht. Aber auch der Schutz der
Polizeigüter (insbesondere von Leib und Leben sowie der Gesundheit), der Schutz
von Gutachtern (VPB 46/1982 Nr. 41 S. 49 f., 47/1983 Nr. 15 S. 67; kritisch
dazu Kölz/Häner, Rz. 302) und Gewährsleuten sowie die Erhaltung wichtiger
Informationsquellen zum Aufdecken von Straftaten sind zu den wichtigen öffentlichen
Geheimhaltungsinteressen zu zählen. Ebenso können der Zweck eines
Verfahrens, namentlich eine laufende Untersuchung, und das Interesse an
der freien verwaltungs- oder behördeninternen Willensbildung – vor allem im
Rahmen des Kollegialitätsprinzips – dem Einsichtsrecht entgegenstehen (vgl.
Merkli/Aeschlimann/Herzog, Art. 23 N. 2; Müller, a.a.O., Rz. 110; Rhinow/
Koller/Kiss, Rz. 339 f.).

§ 9

6 Ein öffentliches Interesse an der Beschränkung der Akteneinsicht dürfte im demokratischen Staat, wo wenig Raum für eine sogenannte «Staatsraison» besteht, selten gegeben sein. Entsprechend besitzt in den weitaus meisten Fällen das Zustandekommen einer materiell richtigen Anordnung Vorrang. In der Regel ist daher uneingeschränkte Akteneinsicht zu gewähren, soweit nicht schutzwürdigen privaten Interessen Rechnung zu tragen ist. Kein öffentliches Geheimhaltungsinteresse begründen das Interesse am ungestörten Gang der Verwaltungstätigkeit und der mit der Gewährung der Akteneinsicht allenfalls verbundene Mehraufwand der Verwaltung; dem kann bei der Form der Gehörsgewährung Rechnung getragen werden (BGE 113 Ia 9). Ebenso wenig kann die Polizei für ihre Akten eine Geheimhaltung in Anspruch nehmen, die weiter reicht als diejenige der allgemeinen Verwaltung (BGE 113 Ia 11). Ein öffentliches Interesse an der Verweigerung der Akteneinsicht fehlt sodann bei einem von den Behörden verwaltungsextern in Auftrag gegebenen Gutachten, selbst wenn es nur teilweise Fragen berührt, welche die einsichtsberechtigte Person selber betreffen (BGr. 6.12.1982, ZBl 84/1983, S. 137). Keinen Schutz durch Geheimhaltung verdienen schliesslich die bewusste Denunziation und mit Blick auf eine bestimmte Anordnung sachfremde Motive (BGE 122 I 165; BGr. 11.6.1996, ZBl 98/1997, S. 571).

7 Schutzwürdige *private* Interessen bilden vor allem die Wahrung der Persönlichkeitsrechte und der Schutz von Geschäftsgeheimnissen der Beteiligten, ihrer Angehörigen oder von Drittpersonen (BGE 113 Ia 4, mit Hinweisen). Ein schutzwürdiges Geheimhaltungsinteresse besitzen namentlich Konkurrenten im Rahmen eines Submissionsbeschwerdeverfahrens mit Bezug auf ihre durch Art. 162 StGB strafrechtlich geschützten Geschäfts- und Fabrikationsgeheimnisse (VGr. AG 7.5.1998, ZBl 99/1998, S. 529), Prüfungskandidaten hinsichtlich der Einsichtnahme in ihre Prüfungsunterlagen durch andere Kandidaten (BGE 121 I 228 f.), Informanten oder Auskunftspersonen bezüglich ihres Namens (vgl. BGE 122 I 160 ff.), im Allgemeinen Personen, denen Nachstellungen, Anfeindungen oder rechtswidrige Beeinträchtigungen drohen (BGE 103 Ia 493; vgl. RB 1995 Nr. 22), sowie der in den abgeschlossenen Vormundschaftsakten genannte, dem Gesuchsteller unbekannte leibliche Vater bezüglich seines Namens und die Mutter bezüglich ihres Privatlebens (BGE 112 Ia 105 f.; BGr. 24.6.1999, 1P. 218/1999). Ebenso können Interessen des Gesuchstellers selber gegen die Gewährung der Akteneinsicht sprechen, namentlich soweit Krankengeschichten oder ärztliche oder psychiatrische Gutachten in Frage stehen (BGE 113 Ia 4). Diesfalls kann es unter Umständen sinnvoll sein, gewisse Aktenstücke nur Rechtsanwälten oder weiteren Trägern des Berufs- bzw. Amtsgeheimnisses zur Kenntnis zu bringen (vgl. § 8 N. 75). Kein schutzwürdiges Interesse an der Geheimhaltung des Namens besitzt als Auskunftsperson, wer lediglich die Überprüfung seiner Angaben oder die drohende Verschlechterung des Arbeitsklimas fürchtet (VGr. SO 20.4.1977, ZBl 79/1978, S. 401) oder mit seiner Anzeige ausschliesslich private Interessen verfolgt (Bosshart, § 9 N. 4).

Ebenso ist eine anonyme Schrift, öffentliche und anderweitige private Geheimhaltungsinteressen vorbehalten, den Betroffenen stets zur Einsicht vorzulegen.

Rechtfertigen überwiegende öffentliche oder private Interessen eine Verweigerung der Akteneinsicht, wird davon nicht das gesamte Aktendossier erfasst. Vielmehr sind lediglich die einzelnen Aktenstücke bzw. Unterlagen, die der Geheimhaltung unterstehen, soweit der Einsicht entzogen, als dies das Geheimhaltungsinteresse erfordert und eine bloss teilweise Gewährung der Akteneinsicht überhaupt machbar und sinnvoll ist (BGE 115 Ia 304; vgl. Art. 27 Abs. 2 VwVG). Massgebend für die Art und Weise, wie ein Aktenstück vor der Offenlegung geschützt werden soll, ist dabei, dass einerseits das Einsichtsrecht möglichst nicht geschmälert wird und anderseits der erforderliche Aufwand vertretbar bleibt. So reicht es aus, geheimhaltungswürdige Namen oder Textstellen abzudecken oder einzelne Seiten bzw. Aktenstücke aus dem Dossier zu entfernen; ein generelles Abdecken von Auskunftspersonen lässt sich jedenfalls nicht halten.

Zum Recht von verfahrensbeteiligten Verwaltungsbehörden, zur Wahrung wichtiger öffentlicher und schutzwürdiger privater Interessen gegenüber dem Verwaltungsgericht Akten zurückzubehalten, vgl. § 57 N. 4 ff.

Gesetzesmaterialien unterliegen dann dem Akteneinsichtsrecht, wenn sie von der Verwaltungsbehörde zur Stützung eines Verwaltungsakts tatsächlich benützt werden. Hier besteht bezüglich des Inhalts regelmässig kein Anlass, die Einsicht zu verweigern; in gewissen Fällen können aber die Namen der am Gesetzgebungsverfahren Beteiligten entfernt werden.

Die Verweigerung der Akteneinsicht ist gemäss § 9 Abs. 1 Satz 2 sowohl in den Akten zu vermerken als auch zu begründen. Dabei ist ebenfalls festzuhalten, in welche Akten die Einsicht im Einzelnen verweigert wurde. Die gesetzliche Begründungspflicht zwingt die Behörden, die Abwägung der sich entgegenstehenden Interessen sorgfältig vorzunehmen und ihr Ermessen pflichtgemäss auszuüben (N. 2), und gestattet es, in einem nachfolgenden Rechtsmittelverfahren, in welchem eine Gehörsverweigerung geltend gemacht wird, anhand der Begründung und der Vermerke die Beweggründe und den genauen Umfang einer Einsichtsverweigerung nachzuvollziehen. Auf eine Begründung zu verzichten, erweist sich als zulässig, wenn dadurch tatbeständliche Einzelheiten aufgedeckt würden, die es aufgrund der Gefährdung von Staatssicherheitsinteressen geheimzuhalten gilt (VPB 51/1987 Nr. 60, 41/1977 Nr. 67, 40/1976 Nr. 6).

Die Verweigerung der Akteneinsicht mit Bezug auf ein bestimmtes Dokument gilt nicht absolut. Jedenfalls soweit sich die anordnende Behörde zum Nachteil des Betroffenen auf ein vertrauliches Aktenstück stützt, hat sie diesem den *wesentlichen Inhalt* des betreffenden Aktenstücks insoweit mitzuteilen, als dies ohne Verletzung der zu schützenden Interessen möglich ist (§ 9 Abs. 2 Satz 1; vgl. Art. 28 VwVG). Dem Einsichtsberechtigten ist dabei Gelegenheit einzuräumen, sich zu äussern und Gegenbeweise zu bezeichnen (BGE 115 V 304). Obschon § 9 Abs. 2 eine solche Mitteilung immer vorzuschreiben scheint, sobald die Einsicht in ein Aktenstück verweigert wurde, rechtfertigt es sich, davon abzusehen, wenn die Behörde dieses Aktenstück nur zum Vorteil des Betroffenen verwendet. Auf die Bekanntgabe des wesentlichen Inhalts soll auch verzichtet werden können, wenn Geheimhaltungsinteressen des Staats zur Verweigerung der Akteneinsicht geführt haben (VPB 51/1987 Nr. 60, 40/1976 Nr. 6; dazu kritisch Rhinow/Krähenmann, Nr. 83 B III c). Zu bedenken ist, dass die Behörde selbst bestimmt, was als wesentlicher Inhalt eines Aktenstücks zu betrachten und mitzuteilen ist, und dass sie dadurch aufgrund ihrer mehr oder weniger subjektiven Sichtweise das Akteneinsichtsrecht zusätzlich beschränken kann (Rhinow/Koller/Kiss, Rz. 342). Die Behörden haben sich deshalb in dieser Hinsicht besonderer Sorgfalt zu befleissigen. Dies gilt ebenfalls mit Bezug auf Verfahren, in denen über die Rechtmässigkeit der Verweigerung bzw. der Beschränkung des Akteneinsichtsrechts zu befinden ist, denn diese Beurteilung setzt Kenntnis der streitigen Akten voraus (BGE 112 Ia 102); auch können die auf dem Spiel stehenden Geheimhaltungsinteressen es zumindest teilweise ausschliessen, in diesem Rechtsmittelverfahren Akteneinsicht zu gewähren.

13 Den Behörden bleibt es unbenommen, ein aus zureichenden Gründen geheimgehaltenes Aktenstück nicht zu beachten (BGr. 6.12.1982, ZBl 84/1983, S. 136). Eine Gehörsverletzung lässt sich diesfalls aber nur von vornherein ausschliessen, wenn den Behörden gleich den weiteren Verfahrensbeteiligten der Inhalt dieser Unterlagen unbekannt bleibt. Andernfalls besteht die erhebliche Gefahr, dass die vorhandenen Kenntnisse – unbewusst – in die Entscheidfindung einfliessen (Imboden/Rhinow I, Nr. 83 B III b).

14 § 9 Abs. 2 Satz 2 schreibt vor, dass bei mündlicher Bekanntgabe des wesentlichen Inhalts eines geheimzuhaltenden Aktenstücks ein Protokoll zu erstellen ist, das derjenige zu unterzeichnen hat, der die Einsicht verlangt. Wie bei der Begründung und Vermerkung der Einsichtsverweigerung in den Akten (§ 9 Abs. 1 Satz 2; vgl. N. 10) wird damit bezweckt, Umfang und Inhalt der Einsichtsgewährung verbindlich festzuhalten, um so für den Fall einer Überprüfung des Akteneinsichtsrechts in einem Rechtsmittelverfahren eine verlässliche Beurteilungsgrundlage zu schaffen.

15 Die Verweigerung des Akteneinsichtsrechts kann entweder zusammen mit dem Hauptentscheid geltend gemacht oder aber als Zwischenentscheid selbständig angefochten werden, sofern damit ein Nachteil verbunden ist, der sich später voraussichtlich nicht mehr beheben lässt (§ 19 Abs. 2 und § 48 Abs. 2).

§ 10. Die Erledigung einer Angelegenheit soll schriftlich mitgeteilt werden:
a) dem Gesuchsteller, sofern zu seinem Gesuch nicht sofort mündlich Stellung genommen wurde;
b) den weiteren am Verfahren Beteiligten;
c) anderen Personen auf ihr Gesuch hin, wenn sie durch die materielle Erledigung einer Angelegenheit berührt sind und ein schutzwürdiges Interesse an deren Aufhebung oder Änderung haben.

V. Mitteilung und Rechtsmittelbelehrung

1. Grundsätze

Die schriftliche Mitteilung ist zu begründen und mit einer Rechtsmittelbelehrung zu versehen, die das zulässige ordentliche Rechtsmittel, die Rechtsmittelinstanz und die Rechtsmittelfrist bezeichnet.

Sind von der Anordnung zahlreiche Personen oder Personen, die unbekannten Aufenthalts sind, betroffen, oder lassen sich die Betroffenen ohne unverhältnismässigen Aufwand nicht vollzählig bestimmen, oder kann die Anordnung nicht zugestellt werden, so kann sie amtlich veröffentlicht oder mit der Veröffentlichung darauf hingewiesen werden, dass sie während einer bestimmten Frist bei einer Amtsstelle bezogen werden kann.

Materialien
Weisung 1957, S. 1035; Prot. KK 23.9.1958; Prot. KR 1955–1959, S. 3270 ff.; Beleuchtender Bericht 1959, S. 400; Weisung 1995, S. 1527 f.; Prot. KK 1995/96, S. 14 ff., 19 f., 33, 235 f., 351; Prot. KR 1995–1999, S. 6427 ff., 6435 ff., 6488, 6830; Beleuchtender Bericht 1997, S. 6.

Literatur
COTTIER THOMAS, Der Anspruch auf rechtliches Gehör (Art. 4 BV), recht 1984, S. 126 ff.; GADOLA, S. 91 ff., 450 ff.; HÄFELIN/MÜLLER, Rz. 1293 ff.; HAEFLIGER, Rechtsgleichheit, S. 147 ff.; HAUSER/HAUSER, §§ 190–208; IMBODEN/RHINOW/KRÄHENMANN, Nrn. 79 B II, 84–86; KÄLIN WALTER, Rechtliche Anforderungen an die Verwendung von Textbausteinen für die Begründung von Verwaltungsverfügungen, ZSR 107/1988 I, S. 435 ff.; KNEUBÜHLER LORENZ, Die Begründungspflicht, Bern 1998; KÖLZ/HÄNER, Rz. 347 ff.; MÄDER, N. 387 ff.; MEYLAN JACQUES, La motivation des actes administratifs en droit suisse, in: Recueil de travaux suisse présenté au VIIIe Congrès international de droit comparé, Basel 1970, S. 313 ff.; MERKLI/AESCHLIMANN/HERZOG, Art. 44 N. 1 ff.; MOOR II, S. 196 ff.; MÜLLER GEORG, in: Kommentar aBV, Art. 4 Rz. 113 ff.; RHINOW/KOLLER/KISS, Rz. 356 ff., 376 ff.; ROTACH, S. 438; STADELWIESER JÜRG, Die Eröffnung von Verfügungen, St. Gallen 1994; VILLIGER MARK E., Die Pflicht zur Begründung von Verfügungen, ZBl 90/1989, S. 137 ff.

Übersicht	Note
1. Allgemeines zu §§ 10 und 10a	1
2. Zu Abs. 1	3
2.1. Allgemeines	3
2.2. Mitteilungsberechtigte	6
2.3. Form der Mitteilung	15
2.4. Zustellung	20

§ 10

3. Zu Abs. 2	36
3.1. Begründungspflicht	36
3.2. Rechtsmittelbelehrung	47
4. Zu Abs. 3	57
5. Rechtsfolgen mangelhafter Eröffnung	62

1. Allgemeines zu §§ 10 und 10a

1 §§ 10 und 10a beschlagen die Mitteilung bzw. *Eröffnung* behördlicher Anordnungen. Sie sind sowohl im nichtstreitigen und streitigen Verwaltungsverfahren als auch im verwaltungsgerichtlichen Verfahren zu beachten (§ 4 N. 3). Im Rekursverfahren ist zudem § 28 Abs. 2 anwendbar, während im Verfahren vor Verwaltungsgericht aufgrund der Verweisung in § 71 (i.V.m. §§ 80c und 86) neben § 65 sowie §§ 10 und 10a die entsprechenden Bestimmungen des Gerichtsverfassungsgesetzes massgebend sind (vgl. § 156 sowie § 187 i.V.m. §§ 176 ff. GVG). Soweit eine letzte kantonale Instanz gestützt auf Bundesverwaltungsrecht nicht endgültig verfügt, hat sie mit Bezug auf die Eröffnung einer Anordnung ausserdem Art. 34–38 sowie Art. 61 Abs. 2 und 3 VwVG Rechnung zu tragen (Art. 1 Abs. 3 VwVG; vgl. § 4 N. 13 f.).

2 Gleich dem Akteneinsichtsrecht (§§ 8 und 9) ist auch die behördliche Pflicht, Anordnungen mitzuteilen und zu begründen sowie mit einer Rechtsmittelbelehrung zu versehen (§ 10 Abs. 2), als Teilgehalt des Rechts auf Orientierung dem Anspruch auf rechtliches Gehör zuzuordnen (vgl. § 8 N. 13). § 10 statuiert als Grundsatz, dass die Erledigung einer Angelegenheit zu begründen und zusammen mit einer Rechtsmittelbelehrung mitzuteilen ist. Diese Bestimmung legt zugleich fest, wer gegenüber den Behörden mitteilungsberechtigt ist (§ 10 Abs. 1) und regelt die Voraussetzungen der amtlichen Veröffentlichung einer Anordnung (§ 10 Abs. 3). Demgegenüber nennt § 10a jene Ausnahmefälle, in denen ein Verzicht auf Begründung und Rechtsmittelbelehrung (Abs. 2) oder nur auf Rechtsmittelbelehrung gerechtfertigt ist (Abs. 1). Hervorzuheben ist, dass der mit der Revision vom 8.6.1997 eingefügte § 10a Abs. 2 lit. b die *Einsprache* als förmliches Rechtsmittel im VRG verankert (vgl. Vorbem. zu §§ 19–28 N. 12 ff. sowie § 19 N. 76 ff.).

2. Zu Abs. 1

2.1. Allgemeines

3 § 10 Abs. 1 schreibt vor, dass die Erledigung einer Angelegenheit schriftlich mitgeteilt werden *soll*. Dies bedeutet nicht, dass es im freien Ermessen der Behörden steht, eine solche Mitteilung zu machen. Vielmehr sind diese dazu verpflichtet, denn die Mitteilung, d.h. die Eröffnung bzw. förmliche Bekanntgabe

§ 10

des Inhalts eines Verwaltungsakts, bildet Voraussetzung dafür, dass dieser Verwaltungsakt überhaupt *rechtswirksam* wird. Insoweit wirkt die Eröffnung sowohl mit Bezug auf den Inhalt einer Anordnung als auch hinsichtlich des Beginns der Wirksamkeit dieser Anordnung konstitutiv (Stadelwieser, a.a.O., S. 10). Eine nicht eröffnete Anordnung gilt daher als nicht existent (BGE 122 I 99; RB 1983 Nr. 62; RB 1982 Nr. 22 = ZBl 83/1982, S. 470 = ZR 81 Nr. 115). Von der Mitteilung bzw. Eröffnung zu unterscheiden ist die Zustellung einer Anordnung. Während Erstere die gehörige Bekanntmachung umfasst, dient die *Zustellung* lediglich dazu, die betreffende Anordnung dem nicht anwesenden Adressaten mittelbar bekannt zu geben. Die Zustellung bildet daher lediglich eine Teilhandlung im Rahmen des Eröffnungsvorgangs (Stadelwieser, a.a.O., S. 12).

Die Mitteilung im Sinn von § 10 ist eine *empfangsbedürftige,* einseitige Rechtshandlung. Ein Mitwirken des Anordnungsadressaten im Sinn der tatsächlichen Entgegennahme bildet dabei zwar die Regel, ist aber nicht unabdingbar, um die Eröffnung als rechtsgültig erfolgt erscheinen zu lassen (dazu N. 25 ff.). Die Eröffnung erweist sich somit nicht als annahmebedürftig (RB 1986 Nr. 24; RB 1981 Nr. 77 = ZBl 82/1981, S. 499 = ZR 81 Nr. 4; RB 1981 Nr. 4; Imboden/Rhinow/Krähenmann, Nr. 84 B I a).

4

Die Eröffnung einer Anordnung bildet nicht nur Voraussetzung dafür, dass ein Verwaltungsakt Rechtswirkung entfalten kann (N. 3). Vielmehr hat der von der Anordnung Betroffene von deren Inhalt ohne Mitteilung keine Kenntnis, sodass er sich weder gegen die – vermeintlich oder tatsächlich – unrechtmässige Anordnung zur Wehr setzen, noch die ihm zustehenden Rechtsmittel nutzen kann. Im Rahmen des rechtlichen Gehörs verschafft daher das Recht auf Orientierung dem von einer Anordnung Betroffenen einen Anspruch darauf, dass ihm diese *individuell* eröffnet wird (RB 1986 Nr. 24, 1977 Nr. 119; RB 1962 Nr. 75 = ZBl 64/1963, S. 121 = ZR 63 Nr. 83; Rhinow/Koller/Kiss, Rz. 376 f.). Vom diesem Erfordernis individueller Eröffnung sieht § 10 Abs. 3 verschiedene Ausnahmen vor (dazu N. 57 ff.).

5

2.2. Mitteilungsberechtigte

Weil Anordnungen, die in einem Verwaltungs- oder Verwaltungsrechtspflegeverfahren ergehen, individuell zu eröffnen sind, muss auch der Kreis der Mitteilungsberechtigten beschränkt sein. Dementsprechend bestimmt § 10 Abs. 1, wer Anspruch auf schriftliche Eröffnung einer Anordnung hat. Dazu gehören in erster Linie der Gesuchsteller selbst (lit. a) und die weiteren am Verfahren Beteiligten (lit. b). Zu Letzteren sind die Gesuchsgegner, beigeladene Parteien, weitere Mitbeteiligten und in einem Rechtsmittelverfahren die Vorinstanzen zu zählen.

6

189

§ 10

7 Nach dem Gesetzeswortlaut ist gegenüber dem Gesuchsteller eine schriftliche Mitteilung nur erforderlich, sofern zu seinem Gesuch nicht sofort Stellung genommen wurde (§ 10 Abs. 1 lit. a). Mit dieser Einschränkung der behördlichen Mitteilungspflicht sollte offenbar der sofortigen mündlichen Entscheidung, wie sie der praktische Lauf der Verwaltungsarbeit mit Blick auf viele kleine Verwaltungsangelegenheiten mit sich bringt, Rechnung getragen werden. Ungeachtet dessen ist aber auch bei faktischem Verwaltungshandeln oder bei mündlichen Auskünften dem Gesuchsteller auf dessen Begehren hin die mündlich eröffnete Anordnung schriftlich zu bestätigen, sofern daran ein besonderes Interesse besteht (Bosshart, § 10 N. 2). Das Vorliegen eines solchen ist in der Regel nur bei abwegigen Begehren zu verneinen; im Übrigen ist dem Gesuchsteller ein hinreichendes Interesse namentlich im Hinblick auf die Rechtsmittelerhebung zuzubilligen.

8 Treten als Gesuchsteller Miteigentümer oder Berechtigte zu gesamter Hand (zufolge Gesamteigentum, Erbengemeinschaft oder einfacher Gesellschaft) in Erscheinung, so ist eine Anordnungen gegenüber jedem von ihnen einzeln zu eröffnen, soweit sie nicht einen gemeinsamen Vertreter bestellt haben (RB 1983 Nr. 62; VGr. 6.4.1982, ZBl 83/1982, S. 515 f.; Rhinow/Krähenmann, Nr. 84 B I).

9 Neben dem Gesuchsteller und den Verfahrensbeteiligten sind Personen mitteilungsberechtigt, die durch die *materielle* Erledigung einer Angelegenheit berührt sind und ein schutzwürdiges Interesse an deren Aufhebung oder Änderung haben (§ 10 Abs. 1 lit. c). Mithin sind Anordnungen grundsätzlich all jenen Personen zu eröffnen, die auch im Sinn von § 21 lit. a *rechtsmittellegitimiert* sind (Rotach, S. 438). Der Anspruch auf Mitteilung ist allerdings insoweit beschränkt, als er die bloss *formelle* Erledigung einer Angelegenheit (z.B. Nichteintreten auf ein Gesuch, Gegenstandslosigkeit eines Verfahrens zufolge Rückzug eines Gesuchs) nicht umfasst. Im Übrigen ist es der eröffnenden Behörde verwehrt, bereits im Rahmen der Mitteilung einer Anordnung über die Rechtsmittellegitimation in einem sich anschliessenden Rechtsmittelverfahren zu befinden. Einerseits hat darüber allein die Rechtsmittelinstanz zu entscheiden. Andererseits ist zu beachten, dass der Einzelne nur nach erfolgter Eröffnung und Kenntnisnahme einer Anordnung in der Lage ist, die Frage zu prüfen, ob er überhaupt betroffen ist und ob Anlass besteht, ein Rechtsmittel zu ergreifen. Infolgedessen hat die eröffnende Behörde, will sie sich nicht eine Rechtsverweigerung zu Schulden kommen lassen, den Kreis der im Sinn von § 10 Abs. 1 lit. c mitteilungsberechtigten Personen eher weit zu fassen.

10 Die Mitteilung an andere Personen gemäss § 10 Abs. 1 lit. c setzt nach dem Wortlaut des Gesetzes ein – mündliches oder schriftliches – *Gesuch* dieser Personen voraus. Diesen gegenüber hat die Eröffnung somit anders als gegenüber den Gesuchstellern und den Verfahrensbeteiligten nicht von Amtes wegen zu erfolgen, es sei denn, ein im Sinn von § 10 Abs. 1 lit. c Berechtigter habe den Behörden im Voraus unmissverständlich zu erkennen gegeben, er gedenke, sich

§ 10

einer zu erlassenden Anordnung zu widersetzen. Die Behörden sind mithin der Pflicht enthoben, im Rahmen der Eröffnung von Anordnungen nach Berechtigten im Sinn von § 10 Abs. 1 lit. c suchen zu müssen. Dieser Verfahrenserleichterung steht gegenüber, dass Drittbetroffene auch noch um Mitteilung ersuchen können, nachdem eine Anordnung den Verfahrensbeteiligten eröffnet worden ist. Denn das Mitteilungsbegehren ist im Verwaltungs- und Verwaltungsjustizverfahren mangels einer gesetzlichen Vorschrift nicht fristgebunden und kann solange gestellt werden, als ein solches Verhalten nicht Treu und Glauben widerspricht. Als in diesem Sinn treuwidrig erscheint etwa das Verhalten Dritter, die sich binnen der dem Adressaten laufenden Rekursfrist nicht um Mitteilung bemühen, obgleich eine Anordnung sie offenkundig berührt (RB 1980 Nr. 2).

In Abweichung vom VRG bestimmt § 315 Abs. 1 PBG für das baurechtliche Verfahren, dass innert 20 Tagen seit der öffentlichen Bekanntmachung des Baugesuchs schriftlich die Zustellung des baurechtlichen Entscheids zu verlangen hat, wer Ansprüche aus dem PBG wahrnehmen will. Damit steht für die Behörden zum einen der Kreis der Mitteilungsberechtigten von vornherein fest. Zum andern hat ein verspätetes Zustellungsbegehren für den Einzelnen gemäss § 316 Abs. 1 PBG die Verwirkung des Rekursrechts zur Folge (RB 1993 Nr. 52; dazu auch RB 1995 Nr. 87, 1994 Nrn. 89 und 90, 1993 Nr. 53, 1989 Nr. 82; vgl. Mäder, N. 317 ff.). Eine Verwirkung der Rechtsmittelbefugnis tritt allerdings insoweit nicht ein, als eine Baubewilligung mit einer Nebenbestimmung bzw. Auflage versehen wird, die einen Dritten belastet. Mit Bezug auf diese bleibt der Belastete rechtsmittelbefugt, selbst wenn er die Zustellung des baurechtlichen Entscheids nicht verlangt hat (RB 1998 Nr. 119). 11

Wo wie im baurechtlichen Verfahren eine öffentliche Ausschreibung erfolgt (§ 314 PBG), ist die nur gesuchsweise Zustellung an Drittbetroffene ohne weiteres zu rechtfertigen. Obschon Gründe der Verfahrensökonomie für eine solche Regelung sprechen, stellt sich die Frage, wie die nicht unmittelbar Verfahrensbeteiligten Kenntnis von einer sie in ihren schutzwürdigen Interessen berührenden Anordnung erlangen. Erschwerend kommt dazu, dass diesen gegenüber eine Eröffnung nach dem Sinn von § 10 Abs. 1 nicht von Amtes wegen, sondern nur auf Gesuch hin erfolgen kann. In dieser Situation steht es den Behörden frei, bei Zweifeln über das «Betroffensein» einer Person diese im laufenden Verfahren beizuladen, womit ihr die Stellung eines weiteren am Verfahren Beteiligten im Sinn von § 10 Abs. 1 lit. b zukommt. 12

Verneint die zuständige Behörde in Anwendung von § 10 Abs. 1 lit. c einen Anspruch auf Mitteilung, schliesst dies nicht aus, dass dem Betreffenden aufgrund des Akteneinsichtsrechts Einblick in die betreffende Anordnung zu gewähren ist (vgl. §§ 8 f.). Da es sich aber diesfalls nicht um eine förmliche Eröffnung handelt, vermag der in Frage stehende Verwaltungsakt gegenüber dem Einsichtnehmenden nicht rechtswirksam zu werden (vgl. N. 3). 13

§ 10

14 Entscheidet eine kantonale Behörde als letzte (oder einzige) Instanz in Anwendung von Bundesverwaltungsrecht, so ist der Entscheid gemäss Art. 103 lit. b OG sofort und unentgeltlich den beschwerdeberechtigten Bundesbehörden mitzuteilen, allerdings nur dann, wenn die Verwaltungsgerichtsbeschwerde an das Bundesgericht zulässig ist (vgl. Alfred Kölz, Vollzug des Bundesverwaltungsrechts und Behördenbeschwerde, ZBl 76/1975, S. 361 ff.).

2.3. Form der Mitteilung

15 Das Verwaltungsverfahren kann mündlich oder schriftlich in Brief- bzw. Verfügungsform abgeschlossen werden. Die (schriftliche) Erledigung in Verfügungsform bildet die Regel; sie ist immer dann zu wählen, wenn durch den Entscheid möglicherweise jemand in seinen schutzwürdigen Interessen berührt sein könnte (vgl. § 21 lit. a). Die fehlende Verfügungsform bedeutet aber nicht, dass keine Verfügung vorliegt; abzustellen ist allein auf den materiellen Verfügungsbegriff (Vorbem. zu §§ 4–31 N. 31). Gegenüber bloss interessierten Amtsstellen genügt anstelle der Verfügungsform die einfache Schriftlichkeit. Von der Form, in welche die Erledigung einer Angelegenheit zu kleiden ist, ist die Form zu unterscheiden, welcher die *Mitteilung* dieser Erledigung an die Berechtigten bedarf. Im Rahmen des kantonalen Rechts stehen dafür wahlweise die mündliche Eröffnung oder die schriftliche Mitteilung zur Verfügung, wobei die Frage der Beweisbarkeit von entscheidender Bedeutung ist. Bei schriftlicher Mitteilung wird dem Anordnungsadressaten oder seinem Vertreter die schriftliche Anordnung oder deren Abschrift übergeben. Im Unterschied dazu erfolgt die mündliche Eröffnung durch die gesprochene Sprache, mithin ohne unmittelbare Übergabe einer schriftlichen Ausfertigung der Anordnung (Stadelwieser, a.a.O., S. 44 f.).

16 Hinsichtlich der *Form der Mitteilung* folgt § 10 Abs. 1 dem Grundsatz der *Schriftlichkeit,* während die mündliche Eröffnung die Ausnahme bildet. Letztere ist laut § 10 Abs. 1 lit. a gegenüber einem Gesuchsteller zulässig, zu dessen Gesuch sofort mündlich Stellung genommen wird. Darüber hinaus rechtfertigt sich die mündliche Mitteilung, wenn besondere Dringlichkeit gegeben ist oder wenn Gefahr im Verzug ist, d.h. sobald zur Verhinderung eines erheblichen Schadens sofort gehandelt werden muss und die Zeit für eine schriftliche, begründete, mit einer Rechtsmittelbelehrung gehörig versehene Ausfertigung nicht mehr reicht (Stadelwieser, a.a.O., S. 68 f.; vgl. Gadola, S. 482). Um die mündliche Mitteilung auch später noch nachweisen zu können, ist diese zumindest im Protokoll schriftlich festzuhalten. Darüber hinaus ist es seitens der eröffnenden Behörde vielfach angebracht, nachträglich eine schriftliche Bestätigung zu verfassen und diese den nach Gesetz Mitteilungsberechtigten zukommen zu lassen, namentlich wenn eine Angelegenheit telefonisch geregelt wird und es sich nicht um eine blosse Bagatelle handelt. Zudem ist den Berechtigten vor allem mit Blick auf die Ergreifung eines Rechtsmittels zuzubilligen, von sich aus eine solche Bestätigung zu verlangen (vgl. Art. 34 Abs. 1 VwVG).

§ 10

Die Behörden sind nicht allein gestützt auf § 10 Abs. 1 zu schriftlicher Mitteilung gehalten. Soweit sie als letzte kantonale Instanz in Anwendung von Bundesverwaltungsrecht nicht endgültig verfügen, haben sie ihre Anordnungen den Parteien schriftlich zu eröffnen (Art. 1 Abs. 3 i.V.m. Art. 34 Abs. 1 VwVG). Davon kann einzig bei der Eröffnung von Zwischenverfügungen gegenüber anwesenden Parteien abgewichen werden, wobei Letztere eine schriftliche Bestätigung verlangen dürfen (Art. 34 Abs. 2 VwVG).

17

Die (mündliche oder schriftliche) Mitteilung einer Anordnung kann sich vorerst auf das Dispositiv beschränken, während die schriftliche Begründung nachfolgt (vgl. § 65 Abs. 2). Insbesondere bei vollumfänglicher Gutheissung von Begehren (und Rekursen) wird in der Praxis im Interesse der sofortigen Vollziehbarkeit oft so verfahren. Die Rechtsmittelfrist beginnt dabei am Tag nach der gehörigen Zustellung des begründeten Entscheids zu laufen. Auch ganze oder teilweise Abweisungen werden manchmal vorab im Dispositiv mitgeteilt, dies vor allem bei letztinstanzlichen Entscheiden des Regierungsrats; damit wird der Rekurrent frühzeitig orientiert und kann entsprechende Dispositionen treffen. Zum Verzicht auf Begründung vgl. § 10a.

18

§ 10 Abs. 1 schreibt den Behörden zwar die schriftliche Mitteilung von Anordnungen vor, doch bleibt offen, ob das Erfordernis der Schriftlichkeit auch die *Unterschrift* des betreffenden Angestellten oder der Behörde mitumfasst. – Für Entscheide des Verwaltungsgerichts bestimmt § 156 Abs. 1 GVG i.V.m. § 71 VRG, dass Urteile und andere gerichtliche Entscheide handschriftlich zu unterzeichnen sind. Dabei ist es zulässig, in den Parteien und Dritten zuzustellenden Kopien die erforderlichen Unterschriften fotomechanisch wiederzugeben (§ 156 Abs. 2 GVG). Mit Bezug auf die Mitteilung von Anordnungen anderer Verwaltungs- und Verwaltungsrechtspflegebehörden fehlt dagegen eine gesetzliche Regelung. Auch Lehre und Praxis beantworten die Frage, ob eine Anordnung als Gültigkeitserfordernis eine Unterschrift tragen muss, nicht eindeutig (vgl. Stadelwieser, a.a.O., S. 48 ff.). Jedenfalls bei Massenverfügungen, die mittels automatischer Datenverarbeitungsanlagen verfasst werden, stellt die Unterschrift kein allgemeines Gültigkeitserfordernis dar (BGE 112 V 87). Darüber hinaus hat dies auch insoweit zu gelten, als das Gesetz neben der schriftlichen Form nicht ausdrücklich die handschriftliche Unterzeichnung durch den für den Verwaltungsakt zuständigen Bediensteten verlangt (BGE 112 V 87, 105 V 251 f.). Folgerichtig ist diesfalls auch die faksimilierte oder die fotomechanische Wiedergabe von Unterschriften gestattet. Das Erfordernis der Unterzeichnung lässt sich mithin nicht aus jenem der Schriftlichkeit ableiten (RB 1969 Nr. 41; Stadelwieser, a.a.O., S. 53). Ebenso wenig ergibt sich die Notwendigkeit der Unterschrift bereits daraus, dass Verwaltungs(rechtspflege)behörden und Verfahrensparteien gleich zu behandeln sind, indem Letztere ihre Eingaben ebenfalls zu unterzeichnen haben (so Kom. 1. A., § 10 N. 10).

19

§ 10

2.4. Zustellung

20 Die Zustellung als Teilhandlung im Rahmen der Eröffnung einer Anordnung ist in erster Linie für die individuell-schriftliche Mitteilung an abwesende Adressaten von Bedeutung, während bei Mitteilung unter Anwesenden der eigentliche Zustellungsvorgang entfällt (vgl. Stadelwieser, a.a.O., S. 88 f.). Diesfalls entspricht der Zeitpunkt der fristauslösenden Bekanntgabe bzw. Übergabe einer Anordnung jenem der mündlichen oder schriftlichen Mitteilung bzw. Eröffnung. Als Vorgang bewirkt die Zustellung zum einen, dass eine Anordnung in den Machtbereich des abwesenden Empfängers gelangt, diesem folglich die Möglichkeit eröffnet wird, vom Inhalt der Anordnung Kenntnis zu nehmen. Zum andern bestimmt sie, wann eine Anordnung als im Sinn von § 10 Abs. 1 mitgeteilt zu betrachten ist. Gestützt darauf lässt sich wiederum feststellen, wann eine Rechtsmittelfrist sowie andere gesetzliche und richterliche Fristen zu laufen beginnen. Dabei sind an die Zustellung prozessleitender Anordnungen die gleichen Anforderungen zu stellen wie an die Mitteilung eines die Rechtsmittelfrist auslösenden (End-)Entscheids (RB 1992 Nr. 2).

21 Auf welchem *Weg* die schriftliche Mitteilung gemäss § 10 Abs. 1 zu erfolgen hat, ist dem VRG nicht zu entnehmen. Für das verwaltungsgerichtliche Verfahren bestimmt § 187 Abs. 1 i.V.m. § 177 Abs. 1 GVG (i.V.m. § 71 VRG), dass Urteile und andere Entscheide durch die Post, einen Kanzleiangestellten, den Gemeindeammann oder ausnahmsweise durch die Polizei zuzustellen sind. Die postalische Zustellung bildet die Regel, während die übrigen Zustellungsarten die Ausnahme bilden. Die Mithilfe der Polizei soll zudem nur beansprucht werden, wenn die Zustellung anderweitig erfolglos versucht wurde, was zumindest durch einen zulässigen, aber gescheiterten postalischen Zustellversuch erhärtet sein muss (RB 1977 Nr. 3, auch zum Folgenden). Andere kantonale und kommunale Verwaltungs- und Verwaltungsrechtspflegebehörden teilen ihre schriftlichen Anordnungen den Betroffenen in analoger Anwendung von § 177 Abs. 1 GVG (dazu RB 1998 Nr. 2) meistens ebenfalls durch die Post mit. Dies schliesst den Beizug des Amtsweibels oder ausnahmsweise der Polizei nicht aus. Eine Anordnung kann aber auch auf andere Weise zugestellt werden, etwa indem der Adressat bzw. sein Vertreter bei der Akteneinsicht in deren Besitz gelangt oder davon Kenntnis nimmt (VGr. 15.7.1998, VB.98.00051).

22 Die *postalische Zustellung*, die sich nach den Bestimmungen des privaten Vertragsrechts richtet (vgl. Art. 11 und 17 Abs. 1 PG), kann durch einfache, d.h. uneingeschriebene Sendung, durch eingeschriebene, allenfalls mit einem Rückschein versehene Sendung, durch Gerichtsurkunde, durch Telefax oder durch Telegramm erfolgen (dazu im Einzelnen Stadelwieser, a.a.O., S. 94 ff.). Dabei ist entscheidend, dass die Post bei eingeschriebenen Sendungen anders als bei bloss einfacher Sendung sowohl die Entgegennahme der Sendung vom Auftraggeber als auch die Übergabe an den Adressaten registriert. Bei Zustellung mit Rückschein oder als Gerichtsurkunde wird der Absender zusätzlich über die Tatsache

des Zustellungsvollzugs und dessen Datum informiert. Weil die Behörden die Beweislast für die richtige Zustellung tragen und nicht präsumieren dürfen, eine der Post übergebene Sendung sei beim Adressaten eingetroffen (BGE 114 II 53 f.; RB 1982 Nr. 87, 1960 Nr. 54; Häfelin/Müller, Rz. 1290; Imboden/ Rhinow/Krähenmann, Nr. 40 B V; Stadelwieser, a.a.O., S. 90), sind sie gehalten, ihre Entscheide mittels Rückschein oder als Gerichtsurkunde zuzustellen. Dies gestattet es ihnen, die Zustellung und deren Zeitpunkt ohne weiteres zu belegen, während es dem Anordnungsadressaten bei Zustellung mit eingeschriebener Sendung vorbehalten bleibt, die Richtigkeit des eingeholten Postlaufzettels im Einzelfall zu entkräften (RB 1982 Nr. 87; RB 1961 Nr. 55 = ZR 61 Nr. 127; RB ORK 1947 Nr. 41 = ZR 46 Nr. 76; VGr. 22.11.1991, VB 91/0130). An die Stelle des Rückscheins und der Gerichtsurkunde kann ein beigelegter Empfangsschein treten, wobei allerdings die Gefahr besteht, dass dieser vom Anordnungsadressaten nicht zurückgesandt wird. Aus Beweisgründen als unzweckmässig erweist sich neben der uneingeschriebenen Sendung auch die Zustellung per Telefax oder durch Telegramm (zu den Anforderungen an den Nachweis der Zustellung einer nicht eingeschriebenen Sendung vgl. RB 1982 Nr. 87).

Soweit kein Unterschriftserfordernis besteht, ist es den Behörden gestattet, Anordnungen mittels Telex zuzustellen. Bedeutsamer ist jedoch die Benützung des *Telefax,* welcher anders als im Telegramm- und Telexverkehr die fotomechanische Wiedergabe der mitzuteilenden Anordnung einschliesslich Unterschrift gestattet und deshalb auch dem Verwaltungsgericht als Zustellungsmittel zur Verfügung steht. Nicht von vornherein ausgeschlossen ist sodann die Zustellung von Behördenanordnungen auf elektronischem Weg (E-Mail). Diesen Übertragungsmitteln ist allerdings gemeinsam, dass ein Nachweis der ordnungsgemässen Zustellung kaum möglich ist oder zumindest nicht leicht erbracht werden kann. Ungeachtet dessen sind die Behörden befugt, eine Anordnung den Parteien jedenfalls in dringenden Fällen vorab per Telefax zu eröffnen und nachträglich per Post zuzustellen (vgl. Merkli/Aeschlimann/Herzog, Art. 44 N. 6). 23

Die schriftliche Mitteilung bzw. die Zustellung hat in erster Linie gegenüber den Adressaten einer Anordnung sowie weiteren gemäss § 10 Abs. 1 lit. a–c Berechtigten zu erfolgen (vgl. § 177 Abs. 2 GVG). Sie ist an deren Wohnadresse oder, bei Geschäftsleuten, an die Geschäftsadresse zu richten (RB 1969 Nr. 6). Hat ein Gesuchsteller oder Beteiligter (formgültig) einen Vertreter bestellt, so ist in der Regel an diesen zuzustellen (RB 1983 Nr. 53 = ZBl 85/1984, S. 183 = ZR 83 Nr. 41; RB 1977 Nr. 4, 1971 Nr. 3; VGr. 21.12.1989, VB 89/0203; vgl. § 176 Abs. 1 Satz 1 GVG). Dies gilt so lange, bis der Vertretene den Widerruf der ausdrücklich oder tatsächlich kundgegebenen Vollmacht der gutgläubigen Behörde mitgeteilt hat. Demgemäss ist für die Berechnung von Rechtsmittelfristen allein die Zustellung an den Vertreter massgebend (VGr. 28.8.1989, VB 89/0083). In der Praxis wird zuweilen zusätzlich auch an den Vertretenen zuge- 24

§ 10

stellt (vgl. § 176 Abs. 1 Satz 2 GVG), etwa wenn es um höchstpersönliche Anordnungen geht (z.B. Aufforderung, sich einer verkehrspsychologischen Untersuchung zu unterziehen, Entscheide betreffend Straf- und Massnahmenvollzug). Ist der Vertreter kein Rechtsanwalt sondern ein Laie, soll dem Vertretenen stets eine Orientierungskopie zugestellt werden.

25 Uneingeschriebene und eingeschriebene Sendungen dürfen von der Post ausser dem Adressaten sämtlichen im selben Wohn- oder Geschäftsdomizil anzutreffenden Personen ausgehändigt werden, sofern die anordnende Behörde oder der Adressat keine gegenteilige Weisung erteilt hat (Ziff. 4.5 AGB Post). Zu den in diesem Sinn Bezugsberechtigten sind namentlich Familienangehörige, Arbeitgeber, Angestellte, Zimmervermieter, Gastgeber oder in ähnlicher Eigenschaft mit dem Adressaten in Beziehung stehende Personen zu zählen. Bei Zustellung an den Geschäftssitz kann die Sendung von einer Hilfsperson rechtsgültig entgegengenommen werden (RB 1979 Nr. 4). Weil bei *eingeschriebenen* Briefpostsendungen deren Empfang unterschriftlich zu bestätigen ist, ist darauf zu achten, dass die entgegennehmende Person zumindest urteilsfähig ist (vgl. Art. 16 ZGB).

26 Da die Mitteilung eine empfangsbedürftige, einseitige Rechtshandlung ist (N. 4), vermag eine Anordnung Rechtswirkungen zu entfalten, namentlich den Fristenlauf auszulösen, sobald die Zustellung an den Adressaten, dessen Vertreter oder einen anderen Berechtigten ordnungsgemäss erfolgt ist. Weder bedarf es dazu der tatsächlichen Kenntnisnahme durch den Adressaten, noch ist darauf abzustellen, ob und in welchem Zeitpunkt ihm die Anordnung intern übergeben wurde (BGE 122 I 143, 115 Ia 17, mit Hinweisen; RB 1981 Nrn. 4 und 77; Imboden/Rhinow/Krähenmann, Nr. 84 B I a). Massgebend ist allein, dass sich eine Sendung im Machtbereich des Adressaten befindet. Als ordnungsgemässe Zustellung gilt daher bei gewöhnlicher, uneingeschriebener Briefpost der Einwurf in den Briefkasten oder die Ablage im Postfach des Adressaten, bei eingeschriebener Post die tatsächliche Übergabe an den Adressaten, dessen Vertreter oder eine andere zur Entgegennahme berechtigte Person (vgl. Ziff. 4.1 AGB Post). Die Zustellung erweist sich selbst dann als rechtsgültig, wenn der Adressat die Sendung zurückweist oder ungeöffnet beiseite legt.

27 Ist bei eingeschriebener Sendung eine Übergabe zufolge Abwesenheit des Adressaten oder mangels anderer zur Entgegennahme befugter Personen nicht möglich und wird deshalb eine Abholungseinladung in den Briefkasten oder das Postfach gelegt (vgl. Ziff. 4.6 lit. a AGB Post), so gilt die Sendung in dem Zeitpunkt als zugestellt, in welchem sie auf der Post abgeholt und dadurch dem Empfänger übergeben wird (vgl. Ziff. 4.1 AGB Post). Geschieht dies nicht innert der Abholungsfrist von sieben Tagen (Ziff. 4.6 lit. b AGB Post), gilt die Sendung nach zürcherischer Praxis anders als nach der Rechtsprechung des Bundesgerichts (vgl. BGE 122 I 143, 115 Ia 15) nicht als am letzten Tag der Abholungsfrist zugestellt. Stattdessen haben die Verwaltungsbehörden die

§ 10

misslungene Zustellung zu wiederholen (RB 1985 Nr. 49, 1983 Nr. 2; VGr. 14.11.1975, VB 47/1975; so ausdrücklich für das verwaltungsgerichtliche Verfahren § 187 Abs. 1 i.V.m. § 179 Abs. 1 GVG i.V.m. § 71 VRG; vgl. auch RB 1980 Nr. 60). Bei erneutem Scheitern ist die Anordnung in Anwendung von § 10 Abs. 3 VRG amtlich zu veröffentlichen (vgl. § 187 Abs. 2 GVG) und gilt alsdann als zugestellt. Ist der Adressat an sich am Zustellungsort erreichbar, tritt nach zweimaligem postalischem Zustellungsversuch die amtliche Zustellung durch den Gemeindeammann und allenfalls durch die Polizei an die Stelle der amtlichen Veröffentlichung (vgl. VGr. 31.1.1990, VB 89/0213).

Die Behörden dürfen von einer Wiederholung der Zustellung absehen, wenn eine *schuldhafte,* d.h. *wissentliche* Annahmeverweigerung vorliegt. Diesfalls ist schon der blosse Zustellungsversuch als gültige Eröffnung anzusehen (RB 1998 Nr. 2, 1992 Nr. 28, 1985 Nr. 49, 1983 Nr. 2). Die Zustellung darf bereits in diesem Zeitpunkt vermutet werden. Eine schuldhafte Zustellungsverhinderung ist nicht nur in der aktiven Zurückweisung einer Postsendung (so aber für das Zivil- und Strafverfahren ZR 95 Nr. 1), sondern ebenso in der *passiven* Nichtannahme zu erblicken. Allerdings setzt dies einen zweimaligen erfolglosen Zustellungsversuch voraus (N. 27), da erst dann angenommen werden darf, die Abholungseinladung sei richtig hinterlegt worden (RB 1998 Nr. 2). Zudem bedeutet nicht jede Nichtabholung innert Frist eine schuldhafte Annahmeverweigerung. Vielmehr ist im Einzelfall zu prüfen, ob unter den gegebenen Umständen eine Annahmeverweigerung vorliegt oder ob der Adressat einer Mitteilung für deren Nichtabholung zureichende Gründe geltend machen kann (Imboden/Rhinow/Krähenmann, Nr. 84 B I d). Dabei darf die Behörde mangels gegenteiliger Anhaltspunkte regelmässig von der widerlegbaren Vermutung ausgehen, dass die Abholungseinladung nicht nur richtig hinterlegt wurde, sondern dass dem Adressaten die fristgerechte Abholung der Sendung auch möglich gewesen wäre (RB 1998 Nr. 2; VGr. 21.10.1998, VB.98.00210; vgl. ZR 98 Nr. 43). Dem Adressaten obliegt es deshalb, die Gründe vorzutragen und nachzuweisen, welche diese Annahme entkräften (RB 1992 Nr. 29). Die Zustellungsvermutung setzt voraus, dass die Zustellung eines Verwaltungsakts vom Adressaten während seiner Abwesenheit mit einer *gewissen Wahrscheinlichkeit* zu erwarten war, namentlich weil ein Verfahrens- oder Prozessrechtsverhältnis besteht, das die Beteiligten verpflichtet, sich so zu verhalten, dass ihnen die Verwaltungsakte zugestellt werden können (BGE 119 V 94, 115 Ia 15; RB 1992 Nr. 2; VGr. 17.12.1997, VB.97.00470). Diese Empfangspflicht dauert selbst dann fort, wenn über mehrere Monate keine Verfahrenshandlungen ergehen. Ist seit dem letzten verfahrensbezogenen Kontakt sehr lange Zeit verstrichen, gilt sie allerdings nur noch in abgeschwächter Form (Merkli/Aeschlimann/ Herzog, Art. 44 N. 11). Ausserhalb eines solchen Verhältnisses, das einerseits aufgrund der Verfahrenseinleitung durch den Betroffenen selbst und andererseits durch die förmliche Bekanntgabe einer Verfahrenseinleitung entstehen kann, fehlt es an einer Empfangspflicht und kann dem Adressaten grundsätzlich keine schuldhafte Annahmeverweigerung vorgeworfen werden.

28

§ 10

29 Empfangspflichtige Verfahrensbeteiligte haben bei Adressänderungen während eines laufenden Verfahrens diese der Behörde anzuzeigen, einen bevollmächtigten Vertreter zu bestellen oder der Post einen Nachsendungsauftrag zu erteilen. Unterlassen sie diese Vorkehren, liegt eine schuldhafte Vereitelung der Zustellung vor und darf diese nach Ablauf der siebentägigen Abholungsfrist vermutet werden (BGE 113 Ib 90). Soweit trotzdem Nachforschungen getätigt werden oder gar eine Publikation erfolgt, geschieht dies zulasten des Säumigen.

30 *Nicht* als *schuldhaft vereitelt* gilt eine Zustellung, wenn der Adressat trotz Kenntnis vom Eingang einer eingeschriebenen Sendung diese bei der Bestimmungspoststelle erst mit Ablauf der siebentägigen Abholungsfrist in Empfang nimmt (RB 1992 Nr. 27). Keine Zustellungsvermutung löst der postvertragsrechtlich zulässige Zurückbehaltungsauftrag aus, sofern er nicht in rechtsmissbräuchlicher Art und Weise darauf abzielt, die Verfahrensdauer zum Vorteil des Adressaten oder zum Nachteil anderer Verfahrensbeteiligter zu beeinflussen (vgl. VGr. 18.1.1995, VB 94/0180; BGE 113 Ib 89 f.; RB 1992 Nr. 28; Rhinow/Krähenmann, Nr. 84 B I h). Ebenso wenig kann dem Mitteilungsadressaten zur Last gelegt werden, wenn die Postorgane auf der Abholungseinladung falsche, nicht ohne weiteres als unzutreffend erkennbare Angaben hinsichtlich der Schalteröffnungszeiten und Aufbewahrungsdauer machen (VGr. 15.2.1994, VB 93/0176). Erfolgt die Zustellung einer Anordnung unter Nachnahme, darf der Adressat, der die Nachnahme nicht einlöst, die Annahme der Sendung ohne Rechtsnachteil verweigern (Imboden/Rhinow/Krähenmann, Nr. 84 B I c).

31 Nach den gleichen Grundsätzen wie die Zustellung eingeschriebener Sendungen an die Wohn- oder Geschäftsadresse sind die Zustellung an eine *Postfachadresse* und jene Fälle zu beurteilen, in denen Sendungen *postlagernd* zugestellt werden. Sind Behörden oder Betriebe mit einem internen Post- oder Weibeldienst Adressaten einer Mitteilung, ist für die Zustellung die Inempfangnahme durch den Post- oder Weibeldienst massgebend (RB 1982 Nr. 88; vgl. N. 26).

32 Zur Zustellung durch amtliche Veröffentlichung vgl. § 10 Abs. 3 (N. 57 ff.).

33 Wird eine Anordnung *mehrmals* zugestellt, ist die erste rechtsgültige individuelle Eröffnung massgebend. Diese löst den Fristenlauf aus, es sei denn, der Adressat durfte aus der späteren Zustellung in guten Treuen etwas anderes schliessen. Demgemäss gilt eine schuldhaft nicht abgeholte eingeschriebene Sendung grundsätzlich mit Ablauf der siebentägigen Abholungsfrist als zugestellt, selbst wenn nachträglich eine Mitteilung mit gewöhnlicher Post erfolgt (Merkli/Aeschlimann/Herzog, Art. 44 N. 7 und 14). Schreibt hingegen das Gesetz kumulativ sowohl die persönliche Mitteilung als auch die amtliche Veröffentlichung im kantonalen Amtsblatt sowie in den üblichen kommunalen Publikationsorganen und, wo solche fehlen, durch öffentlichen Anschlag vor, beurteilt sich der Zeitpunkt der Zustellung danach, wann die letzte dieser Eröffnungshandlungen vorgenommen wurde (RB 1997 Nr. 3, 1983 Nr. 3).

Weil die Zustellung einer Anordnung einen Hoheitsakt darstellt, darf sie an 34
einen *Adressaten im Ausland* nur mit Bewilligung der zuständigen ausländischen
Behörde erfolgen. Auf dem Postweg ist sie somit nur gestattet, wenn diese Art
der Zustellung mit dem betreffenden Staat staatsvertraglich vereinbart ist oder
von diesem widerspruchslos hingenommen wird (Guldener, S. 253). Im Übrigen sind Zustellungshandlungen im Ausland völkerrechtswidrig. Nach Völkergewohnheitsrecht zulässig und von den meisten Staaten geduldet ist die Zustellung von Mitteilungen informativen Charakters, namentlich die Einladung zur
Bezeichnung eines Zustellungsdomizils oder Vertreters in der Schweiz (vgl. § 6b
N. 1 f.). Eine an sich völkerrechtswidrige Zustellung ist nicht ohne weiteres
nichtig. Namentlich tritt diese Rechtsfolge nicht ein, wenn dem Adressaten aus
der fehlerhaften Eröffnung kein Nachteil erwachsen ist (RB 1983 Nr. 54 = ZBl
84/1983, S. 329 = ZR 82 Nr. 78; VGr. 21.9.1993, VB 93/0020). Vgl. zur Mitteilung von Anordnungen an Adressaten im Ausland auch Stadelwieser, a.a.O.,
S. 195 ff.

Der generell-konkrete Charakter von *Allgemeinverfügungen* hindert die erlas- 35
sende Behörde in der Regel von vornherein daran, diese individuell-schriftlich
mitzuteilen. Allgemeinverfügungen sind daher grundsätzlich nach den für
Rechtssätze geltenden Regeln bekanntzumachen (RB 1984 Nr. 2 = ZBl 86/
1985, S. 82 = ZR 84 Nr. 9). Gleichwohl ist im Einzelfall zu klären, welche
Eröffnungsform angemessen ist (Imboden/Rhinow/Krähenmann, Nr. 84 B I g).
Für lokale Verkehrsanordnungen genügt die Anzeige im amtlichen Publikationsorgan der Gemeinde (vgl. § 68a GemeindeG), was aber über eine blosse Pressemitteilung hinausgeht. Die Aufnahme in die kommunale Gesetzessammlung
erübrigt sich dagegen. Bei Allgemeinverfügungen besteht zudem aufgrund ihrer Konkretheit die Möglichkeit, sie bei dem in Frage stehenden Objekt bekanntzumachen. Kurzfristig erlassene und nur vorübergehend geltende Allgemeinverfügungen können auch auf andere geeignete Weise (Pressemitteilung,
mündliche Bekanntmachung, Aushang am Anschlagbrett) verbreitet werden.
Werden Allgemeinverfügungen auf Gesuch erlassen oder sind *Spezialadressaten*
vorhanden, ist die Anordnung diesen gegenüber zusätzlich persönlich zu eröffnen (Tobias Jaag, Die Abgrenzung zwischen Rechtssatz und Einzelakt, Zürich
1985, S. 195).

3. Zu Abs. 2

3.1. Begründungspflicht

§ 10 Abs. 2 schreibt vor, dass schriftliche Mitteilungen zu begründen sind. Für 36
Entscheide im Rekursverfahren ergibt sich dieser Grundsatz aus § 28 Abs. 1
Satz 1 und für solche im Verfahren vor Verwaltungsgericht aus § 65 Abs. 1 (vgl.
auch Art. 35 Abs. 1 VwVG). Die Begründung gehört somit zum Wesen jeder

§ 10

Anordnung (Haefliger, Rechtsgleichheit, S. 147). Die gesetzliche Begründungspflicht erfasst allerdings jene Fälle nicht, in denen ausnahmsweise eine mündliche Mitteilung erfolgt. Diesfalls und im Allgemeinen leiten (bundesgerichtliche) Praxis und Doktrin das Recht auf Begründung sowie die entsprechende Pflicht der Behörden als Teilgehalt des Anspruchs auf rechtliches Gehör unmittelbar aus Art. 4 Abs. 1 aBV bzw. Art. 29 Abs. 2 BV ab (BGE 112 Ia 109; Haefliger, Rechtsgleichheit, S. 147; Rhinow/Koller/Kiss, Rz. 356; kritisch dazu Villiger, a.a.O., S. 161 f.; a.M. Kneubühler, a.a.O., S. 170 f., der die Begründungspflicht als selbständigen Teilaspekt des Verbots formeller Rechtsverweigerung betrachtet, der Bezüge zu weiteren Verfahrensgarantien, verschiedenen Verfassungsgrundsätzen und einzelnen materiellen Grundrechten aufweist). Darüber hinaus leitet sich die Pflicht zur Begründung von Anordnungen aus Art. 6 Ziff. 1 EMRK ab, soweit es sich um einen richterlichen Entscheid über zivilrechtliche Ansprüche und Verpflichtungen im Sinn der Konvention handelt (Kneubühler, a.a.O., S. 65; Villiger, a.a.O., S. 144).

37 Die Pflicht der Behörden zur Begründung ihrer Anordnungen dient nicht allein der Wahrung des rechtlichen Gehörs (vgl. § 8 N. 12 ff.). Vielmehr ermöglicht es erst die Begründung, Inhalt, Grenzen und Tragweite einer Anordnung zu erfassen und den Adressaten von deren Richtigkeit zu überzeugen. Sie zeigt, von welchen massgeblichen Tatsachen und Rechtsnormen sich die entscheidende Behörde hat leiten lassen, und erlaubt es, eine Anordnung sachgemäss anzufechten und auf ihre Konsistenz, Rationalität und Rechtmässigkeit zu überprüfen (BGE 123 I 34; Cottier, a.a.O., S. 126). Zudem bildet die Begründung für die Behörden ein Mittel der Selbst- und zugleich der Fremdkontrolle und trägt sie zur Transparenz des Verwaltungshandelns bei (Villiger, a.a.O., S. 166). Gerade dadurch bildet sie ein eigentliches Bollwerk gegen Machtmissbrauch und staatliche Willkür, indem sie den Entscheidungsvorgang blosslegt und auf diese Weise verhindert, dass sich die Behörden in ihren Entscheidungen von unsachlichen Motiven leiten lassen (Cottier, a.a.O., S. 126). Zu den verschiedenen Funktionen der Begründung (Selbstkontroll-, Befriedungs-, Rechtsmittel-, Fremdkontroll-, Effizienz- und Rechtssicherheitsfunktion) eingehend Kneubühler, a.a.O., S. 94 ff.

38 Nach dem Wortlaut von § 10 Abs. 2 sind *alle* Verfügungen und Entscheide zu begründen, soweit nicht ein Ausnahmetatbestand gemäss § 10a vorliegt. Dabei bestehen im Einzelnen allerdings unterschiedliche Anforderungen an die Begründungsdichte (N. 39 ff.). Mit einer Begründung zu versehen sind insbesondere auch Anordnungen, gegen die kein ordentliches oder ausserordentliches Rechtsmittel zur Verfügung steht (Villiger, a.a.O., S. 161; zum Ausnahmefall der Begnadigungsentscheide vgl. BGr. 17.6.1994, ZBl 96/1995, S. 140, mit Hinweisen). Denn es steht den Betroffenen in einem solchen Fall frei, einen Rechtsbehelf (Wiedererwägungsgesuch, Aufsichtsbeschwerde) zu ergreifen. Zu diesem Zweck sind sie aber ebenso auf eine Motivierung der betreffenden An-

ordnung angewiesen, wie wenn sie gegen diese ein Rechtsmittel einlegen könnten.

Zwischen der Vielzahl von Funktionen, die eine Begründung erfüllt, und den Anforderungen an die Begründungsdichte besteht ein enger Zusammenhang. Entsprechend lassen sich keine allgemeinen Regeln aufstellen, denen eine Begründung zu genügen hat. Die Anforderungen sind stattdessen unter Berücksichtigung aller Umstände des Einzelfalls und der Interessen des Betroffenen festzulegen (BGE 112 Ia 110). Die Begründung einer Anordnung erscheint als *angemessen,* wenn sie so abgefasst ist, dass sich der Betroffene über die Tragweite des Entscheids Rechenschaft zu geben und allenfalls in voller Kenntnis der Gründe ein Rechtsmittel zu ergreifen vermag (BGE 123 I 34, mit Hinweisen). In diesem Sinn müssen wenigstens kurz die Überlegungen genannt sein, von denen sich die Behörde leiten liess und auf welche sich ihr Entscheid stützt (BGE 121 I 57, mit Hinweisen; vgl. RB 1991 Nr. 2). Verfassungsrechtlich geboten ist eine kurze, unter Umständen auch bloss summarische Begründung, welche die Anordnung insgesamt als schlüssig, d.h. haltbar und verständlich, erscheinen lässt. Demnach braucht nicht der ganze Vorgang der Entscheidfindung seinen Niederschlag in der Begründung zu finden und bedürfen Selbstverständlichkeiten keiner Erwähnung (Villiger, a.a.O., S. 152). 39

Die entscheidende Behörde hat zwar alle Elemente des Sachverhalts und alle anwendbaren Normen zu prüfen und sich mit den Parteivorbringen auseinanderzusetzen. Sie darf sich in ihrem Entscheid aber auf die wesentlichen Gesichtspunkte beschränken und hat sich nicht mit jeder tatsächlichen Behauptung und mit jedem rechtlichen Einwand zu befassen und diese einzeln zu widerlegen (BGE 112 Ia 110; RB 1968 Nr. 24). Folglich ist auf Unbestrittenes nur kurz zu verweisen und bleiben unmassgebliche und offensichtlich haltlose Vorbringen ausser Acht. Aus der Begründung muss indessen gleichwohl mittelbar oder unmittelbar ersichtlich sein, ob die Behörde ein Vorbringen überhaupt nicht in Betracht gezogen oder lediglich für nicht erheblich bzw. für unrichtig gehalten hat (BGE 101 Ia 52). 40

Die Begründungsdichte hängt sodann von der Entscheidungsfreiheit der Behörde und der Eingriffsintensität einer Anordnung ab. Je grösser der Entscheidungsspielraum ist, welcher einer Behörde zufolge Ermessen und unbestimmter Rechtsbegriffe zukommt, je komplexer und umstrittener der zu beurteilende Sachverhalt ist und je stärker eine Anordnung in die individuellen Rechte eingreift, desto höhere Anforderungen sind an die Begründung zu stellen und desto ausführlicher, differenzierter und sorgfältiger hat diese auszufallen (BGE 112 Ia 110; vgl. Kneubühler, a.a.O., S. 178 ff.). Verfügt die anordnende Behörde über keinen Entscheidungsspielraum und steht ihr kein freies Ermessen zu, genügt daher als Begründung bereits der Hinweis auf die massgebenden Gesetzesbestimmungen (BGr. 11.7.1979, ZBl 81/1980, S. 323). Nicht näher begründet zu werden braucht in einer Anordnung der Entscheid über Kosten 41

§ 10

und Parteientschädigung, denn dieser ergibt sich in der Regel bereits aus dem Verfahrensausgang. Eine Begründungspflicht besteht hingegen, sobald von den üblichen Tarifen oder der Kostenverteilung, wie sie dem materiellen Verfahrensausgang entsprechen würde, abgewichen wird oder gerade hierzu Fragen aufgeworfen wurden (BGE 111 Ia 1 f.; Merkli/Aeschlimann/Herzog, Art. 52 N. 7; Rhinow/Krähenmann, Nr. 85 B II d) oder wenn der Betroffene den Entscheid in diesem Punkt mit der Hauptsache oder einzeln anfechten kann (Gadola, S. 453; Alfred Kölz, Die staatsrechtliche Rechtsprechung des Bundesgerichts im Jahre 1985, ZBJV 123/1987, S. 359 f.).

42 Bei Akten der Massenverwaltung reicht bereits eine sehr einfache, knappe oder formelhafte Begründung aus. Diese hat aber in jedem Fall verständlich zu sein, weshalb die blosse Angabe eines Computercodes nicht ausreicht (Kneubühler, a.a.O., S. 194 f.; Merkli/Aeschlimann/Herzog, Art. 52 N. 7; Müller, a.a.O., Rz. 114). Ebenso ist die gerade im Bereich der Massenverwaltung häufig anzutreffende Verwendung von Textbausteinen in der Begründung zulässig. Eine in diesem Sinn standardisierte Begründung findet ihre Grenzen jedoch darin, dass sie genügend auf den konkreten Fall bezogen sein und gerade die betreffende Anordnung rechtfertigen muss. Zudem sind auch in Bausteinbegründungen die individuellen Parteivorbringen und die entsprechenden Entgegnungen der Behörde zu berücksichtigen (Kälin, a.a.O., S. 454 f.). Inhaltlich geringere Anforderungen an eine Begründung bestehen schliesslich dort, wo der Adressat die Entscheidgründe aufgrund vorangegangener Verhandlungen oder eines offensichtlichen Beweisergebnisses bereits kennt oder wenn die Behörde die Entscheidgründe dem Adressaten auf andere Weise zur Kenntnis bringt (Imboden/Rhinow/Krähenmann, Nr. 85 B II c). Für die Begründung von Prüfungs- und Promotionsentscheiden gelten Noten grundsätzlich als ausreichendes Mittel. Bei negativen Prüfungsentscheiden besteht aber auf Gesuch hin ein Anspruch auf eine summarische, schriftliche Begründung; eine solche ist spätestens in einem Rechtsmittelverfahren über den Prüfungsentscheid nachzuliefern (BGr. 16.12.1988, ZBl 90/1989, S. 314; ZBl 89/1988, S. 232).

43 Die Anforderungen an die Begründungsdichte variieren je nach der mit der Sache befassten Instanz. Keine allzu hohen Anforderungen sind im Allgemeinen an die Begründung erstinstanzlicher Anordnungen zu stellen. Verwaltungsinterne und -externe Rechtsmittelinstanzen, die eigens angegangen werden, um die Rechtmässigkeit einer Anordnung zu prüfen, haben ihren Entscheid hingegen einlässlich zu begründen. Dabei vermag vor der Begründungspflicht standzuhalten, dass die Rechtsmittelinstanz auf die von ihr als zutreffend befundenen Erwägungen der Vorinstanz verweist (so § 28 Abs. 1 Satz 2 für das Rekursverfahren und i.V.m. § 70 für das Verfahren vor Verwaltungsgericht) und sich demzufolge darauf beschränkt, die neuen Parteivorbringen zu würdigen (Merkli/Aeschlimann/Herzog, Art. 52 N. 9; Rhinow/Krähenmann, Nr. 85 B III b; Villiger, a.a.O., S. 152). Voraussetzung ist allerdings, dass diese vorinstanzlichen Erwägungen den Betroffenen ebenfalls bekannt sind.

§ 10

Aus Art. 4 Abs. 1 aBV (bzw. Art. 29 Abs. 2 BV) ergibt sich kein Anspruch auf *schriftliche* Begründung (BGE 124 II 149, 123 I 34; a.M. Kneubühler, a.a.O., S. 29, der jedenfalls bei schweren Eingriffen in die Rechtssphäre des Betroffenen einen Anspruch auf schriftliche Begründung anerkennt). Soweit § 10 Abs. 2 jedoch im Rahmen der schriftlichen Mitteilung eine Begründungspflicht statuiert, impliziert dies auch die Schriftlichkeit der Begründung. Wird eine Anordnung (ausnahmsweise) mündlich eröffnet, ist es zulässig, diese zugleich mündlich und anschliessend schriftlich zu begründen. Den Behörden ist es sodann gestattet, Dispositiv und Begründung einer Anordnung in getrennten Dokumenten mitzuteilen (BGE 111 Ia 4). In jedem Fall beginnt eine Rechtsmittelfrist erst ab Zustellung des begründeten Akts zu laufen (RB 1983 Nr. 20; vgl. N. 18). 44

Von der nachträglichen schriftlichen Begründung (N. 44) ist das eigentliche *Nachschieben* der Begründung im Rahmen einer Vernehmlassung zu einem Rechtsmittel zu unterscheiden, nachdem die angefochtene Anordnung ursprünglich unbegründet erging. Obschon ein solches Vorgehen von der Lehre kritisiert wird, indem die Begründungspflicht dadurch ihres eigentlichen Gehalts entleert werde (Cottier, a.a.O., S. 127 f.; Imboden/Rhinow/Krähenmann, Nr. 85 B IV b; Rhinow/Koller/Kiss, Rz. 363), ist diese Gehörsverletzung unter den gleichen Voraussetzungen wie jede andere Verletzung des rechtlichen Gehörs der Heilung zugänglich (dazu § 8 N. 48 ff.; vgl. RB 1988 Nr. 68 = BEZ 1988 Nr. 44; vgl. eingehend Kneubühler, a.a.O., S. 35 ff., 211 ff.). Diesfalls ist die nachgeschobene Begründung den weiteren Verfahrensbeteiligten zur Stellungnahme zu unterbreiten. 45

Ergeht eine Anordnung durch eine Kollegialbehörde, so besteht Anspruch auf einen Mehrheitsentscheid, dessen Begründung ebenfalls von der Mehrheit der entscheidenden Behörde getragen wird (vgl. BGE 111 Ib 118 f.). Den Adressaten einer Anordnung ist dabei lediglich die Mehrheitsmeinung bekanntzugeben. Eine Minderheitsmeinung muss weder von Amtes wegen veröffentlicht werden, noch besteht ein dahingehender Anspruch des Einzelnen (Merkli/Aeschlimann/Herzog, Art. 52 N. 10). 46

3.2. Rechtsmittelbelehrung

§ 10 Abs. 2 verpflichtet alle Behörden, ihre schriftlichen Mitteilungen mit einer Rechtsmittelbelehrung zu versehen (zu den Ausnahmen vgl. § 10a Abs. 2). Diese hat das zulässige *ordentliche* Rechtsmittel, die Rechtsmittel*instanz* und die Rechtsmittel*frist* zu bezeichnen. Steht nur ein *ausserordentliches* Rechtsmittel oder ein *Rechtsbehelf* zur Verfügung, kann auf eine Rechtsmittelbelehrung verzichtet werden. Negative Rechtsmittelbelehrungen sind im Verwaltungsprozessrecht nicht üblich. Eine Rechtsmittelbelehrung im Sinn von § 10 Abs. 2 ist sodann nur bei individuell-konkreten Akten, nicht aber bei solchen generell- 47

§ 10

abstrakter Natur anzubringen. Ein generell-konkreter Akt (Allgemeinverfügung) ist mit einer Rechtsmittelbelehrung zu versehen, soweit er von einzelnen, in besonderer Weise Betroffenen (Spezialadressaten) unmittelbar und nicht nur akzessorisch angefochten werden kann.

48 *Ordentliche* Rechtsmittel des zürcherischen Verwaltungs(justiz)verfahrens sind die Einsprache nach § 10a Abs. 2 lit. b VRG und nach § 57 Abs. 3 bzw. § 115a Abs. 3 GemeindeG (vgl. Vorbem. zu §§ 19–28 N. 12 ff.), der Rekurs nach §§ 19 ff. VRG an verwaltungsinterne Rekursinstanzen oder an Rekurskommissionen (vgl. § 19 N. 81 ff.), die Beschwerde nach § 151 GemeindeG an den Bezirksrat und den Regierungsrat (vgl. Vorbem. zu §§ 19–28 N. 19), ferner die ordentlichen Rechtsmittel an das Verwaltungsgericht, nämlich die allgemeine Beschwerde nach §§ 41 ff., die steuerrechtliche Beschwerde nach §§ 72 f., die personalrechtliche Beschwerde nach §§ 74 f., der disziplinarrechtliche Rekurs nach §§ 76 ff. VRG und der enteignungsrechtliche Rekurs nach § 46 AbtrG (vgl. Vorbem. zu §§ 32–86 N. 6). Ist ein ordentliches Rechtsmittel an eine Bundesbehörde gegeben, so ist auch dieses anzuführen. In Frage kommen namentlich die Verwaltungsgerichtsbeschwerde an das Bundesgericht oder das Eidgenössische Versicherungsgericht, die Verwaltungsbeschwerde an den Bundesrat oder eines seiner Departemente, die zivilrechtliche Berufung (vor allem in Vormundschaftssachen) sowie die Kassationsbeschwerde in Strafsachen. Zu den *ausserordentlichen* Rechtsmitteln zählen im Kanton die Revision (§§ 86a ff.; vgl. RB 1976 Nr. 2; VGr. 13.7.1989, RG 89/0005) und vor Bundesgericht die staatsrechtliche Beschwerde. *Rechtsbehelfe* sind das Wiedererwägungsgesuch und die Aufsichtsbeschwerde.

49 Letztinstanzliche kantonale Nichteintretensentscheide in Anwendung von Bundesrecht können an das Bundesgericht oder an den Bundesrat weitergezogen werden; sie sind deshalb mit einer Rechtsmittelbelehrung zu versehen (BGE 100 Ib 370, 99 Ib 394, 98 Ib 336). – Stehen gegen einen Entscheid zwei ordentliche Rechtsmittel an verschiedene kantonale und/oder Bundesinstanzen zur Verfügung, ergibt sich mithin eine Gabelung des Rechtswegs, ist eine doppelte Rechtsmittelbelehrung anzubringen. – Anordnungen, die lediglich die Kostenfolgen von Verwaltungshandlungen regeln (z.B. Kosten nach Rückzug von Begehren), sind mit einer Rechtsmittelbelehrung zu versehen. Infolgedessen müssen Entscheide, in denen einem Aufsichtsbeschwerdeführer Kosten auferlegt werden, mit Bezug auf den Kostenpunkt eine Rechtsmittelbelehrung für einen allfälligen Rekurs enthalten; das Gleiche gilt, wenn ein Rekurs nur als Aufsichtsbeschwerde entgegengenommen wird, bezüglich des Nichteintretens auf den Rekurs. Wird einer Aufsichtsbeschwerde keine Folge gegeben und werden dem Anzeiger keine Kosten auferlegt, wird keine Rechtsmittelbelehrung angebracht; gegen solche Entscheide gibt es kein ordentliches Rechtsmittel. Es kommt nur die Aufsichtsbeschwerde an die nächsthöhere Instanz in Frage (vgl. Vorbem. zu §§ 19–28 N. 43). – Wird ein materieller Wiedererwägungs- oder

Erläuterungsentscheid getroffen, muss auch dieser eine Rechtsmittelbelehrung enthalten (vgl. § 19 N. 68).

Die Rechtsmittelfrist und die zuständige Rechtsmittelinstanz ergeben sich in erster Linie aus dem VRG (vgl. §§ 19a ff., §§ 41 ff., §§ 74 und 76 bezüglich der Zuständigkeit und § 10a Abs. 2 lit. b, § 22 Abs. 1 und § 53 i.V.m. § 80c hinsichtlich der Frist). Daneben enthalten weitere Gesetze meist vom VRG abweichende Bestimmungen (z.B. § 151 GemeindeG, §§ 329 ff. PBG, § 46 AbtrG). Für Bundesrechtsmittel richten sich Rechtsmittelfrist und -instanz nach dem massgebenden Bundesrecht. 50

Die Rechtsmittelbelehrung bildet *formelles Gültigkeitserfordernis* einer Anordnung. Fehlt sie, beginnt die Rechtsmittelfrist nicht zu laufen (RB 1962 Nr. 13 = ZR 62 Nr. 57; Imboden/Rhinow/Krähenmann, Nr. 86 B II c; vgl. VGr. 13.6.1995, DR 95/0003) und die Verfügung erwächst nicht ohne weiteres in Rechtskraft (RB 1984 Nr. 1). Sie kann damit nicht vollzogen werden, bzw. das Rechtsmittel ist diesfalls auch noch gegen Vollzugsakte zulässig. Allerdings vermag eine Anordnung trotz fehlender Rechtsmittelbelehrung rechtswirksam zu werden, wenn dem Betroffenen dadurch kein Nachteil erwächst, namentlich wenn er das zulässige Rechtsmittel gleichwohl fristgerecht erhebt (BGE 114 Ib 115 f.). Das Fehlen jeglicher Rechtsmittelbelehrung bedeutet jedenfalls nicht, dass ein Rechtsmittel noch beliebig lange erhoben werden könnte. Vielmehr wird als allgemein bekannt vorausgesetzt, dass Entscheide angefochten werden können. Entsprechend wird vom Rechtsuchenden in Anwendung des auch im prozessualen Bereich geltenden Grundsatzes von Treu und Glauben erwartet, dass er sich nach dem zulässigen Rechtsmittel erkundigt. Dabei sind bei berufsmässig vor Behörden auftretenden Rechtskundigen und bei Amtsstellen, die sich von Amtes wegen regelmässig mit solchen Fragestellungen befassen, strengere Massstäbe anzulegen (BGE 119 IV 334; RB 1995 Nr. 1; VGr. 18.12.1998, VB.98.00406). Dies bedingt letztlich, dass sich der Anordnungsadressat innert angemessener bzw. vernünftiger Frist, die durchaus länger sein kann als die Rechtsmittelfrist, nach den zulässigen Rechtsmitteln erkundigt und allenfalls solche ergreift (Rhinow/Krähenmann, Nr. 86 B III). 51

Auch mit Bezug auf eine unvollständige, unrichtige oder unklare Rechtsmittelbelehrung gilt der Grundsatz, dass den Betroffenen aus dem Mangel keine Nachteile erwachsen dürfen, nicht absolut (BGE 121 II 79; Imboden/Rhinow/Krähenmann, Nr. 86 B II, mit Verweisen; vgl. Art. 38 VwVG und Art. 107 Abs. 3 OG). Bei solchen Mängeln ist in Anwendung des Grundsatzes von Treu und Glauben ebenfalls darauf abzustellen, ob sich der Betreffende auf die unrichtige Rechtsmittelbelehrung verlassen durfte oder ob er den Mangel kannte oder ob bei gebührender Sorgfalt hätte erkennen müssen (BGE 121 II 78, mit Hinweisen). Im Einzelfall sind sowohl objektive als auch subjektive Merkmale zu berücksichtigen. Anders als bei fehlender sind bei mangelhafter Rechtsmittelbelehrung nur grobe Fehler der von einer Anordnung betroffenen Partei oder 52

§ 10

ihres Vertreters geeignet, die falsche Rechtsmittelbelehrung aufzuwiegen (RB 1995 Nr. 1). Ein solcher Fehler liegt vor, wenn der Mangel in der Rechtsmittelbelehrung durch die blosse Konsultierung des massgeblichen Gesetzestextes hätte erkannt werden können; nicht nötig ist dagegen, dass neben dem Gesetzestext die Literatur und Rechtsprechung nachgeschlagen wird (BGE 117 Ia 422, 112 Ia 310). Allerdings wird diesbezüglich von Anwälten und anderen berufsmässig vor Behörden auftretenden Personen ein höheres Mass an Sorgfalt erwartet als von der rechtsunkundigen Privatperson (BGE 117 Ia 299). Infolgedessen wird gerade vom Juristen eine «Grobkontrolle» der Rechtsmittelbelehrung verlangt (BGE 117 Ia 125).

53 Bezeichnet eine Rechtsmittelbelehrung eine falsche Rechtsmittelinstanz, ist das Rechtsmittel von Amtes wegen an die richtige Instanz zu überweisen (§ 5 Abs. 2; dazu § 5 N. 32 ff.). Dies gilt auch, wenn ein Rechtsmittel trotz zutreffender Rechtsmittelbelehrung irrtümlich bei der unzuständigen Instanz eingereicht wird. Von einer Überweisung von Amtes wegen ist hingegen abzusehen, wenn ein Rechtsmittel wissentlich, d.h. in Kenntnis des Mangels in der Rechtsmittelbelehrung, bei der unzuständigen Instanz eingereicht wird (§ 5 N. 34 f.).

54 Wird in der Rechtsmittelbelehrung eine längere Frist als die im Gesetz vorgesehene genannt, gilt Erstere (Guldener, S. 493). Ein nach Ablauf der gesetzlichen und vor Ablauf der in der Rechtsmittelbelehrung genannten Frist eingereichtes Rechtsmittel hat daher als rechtzeitig zu gelten, soweit das Versäumen der gesetzlichen Rechtsmittelfrist nach Treu und Glauben nicht der rechtsmittelführenden Partei anzulasten ist (RB 1981 Nr. 17; vgl. N. 52). Ebenso darf sich eine Partei auf die von einer unzuständigen Behörde zu Unrecht erteilte Fristerstreckung verlassen, wenn die Unzuständigkeit der Behörde und die Unrichtigkeit ihrer Zusicherung für sie nicht klar ersichtlich sind (BGE 114 Ia 107).

55 Wird in einem Entscheid ein Rechtsmittel angegeben, das nach dem Gesetz gar nicht besteht, so kann dadurch die fehlende Rechtsmittelvoraussetzung nicht ersetzt werden (BGE 113 Ib 213; Imboden/Rhinow/Krähenmann, Nr. 86 B II e, mit Verweisen). Eine in dieser Hinsicht falsche Rechtsmittelbelehrung begründet keine Zuständigkeit; weder kann sie den Instanzenzug verändern, noch vermag sie über das Gesetz hinausgehend eine Rechtsmittelbefugnis zu begründen oder ein gesetzlich nicht gegebenes Rechtsmittel zu schaffen. Sie hat aber zur Folge, dass die angerufene (unzuständige) Behörde für den Nichteintretensentscheid keine Kosten erheben darf (VPB 41/1977 Nr. 25; VGr. 28.8.1975, VB 18 und 21/1975).

56 In der Rechtsmittelbelehrung für die Beschwerde an das Verwaltungsgericht ist darauf hinzuweisen, wenn eine Rechtsmittelfrist während der Gerichtsferien ausnahmsweise nicht stillstehen soll (§ 140 Abs. 2 und 3 GVG i.V.m. § 71 VRG).

4. Zu Abs. 3

Obschon Anordnungen individuell zu eröffnen sind (N. 6), kennt die Praxis der Verwaltungs- und Verwaltungsrechtspflegebehörden Fälle, in denen dies nicht möglich ist. Diesen trägt § 10 Abs. 3 Rechnung, indem er den Behörden – dem bereits bisher geübten Vorgehen folgend – das Mittel der *amtlichen Veröffentlichung* zur Verfügung stellt (vgl. Weisung 1995, S. 1528; vgl. für das Verfahren vor Bundesbehörden Art. 36 VwVG). Die Bestimmung trägt insbesondere der stetigen Zunahme von Verfahren mit einer grossen, nicht genau bestimmbaren Anzahl von Betroffenen Rechnung und gestattet es den Behörden, die Zustellung im Sinn der Schonung der staatlichen Mittel und der beförderlichen Verfahrenserledigung verfahrensökonomisch zu handhaben. – Als *betroffen* und damit als Mitteilungsadressat zu gelten hat, wer nach § 21 lit. a rechtsmittellegitimiert ist (N. 9), d.h. wer von einer Anordnung berührt ist und an deren Änderung oder Aufhebung ein schutzwürdiges Interesse hat.

57

Die amtliche Veröffentlichung ist angebracht, wenn *zahlreiche Personen* von einer Anordnung betroffen sind. Zu denken ist in erster Linie an Massenverfahren vor einer Rechtsmittelinstanz in Zusammenhang mit (Grossbau-)Vorhaben, die sachlich und/oder räumlich erhebliche Auswirkungen zeitigen (z.B. Deponien oder Nationalstrassen). Auch kann in einem Verfahren die Mitteilung einer Anordnung an einen zwar genau bestimmten, aber so zahlreichen Adressatenkreis erforderlich sein, dass die individuelle Zustellung einen völlig unverhältnismässigen, in keiner Weise zu rechtfertigenden Verwaltungsaufwand verursachen würde. Wann ein solches Massenverfahren mit *zahlreichen* Betroffenen vorliegt, lässt sich nicht generell sagen. Als Richtgrösse ist daher gleich wie bei § 6a Abs. 1 von *zehn Personen* auszugehen (vgl. § 6a N. 3). Ausserhalb von Massenverfahren erweist sich die amtliche Publikation als zweckmässig, wenn sich der Kreis der Betroffenen ohne unverhältnismässigen Aufwand *nicht vollzählig bestimmen* lässt. Dadurch ist es Betroffenen möglich, sich Kenntnis von der betreffenden Anordnung zu verschaffen. Dies gilt vor allem für die Mitteilung erstinstanzlicher Anordnungen, während in einem Rechtsmittelverfahren grundsätzlich nur noch mitteilungsberechtigt ist, wer zugleich Verfahrenspartei ist. Sodann greift die amtliche Veröffentlichung Platz, wenn eine *Zustellung tatsächlich unmöglich* ist, weil der Adressat unbekannten Aufenthalts ist oder eine Anordnung auf andere Weise nicht eröffnet werden kann. Dies setzt voraus, dass die zuständige Behörde alle zumutbaren Vorkehren getroffen hat, um den Aufenthaltsort des Adressaten gleichwohl herauszufinden, und dass die postalische Zustellung scheiterte und eine Zustellung durch eine Amtsperson aufgrund der Sachlage ausgeschlossen ist (vgl. N. 27). Ausserhalb von § 10 Abs. 3 ist schliesslich die amtliche Veröffentlichung vorgesehen, wenn Verfahrensbeteiligte mit Sitz oder Wohnsitz im Ausland entgegen der behördlichen Aufforderung kein Zustellungsdomizil oder keinen Vertreter in der Schweiz bezeichnen (vgl. § 6b).

58

§ 10

59 Die amtliche Veröffentlichung erfolgt in erster Linie durch Publikation im kantonalen Amtsblatt. Hat eine Behörde oder ein Gemeinwesen indessen weitere amtliche Publikationsorgane bezeichnet (z.B. Tageszeitungen, Gemeindemitteilungsblatt usw.), ist die Anordnung auch in diesen zu veröffentlichen (zur Publikation durch öffentlichen Aushang vgl. § 6b N. 6).

60 Die amtliche Veröffentlichung hat nach dem Wortlaut von § 10 Abs. 3 entweder die Anordnung als Ganzes oder den Hinweis zu umfassen, dass die betreffende Anordnung während einer bestimmten Frist bei der bezeichneten Amtsstelle bezogen werden kann. Dieser Hinweis hat notwendigerweise die Verfahrensparteien, den Verfahrensgegenstand und die Art der Anordnung zu nennen. Darüber hinaus mag es im Einzelfall in analoger Anwendung von § 187 Abs. 2 GVG sachgerecht sein, die Anordnung lediglich im Dispositiv zu veröffentlichen (vgl. § 6b N. 6). Bei der Festlegung des Inhalts einer solchen Publikation haben die Behörden aber nicht nur dem Schutz der Persönlichkeitsrechte und dem Datenschutz hinreichend Rechnung zu tragen. Vielmehr haben sie auch zu beachten, dass die amtliche Veröffentlichung letztlich auf eine Fiktion der Zustellung abzielt. Diese gilt bei Publikation der Anordnung als Ganzes oder im Dispositiv mit dem Erscheinen im Amtsblatt bzw. im amtlichen Publikationsorgan als erfolgt. Wird in mehreren Publikationsorganen veröffentlicht, ist der Zeitpunkt der letzten Veröffentlichung massgebend (vgl. N. 33). Wird in der Publikation lediglich auf die Möglichkeit verwiesen, die Anordnung innert Frist zu beziehen, ist der tatsächliche Bezug oder aber der Fristablauf für den Zustellzeitpunkt massgebend.

61 Ohne amtliche Veröffentlichung kann das Verwaltungs- und Verwaltungsrechtspflegeverfahren abgeschlossen werden, wenn der Adressat einer Anordnung deren Annahme schuldhaft verweigert (vgl. N. 28 ff.) und keine öffentlichen Interessen im Spiele sind.

5. Rechtsfolgen mangelhafter Eröffnung

62 Aus mangelhafter Eröffnung darf den Parteien kein Nachteil erwachsen (BGr. 31.12.1993, ZBl 95/1994, S. 530; BGE 117 Ib 277; vgl. Art. 38 VwVG). Dies bedeutet in der Regel, dass die Möglichkeit, ein Rechtsmittel zu ergreifen, nicht eingeschränkt oder vereitelt werden darf (Rhinow/Krähenmann, Nr. 84 IV). Hat der Adressat von einer ihm nicht rechtsgenügend eröffneten Anordnung jedoch Kenntnis erhalten, kann aus dem Eröffnungsmangel nicht generell abgeleitet werden, die Rechtsmittelfrist habe ihm gegenüber nicht zu laufen begonnen. Vielmehr ist nach den Umständen des Einzelfalls zu prüfen, ob der Betroffene durch den Mangel tatsächlich irregeführt und dadurch benachteiligt worden ist. Dabei ist nach Treu und Glauben zu beurteilen, ob der Adressat die ihm zumutbaren Schritte unternommen hat, um in den Besitz der für die Wah-

rung seiner Rechte notwendigen Unterlagen zu gelangen. Eine Rechtsmittelfrist kann jedenfalls erst zu laufen beginnen, wenn er im Besitz aller für die erfolgreiche Wahrung seiner Rechte wesentlichen Elemente ist (BGE 102 Ib 93 f.). Zur Anwendung des Grundsatzes von Treu und Glauben im Zusammenhang mit fehlender oder mangelhafter Rechtsmittelbelehrung vgl. N. 51 f.

Nur schwerwiegende Eröffnungsfehler haben *Nichtigkeit* der davon betroffenen Anordnung zur Folge, so etwa wenn eine Anordnung überhaupt nicht eröffnet worden ist oder die anordnende Behörde darin nicht bezeichnet wird (Stadelwieser, a.a.O., S. 149 ff.; Rhinow/Koller/Kiss, Rz. 380). In den übrigen Fällen wird eine Anordnung mit der Mitteilung ungeachtet eines allfälligen Eröffnungsmangels rechtswirksam, indem sie die Vermutung ihrer Gültigkeit in sich trägt. Entsprechend obliegt es dem Adressaten, sich gegen die als fehlerhaft erachtete Anordnung zu wehren (Stadelwieser, a.a.O., S. 142). Mangelhaft eröffnete Anordnungen sind daher in der Regel lediglich *anfechtbar*. Ihre Anfechtung führt allerdings nicht ohne weiteres zur Aufhebung der mangelhaft eröffneten Anordnung, sofern eine «Heilung» ohne Benachteiligung des Betroffenen möglich ist (Häfelin/Müller, Rz. 1298 ff.; Stadelwieser, a.a.O., S. 153 ff.; vgl. auch die Zusammenstellung der wichtigsten Fälle mangelhafter Eröffnung einschliesslich der Rechtsfolgen bei Stadelwieser, a.a.O., S. 169 ff.). 63

Sind die Folgen mangelhafter Mitteilung nicht von vornherein abschätzbar, ist es aus Gründen der Rechtssicherheit erforderlich, dass der ungewissen Situation über die Rechtskraft einer Anordnung ein Ende gesetzt wird. Es gilt zu verhindern, dass Anordnungen, die dazu bestimmt sind, Rechtswirkungen zu entfalten, auf unbestimmte Zeit beliebig in Frage gestellt werden können. Zu diesem Zweck ist zwischen dem Rechtsschutzinteresse des Betroffenen, keine Nachteile aufgrund fehlerhafter Eröffnung zu erleiden, und dem Interesse der Rechtssicherheit abzuwägen (BGE 102 Ib 93). Dem Rechtsschutzinteresse ist jedenfalls Genüge getan, wenn die objektiv mangelhafte Mitteilung trotz ihres Mangels ihren Zweck erreicht hat, namentlich indem der Adressat einer Anordnung gleichwohl um deren Existenz weiss (vgl. VGr. 28.1.1993, VB 92/0040). 64

Um eine Benachteiligung der betroffenen Partei zu vermeiden, genügt es vielfach, Fristen zu erstrecken oder wiederherzustellen (vgl. § 12) oder die Begründung in einem Rechtsmittelverfahren bei einer Instanz mit voller Kognition nachzuschieben (Imboden/Rhinow/Krähenmann, Nr. 85 V). Infolgedessen hat die aufgrund eines Eröffnungsmangels verspätet eingereichte Rechtsmittelschrift unter Umständen als Begehren um Fristerstreckung oder -wiederherstellung zu gelten (vgl. BGE 121 I 180 f.). Die mangelhaft eröffnete Anordnung kann nachträglich auch voll rechtswirksam werden, wenn sie durch Ablauf der ordentlichen und ausserordentlichen – d.h. erstreckten oder wiederhergestellten – Rechtsmittelfristen formell rechtskräftig wird, wenn der Adressat die fehlerhaft mitgeteilte Anordnung anerkennt oder auf ein Rechtsmittel gegen diese aus- 65

§ 10 / § 10a

drücklich verzichtet oder wenn er seine Rechtsmittelbefugnis aufgrund seines (treuwidrigen) Verhaltens verwirkt (vgl. Stadelwieser, a.a.O., S. 161 ff.).

2. Anordnungen ohne Begründung, Einspracheverfahren

§ 10a. Auf Begründung einer Anordnung kann verzichtet werden, wenn dem Begehren der Betroffenen voll entsprochen wird.

Auf Begründung und Rechtsmittelbelehrung kann verzichtet werden, wenn

a) den Verfahrensbeteiligten angezeigt wird, dass sie innert zehn Tagen seit der Mitteilung schriftlich eine Begründung verlangen können. Die Rechtsmittelfrist beginnt mit der Zustellung des begründeten Entscheids zu laufen;

b) die Verwaltungsbehörde vorsieht, dass gegen eine Anordnung innert 30 Tagen seit der Mitteilung bei der anordnenden Behörde Einsprache geführt werden kann. Die Einsprache verpflichtet die Behörde, ihre Anordnungen uneingeschränkt zu überprüfen und nochmals über die Sache zu entscheiden.

Materialien
Weisung 1995, S. 1527 f.; Prot. KK 1995/96, S. 14 ff., 19 f., 33, 235 f., 351; Prot. KR 1995–1999, S. 6427 ff., 6435 ff., 6488, 6830; Beleuchtender Bericht 1997, S. 6.

Literatur vgl. § 10.

Übersicht	Note
1. Allgemeines	1
2. Zu Abs. 1	4
3. Zu Abs. 2	7
3.1. Allgemeines	7
3.2. Begründung auf Verlangen	11
3.3. Einspracheverfahren	13

1. Allgemeines

1   Seit der Revision vom 8.6.1997 verpflichtet das VRG die erstinstanzlichen Verwaltungsbehörden nicht nur zur Begründung ihrer Anordnungen (§ 10 Abs. 2), sondern hält in § 10a auch fest, wann diese *von Gesetzes wegen* auf das Anbringen einer Begründung und/oder einer Rechtsmittelbelehrung verzichten dürfen. Hierbei handelt es sich lediglich um eine Ermächtigung der Behörden. Diesen bleibt es daher unbenommen, gleichwohl jede Anordnung zu begründen und mit einer Rechtsmittelbelehrung zu versehen, soweit überhaupt ein ordentliches Rechtsmittel zur Verfügung steht. Liegen keine besonderen Umstände vor, werden die Behörden zu ihrer Entlastung und im Interesse der Verfahrensökonomie vor allem vom Recht auf Begründungsverzicht Gebrauch machen, denn die Ausarbeitung einer Begründung ist oft mit erheblichem Auf-

wand verbunden. Darin liegt denn auch der Zweck dieser Gesetzesnorm (vgl. Weisung 1995, S. 1527).

Der Anwendungsbereich von § 10a beschränkt sich auf das erstinstanzliche, nichtstreitige Verwaltungsverfahren (Rotach, S. 442). Für das Rekurs- und Beschwerdeverfahren bestimmen § 28 Abs. 1 und § 65 Abs. 1, dass Rekurs- und Beschwerdeentscheide stets mit einer Begründung sowie gestützt auf § 10 Abs. 2 (i.V.m. §§ 4 und 70) mit einer Rechtsmittelbelehrung zu versehen sind. Eine Ausnahme hiervon sieht § 335 Abs. 2 PBG vor. Gemäss dieser Bestimmung kann der Präsident der Baurekurskommission oder der für das betreffende Geschäft bestimmte Referent in einfachen Fällen den Entscheid treffen und diesen im Dispositiv eröffnen. Eine schriftliche Begründung erfolgt in einem solchen Fall nur, wenn eine Partei innert 20 Tagen seit der Zustellung um einen begründeten Kommissionsentscheid ersucht.

Über die blosse Regelung des Verzichts auf Begründung und Rechtsmittelbelehrung hinausgehend sieht das VRG in § 10a Abs. 2 lit. b sodann die *Einsprache* als förmliches Rechtsmittel vor. Obschon zweifellos ein enger sachlicher Zusammenhang zum übrigen Inhalt von § 10a besteht, erscheint es als gesetzessystematisch verfehlt und der Bedeutung der Einsprache als ordentliches, nichtdevolutives, vollkommenes und reformatorisches Rechtsmittel nicht angemessen, dass dieses Institut gleichsam beiläufig in § 10a Abs. 2 lit. b geregelt worden ist (zur Einsprache vgl. Vorbem. zu §§ 19–28 N. 12 ff.).

2. Zu Abs. 1

§ 10a Abs. 1 gestattet, auf die Begründung einer Anordnung zu verzichten, wenn den Begehren der Betroffenen voll entsprochen wird. Dies bedeutet, dass die ersuchende Partei durch die Anordnung nicht beschwert, d.h. nicht in ihren schutzwürdigen Interessen berührt sein darf. Nicht als Beschwer hat dabei die gleichzeitige Auferlegung allfälliger *gesetzlich vorgesehener* Verwaltungs- und Verfahrenskosten zu gelten, weshalb sich auch insoweit ein Begründungsverzicht rechtfertigt (vgl. § 10 N. 41). Ausserdem ist vorausgesetzt, dass sich im Verfahren keine unterlegene Partei findet. Ein bloss theoretisches Interesse der Beteiligten an der Motivierung einer Anordnung rechtfertigt keinen weiteren behördlichen Aufwand. Aufgrund des klaren Gesetzeswortlauts und der Systematik von § 10a ist aber in jedem Fall eine Rechtsmittelbelehrung anzubringen. Mit dieser kann sich der Betroffene auch gegen eine in seinen Augen ungerechtfertigte oder unrichtige Gebühren- und Kostenauflage zur Wehr setzen.

Ein *endgültiger* Verzicht auf Begründung ist aber nicht nur in den in § 10a genannten Fällen zulässig (a.M. Keiser, Personalrecht, S. 207). Keiner Begründung bedürfen überdies sofort vollziehbare Anordnungen in auf der Stelle zu erledigenden Angelegenheiten, wie sie etwa Anordnungen der Polizei darstellen

§ 10a

(Müller, a.a.O., Rz. 114), und prozessleitende Anordnungen, die den normalen gesetzlich geregelten Ablauf eines Verfahrens bestimmen (z.B. die Anordnung des Schriftenwechsels, Vorladungen, die Erstreckung der Vernehmlassungsfrist). Hingegen sind umstrittene oder sich nicht ohne weiteres aus der Verfahrensordnung ergebende Zwischenschritte zu begründen, sofern sie als Zwischenentscheide selbständig mit Rekurs oder Beschwerde anfechtbar sind (vgl. § 19 Abs. 2 und § 48 Abs. 2). Andernfalls genügt es, solche Anordnungen zusammen mit dem Entscheid in der Hauptsache zu begründen. Ebenso erübrigt sich eine Begründung, wenn alle von einer Anordnung Betroffenen einschliesslich der Vorinstanzen darauf verzichten (vgl. Art. 37 Abs. 2bis OG; § 8 N. 43). In diesem Zusammenhang ist aber dem Interesse der Öffentlichkeit an der Begründung bedeutender Entscheide, die allgemein von gewisser Tragweite sind, Rechnung zu tragen sind (Rhinow/Koller/Kiss, Rz. 362). Da sich die Begründungspflicht im Wesentlichen aus dem rechtlichen Gehör ableitet, kann sodann auf das Anbringen einer Begründung insoweit verzichtet werden, als sich die Gewährung des rechtlichen Gehörs aus besonderen Gründen erübrigt (vgl. § 8 N. 44 f.). Dies gilt namentlich, wenn schutzwürdige Interessen des Staates oder Dritter überwiegen oder wenn sich bei Dringlichkeit ein – vorläufiger – Begründungsverzicht aufdrängt; diesfalls ist die Begründung nachzuholen. Nach Möglichkeit ist aber selbst in diesen Fällen zusammen mit der Anordnung wenigstens eine summarische Begründung zu geben.

6 Der Verzicht auf Begründung erweist sich als problematisch, sobald von einer Anordnung nicht nur die gesuchstellende Partei und die Gesuchsgegner betroffen sind, sondern davon auch Dritte im Sinn von § 21 lit. a berührt und somit rechtsmittellegitimiert sind (vgl. Villiger, a.a.O., S. 163). Haben die Behörden von vornherein mit mitteilungsberechtigten Drittbetroffenen zu rechnen oder liegt bereits ein Mitteilungsbegehren gemäss § 10 Abs. 1 lit. c vor, ist eine Anordnung selbst dann zu begründen, wenn dem Begehren voll entsprochen wird. Treten Drittbetrofffene in einem Verfahren nachträglich in Erscheinung, ist die Begründung spätestens mit der Rechtsmittelantwort nachzuliefern.

3. Zu Abs. 2

3.1. Allgemeines

7 Während § 10a in Abs. 1 festhält, wann Verwaltungsbehörden endgültig auf die Begründung einer Anordnung verzichten dürfen, beschlägt Abs. 2 Fälle, in denen sich ein Verzicht auf Begründung *und* Rechtsmittelbelehrung *vorläufig* als zulässig erweist. Dieser Verzicht ist wiederum endgültig, wenn die Verfahrensbeteiligten entweder innert Frist keine Begründung verlangen (lit. a) oder keine Einsprache erheben (lit. b). Insoweit liegt es in der Macht der Verfahrensbeteiligten, ohne Rücksicht auf Drittbetroffene und Vorinstanzen auf Begrün-

dung und Rechtsmittelbelehrung zu verzichten. Mit Bezug auf den Anspruch auf Rechtsmittelbelehrung (§ 10 Abs. 2) bedeutet dies, dass eine solche mit Ausnahme der Fälle, in denen der Verzicht endgültig wird, letztlich immer anzubringen ist, spätestens in der Begründung oder im Einspracheentscheid.

§ 10a Abs. 2 zielt darauf ab, die Behörden zu entlasten, denn das Abfassen jeder Begründung ist für die zuständige Verwaltungsbehörde mit einem mehr oder minder grossen Aufwand verbunden. Diese verfahrensökonomische Überlegung kommt dabei in erster Linie in Massenverfahren zum Tragen, wie sie die erstinstanzlichen Behörden zahlreich zu bewältigen haben (z.B. im Bereich der Sozialversicherung und des Strassenverkehrs). Es ist den Behörden vor allem dann zu empfehlen, bei der Mitteilung von Anordnungen § 10a Abs. 2 anzuwenden, wenn sie in der überwiegenden Zahl der Fälle davon ausgehen können, dass die Verfahrensbeteiligten von ihrem Recht auf Begründung und Rechtsmittelbelehrung keinen Gebrauch machen werden.

Um den Behörden einen möglichst grossen Handlungsspielraum zu wahren, nennt das Gesetz weder Verfahren noch Sachbereiche, in denen vorläufig auf eine Begründung verzichtet werden darf (vgl. Weisung 1995, S. 1528). Auch lässt es den Verwaltungsorganen freie Hand bei der Wahl zwischen dem Ansetzen einer Frist, innert welcher eine Begründung verlangt werden kann (lit. a), und der Eröffnung einer Einsprachemöglichkeit (lit. b). Für welche der beiden Varianten sich die Behörden entscheiden, hängt dabei letztlich davon ab, ob sie den von einer Anordnung Betroffenen die Möglichkeit einräumen wollen, mittels Einsprache im Rahmen der nachträglichen Begründung die betreffende Anordnung nochmals uneingeschränkt überprüfen zu lassen.

Verzichtet ein Rechtsuchender auf eine Begründung oder Einsprache, soll dem verminderten Verwaltungsaufwand dadurch Rechnung getragen werden, dass eine verringerte, im Rahmen der massgebenden Gebührenordnung liegende Verwaltungsgebühr erhoben wird (Rotach, S. 442).

3.2. Begründung auf Verlangen

In Anbetracht dessen, dass Anordnungen von Gesetzes wegen zu begründen und mit einer Rechtsmittelbelehrung zu versehen sind (§ 10 Abs. 2), erweist sich die Anwendung von § 10a Abs. 2 lit. a als unbedenklich, denn den Verfahrensbeteiligten erwachsen dadurch keine Rechtsnachteile. Als faktischer Nachteil ist zu werten, dass sich die Verfahrensdauer durch das nachträgliche Ausfertigen einer Begründung geringfügig verlängern kann und dass der Betroffene von sich aus und *schriftlich* um eine Begründung ersuchen muss. Diese Nachteile vermögen jedoch das Interesse an einer ökonomischen Verwaltungstätigkeit nicht aufzuwiegen. Weil das Begründungsgesuch nicht zu motivieren ist, erscheint auch die dafür vom Gesetz eingeräumte Frist von zehn Tagen als angemessen. Zu beachten ist aber, dass diese gesetzliche Frist unabänderlich ist

§ 10a

und nur unter den Voraussetzungen von § 12 erstreckt oder wiederhergestellt werden kann. Fristversäumnis zieht somit grundsätzlich die Verwirkung des Rechts auf Begründung und Rechtsmittelbelehrung nach sich.

12 Zum Schutz der Verfahrensbeteiligten bestimmt § 10a Abs. 2 lit. a, dass eine Rechtsmittelfrist erst mit der Zustellung des begründeten Entscheids zu laufen beginnt. Dies gilt unabhängig davon, ob der unbegründet zugestellte Entscheid mit einer Rechtsmittelbelehrung versehen war oder nicht. Gleiches hat auch im Fall von § 335 Abs. 2 PBG zu gelten.

3.3. Einspracheverfahren

13 Wie sich aus § 10 Abs. 2 lit. b schliessen lässt, handelt es sich bei der Einsprache um ein förmliches, d.h. ein nichtdevolutives, ordentliches, vollkommenes und reformatorisches Rechtsmittel (vgl. Vorbem. zu §§ 19–28 N. 12; Häfelin/Müller, Rz. 1410). Die Einsprache im Sinn von § 10a Abs. 2 lit. b ist von jener gemäss § 57 Abs. 3 und § 115a Abs. 3 GemeindeG zu unterscheiden. Letztere ist wie der Rekurs devolutiver Natur und gestattet es dem Betroffenen – sofern die Gemeindeordnung dies vorsieht –, gegen Anordnungen der Verwaltungsvorstände und der Ausschüsse einer Gemeindebehörde sowie gegen Anordnungen von Gemeindefunktionären mit selbständigen Befugnissen im Sinn von § 115a Abs. 1 GemeindeG innert 30 Tagen seit der Mitteilung Einsprache bei der Gesamtbehörde, der Gemeindevorsteherschaft, zu erheben und die Überprüfung dieser Verwaltungsakte zu verlangen (vgl. Vorbem. zu §§ 19–28 N. 13, § 19 N. 78). Das Einspracheverfahren nach § 10a Abs. 2 lit. b ist auch nicht mit jenem «Einwendungsverfahren» zu verwechseln, das dazu dient, den Betroffenen vor Erlass einer Anordnung das rechtliche Gehör zu gewähren (Häfelin/Müller, Rz. 1411a; Kölz/Häner, Rz. 465, 467; Rhinow/Koller/Kiss, Rz. 590; vgl. Art. 30a VwVG).

14 Die Einsprache dient der Neuüberprüfung *erstinstanzlicher* Anordnungen der kommunalen und kantonalen Behörden (§ 10a Abs. 2 lit. b Satz 2). Weil das Gesetz den Anwendungsbereich des Einspracheverfahrens nicht beschränkt bzw. generell oder für allgemein umschriebene Fälle festlegt, sind die anordnenden Behörden befugt, die Einsprachemöglichkeit jeweils in der einzelnen Anordnung vorzusehen. Sie besitzen damit die Befugnis, selbst zu entscheiden, wann sie aufgrund der Sach- und Interessenlage ein Einspracheverfahren als geeignet erachten. Dies ist etwa der Fall, wenn Massenverfügungen zu erlassen sind und deshalb eher Entscheidrelevantes übersehen wird oder andere Fehler sich einschleichen. Zugleich lässt sich mit dem Einräumen der Einsprachemöglichkeit der Begründungsaufwand reduzieren und öffnet die Einsprache in geeigneten Fällen den Weg für eine einvernehmliche Lösung. Aber auch wo eine Abklärung komplexer tatsächlicher oder rechtlicher Verhältnisse und eine umfassende Abwägung der verschiedenen von einer Anordnung berührten Interessen

nötig ist, besitzt das Einspracheverfahren seine Berechtigung (Weisung 1995, S. 1528; Häfelin/Müller, Rz. 1411; Merkli/Aeschlimann/Herzog, Art. 53 N. 3 f.; Rhinow/Koller/Kiss, Rz. 1194). – Weil § 10a Abs. 2 lit. b keine Kriterien für die Einräumung der Einsprache nennt, obliegt es den Aufsichtsbehörden, mit generellen Weisungen einem überbordenden und damit allenfalls kontraproduktiven Gebrauch dieser Möglichkeit durch unterstellte Behörden entgegen zu wirken (Rotach, S. 442).

Ein Einspracheverfahren ist von vornherein ausgeschlossen, wenn die anordnende Behörde von Anfang an eine Begründung anbringt (§ 10 Abs. 2). Einer Einsprache steht auch entgegen, dass dem Begehren des Betroffenen voll entsprochen wird, sich mithin eine Begründung erübrigt (§ 10a Abs. 1), oder dass die Behörde vorläufig auf eine Begründung verzichtet und die Verfahrensbeteiligten darauf hinweist, sie könnten eine Begründung verlangen (§ 10a Abs. 2 lit. a). Für das baurechtliche Bewilligungsverfahren hat sodann § 315 Abs. 3 PBG als lex specialis Vorrang vor § 10a Abs. 2 lit. b VRG, indem im Geltungsbereich des PBG ein Einspracheverfahren ausdrücklich ausgeschlossen wird (dazu Vorbem. zu §§ 19–28 N. 15). 15

Soweit die Verwaltungsbehörden die Möglichkeit einräumen, Einsprache zu erheben, darf diese als ordentliches Rechtsmittel nicht übersprungen werden (Häfelin/Müller, Rz. 1414; Merkli/Aeschlimann/Herzog, Art. 53 N. 7). Wer nicht rechtzeitig Einsprache erhebt, verwirkt daher auch das Rekursrecht. Gelangt er dagegen irrtümlich an die Rekursbehörde, hat diese die Eingabe von Amtes wegen der Einspracheinstanz zu überweisen (§ 5 Abs. 2). 16

Im Unterschied zum Rekurs- und Beschwerdeverfahren ist das Einspracheverfahren im VRG nicht eingehend geregelt. § 10a Abs. 2 lit. b bestimmt lediglich, dass die Einsprache innert 30 Tagen seit der Mitteilung der erstinstanzlichen, unbegründeten Anordnung bei der anordnenden Behörde zu erheben und diese verpflichtet ist, ihre Anordnung uneingeschränkt zu überprüfen und nochmals über die Sache zu entscheiden. Dem Gesetz lassen sich somit lediglich die Rechtsmittelfrist und die Rechtsmittelinstanz sowie die Regel entnehmen, dass die Rechtsmittelinstanz in Ausschöpfung der *vollen Kognition* zu entscheiden hat. Unklar bleibt insbesondere, welchen Anforderungen eine Einsprache im Einzelnen zu genügen hat, wer zur Einsprache legitimiert ist und welche Wirkungen ihr ausserdem zukommen. Indem § 4 jedoch als Grundsatz bestimmt, dass die Vorschriften des zweiten Abschnitts des VRG (§§ 4–31) für das Verfahren vor den Verwaltungsbehörden der Gemeinden, der Bezirke und des Kantons unter Vorbehalt abweichender Bestimmungen gelten, drängt es sich auf, die massgebenden Bestimmungen über das nichtstreitige Verfahren und das Rekursverfahren (§§ 4a–17, 19, 20–26, 27, 28) auf die Einsprache sinngemäss anzuwenden. Dies rechtfertigt sich umso mehr, als es sich bei der Einsprache gleich dem Rekurs um ein ordentliches und vollkommenes Rechtsmittel handelt und diese wie jener bezweckt, die Neuüberprüfung der angefoch- 17

§ 10a

tenen Anordnung zu erreichen. Mit Bezug auf § 27a (Behandlungsfrist) sprechen hingegen Wortlaut und Entstehungsgeschichte (dazu § 27a N. 1) dieser Bestimmung dafür, dass sie im Einspracheverfahren nicht anwendbar ist.

18 Die *Legitimation* zur Einsprache richtet sich nach § 21. Neben den Anordnungsadressaten steht sie daher auch Dritten offen. Würde die Legitimation enger gefasst, hätte dies zur Folge, dass der Betreffende von einem späteren Rekurs- und Beschwerdeverfahren ausgeschlossen wäre (vgl. N. 16).

19 Wie der Rekurs ist auch die Einsprache *schriftlich* zu erheben (§ 22 Abs. 1). Als gesetzliche Frist ist die *Einsprachefrist* von 30 Tagen grundsätzlich unabänderlich und kann nur unter den Voraussetzungen von § 12 erstreckt oder wiederhergestellt werden. Wie die Rekursfrist kann sie aber bei besonderer Dringlichkeit bis auf fünf Tage abgekürzt werden (vgl. § 22 Abs. 2). In einem solchen Fall erweist es sich allerdings als zweckmässig, eine Anordnung sofort zu begründen, um den mit dem Einspracheverfahren verbundenen Zeitverlust zu vermeiden.

20 Fraglich ist, ob und in welchem Umfang eine Einsprache zu begründen ist, nachdem die angefochtene Anordnung unbegründet erging und sich deshalb die Gründe, von denen sich die Behörde in ihrem Entscheid leiten liess, möglicherweise nur beschränkt erkennen lassen. In Anbetracht dessen sowie im Interesse der Gleichbehandlung der anordnenden Behörde und des Einsprechers erscheint es folgerichtig, eine Einsprache auch unbegründet zuzulassen. Dagegen hindert die fehlende Begründung diesen nicht daran, in seinem Rechtsmittel darzulegen, inwiefern er eine Änderung der angefochtenen Anordnung wünscht. Am *Antragserfordernis* im Sinn von § 23 Abs. 1 ist daher in jedem Fall festzuhalten.

21 Weil die Einsprache auf die Neuüberprüfung der angefochtenen Anordnung abzielt, ist es sachgerecht, dem Lauf der Einsprachefrist und der Einsprache *aufschiebende Wirkung* zuzuerkennen (vgl. § 25 Abs. 1). Nur so ist gewährleistet, dass dem Betroffenen aus dem vorläufigen Begründungsverzicht kein Rechtsnachteil erwächst, indem die Anordnung vollstreckbar wird, bevor er überhaupt von deren Motivierung Kenntnis hat. Dessen ungeachtet bleibt eine gegenteilige Verfügung in der angefochtenen Anordnung oder durch die Einspracheinstanz vorbehalten (vgl. § 25).

22 Es können alle Mängel des Verfahrens und der Anordnung geltend gemacht werden (vgl. § 20); dies ergibt sich bereits daraus, dass die Einspracheinstanz ihre Anordnung uneingeschränkt zu überprüfen und nochmals einen Entscheid zu fällen hat. Im Gegenzug ist die Verwaltungsbehörde aber auch befugt, die angefochtene Anordnung zum Nachteil des Einsprechers abzuändern (vgl. § 27). Jedenfalls darf sie sich nicht einfach damit begnügen, auf die ursprüngliche, unbegründete Anordnung zu verweisen, sondern hat an deren Stelle einen neuen Entscheid zu fällen.

§ 10a

Als Rechtsmittelentscheid ist der Einspracheentscheid zu begründen und mit einer Rechtsmittelbelehrung zu versehen. Er unterliegt Rekurs und Beschwerde. Da es sich bei der Einsprache um ein Verfahren vor Verwaltungsbehörden handelt, sind im Einspracheverfahren aber keine Parteientschädigungen geschuldet (§ 17 N. 23). Dagegen ist dem durch die Einsprache erhöhten Verwaltungsaufwand bei der Bemessung der Verwaltungsgebühr und der Kosten im Rahmen der massgebenden Gebührenverordnung angemessen Rechnung zu tragen (vgl. N. 10). Nicht zu beanstanden ist deshalb, wenn die Gebühren im Einspracheentscheid höher ausfallen als in der angefochtenen Anordnung. 23

Die Möglichkeit der Einsprache durchbricht den der Revision vom 8.6.1997 zugrunde liegenden Grundsatz, wonach mit Blick auf die Straffung des Verwaltungsrechtspflegeverfahrens die Zahl der zulässigen Rechtsmittel im Kanton auf zwei beschränkt werden sollte (vgl. Rotach, S. 443). Diese Abweichung wird jedoch dadurch aufgewogen, dass das Einspracheverfahren in der Regel die weiteren Rechtsmittelinstanzen entlastet und zum Vorteil der Einsprechenden wie auch der anordnenden Verwaltungsbehörde weniger formalisiert ist als das Verfahren vor den Rekurs- und Beschwerdeinstanzen. Damit dürfte das Einspracheverfahren wohl eher zu einer Verfahrensbeschleunigung beitragen (vgl. Mäder, VRG-Revision, S. 7 f.). 24

Dass der Gesetzgeber den Verwaltungsbehörden die Befugnis erteilt, anstatt eine Begründung zu verfassen und eine Rechtsmittelbelehrung anzubringen, die Möglichkeit zur Einsprache gegen die betreffende Anordnung einzuräumen, ist unter rechtsstaatlichen Gesichtspunkten nicht zu beanstanden. Denn die Betroffenen erleiden keinen Rechtsnachteil; vielmehr vermögen sie ihren Anspruch auf Begründung und Rechtsmittelbelehrung bereits durch eine schriftliche, unbegründete Einsprache zu wahren. Dass dafür ein aktives Tun erforderlich ist, kann sich im Einzelfall tatsächlich nachteilig auswirken, vermag aber die im Einspracheverfahren liegenden Vorteile verfahrensökonomischer Natur nicht aufzuwiegen. Überdies erhält der Betroffene durch das Recht, Einsprache erheben zu können, neben dem Rekurs ein weiteres, mit voller Kognition ausgestattetes Rechtsmittel zur Verfügung gestellt. Wählen die Verwaltungsbehörden das Vorgehen nach § 10a Ab. 2 lit. b, wird daher letztlich der Rechtsschutz des Einzelnen verbessert (vgl. N. 24). 25

Obschon § 10a laut Ingress zu Abs. 2 den Verzicht sowohl auf Begründung als auch auf Rechtsmittelbelehrung gestattet, ist mit der Einräumung der Einsprachemöglichkeit (lit. b) – entgegen der Gesetzessystematik – lediglich ein Verzicht auf Begründung verbunden. Denn der Hinweis darauf, dass bei der anordnenden Behörde innert 30 Tagen Einsprache erhoben werden kann, stellt eine eigentliche Rechtsmittelbelehrung für die Einsprache als förmliches Rechtsmittel dar. Ein solcher Hinweis ist nicht nur gemäss § 10 Abs. 2 lit. b unabdingbar, sondern – weil es sich bei Einsprache um ein ordentliches Rechtsmittel handelt – auch in Anwendung von § 10 Abs. 2 anzubringen. Unterbleibt 26

§ 10a / § 11

der Hinweis auf die Einsprachemöglichkeit, darf daher den Betroffenen daraus kein Nachteil erwachsen (vgl. § 10 N. 51 ff.).

VI. Fristen
1. Fristenlauf

§ 11. **Der Tag der Eröffnung einer Frist oder der Tag der Mitteilung eines Entscheides wird bei der Fristberechnung nicht mitgezählt. Ist der letzte Tag einer Frist ein Samstag oder ein öffentlicher Ruhetag, so endigt sie am nächsten Werktag. Samstage und öffentliche Ruhetage im Laufe der Frist werden mitgezählt.**

Schriftliche Eingaben müssen spätestens am letzten Tage der Frist an die Behörde gelangen oder zu deren Handen der schweizerischen Post übergeben sein. Hat eine Person im Ausland eine Frist zu wahren, genügt es, wenn die Eingabe am letzten Tag der Frist bei einer schweizerischen diplomatischen oder konsularischen Vertretung eintrifft.

Materialien
Weisung 1957, S. 1035; Prot. KK 13.12.1957, 23.9.1958; Prot. KR 1955–1959, S. 3271; Beleuchtender Bericht 1959, S. 399 f.; Weisung 1995, S. 1528; Prot. KK 1995/96, S. 21; Prot. KR 1995–1999, S. 6488.

Literatur
GADOLA, S. 90 ff.; GYGI, S. 60 f.; IMBODEN/RHINOW/KRÄHENMANN, Nr. 91 B I–III; KÖLZ/HÄNER, Rz. 339 ff.; MERKER, § 40 Rz. 6 ff.; MERKLI/AESCHLIMANN/HERZOG, Art. 43 N. 1 ff.; MOOR II, S. 181 f.; RHINOW/KOLLER/KISS, Rz. 824 ff., 1158 ff.

1 Die Rechtssicherheit, das Beschleunigungsgebot und überhaupt das Interesse an einer zügigen Verfahrenserledigung verlangen, dass Rechtshandlungen im Rahmen eines laufenden Verfahrens innert bemessener Zeit vorgenommen werden (Gygi, S. 60). Hierzu dienen gesetzliche und behördliche Fristen, d.h. ein vom Gesetz oder von den Behörden festgelegter Zeitraum, innert welchem eine Rechtshandlung gültig vorgenommen werden kann oder muss. Fristversäumnis hat zur Folge, dass Rechtshandlungen, die nach Fristablauf vorgenommen werden, grundsätzlich unwirksam sind (zur Fristerstreckung und -wiederherstellung vgl. § 12). Dieser Grundsatz erfährt insofern eine Milderung, als die Untersuchungsmaxime (vgl. § 7 Abs. 1) die Behörden vielfach verpflichtet, verspätete Parteivorbringen von Amtes wegen gleichwohl zu berücksichtigen.

2 Die Vorschriften über Fristen, Fristenlauf, Fristberechnung und Fristwahrung wurden im Wesentlichen dem Zivil- und Strafprozess entnommen (vgl. §§ 191–193 GVG), was ihre fast wörtliche Übereinstimmung erklärt (Bosshart, § 11 N. 2). Sie gelten sowohl für gesetzliche als auch für behördliche Fristen (Bosshart, § 11 N. 1). Im Verfahren vor Verwaltungsgericht sind überdies §§ 189 ff. GVG bezüglich Fristenlauf und Fristwahrung sowie § 140 GVG betreffend die Gerichtsferien ergänzend anwendbar (§ 71 VRG).

§ 11

Der Fristenlauf wird in der Regel durch die Eröffnung des fristansetzenden Verwaltungsakts ausgelöst. Massgebend ist somit die ordnungsgemässe Zustellung (vgl. § 10, insb. N. 20 ff.). Die Beweislast dafür, dass fehlerfrei eröffnet wurde, trägt die zustellende Behörde (VGr. 22.11.1991, VB 91/0130). Sie hat nachzuweisen, dass und an welchem Datum der Verwaltungsakt seinen Adressaten erreicht hat. Beweisbedürftig ist dabei, dass die betreffende Anordnung vom Adressaten, einer von ihm bevollmächtigten Person oder seiner Hilfsperson entgegengenommen wurde oder dass die ordnungsgemässe Zustellung schuldhaft verhindert wurde (dazu § 10 N. 28 ff.). Wird nicht mündlich eröffnet, bedingt dies regelmässig, dass die Zustellung mindestens durch eingeschriebene Sendung erfolgt. Nicht ausreichend ist hierfür namentlich der ausgedruckte Sendebericht bei der Übermittlung per Telefax oder der Nachweis, dass der Verwaltungsakt der Post zur Beförderung übergeben wurde (Merkli/Aeschlimann/Herzog, Art. 41 N. 4). Weder zu beweisen noch für eine rechtsgültige Zustellung erforderlich ist, dass der Adressat vom Inhalt der Anordnung bzw. Sendung Kenntnis genommen hat (§ 10 N. 26). – Misslingt der Nachweis ordnungsgemässer Eröffnung, hat auch eine möglicherweise verspätete Rechtshandlung als rechtzeitig erfolgt zu gelten. Denn aus einer mangelhaften oder nicht rechtsgenügenden Mitteilung darf den Verfahrensbeteiligten kein Nachteil erwachsen (§ 10 N. 62). 3

Allgemein gilt der Grundsatz, dass die Fristen zur Vornahme einer Verfahrenshandlung von dem auf die Mitteilung des Entscheids folgenden Tag an zu laufen beginnen. Der Tag der Eröffnung ist somit nicht mitzuzählen. Die Frist läuft am letzten Tag um 24.00 Uhr ab. Fristablauf an einem Samstag oder einem öffentlichen Ruhetag hat zur Folge, dass die Frist von Gesetzes wegen bis zum nächsten Werktag erstreckt wird (§ 11 Abs. 1 Satz 2). Dies ist auch bei von den Behörden gewährten Fristverlängerungen zu beachten, indem die verlängerte Frist erst am nächstfolgenden Werktag zu laufen beginnt, sobald die ursprüngliche Frist an einem Samstag oder öffentlichen Ruhetag abläuft (Hauser/Hauser, § 212 N. 4). Als öffentliche Ruhetage gelten die Sonntage, der Neujahrstag, Karfreitag, Ostermontag, 1. Mai, Auffahrtstag, Pfingstmontag, 1. August, Weihnachtstag und Stephanstag (§ 1 Abs. 1 RuhetagsG). Samstage und öffentliche Ruhetage, die in den Lauf einer Frist fallen, sind bei der Fristberechnung gleich den Werktagen mitzuzählen (§ 11 Abs. 1 Satz 3 VRG). Die im Kanton Zürich anerkannten öffentlichen Ruhetage sind auch für Verfahrensbeteiligte mit (Wohn-) Sitz ausserhalb des Kantons Zürich massgebend; ausserkantonale Feiertage bewirken daher keine Fristerstreckung (vgl. Hauser/Hauser, § 212 N. 3). 4

Ist eine Frist nicht nach Tagen, sondern ausnahmsweise nach Wochen oder Monaten bestimmt, drängt es sich auf, Art. 77 OR sinngemäss anzuwenden. Bei einer nach Wochen bestimmten Frist, fällt der Fristablauf auf jenen Tag der letzten Woche, der durch seinen Namen dem Tag der Eröffnung des Verwaltungsakts entspricht (Art. 77 Abs. 1 Ziff. 2 OR). Es wird somit der gleiche Wochen- 5

§ 11

tag beibehalten unter Hinzuzählung der vereinbarten Wochen. Vier Wochen sind nicht einem Monat gleichzusetzen. Ist eine Frist nach Monaten oder nach Jahren bestimmt, so endigt sie mit demjenigen Tag, der durch seine Zahl dem Tag entspricht, mit welchem sie zu laufen begann. Fehlt dieser Tag im letzten Monat, so endigt die Frist mit dem letzten Tag dieses Monats (Art. 77 Abs. 1 Ziff. 3 OR). Bei der Berechnung ganzmonatiger Fristen wird demnach der gleiche Monatstag beibehalten unter Hinzuzählung der vereinbarten Monate.

6 Vgl. für die Fristberechnung auch Art. 3 ff. des Europäischen Übereinkommens über die Berechnung von Fristen vom 16.5.1972 (SR 0.221.122.3).

7 Eine Frist darf bis zur letzten Sekunde ausgenutzt werden (Merker, § 40 Rz. 8). Sie ist daher gewahrt, wenn die fristgebundene Verfahrenshandlung am letzten Tag der Frist bis 24.00 Uhr vorgenommen wird. Die Beweislast für das Einhalten der Frist trägt die handelnde Partei. Sie hat für die Rechtzeitigkeit den vollen Beweis zu erbringen. Ist dies aus Gründen, die von den Behörden zu verantworten sind, nicht möglich, tritt eine Umkehr der Beweislast zu deren Nachteil ein, z.B. wenn eine Anordnung mit uneingeschriebener Sendung zugestellt wird und der Adressat deshalb nicht in der Lage ist das Empfangsdatum und damit die Fristeinhaltung nachzuweisen (VPB 56/1992 Nr. 1; RB 1971 Nr. 80; Kölz/Häner, Rz. 342; Merkli/Aeschlimann/Herzog, Art. 42 N. 3; Rhinow/Krähenmann, Nr. 91 B I).

8 Zur Wahrung der Frist müssen schriftliche Eingaben spätestens im letztzulässigen Zeitpunkt bei der zuständigen Behörde eintreffen oder zu deren Handen der schweizerischen Post übergeben sein. Personen im Ausland, die eine Frist zu wahren haben, können stattdessen ihre Eingabe bis zum Fristablauf einer schweizerischen diplomatischen oder konsularischen Vertretung übergeben (§ 11 Abs. 2; vgl. Art. 21 Abs. 1 VwVG). Als Beweis für die Übergabe zuhanden der schweizerischen Post dient grundsätzlich der Poststempel. Dem Absender steht jedoch der Beweis offen, dass die Annahme der Sendung durch die Post schon vor der Abstempelung stattgefunden hat oder dass ein unrichtiger Stempel angebracht worden ist (RB 1961 Nr. 1 = ZBl 62/1961, S. 539 = ZR 60 Nr. 109). Den Beweis nicht zu erbringen vermag die Datierung einer Sendung mit einer Frankiermaschine ausserhalb der Betriebsräumlichkeiten der Post; diese stellt keine postamtliche Bescheinigung dar. Wird eine Rechtsschrift auf der Kanzlei einer Behörde eingereicht, ist zwecks Beweissicherung eine Quittung mit dem Übergabedatum zu verlangen und auszustellen. Im Übrigen reicht bereits der Einwurf in den Briefkasten der Post, der Behörde oder einer schweizerischen diplomatischen oder konsularischen Vertretung zur Fristwahrung, sofern der Beweis der Rechtzeitigkeit durch Zeugen oder andere Beweismittel erbracht werden kann (BGE 109 Ia 184 f.; Frank/Sträuli/Messmer, GVG § 193 N. 2).

9 Die Aufgabe einer Sendung bei einer Poststelle im Ausland genügt nicht zur Fristwahrung, denn allein die schweizerische Post ist als ermächtigt zu betrach-

ten, die zürcherischen Behörden beim Empfang einer Sendung zu vertreten (RB 1981 Nr. 79, 1961 Nr. 57). Infolgedessen muss eine bei einer ausländischen Poststelle aufgegebene Sendung im Zeitpunkt des Fristablaufs von der ausländischen Post der schweizerischen Post zur Beförderung übergeben worden sein, um als rechtzeitig eingereicht gelten zu können (vgl. RB 1981 Nr. 79; BGE 104 Ia 5). Weil im zürcherischen Verwaltungs(justiz)verfahren aufgrund der Grenzlage des Kantons Zürich vermehrt Verfahrensbeteiligte aus dem Ausland auftreten, bestimmt § 11 Abs. 2 Satz 2 seit der Revision vom 8.6.1997, dass bei Personen im Ausland – ungeachtet dessen, ob diese dort niedergelassen sind oder lediglich gewöhnlichen Aufenthalt haben – das Eintreffen der Eingabe bei einer schweizerischen diplomatischen oder konsularischen Vertretung vor Fristablauf genügt (vgl. Weisung 1995, S. 1528; Art. 12 des Bundesgesetzes über das Internationale Privatrecht vom 18.12.1987 [SR 291]).

Weil Eingaben an die Behörden eigenhändig zu unterzeichnen sind, mithin nicht bloss als Photokopie oder per Telefax eingereicht werden dürfen (BGE 121 II 254, 112 Ia 173; Pra 81/1992 Nr. 26, S. 89 f.; Kölz/Häner, Rz. 605), muss eine fristgerecht per Telefax übermittelte Rechtsschrift innert laufender Frist handschriftlich unterschrieben oder durch ein eigenhändig unterzeichnetes Exemplar ergänzt werden. Andernfalls erweist sich die Eingabe als mangelhaft und kann nicht als rechtzeitig eingelegt gelten. Eine Nachfrist zur Verbesserung dieses Mangels hat die Behörde, ohne dabei in überspitzten Formalismus zu verfallen, nicht anzusetzen. Denn eine solche hätte letztlich eine ungerechtfertigte Fristerstreckung zugunsten des Säumigen zur Folge, der sich von vornherein des sich aus der Benutzung des Telefaxgeräts ergebenden Formmangels bewusst sein musste (BGE 121 II 255 f.; a.M. Merker, § 40 Rz. 8; Merkli/Aeschlimann/Herzog, Art. 42 N. 8). Eine Nachfrist ist daher nur zu gewähren, wenn die säumige Partei aufgrund der Verhältnisse des Einzelfalls weder vom Erfordernis der eigenhändigen Unterschrift tatsächlich wusste, noch davon Kenntnis haben konnte oder musste (vgl. ZR 96 Nr. 121).

Die Vorschriften über die Fristwahrung gelten gleichermassen für *fristgebundene Zahlungspflichten* (Kaution, Sicherheitsleistung) im Rahmen eines Verfahrens (vgl. RB 1995 Nr. 5, 1986 Nr. 52; § 193 GVG; § 15 N. 7). Bei Geldüberweisungen mit der schweizerischen Post genügt es daher, wenn am letzten Tag der Frist der Betrag bei einer Poststelle einbezahlt oder der Überweisungsauftrag bzw. der Check der Post übergeben wird. Bei der Benutzung des Sammelauftragsdienstes der Post muss spätestens der Tag des Fristablaufs als Fälligkeitsdatum eingesetzt und der Datenträger vor Fristablauf der Post übergeben sein. Nicht erforderlich ist, dass die Gutschrift auf dem Konto des Zahlungsempfängers vor Fristablauf erfolgt (BGE 118 Ia 112; BGr. 23.4.1999, 1A.42/1999; RB 1995 Nr. 5). Ein Dritter, dessen Dienste sich der Pflichtige bedient, muss ebenfalls in diesem Sinn rechtzeitig handeln (RB 1995 Nr. 5, 1986 Nr. 52). Bei Zahlungen aus dem Ausland genügt es, wenn der Überweisungsauftrag an die

§ 11

Post oder an ein Geldinstitut am letzten Tag bei einer schweizerischen diplomatischen oder konsularischen Vertretung zur Beförderung eintrifft. Wertsendungen bzw. Barzahlungen können jedoch nicht über den diplomatischen Dienst abgewickelt werden (Merkli/Aeschlimann/Herzog, Art. 42 N. 10).

12 Gelangt eine Partei innert Frist mit ihrer Eingabe *irrtümlich* an die unzuständige Behörde, ist diese verpflichtet, die Eingabe an die zuständige Behörde weiterzuleiten (§ 5 Abs. 2 Satz 1; vgl. § 5 N. 34). In einem solchen Fall gilt die fristgebundene Rechtshandlung mit der Einreichung bei der unzuständigen Behörde als rechtzeitig erfolgt (§ 5 Abs. 2 Satz 2; vgl. § 5 N. 37).

13 Im Verwaltungs-, Einsprache- und Rekursverfahren gibt es *keine Gerichtsferien* (RB 1985 Nr. 7; VGr. 29.10.1997, VB.97.00107; vgl. demgegenüber für das Verwaltungs- und Verwaltungsbeschwerdeverfahren vor den Bundesbehörden Art. 22a VwVG). In der Praxis wird aber bei behördlichen Fristen auf die Bedürfnisse der Rechtsvertreter Rücksicht genommen, soweit es sich vom öffentlichen Interesse her rechtfertigen lässt. Im Verfahren vor Verwaltungsgericht gilt die Gerichtsferienregelung der Zivil- und Strafgerichte (§ 71 VRG i.V.m. § 140 Abs. 1 GVG; mit Bezug auf das submissionsrechtliche Beschwerdeverfahren vgl. VGr. 19.5.1999, VB.98.00252). Die gesetzlichen und richterlichen Fristen stehen daher in der Zeit vom 10. Juli bis und mit 20. August sowie vom 20. Dezember bis und mit 8. Januar still. Wird ein (Rekurs-)Entscheid während der Verwaltungsgerichtsferien zugestellt, beginnt der Fristenlauf für dessen Anfechtung beim Verwaltungsgericht am ersten Tag nach Ablauf der Gerichtsferien zu laufen (RB 1991 Nr. 13 = BEZ 1991 Nr. 24; so auch mit Bezug auf Art. 20 Abs. 1 VwVG EVG 24.2.1998, ZBJV 134/1998, S. 588 f.; vgl. demgegenüber Art. 32 Abs. 1 OG).

14 Der Fristenlauf ruht während der formellen Sistierung eines Verwaltungsverfahrens (vgl. Hauser/Hauser, § 212 N. 8; dazu Vorbem. zu §§ 4–31 N. 27 ff.).

15 Die *vorsorgliche Rekurserhebung* oder *Beschwerdeführung* zwecks Wahrung von Fristen ist unstatthaft. Die rechtsgültige Anhandnahme eines Rechtsmittels setzt einerseits ein Anfechtungsobjekt voraus; anderseits ist in der Begründung des Rechtsmittels auf die Erwägungen im angefochtenen Entscheid Bezug zu nehmen (Merker, § 40 Rz. 9; RRB 3544/1970, 3414/1972; vgl. §§ 23 und 54). Würden vorsorgliche Rechtsmittel akzeptiert, hätte dies für die entscheidende Behörde, die für ein geordnetes Verfahren verantwortlich ist, unzumutbare Folgen (vgl. RRB 3414/1972). Nach Treu und Glauben hat indessen die Rechtsmittelinstanz die Nichtanhandnahme eines vorsorglich eingereichten Rechtsmittels kundzutun, damit die Partei die Prozesshandlung während der laufenden Rechtsmittelfrist wiederholen kann; dies gilt allerdings nur dann, wenn eine im Übrigen formell rechtsgenügende Rechtsmittelschrift eingereicht wurde (RRB 3414/1972). Zur Unzulässigkeit eines Rechtsmittelverzichts im Voraus vgl. Vorbem. zu §§ 19–28 N. 56.

§ 12. Gesetzlich vorgeschriebene Fristen können nur erstreckt werden, wenn die davon betroffene Person im Laufe der Frist stirbt oder handlungsunfähig wird. Andere Fristen dürfen auf ein vor Fristablauf gestelltes Gesuch hin erstreckt werden, wenn ausreichende Gründe hiefür dargetan und soweit möglich belegt werden.

2. Erstreckung und Wiederherstellung einer Frist

Eine versäumte Frist kann nur wiederhergestellt werden, wenn dem Säumigen keine grobe Nachlässigkeit zur Last fällt und er innert zehn Tagen nach Wegfall des Grundes, der die Einhaltung der Frist verhindert hat, ein Gesuch um Wiederherstellung einreicht. Wird die Wiederherstellung gewährt, so beträgt die Frist zur Nachholung der versäumten Rechtshandlung zehn Tage.

Materialien
Weisung 1957, S. 1035; Prot. KK 13.12.1957, 23.9.1958; Prot. KR 1955–1959, S. 3271; Beleuchtender Bericht 1959, S. 399 f.; Weisung 1995, S. 1529; Prot. KK 1995/96, S. 21 ff.; Prot. KR 1995–1999, S. 6488.

Literatur
GADOLA, S. 90 f., 98 ff.; GYGI, S. 60 f.; IMBODEN/RHINOW/KRÄHENMANN, Nr. 91 B IV; KEHL ROBERT, Die Wiederherstellung versäumter Fristen nach zürcherischem Prozessrecht, Zürich 1959; KÖLZ/HÄNER, Rz. 344 ff.; MERKLI/AESCHLIMANN/HERZOG, Art. 41 N. 1 ff., Art. 42 N. 1 ff.; RHINOW/KOLLER/KISS, Rz. 838 ff., 1168 ff.

Übersicht	Note
1. Säumnisfolgen	1
2. Fristerstreckung (Abs. 1)	4
2.1. Gesetzliche Fristen	4
2.2. Behördliche Fristen	8
2.3. Verfahrensfragen	10
3. Fristwiederherstellung (Abs. 2)	13
3.1. Gründe	13
3.2. Verfahrensfragen	21

1. Säumnisfolgen

Nach Fristablauf vorgenommene Prozesshandlungen entfalten keine Wirkungen. Es treten die *Säumnisfolgen* ein. Diese sind im VRG nicht geregelt, ergeben sich jedoch jeweils aus der Natur der betreffenden Prozesshandlung. Sie bestehen regelmässig in der Verwirkung eines prozessualen Rechts oder im Eintritt eines sonstigen prozessualen Nachteils. Wird ein Rechtsmittel zu spät eingereicht, ist Säumnisfolge das Nichteintreten; die Fristeinhaltung ist hier Sachentscheidungsvoraussetzung. Das Verfahren wird bei Nichteinhaltung einer Rechtsmittelfrist vorzeitig ohne materielle Beurteilung abgeschlossen. Bei allen anderen Prozesshandlungen nimmt das Verfahren grundsätzlich seinen Fortgang; die säumigen Beteiligten erleiden aber die sich aus der Art der Unterlassung ergebenden Nachteile.

1

§ 12

2 Im von der Verhandlungsmaxime beherrschten Zivilprozess beziehen sich die Säumnisfolgen vorwiegend auf die Sachverhaltsabklärung. Tatsächliche Behauptungen, Bezeichnung von Beweismitteln usw. werden nach Fristablauf nicht mehr zugelassen (vgl. Frank/Sträuli/Messmer, § 54 N. 36 f.). Im Verwaltungsprozess relativiert die Untersuchungsmaxime die Folgen der Säumnis stark, indem wichtige Parteivorbringen vom Amtes wegen miteinbezogen werden (Gygi, S. 62; vgl. § 11 N. 1, § 53 N. 15). Sie kommen vor allem dort zum Tragen, wo eine Mitwirkungspflicht der Verfahrensbeteiligten statuiert ist (vgl. § 7 Abs. 2). Ist ein mitwirkungsverpflichteter Beteiligter säumig, so wird als Säumnisfolge Verzicht auf tatsächliche und rechtliche Behauptungen sowie auf Bezeichnung und Einreichung von Beweismitteln angenommen und aufgrund der vorliegenden Akten entschieden (vgl. § 7 N. 68 ff.). Es muss aber dennoch ein materieller Entscheid ergehen (Abweisung, Gutheissung, teilweise Gutheissung); ein Nichteintretensentscheid ist nur bei Versäumen einer Rechtsmittelfrist zulässig. Die Säumnisfolgen treten auch gegenüber den gemäss § 26 Abs. 2 und § 58 zur Vernehmlassung Berechtigten ein (vgl. RRB 576/1972).

3 Die Säumnisfolge ist ausdrücklich *anzudrohen*, sofern eine Frist nicht von Gesetzes wegen zu laufen beginnt (Hauser/Hauser, § 217 N. 3, auch zum Folgenden; vgl. § 196 GVG; § 8 N. 43). Die Säumnisdrohung ist sowohl bei gesetzlichen als auch bei richterlichen Fristen anzubringen. Sie zeigt den Betroffenen, welche Bedeutung der Einhaltung der Frist zukommt. Die vorgängige Androhung bewahrt die Parteien zugleich davor, aus Unwissenheit prozessuale Nachteile zu erleiden. Im Säumnisfall treten grundsätzlich nur die angedrohten Folgen ein; einzig mit diesen hatte der Säumige zu rechnen. Den Behörden ist es aber gestattet, die einmal ausgesprochene Androhung zugunsten des Betroffenen abzuändern. Bei der Festsetzung von Säumnisfolgen ist der Grundsatz der Verhältnismässigkeit zu beachten (Kölz/Häner, 1. A., Rz. 506; vgl. Hauser/Hauser, § 217 N. 4 II; § 196 Satz 2 GVG). In Bereichen, wo eine umfassende Untersuchungspflicht der Behörde besteht, dürfen mit Bezug auf Tatsachen keine Säumnisfolgen statuiert werden.

2. Fristerstreckung (Abs. 1)

2.1. Gesetzliche Fristen

4 Unter *gesetzlichen* Fristen sind Fristen zu verstehen, die auf formellem Gesetz beruhen. Fristen, die in Verordnungen festgelegt sind, können deshalb durch die Verwaltungs- und Verwaltungsrechtspflegebehörden unabhängig von den strengen Voraussetzungen des § 12 Abs. 1 Satz 1 erstreckt werden (Prot. KK 13.12.1957, S. 7 f.).

5 Gesetzliche Fristen sind zwingende *Verwirkungsfristen;* auch die Behörden sind an sie gebunden (RRB 4091/1966). Praktisch bedeutsam sind die Rechtsmittel-

fristen. Werden Einsprache, Rekurs oder Beschwerde nicht fristgerecht erhoben, zieht dies – unter Vorbehalt der Wiederherstellung – den Verlust des Rechtsmittels nach sich. Die Erstreckung von gesetzlichen Fristen darf nach dem Gesetzeswortlaut gewährt werden, wenn die Partei, die eine Frist zu wahren hat, im Lauf der Frist stirbt oder handlungsunfähig wird. Die Praxis dazu ist streng: Krankheit, Ferien, Auslandaufenthalt oder Militärdienst genügen nicht. Darüber hinaus ist eine Fristerstreckung einem Verfahrensbeteiligten zu gewähren, dessen Vertreter während des Fristenlaufs stirbt oder handlungsunfähig wird.

Um Erstreckung einer gesetzlichen Frist ist *vor* Ablauf der Frist zu ersuchen. 6
Die beiden gesetzlichen Erstreckungsgründe – Eintritt des Todes oder der Handlungsunfähigkeit – verunmöglichen im Normalfall allerdings ein rechtzeitiges Handeln der betroffenen Person selbst bzw. ihres Vertreters. Gerade deswegen sind die Behörden befugt, die Erstreckung gesetzlicher Fristen von Amtes wegen vorzunehmen (vgl. § 189 Abs. 2 Satz 2 GVG).

Die anordnende Behörde kann eine gesetzliche Frist nicht verlängern, wohl 7
aber abkürzen (§ 22 Abs. 2). Eine wegen Dringlichkeit verkürzte Einsprache- oder Rekursfrist (§ 22 Abs. 2) wird dadurch nicht zu einer behördlichen Frist (RRB 4091/1966). Vorsorgliche Rekurserhebung zwecks Fristwahrung wird nicht akzeptiert (vgl. § 11 N. 15). Gelegentlich wird in der Praxis allerdings ein vorsorglich eingereichter Rekurs unter Nachfristansetzung gemäss § 23 Abs. 2 entgegengenommen.

2.2. Behördliche Fristen

Andere als gesetzliche Fristen, d.h. *behördliche* und durch Verordnung festge- 8
legte Fristen, dürfen erstreckt werden, wenn dafür ausreichende Gründe vorliegen und diese auch dargelegt werden. Die Erstreckung solcher Fristen wird in der Praxis entsprechend dem Gesetzeswortlaut liberal und uneinheitlich gehandhabt. Sie widerspiegelt letztlich das weitgehende Ermessen der Behörden im Einzelfall. Dies ist deshalb gerechtfertigt, weil in den meisten Fällen die beförderliche Erledigung des Verfahrens im Interesse der Beteiligten selber liegt. Zurückhaltung ist jedoch gegenüber privaten Rekursgegnern angebracht, die ein Projekt zu verhindern suchen; hier ist bei Verdacht auf Verzögerungsabsicht ein etwas strengerer Massstab anzulegen.

Ob *ausreichende Gründe* vorliegen, entscheidet die Behörde nach pflichtgemässem 9
Ermessen in Berücksichtigung der Natur der Streitsache, der betroffenen Interessen und der Verfahrensumstände (Merkli/Aeschlimann/Herzog, Art. 43 N. 4). Namentlich können solche Gründe auch beim Rechtsvertreter gegeben sein. Sofern der Fall nicht dringlich ist, genügen nach der Praxis zur Fristerstreckung Krankheit, Militärdienst, begründete Arbeitsüberlastung, Ferien (bei Anwälten vor allem Gerichtsferien und Landesabwesenheit). Auch die Notwendigkeit,

§ 12

weitere Beweismittel zu beschaffen, kann ein ausreichender Grund sein. Je dringlicher eine Sache ist, umso strengere Anforderungen sind an die Gründe für die Fristerstreckung zu stellen. Der Gesuchsteller hat den Grund für die Erstreckung nicht nur darzulegen, sondern zu beweisen (Prot. KK 13.12.1957, S. 8). Die Praxis lässt es aber in der Regel dabei bewenden, dass der Grund glaubhaft dargetan wird. Bei Verdacht auf rechtsmissbräuchliche Verzögerung des Verfahrens werden jedoch weitere Unterlagen (z.B. Arztzeugnisse) verlangt.

2.3. Verfahrensfragen

10 Das Fristerstreckungsgesuch muss schriftlich vor Ablauf der Frist gestellt werden und innerhalb dieser Frist *bei der Behörde* eintreffen, damit diese vor Fristablauf über die Fristerstreckung entscheiden kann. Dies widerspricht zwar der Fiktion von § 11 Abs. 2, wonach die schweizerische Post als Empfangsstelle für die Verwaltungs- und Verwaltungsrechtspflegebehörden amtet (so Hauser/Hauser, § 215 N. 3 IV). Doch lässt sich nur so mit Sicherheit verhindern, dass der Betroffene durch ein Fristverlängerungsgesuch eine faktische Verlängerung der von ihm zu wahrenden Frist erzwingen kann. Folgerichtig gelten nach Fristablauf die erschwerten Voraussetzungen der Fristwiederherstellung (vgl. § 12 Abs. 2; N. 13 ff.). Demgegenüber hemmt ein fristgerecht eingereichtes Erstreckungsgesuch den Ablauf einer behördlichen Frist. Dies gilt selbst dann, wenn die Frist bereits zuvor als nicht mehr erstreckbar erklärt wurde, sofern die angeführten Erstreckungsgründe für eine weitere Verlängerung ernsthaft in Betracht fallen, diese sich mithin nicht als trölerisch oder rechtsmissbräuchlich erweisen. Wird das Erstreckungsgesuch abgewiesen, ist eine kurze Nachfrist anzusetzen, um dem Gesuchsteller die Vornahme der fristgebundenen Rechtshandlung zu ermöglichen (Hauser/Hauser, § 215 N. 3 VII).

11 Zuständig für die Erstreckung von behördlichen Fristen ist jene Instanz, welche die Frist angesetzt hat, während gesetzliche (Rechtsmittel-)Fristen von der Rechtsmittelinstanz zu erstrecken sind. Der Entscheid über die Fristerstreckung ergeht gestützt auf das Gesuch ohne Anhörung der übrigen am Verfahren beteiligten Personen. Er bildet eine prozessleitende Anordnung, die als Zwischenentscheid lediglich unter den Voraussetzungen von § 19 Abs. 2 und § 48 Abs. 2 anfechtbar ist. Verfahrenskosten sind für die Bearbeitung von Fristverlängerungsgesuchen nicht gesondert zu erheben, denn der erforderliche Bearbeitungsaufwand bildet Teil des normalen Prozessaufwands (vgl. Hauser/Hauser, § 215 N. 3 VIII).

12 Die Dauer einer Erstreckung und die Anzahl möglicher Fristverlängerungen beurteilen sich anhand der Natur der Streitsache, der betroffenen Interessen und der Verhältnisse des Einzelfalls. Die mehrmalige Erstreckung einer behördlichen Frist ist daher nicht von vornherein ausgeschlossen. Allerdings ist gleichzeitig dem gesetzlichen Gebot zur Verfahrensbeschleunigung (§ 4a) Rechnung

zu tragen. Die Behörden haben sich daher bei der Beurteilung von Fristerstreckungsgesuchen – in Anlehnung an die Vorschrift, dass die Frist für die Rekursvernehmlassung in der Regel höchstens einmal um die ursprüngliche Dauer erstreckt werden soll (§ 26 Abs. 3) – vom Grundsatz leiten zu lassen, dass eine Fristerstreckung regelmässig nur *einmal* für die Dauer der ursprünglich angesetzten Frist gewährt werden soll. Das Verhalten nach Treu und Glauben gebietet dabei den Behörden, den Verfahrensbeteiligten zusammen mit der Fristerstreckung Kenntnis davon zu geben, dass weiteren Fristverlängerungsgesuchen nicht entsprochen werde. Sind neue Verhältnisse eingetreten, können jedoch selbst nur einmalig oder letztmals erstreckte Fristen verlängert werden (vgl. Hauser/Hauser, § 215 N. 3 VII). Wird bei nicht mehr erstreckbarer Frist gleichwohl ein weiteres Erstreckungsbegehren gestellt, ist dieses als Gesuch um Fristwiederherstellung nach § 12 Abs. 2 zu behandeln (vgl. RB 1986 Nr. 56).

3. Fristwiederherstellung (Abs. 2)

3.1. Gründe

Die Möglichkeit, eine *unverschuldet* versäumte Verwirkungsfrist wiederherzustellen, entspricht einem allgemeinen Rechtsgrundsatz (BGE 114 V 125; Kölz/Häner, Rz. 345; Rhinow/Koller/Kiss, Rz. 1169; Rhinow/Krähenmann, Nr. 91 B IV b). Gesetzliche und behördliche Fristen sind der Wiederherstellung gleichermassen zugänglich (Bosshart, § 12 N. 3; Gadola, S. 100; Gygi, S. 62). Dabei ist es weder sachlich gerechtfertigt, noch aufgrund des Wortlauts von § 12 Abs. 2 geboten, die Wiederherstellung gesetzlicher Fristen strenger zu handhaben als jene der behördlichen Fristen (so aber RB 1988 Nr. 11; Kom. 1. A., § 12 N. 7; Hauser/Hauser, § 221 N. 2 II). Eine strengere Praxis bei der Wiederherstellung gesetzlicher Fristen scheint nur insofern angezeigt, als bei diesen an den Nachweis des Verhinderungsgrunds unter Umständen höhere Anforderungen gestellt werden dürfen als bei behördlichen Fristen. Ist dieser Nachweis aber erbracht, sind gesetzliche Fristen gleich den behördlichen Fristen wiederherzustellen (Gadola, S. 100).

13

Die Wiederherstellung einer Frist setzt nach dem Gesetzeswortlaut voraus, dass dem Säumigen keine grobe Nachlässigkeit zur Last fällt. Mithin steht nicht jede geringfügige Unachtsamkeit einer Wiederherstellung entgegen. Die Wiederherstellung ist allgemein dann möglich, wenn eine Partei ordnungsgemäss Prozess führt und die Säumnis auf ein Ereignis zurückzuführen ist, das ihr nicht als Nachlässigkeit zugerechnet werden darf (RB 1986 Nr. 3, 1964 Nr. 6). Fristwiederherstellung ist deshalb nicht nur zulässig, wenn dem Säumigen überhaupt kein Fehlverhalten vorgeworfen werden kann. Vielmehr kann eine versäumte Frist auch im Fall leichter Nachlässigkeit wiederhergestellt werden, d.h. wenn lediglich das nicht beachtet wird, was ein sorgfältiger Mensch unter den

14

§ 12

gleichen Umständen ebenfalls nicht beachten würde (Hauser/Hauser, § 221 N. 2 IIb). Hat der Säumige dagegen eine Sorgfaltspflicht verletzt, deren Beachtung unter den gegebenen Umständen auch dem durchschnittlich Sorgfältigen zuzumuten ist, handelt er grob nachlässig im Sinn von § 12 Abs. 2. Grobe Nachlässigkeit ist somit – analog dem Fahrlässigkeitsbegriff des Zivilrechts – anzunehmen, wenn der Fehlbare unter Verletzung der elementarsten Vorsichtsgebote das ausser Acht gelassen hat, was jedem verständigen Menschen in der gleichen Lage und unter den gleichen Umständen hätte einleuchten müssen (RB 1983 Nr. 3; VGr. 15.7.1998, VB.98.00051). Das Mass der anzuwendenden Sorgfalt bestimmt sich dabei anhand der Verhältnisse des Einzelfalls. Ausschlaggebend sind unter anderem die Wichtigkeit der vorzunehmenden Handlung, die dafür zur Verfügung stehende Zeit, der Wahrscheinlichkeitsgrad eines Gefahreneintritts, die Grösse eines möglichen Schadens sowie die persönlichen Fähigkeiten und Verhältnisse des Einzelnen; namentlich ist dem Rechtskundigen eine grössere Sorgfalt zuzumuten als dem Laien (vgl. Hauser/Hauser, § 221 N. 2 IIc; Kehl, a.a.O., S. 11; vgl. RB 1995 Nr. 1). Ist die Fristversäumnis auf Nachlässigkeit verschiedener Personen (z.B. eines Organs und einer Hilfsperson) zurückzuführen, so kann sich eine Verweigerung der Fristwiederherstellung selbst dann aufdrängen, wenn es sich bei den einzelnen Fehlern je nur um leichte Nachlässigkeiten handelt (VGr. 18.12.1997, VB.97.00509+510; 20.10.1992, VB 92/0075; Kehl, a.a.O., S. 11 f.).

15 Gründe, die eine Wiederherstellung rechtfertigen, können objektiver Natur sein oder in der Person des Säumigen liegen. Gemeinsam ist ihnen, dass sie es trotz Anwendung der üblichen Sorgfalt verunmöglicht oder unzumutbar erschwert haben, die fristgebundene Rechtshandlung rechtzeitig vorzunehmen (Gadola, S. 102). Dem Säumigen obliegt es dabei, diese Gründe im Wiederherstellungsgesuch vollständig und genau darzustellen (RB 1988 Nr. 11, 1977 Nr. 5). Der Behörde kommt bei der Beurteilung dieser Gründe ein weiter Ermessensspielraum zu. Im Interesse eines geordneten Rechtsgangs, der Verfahrensdisziplin und der Rechtssicherheit darf sie einen Hinderungsgrund aber nicht leichthin annehmen. Sie hat daher einen strengen Massstab anzulegen (Gadola, S. 102; Hauser/Hauser, § 221 N. 2 IIc; Rhinow/Koller/Kiss, Rz. 1171).

16 Die säumige Partei hat sich das Verhalten eines beauftragten *Vertreters* oder einer beigezogenen *Hilfsperson* anrechnen zu lassen. Dies gilt gleichermassen für eine Körperschaft, deren Organ sich pflichtvergessen verhält (BGE 114 Ib 69 ff.; RB 1988 Nr. 11; Gadola, S. 101). Hilfsperson in diesem Sinn ist dabei nicht nur, wer gegenüber der Partei oder ihrem Vertreter weisungsgebunden ist, sondern jeder Erfüllungsgehilfe, selbst wenn zu ihm kein ständiges Rechtsverhältnis besteht (Rhinow/Krähenmann, Nr. 91 B IV b; vgl. RB 1964 Nr. 62). Auch das Verhalten des Personals von Beauftragten fällt auf die auftraggebende Person zurück. Mit Bezug auf solche Hilfspersonen haben die Partei und ihr Vertreter bzw. Organ allerdings nur für deren sorgfältige Auswahl, Instruktion und

§ 12

Überwachung einzustehen (RB 1988 Nr. 11, 1964 Nrn. 6 und 62; VGr. 15.07.1998, VB.98.00051; 18.12.1997, VB.97.00509+510; Hauser/Hauser, § 221 N. 3 I und 4 IIIa/b, mit Hinweisen; vgl. § 199 Abs. 2 GVG). Im Verfahren vor Bundesgericht (und den übrigen Bundesbehörden) besteht dagegen keine Exkulpationsmöglichkeit; für das Verhalten des Vertreters oder einer Hilfsperson besteht eine umfassende Haftung (BGE 114 Ib 73 f.).

Erhöhte Anforderungen sind an Wiederherstellungsgesuche zu stellen, wenn sie von *Anwälten* eingereicht werden. Diese haben sich grundsätzlich so zu organisieren, dass die Fristen auch im Hinderungsfall gewahrt bleiben. Eine Säumnis gilt als nicht grob nachlässig und somit als entschuldbar, wenn es dem Anwalt verwehrt ist, eine fristgebundene Rechtshandlung selber vorzunehmen, damit einen geeigneten Substituten zu beauftragen oder die Klientschaft auf die Notwendigkeit der Fristwahrung hinzuweisen. Die blosse Arbeitsunfähigkeit genügt daher nicht als Wiederherstellungsgrund; zusätzlich ist nachzuweisen, dass aufgrund der tatsächlichen Verhältnisse selbst die Bestellung einer Vertretung oder die Benachrichtigung der Klientschaft ausgeschlossen war (BGE 119 II 87 f.). 17

Ein Wiederherstellungsgrund kann sich auch aus einer fehlenden oder unrichtigen Rechtsmittelbelehrung oder einem anderen Eröffnungsfehler ergeben, da den Betroffenen aus einem solchen Mangel kein Rechtsnachteil erwachsen darf (dazu § 10 N. 51 ff. und 62 ff.). Erscheint diesfalls eine Wiederherstellung als gerechtfertigt, wird der aus mangelhafter Eröffnung einer Anordnung drohende Nachteil jedoch im Allgemeinen dadurch behoben, dass ein verspätetes Rechtsmittel ohne weiteres an die Hand genommen wird, ohne dass es eines förmlichen Wiederherstellungsgesuchs bedürfte (Gygi, S. 62; Merkli/Aeschlimann/Herzog, Art. 43 N. 12). 18

Kasuistik zur Gewährung der Wiederherstellung: Fristwiederherstellung ist zu gewähren, wenn die Hilfsperson eines Prozessvertreters entgegen der ihr erteilten Instruktion die Sendung nicht rechtzeitig zur Post bringt (RB 1964 Nr. 6; vgl. RB 1964 Nr. 62). Wiedereinsetzung rechtfertigen auch eine schwere Erkrankung oder ein Unfall, höhere Gewalt, die plötzlich eintretende Handlungsunfähigkeit, der unerwartete Tod naher Angehöriger, der unvorhergesehene Ausfall von Kanzleipersonal und ein nicht innert nützlicher Frist überwindbares Verkehrshindernis (Gadola, S. 102; Merkli/Aeschlimann/Herzog, Art. 43 N. 9, je mit Hinweisen). Militärdienst und Katastropheneinsatz bilden einen Wiederherstellungsgrund, falls die Dienstleistung während der ganzen Frist andauert oder wenn zwischen dem Fristbeginn und dem Einrückungstag bzw. zwischen dem Entlassungstag und dem Fristablauf nicht genügend Zeit für die Vornahme der fristgebundenen Handlung zur Verfügung steht (vgl. RB 1983 Nr. 55; Pra 77/1988 Nr. 152, S. 541 f.). Hat die Behörde den Betroffenen durch ihr Verhalten in einen wesentlichen Irrtum über den Fristenlauf versetzt, ist die versäumte Frist nach Treu und Glauben wiederherzustellen (RB 1985 Nr. 52). 19

§ 12

Bei Streitgenossenschaft genügt für die Gewährung der Fristwiederherstellung in der Regel, dass ein einziges Mitglied aus entschuldbaren Gründen verhindert war (Merkli/Aeschlimann/Herzog, Art. 43 N. 11).

20 *Kasuistik zur Verweigerung der Wiederherstellung:* Von der Wiederherstellung einer versäumten Frist ist abzusehen, sobald eine Parteivertretung besteht, die das zur Fristwahrung Erforderliche vorkehren kann (Merkli/Aeschlimann/Herzog, Art. 43 N. 9). Dies gilt auch, wenn den Behörden die Beendigung des Mandatsverhältnisses nicht mitgeteilt wurde und diese deshalb ihre Anordnung zu Recht dem früheren Vertreter zustellen (VGr. 21.12.1989, VB 89/0203). Verreist ein Verfügungsadressat geschäftlich ins Ausland, so liegt kein Wiederherstellungsgrund für die verpasste Frist vor, wenn er die Verfügung vor seiner Abreise erhalten hat (RRB 3341/1974). Grobe Nachlässigkeit ist auch demjenigen vorzuwerfen, der häufig geschäftlich im Ausland weilt und keine Vorkehren trifft, um den Fortgang des von ihm eingeleiteten Verfahrens während seiner Landesabwesenheit sicherzustellen (RB 1985 Nr. 50, 1976 Nr. 3). Keine Fristwiederherstellung vermag zu beanspruchen, wer seinem Rechtsvertreter eine zur Anfechtung mit einem Rechtsmittel bestimmte Anordnung zustellt, ohne sich darum zu kümmern, ob dieser zur fristgerechten Rechtsmittelerhebung überhaupt in der Lage ist (RB 1986 Nr. 3), oder wer seinen Rechtsvertreter erst kurz vor Fristablauf mandatiert und instruiert (VGr. 20.5.1999, VB.99.00068). Wer das Zustellungsdatum eines Entscheids nicht sorgfältig abklärt, sondern nur Mutmassungen anstellt, handelt grob nachlässig und kann keine Wiederherstellung der Frist erlangen (RB 1968 Nr. 1; VGr. 29.10.1997, VB.97.00107). Diese Rechtsfolge trifft ebenfalls den (Rechts-)Vertreter, der sich auf ein auf dem Entscheid angebrachtes oder von der beauftragenden Person genanntes Zustellungsdatum verlässt, ohne eigene Nachforschungen anzustellen (VGr. 25.2.1998, VB.97.00496; 6.6.1996, VB.96.00042; 3.4.1992, VB 92/0034). Überdies hat er den Ablauf von Rechtsmittelfristen persönlich oder mindestens insoweit zu überwachen, als er von ihm eingesetzte Hilfspersonen hinreichend instruieren muss (vgl. VGr. 15.07.1998, VB.98.00051). Im gleichen Sinn haben auch die Dienststellen einer öffentlichen Verwaltung eine Fristenkontrolle zu führen (RB 1986 Nr. 4). Als grob nachlässig erweist sich die ungenügende Instruktion und Überwachung der Lehrtochter mit Bezug auf die rechtliche Bedeutung von Fristen und deren Wahrung (RB 1988 Nr. 11; vgl. VGr. 18.12.1997, VB.97.00509+510). Versäumt es ein Anwalt, die Akten bei den Vorinstanzen rechtzeitig einzusehen, kann er deswegen nicht Fristwiederherstellung verlangen, selbst wenn er um Zustellung der Akten nachgesucht hat, diese aber (stillschweigend) nicht oder zufolge Kurzfristigkeit des Gesuchs nicht vor Ablauf der zu wahrenden Rechtsmittelfrist zugestellt worden sind (RB 1996 Nr. 7, 1971 Nr. 4). Starke berufliche Belastung bildet bei einem Rechtsanwalt im Allgemeinen keinen Wiederherstellungsgrund (RB 1974 Nr. 4; vgl. N. 17). Ebenso wenig rechtfertigt die bloss vorübergehende (ferienbedingte) Abwesenheit eine Fristwiederherstellung (VPB 60/1996 Nr. 39, 51/1987 Nr. 1). Ver-

waltungsakte, deren Nichtigkeit behauptet wird, sind innert der Rechtsmittelfrist anzufechten; einem unter Hinweis auf die Nichtigkeit gestellten Wiederherstellungsbegehren ist nicht zu entsprechen (RB 1986 Nr. 11). Vgl. auch die Kasuistik bei Rhinow/Krähenmann, Nr. 91 B IV b.

3.2. Verfahrensfragen

Die Wiederherstellung einer versäumten Frist kann nicht beliebig lange verlangt werden (vgl. RB 1995 Nr. 1). Seit der Revision vom 8.6.1997 bestimmt § 12 Abs. 2 Satz 1, dass innert *zehn Tagen* nach Wegfall des Grunds, der die Einhaltung der Frist verhindert hat, darum zu ersuchen ist (vgl. § 199 Abs. 3 GVG). Ein Hindernis – selbst wenn es in eine laufende Frist fällt – vermag somit eine Säumnis nur solange zu rechtfertigen, als es andauert. Weil kein Anspruch darauf besteht, dass die volle Frist zur Wahrung der Rechte zur Verfügung steht, ist deshalb die fristgebundene Rechtshandlung auch noch in der verbleibenden Zeit vorzunehmen. Den Betroffenen ist es aber gestattet, Rechtshandlungen erst in der letzten Phase eines Fristenlaufs vorzunehmen. Unverschuldete, unvorhersehbare Verhinderung in den letzten Tagen einer Frist schliesst daher eine Wiederherstellung nicht aus (Merkli/Aeschlimann/Herzog, Art. 43 N. 13).

Wann ein Hinderungsgrund als weggefallen gelten kann und die Frist von zehn Tagen für ein Wiederherstellungsgesuch zu laufen beginnt, ist anhand der individuellen Verhältnisse zu beurteilen. Entscheidend ist zum einen, dass die säumige Partei aufgrund der ihr bekannten Umstände wissen oder jedenfalls damit rechnen muss, eine Frist versäumt zu haben (RB 1980 Nr. 3 = ZBl 81/1980, S. 464 = ZR 79 Nr. 102). Zum andern muss es ihr objektiv möglich und subjektiv zumutbar sein, entweder selbst tätig zu werden, die Interessenwahrung an eine Drittperson zu übertragen oder – bezogen auf deren Rechtsvertreter – die Klientschaft zu benachrichtigen (Merkli/Aeschlimann/Herzog, Art. 43 N. 14).

Wiederherstellung kann nur auf *schriftliches Gesuch* hin gewährt werden (§ 12 Abs. 2). Das Gesuch um Fristwiederherstellung muss den Hinderungsgrund genau bezeichnen und Tatsachen, welche die säumige Partei vom Vorwurf grober Nachlässigkeit entlasten, vollständig und genau darlegen. Ferner ist darin darzulegen, dass die Gesuchsfrist von zehn Tagen eingehalten worden ist. Das Gesuch kann nach Ablauf der für die Einreichung gesetzten Frist nicht mehr ergänzt werden (vgl. RB 1964 Nr. 63 sowie N. 15). Eine Wiederherstellung ist nicht von der Zustimmung der Vorinstanz oder allfälliger Verfahrensgegner abhängig (RRB 3390/1962; anders § 199 Abs. 1 GVG).

Ein Wiederherstellungsgesuch ist von derjenigen Behörde zu beurteilen, die bei Gewährung der Wiederherstellung über die nachgeholte Rechtshandlung zu befinden hat. Bei Rechtsmittelfristen ist dies die Rechtsmittelbehörde, wäh-

§ 12

rend bei den übrigen gesetzlichen und bei den behördlichen Fristen in der Regel jene Instanz zuständig ist, welche die versäumte Frist angesetzt hat. Die entscheidende Behörde bestimmt auch, welche Handlungen im Einzelnen nachzuholen sind.

25 Wird die Wiederherstellung einer Rechtsmittelfrist verweigert, geschieht dies durch einen verfahrensabschliessenden *Endentscheid,* der mit dem in der Hauptsache zur Verfügung stehenden Rechtsmittel angefochten werden kann (vgl. § 20 Abs. 1 und § 50 Abs. 2 lit. d; Bosshart, § 12 N. 3). Dagegen ergeht eine *prozessleitende Anordnung,* wenn die Wiederherstellung einer gesetzlichen oder behördlichen Frist gewährt oder im Rahmen eines laufenden Verfahrens eine andere als eine Rechtsmittelfrist nicht wiederhergestellt wird. Eine solche Anordnung ist als *Zwischenentscheid* unter den Voraussetzungen von § 19 Abs. 2 und § 48 Abs. 2 anfechtbar. Endet ein Fristwiederherstellungsverfahren mit einem verfahrensabschliessenden Endentscheid, sind die *Kosten* nach gesetzlicher Ordnung (§§ 13 f.) zu erheben und kann auch eine Parteientschädigung gemäss § 17 zugesprochen werden. In den übrigen Fällen sind die Kosten des Wiederherstellungsverfahrens zusammen mit jenen für den Entscheid in der Sache selbst festzusetzen.

26 Wird dem Gesuch um Fristwiederherstellung entsprochen, läuft der säumigen Partei von Gesetzes wegen eine Frist von *zehn Tagen,* um die versäumte Rechtshandlung nachzuholen. Diese Frist beginnt mit der Mitteilung des positiven Wiederherstellungsentscheids zu laufen. Sie beträgt ungeachtet der Dauer der ursprünglichen, versäumten Frist zehn Tage. Als gesetzliche Frist kann sie nur unter den Voraussetzungen von § 12 Abs. 1 Satz 1 erstreckt werden (vgl. N. 4 ff.). Auf diese Nachholungsfrist ist die wiedereingesetzte Partei hinzuweisen. Diese mit der Gesetzesrevision vom 8.6.1997 eingeführte *Zweistufigkeit* des Wiederherstellungsverfahrens gemäss VRG entspricht der Regelung im bernischen Verwaltungsrechtspflegegesetz (Weisung 1995, S. 1529), während im Verfahren vor Bundesgericht und Bundesbehörden innert der zehntägigen Frist seit Wegfall des Hindernisses sowohl das Wiederherstellungsgesuch zu stellen als auch die versäumte Rechtshandlung nachzuholen ist (vgl. Art. 35 Abs. 1 OG, Art. 24 Abs. 1 VwVG).

27 Sind die Voraussetzungen für die Wiederherstellung gegeben, können auch Anordnungen aufgehoben werden, welche schon mitgeteilt oder gar vollstreckt worden sind (vgl. § 200 Abs. 1 GVG). Dabei ist aber dem Gesichtspunkt der Rechtssicherheit gebührend Rechnung zu tragen; zudem können die Verfahrensaussichten unter Einbezug der versäumten Rechtshandlung berücksichtigt werden (Merkli/Aeschlimann/Herzog, Art. 43 N. 16).

28 Stehen anstelle versäumter Fristen verpasste Termine (z.B. für Augenscheine und andere Beweismassnahmen oder für mündliche Verhandlungen) in Frage, sind die Bestimmungen über die Fristwiederherstellung sinngemäss anwendbar.

§ 13. Die Verwaltungsbehörden können für ihre Amtshandlungen Gebühren und Kosten auferlegen. Der Regierungsrat bezeichnet die kostenpflichtigen Amtshandlungen und die hiefür zu erhebenden Gebühren in einer Verordnung.

Mehrere am Verfahren Beteiligte tragen die Kosten in der Regel entsprechend ihrem Unterliegen. Kosten, die ein Beteiligter durch Verletzung von Verfahrensvorschriften oder durch nachträgliches Vorbringen solcher Tatsachen oder Beweismittel verursacht, die er schon früher hätte geltend machen können, sind ihm ohne Rücksicht auf den Ausgang des Verfahrens zu überbinden.

In Verfahren betreffend personalrechtliche Streitigkeiten werden keine Kosten erhoben; vorbehalten bleibt die Kostenauflage an die unterliegende Partei, die durch ihre Prozessführung einen unangemessenen Aufwand verursacht hat.

VII. Kosten und Parteientschädigung
1. Verfahrenskosten und Kostenauflage

Materialien
Weisung 1957, S. 1035 f.; Prot. KK 20.12.1957, 23.9.1958; Prot. KR 1955–1959, S. 3271; Beleuchtender Bericht 1959, S. 400 f.; Weisung 1995, S. 1529; Prot. KK 1995/96, S. 25 f., 236 f.; Prot. KR 1995–1999, S. 6488; Beleuchtender Bericht 1997, S. 6.

Literatur
GADOLA, S. 460 ff.; GYGI, S. 328 f.; IMBODEN/RHINOW/KRÄHENMANN, Nrn. 110 und 113; KÖLZ/HÄNER, Rz. 371, 697 ff.; MERKLI/AESCHLIMANN/HERZOG, Art. 103 N. 1 ff., Art. 107 N. 1 ff., Art. 108 N. 1 ff., Art. 110 N. 1 ff.; RHINOW/KOLLER/KISS, Rz. 879 ff., 1373 ff.; ROTACH, S. 440.

Übersicht | Note
1. Allgemeines zu den §§ 13–17 | 1
2. Gebühren- und Kostenpflicht (Abs. 1) | 4
3. Kostenbemessung | 7
4. Kostenauflage (Abs. 2) | 14
5. Personalrechtliche Streitigkeiten (Abs. 3) | 33
6. Rechtsmittel gegen Kostenentscheide | 37
7. Verschiedenes | 39

1. Allgemeines zu den §§ 13–17

§§ 13–17 handeln von den Verfahrenskosten und der Parteientschädigung. Sie bestimmen, wer aus einem Verfahren entstandene Kosten der Behörden zu tragen und wer die einer Partei daraus erwachsenen Aufwendungen zu ersetzen hat. §§ 13 und 14 schaffen die Grundlage für eine Kostenauflage und regeln die Kostenverteilung unter den Verfahrensbeteiligten. § 15 ermöglicht es den Behörden, die Sicherstellung der Verfahrenskosten zu verlangen, während § 16 die Voraussetzungen umschreibt, unter denen Verfahrensbeteiligte von Verfahrens- und Parteikosten sowie der Kostenvorschusspflicht befreit werden. § 17 beschlägt den Anspruch auf Parteikostenersatz.

1

§ 13

2   §§ 13–17 gelten für das nichtstreitige Verwaltungsverfahren sowie das Rekursverfahren (vgl. § 4) und sind aufgrund der Verweisung in § 70 (i.V.m. §§ 80c und 86) auch in den Verfahren vor Verwaltungsgericht anwendbar. Zudem sind diese Bestimmungen massgebend, soweit das Verwaltungsgericht in Steuersachen entscheidet. Es handelt sich bei §§ 13–17 um organisatorische Vorschriften, die nicht unter den Vorbehalt von § 73 fallen; dieser Vorbehalt beschränkt sich gemäss der Marginalie zu § 73 auf blosse Verfahrensbestimmungen (RB 1982 Nr. 89; vgl. § 15 N. 3 und § 73 N. 8). Darüber hinaus ist § 17 VRG aufgrund der Verweisung in § 152 StG auf die Zusprechung einer Parteientschädigung im Steuerrekurs- und Steuerbeschwerdeverfahren sinngemäss anwendbar.

3   Über die Höhe der Verfahrenskosten und die Kostenverlegung ist von Amtes wegen zu befinden, auch wenn kein Parteiantrag vorliegt (Gygi, S. 328; Rhinow/Koller/Kiss, Rz. 1373). Im Unterschied dazu wird eine Parteientschädigungen nur auf Antrag zugesprochen (RB 1985 Nr. 5, 1968 Nr. 4).

2. Gebühren- und Kostenpflicht (Abs. 1)

4   § 13 Abs. 1 ermächtigt die Verwaltungsbehörden, für ihre Amtshandlungen *Gebühren* und *Kosten* aufzuerlegen. Mithin gilt der Grundsatz, dass das Verwaltungs- und Verwaltungsrechtspflegeverfahren entgeltlich sind. Hierbei bedürfen die Verwaltungs-, Verfahrens- und Gerichtsgebühren als Kausalabgaben der Grundlage in einem *Gesetz im formellen Sinn* (BGE 120 Ia 178 f., mit Hinweisen; RB 1972 Nr. 2 = ZBl 73/1972, S. 535 = ZR 71 Nr. 49). Diesem Erfordernis vermag § 13 Abs. 1 zu genügen.

5   Aus dem Gesetz im formellen Sinn haben sich die wesentlichen Elemente der Abgabe zu ergeben. Festzulegen sind darin mindestens der Kreis der Abgabepflichtigen, der Gegenstand der Abgabe sowie die Höhe der Abgabe in den Grundzügen (BGE 120 Ia 178; Häfelin/Müller, Rz. 2096). Während Abs. 1 i.V.m. Abs. 2 von § 13 die *Verfahrensbeteiligten* für *Amtshandlungen* generell gebührenpflichtig erklärt, äussert sich das VRG nicht zur *Gebührenhöhe* und *-bemessung*. Stattdessen weist es den Regierungsrat (§ 13 Abs. 1 Satz 2) bzw. das Verwaltungsgericht (§ 40 Abs. 1 lit. b) an, eine solche Gebührenregelung zu erlassen. Diese Rechtsetzungsdelegation ist zulässig, weil das Kostendeckungs- und das Äquivalenzprinzip an die Stelle der in dieser Hinsicht fehlenden formellen gesetzlichen Grundlage treten und es den Verfahrensbeteiligten ermöglichen, die Gebühren auf ihre Rechtmässigkeit hin zu prüfen (Häfelin/Müller, Rz. 2102; vgl. BGE 120 Ia 174, 106 Ia 252 f.; RB 1995 Nr. 105; zum Kostendeckungs- und Äquivalenzprinzip vgl. Imboden/Rhinow/Krähenmann, Nr. 110 B III–V; Häfelin/Müller, Rz. 2049a ff.). In Zusammenhang mit Rechtsmittelverfahren ist allerdings zu beachten, dass diese gemäss Art. 59 KV «wohlfeil» zu erledigen sind, mithin das Kostendeckungsprinzip zugunsten der Verfahrensbeteiligten in der Regel nicht voll zum Tragen kommen darf.

Unter den Gebühren und Kosten im Sinn von § 13 sind die Verfahrenskosten 6
insgesamt zu verstehen. Die *Gebühren* bilden dabei das Entgelt für eine bestimmte, vom Pflichtigen veranlasste Amtshandlung und sollen den dem Gemeinwesen dadurch entstandenen Aufwand decken (Häfelin/Müller, Rz. 2042; Imboden/Rhinow II, Nr. 110 B I). Demgegenüber sind zu den *Kosten* Aufwendungen zu zählen, die im Rahmen der Vornahme einer Amtshandlung tatsächlich angefallen sind und meist vollumfänglich auf die Pflichtigen überwälzt werden. Die Verfahrenskosten als Ganzes umfassen in der Regel eine Staats-, Spruch- oder Gerichtsgebühr, mit der Aufwendungen der Behörden, die aus deren zeitlicher Beanspruchung resultieren, sowie die Personal- und Infrastrukturkosten abgegolten werden. Dazu gesellen sich – vielfach unter dem Begriff Kanzleigebühren – die Ausfertigungs- und Zustellungskosten sowie die Barauslagen, welche sich vor allem aus Kosten Dritter (Gutachter, Übersetzer, ausserordentliche Aufwendungen für Spesen, Material und Geräte) zusammensetzen. Für alle diese Arten von Aufwendungen verwendet das VRG den Ausdruck «Kosten».

3. Kostenbemessung

§ 13 regelt die *Modalitäten* der Auflage der Verfahrenskosten und deren Aufteilung auf mehrere Verfahrensbeteiligte. Die *Höhe* der Gebühren bzw. Kosten 7
ergibt sich demgegenüber aus den regierungsrätlichen Gebührenverordnungen: für die Amtstätigkeit der Gemeindebehörden aus der Verordnung über die Gebühren der Gemeindebehörden (§ 1 GemeindegebV) und für die Amtstätigkeit von Behörden und Angestellten der Staats- und Bezirksverwaltung aus der Gebührenordnung für die Verwaltungsbehörden (§ 1 GebührenO). Diese Gebührenordnungen sind in erster Linie im nichtstreitigen Verwaltungsverfahren anwendbar. Die Gebühren im verwaltungsinternen Rechtsmittelverfahren richten sich ausschliesslich nach § 5 GebührenO. Für das Verfahren vor Verwaltungsgericht ist die Gebührenverordnung des Verwaltungsgerichts massgebend (§ 40 Abs. 1 lit. b). Vorschriften über die Kostenauflage, Gebührenpflichtigkeit und die Gebührenbemessung finden sich darüber hinaus in zahlreichen weiteren Erlassen (z.B. § 132 WahlG, § 51 der Verordnung über das Zivilstandswesen vom 3.9.1953 [LS 231.1], § 35 OV BRK, §§ 62 ff. AbtrG, § 40 EG GSchG, § 23 der Verordnung über die Gebäudeversicherung vom 21.5.1975 [LS 862.11], § 14 FilmG). § 6 GemeindegebV und §§ 11 f. GebührenO bezeichnen sodann Fälle, in denen von einer Gebührenerhebung abzusehen ist.

Nach welchen Grundsätzen eine Gebühr im Einzelfall zu bemessen ist, ergibt 8
sich aus den einschlägigen Gebührenbestimmungen. Soweit für eine Amtshandlung nicht eine ziffernmässig bestimmte Gebühr vorgeschrieben ist, sondern in einem bestimmten Rahmen eine Pauschalgebühr festzusetzen ist (vgl. § 2 GebührenO, § 1 GemeindegebV), hat die Behörde gestützt auf die in der mass-

§ 13

gebenden Gebührenregelung genannten Kriterien – Zeitaufwand, Bedeutung des Geschäfts, finanzielle und rechtliche Tragweite, Schwierigkeit des Falls – die aufzuerlegende Gebühr nach *pflichtgemässem Ermessen* zu bestimmen. Weiter zu berücksichtigen sind der Aufwand durch Verhandlungen, der Umfang der Akten und eines Beweisverfahrens, die Klarheit der Rechtslage sowie die finanzielle Leistungskraft des Pflichtigen (vgl. RB 1995 Nr. 90). Insgesamt verfügen die Behörden bei der Gebührenbemessung somit über einen weiten Ermessensspielraum.

9 Die Behörden bewegen sich im Rahmen des ihnen zustehenden Ermessens, wenn die Höhe der Staatsgebühr in einem ausgewogenen Verhältnis zum Ausmass der staatlichen Verrichtungen steht (Hauser/Hauser, § 224 N. 3). Als generelle Schranke bei der Kostenfestsetzung wirkt dabei die Verpflichtung zu wohlfeiler Rechtspflege (N. 5), die zur Folge hat, dass in Rechtsmittelverfahren der Grundsatz voller Kostendeckung nicht zum Tragen kommt. Auf den Streitwert allein kann nicht abgestellt werden, indem in der Verwaltungsrechtspflege – selbst bei einem an sich bestimmbaren Streitwert – vielfach ideelle Interessen im Streit liegen, die sich nicht unmittelbar in einen finanziellen Zusammenhang bringen lassen. Schliesslich ist der Vorgang der verwaltungsinternen Willensbildung oft übermässig kompliziert, ohne dass der Bürger darauf Einfluss hat. Es kann ihm daher nicht zugemutet werden, stets volle Kostendeckung entsprechend dem Aufwand zu leisten. Sodann sind die Umstände des Einzelfalls angemessen zu würdigen. Die Behörden haben daher bei der Kostenbemessung in Anschlag zu bringen, ob mehrere einzelne Begehren mit einer einzigen Anordnung erledigt werden können (vgl. BGE 122 II 372). Auch ist der verminderte Aufwand einer örtlichen Baubehörde zu berücksichtigen, wenn sie im zweiten Anlauf ein verbessertes Bauprojekt bewilligt, nachdem die ursprüngliche Baubewilligung im Rechtsmittelverfahren aufgehoben worden war (RB 1992 Nr. 77).

10 Zurückhaltung ist bei der Gebührenfestsetzung in Streitigkeiten betreffend die *öffentliche Sozialhilfe* angebracht, soweit diese vom Verwaltungsgericht im Beschwerdeverfahren entschieden werden: Während im nichtstreitigen Verfahren der Gemeinden und im bezirksrätlichen Rekursverfahren in der Regel keine Gebühren erhoben werden (§ 6 Abs. 1 GemeindegebV, § 10 GebührenO), trägt das Verwaltungsgericht den meist bedrängten finanziellen Verhältnissen der verfahrensbeteiligten Privaten regelmässig durch die Ansetzung einer reduzierten Gerichtsgebühr Rechnung.

11 Wird eine Streitsache zur Neubeurteilung an die Vorinstanz zurückgewiesen, sind die Gesamtkosten von dieser so festzulegen, dass der Rechtsuchende nicht schlechter gestellt wird, als wenn der richtige Entscheid von Anfang an getroffen worden wäre (Gadola, S. 462).

§ 13

In gewissen Bereichen sehen Gesetz oder Verordnung die Gebührenfreiheit und 12
Kostenlosigkeit einer Amtshandlung vor, z.B. § 6 Abs. 1 GemeindegebV und
§ 10 GebührenO für die Amtstätigkeit in Angelegenheiten der öffentlichen
Sozialhilfe, § 13 Abs. 3 VRG für personalrechtliche Streitigkeiten vor den Verwaltungs- und Verwaltungsrekursinstanzen und § 80b VRG für solche Streitigkeiten mit einem Streitwert unter Fr. 20'000.– vor Verwaltungsgericht, § 63
Abs. 2 AbtrG für im Sinn von §§ 17 ff. AbtrG Beitragspflichtige, Art. 4 Abs. 2
BGBM im erstinstanzlichen Verfahren betreffend den freien Zugang zum Markt
aufgrund eines Fähigkeitsausweises (RB 1998 Nr. 3). Darüber hinaus sind die
Behörden jedenfalls im erstinstanzlichen, nichtstreitigen Verwaltungsverfahren
befugt, davon abzusehen, Gebühren und Kosten zu erheben (vgl. § 13 Abs. 1
Satz 1 VRG). In der Praxis sind daher zahlreiche erstinstanzliche Anordnungen
sowie Auskünfte über Sach- und Rechtsfragen kostenfrei. Im Übrigen werden
im nichtstreitigen Verwaltungsverfahren vielfach für bestimmte, typisierte Amtshandlungen Gebühren verlangt. Dabei spielt es in der Regel keine Rolle, ob ein
Gesuchsteller mit seinem Begehren durchdringt oder nicht. In einem Rechtsmittelverfahren sind dagegen unter Vorbehalt von § 13 Abs. 3, § 80b und § 16
stets Kosten zu erheben, wobei gestützt auf § 13 Abs. 2 zu beurteilen ist, wem
die Kosten aufzuerlegen sind (dazu N. 14 ff.). Immerhin gestattet der weite
Gebührenrahmen von § 5 GebührenO und §§ 3 f. GebV VGr die nötigen Differenzierungen.

Entsprechend dem weiten Ermessen, das den Behörden bei der Gebührenfestsetzung zukommt, prüfen die Rechtsmittelinstanzen die Bemessung von Pauschalgebühren mit einer gewissen Zurückhaltung, selbst wenn sie zur Ermessenskontrolle befugt sind (vgl. N. 36). 13

4. Kostenauflage (Abs. 2)

§ 13 Abs. 2 Satz 1 statuiert, dass die unterliegende Partei nach Massgabe des 14
Unterliegens Gebühren und Kosten trägt. Dies gilt nicht nur in Verfahren mit
mehreren Beteiligten, sondern auch für den *Einzelnen* (trotz des unpräzisen
Gesetzestextes in Abs. 2; Prot. KK 20.12.1957, S. 1). Ergänzend sieht § 13
Abs. 2 Satz 2 vor, dass derjenige die Kosten zu tragen hat, der sie verursacht hat
(vgl. RB 1970 Nr. 1, 1967 Nrn. 1 und 2; vgl. N. 20 ff.). Keinen Einfluss auf die
Regelung der Kostenauflage hat, ob die kostenpflichtige Partei persönliche oder
öffentliche Interessen vertritt (VPB 53/1989 Nr. 2 S. 27).

Als *unterliegend* gilt, wer angesichts des Verfahrensausgangs mit seinen Anträ- 15
gen nicht durchdringt (RB 1985 Nr. 2) oder dafür sorgt, dass ein Verfahren
gegenstandslos wird. Aus Gründen der Rechtsgleichheit wird auch jene Partei
als unterliegend behandelt und somit kostenpflichtig, die zwar im Rekursverfahren obsiegte, jedoch im Beschwerdeverfahren unterliegt, ohne in diesem eigene Anträge gestellt zu haben (RB 1997 Nr. 6 = BEZ 1997 Nr. 16; anders

§ 13

noch RB 1988 Nr. 12). Im Fall des Unterliegens können Kostenfolgen auch den als Mitbeteiligten in das Rechtsmittelverfahren beigeladenen Dritten treffen, sofern er sich den Anträgen der obsiegenden Partei widersetzt hat (RB 1995 Nr. 2; VGr. 30.6.1995, VB.95.00059). Dies gilt jedenfalls insoweit, als ihm Parteistellung zuerkannt wird (vgl. Vorbem. zu §§ 4–31 N. 21). Kostenpflichtig ist ebenfalls, wer nur teilweise unterliegt bzw. obsiegt; diesfalls sind die Verfahrenskosten anteilsmässig auf die am Verfahren Beteiligten zu verlegen (VGr. 22.8.1996, VB.96.00089; 25.10.1990, VB 90/0160; Gadola, S. 261).

16   *Zieht* ein Rechtsmittelkläger sein Begehren *zurück,* gilt er als unterliegend und hat er grundsätzlich die Kosten des Rechtsmittelverfahrens und des Abschreibungsbeschlusses zu tragen. Diese Rechtsfolge trifft auch den Rechtsmittelkläger, der sein auf einer unrichtigen legitimationsrechtlichen Vorstellung beruhendes Begehren zurückzieht, selbst wenn er ohne dieses Versehen kein Rechtsmittel eingelegt hätte (VGr. 5.3.1991, VB 91/0006). Daneben kommen in einem Rechtsmittelverfahren bei der Kostenverlegung auch Billigkeitserwägungen zum Zug. Einem Bauherrn, der sein Rechtsmittel zurückgezogen hat, nachdem ihm die Gemeinde mit der Bewilligung eines abgeänderten Projekts entgegengekommen ist, sind daher die Abschreibungskosten nur teilweise aufzuerlegen (RB 1985 Nr. 2). Erfolgt der Rückzug erst in einem späten Verfahrensstadium, sind die Kosten entsprechend höher anzusetzen. Im Unterschied dazu sind Rückzüge von Begehren im nichtstreitigen Verwaltungsverfahren im Allgemeinen kostenlos, sofern nicht bereits umfangreiche Abklärungen getroffen worden sind.

17   Die *Anerkennung* eines Begehrens ist gleich dem Rückzug als Unterliegen zu werten; die anerkennende Partei wird kostenpflichtig. Die Anerkennung kann einerseits darin bestehen, dass die Behörde zufolge Wiedererwägung, Anpassung oder Rücknahme auf die angefochtene Verfügung zurückkommt und dadurch dem gestellten Begehren entspricht (vgl. VGr. 18.2.1998, VB.97.00482; 19.11.1996, VB.96.00104). Anderseits gilt als anerkennend, wer sich als Gesuchsgegner ausdrücklich oder konkludent dem Begehren des Gesuchstellers unterzieht (Gadola, S. 440; Merkli/Aeschlimann/Herzog, Art. 110 N. 4). Infolgedessen sind Abschreibungsbeschlüsse aufgrund einer Wiedererwägung, Anpassung oder Rücknahme für den Rekurrierenden kostenlos, indem die Vorinstanz damit einen Mangel der Verfügung oder des Entscheids anerkennt (RRB 1962/1975; vgl. RB 1967 Nr. 2); ist die Wiedererwägung jedoch auf schuldhaft verspätetes Nachbringen von Tatsachen einer mitwirkungsverpflichteten Partei zurückzuführen, sind die Kosten dem Verursacherprinzip folgend dieser aufzuerlegen.

18   Wird ein Verfahren zulässigerweise durch *Vergleich* erledigt, richtet sich die Kostenverlegung in erster Linie nach der Parteivereinbarung. Haben die Parteien mit Bezug auf die Tragung der Verfahrenskosten nichts vereinbart, hat die Behörde bei der Kostenverlegung auf die ursprünglichen Rechtsbegehren und

§ 13

den möglichen Prozessausgang abzustellen, um zu bestimmen, wer als ganz oder teilweise unterliegend zu gelten hat (Gadola, S. 441; Merkli/Aeschlimann/Herzog, Art. 110 N. 6). Sie hat dabei dem durch die vergleichsweise Erledigung des Verfahrens verminderten Behördenaufwand Rechnung zu tragen. Kostenpflichtig ist namentlich, wer im Rahmen eines Vergleichs ein Rechtsmittel oder Begehren zurückzieht.

Im Übrigen sind die Verfahrenskosten bei *Gegenstandslosigkeit* so zu verlegen, dass den Prozessaussichten nach dem Stand der Streitsache vor der Gegenstandslosigkeit Rechnung getragen wird (VPB 57/1993 Nr. 16 S. 171; Gygi, S. 326). Lässt sich nicht feststellen, wer die Gegenstandslosigkeit verursacht hat oder kann sie keiner am Verfahren beteiligten Partei zugerechnet werden, sind die Verfahrenskosten nach Billigkeit zu verlegen (RB 1977 Nr. 6, 1967 Nr. 2; VGr. 18.2.1998, VB.97.00482; vgl. § 65 Abs. 1 ZPO). Auf eine Kostenauflage kann ganz verzichtet werden, wenn die bisherigen Umtriebe geringfügig sind (VGr. 3.10.1989, VB 89/0102). 19

Unabhängig vom Verfahrensausgang und übereinstimmend mit dem *Verursacherprinzip* (N. 14) können den Verfahrensbeteiligten jene Kosten auferlegt werden, die sie durch Verletzung von Verfahrensvorschriften oder nachträgliches Vorbringen von Tatsachen und Beweismitteln verursacht haben (§ 13 Abs. 2 Satz 2). Darüber hinaus rechtfertigt sich eine solche Kostenauflage in jenen Fällen, in denen eine beteiligte Partei die Verfahrenskosten durch anderweitiges Verhalten unnötig vermehrt (Gadola, S. 461), namentlich indem sie durch Verfahrensweiterungen und -anträge einen Aufwand verursacht, der objektiv betrachtet zur Wahrung der Parteiinteressen nicht erforderlich war. In allen diesen Fällen ist die Kostenauflage aber auf die durch das Parteiverhalten zusätzlich verursachten Aufwendungen beschränkt. Demgemäss wird in der Praxis offensichtlich querulatorischen Begehren, leichtfertiger Verfahrenseinleitung und Trölerei dadurch Rechnung getragen, dass die Gebühr etwas höher als normal angesetzt und die verursachende Partei allenfalls zu einer Parteientschädigung (§ 17) verpflichtet wird (vgl. Sommer, Verwaltungsgericht, S. 276); dagegen ist solange nichts einzuwenden, als sich die Behörde im Rahmen ihres Ermessens hält und rechtsgleich verfährt. 20

Das Verursacherprinzip rechtfertigt es, selbst einem fast vollständig obsiegenden Rechtsmittelkläger Verfahrenskosten (vgl. VGr. 22.4.1993, VB 93/0059; 1.11.1991, VB 90/0236) und einem teilweise obsiegenden Beschwerdeführer entgegen dem Grundsatz der gleichmässigen Kostentragung die ganzen Gutachtenskosten aufzuerlegen (VGr. 8.10 1992, VB 92/0058). Ebenso kann die im Rekursverfahren obsiegende Eigentümerin von Quellfassungen zur Tragung der Kosten eines im Rekursverfahren angeordneten Gutachtens verpflichtet werden; denn sie ist nach den gewässerschutzrechtlichen Bestimmungen verpflichtet, die für die Abgrenzung der Schutzzonen notwendigen Erhebungen durchzuführen (RB 1998 Nr. 4). Dem obsiegenden Bauherrn können Verfahrens- 21

§ 13

kosten auferlegt werden, wenn sich ein Nachbar aufgrund mangelhafter Baugesuchsunterlagen zur Rechtsmittelerhebung veranlasst sah (VGr. 18.12.1997, VB.97.00455; vgl. BGE 114 Ia 258). Dagegen wird nicht der Bauherr, sondern allein das bewilligende Gemeinwesen kostenpflichtig, wenn ein Nachbar mit Erfolg gegen eine kommunale Baubewilligung rekurriert, die sich als offensichtlich fehlerhaft erweist; diesfalls wäre es unbillig, den Baugesuchsteller als Verursacher des Baubewilligungsverfahrens mit den Kosten des Rechtsmittelverfahrens zu belasten. Die Kostenpflicht trifft auch denjenigen, der gegenüber der Rechtsmittelbehörde die Klarstellung unterlässt, dass seine Eingabe nicht als Rechtsmittel zu verstehen war; diesem die Abschreibungskosten zu überbinden, erweist sich als rechtens (VGr. 21.12.1989, VB 89/0119; 26.10.1990, VB 90/0135). Dem Verursacherprinzip entspricht es, dass Kosten von Mahnungen und Betreibungen, die vor der rechtskräftigen Gebührenfestsetzung entstanden sind, nicht dem Gebührenschuldner auferlegt werden dürfen (RB 1988 Nr. 4; RB 1979 Nr. 5 = ZBl 81/1980, S. 181 = ZR 79 Nr. 23). Kosten für verwaltungsinterne Mitteilungen eines Entscheids dürfen unabhängig vom Verfahrensausgang nicht der unterliegenden Partei auferlegt werden, sondern gehen zulasten der anordnenden Behörde (vgl. RRB 106/1976).

22 Das Verursacherprinzip hat zur Folge, dass Kosten ausser den unmittelbar Verfahrensbeteiligten auch jenen Personen auferlegt werden dürfen, die sie tatsächlich verursacht haben. Für ein Verfahren kostenpflichtig wird deshalb der Vertreter, der ohne Auftrag der von ihm vertretenen Partei ein Rechtsmittel ergreift (RB 1967 Nr. 1; VGr. 30.10.1996, VB.96.00113).

23 Das Unterlieger- und das Verursacherprinzip gelten für die Kostenauflage nicht umfassend, sondern erfahren vor allem aus Billigkeitsgründen Einschränkungen. So sind die Kosten verhältnismässig zu verlegen, wenn sich die unterliegende Partei in guten Treuen zur Rechtsmittelergreifung veranlasst sah (vgl. Kölz/Häner, Rz. 702; vgl. § 64 Abs. 3 ZPO). Auch aus einer nicht vorhersehbaren Praxisänderung kann sich trotz des Unterliegens im Verfahren ein Anspruch auf Kostenbefreiung ergeben (BGE 122 I 61; Merkli/Aeschlimann/Herzog, Art. 107 N. 8); desgleichen, wenn eine schwierige, gesetzlich nicht geregelte Rechtsfrage zu klären war, sodass es der unterliegenden Partei unmöglich war, die Erfolgsaussichten ihres Begehrens abzuschätzen (VPB 62/1998 Nr. 19 S. 139 f.). Schliesslich darf den Verfahrensbeteiligten aus einem Eröffnungsfehler kein Nachteil erwachsen (§ 10 N. 62): Keine Kosten sind deshalb zu erheben, wenn jemand aufgrund einer falschen Rechtsmittelbelehrung ein Rechtsmittel ergriffen hat und auf dieses nicht eingetreten wird (VGr. 15.12.1989, VB 89/0128; vgl. § 10 N. 55). Ergeht ein Nichteintretensentscheid aufgrund eines Zuständigkeitskonflikts zwischen den Behörden, dürfen dem beteiligten Privaten insoweit keine Verfahrenskosten auferlegt werden; beharrt dieser aber auf einer bestimmten Zuständigkeit oder bestreitet er die Zuständigkeit der angerufenen Behörde, liegt wiederum ein Konflikt zwischen Behörde und Pri-

§ 13

vatem vor, auf welchen das Unterliegerprinzip anwendbar ist (Merkli/Aeschlimann/Herzog, Art. 107 N. 7).

Seit der Revision vom 8.6.1997 sind nicht nur Private, sondern auch der Kanton, seine Amtsstellen und die Gemeinden im Verwaltungs(justiz)verfahren gebühren- und kostenpflichtig. Dies gilt für jene Gebühren und Kosten, die auch von Privaten bezahlt werden müssen, wenn die Amtshandlung ihnen gegenüber ergangen wäre (Weisung 1995, S. 1529). Zufolge der Aufhebung des bisherigen Gebühren- und Kostenprivilegs sind daher zürcherische Amtsstellen im Verwaltungs- und Verwaltungsrechtspflegeverfahren gleich den Privaten entsprechend dem Unterlieger- bzw. Verursacherprinzip kostenpflichtig. Damit wird einerseits Kostentransparenz zwischen den Gemeinden, dem Kanton und den kantonalen Rechtspflegebehörden geschaffen und anderseits dem fiskalischen Verursacherprinzip Rechnung getragen. Besonders innerhalb der kantonalen Amtsstellen und Gerichtsbehörden drängt es sich im Interesse einer ökonomischen Verwaltungsführung allerdings auf, Gebühren und Kosten nicht tatsächlich einzuziehen, sondern lediglich auf den betreffenden Konten zu belasten bzw. gutzuschreiben (Rotach, S. 440). 24

Dem Bund (sowie anderen Kantonen und Gemeinden) dürfen Kosten auferlegt werden (RRB 6677/1976), sofern das Bundesrecht keine abweichende Regelung aufstellt (vgl. Art. 103 lit. b OG). 25

Die erstinstanzlich anordnende Behörde ist im Rechtsmittelverfahren als Partei bzw. als Verfahrensbeteiligte zu behandeln. Dagegen kommt den (weiteren) *Vorinstanzen* in einem Rechtsmittelverfahren lediglich parteiähnliche Stellung zu, indem sie ausschliesslich die ihnen anvertrauten öffentlichen Interessen zu wahren haben (vgl. Vorbem. zu §§ 4–31 N. 22). Mit Rücksicht auf diese besondere Funktion dürfen den Vorinstanzen in einem Rechtsmittelentscheid weder Gebühren noch Kosten auferlegt werden. 26

Können die Kosten keiner der am Verfahren beteiligten Parteien auferlegt werden, sind sie auf die Staats- bzw. Gerichtskasse zu nehmen (vgl. § 66 Abs. 2 ZPO). Dies ist etwa der Fall, wenn die Kosten aufgrund des Verfahrensausgangs entsprechend dem Verursacherprinzip an sich der als Rechtsmittelbehörde amtenden Vorinstanz aufzuerlegen wären, deren Entscheid an einem von keiner Partei zu vertretenden tatsächlichen oder rechtlichen Mangel leidet, oder wenn einer Kostenauflage sowohl an die ganz oder teilweise unterliegende Partei als auch an die verursachende, ganz oder teilweise obsiegende Partei beachtenswerte Billigkeitsgründe entgegenstehen. 27

Bei Gutheissung eines Rechtsmittels ist zugleich über die Kosten der vorinstanzlichen Verfahren zu entscheiden, sofern diese nicht auf die Staats- bzw. Gerichtskasse genommen wurden. Bei teilweiser Gutheissung sind in der Regel auch die Kosten der Vorinstanzen entsprechend neu zu verlegen. Bei Abweisung werden die vorinstanzlichen Kostenauflagen automatisch rechtskräftig, 28

§ 13

sofern diesbezüglich im Rechtsmittelentscheid nichts anderes angeordnet wird. Zum Kostenbezug vgl. N. 39 ff.

29 Werden Zwischenentscheide gefällt (§ 19 Abs. 2 und § 48 Abs. 2), ist über deren Kosten erst mit dem Endentscheid zu befinden (Merker, § 38 Rz. 57; vgl. Hauser/Hauser, § 222 N. 3 I). Im Dispositiv von Zwischenentscheiden soll aber auf die Kostenregelung im Endentscheid verwiesen werden.

30 Nach ständiger Praxis hat, wer eine Aufsichtsbeschwerde einreicht, bei deren Abweisung die Kosten zu tragen, wenn die Aufsichtsbehörde von sich aus keinen Anlass hatte, sich mit der Sache zu befassen, oder wenn er mit seiner Aufsichtsbeschwerde lediglich persönliche und private Interessen verfolgte (RRB 258/1957, 742/1959, 4364/1972, 5443/1972). Vgl. Vorbem. zu §§ 19–28 N. 42.

31 Die Kosten des Schätzungsverfahrens vor den Schätzungskommissionen (vgl. §§ 32 ff. AbtrG) trägt in der Regel der Expropriant. Eine angemessene Aufteilung der Verfahrenskosten zwischen dem Enteigner und dem Abtretungspflichtigen setzt einerseits eine gütliche Einigung voraus und bedingt anderseits, dass die zuletzt erhobene Entschädigungsforderung die festgesetzte Entschädigung um mehr als die Hälfte übersteigt (§ 63 Abs. 1 AbtrG). In Streitigkeiten über Entschädigungen aus materieller Enteignung sind die Kosten des Schätzungsverfahrens dem Enteigneten aufzuerlegen, wenn er das Verfahren leichtfertig verursacht hat (RB 1993 Nr. 65).

32 Zur gesetzlichen Begründungspflicht mit Bezug auf Kostenentscheide vgl. § 10 N. 41.

5. Personalrechtliche Streitigkeiten (Abs. 3)

33 In *personalrechtlichen Streitigkeiten* werden gemäss § 13 Abs. 3 weder Gebühren noch Kosten auferlegt. Diese Kostenbefreiung gilt jedoch nur im verwaltungsinternen Verfahren, d.h. im nichtstreitigen Verfahren und im Rekursverfahren. Soweit dagegen das Verwaltungsgericht als Personalgericht tätig ist, sind in Anlehnung an das Privatrecht (Art. 343 Abs. 2 und 3 OR) lediglich Verfahren bis zu einem Streitwert von Fr. 20'000.– kostenlos (§ 80b; dazu § 80b N. 1 ff.). In den Genuss der Kostenlosigkeit kommen neben dem klagenden oder beklagten Arbeitnehmer auch die als Partei auftretenden Behörden bzw. Gemeinwesen (Keiser, Personalrecht, S. 215).

34 Vom Grundsatz der Kostenfreiheit darf sowohl im nichtstreitigen Verfahren als auch im Rekurs- und Beschwerdeverfahren zulasten der unterliegenden Partei abgewichen werden, wenn diese durch ihre Prozessführung einen unangemessenen Aufwand verursacht hat (§ 13 Abs. 3 und § 80b); insoweit gilt das Verursacher- und zugleich das Unterliegerprinzip. Ein solcher Aufwand kann sich na-

mentlich aus der Art ergeben, wie eine Partei ein Verfahren geführt und sich daran beteiligt hat, oder dadurch entstehen, dass eine unleserliche, ungebührliche oder übermässig weitschweifige Eingabe zur Verbesserung zurückgewiesen werden muss (vgl. § 5 Abs. 3; Weisung 1995, S. 1529). Die Kostenauflage rechtfertigt sich sodann, wenn die unterliegende Partei durch Verletzung der Verfahrensvorschriften oder durch nachträgliches Vorbringen solcher Tatsachen und Beweismittel, die sie schon früher hätte geltend machen können, zusätzlichen Aufwand verursacht (vgl. § 80b N. 5). Mithin erweist sich jener Aufwand als unangemessen, der objektiv betrachtet zur Wahrung der Parteiinteressen nicht erforderlich war (vgl. N. 20).

Für Personalstreitigkeiten, die in den Anwendungsbereich des Gleichstellungsgesetzes fallen, gilt die Kostenlosigkeit des Verfahrens vor allen Instanzen unmittelbar aufgrund von Art. 13 Abs. 5 GlG. Einzig im Fall mutwilliger Prozessführung können der fehlbaren – nicht nur der unterliegenden – Partei Kosten auferlegt werden (vgl. Art. 343 Abs. 3 OR). Weil ein bestimmtes prozessuales Verhalten auch bei fehlender Mutwilligkeit unangemessenen Aufwand im Sinn von § 13 Abs. 3 VRG verursachen kann, ist die Kostenauflage gemäss Art. 13 Abs. 5 GlG nur in einem engen Rahmen möglich. 35

§ 13 Abs. 3 befreit in personalrechtlichen Streitigkeiten einzig von der Pflicht, Verfahrenskosten tragen zu müssen. In Anwendung von § 17 ist es daher zulässig, die unterliegende Partei oder Amtsstelle im Rekursverfahren und im Verfahren vor Verwaltungsgericht zu einer angemessenen Entschädigung zugunsten der Gegenpartei für deren Umtriebe zu verpflichten. 36

6. Rechtsmittel gegen Kostenentscheide

Die Kostenauflage kann selbständig mit Rekurs an die nächsthöhere Instanz weitergezogen werden, jedoch nur dann, wenn diese auch in der Hauptsache zuständig ist (RB 1992 Nr. 38, 1984 Nr. 5; Gygi, S. 328; Rhinow/Koller/Kiss, Rz. 1375). Das gilt auch für das Verwaltungsgericht: Gebührenauflagen, die in Verbindung mit einem nicht an das Verwaltungsgericht weiterziehbaren Sachentscheid ergangen sind, können nicht mit Beschwerde angefochten werden (§ 43 Abs. 3; vgl. RB 1962 Nr. 19 = ZR 62 Nr. 63). Das Verwaltungsgericht kann dort, wo es in der Hauptsache zuständig ist, die Gebührenauflage jedoch nur in beschränktem Umfang überprüfen, weil den Behörden bei der Gebührenfestsetzung ein weites Ermessen zukommt (N. 8). Dem Verwaltungsgericht ist daher die freie Nachprüfung verwehrt, soweit nicht ein Ermessensfehler vorliegt (RB 1962 Nr. 19 = ZR 62 Nr. 63; vgl. § 50 Abs. 2 lit. c und Abs. 3; zur analogen Praxis des Bundesgerichts bei Parteikosten BGE 98 Ib 509 f.). 37

Letztinstanzliche kantonale Kostenentscheide können mit staatsrechtlicher Beschwerde beim Bundesgericht angefochten werden; dieses übt jedoch nur Will- 38

§ 13

kürkognition. Kostenauflagen in Entscheiden, die in Anwendung von Bundesverwaltungsrecht ergehen, können mit Verwaltungs- bzw. Verwaltungsgerichtsbeschwerde an die ordentlichen eidgenössischen Rechtsmittelinstanzen weitergezogen werden; auch hier erfolgt indessen nur eine Willkürüberprüfung (BGE 123 II 358, 98 Ib 336).

7. Verschiedenes

39 Die Kosten sind grundsätzlich erst im Endentscheid festzusetzen; im Dispositiv von Zwischenentscheiden soll auf die Kostenregelung im Endentscheid verwiesen werden (vgl. N. 29).

40 Der Bezug der Kosten obliegt dem Rechnungssekretariat bzw. der Kanzlei derjenigen Behörde, die in der Sache selbst entschieden hat. Letztere entscheidet auch über Stundung, Verjährung, Verrechnung und Verzugszinsen. Gegen solche Entscheide ist nur Aufsichtsbeschwerde zulässig (vgl. RB 1962 Nr. 17). Kosten werden mit der Rechtskraft fällig (Hauser/Hauser, § 237 N. 5 I).

41 Soweit eine gesetzliche Regelung fehlt, unterliegen auch die Verfahrenskosten dem allgemeinen Rechtsgrundsatz, wonach bei verspäteter Zahlung *Verzugszinsen* zu entrichten sind (Häfelin/Müller, Rz. 149, 606). Der Zinssatz beträgt in analoger Anwendung von Art. 104 Abs. 1 OR in der Regel fünf Prozent. Für das Verfahren vor Verwaltungsgericht bestimmt § 15 GebV VGr ausdrücklich, dass für verspätet bezahlte Verfahrenskosten Verzugszinsen zu fünf Prozent berechnet werden. In sinngemässer Anwendung von § 205 GVG ist davon auszugehen, dass Verfahrenskostenforderungen der zehnjährigen *Verjährung* gemäss Art. 127 OR unterliegen (vgl. Häfelin/Müller, Rz. 637).

42 Kostenentscheide aller Verwaltungsinstanzen des Kantons Zürich (einschliesslich des Verwaltungsgerichts), der Zürcher Gemeinden und kantonaler öffentlichrechtlicher Körperschaften stehen den vollstreckbaren gerichtlichen Urteilen gleich (§ 214 ZPO). Der Rechtsöffnungsrichter hat deshalb gestützt auf solche Anordnungen definitive Rechtsöffnung zu erteilen (Art. 80 Abs. 2 Ziff. 3 SchKG). Die hierzu benötigte Rechtskraftbescheinigung wird von der der entscheidenden Behörde übergeordneten Behörde oder von der nächsthöheren bzw. letzten Rechtsmittelinstanz ausgestellt. Eine hängige staatsrechtliche Beschwerde ist kein Grund, die Rechtskraftbescheinigung zu verweigern.

43 Auch im Verwaltungsprozess dürfte es wie im Zivil- und Strafprozess unzulässig sein, Kosten per Nachnahme zu erheben (vgl. Hauser/Hauser, § 237 N. 5 IV; § 10 N. 30).

§ 14. Haben mehrere Beteiligte dasselbe Begehren gestellt oder richtet sich das Verfahren gegen mehrere Beteiligte, so tragen sie die ihnen auferlegten Kosten in der Regel zu gleichen Teilen unter subsidiärer Haftung für das Ganze, soweit nicht durch das zwischen ihnen bestehende Rechtsverhältnis Solidarhaftung begründet ist.

2. Kostenauflage bei gemeinsam Beteiligten

Materialien
Weisung 1957, S. 1035 f.; Prot. KK 20.12.1957, 23.9.1958; Prot. KR 1955–1959, S. 3271; Beleuchtender Bericht 1959, S. 400 f.

Literatur
GADOLA, S. 463; MERKLI/AESCHLIMANN/HERZOG, Art. 106 N. 1 ff.

Der Grundsatz, dass bei mehreren Beteiligten die Kosten entsprechend dem Unterliegen verlegt werden (§ 13 Abs. 2), gilt nicht nur im Verhältnis zwischen Gesuchsteller und Gesuchsgegner. Er findet auch Anwendung auf die Kostentragung innerhalb einer Mehrheit von unterliegenden Gesuchstellern oder -gegnern. Haben mehrere Verfahrensbeteiligte *dasselbe* Begehren gestellt oder richtet sich ein Begehren in gleicher Weise gegen mehrere Beteiligte, bestimmt § 14, dass die auferlegten Kosten von den unterliegenden Beteiligten in der Regel *zu gleichen Teilen* zu tragen sind. – Eine solche Mehrheit von Verfahrensbeteiligten kann sich zufällig ergeben, so wenn mehrere von einem Verwaltungsakt Betroffene, die unter sich keine Rechtsbeziehung haben, ein Rechtsmittel ergreifen oder gegen mehrere untereinander rechtlich und tatsächlich unabhängige Anordnungsadressaten in der gleichen Sache ein Rechtsmittel ergriffen wird. Die Frage nach der Kostenverteilung gemäss § 14 stellt sich aber nur, wenn die Verfahren auf Begehren oder von Amtes wegen *vereinigt* werden. Werden die Rechtsmittel dagegen in separaten Verfahren behandelt, richtet sich die Kostenauflage ausschliesslich nach § 13 Abs. 2.

1

Subsidiäre Haftung bedeutet, dass ein einzelner Beteiligter für die gesamten Kosten bzw. für den gesamten den subsidiär Haftenden auferlegten Kostenanteil belangt werden kann, sofern diese bzw. dieser bei den andern Beteiligten nicht erhältlich sind. Die Subsidiarität unterscheidet sich von der Solidarität insofern, als nicht wahlweise ein Beteiligter für das Ganze belangt werden kann, sondern zuerst versucht werden muss, die entsprechenden Anteile bei jedem Einzelnen einzutreiben (Gadola, S. 463). Die subsidiäre Haftung ist dann unbillig, wenn – was in der Praxis oft geschieht – die Kosten in Anbetracht der Vielzahl von Beteiligten höher bemessen werden als wenn nur ein Beteiligter vorhanden ist. Es ist daher mit der Anwendung der subsidiären Haftung Zurückhaltung zu üben. Sie kommt in erster Linie bei baurechtlichen Nachbarrekursen und im Quartierplanverfahren vor.

2

Solidarhaftung darf nach dem Gesetzeswortlaut – entgegen einer in der Praxis verschiedenenorts bestehenden Übung – nur dann festgelegt werden, wenn unter

3

§ 14 / § 15

den Beteiligten ein besonderes Rechtsverhältnis besteht. Der häufigste Fall des besonderen Rechtsverhältnisses ist die privatrechtliche Gesamthandschaft aus Erbengemeinschaft, Gesamteigentum oder einfacher Gesellschaft. Es kann indessen auch eine öffentliche Rechtsbeziehung Solidarhaftung begründen. Schliessen sich mehrere Private zur Bekämpfung eines Bauvorhabens zusammen, sind sie als einfache Gesellschaft im Sinn von Art. 530 ff. OR zu würdigen; entsprechend haften sie im Fall ihres Unterliegens im Rechtsmittelverfahren gemäss § 14 VRG untereinander solidarisch (RB 1996 Nr. 9). In Fällen, wo diese besondere Rechtsbeziehung unter den Beteiligten fehlt, darf an sich keine Solidarhaftung statuiert werden. In extensiver Auslegung des Gesetzeswortlauts nimmt das Verwaltungsgericht jedoch auch bei Ehegatten Solidarität an, die sich *gemeinsam* an einem Verfahren beteiligen. Dies erleichtert und vereinfacht der Gerichtskanzlei nicht nur den Kostenbezug, sondern befreit das Gericht auch von der Pflicht, in solchen Fällen den Güterstand der kostenpflichtigen Ehegatten feststellen zu müssen. Mithin macht sich das Verwaltungsgericht das Wesen der Solidarhaftung zu Nutzen, wonach jeder Kostenschuldner für den ganzen geschuldeten Betrag belangt werden kann und solange verpflichtet bleibt, bis die ganze Schuld getilgt ist (vgl. Art. 144 OR). Die Behörden müssen sich deshalb eine interne Vereinbarung über die Kostentragung nicht entgegenhalten lassen (VGr. 25.3.1998, VB.98.00041).

4 Stehen sich mehrere Gesuchsteller und mehrere Gesuchsgegner gegenüber, so gilt die subsidiäre bzw. solidarische Haftung nur für die Anteile der gleichen Gruppe. Eine Mithaftung eines Gesuchstellers für den Anteil des Gesuchsgegners darf nicht festgesetzt werden (Bosshart, § 14 N. 3). Bildet die Erteilung bzw. die Verweigerung mehrerer gleichartiger Bewilligungen, die je von einer oder mehreren Personen beantragt werden, Gegenstand eines Verfahrens, sind die Verfahrenskosten nicht nach der Zahl der Rekurrenten, sondern nach der Anzahl der im Streit liegenden Bewilligungen zu verlegen (VGr. 22.5.1975, VB 12/1975).

3. Kostenvorschuss

§ 15. Entstehen aus der im Interesse eines Privaten veranlassten Untersuchung erhebliche Barauslagen, so kann die Durchführung der Untersuchung von der Leistung eines angemessenen Barvorschusses abhängig gemacht werden.

Ein Privater kann überdies unter der Androhung, dass auf sein Begehren sonst nicht eingetreten werde, zur Sicherstellung der Verfahrenskosten angehalten werden:

a) wenn er in der Schweiz keinen Wohnsitz hat;

b) wenn er aus einem erledigten und nicht mehr weiterziehbaren Verfahren vor einer zürcherischen Verwaltungs- oder Gerichtsbehörde Kosten schuldet;

c) wenn er als zahlungsunfähig erscheint.

§ 15

Materialien
Weisung 1957, S. 1036; Prot. KK 20.12.1957, 23.9.1958; Prot. KR 1955–1959, S. 3271; Beleuchtender Bericht 1959, S. 400 f.; Weisung 1995, S. 1529; Prot. KK 1995/96, S. 26 f., 33 f.; Prot. KR 1995–1999, S. 6488, 6830.

Literatur
GADOLA, S. 466 f.; GYGI, S. 329; IMBODEN/RHINOW II, Nr. 114; MERKLI/AESCHLIMANN/HERZOG, Art. 103 N. 8 ff., Art. 105 N. 1 ff., 24 ff.; ROTACH, S. 440 f.

Übersicht	Note
1. Allgemeines	1
2. Zu Abs. 1	14
3. Zu Abs. 2	18
3.1. Zu Abs. 2 lit. a	22
3.2. Zu Abs. 2 lit. b	24
3.3. Zu Abs. 2 lit. c	27
4. Verschiedenes	31

1. Allgemeines

§ 15 liegt die Auffassung zugrunde, dass im nichtstreitigen und im streitigen Verwaltungsverfahren sowie im Verwaltungsrechtspflegeverfahren grundsätzlich *kein Kostenvorschuss* zu leisten ist. Die Leistung eines Vorschusses dürfen die Behörden daher nur unter den in § 15 Abs. 1 und Abs. 2 lit. a–c genannten Voraussetzungen verlangen. Sie sind dazu aber nicht verpflichtet, sondern können trotz gegebener Voraussetzungen davon absehen. Sie haben dabei allerdings im Auge zu behalten, dass mit dem Kostenvorschuss der Kostenanspruch des Gemeinwesens sichergestellt und zugleich der Vorschusspflichtige auf das Kostenrisiko des Verfahrens hingewiesen werden soll. 1

Der Gesetzgeber hat mit Absicht die Kostenvorschusspflicht im Verwaltungsverfahren enger ausgestaltet als die Vorschusspflicht im Zivilprozess (vgl. §§ 73 ff. ZPO), vor allem aus der Erwägung, dass der Rechtsschutz des Bürgers im Verwaltungsverfahren durch die Vorschusspflicht nicht beeinträchtigt werden soll (Beleuchtender Bericht 1959, S. 400). 2

Aufgrund der Verweisungen in den §§ 70, 80c und 86 ist § 15 (i.V.m. § 4) nicht nur im nichtstreitigen Verwaltungsverfahren und im Rekursverfahren, sondern auch in den Verfahren vor Verwaltungsgericht anwendbar. Dies gilt aufgrund der Auslegung von § 73 und der ausdrücklichen Verweisung in § 17 Abs. 2 GebV VGr auch insoweit, als das Verwaltungsgericht in Steuersachen entscheidet (vgl. RB 1982 Nr. 89 sowie § 13 N. 2 und § 73 N. 8). 3

Nach dem Wortlaut von § 15 können nur *Private* zur Vorschussleistung verpflichtet werden, unabhängig davon, ob sie eigene oder ausschliesslich ideelle Interessen vertreten (VGr. 19.4.1996, VB 92/0152). Amtsstellen, Behörden und juristischen Personen des öffentlichen Rechts – mithin dem Gemeinwesen – 4

§ 15

kann somit ein Vorschuss nicht auferlegt werden. Diese unterschiedliche Behandlung findet ihre Rechtfertigung darin, dass es gegenüber dem Gemeinwesen in der Regel keine Mühe bereitet, die Verfahrenskosten einzutreiben; zudem dürften sich die öffentlichen Instanzen – anders als die Privaten – des einem Verwaltungsverfahren innewohnenden Kostenrisikos eher bewusst sein (Merkli/Aeschlimann/Herzog, Art. 105 N. 10).

5 Über die Vorschusspflicht befindet jene Behörde, die auch mit der Hauptsache befasst ist (im Rekursverfahren vor Regierungsrat ist an dessen Stelle gemäss § 4 Abs. 1 Ziff. 1 und Abs. 2 VerfV allerdings die Staatskanzlei bzw. die den Entscheid vorbereitende Direktion dafür zuständig). Die Erhebung des Kostenvorschusses erfolgt mittels einer verfahrensleitenden Anordnung (Gygi, S. 329; Merker, § 38 Rz. 53). Darin ist die betroffene Partei auf die *Höhe* des Vorschusses, die *Zahlungsfrist* und die *Folgen der Nichtleistung* in angemessener Weise aufmerksam zu machen (BGE 96 I 523; VGr. 6.9.1994, SB 94/0009). Eine solche Anordnung ist als *Zwischenentscheid* gemäss § 19 Abs. 2 und § 48 Abs. 2 selbständig mit Rekurs bzw. Beschwerde weiterziehbar, sofern sie für den Vorschusspflichtigen einen Nachteil zur Folge hat, der sich später voraussichtlich nicht mehr beheben lässt. Das Vorliegen eines solchen Nachteils ist regelmässig zu verneinen, wenn der Pflichtige tatsächlich in der Lage ist, die geforderte Zahlung zu erbringen. Weil zudem ein zu Unrecht auferlegter Vorschuss ohne weiteres zurückgefordert bzw. zurückerstattet werden kann, genügt es, wenn die Vorschusspflicht erst zusammen mit dem Entscheid in der Hauptsache in Frage gestellt werden kann (vgl. RB 1990 Nr. 18).

6 Im Ermessen der Behörden liegt nicht nur, ob sie überhaupt einen Kostenvorschuss verlangen, sondern auch dessen *betragsmässige Festsetzung* im Einzelnen. Diesbezüglich besitzen sie einen sehr weitgehenden Ermessensspielraum (VGr. 3.11.1995, VB 94/0200), der in erster Linie durch den Verhältnismässigkeitsgrundsatz begrenzt wird (Imboden/Rhinow II, Nr. 114 B III). Abzustellen ist dabei auf den mutmasslichen Untersuchungs- bzw. Verfahrensaufwand. Als in diesem Sinn angemessen erweist sich daher der Betrag, den die pflichtige Partei im Fall ihres Unterliegens voraussichtlich an Verfahrenskosten bezahlen müsste. Ergibt sich im Verlauf eines Verfahrens ein zusätzlicher, unvorhergesehener Aufwand, ist es bei einer *erheblichen* Änderung der Kostensituation zulässig, den Vorschuss nachträglich zu erhöhen und den entsprechenden Betrag beim Pflichtigen einzufordern (Merkli/Aeschlimann/Herzog, Art. 105 N. 11; vgl. § 79 Abs. 1 ZPO; ZR 98 Nr. 41). Hingegen rechtfertigt es sich kaum, den bereits geleisteten Kostenvorschuss nachträglich herabzusetzen. Diesfalls ist von einer Rückerstattung vor Abschluss des Verfahrens abzusehen; die Interessen des Vorschusspflichtigen sind hinreichend gewahrt, wenn nach Verfahrensabschluss eine Schlussabrechnung erstellt und ein Überschuss zurückbezahlt wird.

7 Zur Leistung des Vorschusses ist dem Pflichtigen eine *angemessene Zahlungsfrist* einzuräumen. Dabei sind im Einzelfall die Höhe des verlangten Vorschusses,

§ 15

die Bedeutung und Dringlichkeit der Sache sowie unter Umständen die wirtschaftliche Leistungsfähigkeit des Pflichtigen zu berücksichtigen. Ob die Frist gewahrt ist, bestimmt sich nach den Vorschriften von § 11 (dazu § 11, insb. N. 11). Die Zahlung ist daher spätestens am letzten Tag der Frist bei der betreffenden Behörde vorzunehmen. Bei postalischer Überweisung muss der Betrag am letzten Tag der Frist bei einer Poststelle einbezahlt oder der Überweisungsauftrag bzw. der Check der Post übergeben sein. Wird der Sammelauftragsdienst der Post benutzt, ist spätestens der Tag des Fristablaufs als Fälligkeitsdatum einzusetzen und ist der Datenträger vor Fristablauf der Post zu übergeben. Nicht erforderlich ist, dass die Gutschrift auf dem Konto des Zahlungsempfängers vor Fristablauf erfolgt (BGE 118 Ia 112; RB 1995 Nr. 5). Ein Dritter, dessen Dienste sich der Pflichtige bedient, muss ebenfalls in diesem Sinn rechtzeitig handeln (RB 1995 Nr. 5, 1986 Nr. 52). Bei Zahlungen aus dem Ausland genügt es, wenn der Überweisungsauftrag an die Post oder an ein Geldinstitut am letzten Tag bei der schweizerischen diplomatischen oder konsularischen Vertretung zur Beförderung eintrifft. Barzahlungen können aber nicht über den diplomatischen Dienst abgewickelt werden (Merkli/Aeschlimann/Herzog, Art. 42 N. 10).

Als behördliche Frist kann die Zahlungsfrist unter den Voraussetzungen von § 12 erstreckt oder wiederhergestellt werden. Eine kurze *Nachfrist* ist zu gewähren, wenn ein binnen laufender Zahlungsfrist gestelltes Begehren um Aufhebung der Vorschusspflicht oder Bewilligung der unentgeltlichen Prozessführung abgelehnt wird (RB 1995 Nr. 3). Von der Nachfristansetzung darf abgesehen werden, wenn ein entsprechendes Erlassgesuch als rechtsmissbräuchlich zu würdigen ist, namentlich weil dessen Aussichtslosigkeit für den Gesuchsteller von vornherein ersichtlich war (RB 1994 Nr. 3; VGr. 12.5.1999, VB.99.00082; 27.8.1997, SB.97.00023). Erweist sich auch das Begehren in der Hauptsache als aussichtslos, kann die zuständige Behörde den Kostenvorschuss aus verfahrensökonomischen Gründen erlassen und das Begehren als Ganzes abweisen; sie darf dabei den vorschusspflichtigen Antragsteller kostenmässig nicht schlechter stellen, als wenn sie auf dessen Begehren mangels rechtzeitiger Zahlung nicht eingetreten wäre (VGr. 14.9.1993, SB 93/0016). 8

Gleichzeitig mit der Auferlegung des Kostenvorschusses sind die *Säumnisfolgen* bei Nichtleistung innert der festgesetzten Frist zu bezeichnen und anzudrohen. Diese bestehen, je nachdem ob der Kostenvorschuss für das Verfahren als Ganzes oder lediglich für eine einzelne Untersuchungshandlung verlangt wird, in der Abschreibung des Verfahrens durch Nichteintreten (§ 15 Abs. 2) oder in der Nichtvornahme der beantragten Beweiserhebung (§ 15 Abs. 1). Die Behörden haben jedoch auf ein Begehren einzutreten oder die verlangte Beweishandlungen trotz Säumnis des Pflichtigen vorzunehmen, sobald den angedrohten Säumnisfolgen öffentliche Interessen entgegenstehen (Gadola, S. 466 f.) oder die beantragte amtliche Verrichtung von Amtes wegen vorzunehmen ist (vgl. § 7 N. 29). 9

§ 15

10 Sind an einem Verfahren mehrere Private als Gesuchsteller oder Gesuchsgegner beteiligt, ist mit Bezug auf die Vorschusspflicht zwischen einfachen und – vor allem bei Gesamthandsverhältnissen – notwendigen Streitgenossen zu unterscheiden (zur Unterscheidung im Einzelnen vgl. §§ 39 f. ZPO sowie Frank/Sträuli/Messmer, § 39 N. 2 ff. und § 40 N. 1 ff.). Die Pflicht zur Leistung eines Kostenvorschusses ist bei einfacher Streitgenossenschaft für jedes Mitglied einzeln zu prüfen, und die Säumnisfolgen treffen allein dieses. Bei notwendiger Streitgenossenschaft bildet das Nichtleisten des Kostenvorschusses durch den pflichtigen Streitgenossen keinen umfassenden, auch für die übrigen Streitgenossen wirkenden Nichteintretensgrund (RB 1990 Nr. 3). Ebenso wenig wird eine Vorschusspflicht ausgelöst, wenn ein Mitglied der notwendigen Streitgenossenschaft während des laufenden Verfahrens nach § 15 Abs. 2 vorschusspflichtig wird. Die für notwendige Streitgenossen bestehende Solidarhaftung sorgt dafür, dass der Kostenanspruch des Gemeinwesens regelmässig nicht gefährdet ist (Merkli/Aeschlimann/Herzog, Art. 105 N. 6). Umgekehrt bleibt ein einzelner Beteiligter einer notwendigen Streitgenossenschaft selbst dann zur Vorschussleistung verpflichtet, wenn die übrigen Streitgenossen nicht vorschusspflichtig sind (RB 1990 Nr. 3; vgl. demgegenüber § 77 ZPO).

11 Der Kostenvorschuss ist grundsätzlich durch Zahlung des geforderten Geldbetrags *in bar* an die von der Behörde bezeichnete Stelle zu leisten. Der Barzahlung gleichgestellt sind die Einzahlung am Postschalter und die Zahlungsanweisung an die Post oder an einen anderen Zahlungsbeauftragten. Die Zahlung muss in Schweizer Währung erfolgen. An die Stelle des Barvorschusses kann eine unwiderrufliche und vorbehaltlose Bankgarantie treten (VGr. 12.7.1993, RG 93/0004). Ausreichend ist auch die Hinterlegung solider – d.h. an der Börse gehandelter – Wertschriften (vgl. § 79 Abs. 2 ZPO; Frank/Sträuli/Messmer, § 79 N. 5). Hingegen eignet sich ein Check wegen der Widerrufsmöglichkeit des Ausstellers (Art. 1119 Abs. 1 OR) und der Bestimmung, dass ein Check innert bestimmter Frist zur Zahlung vorgelegt werden muss (Art. 1116 OR), nicht zur Sicherstellung von Verfahrenskosten (RB 1992 Nr. 3).

12 Der Kostenvorschuss ist vorab zur Deckung der Barauslagen im Sinn von § 15 Abs. 1 und der Verfahrenskosten gemäss § 15 Abs. 2 zu verwenden. Ein Überschuss ist zurückzuerstatten, soweit er nicht mit weiteren Geldforderungen der Behörden gegen die gleiche Partei aus dem nämlichen oder einem früheren Verfahren verrechnet wird. Voraussetzung dafür ist, dass es sich auf Seiten der Behörden nicht nur um das gleiche Gemeinwesen, sondern innerhalb desselben auch um die gleiche Amtsstelle handelt, und dass die Forderung der Behörden fällig und jene des Vorschusspflichtigen erfüllbar ist (vgl. Frank/Sträuli/Messmer, § 81 N. 1; Häfelin/Müller, Rz. 644). Geleistete Barvorschüsse werden nicht verzinst (so ausdrücklich § 14 GebV VGr für das verwaltungsgerichtliche Verfahren; vgl. Frank/Sträuli/Messmer, § 79 N. 10). Der Ertrag hinterlegter Wertschriften bildet nicht Teil des Kostenvorschusses und steht dem Berechtigten zu (vgl. Frank/Sträuli/Messmer, § 81 N. 2).

Sind mehrere verfahrensbeteiligte Private in einem Verfahren gemeinsam vor- 13
schusspflichtig, weil sie eine Untersuchung gemeinsam veranlasst haben oder
weil sie alle gleichzeitig denselben Vorschussgrund gemäss § 15 Abs. 2 erfüllen,
ist bei der Verlegung und beim Bezug eines gemeinsam zu leistenden Kostenvorschusses in sinngemässer Anwendung von § 14 zu verfahren.

2. Zu Abs. 1

§ 15 Abs. 1 betrifft den Kostenvorschuss für *Barauslagen* (dazu § 13 N. 6). Er 14
erfasst dabei nur Barauslagen, die *erheblich* sind und in Zusammenhang mit
einer im Interesse des Privaten veranlassten *Untersuchung* entstehen. Im Vordergrund stehen hier Kosten aus Gutachter- und Übersetzungsaufträgen (vgl. Bosshart, § 15 N. 1). Für weitere Verfahrenshandlungen, die keine Untersuchung
im Sinn von § 15 Abs. 1 darstellen, ist ein Vorschuss einzig gestützt auf § 15
Abs. 2 erhältlich. Nicht zu den Barauslagen im Sinn des Gesetzes sind jene
Kosten zu zählen, die aus einer gebührenpflichtigen Tätigkeit der Verwaltung
erwachsen; solche Aufwendungen sind aus dem Gebührenerlös zu bestreiten.
Ebenso wenig gehören Kosten zu den Barauslagen, die sich aus dem Beizug
eines Privaten zur Erfüllung einer angestammten Aufgabe der Behörden ergeben (RB 1995 Nr. 4 = BEZ 1995 Nr. 22). Wann sich Barauslagen als erheblich
im Sinn des Gesetzes erweisen, lässt sich nur aufgrund der gesamten Umstände
des Einzelfalls beurteilen. Insoweit besteht ein weit reichendes Behördenermes-
sen. Dies gilt gleichermassen für die betragsmässige Festsetzung des Vorschusses (N. 6).

Ein Barvorschuss darf nach dem Gesetzeswortlaut nur verlangt werden, wenn 15
die Untersuchung im *Interesse eines Privaten* erfolgt. Dies bedeutet nicht, dass
für jede Untersuchungshandlung, die aufgrund der behördlichen Untersuchungspflicht vorgenommen wird und sich zugunsten eines Privaten auswirkt, ein
Vorschuss auferlegt werden darf. In der Praxis wird dieser Begriff vorwiegend so
interpretiert, dass ein Barvorschuss dann statuiert wird, wenn ein Beteiligter
eine bestimmte Beweismassnahme ausdrücklich verlangt. Diese Auffassung deckt
sich mit dem Geltungsbereich der gesetzlichen Mitwirkungspflicht, welche die
Verfahrensbeteiligten insoweit trifft, als sie ein Begehren gestellt haben (§ 7
Abs. 2 lit. a). Zuweilen wird auch auf die Beweiseignung im Rahmen der antizipierten Beweiswürdigung abgestellt: So wird, wenn ein Beteiligter auf einer
voraussichtlich nichts zur Sache beitragenden Untersuchungsmassnahme beharrt, richtigerweise ein Barvorschuss verlangt (vgl. § 7 N. 29).

Im Bereich der Eingriffsverwaltung trägt in der Regel der Staat die objektive 16
Beweislast (und Beweisführungslast); die Vorschusspflicht wird hier selten aktuell. Auch fällt ein Kostenvorschuss nur unter besonderen Voraussetzungen in
Betracht, sobald Abklärungen nötig sind, die von Amtes wegen vorgenommen
werden müssen (vgl. N. 9). Denn der Kostenvorschuss erfüllt seinen Zweck,

§ 15

den Gebührenanspruch der öffentlichen Hand sicherzustellen, nur dann, wenn diese die Vornahme der entsprechenden Amtshandlung bei Säumnis ablehnen darf (RB 1995 Nr. 4 = BEZ 1995 Nr. 22). Unzulässig ist deshalb die Verpflichtung zur Vorschussleistung für die Baukontrolle (§ 327 Abs. 2 PBG) sowie in einem von Amtes wegen durchzuführenden Baubewilligungsverfahren im Anschluss an eigenmächtig durchgeführte Bauarbeiten. Stellt indessen ein Beteiligter – etwa im Gebiet des Strassenverkehrsrechts – ein besonderes Beweisbegehren, um eine Bewilligung oder eine Zulassung zu erhalten, wird in ständiger Praxis ein Vorschuss verlangt. Bestehen aufgrund fortgesetzter Verstösse gegen Verkehrsvorschriften erhebliche Zweifel am Charakter eines Gesuchstellers, wird die Wiedererteilung des Führerausweises an die Bedingung eines günstig lautenden verkehrspsychologischen Gutachtens geknüpft. Weil die Untersuchung im Interesse des Gesuchstellers liegt, ist es zulässig, von diesem in Anwendung von § 15 Abs. 1 VRG einen Kostenvorschuss zur Deckung der mutmasslichen Gutachtenskosten zu verlangen (RRB 21.5.1975).

17 Die Vorschusspflicht ist in einer Zwischenverfügung festzuhalten, worin als Säumnisfolge bei Nichtleistung der Verzicht auf die verlangte Untersuchung anzudrohen ist (N. 5). Diese Verfügung ist unter den Voraussetzungen von § 19 Abs. 2 und § 48 Abs. 2 selbständig mit Rekurs bzw. Beschwerde weiterziehbar. Leistet die pflichtige Partei den Vorschuss nicht, *kann* die Behörde auf die Durchführung der betreffenden Untersuchung ohne jede weitere formelle Anordnung verzichten. Es ihr somit gestattet, diese Untersuchungshandlung gleichwohl vorzunehmen; eine Pflicht dazu besteht aber nicht. Im Übrigen ist die Untersuchung nach dem Untersuchungsgrundsatz ordnungsgemäss weiterzuführen, um zu einem Endentscheid in der Sache zu gelangen. Namentlich sind Untersuchungen, für die ein Barvorschuss nicht gefordert wurde, gleichwohl vorzunehmen. Überdies kann das öffentliche Interesse unter Umständen die Durchführung einer Untersuchung auch dann als geboten erscheinen lassen, wenn ein Barvorschuss nicht verlangt oder nicht geleistet wurde (Bosshart, § 15 N. 3; vgl. N. 9). Die säumige Partei hat somit höchstens die Nachteile zu tragen, die daraus resultieren, dass ihre Sachbehauptungen zufolge des Verzichts auf die Untersuchungshandlungen beweislos geblieben sind.

3. Zu Abs. 2

18 Während eine Säumnis mit Bezug auf die Vorschussleistung im Fall von § 15 Abs. 1 lediglich zur Folge hat, dass die nachgesuchte Untersuchungshandlung zum Nachteil des Vorschusspflichtigen unterbleibt, bildet die Bezahlung des Kostenvorschusses im Sinn von § 15 Abs. 2 eine eigentliche *Verfahrensvoraussetzung*, indem bei Zahlungsversäumnis auf das Begehren nicht eingetreten wird. Die Säumnisfolgen von § 15 Abs. 2 sind somit strenger als jene nach Abs. 1.

Der Nichteintretensentscheid, der wegen Nichtleistens eines Kostenvorschusses 19
ergeht, bildet einen verfahrensabschliessenden *Endentscheid* und ist deshalb mit
einer Rechtsmittelbelehrung zu versehen (Kölz/Kottusch, S. 454; vgl. § 10
N. 49). Diesfalls gilt der erfolglos ins Recht gelegte Anspruch zwar nicht als
materiell beurteilt (sogenannte res iudicata), doch geht zumindest die
Rechtshängigkeit des Gesuchs verloren (Merkli/Aeschlimann/Herzog, Art. 105
N. 24).

§ 15 Abs. 2 gelangt ohne weiteres zur Anwendung, wenn ein *Begehren* verfah- 20
rensrechtlicher oder materieller Natur vorliegt, das von einem *Privaten* stammt,
und eine der Voraussetzungen von Abs. 2 lit. a–c erfüllt ist (fehlender Wohnsitz
in der Schweiz, Verfahrenskostenschulden gegenüber einer zürcherischen Amtsstelle oder Zahlungsunfähigkeit). Die Vorschusspflicht umfasst dabei nicht nur
Barauslagen, sondern erstreckt sich auf alle Arten von *Verfahrenskosten* (vgl. § 13
N. 6). Der Nachweis, dass die Verfahrenskostenforderung trotz Vorliegens eines Vorschussgrunds tatsächlich nicht gefährdet ist, befreit nicht von der Vorschusspflicht (vgl. ZR 77 Nr. 88; Frank/Sträuli/Messmer, § 73 N. 14).

Über die Frage, ob ein Kostenvorschuss verlangt werden soll, haben die Behör- 21
den zu befinden, bevor sie das Begehren eines Privaten an die Hand nehmen.
Dies hindert sie nicht daran, einen Vorschuss auch nachträglich während eines
laufenden Verfahrens einzufordern, wenn sich die Vorschussgründe gemäss § 15
Abs. 2 erst in diesem Zeitpunkt verwirklichen. § 15 Abs. 2 ist daher insbesondere anwendbar, sobald der gesuchstellende Private im Verlauf des Verfahrens
seinen Wohnsitz ins Ausland verlegt oder seine Zahlungsfähigkeit verliert. Dies
gilt gleichermassen für die Rechtsnachfolge durch eine zahlungsunfähige oder
im Ausland wohnhafte Person (Merkli/Aeschlimann/Herzog, Art. 105 N. 5).

3.1. Zu Abs. 2 lit. a

Nachdem bis zur Revision vom 8.6.1997 vorschusspflichtig war, wer im Kanton 22
Zürich keinen Wohnsitz hatte, entspricht lit. a in der geänderten Fassung der
Regelung von § 73 Ziff. 1 ZPO (Prot. KK 1995/96, S. 33). Damit wird berücksichtigt, dass aufgrund des Konkordats über die Gewährung gegenseitiger Rechtshilfe zur Vollstreckung öffentlich-rechtlicher Ansprüche vom 20.12.1971 (SR
281.22) die Verfahrenskosten auch ausserkantonal eingetrieben werden können.
Im Unterschied dazu werden Personen mit Wohnsitz oder Sitz im Ausland seit je
regelmässig zur Sicherstellung oder Vorschussleistung angehalten.

Der Begriff des *Wohnsitzes* bestimmt sich bei natürlichen Personen nach Art. 23 23
ZGB und bei juristischen Personen sowie Kollektiv- und Kommanditgesellschaften nach Art. 56 ZGB. Weil § 15 Abs. 2 lit. a bezweckt, das Gemeinwesen davor zu schützen, Verwaltungsaufwand zugunsten einer Person zu erbringen, gegen
die ein Kostenentscheid nicht vollstreckt werden kann, genügt zur Befreiung
von der Vorschusspflicht nur ein *tatsächlicher* Wohn- oder Verwaltungssitz in

§ 15

der Schweiz. Ein fiktiver Sitz im Sinn von Art. 24 ZGB ist unbeachtlich (Frank/Sträuli/Messmer, § 73 N. 9; Merkli/Aeschlimann/Herzog, Art. 105 N. 3). Ob eine Person einen Ort mit der Absicht des dauernden Verbleibens zu ihrem Lebensmittelpunkt macht bzw. an einem bestimmten Ort ihre Verwaltung führt, beurteilt sich dabei in Berücksichtigung aller Umstände des Einzelfalls nach *objektiven Kriterien* (Merkli/Aeschlimann/Herzog, Art. 105 N. 3). Dabei ist es nicht von Belang, ob es sich beim Pflichtigen um einen Schweizer oder Ausländer handelt. Vorschusspflichtig sind auch ausländische juristische Personen mit einer Zweigniederlassung in der Schweiz (Frank/Sträuli/Messmer, § 73 N. 9). Ebenso befreit die Bezeichnung eines Zustellungsdomizils oder eines Vertreters in der Schweiz bei Sitz oder Wohnsitz im Ausland (vgl. § 6b Abs. 1) nicht von der gesetzlichen Vorschusspflicht.

3.2. Zu Abs. 2 lit. b

24 § 15 Abs. 2 lit. b entspricht weitgehend § 73 Ziff. 4 ZPO. Diese Bestimmung wird in der Praxis mit Zurückhaltung angewendet. Es wird nicht systematisch nach ungetilgten Schulden geforscht; auch hängt die Anwendung dieser Bestimmung stark vom jeweiligen Rechtsgebiet ab. Im Baurecht wird die Sicherstellungspflicht richtigerweise häufiger statuiert als etwa im Bildungs- oder Vormundschaftswesen. Auch bei juristischen Personen wird in der Praxis mit Recht häufiger von der Vorschusspflicht Gebrauch gemacht als bei natürlichen Personen (vgl. § 73 Ziff. 5 ZPO).

25 Als *erledigt* und *nicht mehr weiterziehbar* gilt ein Verfahren, das nicht mehr mit einem kantonalen oder eidgenössischen, ordentlichen oder ausserordentlichen Rechtsmittel in einem Zug, d.h. innert einer bestimmten, ab Eröffnung oder Zustellung des zuletzt gefällten Entscheids laufenden Rechtsmittelfrist, an eine obere Instanz weitergezogen werden kann (ZR 81 Nr. 41). Dabei spielt es keine Rolle, welchem Rechtsbereich das Verfahren (Verwaltungs-, Sozialversicherungs-, Zivil- oder Strafrecht) zuzuordnen ist. Wesentlich ist, dass es sich um eine Kostenforderung einer zürcherischen Amtsstelle (Verwaltungs- oder Gerichtsbehörde) handelt.

26 Auf die Erfolgsaussichten eines Begehrens kommt es bei der Anwendung von § 15 Abs. 2 lit. b nicht an. Massgebend ist allein, dass die Kosten aus einem erledigten und nicht mehr weiterziehbaren Verfahren nicht binnen der in der Rechnung genannten Frist bezahlt werden. Die Vorschusspflicht entfällt daher erst im Zeitpunkt des Zahlungseingangs; ein zuvor auferlegter Vorschuss bleibt trotz Kostenbegleichung bestehen (ZR 91/92 Nr. 36; vgl. Frank/Sträuli/Messmer, § 73 N. 31). Die Vorschusspflicht entfällt auch nicht zufolge Verjährung der bestehenden Kostenforderung (vgl. ZR 70 Nr. 27). Dagegen bilden Kostenschulden aus einem noch nicht rechtskräftig erledigten Verfahren keinen Vorschussgrund (vgl. ZR 50 Nr. 211). Werden Verfahrenskosten auf die Staats- oder Gerichtskasse genommen, entfällt die Zahlungspflicht und damit

auch der Vorschussgrund. Von der Staats- oder Gerichtskasse gewährte Zahlungserleichterungen (Stundungs- bzw. Ratenzahlungsvereinbarung) ändern nichts an der Vorschusspflicht (ZR 83 Nr. 130).

3.3. Zu Abs. 2 lit. c

Der mit der Revision vom 8.6.1997 als lit. c von § 15 Abs. 2 neu eingeführte Vorschussgrund der Zahlungsunfähigkeit lehnt sich an die Regelung von § 73 Ziff. 2 und 3 ZPO an (Weisung 1995, S. 1529). Zu dessen inhaltlicher Bestimmung rechtfertigt es sich daher, die massgebenden Bestimmungen der ZPO und die dazu entwickelte Praxis beizuziehen (Prot. KK 1995/96, S. 27; eingehend zu § 73 Ziff. 2 und 3 ZPO Frank/Sträuli/Messmer, § 73 N. 22 ff.). 27

Zahlungsunfähig im Sinn von § 15 Abs. 2 lit. c ist demnach eine Person, wenn innert der letzten fünf Jahre über sie in der Schweiz oder im Ausland der *Konkurs eröffnet* oder gegen sie in einer Betreibung die *Verwertung angeordnet* wurde oder sie innert der genannten Frist eine *gerichtliche Nachlassstundung verlangt* hat (§ 73 Ziff. 2 ZPO). Bei der Berechnung der Fünfjahresfrist mit Bezug auf eine Konkurseröffnung ist auf den Zeitpunkt des Konkursabschlusses abzustellen (Frank/Sträuli/Messmer, § 73 N. 22). Ein Auslandskonkurs ist nur zu berücksichtigen, wenn der betroffene Private auch im Inland nicht mehr aufrecht steht (ZR 88 Nr. 28). Die Verwertung gilt mit der Mitteilung des Verwertungsbegehrens durch das Betreibungsamt gemäss Art. 120 SchKG als angeordnet, selbst wenn die Steigerung noch nicht angesetzt ist (Frank/Sträuli/Messmer, § 73 N. 23). Ein Verwertungsaufschub zufolge Leistung von Abschlagszahlungen oder vereinbarter Teilzahlungen beseitigt die Vorschusspflicht nicht. Ebenso wenig sind die Gründe massgebend, die zur Verwertung geführt haben (Frank/Sträuli/Messmer, § 73 N. 23 f.). 28

Als zahlungsunfähig gilt auch eine Person, gegen die *provisorische* oder *definitive Verlustscheine* oder *Pfandausfallscheine* bestehen (§ 73 Ziff. 3 [1. Halbsatz] ZPO). In diesen Fällen muss sich die Zahlungsunfähigkeit aus den betreibungsrechtlichen Akten ergeben (ZR 84 Nr. 65). Im Übrigen begründet ein Verlustschein nur solange eine Vorschusspflicht, als er besteht. Wird er ausgelöst, fehlt es selbst dann an einem Vorschussgrund, wenn der Verlustschein im Verlustscheinregister des Betreibungsamts noch nicht gelöscht ist (Frank/Sträuli/Messmer, § 73 N. 27). 29

§ 15 Abs. 2 lit. c ist nicht ausschliesslich als Verweisung auf die Tatbestände der Zahlungsunfähigkeit gemäss § 73 Ziff. 2 und 3 (1. Halbsatz) ZPO zu verstehen. Darüber hinausgehend ist in dieser Bestimmung eine *Generalklausel* zu erblicken, die besagt, dass sich die Zahlungsunfähigkeit auch aus den Umständen des Einzelfalls ergeben kann (vgl. § 73 Ziff. 3 [2. Halbsatz] ZPO). Bei der Beurteilung dieser Frage verfügen die zuständigen Behörden über einen erheblichen Ermessensspielraum. Sie haben dabei abzuwägen zwischen dem Interes- 30

§ 15

se des Privaten, seine Rechte in einem (Rechtsmittel-)Verfahren zu wahren, und dem Interesse der Öffentlichkeit, dass das Gemeinwesen nicht aufgrund von Verrichtungen zu Schaden kommt, die es auf Begehren eines Privaten vornimmt.

4. Verschiedenes

31 Die Verpflichtung zur Leistung eines Kostenvorschusses gemäss § 15 widerspricht nicht Art. 6 Ziff. 1 EMRK, selbst wenn in der Hauptsache zivilrechtliche Ansprüche und Verpflichtungen oder strafrechtliche Anklagen im Sinn dieser Konventionsbestimmung im Streit liegen (BGE 124 I 325 f.; RB 1996 Nr. 15; VGr. 20.12.1993, VB 93/0178). Denn sowohl bei der von einer Behörden auferlegten Verpflichtung des Privaten, einen Kostenvorschuss zu leisten, als auch bei der Rückweisung eines Begehrens zufolge Säumnis in der Vorschussleistung handelt es sich um rein prozessrechtliche Verfahren, welche nicht in den Anwendungsbereich von Art. 6 Ziff. 1 EMRK fallen; dies gilt jedenfalls insoweit, als durch die Höhe des Kostenvorschusses nicht der von Art. 6 Ziff. 1 EMRK gewährleistete Zugang zu einem Gericht vereitelt wird (Herbert Miehsler, Internationaler Kommentar zur Europäischen Menschenrechtskonvention, Köln/Berlin/Bonn/München 1986, Art. 6 Rz. 185; Villiger, N. 433; vgl. § 4 N. 29).

32 Auch der Erlass *vorsorglicher Massnahmen* (vgl. § 6) ist vorschusspflichtig, sofern die Voraussetzungen von § 15 (insb. Abs. 2) erfüllt sind. Ist besondere Dringlichkeit gegeben, rechtfertigt es sich jedoch, dass die Behörden vorsorgliche Massnahmen treffen, bevor ein Vorschuss geleistet wurde (vgl. § 82 ZPO). Dieser wird damit nicht erlassen, sondern es erfolgt lediglich eine Umkehr der zeitlichen Abfolge der beiden Prozesshandlungen (vgl. Frank/Sträuli/Messmer, § 82 N. 1).

33 Weil eine Verwaltungsbehörde von Amtes wegen zu prüfen hat, ob eines oder mehrere ihrer Mitglieder in den Ausstand zu treten haben (§ 5a N. 5), darf die Prüfung eines Ausstandsbegehrens nicht von der Sicherstellung der diesbezüglichen Kosten mittels Vorschussleistung abhängig gemacht werden. Der verfassungsmässige Anspruch auf die Behandlung und Beurteilung eines Begehrens durch unabhängige und unbefangene Verwaltungsbehörden und -rechtspflegeorgane darf durch nichts geschmälert werden (BGE 100 Ia 30 f.; Imboden/Rhinow I, Nr. 90 B VI).

34 Wird einem Privaten auf dessen Ersuchen hin die *unentgeltliche Rechtspflege* gewährt, ist dieser einerseits von der Bezahlung der Verfahrenskosten befreit und sind ihm anderseits auch auferlegte Kostenvorschüsse zu erlassen (§ 16 Abs. 1). Ein solches Erlassgesuch kann während der laufenden Vorschusszahlungsfrist und selbst nach deren unbenütztem Ablauf gestellt werden, solange das Verfahren anhängig ist (RB 1982 Nr. 8; vgl. § 90 Abs. 1 ZPO). Wird das Erlassbegehren abgewiesen, ist aber nur dann eine kurze Nachfrist zur Zahlung des Vorschusses zu gewähren, wenn das Gesuch während laufender Zahlungs-

§ 15 / § 16

frist gestellt wurde und es sich nicht von vornherein als aussichtslos erweist (vgl. N. 8).

Ist ein Verfahren von Gesetzes wegen kostenlos (z.B. personalrechtliche Streitigkeiten gemäss § 13 Abs. 3 und § 80b sowie Angelegenheiten der öffentlichen Sozialhilfe laut § 10 GebührenO und § 6 Abs. 1 GemeindegebV), hat dies grundsätzlich zur Folge, dass in einem solchen Verfahren kein Kostenvorschuss verlangt werden darf. Soweit aber in diesen Fällen das Gesetz vorsieht, dass unter bestimmten Bedingungen gleichwohl Kosten auferlegt werden dürfen (vgl. § 13 Abs. 3 und § 80b), erweist es sich als zulässig, Private gestützt auf § 15 Abs. 1 oder 2 in gleichem Umfang vorschusspflichtig zu erklären. 35

Im Quartierplanverfahren ist der Gemeinderat gestützt auf § 177 Abs. 2 PBG befugt, für die Kosten der Aufstellung und des Vollzugs des Quartierplans einen angemessenen Vorschuss zu verlangen. Dieser Vorschuss ist gleich den Kosten in der Regel von den beteiligten Grundeigentümern im Verhältnis der Flächen ihrer neuen Grundstücke zu bezahlen (RB 1985 Nr. 91; vgl. § 177 Abs. 1 PBG). 36

§ 16. Privaten, welchen die nötigen Mittel fehlen und deren Begehren nicht offensichtlich aussichtslos erscheint, ist auf entsprechendes Ersuchen die Bezahlung von Verfahrenskosten und Kostenvorschüssen zu erlassen.

4. Unentgeltliche Rechtspflege

Sie haben überdies Anspruch auf die Bestellung eines unentgeltlichen Rechtsbeistands, wenn sie nicht in der Lage sind, ihre Rechte im Verfahren selbst zu wahren.

Juristischen Personen wird die unentgeltliche Rechtspflege nicht gewährt.

Materialien
Weisung 1957, S. 1036; Prot. KK 20.12.1957, 23.9.1958; Prot. KR 1955–1959, S. 3271; Beleuchtender Bericht 1959, S. 400 f.; Weisung 1995, S. 1530; Prot. KK 1995/96, S. 27 f., 34 ff., 237 f.; Prot. KR 1995–1999, S. 6488.

Literatur
BÜHLER ALFRED, Die neuere Rechtsprechung im Bereich der unentgeltlichen Rechtspflege, SJZ 94/1998, S. 225 ff.; FAVRE CHRISTIAN, L'assistance judiciaire gratuite en droit suisse, Tolochenaz 1989; FORSTER MARC, Der Anspruch auf unentgeltliche Rechtsverbeiständung in der neueren bundesgerichtlichen Rechtsprechung, ZBl 93/1992, S. 475 ff.; FRANK/STRÄULI/MESSMER, § 84 N. 1 ff.; GADOLA, S. 475 ff.; GYGI, S. 330 f.; HÄFELIN/HALLER, N. 1596 ff.; HÄFELIN/MÜLLER, Rz. 1338a ff.; HAEFLIGER, Rechtsgleichheit, S. 159 ff.; KLEY-STRULLER ANDREAS, Der Anspruch auf unentgeltliche Rechtspflege, AJP 1995, S. 179 ff.; KÖLZ/HÄNER, Rz. 370 ff.; MERKLI/AESCHLIMANN/HERZOG, Art. 111 N 1 ff.; MOOR II, S. 195 f.; MÜLLER GEORG, in: Kommentar aBV, Art. 4 Rz. 123 ff.; POUDRET JEAN-FRANÇOIS, Commentaire de la loi fédérale d'organisation judiciaire du 16 décembre 1943, Volume V, Articles 136–171, Bern 1992, Art. 152 N. 1 ff.; RHINOW/KOLLER/KISS, Rz. 233 ff., 1177 ff.; RHINOW/KRÄHENMANN, Nr. 29 B VI; WAMISTER

§ 16

PATRICK, Die unentgeltliche Rechtspflege, die unentgeltliche Verteidigung und der unentgeltliche Dolmetscher unter dem Gesichtspunkt von Art. 4 BV und Art. 6 EMRK, Basel 1983; ZEN-RUFFINEN PIERMARCO, Article 4 Cst. féd.: le point sur l'évolution de la jurisprudence du Tribunal fédéral en matière d'assistance judiciaire, in: Études en l'honneur de Jean-François Aubert, Basel/Frankfurt a.M. 1996, S. 693 ff.

Übersicht Note
1. Allgemeines 1
2. Anspruchsberechtigte 8
3. Zeitlicher Geltungsbereich 12
4. Zuständigkeit 15
5. Rechtsschutz 17
6. Unentgeltliches Verfahren (Abs. 1) 21
   6.1. Mittellosigkeit 24
   6.2. Nichtaussichtslosigkeit 31
   6.3. Weitere Voraussetzungen 35
   6.4. Umfang 36
7. Unentgeltlicher Rechtsbeistand (Abs. 2) 39
   7.1. Notwendigkeit 41
   7.2. Rechtsstellung 44
   7.3. Entschädigung 47
8. Juristische Personen (Abs. 3) 52
9. Verschiedenes 53

1. Allgemeines

1 Gemäss seinem Randtitel regelt § 16 den Anspruch auf unentgeltliche Rechtspflege. Dieses «prozessuale Armenrecht» beinhaltet zweierlei: einerseits den Anspruch auf *Unentgeltlichkeit des Verfahrens* bzw. unentgeltliche Prozessführung (Abs. 1) und anderseits das Recht auf *unentgeltliche Rechtsvertretung* bzw. Rechtsverbeiständung durch Beiordnung eines kostenlosen Rechtsvertreters (Abs. 2). Im Rahmen der unentgeltlichen Rechtspflege ist somit zwischen dem Erlass der Verfahrens- und der Übernahme der Vertretungskosten zu unterscheiden. Die Gewährung der unentgeltlichen Rechtspflege im Sinn von § 16 Abs. 1 steht dabei nur in Frage, soweit ein Verfahren nicht von vornherein kostenlos ist (vgl. § 13 N. 12), während die unentgeltliche Rechtsvertretung auch in einem kostenlosen Verfahren bewilligt werden kann.

2 Der Anspruch auf unentgeltliche Rechtspflege zählt zu den vom Bundesgericht aus Art. 4 Abs. 1 aBV abgeleiteten Verfahrensgarantien, die sicherstellen, dass der Private seine materiellen Rechtsansprüche durchsetzen kann (vgl. nunmehr Art. 29 Abs. 3 BV). Er besteht unabhängig von der Rechtsnatur der Entscheidungsgrundlagen und der Art des in Frage stehenden Verfahrens für jedes staatliche Verfahren, in das die gesuchstellende Partei einbezogen wird oder dessen sie zur Wahrung ihrer Rechte bedarf (BGE 121 I 62). Er bildet Bestandteil des Verbots der formellen Rechtsverweigerung, indem er dem Rechtsuchenden unabhängig von der wirtschaftlichen Leistungsfähigkeit die Möglichkeit ein-

räumt, seine Rechte auch gegenüber einer wirtschaftlich stärkeren Partei wirkungsvoll zu wahren. Die unentgeltliche Rechtspflege erlaubt es, zwischen den Verfahrensbeteiligten *Waffengleichheit* zu schaffen, und gewährleistet auf diese Weise ein gerechtes Verfahren. Sie stellt mithin sicher, dass dasselbe Recht für alle gilt (Häfelin/Haller, N. 1596; Häfelin/Müller, Rz. 449a; Merker, § 53 Rz. 31; Merkli/Aeschlimann/Herzog, Art. 111 N. 1; Müller, a.a.O., Rz. 123).

Die EMRK statuiert einen Anspruch auf unentgeltliche Rechtspflege nur insoweit ausdrücklich, als Art. 6 Ziff. 3 lit. c EMRK dem mittellosen Angeklagten zubilligt, unentgeltlich den Beistand eines Pflichtverteidigers zu erhalten, wenn dies im Interesse der Rechtspflege erforderlich erscheint. Mit Bezug auf Rechtsstreitigkeiten über zivilrechtliche Ansprüche und Verpflichtungen enthält Art. 6 Ziff. 1 EMRK (und ebenso Art. 14 Abs. 1 UNO-Pakt II) dagegen kein allgemeines Recht Bedürftiger auf ein unentgeltliches Gerichtsverfahren und unentgeltliche Rechtsvertretung. Ein solcher Anspruch kann sich allerdings aus der Pflicht der Vertragsstaaten ergeben, gestützt auf Art. 6 Ziff. 1 EMRK den wirksamen Zugang zu einem Gericht zu ermöglichen. Gerade weil dieser Zugang für eine bedürftige Partei bei hohen zu erwartenden Verfahrenskosten in Frage gestellt sein kann, bildet die unentgeltliche Rechtspflege eines von mehreren Mitteln, um den geforderten Gerichtszugang zu sichern. Insgesamt gewährleistet Art. 6 EMRK allerdings nicht mehr Rechte, als sich bereits aufgrund der bundesgerichtlichen Rechtsprechung aus Art. 4 Abs. 1 aBV (Art. 29 Abs. 3 BV) ergeben. Diese übertrifft die konventionsrechtlichen Minimalanforderungen bei weitem (Kley-Struller, a.a.O., S. 180; Kölz/Häner, Rz. 377; Müller, a.a.O., Rz. 124). 3

Ungeachtet der bundesgerichtlichen und konventionsrechtlichen Mindestanforderungen findet der Anspruch auf unentgeltliche Rechtspflege seine Grundlage in erster Linie im kantonalen Recht. Nach diesem bestimmt sich der Umfang des Anspruchs. Nur wenn die kantonalen Vorschriften der bedürftigen Partei nicht in ausreichendem Mass die wirksame Wahrung ihrer Rechte sichern, greifen die unmittelbar aus Art. 4 Abs. 1 aBV bzw. Art. 29 Abs. 3 BV abgeleiteten Regeln ein, die ein Mindestmass an Rechtsschutz gewährleisten (BGE 122 I 204, 121 I 323, mit Hinweisen). Als Vorbild und Massstab dient dem Bundesgericht dabei seine Rechtsprechung zu Art. 152 OG. Dadurch werden die aus Art. 4 Abs. 1 aBV abgeleiteten bzw. die in Art. 29 Abs. 3 BV festgehaltenen Minimalanforderungen an die unentgeltliche Rechtspflege dem Massstab von Art. 152 OG angeglichen, woraus sich eine gesamtschweizerische Harmonisierung der unentgeltlichen Rechtspflege ergibt (Kley-Struller, a.a.O., S. 180). 4

Zur gesamtschweizerischen Harmonisierung der unentgeltlichen Rechtspflege (N. 4) trägt auch § 16 bei, indem diese Bestimmung lediglich den durch die bundesgerichtliche Rechtsprechung aus Art. 4 Abs. 1 aBV abgeleiteten bzw. in Art. 29 Abs. 3 BV verankerten Anspruch auf unentgeltliche Rechtspflege wie- 5

§ 16

dergibt (Weisung 1995, S. 1530; vgl. BGE 124 I 306). Weil sich das VRG auf die Regelung des Wesentlichen beschränkt und die Einzelheiten der Praxis überlässt, ist § 16 anhand der bundesgerichtlichen Rechtsprechung auszulegen und zu konkretisieren. Dabei gilt es zu berücksichtigen, dass die unentgeltliche Rechtspflege nicht nur ein Problem des Rechtsstaats, sondern ebenso ein solches der Finanzen ist. Um die Finanzbelastung des Gemeinwesens in vernünftigen Grenzen zu halten, ist es daher im von Art. 4 Abs. 1 aBV bzw. Art. 29 Abs. 3 BV gesetzten Rahmen zulässig, bei der Ausgestaltung der Wirkungen der unentgeltlichen Rechtspflege auf dieses Ziel Rücksicht zu nehmen. Massgebend ist, dass auch der bedürftigen Partei der Zugang zum Gericht und die zweckdienliche Wahrung ihrer Parteirechte möglich bleibt (BGE 122 I 207).

6 Der Anwendungsbereich von § 16 erstreckt sich sowohl auf das nichtstreitige Verwaltungsverfahren als auch auf das Einsprache-, Rekurs- und Beschwerdeverfahren sowie das Klageverfahren (Weisung 1995, S. 1530). § 16 ist somit für die unentgeltliche Rechtspflege im gesamten Anwendungsbereich des VRG massgebend, sodass diesbezüglich die Einheit des Verfahrens im ordentlichen Rechtsmittelzug gewährleistet ist (vgl. Gygi, S. 237). Darüber hinaus ist diese Bestimmung sinngemäss auch in steuerrechtlichen Verfahren vor Verwaltungsgericht anwendbar (§ 17 Abs. 2 GebV VGr; vgl. § 13 N. 2).

7 Dem Sinn und Zweck des Instituts der unentgeltlichen Rechtspflege (dazu N. 2) entsprechend ist ein Anspruch Unbemittelter im Verfahren der abstrakten Normenkontrolle grundsätzlich zu verneinen (zum Anwendungsbereich der abstrakten Normenkontrolle vgl. § 19 N. 8 und 39). Denn Aufgabe des Gemeinwesens ist es lediglich, den Einzelnen zu unterstützen, sobald er ohne diese Unterstützung eines Rechts verlustig ginge oder sich gegen einen als unzulässig erachteten Eingriff in seine Rechte nicht wehren könnte. Derartige Nachteile drohen in der Regel nicht bereits unmittelbar, wenn eine generell-abstrakte Norm erlassen wird. Erst deren Anwendung im Einzelfall führt allenfalls zu einer Beeinträchtigung der Rechtsstellung, weshalb es genügt, die unentgeltliche Rechtspflege in jenem Zeitpunkt zu gewähren. Die unentgeltliche Rechtspflege bereits für die präventive Anfechtung einer generell-abstrakten Norm zu bewilligen, ist daher nur angebracht, wenn aufgrund der Umstände mit einem sofortigen Anwendungsakt zu rechnen ist und der Betroffene sich gegenüber der rechtsanwendenden Behörde nicht wird wirksam wehren können (BGE 121 I 317).

2. Anspruchsberechtigte

8 Der Anspruch auf unentgeltliche Rechtspflege ist entsprechend seiner Funktion auf *natürliche* Personen zugeschnitten (Merkli/Aeschlimann/Herzog, Art. 111 N. 3; Rhinow/Koller/Kiss, Rz. 256). In diesem Sinn sind daher auch

§ 16

Abs. 1 und 2 von § 16 zu verstehen: Einerseits werden darin als Begünstigte der unentgeltlichen Rechtspflege lediglich *Private* bezeichnet, und anderseits ergibt sich aus § 16 Abs. 3 ausdrücklich, dass juristischen Personen kein solcher Anspruch zusteht (dazu N. 52). Den Privaten gleichgestellt sind Personengesellschaften. *Kollektiv-* und *Kommanditgesellschaften* sind deshalb anspruchsberechtigt, soweit die Prozessarmut sowohl bei der Gesellschaft als auch bei allen unbeschränkt haftenden Gesellschaftern vorliegt (BGE 116 II 656).

Von der Rechtswohltat der unentgeltlichen Rechtspflege ausgeschlossen sind die Konkursmasse und die Nachlassmasse (Kurt Amonn/Dominik Gasser, Grundriss des Schuldbetreibungs- und Konkursrechts, 6. A., Bern 1997, § 13 N. 21, mit Hinweisen; Haefliger, Rechtsgleichheit, S. 163; vgl. § 84 Abs. 3 ZPO). Ebenso können weder das Gemeinwesen noch Körperschaften und Anstalten des öffentlichen Rechts einen Anspruch auf unentgeltliche Rechtspflege geltend machen. Zum einen handelt es sich bei diesen nicht um Private im Sinn von § 16 Abs. 1 und 2, und zum andern fallen sie, soweit sie juristische Personen sind, unter den Ausschlustatbestand von § 16 Abs. 3. 9

Der Anspruch auf unentgeltliche Rechtspflege besteht unabhängig von Wohnsitz und Nationalität des Gesuchstellers (BGE 120 Ia 219; 108 Ia 108 ff.), denn eine unterschiedliche Behandlung des Gesuchstellers je nach Staatsangehörigkeit und Wohnsitz lässt sich mit dem Grundsatz der Waffengleichheit im Verfahren nicht vereinbaren. Unentgeltliche Rechtspflege ist somit Schweizern und Ausländern unter den gleichen Voraussetzungen zu gewähren, ungeachtet dessen, ob sie ihren Wohnsitz in der Schweiz oder im Ausland haben. Insbesondere darf der Anspruch eines Ausländers nicht von der Zusicherung des Gegenrechts durch dessen Wohnsitzstaat oder vom Bestehen eines Staatsvertrags abhängig gemacht werden (BGE 120 Ia 217). 10

Anspruchsberechtigt im Sinn von § 16 sind nur Private, die am Verfahren, für welches sie die unentgeltliche Rechtspflege verlangen, beteiligt sind. Zu den *Verfahrensbeteiligten* sind dabei nicht nur die privaten Gesuchsteller und Gesuchsgegner bzw. Rechsmittelkläger und Rechtsmittelbeklagten zu zählen, sondern es gehören dazu auch die in das Verfahren beigeladenen Privaten und andere private Mitbeteiligte (vgl. Vorbem. zu §§ 4–31 N. 21). Den Kreis der Berechtigten so weit zu fassen, drängt sich insbesondere deshalb auf, weil die Anordnung, die in der Sache selbst ergeht, allen Verfahrensbeteiligten gegenüber verbindlich ist; diese müssen die Möglichkeit haben, ihre Rechte im Verfahren zu wahren (vgl. Merkli/Aeschlimann/Herzog, Art. 111 N. 4). Soweit es sich bei den Anspruchsberechtigten um (einfache oder notwendige) *Streitgenossen* handelt, steht der Anspruch auf unentgeltliche Rechtspflege jedem einzelnen Streitgenossen unabhängig von den Verhältnissen der anderen Streitgenossen zu (BGE 115 Ia 195 f.). Dies gilt selbst dann, wenn die Streitgenossen aufgrund des zwischen ihnen bestehenden Rechtsverhältnisses (z.B. Erbengemeinschaft, einfache Gesellschaft) gemäss § 14 solidarisch für die Kosten haften. Stirbt der 11

§ 16

Gesuchsteller im Lauf eines Verfahrens, fällt das rechtliche Interesse an der Beurteilung des Gesuchs dahin und wird das Verfahren mit Bezug auf die nachgesuchte unentgeltliche Rechtspflege gegenstandslos oder geht die bereits bewilligte Unentgeltlichkeit für das weitere Verfahren unter. Den Rechtsnachfolgern ist die unentgeltliche Rechtspflege nur zu gewähren, sofern auch sie die Voraussetzungen dafür erfüllen (vgl. ZR 79 Nr. 76).

3. Zeitlicher Geltungsbereich

12 Auch im Verfahren vor den zürcherischen Verwaltungs- und Verwaltungsrechtspflegebehörden gilt der Grundsatz, dass ein Gesuch um unentgeltliche Rechtspflege jederzeit während eines hängigen Verfahrens gestellt werden kann (vgl. § 90 Abs. 1 ZPO; RB 1982 Nr. 8; BGE 122 I 205, 120 Ia 17; Kley-Struller, a.a.O., S. 185; Rhinow/Koller/Kiss, Rz. 261). Die Wirkungen der unentgeltlichen Rechtspflege treten ab dem Zeitpunkt der *Gesuchseinreichung* ein, denn es würde dem Grundsatz der Waffengleichheit im Verfahren widersprechen, diese Rechtswohltat erst ab dem Zeitpunkt der Gesuchsbewilligung zu gewähren (BGE 120 Ia 17; Kley-Struller, a.a.O., S. 185; Merkli/Aeschlimann/Herzog, Art. 111 N. 26; Rhinow/Koller/Kiss, Rz. 260). Erfasst werden somit grundsätzlich nur jene Verfahrens- bzw. Vertretungskosten, die *nach* der Stellung des Gesuchs um unentgeltliche Rechtspflege entstehen oder auferlegt werden, weshalb dieses bereits bei erster Veranlassung gestellt werden sollte. Darüber hinaus deckt die unentgeltliche Rechtspflege, insbesondere im Bereich der unentgeltlichen Rechtsvertretung, auch Bemühungen im Zusammenhang mit dem Abfassen von Rechtsschriften ab, die zusammen mit dem Gesuch um unentgeltliche Rechtspflege eingereicht werden. Dies entspricht der wirtschaftlich sinnvollsten Lösung, die es dem Rechtsvertreter ermöglicht, Sacheingabe und Gesuch um unentgeltliche Rechtspflege zusammenzufassen. Zudem liefe es für die bedürftige Partei auf eine gegen Art. 4 Abs. 1 aBV verstossende Behinderung bei der gerichtlichen Durchsetzung ihrer Rechte hinaus, wenn ihr die unentgeltliche Rechtspflege für das entsprechende Gesuch und die dafür nötigen Vorarbeiten verweigert würde (BGE 122 I 208, 120 Ia 17 f.). Rückwirkend sind die Verfahrens- bzw. Vertretungskosten ausnahmsweise auch zu übernehmen, wenn es wegen zeitlicher Dringlichkeit einer sachlich zwingend gebotenen Prozesshandlung nicht möglich war, gleichzeitig um unentgeltliche Rechtspflege zu ersuchen (BGE 122 I 208). Im Übrigen sprengt die rückwirkende Gewährung der unentgeltlichen Rechtspflege den Rahmen des von Art. 4 Abs. 1 aBV bzw. Art. 29 Abs. 3 BV gewährleisteten Mindestanspruchs (BGE 122 I 208). Das Gesuch um unentgeltliche Rechtspflege entfaltet daher von Bundesrechts wegen und mangels einer ausdrücklichen kantonalen Regelung keine Wirkung für Kosten, die vor dem Zeitpunkt der Gesuchseinreichung angefallen sind (RB 1997 Nr. 4). Gleichwohl werden in der Praxis zuweilen auch solche Kosten erlassen.

Weil ein Gesuch um unentgeltliche Rechtspflege erst während des laufenden 13
Verfahrens gestellt werden kann (N. 12), ist es umgekehrt zulässig, diese wieder
zu entziehen, wenn im Lauf des Verfahrens die Voraussetzungen dafür dahinfallen (BGE 122 I 6; vgl. § 91 ZPO) oder der Anspruchsberechtigte stirbt (vgl.
N. 11). Dieser Entzug hat sich auf das weitere Verfahren zu beschränken, denn
die unentgeltliche Rechtspflege wird regelmässig gerade deshalb gewährt, weil
ein entsprechender Bedarf erstellt ist; ein rückwirkender Entzug der unentgeltlichen Rechtspflege erwiese sich daher als verfassungswidrig (vgl. BGE 122 I
207). Sodann ist es unstatthaft, den Entscheid über die Gewährung der unentgeltlichen Rechtspflege mit Bezug auf die Erfolgsaussichten eines Begehrens
oder Rechtsmittels nachträglich zu überprüfen. Diese sind ausschliesslich zu
Beginn eines Verfahrens zu beurteilen, denn die Aussichtslosigkeit eines Begehren ergibt sich vielfach erst im Lauf des Verfahrens (BGE 122 I 206 f.; vgl.
N. 34).

Der durch Art. 4 Abs. 1 aBV bzw. Art. 29 Abs. 3 BV gewährleistete Minimal- 14
anspruch auf unentgeltliche Rechtspflege umfasst kein Recht, von den Verfahrens- und/oder Vertretungskosten überhaupt und endgültig befreit zu werden
(BGE 122 I 6, 110 Ia 90, je mit Hinweisen; Häfelin/Müller, Rz. 1338c; KleyStruller, a.a.O., S. 184; Müller, a.a.O., Rz. 128). Eine gesetzliche Regelung, die
vorläufig den Erlass der Verfahrenskosten und die Übernahme der Vertretungskosten vorsieht, mithin die Zahlungspflicht lediglich stundet, erweist sich somit als zulässig (vgl. § 92 ZPO). Mangels einer entsprechenden Bestimmung
im VRG ist jedoch davon auszugehen, dass Parteien, denen die unentgeltliche
Rechtspflege gewährt wird, endgültig von den Verfahrens- und Vertretungskosten befreit werden. Solche Kosten sind daher stets auf die Staats- bzw. Gerichtskasse zu nehmen.

4. Zuständigkeit

Zuständig für den Entscheid über die Gewährung der unentgeltlichen Rechts- 15
pflege ist jene Verwaltungs- oder Verwaltungsrechtspflegebehörde, die mit der
Sache befasst ist, für die Unentgeltlichkeit des Verfahrens beantragt wird. Soweit es sich hierbei um eine Kollegialbehörde handelt, fällt sie den Entscheid in
ordentlicher Besetzung. In Abweichung von diesem Grundsatz weist § 3 Abs. 1
Ziff. 4 VerfV im Rekursverfahren vor Regierungsrat die Entscheidbefugnis dem
Regierungspräsidenten zu. Dieser befindet über die Frage der unentgeltlichen
Rechtspflege abschliessend; ein Weiterzug an den Gesamtregierungsrat ist ausgeschlossen. Im Verfahren vor einer Rekurskommission befindet vielfach deren
Präsident über die Bewilligung der unentgeltlichen Rechtspflege (z.B. § 7 Abs. 1
SchulrekurskomV, § 7 Abs. 1 UniversitätsrekurskomV).

Dass *eine* Behörde zugleich über die Gewährung oder den Entzug der unent- 16
geltlichen Rechtspflege und in der Sache selbst entscheidet, liegt einerseits im

§ 16

Interesse an der Einheit des Verfahrens. Anderseits ist nur die mit einem Begehren befasste Behörde wirklich in der Lage, zu beurteilen, ob die Gewährung der unentgeltlichen Rechtspflege für das bei ihr anhängige Verfahren tatsächlich erforderlich und gerechtfertigt ist. Dies und die Regel, dass die unentgeltliche Rechtspflege grundsätzlich nur auf Gesuch hin und nicht von Amtes wegen gewährt wird, haben zur Folge, dass im Rahmen eines Rechtsmittelverfahrens vor jeder Instanz gesondert um unentgeltliche Rechtspflege nachgesucht werden muss (vgl. demgegenüber § 90 Abs. 2 ZPO; Frank/Sträuli/Messmer, § 90 N. 3).

5. Rechtsschutz

17 Der Entscheid über die Bewilligung oder Ablehnung eines Gesuchs um unentgeltliche Rechtspflege ist in die Form eines selbständig anfechtbaren *Zwischenentscheids* zu bringen, sofern er nicht zusammen mit der Anordnung in der Hauptsache ergeht (BGE 111 Ia 278 f.; Merkli/Aeschlimann/Herzog, Art. 112 N. 3).

18 Mangels Beschwer weder von der gesuchstellenden noch von der gegnerischen Partei anfechtbar sind Anordnungen, mit denen die Behörden die unentgeltliche Rechtspflege gewähren. Die Gutheissung eines solchen Gesuchs erwächst somit sofort in Rechtskraft (Merkli/Aeschlimann/Herzog, Art. 112 N. 5). Dagegen ist die Verweigerung oder der Entzug der unentgeltlichen Rechtspflege als Zwischenentscheid gemäss § 19 Abs. 2 und § 48 Abs. 2 mit Rekurs bzw. Beschwerde weiterziehbar. Ein später voraussichtlich nicht mehr behebbarer Nachteil ist dabei regelmässig zu bejahen, indem dem bedürftigen Gesuchsteller die Wahrung und Durchsetzung seiner Rechte erschwert und möglicherweise der Grundsatz der Waffengleichheit im Verfahren verletzt wird (vgl. § 19 N. 49). Ein selbständiger Weiterzug der Ablehnung des Gesuchs um unentgeltliche Rechtspflege ist aber auch möglich, wenn der Entscheid darüber zusammen mit dem instanzabschliessenden Endentscheid in der Hauptsache ergeht.

19 *Rechtsmittelinstanz* mit Bezug auf die Anfechtung einer Anordnung betreffend die Verweigerung oder den Entzug der unentgeltlichen Rechtspflege ist die für die Hauptsache zuständige Rechtsmittelbehörde. Entscheidberufen ist somit die ordentliche Einsprache-, Rekurs- oder Beschwerdebehörde. Auf diese Weise lässt sich eine Gabelung des Rechtswegs vermeiden und die Einheit des Verfahrens wahren, namentlich wenn ein Entscheid sowohl hinsichtlich der unentgeltlichen Rechtspflege als auch in der Hauptsache angefochten wird (vgl. RB 1989 Nr. 11, 1982 Nr. 24; anders noch RB 1968 Nr. 3 sowie Kom. 1. A., § 16 N. 3).

20 Ein kantonal letztinstanzlicher Entscheid über die Ablehnung eines Gesuchs um unentgeltliche Rechtspflege oder über deren Entzug ist in erster Linie mit

§ 16

staatsrechtlicher Beschwerde anfechtbar. Hat er einen nicht wiedergutzumachenden Nachteil zur Folge, gilt er als Zwischenentscheid im Sinn von Art. 87 OG und kann innert 30 Tagen (Art. 89 OG) wegen Verletzung von Art. 4 aBV selbständig angefochten werden (BGE 121 I 322, 111 Ia 279; Merkli/Aeschlimann/Herzog, Art. 112 N. 8). Ist in der Hauptsache dagegen die Verwaltungsgerichtsbeschwerde an das Bundesgericht gegeben, steht dieses Rechtsmittel zwecks Wahrung der Verfahrenseinheit auch gegen einen die unentgeltliche Rechtspflege verweigernden Zwischenentscheid zur Verfügung (Merker, § 57 Rz. 8). Diesfalls beträgt die Beschwerdefrist lediglich zehn Tage (Art. 106 Abs. 1 OG).

6. Unentgeltliches Verfahren (Abs. 1)

Die unentgeltliche Rechtspflege im Sinn von § 16 Abs. 1 wird nur unter bestimmten Voraussetzungen gewährt. Diese ergeben sich vorab aus dem Gesetz. Weil § 16 aber aufgrund der bundesgerichtlichen Rechtsprechung zum Anspruch auf unentgeltliche Rechtspflege auszulegen ist (vgl. N. 5), sind daneben zusätzlich die vom Bundesgericht in diesem Zusammenhang entwickelten Anforderungen zu erfüllen. Während § 16 Abs. 1 verlangt, dass ein Gesuch eines Privaten vorliegt, dem die nötigen Mittel fehlen und dessen Sachbegehren nicht offensichtlich aussichtslos erscheint, setzt die bundesgerichtliche Rechtsprechung überdies voraus, dass die Verfahrensanträge nicht offensichtlich prozessual unzulässig sind und der Entscheid in der Hauptsache für die gesuchstellende Partei von erheblicher Tragweite ist (BGE 114 V 231 f., 112 Ia 18; RB 1994 Nr. 2; Häfelin/Müller, R. 1338b; Rhinow/Krähenmann, Nr. 29 B VI b).   21

Die unentgeltliche Rechtspflege im Sinn von § 16 Abs. 1 wird nicht von Amtes wegen, sondern nur auf ein entsprechendes *Gesuch* hin gewährt. Einer Bewilligung der unentgeltlichen Rechtspflege ohne vorgängiges Gesuch entspricht es allerdings, wenn die Kosten der aufgrund des Verfahrensausgangs an sich kostenpflichtigen Partei nicht auferlegt, sondern zufolge offensichtlicher Unerhältlichkeit auf die Staats- oder Gerichtskasse genommen und sofort abgeschrieben werden.   22

Zur Anspruchsberechtigung in persönlicher Hinsicht vgl. N. 8 ff.   23

6.1. Mittellosigkeit

In den Genuss der unentgeltlichen Rechtspflege gelangt nur, wer *mittellos* ist. Als mittellos bzw. bedürftig gilt ein Gesuchsteller, der die erforderlichen Verfahrenskosten lediglich bezahlen kann, wenn er jene Mittel heranzieht, die er für die Deckung des Grundbedarfs für sich und seine Familie benötigt (BGE 124 I 2, mit Hinweisen; vgl. § 84 Abs. 1 ZPO). Die Bedürftigkeit ist aufgrund der gesamten wirtschaftlichen Situation im Zeitpunkt der Gesuchseinreichung   24

265

§ 16

zu beurteilen. Neben der Einkommenssituation sind daher auch die Vermögensverhältnisse und die Kreditwürdigkeit zu berücksichtigen (Kölz/Häner, Rz. 375; Merkli/Aeschlimann/Herzog, Art. 111 N. 6). Massgebend ist, ob die bedürftige Partei in der Lage ist, die Kosten aus ihrem realisierbaren Einkommen und ihrem Vermögen nach Abzug der Lebenshaltungskosten innert angemessener Frist effektiv zu bezahlen, und welche Mittel sie innert welcher Frist hierfür aufzubringen vermag. Ausser Acht zu lassen sind deshalb hypothetische Einkommens- und Vermögenszurechnungen, die vom Eintritt von Ereignissen abhängen, die sich erst in Zukunft verwirklichen (Kley-Struller, a.a.O., S. 181).

25 Die umfassende Beurteilung der Einkommens- und Vermögenslage hat zur Folge, dass neben den eigenen Mitteln auch die finanziellen Leistungen Dritter zu berücksichtigen sind, die gegenüber der gesuchstellenden Person unterstützungspflichtig sind. Während sich die massgebenden eigenen Mittel auf die laufenden, tatsächlichen Erwerbs- und Vermögenseinkünfte sowie die Werte des eigenen Vermögens beschränken, ist der Kreis möglicher Leistungen Dritter weiter gefasst. Zu nennen sind in erster Linie die gegenseitige Beistandspflicht der Ehegatten (BGE 103 Ia 101; Poudret, a.a.O., Art. 152 N. 4, S. 121) sowie die Unterstützungspflichten der Eltern – selbst wenn diesen die elterliche Gewalt entzogen wurde – gegenüber ihrem unmündigen (BGE 119 Ia 135) und allenfalls auch mündigen Kind. Ebenso in Betracht fallen die Ansprüche aus einer Rechtsschutzversicherung, soweit diese eine vertragliche Deckung für das entsprechende Verfahren vorsieht. Dies bedeutet, dass einer rechtsschutzversicherten Person insoweit die Bedürftigkeit im Sinn der unentgeltlichen Rechtspflege abzusprechen ist (Bühler, a.a.O., S. 231; Kley-Struller, a.a.O., S. 181). Nicht anrechenbar sind dagegen Zahlungen, die gestützt auf die Verpflichtung zur Verwandtenunterstützung gemäss Art. 328 f. ZGB erbracht werden, denn Verfahrenskosten fallen nicht unter den in diesem Rahmen zu deckenden notwendigen Lebensunterhalt (BGE 115 Ia 195).

26 Um die Bedürftigkeit der gesuchstellenden Person beurteilen zu können, ist dem anrechenbaren Einkommen der erforderliche *Notbedarf* gegenüber zu stellen. Hierbei ist es angebracht, dass auch die Verwaltungs- und Verwaltungsjustizbehörden ihren Berechnungen als Leitfaden das Kreisschreiben der Verwaltungskommission des Obergerichts des Kantons Zürich an die Bezirksgerichte und die Betreibungsämter über Richtlinien für die Berechnung des betreibungsrechtlichen Notbedarfs (Existenzminimum) zugrunde legen (vgl. für das geltende Kreisschreiben vom 1.4.1994 ZR 93 Nr. 24). Allerdings ist nicht schematisch auf das betreibungsrechtliche Existenzminimum abzustellen, sondern es sind die individuellen Umstände zu berücksichtigen (BGE 124 I 2). Entscheidend ist, ob das Einkommen die Grenze des Notbedarfs in ausreichendem Mass übersteigt und es damit möglich ist, die Verfahrenskosten innert angemessener Frist zu bezahlen (Merkli/Aeschlimann/Herzog, Art. 111 N. 7). Bedürftigkeit darf daher selbst dann bejaht werden, wenn das Einkommen we-

nig über dem Betrag liegt, der für den Lebensunterhalt absolut notwendig ist (BGE 124 I 2 f.; Haefliger, Rechtsgleichheit, S. 164 f.).

Nicht als mittellos im Sinn von § 16 Abs. 1 gilt in der Regel, wer neben einem geringen Einkommen über einiges Vermögen verfügt. Demnach sind zusätzlich zum anrechenbaren Einkommen die vorhandenen und realisierbaren Vermögenswerte zu berücksichtigen. Von vornherein nicht zu diesen zu zählen sind Vermögensanteile, deren Wert und Verfügbarkeit im Ungewissen liegen oder die nicht zeitgerecht verfügbar gemacht werden können (BGE 118 Ia 371). Zudem bedarf es einer Gegenüberstellung von Aktiven und Passiven, um die Vermögensarmut zu ermitteln. Es ist aber nicht allein auf die Verfügbarkeit des Vermögens abzustellen. Ebenso bedeutsam ist, ob dem Gesuchsteller zugemutet werden kann, bestehende Verbindlichkeiten und finanzielle Verpflichtungen zu vermindern oder einen Bestandteil des beweglichen oder unbeweglichen Vermögens zu veräussern bzw. zu belasten. Mit Bezug auf den Eigentümer einer Liegenschaft ist daher im Einzelfall zu prüfen, ob es ihm zumutbar ist, die Liegenschaft zur Deckung der Verfahrenskosten zusätzlich zu belehnen. Nur wenn dies ausgeschlossen ist, darf Mittellosigkeit im Sinn von § 16 Abs. 1 angenommen werden (RB 1996 Nr. 8; BGE 119 Ia 12 f.). Dies hat zur Folge, dass in Bausachen die Unentgeltlichkeit des Verfahrens die Ausnahme bildet. Auch kann von einem Gesuchsteller verlangt werden, dass er Mittel aus einer noch unverteilten Erbschaft verfügbar macht (BGE 119 Ia 13). Soweit jedoch dem beweglichen Vermögen aufgrund der Verhältnisse des Einzelfalls der Charakter einer Notreserve («Notpfennig») für künftige, vorhersehbare Bedürfnisse zukommt, ist es angebracht, solche Vermögenswerte bei der Ermittlung der Vermögensarmut nicht anzurechnen (vgl. Gadola, S. 478; Merkli/Aeschlimann/Herzog, Art. 111 N. 8).

Für die Bewilligung der unentgeltlichen Rechtspflege ist nicht von Belang, ob die Mittellosigkeit vom Gesuchsteller zu verantworten ist oder nicht (BGE 108 Ia 108 f., 104 Ia 34, 99 Ia 442, je mit Hinweisen). Dieser Grundsatz erfährt eine Einschränkung, sobald ein Gesuch um unentgeltliche Rechtspflege als rechtsmissbräuchlich abzulehnen ist. Dies gilt namentlich dann, wenn ein Gesuchsteller gerade im Hinblick auf ein Verfahren eine Arbeitsstelle aufgegeben oder eine andere Arbeitsstelle deswegen nicht angetreten hat (BGE 104 Ia 34, 99 Ia 442).

Zufolge der gesetzlichen *Mitwirkungspflicht* (§ 7 Abs. 2 lit. a; vgl. § 7 N. 59 ff.) ist es grundsätzlich Sache des Gesuchstellers, den Nachweis seiner Mittellosigkeit zu erbringen. Ihm obliegt es, seine Einkommens- und Vermögensverhältnisse umfassend darzustellen und soweit möglich auch zu belegen. Dabei dürfen umso höhere Anforderungen an eine umfassende und klare Darstellung der finanziellen Situation durch den Gesuchsteller selbst gestellt werden, je komplexer diese Verhältnisse sind. Verweigert er die zur Beurteilung der aktuellen wirtschaftlichen Gesamtsituation erforderlichen Angaben und Belege, kann die

§ 16

Mittellosigkeit ohne Verletzung von Art. 4 Abs. 1 aBV (bzw. Art. 29 Abs. 3 BV) verneint und braucht auf das Gesuch um unentgeltliche Rechtspflege nicht eingetreten zu werden (BGE 120 Ia 181 f.).

30 Die Rechtswohltat der unentgeltlichen Rechtspflege darf nicht durch überspannte Anforderungen an den Nachweis der Mittellosigkeit ihres Gehalts entleert werden. Entsprechend ist es der entscheidenden Behörde verwehrt, die Beweismittel über die finanziellen Verhältnisse formalistisch zu beschränken, indem sie dafür einseitig lediglich amtliche Belege zulässt (BGE 120 Ia 181). Zu weitgehend ist es wohl auch, vom Gesuchsteller zu verlangen, dass er rückhaltlosen Aufschluss über seine finanziellen Verhältnisse erbringt (so aber VGr. 1.7.1997, VB.97.00066; 22.10.1997, SR.97.00036). Denn die Bedürftigkeit kann sich bereits aus den Akten und den gesamten Umständen des Einzelfalls ergeben. Im Übrigen liegt es im Ermessen der entscheidenden Behörde, welche Belege sie einfordern will. Es steht ihr frei, von Amtes wegen weitere Erkundigungen vorzunehmen (BGE 104 Ia 327; vgl. § 84 Abs. 2 ZPO). Bei im Ausland wohnhaften Gesuchstellern hat sie zu beachten, dass es genügt, wenn diese ihre Mittellosigkeit lediglich glaubhaft machen (BGE 104 Ia 326 f.; VGr. 27. 11.1997, VB.97.00490). Die Verwaltungsbehörden handhaben § 16 denn auch unterschiedlich. Meistens wird als Beleg für die Mittellosigkeit ein Steuerausweis verlangt; zuweilen genügt es, wenn der Gesuchsteller einen Lohnausweis beibringt (so in Vormundschaftssachen). Manchmal werden telefonisch Auskünfte beim Gemeindesteueramt eingeholt.

6.2. Nichtaussichtslosigkeit

31 Neben der Mittellosigkeit des Gesuchstellers fordert § 16 Abs. 1 als weitere Voraussetzung für die Bewilligung der unentgeltlichen Rechtspflege, dass ein Begehren nicht *offensichtlich aussichtslos* erscheint. Denn es soll nicht ein von vornherein aussichtsloses Verfahren auf Staatskosten begünstigt werden (Kley-Struller, a.a.O., S. 181). Das Erfordernis der Nichtaussichtslosigkeit gilt nach Wortlaut und Systematik des Gesetzes auch im nichtstreitigen Verwaltungsverfahren. Allerdings sind in einem solchen Verfahren die Verfahrensaussichten mitunter nur schwer feststellbar (Merkli/Aeschlimann/Herzog, Art. 111 N. 12). Entsprechend ist bei der Annahme offensichtlicher Aussichtslosigkeit Zurückhaltung geboten. Das Bundesgericht überprüft die Frage der Aussichtslosigkeit frei (BGE 122 I 271).

32 Als aussichts*los* sind Begehren anzusehen, bei denen die Aussichten auf Gutheissung um derart viel kleiner als jene auf Abweisung erscheinen, dass sie deshalb kaum als ernsthaft bezeichnet werden können. Dagegen gilt ein Begehren als aussichts*reich*, wenn sich die Aussichten auf Gutheissung oder aber auf Abweisung ungefähr die Waage halten oder nur geringfügig differieren. Massgebend ist, ob ein Selbstzahler, der über die nötigen Mittel verfügt, sich bei vernünfti-

ger Überlegung und Abwägung der Aussichten zu einem Verfahren entschliessen würde oder davon Abstand nähme. Der Private soll ein Verfahren, das er auf eigene Rechnung und Gefahr nicht führen würde, nicht deshalb anstrengen können, weil es ihn nichts kostet (BGE 124 I 306, 122 I 271, mit Hinweisen). Abzustellen ist somit auf das hypothetische Verhalten einer vermögenden Partei.

Gerade bei heiklen oder umstrittenen Rechtsfragen ist die Möglichkeit eines erfolgreichen Verfahrensausgangs durchaus anzunehmen. Es ist daher sachwidrig, hier zuungunsten des Gesuchstellers Aussichtslosigkeit annehmen (Kley-Struller, a.a.O., S. 182; vgl. RRB 3482/1975). Dagegen ist ein Begehren dann als offensichtlich aussichtslos zu taxieren, wenn der Rechtsmittelkläger zum dritten Mal gegen eine gefestigte, klare Rechtsprechung angeht (RRB 5861/1975). Kann auf einen Rekurs oder eine Beschwerde wegen offensichtlichen Fehlens der Aktivlegitimation nicht eingetreten werden, so ist das Begehren als aussichtslos zu qualifizieren und der Kostenerlass zu verweigern (vgl. RRB 283/1976 sowie dessen kritische Würdigung in Kom. 1. A., § 16 N. 7). 33

Die Erfolgsaussichten eines Begehrens sind im Zeitpunkt von dessen Einreichung zu beurteilen (BGE 122 I 6, 101 Ia 37). Dazu bedarf es regelmässig einer summarischen Prüfung der Angelegenheit, die auch eine antizipierte Beweiswürdigung umfassen darf (Merkli/Aeschlimann/Herzog, Art. 111 N. 13). Hingegen ist es unzulässig, den Entscheid über das Gesuch um unentgeltliche Rechtspflege hinauszuschieben, um dieses gegebenenfalls aufgrund erhobener Beweise rückwirkend als aussichtslos abweisen zu können. Entsprechend kann die einmal gewährte unentgeltliche Rechtspflege lediglich für das weitere Verfahren entzogen werden (BGE 122 I 7, 101 Ia 37 f.; vgl. N. 13). 34

6.3. Weitere Voraussetzungen

In Übereinstimmung mit der bundesgerichtlichen Rechtsprechung setzt die Bewilligung der unentgeltlichen Rechtspflege sodann voraus, dass sich ein Begehren bzw. die verlangte Rechtshandlung prozessual *nicht als offensichtlich unzulässig* erweist (RB 1994 Nr. 4). Ist eine solche Unzulässigkeit zu bejahen, hat dies regelmässig zur Folge, dass das Begehren gleichzeitig als offensichtlich aussichtslos im Sinn von § 16 Abs. 1 bezeichnet werden muss; das Gesuch um unentgeltliche Rechtspflege ist allein schon deshalb abzuweisen. Ausserdem ist erforderlich, dass das Verfahren, für das der Gesuchsteller die unentgeltliche Rechtspflege verlangt, für diesen zur Wahrung seiner Rechte *notwendig* ist (BGE 121 I 318). Notwendigkeit in diesem Sinn – die von der Notwendigkeit zu unterscheiden ist, gestützt auf § 16 Abs. 2 einen unentgeltlichen Rechtsbeistand bestellt zu erhalten (vgl. N. 41 ff.) – ist deshalb zu verneinen, sobald dem Betroffenen neben dem eingeschlagenen noch andere Rechtswege offen stehen. Darüber hinaus hängt die Gewährung der unentgeltlichen Rechtspflege davon 35

§ 16

ab, dass der Entscheid in der Hauptsache für den Gesuchsteller von *erheblicher Tragweite* ist (BGE 114 V 232, 112 Ia 18; RB 1994 Nr. 2; VGr. 3.12.1998, VB.98.00304; Häfelin/Müller, R. 1338b; Rhinow/Krähenmann, Nr. 29 B VI b). Wann dies der Fall ist, lässt sich nur aufgrund der gesamten Umstände des Einzelfalls entscheiden. – Insgesamt stellen diese drei Voraussetzungen zusammen mit dem Erfordernis der Nichtaussichtslosigkeit sicher, dass nicht Verfahren auf Staatskosten durchgeführt werden können, die für den Gesuchsteller ohne jede tatsächliche und rechtliche Bedeutung sind oder die ihm lediglich zur Abwehr von Nachteilen dienen, die er durch sein eigenmächtiges Vorgehen selbst verschuldet hat (VGr. 24.1.1997, VB.96.00150; vgl. N. 31).

6.4. Umfang

36 Bewilligt die Behörde einer bedürftigen Person die unentgeltliche Rechtspflege im Sinn von § 16 Abs. 1, hat dies zur Folge, dass der Begünstigte von der Pflicht befreit ist, Verfahrenskosten (vgl. § 13) bezahlen und Kostenvorschüsse (vgl. § 15) leisten zu müssen. Dagegen sind allfällige Ansprüche der obsiegenden Partei auf Ersatz ihrer Parteikosten (zur Parteientschädigung vgl. § 17) durch die unterliegende Partei vom Anspruch auf ein unentgeltliches Verfahren nicht gedeckt (BGE 122 I 324 f., 117 Ia 514 f., 112 Ia 18). Dieser will der bedürftigen Partei lediglich den Zugang zum Recht öffnen. Im Übrigen können die obsiegenden und andere Verfahrensbeteiligte daraus nichts zu ihren Gunsten ableiten; sie müssen das Risiko, dass eine zugesprochene Parteientschädigung nicht einbringlich ist, selber tragen (Kley-Struller, a.a.O., S. 185).

37 Mangels eines entsprechenden Vorbehalts (vgl. § 85 Abs. 2 ZPO) ist stets die *volle* Unentgeltlichkeit zu gewähren, sobald die Voraussetzungen für die Bewilligung der unentgeltlichen Rechtspflege gegeben sind. Zwar ist auch ein teilweiser Kostenerlass je nach Bedürftigkeit des Gesuchstellers mit dem aus Art. 4 Abs. 1 aBV abgeleiteten bzw. in Art. 29 Abs. 3 BV gewährleisteten Minimalanspruch vereinbar (Haefliger, Rechtsgleichheit, S. 160; Müller, a.a.O., Rz. 129); eine solche Zurückhaltung lässt sich jedoch angesichts der grossen rechtsstaatlichen Bedeutung der unentgeltlichen Rechtspflege (dazu N. 2) nicht rechtfertigen (Kley-Struller, a.a.O., S. 184). Zum Kostenerlass in zeitlicher Hinsicht vgl. N. 12 ff.

38 Erscheint eine kostenpflichtige Partei zwar als mittellos, sind jedoch im Übrigen die Voraussetzungen für die Gewährung der unentgeltlichen Rechtspflege nicht erfüllt, kann den angespannten finanziellen Verhältnisse auch dadurch Rechnung getragen werden, dass eine reduzierte Staats- bzw. Gerichtsgebühr auferlegt oder ein geringerer Kostenvorschuss verlangt wird. Ist dagegen ein Anspruch auf unentgeltliches Verfahren ausgewiesen, erweist es sich als unzulässig, die Kosten im Einzelfall der wirtschaftlichen Leitungsfähigkeit anpassen, um so staatliche Aufwendungen im Zusammenhang mit der unentgeltlichen Rechtspflege nach Möglichkeit zu vermeiden (VPB 55/1991 Nr. 16).

7. Unentgeltlicher Rechtsbeistand (Abs. 2)

Ursprünglich regelte das VRG in § 16 lediglich die unentgeltliche Rechtspflege im Sinn der Unentgeltlichkeit des Verfahrens. Diesen Mangel behob die Revision vom 8.6.1997, indem sie in Anlehnung an die bundesgerichtliche Rechtsprechung den Anspruch auf einen unentgeltlichen Rechtsbeistand im VRG verankerte. Aus der Systematik des Gesetzes und der Formulierung von § 16 Abs. 2 geht hervor, dass ein solcher Anspruch nur besteht, wenn die Voraussetzungen gemäss § 16 Abs. 1 erfüllt sind (Weisung 1995, S. 1530) und *kumulativ* die gesuchstellenden Privaten nicht in der Lage sind, ihre Rechte im Verfahren selbst zu wahren. Letzteres Erfordernis gibt dabei lediglich die bundesgerichtliche Rechtsprechung wieder; in den Beratungen der vorberatenden Kantonsratskommission wurde erfolglos beantragt, darauf zu verzichten (vgl. Prot. KK 1995/96, S. 237 f.). 39

Gleich der Unentgeltlichkeit des Verfahrens wird auch die unentgeltliche Rechtsverbeiständung grundsätzlich nur auf *Gesuch* hin gewährt (vgl. N. 22). Ungeachtet der Untersuchungsmaxime (§ 7 Abs. 1) und der Freistellung der Behörden von den Parteibegehren (§ 7 Abs. 4 Satz 3) kann es sich aber aufdrängen, einen unentgeltlichen Rechtsbeistand von Amtes wegen zu bestellen: Sind zum einen die Voraussetzungen der unentgeltlichen Rechtspflege erfüllt und ist zum andern ein Verfahrensbeteiligter offensichtlich nicht in der Lage, seine Rechte selbst gehörig zu wahren, kann die in der Hauptsache zuständige Behörde dem Unbeholfenen einen unentgeltlichen Vertreter bestellen, sofern sie nicht ohnehin vorab vormundschaftliche Massnahmen für geboten hält (vgl. § 29 Abs. 2 ZPO). 40

7.1. Notwendigkeit

§ 16 Abs. 2 macht die Gewährung der nachgesuchten Rechtsverbeiständung davon abhängig, dass sie sich als *sachlich notwendig* erweist. Hierbei ist auf die konkreten Umstände des Einzelfalls und die Eigenheiten des fraglichen Verfahrens abzustellen (BGE 119 Ia 265). Notwendigkeit ist zu bejahen, sobald die Interessen des Gesuchstellers in schwerwiegender Weise betroffen sind und das Verfahren in tatsächlicher und rechtlicher Hinsicht Schwierigkeiten bietet, die den Beizug eines Rechtsvertreters erfordern. Neben dem Schwierigkeitsgrad der sich stellenden Rechts- und Sachverhaltsfragen sind auch in der Person des Betroffenen liegende Gründe zu berücksichtigen. Zu diesen gehören etwa die Fähigkeit, sich im Verfahren zurechtzufinden, der Gesundheitszustand des Gesuchstellers und die Bedeutung der Angelegenheit für diesen (BGE 122 I 276; RB 1998 Nr. 5; vgl. RB 1994 Nr. 4). Im Allgemeinen ist daher eine Verbeiständung grundsätzlich geboten, wenn das in Frage stehende Verfahren besonders stark in die Rechtsstellung des Gesuchstellers eingreift. Andernfalls müssen zur relativen Schwere des Falls besondere tatsächliche oder rechtliche Schwie- 41

§ 16

rigkeiten hinzukommen, denen der auf sich allein gestellte Gesuchsteller nicht gewachsen wäre (BGE 120 Ia 45, 119 Ia 265). Bei der Beurteilung der Notwendigkeit ist ausserdem von Bedeutung, ob die Gegenpartei anwaltlich vertreten ist (BGE 112 Ia 11; Müller, a.a.O., Rz. 126; Merkli/Aeschlimann/Herzog, Art. 111 N. 19).

42 Gleich dem Anspruch auf ein unentgeltliches Verfahren kann auch die unentgeltliche Verbeiständung bereits im nichtstreitigen Verwaltungsverfahren geltend gemacht werden, wenn die aufgeworfenen Fragen sich nicht leicht beantworten lassen und die gesuchstellende Partei oder ihr Vertreter nicht rechtskundig ist. Mit Bezug auf die Notwendigkeit ist dabei ein strenger Massstab anzulegen. Zum einen fehlt im erstinstanzlichen Verfahren regelmässig eine echte Gegenpartei. Zum andern ist die an das Gesetz und das öffentliche Interesse gebundene sowie zur rechtsgleichen Behandlung aller Bürger gehaltene Verwaltungsbehörde aufgrund der Offizialmaxime und des Untersuchungsgrundsatzes verpflichtet, sich an der Sammlung des entscheidrelevanten Verfahrensstoffs zu beteiligen. Weniger strenge Anforderungen sind mit Blick auf die anzustrebende Waffengleichheit im Rechtsmittelverfahren zu stellen, namentlich dort, wo sich Private als Parteien gegenüberstehen und sich eine Partei durch einen Anwalt vertreten lässt oder selbst rechtskundig ist (BGE 123 I 148, 122 I 394, 122 I 10, 119 Ia 266; BGr. 8.3.1985, ZBl 86/1985, S. 414).

43 Auch im Bereich der unentgeltlichen Rechtsverbeiständung gilt der Grundsatz, dass die unentgeltliche Rechtspflege nur für ein hängiges Verfahren gewährt wird (N. 12). Aus § 16 Abs. 2 ergibt sich daher lediglich ein Anspruch auf unentgeltliche Vertretung in einem bestimmten, förmlichen Verfahren; kein solcher Anspruch besteht mit Bezug auf die ausserprozessuale Rechtsberatung (BGE 121 I 324; vgl. dagegen für das Zivil- und Strafverfahren § 88 ZPO).

7.2. Rechtsstellung

44 Weil im Verwaltungs(justiz)verfahren die berufsmässige Parteivertretung anders als im Zivil- und Strafverfahren nicht den patentierten Rechtsanwälten vorbehalten ist (§ 1 Abs. 1 AnwaltsG), können zum unentgeltlichen Rechtsbeistand im Sinn von § 16 Abs. 2 auch andere Personen bestellt werden, die hinreichend rechtskundig sind, um die berechtigten Interessen der von ihnen Vertretenen zu wahren (vgl. Prot. KK 1995/96, S. 237; VGr. 20.7.1998, VB.98.00170, wo die Frage aber offen gelassen wurde). Faktisch werden allerdings fast ausschliesslich die patentierten Rechtsanwälte die unentgeltliche Rechtsverbeiständung übernehmen, denn aufgrund ihrer Ausbildung bieten sie am ehesten Gewähr dafür, dass die Pflicht zu sachkundiger, engagierter und effektiver Wahrung der Parteiinteressen erfüllt wird (vgl. BGE 120 Ia 51).

45 Hat ein Gesuchsteller bereits einen Rechtsvertreter beigezogen, ernennt die zuständige Behörde (vgl. N. 15 f.) in der Regel diesen zum unentgeltlichen Rechts-

beistand. Im Übrigen besteht in Anlehnung an die im Strafverfahren entwickelten Grundsätze kein bedingungsloses Recht auf freie Wahl des Rechtsbeistands (BGE 114 Ia 104, 105 Ia 302; Rhinow/Koller/Kiss, Rz. 245). Ebenso wenig ist die vertretene Partei befugt, den unentgeltlichen Rechtsbeistand während des laufenden Verfahrens aus rein subjektiven Gründen zu wechseln. Dafür bedarf es objektiver Gründe, namentlich der offensichtlichen Verletzung von Parteiinteressen (BGE 116 Ia 105, 114 Ia 104, 105 Ia 302), und es ist substanziert vorzubringen, weshalb der Rechtsbeistand seine Aufgabe nicht korrekt erfüllt hat oder warum das Vertrauensverhältnis gestört ist (Kley-Struller, a.a.O., S. 185).

Die Bestellung zum unentgeltlichen Rechtsbeistand begründet zwischen diesem und dem Gemeinwesen, das für die Kosten aufkommt, ein *öffentlichrechtliches Rechtsverhältnis*. Der unentgeltliche Vertreter nimmt in seiner Funktion eine staatliche Aufgabe wahr, die durch das kantonale Verfahrensrecht geregelt wird (BGE 122 I 325, 113 Ia 71, 109 Ia 109; Gygi, S. 185; Merkli/Aeschlimann/Herzog, Art. 111 N. 23). Dementsprechend steht ihm gegenüber dem Gemeinwesen ein öffentlichrechtlicher Entschädigungsanspruch zu und ist es ihm verwehrt, für seine Mühewaltung von der vom ihm vertretenen Partei einen Kostenvorschuss oder eine zusätzliche Entschädigung zu verlangen, selbst wenn die vom Staat ausgerichtete Entschädigung nicht einem vollen Honorar entspricht (BGE 122 I 326, 108 Ia 12 f.; Kley-Struller, a.a.O., S. 184; Merkli/Aeschlimann/Herzog, Art. 111 N. 23).

46

7.3. Entschädigung

Im Rahmen der unentgeltlichen Rechtsverbeiständung ist jener Aufwand des Vertreters zu ersetzen, der sich aus dessen Wirken *vernünftigerweise* ergibt. Neben der von diesem geleisteten Arbeit sind dies alle Auslagen, die sich im Rahmen der Mandatsführung als üblich und notwendig erweisen (BGE 117 Ia 25; Rhinow/Koller/Kiss, Rz. 243). Einzubeziehen sind auch die Mehrkosten aufgrund der Mehrwertsteuer (BGE 122 I 4). Dagegen wird übermässiger, unnützer oder überflüssiger Aufwand nicht entschädigt, weshalb der unentgeltliche Rechtsbeistand kritisch abwägen muss, welche Vorkehren und Rechtshandlungen im Interesse des Klienten geboten sind (BGE 120 Ia 51, 109 Ia 110 f.). Weil es nicht Aufgabe der unentgeltlichen Rechtspflege ist, zulasten des Staats eine unverhältnismässig teure und aufwendige Vertretung zu ermöglichen, ist es gerechtfertigt, bei der Entschädigung des unentgeltlichen Rechtsbeistands einen tieferen Honoraransatz als beim privat bestellten Vertreter anzuwenden (BGE 120 Ia 51). Das Entgelt muss aber trotzdem in einem vernünftigen Verhältnis zu den geleisteten Diensten stehen (BGE 122 I 3). Insgesamt verfügen die Behörden hinsichtlich Beurteilung der Angemessenheit der Bemühungen des Vertreters und mit Bezug auf die Festsetzung der Entschädigung über ein *beträchtliches Ermessen*.

47

§ 16

48 Für das Verfahren *vor Verwaltungsgericht* bestimmt § 13 Abs. 1 GebV VGr ausdrücklich, dass dem unentgeltlichen Rechtsbeistand der notwendige Zeitaufwand nach den Ansätzen des Obergerichts entschädigt wird (Satz 1); zu berücksichtigen sind hierbei die Bedeutung der Streitsache und die Schwierigkeit des Verfahrens (Satz 2). Barauslagen werden separat vergütet (Satz 3). Das Verwaltungsgericht stellt somit auf die vom Obergericht erlassene Verordnung über die Anwaltsgebühren vom 10. Juni 1987 (LS 215.3) ab. Bei der Entschädigung des Zeitaufwands ist dabei in der Regel ein Honorar von Fr. 150.– pro Stunde (Mehrwertsteuer inbegriffen) in Ansatz zu bringen. Es ist jedoch Sache des unentgeltlichen Rechtsbeistands, seinen Entschädigungsanspruch gegenüber dem Gericht zu substanzieren. Er ist deshalb gehalten, dem Gericht vor dem Entscheid eine detaillierte Zusammenstellung über den Zeitaufwand und die Barauslagen einzureichen. Soweit er dabei in seiner Kostennote die Mehrwertsteuer separat ausweist, ist die Entschädigung um den Mehrwertsteuerbetrag zu erhöhen (BGr. 30.4.1999, I 358/98; vgl. BGE 122 I 4 f.). Bei Säumnis setzt das Gericht die Entschädigung von Amtes wegen und nach Ermessen fest (§ 13 Abs. 2 GebV VGr). Diesfalls wird regelmässig ein Pauschalbetrag zugesprochen, sodass die Mehrwertsteuer nicht noch zusätzlich zu vergüten ist.

49 Mangels einer § 13 GebV VGr entsprechenden Regelung gelten im erstinstanzlichen Verwaltungsverfahren sowie im Einsprache- und Verwaltungsrekursverfahren für die Entschädigung des unentgeltlichen Rechtsbeistands die allgemeinen Grundsätze (vgl. N. 47). Um jedoch auch in einem Verfahren, das mehrere Instanzen beschäftigt, eine einheitliche Entschädigung des unentgeltlichen Rechtsbeistands zu erreichen und diesbezüglich die Einheit des Verfahrens ebenfalls zu wahren, ist es angebracht, dass die Verwaltungs- und Verwaltungsrekursbehörden § 13 GebV VGr ausserhalb des verwaltungsgerichtlichen Verfahrens als Richtlinie beachten.

50 Für die Entschädigung des unentgeltlichen Rechtsbeistands hat vorab die Staatsbzw. die Gerichtskasse aufzukommen. Das Gemeinwesen wird allerdings insoweit entlastet, als der bedürftigen Partei zufolge ihres Obsiegens gestützt auf § 17 Abs. 2 und 3 eine Parteientschädigung zugesprochen wird; diesfalls kann die Entschädigung dem unentgeltlichen Vertreter im Umfang seiner Bemühungen zugesprochen werden (vgl. § 89 Abs. 1 ZPO). Genügt diese Entschädigung zur Deckung der Aufwendung nicht oder erweist sie sich als uneinbringlich, ist die Differenz oder der gesamte Betrag zulasten der Staats- oder Gerichtskasse zu vergüten (BGE 122 I 326 f.; Kölz/Häner, Rz. 376; vgl. § 89 Abs. 2 ZPO). In einen solchen Fall können jedenfalls gerichtliche Behörden anordnen, dass der Anspruch auf die unerhältliche Parteientschädigung auf die Staatsbzw. Gerichtskasse übergeht (vgl. Art. 166 OR und § 89 Abs. 3 ZPO).

51 Ist der *unentgeltliche Rechtsbeistand* mit der vom Gemeinwesen zugesprochenen Entschädigung nicht einverstanden, steht ihm der ordentliche Rechtsweg, der in der Hauptsache zu beschreiten wäre, *nicht* offen. Denn bei der Festsetzung

der Entschädigung des unentgeltlichen Rechtsbeistands handelt es sich nicht um Rechtsprechung, sondern um einen *Akt der Justizverwaltung* (ZR 89 Nr. 42; Frank/Sträuli/Messmer, § 89 N. 7; vgl. § 40 N. 13). Infolgedessen besitzt er die Möglichkeit, an jenes Gremium innerhalb der entscheidenden Instanz zu gelangen, das für die Justizverwaltung zuständig ist. Im Verfahren vor Verwaltungsgericht ist dies die Verwaltungskommission (§ 7 Abs. 1 GeschV VGr). Sie hat die vom Einzelrichter oder von der Kammer festgesetzte Entschädigung des unentgeltlichen Rechtsbeistands zu überprüfen. Verfügt eine Verwaltungs- oder Verwaltungsjustizbehörde über kein gesondertes Justizverwaltungsorgan, ist der Entschädigungsentscheid der Wiedererwägung zugänglich (vgl. ZR 89 Nr. 42). Der letztinstanzliche kantonale Entscheid kann sodann mit staatsrechtlicher Beschwerde beim Bundesgericht angefochten werden. Unabhängig davon steht mit Bezug auf die Festsetzung der Entschädigung auch die Aufsichtsbeschwerde als formloser Rechtsbehelf zur Verfügung.

8. Juristische Personen (Abs. 3)

Seit der Revision vom 8.6.1997 stellt § 16 Abs. 3 klar, dass die unentgeltliche Rechtspflege *juristischen Personen* nicht gewährt wird. Diese Bestimmung ist analog § 84 Abs. 3 ZPO zu verstehen (Weisung 1995, S. 1530). Dementsprechend sind neben den juristischen Personen auch Handelsgesellschaften, Sondervermögen sowie Konkurs- und Nachlassmassen vom Anspruch auf unentgeltliche Rechtspflege ausgeschlossen (dazu Frank/Sträuli/Messmer, § 84 N. 25 ff.; vgl. N. 8 f.). Das Bundesgericht hat allerdings nicht von vornherein ausgeschlossen, dass auch einer juristischen Person – jedoch unter anderen Voraussetzungen als den natürlichen Personen – ein Anspruch auf unentgeltliche Rechtspflege zustehen kann, wenn die erforderlichen Mittel weder von dieser selbst noch von den wirtschaftlich Beteiligten aufgebracht werden können (BGE 119 Ia 340 f.; vgl. Bühler, a.a.O., S. 228 f.; Merkli/Aeschlimann/Herzog, Art. 111 N. 3; Rhinow/Koller/Kiss, Rz. 257). Dabei ist aber immer im Auge zu behalten, dass die unentgeltliche Rechtspflege in erster Linie bezweckt, in einer *persönlichen* Notlage zu helfen. Weil juristische Personen im Unterschied dazu nur zahlungsunfähig oder überschuldet sein können und es ihnen regelmässig möglich ist, bei ihren Gesellschaftern weitere Finanzmittel zu beschaffen, ist in dieser Frage grosse Zurückhaltung angebracht (zur unentgeltlichen Rechtspflege für juristische Personen vgl. auch Poudret, a.a.O., Art. 152 N. 3, S. 118 f.).

52

9. Verschiedenes

Ein Anspruch auf unentgeltliche Rechtsverbeiständung ergibt sich nicht allein aus § 16. Opfer von Straftaten haben gemäss Art. 3 Abs. 4 des Bundesgesetzes über die Hilfe an Opfer von Straftaten vom 4.10.1991 (Opferhilfegesetz; SR

53

§ 16 / § 17

312.5) Anspruch auf Übernahme der Kosten für anwaltliche Beratung und Vertretung, soweit dies aufgrund der persönlichen Verhältnisse des Opfers angezeigt ist. Die *Opferhilfe* tritt allerdings nicht an die Stelle der unentgeltlichen Rechtspflege; vielmehr ergänzt sie diese, indem sie anders als die unentgeltlichen Rechtspflege nicht nur im Zusammenhang mit einem hängigen Verfahren gewährt wird und auch nicht alle Voraussetzungen gemäss § 16 Abs. 1 und 2 – namentlich Mittellosigkeit – gegeben sein müssen (Bühler, a.a.O., S. 231 f.; Forster, a.a.O., S. 467; Kley-Struller, a.a.O., S. 184). Insoweit ist der Anspruch aus Opferhilfe im Verhältnis zur unentgeltlichen Rechtspflege *komplementärer* Natur. Zugleich ist die Opferhilfe bezüglich der unentgeltlichen Rechtspflege *absolut subsidiär* (BGE 123 II 551, 121 II 212): Leistungen oder Kostengutsprachen aus Opferhilfe sind durch die unentgeltliche Rechtspflege abzulösen, sobald auf diese ein Anspruch besteht.

54 Gegenstand der unentgeltlichen Rechtspflege bilden im Interesses der Gewährung des rechtlichen Gehörs unter Umständen auch die *Übersetzungskosten* (vgl. § 8 N. 16). So sind einer Partei, welche die Amtssprache nicht beherrscht und die nicht in der Lage ist, für die Übersetzungskosten aufzukommen, in einem Verfahren, in dem die Voraussetzungen zur Bestellung eines unentgeltlichen Rechtsbeistands erfüllt sind, die prozessual vorgesehenen Eingaben nötigenfalls auf Staatskosten zu übersetzen (RB 1992 Nr. 37). Handelt es sich um eine gerichtliches Verfahren über eine strafrechtliche Anklage im Sinn von Art. 6 Ziff. 1 EMRK ist der Angeklagte zudem berechtigt, den unentgeltlichen Beizug eines Übersetzers zu verlangen, sofern er die Verhandlungssprache des Gerichts nicht spricht oder versteht. Dieser Anspruch besteht unabhängig davon, ob der Angeklagte mittellos oder bedürftig ist, und ohne dass von diesem nachträglich die Zahlung der dadurch verursachten Kosten verlangt werden darf. Denn die bloss vorläufige Kostenbefreiung trägt die Gefahr in sich, dass der Betroffene aus Furcht vor den Kosten auf den Beizug eines Übersetzers verzichtet (Kley-Struller, a.a.O., S. 185 f.; Rhinow/Koller/Kiss, Rz. 262 f.).

55 Zur Frage, ob der Anspruch auf unentgeltliche Rechtspflege ein soziales Grundrecht bildet, und zum Verhältnis der unentgeltlichen Rechtspflege zur Garantie des Existenzminimums vgl. Kley-Struller, a.a.O., S. 190 f.

5. Parteientschädigung

§ 17. Im Verfahren vor den Verwaltungsbehörden werden keine Parteientschädigungen zugesprochen.

Im Rekursverfahren und im Verfahren vor dem Verwaltungsgericht kann indessen die unterliegende Partei oder Amtsstelle zu einer angemessenen Entschädigung für die Umtriebe des Gegners verpflichtet werden, namentlich wenn

a) die rechtsgenügende Darstellung komplizierter Sachverhalte und schwieriger Rechtsfragen besonderen Aufwand erforderte oder den Beizug eines Rechtsbeistandes rechtfertigte,

oder

b) ihre Rechtsbegehren oder die angefochtene Anordnung offensichtlich unbegründet waren.

Stehen sich im Verfahren private Parteien mit gegensätzlichen Begehren gegenüber, wird die Entschädigung in der Regel der unterliegenden Partei auferlegt.

Materialien
Weisung 1957, S. 1036; Prot. KK 20.12.1957, 23.9.1958; Prot. KR 1955–1959, S. 3271; Beleuchtender Bericht 1959, S. 401; Prot. KR 1983–1987, S. 5330 ff., 12359 ff., 12684 f.; ABl 1986 II, S. 1656 ff.

Literatur
BERNET MARTIN, Die Parteientschädigung in der schweizerischen Verwaltungsrechtspflege, Zürich 1986; GADOLA, S. 467 ff.; GYGI, S. 330; KÖLZ/HÄNER, Rz. 371, 705 f., 1013 ff.; MERKLI/AESCHLIMANN/HERZOG, Art. 104 N. 1 ff., Art. 108 N. 12, Art. 110 N. 1 ff.; RHINOW/KOLLER/KISS, Rz. 1380 ff.

Übersicht	Note
1. Allgemeines	1
2. Entschädigungsberechtigte Parteikosten	10
3. Entschädigungsberechtigte Verfahrensbeteiligte	15
4. Zu Abs. 1	22
5. Zu Abs. 2	24
5.1. Allgemeines	24
5.2. Entschädigungsvoraussetzungen (lit. a und b)	26
5.3. Parteikostenverlegung	31
5.4. Bemessung der Parteientschädigung	36
6. Zu Abs. 3	46
7. Verschiedenes	51

1. Allgemeines

Während §§ 13–16 in erster Linie regeln, wer von den Verfahrensbeteiligten die Verfahrenskosten zu tragen hat, befasst sich § 17 ausschliesslich mit dem Anspruch auf Ersatz der Parteikosten. Diese werden auch im Bereich der Verwaltungsrechtspflege durch Zusprechung einer *Parteientschädigung* (auch Prozess- oder Umtriebsentschädigung genannt) abgegolten. Bestandteil der Parteikosten bilden dabei die gesamten Kosten und Umtriebe, die einer Partei aus der Verfolgung ihres Anspruchs notwendigerweise erwachsen (Bernet, a.a.O., N. 3; vgl. N. 10 ff.). Nicht zum Rechtsverfolgungsaufwand zählen Kosten, die nur mittelbar im Zusammenhang mit der Rechtsverfolgung stehen (z.B. finanzielle Folgeschäden) und die Verfahrenskosten (dazu § 13 N. 6). Soweit Ausla-

§ 17

gen Parteikosten darstellen, hat dies gemäss dem Wortlaut von § 17 Abs. 1 und 2 sowie der dazu entwickelten Praxis aber nicht ohne weiteres zur Folge, dass diese Kosten im Rahmen einer Parteientschädigung ganz oder teilweise zu ersetzen sind (vgl. N. 10 ff. und 36 ff.). Aus der Summe der Parteikosten lässt sich daher nicht auf die Höhe der Parteientschädigung schliessen.

2   Zwar entspricht es dem Gerechtigkeitsempfinden, dass einer Partei, die mit ihrem Begehren obsiegt, sämtliche durch das betreffende Verfahren unmittelbar entstandenen Kosten ersetzt werden (Gadola, S. 467). Doch besteht kein allgemein anerkannter Rechtsgrundsatz, wonach der obsiegenden, durch einen Rechtsanwalt vertretenen Partei eine Parteientschädigung zugesprochen werden muss. Ein solcher lässt sich auch nicht aus Art. 4 Abs. 1 aBV bzw. Art. 9 und 29 BV ableiten, es sei denn, die Verweigerung der Parteientschädigung widerspreche im Einzelfall in stossender Weise dem Gerechtigkeitsempfinden (BGE 104 Ia 11; BGr. 14. Juni 1985, ZBl 86/1985, S. 508). Entsprechend sind die Kantone mit Bezug auf die Parteientschädigung befugt, im Rahmen der ihnen zustehenden gesetzgeberischen Gestaltungsfreiheit jene Lösung zu wählen, die sie für richtig und angemessen halten (BGE 104 Ia 13). Ein Anspruch auf Parteientschädigung besteht somit nur insoweit, als ihn das kantonale Recht gewährleistet. Ob und in welchem Umfang eine Parteientschädigung zuzusprechen ist, entscheidet sich im zürcherischen Verwaltungs- und Verwaltungsrechtspflegeverfahren daher ausschliesslich aufgrund von § 17 und der von der Verwaltungspraxis sowie der Rechtsprechung hierzu entwickelten Grundsätze, wobei sich die Bemessung der Entschädigung in allen Verfahren vor Verwaltungsgericht nach § 12 GebV VGr richtet (vgl. § 17 Abs. 1 GebV VGr sowie § 13 N. 2).

3   Bei der Anwendung von § 17 in der ursprünglichen Fassung vom 24.5.1959 übten die zürcherischen Verwaltungs(justiz)behörden mit Bezug auf die Zusprechung einer Parteientschädigung grosse Zurückhaltung, indem sie in Zusammenhang mit einem Rechtsmittelverfahren einzig jenen Parteiaufwand einer Abgeltung zugänglich erachteten, der bei pflichtgemässer Sorgfalt der unterliegenden Partei oder Amtsstelle hätte vermieden werden können. Im Übrigen wurde grundsätzlich keine Parteientschädigung zugesprochen (vgl. ABl 1986 II, S. 1659 f.). Namentlich weil ausser der Lehre (vgl. Kom. 1. A., § 17 N. 9; Bernet, a.a.O., N. 18) auch das Bundesgericht diese zurückhaltende Entschädigungspraxis als mit dem Wortlaut und Sinn von § 17 unvereinbar bezeichnet hatte (BGE 107 Ia 204), wurde dem Kantonsrat am 8.1.1985 eine Einzelinitiative eingereicht. Ziel der Initianten war es, es den Behörden durch eine Revision von § 17 zu ermöglichen, vermehrt Parteientschädigungen zuzusprechen (Prot. KR 1983–1987, S. 5330 ff.). In der Folge stellte der Regierungsrat diesem Initiativbegehren einen Gegenvorschlag gegenüber (vgl. ABl 1986 II, S. 1658 ff.), der sich im Kantonsrat schliesslich durchzusetzen vermochte (Prot. KR 1983–1987, S. 12685) und in der Volksabstimmung vom 6.9.1987 angenommen

wurde. Damit wurde Abs. 2 von § 17 geändert und dieser Bestimmung ein zusätzlicher Absatz angefügt, während Abs. 1 unverändert blieb.

Die Revision von § 17 brachte eine Lockerung der bisher zurückhaltenden Entschädigungspraxis und trug der seit dem Inkrafttreten des VRG eingetretenen Entwicklung im Bereich der Verwaltungsrechtspflege Rechnung (vgl. ABl 1986 II, S. 1660 f.). Insbesondere wurde damit berücksichtigt, dass der technische Fortschritt und die Verfeinerung der Rechtsordnung sowie der Rechtsanwendung mitunter zu komplizierten Streitfragen führen, die vom rechtsuchenden Bürger zur Wahrung seiner Interessen einen erheblichen Aufwand und den Beizug eines Rechtsbeistands erfordern. Auch wurde anerkannt, dass bereits mit der Erfüllung der gesetzlichen Mitwirkungspflicht (§ 7 Abs. 2) ein erheblicher Aufwand verbunden sein kann und die einlässliche Darlegung der erheblichen Sachverhalte sowie die zutreffende, auf Lehre und Rechtsprechung abgestützte rechtliche Würdigung die Arbeit der Rechtsmittelbehörden erleichtert. Zugleich verschafft die Aussicht auf eine Parteientschädigung im Fall des Obsiegens dem Einzelnen den nötigen finanziellen Rückhalt, um die vorhandenen staatlichen Rechtsschutzeinrichtungen in Anspruch zu nehmen. Wird dadurch zudem die Möglichkeit geschaffen, einen Rechtsbeistand beizuziehen, dient dies der Verwirklichung der Waffengleichheit im Verfahren. Demgegenüber bewirkt das weitgehende Fehlen eines Anspruchs auf Parteientschädigung nicht nur eine Schmälerung des Prozessgewinns der obsiegenden Partei, sondern ermuntert auch zur Erhebung unberechtigter Drittbeschwerden (Bernet, a.a.O., N. 163, 176). 4

Trotz der Revision vom 6.9.1987 und der damit verbundenen Lockerung der Entschädigungspraxis liegt § 17 nach wie vor die Auffassung zugrunde, dass eine Parteientschädigung im erstinstanzlichen Verwaltungsverfahren nicht und im Verwaltungsrechtspflegeverfahren nur mit gebührender Zurückhaltung zugesprochen wird; eine Entschädigung an die obsiegende Partei soll jedenfalls nicht zur Regel werden (Prot. KR 1983–1987, S. 12361; VGr. 14.03.1997, VB.97.00003). Im Rechtsmittelverfahren besteht allerdings ein bedingter Anspruch auf Zusprechung einer Parteientschädigung, sobald die Anspruchsvoraussetzungen von § 17 Abs. 2 lit. a oder b erfüllt sind; diesfalls darf eine Entschädigung nur unter besonderen Umständen verweigert werden (VGr. 11.6.1991, VB 91/0001). 5

Der geübten Zurückhaltung entspricht es, Parteientschädigungen gemäss ständiger Praxis der zürcherischen Verwaltungsrechtspflegebehörden nicht von Amtes wegen, sondern nur auf *Gesuch* hin zu gewähren (RB 1985 Nr. 5, 1968 Nr. 4, auch zum Folgenden). Dieses Antragserfordernis rechtfertigt sich insbesondere deshalb, weil Rekurs und Beschwerde gemäss § 23 Abs. 1 Satz 1 bzw. § 54 Satz 1 einen Antrag und eine Begründung enthalten müssen. Diese Vorschrift wird in der Praxis auch auf den Anspruch auf Parteientschädigung bezogen. Sodann bildet die Zusprechung einer Parteientschädigung nach dem Willen des Gesetzgebers nicht die Regel, während über die Verfahrenskosten in jedem Verfah- 6

§ 17

ren zwangsläufig und daher von Amtes wegen entschieden werden muss (§ 13 N. 3). Um eine Parteientschädigung erhältlich zu machen, genügt es deshalb nicht, ein Rechtsbegehren lediglich «unter Kostenfolge» zu stellen.

7 Die Gewährung der unentgeltlichen Rechtspflege gemäss § 16 befreit die begünstigte Partei nicht von der Pflicht, eine ihr auferlegte Parteientschädigung zu bezahlen (vgl. § 16 N. 36). Die pflichtige Partei hat eine Parteientschädigung selbst dann zu bezahlen, wenn das Verfahren, für das Parteikostenersatz zugesprochen wird, von Gesetzes wegen kostenlos ist. Namentlich in personalrechtlichen Streitigkeiten, die im Rahmen von §§ 13 Abs. 3 und 80b VRG sowie Art. 13 Abs. 5 GlG kostenlos sind, sind daher Parteientschädigungen gleichwohl geschuldet (RB 1997 Nr. 19).

8 Anordnungen müssen mit Bezug auf die Parteientschädigung und deren Betrag nicht eigens begründet werden. Die Entschädigungspflicht ergibt sich in der Regel bereits aus dem Verfahrensausgang. Liegen aber ausserordentliche Umstände vor, entspricht die Entschädigungsregelung nicht dem materiellen Verfahrensausgang oder liegt die Parteientschädigung ebenfalls im Streit, unterliegt der betreffende Entscheid auch in diesem Punkt der gesetzlichen Begründungspflicht gemäss § 10 Abs. 2 (vgl. § 10 N. 41, mit Hinweisen; Merkli/Aeschlimann/Herzog, Art. 104 N. 9).

9 Der Entscheid über Parteikosten kann selbständig oder zusammen mit dem Sachentscheid mit Rekurs bzw. Beschwerde weitergezogen werden (Bernet, a.a.O., N. 288 f.; Bosshart, § 17 N. 4). Das Verwaltungsgericht kann aber nur angerufen werden, wenn es auch in der Sache selbst zuständig ist (§ 43 Abs. 3; vgl. RB 1989 Nr. 11). Zudem ist die Frage der Parteientschädigung nach dem Gesetzeswortlaut weitgehend eine solche des Ermessens, zu dessen Überprüfung das Verwaltungsgericht ausserhalb von eigentlichen Ermessensfehlern nicht befugt ist (RB 1985 Nr. 4; RB 1998 Nr. 8 = ZBl 99/1998, S. 524; vgl. § 50).

2. Entschädigungsberechtigte Parteikosten

10 Im Rahmen der Zusprechung einer Parteientschädigung ist lediglich der *notwendige* Rechtsverfolgungsaufwand zu ersetzen (RB 1998 Nr. 8 = ZBl 99/1998, S. 524; RB 1989 Nr. 2, 1985 Nr. 5; Bernet, a.a.O., N. 257; so ausdrücklich für das Verfahren vor Bundesbehörden bzw. Bundesgericht Art. 64 Abs. 1 VwVG und Art. 159 Abs. 2 OG). Notwendig sind dabei Parteikosten, die zur sachgerechten und wirksamen Rechtsverfolgung oder Rechtsverteidigung aufgrund der besonderen Umstände des Einzelfalls objektiv unerlässlich sind (VGr. 31.3.1998, ZBl 99/1998, S. 526; VPB 56/1992 Nr. 2 S. 29, 54/1990 Nr. 39, auch zum Folgenden; Kölz/Häner, Rz. 706). Ob dies zutrifft, bestimmt sich nach dem Verfahrensstand, wie er sich dem Betroffenen im Zeitpunkt der be-

treffenden Kostenaufwendung bot. Die Notwendigkeit einer Aufwendung ist somit für jeden Verfahrensabschnitt gesondert zu beurteilen.

Wie die Notwendigkeit im Allgemeinen hängt auch die Frage, ob der *Beizug eines rechtskundigen Vertreters* erforderlich war, weitgehend von den Umständen des Einzelfalls ab (vgl. auch N. 27). Die tatsächlichen und rechtlichen Schwierigkeiten einer Angelegenheit sind an den Fähigkeiten und an der prozessualen Erfahrung des Betroffenen sowie an den Vorkehren der entscheidenden Behörde zu messen. Eine Vertretung ist umso eher unerlässlich, je bedeutsamer die Sache für den Betroffenen ist (VPB 56/1992 Nr. 2 S. 29, 54/1990 Nr. 39). Zu berücksichtigen ist auch, dass dieser gegenüber der fachlich und juristisch meist versierten Behörde in der Regel unterlegen ist. Bei dieser Sachlage ist dem Privaten der Beizug eines rechtskundigen Vertreters grundsätzlich zuzugestehen und ihm im Fall des Obsiegens eine Entschädigung zu gewähren. Solche Anwaltskosten sind als ausgewiesen zu betrachten und entschädigungsberechtigt (Bernet, a.a.O., N. 259). Dies gilt jedenfalls insoweit, als sie sich als nützlich erweisen, d.h. der Vertreter zur Führung des Verfahrens besser geeignet ist als die vertretene Partei. Bei einem nicht rechtskundigen Vertreter dürfte dies allerdings nur zu bejahen sein, wenn er über besondere Fachkenntnisse verfügt, wie etwa ein Steuerfachmann im Steuerverfahren oder ein Architekt bzw. Bauingenieur im baurechtlichen Verfahren (Bernet, a.a.O., N. 263). 11

Als entschädigungsberechtigte Vertretungskosten gelten auch Aufwendungen, die durch den Beizug eines Rechtsanwalts entstehen, der von einer Rechtsschutzversicherung bestellt oder zugleich Organ bzw. Arbeitnehmer oder aber Ehegatte der von ihm vertretenen Partei ist. Dieser besonderen Sachlage kann bei der Bemessung der Parteientschädigung Rechnung getragen werden. Zu vergüten sind auch Anwaltskosten, die entstehen, wenn als vormundschaftlicher Beistand bzw. als Vormund ein Rechtsanwalt bestellt ist und er in dieser Eigenschaft für den Verbeiständeten bzw. sein Mündel tätig wird (Bernet, a.a.O., N. 260). 12

Entschädigungsberechtigt sind sodann *Umtriebe,* d.h. der von einem Verfahrensbeteiligten in Zusammenhang mit der Rechtsverfolgung erbrachte Zeitaufwand, soweit er das übliche Mass erheblich übersteigt (RB 1989 Nr. 2; Bernet, a.a.O., N. 264; vgl. BGE 113 Ib 357). In diesem Sinn sind auch einem Rechtsanwalt, der ein Verfahren in eigener Sache oder in eigenem Namen führt, die dadurch entstandenen Kosten und der ihm anderweitig entgangene Gewinn zu entschädigen, wobei bei der Honorarbemessung die besonderen Umstände zu berücksichtigen sind (Bernet, a.a.O., N. 265; a.M. Merkli/Aeschlimann/Herzog, Art. 104 N. 2). Würde anders verfahren, hätte dies zur Folge, dass der in eigener Sache bzw. in eigenem Namen handelnde Anwalt gegenüber einer – rechtskundigen oder nicht rechtskundigen – Partei, die einen Rechtsbeistand beizieht, mit Bezug auf die Ersatzberechtigung der Parteikosten rechtsungleich behandelt würde. 13

§ 17

14 *Barauslagen* bilden ebenfalls Gegenstand der Parteientschädigung. Zu diesen sind namentlich die Kosten für Porti, Fotokopien, Telefongespräche und notwendige Reisen sowie für Übersetzungen zu zählen, die erforderlich und nicht ohnehin unentgeltlich sind (vgl. § 16 N. 54). Die Kosten eines *Privatgutachtens* sind dagegen nur ausnahmsweise zu ersetzen, etwa wenn dieses wesentliche neue Erkenntnisse ermöglicht oder sich als eine nützliche Grundlage für die Entscheidfindung erweist oder sich deswegen ein neutrales Gutachten erübrigt (RB 1998 Nr. 9; VGr. 20.1.1999, VB.98.00355; 21.08.1990, VK 29/1988; Bernet, a.a.O., N. 268; Merkli/Aeschlimann/Herzog, Art. 104 N. 6; Rhinow/Krähenmann, Nr. 146 B I; vgl. BGE 115 V 63). Nicht zu ersetzen sind vorprozessuale Parteikosten, d.h. Kosten, die im erstinstanzlichen Verfahren vor Verwaltungsbehörden entstanden sind; für diese wird gemäss § 17 Abs. 1 keine Parteientschädigungen zugesprochen (Bernet, a.a.O., N. 269).

3. Entschädigungsberechtigte Verfahrensbeteiligte

15 Die in einem Rechtsmittelverfahren zugesprochene Parteientschädigung steht der begünstigten Partei und nicht ihrem Rechtsvertreter zu. Der Anspruch kann allerdings auf diesen übergehen, wenn der Parteivertreter in der Stellung eines unentgeltlichen Rechtsbeistands handelt (vgl. § 16 N. 50). Als berechtigte Partei gilt auch der in das Verfahren Beigeladene, jedenfalls soweit ihm Parteistellung zukommt und er im Fall des Unterliegens kostenpflichtig wäre (BGE 97 V 32; Gygi, S. 184; vgl. § 13 N. 15). Der Begünstigte trägt dabei das Risiko selber, dass die ihm zuerkannte Parteientschädigung beim Verpflichteten nicht erhältlich ist (vgl. § 16 N. 36).

16 Entschädigungsberechtigt ist in erster Linie die *anwaltlich vertretene Partei*. Dies gilt unabhängig davon, ob sie für die Vertretungskosten vollumfänglich selbst aufzukommen hat oder ob ihr aufgrund einer externen Vereinbarung mit Dritten – insbesondere dem Abschluss einer Rechtsschutzversicherung oder der Mitgliedschaft in einer Vereinigung, welche sich für die Wahrung von Rechtsansprüchen ihrer Mitglieder einsetzt – keine Kosten aus der Rechtsvertretung erwachsen (BGE 122 V 280, 117 Ia 296; Kölz/Häner, Rz. 1014). Als in diesem Sinn anwaltlich vertreten ist auch der Verbeiständete oder das Mündel zu betrachten, dessen Beistand bzw. Vormund zugleich Rechtsanwalt ist und in dieser Funktion amtlich tätig wird (Bernet, a.a.O., N. 260; vgl. Frank/Sträuli/Messmer, § 69 N. 4; vgl. N. 12). Aus dem gleichen Grund ist eine Partei entschädigungsberechtigt, deren Anwalt zugleich ihr Ehegatte ist (Bernet, a.a.O., N. 260). Eine Parteientschädigung ist aber nicht nur der anwaltlich vertretenen Partei zuzusprechen. Weil vor den Verwaltungs- und Verwaltungsrechtspflegebehörden sowie vor Verwaltungsgericht kein Anwaltszwang besteht (§ 1 Abs. 1 AnwaltsG), rechtfertigt es sich, einen Entschädigungsanspruch *jeder vertretenen Partei* mit Bezug auf die notwendigen Parteikosten zuzuerkennen (vgl. N. 11).

§ 17

Der unterschiedlichen Kostenstruktur von freiberuflich tätigen Rechtsanwälten und anderen Rechtsvertretern kann dabei im Rahmen der Entschädigungsbemessung Rechnung getragen werden (Pra 84/1995 Nr. 115; Merkli/Aeschlimann/Herzog, Art. 104 N. 2).

Ebenfalls entschädigungsberechtigt ist die *nicht durch einen Rechtsbeistand vertretene Partei*, allerdings nur für den das übliche Mass erheblich übersteigenden Rechtsverfolgungsaufwand (RB 1989 Nr. 2). Ob dies der Fall ist, lässt sich nur anhand der Umstände des Einzelfalls und aufgrund der Person des Berechtigten beurteilen. Der nicht vertretenen Partei gleichgestellt ist einerseits der Anwalt, der ein Rechtsmittelverfahren in eigener Sache oder in eigenem Namen führt, und anderseits jene Partei, die als Rechtsanwalt eines ihrer Organe oder einen ihrer Arbeitnehmer beizieht, sofern das geschäftliche gegenüber dem berufsspezifisch anwaltlichen Handeln überwiegt (Merkli/Aeschlimann/Herzog, Art. 104 N. 2; analog mit Bezug auf das anwaltliche Berufsgeheimnis BGE 115 Ia 199, 114 III 107 f.). 17

Mitglieder einer *Streitgenossenschaft* haben einen gemeinsamen, *anteiligen* Ersatzanspruch, selbst wenn das der Streitgenossenschaft zugrunde liegende Rechtsverhältnis Solidarität vorsieht (Merkli/Aeschlimann/Herzog, Art. 104 N. 3). Der Anspruch des Einzelnen richtet sich dabei nach den allgemeinen Grundsätzen (N. 10 f.). Haben mehrere Streitgenossen in einem Verfahren je einen eigenen Rechtsvertreter bestellt, hat jeder Streitgenosse einzeln Anspruch auf eine Parteientschädigung, soweit die Voraussetzungen dafür erfüllt sind (vgl. Frank/Sträuli/Messmer, § 70 N. 2a). 18

Das *Gemeinwesen* besitzt in der Regel keinen Anspruch auf Parteientschädigung. Vor allem grössere und leistungsfähigere Gemeinwesen haben sich so zu organisieren, dass sie Verwaltungsstreitsachen selbst durchfechten können (RB 1981 Nr. 5). Denn die Erhebung und Beantwortung von Rechtsmitteln gehört zu den angestammten amtlichen Aufgaben (RB 1986 Nr. 5). Streitigkeiten im Bereich der Verwaltungsrechtspflege beschlagen zudem meist ein Rechtsgebiet, in welchem das Gemeinwesen gegenüber dem beteiligten Privaten einen Wissensvorsprung besitzt (Bernet, a.a.O., N. 182). Schliesslich übersteigt der in einem Rechtsmittelverfahren erforderliche Behördenaufwand vielfach jenen Aufwand nicht wesentlich, den das betreffende Gemeinwesen im vorangehenden nichtstreitigen Verfahren ohnehin zu erbringen hatte. 19

Diese Zurückhaltung gegenüber einer Entschädigung des Gemeinwesen trägt insoweit zur Verbesserung des Rechtsschutzes des beteiligten Privaten bei, als sich dadurch dessen Prozessrisiko im Fall des Unterliegens verringert (Bernet, a.a.O., N. 183). Behörden kleinerer Gemeinden dürften allerdings ohne die Hilfe eines rechtskundigen Vertreters oft überfordert sein (Bernet, a.a.O., N. 184). Weil sich diese Gemeinden das erforderliche Fachwissen anderweitig beschaffen müssen, ist es gerechtfertigt, ihnen einen Anspruch auf Parteientschädigung zu- 20

§ 17

zubilligen. Entschädigungsberechtigt ist aber auch ein grösseres, leistungsfähigeres Gemeinwesen, sobald nur wegen eines besonderen Einsatzes auf die im betreffenden Verfahren übliche anwaltliche Vertretung verzichtet werden konnte (VGr. 24.11.1995, VK.94.00050). Dies gilt gleichermassen für ein obsiegendes Gemeinwesen, das durch das prozessuale Verhalten und die Vorbringen der Gegenpartei über Gebühr belastet wird (RB 1986 Nr. 5; vgl. VGr. 22.10.1997, SR.97.00036).

21 Wahrt das Gemeinwesen nicht in erster Linie hoheitliche Interessen, sondern ist es wie eine Privatperson betroffen, ist es mit Bezug auf die Parteientschädigung unabhängig von seiner Grösse und Leistungsfähigkeit wie ein Privater zu behandeln. Ist das Gemeinwesen einerseits als Privatbetroffener (z.B. als Bauherr) und anderseits in seiner öffentlichen Funktion (z.B. als Baubewilligungsbehörde) an einem Verfahren beteiligt und sowohl im einen als auch im andern Fall entschädigungsberechtigt, steht ihm nur eine einzige Parteientschädigung zu (RB 1990 Nr. 4). Denn die zweifache Verfahrensbeteiligung beruht auf der kommunalen Verwaltungsorganisation und hätte letztlich eine doppelte Vergütung der Parteikosten zur Folge, was sich insbesondere deshalb als unbillig erweist, weil dem Gemeinwesen durch die gegebene Parteirollenverteilung kein zusätzlicher Aufwand erwächst.

4. Zu Abs. 1

22 § 17 Abs. 1 schliesst die Zusprechung einer Parteientschädigung im Verfahren vor den Verwaltungsbehörden generell aus. Im nichtstreitigen, erstinstanzlichen Verwaltungsverfahren sind somit keine Parteientschädigungen geschuldet. Dem nichtstreitigen Verfahren gleichgestellt sind mit Bezug auf die Parteientschädigung die Wiedererwägung, die Rücknahme und die Anpassung einer Anordnung durch die erstinstanzlich verfügende Behörde. Diese Entschädigungsregelung berücksichtigt, dass es sich beim Verwaltungsverfahren um kein eigentliches Parteiverfahren handelt und sich lediglich die anordnende Behörde und der Gesuchsteller gegenüberstehen. Zudem kommt in diesem Verfahrensstadium der behördlichen Untersuchungs- und Rechtsanwendungspflicht (vgl. § 7 Abs. 1 und 4) eine ungleich grössere Bedeutung zu als im Rekurs- und Beschwerdeverfahren.

23 Aus § 17 Abs. 1 i.V.m. Abs. 2 ergibt sich, dass eine Parteientschädigung lediglich im Rekursverfahren und im Verfahren vor Verwaltungsgericht zugesprochen werden kann. Dies hat zur Folge, dass eine Parteientschädigung mangels gesetzlicher Grundlage sowohl im Einspracheverfahren gemäss § 10 Abs. 2 lit. b VRG als auch im besonderen Einspracheverfahren nach § 57 Abs. 3 und § 115a Abs. 3 GemeindeG ausgeschlossen ist (RB 1998 Nrn. 6 und 7; vgl. RB 1992 Nr. 31; Bernet, a.a.O., N. 116). Aufgrund der Gesetzessystematik und des Gesetzeswortlauts ist sodann ein Anspruch auf Parteientschädigung auch in allen

§ 17

übrigen Verwaltungsrechtspflegeverfahren zu verneinen, soweit es sich nicht um ein Rekursverfahren oder ein verwaltungsgerichtliches Verfahren handelt. Keine Parteientschädigungen sind daher in Zusammenhang mit Aufsichts- sowie Rechtsverzögerungs- und Rechtsverweigerungsbeschwerden geschuldet (vgl. Bernet, a.a.O., N. 114, 121). Dies gilt ebenso für das Verfahren vor den Schätzungskommissionen gemäss §§ 32 ff. AbtrG (Bernet, a.a.O., N. 106) und im zivilstandsamtlichen Beschwerdeverfahren vor der Direktion des Innern (RB 1998 Nr. 10 = Zeitschrift für Zivilstandswesen 66/1998, S. 268). Im Revisionsverfahren nach §§ 86a ff. erscheint es dagegen gerechtfertigt, eine Parteientschädigung zuzusprechen, soweit sich das Revisionsbegehren auf einen Rekursentscheid oder einen Entscheid des Verwaltungsgerichts bezieht (vgl. § 86c N. 7).

5. Zu Abs. 2

5.1. Allgemeines

Gemäss § 17 Abs. 2 «kann» im Verfahren vor Rekursbehörden und vor Verwaltungsgericht die unterliegende Partei oder Amtsstelle zu einer Parteientschädigung verpflichtet werden. Entgegen dem Gesetzeswortlaut liegt es dabei nicht ausschliesslich im pflichtgemässen Ermessen der zuständigen Behörde, im Einzelfall Parteikostenersatz zu gewähren; vielmehr muss zumindest dann eine Parteientschädigung zugesprochen werden, wenn die Voraussetzungen von § 17 Abs. 2 lit. a oder b erfüllt sind. Diese Aufzählung im Gesetz ist *nicht abschliessend*, sondern soll lediglich den Behörden die notwendige Flexibilität sichern. Mithin sind weitere Fälle denkbar, in denen eine Entschädigung geschuldet ist (Prot. KR 1983–1987, S. 12361). 24

Eine Parteientschädigung ist nicht nur geschuldet, wenn ein Entscheid in der Sache selbst ergeht, sondern auch wenn auf ein Rechtsmittel nicht eingetreten wird oder das Verfahren zufolge Rückzugs des Rechtsmittels, Anerkennung des Rechtsbegehrens, Vergleichs oder Gegenstandslosigkeit formell erledigt wird (RB 1985 Nr. 5; VGr. 19.12.1995, VB.95.00123). Es müssen einzig die Voraussetzungen für die Zusprechung einer Parteientschädigung – namentlich § 17 Abs. 2 lit. a oder b – erfüllt sein. 25

5.2. Entschädigungsvoraussetzungen (lit. a und b)

Aus dem Gesetz ergibt sich *nicht abschliessend*, welche Voraussetzungen erfüllt sein müssen, damit sich die Zusprechung einer Parteientschädigung rechtfertigt. § 17 Abs. 2 lit. a und b nennen lediglich die wichtigsten Fälle, in denen Parteikostenersatz angebracht ist (vgl. N. 24). Im Einzelfall genügt es, wenn *alternativ* die Entschädigungspflicht nach lit. a oder nach lit. b gegeben ist. Diese Aufzählung bildet zugleich einen allgemeinen Massstab dafür, ob in weiteren 26

§ 17

Fällen in Übereinstimmung mit der vom Gesetzgeber geübten Zurückhaltung eine Parteientschädigung zugesprochen werden kann.

27 Die Zusprechung einer Parteientschädigung gestützt auf § 17 Abs. 2 *lit. a* setzt in erster Linie die rechtsgenügende Darlegung komplizierter Sachverhalte und schwieriger Rechtsfragen voraus. Entgegen dem Gesetzeswortlaut ist aber nicht kumulativ das Vorliegen komplizierter Sachverhalte und schwieriger Rechtsfragen erforderlich, sondern es reicht, wenn *alternativ* eine der beiden Voraussetzungen erfüllt ist. *Rechtsgenügend* ist dabei nur eine Darlegung, die sowohl den Verfahrensvorschriften genügt, als auch in der Sache selbst die entscheidwesentlichen Fragen fachgerecht behandelt. Als *kompliziert* erweist sich ein Sachverhalt dann, wenn er sich nicht einfach erfassen und darstellen lässt sowie zu seinem Verständnis besondere Sach- und Rechtskenntnisse erforderlich sind. Als *schwierig* sind Rechtsfragen zu bezeichnen, die zu beantworten auch eine rechtskundige Person nicht ohne weiteres in der Lage ist, insbesondere weil eine (klare) gesetzliche Regelung fehlt oder diesbezüglich keine oder nur eine widersprüchliche Praxis der rechtsanwendenden Behörden besteht oder die massgebende Rechtsfrage in Lehre und Rechtsprechung umstritten ist. Sind diese Voraussetzungen erfüllt, ist eine Parteientschädigung aber nur geschuldet, wenn sich daraus für die berechtigte Partei ein *besonderer Aufwand* ergab oder sich deswegen der *Beizug eines Rechtsbeistands* rechtfertigte. Letzteres dürfte regelmässig der Fall sein, sobald ein komplizierter Sachverhalt vorliegt oder schwierige Rechtsfragen zu beanworten sind. Ein besonderer Aufwand ist dagegen nur zu bejahen, wenn die Grenze des im Rahmen eines Verwaltungsrechtspflegeverfahrens gemeinhin Üblichen und Zumutbaren überschritten ist und von einer Partei nicht erwartet werden kann, dass sie einen solchen Aufwand vollumfänglich selbst trägt. Ob dem so ist, ist gleich der Frage, ob die übrigen Voraussetzungen gemäss § 17 Abs. 2 lit. a erfüllt sind, stets aufgrund einer Würdigung der gesamten Umstände des Einzelfalls zu beurteilen. Hierbei sind insbesondere die persönlichen Fähigkeiten und die prozessuale Erfahrung der berechtigten Partei sowie die Vorkehren der Behörden zu berücksichtigen.

28 § 17 Abs. 2 *lit. b* gewährt eine Parteientschädigung, wenn das Rechtsbegehren der unterliegenden Partei oder die angefochtene Anordnung der ersatzpflichtigen Amtsstelle *offensichtlich unbegründet* war. Als offensichtlich unbegründet erscheinen dabei im Allgemeinen mutwillige Rechtsbegehren und Entscheide einer Amtsstelle, welche diese willkürlich oder fahrlässig gefällt hat. § 17 Abs. 2 lit. b liegt mithin der Gedanke zugrunde, dass eine Partei für ein leichtfertig veranlasstes Rechtsmittelverfahren und eine Amtsstelle für leichtfertig getroffene Entscheide die daraus der Gegenpartei entstandenen Parteikosten tragen sollen (RB 1961 Nr. 2). In diesem Sinn trägt die drohende Entschädigungspflicht dazu bei, mutwillige Rechtsmittelverfahren zu verhindern, und gibt den Behörden hinreichend Anlass, ihre Anordnungen in sorgfältiger Abwägung der Sach- und Rechtslage zu treffen.

Kasuistik: Eine Amtsstelle wird in Anwendung von § 17 Abs. 2 lit. b entschädigungspflichtig, wenn sie eine Anordnung trifft, die sich notwendigerweise auf eine weitere, zuvor erlassene Anordnung abstützt, welche ihrerseits aber noch nicht in formelle Rechtskraft erwachsen ist (VGr. 19.5.1998, VB.98.00090). Ebenfalls als offensichtlich unbegründet ist eine Anordnung zu werten, die in schwerwiegender Verweigerung des rechtlichen Gehörs ergangen ist oder anderweitig mit einem gewichtigen Verfahrensfehler behaftet ist (vgl. RB 1984 N. 3). Die Zusprechung einer Parteientschädigung an die Gegenpartei rechtfertigt sich sodann, wenn eine Partei oder Amtsstelle in guten Treuen einen Standpunkt nicht verfechten durfte; das ist namentlich der Fall, wenn Behauptungen aufgestellt werden, die bereits die Vorinstanz mit einlässlicher und überzeugender Begründung widerlegt hat oder die teilweise dem eigenen früheren Verhalten widersprechen (VGr. 25.2.1970, VB 37/1969). Beschränkt sich die rechtsmittelführende Partei darauf, die zutreffenden und eingehenden Ausführungen der Vorinstanz ohne irgendwelche Gründe oder vertretbare andere Gesichtspunkte bloss mit gegenteiligen Behauptungen anzufechten, begründet dies ebenfalls einen Anspruch der Gegenpartei auf Parteientschädigung. Auch geradezu trölerische Rechtsmittelerhebung zieht die Verpflichtung zur Leistung einer Parteientschädigung an die Gegenpartei nach sich; dementsprechend ist derjenige, der ein Rechtsmittel verspätet und damit von vornherein ohne Erfolgsaussichten einreicht, zu einer angemessenen Parteientschädigung an den Verfahrensgegner zu verpflichten, selbst wenn er das Rechtsmittel wieder zurückzieht (RB 1982 Nr. 9). Nicht als offensichtlich unbegründet ist hingegen ein Begehren zu werten, wenn die Rechtslage nicht ohne weiteres und von vornherein klar ist und der Verfahrensausgang aus der einschlägigen Praxis deshalb nicht erkennbar war (RRB 1765/1976, 3760/1973, 4561/1973). Ebenso wenig steht eine Parteientschädigung in Frage, wenn das gegen einen vorinstanzlichen Entscheid gerichtete Rechtsmittel nicht vollumfänglich, sondern nur teilweise gutgeheissen wird (VGr. 30.10.1996, VB.96.00099).

§ 17 Abs. 2 lit. a und b und die hierzu entwickelte Praxis stellen klar, dass eine Parteientschädigung in andern, vom Gesetzgeber nicht ausdrücklich aufgeführten Fällen nur mit grosser Zurückhaltung zugesprochen werden darf. Im Allgemeinen bedarf es dafür besonderer Umstände, die in ihrer Tragweite den Entschädigungstatbeständen von § 17 Abs. 2 lit. a oder b gleichkommen.

5.3. Parteikostenverlegung

Die Parteikosten hat gemäss § 17 Abs. 2 die *unterliegende* Partei oder Amtsstelle zu tragen. Mithin folgt das Gesetz hinsichtlich der Verpflichtung zu Parteikostenersatz ebenso dem Unterliegerprinzip wie mit Bezug auf die Verlegung der Verfahrenskosten. Wer nach § 13 Abs. 2 Satz 1 als im Verfahren unterliegend gilt (dazu eingehend § 13 N. 15 ff.), hat daher nicht nur die eigenen Kosten zu tragen, sondern in der Regel zugleich für die Parteikosten der Gegenpar-

§ 17

tei aufzukommen. Insoweit erweist sich die auf dem blossen Unterliegen im Verfahren beruhende Kostenersatzpflicht als eine gesetzliche Kausalhaftung (Bernet, a.a.O., N. 236). Ersatzpflichtig sind auch ideelle Organisationen, die dem Umwelt- oder dem Natur- und Heimatschutz verpflichtet sind – mithin öffentliche Interessen wahren –, wenn sie eine ideelle Verbandsbeschwerde zur Wahrung solcher Interessen ergriffen haben und dabei unterliegen (BGE 123 II 357 f.). Weil eine Parteientschädigung im Rahmen von § 17 Abs. 2 selbst in Verfahren geschuldet ist, die von Gesetzes wegen kostenlos sind (vgl. N. 7 sowie § 13 N. 12), muss letztlich in jedem Verfahren die unterliegende Partei oder Amtsstelle bezeichnet werden. Darauf kann verzichtet werden, wenn ein Rechtsmittelverfahren durch Vergleich erledigt wird. Diesfalls wird den Verfahrensbeteiligten keine Parteientschädigung zugesprochen, sofern sie nichts anderes vereinbart haben (vgl. § 68 Abs. 2 ZPO).

32 Nur teilweises Obsiegen begründet nicht von vornherein einen Anspruch auf Parteientschädigung. Nach der Praxis ist in solchen Fällen ein *überwiegendes* oder *mehrheitliches* Obsiegen erforderlich. Bei einem nur geringfügigen Teilerfolg kann eine Entschädigung daher ganz verweigert werden. Haben aufgrund des Verfahrensausgangs zwei oder mehrere sich gegenüberstehende Parteien Anspruch auf Parteikostenersatz, sind die Entschädigungen gegeneinander zu verrechnen (vgl. zur Verrechnung im öffentlichen Recht eingehend Häfelin/Müller, Rz. 642 ff.). Heben sie sich in ihrem Umfang gegenseitig auf, sind sie wettzuschlagen (Bernet, a.a.O., N. 234; vgl. VGr. 25.10.1990, VB 90/0160; 28.8.1989, DR 89/0001).

33 Entgegen der einschränkenden Formulierung des Gesetzes trifft die Ersatzpflicht nicht nur den Unterliegenden. Gestützt auf das *Verursacherprinzip* kann eine Parteientschädigung auch jedem weiteren Verfahrensbeteiligten auferlegt werden (RB 1989 Nr. 4). Voraussetzung dafür bildet regelmässig ein ordnungswidriges Verhalten, das unnötigerweise zusätzliche Kosten verursacht hat. Soweit das Verursacherprinzip zur Anwendung gelangt, verdrängt es das vom Gesetz vorgesehene Unterliegerprinzip weitgehend. Je nach der Tragweite des ordnungswidrigen Verhaltens hat das Verursacherprinzip zur Folge, dass die der obsiegenden Partei an sich zustehende Parteientschädigung zu kürzen oder ganz zu verweigern ist (Bernet, a.a.O., N. 239; vgl. BGE 123 II 358; RB 1960 Nr. 8; VGr. 13.7.1990, DR 89/0002). Denkbar ist es sodann, die obsiegende Partei zum Ersatz der Parteikosten der unterliegenden Partei zu verpflichten, wenn sie das betreffende Verfahren durch ihr Verhalten unnötigerweise verursacht hat (Bernet, a.a.O., N. 239). Das Verursacherprinzips ermöglicht es schliesslich, eine Parteientschädigung nicht nur den Verfahrensbeteiligten unabhängig von ihrem Unterliegen oder Obsiegen, sondern ebenso allen weiteren am Verfahren Beteiligten aufzuerlegen, ungeachtet dessen, ob ihnen im betreffenden Verfahren Parteistellung zukommt (vgl. Vorbem. zu §§ 4–31 N. 21 f.). Demgemäss kann für Umtriebe, die durch ein fehlerhaftes Verhalten der Rechtsmittelbehörde verur-

sacht worden sind, eine Entschädigung zulasten der Staatskasse zugesprochen werden (RB 1989 Nr. 4). Ebenso kann die Verletzung des rechtlichen Gehörs unter Umständen die Zusprechung einer Parteientschädigung rechtfertigen (RB 1977 Nr. 7).

Führt die unterliegende Partei ein Verfahren in guten Treuen, werden weder das Unterlieger- noch das Verursacherprinzip dieser besonderen Sachlage gerecht. Zwar wird sie in einen solchen Fall entsprechend der gesetzlichen Regelung gleichwohl kostenpflichtig, doch kann zu ihren Gunsten die Parteientschädigung an den Obsiegenden vermindert oder gestrichen werden (vgl. Art. 159 Abs. 3 OG). Dass eine Partei in guten Treuen handelt, ist dabei nicht leichthin anzunehmen. Namentlich genügt es nicht, dass sie ernsthafte Gründe für die Annahme hatte, sie werde im Verfahren obsiegen (Bernet, a.a.O., N. 244; vgl. BGE 98 Ib 510). Ebenso wenig vermag die bedrängte finanzielle Lage der ersatzpflichtigen Partei die Kostenverlegung zu beeinflussen. Den besonderen finanziellen Verhältnissen der pflichtigen Partei kann aber bei der Bemessung der Entschädigung Rechnung getragen werden. 34

Werden mehrere Verfahrensbeteiligte gemeinsam zur Leistung einer Parteientschädigung verpflichtet, kann die Rechtsmittelbehörde in ihrem Entscheid die vom Einzelnen zu tragenden Anteile festlegen und so der Stellung des Beteiligten im Verfahren gebührend Rechnung tragen (vgl. § 70 Abs. 1 ZPO). Verzichtet sie darauf, haben die Pflichtigen den Parteikostenersatz anteilmässig nach Köpfen zu bezahlen, soweit nicht das zwischen ihnen bestehende Rechtsverhältnis (z.B. Erbengemeinschaft, einfache Gesellschaft, Gesamteigentum) Solidarhaftung begründet (vgl. § 14 VRG und § 70 Abs. 2 ZPO; vgl. auch § 14 N. 3). Als einfache Gesellschaft gelten auch mehrere Private, die sich zur Bekämpfung eines Bauvorhabens zusammenschliessen; sie haften für eine Parteientschädigung daher ebenfalls solidarisch (RB 1996 Nr. 9). 35

5.4. Bemessung der Parteientschädigung

Mit der Parteientschädigung sind der berechtigten Partei *höchstens* die notwendigen Rechtsverfolgungskosten zu vergüten (vgl. N. 10). Dies bedeutet aber nicht, dass in diesem Umfang eine volle Entschädigung zuzusprechen ist. Vielmehr sieht § 17 Abs. 2 lediglich eine *angemessene* Entschädigung der Umtriebe vor. Diese Regelung widerspiegelt den Grundentscheid des Gesetzgebers, auch in Fällen, in denen eine Parteientschädigung gewährt wird, keine kostendeckende Parteientschädigung auszurichten und der obsiegenden Partei zuzumuten, einen Teil der Aufwendungen selbst zu tragen. Denn dies schmälert lediglich den Prozessgewinn der obsiegenden Partei, verweigert ihr aber nicht den Zugang zum Rechtsmittelverfahren, weshalb diese Rechtsauslegung an sich nicht gegen das Rechtsverweigerungsgebot von Art. 4 Abs. 1 aBV verstösst (BGr. 7.7.1998, URP 1998, S. 540; BGr. 23.10.1998, 1P.181/1998). 36

§ 17

37 Wie die angemessene Entschädigung im Einzelfall zu bemessen ist, ergibt sich nicht aus dem Gesetz. Entsprechend ist die Parteientschädigung von der Rechtsmittelinstanz nach freiem (aber pflichtgemässem) Ermessen festzusetzen (RB 1998 Nr. 8 = ZBl 99/1998, S. 524, mit Hinweisen). Für das Verfahren vor Verwaltungsgericht bestimmt § 12 GebV VGr einschränkend, dass die Entschädigung nach der Bedeutung der Streitsache, der Schwierigkeit des Prozesses, dem Zeitaufwand sowie den Barauslagen zu bemessen (Abs. 1) und ein unnötiger oder geringfügiger Aufwand nicht zu ersetzen ist (Abs. 2). Diese Bestimmung, die sich an § 9 der Verordnung über die sozialversicherungsgerichtlichen Gebühren, Kosten und Entschädigungen vom 6.10.1994 (LS 212.812) sowie an die verwaltungsgerichtliche Praxis anlehnt, nennt die wesentlichen Bemessungselemente (vgl. auch RB 1992 Nr. 34). Es erscheint deshalb als gerechtfertigt, bei der Festsetzung der Parteientschädigung auch im Rekursverfahren auf diese Kriterien abzustellen, soweit die entscheidende Rekursbehörde nicht über interne Richtlinien verfügt (vgl. VGr. 20.1.1999, VB.98.00355; 22.5.1997, VB.97.00050; Bernet, a.a.O., N. 277; Gadola, S. 475).

38 Abzulehnen ist im Verwaltungsrechtspflegeverfahren die unmittelbare Anwendung der Verordnung des Obergerichts über die Anwaltsgebühren vom 10.6.1987 (LS 215.3); diese bezieht sich gemäss ihrem § 1 Abs. 1 sowie gemäss § 33 Abs. 1 i.V.m. § 1 Abs. 1 AnwaltsG lediglich auf die Führung von Zivil- und Strafprozessen. Ebenso wenig sind die Verwaltungsrechtspflegeinstanzen zu einer analogen Anwendung der genannten Verordnung verpflichtet (RB 1998 Nr. 8 = ZBl 99/1998, S. 524; VGr. 22.5.1997, VB.97.00050; 8.5.1996, VB.96.00018; 21.12.1989, VB 89/0103). Das Verwaltungsgericht zieht denn auch bei der Bemessung der für das gerichtliche Beschwerde- oder Rekursverfahren zuzusprechenden Parteientschädigungen die Verordnung des Obergerichts lediglich in Steuerstreitigkeiten als Richtlinie heran (vgl. RB 1983 Nr. 4). Sodann ist zu beachten, dass § 12 GebV VGr, welche Bestimmung die Bemessung der Parteientschädigung im Verfahren vor Verwaltungsgericht näher regelt, anders als § 13 Abs. 1 GebV VGr betreffend die Entschädigung des unentgeltlichen Rechtsbeistands nicht auf die Ansätze des Obergerichts verweist.

39 Die Bemessung der Parteientschädigung anhand der Bedeutung der Streitsache, der Schwierigkeit des Verfahrens, des erforderlichen Zeit- und Arbeitsaufwands sowie der Barauslagen hat zusammen mit dem erheblichen Ermessensspielraum, über den die mit der Festsetzung der Parteientschädigung betraute Behörde verfügt, zur Folge, dass eine beantragte Parteientschädigung in jedem Rechtsmittelverfahren mit Rücksicht auf die besonderen Verhältnisse des Einzelfalls zu bemessen ist. Namentlich ist auf die Zahl der erforderlichen Rechtsschriften sowie auf deren Umfang und Inhalt abzustellen (RB 1998 Nr. 8 = ZBl 99/1998, S. 524). Zu berücksichtigen ist auch, ob lediglich Rechtsfragen zu beantworten sind oder zusätzlich der Sachverhalt umstritten ist und ob sich in einem Rechtsmittelverfahren die nämlichen Rechtsfragen wie im vorinstanz-

§ 17

lichen Verfahren stellen (RB 1998 Nr. 6). Im Rahmen der Entschädigungsbemessung ist sodann der unterschiedlichen Kostenstruktur von freiberuflich tätigen Rechtsanwälten und anderen Rechtsvertretern Rechnung zu tragen (vgl. N. 16). Hat ein Rechtsvertreter mehrere gleich lautende Begehren eingereicht oder vertritt er im selben Verfahren mehrere Parteien zusammen, ist der verringerte Aufwand in Betracht zu ziehen (Merkli/Aeschlimann/Herzog, Art. 104 N. 5). Für die Bemessung der Parteientschädigung nicht massgebend sind zusätzliche Kosten, die sich aus einem von der entschädigungsberechtigten Partei veranlassten Wechsel des Rechtsvertreters während des laufenden Verfahrens ergeben. Ebenso wenig ist ein zusätzlicher Zeitaufwand abzugelten, der einem Rechtsvertreter notwendigerweise dadurch erwächst, dass er sich mit den von ihm beigezogenen Hilfspersonen (z.B. bei ihm angestellte Anwälte, Substituten) absprechen muss (RB 1998 Nr. 6; VGr. 31.3.1998, ZBl 99/1998, S. 527).

Die behördliche Untersuchungs- und Rechtsanwendungspflicht (§ 7 Abs. 1 und Abs. 4 Satz 2) rechtfertigt für sich allein zwar nicht den Verzicht auf die Zusprechung einer Parteientschädigung (vgl. RB 1989 Nr. 3; Gadola, S. 474). Trotzdem ist es der zuständigen Rechtsmittelbehörde nicht von vornherein versagt, die Auswirkungen der Untersuchungsmaxime und der Rechtsanwendung von Amtes wegen – Grundsätze, die auch im Verwaltungsrechtspflegeverfahren zu beachten sind – im Zusammenspiel mit den allgemeinen Bemessungsgrundsätzen (N. 37) bei der Bemessung der Parteientschädigung zu berücksichtigen. 40

Ausnahmsweise ergibt die pflichtgemässe Ermessensanwendung bei der Entschädigungsfestsetzung, dass sich einzig die Entschädigung des vollen – notwendigen – Rechtsverfolgungsaufwands als angemessen im Sinn von § 17 Abs. 2 erweist. Dies gilt etwa dann, wenn ein Verfahren für den Entschädigungsberechtigten in persönlicher und beruflicher Hinsicht von grosser Tragweite ist (RB 1998 Nr. 8 = ZBl 99/1998, S. 524). 41

Nicht nur die *pflichtgemässe* Ermessensausübung schränkt den erheblichen Ermessensspielraum ein, welcher der mit der Festsetzung der Parteientschädigung betrauten Behörde zukommt. Vielmehr hat eine Behörde auch die von einem Rechtsvertreter eingereichte Honorarnote zu beachten und hinreichend zu würdigen. Fehlt ein solcher Beleg, ist der Behörde aber zuzubilligen, dass sie sich im Rahmen des freien Ermessens an ihrer bisherigen Praxis und an ähnlich gelagerten Fällen orientiert und dabei mangels Unterlagen dem fallspezifischen Aufwand weniger Rechnung tragen kann, als wenn eine Zusammenstellung über die Kosten vorläge (RB 1998 Nr. 6). 42

Keinen Anhaltspunkt für die Bemessung der Parteientschädigung bildet das zahlenmässige Verhältnis zwischen dieser und der Gerichtsgebühr. Letztere ist nicht nach freiem Ermessen, sondern in Anwendung des Tarifs (vgl. §§ 3–6 GebV VGr und §§ 5 f. GebührenO) in einem betragsmässig vorgegebenen 43

§ 17

Rahmen festzusetzen. Dass den zuständigen Rechtsmittelbehörden ein erheblicher Ermessensspielraum zukommt, zeigt sich auch darin, dass das Bundesgericht es nicht als willkürlich betrachtet hat, bei geltend gemachten Anwaltskosten von Fr. 37'000.– lediglich eine Parteientschädigung von Fr. 4'000.– zuzusprechen (BGr. 7.7.1998, URP 1998, S. 541). In einem weiteren Fall hat es eine Entschädigung von Fr. 3'000.– bei behaupteten Anwaltskosten von Fr. 73'000.– zwar als am unteren Rand des Vertretbaren liegend, nicht aber als willkürlich gewürdigt (BGr. 23.10.1998, 1P.181/1998).

44 Um Unklarheiten beim Inkasso einer Parteientschädigung und daraus sich ergebenden Erläuterungs- und Berichtigungsbegehren vorzubeugen, empfiehlt es sich, im Rahmen der betragsmässigen Festsetzung der Parteientschädigung ausdrücklich festzuhalten, ob im zugesprochenen Betrag die Mehrwertsteuer sowie allenfalls geltend gemachte Barauslagen und Spesen inbegriffen sind oder nicht.

45 Zur Entschädigung des unentgeltlichen Rechtsbeistands vgl. § 16 N. 47 ff.

6. Zu Abs. 3

46 § 17 Abs. 3 regelt die Parteikostenverlegung im Verwaltungsrechtspflegeverfahren, wenn sich nicht Behörden und Private, sondern *private Parteien* mit *gegensätzlichen Begehren* gegenüberstehen. Diesfalls wird die unterliegende *private* Partei für die Parteikosten der *privaten* Gegenseite entschädigungspflichtig, sofern im Übrigen die Entschädigungsvoraussetzungen gemäss § 17 Abs. 2 (dazu N. 26 ff.) erfüllt sind (VGr. 14.3.1997, VB.97.00003). Anders als nach § 17 Abs. 2 kann gemäss Abs. 3 eine unterliegende Amtsstelle in der Regel (vgl. N. 49) nicht zur Leistung einer Parteientschädigung verpflichtet oder entschädigungsberechtigt werden (VGr. 24.8.1995, VB.94.00112; Bernet, a.a.O., N. 230). Dies bestätigt auch die Entstehungsgeschichte von § 17 Abs. 3, indem der Regierungsrat in seinem Gegenantrag zur Einzelinitiative vom 8.1.1985 (vgl. N. 3) lediglich im Sinn einer «redaktionellen Straffung» darauf verzichtete, wie im vorgeschlagenen Gesetzestext der Einzelinitiative ausdrücklich auf die «Befreiung der Amtsstelle» hinzuweisen (ABl 1986 II, S. 1656, 1658).

47 Die Anwendung von § 17 Abs. 3 setzt einerseits sich gegenüberstehende private Parteien und anderseits das Vorliegen gegensätzlicher Parteibegehren voraus. Mithin müssen sich die Begehren der privaten Verfahrensbeteiligten gegenseitig insoweit ausschliessen, als darüber nicht im gleichen Sinn entschieden werden kann. Nicht unbedingt erforderlich ist, dass Private, denen die Funktion des Rechtsmittelgegners zukommt, ihre Begehren in einem Rechtsmittelverfahren ausdrücklich stellen; es genügt, wenn sich die gegensätzlichen Standpunkte aus der Parteikonstellation und den tatsächlichen Verhältnissen ergeben. Denn die Parteientschädigung ist aufgrund der Anträge der rechtsmittel-

führenden Partei und gemessen am Ergebnis der Anfechtung des vorinstanzlichen Entscheids zu verlegen, weshalb die private Partei, die darauf verzichtete, sich mit eigenen Anträgen am Verfahren zu beteiligen, als unterliegend gilt und für die Parteikosten der Gegenseite ersatzpflichtig ist (RB 1997 Nr. 6; vgl. BGE 123 V 159 f.). Zum Begriff der unterliegenden Partei vgl. N. 31 f.

Allein den privaten Rechtsmittelgegner unter Befreiung einer ebenfalls unterliegenden Amtsstelle entschädigungspflichtig zu erklären, erscheint insbesondere deshalb als gerechtfertigt, weil sich auch in den Mehrparteienverfahren im Bereich der Verwaltungsrechtspflege in aller Regel zwei Private in der gleichen Situation und Interessenlage gegenüberstehen wie die Parteien eines Zivilprozesses (vgl. § 68 Abs. 1 i.V.m. § 64 Abs. 2 ZPO). Überdies dient es dem Schutz der korrekten Partei vor Behelligung durch ungerechtfertigte Verfahren, wenn der unterliegende Private mit dem Risiko belastet wird, dass er für die Parteikosten der Gegenpartei einstehen muss (Bernet, a.a.O., N. 230). 48

Die Parteikostenverlegung gemäss § 17 Abs. 3 zulasten der unterliegenden Partei bildet die Regel. Dies schliesst nicht von vornherein aus, dass namentlich in Anwendung des Verursacherprinzips eine andere Entschädigungslösung getroffen wird. Zudem ist es möglich, dass neben oder anstelle des (unterliegenden) Privaten auch die Amtsstelle zur Zahlung einer Parteientschädigung verpflichtet wird. Zum einen kommt auch hier das Verursacherprinzip zum Tragen (vgl. N. 33). Zum andern kann von der alleinigen Entschädigungspflicht der privaten Verfahrensgegner abgewichen werden, wenn das beteiligte Gemeinwesen im Verfahren überwiegend eigene, namentlich finanzielle Interessen wahrgenommen hat (Bernet, a.a.O., N. 230). 49

§ 17 Abs. 3 findet in erster Linie im Baubewilligungsverfahren sowie in weiteren bau- und planungsrechtlichen Verfahren Anwendung, in denen Nachbarn als Partei mitwirken. Aber auch in anderen Verwaltungsrechtspflegeverfahren, in denen sich Verfügungsadressaten und Drittbetroffene gegenüberstehen, ist diese Bestimmung von Bedeutung, namentlich wenn neben der verfahrensbeteiligten Amtsstelle oder Behörde aufgrund einer Beiladung Private Parteistellung erlangen und diese ihre Interessen mit eigenen Anträgen im Verfahren verfolgen. 50

7. Verschiedenes

Im Verwaltungsrechtspflegeverfahren ist es anders als im Zivilprozess (§ 73 ZPO) nicht möglich, von einem Verfahrensbeteiligten einen Kostenvorschuss auch für die Sicherstellung der Parteikosten zu verlangen. Gemäss § 15 ist ein solcher Vorschuss lediglich in Zusammenhang mit Barauslagen für eine Untersuchung, die von einem Privaten im eigenen Interesse veranlasst wird (Abs. 1; vgl. § 15 N. 14 ff.), und zwecks Sicherstellung der Verfahrenskosten zulässig (Abs. 2; vgl. § 15 N. 18 ff.). 51

§ 17 / § 18 / Vorbem. zu §§ 19–28

52 Der nach § 17 Abs. 2 oder 3 entschädigungsberechtigten Partei erwachsene Rechtsverfolgungskosten sind ausschliesslich durch die Zusprechung einer Parteientschädigung abzugelten. Trifft die Entschädigungspflicht das Gemeinwesen, kann sich ein darüber hinausgehender Entschädigungsanspruch auch aus Staatshaftung ergeben. Dies bedingt allerdings, dass die Voraussetzungen gemäss § 6 HaftungsG erfüllt sind (vgl. Schwarzenbach, Staats- und Beamtenhaftung, S. 36 ff., 43 ff., 77 ff.): Der dem Ansprecher entstandene *Schaden* muss zum einen vom Staat *widerrechtlich* zugefügt worden sein (Abs. 1); zum andern muss der im Rechtsmittelverfahren geänderte Entscheid auf *arglistiges* Handeln einer Vorinstanz (Abs. 2) oder der Schaden aus falscher behördlicher Auskunft auf *vorsätzliches* oder *grobfahrlässiges* Verhalten eines Angestellten zurückzuführen sein (Abs. 3). Diese strengen Haftungsanforderungen haben zur Folge, dass neben der Parteientschädigung gestützt auf das VRG in der Regel keine weitergehende Abgeltung des Parteiaufwands aus Staatshaftung beansprucht werden kann (vgl. BGE 112 Ib 356 f.; zum Verhältnis zwischen dem Anspruch auf Parteientschädigung und der Staatshaftung vgl. auch Bernet, a.a.O., N. 135 ff.).

§ 18. aufgehoben.

C. *Rekurs*

Vorbemerkungen zu §§ 19–28

Übersicht	Note
1. Allgemeines	1
2. Rechtsmittel und Rechtsbehelfe	4
2.1. Allgemeines	4
2.1.1. Abgrenzungen	4
2.1.2. Rechtsmittelarten	7
2.2. Rechtsmittel im Einzelnen	12
2.2.1. Einsprache	12
2.2.2. Rekurs	16
2.2.3. Beschwerde	17
2.2.4. Revisionsbegehren	20
2.2.5. Erläuterungsbegehren	21
2.2.6. Berichtigungsbegehren	22
2.3. Rechtsbehelfe im Einzelnen	23
2.3.1. Wiedererwägungsgesuch	23
2.3.2. Aufsichtsbeschwerde	29
2.4. Rechtsverweigerungs- und Rechtsverzögerungsbeschwerde	46
2.5. Einzelfragen	56
3. Prozessmaximen	63
3.1. Allgemeines	63

Vorbem. zu §§ 19–28

3.2.	Offizial- und Dispositionsmaxime	65
3.3.	Untersuchungs- und Verhandlungsmaxime	68
3.4.	Rechtsanwendung von Amtes wegen und Rügeprinzip	71
3.5.	Übrige Prozessmaximen	74
4.	Streitgegenstand	86
5.	Verwaltungsinternes Rekursverfahren und administrative Aufsicht	89
6.	Prozessvoraussetzungen	91

1. Allgemeines

Der Unterabschnitt C des zweiten Gesetzesabschnitts über den «Rekurs» regelt im Wesentlichen das Anfechtungsobjekt und den Instanzenzug (§§ 19–19c), die Kognition (§ 20), die Rekurslegitimation (§ 21) sowie das Rekursverfahren im weiteren Sinn, Letzteres unterteilt in Rekurserhebung (§§ 22–25), Verfahren in engerem Sinn (§§ 26, 26a) und Rekurserledigung (§§ 27–28). Die Bestimmungen gelten unmittelbar nicht nur für das streitige Verwaltungsverfahren, d.h. die Tätigkeit der verwaltungsinternen Rekursbehörden (zu diesen vgl. § 19 N. 81 f.), sondern auch für das Verfahren vor Rekurskommissionen (zu Letzteren vgl. § 19 N. 83 ff.). 1

Der Rekurs ist nicht ein blosser Rechtsbehelf, sondern ein eigentliches Rechtsmittel, und zwar im Rahmen der erstinstanzlichen Verwaltungsrechtspflege das wichtigste (zu den Rechtsmitteln und Rechtsbehelfen vgl. N. 12 ff.; zum Instanzenzug § 19 N. 70 ff.). Im Gegensatz zum nichtstreitigen Verwaltungsverfahren ist das Rekursverfahren ein eigentliches Parteiverfahren (Vorbem. zu §§ 4–31 N. 3 ff.). Im Unterschied zum Klageverfahren (§§ 79 ff., §§ 81 ff.) setzt dessen Eröffnung ein Anfechtungsobjekt (dazu Vorbem. zu §§ 4–31 N. 8 ff., § 19 N. 1 ff.) und dessen Erledigung mit einem materiellen Entscheid die Rekurslegitimation voraus. Der Charakter als Partei- und als Anfechtungsverfahren zeigt sich vor allem darin, dass bestimmte Prozessmaximen gelten (dazu N. 63 ff.) und die Tätigkeit der entscheidenden Behörden durch den Streitgegenstand bestimmt wird (dazu N. 86 ff.). 2

Das Rekursverfahren gleicht in den Hauptstrukturen dem verwaltungsgerichtlichen Beschwerdeverfahren. Das gilt vorab für das Verfahren vor Rekurskommissionen, etwas abgeschwächt auch für jenes vor verwaltungsinternen Rekursbehörden, wo sich allerdings deren hierarchisch übergeordnete Stellung gegenüber den verfügenden Behörden in verschiedener Hinsicht auswirkt (vgl. N. 89 f.; anderseits für das Rekursverfahren vor Regierungsrat § 26a). Wie die Beschwerde ist der Rekurs ein devolutives, ordentliches und reformatorisches Rechtsmittel, d.h. er richtet sich gegen den Entscheid einer unteren Instanz (§ 19), hemmt dessen Vollzug und den Eintritt der formellen Rechtskraft (§ 25), und er führt bei voller oder teilweiser Gutheissung in der Regel zu einem materiellen Neuentscheid durch die Rekursbehörde (§ 28). Hingegen ist der Rekurs, anders als 3

Vorbem. zu §§ 19–28

die Beschwerde, ein vollkommenes Rechtsmittel, das neben der Rechts- und Sachverhaltskontrolle auch eine Ermessensüberprüfung gebietet (vgl. N. 16; im gleichen Sinn ausgestaltet ist der Rekurs an das Verwaltungsgericht in Steuerstreitigkeiten nach §§ 72 f. und in Disziplinarsachen nach §§ 76 f., vgl. Vorbem. zu §§ 41–71 N. 9). Die Rekursbehörde ist in ihrem Entscheid nicht an den durch die Anträge der Parteien abgesteckten Rahmen gebunden (§ 27; vgl. demgegenüber für das Beschwerdeverfahren § 63 Abs. 2).

2. Rechtsmittel und Rechtsbehelfe

2.1. Allgemeines

2.1.1. Abgrenzungen

4 Rechtsmittel und Rechtsbehelfe erlauben es den Betroffenen, sich gegen Verfügungen der Verwaltungsbehörden zur Wehr zu setzen. Darin unterscheiden sie sich von der Klage, welche nicht an ein Anfechtungsobjekt (Verfügung) anknüpft, sondern die ursprüngliche Verwaltungsrechtspflege einleitet.

5 Rechtsmittel sind gesetzlich vorgesehene Rechtsschutzeinrichtungen, Rechtsbehelfe werden meist durch die Praxis geschaffen. Rechtsmittel sind an bestimmte Formen und Fristen gebunden und verpflichten die Verwaltungsbehörden zur Behandlung einer Sache und zur Ausarbeitung einer formellen, begründeten Entscheidung. Bei den Rechtsbehelfen sind die Behörden gesetzlich dazu nicht verpflichtet; die Praxis verfährt indessen bei ihnen meist in ähnlicher Weise wie bei den Rechtsmitteln. Die Grenze zwischen Rechtsmitteln und Rechtsbehelfen lässt sich daher nicht immer klar zu ziehen. Zuweilen wird ein Rechtsbehelf in der Praxis derart formalisiert, dass ihm zumindest eine rechtsmittelähnliche Wirkung zukommt. Das trifft etwa für die Aufsichtsbeschwerde und das Wiedererwägungsgesuch zu.

6 Rechtsmittel im verwaltungsinternen Verfahren sind die Einsprache (allgemeine nach § 10a Abs. 2 lit. b VRG, gemeinderechtliche nach §§ 57 Abs. 3 und 115a Abs. 3 GemeindeG), der Rekurs (§§ 19–28 VRG), die Revision (§§ 86a–86d VRG) sowie die Erläuterung (vgl. §§ 162–165 GVG; Art. 69 VwVG). Rechtsbehelfe sind das Wiedererwägungsgesuch und die Aufsichtsbeschwerde. Einen besonderen Charakter hat die Rechtsverweigerungs- und Rechtsverzögerungsbeschwerde.

2.1.2. Rechtsmittelarten

7 *Ordentliche* (oder appellatorische) und *ausserordentliche* Rechtsmittel: Ordentliche Rechtsmittel hemmen analog dem Zivilprozessrecht den Eintritt der formellen Rechtskraft. Wird nur ein Teil einer Verfügung mit einem ordentlichen Rechtsmittel angefochten, so erwächst der übrige Teil in formelle Rechtskraft,

sofern sich nach der Natur der Streitsache die einzelnen Punkte voneinander trennen lassen (sogenannte Teilrechtskraft). Die fehlende Rechtskraft bedeutet allerdings nicht, dass eine Verfügung deswegen nicht vollziehbar wäre. Ein Verwaltungsakt kann theoretisch mit der Eröffnung vollstreckt werden. Rechtskraft und Vollstreckbarkeit fallen insofern (abweichend vom Zivilprozess) auseinander, weil im Verwaltungsprozess – wenigstens theoretisch – eine Vermutung für die sofortige Vollstreckbarkeit besteht. Praktisch wird aber infolge der ohne gegenteilige Anordnung eingreifenden aufschiebenden Wirkung (vgl. § 25 Abs. 1) stets dann auf eine sofortige Vollstreckung verzichtet, wenn diese nicht ausserordentlich dringlich ist, sodass im Regelfall doch nur formell rechtskräftige Verfügungen vollstreckt werden; ein wesentlicher Unterschied zum Zivilprozess besteht daher praktisch nicht (Gygi, S. 322). Einsprache und Rekurs sind ordentliche Rechtsmittel. – Ausserordentliche Rechtsmittel, wie etwa die Revision, hemmen den Eintritt der formellen Rechtskraft nicht.

Vollkommene und *unvollkommene* Rechtsmittel: Die Unterscheidung betrifft die zulässigen Rekurs- bzw. Beschwerdegründe und damit – weil sich diese mit der Prüfungsbefugnis der Rechtsmittelbehörde decken – den Umfang der Kognition. Mit den vollkommenen Rechtsmitteln können sämtliche Mängel einer Verfügung oder Entscheidung gerügt werden. Aus der Sicht der traditionellen Dreiteilung der Kognition in Rechts-, Sachverhalts- und Ermessenskontrolle sind vollkommene Rechtsmittel mit voller Kognition in allen drei Bereichen verbunden. Mit ihnen kann daher nicht nur unrichtige Rechtsanwendung geltend gemacht werden, sondern auch unrichtige oder unvollständige Sachverhaltsermittlung sowie – was besonders kennzeichnend ist – unzweckmässige Ermessensausübung. Bei den unvollkommenen Rechtsmitteln entfällt die Ermessenskontrolle; allenfalls ist auch die Sachverhaltskontrolle eingeschränkt. – Einsprache und Rekurs sind vollkommene Rechtsmittel. 8

Devolutive und *nichtdevolutive* Rechtsmittel: Devolutive Rechtsmittel sind dadurch gekennzeichnet, dass eine der verfügenden übergeordnete Instanz zur Behandlung der Streitsache zuständig ist. Bei nichtdevolutiven Rechtsmitteln ist diejenige Instanz, von der die Verfügung ausgegangen ist, zugleich Rechtsmittelinstanz. Die Einsprache ist ein nichtdevolutives Rechtsmittel (zu dem in dieser Hinsicht besonderen Charakter der gemeinderechtlichen Einsprache nach §§ 57 Abs. 3/115a Abs. 3 GemeindeG vgl. § 19 N. 78). Der Rekurs ist ein devolutives Rechtsmittel. 9

Innerhalb der devolutiven Rechtsmittel unterscheidet man zwischen *reformatorischen* (oder meritorischen) und *kassatorischen* Rechtsmitteln. Bei den Ersteren ist die Rechtsmittelinstanz im Fall der Gutheissung befugt, selber einen neuen Entscheid zu treffen; bei den kassatorischen kann sie diesfalls lediglich den Entscheid der Vorinstanz aufheben und die Sache zur Neubeurteilung zurückweisen. Der Rekurs ist ein reformatorisches Rechtsmittel. Das schliesst nicht aus, dass die Rekursbehörde im Einzelfall auch bloss kassatorisch tätig sein kann, 10

Vorbem. zu §§ 19–28

wenngleich diese Möglichkeit im Gesetz nicht ausdrücklich vorgesehen ist (vgl. § 27). In der Regel soll indessen die Rekursbehörde ihre reformatorische Befugnis ausschöpfen und den Neuentscheid selber treffen. Das entspricht dem Charakter des Rekurses als vollkommenes – die Ermessenskontrolle einschliessendes – Rechtsmittel; mit dieser Ausgestaltung hat der Gesetzgeber in Kauf genommen, dass unter Umständen gewisse Tat-, Rechts- und Ermessensfragen erstmals von der Rekursinstanz beurteilt werden, womit auch eine Verlängerung des Verfahrens vermieden wird.

11 Von einem *subsidiären* Rechtsmittel spricht man dann, wenn diesem ein anderes Rechtsmittel – das prinzipale – vorgeht.

2.2. Rechtsmittel im Einzelnen

2.2.1. Einsprache

12 Im VRG ist das Rechtsmittel der Einsprache erst mit der Gesetzesrevision vom 8.6.1997 eingeführt worden. Gemäss § 10a Abs. 2 lit. b kann die verfügende Verwaltungsbehörde auf Begründung und Rechtsmittelbelehrung verzichten, wenn sie vorsieht, dass gegen ihre Anordnung innert 30 Tagen Einsprache geführt werden kann (Satz 1). Eine hierauf rechtzeitig erhobene Einsprache verpflichtet die Behörde, ihre Anordnung uneingeschränkt zu überprüfen und nochmals über die Sache zu entscheiden (Satz 2). Die primäre Bedeutung dieser Bestimmung liegt entgegen ihrer systematischen Stellung im Gesetz darin, dass sie die Einsprache als ein förmliches Rechtsmittel vorsieht (dazu eingehend § 10a N. 13 ff.). Dieses steht jedoch im Einzelfall nur offen, wenn die verfügende Behörde weder nach § 10 Abs. 2 (Begründung der Verfügung) noch nach § 10a Abs. 2 lit. a (vorläufiger Begründungsverzicht mit dem Hinweis, dass die Beteiligten eine Begründung verlangen können) vorgehen will. Zudem ist die Einsprache von vornherein dann ausgeschlossen, wenn den Begehren der Betroffenen entsprochen wird (§ 10a Abs. 1). Es handelt sich, wie § 10a Abs. 2 lit. b Satz 2 hervorhebt, um eine Einsprache im eigentlichen Sinn, d.h. um ein nichtdevolutives, ordentliches, vollkommenes und reformatorisches Rechtsmittel (Häfelin/Müller, Rz. 1410 ff.), das funktionell zwischen dem Wiedererwägungsgesuch und dem Rekurs steht. Ein derartiges Einspracheverfahren ist sowohl bei Anordnungen kantonaler Behörden wie auch bei solchen kommunaler Behörden möglich.

13 Gegen Anordnungen bestimmter kommunaler Behörden, nämlich der Verwaltungsvorstände und Ausschüsse im Sinn von § 57 GemeindeG und der Beamten mit selbständigen Befugnissen im Sinn von § 115a GemeindeG, steht zudem, sofern dies die Gemeindeordnung vorsieht, die besondere Einsprache nach § 57 Abs. 3 bzw. § 115a Abs. 3 GemeindeG offen. Mit dieser Einsprache kann der Betroffene binnen 30 Tagen nach Mitteilung der Anordnung deren Überprüfung durch die Gesamtbehörde – die Gemeindevorsteherschaft – verlangen.

Trotz ihres devolutiven Charakters ist diese Einsprache kein Rekurs im Sinn von §§ 19 ff., sondern eine Einsprache, wenn auch besonderer Art. Die geltende Regelung, die auf einen in der kantonsrätlichen Kommission eingebrachten Vorschlag zurückgeht (Prot. KK 1995/96, S. 163 f.), stellt eine Kompromisslösung zwischen der früher geltenden Ordnung und dem regierungsrätlichen Revisionsvorschlag dar. Gemäss der früheren Regelung war die Einsprache gegen Anordnungen derartiger Behörden kantonalrechtlich zwingend vorgesehen. Laut dem Revisionsentwurf des Regierungsrats sollte gegen solche Anordnungen unmittelbar der Rekurs nach §§ 19 ff. VRG ohne vorgängige Einsprache offen stehen, was mit der Verkürzung des Instanzenzugs begründet wurde (Weisung 1995, S. 1512, 1543). Denkbar ist, dass der Einsprache nach § 57 Abs. 3 bzw. § 115a Abs. 3 GemeindeG eine solche nach § 10a Abs. 2 lit. b VRG vorangeht, indem die verfügenden Verwaltungsvorstände, Ausschüsse oder Beamten mit selbständigen Befugnissen unter Verzicht auf Begründung den Einspracheweg nach dieser Bestimmung öffnen.

Im Übrigen gelten für die Einsprache nach VRG und jene nach Gemeindegesetz weitgehend dieselben Grundsätze. Es handelt sich bei beiden um ordentliche, vollkommene und reformatorische Rechtsmittel. Wo sie nach dem Vorgehen der Behörde (§ 10a Abs. 2 lit. b) bzw. nach der Gemeindeordnung (§ 57 Abs. 3 bzw. § 115a Abs. 3 GemeindeG) offen steht, muss auf diese Möglichkeit in Form einer Rechtsmittelbelehrung hingewiesen werden. Alsdann darf die Einsprache nicht übersprungen werden. Wer nicht oder nicht rechtzeitig Einsprache erhebt, verwirkt das Rekursrecht. Wer hingegen irrtümlich an die Rekursbehörde statt an die Einsprachebehörde gelangt, verwirkt das Einspracherecht nicht (§ 5 Abs. 2). 14

Im *Baurecht* ist die Einsprache mit dem Erlass des PBG 1975 abgeschafft worden; Motiv war die Verkürzung des Instanzenzugs. Zur Klarstellung, dass dies trotz § 10a Abs. 2 lit. b VRG weiterhin gelten soll, ist die Unzulässigkeit des Einspracheverfahrens anlässlich der VRG-Revision vom 8.6.1997 ausdrücklich in § 315 Abs. 3 PBG verankert worden (vgl. Prot. KK 1995/96, S. 327). Zu bedenken ist jedoch, dass ein Einspracheverfahren die eigentlichen Rechtsmittelinstanzen entlastet und weniger formalisiert ist als das Verfahren vor jenen Instanzen; ein Einspracheverfahren würde daher auch im Baurecht eher zu einer Verfahrensbeschleunigung beitragen (Mäder, VRG-Revision, S. 7 f.). 15

2.2.2. Rekurs

Der Rekurs nach §§ 19 ff. ist ein ordentliches, devolutives, vollkommenes und reformatorisches Rechtsmittel. Die gleichen Eigenschaften kommen dem Steuerrekurs an die Steuerrekurskommission zu (vgl. §§ 147 ff., 212 StG). 16

Vorbem. zu §§ 19–28

2.2.3. Beschwerde

17 Im Rahmen der verwaltungsinternen Rechtspflege nach §§ 19 ff. ist das Rechtsmittel der Beschwerde nicht vorgesehen.

18 Gegen «letztinstanzliche» Anordnungen von Verwaltungsbehörden (zumeist verwaltungsinterne Rekursentscheide) sowie gegen Anordnungen der Baurekurskommissionen ist die *Beschwerde an das Verwaltungsgericht* nach §§ 41 ff. zulässig. Sodann steht die Beschwerde an das Verwaltungsgericht in personalrechtlichen Angelegenheiten nach §§ 74 f. und in steuerrechtlichen Streitigkeiten nach den Bestimmungen der Steuergesetzgebung (vgl. §§ 72 f.) offen. Die Beschwerde nach §§ 41 ff. und nach §§ 74 f. ist ein devolutives, ordentliches, unvollkommenes und reformatorisches Rechtsmittel; d.h. sie richtet sich gegen den Entscheid einer unteren Instanz (§ 41, § 74), hemmt den Eintritt der formellen Rechtskraft (vgl. § 55; vgl. aber § 80 Abs. 1), erlaubt keine Ermessenskontrolle (§ 50 Abs. 1 mit Ausnahmen in Abs. 3, § 75) und ermöglicht bei Aufhebung der angefochtenen Anordnung einen Neuentscheid durch das Gericht (§ 63 Abs. 1; vgl. aber § 80 Abs. 2). Die gleichen Eigenschaften kommen der Beschwerde an das Verwaltungsgericht in steuerrechtlichen Streitigkeiten zu (§ 153 StG).

19 Gegen Beschlüsse der Gemeinde, d.h. der Gemeindeversammlung oder einer Urnenabstimmung, und des Grossen Gemeinderats steht die *Beschwerde nach § 151 GemeindeG* offen. Beschwerdegründe sind nach Abs. 1 Verstoss gegen gesetzliche Bestimmungen (Ziffer 1), mit einer erheblichen Belastung der Steuerpflichtigen verbundene Überschreitung der gemeindlichen Zwecke sowie Verletzung von «Rücksichten der Billigkeit» (Ziffer 2), Unregelmässigkeiten im Wahl- und Abstimmungsverfahren sowie Verletzungen des Stimmrechts (Ziffer 3). Legitimiert sind die Gemeindebehörden, die Stimmberechtigten sowie weitere Personen, die ein rechtliches Interesse daran haben. Beschwerdeinstanz ist der Bezirksrat. Das Verfahren richtet sich nach §§ 128–133 WahlG, wobei § 133 WahlG subsidiär auf die Bestimmungen des VRG verweist. Entgegen dem Wortlaut von § 128 WahlG beträgt allerdings die Beschwerdefrist nicht mehr 20, sondern gestützt auf § 22 Abs. 1 und 3 VRG i.d.F.v. 8.6.1997 30 Tage (Jaag, Verwaltungsrecht, Rz. 1904; vgl. auch Rotach, S. 444 Anm. 52). Beschwerdeentscheide des Bezirksrats nach § 151 GemeindeG können an den Regierungsrat weitergezogen werden, wobei sich Legitimation und Kognition ebenfalls nach § 151 Abs. 1 GemeindeG richten (BGr. 31.5.1995, ZBl 97/1996, S. 21). Die Beschwerde nach § 151 GemeindeG ist demnach ein devolutives, ordentliches, unvollkommenes und reformatorisches Rechtsmittel.

2.2.4. Revisionsbegehren

20 Unter *Revision* im Sinn von §§ 86a ff. ist das Zurückkommen auf eine *fehlerhaft zustande gekommene* Anordnung (Verfügung oder Entscheid) *zugunsten des*

Verfügungsadressaten oder eines anderen Verfahrensbeteiligten zu verstehen (vgl. Imboden/Rhinow/Krähenmann, Nr. 43). Revisionsfähig sind im nichtstreitigen Verfahren erlassene Verfügungen, Einspracheentscheide, Rechtsmittelentscheide von verwaltungsinternen Rekursinstanzen, von Rekurskommissionen und des Verwaltungsgerichts, ferner auch im verwaltungsgerichtlichen Klageverfahren ergangene Urteile (§ 86a Ingress). Das Revisionsbegehren ist nicht ein blosser Rechtsbehelf wie die Wiedererwägung, sondern ein eigentliches, wenn auch unvollkommenes *Rechtsmittel*. Das bedeutet, dass der Gesuchsteller nur, aber immerhin bei Bejahung eines gesetzlichen oder in der Praxis anerkannten Revisionsgrundes *Anspruch* auf Rückkommen hat. «Klassischer», dem Zivilprozess nachgebildeter Revisionsgrund ist die Neuentdeckung von Tatsachen und Beweismitteln, die der Betroffene bei der ihm zumutbaren Sorgfalt nicht schon vor Eintritt der formellen Rechtskraft hätte geltend machen können (§ 86a lit. b; dazu Vorbem. zu §§ 86a–86c N. 11). Das Revisionsbegehren ist ein ausserordentliches Rechtsmittel; es richtet sich gegen einen bereits formell rechtskräftigen Entscheid, dessen Rechtskraft durch die Einreichung des Revisionsbegehrens nicht gehemmt wird. Die Revision ist subsidiär in dem Sinn, dass mit ihr keine Mängel vorgebracht werden können, die bereits vor Eintritt der Rechtskraft mit Einsprache, Rekurs oder Beschwerde hätten geltend gemacht werden können (§ 86b Abs. 1; dazu § 86b N. 1 ff.). Das Revisionsbegehren ist ein nichtdevolutives Rechtsmittel (§ 86b Abs. 2); sofern in der betreffenden Angelegenheit ein Rechtsmittelentscheid ergangen ist, sind zur Bestimmung der funktionellen Zuständigkeit allerdings differenziertere Regeln erforderlich (dazu § 86b N. 6 f.). Es ist in dem Sinn ein reformatorisches Rechtsmittel, als die funktionell zuständige Revisionsinstanz nicht nur über die Zulässigkeit des Revisionsgesuchs und das Vorliegen eines Revisionsgrundes befindet, sondern bejahendenfalls auch den Neuentscheid trifft (§ 86d; dazu § 86d N. 4). Die Revision ist abzugrenzen von anderen, ebenfalls der Beseitigung der formellen Rechtskraft dienenden Instituten, insbesondere von der Rücknahme und von der Anpassung (dazu Vorbem. zu §§ 86a–86d N. 7 ff.).

2.2.5. Erläuterungsbegehren

Eine Verfügung oder ein Entscheid bedarf der *Erläuterung,* wenn das Dispositiv unklar, unvollständig, zweideutig oder in sich bzw. zu den Entscheidungsgründen widersprüchlich ist (vgl. § 162 GVG, Art. 69 Abs. 1 VwVG; RB 1991 Nr. 15, 1973 Nr. 20). Das Bedürfnis nach Erläuterung ergibt sich oft erst nach Ablauf der Rechtsmittelfrist, etwa beim Vollzug; die Rechtskraft der Verfügung oder des Entscheids schliesst daher eine Erläuterung nicht aus. Die Erläuterung kann auf Begehren oder von Amtes wegen erfolgen (vgl. § 162 GVG). Befugt zur Einreichung eines *Erläuterungsgesuchs* ist jedermann, der ein schutzwürdiges Interesse an der Erläuterung hat, so neben den Parteien etwa die für den Vollzug zuständige Behörde, bei Rückweisungsentscheiden auch die Vorinstanz. Das Erläuterungsgesuch ist schriftlich einzureichen; die beanstandeten Stellen und

Vorbem. zu §§ 19–28

die verlangte Neufassung sind wörtlich anzugeben (vgl. § 163 GVG). Ersteres Erfordernis gilt für alle Erläuterungsbegehren; Letzteres jedenfalls für Begehren um Erläuterung von Entscheiden (RB 1975 Nr. 19). Auf Gesuche, die diesen Formerfordernissen nicht genügen, ist nicht einzutreten. Dabei darf allerdings das bei Gesuchen um Erläuterung von Entscheiden zusätzlich geltende Erfordernis der wörtlichen Beanstandung und Bezeichnung nicht zu streng gehandhabt werden. Mit dem Gesuch kann nur die Erläuterung des Dispositivs verlangt werden. Rügen gegen nachfolgende Anordnungen der Vollstreckungsbehörde können damit nicht verbunden werden (RB 1975 Nr. 18). Wird innerhalb der Rechtsmittelfrist um Erläuterung einer Anordnung ersucht, beginnt diese Frist erst mit der Eröffnung des Erläuterungsentscheids zu laufen. Wird das Erläuterungsgesuch nach Ablauf der Rechtsmittelfrist gestellt, so beginnt eine neue Rechtsmittelfrist dann zu laufen, wenn der erläuterte Entscheid anders als der ursprüngliche gefasst wird (vgl. § 165 GVG, Art. 69 Abs. 2 VwVG).

2.2.6. Berichtigungsbegehren

22 Als *Berichtigung* wird die Korrektur von Fehlern bezeichnet, die nicht der Willensbildung der entscheidenden Behörde anhaften, sondern anlässlich der schriftlichen Formulierung der ausgefertigten Anordnung unterlaufen sind. Es handelt sich dabei um sogenannte «Kanzleifehler»; darunter fallen im Wesentlichen nur blosse Schreib- oder Rechnungsfehler (vgl. Art. 69 Abs. 3 VwVG). Leztere können jedenfalls insoweit berichtigt werden, als sie aus der Anordnung hervorgehen. Einer Berichtigung in diesem Sinn zugänglich sind sowohl Verfügungen wie auch Rechtsmittelentscheide. Sie ist zugunsten und zulasten der von der Anordnung Betroffenen möglich, Letzteres jedenfalls dann, wenn sie ohne zeitliche Verzögerung erfolgt und nicht berechtigtes Vertrauen enttäuscht (vgl. Häfelin/Müller, Rz. 841; Imboden/Rhinow/Krähenmann, Nr. 44). Die Berichtigung von blossen Kanzleifehlern steht, anders als die Beseitigung von eigentlichen «Verfügungsfehlern», nicht in einem unmittelbaren Spannungsverhältnis zur formellen Rechtskraft; Berichtigung in diesem Sinn bedeutet rechtlich nicht Aufhebung oder Abänderung der Verfügung. Kanzleifehler in Rechtsmittelentscheiden werden vom mitwirkenden Sekretär im Einverständnis mit dem Präsidenten und unter Mitteilung an die Parteien berichtigt (§ 166 GVG).

2.3. Rechtsbehelfe im Einzelnen

2.3.1. Wiedererwägungsgesuch

23 Der Begriff der *Wiedererwägung* wird in Lehre und Rechtsprechung nicht einheitlich und häufig auch mit Bezug auf die Änderung formell rechtskräftiger Verfügungen verwendet (vgl. Rhinow/Koller/Kiss, Rz. 595 ff.; Häfelin/Müller, Rz. 837 ff., 1421 ff.). Teilweise abweichend von der ersten Auflage des Kom-

mentars (§ 20 N. 44 ff.) wird hier darunter das im VRG nach wie vor nicht geregelte *Verfahren* verstanden, in welchem die Frage geprüft wird, ob *zugunsten des Adressaten* auf eine Verfügung zurückzukommen sei, *ohne* dass diesem gestützt auf einen gesetzlichen Revisionsgrund ein *Rückkommensanspruch* zusteht (dazu Vorbem. zu §§ 86a–86d N. 8). Die Wiedererwägung kann sowohl auf Antrag des Betroffenen wie auch von Amtes wegen erfolgen. Dementsprechend ist das *Wiedererwägungsgesuch* der formlose Rechtsbehelf, durch den der Betroffene die verfügende Verwaltungsbehörde ersucht, auf ihre Verfügung zurückzukommen und eine für ihn günstigere Anordnung zu treffen. In seiner typischen und häufigsten Erscheinungsform zielt das Wiedererwägungsgesuch auf die *Änderung einer noch nicht in formelle Rechtskraft erwachsenen Verfügung* ab.

Bei Wiedererwägungsbegehren, die auf die *Änderung formell rechtskräftiger Verfügungen* abzielen, ist zu unterscheiden: Soll das Begehren der *Beseitigung einer fehlerhaft zustandegekommenen Verfügung* dienen, handelt es sich um ein *Revisionsbegehren* und damit um ein förmliches Rechtsmittel, sofern ein Revisionsgrund geltend gemacht wird (dazu Vorbem. zu §§ 86a–86d N. 10). Behauptet der Gesuchsteller ein fehlerhaftes Zustandekommen der Verfügung, ohne sich auf einen Revisionsgrund zu berufen, liegt ein «blosses» Wiedererwägungsgesuch vor, dessen Behandlung im Ermessen der Behörde liegt; handelt es sich dabei um eine Verfügung, die in materielle Rechtskraft erwachsen ist, darf die Behörde darauf mangels eines Revisionsgrundes von vornherein nicht zurückkommen. Zielt das Begehren auf die *Änderung einer Dauerverfügung* infolge Änderung der massgebenden Sachumstände oder Rechtsgrundlagen ab, kommen die Regeln über die *Anpassung* zum Zug (dazu Vorbem. zu §§ 86a–86d N. 13), weshalb in solchen Fällen der Begriff der Wiedererwägung nicht verwendet werden sollte. 24

Das Wiedererwägungsgesuch ist bezüglich der Einreichung weder an eine Frist noch an eine bestimmte Form gebunden. Die um Wiedererwägung ersuchte Behörde ist nicht verpflichtet, auf das Gesuch einzutreten. Es besteht demnach kein Anspruch auf materielle Prüfung des Wiedererwägungsgesuchs, unter Vorbehalt jener Fälle, in denen sich nach der bundesgerichtlichen Praxis ein Anspruch aus Art. 4 aBV ergibt (Revision, Anpassung), die jedoch wie erwähnt nicht unter den hier verwendeten Begriff der Wiedererwägung fallen. Nach der Praxis besteht aber ein Anspruch auf einen kurz begründeten Nichteintretensentscheid in Brief- oder Verfügungsform (RRB 278/1976, 2112/1966). Lehnt es die Behörde ab, auf ein Wiedererwägungsgesuch einzutreten, kann dagegen grundsätzlich kein ordentliches Rechtsmittel ergriffen werden. Trifft sie dagegen aufgrund des Wiedererwägungsgesuchs eine neue Sachverfügung, steht dagegen der Rekurs offen. Das muss auch für «Wiedererwägungsentscheide» gelten, mit denen aufgrund einer erneuten materiellen Prüfung an der früheren Verfügung festgehalten wird (vgl. VGr. 20.5.1999, VB.99.00068; Merker, § 45 Rz. 50; 25

Vorbem. zu §§ 19–28

AGVE 1994, S. 460). Die ursprüngliche Verfügung wird durch einen (auch im Ergebnis neuen) Wiedererwägungsentscheid nur insoweit ersetzt, als dieser den fraglichen Verwaltungsakt tatsächlich aufhebt.

26 Weil die Einreichung eines Wiedererwägungsgesuchs den Fristenlauf für das ordentliche Rechtsmittel nicht hinausschiebt, wird in der Praxis häufig zugleich Rekurs an die obere Instanz erhoben und Wiedererwägung bei der verfügenden Instanz verlangt. Diese kann auch von sich aus während der Pendenz des Rekurses ihre Verfügung in Wiedererwägung ziehen, was nach der Praxis bis zum Entscheid der Rekursinstanz stets zulässig ist (einschränkender Art. 58 VwVG). In beiden Fällen, die den wichtigsten Anwendungsbereich dieses Instituts ausmachen, bedeutet ein (positiver) Wiedererwägungsentscheid Neuentscheid der Vorinstanz während eines hängigen Rekursverfahrens.

27 Weil der Parteibegriff im Verwaltungsprozess nicht völlig geklärt ist (vgl. Bosshart, Beschwerde, S. 103; Kölz, Prozessmaximen, S. 56 f., 67, 124 f.), ist auch nicht immer klar, welche Behörde wiedererwägen kann. Die Befugnis zur Wiedererwägung ist eine Verwaltungs- und nicht eine Rechtspflegefunktion. Es hängt damit von der Organisation der Verwaltungshierarchie ab, wer zur Wiedererwägung befugt ist. Im *Rekursverfahren* ist nach der Praxis im Allgemeinen die Vorinstanz zur Wiedererwägung befugt (RRB 2195/1972); es ist dies in der Regel die *erstinstanzlich verfügende Behörde* (Sommer, Verwaltungsgericht, S. 279; Bosshart, Beschwerde, S. 103). Die allgemeine Tendenz geht mit Recht dahin, der erstinstanzlich verfügenden Behörde nicht nur im Verfahren vor der nächsthöheren, sondern auch in allen weiteren Verfahren die Befugnis zur Wiedererwägung zu geben. Die oberste Verwaltungsbehörde einer bestimmten Verwaltungshierarchie kann auch bei dieser Lösung mit Hilfe des Weisungsrechts Einfluss auf die erstinstanzlich verfügende Behörde nehmen. Im *Verfahren vor Verwaltungsgericht* wird nach der Praxis diejenige Instanz als Partei und damit zur Wiedererwägung befugt angesehen, welche eigentlicher Rechtsträger ist. Im Bereich des kommunalen Rechts ist es die Gemeinde (Bosshart, Beschwerde, S. 103), im Bereich des kantonalen Rechts die Vorinstanz (RRB 1962/1975). Richtigerweise sollte die Befugnis zur Wiedererwägung auch im Bereich des kantonalen Rechts stets und einzig bei der erstinstanzlich verfügenden Behörde liegen.

28 Für die Wiedererwägung im Sinn eines Neuentscheids der erstinstanzlich verfügenden Behörde bzw. der Vorinstanz während eines hängigen Rekursverfahrens wäre die Bezeichnung «Anerkennung» oder «Vergleich» richtiger (dazu Kölz, Prozessmaximen, S. 4, 36 f., 46 ff., 69 ff., 89 ff.), je nachdem ob dem Rekursbegehren ganz oder teilweise entsprochen wird. In der Praxis erfolgt die Abschreibung eines durch Wiedererwägung erledigten Verfahrens zuweilen «infolge Rückzugs», wogegen nichts einzuwenden ist, obwohl materiell eine Anerkennung oder ein Vergleich vorliegt (die beide im Gesetz nicht vorgesehen sind). Bisweilen wird auch «infolge Wiedererwägung» abgeschrieben. Bleibt ein Teil der ursprünglichen Verfügung in Kraft, so kann der vorsorglich erklärte Rekurs

gegen diese aufrechterhalten, im Umfang des Wiedererwägungsbescheides jedoch zurückgezogen werden (teilweiser Rekursrückzug). Der Wiedererwägungsentscheid ist der Rekursbehörde mitzuteilen, damit diese über die Art der Erledigung des Rekurses orientiert ist (ERB 6.4.1976) und einen formellen Abschreibungsbeschluss fassen kann. Wiedererwägungsentscheide und damit zusammenhängende Abschreibungsbeschlüsse sind kostenlos (RRB 1122/1967, 901/1975).

2.3.2. Aufsichtsbeschwerde

Literatur
BRÜHWILER HANS, Die Petitionspraxis der Bundesversammlung, ZBl 63/1962, S. 201 f.; FEHR, S. 252 ff.; FISCHER EUGEN, Die Aufsichtsbeschwerde im baselstädtischen Prozess, BJM 1976, S. 129 ff.; GRISEL ANDRÉ, Pouvoir de surveillance et recours de droit administratif, ZBl 74/1973, S. 49 ff.; GYGI, S. 221 ff.; HÄFELIN/MÜLLER, Rz. 1428–1439; IMBODEN/RHINOW/KRÄHENMANN, Nr. 145; JAAG TOBIAS, Die Gemeindeaufsicht im Kanton Zürich, ZBl 94/1993, S. 529 ff.; KÖLZ/HÄNER, Rz. 451 ff.; RHINOW/KOLLER/KISS, Rz. 603 ff., 1408 ff.

Die Aufsichtsbeschwerde ist ein Rechtsbehelf, der sich aus der Aufsichtsbefugnis der hierarchisch übergeordneten Verwaltungsbehörde über die untere ableitet (Fehr, S. 212). Die Aufsichtsbeschwerde ist im VRG nicht geregelt und bedarf keiner gesetzlichen Grundlage (Häfelin/Müller, Rz. 1431). Sie hängt eng mit dem Petitionsrecht zusammen (Fehr, S. 256) und erlaubt es, die Oberbehörde zu einer Überprüfung des Handelns der unteren Behörde zu veranlassen, auch wenn kein eigentliches Rechtsmittel gegeben ist. Zutreffender ist die Bezeichnung «Aufsichtsanzeige» (Gygi, S. 221). – In der Praxis hat die Aufsichtsbeschwerde bzw. -anzeige eine ausserordentlich grosse Bedeutung. 29

Wer gegen die Anordnung einer Verwaltungsbehörde bei deren Oberbehörde Aufsichtsbeschwerde erhebt, hat grundsätzlich keinen Anspruch auf einen förmlichen Beschwerdeentscheid; denn ein solcher Anspruch ist weder im VRG vorgesehen, noch ergibt er sich aus Art. 4 Abs. 1 aBV (BGE 108 Ia 199). Die Aufsichtsbeschwerde hat sich indessen gleichwohl von ihrem ursprünglich formlosen Charakter bis zu einem gewissen Grad gelöst. So werden in der Praxis sämtliche Aufsichtsbeschwerden behandelt; dem Anzeigeerstatter wird ein Anspruch auf einen Bescheid, wenn auch nur in Briefform, zuerkannt (Thalmann, Vorbem. §§ 141–150 N. 8.4.2; RRB 2476/1976, 921/1975, 3965/1975, 4708/1973; GB RR 1968 Nr. 12; abweichend und zu restriktiv GB RR 1973 Nr. 8). Sofern die Aufsichtsbeschwerde nicht offensichtlich aussichtslos oder querulatorisch erscheint, wird regelmässig ein Schriftenwechsel durchgeführt. In der Regel werden Aufsichtsbeschwerden mit formellem Entscheid erledigt (RRB 1015/1972, 3379/1974, 2476/1976). Die Erledigung in Briefform ist selten, unter anderem auch deshalb, weil nur die Verfügungsform die verbindliche und vollstreckbare Kostenauflage erlaubt (Art. 80 SchKG). 30

31 Die Aufsichtsbehörde gibt der Aufsichtsbeschwerde regelmässig dann nicht Folge, wenn es dem Beschwerdeführer zumutbar und möglich ist, die Verletzung seiner Rechte und schutzwürdigen Interessen mit einem ordentlichen Rechtsmittel geltend zu machen; in diesem Sinn ist die Aufsichtsbeschwerde subsidiär (kritisch Rhinow/Krähenmann, Nr. 145 B II f). Nicht subsidiär ist hingegen das aufsichtsrechtliche Einschreiten von Amtes wegen. Die Oberbehörde kann von ihrem Aufsichtsrecht jederzeit Gebrauch machen, auch während eines Rekursverfahrens, sofern die Voraussetzungen für ein aufsichtsrechtliches Einschreiten gegeben sind (RB 1976 Nr. 36 = ZBl 78/1977, S. 143 = ZR 75 Nr. 114). Formell rechtskräftige Verfügungen und Entscheide dürfen allerdings aufsichtsrechtlich nur dann aufgehoben werden, wenn zusätzlich die Voraussetzungen für den Widerruf von behördlichen Verfügungen vorliegen, d.h. einer aufsichtsrechtlichen Anordnung nicht inzwischen entstandene schützenswerte Rechtspositionen entgegenstehen (Imboden/Rhinow/Krähenmann, Nr. 145 B III).

32 Die Aufsichtsbeschwerde wird oft in Verbindung mit einem Rekurs eingereicht, vor allem dann, wenn die Rekurslegitimation als zweifelhaft erscheint. Die Verwaltungsbehörde ist aber nicht verpflichtet, von Amtes wegen einen Rekurs als Aufsichtsbeschwerde entgegenzunehmen, sofern die Rekurslegitimation zu verneinen ist oder wenn kein Anfechtungsobjekt im Sinn des § 19 vorhanden ist (RRB 1729/1977). Sie hat aufsichtsrechtlich einzuschreiten, wenn die Voraussetzungen für ein Einschreiten von Amtes wegen gegeben sind (Imboden/Rhinow/Krähenmann, Nr. 145 B II e). Praktisch wird dies oft getan, vor allem, um einer allfälligen späteren Aufsichtsbeschwerde entgegenzuwirken (RRB 2207/1975; 4364/1972). Zur Aufsichtsbeschwerde beim Auseinanderfallen von Rekurs- und Aufsichtsinstanz vgl. Grisel, a.a.O., S. 54 f.

33 Die Aufsichtsbeschwerde ist nicht nur gegen Verfügungen und Entscheide möglich, sondern *gegen jede Art staatlichen Handelns,* so auch gegen Vollzugsakte, gegen Realakte (informelles Verwaltungshandeln), gegen organisatorische Massnahmen und interne Richtlinien sowie gegen nichthoheitliches, rechtsgeschäftliches Verwaltungshandeln (Häfelin/Müller, Rz. 1433; Merkli/Aeschlimann/Herzog, Art. 101 N. 7; Thalmann, Vorbem. §§ 141–150 N. 8.2; RRB 1699/1977; GB RR 1976 Nr. 23). Gegenstand einer Aufsichtsbeschwerde kann demnach jegliches Verhalten einer Behörde oder Amtsstelle oder deren Mitarbeiterinnen und Mitarbeiter sein. Es kann auch Unfähigkeit einer Behörde geltend gemacht werden. Gegen Verschleppung oder Verzögerung der Behandlung einer Verwaltungssache, insbesondere eines Rekursverfahrens, ist die Aufsichtsbeschwerde nur zulässig, sofern dagegen nicht ein ordentliches Rechtsmittel zur Verfügung steht (vgl. N. 48 f.).

34 Welche Behörde *Aufsichtsinstanz* ist, bestimmt die Gesetzgebung (Fehr, S. 252). Die *Gemeinden* stehen unter einer dreistufigen *Verbandsaufsicht* des Staates (vgl. Jaag, Verwaltungsrecht, Rz. 1801 ff.): Dem Bezirksrat als dem allgemeinen Auf-

sichtsorgan über die Gemeindeverwaltung (vgl. §§ 141–147 GemeindeG) untersteht die ganze Gemeindetätigkeit, soweit dafür keine seine Aufsicht ausschliessende Spezialaufsicht (Fachaufsicht) bestellt ist. Personell erfasst seine Aufsicht die gesamte Gemeindeverwaltung, nicht nur die Behörden als Verwaltungsspitze. Auf der Ebene der Direktionen ist die für das Gemeindewesen zuständige Direktion allgemeines Aufsichtsorgan über die Gemeinden mit Schwergewicht bei den Belangen des Gemeindehaushalts und der Organisation (§§ 147 und 148 GemeindeG). Die übrigen Direktionen sind zuständige Aufsichtsstellen in ihrem Fachbereich, soweit die Gemeinden als ausführende Organe tätig sind, so die Baudirektion im Bereich des PBG (§ 2 lit. b, § 336 Abs. 2 PBG). Ein umfassendes Oberaufsichtsrecht steht schliesslich dem Regierungsrat als Gesamtbehörde zu (§ 149 GemeindeG; vgl. zum Ganzen Thalmann, Vorbem. §§ 141–150 N. 3, § 141 N. 1 und 2). Die Aufsicht der staatlichen Instanzen über die Gemeinden umfasst auch deren autonomen Wirkungsbereich (Thalmann, Vorbem. §§ 141–150 N. 2.2 und 5, § 142 N. 2.2). Gegenüber den Behörden der *staatlichen Zentralverwaltung,* den Bezirksbehörden und den unselbständigen öffentlichrechtlichen Anstalten und ihren Angestellten besteht die *Dienstaufsicht* der jeweils übergeordneten Behörde (Jaag, Verwaltungsrecht, Rz. 901 ff.); die oberste Aufsicht obliegt dem Regierungsrat (Art. 40 Ziff. 4 KV). Dieser untersteht der Aufsicht des Kantonsrats (Art. 31 Ziff. 4 KV).

Aufsichtsbeschwerden gegen den Regierungsrat sind an die Geschäftsleitung 35
des Kantonsrats zuhanden des Letzteren zu richten (kritisch Fehr, S. 256 f.). Die Aufsichtsbeschwerde an den Kantonsrat ist jedoch nur wegen Rechtsverweigerung oder Rechtsverzögerung möglich, und auch dies nur, wenn dagegen kein förmliches Rechtsmittel zur Verfügung steht. Dies ergibt sich daraus, dass dem Kantonsrat die *materielle* Einflussnahme auf die Rechtsprechung versagt ist; die Aufsichtsbeschwerde hat hier die Funktion einer Anzeige wegen Verletzung der Amtspflicht (vgl. Gutachten Staatskanzlei 1968/1; Hauser/Hauser, S. 101; VPB 41/1977 Nr. 35 S. 35 f.; allgemein Zaccaria Giacometti, Das zürcherische Motionsrecht, Fragen der Kompetenzabgrenzung zwischen Kantonsrat und Regierungsrat im Kanton Zürich, Zürich 1955, S. 9; vgl. ferner Eduard Bosshart, Kantonsrat und Regierungsrat im Kanton Zürich, ZBl 55/1954, S. 425 ff.). Vorbehalten bleibt die Anrufung Ombudsperson (§§ 87–94).

Die *Befugnis* zur Aufsichtsbeschwerde hängt nicht von einer besonderen Legiti- 36
mation ab; insbesondere bedarf es keiner direkten Beziehung zum Gegenstand der Aufsichtsbeschwerde (RRB 154/1968). Die Aufsichtsbeschwerde steht auch Behörden, etwa Gemeindebehörden, zu (Imboden/Rhinow/Krähenmann, Nr. 145 B II b). So gesehen erscheint die Aufsichtsbeschwerde als eine Art Popularrechtsbehelf.

Der Beschwerdeführer hat weder eine Frist noch den Instanzenzug zu beachten 37
(RRB 154/1968; vgl. Fehr, S. 252). Die Aufsichtsbeschwerde kann daher auch bei einer der Aufsichtsinstanz übergeordneten Behörde eingereicht werden

Vorbem. zu §§ 19–28

(Thalmann, Vorbem. §§ 141–150 N. 8.3); praktisch wird indessen die obere Instanz die Behandlung einer Aufsichtsbeschwerde stets derjenigen Behörde übertragen, welche der handelnden unmittelbar übergeordnet ist.

38 Der Formlosigkeit der Aufsichtsanzeige entspricht es, dass dem Anzeigeerstatter nicht die Stellung einer Prozesspartei zukommt (Grisel, a.a.O., S. 57; GB RR 1973 Nr. 8, 1968 Nr. 12; vgl. Art. 71 Abs. 2 VwVG). Er hat grundsätzlich kein Recht auf Akteneinsicht (VPB 41/1977 Nr. 61), insbesondere nicht auf Einsichtnahme in die Vernehmlassung der Vorinstanz (VPB 39/1975 Nr. 85); es steht im Ermessen der Behörde, ob und wieweit sie Akteneinsicht gewähren will (GB RR 1973 Nr. 8). Er hat keinen Anspruch auf Anhörung vor Erlass des Bescheides (BGE 102 Ib 84 E. 3; VPB 39/1975 Nr. 85). Hingegen haben die durch eine allfällige aufsichtsrechtliche Verfügung Betroffenen Anspruch auf vorherige Anhörung (Imboden/Rhinow/Krähenmann, Nr. 81).

39 Die *Kognition* der Oberbehörde bei der Behandlung von Aufsichtsbeschwerden gegen *Verfügungen* und *Entscheide* ist entsprechend der Natur dieses Rechtsbehelfs und des beanstandeten Verwaltungsakts beschränkt (vgl. Imboden/Rhinow/Krähenmann, Nr. 145 B III). Die Aufsichtsbehörde übt beim Einschreiten kraft Aufsichtsrechts allgemein Zurückhaltung (RR AG 27.1.1975, ZBl 77/1976, S. 167). Bei einfachen Rechtsverletzungen darf sie nicht einschreiten, so etwa wenn sie eine Gesetzesauslegung oder Sachverhaltswürdigung der unteren Instanz zwar nicht billigt, diese aber doch für mit guten Gründen vertretbar hält (Thalmann, Vorbem. §§ 141–150 N. 8.5). Dasselbe gilt für die Ermessensbetätigung der unteren Behörde (RB 1967 Nr. 73). Die Voraussetzungen für ein aufsichtsrechtliches Eingreifen gegenüber Verfügungen und Entscheiden sind nach konstanter Praxis nur dann gegeben, wenn *klares Recht* oder *wesentliche öffentliche Interessen* missachtet worden sind und einer aufsichtsrechtlichen Anordnung nicht inzwischen entstandene, schützenswerte Rechtspositionen entgegenstehen (RRB 3965/1975, 921/1975, 4708/1973, 283/1976, 1015/1972, 6385/1971, 2476/1976, 6381/1972, 6370/1972, 4127/1969; RB 1977 Nr. 105; vgl. BGE 97 I 7). Inzwischen entstandene, schützenswerte Rechtspositionen entbinden die Aufsichtsbehörde aber nicht in jedem Fall vom Einschreiten. Gelegentlich muss bei groben Rechtsverletzungen – unter Vorbehalt der Entschädigung an den gutgläubigen Bewilligungsempfänger – dennoch eingeschritten werden. Unter der Verletzung klaren Rechts ist auch die Verletzung von Verfahrensvorschriften zu verstehen. Der Aufsichtsbeschwerde ist immer dann Folge zu geben, wenn die angegangene Behörde bei Kenntnis der Sachlage auch von sich aus hätte einschreiten müssen (RRB 4364/1972, 4127/1969, 283/1976). Klares Recht oder wesentliche öffentliche Interessen sind bei fehlerhafter Ermessensausübung nicht verletzt (vgl. RB 1967 Nr. 73). Ermessensüberschreitung oder Ermessensmissbrauch hingegen können ein aufsichtsrechtliches Einschreiten rechtfertigen. *Rechtskräftige* Verfügungen und Entscheide darf die Aufsichtsbehörde zudem nur dann aufheben, wenn die Voraussetzungen für

den Widerruf einer behördlichen Verfügung vorliegen (Imboden/Rhinow/Krähenmann, Nr. 145 B III). – Richtet sich die Aufsichtsbeschwerde gegen *informelles* Verwaltungshandeln, so ist die Kognition der Aufsichtsinstanz nicht beschränkt; sie kann das Verhalten der ihr unterstellten Behörde vollumfänglich überprüfen und diejenigen Massnahmen treffen, welche sie für angemessen hält.

Sind die Voraussetzungen für ein aufsichtsrechtliches Eingreifen gegeben, so ist die *Entscheidungsbefugnis* der Behörde nicht beschränkt. Sie hat nach pflichtgemässem Ermessen zu entscheiden, ob und gegebenenfalls mit welchen Massnahmen sie einschreiten will (RRB 4127/1969). Sie ist dabei nicht an die Anträge des Anzeigeerstatters gebunden (Imboden/Rhinow/Krähenmann, Nr. 145 B III). 40

Weil die Aufsichtsbeschwerde kein eigentliches Rechtsmittel ist und deshalb keine förmlichen Sachurteilsvoraussetzungen zu beachten sind, kann das Dispositiv nur dahin lauten, der Aufsichtsbeschwerde «Folge zu geben» oder nicht (RRB 2476/1976, 3956/1975). Ein «Nichteintreten» auf eine Aufsichtsbeschwerde ist begrifflich ausgeschlossen (a.M. Sommer, Verwaltungsgericht, S. 151); in der Praxis kommt indessen diese Erledigungsform vor. 41

Wird der Aufsichtsbeschwerde keine Folge gegeben, so sind *Kosten* aufzuerlegen, wenn für die Aufsichtsbehörde kein triftiger Grund bestand, sich von sich aus mit der Sache zu befassen, und wenn der Beschwerdeführer mit seinem Vorstoss persönliche, private Interessen verfolgt (GB RR 1968 Nr. 12; RRB 258/1957, 742/1959, 154/1968, 4364/1972, 6012/1972; zu weitgehend RRB 2180/1977). Verfolgt ein Aufsichtsbeschwerdeführer ausschliesslich öffentliche Interessen, so sind die Kosten auf die Staatskasse zu nehmen; das gilt auch stets, wenn eine Gemeinde Aufsichtsbeschwerde erhebt (RRB 5599/1973). Wird einer Aufsichtsbeschwerde Folge gegeben, so hat der Beschwerdeführer nach ständiger Praxis keine Kosten zu tragen (RRB 2207/1975, 438/1974). Gegen die Kostenauflage ist förmlicher Rekurs zulässig, was in der Rechtsmittelbelehrung zu vermerken ist. 42

Gegen den ablehnenden Bescheid auf eine Aufsichtsbeschwerde ist lediglich erneute Aufsichtsbeschwerde an die obere Instanz möglich. Ein Rekursrecht steht dem Aufsichtsbeschwerdeführer – ausser gegen den Kostenpunkt – nicht zu (RRB 3379/1974; BGE 100 Ib 452; Imboden/Rhinow/Krähenmann, Nr. 145 B II c und IV; Gygi, S. 140). Er kann nur dann Rekurs erheben, wenn er wie jeder andere Rekurrent rekurslegitimiert ist; seine Rekurslegitimation ergibt sich nicht schon daraus, dass er eine Aufsichtsbeschwerde eingereicht hat (BGE 102 Ib 84 f. E. 3; Grisel, a.a.O., S. 58). Gibt der Regierungsrat einer Aufsichtsbeschwerde keine Folge oder bestätigt er einen entsprechenden Entscheid einer unteren Verwaltungsbehörde, so kann demnach dagegen auch nicht Aufsichtsbeschwerde beim Verwaltungsgericht erhoben werden, dies umso weniger, als das Gericht nicht Aufsichtsbehörde über den Regierungsrat ist (vgl. RB 1961 Nr. 18; Sommer, Verwaltungsgericht, S. 151). Hat der Regierungsrat den Rekurs der Ge- 43

Vorbem. zu §§ 19–28

meinde gegen einen Aufsichtsentscheid des Bezirksrats teilweise gutgeheissen, so kann der beim Bezirksrat erfolgreiche Aufsichtsbeschwerdeführer gegen den Entscheid des Regierungsrats nicht Beschwerde erheben (RB 1986 Nr. 18 = ZBl 88/1987, S. 213). Entscheide, mit denen auf eine Aufsichtsbeschwerde nicht eingetreten oder diese abgewiesen wird, sind auch nicht mit staatsrechtlicher Beschwerde anfechtbar (BGE 121 I 42 ff., 87 ff.).

44 Erlässt die Behörde aus Anlass einer Aufsichtsbeschwerde eine *Verfügung*, so können die nach § 21 legitimierten Personen dagegen Rekurs erheben (RB 1972 Nr. 24; BGE 102 Ib 84); das gilt auch für Gemeinden, wenn sie in ihren Selbstverwaltungsrechten betroffen sind (Kölz, Beschwerdebefugnis, S. 97 ff.). Bestätigt der Regierungsrat die Aufsichtsmassnahme einer unteren Behörde oder trifft er selber eine solche, so können die Betroffenen dann verwaltungsgerichtliche Beschwerde führen, wenn das Verwaltungsgericht in der betreffenden Materie zuständig ist (RB 1961 Nr. 19 = ZR 60 Nr. 103; RB 1965 Nr. 17, 1969 Nr. 14; Sommer, Verwaltungsgericht, S. 151).

45 Entgegen der in der ersten Auflage (§ 48 N. 7) vertretenen Auffassung und der missverständlichen Formulierung in § 5a ist die *Ablehnung eines Ausstandsbegehrens* jedenfalls dann nicht aufsichtsrechtlicher Natur, wenn sie in einem Anfechtungsverfahren, d.h. nach Erlass einer Anordnung, erfolgt (§ 5a N. 20 ff.). Die Nichtbeachtung von Ausstandsgründen ist eine Verletzung von wesentlichen Verfahrensvorschriften und damit ein Rechtsmangel im Sinn von § 20 und § 50 Abs. 2 lit. d, der mit Rekurs und Beschwerde gerügt werden kann (RB 1982 Nr. 10 = BEZ 1982 Nr. 41; RB 1996 Nr. 3).

2.4. Rechtsverweigerungs- und Rechtsverzögerungsbeschwerde

Literatur
GYGI, S. 225 ff.; IMBODEN/RHINOW/KRÄHENMANN, Nr. 80; KÖLZ/HÄNER, Rz. 717 ff.; RHINOW/KOLLER/KISS, Rz. 1413 ff.

46 Formelle Rechtsverweigerung im engeren Sinn begeht eine Gerichts- oder Verwaltungsbehörde, die es ausdrücklich oder stillschweigend unterlässt, eine Entscheidung zu treffen, zu der sie verpflichtet wäre (Rhinow/Koller/Kiss, Rz. 224). Zum Verbot der formellen Rechtsverweigerung im weiteren Sinn als dem Inbegriff sämtlicher Verfahrensgarantien, die aus Art. 4 aBV (Art. 29 und 30 BV) abgeleitet sind, vgl. Rhinow/Koller/Kiss, Rz. 204, und Imboden/Rhinow/Krähenmann, Nr. 80.

47 Rechtsverzögerung ist einer Gerichts- oder Verwaltungsbehörde dann vorzuwerfen, wenn sie einen Entscheid nicht binnen der im Gesetz vorgesehenen oder nach den Umständen angemessenen Frist erlässt (dazu N. 55).

48 Die zürcherische Verfahrensgesetzgebung enthält kein spezielles förmliches Rechtsmittel gegen Rechtsverweigerung und Rechtsverzögerung (vgl. demge-

genüber z.B. § 53 des aargauischen Gesetzes über die Verwaltungsrechtspflege vom 9.7.1968 [dazu Merker, § 53 Rz. 30 ff.]; Art. 49 Abs. 2 des bernischen Gesetzes über die Verwaltungsrechtspflege vom 23.5.1989 [dazu Merkli/Aeschlimann/Herzog, Art. 49 N. 63 ff.]). Der Regierungsrat hat indessen richtigerweise stets eine aufsichtsrechtliche, jedoch förmliche Rechtsverweigerungsbeschwerde zugelassen (GB RR 1976 Nr. 23). Dasselbe muss im zürcherischen Recht für die Rechtsverzögerung gelten. Rechtsverweigerungs- und Rechtsverzögerungsbeschwerden sind dabei nach früherer Praxis als besondere Formen der Aufsichtsbeschwerde betrachtet worden. Im Rahmen dieser Betrachtungsweise waren sie in allen Fällen an die Aufsichtsinstanz zu richten. Das Verwaltungsgericht konnte wegen Rechtsverweigerung und Rechtsverzögerung nicht angerufen werden (RB 1961 Nr. 18; Sommer, Verwaltungsgericht, S. 151).

Das Bundesrecht fingiert im unrechtmässigen Verweigern oder Verzögern einer Verfügung eine Verfügung (Art. 97 Abs. 2 OG). Rechtsverweigerungs- und Rechtsverzögerungsbeschwerden sind dort besondere Formen der Verwaltungs- und Verwaltungsgerichtsbeschwerde. Zumindest im Anwendungsbereich der Verwaltungsgerichtsbeschwerde an das Bundesgericht kann daher kraft des Grundsatzes der Einheit des Prozesses nach neuerer Praxis gegen Rechtsverweigerung und Rechtsverzögerung bzw. gegen diesbezügliche verwaltungsinterne Aufsichts- oder Rekursentscheide Beschwerde an das Verwaltungsgericht geführt werden (RB 1997 Nr. 12). Auch ausserhalb des Anwendungsbereichs von Art. 98a OG dürfte an der früheren, die gerichtliche Beschwerde ausschliessenden Praxis nicht festzuhalten sein (vgl. RB 1991 Nr. 3 = ZBl 92/1991, S. 495 = BEZ 1991 Nr. 23). Zulässig ist jedenfalls die staatsrechtliche Beschwerde (Rhinow/Koller/Kiss, Rz. 224, 229 f., 1724, 1845, 1900). 49

Der Rekurs bzw. die Beschwerde gegen das unrechtmässige Verweigern oder Verzögern einer Verfügung ist an keine Frist gebunden (vgl. Art. 106 Abs. 2 OG); das Zuwarten darf aber nicht gegen Treu und Glauben verstossen. 50

Eine Rechtsverzögerungs- oder Rechtsverzögerungsbeschwerde muss erhoben werden, solange der Entscheid der untätigen Behörde noch aussteht. Auf Beschwerden, die erst nach Erlass des Entscheids erhoben werden, ist mangels aktuellen Rechtsschutzinteresses nicht einzutreten. Hängige Beschwerdeverfahren sind aus dem gleichen Grund abzuschreiben, sofern die ausstehende Anordnung vor dem Entscheid über die Rechtsverweigerung oder Rechtsverzögerung ergeht (BGE 104 Ib 314). Anders verhält es sich dann, wenn mit der Beschwerde Ansprüche aus Amtshaftung verbunden werden. 51

Wird die Verweigerung eines Zwischenentscheids im Sinn von § 19 Abs. 2 gerügt, muss nicht nachgewiesen werden, dass ohne Anhandnahme des Rechtsmittels ein später voraussichtlich nicht mehr behebbarer Nachteil eintreten würde (GB RR 1976 Nr. 23). 52

Vorbem. zu §§ 19–28

53 Bei Gutheissung der Rechtsverweigerungs- oder der Rechtsverzögerungsbeschwerde ist die Sache an die untätige Instanz zurückzuweisen.

54 Bei Rechtsverweigerung, Rechtsverzögerung oder anderen Verletzungen von Amtspflichten kann jedenfalls die Ombudsperson angerufen werden (§ 90 lit. c).

55 In der zürcherischen Verfahrensgesetzgebung sind im Hinblick auf das Verbot der Rechtsverzögerung *Fristen* im nichtstreitigen Verfahren bezüglich baurechtlicher Anordnungen (§ 319 PBG) und im streitigen Verfahren bezüglich sämtlicher Entscheide von verwaltungsinternen Rekursinstanzen und Rekurskommissionen (§ 27a) vorgesehen; deren Nichteinhaltung löst allerdings nicht eine Sanktion aus, sondern lediglich die Pflicht der Behörde, den Gesuchstellern bzw. Parteien unter Angabe der Gründe für die Verzögerung den Zeitpunkt des Entscheids mitzuteilen. Demgegenüber enthält § 4a für das nichtstreitige Verfahren – ausserhalb des Anwendungsbereichs des PBG – lediglich ein allgemeines Beschleunigungsgebot ohne Fristenregelung, das nicht über die aus Art. 4 Abs. 1 aBV (Art. 29 Abs. 1 BV) abgeleiteten Anforderungen hinausgeht (§ 4a N. 5). Welche Frist noch als angemessen gelten kann, richtet sich bei fehlender gesetzlicher Regelung nach den *gesamten Umständen,* insbesondere der Bedeutung der Sache für die am Verfahren beteiligten Parteien, deren Verhalten sowie der Natur und Komplexität des zugrunde liegenden Sachverhalts (Rhinow/Koller/Kiss, Rz. 225 ff.). Eine Rechtsverzögerung kann auch dann vorliegen, wenn der Behörde, so etwa bei unzureichender personeller Ausstattung, kein Verschulden vorzuwerfen ist (Rhinow/Koller/Kiss, Rz. 227 f.).

2.5. Einzelfragen

56 Die Möglichkeit des *Verzichts auf ein Rechtsmittel* spielt praktisch insofern eine Rolle, als eine Partei ein Interesse am möglichst raschen Eintritt der formellen Rechtskraft haben kann. Es ist zu unterscheiden zwischen dem Rechtsmittelverzicht vor Kenntnisnahme des begründeten Entscheids oder der Verfügung und jenem nach der Kenntnisnahme. Der *zum Voraus* erklärte Rechtsmittelverzicht ist nach Lehre und Praxis unwirksam (BGE 86 I 153; RB 1995 Nr. 6; abweichend RB 1971 Nr. 81, der sich jedoch auf die besondere Verfahrensregel von § 23 AbtrG bezieht; Frank/Sträuli/Messmer, § 190 N. 11; Gygi, S. 59 f.; Imboden/Rhinow I, Nrn. 30 B IV und 64 B VI; Kölz, Prozessmaximen, S. 58 Anm. 396). Der Rechtsmittelverzicht *im Nachhinein*, d.h. nach Inempfangnahme der begründeten Verfügung, ist nach überwiegender Lehre und Praxis zulässig (RB 1983 Nr. 61). Auf das Rechtsmittel der *Revision* (§§ 86a ff.) kann nicht verzichtet werden, weil dieses Rechtsmittel den Parteien die Rüge besonders schwerwiegender oder erst später bekanntwerdender Mängel ermöglicht (RB 1971 Nr. 81). Der Verzicht auf ein Rechtsmittel gegen nichtige Verfügungen ist unwirksam.

Ein in einem Rekurs enthaltener *bedingter Verzicht* ist keine gültige Prozesshandlung; es ist in diesem Fall anzunehmen, der Beschwerdeführer übe das Rekursrecht vorbehaltlos aus (RB 1963 Nr. 30; vgl. § 23 N. 10). Das Bundesgericht verfährt umgekehrt, indem es auf eine bedingt eingereichte Beschwerde nicht eintritt (vgl. BGE 101 Ib 216). 57

Der Rechtsmittelverzicht ist nicht frei widerrufbar. Der *Widerruf* des Verzichts ist jedoch zulässig, wenn nachgewiesen wird, dass er unter Willensmängeln, insbesondere aufgrund irreführender Angaben der Behörde, zustande gekommen ist (vgl. RB 1971 Nr. 81). 58

Der *Rückzug eines Rechtsmittels* ist aufgrund der Dispositionsmaxime bis zur *Zustellung* des Rechtsmittelentscheids stets zulässig (RB 1965 Nr. 13; vgl. Kölz, Prozessmaximen, S. 4, 22, 38 f., 58, 76 ff.; Gygi, S. 204). Der Rückzug bringt das Verfahren auch dann zum Abschluss, wenn er erklärt wird, um eine drohende «reformatio in peius» zu verhindern (BGE 97 V 252; Ulrich Zimmerli, Zur reformatio in peius vel melius im Verwaltungsrechtspflegeverfahren des Bundes, in: Mélanges H. Zwahlen, Lausanne 1977, S. 15, mit Hinweisen). Die Nichtannahme des Rückzugs verstösst gegen die Dispositionsmaxime und ist daher unzulässig; ein aufsichtsrechtliches Eingreifen unter den entsprechend strengen Voraussetzungen bleibt allerdings vorbehalten. Der Rückzug kann auch nur für einzelne Punkte der Streitsache erklärt werden, sofern sich diese inhaltlich von den andern trennen lassen (Teilrückzug). Der *bedingte* Rückzug eines Rechtsmittels dürfte unzulässig sein (vgl. RB 1963 Nr. 30); Prozesshandlungen sind im Allgemeinen bedingungsfeindlich. 59

Für die Bemessung und Auferlegung der *Rekurskosten* ist der Zeitpunkt der Rückzugserklärung massgebend. Steht das Verfahren kurz vor dem Abschluss, so sind die (reduzierten) Kosten dem zurückziehenden Rekurrenten aufzuerlegen (RRB 1261/1975). Zieht der Rekurrent sein Begehren kurz nach Einleitung des Verfahrens zurück, so werden nach der Praxis keine Kosten erhoben, sofern die Rekursinstanz nicht bereits besonderen Aufwand hatte. 60

Der Rechtsmittelrückzug ist nicht frei widerrufbar. Der *Widerruf* des Rückzugs ist zulässig, wenn nachgewiesen wird, dass er unter Willensmängeln zustande gekommen ist (RB ORK 1958 Nr. 57; vgl. RB 1976 Nr. 28 = ZBl 77/1976, S. 559; RB 1982 Nr. 48; Gygi, S. 59; Kölz, Prozessmaximen, S. 80). Der Widerruf des Rechtsmittelrückzugs ist unter dem Gesichtswinkel von Treu und Glauben namentlich dann zulässig, wenn der Rückzug durch eine falsche Auskunft einer Behörde über die Prozessaussichten veranlasst worden ist (Imboden/Rhinow/Krähenmann, Nr. 79 B II b). Die Anfechtung eines Erledigungsbeschlusses, mit welchem das Rechtsmittelverfahren infolge Rückzugs abgeschrieben worden ist, muss im Revisionsverfahren erfolgen (RB 1993 Nr. 11; vgl. § 86a N. 19). 61

Vorbem. zu §§ 19–28

62 Der zürcherische Verwaltungsprozess kennt das *Anschlussrechtsmittel* nicht. Als eine besondere Form des Anschlussrechtsmittels kann man jedoch die Rechtsmittelbefugnis der Gemeinde betrachten (Kölz, Beschwerdebefugnis, S. 102 ff.).

3. Prozessmaximen

Literatur
AUER, Streitgegenstand; GADOLA, S. 61 f., 79 ff.; GYGI, S. 63 ff., 199 ff.; HABSCHEID, Nrn. 534 ff.; IMBODEN/RHINOW/KRÄHENMANN, Nrn. 88 f.; KÖLZ, Prozessmaximen; KÖLZ/ HÄNER, Rz. 98 ff.; MEIER ISAAK/OTTOMANN RUDOLF, Prinzipiennormen und Verfahrensmaximen, Zürich 1993; MERKLI/AESCHLIMANN/HERZOG, Art. 16 ff.; MOOR II, S. 173 ff.; PFEIFER; RHINOW/KOLLER/KISS, Rz. 889 ff.; SALADIN, S. 92 ff.; WALDER, §§ 16 ff.

3.1. Allgemeines

63 Verfahrensmaximen sind keine Rechtssätze, sondern Leitlinien, nach denen sich die Ausgestaltung einer Verfahrensordnung richtet. Teils sind sie im VRG wie in anderen Verfahrensordnungen positivrechtlich normiert worden; im Übrigen bieten sie als Maximen Auslegungshilfen, die bei unklaren oder lückenhaften Regelungen herangezogen werden können. Die meisten Verfahrensmaximen bilden mit ihrem jeweiligen Gegenstück *Gegensatzpaare* (Offizial-/Dispositionsmaxime, Untersuchungs-/Verhandlungsmaxime, Rechtsanwendung von Amtes wegen/auf Rüge hin, Schriftlichkeit/Mündlichkeit, Mittelbarkeit/Unmittelbarkeit, Öffentlichkeit/Nichtöffentlichkeit). Eine Verfahrensordnung kann indessen Elemente gegensätzlicher Maximen in sich vereinigen und dennoch ein sinnvolles Ganzes ergeben.

64 Einige Maximen betreffen die Rahmenbedingungen des *Prozessbetriebs* (z.B. Amtsbetrieb, Prozessökonomie, Eventualmaxime, Schriftlichkeit). Andere beschlagen – eher grundlegend – die Rahmenbedingungen der *Beurteilung*, nämlich die Herrschaft über den Streitgegenstand (Offizial-/Dispositionsmaxime), die Verantwortlichkeit für die Sachverhaltsermittlung (Untersuchungs-/Verhandlungsmaxime) und die Art der Rechtsanwendung (von Amtes wegen/auf Rüge hin); sie prägen damit die Aufgabenverteilung zwischen den Verfahrensbeteiligten in Bezug auf den Beginn, den Gang und die Beendigung des Verfahrens, die Bestimmung des Verfahrensgegenstands und die Beschaffung des Tatsachenmaterials. Diese Beurteilungsmaximen machen eigentlich nur Sinn im streitigen Verwaltungsprozess, d.h. im Anfechtungs- und Klageverfahren. Gewisse Verfahrensmaximen sind zugleich oder eher *Verfahrensgarantien*, die sich aus dem Verfassungs- oder Völkerrecht ergeben. Das gilt insbesondere für Treu und Glauben, das rechtliche Gehör, die prozessuale Gleichbehandlung, die Parteiöffentlichkeit sowie (beschränkt) die Publikumsöffentlichkeit (dazu Kölz/Häner, Rz. 119 ff.). Unter diesen Verfahrensgarantien gibt es wiederum solche, die auch im nichtstrei-

tigen Verwaltungsverfahren gelten (rechtliches Gehör, Treu und Glauben), sowie andere, welche spezifisch auf den Verwaltungsprozess, d.h. das Anfechtungs- und Klageverfahren, ausgerichtet sind (Gleichbehandlung, Publikumsöffentlichkeit).

3.2. Offizial- und Dispositionsmaxime

In einem von der *Offizialmaxime* beherrschten Verfahren hat die Behörde das Recht und die Pflicht, das Verfahren einzuleiten, dessen Gegenstand zu bestimmen und es durch Verfügung oder Urteil zu beenden. 65

In einem von der *Dispositionsmaxime* (früher Verfügungsmaxime) geprägten Verfahren haben ausschliesslich die Parteien das Recht, das Verfahren einzuleiten (nemo iudex sine actore), den Streitgegenstand zu bestimmen und das Verfahren durch Anerkennung, Verzicht, Vergleich oder Rückzug zu beenden. Auf die Sachurteilsvoraussetzungen hat die Dispositionsmaxime keinen Einfluss; ihr Vorhandensein ist stets von Amtes wegen unabhängig von Parteianträgen zu prüfen (Gygi, S. 73). Die Herrschaft der Parteien über den Streitgegenstand hat zur Folge, dass die entscheidende Behörde einer Partei nicht mehr und nichts anderes zusprechen darf, als diese beantragt hat. Sie darf aber auch nicht weniger zusprechen, als die Gegenpartei anerkannt hat (ne eat iudex ultra petita partium). Aus der Dispositionsmaxime leitet sich ferner die Möglichkeit der sogenannten «Klageänderung» ab. 66

Im nichtstreitigen Verwaltungsverfahren ist die Offizialmaxime stärker ausgeprägt als die Dispositionsmaxime. Sie gilt vor allem in jenen Fällen, in denen das Verfahren von Amtes wegen einzuleiten ist (Vorbem. zu §§ 4–31 N. 23), in den anderen Fällen insoweit, als die entscheidende Behörde nicht an die gestellten Begehren gebunden ist (§ 7 Abs. 3 Satz 3; vgl. § 7 N. 86). Der Verwaltungsprozess ist dagegen mehr von der Dispositionsmaxime beeinflusst, vor allem das Verfahren vor Verwaltungsgericht. Zu den einzelnen Aspekten der beiden Maximen im Verwaltungsprozess ist festzuhalten: *Herrschaft über den Streitgegenstand*: Im Rekurs- und Beschwerdeverfahren ist eine *Klageänderung* nur dann zulässig, wenn der Antrag auf ein Minus des ursprünglich gestellten reduziert wird; neue und erweiterte Anträge sind in der Regel nicht zugelassen (Gygi, S. 256). Gleiches gilt für die verwaltungsrechtliche Klage (§ 83 N. 8). – *Entscheidungsbefugnis der Rechtsmittelinstanz*: Die Rekursinstanz kann zugunsten des Rekurrenten über die Rekursbegehren hinausgehen oder die angefochtene Anordnung zu seinem Nachteil abändern (§ 27), während dem Verwaltungsgericht im Beschwerdeverfahren die Möglichkeit einer solchen reformatio in peius oder in melius verwehrt ist (§ 63 Abs. 2). Dieser Unterschied wird in der Praxis allerdings insofern relativiert, als dem Rekurrenten auch bei in Aussicht genommener reformatio in peius, die infolge des Gehörsanspruchs stets anzudrohen ist, das Recht auf Rückzug des Rekurses zugestanden wird (vorbe- 67

Vorbem. zu §§ 19–28

hältlich des aufsichtsrechtlichen Vorgehens, dazu N. 89 f.). *Verfahrenserledigung ohne Anspruchsprüfung:* Der *Verzicht* ist in der Verwaltungspraxis insofern praktisch ohne Bedeutung, als nicht zwischen Verzicht als Rückzug und Verzicht auf den materiellrechtlichen Anspruch unterschieden wird (dazu Kölz, Prozessmaximen, S. 22, 37 f., 58 Anm. 396, 69 ff., 91 f.); er fällt daher in der Praxis mit dem Rekursrückzug zusammen. *Anerkennung* ist im Rekursverfahren insofern möglich, als die Behörde in der Rolle des Rekursgegners eine *Wiedererwägung* im Sinn der Anträge des privaten Rekurrenten vornimmt (vgl. N. 28). Der *Vergleich* im technischen Sinn ist in der zürcherischen Verwaltungsrechtspflege nicht üblich (vgl. aber bezüglich Enteignungsstreitigkeiten § 29 AbtrG). Eine Art Vergleich wird indessen zwischen den Parteien manchmal insofern geschlossen, als die verfügende oder entscheidende Behörde eine teilweise Wiedererwägung des angefochtenen Entscheids vornimmt und der Rekurrent im Einvernehmen mit dieser den Rekurs gänzlich zurückzieht (vgl. Kölz, Prozessmaximen, S. 46). Zur Verfahrenserledigung ohne Anspruchsprüfung vor Verwaltungsgericht vgl. § 63 N. 2 ff., § 83 N. 9 ff.

3.3. Untersuchungs- und Verhandlungsmaxime

68 Die *Verhandlungsmaxime* überträgt die Verantwortung für die Sachverhaltsermittlung den Parteien. Es bleibt diesen überlassen, Tatsachen in das Verfahren einzuführen und nötigenfalls zu beweisen. Die Behörde hat ihrem Entscheid nur solche Tatsachen zugrunde zu legen, welche von einer Partei behauptet und – im Bestreitungsfall – bewiesen worden sind.

69 Nach der *Untersuchungsmaxime* ist die entscheidende Behörde für die Beschaffung des entscheidrelevanten Tatsachenmaterials, d.h. für die Ermittlung des massgebenden Sachverhalts verantwortlich. Die Parteien können zwar eigene Behauptungen aufstellen und die Abnahme von Beweismitteln beantragen; die entscheidende Behörde hat jedoch selbständig die ihr notwendig scheinenden Massnahmen zur Tatsachenermittlung zu treffen. Es besteht daher weder eine Behauptungslast noch eine subjektive Beweislast (Beweisführungslast) der Parteien. Die Entscheidungsinstanz ist auch nicht an von beiden Parteien anerkannte Tatsachen gebunden (§ 7 N. 4). In der Praxis wird allerdings bei anerkannten Tatsachen im Allgemeinen nicht weiter ermittelt; eine Ermittlung drängt sich nur dann auf, wenn der Verdacht besteht, die verfügende Behörde habe den Beschwerdeführer privilegieren wollen (Kölz, Prozessmaximen, S. 132). Die Untersuchungsmaxime ist dort eingeschränkt, wo für eine Partei im vorangehenden nichtstreitigen Verfahren eine Mitwirkungspflicht bestand (§ 7 N. 5, 59 ff.). Sodann ändert die Untersuchungsmaxime nichts an der Regelung der objektiven Beweislast; wer diese Beweislast trägt, bestimmt sich nach dem materiellen Recht. Daher müssen die Parteien im eigenen Interesse bei der Beweisbeschaffung mitwirken. Es ist der entscheidenden Behörde nicht zuzumuten, jeder für den Beschwerdeführer allenfalls günstigen Tatsache nachzugehen. Die Untersu-

chungsmaxime wird somit vom materiellen Recht her erheblich relativiert; den Beschwerdeführer trifft im Rechtsmittelverfahren nicht nur eine Beweisführungslast, sondern vorab eine Behauptungslast bezüglich der für ihn allenfalls günstigen Tatsachen. Diese Behauptungslast geht über die eine blosse Sachurteilsvoraussetzung bildende Begründungspflicht im Sinn von § 23 Abs. 1 hinaus (§ 7 N. 6).

Die im *nichtstreitigen* Verwaltungsverfahren geltende Untersuchungspflicht der Behörden folgt richtig betrachtet *unmittelbar* aus dem Legalitätsprinzip (§ 7 N. 3). Im Anfechtungsverfahren ist sie Ausfluss der als Modellvorstellung dem Prozessrecht entstammenden Untersuchungsmaxime (vgl. § 7 N. 3). Zivil- und Verwaltungsprozess unterscheiden sich jedoch hinsichtlich der Verantwortlichkeit für die Sachverhaltsermittlung weit weniger, als sich aus einer isolierten Betrachtung der beiden Maximen ergibt (vgl. N. 63). Die im Zivilprozess geltende Verhandlungsmaxime ist in neuerer Zeit zunehmend eingeschränkt worden (vgl. dazu Gygi, S. 207; Kölz, Prozessmaximen, S. 128 f.), vor allem durch die richterliche Fragepflicht (§ 55 ZPO). Im Verwaltungsprozess wird anderseits die Untersuchungsmaxime durch die Behauptungslast, allenfalls sogar durch eine Mitwirkungspflicht im vorangehenden nichtstreitigen Verfahren, relativiert. Immerhin hat die entscheidende Behörde die materielle «Waffengleichheit» der Parteien herbeizuführen. Eine prozessual schwächere Partei muss sie durch geeignete Untersuchungsmassnahmen unterstützen (Kölz, Prozessmaximen, S. 131). Insoweit schützt die Untersuchungsmaxime die im Prozess unbeholfene Partei, und zwar tendenziell stärker, als dies im Zivilprozess durch Einschränkung der Verhandlungsmaxime erreicht wird. Im verwaltungsgerichtlichen Beschwerdeverfahren ist die Untersuchungsmaxime stärker relativiert als im Rekursverfahren vor Verwaltungsbehörden und Rekurskommissionen (vgl. einerseits § 20 N. 12, anderseits § 51 N. 4, § 60 N. 2, § 83 N. 12).

3.4. Rechtsanwendung von Amtes wegen und Rügeprinzip

Der Grundsatz der Rechtsanwendung von Amtes wegen (iura novit curia) besagt, dass es Aufgabe der entscheidenden Behörden ist, die auf ein Verwaltungsrechtsverhältnis anwendbaren Normen aufzufinden und anzuwenden. Der Grundsatz der Rechtsanwendung von Amtes wegen ist zusammen mit der Untersuchungsmaxime ein wichtiger Garant für die materielle Rechtmässigkeit des Verwaltungshandelns. Er gilt im nichtstreitigen Verwaltungsverfahren wie im Verwaltungsprozess (vgl. § 7 N. 79 ff.). Er wird im Verwaltungsprozess durch das Sachurteilsvoraussetzung bildende Erfordernis einer Rechtsmittel- oder Klagebegründung (§ 23 Abs. 1, § 54, § 80a, § 83 Abs. 1) insofern nicht relativiert, als die entscheidende Behörde in keiner Weise an die rechtliche Begründung einer Partei gebunden ist (vgl. Gygi, S. 211 f.). Die Rechtsanwendung von Amtes wegen schliesst für die Rechtsmittelbehörde die Möglichkeit einer *Motiv-*

Vorbem. zu §§ 19–28

substitution ein, d.h. sie kann die angefochtene Verfügung aus anderen als den von der Vorinstanz angeführten rechtlichen Gründen bestätigen.

72 Die Rechtsanwendung von Amtes wegen erstreckt sich jedoch nur auf die von den Parteien zur Disposition gestellten Streitpunkte; der Streitgegenstand kann nicht unter Berufung auf diesen Grundsatz erweitert werden. Umstritten ist, ob die Rechtsmittelbehörde ihren Entscheid auf einen *anderen Rechtsgrund* stützen dürfe, welcher weder von der Vorinstanz erwogen noch vom Rekurrenten geltend gemacht worden ist. Auf einen anderen Rechtsgrund abstellen bedeutet, dass die gleiche von der Vorinstanz festgelegte oder vom Rekurrenten anbegehrte Rechtsfolge aus einem wesentlich verschiedenen Sachverhalt, verbunden mit einem anderen Rechtssatz, abgeleitet wird (Gygi, S. 213 f., 256 f.).

73 Nach dem *Rügeprinzip* hat sich die urteilende Behörde nur mit den von den Parteien vorgebrachten Rügen und Einwendungen zu befassen. Rechtsanwendung von Amtes wegen und solche auf Rüge hin schliessen sich streng genommen gegenseitig aus (Kölz/Häner, Rz. 116). Im zürcherischen Verwaltungsprozess gibt es kein eigentliches Rügeprinzip, wie es z.B. im Verfahren der staatsrechtlichen Beschwerde gilt (BGE 122 I 73 f.). In der Praxis besteht jedoch ein Spannungsverhältnis zwischen beiden Prinzipien: Liegen Mängel offenkundig zu Tage, sind sie jedenfalls trotz fehlender Rüge zu berücksichtigen; anderseits wird von der Rechtsmittelbehörde nicht erwartet, dass sie bei der Überprüfung der angefochtenen Anordnung oder bei der Beurteilung einer Klage nach allen erdenklichen Rechtsfehlern forscht. In diesem Sinn bleibt das Rügeprinzip nicht ohne Einfluss auf den Verwaltungsprozess (§ 7 N. 82). Von praktischer Bedeutung ist es vor allem bei baurechtlichen Streitigkeiten, ferner allgemein in zweitinstanzlichen Verfahren vor Verwaltungsgericht (vgl. § 50 N. 4 ff., § 52 N. 4).

3.5. Übrige Prozessmaximen

74 In einem vom *Amtsbetrieb* beherrschten Verfahren liegt die äussere Gestaltung des Prozessgangs in der Hand der entscheidenden Behörde. Dieser obliegt die *Verfahrensleitung*. Vernehmlassungen, andere Parteihandlungen, Beweiserhebungen wie die Bestellung von Sachverständigen sowie weitere Verfahrenshandlungen werden auf behördliche Initiative hin vorgenommen. Im Rahmen dieser Prozesshandlungen gibt die entscheidende Behörde den Beteiligten Gelegenheit zur Wahrung ihrer Parteirechte (Gygi, S. 63). Der Amtsbetrieb gilt in allen Verfahrensarten. Bei der Verfahrensleitung sind einerseits die Verfahrensgarantien der Parteien zu wahren; anderseits ist prozessökonomisch zu verfahren.

75 Der Grundsatz der *Prozessökonomie* verlangt, auf möglichst einfachem, zweckmässigem, zeit- und kostensparendem Weg den Abschluss des Verfahrens anzustreben (Gygi, S. 68; Kölz/Häner, Rz. 154 f.; Rhinow/Koller/Kiss, Rz. 944 ff.). Dem Grundsatz der Prozessökonomie zuzuordnen sind z.B.: die Ausdehnung

Vorbem. zu §§ 19–28

und Vereinigung von Verfahren (BGE 122 II 368), die Heilung von Verfahrensmängeln (BGE 116 V 187; VPB 59/1995 Nr. 50 E. 4.b), die Prüfungsbeschränkung auf gerügte oder offensichtliche Mängel.

Mit dem Grundsatz der Prozessökonomie verwandt ist das *Beschleunigungsgebot*, 76 das sich aus Art. 4 Abs. 1 aBV (Art. 29 Abs. 1 BV) ergibt. Art. 6 Ziff. 1 EMRK enthält (für gerichtliche Verfahren, mithin auch vor verwaltungsexternen Rekurskommissionen) einen gleichartigen Anspruch, der nach der bundesgerichtlichen Praxis allerdings nicht weiter als nach Art. 4 Abs. 1 aBV geht. Zur Umsetzung des Beschleunigungsgebots sind in jüngerer Zeit teilweise Behandlungsfristen eingeführt worden. So hält § 27a VRG verwaltungsinterne Rekursinstanzen und Rekurskommissionen dazu an, ihren Entscheid innert 60 Tagen seit Abschluss der Sachverhaltsermittlungen zu treffen. Im (nichtstreitigen) Baubewilligungsverfahren gelten die Behandlungsfristen von § 319 Abs. 1 PBG (vgl. Art. 25 Abs. 1bis RPG). In jüngster Zeit wird diskutiert, ob und inwieweit die unter dem Titel New Public Management in die öffentliche Verwaltung einziehenden betriebswirtschaftlichen Führungsgrundsätze auch für die Verwaltungsrechtspflege fruchtbar gemacht werden können und sollen (vgl. Jaag, Verwaltungsrechtspflege, S. 516 f.; Paul Richli, Zu den Entfaltungsmöglichkeiten des New Public Management in der Verwaltungsrechtspflege, ZBl 98/1997, S. 289 ff.). Soweit solche Anliegen über die schon früher entwickelten Gebote der Prozessökonomie und der Verfahrensbeschleunigung hinausgehen, dürften sie jedoch kaum mit dem Anspruch der Verfahrensbeteiligten auf ein rechtsstaatlich korrektes Verfahren vereinbar sein (Walter Haller/Alfred Kölz, Allgemeines Staatsrecht, Basel/Frankfurt a.M. 1996, S. 197); das gilt insbesondere hinsichtlich der Postulate einer verstärkten Publikumsorientierung und einer nach Verfahrensgeschwindigkeit differenzierten Gebührenerhebung.

Die *Eventual-* oder *Konzentrationsmaxime* hat für das Rekursverfahren lediglich 77 die Bedeutung, dass der Rekursantrag (§ 23 Abs. 1) sämtliche Begehren, auch Eventualbegehren, enthalten muss. Ein Nachbringen von Begehren ist grundsätzlich nicht möglich. Tatsächliche Behauptungen und Beweisanerbieten können wegen der Geltung der Untersuchungsmaxime später nachgebracht werden (dazu vorn § 7; vgl. Art. 32 Abs. 2 VwVG; Kölz, Prozessmaximen, S. 9 f.).

Der Grundsatz der *freien Beweiswürdigung* bedeutet, dass die entscheidenden 78 Behörden bei der Beweiswürdigung an keine formellen Regeln gebunden sind. Grundlage der Beweiswürdigung ist ausschliesslich die Überzeugung der entscheidenden Behörde, ob eine Tatsache aufgrund der vorliegenden Beweise als eingetreten zu betrachten sei oder nicht. Der Grundsatz der freien Beweiswürdigung ist im Rekursverfahren und im verwaltungsgerichtlichen Verfahren voll verwirklicht. Vgl. auch § 7 N. 76 ff.

Der *Grundsatz des rechtlichen Gehörs* gilt kraft Verfassungsrechts in allen Verfahrensarten (Gygi, S. 69 f.; dazu eingehend §§ 8 f.). 79

Vorbem. zu §§ 19–28

80 Der Grundsatz der *Gleichbehandlung der Parteien* verpflichtet die Entscheidungsbehörden, die «Waffengleichheit» zwischen den Parteien zu gewährleisten (Gygi, S. 64; Herzog, S. 323; Kölz/Häner, Rz. 128; BGE 122 V 164 f.). Sie dürfen es auch nicht bei einer formellen Gleichbehandlung bewenden lassen (Kölz, Prozessmaximen, S. 13 f.), sondern sie haben die «materielle» Gleichbehandlung zu gewährleisten. Das bedeutet insbesondere, dass der ohne Anwalt auftretende Private, in der Regel der schwächere Teil, durch geeignete Massnahmen unterstützt werden muss. So ist er auf besondere rechtliche und tatsächliche Probleme hinzuweisen. Statt die prozessuale Verwirkung eintreten zu lassen, ist in Nachachtung dieses Grundsatzes im Einzelfall eine Nachfrist zur Verbesserung eines Verfahrensmangels anzusetzen. Der Grundsatz der Gleichbehandlung der Parteien gilt in allen Verfahrensarten.

81 Die Pflicht der Behörden und Verfahrensbeteiligten, nach *Treu und Glauben* zu handeln, gilt in allen Verfahrensarten (Gygi, S. 50; Imboden/Rhinow/Krähenmann, Nr. 79; Kölz/Häner, Rz. 126 f.; Rhinow/Koller/Kiss, Rz. 382 ff.; Katharina Sameli, Treu und Glauben im öffentlichen Recht, ZSR 96/1977 II, S. 297 ff., 304 ff.). Dieser Grundsatz wurde im zürcherischen Verfahrensrecht erstmals in § 50 ZPO positiviert und ist nun in Art. 5 Abs. 3 BV verankert (vgl. auch § 3 Abs. 2 des aargauischen Gesetzes über die Verwaltungsrechtspflege [VRPG] vom 9.7.1968). Alle *Verfahrensbeteiligten* sind verpflichtet, ihr prozessuales Verhalten auf den Grundsatz von Treu und Glauben auszurichten (Imboden/Rhinow/Krähenmann, Nr. 79 B III). Den Parteien ist insbesondere der Missbrauch prozessualer Befugnisse untersagt (Frank/Sträuli/Messmer, § 50 N. 15). Eine Partei darf sich nach Treu und Glauben nicht im Lauf des Verfahrens zu ihrem eigenen früheren Verhalten in Widerspruch setzen; so darf sie, wenn sie sich mit einem Verfahrensmangel abgefunden hat, sich nicht hinterher auf diesen Mangel berufen. Auch die *Verzögerung* einer Prozesshandlung kann gegen Treu und Glauben verstossen. Der Rechtsanwalt ist nach Anwaltsgesetz verpflichtet, den Auftraggeber von der Einleitung und Durchführung mutwilliger oder offenbar aussichtsloser Prozesse abzuhalten (Frank/Sträuli/Messmer, § 50 N. 17). – Desgleichen haben die *entscheidenden Behörden* nach Treu und Glauben zu handeln (Frank/Sträuli/Messmer, § 50 N. 8; Imboden/Rhinow/Krähenmann, Nr. 79 B II). Der Empfänger einer Rechtsmittelbelehrung darf sich nach Treu und Glauben auf die darin angegebene Rechtsmittelfrist verlassen, auch wenn sie dem Gesetz nicht entspricht (RB 1995 Nr. 1; dazu § 10 N. 51 ff.).

82 Das Rekursverfahren wird überwiegend vom Grundsatz der *Schriftlichkeit* beherrscht; dasselbe gilt für das Verfahren vor Verwaltungsgericht. Aus Art. 4 Abs. 1 aBV ergibt sich grundsätzlich kein Anspruch auf mündliche Anhörung (BGE 122 II 469). Ein solcher Anspruch kann sich hingegen (für gerichtliche Verfahren) aus den im Anwendungsbereich von Art. 6 Ziff. 1 EMRK geltenden Grundsätzen ergeben: Unmittelbar aus dem Prinzip der Verfahrensfairness, namentlich wo der persönliche Eindruck der Partei für das Gericht erheblich ist (Her-

zog, S. 328 ff.), ferner mittelbar aus dem Grundsatz der Publikumsöffentlichkeit, welche, wo erforderlich, nur im Rahmen einer mündlichen Verhandlung hergestellt werden kann.

Nach dem Grundsatz der *Unmittelbarkeit* müssen sich alle massgebenden Prozesshandlungen, insbesondere die Beweisführung, vor der entscheidenden Behörde in der richtigen und vollständigen Besetzung abspielen. Danach soll nur entscheiden, wer selber unter dem Eindruck des Beweisverfahrens steht, also z.B. am Augenschein teilgenommen, den Zeugen gehört oder eine Partei gesehen hat. Bei Geltung des *Mittelbarkeitsprinzips* kann dagegen ein Ausschuss der urteilenden Behörde oder ein Sachbearbeiter die Beweise erheben; die Behörde entscheidet aufgrund der Akten. In der Verwaltungsrechtspflege überwiegt der Grundsatz der Mittelbarkeit (Gygi, S. 66 f.; Kölz/Häner, Rz. 151 f.; Rhinow/Koller/Kiss; Rz. 937 ff.). Es besteht denn auch kein verfassungsmässiger Anspruch auf Unmittelbarkeit; insbesondere ergibt sich ein solcher nicht aus dem Grundsatz der Öffentlichkeit (BGE 117 Ia 134 f.; dazu N. 85). 83

Die *Parteiöffentlichkeit,* nach welcher die Parteien Zugang zu allen Beweishandlungen und Einsicht in schriftliche Beweismittel haben, ist aufgrund von Art. 4 Abs. 1 aBV gewährleistet. Die Parteiöffentlichkeit hängt eng mit dem rechtlichen Gehör zusammen (vgl. vorn §§ 8 f.; Kölz, Prozessmaximen, S. 14). Der Zugang zu den Beweishandlungen bedeutet insbesondere, dass die Verfahrensbeteiligten zu Augenscheinen, Feststellungen durch Sachverständige und Zeugeneinvernahmen vorgeladen werden müssen. Aus der Parteiöffentlichkeit lässt sich hingegen nicht ein genereller Anspruch auf eine mündliche Verhandlung ableiten. 84

Der Grundsatz der *Publikumsöffentlichkeit* gilt im Rekursverfahren nicht allgemein. Verhandlungen mit Verfahrensbeteiligten sowie Beratungen der entscheidenden Behörden finden unter Ausschluss der Öffentlichkeit statt. Soweit Art. 6 Ziff. 1 EMRK Publikumsöffentlichkeit verlangt, ist dies im *verwaltungsinternen* Rekursverfahren deswegen ohne Bedeutung, weil Letzteres ohnehin kein gerichtliches Verfahren im Sinn dieser Konventionsbestimmung ist. Im Verfahren vor jenen Rekurskommissionen, welche gerichtliche Instanzen im Sinn von Art. 6 Ziff. 1 EMRK darstellen (z.B. Baurekurskommissionen, Steuerrekurskommissionen), gilt im Anwendungsbereich dieser Konventionsbestimmung Publikumsöffentlichkeit. Zur Geltung dieses Grundsatzes im Verfahren vor Verwaltungsgericht vgl. § 59 N. 5 ff. bezüglich öffentlicher Verhandlung, § 65 N. 6 ff. bezüglich öffentlicher Urteilsverkündung. 85

4. Streitgegenstand

Der Umfang der Tätigkeit der Rechtsmittelbehörden wird durch den *Streitgegenstand* (oder Rekursgegenstand) umrissen. Dieser wird im Rekursverfahren 86

Vorbem. zu §§ 19–28

durch zwei Elemente bestimmt. Einmal kann nur das Gegenstand des Rekursverfahrens sein, was auch Gegenstand der erstinstanzlichen Verfügung war bzw. nach richtiger Gesetzesauslegung hätte sein sollen (RB 1983 Nr. 5). Gegenstände, über welche die erste Instanz zu Recht nicht entschieden hat, fallen nicht in den Kompetenzbereich der Rekursbehörden; sonst würde in die funktionelle Zuständigkeit der erstinstanzlich verfügenden Behörde eingegriffen. Das zweite Element zur Bestimmung des Streitgegenstands ist die *im Rekursantrag* (§ 23 Abs. 1) *enthaltene Rechtsfolgebehauptung*. Diese Konsequenz folgt aus der Dispositionsmaxime. Der Rekurrent bestimmt den Umfang des Rekursverfahrens im Rahmen der erstinstanzlichen Verfügung. Die erstinstanzliche Verfügung (bzw. der Entscheid der Vorinstanz) als Anfechtungsobjekt ist also nicht gleichzusetzen mit dem Streitgegenstand. Praktisch folgt daraus, dass der Rekurrent eine Verfügung nur in einzelnen Punkten anfechten kann, sofern sich diese nach der Natur der Sache voneinander trennen lassen. *Streitgegenstand des Rekursverfahrens ist somit die im Rekursantrag enthaltene Rechtsfolgebehauptung im Rahmen des Umfangs der erstinstanzlichen Verfügung* (Gygi, S. 44 ff.). Dabei ist im Einzelnen zu unterscheiden: Erging die erstinstanzliche Verfügung von Amtes wegen (ohne Gesuch eines privaten Verfahrensbeteiligten), bestimmt sich der Streitgegenstand einerseits aus dem Verfügungsthema und dem dazugehörigen Sachverhalt, anderseits aus dem Antrag des Rekurrenten und dem von diesem dem Rekurs zugrunde gelegten Sachverhalt, soweit dieser in einem nachvollziehbaren Zusammenhang mit der angefochtenen Verfügung steht. Wurde die erstinstanzliche Verfügung durch ein Begehren eines Beteiligten ausgelöst, bestimmt bereits dieses zusammen mit dem ihm zugrunde gelegten Sachverhalt den Streitgegenstand mit (Merker, § 39 Rz. 24 f.). Auch in diesem zweiten Fall wird der Streitgegenstand erst durch die Verfügung näher festgelegt, dies im Unterschied zum Zivilprozess, wo er bereits durch die Klage definitiv bestimmt wird (Habscheid, Nrn. 332, 534). Wird im Rekursantrag eine Rechtsfolgebehauptung aufgestellt, welche den Rahmen der erstinstanzlichen Verfügung sprengt, so ist darauf nicht einzutreten (RB 1983 Nr. 5). Vgl. zur Bedeutung des Streitgegenstands hinsichtlich des Novenrechts im Rekursverfahren § 20 N. 34, im Beschwerdeverfahren § 52 N. 3 ff.

87 Die Begründung des Rekursantrags bildet nicht Bestandteil des Streitgegenstands; sie ist jedoch Hilfsmittel zur Konkretisierung der aufgestellten Rechtsfolgebehauptung. Eine «*Klageänderung*» und damit eine *Streitgegenstandsänderung* liegt demnach nicht nur dann vor, wenn ein neues oder erweitertes Rechtsbegehren gestellt wird, sondern auch dann, wenn der *Rechtsgrund* ausgewechselt, d.h. die nämliche Rechtsfolge aus einem wesentlich verschiedenen Sachverhalt, verbunden mit einem anderen Rechtssatz, anbegehrt wird (N. 72; § 20 N. 35; vgl. Merker, § 39 Rz. 14). Die Fixierung des Streitgegenstands bzw. das damit verbundene Verbot der «Klageänderung» (dazu § 20 N. 5) dient der Wahrung der funktionellen Zuständigkeit und des Instanzenzugs (Prot. KK

23.9.1958; Gygi, S. 42 ff.) und ist auch in einer Rechtsmittelordnung, die Noven unbeschränkt oder weitgehend zulässt, praktisch unentbehrlich.

Der Streitgegenstand der Beschwerde an das Verwaltungsgericht bestimmt sich nach denselben Kriterien wie im Rekursverfahren. Dem Verwaltungsgericht fehlt aber die Möglichkeit des akzessorischen aufsichtsrechtlichen Eingreifens (vgl. RB 1961 Nr. 18). 88

5. Verwaltungsinternes Rekursverfahren und administrative Aufsicht

Im Rahmen des verwaltungsinternen Rekursverfahrens wird die Verwaltungsbehörde als Justizorgan tätig, bei der Handhabung der administrativen Aufsicht dagegen als Verwaltungsorgan. Beide Funktionen sind möglichst zu trennen; nur so kann ein ordnungsgemässer Ablauf des Rekursverfahrens gewährleistet werden. Der der verwaltungsinternen Rechtspflege stets anhaftende Makel der mangelnden Unabhängigkeit des Entscheidungsorgans (Vorwurf des «Richtens in eigener Sache») kann durch konsequentes Auseinanderhalten der Funktionen wenn nicht ausgeschaltet, so doch etwas gemildert werden. 89

Indessen kommt es bisweilen vor, dass die Oberbehörde anlässlich einer Rekursbehandlung derart schwerwiegende Mängel im Vorgehen der Vorinstanz entdeckt, dass ein aufsichtsrechtliches Eingreifen unumgänglich wird. Das setzt jedoch voraus, dass die Vorinstanz klares Recht oder wesentliche öffentliche Interessen missachtet hat und einer aufsichtsrechtlichen Anordnung nicht inzwischen entstandene, schützenswerte Rechtspositionen entgegenstehen. Es sind dies dieselben Kriterien, die das Einschreiten aufgrund einer Aufsichtsbeschwerde rechtfertigen (zur Aufsichtsbeschwerde N. 29 ff.). Einfachen Rechtsverletzungen und Verletzungen unwesentlicher öffentlicher Interessen ist mangels Parteirüge nicht nachzugehen. Dienstanweisungen für die Zukunft können hingegen jederzeit erlassen werden. 90

6. Prozessvoraussetzungen

Literatur
Gadola, S. 181 ff.; Gygi, S. 71 ff.; Kölz/Häner, Rz. 409 ff.; Rhinow/Koller/Kiss, Rz. 947 ff., 1096 ff., 1217 f.; Saladin, S. 108 ff.

Im Anfechtungsverfahren müssen gewisse Voraussetzungen erfüllt sein, damit die Rekurs- oder Beschwerdeinstanz auf das Rechtsmittel eintritt, eine «materielle» Prüfung vornimmt und einen Sachentscheid fällt. Dabei handelt es sich um die sogenannten Prozessvoraussetzungen. Fehlt es an einer dieser Voraussetzungen, führt das zu einem Nichteintretensentscheid. Der Ausdruck «Prozessvoraussetzungen» ist allerdings missverständlich, weil das Rechtsmittel ohne- 91 hin zur Einleitung eines Prozesses führt, in welchem zunächst das Vorliegen der Voraussetzungen für eine Beurteilung der Streitsache geprüft wird. Treffender ist daher der Begriff «Sachentscheidungsvoraussetzungen»; auch diese Bezeichnung ist indessen insofern ungenau, als es sich bei der zu entscheidenden «Sache» allenfalls ausschliesslich um formelle Fragen handelt, so namentlich in Fällen, in denen sich das Rechtsmittel gegen einen Nichteintretensentscheid der Vorinstanz richtet. Die meisten Sachentscheidungsvoraussetzungen hängen damit zusammen, dass ein Begehren gestellt wird. Deswegen spricht man auch von Gültigkeits- oder Zulässigkeitsvoraussetzungen des Rechtsmittels, womit der Gegensatz zu blossen Ordnungsvorschriften – wie etwa jene betreffend Bezeichnung und Beilegung von Beweismitteln – gemeint ist. Im Folgenden werden diese Begriffe alternierend verwendet. Die Zuständigkeit der verfügenden oder entscheidenden Behörde stellt unabhängig davon eine Sachentscheidungsvoraussetzung dar, ob das Verfahren von Amtes wegen oder auf Begehren hin eingeleitet wird (§ 5 N. 3); zudem ist sie dort, wo ein Verfahren auf Begehren hin eingeleitet wird, keine Gültigkeitsvoraussetzung (§ 5 Abs. 2). Einige der im Anfechtungsverfahren geltenden Sachentscheidungsvoraussetzungen sind auch im nichtstreitigen Verfahren (Rhinow/Koller/Kiss, Rz. 951, 952 und 954) sowie im gerichtlichen Klageverfahren (dazu § 83 N. 2) massgebend.

92 *Objektive* Prozessvoraussetzungen bilden die Zuständigkeit der Behörde (§ 5, §§ 19–19c, §§ 41–43, § 72, §§ 74, 76 und 79, §§ 81 und 82), das Vorliegen eines Anfechtungsobjekts (Begriff der Anordnung in §§ 19 und 41), die Wahrung der Rechtsmittelfrist (§ 22, § 53) und gewisse Formerfordernisse der Rechtsmitteleingabe bzw. Klage (§ 23, § 54, § 80a Abs. 1, § 83 Abs. 1). Ausser bei Revisionsbegehren (vgl. §§ 86a ff.) wird zudem vorausgesetzt, dass über die Streitsache nicht bereits rechtskräftig entschieden worden ist. *Subjektive,* in der Person des Rechtsmittelkläger begründete Voraussetzungen sind: Partei- und Prozessfähigkeit sowie Legitimation (§ 21), bei Rechtsmittelerhebung im Namen einer Drittperson zudem deren Vollmacht (vgl. Kölz/Häner, Rz. 414).

93 Die angerufene Behörde prüft *von Amtes wegen,* ob die Prozessvoraussetzungen gegeben sind (BGE 123 II 58); es gilt demnach auch hier der Grundsatz der Rechtsanwendung von Amtes wegen (vgl. N. 71). Hingegen kommt die Untersuchungsmaxime (vgl. N. 69) mit Bezug auf die Prozessvoraussetzungen kaum zum Zug: Hängt die Erfüllung solcher Voraussetzungen von bestimmten, der Behörde nicht bekannten tatsächlichen Gegebenheiten ab, was namentlich hinsichtlich der Legitimation und der Fristwahrung zutreffen kann, so ist es nicht deren Aufgabe, den massgebenden Sachverhalt von Amtes wegen abzuklären; vielmehr trifft den Gesuchsteller oder Rechtsmittelkläger in Anwendung der Verhandlungsmaxime eine Substanzierungslast (vgl. bezüglich Legitimation und Fristwahrung § 21 N. 29 f., § 23 N. 17, § 54 N. 10; vgl. auch BGE 120 Ib 433, 122 II 98).

Vorbem. zu §§ 19–28

Aus verfahrensökonomischen Gründen kann es sich rechtfertigen, die Frage 94
offen zu lassen, ob eine Prozessvoraussetzung gegeben sei, sofern die materielle Beurteilung der Streitsache ohnehin zur Abweisung des Rechtsmittels führt. So wird gelegentlich vorgegangen, wenn die Legitimation des Rekurrenten oder das Vorliegen eines Anfechtungsobjekts nicht einwandfrei beurteilt werden kann (BGE 116 Ib 336, 123 II 373). Ein solches Vorgehen ist jedoch nicht unproblematisch, weil es den Parteien die Beurteilung ihrer Prozesschancen erheblich erschwert (Kölz/Häner, Rz. 411) und weil es die Behörde dazu verleiten kann, zu wenig fundierte materiellrechtliche Erwägungen anzubringen.

Die Prozessvoraussetzungen müssen nicht nur bei der Rekurs- oder Beschwerde- 95
erhebung, sondern auch noch im Zeitpunkt der Entscheidfällung gegeben sein. Fällt eine Prozessvoraussetzung während der Rechtshängigkeit weg, so ist das Verfahren als gegenstandslos abzuschreiben; das gilt namentlich beim Dahinfallen der angefochtenen Verfügung und beim Wegfallen des Rechtsschutzinteresses (dazu § 28 N. 17, § 63 N. 3; vgl. auch BGE 123 II 286 f.). Anders verhält es sich beim nachträglichen Wegfall der örtlichen Zuständigkeit (perpetuatio fori; vgl. § 5 N. 4). Beim Wegfall des *aktuellen* Rechtsschutzinteresses rechtfertigt sich zudem ausnahmsweise, unter bestimmten Voraussetzungen, gleichwohl eine materielle Beurteilung (vgl. § 21 N. 25; RB 1987 Nr. 5).

Die *obere* Rechtsmittelinstanz hat gleichermassen von Amtes wegen zu prüfen, 96
ob die Prozessvoraussetzungen bei der *unteren* Rechtsmittelinstanz gegeben waren. Hat Letztere trotz Fehlens einer Prozessvoraussetzung materiell entschieden, so ist der angefochtene Entscheid aufzuheben (BGE 122 V 373); das gilt namentlich mit Bezug auf die Legitimation und das Anfechtungsobjekt. In solchen Fällen ist zu unterscheiden: Die Beschwerde des Verfügungsadressaten oder eines Dritten, der als Rekurrent materiell unterlag, ist trotz Aufhebung des angefochtenen Rekursentscheids «im Sinn der Erwägungen» abzuweisen, womit die ursprünglich angefochtene Verfügung gleichwohl bestehen bleibt; die Beschwerde des Verfügungsadressaten gegen eine Drittperson, die als Rekurrentin materiell obsiegt hat, ist gutzuheissen, womit die ursprünglich angefochtene Verfügung wiederhergestellt wird.

Hat die untere Rechtsmittelinstanz die Prozessvoraussetzungen zu Recht be- 97
jaht, bedeutet das nicht in jedem Fall zwingend, dass ein materiell unterlegener Rekurrent zur Beschwerde befugt ist; in besonderen Fällen entfällt die Rechtsmittelbefugnis, so namentlich beim nachträglichen Wegfall des Rechtsschutzinteresses (RB 1962 Nr. 32, 1963 Nr. 8, 1964 Nrn. 11 und 12; vgl. ferner den Sonderfall VGr. 5.3.1965, ZBl 66/1965, S. 460).

Ist die Vorinstanz auf den Rekurs nicht eingetreten, weil sie eine Prozessvoraus- 98
setzung nicht als erfüllt erachtete, so ist der formell unterlegene Rekurrent unabhängig davon zur Beschwerde legitimiert, ob dies zu Recht geschehen sei (zur analogen Praxis des Bundesgerichts vgl. BGE 112 Ib 156 f., 123 II 70). Das gilt

Vorbem. zu §§ 19–28 / § 19

namentlich auch hinsichtlich der Legitimation, obwohl für die Rekurs- und für die Beschwerdelegitimation gleichermassen § 21 massgebend ist; die Verneinung der Rekurslegitimation durch das Verwaltungsgericht führt zur Abweisung der Beschwerde. Kommt die obere Rechtsmittelinstanz zum Schluss, die untere Instanz sei zu Unrecht vom Fehlen einer Prozessvoraussetzung ausgegangen und auf den Rekurs nicht eingetreten, heisst sie die Beschwerde gut und weist die Sache in der Regel zur materiellen Beurteilung an die untere Instanz zurück (vgl. § 64 N. 2).

I. Weiterziehbare Anordnungen
1. Grundsatz

§ 19. Anordnungen einer unteren Verwaltungsbehörde, durch welche eine Sache materiell oder durch Nichteintreten erledigt worden ist, können durch Rekurs an die obere Behörde weitergezogen werden.

Zwischenentscheide sind weiterziehbar, wenn sie für den Betroffenen einen Nachteil zur Folge haben, der sich später voraussichtlich nicht mehr beheben lässt.

Materialien
Weisung 1957, S. 1037; Prot. KK 20.12.1957, 23.9.1958; Prot. KR 1955–1959, S. 3379; Beleuchtender Bericht 1959, S. 401 f.; Weisung 1995, S. 1530 ff.; Prot. KK 1995/96, S. 39 ff., 102 ff., 153 ff., 244 ff.; Prot. KR 1995–1999, S. 6488, 6508 ff.

Übersicht	Note
1. Anfechtungsobjekt	1
1.1. Allgemeines	1
1.2. Abgrenzungen	8
1.2.1. Anordnungen als konkrete Verwaltungsakte	8
1.2.2. Realakte	9
1.2.3. Verwaltungsinterne Weisungen	18
1.3. Besondere Erscheinungsformen	21
1.3.1. Raumwirksame Pläne	21
1.3.2. Submissionen	28
1.3.3. Konzessionen	31
1.3.4. Genehmigungsakte	35
1.3.5. Gemeindebeschlüsse	39
1.3.6. Wahlen und Abstimmungen	40
1.3.7. Weitere Sonderfälle	41
2. Prozessuale Erscheinungsformen des Anfechtungsobjekts	43
2.1. Endentscheide	45
2.2. Zwischenentscheide	46
2.3. Vorentscheide	53
2.4. Rückweisungsentscheide	57
2.5. Feststellungsentscheide	58
2.6. Sonderfälle	65
3. Instanzenzug	70
3.1. Allgemeines	70
3.2. Verfügende Behörden	71
3.3. Einspracheverfahren	76

3.4. Rekursbehörden — 81
3.5. Verwaltungsinterner Rekursweg — 88
3.6. Sonderordnung bezüglich Planungs- und Bausachen — 92
   3.6.1. Allgemeines — 92
   3.6.2. Einzelfragen bei planungsrechtlichen Festlegungen — 103
   3.6.3. Einzelfragen bei baurechtlichen Anordnungen — 109
   3.6.4. Einzelfragen bei Natur- und Heimatschutzmassnahmen — 111
3.7. Sonderordnung bezüglich Enteignungen — 112
   3.7.1. Administrativverfahren — 113
   3.7.2. Schätzungsverfahren — 121
3.8. Sonderordnung bezüglich Strassen- und Gewässerprojekte — 125
3.9. Sonderordnung in schulischen Angelegenheiten — 129
3.10. Sonderordnung in kirchlichen Angelegenheiten — 131
3.11. Sonderordnung bezüglich Wahlen und Abstimmungen — 135

1. Anfechtungsobjekt

Literatur

BIAGGINI GIOVANNI, Die vollzugslenkende Verwaltungsverordnung: Rechtsnorm oder Faktum, ZBl 98/1997, S. 1 ff.; BOSSHART, Anfechtungsobjekte; BRÜHWILER-FRÉSEY LUKAS, Verfügung, Vertrag, Realakt und andere verwaltungsrechtliche Handlungssysteme, Bern 1984; DEGRANDI BENNO, Die automatisierte Verwaltungsverfügung, Zürich 1977; GADOLA, S. 280 ff.; DERSELBE, Genehmigungsentscheid, S. 290 ff.; GIACOMINI, S. 237 ff.; GYGI, S. 126 ff.; DERSELBE, Über die anfechtbare Verfügung, in: Berner Festgabe zum Schweizerischen Juristentag, Bern 1979, S. 517 ff.; HÄFELIN/MÜLLER, Rz. 685 ff.; HALTNER; HÄNNI PETER, Die Klage auf Vornahme einer Verwaltungshandlung, Freiburg 1988; IMBODEN/RHINOW/KRÄHENMANN, Nr. 11, Nr. 35; JAAG TOBIAS, Die Abgrenzung zwischen Rechtssatz und Einzelakt, Zürich 1985; DERSELBE, Die Allgemeinverfügung im schweizerischen Recht, ZBl 85/1984, S. 433 ff.; KÄLIN, S. 106 ff.; KÖLZ/HÄNER, Rz. 481 ff.; MARTIN JÜRG, Leitfaden für den Erlass von Verfügungen, Zürich 1996; MERKER, § 38 Rz. 1 ff.; MERKLI/AESCHLIMANN/HERZOG, Art. 49 N. 1 ff.; MOOR II, S. 103 ff.; MÜLLER MARKUS, Rechtsschutz im Bereich des informalen Staatshandelns, ZBl 96/1995, S. 533 ff.; PFENNINGER HANSPETER, Rechtliche Aspekte des informellen Verwaltungshandelns, Freiburg 1996; PLATTNER-STEINMANN ROLAND, Tatsächliches Verwaltungshandeln, Zürich 1990; RHINOW RENÉ A., Verfügung, Verwaltungsvertrag und privatrechtlicher Vertrag, in: Festgabe zum Schweizerischen Juristentag 1985, Basel 1985, S. 295 ff.; RHINOW/KOLLER/KISS, Rz. 963 ff., 1220 ff.; RICHLI PAUL, Zum verfahrens- und prozessrechtlichen Regelungsdefizit beim verfügungsfreien Staatshandeln, AJP 1992, S. 196 ff.; DERSELBE, Zum Rechtsschutz gegen verfügungsfreies Staatshandeln in der Totalrevision der Bundesrechtspflege, AJP 1998, S. 1926 ff.; SALADIN, S. 57 ff., 170 ff.

1.1. Allgemeines

Anfechtbar sind grundsätzlich nur «Anordnungen» (zum Begriff der Anordnung und zu den Elementen des Verfügungsbegriffs vgl. Vorbem. zu §§ 4–31 N. 8 ff.). Praktisch im Vordergrund stehen die Abgrenzungen zu generell-abstrakten Erlassen und zu den Erscheinungsformen des verfügungsfreien Staatshandelns, insbesondere den Realakten und den innerdienstlichen Anordnun-

§ 19

gen. Bei weiteren Anfechtungsobjekten handelt es sich entweder um besondere Erscheinungsformen von Anordnungen oder um Akte, die kraft spezieller Regelung anfechtbar sind; das gilt namentlich für raumwirksame Pläne, Submissionen, Konzessionen, Genehmigungsakte, Gemeindebeschlüsse, Abstimmungen und Wahlen, Vollstreckungsverfügungen sowie aufsichtsrechtliche Beschwerdeentscheide.

2 Als Anordnungen im Sinn von § 19 gelten auch Entscheide, die im *Rechtsmittelverfahren* (streitigem Verwaltungsverfahren und gerichtlichem Verfahren) ergehen (vgl. § 41 N. 5). Sowohl im Verfügungs- wie auch im Rechtsmittelverfahren ist einerseits zwischen End-, Zwischen- und Vorverfügungen bzw. -entscheiden, anderseits zwischen Gestaltungs- und Feststellungsverfügungen bzw. -entscheiden zu unterscheiden (dazu N. 43 ff.).

3 Für den Begriff der Verfügung kommt es nicht darauf an, welche Behörde die Anordnung erlassen hat. Als Verfügungen gelten auch Anordnungen von Legislativ- und von Justizbehörden, mit denen Verwaltungsrecht im Einzelfall angewendet wird (Häfelin/Müller, Rz. 690). Die Anfechtung solcher Akte mit einem kantonalen Rechtsmittel wird indessen in § 19 dadurch ausgeschlossen, dass nur Akte von «Verwaltungsbehörden» als anfechtbar bezeichnet werden.

4 Verfügungscharakter kommt auch Anordnungen in jenen Bereichen zu, in denen die Behörde über ein Gesuch nach freiem Ermessen entscheiden kann, weil dem Gesuchsteller kein Rechtsanspruch zusteht. Das gilt namentlich in Bürgerrechtssachen bei der Einbürgerung von Ausländern (Jaag, Verwaltungsrecht, Rz. 1313), ferner in Personalsachen bei Anordnungen über die Begründung von Dienstverhältnissen und die Einreihung und Beförderung in Besoldungsklassen und -stufen (Keiser, Personalrecht, S. 199 ff., insb. Anm. 34). Vereinzelt wird in solchen Bereichen allerdings der *gerichtliche* Rechtsschutz ausgeschlossen (vgl. § 43 Abs. 1 lit. c, e, h, l). Auch in der Praxis des Bundesgerichts zur *staatsrechtlichen* Beschwerde wegen Verletzung von Art. 4 aBV (Art. 84 Abs. 1 lit. a OG) wird die Einschränkung des Rechtsschutzes in solchen Fällen, in denen ein Rechtsanspruch fehlt, mit dem Fehlen der Legitimation begründet, nicht (mehr) damit, dass keine Verfügung vorliege (vgl. Kälin, S. 83 f.), so insbesondere bezüglich Begnadigungen (BGE 117 Ia 85 f.) und Stellenbewerbungen (BGE 112 Ia 178). Im Übrigen erscheint im Rahmen dieser Praxis selbst die Verneinung der Legitimation nicht unproblematisch (Kälin, S. 241).

5 Auf die äussere *Form* einer Verwaltungshandlung kommt es bei der Beurteilung, ob diese Handlung anfechtbar sei, nicht an. Soweit die für Verfügungen geltenden Formvorschriften missachtet worden sind, dürfen dem Betroffenen hieraus keine Nachteile erwachsen; je nach den Umständen kann dies bedeuten, dass gleichwohl von einer – direkt anfechtbaren – Verfügung auszugehen oder dass die Behörde verpflichtet ist, noch eine – formell fehlerfreie – Verfü-

§ 19

gung zu erlassen. Zur Form von Verfügungen vgl. § 10 N. 15 ff.; allgemein Häfelin/Müller, Rz. 707 ff.; Imboden/Rhinow/Krähenmann, Nr. 35 B IV.

Anfechtungsobjekt im engeren Sinn bildet nur jener Teil einer Verfügung, der 6 in formelle Rechtskraft erwachsen kann. Das ist grundsätzlich das Dispositiv; an der Rechtskraft haben ferner Erwägungen teil, auf die das Dispositiv ausdrücklich oder sinngemäss verweist (RB 1968 Nr. 6). – Trotz seiner begriffsnotwendig absoluten rechtlichen Unwirksamkeit kann auch ein nichtiger Verwaltungsakt Anfechtungsobjekt eines Rekurses sein (RB 1986 Nr. 11, 1977 Nr. 8).

Gelegentlich bedarf der Verzicht auf ein Verwaltungshandeln auch dann einer 7 Verfügung, wenn er nicht in Ablehnung eines entsprechenden Gesuchs erfolgt. Der Verzicht auf Unterschutzstellung muss im Hinblick auf die Rechtsmittelbefugnis der Natur- und Heimatschutzorganisationen in Form einer Verfügung getroffen werden, wenn das fragliche Objekt in ein Inventar aufgenommen worden ist (RB 1990 Nr. 13) oder wenn die Schutzobjektqualität auch ohne Inventaraufnahme seitens der Behörde anerkannt ist (RB 1991 Nr. 60 = ZBl 92/1991, S. 495 = BEZ 1991 Nr. 23; mit Bezug auf den Rechtsschutz des Grundeigentümers vgl. auch § 213 PBG und dazu RB 1989 Nr. 69). Verwaltungsakte, in welchen der Bestand einer früher gesetzten Verfügung festgestellt, somit eine Abänderung verweigert wird, gelten ebenfalls als Verfügungen.

1.2. Abgrenzungen

1.2.1. Anordnungen als konkrete Verwaltungsakte

Als Anordnung mit Rekurs anfechtbar sind grundsätzlich nur individuell-kon- 8 krete Akte (Verfügungen) und generell-konkrete Akte (Allgemeinverfügungen). Bezüglich Abgrenzung zu den generell-abstrakten Erlassen vgl. Vorbem. zu §§ 4–31 N. 16. Dieser Grundsatz gilt indessen nicht für das kommunale Recht. Mit dem Gemeinderekurs und der Gemeindebeschwerde an den Bezirksrat sowie zweitinstanzlich an den Regierungsrat nach §§ 151 und 152 GemeindeG können auch generell-abstrakte Erlasse angefochten werden (Jaag, Rechtsmittel, S. 468 ff.). Wählt die Verwaltung für eine an einen Einzelnen gerichtete Massnahme die Form einer Verordnung, so ist diese im Hinblick auf das individuelle Rechtsschutzinteresse gleichwohl als Verfügung anzusehen (RB 1967 Nr. 8 = ZR 67 Nr. 3; vgl. Imboden/Rhinow I, Nr. 5 B II b 1).

1.2.2. Realakte

Realakte (Tathandlungen) sind staatliche Handlungen, die auf einen tatsächli- 9 chen Erfolg, jedoch zumindest *primär nicht auf eine bestimmte Rechtsfolge ausgerichtet* sind (Merker, § 38 Rz. 79). Darunter fallen ganz verschiedene Erscheinungsformen wie etwa privatrechtliche Rechtsgeschäfte, Handlungen mit Be-

§ 19

zug auf öffentliche Sachen im Finanzvermögen, im Verwaltungsvermögen sowie im Gemeingebrauch (z.B. Umleitung einer öffentlichen Strasse), Vollzugshandlungen, Anweisungen, Hinweise, Ermahnungen, Auskünfte, Berichte, Gutachten (vgl. Bosshart, Anfechtungsobjekte, S. 16 f., mit weiteren Fällen). Realakte gelten nicht als Verfügungen und sind daher grundsätzlich nicht anfechtbar (Merkli/Aeschlimann/Herzog, Art. 49 N. 29).

10 Eine klare Abgrenzung der Realakte von den Verfügungen ist deshalb nicht möglich, weil sie, solange die Anfechtbarkeit das Vorliegen einer Verfügung voraussetzt, nicht ohne *Berücksichtigung eines allfälligen Rechtsschutzbedürfnisses* getroffen werden darf (zum sogenannten «objektiven» Anfechtungsinteresse vgl. § 21 N. 8; VGr. 11.3.1999, VB.98.00391). Wirken sich Tathandlungen wegen ihrer Intensität und Dauer nicht mehr bloss in untergeordnetem Umfang auf die Rechtsstellung einzelner Personen aus, behilft man sich in der Praxis damit, dass der Realakt in eine Verfügung gekleidet oder eine solche fingiert wird (Gygi, S. 130; grundlegend RB 1984 Nr. 2 = ZBl 86/1985, S. 82 = ZR 84 Nr. 9 betreffend bauliche Massnahmen zur Verkehrslenkung, an denen im Hinblick auf ihre Auswirkungen auf die Rechtsstellung des Einzelnen ein objektives Anfechtungsinteresse besteht; vgl. auch RB 1991 Nr. 60 = ZBl 92/1991, S. 495 = BEZ 1991 Nr. 23). Sodann wird in jüngster Zeit vermehrt auf das Institut der Feststellungsverfügung (dazu N. 58 ff.) zurückgegriffen, um das Rechtsschutzproblem bei Realakten zu lösen (Jaag, Verwaltungsrechtspflege, S. 509; BGE 121 I 90 ff., 123 II 413). Ist durch einen Realakt finanzieller Schaden entstanden, kann in einem Staatshaftungsverfahren nach §§ 6 ff. HaftungsG – vor dem Zivilrichter (§ 2 VRG) – finanzielle Wiedergutmachung erlangt werden. Unter dem Vorbehalt der Bejahung eines besonderen Anfechtungsinteresses stehen auch die nachfolgend genannten Kategorien grundsätzlich nicht anfechtbarer Realakte.

11 Nicht anfechtbar sind verwaltungsinterne *Organisationsakte* wie die Festlegung einer Autobushaltestelle (RRB 2875/1975) und einer Postautolinienführung (VPB 50/1986 Nr. 51), die Umbenennung einer Poststelle (BGE 109 Ib 253 ff.) sowie die Benennung einer neuen Strasse. Kontrovers ist, ob die Umbenennung einer Strasse anfechtbar sei (verneinend RR ZG 13.8.1991, ZBl 93/1992, S. 234; VGr. ZH 11.3.1999, VB.98.00391; bejahend VGr. OW 19.12.1980, ZBl 93/1992, S. 524). Vgl. auch die Kasuistik bei Rhinow/Krähenmann, Nr. 35 B VII b 4, sowie bei Merkli/Aeschlimann/Herzog, Art. 49 N. 34.

12 *Rechtsgeschäftliche Willenserklärungen* des Gemeinwesens sind keine Verfügungen, unabhängig davon, ob sie auf den Abschluss privatrechtlicher oder öffentlichrechtlicher Verträge gerichtet sind (Imboden/Rhinow/Krähenmann, Nr. 35 B II b). Hingegen kann die behördliche Weigerung, einen Vertrag abzuschliessen, dann eine Verfügung darstellen, wenn das öffentliche Recht unter bestimmten Voraussetzungen Anspruch auf Abschluss eines Vertrags einräumt (vgl. BGE 106 Ia 69 f., 101 Ib 308 ff.). Das gilt hinsichtlich des Abschlusses privatrechtli-

cher Verträge im Rahmen der sogenannten Zweistufentheorie namentlich im öffentlichen Beschaffungswesen (vgl. Häfelin/Müller, Rz. 229 ff.). Eine anfechtbare Verfügung bildet ferner die behördliche Erklärung, eine öffentlichrechtliche Forderung sei durch Verrechnung getilgt (BGE 111 Ib 150 ff.). Mit dem Ausschluss der Anfechtbarkeit verwaltungsrechtlicher Verträge wird der Rechtsschutz insofern nicht geschmälert, als Streitigkeiten aus solchen Verträgen dem Verwaltungsgericht im Klageverfahren unterbreitet werden können (§ 82 lit. k).

Behördliche Äusserungen, die sich an bestimmte Personen richten, *ohne aber Rechtsbeziehungen* zu diesen verbindlich festzulegen, fallen nicht unter den Begriff der Verfügung. Dazu gehören namentlich unverbindliche Mitteilungen, Hinweise, Auskünfte oder Vorbescheide (Imboden/Rhinow/Krähenmann, Nr. 35 B II c; Merkli/Aeschlimann/Herzog, Art. 49 N. 30; BGE 121 II 479, 118 Ib 473 ff.). Gleiches gilt für *behördliche Handlungen ohne Rechtswirkungen* wie das Abfassen von Berichten, Vernehmlassungen und Expertisen (BGE 116 Ib 260 ff.), das Stellen von Anträgen oder das Leisten guter Dienste (BGE 112 Ib 145 ff.). Behördliche Stellungnahmen sind selbst dann nicht anfechtbar, wenn sie von der zuständigen Bewilligungsbehörde im Rahmen der verwaltungsinternen Verfahrenskoordination erfolgen und die Behörde in bestimmtem Umfang binden (BGE 113 Ia 232 ff.). Verfügungscharakter fehlt ferner Beschlüssen über die Durchführung einer Projektierung und die Einsetzung einer Kommission (BGE 113 Ia 232 ff.). Begleitende Hinweise in einer Verfügung stellen nur dann ein Anfechtungsobjekt dar, wenn es sich dabei um erzwingbare Auflagen und nicht bloss um Empfehlungen handelt (RB 1998 Nr. 32). 13

Bei der *Androhung* des Entzugs von Bewilligungen und von Leistungen ist zu differenzieren: Hat die Androhung in späteren Verfahren keine rechtlichen Folgen, sodass sie als blosse Ermahnung unter Hinweis auf mögliche rechtliche Konsequenzen erscheint, so ist der Verfügungscharakter nicht gegeben (Imboden/Rhinow/Krähenmann, Nr. 35 B VI h, Nr. 55 B I; Gutachten Staatskanzlei, 5/1958, S. 2 f.). So verhält es sich etwa bei der Androhung der Kürzung von Finanzausgleichsbeiträgen gegenüber Gemeinden, der Androhung des Entzugs gewisser Bewilligungen – z.B. für Darleiher, Darlehens- und Kreditvermittler, für Privatdetektive, Geschäftsagenten, für Medizinalpersonen, für Ausländer zum Aufenthalt und zum Stellenwechsel, zur Überzeit- und Nachtarbeit, zur Lehrlingsausbildung – sowie bei der Androhung des Entzugs gewisser Patente (Gutachten, a.a.O., S. 1). Anders verhält es sich in Fällen, da die Androhung rechtliche Folgen hat (vgl. Imboden/Rhinow/Krähenmann, Nr. 55 B II). So hat die Androhung des Entzugs des Wirtschaftspatents zur Folge, dass der Patentinhaber einer vermehrten polizeilichen Kontrolle unterstellt wird und ihm bei einer weiteren Verfehlung unter Mitberücksichtigung der früheren Umstände, die zur Entzugsandrohung führten, das Patent entzogen werden kann. In diesem Fall ist der Verfügungscharakter der Androhung zu bejahen (Gutachten, a.a.O., S. 2). Gleiches gilt bei der Androhung der Wegweisung aus einer 14

§ 19

Schule, wenn diese im Schulreglement als Disziplinarstrafe aufgeführt ist, sowie der Verwarnung nach Art. 16 Abs. 2 SVG. Im Fremdenpolizeirecht ist die Androhung der Ausweisung nach Art. 16 Abs. 3 ANAV anfechtbar, nicht jedoch die blosse Verwarnung (RB 1998 Nr. 56). Selbst wenn Verwarnungen und Androhungen Verfügungscharakter beigemessen wird, kann deren selbständige Anfechtbarkeit fraglich sein, sofern es sich um Zwischenentscheide handelt (vgl. § 19 Abs. 2; RB 1998 Nr. 34).

15 Bei finanziellen Forderungen des Gemeinwesens stellen *blosse Rechnungen* lediglich eine Zahlungsaufforderung dar. Sie gehören nicht zu den anfechtbaren Verwaltungsakten. Vielfach erfolgen solche Rechnungen aus verwaltungsökonomischen Gründen vor Erlass einer Verfügung; eine förmliche Verfügung ist nur zu erlassen, wenn der Schuldner die Forderung oder eine spätere Nachforderung bestreitet (vgl. RB 1992 Nr. 88, 1997 Nr. 60 E. 1). Anders verhält es sich dann, wenn bereits die Rechnung die Elemente einer Verfügung enthält.

16 *Prüfungsentscheide* sind anfechtbare Verfügungen (BGE 121 I 225 ff.). Das gilt auch bei genügender Gesamtqualifikation, sofern mit einer besseren Qualifikation konkrete Vorteile – etwa hinsichtlich der Stellenbewerbung, einer Anfangsentlöhnung oder des Zugangs zu einer höheren Ausbildungsstufe – verbunden wären (vgl. § 21 N. 32). Im Übrigen können die einem Prüfungsentscheid zugrunde gelegten einzelnen *Noten* als blosse Begründungselemente in der Regel nicht angefochten werden (OGr. SH 28.11.1980, ZBl 82/1981, S. 334; Herbert Plotke, Die Anfechtbarkeit von Prüfungsnoten, ZBl 82/1981, S. 445 ff.).

17 Ob *Bauausschreibungen* im Sinn von § 314 PBG Realakte sind, ist umstritten (RB 1990 Nr. 90).

1.2.3. Verwaltungsinterne Weisungen

18 Verwaltungsinterne Weisungen, die sich auf einen *Einzelfall* beziehen und die Anordnung der untergeordneten Behörde weitgehend bestimmen, stehen in ihrer praktischen Auswirkung einer Anordnung, «durch welche eine Sache materiell erledigt wird», nahe. Dennoch ist nach der verwaltungsgerichtlichen Praxis im Interesse der Einhaltung des ordentlichen Instanzenzugs das Rekursrecht gegen eine verwaltungsinterne Weisung für den Einzelfall zu verneinen und nur der Rekurs gegen die weisungsausführende Anordnung der untergeordneten Behörde zuzulassen (RB 1963 Nr. 4 = ZR 63 Nr. 71). Auch nach der herrschenden Lehre und der bundesgerichtlichen Praxis wird der Verfügungscharakter innerdienstlicher, auf einen Einzelfall bezogenen Anordnungen verneint (Imboden/Rhinow/Krähenmann, Nr. 35 B VI c 2; Merker, § 38 Rz. 74; Merkli/Aeschlimann/Herzog, Art. 49 N. 34).

19 Wenn aber für einen Einzelfall erlassene verwaltungsinterne Weisungen formlos umgesetzt werden sollen und es dem Betroffenen nicht möglich oder nicht zumutbar ist, den Erlass einer Verfügung zu erwirken, so muss er die ihn mittel-

bar betreffende Dienstanweisung anfechten können. Diesfalls ist – analog zur Bejahung des Rechtssatzcharakters bei Verwaltungsverordnungen mit Aussenwirkungen (BGE 122 I 45, 120 Ia 321 ff., 114 Ia 455, 105 Ia 351 E. 2a; Rhinow/Koller/Kiss, Rz. 1717) – der Verfügungscharakter der einzelfallbezogenen Dienstanweisung zu bejahen. Zur Frage des Rechtssatzcharakters von Verwaltungsverordnungen eingehend § 50 N. 58 ff.

Zur Frage, welche Dienstanweisungen von *Bediensteten* angefochten werden können, vgl. § 74 N. 5 ff. 20

1.3. Besondere Erscheinungsformen

1.3.1. Raumwirksame Pläne

Literatur
GYGI, S. 117, 136; HÄFELIN/MÜLLER, Rz. 745 ff.; HALLER/KARLEN, N. 127 ff., 946 ff.; IMBODEN/RHINOW/KRÄHENMANN, Nr. 11; JAAG, Verwaltungsrecht, Rz. 3340 ff.; KARLEN PETER, Verwaltungsgerichtsbeschwerde gegen Raumpläne, recht 1997, S. 125 ff.; KÖLZ/HÄNER, Rz. 496, 910 f.; MÄDER, VRG-Revision, S. 9 ff.; RHINOW/KOLLER/KISS, Rz. 1476, 1728 ff.; SCHÜRMANN/HÄNNI, S. 401 ff.

Festsetzung und *Anfechtbarkeit* der Raumpläne bestimmen sich nach eigenen Regeln, die grösstenteils gesetzlich, vorab im RPG und im PBG, umschrieben sind, wodurch die Frage ihrer Rechtsnatur viel von ihrer ursprünglichen praktischen Relevanz verloren hat. Wenn eine spezifische gesetzliche Regelung fehlt, müssen Pläne insoweit, als sie verfügungsgleiche Festlegungen enthalten, von den davon betroffenen Personen angefochten werden können (Haller/Karlen, N. 140 f.; Merkli/Aeschlimann/Herzog, Art. 49 N. 47). 21

Im durch das RPG vorgeprägten *Plansystem des PBG* wird unterschieden zwischen Richt-, Rahmennutzungs- und Sondernutzungsplanung (Haller/Karlen, N. 153). Die *Richtplanung* umfasst den kantonalen Richtplan (§§ 20–26 PBG), den regionalen Richtplan (§ 30 PBG) und den kommunalen Richtplan (§ 31 PBG). Die *Rahmennutzungsplanung* besteht aus den kantonalen und regionalen Nutzungszonen (§§ 36–44 PBG) sowie den kommunalen Bau- und Zonenordnungen (§§ 45–89 PBG). Zur *Sondernutzungsplanung* gehören der Gestaltungsplan (§§ 83–87 PBG), der Erschliessungsplan (§§ 90–95 PBG), der Bau-, Niveau-, Ski- und Schlittellinienplan (§§ 96–113 PBG), der Werkplan (§§ 114–119 PBG) und der Quartierplan (§§ 123–202 PBG). Träger der Sondernutzungspläne sind primär die Gemeinden. Teilweise sind zusätzlich auch weitere Planungsträger kompetent, so der Kanton für Bau- und Niveaulinien und Werkpläne, die Region für Werkpläne sowie Private für Gestaltungs- und für Werkpläne. 22

Ihrer *Rechtsnatur* nach sind Raumpläne Zwischengebilde zwischen Rechtssatz und Verfügung (BGE 121 II 346). Richtpläne sind keine Rechtssätze, weil sie 23

§ 19

nicht gesetzliche Grundlage eines Verwaltungsakts bilden können, und keine Verfügungen, weil sie für den Grundeigentümer nicht verbindlich sind. Rahmennutzungspläne werden teils als Rechtssätze, teils als Allgemeinverfügungen betrachtet. Ihr Adressatenkreis ist zwar durch eine sachliche Beziehung (Lage der Grundstücke im Plangebiet) eingeschränkt, jedoch in zeitlicher Hinsicht offen. Umstritten ist, ob die darin getroffenen Anordnungen abstrakt oder konkret seien. Sondernutzungspläne können am ehesten als Verfügungen betrachtet werden.

24 Ähnlich wie bei der Überprüfung von Erlassen kommt ein Rechtsschutz gegen Raumpläne in zwei Phasen in Betracht: die Anfechtung eines Plans unmittelbar nach dessen Festsetzung oder Genehmigung oder, sofern dies nicht möglich ist, die spätere Bestreitung seiner Rechtmässigkeit anlässlich der Anfechtung eines Anwendungsakts (vgl. N. 25 ff.; § 50 N. 66, 145 ff.).

25 *Richtpläne* können wegen ihrer blossen Behördenverbindlichkeit von *Privaten* nicht direkt mit Rekurs angefochten werden; ein diesbezüglicher Rechtsschutz wird auch vom Bundesrecht nicht verlangt (Art. 33 Abs. 2 RPG e contrario); aus dem nämlichen Grund verneint das Bundesgericht die Legitimation Privater zur staatsrechtlichen Beschwerde (BGE 107 Ia 77 ff. betreffend Zürcher Gesamtplan). *Gemeinden* können den *kommunalen* Richtplan einer Nachbargemeinde mit Rekurs anfechten (RRB 3197/1989, BEZ 1989 Nr. 40; Haller/Karlen, N. 1063; Ruckstuhl, S. 286 f.); ferner können sie sich gegen die regierungsrätliche Nichtgenehmigung ihres kommunalen Richtplans mit Beschwerde an das Verwaltungsgericht wehren (§ 43 Abs. 1 lit. d). Gegen den vom Kantonsrat festgesetzten *kantonalen* Richtplan können die Gemeinden staatsrechtliche Beschwerde erheben (BGE 111 Ia 130 f., 119 Ia 295 f.).

26 *Private* können bei der Anfechtung von Nutzungsplänen die *akzessorische* Prüfung von *Richtplänen* verlangen (bezüglich des kantonalen Gesamtplans: RB 1993 Nr. 9 = BEZ 1993 Nr. 13, RB 1982 Nr. 141, 1980 Nr. 16). Dagegen können *Gemeinden,* die sich gegen die Nichtgenehmigung ihres Nutzungsplans wehren, grundsätzlich nicht mehr geltend machen, dieser stütze sich auf einen rechtswidrigen Richtplan (Haller/Karlen, N. 1064 f.); sie können dessen akzessorische Überprüfung ausnahmsweise dann verlangen, wenn die durch ihn bewirkten Autonomiebeschränkungen bei der Festsetzung nicht erkennbar waren oder sich seither die rechtlichen oder tatsächlichen Verhältnisse wesentlich geändert haben (BGE 111 Ia 131 f.).

27 Kommunale und kantonale *Nutzungspläne sowie damit in engem Sachzusammenhang stehende nichtkartographische planerische Festlegungen* (d.h. Zonenvorschriften, die den Planinhalt umschreiben) unterliegen im Rechtsmittelverfahren über eine Baubewilligung grundsätzlich nicht der *akzessorischen* Überprüfung (RB 1989 Nr. 6, 1990 Nr. 7). Eine solche ist nur ausnahmsweise, d.h. lediglich dann zulässig, wenn die durch die Festlegung bewirkten Eigentumsbeschrän-

kungen für den Grundeigentümer bei der Festsetzung nicht erkennbar waren oder sich seither die rechtlichen oder tatsächlichen Verhältnisse wesentlich geändert haben (RB 1987 Nr. 9; BGE 121 II 346, 120 Ia 232, 116 Ia 211; bezüglich Bau- und Niveaulinien bei Änderung der Richtplanung vgl. RB 1997 Nr. 66; Haller/Karlen, N. 1066 ff.). Soweit es um nichtkartographische Festlegungen geht, gilt diese Rechtsprechung jedoch nur für Bauvorschriften, die dazu dienen, Art, Natur und Umfang der im Zonenplan kartographisch dargestellten Nutzungen zu umschreiben, d.h. die an Stelle einer Planlegende stehen und mit dem Zonenplan ein untrennbares Ganzes bilden (vgl. BGE 116 Ia 211, 106 Ia 387). Den übrigen Bestimmungen kommunaler Bauordnungen, die eine zonenübergreifende Regelung treffen oder an die persönliche Situation des Benutzers anknüpfen, kommt dagegen Erlasscharakter zu (Merkli/Aeschlimann/Herzog, Art. 49 N. 48). Mit der ideellen Verbandsbeschwerde kann die akzessorische Überprüfung der Nutzungsplanung nicht verlangt werden (BGE 123 II 342 f.; vgl. § 21 N. 87).Vgl. zum Ganzen auch Rhinow/Krähenmann, Nr. 11 B II b c und III a, Nr. 143 B II h.

1.3.2. Submissionen

Materialien
Antrag RR vom 15.11.1995 zum Gesetz über den Beitritt des Kantons Zürich zur Interkantonalen Vereinbarung über das öffentliche Beschaffungswesen, ABl 1995 III, S. 2481 ff.; Antrag RR vom 18.6.1997 zur Submissionsverordnung, ABl 1997 II, S. 868 ff.

Literatur
BOCK; DERSELBE, Das WTO-Übereinkommen über das öffentliche Beschaffungswesen und seine Umsetzung ins schweizerische Submissionsrecht, AJP 1995, S. 709 ff.; DERSELBE, Öffentliches Beschaffungsrecht – Submissionsrecht, Basel 1996; COTTIER THOMAS/WAGNER MANFRED, Das neue Bundesgesetz über den Binnenmarkt, AJP 1995, S. 1582 ff.; CLERC EVELYNE, L'ouverture des marchés publics: Effectivité et protection juridique, Freiburg 1997; GADOLA ATTILIO, Rechtsschutz und andere Formen der Überwachung der Vorschriften über das öffentliche Beschaffungswesen, AJP 1996, S. 967 ff.; GALLI PETER, Die Submission der öffentlichen Hand im Bauwesen, Zürich 1981; GALLI PETER/LEHMANN DANIEL/RECHSTEINER PETER, Das öffentliche Beschaffungswesen in der Schweiz, Zürich 1996; GAUCH PETER, Das neue Beschaffungsgesetz des Bundes – Bundesgesetz über das öffentliche Beschaffungswesen vom 16. Dezember 1994, ZSR 114/1995 I, S. 313 ff.; GAUCH PETER/STÖCKLI HUBERT, Thesen zum neuen Vergaberecht des Bundes, Freiburg 1999; MICHEL NICOLAS/ZÄCH ROGER (Hrsg.), Submissionswesen im Binnenmarkt Schweiz – Erste praktische Erfahrungen und Entwicklungen, Zürich 1998; METZ MARKUS/SCHMID GERHARD, Rechtsgrundlagen des öffentlichen Beschaffungswesens, ZBl 99/1998, S. 49 ff.; MICHEL NICOLAS, Das öffentliche Auftragswesen in der europäischen Rechtsprechung, Freiburg 1996; STOFFEL MARCO, Die Submission nach schweizerischem Baurecht, Winterthur 1981; WOLF ROBERT, Neues Submissionsrecht für Kantone und Gemeinden, PBG aktuell 1/1996, S. 5 ff.

Bei der öffentlichen Beschaffung von Waren, Dienstleistungen und Arbeitsleistungen werden privatrechtliche Verträge abgeschlossen, weshalb sich die früher umstrittene Frage stellt, ob die behördliche Annahme eines entsprechenden

§ 19

Angebots eine Verfügung darstellt. Das ist aufgrund der sogenannten Zweistufentheorie, wonach zwischen dem privatrechtlichen Vertragsschluss und der diesem vorangehenden internen Willensbildung der Behörde zu unterscheiden ist (vgl. Häfelin/Müller, Rz. 229 ff.), zu bejahen. Weil das von der Schweiz am 15.4.1994 unterzeichnete GATT/WTO-Abkommen über das öffentliche Beschaffungswesen die Einführung eines Rechtsmittelverfahrens verlangt, sind entsprechende Ausführungsvorschriften erlassen worden, im Bund das BoeB und die VoeB, interkantonal die IVöB, im Kanton Zürich das IVöB-BeitrittsG und die SubmV (vgl. Jaag, Verwaltungsrecht, Rz. 2501 ff.). Nach dem neuen Submissionsrecht stellen die wichtigsten Akte im Rahmen des Vergabeverfahrens anfechtbare Verfügungen dar (dazu N. 29). Vor dem Hintergrund der neuen Gesetzgebung würdigt nun auch das Bundesgericht entgegen seiner früheren Praxis, wonach nur formelle Rügen zulässig waren (BGE 119 Ia 424 ff.), Entscheide über den Zuschlag eines öffentlichen Auftrags als Hoheitsakte, die sowohl unter formellen wie unter materiellen Gesichtspunkten angefochten werden können (BGE 125 II 94 f.).

29 Als anfechtbare Entscheide der Auftraggeberin gelten nach § 4 IVöB-BeitrittsG: der Zuschlag oder der Abbruch des Vergabeverfahrens (lit. a), die Ausschreibung des Auftrags (lit. b), die Auswahl der Teilnehmerinnen und Teilnehmer im selektiven Verfahren (lit. c), der Ausschluss vom Vergabeverfahren sowie der Entscheid über den Widerruf des Zuschlags (lit. d), die Aufnahme einer Anbieterin oder eines Anbieters in ständige Listen oder die Streichung aus solchen Listen (lit. e). Gegen anfechtbare Vergabeentscheide steht unmittelbar die Beschwerde an das Verwaltungsgericht offen, das in solchen Fällen als einzige kantonale Rechtsmittelinstanz entscheidet (§ 3 IVöB-BeitrittsG; dazu eingehend § 41 N. 21 ff.).

30 Zu den inhaltlichen Anforderungen an die Ausschreibung vgl. RB 1998 Nr. 69; zu den Kriterien der Vergabe vgl. RB 1998 Nrn. 70–72.

1.3.3. Konzessionen

31 *Konzessionen* verleihen das Recht zur Ausübung einer monopolisierten Tätigkeit oder zur Sondernutzung einer öffentlichen Sache im Gemeingebrauch. Sie enthalten neben verfügungsmässigen häufig auch vertragliche Teile. Ihre Rechtsnatur ist deswegen umstritten; teils werden sie als mitwirkungsbedürftige Verfügung, teils als verwaltungsrechtlicher Vertrag betrachtet (Häfelin/Müller, Rz. 2009; Imboden/Rhinow/Krähenmann, Nr. 46 B IVa, Nr. 119 B III). Vertraglich sind diejenigen Teile der Konzession, bei denen die gesetzliche Grundlage relativ unbestimmt und der Spielraum für die Ausgestaltung des Konzessionsverhältnisses entsprechend gross ist. Im Hinblick auf ihren verfügungsmässigen Kern sind Konzessionen grundsätzlich anfechtbare Verwaltungsakte (BGE 109 II 77 f., 119 Ib 262 ff.; RB 1986 Nrn. 90, 108, 109, 110). Das VRG unterstellt aller-

dings bestimmte Streitigkeiten aus Konzessionen nach wie vor dem verwaltungsgerichtlichen Klageverfahren (§ 82 lit. b, c und d; vgl. dazu auch § 82 N. 3 ff.).

Nach § 82 lit. b beurteilt das Verwaltungsgericht als einzige Instanz im Klageverfahren *vermögensrechtliche* Streitigkeiten zwischen dem Inhaber einer behördlichen Konzession und der die Konzession erteilenden Körperschaft des kantonalen öffentlichen Rechts. Dazu gehören auch Schadenersatzansprüche wegen Nichterfüllung eines Konzessionsvertrags (RB 1984 Nr. 22). Nichtvermögensrechtliche Aspekte sind dagegen im Anfechtungsverfahren mit Rekurs und Beschwerde geltend zu machen. Derartige nicht vermögensrechtliche Streitigkeiten können die Erteilung, den Entzug oder den Inhalt der Konzession betreffen (RB 1966 Nr. 14 betreffend Inhalt einer Wasserrechtskonzession; RB 1983 Nrn. 7 und 16 betreffend Verleihung einer Wassernutzungskonzession; RB 1986 Nr. 108 betreffend Konzessionserteilung für eine Seebaute; RB 1986 Nr. 109 betreffend Konzessionserweiterung für eine Seebaute/Landanlage; RB 1990 Nr. 103 betreffend Nebenbestimmung einer Wasserbaukonzession; RB 1984 Nr. 22 sowie RB 1978 Nr. 111 = ZBl 80/1979, S. 224 = ZR 78 Nr. 39 betreffend Plakataushang auf öffentlichem Grund; RB 1988 Nr. 77 betreffend Einordnung einer Reklameanlage auf öffentlichem Grund; RB 1989 Nr. 81 betreffend Konzessionspflicht für einen gewerblichen Bahnnebenbetrieb in öffentlichem Grund). Selbst gewisse vermögensrechtliche Streitigkeiten in Zusammenhang mit einer Konzession fallen wegen ihrer besonderen Art nicht in den Zuständigkeitsbereich von § 82 lit. b, sondern sind im Anfechtungsverfahren zu beurteilen. Das gilt für Streitigkeiten betreffend Gebühren für Seebautenkonzessionen (RB 1980 Nr. 130, 1986 Nr. 111). Ansprüche aus materieller Enteignung infolge von Planungsmassnahmen, welche die mit einer Konzession verbundene Baubewilligung dahinfallen lassen, sind von der Schätzungskommission und anschliessend vom Verwaltungsgericht im Rekursverfahren nach § 46 AbtrG zu beurteilen (RB 1986 Nr. 110 = BEZ 1986 Nr. 39). Finanzielle Ansprüche, die mit rechtswidrigem Verhalten von Bediensteten oder Behörden in Zusammenhang mit der Vorbereitung und Nichterteilung einer Konzession (culpa in contrahendo) begründet werden, sind weder mit Rekurs oder Beschwerde noch im verwaltungsgerichtlichen Klageverfahren geltend zu machen, sondern gemäss § 19 Abs. 1 HaftungsG auf den Zivilweg zu verweisen (VGr. 15.6.1994, VK 93/0022).

§ 82 lit. c und d unterstellen sodann bestimmte Streitigkeiten, die sich aus der Anwendung des *Bundesgesetzes* über die Nutzbarmachung der Wasserkräfte vom 22.12.1916 (WRG) ergeben, der Zuständigkeit des Verwaltungsgerichts im Klageverfahren. Unter *lit. c* fallen Streitigkeiten zwischen dem *Inhaber einer Wasserkraftkonzession* und anderen Nutzungsberechtigten über den Umfang ihrer Nutzungsrechte (Art. 70 WRG i.d.F.v. 13.12.1996) sowie solche zwischen dem Konzessionär und der Verleihungsbehörde über die sich aus dem Konzessionsverhältnis ergebenden Rechte und Pflichten (Art. 71 Abs. 1 WRG i.d.F.v.

§ 19

13.12.1996). Sämtliche Streitigkeiten nach Art. 70 und 71 Abs. 1 WRG, also auch solche nicht vermögensrechtlicher Natur zwischen dem Konzessionär und anderen Nutzungsberechtigten sowie zwischen der Verleihungsbehörde und dem Konzessionär, unterliegen der Klage.

34 Nach der früheren Fassung unterstellte § 82 *lit. d* dem Klageverfahren eine Reihe von Streitigkeiten aus dem kantonalen Gesetz über die Gewässer vom 15.12.1901/2.7.1967/8.12.1974 (WasserG). Mit dem Erlass des das WasserG aufhebenden WasserwirtschaftsG sind diese Zuständigkeiten abgeschafft worden; diesbezügliche Streitigkeiten sind nunmehr im Einsprache-, Rekurs- und Beschwerdeverfahren zu beurteilen (§§ 42, 64 WasserwirtschaftsG; ABl 1988 I, S. 666 ff.). Streitigkeiten darüber, ob ein Gewässer öffentlicher oder privater Natur sei, entscheidet nach wie vor der Zivilrichter (§ 6 Abs. 3 WasserwirtschaftsG; zum alten Recht: RB 1978 Nr. 15).

1.3.4. Genehmigungsakte

35 *Innerstaatliche* Genehmigungen von generell-abstrakten Erlassen – z.B. die kantonsrätliche Genehmigung von regierungsrätlichen Verordnungen (Jaag, Verwaltungsrecht, Rz. 433) – sind nach herrschender Lehre ebenfalls generell-abstrakt, weil das Parlament auch insoweit Recht setzt bzw. an der Rechtsetzung des Regierungsrats mitwirkt und nicht etwa sein parlamentarisches Oberaufsichtsrecht ausübt (Gadola, Genehmigungsentscheid, S. 291).

36 Bei der Genehmigung von Erlassen im *subordinationsrechtlichen* Verhältnis geht es vorab um die Genehmigung von kommunalen Erlassen durch eine kantonale Behörde (Jaag, Verwaltungsrecht, Rz. 1811). Die Rechtsnatur solcher Genehmigungsentscheide ist in der Lehre umstritten (Rhinow/Krähenmann, Nr. 144 B VIII). Nach einer überzeugenden Lehrmeinung ist der Genehmigungsentscheid Bestandteil des Rechtsetzungsverfahrens (Kälin, S. 145; Merker, § 38 Rz. 111; a.M. Gadola, Genehmigungsentscheid, S. 294 ff.), im Verhältnis zur Gemeinde jedoch Verwaltungsakt. Das hat zur Folge, dass die von den Rechtssätzen virtuell Betroffenen die Nichtgenehmigung nicht anfechten können; im Fall der Genehmigung bildet für sie Anfechtungsobjekt des Gemeinderekurses bzw. der Gemeindebeschwerde nach §§ 152 bzw. 151 GemeindeG nicht der Genehmigungsakt, sondern der genehmigte kommunale Erlass (Thalmann, Vorbem. zu §§ 141–150 N. 6.4, § 151 N. 2.7). Die Gemeinde, deren Erlass nicht oder nur teilweise genehmigt worden ist, kann hiergegen Gemeindeautonomiebeschwerde führen (Kälin, S. 145).

37 Gelegentlich sind auch individuell-konkrete Verwaltungsakte genehmigungsbedürftig (vgl. z.B. § 227 Abs. 2, § 285 PBG). Diesfalls ist die Genehmigung Bestandteil eines mehrstufigen Verwaltungsakts. Der positive Genehmigungsentscheid ist kein separates Anfechtungsobjekt (Merker, § 38 Rz. 114; a.M. Kälin, S. 146). Gegen die Genehmigung einer baurechtlichen Bewilligung kann dem-

nach der Nachbar, dem ein Rechtsmittel gegen die Bewilligung offen stand, nicht Rekurs erheben (vgl. RB 1983 Nr. 10). Hingegen ist die Nichtgenehmigung des Verwaltungsakts für den Betroffenen ein selbständiges Anfechtungsobjekt.

Wegen der besonderen Rechtsnatur von Raumplänen (N. 21 ff.; § 41 N. 12 ff.) beurteilt sich die Anfechtbarkeit diesbezüglicher Genehmigungsakte nach eigenen Grundsätzen. Nach der verwaltungsgerichtlichen Praxis muss die Koordination zwischen dem Genehmigungsentscheid und dem Rechtsmittelverfahren über einen kommunalen Planungsakt abweichend von § 329 Abs. 4 PBG bereits im erstinstanzlichen Rekursverfahren vor Baurekurskommission erfolgen, indem diese den Genehmigungsentscheid der Baudirektion bzw. den Nichtgenehmigungsentscheid des Regierungsrats einzuholen hat (VGr. 19.2.1999, BEZ 1999 Nr. 3; dazu § 19 N. 106). 38

1.3.5. Gemeindebeschlüsse

Gegen *Beschlüsse der Gemeinde,* d.h. der Gemeindeversammlung oder einer Urnenabstimmung, und des Grossen Gemeinderats steht die *Beschwerde nach § 151 GemeindeG* offen, gegen *Beschlüsse anderer Gemeindebehörden und Ämter der Rekurs nach § 152 GemeindeG* i.V.m. §§ 19 ff. VRG. Bei beiden Rechtsmitteln sind *Anfechtungsobjekt* nicht nur Verfügungen, sondern auch generell-abstrakte Erlasse (Thalmann, § 151 N. 2), bei der Beschwerde nach § 151 GemeindeG zudem auch Vorbereitungshandlungen in Zusammenhang mit kommunalen Wahlen und Abstimmungen (Thalmann, § 151 N. 4.2.3; dazu N. 40). Die *Legitimation* ist bei der Beschwerde nach § 151 GemeindeG insofern weiter als in § 21 VRG umschrieben, als auch die Gemeindebehörden und die Stimmberechtigten beschwerdebefugt sind (Thalmann, § 151 N. 3). Beim Rekurs nach § 152 GemeindeG richtet sich die Legitimation grundsätzlich nach § 21; umstritten ist jedoch, ob bei der Anfechtung von Erlassen analog zur staatsrechtlichen Beschwerde auch virtuell Betroffene zur Anfechtung legitimiert sein sollten (Jaag, Verwaltungsrecht, Rz. 1909; vgl. § 21 N. 26). Zur Gemeindebeschwerde nach § 151 GemeindeG vgl. auch Vorbem. zu §§ 19–28 N. 19. 39

1.3.6. Wahlen und Abstimmungen

Im Bereich der *Wahlen und Abstimmungen* bestehen bezüglich des Anfechtungsobjekts Besonderheiten, welche durch die Praxis zur Gemeindebeschwerde nach § 151 Abs. 1 Ziff. 3 GemeindeG, zur Wahlbeschwerde nach §§ 123 ff. WahlG und zur staatsrechtlichen Beschwerde nach Art. 85 lit. a OG geprägt sind (vgl. dazu Thalmann, § 151 N. 2, 4.2; Kälin, S. 150 ff.). Anfechtbar sind neben Verfügungen, welche in Anwendung von Rechtsnormen betreffend das Stimm- und Wahlrecht der Bürger ergehen, alle behördlichen Akte, welche – ob hoheitlich oder nicht – geeignet sind, die freie und unverfälschte Willenskundgabe der Stimmbürger zu beeinträchtigen. Dazu gehören auch Vorbereitungshand- 40

§ 19

lungen ohne Verfügungscharakter (Auer, S. 233). Bei der Beschwerde nach § 151 Abs. 1 Ziff. 3 GemeindeG und nach WahlG sind Beschlüsse der Stimmberechtigten des Kantons und der obersten kantonalen Behörden als Beschwerdeobjekt ausgeschlossen (§ 123 Abs. 2 WahlG; BGE 113 Ia 50; Hiller, S. 67). Mit der staatsrechtlichen Beschwerde nach Art. 85 lit. a OG sind nur Volkswahlen und -abstimmungen, nicht hingegen behördeninterne Wahlen anfechtbar (Kälin, S. 151). Zum Instanzenzug vgl. N. 135 ff.

1.3.7. Weitere Sonderfälle

41 *Nebenbestimmungen* sind Bestandteil von Verfügungen und als solche rechtsverbindlich und anfechtbar. Man unterscheidet Auflagen, Bedingungen und Befristungen (Häfelin/Müller, Rz. 719 ff.; Imboden/Rhinow/Krähenmann Nr. 39). Eine *Auflage* verpflichtet den Verfügungsadressaten im Zusammenhang mit den durch die Verfügung begründeten Rechten und Pflichten zu einem Tun, Dulden oder Unterlassen. Von unverbindlichen Empfehlungen unterscheiden sich Auflagen dadurch, dass ihre Einhaltung erzwungen werden kann; bei in Zusammenhang mit Bewilligungen gemachten Auflagen bedeutet dies, dass Erstere bei Nichteinhaltung der Letzteren entzogen werden dürfen. Mit der *Bedingung* wird die Rechtswirksamkeit einer Verfügung von einem künftigen ungewissen Ereignis abhängig gemacht. Die Bedingung ist suspensiv, wenn die Rechtswirksamkeit erst mit dem Ereignis eintritt; sie ist resolutiv, wenn mit dem Eintreten des vorbehaltenen Ereignisses die Rechtswirksamkeit beendet wird. Mit der *Befristung* wird die Rechtswirksamkeit einer Verfügung zeitlich begrenzt.

42 *Entscheide über Aufsichtsbeschwerden* oder -anzeigen sind als solche keine Verfügungen, weil mit ihnen kein Rechtsverhältnis zwischen Privaten und Gemeinwesen geregelt wird (BGE 121 I 42 ff., 87 ff.). Trifft jedoch die Aufsichtsbehörde – auf Anzeige hin oder von Amtes wegen – Massnahmen, so sind diese, sofern es sich nicht um generell-abstrakte Erlasse handelt, als Verfügungen anfechtbar. Vgl. Vorbem. zu §§ 19–28 N. 29 ff.; § 41 N. 16.

2. Prozessuale Erscheinungsformen des Anfechtungsobjekts

Literatur

BOSSHART, Anfechtungsobjekte; GRIFFEL ALAIN, Baurechtliche Vorentscheide ohne Drittverbindlichkeit, insbesondere nach zürcherischem Recht, ZBl 97/1996, S. 260 ff.; GUENG URS, Zur Tragweite des Feststellungsanspruchs gemäss Art. 25 VwG, SJZ 67/1971, S. 369 ff.; GYGI, S. 140 ff.; HAEFLIGER ARTHUR, Die Anfechtung von Zwischenverfügungen in der Verwaltungsrechtspflege des Bundesgerichts, in: Mélanges Robert Patry, Lausanne 1988, S. 341 ff.; IMBODEN/RHINOW/KRÄHENMANN, Nr. 36; KÄLIN, S. 338 ff.; KAPPELER RUDOLF, Die Problematik des baurechtlichen Vorentscheids ohne vorherige Ausschreibung, ZBl 95/1994, S. 72 ff.; KÖLZ/HÄNER, Rz. 200 ff., 511 ff.; LUDWIG PETER, Endentscheid, Zwischenentscheid und Letztinstanzlichkeit im staatsrechtlichen Beschwer-

§ 19

deverfahren, ZBJV 110/1974, S. 161 ff.; MÄDER, N. 503–537; RHINOW/KOLLER/KISS, Rz. 982, 1187 ff., 1235 ff., 1463, 1726 f.

Unter prozessualen Gesichtspunkten ist bezüglich der Frage der *selbständigen* 43 Anfechtbarkeit allgemein zwischen End-, Zwischen- und Vorverfügungen (im nichtstreitigen Verwaltungsverfahren) bzw. entsprechenden Entscheiden (im streitigen Verwaltungsverfahren) zu unterscheiden. Sodann ist im Rahmen von Endverfügungen bzw. -entscheiden zwischen Gestaltungs- und Feststellungsverfügungen (im nichtstreitigen Verwaltungsverfahren) bzw. entsprechenden Entscheiden (im streitigen Verwaltungsverfahren) zu differenzieren. Einer häufigen Terminologie entsprechend wird hier in Zusammenhang mit diesen Unterscheidungen der Begriff «Entscheid» anstelle jenes der «Verfügung» auch für das nichtstreitige Verwaltungsverfahren verwendet (vgl. § 19 Abs. 2 mit Bezug auf «Zwischenentscheide»).

Als selbständige Anfechtungsobjekte werden in § 19 lediglich Endentscheide 44 und Zwischenentscheide ausdrücklich genannt, in § 48 bezüglich der Beschwerde an das Verwaltungsgericht zusätzlich Vorentscheide. Letztere können indessen auch Anfechtungsobjekt eines Rekurses nach § 19 bilden. Aufgrund der gesetzlichen Umschreibung in § 19 und § 48 (soweit vorhanden) und der Praxis sind für die Anfechtbarkeit von End-, Zwischen-, Vor-, Rückweisungs- und Feststellungsentscheiden mit Rekurs nach §§ 19 ff. einerseits und mit Beschwerde nach §§ 41 ff. anderseits weitgehend die gleichen Kriterien und Grundsätze massgebend.

2.1. Endentscheide

Endentscheide erledigen eine Streitsache instanzabschliessend. Der Endentscheid 45 kann formeller oder materieller Natur sein. Endentscheide formeller Natur werden als Prozessentscheide, solche materieller Natur als Sachentscheide bezeichnet. Bei Prozessentscheiden, die in der Regel nur in Rechtsmittelverfahren zu treffen sind, handelt es sich einerseits um Nichteintretensentscheide infolge mangelnder Prozessvoraussetzungen (z.B. fehlende Zuständigkeit, fehlendes Anfechtungsobjekt, fehlende Legitimation, verspätete Einreichung, fehlende Vollmacht des Vertreters), anderseits um Abschreibungsverfügungen wegen Rückzugs oder Gegenstandslosigkeit. Sachentscheide sind alle übrigen Erledigungen. Endentscheide sind voraussetzungslos mit Rekurs anfechtbar. Vgl. § 48 N. 2.

2.2. Zwischenentscheide

Zwischenentscheide sind verfahrensleitende (prozessleitende) Verfügungen, die 46 das Verfahren nicht abschliessen, sondern es im Rahmen der Prozessinstruktion von der Rechtsanhängigkeit zum Endentscheid führen. Typische Zwischenentscheide sind Verfügungen betreffend Ausstand (§ 5a), vorsorgliche Massnahmen

§ 19

(§ 6), gemeinsames Zustellungsdomizil/gemeinsamen Vertreter (§ 6a), inländisches Zustellungsdomizil/inländischen Vertreter (§ 6b), Sachverhaltsermittlung (§ 7), Akteneinsicht (§ 9), Fristerstreckung (§ 12 Abs. 1), Fristwiederherstellung (§ 12 Abs. 2), Verfahrensvereinigung (Vorbem. zu §§ 4–31 N. 33 ff.) und Verfahrenssistierung (Vorbem. zu §§ 4–31 N. 27 ff.). Im streitigen Verwaltungsverfahren sind häufig weitere verfahrensleitende Anordnungen erforderlich, namentlich betreffend aufschiebende Wirkung (§ 25 Abs. 2), Aktenbeizug (§ 26 Abs. 1), Schriftenwechsel (§ 26 Abs. 2–4), Kostenvorschuss (§ 15), unentgeltliche Rechtspflege und unentgeltlicher Rechtsbeistand (§ 16).

47 Zwischenentscheide sind nach § 19 Abs. 2 selbständig weiterziehbar, wenn sie für den Betroffenen einen Nachteil zur Folge haben, der sich später voraussichtlich nicht mehr beheben lässt. Die Voraussetzungen ihrer Anfechtbarkeit werden damit – wie im gleich lautenden § 48 Abs. 2 für die Beschwerde an das Verwaltungsgericht (dazu § 48 N. 4 ff.) – ähnlich umschrieben wie im Bund für die Verwaltungsbeschwerde, die Verwaltungsgerichtsbeschwerde und die staatsrechtliche Beschwerde wegen Verletzung von Art. 4 aBV (Art. 45 VwVG, Art. 97 OG i.V.m. Art. 5 Abs. 2 VwVG, Art. 87 OG). Ob im Einzelfall ein formeller Zwischenentscheid zu erlassen ist, bestimmt sich nach dem objektiven Anfechtungsinteresse. Das subjektive Anfechtungsinteresse kommt in der gesetzlichen Formulierung zum Ausdruck, gemäss der Zwischenentscheide dann weiterziehbar sind, wenn sie für den Betroffenen einen voraussichtlich nicht mehr behebbaren Nachteil zur Folge haben. Die selbständige Weiterziehbarkeit eines Zwischenentscheids begründet jedoch in der Regel keine prozessuale Obliegenheit des Betroffenen, zur Vermeidung einer Verwirkungsfolge von dem Rechtsmittel Gebrauch zu machen. Zwischenentscheide erwachsen nicht in materielle Rechtskraft und können daher grundsätzlich noch zusammen mit dem Endentscheid angefochten werden (Gadola, S. 302; Grisel II, S. 870; Ludwig, a.a.O., S. 161 ff., 186). Anders verhält es sich, wenn der Betroffene nach dem Grundsatz von Treu und Glauben verpflichtet war, die ihm zustehenden Rügen in einem möglichst frühen Verfahrensstadium geltend zu machen, um einen unnötigen Verfahrensaufwand zu vermeiden, wie insbesondere bei Rügen betreffend die gehörige Zusammensetzung oder die örtliche und sachliche Zuständigkeit einer Behörde (vgl. BGE 119 Ia 228 f., 116 Ia 389, 105 Ia 313 f.); ferner in jenen (nichtstreitigen) Verwaltungsverfahren, in denen ein mehrstufiger Entscheidungsprozess vorgesehen ist, so namentlich im Vergabe- und im Quartierplanverfahren.

48 Auszugehen ist von der Regel, dass verfahrensleitende Anordnungen erst zusammen mit dem Endentscheid anfechtbar sind; Abs. 2 ist daher im Sinn einer Ausnahme von der Regel zu verstehen (vgl. Art. 45 Abs. 3 VwVG). Für den Weiterzug eines Zwischenentscheids ist indessen kein strikter Nachweis eines nicht behebbaren Nachteils erforderlich. Ferner muss es sich, anders als bei der staatsrechtlichen Beschwerde wegen Verletzung von Art. 4 aBV, nicht um einen

§ 19

rechtlichen Nachteil handeln; es genügt ein tatsächlicher Nachteil, etwa Verzögerungen von Bauarbeiten (vgl. RB 1986 Nr. 19) oder finanzielle Einbussen, die zwar nicht von existenzieller Bedeutung, jedoch von erheblichem Gewicht sein müssen (RB 1998 Nr. 33).

Bei einzelnen Kategorien verfahrensleitender Verfügungen ist die Voraussetzung des voraussichtlich nicht behebbaren Nachteils in aller Regel erfüllt, so bei Entscheiden über die aufschiebende Wirkung und vorsorgliche Massnahmen (RB 1973 Nr. 8; vgl. RB 1981 Nrn. 18, 19, 28 = ZBl 82/1981, S. 474 = ZR 80 Nr. 104 = BEZ 1981 Nr. 35), die unentgeltliche Prozessführung (vgl. RB 1982 Nr. 24), die Bestellung eines unentgeltlichen Rechtsbeistands, über die Ablehnung eines Beiladungsgesuchs (vgl. RB 1983 Nr. 18 = BEZ 1984 Nr. 6), die Ablehnung eines Ausstandsbegehrens (vgl. RB 1996 Nr. 18). Der Entscheid, ob mit dem Quartierplan Sonderbauvorschriften oder ein Gestaltungsplan festgesetzt werden sollen, ist ein mit Rekurs und Beschwerde selbständig anfechtbarer Zwischenentscheid (RB 1986 Nr. 7 = BEZ 1986 Nr. 33). Eine vom Gemeinderat angeordnete Einstellung nicht bewilligter Bauarbeiten ist früher als (ohnehin anfechtbarer) Endentscheid gewürdigt worden (RB 1964 Nr. 23), später als Zwischenentscheid, der einen voraussichtlich nicht behebbaren Nachteil bewirkt (VGr. 1.11.1988, VB 88/0121). 49

Bei anderen Arten lässt sich keine allgemeine Richtlinie erkennen, kommt es also stets auf die Umstände des Einzelfalls an, so bei Zwischenentscheiden über Sistierung, Trennung oder Vereinigung von Verfahren (vgl. einerseits RB 1978 Nr. 10, andererseits RB 1982 Nr. 34) sowie die Verweigerung der Akteneinsicht. 50

Schliesslich gibt es Zwischenentscheide, die in der Regel keinen voraussichtlich nicht behebbaren Nachteil bewirken, so namentlich Beschlüsse betreffend Beweisabnahme (Bosshart, § 19 N. 4) und Kautionierung (RB 1990 Nr. 18), Festsetzung von Akontozahlungen für Administrativkosten im Quartierplanverfahren (RB 1993 Nr. 8, Praxisänderung), Auflagen der Sozialhilfebehörde betreffend Abklärung der Einkommensverhältnisse des Gesuchstellers (RB 1998 Nr. 35), Verwarnungen an den Sozialhilfeempfänger (RB 1998 Nr. 34). 51

Die Rekursfrist für die Anfechtung von Zwischenentscheiden beträgt ebenfalls 30 Tage (§ 22 Abs. 1); die in § 22 Abs. 2 vorgesehene Kompetenz der Behörde, die Rekursfrist bei besonderer Dringlichkeit auf fünf Tage zu kürzen, ist jedoch vorab bei Zwischenentscheiden sinnvoll. Der Rechtsweg folgt dem der Hauptsache (Gygi, S. 143). In Zwischenentscheiden werden in der Regel keine Kosten festgelegt; über Letztere wird im Endentscheid befunden. 52

2.3. Vorentscheide

Mit dem Vorentscheid wird die «antizipierte» Entscheidung einer Rechtsfrage, die für den Abschluss des betreffenden Verfahrens von besonderer Bedeutung ist, bezweckt. Der Vorentscheid unterscheidet sich von *Endentscheiden* dadurch, 53

§ 19

dass er nicht vollstreckungsfähig ist. Er sollte daher entgegen einer verbreiteten Terminologie (Bosshart, § 48 N. 3; Bosshart, Anfechtungsobjekte, S. 74; Gygi, S. 140; BGE 117 Ib 327) nicht den *Teilentscheiden* zugeordnet werden; vorzuziehen ist die im Zivilprozess gebräuchliche Begriffsbildung, wonach Teilentscheide anders als Vorentscheide eine vollstreckungsfähige Teilerledigung des Verfahrens bewirken (Frank/Sträuli/Messmer, § 189 N. 9). Die Abgrenzung des Vorentscheids zu den *Zwischenentscheiden* ist manchmal schwierig (vgl. RB 1982 Nr. 33; VGr. 8.7.1992, VB 92/0060). Besonderes Merkmal des Vorentscheids ist, dass damit auch *materielle* und nicht nur prozessuale Fragen entschieden werden können (vgl. Bosshart, § 48 N. 3). Es ist indessen nicht so, dass nur materielle Fragen in der Form des Vorentscheids beantwortet werden könnten (a.M. Bosshart, Anfechtungsobjekte, S. 76); nach Sinn und Zweck des Instituts müssen auch prozessuale Fragen zum Gegenstand eines Vorentscheids gemacht werden können (vgl. RB 1962 Nr. 27), denn auch bei solchen (etwa bei der Zuständigkeit oder der Legitimation) lässt sich allenfalls sofort ein Endentscheid herbeiführen und zudem das Verfahren erheblich verkürzen. Der Vorentscheid ist den *Feststellungsentscheiden* insoweit ähnlich, als er zumeist lediglich feststellenden Charakter hat. Anders als bei diesen genügt indessen nicht ein beliebiges schutzwürdiges Interesse der Parteien, sondern muss er auch aus der Sicht der verfahrensleitenden Behörde der Prozessökonomie dienen. Die Hauptfunktion des Feststellungsentscheids liegt dagegen darin, dass er dem daran interessierten Gesuchsteller eine anfechtbare Verfügung bezüglich Rechtsfragen verschafft, an deren Klärung dieser ein schutzwürdiges Interesse hat. *Baurechtliche* Vorentscheide sind echte Feststellungsentscheide (vgl. N. 56).

54 Obwohl in § 19 Abs. 1 nicht ausdrücklich vorgesehen, sind Vorentscheide unter bestimmten Voraussetzungen mit Rekurs an die oberen Verwaltungsbehörden weiterziehbar. Das ergibt sich mit Blick auf § 48 Abs. 3 aus dem Grundsatz der Einheit des Verfahrens (§ 48 N. 14). Massgebend dafür sind die nämlichen Kriterien, wie sie § 48 Abs. 3 für den selbständigen Weiterzug von Vorentscheiden an das Verwaltungsgericht formuliert (RB 1973 Nr. 2 = ZBl 74/1973, S. 414 = ZR 72 Nr. 99). § 48 Abs. 3 sieht nach dem Vorbild von Art. 50 OG die selbständige Anfechtung von Vorentscheiden, durch die eine Rechtsfrage beurteilt wird, unter zwei *kumulativen* Voraussetzungen vor (§ 48 N. 12): Die selbständige Anfechtbarkeit setzt zunächst voraus, dass durch eine gegenteilige Beurteilung der vorentscheidweise geprüften Rechtsfrage «sofort ein Endentscheid herbeigeführt» würde. Zweitens müsste durch einen solchen Endentscheid «ein erhebliches Beweisverfahren erspart» werden können. Diese zweite Voraussetzung muss nach der Praxis nicht wörtlich erfüllt sein; es genügt, dass durch eine gegenteilige Beurteilung der Rechtsfrage bzw. den dadurch herbeigeführten Endentscheid das Verfahren als Ganzes erheblich verkürzt würde, indem auf weitere Sachverhaltsermittlungen und/oder Beweiserhebungen verzichtet werden könnte (vgl. die weite Formulierung in § 189 ZPO). Es muss sich also um Rechtsfragen handeln, die unter dem Gesichtswinkel der *Prozessökonomie*

§ 19

im Rahmen des Streitgegenstands von grundlegender Bedeutung sind. Das trifft häufig auf finanzielle Streitigkeiten zu, wenn eine Leistungspflicht (Abgabepflicht des Privaten, Entschädigungspflicht des Gemeinwesens) als solche streitig ist, gelegentlich auch auf Bewilligungsstreitigkeiten, sofern schon die Bewilligungspflicht als solche bestritten wird. Im Quartierplanrecht hat die richterliche Würdigung des Einleitungsbeschlusses als anfechtbarer Vorentscheid (RB 1973 Nr. 2 = ZBl 74/1973, S. 414 = ZR 72 Nr. 99) zu einer entsprechenden gesetzlichen Regelung geführt (§ 148 Abs. 2 PBG).

Hält die Rechtsmittelbehörde dafür, dass ein Vorentscheid nicht hätte getroffen werden dürfen, so hat sie diesen aufzuheben und die Sache an die Vorinstanz zurückzuweisen (Bosshart, § 48 N. 3). 55

Der *baurechtliche Vorentscheid* nach §§ 323/324 PBG ist eine besondere Erscheinungsform des Feststellungsentscheids. Einer besonderen Regelung bedarf der baurechtliche Vorentscheid vor allem mit Bezug auf auf seine Bindungswirkung und Anfechtbarkeit für Dritte (vgl. zur früheren Fassung von §§ 323/324 PBG: BGr. 9.9.1992, ZBl 95/1994, S. 66 ff.; BGE 120 Ib 48 ff.; RB 1994 Nr. 92 = BEZ 1995 Nr. 4). Zum Begriff und Anwendungsbereich des *steuerrechtlichen Vorentscheids* vgl. VGr. 31.1.1997, SB.96.00043; RB 1985 Nr. 59, 1993 Nr. 26; BGE 115 Ia 75. 56

2.4. Rückweisungsentscheide

Mit der Rückweisung wird nicht die «Streitsache» (vgl. §§ 19 Abs. 1, 48 Abs. 1), sondern nur das Verfahren vor der betreffenden Instanz erledigt; es handelt sich daher nicht um Endentscheide im Sinn von § 19 Abs. 1. Rückweisungsentscheide gelten nach der verwaltungsgerichtlichen Praxis begrifflich als Zwischenentscheide oder Vorentscheide (RB 1962 Nr. 27, 1982 Nr. 33). Praktisch werden sie aber den Endentscheiden gleichgestellt, indem ihre Anfechtung nicht nur unter den Voraussetzungen von § 19 Abs. 2 bzw. § 48 Abs. 2 oder Abs. 3 zugelassen wird (RB 1982 Nr. 33, 1998 Nr. 31). Vgl. § 48 N. 16. 57

2.5. Feststellungsentscheide

Während mit der Gestaltungsverfügung Rechte und/oder Pflichten begründet, geändert oder aufgehoben werden, dient die Feststellungsverfügung dazu, das Bestehen, Nichtbestehen oder den Umfang von Rechten und Pflichten festzustellen. Die Feststellungsverfügung ändert nichts an der bestehenden Rechtslage; die förmlich getroffene Feststellung wird aber nach Eintritt der formellen Rechtskraft gegenüber den Behörden und gegenüber Dritten, die am Verfahren beteiligt worden sind, verbindlich. Eine besondere Erscheinungsform der Feststellungsverfügung bildet der Vorentscheid, namentlich der baurechtliche Vorentscheid (§§ 323/324 PBG). Mit ihm wird als Vorstufe einer später angestreb- 58

§ 19

ten Gestaltungsverfügung eine hierfür erhebliche Rechtsfrage im Voraus verbindlich entschieden (vgl. N. 53 ff.).

59 Im VRG werden Feststellungsbegehren und Feststellungentscheid nicht ausdrücklich geregelt. Mit Bezug auf die Anwendung von Bundesrecht besteht der Anspruch auf einen – weiterziehbaren – Feststellungsentscheid nach Massgabe von Art. 5 Abs. 1 lit. b und Art. 25 VwVG. Nach Lehre und Rechtsprechung besteht ein solcher Anspruch unter bestimmten Voraussetzungen auch ohne gesetzliche Grundlage (Imboden/Rhinow/Krähenmann, Nr. 36 B I). In der Praxis des Verwaltungsgerichts wird der Anspruch auf einen anfechtbaren Feststellungsentscheid auch für das zürcherische Recht anerkannt (RB 1972 Nr. 12 = ZBl 74/1973, S. 209 = ZR 72 Nr. 95; RB 1974 Nr. 9 = ZBl 75/1974, S. 479 = ZR 73 Nr. 82; vgl. § 48 N. 19).

60 Dem Begehren um eine Feststellungsverfügung ist zu entsprechen, wenn der Gesuchsteller ein *schutzwürdiges Interesse* an der Feststellung nachweist (Art. 25 Abs. 2 VwVG; Gygi, S. 144; Imboden/Rhinow/Krähenmann, Nr. 36 B III und V; Merker, § 38 Rz. 24 ff.; Merkli/Aeschlimann/Herzog, Art. 49 N. 19 ff.; Rhinow/Koller/Kiss, Rz. 1187 ff.; RB 1972 Nr. 12 = ZBl 74/1973, S. 209 = ZR 72 Nr. 95). Für das schutzwürdige Interesse an einem Feststellungsentscheid sind zunächst weitgehend die gleichen Kriterien wie beim gleich lautenden Erfordernis für die Rekurslegitimation (§ 21 lit. a) massgebend. Ein rechtlich geschütztes Interesse ist nicht erforderlich; es genügen tatsächliche, wirtschaftliche oder ideelle Interessen.

61 Daneben gelten spezifische Kriterien für die Schutzwürdigkeit des Feststellungsinteresses. Über den Bestand, Nichtbestand und Umfang öffentlichrechtlicher Rechte und Pflichten muss *Unklarheit* bestehen. Das Feststellungsinteresse muss in dem Sinn *aktuell* sein, dass der Gesuchsteller bei Verweigerung Gefahr laufen würde, Massnahmen zu treffen oder zu unterlassen mit der Folge, dass ihm daraus Nachteile erwachsen könnten. Gegenstand der Feststellungsverfügung muss ein *konkretes Rechtsverhältnis* sein. Ausgeschlossen sind damit im Allgemeinen Feststellungsbegehren zur Ermittlung von Tatsachen. Unzulässig sind Feststellungsbegehren zur Klärung theoretischer oder abstrakter Rechtsfragen. Insbesondere darf das Institut der Feststellungsverfügung nicht dazu verwendet werden, auf indirektem Weg die abstrakte Normenkontrolle herbeizuführen. Nach einer überzeugenden Lehrmeinung sind hingegen auch zukünftige Rechtsverhältnisse feststellungswürdig, sofern sich der «tatbestandsrelevante» Sachverhalt bereits verwirklicht hat und nur noch ein für die Beurteilung der Rechtsfrage nicht unmittelbar bestimmendes Sachverhaltselement, wie z.B. der vom Gesuchsteller beabsichtigte Kauf eines Grundstücks, aussteht (Merker, § 38 Rz. 31 f. mit illustrativen Beispielen in Anm. 79). Besonderes Gewicht kommt bei der Ausgestaltung der Feststellungsverfügung der *eingehenden Fixierung des Sachverhalts* zu; damit kann vermieden werden, dass sich der Adressat später trotz veränderter Sachlage auf die Verbindlichkeit der Feststellungsverfügung beruft.

§ 19

Ein Feststellungsanspruch besteht regelmässig dann nicht, wenn der Gesuchsteller in der betreffenden Angelegenheit eine Gestaltungsverfügung oder ein im gerichtlichen Klageverfahren zu treffendes Gestaltungsurteil erwirken kann; in diesem Sinn ist der Feststellungsanspruch *subsidiär*. Diese Einschränkung gilt nicht für Vorentscheide; deren Zweck besteht unter anderem gerade darin, aus verfahrensökonomischen Gründen bestimmte Rechtsfragen, die für den Erlass der angestrebten Gestaltungsverfügung erheblich wären, im Voraus abzuklären. Das Feststellungsbegehren darf nicht zur Umgehung der Rechtskraft einer Gestaltungsverfügung verwendet werden. 62

Die Behörde ist zum Erlass von Feststellungsentscheiden nur soweit befugt, als ihr in der betreffenden Materie die Verfügungskompetenz zusteht (Imboden/Rhinow/Krähenmann, Nr. 36 B IV). 63

Feststellende Verfügungen sind mit Rekurs anfechtbar, weshalb sie mit einer Rechtsmittelbelehrung zu versehen sind. Die Rechtsmittelbehörde kann aber auch vorweg überprüfen, ob die Voraussetzungen für deren Erlass erfüllt waren. Mitunter kann zweifelhaft sein, ob es sich bei der getroffenen Feststellung um eine verbindlich gemeinte Verfügung oder um eine blosse Auskunft der Behörde handle, was aufgrund ihres Gehalts zu entscheiden ist (Imboden/Rhinow/Krähenmann, Nr. 36 B VI). Anfechtbar ist auch die Weigerung der angerufenen Behörde, einen Feststellungsentscheid zu treffen (RB 1978 Nr. 9). Feststellungsverfügungen und -entscheide sind nicht vollstreckungsfähig (vgl. Guldener, S. 210 f.). 64

2.6. Sonderfälle

Bei Verwaltungsmassnahmen, die der *Einleitung eines nichtstreitigen Verfahrens* dienen, ist in der Regel bereits das Vorliegen einer Verfügung zu verneinen (VPB 39/1975 Nr. 107; RR AG 20.8.1984, ZBl 86/1985, S. 228; BGE 101 Ib 441; VGr. 19.2.1999, PB.99.00004); wird der Verfügungscharakter gleichwohl bejaht, handelt es sich um verfahrensleitende Zwischenverfügungen, die nur nach Massgabe von § 19 Abs. 2 anfechtbar sind. Gleiches gilt für die *Weiterleitung von Eingaben* gestützt auf § 5 Abs. 2. 65

Der Verfügung als Anfechtungsobjekt gleichgestellt wird das *Verweigern oder Verzögern* einer Verfügung (zur Rechtsverweigerungs- und Rechtsverzögerungsbeschwerde vgl. Vorbem. zu §§ 19–28 N. 46 ff.). Als Verfügungen gelten auch verbindliche *negative Bescheide*, welche die Setzung eines gestaltenden Verwaltungsakts ablehnen (Bosshart, Anfechtungsobjekte, S. 12 ff). In solchen Fällen ist vom Betroffenen fristgerecht Rekurs zu erheben; er kann nicht zu einem beliebigen späteren Zeitpunkt Rechtsverweigerungsbeschwerde erheben (Imboden/Rhinow/Krähenmann, Nr. 35 B VI i). 66

§ 19

67 *Vollstreckungsverfügungen* enthalten Anordnungen über die zwangsweise Durchsetzung einer vollstreckbaren Sachverfügung (Gygi, S. 139; Imboden/Rhinow/ Krähenmann, Nr. 49; vgl. Art. 5 Abs. 2 i.V.m. Art. 40 f. VwVG). Auch das VRG geht von einer Funktionsteilung zwischen Entscheidungs- und Vollstreckungsverfahren aus (vgl. §§ 29–31). Im Vollstreckungsverfahren kann die Sachverfügung in der Regel nicht mehr auf ihre Rechtmässigkeit hin überprüft werden. Was in dem mit der Sachverfügung abgeschlossenen Entscheidungsverfahren hätte vorgebracht werden können, bildet im nachfolgenden Vollstreckungsverfahren keinen Anfechtungsgrund mehr (RB 1969 Nr. 10 = ZBl 71/ 1970, S. 154 = ZR 69 Nr. 86). Die Vollzugsanordnung ist insoweit anfechtbar, als sie dem Betroffenen neue Pflichten überbindet (RB 1985 Nr. 13, 1975 Nr. 10).

68 Verfügungscharakter kommt auch Anordnungen zu, mit denen einem Gesuch um *Wiedererwägung* entsprochen wird (Vorbem. zu §§ 19–28 N. 23 ff.; BGE 95 I 278), sowie solchen, mit denen einem Begehren um *Erläuterung* entsprochen wird (Gygi, S. 228).

69 Ein Beschluss des Gemeinderates, der vorerst noch der Abstimmung durch die Gemeindeversammlung unterliegt, ist keine anfechtbare Verfügung; er ist rechtlich als Antrag zuhanden der Stimmberechtigten zu qualifizieren (RRB 2713/ 1960, ZBl 62/1961, S. 17).

3. Instanzenzug

3.1. Allgemeines

70 Der verwaltungsinterne Instanzenzug wird in §§ 19–19c geregelt. Das in § 19 Abs. 1 festgelegte hierarchische Prinzip, wonach Anordnungen einer unteren Verwaltungsbehörde an die obere Behörde weitergezogen werden können, wird in §§ 19a–19c konkretisiert (dazu N. 88 ff.). Primär massgebend für den Instanzenzug ist, welcher Stufe die erstinstanzlich verfügende Behörde angehört (dazu N. 71 ff.). Dem verwaltungsinternen Rekurs ist vielfach ein Einspracheverfahren vorgeschaltet (dazu N. 76 ff.). Daneben bestehen in mehrfacher Hinsicht Sonderregelungen. Das gilt namentlich dort, wo Verfügungen statt an eine verwaltungsinterne Rekursinstanz an eine Rekurskommission weitergezogen werden können, sowie dort, wo bereits das Zustandekommen der Verfügung mit Besonderheiten des Rechtsschutzes verbunden ist, wie das namentlich bei Enteignungen sowie bei Strassen- und Gewässerbauprojekten zutrifft (dazu N. 92 ff.).

§ 19

3.2. Verfügende Behörden

Im Rahmen der *kantonalen Zentralverwaltung* finden sich erstinstanzliche 71
Verfügungskompetenzen auf drei Stufen; es sind dies (vgl. Jaag, Verwaltungsrecht, Rz. 601 ff.): 1. Amtsstellen; 2. Direktionen und ihnen gleichgestellte Kommissionen, die von einem Mitglied des Regierungsrats geleitet werden; 3. Regierungsrat. Den Direktionen gleichgestellt sind zurzeit der Bildungsrat und der Verkehrsrat. Während nach früherem Recht Amtsstellen grundsätzlich nicht und Direktionen nur gestützt auf eine spezielle gesetzliche Ermächtigung Entscheidungsbefugnis besassen, ermächtigt § 13 Abs. 2 OGRR i.d.F.v. 8.6.1997 den Regierungsrat – gerade im Hinblick auf die Ordnung von §§ 19–19c VRG (Rotach, S. 443; Weisung 1995, S. 1546) – zur Delegation von Verfügungskompetenzen an Direktionen und Amtsstellen (vgl. Art. 42 Abs. 1 KV). Die Aufgabenbereiche der Direktionen sind im Beschluss des Regierungsrates über die Geschäftsverteilung unter den Direktionen (GeschäftsverteilB) umschrieben. Die selbständigen Entscheidungsbefugnisse von Amtsstellen (Ämtern und Abteilungen) sind in der Delegationsverordnung (§§ 1–5) festgelegt. Soweit Amtsstellen zum Entscheid nicht in eigenem Namen, sondern in jenem der Direktion ermächtigt werden (vgl. § 13 Abs. 2 OGRR, § 6 Abs. 1 DelegationsV), gilt ihr Entscheid als Verfügung der Direktion. Der Regierungsrat ist demnach nur noch in wenigen Bereichen erstinstanzlich verfügende Behörde; in diesen Fällen steht kein verwaltungsinterner Rekurs zur Verfügung.

Auf Stufe *Bezirk* sind Behörden mit Verfügungskompetenz (vgl. Jaag, Verwaltungsrecht, Rz. 707 ff.): der Bezirksrat (Art. 44 KV; §§ 9 f. BezverwG), der 72
Statthalter (Art. 45 Abs. 2 KV; §§ 11 f. BezverwG), die Bezirksschulpflege (§§ 15 ff. UnterrichtsG), die Bezirkskirchenpflege (§§ 24 ff. refKG), die Bezirksjugendkommission (§§ 5 ff. des Gesetzes über die Jugendhilfe vom 14.6.1981 [Jugendhilfegesetz; LS 852.1]).

Im Rahmen der *kommunalen Verwaltung* (vgl. Jaag, Verwaltungsrecht, Rz. 1434 ff.) 73
besitzt Verfügungskompetenz in erster Linie die Gemeindevorsteherschaft als oberste Exekutivbehörde: der *Gemeinderat* in der politischen Gemeinde (§§ 73 f. GemeindeG) bzw. in bürgerlichen Angelegenheiten dessen bürgerliche Abteilung (§ 78 GemeindeG), die *Kirchenpflege* in der Kirchgemeinde (§ 80 GemeindeG), die *Schulpflege* in der Schulgemeinde (§ 81 GemeindeG), die Zivilvorsteherschaft in der Zivilgemeinde (§ 83 GemeindeG). In sogenannten Einheitsgemeinden, in denen politische und Schulgemeinden vereinigt sind, bildet die Schulpflege eine besondere Behörde (§ 81 Abs. 3 GemeindeG). In allen politischen Gemeinden besteht eine besondere, für das Fürsorgewesen zuständige *Fürsorgebehörde* (§ 79 GemeindeG). Sodann kann die Gemeindeordnung die Besorgung von Verwaltungszweigen *besonderen Kommissionen mit selbständigen Verwaltungsbefugnissen* unter dem Vorsitz eines Mitglieds der Gemeindevorsteherschaft übertragen (§ 56 GemeindeG). Davon haben verschiedene Gemeinden Gebrauch gemacht, vor allem für das Vormundschafts- und das

§ 19

Gesundheitswesen, häufig auch im Bauwesen. Ferner kann die Gemeindeordnung vorsehen, dass bestimmte Geschäftsbereiche einzelnen oder mehreren Mitgliedern der Gemeindevorsteherschaft – d.h. Verwaltungsvorständen oder Ausschüssen – übertragen werden. Soweit sich ihnen Fragen von grundsätzlicher Bedeutung stellen, sind diese allerdings der Gesamtbehörde zum Entscheid vorzulegen (§ 57 GemeindeG). In Gemeinden mit ausserordentlicher Gemeindeorganisation besteht zudem die Möglichkeit, dass einzelne Verwaltungsbefugnisse *besonderen Beamten mit eigener Verantwortlichkeit* übertragen werden (§ 115a GemeindeG).

74 Zur Festsetzung *kommunaler Richt-, Rahmennutzungs- und Sondernutzungspläne* sind in der Regel die *kommunalen Legislativbehörden* zuständig (vgl. § 2 lit. c PBG; Haller/Karlen, N. 1059 f.). Quartierpläne werden vom Gemeinderat festgesetzt (§ 158 Abs. 1 Satz 1 PBG). Werkpläne werden vom Träger des Werks – also nicht notwendigerweise von der Gemeinde – festgesetzt (§ 115 Abs. 1 PBG).

75 Nebst den Behörden der Gemeinden, der Bezirke und der kantonalen Zentralverwaltung finden sich *weitere Verwaltungsbehörden* mit Verfügungskompetenz, so in (anderen) öffentlichrechtlichen Körperschaften, wie z.B. den kommunalen Zweckverbänden und den kirchlichen Körperschaften, ferner in den kantonalen öffentlichen Anstalten (vgl. Jaag, Verwaltungsrecht, Rz. 802 ff.; zum Begriff der Verwaltungsbehörden vgl. § 4 N. 3 und 5).

3.3. Einspracheverfahren

76 Dem Rekurs nach §§ 19 ff. gegen erstinstanzliche Anordnungen ist allenfalls eine *Einsprache* vorgeschaltet. Dabei ist zwischen der allgemeinen Einsprache nach § 10a Abs. 2 lit. b VRG i.d.F.v. 8.6.1997 und der besonderen gemeinderechtlichen Einsprache nach §§ 57 Abs. 3 und 115a Abs. 3 GemeindeG (je i.d.F.v. 8.6.1997) zu unterscheiden (dazu Vorbem. zu §§ 19–28 N. 12 ff.).

77 Im VRG ist das Rechtsmittel der Einsprache erst mit der Gesetzesrevision vom 8.6.1997 eingeführt worden. Gemäss § 10a Abs. 2 lit. b kann die verfügende Verwaltungsbehörde auf Begründung und Rechtsmittelbelehrung verzichten, wenn sie vorsieht, dass gegen ihre Anordnung innert 30 Tagen Einsprache geführt werden kann (Satz 1). Eine hierauf rechtzeitig erhobene Einsprache verpflichtet die Behörde, ihre Anordnung uneingeschränkt zu überprüfen und nochmals über die Sache zu entscheiden (Satz 2). Die primäre Bedeutung dieser Bestimmung liegt entgegen ihrer systematischen Stellung im Gesetz darin, dass sie die Einsprache als ein förmliches Rechtsmittel vorsieht. Dieses steht jedoch im Einzelfall nur offen, wenn die verfügende Behörde weder nach § 10 Abs. 2 (Begründung der Verfügung) noch nach § 10a Abs. 2 lit. a (vorläufiger Begründungsverzicht mit dem Hinweis, dass die Beteiligten eine Begründung verlangen können) vorgehen will. Zudem ist die Einsprache von vornherein dann ausgeschlossen, wenn den Begehren der Betroffenen entsprochen wird

(§ 10a Abs. 1). Es handelt sich, wie § 10a Abs. 2 lit. b Satz 2 hervorhebt, um eine Einsprache im eigentlichen Sinn, d.h. um ein nichtdevolutives, ordentliches, vollkommenes und reformatorisches Rechtsmittel (Kölz/Häner, Rz. 398, 463 ff.; Häfelin/Müller, Rz. 1410 ff.), das funktionell zwischen dem Wiedererwägungsgesuch und dem Rekurs steht. Ein derartiges Einspracheverfahren ist sowohl bei Anordnungen kantonaler Behörden wie auch bei solchen kommunaler Behörden möglich.

Gegen Anordnungen bestimmter kommunaler Behörden, nämlich der Verwaltungsvorstände und Ausschüsse im Sinn von § 57 und der Beamten mit selbständigen Befugnissen im Sinn von § 115a GemeindeG, steht zudem, sofern dies die Gemeindeordnung vorsieht, die besondere Einsprache nach § 57 Abs. 3 bzw. § 115a Abs. 3 GemeindeG offen. Mit dieser Einsprache kann der Betroffene binnen 30 Tagen nach Mitteilung der Anordnung deren Überprüfung durch die Gesamtbehörde – die Gemeindevorsteherschaft – verlangen. Trotz ihres devolutiven Charakters ist diese Einsprache kein Rekurs im Sinn von §§ 19 ff., sondern eine Einsprache, wenn auch besonderer Art. Die geltende Regelung, die auf einen in der kantonsrätlichen Kommission eingebrachten Vorschlag zurückgeht (Prot. KK 1995/96, S. 163 f.), stellt eine Kompromisslösung zwischen der früher geltenden Ordnung und dem regierungsrätlichen Revisionsvorschlag dar. Gemäss der früheren Regelung war die Einsprache gegen Anordnungen derartiger Behörden kantonalrechtlich zwingend vorgesehen. Laut dem Revisionsentwurf des Regierungsrats sollte gegen solche Anordnungen unmittelbar der Rekurs nach §§ 19 ff. VRG ohne vorgängige Einsprache offen stehen, was mit der Verkürzung des Instanzenzugs begründet wurde (Weisung 1995, S. 1512, 1545). Denkbar ist, dass der Einsprache nach § 57 Abs. 3 bzw. § 115a Abs. 3 GemeindeG eine solche nach § 10a Abs. 2 lit. b VRG vorangeht, indem die verfügenden Verwaltungsvorstände, Ausschüsse oder Beamten mit selbständigen Befugnissen unter Verzicht auf Begründung den Einspracheweg nach dieser Bestimmung öffnen.

Im Übrigen gelten für die Einsprache nach VRG und jene nach GemeindeG weitgehend dieselben Grundsätze. Es handelt sich bei beiden um ordentliche, vollkommene und reformatorische Rechtsmittel. Wo sie nach dem Vorgehen der Behörde (§ 10a Abs. 2 lit. b VRG) bzw. nach der Gemeindeordnung (§ 57 Abs. 3 bzw. § 115a Abs. 3 GemeindeG) offen steht, muss auf diese Möglichkeit in Form einer Rechtsmittelbelehrung hingewiesen werden. Alsdann darf die Einsprache nicht übersprungen werden. Wer nicht oder nicht rechtzeitig Einsprache erhebt, verwirkt das Rekursrecht. Wer hingegen irrtümlich an die Rekursbehörde statt an die Einsprachebehörde gelangt, verwirkt das Einspracherecht nicht (§ 5 Abs. 2; vgl. § 10a N. 16).

Im *Baurecht* ist die Einsprache mit dem Erlass des PBG 1975 abgeschafft worden; Motiv war die Verkürzung des Instanzenzugs. Zur Klarstellung, dass dies trotz § 10a Abs. 2 lit. b VRG weiterhin gelten soll, ist die Unzulässigkeit des

§ 19

Einspracheverfahrens anlässlich der VRG-Revision vom 8.6.1997 ausdrücklich in § 315 Abs. 3 PBG verankert worden (vgl. Prot. KK 1995/96, S. 327). Zu bedenken ist jedoch, dass ein Einspracheverfahren die eigentlichen Rechtsmittelinstanzen entlastet und weniger formalisiert ist als das Verfahren vor jenen Instanzen; ein Einspracheverfahren würde daher auch im Baurecht eher zu einer Verfahrensbeschleunigung beitragen (Mäder, VRG-Revision, S. 7 f.).

3.4. Rekursbehörden

81 *Verwaltungsinterne Rekursinstanzen* nach der Ordnung von §§ 19–19c sind im Rahmen der Zentralverwaltung der Regierungsrat, die Direktionen und die ihnen gleichgestellten Kommissionen (Verkehrsrat und Bildungsrat bzw. an dessen Stelle die Schulrekurskommission, vgl. § 5 UnterrichtsG), ferner auf Bezirksebene die Bezirksbehörden, zu denen insbesondere die Bezirksräte, die Statthalterämter, die Bezirksschulpflegen und die Bezirkskirchenpflegen gehören (§ 2 BezverwG). Rekursentscheide des Regierungsrats über Anordnungen von Direktionen und ihnen gleichgestellten Kommissionen werden von einem zentralen Rechtsdienst vorbereitet (§ 26a und die dazu erlassene VerfV).

82 Der Regierungsrat, die Direktionen und die ihnen gleichgestellten Kommissionen sind keine unabhängigen Gerichte im Sinn von Art. 6 Ziff. 1 EMRK, weshalb sie die Verfahrensgarantien dieser Konventionsbestimmung nicht zu gewährleisten vermögen. Das gilt auch insoweit, als sie als Rechtsmittelinstanz entscheiden. Die Bezirksbehörden sind hingegen beim Entscheid über eine Strafsache oder ein Rechtsmittel an keine Weisungen gebunden, ausgenommen bei der Rückweisung durch eine höhere Instanz (§ 3 BezverwG). Es fragt sich daher, ob sie als unabhängiges Gericht gelten können. In Bezug auf den Begriff der Unabhängigkeit decken sich die Anforderungen nach Art. 6 Ziff. 1 EMRK weitgehend mit jenen, die Art. 58 aBV (bzw. Art. 30 Abs. 1 BV) an ein Gericht stellt (Herzog, S. 319; zu diesen Anforderungen vgl. Alfred Kölz, in: Kommentar aBV, Art. 58 Rz. 31 ff., 39 ff.; Frowein/Peukert, Art. 6 Rz. 124 ff.; Villiger, N. 417; BGE 123 I 90 ff., 117 Ia 380 ff.). Zu beachten ist, dass die Bezirksbehörden in ihrer Hauptfunktion nicht Rechtspflege betreiben, sondern Verwaltungstätigkeit ausüben und dass sie dabei auch aufsichtsrechtliche Kompetenzen haben (§§ 10 und 12 BezverwG), die sie allenfalls sogar im Rahmen eines Rekursverfahrens ausüben (Vorbem. zu §§ 19–28 N. 90). Angesichts dieser Kumulation von Aufsichts- und Rechtsprechungskompetenzen kommt ihnen trotz der gesetzlich zuerkannten Unabhängigkeit in der Rechtsprechung kaum die für eine gerichtliche Instanz erforderliche Unabhängigkeit zu (vgl. BGE 123 I 90 ff.).

83 Die *Baurekurskommissionen* sind – neben dem Regierungsrat und der Baudirektion (dazu N. 92 ff.) – Rekursinstanz in Planungs- und Bausachen. Es bestehen vier Baurekurskommissionen, deren örtlicher Zuständigkeitsbereich

§ 19

je mehrere Bezirke umfasst (§ 333 PBG). Die Mitglieder und Ersatzmitglieder werden vom Kantonsrat gewählt (§ 334 PBG). Die Baurekurskommissionen entscheiden grundsätzlich in Dreierbesetzung (§ 335 PBG). Der Regierungsrat überwacht den Geschäftsgang (§ 338 PBG). In ihrer rechtsprechenden Tätigkeit sind die Baurekurskommissionen indessen unabhängig (§ 336 PBG).

Die *Steuerrekurskommissionen* behandeln Rekurse in Streitigkeiten betreffend Staats- und Gemeindesteuern, Erbschafts- und Schenkungssteuern sowie die direkte Bundessteuer. Der Regierungsrat bestimmt die Zahl der Kommissionen, wählt ihre Mitglieder und Ersatzmitglieder und übt die Aufsicht über den Geschäftsgang aus (§§ 112, 113, 118 StG; vgl. Verordnung über die Organisation und das Verfahren der Steuerrekurskommissionen vom 29.4.1998, LS 631.53). In ihrer rechtsprechenden Tätigkeit sind die Steuerrekurskommissionen unabhängig (§ 116 StG). Zuständigkeit und Verfahren richten sich indessen – wie für das Verwaltungsgericht als Rekurs- und Beschwerdeinstanz in Steuersachen (vgl. §§ 72/73 VRG) – nach den Bestimmungen der Steuergesetzgebung. Damit greift für Steuersachen vollumfänglich der in § 4 VRG enthaltene Vorbehalt abweichender Bestimmungen ein. 84

Die *landeskirchliche Rekurskommission* beurteilt Rekurse gegen erstinstanzliche Entscheidungen des Kirchenrats, soweit diese nicht an das Verwaltungsgericht weitergezogen werden können (dazu N. 131). Ihre fünf Mitglieder und drei Ersatzmitglieder werden von der Synode gewählt (§ 37 refKG). Die vom Bildungsrat gewählte *Schulrekurskommission* entscheidet anstelle des Bildungsrats und des Fachhochschulrats Rekurse aus den Bereichen der Volksschule, Mittelschulen, Berufsbildung und Fachhochschulen, vorab betreffend Personalsachen und Prüfungen. Im Fachhochschulbereich steht der Rekurs auch gegen letztinstanzliche Entscheide nichtstaatlicher Schulen über Diplomprüfungen offen. Den Vorsitz führt ein Mitglied des Bildungsrats, während die anderen Mitglieder diesem Rat nicht angehören (§ 5 UnterrichtsG, § 49 FachhochschulG, §§ 1 ff. SchulrekurskomV). Die *Universitätsrekurskommission* behandelt Streitigkeiten aus dem Universitätsbereich, vorab betreffend Personalsachen und Prüfungen. Ihre Mitglieder werden vom Universitätsrat gewählt, der auch die Zusammensetzung und das Verfahren regelt (§ 46 UniversitätsG, §§ 1 ff. UniversitätsrekurskomV). Die Rekurskommission der *Gebäudeversicherung* beurteilt Anordnungen der Gebäudeversicherungsanstalt; der Regierungsrat wählt ihre Mitglieder und Ersatzmitglieder und bestellt das Sekretariat (§§ 75–78 GebäudeversG). Die *Rekurskommission für Grunderwerb* behandelt Streitigkeiten nach dem Bundesgesetz über den Erwerb von Grundstücken durch Personen im Ausland vom 16.12.1983 (SR 211.412.41; vgl. § 4 EG BewG; §§ 3 ff. der zugehörigen Verordnung vom 1.4.1992, LS 234.12). Die *Rekurskommission für Arbeitsbeschaffungsreserven* beurteilt Streitigkeiten nach dem Gesetz über die Arbeitsbeschaffungsreserven der privaten Wirtschaft vom 5.10.1952 (LS 901.1; vgl. § 13 des Gesetzes sowie § 10 der zugehörigen Vollziehungsverordnung vom 16.10.1952, LS 901.11). 85

§ 19

86 Ob Rekurskommissionen *gerichtliche* Instanzen sind und damit die spezifischen Anforderungen an richterliche Behörden, insbesondere jene nach Art. 6 Ziff. 1 EMRK und Art. 58 aBV (Art. 30 BV) erfüllen müssen (vgl. zu diesen Anforderungen BGE 123 I 90 ff.; vgl. N. 82), ist für die einzelnen Kommissionen gesondert anhand der ihre Stellung regelnden Bestimmungen zu beurteilen. Dabei ist zu unterscheiden: Ist eine Rekurskommission aufgrund der gesetzlichen Regelung nicht als richterliches Organ konzipiert, sodass es in institutioneller Hinsicht grundlegend an der erforderlichen Unabhängigkeit fehlt, kommt ihr die gleiche oder eine ähnliche Stellung wie den mit der Rechtspflege betrauten Verwaltungsbehörden zu. Diesfalls genügt es, dass ein nach Art. 6 Ziff. 1 EMRK erforderlicher gerichtlicher Rechtsschutz anderweitig – z.B. durch das Verwaltungsgericht – geboten wird. Aus Art. 6 Ziff. 1 EMRK lässt sich nämlich kein Anspruch auf eine zweistufige richterliche Prüfung ableiten. Eine so konzipierte Rekurskommission dürfte denn auch als «Verwaltungsbehörde» im Sinn von § 41 gelten, mit der Folge, dass ihre Entscheide auch ohne spezialgesetzlich begründete Zuständigkeit an das Verwaltungsgericht weitergezogen werden können (§ 41 N. 36; vgl. § 43 Abs. 2). Ist hingegen eine Rekurskommission aufgrund der gesetzlichen Ausgestaltung grundsätzlich als richterliche Behörde konstituiert, sind einzelne Mängel durch organisatorische oder personelle Massnahmen zu beheben (vgl. BGE 103 Ib 372 f., 115 Ia 228 f.; BGr. 25.8.1998, SJZ 94/1998, S. 495). Das gilt selbst dann, wenn deren Entscheide noch der Beschwerde an das Verwaltungsgericht unterliegen (BGE 124 I 261 ff.). – Die Baurekurskommissionen und die Steuerrekurskommissionen sind grundsätzlich als gerichtsähnliche Instanzen ausgestaltet worden (hinsichtlich der Baurekurskommissionen vgl. RB 1995 Nr. 12 mit Hinweis auf BGE 120 Ia 28; VGr. 27.5.1994, ZBl 95/1994, S. 567 f.); sie dürften auch im Einzelnen den an eine richterliche Instanz zu stellenden Anforderungen genügen. Bei den anderen vorstehend genannten Rekurskommissionen ist fraglich, ob sie als Behörden mit richterlicher Unabhängigkeit gelten können. Zu verneinen ist dies jedenfalls hinsichtlich der Schulrekurskommission und der Universitätsrekurskommission (bezüglich Letzterer vgl. BGr. 16.6.1999, 1P.4/1999).

87 Nicht zu den Rekursinstanzen gehören die *Schätzungskommissionen* in Enteignungs- und gewissen Beitragsstreitigkeiten. Sie entscheiden im Klageverfahren. Es bestehen vier Schätzungskommissionen, von denen jede für einen mehrere Bezirke umfassenden Schätzungskreis örtlich zuständig ist. Jeder Kommission gehören drei Mitglieder und zwei Ersatzleute an. Deren Wahl obliegt dem Verwaltungsgericht, das auch die Aufsicht über die Kommissionen ausübt (§§ 32–35 AbtrG). Die Schätzungskommissionen sind Spezialverwaltungsgerichte, die über richterliche Unabhängigkeit verfügen (Jaag, Verwaltungsrecht, Rz. 2637). Das Verwaltungsgericht kann daher als Aufsichtsinstanz nur allgemeine Weisungen erteilen; diese können sich zwar auch auf einen Einzelfall beziehen, jedoch den Schätzungsentscheid nicht präjudizieren; es besteht ein ähnliches Verhältnis wie zwischen Obergericht und Bezirksgericht. Ob die Schätzungs-

kommissionen die weiteren Verfahrensgarantien von Art. 6 Ziff. 1 EMRK erfüllen müssen, ist trotz ihrer richterlichen Unabhängigkeit fraglich; anders als bei den Rekurskommissionen kommt ihrem im Klageverfahren getroffenen Entscheid die Funktion einer erstinstanzlichen Verfügung zu.

3.5. Verwaltungsinterner Rekursweg

Die Ordnung in §§ 19–19c ist von zwei Grundsätzen geprägt, die allerdings nicht ohne Ausnahmen bleiben (Rotach, S. 443). Der erste Grundsatz sieht vor, dass gegen jede Verwaltungsanordnung mindestens eine verwaltungsinterne Rekursinstanz angerufen werden kann (vgl. §§ 19 Abs. 1, 19a Abs. 1, 19c Abs. 1). Der zweite hält fest, dass innerhalb des Kantons höchstens zwei Rechtsmittelinstanzen – einschliesslich des Verwaltungsgerichts – zur Verfügung stehen (vgl. §§ 19b Abs. 1 und 2, 19c Abs. 2). Mit diesen Grundsätzen ist der Instanzenzug entsprechend einem Hauptanliegen der Gesetzesrevision wesentlich gestrafft worden (Weisung 1995, S. 1521; Prot. KK 1995–1999, S. 6405; Beleuchtender Bericht 1997, S. 6), was bei der Schaffung des VRG trotz entsprechender Bemühungen noch nicht gelungen war (dazu Kom. 1. A., § 47 N. 1). 88

Demnach wirken als verwaltungsinterne Rekursinstanzen (vgl. die Übersicht bei Jaag, Verwaltungsrecht, Rz. 1067): 89
1. der Bezirksrat oder der Statthalter, wenn eine kommunale Behörde verfügt hat (§ 19c Abs. 2);
2. eine Direktion oder eine ihr gleichgestellte Kommission, wenn eine kantonale Amtsstelle verfügt hat (§ 19 Abs. 1);
3. der Regierungsrat, wenn eine Direktion, eine ihr gleichgestellte Kommission oder ein Bezirksrat/Statthalter verfügt hat (§§ 19a Abs. 1, 19c Abs. 1).

In den Fällen 1 und 2 ist bei fehlender *sachlicher* Zuständigkeit des Verwaltungsgerichts an dessen Stelle der Regierungsrat zweite Rekursinstanz (§§ 19b Abs. 1, 19c Abs. 2).

Abweichend vom erstgenannten Grundsatz sind gewisse Anordnungen nicht mit verwaltungsinternem Rekurs, sondern *unmittelbar beim Verwaltungsgericht anfechtbar,* das diesfalls als erste und einzige Rechtsmittelinstanz entscheidet. Dazu gehören folgende Kategorien: 90
– Entsprechend der Grundordnung: Beschlüsse, die der Regierungsrat als verfügende Instanz trifft.
– Kraft spezieller Regelung im VRG: Erstinstanzliche Anordnungen der Direktionen oder Ämter auf den in § 19a Abs. 2 genannten Gebieten (vgl. § 19a N. 2 ff.).
– Kraft spezialgesetzlicher Regelung: Entscheide kantonaler und kommunaler Behörden im öffentlichen Beschaffungswesen (§ 3 IVöB-BeitrittsG).

§ 19

- Kraft Bundesrecht, sofern dieses zwingend eine einzige kantonale Rechtsmittelinstanz vorschreibt. Das trifft indessen nicht zu bei Streitigkeiten betreffend das Handelsregister (VGr. 24.10.1997, VB.97.00475) und betreffend das Zivilstandsregister (RB 1998 Nr. 40).

91 Abweichend vom zweitgenannten Grundsatz sind auch bei nachfolgendem verwaltungsgerichtlichem Rechtsschutz (vgl. § 19b Abs. 1) *ausnahmsweise zwei verwaltungsinterne Rekursinstanzen* möglich (vgl. § 19b Abs. 2). Bei der Gesetzesrevision vom 8.6.1997 hat man derartige Ausnahmen bewusst in Kauf genommen, weil mit ihrer vollständigen Unterbindung in komplexe Organisationssysteme eingegriffen worden wäre (Rotach, S. 444). Das gilt z.B. im Bildungswesen, indem Anordnungen der Schulpflege und der Mittelschulleitung mit Rekurs an die Bezirksschulpflege bzw. die Schulkommission und anschliessend an die Schulrekurskommission als zweite Rekursinstanz weitergezogen werden können (vgl. § 5 UnterrichtsG). Fehlt dem Verwaltungsgericht in solchen Fällen die *sachliche* Zuständigkeit, so bleibt es allerdings beim zweitgenannten Grundsatz, indem der zweitinstanzliche Rekursentscheid der Direktion oder einer gleichgestellten Kommission nicht an den Regierungsrat weitergezogen werden kann (§ 19b Abs. 2).

3.6. Sonderordnung bezüglich Planungs- und Bausachen

Materialien
Weisung 1995, S. 1540 ff., 1550 ff.; Prot. KK 1995/96, S. 184 f., 203 ff., 209 ff., 325 ff., 358 ff.; Prot. KR 1995–1999, S. 6508 ff.

3.6.1. Allgemeines

92 Massgebend für den Instanzenzug sind nicht §§ 19 ff. VRG, sondern §§ 329 ff. PBG i.d.F.v. 8.6.1997. Ein Einspracheverfahren wird nicht durchgeführt (§ 315 Abs. 3 PBG; dazu N. 80). Erste und einzige Rekursinstanz in planungs- und baurechtlichen Streitigkeiten ist der Regierungsrat, eine Direktion oder die Baurekurskommission (§ 329 PBG).

93 Rekursinstanz ist grundsätzlich die Baurekurskommission (§ 329 Abs. 1 PBG). Diese Regel gilt unabhängig davon, ob es sich um staatliche oder kommunale Anordnungen handelt; mit der Revision vom 8.6.1997 ist der Grundsatz, wonach in raumplanungsrechtlichen Streitigkeiten die Baurekurskommission bezüglich kommunaler und der Regierungsrat bezüglich staatlicher Anordnungen zuständig war (§ 329 Abs. 1 lit. a bzw. b PBG in der alten Fassung), nicht beibehalten worden (Weisung 1995, S. 1550 ff.; Mäder, VRG-Revision, S. 10 f.). Diese Unterscheidung hatte vor allem unter dem Gesichtswinkel der Koordinationspflicht Schwierigkeiten bereitet (vgl. RB 1991 Nr. 75 = BEZ 1991 Nr. 33; RB 1993 Nr. 56, 1995 Nr. 88).

94 Die Baurekurskommissionen sind nicht nur für Streitigkeiten des nominalen Raumplanungsrechts zuständig. Wie bisher entscheiden sie aufgrund einer mit

§ 19

engem Sachzusammenhang begründeten Kompetenzattraktion auch Streitigkeiten über die Anwendung von funktionalem Raumplanungsrecht (zu diesem Begriff vgl. Haller/Karlen, N. 48, 78 f.). Zur Kompetenzattraktion bezüglich der Anwendung des USG vgl. RB 1986 Nr. 16 = BEZ 1986 Nr. 34 = URP 1986 Nr. 2; RB 1991 Nr. 74, 1992 Nr. 79.

Unter die generelle Zuständigkeit der Baurekurskommissionen fallen namentlich auch Streitigkeiten über kantonale und kommunale Nutzungsplanungen; der Kantonsrat beschloss dies gegen die Anträge der Mehrheit seiner vorberatenden Kommission und des Regierungsrats (vgl. Weisung 1995, S. 1550 f.; ABl 1996 III, S. 2109 f.; Prot. KR 1995–1999, S. 6508 ff.). 95

Im Sinn eines abschliessenden Katalogs werden genau bezeichnete Bereiche dem Regierungsrat als Rekursinstanz zugewiesen (§ 329 Abs. 2 lit. a–e PBG). Sofern Anordnungen im Sinn von Abs. 2 lit. e von einem Amt getroffen werden, ist anstelle des Regierungsrats die zuständige Direktion Rekursinstanz (§ 329 Abs. 3 PBG). Teilweise geht es um Bereiche, bezüglich derer der Regierungsrat unter dem Gesichtswinkel der Verfahrenskoordination als die geeignetere Rekursinstanz betrachtet wird (§ 329 Abs. 2 lit. b, c und d PBG: Bauten und Anlagen ausserhalb der Bauzonen oder mit UVP-Pflicht, Sanierungsmassnahmen in Anwendung des USG und des GschG; vgl. RB 1995 Nr. 88). Teilweise handelt es sich in Anlehnung an die bisherige Zuständigkeitsabgrenzung um Bereiche mit staatlichen Anordnungen (§ 329 Abs. 2 lit. a und e PBG: staatliche Anordnungen für Objekte des Natur- und Heimatschutzes sowie staatliche Anordnungen des nominalen und funktionalen Raumplanungsrechts, bei denen keine Koordination mit Beschlüssen örtlicher Baubehörden erforderlich ist). 96

Nach bisherigem Recht (der ursprünglichen Fassung von § 329 Abs. 1 PBG) ergab sich das Nebeneinander von Regierungsrat und Baurekurskommission als Rekursinstanzen vor allem daraus, dass staatliche Anordnungen der Zuständigkeit der Baurekurskommission grundsätzlich entzogen blieben. Die neue Ordnung (§ 329 PBG i.d.F.v. 8.6.1997) ist dadurch geprägt, dass man trotz Aufgabe dieses Grundsatzes beide Rekursinstanzen nebeneinander beibehalten wollte, in der Aufteilung der Zuständigkeitsbereiche aber der bundesrechtlichen Koordinationspflicht entsprechen musste, insbesondere Art. 33 Abs. 4 RPG, wonach eine einheitliche Rechtsmittelinstanz in allen Fällen vorzusehen ist, in denen die Errichtung oder die Änderung einer Baute oder Anlage Verfügungen mehrerer Behörden erfordert. 97

Staatliche Anordnungen für Objekte des Natur- und Heimatschutzes können nach § 329 Abs. 2 lit. a PBG auch dann mit Rekurs an den Regierungsrat weitergezogen werden, wenn sie in Form einer Verordnung (vgl. § 205 lit. b PBG) erlassen worden sind (RB 1986 Nr. 14). Mit Bezug auf kommunale Anordnungen ergibt sich die Zulässigkeit des Rekurses gegen solche Verordnungen – anders als die Zulässigkeit der Beschwerde an das Verwaltungsgericht (vgl. RB 98

§ 19

1985 Nr. 15) – bereits daraus, dass bei der Gemeindebeschwerde und beim Gemeinderekurs nach §§ 151 und 152 GemeindeG auch generell-abstrakte Erlasse Anfechtungsobjekt bilden können.

99 Mit Anordnungen über Bauten und Anlagen ausserhalb der Bauzone meint § 329 Abs. 2 lit. b PBG nicht nur die Verfügungen der Baudirektion betreffend Zonenkonformität nach Art. 22 RPG bzw. Ausnahmebewilligungsfähigkeit nach Art. 24 RPG, sondern auch die diesbezüglichen Baubewilligungen der Gemeinden, die demnach ebenfalls dem Rekurs an den Regierungsrat unterliegen (Rotach, S. 455; vgl. VGr. 29.8.1997, VB.97.00102). Für die Behandlung von Rekursen gegen Zwangsmassnahmen der kommunalen Baubehörde ist im Hinblick auf die formelle Koordination zwischen Sach- und Vollstreckungsverfügung nicht die Baurekurskommission, sondern der Regierungsrat zuständig (RB 1998 Nr. 122). Streitigkeiten über baurechtliche Anordnungen in einer Freihaltezone sind auch dann vom Regierungsrat und nicht von der Baurekurskommission zu behandeln, wenn wegen der Lage der Freihaltezone inmitten der Stadt Art. 24 RPG nicht zur Anwendung gelangt (BRKE I Nr. 35/1999, BEZ 1999 Nr. 20).

100 § 329 Abs. 1 lit. c PBG, der die Zuständigkeit des Regierungsrats für einer UVP unterliegende Anlagen und Bauten vorsieht, entspricht der bisherigen Rechtsprechung zur Koordinationspflicht (RB 1991 Nr. 75 = BEZ 1991 Nr. 33; RB 1993 Nr. 56, 1995 Nr. 88). Die Bestimmung gilt auch für Gestaltungspläne, die einer Verfügung gleichkommen. Da die Frage, ob eine UVP durchgeführt werden muss, häufig nach quantitativen Gesichtspunkten zu entscheiden ist (vgl. Anhang UVPV), bewirkt diese Bestimmung eine systemwidrige und unzweckmässige Aufspaltung der Rekurszuständigkeiten je nach Art und Grösse der Bauvorhaben bzw. der Gestaltungspläne.

101 Gegen Entscheide der Rekursinstanzen steht die Beschwerde an das Verwaltungsgericht offen (§ 41 VRG). In näher bezeichneten Fällen entscheiden die Baurekurskommission, die Baudirektion und der Regierungsrat als Rekursinstanz endgültig (§§ 330–333 PBG).

102 Bezüglich Einleitung, Durchführung und Erledigung der Rechtsmittelverfahren gilt auch in Planungs- und Bausachen die Ordnung des VRG. Lediglich zwei Institute werden im PBG speziell geordnet: § 338a PBG regelt die Rekurs- und Beschwerdelegitimation. Abs. 1 Satz 1 entspricht der Formulierung von § 21 lit. a VRG i.d.F.v. 8.6.1997; Abs. 1 Satz 2 erklärt unter denselben Voraussetzungen die Anfechtung von Erlassen für zulässig, womit in sachwidriger Weise die Regelungsgegenstände der Legitimation und des Anfechtungsobjekts vermischt werden. Abs. 2 regelt die Rekurs- und Beschwerdelegitimation der ideellen Verbände bezüglich Massnahmen des Natur- und Heimatschutzes, Bewilligungen für Bauten und Anlagen ausserhalb der Bauzonen sowie überkommunalen Gestaltungsplänen ausserhalb der Bauzonen. § 21 lit. b VRG findet ergänzend Anwendung. – Sodann regelt § 339 PBG die aufschiebende Wirkung von

§ 19

Rechtsmitteln gegen eine baurechtliche Bewilligung. Auch diese Regelung ist nicht abschliessend; §§ 25 und 55 VRG sind ergänzend anwendbar (RB 1981 Nr. 18 = ZBl 82/1981, S. 474 = ZR 80 Nr. 104).

3.6.2. Einzelfragen bei planungsrechtlichen Festlegungen

Zur Frage der unmittelbaren Anfechtbarkeit von Richtplänen vgl. N. 25. **103**

Zur akzessorischen Überprüfung von Richtplänen vgl. N. 26. **104**

Zur Frage der akzessorischen Überprüfung von Nutzungsplänen vgl. N. 27. **105**

§ 329 Abs. 4 PBG regelt das *Verhältnis zwischen Rechtsmittel- und Genehmigungsverfahren bei kommunalen Nutzungsplanungen.* Danach hätte das Verwaltungsgericht vor der Behandlung entsprechender Beschwerden gegen Entscheide der Baurekurskommission die Baudirektion zu veranlassen, für den Genehmigungsentscheid zu sorgen (zur Entstehungsgeschichte und zum Zweck dieser Bestimmung vgl. Prot. KK 1995/96, S. 203–207, 209–218, 320–327, 358–360; Rotach, S. 454). Das Verwaltungsgericht hat diese Bestimmung für bundesrechtswidrig erklärt, weil sie entgegen Art. 25a (insbesondere Abs. 2 lit. d, Abs. 4), Art. 26 und Art. 33 Abs. 4 RPG die erforderliche Koordination zwischen dem Genehmigungsentscheid und dem Rechtsmittelverfahren über die Planfestlegung erst im zweitinstanzlichen Rechtsmittelverfahren vorsieht. Zunächst verlangte das Gericht, die Genehmigungsbehörde – d.h. die Baudirektion bei vorbehaltlosen Genehmigungen bzw. der Regierungsrat bei negativen Genehmigungsentscheiden, vgl. § 2 PBG i.d.F.v. 8.6.1997 – habe abweichend vom § 329 Abs. 4 PBG unmittelbar im Anschluss an den kommunalen Planungsakt ihren förmlichen Genehmigungsentscheid zu fällen, worauf die zuständige Gemeindebehörde für die gemeinsame Publikation beider Beschlüsse zu sorgen habe, die bei der Baurekurskommisison anfechtbar seien (VGr. 29.5.1998, BEZ 1998 Nr. 9). Auf dieses Urteil kam das Gericht später bezüglich des Zeitpunktes des Genehmigungsentscheids zurück; danach ist dieser Entscheid zwar nicht vor dem Rechtsmittelverfahren über den Planungsakt zu treffen; falls jedoch gegen Letzteren Rekurs erhoben wird, hat abweichend von § 329 Abs. 4 PBG bereits die Baurekurskommission den Genehmigungsentscheid einzuholen; ein negativer Genehmigungsentscheid kann alsdann bei der Baurekurskommission angefochten werden (VGr. 11.2.1999, BEZ 1999 Nr. 3 = ZBl 100/1999, S. 491 ff., mit kritischen redaktionellen Bemerkungen von Alexander Ruch, S. 502 f.). Wird gegen die kommunale Nutzungsplanung kein Rekurs erhoben, so kann gegen einen allfälligen negativen Genehmigungsentscheid des Regierungsrats jedenfalls unmittelbar beim Verwaltungsgericht Beschwerde erhoben werden (vgl. § 43 Abs. 1 lit. d; VGr. 17.6.1999, BEZ 1999 Nr. 23). **106**

Soweit Mängel des *Abstimmungsverfahrens* (§ 151 Abs. 1 Ziff. 1 Satz 2 GemeindeG) vorgebracht werden, fallen Rekurse von Stimmberechtigten gegen kommunale Bau- und Zonenordnungen nicht in die Zuständigkeit der Baure- **107**

§ 19

kurskommission; derartige Mängel sind mit Gemeindebeschwerde an den Bezirksrat zu rügen (RRB 966/1984).

108 *Kasuistik:* Zur Behandlung eines Rekurses gegen eine Quartierplanfestsetzung ist auch dann die Baurekurskommission und nicht der Bezirksrat zuständig, wenn dieser Plan nicht dem neuen Recht unterstellt worden ist (RB 1982 Nr. 157). In Streitigkeiten über die Rückerstattung der von einem Privaten geleisteten Erschliessungskosten hat nicht der Bezirksrat, sondern die Baurekurskommission zu entscheiden (RB 1987 Nr. 8).

3.6.3. Einzelfragen bei baurechtlichen Anordnungen

109 Gewisse kommunale Baubewilligungen bedürfen der Genehmigung durch die Baudirektion, so der baurechtliche Entscheid über Betriebe mit Schwertransporten (§ 227 Abs. 2 PBG) und die baurechtliche Bewilligung von Hochhäusern (§ 285 PBG). Gegen diesen Genehmigungsentscheid kann der Nachbar nicht Rekurs erheben; ihm steht einzig der Rekurs gegen den kommunalen Bewilligungsentscheid offen (RB 1983 Nr. 10). Zur Anfechtbarkeit von Genehmigungsentscheiden bezüglich kommunaler Nutzungsplanungen vgl. N. 106.

110 *Kasuistik:* Ein negativer Kompetenzkonflikt zwischen Baurekurskommission und Bezirksrat (in casu betreffend Baubewilligungsgebühr) darf nicht dazu führen, dass der Betroffene wegen verspäteter Rekurserhebung um seinen Rechtsschutz gebracht wird (RB 1985 Nr. 1). Ist die Baurekurskommission für die Beurteilung einer Sache zuständig, so hat sie und nicht der Bezirksrat die allein angefochtene Gebühren- und Kostenauflage der Gemeindebehörde zu beurteilen (RB 1984 Nr. 5). Die Baurekurskommission beurteilt Streitigkeiten über die bauliche Beanspruchung des öffentlichen Grundes auch dann, wenn die angefochtene Anordnung ihre Grundlage nicht im Baupolizeirecht, sondern im Hoheitsrecht des Gemeinwesens und der daraus fliessenden Normsetzungsbefugnis hat (RB 1984 Nr. 4). Sie beurteilt ferner Streitigkeiten über Gebühren für die vorübergehende Benutzung des öffentlichen Grundes als Standort von Bauinstallationen (RB 1986 Nr. 6 = BEZ 1986 Nr. 37). Wird über eine Rechtsfrage mit der Erteilung der Baubewilligung rechtskräftig entschieden, so kann sie anlässlich der Bewilligung untergeordneter Projektänderungen nicht neu aufgerollt werden (RB 1991 Nr. 1 = BEZ 1991 Nr. 38).

3.6.4. Einzelfragen bei Natur- und Heimatschutzmassnahmen

111 *Kasuistik:* Staatliche Anordnungen für Objekte des Natur- und Heimatschutzes können nach § 329 Abs. 2 lit. a PBG auch dann mit Rekurs an den Regierungsrat weitergezogen werden, wenn sie in Form einer Verordnung (vgl. § 205 lit. b PBG) erlassen worden sind (RB 1986 Nr. 14; vgl. auch N. 98). Gegen die Verweigerung der Bewilligung baulicher Massnahmen an Objekten des Natur- und Heimatschutzes während des einjährigen Veränderungsverbots nach § 209

Abs. 2 PBG steht der Rekurs an die Baurekurskommission offen (RB 1989 Nr. 5). Gegen die Weigerung der zuständigen Behörde, über Massnahmen des Natur- und Heimatschutzes mit anfechtbarer Verfügung zu entscheiden, kann von den Natur- und Heimatschutzorganisationen Rekurs erhoben werden (RB 1991 Nr. 3 = ZBl 92/1991, S. 495 = BEZ 1991 Nr. 23). Die Aufnahme eines Schutzobjekts in ein Inventar ist im Gegensatz zur Inventarentlassung eine blosse Verwaltungsanordnung ohne Verfügungscharakter und kann nicht mit Rekurs- und Beschwerde angefochten werden; die zur Verbandsbeschwerde berechtigten Vereinigungen haben deshalb keinen Anspruch auf Mitwirkung im behördlichen Inventarisationsverfahren (RB 1992 Nr. 8).

3.7. Sonderordnung bezüglich Enteignungen

In Enteignungsverfahren gilt die Ordnung von §§ 23 ff. AbtrG, die mit Bezug auf Strassen- und Gewässerprojekte allerdings modifiziert wird (dazu N. 125 ff.). Zu beachten ist, dass das Enteignungsverfahren nicht nur der *Erteilung des Enteignungsrechts,* der Festlegung der *Abtretungsansprüche* gegenüber den betroffenen Grundeigentümern und deren *Entschädigungsansprüchen* dient, sondern auch der Erhebung von *Mehrwertsbeiträgen* (vgl. § 17 AbtrG), insbesondere von Fahrbahn- und Gehwegbeiträgen (vgl. § 62 lit. e StrassG). Sodann wird im Bestandteil des Enteignungsverfahrens bildenden Schätzungsverfahren auch über streitige *Entschädigungen wegen materieller Entschädigung* sowie damit zusammenhängende Streitpunkte wie Heimschlags- und Zugrechte entschieden (§§ 183ter, 183^{quater} EG ZGB; Haller/Karlen, N. 1107). Zum Rechtsschutz bei formeller und materieller Enteignung vgl. allgemein die Übersichten bei Haller/Karlen, N. 1102 und 1103, sowie bei Jaag, Verwaltungsrecht, Rz. 2646.

112

3.7.1. Administrativverfahren

Die *Erteilung des Enteignungsrechts* bildet Gegenstand eines besonderen Rechtsmittelverfahrens nach § 21 AbtrG. Das Gesuch um Verleihung dieses Rechts wird, sofern es sich nicht als offensichtlich unbegründet erweist (§ 2 AbtrV), unter Ansetzung einer Frist für Einsprachen im Amtsblatt publiziert (§ 3 AbtrV). Zur Einsprache berechtigt sind alle Privaten, die von der Enteignung betroffen werden könnten. Zu beurteilen ist in diesem «Prüfungsverfahren» ausschliesslich die Frage, ob das öffentliche Interesse die Enteignung rechtfertige; der – projektbedingte – Umfang der Enteignung bildet noch nicht Streitgegenstand. Zuständig zur Beurteilung der Einsprachen ist der Bezirksrat. Dessen Stellungnahme hat die Funktion eines Gutachtens an den Regierungsrat (§ 21 Abs. 4 AbtrG, § 4 Abs. 2 AbtrV), der bei öffentlichen Unternehmen selber entscheidet (§ 3 lit. a AbtrG), bei privaten Unternehmen dem Kantonsrat Antrag stellt (§ 3 lit. b AbtrG, § 6 AbtrV). Entscheide des Regierungsrats über die Erteilung des Enteignungsrechts sind mit Beschwerde an das Verwaltungsgericht anfechtbar (§ 41 VRG). Zur Beschwerde legitimiert sind auch jene Personen, welche die

113

§ 19

Stellungnahme des Bezirksrats nicht beim Regierungsrat angefochten haben (RB 1964 Nr. 21), nach früherer Rechtsprechung, die heute überholt sein dürfte, sogar jene, welche keine Einsprache erhoben haben (RB 1967 Nr. 11 = ZBl 68/1967, S. 531 = ZR 66 Nr. 171). Beschlüsse des Kantonsrats über die Erteilung des Enteignungsrechts unterliegen keinem kantonalen Rechtsmittel, sondern lediglich der staatsrechtlichen Beschwerde, was mit Art. 6 Ziff. 1 EMRK nicht vereinbar ist (vgl. – für andere Kantone – BGE 118 Ia 223 ff., 120 Ia 209 ff., 213 ff.). *Kasuistik*: Obwohl in § 21 AbtrG nicht ausdrücklich vorgesehen, ist die Frist zur Erhebung von Einsprachen gegen die Erteilung des Enteignungsrechts den betroffenen Grundeigentümern durch persönliche Anzeige anzusetzen (RB 1977 Nr. 119).

114 In gewissen Fällen entfällt das Einspracheverfahren nach § 21 AbtrG betreffend die Erteilung des Enteignungsrechts. Das gilt regelmässig dann, wenn der Staat selber das Enteignungsrecht für ein Projekt beansprucht, das vom Regierungsrat zu genehmigen ist (§ 7 Abs. 2 AbtrV). Diesfalls können Einwendungen gegen die Enteignung noch im Planauflageverfahren erhoben werden (RB 1964 Nr. 20, 1975 Nr. 11; vgl. RB 1961 Nr. 134 = ZBl 63/1962, S. 291 = ZR 61 Nr. 106). Sodann können bei Strassen- und Gewässerbauprojekten im Enteignungsverfahren Einwendungen gegen die Enteignung allenfalls deswegen ausgeschlossen sein, weil sie bereits im vorangehenden Projektfestsetzungsverfahren hätten erhoben werden müssen (§ 17 StrassG, § 18a WasserwirtschaftsG; dazu N. 125). Das Einspracheverfahren nach § 21 AbtrG entfällt schliesslich dann, wenn die planungsrechtliche Festsetzung die Erteilung des Enteignungsrechts einschliesst, so bei Bau- und Niveaulinien (§ 110 PBG), Werkplänen (§ 116 PBG) sowie bei Strassen- und Gewässerbauprojekten (§ 15 StrassG, § 18 Abs. 4 WasserwirtschaftsG; dazu N. 125).

115 Im Hauptbestandteil des Administrativverfahrens bildenden *Planauflageverfahren* nach §§ 22 ff. AbtrG wird der Rechtsschutz bezüglich des *Umfangs der Enteignung* gewährleistet. Das Projekt, für welches das Enteignungsrecht beansprucht wird, ist durch den Gemeinderat aufzulegen und amtlich zu publizieren (§ 22 AbtrG). Gleichzeitig werden die betroffenen Grundeigentümer persönlich über den Umfang der an sie gestellten Enteignungsansprüche orientiert, unter Ansetzung einer Frist für die «Anmeldung» von Einsprachen gegen Abtretungs- und Beitragsforderungen des Exproprianten und von Entschädigungsbegehren (§ 23 AbtrG). Gegen das Projekt als solches, d.h. die Erteilung des Enteignungsrechts, können keine Einwendungen erhoben werden, es sei denn, solche Einwendungen hätten, weil der Kanton als Enteigner auftritt, bisher nicht erhoben werden können (RB 1964 Nr. 20; vgl. RB 1961 Nr. 134). Mit der Einsprache nach § 23 AbtrG kann der Betroffene vorab geltend machen, das beanspruchte Grundstück sei für die Ausführung des Projekts nicht oder nur teilweise nötig. Zudem kann er Projektänderungen verlangen, soweit sie untergeordneter Natur, d.h. für das Projekt nicht nachteilig sind (§ 24 AbtrG); diese Möglichkeit

§ 19

entfällt allerdings bei Strassen- und Gewässerbauprojekten, wo Projektänderungen bereits in dem dem Enteignungsverfahren vorangehenden Festsetzungsverfahren geltend zu machen sind (vgl. § 17 Abs. 3 lit. a StrassG, § 18a Abs. 4 lit. a WasserwirtschaftsG). § 23 AbtrG unterscheidet bei Unterlassen der «Anmeldung» die Wirkungen hinsichtlich Ansprüchen des Exproprianten (Abtretungen und Mehrwertsbeiträge) einerseits sowie Entschädigungen anderseits: Erstere gelten als anerkannt und werden rechtskräftig (RB 1975 Nr. 134; vgl. RB 1971 Nr. 80). Wer jedoch auf die ein Entschädigungsangebot des Enteigners enthaltende Anzeige keine Ansprüche anmeldet, verzichtet damit nicht auf Entschädigung; vielmehr ist das Verfahren fortzusetzen, wobei aber die gesetzliche Vermutung greift, der Betroffene anerkenne zum Voraus die Richtigkeit des Entscheids der Schätzungskommission (RB 1961 Nr. 133, 1972 Nr. 109).

Kasuistik: Mängel des Administrativverfahrens bewirken nur Anfechtbarkeit, nicht aber Nichtigkeit des Entscheids über die Abtretungspflicht (RB 1962 Nr. 143). Zur Projekteinsprache kann auch ein Grundeigentümer legitimiert sein, der kein Land abzutreten hat (RB 1966 Nr. 15). Einwendungen gegen das Enteignungsprojekt, die auf mehr als bloss untergeordnete Änderungen abzielen, sind im Planauflageverfahren in der Regel auch dann unzulässig, wenn das im Prüfungsverfahren aufgelegte Projekt seither weiterentwickelt und mehr oder weniger stark überarbeitet worden ist (RB 1970 Nr. 107 = ZBl 72/1971, S. 67 = ZR 69 Nr. 80). Führt eine Projekteinsprache zu einem neuen Projekt, das dem Grundeigentümer ausschliesslich Minderabtretungen auferlegt, so muss das Planauflageverfahren nicht erneut durchgeführt werden (RB 175 Nr. 133).   116

Mit der Projektauflage nach §§ 23 f. AbtrG verbunden ist ein Expropriationsbann; danach ist es dem Grundeigentümer untersagt, am Abtretungsgegenstand rechtliche und wesentliche tatsächliche Änderungen vorzunehmen (§§ 26 f. AbtrG).   117

Vor dem Entscheid über die Einsprachen und Entschädigungsforderungen muss sich der Expropriant um eine gütliche Einigung bemühen (§ 29 AbtrG). Das Verständigungsverfahren ist auch dann durchzuführen, wenn sich der Expropriant davon keinen Erfolg verspricht (RB 1966 Nr. 115).   118

Kommt es zu einer Einigung, erfolgt diese in Form eines Expropriationsvertrags. Dabei handelt es sich um einen verwaltungsrechtlichen Vertrag (vgl. RB 1964 Nr. 124 = ZBl 66/1965, S. 120; RB 1962 Nr. 145; RB 1962 Nr. 146 = ZR 62 Nr. 64). Wer einen solchen Vertrag nicht halten will, kann dies unmittelbar beim Verwaltungsgericht geltend machen, das hierüber im Klageverfahren zu entscheiden hat (§ 82 lit. k VRG). Das Anfechtungsverfahren entfällt; das gilt jedenfalls mit Bezug auf finanzielle Streitpunkte, die demnach nicht der Schätzungskommission, sondern unmittelbar dem Verwaltungsgericht zu unterbreiten sind (RB 1964 Nr. 39 = ZBl 66/1965, S. 120). *Kasuistik:* «Die Meistbegünstigungsklausel» in einem Expropriationsvertrag, die dem vertragschliessenden   119

§ 19

Enteigneten die gleichen (höheren) Entschädigungsansätze zugesteht, wie sie ein anderer Enteigneter allenfalls im Verfahren vor Schätzungskommission und Verwaltungsgericht erstreitet, ist zulässig (RB 1981 Nr. 154). Der Expropriant erwirbt das Eigentum auch bei Abschluss eines Expropriationsvertrags mit der Bezahlung der Entschädigung (RB 1969 Nr. 83). Wird ein Vertrag über die Abtretung oder Beschränkung von Grundeigentum mit dem Gemeinwesen vor dem oder ausserhalb des Enteignungsverfahrens abgeschlossen, so untersteht er nach Form, Inhalt und Wirkungen ausschliesslich dem Privatrecht (RB 1977 Nr. 120). Über die Beitragsforderung aus einem Erschliessungsvertrag zwischen dem Gemeinwesen und den Strassenanstössern, der nicht den Vollzug eines genehmigten Quartierplans regelt, ist nicht im Schätzungsverfahren, sondern im Rekursverfahren vor Bezirksrat zu entscheiden (vgl. RB 1990 Nr. 23).

120 Kommt keine Einigung zustande, so ist über die Einsprachen zu entscheiden, wobei sich der Rechtsweg gabelt: Über *Einwendungen betreffend Art und Umfang der Enteignung* entscheidet erstinstanzlich der Bezirksrat und zweitinstanzlich der Regierungsrat (§ 30 AbtrG; §§ 13 ff. AbtrV). Der Entscheid des Bezirksrats gilt als erstinstanzliche Verfügung, die bei Verzicht auf Weiterzug rechtskräftig wird. Bei deren Weiterzug an den Regierungsrat handelt es sich demnach – anders als beim Weiterzug der bezirksrätlichen Stellungnahme an den Regierungsrat betreffend die Erteilung des Enteignungsrechts nach § 21 AbtrG – um ein eigentliches verwaltungsinternes Rekursverfahren nach §§ 19 ff. VRG. Der Rekursentscheid des Regierungsrats ist mit Beschwerde an das Verwaltungsgericht weiterziehbar (§ 41 VRG). – Über *finanzielle Ansprüche* (Entschädigungen für das abgetretene Land, bestrittene Beitragsforderungen des Exproprianten) entscheidet die Schätzungskommission (§§ 32 ff. AbtrG; dazu N. 121 ff.).

3.7.2. Schätzungsverfahren

121 Die Schätzungskommission ist *sachlich zuständig* für den Entscheid über finanzielle Ansprüche im Zusammenhang mit dem Enteignungsverfahren. Das sind primär die *Abtretungsentschädigungen*, über welche die Schätzungskommission auch dann zu befinden hat, wenn der Betroffene im Administrativverfahren auf das Entschädigungsangebot des Gemeinwesens nicht mit eigenen Forderungen reagiert hat. Hingegen hat die Kommission über *Beitragsforderungen* nur dann zu befinden, wenn diese im Administrativverfahren vom Betroffenen bestritten worden sind (vgl. RB 1971 Nr. 83; § 23 SchätzV). Die Schätzungskommission entscheidet ferner über streitige *Entschädigungsansprüche wegen materieller Enteignung*, einschliesslich deren Rückforderung (§§ 183ter, 183^{quater} EG ZGB). Anders als bei der formellen Enteignung wird die Schätzungskommission bei der materiellen Enteignung nur tätig, wenn der Betroffene zuvor seine Ansprüche beim zuständigen Gemeinwesen ausdrücklich angemeldet hat, wofür ihm eine Frist von zehn Jahren seit Inkrafttreten der Eigentumsbeschränkung zur Verfügung steht (§ 183ter Abs. 1 EG ZGB); die unterschiedliche Regelung hängt

§ 19

damit zusammen, dass bei Einleitung des Schätzungsverfahrens wegen formeller Enteignung Letztere bereits eine feststehende Rechtstatsache bildet, während im Schätzungsverfahren wegen materieller Enteignung vielfach das Vorliegen einer solchen und damit die Frage der Entschädigungspflicht streitig ist. Zum sachlichen Zuständigkeitsbereich der Schätzungskommissionen gehören schliesslich gewisse Streitigkeiten, die *nicht unmittelbar vermögensrechtlicher Natur* sind, so bei der formellen Enteignung der Entscheid über streitige *Anpassungsarbeiten* (RB 1970 Nr. 108; zu deren Abgrenzung von den in die Zuständigkeit des Bezirksrats fallenden Projektänderungen vgl. RB 1975 Nr. 135), ferner der Entscheid über Bestand und Umfang von *Zugrechten des Gemeinwesens und von Heimschlagsrechten des Grundeigentümers,* dies sowohl bei der formellen (vgl. §§ 8 und 9 AbtrG; dazu RB 1971 Nr. 82) wie auch bei der materiellen Enteignung (RB 1977 Nr. 121 = ZBl 78/1977, S. 559 = ZR 76 Nr. 81; vgl. zu diesen Rechten eingehend § 82 N. 25 ff.). Die Schätzungskommissionen entscheiden ferner Streitigkeiten über die Pflicht zur Leistung von *Ersatzabgaben* anstelle der Errichtung von Fahrzeugabstellplätzen (§ 246 Abs. 4 PBG; RB 1992 Nr. 67).

Das *Verfahren* richtet sich nach §§ 38–42 AbtrG sowie nach der vom Verwaltungsgericht erlassenen SchätzV. Es bleibt auch nach der Gesetzesrevision vom 8.6.1997, welche lediglich den Weiterzug des Schätzungsentscheids an das Verwaltungsgericht neu geregelt hat, ein *Klageverfahren.* Es wird durch den stets in der Rolle des Klägers auftretenden Exproprianten mit einem entsprechenden Gesuch an das Statthalteramt eingeleitet, welches die Akten der zuständigen Schätzungskommission übermittelt (§ 39 AbtrG). Diese führt mit den Parteien eine mündliche Verhandlung, zumeist verbunden mit einem Augenschein, durch. Sie kann auch vor oder nach der Verhandlung einen oder mehrere Schriftenwechsel durchführen und weitere Ermittlungen vornehmen (§ 41 AbtrG). 122

Kasuistik: Im Schätzungsverfahren sind die Ansprüche, anders als im Administrativverfahren, vollständig geltend zu machen; unterlassene Begehren können später vor Verwaltungsgericht nicht nachgeholt werden (RB 1986 Nr. 114; vgl. auch RB 1984 Nr. 24). Das Verfahren darf auch hinsichtlich der Ansprüche und Verpflichtungen eines einzigen Grundeigentümers getrennt werden (RB 1975 Nr. 137, 1979 Nr. 110). Die Schätzungskommission ist an die Anträge der Parteien nicht gebunden (RB 1964 Nr. 125). Die Schätzungskommission kann den Beklagten auch dann zu Mehrwertsbeiträgen verpflichten, wenn das klagende Gemeinwesen solche im Administrativverfahren noch nicht geltend gemacht hat (RB 1972 Nr. 110). Über die Verrechnung von Abtretungsentschädigungen mit Strassen- oder Trottoirbeiträgen ist nicht im Schätzungsentscheid zu befinden (RB 1961 Nr. 118 = ZR 61 Nr. 109). Die Schätzungskommission muss bei Fällung des Entscheids nicht in gleicher Besetzung tagen wie bei der vorausgegangenen Parteiverhandlung (RB 1966 Nr. 116). Der Schätzungsentscheid muss den Anforderungen eines definitiven Rechtsöffnungs- 123

§ 19

titels genügen; er darf nicht in einer Rückweisung der Sache an den Exproprianten und/oder Beitragsgläubiger bestehen (RB 1966 Nr. 117). In Streitigkeiten über Entschädigungen aus materieller Enteignung sind die Kosten des Schätzungsverfahrens nur dann dem Ansprecher aufzuerlegen, wenn er das Verfahren leichtfertig verursacht hat (RB 1993 Nr. 65). Nach dem Rückzug der Einsprache hat die Schätzungskommission nicht mehr materiell über Abtretungs- und Beitragsforderungen des Enteigners zu entscheiden (RB 1971 Nr. 83). Ist der Schätzungsentscheid von einem mitwirkenden Kommissionsmitglied aus einem besonderen Grund nicht unterzeichnet worden, so ist er gleichwohl gültig (RB 1964 Nr. 126). Wer als Betroffener im Administrativverfahren keine persönliche Anzeige erhalten und daher keine Einsprache erhoben hat, kann den späteren Schätzungsentscheid gleichwohl vor Verwaltungsgericht anfechten (RB 1966 Nr. 114, 1979 Nr. 109). Wer sich zum Voraus dem Schätzungsentscheid unterzogen hat, kann seine Erklärung nicht unter Berufung auf Grundlagenirrtum widerrufen, wohl aber gegen den Schätzungsentscheid Revisionsgründe geltend machen (RB 1971 Nr. 81). Gleiches gilt für den Grundeigentümer, der sich vor Schätzungskommission mit dem Gemeinwesen über die Landentschädigung geeinigt hat (RB 1973 Nr. 82). Weist das Verwaltungsgericht die Sache zum Neuentscheid an die Schätzungskommission zurück, so ist es dieser verwehrt, im zweiten Rechtsgang den Abtretungspflichtigen schlechter zu stellen als im ersten, vom Enteigner hingenommenen Entscheid (RB 1992 Nr. 94).

124 Zum Weiterzug des Schätzungsentscheids an das Verwaltungsgericht vgl. § 41 N. 38 ff.

3.8. Sonderordnung bezüglich Strassen- und Gewässerprojekte

125 Für *Projekte des Strassen- und Gewässerbaus* ist mit der Gesetzesrevision vom 8.6.1997 ein Festsetzungsverfahren, verbunden mit Planauflage, Einsprache und Enteignungsrecht, eingeführt worden, das gegenüber dem bisherigen Genehmigungsverfahren in Anpassung an das Nationalstrassenrecht eine wesentliche Straffung sowie eine Koordination mit dem Enteignungsverfahren bringt (Weisung 1995, S. 1556 ff.; Prot. KK 1995/96, S. 337 ff.; Rotach, S. 456). Strassen- und Wasserbauprojekte sind vor der Festsetzung öffentlich aufzulegen (§ 16 Abs. 1 StrassG, § 18a Abs. 1 WasserwirtschaftsG). Mit der Einsprache innerhalb der Auflagefrist können alle Mängel des Projekts gerügt werden; diesbezügliche Einwendungen sind im nachfolgenden Enteignungsvefahren ausgeschlossen. Mit der Bekanntmachung kann sodann angeordnet werden, dass auch alle Einwendungen gegen die Enteignung und sämtliche damit zusammenhängenden Begehren (betreffend Entschädigungen, Anpassungsarbeiten und Beitragsforderungen) in der Projekteinsprache erhoben werden müssen, womit auch solche Einwendungen im späteren Enteignungsverfahren ausgeschlossen sind (§ 17 Abs. 2 und 3 StrassG, § 18a Abs. 3 und 4 WasserwirtschaftsG). Damit

§ 19

lässt sich erreichen, dass ein Vorhaben mit der Rechtskraft der Projektfestsetzung derart genau feststeht, dass es ungeachtet allenfalls noch bestehender finanzieller Streitpunkte in Angriff genommen werden kann. Bei Projekten von untergeordneter Bedeutung kann auf das Einspracheverfahren verzichtet werden; diesfalls sind Begehren um Projektänderungen noch im Enteignungsverfahren zulässig (§ 17 Abs. 5 StrassG, § 18a Abs. 6 WasserwirtschaftsG). Die *Legitimation* zur Einsprache bestimmt sich nach § 21 VRG (§ 17 Abs. 1 Satz 2 StrassG; § 18a Abs. 2 Satz 2 WasserwirtschaftsG). Bei Strassenprojekten bestehen darüber hinaus die durch Art. 4 RPG bundesrechtlich gewährleisteten und in § 13 StrassG konkretisierten Mitwirkungsrechte der Bevölkerung.

Über die Einsprache wird mit der Festsetzung entschieden. Zuständig hierfür ist bei Staatsstrassen der Regierungsrat bzw. im Rahmen ihrer Kompetenz zur Kreditbewilligung die Baudirektion, bei Gemeindestrassen der Gemeinderat; in den Städten Zürich und Winterthur ist der Stadtrat auch bezüglich Strassen von überkommunaler Bedeutung zuständig (§ 15 Abs. 1 und 2, § 45 Abs. 2 StrassG). Projektfestsetzungen der Gemeinderäte (Exekutiven) für Gemeindestrassen sind vom Bezirksrat zu genehmigen, wenn die Erteilung des Enteignungsrechts erforderlich ist. Projektfestsetzungen der Stadträte Zürich und Winterthur für Strassen mit überkommunaler Bedeutung sind stets vom Regierungsrat zu genehmigen. Zuständig für Projektfestsetzung und Einspracheentscheid bei Gewässerprojekten ist stets eine staatliche Behörde, nämlich die Baudirektion für innerhalb ihrer Kreditbewilligungskompetenz liegende staatliche Projekte sowie für alle kommunalen Projekte, der Regierungsrat für die innerhalb seiner Kreditbewilligungskompetenz liegenden staatlichen Projekte (§ 15 Abs. 2 und 3, § 45 Abs. 2 StrassG; § 18 Abs. 4 WasserwirtschaftsG). Das Enteignungsrecht ist mit der Festsetzung erteilt, mit der Genehmigung dann, wenn eine solche erforderlich ist. 126

Der Festsetzungs- und Einspracheentscheid ist nach den Vorschriften des VRG mit Rekurs anfechtbar; wer es unterlassen hat, Einsprache zu erheben, verwirkt das Rekursrecht (§ 17 Abs. 4 StrassG, § 18a Abs. 5 WasserwirtschaftsG). Mit Rekurs anfechtbar sind auch negative Genehmigungsentscheide. Zur früheren Zuständigkeit des Verwaltungsgerichts für wasserrechtliche Streitigkeiten im Klageverfahren vgl. § 82 N. 11 ff. 127

Eine Sonderregelung besteht bei Strassenprojekten bezüglich der Einmündung von Gemeinde- in Staatsstrassen; diesbezügliche Rekursentscheide des Regierungsrats gegen negative Genehmigungsentscheide der Baudirektion sind endgültig (§ 15 Abs. 3 StrassG); ein Antrag der Kommissionsminderheit, auch gegen solche Rekursentscheide den Beschwerdeweg an das Verwaltungsgericht zu öffnen, wurde vom Kantonsrat abgelehnt (Prot. KR 1995–1999, S. 6525 ff.). 128

§ 19

3.9. Sonderordnung in schulischen Angelegenheiten

129 Im Bereich der *Volksschule* ist die *Bezirksschulpflege* Rekursinstanz, soweit es um schulische Fragen geht, für andere Fragen der *Bezirksrat*. Nichtschulischer Art und damit vom Bezirksrat zu behandeln sind insbesondere organisatorische, finanzrechtliche und personalrechtliche Fragen (Jaag, Verwaltungsrecht, Rz. 728 und 1918; vgl. VGr. 25.3.1997, DR.97.00002; Thalmann, § 153 N. 5). Anordnungen der *Mittelschule* unterliegen dem Rekurs an die *Schulkommission* (§ 6 Abs. 1 Ziff. 8 MittelschulG). Gegen Rekursentscheide der Bezirksschulpflege oder der Schulkommission steht – im Sinn einer Ausnahme vom zweistufigen Modell (dazu N. 91) – vor einem Weiterzug an das Verwaltungsgericht der Rekurs an die *Schulrekurskommission* als zweite verwaltungsinterne Rekursinstanz offen (§ 39 Abs. 1 MittelschulG). Entscheide von *Berufsschulen* und von Prüfungskommissionen unterliegen der Einsprache an das für die Berufsbildung zuständige Amt (§ 34 Abs. 1 des Einführungsgesetzes zum Bundesgesetz über die Berufsbildung vom 21.6.1987 [LS 413.11]), dessen Entscheide mit Rekurs an die Schulrekurskommission weitergezogen werden können (§ 5 UnterrichtsG). Anordnungen der staatlichen *Fachhochschulen* unterliegen dem Rekurs an den Schulrat und dem Weiterzug an die Schulrekurskommission (§ 26 Abs. 2 Ziff. 8 und § 49 Abs. 1 FachhochschulG, § 2 SchulrekurskomV). Anordnungen der dem Universitätsrat untergeordneten Organe der *Universität* können bei der *Rekurskommission* der Universität angefochten werden. Entscheide der Rekurskommission über das Ergebnis von Prüfungen und Promotionen sind endgültig; die übrigen Entscheide sind nach Massgabe des VRG an das Verwaltungsgericht weiterziehbar. Gegen erstinstanzliche Entscheide des Universitätsrats ist der Rekurs an den Regierungsrat zulässig (§ 46 UniversitätsG). Erstinstanzliche Anordnungen des *Bildungsrats* unterliegen entsprechend der gesetzlichen Grundordnung (§ 19a Abs. 1 VRG) dem Rekurs an den Regierungsrat. Vgl. zum Ganzen die Übersichten bei Jaag, Verwaltungsrecht, Rz. 2988–2990.

130 Zum Rechtsschutz in *personalrechtlichen* Streitigkeiten im schulischen Bereich vgl. § 74 N. 15.

3.10. Sonderordnung in kirchlichen Angelegenheiten

131 Im Bereich der *evangelisch-reformierten* Landeskirche und ihrer Kirchgemeinden besteht ein besonderer Rechtsweg für *innerkirchliche Angelegenheiten:* Die *Bezirkskirchenpflege* entscheidet Rekurse gegen Beschlüsse kirchlicher Natur der Kirchgemeinden und der Kirchenpflegen (§ 26 Abs. 2 refKG; Rübel, S. 152 f.). Entscheide der Bezirkskirchenpflege sind mit Rekurs an den *Kirchenrat* weiterziehbar (§ 34 Abs. 3 Ziff. 12 refKG). Die *landeskirchliche* Rekurskommission überprüft erstinstanzliche Entscheide des Kirchenrats, es sei denn, diese könnten – wie das auf personalrechtliche Anordnungen zutrifft – an das Verwaltungsgericht weitergezogen werden (§ 37 Abs. 3 refKG). In *anderen,* nicht innerkirchlichen Angelegenheiten ist der Bezirksrat Rekursinstanz (zur Abgrenzung

vgl. Jaag, Verwaltungsrecht, Rz. 732 f. und 1919; Rübel, S. 152 ff.; Thalmann, § 153 N. 6). Vgl. auch § 43 N. 41.

Zum Rechtsschutz in *personalrechtlichen* Streitigkeiten innerhalb der evangelisch-reformierten Landeskirche vgl. § 74 N. 16. 132

Im Bereich der *römisch-katholischen* Körperschaft und ihrer Kirchgemeinden besteht in *innerkirchlichen* Angelegenheiten nur ein rudimentärer Rechtsschutz: Die *Synode* beurteilt Streitigkeiten zwischen der Zentralkommission und einzelnen Kirchgemeinden über finanzielle Leistungen (§ 7d lit. f kathKG i.V.m. Art. 24 lit. p kathKO). Die *Zentralkommission* entscheidet über Streitigkeiten zwischen einzelnen Kirchgemeinden, soweit nicht die staatlichen Behörden zuständig sind (§ 10 lit. d kathKG). In *nicht innerkirchlichen Fragen* ist auch in der römisch-katholischen Kirche der *Bezirksrat* Rekursinstanz. Vgl. auch § 43 N. 41. 133

Zum Rechtsschutz in *personalrechtlichen* Streitigkeiten innerhalb der römisch-katholischen Kirche vgl. § 74 N. 17. 134

3.11. Sonderordnung bezüglich Wahlen und Abstimmungen

Bei *kommunalen* Abstimmungen und Wahlen können Unregelmässigkeiten des Verfahrens und Verletzungen des Stimmrechts (vgl. § 123 WahlG) mit Beschwerde nach § 151 Abs. 1 Ziff. 3 GemeindeG zunächst beim Bezirksrat (§ 151 Abs. 2 GemeindeG, § 126 Abs. 1 WahlG), zweitinstanzlich beim Regierungsrat (§ 129 WahlG) angefochten werden. Die Gemeindebeschwerde gemäss § 151 GemeindeG ist mit der Stimmrechtsbeschwerde gemäss §§ 123 ff. WahlG bezüglich der Rüge der Verletzung der politischen Rechte in Gemeindeangelegenheiten weitgehend identisch (Hiller, S. 63; Jaag, Rechtsmittel, S. 471 f.; Thalmann, § 151 N. 1, 4.2; Trippel, S. 71 ff.). 135

Für Beschwerden wegen Verletzung des Stimmrechts bei Bezirkswahlen ist der Regierungsrat zuständig (§ 126 Abs. 1 WahlG). Bei kantonalen Urnengängen entscheidet der Kantonsrat über Beschwerden wegen Unregelmässigkeiten, der Regierungsrat über Beschwerden wegen Verletzung des Stimmrechts (§ 125 Abs. 1 WahlG). Im Zusammenhang mit den Kantonsratswahlen kann gegen Verfügungen des Präsidenten der Kreiswahlvorsteherschaft bei der für Abstimmungen und Wahlen zuständigen Direktion Beschwerde geführt werden, die endgültig entscheidet (§ 125 Abs. 1 Satz 2 i.V.m. § 92 WahlG). 136

Die Beschwerde an das Verwaltungsgericht ist auf dem Gebiet von Wahlen und Abstimmungen in allen Fällen ausgeschlossen (§ 43 Abs. 1 lit. a VRG; vgl. Art. 100 Abs. 1 lit. p OG). Letztinstanzliche kantonale Entscheide betreffend Verletzungen der Rechte der Stimmbürger unterliegen der staatsrechtlichen Beschwerde an das Bundesgericht nach Art. 85 lit. a OG (dazu Kälin, S. 150 ff.). 137

Zu den Besonderheiten des Anfechtungsobjekts bei Wahlen und Abstimmungen vgl. N. 40. 138

§ 19a

2. Erstinstanzliche Anordnungen der Direktionen

§ 19a. Erstinstanzliche Anordnungen der Direktionen können mit Rekurs beim Regierungsrat angefochten werden. Den Anordnungen von Direktionen sind Anordnungen von Kommissionen, die von einem Mitglied des Regierungsrates geleitet werden, gleichgestellt.

Erstinstanzliche Anordnungen der Direktionen und Ämter in folgenden Gebieten können unmittelbar beim Verwaltungsgericht angefochten werden:
1. Bewilligungen ärztlicher Privatapotheken
2. Bewilligungen zur Ausübung der Berufe der Gesundheitspflege
3. Vollzug der Betäubungsmittelgesetzgebung
4. Bewilligungen zum Betrieb von Krankenhäusern

Materialien
Weisung 1995, S. 1530 ff.; Prot. KK 1995/96, S. 39 ff., 102 ff., 153 ff., 244 ff.; Prot. KR 1995–1999, S. 6488, 6508 ff.

Übersicht	Note
1. Zu Abs. 1	1
2. Zu Abs. 2	2

1. Zu Abs. 1

1 Vgl. § 19 N. 70 ff.

2. Zu Abs. 2

2 Abweichend vom Modell des zweistufigen Rechtsweges können erstinstanzliche Anordnungen von Direktionen und Ämtern in den hier bezeichneten Gebieten unmittelbar beim Verwaltungsgericht angefochten werden. Die Ausnahmen betreffen allesamt Anordnungen im Gesundheitswesen, nämlich Bewilligungen ärztlicher Privatapotheken (vgl. § 17 GesundheitsG), Bewilligungen zur Ausübung der Berufe der Gesundheitspflege (vgl. § 31a GesundheitsG; Verordnung über die Berufe der Gesundheitspflege vom 8.1.1992, LS 811.31), Bewilligungen zum Betrieb von Krankenhäusern (§ 43 GesundheitsG) sowie den Vollzug der Betäubungsmittelgesetzgebung (vgl. Art. 34 des Betäubungsmittelgesetzes vom 3. 10.1951, SR 812.121; §§ 8 ff. der kantonalen Verordnung über den Verkehr mit Heilmitteln vom 28.12.1978, LS 812.1).

3 Bei der Gesetzesrevision vom 8.6.1997 wollte man zunächst den Ausnahmekatalog von § 19a Abs. 2 weiter fassen; unter anderem sollten auch Administrativmassnahmen im Strassenverkehr der Direktbeschwerde unterliegen; allgemein ging es darum, den Regierungsrat auf diese Weise in jenen Fällen von der Funktion als Rekursbehörde zu entlasten, in denen eine Delegation der Verfü-

gungskompetenz an Ämter (mit der Möglichkeit des Rekurses an Direktionen) nicht möglich oder nicht erwünscht sei (Prot. KK 1995/96, S. 153 ff.). Die bei der definitiven Bereinigung verliebenen vier Ausnahmefälle muten eher zufällig an und wären besser ebenfalls gestrichen worden.

Beim in den Fällen von § 19a Abs. 2 offen stehenden Rechtsmittel an das Verwaltungsgericht handelt es sich nicht um den Rekurs, sondern um die Beschwerde; das Verwaltungsgericht behandelt solche Rechtsmittel nach den Bestimmungen von §§ 54 ff. Zu beachten ist jedoch die Sondervorschrift von § 50 Abs. 3, wonach in derartigen Fällen die Rüge der Unangemessenheit zulässig ist (vgl. § 50 N. 111 ff.).   4

§ 19b. Gegen Rekursentscheide der Direktionen und der ihnen gleichgestellten Kommissionen ist der Rekurs an den Regierungsrat nur zulässig, wenn der Weiterzug an das Verwaltungsgericht ausgeschlossen ist.   *3. Rekursentscheide der Direktionen*

Entscheide, welche die Direktionen und die den Direktionen gleichgestellten Kommissionen als zweite Rekursinstanz getroffen haben, sind nicht an den Regierungsrat weiterziehbar.

Materialien
Weisung 1995, S. 1530 ff.; Prot. KK 1995/96, S. 39 ff., 102 ff., 153 ff., 244 ff.; Prot. KR 1995–1999, S. 6488, 6508 ff.

Vgl. § 19 N. 70 ff.   1

§ 19c. Gegen erstinstanzliche Anordnungen der Bezirksräte und der Statthalter ist der Rekurs an den Regierungsrat zulässig.   *4. Anordnungen und Rekursentscheide der Bezirksräte und Statthalter*

Gegen Rekursentscheide der Bezirksräte und der Statthalter ist der Rekurs an den Regierungsrat nur zulässig, wenn der Weiterzug an das Verwaltungsgericht ausgeschlossen ist.

Materialien
Weisung 1995, S. 1530 ff.; Prot. KK 1995/96, S. 39 ff., 102 ff., 153 ff., 244 ff.; Prot. KR 1995–1999, S. 6488, 6508 ff.

Vgl. § 19 N. 70 ff.   1

§ 20. Mit dem Rekurs können alle Mängel des Verfahrens und der angefochtenen Anordnung geltend gemacht werden.   *II. Rekursgründe*

Neue Begehren verfahrensrechtlicher Art und neue tatsächliche Behauptungen sowie die Bezeichnung neuer Beweismittel sind zulässig.

§ 20

Materialien
Weisung 1957, S. 1038; Prot. KK 20.12.1957, 23.9.1958; Beleuchtender Bericht 1959, S. 401.

Literatur
AUBERT MARTIN, Bildungsrechtliche Leistungsbeurteilungen im Verwaltungsprozess, Bern/Stuttgart/Wien 1997; FULDA JOHANNES F., Rechtsschutz im Prüfungswesen der Bundeshochschulen, ZBl 84/1983, S. 145 ff.; GADOLA, S. 343 ff.; GUCKELBERGER ANETTE, Der Zugang zum Verwaltungsgericht nach deutschem und nach schweizerischem Recht, ZBl 99/1998, S. 345 ff.; GYGI, S. 265 ff.; HÄFELIN/MÜLLER, Rz. 344 ff.; IMBODEN/RHINOW/KRÄHENMANN, Nr. 67; KÄLIN, S. 157 ff.; DERSELBE, Chancen und Grenzen kantonaler Verfassungsgerichtsbarkeit, ZBl 88/1987, S. 233 ff.; KÖLZ ALFRED, Intertemporales Verwaltungsrecht, ZSR 102/1983 II, S. 101 ff.; KÖLZ/HÄNER, Rz. 617 ff.; MERKER, § 49 Rz. 2 ff.; MERKLI/AESCHLIMANN/HERZOG, Art. 66 N. 2 ff.; MOOR II, S. 428 ff.; MÜLLER GEORG, Legitimation und Kognition in der Verwaltungsrechtspflege, ZBl 83/1982, S. 281 ff.; RECORDON LUC, La protection juridique du candidat à un examen en droit administratif fédéral, notamment dans les Ecoles Polytechniques Fédérales, ZBl 85/1984, S. 216 ff.; RHINOW/KOLLER/KISS, Rz. 1290; SALADIN, S. 188 ff.

Übersicht

	Note
1. Allgemeines	1
2. Rekursgründe im Einzelnen	6
2.1. Rechtsverletzung im engeren Sinn	6
2.2. Unrichtige oder ungenügende Sachverhaltsermittlung	10
2.3. Verletzung von Verfahrensvorschriften	15
2.4. Fehlerhafte Ermessensausübung	17
3. Normenkontrolle	24
4. Novenrecht	32
4.1. Allgemeines	32
4.2 Neue Begehren	35
4.3. Neue Tatsachenbehauptungen und Beweismittel	42
4.4. Neue rechtliche Vorbringen	44
5. Massgebender Zeitpunkt der Sachlage	47
6. Massgebender Zeitpunkt der Rechtslage	50

1. Allgemeines

1   Mit der Umschreibung der zulässigen Rekursgründe, d.h. der rügbaren Mängel, wird die Prüfungsbefugnis und -pflicht (Kognition) der Rechtsmittelbehörde bestimmt. Die zulässigen Rekursgründe geben Aufschluss darüber, was die Rechtsmittelinstanz materiell zu prüfen hat; Rekursgründe und Kognition decken sich (Gygi, S. 266). Demgegenüber betrifft die Frage, ob und inwieweit die Rechtsmittelinstanz bei Aufhebung der angefochtenen Anordnung einen Neuentscheid treffen darf und ob sie dabei an den durch die Anträge der Parteien gesteckten Rahmen gebunden ist, die Entscheidungsbefugnis der Rechtsmittelbehörde (vgl. §§ 27 und 63 mit den irreführenden Randtiteln «Überprüfungsbefugnis»). Dem Grundsatz der Einheit des Verfahrens entsprechend

§ 20

darf sich die Kognition von Rechtsmittelbehörden im Lauf des Instanzenzugs höchstens verengen, nicht aber ausweiten (§ 4 N. 14; Kölz/Häner, Rz. 619).

Mit dem Rekurs können alle Mängel des Verfahrens und der angefochtenen Verfügung gerügt werden (Abs. 1). Dazu gehören die unrichtige Anwendung und die Nichtanwendung eines im Gesetz ausgesprochenen oder sich daraus ergebenden Rechtssatzes, einschliesslich der Verletzung von Verfahrensvorschriften oder -grundsätzen (Rechtskontrolle im engeren Sinn), die für den Entscheid erhebliche unrichtige oder ungenügende Ermittlung des Sachverhaltes (Sachverhaltskontrolle) sowie die fehlerhafte Ermessensausübung (Ermessenskontrolle). Letztere kennzeichnet den Rekurs, im Unterschied zur Beschwerde an das Verwaltungsgericht nach §§ 41 ff., als vollkommenes Rechtsmittel (Vorbem. zu §§ 19–28 N. 8 und 16; Vorbem. zu §§ 41–71 N. 9). 2

Die Rekursbehörde ist, wie jede Rechtsmittelinstanz, nicht nur berechtigt, sondern auch verpflichtet, ihre Überprüfungsbefugnis voll auszuschöpfen. Bei unzulässiger Kognitionsbeschränkung verletzt sie den Anspruch auf rechtliches Gehör und begeht damit eine formelle Rechtsverweigerung (vgl. BGE 120 Ia 115 f., 106 Ia 71, 104 Ib 418). 3

Zuweilen ergeben sich indessen durch die Natur der Sache bedingte Kognitionsbeschränkungen (vgl. bezüglich Sachverhaltskontrolle N. 14; bezüglich Ermessenskontrolle N. 18 ff.). Vereinzelt wird in der Lehre die Auffassung vertreten, wo die Rechtsmittelbehörde *innerhalb* eines bestimmten Beschwerdegrundes Ermessens-, Beurteilungs- und Entscheidungsspielräume der Verwaltungsbehörde zu respektieren habe, handle es sich nicht um eine Einschränkung der Kognition, sondern um die Relativierung der «Aufhebungspflicht» in Fällen, in denen das Gericht – bei voller Überprüfung – zu einem anderen Beurteilungsergebnis als die Verwaltungsbehörde gelangt (Merker, § 49 Rz. 5, 32 ff., § 56 Rz. 14, 32 ff.). In der vorliegenden Kommentierung wird indessen entsprechend der herrschenden Lehre (Bertossa, S. 78 ff.; Gadola, S. 354 ff.; Gygi, S. 305 f.; Häfelin/Müller, Rz. 369; Kälin, S. 157 ff.; Kölz/Häner, Rz. 644 f.) die Wahrung derartiger Beurteilungs- und Entscheidungsspielräume als «Zurückhaltung beim Prüfungsvorgang», mithin als Kognitionsbeschränkung verstanden. 4

Die umfassende Kognition der Rekursbehörden kann sich nur im Rahmen des vorgegebenen *Streitgegenstands* entfalten. Damit zusammen hängt die umstrittene Frage, ob die Rekursbehörde ihren Entscheid auf einen *anderen,* weder von der Vorinstanz noch vom Rekurrenten angerufenen *Rechtsgrund* stützen, d.h. die nämliche (von der Vorinstanz festgelegte oder vom Rekurrenten anbegehrte) Rechtsfolge aus einem wesentlich verschiedenen Sachverhalt, verbunden mit einem anderen Rechtssatz, ableiten darf (Gygi, S. 213 f., 256 ff.). Die umfassende Kognition der Rekursbehörden folgt nicht zwingend aus dem Grundsatz der Rechtsanwendung von Amtes wegen, und sie schliesst auch die Berücksichtigung des Rügeprinzips nicht aus (RB 1997 Nr. 7; zum Spannungsverhältnis 5

373

§ 20

zwischen Rechtsanwendung von Amtes wegen und Rügeprinzip vgl. Vorbem. zu §§ 19–28 N. 73, § 50 N. 4 ff.).

2. Rekursgründe im Einzelnen

2.1. Rechtsverletzung im engeren Sinn

6 Unter unrichtiger Rechtsanwendung ist neben der Nichtanwendung der im konkreten Fall massgebenden Normen die Verletzung von anerkannten Auslegungsregeln zu verstehen. Die verfügende Behörde verletzt Recht, wenn sie unrichtiges Recht anwendet (z.B. kantonales statt kommunales und umgekehrt) oder wenn sie zwar das richtige Recht anwendet, aber falsch, wobei diese unrichtige Normanwendung Fehler in der Auslegung, der Subsumtion oder der Rechtsfolge betreffen kann. Rechtsfehlerhaft sind sodann Verwaltungsakte, die einer rechtssatzmässigen Grundlage überhaupt entbehren (Verletzung des Legalitätsprinzips) oder die sich auf einen höherrangigem Recht widersprechenden Rechtssatz stützen (vgl. § 50 N. 2).

7 Die Rechtsverletzung kann Rechtssätze des geschriebenen und ungeschriebenen, formellen und materiellen Rechts aller Stufen (kommunales Recht, kantonales Recht, Bundesrecht, Staatsvertragsrecht) betreffen (vgl. § 50 N. 31 ff.).

8 Im Gegensatz zum deutschen Recht unterscheidet das VRG nicht zwischen dem Anfechtungsbegehren und dem Verpflichtungsbegehren (vgl. Bosshart, Erste Ergebnisse, S. 226; vgl. dazu Eyermann/Fröhler, § 42 N. 1 ff.; Guckelberger, a.a.O., S. 348 ff.). Vielmehr kann mit Rekurs jedes beliebige Begehren gestellt werden. Lehnt die Verwaltung etwa die Erbringung einer Leistung oder die Erteilung einer Bewilligung ab, so hat sie die Ablehnung in Verfügungsform festzuhalten; der Betroffene kann gegen die Verfügung in der Folge Rekurs erheben. Der weitgefasste Verfügungsbegriff ersetzt die erwähnte begriffliche Differenzierung. Einzig das Feststellungsbegehren hat selbständige Bedeutung.

9 *Kasuistik:* Umfasst die angefochtene Verfügung ein ganzes Massnahmenpaket, kann der Betroffene auch eine einzelne zugehörige Massnahme als unverhältnismässig rügen (RB 1983 Nr. 6).

2.2. Unrichtig oder ungenügende Sachverhaltsermittlung

10 Die verfügenden Verwaltungsbehörden untersuchen den Sachverhalt von Amtes wegen, wobei die Verfahrensbeteiligten mitzuwirken haben, soweit sie ein Begehren gestellt haben oder ihnen nach gesetzlicher Vorschrift eine Auskunfts- oder Mitteilungspflicht obliegt (§ 7 Abs. 1 und 2; dazu § 7 N. 3 ff.). Im Übrigen sind die Verfahrensbeteiligten zur Mitwirkung nicht verpflichtet, jedoch im Rahmen ihres Gehörsanspruchs berechtigt (dazu § 8 N. 31 ff.). Die Sachver-

haltsfeststellung der verfügenden Behörde ist *unvollständig*, wenn nicht alle entscheidungswesentlichen Tatsachen berücksichtigt worden sind. *Unrichtig* ist die Sachverhaltsfeststellung, wenn der Verfügung aktenwidrige oder sonst falsche Annahmen zugrunde gelegt, über rechtserhebliche Umstände keine Beweise erhoben oder solche unzutreffend gewürdigt worden sind. Wenn und soweit die unrichtige oder ungenügende Feststellung des Sachverhalts eine Verletzung der behördlichen Untersuchungspflicht oder eine Verweigerung des rechtlichen Gehörs bedeutet, mithin nicht von der rekurrierenden Partei zu verantworten ist, leidet die angefochtene Anordnung an einem Mangel, der zu ergänzenden Sachverhaltsermittlungen – sei es nach Aufhebung der angefochtenen Anordnung durch die verfügende Verwaltungsbehörde, sei es durch die Rekursbehörde selber – führen muss.

Ob ein solcher Mangel in der vorinstanzlichen Sachverhaltsermittlung vorliegt, beurteilt die Rekursbehörde *frei*, ohne jede Bindung an die Sachverhaltsfeststellungen der Vorinstanz. Die nämliche freie Tatsachenkognition gilt im Übrigen auch im Beschwerdeverfahren vor Verwaltungsgericht (§ 51). 11

Für die Rekursbehörde selber gilt ebenfalls die Untersuchungspflicht (Vorbem. zu §§ 4–31 N. 4), hier in der prozessualen Erscheinungsform der Untersuchungsmaxime (zum Unterschied zwischen verwaltungsbehördlicher Untersuchungspflicht und prozessualer Untersuchungsmaxime vgl. § 7 N. 3). Aus der Untersuchungsmaxime folgt, dass die Rekursbehörde grundsätzlich von Amtes wegen, also nicht bloss auf Parteirüge hin, zu prüfen hat, ob die verfügende Behörde ihrer Untersuchungspflicht nachgekommen ist und die angefochtene Anordnung insoweit auf vollständigen und richtigen Sachverhaltsermittlungen beruht (vgl. RB 1982 Nr. 5). Hingegen bedeutet die Untersuchungsmaxime nicht, dass die Rekursbehörde die erforderlichen ergänzenden Sachverhaltsermittlungen selber vornehmen müsse. Ob und inwieweit die Rekursbehörde eigene Erhebungen vornehmen soll oder die Sache zur ergänzenden Untersuchung an die Vorinstanz zurückweisen darf, ist eine Frage ihrer Entscheidungsbefugnisse (dazu § 27 N. 3 ff.). Die Untersuchungsmaxime steht jedenfalls einer Rückweisung nicht entgegen (im gleichen Sinn für das Verfahren vor Verwaltungsgericht vgl. § 51 N. 5 f.). 12

Der uneingeschränkten Überprüfung vorinstanzlicher Tatsachenfeststellungen durch die Rekursbehörde (Sachverhaltskontrolle, § 20 Abs. 1) entspricht die Zulässigkeit neuer tatsächlicher Behauptungen und Beweismittel im Rekursverfahren (Novenrecht, § 20 Abs. 2). Beides bedingt sich zwar nicht zwingend gegenseitig, ergänzt sich aber sinnvoll. Ohne die Zulassung neuer Tatsachenbehauptungen würde die Bedeutung der Untersuchungsmaxime im Rekursverfahren verabsolutiert und müsste die Rekursbehörde, falls sie die vorinstanzliche Sachverhaltsermittlung für ungenügend oder unrichtig befindet, die Sache regelmässig zur ergänzenden Untersuchung an die verfügende Behörde zurückweisen. 13

§ 20

14 *Schätzungen,* z.B. betreffend den Verkehrswert von Liegenschaften oder die Höhe von Einkünften, sind eine besondere Art der Sachverhaltsermittlung. Gleiches gilt für *Prognosen* über zukünftige Ereignisse (Gygi, S. 273, 279). Bei der Überprüfung von Schätzungen und Prognosen im Rekursverfahren ist trotz der grundsätzlich vollen Tatsachenkognition *Zurückhaltung* geboten, sofern sie auf Fachwissen und einer anerkannten Methode beruhen (Kölz/Häner, Rz. 644). Das gilt in ausgeprägtem Masse dort, wo sich Schätzungen und Prognosen auf ein Gutachten stützen (RB 1994 Nr. 18 = BEZ 1994 Nr. 13; RB 1985 Nr. 47, 1984 Nr. 65, 1982 Nr. 35; vgl. RB 1997 Nr. 9; § 7 N. 78). Vgl. im gleichen Sinn für das verwaltungsgerichtliche Verfahren § 51 N. 7.

2.3. Verletzung von Verfahrensvorschriften

15 Jede Verletzung von Verfahrensvorschriften und -grundsätzen kann mit Rekurs geltend gemacht werden. Dazu gehören sämtliche aus Art. 4 aBV abgeleiteten Rechtsschutzgarantien (Art. 29 und 30 BV), deren Verletzung als *formelle Rechtsverweigerung* gerügt werden kann (vgl. die umfassende und instruktive Darstellung in Rhinow/Koller/Kiss, Rz. 199–402), unabhängig davon, ob sie im VRG ausdrücklich normiert worden sind: Verbot der Rechtsverweigerung im engeren Sinn und der Rechtsverzögerung (§ 4a), Anspruch auf unentgeltliche Rechtspflege (§ 16 Abs. 1) und auf unentgeltlichen Rechtsbeistand (§ 16 Abs. 2), Recht auf Verbeiständung, Verbot des überspitzten Formalismus, Anspruch auf rechtliches Gehör (vgl. §§ 8 f. VRG), Anspruch auf ordnungsgemässe Willensbildung der entscheidenden Behörde, Anspruch auf fehlerfreie Eröffnung von Verfügungen und Entscheiden sowie Treu und Glauben im Verfahren. Das *rechtliche Gehör i.e.S.* umfasst im Wesentlichen die Ansprüche auf Orientierung, auf Äusserung sowie auf Mitwirkung im Ermittlungsverfahren (vgl. dazu im Einzelnen § 8 N. 12 ff.). Beispiele formeller Rechtsverweigerung: rechtswidrige Unzuständigkeitserklärung (§ 5), Nichtbeachtung eines Ausstandsgrunds (§ 5a), Verletzung der Untersuchungspflicht (§ 7); Verweigerung der Akteneinsicht (§ 8 N. 66 ff.), Missachtung beweisrechtlicher Ansprüche (Abnahme von Beweismitteln, Teilnahme am Beweisverfahren, Stellungnahme zum Beweisergebnis; § 8 N. 31 ff.), ungerechtfertigte Verweigerung des prozessualen Armenrechts (§ 16). Die Untersuchungspflicht der Behörden und der Gehörsanspruch der Verfahrensbeteiligten dienen vorab der richtigen und vollständigen Sachverhaltsermittlung. Mängel in der Sachverhaltsermittlung schliessen daher zumeist eine Verletzung dieser Grundsätze mit ein.

16 Der Anspruch auf rechtliches Gehör ist formeller Natur, was bedeutet, dass der mit dem Mangel behaftete Entscheid aufzuheben und die Sache an jene Vorinstanz zurückzuweisen ist, die das mangelhafte Verfahren durchgeführt hat, und zwar grundsätzlich unabhängig davon, ob diese Instanz bei Einhaltung der verletzten Verfahrensvorschrift zu einem anderen materiellen Ergebnis gelangt wäre. Der Rekurrent muss demnach weder ein materielles Interesse an der Ein-

haltung der Verfahrensvorschrift noch einen kausalen Einfluss des Verfahrensmangels auf den materiellen Entscheid nachweisen (Grisel I, S. 37; Gygi, S. 298). Aufgrund der formellen Natur des Gehörsanspruchs wäre die Rechtsmittelbehörde an sich gehalten, die unter Gehörsverletzung zustande gekommene Anordnung in jedem Fall aufzuheben. Rechtsprechung und Lehre gehen jedoch von der Möglichkeit der *Heilung* von Gehörsverletzungen aus (BGE 122 II 285, 119 Ib 266, 117 Ib 86 f., mit Hinweisen; RB 1995 Nr. 23, 1990 Nr. 15, 1987 Nr. 49; RB 1966 Nr. 23 = ZBl 68/1967, S. 327 = ZR 66 Nr. 176; RB 1964 Nr. 16). Das setzt allerdings voraus, dass die unterlassene Gehörsgewährung tatsächlich unter voller Ausschöpfung der Kognition in einem Rechtsmittelverfahren nachgeholt wird, das eine Prüfung im gleichen Umfang wie durch die Vorinstanz erlaubt (BGE 118 Ib 276, 116 Ia 95; Rhinow/Koller/Kiss, Rz. 330). Zudem muss der Betroffene über die gleichen Möglichkeiten der Mitwirkung und der Durchsetzung seiner rechtlichen Interessen verfügen wie im unterinstanzlichen Verfahren (RB 1971 Nr. 53 = ZBl 73/1972, S. 148 = ZR 70 Nr. 41). Diese Vorbedingungen sind im Rekursverfahren nach §§ 19 ff. an sich gegeben bzw. erfüllbar. Die erforderliche Nachholung des rechtlichen Gehörs kann dabei allenfalls schon darin erblickt werden, dass der Rekurrent sich in der Rekursschrift zu den ihm bisher vorenthaltenen Entscheidungsgrundlagen äussern konnte. Für die Rekursbehörden ist die Heilung jedoch keine Verpflichtung, sondern eine Möglichkeit. Sie haben aufgrund der konkreten Interessenabwägung im Einzelfall darüber zu befinden, ob sie eine Gehörsverweigerung als geheilt betrachten bzw. durch weitere eigene Verfahrensschritte einer Heilung zuführen wollen oder nicht (RB 1995 Nr. 23). In jüngster Zeit zeichnet sich eine grössere Zurückhaltung gegenüber der Heilung von Gehörsverletzungen ab, namentlich bei schwerwiegenden oder von der betreffenden Behörde wiederholt begangenen Verletzungen (Kölz/Häner, Rz. 131). Zu den Möglichkeiten und Grenzen einer Heilung von Gehörsverletzungen vgl. allgemein § 8 N. 48 ff.; BGE 100 Ia 11, 97 I 885, 98 Ib 171, 98 Ib 176.

2.4. Fehlerhafte Ermessensausübung

Im Gegensatz zum Verwaltungsgericht können die Rekursbehörden auch die Ermessensausübung sowie die Interpretation unbestimmter Rechtsbegriffe durch die unteren Instanzen in vollem Umfang überprüfen. Das gilt auch für die *Baurekurskommissionen,* obwohl im Planungs- und Baugesetz eine Bestimmung darüber fehlt. Aus dem allgemeinen Grundsatz, wonach mindestens eine Rechtsmittelbehörde die Ermessenshandhabung überprüfen soll, sowie aus dem Umstand, dass die Baurekurskommissionen die Bezirksräte ersetzen, welchen ebenfalls Ermessenskognition zukam, folgt ohne weiteres deren Befugnis zur Kontrolle der Ermessensausübung, jedoch mit den durch die Gemeindeautonomie bedingten Einschränkungen (vgl. ABl 1975 II, S. 1277).

17

§ 20

18 Allerdings bestehen für verwaltungsinterne Rekursbehörden und für Rekurskommissionen auch hier (hinsichtlich der Sachverhaltskontrolle vgl. N. 14) bei gewissen Konstellationen Einschränkungen.

19 Die wichtigsten Einschränkungen sind durch die Gemeindeautonomie bedingt. Gemeindeautonomie besteht immer dann, wenn das kantonale Recht für einen Sachbereich keine abschliessende Ordnung trifft, sondern ihn ganz oder teilweise der Gemeinde zur Regelung überlässt und ihr dabei eine relativ erhebliche Entscheidungsfreiheit einräumt. Der geschützte Autonomiebereich kann sich auf die Befugnis zum Erlass und Vollzug eigener kommunaler Vorschriften beziehen oder einen Entscheidungsspielraum bei der Anwendung des kantonalen oder eidgenössischen Rechts beinhalten; Voraussetzung ist jedoch, dass der erstinstanzliche Vollzug der Gemeinde übertragen ist (BGE 93 I 154 ff., 122 I 290; BGr. 22.1.1996, ZBl 98/1997, S. 419; vgl. Häfelin/Haller, N. 201a–201d, 1702–1702c; Jaag, Verwaltungsrecht, Rz. 1601 ff.). Besteht in einem Bereich Gemeindeautonomie, so kommt den Rekursinstanzen allgemein nur beschränkte Überprüfungsbefugnis zu (BGE 102 Ia 70, 101 Ia 260, 100 Ia 203; Riccardo Jagmetti, Die Stellung der Gemeinden, ZSR 91/1972 II, S. 220 ff.; Imboden/Rhinow/Krähenmann, Nr. 67 B III b; Merker, § 49 Rz. 38 ff.). Das gilt einmal dort, wo nach kommunalem Recht getroffene Ermessensentscheide zu überprüfen sind (RB 1971 Nr. 7, 1977 Nr. 15; vgl. aber RB 1972 Nr. 9). Diese Einschränkung erstreckt sich auch auf die Interpretation unbestimmter Rechtsbegriffe, die dem kommunalen Recht angehören (RB 1981 Nr. 20, 1982 Nr. 38, 1984 Nr. 106; BGE 96 I 369 E. 4, 96 I 718 E. 2, 99 Ia 247 E. 3, 106 Ia 71 f., 112 Ia 271; vgl. Jagmetti, a.a.O., S. 335). Die Kognitionsbeschränkung gilt ferner dort, wo das kantonale Recht den Gemeinden bei der Anwendung kantonaler Bestimmungen eine relativ erhebliche Entscheidungsfreiheit belässt (RB 1979 Nr. 10 bezüglich § 238 PBG; RB 1990 Nr. 94 betreffend § 6 WohnerhaltG; vgl. RB 1981 Nr. 20). Das heisst aber nicht, dass diese Einschränkung allgemein bezüglich unbestimmter Rechtsbegriffe des kantonalen Rechts eingreife; hier haben die Rekursinstanzen grundsätzlich volle Kognition (BGE 97 I 523 f.; RB 1986 Nr. 116). Vgl. im gleichen Sinn hinsichtlich des verwaltungsgerichtlichen Beschwerdeverfahrens § 50 N. 8.

20 Eine der praktisch wichtigsten Kompetenzen steht den Gemeinden beim Erlass von Bau- und Zonenordnungen sowie beim Aufstellen von Quartierplänen zu. *Kommunale Nutzungspläne* überprüfen die Baurekurskommissionen auch auf Zweckmässigkeit und Angemessenheit. Ein Eingriff in die kommunale Planungsautonomie ist nicht erst dann zulässig, wenn die Festsetzung der Gemeinde geradezu als unhaltbar erscheint. Trotz dieser grundsätzlich umfassenden Kognition haben sich Rekursbehörden Zurückhaltung aufzuerlegen. Sie dürfen dann korrigierend eingreifen, wenn sich die kommunale Lösung aufgrund überkommunaler Interessen als unzweckmässig erweist oder wenn sie wegleitenden Grundsätzen und Zielen der Raumplanung widerspricht. Im Übrigen heben

§ 20

sie die kommunale Planfestlegung nur dann auf, wenn deren Unzweckmässigkeit oder die Unangemessenheit offensichtlich ist (BGE 110 Ia 53; Haller/Karlen, N. 1073). Die gleichen Kognitionsgrundsätze gelten für das Genehmigungsverfahren (§ 5 Abs. 1 PBG; Kreisschreiben der Baudirektion an die Gemeinden über die Genehmigungspraxis vom 1.6.1980; Haller/Karlen, N. 455). Die nämliche Ermessensüberprüfung kommt dem Verwaltungsgericht aufgrund von Art. 33 Abs. 2 und 3 lit. b RPG dort zu, wo es Genehmigungsentscheide betreffend kommunale Nutzungsplanungen als erste Rechtsmittelinstanz überprüft (RB 1994 Nr. 17 = BEZ 1994 Nr. 22). Beschränkt ist die Überprüfungsbefugnis der Rekursbehörden in *Quartierplansachen* (RB 1971 Nr. 53 = ZBl 73/1972, S. 148 = ZR 70 Nr. 41; RB 1973 Nr. 9 = ZBl 74/1973, S. 414 = ZR 72 Nr. 99). Eine solche Zurückhaltung rechtfertigt sich allerdings dann nicht, wenn das Quartierplangebiet überwiegend im Eigentum der Gemeinde steht (RB 1984 Nr. 82). Bei der Überprüfung von *Denkmalschutzmassnahmen* ist zu beachten, dass die gebotene Auswahl unter mehreren vergleichbaren Schutzobjekten aus der gleichen Zeit in erster Linie Sache der verfügenden Behörden ist (RB 1989 Nr. 67).

Kraft ausdrücklicher Spezialregelung überprüfen die *Schulrekurskommission* und die *Universitätsrekurskommission* Rekurse betreffend Prüfungen und Promotionen nur auf Rechtsverletzungen und Verfahrensmängel hin; die Rüge der Unangemessenheit ist ausgeschlossen (§ 5 Abs. 3 UnterrichtsG, § 46 Abs. 4 UniversitätsG). Auch andere mit *Prüfungs- und Promotionsentscheidungen* befasste Rekursbehörden auferlegen sich diesbezüglich eine gewisse Zurückhaltung (vgl. RRB 3059/1976, SJZ 73/1977, S. 9 ff.; AGVE 1970, S. 374 f.; MBVR 1974, S. 373 ff.; vgl. BGE 99 I 591; Merker, § 49 Rz. 48 ff.). Die verwaltungsgerichtliche Beschwerde gegen solche Entscheide ist von vornherein ausgeschlossen (§ 43 Abs. 1 lit. f). 21

Zurückhaltung auferlegen sich die Rekursbehörden bei der Ermessenskontrolle ferner dann, wenn persönliche oder örtliche Verhältnisse zu berücksichtigen, wenn verwaltungsorganisatorische oder technische Fragen zu lösen sind oder wenn die angefochtene Verfügung den Richtlinien einer Verwaltungsverordnung entspricht. Zur entsprechenden, nicht unbedenklichen «Ohne-Not-Praxis» der Rekursbehörden im Bund vgl. Kölz/Häner, Rz. 644 f. – Schätzungen und Prognosen, welche beide ebenfalls nur zurückhaltend überprüft werden, sind nicht der Ermessensausübung, sondern der Sachverhaltsermittlung zuzuordnen (N. 14). 22

Ob der Eingriff in ein Grundrecht verfassungsrechtlich zulässig, insbesondere durch das öffentliche Interesse gerechtfertigt und verhältnismässig sei, ist auch im Zusammenhang mit der Ermessensüberprüfung stets eine Rechtsfrage, die von den Rekursbehörden frei überprüft wird (RB 1984 Nr. 18). 23

§ 20

3. Normenkontrolle

Literatur vgl. Literatur vor § 50 N. 115.

24 Mit der Gemeindebeschwerde nach § 151 GemeindeG und dem Gemeinderekurs nach § 152 GemeindeG können nicht nur Anordnungen, sondern auch *kommunale* Erlasse, d.h. generell-abstrakte Akte der Gemeinde oder einer Gemeindebehörde, angefochten werden (Jaag, Rechtsmittel, S. 468 ff.; vgl. Vorbem. zu §§ 19–28 N. 19; § 19 N. 8, 39; Vorbem. zu §§ 41–71 N. 5). Dadurch unterscheidet sich die Stellung der Rekursbehörden gegenüber jener des Verwaltungsgerichts, dem die abstrakte Normenkontrolle auch bezüglich kommunaler Erlasse verwehrt ist (§ 50 N. 116). *Kantonale* Erlasse können weder mit Rekurs nach §§ 19 ff. noch mit verwaltungsgerichtlicher Beschwerde nach § 41 angefochten werden.

25 Den Rekursbehörden steht wie dem Verwaltungsgericht (dazu § 50 N. 117 ff.) die *akzessorische* Normenkontrolle zu. Sie sind grundsätzlich befugt und verpflichtet, anlässlich der Überprüfung von Verfügungen die Rechtmässigkeit der diesen zugrunde liegenden Normen zu überprüfen. Das gilt auch für die *verwaltungsinternen* Rekursbehörden (Gadola, S. 335 f.). Allerdings geht diese Überprüfungsbefugnis weniger weit als jene des Verwaltungsgerichts. Es muss zudem unter den Rekursbehörden differenziert werden.

26 Rekursbehörden, die als erste Rechtsmittelinstanz entscheiden und deren Entscheid daher in der Regel an das Verwaltungsgericht oder bei dessen Umzuständigkeit an den Regierungsrat weitergezogen werden können (Bezirksräte, Statthalter, Direktionen, Aufsichtskommissionen, nicht letztinstanzlich entscheidende Rekurskommissionen; vgl. § 19b Abs. 1 VRG, § 19c Abs. 2 VRG, § 329 PBG, § 78 GebäudeversG, § 5 UnterrichtsG, § 46 UniversitätsG), haben sich eine gewisse Zurückhaltung aufzuerlegen (zu weitgehend BGE 100 Ib 17; zu wenig differenzierend anderseits RR 7.6.1989, ZBl 90/1989, S. 554). Nur wenn ein Rechtssatz klar und eindeutig verfassungs- oder gesetzwidrig ist, kommt für diese Instanzen eine Nichtanwendung in Frage (Gygi, S. 292 f.; Peter Saladin, Die Befugnis der Verwaltungsbehörden zur akzessorischen Überprüfung von Verordnungen, ZBl 67/1966, S. 203). Insbesondere muss stets zuvor die Möglichkeit der verfassungs- bzw. gesetzeskonformen Interpretation geprüft werden; es muss versucht werden, die Norm zu «retten» (Kölz, Auslegung, S. 51). Ist von mehreren möglichen Auslegungen einer Norm eine davon verfassungs- oder gesetzeskonform, so ist daher diese zu wählen und von einer Nichtanwendung abzusehen. Weiter ist nach dem Rang des betreffenden Rechtssatzes in der Normhierarchie zu differenzieren. Bei formellen Gesetzen ist mehr Zurückhaltung zu üben als bei Verordnungen, bei kantonalen Erlassen mehr als bei kommunalen (Imboden/Rhinow/Krähenmann, Nr. 143 B II). Bei Letzteren spielt es indessen keine Rolle, ob sie vom Regierungsrat genehmigt wurden oder nicht; die Genehmigung verleiht ihnen diesbezüglich keine höhere Rechts-

§ 20

beständigkeit. Die Genehmigung ist eine andere Art von Kontrolle als die akzessorische Überprüfung im konkreten Einzelfall; sie kann vorläufiger und relativ oberflächlicher Natur sein.

Beim akzessorischen Prüfungsrecht des *Regierungsrats* ist ebenfalls zu differenzieren. Bei der Anwendung von kantonalem Recht kommt es darauf an, ob dessen Entscheide noch an das Verwaltungsgericht weiterziehbar sind. Ist das der Fall, so hat sich der Regierungsrat eine gewisse Zurückhaltung aufzuerlegen. Ist er dagegen letzte kantonale Rechtsmittelinstanz, so kommt ihm grundsätzlich dieselbe Überprüfungsbefugnis wie dem Verwaltungsgericht zu. Die Argumentation des Verwaltungsgerichts, es könne ihm nicht zugemutet werden, einen Entscheid zu fällen, der vom Bundesgericht im Rahmen der staatsrechtlichen Beschwerde möglicherweise aufgehoben werde (RB 1965 Nr. 19 = ZBl 66/1965, S. 335 = ZR 64 Nr. 176), gilt auch für den Regierungsrat. Dieser kann also auch ein formelles kantonales Gesetz (sowie Erlasse unterer Stufe) auf Übereinstimmung mit höherrangigem Recht überprüfen, insbesondere mit der Kantonsverfassung, aber auch mit dem gesamten Bundesrecht (vgl. BGE 108 Ia 46, 92 I 482, 91 I 314; Steuerrekurskommission AG 9.3.1973, ZBl 75/1974, S. 40). Auch die von ihm selber erlassenen Verordnungen kann der Regierungsrat akzessorisch überprüfen (Imboden/Rhinow/Krähenmann, Nr. 143 B II e); indessen muss er dann in einem auf die Nichtanwendung folgenden Gesetzgebungsakt die betreffenden Bestimmungen auch formell ausser Kraft setzen (vgl. RB 1971 Nr. 1).

27

Bei der Anwendung von Bundesrecht sind die Rekursbehörden – wie das Verwaltungsgericht (§ 50 N. 122 f.) – an die Beschränkung der Überprüfungsbefugnis durch Art. 113 Abs. 3 und 114bis Abs. 3 aBV (Art. 191 BV) gebunden (RB 1961 Nr. 20; Imboden/Rhinow/Krähenmann, Nr. 143 B IIIa). Bundesrätliche Verordnungen können sie nur auf offensichtliche Rechtswidrigkeit hin überprüfen (BGE 99 Ib 388 f.; vgl. RR AG 17.1.1977, ZBl 78/1977, S. 273).

28

Die akzessorische Prüfung setzt nicht voraus, dass eine der am Rechtsstreit beteiligten Parteien ein dahingehendes Begehren gestellt hat (vgl. RB 1963 Nr. 18 = ZBl 65/1964, S. 232; Gygi, S. 292 f.). Sie ist zudem auch im Rahmen eines Feststellungsverfahrens möglich; dieses muss indessen Bezug auf eine konkrete Angelegenheit haben; es darf nicht auf eine abstrakte Normenkontrolle abzielen.

29

Durch die akzessorische Prüfung wird ein Rechtssatz, den die Rechtsmittelinstanz für rechtswidrig hält, nicht formell aufgehoben; vielmehr wird er nur für den konkreten Einzelfall als «unanwendbar» erklärt. Für die formelle Aufhebung oder Abänderung ist ein gesetzgeberischer Akt erforderlich. Unter bestimmten Voraussetzungen ist sogar von der Aufhebung einer Verfügung abzusehen, welche sich auf mit höherrangigem Recht unvereinbare Bestimmungen stützt. Die mit der Kompetenz zur akzessorischen Normenkontrolle verbunde-

30

§ 20

ne Pflicht, als *verfassungswidrig* erkanntes Recht im Einzelfall nicht anzuwenden, kann bei Vorliegen besonderer Gründe Ausnahmen in dem Sinn erleiden, dass mit der Feststellung der Verfassungswidrigkeit dem Rechtsmittelkläger nicht unmittelbar geholfen, sondern lediglich der Gesetzgeber zur Schaffung einer verfassungskonformen Regelung angehalten wird (vgl. § 50 N. 129 f.).

31 Der akzessorischen Überprüfung unterliegen auch *Richtpläne* (aufgrund von Rechtsmitteln von Privaten sowie ausnahmsweise von Gemeinden) sowie ausnahmsweise aufgrund von Rechtsmitteln von Privaten Nutzungspläne (dazu § 19 N. 26 f.; § 50 N. 66, 145). Dazu befugt sind auch verwaltungsinterne Rekursbehörden (Gadola, S. 227, 315). Umstritten ist hingegen, ob die Baudirektion bzw. der Regierungsrat bei der *Genehmigung* von kommunalen Richt- und Nutzungsplänen den kantonalen Richtplan akzessorisch überprüfen dürfe (vgl. RB 1996 Nr. 64).

4. Novenrecht

4.1. Allgemeines

32 *Noven* sind neue Angriffs- und Verteidigungsmittel, die in ein Rechtsmittelverfahren hineingetragen werden. Das Novenrecht nimmt somit Bezug auf den *funktionellen Instanzenzug;* es regelt die Frage, ob und inwieweit gegenüber dem vorinstanzlichen Verfahren neue Rechtsbegehren, neue Rechtsstandpunkte, neue Tatsachenbehauptungen und neue Beweismittel zulässig sind. Davon zu unterscheiden ist die Frage, in welchem Abschnitt und bis zu welchem Zeitpunkt innerhalb des Verfahrens vor einer bestimmten Instanz neue Parteivorbringen zulässig bzw. nach der sogenannten Eventualmaxime (Vorbem. zu §§ 19–28 N. 77) unzulässig sind (vgl. RB 1963 Nr. 12). Wie bei der Frage nach dem zulässigen Inhalt von ordentlichen Rechtsmitteln im Allgemeinen besteht auch unter der spezifischen Optik des Novenrechts ein spiegelbildlicher Bezug zur Kognition der Rechtsmittelinstanz. Deswegen regelt das Gesetz für das Rekursverfahren das Novenrecht in den Bestimmungen über die «Rekursgründe» (zum Novenrecht im Beschwerdeverfahren vgl. § 52).

33 Bei neuen tatsächlichen Behauptungen und neuen rechtlichen Begründungen kann es sich entweder um die Nachholung von im vorinstanzlichen Verfahren versäumten Vorbringen handeln (dazu N. 42 ff.). Sie können aber auch dadurch bedingt sein, dass sich seit Erlass der angefochtenen Verfügung die Sach- bzw. Rechtslage verändert hat; diesfalls geht es um den für die Beurteilung massgebenden Zeitpunkt der Sach- bzw. Rechtslage (dazu N. 47 ff.).

34 Die Zulässigkeit von Noven wird allgemein dadurch beschränkt, dass sie den Streitgegenstand grundsätzlich (mit Ausnahmen) nicht verändern dürfen. Das gilt sowohl für Begehren, Tatsachenbehauptungen und Rechtsvorbringen.

§ 20

4.2. Neue Begehren

Neue *Sachbegehren* sind unzulässig. Das folgt e contrario aus § 20 Abs. 2, aber auch aus Begriff und Funktion des Streitgegenstands. Änderung des Begehrens bedeutet Änderung des Streitgegenstands. Der Umfang des Rechtsstreites wird entsprechend dem Streitgegenstandsbegriff (vgl. Vorbem. zu §§ 19–28 N. 86 ff.) zum einen durch den Inhalt der ursprünglichen Verfügung, zum andern durch das Begehren des Rekurrenten bestimmt. Erging die erstinstanzliche Verfügung von Amtes wegen (ohne Gesuch eines privaten Verfahrensbeteiligten), bestimmt sich der Streitgegenstand einerseits aus dem Verfügungsthema und dem dazugehörigen Sachverhalt, anderseits aus dem Antrag des Rekurrenten und dem von diesem dem Rekurs zugrunde gelegten Sachverhalt, soweit dieser in einem nachvollziehbaren Zusammenhang mit der angefochtenen Verfügung steht. Wurde die angefochtene Verfügung durch ein Begehren eines Beteiligten ausgelöst, bestimmt bereits dieses zusammen mit dem ihm zugrunde gelegten Sachverhalt den Streitgegenstand für das Verfahren vor erster Rechtsmittelinstanz mit (Merker, § 39 Rz. 24 f.). So kann ein Baugesuchsteller nicht vor der Rekursinstanz das ursprüngliche, abgewiesene Projekt durch ein neues ersetzen. Sodann darf das vor erster Rechtsmittelinstanz gestellte Sachbegehren vor einer oberen Rechtsmittelbehörde nicht verändert werden. Eine «Klageänderung» liegt demnach nicht nur dann vor, wenn ein neues oder erweitertes Rechtsbegehren gestellt wird, sondern auch dann, wenn der *Rechtsgrund* ausgewechselt, d.h. die nämliche Rechtsfolge aus einem wesentlich verschiedenen, ausserhalb des Streitgegenstands liegenden Sachverhalt, verbunden mit einem anderen Rechtssatz, anbegehrt wird (Vorbem. zu §§ 19–28 N. 72; § 20 N. 5; vgl. Merker, § 39 Rz. 14). Die Fixierung des Streitgegenstands bzw. das damit verbundene Verbot der «Klageänderung» dient der Wahrung der funktionellen Zuständigkeit und des Instanzenzugs (Prot. KK 23.9.1958; Gygi, S. 42 ff.). Zum Verbot der Klageänderung durch Änderung des Rechtsbegehrens oder des Lebenssachverhalts im Zivilprozess vgl. § 107 i.V.m. § 61 ZPO (dazu Frank/Sträuli/Messmer, § 61 N. 1 ff.; Habscheid, Nrn. 412 ff.; Walder, § 27 Rz. 9 ff.).

35

Vom Verbot der Streitgegenstandsänderung von vornherein nicht erfasst wird die Reduktion von Sachbegehren auf ein Minus des ursprünglichen Antrags. Dementsprechend sind im Baurecht Projektänderungen im Lauf des Rechtsmittelverfahrens zulässig, wenn sie im Verzicht auf die Ausführung von klar umschriebenen Teilen des Projekts bestehen und keine wesentlichen Änderungen an beibehaltenen Teilen bedingen; andernfalls ist ein neues Baubewilligungsverfahren vor der örtlichen Baubehörde erforderlich (RB 1985 Nr. 115; RB 1983 Nr. 112 = BEZ 1984 Nr. 5). Manchmal ist allerdings schwierig zu sagen, ob ein Minus oder ein Aliud vorliegt (Kölz, Prozessmaximen, S. 5). Wird mehr oder anderes als ursprünglich verlangt, bedeutet dies eine unzulässige Änderung des Streitgegenstands; auf solche Anträge ist daher nicht einzutreten.

36

§ 20

37 Immerhin handhaben die Rekursbehörden das Verbot neuer Sachbegehren aus prozessökonomischen Gründen differenzierend. Im Rekurs geänderte Begehren werden zugelassen, soweit triftige Gründe dies rechtfertigen. Einzutreten ist z.B. auf Anträge, die formell nicht Gegenstand der ursprünglichen Verfügung und darum auch im Dispositiv des angefochtenen Entscheids nicht enthalten sind, über die aber informell bereits ein Vorentscheid ergangen ist. Sodann müssen Begehren dann nachgebracht werden können, wenn sie in einem Sachzusammenhang zur Verfügung stehen, diese von Amtes wegen erging und der Rekurrent behauptet, die erste Instanz hätte einen bestimmten Punkt notwendigerweise in derselben Verfügung regeln müssen. Wird in solchen Fällen in die funktionelle Zuständigkeit der ersten Instanz eingegriffen, so ist deren Einwilligung einzuholen, insbesondere dann, wenn es sich um eine Gemeinde handelt.

38 Vor den unteren Rechtsmittelinstanzen ist man bezüglich der Änderung des Begehrens allgemein liberaler als vor den oberen. Im Verfahren vor dem Regierungsrat als *zweiter* Rechtsmittelinstanz (vgl. §§ 19b Abs. 1, 19c Abs. 2) darf das ursprüngliche Begehren immerhin dann geändert werden, wenn die erste Rechtsmittelinstanz mit ihrem Neuentscheid den Streitgegenstand verändert hat (vgl. RB 1980 Nr. 19).

39 Die Rekursinstanz kann trotz Fehlens eines entsprechenden Begehrens *aufsichtsrechtlich* Teile der erstinstanzlichen Verfügung aufheben oder ergänzen, dies jedoch nur dann, wenn die Voraussetzungen des aufsichtsrechtlichen Einschreitens (Verletzung klaren Rechts oder wichtiger öffentlicher Interessen; Vorbem. zu §§ 19–28 N. 90) gegeben sind (RRB 1202/1975).

40 Zulässig sind nach § 20 Abs. 2 *neue Begehren verfahrensrechtlicher Art*. Darunter sind alle Anträge, die sich auf die Rechte und Pflichten der Beteiligten im Verfahren beziehen, zu verstehen, so etwa Begehren betreffend aufschiebende Wirkung, umfassendere Ermittlung des Sachverhalts, Wahrung des rechtlichen Gehörs.

41 Die Zulässigkeit neuer verfahrensrechtlicher Anträge hängt damit zusammen, dass sie in der Regel nicht massgebend für den Umfang des Streitgegenstands sind. Anders verhält es sich dann, wenn über solche Begehren durch eine anfechtbare Verfügung – in der Form eines Zwischen- oder Endentscheids – entschieden wurde. Diesfalls bestimmen sie den Streitgegenstand mit und dürfen sie daher vor der oberen Instanz nicht verändert werden.

4.3. Neue Tatsachenbehauptungen und Beweismittel

42 Neue tatsächliche Behauptungen und neue Beweismittel sind unbeschränkt zulässig, sofern sie sich auf den Streitgegenstand beziehen (RRB 3679/1970). Dies entspricht der uneingeschränkten Überprüfung der vorinstanzlichen Tatsa-

chenfeststellungen nach § 20 Abs. 1 und relativiert die Tragweite der Untersuchungsmaxime.

Neue Tatsachen, die im Ergebnis den Streitgegenstand erweitern oder ändern, sind ausgeschlossen. Das trifft namentlich dort zu, wo die nämliche Rechtsfolge aus einem wesentlich verschiedenen, ausserhalb des Streitgegenstands liegenden Sachverhalt abgeleitet wird (dazu N. 5). 43

4.4. Neue rechtliche Vorbringen

Weil die Begründung nicht Bestandteil des Streitgegenstands bildet (vgl. Vorbem. zu §§ 19–28 N. 87), kann sie an sich im Lauf des Verfahrens verändert werden; der Grundsatz der richterlichen Rechtsanwendung (vgl. Vorbem. zu §§ 19–28 N. 71) gebietet und erlaubt der Rekursbehörde, eine gegenüber dem vor unterer Instanz Vorgebrachten neue oder veränderte Begründung zur Kenntnis zu nehmen. Der Grundsatz der richterlichen Rechtsanwendung erlaubt ihr auch, eine Motivsubstitution vorzunehmen. 44

Das Vorbringen anderer rechtlicher Begründungen ist nur zulässig, sofern diese sich auf denselben Streitgegenstand beziehen (BGE 100 Ib 119; dazu N. 5). 45

Im Rekursverfahren über einen Revisionsentscheid der Vorinstanz können neue Revisionsgründe nicht geltend gemacht werden. Solche Behauptungen sind nicht Streitgegenstand des hängigen Rekursverfahrens; sie können indessen zur Begründung eines neuen Revisionsgesuchs bei der erstinstanzlich verfügenden Behörde vorgebracht werden (vgl. RB 1961 Nr. 3 = ZR 60 Nr. 103). 46

5. Massgebender Zeitpunkt der Sachlage

Nach Erlass der angefochtenen Verfügung neu eingetretene Tatsachen sind zu berücksichtigen, sofern sie den Streitgegenstand nicht verändern (Gygi, S. 258; Kölz/Häner, Rz. 615; Merker, § 49 Rz. 19; Merkli/Aeschlimann/Herzog, Art. 25 N. 2, 19; Rhinow/Koller/Kiss, Rz. 1351; VPB 60/1996 Nr. 68 E. 6). Dies gilt nach der verwaltungsgerichtlichen Praxis für die zürcherischen Rekursbehörden jedenfalls dann, wenn die neu eingetretenen Tatsachen keine neuen Rechtsfragen aufwerfen (RB 1985 Nr. 116). Diese Lösung ergibt sich aus der Untersuchungsmaxime und dient der Prozessökonomie. Für das verwaltungsgerichtliche Verfahren vgl. RB 1982 Nr. 40; § 52 N. 16 f.; zum deutschen Verwaltungsprozess vgl. Ule, S. 301 ff.; Eyermann/Fröhler, § 113 N. 1 ff. 47

Neu eingetretene Tatsachen, die den Streitgegenstand verändern, dürfen zwecks Wahrung des funktionellen Instanzenzuges nicht berücksichtigt werden; es ist ein Entscheid ohne Berücksichtigung der neuen Tatsachen zu treffen, wobei die Befugnis der erstinstanzlich verfügenden Behörde zu einem Neuentscheid ge- 48

§ 20

wahrt ist. Auf diese Weise können Rechtspflege- und Verwaltungsfunktion auseinandergehalten werden. Manchmal wird durch den Eintritt einer neuen Tatsache das Rekursverfahren gegenstandslos und kann es abgeschrieben werden. Es kommt auch eine Rückweisung der ganzen Streitsache zum Neuentscheid an die erstinstanzlich verfügende Behörde in Frage.

49 Ob eine erst während des Rechtsmittelverfahrens aufgenommene Planung von der Rekursbehörde bei der Beurteilung eines streitigen Bauvorhabens im Hinblick auf die planungsrechtliche Baureife (vgl. § 234 PBG) zu berücksichtigen sei, ist eine den massgebenden Zeitpunkt der Sachlage betreffende Frage (irreführend RB 1985 Nr. 16, wonach es um den massgebenden Zeitpunkt der Rechtslage gehen soll).

6. Massgebender Zeitpunkt der Rechtslage

50 Ob während des Rechtsmittelverfahrens eingetretene Veränderungen der Rechtslage zu berücksichtigen sind, ist vorab eine Frage des materiellen Rechts (dazu Häfelin/Müller, Rz. 261 ff.; Imboden/Rhinow/Krähenmann, Nrn. 15 und 16; Kölz, a.a.O., S. 101 ff.). Aus *prozessrechtlicher* Sicht lassen sich bei fehlender Regelung Gründe für und gegen die Berücksichtigung des neuen Rechts anführen. Ihrer Funktion nach dienen Rechtsmittel eher der Überprüfung eines Verwaltungsakts zur Zeit seines Erlasses (Martin Straub, Das intertemporale Recht bei der Baubewilligung, Zürich 1976, S. 159); dem stehen anderseits Gesichtspunkte der Prozessökonomie gegenüber.

51 Nach den Grundsätzen des intertemporalen Rechts entfaltet neues Recht in der Regel keine Rechtswirkungen auf Sachverhalte, die sich vor seinem Inkrafttreten *abschliessend verwirklicht* haben. Von diesem Verbot der echten Rückwirkung kann unter bestimmten, kumulativ erforderlichen Voraussetzungen abgewichen werden: Die Rückwirkung muss im fraglichen Erlass ausdrücklich angeordnet oder klar gewollt, zeitlich mässig und durch triftige Gründe gerechtfertigt sein, und sie darf weder stossende Rechtsungleichheiten bewirken, noch in wohlerworbene Rechte eingreifen. Für eine den Adressaten begünstigende Verfügung ist zusätzlich zu beachten, dass keine Rechte Dritter beeinträchtigt werden (BGE 119 Ib 110). Im Weiteren können besonders wichtige Interessen der öffentlichen Ordnung die Anwendbarkeit neuen Rechts verlangen; das trifft etwa auf Teile des Gewässerschutz- und Umweltrechts zu (BGE 122 II 30, 119 Ib 177).

52 Mit Bezug auf die Überprüfung von *nicht abgeschlossenen Sachverhalten* (Dauerverwaltungsakten) ist die bundesgerichtliche Praxis nicht einheitlich. Grundsätzlich wird die Rechtmässigkeit einer Verfügung nach der Rechtslage zur Zeit ihres Erlasses beurteilt (BGE 112 Ib 42 f., 120 I b 319 f.; BGr. 15.10.1993, ZBl 95/1994, S. 87). In Bewilligungsverfahren wird indessen zumeist das Recht als

massgebend erachtet, das im Zeitpunkt der definitiven Beurteilung durch eine zu voller Sachverhaltskontrolle befugte Behörde massgebend war (BGE 112 Ib 29, 113 Ib 249; BGr. 2.6.1994, ZBl 96/1995, S. 282). Nach der verwaltungsgerichtlichen Praxis ist bei Überprüfung von Dauerverwaltungsakten in der Regel das neue Recht anzuwenden (RB 1982 Nr. 7 = ZBl 84/1983, S. 41 = ZR 82 Nr. 18; RB 1985 Nr. 116; vgl. RB 1966 Nr. 88). Während des Rekursverfahrens eingetretene Rechtsänderungen sollten allgemein dann berücksichtigt werden, wenn der Rekursentscheid andernfalls nur noch theoretische Bedeutung hätte (RB 1978 Nr. 11). Diese Lösung entspricht denn auch dem Gebot der Prozessökonomie (Gygi, S. 259; Imboden/Rhinow/Krähenmann, Nr. 15 B II a; Kölz, a.a.O., S. 215; Merkli/Aeschlimann/Herzog, Art. 25 N. 8).

Bei der nachträglichen Prüfung der Bewilligungsfähigkeit widerrechtlich erstellter Bauten ist das in der Zwischenzeit geänderte Recht dann zu berücksichtigen, wenn es für den Bauherrn günstiger ist (RB 1980 Nr. 133). Desgleichen ist auf die Beseitigung widerrechtlich erstellter, nicht bewilligungsfähiger Bauten (§ 341 PBG) einstweilen zu verzichten, wenn sich diese angesichts einer laufenden Gesetzesrevision mit grosser Wahrscheinlichkeit in kurzer Zeit als bewilligungsfähig erweisen (RB 1986 Nr. 102, 1990 Nr. 85). Diese Grundsätze sind auch dort massgebend, wo sich die für den Bauherrrn günstige Rechtsänderung erst während des Rechtsmittelverfahrens abzeichnet. 53

§ 21. Zum Rekurs ist berechtigt,   III. Zulassung zum Rekurs
a)   wer durch die angefochtene Anordnung berührt ist und ein schutzwürdiges Interesse an deren Änderung oder Aufhebung hat;
b)   eine Gemeinde, eine andere Körperschaft oder eine Anstalt des öffentlichen Rechts zur Wahrung der von ihr vertretenen schutzwürdigen Interessen.

Materialien
Weisung 1957, S. 1038; Prot. KK 20.12.1957, 23.9.1958; Prot. KR 1955–1959, S. 3379; Beleuchtender Bericht 1959, S. 402; Weisung 1995, S. 32 f., 54 ff.; Prot. KK 1995/96, S. 49 ff., 108 ff., 114, 143 f., 249 f., 352; Prot. KR 1995–1999, S. 6414 ff., 6426 ff., 6435 ff., 6488, 6830 f.; Beleuchtender Bericht 1997, S. 6.

Literatur
BETTERMANN KARL AUGUST, Über die Legitimation zur Anfechtung von Verwaltungsakten, in: Gedenkschrift Max Imboden, Basel/Stuttgart 1972, S. 37 ff.; GADOLA, S. 204 ff.; GUCKELBERGER ANNETTE, Der Zugang zum Verwaltungsgericht nach deutschem und nach schweizerischem Recht, ZBl 99/1998, S. 345 ff.; GYGI, S. 145 ff., 237 f.; DERSELBE, Vom Beschwerderecht in der Bundesverwaltungsrechtspflege, recht 1986, S. 8 ff. (Gygi, Beschwerderecht); DERSELBE, Eidgenössische und kantonale Verwaltungsgerichtsbarkeit, ZBJV 112/1976, S. 281 ff. (Gygi, Verwaltungsgerichtsbarkeit); DERSELBE, Ein gesetzgeberischer Versuch zur Lösung des Problems des Klagerechtes im verwaltungsgerichtlichen Anfechtungsprozess, AöR 88/1963, S. 411 ff.; DERSELBE, Die Beschwerdebefugnis im Ver-

§ 21

waltungsprozess, ZBl 61/1960, S. 473 ff.; DERSELBE, Aktuelle Probleme des Rechtsschutzes in Verwaltungssachen, ZBJV 92/1956, S. 425 ff.; HEFTI JEAN-CLAUDE, De la qualité pour recourir dans la juridiction constitutionnelle et administrative du Tribunal fédéral, Lausanne 1958; JAAG, Rechtsmittel, S. 472 ff.; KÖLZ ALFRED, Die Legitimation zur staatsrechtlichen Beschwerde und das subjektive öffentliche Recht, in: Mélanges André Grisel, Neuchâtel 1983, S. 739 ff. (Kölz, Legitimation); KÖLZ/HÄNER, Rz. 522 ff.; KUTTLER ALFRED, Die Legitimation Dritter zum Rekurse im baupolizeilichen Ermittlungsverfahren, BJM 82/1954, S. 3 ff.; MACHERET AUGUSTIN, La qualité pour recourir: clef de la juridiction constitutionnelle et administrative du Tribunal fédéral, ZSR 109/1975 II, S. 131 ff. (Macheret, qualité); DERSELBE, La recevabilité du recours de droit administratif au Tribunal fédéral, RDAF 30/1974, S. 1 ff.; MAJER DIEMUT, Bürgerklage und Bürgerbeschwerde als Beispiel objektiver Rechtskontrolle im Umweltschutz, ZSR 106/1987 I, S. 293 ff.; MERKER, § 38 Rz. 125 ff.; MERKLI/AESCHLIMANN/HERZOG, Art. 65, 79; MÜLLER GEORG, Legitimation und Kognition in der Verwaltungsrechtspflege, ZBl 83/1982, S. 281 ff.; RHINOW/KOLLER/KISS, Rz. 1010 ff., 1264 ff.; ROCKE GERD-WILHELM, Die Legitimation zur Anfechtung von Verwaltungsakten, Zürich 1968; ROTACH, S. 436 ff.; SALADIN, S. 173 ff.; SCHWANDER IVO, Zur Beschwerdebefugnis in den Verwaltungsverfahren und Verwaltungsgerichtsverfahren, ZBl 79/1978, S. 469 ff.; SPÜHLER KARL, Der Rechtsschutz von Privaten und Gemeinden im Raumplanungsrecht, ZBl 90/1989, S. 97 ff.; TRÜEB HANS RUDOLF, Rechtsschutz gegen Luftverunreinigung und Lärm, Zürich 1990; WÄDENSWEILER, S. 116 ff.; ZÜND, § 13 N. 13 ff.

Übersicht

	Note
1. Grundlagen	1
1.1. Vorgeschichte	1
1.2. Prozessuale Natur der Legitimation	7
1.3. Legitimation und Anfechtungsobjekt	8
2. Partei- und Prozessfähigkeit	9
2.1. Parteifähigkeit	9
2.2. Prozessfähigkeit	13
3. Allgemeine Rekurs- und Beschwerdelegitimation Privater	17
3.1. Bundesrechtliche Vorgaben	17
3.2. Elemente des Legitimationsbegriffs im Einzelnen	20
3.3. Nachweis der Legitimation	29
3.4. Berechtigte im Einzelnen	31
3.4.1. Verfügungsadressatinnen und -adressaten	31
3.4.2. Strassenbenützerinnen und -benützer gegen Verkehrsbeschränkungen	33
3.4.3. Zulasten der Verfügungsadressaten intervenierende Dritte	34
3.4.3.1. Nachbarinnen und Nachbarn	34
3.4.3.2. Konkurrierende	42
3.4.3.3. Unterlegene Mitbewerberinnen und Mitbewerber, besonders im öffentlichen Dienst	46
3.4.3.4. Weitere	47
3.4.4. Zugunsten der Verfügungsadressaten intervenierende Dritte	48
3.5. Egoistische Verbandsbeschwerde	50
4. Allgemeine Rekurs- und Beschwerdebefugnis der Gemeinden, der übrigen öffentlichrechtlichen Körperschaften sowie der öffentlichrechtlichen Anstalten und Stiftungen	53
4.1. Bundesrecht	53

4.2.	Rechtslage im Kanton Zürich	61
	4.2.1. Praxis des Zürcher Verwaltungsgerichts zur Rekurs- und Beschwerdelegitimation der Gemeinde im Allgemeinen	61
	4.2.2. Voraussetzungen im Einzelnen, Kasuistik	65
	4.2.3. Verhältnis der Praxis zum revidierten VRG und zum Bundesrecht	70
	4.2.4. Zuständiges kommunales Organ	73
	4.2.5. Andere öffentlichrechtliche Körperschaften; öffentlichrechtliche Anstalten und Stiftungen; Behörden	74
5.	Rekurs- und Beschwerdebefugnis zur Vertretung öffentlicher Interessen	76
	5.1. Im Allgemeinen	76
	5.2. Besondere Beschwerdebefugnis von Gemeinwesen oder Behörden	79
	5.2.1. Bundesrecht	80
	5.2.2. Kantonales Recht	85
	5.3. Ideelle Verbandsbeschwerde	86
	5.3.1. Bundesrecht	86
	5.3.2. Kantonales Recht	96
6.	Hinweis auf die Spezialgesetzgebung	98
7.	Parteistellung und «Beiladung»	99
	7.1. Parteistellung	99
	7.2. Einbezug ins Verfahren bzw. «Beiladung»	107
	7.2.1. Beiladung im «technischen» Sinn	108
	7.2.2. Der im Kanton Zürich verwendete Beiladungsbegriff	110
	7.2.3. Fragwürdigkeit des Beiladungsbegriffs	112
	7.2.4. Nebenintervention	117

1. Grundlagen

1.1. Vorgeschichte

§ 21 ist eine der Schlüsselbestimmungen des Gesetzes. Er vermittelt den Zugang zu Rekurs und Beschwerde – Letzteres aufgrund der Verweisung in § 70 – und hat daher grundlegende Bedeutung. Sein Zweck ist, einerseits den von einem staatlichen Akt Betroffenen dessen materielle Überprüfung zu ermöglichen, anderseits die Popularbeschwerde zu verhindern. In der alten, bis 31.12.1997 gültigen Fassung lautete § 21: «Zum Rekurs ist berechtigt, wer durch eine Anordnung in seinen Rechten betroffen wird.» Als Vorbild diente Art. 103 Abs. 1 OG i.d.F.v. 16.12.1943 (BS 3, 561; aufgehoben mit der Änderung vom 20.12.1968), wobei der zürcherische Gesetzgeber die Voraussetzungen der Beschwerdelegitimation immerhin weniger eng fasste, indem er bloss eine «Betroffenheit», nicht aber eine «Verletzung» in den Rechten verlangte. Wie Art. 103 Abs. 1 OG i.d.F.v. 16.12.1943 stiess indessen § 21 VRG i.d.F.v. 24.5.1959 auf berechtigte Kritik (vgl. BBl 1965 II, S. 1318 ff.; Gygi, a.a.O., Verwaltungsgerichtsbarkeit, S. 287 ff.; Kom. 1. A., § 21 N. 1 ff.).

§ 21 in der ursprünglichen Fassung beruhte auf der problematischen, in der Schweiz als überholt geltenden Konzeption vom *subjektiven öffentlichen Recht*. Diese wurde in der deutschen Staats- und Verwaltungsrechtslehre des 19. Jahr-

§ 21

hunderts in Anlehnung an das Zivilprozessrecht entwickelt und bezweckte, einerseits dem Bürger gegenüber dem Staat eine stärkere Stellung zu verschaffen, andererseits die Grenzen der im Aufbau befindlichen Verwaltungsgerichtsbarkeit abzustecken: Ermessensfragen sowie die vom Landesherrn vergebenen Privilegien sollten keiner gerichtlichen Überprüfung zugänglich sein. Der Bürger wurde deshalb aus dem System des objektiven Rechts herausgelöst und mit einem Bereich eigener, subjektiver Rechte ausgestattet, welche er dem Staat entgegensetzen konnte. Aus der Verletzung dieser Rechte ergab sich die Sachlegitimation des Adressaten eines Verwaltungsakts (Kölz, a.a.O., Legitimation, S. 745 ff.). Damit zwang die Theorie vom subjektiven öffentlichen Recht – und zwangen Art. 103 Abs. 1 OG i.d.F.v. 16.12.1943 und § 21 VRG i.d.F.v. 24.5.1959 infolge ihrer Grundlage in dieser verfehlten Konzeption – die Behörden, zur Beurteilung der Legitimation die materiellrechtlichen Erwägungen bereits vorwegzunehmen. Vgl. zur Kritik an der Theorie William von Niederhäusern, Zur Konstruktion des subjektiven öffentlichen Rechts, Winterthur 1955, S. 92 ff.

3   Ein weiterer Mangel der Theorie ergab sich daraus, dass dem Bürger dort keine justiziablen Rechte zugestanden wurden, wo er bloss von der Reflexwirkung von Anordnungen profitierte, die im öffentlichen Interesse erlassen worden waren (vgl. Georg Jellinek, System der subjektiven öffentlichen Rechte, Freiburg i.Br. 1892, S. 63 ff.; Fleiner, S. 176; und zur Kritik Kölz, a.a.O., Legitimation, S. 745 ff.; BBl 1965 II, S. 1318 ff.). Rechte und Reflexwirkungen lassen sich nicht sinnvoll trennen. Dies gilt umso mehr, seit das Verwaltungsrecht – über punktuelle Eingriffe in die Sphäre der Privaten hinausgehend – umfassenderen Gestaltungs- und Leistungscharakter angenommen hat. Die Unterscheidung von öffentlichen und privaten Interessen ist schwer vorzunehmen, und auch bei den öffentlichen handelt es sich letztlich um eine autoritative Verdichtung privater Interessen (Alfred Kölz, Die Vertretung des öffentlichen Interesses in der Verwaltungsrechtspflege, ZBl 86/1985, S. 49 ff., 54; Kölz/Häner, Rz. 10). Besonders das Rechtsschutzbedürfnis der von einer Anordnung betroffenen Dritten (Nachbarn, Konkurrenten) lässt sich mit der Theorie vom subjektiven öffentlichen Recht dogmatisch nur unzulänglich erfassen.

4   Die Umschreibung der Legitimation nach deutschem Verwaltungsprozessrecht beruht dagegen bis heute auf dem subjektiven öffentlichen Recht. Dies liegt daran, dass sich das Grundgesetz in der Kontroverse um die Funktion der Verwaltungsrechtspflege für das *süddeutsche Modell* entschieden hat, wonach die Verwaltungsgerichtsbarkeit ausschliesslich dem Schutz der Individualrechte dient, während sie nach dem *preussischen Modell* daneben die Rechtmässigkeit der Verwaltung zu kontrollieren und damit die Verwirklichung des objektiven Rechts zu gewährleisten hatte. Nach der deutschen Verwaltungsgerichtsordnung bzw. der Rechtsprechung setzt deshalb die Legitimation bei den meisten Klagearten sowohl ein schutzwürdiges Interesse als auch eine subjektive Rechtsverletzung voraus (Guckelberger, a.a.O., S. 348 ff., 366 f.). Damit wird die Beschwerde

§ 21

Drittbetroffener erschwert und die egoistische Verbandsbeschwerde ausgeschlossen (Guckelberger, a.a.O., S. 361, 363 f.).

Die zürcherische Praxis weitete die Legitimationsvoraussetzungen bereits unter   5
der Geltung des § 21 VRG i.d.F.v. 24.5.1959 über dessen ursprünglichen Gehalt hinaus aus. In RB 1984 Nr. 64 bekannte sich das Verwaltungsgericht dazu, den Begriff der Legitimation, soweit er auslegungsfähig sei, von der Konzeption des subjektiven öffentlichen Rechts zu lösen und als rein prozessuales Erfordernis aufzufassen. Um die Vorwegnahme der materiellen Prüfung zu vermeiden, ging das Gericht bereits zu Beginn seiner Tätigkeit davon aus, dass es genüge, wenn die beschwerdeführende Person *behaupte*, in ihren Rechten betroffen zu sein (vgl. RB 1961 Nr. 5 = ZR 60 Nr. 112; vgl. auch ZR 61 Nr. 120, S. 293, und zu Art. 103 Abs. 1 OG i.d.F.v. 16.12.1943 BGE 91 I 74). In RB 1963 Nr. 9 (= ZBl 65/1964, S. 273 = ZR 64 Nr. 183) liess das Gericht die Beeinträchtigung eines vorerst rein faktischen Interessenbereichs gelten und setzte sich damit eigentlich über § 21 VRG hinweg. Weiter wurde der Anwendungsbereich von § 21 VRG in der ursprünglichen Fassung stark eingeschränkt mit der Änderung des Art. 103 OG (vom 20.12.1968; dazu BGE 98 Ib 70) und der Entwicklung der bundesgerichtlichen Praxis, wonach gemäss dem Grundsatz der Verfahrenseinheit und dem Vereitelungsverbot (dazu N. 17, § 4 N. 10 ff.) die Beschwerdelegitimation im kantonalen Verfahren nach Bundesrecht zu bestimmen ist, wenn die Verwaltungsgerichtsbeschwerde an das Bundesgericht offen steht (BGE 98 V 55 f., 103 Ib 147 f., 118 Ib 445; vgl. den heutigen Art. 98a Abs. 3 OG). In diesen Fällen hatte somit auch im kantonalen Verfahren die Betroffenheit in schutzwürdigen Interessen als Voraussetzung der Legitimation zu genügen. Darüber hinausgehend sieht Art. 33 Abs. 3 lit. a RPG vor, dass die Legitimation zur Anfechtung von Verfügungen über Nutzungspläne, die sich auf das RPG und dessen kantonale und eidgenössische Ausführungsbestimmungen stützen, mindestens im gleichen Umfang wie für die Verwaltungsgerichtsbeschwerde an das Bundesgericht zu gewähren ist, unabhängig davon, ob diese gegeben ist (vgl. Haller/Karlen, N. 951). Eine entsprechende Umschreibung der Legitimation wurde zunächst in § 5 der Einführungsverordnung zum RPG vom 19.12.1979 festgelegt und mit der Revision des PBG vom 20.5.1984 definitiv in § 338a Abs. 1 PBG verankert. Bei der Revision des VRG wollten der Regierungsrat und die vorberatende Kommission, Letztere mit knapper Mehrheit, dennoch am alten § 21 VRG festhalten (und § 338a Abs. 1 PBG entsprechend wieder ändern). Grund dafür war die Furcht vor der Popularbeschwerde. Die Minderheit der Kommission, welcher der Kantonsrat schliesslich folgte, führte dagegen zu Recht an, dass sowohl der bisherige Legitimationsbegriff als auch die notwendige Abgrenzung zwischen bundesrechtlicher und kantonalrechtlicher Legitimation die Behörden weit mehr belasteten als die Öffnung der Legitimationsvoraussetzungen im Sinn der im Bund getroffenen Lösung (vgl. als Beispiel einer solchen Abgrenzung RB 1991 Nr. 4). § 21 i.d.F.v. 8.6.1997 und § 338a Abs. 1 PBG sind gleichbedeutend (RB 1998 Nr. 12).

§ 21

6 Mit der Revision des VRG wurde § 21 zudem um die heutige lit. b ergänzt. Die Rekurs- und Beschwerdelegitimation der Gemeinden, der übrigen öffentlichrechtlichen Körperschaften und der öffentlichrechtlichen Anstalten zur Wahrung der von ihnen vertretenen schutzwürdigen Interessen wurde damit ausdrücklich im Gesetz verankert (Weisung 1995, S. 32; vgl. dagegen Art. 48 lit. a VwVG, Art. 103 lit. a OG; vgl. N. 53 ff.). Dagegen strich die Kommission die vom Regierungsrat in Anlehnung an Art. 103 lit. b OG vorgesehene lit. c, welche dem Regierungsrat zur Wahrung wichtiger öffentlicher Interessen ein Rekursrecht gegen Anordnungen von Gemeinden, andern Körperschaften oder Anstalten des öffentlichen Rechts zugestanden hätte (Weisung 1995, S. 4; Prot. KK 1995/96, S. 51 ff.).

1.2. Prozessuale Natur der Legitimation

7 Im *Zivilprozess* wird unterschieden zwischen *Sachlegitimation* und *Rechtsmittellegitimation*. Die Sachlegitimation ist eine Frage des materiellen Rechts (Frank/Sträuli/Messmer, § 27/28 N. 65 ff.; Guldener, S. 139 ff.): Der Zivilrichter klärt bei der Prüfung ab, wer im eigenen Namen einen Anspruch gegen einen bestimmten andern geltend machen darf (Guldener, S. 139); welches also die Subjekte eines bestimmten zivilrechtlichen Rechtsverhältnisses sind. Die Rechtsmittellegitimation ist dagegen eine Sachurteilsvoraussetzung und kommt jener Partei des vorausgehenden Verfahrens zu, die ein ausreichendes Interesse am Rechtsmittel geltend machen kann (Gygi, S. 150). Im Verwaltungsprozess ist die Legitimation eine rein prozessuale Frage und entspricht insofern allein der zivilprozessualen Rechtsmittellegitimation (Gygi, S. 150). Sie zählt zu den Prozessvoraussetzungen; fehlt sie, wird das Verfahren durch Nichteintreten erledigt. Dennoch kann es bei der Prüfung der Legitimation zur summarischen Vorwegnahme materieller Erwägungen kommen (BGE 121 II 180; vgl. auch BGE 123 II 379 ff.).

1.3. Legitimation und Anfechtungsobjekt

8 Die Prozessvoraussetzungen der Legitimation und des Anfechtungsobjekts weisen einen engen Zusammenhang auf: Die Verfügung als das klassische Anfechtungsobjekt der Verwaltungsrechtspflege in der Schweiz soll gleichsam das Tor zum Rechtsschutz sein. Anfechtungsobjekt und Legitimation bestimmen sich somit beide nach dem Rechtsschutzinteresse (so auch RB 1984 Nr. 2 E. 4.a = ZBl 86/1985 S. 82 = ZR 84 Nr. 9). Bei der Interpretation des Verfügungsbegriffs muss diese Grundentscheidung des Gesetzgebers ständig mit einbezogen werden. Nach dem *objektiven Anfechtungsinteresse* – auf das allerdings nur in Grenz- und Zweifelsfällen direkt zurückzugreifen ist (vgl. VGr. 11.3.1999, VB.98.00391) – entscheidet sich, was als Verfügung zu gelten hat; nach dem *subjektiven Anfechtungsinteresse*, wem die Legitimation zu deren Anfechtung zukommt. Angesichts der Problematik des Verfügungsbegriffs wird in der jün-

geren Lehre nicht nur die Ausdehnung der zulässigen Anfechtungsobjekte über die Verfügung hinaus vorgeschlagen, wie sie von der Praxis manchmal offen oder uneingestanden vorgenommen wird (vgl. auch § 19 N. 10; VGr. 11.3.1999, VB.98.00391), sondern überhaupt das Absehen vom Anfechtungsobjekt als einer Prozessvoraussetzung (vgl. Markus Müller, Rechtsschutz im Bereich des informalen Staatshandelns, ZBl 96/1995, S. 533 ff., 554; Paul Richli, Zum verfahrens- und prozessrechtlichen Regelungsdefizit beim verfügungsfreien Staatshandeln, AJP 1992, S. 198 ff., 201, 205). Dies würde sich notwendigerweise auf den Legitimationsbegriff auswirken, da in diesem Fall die nötige Beschränkung des Rechtsschutzes allein über die Regelung der Legitimation vorgenommen werden müsste (Kölz/Häner, Rz. 198).

2. Partei- und Prozessfähigkeit

Literatur
GADOLA, S. 197 ff.; GRISEL II, S. 839 f.; GYGI, S. 180 ff.; KÖLZ/HÄNER, Rz. 260 f.; MÄDER, N. 105 ff.; MERKER, Vorbem. zu § 38 Rz. 9 ff.; MERKLI/AESCHLIMANN/HERZOG, Art. 12; PFLEGHARD HEINZ, Regierung als Rechtsmittelinstanz, Zürich 1984, S. 20 ff.; RHINOW/KOLLER/KISS, Rz. 792 ff.; SALADIN, S. 88 ff.; SAND MARC, Partei- und Prozessfähigkeit im bernischen Verwaltungs- und Verwaltungsgerichtsverfahren, Bern 1966; WOHLFART HEINER, in: STAEHELIN ADRIAN/BAUER THOMAS/STAEHELIN DANIEL, Kommentar zum Bundesgesetz über Schuldbetreibung und Konkurs II, Art. 88–220, Basel/Genf/München 1998, Art. 204, 207.

2.1. Parteifähigkeit

Die Parteifähigkeit ist eine Voraussetzung der Parteieigenschaft (dazu N. 99). Parteifähigkeit ist die prozessuale Rechtsfähigkeit. Rechtsfähig ist, wer fähig ist, Rechte und Pflichten zu haben, also jedes Rechtssubjekt. Somit ist parteifähig, wer im Prozess unter eigenem Namen Rechte geltend machen kann. Fällt die Parteifähigkeit nachträglich weg, ist das Rechtsmittel als gegenstandslos abzuschreiben. Im Verfahren über die Frage, ob die Parteifähigkeit vorliegt, wird sie vorausgesetzt. 9

Parteifähig sind die *natürlichen und juristischen Personen des Privatrechts,* zudem aufgrund spezieller gesetzlicher Regelung die Kollektiv- und die Kommanditgesellschaft (Art. 562 und 602 OR), die Stockwerkeigentümergemeinschaft im Rahmen der ihr obliegenden Verwaltungsaufgaben (vgl. Art. 712 l Abs. 2 ZGB) und die Konkursmasse im Rahmen des für die Liquidation gebildeten Sondervermögens (vgl. N. 16). Die Parteifähigkeit der Stockwerkeigentümergemeinschaft beeinflusst die Legitimation der einzelnen Stockwerkeigentümer in bau- und planungsrechtlichen Angelegenheiten nicht (RB 1998 Nr. 18). *Gesamthandverhältnisse* (wie die Erbengemeinschaft oder die einfache Gesellschaft) sind als solche nicht parteifähig. Die Beteiligten bilden eine notwendige Streit- 10

§ 21

genossenschaft; nur bei zeitlicher Dringlichkeit kann ein einzelner Gesamthandschafter die Interessen der Gemeinschaft vorläufig wahren (BGr. 8.7.1987, ZBl 89/1988, S. 556). Im Verwaltungsprozess kommt jedoch den einzelnen Gesamthandschaftern eine selbständige Anfechtungsbefugnis zu, wenn das Rechtsmittel darauf angelegt ist, eine belastende oder pflichtbegründende Anordnung abzuwenden (BGr. 23.6.1997, ZBl 99/1998, S. 387 f.; BGr. 8.7.1987, ZBl 89/1988, S. 556; RB 1984 Nr. 6; vgl. auch RB 1996 Nr. 4, 1984 Nr. 64 = ZBl 86/1985, S. 178 = StE 1985 B 92.51 Nr. 1; RB 1964 Nr. 9). Die Zustimmung aller Beteiligten oder ihrer Vertreter ist hingegen erforderlich, wenn das Interesse der Gemeinschaft oder der übrigen Gemeinschafter beeinträchtigt oder gefährdet erscheint (BGr. 23.6.1997, ZBl 99/1998, S. 388; BGr. 8.7.1987, ZBl 89/1988, S. 557). Dies gilt etwa bei Entschädigungsbegehren, welche ein Heimschlagsrecht zur Folge haben können (BGr. 8.7.1987, ZBl 89/1988, S. 558), oder für das Begehren um Unterschutzstellung einer Liegenschaft im Gesamteigentum (vgl. BGr. 23.6.1997, ZBl 99/1998, S. 388 f.; RB 1996 Nr. 4). Die Möglichkeit der reformatio in peius gilt nicht als Beeinträchtigung oder Gefährdung der Interessen der übrigen Gemeinschafter (RB 1984 Nr. 64 = ZBl 86/1985, S. 178 = StE 1985 B 92.51 Nr. 1). Kontrovers ist die Frage der Parteifähigkeit des einzelnen Gesamthandschafters bei Leistungsbegehren (vgl. BGr. 8.7.1987, ZBl 89/1988, S. 557; bejahend Merker, Vorbem. zu § 38 Rz. 12). Wird die Legitimation eines einzelnen Gesamthandschafters bejaht, sind die übrigen ins Verfahren einzubeziehen (RB 1984 Nr. 64 = ZBl 86/1985, S. 178 = StE 1985 B 92.51 Nr. 1). Soweit der *Willensvollstrecker* mit der Verwaltung der Erbschaft im Sinn von Art. 518 ZGB betraut ist, ist er im eigenen Namen und als Partei prozessführungsbefugt; er ist jedoch nicht befugt, als Vertreter des Verstorbenen aufzutreten, da die Persönlichkeit mit dem Tod endet (RB 1998 Nr. 41). Ist sein Mandat umfassend, sind die Erben in Sachen der Erbschaft nicht rechtsmittelbefugt (vgl. BRKE I Nr. 145/1995, BEZ 1995 Nr. 19; Frank/Sträuli/Messmer, § 27/28 N. 70).

11 Parteifähig sind auch die *juristischen Personen des öffentlichen Rechts:* Bund, Kantone und Gemeinden, Zweckverbände, die übrigen öffentlichrechtlichen Körperschaften, selbständige öffentlichrechtliche Stiftungen (z.B. die Zentralbibliothek) und selbständige öffentlichrechtliche Anstalten (z.B. die Universität, § 1 Abs. 1 UniversitätsG), die staatlichen Fachhochschulen (§ 22 FachhochschulG), die Kantonalbank (§ 1 des Gesetzes über die Zürcher Kantonalbank vom 28.9.1997; LS 951.1), die Sozialversicherungsanstalt (§ 1 Abs. 1 des Einführungsgesetzes zu den Bundesgesetzen über die Alters- und Hinterlassenenversicherung und die Invalidenversicherung vom 20.2.1994 [Einführungsgesetz AHVG/IVG]; LS 831.1), die Gebäudeversicherung (§ 1 GebäudeversG) oder die Elektrizitätswerke (§ 1 EKZ-Gesetz). Unselbständigen öffentlichrechtlichen Stiftungen und Anstalten können die Partei- und die Prozessfähigkeit kraft besonderer gesetzlicher Bestimmung zukommen, wie z.B. dem Verkehrsverbund gemäss § 10 Abs. 2 PVG (zur Formulierung von § 21 lit. b vgl. N. 74).

Behörden sind grundsätzlich nicht parteifähig, handeln jedoch gegebenenfalls als Organe des parteifähigen Gemeinwesens. Wird ihnen allerdings gesetzlich die Rekurs- und Beschwerdelegitimation im eigenen Namen zugesprochen, ist darin de facto die Gewährung der Partei- und der Prozessfähigkeit enthalten. Eigentümlich ist die Stellung der *verfügenden Instanz*, wenn es sich bei ihr um eine nicht rechtsfähige Amtsstelle handelt. Obwohl eine solche grundsätzlich nicht parteifähig sein kann, nimmt sie faktisch die Stellung der Gegenpartei des Rekurrenten bzw. Beschwerdeführers ein (vgl. N. 105).

2.2. Prozessfähigkeit

Die *Prozessfähigkeit* ist das Gegenstück zur zivilrechtlichen Handlungsfähigkeit; sie ist die Fähigkeit, einen Prozess selber zu führen oder durch einen gewählten Vertreter führen zu lassen. Handlungsunfähige müssen den Prozess – ausser im Bereich ihrer höchstpersönlichen Rechte – durch ihren gesetzlichen Vertreter führen. Bei bevormundeten Personen ist dies der Vormund mit Zustimmung der Vormundschaftsbehörde (Art. 407 i.V.m. Art. 421 Ziff. 8 ZGB; vgl. RB 1961 Nr. 4), bei Unmündigen der oder die Inhaber der elterlichen Gewalt (vgl. RB 1964 Nr. 7). Bei verheirateten Eltern, welche die elterliche Gewalt grundsätzlich gemeinsam ausüben (Art. 297 Abs. 1 ZGB), ist der eine Ehegatte mit ausdrücklicher oder stillschweigender Zustimmung des andern allein zur selbständigen Prozessführung befugt (Cyril Hegnauer, Grundriss des Kindesrechts und des übrigen Verwandtschaftsrechts, 4. A., Zürich 1994, N. 25.17; BGE 119 Ia 181 f.; RB 1971 Nr. 5; vgl. Art. 304 Abs. 2 ZGB). Die Prozessfähigkeit Mündiger wird vermutet. Bestehen jedoch Zweifel an der Urteilsfähigkeit, so ist in der Regel ein Sachverständigenurteil über die Fähigkeit, den konkreten Prozess führen zu können, einzuholen (BGE 118 Ia 238, 98 Ia 325). Es ist indessen auch ohne ein solches zulässig, einem Querulanten die Prozessfähigkeit abzusprechen, wenn dessen langjähriges, allgemein bekanntes prozessuales Verhalten zum zwingenden Schluss führt, er handle aus keinen vernünftigen Überlegungen mehr, sondern nur noch aus einer schweren psychischen Störung heraus (BGE 118 Ia 238, 98 Ia 325; eingehend zur querulatorischen Prozessführung Merker, Vorbem. zu § 38 Rz. 36 ff.).

Mit *Postulationsfähigkeit* wird die Fähigkeit (der Partei oder ihrer Vertretung) bezeichnet, Prozesshandlungen persönlich vorzunehmen. Von Gesetzes wegen wird die Postulationsfähigkeit der Partei nicht beschränkt; ein Anwaltszwang besteht weder im Rekursverfahren noch im Verfahren vor Verwaltungsgericht (vgl. auch § 1 AnwaltsG). Art. 29 Abs. 5 OG sieht vor, dass eine Vertretung bestellt werden muss, wenn der Partei die Postulationsfähigkeit abgeht. Diese Regelung wurde von der Asylrekurskommission – allerdings im Hinblick auf ein Verfahren vor Bundesverwaltungsbehörden – als allgemeiner Rechtsgrundsatz bezeichnet (VPB 62/1998 Nr. 15 E. 4c); letztlich folgt sie aus dem Grundsatz der Gleichbehandlung der Parteien (vgl. dazu Vorbem. zu §§ 19–28 N. 80).

§ 21

15 Das *Recht auf Vertretung* ist gewährleistet. Vertretungsbefugt ist jede handlungsfähige Person. Die Vertretungsverhältnisse sind anzugeben. Die Eingabe, welche der Vertreter im eigenen Namen vornimmt, gilt als Eingabe eines nicht legitimierten Dritten, die Offenlegung der Vertretungsverhältnisse nach Ablauf der Eingabefrist als unzulässiger Parteiwechsel (RB 1966 Nr. 3; vgl. auch N. 106). Im Begehren um Zustellung des baurechtlichen Entscheids nach § 315 Abs. 1 PBG muss jedoch eine gesetzliche Vertretung wie jene unter Ehegatten (Art. 166 ZGB) oder jene unmündiger Kinder durch ihre Eltern (Art. 304 ZGB) noch nicht angegeben werden (RB 1993 Nr. 53 = ZBl 95/1994, S. 184). Die Parteien haben auch bei Bestehen eines Vertretungsverhältnisses nach Massgabe von § 7 persönlich mitzuwirken. Zur egoistischen Verbandsbeschwerde als einer besonderen Form der Prozessstandschaft vgl. N. 50 ff.

16 Der Konkursschuldner verliert zwar nicht die Prozessfähigkeit an sich, aber die *Prozessführungsbefugnis* in allen hängigen Verfahren, die Auswirkungen auf die Masse haben können. Das Verfügungsrecht geht auf die Konkursmasse, vertreten durch die Konkursverwaltung, über (Wohlfart, a.a.O., Art. 204 N. 44; vgl. Art. 207, 240 und 260 SchKG; RB 1989 Nr. 37; RRB 2531/1996, BEZ 1996 Nr. 28). Die vorläufige Einstellung erfolgt bei Verwaltungsprozessen im Unterschied zu Zivilprozessen nicht zwingend von Gesetzes wegen (Art. 207 Abs. 1 und 2 SchKG i.d.F.v. 16.12.1994). Diese Regelung ermöglicht besonders im Hinblick auf Mehrparteienverfahren eine Interessenabwägung (BBl 1991 III, S. 123; Wohlfart, a.a.O., Art. 207 N. 18). «Hängig» und damit einstellungsfähig im Sinn von Art. 207 SchKG sind streitige Verwaltungsverfahren sowie Verwaltungsgerichtsverfahren; massgebend ist der Zeitpunkt der Zustellung der Verfügung (Wohlfart, a.a.O., Art. 207 N. 11; BGE 116 V 287 f.). Bei Aktivprozessen fällt die Prozessführungsbefugnis an den Schuldner zurück, wenn die Masse sie weder selber beansprucht noch an Gläubiger abtritt und wenn es sich beim Schuldner um eine natürliche Person handelt. Als Aktivprozesse gelten Verwaltungsverfahren, die dem Konkursschuldner allein Rechte einräumen können und geeignet sind, die Konkursmasse zu vergrössern (Wohlfart, a.a.O., Art. 207 N. 20 f.). Im Passivprozess gilt der Entscheid der Gläubigerversammlung, das Verfahren nicht zu übernehmen, als Anerkennung (Art. 63 Abs. 2 der Verordnung des Bundesgerichts über die Geschäftsführung der Konkursämter vom 13.7.1911). Passivprozesse sind Verfahren, die dem Schuldner Pflichten auferlegen können und geeignet sind, die Konkursmasse zu verringern, wie etwa Verfahren über Steuerforderungen. Dies gilt unabhängig davon, ob der Schuldner Rekurrent oder Rekursgegner ist (Wohlfart, a.a.O., Art. 207 N. 23; RB 1989 Nr. 37).

§ 21

3. Allgemeine Rekurs- und Beschwerdelegitimation Privater

Literatur
AEMISEGGER HEINZ/HAAG STEPHAN, in: Kommentar RPG, Art. 33 Rz. 33 ff.; AUBERT MARTIN, Bildungsrechtliche Leistungsbeurteilungen im Verwaltungsprozess, Bern/Stuttgart/Wien 1997, S. 81 ff.; BIAGGINI GIOVANNI, Theorie und Praxis des Verwaltungsrechts im Bundesstaat, Basel/Frankfurt a.M. 1996, S. 330 ff.; EJPD/BPR, Erläuterungen zum Bundesgesetz über die Raumplanung, Bern 1981, Art. 33 N. 17 ff., Art. 34 N. 16 ff.; FRITZSCHE CHRISTOPH/BÖSCH PETER, Zürcher Planungs- und Baurecht, Wädenswil 1992, S. 211 f.; GADOLA ATTILIO R., Zur Rechtsmittelbefugnis des Nachbarn in Bausachen, Baurecht 1993, S. 91 ff.; DERSELBE, Die unbegründete Drittbeschwerde im öffentlichrechtlichen Bauprozess – Korrektive zum Schutz des Baubewilligungspetenten, ZBl 95/1994, S. 97 ff.; GLANZMANN-TARNUTZER LUCREZIA, Die Legitimation des Konkurrenten zur Verwaltungsgerichtsbeschwerde an das Bundesgericht, Bamberg 1997; GRISEL II, S. 705 f., 898 ff.; HALLER/KARLEN, N. 946 ff.; JAAG TOBIAS, Verkehrsberuhigung im Rechtsstaat, ZBl 87/1986, S. 290 ff., 299 ff.; JOMINI ANDRÉ, in: Kommentar RPG, Art. 34 Rz. 37 ff.; JOST ANDREAS, Zum Rechtsschutz im Wirtschaftsverwaltungsrecht, ZSR 116/1982 II, S. 453 ff., 538 ff.; KEISER, Personalrecht, S. 212 f.; KLEY-STRULLER ANDREAS, Anforderungen des Bundesrechts an die Verwaltungsrechtspflege der Kantone bei der Anwendung von Bundesverwaltungsrecht, AJP 1995, S. 148 ff.; KÖLZ/HÄNER, Rz. 54 ff., 535 ff.; KÖLZ/KOTTUSCH; MÄDER, VRG-Revision, S. 7 ff.; DERSELBE, Anfechtung; MANFRINI PIERRE LOUIS, Le contentieux en droit administratif économique, ZSR 116/1982 II, S. 311 ff., 425 ff.; MOOR II, S. 143 ff., 408 ff.; PETER HANSJÖRG, Grenzüberschreitende Verfahrensbeteiligung im Umweltschutz, ZBl 89/1988, S. 45 ff.; PFLEGHARD HEINZ, Regierung als Rechtsmittelinstanz, Zürich 1984, S. 124 ff.; PLOTKE HERBERT, Probleme des Schulrechts, Prüfungen und Promotionen, Bern/Frankfurt a.M. 1974, S. 269 ff.; RHINOW RENÉ/SCHMID GERHARD/BIAGGINI GIOVANNI, Öffentliches Wirtschaftsrecht, Basel/Frankfurt a.M. 1998, § 17 Rz. 26 ff.; SCHMID GERHARD, Grenzüberschreitende Verfahrensbeteiligung im Umweltschutzrecht, in: Mélanges André Grisel, Neuchâtel 1983, S. 767 ff.; STEINMANN GEROLD, Fragen der Beschwerdebefugnis im Bereiche der Preisüberwachung – Konsumenten-Beschwerde?, ZBl 80/1979, S. 289 ff.; TRÜEB, a.a.O., S. 159 ff.; WOHLFART HEINER, Anforderungen der Art. 6 Abs. 1 EMRK und Art. 98a OG an die kantonalen Verwaltungsrechtspflegegesetze, AJP 1995, S. 1421 ff.; WOLF ROBERT, Neues Submissionsrecht für Kantone und Gemeinden, PBG aktuell 1/1996, S. 5 ff., 14 f.

3.1. Bundesrechtliche Vorgaben

In jenen Bereichen, in denen die Kantone Bundesrecht vollziehen, ist der Bund – unabhängig davon, ob die Delegationsnorm in der Bundesverfassung oder in einem Bundesgesetz enthalten ist – befugt, insoweit in die Organisations- und Verfahrenszuständigkeit der Kantone einzugreifen, als dies zur Erfüllung der Bundesaufgabe, zur Verwirklichung des materiellen Bundesrechts und zur Ausführung materieller Prinzipien des Bundesverfassungsrechts notwendig ist (BGE 111 Ib 203). In diesen Bereichen muss das kantonale Verfahrensrecht insbesondere zwei miteinander zusammenhängenden Grundsätzen genügen: erstens dem *Vereitelungsverbot*, welches aus dem Grundsatz der derogatorischen Kraft des Bundesrecht abgeleitet wird und besagt, dass kantonale Verfahrensvorschriften die Durchsetzung des Bundesrechts nicht übermässig erschweren oder gar ver-

17

§ 21

eiteln dürfen; zweitens dem Prinzip der *Verfahrenseinheit*. Diese Forderung nach einem einheitlich geregelten Instanzenzug, in dessen Verlauf der Zugang zu den Rechtspflegeinstanzen mittels der Prozessvoraussetzungen nur eingeengt, nicht aber erweitert werden kann, verlangt von den Kantonen, den Übergang zum ordentlichen bundesrechtlichen Verfahren möglichst reibungslos zu gestalten (Kley-Struller, a.a.O., S. 149; Kölz/Häner, Rz. 58; Kölz/Kottusch, S. 430). Vgl. etwa BGE 121 II 234 f., 123 II 357 f. und zum Ganzen § 4 N. 10 ff.

18 In BGE 98 V 55 f. entschied deshalb das EVG, die Beschwerdelegitimation bestimme sich auch im kantonalen Verfahren nach Bundesrecht, wenn die Verwaltungsgerichtsbeschwerde an das EVG offen stehe. Das Bundesgericht schloss sich in BGE 103 Ib 147 f. dieser Praxis an. Sie gilt sinngemäss, wenn ein ordentliches Rechtsmittel an eine andere Bundesbehörde gegeben ist (VPB 46/1982 Nr. 55; BGE 108 Ib 250; RB 1991 Nr. 4). Der Bundesgesetzgeber übernahm sie zuerst in Art. 33 Abs. 3 lit. a RPG, wo er über sie hinausging, indem er die Geltung des bundesrechtlichen Legitimationsbegriffs nicht davon abhängig machte, ob sich an das kantonale Verfahren jenes der Verwaltungsgerichtsbeschwerde an das Bundesgericht anschliesse. In Art. 98a Abs. 3 OG ist nun allgemein gesetzlich verankert, dass Beschwerdegründe und Beschwerdelegitimation mindestens in gleichem Umfang wie für die Verwaltungsgerichtsbeschwerde an das Bundesgericht zu gewährleisten sind, wenn diese unmittelbar gegen den letztinstanzlichen kantonalen Entscheid gegeben ist (ausgenommen die Legitimation von Bundesbehörden zur Verwaltungsgerichtsbeschwerde an das Bundesgericht gegen letztinstanzliche kantonale Entscheide nach Art. 103 lit. b OG, vgl. N. 80). Der Kanton Zürich hat mit dem Erlass von § 5 der Einführungsverordnung zum RPG vom 19.12.1979 bzw. § 338a Abs. 1 PBG und mit der Änderung von § 21 lit. a VRG seinen Legitimationsbegriff dem bundesrechtlichen angepasst. Die Rekurs- und Beschwerdelegitimation im Kanton Zürich entspricht somit der Legitimation zur Verwaltungsbeschwerde im Bund und zur Verwaltungsgerichtsbeschwerde an das Bundesgericht.

19 Vor Art. 6 Ziff. 1 EMRK halten Legitimationsbeschränkungen grundsätzlich stand; das Recht auf Zugang zu einem Gericht nach dieser Bestimmung darf von einer besonderen Betroffenheit abhängig gemacht werden (vgl. BGE 123 II 384).

3.2. Elemente des Legitimationsbegriffs im Einzelnen

20 Nach der ursprünglichen Konzeption des Bundesgesetzgebers enthielt die Regelung der Beschwerdelegitimation in Art. 103 lit. a OG und Art. 48 lit. a VwVG drei kumulative Voraussetzungen: erstens eine besonders nahe Beziehung der beschwerdeführenden Person zur angefochtenen Verfügung (was mit dem Begriff des «Berührtseins» bezeichnet wurde), zweitens ein aktuelles Interesse an der Aufhebung oder Änderung der Verfügung und drittens die Behauptung

eines Interesses, das im Licht der Grundsätze der Rechtsordnung schutzwürdig erscheinen sollte. Auch an die Substanzierung der drei sachlich unterschiedlichen Voraussetzungen hätten verschiedene Massstäbe angelegt werden sollen (BBl 1965 II, S. 1320 f.; Saladin, S. 174 ff.). Das Bundesgericht und die Lehre lassen jedoch häufig das Kriterium des Berührtseins im schutzwürdigen Interesse aufgehen (BGE 124 II 303, 98 Ib 58; Gadola, S. 213; Gygi, S. 156; Kölz/Häner, Rz. 536; Merker, § 38 Rz. 129; kritisch Saladin, S. 185 f.). Die Trennung der beiden Begriffe kommt am deutlichsten im baurechtlichen Verfahren zum Ausdruck, wo sich das Berührtsein leicht als räumliche Nähe erfassen lässt. Die Zuordnung der verschiedenen von der Praxis entwickelten Elemente der Legitimation zum einen oder andern Begriff ist jedoch schwierig (gl.M. Macheret, a.a.O., qualité, S. 161). Auch lassen sich diese Elemente ebenso wenig unabhängig voneinander betrachten: Praxis und Lehre zerlegen das «Berührtsein» bzw. das «schutzwürdige Interesse» in verschiedene Voraussetzungen, welche dann doch nicht klar unterschieden werden können. Die Straffung der verwendeten Formulierungen im Sinn einer sparsameren Verwendung wenig definierter Adjektive wäre wohl angezeigt. Tatsächlich wird die Legitimation ohnehin über die Bildung von Fallgruppen festgelegt (vgl. Gygi, a.a.O., Beschwerderecht, S. 12; Merker, § 38 Rz. 149). Grundsätzlich werden die im Folgenden aufgezählten, *kumulativ* zu erfüllenden Voraussetzungen der Legitimation unterschieden.

Das *schutzwürdige Interesse* besteht im materiellen Nutzen, den die erfolgreiche Beschwerde dem Rekurrenten oder Beschwerdeführer eintragen würde bzw. in der Abwendung eines materiellen oder ideellen Nachteils, den der negative Entscheid zur Folge hätte (BGE 121 II 177 f.; RB 1980 Nr. 7). Es genügt, wenn der Rekurrent die Beeinträchtigung rein tatsächlicher Interessen – materieller oder ideeller Art – geltend macht (RB 1997 Nr. 104 = BEZ 1998 Nr. 4 = URP 1998, S. 73). Alle Argumente und Rechtssätze, die im Ergebnis zur Gutheissung des Antrags führen können, sind zulässig (RB 1987 Nr. 3). Weder muss ein rechtlich geschütztes Interesse vorgebracht werden, noch muss das vorgebrachte Interesse unter den Schutzzweck einer als verletzt angerufenen Rechtsnorm fallen (grundlegend: BGE 104 Ib 255 f.; RB 1980 Nr. 7). Die Beeinträchtigungen müssen allerdings nach objektivierter Betrachtungsweise vorliegen; eine subjektive Empfindlichkeit oder ein affektives Interesse sind nicht zu berücksichtigen (BGE 123 II 379; BGr. 23.6.1997, ZBl 99/1998, S. 390; BGr. 28.3.1995, ZBl 96/1995, S. 529; RB 1995 Nr. 9, 1985 Nr. 8). Könnte die geltend gemachte Beeinträchtigung selbst durch die Gutheissung des Rechtsmittels nicht abgewendet werden, ist das schutzwürdige Interesse zu verneinen (RB 1995 Nr. 8 = BEZ 1995 Nr. 14; vgl. dazu N. 35). Die *Beweggründe* des Rekurrenten sind grundsätzlich unerheblich. Es ist deshalb nicht rechtsmissbräuchlich, wenn ein Nachbar ein nicht aussichtsloses Rechtsmittel erhebt, um eine Entschädigung durch den Bauherrn zu erlangen (RB 1991 Nr. 6). Der Abschluss von Verträgen über den entgeltlichen Rückzug nicht aussichtsloser

§ 21

Rechtsmittel ist nämlich nicht sittenwidrig, sofern das Entgelt dazu dient, eine mit dem Bauvorhaben verbundene Beeinträchtigung des Nachbargrundstücks auszugleichen, und nicht allein dazu, den drohenden Verzögerungsschaden des Bauherrn zu verringern (BGE 123 III 105, 115 II 232 ff.; vgl. Haller/Karlen, N. 982 ff., und zur Kritik: Markus Büchi, Baueinspracherückzug gegen Geldleistung, AJP 1998, S. 102 ff.; Jean-Baptiste Zufferey, Non-opposition à une autorisation de construire – le contrat est valable, Baurecht 1990, S. 67 ff.). Von den legitimationsbegründenden Interessen sind die zulässigen Rügen zu unterscheiden, welche je nach Verfahren beschränkt sein können.

22 Voraussetzung ist weiter, dass der Rekurrent einen *eigenen, praktischen Nutzen* an der Rechtsmittelerhebung dartun kann. Die Wahrnehmung der Interessen Dritter oder öffentlicher Interessen genügt nicht (BGE 122 II 369; VPB 59/1995 Nr. 41; RB 1998 Nr. 17).

23 Weiter muss der Rekurrent nach allgemeiner Ansicht *stärker als beliebige Dritte oder die Allgemeinheit betroffen* sein und in einer *besonderen, beachtenswerten, nahen Beziehung* zum Streitgegenstand stehen (vgl. etwa BGE 123 II 378). Der Begriff der *materiellen Beschwer* wird sowohl für das schutzwürdige Interesse (vgl. Gadola, S. 211; Merker, § 38 Rz. 145) als auch für diese Voraussetzung verwendet (Kölz/Häner, Rz. 541). Während die besondere, beachtenswerte, nahe Beziehung bei den Verfügungsadressaten stets gegeben ist, scheitern Drittbeschwerden häufig daran, besonders Beschwerden gegen Grossanlagen. Fragwürdig ist die Voraussetzung, dass die Betroffenheit stärker als jene der Allgemeinheit sein muss (dazu N. 37). Als massgebend ist die Beziehungsnähe zu betrachten; das Erfordernis der beachtenswerten, nahen Beziehung gewährleistet die notwendige Einschränkung der Legitimation in genügendem Umfang.

24 Das Erfordernis des *unmittelbaren* Betroffenseins (vgl. RB 1984 Nr. 12) darf nicht im Sinn der Theorie vom subjektiven öffentlichen Recht verstanden werden; damit würde die Legitimation Drittbetroffener häufig gerade ausgeschlossen. Es geht hier vielmehr um die Frage, ob eine Gutheissung des Rechtsmittels überhaupt den vom Rekurs- bzw. Beschwerdeführer gewünschten Erfolg zeitigen würde. Die Frage stellt sich vor allem, wenn Dritte eine den Adressaten belastende Verfügung anfechten. Laut Praxis und Lehre muss sich der geltend gemachte Nachteil in diesem Fall unmittelbar für den anfechtenden Dritten ergeben; er darf nicht bloss eine Folge des dem Adressaten durch die Verfügung gebotenen Handelns sein (RB 1998 Nr. 11 = ZBl 100/1999, S. 444; RB 1984 Nr. 12). Massgebend ist daher, ob der Dritte einen für ihn günstigen Entscheid gegenüber dem Adressaten überhaupt durchsetzen könnte. So wäre ein Architekt oder Bauunternehmer nicht legitimiert, die Verweigerung einer Baubewilligung anzufechten, mit der sich der Adressat abgefunden hat (Jost, a.a.O., S. 541 f.; vgl. N. 48).

Das geltend gemachte Interesse muss *aktuell* sein. Von diesem Erfordernis kann 25
abgesehen werden, wenn sonst in Grundsatzfragen kaum je ein rechtzeitiger
Entscheid gefällt werden könnte und wenn sich die aufgeworfene Frage jederzeit unter gleichen oder ähnlichen Umständen wieder stellen könnte (vgl. RB
1998 Nr. 41, 1987 Nr. 5). In einer nicht ganz einheitlichen Praxis verlangt das
Bundesgericht manchmal als zusätzliche Voraussetzung für das Absehen von
einem aktuellen Interesse ein hinreichendes öffentliches Interesse an der Beantwortung der gestellten Rechtsfrage (BGE 111 Ib 59); manchmal sieht es dagegen vom Erfordernis des aktuellen Interesses bereits ab, wenn die Entscheidung
in der Sache aus andern Gründen als angebracht erscheint (BGE 118 Ib 8). Die
Legitimation ist jedoch nicht gegeben, wenn nur ein Entscheid über eine theoretische Rechtsfrage angestrebt wird (BGE 123 II 286 f.). Fällt das Rechtsschutzinteresse während der Hängigkeit des Verfahrens dahin, wird dieses als gegenstandslos abgeschrieben (BGE 123 II 287). Gegenstandslos wird das Verfahren
laut Verwaltungsgericht z.B. auch bei Veräusserung des streitbetroffenen Objekts (RB 1983 Nr. 11; anders BGE 116 Ia 223 zur staatsrechtlichen Beschwerde). Konsequenzen hat die Unterscheidung zwischen Nichteintreten und Abschreibung für die Regelung der Kosten (vgl. § 13 N. 16 ff.).

Ein bloss virtuelles Interesse genügt nicht zur Anfechtung von Verfügungen 26
(BGE 119 Ib 378; RB 1983 Nr. 11). Wo jedoch in der Verwaltungsrechtspflege
ausnahmsweise die abstrakte Normenkontrolle zulässig ist, kann dies nicht gelten (vgl. VPB 57/1993 Nr. 42 E. 2.1). So muss beim Gemeinderekurs gegen
kommunale Erlasse nach § 152 GemeindeG trotz des Verweises auf § 21 VRG
ein virtuelles Interesse ausreichen, zumal der Gesetzgeber bei der Änderung
von § 152 GemeindeG den Rechtsschutz nicht einschränken wollte (Trippel,
S. 128 ff.; Jaag, Rechtsmittel, S. 474 f.; a.M. RRB 3188/1987, vgl. Trippel,
S. 130).

Das Erfordernis der *formellen Beschwer* ist erfüllt, wenn der Beschwerdeführer 27
im Verfahren vor der Vorinstanz mit seinen Anträgen, bei welchen es sich nicht
notwendigerweise um materielle Anträge handeln muss (vgl. Merker, § 38
Rz. 146), nicht oder nicht vollständig durchgedrungen ist (vgl. auch RB 1980
Nr. 6). Formelle Beschwer liegt auch bei einer Kostenauflage vor. An der Anfechtung allein der Erwägungen eines Entscheids besteht kein schutzwürdiges
Interesse. Wer den Entscheid einer unteren Instanz hingenommen hat, kann
den Rekursentscheid in dieser Sache nicht anfechten, wenn er durch diesen
nicht neu beschwert wird (RB 1975 Nr. 4). – Die Beteiligung am vorinstanzlichen Verfahren ist indessen nicht zwingend Legitimationsvoraussetzung;
legitimiert ist etwa auch, wer zu Unrecht und ohne eigenes Verschulden nicht
in das vorinstanzliche Verfahren einbezogen wurde (BGE 118 Ib 359; vgl. auch
zur sogenannten Beiladung N. 107 ff.). Umgekehrt folgt aus der zu Unrecht
erfolgten Beteiligung am vorinstanzlichen Verfahren keine Legitimation, ausser
im Fall einer (kostenmässigen) Belastung (vgl. Merker, § 38 Rz. 146). Ist ein

§ 21

Einspracheverfahren vorgesehen, gehört dieses zum ordentlichen Verfahrensgang; so setzen denn auch § 17 Abs. 4 StrassG und § 18a Abs. 5 WasserwirtschaftsG für die Rekurs- und Beschwerdelegitimation die Teilnahme am Einspracheverfahren voraus. Das PBG sieht zwar kein Einspracheverfahren vor (§ 315 Abs. 3 PBG), doch hat nach § 316 Abs. 1 PBG derjenige das Rekursrecht in Bausachen verwirkt, der nicht rechtzeitig nach § 315 Abs. 1 PBG die Zustellung des baurechtlichen Entscheids verlangt hat (vgl. N. 90 und 103).

28 Die Legitimationsvoraussetzungen gelten sinngemäss bei der Rüge von Verfahrensmängeln (vgl. dazu § 20 N. 15 ff.). Macht der Rekurs- bzw. Beschwerdeführer geltend, von einem Verfahrensmangel betroffen zu sein, ist die Legitimation unabhängig vom Rechtsschutzinteresse in der Sache selbst zu betrachten (RB 1980 Nr. 4). Auf eine formelle Rechtsverweigerung beruft sich auch, wer geltend macht, dass die Vorinstanz zu Unrecht das Vorliegen der Legitimation verneint habe (BGE 123 II 70, 112 Ib 156 f.; vgl. auch VGr. 7.4.1993, VB 93/0016; zu eng RB 1984 Nr. 7). Die Frage der Legitimation im Verfahren vor der Vorinstanz wird dann von der übergeordneten Instanz im Rahmen der materiellen Prüfung behandelt (Vorbem. zu §§ 19–28 N. 98; vgl. BGE 112 Ib 160; Kölz/Häner, Rz. 412). Falls die Vorinstanz die Legitimation zu Recht verneint hat, besteht faktisch allerdings kein Unterschied zwischen Nichteintreten und Abweisung. Hat die Vorinstanz die Legitimation zu Unrecht verneint, wird das Rechtsmittel gutgeheissen und die Sache zur materiellen Prüfung an die Vorinstanz zurückgewiesen. Erwuchs dem Anfechtenden aus dem gerügten Verfahrensmangel kein Nachteil, so ist er nicht beschwert und folglich auch nicht legitimiert (Gadola, S. 223; Ruckstuhl, S. 302 f.; Saladin, S. 190; RB 1982 Nr. 154). Wurde eine Gehörsverletzung im Verfahren vor der Vorinstanz «geheilt» (vgl. § 8 N. 48 ff.), liegt diesbezüglich keine Beschwer mehr vor (vgl. BGE 122 II 285).

3.3. Nachweis der Legitimation

29 Das Vorliegen der Prozessvoraussetzungen und damit der Legitimation ist grundsätzlich von Amtes wegen festzustellen (BGE 123 II 58; RB 1980 Nr. 8). Dies entbindet die Rechtssuchenden jedoch nicht davon, ihre Legitimation zu substantiieren (RB 1980 Nr. 8; vgl. RB 1995 Nr. 11). Unklar bleibt, welcher Grad des Nachweises verlangt wird. Das Bundesgericht gebraucht die Wendung, das Vorliegen der Beschwerdevoraussetzungen müsse «dargelegt» werden (vgl. BGE 120 Ib 433). Der Bundesrat lässt bei der Beschwerde gegen Verkehrsanordnungen die Glaubhaftmachung genügen (vgl. VPB 62/1998 Nr. 26 E. 2b, 61/1997 Nr. 22 E. 1c).

30 Die Schöpfer der heutigen Fassung des Art. 103 OG gingen davon aus, dass der Beschwerdeführer die einzelnen Elemente der Legitimation in verschiedenen Graden darzutun habe: Das Berührtsein (bzw. die Betroffenheit) sowie das ak-

§ 21

tuelle Interesse müssten vollumfänglich nachgewiesen werden; das schutzwürdige Interesse müsse lediglich behauptet werden (BBl 1965 II, S. 1321; Saladin, S. 186; so anscheinend auch RB 1998 Nr. 14). In der Praxis des Verwaltungsgerichts zum Nachweis der Beschwerdelegitimation im Nachbarrecht kommt diese Differenzierung noch klar zum Ausdruck (vgl. N. 41). Die Praxis lässt zumindest bei Drittbeschwerden, wenn der volle Beweis umfangreiche Abklärungen erfordern und die materielle Beurteilung vorwegnehmen würde, die Glaubhaftmachung genügen (so Kölz/Häner, Rz. 602; vgl. auch RB 1998 Nr. 14). Die Lehre geht heute infolge der Verwischung der Begriffe des «Berührtseins» und des «schutzwürdigen Interesses» in der Regel davon aus, dass für die Legitimation insgesamt der volle Nachweis zu erbringen sei (Gygi, S. 74, 150; Kölz/Häner, Rz. 602). Jedenfalls genügt die blosse Behauptung eines schutzwürdigen Interesses nicht (so auch das Verwaltungsgericht zur ideellen Verbandsbeschwerde; vgl. VGr. 11.6.1991, ZBl 92/1991, S. 500; RB 1991 Nr. 9). Massgeblich sind auch die Art und die Schwere der behaupteten Beeinträchtigung. Dies gilt ebenfalls bei der Rüge, formelles Recht sei verletzt worden: Bei der Rüge besonders schwerer Verstösse – etwa, eine unzuständige Behörde habe verfügt – erübrigt sich eine zusätzliche Substanzierung; bei geringfügigeren Verfahrensfehlern muss die Betroffenheit des Anfechtenden eigens dargelegt werden (RB 1989 Nr. 10).

3.4. Berechtigte im Einzelnen

3.4.1. Verfügungsadressatinnen und -adressaten

Anordnungssubjekte, materielle oder *primäre Adressaten* werden diejenigen genannt, deren Rechte und Pflichten in der Verfügung geregelt werden. Zu ihnen sind bei öffentlichen Vergabeverfahren auch die nicht berücksichtigten oder ausgeschlossenen Mitbieter zu zählen (VPB 62/1998 Nr. 16 E. 2b; vgl. zum öffentlichen Beschaffungswesen auch § 19 N. 28 ff. und die dort zitierte Literatur; BGE 125 II 94 ff.). Ausser wenn die Verfügung vollumfänglich ihren Anträgen entspricht, sodass die formelle Beschwer fehlt, sind die primären Adressaten in der Regel ohne weiteres rechtsmittellegitimiert. Es sind allerdings Fälle denkbar, in denen selbst die primären Adressaten trotz formeller Beschwer kein schutzwürdiges Interesse haben; dies trifft zu, wenn das geltend gemachte Interesse in einem andern Verfahren, etwa im Zivilverfahren, gewahrt werden kann (vgl. BGE 101 Ib 213 f.). Wird jedoch zusammen mit der Verletzung von Zivilrechten (z.B. eines Wegrechts) auch das Fehlen einer öffentlichrechtlichen Bewilligungsvoraussetzung gerügt (z.B. einer genügenden Zufahrt), schliesst die Möglichkeit, die Zivilrechte auf dem Zivilweg zu wahren, die Rekurs- und Beschwerdelegitimation nicht aus (RB 1981 Nr. 10 = ZBl 82/1981, S. 463 = ZR 81 Nr. 6 = BEZ 1981 Nr. 1).

31

§ 21

32 *Spezialfälle:* Bei der *Anfechtung von Prüfungsentscheiden* ist ein schutzwürdiges Interesse nicht nur zu bejahen, wenn eine ungenügende Gesamtqualifikation in Frage steht, sondern – je nach den Umständen – auch dann, wenn die Gesamtqualifikation zwar genügend ist, aber eine bessere Qualifikationsstufe erreicht werden soll. Die Qualifikation kann sich nämlich z.B. auf die Chancen bei Stellenbewerbungen, auf die Anfangsentlöhnung oder – bei Lizentiatsprüfungen – auf den Zugang zum Doktorat auswirken (Aubert, a.a.O., S. 91; Plotke, a.a.O., S. 274; a.M. der Schweizerische Schulrat in VPB 45/1981 Nr. 38). Wird eine Aufbesserung von Einzelnoten beantragt, muss diese rein rechnerisch geeignet sein, die Gesamtqualifikation zu beeinflussen. – Zur *Nichteinstellung* im öffentlichen Dienst vgl. N. 46. Bereits nach altem VRG stand einem Lehrer die Rekurslegitimation zu, wenn ihm generell die Zulassung zum Schuldienst verweigert wurde, sodass er das Wählbarkeitszeugnis (§ 8 Abs. 1 LehrerbildungsG) nicht erlangen konnte (RRB 4598/1976). Nach § 8 Abs. 4 LehrerbildungsG kann die einstweilige Nichterteilung des Wählbarkeitszeugnisses mit Rekurs beim Regierungsrat und können die Verweigerung und der Entzug (mit Beschwerde) beim Verwaltungsgericht angefochten werden (vgl. RB 1993 Nr. 4 = ZBl 95/1994, S. 177). Der Lehrer kann nicht gegen die Gutheissung von Gesuchen rekurrieren, mit denen die Umteilung von Schülern in eine andere Klasse verlangt wurde (RRB 620/1993, ZR 94 Nr. 97). – Zur Legitimation der *Bank* im Verfahren der *internationalen Rechtshilfe* vgl. Art. 25 Abs. 2 des Bundesgesetzes über internationale Rechtshilfe in Strafsachen vom 20.3.1981 (Rechtshilfegesetz, IRSG; SR 351.1) i.V.m. Art. 103 lit. a OG; ZR 91/92 Nr. 44.

3.4.2. Strassenbenützerinnen und -benützer gegen Verkehrsbeschränkungen

33 Verkehrsbeschränkungen stellen Allgemeinverfügungen dar, woraus sich mit Bezug auf die Rechtsmittellegitimation gewisse Besonderheiten ergeben. Der *Bundesrat* lässt die Legitimation von Strassenbenützern gegen Verkehrsbeschränkungen in weitem Umfang zu. Legitimiert sind die Anrainer (Eigentümer, Mieter, Geschäftsinhaber, Letztere auch, wenn die Massnahme nur ihre Lieferanten oder Kunden betrifft), die Anrainer benachbarter Strassen, sofern sich die Verkehrsmassnahme auf diese auswirkt (vgl. RRB 2491/1990, BEZ 1991 Nr. 15), sowie weitere Betroffene, etwa Geschäftsleute, wenn der Güterumschlag am Domizil des Kunden behindert wird, und jene, welche die fragliche Strasse «mehr oder weniger regelmässig» befahren (BR 22.10.1985, ZBl 87/1986, S. 237 ff.). Mit Bezug auf Letztere wird eine gewisse Häufigkeit der Fahrten verlangt; diese müssen über längere Zeit und in gleichmässigen, eher kurzen zeitlichen Abständen stattfinden. Deshalb sind in der Regel ausser den Anwohnern nur Pendler beschwerdelegitimiert (VPB 55/1991 Nr. 32 E. 4b). Weiter muss ein schutzwürdiges Interesse dargetan werden. Anwohner können sich deshalb gegen Zufahrtserschwernisse oder Geschwindigkeitsbeschränkungen wehren, nicht jedoch gegen ein Verkehrsverbot, das den Zubringerdienst vorbehält und somit nur den Durchgangsverkehr unterbindet (VPB 61/1997 Nr. 22 E. 1d). Das

Verwaltungsgericht hat die Praxis des Bundesrats übernommen (RB 1991 Nr. 4). Legitimiert sind alle Kategorien von Strassenbenützern, sofern sie durch die Anordnung behindert werden, so etwa Reiter, Radfahrer (vgl. RB 1975 Nr. 6; im Übrigen überholt) und Fussgänger (RRB 108/1974). Für den *Nachweis* der Betroffenheit genügt nach der Praxis des Bundesrats die Glaubhaftmachung (VPB 62/1998 Nr. 26 E. 2b, 61/1997 Nr. 22 E. 1c).

3.4.3. Zulasten der Verfügungsadressaten intervenierende Dritte

3.4.3.1. Nachbarinnen und Nachbarn

Das Verwaltungsgericht verlangt *kumulativ* eine hinreichend enge nachbarliche Raumbeziehung und ein Berührtsein in qualifizierten eigenen Interessen (RB 1995 Nr. 9). Die beiden Voraussetzungen können als spezifische Formen des Berührtseins bzw. des schutzwürdigen Interesses verstanden werden. Die *enge nachbarliche Raumbeziehung* ergibt sich nicht allein aus der in Metern gemessenen Distanz zum Baugrundstück, obwohl diese nicht ohne Bedeutung ist. Ob die konkrete Distanz eine enge nachbarliche Raumbeziehung begründet, hängt von der Art der geltend gemachten Einwirkungen ab. Schattenwurf oder Lichtentzug können sich z.B. nur bei verhältnismässig enger Nachbarschaft auswirken, während sich Immissionen von Grossanlagen wie Flughäfen oder Industriebetrieben in kilometerweitem Umkreis auswirken können (RB 1995 Nr. 9; RB 1982 Nr. 18 = BEZ 1982 Nr. 39). *Kasuistik:* Als genügend zur Begründung einer engen nachbarlichen Raumbeziehung angesehen wurden etwa folgende Distanzen: 600 m zu einer Pistolenschiessanlage, 100 m zu einem Betonwerk (Wädensweiler, S. 128 Anm. 414), 50 m zu einem Spielsalon (RB 1988 Nr. 6); als ungenügend: 1,1 km zu einem Hochhaus (RB 1995 Nr. 9), 1,7 km zu einem Kalk-Sandsteinwerk mit Werkhalle, über 700 m zu einer Baustelle (RB 1997 Nr. 104 = BEZ 1998 Nr. 4), 300 m zu einer Garagenausfahrt (RB 1998 Nr. 17), 70–100 m zu einem Mehrfamilienhaus (VGr. 17.5.1983, VB 5/1983, zitiert in RB 1998 Nr. 17), 200 m zu einem Spielsalon mit 60 m^2 Fläche, 800 m zu einer Schweinemästerei (BGE 111 Ib 160; Wädensweiler, S. 128 Anm. 415). Fehlt eine Sichtverbindung, so mangelt es auch an einer engen nachbarlichen Raumbeziehung, die zur Rüge der Verletzung von Denkmalschutzvorschriften (§§ 203 ff. PBG) und der Bestimmung über die befriedigende Einordnung (§ 238 Abs. 1 PBG) berechtigen würde (VGr. 19.11.1990, VB 90/0176). Bei Konkurrentenbeschwerden bejaht das Verwaltungsgericht die hinreichend enge Raumbeziehung, wenn das Bauvorhaben geeignet ist, die wirtschaftlichen Interessen des Rekurrenten bzw. Beschwerdeführers zu berühren (RB 1982 Nr. 18 = BEZ 1982 Nr. 39; VGr. 19.11.1990, VB 90/0176; vgl. aber N. 44).

Genügt auch die enge nachbarliche Raumbeziehung allein nicht zur Begründung der Legitimation, so sind doch an die Darlegung des Berührtseins in *qualifizierten eigenen Interessen* nur geringe Anforderungen zu stellen, wenn die Betroffenheit aufgrund einer besonders engen und unmittelbaren Nachbarschaft

§ 21

offensichtlich ist (RB 1995 Nr. 9). Wird in einem solchen Fall die Verletzung von Bestimmungen gerügt, welchen die Rechtsprechung zu § 21 VRG i.d.F.v. 24.5.1959 nachbarschützende Funktion zumass, ergibt sich das qualifizierte Berührtsein bereits aus der engen räumlichen Beziehung und den Rügen (RB 1982 Nr. 19 = BEZ 1982 Nr. 40; RB 1995 Nr. 9; vgl. auch N. 41 zum Nachweis der Legitimation). Nachbarschützende Funktion kommt etwa den Bestimmungen über die Gebäude- und Grenzabstände (vgl. RB 1989 Nr. 10), die erlaubte zonenmässige Ausnützung, die Bauhöhe, die Geschosszahl oder die zonenkonformen Immissionen zu (RB 1982 Nr. 19 = BEZ 1982 Nr. 40); weiter den § 13 Abs. 2 und § 2 Abs. 2 des Gesetzes über das Unterhaltungsgewerbe vom 27.9.1981 (Unterhaltungsgewerbegesetz; LS 935.32) betreffend die übermässigen ideellen und materiellen Einwirkungen bewilligungspflichtiger Unterhaltungsbetriebe auf die Nachbarschaft (RB 1988 Nr. 6). Kein schutzwürdiges Interesse hat der Nachbar, wenn die Gutheissung der Beschwerde die behauptete Beeinträchtigung gar nicht abzuwenden vermöchte, wenn etwa ein Projektmangel durch eine für den Nachbarn bedeutungslose Nebenbestimmung geheilt werden kann (RB 1987 Nr. 3). Somit kann der Nachbar, der sich gegen das gesamte Bauvorhaben und nicht gegen die Parkfelder als solche zur Wehr setzt, seine Legitimation nicht daraus ableiten, dass die Parkfelder angeblich den gesetzlichen Anforderungen nicht genügen: Die Gutheissung der Beschwerde hätte bloss die Verpflichtung des Bauherrn, sich an einer Gemeinschaftsanlage zu beteiligen oder eine Ersatzabgabe zu errichten, zur Folge (§§ 245 f. PBG), würde das Bauvorhaben jedoch nicht verhindern (RB 1995 Nr. 8 = BEZ 1995 Nr. 14; weitere Beispiele bei Mäder, Anfechtung, S. 16 f.).

36 *Kasuistik:* Die Veränderung der Stadtsilhouette durch ein Hochhaus stellt keine Verletzung schutzwürdiger Interessen dar (RB 1995 Nr. 9). Die Rekurslegitimation kann nicht nur aus dem Betriebslärm, sondern auch aus dem *Baulärm* einer Anlage folgen. Das hierfür notwendige Ausmass der Betroffenheit bestimmt sich in diesem Fall nicht nach den Planungs- und Belastungsgrenzwerten des Umweltschutzrechts, da die Auswirkungen nur vorübergehend sind. Massgebliche Kriterien sind die Intensität, die Dauer und der Zeitpunkt der Immissionen, die Lage der exponierten lärmempfindlichen Räume der betroffenen Nachbarn und die Lärmvorbelastung (RB 1997 Nr. 104 = BEZ 1998 Nr. 4 = URP 1998, S. 73). Eine Betroffenheit kann auch vorliegen, wenn von einer Anlage normalerweise keine Emissionen ausgehen, wenn sie jedoch einen besonderen Gefahrenherd darstellt und die Anwohner einem *besonderen Risiko* aussetzt (BGE 120 Ib 388, 120 Ib 434). Dabei besteht kein prinzipieller Unterschied zwischen stationären und mobilen Gefahrenquellen (a.M. BGE 121 II 180), obwohl das tatsächliche Risiko bei Letzteren regelmässig geringer sein dürfte. Nach der Praxis des Bundesgerichts können beim *Nationalstrassen- oder Eisenbahnbau* Private nur in Bezug auf den Abschnitt des Werks, von dem ihr Grundstück betroffen ist, nicht jedoch gegen das Werk als solches Beschwerde erheben (BGr. 7.12.1995, ZBl 98/1997, S. 138; BGE 120 Ib 62 f., 118 Ib

214 f.). Zur Praxis des Bundesgerichts betreffend die Beschwerdelegitimation wegen Immissionen durch *Zufahrtsstrassen* vgl. BGr. 7.12.1995, ZBl 98/1997, S. 138 f.; laut Verwaltungsgericht begründet die Erhöhung des Verkehrs auf einer öffentlichen Strasse um 5–10 % kein schutzwürdiges Interesse der Strassenanwohner an der Anfechtung des betreffenden Bauvorhabens (RB 1985 Nr. 9 = BEZ 1985 Nr. 47 zu § 338a Abs. 1 PBG; vgl. auch VGr. 12.1.1991, BEZ 1991 Nr. 3).

Bei Rekurs und Beschwerde gegen *Grossprojekte und Risikoanlagen* wird die Untauglichkeit der Formel, dass die Beschwerdeführenden stärker betroffen sein müssen als die Allgemeinheit, deutlich. So verneinte das Bundesgericht die Legitimation der Anwohner einer Eisenbahnlinie zur Beschwerde gegen eine Bewilligung zum Transport radioaktiver Rückstände (BGE 121 II 176 ff.), die Legitimation von Konsumenten zur Beschwerde gegen die Zulassung gentechnisch veränderter Nahrungsmittel (BGE 123 II 376 ff.) und die Legitimation eines Trinkwasserbezügers, der eine Beeinträchtigung des Grundwassers befürchtete, zur Beschwerde gegen ein Eisenbahnprojekt (BGE 120 Ib 431 ff.; vgl. die berechtigte Kritik Merkers, § 38 Rz. 136 Anm. 313, an der in diesem Entscheid geäusserten Ansicht des Bundesgerichts, durch eine Beeinträchtigung des Trinkwassers würden in erster Linie nicht dessen Bezüger, sondern die verantwortlichen Behörden betroffen). Das Ausmass einer Einwirkung auf den Einzelnen ist grundsätzlich unabhängig von der Anzahl betroffener Personen. Wird die Legitimation davon abhängig gemacht, dass die Beschwerdeführenden stärker betroffen sein müssen als die Allgemeinheit, bedeutet dies, dass sie bei gleicher Intensität des Berührtseins in Fällen mit wenig Betroffenen bejaht, in Fällen mit grosser Breitenwirkung verneint wird. Je mehr Personen betroffen sind, desto weniger sind diese also anfechtungsbefugt. Dies stellt eine rechtsungleiche Handhabung der Legitimationsvoraussetzungen dar. Auf das fragwürdige Kriterium sollte verzichtet werden; die Popularbeschwerde kann bereits dadurch ausgeschlossen werden, dass eine beachtenswerte, nahe Beziehung des Beschwerdeführers zum Streitgegenstand vorausgesetzt wird. Es ist widersprüchlich, wenn die Praxis einerseits anerkennt, dass eine grosse Anzahl von Personen betroffen sein kann, ohne dass die Legitimation der Einzelnen in Frage gestellt würde (BGE 121 II 178, 120 Ib 387; einschränkend BGr. 7.12.1995, ZBl 98/1997, S. 140), anderseits dieses Kriterium verwendet (vgl. zum Ganzen Kölz/Häner, Rz. 548).

Durch *Mängel des Baubewilligungsverfahrens* ist ebenfalls nur beschwert, wem ihretwegen ein Nachteil erwächst (Ruckstuhl, S. 302 f.). So ist der Nachbar beschwert, wenn ein Baugespann keinen Hinweis auf mögliche Beeinträchtigungen gibt, weil es die wesentlichen, gegen aussen in Erscheinung tretenden Bauteile nicht wiedergibt (RB 1984 Nr. 117 = ZBl 85/1986, S. 122 = BEZ 1984 Nr. 33; vgl. auch RB 1982 Nr. 154).

§ 21

39 Auch andere Berechtigte als der Grundeigentümer sind grundsätzlich rechtsmittelbefugt, unabhängig davon, ob sie über ein beschränktes dingliches oder über ein obligatorisches Recht verfügen. In Frage kommen etwa Baurechtsinhaber (vgl. RB 1965 Nr. 7 = ZBl 66/1965, S. 460 = ZR 64 Nr. 186, S. 340), Nutzniesser (vgl. RB 1962 Nr. 10) sowie Mieter und Pächter (RB 1988 Nr. 6, 1986 Nr. 10, 1981 Nr. 13 = BEZ 1 Nr. 34; vgl. auch RB 1998 Nr. 179). Die Art der Berechtigung spielt nur insofern eine Rolle, als sie geeignet sein muss, den Zusammenhang zwischen der Beeinträchtigung des Grundstücks und der besonderen Betroffenheit des Anfechtenden herzustellen. Dem Grundeigentümer kommt einzig deshalb eine besondere Stellung zu, weil infolge seiner umfassenden Sachherrschaft jeder Nachteil für das Grundstück notwendigerweise seine Interessen berührt. Bei andern Berechtigten ist dieser Zusammenhang im Einzelnen zu prüfen. Wird der Wohnwert der Liegenschaft beeinträchtigt, so ist der Mieter legitimiert, zumindest wenn das Mietverhältnis auf Dauer angelegt ist (RB 1981 Nr. 13 = BEZ 1981 Nr. 34). Handelt es sich beim rekurrierenden bzw. beschwerdeführenden Mieter um einen der Gesamteigentümer, so ist die Rechtsmittelbefugnis grundsätzlich unabhängig von seiner Stellung als Gesamthandschafter zu prüfen (BGr. 23.6.1997, ZBl 99/1998, S. 390). Wer aufgrund eines Notmietvertrags ein Abbruchobjekt bewohnt und im Voraus auf eine Einsprache gegen die vertragsgemässe Aufforderung zur Räumung der Wohnung verzichtet hat, ist nicht befugt, den Verzicht auf eine Unterschutzstellung des Hauses anzufechten (RB 1989 Nr. 9).

40 Nach § 316 Abs. 1 PBG verwirkt derjenige sein Rekursrecht in baurechtlichen Angelegenheiten, der nicht rechtzeitig die Zustellung des baurechtlichen Entscheids nach § 315 Abs. 1 PBG verlangt hat.

41 Für den *Nachweis* der Legitimationsvoraussetzungen (vgl. dazu allgemein N. 29 f.) durch die beschwerdeführenden Nachbarn hat das Verwaltungsgericht differenzierte Regeln entwickelt. Die *nahe räumliche Beziehung* muss nicht besonders dargetan werden, wenn sie sich bereits aus den Akten ergibt; der Beschwerdeführer darf davon ausgehen, dass die Behörde diese zur Kenntnis nimmt. So kann sich eine nahe räumliche Beziehung aus der Anschrift des Beschwerdeführers und dem Katasterplan (RB 1982 Nr. 19 = BEZ 1982 Nr. 40) oder aus der Erwähnung des Nachbargrundstücks in der Baubewilligung ergeben (RB 1982 Nr. 17; vgl. auch RB 1988 Nr. 6: rechtsgenügender Nachweis der nahen räumlichen Beziehung mit einer Katasterkopie und einem Strassenplan). Das *qualifizierte eigene bzw. schutzwürdige Interesse* muss mehr oder weniger ausführlich dargetan werden, je nachdem, welche Bestimmungen des materiellen Rechts als verletzt gerügt werden. Handelt es sich um Bestimmungen, welche nach der Praxis zu § 21 i.d.F.v. 24.5.1959 als nachbarschützend galten (vgl. N. 35), muss das schutzwürdige Interesse in der Regel nicht mehr gesondert dargetan werden, weil es sich bereits aus der nahen räumlichen Beziehung und den vorgebrachten Rügen ergibt (RB 1989 Nr. 10, 1982 Nr. 17; RB 1982 Nr. 19 = BEZ 1982

Nr. 40). So hielt das Verwaltungsgericht fest, es genüge, dass die geltend gemachten Verstösse gegen nachbarschützende Immissionsvorschriften «unter den gegebenen Umständen nicht von vornherein auszuschliessen sind» (RB 1988 Nr. 6). Es muss jedoch ersichtlich sein, inwiefern die allfällige Baubewilligung die konkreten eigenen Interessen des betreffenden Nachbarn beeinträchtigt; die blosse Aufzählung eines Katalogs denkbarer Nachteile genügt nicht, wenn diese nicht konkret den einzelnen Anfechtenden zugeordnet werden können (RB 1986 Nr. 10). Das Anfechtungsinteresse muss kurz dargetan werden, wenn ein Verstoss gegen eine Vorschrift gerügt wird, deren Verletzung den Nachbarn in der Regel, aber nicht in jedem Fall beeinträchtigt. Wird die Verletzung einer Norm gerügt, die ausschliesslich die Benützer des Gebäudes schützen will, muss das Anfechtungsinteresse des Nachbarn einlässlich dargetan werden (RB 1989 Nr. 10). Ist der Beschwerdeführer nicht Grundeigentümer, muss der Zusammenhang zwischen dem Rechtsverhältnis, dem seine Berechtigung entspringt, und den behaupteten Nachteilen belegt werden (vgl. RB 1981 Nr. 13 = BEZ 1981 Nr. 34). Der Mieter muss etwa darlegen, inwiefern der Wert seiner eigenen Wohnung geschmälert würde; er kann sich nicht darauf beschränken, Nachteile für das Nachbargrundstück als solches geltend zu machen (RB 1986 Nr. 10). Zum Nachweis des Mietverhältnisses genügt in der Regel ein – auf Aufforderung hin vorzulegender – auf Dauer angelegter Mietvertrag; behauptet die Gegenpartei, dass dieser gekündigt sei, ist der Beweis dafür nicht dem Mieter aufzubürden, sondern von Amtes wegen durch Befragung des Vermieters als Auskunftsperson zu erheben (RB 1986 Nr. 10). Obwohl das Vorliegen der Prozessvoraussetzungen von Amtes wegen geprüft wird, ist es nicht Sache der Rechtsmittelinstanz, nach allfälligen Interessen des Rekurrenten bzw. Beschwerdeführers zu suchen (RB 1980 Nr. 8; vgl. auch Vorbem. zu §§ 19–28 N. 71 ff.).

3.4.3.2. Konkurrierende

Bei der Konkurrentenbeschwerde tun sich Lehre und Praxis eingestandenermassen besonders schwer, die notwendige Einschränkung der Legitimation dogmatisch einzupassen (vgl. BGE 113 Ib 367, 109 Ib 200 f.). Das *Bundesgericht* setzt für die Legitimation von Konkurrenten im wirtschaftlichen Wettbewerb mehr voraus als ein blosses Konkurrenzverhältnis. Im freien Markt greift Konkurrenz als solche grundsätzlich nicht in genügendem Mass in die Interessen der Wettbewerbsteilnehmer ein (BGE 125 I 9, 113 Ib 367, 109 Ib 202 f.). Die geforderte besondere Beziehungsnähe kann sich namentlich daraus ergeben, dass die Konkurrenten gemeinsam einer speziellen wirtschaftsverwaltungsrechtlichen Ordnung unterworfen sind (BGE 123 II 382, 109 Ib 202), wobei die gemeinsame Unterstellung unter irgendeine gesetzliche Ordnung – etwa gesundheits- oder wirtschaftspolizeilicher Natur – nicht genügt (BGE 125 I 11 f.). Die Ausführungen zu dieser Voraussetzung stehen gedanklich oft in der Nähe der Schutznormtheorie. Das Bundesgericht neigt dazu, kumulativ eine spürbare Verschlechterung der wirtschaftlichen Stellung vorauszusetzen (BGE

§ 21

125 I 9); die Lehrmeinungen, die es als Belege für diese Haltung anführt, verlangen allerdings neben der spürbaren Verschlechterung der wirtschaftlichen Position ein blosses Konkurrenzverhältnis (Glanzmann-Tarnutzer, a.a.O., S. 177; Merkli/Aeschlimann/Herzog, Art. 65 N. 12; André Moser/Peter Uebersax, Prozessieren vor eidgenössischen Rekurskommissionen, Basel/Frankfurt a.M. 1998, Rz. 2.28; Rhinow/Koller/Kiss, Rz. 1275). – *Kasuistik:* Die Legitimation wurde bejaht, als die Apotheker der Stadt Bern gegen die Eröffnung einer Apotheke im Hauptbahnhof Beschwerde erhoben (BGE 97 I 593, 98 Ib 229), ferner bei der Beschwerde einer zur Bankenrevision berechtigten Treuhandgesellschaft gegen eine Verfügung, welche einer andern Gesellschaft dieselbe Tätigkeit gestattete (BGE 99 Ib 107 f.). In diesen Fällen schien zwar das Bundesgericht ein ausreichendes Interesse bereits darin zu sehen, dass die Erwerbsaussichten der Beschwerdeführer durch die Zulassung eines neuen geschäftlichen Betriebs geschmälert worden wären (BGE 99 Ib 107 f.). Das Bundesgericht bejahte allerdings die Legitimation nicht allein deswegen, sondern weil jeweils ein qualifiziertes Interesse gegeben war: Der Apotheke im Berner Hauptbahnhof wären längere Öffnungszeiten zugestanden worden als den Konkurrenzbetrieben (BGE 98 Ib 229); bei der Bankenrevision handelt es sich um eine wirtschaftliche Tätigkeit, die von einer Eignungsprüfung abhängig ist (vgl. auch Jost, a.a.O., S. 546 f.) – wobei BGE 99 Ib 104 ff. im Vergleich zu jüngeren Entscheiden (vgl. BGE 125 I 7 ff.) eine largere Legitimationspraxis zu verfolgen scheint. Das Bundesgericht bejahte ferner die Legitimation, als Kontingentsinhaber sich gegen eine Kontingentserteilung zur Wehr setzten (BGE 97 I 297, 100 Ib 424), als der Herausgeber einer Zeitung gegen die niedrigeren Taxen für die Beförderung von Konkurrenzzeitungen Beschwerde erhob (BGE 101 Ib 185 f.) oder als sich Kinoinhaber gegen die Umwandlung eines herkömmlichen Kinos in ein Mehrfach-Kino zur Wehr setzten (BGE 113 Ib 99 f.). Verneint wurde die Legitimation von Herstellern und Vertreibern von Sojaprodukten gegen die Zulassung von Lebensmitteln aus gentechnisch veränderter Soja (BGE 123 II 382 ff.), des Zentralverbands Schweizerischer Milchproduzenten (ZVSM) und der Butyra gegen die Marktzulassung eines kalorienreduzierten Brotaufstrichs aus Butter und Sonnenblumenöl (BGE 113 Ib 363 ff.), des ZVSM gegen die Zulassung eines Schlagrahmersatzes (BGE 100 Ib 336 ff.; als zu eng kritisiert von Gygi, S. 158 f.; Jost, a.a.O., S. 546), eines Gewerbetreibenden gegen das Bauvorhaben eines Konkurrenten (BGE 109 Ib 198 ff.). Verneint wurde schliesslich die Legitimation von Apothekern zur Verwaltungsgerichtsbeschwerde gegen die Erteilung einer Bewilligung für eine Versandapotheke (BGE 125 I 7 ff.).

43 Der *Bundesrat* scheint geringere Anforderungen zu stellen; laut seiner Praxis genügt es, wenn der Beschwerdeführer durch die angefochtene Verfügung mit einer deutlich spürbaren Verschlechterung seiner wirtschaftlichen Position rechnen muss. So bejahte er die Legitimation eines Luftfahrtunternehmens, welches gegen das Bauprojekt eines Konkurrenten für ein Helikopterflugfeld Be-

schwerde erhob, weil es einen Konkurrenznachteil befürchtete (VPB 44/1980 Nr. 126 E. II.2), und des Inhabers einer Konzession für einen Regionalbus gegen die Erteilung einer Schulbuskonzession an eine Kantonsschule (VPB 57/ 1993 Nr. 23 E. 1). Die *Rekurskommission EVD* setzt kumulativ ein Konkurrenzverhältnis und eine deutlich spürbare Verschlechterung der wirtschaftlichen Position voraus; sie hat deshalb Beschwerdeführern, die sich allein aus Sorge um die fachliche Kompetenz und das Ansehen der Berufsstandsangehörigen gegen die Anerkennung eines ausländischen Abschlusszeugnisses zur Wehr setzten, die Legitimation abgesprochen (VPB 60/1996 Nr. 46). Weite Teile der *Lehre* folgen dieser Linie (vgl. Glanzmann-Tarnutzer, a.a.O., S. 177; Merkli/ Aeschlimann/Herzog, Art. 65 N. 12; André Moser/Peter Uebersax, Prozessieren vor eidgenössischen Rekurskommissionen, Basel/Frankfurt a.M. 1998, Rz. 2.28; Rhinow/Koller/Kiss, Rz. 1275; vgl. auch Gygi, a.a.O., Beschwerderecht, S. 12).

Das *Verwaltungsgericht* hat sich in neuerer Zeit ausdrücklich dem Bundesgericht angeschlossen (RB 1998 Nr. 42 = ZBl 100/1999, S. 436). Nach seiner Praxis liegt eine spezifische Beziehungsnähe besonders dann vor, wenn der Beschwerdeführer derselben speziellen wirtschaftsverwaltungsrechtlichen Ordnung wie der Verfügungsadressat untersteht oder – anknüpfend an die Rechtsprechung des Bundesgerichts zum Grundsatz der Gleichbehandlung der Gewerbegenossen – wenn er dessen direkter Konkurrent ist. Noch nicht geklärt scheint, ob direkte Konkurrenten allgemein anfechtungsbefugt sein sollen oder nur, wenn sie einen Verstoss gegen den Grundsatz der Gleichbehandlung der Gewerbegenossen geltend machen können. Dieser Grundsatz ist verletzt, wenn Massnahmen den Wettbewerb unter direkten Konkurrenten verzerren bzw. nicht wettbewerbsneutral sind (BGE 123 I 281, 121 I 132). Als direkte Konkurrenten gelten die Angehörigen der gleichen Branche, die sich mit dem gleichen Angebot an dasselbe Publikum richten, um das gleiche Bedürfnis zu befriedigen (BGE 121 I 285). Das Verwaltungsgericht hat demgemäss die Legitimation von Apothekern zur Beschwerde gegen die Bewilligung zur Selbstdispensation durch Ärzte nach § 16 GesundheitsG verneint (RB 1998 Nr. 42 = ZBl 100/1999, S. 436, bestätigt in BGr. 15.6.1999, 2P.195/1998; ebenso BGE 125 I 11 f.). Es knüpfte damit – mit geänderter Begründung – an seine Rechtsprechung zu § 21 in der ursprünglichen Fassung an: In Anwendung dieser Bestimmung war es auf Beschwerden von Apothekern gegen die Bewilligung zur Selbstdispensation durch Ärzte ebenfalls nicht eingetreten (RB 1990 Nr. 5); ferner hatte es dem Apothekerverein die Legitimation zur Anfechtung einer Verfügung der Gesundheitsdirektion abgesprochen, worin in verfassungskonformer Auslegung von § 66 GesundheitsG Drogisten für berechtigt erklärt worden waren, Arzneimittel aufgrund von Rezepten ohne Herstellungsanweisungen abzugeben (VGr. 12.5.1995, VB 94/0197). Weiter entschied das Verwaltungsgericht (in Anwendung von § 338a Abs. 1 PBG bzw. § 5 der Einführungsverordnung zum RPG vom 19.12.1979), der Inhaber einer Apotheke

§ 21

sei nicht befugt, die Baubewilligung für eine nahegelegene weitere Apotheke anzufechten (RB 1990 Nr. 6; vgl. auch RB 1992 Nr. 7 = ZBl 93/1992, S. 515), bzw. der Betreiber einer gewerblichen Sportanlage sei nicht zur Beschwerde gegen eine zweite ähnliche Anlage in der weiteren Nachbarschaft in derselben Landgemeinde befugt (bestätigt in BGE 109 Ib 198 ff.; der Auszug in RB 1982 Nr. 18 = BEZ 1982 Nr. 39 beschlägt nur die räumliche Beziehungsnähe und ist daher missverständlich). Ebenfalls noch in Anwendung der enger gefassten Legitimationsvorschrift des § 21 VRG i.d.F.v. 24.5.1959 bejahte das Gericht dagegen die Legitimation eines Konkurrenten zur Beschwerde gegen die Bewilligung eines Restaurantbetriebs, weil mit dieser Bewilligung die Gutheissung des eigenen Begehrens des Beschwerdeführers verhindert worden war (RB 1988 Nr. 13). Die Beschwerdebefugnis des erfolglosen Bewerbers um die Vergebung einer Berufsfischerpacht ergab sich aus § 43 Abs. 2 i.d.F.v. 24.5.1959 (RB 1981 Nr. 12).

45 Wenn die Legitimation des Konkurrenten auf Konstellationen beschränkt wird, in denen entweder eine spezielle wirtschaftsverwaltungsrechtliche Ordnung besteht oder der Konkurrent sonst die Verletzung einer Norm geltend macht, die seine Interessen schützen will, insbesondere des Grundsatzes der Gleichbehandlung der Gewerbegenossen, so wird die Legitimation nach Art. 103 lit. a OG bzw. § 21 VRG jener nach Art. 88 OG angenähert (vgl. zu Letzterer Kälin, S. 251 f.). Es spricht nicht zwingend gegen eine derartige Einschränkung in Bezug auf eine bestimmte Fallgruppe, dass die Legitimation nach Art. 103 lit. a OG und § 21 VRG grundsätzlich weiter ist als jene nach Art. 88 OG. Zu streng schiene allerdings, wenn kumulativ zum Vorliegen einer speziellen wirtschaftsverwaltungsrechtlichen Ordnung nach der engen Definition der neueren Bundesgerichtspraxis (vgl. N. 42) eine spürbare Verschlechterung der wirtschaftlichen Position verlangt würde (vgl. BGE 125 I 9; zur Kritik an diesem Entscheid vgl. die redaktionellen Bemerkungen in ZBl 100/1999, S. 442 f.).

3.4.3.3. Unterlegene Mitbewerberinnen und Mitbewerber, besonders im öffentlichen Dienst

46 Im *Submissionsverfahren* gelten unterlegene Mitbewerber als primäre Verfügungsadressaten (VPB 62/1998 Nr. 16 E. 2b; vgl. auch BGE 125 II 94 ff.). Bejaht wurde die Beschwerdelegitimation anderer unterlegener Mitbewerber etwa in VPB 58/1994 Nr. 39 E. 1 und vom Verwaltungsgericht in RB 1981 Nr. 12 (vgl. N. 44). Im Kanton Zürich dürfte die frühere Praxis des Regierungsrats, welche wie jene des Bundesrats *unterlegenen Bewerbern um Stellen im öffentlichen Dienst* die Rekurslegitimation absprach (RR 21.2.1979, ZBl 80/1979, S. 308; vgl. auch RR 3.8./5.10.1994, ZBl 96/1995, S. 68 f.), mit dem Inkrafttreten des revidierten VRG überholt sein (vgl. § 74 N. 10; gl.M. Jaag, Verwaltungsrecht, Rz. 2083). Dies kann aus § 74 Abs. 2 abgeleitet werden, welcher die Beschwerde an das Verwaltungsgericht gegen Anordnungen und Rekursentscheide über die Begründung von Dienstverhältnissen ausschliesst; hätte der

Gesetzgeber die Legitimation allgemein verneinen wollen, wäre diese Bestimmung unnötig (ebenso, die Frage aber offen lassend, Keiser, Personalrecht, S. 212 f.; vgl. auch N. 32). Bei der materiellen Prüfung muss allerdings die Kognition eingeschränkt werden, um der Wahl- bzw. Ernennungsbehörde den nötigen Ermessensspielraum zu belassen. Die Beschwerdelegitimation ergibt sich aus dem Bundesrecht, wenn geltend gemacht wird, die Nichteinstellung komme einer Diskriminierung aufgrund des Geschlechts gleich (Art. 13 Abs. 2 GlG).

3.4.3.4. Weitere

Kasuistik: Das Bundesgericht verneint die Legitimation von *Konsumenten* wohl nicht von vornherein (vgl. BGE 123 II 379 ff.). Laut dem Bundesrat sind die Mitglieder einer Krankenkasse befugt, sich gegen einen Tarifvertrag zwischen der Ärztevereinigung und der Kasse zu beschweren (VPB 56/1992 Nr. 44 E. 2). Laut dem Bundesgericht sind Personenwagenhalter zur Beschwerde gegen die Genehmigung von Prämientarifen der obligatorischen Motorfahrzeughaftpflichtversicherung berechtigt (BGE 99 Ib 54).

47

3.4.4. Zugunsten der Verfügungsadressaten intervenierende Dritte

Dritte sind bei Vorliegen der Voraussetzungen auch befugt, Verfügungen anzufechten, welche die Verfügungsadressaten belasten. Häufig sind Rechtsmittel einer privaten Vertragspartei des Verfügungsadressaten gegen Verfügungen, welche den Letzteren belasten. Prinzipielle Unterschiede zwischen der Praxis auf Bundesebene und jener auf kantonaler Ebene sind nicht auszumachen. Der geltend gemachte Nachteil muss sich unmittelbar für den anfechtenden Dritten ergeben und darf nicht bloss eine Folge des dem Adressaten durch die Verfügung gebotenen Handelns sein (RB 1998 Nr. 11 = ZBl 100/1999, S. 444 = BEZ 1999 Nr. 10; RB 1984 Nr. 12). Könnte der Dritte einen für ihn günstigen Entscheid gegenüber dem Adressaten überhaupt nicht durchsetzen, ist seine Legitimation zu verneinen. Der bloss an Geschäftsbeziehungen interessierte Dritte ist deshalb in der Regel nicht legitimiert (vgl. Jost, a.a.O., S. 541 f.; Gadola, S. 215; BGE 101 Ib 110, 99 Ib 379). Interveniert der Dritte *anstelle* des Adressaten, sind die Anforderungen an das Rechtsschutzinteresse besonders streng (vgl. Gygi, a.a.O., Beschwerderecht, S. 10 f.).

48

Kasuistik (vgl. auch Kölz/Häner, Rz. 557): Dinglich Berechtigte, Mieter und Pächter können zur Anfechtung von Verfügungen, die sich an den Eigentümer richten, legitimiert sein und umgekehrt (vgl. VPB 59/1995 Nr. 100 E. 2.3). Sowohl der Grundeigentümer als auch der Betriebsinhaber können die Verweigerung eines Gastwirtschaftspatents anfechten (vgl. RB 1962 Nr. 30, 1975 Nr. 3). Der Arbeitgeber kann eine Einreisesperre anfechten, die gegen seinen Arbeitnehmer verhängt wurde (VPB 62/1998 Nr. 29 E. 7.2; vgl. auch Art. 53 Abs. 4 BVO). Der Verkäufer eines zu rodenden Grundstücks ist zur Beschwerde gegen

49

§ 21

die Verweigerung der Rodungsbewilligung befugt (BGE 98 Ib 371), Käufer und Verkäufer eines Grundstücks können sich gegen dessen Unterstellung unter das BewG zur Wehr setzen (BGE 101 Ib 385 f.), eine Bank den Widerruf von Subventionen für die Erstellung eines Gebäudes, für die sie Kredite gewährt hat, anfechten (BGE 107 Ib 45 f.). Gegen das Verbot der öffentlichen Vorführung eines Films kann sich auch der Filmverleiher zur Wehr setzen (RB 1965 Nr. 6). Sieht ein Testament vor, dass die Erbschaftssteuer auf einem Vermächtnis aus dem Nachlass zu begleichen ist, begründet es damit eine privatrechtliche Verpflichtung der Erben zur Begleichung des Betrags an den Vermächtnisnehmer. Diese sind als obligatorisch Verpflichtete durch die Festsetzung der Erbschaftssteuer auf dem Vermächtnis direkt betroffen und deshalb zu Rekurs und Beschwerde gegen die entsprechende Verfügung legitimiert (VGr. 24.3.1983, ZBl 84/1983, S. 550 ff.). Verneint wurde hingegen die Befugnis der Aktionäre zur Beschwerde gegen Massnahmen, die sich gegen die AG richten (BGE 124 II 582, 116 Ib 335 f.; vgl. Attilio R. Gadola, Vom Beschwerderecht des Alleinaktionärs einer AG – Zu einem sog. obiter dictum und zugleich ein Beitrag zur Rechtsmittelbefugnis im Verwaltungsprozess, recht 1992, S. 135 ff.), der Genossenschaftsmitglieder gegen Verfügungen, welche die Genossenschaft belasten (VPB 59/1995 Nr. 102 E. 4.2), und der Besitzer von Anteilscheinen gegen Verfügungen im Verfahren gegen den betreffenden Anlagefonds (BGE 120 Ib 355 f.). In allen diesen Fällen wurde das Interesse der Beschwerdeführenden bloss als mittelbar und deshalb unzureichend klassiert. Das Verwaltungsgericht hat die Legitimation von Geschäftsinhabern zur Anfechtung eines Gebührentarifs für Parkplätze, von dem nur ihre Kunden betroffen waren, verneint (in Anwendung von § 21 i.d.F.v. 24.5.1959, aber mit Hinweisen auf die Praxis zu Art. 103 lit. a OG; RB 1992 Nr. 7, ausführlicher in ZBl 93/1992, S. 515; vgl. dagegen zur Praxis bezüglich Anfechtung von Verkehrsmassnahmen N. 33). Die Arbeitnehmer des im Submissionsverfahren unterlegenen Anbieters sind nicht zur Anfechtung des Zuschlags legitimiert (RB 1998 Nr. 11 = ZBl 100/1999, S. 444 = BEZ 1999 Nr. 10; vgl. auch N. 31). Im Baubewilligungsverfahren können Dritte in der Regel nicht gegen die Verweigerung einer Baubewilligung angehen, mit welcher der Adressat sich abgefunden hat (RB 1984 Nr. 12; vgl. hierzu auch N. 64). Trotz der Ausweitung der Legitimation durch die Revision des VRG dürfte RB 1973 Nr. 7 nicht überholt sein, wonach derjenige, der einem Dritten seinen Taxibetrieb schenken möchte, die Erteilung einer Betriebsbewilligung an diesen Dritten nicht auf dem Rechtsmittelweg verfechten kann.

3.5. Egoistische Verbandsbeschwerde

50 Wenn juristische Personen als Adressatinnen oder Dritte in ihren eigenen schutzwürdigen Interessen betroffen sind, sind die allgemeinen Legitimationsvoraussetzungen zu beachten. Daneben können Verbände zur Verbandsbeschwerde

befugt sein. Zu unterscheiden sind die *egoistische* Verbandsbeschwerde, mit welcher sich Verbände für die – meist wirtschaftlichen – Interessen ihrer Mitglieder einsetzen, und die *ideelle* Verbandsbeschwerde, mit welcher gesetzlich hierzu legitimierte Organisationen öffentliche Interessen vertreten. Zur Erhebung der egoistischen Verbandsbeschwerde ist keine besondere gesetzliche Grundlage nötig (unzutreffend BGE 123 II 381). Es handelt sich bei ihr um eine Form der Prozessstandschaft, da der Verband im eigenen Namen, aber im Interesse seiner Mitglieder Beschwerde führt.

Die folgenden, kumulativ zu erfüllenden Voraussetzungen der egoistischen Verbandsbeschwerde sind bei der Verwaltungsgerichts- und der Verwaltungsbeschwerde im Bund dieselben wie bei der staatsrechtlichen Beschwerde. Sie gelten ebenso im kantonalen Verfahren (vgl. RB 1991 Nr. 8 = BEZ 1991 Nr. 3; RB 1983 Nr. 9): Die Vereinigung muss eine juristische Person sein und statutarisch zur Wahrung der betreffenden Interessen der Mitglieder befugt sein; die Interessen müssen allen oder zumindest einer grossen Anzahl von Mitgliedern gemeinsam sein, und jedes dieser Mitglieder muss selber zur Geltendmachung des Interesses auf dem Rechtsmittelweg befugt sein (BGE 123 I 225, 121 II 46, 119 Ib 376 f.; VPB 59/1995 Nr. 99 E. 2.3; RB 1991 Nr. 8). 51

Von der Voraussetzung, dass eine *Mehrzahl der Mitglieder* betroffen sein muss, kann nicht deshalb abgesehen werden, weil sie – wie ein Verband behauptete – schwer nachzuweisen sei und Vereine mit grosser Mitgliederzahl benachteilige (RB 1991 Nr. 8 = BEZ 1991 Nr. 3). Das Bundesgericht trat auf die Beschwerde von Gewerkschaften des Verkaufspersonals gegen die Ladenöffnungszeiten im Zürcher Hauptbahnhof nicht ein mit der Begründung, dass nur wenige Verbandsmitglieder direkt betroffen seien und dies durch eine potentielle Betroffenheit der übrigen nicht wettgemacht werde (BGE 119 Ib 377 f.). Es bejaht dagegen in ständiger Praxis die Legitimation von Fischereiverbänden zur Beschwerde gegen Wassernutzungskonzessionen, wenn der angefochtene Entscheid einen grossen Flussabschnitt und damit zahlreiche Fischer betrifft und alle Mitglieder des Verbands die Möglichkeit haben, in diesem Abschnitt zu fischen; der Nachweis, dass die Mehrheit der Mitglieder hiervon Gebrauch macht, wird nicht verlangt (BGr. 1.9.1997, ZBl 99/1998, S. 398 f.). Ein Personalverband der Arbeitnehmer eines im Submissionsverfahren unterlegenen Anbieters kann den Zuschlag nicht anfechten, weil auch seine Mitglieder hierzu nicht legitimiert sind (RB 1998 Nr. 11 = ZBl 100/1999, S. 444 = BEZ 1999 Nr. 10; vgl. auch N. 49). Der *statutarische Zweck* muss in einem Zusammenhang mit dem Sachgebiet stehen, in welchem die Verfügung ergangen ist. Eine politische Partei ist somit nicht befugt, allgemeine öffentliche Interessen zu wahren, selbst wenn sie in ihren Zielsetzungen Interesse an derartigen Fragen bekundet (VPB 56/1992 Nr. 10; BGr. 24.7.1991, ZBl 94/1993, S. 45 = URP 1992, S. 646 f.; Kölz/Häner, Rz. 564). Sie kann deshalb keine Verkehrsbeschränkungen anfechten und sich nicht gegen eine Baubewilligung wehren, um ein schutzwürdiges 52

§ 21

Ortsbild zu erhalten (vgl. RB 1984 Nr. 10). Der Interessenverein eines Quartiers kann gemäss dem Bundesrat zur Anfechtung von Verkehrsmassnahmen befugt sein (VPB 53/1989 Nr. 42), während der Regierungsrat die Legitimation von Dorfvereinen zur Anfechtung einer Strassensperrung wegen der zu allgemeinen Umschreibung des Vereinszwecks in den Statuten verneint hat (RRB 2911/1985, BEZ 1985 Nr. 28). Örtliche Gewerbeverbände können Verkehrsmassnahmen anfechten, sofern eine Mehrzahl ihrer Mitglieder betroffen ist, was etwa der Fall ist, wenn die Mitglieder die betreffende Strasse regelmässig befahren (VPB 55/1991 Nr. 6) oder wenn sich an dieser Gewerbebetriebe befinden (RRB 5486/1975, 2585/1972). Ist die Legitimation des Verbands unsicher, so kann es zwecks Verhütung eines Nichteintretensentscheids sinnvoll sein, zusätzlich ein legitimiertes Verbandsmitglied als Rekurrenten anzuführen.

4. Allgemeine Rekurs- und Beschwerdebefugnis der Gemeinden, der übrigen öffentlichrechtlichen Körperschaften sowie der öffentlichrechtlichen Anstalten und Stiftungen

Literatur
GADOLA ATTILIO R., Die Behördenbeschwerde in der Verwaltungsrechtspflege des Bundes – ein «abstraktes» Beschwerderecht?, AJP 1993, S. 1458 ff. (Gadola, Behördenbeschwerde); GYGI FRITZ, Zur Beschwerdebefugnis des Gemeinwesens in der Bundesverwaltungsrechtspflege, ZSR 98/1979 I, S. 449 ff.; KÖLZ, Beschwerdebefugnis; KÖLZ/HÄNER, Rz. 566 ff.; MOOR II, S. 421 ff.; RUCKSTUHL, S. 299 f.; TRÜEB, a.a.O., S. 193 ff.

4.1. Bundesrecht

53 Auf Bundesebene wird die Beschwerdelegitimation der öffentlichrechtlichen Körperschaften und anderer Verwaltungseinheiten mit Rechtspersönlichkeit im Verwaltungsprozessrecht aus den allgemeinen Bestimmungen der Art. 48 lit. a VwVG und 103 lit. a OG abgeleitet; eine ausdrückliche gesetzliche Regelung, wie sie seit der Revision des VRG in § 21 lit. b enthalten ist, fehlt. Die Praxis der Bundesbehörden ist uneinheitlich, scheint sich jedoch allmählich zu festigen. Körperschaften und Anstalten des öffentlichen Rechts sind jedenfalls dann beschwerdebefugt, wenn sie *in gleicher oder ähnlicher Weise betroffen sind wie eine Privatperson* (BGE 124 II 417, 123 II 374). Dies kann insbesondere der Fall sein, wenn sie in ihren vermögensrechtlichen Interessen betroffen sind (BGE 125 II 194, 124 II 417, 123 II 374). Beispiele sind die Verpflichtung des Staates als Arbeitgeber zu einer Lohnzahlung nach dem GlG (BGE 124 II 419), die Auferlegung von Kosten für Schallschutzmassnahmen (BGE 122 II 36) oder die gegenüber der Staatskellerei ausgesprochene Verweigerung der Bewilligung zur Weineinfuhr (VPB 59/1995 Nr. 85 E. 1.2).

54 Demnach ist die öffentlichrechtliche Körperschaft oder Anstalt auch *als Drittbetroffene* unter den entsprechenden Voraussetzungen beschwerdeberechtigt, so

zum Beispiel als Nachbarin (BGE 124 II 304) oder als Konkurrentin. Letzteres kann aber nicht als vollends gesichert gelten. Das Bundesgericht liess offen, ob eine öffentlichrechtliche Genossenschaft – die allerdings nicht gewinnorientiert war – zur Beschwerde gegen die Zulassung eines Konkurrenzprodukts legitimiert sei (BGE 113 Ib 365). Auch der Bundesrat liess in einem älteren Entscheid die Frage offen, ob eine Gemeinde als Konkurrentin die Bewilligung zum Bau eines Flugfelds mit Beschwerde anfechten könne (VPB 44/1980 Nr. 61 E. 2). Er bejahte hingegen die Legitimation einer öffentlichrechtlichen Körperschaft zur Beschwerde gegen die Erteilung einer Schulbuskonzession, welche ihre eigene Regionalbuskonzession konkurrenzierte (VPB 57/1993 Nr. 23 E. 1).

Nach der Praxis des Bundesgerichts zu Art. 103 lit. a OG ist ein Gemeinwesen weiter zur Verwaltungsgerichtsbeschwerde legitimiert, wenn es durch die angefochtene Verfügung *in seinen hoheitlichen Befugnissen* berührt ist und ein schutzwürdiges eigenes Interesse an der Aufhebung oder Änderung des angefochtenen Entscheids hat. Somit kann sich ein Gemeinwesen für seine baupolizeilichen Kompetenzen (BGE 117 Ib 113 f.), für die von ihm erhobenen Gebühren (BGE 119 Ib 391) oder für die von ihm verlangten Subventionen (BGE 122 II 383 f., 110 Ib 153 f.) zur Wehr setzen. Ein allgemeines finanzielles Interesse des Gemeinwesens genügt dagegen zur Begründung der Beschwerdelegitimation nicht. Auch das Interesse an einer korrekten und einheitlichen Anwendung des Bundesrechts reicht nicht aus (BGE 124 II 418, 123 II 375, 122 II 383). Es genügt auch nicht, dass das Gemeinwesen durch den angefochtenen Entscheid zu einer spezifisch hoheitlichen Tätigkeit mit finanziellen Folgen verpflichtet wurde (BGE 124 II 418). Während das Bundesgericht auf die Beschwerde eines Kantons eintrat, der sich – einem privaten Arbeitgeber vergleichbar – gegen die Verpflichtung zu einer Lohnzahlung nach dem GlG wehrte (BGE 124 II 419 f.), verneinte es aus dem letztgenannten Grund die Legitimation eines Kantons zur Verwaltungsgerichtsbeschwerde gegen einen kantonalen Entscheid, der ihn zur Zahlung einer Entschädigung an das Opfer einer Straftat verpflichtete. Die finanzielle Belastung folge aus der Verpflichtung zur Erfüllung einer Bundesaufgabe und genüge deshalb nicht zur Begründung der Beschwerdelegitimation (BGE 123 II 432). Im Widerspruch dazu hat das EVG die Beschwerdebefugnis einer Gemeinde bejaht, welche gegen die Verpflichtung, Mindestbeiträge für die Sozialversicherung zu zahlen, Verwaltungsgerichtsbeschwerde erhoben hatte (BGE 123 V 116 f.). Das EVG begründete seinen Entscheid damit, dass die Gemeinde in ihren vermögensrechtlichen Interessen betroffen sei.

55

In BGE 123 II 428 ging das Bundesgericht davon aus, dass ein Gemeinwesen bei einer Betroffenheit in den hoheitlichen Befugnissen nur beschwerdelegitimiert sei, wenn es im betreffenden Bereich über *Autonomie* verfüge. Auch die früheren Entscheide wurden einschränkend und präzisierend in diesem Sinn interpretiert. Diese Voraussetzung wurde nun anscheinend wieder fallen gelassen (BGE 124 II 418, 124 II 304).

56

§ 21

57 Dagegen bejaht das Bundesgericht neuerdings die Legitimation, wenn *in den Wirkungskreis des betreffenden Gemeinwesens fallende, spezifische öffentliche Interessen* (BGE 125 II 195), im Fall einer Gemeinde öffentliche lokale Anliegen vorgebracht werden, z.B. wenn sich Gemeinden zugunsten ihrer Einwohner für den Lärmschutz einsetzen (BGE 124 II 304). Unklar bleibt nach dem zuletzt genannten Entscheid, ob die Gemeinde zur Vertretung irgendwelcher Interessen ihrer Bevölkerung zugelassen wird oder ob vorausgesetzt wird, dass sie gesetzlich zur Wahrnehmung dieser Interessen berufen ist. Ob die Beschwerdebefugnis unter den genannten Voraussetzungen auch ausländischen Gemeinden im Grenzbereich zukommen kann, wurde ebenfalls noch offen gelassen (BGE 124 II 305 f.; das Verwaltungsgericht hat die Frage grundsätzlich bejaht, vgl. VGr. 18.12.1997, BEZ 1998 Nr. 4).

58 *Zusammengefasst:* Nach der sich festigenden Praxis des *Bundesgerichts* ist ein Gemeinwesen in folgenden Fällen zur Verwaltungsgerichtsbeschwerde legitimiert: Erstens, wenn es wie eine Privatperson betroffen ist und ein schutzwürdiges Interesse hat, was besonders dann der Fall ist, wenn seine vermögensrechtlichen Interessen in Frage stehen; zweitens, wenn es in seinen hoheitlichen Befugnissen berührt ist und ein schutzwürdiges Interesse geltend machen kann, d.h. wenn es sich auf ein spezifisches öffentliches Interesse beruft, das in seinen Wirkungskreis fällt (BGE 125 II 194 f.). Die Betroffenheit im Finanz- oder Verwaltungsvermögen bzw. in den vermögensrechtlichen Interessen allein vermag jedoch die Legitimation noch nicht zu begründen (vgl. BGE 123 II 432).

59 In seiner jüngsten Rechtsprechung knüpft das Bundesgericht an die Praxis des *Bundesrats* an. Dieser bejaht die Beschwerdelegitimation, wenn das Gemeinwesen gleich oder ähnlich wie eine Privatperson im Autonomiebereich (VPB 46/1982 Nr. 12 E. 2.1) oder in der Erfüllung seiner spezifischen Aufgaben betroffen ist. Dabei stellt die Vertretung der Interessen der Einwohner bereits eine kommunale Aufgabe dar. Der Bundesrat hat demnach die Befürchtung, dass die Einwohner aus dem Gebiet der beschwerdeführenden Gemeinde wegziehen könnten, als genügendes Interesse an der Beschwerde gegen die Bewilligung zum Bau eines Flugfeldes bewertet (VPB 39/1975 Nr. 35 S. 112; vgl. auch VPB 54/1990 Nr. 44 E. 2; anders jedoch VPB 44/1980 Nr. 61). In einem neueren Entscheid wurde die Legitimation einer Gemeinde bejaht, die sich gegen die Schliessung eines Bahnübergangs wehrte, allein weil sie vorbrachte, das allgemeine Interesse der Bevölkerung zu vertreten (VPB 59/1995 Nr. 12 E. 2.1).

60 Die Praxis ist damit der *Lehre* gefolgt, nach der das Berührtsein in einem schutzwürdigen eigenen Interesse zur Beschwerdelegitimation genügen soll. Dieses ist nach der Lehre zu bejahen, wenn eine Verfügung die vom Gemeinwesen zu wahrenden Allgemeininteressen berührt und ein erheblicher Interessengegensatz zwischen dessen Interessen und jenen der entscheidenden Instanz besteht. Nach der Lehre genügt, wenn in den Wirkungskreis des betreffenden Gemeinwesens eingegriffen wird; ein Berührtsein im Autonomiebereich wird nicht vo-

rausgesetzt (vgl. Gadola, a.a.O., Behördenbeschwerde, S. 1467; vgl. auch Kölz, Beschwerdebefugnis, S. 123 f.; Felix Matter, in: Kommentar USG, Art. 57 N. 13; Trüeb, a.a.O., S. 195 ff., und zur entsprechenden Praxis im Kanton Aargau Merker, § 38 Rz. 205).

4.2. Rechtslage im Kanton Zürich

4.2.1. Praxis des Zürcher Verwaltungsgerichts zur Rekurs- und Beschwerdelegitimation der Gemeinde im Allgemeinen

Im verwaltungsinternen Rekursverfahren bestand eine Rekurslegitimation der Gemeinde aufgrund einer langjährigen Praxis des Regierungsrats bereits vor Inkrafttreten des GemeindeG, dessen § 155 Abs. 1 hernach ihre Grundlage bildete (vgl. zu dieser früheren Praxis Fehr, S. 292). Das Zürcher Verwaltungsgericht entwickelte seine Rechtsprechung zur Beschwerdelegitimation öffentlichrechtlicher Körperschaften und Anstalten bereits unter der Geltung von § 21 VRG i.d.F.v. 24.5.1959 (RB 1963 Nr. 11 = ZBl 65/1964, S. 323 = ZR 64 Nr. 188; RB 1970 Nr. 3). Diese Rechtsprechung hat es auch nach dem Inkrafttreten von Art. 33 Abs. 3 lit. a RPG und § 5 der Einführungsverordnung zum RPG vom 19.12.1979 bzw. § 338a Abs. 1 PBG fortgeführt. Es ging davon aus, dass es in seiner Praxis die Legitimation teilweise weiter gefasst habe, als es das geänderte Bundesrecht vorschreibe (anders allerdings VGr. 16.9.1977, ZBl 79/1978, S. 180). Da jedoch Art. 33 Abs. 3 lit. a RPG als Minimalvorschrift zu verstehen sei und das neue Recht die Beschwerdebefugnis habe erweitern wollen, sei an dieser Praxis festzuhalten (RB 1981 Nr. 8; VGr. 17.5.1983, ZBl 84/1983 S. 500 f.). Seit der Änderung der §§ 151–156 GemeindeG vom 4.9.1983 gilt die Legitimation nach VRG – anders als nach dem früheren Recht – allgemein auch im verwaltungsinternen Rekursverfahren (vgl. Trippel, S. 137 ff.). Vorbehalten bleibt die Regelung der Gemeindebeschwerde in § 151 GemeindeG (dazu Jaag, Rechtsmittel, S. 473 f.; Thalmann, § 151 N. 3.3). Das Verwaltungsgericht lässt ausländische Gemeinden grundsätzlich zur Beschwerde zu (VGr. 18.12.1997, BEZ 1998 Nr. 4).

Laut dem Grundgedanken der verwaltungsgerichtlichen Rechtsprechung würde die Rechtsmittelbefugnis einer unteren Verwaltungsinstanz gegen Entscheide einer oberen Instanz dem Organisationsprinzip der öffentlichen Verwaltung zuwiderlaufen, weshalb sie grundsätzlich nicht gegeben ist. Dieser Grundsatz findet jedoch im Gemeinderecht wegen der körperschaftlichen Struktur und des Selbstverwaltungsrechts der Gemeinde nur beschränkt Anwendung (Kölz, Beschwerdebefugnis, S. 116). Der Gemeinde kommt denn auch punktuell die Rekurs- und Beschwerdelegitimation zu, und zwar in folgenden Fällen: Wenn sie sich für die Durchsetzung und richtige Anwendung ihres kommunalen Rechts wehrt (vgl. VGr. 24.9.1985, ZBl 87/1986, S. 40 = BEZ 1985 Nr. 44), wenn sie einen Eingriff in ihre qualifizierte Entscheidungs- oder Ermessensfreiheit oder

§ 21

einen Eingriff in ihr Finanz- oder Verwaltungsvermögen geltend macht sowie wenn sie wie eine Privatperson (z.B. als Bauherrin) betroffen ist (VGr. 6.10.1995, VB.95.00093). Die Legitimation ist sodann zu bejahen, wenn Interessen oder Aufgaben betroffen sind, welche die Gemeinde zu wahren bzw. zu erfüllen hat oder wenn sich eine Verfügung auf einen grossen Teil der Einwohner auswirkt (RB 1998 Nr. 13). Mit diesem letzten Kriterium wurde die frühere Praxis präzisiert, wonach die Legitimation aus einem «gewichtigen faktischen» bzw. «gewichtigen öffentlichen» Interesse folgen kann. Bejaht wurde sie, als eine Gemeinde gegen die Verweigerung einer Baubewilligung für eine Asylbewerberunterkunft Beschwerde führte (VGr. 3.10.1991, ZBl 93/1992, S. 185), als die zweckmässige Ausgestaltung der kommunalen Energieplanung in Frage stand (VGr. 16.5.1991, VB 90/0131+0133) oder als sich Gemeinden gegen eine Gefährdung ihrer Trinkwasserversorgung und die Beeinträchtigung eines Naherholungsgebiets zur Wehr setzten (RB 1998 Nr. 13). Das Interesse an der richtigen Auslegung und Anwendung des *kantonalen* Rechts berechtigt die Gemeinde hingegen nicht zu Rekurs und Beschwerde. Auch ist sie nicht befugt, allgemeine öffentliche Interessen auf dem Rechtsmittelweg zu wahren (RB 1995 Nr. 11). Der Regierungsrat hat seine früher engere Praxis derjenigen des Verwaltungsgerichts angeglichen (RRB 2614/1984, BEZ 1984 Nr. 37; Trippel, S. 138; überholt Thalmann, § 155 N. 1.1).

63 Aus der Betroffenheit im Finanz- oder Verwaltungsvermögen liesse sich eine Legitimation der Gemeinde ableiten, welche sich gegen die Erfüllung einer vom übergeordneten Recht vorgeschriebenen Aufgabe zur Wehr setzt. Dies könnte auch in Bereichen gelten, wo weder die Anwendung und Durchsetzung kommunalen Rechts noch eine qualifizierte Entscheidungs- und Ermessensfreiheit in Frage stehen. Deshalb muss auch die zürcherische Praxis dahingehend interpretiert werden, dass ein Eingriff in das Finanz- oder Verwaltungsvermögen allein die Rekurs- und Beschwerdelegitimation nicht zu begründen vermag. Entsprechend der Praxis des Bundesgerichts ist die Legitimation einer Gemeinde zu verneinen, die sich gegen die Verpflichtung zu einer hoheitlichen Tätigkeit mit finanziellen Folgen wehrt (vgl. N. 55).

64 Das Interesse der Gemeinde muss *aktuell* sein (vgl. RB 1995 Nr. 11; zu den Ausnahmen vgl. N. 25). Das Interesse des Gemeinwesens an der Beantwortung einer theoretischen Rechtsfrage stellt kein zureichendes Rechtsschutzinteresse dar (vgl. RB 1987 Nr. 2 = BEZ 1987 Nr. 21; RB 1985 Nr. 10). Kein aktuelles Interesse liegt vor, wenn die Gemeinde sich gegen die Verweigerung einer Baubewilligung wehrt, obwohl sich die Bauherrschaft mit der Ablehnung abgefunden hat (vgl. RB 1981 Nr. 9 = ZBl 83/1982, S. 216 = ZR 81 Nr. 75; RB 1980 Nr. 5; Gegenbeispiel: VGr. 1.2.1990, ZBl 92/1991, S. 83). Anders liegt der Fall, wenn die Baurekurskommission die kommunale Baubewilligungsbehörde angewiesen hat, das Baubewilligungsverfahren im Sinn des Rekursentscheids wieder aufzunehmen, weil in diesem Fall die Bauherrschaft gar nicht auf das

Bauprojekt verzichtet (VGr. 3.4.1991, VB 90/0246). Auch kann sich die Gemeinde gegen eine Rückweisung zur Wehr setzen, laut der sie in ihren Beschluss eine bestimmte Nebenbestimmung aufnehmen muss, die sie für unvereinbar mit ihrem kommunalen Recht hält; dadurch wird die Gemeinde unmittelbar verpflichtet, sodass sich der Rechtsstreit nicht bloss um theoretische Fragen dreht, und es steht die richtige Anwendung und Durchsetzung des kommunalen Rechts in Frage (RB 1987 Nr. 2 = BEZ 1987 Nr. 21).

4.2.2. Voraussetzungen im Einzelnen, Kasuistik

Obwohl die Gemeinde zur richtigen Anwendung und Durchsetzung ihres *kom-* 65 *munalen Rechts* rechtsmittelbefugt ist, genügt es nicht, wenn bloss indirekte bzw. Reflexwirkungen auf das kommunale Recht geltend gemacht werden (VGr. 28.10.1994, VB 94/0068). Die Gemeinde muss allerdings mit der Rüge zugelassen werden, durch die unrichtige Auslegung kantonalen Rechts werde ihr kommunales Recht fälschlicherweise nicht angewendet (vgl. die Minderheitsmeinung in VGr. 28.10.1994, VB 94/0068). Die richtige Anwendung des kommunalen Rechts steht etwa bei Streitigkeiten über Kernzonenvorschriften in Frage (VGr. 19.12.1986, VB 77/1986).

Das Vorliegen einer *qualifizierten Entscheidungs- und Ermessensfreiheit* ist nach 66 der Praxis jeweils im Einzelfall zu bestimmen. Es wird verneint, wenn Rechtsfragen im ganzen Kanton einheitlich beantwortet werden sollten, denn die Gemeinde kann sich nicht für die richtige Auslegung und Anwendung des kantonalen Rechts wehren (RB 1998 Nr. 14, 1996 Nr. 11; VGr. 6.10.1995, VB.95.00093; vgl. zur Kritik N. 71). Auch genügt es nicht, wenn die Gemeinde im betreffenden Bereich über Ermessen verfügt, solange die Oberbehörde ihr Ermessen an dessen Stelle setzen kann. Eine qualifizierte Entscheidungs- und Ermessensfreiheit liegt insbesondere dann vor, wenn der Ermessensentscheid von örtlichen Gegebenheiten abhängt (RB 1982 Nr. 13). Ein wichtiger Anwendungsfall sind planungsrechtliche Festlegungen der Gemeinde (vgl. RB 1998 Nr. 13, 1993 Nr. 1). Das Verwaltungsgericht hatte sich vor allem mit der Frage zu befassen, in welchen Fällen den Gemeinden bei der Anwendung des PBG eine qualifizierte Entscheidungs- und Ermessensfreiheit zukommt.

Kasuistik: Die Gemeinde ist befugt, Streitigkeiten im Quartierplanverfahren 67 mit Beschwerde anzufechten (RB 1998 Nr. 12; VGr. 30.1.1992, VB 91/0132; RB 1980 Nr. 9). Selbst wenn weder ihre planungsrechtlichen Festlegungen noch ihre wirtschaftlichen Interessen in Frage stehen, ist sie aufgrund ihrer treuhänderischen Stellung gegenüber den Beteiligten berechtigt, einen im Quartierplan-Festsetzungsbeschluss erzielten Interessenausgleich auf dem Rechtsmittelweg zu verteidigen (RB 1991 Nr. 7). Die Rechtsmittelbefugnis der Gemeinde wurde *weiter bejaht* bei Streitigkeiten über die Zuständigkeit zur Beurteilung eines Baugesuchs (RB 1996 Nr. 5; vgl. auch BGE 117 Ib 114), über die planungsrechtliche Baureife eines Grundstücks im Hinblick auf kommunale planungsrechtliche

§ 21

Erlasse (§ 234 PBG; RB 1982 Nr. 15), über die Präjudizierung eines Bebauungsplans und der Festsetzung von Baulinien durch ein Bauprojekt (RB 1979 Nr. 9), über die strassenmässige Erschliessung eines Baugrundstücks (§ 236 Abs. 1 und § 237 PBG; RB 1983 Nr. 8 = ZBl 84/1983, S. 500 = ZR 82 Nr. 97 = BEZ 1983 Nr. 20; Praxisänderung), über die Zahl der Abstellplätze (§ 243 Abs. 1 PBG; RB 1984 Nr. 9), über die Verpflichtung des Grundeigentümers zur Schaffung von Abstellplätzen für Kehricht-Container (§ 249 PBG; RB 1990 Nr. 9 = BEZ 1991 Nr. 13), über die Einwirkung einer Baute auf die Umgebung im Sinn von § 226 PBG (Ruckstuhl, S. 299) oder über die befriedigende Gesamtwirkung einer Baute (§ 238 PBG; RB 1979 Nr. 10; vgl. auch BGr. 5.12.1995, ZBl 98/1997, S. 265). *Verneint* wurde sie in Bezug auf die Interessenabwägung nach § 357 PBG (VGr. 28.10.1994, VB 94/0068; vgl. BGr. 5.12.1995, ZBl 98/1997, S. 262); ferner bei Streitigkeiten darüber, ob ein Bauvorhaben die Pflicht zur Erstellung von Parkplätzen auslöse (§ 242 Abs. 1 PBG; RB 1984 Nr. 8; VGr. 19.12.1986, VB 77/1986), ob eine Baute, Anlage oder sonstige Grundstücknutzung den Verkehr behindere oder gefährde (§ 240 Abs. 1 PBG; RB 1985 Nr. 12) oder ob eine schon bestehende Baute oder Anlage bewilligungspflichtig sei (§ 309 Abs. 1 lit. a PBG; RB 1985 Nr. 11).

68 Bei Beeinträchtigung ihrer planungsrechtlichen Festlegungen kann sich die Gemeinde auch gegen Bauvorhaben auf dem Gebiet einer *Nachbargemeinde* wehren. Bejaht wurde deshalb die Legitimation einer Gemeinde, die sich für die ungeschmälerte funktionelle Erhaltung eines Aussichtspunkts wehrte, den die eigene Nutzungsplanung in der Nähe der Nachbargemeinde vorsah (RB 1993 Nr. 1). Die Gemeinde kann dabei jede Rüge vorbringen, die geeignet scheint, die Beeinträchtigung der eigenen Nutzungsplanung abzuwenden; sie kann also sowohl die Verletzung von Bauvorschriften rügen als auch Einwände gegen die Nutzungsplanung der Nachbargemeinde vorbringen und damit deren akzessorische Überprüfung verlangen (RB 1993 Nr. 1; VGr. 11.4.1990, VB 89/0094+0095). Zur Wahrung ihrer Planungshoheit kann die Gemeinde auch die Richtplanung der Nachbargemeinde, etwa deren kommunalen Verkehrsplan, anfechten (RRB 3197/1989, BEZ 1989 Nr. 40).

69 Die Gemeinde ist nicht befugt, sich gegen die Aufnahme eines Mitglieds in eine Jagdgesellschaft zur Wehr zu setzen (§ 24 Abs. 6 des Gesetzes über Jagd und Vogelschutz vom 12.5.1929 [LS 922.1]; RB 1995 Nr. 106). Im Bereich der Staatsbeiträge richtet sich die Legitimation der Gemeinde zur Beschwerde an das Verwaltungsgericht nach § 16 StaatsbeitragsG i.V.m. § 21 VRG (vgl. Prot. KR 1987–1991, S. 7687 ff., 8365 ff.); überholt ist somit die frühere Praxis, wonach die Gemeinden nicht berechtigt waren, die Festsetzung von Staatsbeiträgen anzufechten, weil ihnen in diesem Zusammenhang keine Autonomie zukam (vgl. die Bemerkung der Redaktion in ZBl 79/1978, S. 557). Sofern die Gemeinde in der Sache selbst legitimiert wäre und ein aktuelles Interesse hat, kann sie sich auch für ihre Vollzugsanordnungen auf dem Rechtsmittelweg wehren (RB 1990 Nr. 8; Gegenbeispiel: RB 1998 Nr. 14).

4.2.3. Verhältnis der Praxis zum revidierten VRG und zum Bundesrecht

Offen bleibt, ob die Praxis aufgrund der ausdrücklichen Erwähnung der Gemeinden, der andern öffentlichrechtlichen Körperschaften und der öffentlichrechtlichen Anstalten in *§ 21 lit. b* oder aufgrund der Formulierung dieser Bestimmung, welche den Forderungen der Lehre (N. 60) zu entsprechen scheint, die Legitimation ausweiten wird (vgl. Haller/Karlen, N. 991; Mäder, VRG-Revision, S. 14; Rotach, S. 437 f.). Mit der Schaffung von § 21 lit. b bezweckte der Gesetzgeber allerdings nicht, die Legitimation gegenüber der bisherigen Praxis zu erweitern (Weisung 1995, S. 32, 55 f.; vgl. RB 1998 Nr. 14). Ebenso wenig weicht übrigens die Einsprachelegitimation (und damit die Rekurs- und Beschwerdelegitimation) der Gemeinden nach § 17 Abs. 1 StrassG und § 18a Abs. 2 WasserwirtschaftsG von der Legitimation nach § 21 lit. b ab. Dies scheint nach dem Wortlaut nicht ganz klar, weil die beiden Bestimmungen nach einem Verweis auf die Rekurs- und Beschwerdelegitimation gemäss VRG festhalten, dass in ihren schutzwürdigen Interessen betroffene Gemeinden ein selbständiges Einspracherecht haben. Doch wollte die Kommission damit bloss im Gegensatz zum engen Legitimationsbegriff, den sie ursprünglich für § 21 vorsah, den weiteren bundesrechtlichen Legitimationsbegriff festschreiben und die Legitimation von Nachbargemeinden sicherstellen (Prot. KK 1995/96, S. 337 ff., 355). Nachdem in § 21 ebenfalls der weitere Legitimationsbegriff verankert worden war, strich der Kantonsrat in der Redaktionslesung zwar die ausdrückliche Erwähnung der Gemeinden aus § 24 Abs. 2 WasserwirtschaftsG, weil sie wegen des allgemeinen Verweises auf das VRG in Abs. 1 derselben Bestimmung überflüssig sei (Prot. KR 1995–1999, S. 6834 f.). § 17 Abs. 1 StrassG und § 18a Abs. 2 WasserwirtschaftsG wurden hingegen nicht mehr geändert. Darin ist jedoch eine blosse Unachtsamkeit des Gesetzgebers zu sehen, aus welcher keine rechtlichen Konsequenzen abgeleitet werden können. Ebenso entsprechen sich § 21 einschliesslich lit. b und § 338a Abs. 1 PBG (RB 1998 Nr. 12).

Inwieweit den *bundesrechtlichen Anforderungen* mit der Umschreibung der Legitimation durch das Zürcher Verwaltungsgericht Genüge getan wird, ist *im Geltungsbereich von Art. 98a Abs. 3 OG* schwer schlüssig zu beantworten, weil die Praxis der Bundesbehörden nicht ganz einheitlich ist und die vom Verwaltungsgericht verwendeten Formeln ausdehnend ausgelegt werden können. Im Vergleich mit der Praxis des Bundesrats zu Art. 48 lit. a VwVG und mit der neuesten Rechtsprechung des Bundesgerichts zu Art. 103 lit. a OG erscheint die Praxis des Verwaltungsgerichts insofern enger, als sie eine qualifizierte Entscheidungs- und Ermessensfreiheit voraussetzt. Sie muss also ausgedehnt werden. Die Argumentation des Verwaltungsgerichts, die rechtsgleiche Durchsetzung einer Bestimmung des kantonalen Rechts sei in Frage gestellt, wenn die Gemeinde zur Rüge der unrichtigen Anwendung dieser Bestimmung zugelassen werde, ist ohnehin fragwürdig (so auch die Minderheit des Verwaltungsgerichts in VGr. 28.10.1994, VB 94/0068). Sie beruht auf der Annahme, dass

§ 21

damit der Gemeinde im Bereich der betreffenden Bestimmung ein qualifizierter Entscheidungs- und Ermessensspielraum eingeräumt werde, was jedoch durchaus nicht zwingend ist (vgl. BGr. 5.12.1995, ZBl 98/1997, S. 263 f.). Insofern wäre die Legitimation der öffentlichrechtlichen Körperschaften und Anstalten im Sinn der Lehre (vgl. N. 60) und der sich festigenden Bundesgerichtspraxis neu zu umschreiben. Der Wortlaut des neuen § 21 lit. b könnte dabei – über die Absicht des Gesetzgebers hinausgehend – wegweisend sein. Im Übrigen wollte der Gesetzgeber mit dem Hinweis auf die bisherige Praxis kaum deren Fortentwicklung hindern. Das Verwaltungsgericht ist – wie das Bundesgericht – bereits in einem andern Punkt der Lehre gefolgt, indem es das etwas konturlose «gewichtige faktische» bzw. «gewichtige öffentliche Interesse» als Betroffensein in kommunalen öffentlichen Aufgaben oder Interessen präziser definiert hat (RB 1998 Nr. 13; vgl. N. 57 und 62).

72 Soweit sich die Legitimation im kantonalen Verfahren nicht nach Bundesrecht bestimmt, kann die Praxis des Verwaltungsgerichts dagegen weiterhin aufrecht erhalten werden. Zwar umschreibt das Zürcher Verwaltungsgericht die Rekurs- und Beschwerdelegitimation der Gemeinden enger als das Bundesgericht für das Verfahren der staatsrechtlichen Beschwerde (BGr. 5.12.1995, ZBl 98/1997, S. 265), doch hat das Bundesgericht dies für zulässig erklärt. Da die Kantone den Gemeinden die Legitimation im Bereich des hoheitlichen Handelns ganz absprechen können, dürfen sie diese auch vom Vorliegen eines qualifizierten Entscheidungs- und Ermessensspielraums abhängig machen (BGr. 5.12.1995, ZBl 98/1997, S. 264 f.). Dennoch sollte wohl die Praxis angepasst werden: Zu Recht gilt es als unzweckmässig, wenn das Verwaltungsgericht auf die Beschwerde einer Gemeinde nicht eintritt, welche dann das Bundesgericht im Verfahren der staatsrechtlichen Beschwerde wegen Verletzung der Gemeindeautonomie mit engerer Kognition materiell behandelt (BGr. 5.12.1995, ZBl 98/1997, S. 265; RB 1963 Nr. 11 = ZBl 65/1964, S. 325 = ZR 64 Nr. 188). Allerdings scheinen Praxis und Lehre im Kanton Zürich anders als das Bundesgericht der Ansicht zu sein, dies werde bereits durch die jetzige Legitimationspraxis des Verwaltungsgerichts ausgeschlossen (VGr. 17.5.1983, ZBl 84/1983, S. 501; Ruckstuhl, S. 299; jeweils unter Berufung auf Kölz, Beschwerdebefugnis, S. 113).

4.2.4. Zuständiges kommunales Organ

73 Rekurs- bzw. beschwerdebefugt ist das Gemeinwesen. Handelt es sich um eine Gemeinde, so ist die Gemeindevorsteherschaft (§ 64 Ziff. 2 GemeindeG), also die Stadt- oder Gemeinderat genannte Exekutive, das zuständige Organ zur Rekurs- bzw. zur Beschwerdeerhebung in deren Namen. Vorbehalten bleibt § 155 GemeindeG (dazu RRB 3731/1994, ZBl 96/1995, S. 285 ff.).

4.2.5. Andere öffentlichrechtliche Körperschaften; öffentlichrechtliche Anstalten und Stiftungen; Behörden

Neben den Gemeinden sind die andern Subjekte des öffentlichen Rechts rekurs- und beschwerdebefugt, so die übrigen Körperschaften des öffentlichen Rechts, insbesondere die kommunalen Zweckverbände im Sinn von Art. 47bis KV und § 7 GemeindeG, sowie die Anstalten und die Stiftungen des öffentlichen Rechts. Die Rekurs- und Beschwerdelegitimation richtet sich nach derjenigen der Gemeinde (vgl. VGr. 16.9.1977, ZBl 79/1978, S. 180). Der Wortlaut von § 21 lit. b ist ungenau; es sind weiterhin nur die *selbständigen* öffentlichrechtlichen Anstalten, dafür auch die selbständigen öffentlichrechtlichen *Stiftungen* rechtsmittellegitimiert. Vorbehalten bleiben spezialgesetzliche Regelungen der Legitimation bzw. der Partei- und der Prozessfähigkeit. Der *Kanton,* obwohl ebenfalls eine öffentlichrechtliche Körperschaft, ist nach dem ausdrücklichen Willen des Gesetzgebers nicht mitgemeint (Weisung 1995, S. 4; Prot. KK 1995/96, S. 51 ff.; Rotach, S. 437; vgl. N. 6). 74

Das Gemeinwesen als solches ist legitimiert, nicht eine einzelne Behörde. Nicht rechtsfähige Behörden sind unter dem Vorbehalt von Spezialbestimmungen nicht rechtsmittelbefugt. So fehlt dem Bezirksrat (vgl. RB 1966 Nr. 4 = ZBl 67/1966, S. 312 = ZR 65 Nr. 160) und den Direktionen des Regierungsrats vor Verwaltungsgericht regelmässig die Legitimation. Auch eine vorinstanzliche Rechtsmittelbehörde kann sich nicht aktiv für ihre Rechtsauffassung wehren (vgl. BGE 123 II 375; zur Stellung der Vorinstanz im Verfahren vgl. N. 105). Einzelne Mitglieder einer Kollegialbehörde sind zur Rechtsmittelerhebung gegen Entscheide der betreffenden Gesamtbehörde nicht legitimiert, ausser bei privater Betroffenheit (Thalmann, § 152 N. 3; differenzierend Trippel, S. 128). 75

5. Rekurs- und Beschwerdebefugnis zur Vertretung öffentlicher Interessen

Literatur
AEMISEGGER HEINZ/HAAG STEPHAN, in: Kommentar RPG, Art. 33 Rz. 48 ff.; BALLENEGGER JACQUES, Le droit de recours des organisations de protection de l'environnement, URP 1992, S. 209 ff.; BAUMGARTNER URS, Behördenbeschwerde – und kein Ausweg?, ZSR 114/1980 I, S. 301 ff.; BIGLER-EGGENBERGER MARGRITH/KAUFMANN CLAUDIA (Hrsg.), Kommentar zum Gleichstellungsgesetz, Basel/Frankfurt a.M. 1997, Art. 7 Rz. 14 ff., Art. 13 Rz. 42; DILLIER NOTKER, Der Rechtsschutz im Bau- und Planungsrecht, Sarnen 1994, S. 197 ff.; EJPD/BPR, Erläuterungen zum Bundesgesetz über die Raumplanung, Bern 1981, Art. 33 N. 24 ff., Art. 34 N. 22; GADOLA ATTILIO R., Beteiligung ideeller Verbände am Verfahren vor den unteren kantonalen Instanzen – Pflicht oder blosse Obliegenheit?, ZBl 93/1992, S. 97 ff.; GUNDELFINGER; JOMINI ANDRÉ, in: Kommentar RPG, Art. 34 Rz. 40 ff.; KELLER PETER M., in: KELLER PETER M./ZUFFEREY JEAN-BAPTISTE/FAHRLÄNDER KARL LUDWIG (Hrsg.), Kommentar NHG. Kommentar zum Bundesgesetz über den Natur- und Heimatschutz, Zürich 1997, Art. 12, 12a, 12b; KELLER PETER M., Das Beschwerderecht der Umweltorganisationen, AJP 1995, S. 1125 ff.; KÖLZ ALFRED, Die

§ 21

Vertretung des öffentlichen Interesses in der Verwaltungsrechtspflege, ZBl 86/1985, S. 49 ff.; DERSELBE, Vollzug des Bundesverwaltungsrechts und Behördenbeschwerde, ZBl 76/1975, S. 361 ff. (Kölz, Behördenbeschwerde); KÖLZ/HÄNER, Rz. 576 ff.; MATTER FELIX, Die Verbandsbeschwerde im schweizerischen Umweltschutzrecht, ZSR 115/1981 I, S. 445 ff.; MERKER, § 38 Rz. 190 ff.; MEYER LORENZ, Das Beschwerderecht von Vereinigungen; Auswirkungen auf das kantonale Verfahren, in: Verfassungsrechtsprechung und Verwaltungsrechtsprechung, Zürich 1992, S. 167 ff.; MOOR II, S. 424 ff.; NUTT RETO, Das Beschwerderecht ideeller Vereinigungen, insbesondere nach Art. 14 des Bundesgesetzes über Fuss- und Wanderwege (FWG), ZBl 93/1992, S. 255 ff.; DERSELBE, Das Beschwerderecht der Fachorganisationen nach Art. 14 des Bundesgesetzes über Fuss- und Wanderwege (FWG), Zürich 1990; RIVA ENRICO, Die Beschwerdebefugnis der Natur- und Heimatschutzvereinigungen im schweizerischen Recht, Bern 1980; ROHRER JOSEF, Die Bedeutung des Beschwerderechts für den Natur- und Heimatschutz, in: KELLER PETER M./ZUFFEREY JEAN-BAPTISTE/FAHRLÄNDER KARL LUDWIG (Hrsg.), Kommentar NHG. Kommentar zum Bundesgesetz über den Natur- und Heimatschutz, Zürich 1997, S. 66 ff.; SCHMID PETER, Die Verwaltungsbeschwerde an den Bundesrat, Bern/Stuttgart/Wien 1997, S. 139 ff.; TANQUEREL THIERRY, Les voies de droit des organisations écologistes en Suisse et aux Etats-Unis, Basel/Frankfurt a.M. 1996; TANQUEREL THIERRY/ZIMMERMANN ROBERT, Les recours, in: MORAND CHARLES-ALBERT (Hrsg.), Droit de l'environnement: Mise en oeuvre et coordination, Basel/Frankfurt a.M. 1992, S. 117 ff.; TRÜEB, a.a.O., S. 200 ff.; VALLENDER KLAUS A./MORELL RETO, Umweltrecht, Bern 1997, S. 418 ff.; WALLISER PETER, Zur Beschwerdelegitimation gesamtschweizerischer Vereinigungen des Natur- und Heimatschutzes, ZBl 78/1977, S. 403 ff.; WULLSCHLEGER STEPHAN, Das Beschwerderecht der ideellen Verbände und das Erfordernis der formellen Beschwer, ZBl 94/1993, S. 359 ff.; ZIMMERMANN ROBERT, Droit de recours – quo vadis?, URP 1996, S. 788 ff.

5.1. Im Allgemeinen

76 Die Durchsetzung der gesetzlich festgeschriebenen öffentlichen Interessen obliegt in erster Linie der entscheidenden Behörde. Nur ansatzweise und nur punktuell, nämlich nur aufgrund spezialgesetzlicher Regelung, sind Gemeinwesen und Behörden oder aber private Verbände mit ideeller Zwecksetzung in der Verwaltungsrechtspflege zu ihrer Geltendmachung auf dem Rechtsmittelweg befugt. Derartige Beschwerderechte sind sinnvoll, um die gleichrangige Vertretung der entgegenstehenden öffentlichen und privaten Interessen zu gewährleisten. Weil Betroffene eine Verfügung, die sie zulasten öffentlicher Interessen ungebührlich begünstigt, nicht anfechten werden, muss die Beeinträchtigung gewichtiger öffentlicher Interessen durch untere Instanzen von Dritten weitergezogen werden können. Die besonderen Beschwerderechte dienen der einheitlichen Rechtsanwendung; zur Kontrolle der Rechtsprechung in untergeordneten Gemeinwesen stellen sie ein schonenderes Mittel dar als die aufsichtsrechtlichen Massnahmen (dazu Kölz, a.a.O., Behördenbeschwerde, S. 364 ff.).

77 Anders als die Legitimation zur Wahrung privater Interessen setzt die Rechtsmittelbefugnis zur Vertretung öffentlicher Interessen kein Betroffensein in schutzwürdigen Interessen voraus. Sie wird deshalb auch als «abstraktes» Rekurs- und Beschwerderecht bezeichnet (vgl. die Kritik bei Gadola, a.a.O., Behördenbeschwerde, S. 1463 ff., 1466). Der Begriff ist missverständlich, da die Rechts-

mittel nicht völlig voraussetzungslos ergriffen werden können: Die Durchsetzung des zu schützenden öffentlichen Interesses muss im konkreten Fall gefährdet sein. Im Fall von Art. 34 Abs. 2 i.V.m. Art. 24 RPG handelt es sich dabei um das Planungsinteresse des betreffenden Gemeinwesens (EJPD/BPR, Art. 34 N. 22; Gadola, a.a.O., Behördenbeschwerde, S. 1464, 1466; vgl. dagegen VGr. 1.2.1990, ZBl 92/1991, S. 83 f., wonach es in diesem Fall nicht darauf ankomme, ob die von der Gemeinde angeführten Interessen als öffentlich oder privat zu gelten hätten). Ein aktuelles Interesse wird vorausgesetzt (RB 1987 Nr. 2).

Doch werden zu Recht keine hohen Anforderungen an den Nachweis des Interesses gestellt. Bei einer Beschwerde nach Art. 55 USG liess das Verwaltungsgericht genügen, dass die beschwerdeführende Organisation glaubhaft machte, mit der Beschwerde ein durch das Umweltrecht erfasstes Anliegen (gemäss der nicht abschliessenden Aufzählung in Art. 3 UVPV) zu vertreten (RB 1994 Nr. 94 = URP 1994, S. 515 = BEZ 1994 Nr. 14). Die blosse Behauptung, das mit der Beschwerde zu schützende Interesse sei berührt, reicht aber nicht aus (RB 1991 Nr. 9 = ZBl 92/1991, S. 495 = BEZ 1991 Nr. 23; RB 1990 Nr. 10; RB 1990 Nr. 11 = BEZ 1990 Nr. 11; vgl. N. 30). 78

5.2. Besondere Beschwerdebefugnis von Gemeinwesen oder Behörden

Das Gesetz kann die Beschwerdebefugnis entweder einem Gemeinwesen oder einer Behörde zuerkennen. Obwohl die Behörde nur als Organ des betreffenden Gemeinwesens handelt, hat sich für beide Varianten der nicht ganz treffende Begriff «Behördenbeschwerde» eingebürgert. 79

5.2.1. Bundesrecht

Legitimation von *Bundesbehörden:* Ist gegen einen letztinstanzlichen kantonalen Entscheid die Verwaltungsgerichtsbeschwerde an das Bundesgericht gegeben, so ist gemäss Art. 103 lit. b OG das in der Sache zuständige Departement oder, sofern das Bundesrecht es vorsieht, die in der Sache zuständige Dienstabteilung zum Weiterzug an das Bundesgericht befugt. Eine *integrale Behördenbeschwerde,* welche die zuständige Bundesbehörde bereits im kantonalen Verfahren zur Rechtsmittelerhebung legitimierte, lässt sich aus Art. 103 lit. b OG *nicht ableiten,* auch nicht in Verbindung mit Art. 98a Abs. 3 OG, da mit der Aufnahme der letzteren Bestimmung nur die bisherige Praxis zur Beschwerdelegitimation Privater und ideeller Organisationen nach Art. 103 lit. a und c OG gesetzlich verankert werden sollte (BBl 1985 II, S. 883 – wo wohl aus Versehen nur von Art. 103 lit. a OG die Rede ist –, BBl 1991 II, S. 524; Kölz/ Häner, Rz. 581). Im kantonalen Verfahren bedarf die Legitimation von Bundesbehörden zur Wahrung öffentlicher Interessen einer spezialgesetzlichen Grundlage. Die allgemeine Verankerung der integralen Behördenbeschwerde im VwVG und im OG wäre allerdings sinnvoll, um den Vollzug des Bundes- 80

§ 21

verwaltungsrechts durch die Kantone zu kontrollieren (so schon Kölz, a.a.O., Behördenbeschwerde, S. 369 ff.). Nach der derzeitigen gesetzlichen Regelung bleibt es oft dem Zufall überlassen, welche Rechtsstreitigkeiten bis vor die letzte kantonale Instanz gelangen und damit von der Bundesverwaltung an das Bundesgericht weitergezogen werden können. Die Behördenbeschwerde als Kontrollmittel wäre zweckmässig und würde die kantonalen Verfahrens- und Organisationszuständigkeiten besser schonen als die allgemeinen aufsichtsrechtlichen Mittel.

81 Eine integrale Behördenbeschwerde gegen kantonale Verfügungen und Entscheide sieht die Spezialgesetzgebung des Bundes in folgenden Bestimmungen vor: Art. 56 USG (Beschwerdebefugnis des Eidgenössischen Departementes des Innern gegen Verfügungen und Entscheide in Anwendung des USG), Art. 12b Abs. 2 i.V.m. Art. 12 Abs. 1 NHG (des zuständigen Bundesamts, sofern gegen Verfügungen in Anwendung des NHG letztinstanzlich die Beschwerde an den Bundesrat oder die Verwaltungsgerichtsbeschwerde an das Bundesgericht gegeben ist), Art. 46 Abs. 2 WaG (des BUWAL gegen Verfügungen in Anwendung des WaG), Art. 26a Abs. 1 des Tierschutzgesetzes vom 9.3.1978 (SR 455; des Bundesamts für Veterinärwesen gegen Verfügungen betreffend Tierversuchsbewilligungen), Art. 20 Abs. 2 lit. b sowie Art. 21 Abs. 2 BewG (des Bundesamts für Justiz subsidiär zur zuständigen kantonalen Behörde), Art. 141 DBG (der Eidgenössischen Steuerverwaltung gegen Veranlagungsverfügungen und Einspracheentscheide), Art. 102 Abs. 2 lit. a und b AVIG (des Bundesamts für Industrie, Gewerbe und Arbeit [heute: Bundesamt für Wirtschaft und Arbeit] gegen Verfügungen kantonaler Amtsstellen, regionaler Arbeitsvermittlungszentren und Kassen sowie gegen kantonale Rekursentscheide). Umstritten ist, ob die Beschwerdebefugnis des BRP nach Art. 27 Abs. 3 RPV integral ist; dies ist nach den Materialien zu verneinen (Sten Bull NR 1979, S. 345 f.; vgl. Gadola, a.a.O., Behördenbeschwerde, S. 1462 f.). Die Beschwerdebefugnis des EJPD gemäss Art. 51 Abs. 2 BüG und jene der Eidgenössischen Polizeiabteilung (heute: Bundesamt für Strassen) nach Art. 24 Abs. 5 lit. c SVG richten sich hingegen nur gegen letztinstanzliche kantonale Entscheide (sowie gegen Verfügungen der Bundesverwaltungsbehörden).

82 Weiter kann das Bundesrecht auch den *Kantonen* oder bestimmten *kantonalen Behörden* ein Beschwerderecht einräumen. Im vorliegenden Zusammenhang unbeachtlich sind die Bestimmungen, welche die Kantone zur Beschwerde gegen Verfügungen der Bundesbehörden legitimieren (Art. 12b Abs. 1 NHG, Art. 46 Abs. 3 WaG, Art. 14 Abs. 2 FWG, Art. 51 Abs. 2 und 3 BüG, Art. 20 Abs. 2 ANAG). Im kantonalen Verfahren ist dagegen Art. 56 Abs. 2 USG anwendbar, laut dem sich ein Kanton mit kantonalen und eidgenössischen Rechtsmitteln gegen kantonale Verfügungen zur Wehr setzen kann, wenn eine Anlage im Nachbarkanton unzulässige Einwirkungen auf sein Gebiet verursacht. Nach Art. 24 Abs. 5 lit. a und b SVG steht das Beschwerderecht im kantonalen Ver-

§ 21

fahren ebenso wie auf Bundesebene der erstinstanzlich verfügenden Behörde zu, wenn die kantonale Beschwerdeinstanz von der Verwaltung unabhängig ist (vgl. auch § 13 Abs. 2 VerkehrsabgabenG), sowie der zuständigen Behörde eines Kantons, der einem andern Kanton eine Verfügung beantragt hat. Art. 50 Abs. 3 StHG ermächtigt die kantonale Steuerverwaltung zum Weiterzug des Rekursentscheids an eine weitere verwaltungsunabhängige kantonale Instanz, sofern das kantonale Recht eine solche vorsieht. Vgl. weiter Art. 141 DBG (und zur entsprechenden Zuständigkeit im Kanton Zürich § 6 lit. d der Verordnung über die Durchführung des Bundesgesetzes über die direkte Bundessteuer vom 4.11.1998 [LS 634.1]), Art. 20 Abs. 2 lit. b i.V.m. Art. 21 Abs. 2 BewG (berechtigte Behörde im Kanton Zürich ist die Direktion der Volkswirtschaft, § 1 lit. b der Verordnung zum Einführungsgesetz zum Bundesgesetz über den Erwerb von Grundstücken durch Personen im Ausland vom 1.4.1992 [LS 234.12] i.V.m. § 5 EG BewG), Art. 102 Abs. 2 lit. b AVIG. Ermächtigt das Bundesrecht den Kanton – oder die Gemeinden – zum Weiterzug des letztinstanzlichen kantonalen Entscheids an das Bundesgericht, ist dieser – bzw. sind diese – wegen des Grundsatzes der Verfahrenseinheit auch im innerkantonalen Verfahren rechtsmittelbefugt. Für die Legitimation nach Art. 34 Abs. 2 RPG folgt dies aus Art. 33 Abs. 3 lit. a RPG (vgl. Aemisegger/Haag, a.a.O., Rz. 50; EJPD/BPR, a.a.O., Art. 33 N. 26; Grisel II, S. 706).

Schliesslich spricht das Bundesrecht den *Gemeinden* in verschiedenen Erlassen ein Beschwerderecht im kantonalen Verfahren zu, so in Art. 12 Abs. 1 NHG und Art. 46 Abs. 3 WaG i.V.m. Art. 12 Abs. 1 NHG, Art. 14 Abs. 1 lit. a FWG (wenn das Gebiet der Gemeinde betroffen ist; vgl. zu den Voraussetzungen der Beschwerde gemäss diesen Bestimmungen N. 86 ff.), Art. 3 Abs. 4 letzter Satz SVG (gegen Anordnungen von Verkehrsmassnahmen auf dem Gebiet der Gemeinde), Art. 34 Abs. 2 i.V.m. Art. 33 Abs. 3 lit. a RPG (vgl. N. 77; EJPD/BPR, a.a.O., Art. 33 N. 26), Art. 51 Abs. 2 BüG i.V.m. Art. 98a Abs. 3 OG, Art. 20 Abs. 2 lit. c BewG (vgl. auch Art. 21 Abs. 2 BewG). Ob Art. 73 Abs. 2 StHG ein Beschwerderecht der Gemeinde vorsieht, hat das Bundesgericht offen gelassen (BGr. 22.10.1997, StE 1998 A 23.2 Nr. 1). 83

Art. 57 USG enthält hingegen kein «abstraktes» Beschwerderecht der Gemeinde, wie sich aus dem Wortlaut dieser Bestimmung ergibt, wonach die beschwerdeführende Gemeinde durch die angefochtene Verfügung berührt sein und ein schutzwürdiges Interesse an deren Aufhebung haben muss. Art. 57 USG ist analog zu Art. 103 lit. a OG und Art. 48 lit. a VwVG auszulegen (vgl. RB 1998 Nr. 14; 1995 Nr. 11; Felix Matter, in: Kommentar USG, Art. 57 N. 6, 17). 84

5.2.2. Kantonales Recht

Auch das kantonale Recht kann die Behördenbeschwerde vorsehen: vgl. etwa die Legitimation des kantonalen Steueramts nach § 153 Abs. 1 StG und der Gemeinde nach §§ 140 Abs. 1, 146, 147 Abs. 1, 153 Abs. 1 und 213 StG (wel- 85

429

§ 21

che allerdings eine Beschwer voraussetzt) sowie der Gemeinde und der zuständigen Direktion nach § 30 Abs. 2 des Gesetzes über die Zusatzleistungen zur eidgenössischen Alters-, Hinterlassenen- und Invalidenversicherung vom 7.2.1971 (LS 831.3).

5.3. Ideelle Verbandsbeschwerde

5.3.1. Bundesrecht

86 Art. 55 USG ermächtigt gesamtschweizerische Umweltschutzorganisationen, die mindestens zehn Jahre vor Einreichung der Beschwerde gegründet wurden, zur Beschwerde gegen Verfügungen von Kantons- oder Bundesbehörden, welche die Planung, Errichtung oder Änderung ortsfester Anlagen beschlagen, für die eine UVP erforderlich ist. Das Bundesgericht tendiert zur Auslegung, wonach alle Bau- und Änderungsprojekte von UVP-pflichtigen Anlagen der Verbandsbeschwerde unterstehen, Änderungsprojekte somit auch dann, wenn sie keine wesentlichen Umbauten, Erweiterungen oder Betriebsänderungen im Sinn von Art. 2 Abs. 1 lit. a UVPV betreffen. Es hat die Frage jedoch nicht abschliessend beantwortet (BGE 124 II 464 ff.). – Art. 12 Abs. 1 NHG berechtigt gesamtschweizerische Organisationen, die sich statutengemäss dem Natur- und Heimatschutz, dem Denkmalschutz oder verwandten ideellen Zielen widmen, zur Beschwerde gegen Verfügungen von Kantons- oder Bundesbehörden, welche in Erfüllung einer Bundesaufgabe im Sinn von Art. 2 NHG ergehen und Auswirkungen auf die Natur- und Heimatschutzinteressen haben. Nach einer fragwürdigen Einschränkung durch die Praxis genügt nicht jede Anwendung von Bundesrecht, die zulasten des Natur- und Heimatschutzes ergeht; es muss eine konkrete Bundesaufgabe betroffen sein, bei deren Erfüllung die Natur- und Heimatschutzinteressen zu wahren sind (BGE 123 II 7), wobei die Aufzählung in Art. 2 NHG nicht abschliessend ist (Kölz/Häner, Rz. 584). Die Voraussetzungen gemäss Art. 12 Abs. 1 NHG müssen auch bei der Beschwerde gemäss Art. 46 Abs. 3 WaG gegeben sein; diese Bestimmung hat insofern keine selbständige Bedeutung (BBl 1988 III, S. 214). Weiter sieht Art. 14 Abs. 1 lit. b FWG eine ideelle Verbandsbeschwerde vor.

87 Nach der Praxis des Bundesgerichts können die ideellen Organisationen bei der Beschwerde nach Art. 12 Abs. 1 NHG nur diejenigen Rügen vorbringen, welche mit den Interessen des Natur- und Heimatschutzes in unmittelbarem Zusammenhang stehen (BGE 115 Ib 480); nach einem neueren Entscheid können sie sogar nur die Verletzung des Natur- und Heimatschutzrechts des Bundes geltend machen (BGE 123 II 234). Demgegenüber fordert die Lehre zu Recht, dass sämtliche zulässigen Rügen vorgebracht werden können, sofern mit dem Rechtsmittel ein Nachteil für die Belange des Natur- und Heimatschutzes abgewendet werden kann (Kölz/Häner, Rz. 925, Riva, a.a.O., S. 159 ff.; Tanquerel, a.a.O., S. 70). Dies entspricht den allgemeinen Grundsätzen der Beschwerde-

legitimation (vgl. N. 21). Zu Recht unterscheidet denn auch das Verwaltungsgericht zwischen der Beschwerdelegitimation und den zulässigen Rügen: Die Erstere ist nur gegeben, wenn mit der Beschwerde jene Interessen verfochten werden, zu deren Schutz den Organisationen das Beschwerderecht eingeräumt wurde. Ist dies jedoch der Fall, können zur Wahrung dieser Interessen sämtliche zulässigen Rügen vorgebracht werden (RB 1994 Nr. 94 = URP 1994, S. 515 = BEZ 1994 Nr. 14). Die Organisationen sind auch nicht auf ihre statutarischen Zielsetzungen beschränkt (RB 1990 Nr. 12, worin im Übrigen noch der Bundesgerichtspraxis gefolgt wird). Die akzessorische Überprüfung der Nutzungsplanung kann mit der ideellen Verbandsbeschwerde jedoch nicht verlangt werden (BGE 123 II 342 f.; RRB 992/1998, BEZ 1998 Nr. 17).

Dieselben Überlegungen haben für die Beschwerde nach Art. 55 USG zu gelten. Richtet sich die Beschwerde gegen ein Bauvorhaben, für welches eine UVP vorzunehmen ist, genügt es, wenn die Beschwerde zur Wahrung von Interessen erfolgt, deren Schutz das USG bezweckt. Es können sämtliche hierfür im Ergebnis geeigneten, zulässigen Rügen erhoben werden (Kölz/Häner, Rz. 926; Felix Matter, in: Kommentar USG, Art. 55 N. 19; Tanquerel, a.a.O., S. 70; BGE 118 Ib 305). Die Harmonisierung der Auslegung von Art. 55 USG und Art. 12 NHG, welche angestrebt wird (BGE 124 II 466), wäre in diesem Sinn vorzunehmen. 88

Die Revision des NHG vom 24.3.1995 hat die vorher umstrittene Frage geklärt, ob sich die Verbände bereits am vorinstanzlichen Verfahren beteiligt haben müssen, mithin ob das Erfordernis der formellen Beschwer erfüllt sein muss. Die entsprechenden Bestimmungen des USG, des NHG und des FWG wurden vereinheitlicht. Demnach kommt nun den Verbänden gleich wie den Gemeinden die Berechtigung, aber auch – zur Wahrung ihres Beschwerderechts – die Obliegenheit zu, sich am kantonalen Rechtsmittelverfahren zu beteiligen (vgl. BGE 124 II 464). Am erstinstanzlichen Verfahren müssen sie hingegen nur teilnehmen, wenn vor dem Erlass der Verfügung ein Einspracheverfahren durchgeführt wird (Art. 55 Abs. 4 und 5 USG, Art. 12a Abs. 2 und 3 NHG, Art. 14 Abs. 3 und 4 FWG; vgl. § 17 Abs. 1–3 StrassG, § 18a Abs. 2–5 WasserwirtschaftsG). Die kantonalen Verfahrensvorschriften sind einzuhalten, sofern dies den Organisationen die Erfüllung der ihnen vom Bundesrecht übertragenen Aufgaben nicht verunmöglicht oder übermässig erschwert (BGE 121 II 227 = URP 1995, S. 698). 89

Das PBG sieht kein eigentliches Einspracheverfahren vor (§ 315 Abs. 3 PBG). Gemäss Art. 55 Abs. 5 USG und Art. 12a Abs. 3 NHG müssen sich die legitimierten Verbände deshalb nicht am erstinstanzlichen Verfahren beteiligen, um ihre Rechtsmittelbefugnis zu wahren. Fraglich ist jedoch, ob §§ 315 f. PBG auf die gesamtschweizerischen ideellen Organisationen anwendbar sind: Nach § 316 Abs. 1 PBG verwirken Dritte ihre Rekurs- (und Beschwerde-)Legitimation in Bausachen, wenn sie nicht nach § 315 Abs. 1 PBG die Zustellung des bau- 90

§ 21

rechtlichen Entscheids verlangt haben (vgl. RB 1993 Nr. 52 = ZBl 95/1994, S. 184 ff. = BEZ 1993 Nr. 14; vgl. auch N. 103). Das Bundesgericht hat (in einem Urteil, das noch vor Inkrafttreten der revidierten Fassungen von Art. 55 USG, Art. 12 ff. NHG und Art. 14 FWG erging) entschieden, § 315 Abs. 1 und § 316 Abs. 1 stellten keine unnötige Erschwerung oder Behinderung des Verbandsbeschwerderechts dar (BGE 121 II 228 ff.; ebenso RB 1994 Nr. 90; a.M. Robert Wolf/Erich Kull, Das revidierte Planungs- und Baugesetz des Kantons Zürich, Bern 1992, Rz. 273). Das Zustellungsgesuch hat nichts mit einer Beteiligung am erstinstanzlichen Verfahren zu tun, sodass Art. 55 Abs. 5 USG und Art. 12a Abs. 3 NHG sachlich nicht anwendbar sind. Somit dürfte weiterhin davon auszugehen sein, dass die gesamtschweizerischen ideellen Organisationen zur Wahrung ihres Rekurs- und Beschwerderechts das Zustellungsgesuch nach § 315 Abs. 1 PBG zu stellen haben. Gleiches gilt von den kantonalen Verbänden, welche die Verbandsbeschwerde nach § 338a Abs. 2 PBG oder § 24 Abs. 2 WasserwirtschaftsG ergreifen wollen (gl.M. Wolf/Kull, a.a.O., Rz. 273). Offen bleibt, ob die Verbände, die kein Zustellungsgesuch gestellt haben, wenigstens dann am Rekursverfahren teilnehmen können, wenn dieses von andern Parteien eingeleitet wurde (vgl. BGE 121 II 234). Dies ist zu bejahen, in Analogie zu und im Sinn von Art. 55 Abs. 4 Satz 2 USG und Art. 12a Abs. 3 Satz 2 NHG, wonach Organisationen, die kein Rechtsmittel ergriffen haben, sich am weiteren Verfahren als Partei beteiligen können, wenn die Verfügung zugunsten einer andern Partei geändert wird und sie dadurch beschwert werden. Die Zustellung der baurechtlichen Entscheide an die rechtsmittellegitimierten Organisationen hat gebührenfrei zu erfolgen (BGE 122 II 235); hingegen können die ideellen Organisationen im kantonalen Verfahren unter den entsprechenden Voraussetzungen zur Leistung der Kosten und einer Parteientschädigung verpflichtet werden (vgl. BGE 123 II 357 f.).

91   Ein Anspruch auf Erlass erstinstanzlicher Verfügungen ergibt sich laut Bundesgericht nicht aus der Beschwerdelegitimation ideeller Organisationen (BGE 110 Ib 162; BGr. 27.6.1985, ZBl 87/1986, 220 f.; a.M. Hans Rudolf Trüeb, Die Vollzugsklage im Umweltrecht, URP 1990, S. 423 ff., S. 440 Anm. 50).

92   Die Behörde muss den Organisationen die Verfügung oder das Gesuch direkt mitteilen oder im Bundesblatt oder im kantonalen Amtsblatt veröffentlichen (Art. 55 Abs. 4 USG, Art. 12a Abs. 1 NHG). Eine Gebühr für die Zustellung darf nicht verlangt werden (BGE 122 II 235). An die Publikation stellt das Bundesrecht keine strengeren Anforderungen als das kantonale Recht: Es genügt, wenn das Bauprojekt lokalisierbar ist und wenn erkennbar ist, dass die Verbandsbeschwerde zulässig ist; weitere Angaben werden nicht verlangt (RB 1996 Nr. 84).

93   Nach Art. 55 Abs. 2 USG und Art. 12 Abs. 2 NHG bezeichnet der Bundesrat die beschwerdeberechtigten Organisationen. Die Liste im Anhang zur Verordnung über die Bezeichnung der im Bereich des Umweltschutzes sowie des Na-

tur- und Heimatschutzes beschwerdeberechtigten Organisationen vom 27.6.1990 (SR 814.076) ist allerdings nach der einhelligen Lehre nur deklaratorischer Natur (Kölz/Häner, Rz. 593). Die Liste der zur Beschwerde nach Art. 14 Abs. 1 lit. b FWG berechtigten Organisationen (Art. 1 der Verordnung des Eidgenössischen Departements des Innern über die Bezeichnung der beschwerdeberechtigten Fachorganisationen für Fuss- und Wanderwege vom 16.4.1993; SR 704.5) hat dagegen konstitutive Wirkung, da das FWG die Voraussetzungen der Anerkennung ins Ermessen des Departements stellt. Im kantonalen Verfahren können die kantonalen Sektionen für die gesamtschweizerischen Organisationen auftreten. Die Sektion muss nicht im Namen des gesamtschweizerischen Verbands handeln, die erkennbar enge Bindung zwischen der gesamtschweizerischen Organisation und der prozessführenden Sektion genügt (BGE 123 II 293).

Die Verbandsbeschwerderechte nach dem Arbeitsgesetz und dem GlG sind sozialpolitisch motiviert. Art. 58 des Bundesgesetzes über die Arbeit in Industrie, Gewerbe und Handel vom 13.3.1964 (Arbeitsgesetz; SR 822.11) ermächtigt die Arbeitnehmer- und Arbeitgeberverbände, anstelle einzelner Arbeitnehmer oder Arbeitgeber, welche nicht Mitglieder des betreffenden Verbandes zu sein brauchen, Beschwerde gegen Verfügungen zu erheben, die sich auf das Arbeitsgesetz stützen (vgl. BGE 116 Ib 286, 119 Ib 378 f.). Nach Art. 7 GlG können Organisationen, welche die Gleichstellung von Frau und Mann fördern oder die Interessen der Arbeitnehmenden wahren, im Klage- und Beschwerdeverfahren nach Art. 13 GlG feststellen lassen, dass eine Diskriminierung vorliegt, wenn der Ausgang des Verfahrens sich voraussichtlich auf eine grössere Zahl von Arbeitsverhältnissen auswirken wird (vgl. RB 1997 Nr. 17). 94

Schliesslich sind nach Art. 20 Abs. 2 des Bundesgesetzes über das Filmwesen vom 28.9.1962 (Filmgesetz; SR 443.1) die Berufsverbände der Filmverleiher legitimiert, letztinstanzliche kantonale Entscheide über Bewilligungen und deren Entzug im Sinn von Art. 18 f. des Filmgesetzes an das Bundesgericht weiterzuziehen; im entsprechenden Rahmen sind sie auch im kantonalen Verfahren rechtsmittelbefugt (Art. 103 lit. c i.V.m. Art. 98a Abs. 3 OG). 95

5.3.2. Kantonales Recht

Materialien
ABl 1985 I, S. 782 ff.; Prot. KR 1983–1987, S. 8091 ff., insb. S. 8128 ff., 8538 ff., 13455 ff., 13872 ff. (zu § 338a Abs. 2 PBG); ABl 1990 II, S. 1785 ff., Prot. KR 1987–1991, S. 11457 ff., insb. S. 11490 f., 12358 ff., 12384 ff. (zu § 24 Abs. 2 WasserwirtschaftsG).

§ 338a Abs. 2 PBG ermächtigt gesamtkantonale Vereinigungen, die sich seit mindestens zehn Jahren statutengemäss dem Natur- und Heimatschutz oder verwandten, rein ideellen Zielen widmen, zum Rekurs und zur Beschwerde gegen Anordnungen und Erlasse, soweit sich diese auf den III. Titel des PBG oder auf § 238 Abs. 2 PBG stützen, ferner gegen Bewilligungen für Bauten und 96

§ 21

Anlagen ausserhalb der Bauzonen und (seit der Novelle vom 1.9.1991) gegen die Festsetzung von überkommunalen Gestaltungsplänen ausserhalb der Bauzonen. Nach § 24 Abs. 2 WasserwirtschaftsG sind Natur(schutz)-, Heimat(schutz)-, Umwelt(schutz)- und Fischereiorganisationen sowie andere Vereinigungen, die sich statutengemäss seit mindestens zehn Jahren gesamtkantonal mit Aufgaben des Gewässerschutzes und der Gewässernutzung befassen, rekurs- und beschwerdeberechtigt gegen Massnahmen im Sinn von § 12 und gegen Bewilligungen in Anwendung von § 18 WasserwirtschaftsG. Regionale und lokale Organisationen sind nicht legitimiert (RB 1996 Nr. 12; Prot. KR 1983–1987, S. 8128 ff.).

97 Der Wortlaut von § 338a Abs. 2 PBG ist insofern zu eng, als es zur Ausübung des Rekurs- und Beschwerderechts genügt, wenn sich die angefochtene Verfügung auf den III. Titel oder § 238 Abs. 2 PBG stützt *oder hätte stützen sollen* (RB 1990 Nr. 11 = BEZ 1990 Nr. 11). Wenn auch an den Nachweis des Interesses keine hohen Anforderungen zu stellen sind (vgl. RB 1994 Nr. 94 = URP 1994, S. 515 = BEZ 1994 Nr. 14 zu Art. 55 USG), so reicht doch die blosse Behauptung, eine Anordnung hätte sich auf den III. Titel oder auf § 238 Abs. 2 PBG stützen müssen, nicht aus (RB 1990 Nr. 11 = BEZ 1990 Nr. 11). Die Verbandsbeschwerde ist aber immer dann zuzulassen, wenn die Anordnung ein inventarisiertes Schutzobjekt berührt (RB 1990 Nr. 11 = BEZ 1990 Nr. 11). Dies gilt auch, wenn ein potenzielles Schutzobjekt von einer unzuständigen Behörde inventarisiert wurde (RB 1996 Nr. 6). Die Natur- und Heimatschutzverbände sind insofern zur Rechtsverweigerungsbeschwerde befugt, als sie rügen können, durch den unzulässigen Verzicht auf Anordnungen, die sich auf den III. Titel oder auf § 238 Abs. 2 PBG hätten stützen müssen, werde ihr Rekurs- und Beschwerderecht verletzt (RB 1991 Nr. 3 = ZBl 92/1991, S. 495 = BEZ 1991 Nr. 23). Ist die Qualität als Schutzobjekt völlig unbestritten und von der zuständigen Behörde ausdrücklich anerkannt worden, ist diese verpflichtet, in einem formellen Entscheid über die Unterschutzstellung zu befinden. Grundsätzlich verschafft das Rekurs- und Beschwerderecht den Verbänden jedoch keinen Anspruch auf Erlass erstinstanzlicher Verfügungen (RB 1991 Nr. 9 = ZBl 92/1991, S. 495 = BEZ 1991 Nr. 23). – Wird eine Verletzung von Art. 24 RPG geltend gemacht, so muss nicht zusätzlich eine Verletzung von Belangen des Natur- und Heimatschutzes dargetan werden; der Gesetzgeber ging davon aus, dass bei Bauten und Anlagen ausserhalb der Bauzonen die Interessen des Natur- und Heimatschutzes grundsätzlich immer berührt sind (VGr. 22.1.1993, VB 92/0108, zusammengefasst in RB 1993 Nr. 2).

6. Hinweis auf die Spezialgesetzgebung

98 Zu den speziellen Legitimationsvorschriften des PBG, des StrassG und des WasserwirtschaftsG vgl. N. 96 und 27. – Weiter sei verwiesen auf § 124 WahlG

zur *Stimmrechtsbeschwerde* und auf § 151 GemeindeG zur *Gemeindebeschwerde*. – Als spezielle Legitimationsbestimmungen im *Sozialversicherungsrecht* vgl. Art. 84 Abs. 1 AHVG (i.V.m. Art. 69 IVG), Art. 67 Abs. 1 i.V.m. Art. 76 Abs. 1 AHVV, Art. 66 Abs. 1 und Art. 84 IVV, § 30 Abs. 2 des Gesetzes über Zusatzleistungen zur eidgenössischen Alters-, Hinterlassenen- und Invalidenversicherung vom 7.2.1971 (LS 831.3), § 18 des Gesetzes über Leistungen an Arbeitslose vom 3.3.1991 (LS 837.2), § 27 des Gesetzes über Kinderzulagen für Arbeitnehmer vom 8.6.1958 (LS 836.1); vgl. auch Zünd, § 13 N. 16. – Zur Legitimation im *Steuerrecht* vgl. §§ 140 Abs. 1, 146, 147 Abs. 1 und 2, 153 Abs. 1 und 2 sowie 212 f. StG, § 41 Abs. 1 und § 43 Abs. 1 ESchG sowie die einschlägige Literatur: Patrick K. Oesch, Rekurs und Beschwerde gegen zürcherische Staatssteuereinschätzungen, Zürich 1990, S. 7 ff.; August Reimann/Ferdinand Zuppinger/Erwin Schärrer, Kommentar zum Zürcher Steuergesetz III, Bern 1969, § 89 N. 3, § 92 N. 4 ff., § 95 N. 5, § 100 N. 1 f.; Ferdinand Zuppinger/ Erwin Schärrer/Ferdinand Fessler/Markus Reich, Kommentar zum Zürcher Steuergesetz, Ergänzungsband, 2. A., Bern 1983, § 92 N. 6 ff.; Felix Richner/ Walter Frei/Barbara Weber/Hans R. Brütsch, Zürcher Steuergesetz, Kurzkommentar, 2. A., Zürich 1997, § 89 N. 4b ff., § 92 N. 6 ff., § 95 N. 10, § 100 N. 1 f. (alle zum aStG); Felix Richner/Walter Frei, Kommentar zum Zürcher Erbschafts- und Schenkungssteuergesetz, Zürich 1996, § 41 N. 7 ff., § 43 N. 9. – Erwähnt seien ferner aus dem Bereich des *formellen Zivilrechts* Art. 397d Abs. 1 ZGB und § 117i Abs. 1 EG ZGB (Fürsorgerische Freiheitsentziehung; vgl. BGE 121 I 30), Art. 420 Abs. 1 ZGB (Vormundschaftsbeschwerde) sowie Art. 103 Abs. 1 GBV (Grundbuchbeschwerde; die Legitimation entspricht jener nach Art. 103 lit. a OG; vgl. BGE 116 II 136 ff., 104 Ib 378 ff.).

7. Parteistellung und «Beiladung»

Literatur
BRUNNER CHRISTIAN, Über die Teilnahme der Bürger an Verwaltungsentscheiden, Basel/ Frankfurt a.M. 1984, S. 83 f., 123 ff.; GADOLA, S. 191 ff., 259 ff.; GRIFFEL ALAIN, Baurechtliche Vorentscheide ohne Drittverbindlichkeit, insbesondere nach zürcherischem Recht, ZBl 97/1996, S. 260 ff.; GRISEL II, S. 838 f.; GYGI, S. 174 ff.; HUBER; IMBODEN/ RHINOW/KRÄHENMANN, Nr. 92; KAPPELER RUDOLF, Die Problematik des baurechtlichen Vorentscheids ohne vorherige Ausschreibung, ZBl 95/1994, S. 72 ff.; KÖLZ/HÄNER, Rz. 259 ff., 522 ff.; LEBER MARINO, Die Beteiligten am Verwaltungsprozess, recht 1985, S. 22 ff.; MANFRINI PIERRE-LOUIS/PEREGRINA DANIEL, La qualité de partie dans les procédures cantonales non contentieuses, RDAF 41/1985, S. 337 ff.; MERKER, § 41 Rz. 14 ff., § 62; MERKLI/AESCHLIMANN/HERZOG, Art. 14; MINNIG HANS, Die Beiladung, Aarau 1950; MOOR II, S. 163 ff.; NOTTBUSCH CLAUDIA, Die Beiladung im Verwaltungsprozess, Berlin 1995; RHINOW/KOLLER/KISS, Rz. 778 ff., 1111 ff.; SALADIN, S. 85 ff.; TRÜEB, a.a.O., S. 131 ff.; UEBERSAX PETER, Betroffenheit als Anknüpfung für Partizipation, Basel/Frankfurt a.M. 1991; vgl. auch die vor N. 9 zitierte Literatur.

§ 21

7.1. Parteistellung

99 Der Parteibegriff kann im Verwaltungsprozess wegen der eigenartigen Struktur des verwaltungsinternen Verfahrens dogmatisch nicht schlüssig erfasst werden: Es trägt zwar deutliche Züge eines Parteiverfahrens, ist jedoch nicht konsequent als solches ausgestaltet, da regelmässig die Vorinstanz trotz Fehlens der Parteifähigkeit die Rolle der Rechtsmittelgegnerin einnimmt. Das verwaltungsinterne Verfahren enthält immer noch Reminiszenzen an den früheren informellen Rechtsschutz, wo der Bürger die hohe Regierung «bat», in seiner Sache etwas gegen eine untere Behörde zu unternehmen.

100 Das VRG definiert den Begriff der «Partei» nicht und verwendet ihn nur in wenigen Bestimmungen, nämlich in den §§ 5a (Ausstand), 17 (Parteientschädigung), 27a (Behandlungsfrist) und 59 (mündliche Verhandlung vor Verwaltungsgericht). Im Allgemeinen wird der Begriff der «Verfahrensbeteiligten» gebraucht, so in den §§ 7 (Mitwirkungspflichten), 10 und 10a (Mitteilung von Anordnungen), 13 und 14 (Kostenauflage), 26, 57, 58 und 61 (Akteneinsicht und Anhörungsrecht im Rekurs- und Beschwerdeverfahren), 28 und 65 (Mitteilung des Rekurs- bzw. Beschwerdeentscheids). Demgegenüber knüpft § 8 das rechtliche Gehör an das Vorliegen der Rekurslegitimation an. Die Begriffe der «Partei» und des «Verfahrensbeteiligten» nach VRG sind synonym (vgl. Vorbem. zu §§ 4–31 N. 21).

101 Als Parteien werden die Träger der prozessualen Rechte und Pflichten bezeichnet (Merker, § 41 Rz. 16). Ihnen kommen (im Unterschied etwa zu Zeugen oder Sachverständigen) sämtliche Verfahrensrechte und -pflichten zu, insbesondere – soweit nach der jeweiligen Prozessordnung die Dispositionsmaxime herrscht – die Verfügung über den Streitgegenstand. Die Parteifähigkeit ist grundsätzlich Voraussetzung der Parteistellung, doch ist nicht eo ipso Partei, wer die Parteifähigkeit besitzt. Umgekehrt wird die verfügende Instanz selbst bei Fehlen der Parteifähigkeit faktisch als Partei behandelt; sie hat nach dem Sprachgebrauch des Verwaltungsgerichts zwar nicht Parteieigenschaft, aber Parteirolle (vgl. RB 1962 Nr. 45; vgl. N. 105). Ebenso wenig wie die Parteifähigkeit darf die Rechtsmittellegitimation mit der Parteistellung gleichgesetzt werden, obwohl ebenfalls ein Zusammenhang besteht: Als Partei gilt auch, wer sich trotz Fehlens der Rechtsmittellegitimation als Partei am Verfahren beteiligt, und Rechtsmittelbefugte können auf eine Teilnahme verzichten (Merker, § 41 Rz. 16). Partei ist somit, wer von Amtes wegen als solche in das Verfahren einbezogen wird, etwa als Adressat oder als sogenannt Beigeladener (vgl. N. 110 f.). Partei ist weiter, wer mit der Behauptung, rechtsmittellegitimiert zu sein, sich am Verfahren beteiligt, so namentlich als Rekurrent bzw. Beschwerdeführer oder als Rekurs- bzw. Beschwerdegegner (vgl. Merker, § 41 Rz. 22, 39).

102 Im nichtstreitigen Verfahren vor Bundesverwaltungsbehörden gelten nach Art. 6 VwVG als Parteien jene Personen, deren Rechte oder Pflichten die Verfügung

berühren soll, und andere Personen, Organisationen oder Behörden, denen ein Rechtsmittel gegen die Verfügung zusteht. Nicht vollends klar ist, ob der *Parteibegriff des Art. 6 VwVG* im Anwendungsbereich von Art. 98a Abs. 3 OG nach dem Grundsatz der Verfahrenseinheit bereits im *erstinstanzlichen kantonalen Verfahren* Geltung beansprucht (bejahend Huber, S. 242; RB 1998 Nr. 42, gestützt auf diesen und auf Gygi, S. 238, der jedoch an der genannten Stelle nicht auf das kantonale Verfahren Bezug nimmt; verneinend Griffel, a.a.O., S. 265). Dem Wortlaut von Art. 98a Abs. 3 OG lässt sich die Geltung des bundesrechtlichen Parteibegriffs bereits für das erstinstanzliche Verfahren jedenfalls nicht entnehmen. Die Bundesgerichtspraxis – welche in Art. 98a Abs. 3 OG gesetzlich verankert wurde (BBl 1991 II, S. 524) – sprach in der Regel ebenfalls nur davon, dass die Beschwerdelegitimation im kantonalen Verfahren mindestens so weit wie die bundesrechtliche zu sein habe, äusserte sich jedoch nicht zum erstinstanzlichen Verfahren (BGE 103 Ib 148, 118 Ib 445; ebenso noch BGE 122 V 375). Auch der von Manfrini/Peregrina (a.a.O., S. 350 ff.) kritisierte BGE 108 Ib 245 ff. enthielt zwar Formulierungen, die anzudeuten schienen, dass bei der Anwendung von Bundesrecht Art. 6 VwVG stets Geltung finde, doch handelte der Entscheid vom erstinstanzlichen Verfahren vor Bundesbehörden und äusserte sich nicht ausdrücklich zum Verfahren vor kantonalen Behörden. Klar im gegenteiligen Sinn war BGE 108 Ib 95 (= ZBl 83/1982, S. 191) zu verstehen, worin das Bundesgericht Art. 103 lit. a OG mit einer gebräuchlichen Formulierung als Minimalvorschrift für das kantonale Rechtsmittelverfahren in Streitigkeiten des Bundesverwaltungsrechts bezeichnete und entschied, das Schwyzer Verwaltungsgericht hätte die Legitimation des Beschwerdeführers nicht davon abhängig machen dürfen, ob dieser nach kantonalem Recht zum erstinstanzlichen Verfahren beizuziehen gewesen wäre. Somit ging das Bundesgericht davon aus, dass im erstinstanzlichen kantonalen Verfahren – auch wenn die Verfügung auf Bundesrecht abzustützen ist – ein engerer Parteibegriff als jener von Art. 6 VwVG zulässig ist. In neueren Entscheiden setzte es dagegen, ohne sich mit der Frage näher zu befassen, die Anwendbarkeit von Art. 6 VwVG im erstinstanzlichen kantonalen Verfahren voraus (BGE 117 Ib 23, 117 Ib 186, 119 Ib 190; vgl. auch BGE 120 Ib 52). Ob darin bereits eine Abkehr von der früheren Praxis zu erblicken ist, bleibt offen.

So bleibt die Frage, inwieweit ein Anspruch des potenziell legitimierten Dritten auf Parteistellung im erstinstanzlichen Verfahren aus dem Anspruch auf rechtliches Gehör nach Art. 4 Abs. 1 aBV (Art. 29 Abs. 2 BV) folgt (offen gelassen in RB 1998 Nr. 42; vgl. auch Griffel, a.a.O., S. 265 ff.; Botschaft über die Änderung des Bundesgesetzes über den Natur- und Heimatschutz [NHG] vom 26.6.1991, BBl 1991 III, S. 1140). Der Anspruch auf rechtliches Gehör enthält das Recht der Verfahrensbeteiligten, vor Erlass einer sie belastenden Anordnung angehört zu werden (BGE 124 II 149; Lorenz Kneubühler, Gehörsverletzung und Heilung, ZBl 99/1998, S. 97 ff., 99 f.). Jeder Verfahrensabschnitt ist so zu gestalten, dass er den aus Art. 4 aBV (Art. 29 Abs. 2 BV) fliessenden

103

§ 21

Grundsätzen genügt (BGE 119 Ia 268; vgl. auch § 8 N. 4; insofern überholt: Weisung 1957, S. 1053; Beleuchtender Bericht 1959, S. 399). Das Bundesgericht hat entschieden, dass eine Verweigerung des rechtlichen Gehörs vorliegt, wenn im Geltungsbereich von Art. 33 Abs. 3 lit. a RPG ein Bauvorhaben ohne vorgängige Publikation bewilligt wird, weil allfälligen Legitimierten, welche keine rechtzeitige Kenntnis vom Bauvorhaben erlangen, verwehrt wird, vor dem Entscheid ihre Betroffenheit und ihre Einwendungen darzulegen (BGE 120 Ib 385). Offen bleibt auch im Licht dieser Praxis vorerst, ob es zulässig ist, dass aus dem Zustellungsgesuch nach § 315 Abs. 1 PBG keinerlei Parteirechte im erstinstanzlichen Verfahren folgen (vgl. RB 1998 Nr. 42).

104 Der *Obsiegende des vorinstanzlichen Verfahrens* bleibt Partei, selbst wenn er sich nicht mehr mit eigenen Anträgen am Verfahren beteiligt, weshalb ihm gegebenenfalls die Kosten auferlegt werden können (RB 1997 Nr. 6 = BEZ 1997 Nr. 16; Praxisänderung gemäss der neuen Rechtsprechung in BGE 123 V 156 ff., 123 V 159 ff.; vgl. § 13 N. 15).

105 Eine eigentümliche Stellung nimmt die *verfügende Instanz* ein, soweit es sich bei dieser nicht um eine Gemeinde oder einen andern Verwaltungsträger mit Rechtspersönlichkeit handelt. Ihre dogmatisch nicht einwandfrei ableitbare Stellung ergibt sich aus praktischen Gründen. Obwohl die Vorinstanz als nicht rechtsfähige Amtsstelle grundsätzlich nicht parteifähig ist, wird sie zumindest teilweise als Partei behandelt. Ihr kommt mit den Worten des Verwaltungsgerichts zwar nicht die Parteieigenschaft, aber die Parteirolle zu (vgl. RB 1962 Nr. 45); sie hat eine «mindestens parteiähnliche» Stellung (RB 1984 Nr. 14). Sofern es sich bei ihr nicht um eine Gemeinde oder eine andere Verwaltungseinheit mit Rechtspersönlichkeit handelt und unter Vorbehalt anderslautender Bestimmungen der Spezialgesetzgebung (vgl. Art. 24 Abs. 5 lit. a und b SVG, § 153 StG), fehlt ihr die aktive Rekurs- und Beschwerdefähigkeit, weshalb sie gegenüber dem Rekurrenten bzw. Beschwerdeführer die Rolle der passiven Beschwerdegegnerin einnimmt. Sie kann in dieser Rolle das Verfahren durch Anerkennung beenden, indem sie die angefochtene Verfügung in Wiedererwägung zieht. Das Verwaltungsgericht als zweite Rechtsmittelinstanz bezieht im Mehrparteienverfahren das verfügende Gemeinwesen bzw. die verfügende Behörde als Beschwerdegegnerin ein, wenn die Verfügung von der Vorinstanz bestätigt wurde, und als Mitbeteiligte, wenn die Vorinstanz die Verfügung aufhob (z.B. VGr. 3.11.1995, VB.95.00079; vgl. § 58 N. 4). Die *Rekursbehörde* wird als Vorinstanz einbezogen, nicht aber als Partei. Die richterliche Vorinstanz könnte im Verfahren vor Verwaltungsgericht ohnehin nicht Partei werden, da die Parteistellung im Verfahren mit der Funktion einer richterlichen Behörde nicht vereinbar ist. Die Aufforderung zur Vernehmlassung bedeutet in diesem Fall nicht die Einräumung der Parteistellung (vgl. Merker, § 41 Rz. 27).

106 Ein *Parteiwechsel* kann von Gesetzes wegen bei Universalsukzession eintreten; weiter ist er auf Antrag hin in der Regel als zulässig zu betrachten, wenn das

schutzwürdige Interesse wegen des Übergangs eines Rechts oder der Änderung tatsächlicher Verhältnisse auf einen Dritten übergegangen ist (ausführlich zum Ganzen Merker, Vorbem. zu § 38 Rz. 23 ff.). Veräussert etwa der Grundeigentümer das Bau- oder Bewilligungsobjekt während der Hängigkeit des Bewilligungsverfahrens, kann der Erwerber in das Verfahren eintreten (RB 1983 Nr. 11, 1981 Nr. 16). Tritt er nicht ein, wird das Verfahren als gegenstandslos abgeschrieben (RB 1983 Nr. 11; anders BGE 116 Ia 223 zum Verfahren der staatsrechtlichen Beschwerde in Anwendung von Art. 40 OG i.V.m. Art. 21 BZP). Unzulässig ist hingegen der Parteiwechsel, wenn er nicht auf dem Übergang schutzwürdiger Interessen beruht. Wenn ein Vertreter zunächst als Partei auftritt, indem er in eigenem Namen ein Rechtsmittel ergreift, ist in der verspäteten Offenlegung des Vertretungsverhältnisses ein unzulässiger Parteiwechsel zu sehen und das Rechtsmittel durch Nichteintreten zu erledigen (RB 1966 Nr. 3). Dasselbe gilt, wenn der Vertreter in eigenem Namen das Begehren um Zustellung des baurechtlichen Entscheids gemäss § 315 Abs. 1 PBG gestellt hat; nach Ablauf der jeweiligen Frist lässt sich das im Namen des Vertreters gestellte Begehren nicht mehr in ein solches des Vertretenen umdeuten (RB 1993 Nr. 53 = ZBl 95/1994, S. 184). Es liegt auch nicht der Fall einer irrigen Parteibezeichnung vor, welche zu berichtigen ist, wenn die Identität der Partei gewahrt bleibt (RB 1966 Nr. 3).

7.2. Einbezug ins Verfahren bzw. «Beiladung»

Die sogenannte Beiladung ist im VRG nicht geregelt. Der Begriff wird höchst unterschiedlich verwendet, worauf auch die meisten Meinungsverschiedenheiten mit Bezug auf die Beiladung zurückgehen. Als Ziele der Beiladung gelten: Verhinderung einander widersprechender Entscheide, Rechtssicherheit, Prozessökonomie, Wahrung des rechtlichen Gehörs und der prozessualen Waffengleichheit (vgl. etwa Huber, S. 234 f.). Grundsätzlich sind zwei Arten des Begriffsverständnisses zu unterscheiden. Die eine geht von der Definition des Rechtsinstituts der Beiladung aus (N. 108 f.); die andere, vorab im Kanton Zürich beheimatete, legt den Begriff der Beiladung zweckgerichtet aus, um Lücken der gesetzlichen Regelung des Verwaltungsprozesses zu überbrücken (vgl. N. 110 f.). 107

7.2.1. Beiladung im «technischen» Sinn

Die erste Richtung definiert die Beiladung als Beizug einer Person ins Verfahren mit dem Zweck, die Rechtskraft des Urteils auf den Beigeladenen auszudehnen, sodass dieser in einem später gegen ihn gerichteten Prozess das Urteil im Beiladungsprozess gegen sich gelten lassen muss (Gygi, S. 183 f.; Merker, § 41 Rz. 60; in der Folge: Beiladung im technischen Sinn). Folgerichtig wird die Beiladung auf Personen beschränkt, welche ein *rechtliches* Interesse am Ausgang des Verfahrens haben, wobei keine Verletzung der rechtlichen Interessen vorausgesetzt wird; deren blosses Berührtsein genügt (Gygi, S. 184; Merker, 108

§ 21

§ 41 Rz. 62; Merkli/Aeschlimann/Herzog, Art. 14 N. 2). In dieser Form kann das Institut der Beiladung, welches im deutschen Klageverfahren seine Berechtigung hat, allerdings kaum sinnvoll in das schweizerische Beschwerdeverfahren mit seinem weiten Partei- und Legitimationsbegriff eingepasst werden. Letztlich bedingt es die Unterscheidung zwischen rechtlichen und übrigen schutzwürdigen Interessen, welche mit der Ausdehnung der Rekurs- und Beschwerdelegitimation zu Recht gerade vermieden werden sollte.

109 Teilweise wird der Begriff der Beiladung – ausgehend von derselben Definition – denn auch für den Beizug zwar rechtlich, aber nur indirekt (über die Rechtsbeziehungen zu einer der Parteien) Betroffener reserviert, unter Ausschluss all derjenigen, die Parteistellung beanspruchen könnten (so Praxis und Lehre im Kanton Bern, vgl. Merkli/Aeschlimann/Herzog, Art. 14 N. 2; implizit Gygi, S. 183 f.; Zimmerli/Kälin/Kiener, S. 113 f.; anders Merker, § 41 Rz. 62, 65). Mit der letzteren Einschränkung soll vermieden werden, dass Personen, welche es versäumt haben, sich als Partei am Verfahren zu beteiligen, auf dem Weg der Beiladung Zugang dazu finden. Verwendet man den Begriff der Beiladung im technischen Sinn, muss sie allerdings von Parteistellung und Legitimation klar unterschieden werden. Parteistellung und Legitimation werden eingeräumt zur Wahrung schutzwürdiger Interessen; beigeladen wird, um Einfluss auf die Rechtsstellung einer Person zu nehmen. Die Begriffe sind – nach dieser Definition der Beiladung – voneinander unabhängig, was aber nicht bedeutet, dass sich ihre Anwendungsbereiche ausschliessen, sondern dass sich diese überschneiden (gl.M. Merker, § 41 Rz. 63). Allerdings kommen zum einen die faktischen Wirkungen einer Einräumung der Parteistellung denjenigen einer Beiladung im technischen Sinn so nahe, dass die Unterscheidung dieser beiden Verfahrenshandlungen bei Personen, welche die Parteistellung beanspruchen können, spitzfindig erscheinen mag. Zum andern ist angesichts des weiten Legitimationsbegriffs fraglich, ob ein rechtliches Interesse denkbar ist, das nicht schutzwürdig ist (so aber Praxis und Lehre im Kanton Bern, vgl. Merkli/Aeschlimann/Herzog, Art. 14 N. 2; zur Erlangung dieses Ergebnisses muss jedoch der Begriff des «schutzwürdigen Interesses» je nach Zusammenhang anders ausgelegt werden). Die Beiladung ist deshalb in der Literatur sogar als überflüssig bezeichnet worden (Leber, a.a.O., S. 29; Saladin, S. 87, 187).

7.2.2. Der im Kanton Zürich verwendete Beiladungsbegriff

110 Anderseits wird unter Beiladung allgemein der Einbezug weiterer Personen ins Verfahren verstanden, welche Parteistellung beanspruchen könnten, bisher jedoch nicht am Verfahren beteiligt waren. Lehre und Praxis im Kanton Zürich verstehen den Begriff in diesem Sinn; nach der im Kanton Zürich gebräuchlichen Definition «dient» die Beiladung der (bzw. «bedeutet» sie die) Prozessbeteiligung einer Person, die zwar schutzwürdige Interessen am Ausgang des Verfahrens hat, jedoch von der Vorinstanz nicht als Partei zugelassen worden ist

(Kom. 1. A., § 21 N. 90; Huber, S. 234; Mäder, N. 320; RB 1998 Nr. 42). Die zürcherische Terminologie dürfte darauf zurückzuführen sein, dass das VRG aufgrund der engen Fassung der Bestimmung über das Vernehmlassungsverfahren (§ 26 Abs. 2) und des Fehlens eines Parteibegriffs eine Lücke enthält: Es kann ihm nicht entnommen werden, auf welche Weise Personen in das Verfahren einzubeziehen sind, die zwar noch nicht daran beteiligt sind, denen jedoch Gelegenheit dazu geboten werden sollte, weil sie potentiell betroffen sind – d.h. durch den noch zu treffenden Entscheid in ihren schutzwürdigen Interessen berührt werden könnten – oder weil sie von der Vorinstanz zu Unrecht nicht beigezogen wurden. Das VRG sieht ausdrücklich bloss den Einbezug Dritter ins Verfahren vor, die durch einen bereits gefällten Entscheid in ihren schutzwürdigen Interessen berührt wurden (§ 10, § 28 Abs. 2), nicht jedoch jener, die durch den noch zu fällenden Entscheid berührt werden könnten (§ 26 Abs. 2; vgl. dagegen § 41 Abs. 1 des aargauischen Gesetzes über die Verwaltungsrechtspflege [VRPG] vom 9.7.1968). Um diese Lücke zu füllen, wurde das Institut der Beiladung herangezogen. Damit wurde jedoch die unspezifische Verwendung dieses Begriffs in Kauf genommen. Diese geht so weit, dass selbst die Parteien des vorinstanzlichen Verfahrens «als Mitbeteiligte beigeladen» werden (vgl. VGr. 3.11.1995, VB.95.00079).

Im *Baubewilligungsverfahren* hat sich der Einbezug Dritter nach der Praxis des Verwaltungsgerichts wie folgt abzuspielen: Im Rekursverfahren, welches der Bauwillige gegen die Verweigerung einer Baubewilligung anstrengt, ist denjenigen, welche um Zustellung des baurechtlichen Entscheids nach § 315 Abs. 1 PBG ersucht haben, zur Wahrung des rechtlichen Gehörs und der prozessualen Gleichbehandlung Gelegenheit zu geben, sich am Verfahren zu beteiligen (RB 1983 Nr. 13 = BEZ 1984 Nr. 6). Wird ein Rechtsmittel gegen den Entscheid erhoben, ist den Gesuchstellern die Eingangsverfügung mitzuteilen, worauf sie ihr Beiladungsgesuch stellen können (RB 1997 Nr. 5). Darauf kann bloss ausnahmsweise verzichtet werden, wenn die Gesuchsteller bereits im Zustellungsgesuch ihre Einwände vorgebracht haben, diese Stellungnahmen der Rekursinstanz vorliegen und die Gesuchsteller selber keine Verfahrensbeteiligung wünschen (RB 1984 Nr. 15). Der Gesuchsteller, der trotz der Mitteilung auf die Teilnahme am Rekursverfahren verzichtet, verwirkt das Recht zur Anfechtung des Rekursentscheids (RB 1997 Nr. 5; a.M. Huber, S. 252). Über den Anspruch auf Mitteilung des Entscheids und einer allfälligen Rechtsmittelerhebung hinaus verleiht das Zustellungsgesuch im Übrigen keine weiteren Verfahrensrechte, namentlich keinen Gehörsanspruch und keine Mitwirkungsrechte im erstinstanzlichen Verfahren (RB 1983 Nr. 13 = BEZ 1984 Nr. 6; vgl. dazu N. 103).

§ 21

7.2.3. Fragwürdigkeit des Beiladungsbegriffs

112 Die Unterschiede, welche zwischen der prozessualen Stellung eines Beigeladenen im technischen Sinn und derjenigen eines andern, vom Verfahrensausgang potentiell berührten Dritten bestehen sollen, rechtfertigen die Einführung des Rechtsinstituts der Beiladung im technischen Sinn nicht. Andere Dritte erhalten nur Parteistellung, wenn sie sich am Verfahren beteiligen, was ihnen freisteht (Merker, § 41 Rz. 63). Laut der vorherrschenden Ansicht wird der Beigeladene – wie auch immer dieser Begriff verstanden wird – durch die Beiladung zwar zwingend Partei, doch muss er sich ebenfalls nicht aktiv am Verfahren beteiligen. Beim *Verzicht* auf die aktive Ausübung der Parteirechte bzw. auf die Parteistellung entfällt das Kostenrisiko in beiden Fällen (Merker, § 41 Rz. 64; davon zu unterscheiden ist die Kostenauflage an den im vorinstanzlichen Verfahren Obsiegenden, der sich am Verfahren nicht mehr mit eigenen Anträgen beteiligt hat; vgl. RB 1997 Nr. 6 = BEZ 1997 Nr. 16). Auch mit Bezug auf die Mitwirkungspflichten dürften sich in Fall des Verzichts auf die aktive Teilnahme am Verfahren kaum Unterschiede ergeben (vgl. § 7 N. 59 ff.). Auf den Beigeladenen wird die Rechtskraft des Entscheids erstreckt, selbst wenn er auf die aktive Wahrung der Parteirechte verzichtet. Der Dritte, der auf die Parteistellung verzichtet, wird vom weiteren Rechtsmittelverfahren ausgeschlossen, was ebenfalls bedeutet, dass er den Entscheid faktisch hinzunehmen hat. Bei *aktiver Beteiligung* erhält der bisher nicht beteiligte Dritte volle Parteistellung mit allen Rechten und Pflichten. Die Stellung des Beigeladenen im technischen Sinn ist umstritten, was aber zumindest teilweise auf die unterschiedliche Auslegung dieses Begriffs zurückzuführen ist. Es ist jedoch nicht einzusehen, weshalb der Beigeladene nicht eigentliche Partei mit allen Rechten und Pflichten werden soll. Entweder ist er in seinen rechtlichen Interessen betroffen oder aber nicht. Ist Ersteres der Fall, so darf er in der Parteistellung und damit in den Angriffs- und Verteidigungsmitteln nicht beschränkt werden, denn der Entscheid wird auch ihm gegenüber rechtskräftig und damit vollstreckbar. Ist Letzteres der Fall, so muss nicht beigeladen werden.

113 Die Stellung des Dritten, der ins Verfahren einbezogen wird, weil seine schutzwürdigen Interessen berührt sein könnten, und die Stellung dessen, der beigeladen wird, weil seine rechtlichen Interessen betroffen werden könnten, unterscheiden sich also im Ergebnis kaum. Zumindest rechtfertigen die bestehenden Differenzen die komplizierte Abgrenzung zwischen rechtlichen und übrigen schutzwürdigen Interessen nicht. Angesichts des weiten Partei- und Legitimationsbegriffs, der unter Umständen auch Vertragspartner der Verfügungsadressaten umfasst (vgl. N. 48 f.), gibt es auch keine Personen, die zwar ein rechtliches, aber dennoch kein schutzwürdiges Interesse aufweisen, sodass ihretwegen das Institut der Beiladung nicht herangezogen werden muss (anders Lehre und Praxis im Kanton Bern, vgl. Merkli/Aeschlimann/Herzog, Art. 14 N. 2). Somit muss beim Einbezug einer Person ins Verfahren nicht unterschieden werden,

ob sie in ihren Rechten und Pflichten berührt werden könnte. Die Behörde muss eine Person – von Amtes wegen, auf Antrag einer Partei oder auf Gesuch der betroffenen Person hin – einbeziehen, wenn diese bisher noch nicht am Verfahren beteiligt war, jedoch ein schutzwürdiges Interesse am Ausgang des Verfahrens hat und bisher keine Gelegenheit oder keinen Anlass hatte, dieses geltend zu machen. Der Einzubeziehende muss auf die Wirkungen hingewiesen werden, nämlich dass er durch aktive Beteiligung am Verfahren volle Parteistellung erhält, aber auch kostenpflichtig werden kann, während er bei Verzicht auf die aktive Beteiligung die Anfechtung des Entscheids verwirkt und diesen gegen sich gelten lassen muss (vgl. AGVE 1994, S. 473; Merker, § 41 Rz. 33, 66).

Der im Kanton Zürich verwendete Beiladungsbegriff ist wiederum missverständlich, weil hier gar gar kein besonderes Rechtsinstitut besteht: Unter dem Titel «Beiladung» wird hier die Frage abgehandelt, wem im hängigen Verfahren die Parteistellung zu gewähren ist. Die Möglichkeit des Einbezugs noch nicht beteiligter Dritter ins Verfahren ist zwar notwendig. Dafür hätte es jedoch des Bezugs auf ein umstrittenes, im VRG nicht erwähntes Rechtsinstitut nicht bedurft; sie hätte auch – und vielleicht klarer – über eine extensive Auslegung des zu engen Wortlauts von § 26 Abs. 2 VRG hergestellt werden können. Der Einbezug ins Verfahren und die Stellung des Beigeladenen im Verfahren richten sich nach der Regelung der Parteistellung sowie den allgemeinen Verfahrensgrundsätzen und -garantien, besonders dem Anspruch auf rechtliches Gehör; sie hängen nicht von den Voraussetzungen und Rechtswirkungen der Beiladung im technischen Sinn ab, die für den deutschen Verwaltungsprozess entwickelt wurden und allesamt kaum in das schweizerische System passen (vgl. auch Huber, S. 256). 114

Wie also auch immer der Begriff der Beiladung verstanden wird: Er ist im schweizerischen Verwaltungsprozessrecht verzichtbar (gl.M. Leber, a.a.O., S. 29; Saladin, S. 87, 187). Dies gilt umso mehr für die Unterscheidung zwischen notwendiger und fakultativer Beiladung (vgl. dazu etwa Ule, S. 113 ff.). 115

Immerhin ermöglicht der Begriff der Beiladung, wie ihn die zürcherische Praxis konstant handhabt, die begriffliche Unterscheidung zwischen dem Einbezug von Personen mit potenzieller Parteieigenschaft und dem Einbezug anderer Verfahrensteilnehmer wie etwa der Vorinstanz, welche nicht erstinstanzlich verfügende Behörde ist. Der Begriff wird daher im vorliegenden Kommentar beibehalten und im Sinn der zürcherischen Lehre und Praxis (vgl. N. 110 f.) gebraucht. Zur Form des Einbezugs, besonders im Baubewilligungsverfahren, vgl. N. 110 f., 113. 116

§ 21 / § 22

7.2.4. Nebenintervention

117 Unter Nebenintervention wird der Eintritt eines Dritten in das Verfahren zur Unterstützung einer Partei, an deren Obsiegen er interessiert ist, verstanden. Angesichts des weiten Legitimationsbegriffs bezeichnen Lehre und Praxis die Nebenintervention im Verwaltungsprozess zu Recht als überflüssig und daher unzulässig (Gygi, S. 183; Saladin, S. 187; BGE 81 I 398; RB 1974 Nr. 14; ZR 64 Nr. 186). Auch zum Ausgleich des zu engen Legitimationsbegriffs von § 21 VRG in der ursprünglichen Fassung (vgl. Kom. 1. A., § 21 N. 96) ist sie nach der Änderung von § 21 nicht mehr nötig.

IV. Rekurser-
hebung
1. Ort und Frist

§ 22. Der Rekurs ist innert 30 Tagen seit der Mitteilung oder, mangels einer solchen, seit der Kenntnisnahme der angefochtenen Anordnung bei der Rekursinstanz schriftlich einzureichen.

Bei besonderer Dringlichkeit kann die anordnende Behörde die Rekursfrist bis auf fünf Tage abkürzen.

Die vorstehenden Bestimmungen über die Frist gelten für sämtliche Beschwerden und Rekurse des kantonalen Rechtes. Die abweichenden Bestimmungen des Gerichtsverfassungsgesetzes, der Zivilprozessordnung, der Strafprozessordnung, des Einführungsgesetzes zum Zivilgesetzbuch, des Wertpapiergesetzes und der auf diesen Gesetzen beruhenden Verordnungen bleiben vorbehalten.

Materialien
Weisung 1957, S. 1038; Prot. KK 20.12.1957, 23.9.1958; Prot. KR 1955–1959, S. 3379; Beleuchtender Bericht 1959, S. 401; Weisung 1995, S. 1533 f.; Prot. KK 1995/96, S. 53 ff., 335 f., 352; Prot. KR 1995–1999, S. 6413 f., 6416, 6443 ff., 6488.

Literatur
MERKER, § 39 Rz. 2 ff.; MERKLI/AESCHLIMANN/HERZOG, Art. 67 N. 1 ff.; ROTACH, S. 444 f.

Übersicht	Note
1. Allgemeines	1
2. Zu Abs. 1	3
2.1. Rekursfrist	3
2.2. Ort	11
2.3. Form	12
2.4. Wirkung des Fristablaufs	18
3. Zu Abs. 2	20
4. Zu Abs. 3	23

§ 22

1. Allgemeines

Nachdem das zürcherische Verwaltungsrechtspflegeverfahren ursprünglich unterschiedliche Rekursfristen gekannt hatte, vereinheitlichte das VRG diese Fristen mit seinem Inkrafttreten am 1.5.1960 für die Verfahren vor den kantonalen Verwaltungsbehörden auf 20 Tage. Auf Antrag des Regierungsrats entschied der Kantonsrat im Zuge der Revision vom 8.6.1997, die Rekursfrist auf 30 Tage zu verlängern (Prot. KR 1995–1999, S. 6454). Er verwarf dabei nach eingehender Diskussion (Prot. KR 1995–1999, S. 6443 ff.) einen Minderheitsantrag, der die bisherige Rekursfrist beibehalten wollte.

1

Der Kantonsrat leistete mit seinem Entscheid einen wesentlichen Beitrag zur *Vereinheitlichung* des kantonalen und des eidgenössischen Verfahrensrechts, indem für Bundesrechtsmittel schon seit längerer Zeit eine Rechtsmittelfrist von 30 Tagen gilt. Da nun alle Teile einer Anordnung unabhängig vom Rechtsmittelweg der gleichen Rechtsmittelfrist unterworfen sind, besteht für den einzelnen Rechtsmittelberechtigten seit der Revision vom 8.6.1997 eine erhöhte Rechtssicherheit. Sodann trägt die Verlängerung der Rekursfrist der immer komplizierter werdenden Rechtsordnung Rechnung, welche Entwicklung zur Folge hat, dass sich der Zeitbedarf für die Beschaffung der für die Rechtsmittelerhebung benötigten Unterlagen und für die Abklärung der rechtlichen Verhältnisse laufend erhöht. An einer verlängerten Rekursfrist besteht auch deshalb ein öffentliches Interesse, weil inskünftig möglicherweise weniger Rekurse vorsorglich erhoben oder nur ungenügend oder summarisch begründet werden (vgl. Weisung 1995, S. 1533 f.; Rotach, S. 444). Diesem Interesse und jenem an der Rechtssicherheit hatten die Gegner einer Verlängerung der Rekursfrist lediglich das Interesse an der Verfahrensbeschleunigung entgegen zu halten, wobei sie wohl verkannten, dass die in Frage stehenden zehn Tage angesichts der gesamten Dauer eines streitigen Verwaltungsverfahrens nicht wesentlich ins Gewicht fallen.

2

2. Zu Abs. 1

2.1. Rekursfrist

Der Rekurs gegen eine Anordnung ist gemäss § 22 Abs. 1 innert *30 Tagen* einzureichen. Diese *Rekursfrist* gilt unabhängig davon, ob sich das Rechtsmittel gegen einen Teil- oder einen Endentscheid oder gegen einen Zwischenentscheid im Sinn von § 19 Abs. 2 richtet (vgl. demgegenüber Art. 106 Abs. 1 OG, wonach bei Zwischenentscheiden die Beschwerdefrist lediglich zehn Tage beträgt).

3

Die Rekursfrist ist eine gesetzliche *Verwirkungsfrist* (§ 12 N. 5). Dies gilt auch für die wegen besonderer Dringlichkeit verkürzte Frist (§ 22 Abs. 2; N. 20 ff.), die dadurch nicht zu einer behördlichen Frist wird. Der Rekurrent hat somit

4

§ 22

innert der Rekursfrist zumindest seinen klaren Willen zur Anfechtung einer bestimmten Anordnung kundzutun und die nötigen Angaben zu seiner Individualisierung zu liefern. Versäumt er dies, hat er sein Rekursrecht verwirkt (vgl. Rhinow/Koller/Kiss, Rz. 1310). Die Rekursfrist kann nur unter den strengen Voraussetzungen von § 12 Abs. 1 erstreckt werden (vgl. § 12 N. 6); eine Wiederherstellung richtet sich nach § 12 Abs. 2 (dazu § 12 N. 13 ff.). Darüber hinaus ist es möglich, zur Verbesserung gewisser Mängel der Rekurseingabe eine Nachfrist anzusetzen (vgl. § 23 Abs. 2).

5 Die Rekursfrist beginnt laut § 22 Abs. 1 mit der Mitteilung an den rekursberechtigten Anordnungsadressaten oder mit der Kenntnisnahme der angefochtenen Anordnung durch diesen zu laufen. *Fristauslösend* ist somit die *rechtsgenügende Zustellung* einer Anordnung (zur Zustellung bzw. Eröffnung einer Anordnung im Einzelnen vgl. § 10 N. 20 ff., insb. N. 26 ff.). Erfolgt diese durch öffentliche Bekanntmachung im kantonalen Amtsblatt und in den üblichen kommunalen Publikationsorganen und, wo solche fehlen, durch öffentlichen Anschlag, so ist für den Beginn der Rekursfrist auf den jeweils spätesten Publikationszeitpunkt abzustellen (RB 1997 Nr. 3; vgl. § 10 N. 33). Auch mit Bezug auf den Fristbeginn gilt der Grundsatz, dass den Verfahrensbeteiligten aus einer mangelhaften Eröffnung kein Nachteil erwachsen soll, wobei aufgrund der Umstände des Einzelfalls zu prüfen ist, ob der Betroffene durch den Eröffnungsmangel tatsächlich irregeführt und dadurch benachteiligt worden ist. Eine nicht rechtsgenügend eröffnete Anordnung, von welcher der Adressat trotzdem Kenntnis erhalten hat, kann deshalb gleichwohl den Lauf der Rekursfrist auslösen (§ 10 N. 62). Unter bestimmten Voraussetzungen hindert selbst das Fehlen einer Rechtsmittelbelehrung oder deren Mangelhaftigkeit den Lauf der Rekursfrist nicht (dazu § 10 N. 51 f.). In jedem Fall fängt die Rekursfrist erst mit der Zustellung der begründeten Anordnung zu laufen an, selbst wenn diese zuvor bereits im Dispositiv mitgeteilt wurde (RB 1983 Nr. 20). Wird innerhalb der Rekursfrist um Erläuterung einer Anordnung ersucht, beginnt die Rechtsmittelfrist mit der Eröffnung des Erläuterungsentscheids zu laufen. Ein nach Ablauf der Rekursfrist gestelltes Erläuterungsgesuch eröffnet eine neue Rechtsmittelfrist, wenn der erläuterte Entscheid anders als der ursprüngliche gefasst ist (vgl. § 165 GVG; Vorbem. zu §§ 19–28 N. 21).

6 Zum Fristenlauf und zur Fristberechnung vgl. § 11 N. 3 ff.

7 Ob die Rekursfrist *gewahrt* ist, beurteilt sich nach § 11 Abs. 2 (dazu § 11 N. 7 ff.). Als rechtzeitig hat dabei auch ein Rekurs zu gelten, der im Vertrauen auf die Richtigkeit einer Rechtsmittelbelehrung, die irrtümlicherweise eine längere als die gesetzliche Rechtsmittelfrist nennt, nach Ablauf der gesetzlichen, aber vor Ablauf der angegebenen Frist erhoben worden ist (RB 1981 Nr. 17). Zu beachten ist, dass das Verwaltungs- und das Verwaltungsrekursverfahren *keine Gerichtsferien* kennen; diese gelten nur im Verfahren vor Verwaltungsgericht (RB 1985 Nr. 7; vgl. § 11 N. 13). Nicht eingehalten ist die Rekursfrist dadurch, dass bei

§ 22

der unteren Instanz ein Wiedererwägungsbegehren eingereicht wird. Richtet ein rechtsunkundiger Verfügungsadressat indessen ein Wiedererwägungsgesuch an die verfügende Behörde, worin er zum Ausdruck bringt, im Fall der Abweisung desselben rekurrieren zu wollen, so ist die Rekursfrist dann gewahrt, wenn der Wiedererwägungsentscheid erst nach Ablauf der 30-tägigen Frist ergeht und darin keine neue Rekursfrist angesetzt wird (vgl. RRB 2195/1972). Gelangt eine Partei innert Frist mit ihrer Rekurseingabe *irrtümlich* an die unzuständige Behörde, ist diese verpflichtet, die Eingabe an die zuständige Behörde weiterzuleiten (§ 5 Abs. 2 Satz 1; vgl. § 5 N. 34). In einem solchen Fall gilt die fristgebundene Rechtshandlung mit der Einreichung bei der nicht zuständigen Behörde als rechtzeitig erfolgt (§ 5 Abs. 2 Satz 2; vgl. § 5 N. 37).

Während die Behörden die Beweislast für die richtige Zustellung und Eröffnung der von ihnen erlassenen Anordnung tragen (§ 10 N. 22, § 11 N. 3), hat der Rekurrent den *vollen Beweis* dafür zu erbringen, dass er die Rekursfrist eingehalten hat (Kölz/Häner, Rz. 289; vgl. RB 1961 Nr. 1 = ZBl 62/1961, S. 539 = ZR 60 Nr. 109; § 11 N. 7). Wird ein Rekursbegehren auf dem Postweg eingereicht, ist grundsätzlich auf das Datum des Poststempels abzustellen (§ 11 N. 8). Ist der Zeitpunkt der Postaufgabe nach den Akten unklar, ist die Post mit einem Nachforschungsbegehren zu beauftragen. Bei direkter Übergabe der Rekursschrift an eine Behörde ist es ratsam, eine Quittung zu verlangen. 8

Unzulässig ist die *vorsorgliche Rekurserhebung* zwecks Fristwahrung (§ 11 N. 15). Sie ist jedoch den *Gemeinden* mit Gemeindeversammlung oder Grossem Gemeinderat gestattet, wenn ein Gemeindebeschluss im Rechtsmittelverfahren aufgehoben wurde. Weil in einem solchen Fall die Gemeindeversammlung bzw. der Grosse Gemeinderat über den Weiterzug zu befinden hat (§ 155 Abs. 1–3 GemeindeG) und es in der Praxis vielfach Mühe bereitet, die nötigen Beschlüsse innert der 30-tägigen Rekursfrist erhältlich zu machen, gestattet § 155 Abs. 4 GemeindeG, den Beschluss der Gemeindeversammlung oder des Grossen Gemeinderats nachzubringen, wenn die Gemeindevorsteherschaft den Rekurs bereits ergriffen hat. Um aber zu verhindern, dass den Gemeinden dadurch die Rekursfrist über die vom Gesetz vorgesehenen 30 Tage hinaus verlängert wird, muss die vollständige Rekurseingabe samt Begründung fristgerecht eingereicht werden. Die Gemeindevorsteherschaft hat der Rekursinstanz zudem mitzuteilen, wann sie die Vollmacht nachbringen wird (Thalmann, § 155 N. 5.4). – Zur vorsorglichen Rekurserhebung ist auch die Konkursverwaltung berechtigt, die sich nicht namens der Konkursmasse einer Steuerforderung oder einem anderen finanziellen Anspruch des Gemeinwesens widersetzen, die Möglichkeit hierzu aber den Gläubigern offen halten will. In einem solchen Fall genügt es, wenn der vorsorglich erhobene Rekurs lediglich einen Antrag enthält, während es Sache der Gläubiger ist, den Rekurs zu begründen; der Konkursverwaltung kann nicht zugemutet werden, entgegen ihrer besseren Einsicht in detaillierter Beweisführung die Unrichtigkeit des angefochtenen Entscheids darzulegen (VGr. 2.3.1977, ZBl 78/1977, S. 329 = ZR 76 Nr. 49). 9

§ 22

10 *Drittbetroffene* verwirken ihr Rekursrecht, wenn eine Anordnung auch für sie offenkundige Tatsachen oder Rechtsverhältnisse berührt, sie sich aber gleichwohl binnen der dem Adressaten laufenden Rekursfrist nicht um Mitteilung bemühen (RB 1980 Nr. 2). Für das *Baubewilligungsverfahren* bestimmen §§ 315 f. PBG ausdrücklich, dass das Rekursrecht verwirkt, wer nicht innert 20 Tagen seit der öffentlichen Bekanntmachung des Bauvorhabens bei der örtlichen Baubehörde schriftlich die Zustellung des baurechtlichen Entscheids verlangt (RB 1993 Nr. 52). Dies gilt selbst für den Nachbarn, der durch den erstinstanzlichen baurechtlichen Entscheid nicht beschwert ist, und deshalb auf eine Zustellung verzichtete (RB 1981 Nr. 143). Die Zustellung gemäss § 315 Abs. 1 PBG haben auch die Natur- und Heimatschutzverbände rechtzeitig zu verlangen (RB 1994 Nr. 89; vgl. § 21 N. 90). Vertretene verwirken ihr Rekursrecht in Anwendung von § 316 Abs. 1 PBG, wenn ihr Vertreter die Zustellung des baurechtlichen Entscheids nur im eigenen Namen und nicht auch im Namen der Vertretenen verlangt (RB 1993 Nr. 53, 1989 Nr. 82).

2.2. Ort

11 Der Rekurs ist bei der *Rekursinstanz* einzureichen (§ 22 Abs. 1). Er muss entweder spätestens am letzten Tag der Frist bei dieser eintreffen oder innert Frist der schweizerischen Post übergeben worden sein (§ 11 Abs. 2 Satz 1; vgl. § 11 N. 8). Erheben Personen im Ausland Rekurs, genügt es, wenn die Rekurseingabe am letzten Tag der Frist bei einer schweizerischen diplomatischen oder konsularischen Vertretung eintrifft (§ 11 Abs. 2 Satz 2; § 11 N. 9). Wird die rechtzeitige Rekurseingabe *irrtümlich* an eine unzuständige zürcherische Verwaltungs- oder Verwaltungsrekursbehörde gerichtet, gilt die Rekursfrist trotzdem als eingehalten. Die unzuständige Behörde hat die Eingabe von Amtes wegen der zuständigen Rekursinstanz zu überweisen (§ 5 Abs. 2; § 5 N. 34 ff.; N. 7). Diese gesetzliche *Überweisungspflicht* befreit die Behörden nicht von der Pflicht, ihre Anordnungen mit einer Rechtsmittelbelehrung zu versehen, welche neben dem ordentlichen Rechtsmittel und der Rechtsmittelfrist die Rekursinstanz bezeichnet (§ 10 Abs. 2; § 10 N. 47).

2.3. Form

12 Der Rekurs ist *schriftlich* einzureichen. Mündliche Rekurse sind unzulässig und werden – insbesondere im Interesse der Rechtssicherheit und zwecks Schaffung klarer Verhältnisse – nicht entgegengenommen. Das Erfordernis der Schriftlichkeit erschöpft sich dabei in der Schrift*form*. Weitergehende Anforderungen an den formellen Aufbau der Rekurseingabe lassen sich daraus nicht ableiten; namentlich genügt auch ein einfacher, handschriftlicher Brief (Merker, § 39 Rz. 2). Unleserliche Eingaben sind aber gemäss § 5 Abs. 3 zur Verbesserung zurückzuweisen.

Die Schriftform beinhaltet auch die *eigenhändige Unterschrift* des Rekurrenten 13
oder des an dessen Stelle handelnden Vertreters. Sie ist stets von einer *natürlichen* Person anzubringen und hat deren Namen wiederzugeben. Dies gilt auch
für juristische Personen, die durch ihre Organe handeln; eine Unterzeichnung
mit dem Firmennamen genügt deshalb nicht (Merker, § 39 Rz. 3). Um Manipulationen und Fälschungen möglichst auszuschliessen, muss die Unterschrift
im *Original* vorliegen. Nicht als eigenhändig gelten daher Faksimilestempel und
maschinenschriftliche Unterzeichnungen sowie die Fotokopie einer handschriftlich unterzeichneten Rekursschrift und per Telefax eingereichte Rekurseingaben
(BGE 121 II 252 ff.; VPB 62/1998 Nr. 93). Telegrafisch oder per Fernschreiben erhobene Rekurse sind als eigenhändig unterzeichnet zu betrachten, wenn
die Aufgabedepesche die Unterschrift der in der Eingabe als Absender bezeichneten Person trägt (Merker, § 39 Rz. 3). Der eigenhändige Namenszug kann
sich an irgendeiner Stelle der Eingabe befinden, so etwa in einem Begleitschreiben oder auf der Absenderangabe des Briefumschlags (RB 1984 Nr. 53, mit
Hinweisen, 1975 Nr. 8). Immerhin muss aber der Bezug zum Rekurs ohne
weiteres ersichtlich sein. Andernfalls ist es gerechtfertigt, zu verlangen, dass die
Unterschrift den ganzen Text der Rechtsmitteleingabe abdeckt (vgl. Merker,
§ 39 Rz. 3, insb. Anm. 10).

Zu den formellen Erfordernissen eines Rekurses gehört neben der Schriftform, 14
dass die Rekursfrist gewahrt wird (N. 4 ff.) und die minimalen inhaltlichen
Anforderungen mit Bezug auf Rekursantrag und -begründung sowie die Bezeichnung oder Beilage des angefochtenen Entscheids eingehalten werden (dazu
§ 23 Abs. 1). Darüber hinaus darf die Rekursschrift weder unleserlich noch
ungebührlich noch übermässig weitschweifig sein (§ 5 N. 38 ff.).

Die Rekurseingabe ist in *Deutsch* als der *Amtssprache* des Kantons Zürich abzu- 15
fassen (vgl. § 130 Abs. 1 GVG; RB 1992 Nr. 36). Fremdsprachige Rekursschriften brauchen daher nicht entgegengenommen zu werden (BGE 102 Ia 36;
Gadola, S. 271). Es steht aber im freien Ermessen der Behörde, solche Eingaben gleichwohl entgegenzunehmen, dies besonders dann, wenn sie in einer der
Landessprachen abgefasst sind. Einer Partei, welche die Amtssprache nicht beherrscht und die nicht in der Lage ist, für die Übersetzungskosten aufzukommen, sind die prozessual vorgesehenen Eingaben nötigenfalls auf Staatskosten
zu übersetzen, sofern die Voraussetzungen zur Bestellung eines unentgeltlichen
Rechtsbeistands erfüllt sind (RB 1992 Nr. 37; vgl. § 16 N. 54).

Ein Rekurs, der nicht im eigenen Namen erhoben wird, ist nur gültig, wenn die 16
nötigen schriftlichen, vom Vollmachtgeber unterzeichneten *Vollmachten* vorliegen; die Bevollmächtigung kann sich aber auch stillschweigend aus den Umständen ergeben (VGr. 6.3.1992, VK 90/0016; 17.6.1988, VB 88/0084).

Erfüllt eine Rekurseingabe die formellen Erfordernisse (N. 12 ff.) nicht, ist unter 17
Androhung des Nichteintretens eine angemessene, *nicht erstreckbare Nachfrist*

§ 22

zur Verbesserung anzusetzen (vgl. § 23 Abs. 2; RB 1995 Nr. 7, 1992 Nr. 36). Das sofortige Nichteintreten auf einen in diesem Sinn mangelhaften Rekurs würde dagegen einen *überspitzten Formalismus* darstellen (vgl. BGE 102 Ia 37 f. hinsichtlich der Übersetzung fremdsprachiger Rechtsmitteleingaben). Keine Nachfrist ist für Eingaben zu gewähren, welche die Rekursfrist nicht einhalten. Eine versäumte Rekursfrist kann lediglich unter den Voraussetzungen von § 12 erstreckt oder wiederhergestellt werden. Betrifft der Mangel das Fehlen einer Vollmacht, ist im Rahmen einer Nachfrist sowohl dem Vertreter als auch der vertretenen Partei Gelegenheit zu geben, die Vollmacht beizubringen (RB 1983 Nr. 12).

2.4. Wirkung des Fristablaufs

18 Weil die Rekursfrist eine gesetzliche Verwirkungsfrist ist (N. 4), entfalten nach Fristablauf vorgenommene Prozesshandlungen grundsätzlich keine Rechtswirkungen (Gadola, S. 97). Dies gilt jedenfalls dann, wenn die angefochtene Anordnung rechtsgenügend eröffnet und zugestellt wurde. Nach Fristablauf können Rekursantrag und/oder Rekursbegründung deshalb nicht mehr erweitert werden (vgl. RB 1976 Nr. 18, 1963 Nr. 2). Angesichts der behördlichen Untersuchungspflicht (§ 7 Abs. 1) kann es sich allerdings rechtfertigen, auch verspätete Parteivorbringen tatsächlicher Art zu berücksichtigen, insbesondere wenn sich dadurch eine Rückweisung an die Vorinstanz vermeiden lässt (RB 1994 Nr. 16). Ebenso ist es den Verfahrensbeteiligten unbenommen, jederzeit während des Verfahrens, mithin auch nach Ablauf der Rekursfrist, ein Ausstandsbegehren zu stellen (§ 5a N. 6; RB 1982 Nr. 20).

19 Wird die Rekursfrist nicht eingehalten und ist deren Erstreckung bzw. Wiederherstellung nicht möglich oder genügt die Rekurseingabe trotz gewährter Nachfrist zur Verbesserung den formellen Erfordernissen (N. 12 ff.) nicht, ist durch Prozessentscheid auf den Rekurs nicht einzutreten. Im Übrigen erwachsen rechtsgenügend eröffnete Anordnungen nach unbenutztem Ablauf der Rekursfrist in formelle Rechtskraft; insoweit dient die Rekursfrist gleich den anderen Rechtsmittelfristen der Rechtssicherheit (Häfelin/Müller, Rz. 1334).

3. Zu Abs. 2

20 § 22 Abs. 2 in der ursprünglichen Fassung gestattete es der anordnenden Behörde, die Rekursfrist auf 48 Stunden zu verkürzen. Im Zuge der Revision vom 8.6.1997 setzte sich einerseits die Erkenntnis durch, dass eine nach Stunden bemessene Minimalfrist kaum praktikabel sei. Zum andern wurde eingewendet, eine so kurze Frist verunmögliche es dem Anordnungsadressaten vielfach, seine Rechte im Verfahren gebührend wahrzunehmen. Angesichts der Verlängerung der Rekursfrist von 20 auf 30 Tage wurde daher in Fällen besonderer Dring-

lichkeit die Abkürzung der Rekursfrist auf fünf Tage beschränkt (Prot. KK 1995/ 96, S. 55).

Wann und ob *besondere Dringlichkeit* vorliegt, welche die Abkürzung der Rekursfrist rechtfertigt, ist aufgrund der Umstände des Einzelfalls zu bestimmen. Die *anordnende Behörde* besitzt hierbei und mit Bezug auf die zu bestimmende Dauer der verkürzten Frist ein erhebliches Ermessen, das sie pflichtgemäss auszuüben hat. Indem das Vorliegen «besonderer» Dringlichkeit vorausgesetzt ist, ist davon auszugehen, dass die Rekursfrist nicht leichthin, sondern nur ausnahmsweise abgekürzt werden darf. Die sich gegenüberstehenden Interessen – vornehmlich an der Verfahrensbeschleunigung einerseits und an der Gewährung eines umfassenden Rechtsschutzes anderseits – sind sorgfältig gegeneinander abzuwägen. Dementsprechend wird die Abkürzung der Rekursfrist nach der Praxis zu Recht mit Zurückhaltung gehandhabt. Sie kommt vor allem im Polizeirecht, im Strafvollzugsrechts (Prot. KK 1995/96, S. 54), bei Wahlen und Abstimmungen (vgl. Stadtrat von Zürich 18.5.1962, ZBl 65/1964, S. 26 ff.) sowie im Erziehungswesen bei Aufnahme- und Promotionsentscheiden (RRB 4091/ 1966; vgl. Prot. KK 1995/96, S. 54) vor. Im Allgemeinen ist die Verkürzung der Rekursfrist dem Entzug der aufschiebenden Wirkung (§ 25 Abs. 2) immer dann vorzuziehen, wenn das Interesse an einem formell rechtskräftigen Entscheid gegenüber dem Interesse an dessen vorläufiger Vollstreckbarkeit überwiegt. 21

Die Abkürzung der Rekursfrist ist zu begründen; der Entscheid darüber kann als Zwischenentscheid im Sinn von § 19 Abs. 2 an die nächsthöhere Instanz weitergezogen werden (Bosshart, § 22 N. 2). Der Rekurs gegen den Abkürzungsentscheid hemmt aufgrund der aufschiebenden Wirkung (§ 25 Abs. 1) den Fristenlauf. 22

4. Zu Abs. 3

Während § 22 Abs. 1 und 2 Rekursfrist sowie Ort und Form der Rekurserhebung vorschreiben, regelt § 22 Abs. 3 den Geltungsbereich der Bestimmungen über die *Rekurs-* bzw. *Rechtsmittelfrist:* Diese sind für sämtliche Beschwerden und Rekurse des kantonalen Rechts massgebend (Satz 1). Die Fristbestimmung des § 22 ist dabei nicht im Sinn von § 4 subsidiärer Natur (Bosshart, § 22 N. 4). – Aus dem Wortlaut von § 22 Abs. 3 und der Gesetzessystematik ist allerdings nicht klar ersichtlich, ob § 22 Abs. 1 und 2 gestützt auf Abs. 3 auch direkt auf die Beschwerden an das Verwaltungsgericht anwendbar sind oder ob diese Normen im gerichtlichen Beschwerdeverfahren lediglich gestützt auf die Verweisung in § 70 gelten, soweit nicht von vornherein § 53 massgebend ist. Die Frage kann letztlich offen gelassen werden: Zum einen beträgt die Frist für die Verwaltungsgerichtsbeschwerde ebenfalls 30 Tage, und zum andern ist § 22 Abs. 2 ohnehin auf das Beschwerdeverfahren anwendbar, nämlich unmittelbar aufgrund von § 22 Abs. 3 oder kraft der Verweisung in § 70 (vgl. § 53 N. 5). 23

§ 22

24 Die 30-tägige Frist und die Möglichkeit zu deren Abkürzung gilt (subsidiär) auch für *Einspracheverfahren*, obschon sich das aus dem Wortlaut von § 22 Abs. 3 nicht zwingend ergibt (vgl. § 10a Abs. 2 lit. b). Mit der Schaffung des VRG wurde nämlich eine Vereinheitlichung angestrebt (vgl. Weisung 1957, S. 1038; Bosshart, § 22 N. 4), die andernfalls wieder in Frage gestellt wäre und die letztlich auch Anlass dafür war, die Rechtsmittelfristen auf 30 Tage zu erhöhen (vgl. N. 2).

25 Im Bereich des *Gemeinderechts* unterstehen Einsprachen (§ 57 Abs. 3 und § 115a Abs. 3 GemeindeG), Beschwerden (§ 151 GemeindeG) und Rekurse (§ 152 GemeindeG) ebenfalls den Fristbestimmungen von § 22 VRG. Entgegen dem Gesetzeswortlaut gilt dies mit Ausnahme der Stimmregisterbeschwerde auch für *Wahl-, Abstimmungs- und Stimmrechtsbeschwerden* gemäss § 123 Abs. 1 WahlG (§ 128 Abs. 1 i.V.m. § 9 Abs. 4 WahlG).

26 Die *Wiedererwägung* und die *Aufsichtsbeschwerde* als formlose Rechtsbehelfe sowie *Rechtsverzögerungs- und Rechtsverweigerungsbeschwerden* sind *nicht fristgebunden* (vgl. Vorbem. zu §§ 19–28 N. 25, 38 und 50); § 22 findet auf diese daher keine Anwendung. Ein allfälliges Zuwarten mit dem Ergreifen eines dieser Rechtsbehelfe darf aber nicht gegen Treu und Glauben verstossen. Auch soll die Wiedererwägung einer Partei nicht dazu verhelfen, auf diesem Weg eine versäumte Rechtsmittelfrist wiederherzustellen und die gesetzliche Rechtsmittelfrist zu umgehen (Kölz/Häner, Rz. 445). Verweigert eine Behörde die verlangte Rechtshandlung ausdrücklich in einem entsprechenden Entscheid, ist ein Rekurs dagegen auch mit Bezug auf eine geltend gemachte Rechtsverweigerung oder Rechtsverzögerung innert der gesetzlichen Frist zu erheben (Rhinow/Koller/Kiss, Rz. 1845).

27 § 22 Abs. 1 und 2 gelten für die kantonalen Verwaltungs(justiz)behörden unabhängig davon, ob sie kantonales Recht oder Bundesrecht anwenden, sofern Letzteres nicht ausdrücklich abweichende Fristen vorschreibt (z.B. Art. 420 ZGB betreffend die Beschwerde an die vormundschaftliche Aufsichtsbehörde).

28 § 22 Abs. 3 Satz 2 nennt die Erlasse, deren Fristbestimmungen jenen des VRG vorgehen (Weisung 1995, S. 1533; a.M. Bosshart, § 22 N. 4). Es sind dies die Zivilprozess- und die Strafprozessordnung, das Einführungsgesetz zum ZGB, das Gesetz betreffend den gewerbsmässigen Verkehr mit Wertpapieren vom 22.12.1912 (Wertpapiergesetz; LS 953.1) sowie die auf diesen Gesetzen beruhenden Verordnungen. Es handelt sich dabei ausschliesslich um Erlasse aus dem Bereich des *Zivil- und Strafrechts* sowie der *Zivil- und Strafrechtspflege*.

29 Das *Steuerrecht* bildet seit der Revision des VRG vom 8.6.1997 mit Bezug auf die Rechtsmittelfristen keine Ausnahme mehr. Zwar verweist § 73 weiterhin auf die Verfahrensbestimmungen des Steuergesetzes, soweit das Verwaltungsgericht als Rechtsmittelinstanz in Steuersachen amtet. Die Rechtsmittelfristen betragen jedoch auch im steuerrechtlichen Einsprache-, Rekurs- und Beschwerdeverfahren einheitlich 30 Tage (vgl. § 140 Abs. 1, 147 Abs. 1, § 153 Abs. 1 StG).

Ohne Einfluss blieb die VRG-Revision vom 8.6.1997 hinsichtlich der Rechts- 30
mittelfristen auf das *Abtretungs- und Schätzungsverfahren.* Die Einwendungs-,
Einsprache- und Rekursfristen betragen unverändert 20 Tage. Im Schätzungsverfahren mag diese Frist für den Rekurs an das Verwaltungsgericht gegen den Entscheid einer Schätzungskommission angebracht sein, ist innert dieser Frist doch lediglich der Rekurs anzumelden (§ 46 Abs. 1 AbtrG) und wird dem Rekurrenten in der Folge vom Verwaltungsgericht eine weitere Frist – in der Regel ebenfalls 20 Tage – angesetzt, um die begründete Rekursschrift einzureichen (§ 46 Abs. 2 AbtrG). Hingegen sind im Administrativverfahren betreffend die Erteilung des Expropriationsrechts einerseits und betreffend die Zulässigkeit der Enteignung anderseits Einwendungen und Einsprachen nicht nur innert der 20-tägigen Frist anzumelden, sondern innert derselben begründet beim Statthalteramt bzw. bei der Gemeinderatskanzlei einzureichen (§ 4 und § 5 Abs. 1 AbtrV sowie § 23 AbtrG). Dies gilt auch für den beim Regierungsrat zu erhebenden Rekurs gegen den Bezirksratsentscheid betreffend die Zulässigkeit der Enteignung (§ 30 AbtrG i.V.m. § 14 AbtrV). Vgl. auch die Übersicht bei Haller/Karlen, N. 1102 f.

Beschwerden gegen Verfügungen im *Submissionsverfahren* (vgl. § 41 N. 21) 31
sind gemäss § 3 IVöB-BeitrittsG i.V.m. Art. 15 Abs. 2 IVöB innert zehn Tagen beim Verwaltungsgericht einzureichen.

§ 23. **Die Rekursschrift muss einen Antrag und dessen Begründung enthalten. Der angefochtene Entscheid ist beizulegen oder genau zu bezeichnen.**

2. Inhalt der Rekursschrift

Genügt die Rekursschrift diesen Erfordernissen nicht, so wird dem Rekurrenten eine kurze Frist zur Behebung des Mangels angesetzt unter der Androhung, dass sonst auf den Rekurs nicht eingetreten würde.

Materialien
Weisung 1957, S. 1038; Prot. KK 20.12.1957, 23.9.1958; Prot. KR 1955–1959, S. 3379; Beleuchtender Bericht 1959, S. 401.

Literatur
Gadola, S. 267 ff.; Gygi, S. 195 ff.; Kölz/Häner, Rz. 601 ff.; Merker, § 39 Rz. 5 ff.; Merkli/Aeschlimann/Herzog, Art. 32 N. 10 ff., Art. 33 N. 1 ff.; Rhinow/Koller/Kiss, Rz. 1312 ff.

Übersicht	Note
1. Allgemeines	1
2. Bedingte Rekurserhebung	8
3. Zu Abs. 1	12
3.1. Antrag	12
3.2. Begründung	16
3.3. Rekursbeilagen	24
4. Zu Abs. 2	26

§ 23

1. Allgemeines

1 *Antrag* und *Begründung* bilden gemäss § 23 Abs. 1 den wesentlichen Inhalt der Rekursschrift. Sie sind *formelles Gültigkeitserfordernis* jedes Rekurses. Damit soll aber nicht der Zugang zum Recht erschwert werden; Antrag und Begründung gewährleisten eine sichere, sorgfältige und rasche behördliche Prüfung des Rekurses (Merkli/Aeschlimann/Herzog, Art. 32 N. 10). Aus dem Antrag – allenfalls unter Zuhilfenahme der Begründung – ergibt sich das Rechtsbegehren der rechtsmittelführenden Partei. Die in diesem enthaltene Rechtsfolgebehauptung bestimmt im Umfang der erstinstanzlichen Anordnung den nach Ablauf der Rekursfrist grundsätzlich nicht mehr erweiterbaren *Streitgegenstand* (zum Streitgegenstand vgl. Vorbem. zu §§ 19–28 N. 86 f., § 20 N. 35 ff.). Neue Tatsachen und Beweismittel sind infolgedessen nur noch im Rahmen des Streitgegenstands zulässig.

2 Antrag und Begründung geben der entscheidberufenen Rekursinstanz in Verbindung mit dem Rügeprinzip vor, in welcher Richtung und inwiefern das Anfechtungsobjekt zu überprüfen ist. Aus ihnen ergibt sich regelmässig, was nach Auffassung der rekurrierenden Partei an der angefochtenen Anordnung falsch und deshalb neu zu beurteilen ist. Antrag und Begründung bezeichnen und begrenzen mithin die behördliche Prüfungspflicht, ohne aber die Behörden von der gesetzlichen Pflicht zur Sachverhaltsermittlung und zur Rechtsanwendung von Amtes wegen (§ 7 Abs. 1 und 4) zu befreien.

3 Welchen *inhaltlichen Anforderungen* Antrag und Begründung zu genügen haben, ergibt sich nicht aus § 23 und ist deshalb anhand von Sinn und Zweck dieser Rechtsvorkehren zu bestimmen. Dabei ist zum einen nach deren Bedeutung für die Behandlung der Sache und zum andern nach der Person, welche die Eingabe verfasst hat, zu unterscheiden (Merkli/Aeschlimann/Herzog, Art. 32 N. 10). Geringere Anforderungen sind zu stellen, wenn die vorhandenen Mängel nicht wesentlich ins Gewicht fallen oder sich ohne weiteres beheben lassen oder wenn es sich um eine Laienbeschwerde handelt. Nur sehr beschränkt ist in dieser Hinsicht gegenüber Anwälten Nachsicht zu üben. Von diesen darf erwartet werden, dass sie klare Anträge stellen und diese auch hinreichend begründen (Merker, § 39 Rz. 7). Bei aller gebührenden Formstrenge gilt es aber einen durch keine schutzwürdigen Interessen gerechtfertigten Formalismus sowie dem Sinn und Zweck der Formerfordernisse nicht angemessene prozessuale Folgen zu vermeiden. Das Verbot des überspitzten Formalismus bildet mithin die Schranke zur drohenden formellen Rechtsverweigerung.

4 Aus dem Verbot formeller Rechtsverweigerung folgt, dass eine Rekurseingabe nicht als solche bezeichnet werden muss und dem Rekurrenten eine *unrichtige Benennung* seines Rechtsmittels nicht schadet. Erhebt allerdings eine berufsmässig vertretene Partei Rekurs, obwohl sie wissen muss, dass dieser im konkreten Fall nicht zur Verfügung steht, kann das Rechtsmittel nicht von Amtes wegen in ein

§ 23

anderes umgewandelt werden (Pra 85/1996 Nr. 18, S. 42 ff.). Insoweit entfällt auch die Pflicht zur Überweisung der Eingabe an die zuständige Behörde (§ 5 Abs. 2; dazu § 5 N. 32 ff.).

Aus dem Rekursantrag und – soweit nötig – aus der Begründung hat sich der 5 *klare Wille* des Rekurrenten zu ergeben, als Rechtsmittelkläger aufzutreten und die Änderung einer bestimmten, ihn betreffenden und mittels Anordnung geschaffenen Rechtslage anzustreben (BGE 112 Ib 636; Rhinow/Koller/Kiss, Rz. 1310; Rhinow/Krähenmann, Nr. 91 B IV d). Lässt sich einer Parteieingabe oder einer mit Antrag und/oder Begründung versehenen Rekursschrift kein Mindestansatz eines Anfechtungswillens entnehmen, liegt keine gültige Rechtsmittelerklärung vor. In einem solchen Fall erübrigt es sich, eine Nachfrist zur Verbesserung anzusetzen und ist auf die Eingabe nicht einzutreten (vgl. N. 26; RB 1982 Nr. 21). Damit ist aber namentlich bei Laienrekursen Zurückhaltung geboten; in Zweifelsfällen ist eine mündliche oder schriftliche Nachfrage angebracht (Merkli/Aeschlimann/Herzog, Art. 32 N. 111).

Der Rekurs hat – so der Wortlaut von § 23 Abs. 1 – lediglich Antrag und Begrün- 6 dung zu enthalten, und es ist der angefochtene Entscheid beizulegen oder genau zu bezeichnen. Darüber hinaus hat sich aus der Rekurseingabe zu ergeben, gegen wen Rechtsschutz begehrt wird und an wen sich die Eingabe richtet. Ebenso ist auf ein bestehendes Vertretungsverhältnis hinzuweisen und sind im Übrigen die Formvorschriften im engeren Sinn einzuhalten (dazu § 22 N. 12 ff.). Fehlt eines dieser im Gesetz nur zum Teil erwähnten Erfordernisse, hat dies aber nicht ohne weiteres zur Folge, dass ein Rekurs unbeachtlich ist. Dies gilt nur insoweit, als es sich hierbei um Gültigkeits- und nicht bloss um Ordnungsvorschriften handelt und eine Nachbesserung gemäss § 23 Abs. 2 ausgeschlossen ist. Eigentliches *Gültigkeitserfordernis* bilden: Antrag und Begründung, die den Anforderungen von § 5 Abs. 3 genügen, Amtssprache, Schriftlichkeit und Unterschrift, Bevollmächtigung, Zustimmung des gesetzlichen Vertreters bei Handlungsunfähigen (Merkli/Aeschlimann/Herzog, Art. 32 N. 12; Rhinow/ Koller/Kiss, Rz. 1318; vgl. § 56 N. 8). Demgegenüber besitzen die weiteren Anforderungen an die Rekurseingabe den Charakter von Ordnungsvorschriften, deren Einhaltung in erster Linie die sorgfältige Rekurserhebung auszeichnet.

Zu den Anforderungen an die Form der Rekurseingabe vgl. § 22 N. 12 ff. 7

2. Bedingte Rekurserhebung

Die klare Äusserung des Rekurswillens schliesst in sich, dass der Rekurs *vorbehalt-* 8 *los* erhoben wird (vgl. RB 1963 Nr. 30). Dies entspricht dem allgemeinen Grundsatz, wonach Prozesshandlungen *bedingungsfeindlich* sind (Birchmeier, S. 197; Guldener, S. 262; Merker, § 39 Rz. 9). Die Rechtsmittelinstanz muss klaren verfahrensrechtlichen Verhältnissen gegenübergestellt werden. Nur so kann sie

§ 23

ihrer Pflicht zu beförderlicher Verfahrenserledigung (§§ 4a und 27a) nachkommen und das Verfahren ohne Unterbruch zu Ende zu führen, ohne den Eintritt oder Ausfall allfälliger Bedingungen abwarten zu müssen. Darüber hinaus gilt es im Interesse der Verfahrensökonomie und der Rechtssicherheit zu verhindern, dass die verfahrensrechtlichen Verhältnisse insoweit der beliebigen Gestaltung eines oder mehrerer Beteiligter unterliegen. Die rechtsmittelführende Partei soll es namentlich nicht in der Hand haben, mittels Bedingung gegen den Willen der Rechtsmittelinstanz faktisch eine Verfahrenssistierung zu erlangen (Merker, § 39 Rz. 9). Ebenso sind Bedingungen unzulässig, deren Eintritt von der Art der Durchführung und dem Ergebnis des Verfahrens abhängt; es ist auf das Rechtsmittel nicht einzutreten (BGE 101 Ib 216). Derartige unzulässige Bedingungen sind etwa diejenige der Gewährung der unentgeltlichen Rechtspflege oder jene einer bestimmten Kostenregelung.

9 Ein bedingter Rekurs ist dann zulässig, wenn die Bedingung innert der Rekursfrist eintritt. Diesfalls besteht nach Fristablauf Klarheit darüber, ob der ergangene Entscheid angefochten oder anerkannt worden ist (RB 1963 Nr. 30, 1962 Nr. 71). Statthaft sind auch Bedingungen, deren Eintritt von ausserhalb des Verfahrens liegenden Umständen abhängt, so wenn ein Rechtsmittel (vorsorglich) für den Fall eingereicht wird, dass eine zusätzlich angerufene Instanz auf ein weiteres Rechtsmittel oder einen Rechtsbehelf – namentlich ein Wiedererwägungsgesuch – nicht eintritt (vgl. BGE 100 Ib 353; Gadola, S. 268; Merker, § 39 Rz. 9). Die Rekursinstanz wird im Fall der (zulässigen) bedingten Rekurserhebung das Verfahren zweckmässigerweise sistieren.

10 Ist die Bedingung oder der Vorbehalt nicht zulässig, so ist grundsätzlich Frist zur Verbesserung anzusetzen (§ 23 Abs. 2; vgl. N. 26 ff.). Davon ist abzusehen, wenn der Rückzug des Rechtsmittels unter Bedingung in Aussicht gestellt wird. Denn der Rekurrent übt in einem solchen Fall sein Rechtsmittel vorbehaltlos aus; unter Bedingung gestellt wird lediglich der spätere Verzicht auf das Rechtsmittel. Diese bedingte Verzichterklärung erweist sich als ungültige Prozesshandlung (N. 8), insbesondere wenn feststeht, dass die Bedingung nicht eintreten wird (RB 1963 Nr. 30; vgl. Vorbem. zu §§ 19–28 N. 57 und 59).

11 Als statthaft erweisen sich Eventualbegehren; diese sind lediglich insofern als bedingt zu betrachten, als sie die Reihenfolge der Prüfung von Haupt- und Eventualbegehren durch die Rechtsmittelinstanz bestimmen (Gygi, S. 59).

3. Zu Abs. 1

3.1. Antrag

12 Der *Antrag* bildet *formelles Gültigkeitserfordernis* des Rekurses (N. 1 und 6). Aus dem Antrag muss ersichtlich sein, wie nach Meinung der rekurrierenden Partei

§ 23

das Dispositiv des angefochtenen Entscheids abzuändern ist (Rhinow/Koller/ Kiss, Rz. 1312). Das Rechtsbegehren sollte dabei so genau gefasst sein, dass es unverändert ins Dispositiv übernommen werden kann. Immerhin ist die Praxis, besonders wenn Laien rekurrieren, nicht allzu streng. Es genügt, wenn aus dem Zusammenhang heraus und unter Zuhilfenahme der Begründung zumindest sinngemäss klar wird, was der Rekurrent will (RB 1982 Nr. 21; VGr. 14.11.1975, VB 47/1975). Der Rechtmittelinstanz sind Zweck und Ziel des Rekurses aufzeigen. Es bedarf mithin weder eines als gesonderten Bestandteil der Rechtsschrift formulierten Rechtsbegehrens, noch kommt es auf juristisch korrekte Formulierungen an (Merker, § 39 Rz. 5).

Der Antrag kann nicht nur auf die Änderung oder Aufhebung einer Anordnung in der Sache selbst abzielen; vielmehr kann er sich auch auf rein verfahrensrechtliche Begehren beschränken, indem etwa die Verweigerung des rechtlichen Gehörs, Rechtsverweigerung bzw. Rechtsverzögerung oder die Verletzung weiterer wesentlicher Form- und Verfahrensvorschriften gerügt wird. In einem solchen Fall muss die Rekursschrift keinen Antrag enthalten, wie das Dispositiv des angefochtenen Entscheids abzuändern sei (RB 1961 Nr. 26 = ZR 60 Nr. 116; vgl. RB 1976 Nr. 63); dies gilt jedenfalls insoweit, als damit sinngemäss unter Aufhebung der angefochtenen Anordnung die Rückweisung an die Vorinstanz zur Durchführung eines rechtmässigen Verfahrens verlangt wird (vgl. § 54 N. 3). 13

Der Antrag hat klar, eindeutig und unbedingt zu sein (vgl. N. 5 und 8 ff.). Ob dies zutrifft, ist danach zu beurteilen, wie die Rekursschrift bei objektiver Betrachtung verstanden werden muss. Dass der Rechtsmittelkläger zur Durchsetzung seiner Interessen den Antrag besser anders gestellt hätte, kann keine Rolle spielen; es kommt nur darauf an, was sich aus der Rekursschrift selber herauslesen lässt (RB 1982 Nr. 21). Das Bestimmtheitserfordernis schliesst in sich, dass ein Antrag ziffernmässig bestimmt oder zumindest bestimmbar sein muss, wenn Geldleistungen im Streit liegen (RB 1998 Nr. 15; vgl. RB 1978 Nr. 60, 1976 Nr. 63). Zulässig und mit dem Klarheits-, Eindeutigkeits- und Unbedingtheitsgebot vereinbar sind auch Eventualanträge (N. 11). Dagegen sind Alternativanträge unstatthaft, die gleichwertig nebeneinander stehen, weil diesfalls nicht mehr klar ist, was die rekurrierende Partei will (Merker, § 39 Rz. 10). In Zweifelsfällen ist gemäss § 23 Abs. 2 eine Nachfrist zur Verbesserung und Klarstellung anzusetzen. 14

Innerhalb der Rekursfrist kann ein Rekursbegehren beliebig geändert oder ergänzt werden. Nach Fristablauf können die gestellten Anträge hingegen nur noch im Sinn eines teilweisen Rekursrückzugs reduziert werden. Einzig in Nebenpunkten – namentlich mit Bezug auf die Kosten- und Entschädigungsfolgen des Rekursverfahrens – wird es als zulässig erachtet, Ergänzungen der Rekursanträge nachzutragen (vgl. RB 1965 Nr. 27, 1963 Nr. 26). Wird im Rekursverfahren gestützt auf § 26 Abs. 4 ausnahmsweise ein zweiter Schriftenwechsel 15

§ 23

angeordnet, bedeutet dies nicht, dass im Rahmen desselben die Gelegenheit zur Abänderung oder Ergänzung der Rekursanträge besteht.

3.2. Begründung

16 Gleich dem Antrag bildet auch die Begründung ein *formelles Gültigkeitserfordernis* des Rekurses. In der Begründung hat die rekurrierende Partei darzutun, inwiefern die angefochtene Anordnung an einem Mangel leidet und somit dem gestellten Antrag entsprechend aufzuheben oder abzuändern ist (RB 1961 Nr. 25). Hierbei genügt die blosse Behauptung nicht, die angefochtene Anordnung sei falsch; die Begründung hat sich mit dem angefochtenen Erkenntnis auseinanderzusetzen. Sie erweist sich als formell genügend, wenn erkennbar ist, was den Rekurrenten zur Stellung seines Antrags bewogen hat (vgl. RB 1986 Nr. 55); es muss wenigstens im Ansatz ersichtlich sein, in welchen Punkten und weshalb die beanstandete Verfügung angefochten wird. Ob eine Begründung formell genügt, hat die Rekursinstanz zu prüfen. Dabei kommt ihr ein gewisses Ermessen zu, das sich in der Praxis vorwiegend darin äussert, dass bei Laien weniger strenge Anforderungen an die Begründung gestellt werden als bei Rechtsanwälten. Von diesen wird erwartet, dass sie die Anforderungen an einen Rekurs kennen (VGr. 29.10.1996, VB.96.00115; RRB 224/1967).

17 Der formelle Teil einer korrekt aufgebauten Rekursschrift befasst sich mit den *Sachentscheidungsvoraussetzungen*. Deren Vorliegen ist zwar von Amtes wegen zu prüfen; doch obliegt es der rekurrierenden Partei, die massgebenden Sachumstände zu substanzieren, welche diese Voraussetzungen als gegeben erscheinen lassen. Hierzu ist sie in unterschiedlichem Mass verpflichtet: Partei- und Prozessfähigkeit werden vermutet. Die Rekurslegitimation ist grundsätzlich umfassend darzulegen; die blosse Behauptung eines schutzwürdigen Interesses (§ 21) genügt nicht (dazu eingehend § 21 N. 29 f.). Ebenso ist die Einhaltung der Rekursfrist nachzuweisen (§ 22 N. 8); bestehende Vertretungsverhältnisse sind anzugeben (Gygi, S. 74; Kölz/Häner, Rz. 602; vgl. RB 1979 Nr. 13). – Der materielle Teil der Rekursbegründung beinhaltet die *sachbezogene* Motivierung des Rechtsmittels in tatsächlicher und rechtlicher Hinsicht. Der Sachverhalt ist darzulegen, soweit nicht nur reine Rechtsfragen zu beurteilen sind. *Rechtliche Überlegungen* sind im Rahmen der Rekursschrift zulässig, jedoch nicht notwendig; die Rekursinstanz hat das Recht von Amtes wegen anzuwenden (§ 7 Abs. 4). Die als verletzt gerügte Rechtsnorm braucht nicht genannt zu werden. Ebenso wenig schadet dem Rekurrenten die Berufung auf einen falschen Rekursgrund. Formell genügend ist auch eine unzutreffende oder untaugliche Begründung (RB 1991 Nr. 10, 1979 Nr. 13).

18 Bei mehreren Rekursanträgen ist ein jeder zu begründen, soweit sie nicht die Kostenfolgen der angefochtenen Anordnung betreffen; diese sind zum einen von Amtes wegen zu regeln (§ 13 N. 3) und ergeben sich zum andern aus dem materiellen Verfahrensausgang (Merker, § 39 Rz. 41).

Dem Erfordernis der Rekursbegründung kommt eine doppelte Funktion zu: 19
Einerseits bildet diese im Sinn einer eigentlichen Begründungs*pflicht* eine Eintretensvoraussetzung, wofür indessen lediglich die dargelegten Minimalanforderungen gelten (N. 16 f.). Dieses formelle Erfordernis ist in § 23 Abs. 1 Satz 1 gemeint. Anderseits ergibt sich eine über diese Minimalanforderungen hinausgehende *Obliegenheit* zur Rekursbegründung daraus, dass im Rekursverfahren die Grundsätze der behördlichen Sachverhaltsermittlung und der amtlichen Rechtsanwendung nicht absolut gelten (Vorbem. zu §§ 19–28 N. 69 ff.). Es liegt daher im Interesse der rekurrierenden Partei, eine möglichst fundierte Begründung einzureichen. Denn die Rekursinstanz besitzt nicht dasselbe Interesse wie die rekurrierende Partei, zur Stützung der Anträge nach allen denkbaren Beweismitteln und Rechtsstandpunkten zu suchen, und muss nach der Praxis nicht prüfen, ob die angefochtene Verfügung sich unter schlechthin allen Aspekten als korrekt erweist. Hierzu ist sie lediglich insoweit verpflichtet, als sich dafür Anhaltspunkte aus den Parteivorbringen oder den Akten ergeben (RB 1997 Nr. 7, 1982 Nr. 5; VBP 61/1997 Nr. 31 S. 324; Gadola, S. 274 f.; Kölz/Häner, Rz. 603). Diese Begründungsobliegenheit kann sich zu einem eigentlichen Begründungszwang wandeln, sobald und soweit die rekurrierende Partei zur Mitwirkung im Verfahren verpflichtet ist (§ 7 Abs. 2).

Der Verweis auf das vor anderen Instanzen Vorgebrachte genügt als Begrün- 20
dung nicht (vgl. RB 1964 Nr. 35 = ZR 65 Nr. 149; RB 1962 Nr. 43 = ZR 63 Nr. 72; RB 1961 Nr. 25), ebenso wenig ein Verweis auf die «Ausführungen vor sämtlichen Vorinstanzen» (VGr. 14.8.1974, VB 35/1974). Ist die Begründung in diesem Sinn mangelhaft, kann aber dennoch auf den Rekurs eingetreten werden, hat die Rekursinstanz immerhin alle Akten zu prüfen und das Recht von Amtes wegen anzuwenden (vgl. RB 1964 Nr. 35 = ZR 65 Nr. 149). Indessen darf ergänzend auf früher Gesagtes hingewiesen werden, insbesondere wenn es sich hierbei ganz spezifisch um einzelne Punkte handelt. Statthaft ist der Hinweis auf frühere Eingaben auch dann, wenn die Motivierung der angefochtenen Anordnung inhaltlich jener eines vorangegangen (Einsprache-)Entscheids gleicht (Gadola, S. 275).

Handelt es sich bei der angefochtenen Anordnung um einen *Nichteintretensent-* 21
scheid, muss in der Begründung des Rekurses dargelegt werden, dass und weshalb die Vorinstanz auf das Begehren hätte eintreten sollen (vgl. RB 1980 Nr. 20). Vielfach befasst sich in einem solchen Fall die Begründung – namentlich wenn sie von einem Laien verfasst wurde – nur mit der materiellen Rechtslage. Diesfalls gebieten es die auch der Rekursinstanz obliegende «richterliche» Fürsorgepflicht und die Verfahrensökonomie, die insoweit allein im Streit liegende Frage, ob zu Recht auf ein Gesuch nicht eingetreten worden sei, aufgrund der Akten zu beurteilen (vgl. § 54 N. 9).

Wie der Antrag kann auch die Rekursbegründung nach Ablauf der Rekursfrist 22
nicht mehr erweitert werden (vgl. RB 1963 Nr. 26; VGr. 28.2.1989, VB 88/

§ 23

0143). Von diesem Grundsatz ist ausnahmsweise abzurücken, wenn die rekurrierende Partei Revisionsgründe im Sinn von § 86a vorbringt (vgl. RB 1976 Nr. 18). Im Rahmen eines zweiten Schriftenwechsels oder einer mündlichen Verhandlung (§ 26 Abs. 4) darf die Rekursbegründung nur hinsichtlich des von der Rekursgegnerschaft oder von Mitbeteiligten in der Vernehmlassung bzw. in der Verhandlung neu Vorgebrachten erweitert werden. Als Folge der behördlichen Untersuchungspflicht (§ 7 Abs. 1) steht es allerdings im Ermessen der Rekursinstanz, auch verspätete Parteivorbringen zu berücksichtigen (RB 1994 Nr. 16, 1963 Nr. 12; VGr. 3.4.1991, VB 90/0246). Anders als im Verwaltungsbeschwerdeverfahren vor Bundesbehörden (Art. 53 VwVG) besteht im Rekursverfahren nach VRG keine Möglichkeit, bei aussergewöhnlichem Umfang oder besonderer Schwierigkeit der Rekurssache die Begründung innert angemessener Nachfrist zu ergänzen.

23 Die Rekursbegründung darf nicht übermässig weitschweifig sein und muss in ihrem Inhalt den im Verfahren gebotenen Anstand wahren (RB 1984 Nr. 13; § 5 Abs. 3; § 22 N. 14).

3.3. Rekursbeilagen

24 Laut § 23 Abs. 1 Satz 2 ist die rekurrierende Partei gehalten, den angefochtenen Entscheid der Rekursschrift beizulegen oder darin zumindest genau zu bezeichnen. Es genügt somit, wenn die angefochtene Anordnung anhand der Rekurseingabe bestimmbar ist. Ist dies nicht möglich, kann die Rekursinstanz ihren Entscheid aufgrund der Akten treffen, doch wird dies regelmässig zu einem Nichteintretensentscheid führen (Kölz/Häner, Rz. 609). Als Anwendungsfall der Mitwirkungspflicht der am Verfahren Beteiligten (§ 7 Abs. 2) handelt es sich bei dieser Obliegenheit um eine blosse *Ordnungsvorschrift* (Bosshart, § 23 N. 4), deren Verletzung in der Regel zwar keinen Rechtsverlust nach sich zieht, jedoch eine Schwächung der verfahrensrechtlichen Stellung des Säumigen zur Folge haben kann.

25 Zu bezeichnen und soweit möglich beizulegen sind auch die Beweismittel (dazu § 24). Wird ein Rekurs nicht in eigenem Namen erhoben, ist die Bevollmächtigung nachzuweisen. Das Einreichen einer *schriftlichen Vollmacht* bildet Gültigkeitserfordernis des Rekurses (Gadola, S. 278). Allerdings kann sich die Bevollmächtigung auch aus den vorinstanzlichen Akten oder stillschweigend aus den Umständen ergeben (§ 22 N. 16). Soweit in der Rechtsmittelbelehrung für den Rekurs oder im Rahmen der Verfahrensleitung keine abweichende Anordnung ergeht, genügt es, die Rekursbeilagen und auch die Rekursschrift in einfacher Ausfertigung einzureichen.

4. Zu Abs. 2

Entgegen dem Wortlaut von § 23 Abs. 2 hat nicht jeder Mangel mit Bezug auf Antrag, Begründung und Form die Gewährung einer Nachfrist zur Folge. Eine Frist zur Verbesserung ist nur dann anzusetzen, wenn aus der mangelhaften Rekursschrift wenigstens der *Wille, ein Rechtsmittel zu erheben,* ersichtlich ist (Kölz/Häner, Rz. 607; Rhinow/Koller/Kiss, Rz. 1318); fehlt diese Willenserklärung, ist sofort ein Nichteintretensentscheid zu fällen. Sodann hat die Rekursinstanz die rekurrierende Partei höchstens auf *formelle* Mängel ihrer Eingabe aufmerksam zu machen (dazu im Einzelnen N. 27). Eine Pflicht, auch auf «materielle» Unzulänglichkeiten einer Rechtsmitteleingabe hinzuweisen, besteht nicht. Von vornherein kein Mangel im Sinn von § 23 Abs. 2 liegt demnach vor, wenn sich die *vorhandene* Begründung als mangelhaft, unpassend oder gar als untauglich erweist oder sie lediglich summarisch ausgefallen ist (RB 1991 Nr. 10, 1989 Nrn. 15 und 16, 1979 Nr. 13).

26

Selbst mit Bezug auf formelle Mängel ist nicht in allen Fällen unbesehen eine Nachfrist anzusetzen. § 23 Abs. 2 will lediglich dem aus Art. 4 Abs. 1 aBV abgeleiteten Verbot des überspitzten Formalismus Nachachtung verschaffen; die Bestimmung soll vor allem rechtsunkundige und prozessual unbeholfene Rekurrierende vor den Folgen einer mangelhaften Prozessführung bewahren (BGE 108 Ia 209; RB 1980 Nr. 21). Einer rechtskundigen oder rechtskundig vertretenen Partei ist keine Gelegenheit zur Verbesserung einzuräumen, wenn Antrag und/oder Begründung eines Rekurses trotz vollständiger Rechtsmittelbelehrung gänzlich fehlen, wenn sich ein Antrag auch nicht aus der Begründung ergibt oder wenn sie am letzten Tag der Frist nur eine mündliche bzw. schriftliche Rekurserklärung oder nur ein Fristerstreckungsgesuch einreicht. Es geht nicht an, dass sich die rekurrierende Partei mittels einer bewusst mangelhaften Rekursschrift eine Erstreckung der Rekursfrist verschafft, namentlich um materielle Beschwerdegründe nachzubringen (BGE 108 Ia 209; RB 1987 Nr. 36, 1980 Nr. 21; VGr. 29.10.1996, VB.96.00115; 20.5.1999, VB.99.00068; vgl. auch Merker, § 39 Rz. 51; BGr. 3.5.1996, ZBl 98/1997, S. 307). Die nämliche Praxis hat das Verwaltungsgericht zu § 56 Abs. 1 – d.h. mit Bezug auf das Ansetzen einer Nachfrist zur Verbesserung einer ungenügenden Beschwerdeschrift – entwickelt (§ 56 N. 8; RB 1989 Nr. 15, 1980 Nr. 21). – Im Interesse der Verfahrensökonomie rechtfertigt es sich sodann, von der Verbesserungsmöglichkeit gemäss § 23 Abs. 2 nur zurückhaltend Gebrauch zu machen, sobald sich ein Rekurs als offensichtlich unbegründet im Sinn von § 26 Abs. 1 erweist (vgl. Rhinow/Koller/Kiss, Rz. 1320).

27

Die Nachfrist ist der rekurrierenden Partei anzusetzen. Hat sie einen Vertreter bestellt, ist diesem die verfahrensleitende Anordnung zuzustellen. Betrifft der Mangel das Fehlen einer Vollmacht, ist im Rahmen einer Nachfrist sowohl dem Vertreter als auch der vertretenen Partei Gelegenheit zu geben, die Vollmacht beizubringen (RB 1983 Nr. 12).

28

§ 23

29 § 23 Abs. 2 verlangt das Ansetzen einer *kurzen* Nachfrist. Wie diese im Einzelfall zu bemessen ist, steht im Ermessen der Rekursinstanz. Sie hat sich dabei von der Dringlichkeit der Sache leiten zu lassen. Die Frist ist in jedem Fall so anzusetzen, dass die Verbesserung tatsächlich möglich ist. Bei nicht besonders dringlichen Rekurssachen hat sich eine Dauer von zehn Tagen eingespielt. Die Nachfrist ist ihrem Sinn und Zweck entsprechend sowie aufgrund der Tatsache, dass ihr mit der Rekursfrist eine gesetzliche, der Erstreckung grundsätzlich nicht zugängliche Frist vorangeht (vgl. § 12 Abs. 1), *nicht erstreckbar*. Jedenfalls wird die Rekursfrist durch die Anwendung von § 23 Abs. 2 nicht zu einer erstreckbaren richterlichen Frist (RB 1995 Nr. 7).

30 Wird bei Mängeln, die den Rekurs als ungültig erscheinen lassen, innerhalb der Nachfrist keine Verbesserung eingereicht, ist auf den Rekurs nicht einzutreten. Diese Rechtsfolge ist aber nur dort angemessen, wo die festgestellten Mängel die Gültigkeitserfordernisse eines Rekurses (insb. Antrag, Begründung, Amtssprache, Unterschrift und Vollmacht; vgl. N. 6) betreffen. Dient die Nachfrist hingegen dazu, das Befolgen von Ordnungsvorschriften – wie etwa das Beilegen oder genaue Bezeichnen von Beweismitteln (§ 24) – zu ermöglichen, erweist sich das Nichteintreten verglichen mit der Tragweite des Mangels nicht nur als unangemessen streng, sondern ist es zugleich mit der behördlichen Untersuchungspflicht gemäss § 7 Abs. 1 unvereinbar (Gadola, S. 277 f.). In einem solchen Fall hat die Rekursinstanz das Verhalten des säumigen Rekurrenten nach freiem Ermessen zu würdigen (Merker, § 39 Rz. 55; Merkli/Aeschlimann/Herzog, Art. 33 N. 10). Diese mildere Rechtsfolge rechtfertigt sich namentlich deshalb, weil es auch im Ermessen der Rekursinstanz steht, verspätete Rekursvorbringen zu berücksichtigen (vgl. N. 22).

31 Das Nichteintreten im Säumnisfall ist nach dem Gesetz jeweils *ausdrücklich* anzudrohen. Die Ansetzung einer zweiten Nachfrist wird im Allgemeinen abgelehnt. Sie kann sich aber aufdrängen, wenn die verbesserte Rekurseingabe *neue* Mängel aufweist, die auf entschuldbare Unkenntnis zurückzuführen sind (Merkli/Aeschlimann/Herzog, Art. 33 N. 10; a.M. Merker, § 39 Rz. 54). Keine Nachfrist ist zu gewähren, wenn es der Behörde angezeigt erscheint, die Verfahrensbeteiligten nochmals zur Sache Stellung nehmen zu lassen; diesem Zweck dient ein weiterer Schriftenwechsel (§ 26 Abs. 4).

32 Die Rechtssicherheit gebietet der Rekursinstanz, *unverzüglich* nach Eingang des Rekurses zu prüfen, ob die Formvorschriften und die Anforderungen gemäss § 23 Abs. 1 erfüllt sind. Sie hat der rekurrierenden Partei möglichst bald Frist zur Verbesserung anzusetzen. Spätes Entdecken solcher Mängel schliesst indessen die nachträgliche Fristansetzung nicht aus. Ebenso wenig heilen spätes Entdecken, langes Zuwarten oder unzweckmässiges Vorgehen der Behörde solche Mängel. Unterlässt die Behörde das Ansetzen einer Nachfrist, obschon dies gemäss § 23 Abs. 2 geboten wäre, darf der betroffenen Partei daraus kein Nachteil erwachsen (Merkli/Aeschlimann/Herzog, Art. 33 N. 3).

§ 24. **Die Beweismittel, auf die sich der Rekurrent beruft, sollen genau bezeichnet und soweit möglich beigelegt werden.**

3. Beilage der Beweismittel

Materialien
Weisung 1957, S. 1038; Prot. KK 20.12.1957, 23.9.1957; Prot. KR 1955–1959, S. 3379; Beleuchtender Bericht 1959, S. 401.

Literatur vgl. § 23.

Zu den vorgeschriebenen Rekursbeilagen zählen nebst dem angefochtenen Entscheid und einer allfälligen Vollmacht auch die *Beweismittel,* auf die sich die rekurrierende Partei beruft. Diese sind gemäss § 24 der Rekurseingabe ebenfalls beizulegen oder zumindest genau zu bezeichnen. Bei dieser Bestimmung handelt es sich um eine blosse *Ordnungsvorschrift* (Bosshart, § 24 N. 1; vgl. § 23 N. 22). Das bedeutet, dass ihre Missachtung keinen Grund bildet, auf den Rekurs nicht einzutreten. Ihre praktische Bedeutung ist wegen der Geltung der Untersuchungsmaxime überdies gering: Zum einen obliegt es den Behörden, Fehlendes einzuverlangen; zum andern wird der Rekurrent im Allgemeinen im eigenen Interesse die ihm zugänglichen Beweismittel beilegen.

1

Eine gewisse Bedeutung besitzt § 24 dort, wo die Beteiligten bei der Sachverhaltsermittlung eine *Mitwirkungspflicht* trifft (§ 7 Abs. 2; vgl. Bosshart, § 24 N. 2; Gygi, S. 285). Verletzt die rekurrierende Partei ihre Mitwirkungspflichten, indem sie ihre Beweismittel weder beilegt noch bezeichnet, hat sie die aus der für sie nachteiligen Beweislage entstandenen Folgen selber zu tragen (§ 23 N. 22). Diese bestehen in erster Linie darin, dass die Rekursinstanz im Säumnisfall aufgrund der Akten und – soweit dies nicht möglich ist – nach freiem Ermessen entscheidet. Auch in solchen Fällen bildet Nichteintreten auf den Rekurs keine zulässige Sanktion.

2

Obschon im Gesetz nicht ausdrücklich vorgesehen (vgl. demgegenüber § 23 Abs. 2), treten auch bei § 24 die Säumnisfolgen nicht sogleich ein. Vielmehr sind diese unter Ansetzung einer kurzen Frist zur Verbesserung analog § 23 Abs. 2 von der Rekursinstanz vorab anzudrohen (§ 7 N. 69).

3

§ 25. **Dem Lauf der Rekursfrist und der Einreichung des Rekurses kommen aufschiebende Wirkung zu, wenn mit der angefochtenen Anordnung nicht aus besondern Gründen etwas anderes bestimmt wurde.**

4. Aufschiebende Wirkung

Die Rekursinstanz kann eine gegenteilige Verfügung treffen. Bei Kollegialbehörden ist in dringlichen Fällen der Vorsitzende hiezu ermächtigt.

Materialien
Weisung 1957, S. 1038; Prot. KK 20.12.1957, 23.9.1958; Prot. KR 1955–1959, S. 3379; Beleuchtender Bericht 1959, S. 401.

§ 25

Literatur
BIRCHMEIER, S. 400 ff.; GADOLA, S. 368 ff.; DERSELBE, Die unbegründete Drittbeschwerde im öffentlichrechtlichen Bauprozess – Korrektive zum Schutz des Baubewilligungspetenten, ZBl 95/1994, S. 97 ff.; GYGI, S. 240 ff.; DERSELBE, Aufschiebende Wirkung und vorsorgliche Massnahmen in der Verwaltungsrechtspflege, ZBl 77/1976, S. 1 ff.; HÄFELIN/MÜLLER, Rz. 1394 ff.; HÄNER ISABELLE, Die vorsorglichen Massnahmen im Verwaltungsverfahren und Verwaltungsprozess, ZSR 116/1997 II, S. 253 ff.; KÖLZ/HÄNER, Rz. 646 ff.; KÖLZ/KOTTUSCH, S. 448 f.; KUHN HANS RUDOLF, Der vorläufige Rechtsschutz im verwaltungsgerichtlichen Beschwerdeverfahren, Liestal 1981; MEYLAN JACQUES, De l'effet suspensif en procédure vaudoise de recours administratif, RDAF 26/1970, S. 49 ff.; MERKER, § 44 Rz. 5 ff.; MERKLI/AESCHLIMANN/HERZOG, Art. 68 N. 1 ff.; MOOR II, S. 442 f.; RHINOW/KOLLER/KISS, Rz. 622 ff., 1325 ff.; SCHAUB CHRISTOPH, Der vorläufige Rechtsschutz im Anwendungsbereich des Umweltschutzgesetzes, Zürich 1990; STEINMANN GEROLD, Vorläufiger Rechtsschutz im Verwaltungsbeschwerdeverfahren und im Verwaltungsgerichtsverfahren, ZBl 94/1993, S. 141 ff.; WIESELER WILLI, Der vorläufige Rechtsschutz gegen Verwaltungsakte, Bern 1967; ZIMMERLI/KÄLIN/KIENER, S. 137 ff.; ZOLLIKOFER GEROLD, Aufschiebende Wirkung und vorsorgliche Massnahmen im Verwaltungsrechtspflegeverfahren des Bundes und des Kantons Aargau, Zürich 1981.

Übersicht

	Note
1. Allgemeines	1
2. Zu Abs. 1	6
2.1. Umfang der aufschiebenden Wirkung	6
2.2. Entzug der aufschiebenden Wirkung	13
2.3. Verfahrensfragen	16
3. Zu Abs. 2	23
4. Planungs- und Baurecht	25
5. Kasuistik	28
5.1. Planungs- und Baurecht	28
5.2. Erziehungswesen	30
5.3. Polizeirecht	33
5.4. Übriges Verwaltungsrecht	40
6. Verschiedenes	43

1. Allgemeines

1   Verwaltungsbehördliche Anordnungen (Verfügungen) sind einseitige staatliche Massnahmen mit Verbindlichkeitswirkung (vgl. Vorbem. zu §§ 4–31 N. 12 ff.). Die *aufschiebende Wirkung* (Suspensiveffekt) des Rekurses bedeutet, dass die im Dispositiv der angefochtenen Anordnung angeordnete Rechtsfolge keine Wirkungen entfaltet; es soll für die Dauer des Verfahrens der bestehende Zustand privilegiert werden. Die aufschiebende Wirkung verhindert einerseits den sofortigen Vollzug einer Anordnung; anderseits wird dadurch nach herrschender Lehre auch deren Wirksamkeit überhaupt aufgeschoben (Gadola, S. 370; Gygi, S. 243; Häfelin/Müller, Rz. 1394; Häner, a.a.O., Rz. 179; Kölz/Häner, Rz. 647; Merker, § 44 Rz. 5; Merkli/Aeschlimann/Herzog, Art. 68 N. 1; Steinmann, a.a.O., S. 148; anders noch Kom. 1. A., § 25 N. 25 und § 55 N. 2, wonach die aufschiebende Wirkung lediglich die Vollziehbarkeit einer Anordnung betreffe,

§ 25

woran nicht festgehalten werden kann). Das Bundesgericht vertritt demgegenüber die Auffassung, es sei von Fall zu Fall zu entscheiden, ob die aufschiebende Wirkung lediglich die Vollziehbarkeit oder aber auch die Wirksamkeit einer Verfügung hemme. Danach kommt es auf die Besonderheiten des Einzelfalls sowie die jeweilige Interessenlage an und ist darauf abzustellen, welchen Zwecken die aufschiebende Wirkung vernünftigerweise dienen soll (BGE 112 V 76, 106 Ia 159 f.; dazu Steinmann, a.a.O., S. 148 f.; eingehend zur Wirksamkeits- und Vollstreckungshemmung der aufschiebenden Wirkung Häner, a.a.O., Rz. 179 ff.). Dieses pragmatische Vorgehen ist überzeugend.

Die aufschiebende Wirkung hat zum Ziel, einen umfassenden und wirksamen Rechtsschutz zu gewährleisten. Sie verhindert, dass durch den vorzeitigen Vollzug einer Anordnung rechtliche und tatsächliche Präjudizien geschaffen werden, welche den Entscheid in der Hauptsache vorwegnehmen oder das Rechtsmittel illusorisch werden lassen: Der Streitgegenstand soll während der Dauer des Verfahrens nicht verändert oder gar zerstört werden, und die Rekursinstanz soll ihren Entscheid ungehindert fällen und diesen dann auch durchsetzen können. Die aufschiebende Wirkung schützt mithin sowohl die Interessen des einzelnen Rechtsuchenden als auch jene der entscheidberufenen Rechtsmittelbehörde (Gadola, S. 369; Merker, § 44 Rz. 6; Merkli/Aeschlimann/Herzog, Art. 68 N. 2; vgl. § 6 N. 5 f.). 2

Wie die gestützt auf § 6 erlassenen vorsorglichen Massnahmen dient auch die aufschiebende Wirkung des Rekurses gemäss § 25 Abs. 1 bzw. der Beschwerde gemäss § 55 Abs. 1 dem *einstweiligen Rechtsschutz*. Die aufschiebende Wirkung wird denn auch regelmässig als eine Form vorsorglicher Massnahmen betrachtet und diesen gleichgesetzt (Gadola, S. 143; Häner, a.a.O., Rz. 3; Kölz/Häner, Rz. 657; Steinmann, a.a.O., S. 143; vgl. die Marginalien zu Art. 55 f. VwVG). Anders als diese tritt die aufschiebende Wirkung im Rekurs- und Beschwerdeverfahren *von Gesetzes wegen* ein und muss nicht eigens angeordnet werden. Sie greift allerdings nur nach Erlass einer erstinstanzlichen Anordnung und vermag deshalb lediglich im Rahmen eines Rechtsmittelverfahrens Wirkung zu entfalten, indem einer Anordnung vor ihrem Erlass keine aufschiebende Wirkung erteilt werden kann. Ist noch keine Anordnung ergangen oder genügt die aufschiebende Wirkung nach der Natur des Streitgegenstands zu dessen Sicherung nicht, sind andere vorsorgliche Massnahmen angebracht. Als solche erscheinen namentlich der Entzug der gesetzlich vorgesehenen aufschiebenden Wirkung (vgl. § 25 Abs. 2) oder die Erteilung der aufschiebenden Wirkung, wenn diese ausnahmsweise von Gesetzes wegen fehlt (Häner, a.a.O., Rz. 14; Merker, § 44 Rz. 32; Merkli/Aeschlimann/Herzog, Art. 68 N. 3). Im Einzelfall fällt die Unterscheidung zwischen aufschiebender Wirkung und vorsorglicher Massnahme allerdings nicht immer leicht (vgl. zur Abgrenzung auch § 6 N. 3). 3

Die aufschiebende Wirkung im Rekursverfahren beurteilt sich nicht allein nach § 25. Soweit eine letzte kantonale Instanz gestützt auf öffentliches Recht des 4

§ 25

Bundes nicht endgültig entscheidet, sind aufgrund der Verweisung in Art. 1 Abs. 3 VwVG im kantonalen Verfahren Art. 55 Abs. 2 und 4 VwVG zu beachten, welche Bestimmungen den Entzug der aufschiebenden Wirkung und die haftpflichtrechtliche Verantwortlichkeit der entziehenden Behörde beschlagen. Im Anwendungsbereich von Art. 55 VwVG kann die aufschiebende Wirkung nicht entzogen werden, sobald eine *Geldleistung* im Streit liegt, wobei vorausgesetzt ist, dass die angefochtene Anordnung eine Geldzahlungspflicht des *Adressaten* beinhaltet (Kölz/Häner, Rz. 649). Obschon von der Verweisung nicht erfasst, ist darüber hinaus in solchen Verfahren auch Art. 55 Abs. 3 VwVG anwendbar, sofern sich im kantonalen Recht keine abweichende Regelung findet (BGE 106 Ib 116; dazu Kölz/Häner, Rz. 653; Kölz/Kottusch, S. 449). Ungeachtet dessen bleibt es auch im Anwendungsbereich von Bundesverwaltungsrecht grundsätzlich Sache der Kantone, die aufschiebende Wirkung ihrer Rechtsmittel zu regeln (Gadola, S. 369).

5 § 25 beschlägt ausschliesslich die aufschiebende Wirkung im *Rekursverfahren*. Keine Anwendung findet diese Bestimmung – jedenfalls nach ihrem Wortlaut und nach der Systematik des Gesetzes – auf das *Einspracheverfahren* (vgl. § 10a Abs. 2 lit. b). Der Grundsatz der Einheit des Verfahrens gebietet es jedoch in einem mehrstufigen Verfahren, die aufschiebende Wirkung einem Rechtsmittel an die untere Instanz auch ohne gesetzliche Grundlage immer dann zu gewähren, wenn dem Rechtsmittel an die obere Instanz diese Wirkung zukommt (Gadola, S. 370; Schaub, a.a.O., S. 47). Der Lauf der Einsprachefrist und die Einreichung einer Einsprache haben daher ebenfalls – analog § 25 – aufschiebende Wirkung. Rechtsbehelfen geht dagegen jede Suspensivwirkung ab. Einem Wiedererwägungsgesuch oder einer Aufsichtsbeschwerde kommt daher von Gesetzes wegen keine aufschiebende Wirkung zu; diese muss wie im Einspracheverfahren als vorsorgliche Massnahme jeweils beantragt werden. Begrifflich ausgeschlossen ist die aufschiebende Wirkung sodann bei Rechtsverzögerungs- oder Rechtsverweigerungsbeschwerden.

2. Zu Abs. 1

2.1. Umfang der aufschiebenden Wirkung

6 Die aufschiebende Wirkung des Rekurses bildet gemäss § 25 Abs. 1 die Regel. Die Suspensivwirkung tritt dabei nicht erst mit der Rekurserhebung ein; vielmehr wirkt bereits der *Lauf der Rekursfrist* aufschiebend. Eine behördliche Anordnung wird daher frühestens mit dem Ablauf der Rekursfrist vollstreckbar. Von einer erteilten Bewilligung darf erst in diesem Zeitpunkt Gebrauch gemacht werden.

7 Die aufschiebende Wirkung zielt darauf ab, während der Dauer eines Rechtsmittelverfahrens den ursprünglich bestehenden Zustand zu erhalten (RB 1997

Nr. 11; vgl. N. 2). Diesem Ziel wird sie ohne weiteres gerecht, wenn eine Verfügung im Streit liegt, die eine *positive Anordnung* beinhaltet, welche die bisherige Rechtsposition der rekurrierenden Partei ausbaut. Folgerichtig darf von einer erteilten Bewilligung vorerst kein Gebrauch gemacht werden. Richtet sich ein Rekurs gegen eine *negative Anordnung,* mit der ein Begehren um Änderung der geltenden Rechtslage oder um Begründung von Rechten abgelehnt oder darauf nicht eingetreten wird, kommt die aufschiebende Wirkung ebenfalls zum Tragen: Die Rechtsposition der rekurrierenden Partei wird während des laufenden Verfahrens weder eingeengt, noch wird sie erweitert; es wird lediglich die zu Verfahrensbeginn bestehende Rechtslage fortgeführt. Insbesondere hat die aufschiebende Wirkung des Rekurses in einem solchen Fall nicht zur Folge, dass die rekurrierende Partei für die Dauer des Rekursverfahrens so gehalten wird, wie wenn ihrem abgelehnten Begehren entsprochen worden wäre (RB 1997 Nr. 11, 1983 Nr. 1, 1976 Nr. 13, 1963 Nr. 27). Gleich verhält es sich, wenn die Rekursinstanz eine negative Anordnung bloss aufhebt und die Sache zur weiteren Behandlung an die Vorinstanz zurückweist. Soll dagegen durch die angefochtene behördliche Anordnung eine angemasste Rechtsposition beschränkt oder beseitigt werden, steht die aufschiebende Wirkung einem solchen Vorhaben zugunsten des Betroffenen entgegen; dieser verbleibt vorläufig in seiner Rechtsposition. Diesfalls muss die aufschiebende Wirkung entzogen oder müssen andere vorsorgliche Massnahmen gestützt auf § 6 erlassen werden, um sofort eine die Rechtsposition einengende Wirkung zu erzielen (RB 1976 Nr. 13; Kölz/Häner, Rz. 648; Merker, § 44 Rz. 9; Merkli/Aeschlimann/Herzog, Art. 68 N. 5; vgl. BGE 116 Ib 350; Gygi, S. 243; Rhinow/Koller/Kiss, Rz. 624, 626).

Ist eine Anordnung mit Nebenbestimmungen (Befristungen, Bedingungen, Auflagen) verbunden, erfasst die aufschiebende Wirkung die gesamte Anordnung einschliesslich der Nebenbestimmungen, ungeachtet dessen, ob sich ein Rekurs gegen die betreffende Anordnung als Ganzes oder nur gegen eine oder mehrere Nebenbestimmungen richtet. Steht eine Bewilligung in Frage und sind lediglich deren Nebenbestimmungen streitig, kann der Betroffene aber eine vorsorgliche Massnahme mit dem Inhalt beantragen, es sei ihm zu gestatten, von der Bewilligung bis zum Abschluss des Rekursverfahrens unter Einhaltung der Nebenbestimmungen Gebrauch zu machen. Dieses Vorgehen ist auch angebracht, wenn eine Anordnung lediglich teilweise im Streit liegt. Einem solchen Massnahmenbegehren ist zu entsprechen, sofern die Durchsetzbarkeit der Nebenbestimmungen oder der Anordnung als Ganzes auch im Fall einer Rekursabweisung gewährleistet bleibt (Merker, § 44 Rz. 11). Dies entspricht dem allgemeinen Grundsatz, dass vorsorgliche Massnahmen – wie alles staatliche Handeln – verhältnismässig sein müssen (vgl. § 6 N. 10). 8

Aufschiebende Wirkung kommt auch einem Rekursbegehren zu, das zwar die Rekursfrist wahrt, jedoch die formellen Gültigkeitserfordernisse gemäss §§ 22 9

§ 25

und 23 nicht erfüllt. Dies gilt selbst dann, wenn es sich um unverbesserliche Formfehler handelt oder wenn die formellen Mängel innert angesetzter Nachfrist nicht behoben werden. Der Suspensiveffekt fällt diesfalls erst mit dem Nichteintretensentscheid der Rekursinstanz dahin (Merkli/Aeschlimann/Herzog, Art. 68 N. 6). Offensichtlich verspätet erhobenen Rekursen ist dagegen keine aufschiebende Wirkung von Gesetzes wegen zuzubilligen. Diese tritt ein, sobald die Rekursfrist wiederhergestellt wird (vgl. § 12 Abs. 2). In der Zwischenzeit ist allenfalls eine vorsorgliche Massnahme anzuordnen, namentlich dem Rekurs die aufschiebende Wirkung zu erteilen (vgl. Merkli/Aeschlimann/Herzog, Art. 27 N. 10).

10 Die aufschiebende Wirkung tritt ungeachtet dessen von Gesetzes wegen ein, ob die rekurrierende Partei zum Rekurs überhaupt legitimiert ist. Bei aus diesem oder anderen Gründen offensichtlich unzulässigen Rekursen liegt es allerdings im Ermessen der Rekursinstanz, von Amtes wegen oder auf Gesuch hin die Suspensivwirkung zu entziehen (Merkli/Aeschlimann/Herzog, Art. 68 N. 7).

11 Der Suspensiveffekt wirkt sich an sich nur zugunsten derjenigen Person aus, die Rekurs erhoben hat. Er kann aber auch einem durch die angefochtene Anordnung ebenfalls betroffenen Dritten zum Vorteil gereichen, sobald die betreffende Anordnung einer einheitliche Durchsetzung gegenüber allen Betroffenen bedarf (Merker, § 44 Rz. 13).

12 Suspensiv wirkt auch ein Rekurs, der gestützt auf eine zu Unrecht erteilte Rechtsmittelbelehrung ordnungsgemäss erhoben wird (Sommer, Verwaltungsgericht, S. 282). Unterlässt es eine Behörde, ihre Anordnung mit einer Rechtsmittelbelehrung zu versehen, gibt sie damit zu erkennen, dass sie die betreffende Anordnung für nicht anfechtbar hält und dass dieser daher keine aufschiebende Wirkung zukommen soll. Erfolgte diese Unterlassung zu Unrecht, ist es Sache der Rekursinstanz, über die aufschiebende Wirkung zu befinden (vgl. RB 1977 Nr. 23; Sommer, Verwaltungsgericht, S. 282). Ist eine Rechtsmittelbelehrung zu Recht unterblieben, ist es der angerufenen Rekursinstanz mangels Zuständigkeit von vornherein verwehrt, einem allfälligen Rekurs die aufschiebende Wirkung zu erteilen (vgl. RB 1963 Nr. 28).

2.2. Entzug der aufschiebenden Wirkung

13 Die aufschiebende Wirkung des Rekurses von Gesetzes wegen bildet die Regel (N. 6). Gemäss § 25 Abs. 1 kann sie jedoch *ausnahmsweise* mit der angefochtenen Anordnung aus *besonderen Gründen* entzogen werden. Es muss sich um besonders qualifizierte und zwingende Gründe handeln, ohne dass aber für den Entzug der aufschiebenden Wirkung ganz ausserordentliche Umstände vorliegen müssen. Trotzdem vermögen nur *überzeugende Gründe* ein solches Vorgehen zu rechtfertigen. Weil die Folgen der in Frage stehenden Anordnung eintreten, bevor die Rekursinstanz die Rechtmässigkeit geprüft hat, ist erforderlich,

§ 25

dass ein schwerer Nachteil droht, wenn die aufschiebende Wirkung nicht entzogen wird (Gadola, S. 373; Kölz/Häner, Rz. 650; vgl. VPB 59/1995 Nr. 3 S. 33). Dieser kann etwa in einer zeitlich unmittelbar bevorstehenden oder inhaltlich schweren Bedrohung bedeutender Polizeigüter bestehen (RB 1963 Nr. 27). Bloss fiskalische Interessen des Gemeinwesens dürften dagegen nicht ausreichen (VGr. 1.4.1999, VB.99.00055; Gadola, S. 373; vgl. § 55 Abs. 2 VwVG). Kein besonderer Grund im Sinn von § 25 Abs. 1 ist die Unbegründetheit oder die offensichtliche Haltlosigkeit oder gar der rechtsmissbräuchliche Charakter einer Rekurserhebung (RRB 1050/1976, 68/1974, 519/1966). Diese Gesichtspunkte sind aber bei der anschliessenden Güterabwägung zu berücksichtigen (N. 14).

Wird das Vorliegen besonderer Gründe bejaht, ist zu prüfen, ob sich der Entzug der Suspensivwirkung auch als *verhältnismässig* erweist. Hierzu sind in erster Linie die sich *gegenüberstehenden Interessen gegeneinander abzuwägen*. In der Regel sind die öffentlichen Interessen des Gemeinwesens und die privaten Interessen der rekurrierenden Partei zu gewichten. Die abzuwägenden Interessen können aber auch ausschliesslich privater Natur sein – etwa bei einer Drittbeschwerde –, oder es kann sich um verschiedenartige öffentliche Interessen handeln. Besonderes Gewicht kommt dabei dem Schutz wichtiger Polizeigüter vor konkreten Gefahren, der Bewahrung der gesetzlichen Ordnung, der ungeschmälerten Erhaltung des Streitgegenstands, der Sicherung des Vollzugs der angefochtenen Anordnung, dem Vermeiden von Veränderungen, die den instanzabschliessenden Entscheid vorwegnehmen, und der Erhaltung der wirtschaftlichen Existenz eines Privaten zu. Nicht minder bedeutsam kann auch das Interesse an der zügigen Vollendung eines begonnenen Werks oder am Verhindern von Nachteilen sein, die in einem Missverhältnis zu den im Streit liegenden Interessen stehen. Zu berücksichtigen ist ausserdem, wem ein durch die Prozessdauer und den Schwebezustand verursachter Schaden am ehesten zumutbar ist, und ob für den zwischenzeitlichen Schaden ein Ersatzanspruch besteht. Die schliesslich unterliegende Partei soll aus der aufschiebenden Wirkung zum Schaden der obsiegenden Gegenpartei keinen Vorteil ziehen können. In diese Interessenabwägung ist auch das bisherige Verhalten der Verfahrensbeteiligten einzubeziehen, indem z.B. ein während Jahren geduldeter oder gar bewilligter Zustand ohne weiteres noch einige Zeit andauern kann, sofern nicht dringende Abhilfe geboten ist (Gadola, S. 374; Gygi, S. 245; Derselbe, a.a.O., S. 11 f.; Kölz/Häner, Rz. 650; Merkli/Aeschlimann/Herzog, Art. 68 N. 16). Im Rahmen der erforderlichen Interessenabwägung sind somit alle auf dem Spiel stehenden Anliegen öffentlicher und privater Natur zugelassen. Zusätzlich können die Prozessaussichten miterwogen werden, sofern sie klar zu Tage treten (VPB 62/1998 Nr. 8 S. 65; vgl. RB 1983 Nr. 1). Dies gilt in besonderem Mass mit Bezug auf Drittbeschwerden, die vom Dritten vielfach um eines mehr oder weniger risikolosen Verzögerungserfolgs willen erhoben werden (Gadola, S. 375; Gygi, S. 245; Derselbe, a.a.O., S. 9; Rhinow/Koller/Kiss, Rz. 1329).

14

§ 25

15 Das Erfordernis besonderer Gründe und die Notwendigkeit einer umfassenden Interessenabwägung haben zur Folge, dass beim Entzug der aufschiebenden Wirkung im Allgemeinen Zurückhaltung geübt wird. Die zuständige Behörde kann die aufschiebende Wirkung vollständig entziehen, soweit es ihr geboten scheint. Es ist ihr aber freigestellt, die Suspensivwirkung auch nur teilweise zu entziehen, sofern dies nach der Natur der Sache möglich ist (vgl. N. 8). Der Grundsatz der Verhältnismässigkeit verlangt sodann, dass in Anwendung von § 6 andere, weniger einschneidende vorsorgliche Massnahmen – allenfalls verbunden mit einem bloss teilweisen Entzug der aufschiebenden Wirkung – getroffen werden, wenn dadurch die bedrohten Interessen der Beteiligten hinlänglich gesichert werden können (Gadola, S. 374; Gygi, a.a.O., S. 7; Merker, § 44 Rz. 30).

2.3. Verfahrensfragen

16 Der Entscheid über den Entzug der aufschiebenden Wirkung steht gemäss § 25 einerseits der (Verwaltungs-)Behörde zu, welche die angefochtene Anordnung erlassen hat (Abs. 1); andererseits ist auch die Rekursinstanz hierzu befugt (Abs. 2 Satz 1; vgl. N. 23). Letztere ist aber erst entscheidberufen, nachdem Rekurs erhoben worden ist. Ein solcher Entscheid setzt in jedem Fall voraus, dass die betreffende Behörde auch in der Sache selbst zuständig ist (RB 1963 Nr. 28; vgl. § 6 N. 19).

17 Die zuständige Behörde trifft ihren Entscheid über den Entzug der aufschiebenden Wirkung *von Amtes wegen,* insbesondere wenn überwiegende öffentliche Interessen oder solche Dritter dies gebieten (§ 6 N. 18). Weil sie sich aber in der Regel an der gesetzlich vorgegebenen Regelung orientieren wird (vgl. § 25 Abs. 1), obliegt es grundsätzlich den Parteien, darum zu ersuchen. – Der Antrag auf Entzug der aufschiebenden Wirkung ist wegen des vorläufigen Charakters dieser vorsorglichen Massnahme von der gesuchstellenden Partei lediglich glaubhaft zu machen. Den andern Verfahrensbeteiligten ist dazu das rechtliche Gehör zu gewähren, soweit es die Umstände gestatten (vgl. eingehend § 6 N. 23).

18 Über den Entzug der aufschiebenden Wirkung ist regelmässig aufgrund der Akten ohne zusätzliche, meist zeitraubende Beweiserhebungen zu entscheiden (VPB 59/1995 Nr. 3 S. 33; Häfelin/Müller, Rz. 1398; Merkli/Aeschlimann/Herzog, Art. 68 N. 17; Rhinow/Koller/Kiss, Rz. 1328). Die zuständige Behörde hat ihren Entscheid *ohne Verzug* zu treffen (vgl. § 55 Abs. 3 VwVG und dazu N. 4). Sie entscheidet dabei nach pflichtgemässem Ermessen, *ob* die aufschiebende Wirkung zu entziehen ist. Hingegen bildet es eine Rechtsfrage, ob die *Voraussetzungen* für einen Entzug gegeben sind; denn hinsichtlich des Vorliegens «besonderer Gründe» im Sinn von § 25 Abs. 1 steht die Anwendung eines unbestimmten Rechtsbegriffs in Frage (Merkli/Aeschlimann/Herzog, Art. 68 N. 24).

§ 25

Der Entzug der Suspensivwirkung eines Rekurses ist im Dispositiv der betreffenden Anordnung ausdrücklich festzuhalten; es genügt nicht, wenn das sinngemäss in den Erwägungen geschieht. Fehlt ein solcher (formell korrekter) Entzug, entfaltet die Entzugsanordnung keine Wirkung. Darüber hinaus unterliegt auch dieser Entscheid – gleich anderen Massnahmenentscheiden im Sinn von § 6 – dem Schriftlichkeitserfordernis gemäss § 10 Abs. 1 bzw. § 28 Abs. 1; er ist daher zu begründen und mit einer Rechtsmittelbelehrung zu versehen (vgl. § 6 N. 24 ff.). 19

Der Entscheid über den Entzug (bzw. die Gewährung) der aufschiebenden Wirkung bildet eine *prozessleitende Anordnung*. Soweit darüber nicht zusammen mit der Anordnung in der Hauptsache befunden wird, handelt es sich dabei um einen *Zwischenentscheid*, der unter den Voraussetzungen von § 19 Abs. 2 bzw. § 48 Abs. 2 mit Rekurs oder Beschwerde selbständig anfechtbar ist (RB 1973 Nr. 8; VGr. 21.3.1989, VB 88/0176). Ein später voraussichtlich nicht mehr behebbarer Nachteil ist dabei regelmässig zu bejahen (vgl. § 6 N. 32). Neben dem Anordnungsadressaten kann auch die Gemeinde als erstinstanzlich verfügende Behörde einen Entscheid über die aufschiebende Wirkung einer oberen Instanz mit Rekurs oder Beschwerde anfechten (VGr. 4.5.1976, VB 17/1976). Der Rechtsmittelzug folgt demjenigen der Hauptsache (Gadola, S. 380; Gygi, S. 246; vgl. RB 1981 Nr. 28). 20

Richtet sich ein Rekurs lediglich gegen den von einer Verwaltungsbehörde oder der Vorinstanz angeordneten Entzug der aufschiebenden Wirkung, kommt diesem Rechtsmittel keine aufschiebende Wirkung zu. Bis zur Rekurserledigung oder bis eine gegenteilige Anordnung getroffen wird (§ 25 Abs. 2) bleibt der Entzug des Suspensiveffekts wirksam (RB 1997 Nr. 15; Häner, a.a.O., Rz. 170; Merkli/Aeschlimann/Herzog, Art. 68 N. 20; Schaub, a.a.O., S. 102). 21

Prozessleitende Anordnungen können bis zur Zustellung des Entscheids in der Hauptsache jederzeit im Verlauf des Verfahrens von Amtes wegen oder auf Gesuch hin angepasst werden, sofern sich die massgebenden Verhältnisse in tatsächlicher und/oder rechtlicher Hinsicht wesentlich verändert haben (Gygi, S. 245; Merker, § 44 Rz. 41). Dies gilt auch hinsichtlich des Entzugs bzw. der Erteilung der aufschiebenden Wirkung (vgl. § 6 N. 29 f.). Mangels eines genügenden Rechtsschutzinteresses erweist es sich als unzulässig, den Entzug der aufschiebenden Wirkung durch die im Streit liegende Anordnung nicht anzufechten, dafür aber später bei der Rekursinstanz im Sinn einer vorsorglichen Massnahme gemäss § 6 die Erteilung der Suspensivwirkung zu verlangen, ohne dass sich die massgebenden Verhältnisse geändert haben. 22

§ 25

3. Zu Abs. 2

23 Über die aufschiebende Wirkung eines Rekurses kann nicht nur die anordnende Behörde im Rahmen ihres instanzabschliessenden Erkenntnisses befinden. Neben dieser ist auch die *Rekursinstanz* befugt, selbständig eine «gegenteilige Verfügung» zu treffen, mithin über Entzug oder Wiederherstellung der Suspensivwirkung des Rekurses zu entscheiden. Dies setzt wie der Entzug gemäss § 25 Abs. 1 voraus, dass *besondere Gründe* vorliegen (N. 13) und eine *umfassende Interessenabwägung* vorgenommen wird (N. 14). Die Rekursinstanz hat ihren Entscheid darüber frei und ohne jede Bindung an den Entscheid der Vorinstanz zu fällen (RB 1963 Nr. 29). Ist das Rekursverfahren allerdings auf die Frage beschränkt, ob die aufschiebende Wirkung von der Vorinstanz zu Recht entzogen wurde, und wurde dieser Zwischenentscheid gestützt auf ein amtliches Gutachten mit der gleichen Gefahrenlage begründet wie der Erlass der Sachverfügung, ist von den Erkenntnissen dieses Gutachtens nur dann abzuweichen, wenn es offensichtliche Mängel aufweist. Andernfalls würde die abschliessende Beurteilung der Sachverfügung in unzulässiger Weise vorweggenommen (RB 1997 Nr. 9).

24 Handelt es sich bei der entscheidberufenen Rekursinstanz um eine Kollegialbehörde, sind Fragen betreffend die aufschiebende Wirkung grundsätzlich von der Gesamtbehörde zu beurteilen (vgl. aber § 339 Abs. 2 PBG; dazu N. 26). Nur bei *zeitlicher Dringlichkeit* kann der Vorsitzende (Präsident, bei dessen Abwesenheit der Vizepräsident oder Stellvertreter) allein entscheiden (§ 25 Abs. 2 Satz 2; vgl. § 6 N. 20). Das Kriterium der zeitlichen Dringlichkeit ist streng zu handhaben (§ 6 N. 21). Einzig wenn sich das Kollegium nicht innert nützlicher Frist versammeln lässt, ist der Vorsitzende befugt, allein tätig zu werden. Im Zweifel ist das Kollegialorgan zuständig. Im Rekursverfahren vor Regierungsrat fällt der Entscheid über die Wiederherstellung und den Entzug der aufschiebenden Wirkung unabhängig von der Dringlichkeit in die alleinige Zuständigkeit des Präsidenten des Regierungsrats; dieser entscheidet abschliessend, ohne dass ein Weiterzug an den Gesamtregierungsrat möglich wäre (§ 3 Abs. 1 Ziff. 2 und 3 VerfV; vgl. § 6 N. 22). Im Verfahren vor einer verwaltungsexternen Rekurskommission befindet vielfach deren Präsident über die aufschiebende Wirkung (z.B. § 7 Abs. 1 SchulrekurskomV, § 7 Abs. 1 UniversitätsrekurskomV). Ebenso sind die (Abteilungs-)Vorsitzenden des Verwaltungsgerichts – ohne Rücksicht auf die Dringlichkeit – befugt, einen Zwischenentscheid betreffend die aufschiebende Wirkung selbständig zu treffen (§ 55 Abs. 2; vgl. § 55 N. 7).

4. Planungs- und Baurecht

Das PBG enthält eine Spezialbestimmung zur aufschiebenden Wirkung: Rechtsmittel gegen eine baurechtliche Bewilligung hindern den Baubeginn und den Baufortgang nur soweit, als der Ausgang des Verfahrens die Bauausführung beeinflussen kann (§ 339 Abs. 1 PBG). In Übereinstimmung mit § 25 Abs. 1 VRG wird damit am Grundsatz festgehalten, dass auch Rechtsmittel im Bereich des Bau- und Planungsrechts aufschiebende Wirkung besitzen. Nur umschreibt das PBG deren Umfang anders als das VRG (RB 1981 Nr. 18 = ZBl 82/1981, S. 474 = ZR 80 Nr. 104 = BEZ 1981 Nr. 35). Ziel dieser Sonderordnung ist es, zu verhindern, dass Drittbeschwerdeführer (vor allem Nachbarn) aus missbräuchlichen Gründen den Baubeginn lange hinauszögern können. Folgerichtig sollte bei offensichtlich fehlender Legitimation des Nachbarn die aufschiebende Wirkung verweigert werden (vgl. Robert Wolfer, Die verwaltungsrechtliche Baueinsprache des Dritten nach zürcherischem Recht, Zürich 1970, S. 168 f.). Dabei ist aber Zurückhaltung geboten.

25

Zuständig für den Entscheid über den *Umfang* der aufschiebenden Wirkung ist im Planungs- und Baurecht (in Abweichung von § 25 Abs. 2 VRG) der Präsident der Rekurs- oder Beschwerdeinstanz *allein*, ungeachtet der Dringlichkeit; er entscheidet endgültig (§ 339 Abs. 2 PBG). Der Weiterzug dieses Entscheids an die betreffende Gesamtbehörde ist daher ausgeschlossen. Ist der Regierungsrat Rekursbehörde, ergibt sich dies bereits aus § 3 Abs. 1 Ziff. 2 und 3 VerfV (vgl. N. 24). Dies gilt gleichermassen für die betreffenden Verfügungen der Präsidenten der Baurekurskommissionen. Kraft ausdrücklicher Regelung (§ 41 VRG) sind solche Präsidialverfügungen, die lediglich den Umfang der aufschiebenden Wirkung betreffen, nicht mit Beschwerde beim Verwaltungsgericht anfechtbar (RB 1979 Nr. 18; RB 1981 Nr. 28 = ZBl 82/1981, S. 474 = ZR 80 Nr. 104 = BEZ 1981 Nr. 35; vgl. § 48 N. 5; anders noch Kom. 1. A., § 25 N. 28). Dagegen liegt ein mit Beschwerde an das Verwaltungsgericht weiterziehbarer Zwischenentscheid im Sinn von § 48 Abs. 2 vor, wenn die Baurekurskommission oder deren Präsident darüber beschliesst, ob die von einer Gemeindebehörde entzogene aufschiebende Wirkung wiederherzustellen sei oder deren Entzug fortzudauern habe (RB 1981 Nr. 28).

26

Rekursen gegen Schutzmassnahmen im Sinn von §§ 205 ff. PBG (Natur- und Heimatschutz) kommt von Gesetzes wegen keine aufschiebende Wirkung zu (§ 211 Abs. 4 PBG). Die gilt unabhängig davon, ob es sich um eine vorsorgliche oder um eine dauernde Schutzmassnahme handelt (vgl. RB 1983 Nr. 90).

27

§ 25

5. Kasuistik

5.1. Planungs- und Baurecht

28 Bei Streitigkeiten über Abstandsbestimmungen oder ähnliche Bauvorschriften, ist die aufschiebende Wirkung in der Regel zu gewähren. Denn es gilt zu verhindern, dass bauliche Vorkehren getroffen werden, die sich nicht mehr oder nur mit unverhältnismässigem Aufwand rückgängig machen lassen. Die Suspensivwirkung ist daher immer dann zu erhalten, wenn durch den Entzug der Streitgegenstand zerstört würde, so etwa bei Rekursen und Beschwerden gegen Abbruchbewilligungen. Ebenso wenig vermag im Verfahren um die Beseitigung einer Baute oder Anlage die Verletzung von ästhetischen Interessen den Entzug der aufschiebenden Wirkung zu rechtfertigen (vgl. RB 1981 Nr. 19 = ZBl 82/1981, S. 474 = ZR 80 Nr. 104 = BEZ 1981 Nr. 35; BRB Hinwil 17.9.1965). – Auch für das Bau- und Planungsrecht gilt der Grundsatz, dass die aufschiebende Wirkung nicht entzogen werden darf, wenn eine Verfügung in einen bereits jahrelang bestehenden Zustand eingreift (VGr. 29.4.1975, ZBl 76/1975, S. 472). Allerdings muss derjenige, der sich auf einen bestehenden Zustand beruft, dabei *gutgläubig* gewesen sein.

29 Die aufschiebende Wirkung ist im Rechtsmittelverfahren über Beseitigung bzw. nachträgliche Bewilligung unbewilligter Reklameanlagen regelmässig zu entziehen. Andernfalls liesse sich nicht nur die präventive Kontrolle unterlaufen, sondern auch bis zum Endentscheid die gewünschte, meist von vornherein zeitlich begrenzte Werbewirkung erzielen (RB 1981 Nr. 19 = ZBl 82/1981, S. 474 = ZR 80 Nr. 104 = BEZ 1981 Nr. 35). – Lagert ein Privater Aushubmaterial auf einem Grundstück ab, obwohl eine solche Ablagerung bewilligungspflichtig ist, darf die Gemeinde einem allfälligen Rekurs gegen ein Ablagerungsverbot die aufschiebende Wirkung entziehen (RRB 5.1.1961, ZBl 62/1961, S. 439 f.). Ebenso darf einem Rekurs gegen das Verbot der weiteren Kiesausbeutung die aufschiebende Wirkung entzogen werden, wenn die Gefahr eines Einsturzes der Kiesgrube und damit die Gefährdung einer in der Nähe gelegenen Bahnlinie besteht (RRB 3516/1976).

5.2. Erziehungswesen

30 Die aufschiebende Wirkung wird in Disziplinarverfahren gegen Lehrer oder Schüler entzogen, wenn öffentliche Interessen und solche Dritter die sofortige Wirksamkeit der Massnahme erfordern. Dies gilt etwa für die Einstellung eines Lehrers im Amt infolge dringenden Verdachts, unzüchtige Handlungen an Schülern begangen zu haben (ERB 7.10.1975). Die aufschiebende Wirkung wurde ferner in einem Fall entzogen, da die Aufsichtskommission zwei Schüler aus dem Gymnasium ausschloss; Ausschlussgründe waren wiederholte Disziplinwidrigkeiten. Entscheidend fiel für den Entzug der aufschiebenden Wirkung

ins Gewicht, dass die Schüler einige Monate vor der Ausschlussverfügung eine formelle Androhung dieser Massnahme erhalten hatten, sich durch diese aber nicht hatten beeindrucken lassen (Präsidialverfügung RR 7.5.1974, RRB 3081/ 1974). Dagegen wurde die aufschiebende Wirkung bei einem andern Rekurs gegen den Ausschluss eines Schülers aus dem Gymnasium aus disziplinarischen Gründen gewährt; auch hier war vorher eine formelle Ausschlussandrohung ergangen (RRB 5953/1971).

Rekursen gegen Anordnungen zum Übertritt von der italienischen in die deutschsprachige Schule ist bei zeitlicher Dringlichkeit regelmässig die aufschiebende Wirkung zu entziehen (RRB 689/1975, 1718/1976, 1990/1976). Dagegen wird Rekursen gegen die Nichtpromotion eines Schülers in die nächsthöhere Klasse regelmässig die aufschiebende Wirkung gewährt und dieser zur Chancenwahrung gastweise in die obere Klasse versetzt (Präsidialverfügung RR 14.10.1975); allerdings wird eine gastweise Versetzung dann abgelehnt, wenn eine summarische Prüfung eindeutig für die voraussichtliche Abweisung des Rekurses spricht (Präsidialverfügung RR 4.8.1972, RRB 6381/1972). Weil die Promotion in die nächsthöhere Klasse der Normalfall ist, handelt es sich hier um einen Fall der aufschiebenden Wirkung und nicht um eine vorsorgliche Massnahme (wie bei der Neuaufnahme eines Schülers). – Wurde ein bestimmter Zustand durch die Erziehungsbehörden bisher geduldet (Betrieb einer privaten Alternativschule), so ist einem Rekurs gegen eine diesen Zustand ändernde Verfügung die aufschiebende Wirkung zu gewähren (Präsidialverfügung RR 5.6.1973; vgl. RRB 5705/ 1973; VGr. 21.2.1974, VB 88/1973). Auch hier muss ein allfälliger Bewilligungsempfänger gutgläubig gewesen sein (vgl. RRB 3114/1973). 31

In der Regel wird die aufschiebende Wirkung von der erstinstanzlich verfügenden Behörde und nicht von der Rekursinstanz entzogen (RRB 5953/1971, 576/ 1972, 6381/1972, 3081/1974, 1287/1976, 1718/1976). 32

5.3. Polizeirecht

Bei einem *Führerausweisentzug* zu Warnzecken bildet die aufschiebende Wirkung die Regel. Steht dagegen wegen der Gefährdung des Strassenverkehrs aus medizinischen oder charakterlichen Gründen ein Sicherungsentzug in Frage, verlangt die erforderliche Güterabwägung regelmässig, einem Rekurs die aufschiebende Wirkung zu verweigern (BGE 106 Ib 117). 33

Auch bei *fremdenpolizeilichen* Rekursen wird die aufschiebende Wirkung manchmal entzogen. Das gilt vor allem für Rekurse gegen die Nichtverlängerung von (befristeten) Aufenthaltsbewilligungen; dies aus der Überlegung heraus, dass die aufschiebende Wirkung lediglich die Aufrechterhaltung eines jeweils bestehenden Zustands, nicht aber bereits denjenigen Zustand bewirkt, der durch den Rekurs erst hergestellt werden soll (RRB 1546/1976). Wird einem solchen Rekurs entsprechend der gesetzlichen Regelung die aufschiebende Wirkung be- 34

§ 25

lassen, bedeutet dies deshalb nicht, dass die nachgesuchte Verlängerung als gewährt gilt. Eine Ausweisung während des Rechtsmittelverfahrens kann diesfalls aber nur vollzogen werden, wenn die aufschiebende Wirkung entzogen wird, weil der Betroffene bis zum Ablauf der anzusetzenden Ausreisefrist nach Art. 12 Abs. 3 ANAG aufenthaltsberechtigt bleibt (RB 1997 Nr. 11).

35 Entzieht die Gesundheitsdirektion einem Arzt die *Bewilligung zur selbständigen ärztlichen Tätigkeit* (Praxisbewilligung), ist zum Schutz der Patienten regelmässig der gleichzeitige Entzug der aufschiebenden Wirkung geboten (VGr. 24.10.1997, VB.97.00469; 25.8.1997, VB.97.00108).

36 Mit Bezug auf Bewilligungsstreitigkeiten betreffend *Tierversuche* konkretisiert § 12 Abs. 4 des kantonalen Tierschutzgesetzes vom 2.6.1991 (LS 554.1) den in §§ 25 Abs. 1 und 55 Abs. 1 VRG verwendeten Begriff der «besonderen Gründe». Danach kann dem Rekurs und der Beschwerde die aufschiebende Wirkung entzogen werden, wenn der Schutz übergeordneter Rechtsgüter, namentlich Leben und Gesundheit von Menschen und Tieren, eine rasche Durchführung des Versuchs erfordern. Dies hat aber nicht zur Folge, dass der Entzug der aufschiebenden Wirkung nur unter diesen Voraussetzungen zulässig wäre. Eine solche Massnahme kann sich zumindest bei sogenannten Fortsetzungsbewilligungen für Tierversuche aufgrund des Verhältnismässigkeitsprinzips auch aus andern Gründen rechtfertigen (VGr. 16.6.1995, VB.95.00076).

37 Zu Recht entzogen wurde die Suspensivwirkung bei einer Verfügung, die den Halter eines Hundes verpflichtete, diesen mit sicherndem Maulkorb zu versehen und an der Leine zu führen, nachdem feststand, dass der Hund wiederholt Menschen gebissen hatte (Präsidialverfügung RR 12.8.1976).

38 Hat ein Unternehmer einen bewilligungspflichtigen Betrieb eigenmächtig eröffnet, so ist dem Rekurs gegen ein Betriebsverbot die aufschiebende Wirkung zu entziehen. Denn damit befindet er sich in der gleichen Lage wie ein Gesuchsteller, der bei ordnungsgemässem Vorgehen die Anlage bis zur rechtskräftigen Gutheissung seiner Bewilligungsgesuche weder hätte bauen, noch betreiben dürfen. Eine Besserstellung des eigenmächtig vorgehenden gegenüber dem sich korrekt verhaltenden Bewerber rechtfertigt sich nicht (RB 1976 Nr. 13). – Wer eine ihm erteilte Bewilligung (für den Betrieb einer Tankstelle) in wissentlich rechtswidriger Weise ausgedehnt hat, kann sich nicht mit Erfolg gegen den Entzug der aufschiebenden Wirkung einer Verfügung beschweren, in welcher der Tankstellenbetrieb auf den bewilligten Umfang reduziert wird (RRB 3114/1973).

39 In gewissen Fällen kann die Gewährung der aufschiebenden Wirkung aus materiellrechtlichen Gründen keinen Einfluss auf den Streitgegenstand haben. So fällt eine A-Taxibewilligung nach dem Tod des jeweiligen Inhabers automatisch an das Gemeinwesen zurück. Der Suspensiveffekt kann nicht die Folge haben, dass allfällige Erben eines Bewilligungsinhabers für die Dauer des Rekurs-

verfahrens die Bewilligung behalten können (RRB 6328/1975; vgl. VGr. 19.5.1976, VB 5/1976; vgl. N. 7).

5.4. Übriges Verwaltungsrecht

Die sofortige Einweisung in eine Heil- und Pflegeanstalt im Entmündigungsverfahren unter Entzug der aufschiebenden Wirkung (nach Art. 386 ZGB) ist nur dann zulässig, wenn die Massnahme dringlich ist (GB RR 1968 Nr. 7). Dagegen wird im Vormundschaftsverfahren nach der Praxis die aufschiebende Wirkung regelmässig entzogen, wenn dies im Kindesinteresse liegt. 40

Disziplinarrekursen von Strafgefangenen wird die aufschiebende Wirkung entzogen, wenn der Rekurs als aussichtslos erscheint und besondere Gründe für den sofortigen Vollzug der Disziplinarmassnahme vorliegen, etwa die bevorstehende Entlassung oder Versetzung. 41

Zur aufschiebenden Wirkung im Submissionswesen vgl. § 55 N. 10. 42

6. Verschiedenes

Die aufschiebende Wirkung fällt im Zeitpunkt der formellen Rechtskraft des instanzabschliessenden Entscheids automatisch dahin, es sei denn dieser beinhalte eine gegenteilige Anordnung. Diese Rechtsfolge tritt grundsätzlich *rückwirkend* auf den Zeitpunkt ein, in welchem die erstinstanzliche Anordnung ergangen ist (Gygi, S. 245; Derselbe, a.a.O., S. 11; Merkli/Aeschlimann/Herzog, Art. 68 N. 10). Dies ist vor allem bei Abweisung des Rechtsmittels von Belang: Der durch die aufschiebende Wirkung ausgelöste Schwebezustand darf der nunmehr unterliegenden rechtsmittelführenden Partei nicht zum Schaden der Gegenpartei einen Vorteil bringen. Von erheblicher praktischer Bedeutung ist das rückwirkende Dahinfallen aber auch bei staatlichen Leistungen und Abgaben, namentlich mit Bezug auf den Zinsenlauf. Darüber hinaus muss in jedem einzelnen Fall geprüft werden, welche Tragweite vernünftigerweise dem Suspensiveffekt zuzumessen ist bzw. welchen Zwecken er vernünftiger- und legitimerweise dienen soll (BGE 112 V 76 f.; Gadola, S. 380; Merkli/Aeschlimann/Herzog, Art. 68 N. 10). Diese pragmatische Lösung rechtfertigt sich insbesondere deshalb, weil bei gewissen Verwaltungsakten – z.B. Verfügung auf Abbruch einer rechtswidrig erstellten Baute oder Führerausweisentzug – eine Rückwirkung wegen der Natur der Sache nicht möglich ist. 43

Der Entzug oder die Wiederherstellung der aufschiebenden Wirkung stellt keine Abänderung der angefochtenen Anordnung zum Nachteil des Beteiligten dar (reformatio in peius; vgl. § 27), sondern lediglich eine der Rekursinstanz zustehende Festlegung der vorläufigen Wirkung des Rekurses, entweder im Sinn des Entzugs oder der Zuerkennung der Suspensivwirkung (Merker, § 44 Rz. 42). 44

§ 25 / § 26

45 Zur Verantwortlichkeit bzw. Haftung für Schäden zufolge Entzugs oder Wiederherstellung der aufschiebenden Wirkung vgl. § 6 N. 39 ff.

V. Rekursverfahren
1. Allgemeines

§ 26. Kann auf den Rekurs eingetreten werden und erweist er sich nicht als offensichtlich unbegründet, werden die Akten beigezogen. Diese stehen den am Rekursverfahren Beteiligten zur Einsicht offen. Vorbehalten bleibt § 9.

Die Vorinstanz und die am vorinstanzlichen Verfahren Beteiligten erhalten Gelegenheit zur schriftlichen Vernehmlassung. Die Vorinstanz kann hiezu verpflichtet werden.

Die Vernehmlassungsfrist soll in der Regel nicht länger als die Rechtsmittelfrist sein und nur einmal höchstens um die gleiche Dauer erstreckt werden.

Die Rekursinstanz kann einen weiteren Schriftenwechsel anordnen oder die Beteiligten zu einer mündlichen Verhandlung vorladen.

Materialien
Weisung 1957, S. 1038; Prot. KK 20.12.1957, 23.9.1958; Prot. KR 1955–1959, S. 3379; Beleuchtender Bericht 1959, S. 401; Weisung 1995, S. 1534; Prot. KK 1995/96, S. 53 f., 57 f., 251 ff.; Prot. KR 1995–1999, S. 6488; Beleuchtender Bericht 1997, S. 6.

Literatur
GADOLA, S. 392 ff.; GYGI, S. 192 ff.; IMBODEN/RHINOW/KRÄHENMANN, Nr. 82 B III b; KÖLZ/HÄNER, Rz. 669 ff.; MERKER, § 41 Rz. 5 ff.; MERKLI/AESCHLIMANN/HERZOG, Art. 69 N. 2 ff.; RHINOW/KOLLER/KISS, Rz. 1340 ff.; ROTACH, S. 445.

Übersicht
		Note
1.	Allgemeines	1
2.	Aktenbeizug (Abs. 1)	3
3.	Vernehmlassung (Abs. 2)	10
	3.1. Funktion und Begriff	10
	3.2. Berechtigte	13
	3.3. Form und Inhalt	19
4.	Vernehmlassungsfrist (Abs. 3)	27
5.	Zweiter Schriftenwechsel (Abs. 4)	32

1. Allgemeines

1 Mit dem Einreichen des Rechtsbegehrens wird der Rekurs rechtshängig gemacht (vgl. Vorbem. zu §§ 4–31 N. 23 ff.). Es ist nunmehr Sache der Rekursinstanz, im Anschluss an das Beheben allfälliger Mängel der Rekursschrift (§ 23 Abs. 2) das Nötige vorzukehren, um das Verfahren zur Entscheidreife zu bringen. Dieser Verfahrensabschnitt – die sogenannte Instruktion des Rekurses – unterliegt dem Amtsbetrieb. Die Rekursbehörde hat die Verfahrensabwicklung *von Amtes wegen* zu besorgen; sie bestimmt den Fortgang des Verfahrens, und in ihren

Händen liegt die Verfahrensleitung. Mit diesem Abschnitt des Verfahrens befassen sich §§ 26 und 26a.

§ 26 beschlägt nicht nur den Gang des Rekursverfahrens, sondern konkretisiert einerseits den im VRG nicht ausdrücklich verankerten Grundsatz des rechtlichen Gehörs (vgl. § 8 N. 1) und will anderseits dazu beitragen, dass der entscheidwesentliche Sachverhalt im Sinn von § 7 Abs. 1 richtig und vollständig abgeklärt wird (Abs. 1, 2 und 4). Seit der Revision vom 8.6.1997 führt zudem der neu eingefügte Abs. 3 von § 26 das Gebot der Verfahrensbeschleunigung gemäss § 4a näher aus. Der Anwendungsbereich von § 26 ist dabei nicht auf das Rekursverfahren beschränkt; er erstreckt sich laut §§ 86, 80c und 70 auch auf die Verfahren vor Verwaltungsgericht, soweit das VRG keine abweichenden Vorschriften enthält.

2. Aktenbeizug (Abs. 1)

Die Akten der Vorinstanz werden beigezogen, weil sie in der Regel eine wesentliche Grundlage für die Überprüfung der angefochtenen Anordnung bilden. Darauf kann verzichtet werden, sobald sich zeigt, dass ein Rekurs *offensichtlich unzulässig* ist, weil eine Sachentscheidungsvoraussetzung augenscheinlich nicht erfüllt ist, so wenn der Rekurs verspätet ist oder Zuständigkeit, Parteifähigkeit, Prozessfähigkeit, Legitimation oder Anfechtbarkeit fehlt. Hier ist ohne Weiterungen im Verfahren sofort auf den Rekurs nicht einzutreten bzw. bei verbesserungsfähigen Mängeln wie dem Fehlen von Antrag oder Begründung eine Nachfrist anzusetzen (vgl. § 56 N. 9). Auf den Aktenbeizug kann sodann verzichtet werden, wenn sich eine Rekurseingabe in der Sache selbst als *offensichtlich unbegründet* erweist. Dies ist der Fall, sobald ein Rekurs klarerweise keinen Erfolg haben kann, weil Anträge und/oder Begründung in keiner Weise geeignet sind, das vorinstanzliche Erkenntnis umzustossen. Um dies festzustellen, bedarf es regelmässig einer vorläufigen, summarischen Beurteilung, wobei sich die Rekursinstanz Zurückhaltung auferlegen und einzig in solchen Fällen auf den Aktenbeizug verzichten soll, in denen das Ergebnis des Entscheids ohne jeden Zweifel feststeht (Merker, § 41 Rz. 7; vgl. N. 5).

Aus der Feststellung offensichtlicher Unzulässigkeit oder Unbegründetheit ergibt sich einzig, dass auf den Aktenbeizug verzichtet werden kann. Der Rekursentscheid ist trotzdem zu begründen und den Parteien ordnungsgemäss zu eröffnen. Entscheidet die Rekursbehörde ohne Aktenbeizug in der Sache oder tritt sie auf das Rekursbegehren sofort nicht ein, erübrigt es sich regelmässig, ein Vernehmlassungsverfahren gemäss § 26 Abs. 2 durchzuführen. Dieses hätte auf den bereits feststehenden Verfahrensausgang keinen Einfluss und würde lediglich eine leere Formalität darstellen.

§ 26

5   Ungeachtet § 26 Abs. 1 Satz 1 werden die Akten in der Praxis in den weitaus meisten Fällen beigezogen, auch zur Entscheidung der Eintretensfrage (vgl. Bosshart, § 26 N. 4). Nur wenn die angegangene Instanz offensichtlich unzuständig ist oder wenn Querulanten oder Geisteskranke wiederholt aufgrund eines der Rekursinstanz bereits hinlänglich bekannten Sachverhalts rekurrieren, wird ohne Beizug der Akten entschieden.

6   In der Mehrzahl der Fälle erfolgt der Aktenbeizug im Rahmen der Vernehmlassung gemäss § 26 Abs. 2. Dieses Vorgehen dient sowohl der Verfahrensökonomie als auch der Verfahrensbeschleunigung.

7   Unter «Akten» sind grundsätzlich die bei der Vorinstanz liegenden Akten zu verstehen. Es können nach dem Ermessen der Rekursinstanz weitere Akten (solche von Straf- oder Zivilverfahren) beigezogen werden (Bosshart, § 26 N. 3).

8   Die Vorinstanz hat die Akten – einschliesslich allfälliger Vorakten und sämtlicher Beilagen – der Rekursinstanz vollständig und möglichst im Original einzureichen. Mit Vorteil wird sie bereits im Rahmen der Aufforderung zur Akteneinreichung eingeladen, die von ihr geordneten Akten mit einem Aktenverzeichnis zu versehen. Aus § 26 Abs. 1 Satz 1 ergibt sich eine Pflicht der Vorinstanz, der Rekursbehörde die Akten herauszugeben (vgl. § 7 N. 72).

9   Die am Rekursverfahren Beteiligten haben gemäss § 26 Abs. 1 Satz 2 ein *umfassendes Akteneinsichtsrecht* (dazu eingehend § 8 N. 60 ff.). Dieses steht unter dem Vorbehalt von § 9 (zu den Schranken der Akteneinsicht eingehend § 9 N. 2 ff.). § 26 Abs. 1 erweist sich mithin im Verhältnis zu §§ 8 und 9 als lex specialis; er gewährleistet die Akteneinsicht auch im Rekursverfahren, doch kommt ihm aufgrund des weiten Geltungsbereichs von §§ 8 und 9 keine selbständige Bedeutung zu. Weil im Zug der Revision vom 8.6.1997 der Kreis der nach § 8 Abs. 1 Einsichtsberechtigten analog der Rechtsmittellegitimation (vgl. § 21) über die in ihren Rechten Betroffenen hinaus erweitert worden ist, ist es indessen nicht mehr länger haltbar, entsprechend dem Wortlaut von § 26 Abs. 1 Satz 2 Akteneinsicht nur den am Rekursverfahren Beteiligten zu gewähren. Vielmehr hat – in Übereinstimmung mit § 8 Abs. 1 – auch im Rekursverfahren als einsichtsberechtigt zu gelten, wer durch den angefochtenen Entscheid berührt ist und ein schutzwürdiges Interesse an dessen Aufhebung oder Änderung hat (zum persönlichen Geltungsbereich des Akteneinsichtsrechts vgl. § 8 N. 61 ff.). In der Regel dürfte sich dieser erweiterte Kreis von Berechtigten auf die ohnehin am Rekursverfahren Beteiligten beschränken.

§ 26

3. Vernehmlassung (Abs. 2)

3.1. Funktion und Begriff

Verzichtet die instruierende Behörde auf den Beizug der Akten, bringt sie damit zum Ausdruck, dass sie ihren Entscheid zufolge offensichtlicher Unzulässigkeit und/oder Unbegründetheit des Rekursbegehrens ohne jede Weiterung des Verfahrens zu treffen gedenkt. Es erübrigt sich daher in solchen Fällen, den Verfahrensbeteiligten Gelegenheit zur schriftlichen Vernehmlassung zu bieten (N. 4). Davon kann ohne weiteres auch abgesehen werden, wenn die Akten beigezogen werden, obschon der Rekurs von vornherein als offensichtlich unzulässig erscheint (vgl. N. 5). Im Übrigen ist beim Verzicht auf Durchführung einer Vernehmlassung Zurückhaltung geboten, indem die Rechts- und Sachlage vielfach erst aus den eingereichten Vernehmlassungen sichtbar wird (Kölz/ Häner, Rz. 668). 10

Der Rekursvernehmlassung gemäss § 26 Abs. 2 kommt eine *Doppelfunktion* zu: Einerseits gewährt sie den Verfahrensbeteiligten das *rechtliche Gehör;* andererseits dient sie – zugunsten der entscheidberufenen Rekursinstanz (vgl. § 7 Abs. 1) – der richtigen und vollständigen *Sachverhaltsabklärung.* Ausserdem zeigt sie auf, in welchen Punkten die Beteiligten abweichende Ansichten vertreten und welche rechtlichen oder tatsächlichen Vorbringen nicht streitig sind (Gadola, S. 392; Kölz/Häner, Rz. 669; Rhinow/Koller/Kiss, Rz. 1341). 11

Das Gesetz bezeichnet den ersten *Schriftenwechsel,* den die Rekursbehörde in einem bei ihr anhängigen Verfahren anordnet, einheitlich als *Vernehmlassung.* Dabei bleibt jedoch ausser Acht, dass der Vernehmlassung je nach der prozessualen Stellung eines Verfahrensbeteiligten eine unterschiedliche Bedeutung zukommt. Soweit sie von dem als Partei oder in der Stellung eines Mitbeteiligten beteiligten Rekursgegner stammt, liegt eine *Rekursantwort* vor. Eine *eigentliche Vernehmlassung* ist die Eingabe der *rechtsprechenden* Vorinstanz, während es sich bei den Berichten von in Fachfragen beigezogenen Verwaltungseinheiten um blosse *Stellungnahmen* handelt. Diese Unterscheidung ist nicht nur formaler Natur. Vielmehr schafft sie beim Empfänger einer Vernehmlassungseinladung Klarheit darüber, in welcher Funktion er am Verfahren teilnimmt, teilnehmen kann oder – im Fall einer Beiladung – teilnehmen wird. Die instruierende Behörde muss sich zudem bewusst werden, wen sie in welcher Eigenschaft und mit welchen Folgen zur Sache anhört (Merker, § 41 Rz. 13). 12

3.2. Berechtigte

Der Vorinstanz und den am vorinstanzlichen Verfahren Beteiligten ist Gelegenheit zur Vernehmlassung bzw. Rekursantwort zu geben. Unabhängig davon, ob ihr Parteieigenschaft zukommt, ist daher die *direkte Vorinstanz,* die den angefochtenen Entscheid getroffen hat, vernehmlassungsberechtigt. Bei dieser kann 13

§ 26

es sich um eine Einsprache- bzw. Rekursbehörde oder um die erstinstanzlich anordnende Behörde handeln. Wer zu den «am vorinstanzlichen Verfahren Beteiligten» zu zählen ist, ergibt sich in erster Linie daraus, wen die Vorinstanz in ihrem Verfahren formell als Beteiligten behandelt hat. Zu diesen gehören namentlich die private Gegenpartei der nunmehr rekurrierenden Partei und die Mitbeteiligten des vorinstanzlichen Verfahrens sowie Gemeinden und andere Verwaltungsträger mit eigener Rechtspersönlichkeit, welche die erstinstanzliche Anordnung erlassen haben. Letztere vermögen ihr Vernehmlassungsrecht vielfach bereits aus ihrer Stellung als direkte Vorinstanz abzuleiten.

14 Unklar ist die Stellung der *Vorinstanz der Vorinstanz* (Vorvorinstanz), soweit es sich bei dieser nicht um die erstinstanzlich anordnende Behörde handelt, der aufgrund eigener Rechtspersönlichkeit ohnehin Parteistellung in den anschliessenden Rechtsmittelverfahren zukommt (§ 21 N. 105; eingehend zum Parteibegriff § 21 N. 99 ff.). In einem solchen Fall, der seit der Revision vom 8.6.1997 aufgrund der Beschränkung des Verwaltungsprozesses auf in der Regel zwei Rechtsmittel (Rotach, S. 443) nur mehr eintreten kann, wenn ein Verfahren ausnahmsweise bei einer dritten Rekursinstanz oder nach vorgängigem Einspracheverfahren bei der zweiten Rekursinstanz anhängig gemacht wird, ist – zumal die Materialien keine Anhaltspunkte liefern – auf die Interessenlage sowie auf praktische Gesichtspunkte abzustellen. Dabei sind Gemeinden und andere öffentlichrechtliche Körperschaften mit eigener Rechtspersönlichkeit jedenfalls dann vernehmlassungsberechtigt, wenn ihnen ein Anspruch auf rechtliches Gehör zusteht (vgl. Gadola, S. 393). Bei nicht rechtsfähigen Behörden, die als Vorinstanz gewirkt haben (z.B. Direktionen und Bezirksräte), ist zu berücksichtigen, dass diesen das Vernehmlassungsrecht nicht zwecks Gehörsgewährung, sondern lediglich als prozessuale Berechtigung aufgrund des Gesetzes zusteht (vgl. § 8 N. 7).

15 Über den Wortlaut von § 26 Abs. 2 hinaus ist Gelegenheit zur Vernehmlassung bzw. Rekursantwort auch insoweit einzuräumen, als dies der Grundsatz des rechtlichen Gehörs und das Interesse an der Einheit des Rekurs- und Beschwerdeverfahrens gebieten (zum Kreis der Gehörsberechtigten vgl. § 8 N. 7 f.). Somit ist auch all jenen privaten (natürlichen und juristischen) Personen und öffentlichrechtlichen Körperschaften die Möglichkeit zur Vernehmlassung einzuräumen, deren Rechtsstellung durch den angefochtenen Entscheid berührt ist und die ein schutzwürdiges Interesse an dessen Aufrechterhaltung haben, die mithin *rechtsmittellegitimiert* sind (vgl. § 8 N. 8). Dies gilt insbesondere für Personen oder Körperschaften, die bisher am Verfahren nicht beteiligt waren, in deren Rechtsstellung jedoch erstmals durch den in Aussicht genommenen Rekursentscheid eingegriffen wird (§ 58 N. 1; vgl. RB 1996 Nr. 10; § 8 N. 23 f.). In den Schriftenwechsel miteinzubeziehen ist deshalb eine Gemeinde, die zwar nicht selber verfügt hat, jedoch von einer Anordnung betroffen ist; als Vertreterin der kommunalen öffentlichen Interessen ist ihr stets Gelegenheit zur Ver-

nehmlassung zu geben (vgl. auch § 58 N. 4). Der Anspruch auf rechtliches Gehör verlangt sodann, nicht nur den direkten Rekursgegner, sondern auch Gemeinden oder Private, die sich einem Rekursbegehren nicht widersetzen, als Mitbeteiligte im Rekursverfahrens zur Rekursantwort einzuladen (vgl. Sommer, Verwaltungsgericht, S. 279), sofern sie trotz Verzicht auf eigene Rekurserhebung ein schutzwürdiges Interesse an der Gutheissung des Rekurses haben. Wird der Kreis der Beteiligten im Lauf des Rekursverfahrens ausgedehnt, verlangt der Gehörsanspruch, dass der Schriftenwechsel auch mit den neu zugelassenen Personen und/oder Behörden durchgeführt wird (Merkli/Aeschlimann/Herzog, Art. 69 N. 6).

16 Wer gestützt auf § 315 Abs. 1 PBG fristgerecht die Zustellung des *baurechtlichen Entscheids* verlangt, erhält über den Anspruch auf Mitteilung des baurechtlichen Entscheids hinaus keine weiteren Rechte verliehen, namentlich keine solchen auf Anhörung oder sonstige Verfahrensbeteiligung. Deshalb ist nicht von Amtes wegen zur Teilnahme am Schriftenwechsel einzuladen, wer lediglich um die Zustellung des erstinstanzlichen Bauentscheids ersucht hat. Immerhin ist den Gesuchstellern möglichst früh von der Rekurserhebung Kenntnis zu geben, um ihnen so zu ermöglichen, ihre Rechte im Verfahren zu wahren (RB 1997 Nr. 5; vgl. § 8 N. 8). Darauf kann ohne Gehörsverletzung allerdings dann verzichtet werden, wenn die Nachbarn ihre Einwendungen bereits in ihrem Zustellungsbegehren dargelegt haben (RB 1984 Nr. 15). Hat der Nachbar jedoch im Rahmen des Gesuchs um Zustellung des erstinstanzlichen Entscheids um den Einbezug in den Schriftenwechsel eines sich allenfalls anschliessenden Rekursverfahrens ausdrücklich ersucht, ist er zur Stellungnahme im Rekursverfahren zuzulassen. Parteistellung als Rekursgegner vermag er allerdings auch in einem solchen Fall nur zu erlangen, wenn er die legitimationsrechtlichen Voraussetzungen gemäss § 338a Abs. 1 PBG hinsichtlich des umstrittenen Bauvorhabens rechtsgenügend dartut (RB 1984 Nr. 15; RB 1983 Nr. 13 = BEZ 1984 Nr. 6).

17 Bestehen Zweifel über die Vernehmlassungsberechtigung, ist den betreffenden Privaten oder Behörden der Rekurs in jedem Fall zur (freigestellten) Vernehmlassung bzw. Rekursantwort zuzustellen (Merker, § 41 Rz. 48). – Wird einem zur Rekursantwort bzw. Vernehmlassung Berechtigten keine Gelegenheit hierzu gegeben, muss der fragliche Entscheid wegen Verweigerung des rechtlichen Gehörs aufgehoben werden, sofern keine Heilung in Frage kommt (RB 1962 Nr. 14; zur Heilung von Gehörsverletzungen vgl. § 8 N. 48 ff.); dies gilt insbesondere dann, wenn eine Gemeinde betroffen ist (vgl. RB 1990 Nr. 15; vgl. § 8 N. 7). Keinen Anspruch auf Vernehmlassung besitzen die Gemeinden in einem regierungsrätlichen Aufsichtsverfahren (RB 1986 Nr. 12).

18 Die am vorinstanzlichen Verfahren Beteiligten sind zur Vernehmlassung nicht verpflichtet. Äussern sie sich trotz Gelegenheit nicht formgerecht, ist die Säumnis als Verzicht auf Vernehmlassung zu verstehen. Keinesfalls ist ein solches

§ 26

Verhalten aber als Antrag auf Rekursgutheissung oder -abweisung zu deuten. Es hat lediglich zu Folge, dass sich die verzichtenden Verfahrensbeteiligten nicht später wieder am Rekursverfahren beteiligen können, ausser mit Bezug auf Änderungen, die ihre erstmalige Betroffenheit nach sich ziehen (Merker, § 41 Rz. 54; Merkli/Aeschlimann/Herzog, Art. 69 N. 5). Die Vernehmlassung ist grundsätzlich auch der Vorinstanz freigestellt. Sie kann jedoch von der Rekursinstanz hierzu verpflichtet werden (§ 26 Abs. 2 Satz 2). Dies ist namentlich dann angebracht, wenn sich die Rekursinstanz davon einen Beitrag zur Klärung der Sach- oder Rechtslage erhofft (zur Amtshilfepflicht gemäss § 7 Abs. 3 vgl. § 7 N. 71 ff.). Weigert sich die zur Vernehmlassung verpflichtete Vorinstanz, eine solche abzufassen, kann sie notfalls mit aufsichtsrechtlichen Mitteln dazu gezwungen werden (vgl. Merker, § 41 Rz. 54).

3.3. Form und Inhalt

19 Die Vernehmlassung muss in *schriftlicher Form* erfolgen. Eine Möglichkeit, sich bloss mündlich zu äussern, besteht nicht (Gadola, S. 394).

20 *Inhaltlich* beschränken sich Rekursantwort und -vernehmlassung in der Regel auf die Verteidigung und die Darlegung des eigenen Rechtsstandpunkts. Die zur Vernehmlassung bzw. Rekursantwort Eingeladenen können Nichteintreten, teilweise oder vollumfängliche Abweisung oder Gutheissung des Rekurses beantragen; statthaft sind auch Eventualanträge (Gadola, S. 394). Soweit gemäss § 27 eine reformatio in peius zulässig ist, kann der Vernehmlasser, ohne selbst Rekurs zu erheben, auch Anträge zuungunsten der rekurrierenden Partei stellen. Hierbei ist der Sachzusammenhang zum Streitgegenstand, wie er von der rekurrierenden Partei bestimmt wird, zu wahren. Solche Anträge besitzen allerdings eher den Charakter einer prozessualen Anregung. Sie fallen bei Nichteintreten auf den Rekurs oder bei dessen Rückzug dahin. Über den Streitgegenstand hinausgehende Anträge sind unzulässig; die nachträgliche Verwaltungsrechtspflege kennt das Institut des *Anschlussrekurses* nicht. Es steht den Verfahrensbeteiligten aber frei, bei gegebenen Voraussetzungen selbst Rekurs zu erheben (Gadola, S. 394 f.; Kölz/Häner, Rz. 671; Merker, § 41 Rz. 43 f.).

21 Die Rekursantwort bzw. die Vernehmlassung ist grundsätzlich auf die Widerlegung der Rekursbegründung ausgerichtet. Zu diesem Zweck dürfen im Rahmen des Streitgegenstands – wie bereits in der Rekursbegründung (§ 20 Abs. 2) – neue Tatsachen und Beweismittel vorgebracht werden. Diese Noven hat die Rekursinstanz aufgrund der geltenden Untersuchungsmaxime bei der Beurteilung der massgeblichen Tatsachenlage zu berücksichtigen (Gadola, S. 395; Kölz/Häner, Rz. 671).

22 Die erstinstanzlich verfügende Behörde kann, anstatt eine Vernehmlassung zu verfassen, den angefochtenen Entscheid in Wiedererwägung ziehen und eine neue Anordnung treffen (Rhinow/Koller/Kiss, Rz. 1342).

§ 26

Aufgrund einer Auslegung «in majore minus» ist es der instruierenden Rekursbehörde aus verfahrensökonomischen Gründen von Amtes wegen oder auf Antrag eines Verfahrensbeteiligten gestattet, den Schriftenwechsel auf einzelne, meist prozessuale Fragen oder Einwendungen zu beschränken (Gadola, S. 393; Merker, § 41 Rz. 53). 23

Stellungnahmen von in Fachfragen beigezogenen Verwaltungseinheiten haben sich auf die Beantwortung der gestellten Fragen zu beschränken. Weitergehende Ausführungen oder eigene Anträge sind unzulässig und aus dem Recht zu weisen (Merker, § 41 Rz. 46). 24

Unverlangte Eingaben sind aus dem Recht zu weisen (Gygi, S. 194). Zu diesen zählen grundsätzlich alle Schreiben, die nicht Bestandteil der Rechtsschriften im Rahmen des Schriftenwechsels bilden, mithin nicht zur Rekursbegründung oder zu den Rekursantworten, Vernehmlassungen bzw. Stellungnahmen gehören. Verfahrensökonomische Überlegungen und Opportunitätserwägungen können die instruierende Rekursbehörde dazu bewegen, solche Eingaben gleichwohl zu den Akten zu nehmen, insbesondere wenn sie für den Verfahrensausgang wesentliche neue Tatsachen und/oder Beweismittel beinhalten. Diesfalls sind die Verfahrensbeteiligten hiervon in Kenntnis zu setzen und ist ihnen im Rahmen eines weiteren Schriftenwechsels hierzu das rechtliche Gehör zu gewähren (Merkli/Aeschlimann/Herzog, Art. 69 N. 4). Ist die Berücksichtigung solcher Eingaben aufgrund der Untersuchungsmaxime geboten, hat die Rekursinstanz in jedem Fall einen weiteren Schriftenwechsel anzuordnen. 25

Die im Rahmen des Schriftenwechsels gemäss § 26 erforderlichen behördlichen Anordnungen ergehen in Form von *prozessleitenden Anordnungen*. Nach Möglichkeit sind sie mit einer Säumnisandrohung zu versehen, welche den zur Rekursantwort bzw. Vernehmlassung Berechtigten die Folgen einer Säumnis ausdrücklich nennt. Solche Zwischenentscheide bewirken in der Regel keinen voraussichtlich nicht wieder gutzumachenden Nachteil im Sinn von §§ 19 Abs. 2 und 48 Abs. 2 und können daher nur zusammen mit dem instanzabschliessenden Erkenntnis angefochten werden. 26

4. Vernehmlassungsfrist (Abs. 3)

§ 26 Abs. 3 wurde anlässlich der Revision vom 8.6.1997 eingefügt. Er leistet einen Beitrag zur Verfahrensbeschleunigung und -vereinfachung (Weisung 1995, S. 1534) und konkretisiert das allgemeine Beschleunigungsgebot von § 4a (dazu § 4a N. 2 ff.) für das Rekursverfahren. Aufgrund der Verweisung in § 70 (i.V.m. §§ 86 und 80c) gilt er auch in den Verfahren vor Verwaltungsgericht. 27

Die *Vernehmlassungsfrist* ist in der Regel gleich zu bemessen wie die Rechtsmittelfrist im betreffenden Verfahren. Diese beträgt für Rekurs und Beschwerde – die 28

§ 26

Abkürzung wegen besonderer Dringlichkeit vorbehalten (§ 22 Abs. 2) – 30 Tage (§ 22 Abs. 1 und § 53). Nach dem Gebot der Gleichbehandlung der Parteien ist für die Vernehmlassung grundsätzlich eine Frist von *30 Tagen* zu gewähren (Gadola, S. 392 f.). Eine Abkürzung dieser Frist rechtfertigt sich nur in Fällen besonderer Dringlichkeit oder wenn die Vernehmlassung auf einzelne Fragen beschränkt wird (N. 23). In jedem Fall bedingt der Anspruch auf rechtliches Gehör, dass hinreichend Zeit bleibt, um die verlangte Handlung tatsächlich vornehmen zu können (§ 8 N. 22).

29 Die Vernehmlassungsfrist ist als *richterliche Frist* unter den Voraussetzungen von § 12 Abs. 1 erstreckbar (vgl. § 12 N. 8 ff.). § 26 Abs. 3 setzt der *Fristerstreckung* im Vernehmlassungsverfahren jedoch Schranken: Sie soll nur *einmal* gewährt werden und zwar *höchstens um die Dauer der ursprünglich angesetzten Frist*. Die erste Einschränkung ist durchaus sinnvoll. Damit lassen sich von vornherein Versuche anderer Verfahrensbeteiligter als der rekurrierenden Partei unterbinden, mittels mehrmaliger Fristerstreckung die Verfahrensdauer zu beeinflussen. Zudem trägt diese Beschränkung zur Gleichbehandlung aller Verfahrensbeteiligten bei. Indem die Vernehmlassungsfrist höchstens um die Dauer der ursprünglich angesetzten Frist erstreckt werden soll, lässt sich eine weitere – eher geringfügige – Verfahrensbeschleunigung erzielen (vgl. Rotach, S. 445); eine zusätzliche zeitliche Straffung des Schriftenwechsels ergibt sich, sobald die ursprüngliche Frist weniger als 30 Tage beträgt. Der gewählte Gesetzeswortlaut hat allerdings zur Folge, dass mit der Bemessung der Vernehmlassungsfrist – ungeachtet der nur beschränkten Justiziabilität von § 26 Abs. 3 (vgl. N. 31) – zugleich die Dauer einer möglichen Erstreckung bestimmt wird, obschon dieser Entscheid zu gegebener Zeit allein im pflichtgemässen Ermessen der zuständigen Behörde liegen muss, die dabei vor allem auf die besonderen Umstände des Einzelfalls abstellen wird. Zudem dürfte diese weitere Verkürzung der Vernehmlassungsfrist auch der Absicht des Gesetzgebers widersprechen, es den Gemeinden weiterhin zu ermöglichen, ihre Vernehmlassungen bzw. Rekursantworten im Rahmen der ordentlichen gemeinderätlichen Tätigkeit zu verfassen und zu verabschieden (vgl. Prot. KK 1995/96, S. 53 f.). – In der Praxis bewirkt § 26 Abs. 3 letztlich, dass die instruierenden Rechtspflegebehörden unabhängig vom Gesetzeswortlaut in erster Linie darauf achten, die (gesetzliche) Höchstdauer des Vernehmlassungsverfahrens von 60 Tagen (ausgehend von der 30-tägigen Rekurs- bzw. Beschwerdefrist) nicht zu überschreiten.

30 Wird das Fristerstreckungsgesuch nicht rechtzeitig gestellt, ist der betreffende Verfahrensbeteiligte so zu stellen, wie wenn er sich nicht innert Frist hätte vernehmen lassen (Merker, § 41 Rz. 51 Anm. 57). Nach Fristablauf eingereichte Eingaben sind aus dem Recht zu weisen (N. 25), sofern nicht die behördliche Pflicht zur Sachverhaltsermittlung von Amtes wegen (§ 7 Abs. 1) deren Berücksichtigung gebietet.

Nach dem Wortlaut von § 26 Abs. 3 setzt das Gesetz hinsichtlich der zeitlichen 31
Beschränkung der Vernehmlassungfrist nur einen *generellen Zeitrahmen* (vgl.
Prot. KK 1995/96, S. 58). Die instruierenden Rechtsmittelbehörden sind gehalten, in ihrer Tätigkeit dieser Bestimmung Rechnung zu tragen; zwingend verpflichtet sind sie dazu aber nicht. Gleich wie bei § 4a besteht lediglich ein *Gebot*, Rechtsmittelverfahren durch möglichst kurze Vernehmlassungsfristen zu beschleunigen (vgl. § 4a N. 4). Sanktionen für den Fall der Missachtung von § 26 Abs. 3 sind keine vorgesehen. Als justiziabel erweist sich § 26 Abs. 3 deshalb nur insoweit, als eine unzulässig Rechtsverzögerung vorliegt; eine solche ist aber nicht leichthin anzunehmen. Im Übrigen ist diese offene Regelung der Vernehmlassungsfrist insbesondere auch deshalb angebracht, weil die Komplexität und/oder der Umfang eines Rekurses bzw. einer Beschwerde im Einzelfall im Interesse einer sorgfältigen Sachverhaltsermittlung und zur Wahrung des rechtlichen Gehörs eine mehrmalige oder längerdauernde Fristerstreckung erfordern kann.

5. Zweiter Schriftenwechsel (Abs. 4)

Abs. 4 von § 26 stimmt mit dem bisherigen Abs. 3 überein. Gleich der Rekursvernehmlassung dient auch ein weiterer Schriftenwechsel in erster Linie der Gewährung des rechtlichen Gehörs (N. 35). Er kann aber auch zur weiteren Klärung des Sachverhalts beitragen und dadurch eine anderweitige eigene Untersuchung durch die Rekursinstanz oder eine Rückweisung an die Vorinstanz vermeiden helfen (N. 36; vgl. § 58 N. 9). 32

Das Gesetz geht davon aus, dass nach dem Einholen von Rekursantwort bzw. 33
-vernehmlassung lediglich *ein* weiterer Schriftenwechsel angeordnet werden kann, es somit beim zweiten Schriftenwechsel sein Bewenden haben muss (Prot. KK 1995/96, S. 252). Die Gründe, die zur Anordnung eines zweiten Schriftenwechsels Anlass geben, können im Einzelfall allerdings zur Folge haben, dass weitere Schriftenwechsel durchgeführt werden müssen; in der Praxis ist dies selten der Fall. Wer bereits zur Rekursantwort bzw. -vernehmlassung eingeladen worden ist, ist in einen zweiten (oder weiteren) Schriftenwechsel ebenfalls einzubeziehen.

Die Entscheidung aufgrund des einmaligen Schriftenwechsels bildet die Regel; 34
ein zweiter Schriftenwechsel wird nur ausnahmsweise durchgeführt (RB 1982 Nr. 6). Dies entspricht der Erfahrung, dass zusätzliche Rechtsschriften regelmässig nur eine wiederholende Aufblähung des Prozessstoffes zur Folge haben, den Verwaltungsbetrieb hemmen und undisziplinierter Verfahrensführung allzu leicht Vorschub leisten (VGr. 17.3.1999, PB.99.00001; Gadola, S. 395 f.; Gygi, S. 194). Zudem lässt sich aus Art. 4 Abs. 1 aBV (Art. 29 Abs. 2 BV) kein allgemeiner Anspruch auf einen zweiten Schriftenwechsel bzw. Replik ableiten (vgl. § 8 N. 28).

§ 26

35 Grundsätzlich steht es im pflichtgemässen *Ermessen* der Rekursinstanz, ob sie – von Amtes wegen oder auf Antrag von Verfahrensbeteiligten – einen zweiten Schriftenwechsel anordnen will (Gadola, S. 396; Merker, § 41 Rz. 57; Merkli/ Aeschlimann/Herzog, Art. 69 N. 11; vgl. RB 1983 Nr. 21, 1962 Nr. 48; Imboden/Rhinow I, Nr. 66 B VIII d, bezweifeln dagegen, ob hierin eine Ermessensbetätigung liegt). Der zweite Schriftenwechsel muss indessen zwecks Wahrung des rechtlichen Gehörs dann angeordnet werden, wenn die Rekursinstanz in ihrem Entscheid auf erstmals in der Rekursantwort bzw. Vernehmlassung vorgetragene Behauptungen (nova) abstellen will (RB 1982 Nr. 6, 1974 Nr. 8; vgl. RB 1960 Nr. 67; VGr. 25.3.1975, VB 22/1974; 29.1.1973, VB 56/ 1972). Gleiches muss gelten, wenn die Rekursinstanz von sich aus beabsichtigt, neu eingetretene oder bisher ausser Acht gelassene Tatsachen ihrem Entscheid zugrunde zu legen oder wenn sie einen Prozess gestützt auf einen von keiner Partei angerufenen Rechtsgrund, dessen Heranziehung von den Beteiligten nicht vorausgesehen werden kann, entscheiden will. Im letzten Fall ist zumindest der dadurch beschwerten Partei Gelegenheit zu geben, dazu Stellung zu nehmen (RB 1974 Nr. 8; vgl. § 8 N. 28). Ein weiterer Schriftenwechsel ist auch erforderlich, wenn die erstinstanzlich anordnende Behörde oder die Vorinstanz ihren Entscheid ungenügend oder gar nicht begründet hat und die Begründung erst in der Vernehmlassung nachbringt (BGE 111 Ia 3 f.; Kölz/Häner, Rz. 672; Rhinow/Koller/Kiss, Rz. 1345).

36 Der zweite Schriftenwechsel kann nach dem Ermessen der Rekursinstanz angeordnet werden, wenn zu erwarten ist, dass er zur weiteren Erhellung unklarer tatsächlicher oder rechtlicher Verhältnisse beitragen wird (vgl. § 19 Abs. 2 OV BRK; Rhinow/Krähenmann, Nr. 82 B III b). Bei nicht hinreichend geklärtem Sachverhalt hingegen folgt aus der Untersuchungsmaxime die Pflicht der Rekursinstanz zur Anordnung eines zweiten Schriftenwechsels. Der zweite Schriftenwechsel darf indessen nicht dazu dienen, Darlegungen nachzuholen, die in der Rekursschrift hätten vorgebracht werden können (RB 1983 Nr. 21, 1962 Nr. 48), beliebig neue Tatsachenbehauptungen in das Rekursverfahren einzubringen oder die in einem früheren Verfahrensstadium versäumte Akteneinsicht nachzuholen (RB 1964 Nr. 37). Die Durchführung eines weiteren Schriftenwechsels kann auch abgelehnt werden, wenn aufgrund der Rechtslage kein Bedürfnis nach einer weiteren Erhellung der tatsächlichen Verhältnisse besteht (VGr. 24.1.1974, VB 57/1973) oder wenn der entsprechende Antrag offensichtlich bezweckt, den Entscheid hinauszuzögern.

37 Weil es aus verfahrensökonomischen Gründen gestattet ist, schon den ersten Schriftenwechsel auf einzelne Fragen zu beschränken (N. 23), bleibt es der instruierenden Rekursbehörde erst recht unbenommen, im zweiten Schriftenwechsel nur noch einzelne Gesichtspunkte aufzuwerfen (Merker, § 41 Rz. 57).

38 Anstelle des zweiten (oder eines weiteren) Schriftenwechsels kann eine *mündliche Verhandlung* durchgeführt werden. Hierzu besteht insbesondere anlässlich

von Augenscheinen Gelegenheit. Über den Gesetzeswortlaut hinaus kann eine mündliche Verhandlung auch zusätzlich zu einem zweiten Schriftenwechsel angeordnet werden. Dies ergibt sich schon daraus, dass im Rekursverfahren gegebenenfalls auch mehr als zwei Schriftenwechsel zulässig sind (N. 33). – In der Praxis wird von dieser Möglichkeit nur selten Gebrauch gemacht. Gleichwohl kann eine mündliche Verhandlung hilfreich sein, sobald vertiefte oder umfangreiche Abklärungen nötig sind und zu erwarten ist, dass schriftliche Eingaben nicht zu allen massgebenden Gesichtspunkten genügend Aufschluss geben. Sie gestattet es überdies, durch Konfrontation verschiedener Beteiligter zusätzliche Erkenntnisse zu erlangen, allenfalls eine Einigung zu erzielen oder einen persönlichen Eindruck zu gewinnen, sofern es darauf ankommt (Merkli/Aeschlimann/Herzog, Art. 69 N. 13).

Im Anwendungsbereich von Art. 6 Ziff. 1 EMRK besteht ein Anspruch auf mündliche Anhörung im Rahmen einer verfahrensabschliessenden Verhandlung. Diese Verfahrensgarantie besteht jedoch nur mit Bezug auf *Rechtsstreitigkeiten* betreffend *zivilrechtliche Ansprüche und Verpflichtungen* sowie *strafrechtliche Anklagen* im Sinn von Art. 6 Ziff. 1 EMRK vor *verwaltungsunabhängigen Justizbehörden,* d.h. vor dem Verwaltungsgericht, den Baurekurskommissionen und allenfalls weiteren Rekurskommissionen (vgl. § 4 N. 26 und 28). Im verwaltungsinternen Rekursverfahren sind die verfahrensrechtlichen Garantien von Art. 6 EMRK daher grundsätzlich nicht zu gewährleisten. Eingehend zum Anspruch auf mündliche Verhandlung gemäss Art. 6 Ziff. 1 EMRK in einem gerichtlichen Verfahren vgl. § 59 N. 5 ff. 39

Wird zulässigerweise davon abgesehen, einen zweiten Schriftenwechsel oder eine mündliche Verhandlung durchzuführen, müssen der rekurrierenden Partei die Rekursantwort und -vernehmlassungen nicht zugestellt werden, jedenfalls dann nicht, wenn nicht ausdrücklich um die Zustellung ersucht wurde. Art. 4 Abs. 1 aBV bzw. Art. 29 Abs. 2 BV gewährleistet lediglich den Anspruch auf Offenhaltung der Akten zur Einsicht, nicht aber einen solchen auf Zustellung von Akten (RB 1991 Nr. 11; VGr. 17.3.1999, PB.99.00001; Imboden/Rhinow/Krähenmann, Nr. 82 B III b; vgl. § 148 Abs. 1 StG). 40

Der ablehnende Entscheid zum Antrag auf Durchführung eines zweiten oder weiteren Schriftenwechsels ergeht in Form einer Zwischenverfügung. Ob diese anfechtbar ist, beurteilt sich nach § 19 Abs. 2; in der Regel ist die Voraussetzung des nicht wiedergutzumachenden Nachteils nicht erfüllt (Gadola, S. 397; Merkli/Aeschlimann/Herzog, Art. 69 N. 12; vgl. N. 26 und § 19 N. 51). 41

§ 26a

2. Verfahren vor dem Regierungsrat

§ 26a. Die Vorbereitung von Entscheiden über Rekurse, die sich gegen Anordnungen der Direktionen oder ihnen gleichgestellten Kommissionen richten, obliegt einem zentralen Rechtsdienst.

Materialien
Weisung 1995, S. 1534, 1546 f.; Prot. KK 1995/96, S. 58 f., 166 f.; Prot. KR 1995–1999, S. 6426, 6488, 6506; Beleuchtender Bericht 1997, S. 6.

Literatur
PFLEGHARD HEINZ, Regierung als Rechtsmittelinstanz, Zürich 1984, S. 175 ff.; ROTACH, S. 439 f., 444.

Übersicht   Note
1. Zentraler Rechtsdienst   1
2. Kompetenzzuweisungen   5

1. Zentraler Rechtsdienst

1   Die Instruktion von Rekursen durch den Regierungsrat ist in der Vergangenheit wiederholt auf Kritik gestossen (RB 1984 Nr. 14; VGr. 21.8.1991, VB 91/0043; vgl. auch BGr. 5.7.1978, ZBl 80/1979, S. 322 ff., mit Bemerkungen der Redaktion; RR 20.6.1979, ZBl 80/1979, S. 546 ff.; Fred Hirschi, Wie werden Rechtsmittelentscheide der Kantonsregierung vorbereitet und getroffen?, ZBl 86/1985, S. 451 ff.). Bemängelt wurde insbesondere, dass die Direktion, deren Entscheid mit Rekurs beim Regierungsrat angefochten wurde, an der Vorbereitung des regierungsrätlichen Rekursentscheids zugleich als antragstellende Direktion beteiligt war (Weisung 1995, S. 1534). Dieser Kritik trägt der anlässlich der Revision vom 8.6.1997 ins Gesetz eingefügte § 26a Rechnung, indem er die Schaffung eines *zentralen Rechtsdienstes* vorsieht.

2   Die *organisatorische Stellung* und Eingliederung des zentralen Rechtsdienstes in die Verwaltung ergibt sich nicht aus § 26a. Zum einen wollte sich der Regierungsrat damit Handlungsfreiheit bewahren, um eine angemessene Regelung auf dem Verordnungsweg treffen zu können; zum andern hatte er darüber noch keine klaren Vorstellungen (Weisung 1995, S. 1534; Prot. KK 1995/96, S. 58 f.). Die vorberatende Kantonsratskommission und der Kantonsrat sprachen sich dafür aus, den zentralen Rechtsdienst in die Staatskanzlei einzugliedern (Prot. KK 1995/96, S. 58 f.; Prot. KR 1995–1999, S. 6426). In der Folge wurde dem Rechtsdienst der Staatskanzlei gestützt auf § 13 Abs. 2 OGRR eine Rekursabteilung beigegeben, welche die Aufgaben des zentralen Rechtsdienst gemäss § 26a wahrnimmt (vgl. § 1 Abs. 2 VerfV). Diese ist als Teil der Staatskanzlei dem Staatsschreiber und dieser wiederum dem Präsidenten des Regierungsrats unterstellt (§ 6 Abs. 2 OGRR).

3   Der zentrale Rechtsdienst ist nach Gesetz lediglich mit der Vorbereitung von Entscheiden über Rekurse befasst, die sich gegen Anordnungen von Direktio-

nen oder ihnen gleichgestellten Kommissionen richten. Diese Beschränkung der Zuständigkeit hat zur Folge, dass Entscheide des Regierungsrats über Rekurse gegen Anordnungen und Rekursentscheide der Bezirksräte und Statthalter von der in der Sache zuständigen Direktion vorbereitet werden (§ 1 Abs. 3 VerfV; zum Instanzenzug vgl. § 19 N. 70 ff.). – Seinem Zweck, im Rekursverfahren vor Regierungsrat eine von der verfügenden Behörde unabhängige Verfahrensinstruktion zu verwirklichen, wird der zentrale Rechtsdienst zweifellos gerecht. Weil die Direktionen nur noch dann vorbereitende Behörden sind, wenn Anordnungen und Rekursentscheide der Bezirksräte und Statthalter angefochten sind, erscheint die unabhängige Verfahrensinstruktion in den regierungsrätlichen Rekursverfahren gewährleistet. Allerdings ist nicht einsichtig und ergibt sich auch nicht aus den Materialien, weshalb dem zentralen Rechtsdienst nicht die Instruktion sämtlicher Rekursverfahren vor Regierungsrat anvertraut wurde. Möglicherweise dürfte die Abneigung der einzelnen Direktionen und auch des Regierungsrats gegen einen zu einflussreichen Rechtsdienst dafür ausschlaggebend gewesen sein. Der mit der VRG-Revision vom 8.6.1997 beabsichtigten verwaltungsinternen Verfahrensvereinfachung und -beschleunigung (vgl. Prot. KR 1995–1999, S. 6426) ist die gewählte Lösung jedenfalls nur bedingt förderlich.

Ungeachtet der Schaffung eines zentralen Rechtsdienstes fehlt nach wie vor eine Vorschrift, die im verwaltungsinternen Rekursverfahren *generell* eine unabhängige Verfahrensinstruktion gewährleistet (vgl. Art. 59 VwVG für die Verwaltungsrechtspflege im Bund). Weiterhin lässt sich nicht vermeiden, dass ein Rekursentscheid der zuständigen Direktion durch die gleiche kantonale Amtsstelle vorbereitet wird, die bereits die erstinstanzliche Anordnung getroffen hat (vgl. §§ 1–5 DelegationsV). Selbst wenn dies nur ausnahmsweise der Fall sein wird, besteht die Gefahr, dass die Direktionen im Rekursverfahren unkritisch bei der bestehenden Meinung bleiben und auf das entsprechende Fachwissen der betreffenden Amtsstellen greifen. Insoweit gelang es auch mit der Revision vom 8.6.1997 nicht, die relative Unabhängigkeit der verwaltungsinternen Rechtsprechung bereits unterhalb der obersten Ebene zu sichern (Rotach, S. 440).

2. Kompetenzzuweisungen

Auch das Rekursverfahren vor Regierungsrat richtet sich nach den Bestimmungen des VRG. Diesem lassen sich jedoch – abgesehen von § 6 Satz 2 und § 25 Abs. 2 Satz 2 (vorsorgliche Massnahme bzw. aufschiebende Wirkung) – keine Bestimmungen über verwaltungsinterne (funktionelle) Zuständigkeiten entnehmen. Dafür bestimmt § 13 OGRR in Anwendung von Art. 42 Abs. 1 Satz 2 KV, dass der endgültige Entscheid über alle Angelegenheiten, deren Besorgung dem Regierungsrat zukommt, von der Gesamtbehörde ausgeht (Abs. 1) und dass der Regierungsrat befugt ist, Angelegenheiten zur Erledigung den Direktionen

§ 26a

und Amtsstellen zu übertragen (Abs. 2). Gestützt auf diese Gesetzesbestimmung und auf § 26a hat der Regierungsrat die Verordnung über das Rekursverfahren vor dem Regierungsrat vom 5.11.1997 (LS 172.15) erlassen. Diese regelt die Zuständigkeiten des zentralen Rechtsdienstes, der Direktionen und des Präsidenten bzw. der Präsidentin des Regierungsrats bei der Vorbereitung von Rekursentscheiden des Regierungsrats (§ 1 Abs. 1 VerfV).

6 Gemäss § 1 Abs. 2 und 3 VerfV obliegt die *Vorbereitung* der regierungsrätlichen Rekursentscheide dem zentralen Rechtsdienst oder der zuständigen Direktion (vgl. N. 3). Die *Antragstellung* steht der vorbereitenden Direktion und bei Rekursentscheiden, die vom zentralen Rechtsdienst vorbereitet werden, dem Regierungspräsidenten zu (§ 2 VerfV). Die Staatskanzlei bzw. die entscheidvorbereitende Direktion ist sodann für die *verfahrensleitenden Anordnungen* gemäss § 4 Abs. 1 VerfV zuständig, namentlich für die Kautionierung einer Rekurspartei (Ziff. 1), für die Nachfristansetzung gemäss § 23 Abs. 2 VRG (Ziff. 2), für die Durchführung des ersten und weiterer Schriftenwechsel (Ziff. 5 und 6) sowie für die Sachverhaltsermittlung gemäss § 7 Abs. 1 VRG (Ziff. 7). Die Staatskanzlei bzw. die vorbereitende Direktion ist *selbständig entscheidbefugt,* wenn ein Rekursverfahren infolge Rückzugs, Gegenstandslosigkeit oder Wiedererwägung erledigt wird (§ 4 Abs. 1 Ziff. 11 VerfV). Sie vertreten ferner den Regierungsrat vor einer Rechtsmittelinstanz, wenn dessen Entscheid angefochten wurde (§ 5 VerfV).

7 Besondere einzelrichterliche Kompetenzen kommen dem *Regierungspräsidenten* zu. Einerseits obliegt ihm laut § 3 Abs. 1 VerfV im Rahmen der Verfahrensleitung der abschliessende Entscheid über vorsorgliche Massnahmen (Ziff. 1), die Wiederherstellung oder den Entzug der aufschiebenden Wirkung (Ziff. 2 und 3) sowie die Bewilligung der unentgeltlichen Rechtspflege (Ziff. 4). Anderseits trifft er im Rekursverfahren gestützt auf § 3 Abs. 2 VerfV den instanzabschliessenden Endentscheid, wenn aus formellen Gründen auf einen Rekurs nicht eingetreten werden kann (Ziff. 1) oder wenn allein das Gesuch um Zusprechung einer Parteientschädigung offen ist (Ziff. 2).

8 Mit Bezug auf die präsidialiter gefällten *Nichteintretensentscheide* gemäss § 3 Abs. 2 Ziff. 1 VerfV stellt sich dabei die Frage, ob für diese Zuständigkeitsregelung eine genügende gesetzliche Grundlage besteht. Zwar ist der Regierungsrat nach § 13 Abs. 2 OGRR i.V.m. Art. 42 Abs. 1 Satz 2 KV befugt, Direktionen und Amtsstellen Angelegenheiten zur selbständigen Erledigung zu übertragen. Mithin ist er selbst in der Lage und auch berechtigt, darüber zu befinden, ob überhaupt eine verwaltungsinterne Rekursinstanz zur Verfügung gestellt werden und wer erstinstanzlich über den Rekurs entscheidbefugt sein soll (Rotach, S. 444; vgl. Weisung 1995, S. 1546). Fraglich ist jedoch, ob sich aus § 13 Abs. 2 OGRR die analoge Befugnis zur Delegation der Entscheidungsbefugnis vom Gesamtregierungsrat an den Regierungspräsidenten ergibt und ob diesbezüglich die Voraussetzungen der Gesetzesdelegation erfüllt sind (dazu Häfelin/

Müller, Rz. 325 ff., insb. Rz. 328). Der Regelung von § 3 Abs. 2 Ziff. 1 VerfV stehen jedenfalls der klare Wortlaut von § 13 Abs. 2 OGRR sowie die Vorschrift von Art. 42 Abs. 1 Satz 2 KV entgegen, wonach eine solche Kompetenz nur «durch gesetzliche Bestimmungen» eingeräumt werden kann. Allerdings ist in diesem Zusammenhang auch zu beachten, dass in der vorberatenden Kantonsratskommission mit Bezug auf die Änderung von § 13 Abs. 2 OGRR die Aussage eines Kommissionsmitglieds unwidersprochen blieb, dass inskünftig der Regierungsrat selber entscheiden könne, wo er als Gesamtbehörde noch zuständig sein werde (Prot. KK 1995/96, S. 166). Für die vom Regierungsrat gewählte Auslegung von § 13 Abs. 2 OGRR durch § 3 Abs. 2 Ziff. 1 VerfV spricht sodann das Ziel der Revision vom 8.6.1997, den Regierungsrat in seiner rechtsprechenden Funktion zu entlasten (vgl. Beleuchtender Bericht 1997, S. 6).

§ 27. **Die Rekursinstanz kann zugunsten des Rekurrenten über die Rekursbegehren hinausgehen oder die angefochtene Anordnung zu seinem Nachteil abändern.**

VI. Rekurserledigung
1. Überprüfungsbefugnis

Materialien
Weisung 1957, S. 1038; Prot. KK 20.12.1957, 23.9.1958; Prot. KR 1955–1959, S. 3379; Beleuchtender Bericht 1959, S. 402.

Literatur
BÖCKLI PETER, Reformatio in pejus – oder der Schlag auf die hilfesuchende Hand, ZBl 81/1980, S. 97 ff.; FROMER LEO, Gilt das Verbot der reformatio in pejus im eidg. Verfahrensrecht?, SJZ 41/1945, S. 135 ff.; FRÜH PETER, Die reformatio in pejus in der verwaltungsgerichtlichen Rechtsprechung, SJZ 43/1947, S. 133 ff.; GADOLA, S. 443 ff.; DERSELBE, Die reformatio in peius vel melius in der Bundesverwaltungsrechtspflege – eine Übersicht der neuesten Rechtsprechung, AJP 1998, S. 59 ff.; GYGI, S. 249 ff.; HÄFELIN/MÜLLER, Rz. 1408 f.; IMBODEN/RHINOW/KRÄHENMANN, Nr. 82 B III a; KEISER DAGOBERT, Die reformatio in peius in der Verwaltungsrechtspflege, Zürich 1979; KÖLZ, Prozessmaximen, S. 25 ff., 76 ff.; KÖLZ/HÄNER, Rz. 687 ff.; MERKER, § 43 Rz. 2 ff.; MERKLI/AESCHLIMANN/HERZOG, Art. 73 N. 1 ff.; NEF HANS, Sinn und Schutz verfassungsmässiger Gesetzgebung und rechtmässiger Verwaltung im Bunde, ZSR 69/1950, S. 329a ff.; RHINOW/KOLLER/KISS, Rz. 1364 ff.; SCHMID ANATOL, Betrachtungen zur verwaltungsgerichtlichen reformatio in pejus, SJZ 43/1947, S. 140 ff.; ZIMMERLI ULRICH, Zur reformatio in peius vel melius im Verwaltungsrechtspflegeverfahren des Bundes, in: Mélanges Henri Zwahlen, Lausanne 1977, S. 511 ff.

Übersicht

	Note
1. Allgemeines	1
2. Schranken	10
3. Verfahren	15
4. Verschiedenes	26

§ 27

1. Allgemeines

1 Während sich aus den zulässigen Rekursgründen gemäss § 20 die *Prüfungsbefugnis* der Rechtsmittelbehörde ergibt (dazu § 20 N. 6 ff.), beantwortet § 27 die Frage, ob und inwieweit die Rechtsmittelinstanz bei Aufhebung der angefochtenen Anordnung einen Neuentscheid treffen darf und ob sie dabei an den durch die Parteien gesteckten Rahmen gebunden ist. § 27 regelt somit die *Entscheidungsbefugnis* der Rekursinstanz. Insoweit erweist sich der Randtitel «Überprüfungsbefugnis» zu § 27 (und § 63) als irreführend (vgl. § 20 N. 1).

2 Das Gesetz regelt die Entscheidungsbefugnis im Verfahren vor dem Verwaltungsgericht und vor den Rekursbehörden verschieden. Letzteren ist es laut § 27 – anders als dem Verwaltungsgericht (dazu § 63 N. 13 ff.) – gestattet, zugunsten der rekurrierenden Partei über die Rekursbegehren hinauszugehen oder die angefochtene Anordnung zu deren Nachteil abzuändern. Die Rekursbehörde kann somit die angefochtene Anordnung aufheben und einen für die rekurrierende Partei noch ungünstigeren Entscheid treffen (sogenannte *reformatio in peius*). Sie kann aber auch der rekurrierenden Partei im Sinn einer sogenannten *reformatio in melius* mehr zusprechen, als diese selber verlangt hat (Gadola, S. 443; Gygi, S. 249; Zimmerli, a.a.O., S. 511).

3 Die Möglichkeit der reformatio in peius und der reformatio in melius ist die wichtigste Durchbrechung der im Übrigen das Rekursverfahren beherrschenden Dispositionsmaxime (vgl. Vorbem. zu §§ 19–28 N. 67). Der Gesetzgeber wollte es mit der Zulassung der reformatio in peius vel in melius der Rekursinstanz ermöglichen, losgelöst von formellen Schranken einen der Rechts- und Sachlage vollumfänglich entsprechenden Entscheid zu fällen. Das Gesetz räumt mithin der Verwirklichung des objektiven Rechts im Verwaltungsrekursverfahren Vorrang ein. Dadurch entsteht aber ein Spannungsverhältnis zwischen der Durchsetzung des objektiv richtigen Rechts einerseits und der subjektiven Rechtsschutzfunktion des Verwaltungsrechtspflegeverfahrens anderseits. Zwar können die Rechtsuchenden an Recht nicht mehr verlangen, als was das objektive Recht ihnen gewährt. Es erscheint jedoch unbillig, dass die rekurrierende Partei gewärtigen muss, nach der Einlegung eines Rechtsmittels, das vom Gesetzgeber zu ihrem Schutz vorgesehen worden ist, schlechter dazustehen, als wenn sie davon keinen Gebrauch gemacht hätte (Gadola, S. 443; Kölz/Häner, Rz. 688; Zimmerli, a.a.O., S. 511 f.; vgl. Böckli, a.a.O., S. 106). In diesem Zusammenhang ist allerdings zu beachten, dass die verwaltungsinternen Rekursinstanzen ausserhalb eines Rechtsmittelverfahrens grundsätzlich auch aufsichtsrechtlich und dass die erstinstanzlich verfügenden Behörden durch Rücknahme bzw. Anpassung ihrer Anordnungen zum Nachteil der betroffenen Partei einschreiten können (vgl. N. 20 f.). Überdies ist es Aufgabe der Verwaltungsbehörden, für die Verwirklichung des objektiv richtigen Rechts zu sorgen, während der individuelle Rechtsschutz den verwaltungsunabhängigen Verwaltungsjustizbehörden obliegt (vgl. Zimmerli, a.a.O., S. 512).

Gemäss § 27 «kann» die Rekursinstanz zugunsten oder zuungunsten der rekurrierenden Partei eine Besser- bzw. Schlechterstellung vornehmen. Der Entscheid darüber liegt demnach im pflichtgemässen Ermessen der Rekursbehörde (Gadola, a.a.O., S. 61; Gygi, S. 253; Kölz/Häner, Rz. 688). Diese hat dabei zu beachten, dass das Instrument der reformatio in peius vel in melius in erster Linie dazu dient, unabhängig von Opportunitätsüberlegungen und von der subjektiven Rechtsschutzfunktion des Rekursverfahrens das objektive Recht durchzusetzen (N. 3). Die Rekursbehörde ist daher gegebenenfalls verpflichtet, zum Nachteil der rekurrierenden Partei zu entscheiden. Diesfalls kann sie immerhin in Berücksichtigung der Umstände des Einzelfalls die Rechtsfolge bestimmen (Merkli/Aeschlimann/Herzog, Art. 73 N. 6; Zimmerli, a.a.O., S. 523).

4

Die reformatio in *peius* bezieht sich lediglich auf das *Dispositiv* und nicht auf die Begründung des angefochtenen Entscheids, es sei denn, die Vorinstanz verweist im Dispositiv ausdrücklich auf die Begründung, indem sie ihren Entscheid «im Sinn der Erwägungen» trifft. Die Rekursbehörde kann somit ihren Entscheid anders und für die rekurrierende Partei ungünstiger begründen als die Vorinstanz (Gadola, S. 446; Gygi, S. 249 f.; Merker, § 43 Rz. 4; vgl. RB 1979 Nr. 24). – Ob eine reformatio in *melius* vorliegt, beurteilt sich dagegen nach Gesetzeswortlaut vorab aufgrund des *Rechtsbegehrens* der rekurrierenden Partei (vgl. Kölz/Häner, Rz. 687). Bei mehreren Rekurrenten mit gegensätzlichen Anträgen ist dabei auf die Anträge *aller* rekurslegitimierten Parteien abzustellen (vgl. RB 1983 Nr. 23).

5

Ein kassatorischer Rekursentscheid bewirkt nur dann eine reformatio in peius, wenn dadurch die angefochtene Anordnung zum Nachteil der rekurrierenden Partei ersatzlos aufgehoben wird. Keine Schlechterstellung ist in einem – allenfalls mit verbindlichen Weisungen versehenen – Rückweisungsentscheid zu erblicken, mit welchem die Rekursinstanz die Vorinstanz zur Neubeurteilung der Sache veranlasst (Keiser, a.a.O., S. 39 f.; vgl. auch N. 24).

6

Kein Fall einer reformatio in peius liegt vor, wenn die Rekursinstanz die vorinstanzliche Anordnung zufolge Verletzung wesentlicher Prozessgrundsätze (z.B. Verweigerung des rechtlichen Gehörs) aufhebt oder auf einen Rekurs wegen fehlender Sachentscheidungsvoraussetzungen (Zuständigkeit, Legitimation, usw.) nicht eintritt (vgl. § 63 N. 17). Während das Vorliegen der Sachentscheidungsvoraussetzungen von der Rekursinstanz von Amtes wegen zu prüfen ist und der Dispositionsfreiheit der Verfahrensbeteiligten entzogen ist, ist insbesondere der Anspruch auf rechtliches Gehör formeller Natur und hat er grundsätzlich die Aufhebung der in gehörsverletzender Weise ergangenen Anordnung zur Folge (Merker, § 43 Rz. 7; vgl. § 8 N. 5 f.).

7

Ebenso ist kein Fall der reformatio in peius oder in melius gegeben, wenn die Rekursinstanz das Dispositiv des vorinstanzlichen Entscheids mit einer anderen Begründung als die Vorinstanz bestätigt (vgl. N. 5).

8

§ 27

9 Keine Schlechterstellung stellt die Kostenauflage im Rekursverfahren dar, indem diese eine blosse Folge der durch das Rekursverfahren verursachten Kosten bildet und insoweit keinen Bezug zum vorinstanzlichen Entscheiddispositiv aufweist. Hinzu kommt, dass die Verfahrenskosten von Amtes wegen zu veranlagen sind und insoweit die Offizialmaxime gilt (vgl. § 13 N. 3). Dass die rekurrierende Partei kostenmässig schlechter gestellt wird, als wenn sie den Rekurs nicht ergriffen hätte, ist daher unbeachtlich (Merker, § 43 Rz. 8).

2. Schranken

10 Weil laut § 27 eine reformatio in peius oder in melius zulässig ist, ist die Rekursinstanz nicht an die Parteianträge gebunden. Sie darf daher Rechtsfolgen setzen, die den Rahmen der Parteibegehren sprengen. Hingegen bleibt der Sachverhalt, den die angefochtene Anordnung beschlägt, grundsätzlich verfahrensbestimmend. Bezugsrahmen der Entscheidungsbefugnis bildet in jedem Fall der Streitgegenstand und der diesem zugrunde liegende Sachverhalt; demnach hat jede reformatio den *Sachzusammenhang* zum Streitgegenstand zu wahren (Gadola, a.a.O., S. 59; Gygi, S. 250; Keiser, a.a.O., S. 58 f.; Kölz/Häner, Rz. 689; Merker, § 43 Rz. 5; zum Streitgegenstand vgl. Vorbem. zu §§ 19–28 N. 86 ff.). Eine Besser- oder Schlechterstellung hat sich somit auf jene Punkte zu beschränken, welche die Parteien mit ihren Vorbringen zur Disposition gestellt haben, es sei denn, aus der Sicht der rekurrierenden Partei erfolge keine reformatio in peius oder in melius und die erstinstanzliche Behörde hätte diesen Entscheid selber treffen dürfen und müssen (vgl. RB 1963 Nr. 19; § 69 N. 19). Insoweit darf der rechtsuchenden Partei auch *etwas anderes* zugesprochen werden, als sie beantragt hat (vgl. Gygi, S. 251; Merkli/Aeschlimann/Herzog, Art. 73 N. 8). Weil im Verwaltungsrecht im Unterschied zum Zivilrecht Streitigkeiten häufig nicht unmittelbar vermögensrechtlicher Natur sind, lässt sich allerdings nicht immer eindeutig feststellen, wann ein «Mehr» oder ein «Weniger» oder aber ein «Aliud» vorliegt (vgl. § 63 N. 16).

11 Die Rekursinstanz ist mit Bezug auf eine reformatio in peius oder in melius insoweit eingeschränkt, als sie sich dabei an die gesetzliche Zuständigkeitsordnung halten muss (Gygi, S. 251; Merker, § 43 Rz. 5; vgl. RB 1981 Nr. 22).

12 Dem Wortlaut von § 27 nach zu schliessen, ist eine reformatio in *peius* im Rekursverfahren unbeschränkt möglich. Dem steht entgegen, dass die Rekursinstanz bei ihrem Entscheid darüber, ob sie eine Schlechterstellung vornehmen will, über Ermessen verfügt und dass das Institut der reformatio in peius oder in melius vorab der Verwirklichung des objektiven Rechts dient. Auch ist den Gesichtspunkten der Rechtsgleichheit und des Vertrauensschutzes gebührend Rechnung zu tragen, insbesondere weil eine derartige Rekurserledigung zu einer von der rekurrierenden Partei nicht beabsichtigten Schlechterstellung führt (vgl. N. 3 f.). In Anbetracht dessen darf die Rekursinstanz eine reformatio in

peius nicht leichthin vornehmen. Vielmehr bedarf es eines so gewichtigen Rechtsfehlers, dass die angefochtene Anordnung als offensichtlich unrichtig erscheint und ihre Korrektur von erheblicher Bedeutung ist, indem sie klares Recht oder wesentliche öffentliche Interessen verletzt (Gadola, S. 444; Derselbe, a.a.O., S. 61; Gygi, S. 252 f.). Diese Kriterien entsprechen etwa denjenigen, welche eine aufsichtsführende Behörde zu einer aufsichtsrechtlichen Aufhebung einer von der unteren Instanz getroffenen Anordnung veranlassen können. Als Rechtsfehler gelten dabei auch qualifizierte Ermessensfehler (Ermessensüberschreitung und -unterschreitung sowie Ermessensmissbrauch). Unzulässig erweist sich hingegen eine reformatio in peius wegen blosser Unangemessenheit (vgl. Art. 62 Abs. 2 VwVG; Gygi, S. 252; Zimmerli, a.a.O., S. 522), sofern dadurch nicht wesentliche öffentliche Interessen verletzt werden (vgl. RRB 3301/1975, wonach die Dauer eines wegen schwerer Gefährdung des Verkehrs sowie von Leib und Leben Dritter ausgesprochenen Führerausweisentzugs zu erhöhen ist, wenn die von der Vorinstanz ausgesprochene Entzugsdauer unangemessen mild ist). Diese Zurückhaltung ist in einem Zweiparteienverfahren, in dem sich lediglich die rekurrierende Partei und die erstinstanzlich anordnende Behörde gegenüberstehen, auch deshalb angebracht, weil Meinungsdifferenzen innerhalb der Verwaltung über die sachgerechte Ermessensbetätigung nicht zum Nachteil der Rechtsuchenden ausgetragen werden sollen (Merkli/Aeschlimann/Herzog, Art. 73 N. 5). In einem Mehrparteienverfahren hat sie dagegen keinen Platz; hier weiss der Anordnungsadressat, dass die Gegenpartei unter Umständen eine für ihn nachteilige Änderung herbeiführen kann (Kölz/Häner, Rz. 688; Zimmerli, a.a.O., S. 523; vgl. Art. 62 Abs. 2 VwVG). Insoweit ist eine reformatio in peius zugunsten einer formell als Gegenpartei auftretenden Drittperson denn auch ohne Einschränkungen möglich.

Während eine reformatio in *melius* keine Bedenken erweckt, wenn sich im Rekursverfahren lediglich die erstinstanzlich verfügende Behörde und der Anordnungsadressat gegenüberstehen, ist in einem Mehrparteienverfahren von der Möglichkeit der Besserstellung nur zurückhaltend Gebrauch zu machen. Denn für eine private Gegenpartei bedeutet die Besserstellung der rekurrierenden Partei notwendigerweise die Verschlechterung ihrer Rechtsstellung, der sie nicht wie die rekurrierende Partei durch den Rückzug des Rechtsmittels entgehen kann (Gadola, S. 445; Derselbe, a.a.O., S. 62; Merkli/Aeschlimann/Herzog, Art. 73 N. 3; Zimmerli, a.a.O., S. 525; vgl. N. 16).

Hat die Vorinstanz den Sachverhalt unrichtig oder unvollständig ermittelt, ist zunächst festzustellen, ob dieser Fehler zu einer Verletzung klaren Rechts oder wesentlicher öffentlicher Interessen führt. Ist das nicht der Fall, ist von einer reformatio in peius abzusehen (vgl. N. 12).

§ 27

3. Verfahren

15 Die Rekursinstanz hat der rekurrierenden Partei zu einer beabsichtigten Schlechterstellung das *rechtliche Gehör* zu gewähren, indem sie ihr davon Kenntnis gibt und Gelegenheit einräumt, sich hierzu zu äussern (zum Kreis der Gehörsberechtigten vgl. § 8 N. 7 f.). Dies ergibt sich nicht aus dem Gesetz (vgl. demgegenüber Art. 62 Abs. 3 VwVG), jedoch aus dem allgemeinen Anspruch auf rechtliches Gehör gemäss Art. 4 Abs. 1 aBV bzw. Art. 29 Abs. 2 BV (BGE 122 V 167). Diesfalls kann die rekurrierende Partei ihr Rechtsmittel zurückziehen und den in Aussicht stehenden ungünstigen Entscheid abwenden. Auf diese Rückzugsmöglichkeit ist sie von der Rekursbehörde ausdrücklich aufmerksam zu machen. Dies gilt im Interesse der Waffengleichheit zwischen den Parteien namentlich mit Bezug auf eine nicht rechtskundig vertretene Partei (Gadola, S. 446; Derselbe, a.a.O., S. 61 f.; Kölz, Prozessmaximen, S. 91; Merkli/Aeschlimann/Herzog, Art. 73 N. 13; so auch BGE 122 V 167 f. für den Bereich des Sozialversicherungsrechts).

16 Fasst die Behörde in einem Mehrparteienverfahren zugunsten der rekurrierenden Partei eine reformatio in melius in Betracht, ist nicht in erster Linie dieser, sondern der Gegenpartei das rechtliche Gehör zu gewähren. Eines ausdrücklichen Hinweises auf die beabsichtigte Besserstellung bedarf es im Rahmen dieser Gehörsgewährung nicht, denn die nicht rekurrierende Gegenpartei vermag der Verschlechterung ihrer Rechtsstellung nicht durch einen Rückzug des Rechtsmittels zu entgehen (VPB 52/1988 Nr. 33 S. 198). Gerade deswegen soll in einem Mehrparteienverfahren Zurückhaltung gegenüber einer reformatio in melius geübt werden (vgl. N. 13 sowie § 8 N. 28).

17 Im Fall einer beabsichtigten reformatio in peius oder in melius hat die Rekursbehörde ausser der rekurrierenden Partei bei Schlechterstellung und der Gegenpartei bei Besserstellung auch die weiteren Verfahrensbeteiligten (Mitbeteiligte und Beigeladene) vorgängig anzuhören, soweit sie durch die Änderung des Rechtsverhältnisses überhaupt beschwert sind. Das rechtliche Gehör ist ebenfalls jenen Personen zu gewähren, die sich diesbezüglich auf ein schutzwürdiges rechtliches oder tatsächliches Interesse berufen können (vgl. § 8 N. 8), namentlich wenn sie bisher keinen Anlass hatten, sich am Verfahren zu beteiligen und durch die reformatio in peius oder in melius erstmals beschwert würden. Nicht anzuhören ist, wer trotz gebotener Gelegenheit darauf verzichtet hat, sich am Rekursverfahren zu beteiligen. Dies gilt aber nur insoweit, als Auswirkungen in Frage stehen, die schon Gegenstand des vorinstanzlichen Verfahrens bildeten und die deshalb grundsätzlich zu gewärtigen waren (Rhinow/Krähenmann, Nr. 82 B II a; Merkli/Aeschlimann/Herzog, Art. 73 N. 14). Machen die ausserhalb des Verfahrens stehenden Personen von ihrem Äusserungsrechts keinen Gebrauch, verzichten sie damit zugleich auf eine weitere Verfahrensbeteiligung.

Keinen Anspruch auf Anhörung zu einer beabsichtigten reformatio in peius 18
oder in melius besitzen am Verfahren Beteiligte, denen im Rekursverfahren keine Parteistellung zukommt, so die rechtsprechende Vorinstanz (vgl. Vorbem. zu §§ 4–31 N. 22, § 8 N. 7) oder ein Gemeinwesen, das nicht wie eine Privatperson betroffen ist und im Rekursverfahren (z.B. auf Behördenbeschwerde hin) lediglich allgemeine Interessen wahrt (BGE 120 V 94 f.; Gadola, a.a.O., S. 62; Merkli/Aeschlimann/Herzog, Art. 73 N. 4). Der Rekursinstanz bleibt es in solchen Fällen allerdings unbenommen, diesen Behörden gleichwohl eine Äusserungsmöglichkeit einzuräumen.

Die Rekursinstanz, die den Betroffenen mit Bezug auf eine reformatio in peius 19
oder in melius nicht anhört, begeht regelmässig eine Gehörsverletzung, die wegen der formellen Natur des Anspruchs auf rechtliches Gehör – auf Anfechtung hin – grundsätzlich zur Aufhebung des Rekursentscheids führt (dazu § 8 N. 5). Eine Heilung tritt jedenfalls dann ein, wenn die rekurrierende Partei zu erkennen gibt, dass sie ihren Rekurs auch in Kenntnis der Schlechterstellung nicht zurückgezogen hätte (zur Heilung von Gehörsverletzungen vgl. § 8 N. 48 ff.).

Die Dispositionsmaxime kommt im Rekursverfahren insoweit gleichwohl zum 20
Tragen, als der rekurrierenden Partei ein unbedingter Anspruch auf *Rekursrückzug* zusteht, um einer drohenden reformatio in peius zu entgehen. Diese Möglichkeit steht ihr bis zur Verfahrenserledigung zu; sie kann somit von ihrem Recht bis zur Eröffnung des Entscheids Gebrauch machen (RB 1965 Nr. 13; Gadola, a.a.O., S. 62; Kölz/Häner, Rz. 470; abweichend Keiser, a.a.O., S. 65; vgl. § 63 N. 2). Der Rückzug kann ein umfassender oder bloss teilweiser sein. In jedem Fall muss er bedingungslos und ausdrücklich erfolgen; ein bloss stillschweigender Rückzug fällt ausser Betracht. Auch ist er – das Vorliegen von Willensmängeln vorbehalten – nicht frei widerruflich (Gadola, S. 439, mit Hinweisen; Derselbe, a.a.O., S. 62 f., mit Hinweisen; vgl. RB 1983 Nr. 61; RB 1976 Nr. 28 = ZBl 77/1976, S. 559; § 28 N. 14 ff.).

Die Rekursinstanz hat einem Rückzug des Rekurses zu entsprechen und das 21
Verfahren mittels formellem Erledigungsentscheid abzuschreiben, d.h. förmlich zu beenden (Gadola, a.a.O., S. 63; Merkli/Aeschlimann/Herzog, Art. 73 N. 13; vgl. VGr. BE 1.7.1991, BVR 1992, S. 397 ff.; vgl. demgegenüber § 149 Abs. 2 Satz 3 StG hinsichtlich des Rückzugs des Steuerrekurses). Amtet die Rekursinstanz zugleich als Aufsichtsbehörde, welche Konstellation im verwaltungsinternen Rekursverfahren vor den Direktionen und dem Regierungsrat häufig anzutreffen ist, sie in dieser zweiten Funktion allerdings befugt, unabhängig vom Vorliegen eines rechtsgültigen Rekurses einen Entscheid aufzuheben, wenn die Vorinstanz klares Recht oder wesentliche öffentliche Interessen verletzt hat (Kölz/Häner, Rz. 691; vgl. Vorbem. zu §§ 19–28 N. 90; in diesem Sinn wohl auch Kom. 1. A., § 27 N. 4). Es spielt dabei keine Rolle, ob die wesentlichen öffentlichen Interessen durch eine unrichtige Ermessensbetätigung der Vorinstanz verletzt wurden.

§ 27

22 Manchmal wird, statt eine reformatio in melius vorzunehmen, die Vorinstanz veranlasst, wiedererwägungsweise einen neuen, für den Rekurrenten günstigeren Entscheid zu fällen. – Ungeachtet des Rekursrückzugs ist die erstinstanzlich anordnende Behörde sodann befugt, auf ihre materiell unbeurteilt gebliebene Anordnung nach Massgabe der Grundsätze der Anpassung bzw. der Rücknahme zurückzukommen (dazu Vorbem. zu §§ 86a–86d N. 12 f.). Darin zeigt sich, dass die Hinweispflicht (vgl. N. 15), welche die Beendigung des Rekursverfahrens durch Rückzug des Rechtsmittels erleichtert, mit dem Gebot der Durchsetzung des objektiv richtigen Rechts vereinbar ist, das den Gesetzgeber dazu veranlasste, die reformatio in peius oder in melius im Verwaltungsrekursverfahren grundsätzlich zuzulassen (Gadola, a.a.O., S. 63).

23 Eine reformatio in peius kann die Rekursinstanz nicht nur von sich aus vornehmen. Eine solche ist auch auf Antrag eines privaten oder öffentlichen Rekursgegners möglich, der nicht selbst gegen die betreffende Anordnung rekurriert. Er kann in seiner Rekursantwort eine Schlechterstellung der rekurrierenden Partei verlangen; es stehen ihm dabei sämtliche Einwendungen zur Verteidigung seiner Position zur Verfügung, einschliesslich die von der Vorinstanz verworfenen. Einem solchen Antrag kommt indessen lediglich die Bedeutung einer prozessualen Anregung zuhanden der Rekursinstanz zu, die aber für den Antragsteller Kostenfolgen nach sich ziehen kann (Gadola, S. 445; Derselbe, a.a.O., S. 63; Gygi, S. 250, 253; Kölz/Häner, Rz. 671; vgl. § 13 N. 15 und § 26 N. 20).

24 Wird eine Sache zur Neubeurteilung an die Vorinstanz (oder eine untere Instanz) zurückgewiesen, kann diese in ihrem Neuentscheid grundsätzlich eine reformatio in peius vornehmen. Dies gilt jedenfalls insoweit, als zugleich neue Tatsachen vorliegen, die gemäss § 20 Abs. 2 zu berücksichtigen sind (vgl. RB 1995 Nr. 57). Im Übrigen ist eine reformatio in peius durch die Vorinstanz nur in gleichem Umfang gestattet, wie auch die rückweisende Rekursinstanz hierzu befugt wäre. Denn die Zulässigkeit einer Änderung zulasten der rekurrierenden Partei darf nicht von der Zufälligkeit abhängen, ob die Rekursinstanz den Neuentscheid selber trifft oder ihn aber der Vorinstanz überlässt (vgl. RB 1992 Nr. 94; § 28 N. 35 ff., § 64 N. 12).

25 Weil die Rekursinstanz nicht an ihre im ersten Rechtsgang vertretene Rechtsauffassung gebunden ist, wenn ein auf Rückweisung ergangener vorinstanzlicher Entscheid erneut bei ihr mit Rekurs anhängig gemacht wird (vgl. RB 1984 Nr. 16, 1983 Nr. 23), kann sie eine reformatio in peius auch erst im zweiten Rechtsgang vornehmen.

4. Verschiedenes

Reformatio in peius und reformatio in melius haben im Rekursverfahren keine 26
grosse praktische Bedeutung erlangt (ebenso wenig im Verwaltungsbeschwerdeverfahren vor Bundesbehörden: Häfelin/Müller, Rz. 1408; Rhinow/Koller/Kiss, Rz. 1366). Letztere tritt sehr selten auf, obwohl ihre Handhabung meist unproblematisch ist, weil individuelles Rechtsschutzbedürfnis und Postulat der Verwirklichung des objektiven Rechts gleichlaufen. Erstere kommt im Ergebnis selten zur Anwendung, weil die Rekursinstanz die rekurrierende Partei infolge des Grundsatzes des rechtlichen Gehörs über eine drohende reformatio in peius vor dem Entscheid zu orientieren hat (N. 15), was regelmässig zu einem Rekursrückzug führt.

Letztinstanzliche kantonale (Rekurs-)Entscheide in Anwendung von Bundesrecht können durch das Beschwerderecht des Bundes ohne Einschränkung auch 27
zuungunsten des Rekurrenten abgeändert werden (BGE 102 Ib 286 ff.; Gadola, S. 444; Derselbe, a.a.O., S. 60; Zimmerli, a.a.O., S. 520).

§ 27a. Verwaltungsinterne Rekursinstanzen sowie Rekurskommissionen entscheiden innert 60 Tagen seit Abschluss der Sachverhaltsermittlungen. Der Abschluss der Sachverhaltsermittlung wird den Parteien angezeigt.

2. Behandlungsfrist

Kann eine Rekursinstanz diese Frist nicht einhalten, teilt sie den Parteien unter Angabe der Gründe mit, wann der Entscheid vorliegt.

Materialien
Prot. KK 1995/96, S. 226 ff., 276 ff., 288 ff., 299 ff., 317 f.; Prot. KR 1995–1999, S. 6423, 6443 ff., 6488, 6832; Beleuchtender Bericht 1997, S. 6.

Literatur vgl. § 4a.

Gleich dem allgemeinen Beschleunigungsgebot (§ 4a) war auch § 27a im 1
regierungsrätlichen Antrag an den Kantonsrat vom 3.5.1995 nicht vorgesehen. Vielmehr bildet diese Bestimmung, gegen die der Regierungsrat erhebliche Bedenken äusserte (Prot. KK 1995/96, S. 227 f., 231 f., 280), das Ergebnis eingehender Beratungen in der kantonsrätlichen Revisionskommission (vgl. Prot. KK 1995/96, S. 226 ff., 276 ff., 288 ff., 299 ff., 317 f.). Im Plenum des Kantonsrats gab § 27a schliesslich zu keinen Bemerkungen Anlass (Prot. KR 1995–1999, S. 6488, 6832).

Während § 4a lediglich das allgemeine Gebot zur Verfahrensbeschleunigung 2
statuiert, konkretisiert § 27a dieses Gebot für das Verwaltungsrekursverfahren (§ 4a N. 3), indem den Rekursbehörden aufgegeben wird, ihren Entscheid innert bestimmter Frist zu treffen, und ihnen – zwecks Fristenkontrolle durch die Par-

§ 27a

teien – Mitteilungs- und Begründungspflichten auferlegt werden. Mithin kommt § 27a eine ungleich grössere praktische Bedeutung als § 4a zu. Zu beachten ist allerdings, dass über § 27a hinaus auch folgende Gesetzesbestimmungen zu einer beförderlichen Behandlung von Verwaltungsverfahren beitragen (vgl. § 4a N. 7): § 319 Abs. 1 PBG (Erteilung der Baubewilligung innert bestimmter Frist), § 10a VRG (Verzicht auf die Begründung einer Anordnung), §§ 19a–19c VRG (in der Regel nur zwei Rechtsmittelinstanzen), § 26 Abs. 3 (Höchstdauer der Vernehmlassungsfrist) und § 38 (Zirkulations- und Einzelrichterentscheide des Verwaltungsgerichts).

3 Der Behandlungsfrist gemäss § 27a sind lediglich *verwaltungsinterne Rekursinstanzen* (Bezirksbehörden, Bezirksräte, Direktionen, Regierungsrat) und *Rekurskommissionen* unterworfen (vgl. mit Bezug auf das erstinstanzliche Baubewilligungsverfahren den anlässlich der Revision vom 8.6.1997 geänderten § 319 PBG, mit Bezug auf das Einspracheverfahren § 10a N. 17). Für Letztere gilt dies ungeachtet dessen, ob sie in ihrer rechtsprechenden Tätigkeit unabhängig sind (zu den einzelnen Rekursbehörden vgl. § 19 N. 81 ff.), weshalb sich der Anwendungsbereich von § 27a insbesondere auch auf die Baurekurskommissionen erstreckt. Nicht zu den Rekurskommissionen in diesem Sinn zählen aufgrund des Vorbehalts von § 4 VRG die Steuerrekurskommissionen und die Schätzungskommissionen nach Abtretungsgesetz. Für Erstere regelt das Steuergesetz das Rekursverfahren selbständig (§ 4 N. 8), wobei es in § 149 Abs. 1 StG eine mit § 27a VRG identische Bestimmung enthält. Das Verfahren vor den Schätzungskommissionen wiederum richtet sich nach den Bestimmungen des Abtretungsgesetzes und der zugehörigen Verfahrensverordnung, die ihrerseits in Teilbereichen auf das VRG verweist (§ 4 N. 8, § 19 N. 122). § 42 Abs. 1 AbtrG verpflichtet die Schätzungskommissionen, ihren Entscheid über die streitigen Ansprüche in der Regel innerhalb von 14 Tagen nach der letzten Verhandlung zu treffen. Nach ständiger Praxis der Schätzungskommissionen bedeutet dies, dass innert dieser Frist lediglich ein Entscheid zu fällen ist, ohne dass dieser den Parteien bereits schriftlich begründet zuzustellen wäre. Denn die Organisationsstruktur der Schätzungskommissionen (vgl. § 34 AbtrG, §§ 2 f. SchätzV) dürfte es regelmässig von vornherein ausschliessen, den schriftlich begründeten Schätzungsentscheid innert der genannten Frist den Parteien zu eröffnen, soweit nicht ein ausformulierter Antrag zum Entscheid erhoben wird. Keine Geltung vermag § 27a VRG gemäss seinem klaren Wortlaut für die Verfahren vor Verwaltungsgericht zu beanspruchen. Dies gilt selbst dann, wenn das Verwaltungsgericht in einem Disziplinarrekursverfahren oder in einem Enteignungsrekursverfahren als Rekursinstanz amtet (vgl. §§ 76 und 78 VRG sowie § 46 AbtrG).

4 Die Behandlungsfrist beginnt nicht bereits mit dem Abschluss des Schriftenwechsels, sondern erst nach *Beendigung der Sachverhaltsermittlungen* zu laufen (§ 27a Abs. 1 Satz 1). Dies gestattet es den Rekursbehörden, ihrer Untersu-

§ 27a

chungspflicht gemäss § 7 Abs. 1 ohne Fristendruck nachzukommen und den Sachverhalt auch in umfangreichen, aufwendigen oder komplizierten Rekursverfahren gründlich zu ermitteln. Den Fristbeginn auf einen früheren Zeitpunkt festzusetzen, erwiese sich gerade in solchen Fällen nicht nur als wenig praktikabel, sondern würde auch der im Verwaltungsrekursverfahren ebenfalls zu beachtenden, allerdings relativierten Untersuchungsmaxime widersprechen (vgl. Vorbem. zu §§ 19–28 N. 70). § 27a vermag anderseits angesichts des so geregelten Fristenlaufs nicht zu verhindern, dass es eine Rekursinstanz entgegen dem Beschleunigungsgebot in der Hand hat, den Zeitpunkt zu bestimmen, in dem die Behandlungsfrist zu laufen beginnt (vgl. Rotach, S. 445 f.).

Gemäss § 27a Abs. 1 Satz 1 haben die Rekursinstanzen innert 60 Tagen seit 5
Abschluss der Sachverhaltsermittlungen zu *entscheiden*. Ob hiermit lediglich die eigentliche Entscheidfällung oder aber die schriftliche Zustellung des Entscheids an die Parteien gemeint ist, lässt sich dem Gesetz nicht entnehmen. Dieser Unterscheidung kommt dann kein besonderes Gewicht zu, wenn die Rekursbehörde aufgrund und im Sinn eines ausformulierten Antrags entscheidet. Diesfalls liegen die beiden Zeitpunkte in der Regel dicht beieinander. Wird dagegen gestützt auf ein mündliches Referat oder entgegen dem formulierten schriftlichen Antrag entschieden, fallen das Datum der Beschlussfassung und jenes der Entscheidzustellung unter Umständen erheblich auseinander. In diesem Zusammenhang gilt es zu beachten, dass ein Rekursentscheid gemäss § 28 Abs. 1 Satz 1 – und in Übereinstimmung mit § 10 Abs. 1 – kurz den Tatbestand zu umschreiben und die Erwägungen zusammenzufassen hat. Ein förmlicher Rekurs*entscheid* liegt somit erst vor, wenn diese Voraussetzungen erfüllt sind; eine rechtsgenügende Zustellung ist vorher nicht möglich. «Entscheiden» im Sinn von § 27a Abs. 1 Satz 1 bedeutet daher, dass der schriftliche begründete Rekursentscheid den Parteien innert der 60-tägigen Behandlungsfrist zuzustellen und zu eröffnen ist. Nur diese Auslegung wird dem Sinn und Zweck der Behandlungsfrist gerecht, eine Verfahrensbeschleunigung zu erzielen (Prot. KK 1995/96, S. 317; Rotach, S. 445; vgl. demgegenüber N. 3 mit Bezug auf die Auslegung von § 42 Abs. 1 AbtrG im Verfahren vor den Schätzungskommissionen).

Die *Behandlungsfrist,* d.h. der Zeitraum, der den Rekursbehörden zwischen dem 6
Abschluss der Sachverhaltsermittlungen und der Zustellung des Rekursentscheids zur Verfügung steht, um ihren Entscheid zu treffen und schriftlich begründet zu eröffnen, beträgt 60 Tage. Die Dauer dieser Frist entspringt nicht besonderen Überlegungen, sondern wurde ohne Berücksichtigung von Erfahrungswerten festgelegt (Prot. KK 1995/96, S. 290). Eher zufälligerweise entspricht sie der Höchstdauer, die gemäss § 26 Abs. 3 für die Rekursvernehmlassung gewährt werden kann (vgl. § 26 N. 29). – Im Interesse der Verfahrensbeschleunigung sind die Rekursbehörden gehalten, möglichst rasch zu entscheiden; wenn immer möglich ist daher nicht die volle Dauer der Behandlungsfrist auszuschöpfen.

§ 27a

7 Den Rekursbehörden eine Behandlungsfrist vorzugeben, erweist sich nur dann als sinnvoll, wenn deren Einhaltung von den Verfahrensbeteiligten auch überprüft werden kann. Zu diesem Zweck schreibt § 27a Abs. 1 Satz 2 den Rekursbehörden vor, den Abschluss der Sachverhaltsermittlung den Parteien anzuzeigen. Weil diese Mitteilung für die Parteien nicht fristauslösend ist, genügt hierfür einfache Schriftlichkeit in Briefform.

8 Die schematische Dauer der Behandlungsfrist von 60 Tagen (N. 6) lässt die besonderen Verhältnisse des Einzelfalls von vornherein ausser Acht. In einfachen Fällen erweist sie sich als zu grosszügig bemessen. In komplizierten oder besonders umstrittenen Verfahren reicht die gesetzliche Frist dagegen nicht aus, um rechtzeitig zu entscheiden. Im Hinblick darauf gesteht § 27a Abs. 2 den Rekursbehörden eine Überschreitung der Behandlungsfrist zu. Lässt sich die Frist nach Auffassung der Rekursinstanz nicht einhalten, hat sie dies den Parteien unter Angabe der Gründe hierfür mitzuteilen; zugleich hat sie den Parteien bekanntzugeben, wann der Entscheid vorliegt, was richtigerweise heissen will, «wann der Entscheid voraussichtlich vorliegen wird». Trotz der von vornherein zugestandenen Möglichkeit der Fristüberschreitung beinhaltet § 27a Abs. 2 somit insoweit eine gewisse Sanktion, als sich die Rekursbehörden hierfür gegenüber den Parteien zu verantworten haben. Während es der Rekursinstanz unter Hinweis auf den allgemeinen Grund der Arbeitsüberlastung regelmässig leicht fallen dürfte, die Fristversäumnis gegenüber den Parteien zu rechtfertigen, bewirkt die Pflicht zur Bekanntgabe des Entscheidzeitpunkts eine echte *Selbstbindung*. Die Rekursbehörde muss sich und den Parteien gegenüber Rechenschaft über den weiteren zeitlichen Ablauf des Verfahrens ablegen, was vielfach nicht einfach sein dürfte. Im Zweifelsfall wird sie allerdings – unter Beachtung der Schranken der formellen Rechtsverweigerung – einen möglichst grosszügigen Zeitraum nennen, wodurch die Bedeutung der Selbstbindung als wirksame Sanktion wiederum erheblich relativiert wird.

9 Nicht dem Gesetz entnehmen lässt sich, wie zu verfahren ist, wenn eine Rekursinstanz selbst innert der selbstdeklarierten, verlängerten Behandlungsfrist nicht entscheidet. Diesfalls auf jede weitere Sanktion zu verzichten, wäre wenig folgerichtig. In einem solchen Fall hat die Rekursinstanz die Parteien erneut im Sinn von § 27a Abs. 2 zu benachrichtigen.

10 Trotz der Folgen, die § 27a Abs. 2 an die Überschreitung der Behandlungsfrist knüpft (vgl. N. 8), handelt es sich bei dieser Frist letztlich um eine blosse Ordnungsfrist; Verwirkungsfolgen zeitigt sie keine. Das Beschleunigungsgebot in dieser konkreten Ausgestaltung erweist sich denn auch nur als beschränkt justiziabel. Immerhin ist dies dann der Fall, wenn eine Rekursbehörde ihren Mitteilungs- und Begründungspflichten gemäss § 27a nicht oder nicht richtig nachkommt. Eine solche Säumnis kann mit Aufsichtsbeschwerde bei der Aufsichtsinstanz geltend gemacht werden (vgl. Vorbem. zu §§ 19–28 N. 33). Darüber

hinaus kann die behördliche Untätigkeit auch Anlass zu einer Beschwerde wegen Rechtsverzögerung geben (vgl. § 4a N. 4, Vorbem. zu §§ 19–28 N. 47).

Es ist durchaus anzuerkennen, dass § 27a und namentlich die in dessen Abs. 2 enthaltene Mitteilungs- und Begründungspflicht bei den Rekursinstanzen einen gewissen Druck hinsichtlich der Einhaltung der gesetzlichen Zielvorstellungen zu erzeugen vermag (Rotach, S. 445; vgl. Prot. KK 1995/96, S. 231). Auch setzt die Behandlungsfrist den Rekursbehörden zumindest für den letzten Abschnitt des Rekursverfahrens (Entscheidfällung, -begründung und -zustellung) einen verbindlichen zeitlichen Rahmen. Diesen begrüssenswerten Wirkungen steht allerdings die beschränkte Justiziabilität der Behandlungsfrist gegenüber (vgl. N. 10). Die Tragweite der Behandlungsfrist wird zusätzlich dadurch relativiert, dass die Rekursbehörden weitgehend darüber bestimmen können, wann die Behandlungsfrist zu laufen beginnt (vgl. N. 4), und dass es ihnen in aller Regel keine Mühe bereitet, eine Fristverlängerung, deren Dauer in ihrem Ermessen liegt, zu begründen (vgl. N. 8). Zu berücksichtigen ist zudem der administrative Mehraufwand, den die gemäss § 27a erforderlichen Mitteilungen verursachen. Letztlich stellt sich die Frage, ob § 27a tatsächlich im gewünschten Umfang zu einer Beschleunigung des Rekursverfahrens beiträgt (vgl. auch § 4a N. 6).

11

§ 28. Der Rekursentscheid umschreibt kurz den Tatbestand und fasst die Erwägungen zusammen. Soweit der Darstellung des Tatbestandes und den Erwägungen der Vorinstanz zugestimmt wird, kann auf sie verwiesen werden.

3. Rekursentscheid

Der Rekursentscheid wird dem Rekurrenten, der Vorinstanz sowie allfälligen weiteren am Rekursverfahren Beteiligten schriftlich zugestellt. Ändert die Rekursinstanz die Anordnung der unteren Instanz ab, so sollen überdies alle jene Personen den Rekursentscheid erhalten, welche durch diese Erledigung in ihren schutzwürdigen Interessen berührt werden.

Materialien
Weisung 1957, S. 1038; Prot. KK 20.12.1957, 23.9.1958; Prot. KR 1955–1959, S. 3379; Beleuchtender Bericht 1959, S. 402; Weisung 1995, S. 1534; Prot. KK 1995/96, S. 59; Prot. KR 1995–1999, S. 6488, 6832; Beleuchtender Bericht 1997, S. 6.

Literatur
CAVELTI ULRICH, Gütliche Verständigung vor Instanzen der Verwaltungsrechtspflege, AJP 1995, S. 175 ff.; GADOLA, S. 435 ff.; GUYER HANS, Formelle Erledigung des Beschwerdeverfahrens in der Alters- und Hinterlassenen- und in der Invalidenversicherung, ZBl 61/1960, S. 233 ff.; GYGI, S. 317 ff.; KÖLZ/HÄNER, Rz. 680 ff.; LEBRECHT ANDRÉ E., Die formelle Verfahrenserledigung im Anfechtungsstreitverfahren, Forch 1987; MERKER, § 58 Rz. 2 ff.; MERKLI/AESCHLIMANN/HERZOG, Art. 39 N. 1 ff., Art. 72 N. 1 ff.; RHINOW/KOLLER/KISS, Rz. 861 ff., 1359 ff.

§ 28

Übersicht   Note
1. Rekursentscheid (Abs. 1)   1
2. Formen der Rekurserledigung   6
   2.1. Formeller Entscheid   9
      2.1.1. Nichteintreten   9
      2.1.2. Verfahrensabschreibung   13
      2.1.3. Sonderfälle   19
   2.2. Materieller Entscheid   27
   2.3. Rückweisung   29
3. Mitteilung (Abs. 2)   41

1. Rekursentscheid (Abs. 1)

1 Gleich den erstinstanzlichen Anordnungen haben auch Rekursentscheide bestimmten formellen und inhaltlichen Anforderungen zu genügen. Mit Bezug auf die Form verlangt § 28 allerdings nur Schriftlichkeit (Abs. 2; vgl. N. 42). Hinsichtlich des Inhalts ist lediglich gefordert, dass der Entscheid kurz den Tatbestand umschreibt und die Erwägungen zusammenfasst (Abs. 1). Um eine geordnete Verfahrensabwicklung zu gewährleisten und um Missverständnissen über den Verfahrensausgang vorzubeugen, bedarf ein Rekursentscheid jedoch bezüglich Form (N. 2) und Inhalt (N. 3) weiterer Ausgestaltung.

2 Mit Blick auf die Ausstandsregelung von § 5a hat sich aus dem *schriftlichen* Rekursentscheid bzw. aus dessen Einleitung (Rubrum) zu ergeben, welche Behörde als *Rekursinstanz* amtete und wer am Entscheid mitwirkte. Ferner sind die *Parteien* sowie allfällige Parteivertreter zu bezeichnen und ist einleitend die *Streitsache* zu benennen. Auch ist der Entscheid zu datieren, zu unterzeichnen (dazu § 10 N. 19) und mit einer Rechtsmittelbelehrung zu versehen (zu Inhalt und Bedeutung der Rechtsmittelbelehrung vgl. § 10 N. 47 ff.). Schliesslich ist im Entscheid festzuhalten, welchen Personen und Amtsstellen er mitzuteilen ist (vgl. N. 43 f.; zu den formellen Anforderungen an die Entscheide der Baurekurskommissionen vgl. § 27 Abs. 1 OV BRK).

3 *Inhaltlich* sind im Rahmen der kurzen Tatbestandsumschreibung der entscheidwesentliche *Sachverhalt* und die *Prozessgeschichte* einschliesslich der *Parteianträge* darzustellen und sind in den *Erwägungen* die Gesetzesbestimmungen und die Gründe, auf die der Entscheid sich stützt, zu nennen. Weiter hat der Rekursentscheid ein *Dispositiv* (Erkenntnis, Entscheidformel) zu enthalten, aus der sich die Art der Erledigung in der Sache und in Bezug auf die Kosten- und Entschädigungsfrage ergibt (Gadola, S. 449; vgl. Bosshart, § 28 N. 2).

4 Weil der Rekursentscheid den Parteien schriftlich mitzuteilen ist (§ 28 Abs. 2 Satz 1), muss er auch schriftlich begründet werden (§ 10 Abs. 2). Ein Verzicht auf Begründung ist mangels Anwendbarkeit von § 10a auf das Rekursverfahren ausgeschlossen (§ 10a N. 2). Allerdings bestehen spezialgesetzliche Ausnahmen von der Begründungspflicht: So kann im Rekursverfahren vor der Baurekurs-

§ 28

kommission deren Präsident oder der für das betreffende Geschäft bestimmte Referent in einfachen Fällen den von ihm getroffenen Entscheid ohne Begründung im Dispositiv eröffnen (§ 335 Abs. 2 PBG). Die *Begründung* des Rekursentscheids hat denselben Anforderungen zu genügen wie die erstinstanzliche Anordnung (eingehend zu Inhalt und Umfang der Begründungspflicht § 10 N. 36 ff.). Weil die Rekursbehörde das Recht von Amtes wegen anzuwenden hat (§ 7 Abs. 4 Satz 2), ist sie auch dann nicht an die Begründung in der angefochtenen Anordnung gebunden, wenn sie im Sinn einer Motivsubstitution mit anderer Begründung zum gleichen Ergebnis gelangt (zum Anspruch auf rechtliches Gehör vgl. § 8 N. 19). – Zur Vereinfachung und Beschleunigung des Verfahrens besitzt die Rekursinstanz die Möglichkeit, auf die Sachverhaltsfeststellungen und die Entscheidungsgründe der Vorinstanz insoweit zu verweisen, als diesen beigepflichtet wird (§ 28 Abs. 1 Satz 2; vgl. Weisung 1995, S. 1534). Hierbei handelt es sich um eine mit § 161 GVG identische Vorschrift. Während § 161 GVG bis zur Revision vom 8.6.1997 aufgrund der Verweisung in § 71 VRG auf die Entscheide des Verwaltungsgerichts unmittelbar und im Übrigen auf Rekursentscheide höchstens analog Anwendung fand, ist § 28 Abs. 1 Satz 2 VRG nunmehr für alle Rekursentscheide und i.V.m. § 70 VRG auch für die verwaltungsgerichtlichen Entscheide massgebend.

Das *Dispositiv* hat den eigentlichen Entscheid zu enthalten; grundsätzlich erwächst nur das im Dispositiv Festgehaltene in Rechtskraft. Es können jedoch auch die Erwägungen an der Rechtskraft teilhaben, indem das Dispositiv mit dem Beisatz «im Sinn der Erwägungen» auf diese verweist. Dies gilt ebenfalls dort, wo zwar im Dispositiv der ausdrückliche Hinweis auf die Erwägungen fehlt, der Sinn des Dispositivs und des ganzen Entscheids aber zwingend darauf verweist (RB 1968 Nr. 6). Weiter beinhaltet das Dispositiv die Kosten- und Entschädigungsregelung, die Adressatenliste und – sofern ein ordentliches Rechtsmittel zulässig ist – die Rechtsmittelbelehrung. Negative Rechtsmittelbelehrungen sind im Verwaltungsprozess dabei nicht üblich (vgl. § 10 N. 47). 5

2. Formen der Rekurserledigung

Das Interesse an der Schaffung klarer (Rechts-)Verhältnisse und die Rechtssicherheit verlangen, dass jedes vor einer Rekursinstanz anhängig gemachte Verfahren *förmlich* erledigt wird. Der Abschluss des Rekursverfahrens erfolgt formell durch einen *Prozessentscheid* oder materiell durch einen *Sachentscheid*. Bei diesen handelt es sich in der Regel um instanzabschliessende Endentscheide. Es ist aber auch möglich, ein Rekursverfahren durch einen Teil- oder durch einen Vorentscheid teilweise oder ganz zu beenden (Gadola, S. 435; Merker, § 58 Rz. 2; vgl. § 19 N. 45). 6

Mit Prozessentscheid wird das Verfahren erledigt, wenn sich die Rekursinstanz nicht zur Begründetheit oder Unbegründetheit der Rekursbegehren äussert, 7

§ 28

mithin nicht materiell über die Streitsache befindet. Es ergeht ein Nichteintretensentscheid, falls eine Sachentscheidungsvoraussetzung fehlt (N. 9 ff.), oder es erfolgt eine Verfahrensabschreibung, wenn sich ein Sachentscheid aufgrund des Rekursrückzugs (N. 14 ff.) oder wegen Gegenstandslosigkeit erübrigt (N. 18 f.). Sind dagegen sämtliche Sachentscheidungsvoraussetzungen erfüllt, hat die Rekursinstanz einen Entscheid über die Begründetheit des Rechtsbegehrens zu treffen, d.h. in der Sache selbst (materiell) zu entscheiden (N. 27 f.; vgl. Gadola, S. 436; Gygi, S. 319; Merker, § 58 Rz. 3; Rhinow/Koller/Kiss, Rz. 862 f.). Als Sonderfälle unter den verschiedenen Formen der Rekurserledigung erscheinen Anerkennung und Vergleich (N. 19 ff.): Liegen derartige Parteierklärungen vor, erfolgt die Rekurserledigung in der Praxis gleichwohl durch einen Entscheid in der Sache (vgl. § 63 N. 5; Cavelti, a.a.O., S. 176; Merker, § 58 Rz. 15); demgegenüber zählt die Lehre Anerkennung und Vergleich gemeinhin zur Verfahrenserledigung durch formellen Entscheid in Gestalt der Verfahrensabschreibung (Gadola, S. 440 f.; Gygi S. 327; Kölz/Häner, Rz. 684 f.; Merker, § 58 Rz. 7 ff.; Merkli/Aeschlimann/Herzog, Art. 39 N. 9 ff.; Rhinow/ Koller/Kiss, Rz. 876 f.). – Zu den Kostenfolgen formeller und materieller Rekurserledigung vgl. § 13 N. 14 ff.

8 Das rechtsgültige Zustandekommen eines förmlichen Rekursentscheids setzt voraus, dass die zuständige Rekursinstanz, bei der es sich meist um eine Kollegialbehörde handelt, *beschlussfähig* ist. Dementsprechend können Bezirksbehörden, die als Kollegium tätig werden (Bezirksrat, Bezirksschulpflege, Bezirksjugendkommission, Bezirkskirchenpflege), nur dann über Rekurse entscheiden, wenn die Mehrheit der Mitglieder anwesend ist, wobei diese zur Stimmabgabe verpflichtet sind (§ 4 Abs. 1 BezverwG i.V.m. § 66 Abs. 1 und 3 GemeindeG). Rekursentscheide des Gesamtregierungsrats bedürfen grundsätzlich der Mitwirkung der Mehrheit von sämtlichen Mitgliedern des Regierungsrats (§ 40 OGRR). Für die Verfahren vor Baurekurskommission schreibt § 335 Abs. 1 PBG vor, dass diese ihre Entscheide in Dreierbesetzung trifft. Zu den Fällen, in denen anstelle des Kollegiums der Rekursbehörde deren Präsident befugt ist, formelle und/oder materielle Rekursentscheide zu treffen, vgl. N. 12, 13 und 27.

2.1. Formeller Entscheid

2.1.1. Nichteintreten

9 Fehlt eine Sachentscheidungsvoraussetzung, fällt die Rekursinstanz in der Regel einen *Nichteintretensentscheid*. Vielfach mangelt es jedoch nur teilweise an einzelnen Sachentscheidungsvoraussetzungen, sei es mit Bezug auf bestimmte verfahrensbeteiligte Personen oder hinsichtlich einzelner Rekursbegehren; diesfalls ist nur insoweit auf den Rekurs nicht einzutreten und im Übrigen in der Sache zu entscheiden. Sind Sachentscheidungsvoraussetzungen – insbesondere die Rekurslegitimation oder die Rechtzeitigkeit des Rechtsmittels – umstritten oder ist aufgrund der Sachlage unklar, ob sie gegeben sind, kann die Rekurs-

behörde diese Fragen offen lassen und auf den Rekurs gleichwohl eintreten, wenn er in der Sache ohnehin abzuweisen ist (Vorbem. §§ 19–28 N. 94). Das Fehlen der Sachentscheidungsvoraussetzungen hat zwar regelmässig Nichteintreten zur Folge, doch kann sich die angerufene Rekursinstanz als zuständige Aufsichtsbehörde zu aufsichtsrechtlichem Einschreiten veranlasst sehen (Gadola, S. 437). Es ist ihr aber auch gestattet, im Nichteintretensentscheid einer ihr unterstellten Behörde Weisungen für den Vollzug der angefochtenen Anordnung zu erteilen. Hingegen ist es der Rekursinstanz verwehrt, einer verfahrensbeteiligten Partei im Nichteintretensentscheid eine Leistungspflicht aufzuerlegen (RB 1982 Nr. 23). Ebenso hat sie die angefochtene Anordnung materiell unverändert zu belassen, wenn sie (sachlich) nicht zuständig ist (RB 1981 Nr. 22).

Selbst wenn die Rekursinstanz auf Nichteintreten erkennt, bleibt es ihr bei materiell unbegründeten Rekursen unbenommen, sich in ihrem Entscheid zugleich zur Unbegründetheit des Rekurses zu äussern und darzulegen, weshalb das Rechtsmittel auch im Eintretensfall erfolglos geblieben wäre. Neben den prozessualen Nichteintretensentscheid als Hauptstandpunkt tritt so der Sachentscheid als Eventualstandpunkt. Ein solches Vorgehen hat den Vorteil, dass eine weitere Rechtsmittelinstanz – sofern sie den Nichteintretensentscheid für unzutreffend hält – die Sache nicht an die Vorinstanz zurückweisen muss, sondern im Interesse der Verfahrensbeschleunigung direkt deren materiellen Eventualstandpunkt prüfen kann. Wegen der präjudiziellen Wirkung, die von Eventualerwägungen ausgehen kann, sollte von diesen jedoch nur zurückhaltend Gebrauch gemacht werden (Gadola, S. 437; Rhinow/Koller/Kiss, Rz. 864; vgl. N. 30). Gleich verhält es sich auch mit sogenannten «obiter dicta», d.h. mit Erwägungen über Rechtsfragen, die im hängigen Verfahren gar nicht entschieden werden müssen (vgl. Rhinow/Koller/Kiss, Rz. 946). 10

Ein Nichteintretensentscheid ergeht dann, wenn eine Sachentscheidungsvoraussetzung von Anfang an fehlt. Betrifft der Mangel die Zuständigkeit der Rekursinstanz, ist die Rechtsmitteleingabe gestützt auf § 5 Abs. 2 an die zuständige Behörde zu überweisen. Ein Nichteintretensentscheid ist nur zu treffen, wenn eine der beteiligten Parteien auf der Zuständigkeit der angerufenen Rekursinstanz beharrt (Merker, Vorbem. zu § 38 Rz. 8; § 5 N. 33). Fällt eine Sachentscheidungsvoraussetzung – etwa das Rechtsschutzinteresse oder die angefochtene Anordnung – während der Dauer des Rekursverfahrens dahin, wird der Rekurs gegenstandslos und ist das Verfahren infolgedessen abzuschreiben (Gygi, S. 326; Merker, § 58 Rz. 3, insb. Anm. 10; vgl. N. 17). Anders verhält es sich nur, wenn die Zuständigkeit während des hängigen Verfahrens ändert; diesfalls wird an der einmal begründeten Zuständigkeit festgehalten (perpetuatio fori; vgl. § 5 N. 4). 11

Der Nichteintretensentscheid ist von der Rekursinstanz zu treffen; er wird zumeist als «Verfügung» (im untechnischen Sinn) bezeichnet, wenn eine Einzelperson entscheidet, als «Beschluss» hingegen, wenn eine Kollegialbehörde zu- 12

§ 28

ständig ist. In den Rekursverfahren vor dem Regierungsrat und vor den Bezirksbehörden (Bezirksrat, Bezirksschulpflege, Bezirksjugendkommission, Bezirkskirchenpflege; vgl. § 2 BezverwG) entscheidet der Präsident der Rekursinstanz durch Präsidialverfügung (§ 3 Abs. 2 Ziff. 1 VerfV bzw. § 4 Abs. 1 BezverwG i.V.m. § 67 GemeindeG; zur Frage der genügenden gesetzlichen Grundlage der Nichteintretensentscheide des Regierungspräsidenten vgl. § 26a N. 8). Dies gilt vielfach auch für die Rekurskommissionen (z.B. § 7 Abs. 2 SchulrekurskomV, § 7 Abs. 2 UniversitätsrekurskomV). Erweist sich das Nichteintreten als einfacher Fall im Sinn von § 335 Abs. 2 Satz 1 PBG, kann gemäss dieser Bestimmung der Präsident der Baurekurskommission oder der für das betreffende Geschäft bezeichnete Referent den Nichteintretensentscheid treffen. Gegen den Nichteintretensentscheid stehen dieselben Rechtsmittel wie gegen den Sachentscheid zur Verfügung.

2.1.2. Verfahrensabschreibung

13 Ein formeller Entscheid ist ferner zu fällen, wenn das Verfahren wegen *Rückzugs* oder *Gegenstandslosigkeit* abgeschrieben wird. In diesem Fall erfolgt die Verfahrenserledigung zwar ohne Anspruchsprüfung; gleichwohl bedarf sie stets eines förmlichen Abschreibungsentscheids. Dieser ist lediglich *deklaratorischer Natur,* indem die förmliche Verfahrensabschreibung keinen Entscheid über die streitige Angelegenheit beinhaltet (BGE 109 V 237 f.; Gadola, S. 438; a.M. Merkli/Aeschlimann/Herzog, Art. 39 N. 4). Infolgedessen gilt ein Rekursverfahren bereits in dem Zeitpunkt als erledigt, in welchem die Gegenstandslosigkeit eintritt oder der Rückzug des Rekurses erklärt wird. Zuständig für die Verfahrensabschreibung ist im Allgemeinen wie beim Nichteintretensentscheid die Rekursbehörde bzw. deren Präsident (vgl. N. 12), im Rekursverfahren vor Regierungsrat die Staatskanzlei oder die den Rekursentscheid vorbereitende Direktion (§ 4 Abs. 1 Ziff. 11 und Abs. 2 VerfV). Dies gilt auch bei Wiedererwägung durch die Vorinstanz (so ausdrücklich § 4 Abs. 1 Ziff. 11 VerfV), weshalb die Rekursinstanz hiervon zu orientieren ist. Der Abschreibungsbeschluss ist auf dem ordentlichen Rechtsmittelweg anfechtbar.

14 Aus der in der Verwaltungsrechtspflege geltenden Dispositionsmaxime ergibt sich das Recht der rekurrierenden Partei, den *Rückzug* ihres Rechtsmittels zu erklären (Gadola, S. 439; Gygi, S. 327; Merker, § 58 Rz. 4). Hierzu ist sie aber, falls mehrere Personen Rekurs erhoben haben, nur insoweit befugt, als sie über den Streitgegenstand selbständig verfügungsberechtigt ist; nur in diesem Umfang ist der Rückzug für die Rekursbehörde verbindlich (Merkli/Aeschlimann/ Herzog, Art. 39 N. 6). Diese hat zusätzlich zu prüfen, ob der Rekurs zulässigerweise als Ganzes oder nur teilweise zurückgezogen wird. Im Umfang des Rückzugs verzichtet die rekurrierende Partei auf die Überprüfung des mit der angefochtenen Anordnung geregelten Rechtsverhältnisses. Insoweit erwächst diese daher in Rechtskraft (Gadola, S. 439; Kölz/Häner, Rz. 683).

§ 28

Der Rekursrückzug ist bis zur Zustellung des Rekursentscheids zulässig (RB 1965 Nr. 13) und gegenüber derjenigen Instanz zu erklären, bei der das Rekursverfahren hängig ist (Merker, § 58 Rz. 4). Die rekurrierende Partei hat den Rückzug ihres Rechtsmittels ausdrücklich, unmissverständlich und bedingungslos zu erklären; ein stillschweigender Rückzug ist ausgeschlossen (BGE 119 V 38, 111 V 158; RB 1963 Nr. 30; VGr. 1.4.1999, RG.99.00001). Jedenfalls ist nicht leichthin auf einen Rekursrückzug zu schliessen, namentlich weil die einmal abgegebene Rückzugserklärung grundsätzlich endgültig und nicht frei widerruflich ist (RB 1983 Nr. 61, mit Hinweisen). Vorbehalten bleibt der Vertrauensschutz, wenn die rekurrierende Partei durch die behördliche Zusage einer neuen, weiterzugsfähigen Anordnung zum Rückzug verleitet wurde (BGE 109 V 237 f.; Kölz/Häner, Rz. 683). Ebenso muss ein Widerruf möglich sein, wenn die rekurrierende Partei nachzuweisen vermag, dass der Rückzug an einem Willensmangel leidet (vgl. Vorbem. zu §§ 19–28 N. 61, § 63 N. 2). Nach der Zustellung des Abschreibungsbeschlusses ist ein Widerruf allerdings ausgeschlossen. Diesfalls ist der Abschreibungsbeschluss einer Revision zugänglich, sofern der Beschwerdeführer Willensmängel geltend macht (RB 1993 Nr. 11; vgl. § 63 N. 2, § 86a N. 19). 15

Vielfach erfolgt der Rekursrückzug zufolge einer Wiedererwägung durch die Vorinstanz. Bei dieser Konstellation weisen beide Verfahrenshandlungen (Wiedererwägung und anschliessender Rückzug) gemeinsam betrachtet die Merkmale eines aussergerichtlichen Vergleichs auf (Merker, § 58 Rz. 5; vgl. N. 23). – Mit Blick auf das Verbot des Rechtsmissbrauchs ist es nicht zu beanstanden, einen nicht von vornherein aussichtslosen Rekurs zu erheben und alsdann der Gegenpartei dessen Rückzug gegen eine Entschädigung anzubieten (RB 1991 Nr. 6). 16

Ein Rekursverfahren wird *gegenstandslos* und ist aus diesem Grund als erledigt abzuschreiben, wenn die angefochtene Anordnung zufolge Wiedererwägung, Widerruf, Zeitablauf oder aus anderen Gründen dahingefallen ist. Gegenstandslosigkeit tritt aber auch ein, wenn während des hängigen Rekursverfahrens das Rechtsschutzinteresse der rekurrierenden Partei an der autoritativen Regelung des Rechtsverhältnisses durch die Rekursinstanz entfällt (RB 1981 Nr. 21; Gadola, S. 441; Gygi, S. 326). Ein hinreichendes Rechtsschutzinteresse fehlt daher namentlich, wenn der private Rekursgegner das streitige Bewilligungsgesuch zurückgezogen hat, wenn die rekurrierende Partei das streitbetroffene Grundstück veräussert hat (vgl. RB 1983 Nr. 11; a.M. Kölz/Häner, Rz. 686, unter Hinweis auf BGE 116 Ia 223 betreffend die Anwendung von Art. 21 Abs. 2 BZP im Verfahren der staatsrechtlichen Beschwerde) oder wenn diese auf die Bewilligung, deren Entzug streitig ist, nachträglich verzichtet hat, sei es ausdrücklich oder stillschweigend durch Aufgabe der bewilligungspflichtigen Tätigkeit. Liegen personenbezogene, unvererbliche Ansprüche im Streit, hat der Tod der betroffenen Person ebenfalls Gegenstandslosigkeit zur Folge. Als ge- 17

§ 28

genstandslos abzuschreiben ist ein Rekursverfahren sodann, sobald das streitige Begehren erfüllt oder die verlangte Amtshandlung vorgenommen worden oder wenn die Erfüllung des Anspruchs rechtlich unmöglich geworden ist (Kölz/ Häner, Rz. 686; Merkli/Aeschlimann/Herzog, Art. 39 N. 2).

18 Wie die Gutheissung eines Rekurses hat auch die Verfahrensabschreibung wegen Gegenstandslosigkeit zur Folge, dass die dem Anfechtungsstreitverfahren zugrunde liegende Anordnung nicht in Rechtskraft erwächst. Darin unterscheidet sich die Gegenstandslosigkeit vom Nichteintreten, vom Rekursrückzug und von der Rekursabweisung (Gygi, S. 326; vgl. § 63 N. 3).

2.1.3. Sonderfälle

19 Gleich dem Rückzug des Rekursbegehrens beruht auch dessen *Anerkennung* darauf, dass eine verfahrensbeteiligte Partei ihren Standpunkt im Verfahren vollständig aufgibt. Es handelt sich jedoch nicht um die rekurrierende Partei, sondern um die erstinstanzlich anordnende Behörde oder eine private Gegenpartei. Die Anerkennung des Rekursbegehrens äussert sich darin, dass die erstinstanzlich verfügende Behörde die angefochtene Anordnung im Sinn der Rekursanträge ändert oder aber sich der private Rekursgegner ausdrücklich oder stillschweigend dem Begehren der rekurrierenden Partei unterzieht (Gadola, S. 440; Merker, § 58 Rz. 8 f.). Gleich dem Rekursrückzug kann die Anerkennung auch bloss eine teilweise sein. Sie unterscheidet sich von einem Vergleich (dazu N. 21 ff.) dadurch, dass dieser einen Rechtsstreit durch gegenseitiges Nachgeben der Parteien beseitigt.

20 Die Verfahrensabschreibung als Folge der Anerkennung weist nur eine geringe praktische Bedeutung auf. Zum einen ist dies darauf zurückzuführen, dass die Anerkennung dem Vergleich nahesteht und dieser dieselbe Funktion erfüllt, aber differenziertere Vereinbarungen ermöglicht (Merker, § 58 Rz. 7). Zum andern ziehen es die Behörden vielfach vor, anstelle der Anerkennung ihren Entscheid im Sinn der Rekursbegehren in Wiedererwägung zu ziehen, was materiell einer Anerkennung gleichkommt. Die wiedererwägungsweise erlassene Anordnung tritt darauf an die Stelle der angefochtenen Anordnung. Diese fällt somit dahin, was regelmässig eine Verfahrensabschreibung wegen Gegenstandslosigkeit nach sich zieht (N. 17). – Von vornherein ausgeschlossen ist eine Verfahrensabschreibung, wenn sich die Vorinstanz in ihrer Rekursvernehmlassung (vgl. § 26 Abs. 2) darauf beschränkt, den Standpunkt der rekurrierenden Partei anzuerkennen, ohne zugleich die angefochtene Anordnung in Wiedererwägung zu ziehen. Diesfalls muss ein Entscheid in der Sache ergehen (Merker, § 58 Rz. 10). Mitunter wird auch der Verzicht des Anordnungsadressaten auf ein Rechtsmittel als Anerkennung bezeichnet (so Kölz/Häner, Rz. 684; vgl. Merker, § 58 Rz. 11).

Anders als der Rekursrückzug und die Anerkennung, denen eine einseitige 21
Willenserklärung zugunde liegt, beinhaltet der *Vergleich* eine vertragliche Einigung der Parteien, in der sich diese nach Einleitung des Rechtsmittelverfahrens über den Streitgegenstand einigen und so das hängige Verfahren zum Abschluss bringen (Gadola, S. 440; Gygi, S. 327; Kölz/Häner, Rz. 685). Der Vergleich weist im Rekursverfahren eine doppelte Rechtsnatur auf: Zum einen ist er ein materiellrechtlicher Vertrag des öffentlichen Rechts und zum andern eine formelle Prozesshandlung (Merker, § 58 Rz. 13; § 63 N. 4).

Die zwingende Natur des öffentlichen Rechts und der Umstand, dass der Vergleich 22
(einschliesslich der Anerkennung) wie der Rückzug des Rekursbegehrens nur insoweit zulässig ist, als die Gegenstand des Vergleichs bildende öffentlichrechtliche Regelung den Parteien überhaupt einen Gestaltungsspielraum einräumt, setzen der vergleichsweisen Verfahrenserledigung im Verwaltungsrekursverfahren enge Schranken (Gadola, S. 441; Gygi, S. 327; Kölz/Häner, Rz. 685; Rhinow/Koller/Kiss, Rz. 877). Während zwingende gesetzliche Regelungen ohne Ermessensspielraum einen Vergleich von vornherein ausschliessen, ist dieser insbesondere dort möglich, wo die Beteiligten zur vertraglichen Regelung öffentlichrechtlicher Rechtsbeziehungen befugt sind (Cavelti, a.a.O., S. 175; Gadola, S. 441; Häfelin/Müller, Rz. 873; Merkli/Aeschlimann/Herzog, Art. 39 N. 9). Ob die vergleichsweise Rekurserledigung zulässig ist, indem sie den vom materiellen Recht vorgegebenen Verfügungsbereich wahrt, ist dabei nicht bloss summarisch zu prüfen (Merker, § 58 Rz. 13). Zeigt es sich, dass die Parteien über den Streitgegenstand im vereinbarten Umfang verfügungsberechtigt sind, ist der Vergleichsvertrag für die über die Streitigkeit entscheidende Behörde verbindlich (Häfelin/Müller, Rz. 873; Merker, § 58 Rz. 13).

Die Lehre unterscheidet vielfach zwischen «gerichtlichem» und «aussergerichtlichem» 23
Vergleich, wobei die Terminologie uneinheitlich ist (vgl. Cavelti, a.a.O., S. 176; Gadola, S. 440 f.; Gygi, S. 327; Merker, § 58 Rz. 21; Merkli/Aeschlimann/Herzog, Art. 39 N. 10 f.). Wird ein ohne Mitwirkung der Verwaltungsrechtspflegeinstanz abgeschlossener Vergleich dieser von den Vergleichsparteien mitgeteilt, ist gestützt darauf eine Verfahrenserledigung grundsätzlich unter den nämlichen Voraussetzungen wie bei einem unter rekursbehördlicher Mitwirkung abgeschlossenen Vergleich zulässig; denn mit der Mitteilung wird der Vergleich einer behördlichen Überprüfung zugänglich, was die ursprünglich fehlende Mitwirkung der Rekursinstanz wettmachen kann. Rein «aussergerichtlich» bleibt ein Vergleich, wenn er zur Folge hat, dass die angefochtene Anordnung in Wiedererwägung gezogen oder der Rückzug des Rekurses erklärt wird. Alsdann bildet die Wiedererwägungsverfügung oder die Rückzugserklärung Grundlage für die Abschreibung des Rekursverfahrens, bei bloss teilweiser Wiedererwägung allenfalls verbunden mit einem Rekursrückzug (vgl. Merker, § 58 Rz. 21).

§ 28

24 Ein zwischen den Parteien geschlossener Vergleich, der zwecks Verfahrenserledigung der Rekursbehörde vorgelegt werden soll, bedarf der Schriftform, während der unter Mitwirkung der Rekursinstanz anlässlich einer Augenscheins- oder Instruktionsverhandlung erzielte Vergleich zu protokollieren ist (Merker, § 58 Rz. 17). Der Vergleich ist nicht mit der Rekursinstanz, sondern mit der zuständigen (Verwaltungs-)Behörde abzuschliessen, bei der es sich in der Regel um die erstinstanzlich anordnende Behörde handelt. Soweit der Vergleich Rechtsverhältnisse regelt, die auch einen oder mehrere Dritte betreffen, müssen diese mit den sie belastenden Bestimmungen einverstanden sein, andernfalls der Vergleich in diesem Umfang ungültig ist (Merker, § 58 Rz. 19). Die Verfahrenserledigung durch Vergleich kann auch nur eine teilweise sein, indem dieser lediglich einzelne Aspekte des Rechtsstreits beschlägt und das Rekursverfahren im Übrigen weiterzuführen ist. Zuständig für die Verfahrenserledigung ist die instruierende Rekursbehörde (Cavelti, a.a.O., S. 178; Merkli/Aeschlimann/Herzog, Art. 39 N. 16; vgl. N. 12 und 13). Diese hat den Vergleich mit seinem Wortlaut in das Dispositiv oder zumindest in die Begründung des Erledigungsentscheids aufzunehmen (Cavelti, a.a.O., S. 176; Merkli/Aeschlimann/Herzog, Art. 39 N. 11), der alsdann als Vollstreckungstitel dienen kann und – mit Bezug auf streitige Geldzahlungen – zu definitiver Rechtsöffnung berechtigt (Art. 80 Abs. 2 Ziff. 1 SchKG und Art. 80 Abs. 2 Ziff. 3 SchKG i.V.m. § 214 ZPO).

25 Vergleich und Anerkennung sind *vor* Fällung und Zustellung des Abschreibungsbeschlusses unter den gleichen Voraussetzungen widerrufbar wie der Rekursrückzug; danach ist der Erledigungsentscheid infolge Vergleichs bzw. Anerkennung unter den nämlichen Voraussetzungen einer Revision zugänglich wie jener infolge Rekursrückzugs (vgl. RB 1993 Nr. 11; vgl. N. 15 sowie § 63 N. 7).

26 Fraglich ist, ob die in der Praxis vertretene Auffassung zutrifft, dass ein Rechtsmittelverfahren in der Regel nicht als durch Vergleich bzw. Anerkennung erledigt abzuschreiben, sondern gestützt auf den Vergleich bzw. die Anerkennung ein summarisch begründeter Sachentscheid zu fällen ist (vgl. N. 7; § 63 N. 5). Denn entgegen der dieser Auffassung zugrunde liegenden Betrachtungsweise erwächst der angefochtene Entscheid durch die vergleichs- bzw. anerkennungsweise erfolgende Abschreibung des Rekursverfahrens nicht in Rechtskraft (vgl. § 63 N. 6). Eine Erledigung zwingend durch Sachentscheid lässt sich auch nicht mit dem Hinweis auf die Gewährleistung der Vollstreckung begründen: Wird der Wortlaut des Vergleichs in die Begründung oder das Dispositiv des Abschreibungsentscheids aufgenommen, bildet dieser einen rechtsgenügenden Vollstreckungstitel (vgl. N. 24). – Letztlich ist die Frage, ob ein hängiges Rekursverfahren im Vergleichs- bzw. Anerkennungsfall durch Sachentscheid oder formelle Verfahrensabschreibung zu erledigen ist, von untergeordneter Bedeutung. Weil nämlich die Rekursbehörde vielfach als unterste Rechtsmittelinstanz entscheidet (§ 19 Abs. 1), haben Vergleich und Anerkennung in der Praxis fast

immer zur Folge, dass die erstinstanzlich anordnende Behörde ihren Entscheid in Wiedererwägung zieht und die rekurrierende Partei im Umfang des Vergleichs oder der Anerkennung den Rückzug ihres Rechtsmittels erklärt. Damit ist das Rekursverfahren aber als gegenstandslos geworden bzw. durch Rekursrückzug erledigt abzuschreiben.

2.2. Materieller Entscheid

Ein *materielle Entscheid* ist zu treffen, sofern die Sachentscheidungsvoraussetzungen erfüllt sind. In diesem hat die Rekursinstanz über die Begründetheit der Rekursbegehren zu befinden. Sie kann auf Gutheissung, teilweise Gutheissung oder auf Abweisung des Rekurses erkennen (zur Frage nach der im Entscheidzeitpunkt massgebenden Sachlage vgl. § 7 N. 13, § 20 N. 47 f.). Möglich ist auch eine Kombination von Sach- und Prozessentscheid, indem der Rekurs abgewiesen oder gutgeheissen wird, soweit darauf eingetreten wird. Der materielle Entscheid kann sodann eine Rückweisung an die Vorinstanz beinhalten (vgl. N. 29 ff.); diese ist im Gesetz zwar nicht vorgesehen, wird aber in der Praxis zugelassen. Handelt es sich bei der Rekursinstanz um eine Kollegialbehörde, ergeht der Rekursentscheid grundsätzlich durch das Kollegium. Hiervon bestehen Ausnahmen mit Bezug auf materielle Rekursentscheide der Bezirksbehörden und der Baurekurskommission: In dringlichen Fällen oder in Fällen geringer Bedeutung sind der Präsident der zuständigen Bezirksbehörde (§ 4 Abs. 1 BezverwG i.V.m. § 67 GemeindeG) und in einfachen Fällen im Sinn von § 335 Abs. 2 Satz 1 PBG gemäss dieser Bestimmung der Präsident der Baurekurskommission oder der für das betreffende Geschäft bezeichnete Referent entscheidungsbefugt.

27

Die Abweisung des Rekurses bedeutet, dass die angefochtene Anordnung in den Augen der Rekursinstanz weder rechtswidrig noch unangemessen ist. Formell tritt der Abweisungsentscheid an die Stelle der angefochtenen Anordnung; inhaltlich stimmen diese und der Rekursentscheid aber überein (Gadola, S. 446 f.; Kölz/Häner, Rz. 693). Erweist sich die angefochtene Anordnung als mangelhaft, führt dies zu einer vollumfänglichen oder teilweisen Rekursgutheissung. In diesem Fall ist die Rekursinstanz grundsätzlich gehalten, in der Sache selbst zu entscheiden. Zum einen entspricht dies der *reformatorischen* Natur des Rekurses (Vorbem. zu §§ 19–28 N. 16); zum andern verlangt die Verfahrensökonomie ein solches Vorgehen. Überdies sind die Rekursinstanzen nicht nur zur Rechts- und Sachverhaltskontrolle, sondern grundsätzlich auch zur umfassenden Ermessenskontrolle befugt (§ 20 N. 2). Vielfach ist mit dem Rekursentscheid auch dann eine reformatorische Tätigkeit verbunden, wenn sich das Dispositiv darauf beschränkt, den angefochtenen Verwaltungsakt ganz oder teilweise aufzuheben. So verhält es sich insbesondere dann, wenn Akte der Eingriffsverwaltung (Gebote, Verbot, Bewilligungsentzug) im Streit liegen; mit der Aufhebung solcher Anordnungen wirkt die Rekursinstanz nicht nur rein

28

§ 28

kassatorisch, sondern zugleich reformatorisch, indem sie stillschweigend das streitige Rechtsverhältnis neu regelt (vgl. § 63 N. 8). Rein kassatorisch wirkt die Rekursbehörde, wenn sie die Sache zum Neuentscheid an die Vorinstanz zurückweist. Weder reformatorisch noch kassatorisch wird die Rekursinstanz tätig, wenn sie die angefochtene Anordnung in Abweisung des Rekurses nicht aufhebt (vgl. § 63 N. 10). Insgesamt steht jedoch – vor allem im verwaltungsinternen Rekursverfahren – der reformatorische Entscheid im Vordergrund, während der kassatorische Rekursentscheid die Ausnahme bildet (vgl. Gadola, S. 447; Häfelin/Müller, Rz. 1406; Art. 61 Abs. 1 VwVG).

2.3. Rückweisung

29 Im Fall der Rekursgutheissung haben die Rekursinstanzen die Möglichkeit, die Sache zum *Neuentscheid* an die Vorinstanz zurückzuweisen (N. 27), womit sie rein kassatorisch tätig werden (vgl. § 63 N. 8). Weil die Rückweisung regelmässig zu einer Verlängerung des Verfahrens führt, ist damit namentlich mit Blick auf das allgemeine Beschleunigungsgebot (§ 4a) Zurückhaltung geboten (Gadola, S. 447). Die Rückweisung kommt daher nur in besonders gelagerten Fällen in Frage, so vor allem dann, wenn Ermessensentscheide zu treffen sind (vgl. RB 1976 Nr. 19). Sie kommt ferner in Frage, wenn eine Gemeinde wesentliche Sachverhaltsabklärungen nicht vorgenommen hat und sie aufgrund besonderer örtlicher Verhältnisse allein in der Lage ist, den Mangel zu verbessern, wenn zwecks Feststellung weiterer Tatsachen ein umfassendes Beweisverfahren durchzuführen ist, wenn nur die zuständige Verwaltungsbehörde, nicht aber die Rekursinstanz über die für die Klärung der tatsächlichen Verhältnisse notwendige Sachkunde verfügt oder wenn eine Verfahrensvorschrift formeller Natur verletzt ist und eine Heilung durch die Rekursinstanz nicht möglich oder nicht gerechtfertigt ist (vgl. RB 1998 Nr. 36, 1981 Nr. 20, 1978 Nr. 6; Fehr, S. 351 f.; Gadola, S. 447 f.; Kölz/Häner, Rz. 694; Merkli/Aeschlimann/Herzog, Art. 72 N. 3; vgl. mit Bezug auf die Heilung von Gehörsverletzungen § 48 N. 48 ff.). Enthält die aufzuhebende Verfügung einer Gemeinde Ermessensfragen des kommunalen Rechts, ist die Rekursinstanz zwecks Wahrung der Gemeindeautonomie sogar verpflichtet, die Sache an die Gemeinde zurückzuweisen. Es kann daher nicht allgemein gesagt werden, die Rückweisung sei stets dann am Platz, wenn die Sache nicht entscheidungsreif sei; in der Regel hat die Rekursinstanz die Entscheidungsreife selber herbeizuführen. – In umfangreichen Verfahren, bei der sich eine Rückweisung nur in einem Nebenpunkt aufdrängt, ist bei teilbarem Streitgegenstand im Interesse der Verfahrensbeschleunigung auch eine Teilrückweisung denkbar (Merker, § 58 Rz. 32).

30 Die Rückweisung bildet die Regel, wenn der Rekurs gegen den Nichteintretensentscheid der Vorinstanz gutgeheissen wird. Die Rekursinstanz kann allerdings auch in solchen Fällen von einer Rückweisung absehen und einen Entscheid in der Sache fällen, wenn sich die Vorinstanz in einer Eventualbegründung mate-

§ 28

riell zur Sache geäussert hat (vgl. BGE 118 Ib 28 f.; N. 10); verpflichtet ist sie hierzu aber nicht (vgl. RB 1978 Nr. 12). Selbst bei Fehlen einer Eventualbegründung können Gründe der Verfahrensökonomie den Verzicht auf Rückweisung rechtfertigen, es sei denn, es bestehe ein erheblicher Entscheidungsspielraum, den die Rekursinstanz nicht als erste Behörde ausfüllen sollte, oder es stelle sich eine Grundsatzfrage zum ersten Mal (vgl. Merkli/Aeschlimann/Herzog, Art. 72 N. 3).

Keinen Rückweisungsgrund bilden Fehler in der Rechtsfindung. Weil das Recht von Amtes wegen anzuwenden ist (§ 7 Abs. 4 Satz 2), sind diese durch eine zutreffende rechtliche Beurteilung zu ersetzen (Eyermann/Fröhler, § 130 Rz. 3; Merker, § 58 Rz. 30). 31

Die Rückweisung erfolgt grundsätzlich an die Vorinstanz. Soweit es sich bei dieser nicht um die erstinstanzlich anordnende Behörde handelt, kann aber auch an die untere Instanz zurückgewiesen werden (Sprungrückweisung; vgl. § 64 N. 6). Dies gilt insbesondere für Verfügungen der Gemeinden, die sich auf kommunales Recht stützen (vgl. N. 29), oder wenn feststeht, dass das Verfahren vollständig neu aufgerollt werden muss und die Rückweisung an die Vorinstanz nur einen Zwischenschritt darstellen würde (Merkli/Aeschlimann/Herzog, Art. 72 N. 2). Im Übrigen steht es einer vorinstanzlichen Rechtsmittelbehörde frei, die ihr zur Behandlung überwiesene Streitsache ihrerseits an eine weitere Vorinstanz zurückzuweisen, wenn die Voraussetzungen hierfür gegeben sind. 32

Lautet der Rekursentscheid auf Rückweisung, wird im Dispositiv in der Regel lediglich die Aufhebung der angefochtenen Anordnung sowie die Rückweisung – allenfalls verbunden mit der Aufforderung zur weiteren Untersuchung und/oder Neubeurteilung – festgehalten. Die Rückweisung darf dabei nur verbindliche Weisungen für den Einzelfall und keine allgemeinen Anordnungen enthalten (Kölz/Häner, Rz. 694; vgl. VPB 50/1986 Nr. 13 S. 84). Um die angewiesene Instanz an den Rückweisungsentscheid zu binden (zur Bindungswirkung des Rückweisungsentscheids vgl. N. 35 ff.), ist im Dispositiv ausdrücklich auf die Erwägungen oder zumindest auf einen Teil derselben zu verweisen. Letzteres gilt dann, wenn klargestellt werden soll, dass den übrigen Erwägungen kein Dispositivcharakter und somit keine Verbindlichkeit zukommen soll (vgl. § 64 N. 8; Merker, § 58 Rz. 36). 33

Zusammen mit dem Rückweisungsentscheid können vorsorgliche Massnahmen angeordnet werden (vgl. § 6 N. 37). 34

Die Rückweisung hat zur Folge, dass die angewiesene Vorinstanz die Sache erneut beurteilen muss. Sie ist hierbei an die *Rechtsauffassung* der rückweisenden Behörde gebunden (RB 1993 Nr. 57 = BEZ 1993 Nr. 28; Gadola, S. 448; Gygi, 232; Merker, § 58 Rz. 35; vgl. § 64 Abs. 2 Satz 2 VRG, § 336 Abs. 1 PBG). Andernfalls würde das Rekursverfahren seines Sinns beraubt. Neben dem Dis- 35

§ 28

positiv des Rückweisungsentscheids entfalten auch die Erwägungen Bindungswirkung, allerdings nur insoweit, als auf diese im rückweisenden Dispositiv ausdrücklich oder sinngemäss Bezug genommen wird (N. 33). Nicht bindend für die angewiesene Behörde sind beim Neuentscheid allgemeine Hinweise der Rekursinstanz, wie der Fall zu lösen wäre, Eventualerwägungen und obiter dicta (BGE 112 Ib 288; Merker, § 58 Rz. 35). Ist die Rekursinstanz zugleich zuständige Aufsichtsbehörde, kann sie auf diese Weise aufsichtsrechtlich tätig werden. Schliesslich darf sich die Vorinstanz in ihrem Neuentscheid auf zusätzliche Erwägungen stützen, die weder im aufgehobenen noch im rückweisenden Entscheid enthalten sind (BGE 112 Ia 355).

36 Auf den Neuentscheid durch die Vorinstanz, bei der es sich in der Regel um die erstinstanzlich anordnende Behörde handelt, finden die allgemeinen Bestimmungen des Verwaltungsverfahrens und, soweit an eine Rekursinstanz zurückgewiesen wird, des Rekursverfahrens Anwendung. Mit Ausnahme der rechtlich bindenden Erwägungen der rückweisenden Rekursinstanz hat daher die angewiesene Behörde nach ihrer eigenen Rechtsauffassung und – wo sich Ermessensfragen stellen – nach ihrem eigenen Ermessen zu entscheiden, sofern sie es nicht vorzieht, ihrerseits an eine weitere Vorinstanz zurückzuweisen (vgl. N. 32). Im Rahmen des Neuentscheids sind neue tatsächliche Behauptungen sowie neue Beweismittel zulässig (vgl. § 64 Abs. 2 Satz 1) und sind ungenügende oder fehlende Sachverhaltsabklärungen nachzuholen. Der Umfang der zulässigen Noven ist allerdings nicht unbegrenzt, sondern ergibt sich im Einzelnen aus den Erwägungen des Rückweisungsentscheids; ist danach eine ergänzende Sachverhaltsermittlung nur bezüglich einzelner Streitpunkte erforderlich, dürfen sich neue Tatsachenbehauptungen und Beweismittel nur auf diese beziehen (vgl. RB 1983 Nr. 24). Neue *rechtliche* Vorbringen sind unbeachtlich, soweit ihnen die von der Rekursinstanz vorgenommene Beurteilung entgegensteht. Sie sind jedoch zu berücksichtigen, wenn neu in das Verfahren eingebrachte Tatsachen neue Rechtsfragen aufwerfen oder nach einer neuen Beurteilung der von der Rekursinstanz entschiedenen Rechtsfragen rufen. In solchen Fällen liegt jedoch meist ein veränderter Streitgegenstand vor, weshalb hier die Bindung an die rechtliche Beurteilung ohnehin dahinfällt (vgl. § 64 N. 11).

37 Zur Zulässigkeit und den Schranken einer reformatio in peius durch den Neuentscheid zufolge Rückweisung durch die Rekursinstanz vgl. § 27 N. 24.

38 Wird eine auf Rückweisung hin ergangene Anordnung erneut an die rückweisende Rekursinstanz weitergezogen, so ist diese nicht an ihre im ersten Rechtsgang vertretene Rechtsauffassung gebunden; sie kann diese überprüfen, bestätigen, ergänzen oder ändern. Denn der Rückweisungsentscheid steht einer prozessleitenden Anordnung nahe und entfaltet wie diese keine materielle Rechtskraft (vgl. RB 1984 Nr. 16, 1981 Nr. 23; N. 40; § 64 N. 13).

§ 28

Fällt die Vorinstanz entgegen der im Rückweisungsentscheid sinngemäss enthaltenen Aufforderung keinen neuen Entscheid, begeht sie eine formelle Rechtsverweigerung, wogegen sich die betroffene Partei mit Rechtsverweigerungsbeschwerde zur Wehr setzen kann (BGE 102 Ib 237 f.; vgl. Vorbem. zu §§ 19–18 N. 46 ff.).

39

Die Rechtsnatur des Rückweisungsentscheids ist nicht hinreichend geklärt. Man kann ihn entweder als besondere Art des Zwischenentscheids oder als Vorentscheid qualifizieren, jedoch nicht als Endentscheid, weil er zwar instanz-, nicht aber verfahrensabschliessend ist (abweichend BGE 107 Ib 221 f., 103 Ib 45). Das Verwaltungsgericht hat in ausdehnender Interpretation von § 48 Abs. 3 einen Rückweisungsentscheid, welcher eine streitige Prozessvoraussetzung betraf, als Vorentscheid qualifiziert (RB 1962 Nr. 27; vgl. Bosshart, Anfechtungsobjekte, S. 81, mit Kritik). Darüber hinaus werden Rückweisungsentscheide allgemein als Zwischen- oder Vorentscheide gewürdigt (RB 1998 Nr. 31 = BEZ 1998 Nr. 10; RB 1982 Nr. 33). Aus verfahrensökonomischen Gründen werden sie in der Praxis jedoch häufig den Endentscheiden gleichgestellt, indem ihre Anfechtung nicht nur unter den Voraussetzungen von § 19 Abs. 2 bzw. § 48 Abs. 2 und 3 zugelassen wird (RB 1998 Nr. 31 = BEZ 1998 Nr. 10; RB 1982 Nr. 33; vgl. § 19 N. 57, § 48 N. 16 ff.).

40

3. Mitteilung (Abs. 2)

Das Gesetz regelt die Eröffnung von Anordnungen ausführlich in § 10. In Ergänzung hierzu enthält § 28 Abs. 2 mit Bezug auf die *Form* und die *Adressaten* bzw. Mitteilungsberechtigten eines Rekursentscheids weitere, ausschliesslich im Rekursverfahren anwendbare Bestimmungen (vgl. § 10 N. 1). Entsprechend richten sich alle übrigen Fragestellungen im Zusammenhang mit der Eröffnung von Rekursentscheiden nach den allgemeinen Vorschriften (vgl. § 10), namentlich die Zustellung (vgl. § 10 N. 20 ff.), die Pflicht zur Begründung (vgl. § 10 N. 36 ff.) und der Anspruch auf Rechtsmittelbelehrung (vgl. § 10 N. 47 ff.). Verfügt die Rekursinstanz als letzte kantonale Instanz gestützt auf Bundesverwaltungsrecht nicht endgültig, hat sie mit Bezug auf die Eröffnung ihres Entscheids ausserdem Art. 34–38 sowie Art. 61 Abs. 2 und 3 VwVG zu beachten (Art. 1 Abs. 3 VwVG; vgl. § 4 N. 13 f.).

41

§ 28 Abs. 2 Satz 1 schreibt vor, dass Rekursentscheide *schriftlich* zuzustellen sind. Dementsprechend sind sie in Anwendung von § 10 Abs. 2 mit einer Begründung versehen schriftlich zu eröffnen (§ 10 N. 36). Im Unterschied zu § 10 Abs. 1 lit. a für das (nichtstreitige) Verwaltungsverfahren und § 65 Abs. 2 für das Verfahren vor Verwaltungsgericht erwähnt § 28 Abs. 2 die Möglichkeit mündlicher Eröffnung nicht. Es ist deshalb davon auszugehen, dass im Rekursverfahren die mündliche Entscheideröffnung grundsätzlich ausgeschlossen sein

42

519

§ 28

soll. Gleichwohl kann es sich aufdrängen, einen Rekursentscheid – allenfalls unter Entzug der aufschiebenden Wirkung (vgl. § 25 N. 13 ff.) – jedenfalls dann mündlich zu eröffnen, wenn besondere Dringlichkeit gegeben ist oder wenn Gefahr in Verzug ist, d.h. sobald zur Verhinderung eines erheblichen Schadens sofort gehandelt werden muss und die Zeit für eine schriftliche, begründete, mit einer Rechtsmittelbelehrung versehene Ausfertigung nicht mehr reicht (§ 10 N. 16). Überdies sind die Rekursbehörden berechtigt, ihre Entscheide amtlich zu veröffentlichen, wenn die Voraussetzungen gemäss § 10 Abs. 3 erfüllt sind (dazu § 10 N. 57 ff.).

43 Als *mitteilungsberechtigt* bezeichnet § 28 Abs. 2 Satz 1 die rekurrierende Partei, die Vorinstanz und allfällige weitere am Rekursverfahren Beteiligte, namentlich die Mitbeteiligten und die Beigeladenen. Diesen ist der Rekursentscheid unabhängig davon mitzuteilen, ob die Anordnung der Vorinstanz auf Rekurs hin kassatorisch oder reformatorisch abgeändert worden ist (RB 1980 Nr. 10). Mitzuteilen ist der Rekursentscheid sodann all jenen Personen, die durch diesen in ihren schutzwürdigen Interessen berührt werden, weil die Rekursinstanz die vorinstanzliche Anordnung abändert (§ 28 Abs. 2 Satz 2). Hierbei handelt es sich um Personen, die mangels Beschwer nicht zur Rekurserhebung gegen den vorinstanzlichen Entscheid legitimiert waren oder die erst durch den reformatorischen Rekursentscheid in einer die Rechtsmittellegitmation begründenden Weise in ihren schutzwürdigen Interessen berührt werden.

44 Über den Wortlaut von § 28 Abs. 2 hinaus sind die Rekursentscheide auch Behörden zuzustellen, die weder Rekursgegner noch unmittelbare Vorinstanz oder formell Mitbeteiligte sind, so allen weiteren Vorinstanzen und den Vollzugsbehörden (vgl. Sommer, Verwaltungsgericht, S. 279 Anm. 18). Rekursentscheide sind sodann Behörden zu eröffnen, die gestützt auf die Bestimmungen des Bundesrechts berechtigt sind, die Rechtsmittel des kantonalen und eidgenössischen Rechts zu ergreifen («integrale Behördenbeschwerde»; dazu Kölz/Häner, Rz. 581 ff.; § 21 N. 80 ff.; § 65 N. 4). Denn nur so erhalten diese Behörden Kenntnis von einem Rekursentscheid und sind sie überhaupt in der Lage, das ihnen zustehende Rechtsmittel einzulegen. Ausdrücklich ist die Mitteilung in Art. 103 lit. b OG mit Bezug auf eine kantonale Behörde vorgesehen, die als letzte oder einzige Instanz in Anwendung von Bundesverwaltungsrecht entscheidet und gegen deren Entscheid die Verwaltungsgerichtsbeschwerde ans Bundesgericht zulässig ist (vgl. § 10 N. 14). Diese Vorschrift ist allerdings angesichts der insoweit regelmässig offen stehenden Beschwerde an das Verwaltungsgericht (vgl. § 43 Abs. 2 VRG) für Rekursinstanzen kaum von Bedeutung. Zusätzlich haben die Rekursinstanzen ihre Entscheide zahlreichen weiteren eidgenössischen, kantonalen und kommunalen Behörden zu eröffnen, die rechtsmittellegitimiert sind (vgl. die Übersicht in § 21 N. 81 ff.).

45 Art. 6 Ziff. 1 EMRK verlangt, dass gerichtliche Entscheide über zivilrechtliche Ansprüche und Verpflichtungen oder strafrechtliche Anklagen (vgl. zu diesen

Begriffen § 4 N. 29 f.) öffentlich verkündet werden. Unter diese Pflicht zur öffentlichen Bekanntgabe fallen auch Rekursentscheide, wenn sie von einer Rekursinstanz getroffen werden, der richterliche Unabhängigkeit im Sinn von Art. 6 Ziff. 1 EMRK zukommt. Entsprechend sind namentlich die Entscheide der Baurekurskommissionen und allenfalls weiterer Rekurskommissionen öffentlich zu verkünden (vgl. § 4 N. 26). Dem Öffentlichkeitsanspruch ist dabei bereits Genüge getan, wenn die schriftlich begründeten Entscheide in der Kanzlei der Rekursbehörde aufgelegt, von diesen Urteilskopien ausgehändigt oder sie in einer allgemein zugänglichen Publikation veröffentlicht werden (vgl. Frowein/Peukert, Art. 6 Rz. 119; Herzog, S. 336 f.; § 65 N. 6).

D. *Vollstreckung*

Vorbemerkungen zu §§ 29–31

In den weitaus meisten Fällen wird Verfügungen oder Entscheiden ohne weiteres nachgelebt. Für den Fall, dass ihnen keine Folge geleistet wird, stehen dem Staat jedoch Mittel zu ihrer zwangsweisen Vollstreckung zur Verfügung. Feststellende oder rechtsgestaltende Akte sind allerdings ihrer Natur wegen keiner Vollstreckung zugänglich. Die Vorschriften über die Vollstreckung kommen deshalb nur zum Tragen, wenn eine Verfügung auf eine Handlung oder Unterlassung lautet und wenn sie vom Adressaten nicht befolgt wird. Die Vollstreckbarkeit darf also nicht mit der Wirksamkeit einer Verfügung gleichgesetzt werden (Saladin, S. 152; zur Unterscheidung vgl. § 25 N. 1).

1

Das Gesetz geht von einer Funktionsteilung zwischen Entscheidungs- und Vollstreckungsverfahren aus (vgl. RB 1990 Nr. 16 = BEZ 1991 Nr. 13; RB 1985 Nrn. 13 und 120; RB 1969 Nr. 10 = ZBl 71/1970, S. 154 ff. = ZR 69 Nr. 86). Im Entscheidungsverfahren (oder Erkenntnisverfahren) wird über Bestand oder Nichtbestand öffentlicher Rechte und Pflichten, im Vollstreckungsverfahren über die Art und Weise der Durchsetzung entschieden. Ergebnis des Entscheidungsverfahrens ist die Sachverfügung, jenes des Vollstreckungsverfahrens die Vollstreckungsverfügung. Die Sachverfügung ist vollumfänglich mit Rekurs anfechtbar, die Vollstreckungsverfügung in der Regel nicht (RB 1990 Nr. 16 = BEZ 1991 Nr. 13; RB 1985 Nr. 13; RB 1969 Nr. 10 = ZBl 71/1970, S. 154 ff. = ZR 69 Nr. 86). Der Weg zur Vollstreckung verläuft somit wie folgt: Sachverfügung, Zwangsandrohung, Vollstreckungsverfügung, Vollstreckung (vgl. RB 1985 Nr. 14 = BEZ 1985 Nr. 48). Indessen kann die Unterscheidung von Sachverfügung und Vollstreckungsverfügung nicht immer klar vollzogen werden. Die Art und Weise der Vollstreckung ist manchmal notwendigerweise in der Sachverfügung zu regeln. Die Behörde, welche die Sachverfügung fällt, ist da-

2

Vorbem. zu §§ 29–31

her befugt und im Einzelfall verpflichtet, Vollstreckungsmodalitäten in deren Dispositiv aufzunehmen (RRB Nr. 576/1972).

3 Ausfluss der Funktionsteilung zwischen Erkenntnis- und Vollstreckungsverfahren ist der Grundsatz, dass im Vollstreckungsverfahren die Sachverfügung in der Regel nicht mehr auf ihre Rechtmässigkeit hin überprüft werden kann (RB 1990 Nr. 16 = BEZ 1991 Nr. 13; RB 1985 Nr. 13, 1975 Nr. 10; RB 1969 Nr. 10 = ZBl 71/1970, S. 154 ff. = ZR 69 Nr. 86; vgl. § 30 N. 57 ff.; § 19 N. 67).

4 Um zu vermeiden, dass die eigentliche Vollstreckungsverfügung mit der Begründung, sie sei unverhältnismässig, wiederum angefochten wird, muss die Sachverfügung so konkrete Angaben über die Art und Weise des Vollstreckungsmittels enthalten, dass die allfällige Rüge der Unverhältnismässigkeit bereits im Rekursverfahren gegen sie vorgebracht werden kann. Die blosse Feststellung, ein Zustand oder eine Handlung sei rechtswidrig, genügt daher in der Regel nicht; sie bedarf der Konkretisierung, wie der rechtmässige Zustand herbeizuführen ist. Dabei kommt der Behörde ein bestimmtes Mass an Ermessen zu (Imboden/Rhinow/Krähenmann, Nr. 56 B VI). Die Sachverfügung muss in Bezug auf die Vollstreckung die wesentlichen Wertentscheidungen enthalten, sodass die Vollstreckung zu einer rein technischen Umsetzung des in der Sachverfügung Enthaltenen wird. Die nachfolgende Vollstreckungsverfügung auferlegt bei diesem Vorgehen dem Pflichtigen keine neue Last (vgl. RB 1969 Nr. 11), sodass es gerechtfertigt ist, ihre Anfechtbarkeit im Regelfall auszuschliessen (vgl. RB 1990 Nr. 16 = BEZ 1991 Nr. 13; RB 1969 Nr. 10 = ZBl 71/1970, S. 154 ff. = ZR 69 Nr. 86).

5 Enthält eine Sachverfügung eine Bestimmung oder eine Nebenbestimmung, die unklar ist oder mehr als eine vertretbare Auffassung über ihren Sinngehalt zulässt, so kann diese nicht ohne Konkretisierung vollzogen werden. Die Konkretisierung hat jedoch nicht im Vollzugsverfahren zu geschehen, sondern in einem dem Entscheidungsverfahren nachgebildeten Verfahren, in dem die gleichen Rechtsmittel zur Verfügung stehen müssen wie im ursprünglichen Verfahren (VGr. 19.2.1987, BEZ 1987 Nr. 20). Entsprechendes gilt, wenn streitig ist, ob eine Nebenbestimmung eingehalten bzw. erfüllt wurde (RB 1985 Nr. 120; RB 1983 Nr. 113 = BEZ 1983 Nr. 37).

6 Die Vollstreckungsmassnahmen richten sich in erster Linie gegen den Adressaten der Sachverfügung. Wer Adressat ist, bestimmt sich nach materiellem Recht. Ausser dem Adressaten können aber weitere Störer betroffen sein, etwa bei der Räumung einer illegalen Gaststätte (vgl. RB 1975 Nr. 99 = ZBl 76/1975, S. 471 ff. = ZR 74 Nr. 85). Sind die Adressaten unter mehreren Störern auszuwählen, so verfügt die Behörde über ein gewisses Ermessen. Grundsätzlich kann alternativ oder kumulativ jeder Verhaltens- oder Zustandsstörer beigezogen werden. Verhaltensstörer sind aber wenn möglich vor Zustandsstörern in An-

spruch zu nehmen. Bei Dringlichkeit ist jener Störer zu belangen, der dem Gefahrenherd am nächsten ist und sowohl rechtlich als auch persönlich zur Beseitigung imstande ist (Imboden/Rhinow/Krähenmann, Nr. 135 B III a; vgl. auch BGE 122 II 70 f., 107 Ia 24 ff.).

Die §§ 29–31 wurden bei der Revision des VRG vom 8.6.1997 nicht geändert. 7

§ 29. **Jede Verwaltungsbehörde vollstreckt die von ihr getroffene Anordnung selbst. Sie ist befugt, die Vollstreckung einer ihr unterstellten Behörde zu übertragen.**

Rekursentscheide werden, soweit die Rekursinstanz nichts anderes bestimmt, von der ersten Instanz vollstreckt. Die Kosten des Rekursverfahrens bezieht die Rekursinstanz.

I. Zuständigkeit

Materialien
Beleuchtender Bericht 1957, S. 402; Prot. KK 10.1.1958, 30.9.1958; Prot. KR 1955–1959, S. 3379 f.; Weisung 1959, S. 1039.

Literatur vgl. § 30.

Grundsätzlich vollstreckt die erstinstanzlich verfügende Behörde die von ihr gesetzten Akte selber. Die meisten erstinstanzlichen Verfügungen gehen von den Gemeinden und den Direktionen des Regierungsrats bzw. von deren Organisationseinheiten aus (Kommissionen, Ämter), welche deshalb in der Regel auch vollstrecken. Es steht im Ermessen der erstinstanzlich verfügenden Behörde, die Vollstreckung einer unterstellten Behörde zu übertragen; in der Praxis ist die Delegation der Vollstreckung an eine untere Instanz allerdings selten. Handelt es sich um die Einforderung von Geldleistungen, so erfolgt grundsätzlich keine Delegation; die Behörde macht in der Regel ihr zustehende geldwerte Forderungen selber geltend. Nach der Natur der Sache ist die verfügende Instanz oft allein nicht in der Lage, die Vollstreckung vorzunehmen, so wenn Polizeihilfe nötig ist oder bei Registereinträgen. Die entsprechende Behörde (z.B. das Grundbuchamt) wird dann zugleich mit der Mitteilung der Verfügung im Dispositiv ersucht, bei der Vollstreckung mitzuwirken. Entstehen zwischen der verfügenden und der um Vollstreckung ersuchten Behörde Differenzen über die Mitwirkung oder deren Modalitäten, so entscheidet die gemeinsame Aufsichtsbehörde. 1

Wird die Vollstreckung einer unteren Behörde übertragen, so kann dieser eine Frist angesetzt und von ihr ein Bericht über die erfolgte Vollstreckung verlangt werden (Vollzugsmeldung). Eine Vollzugsmeldung wird besonders dann verlangt, wenn die Verfügung einer Gemeinde durch eine Rekursinstanz abgeändert worden ist. Die obere Instanz kann auch an Ort und Stelle kontrollieren, 2

§ 29 / § 30

ob richtig vollstreckt worden ist; ferner kann sie konkrete Vollstreckungsanweisungen erteilen (vgl. RB 1982 Nr. 23). Ist die untere Instanz mit der Vollstreckung einer ihr übertragenen Sache säumig, so kann die obere jederzeit selber vollstrecken.

3   Rekursentscheide werden in der Praxis fast ausschliesslich von der erstinstanzlich verfügenden Behörde vollstreckt, auch wenn mehrere Instanzen geamtet haben. Die Vollstreckungskosten werden von der vollstreckenden Behörde, die Rekurskosten von der Rekursinstanz bezogen.

4   Weigert sich eine untere Behörde, eine Verfügung oder einen Rekursentscheid zu vollstrecken, so kann sie aufsichtsrechtlich dazu gezwungen werden. Gegenüber Gemeindefunktionären sind disziplinarische Massnahmen möglich (vgl. Thalmann, § 65 N. 5.1). Oft dürfte im Fall der Weigerung die Vollstreckung durch die Oberbehörde jedoch zweckmässiger sein.

II. Vollstreckbarkeit und Zwangsmittel

§ 30. Kann die Anordnung einer Verwaltungsbehörde nicht mehr weitergezogen werden oder kommt dem Weiterzug keine aufschiebende Wirkung zu, so kann sie zwangsweise vollstreckt werden durch:

a)   Schuldbetreibung nach den Vorschriften des Bundesrechtes, wenn die Anordnung auf Geldzahlung oder Sicherheitsleistung gerichtet ist;

b)   Ersatzvornahme auf Kosten des Pflichtigen. Der Entscheid über die Kostenauflage kann weitergezogen werden;

c)   unmittelbaren Zwang gegen den Pflichtigen oder an Sachen, die er besitzt. Hiefür kann polizeiliche Hilfe beansprucht werden.

Wo Bestrafung gesetzlich zulässig ist, bleibt sie vorbehalten.

Materialien
Weisung 1957, S. 1039; Prot. KK 10.1.1958, 30.9.1958; Prot. KR 1955–1959, S. 3379 f.; Beleuchtender Bericht 1959, S. 402.

Literatur
BEELER URS, Die widerrechtliche Baute, Zürich 1984; BENDEL FELIX, Rechtsfragen des Gewässerschutzes in der Schweiz, Bern 1970; BÉTRIX ELISABETH, Les coûts d'intervention – difficultés de mise en oeuvre, URP 1995, S. 370 ff.; DICKE DETLEV, Die Abbruchsverfügung, Baurecht 1981, S. 23 ff.; GADOLA, S. 487 ff.; GEISER HANSPETER, Rechtsschutz im Verwaltungsvollstreckungsverfahren, St. Gallen 1978; GIACOMETTI, S. 531 ff.; GRISEL II, S. 635 ff.; GUENG URS, Zur Haftungskonkurrenz im Polizeirecht, ZBl 74/1973, S. 257 ff.; HÄFELIN/MÜLLER, Rz. 913 ff.; HEER BALTHASAR, Die Ersatzvornahme als verwaltungsrechtliche Sanktion, St. Gallen 1975; HEIM WILLY, Police des constructions. Confiscation de l'avantage illicite, Journal des Tribunaux 138/1990 IV, S. 2 ff., 139/1991 IV, S. 130 ff., 140/1992 IV, S. 98 ff.; HOTZ WERNER FRIEDRICH, Zur Notwendigkeit und Verhältnismässigkeit von Grundrechtseingriffen, Zürich 1977; HUBER HANS, Über den Grundsatz der Verhältnismässigkeit im Verwaltungsrecht, ZSR 96/1977 I, S. 1 ff.; IMBODEN/RHINOW/KRÄHENMANN, Nrn. 49–56; KNAPP BLAISE, L'effectivité des décisions de justice,

ZBl 86/1985, S. 465 ff., 482 ff.; Derselbe, N. 1573 ff.; Kölz/Häner, Rz. 382 ff.; Kölz/ Kottusch, S. 433, 456 f.; Martin Jürg, Leitfaden für den Erlass von Verfügungen, Zürich 1996, S. 205 ff.; Meylan Jacques-Henri, Bénéfice du doute et charge de la preuve en matière de sanctions administratives, RDAF 40/1984, S. 257 ff.; Moix Paul-Henri, La prévention ou la réduction d'un préjudice: les mesures prises par un tiers, l'Etat ou la victime, Fribourg 1995, S. 238 ff.; Moor II, S. 63 ff.; Müller Heinrich Andreas, Der Verwaltungszwang, Zürich 1975; Müller Luzius, Die Rückerstattung rechtswidriger Leistungen als Grundsatz des öffentlichen Rechts, Basel 1978; Oberle Max, Der Grundsatz der Verhältnismässigkeit des polizeilichen Eingriffs, Zürich 1952; Poltier Etienne, Le recouvrement des frais d'interventions policières auprès des administrés, in: Recueil de travaux offert à François Gilliard, Lausanne 1987, S. 125 ff.; Rhinow/Koller/Kiss, Rz. 1182 ff.; Roth Robert, Les sanctions administratives: un nouveau droit (pénal) sanctionnateur?, in: Universités de Berne, Fribourg, Genève, Lausanne et Neuchâtel, Le rôle sanctionnateur du droit pénal, Enseignement de 3ᵉ cycle de droit 1984, Fribourg 1985, S. 125 ff.; Rouiller Claude, L'exécution anticipée d'une obligation par équivalent, in: Mélanges André Grisel, Neuchâtel 1983, S. 591 ff.; Saladin, S. 151 ff.; Thürer Daniel, Das Störerprinzip im Polizeirecht, ZSR 102/1983 I, S. 463 ff.; Trüeb Hans Rudolf, in: Kommentar USG, Art. 59; Walther Beat E., Die administrativen Rechtsnachteile im System der Verwaltungssanktionen des Bundes, Basel 1977; Zimmerli Ulrich, Der Grundsatz der Verhältnismässigkeit im öffentlichen Recht, ZSR 97/1978 II, S. 1 ff.

Übersicht

	Note
1. Allgemeines	1
2. Voraussetzungen der Vollstreckung	6
3. Mittel der Vollstreckung	12
3.1. Schuldbetreibung	12
3.2. Ersatzvornahme	17
3.3. Unmittelbarer Zwang	28
3.4. Bestrafung	32
3.5. Administrative Rechtsnachteile	45
4. Verhältnismässigkeit, Rangordnung und Kumulation von Zwangsmitteln	48
4.1. Im Allgemeinen	48
4.2. Verhältnismässigkeit des Abbruchs widerrechtlicher Bauten im Besondern	52
5. Rechtsschutz gegen Vollstreckungsmassnahmen	57

1. Allgemeines

Die einschlägigen Begriffe werden in der Literatur nicht einheitlich gebraucht. 1
Als Oberbegriff für alle zur Durchsetzung einer Verfügung in Frage kommenden Zwangsmassnahmen wird im Folgenden «Zwangsmittel» verwendet; der Begriff «Sanktion» wird wie in der Strafrechtslehre gebraucht, wo er als Oberbegriff für Strafen und Massnahmen dient. Die Zwangsmittel lassen sich in solche mit *exekutorischer* und in solche mit *repressiver* Natur unterteilen. Die Unterscheidung ist wesentlich mit Bezug auf die Anforderungen an die gesetzliche Grundlage und an das Verschulden sowie für die Frage nach der Zulässigkeit der Kumulation von Zwangsmitteln (Kölz/Häner, Rz. 383; Saladin, S. 157). Die *exekutorischen* Zwangsmittel bezwecken unmittelbar die Durchsetzung der Anordnung. Darunter fallen die Schuldbetreibung, die Ersatzvornahme sowie

§ 30

der unmittelbare Zwang gegen den Pflichtigen oder an Sachen, die er besitzt. *Repressive* Zwangsmittel bestrafen eine begangene Pflichtverletzung; sie dienen nur mittelbar der Durchsetzung der verwaltungsrechtlichen Ordnung, indem mit ihrer Androhung präventiver Druck auf die Pflichtigen ausgeübt wird, ihre Pflichten zu erfüllen. In Betracht kommen die Strafbestimmungen des StGB sowie der Nebenstrafgesetzgebung des Bundes und des Kantons einschliesslich des Verwaltungsstrafrechts.

2 Gewisse repressive Zwangsmittel weisen allerdings zusätzlich exekutorische Züge auf. Dies gilt für die Ungehorsamsstrafe gemäss Art. 292 StGB und die Ordnungsstrafe (vgl. auch N. 32 f.) sowie die – hier nicht näher behandelten – Disziplinarmassnahmen. Ihr Merkmal ist, dass sie mittels Druck auf den Pflichtigen indirekt die Durchsetzung der Verfügung fördern sollen. Dies unterscheidet sie von den rein repressiven Zwangsmitteln. Dort kann zwar die generellabstrakte oder gegebenenfalls eine konkrete Androhung eine entsprechende Wirkung zeitigen, nicht aber die Sanktion als solche, denn die spezialpräventive Wirkung, die der Bestrafung selber innewohnt, kann nur von der erneuten Verletzung gleichartiger Rechtspflichten abhalten und eine geschehene Verletzung nicht aufheben. Ordnungs- und Ungehorsamsstrafe können dagegen zur Beendung einer noch andauernden Pflichtverletzung eingesetzt werden. Dennoch gelten für sie dieselben Grundsätze wie für die repressiven Sanktionen im Allgemeinen.

3 Die Einteilung in rein administrative Zwangsmittel einerseits und in die Zwangsmittel des Straf- und Verwaltungsstrafrechts andererseits unter Hinweis darauf, dass bestimmte Zwangsmittel im Grenzbereich von Verwaltungsrecht und Strafrecht anzusiedeln sind (vgl. Kom. 1. A., Vorbem. zu §§ 29–31 N. 2), entspricht der in N. 1 f. skizzierten Einteilung.

4 Zahlreiche Erlasse des Bundesrechts und des kantonalen Rechts ermächtigen die Behörden zu Zwangsmassnahmen oder enthalten Strafbestimmungen. Ausser den in § 30 genannten Zwangsmitteln haben weitere administrative Massnahmen indirekt Vollstreckungscharakter. Es handelt sich dabei um die sogenannten *administrativen Rechtsnachteile,* die in der Form von Verfügungen zugefügt werden. In Frage kommen die Verweigerung von Verwaltungsleistungen oder der Widerruf begünstigender Verfügungen, so zum Beispiel der Entzug staatlicher Subventionen, Konzessionen oder Bewilligungen (vgl. Grisel II, S. 648 f.; Häfelin/Müller, Rz. 972 ff.; Knapp, N. 1682 ff., 1726 ff.; H. A. Müller, a.a.O., S. 57 ff.; Saladin, S. 156; vgl. N. 45 ff.). Die administrativen Rechtsnachteile lassen sich nicht eindeutig den exekutorischen oder den repressiven Zwangsmitteln zuordnen.

5 Vorbehalten bleiben weiter die administrativen Sicherungsmittel, zum Beispiel die gesetzlichen Pfandrechte des öffentlichen Rechts sowie die Bürgschaften und Kautionen, die in den §§ 29–31 ebenfalls nicht aufgeführt sind. Zu ihrer

Statuierung ist eine gesetzliche Ermächtigung notwendig (vgl. BGE 100 Ia 353). Solche finden sich in Spezialgesetzen (vgl. § 197 lit. c EG ZGB).

2. Voraussetzungen der Vollstreckung

Sind die Voraussetzungen gegeben, *darf* vollstreckt werden; die Vollstreckungsverfügung liefert den Rechtfertigungsgrund der Amtspflicht nach Art. 32 StGB (H. A. Müller, a.a.O., S. 9). Die Behörde verfügt dabei unter Umständen in einem gewissen Rahmen über Ermessen, *ob* ein Zwangsmittel zu ergreifen ist (Imboden/Rhinow/Krähenmann, Nr. 56 B VI; vgl. auch N. 48). Wurde ein Zwangsmittel beschlossen, *muss* vollstreckt werden; die mit der Ausführung beauftragte Behörde verfügt nicht über das Ermessen, die Vollstreckung zu verweigern (vgl. BGE 119 Ia 33 f.; zur Prüfung der Verfügung durch den Richter bei der Rechtsöffnung und bei der Anwendung von Art. 292 StGB vgl. N. 12 ff. und 41). Trifft die zuständige Behörde die angeordneten Vollstreckungsmassnahmen nicht innert vernünftiger Frist, lässt das Bundesgericht die staatsrechtliche Beschwerde wegen Rechtsverweigerung bzw. Rechtsverzögerung zu (BGr. 21.11.1990, ZBl 92/1991, S. 219; BGE 97 I 605 f., 94 I 99 ff.; vgl. auch BGE 119 Ia 28 ff.). Die Beschwerde muss auch zulässig sein, wenn die Vollstreckung zu Unrecht nicht verfügt wird (gl.M. Moor II, S. 69). Nach der Praxis des Verwaltungsgerichts ist dagegen nur die Aufsichtsbeschwerde gegeben (RB 1981 Nr. 24).

Es ist vom Grundsatz auszugehen, dass Verwaltungsverfügungen gleich wie zivilrechtliche Urteile (§ 300 ZPO) erst mit dem *Eintritt der formellen Rechtskraft* vollstreckbar werden. Nur wenn einem Rechtsmittel ausnahmsweise keine aufschiebende Wirkung zukommt oder diese entzogen worden ist, kommt eine Vollstreckung nicht rechtskräftiger Akte in Betracht (§ 30 Abs. 1; vgl. aber zur definitiven Rechtsöffnung N. 12; vgl. auch § 25 N. 1 f.). Es braucht somit für jede Vollstreckungshandlung einen rechtskräftigen Vollstreckungstitel. Auch wenn ein solcher zwar vorhanden ist, jedoch noch ein ausserordentliches Rechtsmittel (staatsrechtliche Beschwerde) ergriffen wurde, wird in der Praxis im Regelfall mit der Vollstreckung zumindest so lange gewartet, bis die Rechtsmittelinstanz über eine allfällige Gewährung der aufschiebenden Wirkung entschieden hat.

Gemäss der einhelligen Lehre bedarf jede Verwaltungszwangsmassnahme einer *gesetzlichen Grundlage* (vgl. die Hinweise bei Gadola, S. 490 Anm. 460). Als gesetzliche Grundlage der exekutorischen Massnahmen gelten allerdings bereits das materielle Recht und die daraus folgende Vollzugskompetenz der Behörde (a.M. Geiser, a.a.O., S. 38; Grisel II, S. 643, in Bezug auf den unmittelbaren Zwang). Einer zusätzlichen, ausdrücklichen gesetzlichen Grundlage bedürfen sie jedoch, wenn sie über die ursprüngliche Anordnung hinaus in die Rechts-

§ 30

position der Einzelnen eingreifen oder über das hinausgehen, was zur Herstellung des gesetzlichen Zustands notwendig ist (Häfelin/Müller, Rz. 918; Kölz/Häner, Rz. 389). Teile der Lehre weisen auch darauf hin, dass schwere Eingriffe in die Rechtssphäre der Einzelnen eine Grundlage in einem formellen Gesetz haben müssen (Häfelin/Müller, Rz. 918, 939; Knapp, N. 1636, 1648; vgl. Gadola, S. 490). Demgegenüber bedürfen Massnahmen mit ganz oder teilweise repressivem Charakter stets einer besonderen gesetzlichen Grundlage. Dies gilt auch für administrative Rechtsnachteile, sofern sie zumindest teilweise repressiv sind. Die Praxis, wonach der Widerruf einer Verfügung bei gegebenen Voraussetzungen grundsätzlich ohne gesetzliche Grundlage zulässig ist (vgl. BGE 121 II 276 f.), muss folglich unter diesem Vorbehalt stehen (Kölz/Häner, Rz. 389).

9 Das Vorliegen eines *Verschuldens* wird nicht vorausgesetzt für die Durchführung von exekutorischen Massnahmen; es ist hingegen erforderlich für die Verhängung von Zwangsmitteln mit ganz oder teilweise repressivem Charakter (vgl. auch N. 42 zur Ordnungsbusse).

10 Zwangsmassnahmen müssen grundsätzlich unter Ansetzung einer angemessenen Erfüllungsfrist *angedroht* werden (vgl. N. 49 und § 31). Sie haben *verhältnismässig* zu sein (vgl. N. 48 ff.).

11 Es gilt als allgemeiner Rechtsgrundsatz, dass öffentlichrechtliche Ansprüche – ausgenommen Pflichten, die sich aus polizeilichen Rechtsnormen ergeben – *verjähren* (BGE 112 Ia 262, 105 Ib 267 f.; Häfelin/Müller, Rz. 147 f., 627 ff.; Imboden/Rhinow/Krähenmann, Nr. 34 B I b; a.M. H. A. Müller, a.a.O., S. 131 ff., der aber gestützt auf den Grundsatz von Treu und Glauben zu einem ähnlichen Ergebnis gelangt). Die Befugnis der Behörden zur Anordnung des Abbruchs widerrechtlicher Bauten fällt 30 Jahre nach deren Fertigstellung dahin (vgl. N. 54). Für die Ansprüche des Gemeinwesens nach Art. 8 aGSchG (heute Art. 54 GSchG) und Art. 59 USG hat das Bundesgericht eine Verjährungsfrist von fünf Jahren festgelegt. Die Frist beginnt an dem Tag nach der Vornahme des Vollzugs zu laufen, an dem der Behörde die Kosten bekannt sind (BGE 122 II 32; BGr. 17.12.1980, ZBl 82/1981, S. 371). Das Bundesgericht geht bei öffentlichrechtlichen Rückerstattungsansprüchen regelmässig von dieser Frist aus, wenn keine speziellen gesetzlichen Bestimmungen vorliegen (BGE 122 II 32, 116 Ia 464 f.; Imboden/Rhinow/Krähenmann, Nr. 34 B III a; L. Müller, a.a.O., S. 75 f.; Gegenbeispiel: BGE 108 Ib 150 ff.). Es liegt nahe, sie auch auf die Rückerstattungsansprüche für die Kosten einer Ersatzvornahme anzuwenden. Die strafrechtlichen Sanktionen verjähren entsprechend den allgemeinen Vorschriften des StGB (§ 2 Abs. 1 StVG). Vgl. zur Verjährung auch Imboden/Rhinow/Krähenmann, Nr. 34.

§ 30

3. Mittel der Vollstreckung

3.1. Schuldbetreibung

LITERATUR
GILLIÉRON PIERRE-ROBERT, Commentaire de la loi fédérale sur la poursuite pour dettes et la faillite, Art. 1–88, Lausanne 1999, Art. 80; KNAPP BLAISE/HERTIG GÉRARD, L'exécution forcée des actes cantonaux pécuniaires de droit public (Art. 80 al. 2 LP), Bl SchK 50/1986, S. 121 ff., 161 ff.; RIGOT DOMINIQUE, Le recouvrement forcé des créances de droit public selon le droit de poursuite pour dettes et la faillite, Yens-sur-Morges 1991; SPÜHLER KARL, Probleme bei der Schuldbetreibung für öffentlichrechtliche Geldforderungen, ZBl 100/1999, S. 254 ff.; STAEHELIN DANIEL, in: STAEHELIN ADRIAN/BAUER THOMAS/STAEHELIN DANIEL, Kommentar zum Bundesgesetz über Schuldbetreibung und Konkurs I, Art. 1–87, Basel/Genf/München 1998, Art. 80.

Die auf Geldzahlung oder Sicherheitsleistung gerichteten *rechtskräftigen* Entscheide der *Verwaltungsinstanzen sowie der Gemeinden und der andern öffentlichrechtlichen Körperschaften des Kantons Zürich* stehen im innerkantonalen Verfahren hinsichtlich der Rechtsöffnung vollstreckbaren gerichtlichen Urteilen gleich (Art. 80 Abs. 2 Ziff. 3 SchKG i.V.m. § 214 ZPO; vgl. Frank/Sträuli/Messmer, § 214 N. 3). Die Verwaltung erhält damit definitive Rechtsöffnung (Art. 80 Abs. 1 SchKG). Vollstreckbar ist die Verfügung, wenn sie ordnungsgemäss eröffnet wurde und nicht mehr mit einem ordentlichen Rechtsmittel angefochten werden kann (BGE 105 III 44 f., 99 Ia 429 f.; Kurt Amonn/Dominik Gasser, Grundriss des Schuldbetreibungs- und Konkursrechts, 6. A., Bern 1997, § 19 N. 53). Nach Bundesrecht genügt nicht – dem Wortlaut von § 30 Abs. 1 zum Trotz –, dass dem ordentlichen Rechtsmittel die aufschiebende Wirkung nicht zukommt oder entzogen wurde (Knapp, N. 1599; Knapp/Hertig, a.a.O., S. 131; Staehelin, a.a.O., N. 110). Die Prüfung der Vollstreckbarkeit und Rechtskraft erfolgt von Amtes wegen (BGE 105 III 44 f.; Staehelin, a.a.O., N. 115). Was dabei die Überprüfung der sachlichen Zuständigkeit betrifft, so hat der Rechtsöffnungsrichter nach der bundesgerichtlichen Praxis nur zu kontrollieren, ob die Verfügung von einer Behörde ausgegangen ist, die im entsprechenden Sachgebiet allgemein Entscheidungsgewalt hat (BGE 113 II 395, 99 Ia 429; OGr. 20.6.1996, ZR 96 Nr. 40; vgl. auch OGr. 21.10.1993, ZR 93 Nr. 70). Die Tragweite dieser Prüfung ist umstritten; die Lehre setzt sie teilweise der Prüfung der Nichtigkeit gleich oder fordert die Letztere (vgl. Imboden/Rhinow/Krähenmann, Nr. 50 B II; Knapp/Hertig, a.a.O., S. 164; Moor II, S. 87 f.; Staehelin, a.a.O., N. 128). Die Anforderungen von Art. 3 des Konkordats über die Gewährung gegenseitiger Rechtshilfe zur Vollstreckung öffentlich-rechtlicher Ansprüche (dazu N. 14) sollen auch im innerkantonalen Verfahren, direkt gestützt auf Art. 4 aBV (Art. 29 Abs. 2 BV), gelten (BGr. 8.11.1974, Zeitschrift für Walliser Rechtsprechung 1975, S. 62; kritisch Staehelin, a.a.O., N. 121). Die Einreden des Schuldners sind auf Stundung, Tilgung und Verjährung beschränkt (Art. 81 Abs. 1 SchKG). Die rechtskräftige Verfügung bzw. der Entscheid ist samt Rechtskraftbescheinigung dem Rechtsöffnungsbegehren beizulegen.

§ 30

13 Verfügungen und Entscheide von *Bundesverwaltungsbehörden,* die auf Geldzahlung oder Sicherheitsleistung gerichtet sind, stellen ebenfalls definitive Rechtsöffnungstitel dar (Art. 80 Abs. 2 Ziff. 2 SchKG). Das Bundesrecht kann im Gegensatz zum kantonalen Recht vorsehen, dass eine noch nicht rechtskräftige Verfügung von Gesetzes wegen oder auf Anordnung der Beschwerdeinstanz vorläufig vollstreckbar ist (Staehelin, a.a.O., N. 111).

14 Forderungen zürcherischer Behörden gegenüber Schuldnern mit Wohnsitz ausserhalb des Kantons können nach dem Konkordat vom 28.10.1971 über die Gewährung gegenseitiger Rechtshilfe zur Vollstreckung öffentlich-rechtlicher Ansprüche (SR 281.22; LS 282) vollstreckt werden. Dem Konkordat sind alle Kantone beigetreten. Es sieht die definitive Rechtsöffnung für Verwaltungsentscheide vor, die nach der Gesetzgebung des Kantons, in welchem sie erlassen wurden, gerichtlichen Urteilen gleichgestellt sind (Art. 2). Der Rechtsöffnungsrichter prüft die Voraussetzungen der Vollstreckbarkeit von Amtes wegen (Art. 5). Dazu gehört auch die Einhaltung folgender Verfahrensvorschriften: Gewährung des rechtlichen Gehörs, Möglichkeit der Ergreifung eines Rechtsmittels, mit dem die Überprüfung des Sachverhalts verlangt werden kann, Rechtsmittelbelehrung (Art. 3). Die Einreden des Schuldners sind wiederum beschränkt: Ausser Stundung, Tilgung und Verjährung kann er fehlende Zuständigkeit der verfügenden Behörde, Fehlen einer gehörigen Vorladung, fehlende gesetzliche Vertretung und mangelhafte Eröffnung vorbringen (Art. 6). Bussen sind aufgrund von Art. 380 StGB in der ganzen Schweiz vollstreckbar. Öffentlichrechtliche Forderungen können im Ausland nicht vollstreckt werden, solange entsprechende Staatsverträge fehlen (VPB 40/1978 Nr. 130; Staehelin, a.a.O., N. 145; vgl. auch Rigot, a.a.O., S. 184 ff.). Bussen können in gewissen Staaten aufgrund der internationalen Rechtshilfe in Strafsachen vollstreckt werden (Staehelin, a.a.O., N. 145; vgl. auch Art. 94 Abs. 4 des Bundesgesetzes über internationale Rechtshilfe in Strafsachen vom 20.3.1981 [Rechtshilfegesetz, IRSG; SR 351.1]).

15 Die aktive und passive Betreibungsfähigkeit kommt dem Gemeinwesen, nicht aber der in der Sache zuständigen Behörde zu; Letztere hat lediglich Vertreterfunktion (BGE 90 III 10 ff.). Für öffentlichrechtliche Forderungen des Gemeinwesens ist stets auf Pfändung oder Pfandverwertung zu betreiben; die Konkursbetreibung ist ausgeschlossen (Art. 43 Ziff. 1 SchKG; vgl. BGE 118 III 14; Knapp/Hertig, a.a.O., S. 123 f.). Im weiteren Gang des Schuldbetreibungsverfahrens hat die Verwaltung dieselbe Stellung wie der private Gläubiger (H. A. Müller, a.a.O., S. 53).

16 Die erstinstanzliche Behörde kann die Betreibung ohne rechtskräftigen Rechtsöffnungstitel einleiten, im Fall eines Rechtsvorschlags nachträglich eine Verfügung erlassen und, wenn diese rechtskräftig ist, die Betreibung fortsetzen, sofern das Dispositiv der Verfügung mit Bestimmtheit auf die hängige Betreibung Bezug nimmt und den Rechtsvorschlag ausdrücklich als aufgehoben er-

§ 30

klärt. Die Verwaltungsbehörde fällt damit nicht nur einen Sachentscheid über die Verpflichtung zu einer Geldzahlung, sondern befindet als Rechtsöffnungsinstanz zugleich über die Aufhebung des Rechtsvorschlags (BGE 119 V 331 f.; VGr. 11.2.1999, VB.98.00393; vgl. auch Staehelin, a.a.O., N. 101).

3.2. Ersatzvornahme

Ersatzvornahme bedeutet, dass die Verwaltungsbehörde eine dem Privaten obliegende, pflichtwidrig verweigerte, vertretbare Handlung auf dessen Kosten durch eine amtliche Stelle oder durch eine Drittperson verrichten lässt (BGr. 23.6.1997, ZBl 99/1998, S. 139; RB 1991 Nr. 12; RB 1985 Nr. 14 = BEZ 1985 Nr. 48; RB 1969 Nr. 11 = ZBl 71/1970, S. 154 ff. = ZR 69 Nr. 86). Die Ersatzvornahme ist das gebräuchlichste Mittel, um die Erfüllung einer vertretbaren Handlung zu erzwingen (Imboden/Rhinow/Krähenmann, Nr. 52 B I). 17

Die Ersatzvornahme darf nur dann vorgenommen werden, wenn sich der Pflichtige weigert, freiwillig den rechtmässigen Zustand herzustellen. Es muss ihr deshalb mindestens eine einmalige Androhung vorausgehen (§ 31 Abs. 1). Hat die Androhung keine Wirkung, so wird in Verfügungsform die Ersatzvornahme festgesetzt (Vollstreckungsverfügung). 18

Die Vollstreckungsverfügung enthält Ort, Zeitpunkt und, entsprechend dem konkreten Fall, weitere Angaben über die Ersatzvornahme sowie die Aufforderung an den Pflichtigen, die notwendigen Vorbereitungen zu treffen (Verlegung von Fabrikationsanlagen usw.) und zur Abwendung möglichen Schadens daran teilzunehmen. Bei der Festsetzung ist die Behörde an das von ihr angedrohte Zwangsmittel gebunden (H. A. Müller, a.a.O., S. 9). Sie kann die Ersatzvornahme selber durchführen, wenn sie über die entsprechenden Mittel verfügt, oder einen Dritten damit betrauen. Beauftragt sie einen privaten Dritten mit der Ersatzvornahme, so muss sie dessen Namen nennen (Bendel, a.a.O., S. 34 f.; H. A. Müller, a.a.O., S. 9). Zur Sorgfaltspflicht der Behörde bei der Auswahl des Dritten vgl. N. 23. Ob eine Ausschreibung zu erfolgen hat, ergibt sich aus den Vorschriften über das öffentliche Beschaffungswesen (vgl. die Übersicht in BGE 125 II 90 f.). 19

Die Behörde hat dafür zu sorgen, dass die Ersatzvornahme ruhig abläuft und nicht gestört wird. Sind Private mit der Ersatzvornahme betraut, muss diese durch einen Behördenvertreter überwacht werden (H. A. Müller, a.a.O., S. 10). Zum Schutz der mit der Ersatzvornahme betrauten Personen kann die Behörde, sofern notwendig, Polizeikräfte einsetzen (H. A. Müller, a.a.O., S. 10). 20

Eine *antizipierte Ersatzvornahme* liegt vor, wenn die Behörde die vertretbare Handlung unmittelbar selber vornimmt oder durch einen Dritten vornehmen lässt. Sachverfügung, Vollstreckungsverfügung und Vollstreckung fallen zusammen, sodass die Zwangsandrohung entfällt. Die antizipierte Ersatzvornahme ist 21

§ 30

zulässig, wenn Gefahr im Verzug ist, d.h. wenn zum Schutz von Rechtsgütern sofortiges Handeln notwendig ist, oder wenn von vornherein feststeht, dass dem Pflichtigen die rechtlichen oder tatsächlichen Mittel fehlen, um der behördlichen Anordnung innert vernünftiger Frist nachzukommen (vgl. BGr. 23.6.1997, ZBl 99/1998, S. 139; BGE 105 Ib 345 f.; RB 1991 Nr. 12; Imboden/Rhinow/Krähenmann, Nr. 52 B IV). Im zweiten Fall ist allerdings Zurückhaltung am Platz. Wenn keine zeitliche Dringlichkeit besteht, sollte dennoch eine Androhung erfolgen, damit der Pflichtige allenfalls selber Vorschläge über die Art der Durchführung der Vollstreckung machen kann. Zudem soll ihm die Androhung ermöglichen, durch geeignete Vorkehren Schaden zu vermeiden (kritisch zu diesem Punkt auch Grisel II, S. 639; Moor II, S. 71; H. A. Müller, a.a.O., S. 18 ff.). Die antizipierte Ersatzvornahme kommt etwa beim Abschleppen rechtswidrig parkierter Fahrzeuge in Frage (RB 1991 Nr. 12).

22 In gewissen Fällen sieht das Gesetz vor, dass der Staat einen bestimmten rechtswidrigen Zustand beseitigt, weil die Verursacher dazu regelmässig nicht imstande sind. Diese haben dafür die Kosten der Massnahmen zu tragen (vgl. Art. 54 GSchG, Art. 59 USG). Der Begriff der antizipierten Ersatzvornahme ist fehl am Platz, wenn das Gesetz von vornherein nur eine Duldungs- und eine Kostenpflicht vorsieht (gl.M. Gygi, Verwaltungsrecht, S. 329 ff.), nicht aber überhaupt überflüssig (a.M. offenbar Häfelin/Müller, Rz. 935 ff.).

23 Die *Kosten* der Ersatzvornahme trägt der Verfügungsadressat, weil er diese mit seiner Weigerung, den rechtmässigen Zustand herzustellen, verursacht hat. Der Pflichtige hat auch dann bereits angefallene Kosten aus einer eingeleiteten Ersatzvornahme zu tragen, wenn er *nach Ablauf* der ihm angesetzten Frist den rechtmässigen Zustand selber herstellt. Unerheblich ist, ob die Kosten der öffentlichen Hand direkt erwachsen oder ob ein Dritter mit der Ersatzvornahme betraut wird (RB 1985 Nr. 14 = BEZ 1985 Nr. 48). Es können dem Pflichtigen jedoch nur *notwendige* und *angemessene* Kosten auferlegt werden. Nicht erforderlich in diesem Sinn sind übersetzte Unternehmerforderungen, welche die Verwaltung pflichtwidrig anerkannt hat (RB 1976 Nr. 14). An die Sorgfaltspflicht der Verwaltung darf allerdings kein strengerer als ein durchschnittlicher Massstab angelegt werden. Der hinterher erhobene Einwand, der Pflichtige hätte die gebotenen Massnahmen billiger vorgenommen oder vornehmen lassen, ist nicht zu hören. Zum notwendigen Aufwand gehört auch der Verwaltungsaufwand, der dem Gemeinwesen durch das pflichtwidrige Verhalten erwächst. Er umfasst sämtliche Personalkosten einschliesslich der von Organen des Gemeinwesens geleisteten Arbeitsstunden (RB 1985 Nr. 14 = BEZ 1985 Nr. 48; vgl. auch Beeler, a.a.O., S. 103 f.; Imboden/Rhinow/Krähenmann, Nr. 52 B V). Die Kostentragungspflicht aus der Ersatzvornahme ist ausschliesslich öffentlichrechtlicher Natur, auch wenn Letztere durch einen Privaten durchgeführt wird (vgl. Imboden/Rhinow/Krähenmann, Nr. 52 B V; Moor II, S. 70; H. A. Müller, a.a.O., S. 11 f.).

Unter mehreren Pflichtigen besteht keine Solidarhaftung für die Kosten. Bei 24
der antizipierten Ersatzvornahme sind die von der Praxis entwickelten Regeln
über die Haftungskonkurrenz von Störern anzuwenden, wonach die einzelnen
Quoten nach möglichst genauer Klärung des Hergangs festzusetzen sind (BGr.
12.10.1990, ZBl 92/1991, S. 212 ff.; BGE 114 Ib 54 f.; vgl. auch RR AG,
20.4.1994, ZBl 97/1996, S. 130 ff.; Imboden/Rhinow/Krähenmann, Nr. 52 B
VII, 135 B III; Trüeb, a.a.O., Art. 59 N. 46 ff.). Bei der ordentlichen Ersatzvornahme richtet sich die Kostenverteilung nach der Auswahl der Pflichtigen (Geiser,
a.a.O., S. 107; Gueng, a.a.O., S. 272 f.), wobei unter Vorbehalt dringlicher Fälle
dieselben Regeln anzuwenden sind (Imboden/Rhinow/Krähenmann, Nr. 135
B III a; vgl. Vorbem. zu §§ 29–31 N. 6). Die Frage kann nicht als völlig geklärt
gelten (gl.M. Imboden/Rhinow/Krähenmann, Nr. 135 B III; vgl. auch die Kritik bei Moor II, S. 74 f.; Poltier, a.a.O., S. 137 ff.).

Die Kosten der Ersatzvornahme sind in Verfügungsform festzusetzen. Gemäss 25
Abs. 1 lit. b kann der Entscheid über die Kostenauflage mit Rekurs weitergezogen werden. Nach Eintritt der formellen Rechtskraft ist die Kostenverfügung
als öffentlichrechtliche Forderung mit den entsprechenden Mitteln geltend zu
machen. Die Beschwerde an das Verwaltungsgericht ist nur gegeben, wenn dieses auch zur Beurteilung des Sachentscheids zuständig gewesen wäre (RB 1991
Nr. 12).

Es ist an sich zulässig, die mutmasslichen Kosten der Ersatzvornahme durch 26
einen Vorschuss sicherzustellen (RB 1969 Nr. 11 = ZBl 71/1970, S. 154 ff. =
ZR 69 Nr. 86). Im Allgemeinen dürfte aber aus praktischen Gründen die sofortige Durchführung der Ersatzvornahme und die nachträgliche Eintreibung der
Kosten vorzuziehen sein, denn der Pflichtige wird, wenn es schon zur Ersatzvornahme kommt, den Vorschuss nicht freiwillig bezahlen, sodass die Herstellung
des rechtmässigen Zustandes durch ein solches Vorgehen verzögert würde. Das
Eintreten auf einen Rekurs gegen die Sachverfügung von einem Kostenvorschuss
für die allfällige Ersatzvornahme abhängig zu machen, ist in keinem Fall zulässig.

Die aus § 30 fliessende Befugnis zur Ersatzvornahme enthält ohne ausdrückli- 27
che gesetzliche Grundlage (die im zürcherischen Recht fehlt) keine Ermächtigung, bewegliche Gegenstände der Pflichtigen zwecks Sicherung der Forderung zu pfänden (BGE 100 Ia 356); eine Pfändung von Fahrnis ist nur im
Schuldbetreibungs- und Konkursverfahren aufgrund einer rechtskräftigen Verfügung möglich. Die Gemeinden können indessen gemäss § 197 lit. c EG ZGB
zur Sicherung ihrer Forderung aus der Ersatzvornahme Liegenschaften des Pflichtigen mit einem (mittelbar gesetzlichen) Grundpfandrecht belegen (vgl. VGr.
9.10.1971, VB 37/1971). Zu dessen Eintragung ist ein formeller, mit Rekurs
anfechtbarer Gemeinderatsbeschluss notwendig. Dieser muss Angaben über Art
und Höhe der Pfandhaft sowie über die belasteten Grundstücke enthalten (RRB
Nr. 2808/1971). Das Grundpfandrecht kann nur bei Vollstreckungsmassnah-

§ 30

men, welche Liegenschaften betreffen, geltend gemacht werden (§ 197 lit. c EG ZGB).

3.3. Unmittelbarer Zwang

28 Weigert sich der zu einer persönlichen, nichtvertretbaren Handlung Verpflichtete, diese vorzunehmen, so muss *unmittelbarer Zwang* angewendet werden: Die Erfüllung der Rechtspflichten einer Person wird mit *direkter Gewalt* gegen diese oder deren Sachen durchgesetzt.

29 Die Formen des unmittelbaren Zwangs sind vielfältig. Bei Sachen ist etwa die Siegelung, die Schliessung, die Beschlagnahmung oder gar die Zerstörung möglich (vgl. RB 1975 Nr. 99 = ZBl 76/1975, S. 471 ff. = ZR 74 Nr. 85; vgl. auch Frank/Sträuli/Messmer, § 307 N. 3). Bei Personen kann die vorübergehende oder dauernde Einweisung in eine Anstalt oder ein Spital oder ein Eingriff in die physische Integrität (Blutentnahme, Zwangsimpfung) in Frage kommen. Zur gesetzlichen Grundlage vgl. N. 8. Regelmässig kommt dem Grundsatz der Verhältnismässigkeit besonderes Gewicht zu bei der Beantwortung der Frage, welches Mittel unmittelbaren Zwangs im konkreten Fall angemessen ist (Näheres bei Geiser, a.a.O., S. 30 ff.; H. A. Müller, a.a.O., S. 24 ff.; vgl. z.B. BGE 124 I 45 ff.; RB 1975 Nr. 99 = ZBl 76/1975, S. 471 ff. = ZR 74 Nr. 85).

30 Der unmittelbare Zwang ist ausschliesslich durch staatliche Organe auszuüben; der Einsatz privater Dritter ist hier, im Gegensatz zur Ersatzvornahme, ausgeschlossen (vgl. H. A. Müller, a.a.O., S. 23). Im Vordergrund steht die mit dem Vollzug betraute Verwaltungsbehörde; diese kann die Hilfe der Polizei beanspruchen (Kantonspolizei, Gemeindepolizei). Eine materielle Überprüfung der einer Zwangsmassnahme zugrunde liegenden Verfügung auf ihre Rechtmässigkeit hin steht den Polizeiorganen nicht zu (vgl. N. 6). Differenzen zwischen dem Vollstreckungsorgan und der zur Vollstreckung beigezogenen Polizei entscheidet die gemeinsame Aufsichtsbehörde.

31 Aus dem Verursacherprinzip folgt, dass die Kosten des unmittelbaren Zwangs in der Regel dem Pflichtigen auferlegt werden können (gl.M. H. A. Müller, a.a.O., S. 34; a.M. Geiser, a.a.O., S. 102 f.; offen gelassen bei Knapp, N. 1649).

3.4. Bestrafung

Literatur
ALKALAY MICHAEL, Umweltstrafrecht im Geltungsbereich des USG, Zürich 1992; EIGENMANN WALTER, Die Androhung von Ungehorsamsstrafen durch den Richter, Zürich 1964; GAUTHIER JEAN, La Loi fédérale sur le droit pénal administratif, in: XIVe journée juridique, Mémoires publiés par la Faculté de Droit de Genève Nr. 46, Genève 1975, S. 23 ff.; DERSELBE, Droit administratif et droit pénal, ZSR 90/1971 II, S. 325 ff.; GYGI FRITZ, Zur strafrichterlichen Überprüfung von Verwaltungsverfügungen, in: Festgabe Hans Schultz, Bern 1977, S. 399 ff.; HAURI KURT, Verwaltungsstrafrecht (VStrR), Bern 1998;

§ 30

HURTADO POZO JOSÉ, Droit pénal, Partie générale I, 2. A., Zürich 1997, N. 19 ff., 76 ff., 210 ff.; JUNOD CHARLES-ANDRÉ, Infractions administratives et amendes d'ordre, Semaine Judiciaire 101/1979, S. 165 ff.; LOEPFE ROLF, Ungehorsam gegen amtliche Verfügungen, Zürich 1947; LUDWIG PETER, Die Strafbestimmungen des öffentlichen Baurechts aus der Sicht des Baujuristen, BVR 1980, S. 25 ff.; NEF HANS, Prüfung von Verwaltungsverfügungen durch den Strafrichter?, in: Festgabe der schweizerischen Rechtsfakultäten zur Hundertjahrfeier des Bundesgerichts, Basel 1975, S. 213 ff.; PETER MARKUS, Das neue Bundesgesetz über das Verwaltungsstrafrecht, ZStrR 90/1974, S. 337 ff.; DERSELBE, Erste Erfahrungen mit dem Bundesgesetz über das Verwaltungsstrafrecht, ZStrR 93/1977, S. 353 ff.; PFUND W. ROBERT, Verwaltungsrecht – Strafrecht (Verwaltungsstrafrecht), ZSR 90/1971 II, S. 107 ff.; RIKLIN FRANZ, Schweizerisches Strafrecht, Allgemeiner Teil I, Zürich 1997, § 1 N. 22 ff.; ROOS GOTTFRIED, Die verwaltungsrechtliche Seite der Ungehorsamsstrafe des Art. 292 StGB, ZBJV 79/1943, S. 481 ff.; ROTH ROBERT, Tribunaux pénaux, autorités administratives et droit pénal administratif, RDAF 37/1981, S. 285 ff., 381 ff.; SCHMID NIKLAUS, in: DONATSCH ANDREAS/SCHMID NIKLAUS, Kommentar zur Strafprozessordnung des Kantons Zürich vom 4. Mai 1919, Zürich 1996/1999, §§ 327 ff.; SCHULTZ HANS, Einführung in den Allgemeinen Teil des Strafrechts, 1. Bd., 4. A., Bern 1982, S. 26 ff., 74 ff.; STADLER PETER, Ungehorsam gegen amtliche Verfügungen (Art. 292 StGB), Zürich 1990; STRATENWERTH GÜNTER, Schweizerisches Strafrecht, Allgemeiner Teil I, 2. A., Bern 1996, § 2 N. 3 ff., 39 ff.; DERSELBE, Schweizerisches Strafrecht, Besonderer Teil II, 4. A., Bern 1995, § 50 N. 2 ff.; TRECHSEL STEFAN/NOLL PETER, Schweizerisches Strafrecht, Allgemeiner Teil I, 5. A., Zürich 1998, S. 32 ff.

Die einschlägigen *Begriffe* werden in der Lehre nicht einheitlich umschrieben, weshalb festzulegen ist, wie sie im Folgenden verwendet werden. Die *Strafe (Kriminalstrafe)* wird definiert als zur Bewährung der Rechtsordnung auferlegter, erzwungener Eingriff in die Rechtsgüter eines Menschen, weil der Betreffende wichtige zwingende Verhaltensnormen schuldhaft verletzt hat (Schultz, a.a.O., S. 28). *Verwaltungsstrafrecht* meint die materiellen Strafbestimmungen, die in Verwaltungsgesetzen enthalten sind; die Verwaltungsstrafgesetzgebung stellt somit einen (wichtigen) Bestandteil der *Nebenstrafgesetzgebung* dar (vgl. Trechsel/Noll, a.a.O., S. 40; anders der Anwendungsbereich des VStrR nach Art. 1 VStrR; anders auch die Definitionen bei Grisel II, S. 645, und Knapp, N. 1704). Die Zuständigkeit zur Verhängung von Verwaltungsstrafen kann, muss aber nicht bei den Verwaltungsbehörden liegen (vgl. auch N. 34). Verwaltungsstrafen und Strafen mit teilweise exekutorischem Charakter dürfen nicht gleichgesetzt werden (unzutreffend Gadola, S. 496; Häfelin/Müller, Rz. 943). Letztere sind ihrem Wesen nach (unter anderm) Mittel zur direkten Durchsetzung des Verwaltungsrechts, Erstere schützen zwar das Rechtsgut der verwaltungsrechtlichen Ordnung – und damit die öffentlichen und privaten Interessen, die darin verdichtet wurden –, sind aber in der Regel rein repressiv (gl.M. Giacometti, S. 534 f.; Knapp, N. 1701, 1703). – Die *Ordnungsstrafe* (in der Regel eine *Ordnungsbusse*) ist eine Strafe für die Missachtung von Gesetzesvorschriften und Verfügungen untergeordneter Bedeutung, besonders zur Sicherung von Verfahren (Imboden/Rhinow/Krähenmann, Nr. 53 B I). Wegen der Geringfügigkeit des geahndeten Verhaltens bestehen gesetzliche Sonderregeln für die Ordnungsbussen; diese Abgrenzung wird also vom Gesetzgeber vorge-

32

§ 30

nommen (vgl. Knapp, N. 1700; Riklin, a.a.O., § 1 N. 25; vgl. zur Schwierigkeit der Abgrenzung auch Imboden/Rhinow/Krähenmann, Nr. 53 B; Stratenwerth I, a.a.O., § 2 N. 42 f.).

33 Verwaltungsstrafen sind grundsätzlich Strafen im Rechtssinn. Dies gilt nach umstrittener, in der Strafrechtslehre jedoch herrschender Auffassung auch für die Ordnungsstrafen. Der Unterschied ist graduell, nicht grundsätzlich (Hurtado Pozo, a.a.O., N. 82; Jörg Rehberg, Strafrecht I, 6. A., Zürich 1996, S. 5; Riklin, a.a.O., § 1 N. 24 ff.; Schultz, a.a.O., S. 32 f.; Stratenwerth I, a.a.O., § 2 N. 40; Trechsel/Noll, a.a.O., S. 37; ebenso Moor II, S. 95 ff.; Saladin, S. 161; vgl. auch Imboden/Rhinow/Krähenmann, Nr. 53 B II; a.M. Geiser, a.a.O., S. 43 ff.). Ausgenommen werden allerdings – auch vom EGMR – die prozessrechtlichen Sanktionen (Riklin, a.a.O., § 1 N. 29; Schultz, a.a.O., S. 30; Trechsel/Noll, a.a.O., S. 36, mit Hinweis; vgl. auch Knapp, N. 1694 f.). Zwar können auch Ordnungsbusse, Ungehorsamsstrafe und Disziplinarstrafe (teilweise) exekutorischen Charakter haben; sie deswegen von den übrigen repressiven Zwangsmitteln zu unterscheiden, rechtfertigt sich jedoch grundsätzlich nicht.

34 Bei der Frage, ob eine strafrechtliche Anklage nach Art. 6 Ziff. 1 EMRK vorliegt und deshalb Anspruch auf eine gerichtliche Beurteilung besteht, spielt die Abgrenzung des Verwaltungsstrafrechts vom übrigen Strafrecht höchstens eine untergeordnete Rolle. Nach der autonomen Auslegung der Bestimmung durch die Konventionsorgane ergibt sich der Strafcharakter aus folgenden drei alternativen Kriterien: Erstens aus der landesrechtlichen Qualifikation, zweitens aus der Natur der Zuwiderhandlung und deren Folgen (d.h. aus dem Zweck und dem Adressatenkreis der Sanktion) und drittens aus der Art und der Schwere der angedrohten Sanktion (vgl. BGE 125 I 107 f.). Damit findet Art. 6 EMRK zum Beispiel Anwendung auf das Strafsteuerverfahren (BGE 119 Ib 314 ff.) oder auf den Führerausweisentzug zu Warnzwecken (BGE 121 II 22 ff.), nicht aber auf das Nachsteuerverfahren (BGE 121 II 282 f.) oder den Führerausweisentzug zu Sicherungszwecken, wobei bei Letzterem eine zivilrechtliche Streitigkeit im Sinn von Art. 6 Ziff. 1 EMRK vorliegen kann (BGE 122 II 464 ff.; vgl. zum Ganzen Kölz/Häner, Rz. 39; vgl. auch § 1 N. 29 und § 4 N. 30). Da im Verfahren bei Übertretungen die gerichtliche Beurteilung verlangt werden kann (§ 357 Abs. 4 i.V.m. § 342 Abs. 1 StPO), ist Art. 6 EMRK Genüge getan (Schmid, a.a.O., Vorbem. zu §§ 327 ff. N. 2; vgl. zu Art. 6 Ziff. 1 EMRK auch § 43 N. 49 ff.; Robert Zimmermann, Les sanctions disciplinaires et administratives au regard de l'article 6 CEDH, RDAF 50/1994, S. 335 ff., 342 f., 350 ff.).

35 Für Strafen, die einen Freiheitsentzug mit sich bringen, ist eine ausdrückliche *Grundlage in einem Gesetz* im formellen Sinn erforderlich (BGE 124 IV 25, 118 Ia 318 f., 112 Ia 112 f.). Offen bleibt, ob das formelle Gesetz den Verordnungsgeber ausdrücklich zum Erlass von Bussenandrohungen ermächtigen müsse (BGE 112 Ia 113; eher verneinend Moor II, S. 91); ferner soll anscheinend offen bleiben, ob der Verordnungsgeber auch Haftstrafen anordnen

§ 30

kann (BGE 123 IV 37, mit Hinweisen auf die Verneinung dieser Frage durch die neuere Strafrechtslehre; vgl. z.B. Trechsel/Noll, a.a.O., S. 53; differenzierend VPB 46/1982 Nr. 50). In der Lehre wird vereinzelt gefordert, dass die Strafbestimmung stets in einem formellen Gesetz enthalten sein müsse (Knapp, N. 1673).

Spezielle Strafbestimmungen finden sich in zahlreichen Gesetzen und Verordnungen des Bundesrechts und – aufgrund des Kompetenzvorbehalts in Art. 335 StGB – des kantonalen Rechts. Die Kantone dürfen zur Sicherung des kantonalen Verwaltungsrechts (nicht aber der ergänzenden Bestimmungen zum Bundesverwaltungsrecht) schwerere Strafen als Haft oder Busse androhen; der Begriff «Übertretung» wird in Art. 335 Abs. 2 StGB untechnisch verwendet (Moor II, S. 94 f.; Schultz, a.a.O., S. 76; Trechsel/Noll, a.a.O., S. 42). Ein eigentliches *Verwaltungsstrafgesetz* kennt der Kanton Zürich nicht. Die gemeinsamen Verfahrensbestimmungen für die Ausfällung von Strafen durch die Verwaltung und deren Überprüfung sind in den §§ 340 ff. StPO enthalten. Die Ermächtigung der Verwaltungsbehörden und Gerichte, den Verfahrensablauf mit Strafen wegen Störung des Geschäftsgangs oder Verletzung des gebotenen Anstands zu sichern, findet sich in § 2 OrdnungsstrafG. Auf die Strafbestimmungen der Spezialgesetze finden die allgemeinen Bestimmungen des StGB (Art. 1–100) grundsätzlich Anwendung (Art. 333 StGB; § 2 StVG). Nach § 2 Abs. 2 StVG kann anstelle der Busse für leichte Fälle ein Verweis ausgesprochen werden (vgl. auch § 4 OrdnungsstrafG). Die Zuständigkeit zur Ausfällung von Bussen durch Verwaltungsbehörden richtet sich nach der Spezialgesetzgebung (§ 335a StPO), subsidiär nach §§ 333 ff. StPO. Der Bestrafte und der Geschädigte können binnen zehn Tagen seit der Mitteilung der Bussenverfügung gerichtliche Beurteilung beim ordentlichen Strafrichter verlangen (§ 342 Abs. 1 StPO). Gegen die Einstellung des Verfahrens ist der Rekurs nach §§ 402 ff. StPO gegeben, gegen die in der Einstellungsverfügung getroffene Kosten- und Entschädigungsregelung das Begehren um gerichtliche Beurteilung (§ 340 Abs. 4 StPO).

36

Subsidiär zur Spezialgesetzgebung kann § 328 StPO angewendet werden, laut dem die Verwaltungsbehörden zum Vollzug der in ihre Zuständigkeit fallenden Gesetze und Verordnungen Bussen androhen können, wenn diese Erlasse keine Strafandrohungen enthalten (§ 328 Abs. 1 StPO). Auf § 328 StPO und das mögliche Höchstmass der Busse muss in der Androhung hingewiesen werden (Schmid, a.a.O., § 328 N. 2). Eine Kumulation von Spezialstrafen und solchen gemäss § 328 StPO ist nicht zulässig. Erfassen jedoch die speziellen Strafbestimmungen nicht alle möglichen Übertretungen des betreffenden Gesetzes, so kann § 328 StPO subsidiär angewendet werden. Strafandrohungen gemäss § 328 Abs. 1 StPO dürfen nicht erlassen werden zur Vollstreckung von Ansprüchen, die auf dem Weg der Schuldbetreibung oder sonst auf dem Exekutionsweg durchzuführen sind (§ 328 Abs. 3 StPO); auch gegenüber den exekutorischen Mass-

37

§ 30

nahmen ist die Bestrafung nach § 328 StPO somit subsidiär. Die Kompetenz zur Ausfällung der Strafe liegt beim Gemeinderat bzw. beim Statthalteramt (§ 328 Abs. 2 i.V.m. §§ 333 f. StPO). Die gerichtliche Beurteilung kann nach § 342 Abs. 1 StPO verlangt werden. Da die Höhe der konkreten Busse vom Verschulden abhängt, kann sie nicht in der Androhung vorweggenommen werden (vgl. KassGr. 26.12.1987, ZR 87 Nr. 41; OGr. 5.5.1981, ZR 81 Nr. 15, beide zu § 306 ZPO).

38 Subsidiär zur Bestrafung nach besonderen Strafbestimmungen des eidgenössischen oder kantonalen Rechts ist auch die Bestrafung aufgrund des Blankettstraftatbestands des *Ungehorsams* gegen eine amtliche Verfügung nach Art. 292 StGB (vgl. BGE 124 IV 69 ff., 121 IV 32 ff.). Jede zuständige Verwaltungsbehörde ist befugt, für den Fall der Widerhandlung gegen ihre Verfügungen mit der Überweisung an den Strafrichter zur Bestrafung wegen Ungehorsams im Sinn von Art. 292 StGB zu drohen (vgl. H. A. Müller, a.a.O., S. 75; Stratenwerth II, a.a.O., § 50 N. 4). Die Strafe ist laut Art. 292 StGB Busse oder Haft. Eine Busse, die nach § 328 StPO oder nach einem andern Übertretungsstraftatbestand ausgesprochen wird, kann mit der Androhung der Überweisung an den Strafrichter zur Bestrafung nach Art. 292 StGB für den Wiederholungsfall verknüpft werden (§ 328c StPO). Zuständig zum Erlass dieser Androhung ist die nach §§ 333 ff. StPO zur Ausfällung der Busse zuständige Behörde (KassGr. 2.6.1988, ZR 87 Nr. 58). Die Subsidiarität von Art. 292 StGB dürfte nur gegenüber besonderen Strafbestimmungen bestehen, nicht aber gegenüber kantonalen Blankettstrafnormen. Da die Bestrafung nach § 328 StPO nicht angedroht werden darf, wenn Ansprüche mit Verwaltungszwang durchgesetzt werden können (§ 328 Abs. 3 StPO), und Art. 292 StGB im Gegensatz dazu nicht subsidiär zu den Mitteln des Verwaltungszwangs ist (Imboden/Rhinow/Krähenmann, Nr. 56 V b; Stratenwerth II, a.a.O., § 50 N. 12; BGE 90 IV 209), käme es zudem einer Vereitelung von Bundesrecht gleich, wenn Art. 292 StGB subsidiär zu § 328 StPO wäre. Auch wenn § 328 StPO anwendbar ist, darf daher die Bestrafung nach Art. 292 StGB grundsätzlich direkt angedroht werden (vgl. auch Loepfe, a.a.O., S. 110; Schmid, a.a.O., § 328 N. 4; vgl. auch N. 50 f.). Wurde hingegen zunächst Busse nach § 328 StPO angedroht, kann die zur Ausfällung zuständige Behörde nicht direkt gestützt auf Art. 292 StGB an den Strafrichter überweisen; sie muss vielmehr § 328c StPO anwenden (Schmid, a.a.O., § 328c N. 3). Im Übrigen geht die Praxis davon aus, dass Art. 292 StGB und kantonale Ungehorsamsstrafen miteinander angedroht werden können (BGE 96 II 261 f.; KassGr. 5.2.1996, ZR 96 Nr. 18; a.M. Schmid, a.a.O., § 328 N. 4). Wird in einem Gesetz die Androhung der Bestrafung wegen Ungehorsams ausdrücklich vorgesehen, ist darin eine Durchbrechung des Subsidiaritätsgrundsatzes zu sehen; solche sondergesetzlichen Bestimmungen gehen § 328 StPO ohnehin vor.

39 Die amtliche Verfügung, in welcher dem Betroffenen für den Fall der Zuwiderhandlung Bestrafung wegen Ungehorsams gemäss Art. 292 StGB angedroht

§ 30

wird, muss die angedrohten Strafen Haft oder Busse ausdrücklich nennen. Der blosse Hinweis auf die Gesetzesbestimmung oder die Strafbarkeit genügt nur, wenn der Adressat durch eine im gleichen Verfahren ergangene, nicht lange zurückliegende Verfügung, welche die Strafandrohung enthielt, die durch Art. 292 StGB angedrohten Strafen kennt (BGE 105 IV 249 f.; vgl. auch BGE 119 IV 241; Stratenwerth II, a.a.O., § 50 N. 8).

Zuständig für die Anwendung des Ungehorsamstatbestands ist der ordentliche Strafrichter (Häfelin/Müller, Rz. 959). Art. 292 StGB ist ein Offizialdelikt; die Behörde, welche eine Strafe nach Art. 292 StGB angedroht hat, braucht daher blosse Anzeige zu erstatten. Bei Widerhandlung ist sie hierzu verpflichtet (§ 21 Abs. 1 StPO; H. A. Müller, a.a.O., S. 77). 40

Der Strafrichter ist bei der Anwendung von Art. 292 StGB nur beschränkt an die zugrunde liegende Verwaltungsverfügung gebunden. Nach der Praxis des Bundesgerichts kann der Strafrichter die Verfügung frei auf ihre Rechtmässigkeit überprüfen, wenn sie nicht an ein Verwaltungsgericht weitergezogen werden konnte. Falls von einer Weiterzugsmöglichkeit an ein Verwaltungsgericht kein Gebrauch gemacht wurde oder falls der Entscheid des Verwaltungsgerichts noch aussteht, ist die Überprüfungsbefugnis des Strafrichters auf offensichtliche Rechtsverletzungen und Ermessensmissbrauch beschränkt. Kein Prüfungsrecht steht ihm zu, wenn ein Verwaltungsgericht die Rechtmässigkeit der Verfügung bejaht hat (BGE 121 IV 31, 98 IV 108 ff.; Häfelin/Müller, Rz. 60 ff.; vgl. auch Gadola, S. 499 f.; Imboden/Rhinow/Krähenmann, Nr. 51 B II c, Nr. 142 B II b). In der Lehre wird vereinzelt gefordert, die Überprüfung der Verfügung auf ihre Rechtmässigkeit müsse unabhängig von der Prüfung durch ein Verwaltungsgericht zulässig sein (Stratenwerth II, a.a.O., § 50 N. 6 f.). Der Strafrichter hat ferner zu prüfen, ob die Verfügung von einer örtlich, sachlich und funktionell zuständigen Behörde ausging (BGE 122 IV 342 f., mit zahlreichen Hinweisen). 41

Während auf Bundesebene die Verhängung einer Ordnungsbusse ein *Verschulden* voraussetzt (Art. 2 und 8 VStR; BGE 103 Ia 228), liess das Bundesgericht zu, dass betragsmässig bescheidene kantonale Bussen, denen kein Strafcharakter zugeschrieben wird, verschuldensunabhängig verhängt werden (BGE 103 Ia 228; Kölz/Häner, Rz. 390; Rhinow/Koller/Kiss, Rz. 1185). Angesichts der Schwierigkeiten dieser Abgrenzung sollte stets ein Verschulden vorausgesetzt werden (gl.M. Saladin, S. 161; vgl. auch Imboden/Rhinow/Krähenmann, Nr. 53 B II a). Im Kanton Zürich stellt sich die Frage nicht, weil nach § 2 Abs. 1 StVG ohnehin die allgemeinen Bestimmungen des StGB Anwendung finden (vgl. OGr. 5.5.1981, ZR 81 Nr. 15). Eine Bestrafung nach Art. 292 StGB setzt *Vorsatz* voraus, wobei Eventualvorsatz genügt (BGE 119 IV 240). 42

Es widerspricht dem Grundsatz *«ne bis in idem»* (der als materielles eidgenössisches Strafrecht gilt, aus Art. 4 Abs. 1 aBV abgeleitet wurde sowie in Art. 4 des 43

§ 30

Protokolls Nr. 7 zur EMRK und Art. 14 Abs. 7 UNO-Pakt II verankert ist; vgl. BGE 123 II 466; Kölz/Häner, Rz. 391) nicht, wenn Ordnungsbusse oder Ungehorsamsstrafe zur Vollstreckung einer bestimmten Verfügung mehrfach angewendet werden (BGE 121 II 289 f., 104 IV 231 f.). Wo das strafbare Unrecht mit einer einmaligen Zuwiderhandlung gegen die Anordnung bereits abgeschlossen ist, sollte jedoch eine mehrmalige Bestrafung nicht zulässig sein (a.M. BGE 121 II 289 f., offen gelassen in BGE 104 IV 231; gl.M. Jörg Rehberg, Strafrecht IV, 2. A., Zürich 1996, S. 307; Stadler, a.a.O., S. 145 f.; Stratenwerth II, a.a.O., § 50 N. 9; Imboden/Rhinow/Krähenmann, Nr. 51 IV/V, Letztere mit abweichender Begründung; vgl. auch Knapp, N. 1699, 1721). Der Ungehorsam erführe dann eine den Dauerdelikten vergleichbare Behandlung. Dasselbe sollte gelten, wenn gemäss § 328c StPO zuerst nach § 328 StPO, dann nach Art. 292 StGB bestraft wird.

44 Wurden Vermögenswerte durch eine strafbare Handlung hervorgebracht oder erlangt, können sie unter bestimmten Voraussetzungen nach Art. 59 StGB *eingezogen* werden bzw. kann auf eine Ersatzforderung des Staats in der Höhe des unrechtmässigen Vorteils erkannt werden (vgl. BGE 119 IV 16 f.; Beeler, a.a.O., S. 116 f.; Häfelin/Müller, Rz. 950a; Haller/Karlen, N. 906 ff.). Art. 59 StGB ist auch auf das kantonale Strafrecht anwendbar (§ 2 Abs. 1 StVG). In Frage kommt etwa der Gewinn aus Mieteinnahmen oder aufgrund des Eigenmietwerts bei nicht bewilligten Bauten (Beeler, a.a.O., S. 116 f.; Art. 59 StGB i.V.m. § 2 Abs. 1 StVG und § 340 PBG). Der Betrag des unrechtmässigen Vorteils darf hingegen nicht schematisch die Bemessung einer Busse bestimmen (BGE 119 IV 14).

3.5. Administrative Rechtsnachteile

45 Administrative Rechtsnachteile werden in der Form der Verfügung zugefügt (Saladin, S. 156). In Frage kommen etwa die Verweigerung von Verwaltungsleistungen und der Widerruf begünstigender Verfügungen (Häfelin/Müller, Rz. 972 ff.; Imboden/Rhinow/Krähenmann, Nr. 49 B VII). Beispiele finden sich in Art. 16 f. SVG (Entzug des Führerausweises), § 24 Abs. 2 SozialhilfeG (Leistungskürzung bei Nichtbefolgen von Anordnungen der Fürsorgebehörden) oder § 14 StaatsbeitragsG (Widerruf und Rückforderung von Staatsbeiträgen). Etwas pointiert könnte man von «spiegelnden Strafen» sprechen (so Giacometti, S. 546; H. A. Müller, a.a.O., S. 58). Ob in einem derartigen Zwangsmittel ein exekutorisches Vollstreckungsmittel, eine sichernde Massnahme oder eine Nebenstrafe zu sehen ist, ergibt sich aus der konkreten gesetzlichen Regelung (vgl. Giacometti, S. 546 ff.).

46 Obwohl der Widerruf von Verfügungen grundsätzlich auch ohne besondere gesetzliche Grundlage zulässig ist (vgl. BGE 121 II 276), bedarf der administrative Rechtsnachteil einer solchen, sobald er über das hinausgeht, was in der

ursprünglichen Verfügung vorgesehen war oder was zur Wiederherstellung des gesetzlichen Zustands notwendig ist (vgl. Kölz/Häner, Rz. 389; vgl. auch Moor II, S. 78). Für den Entzug von Leistungen genügt allerdings bei Fehlen einer gesetzlichen Grundlage unter gewissen Voraussetzungen *Konnexität* zwischen der Pflichtverletzung und der Leistung (Grisel II, S. 649; Häfelin/Müller, Rz. 976 ff.; Knapp, N. 1732; Moor II, S. 81 ff.). Es dürfen jedoch keine monopolisierten Leistungen entzogen werden, die lebensnotwendig oder unerlässlich für die öffentliche Ordnung sind; auch sollte der Entzug von Leistungen ohne gesetzliche Grundlage subsidiär zur Schuldbetreibung sein (Häfelin/Müller, Rz. 978 f.; Knapp, N. 1735, 1738).

Zulässig ist auch der Befehl zur Auflösung privatrechtlicher Vertragsverhältnisse, etwa zur Kündigung eines Mietvertrags, wenn die unzulässige Nutzung eines Gebäudes oder Gebäudeteils beendet werden soll. Privatrechtliche Verpflichtungen können die Durchsetzung des öffentlichen Rechts nicht hindern. Ansprüche der Vertragsparteien gegeneinander, die aus den öffentlichrechtlichen Massnahmen resultieren können, sind auf dem Zivilweg zu verfolgen (VGr. 13.2.1996, VB.94.00187 [Leitsatz wiedergegeben in RB 1996 Nr. 88]; BRKE I Nr. 742/1992, BEZ 1993 Nr. 12; vgl. auch Knapp, N. 1750 ff.; Moor II, S. 97 f.). 47

4. Verhältnismässigkeit, Rangordnung und Kumulation von Zwangsmitteln

4.1. Im Allgemeinen

Die Behörde verfügt über Ermessen nicht nur bei der Frage, welches Zwangsmittel angewendet werden soll, sondern unter Umständen auch bei der Frage, ob überhaupt eine Zwangsmassnahme ergriffen werden soll (vgl. N. 6). Wegleitend ist der Grundsatz der Verhältnismässigkeit. Auf die Wiederherstellung des rechtmässigen Zustands ist laut der Praxis des Verwaltungsgerichts etwa dann einstweilen zu verzichten, wenn eine laufende Gesetzesrevision die Rechtswidrigkeit des Zustands mit grösster Wahrscheinlichkeit beheben wird (RB 1990 Nr. 85, 1986 Nr. 102). 48

Die *Rangordnung* der Zwangsmittel muss ebenfalls vom Grundsatz der Verhältnismässigkeit beherrscht sein. Demnach darf eine behördliche Anordnung nicht weiter gehen, als es der angestrebte Zweck erheischt; verlangt ist der Einsatz desjenigen tauglichen und angemessenen Mittels, das am wenigsten einschneidend ist (BGE 124 I 45; RB 1967 Nr. 55 = ZBl 69/1968, S. 364 ff.; vgl. auch RB 1981 Nr. 146). Als erstes Vollstreckungsmittel ist meist eine Mahnung in Verfügungsform unter Fristansetzung angezeigt (vgl. Imboden/Rhinow/Krähenmann, Nr. 56 B II), obwohl nach der Praxis keine allgemeine Pflicht der vorangehenden Verwarnung besteht (RB 1961 Nr. 94 = ZR 60 Nr. 114), wenn eine 49

§ 30

Androhung nicht – wie für die Ersatzvornahme und den unmittelbaren Zwang in § 31 Abs. 1 – gesetzlich vorgeschrieben ist. Wenn schwere administrative Rechtsnachteile zugefügt werden, wird nach der Praxis eine Pflicht zur Mahnung angenommen, selbst wenn das anzuwendende Gesetz sie nicht vorsieht (RB 1984 Nr. 25). Insbesondere bei unmittelbarer Gefahr für Rechtsgüter kann dagegen die sofortige Verhängung einer einschneidenden Massnahme ohne vorherige Mahnung geboten sein (vgl. Imboden/Rhinow/Krähenmann, Nr. 56 B II; RB 1974 Nr. 27).

50 Eine allgemeingültige Rangfolge der Zwangsmittel ist nicht denkbar; vielmehr ist das im konkreten Einzelfall mildeste Mittel anzuwenden (Geiser, a.a.O., S. 71 ff.; Imboden/Rhinow/Krähenmann, Nr. 56 B V). Allerdings haben sich zum Verhältnis zwischen Strafen und exekutorischen Massnahmen gewisse Regeln entwickelt. Bezüglich der Verhältnismässigkeit der Androhung einer Bestrafung ist zu beachten, dass die Bestrafung erfolgen muss, wenn die Anordnung nicht befolgt wird (§ 21 Abs. 1 StPO; vgl. N. 40). Die Gesetzessystematik lässt darauf schliessen, dass man die Bestrafung als ultima ratio versteht (gl.M. H. A. Müller, a.a.O., S. 108). Auch § 328 Abs. 3 StPO legt diesen Schluss nahe, indem er Strafandrohungen ausschliesst, wenn Ansprüche auf dem Weg der Schuldbetreibung oder sonst auf dem Exekutionsweg zu vollstrecken sind. Somit sind in der Regel zunächst die in § 30 Abs. 1 lit. a–c VRG vorgesehenen Mittel anzuwenden, und nur in besonders gelagerten Fällen ist als erste Massnahme die Bestrafung angezeigt. Dieses Vorgehen liegt im Interesse nicht nur des Pflichtigen, sondern auch der Verwaltung, indem auf diese Weise der rechtmässige Zustand am raschesten wiederhergestellt wird. Die Androhung der Ungehorsamstrafe gemäss Art. 292 StGB kann als erste Massnahme in Frage kommen, wenn die notwendige Verwaltungszwangsmassnahme einen schweren Eingriff in Persönlichkeitsrechte bedingen würde und Grund zur Annahme besteht, der Betreffende werde infolge der Androhung seine Pflichten wahrnehmen, die Strafe somit als das gelindeste Mittel erscheint (vgl. Imboden/Rhinow/Krähenmann, Nr. 56 B V a). Schwere administrative Rechtsnachteile – die ohnehin teilweise Strafcharakter aufweisen – sind in der Regel ebenfalls subsidiär (vgl. Imboden/Rhinow/Krähenmann, Nr. 56 B III).

51 Strafe und Verwaltungszwang, d.h. repressive und exekutorische Massnahmen, schliessen einander nicht aus; sie dürfen *kumulativ* angewendet werden (vgl. Imboden/Rhinow/Krähenmann, Nr. 56 B V b; Kölz/Häner, Rz. 391). Das Gesetz sieht dies manchmal ausdrücklich vor (vgl. § 30 Abs. 2 VRG; § 341 PBG; § 39 Abs. 2 GastgewerbeG). Ob die Ungehorsamsstrafe nach Art. 292 StGB und Verwaltungszwangsmassnahmen gleichzeitig oder nur nacheinander angedroht werden dürfen, ist nicht geklärt (für Ersteres wohl Stratenwerth II, a.a.O., § 50 N. 12, für Letzteres Imboden/Rhinow/Krähenmann, Nr. 56 B V a; unklar BGE 90 IV 209). Ordnungsbusse und Kriminalstrafe schliessen sich aus (Imboden/Rhinow/Krähenmann, Nr. 56 B V c). Zur wiederholten Verhän-

§ 30

gung von Ungehorsamsstrafe und Ordnungsbusse vgl. N. 43. Ob ein administrativer Rechtsnachteil mit andern Zwangsmassnahmen verbunden werden kann, hängt von seinem konkreten Wesen ab (vgl. auch BGE 115 Ib 156 f.).

4.2. Verhältnismässigkeit des Abbruchs widerrechtlicher Bauten im Besondern

Praktisch besonders wichtig ist die Frage der *Beseitigung rechtswidrig erstellter* 52 *Bauten und Anlagen*. Eine von der Behörde dem unbefugt Bauenden auferlegte Pflicht zum Abbruch bedarf keiner ausdrücklichen gesetzlichen Grundlage (BGE 111 Ib 226, 100 Ia 345; Grisel II, S. 650); zumindest genügt eine allgemeine Norm wie § 341 PBG, laut dem die zuständige Behörde den rechtmässigen Zustand herbeizuführen hat (Beeler, a.a.O., S. 75). Beim Abbruchbefehl handelt es sich um die Sachverfügung (Beeler, a.a.O., S. 96). Erst wenn der Pflichtige der Verfügung selber nicht nachkommt, ist die Vollstreckungsverfügung zu erlassen, mit der das Zwangsmittel angeordnet wird; lässt die Behörde den Abbruch vornehmen, liegt eine Ersatzvornahme vor (Beeler, a.a.O., S. 98 f.; wogegen Imboden/Rhinow/Krähenmann, Nr. 49 V a, den Abbruch dem unmittelbaren Zwang zuordnen). Die kommunale Baubehörde ist auch zuständig für Zwangsmassnahmen gegen Bauten ausserhalb der Bauzonen (RB 1998 Nr. 122 = BEZ 1998 Nr. 22).

§ 341 PBG ist nach dem Grundsatz der Verhältnismässigkeit auszulegen (RB 53 1981 Nr. 146). Wird beim Bau von den baupolizeilich genehmigten Plänen abgewichen, so ist nachträglich ein Bewilligungsverfahren und gegebenenfalls ein Ausnahmebewilligungsverfahren durchzuführen (RB 1981 Nr. 146, 1980 Nr. 133, 1963 Nr. 109; vgl. auch BGr. 22.9.1982, ZBl 84/1983, S. 182 f.). Auch wenn eine Nebenbestimmung nicht klar und eindeutig ist und deshalb nicht ohne nähere Konkretisierung vollzogen werden kann, hat diese Konkretisierung in einem erneuten, dem Baubewilligungsverfahren nachgebildeten Bewilligungsverfahren zu erfolgen, in dem dieselben Rechtsmittel zur Verfügung stehen (RB 1985 Nr. 120; RB 1983 Nr. 113 = BEZ 1983 Nr. 37). Ein Abbruch- oder Änderungsgebot setzt voraus, dass die Baute oder der Bauteil weder im Zeitpunkt der Errichtung rechtmässig war noch zur Zeit des nachträglichen Bewilligungsverfahrens den geltenden Vorschriften entspricht (BGE 104 Ib 304 mit einem Vorbehalt des Rechtsmissbrauchs; VGr. 12.6.1987, ZBl 89/1988, S. 262 = BEZ 1987 Nr. 22; RB 1980 Nr. 133; a.M. Grisel II, S. 651). Im nachträglichen Verfahren kann die Behörde auch wirtschaftliche Gründe berücksichtigen. Eigenmächtig erstellte Gebäudeteile müssen im Zusammenhang mit den bewilligten Gebäudeteilen gewürdigt werden. Gebäude und Gebäudeteile, die auch nachträglich nicht bewilligt werden, müssen abgebrochen werden (RB 1963 Nr. 109).

§ 30

54 Trotz materieller Polizeiwidrigkeit ist jedoch auf den Abbruch oder die Änderung von Gebäudeteilen zu verzichten, wenn die Abweichung vom gesetzmässigen Zustand geringfügig und ohne Bedeutung für das öffentliche Interesse ist (VGr. 12.6.1987, ZBl 89/1988, S. 262 = BEZ 1987 Nr. 22; RB 1981 Nr. 146, 1973 Nr. 70; Imboden/Rhinow/Krähenmann, Nr. 56 B VI d). Bauen ausserhalb der Bauzonen stellt jedoch eine grobe Verletzung der planungs- und baurechtlichen Ordnung dar (BGE 111 Ib 224 ff.; RB 1988 Nr. 87). Auch der Vertrauensschutz kann einen Verzicht auf den Abbruch nahelegen, nämlich wenn der Bauherr gutgläubig angenommen hat, er sei zur Ausführung der Baute ermächtigt, und wenn der Beibehaltung des ungesetzlichen Zustands nicht schwerwiegende öffentliche Interessen entgegenstehen (BGE 104 Ib 303; VGr. 12.6.1987, ZBl 89/1988, S. 263 = BEZ 1987 Nr. 22; RB 1985 Nr. 118 = BEZ 1986 Nr. 22; RB 1981 Nr. 146, 1980 Nr. 129; a.M. Imboden/Rhinow/Krähenmann, Nr. 56 B VI d). Ein Verstoss gegen das Vertrauensprinzip kann etwa angenommen werden, wenn die Behörde in voller Kenntnis die Bauarbeiten zulässt und hinterher den Abbruch verfügt. Solange die Behörde aber nicht beim Bauherrn die Meinung hat aufkommen lassen, er handle rechtmässig, solange somit ihre blosse Untätigkeit in Frage steht, ist bei deren Deutung als Duldung des rechtswidrigen Zustands grosse Zurückhaltung geboten. Grundsätzlich hindert die bloss vorübergehende Duldung eines rechtswidrigen Zustands die Behörde nicht an dessen späterer Behebung. Nur wenn der polizeiwidrige Zustand sehr lange hingenommen wurde und die Verletzung öffentlicher Interessen nicht schwer wiegt, vermag die Untätigkeit der Behörden allein einen Vertrauenstatbestand zu begründen (VGr. 12.6.1987, ZBl 89/1988, S. 263 = BEZ 1987 Nr. 22; RB 1985 Nr. 118 = BEZ 1986 Nr. 22; vgl. auch VGr. 29.1.1998, BEZ 1998 Nr. 3). Unter Vorbehalt baupolizeilicher Gründe erlischt zudem die Befugnis der Behörden zur Anordnung des Abbruchs widerrechtlicher Bauten 30 Jahre nach deren Fertigstellung (BGE 107 Ia 121 ff. = ZBl 83/1982, S. 89 ff.; vgl. VGr. 29.1.1998, BEZ 1998 Nr. 3; VGr. 12.6.1987, ZBl 89/1988, S. 262 = BEZ 1987 Nr. 22; RB 1985 Nr. 118 = BEZ 1986 Nr. 22; der in BEZ 1986 Nr. 21 wiedergegebene Leitsatz ist missverständlich; vgl. VGr. 12.6.1987, ZBl 89/1988, S. 262). Durch eine Handänderung wird die Pflicht zur Wiederherstellung des rechtmässigen Zustands nicht aufgehoben; der Abbruchbefehl ist somit auch gegenüber dem gutgläubigen Erwerber einer Liegenschaft zulässig (RB 1988 Nr. 87; vgl. Knapp, a.a.O., S. 485 f.).

55 Auf den Grundsatz der Verhältnismässigkeit kann sich auch der *Bösgläubige* berufen, doch ist dem bösen Glauben in adäquater Weise Rechnung zu tragen (BGE 111 Ib 224; BGr. 22.9.1982, ZBl 84/1983, S. 181 ff.; BGr. 15.3.1978, ZBl 79/1978, S. 393 f.; Beeler, a.a.O., S. 79 f.; Imboden/Rhinow/Krähenmann, Nr. 56 B VI d; Katharina Sameli, Treu und Glauben im öffentlichen Recht, ZSR 96/1977 II, S. 287 ff., 382 f.; noch offen gelassen in BGE 104 Ib 77 f.). So kann sich der Bösgläubige nicht auf mangelnde Kontrolle durch die Behörden berufen (RB 1980 Nr. 129). Auch Rücksicht aus wirtschaftlichen Gründen

ist ihm gegenüber nicht am Platz (gl.M. Dicke, a.a.O., S. 25). Weiter dürfen Abbruchbefehle gegenüber bösgläubigen Bauherren und Unternehmern so gefasst werden, dass nach Wiederherstellung der gesetzlichen Ordnung deren ungeschmälerte Einhaltung jederzeit ohne Schwierigkeiten überwacht werden kann (VGr. 30.10.1975, ZBl 77/1976, S. 201). Der *Fahrlässige* kann sich nicht auf seinen guten Glauben berufen (RB 1992 Nr. 80; vgl. auch Art. 3 Abs. 2 ZGB). Gleiches gilt für denjenigen, der eine nicht eindeutige oder nicht verständliche Verfügung in dem für ihn günstigsten Sinn auslegt (RB 1985 Nr. 118 = BEZ 1986 Nr. 22). Nach der Praxis muss sich der Bauherr das Verhalten und Wissen des Architekten anrechnen lassen (BRKE I Nr. 36/1988, BEZ 1989 Nr. 8; vgl. auch RB 1985 Nr. 118 = BEZ 1986 Nr. 22).

Adressat der Abbruchverfügung ist der Störer. Die Pflicht zur Beseitigung einer baurechtswidrigen Gebäudenutzung kann alternativ oder kumulativ jedem Störer auferlegt werden; in erster Linie ist jedoch derjenige in die Pflicht zu nehmen, der am ehesten zur Beseitigung des rechtswidrigen Zustands imstande ist (RB 1984 Nr. 118 = BEZ 1984 Nr. 35; vgl. auch Vorbem. zu §§ 29–31 N. 6). In Frage kommen der Architekt als Verhaltensstörer, der Bauherr als Verhaltens- und Zustandsstörer sowie der Eigentümer – sofern er nicht ohnehin mit dem Bauherrn identisch ist –, aber auch der Liegenschaftenverwalter (RB 1984 Nr. 118 = BEZ 1984 Nr. 35) als Zustandsstörer. In Abweichung von der üblichen Reihenfolge wird praktischerweise der Eigentümer belangt (Beeler, a.a.O., S. 90 f.). Andernfalls muss an ihn als Betroffenen ebenfalls eine beschwerdefähige Verfügung ergehen (BGE 107 Ia 25 f.; RB 1983 Nr. 102 = BEZ 1983 Nr. 38; BRKE I Nr. 42/1985, BEZ 1985 Nr. 42; Beeler, a.a.O., S. 90 f.). 56

5. Rechtsschutz gegen Vollstreckungsmassnahmen

Die Sachverfügung ist vollumfänglich anfechtbar (vgl. Vorbem. zu §§ 29–31 N. 2). Vollzugshandlungen, die lediglich eine frühere rechtskräftige Verfügung konkretisieren, ohne dem Betroffenen eine neue Belastung zu überbinden, sind nach allgemeiner Regel nicht mit förmlichem Rechtsmittel weiterziehbar (RB 1990 Nr. 16 = BEZ 1991 Nr. 13). Aufgrund positiver Vorschrift ist jedoch der Entscheid über die Kostenauflage bei der Ersatzvornahme weiterziehbar (§ 30 Abs. 1 lit. b). 57

E contrario sowie aus Entstehung und Systematik des Gesetzes muss geschlossen werden, dass die Vollstreckungsverfügung nur beschränkt anfechtbar sein soll (Prot. KK 30.9.1958; Bosshart, § 31 N. 2). Es kann nichts mehr vorgebracht werden, was im Entscheidverfahren, das mit der Sachverfügung abgeschlossen wurde, hätte vorgebracht werden können (RB 1990 Nr. 16 = BEZ 1991 Nr. 13; vgl. auch § 19 N. 67). Die zu vollstreckende Anordnung kann daher grundsätzlich nicht mehr auf ihre Rechtmässigkeit hin überprüft werden; sonst würde im Ergebnis die Rechtmässigkeit der Sachverfügung zweimal über- 58

§ 30

prüft (vgl. RB 1990 Nr. 16 = BEZ 1991 Nr. 13; VGr. 19.2.1987, BEZ 1987 Nr. 20; RB 1969 Nr. 10 = ZBl 71/1970, S. 154 ff. = ZR 69 Nr. 86; Imboden/Rhinow/Krähenmann, Nr. 35 B VI d; Kölz/Häner, Rz. 520). Es kann jedoch bei der Anfechtung der Vollstreckungsverfügung gegenüber der Sachverfügung geltend gemacht werden, sie sei von Anfang an nichtig gewesen oder durch nachträglich eingetretene Umstände rechtswidrig oder gegenstandslos geworden (RB 1990 Nr. 16 = BEZ 1991 Nr. 13; VGr. 19.2.1987, BEZ 1987 Nr. 20). Wurde die Sachverfügung mangelhaft eröffnet, so wird der Fristenlauf zu ihrer Anfechtung unter Umständen erst durch die Vollstreckungsverfügung ausgelöst (vgl. Kölz/Häner, Rz. 365); nur scheinbar liegt in diesem Fall eine Anfechtung der Vollstreckungsverfügung wegen Mängeln der Sachverfügung vor (vgl. auch RB 1983 Nr. 102 = BEZ 1983 Nr. 38).

59 Die Vollstreckungsverfügung ist ferner dann anfechtbar, wenn Mängel vorgebracht werden, die in ihr selber begründet sind. Es kann etwa geltend gemacht werden, die Vollstreckung gehe über die zu vollstreckende Anordnung hinaus (RB 1990 Nr. 16 = BEZ 1991 Nr. 13; VGr. 19.2.1987, BEZ 1987 Nr. 20; RB 1985 Nr. 13, 1975 Nr. 10) oder sie stimme nicht mit ihr überein, etwa weil eine in der Sachverfügung enthaltene Vollstreckungsverfügung missachtet worden sei. Weiter kann sich der Pflichtige auf das Gesetzmässigkeitsprinzip bei der Wahl des Vollstreckungsmittels oder auf das Verhältnismässigkeitsprinzip berufen, wenn in der Sachverfügung das Vollstreckungsmittel nicht speziell genannt ist. Auch bei der Anfechtung von Vollstreckungsmassnahmen kann unter den in § 15 Abs. 2 genannten Voraussetzungen ein Kostenvorschuss verlangt werden (VGr. 9.10.1971, VB 37/1971; RRB Nr. 2808/1971).

60 Ein Weiterzug einer anfechtbaren Vollstreckungsverfügung an das Verwaltungsgericht ist nur dann möglich, wenn dieses in der Sache selbst zuständig ist (vgl. RB 1975 Nr. 10). Dies ergibt sich aus dem Grundsatz der Einheit des Prozesses (vgl. auch § 43 Abs. 3 und dazu § 43 N. 55 f.). Gleiches gilt laut der Praxis des Verwaltungsgerichts auch für die Anfechtung der Kosten nach § 30 Abs. 1 lit. b, da die Überprüfung der Kostenverfügung regelmässig die vorfrageweise Überprüfung des Sachentscheids voraussetzt, was dem Gericht durch den Ausschluss der Beschwerde gerade erspart bleiben sollte (RB 1991 Nr. 12).

61 Vollstreckungsentscheide können nicht nur aus den genannten Gründen mit staatsrechtlicher Beschwerde an das Bundesgericht weitergezogen werden, sondern auch dann, wenn die (schwerwiegende) Verletzung eines sogenannten «unverjährbaren und unverzichtbaren» Grundrechts gerügt wird (BGr. 7.5.1982, ZBl 83/1982, S. 359). In diesem privilegierten Fall kann mit der Anfechtung eines Vollzugsakts (oder eines Wiedererwägungsentscheids) immer noch die Verfassungswidrigkeit des Sachentscheids gerügt werden (Kälin, S. 81 ff.). Nach der neueren Praxis des Bundesgerichts gibt es keinen numerus clausus unverjährbarer und unverzichtbarer Grundrechte mehr; es könnten vielmehr ausser den bereits als solche anerkannten weitere Grundrechtsgarantien im Fall beson-

ders schwerwiegender Verletzungen als unverjährbar und unverzichtbar angesehen werden (BGE 118 Ia 214 f.). Die Lehre fordert, es sei auf einen festen Katalog zu verzichten und im Einzelfall eine Interessenabwägung zwischen dem Interesse am Schutz des Grundrechts einerseits sowie der Rechtssicherheit und der Verfahrensökonomie anderseits vorzunehmen. Massgebend wäre, ob ein Grundrecht schwer und zentral verletzt wurde bzw. ob in seinen Kerngehalt eingegriffen wurde (vgl. Christoph Leuenberger, Die unverjährbaren und unverzichtbaren Grundrechte in der Rechtsprechung des Schweizerischen Bundesgerichtes, Bern 1976, S. 17 ff., 81 ff.; Yvo Hangartner, Besprechung von BGE 118 Ia 209 ff., AJP 1993, S. 76 ff.; Kälin, S. 82 f.; weitere Hinweise dort und in BGr. 7.5.1982, ZBl 83/1982, S. 359 f.).

Gegen Vollzugsakte ist stets Aufsichtsbeschwerde möglich (dazu Vorbem. zu §§ 19–28 N. 29 ff.). Zu den Rechtsmitteln gegen ein Unterlassen der Vollstreckung vgl. N. 6; zur Anfechtung der Androhung vgl. § 31 N. 4. 62

§ 31. Der Ersatzvornahme und der Anwendung unmittelbaren Zwanges muss eine entsprechende Androhung vorangehen. Dem Pflichtigen ist gleichzeitig eine angemessene Frist zur Erfüllung anzusetzen.

III. Zwangsandrohung

Die Zwangsandrohung kann mit der zu vollstreckenden Anordnung verbunden oder selbständig erlassen werden. Sie ist nicht durch Rekurs anfechtbar.

In dringlichen Fällen kann von einer Zwangsandrohung abgesehen werden.

Materialien
Weisung 1957, S. 1039; Prot. KK 10.1.1958, 30.9.1958; Prot. KR 1955–1959, S. 3379 f.; Beleuchtender Bericht 1959, S. 402.

Literatur vgl. § 30.

Abs. 1 schreibt für die Ersatzvornahme und für die Anwendung unmittelbaren Zwanges die vorgängige Zwangsandrohung vor. Die Androhung muss in Verfügungsform gemäss § 10 abgefasst und mitgeteilt werden. Sie muss den Pflichtigen unter Fristansetzung auffordern, den rechtmässigen Zustand herzustellen, und ihm zugleich androhen, dass im Weigerungsfalle zur Ersatzvornahme auf seine Kosten bzw. zum unmittelbaren Zwang geschritten werde. Aus der Androhung muss hervorgehen, mit welchen Mitteln die Behörde den rechtmässigen Zustand herzustellen beabsichtigt. 1

Nicht nur vor der Ersatzvornahme und dem unmittelbaren Zwang, sondern vor jeder Zwangsmassnahme ist in der Regel eine Androhung angezeigt (vgl. § 30 N. 49). Ist eine Verwarnung als Administrativmassnahme vorgesehen, erfüllt diese zugleich die Funktion der Androhung (H. A. Müller, a.a.O., S. 122; vgl. § 24 Abs. 1 SozialhilfeG). 2

§ 31

3   In dringlichen Fällen kann von der Zwangsandrohung abgesehen und sogleich Ersatzvornahme oder unmittelbarer Zwang angeordnet werden (Abs. 3; antizipierte Vollstreckung; vgl. BGr. 23.6.1997, ZBl 99/1998, S. 139; BGE 94 I 408; Imboden/Rhinow/Krähenmann, Nr. 52 B IV). Praxis und Lehre lassen eine antizipierte *Ersatzvornahme* auch zu, wenn von vornherein feststeht, dass dem Pflichtigen die rechtlichen oder tatsächlichen Mittel fehlen, um innert nützlicher Frist der behördlichen Anordnung nachzukommen (vgl. § 30 N. 21). Das Kriterium der «Dringlichkeit» ist streng zu handhaben. Zudem sollte nur bei Dringlichkeit eine antizipierte Vollstreckung vorgenommen werden, denn bei dieser fallen im Regelfall Sachverfügung, Zwangsandrohung und Vollstreckung in einem Akt zusammen, sodass der Betroffene nur über einen nachträglichen Rechtsschutz verfügt. Dringlichkeit besteht nur im Fall des polizeilichen Notstands, also wenn eine zeitlich unmittelbar drohende Gefahr für von der Behörde zu schützende Rechtsgüter vorhanden ist. Gegen die antizipierte Vollstreckung muss auch im Nachhinein Rekurs (und allenfalls Beschwerde) zulässig sein. Es handelt sich hiebei um ein Feststellungsverfahren; das Interesse der Betroffenen am Feststellungsentscheid ist ohne weiteres zu bejahen (H. A. Müller, a.a.O., S. 33). Die Vorschriften des Haftungsgesetzes bleiben vorbehalten.

4   Können Sachverfügung einerseits und Zwangsandrohung und Vollstreckungsverfügung anderseits auseinandergehalten werden, so ist nebst der Sachverfügung nur die Vollstreckungsverfügung, diese jedoch beschränkt, anfechtbar (vgl. § 30 N. 57 ff.). Nach § 31 Abs. 2 Satz 2 ist die Zwangsandrohung allein nicht durch Rekurs anfechtbar. Der Wortlaut erscheint zu eng: Zwar begründen die Fristansetzung wie auch der Hinweis auf die Ersatzvornahme grundsätzlich keine neuen Pflichten (RB 1985 Nr. 13). Doch muss eine Zwangsandrohung wegen Unangemessenheit der gesetzten *Frist* weiterziehbar sein, etwa wenn der Pflichtige glaubhaft geltend machen kann, zur Abwendung weiteren Schadens (z.B. Verlegung von Fabrikationsanlagen) nicht über die notwendige Zeit zu verfügen. In der Literatur wird teils eine umfassendere Anfechtbarkeit der Androhung gefordert: Sie habe Verfügungscharakter, weil sie selbständige Rechtswirkungen entfalte, indem sie das Zwangsmittel und dessen Adressaten bestimme (Geiser, a.a.O., S. 75 ff., 114; Häfelin/Müller, Rz. 924a; Moor II, S. 68 f.; H. A. Müller, a.a.O., S. 124; a.M. Beeler, a.a.O., S. 97; vgl. auch RB 1983 Nr. 102 = BEZ 1983 Nr. 38; vgl. Knapp, N. 1622, laut dem die Androhung, aber nicht die Vollstreckungsverfügung das Anfechtungsobjekt ist; vgl. ferner § 19 N. 14).

5   Bei der Bemessung der Frist in der Zwangsandrohung kommt der Vollzugsbehörde ein erhebliches Ermessen zu. Die Frist richtet sich nach der Natur der Sache und muss aufgrund einer Güterabwägung bemessen werden.

Dritter Abschnitt
Die Verwaltungsgerichtsbarkeit

Vorbemerkungen zu §§ 32–86

Im dritten Abschnitt des Gesetzes werden Organisation und Tätigkeit des Verwaltungsgerichts geregelt. 1

Das Verwaltungsgericht des Kantons Zürich ist als organisatorisch selbständige 2 Behörde ausgestaltet; es bildet nicht, wie in einigen andern Kantonen, Abteilung oder Kammer des Obergerichts (Unterabschnitt A, §§ 32–40). Das Verwaltungsgericht ist verfassungsmässig in den Art. 31 Ziff. 4, 40 Ziff. 5, 45 und 58 KV verankert. Es verfügt über *volle richterliche Unabhängigkeit;* ein von ihm gefälltes Urteil darf weder von der gesetzgebenden noch von der administrativen Gewalt aufgehoben oder abgeändert werden (Art. 56 Abs. 1 KV; § 35 Abs. 1 VRG). Für die *organisatorische Unabhängigkeit* von Bedeutung sind die Wahl der Richter durch den Kantonsrat (§ 33) sowie die Befugnisse des Gerichts im Bereich der Justizverwaltung (§§ 36, 39, 40). Die *personelle Unabhängigkeit* wird durch § 34 gewährleistet. Die Organisation des Verwaltungsgerichts wurde in den §§ 32–40 bewusst nicht abschliessend geordnet (Sommer, Verwaltungsgericht, S. 273). Daran hat sich mit der Gesetzesrevision vom 8.6.1997 nichts geändert. Zur Selbstverwaltung des Gerichts und zur Oberaufsicht des Kantonsrats vgl. Vorbem. zu §§ 32–40.

Die rechtsprechende Tätigkeit des Verwaltungsgerichts umfasst nach der *gesetz-* 3 *lichen Systematik* vier Zuständigkeitsbereiche. Als *allgemeine «Beschwerdeinstanz»* (Unterabschnitt B, §§ 41–71) entscheidet es aufgrund einer durch Ausnahmen eingeschränkten Generalklausel Beschwerden gegen letztinstanzliche Anordnungen von Verwaltungsbehörden sowie gegen Anordnungen der Baurekurskommissionen, soweit nicht dieses oder ein anderes Gesetz eine abweichende Zuständigkeit vorsieht oder eine Anordnung als endgültig bezeichnet (§§ 41–43). Als *«Rekurs- und Beschwerdeinstanz in Steuersachen»* (Unterabschnitt C, §§ 72/73) beurteilt es steuerrechtliche Streitigkeiten nach den besonderen Zuständigkeits- und Verfahrensbestimmungen der Steuergesetzgebung. Als *«Personalgericht»* (Unterabschnitt D, §§ 74–80d) überprüft es auf Beschwerde hin personalrechtliche Anordnungen näher bezeichneter Vorinstanzen (§ 74) sowie auf Rekurs hin Disziplinarmassnahmen der nämlichen Vorinstanzen (§ 76); die Zuständigkeit des Verwaltungsgerichts als Personalbeschwerde- und Disziplinarrekursinstanz umfasst grundsätzlich auch die Beurteilung *vermögensrechtlicher* Streitigkeiten aus dem öffentlichrechtlichen Dienstverhältnis; nur soweit im personalrechtlichen Bereich nicht das Beschwerde- oder Disziplinarrekursverfahren offen steht, beurteilt das Verwaltungsgericht solche vermögensrechtliche Streitigkeiten aus dem Dienstverhältnis als einzige Instanz im Klageverfahren

Vorbem. zu §§ 32–86

(§ 79). Der vierte Zuständigkeitsbereich (Unterabschnitt E, §§ 81–86) umfasst die in §§ 81 und 82 aufgezählten Streitsachen, die nach dem Willen des Gesetzgebers nicht Gegenstand eines Anfechtungsverfahrens bilden können oder sollen und die er daher der *ursprünglichen Verwaltungsrechtspflege* unterstellt hat. Funktionell handelt es sich beim ersten und zweiten sowie weitgehend auch beim dritten Zuständigkeitsbereich um sogenannte Anfechtungsstreitigkeiten (nachträgliche Verwaltungsgerichtsbarkeit), währenddem das Gericht im vierten Bereich ausschliesslich im Klageverfahren tätig wird (ursprüngliche Verwaltungsgerichtsbarkeit).

4   Die gesetzliche Systematik ist mit Bezug auf die Grundfrage, in welchen Sachbereichen das Verwaltungsgericht im Rahmen welcher Verfahrensarten zuständig ist, eher verwirrend und historisch bedingt: Zum einen wurde bei der Schaffung des VRG 1959 die Regelung des verwaltungsgerichtlichen Rechtsschutzes in Steuersachen nicht in dieses Gesetz integriert (vgl. § 72 N. 1). Zum andern wurde bei dessen Revision 1997 die Erweiterung des verwaltungsgerichtlichen Rechtschutzes in Personalsachen gesetzestechnisch dadurch umgesetzt, dass im bestehenden Unterabschnitt D die bisherige Regelung der Disziplinargerichtsbarkeit zu einer solchen über die Personalgerichtsbarkeit erweitert wurde, obwohl zwischen der «allgemeinen» Beschwerde und Klage nach §§ 41 ff. bzw. 81 ff. einerseits sowie der neuen «personalrechtlichen» Beschwerde und Klage nach §§ 74 ff. anderseits inhaltlich nur geringe Unterschiede bestehen (vgl. Vorbem. zu §§ 74–80d N. 3). Die charakteristischen Merkmale der zürcherischen Verwaltungsgerichtsbarkeit sind daher sowohl bezüglich Zuständigkeit wie Verfahren losgelöst von der gesetzlichen Systematik zu bestimmen.

5   Seit der Gesetzesrevision vom 8.6.1997 ist die Ordnung der sachlichen *Zuständigkeit* des Verwaltungsgerichts durch die *Generalklausel* in § 41 geprägt. Wenn nach §§ 81/82 in bestimmten Streitsachen die verwaltungsgerichtliche Klage zulässig ist, so schränkt dies nicht den gerichtlichen Rechtsschutz, sondern nur den Anwendungsbereich der verwaltungsgerichtlichen Beschwerde ein. Ebenso wenig bedeutet die historisch bedingte eigenständige Regelung der verwaltungsgerichtlichen Zuständigkeit in Steuersachen und in Personalsachen, dass in diesen Bereichen verglichen mit anderen nur ein eingeschränkter Rechtsschutz bestünde. Die Steuergesetzgebung enthält zwar keine Generalklausel für die verwaltungsgerichtliche Zuständigkeit; aufgrund eines dichten Netzes einzelner Zuständigkeitsnormen und Verweisungen ergibt sich jedoch auch in diesem Bereich ein umfassender gerichtlicher Rechtsschutz (dazu § 72 N. 5 ff.). In Personalsachen beinhaltet die Zuständigkeitsregelung von §§ 74 Abs. 1, 76 Abs. 1 und 79 praktisch eine Teilgeneralklausel; vom gerichtlichen Rechtsschutz ausgenommen sind hier allerdings Anordnungen über die Begründung von Dienstverhältnissen und die Einreihung und Beförderung in Besoldungsklassen und -stufen (§ 74 Abs. 2) sowie disziplinarrechtliche Verweise (§ 76 Abs. 2).

Wichtigstes Rechtsmittel ist demnach die *Beschwerde;* d.h. die allgemeine nach 6
§§ 41 ff., die steuerrechtliche nach §§ 72 f. und die personalrechtliche nach
§§ 74 f. Der grösste Teil der in die verwaltungsgerichtliche Zuständigkeit fallenden Streitigkeiten wird daher im Beschwerdeverfahren beurteilt, wobei im personalrechtlichen Beschwerdeverfahren weitgehend die Bestimmungen des allgemeinen Beschwerdeverfahrens anwendbar sind (§ 80c). Ein verwaltungsgerichtlicher Rekurs ist nur in drei Sachbereichen vorgesehen, nämlich in Steuersachen (ergänzend zur dort ebenfalls in erster Linie gegebenen Beschwerde), in Disziplinarstreitigkeiten und in enteignungsrechtlichen Streitigkeiten vermögensrechtlicher Natur (Entschädigungen, Beiträge, § 46 AbtrG). Die ursprüngliche Verwaltungsrechtspflege im Klageverfahren beschränkt sich abgesehen von der ohnehin nur subsidiär vorgesehenen personalrechtlichen Klage (§ 79) auf die in §§ 81/82 aufgezählten Bereiche; unter diesen nehmen die vermögensrechtlichen Streitigkeiten aus öffentlichem Recht zwischen Gemeinden oder Gemeindeverbänden (§ 81 lit. a) und jene aus verwaltungsrechtlichen Verträgen (§ 82 lit. k) allerdings insofern eine Sonderstellung ein, als sie nicht nur ein einzelnes Rechtsgebiet betreffen.

Die verschiedenen Rechtsmittel der zürcherischen Verwaltungsgerichtsbarkeit 7
stehen untereinander in einem Verhältnis der *unechten Konkurrenz,* weil das Gesetz ihren Anwendungsbereich genau abgrenzt. (Dasselbe gilt in der Bundesverwaltungsrechtsspflege, wo lediglich die staatsrechtliche Beschwerde als eigentliches subsidiäres Rechtsmittel bezeichnet werden kann; vgl. Art. 84 Abs. 2 OG; dazu Gygi, S. 235; Karlen, Rz. 3.50 f.). In diesem Sinn ist die Beschwerde nach §§ 41 ff. nicht subsidiär, auch wenn die anderen Rechtsmittel aufgrund ihres aus der Generalklausel von § 41 ausgesonderten Anwendungsbereichs (Steuerrecht, Personalrecht) als die spezielleren erscheinen. Auch zur Klage nach §§ 81 ff. steht die Beschwerde nach §§ 41 ff. grundsätzlich in einem Verhältnis der unechten Konkurrenz, indem die den Behörden stets stillschweigend zukommende Verfügungskompetenz in der Klage nach §§ 81/82 unterstellten Materien durch diese Bestimmungen wegbedungen wird. Echt subsidiäres Rechtsmittel zur Klage ist die Beschwerde allerdings dort, wo in diesen Materien für bestimmte Rechtsverhältnisse ausnahmsweise eine Verfügungskompetenz einer Verwaltungsbehörde gesetzlich ausdrücklich vorgesehen ist (vgl. Vorbem. zu §§ 41–71 N. 8; Vorbem. zu §§ 81–86 N. 7). Subsidiär ist sodann die personalrechtliche Klage gegenüber der personalrechtlichen Beschwerde und dem disziplinarrechtlichen Rekurs (§ 79).

Der verwaltungsgerichtliche Rechtsschutz wird in verschiedenen *Verfahrensarten* 8
gewährt, deren Merkmale durch die verschiedenen Rechtsmittel bzw. Rechtsbehelfe bestimmt werden. Grundlegend sind die Unterschiede zwischen *Anfechtungsverfahren* (Beschwerde, Rekurs) einerseits sowie *Klageverfahren* anderseits. Das verwaltungsgerichtliche Klageverfahren (§§ 83 ff.) wird in einem erheblichen Ausmass durch zivilprozessuale Grundsätze geprägt, obwohl § 86 nicht

Vorbem. zu §§ 32–86

etwa die Bestimmungen der Zivilprozessordnung, sondern jene über das Beschwerdeverfahren als subsidiär anwendbar erklärt. Insbesondere ist im Klageverfahren in Anlehnung an den Zivilprozess die Dispositionsmaxime deutlicher ausgeprägt und die Untersuchungsmaxime stärker eingeschränkt als im Beschwerdeverfahren (vgl. Vorbem. zu §§ 81–86 N. 9; § 83 N. 1 ff.). Zum Teil werden allerdings auch im Beschwerdeverfahren zivilprozessuale Bestimmungen sinngemäss oder ergänzend angewendet, so namentlich jene über das Beweisverfahren (§ 60) sowie die im Gerichtsverfassungsgesetz enthaltenen allgemeinen Verfahrensvorschriften (§ 71). *Rekurs* und *Beschwerde* unterscheiden sich vor allem in Bezug auf *Kognitions- und Entscheidungsbefugnisse* des Verwaltungsgerichts (dazu N. 9 und 10; vgl. auch Vorbem. zu §§ 19–28 N. 16 ff.).

9 Mit dem verwaltungsgerichtlichen *Steuerrekurs* als vollkommenem Rechtsmittel können alle Mängel des angefochtenen Entscheids und des vorangegangenen Verfahrens gerügt werden (§ 147 Abs. 3 i.V.m. §§ 162 Abs. 3 und 181 Abs. 3 StG; § 43 Abs. 2 ESchG); das Verwaltungsgericht übt damit als Steuerrekursinstanz neben voller Rechts- und Sachverhaltskontrolle auch Ermessenskontrolle aus. Sodann ist es nicht an die Parteianträge gebunden (§ 149 Abs. 2 StG). Besonderen Charakter hat das verwaltungsgerichtliche Steuerstrafverfahren, das durch strafprozessuale Grundsätze mitbestimmt wird und Merkmale sowohl des verwaltungsrechtlichen Rekursverfahrens wie auch eines erstinstanzlichen Strafverfahrens in sich vereinigt (§§ 252 ff. StG). Bei der Beurteilung von *Disziplinarrekursen* steht dem Gericht ebenfalls volle Kognition zu (§ 78 VRG); doch ist hier seine Entscheidungskompetenz bei Überprüfung der schärfsten Disziplinarsanktionen (vorübergehende Amtseinstellung und vorzeitige Entlassung) insofern eingeschränkt, als es die für rechtswidrig befundene Sanktion nicht aufheben, sondern lediglich eine Entschädigung zusprechen kann (§ 80 Abs. 2). Im Übrigen wird das Disziplinarrekursverfahren – wie schon das vorangehende Disziplinarverfahren – durch strafprozessuale Grundsätze mitbestimmt (vgl. § 76 N. 10). Eine Sonderstellung nimmt der gegen Entscheide der Schätzungskommissionen offen stehende *Rekurs in vermögensrechtlichen Enteignungsstreitigkeiten* ein (§ 46 AbtrG); trotz der Bezeichnung als «Rekurs» rechtfertigt es sich hier, bezüglich Kognitions- und Entscheidungsbefugnissen die entsprechenden Bestimmungen über die verwaltungsgerichtliche Beschwerde (§§ 50, 63 Abs. 2 VRG) heranzuziehen (vgl. § 41 N. 40).

10 Bei der Beurteilung einer *verwaltungsgerichtlichen Beschwerde* nach §§ 41 ff. steht dem Gericht volle Rechts- und Sachverhaltskontrolle zu, jedoch – abgesehen von wenigen Ausnahmen in Streitigkeiten aus dem Gesundheitswesen – keine Ermessenskontrolle (§§ 50/51). Entsprechend der vollen Tatsachenkognition sind neue tatsächliche Behauptungen zulässig, in jenen Verfahren, in denen das Gericht als zweite gerichtliche Instanz entscheidet, allerdings nur insoweit, als die Geltendmachung solcher Noven durch die angefochtene Anordnung notwendig geworden ist (§ 52). Das Gericht ist insofern an die Partei-

anträge gebunden, als es die aufgehobene Anordnung weder zum Nachteil des Beschwerdeführers noch über die von diesem angestrebte Verbesserung hinaus abändern darf (§ 63 Abs. 2). Im *steuerrechtlichen Beschwerdeverfahren* nach §§ 72 f. VRG steht dem Verwaltungsgericht die nämliche Kognition – d.h. volle Rechts- und Sachverhaltskontrolle, jedoch keine Ermessensüberprüfung – zu (§ 153 Abs. 3 StG; ohne die in § 50 Abs. 2 VRG vorgesehenen Ausnahmen vom Ausschluss der Ermessenskontrolle); der vollen Tatsachenkognition entsprechend sind auch hier neue tatsächliche Behauptungen zulässig (ohne die in § 52 Abs. 2 VRG vorgesehene Einschränkung des Novenrechts). Hingegen ist das Gericht, anders als im allgemeinen Beschwerdeverfahren, nicht an die Parteianträge gebunden (§ 153 Abs. 4 i.V.m. § 149 Abs. 2 StG). Im *personalrechtlichen Beschwerdeverfahren* nach §§ 74 f. ist die Ermessenskontrolle ebenfalls ausgeschlossen (§ 75). Das Gericht ist, wie im allgemeinen Beschwerdeverfahren, an die Parteianträge im Sinn des Verbots einer reformatio in peius vel melius gebunden (§ 80c i.V.m. § 63 Abs. 2); bei Überprüfung der eingreifendsten Administrativmassnahmen (Kündigung, Nichtwiederwahl, Amtseinstellung, sofortige Entlassung) ist zudem seine Entscheidungskompetenz zusätzlich insofern eingeschränkt, als es – wie beim Disziplinarrekurs (dazu N. 9) – die für rechtswidrig befundene Sanktion nicht aufheben, sondern lediglich eine Entschädigung zusprechen kann (§ 80 Abs. 2).

Gegenüber Entscheiden des Verwaltungsgerichts kann das ausserordentliche Rechtsmittel der Revision erhoben (§§ 86a–86d) oder eine Erläuterung verlangt werden.

In der Fassung vom 8.6.1997 erfüllt der dritte Gesetzesabschnitt über die Verwaltungsgerichtsbarkeit nicht vollständig, aber weitgehend die Anforderungen, die sich aus der *Rechtsweggarantie* gemäss dem Entwurf zu einer neuen Bundesverfassung (VE 96) im Teil über die Justizreform ergeben. Art. 25a VE 96 (Justizreform) räumt unter Vorbehalt gesetzlicher Ausnahmen jeder Person bei Rechtsstreitigkeiten Anspruch auf eine richterliche Behörde ein; Art. 179a VE 96 verpflichtet die Kantone, richterliche Behörden für die Beurteilung unter anderem von öffentlichrechtlichen Streitigkeiten zu bestellen (vgl. Botschaft BR über eine neue Bundesverfassung vom 20.11.1996, BBl 1997 I, S. 1 ff., 502 ff., 523, 540 f.). Zur Konkretisierung dieser verfassungsrechtlichen Bestimmungen sieht der Entwurf für ein Bundesgerichtsgesetz (E BGG) vor, dass die Kantone in all jenen Fällen eine richterliche Instanz einsetzen, welche mit der vorgesehenen Einheitsbeschwerde in öffentlichrechtlichen Angelegenheiten an das Bundesgericht gezogen werden können; ausgenommen sind lediglich Entscheide mit vorwiegend politischem Charakter (Art. 78 Abs. 2 E BGG). Zur Tragweite einer bundesrechtlichen Rechtsweggarantie vgl. Bernhard Weber, Rechtsweggarantie und Totalrevision der Bundesrechtspflege, ZBJV 134/1998, S. 177 ff.; Christina Kiss, Eine Entgegnung zum Diskussionsbeitrag von Bernhard Weber, ZBJV 134/1998, S. 288 ff.; Walter Kälin, Die Bedeutung der Rechtsweggarantie für die kantonale Verwaltungsjustiz, ZBl 100/1999, S. 49 ff.

Vorbem. zu §§ 32–40

A. Organisation des Verwaltungsgerichts

Vorbemerkungen zu §§ 32–40

Literatur

AEPPLI HANS., Die staatsrechtliche Stellung des Obergerichtes und des Regierungsrates in Justizverwaltungssachen nach zürcherischem Recht, ZBl 24/1923, S. 121 ff.; BAUHOFER ARTHUR, Die Justizverwaltung im Kanton Zürich, SJZ 42/1946, S. 281 ff.; BOSSHART EDUARD, Die parlamentarische Kontrolle nach schweizerischem Staatsrecht, Winterthur 1926; DERSELBE, Kantonsrat und Regierungsrat im Kanton Zürich, ZBl 55/1954, S. 425 ff.; ECKSTEIN HANSPETER., Die Organisation der kantonalen Verwaltungsgerichte, Zürich 1975; EICHENBERGER KURT, Die richterliche Unabhängigkeit als staatsrechtliches Problem, Bern 1960; DERSELBE, Justizverwaltung, in: Festschrift für den Aargauischen Juristenverein 1936–1986, Aarau 1986; FRANK/STRÄULI/MESSMER, GVG § 104; GIACOMETTI ZACCARIA, Gewaltentrennung und Verwaltungsrechtspflege, in: Festschrift H. Fritzsche, Zürich 1952, S. 9 ff.; GOSSWEILER MARC, Richterliche Unabhängigkeit und Gewaltentrennung in Bund und Kantonen, Bern 1951; HABSCHEID, Nrn. 84 ff., 104 ff.; HAUSER/HAUSER, § 49 N. 1; MOSER WERNER, Die parlamentarische Kontrolle über Verwaltung und Justiz, Zürich 1969; MUFF ALFRED, Die Strafverfolgung gegen die obersten administrativen und richterlichen Beamten der Kantone, Zürich 1947; SECRÉTAN ROGER, Les tribunaux du contentieux de l'administration, ZSR 51/1932, S. 187 ff.; STREULI ADOLF, Die Unabhängigkeit der Rechtsprechung und das Aufsichtsrecht des Parlamentes über die Gerichte, Berlin 1922; WALDER, § 42 Rz. 1 ff.

1 Der Unterabschnitt A des dritten Gesetzesabschnittes enthält die Bestimmungen über die Gerichtsverfassung (§§ 32, 33, 34, 35, 37 Abs. 1 betreffend Bestand und Sitz, Wahl, Unvereinbarkeit, Stellung, Besoldung), die Justizverwaltung (§§ 36 und 39) und das Verordnungsrecht (§ 40). Zu den mit der Justizverwaltung und der Rechtsetzung befassten Organen des Gesamtgerichts vgl. § 39 N. 1 ff., §§ 1–9 GeschV VGr. Ferner werden in diesem Unterabschnitt Spruchbehörden und Spruchkompetenzen bezüglich der rechtsprechenden Tätigkeit geregelt (§ 38). Zur organisatorischen Struktur der rechtsprechenden Tätigkeit vgl. § 38 N. 12 ff., §§ 10–15 GeschV VGr; zum Geschäftsgang vgl. § 38 N. 14 ff., §§ 16–20 GeschV VGr.

2 Unter *Justizverwaltung* ist allgemein diejenige staatlich-behördliche Tätigkeit zu verstehen, die weder Rechtsetzung noch Rechtspflege darstellt und zum Zwecke ausgeübt wird, die sachlichen und personellen Voraussetzungen zu schaffen, damit die Gerichte ihre primäre Aufgabe, die Rechtspflege, erfüllen können. Aus dem Grundsatz der Gewaltentrennung ergibt sich nicht, welcher der drei staatlichen Gewalten die Justizverwaltung zu übertragen sei. Die *Selbstverwaltung der Justiz* widerspricht diesem Prinzip nicht, ist aber auch keine unabdingbare Voraussetzung für die richterliche Unabhängigkeit; allerdings verstärkt sie diese Unabhängigkeit, zumal dort, wo den Gerichten für jene Belange der Justizverwaltung, die durch generell-abstrakten Erlass zu regeln sind, eine entsprechende Rechtsetzungskompetenz (Verordnungsrecht) zukommt. Im Kanton Zürich verfügen die obersten kantonalen Gerichte über weitgehende Selbstver-

waltungsbefugnisse und entsprechende Verordnungskompetenzen. Einzelne Befugnisse stehen dem Kantonsrat zu (vgl. für das Verwaltungsgericht §§ 32 Abs. 2, 33 Abs. 1, 34 Abs. 3, 37 Abs. 1, 40 Abs. 2), welcher zudem das parlamentarische Oberaufsichtsrecht ausübt (Art. 31 Ziff. 4 KV; vgl. § 35 Abs. 2 VRG).

Die – *gerichtsübergreifende* – Justizverwaltung der obersten kantonalen Gerichte wird im VII. Abschnitt des GVG (§§ 210–216) geordnet. Die Regelung ist anlässlich der Schaffung des Personalgesetzes (vgl. § 58 lit. g PG) eingefügt worden, nachdem im Rahmen jener Vorlage die Verordnungskompetenz der Rechtspflege im Personalwesen vom Regierungsrat in Frage gestellt worden war (vgl. Weisung RR vom 22.5.1996 zum PG, ABl 1996 II, S. 1160). Die obersten kantonalen Gerichte – Kassationsgericht, Obergericht, Verwaltungsgericht und Sozialversicherungsgericht – sind in ihrer Justizverwaltung unabhängig (§ 210 Abs. 2 GVG). Mit «unabhängig» ist einerseits die Unabhängigkeit gegenüber der Regierung gemeint, andererseits aber auch die Selbständigkeit der vier Gerichte in ihrem gegenseitigen Verhältnis: Letztere behalten ihre eigenen Justizverwaltungs- und Verordnungskompetenzen (vgl. §§ 42, 69 und 208 GVG, §§ 7 und 8 SozversG, §§ 36, 39 und 40 VRG; ferner für den Voranschlag § 37 FinanzhaushaltsG), soweit diese Kompetenzen nicht aufgrund von §§ 215 ff. GVG den neu geschaffenen gerichtsübergreifenden Justizverwaltungsorganen zukommen (§ 214 GVG). Solche Organe sind der Plenarausschuss und die Verwaltungskommission (§ 211 GVG; zur Zusammensetzung vgl. §§ 212 und 213 GVG). Der Plenarausschuss erlässt die ergänzenden Personalverordnungen der obersten Gerichte im Sinn von § 56 Abs. 3 PG sowie Verordnungen über die Entschädigung der Zeugen und Sachverständigen, die Anstellung von Gerichtsauditoren und die Akteneinsicht durch Gerichtsberichterstatter und andere Dritte (§ 215 GVG). Die Verwaltungskommission der Gerichte wirkt als vorbereitendes Gremium ohne Enscheidungskompetenz; ihre Bedeutung liegt vor allem darin, dass sie Ansprechpartner für den Verkehr mit dem Kantonsrat, dem Regierungsrat und der kantonalen Verwaltung bildet (§ 216 GVG), und zwar auch in jenen Belangen der Justizverwaltung, die in der Kompetenz der einzelnen Gerichte verbleiben. Das Fehlen einer solchen «Schnittstelle» war denn auch ein Hauptmotiv für die Schaffung der neuen Dachorganisation; dieser kommt daher trotz der nur geringfügigen Kompetenzen des gerichtsübergreifenden Plenarausschusses (§ 215 GVG) eine wichtige Funktion zu (Weisung RR vom 22.5.1996 zum PG, ABl 1996 II, S. 1188 f.).

Zur Justizverwaltung im weiteren Sinn gehört auch die die Ausübung von *Wahl- und Aufsichtskompetenzen*, die einem Gericht gegenüber unteren Behörden zukommen. Das Verwaltungsgericht ist Wahl- und Aufsichtsbehörde der vier kantonalen *Schätzungskommissionen* (§§ 34 und 35 AbtrG). Es überwacht in dieser Eigenschaft deren Justizverwaltung (vgl. § 42 Abs. 2 AbtrG), nicht aber die rechtsprechende Tätigkeit. Mängel, die den allgemeinen Geschäftsgang der Schätzungskommissionen betreffen, sind mit Aufsichtsbeschwerde an die

Vorbem. zu §§ 32–40

Verwaltungskommission des Verwaltungsgerichts geltend zu machen. Der nämliche Rechtsbehelf stand nach altem Recht auch zur Verfügung, um eigentliche Verfahrensmängel, insbesondere Rechtsverzögerung und Befangenheit, zu rügen (RB 1975 Nr. 138, 1979 Nr. 110, 1980 Nr. 27), wobei ihm in diesen Fällen eigentliche Rechtsschutzfunktion zukam (VGr. 18.11.1997, AB.97.00001; RB 1997 Nr. 114). Seit der Gesetzesrevision vom 8.6.1997 sind die Schätzungskommissionen vollwertige Vorinstanzen des Verwaltungsgerichts, weshalb solche Verfahrensmängel mit Rekurs nach § 46 AbtrG geltend gemacht werden können.

5 Die von den obersten kantonalen Gerichten ausgeübte Selbstverwaltung unterliegt der *parlamentarischen Kontrolle* (Art. 31 Ziff. 4 KV; § 210 Abs. 2 Satz 2 GVG; mit Bezug auf die Zivil- und Strafrechtspflege vgl. auch § 105 GVG). Die Oberaufsicht des Parlaments ist keine Dienstaufsicht, welche mit derjenigen einer hierarchisch übergeordneten Verwaltungsbehörde vergleichbar wäre (Bosshart, § 35 N. 2). Sie ist besonderer Natur und gegenüber jener in mehrfacher Hinsicht eingeschränkt. Gegenstand der parlamentarischen Oberaufsicht sind nur Belange des äusseren Geschäftsgangs und sonstige Angelegenheiten der Justizverwaltung (vgl. VPB 41/1977 Nr. 35 Ziff. 4a). Unter die parlamentarische Oberaufsicht fallen die richterliche Pflichterfüllung, die Geschäftslast, die sonstige Verwaltungstätigkeit des Gerichtes, insbesondere deren finanzielle Aspekte sowie allgemeine, vor allem staatspolitische Belange der Rechtspflegeinstitutionen als solchen.

6 Die parlamentarische Oberaufsicht erstreckt sich nicht auf die eigentliche rechtsprechende Tätigkeit; der Kantonsrat kann diesbezüglich weder Weisungen erteilen noch gefällte Urteile abändern oder aufheben (Art. 56 Abs. 1 KV; § 34a Abs. 3 KantonsratsG); mit Bezug auf die rechtsprechende Tätigkeit gilt der für das Verwaltungsgericht in § 35 Abs. 1 VRG festgehaltene Grundsatz der richterlichen Unabhängigkeit (dazu § 35 N. 1 ff.).

7 Primäres und wichtigstes *Informationsmittel* des Kantonsrats mit Bezug auf die Selbstverwaltung des Verwaltungsgerichts ist dessen Pflicht zur Erstattung eines jährlichen *Berichts* über seine Tätigkeit (§ 35 Abs. 2 VRG; dazu eingehend § 35 N. 5). Der Kantonsrat kann ferner kraft seines Oberaufsichtsrechts auch besondere schriftliche oder mündliche Berichte verlangen (Bosshart, § 35 N. 2). *Weitere Informationsrechte,* die dem Kantonsrat und seinen Organen im Rahmen der Oberaufsicht über die Justizverwaltung der obersten kantonalen Gerichte zustehen, sind – zusammen mit den Informationsrechten bezüglich der Tätigkeit der Verwaltungsbehörden – in §§ 34a–34n KantonsratsG geordnet. § 34e KantonsratsG regelt insbesondere die *Befugnisse der parlamentarischen Aufsichtskommissionen:* Die Justizkommission kann bei der zuständigen obersten Justizbehörde – bezüglich des Verwaltungsgerichts bei dessen Verwaltungskommission – die Herausgabe aller mit der Beurteilung der Geschäftsführung in Zusammenhang stehenden *Amtsakten* verlangen (Abs. 1 lit. a). Soweit es zur

Wahrung schutzwürdiger privater Interessen, zum Schutz der Persönlichkeit oder aus Rücksicht auf ein hängiges Verfahren unerlässlich ist, kann die zuständige oberste Justizbehörde anstelle der Herausgabe von Amtsakten einen besonderen Bericht erstatten (Abs. 2). Das Amtsgeheimnis zum Schutz überwiegender öffentlicher Interessen kann hingegen gegenüber den Aufsichtskommissionen nicht geltend gemacht werden (Abs. 3). Die weiteren Befugnisse der parlamentarischen Aufsichtskommissionen, ausnahmsweise ohne Einvernehmen mit dem zuständigen Organ in der «Verwaltung» Besichtigungen vorzunehmen sowie jede Person in der «Verwaltung» anzuhören und zu befragen (§ 34e Abs. 1 lit. b KantonsratsG), beziehen sich ihrem Wortlaut nach nur auf die Tätigkeit von Verwaltungsbehörden (vgl. § 34a KantonsratsG, der den Begriff der Verwaltung in diesem formellen Sinn verwendet); ob sie gleichwohl auch auf die Justizverwaltung der Gerichte anwendbar sind, ist umstritten.

Kraft seines Oberaufsichtsrechts über den äusseren Geschäftsgang behandelt der Kantonsrat bzw. dessen Geschäftsleitung oder dessen Justizkommission diesbezügliche *Aufsichtsbeschwerden* (§ 44 Abs. 2 KantonsratsG). Er kann dem Verwaltungsgericht in diesem Bereich *Weisungen* erteilen, dies nicht nur im Zusammenhang mit der Behandlung von Aufsichtsbeschwerden. All diese Weisungsbefugnisse ausserhalb der richterlichen Tätigkeit dürfen jedoch nicht dazu führen, dass Letztere mittelbar beeinflusst oder beeinträchtigt wird. So muss das Gericht – allerdings nur im Rahmen des vom Kantonsrat festgesetzten Voranschlags (vgl. § 37 FinanzhaushaltsG) – nach seinem eigenen Ermessen die Zahl der nötigen juristischen Sekretäre und Kanzleiangestellten festsetzen können (vgl. § 36 Abs. 2). Der Kantonsrat bzw. bei offenkundig unbegründeten Begehren dessen Geschäftsleitung entscheidet über *Ausstandsbegehren* gegen Mitglieder des Verwaltungsgerichts (§ 44 Abs. 3 KantonsratsG); dies jedoch nur, wenn das Gericht auch unter Zuzug von Ersatzrichtern für die Behandlung des Begehrens nicht mehr gehörig besetzt werden kann (vgl. Frank/Sträuli/Messmer, GVG § 101 N. 2; § 5a N. 25). Ferner steht dem Kantonsrat aufgrund des Oberaufsichtsrechts die Befugnis zu, über die Einhaltung der *Unvereinbarkeitsbestimmungen* (§ 34) zu wachen.

8

Schärfstes Mittel der parlamentarischen Oberaufsicht ist die Befugnis des Kantonsrats, gegen *Amtspflichtverletzungen* der Verwaltungsrichter einzuschreiten. Zu unterscheiden ist zwischen der vermögensrechtlichen, der disziplinarrechtlichen und der strafrechtlichen Verantwortlichkeit der Gerichtsmitglieder. Mit Bezug auf die vermögensrechtliche und die strafrechtliche Verantwortlichkeit geht es zunächst darum, ob die spezielle Immunität, welche die Verfassung den Magistratspersonen einräumt (Art. 31 Ziff. 4 Abs. 2 und 3 KV; vgl. Hauser/Hauser, S. 100 f.), aufzuheben ist.

9

Vermögensrechtliche Verantwortlichkeit: Kantonsratsmitglieder können die Geltendmachung von *Schadenersatz- und Rückgriffsansprüchen des Staates* (vgl. §§ 14 und 15 HaftungsG) erst verlangen, nachdem sie ihre Beanstandungen in einer

10

Vorbem. zu §§ 32–40 / § 32

Interpellation vorgebracht haben. Parlamentarische Aufsichtskommissionen sowie Untersuchungskommissionen können entsprechende Anträge ohne vorgängige Interpellation einbringen. Der Kantonsrat beschliesst zunächst darüber, ob der Antrag der Kommission von der Hand zu weisen oder die beteiligte Behörde zur Stellungnahme aufzufordern sei. Hält der Rat die Haftungs- oder Rückgriffsansprüche für begründet, beschliesst er, gegen wen Klage zu erheben sei. Für die Klageerhebung bestellt das Büro einen besonderen Beauftragten (§ 35 KantonsratsG). Zu beachten ist, dass das HaftungsG kaum Raum für die Geltendmachung von Schadenersatz- und Rückgriffsansprüchen des Staates gegenüber Richtern lässt: Die Gesetzmässigkeit formell rechtskräftiger Urteile darf nicht überprüft werden (§ 21 Abs. 1 HaftungsG), was eine Haftung des Richters für Fehler bei der Urteilsfällung ausschliesst (Habscheid, Nr. 109; a.M. Walder, § 42 Rz. 8 ff.). Wird ein Entscheid im Rechtsmittelverfahren geändert, so besteht eine Haftung des Staates (vgl. § 6 Abs. 2 HaftungsG) und damit ein Rückgriffsanspruch gegen den vorinstanzlichen Richter nur, wenn Letzterer arglistig gehandelt hat. Zur Haftung des Richters wegen Verzögerungsschadens vgl. Walder, § 42 Rz. 26 ff.

11 *Disziplinarrechtliche Verantwortlichkeit:* Als Massnahme kommt lediglich eine Ermahnung in Betracht, wobei sich das Verfahren sinngemäss nach § 35 KantonsratsG (dazu N. 10) richtet (§ 36 KantonsratsG).

12 *Strafrechtliche Verantwortlichkeit:* Die Einleitung einer Strafuntersuchung oder einer Ehrverletzungsklage wegen in Ausübung des Amts begangener Handlungen bedarf der Ermächtigung des Kantonsrats. Beschliesst dieser die Einleitung einer Strafuntersuchung, ernennt er zu deren Durchführung und zur allfälligen Anklageerhebung einen besonderen Staatsanwalt (§ 38 KantonsratsG).

13 Die *Ombudsperson* kann die rechtsprechende Tätigkeit des Verwaltungsgerichts nicht überprüfen; im Bereich der Justizverwaltung kann sie indessen tätig werden (§ 90 lit. b VRG; § 108 Abs. 2 GVG), insbesondere bei Rechtsverweigerung und Rechtsverzögerung (Weisung Ombudsperson, S. 980).

I. Bestand und Sitz des Verwaltungsgerichts

§ 32. Dem Verwaltungsgericht gehören vollamtliche sowie teilamtliche Mitglieder und Ersatzmitglieder an. Der Kantonsrat legt die Zahl der Mitglieder und Ersatzmitglieder fest.

Der Kantonsrat bestimmt den Sitz.

Materialien
Weisung 1957, S. 1040; Prot. KK 21.1.1958, 30.9.1958; Prot. KR 1955–1959, S. 3380 f.; Beleuchtender Bericht 1959, S. 403; Weisung 1995, S. 1534 ff.; Prot. KK 1995/96, S. 60 ff., 254 ff., 262 ff.; Prot. KR 1995–1999, S. 6490 ff.; Beleuchtender Bericht 1997, S. 6.

Literatur vgl. Vorbem. zu §§ 32–40.

§ 32

Vor der Revision vom 8.6.1997 bestand das Verwaltungsgericht aus vollamtlichen, nebenamtlichen und Ersatzmitgliedern. Die Frage, ob weiterhin nicht im Vollamt tätige Richter zu bestellen seien, bildete bei der Revision einen wichtigen Diskussionspunkt. Entgegen dem ersten Expertenentwurf, der das richterliche Nebenamt ersatzlos abgeschafft haben wollte, sprach sich bereits der Regierungsrat für die Beibehaltung des «Milizelements» in Form des an die Stelle des Nebenamts tretenden Teilamts aus (Weisung 1995, S. 1535). Als Vorbild diente dabei das bei der Schaffung des Sozialversicherungsgerichts verwirklichte Modell, wonach sich das Teil- vom Vollamt lediglich durch den Beschäftigungsgrad unterscheiden, d.h. für dessen Träger ebenfalls den Hauptberuf bilden sollte (job-sharing). In Kommission und Rat blieb jedoch die Frage der Ausgestaltung dieses Teilamts kontrovers. Entgegen dem Antrag des Regierungsrats einigte sich die Kommission darauf, dass eine andere hauptberufliche Tätigkeit für teilamtliche Mitglieder zulässig bleiben sollte. Im Hinblick darauf, dass die bisherigen nebenamtlichen Mitglieder grösstenteils hauptberuflich als Anwälte tätig waren, wurde sodann die Frage eingehend diskutiert, ob und inwieweit den künftigen teilamtlichen Mitgliedern die berufsmässige Vertretung dritter Personen in verwaltungsrechtlichen Streitigkeiten untersagt werden sollte. Das von der Justizdirektion vorgeschlagene gänzliche Plädierverbot – auch vor den Verwaltungsbehörden – wurde in der Kommission verworfen; deren Mehrheit entschied sich für ein auf das Verwaltungsgericht beschränktes Plädierverbot. Nach Ablehnung eines Minderheitsantrags im Kantonsrat, auf ein Plädierverbot gänzlich zu verzichten, wurde diese Lösung zur heutigen Fassung von § 34 Abs. 2. 1

Wie sich aus dieser Entstehungsgeschichte ergibt, bestehen zwar zwischen dem heutigen Teilamt und dem früheren Nebenamt gewichtige Unterschiede, namentlich das Verbot berufsmäsiger Vertretung Dritter vor dem Verwaltungsgericht (§ 34 Abs. 2) sowie ein klar bestimmter Beschäftigungsgrad, der durch den Kantonsrat anlässlich der Wahl festgelegt wird (§ 33 Abs. 1 Satz 2). Ein eigentlicher Systemwechsel ist jedoch mit der neuen Bezeichnung nicht vollzogen worden. Indem eine andere berufliche Tätigkeit für teilamtliche Richter möglich bleibt, wurde zumindest teilweise an Motive angeknüpft, wie sie schon bei der Einführung der zürcherischen Verwaltungsgerichtsbarkeit für die Schaffung des Nebenamts massgebend gewesen waren: Praxisbezug, namentlich von Anwälten, sowie Bürgernähe, dies nicht im Sinn des Laienrichtertums wie bei den Zivil- und Strafgerichten, sondern einer «verwaltungsexternen Herkunft» von Amtsträgern, die durchaus über verwaltungsrechtliches Fachwissen verfügen können oder sollen. Letzteres wird dadurch erleichtert, dass den teilamtlichen Richtern die berufsmässige Vertretung Dritter vor Verwaltungsbehörden nicht untersagt ist. 2

Nach der früheren Fassung von § 32 musste das Gericht mindestens zur Hälfte aus nebenamtlichen Mitgliedern bestehen, wobei diese Vorschrift entgegen dem Wortlaut und der in der Lehre vertretenen Auffassung (Kom. 1. A., § 32 N. 2; 3

§ 32

Bosshart, § 32 N. 3) auch auf die Besetzung im Einzelfall angewendet wurde (VGr. 19.2.1987, RG 3/1986). Bei der neuen Fassung wurde auf eine derartige Quorumsbestimmung, die nunmehr auch zugunsten der vollamtlichen Richter zur Diskussion stand, verzichtet (Prot. KK 1995/96, S. 269 ff.). Darin liegt, neben dem Wechsel vom Neben- zum Teilamt, eine weitere Änderung der Regelung über den Bestand des Gerichts. Sie zeigt zugleich auf, dass das Teilamt mehr mit einem Vollamt gemeinsam hat als das frühere Nebenamt.

4   Neben den voll- und teilamtlichen Mitgliedern gehören dem Gericht auch *Ersatzmitglieder* an. Wie bei anderen Gerichten besteht deren Funktion aus gerichtsorganisatorischer Sicht darin, Spitzen der Geschäftslast aufzufangen und in Fällen mitzuwirken, in denen spezifisches Fachwissen erforderlich ist. Dieser Funktion widerspricht es, wenn Ersatzrichter regelmässig wie ordentliche Mitglieder an der Erledigung von Streitigkeiten mitwirken; das dürfte umso eher vermeidbar sein, als das VRG die Zahl der ordentlichen Mitglieder nicht festschreibt. Dementsprechend sind die Kammern so zu konstituieren, dass sie grundsätzlich in ordentlicher Besetzung ohne Ersatzrichter tagen können (§ 12 GeschV VGr). Allerdings können in Ausnahmesituationen Ersatzrichter auch für einen regelmässigen Einsatz für eine bestimmte Zeit bestellt werden (§ 5 lit. d GeschV VGr).

5   Gemäss § 32 Abs. 1 Satz 2 legt der Kantonsrat die Zahl der Mitglieder und der Ersatzmitglieder fest. Diese Vorschrift bildet die gesetzliche Grundlage für die Kompetenz des Kantonsrats zur Festsetzung des *Richterstellenplans*. Weil der Beschäftigungsgrad der teilamtlichen Mitglieder nicht im Gesetz festgeschrieben ist, sondern bei der Wahl des einzelnen teilamtlichen Mitglieds durch den Kantonsrat festgelegt wird (§ 33 Abs. 1 Satz 2), legt der Stellenplanbeschluss lediglich die Gesamtzahl der Stellenprozente fest; würde die Zahl der Mitglieder und damit der Beschäftigungsgrad der einzelnen Stellen bereits im Stellenplan festgelegt, müsste dieser bei jeder Gesamterneuerungswahl formell abgeändert werden. Mit Beschluss vom 7.7.1997 hat der Kantonsrat zehn Stellen, d.h. 1'000 Stellenprozente bewilligt (LS 175.213).

6   Der Kantonsrat bestimmt den Sitz des Gerichts. In der alten Fassung legte das Gesetz selber den Sitz in Zürich fest. Bei der Gesetzesrevision wollte man im Interesse der Flexibilisierung auf eine solche Festschreibung verzichten. Zu Recht ist dabei der Antrag des Regierungsrats, ihm diese Kompetenz zuzuweisen, im Hinblick auf die Unabhängigkeit des Gerichts abgelehnt worden. Mit Sitz ist die Gemeinde gemeint. Die Wahl des genauen Standorts innerhalb des Sitzes ist Sache des Gerichts (Prot. KK 1995/96, S. 70).

§ 33. Der Kantonsrat wählt die Mitglieder und die Hälfte der Ersatzmitglieder. Mit der Wahl der teilamtlichen Mitglieder legt er deren Beschäftigungsgrad fest. Die weiteren Ersatzmitglieder werden vom Verwaltungsgericht bestimmt.

Die Amtsdauer beträgt sechs Jahre.

II. Wahl des Verwaltungsgerichts

Materialien
Weisung 1957, S. 1040; Prot. KK 21.1.1958, 30.9.1958; Prot. KR 1955–1959, S. 3380 f.; Beleuchtender Bericht 1959, S. 403; Weisung 1995, S. 1534 ff.; Prot. KK 1995/96, S. 70 f., 254 ff., 269 ff.; Prot. KR 1995–1999, S. 6490 ff.; Beleuchtender Bericht 1997, S. 6.

Literatur
BOSSHART WALTER, Die Wählbarkeit zum Richter im Bund und in den Kantonen, Winterthur 1961; HABSCHEID, Nrn. 98 ff.; MATTER FELIX, Der Richter und seine Auswahl, Zürich 1978.

Wählbar als Mitglied und als Ersatzmitglied sind alle Stimmberechtigten (Art. 16 KV; § 2 Abs. 1 WahlG). Besondere gesetzliche Wahlvoraussetzungen (z.B. juristische Bildung, Anwaltspatent und dergleichen) bestehen nicht. Eigentliche Laienrichter ohne juristische Bildung sind aber seit Schaffung des Verwaltungsgerichts mit wenigen Ausnahmen nicht gewählt worden. Amtszwang besteht nicht (vgl. § 114 WahlG). 1

Der Kantonsrat wählt die vollamtlichen und teilamtlichen Mitglieder im geheimen Verfahren (§ 71 Ziff. 1 lit. b WahlG i.d.F.v. 8.6.1997). Für die Ersatzmitglieder gilt das offene Wahlverfahren (§ 70 WahlG). Der Kantonsrat hält sich bei der Wahl an den üblichen Parteiproporz. 2

Die Kompetenz des Gerichts zur Wahl der Hälfte der Ersatzmitglieder (§ 33 Abs. 1 Satz 2) ermöglicht es diesem, unabhängig vom Parteiproporz Fachleute für Spezialgebiete zu wählen. Die bewährte Regel ist bei der Gesetzesrevision beibehalten worden. Die Wahl erfolgt durch das Gesamtgericht, also ohne Mitwirkung von Ersatzmitgliedern (§ 39 Abs. 1 VRG i.V.m. § 3 lit. c GeschV VGr). 3

Die in Abs. 2 festgelegte Amtsdauer von sechs Jahren für Mitglieder und Ersatzmänner ist verfassungsrechtlich vorgegeben (Art. 11 KV). Anlässlich der Revision dieser Verfassungsbestimmung im Zusammenhang mit der Schaffung des Personalgesetzes wurde eine Verkürzung der Amtsdauer für Richter auf vier Jahre zu Recht im Interesse der richterlichen Unabhängigkeit abgelehnt (vgl. auch Prot. KK 1995/96, S. 71). 4

Die Pensionierungsgrenze von 65 Jahren gilt für Verwaltungsrichter nicht (§ 22 Abs. 3 VersStat). Gemäss Beschluss der Interfraktionellen Konferenz des Kantonsrats müssen vollamtliche bzw. nebenamtliche Behördenmitglieder, die im Laufe einer Amtsdauer das 67. bzw. das 70. Altersjahr erreichen, vor der Wahl erklären, dass sie auf den 31. Dezember nach Vollendung dieses Altersjahres zurücktreten. Bei der Revision wurde auf eine gesetzliche Regelung verzichtet, 5

§ 33 / § 34

weil das Problem nicht nur die gestützt auf das VRG tätigen Mandatsträger betrifft (Prot. KK 1995/96, S. 73 f.). Zur Entlassung sowie zur Entgegennahme von Rücktrittserklärungen während der Amtsdauer ist der Kantonsrat zuständig (Hauser/Hauser, § 41 N. 1 mit Verweis).

III. Unvereinbarkeit

§ 34. Das Amt eines vollamtlichen Mitglieds des Verwaltungsgerichts ist mit einer anderen hauptberuflichen Tätigkeit sowie mit der berufsmässigen Vertretung dritter Personen vor den Gerichten oder den Verwaltungsbehörden unvereinbar.

Das Amt eines teilamtlichen Mitglieds des Verwaltungsgerichts ist mit der berufsmässigen Vertretung dritter Personen vor dem Verwaltungsgericht unvereinbar.

Für die Zugehörigkeit zur Verwaltung oder Geschäftsführung einer Handelsgesellschaft oder einer Genossenschaft zu wirtschaftlichen Zwecken ist für die vollamtlichen und die teilamtlichen Mitglieder die Bewilligung des Kantonsrates erforderlich.

Im übrigen gelten die Unvereinbarkeitsbestimmungen des Wahlgesetzes.

Materialien
Weisung 1957, S. 1041; Prot. KK 21.1.1958, 30.9.1958; Prot. KR 1955–1959, S. 3380; Beleuchtender Bericht 1959, S. 403; Weisung 1995, S. 1534 ff.; Prot. KK 1995/96, S. 67 ff., 256 ff., 273 ff., 353; Prot. KR 1995–1999, S. 6490 ff.; Beleuchtender Bericht 1997, S. 6.

Literatur vgl. Vorbem. zu §§ 32–40.

1 Das aus dem formellen Rechtsstaatsprinzip abgeleitete Gewaltenteilungsprinzip will die organisatorische und die personelle Unabhängigkeit der Justiz von Regierung, Verwaltung, Parlament und andern Einflüssen sichern. Die Unvereinbarkeitsbestimmungen sollen diese generelle Unabhängigkeit des Gerichts gewährleisten. Die Ausstandsbestimmungen dagegen dienen der speziellen Unabhängigkeit des Verwaltungsgerichts (Giacometti, S. 462 ff.).

2 Das *Verbot einer anderen hauptberuflichen Erwerbstätigkeit* für vollamtliche Mitglieder (§ 34 Abs. 1) ergibt sich schon aus § 105 Abs. 1 WahlG; es dient der Sicherung der vollen Funktionsfähigkeit des Gerichts. Als hauptberufliche Tätigkeit gilt jede Berufs- und Erwerbstätigkeit, welche die Arbeitskraft eines Richters ganz oder überwiegend beansprucht (Bosshart, § 34 N. 3).

3 Die *berufsmässige Vertretung Dritter* ist den vollamtlichen Mitgliedern vor Gerichten und vor Verwaltungsbehörden verwehrt (§ 34 Abs. 1), den teilamtlichen Mitgliedern lediglich vor Verwaltungsgericht (§ 34 Abs. 2). Berufsmässig ist die Vertretung oder Verbeiständung, wenn sie entgeltlich erfolgt und durch das

§ 34

Erwerbsziel des Vertreters bedingt ist. Nicht berufsmässig ist die Vertretung, wenn sie bloss vereinzelt im Hinblick auf freundschaftliche oder verwandtschaftliche Beziehungen zu einer Prozesspartei geschieht (vgl. Hauser/Hauser, § 43 N. 4).

Das Teilamt wird demnach wesentlich dadurch charakterisiert und sowohl gegenüber dem Vollamt wie auch gegenüber dem früheren Nebenamt abgegrenzt, dass dessen Träger eine andere hauptberufliche Tätigkeit überhaupt nicht und die berufsmässige Vertretung Dritter lediglich vor Verwaltungsgericht untersagt ist (dazu eingehend § 32 N. 1 f.; vgl. aber N. 8). Für teilamtliche Richter, die haupt- oder nebenberuflich als Anwalt tätig sind, ist mit dem Verbot der berufsmässigen Vertretung dritter Personen vor Verwaltungsgericht die die richterliche Unbefangenheit berührende Gefahr von Interessenkonflikten beseitigt worden (vgl. zu solchen Interessenkonflikten: BGE 116 Ia 485 ff., 124 I 121 ff.; BGr. 15.5.1992, ZBl 94/1993, S. 84 ff.; BGr. 17.3.1998, ZBl 100/1999, S. 136). 4

Die Bewilligungspflicht für die Zugehörigkeit zur Verwaltung oder Geschäftsführung einer Handelsgesellschaft oder einer Genossenschaft zu wirtschaftlichen Zwecken (§ 34 Abs. 3) gilt für die vollamtlichen und die teilamtlichen Mitglieder. Die Bestimmung dient der Sicherung der Unabhängigkeit des Gerichts, bezüglich der vollamtlichen Mitglieder auch der Erhaltung ihrer vollen Arbeitskraft, indem der Kantonsrat als Bewilligungsbehörde im Einzelfall die Vereinbarkeit eines unter die Bewilligungspflicht fallenden Mandates mit dem Richteramt prüfen kann. Diesem Zweck entsprechend gilt sie auch bezüglich bereits vor der Wahl ausgeübter Tätigkeiten in der Verwaltung oder Geschäftsführung solcher Körperschaften (a.M. Bosshart, § 34 N. 3). Ein neugewähltes Mitglied muss um die entsprechende Bewilligung des Kantonsrats nachsuchen und bei Verweigerung derselben diese Tätigkeit aufgeben oder aber auf das Amt verzichten. 5

Das Amt eines *voll- oder teilamtlichen* Verwaltungsrichters ist unvereinbar mit jenem eines Mitglieds oder Schreibers eines Gemeinderats oder eines Bezirksrats, eines vollamtlichen Mitglieds einer Verwaltungsbehörde oder eines andern Gerichts und eines Beamten oder Angestellten der Baurekurskommissionen (§ 108 Abs. 1 Ziff. 2 WahlG). Die Zugehörigkeit zu einer Schul- oder Kirchenpflege ist indessen nicht ausgeschlossen (vgl. Prot. KK 21.1.1958, 30.9.1958). 6

Ein *vollamtlicher* Verwaltungsrichter darf ferner die in § 107 WahlG genannten Ämter – Regierungsrat, Oberrichter, vollamtlicher Sozialversicherungsrichter, Kassationsrichter, kantonale Ombudsperson, Staatsanwalt, Statthalter, Bezirksrichter, Bezirksanwalt, Notar, Beamter und Angestellter der kantonalen Verwaltung, einer Bezirksverwaltung oder eines Gerichts – nicht gleichzeitig bekleiden. 7

Nach der in der ersten Auflage (§ 34 N. 7) vertretenen Auffassung wurde das Amt eines *nebenamtlichen* Verwaltungsrichters auch mit einer bloss teilzeitlich 8

§ 34 / § 34a

ausgeübten Funktion in einer anderen gerichtlichen Behörde, einschliesslich Baurekurskommissionen und Schätzungskommissionen, als unvereinbar erachtet, dies im Hinblick auf die vom Gesetzgeber angestrebte Unabhängigkeit der nebenamtlichen Gerichtsmitglieder. Dieses Motiv trifft ebenso auf die heutigen teilamtlichen Gerichtsmitglieder zu. Mit Bezug auf gerichtliche Behörden, deren Entscheide an das Verwaltungsgericht weitergezogen werden können, ergibt sich dies schon aus § 105 Abs. 2 WahlG. Im Übrigen können teilamtliche Mitglieder jede andere berufliche Tätigkeit ausüben (vgl. N. 4).

9 Unvereinbarkeit ist nicht das Gegenstück zur Wählbarkeit im Sinn des § 2 WahlG. Wer für ein Amt kandidiert, das mit dem bisher ausgeübten unvereinbar ist, ist zwar wählbar, kann aber das neue erst antreten, wenn er das frühere abgegeben hat (vgl. § 113 Abs. 1 WahlG).

10 Für die Ersatzmitglieder gilt § 34 nicht (Bosshart, § 34 N. 1; vgl. Birchmeier, Art. 3 N. 1).

11 Zum Ausstand der Justizbeamten vgl. § 5a.

IIIbis. Offenlegung von Interessenbindungen

§ 34a. Für die Offenlegung von Interessenbindungen gilt § 3a des Gerichtsverfassungsgesetzes.

Materialien
Weisung RR vom 21.1.1998 zum Gesetz über die Offenlegung von Interessenbindungen von Richterinnen und Richtern, ABl 1998 I, S. 110 ff.; Protokoll der Justizverwaltungskommission vom 15.4.1998; Antrag der Justizverwaltungskommission vom 18.5.1998, ABl 1998 I, S. 556.

1 Mit dem Gesetz über die Offenlegung von Interessenbindungen von Richterinnen und Richtern vom 13.6.1999 ist das Gerichtsverfassungsgesetz wie folgt ergänzt worden:

§ 3a. Beim Amtsantritt unterrichtet jedes Mitglied und Ersatzmitglied das Gericht schriftlich über:

1. berufliche Nebenbeschäftigungen oder die berufliche Haupttätigkeit;
2. die Tätigkeit in Führungs- und Aufsichtsgremien kommunaler, kantonaler, schweizerischer und ausländischer Körperschaften, Anstalten und Stiftungen des privaten und öffentlichen Rechts;
3. dauernde Leitungs- und Beratungsfunktionen für kommunale, kantonale, schweizerische und ausländische Interessengruppen;
4. die Mitwirkung in Kommissionen und anderen Organen des Bundes, des Kantons und der Gemeinden.

Änderungen sind zu Beginn jedes Kalenderjahres anzugeben. Das Berufsgeheimnis bleibt vorbehalten.

§ 34a

Das Gericht erstellt ein Register über die Angaben der Gerichtsmitglieder. Dieses ist öffentlich. Das Gericht wacht über die Einhaltung der Offenlegungspflichten.

Diese Regelung, die für die Mitglieder und Ersatzmitglieder der im GVG geordneten Gerichte unmittelbar massgebend ist, ist mit dem genannten Gesetz auch für das Verwaltungsgericht (§ 34a) und das Sozialversicherungsgericht (§ 5a SozversG) verbindlich erklärt worden. Sie entspricht inhaltlich der für die Mitglieder des Kantonsrats eingeführten Regelung (§ 5a KantonsratsG, eingefügt am 29.11.1998). Die Pflicht zur Offenlegung von Interessenbindungen soll das Vertrauen der Bevölkerung in die Justiz fördern.

2

Die Offenlegung erfolgt nicht nur gegenüber dem Kantonsrat als Aufsichtsbehörde, sondern aufgrund des in § 3a Abs. 3 GVG vorgeschriebenen öffentlichen Registers auch gegenüber der Bevölkerung.

3

§ 34a gilt für voll- und teilamtliche Mitglieder, ferner auch für Ersatzmitglieder, unabhängig davon, ob sie vom Kantonsrat oder vom Gericht gewählt werden (vgl. § 33 Abs. 1). Die Bestimmung ist hingegen nicht massgebend für die verwaltungsinternen Rekursbehörden und die Rekurskommissionen. Mit Bezug auf diese Gremien hat der Gesetzgeber ein übergeordnetes Interesse an der Offenlegung von Interessenbindungen verneint. Unzutreffend ist allerdings die in der Weisung des RR vertretene Auffassung, bei einzelnen Rekurskommissionen wie den Steuer- und den Baurekurskommissionen würden gewisse Interessenbindungen sogar vorausgesetzt oder zumindest in Kauf genommen (ABl 1998 I, S. 112 f.).

4

Nach dem Wortlaut von § 3a Abs. 1 Ziff. 2 GVG fällt unter diese Bestimmung nur die Tätigkeit in Führungs- und Aufsichtsgremien von *Körperschaften*. Nach dem Zweck der Bestimmung gilt sie aber auch für eine solche Tätigkeit in nicht körperschaftlich, sondern rechtsgemeinschaftlich strukturierten Gesellschaften wie der einfachen Gesellschaft, der Kollektiv- und der Kommanditgesellschaft.

5

Mit Bezug auf Leitungs- und Beratungsfunktionen für *Interessengruppen* (§ 3a Abs. 1 Ziff. 3 GVG) besteht die Pflicht zur Offenlegung nur, wenn es sich um *dauernde* Mandate handelt. Ein Minderheitsantrag in der Justizverwaltungskommission, auf diese Einschränkung der Offenlegungspflicht zu verzichten, wurde im Rat abgelehnt. Dementsprechend besteht für vorübergehende Leitungs- und Beratungsfunktionen keine Pflicht zur Offenlegung.

6

Die Tragweite von § 34a VRG bzw. § 3a GVG ist einerseits weiter, anderseits enger als diejenige von § 34 Abs. 3 VRG. Letztere Bestimmung betrifft nur Leitungsfunktionen in Handelsgesellschaften und Genosssenschaften zu wirtschaftlichen Zwecken. Anderseits sieht § 34a, anders als § 34 Abs. 3, keine Bewilligungspflicht, sondern lediglich eine Offenlegungspflicht vor.

7

§ 35

IV. Stellung des Verwaltungsgerichts

§ 35. **In seiner richterlichen Tätigkeit ist das Verwaltungsgericht unabhängig und nur dem Gesetz unterworfen.**

Das Verwaltungsgericht erstattet dem Kantonsrat jährlich Bericht über seine Tätigkeit. Dazu gehören statistische Angaben über den Personalbestand, die Geschäftslast und die Bearbeitungszeiten der Geschäfte, einschliesslich der einzelnen Verfahrensschritte.

Materialien
Weisung 1957, S. 1041; Prot. KK 21.1.1958, 30.9.1958; Prot. KR 1955–1959, S. 3380 f.; Beleuchtender Bericht 1959, S. 403; Prot. KK 1995/96, S. 226 ff., 276 ff., 286 ff., 299 ff., 317 f.; Prot. KR 1995–1999, S. 6490 ff.; Beleuchtender Bericht 1997, S. 6.

Literatur vgl. Vorbem. zu §§ 32–40.

1   Das Verwaltungsgericht ist im Rahmen seiner Zuständigkeit die höchste verwaltungsrechtliche Rechtspflegebehörde des Kantons (vgl. § 210 Abs. 1 GVG). Ihm kommt richterliche Unabhängigkeit zu, was bedeutet, dass es in seiner Rechtsprechungsfunktion von der gesetzgebenden und von der administrativen Gewalt unabhängig ist. Ein vom Verwaltungsgericht gefälltes Urteil kann daher von diesen Gewalten weder aufgehoben noch abgeändert werden (Art. 56 Abs. 1 KV; § 34a Abs. 3 KantonsratsG). Auch jede anderweitige Einflussnahme auf seine Rechtsprechung ist ausgeschlossen; der Kantonsrat und der Regierungsrat können ihm diesbezüglich keine Weisungen erteilen (Bosshart, § 35 N. 2).

2   Ob Administrativbehörden des Bundes, insbesondere der Bundesrat, in Anwendung von Bundesverwaltungsrecht ergangene Verwaltungsgerichtsurteile kraft der Verbandsaufsicht des Bundes aufheben dürfen, ist umstritten (Imboden/Rhinow/Krähenmann, Nr. 145 B V). Abzulehnen ist dies jedenfalls im Anwendungsbereich von Art. 6 Ziff. 1 EMRK sowie dort, wo das verwaltungsgerichtliche Urteil von einer Bundesbehörde an eine Bundesinstanz weitergezogen werden kann, wie dies bei den der Verwaltungsgerichtsbeschwerde an das Bundesgericht unterliegenden Streitsachen zutrifft (Art. 103 lit. b OG).

3   Das Gericht ist in seiner richterlichen Tätigkeit nur dem Gesetz unterworfen. Die Betonung liegt auf dem «nur»; damit wird nicht das Legalitätsprinzip als Ganzes, sondern einzig zum Ausdruck gebracht, dass die richterliche Unabhängigkeit auch ein spezieller Aspekt dieses Prinzips ist. Unter «Gesetz» ist das gesamte kantonale Verfassungs- und Gesetzesrecht sowie das davon abgeleitete Recht unterer Stufen wie auch das übergeordnete Bundesrecht einschliesslich des Staatsvertragsrechts zu verstehen. Zum Vorgehen bei Widersprüchen zwischen Normen verschiedener Stufen § 50 N. 117 ff.

4   Die richterliche Unabhängigkeit bezieht sich nur auf die richterliche Tätigkeit. Alle übrigen Tätigkeiten des Gerichts sind entweder *Rechtsetzung* (vgl. § 40) oder *Justizverwaltung* (vgl. §§ 36 und 39). In diesen Bereichen kommt dem Verwaltungsgericht wie den übrigen obersten kantonalen Gerichten zwar eben-

falls weitgehende Autonomie zu, die vor allem durch die Unabhängigkeit des Gerichts gegenüber der Regierung in Form der Selbstverwaltungsbefugnisse gekennzeichnet ist (dazu ausführlich Vorbem. zu §§ 32–40 N. 1–4). Diese Selbstverwaltung des Gerichts unterliegt jedoch der *parlamentarischen Kontrolle* (Art. 31 Ziff. 4 KV; § 210 Abs. 2 Satz 2 GVG; mit Bezug auf die Zivil- und Strafrechtspflege vgl. auch § 105 GVG; zum Ganzen eingehend Vorbem. zu §§ 32–40 N. 5 ff.).

Konkreter Ausfluss und praktisch wichtigster Aspekt des parlamentarischen Oberaufsichtsrechts ist die in § 35 Abs. 2 statuierte Pflicht des Verwaltungsgerichts, dem Kantonsrat jährlich Bericht über seine Tätigkeit zu erstatten. Dieser *Rechenschaftsbericht* soll dem Rat die nötigen *Informationen* für seine Kontrolle liefern. Mit der Gesetzesrevision vom 8.6.1997 sind die Angaben, die der Rechenschaftsbericht enthalten soll, näher umschrieben worden (§ 35 Abs. 2 Satz 2); im Hinblick auf das Gebot der Verfahrensbeschleunigung (§ 4a) gehören dazu auch solche über die Bearbeitungszeiten der einzelnen Geschäfte, einschliesslich der einzelnen Verfahrensschritte. Hingegen ist die bei der Revision ebenfalls im Zeichen des Beschleunigungsgebots aufgenommene Vorschrift über die Behandlungsfristen (§ 27a) auf das Verwaltungsgericht nicht anwendbar (§ 27a N. 3). Es finden sich im Rechenschaftsbericht auch Hinweise des Verwaltungsgerichts auf Mängel der Gesetzgebung. Der Kantonsrat kann ferner kraft seines Oberaufsichtsrechts auch besondere schriftliche oder mündliche Berichte verlangen (vgl. Vorbem. zu §§ 32–40 N. 7).

5

§ 36. Das Verwaltungsgericht bezeichnet den Präsidenten und die erforderlichen Vizepräsidenten jeweils bei Beginn und auf Mitte einer Amtsperiode. Präsident und Vizepräsidenten sind in erster Linie aus der Zahl der vollamtlichen Richter zu wählen.

V. Vorsitz und Kanzlei

Das Verwaltungsgericht stellt den Generalsekretär sowie das juristische und administrative Personal an.

Materialien
Weisung 1957, S. 1041; Prot. KK 31.1.1958, 30.9.1958; Prot. KR 1955–1959, S. 3381; Beleuchtender Bericht 1959, S. 403; Weisung 1995, S. 1534 ff.; Prot. KR 1995–1999, S. 6490 ff.; Beleuchtender Bericht 1997, S. 6.

Literatur vgl. Vorbem. zu §§ 32–40.

Zu den Selbstverwaltungsbefugnissen des Gerichts gehören vorab dessen in § 36 geregelten Wahl- und Anstellungsbefugnisse. Diese Bestimmung zeichnet zusammen mit den §§ 38–40 zugleich die organisatorische Grundstruktur vor, die das Gericht in seinen Verordnungen über die Organisation und den Geschäftsgang vom 26.6.1997 bzw. über die Organisation und die Aufgaben des Sekretariats und der Kanzlei vom 26.6.1997 näher geregelt hat.

1

§ 36 / § 37

2 Wie das Obergericht (§ 39 GVG) und das Sozialversicherungsgericht (§ 8 SozversG), aber im Gegensatz zum Kassationsgericht, wählt das Verwaltungsgericht den Präsidenten und die Vizepräsidenten selber. Es steht im Ermessen des Gerichts, die Zahl der «erforderlichen» Vizepräsidenten zu bestimmen. Weil sich das Gericht zurzeit mit vier Abteilungen konstituiert hat, von denen jede durch den Präsidenten oder einen Vizepräsidenten geleitet wird (§ 11 GeschV VGr), gibt es zurzeit drei Vizepräsidenten. Das gesetzliche Mindesterfordernis einer Neuwahl auf Beginn und Mitte jeder Amtsperiode ist in der Praxis vor allem bezüglich des Präsidenten bedeutsam; usanzgemäss – aber nicht zwingend – findet in diesem Rhythmus ein Wechsel im Präsidialamt statt. Selbstverständlich sind für Präsident und Vizepräsidenten, bedingt durch personelle Veränderungen, auch Wahlen zu einem anderen Zeitpunkt möglich. Entsprechend der gesetzlichen Vorgabe von § 36 Abs. 1 Satz 2 sind der Präsident und die Vizepräsidenten vollamtlich tätig.

3 Das Wahlverfahren richtet sich nach § 39 Abs. 1 Satz 3 und Abs. 2. Die Wahl erfolgt offen, sofern nicht ein Mitglied geheime Wahl verlangt.

4 Vor Inkrafttreten des Personalgesetzes wurde das juristische und administrative Personal des Verwaltungsgerichts auf Amtsdauer gewählt, welche ursprünglich sechs (juristisches Personal) bzw. drei Jahre (übriges Personal) und seit der Gesetzesrevision vom 8.6.1997 entsprechend jener für das Staatspersonal (vgl. Art. 11 Abs. 1 KV) vier Jahre betrug. Seit der Inkraftsetzung des Personalgesetzes werden der Generalsekretär sowie das juristische und administrative Personal *angestellt* (§ 36 Abs. 2 VRG i.d.F.v. 27.9.1998). Gerichtsintern zuständig ist für den Generalsekretär das Gesamtgericht und für das Personal die Verwaltungskommission (§ 3 lit. d GeschV VGr).

5 Mit der Befugnis zur Anstellung seines Personals ist dem Gericht zugleich die Kompetenz zur Festsetzung des diesbezüglichen Stellenplans gegeben; es bestimmt die Zahl dieser Stellen – abgesehen vom Generalsekretär und dessen Stellvertreter – nach eigenem Ermessen, das allerdings durch den Kantonsrat aufgrund von dessen Budgetkompetenz (Art. 31 Ziff. 6 KV) kontrolliert wird. Die Kompetenz des Gerichts zur Festsetzung des Stellenplans für sein Personal wird mit der Schaffung des neuen Personalgesetzes nicht beeinträchtigt (vgl. § 8 Abs. 1 PG).

VI. Besoldung § 37. **Der Kantonsrat ordnet die Besoldung der Mitglieder und die Entschädigung der Ersatzrichter.**

Materialien
Weisung 1957, S. 1041; Prot. KK 31.1.1958, 30.9.1958; Prot. KR 1955–1959, S. 3381; Beleuchtender Bericht 1959, S. 403.

Literatur vgl. Vorbem. zu §§ 32–40.

§ 37

Die Besoldung der Mitglieder sowie die Entschädigung der Ersatzmitglieder 1
werden wie jene des Regierungsrats und des Obergerichts durch einen besonderen
Kantonsratsbeschluss geregelt (KRB vom 16.11.1970/7.7.1997, LS 175.22).
Die Besoldung der teilamtlichen Mitglieder beträgt entsprechend dem Beschäftigungsgrad einen Bruchteil jener der vollamtlichen Mitglieder. Teilamtliche
Mitglieder, die am Gericht über keinen festen Arbeitsplatz verfügen, erhalten
eine Spesenentschädigung. Diese soll betragsmässig den Vorteil jener teilamtlichen Richter, die über einen solchen Arbeitsplatz am Gericht verfügen, ausgleichen, nicht aber den vollen Kostenaufwand, der einem selbständigerwerbenden teilamtlichen Mitglied durch die Benützung der eigenenen Büroinfrastruktur für seine gerichtliche Tätigkeit entsteht. Die Ersatzrichter werden entsprechend ihrer Funktion (dazu § 32 N. 4) nach ihrem Zeitaufwand, d.h. einem Stundenansatz entschädigt, es sei denn, sie seien ausnahmsweise für eine zeitlich bestimmte Dauer regelmässig eingesetzt (vgl. § 5 lit. d GeschV VGr).

Nach dem früheren § 37 Abs. 2 regelte das Verwaltungsgericht das Dienstverhältnis und die Besoldung seines Personals in gleicher Weise wie das Obergericht (§ 208 Abs. 1 GVG) durch eigene Verordnung, die der Genehmigung des 2
Kantonsrats bedurfte. Massgebend waren die (gemeinsam mit dem Regierungsrat und dem Obergericht erlassene) Beamtenverordnung vom 15.5.1991 (BVO) sowie die (eigenen) Vollziehungsbestimmungen vom 26.6.1991, in denen jedoch weitgehend auf die entsprechenden Vollziehungsbestimmungen des Obergerichts verwiesen wurde. § 37 Abs. 2 wurde mit der Schaffung des Personalgesetzes aufgehoben (§ 58 lit. e PG).

Gemäss § 56 Abs. 3 PG gelten die vom Regierungsrat erlassenen Verordnungen auch für das Personal der Rechtspflege, soweit die obersten kantonalen 3
Gerichte nicht in von ihnen gemeinsam erlassenen Verordnungen für ihr Personal ergänzende oder abweichende Regelungen treffen (Satz 1). Der Regierungsrat und die obersten kantonalen Gerichte hören einander vor dem Erlass ihrer Verordnungen an (Satz 3). Diese Neuordnung stellt einen Kompromiss dar, der die Auseinandersetzung zwischen Regierungsrat und obersten Gerichten betreffend den Umfang der Gerichtsautonomie im Personalwesen beendete. Mit dem subsidiären Verordnungsrecht der Justiz ist die schwerfällig zu handhabende gemeinsame Kompetenz beseitigt, die strategische Führungsrolle des Regierungsrats im Personalbereich anerkannt und gleichzeitig die Unabhängigkeit der Justizverwaltung in diesem Bereich dadurch gewahrt worden, dass die Gerichte, wo nötig, mit eigenen Bestimmungen ihren besonderen Verhältnissen Rechnung tragen können (dazu eingehend Weisung RR vom 22.5.1996 zum PG, ABl 1996 II, S. 1160 ff.). Die Kompetenz zum Erlass ergänzender Verordnungen im Sinn von § 56 Abs. 3 PG kommt dem Plenarausschuss der obersten Gerichte zu (§ 215 Abs. 1 GVG).

569

§ 38

VII. Geschäfts-erledigung

§ 38. Das Verwaltungsgericht erledigt Streitigkeiten in Dreierbesetzung. Über offensichtlich unzulässige, offensichtlich unbegründete oder offensichtlich begründete Rechtsmittel entscheidet das Gericht bei Einstimmigkeit auf dem Zirkulationsweg und mit summarischer Begründung.

Die vollamtlichen oder teilamtlichen Mitglieder behandeln als Einzelrichter Rekurse, Beschwerden und Klagen, deren Streitwert Fr. 20'000.– nicht übersteigt, oder die zurückgezogen oder gegenstandslos werden, sowie Beschwerden betreffend:

a)   administrative Massnahmen im Strassenverkehr;

b)   Anordnungen aufgrund des kantonalen Straf- und Vollzugsgesetzes.

In Fällen von grundsätzlicher Bedeutung kann die Entscheidung einer Kammer übertragen werden. Sind Entscheide des Regierungsrates angefochten, ist die einzelrichterliche Behandlung ausgeschlossen.

Materialien
Weisung 1957, S. 1041; Prot. KK 31.1.1958, 30.9.1958; Prot. KR 1955–1959, S. 3381; Beleuchtender Bericht 1959, S. 403; Weisung 1995, S. 1534 ff.; Prot. KK 1995/96, S. 80 ff., 115 f., 128 ff., 294 f.; Prot. KR 1995–1999, S. 6490 ff.; Beleuchtender Bericht 1997, S. 6.

Literatur vgl. Vorbem. zu §§ 32–40.

Übersicht	Note
1. Allgemeines	1
2. Besetzung	2
3. Organisatorische Struktur des Gerichts betreffend rechtsprechende Tätigkeit	12
4. Geschäftsgang im Allgemeinen	14
5. Vereinfachte Erledigung	18

1. Allgemeines

1   § 38 regelt die Besetzung des Gerichts (N. 2 ff.) und die vereinfachte Erledigung (N. 18 ff.). Im Übrigen überlässt das Gesetz die Organisation der rechtsprechenden Tätigkeit und die Regelung des Geschäftsgangs dem Gericht, welches dies in der GeschV VGr und der SKV VGr geregelt hat (dazu N. 12 ff.). Zur organisatorischen Struktur des Gesamtgerichts betreffend Justizverwaltung und Rechtsetzung vgl. § 39.

2. Besetzung

2   In der ursprünglichen Fassung schrieb § 38 Abs. 1 die Erledigung aller Streitfälle mit fünf Richtern vor. Mit der Gesetzesrevision vom 8.6.1997 ist für die

§ 38

Kammergeschäfte die Dreierbesetzung sowie für näher umschriebene Fälle die Einzelrichterzuständigkeit eingeführt worden. Beide Massnahmen sollen der Vereinfachung und Beschleunigung des Verfahrens dienen.

Die im ersten Revisionsentwurf vorgesehene Zweiteilung der Kammergeschäfte in solche mit Dreierbesetzung (im Regelfall) und solche mit Fünferbesetzung (bei grundsätzlicher Bedeutung) ist nicht realisiert worden (vgl. Art. 15 OG betreffend das Bundesgericht; Art. 71b Abs. 2 VwVG betreffend eidgenössische Rekurs- und Schiedskommissionen). Sie hätte den Abgrenzungsschwierigkeiten, die sich im Zusammenhang mit der Überweisung von Fällen des Einzelrichters an die Kammer ergeben können (vgl. § 38 Abs. 3 Satz 1), weitere hinzugefügt. Zudem überwogen die Bemühungen um Rationalisierung die für diese Differenzierung sprechenden, aber nicht zwingenden Motive staatspolitischer Art (kritisch Jaag, Verwaltungsrechtspflege, S. 505). Die Dreierbesetzung ist für Urteile und Erledigungsbeschlüsse erforderlich, für die prozessleitenden Anordnungen dagegen nur dann, wenn sie in Beschlussform erfolgen, was vor allem bei Beweismassnahmen vorkommt (zur Kompetenzregelung bei prozessleitenden Anordnungen vgl. N. 15). 3

Die in Abs. 2 neu eingeführte Einzelrichterzuständigkeit gilt für alle Rechtsmittel (Rekurse, Beschwerden und Klagen) bzw. alle Verfahrensarten (als Beschwerdeinstanz, Steuergericht, Personalgericht und im Klageverfahren). Sie ist nach verschiedenen Kriterien für drei Fallkategorien vorgesehen, nämlich Fälle mit einem Streitwert bis Fr. 20'000.–, formelle Erledigungen infolge Rückzugs oder Gegenstandslosigkeit sowie die in lit. a und b bezeichneten Rechtsgebiete. 4

Als Fälle mit einem Streitwert gelten lediglich solche, die unmittelbar vermögensrechtlicher Natur sind. Bei Streitigkeiten über die Erteilung von Bewilligungen geht es zumeist auch um finanzielle Interessen; sie fallen aber, da nicht genau bezifferbar, nicht in die einzelrichterliche Zuständigkeit. Die Streitwertgrenze von Fr. 20'000.– ist Art. 343 OR nachgebildet. Bei Streitigkeiten über periodisch wiederkehrende Leistungen, namentlich im Bereich der Sozial- und Jugendhilfe, ist der Streitwert in der Regel der Summe dieser periodischen Leistungen während der Dauer von zwölf Monaten gleichzusetzen (RB 1998 Nr. 21). Bei einem noch andauernden Dienstverhältnis gelten als Streitwert die streitigen Bruttobesoldungsansprüche bis zum Zeitpunkt der Hängigkeit beim Verwaltungsgericht zuzüglich Ansprüche bis zur nächstmöglichen Auflösung des Dienstverhältnisses (RB 1998 Nr. 48). Bei den Staats- und den allgemeinen Gemeindesteuern bildet Streitwert das Zweieinhalbfache der einfachen Staatssteuer (vgl. § 3 Abs. 2 GebV VGr). – Zu den formellen Erledigungen infolge Rückzugs oder Gegenstandslosigkeit vgl. § 28 N. 13 ff. 5

Bei administrativen Massnahmen im Strassenverkehr handelt es sich vorab um Führerausweisentzüge in der Form der Warnungs- und der Sicherungsentzüge (Art. 16 und 17 SVG; zur Unterscheidung vgl. René Schaffhauser, Grundriss des Schweizerischen Strassenverkehrsrechts, Band III, Die Administrativ- 6

§ 38

massnahmen, Bern 1995, Rz. 1985 ff.). Warnungsentzüge gelten als strafrechtliche Anklagen im Sinn von Art. 6 Ziff. 1 EMRK und erfordern daher eine richterliche Ermessenskontrolle, die das Bundesgericht im Verfahren der Verwaltungsgerichtsbeschwerde nicht übernimmt (vgl. BGE 121 II 219 E. 2c); Beschwerden gegen diesbezügliche Rekursentscheide hat daher das Verwaltungsgericht seit 1996, d.h. schon vor Inkrafttreten des revidierten VRG für zulässig erklärt (RB 1996 Nr. 14). Zur verwaltungsgerichtlichen Praxis vgl. RB 1996 Nrn. 15, 99 und 100.

7   Zu den Anordnungen aufgrund des kantonalen Straf- und Vollzugsgesetzes vgl. § 43 N. 23 ff.

8   Ob ein Fall von grundsätzlicher Bedeutung und deswegen nach § 38 Abs. 3 Satz 1 von der Kammer zu behandeln sei, ist nach § 18 Abs. 2 GeschV VGr vom Einzelrichter zu entscheiden. Diese Lösung ist zweckmässig; nach dem Gesetz wäre jedoch auch eine andere gerichtsinterne Kompetenzzuweisung, z.B. ausschliesslich oder alternativ an den Abteilungsvorsitzenden, zulässig. Bei der Anwendung von § 38 Abs. 3 Satz 1 steht dem Richter zunächst ein Beurteilungsspielraum bezüglich des Begriffs «grundsätzliche Bedeutung» zu. Darüber hinaus verfügt er aber aufgrund der gesetzlichen Kann-Formulierung auch über Entschliessungsermessen. Daraus folgt, dass die diesbezügliche Beurteilung von den Parteien nicht als Rechtsfehler gerügt und angefochten werden kann. Der Anwendungsbereich dieser Bestimmung ist, anders als z.B. jener von Art. 15 OG und Art. 71b Abs. 2 VwVG, nicht beschränkt auf «Rechtsfragen» von grundsätzlicher Bedeutung; § 38 Abs. 3 Satz 1 spricht von «Fällen» mit grundsätzlicher Bedeutung; der Wortlaut lässt Raum für eine Anwendung auf Fälle, in denen das Urteil – ungeachet seiner allfälligen rechtlichen Bedeutung für die Praxis – von grosser Tragweite für den Betroffenen ist.

9   § 38 Abs. 3 Satz 2 schliesst die einzelrichterliche Behandlung aus, wenn als Vorinstanz der Regierungsrat entschieden hat. Man wollte damit dessen besonderen Stellung als oberste vollziehende Behörde Rechnung tragen. Bei Rechtsmitteln gegen Entscheide anderer als Vorinstanz wirkender Kollektivbehörden bleibt es bei der Zuständigkeit des Einzelrichters. Das trifft vorab auf die Entscheide der Bezirksräte und der Steuerrekurskommissionen zu, ferner auf Spezialkommissionen und Rekurskommissionen, deren Entscheide kraft spezialgesetzlicher Regelung mit Beschwerde an das Verwaltungsgericht weitergezogen werden können, so namentlich Entscheide der Schätzungskommissionen in Enteignungs- und Beitragsstreitigkeiten (§ 46 AbtrG).

10 Die einzelrichterliche Zuständigkeit kann nachträglich eintreten. So verhält es sich regelmässig bei formeller Erledigung von an sich in die Zuständigkeit der Kammer fallenden Rechtsmitteln infolge Rückzugs oder Gegenstandslosigkeit. Gleiches gilt für Fälle mit Streitwert, wenn Letzterer im Lauf des Verfahrens unter die massgebende Grenze sinkt. Die Einzelrichterzuständigkeit fällt nach-

träglich weg, sofern die grundsätzliche Bedeutung eines Falls (vgl. § 38 Abs. 3 Satz 1) erst im Lauf des Verfahrens erkannt wird.

Kritische Würdigung: Die neu eingeführte Einzelrichterzuständigkeit, die zweifellos eine gewisse Rationalisierung bewirkt, ist mit verschiedenen Nachteilen verbunden:

– Im Unterschied zu den Bezirksgerichten, bei denen der Einzelrichter eine traditionelle Institution ist (§§ 19–25 GVG), hat das Verwaltungsgericht als eine der vier obersten kantonalen Gerichte, vom Klageverfahren abgesehen, die Funktion einer Rechtsmittelinstanz. Diese Funktion lässt die einzelrichterliche Zuständigkeit besonders dort als problematisch erscheinen, wo als Vorinstanz eine Kollektivbehörde wirkt (N. 9).

– Der Zuständigkeitsbereich des Einzelrichters wird hauptsächlich durch das Kriterium der Streitwertbegrenzung bestimmt. Damit sind Streitigkeiten vermögensrechtlicher Natur zum grössten Teil (in allen Fällen mit Streitwerten bis Fr. 20'000.–) vom Einzelrichter zu behandeln, während über Streitigkeiten nicht vermögensrechtlicher Natur zum grössten Teil (in allen Fällen ausser den in Abs. 2 lit. a und b bezeichneten Gebieten) die Kammer zu befinden hat.

– Nach der Vorstellung des Regierungsrats sollten jene Rechtsgebiete der einzelrichterlichen Zuständigkeit zugewiesen werden, in denen mit zahlreichen Beschwerden zu rechnen ist (Weisung 1995, S. 1536). Das trifft auf Anordnungen aufgrund des kantonalen Straf- und Vollzugsgesetzes (§ 38 Abs. 2 lit. b) nicht zu; solche Streitigkeiten werden zudem angesichts ihrer Tragweite für die Betroffenen zumeist ohnehin in der Kammer zu behandeln sein (§ 38 Abs. 3 Satz 1).

3. Organisatorische Struktur des Gerichts betreffend rechtsprechende Tätigkeit

Jede *Gerichtsabteilung* behandelt die in ihrem Zuständigkeitsbereich in Dreierbesetzung zu erledigenden Geschäfte in einer Kammer. Soweit der Zuständigkeitsbereich einer Abteilung Streitigkeiten mit Einzelrichterkompetenz umfasst, bestimmt sie selbständig, welchen Mitgliedern sie diese Funktion überträgt (§ 10 GeschV VGr). Jeder Abteilung steht als *«Abteilungspräsident»* der Präsident oder ein Vizepräsident vor, der in der Regel den Vorsitz in der Kammer führt (§ 11 Abs. 1 GeschV VGr). Ihm sind die juristischen Sekretäre und die Kanzleiangestellten seiner Abteilung direkt unterstellt; er sorgt bei allen Kammergeschäften für eine speditive Erledigung sowie eine fachkundige Urteilsredaktion (§ 11 Abs. 2 GeschV VGr). Die *Kammern* sind so zu konstituieren, dass sie grundsätzlich in ordentlicher Besetzung – ohne Beizug von Ersatzrichtern – tagen können; einer Kammer können dabei auch mehr Mitglieder, als für eine or-

§ 38

dentliche Besetzung notwendig sind, angehören (§ 12 GeschV VGr). Der *Einzelrichter* ist bei den in eigener Kompetenz zu behandelnden Streitigkeiten verantwortlich für speditive Geschäftserledigung und fachkundige Urteilsredaktion. Für seine Tätigkeit kann er juristische Sekretäre und Kanzleiangestellte in Absprache mit dem Abteilungspräsidenten einsetzen (§ 13 Abs. 1 GeschV VGr). *Teilamtliche Mitglieder* sind im Rahmen ihres Beschäftigungsgrades am Amtssitz des Gerichts so oft präsent, wie es für den reibungslosen Geschäftsgang erforderlich ist (§ 14 GeschV VGr). *Ersatzmitglieder* stehen grundsätzlich für den Einsatz in allen Kammern zur Verfügung; ausnahmsweise können sie einer oder mehreren Abteilungen fest zugeteilt werden (§ 15 Abs. 1 GeschV VGr). Bei Bedarf sind sie für einen regelmässigen Einsatz während einer bestimmten Zeit einsetzbar (§ 15 Abs. 2 GeschV VGr).

13 In jeder Abteilung amtet ein juristischer Sekretär als «*Abteilungssekretär*», welcher für den Kammervorsitzenden und den Einzelrichter die Prozessleitung vorbereitet (§ 7 SKV VGr). Ihm sowie den übrigen juristischen *Sekretären* kann die Ausarbeitung von Urteilsanträgen übertragen werden (§ 8 Abs. 1 SKV VGr). Die ihnen üblicherweise zukommende Protokollführung in den Verhandlungen und Sitzungen kann ausnahmsweise Kanzleiangestellten übertragen werden (§ 8 Abs. 2 SKV VGr). Der Aufgabenbereich der dem Abteilungspräsidenten direkt unterstellten *Abteilungskanzlei* umfasst das Anlegen der Geschäfte, die administrative Vorbereitung und Ausführung von prozessleitenden Anordnungen (wie Schriftenwechsel, Beweisverfahren, Fristerstreckung, Vorladung) sowie von prozessbezogenen internen Vorkehren (wie Zuteilung, Aktenzirkulation, Traktandierung), ferner die Ausfertigung und den Versand von Verfügungen, Beschlüssen, Entscheiden und Vernehmlassungen, die Aufnahme von Entscheiden in die EDV-Dokumentation sowie die Ausführung allgemeiner Sekretariatsarbeiten für den Abteilungspräsidenten und den Einzelrichter (§ 12 SKV VGr).

4. Geschäftsgang im Allgemeinen

14 Die eingehenden Geschäfte werden von den Abteilungen des Gerichts, denen auch die Einzelrichter zugeordnet sind (§ 10 Abs. 1 GeschV VGr), nach Massgabe ihrer Zuständigkeit gemäss Konstituierungsbeschluss entgegengenommen. In Zweifelsfällen verständigen sich die Abteilungsvorsitzenden mit Stichentscheid des Präsidenten über die Zuteilung (§ 16 GeschV VGr).

15 Bei *Kammergeschäften* leitet der Vorsitzende den Prozess und erlässt die erforderlichen *prozessleitenden Anordnungen* (§ 17 Abs. 1 Satz 1 GeschV VGr). Er kann die Prozessleitung ganz oder teilweise dem Referenten übertragen, der zudem selbständig Referentenaudienzen durchführen und dem bei Verhandlungen der Kammer «Teile der Verhandlungsleitung» (gemeint ist die Befragung zur Sache) übertragen werden kann (§ 17 Abs. 2 und 3 GeschV VGr). Vorbehalten

bleiben Anordnungen der Kammer im Beweisverfahren, die jedoch die Durchführung dieses Verfahrens ganz oder teilweise einer Abordnung, dem Vorsitzenden oder einem Mitglied übertragen kann (§ 60 Satz 1 VRG; § 17 Abs. 4 GeschV VGr; dazu § 60 N. 19). Bei Geschäften in der Zuständigkeit des *Einzelrichters* trifft dieser die nötigen prozessleitenden Anordnungen (§ 18 Abs. 1 GeschV VGr). Die Berechtigung zur Unterzeichnung prozessleitender Anordnungen richtet sich nach § 156 GVG (§ 6 SKV VGr). Zur Kompetenzregelung bezüglich der Prozessleitung vgl. auch § 56 N. 1 ff.

Bei Kammergeschäften unterbreitet der Referent seinen Antrag auf Erledigung in der Regel schriftlich und mit Begründung, wobei der Vorsitzende ein anderes Mitglied oder den Sekretär mit der Ausarbeitung eines schriftlichen Koreferats beauftragen kann (§ 19 Abs. 1 GeschV VGr). Die Kammer fasst ihre Beschlüsse und Entscheide nach mündlicher *Beratung* in einer Sitzung unter Mitwirkung des Sekretärs, dem beratende Stimme zukommt (§ 19 Abs. 2 GeschV VGr; vgl. 134 Abs. 1 GVG). Die Beratung ist nicht öffentlich (§ 62 Abs. 1 VRG). Jeder Richter hat seine Stimme abzugeben, und es entscheidet die Mehrheit (vgl. § 39 Abs. 2, welche Bestimmung, anders als Abs. 1, auch auf Abstimmungen in der rechtsprechenden Tätigkeit anwendbar ist; infolge des Stimmzwangs und der ungeraden Zahl der Richter hat Abs. 2 Satz 2 hier keine Bedeutung). Das Wort hat zunächst der Referent, hierauf die anderen Richter. Vor den materiellen Fragen sind die formellen Fragen zu entscheiden (Zuständigkeit, Legitimation usw.). Sind mehr als zwei Anträge vorhanden, so sind nach dem Verfahren der Eventualabstimmung zunächst die Anträge zu Nebenfragen einander gegenüberzustellen, hierauf jene zu den Hauptfragen. Meinungsverschiedenheiten über den Abstimmungsmodus sind durch Abstimmung zu entscheiden. In der Regel ist im Anschluss an die Beratung abzustimmen. Findet jedoch die Mehrheit, die Sache sei nicht entscheidreif, so kann das Verfahren fort- und anschliessend eine zweite Beratung durchgeführt werden. Die Minderheit des Gerichts sowie der Generalsekretär bzw. Sekretär sind berechtigt, ihre abweichende Ansicht mit Begründung in das Protokoll aufnehmen zu lassen, wovon den Parteien Kenntnis zu geben ist (vgl. §§ 137 und 138 GVG; Guldener, S. 244 f.; Walder, § 35 Rz. 57 ff.). Nach der Praxis des Verwaltungsgerichts werden Minderheitsbegründungen der Urteilsausfertigung beigefügt. Zum Zirkulationsweg vgl. N. 18.

Die Redaktion der Entscheide und Beschlüsse erfolgt durch den Generalsekretär oder einen Sekretär, bei Kammergeschäften auf Grundlage des Referats und der mündlichen Beratung (§ 20 Abs. 1 GeschV VGr; § 8 SKV VGr). Zur summarischen Begründung vgl. N. 18 ff. Entscheide und Erledigungsbeschlüsse werden durch den Kammervorsitzenden bzw. den Einzelrichter und den Generalsekretär oder einen Sekretär unterzeichnet (§ 20 Abs. 3 GeschV VGr; vgl. § 156 Abs. 1 GVG).

§ 38 / § 39

5. Vereinfachte Erledigung

18 § 38 Abs. 1 Satz 2 sieht *zum Zweck der Verfahrensstraffung und -beschleunigung* bei Kammergeschäften unter bestimmten *Voraussetzungen* eine vereinfachte Erledigung vor. Es muss sich um einen «klaren Fall» handeln, d.h. die Unzulässigkeit, Begründetheit oder Unbegründetheit des Rechtsmittels muss offensichtlich sein; zudem wird Einstimmigkeit vorausgesetzt. Klare Fälle werden in aller Regel einstimmig entschieden; Letzteres trifft indessen häufig auch in anderen, nicht klaren Fällen zu. Angesicht dieses Verhältnisses zwischen beiden Kriterien hätte sich der Gesetzgeber mit dem Erfordernis der Offensichtlichkeit begnügen können. Praktisch führt die gewählte Fassung kaum zu anderen Ergebnissen, da nach ihr die beiden Voraussetzungen *kumulativ* gegeben sein müssen. Unter diesen beiden Voraussetzungen ist auf dem Zirkulationsweg und mit summarischer Begründung zu entscheiden. Diese *Vereinfachungen* sind ebenfalls kumulativ umschrieben: Anders als in den Verfahren vor Bundesgericht (vgl. Art. 36a und 36b OG; dazu Rhinow/Koller/Kiss, Rz. 1559–1563) wird demnach nicht zwischen vereinfachtem Verfahren (ohne Urteilsberatung, mit summarischer Begründung) und Zirkulationsverfahren (ohne Urteilsberatung) unterschieden.

19 Dem Zweck der Regelung entsprechend sind auch Entscheide des Einzelrichters nur summarisch zu begründen, sofern das vom ihm beurteilte Rechtsmittel offensichtlich unzulässig, offensichtlich unbegründet oder offensichtlich begründet ist.

20 Zu den in § 38 Abs. 1 Satz 2 vorgesehenen Vereinfachungen ist das Gericht unter den genannten Voraussetzungen nicht nur berechtigt, sondern grundsätzlich auch verpflichtet. Das ergibt sich aus dem Zweck der Regelung, welche eine Straffung und Beschleunigung des Verfahrens bewirken will. Das gilt jedenfalls ohne Vorbehalt für die summarische Begründung, denn diese trägt regelmässig zu einer Vereinfachung bei. Hingegen muss dem Gericht – bzw. schon dem Vorsitzenden im Rahmen der Prozessleitung – bezüglich der Frage, ob klare Fälle auf dem Zirkulationsweg zu entscheiden seien, ein Entschliessungsermessen zukommen. Weil die Beratungen des Gerichts nicht öffentlich sind, können auch klare Fälle im Rahmen einer Gerichtssitzung erledigt werden, ohne dass deswegen ein höherer Verfahrensaufwand als auf dem Zirkulationsweg entstünde.

VIII. Gesamtgericht

§ 39. Das Gesamtgericht besteht aus den vollamtlichen und den teilamtlichen Mitgliedern. Dieses regelt organisatorische und personelle Angelegenheiten sowie Fragen der eigenen Verwaltung. Die Stimme der teilamtlichen Mitglieder beträgt einen Bruchteil der Stimme eines vollamtlichen Mitgliedes entsprechend dem Beschäftigungsgrad.

§ 39

Jedes Mitglied ist verpflichtet, seine Stimme abzugeben. Bei Stimmengleichheit zählt die Stimme des Vorsitzenden doppelt.

Materialien
Weisung 1995, S. 1534 ff.; Prot. KK 1995/96, S. 80, 88 f., 116; Prot. KR 1995–1999, S. 6490 ff.; Beleuchtender Bericht 1997, S. 6.

Literatur vgl. Vorbem. zu §§ 32–40.

Zur Ausübung der Justizverwaltung und Rechtsetzung verfügt das Verwaltungsgericht über verschiedene zentrale Organe, von denen das Gesetz nur das oberste, das aus den vollamtlichen und teilamtlichen Mitgliedern bestehende Gesamtgericht, nennt. Weitere Organe sind die Verwaltungskommission, der Präsident und der Generalsekretär. 1

Das Verwaltungsgericht als *Gesamtbehörde* erlässt gestützt auf seine Rechtsetzungskompetenzen (§ 40 lit. a–c VRG, § 56 Abs. 3 PG) Verordnungen. Ferner stehen ihm folgende administrative Befugnisse zu: 2
– Es beschliesst anlässlich seiner Konstituierung, die jeweils bei Beginn und auf Mitte einer Amtsperiode erfolgen muss, bei Bedarf aber auch in der Zwischenzeit vorgenommen werden kann (§ 2 Abs. 1 GeschV VGr), über (§ 2 Abs. 2 GeschV VGr): die erforderliche Zahl von Abteilungen (lit a), deren Zuständigkeit für die Geschäftsbehandlung und weiteren Aufgabenbereich (lit. b) sowie die Zuteilung seiner Mitglieder (lit. c). Bei dringendem Bedarf haben die Mitglieder vorübergehend auch in Abteilungen mitzuwirken, denen sie nicht fest zugeteilt sind (§ 2 Abs. 3 GeschV VGr).
– Es wählt (§ 3 GeschV VGr): den Präsidenten und die für die Bildung der Abteilungen erforderliche Anzahl der Vizepräsidenten jeweils bei Beginn und auf Mitte jeder Amtsperiode (lit. a), vier Mitglieder als Delegierte in den Plenarausschuss der Gerichte (lit. b), die Hälfte der Ersatzmitglieder (lit. c), den Generalsekretär und dessen Stellvertreter (lit. d) sowie in die Schätzungskommissionen deren Vorsitzenden, Mitglieder und Ersatzmitglieder (lit. e).
– Es beschliesst über (§ 5 GeschV VGr): Verabschiedung des Rechenschaftsberichts an den Kantonsrat (lit. a), im Verkehr mit dem Kantonsrat und dem Regierungsrat Stellungnahmen zu Angelegenheiten, welche für Organisation und Geschäftsgang des Gerichts von grundlegender Bedeutung sind (lit. b), Urlaubsgesuche von Mitgliedern für mehr als drei Monate (lit. c), Einsatz von Ersatzmitgliedern mit zeitlich bestimmtem Pensum (lit. d), Justizverwaltungsgeschäfte, die dem Gesamtgericht von der Verwaltungskommission überwiesen werden (lit. e), Spesenentschädigung der teilamtlichen Mitglieder und Ersatzmitglieder (lit. f).

§ 39

Bei Behandlung von Geschäften des Gesamtgerichts beträgt die Stimme der teilamtlichen Mitglieder entsprechend ihrem Beschäftigungsgrad einen Bruchteil der Stimme eines vollamtlichen Mitglieds (§ 39 Abs. 1 Satz 3). Diese eigenartige Regelung, die der Ordnung beim Sozialversicherungsgericht nachgebildet ist und selbstverständlich nicht für die rechtsprechende Tätigkeit der Mitglieder gilt (vgl. § 38 N. 16), soll gemäss dem vom Kantonsrat am 4.1.1999 verabschiedeten Gesetz über die Wahl von teilamtlichen Mitgliedern der Gerichte aufgehoben werden; gegen diese Gesetzesvorlage (die vorab die Einführung des Teilamts auch für Mitglieder des Obergerichts und der Bezirksgerichte bezweckt) ist indessen das Referendum ergriffen worden. – § 39 Abs. 2 regelt weitere Modalitäten des Abstimmungsverfahrens im Gesamtgericht (Stimmzwang, Stichentscheid).

3 Die *Verwaltungskommission* besteht aus dem Präsidenten und den Vizepräsidenten; ferner gehört ihr mit beratender Stimme der Generalsekretär an (§ 6 GeschV VGr). Die Verwaltungskommission behandelt als zentrales Führungs- und Aufsichtsorgan alle Justizverwaltungsgeschäfte, soweit sie nicht durch Gesetz anderen Behörden oder durch die GeschV VGr anderen Organen des Gerichts vorbehalten sind (§ 7 Abs. 1 GeschV VGr). Sie stellt auf Antrag der Abteilungen das Personal des Sekretariats und der Kanzlei an. Ferner obliegt ihr die Vorbereitung aller vom Gesamtgericht zu behandelnden Geschäfte mit dem Recht auf Antragstellung. Sie kann auch in ihre Kompetenz fallende Geschäfte von besonderer Tragweite dem Plenum unterbreiten. Für die Bearbeitung all dieser Geschäfte kann die Verwaltungskommission Ressorts bilden, die unter der Verantwortung einzelner ihrer Mitglieder stehen (§ 7 Abs. 2–5 GeschV VGr). Die Verwaltungskommission übt die Aufsicht über die Schätzungskommissionen aus, worunter auch die Behandlung von Aufsichtsbeschwerden gegen diese Kommissionen fällt (vgl. RB 1975 Nr. 138). Sie behandelt Aufsichtsbeschwerden betreffend Stundung und Erlass der Gerichtskosten durch die Gerichtskanzlei (RB 1962 Nr. 16).

4 Der *Präsident*, dem der Generalsekretär und die Zentralkanzlei unterstehen, vertritt das Gericht gegen aussen und gewährleistet die Zusammenarbeit mit den anderen obersten kantonalen Gerichten. Er entscheidet in Einzelfällen über Zuständigkeitskonflikte zwischen den Abteilungen sowie über Verwaltungsgeschäfte von geringer Bedeutung, wobei er letztere Befugnis in Einzelfällen dem Generalsekretär übertragen kann (§ 8 GeschV VGr).

5 Der *Generalsekretär* bereitet die Geschäfte des Präsidenten vor und unterstützt diesen bei der Vorbereitung der Geschäfte von Plenum und Verwaltungskommission. An den Sitzungen des Plenums und der Verwaltungskommission nimmt er mit beratender Stimme teil. Der Generalsekretär leitet die Zentralkanzlei, wobei er insbesondere für die Personaladministration, die Budgetierung, das Rechnungswesen, die EDV, die Dokumentation und die Archivierung verantwortlich ist. Er kordiniert die Arbeit der den Abteilungen direkt unterstellten

juristischen Sekretäre und Kanzleiangestellten, unterstützt die Abteilungsvorsitzenden bei der Personalrekrutierung und regelt die abteilungsübergreifenden personellen Belange (§ 9 Abs. 1–3 GeschV VGr). Der *Stellvertreter* des Generalsekretärs vertritt diesen bei Abwesenheit; mit Zustimmung der Verwaltungskommission kann ihm der Generalsekretär ganze Geschäftsbereiche sowie ohne deren Zustimmung in Ausnahmefällen einzelne Geschäfte übertragen (§ 9 Abs. 4 GeschV VGr).

Die *Zentralkanzlei* erfüllt die nicht in den verfahrensbezogenen Aufgabenbereich der Abteilungskanzleien (vgl. § 38 N. 13) fallenden Aufgaben (§ 9 SKV VGr). Dazu gehören namentlich die Sichtung der eingegangenen Postsendungen, die administrative Vorbereitung und Ausführung der Geschäfte der zentralen Organe, die Betreuung der zentralen Dienste (wie EDV, Telefon, Fax, Büroapparate, Bibliothek, Archiv, Empfang, Rechenschaftsbericht, Statistik, Inventar, Rechtskraftbescheinigungen, Büromaterial) sowie Dienstleistungen im Haus (§ 10 SKV VGr). Die Rechnungssekretärin besorgt das Rechnungswesen (vgl. § 126 Abs. 2 GVG).

6

§ 40. Das Gesamtgericht erlässt Verordnungen über

a) die Organisation und den Geschäftsgang;
b) die Gebühren, Kosten und Entschädigungen;
c) die Organisation und die Aufgaben des Sekretariats und der Kanzlei.

Verordnungen gemäss lit. a und b bedürfen der Genehmigung des Kantonsrates.

IX. Verordnungsrecht

Materialien
Weisung 1957, S. 1041 f.; Prot. KK 31.1.1958, 30.9.1958; Prot. KR 1955–1959, S. 3381; Beleuchtender Bericht 1959, S. 404; Weisung 1995, S. 1534 ff.; Protokoll KK 1995/96, S. 84 ff., 88 f., 116; Protokoll KR 1995–1999, S. 6490 ff.; Beleuchtender Bericht 1997, S. 6.

Literatur vgl. Vorbem. zu §§ 32–40.

Übersicht

	Note
1. Allgemeines	1
2. Verfahrenskosten	5
3. Parteientschädigung	12
4. Aktenöffnung und Auskunftserteilung an Dritte	14

1. Allgemeines

Die bisherige Fassung von § 40 (vom 13.6.1976) ist mit der Revision vom 8.6.1997 nur unwesentlich geändert worden. Während bisher von den finanzi-

1

§ 40

ellen Verordnungen nur jene betreffend die Gerichtsgebühren durch den Kantonsrat zu genehmigen war, sind es neu auch die übrigen Erlasse betreffend Kosten und Entschädigungen. Umgekehrt waren bisher sämtliche organisatorische Erlasse des Gerichts genehmigungspflichtig, während die neue Fassung in diesem Regelungsbereich unterscheidet zwischen der genehmigungspflichtigen Verordnung über die Organisation und den Geschäftsgang einerseits sowie der keiner Genehmigung bedürftigen Verordnung über die Organisation und die Aufgaben des Sekretariats und der Kanzlei anderseits. Damit ist die Autonomie des Gerichts (gegenüber dem Kantonsrat) im organisatorischen Bereich erhöht, im finanziellen Bereich leicht vermindert worden. Die Entschädigungen der Zeugen und Sachverständigen werden inskünftig durch besondere Verordnung geregelt, die vom Plenarausschuss der obersten Gerichte erlassen wird (§ 215 Abs. 2 Ziff. 1 GVG; § 58 lit. g PG).

2 Eine weitere Verordnungskompetenz des Gerichts enthielt § 37 Abs. 2 betreffend das Dienstverhältnis und die Besoldung seines Personals. Diese Bestimmung ist indessen bei Erlass des Personalgesetzes aufgehoben worden (vgl. § 58 lit. e und g PG; § 56 Abs. 3 PG; § 215 Abs. 1 GVG).

3 Das Verwaltungsgericht als Gesamtbehörde hat gestützt auf seine Verordnungskompetenzen (§ 40 Abs. 1 lit. a–c VRG, § 35 AbtrG) folgende Verordnungen erlassen:

> Verordnung über die Organisation und den Geschäftsgang vom 26.6.1997 (GeschV VGr; vom Kantonsrat genehmigt am 3.11.1997; LS 175.21);
>
> Verordnung über die Organisation und die Aufgaben des Sekretariats und der Kanzlei vom 26.6.1997 (SKV VGr; LS 175.211);
>
> Verordnung über Gebühren, Kosten und Entschädigungen im Verfahren vor Verwaltungsgericht vom 26.6.1997 (GebV VGr; vom Kantonsrat genehmigt am 3.11.1997; LS 175.252);
>
> Verordnung über das Verfahren der Schätzungskommissionen in Abtretungsstreitigkeiten vom 24.11.1960 (LS 781.2).

4 Zur Regelung der Organisation und des Geschäftsgangs des Gerichts einschliesslich Sekretariat und Kanzlei nach den gestützt auf § 40 erlassenen Verordnungen (GeschV VGr und SKV VGr) vgl. §§ 38 und 39. Zur Regelung des Dienstverhältnisses und der Besoldung des Personals vgl. § 37 N. 2 f.

2. Verfahrenskosten

5 Zu den Verfahrenskosten (§§ 1–10 GebV VGr) gehören nach § 1 GebV VGr die Gerichtsgebühr (lit. a), die Zustellungskosten (lit. b) sowie die Barauslagen, wie Zeugen-, Sachverständigen-, Übersetzungs- und Augenscheinskosten (lit. c).

§ 40

Bei der Bemessung der *Gerichtsgebühr* sind allgemein der Zeitaufwand des Gerichts, die Schwierigkeit des Falls und das Streitinteresse der Parteien zu berücksichtigen (§ 2 GebV VGr). In Verfahren mit Streitwert bemisst sich die Gerichtsgebühr in der Regel nach einer Skala innerhalb eines unteren und oberen Rahmens von Fr. 500.– bzw. Fr. 50'000.– (§ 3 GebV VGr), wobei in Steuersachen der bei der einfachen Staatssteuer streitige Betrag mit dem Faktor 2,5 vervielfacht wird. In Verfahren ohne bestimmbaren Streitwert und im Hinterziehungsverfahren beträgt die Gerichtsgebühr in der Regel Fr. 1'000.– bis höchstens Fr. 50'000.– (§ 4 GebV VGr). Bei besonders aufwendigen Verfahren kann die Gerichtsgebühr bis auf den doppelten Betrag erhöht werden (§ 5 GebV VGr). Bei summarischer Begründung kann sie auf die Hälfte und bei formeller Erledigung bis auf einen Fünftel des Ansatzes gemäss §§ 3 und 4 herabgesetzt werden (§ 6 GebV VGr). *Zustellungskosten* werden pauschal verrechnet (§ 7 GebV VGr). *Barauslagen,* wie Zeugen-, Sachverständigen-, Übersetzungs- und Augenscheinskosten, werden gesondert erhoben (§ 8–10 GebV VGr). 6

Die Verfahrenskosten werden den Parteien nach Massgabe von §§ 13 und 14 VRG auferlegt (i.V.m. §§ 70, 80c, 86). Vorbehalten bleibt die Sonderregelung für personalrechtliche Streitigkeiten mit einem Streitwert von unter Fr. 20'000.– (§ 80b). 7

Kostenvorschüsse können nach Massgabe von § 15 VRG erhoben werden. Auf Kautionen wird kein Zins vergütet (§ 14 GebV VGr), jedoch bei verspäteter Zahlung ein Verzugszins von 5 % erhoben (§ 15 GebV VGr). 8

Die Gewährung der unentgeltlichen Rechtspflege richtet sich nach den Voraussetzungen von § 16 VRG (i.V.m. §§ 70, 80c, 86). 9

Der Bezug der im Verfahren vor Verwaltungsgericht entstandenen Kosten obliegt in analoger Anwendung von § 204 Abs. 1 GVG dessen Kanzlei (RB 1962 Nr. 16; vgl. Sommer, Verwaltungsgericht, S. 275). 10

Zum Bezug gehört auch der Entscheid über die Stundung und den – nachträglichen – Erlass der Gerichtskosten (RB 1962 Nr. 16). Für den nachträglichen Erlass der Kosten ist § 16 Abs. 1 VRG betreffend die unentgeltliche Rechtspflege (bei der es sich um einen «ursprünglichen» Erlass handelt) entsprechend anwendbar. Anders als der ursprüngliche (vgl. § 16 Abs. 3 VRG) ist der nachträgliche Erlass auch bei juristischen Personen möglich. Gegen einen Erlass- oder Stundungsentscheid über Kosten durch die Gerichtskanzlei ist nur Aufsichtsbeschwerde an die Verwaltungskommission zulässig (RB 1962 Nr. 16; Sommer, Verwaltungsgericht, S. 275). 11

§ 40

3. Parteientschädigung

12 § 17 Abs. 2 VRG gilt auch für das Verfahren vor Verwaltungsgericht. Die Parteientschädigung wird nach der Bedeutung der Streitsache, der Schwierigkeit des Prozesses, dem Zeitaufwand und den Barauslagen bemessen; ein unnötiger oder geringfügiger Aufwand wird nicht ersetzt (§ 12 GebV VGr).

13 Für die Bestellung eines unentgeltlichen Rechtsbeistands sind die Voraussetzungen von § 16 Abs. 2 VRG massgebend (i.V.m. §§ 70, 80c, 86). Dem unentgeltlichen Rechtsbeistand wird der notwendige Zeitaufwand nach den Ansätzen des Obergerichts entschädigt, wobei die Bedeutung der Streitsache und die Schwierigkeit des Prozesses zu berücksichtigen sind; Barauslagen werden ihm gesondert vergütet (§ 13 Abs. 1 GebV VGr). Er hat dem Gericht eine detaillierte Zusammenstellung über den Zeitaufwand und die Barauslagen einzureichen; bei Säumis wird die Entschädigung von Amtes wegen und nach Ermessen festgesetzt (§ 13 Abs. 2 GebV VGr). Die Festsetzung der Entschädigung an den unentgeltlichen Rechtsbeistand ist ein Akt der Justizverwaltung (vgl. KassGr. 19.12.1989, ZR 89 Nr. 42).

4. Aktenöffnung und Auskunftserteilung an Dritte

14 Die Kompetenz des Gerichts zum Erlass einer Verordnung über die Aktenöffnung und Auskunftserteilung an Dritte ist in § 40 nicht ausdrücklich vorgesehen (zur Akteneinsicht durch Verfahrensbeteiligte vgl. § 57). Kraft der Verweisung in § 71 i.V.m. §§ 80c und 86 VRG ist jedoch § 172 GVG ergänzend anwendbar (vgl. § 71 N. 2). Diese Bestimmung sieht neben einem grundsätzlichen Verbot der Akteneinsicht durch Dritte (Abs. 1) die Kompetenz des Obergerichts vor, die Akteneinsicht durch Gerichtsberichterstatter und ausnahmsweise durch andere Drittpersonen mittels Verordnung, die durch den Kantonsrat zu genehmigen ist, zu regeln (Abs. 2). Die gestützt hierauf vom Obergericht erlassene Verordnung über die Akteneinsicht durch Gerichtsberichterstatter und andere Dritte vom 5.12.1941 (LS 211.15) ist indessen durch die Verweisung von § 71 VRG nicht erfasst und daher nicht auf das Verwaltungsgericht anwendbar. Dieses hat davon abgesehen, eine eigene Regelung in der Form einer – publikations- und genehmigungspflichtigen – Verordnung zu erlassen. Hingegen hat die Verwaltungskommission am 23.6.1997 ein *Reglement über die Aktenöffnung und Auskunftserteilung an Dritte* erlassen.

15 Das Reglement unterscheidet einerseits zwischen Journalisten und «anderen Dritten», die weder Journalisten noch Verfahrensbeteiligte sind (§ 1 Abs. 2 Reglement), anderseits zwischen Verfahren mit und solchen ohne öffentliche Verhandlung. Unter öffentlich verhandelten Geschäften sind dabei Verfahren zu verstehen, in denen gestützt auf Art. 6 Ziff. 1 EMRK, § 59 oder § 61 i.V.m.

§ 62 VRG eine mündliche Verhandlung durchgeführt und das Publikum nicht ausgeschlossen wird (§ 1 Abs. 5 Reglement); nicht darunter fallen demnach auch jene Verfahren, in denen zwar eine Streitigkeit im Sinn von Art. 6 Ziff. 1 EMRK zu beurteilen ist, die Parteien jedoch auf eine öffentliche Verhandlung ausdrücklich oder stillschweigend verzichtet haben (zu einem solchen Verzicht vgl. § 59 N. 7). Die Regelung betreffend öffentlich verhandelte Geschäfte geht dabei davon aus, dass sich auch bei verwaltungsrechtlichen Zivil- und Strafsachen im Sinn von Art. 6 Ziff. 1 EMRK aus den Geboten der öffentlichen Verhandlung und der öffentlichen Urteilsverkündigung für Drittpersonen kein Anspruch auf Akteneinsicht ergibt (vgl. Keiser, S. 15).

Auskunftserteilung und Aktenöffnung an Journalisten in laufenden Verfahren: Die 16 beim Obergericht akkreditierten Journalisten gelten auch beim Verwaltungsgericht als akkreditiert. Sie sind zur wahrheitsgetreuen Berichterstattung verpflichtet. Verletzt ein Gerichtsberichterstatter diese Pflicht schwer oder wiederholt oder wird die Berichtigungspflicht von § 136 GVG nicht oder nicht gehörig erfüllt, so kann die Zulassung entzogen werden (§ 2 Reglement). Der Generalsekretär ist als Pressesprecher des Gerichts zuständig für Kontakte mit den Medien. Die Abteilungssekretäre sind befugt, Auskünfte über die mutmassliche Verfahrensdauer zu erteilen. Für weitergehende Auskünfte ist der Generalsekretär zuständig, sofern in einem einzelnen Verfahren nicht eine andere Abmachung mit dem Kammervorsitzenden oder Einzelrichter getroffen wird. In Fällen, die in der Öffentlichkeit auf besonderes Interesse gestossen sind, kann der Entscheid in einer zusammengefassten Mitteilung an die Medien bekannt gegeben werden, worüber der zuständige Kammervorsitzende bzw. Einzelrichter entscheidet (§ 3 Reglement). In Verfahren mit öffentlicher Verhandlung wird den akkreditierten Journalisten auf Ersuchen gestattet, zur Vorbereitung der Berichterstattung Einsicht in die vorinstanzlichen Entscheide sowie ausnahmsweise in weitere Akten zu nehmen. Wenn überwiegende Interessen der Parteien oder Dritter oder der Öffentlichkeit es verlangen, kann die Einsicht ganz oder teilweise verweigert werden. Über die Einsicht entscheidet der zuständige Kammervorsitzende bzw. Einzelrichter. Auf Ersuchen wird den akkreditierten Journalisten in Verfahren mit öffentlicher Verhandlung eine Kopie des Entscheids kostenlos ausgehändigt, in Verfahren ohne öffentliche Verhandlung hingegen nur, sofern ein Informationsbedürfnis ausgewiesen ist, worüber der zuständige Kammervorsitzende bzw. der Einzelrichter entscheidet (§ 4 Reglement).

Einsicht in Entscheide durch andere Dritte in laufenden Verfahren mit öffentlicher 17 *Verhandlung nach Art. 6 Ziff. 1 EMRK (öffentliche Urteilsverkündung):* In der Gerichtskanzlei wird eine Liste der nach Art. 6 Ziff. 1 EMRK öffentlich verhandelten Geschäfte geführt. Darin werden diese Geschäfte nach Zustellung des Entscheids an die Parteien noch während 30 Tagen aufgeführt, unter Angabe der Parteien sowie des Verhandlungs-, des Erledigungs- und des Versanddatums. Aufgrund dieser öffentlichen Liste können Dritte innerhalb der genannten Frist Einsicht in den Entscheid verlangen. Bei Ausschluss des Publikums wird der Entscheid in der Regel nur im Dispositiv bekannt gegeben. Es werden keine Kopien des Entscheids ausgehändigt (§ 5 Reglement).

18 *Öffnung von Akten an andere Dritte ausserhalb der Verfahrensöffentlichkeit:* Auf schriftliches Gesuch wird Dritten Einsicht in Entscheide gestattet, sofern sie ein schutzwürdiges Interesse glaubhaft machen und sofern dadurch keine berechtigten Interessen der Parteien oder anderer Personen verletzt werden. Unter den nämlichen Voraussetzungen wird ausnahmsweise, insbesondere zu wissenschaftlichen Zwecken, Einsicht in weitere Akten gewährt. Dem Einsichtsberechtigten werden auf Ersuchen Kopien von Entscheiden, in der Regel in anonymisierter Form, ausgehändigt, bei Vorliegen besonderer Gründe ausnahmsweise auch Kopien aus anderen Akten (§ 6 Reglement). Für die Herausgabe von Kopien aus Entscheiden und anderen Akten wird eine Gebühr erhoben (vgl. § 11 GebV VGr). § 6 Reglement gilt sowohl für laufende wie auch für abgeschlossene Verfahren, wobei in Letzteren zusätzlich die Bestimmungen des kantonalen Datenschutzgesetzes zu beachten sind.

19 Die Akteneinsicht durch Gerichtsberichterstatter und andere Dritte wird inskünftig durch besondere Verordnung geregelt, die vom Plenarausschuss der obersten Gerichte zu erlassen ist (§ 58 lit. g PG, § 215 Abs. 2 GVG).

B. Das Verwaltungsgericht als Beschwerdeinstanz

Vorbemerkungen zu §§ 41–71

1 Der Unterabschnitt B des dritten Gesetzesabschnitts regelt die Zulässigkeit der Beschwerde (§§ 41–43, 48), die Beschwerdegründe (§§ 50–52) sowie das Beschwerdeverfahren im weiteren Sinn, Letzteres unterteilt in die Beschwerdeerhebung und ihre Wirkung (§§ 53–55), das Verfahren im engeren Sinn (§§ 56–62) und die Beschwerdeerledigung (§§ 63–66).

2 Die Zulässigkeit der Beschwerde wird in erster Linie durch die gesetzliche Umschreibung der Anfechtungsobjekte und der Beschwerdebefugnis abgesteckt. Bezüglich *Beschwerdebefugnis* enthält das Gesetz keine eigenständige Regelung; kraft der Verweisung in § 70 gilt die in § 21 für die Rekurslegitimation getroffene Regelung, was der Einheit des Verfahrens dient.

3 Mit der Gesetzesrevision vom 8.6.1997 ist der bisherige Katalog von enumerativ aufgezählten Zuständigkeitsbereichen durch eine Generalklausel mit Ausnahmen ersetzt worden. Einschränkungen der Generalklausel ergeben sich in verschiedener Hinsicht aus der *Umschreibung des Anfechtungsobjekts: Rechtsgrundlage* muss stets das öffentliche Recht bilden (§§ 1/2; dazu § 41 N. 3 f.). Von der

Vorbem. zu §§ 41–71

Rechtsform her muss es sich um Anordnungen (Verfügungen) handeln (dazu § 41 N. 8 ff.). Unter dem Gesichtswinkel der funktionellen Zuständigkeit (dazu N. 7) muss der angefochtene Akt von einer der im Gesetz (allerdings nur allgemein) umschriebenen *Vorinstanzen*, nämlich von einer (verwaltungsintern letztinstanzlich entscheidenden) Verwaltungsbehörde oder einer Baurekurskommission stammen (§ 41), und darf er nicht unmittelbar bei einer Verwaltungsbehörde oder Rekurskommission des Bundes anfechtbar sein (§ 42). Der *Inhalt* der Anordnung darf nicht unter einen Ausschlussgrund fallen (§ 43). Hinsichtlich ihrer *verfahrensrechtlichen Natur* kann es sich um End-, Zwischen- oder Vorentscheide handeln (§ 48), wobei jedoch blosse Vollstreckungsverfügungen grundsätzlich nicht anfechtbar sind (§ 30 N. 57 ff.).

Einen Teil dieser Beschränkungen hat die Beschwerde mit dem ihr in der Regel vorgeschalteten Rekurs nach §§ 19 ff. gemeinsam, nämlich jene betreffend die öffentlichrechtliche Grundlage der Anordnung (vgl. § 1) sowie betreffend deren verfahrensrechtlicher Natur als End-, Zwischen- oder Vorentscheid (vgl. § 19). 4

Die Einschränkungen hinsichtlich der *Rechtsform* anfechtbarer *kommunaler* Akte gehen beim verwaltungsinternen Rekurs weniger weit, indem mit Gemeinderekurs nach § 152 GemeindeG nicht nur Anordnungen, sondern auch generell-abstrakte Erlasse beim Bezirksrat angefochten werden können; Gleiches gilt für die verwaltungsinterne Gemeindebeschwerde nach § 151 GemeindeG. Demnach ist die *abstrakte Normenkontrolle ausgeschlossen* beim verwaltungsinternen Rekurs gegen kantonale Akte nach §§ 19 ff. und bei der verwaltungsgerichtlichen Beschwerde gegen kantonale und kommunale Akte nach §§ 41 ff.; zulässig ist sie bei der Gemeindebeschwerde nach § 151 GemeindeG und beim Gemeinderekurs nach § 152 GemeindeG i.V.m. §§ 19 ff. VRG (Jaag, Rechtsmittel, S. 468 ff.). 5

Die den *Inhalt* der Anordnung betreffenden Ausschlussgründe sind spezifische Zuständigkeitsbeschränkungen der Beschwerde, welche beim vorinstanzlichen Rekurs nicht gegeben sind; als «Ausnahmen» von der neu eingeführten Generalklausel sind sie aber gleichzeitig auch Ausdruck davon, dass der sachliche Zuständigkeitsbereich des Verwaltungsgerichts erheblich vergrössert worden ist und sich heute weitgehend mit jenem der vorinstanzlichen Rekursbehörden deckt. 6

Die Regelung der *funktionellen* Zuständigkeit des Verwaltungsgerichts (vgl. eingehend § 41 N. 24 ff.) baut hinsichtlich der Anfechtung von verwaltungsinternen Verfügungen und Rekursentscheiden ausserhalb des Planungs- und Baurechts auf jener für das streitige Verwaltungsverfahren in §§ 19–19c auf. Danach kommen insbesondere folgende Verwaltungsbehörden als Vorinstanzen in Betracht: Regierungsrat, Direktionen, ihnen gleichgestellte Kommissionen (insb. Bildungsrat, Verkehrsrat), kantonale Amtsstellen, Bezirksräte, Statthal- 7

585

Vorbem. zu §§ 41–71

ter. Welche dieser Instanzen im Einzelfall «*letztinstanzlich*» entscheidet und damit Vorinstanz des Verwaltungsgerichts ist, ergibt erst eine Auslegung der Ordnung von §§ 19–19c VRG in Verbindung mit der Regelung der Verfügungskompetenz, die bei nicht kommunalen Angelegenheiten laut § 13 Abs. 2 OGRR durch den Regierungsrat an eine Direktion oder eine Amtsstelle delegiert werden kann (zu diesen Delegationen im Einzelnen vgl. GeschäftsverteilB und DelegationsV). In *planungs- und baurechtlichen Streitigkeiten* ist gemäss § 329 PBG grundsätzlich eine Baurekurskommission vorinstanzliche Rekursbehörde (Abs. 1), in den durch Abs. 2 lit. a–e umschriebenen Fällen der Regierungsrat bzw. – sofern ein Amt und nicht eine Direktion verfügt hat – die zuständige Direktion (Abs. 3). Kraft spezialgesetzlicher Regelung kommen weitere Vorinstanzen dazu, so namentlich die Schätzungskommissionen in Enteignungs- und Beitragsstreitigkeiten (§ 46 AbtrG) sowie kommunale Behörden im öffentlichen Beschaffungswesen (§ 2 Abs. 2 IVöB-BeitrittsG i.V.m. RRB 1501 vom 1.6.1998).

8   Die – allgemeine – Beschwerde nach §§ 41–71 bildet insofern das wichtigste Rechtsmittel im verwaltungsgerichtlichen Rechtsschutz, als ihr der nach Eingängen und Sachbereichen grösste Teil der in die verwaltungsgerichtliche Zuständigkeit fallenden Streitigkeiten unterliegt. Zu den anderen Rechtsmitteln an das Verwaltungsgericht – Steuerrekurs und Steuerbeschwerde nach den Bestimmungen der Steuergesetzgebung (§§ 72/73), personalrechtliche Beschwerde und disziplinarrechtlicher Rekurs (§§ 74/76) – steht die allgemeine Beschwerde nach §§ 41 ff. in einem Verhältnis der *unechten* Konkurrenz; d.h. das Gesetz steckt den Anwendungsbereich der verschiedenen Rechtsmittel genau ab; in diesem Sinn ist die Beschwerde nach §§ 41 ff. nicht subsidiär, auch wenn die anderen Rechtsmittel aufgrund ihres aus der Generalklausel von § 41 ausgesonderten Anwendungsbereichs (Steuerrecht, Personalrecht) als die spezielleren erscheinen. Auch zur Klage nach §§ 81 ff. steht die Beschwerde nach §§ 41 ff. grundsätzlich in einem Verhältnis der unechten Konkurrenz, indem die den Behörden stets stillschweigend zukommende Verfügungskompetenz in den der Klage nach §§ 81/82 unterstellten Materien durch diese Bestimmungen wegbedungen wird. Echt subsidiäres Rechtsmittel zur Klage ist die Beschwerde allerdings dort, wo in diesen Materien für bestimmte Rechtsverhältnisse ausnahmsweise eine Verfügungskompetenz einer Verwaltungsbehörde gesetzlich ausdrücklich vorgesehen ist (vgl. Vorbem. zu §§ 32–86 N. 7; Vorbem. zu §§ 81–86 N. 7).

9   Die Beschwerde nach §§ 41 ff. ist ein devolutives, ordentliches, unvollkommenes und reformatorisches Rechtsmittel; d.h. sie richtet sich gegen den Entscheid einer unteren Instanz (§ 41), hemmt den Eintritt der formellen Rechtskraft (vgl. § 55), erlaubt keine Ermessenskontrolle (§ 50 Abs. 1 mit Ausnahmen in Abs. 2) und ermöglicht bei Aufhebung der angefochtenen Anordnung einen Neuentscheid durch das Gericht (§ 63 Abs. 1). Die gleichen das *Beschwerdever-*

fahren kennzeichnenden Eigenschaften kommen der steuerrechtlichen und der personalrechtlichen Beschwerde zu (Letztere ist allerdings in den Sonderfällen gemäss § 80 Abs. 2 nicht reformatorisch). Demgegenüber sind der verwaltungsrechtliche Rekurs an eine Vorinstanz nach §§ 19 ff., der Steuerrekurs an das Verwaltungsgericht nach §§ 72 f. und der Disziplinarrekurs an das Verwaltungsgericht nach §§ 76 f. zwar devolutive, ordentliche und reformatorische, jedoch vollkommene Rechtsmittel, die neben der Rechts- und Sachverhaltskontrolle auch eine Ermessensüberprüfung erlauben (§ 20 VRG, § 147 Abs. 3 StG, § 43 Abs. 2 ESchG, § 78 VRG).

§ 41. **Das Verwaltungsgericht beurteilt Beschwerden gegen letztinstanzliche Anordnungen von Verwaltungsbehörden sowie gegen Anordnungen der Baurekurskommissionen, soweit dieses oder ein anderes Gesetz keine abweichende Zuständigkeit vorsieht oder eine Anordnung als endgültig bezeichnet.**

I. Zulässigkeit der Beschwerde
1. Grundsatz

Materialien
Weisung 1957, S. 1042 ff.; Prot. KK 31.1.1958, 30.9.1958; Prot. KR 1955–1959, S. 3382; Beleuchtender Bericht 1959, S. 404 f.; Weisung 1995, S. 1537 f.; Prot. KK 1995/96, S. 90 ff., 116 ff., 131; Prot. KR 1995–1999, S. 6499; Beleuchtender Bericht 1997, S. 6.

Übersicht	Note
1. Allgemeines	1
2. Öffentlichrechtliche Angelegenheiten	3
3. Anordnungen	5
3.1. Verfügungen	5
3.2. Ausschluss generell-abstrakter Normen	8
3.3. Sonderordnung bezüglich raumplanungsrechtlicher Erlasse	12
3.4. Aufsichtsrechtliche Massnahmen	16
3.5. Rechtsverweigerung und Rechtsverzögerung	19
3.6. Anordnungen im öffentlichen Beschaffungswesen	21
4. Vorinstanzen	24
4.1. Verwaltungsbehörden	24
4.2. Rekurskommissionen	34
4.3. Schätzungskommissionen	38
5. Vorbehalte abweichender Zuständigkeit und endgültiger Anordnung	41
5.1. Vorbehalt abweichender Zuständigkeit	41
5.2. Vorbehalt endgültiger Anordnung	46

1. Allgemeines

Nach §§ 41 ff. VRG in der ursprünglichen Fassung war die Beschwerde nur kraft ausdrücklicher Enumeration zulässig (§ 41), die vorab im VRG selber erfolgte (§§ 42–45); teilweise waren die «Beschwerdefälle» allerdings derart weit umschrieben, dass sie Teilgeneralklauseln gleichkamen, so betreffend öffentlichrechtlicher Geldleistungen (§ 42), Bewilligungen, Konzessionen und Patente

1

§ 41

(§ 43) sowie Grundeigentumsbeschränkungen (§ 44). Mit der Gesetzesrevision vom 8.6.1997 ist bezüglich der sachlichen Zuständigkeit des Verwaltungsgerichts als Beschwerdeinstanz ein Systemwechsel vollzogen worden. Mit der neu eingeführten Generalklausel werden grundsätzlich alle öffentlichrechtlichen Angelegenheiten im Sinn von § 1 erfasst. Gesetzgeberische Motive für die Einführung der Generalklausel waren unter anderem die einen richterlichen Rechtsschutz gebietenden Vorgaben des übergeordneten Rechts (Art. 6 Ziff. 1 EMRK, Art. 98a OG, bundesgerichtliche Rechtsprechung zur Koordinationspflicht). Darüber hinaus hat sich die Erkenntnis durchgesetzt, dass die zunehmende Dichte und Komplexität staatlicher Regelungen und Eingriffe eine Ausweitung des gerichtlichen Rechtsschutzes erfordere (Weisung 1995, S. 1537; Protokoll KR 1995–1999, S. 6404 f.). Im Ergebnis haben diese Motive, wie immer ihr Anteil im Einzelnen zu gewichten ist, den «Durchbruch» zu einem integralen richterlichen Rechtsschutz gebracht. Beschränkte sich zuvor die Aufgabe des Verwaltungsgerichts im Wesentlichen auf die Anwendung von Teilen des kantonalen Rechts, ist es heute nebst zusätzlichen kantonalen Rechtsgebieten für grosse Bereiche des Bundesverwaltungsrechts zuständig (Jaag, Verwaltungsrechtspflege, S. 503). Die Anwendung von Bundesverwaltungsrecht ist mit der Verpflichtung verbunden, den Rechtsschutz hinsichtlich Anfechtungsobjekt, Legitimation und Kognition mindestens im gleichen Umfang wie bei der Verwaltungsgerichtsbeschwerde an das Bundesgericht zu gewährleisten (Art. 98a Abs. 2 und 3 OG).

2   § 41 regelt zusammen mit §§ 42 und 43 die sachliche und funktionelle Zuständigkeit des Verwaltungsgerichts. Die *örtliche* Zuständigkeit des Verwaltungsgerichts ist stets gegeben, wenn eine auf dem Gebiet des Kantons Zürich tätige Behörde als Vorinstanz entschieden hat. Abgesehen von den Ausnahmen in §§ 42 und 43 ergeben sich bereits aus der Grundsatzbestimmung von § 41 in verschiedener Hinsicht *Einschränkungen* der Generalklausel:

– Es muss sich um *öffentlichrechtliche* Angelegenheiten im Sinn von § 1 VRG handeln (N. 3 f.).

– Beschwerdeobjekt müssen *Anordnungen* sein (N. 5 ff.).

– Die Anordnungen müssen von einer der in § 41 genannten *Behörden* und, soweit es sich dabei um Verwaltungsbehörden handelt, *letztinstanzlich* erlassen worden sein (N. 24 ff.).

– Selbst Anordnungen der in § 41 genannten Behörden sind nur mit Beschwerde an das Verwaltungsgericht anfechtbar, sofern nicht dieses oder ein anderes Gesetz eine andere Rechtsmittelinstanz vorsieht oder die Anordnung als endgültig bezeichnet (N. 41 ff.). Mit dem Begriff «Gesetz» ist das formelle Gesetz gemeint (Prot. KK 1995/96, S. 117 f.; vgl. auch § 4 N. 3).

Trotz der Generalklausel in § 41 bleibt für *spezialgesetzlich begründete Zuständigkeit* des Verwaltungsgerichts insofern Raum, als § 41 lediglich Anordnungen von Verwaltungsbehörden und der Baurekurskommissionen als anfechtbar bezeichnet (N. 34).

2. Öffentlichrechtliche Angelegenheiten

Massgebend ist grundsätzlich die zu § 1 entwickelte Praxis zur Abgrenzung zwischen öffentlichrechtlichen Angelegenheiten einerseits, über welche die Verwaltungsbehörden und das Verwaltungsgericht entscheiden, und privatrechtlichen sowie strafrechtlichen Angelegenheiten anderseits. Zivilrechtliche Streitigkeiten und strafrechtliche Anklagen im Sinn von Art. 6 Ziff. 1 EMRK können ebenfalls öffentlichrechtliche Angelegenheiten im Sinn von § 1 bilden. Dem Verwaltungsrecht zugerechnet werden auch Materien, die formell dem Privat- oder Strafrecht, nach ihrer Rechtsnatur aber dem Verwaltungsrecht angehören, so z.B. im Bereich des Strafvollzugs (BGE 118 Ib 130 ff.), des Vormundschaftsrechts (BGE 107 Ib 283 f.) und der Stiftungsaufsicht (BGE 120 II 412 ff., 96 I 406 ff.). Zumeist wird aber in solchen Bereichen der Rechtsschutz entsprechend der formellen Zugehörigkeit durch den Zivil- bzw. Strafrichter gewährleistet, womit der in § 41 enthaltene Vorbehalt abweichender Zuständigkeit eingreift. 3

Seit der Gesetzesrevision vom 8.6.1997 ist das Verwaltungsgericht in weit grösserem Umfang als bisher mit öffentlichem Recht des Bundes befasst. Waren bisher die der Verwaltungsgerichtsbeschwerde an das Bundesgericht unterliegenden Streitigkeiten nur kraft spezialrechtlicher Regelung mit Beschwerde an das Verwaltungsgericht anfechtbar (vgl. § 49, aufgehoben am 8.6.1997), wie sie im Raumplanungsrecht bestand (§ 329 Abs. 2 PBG, geändert am 8.6.1997) und durch Kompetenzattraktion auf das Umweltschutzrecht ausgedehnt wurde (RB 1986 Nr. 16 = BEZ 1986 Nr. 34 = URP 1986 Nr. 2; RB 1991 Nr. 74, 1992 Nr. 79), sind heute von der verwaltungsgerichtlichen Kontrolle lediglich Anordnungen ausgenommen, die unmittelbar bei einer Verwaltungsbehörde oder einer Rekurskommission des Bundes angefochten werden können (§ 42, der insoweit den aufgehobenen § 49 ersetzt). 4

3. Anordnungen

3.1. Verfügungen

Literatur
GYGI, S. 42 ff., 126 ff.; HÄFELIN/MÜLLER, Rz. 1497–1508; IMBODEN/RHINOW/KRÄHENMANN, Nr. 35; KARLEN, Rz. 3.7 ff.; KÖLZ/HÄNER, Rz. 891 ff.; RHINOW/KOLLER/KISS, Rz. 1462–1465; vgl. ferner Literatur vor § 19 N. 1 ff.

§ 41

5   § 41 verwendet den nämlichen Begriff der Anordnung wie § 19, was dem Grundsatz der Einheit des Verfahrens entspricht. Unter dem Gesichtswinkel der funktionellen Zuständigkeit handelt es sich um einen Oberbegriff für «Verfügung» und «(Rechtsmittel-)Entscheid». Anordnungen im Sinn von § 41 können sowohl erstinstanzliche – im nichtstreitigen Verwaltungsverfahren ergangene – Verfügungen wie auch erstinstanzliche Rechtsmittelentscheide sein. Nach neuerer, in der Bundesverwaltungsrechtspflege gebräuchlicher Terminologie (vgl. Art. 97 OG) gilt der Begriff der Verfügung auch für Entscheide, ist also identisch mit dem in §§ 19 und 41 verwendeten Begriff der Anordnung.

6   Bezüglich der einzelnen Erscheinungsformen der Verfügung und den erforderlichen Abgrenzungen, insbesondere gegenüber Realakten und verwaltungsinternen Weisungen, vgl. § 19 N. 1 ff.

7   Den folgenden Abgrenzungen kommt für den Weiterzug an das Verwaltungsgericht besondere Bedeutung zu: Gegenüber *generell-abstrakten Normen*, weil kommunale Normen zwar mit Beschwerde nach § 151 GemeindeG und mit Rekurs nach § 152 GemeindeG i.V.m. §§ 19 ff. VRG beim Bezirksrat und beim Regierungsrat anfechtbar sind, nicht aber mit Beschwerde nach § 41 VRG beim Verwaltungsgericht (N. 8 ff.); gegenüber *gewissen raumplanungsrechtlichen Akten*, weil sie erst mit der Gesetzesrevision vom 8.6.1997 der Beschwerde unterstellt worden sind (N. 12 ff.); gegenüber *aufsichtsrechtlichen Massnahmen*, weil die verwaltungsinternen Rekursbehörden solche Massnahmen allenfalls mit im Rekursverfahren getroffenen Anordnungen verbinden können, was dem Verwaltungsgericht verwehrt ist (N. 16 ff.); gegenüber *Rechtsverweigerung* und *Rechtsverzögerung*, weil dagegen nach bisheriger Praxis die Beschwerde an das Verwaltungsgericht nicht offen stand (N. 19 f.).

3.2. Ausschluss generell-abstrakter Normen

Literatur
BOSSHART, Anfechtungsobjekte; GADOLA, Genehmigungsentscheid, S. 290 ff.; GYGI, S. 227 f.; IMBODEN/RHINOW/KRÄHENMANN, Nr. 5 B II; JAAG TOBIAS, Die Abgrenzung zwischen Rechtssatz und Einzelakt, Zürich 1985; DERSELBE, Die Allgemeinverfügung im schweizerischen Recht, ZBl 85/1984, S. 433 ff.; RHINOW/KOLLER/KISS, Rz. 985.

8   Generell-abstrakte Erlasse sind in den meisten Kantonen grundsätzlich nicht mit Beschwerde an das Verwaltungsgericht anfechtbar (Gadola, Genehmigungsentscheid, S. 294, mit Hinweisen in Anm. 46 auf die wenigen Kantone, die diese Möglichkeit kennen). Auch dem zürcherischen Verwaltungsgericht steht die abstrakte Normenkontrolle nicht zu (vgl. § 50 N. 115 f.). Das wird im VRG nicht ausdrücklich festgelegt, ergibt sich aber aus dessen Entstehungsgeschichte und Konzeption (Bosshart, § 47 N. 3). Daran hat die Gesetzesrevision vom 8.6.1997 nichts geändert (RB 1998 Nr. 24). Gesetzessystematisch lässt sich der Ausschluss der abstrakten Normenkontrolle auch aus § 48 ableiten, welche Be-

stimmung in Anlehnung an den Begriff der Anordnung in § 19 Erledigungsentscheide (Endentscheide), Zwischenentscheide und Vorentscheide als anfechtbar bezeichnet. Mit Bezug auf *kommunale* Akte ist indessen die Abgrenzung zwischen generell-abstrakten Erlassen einerseits und konkreten Anordnungen anderseits erst vor Verwaltungsgericht aktuell, weil mit dem Gemeinderekurs- und der Gemeindebeschwerde an den Bezirksrat nach §§ 151 und 152 GemeindeG auch generell-abstrakte Erlasse angefochten werden können (Jaag, Rechtsmittel, S. 468 ff.). Das Verbot der abstrakten Normenkontrolle bezieht sich nur auf generell-abstrakte Normen; neben den individuell-konkreten Verfügungen gehören auch die generell-konkreten Anordnungen (Allgemeinverfügungen) zu den anfechtbaren Akten. Der Ausschluss abstrakter Normenkontrolle gilt sowohl für Akte des Kantons wie auch der Gemeinden (Bosshardt, Zuständigkeit, S. 39). Gegen den Rekursentscheid über die Rechtsbeständigkeit kommunaler Verordnungen ist demnach die verwaltungsgerichtliche Beschwerde unzulässig (RB 1970 Nr. 6). Zur Sonderordnung im Anwendungsbereich des PBG vgl. N. 12 ff. Ausgeschlossen ist nur die abstrakte, nicht auch die konkrete (akzessorische, inzidente) Normenkontrolle (dazu § 50 N. 117 ff.).

Abgrenzungen: Sind die Adressaten einer Anordnung nicht individuell, sondern generell bestimmt und umschreibt diese den Tatbestand nicht konkret, so liegt weder eine Einzel- noch eine Allgemeinverfügung, sondern ein Rechtssatz vor, auch wenn dieser nicht veröffentlicht worden ist (RB 1980 Nr. 15). Bei *Tarifen* ist für die Abgrenzung zwischen abstrakten Anordnungen und konkreten Allgemeinverfügungen nach einer vom Gericht als überzeugend gewürdigten Lehrmeinung (Jaag, a.a.O., S. 183 ff.) massgebend, ob er individuell bestimmte Sachen oder Leistungen, wie z.B. ein bestimmtes Medikament, Museum oder Schwimmbad, zum Gegenstand habe oder nicht; generell-abstrakt kann der Tarif auch dann sein, wenn es sich beim streitbetroffenen Ansatz für sich allein betrachtet nicht um «ein abgestuftes System von Geldleistungen» handelt (VGr. 17.12.1996, VB.96.00197). Die Aufhebung eines generell-abstrakten Erlasses ist als dessen contrarius actus nicht mit Beschwerde anfechtbar (RB 1998 Nr. 25). Vgl. auch Vorbem. zu §§ 4–31 N. 16, § 19 N. 8.

Kasuistik: Generell-abstrakte Erlasse und daher nicht mit Beschwerde anfechtbar sind: Beschluss des Regierungsrats über die Erhebung von Zusatzprämien nach § 45 GebäudeversG für Gebäude mit hoher Versicherungssumme (RB 1980 Nr. 15); Festsetzung von Parkuhrgebühren (RB 1983 Nr. 15); Parkkartenvorschriften des Stadtrats Zürich (RB 1988 Nr. 7); Tarif des Zürcher Verkehrsverbundes (RB 1990 Nr. 17); Gebührentarif für die öffentlichen Parkplätze am Flughafen Zürich (RB 1992 Nr. 5); Inkraftsetzungsbeschluss des Regierungsrats zum geänderten Unterhaltungsgewerbegesetz mit Geldspielautomatenverbot (RB 1994 Nr. 6); Gebührentarif für Kehrichtabfuhrgebühren (VGr. 12.7.1993, VB 93/0089; 17.12.1996, VB.96.00197); stadtzürcherisches Reglement über die Elternbeiträge an die ausserschulische Betreuung von Schülerinnen und Schü-

§ 41

lern (VGr. 27.10.1994, VB 94/0143); Gebührentarif für ein Alters- und Pflegeheim (RB 1998 Nr. 24).

11 *Kasuistik: Allgemeinverfügungen* und daher mit Beschwerde anfechtbar sind: Allgemeines Reit- und Fahrverbot entlang den Tössufern (BGE 101 Ia 73 zu RB 1974 Nr. 11; vgl. RB 1975 Nr. 6); Anordnung der Gesundheitsdirektion über die Erweiterung der Abgabeberechtigung für Heilmittel (RB 1984 Nr. 17); gestützt auf die Vorschriften über die Strassenprostitution erlassene Anordnung des Polizeivorstands der Stadt Zürich, worin die nicht den besonderen Einschränkungen dieser Vorschriften unterliegenden Gebiete bezeichnet werden (VGr. 19.11.1996, VB.96.00143).

3.3. Sonderordnung bezüglich raumplanungsrechtlicher Erlasse

Literatur vgl. Literatur vor § 19 N. 21.

12 *Besondere kommunale und kantonale Schutzmassnahmen* können nach der verwaltungsgerichtlichen Praxis im Hinblick auf die Schwierigkeiten bei der Qualifizierung solcher Massnahmen auch dann mit Beschwerde an das Verwaltungsgericht angefochten werden, wenn sie nicht durch Verfügung getroffen, sondern durch Verordnung (§ 205 lit. b PBG) erlassen worden sind (RB 1985 Nr. 15, 1986 Nr. 14; vgl. auch RB 1967 Nr. 8 = ZR 67 Nr. 3).

13 *Kommunale Bau- und Zonenordnungen mit Einschluss von Sonderbauvorschriften* sind teils Erlasse generell-abstrakter Natur (Bauvorschriften), teils zwischen Rechtssatz und Verfügung stehende Anordnungen besonderer Art (vgl. § 19 N. 21 ff.). In ständiger, schon vor Inkrafttreten des PBG begründeter Praxis wurde ihre Anfechtung vor Verwaltungsgericht ausgeschlossen (RB 1965 Nr. 16 = ZBl 67/1966, S. 349 = ZR 65 Nr. 154; RB 1976 Nr. 15 = ZR 75 Nr. 81). Daran änderte sich mit Inkrafttreten des PBG nichts; zur Verfügung standen nach § 329 PBG der erstinstanzliche Rekurs an die Baurekurskommission und der zweitinstanzliche Rekurs an den Regierungsrat (RB 1982 Nrn. 29 und 30; RB 1982 Nr. 31 = BEZ 1982 Nr. 42). Gleiches galt für die im PBG neu vorgesehenen *kantonalen Nutzungspläne,* gegen die als einziges Rechtsmittel der Rekurs an den Regierungsrat zur Verfügung stand. Ausnahmen galten bezüglich Sondernutzungsplänen mit verfügungsgleichem Inhalt (RB 1992 Nr. 6). Unter bestimmten Voraussetzungen wurde die Beschwerde gegen kommunale Nutzungspläne im Hinblick auf Art. 6 Ziff. 1 EMRK für zulässig erachtet, nämlich dann, wenn der Regierungsrat auf Rekurs hin die Rechtsposition des Grundeigentümers gegenüber dem erstinstanzlichen Rekursentscheid der Baurekurskommission verschlechterte (VGr. 27.5.1994, ZBl 95/1994, S. 562).

14 Mit der Gesetzesrevision vom 8.6.1997 sind kommunale Bau- und Zonenordnungen, Sonderbauvorschriften, Gestaltungspläne und Erschliessungspläne sowie kantonale Nutzungspläne generell der Beschwerde an das Verwaltungsge-

richt unterstellt worden (Mäder, VRG-Revision, S. 13 f.; RB 1998 Nr. 26). § 329 PBG i.d.F.v. 8.6.1997 bringt dies allerdings in Abs. 4 nur verschlüsselt zum Ausdruck. Vgl. zum Ganzen § 19 N. 92 ff.

Dass die Anfechtbarkeit von Nutzungsplänen entsprechend deren besonderen Natur keine oder höchstens eine besondere Erscheinungsform der generell-abstrakten Normenkontrolle bildet, zeigt sich auch an der Regelung der Legitimation: Anders als bei der Anfechtung generell-abstrakter Normen (§ 21 N. 26; vgl. Rhinow/Koller/Kiss, Rz. 1271, 1398, 1785 ff.) genügt hier eine bloss virtuelle Betroffenheit nicht (§ 338a PBG). Zur akzessorischen Überprüfung von Richt- und Nutzungsplänen vgl. § 19 N. 26 f. 15

3.4. Aufsichtsrechtliche Massnahmen

Literatur vgl. Literatur vor Vorbem. zu §§ 19–28 N. 29 ff.

Wer gegen die Anordnung einer Verwaltungsbehörde bei deren Oberbehörde Aufsichtsbeschwerde – zutreffender ist die Bezeichnung «Aufsichtsanzeige» (Gygi, S. 221) – erhebt, hat keinen Anspruch auf einen förmlichen Beschwerdeentscheid und kann die Ablehnung der verlangten Aufsichtsmassnahme nicht mit einem ordentlichen Rechtsmittel anfechten (Vorbem. zu §§ 19–28 N. 43; Imboden/Rhinow/Krähenmann, Nr. 145 B II c und IV; Gygi, S. 140; vgl. Art. 71 VwVG). Das gilt auch im Verhältnis zum Verwaltungsgericht, dem ohnehin keine Aufsichtsfunktionen gegenüber den Verwaltungsbehörden zukommen (RB 1961 Nr. 18; Sommer, Weiterentwicklung, S. 151; vgl auch RB 1976 Nr. 36 = ZBl 78/1977, S. 143 = ZR 75 Nr. 114). Hat es der Regierungsrat abgelehnt, von seinem Aufsichtsrecht gegenüber der kommunalen Exekutive oder dem Bezirksrat Gebrauch zu machen, so ist dagegen die Beschwerde an das Verwaltungsgericht nicht zulässig (RB 1961 Nr. 19 = ZR 60 Nr. 103; RB 1965 Nr. 17). Hat der Regierungsrat den Rekurs der Gemeinde gegen einen Aufsichtsentscheid des Bezirksrats teilweise gutgeheissen, so kann der beim Bezirksrat erfolgreiche Aufsichtsbeschwerdeführer gegen den Entscheid des Regierungsrats nicht Beschwerde erheben (RB 1986 Nr. 18 = ZBl 88/1987, S. 213). Entscheide, mit denen auf eine Aufsichtsbeschwerde nicht eingetreten oder diese abgewiesen wird, sind auch nicht mit staatsrechtlicher Beschwerde anfechtbar (BGE 121 I 42 ff., 87 ff.). 16

Nur wenn der Regierungsrat die als *Verfügung* ergangene Aufsichtsmassnahme einer Direktion oder eines Bezirksrats bestätigt oder selbst eine derartige Aufsichtsmassnahme anordnet (insb. bei aufsichtsrechtlicher Aufhebung einer Bewilligung), kann der *Betroffene* Beschwerde beim Verwaltungsgericht führen (RB 1961 Nr. 19 = ZR 60 Nr. 103; RB 1969 Nr. 14). Die Anfechtbarkeit setzt demnach eine Verfügung als Anfechtungsobjekt sowie die Legitimation des Beschwerdeführers voraus. Unzulässig ist die Beschwerde gegen generell-abstrakte Aufsichtsmassnahmen (vgl. RB 1997 Nr. 13 betreffend die Erhöhung eines 17

§ 41

kommunalen Kehrichtabfuhr-Gebührentarifs) sowie gegen aufsichtsrechtliche Dienstbefehle. Die *Betroffenheit* richtet sich nach § 21; betroffen sind in solchen Fällen in der Regel nicht der oder die Aufsichtsbeschwerdeführer, sondern Dritte. Als Beschwerdeführer kommen daher in Frage der Adressat des Aufsichtsentscheids (so die Gemeinde: RB 1969 Nr. 14) und allfällig «Drittbetroffene» (Bewilligungsempfänger, im Baurecht allenfalls Nachbar). Mit der Beschwerde gegen eine von der Vorinstanz getroffene oder bestätigte Aufsichtsmassnahme kann der Betroffene nur deren Aufhebung, nicht den Erlass einer anderen Massnahme verlangen (RB 1997 Nr. 13).

18 Entgegen der in der ersten Auflage (§ 48 N. 7) vertretenen Auffassung und der missverständlichen Formulierung in § 5a ist die Ablehnung eines Ausstandsbegehrens jedenfalls dann nicht aufsichtsrechtlicher Natur, wenn sie in einem förmlichen Rekursverfahren erfolgt. Die Nichtbeachtung von Ausstandsgründen ist eine Verletzung von wesentlichen Verfahrensvorschriften und damit ein Rechtsmangel im Sinn von § 20 und § 50 Abs. 2 lit. d, der mit Rekurs und Beschwerde gerügt werden kann (RB 1996 Nr. 3). Die Rügen der Verzögerung eines Verfahrens vor der Schätzungskommission in Abtretungsstreitigkeiten, der Verweigerung der Akteneinsicht und der Befangenheit einzelner Kommissionsmitglieder sind mit Rekurs nach § 46 AbtrG geltend zu machen (anders noch RB 1997 Nr. 114 zum alten Recht). Vgl. zum Ganzen Vorbem. zu §§ 19–28 N. 29 ff., § 19 N. 42.

3.5. Rechtsverweigerung und Rechtsverzögerung

Literatur vgl. Literatur vor Vorbem. zu §§ 19–28 N. 46 ff.

19 *Rechtsverweigerung* und *Rechtsverzögerung* konnten schon nach früherer Praxis verwaltungsintern mit Aufsichtsbeschwerde gerügt werden (vgl. Art. 70 VwVG). Hingegen waren Beschwerden an das Verwaltungsgericht wegen Rechtsverweigerung und Rechtsverzögerung durch den Regierungsrat, eine Direktion oder eine Baurekurskommission ausgeschlossen (RB 1961 Nr. 18; Sommer, Weiterentwicklung, S. 151). Dies lässt sich indessen im Anwendungsbereich von Art. 98a OG schon von Bundesrechts wegen nicht aufrechterhalten, weil die Kantone bei der Anwendung von Bundesverwaltungsrecht den Verfügungsbegriff nicht enger umschreiben dürfen als das Bundesrecht (RB 1997 Nr. 12; vgl. Art. 97 Abs. 2 i.V.m. Art. 101 lit. a OG und dazu Rhinow/Koller/Kiss, Rz. 1648 ff.; Kölz/Häner, Rz. 722). Auch ausserhalb des Anwendungsbereichs von Art. 98a OG dürfte daran nicht festzuhalten sein (vgl. RB 1991 Nr. 3 = ZBl 92/1991, S. 495 = BEZ 1991 Nr. 23). Zulässig ist jedenfalls die staatsrechtliche Beschwerde (Rhinow/Koller/Kiss, Rz. 224, 229 f., 1724, 1845, 1900). Vgl. zum Ganzen Vorbem. zu §§ 19–28 N. 46 ff.; § 19 N. 66.

20 Die Beschwerde gegen das unrechtmässige Verweigern oder Verzögern einer Verfügung ist an keine Frist gebunden (vgl. Art. 106 Abs. 2 OG); das Zuwar-

ten darf aber nicht gegen Treu und Glauben verstossen. Bei Gutheissung der Beschwerde trifft das Verwaltungsgericht den verweigerten oder verzögerten Entscheid nicht selbst, sondern erteilt der Vorinstanz entsprechende Weisung (vgl. BGE 102 Ib 240). Das Verfahren vor Verwaltungsgericht wird gegenstandslos, wenn die Vorinstanz die Sache in der Zwischenzeit entscheidet (BGE 104 Ib 314).

3.6. Anordnungen im öffentlichen Beschaffungswesen

Materialien
Antrag RR vom 15.11.1995 zum Gesetz über den Beitritt des Kantons Zürich zur Interkantonalen Vereinbarung über das öffentliche Beschaffungswesen, ABl 1995 III, S. 2481 ff.; Antrag RR vom 18.6.1997 zur Submissionsverordnung, ABl 1997 II, S. 868 ff.

Literatur vgl. Literatur vor § 19 N. 28 ff.

Als unmittelbar beim Verwaltungsgericht anfechtbare Entscheide der Auftraggeberin gelten nach § 4 IVöB-BeitrittsG: der Zuschlag oder der Abbruch des Vergabeverfahrens (lit. a), die Ausschreibung des Auftrags (lit. b), die Auswahl der Teilnehmerinnen und Teilnehmer im selektiven Verfahren (lit. c), der Ausschluss vom Vergabeverfahren sowie der Entscheid über den Widerruf des Zuschlags (lit. d), die Aufnahme einer Anbieterin oder eines Anbieters in ständige Listen oder die Streichung aus solchen Listen (lit. e). Soweit solche Entscheide für die Betroffenen einen definitiven Abschluss des Vergabeverfahrens herbeiführen, stellen sie *Endentscheide* dar. Soweit sie das Vergabeverfahren für die Betroffenen nicht abschliessen, handelt es sich um Zwischenentscheide, die jedoch kraft der spezialgesetzlichen Regelung unabhängig davon anfechtbar sind, ob sie einen nicht wiedergutzumachenden Nachteil im Sinn von § 48 Abs. 2 VRG zur Folge haben; das trifft namentlich auf in der Ausschreibung enthaltene Anordnungen zum weiteren Verfahren zu (VGr. 16.4.1999, BEZ 1999 Nr. 14). 21

Art. 9 Abs. 1 BGBM verpflichtet die Vergabebehörden von Kantonen und Gemeinden sowie die Träger kantonaler und kommunaler Aufgaben, alle *Marktzugangsbeschränkungen* in Form anfechtbarer Verfügungen zu erlassen. Nach Art. 9 Abs. 2 BGBM hat das kantonale Recht wenigstens ein Rechtsmittel an eine verwaltungsunabhängige kantonale Beschwerdeinstanz vorzusehen, die unter Vorbehalt der staatsrechtlichen Beschwerde endgültig entscheidet. Marktzugangsbeschränkungen im Vergaberecht des Auftraggebers für ortsfremde Anbieterinnen und Anbieter sind nur im Rahmen von Art. 3 BGBM zulässig. Derartige Verfügungen müssen daher seit 1.7.1998 auch anfechtbar sein, wenn sie von anderen als den in Art. 8 IVöB genannten Trägern öffentlichrechtlicher Aufgaben – insbesondere von Gemeinden – getroffen werden und wenn sie Vergebungen unterhalb der Schwellenwerte von Art. 7 IVöB betreffen (vgl. § 1 Abs. 2 und 3 SubmV; Galli/Lehmann/Rechsteiner, a.a.O., Rz. 521, 532). Das 22

§ 41

gilt nach der Praxis des Verwaltungsgerichts auch für Vergabeentscheide in Fällen, in denen die materiellen Bestimmungen des BGBM mangels ortsfremder Anbieterinnen und Anbieter nicht zur Anwendung gelangen. Der in § 1 Abs. 2 und 3 SubmV enthaltene Vorbehalt der Anforderungen des Binnenmarktgesetzes ist lediglich als zeitliche Beschränkung zu verstehen, die der verzögerten Inkraftsetzung der Rechtsschutzbestimmungen von Art. 9 BGBM Rechnung trug. Seit dem vollständigen Inkrafttreten dieser Bestimmungen am 1.7.1998 gelangt der in § 3 IVöB-BeitrittsG i.V.m. Art. 15 IVöB geregelte Rechtsschutz in *allen Vergabeverfahren kantonaler wie kommunaler Amtsstellen* zur Anwendung. Diese Rechtsanwendung entspricht der vom Regierungsrat als Verordnungsgeber vertretenen Auslegung; sie erscheint angesichts der andernfalls eintretenden Aufspaltung des Rechtswegs (bis zu drei verschiedene Rechtsmittel gegen denselben Vergabeentscheid) als einzig praktikable Lösung; sie trägt zudem der neuesten Praxis des Bundesgerichts zur Anfechtbarkeit von Vergabeentscheiden mit staatsrechtlicher Beschwerde nach Art. 84 Abs. 1 OG (BGE 125 II 94 f.) Rechnung (VGr. 24.3.1999, ZBl 100/1999, S. 372 = BEZ 1999 Nr. 13). – Im Übrigen sind die *Gemeinden* und andere Träger kommunaler Aufgaben durch RRB 1501/1998 gestützt auf die Ermächtigung von § 2 Abs. 2 IVöB-BeitrittsG ab 1.1.1999 *vollständig*, d.h. auch bezüglich der materiellen Bestimmungen, in die kantonale Regelung des Beschaffungswesens einbezogen worden.

23 Der Beschwerde gegen anfechtbare Vergabeentscheide kommt keine aufschiebende Wirkung zu; das Verwaltungsgericht als Beschwerdeinstanz kann jedoch die aufschiebende Wirkung auf Gesuch hin oder von Amtes wegen erteilen, wenn die Beschwerde als ausreichend begründet erscheint und keine überwiegenden privaten oder öffentlichen Interessen entgegenstehen (Art. 17 IVöB; dazu eingehend § 55 N. 10). Der Vertrag darf erst nach Ablauf der Beschwerdefrist bzw. nur dann abgeschlossen werden, wenn einer Beschwerde keine aufschiebende Wirkung erteilt wird (Art. 14 Abs. 1 IVöB); nach der hierzu getroffenen Auslegung des Verwaltungsgerichts ist die Vergabebehörde im Fall der Beschwerdeerhebung zum Vertragsabschluss befugt, sobald ihr Frist für die Beschwerdeantwort angesetzt wird, ohne dass gleichzeitig die aufschiebende Wirkung angeordnet wird (VGr. 24.3.1999, ZBl 100/1999, S. 372 = BEZ 1999 Nr. 13; hinsichtlich der analogen Praxis der Eidgenössischen Rekurskommission für das öffentliche Beschaffungswesen vgl. VPB 61/1997 Nr. 24 E. 2c–e = ZBl 98/1997, S. 218 ff.; VPB 62/1998 Nr. 79 E. 2; hinsichtlich der – umstrittenen – Rechtsfolgen eines verfrühten Vertragsabschlusses vgl. VPB 62/1998 Nr. 32.I E. 2a und 2c, Nr. 32.II E. 3d, Nr. 79 E. 2d). Wird der Beschwerde keine aufschiebende Wirkung zuerkannt, kann mit der Gutheissung des Rechtsmittels, sofern der Vertragsabschluss zeitlich zulässig war, nur noch festgestellt werden, dass die Vergabe rechtswidrig war (Art. 18 Abs. 2 IVöB); ein solcher Feststellungsentscheid dient als Grundlage für allfällige Schadenersatzbegehren gegen die vergebende Amtsstelle, deren Haftung sich jedoch auf den Ersatz von Aufwendungen des Anbieters in Zusammenhang mit dem Vergabe- und

§ 41

Rechtsmittelverfahren, also im Wesentlichen auf die Offertstellungs- und die Anwaltskosten beschränkt (§ 6 IVöB-BeitrittsG).

4. Vorinstanzen

4.1. Verwaltungsbehörden

§ 41 stellt, wie § 4 (dazu § 4 N. 4 ff.; Bosshart, § 4 N. 3 ff.), auf einen formellen Begriff der Verwaltungstätigkeit ab. Anfechtbar sind daher nur Akte von Verwaltungsbehörden. Akte der Justiz- und der Legislativbehörden sind nicht anfechtbar, selbst wenn diese Instanzen materielle Verwaltungstätigkeit ausüben (vgl. Häfelin/Müller, Rz. 13; Merker, § 52 Rz. 3). Vorbehalten bleibt eine Zuständigkeit zur Überprüfung von Anordnungen einer Legislativbehörde nach Art. 6 Ziff. 1 EMRK. So dürfte es gegen diese Konventionsbestimmung verstossen, dass Entscheidungen des Kantonsrats über die Erteilung des Enteignungsrechts an private Unternehmungen (§ 3 lit. b AbtrG) nicht der Beschwerde an das Verwaltungsgericht unterliegen. Demgegenüber sind mit der – vor Verwaltungsgericht nicht zulässigen – Gemeindebeschwerde nach § 151 GemeindeG Akte der kommunalen Legislative anfechtbar (vgl. Vorbem. zu §§ 19–28 N. 19; vgl. auch § 19 N. 74). 24

Entsprechend § 4 muss es sich um Verwaltungsbehörden des Kantons, der Bezirke oder der Gemeinden handeln; Verwaltungsbehörden des Bundes gehören nicht dazu. Dass auch Akte kantonaler Verwaltungsbehörden dann nicht anfechtbar sind, wenn sie Rechtsetzung enthalten, ergibt sich aus dem Begriff der Anordnung (dazu N. 5 ff.). 25

Anders als der mit Revision vom 8.6.1997 aufgehobene § 47 nennt das revidierte VRG die Verwaltungsbehörden, deren Anordnungen *unmittelbar* mit Beschwerde beim Verwaltungsgericht angefochten werden können, nicht im Einzelnen. Als Vorinstanzen des Verwaltungsgerichts kommen nach der Ordnung von §§ 19–19c allgemein folgende Verwaltungsbehörden in Betracht: Regierungsrat, Direktionen, ihnen gleichgestellte Kommissionen (insb. Bildungsrat, Verkehrsrat), kantonale Amtsstellen, Bezirksräte, Statthalter. Kraft spezialgesetzlicher Regelung kommen weitere Vorinstanzen dazu, so namentlich die Schätzungskommissionen in Enteignungs- und Beitragsstreitigkeiten sowie kommunale Behörden im öffentlichen Beschaffungswesen. Zu den Rekursbehörden vgl. § 19 N. 81 ff. 26

Welche dieser Instanzen im Einzelfall *«letztinstanzlich»* entscheidet und damit Vorinstanz des Verwaltungsgerichts ist, ergibt erst eine Auslegung der Ordnung von §§ 19–19c in Verbindung mit der Regelung der Verfügungskompetenz, die bei nicht kommunalen Angelegenheiten laut § 13 Abs. 2 OGRR durch den Regierungsrat an eine Direktion oder eine Amtsstelle delegiert werden kann (zu 27

§ 41

diesen Delegationen im Einzelnen vgl. GeschäftsverteilB und DelegationsV). Die Ordnung in §§ 19–19c ist von zwei Grundsätzen geprägt, die allerdings nicht ohne Ausnahmen bleiben (Rotach, S. 443; vgl. § 19 N. 88 ff.). Der erste Grundsatz sieht vor, dass gegen jede Verwaltungsanordnung mindestens eine verwaltungsinterne Rekursinstanz angerufen werden kann (vgl. §§ 19 Abs. 1, 19a Abs. 1, 19c Abs. 1). Der zweite hält fest, dass innerhalb des Kantons höchstens zwei Rechtsmittelinstanzen – einschliesslich des Verwaltungsgerichts – zur Verfügung stehen (vgl. §§ 19b Abs. 1 und 2, 19c Abs. 2). Mit diesen Grundsätzen ist der Instanzenzug entsprechend einem Hauptanliegen der Gesetzesrevision wesentlich gestrafft worden (Weisung 1995, S. 1521; Prot. KK 1995–1999, S. 6405; Beleuchtender Bericht 1997, S. 6), was bei der Schaffung des VRG trotz entsprechender Bemühungen noch nicht gelungen war (dazu Kom. 1. A., § 47 N. 1).

28 Demnach sind folgende *Rekursbehörden* Vorinstanz des Verwaltungsgerichts:
1. eine Direktion oder eine ihr gleichgestellte Kommission, wenn ein kantonales Amt verfügt hat (§ 19 Abs. 1);
2. ein Bezirksrat oder ein Statthalter, wenn eine kommunale Behörde verfügt hat (§ 19c Abs. 2);
3. der Regierungsrat, wenn eine Direktion oder ein Bezirksrat/Statthalter verfügt hat (§§ 19a Abs. 1, 19c Abs. 1).

In den Fällen 1 und 2 ist bei fehlender *sachlicher* Zuständigkeit des Verwaltungsgerichts an dessen Stelle der Regierungsrat zweite Rekursinstanz (§§ 19b Abs. 1, 19c Abs. 2).

29 Abweichend vom erstgenannten Grundsatz sind gewisse Anordnungen *unmittelbar beim Verwaltungsgericht anfechtbar,* das diesfalls als erste und einzige Rechtsmittelinstanz entscheidet. Dazu gehören folgende Kategorien:
– Entsprechend der Grundordnung: Beschlüsse, die der Regierungsrat als verfügende Instanz trifft.
– Kraft spezieller Regelung im VRG: Erstinstanzliche Anordnungen der Direktionen oder Ämter auf den in § 19a Abs. 2 genannten Gebieten.
– Kraft spezialgesetzlicher Regelung: Entscheide kantonaler und kommunaler Behörden im öffentlichen Beschaffungswesen (§ 3 IVöB-BeitrittsG).
– Kraft Bundesrecht, sofern dieses zwingend eine einzige kantonale Rechtsmittelinstanz vorschreibt. Das trifft indessen nicht zu bei Streitigkeiten betreffend das Handelsregister (VGr. 24.10.1997, VB.97.00475) und betreffend das Zivilstandsregister (RB 1998 Nr. 40).

30 Als erste und einzige Rechtsmittelinstanz entscheidet das Verwaltungsgericht grundsätzlich nach den Bestimmungen betreffend seine Funktion als Beschwerdeinstanz. Besonderheiten gelten bei Beschwerden gemäss § 19a Abs. 2 hinsicht-

lich der Kognition, die in diesen Fällen auch die Ermessensüberprüfung umfasst (§ 50 Abs. 2).

Abweichend vom zweitgenannten Grundsatz sind dem Verwaltungsgericht *ausnahmsweise zwei Rekursinstanzen* vorgeschaltet. Das gilt z.B. im Bildungswesen, indem Anordnungen der Schulpflege und der Mittelschulleitung mit Rekurs bei der Bezirksschulpflege bzw. der Mittelschulkommission und anschliessend bei der Schulrekurskommission als zweiter Rekursinstanz angefochten werden können, deren Entscheid unter Vorbehalt von § 43 Abs. 1 lit. f der Beschwerde an das Verwaltungsgericht unterliegt. Bei der Gesetzesrevision vom 8.6.1997 hat man derartige Ausnahmen bewusst in Kauf genommen, weil mit ihrer vollständigen Unterbindung in komplexe Organisationssysteme eingegriffen worden wäre (Rotach, S. 444). Fehlt dagegen dem Verwaltungsgericht in solchen Fällen die *sachliche* Zuständigkeit, so bleibt es beim zweitgenannten Grundsatz, indem der zweitinstanzliche Rekursentscheid der Direktion oder einer gleichgestellten Kommission nicht an den Regierungsrat weitergezogen werden kann (§ 19b Abs. 2).

Die genannten als Vorinstanz in Betracht fallenden kantonalen Behörden sind keine unabhängigen Gerichte im Sinn von Art. 6 Ziff. 1 EMRK, weshalb sie die Verfahrensgarantien dieser Konventionsbestimmung nicht zu gewährleisten vermögen. Das gilt auch insoweit, als sie als Rechtsmittelinstanz entscheiden. Überprüft das Verwaltungsgericht als erste oder zweite Rechtsmittelinstanz Entscheide von Verwaltungsbehörden, so hat es daher ein konventionskonformes Verfahren durchzuführen; insbesondere hat es die Grundsätze der Öffentlichkeit des Verfahrens und der Öffentlichkeit der Urteilsverkündung zu beachten, sofern die Parteien nicht hierauf verzichten.

Die Bezirksbehörden (Bezirksräte, Statthalter, Bezirksschulpflegen) sind hingegen beim Entscheid über eine Strafsache oder ein Rechtsmittel an keine Weisungen gebunden, ausgenommen bei der Rückweisung durch eine höhere Instanz (§ 3 BezverwG). Gleichwohl gelten sie nicht als unabhängige Gerichte (vgl. § 19 N. 82).

4.2. Rekurskommissionen

Verschiedene Rekurskommissionen wirken als Vorinstanzen des Verwaltungsgerichts. Dessen funktionelle Zuständigkeit ergibt sich bezüglich der Entscheide der Baurekurskommissionen unmittelbar aus § 41. Zum Instanzenzug im Raumplanungs- und Baurecht vgl. § 19 N. 92 ff. Im Weiteren wird die Zuständigkeit des Gerichts durch *spezialgesetzliche Regelung* begründet, so hinsichtlich der Entscheide der Steuerrekurskommissionen (vgl. § 72), der Universitätsrekurskommission (§ 46 UniversitätsG), der Gebäudeversicherungsrekurskommission (§ 78 GebäudeversG).

§ 41

35 Soweit die Entscheide anderer als der Baurekurskommissionen nicht kraft spezialgesetzlicher Regelung gleichwohl an das Verwaltungsgericht weitergezogen werden können, sind die von ihnen beurteilten Streitigkeiten dessen sachlicher Zuständigkeit entzogen (vgl. N. 46). *«Endgültig»* in diesem Sinn entscheiden: die Rekurskommission der Landeskirche (§ 37 Abs. 3 refKG), die Rekurskommission für Grunderwerb (§ 4 des Einführungsgesetzes zum Bundesgesetz über den Erwerb von Grundstücken durch Personen im Ausland vom 4.12.1988, LS 234.1; §§ 3 ff. der zugehörigen Verordnung vom 1.4.1992, LS 234.12), die Rekurskommission für Arbeitsbeschaffungsreserven (vgl. § 13 des Gesetzes über die Arbeitsbeschaffungsreserven der privaten Wirtschaft vom 5.10.1952, LS 901.1; § 10 der zugehörigen Vollziehungsverordnung vom 16.10.1952, LS 901.11). Soweit gegen Entscheide dieser Rekurskommissionen die Verwaltungsgerichtsbeschwerde an das Bundesgericht offen steht, ist das Verwaltungsgericht auch nicht unmittelbar kraft Bundesrecht zuständig, denn sie sind richterliche Behörden im Sinn von Art. 98a OG.

36 Unklar ist, ob Entscheide der *Schulrekurskommission* der Beschwerde an das Verwaltungsgericht unterliegen; dies ist zwar in § 5 UnterrichtsG (i.d.F.v. 29.11.1998) nicht ausdrücklich vorgesehen; offenbar wurde aber bei der Schaffung dieser Rekurskommission davon ausgegangen, dass es sich um eine an die Stelle des Bildungsrats tretende «Verwaltungsbehörde» im Sinn von § 41 VRG handle (vgl. Weisung RR vom 19.11.1997, ABl 1997 II, S. 1472).

37 Zu den Rekurskommissionen im Allgemeinen vgl. § 19 N. 83 ff.

4.3. Schätzungskommissionen

38 Entscheide der Schätzungkommissionen in Enteignungs- und Beitragsstreitigkeiten nach dem AbtrG können an das Verwaltungsgericht weitergezogen werden (vgl. auch § 19 N. 87 und 121 ff.).

39 Für *finanzielle Streitigkeiten im Bereich des Enteignungsrechts* stand nach altem Recht die Klage an das Verwaltungsgericht offen (§ 82 lit. g). Schon nach damaliger Praxis handelte es sich um eine Mischung zwischen Beschwerde und Klage, indem das vorgeschaltete Schätzungsverfahren weitgehend einem eigentlichen erstinstanzlichen Verfahren gleichgestellt wurde (vgl. RB 1984 Nrn. 23, 24, 123; RB 1986 Nr. 115 = ZBl 88/1987, S. 174 = BEZ 1986 Nr. 7; RB 1987 Nr. 89; RB 1990 Nr. 106 = ZBl 91/1990, S. 549; RB 1990 Nr. 10 = BEZ 1990 Nr. 31; RB 1992 Nr. 94). Mit der Gesetzesrevision vom 8.6.1997 ist dieses Klageverfahren durch eine Regelung ersetzt worden, wonach die Schätzungskommissionen als Spezialverwaltungsgerichte Urteile fällen, die mit Rekurs an das Verwaltungsgericht weitergezogen werden können (Art. XIII der Gesetzesnovelle betreffend §§ 42–51 AbtrG). Das gilt nicht nur für Streitigkeiten über Entschädigungen und Beiträge, sondern auch für die übrigen mit einer Abtretung in Zusammenhang stehenden Streitigkeiten, sofern sie schon bisher von

den Schätzungskommissionen zu beurteilen waren, so namentlich über Anpassungsarbeiten (RB 1972 Nr. 107, 1969 Nr. 79, 1963 Nr. 125).

§ 46 AbtrG enthält lediglich eine summarische Verfahrensregelung: Rekursberechtigt sind die Abtretungs- und Beitragspflichtigen sowie der Expropriant. Der Rekurs ist innert 20 Tagen beim Verwaltungsgericht anzumelden. Dieses setzt eine Frist zur Einreichung der Rekursschrift an und entscheidet über den Rekurs nach den Bestimmungen der Verwaltungsrechtspflege. – Die Sonderregel betreffend Einleitung des Rekursverfahrens durch blosse Anmeldung bewirkt eine ungerechtfertigte Bevorzugung der Parteien eines Schätzungsverfahrens gegenüber den Parteien eines anderen Verwaltungsverfahrens (Mäder, VRG-Revision, S. 18; Rotach, S. 456 f.). – Die Bezeichnung des Rechtsmittels als «Rekurs» scheint es nahezulegen, subsidiär ausschliesslich die Bestimmungen über den verwaltungsinternen Rekurs (§§ 20 ff. VRG) heranzuziehen. Diese Auslegung ist aber nicht zwingend. Es sprechen gute Gründe dafür, in erster Linie die Bestimmungen über die verwaltungsgerichtliche Beschwerde – insbesondere bezüglich Kognitions- und Entscheidungsbefugnissen (§§ 50, 63 Abs. 2 VRG) – heranzuziehen (vgl. Mäder, VRG-Revision, S. 18). In eigentlichen Schätzungsfragen soll sich das Verwaltungsgericht auf die Beurteilung der aus Fachleuten zusammengesetzten Schätzungskommission abstützen können, was gegen eine verwaltungsgerichtliche Ermessenskontrolle spricht; umgekehrt geht es in Prozessen betreffend materielle Enteignung bei der Beurteilung der Entschädigungspflicht vorab um Rechtsfragen, deren gerichtliche Beurteilung keine Ermessenskontrolle erfordert. Nach der Praxis sind daher die Bestimmungen über die verwaltungsgerichtliche Beschwerde anwendbar (RB 1998 Nr. 44 = BEZ 1998 Nr. 23).

5. Vorbehalte abweichender Zuständigkeit und endgültiger Anordnung

5.1. Vorbehalt abweichender Zuständigkeit

Unter diesen Vorbehalt fallen zunächst jene Anordnungen, zu deren Überprüfung zwar gleichwohl das Verwaltungsgericht, jedoch in *anderen Verfahren,* zuständig ist. Das gilt für Anordnungen im Steuerrecht (§§ 72/73) sowie im Personalrecht (§§ 74–80c). Für die beiden Bereiche gelten jedoch unterschiedliche Verfahrensordnungen, nicht nur vor Verwaltungsgericht, sondern auch hinsichtlich des nichtstreitigen und des streitigen Verwaltungsverfahrens.

Auf *steuerrechtliche* Angelegenheiten sind die Zuständigkeits- und Verfahrensbestimmungen der Steuergesetzgebung anwendbar. Dass die Steuersachen organisations- und verfahrensmässig nicht in das VRG integriert wurden, ist historisch bedingt und hat sich nachteilig ausgewirkt; eine Integration in das

§ 41

VRG ist gleichwohl auch bei der Gesetzesrevision vom 8.6.1997 nicht in Betracht gezogen worden (dazu § 72 N. 1).

43 Auf *personalrechtliche* Angelegenheiten sind, anders als auf steuerrechtliche, grundsätzlich die Bestimmungen des VRG anwendbar. Entgegen dem Wortlaut des aufgehobenen § 4 Abs. 2 lit. b, der die Anwendbarkeit des VRG im personalrechtlichen Bereich auf Disziplinarfälle beschränkte, galt dies nach der Praxis hinsichtlich des nichtstreitigen Verwaltungsverfahrens und Verwaltungsrekursverfahrens in einem weiteren Umfang schon vor der Gesetzesrevision vom 8.6.1997 (dazu Kom. 1. A., § 4 N. 17 ff.). Mit dieser Revision ist der Unterabschnitt über das «Disziplinargericht» in einen solchen über das «Personalgericht» umgestaltet und erweitert worden, weshalb § 43 Abs. 1 lit. b die «allgemeine» Beschwerde «auf dem Gebiet des Personalwesens» als unzulässig erklärt. Die gewählte bzw. beibehaltene Gesetzessystematik mit einem eigenen Unterabschnitt über das Verwaltungsgericht als Personalgericht führt dazu, dass zwischen einer «allgemeinen» und einer «personalrechtlichen» Beschwerde unterschieden werden muss, obwohl bezüglich Verfahren, Prüfungsbefugnis und Entscheidungsbefugnis zwischen diesen beiden Rechtsmitteln praktisch keine Unterschiede bestehen. Die Nachteile dieser Systematik lassen sich auch nicht damit rechtfertigen, dass das Verwaltungsgericht als Personalgericht nicht nur Beschwerden, sondern auch Disziplinarrekurse und – subsidiär – Klagen zu behandeln hat. Der Disziplinarrekurs (§ 76) unterscheidet sich von der «personalrechtlichen» und damit auch von der «allgemeinen» Beschwerde einzig hinsichtlich der – die Ermessenskontrolle einschliessenden – Kognition (vgl. § 79), was ebenso gut unter Verzicht auf einen eigenständigen «Disziplinarrekurs» in der Ausnahmebestimmung von § 50 Abs. 2 hätte geregelt werden können. Der Grundsatz, wonach in personalrechtlichen Streitigkeiten vermögensrechtlichen Inhalts die Klage an das Verwaltungsgericht zulässig ist, soweit nicht das Beschwerde- oder Disziplinarrekursverfahren offen steht (§ 79), sowie die nur wenige Besonderheiten aufweisende Regelung des Klageverfahrens (§ 80a) hätten ohne weiteres im Unterabschnitt über das Verwaltungsgericht als einzige Instanz (§§ 81 ff.) festgelegt werden können.

44 Die Zuständigkeit *anderer* Behörden *anstelle* des Verwaltungsgerichts sieht das VRG selber in zweierlei Hinsicht vor: Einerseits in § 42 bezüglich Anordnungen, die unmittelbar bei einer Verwaltungsbehörde oder einer Rekurskommission des Bundes angefochten werden können; anderseits dadurch, dass in den Ausschlussfällen von § 43 ein zweitinstanzlicher verwaltungsinterner Rekurs an den Regierungsrat vorgesehen ist (§§ 19b Abs. 1, 19c Abs. 2).

45 Kraft *spezialgesetzlicher* Regelung sind für die Beurteilung öffentlichrechtlicher Streitigkeiten in verschiedenen Gebieten *andere gerichtliche Instanzen* zuständig. Soweit es sich dabei um Zivilgerichte handelt, greift damit ausser dem Vorbehalt in § 41 zugleich jener in § 3 VRG ein. Im Einzelnen handelt es sich um folgende Bereiche bzw. Instanzen:

- Staats- und Beamtenhaftung – Schadenersatzansprüche von Privaten gegen Staat und Gemeinde sowie gegen deren Beamte und Angestellte: die Zivilgerichte (§ 2 VRG; § 19 Abs. 1 HaftungsG);
- Vormundschaftswesen – Fürsorgerische Freiheitsentziehung: Zivilrichter (Art. 314a, 397d, 405a, 406 ZGB; §§ 117i/117l EG ZGB; § 22a GVG);
- Sozialversicherungsrecht: Sozialversicherungsgericht (§§ 2/3 SozversG; vgl. RB 1998 Nr. 23);
- Opferhilfe: Sozialversicherungsgericht (§ 16 des Einführungsgesetzes zum Opferhilfegesetz vom 25.6.1995 [LS 341]; § 2 lit. l SozversG);
- Asylwesen – Ausschaffungshaft: Haftrichter des Bezirksgerichts Zürich (§ 24a Abs. 2 GVG);
- Landwirtschaftsrecht: Landwirtschaftsgericht (§§ 70 ff. LandwirtschaftsG).

Beim Sozialversicherungsgericht und beim Landwirtschaftsgericht handelt es sich um Spezialverwaltungsgerichte, die dem Verwaltungsgericht gleichgeordnet sind.

5.2. Vorbehalt endgültiger Anordnung

Indem § 41 – neben Anordnungen von Verwaltungsbehörden – nur solche der Baurekurskommissionen als anfechtbar bezeichnet, werden Entscheide anderer Rekurskommissionen – unter Vorbehalt abweichender spezialgesetzlicher Regelung (N. 34, 38) – als endgültig bezeichnet (vgl. N. 35). 46

Vereinzelt sehen Sachgesetze vor, dass die in § 41 genannten Vorinstanzen bezüglich einzelner Fragen endgültig entscheiden. So entscheiden die Baurekurskommission, die Baudirektion und der Regierungsrat über die in §§ 330, 331 bzw. 332 PBG bezeichneten Streitigkeiten endgültig. 47

§ 42. Die Beschwerde ist unzulässig gegen Anordnungen, die unmittelbar bei einer Verwaltungsbehörde oder einer Rekurskommission des Bundes angefochten werden können.

2. Ausnahmen
a) Weiterzug an eine Verwaltungsbehörde oder Rekurskommission des Bundes

Materialien
Weisung 1957, S. 1042 ff.; Prot. KK 31.1.1958, 30.9.1958; Prot. KR 1955–1959, S. 3382; Beleuchtender Bericht 1959, S. 404 f.; Weisung 1995, S. 1537 f.; Prot. KK 1995/96, S. 90 ff., 116 ff., 131; Prot. KR 1995–1999, S. 6499; Beleuchtender Bericht 1997, S. 6.

Übersicht

	Note
1. Allgemeines	1
2. Verwaltungsbehörde des Bundes als Rechtsmittelinstanz	6
3. Rekurskommission des Bundes als Rechtsmittelinstanz	8

§ 42

1. Allgemeines

Literatur
GYGI, S. 97 ff., 115 ff.; RHINOW/KOLLER/KISS, Rz. 997–1009.

1 Die in § 42 genannten Auschlussgründe beziehen sich auf den Vollzug von Bundesverwaltungsrecht durch den Kanton. Mit der Einführung der Generalklausel ist systembedingt § 49, der die Beschwerde an das Verwaltungsgericht im Anwendungsbereich sämtlicher Rechtsmittel an eine Bundesinstanz mit Ausnahme der staatsrechtlichen Beschwerde ausschloss, aufgehoben worden. Diese Ordnung war von Anfang an mit schweren Nachteilen verbunden, indem sie bei gemischten, sich sowohl auf eidgenössisches wie kantonales Recht stützenden Verfügungen zu einer Gabelung des Rechtsweges mit allen damit verbundenen Abgrenzungsschwierigkeiten führte (Kom. 1. A., § 49 N. 13); mit der Zunahme konkurrierender Gesetzgebungszuständigkeiten (bundesrechtliche Grundsatzgesetzgebung, verbunden mit kantonalem Ausführungsrecht) sind diese Nachteile noch grösser geworden. Der mit der Gesetzesrevision neu gefasste, an die Stelle von § 49 tretende § 42 schliesst die Beschwerde an das Verwaltungsgericht nur noch dort aus, wo ein Rechtsmittel an eine andere Bundesinstanz als an das Bundesgericht offen steht. Gemeint sind damit die Verwaltungsbeschwerde an eine Bundesverwaltungsbehörde (Art. 44 ff. VwVG), insbesondere den Bundesrat (Art. 72 ff. VwVG), sowie die Beschwerde an eine Rekurskommission (Art. 71a ff. VwVG). Bei erstinstanzlichen Anordnungen von Bundesbehörden entfällt die verwaltungsgerichtliche Zuständigkeit schon nach § 41, da mit den dort genannten «Verwaltungsbehörden» ausschliesslich kantonale gemeint sind. Weil die in § 42 genannten, den Ausschluss der verwaltungsgerichtlichen Zuständigkeit bewirkenden Rechtsmittel beim Vollzug von Bundesrecht durch eine kantonale Behörde nur selten gegeben sind (dazu N. 3; vgl. Rhinow/Koller/Kiss, Rz. 1251), kommt dieser Ausnahmebestimmung keine grosse praktische Bedeutung zu.

2 Vom Ausschlussgrund von § 42 nicht berührt sind die Rechtsmittel an das Bundesgericht auf dem Gebiet des Verwaltungsrechts (vgl. § 1): die staatsrechtliche Klage (Art. 83 OG), die staatsrechtliche Beschwerde (Art. 84 ff. OG), die Verwaltungsgerichtsbeschwerde (Art. 97 ff. OG) sowie die verwaltungsrechtliche Klage (Art. 116 ff. OG). Gegenüber der bisherigen Ordnung (§ 49 VRG, aufgehoben am 8.6.1997) ist demnach die verwaltungsgerichtliche Zuständigkeit erheblich *ausgedehnt* worden. Im Vordergrund stehen dabei die der Verwaltungsgerichtsbeschwerde unterliegenden Streitigkeiten; mit Art. 98a OG wollte der Bundesgesetzgeber das Bundesgericht im Anwendungsbereich dieses Rechtsmittels entlasten. Dass sich an einen Beschwerdeentscheid des Verwaltungsgerichts eine staatsrechtliche Klage an das Bundesgericht anschliesst, dürfte selten vorkommen (vgl. RB 1975 Nr. 13). Im Anwendungsbereich der verwaltungsgerichtlichen Klage an das Bundesgericht fehlt es an einer anfechtbaren Anord-

§ 42

nung, sodass die Beschwerde an das Verwaltungsgericht schon aus diesem Grund entfällt (vgl. aber RB 1962 Nr. 28 = ZBl 64/1963, S. 373).

Ob eine Anordnung bei einer Verwaltungsbehörde oder einer Rekurskommission des Bundes anfechtbar ist, bestimmt sich nach Regelung der Rechtsmittelkonkurrenz in der Bundesverwaltungsrechtspflege. Dabei ist davon auszugehen, dass in Bundesverwaltungssachen aufgrund der Generalklausel von Art. 97 Abs. 1 OG grundsätzlich die Verwaltungsgerichtsbeschwerde an das Bundesgericht offen steht, sofern eine der in Art. 98 oder Art. 98a OG genannten Vorinstanzen entschieden hat und keiner der in Art. 99–101 OG genannten Ausschlussgründe gegeben ist. Soweit Verwaltungsbehörden des Bundes als Rekursinstanz entscheiden, sind sie in der Regel Vorinstanz des Bundesgerichts (Art. 98 lit. b, c und d OG). Anderes gilt für die Rekurstätigkeit des Bundesrats, dessen Rekursentscheide weder an das Bundesgericht noch an eine eidgenössische Rekurskommission weitergezogen werden können. Die Verwaltungsgerichtsbeschwerde an das Bundesgericht hat Vorrang vor der Verwaltungsbeschwerde an den Bundesrat (Art. 74 lit. a VwVG); diese Regel ist indessen nur auf Beschwerden an den Bundesrat nach Art. 73 Abs. 1 lit. c VwVG anwendbar; Beschwerden an den Bundesrat nach Art. 73 Abs. 1 lit. a und b VwVG gehen im Sinn einer Ausnahme der Verwaltungsgerichtsbeschwerde an das Bundesgericht vor (Art. 102 lit. c OG). Wegleitend für die Abgrenzung der Zuständigkeit zwischen dem Bundesrat und dem Bundesgericht als zwei hierarchisch gleichgeordneten Rechtsmittelinstanzen sind demnach die Ausnahmekataloge der Art. 99–101 OG, welche die aus der Generalklausel des Art. 97 OG folgende allgemeine Zuständigkeit des Bundesgerichts einschränken. Eidgenössische Rekurskommissionen sind in der Regel Vorinstanzen des Bundesgerichts, soweit sie nicht endgültig entscheiden (Art. 98 lit. e OG). 3

§ 42 ist auch in jenen Fällen mit Art. 98a OG vereinbar, in denen der Rekursentscheid der Bundesbehörde (Verwaltungsbehörde oder Rekurskommission) noch der Verwaltungsgerichtsbeschwerde an das Bundesgericht unterliegt. Denn Art. 98a OG erfordert einen kantonalen richterlichen Rechtsschutz nur hinsichtlich solcher Anordnungen, die *unmittelbar* an das Bundesgericht weitergezogen werden können. 4

Die unter § 42 fallenden Streitsachen sind der verwaltungsgerichtlichen Überprüfung auch dann entzogen, wenn es sich dabei um zivilrechtliche Streitigkeiten oder strafrechtliche Anklagen im Sinn von Art. 6 Ziff. 1 EMRK handelt: Bezüglich Anordnungen, die an eine Rekurskommission des Bundes weitergezogen werden können, ist ein gerichtlicher Rechtsschutz im Sinn der Konventionsbestimmung gewährleistet. Hinsichtlich der an eine Verwaltungsbehörde des Bundes weiterziehbaren Anordnungen ist es Sache des Bundesgerichts, einen konventionskonformen Rechtsschutz zu bieten (vgl. BGr. 26.7.1999, 1A. 178/1998, welches Urteil allerdings eine Streitigkeit betraf, in der erstinstanzlich eine Bundesbehörde verfügte). 5

§ 42

2. Verwaltungsbehörde des Bundes als Rechtsmittelinstanz

Literatur
GYGI, S. 115 ff.; KÖLZ/HÄNER, Rz. 471 ff., 753 ff.; KOLLER, S. 359 ff.; RHINOW/KOLLER/ KISS, Rz. 997–1009, 1261–1263, 1387–1401, 1497; SCHMID PETER, Die Verwaltungsbeschwerde an den Bundesrat, Bern/Stuttgart/Wien 1997.

6 Die sachliche Zuständigkeit des Bundesrats als Beschwerdeinstanz ist eng begrenzt. Er behandelt nur Streitigkeiten, die weder an das Bundesgericht noch an das Eidgenössische Versicherungsgericht oder an eine Rekurs- oder Schiedskommission weiterziehbar sind und auch sonst nicht irgendwo endgültig «hängen» bleiben (Gygi, S. 112; Koller, S. 368; Rhinow/Koller/Kiss, Rz. 1394). An die Stelle des Bundesrats kann kraft besonderer bundesrechtlicher Vorschrift eine andere Bundesbehörde treten (Art. 74 lit. b VwVG; vgl. z.B. Art. 24 Abs. 2 SVG). Gegen kantonale Verfügungen steht die Beschwerde nur in den in Art. 73 VwVG genannten Fällen offen. Die Verwaltungsbeschwerde gegen letzte kantonale Instanzen richtet sich im Regelfall unmittelbar an den Bundesrat (Art. 72 lit. d VwVG; Gygi, S. 118).

7 *Kasuistik:* In Streitigkeiten betreffend Kostenübernahme und angemessene Ausbildung im Rahmen des Primarschulunterrichts (Art. 27 Abs. 2 aBV, Art. 19 BV) ist nach Art. 73 Abs. 1 lit. a Ziff. 2 VwVG die Beschwerde an den Bundesrat zulässig, weshalb die Zuständigkeit des Verwaltungsgerichts entfällt (RB 1998 Nr. 29). Gegen den regierungsrätlichen Rekursentscheid über die Erweiterung einer bestehenden Tempo-30-Zone durch Signale und Markierungen ist die Beschwerde an das Verwaltungsgericht ausgeschlossen, weil die Beschwerde an den Bundesrat nach Art. 3 Abs. 4 SVG zur Verfügung steht (RB 1998 Nr. 28).

3. Rekurskommission des Bundes als Rechtsmittelinstanz

Literatur
GYGI, S. 113 f., 125 f.; KÖLZ/HÄNER, Rz. 785 ff.; MOSER ANDRÉ/UEBERSAX PETER, Prozessieren vor eidgenössischen Rekurskommissionen, Basel/Frankfurt a.M. 1998; RHINOW/KOLLER/KISS, Rz. 413–426, 1004, 1452, 1622–1627; SCHWEIZER RAINER J., Die erstinstanzliche Verwaltungsgerichtsbarkeit des Bundes durch Rekurs- und Schiedskommissionen, Bibliothek zur Zeitschrift für Schweizerisches Recht/Beiheft 26, Basel/Frankfurt a.M. 1998; UEBERSAX PETER, Zur Entlastung der eidgenössischen Gerichte durch eidgenössische Schieds- und Rekurskommissionen sowie durch die Neuregelung des Klageverfahrens, AJP 1994, S. 1223 ff.

8 Die eidgenössischen Rekurskommissionen sind zusammen mit den erstinstanzlich verfügenden Schiedskommissionen im Rahmen der Revision des OG von 1991 (Art. 71a–71d VwVG) zur Entlastung des Bundesgerichts ausgebaut worden (Rhinow/Koller/Kiss, Rz. 1452, 1622). Vgl. die Übersichten über die bestehenden Rekurskommissionen in: Anhang 1 zu Art. 1 VOK; Rhinow/Koller/

Kiss, Rz. 415. Abgesehen von den in Art. 71d VwVG genannten Kommissionen kommt ihnen richterliche Unabhängigkeit zu, mithin zählen sie zu den Spezialverwaltungsgerichten. Ihr Zuständigkeitsbereich ist regelmässig auf ein bestimmtes Sachgebiet beschränkt, wo zumeist Streitigkeiten wirtschaftlicher oder technischer Natur anfallen. Sie treten kraft Sonderbestimmungen (Art. 47 Abs. 1 lit. b VwVG) an die Stelle der sonst als Rekursinstanz wirkenden Departemente (vgl. Art. 47 Abs. 1 lit. c VwVG); ihre Zuständigkeit schliesst die Beschwerde an den Bundesrat aus (Art. 74 lit. c VwVG; Rhinow/Koller/Kiss, Rz. 1004, 1627). Teilweise geht ihnen ein verwaltungsinternes Beschwerde- oder Einspracheverfahren voraus (Art. 98 lit. c OG). Ihre Entscheide können mit Verwaltungsgerichtsbeschwerde an das Bundesgericht weitergezogen werden (Art. 98 lit. e OG); nur soweit diese unzulässig ist (Art. 99–101, 129 OG), entscheiden die Rekurskommissionen endgültig (Art. 27 VOK).

§ 43. Die Beschwerde ist unzulässig gegen Anordnungen

a) auf dem Gebiet von Wahlen und Abstimmungen;
b) auf dem Gebiet des Personalwesens;
c) über Staatsbeiträge, auf die das Gesetz keinen Anspruch einräumt; zulässig ist die Beschwerde gegen den Widerruf und die Rückforderung von zu Unrecht zugesicherten oder ausbezahlten Subventionen;
d) über die Genehmigung von Erlassen; zulässig ist die Beschwerde gegen Nichtgenehmigungen und nicht vorbehaltlose Genehmigungen auf dem Gebiet des Raumplanungs-, Bau- und Strassenrechts;
e) über Erlass und Stundung geschuldeter Abgaben;
f) über Ergebnisse von Universitäts-, Schul-, Berufs- und anderen Fähigkeitsprüfungen, Schul- und Klassenzuteilungen, Dispensationen, Promotions- und Zulassungsentscheide einschliesslich Zulassungsbeschränkungen sowie über Disziplinarmassnahmen im Schulwesen, ausgenommen der disziplinarische Ausschluss;
g) in Straf- und Polizeistrafsachen, einschliesslich Vollzug von Strafen und Massnahmen;
h) auf dem Gebiet der Fremdenpolizei;
i) auf dem Gebiet des Militärwesens und des Zivilschutzes;
k) im Bereich des Kirchenwesens;
l) über den Erwerb des Bürgerrechts, sofern kein Anspruch auf Einbürgerung besteht;
m) des Verkehrsrates über die Ausgestaltung der Grundversorgung und die Festlegung der übrigen Verkehrsangebote.

b) nach dem Inhalt der Anordnung

§ 43

Soweit die Verwaltungsgerichtsbeschwerde an das Bundesgericht offensteht oder wenn es sich um Angelegenheiten gemäss Art. 6 Ziffer 1 EMRK handelt, ist die Beschwerde auch in den Fällen von Abs. 1 zulässig.

Ist die Beschwerde in der Hauptsache unzulässig, so ist sie es auch gegen Zwischenentscheide, Entscheide über Verfahrenskosten und Entschädigungen.

Materialien
Weisung 1957, S. 1042 ff.; Prot. KK 31.1.1958, 30.9.1958; Prot. KR 1955–1959, S. 3382; Beleuchtender Bericht 1959, S. 404 f.; Weisung 1995, S. 1537 f.; Prot. KK 1995/96, S. 90 ff., 116 ff., 131, 144 ff., 163 f., 183, 303 ff., 319 f., 353; Prot. KR 1995–1999, S. 6499 ff.

Literatur
GADOLA, Genehmigungsentscheid; GYGI, S. 103–108; KARLEN, Rz. 3.24–3.27; KLEY-STRULLER, Rechtsschutzgarantie; DERSELBE, Richterliche Beurteilung; DERSELBE, Anforderungen des Bundesrechts an die Verwaltungsrechtspflege der Kantone bei der Anwendung von Bundesverwaltungsrecht, AJP 1995, S. 148 ff.; KÖLZ/HÄNER, Rz. 850 ff.; KOLLER, S. 369–378; RHINOW RENÉ A., Verwaltungsgerichtsbarkeit im Wandel, in: Festschrift Kurt Eichenberger, Basel/Frankfurt a.M. 1982, S. 657 ff.; RHINOW/KOLLER/KISS, Rz. 1465–1480; SCHWEIZER RAINER J., Auf dem Weg zu einem schweizerischen Verwaltungsverfahrens- und Verwaltungsprozessrecht, ZBl 91/1990, S. 193 ff.; WOHLFART HEINER, Anforderungen der Art. 6 Abs. 1 EMRK und Art. 98a OG an die kantonalen Verwaltungsrechtspflegegesetze, AJP 1995, S. 1421 ff.

Übersicht

	Note
1. Allgemeines	1
2. Abs. 1	5
2.1. lit. a	5
2.2. lit. b	6
2.3. lit. c	7
2.4. lit. d	11
2.5. lit. e	14
2.6. lit. f	16
2.7. lit. g	21
2.8. lit. h	31
2.9. lit. i	37
2.10. lit. k	40
2.11. lit. l	44
2.12. lit. m	48
3. Abs. 2	49
4. Abs. 3	55

1. Allgemeines

1 Der Ausnahmekatalog von § 43 Abs. 1 und 3 ist jenem von Art. 99–101 OG nachgebildet. Allgemein handelt es sich um Bereiche, die sich für eine richterliche Überprüfung nicht eignen. Dazu gehören Materien mit *politischen Ent-*

§ 43

scheidungskomponenten (lit. a, d, h, i, k, m) sowie Gebiete mit *weiten Ermessensspielräumen* (lit. c, e, f, g, h, l, m). Der Ausschluss von Gebieten mit weiten Ermessensspielräumen ist rechtsstaatlich nicht unproblematisch, da so bei den betreffenden Streitigkeiten auch die Beurteilung von Rechtsfragen der gerichtlichen Kontrolle entzogen wird (Kölz/Häner, Rz. 861; Rhinow/Koller/Kiss, Rz. 1478; Jaag, Verwaltungsrechtspflege, S. 514). Das gilt im besonderen Masse dort, wo für die Zulässigkeit der Beschwerde an die materielle Anspruchsberechtigung angeknüpft wird (vgl. im Bund Art. 99 Abs. 1 lit. d und h OG betreffend Konzessionen bzw. finanzielle Zuwendungen; Art. 100 Abs. 1 lit. b Ziff. 3 OG betreffend fremdenpolizeiliche Bewilligungen; dazu Kölz/Häner, Rz. 862; Koller, S. 372). Es ist daher positiv zu würdigen, dass der Ausnahmekatalog in § 43 VRG enger als jener in Art. 99–101 OG gefasst ist. Allerdings enthält Letzterer eine lange Reihe *technischer* Tatbestände (vgl. Art. 99 Abs. 1 lit. e, 100 Abs. 1 lit. h, i, l, m, n, o, s OG; dazu Kölz/Häner, Rz. 871 ff.; Rhinow/Koller/Kiss, Rz. 1471), die sich vorab in dem von den Bundesbehörden vollzogenen Bundesverwaltungsrecht finden, welches ohnehin der Kontrolle durch das kantonale Verwaltungsgericht entzogen ist (vgl. § 42). Auf das Kriterium der Anspruchsberechtigung ist zudem auch im VRG nicht verzichtet worden (vgl. § 43 Abs. 1 lit. c betreffend Staatsbeiträge, lit. h i.V.m. Abs. 2 betreffend fremdenpolizeiliche Bewilligungen, lit. l betreffend Einbürgerungen).

Der Katalog enthält einige «*unechte*» Ausnahmen. Darunter sind Fälle zu verstehen, in denen sich die Unzulässigkeit der Beschwerde bereits aus anderen Gründen, insbesondere aus der Beschränkung auf das öffentliche Recht im Sinn von § 1 und dem Ausschluss der abstrakten Normenkontrolle, ergibt. Der Ausschluss der Beschwerde in *Straf- und Polizeistrafsachen* gemäss § 43 Abs. 1 lit. g ergibt sich schon daraus, dass solche Angelegenheiten nicht unter den Begriff des öffentlichen Rechts nach § 1 fallen. Der Ausschluss der Beschwerde gegen die *Genehmigung von Erlassen* (§ 43 Abs. 1 lit. d) bildet dann eine unechte Ausnahme, wenn der Genehmigungsentscheid als generell-abstrakter Erlass gewürdigt ist, was in der Lehre umstritten ist (verneinend Gadola, Genehmigungsentscheid, S. 294 ff.). Ferner stellt § 43 Abs. 3 eine unechte Ausnahme dar, denn die Unzulässigkeit der Beschwerde gegen die dort umschriebenen *Entscheide betreffend prozessleitende Massnahmen, Verfahrenskosten und Entschädigungen bei fehlender Zuständigkeit in der Hauptsache* ergibt sich schon aus dem Grundsatz der Einheit des Prozesses (BGE 111 Ib 75, 115 Ib 429). 2

Verfügungen über Tarife und Pläne sind *nicht* von der Beschwerde ausgeschlossen; dies im Unterschied zur Zuständigkeitsregelung bei der Verwaltungsgerichtsbeschwerde vor Bundesgericht (Art. 99 Abs. 1 lit. b und c OG), wo sie zu den unechten Ausnahmen gezählt werden, was allerdings nur insoweit zutrifft, als es sich um Tarife und Pläne generell-abstrakter Natur handelt (dazu Rhinow/Koller/Kiss, Rz. 1473–1476). Zu weiteren unechten Ausnahmen bei der Verwaltungsgerichtsbeschwerde vgl. Art. 100 Abs. 1 lit. e Ziff. 2, lit. f und lit. g OG (dazu Kölz/Häner, Rz. 881 ff.). 3

§ 43

4 Erhebliche Bedeutung im System der Generalklausel mit Ausnahmen kommt den *Gegenausnahmen* zu. *Punktuelle* Gegenausnahmen sind enthalten in § 43 Abs. 1 lit. c (Widerruf und Rückforderung von zu Unrecht zugesicherten oder ausbezahlten Subventionen), lit. d (Nichtgenehmigungen und nicht vorbehaltlose Genehmigungen auf dem Gebiet des Raumplanungs-, Bau- und Strassenrechts), lit. l (Erwerb des Bürgerrechts, sofern ein Anspruch auf Einbürgerung besteht). *Generelle* Gegenausnahmen sieht § 43 Abs. 2 mit den Vorbehalten betreffend Art. 6 Ziff. 1 EMRK und Art. 98a OG vor. Diese allgemeinen Vorbehalte lassen die Zuständigkeitsordnung von §§ 41–43 als wenig transparent erscheinen. Sie finden ihre Erklärung und Rechtfertigung darin, dass die völker- und bundesrechtlichen Vorgaben von Art. 6 Ziff. 1 EMRK und Art. 98a OG zwar die Hauptmotive für die Einführung der Generalklausel bildeten, ihr Anwendungsbereich aber nur sehr schwer abzustecken ist: Die Zuständigkeitsregelung der Verwaltungsgerichtsbeschwerde in Art. 97 ff. OG ist kompliziert und unübersichtlich; ihr Einsatzfeld ergibt sich aus einem weit verzweigten System von Zulässigkeitsvoraussetzungen, die sie von anderen Rechtsmitteln der Bundesverwaltungsrechtspflege abgrenzen (Karlen, Rz. 3.2). Welche verwaltungsrechtlichen Streitsachen unter den Begriff der zivilrechtlichen Streitigkeit oder jenen der strafrechtlichen Anklage im Sinn von Art. 6 Ziff. 1 EMRK fallen, lässt sich ebenso wenig generell umschreiben und damit bei der Formulierung der einzelnen Ausnahmen einbeziehen. Die generellen Vorbehalte kommen vorab bei den Tatbeständen in § 43 Abs. 1 lit. g und h zum Zug.

2. Abs. 1

2.1. lit. a

5 Streitigkeiten auf dem Gebiet von Abstimmungen und Wahlen sind dem Staatsrecht zuzurechnen (Gygi, S. 88). Sämtliche Akte kantonaler Behörden, welche kantonale einschliesslich kommunale Wahlen oder Abstimmungen oder die politische Stimmberechtigung betreffen, unterliegen der staatsrechtlichen Beschwerde nach Art. 85 lit. a OG, wobei nicht nur Wahl- und Abstimmungsergebnisse, sondern auch diesbezügliche Vorbereitungsmassnahmen anfechtbar sind (BGE 110 Ia 178, 121 I 139). Das Gebiet der Wahlen und Abstimmungen ist auch im Bund von der Verwaltungsgerichtsbeschwerde ausgeschlossen (Art. 100 Abs. 1 lit. p OG). Für eidgenössische Abstimmungs- und Wahlentscheide gelten die Sondervorschriften des Bundesgesetzes über die politischen Rechte vom 17.12.1976 (BPR; SR 161.1) mit Beschwerdemöglichkeiten an den Bundesrat und den Nationalrat (Art. 77 ff.; zur Beschwerdemöglichkeit an den Bundesrat vgl. VPB 44/1980 Nr. 2, 48/1984 Nr. 53). Vgl. § 19 N. 40 und 135 ff.

2.2. lit. b

Die Bestimmung schliesst die Beschwerde nach §§ 41 ff. im Hinblick darauf 6
aus, dass in personalrechtlichen Streitigkeiten die Beschwerde nach §§ 74 f. zulässig ist. Zur Problematik der gesetzlichen Systematik mit der Unterscheidung zwischen einer «allgemeinen» und einer personalrechtlichen Beschwerde vgl. § 41 N. 43.

2.3. lit. c

Die Bestimmung übernimmt die im Staatsbeitragsgesetz eingeführte Regelung, 7
die zwischen Kostenanteilen (mit Anspruch auf Ausrichtung) und Subventionen (ohne Anspruch) unterscheidet (§ 2 StaatsbeitragsG). Bei Subventionen unterliegen lediglich deren Widerruf und Rückforderung der Beschwerde (§ 16 StaatsbeitragsG). Mit § 43 Abs. 1 lit. c sollen Ermessenssachverhalte von der Beschwerde ausgeschlossen werden.

Das Verwaltungsgericht legt § 16 StaatsbeitragsG restriktiv aus. Das gilt auch 8
für den Begriff des Widerrufs bzw. jenen der Zusicherung. Die Anerkennung der Berechtigung zu Beiträgen an Jugendmusikschulen, verbunden mit dem Vorbehalt der Kreditbewilligung durch den Kantonsrat, stellt keine Zusicherung von Subventionen dar, deren Widerruf mit Beschwerde angefochten werden kann (RB 1994 Nr. 7).

Nicht unter die Ausnahmebestimmung von § 43 Abs. 1 lit. c fallen die anderen 9
Erscheinungsformen von öffentlichen Unterstützungsleistungen, nämlich die *Fürsorgeleistungen* nach SozialhilfeG und die *Stipendien*. Diese werden im Unterschied zu den Staatsbeiträgen nicht «für» die Erfüllung von Aufgaben im öffentlichen Interesse an solche Aufgaben erfüllende Personen, sondern «in» Erfüllung sozialpolitischer Aufgaben unmittelbar den Unterstützungsbedürftigen ausgerichtet (vgl. RB 1994 Nr. 7 E. 1). In diesen Bereichen bringt die Generalklausel, die auch die Beschwerde gegen die Verweigerung solcher Leistungen ermöglicht, eine erhebliche Erweiterung der verwaltungsgerichtlichen Zuständigkeit gegenüber der früheren Ordnung (§ 42 Abs. 1 i.d.F.v. 24.5.1959), nach der – wie heute noch bei den Subventionen – lediglich gegen Anordnungen betreffend die Rückerstattung der Leistungen Beschwerde erhoben werden konnte. Demgegenüber ist die für die Verwaltungsgerichtsbeschwerde an das Bundesgericht massgebende Ausnahmeklausel in Art. 99 Abs. 1 lit. h OG wesentlich weiter gefasst (vgl. BGE 100 Ib 342).

Häufig werden öffentliche Unterstützungsleistungen in Form von befristeten 10
Darlehen erbracht, wobei die Rückzahlungspflichten und -modalitäten in den diesbezüglichen Verträgen oder Verfügungsauflagen genau geregelt sind. Die Verweigerung entsprechender Erlass- oder Stundungsgesuche unterliegt nicht der Beschwerde an das Verwaltungsgericht (dazu N. 15). Handelt es sich um

§ 43

Subventionen, greift daher insoweit die Gegenausnahme von § 43 Abs. 1 lit. c nicht ein.

2.4. lit. d

11 *Erlasse* sind in der Regel – die vor allem auf dem Gebiet des Raumplanungsrechts und dort namentlich bezüglich der besonderen Rechtsfigur des Plans Ausnahmen erfährt – generell-abstrakte Anordnungen. *Genehmigungen* von Erlassen *im innerstaatlichen Verhältnis* – z.B. die kantonsrätliche Genehmigung von regierungsrätlichen Verordnungen – sind nach herrschender Lehre ebenfalls generell-abstrakt, weil das Parlament auch insoweit Recht setzt bzw. an der Rechtsetzung des Regierungsrats mitwirkt und nicht etwa sein parlamentarisches Oberaufsichtsrecht ausübt (Gadola, Genehmigungsentscheid, S. 291). Derartige Genehmigungsentscheide sind der Beschwerde auch deswegen entzogen, weil Akte des Parlaments nicht anfechtbar sind (§ 41). Bei der Genehmigung von Erlassen im *subordinationsrechtlichen* Verhältnis geht es vorab um die Genehmigung von kommunalen Erlassen durch eine kantonale Behörde. Die Rechtsnatur solcher Genehmigungsentscheide ist in der Lehre umstritten (vgl. Gadola, Genehmigungsentscheid, S. 294 ff., der sie entgegen zahlreichen anderen Lehrmeinungen als Verfügung qualifiziert). Entsprechend der Regelung im Bund (Art. 99 Abs. 1 lit. a OG) schliesst § 43 Abs. 1 lit. d die Beschwerde gegen die Genehmigung von Erlassen grundsätzlich aus. Diese Lösung des Gesetzgebers lässt sich unbesehen der umstrittenen Rechtsnatur von Genehmigungsentscheiden jedenfalls damit rechtfertigen, dass das Verbot abstrakter Normenkontrolle nicht mit der Anfechtbarkeit des Genehmigungsentscheids unterlaufen werden soll. Aus dem nämlichen Grund sind Beschlüsse des Regierungsrats über die Inkraftsetzung generell-abstrakter Normen nicht mit Beschwerde anfechtbar (RB 1994 Nr. 6).

12 Mit Bezug auf *raumplanungsrechtliche Erlasse* besteht eine besondere Ordnung. Einerseits sind hier auch bestimmte generell-abstrakte Erlasse anfechtbar, so namentlich kommunale Zonenvorschriften; anderseits weisen die Raumpläne, die ebenfalls den raumplanungsrechtlichen Erlassen zugerechnet werden, eine besondere Rechtsnatur auf (§ 329 PBG, dazu § 19 N. 21 ff., § 41 N 12 ff.). § 43 Abs. 1 lit. d Halbsatz 2 erklärt daher die Beschwerde gleichwohl zulässig gegen Nichtgenehmigungen und nicht vorbehaltlose Genehmigungen auf dem Gebiet des Raumplanungs-, Bau- und Strassenrechts. Diese Gegenausnahme ist in der Gesetzesrevision vom 8.6.1997 für jene Fälle vorgesehen worden, in denen der betroffene Grundeigentümer keinen Anlass hat, ein Rechtsmittel gegen die Festsetzung des genehmigungspflichtigen Aktes zu ergreifen: Nichtgenehmigungen und Genehmigungen, die unter Bedingungen und Auflagen, d.h. nicht vorbehaltlos erteilt werden, führen zu einer Änderung des genehmigungspflichtigen Aktes und sollten daher mit Beschwerde an das Verwaltungsgericht weitergezogen werden können (Weisung 1995/96, S. 1537 f.; Prot. KK

1995/96, S. 119 f.). Das entsprach der schon vor der Gesetzesrevision vom 8.6.1997 geltenden Praxis, wonach die Befugnis des Grundeigentümers, gegen die Verweigerung der Genehmigung einer kommunalen Nutzungsplanfestsetzung Beschwerde zu erheben, unmittelbar aus Art. 33 RPG abgeleitet wurde (RB 1994 Nrn. 10 und 17 = BEZ 1994 Nr. 22; vgl. auch Gadola, Genehmigungsentscheid, S. 297 f.; nicht aber für Gemeinden, dazu RB 1995 Nr. 15). Auf einem ähnlichen Gedanken beruhte die frühere Praxis, die Beschwerde gegen raumplanungsrechtliche Genehmigungsentscheide dann zuzulassen, wenn zuvor im Festsetzungsverfahren kein Rechtsmittel zur Verfügung stand, wie das namentlich auf die regierungsrätliche Genehmigung von Strassenprojekten zutraf (RB 1992 Nr. 6 = BEZ 1992 Nr. 29). Zum Verhältnis zwischen Rechtsmittel- und Genehmigungsverfahren bei kommunalen Nutzungsplanungen vgl. § 19 N. 106.

Auf den genannten, unter die Gegenausnahme fallenden Gebieten sind insbesondere folgende Akte genehmigungspflichtig: 13
- kommunale Bau- und Zonenordnungen, Sonderbauvorschriften und Gestaltungspläne (§ 89 PBG), Erschliessungspläne (§ 95 PBG), kommunale Bau- und Niveaulinienpläne (§ 109 PBG), Ski- und Schlittellinien (§ 113 PBG), Werkpläne (§ 115 PBG), Quartierpläne (159 PBG),
- Bewilligungen von Betrieben mit Schwertransporten (§ 227 PBG) und von Hochhäusern (§ 285 PBG),
- einige kommunale Festsetzungen von Strassenprojekten (§§ 15 Abs. 2 und 45 Abs. 3 StrassG).

2.5. lit. e

Mit Abgaben sind *Kausalabgaben* gemeint; der Rechtsschutz bei Streitigkeiten über Stundung und Erlass von Steuern richtet sich nach der Steuergesetzgebung (vgl. § 72). Die Regelung von § 43 Abs. 1 lit. e entspricht jener in der Steuergesetzgebung (§§ 178, 185, 186 StG) sowie jener in der Bundesverwaltungsrechtspflege (Art. 99 Abs. 1 lit. g OG). Damit sollen ausgeprägte Ermessenssachverhalte von der gerichtlichen Überprüfung ausgenommen werden. 14

In ausdehnender Auslegung ist die Bestimmung aber *auch auf andere dem Gemeinwesen geschuldete finanzielle Leistungen* anwendbar. Das gilt namentlich für die Rückzahlung öffentlicher Unterstützungsleistungen (Subventionen, Sozialhilfeleistungen, Stipendien), die in Form von befristeten Darlehen erbracht worden sind (VGr. 29.1.1997, VB.96.00202). Die ratio legis trifft auf Streitigkeiten über Erlass und Stundung derartiger Leistungen gleichermassen zu. Die Ablehnung entsprechender Erlass- oder Stundungsgesuche unterliegt demnach nicht der Beschwerde an das Verwaltungsgericht. Das entspricht auch der früheren Praxis zu § 42 Abs. 1 in der ursprünglichen Fassung. 15

§ 43

2.6. lit. f

16 Die Bestimmung nimmt allgemein Ergebnisse von *Fähigkeitsprüfungen* von der Beschwerde aus und nennt als Beispiele Universitäts-, Schul- und Berufsprüfungen. Sie ist Art. 99 Abs. 1 lit. f OG nachgebildet, welcher solche Prüfungen von der Verwaltungsgerichtsbeschwerde ausschliesst. Das gesetzgeberische Motiv liegt darin, dass solche Entscheide mit einem grossen Ermessen verbunden sind und teilweise ein fachtechnisches Wissen voraussetzen. Dem Ausschluss der Beschwerde entspricht hier die in der Praxis befolgte Einschränkung der Kognition auf Rekursebene (vgl. § 20 N. 21). Die Bestimmung führt insoweit die frühere Praxis zu § 43 Abs. 2 VRG i.d.F.v. 24.5.1959 fort, wonach nur Patentverweigerungen, nicht jedoch die ihnen zugrunde liegenden Fähigkeitsprüfungsergebnisse als anfechtbar erachtet wurden (RB 1994 Nr. 8).

17 *Zulassungsentscheide* – darunter sind nach der gesetzlichen Systematik offenkundig Aufnahmeprüfungen in Schulen gemeint – sowie *Promotionsentscheide* (d.h. solche über den Zugang zur nächsthöheren Klasse) beruhen ebenfalls auf Prüfungen, weshalb auch hier die Beschwerde ausgeschlossen ist. Seit der Revision vom 13.6.1999 (Fassung gemäss MittelschulG) erklärt § 43 Abs. 1 lit. f auch Beschwerden gegen «Zulassungsbeschränkungen» für unzulässig. Damit ist der verwaltungsgerichtliche Entscheid VB.98.00222 vom 26.8.1998 überholt, der festhielt, die Anordnung eines Eignungstests für das Medizinstudium falle nicht unter den Ausschluss von § 43 Abs. 1 lit. f.

18 Auf dem nämlichen Motiv (grosser Ermessensspielraum) beruht der Ausschluss der Beschwerde gegen Entscheide über *Klassenzuteilungen*, wenngleich es hier nicht um die Ergebnisse von Prüfungen geht. Gleiches gilt für die seit der Revision vom 13.6.1999 (Fassung gemäss MittelschulG) neu erwähnten *Dispensationen*.

19 § 43 Abs. 1 lit. f i.d.F. gemäss MittelschulG vom 13.6.1999 schliesst nunmehr auch *Disziplinarmassnahmen im Schulwesen*, mit Ausnahme des disziplinarischen Ausschlusses, von der Beschwerde aus.

20 Entscheide über Fähigkeitsprüfungen, Schulzulassungen und Promotionen sind nicht nur bezüglich der ihnen zugrunde gelegten Bewertungen nicht anfechtbar; auch Verfahrensmängel können nicht mit Beschwerde geltend gemacht werden. Gleiches gilt für Klassenzuteilungen und Dispensationen.

2.7. lit. g

21 *Strafsachen* sind strafrechtliche Sanktionen nach den Bestimmungen des StGB und des Bundesnebenstrafrechts. *Polizeistrafsachen* sind Übertretungen des eidgenössischen und kantonalen einschliesslich kommunalen Rechts, für deren Untersuchung und Beurteilung die Gemeinderäte oder die Statthalterämter zuständig sind (vgl. Art. 101, 335, 345 StGB; §§ 333–335a StPO; § 74 GVG).

Dabei umfasst die Strafbefugnis der Gemeinderäte neben der Verfolgung von kantonalen und kommunalen Normen auch die Ahndung von Übertretungen des StGB und des Bundesnebenstrafrechts nach Massgabe der kantonalen Verordnung über die Zuständigkeit im Übertretungsstrafrecht des Bundes vom 12.2.1975 (LS 321.1; vgl. Thalmann, § 74 N. 3.2.2). Strafsachen und Polizeistrafsachen fallen ohnehin nicht unter den Begriff der öffentlichrechtlichen Angelegenheiten im Sinn von § 1, weshalb es sich um unechte Ausnahmen handelt. Die Verwaltungsgerichtsbeschwerde an das Bundesgericht ist im Bereich der Strafverfolgung ebenfalls ausgeschlossen (Art. 100 Abs. 1 lit. f OG).

Kasuistik (zu § 46 lit. b, aufgehoben am 8.6.1997): In Streitigkeiten über die Einziehung von Waffen und Munition ist das Verwaltungsgericht nicht zuständig (RB 1982 Nr. 27 E. b). Die Verpflichtung von Eltern zu Ersatzleistungen für die Kosten der Heimeinweisung ihres straffällig gewordenen Sohnes beruht auf der kantonalen Strafgesetzgebung, weshalb die Beschwerde an das Verwaltungsgericht ausgeschlossen ist (RB 1989 Nr. 14). 22

Grundsätzlich von der Beschwerde ausgeschlossen sind auch Anordnungen betreffend den *Vollzug von Strafen und Massnahmen*. Da solche Anordnungen grösstenteils Verwaltungsrecht beschlagen, handelt es sich hier um eine echte Ausnahme (Gygi, S. 107; Karlen, Rz. 3.21). Gegen solche Anordnungen steht aber, da sie nicht unter die Ausnahme von Art. 100 Abs. 1 lit. f OG fallen, die Verwaltungsgerichtsbeschwerde an das Bundesgericht offen, sofern sie sich auf Bundesrecht stützen (Gygi, S. 88), weshalb insoweit nach *Art. 98a OG* eine richterliche Überprüfung im Kanton erforderlich ist. Weil sich der Strafrichter für eine derartige Überprüfung in verschiedener Hinsicht ebenso oder besser eignet als der Verwaltungsrichter, wurde bei der Revision des VRG vom 8.6.1997 erörtert, ob nicht durch spezialgesetzliche Regelung die Zuständigkeit des Strafrichters vorzusehen sei; davon wurde jedoch abgesehen; ausschlaggebend blieb die dogmatische Zugehörigkeit des Strafvollzugs zum Verwaltungsrecht (Prot. KK 1995/96, S. 94 f., 304 f.). 23

Es ist daher bei Anordnungen betreffend Straf- und Massnahmenvollzug stets zu prüfen, ob die Verwaltungsgerichtsbeschwerde an das Bundesgericht offen stehe. Das trifft dann zu, wenn die Grundlage der betreffenden Verfügung nicht im selbständigen kantonalen Recht, sondern in einer vorrangigen Vorschrift des Bundesrechts liegt (BGE 124 I 232 f., 118 Ib 130 ff.; vgl. Art. 37–40, 46, 376–378 StGB betreffend Strafvollzug; Art. 42 Ziff. 2–4, 43 Ziff. 4, 44 Ziff. 4, 45, 46 StGB betreffend Massnahmenvollzug; ferner die gestützt auf Art. 397bis StGB erlassenen Verordnungen des Bundesrats). Für Entscheide betreffend Massnahmenvollzug, die eine Änderung des ursprünglichen Urteilsdispostivs bedeuten, ist dagegen stets der ursprünglich urteilende Strafrichter zuständig (vgl. Art. 42 Ziff. 5, Art. 43 Ziff. 3 und 5, Art. 44 Ziff. 3, 5 und 6 StGB). Nach ihrem sachlichen Regelungsbereich sind bei Anordnungen des Straf- und Massnahmenvollzugs folgende Kategorien zu unterscheiden: 24

§ 43

1. Anordnungen der Anstalts- oder Gefängnisleitung betreffend das anstaltsinterne Leben im Allgemeinen, z.B. Arbeitszuteilung, Zellengestaltung, Fernsehgebrauch, Disziplinarwesen (vgl. § 36 Abs. 2 StVG);
2. Anordnungen der Anstalts- oder Gefängnisleitung betreffend Vollzugslockerungen innerhalb des gleichen Anstaltsbetriebes, z.B. Urlaub, Arbeitseinsatz ausserhalb der Anstalt (vgl. § 36 Abs. 2 StVG);
3. Anordnungen der Verwaltungsbehörden betreffend Vollzugslockerungen, die einen Wechsel der Institution oder den Schritt in die Freiheit bedeuten, insbesondere Versetzung in eine offenere Anstalt, Halbfreiheit, bedingte bzw. probeweise Entlassung, Straf- und Massnahmenunterbruch, Rückversetzung (vgl. § 27 Abs. 2 StVG).

Die Verwaltungsgerichtsbeschwerde steht vorab gegen Anordnungen der dritten Kategorie offen. Dazu gehören insbesondere Anordnungen über vermehrte Freiheitsgewährung, namentlich die Halbgefangenschaft und die Halbfreiheit (Art. 4 der Verordnung 1 zum Schweizerischen Strafgesetzbuch vom 13.11.1973 [VStGB 1; SR 311.01], Art. 1 und 6 Abs. 2 der Verordnung 3 zum Schweizerischen Strafgesetzbuch vom 16.12.1985 [VStGB 3; SR 311.03], § 29 Abs. 2 StVG; RB 1998 Nr. 30 betreffend Halbfreiheit), Entscheide über die bedingte/probeweise Entlassung einschliesslich Rückversetzung sowie die Unterbrechung des Straf- und des Massnahmenvollzugs (Art. 38, 40, 42 Ziff. 4, 43 Ziff. 4, 44 Ziff. 4, 45, 100ter StGB; vgl. BGE 122 IV 11, 106 IV 156, 330, 103 Ib 27, 102 Ib 36, 101 Ib 452), ferner Entscheide bezüglich des probeweisen Aufschubs der Landesverweisung bei der bedingten Entlassung (Art. 55 Abs. 2 StGB). Vereinzelt steht die Verwaltungsgerichtsbeschwerde auch gegen Anordnungen der ersten und zweiten Kategorie offen, so namentlich gegen Entscheide betreffend den Besuchs- und Briefverkehr (vgl. Art. 5 VStGB 1; BGE 118 Ib 131 ff.) sowie gegen Anordnungen betreffend den Verdienstanteil (vgl. Art. 376–378 StGB; BGE 102 Ib 254 ff.).

25 *Kasuistik:* Die bedingte Entlassung aus dem Strafvollzug setzt bereits nach dem Wortlaut von Art. 38 Ziff. 1 Abs. 1 StGB eine rechtskräftige «Verurteilung» voraus, woran es bei einem vorzeitigen Strafantritt fehlt; dem sich im vorzeitigen Strafvollzug befindlichen Angeschuldigten steht dagegen die Möglichkeit offen, jederzeit bei der mit der Sache befassten Gerichts- bzw. Rechtsmittelinstanz ein Entlassungsgesuch zu stellen (RB 1997 Nr. 112 = ZR 97 Nr. 13). Verfügungen über den Strafantritt stützen sich ausschliesslich auf kantonales Recht (§ 23 StVG), weshalb dagegen die Verwaltungsgerichtsbeschwerde nicht zulässig ist (RB 1997 Nr. 111).

26 Nicht ausdrücklich erwähnt werden in § 43 Abs. 1 lit. g *Disziplinarstrafen oder -massnahmen.* Zu unterscheiden sind Disziplinarmassnahmen gegen Behördenmitglieder und öffentliche Bedienstete (1), gegen an Verfahren beteiligte Private (2), gegen Personen in einem besonderen Gewaltverhältnis, namentlich in

den Bereichen des Straf- und Massnahmenvollzugs sowie des Erziehungswesens (3) sowie gegen Personen, die wie etwa Rechtsanwälte und Medizinalpersonen bezüglich ihrer Berufsausübung unter einer besonderen Aufsicht des Staats stehen (4). Die Kategorien 1 und 2 fallen in den Anwendungsbereich des *OrdnungsstrafG,* das als Sanktionen vorab Verweis und Busse vorsieht; für das dem Personalgesetz unterstellte Personal kommt das OrdnungsstrafG allerdings nicht, für das übrige Personal nur ergänzend zur Anwendung (§ 1 Abs. 2 OrdnungsstrafG); als besondere Sanktion ist im personalrechtlichen Bereich zusätzlich die Diensteinstellung für höchstens zwei Monate vorgesehen (§ 4 Abs. 1 Ziff. 3 OrdnungsstrafG). Nicht unter das OrdnungsstrafG fallen Disziplinarstrafen gegen Personen in einem «besonderen Gewaltverhältnis». Eine Revisionsvorlage vom 5.1.1994, die unter anderem den Rechtsschutz in diesem Bereich regeln wollte (vgl. ABl 1994 I, S. 230 ff., II, S. 1593 ff.), hat der Regierungsrat vor der Schlussabstimmung im Kantonsrat am 5.4.1995 im Hinblick auf die Revision des VRG und die Schaffung eines Personalgesetzes zurückgezogen. In der Folge ist das OrdnungsstrafG im Zusammenhang mit der Schaffung des Personalgesetzes revidiert worden (Weisung RR vom 22.5.1996 zum PG, ABl 1996 II, S. 1190 ff.).

Aus den Materialien der VRG-Revision vom 8.6.1997 ergibt sich, dass Disziplinarstrafen und -massnahmen, mit Ausnahme solcher im Rahmen des Straf- und Massnahmenvollzugs (N. 28), nicht unter den Beschwerdeausschluss von § 43 Abs. 1 lit. g fallen sollen (Prot. KK 1995/96, S. 98 ff., 120). Der Beschwerde unterliegen damit namentlich Disziplinarmassnahmen gegen *Private,* die mit Behörden im Geschäftsverkehr stehen; § 5 OrdnungsstrafG, welcher diesbezügliche Rekursentscheide als letztinstanzlich bezeichnete, ist anlässlich der Schaffung des Personalgesetzes aufgehoben worden. Der Beschwerde unterliegen sodann Disziplinarsanktionen gegenüber *Angehörigen eines freien Berufs*; schwere Sanktionen in diesem Bereich wie etwa der – wenn auch befristete – disziplinarische Entzug der Bewilligung zur Berufsausübung gelten ohnehin als *zivilrechtliche* Streitigkeiten im Sinn von Art. 6 Ziff. 1 EMRK (BGE 123 I 88). Die Beschwerde gegen Disziplinarmassnahmen in andern Bereichen kann jedoch aus *andern* Gründen ausgeschlossen sein (dazu N. 29 f.). 27

Für Disziplinarsanktionen im *Straf- und Massnahmenvollzug* ergibt sich der Ausschluss der Beschwerde unmittelbar aus § 43 Abs. 1 lit. g (dazu N. 23). Derartige Disziplinarstrafen sind unter Umständen allerdings als strafrechtliche Anklagen im Sinn von *Art. 6 Ziff. 1 EMRK* zu qualifizieren. Das trifft indessen nur dann zu, wenn die Disziplinarmassnahme eine erhebliche Verlängerung des Freiheitsentzugs zur Folge hat; beinhaltet sie lediglich eine vorübergehende Verschärfung der Haftbedingungen, ist Art. 6 Ziff. 1 EMRK nicht anwendbar (BGE 125 I 108 ff., 117 Ia 187). 28

Für Disziplinarstrafen gegen *Behördenmitglieder und öffentliche Bedienstete* – soweit solche Massnahmen nach der Abschaffung des Disziplinarrechts für das 29

§ 43

Staatspersonal und angesichts der subsidiären Geltung des Personalgesetzes für das Gemeindepersonal überhaupt noch vorkommen – steht die «allgemeine» Beschwerde nicht offen (§ 43 Abs. 1 lit. b); zulässig ist jedoch der Disziplinarrekurs an das Verwaltungsgericht gegen Massnahmen und Rekursentscheide der in § 76 Abs. 1 genannten Instanzen, wobei lediglich Verweise von diesem Rekurs ausgeschlossen bleiben (§ 76 Abs. 2).

30 Disziplinarmassnahmen im *Schulwesen*, ausgenommen der disziplinarische Ausschluss, sind nach § 43 Abs. 1 lit. f i.d.F. gemäss MittelschulG vom 13.6.1999 nicht mit Beschwerde anfechtbar (N. 19).

2.8. lit. h

Literatur
BOLZ URS, Rechtsschutz im Ausländer- und Asylrecht, Basel/Frankfurt a.M. 1990; GUTZWILLER MAX/BAUMGARTNER URS, Schweizerisches Ausländerrecht, Die Rechtstellung der Ausländer in der Schweiz, 2. A., München/Basel 1997; KÄLIN WALTER, Grundriss des Asylverfahrens, Basel/Frankfurt a.M. 1990; MALINVERNI GIORGIO, in: Kommentar aBV, Art. 69ter, Art. 70; MOSER HANS PETER, Die Rechtstellung des Ausländers in der Schweiz, ZSR 86/1967 II, S. 325 ff.; SCHMID ROLF, Die Rechtstellung des ausländischen Saisonarbeiters in der Schweiz, Zürich 1991; THÜRER DANIEL, Die Rechtstellung des Ausländers in der Schweiz, in: Die Rechtstellung von Ausländern nach staatlichem Recht und Völkerrecht, Berlin u.a. 1987, S. 1341 ff.

31 Auf dem Gebiete der Fremdenpolizei geht es, soweit die kantonalen Behörden erstinstanzlich zu verfügen haben, vorab um Entscheide über Aufenthalt und Niederlassung von Ausländern. Deren Anwesenheit wird heute ausschliesslich durch das Bundesrecht geregelt (Art. 69ter aBV, Art. 121 BV). Soweit die ordentliche Anwesenheit von Ausländern einer Bewilligung bedarf, entscheiden darüber grundsätzlich die kantonalen Behörden, zum Teil unter Mitwirkung der eidgenössischen Fremdenpolizei (Art. 15 ff. ANAG). Abgesehen von der Aufnahme von Flüchtlingen aufgrund des AsylG kann der Bund von sich aus keine Bewilligung erteilen. Einer Aufenhaltsbewilligung bedürfen Ausländer, die sich in der Schweiz länger als drei Monate aufhalten oder hier eine Erwerbstätigkeit aufnehmen wollen (Art. 2 ANAG). Sie wird befristet erteilt (Art. 5 ANAG), sei es als Saisonbewilligung (Ausweis A) oder als Jahresbewilligung (Ausweis B). Die unbefristete Niederlassungsbewilligung (Ausweis C) wird dem Ausländer in der Regel erst nach ununterbrochenem und ordnungsgemässem Aufenthalt von zehn Jahren erteilt. Flüchtlingen, denen nach Massgabe des AsylG Asyl gewährt worden ist, haben nach fünf Jahren ordnungsgemässen Aufenthalts Anspruch auf Niederlassung (Art. 28 AsylG).

32 Im Rahmen der VRG-Revision vom 8.6.1997 war der Ausschluss von Anordnungen auf dem Gebiet der Fremdenpolizei umstritten; ein Minderheitsantrag der Kommission auf Streichung dieser Ausnahmebestimmung wurde vom Kantonsrat abgelehnt (Prot. KK 1995/96, S. 94 ff., 144 ff., 319 f.; Prot. KR 1995–

§ 43

1999, S. 6499 ff.). Die Mehrheit argumentierte damit, dass in diesem Bereich – ausserhalb der ohnehin der gerichtlichen Kontrolle unterstellten Anspruchsfälle – ein weiter Ermessensspielraum bestehe, den der Regierungsrat als Rekursbehörde in Verfolgung einer bestimmten Politik abschliessend bestimmen müsse. Die Minderheit hielt dem entgegen, dem Verwaltungsgericht stünde jedenfalls die Kontrolle des Ermessensmissbrauchs zu, die gerade angesichts der für die Betroffenen weit tragenden Entscheide auf diesem Gebiet besonders wichtig sei.

Der Beschwerdeausschluss auf dem Gebiet der Fremdenpolizei wird relativiert 33 durch § 43 Abs. 2 VRG i.V.m. Art. 98a OG. Art. 100 Abs. 1 lit. b OG erklärt die Verwaltungsgerichtsbeschwerde nur auf den dort bezeichneten Teilgebieten für unzulässig, nämlich Einreiseverweigerungen, Einreisebeschränkungen und Einreisesperren (Ziff. 1), Verfügungen über die Gewährung oder Verweigerung des Asyls (Ziff. 2), Bewilligungen, auf die das Bundesrecht keinen Anspruch einräumt (Ziff. 3), Ausweisungen gestützt auf Art. 70 aBV bzw. Art. 121 Abs. 2 BV und Wegweisungen (Ziff. 4) sowie Verfügungen über die vorläufige Aufnahme von Ausländern (Ziff. 5). Damit ist das Verwaltungsgericht vorab zuständig für alle fremdenpolizeilichen Streitigkeiten über Bewilligungen, auf die das Bundesrecht einen Anspruch einräumt. Massgebend ist die bundesgerichtliche Praxis zu den Ausschlussgründen von Art. 100 Abs. 1 lit. b Ziff. 1–5 OG.

Der Ausländer hat nach Art. 4 ANAG grundsätzlich keinen Rechtsanspruch 34 auf die Erteilung einer fremdenpolizeilichen Bewilligung, weshalb dem Ausschlussgrund von Art. 100 Abs. 1 lit. b *Ziff. 3* OG bzw. jenem von § 43 Abs. 1 lit. h VRG eine erhebliche Tragweite zukommt. Zur Regel des fehlenden Rechtsanspruchs gibt es allerdings Ausnahmen. Einzelne sind im ANAG selber enthalten (vgl. Art. 7 Abs. 1, Art. 17 Abs. 2). Das Recht auf Erteilung, Erneuerung oder Verlängerung der Bewilligung kann sich auch aus einem *Staatsvertrag* ableiten; die Zulässigkeit der Verwaltungsgerichtsbeschwerde hängt diesfalls allerdings zusätzlich davon ab, dass die einschlägigen Bestimmungen des Staatsvertrags unmittelbar anwendbar sind. Die Verwaltungsgerichtsbeschwerde ist insbesondere zulässig, wenn sich die beschwerdeführende Partei zugleich auf *Art. 8 EMRK* (Schutz des Familienlebens) berufen kann. Dies ist dann der Fall, wenn eine familiäre Beziehung tatsächlich gelebt wird und intakt ist; alsdann kann die Verwaltungsbehörde nicht mehr nach freiem Ermessen über eine Bewilligungserteilung entscheiden (BGE 122 II 5, 292, 120 Ib 259 f., 118 Ib 157, 116 Ib 355, 109 Ib 183 ff.; betreffend Kindernachzug vgl. BGE 119 Ib 84, 118 Ib 157, 115 Ib 99). Der Bewilligungsanspruch kann sich ferner auf Art. 16 des Übereinkommens zur Errichtung der Europäischen Freihandelsassoziation (EFTA) vom 4.1.1960 (SR 0.632.31) stützen (BGE 116 Ib 302). Die Zulässigkeit der Verwaltungsgerichtsbeschwerde kann sich auch aus einem bilateralen Staatsvertrag ergeben (BGE 116 Ib 115 betreffend Art. 12 des Abkommens zwischen der Schweiz und Italien über die Auswanderung italienischer Arbeitskräfte nach der Schweiz vom 10.8.1964, SR 0.142.114.548). Das

§ 43

Verbot unmenschlicher Behandlung, der völkerrechtliche Grundsatz des Non-Refoulement sowie die Unzumutbarkeit des Vollzugs einer Weg- oder Ausweisung verleihen keinen Anspruch auf Aufenthaltsbewilligung, weshalb die Berufung auf diese Normen und Grundsätze die Zuständigkeit des Verwaltungsgerichts nicht zu begründen vermag (RB 1997 Nr. 62). Für ausländische Angehörige von Ausländern mit Aufenthaltsbewilligung ergibt sich kein bundesrechtlicher Anspruch auf eine fremdenpolizeiliche Bewilligung (RB 1998 Nr. 52).

35 Die *administrative Ausweisung* (Art. 10 ANAG) kann mit Verwaltungsgerichtsbeschwerde angefochten werden (BGE 114 Ib 1 ff.), ebenso die Androhung der Ausweisung, nicht jedoch die blosse Verwarnung (RB 1998 Nr. 56). Unzulässig ist die Verwaltungsgerichtsbeschwerde gegen die *Wegweisung* infolge Nichterneuerung einer Aufenthaltsbewilligung (Art. 12 ANAG); bei Wegweisung infolge *Widerrufs* der Bewilligung ist indessen zu beachten, dass gegen den Widerruf die Verwaltungsgerichtsbeschwerde offen steht (BGE 98 Ib 87).

36 In verschiedenen fremdenpolizeilichen Angelegenheiten entscheidet erstinstanzlich eine *Bundesbehörde,* sodass das Verwaltungsgericht bereits nach §§ 41 und 42 nicht zuständig ist: Einreisesperre und Einreisebeschränkung (Art. 13 ANAG; vgl. Art. 100 Abs. 1 lit. b Ziff. 1 OG), Gewährung oder Verweigerung des Asyls (Art. 11 Abs. 1 AsylG; vgl. Art. 100 Abs. 1 lit. b Ziff. 2 OG), politische Ausweisung (Art. 70 aBV bzw. Art. 121 Abs. 2 BV; vgl. Art. 100 Abs. 1 lit. b Ziff. 4 OG), Wegweisung infolge Asylverweigerung (Art. 17 AsylG), vorläufige Aufnahme (Art. 14a ANAG; Art. 18 Abs. 1 AsylG; vgl. Art. 100 Abs. 1 lit. b Ziff. 5 OG), arbeitsmarktliche Bewilligung zulasten des Bundeskontingents (Art. 15 Abs. 2 BVO; vgl. BGE 116 Ib 302). Ein besonderer Rechtsweg besteht bei Zwangsmassnahmen zur Sicherung des Weg- und Ausweisverfahrens nach Art. 13a ANAG (Vorbereitungshaft), Art. 13b ANAG (Ausschaffungshaft) und Art. 13e ANAG (Gebietsauflage); diesbezügliche Entscheide der kantonalen Fremdenpolizeibehörde unterliegen der richterlichen Überprüfung (Art. 13c Abs. 2, 13e Abs. 3 ANAG); hierfür ist im Kanton Zürich der *Haftrichter* des Bezirksgerichts Zürich zuständig (§ 24a Abs. 2 GVG), wodurch die Zuständigkeit des Verwaltungsgerichts wegbedungen wird (§ 41).

2.9. lit. i

37 Das primäre Rechtsmittel in *nicht vermögensrechtlichen Angelegenheiten* des *Militärdienstes* ist die *Dienstbeschwerde* (Art. 36 des Bundesgesetzes über die Armee und die Militärverwaltung vom 3.2.1995 [Militärgesetz, MG; SR 510.10]; Ziff. 104–109 des Dienstreglements der Schweizerischen Armee vom 22.6.1994 [DR 95; SR 510.107.0]). Die Angehörigen der Armee haben das Recht, Dienstbeschwerde zu erheben, wenn sie der Überzeugung sind, ein militärischer Vorgesetzter, ein anderer Armeeangehöriger oder eine Militärbehörde habe ihnen

Unrecht getan (Art. 36 Abs. 1 MG). Der Entscheid über die Dienstbeschwerde kann bei der nächsthöheren Stelle und deren Entscheid beim zuständigen Departement angefochten werden, das endgültig entscheidet (Art. 36 Abs. 2 MG). Entscheide der zuständigen kantonalen Direktion können direkt beim Eidgenössischen Departement für Verteidigung, Bevölkerungsschutz und Sport (VBS) angefochten werden, wenn das kantonale Recht nicht den Weiterzug an die Kantonsregierung vorsieht (Art. 36 Abs. 3 MG). Unter diesen nicht vermögensrechtlichen Angelegenheiten ist in den sogenannten *Kommandosachen* nur die Dienstbeschwerde (einschliesslich deren Weiterzug) zulässig. Als Kommandosachen gelten alle Anordnungen der militärischen Vorgesetzten (womit vorab die Befehle im und für den militärischen Dienstbetrieb erfasst werden), ferner auch bestimmte Anordnungen der eidgenössischen und kantonalen Militärbehörden (Art. 37 Abs. 1 MG; näher bezeichnet in der Verordnung über den Rechtsschutz in Kommandosachen der Militärbehörden vom 22.6.1998, SR 510.108). Sonderregelungen bestehen für den Rechtsschutz betreffend Dienstverschiebung/Dispensation und Militärdiensttauglichkeit (Art. 38, 39 MG). In allen anderen nicht vermögensrechtlichen Angelegenheiten richtet sich der Rechtsschutz vor eidgenössischen Behörden nach dem VwVG und vor kantonalen Behörden nach dem VRG (Art. 40 Abs. 1 MG). Über verwaltungsrechtliche Ansprüche *vermögensrechtlicher* Art des Bundes oder gegen den Bund, die sich auf das Militärgesetz stützen, entscheidet ein Bundesamt des VBS, dessen Entscheid mit Beschwerde an die Rekurskommission VBS weitergezogen werden kann; der Rekursentscheid unterliegt der Verwaltungsgerichtsbeschwerde an das Bundesgericht (Art. 126 ff. des Bundesbeschlusses über die Verwaltung der Armee vom 30.3.1949, BVA, SR 510.30; vgl. Art. 100 Abs. 1 lit. d OG). – Aufgrund dieser bundesrechtlichen Ordnung sowie von § 43 Abs. 1 lit. i VRG bleibt auf dem Gebiete des Militärwesen kein Raum für einen kantonalen richterlichen Rechtsschutz: Bezüglich der Anordnungen eidgenössischer Militärbehörden entfällt die Zuständigkeit des Verwaltungsgerichts schon nach § 41 VRG. Soweit bezüglich militärischer Anordnungen der kantonalen Militärbehörden nach Art. 40 Abs. 1 MG ein kantonaler Rechtsschutz besteht, ist die Beschwerde an das Verwaltungsgericht jedenfalls nach § 43 Abs. 1 lit. i VRG ausgeschlossen.

Verfügungen betreffend *Wehrpflichtersatzabgaben* können an die kantonale Bundessteuer-Rekurskommission weitergezogen werden, deren Entscheid unmittelbar der Verwaltungsgerichtsbeschwerde an das Bundesgericht unterliegt (Art. 31 des Bundesgesetzes über den Militärpflichtersatz vom 12.6.1959, SR 661; § 4 der kantonalen Verordnung über den Wehrpflichtersatz vom 26.10.1988, LS 634.5; BGE 122 II 397 ff.). 38

Streitigkeiten auf dem Gebiet des *Zivilschutzes* sind nach § 43 Abs. 1 lit. i VRG ebenfalls von der Beschwerde an das Verwaltungsgericht ausgeschlossen. Letztinstanzliche Entscheide der kantonalen Behörden betreffend Zivilschutzraum- 39

§ 43

ersatzabgaben unterliegen der Beschwerde an die eidgenössische Rekurskommission für Zivilschutzangelegenheiten; deren Entscheid kann mit Verwaltungsgerichtsbeschwerde an das Bundesgericht weitergezogen werden (Art. 14 Abs. 3 i.V.m. Art. 15 Abs. 3 des Bundesgesetzes über die baulichen Massnahmen im Zivilschutz vom 4.10.1963, Schutzbautengesetz, BMG, SR 520.2).

2.10. lit. k

Literatur
RÜBEL; RUF NORBERT, Das Recht der katholischen Kirche, 3. A., Freiburg i.Br. 1983; SCHMID; THALMANN, § 1 N. 5, § 153 N. 6.

40 Dem Bereich des Kirchenwesens, in welchem § 43 Abs. 1 lit. k die Beschwerde an das Verwaltungsgericht ausschliesst, sind die in Art. 64 Abs. 2 KV staatlich anerkannten Personen des öffentlichen Rechts zuzurechnen: die evangelisch-reformierte Landeskirche und ihre Kirchgemeinden, eingeschlossen die französischen Kirchgemeinschaften, die römisch-katholische Körperschaft und ihre Kirchgemeinden sowie die christ-katholische Kirchgemeinde.

41 Im Bereich der evangelisch-reformierten Landeskirche und ihrer Kirchgemeinden sowie der römisch-katholischen Körperschaft und ihrer Kirchgemeinden besteht in anderen als personalrechtlichen Angelegenheiten ein besonderer Rechtsweg. Vgl. § 19 N. 131 und 133.

42 § 43 Abs. 1 lit. k ist nicht anwendbar auf *personalrechtliche* Anordnungen kirchlicher Organe. Ob und inwieweit für solche Anordnungen ein verwaltungsgerichtlicher Rechtsschutz besteht, bestimmt sich nach §§ 74 und 76; danach sind mit personalrechtlicher Beschwerde bzw. mit personalrechtlichem Disziplinarrekurs nur entsprechende Anordnungen des Kirchenrats und der römisch-katholischen Zentralkommission sowie erstinstanzliche Rekursentscheide anderer Organe anfechtbar. Als solche andere Organe fallen in personalrechtlichen Streitigkeiten mit Bediensteten der evangelisch-reformierten Landeskirche und ihrer Kirchgemeinden die Bezirkskirchenpflege oder der Bezirksrat in Betracht (zur Abgrenzung der Zuständigkeit dieser beiden Rekursinstanzen in personalrechtlichen Streitigkeiten besteht keine gefestigte Praxis; vgl. VGr. 30.8.1995, VB.95.00100). Vgl. § 19 N. 132 und 134, § 74 N. 16 und 17.

43 Streitigkeiten betreffend die *Kirchensteuer* fallen von vornherein nicht in die verwaltungsgerichtliche Zuständigkeit als Beschwerdeinstanz nach §§ 41 ff. Das Verwaltungsgericht beurteilt solche Streitigkeiten nach Massgabe von § 72.

2.11. lit. l

Literatur
HÄFELIN/HALLER, N. 522–577b; THALMANN, §§ 20–31.

Schweizer-, Kantons- und Gemeindebürgerrecht bilden eine untrennbare Einheit (Art. 43 Abs. 1 aBV bzw. Art. 37 Abs. 1 BV; § 20 GemeindeG). Das Schweizer Bürgerrecht wird von Gesetzes wegen erworben durch Abstammung und Adoption (Art. 1–7 BüG). Es kann ferner durch Einbürgerung erworben werden (Art. 12–41 BüG), wobei für die ordentliche, die erneute und die erleichterte Einbürgerung je unterschiedliche Voraussetzungen gelten. Von Gesetzes wegen tritt der Verlust des Bürgerrechts ein: durch Verwirkung für einen Auslandschweizer der zweiten Generation, der keine Anmeldung oder Erklärung über die Beibehaltung abgibt, bei Adoption durch einen Ausländer und bei Aufhebung des Kindesverhältnisses (Art. 8–11 BüG). Ferner kann durch behördlichen Beschluss die Entlassung oder der Entzug des Bürgerrechts ausgesprochen werden (Art. 42–48).

§ 43 Abs. 1 lit. l schliesst die Beschwerde an das Verwaltungsgericht nur für Anordnungen über den *Erwerb* des Bürgerrechts aus, und auch dies nur, sofern *kein Anspruch* auf Einbürgerung besteht. Diese Regelung ist auf die *ordentliche Einbürgerung* in den Kanton und in eine Gemeinde zugeschnitten. Zuständig für die Erteilung ist die Gemeindeversammlung oder kraft Delegation der Grosse Gemeinderat oder der Gemeinderat (§ 23 GemeindeG). Massgebend für das Verfahren ist die gestützt auf § 31 GemeindeG erlassene Verordnung über das Gemeinde- und das Kantonsbürgerrecht vom 25.10.1978. Die ordentliche Einbürgerung von *Ausländern* setzt eine Einbürgerungsbewilligung des Bundes voraus, die vom Bundesamt für Polizeiwesen erteilt wird, wenn die bundesrechtlichen Mindesterfordernisse von Art. 14 und 15 BüG betreffend Eignung und Wohnsitz in der Schweiz erfüllt sind. Diese bundesrechtliche Bewilligung vermittelt keinen Anspruch auf Einbürgerung; die Kantone und – nach Massgabe des kantonalen Rechts – die Gemeinden können noch zusätzliche materielle Voraussetzungen aufstellen (Häfelin/Haller, N. 553 ff.). Ferner setzt die Erteilung des Kantons- und Gemeindebürgerrechts bei Ausländern die Zustimmung des Kantons – «Erteilung des Landrechtes» voraus (§ 20 Abs. 3 GemeindeG). Dabei ist die kantonale Behörde auch in jenen Fällen, in denen die Erteilung an Ausländer den Gemeinden gesetzlich vorgeschrieben ist (§ 21 Abs. 2 und 3 GemeindeG), selbst bei Vorliegen dieser Voraussetzungen nicht zur Erteilung verpflichtet (Thalmann, § 20 N. 2.3.2, § 21 N. 2.3). Ein Anspruch besteht demnach nur bei der Erteilung des Gemeinde- und/oder Kantonsbürgerrechts für *Schweizerbürger* anderer Zürcher Gemeinden und anderer Kantone, welche die Voraussetzungen von § 21 Abs. 1 GemeindeG erfüllen. Kein Anspruch besteht für Schweizer, welche die Voraussetzungen von § 21 Abs. 1 GemeindeG nicht erfüllen (§ 22 GemeindeG) und für Ausländer, selbst wenn sie den Schweizern im Sinn von § 21 Abs. 2 und 3 GemeindeG gleichgestellt sind (§ 20 Abs. 3

§ 43

GemeindeG; § 33 BüV). Soweit ein Anspruch auf Einbürgerung besteht, haben praktisch alle Gemeinden die Entscheidungskompetenz an die Gemeinde- oder Stadträte delegiert (vgl. § 23 GemeindeG), also an Verwaltungsbehörden, deren Entscheide nach § 41 VRG anfechtbar sind. Soweit kein Anspruch auf Einbürgerung besteht, ändert § 43 Abs. 2 an dieser Zuständigkeitsordnung nichts, weil die Verwaltungsgerichtsbeschwerde an das Bundesgericht bezüglich ordentlicher Einbürgerungen ausgeschlossen ist (Art. 100 Abs. 1 lit. c OG) und bürgerrechtliche Angelegenheiten nicht unter Art. 6 Ziff. 1 EMRK fallen.

46 Bezüglich *anderer Verfügungen* betreffend das Bürgerrecht ist zu unterscheiden: Grösstenteils liegt die Verfügungskompetenz bei den Bundesbehörden, sodass die Beschwerde an das Verwaltungsgericht schon nach §§ 41 und 42 entfällt. Das gilt namentlich für Verfügungen des EJPD über die erleichterte Einbürgerung (Art. 31 f. BüG), die Wiedereinbürgerung (Art. 23 ff. BüG) und den Entzug des Bürgerrechts (Art. 48 BüG; vgl. Häfelin/Haller, N. 575 ff.). Die Beschwerde an das Verwaltungsgericht ist hingegen zulässig gegen letztinstanzliche Verfügungen des Kantons über die Entlassung (§ 29 GemeindeG; Art. 42 Abs. 2 BüG) und über den Besitz des Schweizer Bürgerrechts (Art. 49 Abs. 1 BüG).

47 *Verschiedenes:* Entscheide des Bundesamts für Polizeiwesen über die Erteilung oder Verweigerung der Einbürgerungsbewilligung des Bundes können an das EJPD weitergezogen werden, das – abgesehen von dem dem Regierungsrat zustehenden Recht der Beschwerde an den Bundesrat (Art. 51 Abs. 3 BüG) – endgültig entscheidet. Streitigkeiten über die Einbürgerung von Heimatlosen (vgl. § 26 GemeindeG) sowie Bürgerrechtsstreitigkeiten zwischen Gemeinden verschiedener Kantone beurteilt das Bundesgericht auf staatsrechtliche Klage des Bundesrats hin (Art. 83 lit. c OG).

2.12. lit. m

48 Gegen Anordnungen des Verkehrsrates über die Grundversorgung und die Festlegung der übrigen Verkehrsangebote (§§ 18 f. PVG) können die Gemeinden Rekurs an den Regierungsrat erheben (§ 29 lit. a und b PVG). § 43 Abs. 1 lit. m VRG schliesst die Beschwerde gegen solche Anordnungen bzw. Rekursentscheide aus. Zulässig bleibt dagegen die Gemeindebeschwerde gegen Rekursentscheide des Regierungsrats über Kostenanteile der Gemeinden (§ 29 lit. c PVG; vgl. RB 1992 Nr. 89). Der Tarif des Zürcher Verkehrsverbundes fällt nicht unter § 43 Abs. 1 lit. m; er ist jedoch generell-abstrakter Natur und daher gleichwohl nicht mit Beschwerde anfechtbar (RB 1990 Nr. 17).

3. Abs. 2

49 Die beiden hier formulierten *generellen* Gegenausnahmen bilden Auffangtatbestände, welche den richterlichen Rechtsschutz aufgrund der bundes- bzw. konventionsrechtlichen Vorgaben von Art. 98a OG und Art. 6 Ziff. 1 EMRK

§ 43

in jenen Fällen gewährleisten sollen, in denen die Anwendung der Ausnahmebestimmungen von Abs. 1 lit. a–m gegen dieses übergeordnete Recht verstossen würde. Art. 98a Abs. 1 OG verpflichtet die Kantone, im Anwendungsbereich der Verwaltungsgerichtsbeschwerde an das Bundesgericht richterliche Behörden zu bestellen. Art. 6 Ziff. 1 EMRK gewährleistet für zivilrechtliche Streitigkeiten und strafrechtliche Anklagen im Sinn dieser Konventionsbestimmung den Zugang zu einer gerichtlichen Instanz. Weil der Anwendungsbereich dieser Vorgaben nur schwer abzustecken ist (dazu N. 4), konnte sie der Gesetzgeber bei der Formulierung der einzelnen Ausnahmen nicht unmittelbar einbeziehen. Soweit in der Praxis von Bedeutung, werden die beiden generellen Gegenausnahmen in Zusammenhang mit den betreffenden Ausnahmebestimmungen von § 43 Abs. 1 lit. a–m kommentiert.

Im Anwendungsbereich von Art. 98a OG kommt § 43 Abs. 2 VRG vorab auf dem Gebiet der Fremdenpolizei (§ 43 Abs. 1 lit. h) Bedeutung zu. 50

Ergibt sich die Zulässigkeit der Beschwerde erst daraus, dass die Verwaltungsgerichtsbeschwerde an das Bundesgericht zulässig ist, so kann es zu einer Gabelung des Rechtswegs kommen, wenn der vorinstanzliche Entscheid teils auf selbständigem kantonalen Recht, teils auf Bundesverwaltungsrecht beruht (vgl. Rhinow/Koller/Kiss, Rz. 1503 f.). Eine derart «gemischte» Verfügung unterliegt der Beschwerde diesfalls nur insoweit, als die eidgenössische Verwaltungsgerichtsbeschwerde offen steht. Der Rechtsweg kann sich dabei schon nach dem erstinstanzlichen Rekursentscheid gabeln, sofern als erste Rekursinstanz eine Direktion oder ein Bezirksrat wirkt; der auf selbständigem kantonalem Recht beruhende Verfügungsteil ist diesfalls an den Regierungsrat als zweite Rekursinstanz statt an das Verwaltungsgericht weiterziehbar (§§ 19b Abs. 1, 19c Abs. 2). Das Koordinationsgebot kann allerdings einer solchen Gabelung entgegenstehen (Kölz/Häner, Rz. 71). Dies gilt im Anwendungsbereich des RPG zwingend für die Anfechtung von Verfügungen, auf welche Art. 25a RPG anwendbar ist; solche Verfügungen unterliegen gesamthaft der Beschwerde an das Verwaltungsgericht als einheitliche Rechtsmittelinstanz (Art. 33 Abs. 4 RPG; Kölz/Häner, Rz. 74). 51

Die meisten Ausnahmebestimmungen führen nach der Rechtsprechung zu Art. 6 Ziff. 1 EMRK kaum zu einem Konflikt mit dieser Konventionsbestimmung. Das gilt für: 52

lit. a: Wahlen und Abstimmungen (Herzog, S. 98, 102, 288 f., 382);

lit. c: Staatsbeiträge (Herzog, S. 236 f.);

lit. e: Erlass und Stundung geschuldeter Abgaben (Herzog, S. 279 ff., 394);

lit. f: Ergebnisse von Fähigkeitsprüfungen, Promotions- und Zulassungsentscheide (Herzog, S. 264, 266 f.);

lit. h: Anordnungen auf dem Gebiet der Fremdenpolizei (Herzog, S. 284 ff., 382);

§ 43

lit. i: Anordnungen auf dem Gebiet des Militärwesens und des Zivilschutzes (Herzog, S. 287 f., 382);

lit. k: kirchliche Anordnungen;

lit. l: Anordnungen über den Erwerb des Bürgerrechts (Herzog, S. 284 ff., 382).

53 Der disziplinarische Entzug von Berufsausübungsbewilligungen fällt nicht unter den Ausschlussgrund von § 43 Abs. 1 lit. g (vgl. N. 27). Wird dies gleichwohl angenommen, ist in solchen Fällen die Beschwerde jedenfalls nach § 43 Abs. 2 zulässig, weil es sich dabei um zivilrechtliche Streitigkeiten im Sinn von Art. 6 Ziff. 1 EMRK handelt (BGE 123 I 88). Dies gilt jedoch nicht für die Einleitung eines entsprechenden Disziplinarverfahrens (BGr. 19.5.1998, ZBl 100/1999, S. 74). Mit Bezug auf Rechtsanwälte greift allerdings der Vorbehalt abweichender Zuständigkeit nach § 41; gegen die disziplinarische befristete Berufseinstellung durch die Aufsichtskommission kann der Anwalt an das Obergericht rekurrieren (§ 29 AnwaltsG). Für einen unbefristeten Entzug der Berufsausübungsbewilligung ist das Obergericht selber zuständig (§ 30 Abs. 4 AnwaltsG); die Zuständigkeit des Verwaltungsgerichts zu einer Überprüfung des Patententzugs entfällt hier ebenfalls bereits nach § 41 VRG, da es sich beim Obergericht nicht um eine Verwaltungsbehörde handelt und die Rechtsschutzgarantie von Art. 6 Ziff. 1 EMRK bereits im Entzugsverfahren gewährleistet ist.

54 Soweit Art. 6 Ziff. 1 EMRK nach § 43 Abs. 2 die Beschwerde an das Verwaltungsgericht für zulässig erklärt, ist es in erster Linie Sache der verwaltungsgerichtlichen Vorinstanzen, diesen Rechtsschutz durch entsprechende Rechtsmittelbelehrung sicherzustellen. Aus dem Fehlen einer solchen Rechtsmittelbelehrung kann der Betroffene, der eine rechtzeitige Beschwerde an das Verwaltungsgericht unterlassen hat, jedenfalls dann nichts zu seinen Gunsten ableiten, wenn auf seinen Fall nach gefestigter Rechtsprechung Art. 6 Ziff. 1 EMRK anwendbar ist. Diesfalls wird angenommen, er habe auf den in Art. 6 Ziff. 1 EMRK gewährleisteten Anspruch auf gerichtliche Beurteilung verzichtet. Dem entspricht auch die Praxis des Bundesgerichts zur staatsrechtlichen Beschwerde, wonach in solchen Fällen die Rüge der Verletzung dieses Anspruchs grundsätzlich bereits im kantonalen Verfahren vorgebracht werden muss (BGE 123 I 89, 120 Ia 25; zum Verzicht einer Prozesspartei auf den Anspruch auf öffentliche Verhandlung vgl. § 59 N. 7).

4. Abs. 3

55 Die Bestimmung stellt eine unechte Ausnahme dar, denn die Unzulässigkeit der Beschwerde gegen die hier aufgeführten Zwischenentscheide und Entscheide betreffend Verfahrenskosten und Entschädigungen bei fehlender Zuständigkeit in der Hauptsache ergibt sich schon aus dem Grundsatz der Einheit des Prozesses (BGE 111 Ib 75, 115 Ib 429; dazu N. 2). Die Bestimmung entspricht

der Praxis zum alten Recht (vgl. RB 1982 Nr. 24 in Bezug auf unentgeltliche Prozessführung und Kostenauflage; RB 1989 Nr. 11 hinsichtlich Parteientschädigung).

Die Bestimmung nennt lediglich Zwischenentscheide, worunter prozessleitende Massnahmen zu verstehen sind (§ 48 N. 4 ff.), sowie die in der Regel mit dem Endentscheid verbundenen Anordnungen über Verfahrenskosten und Entschädigungen. Der nämliche Ausschlussgrund gilt indessen entsprechend dem Zweck der Bestimmung (N. 55) und der Regelung in der Bundesverwaltungsrechtspflege (Art. 101 OG) auch für die in § 43 Abs. 3 VRG nicht eigens erwähnten Vor-, Rückweisungs- und Feststellungsentscheide (vgl. § 48 N. 10 ff.), ferner für Anordnungen betreffend Rechtsverweigerung und Rechtsverzögerung, Vollstreckung sowie den Widerruf von Verfügungen (vgl. Art. 101 lit. a, c und d OG), es sei denn, deren selbständige Anfechtung sei, wie z.B. beim Widerruf von Subventionen (§ 43 Abs. 1 lit. c VRG), speziell vorgesehen. 56

Entscheide, deren Beurteilung dem Verwaltungsgericht entzogen sind, sind es auch mit Bezug auf die Geltendmachung von Verfahrensmängeln (vgl. RB 1982 Nr. 30 zum alten Recht). 57

Mit Bezug auf die Einsichtnahme in Akten eines *abgeschlossenen* Verfahrens der Zivil-, Verwaltungs- und Strafrechtspflege gelten die Bestimmungen des kantonalen *Datenschutzgesetzes* (§ 3 Abs. 2 lit. b DatenschutzG e contrario; Weisung RR vom 15.4.1987 zum DatenschutzG, ABl 1987 I, S. 631). Streitigkeiten betreffend Auskünfte über Daten, die im Rahmen eines solchen Verfahrens beschafft worden sind, können ungeachtet dessen, dass sie die Anwendung des Datenschutzgesetzes betreffen, dann nicht an das Verwaltungsgericht weitergezogen werden, wenn dieses zur Überprüfung der im betreffenden Verfahren ergangenen Sach- und Erledigungsentscheide nicht zuständig ist. Das entspricht nicht nur dem Zweck von § 43 Abs. 3 VRG, sondern auch der Absicht des Gesetzgebers bei Erlass des Datenschutzgesetzes, der so eine Komplizierung der Rechtsmittelwege und Aufsplitterung der Verfahren vermeiden wollte (Weisung RR vom 15.4.1987, ABl 1987 I, S. 651 f.; RB 1998 Nr. 27). 58

§§ 44–47. aufgehoben.

§ 48. Das Verwaltungsgericht kann angerufen werden, wenn eine Sache materiell oder durch Nichteintreten erledigt worden ist.

Zwischenentscheide sind weiterziehbar, wenn sie für den Betroffenen einen Nachteil zur Folge haben, der sich später voraussichtlich nicht mehr beheben lässt.

3. Art der anfechtbaren Anordnung

§ 48

Vorentscheide, durch die eine Rechtsfrage beurteilt wird, sind weiterziehbar, wenn dadurch sofort ein Endentscheid herbeigeführt und ein erhebliches Beweisverfahren erspart werden kann.

Materialien
Weisung 1957, S. 522; Prot. KK 4.3.1958, 7.10.1958; Prot. KR 1955–1959, S. 3403; Beleuchtender Bericht 1959, S. 410; Prot. KK 1995/96, S. 120.

Literatur vgl. Literatur vor § 19 N. 43 ff.

Übersicht Note
1. Anfechtbare Entscheide 1
   1.1. Endentscheide 2
   1.2. Zwischenentscheide 4
   1.3. Vorentscheide 10
   1.4. Rückweisungsentscheide 16
   1.5. Feststellungsentscheide 19
2. Sonderfragen 20

1. Anfechtbare Entscheide

1 § 48 regelt das Anfechtungsobjekt der Beschwerde unter *prozessualen* Gesichtspunkten. Zum Anfechtungsobjekt der Beschwerde im Allgemeinen vgl. § 41 N. 5 ff. Die Beschwerde ist – wie der Rekurs (vgl. § 19 Abs. 1) – grundsätzlich nur gegen Endentscheide zulässig (Abs. 1). Vorbehalten bleibt die Anfechtung von Zwischen- und von Vorentscheiden nach Massgabe von Abs. 2 bzw. 3. Eine besondere Rechtsnatur weisen die Rückweisungs- und die Feststellungsentscheide auf.

1.1. Endentscheide

2 Endentscheide erledigen eine Streitsache instanzabschliessend. Zu unterscheiden ist zwischen (materiellen) Sach- und (formellen) Prozessentscheiden. Letztere sind entweder Nichteintretens- oder Abschreibungsbeschlüsse (vgl. § 19 N. 45). Gegenüber materiellen Entscheiden kommen vorab Rügen betreffend die *sachliche Richtigkeit*, d.h. die materielle Rechtmässigkeit in Frage. Bei den Nichteintretensentscheiden kann die unrichtige Anwendung der *Prozessvoraussetzungen* gerügt werden. Gegenüber Abschreibungsbeschlüssen können Rügen betreffend Voraussetzungen und Modalitäten der Abschreibung, insbesondere Willensmängel, geltend gemacht werden (RB 1983 Nr. 17, 1963 Nr. 16). Stets können auch die mit Endentscheiden verbundenen Kostenauflagen angefochten werden.

3 Nichteintretensentscheide gelten auch dann als mit Beschwerde anfechtbare Endentscheide, wenn sie mit der Überweisung der Sache an eine andere Instanz verbunden sind (vgl. RB 1982 Nr. 32).

§ 48

1.2. Zwischenentscheide

Zwischenentscheide sind *verfahrensleitende Entscheide*. Die Voraussetzung ihrer Anfechtbarkeit wird in § 48 Abs. 2 – wie im gleich lautenden § 19 Abs. 2 (dazu § 19 N. 46 ff.) – ähnlich umschrieben wie im Bund für die Verwaltungsbeschwerde, die Verwaltungsgerichtsbeschwerde und die staatsrechtliche Beschwerde wegen Verletzung von Art. 4 aBV (Art. 45 VwVG, Art. 97 OG i.V.m. Art. 5 Abs. 2 VwVG, Art. 87 OG). Ob im Einzelfall ein formeller Zwischenentscheid zu erlassen ist, bestimmt sich nach dem allgemeinen Verfügungsbegriff; im Zweifel ist das objektive Anfechtungsinteresse massgebend (vgl. § 19 N. 10). Das subjektive Anfechtungsinteresse kommt in der gesetzlichen Formulierung zum Ausdruck, gemäss der Zwischenentscheide dann weiterziehbar sind, wenn sie für den Betroffenen einen voraussichtlich nicht mehr behebbaren Nachteil zur Folge haben. Kraft spezialgesetzlicher Regelung kann diese Voraussetzung entfallen; das trifft namentlich auf Entscheide im öffentlichen Beschaffungswesen zu (vgl. § 4 IVöB-BeitrittsG; dazu § 41 N. 21). 4

Nach bisheriger Praxis wurden bei den als Kollegialbehörden wirkenden Rekursinstanzen (Regierungsrat, Baurekurskommission) nur verfahrensleitende Anordnungen der Kollegialbehörde, nicht hingegen solche des Vorsitzenden, als mit Beschwerde anfechtbar erachtet (RB 1969 Nr. 13). An dieser Praxis wurde trotz der in der ersten Auflage des Kommentars (§ 47 N. 13) geübten Kritik festgehalten (RB 1979 Nr. 19). Die nämliche Praxis galt auch im Baurecht, wo hinsichtlich der aufschiebenden Wirkung § 25 VRG neben der bloss ergänzenden Regelung von § 339 PBG anwendbar bleibt. Danach kann der Entscheid, womit der Vorsitzende der Baurekurskommission – wegen zeitlicher Dringlichkeit – eine gegenteilige Verfügung im Sinn von § 25 Abs. 2 Satz 2 VRG trifft oder eine solche Verfügung verweigert, nicht an das Verwaltungsgericht weitergezogen werden (RB 1979 Nr. 17). Beschliesst dagegen die Baurekurskommission als Kollegium darüber, ob die von der Gemeindebehörde entzogene aufschiebende Wirkung wiederherzustellen sei oder fortzudauern habe, so liegt ein mit Beschwerde anfechtbarer Zwischenentscheid im Sinn von § 48 Abs. 2 VRG vor (RB 1981 Nrn. 18, 19, 28 = ZBl 82/1981, S. 474 = ZR 80 Nr. 104 = BEZ 1981 Nr. 35). – Die genannte Praxis stützte sich auf den Wortlaut des § 47 Abs. 1 aVRG, wonach «Entscheide der Baurekurskommissionen» und «Beschlüsse des Regierungsrats» als anfechtbar bezeichnet wurden. Nach der Aufhebung von § 47 in der Gesetzesrevision vom 8.6.1997 besteht kein Grund mehr, die Anfechtbarkeit von prozessleitenden Verfügungen des Vorsitzenden einer Rekursbehörde generell auszuschliessen. Kraft ausdrücklicher Vorschrift nicht anfechtbar sind jedoch nach wie vor die vom Vorsitzenden der Baurekurskommission gestützt auf § 339 Abs. 2 PBG «endgültig» getroffenen Verfügungen «über den Umfang der aufschiebenden Wirkung» (RB 1979 Nr. 18; vgl. § 25 N. 26). 5

§ 48

6 Auszugehen ist von der Regel, dass verfahrensleitende Anordnungen erst zusammen mit dem Endentscheid anfechtbar sind; § 48 Abs. 2 ist daher im Sinn einer Ausnahme von der Regel zu verstehen (VGr. 28.8.1975, VB 18/1975, 21/1975; vgl. Art. 45 Abs. 3 VwVG). Für den Weiterzug eines Zwischenentscheids ist indessen kein strikter Nachweis eines nicht behebbaren Nachteils erforderlich. Ferner muss es sich, anders als bei der staatsrechtlichen Beschwerde wegen Verletzung von Art. 4 aBV, nicht um einen rechtlichen Nachteil handeln; es genügt ein tatsächlicher Nachteil, etwa Verzögerungen von Bauarbeiten (vgl. RB 1986 Nr. 19) oder finanzielle Einbussen, die zwar nicht von existenzieller Bedeutung, jedoch von erheblichem Gewicht sein müssen (RB 1998 Nr. 33).

7 Bei einzelnen Kategorien prozessleitender Verfügungen ist die Voraussetzung des voraussichtlich nicht behebbaren Nachteils in aller Regel erfüllt (vgl. § 19 N. 49). Bei anderen Arten lässt sich keine allgemeine Richtlinie erkennen, kommt es also stets auf die Umstände des Einzelfalls an (vgl. § 19 N. 50). Schliesslich gibt es Zwischenentscheide, die in der Regel keinen voraussichtlich nicht behebbaren Nachteil bewirken (vgl. § 19 N. 51).

8 Rückweisungsentscheide werden gelegentlich ebenfalls als Zwischenentscheide bezeichnet, in der Praxis jedoch weitgehend den Endentscheiden gleichgestellt (dazu N. 16 ff.).

9 Die selbständige Weiterziehbarkeit eines Zwischenentscheids begründet nicht ohne weiteres eine prozessuale Obliegenheit des Betroffenen, zur Vermeidung einer Verwirkungsfolge von dem Rechtsmittel Gebrauch zu machen; Zwischenentscheide erwachsen nicht in materielle Rechtskraft und können daher grundsätzlich noch zusammen mit dem Endentscheid angefochten werden. Anders verhält es sich in Fällen, in denen der Betroffene nach dem Grundsatz von Treu und Glauben zur sofortigen Anfechtung gehalten ist (dazu § 19 N. 47), ferner in jenen (nichtstreitigen) Verwaltungsverfahren, in denen ein mehrstufiger Entscheidungsprozess vorgesehen ist, so namentlich im Vergabe- und im Quartierplanverfahren (vgl. N. 23).

1.3. Vorentscheide

10 Die Rechtsfigur des selbständig anfechtbaren Vorentscheids ist in der Bundesverwaltungsrechtspflege (OG, VwVG) nicht gesetzlich vorgesehen, jedoch in der bundesgerichtlichen Praxis unter der Bezeichnung «Teilentscheid» anerkannt (BGr. 11.11.1992, ZBl 94/1993, S. 251; BGE 117 Ib 327, 107 Ib 343). Ausdrücklich geregelt wird der Vorentscheid in der Zivilrechtspflege des Bundes (Art. 50 OG) sowie im Zivilprozess und der Verwaltungsrechtspflege des Kantons Zürich (§ 189 ZPO, § 48 Abs. 3 VRG). Eine Erscheinung besonderer Art ist der baurechtliche Vorentscheid nach §§ 323/324 PBG.

§ 48

Mit dem Vorentscheid wird die «antizipierte» Entscheidung einer Rechtsfrage, 11
die für den Abschluss des betreffenden Verfahrens von besonderer Bedeutung
ist, bezweckt. Zur Abgrenzung des Vorentscheids gegenüber End-, Zwischen-
und Feststellungsentscheiden vgl. § 19 N. 53.

§ 48 Abs. 3 VRG sieht nach dem Vorbild von Art. 50 OG (dazu Birchmeier, 12
S. 180) die selbständige Anfechtung von Vorentscheiden unter zwei *kumulativen* Voraussetzungen vor: Die selbständige Anfechtbarkeit setzt zunächst voraus, dass durch eine gegenteilige Beurteilung der vorentscheidweise geprüften Rechtsfrage «sofort ein Endentscheid herbeigeführt» würde. Zweitens müsste durch einen solchen Endentscheid «ein erhebliches Beweisverfahren erspart» werden können. Diese zweite Voraussetzung muss nach der Praxis nicht wörtlich erfüllt sein; es genügt, dass durch eine gegenteilige Beurteilung der Rechtsfrage bzw. den dadurch herbeigeführten Endentscheid das Verfahren als Ganzes erheblich verkürzt würde, indem auf weitere Sachverhaltsermittlungen und/ oder Beweiserhebungen verzichtet werden könnte (vgl. die weite Formulierung in § 189 ZPO). Es muss sich also um Rechtsfragen handeln, die unter dem Gesichtswinkel der *Prozessökonomie* im Rahmen des Streitgegenstands von grundlegender Bedeutung sind. Das trifft häufig auf finanzielle Streitigkeiten zu, wenn eine Leistungspflicht (Abgabepflicht des Privaten, Entschädigungspflicht des Gemeinwesens) als solche streitig ist, gelegentlich auch auf Bewilligungsstreitigkeiten, sofern schon die Bewilligungspflicht als solche bestritten wird. Im Quartierplanrecht hat die richterliche Würdigung des Einleitungsbeschlusses als anfechtbarer Vorentscheid (RB 1973 Nr. 2 = ZBl 74/1973, S. 414 = ZR 72 Nr. 99) zu einer entsprechenden gesetzlichen Regelung geführt (§ 148 Abs. 2 PBG).

Hält das Gericht dafür, dass ein Vorentscheid nicht hätte getroffen werden dürfen, so hat es diesen aufzuheben und die Sache an die Vorinstanz zurückzuweisen (Bosshart, § 48 N. 3). 13

§ 48 Abs. 3 ist insofern auch für das Verwaltungsverfahren von Bedeutung, als 14
sich aus dieser Bestimmung die Zulässigkeit von *Vorentscheiden der erstinstanzlich verfügenden Verwaltungsbehörde* ergibt: Obwohl in § 19 nicht ausdrücklich vorgesehen, sind nach dem Grundsatz der Einheit des Verfahrens Vorentscheide der erstinstanzlich verfügenden Behörden mit Rekurs nach § 19 anfechtbar (§ 19 N. 53 ff.). Zulässig sind ferner *Vorentscheide des Verwaltungsgerichts;* obwohl in der Bundesverwaltungrechtspflege nicht ausdrücklich vorgesehen, lässt das Bundesgericht die Verwaltungsgerichtsbeschwerde gegen Vorentscheide «über einen Grundsatzaspekt des Streitgegenstands» zu (BGr. 11.11.1992, ZBl 94/ 1993, S. 251; BGE 117 Ib 327, 107 Ib 343).

Zum baurechtlichen und steuerrechtlichen Vorentscheid vgl. § 19 N. 56. 15

631

§ 48

1.4. Rückweisungsentscheide

16 Mit der Rückweisung wird nicht die «Streitsache» (vgl. § 19 Abs. 1, 48 Abs. 1), sondern nur das Verfahren vor der betreffenden Instanz erledigt; es handelt sich daher nicht um Endentscheide im Sinn von § 48 Abs. 1. Rückweisungsentscheide gelten nach der verwaltungsgerichtlichen Praxis begrifflich als Zwischenentscheide oder Vorentscheide (RB 1962 Nr. 27, 1982 Nr. 33). Praktisch werden sie aber den Endentscheiden gleichgestellt, indem ihre Anfechtung nicht nur unter den Voraussetzungen von § 48 Abs. 2 oder Abs. 3 zugelassen wird (RB 1982 Nr. 33, 1998 Nr. 31). Vgl. § 19 N. 57.

17 Ob Rückweisungsentscheide der Baurekurskommission an die kommunale Behörde durch die Gemeinde unter dem Gesichtswinkel von § 48 angefochten werden können, wird mitunter in Berücksichtigung des subjektiven Anfechtungsinteresses, d.h. der Rechtsmittellegitimation, entschieden: Danach ist die Gemeinde befugt, zur Verteidigung der richtigen Anwendung ihres kommunalen Rechts einen Rückweisungsentscheid anzufechten, der sie zur Ergänzung der Baubewilligung durch eine Nebenbestimmung (RB 1987 Nr. 2 = BEZ 1987 Nr. 21) oder zur Unterschutzstellung einer Liegenschaft (VGr. 5.7.1994, VB 94/0072) anhält. Verneint worden ist dagegen die Befugnis der Gemeinde zur Anfechtung eines Rückweisungsentscheids, womit sie von der Baurekurskommission zur Überprüfung der Ausnützung des streitigen Bauprojekts eingeladen wurde (VGr. 8.3.1991, VB 90/0244).

18 Rückweisungsentscheide des *Verwaltungsgerichts* sind mit Verwaltungsgerichtsbeschwerde wie Endentscheide anfechtbar (BGE 107 Ib 221, 114 Ib 110), mit staatsrechtlicher Beschwerde wegen Verletzung von Art. 4 aBV nach Art. 87 OG hingegen nur unter der Voraussetzung eines nicht wiedergutzumachenden rechtlichen Nachteils (BGE 116 Ia 199), was für Gemeinden in der Regel bejaht wird (BGE 116 Ia 44, 225).

1.5. Feststellungsentscheide

19 Das Verwaltungsgericht hat in ausdehnender Interpretation von § 43 Abs. 1 VRG i.d.F.v. 24.5.1959 entschieden, dass vor den Verwaltungsbehörden und dem Verwaltungsgericht allgemein ein Anspruch auf einen Feststellungsentscheid besteht, soweit ein schutzwürdiges Interesse dies erheischt (RB 1972 Nr. 12 = ZBl 74/1973, S. 209 = ZR 72 Nr. 95; vgl. § 19 N. 60 ff.). Dazu eingehend § 19 N. 58 ff. Das Verwaltungsgericht kann somit auch gegen einen Feststellungsentscheid oder gegen die Weigerung, einen solchen zu treffen, angerufen werden (RB 1978 Nr. 9).

2. Sonderfragen

Zwischenentscheide, Vorentscheide und Feststellungsentscheide sind nur dann mit verwaltungsgerichtlicher Beschwerde anfechtbar, wenn das Gericht in der Sache selber zuständig ist (§ 43 Abs. 3). Das ergibt sich schon aus dem Prinzip der «Einheit des Verfahrens» (vgl. BGE 103 Ib 147, 96 V 143) und gilt entgegen früherer Praxis (RB 1968 Nr. 8) auch für Zwischenentscheide über die unentgeltliche Prozessführung (RB 1982 Nr. 24). 20

Gegen *vorbehaltene*, aber noch nicht angeordnete Massnahmen kann nicht Beschwerde geführt werden; denn dadurch wird eine Sache nicht erledigt; ebenso wenig liegt bei einer vorbehaltenen Massnahme ein Zwischen- oder Vorentscheid vor (RB 1963 Nr. 15). Die Beschwerde gegen *Zwangsandrohungen* ist nicht zulässig (RB 1964 Nr. 22; vgl. jedoch hinsichtlich der Fristansetzung § 31 N. 4). Die selbständige Anfechtbarkeit von Verwarnungen und Androhungen kann auch deswegen fraglich sei, weil ihnen nicht ohne weiteres Verfügungscharakter zukommt (RB 1998 N. 34; vgl. § 19 N. 14). 21

Auch ein nichtiger Verwaltungsakt kann trotz seiner begriffsnotwendigen absoluten rechtlichen Unwirksamkeit Anfechtungsobjekt einer Beschwerde sein (RB 1977 Nr. 8). 22

Besondere Regelungen bestehen in jenen (nichtstreitigen) Verwaltungsverfahren, in denen ein *mehrstufiger Entscheidungsprozess* vorgesehen ist, so namentlich im Quartierplan- und im Vergabeverfahren. Mitunter ist die Frage, ob Zwischen-, Vor- oder Teilentscheide selbständig mit Rekurs und Beschwerde anfechtbar sind, unter Berücksichtigung der zum *Koordinationsgebot* entwickelten Grundsätze (dazu § 4 N. 17 ff.) zu beantworten (vgl. RB 1968 Nr. 10). 23

§ 49. aufgehoben.

§ 50. Mit der Beschwerde an das Verwaltungsgericht kann jede Rechtsverletzung geltend gemacht werden.

Als Rechtsverletzung gelten insbesondere:
a) die unrichtige Anwendung und die Nichtanwendung eines im Gesetz ausgesprochenen oder sich daraus ergebenden Rechtssatzes;
b) die unrichtige rechtliche Beurteilung einer Tatsache;
c) Ermessensmissbrauch und Ermessensüberschreitung;
d) die Verletzung einer wesentlichen Form- oder Verfahrensvorschrift.

Die Rüge der Unangemessenheit ist zulässig, soweit sie das übergeordnete Recht vorsieht, sowie bei Beschwerden gemäss § 19a Abs. 2 dieses Gesetzes.

V. Beschwerdegründe

1. Rechtsverletzung und Unangemessenheit

§ 50

Materialien

Weisung 1957, S. 1047 f.; Prot. KK 4.3.1958, 7.10.1958; Prot. KR 1955–1959, S. 3403; Beleuchtender Bericht 1959, S. 408; Weisung 1995, S. 1538; Prot. KK 1995/96, S. 120 f.; Prot. KR 1995–1999, S. 6505, 6833; Beleuchtender Bericht 1997, S. 6.

Übersicht

	Note
1. Allgemeines	1
2. Zu Abs. 1	3
2.1. Grundsatz der unbeschränkten Rechtskontrolle	3
2.2. Richterliche Rechtsanwendung und Rügeprinzip	4
2.3. Grundsatz der vollen Kognitionsausschöpfung	7
2.4. Kognitionsbeschränkung bei der Interpretation autonomen kommunalen Rechts	8
2.5. Zur Bedeutung der Auslegung	10
2.5.1. Grundsätzliches	10
2.5.2. Verfassungskonforme Gesetzesauslegung	24
2.5.3. Kasuistik des Verwaltungsgerichts	27
3. Zu Abs. 2	30
3.1. Zu lit. a	31
3.1.1. Allgemeines	31
3.1.2. Besondere «Rechtssätze»	43
3.1.2.1. Gewohnheitsrecht	43
3.1.2.2. Verfassungsrecht	45
3.1.2.3. Konventionsrecht	46
3.1.2.4. Verwaltungsverordnungen	58
3.1.2.5. Raumpläne	66
3.2. Zu lit. b	67
3.3. Zu lit. c	70
3.3.1. Allgemeines	70
3.3.2. Ermessen und unbestimmter Rechtsbegriff in der Lehre	72
3.3.3. Rechtsverletzende Ermessensfehler	78
3.3.4. Praxis des Verwaltungsgerichts zum Ermessen und zum unbestimmten Rechtsbegriff	81
3.3.4.1. Planungsrecht	83
3.3.4.2. Baurecht	84
3.3.4.3. Natur- und Heimatschutzrecht	85
3.3.4.4. Umweltschutzrecht	86
3.3.4.5. Strassenrecht	87
3.3.4.6. Enteignungsrecht	88
3.3.4.7. Übriges Verwaltungsrecht	89
3.3.4.8. Besondere Aspekte	92
3.3.4.9. Zusammenfassung	95
3.4. Zu lit. d	100
4. Zu Abs. 3	109
4.1. Ermessenskontrolle kraft übergeordneten Rechts	109
4.2. Ermessenskontrolle in den Beschwerdefällen von § 19a Abs. 2	111
4.3. Ermessensausübung bei reformatorischer Tätigkeit	114
5. Normenkontrolle	115
5.1. Ausschluss der abstrakten Normenkontrolle	115
5.2. Befugnis zur konkreten Normenkontrolle	117
5.2.1. Allgemeines	117
5.2.2. Kasuistik	131

§ 50

5.2.2.1. Kommunale Erlasse	131
5.2.2.2. Kantonale Verordnungen	134
5.2.2.3. Kantonale Gesetze	137
5.2.2.4. Raumpläne	145
5.2.2.5. Bundesgesetze	146

1. Allgemeines

In §§ 50 und 51 werden die zulässigen Beschwerdegründe umschrieben. Diesen steht deckungsgleich die *Kognition* (Überprüfungsbefugnis) der Rechtsmittelinstanz gegenüber; es besteht eine rechtslogisch notwendige Entsprechung (Gygi, S. 266). Ausgehend von der in Lehre und Rechtsprechung gefestigten Dreiteilung in Rechts-, Sachverhalts und Ermessenskontrolle kennzeichnet sich die Ordnung von §§ 50/51 dadurch, dass die Rügen der Rechtsverletzung sowie der unrichtigen oder unvollständigen Sachverhaltsermittlung statthaft sind, wogegen die Rüge der Unangemessenheit grundsätzlich (mit Ausnahmen in § 50 Abs. 3) ausgeschlossen wird. Die Aufteilung der zulässigen Beschwerdegründe in §§ 50 und 51 entspricht herkömmlicher Unterscheidung in Prozessgesetzen, wenngleich auch die unrichtige Feststellung des Sachverhalts (Marginalie zu § 51) eine Rechtsverletzung (vgl. Marginalie zu § 50) darstellt. Die Kognition des Verwaltungsgerichts ist aber nicht nur deswegen eingeschränkt, weil § 50 grundsätzlich (unter Vorbehalt von Abs. 3) die Ermessenskontrolle ausschliesst. Kognitionsbeschränkungen können sich auch *innerhalb* der einzelnen Beschwerdegründe (Rechts-, Sachverhalts- und, wo ausnahmsweise zulässig, Ermessenskontrolle) ergeben, innerhalb der Rechtskontrolle vorab bei der Auslegung unbestimmter Rechtsbegriffe des kommunalen und kantonalen Rechts (dazu N. 8 f., N. 72 ff.). Vereinzelt wird in der Lehre die Auffassung vertreten, wo die Rechtsmittelbehörde innerhalb eines bestimmten Beschwerdegrunds, namentlich jenes der Rechtsverletzung, Beurteilungs- und Entscheidungsspielräume der Verwaltungsbehörde zu respektieren habe, handle es sich nicht um eine Einschränkung der Kognition, sondern um die Relativierung der «Aufhebungspflicht» in Fällen, in denen das Gericht – bei voller Überprüfung – zu einem anderen Beurteilungsergebnis als die Verwaltungsbehörde gelangt (Merker, § 49 Rz. 5, 32 ff., § 56 Rz. 14, 32 ff.). In der vorliegenden Kommentierung wird indessen entsprechend der herrschenden Lehre (Bertossa, S. 78 ff.; Gadola, S. 354 ff.; Gygi, S. 305 f.; Häfelin/Müller, Rz. 369; Kälin, S. 157 ff.; Kölz/Häner, Rz. 644 f.) die Wahrung derartiger Beurteilungs- und Entscheidungsspielräume als «Zurückhaltung beim Prüfungsvorgang», mithin als Kognitionsbeschränkung verstanden.

1

Der in der Marginalie von § 50 verwendete Begriff «Rechtsverletzung» schliesst zwei Grundfragen ein: Was ist unter «Recht» zu verstehen? – Wodurch kann eine Behörde Recht «verletzen»? Zur ersten Frage vgl. N. 31 ff. Die Vorinstanz verletzt Recht, wenn sie

2

§ 50

- ihre Verfügung auf keinen oder einen ungültigen Rechtssatz stützt;
- unrichtiges Recht anwendet (z.B. kantonales statt Bundesrecht und umgekehrt);
- zwar das richtige und gültige Recht anwendet, aber falsch (unrichtige Normanwendung: Auslegungsfehler, Subsumtionsirrtum, falsche Rechtsfolge).

§ 50 Abs. 2 umschreibt in lit. a–d nicht abschliessend verschiedene Erscheinungsformen *unrichtiger Normanwendung* (N. 39 ff.). Zudem schliesst der Beschwerdegrund der «Nichtanwendung eines ... Rechtssatzes» (§ 50 Abs. 2 lit. a) die Fälle einer Anwendung *unrichtigen Rechts* mit ein (N. 42). Unter den nicht ausdrücklich in Abs. 2 lit. a–d genannten Beschwerdegründen sind vor allem die Fälle von Bedeutung, in denen sich die angefochtene Verfügung auf *keinen* oder einen *ungültigen Rechtssatz* stützt: der Erlass eines Verwaltungsakts, welcher einer rechtssatzmässigen Grundlage überhaupt entbehrt (Verletzung des Grundsatzes der Gesetzmässigkeit der Verwaltung) sowie die Anwendung eines höherrangigem Recht widersprechenden und daher ebenfalls ungültigen Rechtssatzes (akzessorische Normenkontrolle; N. 117 ff.).

2. Zu Abs. 1

2.1. Grundsatz der unbeschränkten Rechtskontrolle

3 Die Beschwerde an das Verwaltungsgericht ist ein ordentliches Rechtsmittel. Daraus folgt, dass der Beschwerdeführer, wie das Gesetz sagt, *jede* Rechtsverletzung geltend machen kann. Er ist nicht, wie etwa bei der staatsrechtlichen Beschwerde oder der zürcherischen Kassationsbeschwerde, bei denen dementsprechend das *reine* Rügeprinzip gilt, auf bestimmte Beschwerdegründe angewiesen.

2.2. Richterliche Rechtsanwendung und Rügeprinzip

4 Im Beschwerdeverfahren gilt der Grundsatz der Rechtsanwendung von Amtes wegen. Vgl. zu diesem Grundsatz § 7 N. 79 ff.; Vorbem. zu §§ 19–28 N. 71. Das Verwaltungsgericht ist nicht darauf beschränkt, nur jene Rechtsverletzungen zu berücksichtigen, die vom Beschwerdeführer gerügt werden. Wie in jedem Rechtsmittelverfahren mit voller Rechtskontrolle steht indessen im Beschwerdeverfahren vor Verwaltungsgericht die im Grundsatz geforderte Rechtsanwendung von Amtes wegen in einem Spannungsverhältnis zum *Rügeprinzip* (Gygi, S. 214 ff.; Kölz/Häner, Rz. 113). Dabei geht es aus pragmatischer Sicht primär um den Umfang des *Prüfungsaufwands*. Das Verwaltungsgericht kann eine Verfügung auf Rechtsmängel hin überprüfen, die von den Parteien nicht gerügt werden, ist dazu aber nicht verpflichtet. Liegen trotz fehlender Rüge

§ 50

klare Mängel vor, sind sie zu berücksichtigen; anderseits hat das Gericht nicht von sich aus nach allen erdenklichen Rechtsfehlern zu forschen. Wo das Verwaltungsgericht als *zweite Rechtsmittelinstanz* wirkt, nimmt das Rügeprinzip breiteren Raum als im vorinstanzlichen Rekursverfahren ein.

Sodann kommt dem Rügeprinzip unterschiedliche Tragweite in verschiedenen Rechtsgebieten zu. Im *Baurecht* gilt weitgehend das Rügeprinzip (RB 1997 Nr. 7; Mäder, N. 301). Das hängt damit zusammen, dass im Streit um die Erteilung einer Baubewilligung bestimmte Bauhindernisse in Frage stehen, die klar entsprechenden Normen zugeordnet werden können. Innerhalb des im Baurecht häufig sehr weit gefassten Streitgegenstands (Erteilung oder Verweigerung der baurechtlichen Bewilligung für ein bestimmtes Projekt) wird gleichsam ein engeres Prozessthema durch die von der Behörde oder dem Nachbarn geltend gemachten Bauverweigerungsgründe abgesteckt. Folgerichtig kann der Nachbar, der als Rekurrent vor der Baurekurskommission aufgrund einzelner Rügen die Aufhebung der Baubewilligung erwirkt hat, im vom Baugesuchsteller angestrengten Beschwerdeverfahren als Beschwerdegegner seine übrigen, von der Vorinstanz abgewiesenen Einwendungen erneut vorbringen (RB 1983 Nr. 22). – Zur Bedeutung des Rügeprinzips im Beschwerdeverfahren über steuerrechtliche Streitigkeiten vgl. Bosshart, Überprüfung, S. 42 f. 5

Soweit es um *Mängel bei der Feststellung des rechtserheblichen Sachverhalts* geht (dazu § 51), ist das Rügeprinzip von grösserer Tragweite als bei der Auslegung der Normen (zur Wechselwirkung vgl. N. 10); bei der Sachverhaltsüberprüfung berührt sich das Rügeprinzip mit der Obliegenheit der Parteien, von sich aus die rechtserheblichen Tatsachen zu behaupten und zu substanzieren, und relativiert damit nicht nur die Rechtsanwendungs-, sondern auch die Untersuchungspflicht der Behörde (vgl. § 54 N. 8, § 59 N. 9, § 60 N. 1; RB 1982 Nr. 5). Dazu gehört auch die Zurückhaltung des Verwaltungsgerichts, sein Urteil auf einen «*anderen*», vor der unteren Instanz weder erwogenen noch geltend gemachten «*Rechtsgrund*» zu stützen, das heisst die gleiche (anbegehrte oder angeordnete) Rechtsfolge aus einem wesentlich verschiedenen Sachverhalt, verbunden mit einem anderen Rechtssatz, abzuleiten (Gygi, S. 213 f.). Dagegen ist die abweichende rechtliche Qualifikation des gleichen Sachverhalts ein häufiger Anwendungsfall richterlicher Rechtsanwendung. 6

2.3. Grundsatz der vollen Kognitionsausschöpfung

Im Übrigen, d.h. mit Bezug auf die Rechtsfragen, welche aufgrund der erhobenen Rügen oder von Amtes wegen beurteilt werden, hat das Gericht grundsätzlich die Pflicht, seine Überprüfungsbefugnis im Sinn des § 50 voll auszuschöpfen (BGE 115 Ia 8; Birchmeier, S. 437). Das Gericht wird daher zuweilen Normen für die Entscheidung heranziehen, auf die sich weder die Behörden noch die privaten Prozessparteien berufen. Besondere Bedeutung hat dieser Grund- 7

§ 50

satz bei der Konkretisierung der Grundrechte sowie bei der innerstaatlichen Durchsetzung der EMRK-Garantien. Es sind neben dem Bundesgericht vorab die kantonalen Verwaltungsgerichte dazu berufen, den Grundrechten im Bereich der Gesetzesauslegung (verfassungskonforme Interpretation) Nachachtung zu verschaffen (vgl. Hans Huber, Der Schutz der Grundrechte unter der Generalklausel der Verwaltungsgerichtsbarkeit, in: Mélanges Marcel Bridel, Lausanne 1968, S. 237 ff.; Kottusch, S. 85 ff.). Bisweilen drängen sich allerdings aus der Natur von bestimmten Streitsachen heraus Kognitionseinschränkungen auf. Gewisse Kategorien solcher Streitsachen hat der Gesetzgeber sogar gänzlich vom verwaltungsgerichtlichen Rechtsschutz ausgenommen, indem er entsprechende Beschwerden als unzulässig erklärt hat (vgl. § 43).

2.4. Kognitionsbeschränkung bei der Interpretation autonomen kommunalen Rechts

8   Nach der bundesgerichtlichen Praxis haben kantonale Gerichte und Verwaltungsbehörden ihre Überprüfungsbefugnis bei der Interpretation *unbestimmter Rechtsbegriffe*, die dem *kommunalen* Recht angehören, zu beschränken. Verwaltungsgericht und Verwaltungsbehörden dürfen nur dann eingreifen, wenn die Gemeinde bei der Anwendung eines unbestimmten Rechtsbegriffs des kommunalen Rechts ihre Beurteilungsermächtigung missbraucht oder überschritten oder verfassungsmässige Rechte des Bürgers verletzt hat (BGE 100 Ia 86, 99 Ia 247 E. 3, 96 I 369 E. 4, 96 I 718 E. 2; vgl. auch Riccardo Jagmetti, Die Stellung der Gemeinde, ZSR 91/1972 II, S. 335; kritisch Wolf Seiler, ZSR 91/1972 II, S. 562 ff.; einschränkend VGr. GR 27.4.1971, ZBl 73/1972, S. 158 ff.; BGr. 6.10.1976, ZBl 78/1977, S. 220 ff.). Das Verwaltungsgericht hält sich konsequent an diese Kognitionsbeschränkung (RB 1981 Nr. 20, 1982 Nr. 38, 1984 Nr. 106, 1986 Nr. 116). Ein solcher Beurteilungsspielraum steht den Gemeinden dann nicht zu, wenn sie einen unbestimmten Rechtsbegriff des *kantonalen* Rechts anzuwenden haben (Rhinow/Krähenmann, Nr. 66 B XI). Zur aus der Gemeindeautonomie folgenden Einschränkung der Ermessenskontrolle im Rekursverfahren vgl. § 20 N. 19.

9   Dass das Verwaltungsgericht ein von der Gemeinde aufgrund des kommunalen oder kantonalen Rechts ausgeübtes *Ermessen* nicht überprüfen darf, ergibt sich aus § 50 Abs. 2 lit. c. Steht dem Verwaltungsgericht ausnahmsweise kraft übergeordneten Rechts auch die Kontrolle kommunalen Ermessens zu (§ 50 Abs. 3), so auferlegt es sich in ähnlicher Weise Zurückhaltung wie bei der Interpretation unbestimmter Rechtsbegriffe des kommunalen Rechts. Dies gilt z.B. bei der Überprüfung von Genehmigungsbeschlüssen des Regierungsrats betreffend die Festsetzung kommunaler Zonenpläne; die dem Gericht hier aufgrund von Art. 33 Abs. 3 lit. b RPG zustehende Ermessenskontrolle übt es mit der nämlichen Zurückhaltung aus, die der Regierungsrat als Genehmigungsbehörde beachtet

(RB 1994 Nr. 17 = BEZ 1994 Nr. 22; zur entsprechenden Kognitionsbeschränkung der Rekursbehörde vgl. § 20 N. 20).

2.5. Zur Bedeutung der Auslegung

Literatur
AMMANN WERNER, Die Auslegung von Verwaltungsrecht durch das Bundesgericht, Zürich 1973; BURCKHARDT WALTHER, Die Lücken des Gesetzes und die Gesetzesauslegung, Bern 1925; GYGI FRITZ, Vom Anfang und Ende der Rechtsfindung: Zur Tragweite des Wortlautes bei der Auslegung, recht 1983, S. 73 ff.; DERSELBE, Zur Auslegung des Verwaltungsrechtes, ZSR 75/1956, S. 129 ff.; DERSELBE, Verwaltungsrecht und Privatrecht, Bern 1956; HÄFELIN/HALLER, N. 58 ff.; HÄFELIN/MÜLLER, Rz. 173 ff.; HÖHN ERNST, Praktische Methodik der Gesetzesauslegung, Zürich 1993; IMBODEN MAX, Normenkontrolle und Verfassungsinterpretation, in: Festschrift Hans Huber, Bern 1961, S. 133 ff.; KÖLZ, Auslegung, S. 29 ff.; LARENZ; LEUTHOLD MATTHIAS, Die Prüfungsdichte des Bundesgerichts im Verfahren der staatsrechtlichen Beschwerde wegen Verletzung verfassungsmässiger Rechte, Bern 1992; MEIER-HAYOZ ARTHUR, Berner Kommentar zum ZGB, Bd. I, Bern 1962, Art. 1; OTT EDUARD, Zur Frage der Rangordnung unter den Auslegungsargumenten, ZSR 92/1973 I, S. 247 ff.

2.5.1. Grundsätzliches

Rechtsanwendung ist – vereinfachend gesagt – Subsumtion von Lebenssachverhalten unter Rechtsnormen mit anschliessender Bestimmung der Rechtsfolge. Praktisch ist es jedoch nicht so, dass bestimmte Normen einfach auf einen feststehenden Lebenssachverhalt angewendet werden. Vielmehr findet beim Subsumtionsvorgang eine intensive *Wechselwirkung* zwischen dem Aufsuchen der richtigen Norm und der Ermittlung des relevanten Sachverhalts statt. Das eine bedingt wechselseitig das andere, die Norm den Sachverhalt, dieser jene (dazu Larenz, S. 206 ff., 278 ff.). Am Ende dieses «Hin- und Herwanderns» steht die Feststellung, dass eine Rechtsfolge eintritt oder nicht. Die wichtigste Art von Rechtsverletzung ist die unrichtige Anwendung eines Rechtssatzes. Unrichtig ist die Rechtsanwendung allgemein, wenn sie den in der Praxis gefestigten oder in der Lehre anerkannten Rechtsanwendungsregeln nicht entspricht. Die häufigste Verletzung von Rechtsanwendungsregeln ist die *unrichtige Gesetzesinterpretation*. Eine solche liegt vor, wenn einer Bestimmung eine Bedeutung beigelegt wird, die ihr bei richtiger Anwendung der anerkannten Interpretationsmethoden nicht zukommen kann. Willkür ist eine qualifizierte Form unrichtiger Rechtsanwendung (vgl. N. 39). 10

Ausgangspunkt jeder Interpretation ist der *Wortlaut* der Bestimmung (Grisel I, S. 123 f.; Imboden/Rhinow/Krähenmann, Nr. 21 B I; Häfelin/Haller, N. 75 ff.; Larenz, S. 313). Die grammatikalische Auslegung versucht, anhand des Sprachgebrauchs den Wortsinn der Bestimmung zu ermitteln. Dabei ist zu beachten, dass der Wortsinn vielfach nicht eindeutig ist, sondern Raum für verschiedene Bedeutungsvarianten lässt; auch ein zunächst klar erscheinender Wortlaut kann 11

§ 50

sich bei näherer Prüfung als mehrdeutig erweisen (Larenz, S. 320 ff. und 343). Gelangt man mit der grammatikalischen Interpretationsmethode zu keinem eindeutigen Ergebnis, ist mithin der Wortlaut unklar, so sind von vornherein weitere Auslegungsmethoden beizuziehen. Wenn der Wortlaut unmissverständlich und eindeutig ist, so bleibt er massgeblich, sofern nicht triftige Gründe dafür sprechen, dass er nicht den wahren Sinn der Bestimmung wiedergebe. Führt demnach der Wortlaut einer Bestimmung zu einem vernünftigen Ergebnis, so ist die wörtliche Auslegung gegenüber einer anderen, an sich auch vernünftigen, aber dem Wortlaut nicht entsprechenden Interpretation vorzuziehen.

12   Eine weitere, der grammatikalischen nahestehende (Larenz, S. 324 ff.) ist die *systematische Interpretationsmethode*. Nach ihr ist der Sinn einer Bestimmung nach dem systematischen Zusammenhang zu ermitteln (BGE 108 Ib 217 ff., 105 Ib 228 f., 97 I 890, 95 I 297). Die Stellung der zu interpretierenden Norm in der Systematik des Gesetzes sowie die Aussagen anderer Normen in ähnlichem Zusammenhang bilden massgebliche Kriterien zur Sinnermittlung (vgl. Grisel I, S. 132 ff., mit Hinweisen; Ammann, a.a.O., S. 63).

13   Die *historische Auslegungsmethode* (dazu Germann, S. 66 ff.) sucht den richtigen Sinn einer Bestimmung von den Gesetzesmaterialien her festzulegen, indem sie auf die zur Zeit der Gesetzgebung vorherrschende Auffassung abstellt (BGE 98 Ia 184, 98 Ia 593, 98 Ib 380, 100 Ib 386, 112 Ia 104). Die historische Auslegungsmethode bildete nach früherer Auffassung den Grundstein zu jedem weiteren Versuch der Normendeutung (Giacometti, S. 217 ff.); eine davon abweichende Auslegung wurde nur als zulässig erachtet, wenn der sich aus den Materialien ergebende Sinn mit dem Wortlaut des Gesetzes als unverträglich oder schlechthin unannehmbar erschien (BGE 68 II 110; vgl. BGE 97 IV 140; RB 1964 Nr. 71, 1971 Nrn. 36 und 64). In der neueren Lehre und Rechtsprechung wird den Gesetzesmaterialien nicht mehr eine derart absolute Bedeutung zugeschrieben (Häfelin/Müller, Rz. 176). Im Rahmen des Methodenpluralismus (N. 21) kommt ihr aber immer noch grosse Tragweite zu (Rhinow/Krähenmann, Nr. 22 B I und II). Die Materialien fallen, sofern sie eine klare Antwort geben (BGE 114 Ia 196 f.), vor allem dann ins Gewicht, wenn sie einen unklaren Wortlaut erhellen oder wenn zu prüfen ist, ob das Abgehen vom Wortlaut sich auf triftige Gründe stützen lässt (Rhinow/Krähenmann, Nr. 22 B I und II g). Die historische Auslegungsmethode wird wiederum in zwei Untergruppen aufgeteilt: die subjektiv-historische und die objektiv-historische.

14   Die *subjektiv-historische* Auslegungsmethode erachtet jenen Sinn eines Rechtssatzes als massgeblich, den ihm der historische Gesetzgeber zukommen lassen wollte (vgl. BGE 118 Ib 149, 112 Ia 104, 112 Ib 314, 109 Ib 293 ff.). Sie stellt also auf den (subjektiven) Willen des tatsächlichen Gesetzgebers ab. Die *objektiv-historische* Methode anderseits, die innerhalb der historischen als herrschen-

§ 50

de Methode bezeichnet werden kann, stellt nicht auf den subjektiven Willen des Gesetzgebers allein ab, sondern berücksichtigt zusätzlich alle beim Erlass des Gesetzes massgebenden objektiven Umstände (BGE 107 Ia 236 ff., 83 I 180 f.; RB 1964 Nr. 71; vgl. RB 1971 Nr. 64). Danach kommt es auf jenen Sinn an, den ein vernünftiger Gesetzesadressat der Norm bei deren Erlass unter Berücksichtigung der massgebenden historischen Gegebenheiten (Gebrauch der Sprache, Stand der Technik etc.) beilegte (dazu Meier-Hayoz, a.a.O., Art. 1 N. 144 ff., 151 ff.; Burckhardt, S. 279; vgl. Sommer, Weiterentwicklung, S. 148 mit Verweisen).

Die Auslegung kann sich aber nicht im Aufsuchen des historischen Willens des Gesetzgebers erschöpfen. Vielmehr entfaltet ein Gesetz aus sich selbst heraus, unabhängig vom Gesetzgeber, bestimmte Wirkungen. Diese hängen von der Handhabung und vom Verständnis des Gesetzes in der gegenwärtigen Wirklichkeit ab, welche wiederum den Norminhalt mitprägt. Gesetz und Wirklichkeit beeinflussen einander in einem fortschreitenden dialektischen Prozess, der neue, objektive Erkenntnisse hervorbringt. Das Gesetz zieht demnach unabhängig vom subjektiven Willen des Gesetzgebers gewisse objektive Wirkungen nach sich (dazu Larenz, S. 316 ff.), welchen bei der Interpretation Rechnung zu tragen ist. Diese *objektive bzw. zeitgemässe Interpretationsmethode* ermöglicht eine Modifikation des ursprünglichen Willens des Gesetzgebers und erlaubt, eine Norm den veränderten tatsächlichen Gegebenheiten anzupassen (BGE 116 Ia 368, 112 Ia 216, 112 Ib 324 ff., 105 Ib 61, 104 Ia 291 ff., 78 I 30). Dabei ist aber die besondere Bedeutung des Wortlauts (N. 11) zu beachten. 15

Bei der Ermittlung des objektiven Sinns einer Norm ist vor allem auf deren *Zweck* abzustellen. Ausgangspunkt für die Ermittlung des Zwecks eines Gesetzes ist wiederum der historische Wille des Gesetzgebers. Die Interpretationsmethode, die auf den Zweck einer Bestimmung abstellt, auch *teleologische Methode* genannt, wird vom Bundesgericht und vom Verwaltungsgericht häufig verwendet (BGE 117 Ia 390 f., 114 Ib 162, 110 Ib 8 f., 107 Ib 231 ff., 100 II 189, 96 I 181, 96 I 213, 95 I 204, 95 I 238; RB 1960 Nr. 35); sie ermöglicht die konstruktive Entwicklung der Rechtsordnung, ohne dass der historische Wille des Gesetzgebers ausser Acht gelassen wird (dazu Larenz, S. 333 ff.). 16

Nur sehr beschränkte Auslegungshilfe bieten die sogenannten *formalen Auslegungsregeln*. Dazu gehören der *Schluss aus dem Gegenteil* (e contrario), der *Schluss vom Stärkeren auf das Schwächere* (a fortiori), der *Schluss vom Grösseren auf das Kleinere* (in maiore minus), *das Verbot extensiver Auslegung* (in dubio pro libertate), ferner die Sätze «Lex specialis derogat legi generali», «Lex posterior derogat legi priori» sowie «Lex superior derogat legi inferiori». Zur Problematik dieser Regeln vgl. Grisel I, S. 138 ff.; Häfelin/Müller, Rz. 178 ff.; Imboden/Rhinow/ Krähenmann, Nr. 20 B III. Der in der Praxis eine nicht unbedeutende Rolle spielende *Analogieschluss,* der eine Gleichheit oder zumindest Ähnlichkeit zwischen dem vom Gesetz erfassten und dem zu beurteilenden Tatbestand voraus- 17

§ 50

setzt, dient nicht nur als Hilfsmittel einer sinngemässen Auslegung, sondern auch der freien Rechtsfindung praeter legem, d.h. als Mittel der Lückenfüllung; seine Problematik gründet im Spannungsverhältnis zwischen Gesetzmässigkeitsprinzip und Gleichheitsgebot (Imboden/Rhinow/Krähenmann, Nr. 27).

18 Die sogenannte *authentische Interpretation* ist ein Akt der Rechtsetzung; durch sie wird ein neuer oder modifizierter Rechtssatz geschaffen, der formell an die Stelle des alten tritt; sie hat für die rechtsanwendende Behörde verbindliche Kraft (Imboden/Rhinow/Krähenmann, Nr. 6). Eine authentische Interpretation liegt nur dann vor, wenn sie vom gleichen Organ, das für die Gesetzgebung zuständig ist, im selben Verfahren erfolgte (RB 1969 Nr. 1).

19 Die Tragweite von *verwaltungsrechtlichen Verträgen* ist nach dem Vertrauensprinzip zu ermitteln (Imboden/Rhinow/Krähenmann, Nr. 20 B V).

20 Bei der Interpretation *unbestimmter Rechtsbegriffe* sind zwar die herkömmlichen Auslegungsregeln zu beachten; doch führen diese vielfach nicht zu einem eindeutigen Ergebnis, weil unbestimmte Rechtsbegriffe ihrem Zweck entsprechend für die damit befasste Verwaltungsbehörde einen Beurteilungsspielraum öffnen (Rhinow/Krähenmann, Nr. 20 B XI; BGE 115 Ib 135). Erhöhte Bedeutung kommt hier der verfassungskonformen Auslegung zu (Häfelin/Müller, Rz. 189; dazu N. 24 ff.). Weil dabei Auslegung und Beurteilungsermessen vielfach nicht klar getrennt werden können, ergeben sich bei der Überprüfung von Anordnungen, die in Anwendung unbestimmter Rechtsbegriffe getroffen worden sind, für das auf Rechtskontrolle beschränkte Verwaltungsgericht Schwierigkeiten in der Bestimmung der Kognition (dazu ausführlich N. 70 ff.).

21 Eine bestimmte Rangfolge der Auslegungsmethoden gibt es nach der Lehre nicht. Keine Methode hat grundsätzlich den Vorrang vor einer andern (Larenz, S. 343 ff.). Auch das Bundesgericht hält keine Rangordnung ein, sondern betont den *Methodenpluralismus* (BGE 114 Ia 196 ff., 110 Ib 8, 83 I 178; Ammann, a.a.O., S. 67; Imboden/Rhinow/Krähenmann, Nr. 20 B I und II); dasselbe kann für die Praxis des Verwaltungsgerichts gesagt werden (vgl. Kasuistik in N. 27 ff.). Die abwägende Kombination der verschiedenen Auslegungsmethoden lässt Raum für die Rücksichtnahme auf ein vernünftiges und praktikables Ergebnis (Häfelin/Haller, N. 107 ff.; Häfelin/Müller, Rz. 176; Rhinow/Krähenmann, Nr. 20 B I und II g).

22 Im Rahmen des Methodenpluralismus ist es unmöglich, allgemeingültige Methodenformeln oder Interpretationsprogramme zu entwickeln (Rhinow/Krähenmann, Nr. 20 B I und II). In der bundesgerichtlichen Praxis finden sich denn auch mehrere, voneinander abweichende oder sich widersprechende Formeln. Eine einheitliche Struktur lässt sich noch am ehesten mit Bezug auf die Frage erkennen, welche Bedeutung dem Wortlaut bzw. der den Wortsinn ermittelnden grammatikalischen Auslegungsmethode zukommt. Eine Vorschrift bedarf der vertieften, d.h. über die grammatikalische Auslegung hinausgehenden Inter-

§ 50

pretation, wenn ihr Wortlaut nicht klar ist oder wenn bei klarem Wortlaut Zweifel bestehen, ob er den wahren Sinn der Norm wiedergebe (Häfelin/Haller, N. 64 und N. 77). Bei der Auslegung einer Bestimmung, die aufgrund der grammatikalischen Auslegungsmethode keinen eindeutigen Wortsinn erkennen lässt, kommt dieser Methode gegenüber den andern von vornherein keine Vorrangstellung zu. Dabei ist zu beachten, dass sich auch ein zunächst klar erscheinender Wortlaut bei näherer Prüfung – bereits aufgrund der grammatikalischen Interpretation – als mehrdeutig erweisen kann. Ist der Wortlaut einer Bestimmung unmissverständlich und eindeutig, so bleibt er massgebend, es sei denn, triftige Gründe sprächen dafür, dass er nicht den wahren Sinn der Bestimmung wiedergebe. Solche Gründe können sich aus der Entstehungsgeschichte, dem Zweck der Vorschrift sowie aus dem Zusammenhang mit anderen Normen ergeben (Imboden/Rhinow/Krähenmann, Nr. 21 B IV c; BGE 108 Ia 196 f., 297, 108 II 151 E. 2). Die nämlichen Elemente, die bei unklarem Wortlaut als Auslegungshilfen heranzuziehen sind (nämlich die teleologische, die systematische und die historische Auslegung), können mithin, wenn den sich hieraus ergebenden Erkenntnissen bei einer Gesamtwürdigung grösseres Gewicht beizumessen ist, eine vom klaren Wortlaut abweichende Deutung nahelegen. Der Wortlaut bildet demnach den Ansatzpunkt, aber nicht die Grenze der zulässigen Auslegung. Die Interpretation gegen den Wortlaut ist nicht nur erlaubt, sondern notwendig, sofern stärkere Gründe nach den anerkannten Auslegungsregeln für sie sprechen (Rhinow/Krähenmann, Nr. 20 B I und II e). Abgesehen von der besonderen Bedeutung des Wortlauts bzw. der auf diesen abstellenden grammatikalischen Auslegung stehen die Auslegungsmethoden wie erwähnt nicht in einem besonderen Rangverhältnis. Immerhin wird die Bedeutung der Gesetzesmaterialien in der neueren Rechtsprechung (wieder) stärker betont; vielfach vermag allein die an den Materialien orientierte Auslegung die Regelungsabsicht des Gesetzgebers aufzuzeigen (Rhinow/Krähenmann, Nr. 22 B I und II g).

Während die Auslegung versucht, den im Gesetz bereits enthaltenen Sinn zu ermitteln, wird dieses durch eine *Lückenfüllung* ergänzt (vgl. Häfelin/Haller, N. 115 ff.; Häfelin/Müller, Rz. 191 ff.; Imboden/Rhinow/Krähenmann, Nr. 23). In der Praxis lassen sich indessen Auslegung und Lückenfüllung nicht immer klar abgrenzen, zumal die Auslegung neben reproduktiven schöpferische Komponenten umfasst (Häfelin/Haller, N. 69 ff.). Bevor auf eine ausfüllungsbedürftige Lücke geschlossen werden darf, ist durch Auslegung zu ermitteln, ob das Fehlen einer ausdrücklichen Anordnung nicht vom Gesetzgeber gewollt sei, mithin ein *qualifiziertes Schweigen* darstelle. Während nach herkömmlicher Lehre und Rechtsprechung lediglich die Ausfüllung von sogenannten echten Lücken zulässig – und zugleich geboten – ist, wird nach neuerer Doktrin und Praxis zum Teil auf die Unterscheidung zwischen *echten und unechten Lücken* verzichtet und der Begriff der *«planwidrigen Unvollständigkeit des Gesetzes»* verwendet, welcher auch die Schliessung unechter Lücken ermöglicht (Larenz, 23

§ 50

S. 373 f.; Rhinow/Krähenmann, Nr. 23 B I c; BGE 102 Ib 225 f.). Auch die neuere Rechtsprechung des Bundesgerichts ist indessen teilweise noch dem traditionellen Lückenbegriff verpflichtet.

2.5.2. Verfassungskonforme Gesetzesauslegung

Literatur

BOGS HARALD, Die verfassungskonforme Auslegung von Gesetzen, Stuttgart 1966; BURMEISTER JOACHIM, Die Verfassungsorientierung der Gesetzesauslegung, Berlin/Frankfurt 1966; CAMPICHE EDOUARD, Die verfassungskonforme Auslegung, Zürich 1978; HUBER HANS, Der Schutz der Grundrechte unter der Generalklausel der Verwaltungsgerichtsbarkeit, in: Mélanges Marcel Bridel, Lausanne 1968, S. 249 ff.; IMBODEN MAX, Normkontrolle und Norminterpretation, in: Festschrift für Hans Huber, Bern 1961, S. 133 ff.; KÖLZ, Auslegung, S. 29 ff.; KOTTUSCH, S. 148 f.; LARENZ, S. 329 ff.; SALADIN, Grundrechte, S. 382 f.; SPANNER HANS, Die verfassungskonforme Auslegung in der Rechtsprechung des Bundesverfassungsgerichtes, AöR 91/1966, S. 503 ff.

24   Das Gebot verfassungskonformer Gesetzesinterpretation folgt aus der Erkenntnis, dass einem Gesetz durch Auslegung oft ganz verschiedene Bedeutungsinhalte gegeben werden können, von denen bei erster Betrachtung keiner als grundsätzlich unrichtig erscheint. Das rührt von der mangelnden methodischen Bestimmtheit der Rechtswissenschaft her und nicht zuletzt von der Unmöglichkeit, eine Rangfolge der verschiedenen Auslegungsmethoden festzulegen (vgl. N. 21). Weil die Verfassung, insbesondere deren Grundrechtsteil, für Setzung und Anwendung allen Rechts unterer Stufe verbindlich ist, müssen deren Grundentscheidungen auf die Auslegung des Gesetzesrechts bestimmenden Einfluss haben (Giacometti, S. 205). Die verfassungskonforme Auslegung ist insoweit ein Anwendungsfall der systematischen Auslegung, und sie ist damit zugleich der wichtigste Aspekt des allgemeinen, aus der Einheit der Rechtsordnung und deren hierarchischen Struktur folgenden Grundsatzes, dass die Auslegung in Übereinstimmung mit dem übergeordneten Recht erfolgen soll (Häfelin/Haller, N. 127 ff.).

25   Der zunächst von der Lehre geforderte Grundsatz der verfassungskonformen Auslegung hat sich in der Praxis nur langsam durchzusetzen vermocht (Saladin, Grundrechte, S. 382). Allmählich haben ihm aber das Bundesgericht (Imboden/Rhinow/Krähenmann, Nr. 24) und – nicht zuletzt – das zürcherische Verwaltungsgericht (Imboden/Rhinow I, Nr. 24 A) zum Durchbruch verholfen.

26   In Lehre und Rechtsprechung werden verschiedene Auffassungen über die Tragweite der verfassungskonformen Auslegung vertreten. Nach der heute vorherrschenden Meinung kann und soll die verfassungskonforme Auslegung nur dort ausschlaggebend sein, wo das Gesetz nach den herkömmlichen Interpretationsmethoden verschiedene Auslegungen zulässt; verfassungskonformer Auslegung in diesem Sinn kommt eine *harmonisierende* Funktion zu; sie bedeutet, dass jener Auslegung der Vorzug zu geben ist, welche dem Inhalt der betreffenden

§ 50

Verfassungsbestimmung eher gerecht wird (Gygi, Verwaltungsrecht, S. 144; Häfelin/Haller, N. 130 und 134; Rhinow/Krähenmann, Nr. 24 B II; BGE 118 Ia 72, 111 Ia 25, 108 Ia 148, 105 Ib 53; RB 1988 Nr. 93; RB 1970 Nr. 61 = ZR 69 Nr. 121; RB 1969 Nr. 31 = ZBl 71/1970, S. 285; RB 1969 Nr. 61 = ZBl 71/1970, S. 332 = ZR 69 Nr. 82; RB 1963 Nrn. 40 und 48). Nach einem anderen, im Zusammenhang mit der abstrakten Normenkontrolle entwickelten Ansatz (vgl. BGE 125 I 67, 124 I 196) erlaubt die verfassungskonforme Auslegung im Sinn einer *normerhaltenden* Funktion, eine Bestimmung entgegen dem sich aus den allgemeinen Auslegungsregeln ergebenden Sinn zu deuten, um sie vor der Ungültigkeit zu bewahren; dabei werden notwendigerweise die Grenzen der einfachen Gesetzesauslegung überschritten (Kölz, Auslegung, S. 51; vgl. Häfelin/Haller, N. 128; kritisch Rhinow/Krähenmann, Nr. 24 B IV). Zu beachten ist indessen, dass auch im Rahmen der harmonisierenden Funktion der klare Wortlaut einer Bestimmung eine abweichende verfassungskonforme Auslegung nicht ausschliesst (RB 1988 Nr. 93).

2.5.3. Kasuistik des Verwaltungsgerichts

Zur Auslegung im Allgemeinen: 27

– Eine unklare (steuergesetzliche) Bestimmung ist nicht streng wörtlich, sondern nach allgemeinen Grundsätzen, insbesondere nach ihrem Zweck auszulegen (RB 1960 Nr. 35).

– Ist der Wille des historischen (Steuer-)Gesetzgebers klar ersichtlich, ist er im Allgemeinen verbindlich (RB 1964 Nr. 71, 1978 Nr. 37, 1978 Nr. 47), insbesondere auch dann, wenn in der Lehre keine Übereinstimmung über eine abweichende Deutung besteht (RB 1971 Nr. 36).

– Ein Methodendualismus bei der Auslegung in dem Sinn, die wirtschaftliche Betrachtungsweise dann anzuwenden, wenn das für den Fiskus vorteilhaft ist, hingegen davon abzusehen, wenn sie sich zugunsten des Steuerpflichtigen auswirkt, ist unzulässig (RB 1968 Nr. 26, 1971 Nr. 35, 1978 Nr. 74). Der Begriff der Rente im Sinn von § 19 lit. g aStG ist zivilrechtlich zu verstehen und darf nicht auf andere wirtschaftlich gleichartige Tatbestände ausgedehnt werden (RB 1982 Nr. 64).

– Wenn im Gesetz ein Bauverbot vorgesehen ist, so dürfen nach dem Auslegungsgrundsatz «in maiore minus» auch Beschränkungen solcher Bauten durch Bedingungen und Auflagen vorgesehen werden (RB 1966 Nr. 102). – Es besteht keine feste Regel, wonach Ausnahmevorschriften einschränkend auszulegen sind; vielmehr ist wertend der sachlich richtige Entscheid zu treffen (RB 1968 Nr. 45).

– Ergeben die objektiv-historische wie auch die objektiv-zeitgemässe Auslegung den Schluss, dass ein Verkaufs- oder Arbeitsräume enthaltendes Untergeschoss anrechenbar ist, so ist keine eindeutige Willensäusserung des historischen Gesetzgebers für diese Auslegung notwendig, auch wenn

§ 50

- dadurch der Einzelne belastet wird; dieser Schluss kann umso eher gezogen werden, wenn das Schrifttum eine solche Auslegung billigt (RB 1971 Nr. 64).
- Zur Auslegung von § 259 PBG betreffend die massgebliche Grundfläche bei der Ausnützungsberechnung (RB 1993 Nr. 45).
- Öffentlichrechtliche Verträge sind nach dem Vertrauensprinzip auszulegen (RB 1977 Nr. 2; RB 1977 Nr. 40 = ZBl 78/1977, S. 457 = ZR 76 Nr. 82).
- Berücksichtigung der Gesetzesmaterialien bei der Auslegung von § 74 aGebäudeversG (RB 1978 Nr. 137).
- Systematische Auslegung von §§ 18–22 der Verordnung über die Erstellung und den Betrieb von Ölfeuerungsanlagen vom 31.7.1969 (RB 1978 Nr. 138).

28 *Zur verfassungskonformen Auslegung:*
- § 17d Abs. 4 aStrassG ist im Hinblick auf die Eigentumsgarantie und die Rechtsgleichheit in dem Sinn verfassungskonform auszulegen, dass Sondervorteile auch dort beitragsbegründend sind, wo Trottoirbauten vorwiegend mit Rücksicht auf den durchgehenden Verkehr erfolgen (RB 1962 Nr. 124).
- Die Anwendung des Steuergesetzes darf nicht zu bundesverfassungswidriger Rechtsungleichheit führen; das Gesetz ist in der Weise auszulegen, die der Rechtsgleichheit am besten entspricht (RB 1963 Nr. 40; vgl. RB 1963 Nr. 48, Nr. 13 = ZBl 65/1964, S. 180 = ZR 63 Nr. 57; RB 1969 Nr. 31 = ZBl 71/1970, S. 285; RB 1969 Nr. 61 = ZBl 71/1970, S. 332 = ZR 69 Nr. 82).
- Nach verfassungskonformer Auslegung von § 9 des Gesetzes betreffend das Markt- und Hausierwesen vom 17.6.1894 darf bei Prüfung des Patentgesuchs eine verbüsste Vorstrafe zwar mitberücksichtigt werden, jedoch nur insoweit, als sie die für das Hausieren erforderliche Zutrauenswürdigkeit berührt; das folgt aus der verfassungskonformen Interpretation der fraglichen Bestimmung im Licht der Handels- und Gewerbefreiheit, der Rechtsgleichheit sowie des Verhältnismässigkeitsprinzips (vgl. RB 1970 Nr. 61 = ZR 69 Nr. 121).
- Die Bestimmung, wonach für Spitaltaxen eines Ehegatten nur der Ehemann solidarisch haftet, lässt sich nicht aufgrund einer verfassungskonformen Auslegung so umdeuten, dass auch die Ehefrau in die Solidarhaftung einbezogen wird; diese Bestimmung ist daher verfassungswidrig (RB 1988 Nr. 93).

29 *Zur Lückenfüllung:*
Lücke *verneint:* Die Nichtzulassung zum öffentlichen Schuldienst kann nicht mit Disziplinarrekurs angefochten werden (RB 1976 Nr. 22 zu § 74 Abs. 1

und § 76 VRG i.d.F.v. 24.5.1959). Die Umwandlung einer Einzelfirma in eine Aktiengesellschaft erlaubt es nicht, die Veranlagung der ergänzenden Vermögenssteuer aufzuschieben (RB 1978 Nr. 40 zu § 36bis aStG). Bei Beginn der Steuerpflicht sind ausserordentliche Aufwendungen den ausserordentlichen Einkünften nicht gleichgestellt (RB 1978 Nr. 67 zu § 57 aStG i.d.F.v. 8.7.1951). Gegen Kautionsauflagen des Regierungspräsidenten ist die verwaltungsgerichtliche Beschwerde nicht zulässig (RB 1979 Nr. 19 zu § 47 Abs. 1 lit. c VRG i.d.F.v. 24.5.1959).

Lücke *ausgefüllt:* Gemeindezulagen sind mangels abweichender Vorschriften wie staatliche Besoldungsleistungen je am 25. Tag des Monats fällig (RB 1980 Nr. 33 zu § 3 Abs. 1 des Gesetzes über die Besoldung der Volksschullehrer vom 3.7.1949 [LS 412.31]). Wer einen Erschliessungsvertrag wegen Willensmangels nicht mehr gelten lassen will, kann dies durch Klage beim Verwaltungsgericht geltend machen (RB 1980 Nr. 24 zu § 82 VRG i.d.F.v. 24.5.1959).

3. Zu Abs. 2

Die Aufzählung der Rechtsverletzungen in diesem Absatz ist nicht abschliessend. Im Entwurf der Justizdirektion fehlte der Ausdruck «insbesondere»; er wurde erst bei der späteren Gesetzesberatung aufgrund eines besonderen Antrags eingefügt, um die bloss exemplifikative Aufzählung deutlich zu machen (Prot. KK 4.3.1958). 30

3.1. Zu lit. a

3.1.1. Allgemeines

Die hier genannten Rechtsverletzungen beziehen sich auf das materielle Recht (zur Verletzung von Verfahrensrecht vgl. N. 100 ff.). 31

Der Begriff «Gesetz» ist im weitesten Sinn zu verstehen. Gemeint ist eigentlich das materielle Recht der gesamten Rechtsordnung: Es kann die Verletzung von kommunalem und kantonalem Recht, von Bundesrecht (vgl. Prot. KK 4.3.1958) und von Staatsvertragsrecht gerügt werden. 32

Weiter ist mit «Gesetz» ein solches im materiellen Sinn gemeint. Darunter sind sämtliche generell-abstrakten Akte zu verstehen, nicht nur jene, die im besonderen Verfahren der formellen Gesetzgebung erlassen worden sind (vgl. Häfelin/Müller, Rz. 70 ff.; Imboden/Rhinow/Krähenmann, Nrn. 5–13): (formelles) Verfassungsrecht, (formelles) Gesetzesrecht, Verordnungsrecht, Staatsvertragsrecht, Konkordatsrecht sowie autonome Satzungen (generell-abstrakte Erlasse von Gemeinden, anderen öffentlichrechtlichen Körperschaften sowie von – selbständigen und unselbständigen – öffentlichrechtlichen Anstalten). 33

§ 50

34 Obwohl in § 50 Abs. 2 lit. a nicht ausdrücklich erwähnt, fallen darunter auch Quellen des *ungeschriebenen* Rechts: Ungeschriebene Verfassungsgrundsätze und Verfassungsrechte (vgl. Häfelin/Müller, Rz. 292), kraft Gewohnheitsrecht geltende Normen (Häfelin/Müller, Rz. 153 ff.; Imboden/Rhinow/Krähenmann, Nr. 7) sowie die im Privatrecht wurzelnden, als ungeschriebenes öffentliches Recht geltenden «allgemeinen Rechtsgrundsätze» (Häfelin/Müller, Rz. 142 ff.; Imboden/Rhinow/Krähenmann, Nr. 2 B V).

35 Die in § 50 Abs. 2 lit. a getroffene Differenzierung zwischen «Gesetz» und «Rechtssatz» hat demnach wenig Aussagekraft, da wie erwähnt das Gesetz im materiellen Sinn gemeint ist und dieses begrifflich vom Rechtssatz nicht klar abgegrenzt werden kann. Rechtssätze sind generell-abstrakte Normen, welche Rechte und Pflichten von natürlichen und juristischen Personen begründen oder Organisation und Verfahren von Behörden regeln. Wesentliche Elemente des Rechtssatzbegriffs sind die *generell-abstrakte Natur* sowie die unmittelbare *Verbindlichkeit* für natürliche und juristischen Personen.

36 Aufgrund ihres generell-abstrakten Charakters unterscheiden sich Rechtssätze vor allem von Einzelakten und Allgemeinverfügungen (BGE 113 Ia 439, 112 Ib 251, 101 Ia 73 = Imboden/Rhinow, Nr. 5 A Leitfall II; RB 1992 Nr. 5 = ZBl 93/1992, S. 515; RB 1990 Nr. 17). In der Praxis des Verwaltungsgerichts spielt diese Abgrenzung zunächst bezüglich der Frage der Anfechtbarkeit eines Aktes, d.h. der Zulässigkeit der Beschwerde eine Rolle: Generell-abstrakte Erlasse sind keine anfechtbaren Anordnungen (dazu § 41 N. 8 ff.). Im hier interessierenden Zusammenhang mit der Kognition (§ 50) geht es sodann um die Frage der akzessorischen Überprüfbarkeit von Erlassen, auf die sich die angefochtene Anordnung stützt (dazu N. 117): Einer akzessorischen Überprüfung unterliegen nur generell-abstrakte Erlasse.

37 Die Verbindlichkeit von Rechtssätzen grenzt diese gegenüber Vorschriften von privaten Vereinigungen ab, ferner gegenüber Vorschriften, die nur für die Behörden verbindlich sind (Gygi, S. 288; zu den Verwaltungsverordnungen vgl. N. 58 ff.).

38 Sodann ist auch die Unterscheidung zwischen «im Gesetz ausgesprochenen» und «sich daraus ergebenden» Rechtssätzen nicht von Bedeutung (Prot. KK 4.3.1958). Sie entspricht herkömmlicher Terminologie (Gygi, S. 292, mit Hinweis auf Art. 43 Abs. 2 OG). Zu beachten ist indessen, dass jede Vorschrift mehr oder minder auslegungsbedürftig ist. Der Passus «oder sich daraus ergebenden Rechtssatzes» drückt Selbstverständliches aus, nämlich, dass die Auslegung von Vorschriften nicht auf deren Wortlaut begrenzt ist.

39 Eine *Rechtsverletzung* liegt unter anderem (vgl. N. 2) vor, wenn ein Rechtssatz von der Vorinstanz *unrichtig angewendet* wurde. Die qualifizierteste Form der Unrichtigkeit ist die Willkür. Das Verwaltungsgericht übt mit der Verwendung des *Willkürbegriffs* Zurückhaltung; es hat keinen eigenen Willkürbegriff ent-

§ 50

wickelt. Das hängt mit der vollen Überprüfungsbefugnis zusammen, die das Verwaltungsgericht – im Gegensatz zum Bundesgericht im Verfahren der staatsrechtlichen Beschwerde – besitzt. Es braucht deshalb in der Regel Akte, die willkürlich sind, gar nicht als solche zu bezeichnen. Nach der bundesgerichtlichen Rechtsprechung im Verfahren der staatsrechtlichen Beschwerde ist ein Entscheid nicht schon dann willkürlich, wenn eine andere Lösung ebenfalls vertretbar wäre, sondern erst, wenn er offensichtlich unhaltbar ist, mit der tatsächlichen Situation in klarem Widerspruch steht, eine Norm oder einen unbestrittenen Rechtssatz krass verletzt oder in stossender Weise dem Gerechtigkeitsgedanken zuwiderläuft. Willkür liegt sodann nur dann vor, wenn nicht bloss die Begründung eines Entscheids, sondern auch das Ergebnis unhaltbar ist (BGE 125 I 168, 123 I 5, 122 I 66, 121 I 114).

Unter den *Erscheinungsformen* der unrichtigen Anwendung eines Rechtssatzes steht die *unrichtige Gesetzesauslegung* im Vordergrund. Eine solche liegt allgemein vor, wenn von Lehre und Praxis anerkannte Auslegungsregeln verletzt werden (vgl. N. 10 ff.). Die unrichtige Anwendung von Normen mit *unbestimmten Rechtsbegriffen* lässt sich zwar methodisch ebenfalls als unrichtige Gesetzesauslegung bezeichnen (vgl. N. 73 ff.). Angesichts des dabei vom Verwaltungsgericht zu wahrenden Beurteilungsspielraums der zur Ermessenskontrolle befugten Vorinstanzen nimmt indessen die Anwendung unbestimmter Rechtsbegriffe eine Sonderstellung ein. Das gilt namentlich dort, wo sie mit einer Interessenabwägung verbunden ist; die Rechtmässigkeit von Interessenabwägungen ist vielfach unmittelbar anhand verfassungsmässiger Prinzipien und Rechte zu beurteilen. Insofern nimmt die verfassungskonforme Auslegung bei unbestimmten Rechtsbegriffen im Allgemeinen und bei Interessenabwägungen im Besonderen breiteren Raum ein. Dabei ist zu beachten, dass mit zunehmender Komplexität verwaltungsrechtlicher Regelungen sich die Rechtsanwendung vermehrt auf Interessenabwägungen verlagert, vorab in raumplanungs-, natur- und umweltschutzrechtlichen Verfahren (vgl. Häfelin/Müller, Rz. 473 ff.); die richterliche Überprüfung derartiger Interessenabwägungen enthält auch erhebliche politische Dimensionen (Jaag, Verwaltungsrechtspflege, S. 511). 40

Die *Nichtanwendung* eines im konkreten Fall massgebenden Rechtssatzes bedeutet eine Verletzung des Prozessgrundsatzes der richterlichen Rechtsanwendung (iura novit curia; dazu Gygi, S. 211 f.; Kölz, Prozessmaximen, S. 10 f.), sofern das Verwaltungsgericht über die Rechtsanwendung einer unteren Rechtsmittelinstanz zu befinden hat; sie bedeutet eine Verletzung des (allgemeineren) Grundsatzes der Rechtsanwendung von Amtes wegen, sofern das Verwaltungsgericht als erste Rechtsmittelinstanz unmittelbar die Rechtsanwendung der Verwaltungsbehörde zu überprüfen hat. Deshalb, und weil sie zudem in vielen Fällen zugleich auf einer unrichtigen Auslegung (der stattdessen zu Unrecht angewendeten Norm) beruht (Gygi, S. 296), wird sie in § 50 Abs. 2 lit. a der unrichtigen Gesetzesanwendung gleichgestellt. 41

§ 50

42 Häufige *Erscheinungsformen* der Nichtanwendung eines massgebenden Rechtssatzes sind die Anwendung von Bundesrecht statt des massgebenden kantonalen Rechts (vgl. BGE 105 V 296 f., 92 I 72) sowie die Heranziehung von kantonalem Recht statt von Bundesrecht (BGE 101 Ib 191; Gygi, S. 296). Ferner kann eine derartige Rechtsverletzung darin liegen, dass ein nicht mehr (oder noch nicht) gültiger Rechtssatz auf einen bestimmten Sachverhalt angewendet wurde (zu Fragen des intertemporalen Rechts vgl. Häfelin/Müller, Rz. 261 ff.; Imboden/Rhinow/Krähenmann, Nrn. 15–17).

3.1.2. Besondere «Rechtssätze»

3.1.2.1. Gewohnheitsrecht

Literatur
AUBERT JEAN-FRANCOIS, L'origine coutumière des règles de droit public, ZBl 60/1959, S. 145 ff.; BÉGUELIN MICHEL, Das Gewohnheitsrecht in der Praxis des Bundesgerichtes, Bern 1968; GRISEL I, S. 36 ff.; HÄFELIN/MÜLLER, Rz. 153 ff.; HÖHN ERNST, Gewohnheitsrecht im Verwaltungsrecht, Bern 1960; IMBODEN/RHINOW/KRÄHENMANN, Nr. 7; SCHWARZENBACH, Verwaltungsrecht, S. 51 f.

43 Die Verletzung oder Nichtbeachtung von bestehendem Gewohnheitsrecht ist eine Rechtsverletzung im Sinn des § 50 (vgl. RB 1969 Nr. 44; RB 1973 Nr. 74 = ZBl 75/1974, S. 109; vgl. auch RB 1971 Nr. 4). Als Gewohnheitsrecht gelten Regeln, die infolge ihrer langjährigen Anwendung durch die Behörden und ihrer Anerkennung seitens der Behörden und der betroffenen Rechtsgenossen als ungeschriebenes Recht Verbindlichkeit beanspruchen können. Die Bildung von Gewohnheitsrecht setzt nach gefestigter Lehre und nach der Rechtsprechung eine langjährige, ununterbrochene und einheitliche Praxis der Verwaltungsbehörden sowie eine Rechtsüberzeugung der Behörden und der von der Regelung betroffenen Bürger (opinio necessitatis) voraus; ferner muss das Gesetz Raum für die ergänzende Regelung lassen, was insbesondere bedeutet, dass derogierendes Gewohnheitsrecht ausgeschlossen ist.

44 *Kasuistik:* Vergabungen zu gemeinnützigen Zwecken sind nach Gewohnheitsrecht bei der Veranlagung der Erbschaftssteuer abzugsfähig (vgl. RB 1969 Nr. 44 zu § 4 Abs. 1 aESchG). Es besteht kein Gewohnheitsrecht, wonach die Verwaltungsbehörden ihre Akten zürcherischen Rechtsanwälten als Vertretern von Beteiligten zuzustellen haben (RB 1971 Nr. 4). Dass in der Verwaltungspraxis seit Erlass des Wasserbaugesetzes 1901 mit der Erteilung von Ausnahmebewilligungen zur Unterschreitung des Gewässerabstands die Verpflichtung zu jährlichen Gebühren verbunden worden ist, schafft schon deswegen kein Gewohnheitsrecht, weil durch solches keine abgaberechtlichen Pflichten bzw. keine neuen Abgaben eingeführt werden können (RB 1973 Nr. 74 = ZBl 75/1974, S. 109). Das im Rahmen der Interkantonalen Vereinbarung betreffend die gemeinsame Durchführung von Lotterien vom 26.5.1937 (LS 553.2) vorgesehene Lotteriemonopol zugunsten der Interkantonalen Lotterie-Genossenschaft (Landes-

lotterie) kann sich nicht auf Gewohnheitsrecht stützen, weshalb es mangels gesetzlicher Grundlage nicht rechtsbeständig ist (VGr. 18.12.1998, ZBl 100/ 1999, S. 428 ff.).

3.1.2.2. Verfassungsrecht

Literatur
AUBERT II, Nrn. 1732 ff.; BIAGGINI GIOVANNI, Verfassung und Richterrecht, Basel 1991; GIACOMETTI ZACCARIA, Die Verfassungsgerichtsbarkeit des Schweizerischen Bundesgerichtes, Zürich 1933; KOTTUSCH, S. 88 ff.; KURER MARTIN, Die kantonalen Grundrechtsgarantien und ihr Verhältnis zum Bundesrecht, Zürich 1987.

Bei der dem Gericht nach § 50 Abs. 2 lit. a zustehenden Rechtskontrolle kommt den verfassungsmässigen Rechten eine wesentliche Bedeutung zu. Die Verletzung solcher Rechte kann beim Verwaltungsgericht gerügt werden. Dieses hat vor allem zu den Grundrechten der Bundesverfassung eine umfangreiche Rechtsprechung entwickelt; die Tragweite der kantonalen Grundrechte ist gering, weil sie sich weitgehend mit jenen der Bundesverfassung decken. Im Allgemeinen lehnt sich das Verwaltungsgericht in seiner Verfassungsrechtsprechung an die Praxis des Bundesgerichts zur staatsrechtlichen Beschwerde an.

45

3.1.2.3. Konventionsrecht

Literatur
CASTBERG FREDE, The European Convention on Human Rights, Leiden 1974; DIE MENSCHENRECHTE IN DER PRAXIS DES EUROPARATES, Nachschlagewerk der Rechtsprechung zur Europäischen Menschenrechtskonvention (1955–1967), Wien/Stuttgart 1972; FAWCETT JAMES EDMUND SANDFORD, The Application of the European Convention on Human Rights, Oxford 1969; FROWEIN/PEUKERT; GOLSONG HERIBERT/PETZOLD HERBERT/FURRER HANS PETER, Entscheidungen des Euro-päischen Gerichtshofes für Menschenrechte (deutsche Übersetzung), 2 Bde., Köln/Berlin/Bonn/München 1970–1972; GOLSONG HERIBERT/ SCHINDLER DIETRICH/MÜLLER JÖRG PAUL/TRECHSEL STEFAN/PERRIN GEORGES/SCHUBARTH MARTIN/WILDHABER LUZIUS, Die Europäische Menschenrechtskonvention und ihre Anwendung in der Schweiz, ZSR 94/1975 I, S. 341 ff.; GURADZE HEINZ, Die Europäische Menschenrechtskonvention, Kommentar, Berlin/Frankfurt a.M. 1968; HÄFELIN/HALLER, N. 1078–1082a; HAEFLIGER, EMRK; HALLER GRET, Die innerstaatliche Anwendung der europäischen Menschenrechtskonvention in der Schweiz, ZBl 78/1977, S. 521 ff.; HANGARTNER YVO, Das Recht auf eine wirksame Beschwerde gemäss Art. 13 EMRK und seine Durchsetzung in der Schweiz, AJP 1994, S. 3 ff.; HERZOG; JACOBS FRANCIS GEOFFREY, European Convention on Human Rights, Oxford 1975; KÄLIN WALTER/MALINVERNI GIORGIO/NOWAK MANFRED, Die Schweiz und die UNO-Menschenrechtspakte, 2. A., Basel/Frankfurt a.M./Brüssel 1997; KLEY-STRULLER ANDREAS, Rechtsschutz; DERSELBE, Rechtsschutzgarantie; DERSELBE, Richterliche Beurteilung; LINDENMANN JÜRG, Der neue Europäische Gerichtshof für Menschenrechte, ZBJV 134/1998, S. 661 ff.; MCNULTY ANTHONY B. (Hrsg.), Die Europäische Menschenrechtskonvention – eine Bestandesaufnahme, Strassburg 1975; NOWAK MANFRED, UNO-Pakt über bürgerliche und politische Rechte und Fakultativprogramm, CCPR-Kommentar, Kehl a.Rh./Strassburg/Arlington 1989; POLEDNA TOMAS, Praxis zur Europäischen Menschenrechtskonvention (EMRK) aus schweizerischer Sicht, Zürich 1993; SCHMUCKLI THOMAS, Die Fairness in der Verwaltungsrechtspflege, Art. 6 Ziff. 1 EMRK und die Anwendung auf die Verwal-

§ 50

tungsrechtspflege des Bundes, Freiburg 1991; SCHWEIZER RAINER J., Die Schweizerischen Gerichte und das europäische Recht, ZSR 112/1993 II, S. 577 ff.; TRECHSEL STEFAN, Die Europäische Menschenrechtskonvention, ihr Schutz der persönlichen Freiheit und die schweizerischen Strafprozessrechte, Bern 1974; VILLIGER; DERSELBE, Probleme der Anwendung von Art. 6 Abs. 1 EMRK auf verwaltungs- und sozialgerichtliche Verfahren, AJP 1995, S. 163 ff.; WILDHABER LUZIUS, Die Europäische Menschenrechtskonvention, ZBl 76/1975, S. 273 ff.; DERSELBE, «Civil Rights» nach Art. 6 Ziff. 1 EMRK, in: Festgabe zum Schweizerischen Juristentag 1983, Basel/Frankfurt a.M. 1985, S. 469 ff.; WYSS MARTIN PHILIPP, Die Verfahren vor den Strassburger Organen heute und morgen, recht 1995, S. 222 ff.; DERSELBE, Die Europäische Menschenrechtskonvention (EMRK) auf dem Weg zu einer europäischen Grundrechtsverfassung, AJP 1995, S. 285 ff.; ZIMMERLI ULRICH, EMRK und schweizerische Verwaltungsrechtspflege, in: Aktuelle Fragen zur Europäischen Menschenrechtskonvention, Zürich 1994, S. 41 ff.

46 Die Schweiz hat am 21.12.1972 die Konvention zum Schutze der Menschenrechte und Grundfreiheiten vom 4.11.1950 unterzeichnet, nachdem sie am 6.5.1963 dem Europarat beigetreten war. Am 28.11.1974 wurde die Konvention vom Bundesrat mit den durch die Zusatzprotokolle Nrn. 3 und 5 vorgesehenen Abänderungen ratifiziert; zugleich trat die Schweiz dem Zusatzprotokoll Nr. 2 sowie dem Europäischen Übereinkommen über die am Verfahren vor der Europäischen Kommission und dem Europäischen Gerichtshof für Menschenrechte teilnehmenden Personen bei. Die Schweiz anerkannte ferner die Gerichtsbarkeit des Europäischen Gerichtshofes für Menschenrechte. Ferner hat sie die Zuständigkeit der Europäischen Kommission für Menschenrechte zur Behandlung von Individualbeschwerden zunächst für die Dauer von drei Jahren anerkannt und seither die Anerkennung für jeweils drei weitere Jahre verlängert. Den Protokollen Nr. 1 und Nr. 4 trat die Schweiz nicht bei. Die Protokolle Nr. 6 (Abschaffung der Todesstrafe) und Nr. 7 (unter anderem Grundsatz ne bis in idem) ratifizierte der Bundesrat 1987 bzw. 1988. Das Protokoll Nr. 9 (ratifiziert 1995) verlieh dem Einzelnen unter gewissen Voraussetzungen das Recht, mit Individualbeschwerde an den EGMR zu gelangen.

47 Das 1995 ratifizierte Protokoll Nr. 11, das nach der Ratifikation durch alle Vertragsstaaten (Frowein/Peukert, S. 989) am 1.11.1998 in Kraft getreten ist, bringt mit den neugefassten Art. 19–51 EMRK eine grundlegende Reform des Strassburger Rechtspflegesystems. Der neue Europäische Gerichtshof, der zu einer ständigen Einrichtung mit vollamtlichen Richtern wird, übernimmt als einziges Organ sämtliche Rechtsprechungsaufgaben. Die Kommission wird nach einer Übergangsfrist von einem Jahr abgeschafft; das Ministerkomitee wird von seinen quasi-rechtsprechenden Funktionen entbunden. Das Verfahren vor dem Gerichtshof verläuft grundsätzlich einstufig, normalerweise nach einer Vorprüfung durch einen Ausschuss von drei Richtern vor einer Kammer mit sieben Richtern, in bestimmten Fällen vor der Grossen Kammer mit 17 Richtern. In Ausnahmefällen kann es zu einem zweistufigen Verfahren kommen, wenn eine Beschwerde nach einem Urteil der Kammer an die Grosse Kammer verwiesen

wird. Die Anerkennung der Zuständigkeit des Gerichtshofs ist anders als bisher für jeden EMRK-Vertragsstaat obligatorisch (Lindenmann, a.a.O., S. 666 f.).

Die EMRK entfaltet in der Schweiz automatisch landesrechtliche Wirkung (RB 1975 Nr. 69 = ZBl 76/1975, S. 282 = ZR 74 Nr. 58). Ihre materiellen Grundrechtsgarantien in Art. 2–14 sind mit Ausnahme von Art. 13 (BGE 111 Ib 71 E. 3) direkt anwendbares Recht, d.h. für alle schweizerischen Parlamente, Regierungen, Verwaltungsbehörden und Gerichte unmittelbar verbindlich und verpflichtend (Wildhaber, a.a.O., S. 275). Die Konvention nimmt insbesondere am Vorrang des Bundesrechts vor allem entgegenstehenden kantonalen Recht teil (vgl. Müller, a.a.O., S. 377 f.). Praktisch bedeutsam ist vorab das Gebot der Beachtung der EMRK im Rahmen der Auslegung und Anwendung einzelner Bestimmungen des kantonalen oder eidgenössischen Rechts (Müller, a.a.O., S. 389). Weil die EMRK in ihren praktischen Wirkungen dem Verfassungsrecht gleichzusetzen ist (vgl. BGE 101 Ia 67 ff.), kommt dem Gebot der konventionskonformen Auslegung besondere Bedeutung zu (Müller, a.a.O., S. 377 ff., 389; Wildhaber, a.a.O., S. 275). Verwaltungsbehörden und Verwaltungsgerichte sind somit verpflichtet, bei der Rechtsanwendung den Bestimmungen der EMRK Rechnung zu tragen. 48

Die EMRK bietet *keine systematische Ordnung* der Grundrechte und Grundfreiheiten; sie kann insofern nicht mit dem Grundrechtskatalog der Bundesverfassung verglichen werden. Die EMRK ist vielmehr eine *Ordnung mit punktuellem Charakter;* in der Konvention werden lediglich bestimmte individuelle Rechtspositionen im Sinn eines gemeinsamen europäischen Minimalstandards umrissen (Müller, a.a.O., S. 374; Schindler, a.a.O., S. 357). Im Verhältnis zur Bundes- und zur Kantonsverfassung haben die Garantien der EMRK nur insoweit selbständige Bedeutung, als sie einen darüber hinausgehenden Schutz bieten (Art. 60; BGE 101 Ia 69), was das Bundesgericht bisher nur in seltenen Fällen angenommen hat (Beispiele bei Häfelin/Haller, N. 1081). Indessen sind bei der Konkretisierung von Freiheitsrechten der Bundesverfassung die angerufenen Garantien der EMRK unter Berücksichtigung der Rechtsprechung der Konventionsorgane (Kommission, Gerichtshof) einzubeziehen (BGE 105 Ia 29). 49

In der EMRK finden sich einerseits materiellrechtliche Gewährleistungen (Art. 2–4, 7–12, 14; dazu die vorn angeführte Literatur), anderseits verfahrensrechtliche Garantien (Art. 5, 6, 13). Ein Schwergewicht der Konvention hinsichtlich des Verfahrensrechts liegt beim Strafprozess (Art. 5, Art. 6 Ziff. 2 und 3). Zunehmend grosse Bedeutung hat sie aber mit Art. 6 Ziff. 1 auch für die Verwaltungsrechtspflege erlangt. 50

Gemäss Art. 6 Ziff. 1 EMRK hat jedermann Anspruch darauf, dass seine Sache in billiger Weise öffentlich und innerhalb einer angemessenen Frist gehört wird, und zwar von einem unabhängigen und unparteiischen, auf Gesetz beruhenden Gericht, das über zivilrechtliche Ansprüche und Verpflichtungen oder über 51

§ 50

die Stichhaltigkeit der gegen ihn erhobenen strafrechtlichen Anklage zu entscheiden hat. Art. 6 Ziff. 1 EMRK statuiert demnach im Anwendungsbereich *«zivilrechtlicher Ansprüche und Verpflichtungen»* sowie *«strafrechtlicher Anklagen»* folgende Teilgarantien: Recht auf *Zugang* zu einem Gericht (dazu § 41 N. 1, § 43 N. 4, 52 ff.), *Fairness* des Verfahrens, *Öffentlichkeit* des Verfahrens (dazu § 59 N. 5. ff., § 62 N. 3 f.) sowie angemessene *Dauer* des Verfahrens (vgl. zum Ganzen Villiger, N. 428–469; Herzog, S. 308–364). Die sich aus dem Gebot der Verfahrensfairness ergebenden Aspekte (Grundsatz der Waffengleichheit, Anspruch auf rechtliches Gehör im engeren Sinn sowie auf rechtsgenügende Begründung und Eröffnung eines Entscheids) werden im Wesentlichen bereits durch Art. 4 Abs. 1 aBV bzw. Art. 29 BV abgedeckt (Herzog, S. 321; BGE 122 V 163 f.). Der Anspruch auf angemessene Verfahrensdauer (Beschleunigungsgebot) geht nicht über das aus Art. 4 Abs. 1 aBV abgeleitete Rechtsverzögerungsverbot (Art. 29 Abs. 1 BV) hinaus (Herzog, S. 336; Rhinow/Koller/Kiss, Rz. 226; vgl. § 4a N. 5).

52 Die zur Anwendung der EMRK zuständigen Organe geben dem aus dem angelsächsischen Rechtskreis stammenden Begriff *«zivilrechtlich»* in autonomer, vom jeweils betroffenen nationalen Recht unabhängiger Auslegung einen derart weiten Inhalt, dass *grosse Teile des Verwaltungsrechts* darunter fallen (Schubarth, a.a.O., S. 495). Nach einem sehr allgemeinen, keine abstrakte Definition erlaubenden Kriterium kommen dabei Verfahren über hoheitliche Eingriffe in Betracht, die in ihrem Ergebnis *unmittelbar bestimmend auf Rechte und Pflichten privater Natur* wirken (zu den Schwierigkeiten der Kriterien- und Begriffsbildung vgl. Herzog, S. 70 ff.). Darunter fallen insbesondere Streitigkeiten betreffend die Nutzung des Grundeigentums, die private, erwerbswirtschaftliche Tätigkeit, die soziale Sicherheit sowie die Staatshaftung (Kley-Struller, Rechtsschutz, S. 113 ff.; Rhinow/Koller/Kiss, Rz. 75–81). In seiner neueren Rechtsprechung misst der EGMR dem Kriterium der *vermögenswerten Natur* einer Streitigkeit vermehrt Gewicht zu (Kley-Struller, Rechtsschutz, S. 119 ff.); dessen Tragweite ist jedoch noch nicht restlos geklärt.

53 Was eine *«strafrechtliche Anklage»* im Sinn von Art. 6 Ziff. 1 EMRK ist, beurteilt sich ebenfalls autonom nach dem Recht der EMRK. Zwar ist zunächst zu berücksichtigen, ob die Norm über die Zuwiderhandlung dem nationalen Strafrecht angehört. Die innerstaatliche Zuordnung dient aber nur als Anhaltspunkt. Ausschlaggebende Kriterien sind die *Natur der vorgeworfenen Zuwiderhandlung* sowie die *Art und Schwere der Sanktion*. Deswegen können auch innerstaatliche Tatbestände des Disziplinarrechts, des Verwaltungsstrafrechts und des Massnahmenrechts, Letzteres namentlich im Bereich des SVG, unter den Begriff der «strafrechtlichen Anklage» fallen. Das gilt allgemein für *Führerausweisentzüge zu Warnungszwecken* (BGE 121 II 22 ff.) und für *Verfahren wegen Steuerhinterziehung* (BGE 119 Ib 314 ff.). Differenziert ist die Praxis hinsichtlich *Disziplinarmassnahmen*: Nach der Natur der vorgeworfenen Zuwiderhandlung gelten

Ordnungsbussen, mit denen für die ganze Bevölkerung verbindliche Verhaltensvorschriften durchgesetzt werden sollen, als strafrechtlich, nicht hingegen Disziplinarregelungen, mit denen den Mitgliedern besonderer Institutionen oder Berufsgattungen bestimmte Verhaltensregelungen auferlegt werden, ausser wenn die angedrohte Sanktion nach Art und Schwere als strafrechtlich erscheint. Verneint wurde dies bezüglich der disziplinarischen Verschärfung eines Untersuchungshaftregimes in der Form von zwei Tagen Arrest (BGE 117 Ia 187). *Beamtenrechtliche* Disziplinarmassnahmen werden nach bisheriger Praxis unabhängig von Art und Schwere der Sanktion, d.h. auch bei Entlassungen, nicht als strafrechtliche Anklage qualifiziert (BGE 121 I 383 E. 3c/cc, 120 Ia 189 E. 2f).

Die Schweiz brachte zu Art. 6 Ziff. 1 EMRK je einen *Vorbehalt* betreffend die Grundsätze der Öffentlichkeit der Verhandlung und der Urteilsverkündigung sowie eine *Auslegende Erklärung* betreffend den Anspruch auf richterliche Streiterledigung an. Ferner reichte sie eine Auslegende Erklärung zu Art. 6 Ziff. 3 lit. c und e EMRK betreffend die Garantie der Unentgeltlichkeit des Beistands durch einen amtlichen Verteidiger bzw. einen Dolmetscher ein. Der erstgenannte Vorbehalt (betreffend Nichtanwendung des Grundsatzes der Öffentlichkeit der Verhandlung auf Verfahren, die nach kantonalen Gesetzen vor einer Verwaltungsbehörde stattfinden) ist vom EGMR im Urteil «Weber» vom 22.5.1990 (EuGRZ 1990, S. 265 ff. = VPB 54/1990 Nr. 56) für ungültig erklärt worden, weil die Schweiz entgegen Art. 64 Ziff. 2 EMRK keine kurze Inhaltsangabe der betreffenden kantonalen Gesetze angebracht hatte. Aus dem gleichen Grund dürfte auch der zweite Vorbehalt ungültig sein, was angesichts der geringen Anforderungen, welche die Praxis an den Grundsatz der Öffentlichkeit der Urteilsverkündung stellt, allerdings kaum von Bedeutung ist. Die Auslegende Erklärung, die den Anspruch auf richterliche Streiterledigung einschränkte, wurde vom EGMR im Urteil «Belilos» vom 29.4.1988 (EuGRZ 1989, S. 21 ff.) als unzulässiger Vorbehalt allgemeiner Art gewürdigt; die hierauf vom Bundesrat 1988 vorgenommene Präsizierung erachtete das Bundesgericht als unwirksam; es würdigte die Erklärung als materiellen Vorbehalt, welcher nach Art. 64 EMRK nur bei Hinterlegung der Ratifikationsurkunde, nicht aber in einem späteren Zeitpunkt abgegeben werden kann (BGE 118 Ia 480 ff.). Als unzulässig erwiesen hat sich ferner die Auslegende Erklärung zu Art. 6 Ziff. 3 lit. e EMRK betreffend die nur vorläufige Befreiung von Dolmetscherkosten (KassGr. 5.5.1997, ZR 97 Nr. 109). Als überflüssig herausgestellt hat sich schliesslich die Auslegende Erklärung zu Art. 6 Ziff. 3 lit. c EMRK betreffend die nicht endgültige Befreiung von den Kosten einer amtlichen Verteidigung, weil die Strassburger Rechtsprechung diese Auslegung bestätigt hat. – Im Hinblick auf diese Rechtslage beabsichtigt der Bundesrat, die genannten Vorbehalte und Auslegenden Erlärungen zu Art. 6 EMRK zurückzuziehen (BBl 1999 IV, S. 3658 ff.).

§ 50

55 Art. 13 EMRK garantiert das Recht, wegen Verletzung der Konvention eine wirksame Beschwerde bei einer nationalen Instanz einzulegen. Diese Bestimmung gibt dem Einzelnen keinen Anspruch darauf, dass seine Sache vom Verwaltungsgericht (statt einer Verwaltungsbehörde) beurteilt wird (vgl. Wildhaber, a.a.O., S. 274).

56 Alles Recht ist konventionskonform auszulegen. Die Rüge der konventionswidrigen Auslegung erfolgt im gleichen Verfahren, in dem die unrichtige Auslegung oder Anwendung der betreffenden Bestimmung gerügt werden könnte (Müller, a.a.O., S. 389 f.). Eine Konventionsverletzung kann daher mit Beschwerde an das Verwaltungsgericht im Rahmen des § 50 gerügt werden, jedoch nur dann, wenn das Verwaltungsgericht für die Behandlung der Beschwerde gemäss den §§ 41 ff. zuständig ist; andernfalls ist die Konventionsverletzung vor den Rekursbehörden zu rügen.

57 Der internationale Pakt vom 16.12.1966 über bürgerliche und politische Rechte (UNO-Pakt II), der zusammen mit dem internationalen Pakt vom 16.12.1966 über wirtschaftliche, soziale und kulturelle Rechte (UNO-Pakt I) für die Schweiz am 18.9.1992 in Kraft getreten ist, enthält in Art. 9 und Art. 14 gewisse Verfahrens- und Rechtsschutzgarantien, die weitgehend jenen in Art. 5 und 6 EMRK entsprechen (Rhinow/Koller/Kiss, Rz. 84–86). Sie sind unmittelbar anwendbar und werden vom Bundesgericht verfahrensmässig gleich behandelt wie die Rügen der Verletzung von EMRK-Garantien (BGE 120 Ia 255). In der Schweiz, die sich dem fakultativen Individualbeschwerdeverfahren nicht unterworfen hat, kann der Bürger eine Verletzung der UNO-Pakt II-Garantien nur innerstaatlich rügen. Die Bestimmungen des UNO-Pakts I sind nicht self-executing (BGE 120 Ia 11 f.). Vgl. auch § 4 N. 34.

3.1.2.4. Verwaltungsverordnungen

Literatur

BIAGGINI GIOVANNI, Die vollzugslenkende Verwaltungsverordnung: Rechtsnorm oder Faktum?, ZBl 98/1997, S. 1 ff.; HÄFELIN/MÜLLER, Rz. 96 ff.; HANSEN HANS-JÜRGEN, Fachliche Weisungen und materielles Gesetz, Hamburg 1971; IMBODEN/RHINOW/KRÄHENMANN, Nr. 9; JAGMETTI RICCARDO, Vollziehungsverordnungen und gesetzesvertretende Verordnungen, Zürich/Aarau 1956; MANFRINI PIERRE-LOUIS, Nature et effets juridiques des ordonnances administratives, Genève 1978; OSSENBÜHL FRITZ, Die Verwaltungsvorschriften in der verwaltungsgerichtlichen Praxis, AöR 92/1967, S. 1 ff.; WEYREUTHER FELIX, Über die Rechtsnatur und die Rechtswirkung von Verwaltungsvorschriften, DVBl 91/1976, S. 853 ff.

58 Verwaltungsverordnungen sind intern verbindliche Weisungen einer oberen Verwaltungsbehörde an die untere oder einer Behörde für sich selber. Sie kommen unter einer Vielfalt weiterer Bezeichnungen (Direktiven, Dienstanweisungen, Kreisschreiben, Zirkulare, Richtlinien, Wegleitungen, Instruktionen, Normalien usw.) vor. Neben den vollzugs- oder verhaltenslenkenden Verwaltungsverordnungen, die das Handeln der Behörden und öffentlichen Bediensteten

inhaltlich näher bestimmen, gibt es die sogenannten organisatorischen Verwaltungsverordnungen. Im Sammelbegriff «Verwaltungsverordnungen» kommt zum Ausdruck, dass derartige Weisungen in der Regel generell-abstrakter Natur sind. Nach einer verbreiteten Auffassung werden darunter neben eigentlichen Weisungen auch blosse Richtlinien und Empfehlungen verstanden, denen erklärtermassen gar keine Bindungswirkung gegenüber Behörden zukommen soll oder die von Organen ohne Weisungsgewalt ausgehen (Biaggini, a.a.O., S. 8 mit Hinweisen in Anm. 38). Vollzugslenkende Verwaltungsverordnungen dienen der administrativen Aufsicht sowie der technischen Verwaltungsführung und finden sich vornehmlich im Bereich des administrativen Ermessens. Ihre formelle Grundlage wird herkömmlicherweise in der Aufsichts- oder Dienstgewalt erblickt. Sie sind allerdings nicht Mittel, sondern Massstab für die Aufsicht und Verwaltungsführung; ihre Hauptfunktion besteht darin, eine einheitliche, gleichmässige und sachrichtige Praxis des Gesetzesvollzugs sicherzustellen; sie dienen der Vereinfachung und Rationalisierung der Verwaltungspraxis, tragen zur Kohärenz, Kontinuität und Voraussehbarkeit des Verwaltungshandelns bei und erleichtern dessen Kontrolle (Gygi, Verwaltungsrecht, S. 103).

Nach herrschender Lehre und Rechtsprechung haben Verwaltungsverordnungen wegen ihrer fehlenden oder nur beschränkten Verbindlichkeit *keinen Rechtssatzcharakter* (Fleiner, S. 63; Giacometti, S. 155; Grisel I, S. 72; Gygi, S. 290; BGE 122 I 45, 121 II 478, 119 Ib 41, 109, 118 V 131, 210, 107 Ib 231). Dementsprechend dürfen durch Verwaltungsverordnungen auch keine Pflichten und Rechte des Bürgers statuiert werden. In der neueren Lehre zeichnen sich Tendenzen ab, die Verwaltungsverordnung als Rechtsnorm besonderer Art zu behandeln (Rhinow/Krähenmann, Nr. 9 B IV; Häfelin/Müller, Rz. 104) oder ihr gar grundsätzlich allseitige Verbindlichkeit zuzuschreiben (Biaggini, a.a.O., S. 17 ff.). Danach besteht die Gefahr, dass mit der generellen Verneinung des Rechtssatzcharakters, insbesondere der «Gerichtsverbindlichkeit», das Fundament der Behördenverbindlichkeit untergraben werde. Unbegründet sei anderseits die hinter Rechtsprechung und herrschender Doktrin stehende Befürchtung, bei Anerkennung des Rechtssatzcharakters werde die Verwaltungsmeinung zum Mass aller Dinge; dem lasse sich ebenso wirksam durch eine Überprüfung der Verwaltungsverordnung am Massstab von Gesetz und Verfassung auf dem Wege der akzessorischen und (mittels staatsrechtlicher Beschwerde) direkten Normenkontrolle begegnen; ein Umdenken in der Dogmatik der Verwaltungsverordnung ziehe daher insgesamt keine grundlegenden Umwälzungen in der Rechtspraxis nach sich (Biaggini, a.a.O., S. 17 ff., 24 ff.). 59

Verwaltungsverordnungen mit Weisungscharakter sind auch nicht generell behördenverbindlich. Nicht verbindlich sind sie für Instanzen mit richterlicher Unabhängigkeit, ferner für Verwaltungsbehörden, die nicht der Dienstaufsicht der sie erlassenden Instanz unterstehen; selbst die dieser Aufsicht unterstellten Verwaltungsbehörden dürfen und sollen eine Verwaltungsverordnung ignorie- 60

§ 50

ren, die zum Gesetz im Widerspruch steht. An Dienstanweisungen, die im Hinblick auf eine rechtsgleiche Bewilligungspraxis erlassen worden sind, sollen sich anderseits trotz mangelnder Gesetzeskraft auch die übergeordneten Verwaltungsbehörden halten und nur davon abweichen, wenn deren Anwendung im Einzelfall gegen gesetzliche Bestimmungen verstösst (RB 1977 Nr. 21; Theorie von der Selbstbindung bzw. vom Einzelvorbehalt: vgl. Weber-Dürler, S. 199 ff., 234 ff., 254 ff.), was indirekt gewisse Rügemöglichkeiten – vor allem die Berufung auf das Gleichbehandlungsgebot und das Vertrauensschutzprinzip – eröffnet.

61 Das Bundesgericht stellt in seiner Zulassungspraxis zur staatsrechtlichen Beschwerde Verwaltungsverordnungen unter bestimmten Voraussetzungen den anfechtbaren *«Erlassen»* im Sinn von Art. 84 Abs. 1 OG gleich. Das trifft dann zu, wenn sie indirekt geschützte Rechte des Bürgers berühren und damit «Aussenwirkungen» entfalten, ohne dass gegen den betroffenen Einzelnen eine förmliche Verfügung ergeht, die er wegen Verletzung seiner verfassungsmässigen Rechte wirksam und für ihn zumutbar anfechten könnte (BGE 122 I 45, 120 Ia 325 E. 3, 114 Ia 455, 105 Ia 351 E. 2a; Rhinow/Koller/Kiss, Rz. 1717). Die Beschwerde an das Verwaltungsgericht nach §§ 41 ff. steht gegen Erlasse nicht zur Verfügung, sondern nur gegen individuell-konkrete und generell-konkrete Anordnungen. Weil Dienstanweisungen in aller Regel generell-abstrakter Natur sind, hat die genannte Praxis des Bundesgerichts insofern für das Beschwerdeverfahren vor Verwaltungsgericht keine unmittelbare Bedeutung (vgl. RB 1963 Nr. 4 = ZR 63 Nr. 71). Immerhin kann sich hier die Frage stellen, ob Verwaltungsverordnungen einer akzessorischen Überprüfung zu unterziehen seien. Eine akzessorische Überprüfung im eigentlichen Sinn würde streng genommen voraussetzen, dass ihnen entsprechend den Postulaten in der neueren Doktrin Rechtssatzcharakter zuerkannt würde. In Bereichen, in welchen wegen ungenügender Normdichte den Verwaltungsverordnungen faktisch Rechtssatzfunktion eignet, ist deren materielle Überprüfung an übergeordneten Normen und an allgemeinen Rechtsgrundsätzen unumgänglich (vgl. BGE 118 Ib 166, 117 Ib 364 f.).

62 Dienstanweisungen sind auch dann keine anfechtbaren Beschwerdeobjekte, wenn es sich ausnahmsweise um Weisungen für einen Einzelfall handelt; sie werden diesfalls nicht den anfechtbaren Verfügungen gleichgestellt; anfechtbar ist erst die weisungsausführende Anordnung der unteren Behörde (RB 1963 Nr. 4 = ZR 63 Nr. 71; § 19 N. 18 f.).

63 Entsprechend dem in der Praxis und der herrschenden Lehre vertretenen Standpunkt, wonach Verwaltungsverordnungen kein Rechtssatzcharakter eignet, bildet deren Missachtung durch die Verwaltungsbehörden *im Allgemeinen keinen Beschwerde- oder Rekursgrund* (Imboden/Rhinow/Krähenmann, Nr. 9 B II b). Es ist vielmehr stets der «Durchgriff» vorzunehmen und zu prüfen, ob die Verfügung an sich dem Gesetz entspricht. Die Verwaltungsverordnung kann eine

gesetzliche Grundlage, wo eine solche notwendig ist, nicht ersetzen. Fehlen spezielle Rechtssätze, so ist die Verfügung unabhängig von der Verwaltungsverordnung auf die Übereinstimmung mit allgemeinen Rechtsregeln, insbesondere mit dem Verfassungsrecht, zu überprüfen. Die Verwaltungsverordnungen haben somit für das Verwaltungsgericht bei der Überprüfung von Verfügungen grundsätzlich keine selbständige Bedeutung. In diesem Sinn entschieden wurde bezüglich verwaltungsinterner strassenpolizeilicher Vorschriften (RB 1962 Nr. 34), der Dienstanleitung zum Steuergesetz (RB 1966 Nr. 45 = ZBl 68/ 1967, S. 191; RB 1984 Nr. 38), der Weisung zur Liegenschaftenbewertung bei der Vermögenssteuer und der Eigenmietbewertung bei der Einkommenssteuer (RB 1975 Nr. 37 = ZBl 77/1976, S. 315 = ZR 75 Nr. 65) sowie der Weisung zur Liegenschaftenbewertung bei der Erbschafts- und Schenkungssteuer (RB 1977 Nr. 93).

Verwaltungsverordnungen sind für die gerichtliche Kognition dann relevant, 64 wenn ihre Missachtung zu einer Verletzung der *Rechtsgleichheit* führt: Wird nur ein Einzelfall abweichend behandelt, im Übrigen aber die Rechtsanwendung fortwirkend entsprechend der Verwaltungsverordnung geübt, so verletzt dies den Gleichheitssatz und somit § 50 Abs. 2 lit. a (RB 1966 Nr. 45 = ZBl 68/ 1967, S. 191; RB 1975 Nr. 37 = ZBl 77/1976, S. 315 = ZR 75 Nr. 65; RB 1978 Nr. 50, 1984 Nr. 38).

Vor allem Richtlinien *technischer Natur* beeinflussen sodann die gerichtliche 65 Überprüfung gleichwohl erheblich, indem das Gericht sich in der Regel wegen des darin verarbeiteten Fachwissens darauf stützt; solchen Richtlinien kommt insoweit eine *präzisierende, die Auslegung beeinflussende Wirkung* zu (vgl. zur bundesgerichtlichen Praxis Imboden/Rhinow/Krähenmann, Nr. 9 B III d; Kölz/ Häner, Rz. 628; Rhinow/Koller/Kiss, Rz. 1038). Die Bewilligungsbehörde soll in ihrem Bestreben gestärkt werden, eine einheitliche, voraussehbare, Rechtssicherheit und rechtsgleiche Behandlung gewährleistende Praxis zu schaffen (RB 1977 Nr. 21 betreffend Richtlinien zur Reklameverordnung). Den sogenannten Normalien kommt eine «richtunggebende Bedeutung» zu, indem sie zeigen, was bei normalen Verhältnissen im Allgemeinen als angemessen zu gelten hat (RB 1980 Nr. 109 betreffend Normalien über Privat- und Quartierstrassen; RB 1981 Nr. 130 = ZBl 82/1981, S. 465; RB 1982 Nr. 142, 1983 Nr. 97, 1984 Nr. 100, 1988 Nr. 74, alle betreffend Zugangsnormalien; RB 1992 Nr. 72 betreffend Normalien für die Wartung von Aufzugsanlagen).

3.1.2.5. Raumpläne

Literatur vgl. Literatur vor § 19 N. 21.

Raumpläne sind ein Zwischengebilde zwischen Erlass und Verfügung. Ihre Fest- 66 setzung und Anfechtbarkeit bestimmen sich daher nach eigenen Regeln. Ähnlich wie bei der Überprüfung von Erlassen kommt ein Rechtsschutz gegen Raumpläne in zwei Phasen in Betracht: die Anfechtung eines Plans unmittelbar nach

§ 50

dessen Festsetzung oder Genehmigung oder die spätere Bestreitung seiner Rechtmässigkeit anlässlich der Anfechtung eines Anwendungsaktes (vgl. § 19 N. 21 ff.).

3.2. Zu lit. b

67 Der Tatbestand von lit. b geht von einer eher künstlichen Aufspaltung des Rechtsanwendungsprozesses aus, nämlich von der Vorstellung, dass der Ermittlung des rechtserheblichen Sachverhalts und dem Auffinden der mutmasslich passenden Norm als *vorläufigem* Subsumtionsvorgang die rechtliche Beurteilung der Tatsachen als nächster Schritt folge, bei dem darüber zu befinden sei, ob die als erheblich gewürdigten Tatsachen die Merkmale des Normtatbestands im Einzelnen erfüllen. Eine in dieser Hinsicht unrichtige Tatsachenbeurteilung erscheint dann als Rechtsverletzung (*Subsumtionsirrtum*). Der gesamte Subsumtionsvorgang ist indessen eng mit der Auslegung verbunden, indem in vielen Fällen zunächst durch Interpretation die massgebenden Tatbestandsmerkmale der Norm herauszuarbeiten sind (Gygi, S. 297), was gerade mit Blick auf den zu beurteilenden Sachverhalt geschieht. Das Gesetz bzw. dessen mögliche Interpretation sagt, wie eine bestimmte Tatsache zu beurteilen ist. Es kommt massgebend auf Sinn, Inhalt und Zweck der Norm an, ob ein Element eines Sachverhalts als relevant im Sinn des Gesetzes anzusehen ist und die entsprechende Rechtsfolge nach sich zieht. Bei der rechtlichen Beurteilung einer Tatsache bilden demnach das Gesetz und dessen Interpretation die Grundlage des Entscheids. Die in § 50 Abs. 2 lit. b eigens als Rechtsverletzung genannte «unrichtige rechtliche Beurteilung von Tatsachen» lässt sich daher dogmatisch nicht klar von der unrichtigen oder unterbliebenen Anwendung von Rechtssätzen (lit. a) abgrenzen. Das hängt wie erwähnt mit der Auslegungsmethodik zusammen, namentlich damit, dass die Ermittlung der rechtserheblichen Tatsachen in wechselseitigem Zusammenwirken mit der Auswahl der massgebenden Normen erfolgt; die Subsumtion setzt eine Beurteilung des Sachverhalts voraus, die ihrerseits letztlich nicht mehr auf Schlüssen, sondern auf Wahrnehmungs- und Erfahrungsurteilen beruht (Larenz, S. 275); der (*endgültige*) Sachverhalt ist stets das Ergebnis einer gedanklichen Verarbeitung, in der die rechtliche Beurteilung bereits vorweggenommen ist (Larenz, S. 279).

68 Die unrichtige rechtliche Beurteilung einer Tatsache (§ 50 Abs. 2 lit. b) ist häufig zugleich ein Anwendungsfall von § 51, indem die ihr zugrunde liegende unrichtige Auslegung eines Rechtssatzes zu einer unvollständigen Feststellung des Sachverhalts führen kann (vgl. Gygi, S. 273, 287, 297), insbesondere dann, wenn ein Sachverhalt aufgrund einer unrichtigen Auslegung und Tatsachenbeurteilung als unerheblich betrachtet wurde (Bosshart, Überprüfung, S. 35).

69 Nicht zu verwechseln mit dem Erfordernis richtiger rechtlicher Tatsachenbeurteilung ist der Grundsatz der freien Beweiswürdigung (vgl. § 7 N. 76 ff. und § 60 N. 18).

3.3. Zu lit. c

Literatur

BERTOSSA; BOSSHARDT, Erste Ergebnisse, S. 227; EGGENSCHWILER ERNST, Die Ermessenskontrolle im verwaltungsgerichtlichen Beschwerdeverfahren vor Bundesgericht, ZSR 81/1962 I, S. 449 ff.; EHMKE HORST, Ermessen und unbestimmter Rechtsbegriff im Verwaltungsrecht, Recht und Staat, Heft 230, Tübingen 1960; EYERMANN/FRÖHLER, § 114 N. 7 ff.; FLEINER, S. 257 ff.; GERMANN, S. 343 ff.; DERSELBE, Zur Problematik der Ermessensentscheide, in: Festgabe Erwin Ruck, Basel 1952, S. 173 ff.; GIACOMETTI, S. 71 f.; GYGI, S. 299 ff.; IMBODEN MAX, Grundsätze des administrativen Ermessens, in: Staat und Recht, Basel/Stuttgart 1971, S. 417 ff.; IMBODEN/RHINOW/KRÄHENMANN, Nrn. 66 und 67; LENDI MARTIN, Legalität und Ermessensfreiheit, Zürich 1958; MEYER PIUS, Ermessensprobleme, in: Mélanges Henri Zwahlen, Lausanne 1977, S. 401 ff.; RHINOW RENÉ, Landesbericht Schweiz, in: Verwaltungsermessen im modernen Staat, Baden-Baden 1986, S. 51 ff. (Rhinow, Verwaltungsermessen); DERSELBE, Vom Ermessen im Verwaltungsrecht: Eine Einladung zum Nach- und Umdenken, recht 1983, S. 41 ff., 83 ff. (Rhinow, Ermessen); SCHOCH CLAUDIA, Methode und Kriterien der Konkretisierung offener Normen durch die Verwaltung, Zürich 1984; SOMMER, Verwaltungsgericht, S. 280; STEINMANN GEROLD, Unbestimmtheit verwaltungsrechtlicher Normen aus der Sicht von Vollzug und Rechtsetzung, Bern 1982; VALLENDER KLAUS, Unbestimmter Rechtsbegriff und Ermessen, in: Mélanges André Grisel, Neuchâtel 1983, S. 819 ff.; WOLFFERS ARTUR, Unbestimmte Rechtsbegriffe und behördliches Ermessen, ZBl 58/1957, S. 361 ff., 385 ff.; vgl. ferner die bei GRISEL I, S. 328 f., aufgeführte Literatur.

3.3.1. Allgemeines

70 Ermessensmissbrauch und Ermessensüberschreitung sind nach lit. c Rechtsverletzungen; gleiches gilt für die Ermessensunterschreitung (dazu N. 79). Damit ist zugleich gesagt, dass «gewöhnliche» Fehler in der Ausübung des Ermessens, d.h. die bloss unzweckmässige Ermessensausübung, beim Verwaltungsgericht nicht gerügt werden können (vgl. Beleuchtender Bericht 1959, S. 408; RB 1960 Nr. 5). Um zu bestimmen, was unter Ermessensmissbrauch und Ermessensüberschreitung zu verstehen ist, ist vorerst der Begriff des Ermessens zu umschreiben.

71 Aus dem Prinzip der Gewaltentrennung, dem spezifischen Strukturelement des Rechtsstaates, ergibt sich, dass die Verwaltung gleich der Rechtsprechung Gesetzesvollziehung und damit Rechtsanwendung ist (Giacometti, S. 226). Die verwaltenden Behörden sind somit an das Gesetz gebunden. Das Prinzip der Gesetzmässigkeit, das geradezu als Dogma des Rechtsstaates anzusehen ist, kann aber aus Gründen der Praktikabilität nicht rein verwirklicht werden: Damit die Verwaltung ihre Aufgabe erfüllen kann, muss es ihr in bestimmten Fällen überlassen sein, selber zu entscheiden, ob sie handeln, wann sie handeln und wie sie handeln soll. Die der Verwaltung zugestandene Ermessensfreiheit ist eine Folge davon, dass der Gesetzgeber nicht in der Lage ist, die Tätigkeit eines Verwaltungszweiges vollständig durchzunormieren, ohne diesen in seiner Handlungsfreiheit derart einzuschränken, dass er seine spezifischen Aufgaben nicht mehr erfüllen kann (vgl. Giacometti, S. 256 f.). Der Gesetzgeber gesteht deshalb der Ver-

§ 50

waltung bestimmte Ermessensbereiche zu. Diese bilden die eigene Domäne der Verwaltung. Ihre Handlungen innerhalb dieses Bereichs können vom Richter grundsätzlich nicht überprüft werden, denn die Ermessenskontrolle ist nicht Rechtsprechung und daher nicht Sache des Verwaltungsgerichts (Bosshardt, Erste Ergebnisse, S. 227). Für den Beschwerdeführer ist daher entscheidend, zu wissen, welches Ermessensfragen sind und welches nicht; er kann dadurch nutzlose Verfahren vermeiden. Der Ermessensbegriff ist geradezu ein «Schlüsselbegriff» der Verwaltungsgerichtsbarkeit.

3.3.2. Ermessen und unbestimmter Rechtsbegriff in der Lehre

72 Nach der heute noch vorherrschenden Lehre (vgl. aber N. 75) ist Ermessen die der Verwaltung zustehende Befugnis, eine bestimmte *Rechtsfolge* eintreten zu lassen oder nicht (Bertossa, S. 78 f.; Giacometti, S. 71; Grisel I, S. 329 ff.; Gygi, S. 303 ff.; Imboden/Rhinow/Krähenmann, Nr. 66 B II). Dieses sogenannte Rechtsfolgeermessen kommt in zwei Erscheinungsformen vor: als *Entschliessungsermessen*, wenn die Verwaltung «frei» darüber befinden kann, ob sie überhaupt eine bestimme Massnahme treffen will; als *Auswahlermessen*, wenn ihr die Wahl unter mehreren Anordnungen offen steht.

73 Vom Ermessen unterschieden wird der sich grundsätzlich auf die Tatbestandsseite beziehende *Beurteilungsspielraum*, welcher Begriff im Zusammenhang mit der Lehre vom unbestimmten Rechtsbegriff entwickelt worden ist. Die blosse Zweiteilung von fehlerhaftem Verwaltungshandeln in Rechtsverletzungen und Ermessensfehler erwies sich für bestimmte Fälle als zu wenig differenziert. Die Lehre hat daher zwischen beide eine dritte Kategorie eingefügt: die fehlerhafte Anwendung *unbestimmter Rechtsbegriffe* (dogmatisch zutreffender: unbestimmter Gesetzesbegriffe). Entsprechend ihrer Funktion, dem Richter auch in den durch sie angesprochenen Situationen grundsätzlich eine Rechtskontrolle, gleichzeitig aber eine gewisse Zurückhaltung bei der Überprüfung zu ermöglichen, finden sich unbestimmte Rechtsbegriffe, wo sie der Gesetzgeber verwendet, stets im *Tatbestand* einer Rechtsnorm. Darunter sind Begriffe wie etwa öffentliches Interesse, Vorteil, Nachteil, Sicherheit, Bedürfnis, Mangel, besondere Umstände, Eignung, Zumutbarkeit zu verstehen (weitere Fälle bei Forsthoff, S. 85 ff.; Giacometti, S. 65 f.; Gygi, S. 307 ff.). Der unbestimmte Rechtsbegriff ist im Grundsatz wie ein (bestimmter) Rechtsbegriff zu behandeln. Zu beachten ist allerdings, dass alle Gesetzesbegriffe mehr oder weniger bestimmt sind (vgl. Merker, § 56 Rz. 12). Der Richter kann die Anwendung und Auslegung unbestimmter Rechtsbegriffe grundsätzlich überprüfen, auch wenn ihm das Recht zur Ermessenskontrolle nicht zusteht. Er hat sich aber bei der Überprüfung einer von der Verwaltung bestimmten Rechtsfolge eine gewisse Zurückhaltung aufzuerlegen, was dadurch erreicht wird, dass er (nicht der Gesetzgeber) der Verwaltung in der Anwendung des unbestimmten Rechtsbegriffs einen *Beurteilungsspielraum* zugesteht: Wenn die von der Verwaltung ermittelte Wertung

als vertretbar erscheint, darf der Richter nicht eingreifen, eben weil der Rechtsbegriff zu unbestimmt ist, um nur eine einzig mögliche Interpretation zuzulassen (Giacometti, S. 65 ff.; Gygi, S. 305 f.; Imboden/Rhinow/Krähenmann, Nr. 66 B II b). Geht man davon aus, dass Gesetzesbegriffe mehr oder weniger bestimmt sind (vgl. Merker, § 56 Rz. 12), ist durch Auslegung zu ermitteln, ob ein Gesetzesbegriff einen gerichtsfreien Beurteilungsspielraum enthalte (Merker, § 56 Rz. 19 ff.). Vereinzelt wird die Auffassung vertreten, die Anerkennung eines solchen Beurteilungsspielraums bedeute nicht eine Einschränkung der verwaltungsgerichtlichen Kognition, sondern eine Relativierung der «Aufhebungspflicht» in Fällen, in denen das Gericht – bei voller Überprüfung – zu einen abweichenden Ergebnis gelangt (Merker, § 56 Rz. 14, 32, § 49 Rz. 5, 32 ff.; dazu N. 1).

Beurteilungsspielraum und Ermessen gleichen sich insofern, als sie beide den Bereich richterlicher Kontrolle abgrenzen und der Verwaltung Letztentscheidungsbefugnis zugestehen. Sie unterscheiden sich durch die Rechtfertigung der richterlichen Zurückhaltung: Diese wird beim Ermessen durch das Verfahrensgesetz vorgeschrieben; beim Beurteilungsspielraum ist sie in der fehlenden Kontrollmöglichkeit des Richters, namentlich bei mangelnder Kenntnis sachlicher, örtlicher oder persönlicher Gegebenheiten, begründet (Bertossa, S. 90). Die Verwaltung besitzt, wo ihr Ermessen bzw. ein Beurteilungsspielraum zusteht, eine relative Entscheidungsfreiheit (vgl. Forsthoff, S. 84). Sie hat einen *Bereich eigener Wertung,* der nicht aus dem geschriebenen Recht abgeleitet werden kann (Schwarzenbach, Verwaltungsrecht, S. 69). Das bedeutet aber nicht, dass die Verwaltung in dieser Wertung frei ist. Sie hat das Ermessen pflichtgemäss auszuüben. Sie ist an das Verbot des Ermessensmissbrauchs und der Ermessensüberschreitung gebunden (dazu N. 78 ff.). Sie hat sich ferner an allgemeine, der Rechtsordnung immanente Prinzipien zu halten, insbesondere an das Willkürverbot, das Gebot rechtsgleicher Behandlung, das Gebot von Treu und Glauben und das Verhältnismässigkeitsprinzip (Merker, § 56 Rz. 29). Die neuere Lehre misst diesen verfassungsrechtlichen Schranken der Ermessensausübung vermehrt Bedeutung zu (vgl. N. 75). Wann der Verwaltung Ermessen bzw. ein Beurteilungsspielraum zusteht, kann nicht generell umschrieben werden; die Lehre hat denn auch bislang keine durchwegs praktikable Formel zu bilden vermocht. Man kann höchstens sagen, dass aus hinreichenden Gründen die Absicht des Gesetzgebers erkennbar sein muss, der Verwaltung Ermessensfreiheit zu gewähren. Sie kommt meistens, aber nicht immer in einer «Kann»- oder «Soll»-Vorschrift zum Ausdruck. 74

Die Lehre vom unbestimmten Rechtsbegriff ist in Deutschland im Zusammenhang mit der dort früher eingeführten Verwaltungsgerichtsbarkeit entstanden und in der Schweiz mit deren hier seit 1950 einsetzenden Entwicklung übernommen worden. Sie entspringt wie erwähnt dem Bedürfnis, aus der spezifischen Optik des *Richters* («ex post») die Kompetenzen zwischen Verwaltung 75

§ 50

und Verwaltungsrechtspflege so abzugrenzen, dass die Rechtskontrolle über gesetzliche Tatbestände mit unbestimmten Rechtsbegriffen grundsätzlich als gewährleistet erscheint. Der der Verwaltung dabei zugestandene Beurteilungsspielraum wird damit gerechtfertigt, dass der Richter in den vom Gesetzgeber mit unbestimmten Rechtsbegriffen umschriebenen Situationen, namentlich wo besondere Kenntnisse der Verwaltung in örtlicher, personeller oder technischer Hinsicht anzunehmen sind, sachlich-fachlich überfordert ist (Rhinow, a.a.O., Verwaltungsermessen, S. 64). Ein Teil der *neueren schweizerischen Lehre* lehnt in Anknüpfung an frühere Ansätze bei Max Imboden (a.a.O., S. 417 ff.) und Fritz Fleiner (S. 142) die Unterscheidung zwischen Beurteilungsspielraum (im Tatbestand) und eigentlichem Verwaltungsermessen (hinsichtlich der Rechtsfolge) ab (Rhinow, a.a.O., Verwaltungsermessen, S. 63 ff.; Derselbe, a.a.O., Ermessen, S. 47 f., 87 ff.; Vallender, a.a.O., S. 819 ff., 831 ff.). Nach diesen Lehrmeinungen räumt der Gesetzgeber mit der Verwendung unbestimmter Rechtsbegriffe der Verwaltung die Befugnis eigenverantwortlicher Normkonkretisierung und damit auch auf der Tatbestandsseite eigentliches Ermessen (Tatbestandsermessen) ein. Sie beruhen auf der Erkenntnis, dass das Ermessen nicht nur ein Thema der Rechtsanwendung, sondern in erster Linie ein («ex ante»-)Problem der Gesetzgebung darstelle, ferner auf der Einsicht, dass jegliches Ermessen zwangsläufig auch Tatbestandsermessen bilden müsse, weil die Voraussetzungen, unter denen eine Rechtsfolge eintritt, stets durch den Normtatbestand umschrieben werden, und schliesslich auf dem Gedanken, dass Ermessen entgegen der Lehre vom unbestimmten Rechtsbegriff nicht als Gegensatz zur Auslegung zu verstehen sei, weil auch jede Auslegung einer wertenden, voluntativen Leistung des Rechtsanwenders bedürfe. Beim Auffinden der Grenzen administrativer Gestaltungsfreiheit gehe es darum, die «Delegationsbestandteile» einer Norm herauszuschälen; wesentlich sei damit nicht der Bestimmtheitsgrad eines isoliert betrachteten Begriffs innerhalb einer Norm, sondern die der Verwaltung eine beschränkte Handlungsfreiheit einräumende «Rechtslage», wie sie bezogen auf den Einzelfall in der Gesetzgebung und der Verfassung insgesamt zum Ausdruck komme. Danach lassen sich die Schranken des Ermessens nicht allein dem unbestimmten Rechtsbegriff entnehmen; sie sind in der Rechtsordnung als Ganzem, insbesondere in den Grundrechten und Verfassungsprinzipien, angelegt.

76 Der Lehre ist es demnach trotz unüberblickbarer Literatur nicht gelungen, eine Ermessenstheorie zu entwickeln, die für alle Fälle ein eindeutiges, qualitativ bestimmbares Resultat ergibt. Es wird daher im Folgenden einzig auf die Praxis des Verwaltungsgerichts abzustellen sein (dazu N. 81 ff.). An der Unterscheidung zwischen Beurteilungsspielraum auf der Tatbestandsseite und Ermessensausübung bei der Bestimmung der Rechtsfolge sollte jedenfalls festgehalten werden (gl.M. Merker, § 56 Rz. 22, 39).

Die Schwierigkeiten einer Differenzierung zwischen Beurteilungsspielraum auf 77
der Tatbestandsseite und Verwaltungsermessen bezüglich der Rechtsfolge zeigen
sich auch in der *Rechtsprechung* (vgl. Imboden/Rhinow/Krähenmann, Nr. 66 B
II d und e). In dieser, namentlich jener des Bundesgerichts und des zürcherischen Verwaltungsgerichts, ist die dargelegte dogmatische Unterscheidung nicht
klar umgesetzt worden. Soweit die Praxis an der Unterscheidung festhält, geht
eine Tendenz zur stärkeren rechtlichen Einbindung des Rechtsfolgeermessens,
namentlich durch Grundrechte und andere Verfassungsgrundsätze (sogenannte
Ermessensschrumpfung), einher mit der Anerkennung wachsender Handlungsspielräume der Verwaltung bei den sogenannten unbestimmten Rechtsbegriffen. Unabhängig von der dargelegten dogmatischen Differenzierung lassen sich
typische Ermessenssituationen unterscheiden (vgl. Imboden/Rhinow/Krähenmann, Nr. 66 B III–VII), die bei der Anwendung einer Norm verschränkt mit
Rechtsfragen auftreten können.

3.3.3. Rechtsverletzende Ermessensfehler

Ermessensüberschreitung liegt vor, wenn die Verwaltung dort «Ermessen» übt, 78
wo ihr nach dem Gesetz kein solches zukommt. Ermessensüberschreitung ist
eine Kompetenzanmassung der Verwaltung gegenüber dem Gesetzgeber; zugleich bedeutet sie eine Verletzung des Grundsatzes der Gesetzmässigkeit der
Verwaltung. Wenn eine gesetzliche Regelung hinreichend bestimmt ist und sich
darin keine Anhaltspunkte für eine Ermessensbetätigung finden, so liegt ein
Rechtsbegriff vor; nur die Methoden der Auslegung, nicht aber die der Ermessensbetätigung sind diesfalls zur Ermittlung der Rechtsfolge zulässig (Gygi,
S. 313; Imboden/Rhinow/Krähenmann, Nr. 67 B II b). Die Ermessensüberschreitung gilt als Rechtsverletzung; der Richter ist verpflichtet, als ermessensüberschreitend befundene Akte aufzuheben.

Obwohl in § 50 Abs. 2 lit. c nicht ausdrücklich erwähnt, gilt auch die *Ermessens-* 79
unterschreitung (mitunter Ermessensmangel genannt) als Rechtsverletzung. Eine
solche liegt vor, wenn sich die Verwaltung als gesetzlich gebunden erachtet,
obschon sie Ermessen walten lassen sollte, wenn sie also ihre Ermessensbefugnis
von vornherein gar nicht ausschöpft (Bosshardt, Erste Ergebnisse, S. 227; Gygi,
S. 314; Imboden/Rhinow/Krähenmann, Nr. 67 B II c; RB 1960 Nr. 5). Fordert der Gesetzgeber bewusst eine differenzierende Behandlung bestimmter Fragen, behandelt jedoch die Verwaltung alle Fälle ohne die gebotene Differenzierung schematisch gleich, so liegt eine Ermessensunterschreitung vor, die als
Rechtsverletzung zu qualifizieren ist (vgl. RB 1997 Nr. 95 = BEZ 1997 Nr. 23;
RB 1998 Nr. 58).

Ermessensmissbrauch ist ein qualifizierter Ermessensfehler, der ebenfalls als Rechts- 80
verletzung gilt (Imboden/Rhinow/Krähenmann, Nr. 67 B II a). Die Verwaltung ist auch innerhalb der Ausübung des Ermessens an gewisse Grundsätze
gebunden. Ein völlig freies Ermessen gibt es nicht. Die Ermessensbetätigung

§ 50

muss in jedem Fall pflichtgemäss sein; sie darf insbesondere nicht von sachfremden Motiven geleitet werden oder überhaupt unmotiviert sein. Ferner hat sich die Ermessensausübung, wie vor allem neuere Lehrmeinungen betonen (Rhinow, a.a.O., Ermessen, S. 50, 52), an den allgemeinen Rechtsgrundsätzen, den verwaltungsrechtlichen Grundprinzipien und den (weiteren) verfassungsrechtlichen Schranken zu orientieren. Als solche gelten insbesondere das Willkürverbot und das Verbot der rechtsungleichen Behandlung, das Gebot von Treu und Glauben sowie der Grundsatz der Notwendigkeit und der Verhältnismässigkeit staatlicher Massnahmen (vgl. BGE 90 I 343).

3.3.4. Praxis des Verwaltungsgerichts zum Ermessen und zum unbestimmten Rechtsbegriff

81 Im Bereich des Ermessens kommt dem Verwaltungsgericht keine freie Nachprüfung zu. Das VRG bezeichnet in § 50 Abs. 2 lit. c nur «Ermessensmissbrauch» und «Ermessensüberschreitung» als Rechtsverletzungen, die vor Verwaltungsgericht gerügt werden können.

82 Das Gericht hält sich in seiner neueren Praxis (im Gegensatz zur früheren; vgl. Sommer, Verwaltungsgericht, S. 280) nicht an ein bestimmtes System oder eine Lehre; es hat in *fallweiser Entscheidung* eine umfangreiche Rechtsprechung entwickelt (Bosshardt, Erste Ergebnisse, S. 228). Es hält sich aber an die von der Lehre entwickelte Dreiteilung in Ermessensbegriff, unbestimmten Rechtsbegriff und (bestimmten) Rechtsbegriff. Die Praxis des Verwaltungsgerichts wird im Folgenden nach Kategorien des materiellen Verwaltungsrechts dargestellt. Am Schluss werden einige Leitsätze herausgehoben (N. 95 ff.).

3.3.4.1. Planungsrecht

83 — Ob einem Ausflugsrestaurant ausserhalb der Bauzonen keine überwiegenden Interessen entgegenstehen (Art. 24 Abs. 1 lit. b RPG), ist zunächst eine frei überprüfbare Rechtsfrage; die Gewichtung der gegenläufigen Interessen hängt jedoch auch weitgehend von der Würdigung der örtlichen Verhältnisse ab, die vom Verwaltungsgericht nicht frei überprüft werden kann (RB 1981 Nr. 120 = ZBl 83/1982, S. 267 = ZR 81 Nr. 73).

— Wo und in welchem Umfang der Kanton für den Bau einer Schule Land benötigt und dieses mit einem befristeten Bauverbot belegt, ist eine Ermessensfrage, die der freien Nachprüfung durch das Verwaltungsgericht entzogen ist. Das Gericht könnte nur einschreiten, wenn der Regierungsrat die Landparzelle missbräuchlich in die Planung einbezogen oder das Bauverbot missbräuchlich für die Höchstdauer von fünf Jahren ausgesprochen hätte (RB 1962 Nr. 38 = ZBl 63/1962, S. 369 = ZR 61 Nr. 108).

— Wie die Baulinien im Quartierplan zu bestimmen sind, hängt zunächst von den ihnen durch die Rechtsordnung zugedachten Aufgaben ab, deren Umschreibung das Verwaltungsgericht frei prüfen kann. Innerhalb

§ 50

des dadurch gesetzten Rahmens ist die Ziehung der Baulinien eine Frage des Ermessens. Das Verwaltungsgericht darf als Beschwerdeinstanz nicht sein Ermessen an die Stelle desjenigen der Verwaltung setzen; es darf nur bei Ermessensmissbrauch und Ermessensüberschreitung eingreifen (RB 1971 Nr. 17).

– Wie die Bauparzellen im Quartierplanverfahren zu gestalten sind, bestimmt sich zunächst nach der (der richterlichen Überprüfung zugänglichen) rechtlichen Zielsetzung des Verfahrens und nach den Zonenvorschriften des Gebiets, ist aber auch weitgehend eine Frage des planerischen Ermessens, dessen Ausübung das Verwaltungsgericht nicht frei überprüfen kann (RB 1971 Nr. 18).

– Der dem Quartierplan eigene Begriff der «ordentlichen Überbauung» ist zwar ein (der richterlichen Überprüfung zugänglicher) Rechtsbegriff; doch sehen sich die Verwaltungsbehörden bei dessen Anwendung in hohem Masse auf ihr Ermessen verwiesen (RB 1970 Nr. 10).

– Nach der gesetzlichen Regelung soll sich der Quartierplan möglichst an die bestehenden Eigentumsverhältnisse halten, sich dem Charakter des Quartiers anpassen und alle unnötigen Kosten vermeiden; das gilt insbesondere auch für Strassen im Quartierplangebiet. Ob eine Strasse unter diesen Gesichtspunkten noch als Quartierstrasse gelten könne, ist weitgehend Ermessenssache (RB 1963 Nr. 94). Wie eine Quartierstrasse zu ziehen und in welchem Umfang sie im amtlichen Quartierplan auszubauen ist, ist eine Ermessensfrage, deren Beantwortung der freien Überprüfung durch das Verwaltungsgericht entzogen ist (RB 1970 Nr. 11).

– Hat der Gemeinderat eine private Fussgängerverbindung mit erheblicher Erschliessungsfunktion als allgemeine Anlage des Quartierplans bezeichnet, so liegt darin ein vom Verwaltungsgericht nicht frei überprüfbarer Ermessensentscheid (RB 1980 Nr. 18).

– Ist in Fällen, in denen das Quartierplangebiet überwiegend im Eigentum einer Gemeinde steht und daher die Gefahr einer Interessenkollision besteht, der kommunale Entscheid über die Einleitung und Durchführung des Quartierplans im Rechtsmittelverfahren mit erweiterter Kognition zu überprüfen? – Frage offen gelassen (RB 1984 Nr. 82).

– Im Quartierplan müssen die Interessen der einzelnen Grundeigentümer gegeneinander abgewogen, möglichst ausgeglichen und mit den öffentlichen Interessen in Einklang gebracht werden; ist auf dieser Grundlage ein – oft nur schwer zu findender – Interessenausgleich zustande gekommen, so soll er im Rekursverfahren nur dann wieder geändert werden, wenn sich bei Abwägung aller Vor- und Nachteile der Schluss aufdrängt, dass die vom Rekurrenten verfochtene Lösung jener gemäss festgesetztem Quartierplan klar überlegen sei. Das gilt namentlich bei der Überprüfung von Erschliessungskonzepten, wo regelmässig verschiedene Lösun-

§ 50

gen in Betracht fallen. Noch stärker eingeschränkt ist die Kognition des Verwaltungsgerichts (VGr. 30.1.1996, VB.95.00133).

– Welche Ansätze beim Geldausgleich im Sinn von § 145 PBG angemessen sind, ist weitgehend Ermessensfrage; das Verwaltungsgericht greift in die Wertermittlung nur dann ein, wenn die sich gegenüberstehenden Interessen offensichtlich fehlerhaft abgewogen worden sind (VGr. 28.9.1993, VB 93/0022).

– In welcher Weise eine Bachkorrektur vorzunehmen und wieviel Land hierfür beansprucht werden muss, ist weitgehend eine Frage des technischen Ermessens (RB 1997 Nr. 14).

3.3.4.2. Baurecht

84 – Ob eine Lichtreklame «störend» wirkt oder nicht, ist eine Rechtsfrage, deren Beantwortung aber auch weitgehend gerichtlich nicht überprüfbare Ermessensbetätigung erheischt (RB 1974 Nr. 17).

– Ob das auf einer Landanlage und Seebaute zu erstellende Bauwerk die «ästhetische Ausgestaltung des Ufers» verunmöglichen würde, ist Ermessensfrage (RB 1971 Nr. 19 = ZBl 73/1972, S. 166 = ZR 70 Nr. 43).

– Ob ein Neubau mit der Wirkung einer «befriedigenden Gesamtüberbauung» in seine Umgebung eingegliedert werde und ob die Querstellung eines Gebäudes eine bessere Gesamtüberbauung und bessere Belichtungsverhältnisse ergibt, sind städtebaulich-ästhetische Fragen, deren Beantwortung weitgehend Ermessenssache ist (RB 1970 Nr. 12).

– Der Ausdruck «angemessene Verbesserungen» im alten Baugesetz ist ein unbestimmter Begriff, welcher der Auslegung zugänglich ist. Die Verwaltungsbehörde ist an die rechtlichen Schranken, die sich aus Sinn und Zweck der Vorschrift sowie aus der baugesetzlichen Ordnung in ihrer Gesamtheit ergeben, gebunden. Bei der Anwendung im Einzelfall lässt die Vorschrift der Verwaltungsbehörde jedoch einen erheblichen Ermessensspielraum (RB 1965 Nr. 21 = ZBl 67/1966, S. 51).

– Ob eine Ausnahmesituation gegeben ist, die eine Ausnahmebewilligung (Baudispens) rechtfertigt, ist vorwiegend Rechtsfrage. Dagegen ist vorwiegend Ermessensfrage, durch welche Abweichungen vom Gesetz und durch welche besonderen Anordnungen der Ausnahmesituation Rechnung zu tragen sei (RB 1964 Nr. 28 = ZR 64 Nr. 185).

– Die Bestimmung einer kommunalen Bauordnung, wonach bei Vorliegen «besonderer Verhältnisse» eine Ausnahmebewilligung erteilt werden kann, ist vorwiegend ein Rechtsbegriff, bei dessen Anwendung sich jedoch auch Ermessensfragen stellen (vgl. RB 1964 Nr. 100, 1963 Nr. 23).

– Es ist weitgehend Ermessensfrage, ob eine Ausnahmebewilligung erteilt werden kann, «sofern die besondere Zweckbestimmung des Gebäudes

§ 50

oder andere Verhältnisse es rechtfertigen und keine gesundheits- und feuerpolizeilichen Hindernisse im Wege stehen» (RB 1964 Nr. 106 = ZBl 66/1965, S. 136).
- Die Verweigerung einer Ausnahmebewilligung kann rechtsverletzend sein; doch hat die Verwaltungsbehörde einen erheblichen Spielraum des Ermessens. Die Ausnahmeklausel (gemäss § 149 BauG) will dort Hilfe bringen, wo die allgemein geltende Ordnung den besonderen Verhältnissen des Einzelfalls nicht gerecht wird. Bei der Würdigung des Einzelfalls ist die Verwaltungsbehörde auf ihr pflichtgemässes Ermessen verwiesen; in diesem Bereich kann das Verwaltungsgericht ihren Entscheid nur aufheben, wenn er die dem Ermessen gezogenen Schranken überschreitet oder wenn er willkürlich ist (RB 1962 Nr. 37; vgl. auch RB 1964 Nr. 83 = ZBl 65/1964, S. 499).
- Ob sich ein bestimmtes Bauprojekt auf einen künftigen Quartierplan «ungünstig auswirkt», lässt sich nur dann eindeutig verneinen, wenn mindestens der wesentliche Inhalt eines solchen Plans feststeht. Ist das nicht der Fall, so muss beim Entscheid über die Frage einer Präjudizierung des Quartierplans den verschiedensten Möglichkeiten der planerischen Ausgestaltung Raum gelassen und den Baubehörden deshalb ein weiter Spielraum freien Ermessens eingeräumt werden. Das Verwaltungsgericht kann daher diesen Ermessensentscheid nicht frei überprüfen (RB 1963 Nr. 22).
- Wenn die zuständigen Verwaltungsbehörden übereinstimmend erklärt haben, ein bestimmtes Baugrundstück gehöre nicht zu dem in Revision befindlichen Teil des Bebauungsplans, so darf die Baubewilligung nicht aufgrund von § 129 BauG verweigert werden. Das Verwaltungsgericht hat sich an die Erklärungen der Verwaltungsbehörden zu halten; es ist nicht frei, in das den Verwaltungsbehörden zustehende Ermessen einzugreifen (RB 1963 Nr. 24).
- Durch ein Bauvorhaben in einem im Wesentlichen noch unüberbauten Gebiet wird ein Quartierplan in der Regel ungünstig präjudiziert. Die vom Regierungsrat vertretene und begründete Auffassung, für das streitige Projekt könne heute noch kein Standort gefunden werden, der mit genügender Sicherheit eine einwandfreie Strassenführung und Parzellierung nicht erschwere, stellt keinen Ermessensmissbrauch dar (RB 1963 Nr. 91).
- Der Regierungsrat handelt im Rahmen des ihm zustehenden Ermessens, wenn er aufgrund seiner «ästhetischen Beurteilung» des Bauvorhabens eine Ausnahmebewilligung verweigert; er ist allerdings insoweit gebunden, als er die ästhetischen Anforderungen nicht überspannen darf (RB 1962 Nr. 114).

§ 50

- Ob der Betrieb einer Garage den Nachbarn «in erheblichem Masse» lästig fällt (§ 96 BauG) und deshalb besondere Vorkehren getroffen werden müssen, ist weitgehend Ermessensfrage (RB 1963 Nr. 103).
- Ob Lichtreklamen eine «ästhetisch befriedigende Wirkung» im Sinn der massgebenden Rechtsnormen haben, ist eine Rechtsfrage, deren Beantwortung aber auch eine weitgehende Ermessensbetätigung erheischt (RB 1974 Nr. 17 = ZBl 75/1974, S. 479).
- Ob ein Abstellplatz für reparaturbedürftige und/oder zum Verkauf bestimmte Fahrzeuge auf privatem Grund störend wirken würde und wie diese Störung vermieden werden könnte, sind zwar Rechtsfragen; doch ist die Verwaltungsbehörde bei deren Beantwortung in hohem Mass auf Ermessen verwiesen (RB 1979 Nr. 22).
- Wie viele Parkplätze für eine Baute erforderlich sind, ist ein Ermessensentscheid (RB 1981 Nr. 30).
- Die «wesentliche Schonung» der Nachbarschaft (als eine Voraussetzung für die Pflicht zur Erstellung unterirdischer Parkplätze) ist ein unbestimmter Rechtsbegriff, dessen Auslegung von Erfahrung mitbestimmt wird; seine Anwendung im Einzelfall erlaubt jedoch eine gewisse Ermessensbetätigung (RB 1981 Nr. 31).
- Ob eine Änderung von planungsrechtlichen Festlegungen, die durch ein Bauvorhaben ungünstig präjudiziert werden könnte, zweckmässig und wahrscheinlich sei, hängt weitgehend von den örtlichen Verhältnissen und der zukünftigen Entwicklung ab; insofern steht den Verwaltungsbehörden bei ihrem Entscheid über das Baugesuch ein Ermessensspielraum zu (RB 1982 Nr. 36).
- Der für den grossen Grenzabstand massgebende Begriff der «Hauptfassade» ist ein kommunaler, der Auslegung zugänglicher unbestimmter Rechtsbegriff, welcher der örtlichen Baubehörde bei seiner Anwendung im Einzelfall einen erheblichen Beurteilungs- bzw. Ermessensspielraum lässt (RB 1982 Nr. 38).
- Wie eine Hebebühne beschaffen sein muss, um § 296 PBG zu genügen, ist weitgehend eine technische, nicht frei überprüfbare Frage (RB 1984 Nr. 19 = BEZ 1984 Nr. 32).
- Welchen Feuerwiderstand Abschlusstüren gegen das Treppenhaus aufzuweisen haben, ist eine vom Verwaltungsgericht nicht frei überprüfbare Frage (RB 1984 Nr. 20).
- Im Unterschied zum Begriff «Erker», dessen Sinngehalt sich aus dem allgemeinen Sprachgebrauch erhellt, handelt es sich bei den diesen gleichgestellten «ähnlichen Vorsprüngen» um einen unbestimmten Rechtsbegriff des kommunalen Rechts; dessen Verständnis durch die örtliche Baubehörde erheischt eine gewisse Ermessensbetätigung (RB 1985 Nr. 114).

§ 50

– Wenn das Gesetz für alleinstehende Personen Ausnahmen vom Verbot des Kochens ausserhalb der Küche zulässt, so steht der Behörde, die über Art und Umfang der zulässigen Ausnahmen zu entscheiden hat, weitgehende Ermessensbetätigung zu (RB 1963 Nr. 20 = ZBl 64/1963, S. 392 = ZR 63 Nr. 68).
– Ob ein Wohnraum «trocken» im Sinn von § 76 GesundheitsG (i.d.F.v. 4.11.1962) ist, ist ein der richterlichen Überprüfung entzogener Ermessensentscheid, denn er hängt weitgehend von einer Zukunftsprognose ab (RB 1969 Nr. 16).

3.3.4.3. Natur- und Heimatschutzrecht

– Ob und wie ein «schönes Landschaftsbild» zu schützen sei, ist zwar nach Rechtsgrundsätzen zu entscheiden, erheischt aber doch weitgehend eine Ermessensbetätigung (RB 1971 Nr. 20). 85
– Die Bemessung der Frist zur Wiederauffüllung einer das Landschaftsbild beeinträchtigenden Kiesgrube ist weitgehend Ermessenssache. Es ist aber dabei der Grundsatz der Verhältnismässigkeit zu beachten; so ist die den Kiesgrubenbetrieb erschwerende, dem Naturschutz aber kaum dienende Auflage, mit der Wiederauffüllung sei während der Ausbeutung zu beginnen, aufzuheben (RB 1966 Nr. 102).
– Die blosse Beeinträchtigung der Bewirtschaftung eines in einem Schutzgebiet (nach § 182 EG ZGB i.d.F.v. 2.4.1911) gelegenen landwirtschaftlichen Grundstücks zwingt nicht zur Erteilung einer Ausnahmebewilligung zu dessen Auffüllung. Ob aus Gründen der Verkehrssicherheit, also wegen öffentlicher Interessen, eine Auffüllung geboten sei, kann das Verwaltungsgericht nur unter dem Gesichtspunkt der Willkür überprüfen (RB 1960 Nr. 105, vgl. auch Nr. 107).
– Es ist weitgehend eine Ermessensfrage, wo, mit welcher Ausdehnung und mit welchen Grenzen eine Schutzzone (im Sinn von § 182 EG ZGB i.d.F.v. 2.4.1911) anzulegen ist (RB 1964 Nr. 31 = ZBl 66/1965, S. 309 = ZR 64 Nr. 204).
– Ob eine Baute als «wichtiger Zeuge» einer politischen, wirtschaftlichen, sozialen oder baukünstlerischen Epoche erhaltenswürdig sei, ist zwar eine Rechtsfrage; doch steht der für die Unterschutzstellung zuständigen Verwaltungsbehörde bei deren Beantwortung eine besondere Entscheidungsfreiheit zu (RB 1982 Nr. 37).

3.3.4.4. Umweltschutzrecht

– Der Begriff «erhebliche Belästigung» in einer kommunalen Bauordnung ist ein unbestimmter Rechtsbegriff und damit der Auslegung zugänglich. Er lässt jedoch in seiner Anwendung ein begrenztes Mass von Ermessen 86

§ 50

zu, das sich nach den einzelnen Beispielen und der daraus geschöpften Erfahrung richtet (RB 1972 Nr. 15 = ZBl 73/1972, S. 482).

– Der in einer kommunalen Bauordnung enthaltene Begriff der «Störung der Nachbarschaft» ist als unbestimmter Rechtsbegriff der Auslegung zugänglich. Die im konkreten Fall vom Regierungsrat in Auslegung desselben vorgenommene Differenzierung bewirkt indessen ungesetzliche Eigentumsbeschränkungen, Rechtsungleichheiten und Rechtsunsicherheit (RB 1971 Nr. 57).

– Ob Immissionen aus dem Lastwagenbetrieb für die Nachbarschaft eine «Belästigung» im Sinn der kommunalen Bauordnung sowie von § 74 Abs. 2 GesundheitsG (i.d.F.v. 4.11.1962) bedeuten, ist weitgehend Ermessensfrage. Wenn der Regierungsrat entschieden hat, dass der Lärm mehrerer schwerer Motorfahrzeuge ab 06.00 Uhr morgens für ein ruhiges Wohnquartier als solche «Belästigung» zu gelten hat, so ist ihm keine Rechtsverletzung, insbesondere kein Missbrauch und keine Überschreitung des Ermessens vorzuwerfen (RB 1969 Nr. 17).

– Das Verwaltungsgericht ist nicht zur freien Überprüfung der Frage befugt, ob bei der Benutzung einer Baute in einer nach den Umständen übermässigen Weise auf die Umwelt eingewirkt werde (RB 1977 Nr. 22).

– Bei der Überprüfung einer Lärmprognose im Sinn von Art. 25 Abs. 1 USG auferlegt sich das Verwaltungsgericht, weil es um die Beurteilung der zukünftigen Entwicklung geht, eine gewisse Zurückhaltung; ohne Einschränkung prüft es indessen die der Prognose zugrunde gelegten Daten und Erfahrungssätze sowie die angewandte Arbeitsmethode (RB 1994 Nr. 18 = BEZ 1994 Nr. 13).

3.3.4.5. Strassenrecht

87 – Wie breit ein Fussweg und das seitliche Bankett sein sollen, ist eine Ermessensfrage (RB 1974 Nr. 15). Der Ermessensentscheid des Regierungsrates, wonach in einer Landgemeinde bei einer Strasse dritter Klasse das Trottoir auf zwei Meter Breite auszubauen ist, ist nicht rechtsverletzend (RB 1972 Nr. 16; ebenso RB 1969 Nr. 15).

– Ob eine Autoreparaturwerkstatt den Strassenverkehr «behindert oder gefährdet» und ob ihre Benutzung die Verkehrssicherheit «beeinträchtigt», sind Ermessensfragen, deren Beantwortung das Verwaltungsgericht nicht frei überprüfen kann (RB 1974 Nr. 16).

– Ob der Betrieb der geplanten Tankstelle zu einer «ernstlichen Behinderung und Gefährdung» des Strassenverkehrs führt, ist innerhalb der beiden unbestimmten Begriffe «Behinderung» und «Gefährdung» eine Frage regierungsrätlichen Ermessens. Der Regierungsrat hält sich im Rahmen dieses ihm zustehenden Ermessens, wenn er an Strassen mit regem und raschem Verkehr, vor allem ausserorts, nur den Bau und Betrieb von

§ 50

Tankstellen zulässt, die auf beiden Seiten der Strasse mit Tanksäulen versehen sind und damit Kunden nicht zur Überquerung der Strasse verleiten (RB 1963 Nr. 113). Vgl. den ähnlich lautenden Entscheid in RB 1966 Nr. 19; das Gericht fügte hier bei, es habe lediglich Rechtskontrolle auszuüben und dabei zu beurteilen, ob der Regierungsrat sein Ermessen missbraucht oder überschritten habe. Vgl. auch RB 1961 Nr. 22 = ZBl 62/1961, S. 537 = ZR 61 Nr. 119.

– Wenn die Polizeibehörde eine nicht als verkehrsarm erkannte Strasse in einem Wohngebiet zur Schlittelstrasse erklärt, sie für den allgemeinen Motorfahrzeug- und Fahrradverkehr sperrt und nur den Zubringerdienst vorbehält, so trifft sie weitgehend einen Ermessensentscheid (RB 1969 Nr. 18 = ZBl 71/1970, S. 152).

– Der Verwaltungsbehörde muss bei der Anweisung eines «ausreichenden» Ersatzweges im Sinn von § 181 EG ZGB (i.d.F.v. 2.4.1911) namentlich deshalb ein weites Ermessen zugestanden werden, weil sie für die Beschaffung der erforderlichen Rechte am Weggebiet zu sorgen hat, was mit grossen Schwierigkeiten verbunden sein kann (RB 1963 Nrn. 25 und 114).

– Wieviele Taxistandplätze auf dem Flughafen Zürich anzulegen sind, ist eine Ermessensfrage (RB 1973 Nr. 16).

– Es steht nicht im freien Belieben der Verwaltungsbehörde, den gesteigerten Gemeingebrauch für das Parkieren von Taxis auf öffentlichem Grund zu erlauben oder zu untersagen, sondern der Entscheid hat sich an die Schranken von Art. 4 aBV (Art. 9 BV) zu halten. So muss sich eine Verweigerung durch besondere oder allgemeine öffentliche Interessen rechtfertigen lassen, wie etwa den Schutz der öffentlichen Ordnung, Sicherheit und Gesundheit. Im Zusammenhang damit sind auch die Grundsätze der Verhältnismässigkeit und der Rechtsgleichheit zu beachten (RB 1972 Nr. 91; vgl. RB 1969 Nr. 65).

– Die Polizeibehörde darf bei der Erteilung von Bewilligungen für eine politische Ausstellung auf öffentlichem Grund nach ihrem Ermessen Zurückhaltung üben, muss aber rechtsgleich verfahren. Eine Praxisänderung in der Handhabung des freien Ermessens ist der Verwaltung grundsätzlich nicht verwehrt; es muss sich jedoch dabei um eine ernsthafte, durchgreifende Neuausrichtung handeln, die für die Entscheidung über alle gleichartigen Sachverhalte wegleitend wird; andernfalls ist die Rechtsgleichheit verletzt (RB 1969 Nr. 64).

– Welche Massnahmen zur Gewährleistung der Verkehrssicherheit erforderlich sind, ist weitgehend eine Frage des technischen Ermessens, dessen Handhabung das Verwaltungsgericht nicht frei überprüfen kann (RB 1979 Nr. 23).

§ 50

3.3.4.6. Enteignungsrecht

88 – Ob auf Grundstücken mit schöner Nah- und Fernsicht gemäss § 182 EG ZGB (i.d.F.v. 2.4.1911) enteignungsweise ein Sitzplatz zu erstellen sei, hat der Regierungsrat nach seinem Ermessen zu entscheiden (RB 1964 Nr. 113 = ZBl 66/1965, S. 309 = ZR 64 Nr. 204).

– Der Entscheid über Art und Umfang der eine Enteignung bedingenden Strassenkorrektion ist durch eine Zukunftsprognose mitbestimmt und daher weitgehend Ermessenssache (RB 1964 Nr. 33, 1981 Nr. 29).

– Das Gesetz schreibt nur vor, bestimmte Strassen müssten gebaut oder korrigiert werden, wenn hiefür ein «offenbares Bedürfnis» vorliege. Es lässt sich daher nicht gestützt auf einen Rechtssatz, sondern nur ermessensweise bestimmen, wann, wo und wie Strassenkorrektionen auszuführen sind, insbesondere wie breit die Fahrbahn auszubauen ist, wo und wie Trottoirs anzulegen sind (RB 1962 Nr. 40, 1969 Nr. 15, 1972 Nr. 16, 1974 Nr. 15).

– Der durch eine Zukunftsprognose mitbestimmte Entscheid über Art und Umfang einer Gewässerkorrektion (§ 5 WasserG) ist weitgehend Ermessenssache. Das Verwaltungsgericht hat nur darüber zu befinden, ob der Regierungsrat beim Entscheid über Bestand und Umfang des für die Gewässerkorrektion beanspruchten Eigentumsrechts die hierfür durch Verfassung und Gesetz gezogenen Schranken beachtet hat (RB 1967 Nr. 10).

– Ob, wann und wie ein vom öffentlichen Wohl gebotener Friedhof zu erstellen ist, ist nicht durch Rechtssatz bestimmt und lässt sich auch kaum durch einen solchen bestimmen. Die Verwaltungsbehörde hat darüber eine Entscheidung nach pflichtgemässem Ermessen zu treffen, deren freie Nachprüfung dem Verwaltungsgericht entzogen ist (RB 1961 Nrn. 23 und 120 = ZBl 63/1962, S. 336 = ZR 61 Nr. 107).

– Der Entscheid über die Linienführung und Dimensionierung von Kanalisationsleitungen ist weitgehend eine Frage des technisch-planerisch-prospektiven Ermessens; im Streit um die Beanspruchung eines Durchleitungsrechts hat das insoweit nur eine Rechtskontrolle ausübende Verwaltungsgericht namentlich zu beurteilen, ob das öffentliche Interesse an der Inanspruchnahme des Grundeigentums gegenüber dem privaten Interesse an seiner ungeschmälerten Erhaltung überwiege, das heisst ob der Grundsatz der Notwendigkeit und der Verhältnismässigkeit gewahrt sei (RB 1982 Nr. 39).

3.3.4.7. Übriges Verwaltungsrecht

89 – Die (medizinische) «Sicherstellung der Betreuung der Bevölkerung» im Sinn von § 8 Abs. 2 GesundheitsG ist zwar als unbestimmter Gesetzesbegriff der Auslegung zugänglich, verweist aber die Verwaltungsbehörden weitgehend auf die Betätigung ihres Ermessens (RB 1973 Nr. 14).

§ 50

– Ob vom Regierungsrat angeordnete gesundheitspolizeiliche Schutzmassnahmen gegen betriebliche Immissionen «hinreichend» sind, ist weitgehend Ermessensfrage (RB 1963 Nr. 21).

– Der Entscheid über den Erlass vorsorglicher Massnahmen (vorläufige Zulassung zum Versandhandel mit Heilmitteln bis zum Rechtsmittelentscheid in der Sache) bedingt unter anderem eine Prognose über die sonst zu erwartenden Nachteile, wobei sich vom Gericht nicht frei überprüfbare Ermessensfragen stellen (RB 1998 Nr. 37).

– Das «Bedürfnis» nach einem Gasthof-, Speisewirtschafts- oder Konditoreiwirtschaftsbetrieb im Sinn von § 36 Abs. 1 WirtschaftsG ist ein der Auslegung zugänglicher Begriff, verweist aber die Verwaltungsbehörde in hohem Masse auf die Ermessensbetätigung, die vom Verwaltungsgericht nur beschränkt überprüfbar ist (RB 1962 Nr. 35; RB 1964 Nr. 90 = ZBl 65/1964, S. 476). 90

– Der Begriff der «Unbescholtenheit» im Sinn von § 104 Abs. 1 WirtschaftsG (vgl. nunmehr § 14 Abs. 2 GastgewerbeG) erheischt in hohem Masse eine Ermessensbetätigung. Das gastgewerbliche Berufsverbot muss jedoch wie jeder andere polizeiliche Eingriff dem Prinzip der Verhältnismässigkeit gehorchen (RB 1964 Nr. 94 = ZBl 65/1964, S. 444; vgl. RB 1962 Nr. 101, 1966 Nrn. 16 und 17).

– Bei der Festsetzung der Wirtschaftsabgabe im Sinn von §§ 58–70 WirtschaftsG (vgl. nunmehr §§ 34–38 GastgewerbeG) ist die Verwaltungsbehörde nicht vollständig an das Gesetz gebunden, sondern weitgehend auf Ermessensbetätigung verwiesen. Wenn der Regierungsrat jedoch die Abgabe so festsetzt, dass eine sinnvolle, angemessene Abstufung der die Betriebe belastenden Abgaben verunmöglicht wird, verletzt er den verfassungsmässigen Gleichheitssatz (RB 1962 Nr. 100).

– Überprüfungsbefugnis des Verwaltungsgerichts im Beschwerdeverfahren um Ausnahmen von der ordentlichen Schliessungsstunde (RB 1988 Nr. 14).

– Wieviel Zeit die Vergebung und Ausführung der Arbeit für einen Kanalisationsanschluss vom Grundeigentümer erfordere und welche Frist daher dem Grundeigentümer hierfür anzusetzen sei, ist eine Ermessensfrage (RB 1970 Nr. 13). 91

– § 14 aGebäudeversG, wonach die zu leistende Entschädigungssumme unter anderem dann herabgesetzt werden «kann», wenn Angehörige oder Angestellte den Schaden schuldhaft verursacht haben (vgl. nunmehr § 70 GebäudeversG), räumt einen weiten Ermessensspielraum ein (RB 1971 Nr. 84).

– Ob Gewähr für die Erteilung eines «genügenden» Privatunterrichts auf Primarschulstufe bestehe, ist eine Ermessensfrage (RB 1966 Nr. 18). Vorab Rechtsfrage und insoweit vom Verwaltungsgericht frei überprüfbar ist es

675

§ 50

demgegenüber, ob in einem Entzugsverfahren das verfassungsrechtliche Verhältnismässigkeitsprinzip gewahrt worden sei (RB 1988 Nr. 19).

– Beim Entscheid über die Freigabe eines Films ist in erster Linie zu prüfen, ob der Regierungsrat die materiellen Zensurgründe von § 5 aFilmG (vgl. nunmehr § 4 FilmG) richtig, das heisst im Sinn ihrer Rechtsnatur als Polizeivorschriften, aufgefasst habe. Der gesetzliche Begriff «verrohend» ist wohl unbestimmt, doch lässt er sich durch Auslegung erschliessen. Diese Auslegung ist Rechtsfrage, in der dem Verwaltungsgericht nach § 50 Abs. 1 VRG die freie Überprüfung zusteht (RB 1965 Nr. 20 = ZBl 67/1966, S. 123).

– Wann der von einem Berufsverbot als Geschäftsagent, Liegenschaftenvermittler und Privatdetektiv Betroffene die erforderliche «Zutrauenswürdigkeit» im Sinn von § 5 des Gesetzes über die Geschäftsagenten, Liegenschaftenvermittler und Privatdetektive vom 16.5.1943 (LS 935.41) wieder erlangt haben wird, ist eine Ermessensfrage (RB 1965 Nr. 22 = ZBl 66/1965, S. 409; RB 1964 Nrn. 29 und 95).

– Ob sich die ökonomischen Verhältnisse eines Unterstützten so weit gebessert haben, dass ihm die Rückerstattung erhaltener Unterstützungen zugemutet werden kann, ist weitgehend eine Ermessensfrage (RB 1976 Nr. 17).

– Das Verwaltungsgericht kann die Festsetzung von Verfahrenskosten nur in beschränktem Umfang überprüfen, weil dabei weitgehend nach Ermessen entschieden wird (RB 1962 Nr. 19 = ZR 62 Nr. 63; RB 1985 Nr. 4).

– Die Auswahl des Pächters, der für die Hege und Pflege des Fischereireviers die beste Gewähr bietet, ist weitgehend Ermessensfrage (RB 1979 Nr. 21); Gleiches gilt für die Bemessung der Sperrfrist, deren Anordnung die Pacht eines Jagdreviers und den Besitz eines Jagdpasses ausschliesst (RB 1980 Nr. 17).

– Die Gefährdung von Personen und Sachen – als Voraussetzung für die Bewilligung des Waffentragens – ist ein unbestimmter Rechtsbegriff, dessen Anwendung vom Verwaltungsgericht nicht frei überprüfbare Ermessensfragen aufwirft. Es ist nicht rechtsverletzend, die Erteilung des Waffentragscheins vom Nachweis konkreter, das übliche Mass übersteigender Gefährdungsmomente abhängig zu machen (RB 1985 Nr. 128).

– Ob eine geplante Kundgebung mit polizeilich relevanten Risiken verbunden sei, ist aufgrund der im betreffenden Zeitpunkt gegebenen lokalen Verhältnisse zu beurteilen; es handelt sich um eine Prognose, die in das (prospektive) Ermessen der Bewilligungsbehörde gestellt ist. Die Rechtsmittelinstanzen können nachträglich lediglich darüber befinden, ob die Bewilligungsbehörde sich aus damaliger Sicht von sachlichen Kri-

§ 50

terien leiten liess und die nötigen Abklärungen traf, soweit das in der zur Verfügung stehenden Zeit möglich war (RB 1986 Nr. 1).

– Anders als bei Führerausweisentzügen zu Warnzwecken geht es bei solchen zu Sicherungszwecken nicht um strafrechtliche Anklagen im Sinn von Art. 6 Ziff. 1 EMRK, weshalb das Verwaltungsgericht diese in Anwendung von § 50 Abs. 2 lit. c VRG nicht auf blosse Unangemessenheit hin überprüft (RB 1997 Nr. 124).

– Beim Entscheid über die bedingte Entlassung steht der Strafvollzugsbehörde ein weites Ermessen zu; er hat namentlich dann Bestand, wenn die Vollzugsbehörde ausgehend von einem richtigen juristischen Verständnis dieses Instituts alle erheblichen Umstände berücksichtigt und hieraus vernünftige Schlüsse gezogen hat (RB 1998 Nr. 60).

3.3.4.8. Besondere Aspekte

Ob der Eingriff in ein Grundrecht verfassungsrechtlich zulässig, insbesondere durch öffentliche Interessen gerechtfertigt und verhältnismässig sei, ist eine Rechtsfrage, die vom Verwaltungsgericht frei überprüft wird (RB 1984 Nr. 18). 92

Ein Ermessensentscheid ist wegen nur vorgeschobener Begründung dann als willkürlich aufzuheben, wenn feststeht, dass für die Behörde in Wirklichkeit unsachliche Motive bestimmend waren (RB 1962 Nr. 41). Die Behörde, die ihren Ermessensentscheid weder im angefochtenen Beschluss noch in ihrer Rekursvernehmlassung begründet hat, kann nicht erst im Beschwerdeverfahren geltend machen, die Rekursinstanz habe rechtsverletzend in ihren besonderen Ermessensspielraum eingegriffen (RB 1991 Nr. 2). 93

Als Ermessensangelegenheit gilt die *Prognose über ein zukünftiges Ereignis* (RB 1961 Nr. 21), dies insbesondere bei Strassenbauten (RB 1964 Nr. 33), Gewässerkorrektionen (RB 1967 Nr. 10) und Lärmprognosen nach Art. 25 Abs. 1 USG (RB 1994 Nr. 18 = BEZ 1994 Nr. 13). 94

3.3.4.9. Zusammenfassung

Das Gericht verwendet die Kategorie des unbestimmten Rechtsbegriffs relativ häufig. Es betrachtet ihn als «an sich der Auslegung zugänglich» (RB 1973 Nr. 14, 1972 Nr. 15, 1971 Nr. 57, 1970 Nr. 10, 1965 Nr. 21, 1963 Nr. 23), hält jedoch meistens zugleich fest, die Verwaltung sei bei der Auslegung in hohem Masse auf ihr Ermessen verwiesen (RB 1970 Nr. 10, 1963 Nr. 23; vgl. RB 1964 Nr. 83). Die verwaltungsgerichtliche Praxis geht stillschweigend von der in der Lehre getroffenen Unterscheidung zwischen «Beurteilungsspielraum» und Rechtsfolgeermessen aus; der Begriff «Ermessen» wird jedoch zumeist für beide Erscheinungen verwendet. 95

Ermessens- und Rechtsbegriffe lassen sich demnach auch nach der Rechtsprechung des Verwaltungsgerichts nicht klar trennen; insbesondere bei der An- 96

§ 50

wendung unbestimmter Rechtsbegriffe bleibt die Abgrenzung zwischen zulässiger Rechts- und unzulässiger Ermessenskontrolle fliessend (vgl. N. 76 f.). Das Gericht drückt sich in diesem Zusammenhang mit der Formel aus, der Verwaltung komme ein «weitgehendes» oder ein «bestimmtes Mass» von Ermessen zu (RB 1974 Nr. 17, 1973 Nr. 14, 1972 Nr. 15, 1971 Nr. 18, 1971 Nr. 20, 1971 Nr. 84, 1970 Nr. 10, 1970 Nr. 12, 1964 Nr. 106, 1964 Nr. 33, 1963 Nr. 23, 1963 Nr. 94, 1964 Nr. 94).

97 In der verwaltungsgerichtlichen Praxis fehlt der Begriff des «freien» Ermessens. Damit vermeidet das Gericht zu Recht die Vorstellung eines unbeschränkten Ermessens. Es sagt denn auch in Fällen, da der Verwaltung Ermessen zusteht, lediglich, es könne dessen Handhabung nicht «frei» überprüfen (vgl. RB 1971 Nr. 19, 1970 Nr. 11, 1969 Nr. 18, 1964 Nr. 33, 1962 Nr. 38, 1974 Nr. 17, 1971 Nr. 20, 1963 Nr. 21, 1973 Nr. 16, 1966 Nr. 18, 1964 Nr. 30, 1961 Nr. 21). Gelegentlich spricht es zutreffend von «pflichtgemässem» Ermessen (vgl. RB 1962 Nr. 114, 1964 Nr. 83).

98 Unter «pflichtgemässem» Ermessen ist vorab die Bindung der Verwaltung an das Verhältnismässigkeitsprinzip zu verstehen (RB 1971 Nr. 17, 1966 Nr. 102, 1964 Nr. 83, 1964 Nr. 94, 1972 Nr. 91). Das Verbot willkürlichen Handelns im Sinn des Art. 4 aBV bzw. Art. 9 BV wird im (gesetzlichen) Begriff des Ermessensmissbrauchs deutlich (vgl. RB 1963 Nr. 91, 1962 Nr. 38, 1960 Nr. 105). Der Gedanke eines Raums, in welchem die Verwaltung ihr pflichtgemässes Ermessen üben kann, findet im Verbot der Ermessensüberschreitung Ausdruck (RB 1971 Nr. 17, 1962 Nr. 37, 1963 Nr. 103, 1963 Nr. 113, 1969 Nr. 17, 1962 Nr. 100); das Verwaltungsgericht spricht hier ausdrücklich von *Schranken,* welche die Ermessensbetätigung der Verwaltung begrenzen (RB 1967 Nr. 10, 1964 Nr. 28, 1964 Nr. 33, 1963 Nr. 20). Diese Schranken ergeben sich demnach nicht nur aus der betreffenden Norm, sondern aus der gesetzlichen Ordnung in ihrer Gesamtheit (so schon RB 1965 Nr. 21), vorab aus verfassungsrechtlichen Prinzipien wie namentlich dem Verhältnismässigkeitsgrundsatz, dem Willkürverbot und dem Rechtsgleichheitsgebot (RB 1984 Nr. 18).

99 Das Gericht hat keine bestimmte Ermessenstheorie entwickelt und sich auch keiner bestimmten Lehre angeschlossen. Leitender Gesichtspunkt ist stets die richtige Funktionsteilung zwischen der Verwaltung und dem Verwaltungsgericht (Sommer, Verwaltungsgericht, S. 280), womit die Praxis insoweit auch mit den neueren Tendenzen in der Lehre übereinstimmt (vgl. Rhinow, a.a.O., Ermessen, S. 85 f.; dazu N. 75). Das Gericht geht bei der Entscheidung der Frage, ob ein Ermessens- oder ein unbestimmter Rechtsbegriff vorliege, im Allgemeinen in enger Anlehnung an das Gesetz vom Sinn und Wortlaut der einzelnen Begriffe aus. Die vom Gesetzgeber gewählte Formulierung ist damit entscheidend für eine Qualifizierung der Begriffe. Die Durchsicht der umfangreichen Praxis vermag in den meisten Zweifelsfragen eine hinreichend bestimmte

Antwort zu geben, besser wohl, als es eine abstrakte Theorie vermöchte (vgl. Bosshardt, Erste Ergebnisse, S. 231).

3.4. Zu lit. d

Mit Form- und Verfahrensvorschriften sind solche der gesamten Rechtsordnung, nicht nur des VRG gemeint (vgl. Bosshart, § 50 N. 3; RB 1964 Nr. 103). In Frage kommen sämtliche generell-abstrakten Erlasse mit verfahrensrechtlichem Inhalt des kantonalen Rechts und des Bundesrechts sowie des Konkordats- und Staatsvertragsrechts, insbesondere auch die aus Art. 4 aBV abgeleiteten bzw. in Art. 29 und 30 BV enthaltenen Rechtsschutzgarantien. 100

Nach dem Gesetzeswortlaut kann nur die Verletzung einer «*wesentlichen*» Form- oder Verfahrensvorschrift beim Verwaltungsgericht gerügt werden. Die Materialien schweigen sich darüber aus, wie der Begriff «wesentlich» zu verstehen ist (vgl. Prot. KK 4.3.1958). Offensichtlich wollte der Gesetzgeber die Rüge der Verletzung solcher Verfahrensvorschriften ausschliessen, die nur Ordnungsfunktion und demzufolge keine Bedeutung für den Inhalt des angefochtenen Entscheids haben (vgl. Bosshart, § 50 N. 3; RB 1964 Nr. 34). Wann eine solche Vorschrift vorliegt, ist im Einzelfall oft schwer zu entscheiden. Als «unwesentliche» Verletzung käme etwa in Frage, dass eine Rechtsmittelbelehrung im Sinn von § 10 fehlte, der Betroffene aber ungeachtet dessen fristgerecht Rekurs erhoben hat, oder dass eine gesetzliche Frist im Sinn des § 12 gesetzwidrig zugunsten des Rekurrenten erstreckt worden ist. Die Berufung auf die Verletzung einer Verfahrensvorschrift würde in solchen Fällen gegen Treu und Glauben verstossen (das Vertrauensprinzip gilt auch für die Handhabung des Prozessrechts; vgl. Vorbem. zu §§ 19–28 N. 81). Generell ist die Verletzung einer Verfahrensvorschrift immer dann «wesentlich», wenn eine durch sie bedingte Beeinflussung des Entscheidinhalts zulasten des Rekurrenten nicht mit Sicherheit ausgeschlossen werden kann oder wenn das Verfahren überhaupt nicht mehr als ordnungsgemässe Grundlage für die Entscheidung angesehen werden kann (vgl. RB 1964 Nr. 34). 101

Es gibt Verfahrensvorschriften, die in jedem Fall beachtet werden müssen und die als solche immer «wesentlich» sind. Dazu gehören sämtliche aus Art. 4 aBV abgeleiteten bzw. in Art. 29 und 30 BV enthaltenen Rechtsschutzgarantien, deren Verletzung als *formelle Rechtsverweigerung* gerügt werden kann (vgl. die umfassende und instruktive Darstellung bei Rhinow/Koller/Kiss, Rz. 199–402), unabhängig davon, ob sie im VRG ausdrücklich normiert worden sind: Verbot der Rechtsverweigerung im engern Sinn und der Rechtsverzögerung (§ 4a), Anspruch auf unentgeltliche Rechtspflege (§ 16 Abs. 1), auf unentgeltlichen Rechtsbeistand (§ 16 Abs. 2), Recht auf Verbeiständung, Verbot des überspitzten Formalismus, Anspruch auf rechtliches Gehör (vgl. §§ 8 f.), Anspruch auf ordnungsgemässe Willensbildung der entscheidenden Behörde, Anspruch auf fehlerfreie 102

§ 50

Eröffnung von Verfügungen und Entscheiden sowie Treu und Glauben im Verfahren. Das *rechtliche Gehör im engern Sinn* umfasst im Wesentlichen die Ansprüche auf Orientierung, auf Äusserung sowie auf Mitwirkung im Ermittlungsverfahren (vgl. dazu im Einzelnen § 8 N. 12 ff.).

103 Der Anspruch auf rechtliches Gehör ist formeller Natur, was bedeutet, dass der mit dem Mangel behaftete Entscheid aufzuheben und die Sache an jene Vorinstanz zurückzuweisen ist, die das mangelhafte Verfahren durchgeführt hat, und zwar grundsätzlich unabhängig davon, ob diese Instanz bei Einhaltung der verletzten Verfahrensvorschrift zu einem anderen materiellen Ergebnis gelangt wäre; der Beschwerdeführer muss demnach weder ein materielles Interesse an der Einhaltung der Verfahrensvorschrift noch einen kausalen Einfluss des Verfahrensmangels auf den materiellen Entscheid nachweisen (Gygi, S. 298; Grisel I, S. 37). Zur Durchbrechung dieser Regel in Form der Heilung einer Gehörsverletzung vgl. § 8 N. 48 ff.; § 20 N. 16; BGE 100 Ia 11, 97 I 885, 98 Ib 171, 98 Ib 176.

104 Beispiele formeller Rechtsverweigerung: rechtswidrige Unzuständigkeitserklärung (§ 5), Nichtbeachtung eines Ausstandsgrundes (§ 5a), Verletzung der Untersuchungspflicht (§ 7), Missachtung beweisrechtlicher Ansprüche (Abnahme von Beweismitteln, Teilnahme am Beweisverfahren, Stellungnahme zum Beweisergebnis; § 8), Verweigerung der Akteneinsicht (§§ 8 f.), ungerechtfertigte Verweigerung der unentgeltlichen Rechtspflege (§ 16), überspitzter Formalismus (Art. 4 aBV bzw. Art. 29 BV). Zusätzlich im Rekursverfahren: gesetzwidrige Beschränkung der Kognition durch eine Rekursbehörde (§ 20), fehlende oder ungenügende Begründung des Rekursentscheids (§ 28).

105 Eine Verletzung wesentlicher Verfahrensvorschriften ist von Amtes wegen zu berücksichtigen (RB 1962 Nr. 42 = ZBl 63/1962, S. 443 = ZR 62 Nr. 61; RB 1982 Nr. 5).

106 Mit einem wesentlichen Verfahrensmangel behaftet können alle anfechtbaren Anordnungen im Sinn von § 48 sein.

107 *Kasuistik:* Verletzung einer wesentlichen Verfahrensvorschrift bejaht, weil

- dem privaten Rekursgegner keine Gelegenheit zur Einreichung einer Vernehmlassung gemäss § 26 Abs. 2 gegeben worden ist (RB 1962 Nr. 14);
- die Vorinstanz ihrer Untersuchungspflicht nach § 7 nicht nachgekommen ist (RB 1967 Nr. 56);
- die tatsächlichen Voraussetzungen, die zum Widerruf eines begünstigenden Verwaltungsakts führen, nicht genügend abgeklärt worden sind (RB 1967 Nr. 76);
- für den Entscheid darüber, ob für eine Gaststätte ein Bedürfnis vorliege, hinreichende tatsächliche Entscheidungsgrundlagen nicht beschafft worden sind (RB 1966 Nr. 68; vgl. ferner RB 1964 Nr. 3).

Zur Frage der Verletzung «wesentlicher» Verfahrensvorschriften vgl. auch die Praxis des Bundesgerichts zu Art. 105 Abs. 2 OG (BGE 119 Ib 199 f., 106 Ib 203, 105 Ib 383 f., 99 Ib 94 E. 2, 99 Ib 500 E. 5, 98 V 223, 97 V 134). 108

4. Zu Abs. 3

4.1. Ermessenskontrolle kraft übergeordneten Rechts

Die Befugnis bzw. Pflicht zur Ermessenskontrolle kann sich aus dem übergeordneten Recht (Bundes- oder Staatsvertragsrecht) ergeben, was § 50 Abs. 3 – deklaratorisch – festhält, indessen ohnehin gelten würde. Entsprechende Vorgaben des übergeordneten Rechts betreffen zumeist Fälle, in denen das Verwaltungsgericht abweichend vom Modell des zweistufigen Rechtsmittelwegs *einzige* kantonale Rechtmittelinstanz ist oder in denen die Ermessenskontrolle einer *gerichtlichen* Instanz gefordert wird. 109

Kasuistik: Art. *6 Ziff. 1 EMRK* verlangt mit Bezug auf *zivilrechtliche Streitigkeiten* keine Ermessenskontrolle (Herzog, S. 370; BGE 120 Ia 30, 119 Ia 95, 411, 117 Ia 502, 115 Ia 191). Hingegen ist «Ermessenskontrolle» – im Sinn einer freien Überprüfung der Strafzumessung – erforderlich mit Bezug auf *strafrechtliche Anklagen* (Herzog, S. 371; BGE 115 Ia 410 f.). Anders als bei Führerausweisentzügen zu Warnzwecken handelt es sich bei solchen zu Sicherungszwecken nicht um strafrechtliche Anklagen im Sinn von Art. 6 Ziff. 1 EMRK, weshalb das Verwaltungsgericht diese in Anwendung von § 50 Abs. 2 lit. c nicht auf blosse Unangemessenheit hin überprüft (RB 1997 Nr. 124). Überprüft das Verwaltungsgericht als *erste* Rechtsmittelinstanz Genehmigungsbeschlüsse betreffend die Festsetzung von Zonenplänen, so steht ihm nach *Art. 33 Abs. 3 lit. b RPG* auch Ermessenskontrolle zu (RB 1994 Nr. 17 = BEZ 1994 Nr. 22). 110

4.2. Ermessenskontrolle in den Beschwerdefällen von § 19a Abs. 2

Gemäss § 19a Abs. 2 können Verfügungen der Direktionen und Ämter auf näher bezeichneten Teilgebieten des Gesundheitswesens unmittelbar mit Beschwerde beim Verwaltungsgericht angefochten werden, welches in diesen Fällen abweichend vom Modell des zweistufigen Rechtswegs als erste und einzige kantonale Rechtsmittelinstanz wirkt. Im Hinblick auf diese Sonderstellung räumt § 50 Abs. 3 dem Verwaltungsgericht bei solchen Beschwerden Ermessenskontrolle ein. 111

Aus diesem gesetzgeberischen Motiv ist allerdings nicht zu schliessen, dem Verwaltungsgericht komme Ermessenskontrolle stets dann zu, wenn es als erste Rechtsmittelinstanz wirke. Einem solchen Schluss steht schon der klare Wortlaut von § 50 Abs. 3 entgegen, welcher die Ermessenskontrolle nur bei entsprechenden Vorgaben des Bundesrechts sowie bei Beschwerden nach § 19a Abs. 2 112

§ 50

vorsieht. Zur Funktion des Gerichts als erster Rechtsmittelinstanz im Allgemeinen vgl. § 19 N. 90.

113 In der Praxis spielt die Kognitionserweiterung bei Beschwerden nach § 19a Abs. 2 eine geringe Rolle, weil es in diesen Fällen zumeist um Rechtsfragen geht.

4.3. Ermessensausübung bei reformatorischer Tätigkeit

114 Hebt das Verwaltungsgericht eine angefochtene Verfügung auf, so kann es gemäss § 63 selber neu entscheiden. Es verfügt dabei über die nämlichen Befugnisse wie die Instanz, deren Anordnung es aufgehoben hat, und kann demzufolge auch in Ermessensfragen frei entscheiden (VGr. 29.1.1973, ZBl 74/1973, S. 418; RB 1987 Nr. 12). Fälle, die komplizierte Ermessensfragen enthalten, wird es indessen regelmässig an die Vorinstanz zur Neubeurteilung zurückweisen. Vgl. ferner § 63 N. 11.

5. Normenkontrolle

Literatur
AUER, N. 536 ff.; BOSSHARDT, Zuständigkeit, S. 39; BRUNNER HANS, Die Überprüfung der Rechtsverordnungen des Bundes auf ihre Verfassungs- und Gesetzmässigkeit, Bern 1953; CAMPICHE EDOUARD, Die Praxis des aargauischen Verwaltungsgerichts zur inzidenten Normenkontrolle, ZBl 84/1983, S. 414 ff.; DUBS HANS, Die Zuständigkeit kantonaler Behörden zur akzessorischen Normenkontrolle, in: Festschrift Kurt Eichenberger, Basel/Frankfurt a.M. 1982, S. 615 ff.; GRISEL ANDRÉ, Le contrôle des Ordonnances fédérales en Suisse, Etudes et documents du Conseil d'Etat, Fasc. No 16, Paris 1962, S. 187 ff.; GUENG URS, Zur Tragweite des Feststellungsanspruches gemäss Art. 25 VwG, SJZ 67/1971, S. 369 ff.; GYGI, S. 227, 292 ff.; HÄFELIN/HALLER, N. 562 ff.; IMBODEN MAX, Normenkontrolle und Verfassungsinterpretation, in: Festschrift Hans Huber, Bern 1961, S. 133 ff.; IMBODEN/RHINOW/KRÄHENMANN, Nr. 143; KÄLIN WALTER, Chancen und Grenzen kantonaler Verfassungsgerichtsbarkeit, ZBl 88/1987, S. 233 ff.; KÖLZ, Auslegung, S. 29 ff.; KOTTUSCH; MERKER, §§ 68–72; MOSER, S. 163 ff.; MÜLLER PETER, Vorbeugender Verwaltungsrechtsschutz, Zeitschrift für Walliser Rechtsprechung 1971, S. 342 ff.; NEF HANS, Sinn und Schutz verfassungsmässiger Gesetzgebung und rechtmässiger Verwaltung im Bunde, ZSR 69/1950, S. 133a ff.; DERSELBE, Das akzessorische Prüfungsrecht, in: Mélanges Marcel Bridel, Lausanne 1968, S. 295 ff.; SALADIN PETER, Die Befugnis der Verwaltungsbehörden zur akzessorischen Überprüfung von Verordnungen, ZBl 67/1966, S. 193 ff.; SCHIESSER FRIDOLIN, Die akzessorische Prüfung, Zürich 1984; ZIMMERMANN ROBERT, Le contrôle préjudiciel en droit fédéral et dans les cantons suisses, Lausanne 1987.

5.1. Ausschluss der abstrakten Normenkontrolle

115 Grundsätzlich sollte um der Einheit der Rechtsordnung willen jeder generell-abstrakte Erlass unterer Stufe im Fall des behaupteten Widerspruchs mit höherrangigem Recht in einem speziell dafür vorgesehenen Verfahren anfechtbar sein (abstraktes, selbständiges oder prinzipales Normenkontrollverfahren). Ein der-

artiges Verfahren gibt es nur in wenigen Kantonen. Die Kantone Jura und Nidwalden haben eigentliche Verfassungsgerichte, welche kantonale Gesetze und Erlasse unterer Stufe abstrakt überprüfen (Gadola, S. 333 Anm. 21); in einigen weiteren Kantonen sind die Verwaltungsgerichte zur abstrakten Kontrolle kantonaler Verordnungen und/oder kommunaler Erlasse befugt (Auer, N. 533 ff.; Jaag, Verwaltungsrechtspflege, S. 501 Anm. 24; bezüglich des Kantons Aargau vgl. Merker, §§ 68–72). Das abstrakte Normenkontrollverfahren im Rahmen der staatsrechtlichen Beschwerde des Bundes ersetzt bis zu einem gewissen Grad die fehlenden kantonalen Verfassungsgerichte. In beschränktem Mass kann auch die generelle Zulassung des Feststellungsentscheids (für die zürcherische Praxis vgl. RB 1972 Nr. 12 = ZBl 74/1973, S. 209 = ZR 72 Nr. 95) als Surrogat der abstrakten Normenkontrolle betrachtet werden (Gygi, S. 227 f.; kritisch Gadola, S. 334). Der generell-abstrakte Erlass als solcher ist demnach im Allgemeinen nicht Anfechtungsgegenstand im Verwaltungsprozess; seine abstrakte Überprüfung ist einer besonderen Staatsrechtspflege vorbehalten. Dem Wesen des *verwaltungsrechtlichen* Rechtsschutzsystems entspricht die Anfechtung individuell-konkreter Akte.

Aus der Konzeption der *zürcherischen* Verwaltungsgerichtsbarkeit folgt, dass nur individuell-konkrete Akte selbständig mit Rekurs oder Beschwerde angefochten werden können (vgl. Beleuchtender Bericht 1959, S. 392, Prot. KK 18.9.1957, S. 2; vgl. zum früheren Rechtszustand Fehr, S. 273). Die abstrakte Normenkontrolle ist dem Verwaltungsgericht daher versagt (RB 1965 Nr. 16 = ZBl 67/1966, S. 349 = ZR 65 Nr. 154; RB 1970 Nr. 6, 1972 Nr. 11; VGr. 29.4.1975, ZBl 76/1975, S. 282; RB 1988 Nr. 7, 1990 Nr. 17; RB 1992 Nr. 5 = ZBl 93/1992, S. 515; RB 1994 Nr. 6). Auch generell-abstrakte Gemeindeakte, die vom Regierungsrat zu genehmigen sind, können vom Verwaltungsgericht nicht selbständig überprüft werden (Bosshardt, Zuständigkeit, S. 39). Dadurch unterscheidet sich die Beschwerde an das Verwaltungsgericht nach §§ 41 ff. von der Gemeindebeschwerde nach § 151 GemeindeG und vom Gemeinderekurs nach § 152 GemeindeG i.V.m. §§ 19 ff. 116

5.2. Befugnis zur konkreten Normenkontrolle

5.2.1. Allgemeines

Wer einen verwaltungsbehördlichen individuell-konkreten Akt vor Verwaltungsgericht anficht, kann einmal geltend machen, die Verwaltungsbehörde habe eine Gesetzesnorm unrichtig angewendet, weshalb der Akt aufzuheben sei (der Fall der Willkür als qualifiziert unrichtiger Rechtsanwendung ist in dieser Rügemöglichkeit eingeschlossen). Er kann weiter behaupten, der Akt entbehre einer rechtssatzmässigen Grundlage; diesfalls rügt er die Verletzung des Grundsatzes der Gesetzmässigkeit der Verwaltung. Der Beschwerdeführer kann schliesslich geltend machen, der fragliche Akt sei deshalb aufzuheben, weil die ihm zugrun- 117

§ 50

de liegende Gesetzesbestimmung selber höherrangigem Recht, insbesondere der Verfassung, widerspreche; mit dieser Rüge verlangt er, dass die fragliche Bestimmung akzessorisch – in Verbindung mit dem angefochtenen Rechtsanwendungsakt – auf Vereinbarkeit mit höherrangigem Recht überprüft werde. Statt von akzessorischer spricht man auch von inzidenter, konkreter, vorfrageweiser oder unselbständiger Normenkontrolle.

118 Die Befugnis des Verwaltungsgerichts zur akzessorischen Normenkontrolle bezieht sich unter den nachfolgend dargestellten Einschränkungen auf kantonale Gesetze und Verordnungen, kommunale Erlasse sowie auf bundesrätliche Verordnungen. Bestimmungen solcher Erlasse können demnach grundsätzlich auf ihre Übereinstimmung mit höherrangigem Recht überprüft werden. Die gesetzliche Grundlage für diese Befugnis bilden: im Verhältnis zwischen eidgenössischem und kantonalem (einschliesslich kommunalem) Recht Art. 2 ÜbBest aBV bzw. Art. 49 BV (Grundsatz der derogatorischen Kraft des Bundesrechts), im Verhältnis zwischen kantonalem Verfassungs-, Gesetzes- und Verordnungsrecht die auf die Gewaltenteilung bezogenen Normen der Kantonsverfassung, im Verhältnis zwischen kantonalem und kommunalem Recht Art. 48 KV (Moser, S. 164).

119 Zur akzessorischen Normenkontrolle durch untere Rechtsmittelinstanzen vgl. § 20 N. 25 ff.

120 Staatsrechtlich von besonderer Bedeutung ist die Frage, ob *kantonale Gesetze* (im formellen Sinn) auf ihre Übereinstimmung *mit der Kantonsverfassung* überprüft werden können. In einem grundlegenden Urteil hat sich das Gericht diese Kompetenz jedenfalls insoweit zuerkannt, als eine Verletzung verfassungsmässiger Rechte geltend gemacht wird. Es begründete dies im Wesentlichen damit, es könne ihm nicht zugemutet werden, einen Entscheid zu fällen, der vom Bundesgericht im Rahmen der staatsrechtlichen Beschwerde möglicherweise aufgehoben werde (RB 1965 Nr. 19 = ZBl 66/1965, S. 335 = ZR 64 Nr. 176). Dieser Auffassung ist zu folgen, kann doch – wie die Materialien zeigen (Prot. KK 21.1.1958) – aus § 35 Abs. 1 nicht geschlossen werden, der Gesetzgeber habe das Gericht in seiner Kognition beschränken wollen. Ob Bestimmungen der Kantonsverfassung *ohne Grundrechtsgehalt* Massstab für die akzessorische Kontrolle von kantonalem Gesetzesrecht bilden können, musste noch nie entschieden werden; die Frage ist kaum von praktischer Bedeutung, weil es sich dabei vorwiegend um organisatorische und programmatische Normen handelt (Moser, S. 168).

121 Das Verwaltungsgericht hatte bisher nicht zu entscheiden, ob es *Bestimmungen der Kantonsverfassung* auf Übereinstimmung mit höherrangigem Recht überprüfen dürfe. Das Bundesgericht hält trotz Kritik in der Lehre teilweise an seiner Praxis fest, kantonale Verfassungsbestimmungen grundsätzlich nicht zu überprüfen; es überprüft aber solche Bestimmungen auf ihre Vereinbarkeit mit über-

geordnetem Recht, welches im Zeitpunkt der Gewährleistung der kantonalen Verfassungsnorm durch die Bundesversammlung noch nicht in Kraft getreten war (BGE 112 Ia 218, 111 Ia 242; Häfelin/Haller, N. 1805; Imboden/Rhinow/ Krähenmann, Nr. 143 B III b). Die Frage spielt praktisch eine geringe Rolle, weil die Kantonsverfassung wie erwähnt vorwiegend organisatorisches und wenig materielles Recht enthält.

Aufgrund von Art. 113 Abs. 3 und Art. 114bis Abs. 3 aBV (Art. 191 BV) dürfen *Bundesgesetze*, allgemeinverbindliche Bundesbeschlüsse sowie von der Bundesversammlung genehmigte Staatsverträge nicht auf ihre *Übereinstimmung mit der Bundesverfassung* hin überprüft werden, was lediglich als Anwendungsgebot zu verstehen ist, d.h. eine Kritik in den Urteilserwägungen nicht ausschliesst (zur Tragweite im Einzelnen vgl. Häfelin/Haller, N. 1806 ff.). Hingegen darf der Richter Bundesgesetzen wegen *Verstosses gegen Staatsvertragsrecht* die Anwendung versagen (vgl. N. 125). Wenn es dem Bundesgericht verwehrt ist, die Bundesgesetzgebung auf Übereinstimmung mit der BV zu überprüfen, so muss das umso mehr für den kantonalen Richter gelten (RB 1961 Nr. 20; dazu Bosshart, Beschwerde, S. 104). 122

Das Verwaltungsgericht kann auch *bundesrätlichen Verordnungen* die Anwendung versagen, sofern solche klar und eindeutig verfassungs- oder gesetzwidrig sind (vgl. RR AG 17.1.1977, ZBl 78/1977, S. 273; BGE 99 Ib 388 f., 124 II 583; Imboden/Rhinow/Krähenmann, Nr. 143 B II c). 123

Kantonale und kommunale Ausführungsbestimmungen zu Bundesgesetzen überprüft das Gericht auf Übereinstimmung mit Letzteren, auf Vereinbarkeit mit der BV jedoch nur insofern, als nicht das Bundesgesetz zur Abweichung von der BV ermächtigt. Es gelten somit analoge Einschränkungen, wie sie sich das Bundesgericht bei der Überprüfung von Verordnungen des Bundesrats auferlegt (BGE 124 II 583; Rhinow/Krähenmann, Nr. 143 B II a/b). Überprüft werden kann vorab die Frage, ob sich kantonale und kommunale Ausführungsbestimmungen im Rahmen der bundesgesetzlichen Ermächtigung bewegen, d.h. ob sie kompetenzgemäss sind. 124

Widerspricht ein kantonales Gesetz oder ein Erlass unterer Stufe *Staatsvertragsrecht*, so ist gleich vorzugehen wie bei Widerspruch mit dem übrigen Bundesrecht (vgl. VGr. 29.4.1975, ZBl 76/1975, S. 282). In seiner neuesten Praxis tendiert das Bundesgericht dazu, generell den Vorrang des Staatsvertragsrechts gegenüber Bundesgesetzen anzuerkennen, selbst wenn das Gesetzesrecht jünger ist (BGE 125 III 218, 122 II 239, 486 f.; BGr. 26.7.1999, 1A.178/1998; Häfelin/Haller, N. 1054, 1808a). 125

Die *Genehmigung* eines generell-abstrakten Erlasses durch eine Oberbehörde schliesst als bloss vorläufige Rechtskontrolle eine spätere akzessorische (und, wo vorgesehen, abstrakte) Normenkontrolle nicht aus (Imboden/Rhinow/Krähenmann, Nr. 143 B II g, Nr. 144 B II a). Bezüglich der bundesrätlichen Ge- 126

§ 50

nehmigung *kantonaler und kommunaler Ausführungsvorschriften* vgl. die analoge Praxis des Bundesgerichts (BGE 92 I 230, 92 I 403, 92 I 431, 94 I 88, 95 I 405, 97 I 446, 99 Ib 62, 99 Ib 410, 100 Ib 434, 100 Ib 485). Auch mit der Genehmigung *kommunaler Bestimmungen* durch den Regierungsrat wird das akzessorische Prüfungsrecht einer Rekursbehörde bzw. des Verwaltungsgerichts nicht ausgeschlossen (Thalmann, Vorbem. zu §§ 141–150 N. 6.4.3). Die Genehmigung vermag eine dem Gemeindeakt anhaftende Verfassungs- oder Gesetzwidrigkeit nicht zu beheben, weil die Genehmigungsbehörde selber an Verfassung und Gesetz gebunden ist. Dieser zum kommunalen Recht entwickelte Grundsatz gilt sinngemäss für die andern Erlasse (BGE 121 I 190, 109 Ia 127; vgl. auch BGE 103 Ia 130 ff. zur abstrakten Normenkontrolle).

127 Das Verwaltungsgericht überprüft mit freier Kognition, ob Verordnungen kompetenzgemäss sind, d.h. auf einer hinreichenden Delegation beruhen (formelle Verfassungsmässigkeit) und ob das Bundesrecht Raum für kantonales Recht bzw. Letzteres Raum für kommunales Recht lasse. Wie der Rechtsetzer unterer Stufe von der ihm durch das höherrangige Recht eingeräumten Rechtsetzungsbefugnis Gebrauch macht (materielle Verfassungs- bzw. Gesetzmässigkeit), prüft das Verwaltungsgericht unter Beachtung der dem Rechtsetzer zustehenden Gestaltungsfreiheit; diese ist besonders gross, wenn sie lediglich durch Art. 4 aBV (Art. 8 und 9 BV) begrenzt wird (Moser, S. 170 f.). Auch bei der akzessorischen Normenkontrolle gilt das Prinzip der *verfassungskonformen Auslegung:* Eine Norm soll nur dann als verfassungs- oder gesetzwidrig erklärt werden, wenn keine verfassungs- oder gesetzeskonforme Auslegung möglich ist (vgl. dazu N. 24 ff.).

128 Das Verwaltungsgericht kann sein akzessorisches Prüfungsrecht auch bei Fehlen einer entsprechenden Rüge einer Partei, d.h. von Amtes wegen, ausüben (RB 1963 Nr. 18 = ZBl 65/1964, S. 232). Im letzteren Fall ist den Parteien Gelegenheit zu geben, zur Frage der Vereinbarkeit der betreffenden Norm mit dem übergeordneten Recht Stellung zu nehmen. Die akzessorische Prüfung ist auch im Rahmen des Feststellungsverfahrens (RB 1972 Nr. 12 = ZBl 74/1973, S. 209) vorzunehmen.

129 Durch die akzessorische Prüfung wird ein Rechtssatz, den das Gericht für rechtswidrig hält, nicht formell aufgehoben; vielmehr wird er nur für den konkreten Einzelfall als «unanwendbar» erklärt. Der Gesetzgeber hat mit einem eigenen gesetzgeberischen Akt die formelle Aufhebung oder Abänderung vorzunehmen (RB 1998 Nr. 36). Ist eine restriktive Zulassungsordnung als verfassungswidrig erkannt worden und erfolgt eine gesetzliche Neuregelung nicht innert nützlicher Frist, so hat die bestehende Regelungslücke nicht zur Folge, dass weiterhin nur Bewilligungen im Rahmen der als verfassungswidrig erkannten Ordnung erteilt werden dürfen; vielmehr hat die Verwaltungsbehörde in ihrer Bewilligungspraxis Kriterien festzulegen und anzuwenden, nach welchen in einem weiteren Rahmen Bewilligungen erteilt werden (RB 1998 Nr. 79 hinsichtlich der Zulas-

sung nichtärztlicher Psychotherapeuten zur selbständigen Berufsausübung). Im Rahmen der akzessorischen Prüfung kann ein ganzer Erlass oder können nur einzelne Normen als unanwendbar erklärt werden (vgl. RB 1971 Nr. 1).

Unter bestimmten Voraussetzungen ist sogar von der Aufhebung einer Verfügung abzusehen, welche sich auf mit höherrangigem Recht unvereinbare Bestimmungen stützt. Die mit der Kompetenz zur akzessorischen Normenkontrolle verbundene Pflicht, als verfassungswidrig erkanntes Recht im Einzelfall nicht anzuwenden, kann bei Vorliegen besonderer Gründe Ausnahmen in dem Sinn erleiden, dass mit der Feststellung der Verfassungswidrigkeit dem Rechtsmittelkläger nicht unmittelbar geholfen, sondern lediglich der Gesetzgeber zur Schaffung einer verfassungskonformen Regelung angehalten wird. Die Frage stellt sich vorab bezüglich kantonaler und kommunaler Bestimmungen, die gegen *Art. 4 Abs. 1 aBV* (Art. 8 Abs. 1 BV) verstossen. Solche Gründe hat das Verwaltungsgericht hinsichtlich des – übergangsrechtlich begrenzten – Nachbezugs von Dienstaltersgeschenken für Lehrbeauftragte bejaht (RB 1996 Nr. 29 = ZBl 98/1997, S. 88). Betreffend den Anwendungsbereich von *Art. 4 Abs. 2 aBV* (Art. 8 Abs. 3 BV) vgl. allgemein RB 1988 Nr. 1 = ZBl 89/1988, S. 495. Die den geschlechterspezifischen Gleichheitsgrundsatz von Art. 4 Abs. 2 *Satz 1* aBV bzw. Art. 8 Abs. 3 Satz 1 BV verletzenden Bestimmungen über die Beschränkung des Feuerwehrobligatoriums und der Ersatzabgabe auf Männer erachtete das Verwaltungsgericht im Jahr 1988 noch anwendbar, um dem Gesetzgeber Gelegenheit zur Herstellung eines verfassungskonformen Zustands zu geben (RB 1988 Nr. 95 = ZBl 89/1988, S. 495). Nach der Verwerfung einer entsprechenden Gesetzesvorlage in der Volksabstimmung vom 26.11.1989 erkannte das Gericht, die als verfassungswidrig befundenen Bestimmungen über die Feuerwehr-Ersatzabgabepflicht seien nicht mehr anwendbar (RB 1990 Nr. 1 = ZBl 91/1990, S. 275). Weil dabei der für die Nichtanwendung massgebende Zeitpunkt unklar blieb, entschied das Verwaltungsgericht in der Folge, die verfassungswidrigen Bestimmungen seien aus Gründen der Praktikabilität und der Rechtsgleichheit erst für das Abgabejahr 1990 nicht mehr anwendbar (RB 1991 Nr. 83). Anders verhält es sich mit dem Grundsatz der geschlechterspezifischen Lohngleichheit nach Art. 4 Abs. 2 *Satz 3* aBV bzw. Art. 8 Abs. 3 Satz 3 BV: Verletzt eine vor der Verfassungsänderung erlassene Besoldungsordnung diesen Grundsatz, so kann der darauf gestützten Leistungsklage nicht entgegengehalten werden, das Gemeinwesen benötige eine angemessene Frist zur Rechtsanpassung durch die zuständigen rechtsetzenden Organe (RB 1990 Nr. 25).

5.2.2. Kasuistik

5.2.2.1. Kommunale Erlasse

Verhältnis zum Gemeinderecht höherer Stufe: Ist nach der Gemeindeordnung die Kehrichtabfuhrverordnung vom Gemeinderat zu erlassen, so ist das von der

§ 50

kommunalen Gesundheitskommission erlassene Regulativ kompetenzwidrig und nicht anwendbar (RB 1973 Nr. 21).

132 *Verhältnis zum kantonalen Recht:* Die Vorschrift einer Bauordnung, wonach in Grünzonen lediglich private, nicht aber öffentliche Bauten verboten sind, verstösst gegen § 68b lit. a BauG (RB 1968 Nr. 53). Es ist zulässig, dass eine Gemeinde die Kehrichtgebühr in eine variable (Sackgebühr) und eine feste, den Liegenschafteneigentümer treffende Komponente (Grundgebühr) aufteilt (RB 1995 Nr. 97; vgl. auch RB 1980 Nr. 139 = ZBl 81/1980, S. 390). Kommunale Bauvorschriften, die generell höhere ästhetisch-architektonische Anforderungen an eine Baute oder Anlage stellen als § 238 PBG, sind mit Inkrafttreten dieser Bestimmung aufgehoben worden (RB 1981 Nr. 131 = BEZ 1981 Nr. 32). Das Legalitätsprinzip lässt es zu, dass die Bemessung einer Benützungsgebühr – hier für ein Krankenheim – aufgrund einer kantonalrechtlichen Delegation durch den kommunalen Verordnungsgeber geordnet wird (RB 1990 Nr. 109). Eine kommunale Bestimmung, welche das Beamtenverhältnis vor Erreichen des AHV-Alters enden lässt, verstösst nicht gegen Art. 11 Abs. 1 KV (RB 1997 Nr. 21).

133 *Verhältnis zum Bundesrecht:* Die Bemessung von Abwasser- und Wasseranschlussgebühren nach dem Gebäudeversicherungswert ist mit Art. 4 aBV vereinbar (RB 1977 Nr. 110 = ZBl 78/1977, S. 536 = ZR 76 Nr. 83). Die rückwirkende Erhöhung von Wasser- und Abwassergebühren verstösst unter den zu beurteilenden Umständen gegen das Rückwirkungsverbot von Art. 4 aBV (RB 1980 Nr. 140 = ZBl 82/1981, S. 310). Es verstösst nicht gegen die Rechtsgleichheit, Kanalisationsbeiträge nur bei ganz oder teilweise unüberbauten, nicht aber bei überbauten Liegenschaften zu erheben (RB 1981 Nr. 153). Die Vorschrift, wonach die «einmalige» Anschlussgebühr nach dem Abbruch der Altbaute auch für das neue Gebäude geleistet werden muss, verstösst nicht gegen Art. 4 Abs. 1 aBV (RB 1986 Nr. 113). Die Bemessung der Abwassergrundgebühr nach dem Gebäudevolumen verletzt Art. 4 Abs. 1 aBV (RB 1998 Nr. 64). Dass die neue Tarifordnung für den Bezug von elektrischer Energie einen Niedertarif im Winterhalbjahr nicht mehr vorsieht, verstösst auch insoweit nicht gegen Art. 4 Abs. 1 aBV, als für Bezüger mit Elektro-Nachtspeicherheizungen keine Sonderregelung getroffen worden ist (RB 1994 Nr. 95). Die Gewährung städtischer Beiträge an die bei der Personalkrankenkasse der Stadt Zürich, nicht aber an die bei anderen Kassen versicherten Arbeitnehmer verstösst nicht gegen die Rechtsgleichheit (RB 1981 Nr. 38 = ZBl 83/1982, S. 536 = ZR 81 Nr. 132). Es ist nicht willkürlich, wenn eine ohne Übergangsfrist in Kraft gesetzte neue Besoldungsordnung Erwartungen auf nach alter Ordnung in Aussicht stehende Lohnerhöhungen und Treueprämien enttäuscht (RB 1994 Nr. 30). Wenn die mit der generellen Sistierung des Lohnstufenaufstiegs verbundenen Auswirkungen jüngere Dienstnehmer tendenziell härter treffen, so ist dies mit Art. 4 Abs. 1 aBV vereinbar (RB 1997 Nr. 23). Eine Bauordnung, die für Nebengebäude die gleichen Abstände wie für Hauptgebäude vorschreibt, ist verfassungsmässig (RB

1981 Nr. 139). Fehlt einer Behörde bei Erlass einer Verordnung die entsprechende Rechtsetzungsbefugnis, so kann dieser Mangel nicht durch die spätere Schaffung der hierfür erforderlichen gesetzlichen Grundlage geheilt werden (RB 1987 Nr. 1).

5.2.2.2. Kantonale Verordnungen

Dem Regierungsrat steht, auch auf dem Gebiet der Gewerbepolizei, keine selbständige *Polizeiverordnungskompetenz* zu; das Verbot von Glücksspielapparaten in der Lotterieverordnung verstösst daher gegen die verfassungsmässige Kompetenzordnung und ist nicht anwendbar (RB 1963 Nrn. 1, 18, 81 = ZBl 65/1964, S. 232). Gleiches gilt bezüglich der seinerzeitigen Verordnung über die gewerbsmässige Heiratsvermittlung (RB 1971 Nr. 1). Das im Rahmen der Interkantonalen Vereinbarung betreffend die gemeinsame Durchführung von Lotterien vom 26.5.1937 (LS 553.2) vorgesehene Lotteriemonopol zugunsten der Interkantonalen Lotterie-Genossenschaft (Landeslotterie) kann sich nicht auf Gewohnheitsrecht stützen, weshalb es mangels gesetzlicher Grundlage nicht rechtsbeständig ist (VGr. 18.12.1998, ZBl 100/1999, S. 428 ff.). Die vom Regierungsrat in der Verordnung über die Jugendheime vom 4.10.1962 (LS 852.21) festgesetzte Beitragsskala für die staatlichen Kostenanteile an die beitragsberechtigten Ausgaben kommunaler Jugendheime hält einer akzessorischen Überprüfung stand (RB 1998 Nr. 49).

134

Anforderungen an eine Gesetzesdelegation: Nach zürcherischem Verfassungsrecht schliesst der Grundsatz der Gewaltentrennung nicht jede Gesetzesdelegation aus. Deren Zulässigkeit ist eine Frage des Masses. Die grundsätzlichen und primären Rechtssätze dürfen nicht von der Exekutive ausgehen; die sogenannte Blankettdelegation ist verfassungswidrig (RB 1965 Nr. 3 = ZBl 66/1965, S. 344 = ZR 64 Nr. 174). Die Verfassungs- und Gesetzmässigkeit wurde bejaht bezüglich der Quellensteuerverordnung I betreffend Personen im Ausland (RB 1965 Nrn. 2, 31 = ZBl 67/1966, S. 175) sowie der Quellensteuerverordnung II betreffend ausländische Arbeitnehmer (RB 1969 Nrn. 42, 43; bestätigt in BGE 96 I 45 ff.). Eine *Subdelegation* des Regierungsrats an seine Direktionen bedarf einer ausdrücklichen gesetzlichen Grundlage: Strassenpolizeiliche Vorschriften der Baudirektion für Tankstellen sind mangels gültiger Subdelegation keine verbindliche Rechtsverordnung, sondern blosse Dienstanweisung (RB 1962 Nr. 34). Die Gebührenordnung der Bildungsdirektion für die Benutzung von Räumlichkeiten der Universität ist mangels zulässiger Subdelegation nicht anwendbar (RB 1972 Nrn. 1, 2 = ZBl 73/1972, S. 353 = ZR 71 Nr. 49). Eine Kompetenzdelegation des Bundes an die «Kantone» oder «Gemeinden» begründet nicht unmittelbar eine Rechtsetzungskompetenz der kantonalen oder kommunalen Exekutive (RB 1965 Nr. 1). Die in Art. 36 Abs. 2 RPG den Kantonsregierungen eingeräumte Kompetenz bildet eine hinreichende Delegationsnorm für § 5 der Einführungsverordnung zum RPG vom 19.12.1979, welche Bestimmung die Rechtsmittelbefugnis in Planungs- und Bausachen abweichend

135

§ 50

von der ursprünglichen Fassung des § 21 VRG gleich wie in Art. 103 lit. a OG umschreibt (RB 1981 Nr. 7).

136 *Materielle Gesetz- und Verfassungsmässigkeit:* Das Verbot, einen Beruf der Gesundheitspflege im Umherziehen, auf der Strasse oder auf einem Markt auszuüben, hält vor dem Gesundheitsgesetz wie auch vor der Handels- und Gewerbefreiheit stand (RB 1995 Nr. 103). Die Bewilligungspflicht für das Darleihergewerbe ist verfassungsmässig, nicht jedoch die Vorschrift, dass gewerbsmässige Darleiher Wohnsitz und Geschäftsdomizil im Kanton Zürich haben müssen (RB 1983 Nr. 121 = ZBl 85/1984, S. 71 = ZR 82 Nr. 124). Die Bestimmung, wonach für Spitaltaxen eines Ehegatten nur der Ehemann und nicht die Ehefrau solidarisch haftet, verstösst gegen den Grundsatz der Gleichbehandlung von Mann und Frau (RB 1988 Nr. 93). Die im Stipendienreglement vorgesehene Berücksichtigung der finanziellen Leistungsfähigkeit eines Stiefelternteils für die Bestimmung der Stipendienberechtigung ist verfassungsmässig (RB 1993 Nr. 13 = ZBl 95/1994, S. 170). Die Weisung des Regierungsrats an die Steuerbehörden über die Bewertung von Liegenschaften und die Festsetzung der Eigenmietwerte vom 10.6.1992 ist wegen des ihr zugrunde liegenden Systems der Bodenpreisermittlung verfassungswidrig (RB 1995 Nr. 39). Beträgt der nach dieser Weisung aufgrund der Formelmethode ermittelte Eigenmietwert eines Einfamilienhauses oder einer Eigentumswohnung weniger als 60% der Nettojahresmiete, so steht dem Mieter ein Abzug vom Einkommen in der Höhe des Unterschiedsbetrags zu (RB 1995 Nr. 37).

5.2.2.3. Kantonale Gesetze

137 *Vereinbarkeit mit Bundesgesetzen und -verordnungen:* Kantonale Vorschriften über die Zulässigkeit von Bauten im übrigen Gemeindegebiet sind nicht vereinbar mit dem RPG (RB 1981 Nr. 114 = ZBl 83/1982, S. 134). Vorentscheide ohne Drittverbindlichkeit sind in der Regel, das heisst wenn es um die Anwendung des RPG und seiner kantonalen und eidgenössischen Ausführungsbestimmungen geht, bundesrechtswidrig (RB 1994 Nr. 92 = BEZ 1995 Nr. 4).

138 *Vereinbarkeit mit Art. 4 Abs. 1 aBV:* § 3 Abs. 2 aESchG verstösst gegen Art. 4 aBV (RB 1979 Nr. 70 = ZBl 80/1979, S. 362; RB 1980 Nr. 79; RB 1982 Nr. 118 = ZBl 83/1982, S. 270 = ZR 81 Nr. 86). Die zürcherische Regelung, wonach nur für juristische Personen mit Sitz im Ausland die quotenmässige Ausscheidung nach unten durch die objektmässige begrenzt wird, verstösst gegen das Willkürverbot (RB 1994 Nr. 31). Die ergänzende Vermögenssteuer für landwirtschaftliche Liegenschaften ist verfassungsmässig (RB 1983 Nr. 45 = ZBl 84/1983, S. 321 = ZR 82 Nr. 76). Die steuergesetzliche Regelung, wonach die Erwerbseinkünfte von Werkstudenten steuerbar sind, nicht hingegen die Unterstützungsleistungen an Stipendienbezüger, ist verfassungsmässig (RB 1994 Nr. 34). Die steuergesetzliche Bestimmung, wonach nur Beiträge an im Kantonsrat vertretene politische Parteien abzugsfähig sind, ist nicht verfassungs-

widrig (RB 1991 Nr. 23). Das verfassungsrechtliche Schlechterstellungsverbot kann im interkantonalen Verhältnis die Vornahme einer ausserordentlichen amtlichen Haupteinschätzung ausnahmsweise auch dann gebieten, wenn der gesetzlich vorgesehene Schwellenwert nicht überschritten wird (RB 1993 Nr. 20). Die gesetzliche Beschränkung der steuerlichen Privilegierung von Eigenheimersatzbeschaffungen auf innerkantonale Neuerwerbungen hielte vor dem Willkürverbot selbst dann stand, wenn sie sich bloss auf fiskalische Interessen stützen könnte (RB 1994 Nr. 65). § 59 Abs. 1 lit. f aStG, wonach bei Änderung der für die interkantonale oder internationale Steuerausscheidung massgebenden Verhältnisse eine Zwischeneinschätzung durchgeführt wird, verstösst nicht gegen Bundesrecht (RB 1985 Nr. 46). Die im Steuergesetz vorgesehene kumulative Bestrafung wegen Steuerbetrugs und Steuerhinterziehung verstösst weder gegen den Grundsatz «ne bis in idem» noch sonstwie gegen Art. 4 aBV (RB 1987 Nr. 47, 1993 Nr. 25). Die Erbenhaftung für die Strafsteuer ist verfassungswidrig (RB 1989 Nr. 47). Die Regelung, wonach die Einsprachefrist von der Zustellung des Einschätzungsentscheids des Steuerkommissärs und nicht erst von der Zustellung der Steuerrechnung des Gemeindesteueramtes an läuft, ist verfassungsmässig (RB 1984 Nr. 52). Die Grundsätze von Treu und Glauben sowie des Vertrauensschutzes rechtfertigen es nicht, unter Missachtung überwiegender öffentlicher Interessen eine dem Gesundheitsgesetz fremde Bewilligungskategorie zu schaffen (RB 1984 Nrn. 125, 126). Das in den Städten Zürich und Winterthur geltende Verbot ärztlicher Selbstdispensation verstösst gegen den Grundsatz der Rechtsgleichheit (RB 1998 Nr. 80). Der in § 15 Abs. 2 lit. a VRG (in der ursprünglichen Fassung) vorgesehene Kautionierungsgrund des ausserkantonalen Wohnsitzes ist mit Art. 4 Abs. 1 aBV vereinbar (RB 1989 Nr. 1).

Vereinbarkeit mit Art. 4 Abs. 2 aBV: Die Beschränkung des Feuerwehrobligatoriums und der Ersatzabgabepflicht auf Männer verstösst gegen den Grundsatz der Gleichbehandlung von Mann und Frau (RB 1988 Nr. 95 = ZBl 89/1988, S. 495; RB 1990 Nr. 1 = ZBl 91/1990, S. 275). Die frühere steuergesetzliche Regelung, wonach die Ehefrau nicht selbständig zur Erhebung von Rechtsmitteln befugt ist, verletzt Art. 4 Abs. 2 aBV (RB 1990 Nr. 41).

Vereinbarkeit mit der Eigentumsgarantie: Der kantonale Gesetzgeber kann den Begriff der vollen oder gerechten Entschädigung, die gemäss Eigentumsgarantie für die Enteignung geschuldet ist, näher umschreiben (RB 1969 Nr. 75). Das Rangprivileg des Pfandrechts für Grundsteuern ist mit dem Bundeszivilrecht und der Eigentumsgarantie vereinbar (RB 1992 Nr. 51). Die Besteuerung des Anfalls eines landwirtschaftlichen Grundstücks oder Heimwesens beim nicht selbstbewirtschaftenden Erben zu drei Vierteln des Verkehrswerts verstösst nicht gegen die Eigentumsgarantie (RB 1992 Nr. 55).

Vereinbarkeit mit der Handels- und Gewerbefreiheit: Das in § 17 GesundheitsG ausgesprochene Verbot der Selbstdispensation der Ärzte in den Städten Zürich

§ 50

und Winterthur ist verfassungswidrig (RB 1973 Nrn. 55, 56 = ZBl 74/1973, S. 504; RB 1998 Nr. 80). Das auf einer klaren gesetzlichen Grundlage beruhende Verbot der selbständigen Berufsausübung für Dentalhygienikerinnen ist verfassungsmässig (RB 1989 Nr. 93). Die gesetzliche Regelung, welche die selbständige berufsmässige Ausübung der Psychotherapie ausschliesslich Ärzten vorbehält, ist verfassungswidrig (RB 1991 Nr. 81 = ZBl 93/1992, S. 74). Die Bewilligungspflicht für Beherbergungsbetriebe ist verfassungsmässig (RB 1983 Nr. 119).

142 *Vereinbarkeit mit ideellen Freiheitsrechten:* Die Kirchensteuerpflicht juristischer Personen ohne konfessionelle Zwecke ist verfassungs- und EMRK-konform (RB 1975 Nr. 69 = ZBl 76/1975, S. 282 = ZR 74 Nr. 58). Die Erhebung der Kirchensteuer nach hälftigen Quoten bei konfessionell gemischter Familie mit Kindern ist verfassungsmässig (RB 1981 Nr. 87). Die kantonale Regelung, wonach die kommunale Bau- und Zonenordnung für ganze Zonen oder Gebiete Aussenantennen verbieten kann, sofern durch andere technische Einrichtungen gleichwertige Empfangsmöglichkeiten gewährleistet sind, ist mit der Informationsfreiheit vereinbar (RB 1984 Nr. 103 = ZBl 86/1985, S. 70 = ZR 84 Nr. 7 = BEZ 1984 Nr. 28; vgl. auch RB 1984 Nr. 104 = ZBl 86/1985, S. 76 = ZR 84 Nr. 8 = BEZ 1984 Nr. 29).

143 *Grundsatz der derogatorischen Kraft des Bundesrechts:* Inwieweit untersteht ein Autobahn-Werkhof dem kantonalen und kommunalen Planungs- und Baupolizeirecht (RB 1984 Nr. 114)? Inwieweit ist auf eine Schiessanlage Bundesrecht, kantonales und kommunales Baurecht anwendbar (RB 1984 Nr. 115)? Wegparzellen, die einem Bahngrundstück der Schweizerischen Bundesbahnen als Zufahrt dienen, dürfen in das Quartierplanverfahren einbezogen werden, nicht aber eigentliche Betriebsgrundstücke (RB 1990 Nr. 63). Die Einrichtung von nicht zu den Bahnanlagen der SBB gehörenden gewerblichen Nebenbetrieben im Bahnhof Stadelhofen bedarf einer städtischen Konzession (RB 1989 Nr. 81). Eine Zivilschutzanlage unterliegt dem kantonalrechtlichen Baubewilligungsverfahren (RB 1989 Nr. 80 = BEZ 1989 Nr. 37). Verhältnis von bundesrechtlichen und kantonalen Vorschriften über die Erhebung von Erschliessungsbeiträgen (RB 1986 Nr. 112). Soweit das kantonale Organisationsrecht die durch das Umweltrecht des Bundes gebotene Überprüfung materiell koordinierter Bewilligungsentscheide in einem einheitlichen kantonalen Rechtsmittelverfahren nicht vorsieht, ist das im konkreten Fall geeignete Verfahren zu wählen, welches mit den geringsten Eingriffen in die kantonale Zuständigkeitsordnung auskommt (RB 1991 Nr. 75 = BEZ 1991 Nr. 33; vgl. auch RB 1993 Nr. 56).

144 *Vereinbarkeit mit Art. 6 EMRK:* Die steuerstrafrechtliche Deliktsfähigkeit der juristischen Personen verstösst nicht gegen Art. 6 EMRK (RB 1989 Nr. 42). In Strafsteuersachen ist entgegen § 96 Abs. 2 aStG jedenfalls eine Hauptverhandlung durchzuführen (RB 1991 Nr. 29).

5.2.2.4. Raumpläne

Zur akzessorischen Überprüfung von Raumplänen vgl. § 19 N. 26 f., § 20 N. 31. 145

5.2.2.5. Bundesgesetze

Art. 22 Abs. 1 SVG, welcher die Verwaltungsbehörden für den Entzug von 146
Führerausweisen zu Warnzwecken für zuständig erklärt, ist vereinbar mit dem
Grundsatz «ne bis in idem», wie er in Art. 4 Abs. 1 des Protokolls Nr. 7 zur
EMRK und in Art. 14 Abs. 7 UNO-Pakt II enthalten ist (RB 1997 Nr. 125).

§ 51. Mit der Beschwerde an das Verwaltungsgericht kann jede für den Entscheid erhebliche unrichtige oder ungenügende Feststellung des Sachverhaltes angefochten werden.

2. Unrichtige Feststellung des Sachverhaltes

Materialien
Weisung 1957, S. 1047; Prot. KK 4.3.1958, 7.10.1958; Prot. KR 1955–1959, S. 3403;
Beleuchtender Bericht 1959, S. 408.

Literatur
BOSSHART, Überprüfung; GYGI, S. 269 ff.; KÖLZ/HÄNER, Rz. 630 ff., 955 ff.; RHINOW/
KOLLER/KISS, Rz. 1300–1302, 1520–1522.

Die Bestimmung bringt vorab zum Ausdruck, dass das Gericht auch in tatsächlicher Hinsicht *keinerlei Kognitionsbeschränkungen* unterworfen ist. So besteht insbesondere keine Bindung an Sachverhaltsfeststellungen, die von richterlichen Vorinstanzen ohne qualifizierte Mängel (offensichtlich unrichtige, unvollständige oder unter Verletzung wesentlicher Verfahrensvorschriften vorgenommene Feststellungen) getroffen worden sind (so Art. 105 Abs. 2 OG für die Verwaltungsgerichtsbeschwerde an das Bundesgericht). Unter Vorbehalt des Novenverbots von § 52 Abs. 2 (dazu N. 4) kann das Verwaltungsgericht das tatsächliche Fundament einer jeden angefochtenen Verfügung überprüfen und – wenn nötig – korrigieren. § 51 bedeutet eine wichtige Sicherung der materiellen Rechtmässigkeit der verwaltungsgerichtlichen Urteile (vgl. Sommer, Verwaltungsgericht, S. 280). 1

Unrichtig ist die Sachverhaltsfeststellung, wenn der Verfügung falsche, aktenwidrige Annahmen zugrunde gelegt, über rechtserhebliche Umstände keine Beweise erhoben oder solche unzutreffend gewürdigt werden. *Unvollständig* ist die Sachverhaltsfeststellung, wenn nicht alle entscheidungswesentlichen Tatsachen berücksichtigt werden. 2

«Erheblich» im Sinn von § 51 ist die unrichtige oder ungenügende Feststellung des Sachverhalts dann, wenn sie den rechtserheblichen Sachverhalt betrifft und nicht von einer Prozesspartei zu verantworten ist. Ersteres ist eine Frage des materiellen Rechts (vgl. § 60 N. 11 betreffend die gleiche Fragestellung bezüg- 3

§ 51

lich des Umfangs der Beweisabnahme), Letzteres eine solche des Verfahrensrechts. Über beide Fragen lässt sich in der Regel ohne Beweisverfahren befinden; ein solches wird zumeist erst dann notwendig, wenn das Verwaltungsgericht den Beschwerdegrund als gegeben erachtet und gemäss § 63 Abs. 1 den notwendigen Neuentscheid anstelle der Verwaltungsbehörde selbst trifft (RB 1964 Nr. 38 = ZR 64 Nr. 185).

4 § 51 setzt voraus, dass es – unter Vorbehalt der Mitwirkungspflichten der Parteien (§ 7 Abs. 2) – grundsätzlich Sache der Vorinstanz(en) ist, den rechtserheblichen Sachverhalt richtig und vollständig zu ermitteln (§ 7 Abs. 1). Im Beschwerdeverfahren, namentlich im zweitinstanzlichen, geht es infolge der hier abgeschwächten Untersuchungsmaxime nicht mehr darum, das tatsächliche Fundament einer Streitsache von Grund auf zu ermitteln (vgl. § 60 N. 2). Dem entspräche an sich ein *Verbot neuer Tatsachenbehauptungen*. Ein solches gilt seit der Revision vom 8.6.1997 allerdings nur dort, wo das Verwaltungsgericht als *zweite gerichtliche* Instanz entscheidet (§ 52 Abs. 2). Zu diesem – beschränkten – Novenverbot steht die freie Tatsachenkognition gemäss § 51 in einem Spannungsverhältnis (vgl. Gygi, S. 258; Rhinow/Koller/Kiss, Rz. 1050), aber nicht in direktem Widerspruch: Eine unrichtige oder unvollständige Sachverhaltsfeststellung durch die Vorinstanzen ist vielfach darauf zurückzuführen, dass diese wesentliche Verfahrensvorschriften – namentlich ihre Untersuchungspflicht (§ 7) oder ihre aus dem Gehörsanspruch folgende Beweisabnahmepflicht – verletzt haben, entweder unmittelbar, oder mittelbar dadurch, dass sie aufgrund einer unrichtigen materiellen Beurteilung tatsächliche Abklärungen unterlassen haben, die bei richtiger Beurteilung erforderlich gewesen wären. Der Beschwerdegrund von § 51 weist insofern einen engen Bezug zu jenem der *Verletzung wesentlicher Verfahrensvorschriften* in § 50 Abs. 2 lit. d auf (vgl. § 50 N. 101; Gygi, S. 287). Nicht auf einer Verletzung wesentlicher Verfahrensvorschriften beruht zwar die unrichtige Beweiswürdigung, deren freie Überprüfung durch das Verwaltungsgericht jedoch ebenfalls nicht im Widerspruch zum Verbot neuer Tatsachenbehauptungen gemäss § 52 Abs. 2 steht; zudem kann sich der Beschwerdeführer nach § 52 Abs. 1 auf neue Beweismittel berufen. Schliesslich ist es denkbar, dass ein vorinstanzlicher Entscheid auf unrichtigen oder unvollständigen tatsächlichen Annahmen beruht, ohne dass die Beschwerdegründe von § 50 Abs. 2 lit. d und/oder § 51 gegeben sind; dies trifft dann zu, wenn Sachverhaltsmängel auf fehlende oder mangelhafte Mitwirkung einer Partei bei der Sachverhaltsfeststellung im vorinstanzlichen Verfahren zurückzuführen sind (vgl. Gygi, S. 287). Diesfalls scheitern entsprechende Rügen und Behauptungen der säumigen Partei im Beschwerdeverfahren am Fehlen vorinstanzlicher Verfahrensmängel sowie allenfalls am Verbot neuer Tatsachenbehauptungen.

5 Fehler der Vorinstanzen in der Sachverhaltsermittlung hat das Verwaltungsgericht nicht nur auf Rüge hin, sondern *grundsätzlich von Amtes wegen* zu berücksichtigen. Allerdings sind dabei die Einschränkungen zu beachten, denen dieser

Grundsatz (der richterlichen Rechtsanwendung von Amtes wegen) in der Praxis unterliegt (§ 50 N. 6). Von Amtes wegen muss jedenfalls der Sachverhalt stets dort ergänzt werden, wo dessen unrichtige oder unvollständige Ermittlung auf eine unrichtige materielle Rechtsanwendung durch die Vorinstanz(en) zurückzuführen ist.

Aus der im Beschwerdeverfahren bedingt geltenden Untersuchungsmaxime (§ 60 N. 2) fliesst die Pflicht des Gerichts, auf Rüge hin berücksichtigte oder von Amtes wegen festgestellte Mängel in der Sachverhaltsermittlung entweder selbständig zu beheben (§ 63) oder mittels Rückweisungsentscheids durch eine Vorinstanz beheben zu lassen (§ 64 N. 3). 6

Schätzungen, insbesondere über den Verkehrswert von Liegenschaften oder die Höhe von Einkünften (z.B. im Steuer- oder im Enteignungsrecht), sind eine besondere Methode der Sachverhaltsermittlung, eine Art Indizienbeweis, mithin kein Anwendungsfall von Ermessensbetätigung im eigentlichen Sinn (Gygi, S. 279; Bosshart, Überprüfung, S. 7). Dasselbe gilt für *Prognosen* über zukünftige Ereignisse und Entwicklungen, wenngleich derartiges Prognostizieren oft als «prospektives Ermessen» bezeichnet wird (Gygi, S. 273; vgl. § 50 N. 94). Bei der Überprüfung von Schätzungen und Prognosen im Beschwerdeverfahren ist indessen in ähnlicher Weise wie bei der Anwendung unbestimmter Rechtsbegriffe Zurückhaltung geboten, sofern sie auf Fachwissen und einer anerkannten Methode beruhen. Stützt sich die Schätzung oder die Prognose auf ein *Gutachten,* beschränkt das Gericht seine Prüfung darauf, ob das auf zutreffender Rechtsgrundlage beruhende Gutachten vollständig, klar, gehörig begründet und widerspruchsfrei ist und ob der Gutachter die notwendige Sachkenntnis und Unbefangenheit bewiesen habe (RB 1985 Nr. 47, 1984 Nr. 65, 1982 Nr. 35; vgl. RB 1997 Nr. 9; § 7 N. 78). Zur Überprüfung einer Lärmprognose im Sinn von Art. 25 Abs. 1 USG vgl. RB 1994 Nr. 18 = BEZ 1994 Nr. 13. 7

§ 52. Die Beschwerde kann sich auf neue Beweismittel berufen.

Entscheidet das Verwaltungsgericht als zweite gerichtliche Instanz, können neue Tatsachen nur soweit geltend gemacht werden, als es durch die angefochtene Anordnung notwendig geworden ist.

3. Neue Beweismittel und neue Tatsachen

Materialien
Weisung 1957, S. 1050; Prot. KK 4.3.1958, 7.10.1958; Prot. KR 1955–1959, S. 3403; Beleuchtender Bericht 1959, S. 410; Weisung 1995, S. 1539; Prot. KK 1995/96, S. 121; Prot. KR 1995–1999, S. 6505; Beleuchtender Bericht 1997, S. 6.

Literatur
GYGI, S. 253 ff.; KÖLZ/HÄNER, Rz. 611 ff., 939 ff.; RHINOW/KOLLER/KISS, Rz.1050, 1351, 1542 f.; WISARD NICOLAS, Les faits nouveaux en recours de droit administratif au Tribunal fédéral, AJP 1997, S. 1369 ff.; vgl. auch die in § 20 angeführte Literatur.

§ 52

Übersicht	Note
1. Allgemeines	1
2. Neue Sachbegehren (Anträge)	3
3. Neue rechtliche Begründung	7
4. Neue tatsächliche Behauptungen (Abs. 2)	9
5. Neue Beweismittel (Abs. 1)	14
6. Massgebender Zeitpunkt der Sachlage	16
7. Massgebender Zeitpunkt der Rechtslage	18

1. Allgemeines

1 *Noven* sind neue Angriffs- und Verteidigungsmittel, die in ein Rechtsmittelverfahren hineingetragen werden. Das Novenrecht nimmt somit Bezug auf den *funktionellen Instanzenzug;* es regelt die Frage, ob und inwieweit gegenüber dem vorinstanzlichen Verfahren neue Rechtsbegehren, neue Rechtsstandpunkte, neue Tatsachenbehauptungen und neue Beweismittel zulässig sind (Gygi, S. 254 ff.). Davon zu unterscheiden ist die Frage, in welchem Abschnitt und bis zu welchem Zeitpunkt innerhalb des Verfahrens vor einer bestimmten Instanz neue Parteivorbringen zulässig bzw. nach der sogenannten Eventualmaxime (Vorbem. zu §§ 19–28 N. 77) unzulässig sind (dazu § 53 N. 15, § 54 N. 8, § 59 N. 9, § 60 N. 1). Wie bei der Frage nach dem zulässigen Inhalt von ordentlichen Rechtsmitteln im Allgemeinen besteht auch unter der spezifischen Optik des Novenrechts ein spiegelbildlicher Bezug zur Kognition der Rechtsmittelinstanz. Deswegen regelt das Gesetz für das Verwaltungsgericht als Beschwerdeinstanz das Novenrecht in den Bestimmungen über die «Beschwerdegründe» (zum Novenrecht im Rekursverfahren vgl. § 20 N. 32 ff.).

2 § 52 regelt allerdings nur die Zulässigkeit von «neuen Tatsachen», womit neue tatsächliche Behauptungen gemeint sind, und von neuen «Beweismitteln». Ob und inwieweit neue Begehren und neue Rechtsstandpunkte zulässig sind, ergibt sich aus allgemeinen Prozessmaximen (dazu N. 3 ff. und 7 f.). Bei neuen tatsächlichen Behauptungen und neuen rechtlichen Begründungen kann es sich entweder um die Nachholung von im vorinstanzlichen Verfahren versäumten Vorbringen handeln (unechte Noven, dazu N. 7 ff.). Sie können aber auch dadurch bedingt sein, dass sich seit Erlass der angefochtenen Verfügung die Sach- bzw. Rechtslage verändert hat; diesfalls geht es um den für die Beurteilung massgebenden Zeitpunkt der Sach- bzw. Rechtslage (dazu N. 16 ff.).

2. Neue Sachbegehren (Anträge)

3 Der Verwaltungsprozess geht vom im Gesetz nicht ausdrücklich erwähnten Grundsatz aus, dass der *Streitgegenstand* beim Durchlaufen des funktionellen Instanzenzuges gleich bleibt (Prinzip der Identität und Verbot der Klageänderung

§ 52

im Zivilprozess). Streitgegenstand ist die im Rechtsmittelbegehren enthaltene Rechtsfolgebehauptung im Rahmen des Umfangs der angefochtenen Verfügung (Vorbem. zu §§ 19–28 N. 86; Gygi, S. 44 ff.). Prozessthema eines Rechtsmittelverfahrens kann nur sein, was auch Gegenstand der erstinstanzlichen Verfügung war bzw. nach richtiger Gesetzesauslegung hätte sein sollen (RB 1983 Nr. 5). Das vor der ersten Rekursinstanz gestellte Sachbegehren darf daher grundsätzlich nicht abgeändert werden (Bosshart, § 52 N. 4). Selbst bei gleichbleibendem Begehren kann eine unzulässige «Klageänderung» vorliegen, nämlich dann, wenn dieses aus einen anderen «Rechtsgrund» – d.h. einem gänzlich anderen Sachverhalt, verbunden mit einem anderen Rechtssatz – abgeleitet wird (Gygi, S. 257). Das grundsätzliche Verbot der Änderung des Sachbegehrens darf nicht mit demjenigen des Vorbringens neuer Tatsachen verwechselt werden.

Nach ständiger Praxis kann sich der Nachbar in *baurechtlichen Streitigkeiten* 4 nicht erstmals vor Verwaltungsgericht auf einen neuen Bauhinderungsgrund (z.B. ungenügende Gestaltung im Sinn von § 238 PBG) berufen. Diese Praxis, bei der sich das Gericht zu Unrecht auf das Verbot neuer tatsächlicher Behauptungen stützt, ist im Ergebnis richtig: Wohl liesse sich die Zulässigkeit solcher neuer Rügen mit dem Grundsatz der richterlichen Rechtsanwendung von Amtes wegen begründen. Im Baurecht ist dieser Grundsatz indessen zugunsten des Rügeprinzips stark abgeschwächt. Innerhalb des in baurechtlichen Verfahren häufig sehr weitgefassten Streitgegenstands (Erteilung oder Verweigerung der Bewilligung) wird gleichsam ein engeres Prozessthema durch die von der Behörde oder dem Nachbar geltenden Bauverweigerungsgründe abgesteckt (vgl. § 50 N. 5). Folgerichtig kann anderseits der Nachbar, der als Rekurrent vor Baurekurskommission aufgrund einzelner Rügen die Aufhebung der Baubewilligung erwirkt hat, im vom Baugesuchsteller angestrengten Beschwerdeverfahren als Beschwerdegegner seine übrigen, von der Vorinstanz abgewiesenen Einwendungen erneut vorbringen (RB 1983 Nr. 22).

Keine unzulässige Änderung des Streitgegenstands liegt vor, wenn er um nicht 5 mehr streitige Punkte reduziert wird, mithin das neue Rechtsbegehren als Minus des früheren erscheint (Kölz/Häner, Rz. 939). Dementsprechend sind im Baurecht Projektänderungen im Laufe des Rechtsmittelverfahrens zulässig, wenn sie im Verzicht auf die Ausführung von klar umschriebenen Teilen des Projekts bestehen und keine wesentlichen Änderungen an beibehaltenen Teilen bedingen; andernfalls ist ein neues Baubewilligungsverfahren vor der örtlichen Baubehörde erforderlich (RB 1985 Nr. 115; RB 1983 Nr. 112 = BEZ 1984 Nr. 5). Eine Abänderung des Begehrens ist ferner stets dann möglich, wenn der Streitgenstand durch einen Neuentscheid der Vorinstanz verändert worden ist (RB 1980 Nr. 19; vgl. § 20 N. 38). Wird ein Quartierplan im Rekursverfahren bezüglich einer ursprünglich nicht streitigen Festlegung geändert, so ist der Beschwerdeführer befugt, sein Begehren vor Verwaltungsgericht der neuen Situation anzupassen (VGr. 28.9.1993, VB 93/0022).

§ 52

6 Im Rahmen eines *zweiten Rechtsgangs* ist der Streitgegenstand unter Berücksichtigung der Erwägungen der Rechtsmittelinstanz im Rückweisungsentscheid des ersten Rechtsgangs zu bestimmen: Auf Fragen, die nicht Gegenstand des Rückweisungsentscheids und damit auch nicht der hierauf geänderten erstinstanzlichen Anordnung bildeten, ist im zweiten Rechtsgang nicht mehr einzugehen (RB 1998 Nr. 22).

3. Neue rechtliche Begründung

7 Das Gesetz statuiert keinen Ausschluss neuer rechtlicher Begründungen zur Stützung eines bestimmten Antrags. Weil die Begründung nicht Bestandteil des Streitgegenstands bildet (vgl. Vorbem. zu §§ 19–28 N. 87), kann sie an sich im Laufe des Verfahrens verändert werden; der Grundsatz der richterlichen Rechtsanwendung (vgl. Vorbem. zu §§ 19–28 N. 71) gebietet und erlaubt dem Richter, eine gegenüber dem vor unterer Instanz Vorgebrachten neue oder veränderte Begründung zur Kenntnis zu nehmen (vgl. aber bezüglich baurechtlicher Streitigkeiten N. 4). Der Grundsatz der richterlichen Rechtsanwendung erlaubt ihm auch, eine Motivsubstitution vorzunehmen (vgl. § 20 N. 44). Der Spielraum zum Vorbringen einer neuen Begründung ist indessen in jenen Beschwerdeverfahren, in denen neue tatsächliche Behauptungen ausgeschlossen sind (Abs. 2), in der Regel gering.

8 Im Rekurs- und Beschwerdeverfahren über einen Revisionsentscheid können neue Revisionsgründe nicht vorgebracht werden (RB 1961 Nr. 3 = ZR 60 Nr. 103). Die Behörde, die ihren Ermessensentscheid weder in der Verfügung noch später in ihrer Rekursvernehmlassung begründet hat, kann nicht erst im Beschwerdeverfahren geltend machen, die Rekursinstanz habe rechtsverletzend in ihren besonderen Ermessensspielraum eingegriffen (RB 1991 Nr. 2).

4. Neue tatsächliche Behauptungen (Abs. 2)

9 In Abs. 2 müsste es eigentlich heissen «neue tatsächliche Behauptungen», denn es geht um die Frage, ob solche Behauptungen zwecks Stützung eines bestimmten Sachantrags zulässig sind.

10 Gemäss *ursprünglicher Fassung* galt die Regel, wonach neue Tatsachenbehauptungen nur soweit geltend gemacht werden können, als es durch die angefochtene Anordnung notwendig geworden ist, für *alle Beschwerdeverfahren*. Dieser weitgehende Ausschluss neuer Tatsachenbehauptungen erfolgte aus prozessökonomischen Gründen (Prot. KK 4.3.1958). Er stand jedoch in einem Spannungsverhältnis zur freien Tatsachenkognition des Gerichts (vgl. § 51 N. 4; nicht jedoch zur – im Beschwerdeverfahren ohnehin abgeschwächten – Untersuchungsmaxime, der auch durch Rückweisung an die Vorinstanz zur ergänzen-

den Sachverhaltsermittlung Nachachtung verschafft werden kann); er war daher im Einzelfall nicht immer konsequent zu handhaben. Die Rechtfertigung des generellen Novenverbots wurde vor allem in der Stellung des Verwaltungsgerichts als oberste – und damit in der Regel zweite – kantonale Rechtsmittelinstanz erblickt (RB 1985 Nr. 18). Bereits in seiner Praxis zur alten Fassung hat das Verwaltungsgericht jedoch erkannt, in *erstinstanzlichen* Beschwerdeverfahren könnten neue Tatsachenbehauptungen schon nach dem Wortlaut der Bestimmung zwanglos «als durch die angefochtene Anordnung notwendig geworden» verstanden werden, und zwar bei verfassungskonformer Auslegung selbst dann, wenn der Beschwerdeführer schon im vorangehenden Verwaltungsverfahren vor Erlass der angefochtenen Verfügung Einwendungen habe erheben können (RB 1993 Nr. 5 = ZBl 95/1994, S. 177).

Die *neue Fassung* von § 50 Abs. 2 beschränkt das Verbot neuer tatsächlicher Behauptungen zusätzlich auf Beschwerdeverfahren, in denen das Verwaltungsgericht als *zweite gerichtliche Instanz* entscheidet. Damit wollte der Gesetzgeber sicherstellen, dass der Rechtsschutz den Kognitionsanforderungen an eine richterliche Instanz im Sinn von Art. 6 Ziff. 1 EMRK genügt (Weisung 1995, S. 1539). Diese Konventionsgarantie verlangt die freie Überprüfung von Rechts- und Tatfragen durch das Gericht (Herzog, S. 369 ff.); sie lässt aber im Rechtsmittelverfahren vor einem zweiten Gericht weitgehende Einschränkungen der Sachverhaltskontrolle zu, sofern dem ersten Gericht diesbezüglich freie Kognition zustand (Herzog, S. 313 f., 338, 375). Demnach hält ein Novenverbot im Beschwerdeverfahren Art. 6 Ziff. 1 EMRK jedenfalls dann stand, wenn das Verwaltungsgericht als zweite Rechtsmittelinstanz entscheidet und es sich bei der ersten Rechtsmittelinstanz ebenfalls um ein Gericht im Sinn von Art. 6 Ziff. 1 EMRK handelt. Für alle anderen Beschwerdeverfahren (zweitinstanzliche mit nichtrichterlicher Vorinstanz und erstinstanzliche) gilt das Novenverbot nicht mehr. Richterliche Vorinstanzen im Sinn von Art. 6 Ziff. 1 EMRK sind die Baurekurskommissionen, nicht aber der Regierungsrat, dessen Direktionen, die Bezirksräte und Statthalter (vgl. § 19 N. 82 und 86). 11

Aus der dargelegten Absicht des Gesetzgebers könnte geschlossen werden, § 50 Abs. 2 gebiete die Berücksichtigung neuer tatsächlicher Behauptungen – abgesehen vom Vorbehalt, dass solche durch die angefochtene Anordnung notwendig geworden sind – nur in jenen Beschwerdeverfahren, die in den Anwendungsbereich von Art. 6 Ziff. 1 EMRK fallen, d.h. nur bezüglich zivilrechtlicher Streitikeiten und strafrechtlicher Anklagen im Sinn dieser Konventionsbestimmung. Eine solche Auslegung widerspräche jedoch dem Wortlaut von § 50 Abs. 2 sowie der dargelegten Problematik der alten Fassung. In allen Beschwerdeverfahren ohne eigentliche gerichtliche Vorinstanz sind daher neue Tatsachenbehauptungen grundsätzlich – d.h. zur Stützung von Begehren, die sich im Rahmen des Streitgegenstands halten – zulässig. 12

§ 52

13 In Beschwerdeverfahren mit eigentlicher gerichtlicher Vorinstanz gelten die in der Praxis zur alten Fassung entwickelten Grundsätze: Auch in Bezug auf Prozessvoraussetzungen dürfen keine neuen tatsächlichen Behauptungen vorgebracht werden; das Novenrecht hat nicht den Sinn, ursprünglich fehlende Prozessvoraussetzungen nachträglich vor einer oberen Instanz herstellen zu lassen. Das gilt vor allem in Bezug auf die Legitimation des Nachbarn in baurechtlichen Streitigkeiten; die hier im erstinstanzlichen Rekurs erforderliche Substanzierung (vgl. RB 1980 Nr. 8, 1982 Nr. 18, 1989 Nr. 10) kann nach einem Nichteintretensbeschluss der Baurekurskommission nicht in der Beschwerde nachgeholt werden (RB 1965 Nr. 4 = ZBl 66/1965, S. 506; vgl. RB 1965 Nr. 12). Unzulässige neue Tatsachenbehauptungen dürfen auch in einem Beweisverfahren nicht vorgebracht werden (RB 1982 Nr. 41 = ZBl 83/1982, S. 211). Wer im Prüfungsverfahren auf Einsprache gegen die Erteilung des Enteignungsrechts verzichtet, verwirkt das Beschwerderecht nicht, ist aber mit neuen tatsächlichen Behauptungen, die nicht durch die angefochtene Anordnung des Regierungsrats notwendig geworden ist, ausgeschlossen (RB 1967 Nr. 11 = ZBl 68/1967, S. 531 = ZR 66 Nr. 171). Neue Tatsachenbehauptungen sind dagegen zulässig, wenn dies durch die angefochtene Anordnung notwendig geworden ist, so etwa wenn die Vorinstanz einen Neuentscheid getroffen oder die angefochtene Verfügung zwar bestätigt, jedoch neu begründet hat. Zur Prüfung neuer tatsächlicher Behauptungen ist der Richter ferner dann verpflichtet, wenn sie der Beschwerdeführer nachträglich entdeckt hat und auch «bei Anwendung der erforderlichen Umsicht» nicht rechtzeitig hätte vorbringen können, sie somit als Revisionsgrund zu berücksichtigen wären (vgl. RB 1976 Nr. 18).

5. Neue Beweismittel (Abs. 1)

14 Die Bezeichnung und Einreichung neuer Beweismittel ist stets zulässig (Prot. KK 4.3.1958; VGr. 30.10.1975, VB 22/1975), allerdings nur im Rahmen des Streitgegenstands. Die Zulässigkeit neuer Beweismittel ist dort selbstverständlich, wo neue Tatsachenbehauptungen erlaubt sind; Abs. 1 ist daher vor allem in jenen Verfahren von Bedeutung, in denen Letzteres nicht zutrifft; seit der Revision von Abs. 2 hat Abs. 1 demnach nur noch in Beschwerdeverfahren mit eigentlicher gerichtlicher Vorinstanz eigenständige Bedeutung.

15 Als neue Beweismittel kommen im Beschwerdeverfahren vor allem die *Zeugenaussage* und die *Beweisaussage der Partei* (§ 60 VRG i.V.m. §§ 150 und 157 ff. ZPO) in Betracht. Das ist deshalb von besonderer Bedeutung, weil diese Beweismittel im Rekursverfahren nicht zulässig sind (vgl. Bosshart, § 52 N. 4). Ob das Gericht neue Beweismittel tatsächlich beschafft und abnimmt, hängt von dessen (freier) Beweiswürdigung ab.

6. Massgebender Zeitpunkt der Sachlage

Grundsätzlich ist für den Rechtsmittelentscheid die Sachlage massgebend, wie sie zur Zeit des Erlasses der erstinstanzlichen Verfügung bestand. Das Verwaltungsgericht lehnt es daher im Allgemeinen ab, während des Rekurs- und Beschwerdeverfahrens neu eingetretene Tatsachen zu berücksichtigen (RB 1961 Nr. 24; Sommer, Verwaltungsgericht, S. 281). Das ist im Grundsatz richtig, denn sonst würde das Gericht in die Zuständigkeit der erstinstanzlich verfügenden Behörde sowie der Rekursbehörden eingreifen, und damit würde der funktionelle Instanzenzug nicht eingehalten (vgl. die weniger strenge Handhabung des Grundsatzes im Rekursverfahren, § 20 N. 47). Unter Umständen rechtfertigt es sich bei Eintritt einer neuen Sachlage, das verwaltungsgerichtliche Verfahren bis zur Erledigung eines Wiedererwägungs- bzw. Revisionsverfahrens durch die verfügungsberechtigte Verwaltungsbehörde auszusetzen; möglicherweise wird die Beschwerde durch den Wiedererwägungsentscheid gegenstandslos (Sommer, Verwaltungsgericht, S. 281).

Das Verwaltungsgericht hat indessen nicht nur kassatorische, sondern auch reformatorische Funktion (vgl. § 63). Die Berücksichtigung neu eingetretener Tatsachen muss daher zulässig sein, wenn wichtige prozessökonomische Gründe dafür sprechen, der Streitgegenstand nicht verändert wird und keine neuen Ermessensfragen aufgeworfen werden (RB 1982 Nr. 40, 1998 Nr. 60; vgl. BGE 100 Ib 355, 99 Ib 139, 99 Ib 60 mit Hinweisen; Gygi, S. 258 f. mit weiteren Hinweisen). Der verwaltungsgerichtliche Entscheid RB 1961 Nr. 24 erscheint unter diesem Gesichtswinkel, wie in RB 1982 Nr. 40 eingeräumt wird, als zu apodiktisch. Das Problem sollte pragmatisch unter dem Gesichtswinkel einer vernünftigen Trennung der Verwaltungs- von der Rechtspflegefunktion gelöst werden.

7. Massgebender Zeitpunkt der Rechtslage

Ob während des Rechtsmittelverfahrens eingetretene Veränderungen der Rechtslage zu berücksichtigen sind, ist zunächst eine Frage des materiellen Rechts (dazu Imboden/Rhinow/Krähenmann, Nr. 15; vgl. auch § 20 N. 50). Ist eine während des Rechtsmittelverfahrens in Kraft getretene Norm intertemporalrechtlich unzweideutig auf den zur Beurteilung stehenden Streitgegenstand anwendbar, so ist *prozessrechtlich* deren Berücksichtigung nach dem Grundsatz der richterlichen Rechtsanwendung angezeigt, sofern dadurch nicht der Streitgegenstand verändert wird und nicht neue Ermessensfragen aufgeworfen werden (BGE 107 Ib 137, 195). Bei Überprüfung von Dauerverwaltungsakten ist daher in der Regel das neue Recht anzuwenden (RB 1982 Nr. 7 = ZBl 84/1983, S. 41 = ZR 82 Nr. 18; vgl. RB 1986 Nr. 21; Alfred Kölz, Intertemporales Verwaltungsrecht, ZSR 102/1983 II, S. 215). Allgemein sollten während des Be-

§ 52 / § 53

schwerdeverfahrens eingetretene Rechtsänderungen stets dann berücksichtigt werden, wenn der Beschwerdeentscheid andernfalls nur noch theoretische Bedeutung hätte (RB 1978 Nr. 11).

VI. Die Beschwerde und ihre Wirkung
1. Frist

§ 53. Die Beschwerde ist innert 30 Tagen seit der Mitteilung der weiterziehbaren Anordnung beim Verwaltungsgericht schriftlich einzureichen.

Materialien
Weisung 1957, S. 1050; Prot. KK 4.3.1958, 7.10.1958; Prot. KR 1955–1959, S. 3403; Beleuchtender Bericht 1959, S. 410; Weisung 1995, S. 1539; Prot. KK 1995/96, S. 121 f., 354; Prot. KR 1995–1999, S. 6443 ff., 6505; Beleuchtender Bericht 1997, S. 6.

Übersicht	Note
1. Frist	1
2. Ort	6
3. Form	7
4. Wirkung des Fristablaufs	13

1. Frist

1 Die Beschwerdefrist ist eine gesetzliche Verwirkungsfrist. Eine verspätete Beschwerde ist unwirksam, weshalb auf sie nicht einzutreten ist (RB 1960 Nr. 6, 1983 Nr. 21). Eine *Verlängerung* dieser Frist kommt nur unter den in § 12 Abs. 1 genannten strengen Voraussetzungen in Frage (§ 70). Die *Wiederherstellung* ist gemäss § 12 Abs. 2, welcher restriktiv auszulegen ist, möglich (§ 70); auf den Willen der Gegenpartei kommt es dabei nicht an (Sommer, Verwaltungsgericht, S. 281 mit Verweis). Vgl. § 12 N. 13 ff.

2 Zum *Beginn des Fristenlaufs* und zur *Berechnung der Frist* vgl. § 11 N. 3 ff. Seit dem Inkrafttreten des neuen GVG kennt auch das Verwaltungsgericht *Gerichtsferien* (§ 71 VRG; Sommer, Weiterentwicklung, S. 155). Sie dauern vom 10. Juli bis und mit 20. August sowie vom 20. Dezember bis und mit 8. Januar. Während dieser Zeit finden keine Verhandlungen statt; die gesetzlichen und richterlichen Fristen stehen still (§ 140 Abs. 1 GVG). Vorbehalten bleiben dringende Fälle (§ 140 Abs. 2 GVG). Diesem Vorbehalt kann etwa bei dringlichen polizeilichen Anordnungen praktische Bedeutung zukommen (Sommer, Weiterentwicklung, S. 155). Der Fristenlauf für die Anfechtung eines während der Gerichtsferien zugestellten Rekursentscheids beginnt am ersten Tag nach Ablauf der Gerichtsferien (RB 1991 Nr. 13 = BEZ 1991 Nr. 24).

3 Der Fristenlauf setzt eine *rechtsgültige Zustellung* voraus. Vgl. dazu § 10 N. 20 ff. Zur Zustellung nach der früheren Postverkehrsgesetzgebung vgl. RB 1981 Nr. 4. Zur Ermittlung des Fristenlaufs bei Zustellung mit nicht eingeschriebener Postsendung vgl. RB 1982 Nr. 87; VGr. 25.10.1990, VB 90/0051. Wird ein Ent-

scheid zunächst im Dispositiv und erst hernach mit den Erwägungen mitgeteilt, so läuft die Beschwerdefrist erst von der Zustellung des begründeten Entscheids an.

Bei unrichtiger Rechtsmittelbelehrung beginnt die Frist nicht zu laufen, es sei 4
denn, der Betroffene habe die Unrichtigkeit gekannt oder hätte sie bei gebührender Aufmerksamkeit kennen können; Gleiches gilt bei fehlender Rechtsmittelbelehrung, wobei hier jedoch ein strengerer Massstab an die Sorgfaltspflicht des Betroffenen gestellt wird (RB 1995 Nr. 1; vgl. RB 1962 Nr. 13 = ZR 62 Nr. 57). Vgl. zum Ganzen § 10 N. 51 ff., 62 ff.

Die Rechtsmittelfrist ist anlässlich der Gesetzesrevision vom 8.6.1997 von 20 5
auf 30 Tage erweitert worden. Die 30-tägige Frist kann von der verfügenden oder entscheidenden Vorinstanz des Verwaltungsgerichts bei «besonderer Dringlichkeit» auf fünf Tage abgekürzt werden; in § 22 Abs. 3 wird ausdrücklich gesagt, dass die Bestimmungen über die (Rekurs-)Frist für sämtliche Beschwerden und Rekurse des kantonalen Rechts gelten, weshalb dies in Anbetracht der Verweisung in § 70 auch für die Beschwerde ans Verwaltungsgericht gelten muss (a.M. Bosshart, § 53 N. 4). Zur Voraussetzung «besonderer Dringlichkeit» vgl. § 22 N. 20 ff. – Kraft der Sonderregelung von § 3 IVöB-BeitrittsG i.V.m. Art. 15 Abs. 2 IVöB sind Beschwerden gegen den Zuschlag im Submissionsverfahren innert zehn Tagen beim Verwaltungsgericht zu erheben.

2. Ort

Die Beschwerde ist spätestens am letzten Tag der Frist beim *Verwaltungsgericht* 6
abzugeben oder zu dessen Handen der schweizerischen Post zu übergeben (§ 11 Abs. 2 Satz 1). Eine Erklärung zu Protokoll bei der Vorinstanz genügt nicht (Bosshart, § 53 N. 1). Bezüglich der Beschwerdeerhebung durch Personen im Ausland vgl. § 11 Abs. 2 Satz 2. Ist die Beschwerde rechtzeitig an eine andere zürcherische *Verwaltungsbehörde* gelangt, so ist die Frist eingehalten (§ 70 i.V.m. § 5 Abs. 2; Bosshart, § 53 N. 4).

3. Form

Zu den formellen Anforderungen an eine Beschwerde gehören neben den Erfordernissen der Fristwahrung (N. 1 ff.) und eines Mindestinhalts bezüglich 7
Antrag und Begründung (§ 54) die nachstehenden Formvorschriften im engeren Sinn, welche ebenfalls Gültigkeitserfordernisse bilden.

Die Beschwerde bedarf der *schriftlichen Form* (Bosshart, § 53 N. 1). Zur Schrift- 8
form gehört auch die *Unterschrift;* doch kann diese auch einem Begleitschreiben oder der Absenderangabe auf dem Briefumschlag entnommen werden (RB

§ 53

1984 Nr. 53; vgl. § 22 N. 13). Die frühere Praxis, wonach so viele *Ausfertigungen* der Beschwerdeschrift verlangt wurden, dass diese gleichzeitig allen Beteiligten zur Vernehmlassung zugestellt werden konnten, bzw. die notwendigen zusätzlichen Ausfertigungen auf Kosten des Beschwerdeführers erstellt wurden (RB 1965 Nr. 23 = ZBl 66/1965, S. 462 = ZR 64 Nr. 186), ist aufgegeben worden.

9   Die Beschwerdeschrift darf weder unleserlich noch übermässig weitschweifig noch inhaltlich ungebührlich sein (§ 70 i.V.m. § 5 Abs. 3).

10 *Amtssprache* des Kantons Zürich ist deutsch. Fremdsprachige Eingaben brauchen nicht entgegengenommen zu werden (RB 1992 Nr. 36; vgl. § 130 GVG; § 22 N. 15). Einer Partei, welche die Amtssprache nicht beherrscht und nicht in der Lage ist, für die Übersetzungskosten aufzukommen, sind in Verfahren, in denen die Voraussetzungen zur Bestellung eines unentgeltlichen Rechtsbeistandes erfüllt sind (vgl. § 16 Abs. 2; RB 1994 Nr. 4), die prozessual vorgesehenen Eingaben auf Staatskosten zu übersetzen (RB 1992 Nr. 37).

11 Die nicht in eigenem Namen erhobene Beschwerde ist nur bei Vorliegen einer *Bevollmächtigung* gültig. Dazu bedarf es grundsätzlich einer schriftlichen Vollmacht; doch kann sich die Bevollmächtigung auch stillschweigend aus den Umständen ergeben (VGr. 17.6.1988, VB 88/0084).

12 Genügt die Beschwerde diesen formellen Anforderungen nicht, so ist unter der Androhung des Nichteintretens eine angemessene *Nachfrist* zur Verbesserung anzusetzen (RB 1992 Nr. 36; vgl. § 22 N. 17 und § 56 N. 7 ff.). Die Nachfrist ist nicht erstreckbar (RB 1995 Nr. 7; vgl. RB 1986 Nr. 56). Erhebt jemand im Namen eines anderen ohne hinreichende Kundgabe der Bevollmächtigung Beschwerde, so ist sowohl ihm wie auch der Partei Gelegenheit zur Einreichung der Vollmacht zu geben (RB 1983 Nr. 12).

4. Wirkung des Fristablaufs

13 Auf verspätete Beschwerden wird infolge des Verwirkungscharakters der Beschwerdefrist nicht eingetreten (RB 1983 Nr. 21).

14 Wer in fremdem Namen Beschwerde erhoben und innert Frist keine Vollmacht nachgereicht hat, hat die Kosten des verwaltungsgerichtlichen Nichteintretensbeschlusses zu tragen (VGr. 17.6.1988, VB 88/0084).

15 Nach Ablauf der Beschwerdefrist können Antrag und/oder Begründung nicht mehr erweitert werden (RB 1963 Nr. 26; vgl. auch RB 1976 Nr. 18). Das gilt grundsätzlich auch für Tatsachenbehauptungen als Bestandteil der Begründung. Die Obliegenheit des Beschwerdeführers, tatsächliche Behauptungen in der Beschwerdebegründung und damit innerhalb der Beschwerdefrist vorzubrin-

gen, wird allerdings durch die Untersuchungspflicht des Gerichts relativiert, die es rechtfertigen kann, auch verspätete Parteivorbringen zu berücksichtigen (RB 1994 Nr. 16; vgl. § 54 N. 8, § 59 N. 9, § 60 N. 1). Ausstandsgründe gegenüber Mitgliedern des Verwaltungsgerichts können auch noch nach Ablauf der Beschwerdefrist geltend gemacht werden (RB 1982 Nr. 20).

§ 54. Die Beschwerdeschrift muss einen Antrag und dessen Begründung enthalten. Der angefochtene Entscheid ist beizulegen oder genau zu bezeichnen. Die Beweismittel, auf die sich der Beschwerdeführer beruft, sollen genau bezeichnet und soweit möglich beigelegt werden.

2. Beschwerdeschrift

Materialien
Weisung 1957, S. 1050; Prot. KK 4.3.1958, 7.10.1958; Prot. KR 1955–1959, S. 3403; Beleuchtender Bericht 1959, S. 410.

Übersicht	Note
1. Antrag	1
2. Begründung	6
3. Beilagen	12

1. Antrag

Die Beschwerdeschrift muss einen Antrag enthalten. Das im Entwurf des Regierungsrats enthaltene Wort «soll» ist im Kantonsrat durch «muss» ersetzt worden (vgl. Prot. KR 1955–1959, S. 3403). Durch den Antrag wird der *Streitgegenstand* vor Verwaltungsgericht bestimmt (vgl. § 63 Abs. 2). Der Antrag ist daher formelles *Gültigkeitserfordernis* der Beschwerde. Fehlt er oder ist er ungenügend, setzt der Vorsitzende oder Einzelrichter dem Beschwerdeführer gestützt auf § 56 Abs. 1 (vgl. auch § 23 Abs. 2 i.V.m. § 70) eine kurze Nachfrist zur Behebung des Mangels an unter der Androhung, dass sonst auf die Beschwerde nicht eingetreten würde (RB 1964 Nr. 36). Die Nachfrist ist nicht erstreckbar (RB 1995 Nr. 7).

1

Das Erfordernis des Antrags besagt zunächst, dass der *Beschwerdewille* zum Ausdruck kommen muss. Die Verwendung des Ausdrucks «Beschwerde» ist hierfür allerdings nicht erforderlich; es genügt, wenn der Beschwerdeführer seine Absicht kundgibt, vom Recht auf Anfechtung des vorinstanzlichen Entscheids Gebrauch zu machen; eine unrichtigerweise als Rekurs, Klage oder Einsprache bezeichnete Eingabe ist daher ohne weiteres als Beschwerde entgegenzunehmen (Frank/Sträuli/Messmer, § 261 N. 7). Zur *bedingten Beschwerdeführung* vgl. § 23 N. 8 ff.

2

Aus dem Antrag muss sodann ersichtlich sein, *wie* das Dispositiv des angefochtenen Entscheids abzuändern ist (vgl. § 23 N. 12). Massstab für die Anforde-

3

§ 54

rungen, die an das Erfordernis des Antrags zu stellen sind, ist stets dessen Funktion, den Streitgegenstand vor Verwaltungsgericht zu bestimmen: Ist die angefochtene Anordnung ein Rekursentscheid, so genügt das Begehren um dessen «Aufhebung» nur dann, wenn dadurch hinreichend bestimmt wird, was bzw. was noch Streitgegenstand vor Verwaltungsgericht bildet. In finanziellen Streitigkeiten muss der Antrag betragsmässig bestimmt oder bestimmbar sein (RB 1978 Nr. 60, 1998 Nr. 15). Zu beachten ist indessen, dass das Verwaltungsgericht nicht unbedingt reformatorisch entscheiden muss: Soweit in der Beschwerde eine Verletzung wesentlicher Form- oder Verfahrensvorschriften, insbesondere Verweigerung des rechtlichen Gehörs oder Verletzung der Untersuchungspflicht, gerügt wird (vgl. § 50 Abs. 2 lit. d, § 51), ist ein Antrag, wie das Dispositiv des angefochtenen Entscheids abzuändern sei, nicht erforderlich, jedenfalls dann nicht, wenn solchen formellen Rügen der stillschweigende Antrag entnommen werden kann, die Sache sei unter Aufhebung des angefochtenen Entscheids zur Durchführung eines rechtmässigen Verfahrens an die Vorinstanz zurückzuweisen (RB 1961 Nr. 26 = ZR 60 Nr. 116; RB 1976 Nr. 63, 1998 Nr. 15). Nicht unbedingt erforderlich ist, dass der Antrag als förmliches Begehren gekennzeichnet wird; es genügt, wenn er sich eindeutig und klar aus der Begründung ergibt (VGr. 14.11.1975, VB 47/1975).

4 Der Antrag darf nur Begehren enthalten, über welche die Vorinstanz entschieden hat oder hätte entscheiden sollen (RB 1963 Nr. 19). Dies ist eine logische Folge des dem Verwaltungsprozess eigenen Begriffs des Streitgegenstands, welcher durch den Antrag und die erstinstanzliche Verfügung bestimmt wird (vgl. Vorbem. zu §§ 19–28 N. 86 ff.).

5 Nach Ablauf der Beschwerdefrist kann der Antrag nicht mehr ergänzt oder erweitert werden (RB 1963 Nr. 26; VGr. 24.8.1977, VB 21/1977), ausser für Nebenpunkte (z.B. Parteientschädigung; vgl. RB 1965 Nr. 27 = ZBl 67/1966, S. 516). Die *Beschränkung* eines ursprünglich gestellten Antrags auf ein Minus (Teilrückzug) ist indessen jederzeit zulässig (§ 52 N. 5, § 20 N. 36). Der Antrag kann auch im Rahmen eines allfälligen zweiten Schriftenwechsels nicht erweitert werden (VGr. 29.1.1973, VB 56/1972).

2. Begründung

6 Die Begründung ist ebenfalls formelles Gültigkeitserfordernis der Beschwerde. Fehlt sie, so ist dem Beschwerdeführer gestützt auf § 56 Abs. 1 (vgl. auch § 70 i.V.m. § 23 Abs. 2) eine kurze Nachfrist unter der Androhung, dass sonst auf die Beschwerde nicht eingetreten würde, anzusetzen (RB 1964 Nr. 36, 1983 Nr. 21). Die Nachfrist ist nicht erstreckbar (RB 1995 Nr. 7; vgl. RB 1986 Nr. 56). Die Begründung ist formell genügend, wenn erkennbar ist, was den Beschwerdeführer zur Stellung seines Antrags bewogen hat (vgl. RB 1986 Nr. 55). Ist eine Begründung zwar vorhanden, jedoch summarisch, liegt grund-

§ 54

sätzlich kein «Mangel» im Sinn von § 56 Abs. 1 vor und braucht daher keine Nachfrist angesetzt zu werden (RB 1979 Nr. 13, 1980 Nr. 21, 1989 Nrn. 15 und 16). An der in der ersten Auflage vertretenen Auffassung, wonach dem Gericht bzw. dessen Vorsitzendem bei lückenhafter Begründung auch die Möglichkeit offen stehe, eine kurze Nachfrist zur Verbesserung anzusetzen unter der Androhung, dass sonst aufgrund der Akten entschieden würde, wird nicht festgehalten. Das will allerdings nicht heissen, dass eine bezüglich des rechtserheblichen Sachverhalts summarische Begründung regelmässig zur Abweisung der Beschwerde führe; aufgrund der Untersuchungsmaxime (vgl. § 60 N. 1 ff.) kann das Gericht die Prozessparteien zu ergänzenden Angaben veranlassen.

In der Begründung muss dargetan werden, inwiefern der angefochtene Entscheid nach Auffassung des Beschwerdeführers an einem der in §§ 50 und 51 genannten Mängel leidet (RB 1961 Nr. 25). Der Hinweis auf Eingaben, die der Beschwerdeführer im vorinstanzlichen Verfahren gemacht hat, kann die Beschwerdebegründung dann ersetzen, wenn der angefochtene Rekursentscheid inhaltlich dem andern Entscheid gleich ist, mit dem sich jene frühere Eingabe des Beschwerdeführers befasst. Hat aber die Vorinstanz ihren Rekursentscheid neu begründet, so kann der Beschwerdeführer nicht eine frühere Eingabe, die sich gegen einen abweichend begründeten Beschluss richtete, zum Bestandteil der Beschwerdegründung erklären (RB 1964 Nr. 35 = ZR 65 Nr. 149; RB 1962 Nr. 43 = ZR 63 Nr. 72; RB 1961 Nr. 25; vgl. RB 1979 Nr. 13). Umso weniger genügt ein Verweis auf die «Ausführungen vor sämtlichen Vorinstanzen» (VGr. 14.8.1974, VB 35/1974). 7

Nach Ablauf der Beschwerdefrist kann die Begründung nicht mehr erweitert werden (RB 1963 Nr. 26). Ausnahmsweise ist dies möglich, wenn der Beschwerdeführer soweit, als es durch die angefochtene Anordnung notwendig geworden ist, nachträglich entdeckte erhebliche Tatsachen geltend macht, die er auch bei Anwendung der erforderlichen Umsicht nicht rechtzeitig hätte beibringen können, die somit als Revisionsgrund zu berücksichtigen wären (RB 1976 Nr. 18; vgl. auch RB 1963 Nr. 12). Die Obliegenheit des Beschwerdeführers, tatsächliche Behauptungen in der Beschwerdebegründung und damit innerhalb der Beschwerdefrist vorzubringen, wird allerdings durch die Untersuchungspflicht des Gerichts relativiert, die es rechtfertigen kann, auch verspätete Parteivorbringen zu berücksichtigen (RB 1994 Nr. 16; vgl. § 53 N. 15, § 59 N. 9, § 60 N. 1). Die Begründung darf ferner ausnahmsweise im Rahmen eines zweiten Schriftenwechsels (§ 58) erweitert werden, jedoch nur in Bezug auf das vom Beschwerdegegner oder von Mitbeteiligten in der Vernehmlassung neu Vorgebrachte. 8

Wer einen Nichteintretensbeschluss anfechten will, muss begründen, weshalb die Vorinstanz auf den Rekurs hätte eintreten sollen (RB 1980 Nr. 20). Enthält die Beschwerdebegründung Ausführungen zur materiellen Rechtslage, so wird allerdings häufig (wenig konsequent) keine Nachfrist angesetzt und die allein Streitgegenstand bildende Frage, ob der Nichteintretensbeschluss rechtmässig 9

707

§ 54 / § 55

sei, aufgrund der Akten beurteilt (VGr. 29.8.1994, VB 94/0129; 15.3.1996, VB.96.00007).

10 Dass die *Legitimation* als Prozessvoraussetzung von Amtes wegen zu prüfen ist, entbindet den Anfechtenden nicht davon, sich bereits bei der Rekurserhebung um die Substanzierung der Sachumstände zu kümmern, welche seine Legitimation begründen (zur Substanzierungspflicht bei Nachbarrekursen im Anwendungsbereich von § 338a Abs. 1 PBG vgl. RB 1980 Nr. 8; RB 1982 Nr. 19 = BEZ 1982 Nr. 40; RB 1989 Nr. 10); ist die Rekursbehörde mangels einer solchen Substanzierung auf den Rekurs nicht eingetreten, so kann diese in der Beschwerdebegründung nicht nachgeholt werden (RB 1965 Nr. 4 = ZBl 66/ 1965, S. 506).

11 Die Beschwerdebegründung darf weder übermässig weitschweifig noch inhaltlich ungebührlich sein (§ 5 Abs. 3; RB 1984 Nr. 13; vgl. § 53 N. 9).

3. Beilagen

12 Der Beschwerdeschrift sollen der angefochtene Entscheid sowie die Beweismittel beigelegt werden; besitzt der Beschwerdeführer diese Unterlagen nicht, so sind sie genau zu bezeichnen. Diese Anforderungen sind blosse Ordnungsvorschriften (Bosshart, § 54 N. 2).

13 Bei nicht in eigenem Namen erhobenen Beschwerden ist die Bevollmächtigung Gültigkeitsvoraussetzung. Der Beschwerde soll daher eine schriftliche Vollmacht beigelegt werden. Zu beachten ist jedoch, dass sich die Bevollmächtigung auch aus den vorinstanzlichen Akten oder aus den Umständen ergeben kann (vgl. § 53 N. 11 und 14).

3. Aufschiebende Wirkung

§ 55. Dem Lauf der Beschwerdefrist und der Einreichung der Beschwerde kommen aufschiebende Wirkung zu, wenn mit der angefochtenen Anordnung nicht aus besonderen Gründen etwas anderes bestimmt wurde.

Das Verwaltungsgericht und dessen Vorsitzender können eine gegenteilige Verfügung treffen.

Materialien
Weisung 1957, S. 1051; Prot. KK 4.3.1958, 7.10.1958; Prot. KR 1955–1959, S. 3403; Beleuchtender Bericht 1959, S. 410.

Literatur vgl. § 25.

1 Im regierungsrätlichen Entwurf war für die Beschwerde grundsätzlich keine aufschiebende Wirkung vorgesehen worden (Weisung 1957, S. 1051). Im Kantonsrat wurde der Natur der Beschwerde als ordentliches Rechtsmittel Rech-

nung getragen und die aufschiebende Wirkung zum Grundsatz erklärt (Prot. KR 1955–1959, S. 3403). Mit der Rechtsmittelbelehrung der Vorinstanz tritt automatisch die aufschiebende Wirkung ein. Die Vorinstanz kann indessen «aus besonderen Gründen» etwas anderes bestimmen (dazu eingehend § 25 N. 13 ff.), wobei die Befugnis des Verwaltungsgerichts oder des Vorsitzenden gewahrt bleibt, auf Beschwerde hin eine gegenteilige Verfügung zu treffen (Abs. 2).

Aufschiebende Wirkung kommt der Beschwerde dann nicht zu, wenn die Vorinstanz die Rechtsmittelbelehrung weglässt. Hat sie dies zu Unrecht getan, so kann das Verwaltungsgericht auf Begehren eine gegenteilige Verfügung treffen (RB 1977 Nr. 23; vgl. Sommer, Verwaltungsgericht, S. 282). Ist die Rechtsmittelbelehrung wegen fehlender Zuständigkeit des Verwaltungsgerichts zu Recht unterblieben, kann eine «gegenteilige Verfügung» von vornherein nicht erteilt werden (RB 1963 Nr. 28). Erklärt die Vorinstanz mit Rechtsmittelbelehrung die Beschwerde als zulässig, so besteht aufschiebende Wirkung, unabhängig davon, ob das Verwaltungsgericht zuständig ist oder nicht (Sommer, Verwaltungsgericht, S. 282); sie fällt indessen weg, wenn im verwaltungsgerichtlichen Verfahren eine gegenteilige Verfügung getroffen oder ein Nichteintretensbeschluss gefällt wird. Hat die Vorinstanz die Rechtsmittelbelehrung zu Unrecht erteilt und zugleich einer allfälligen Beschwerde die aufschiebende Wirkung entzogen, so ist das in der Sache unzuständige Verwaltungsgericht auch nicht zuständig, der Beschwerde durch gegenteilige Verfügung die aufschiebende Wirkung zu erteilen (VGr. 20.8.96, VB.96.00105). 2

Mit der aufschiebenden Wirkung wird nicht der Zustand herbeigeführt, welcher durch das Rechtsmittel erst angestrebt wird, sondern lediglich eine für den Beschwerdeführer nachteilige Veränderung des bestehenden Zustands verhindert. Die aufschiebende Wirkung verhindert einerseits den sofortigen Vollzug einer Anordnung; andererseits wird nach herrschender Lehre dadurch auch deren Wirksamkeit überhaupt aufgeschoben (anders noch Kom. 1. A., § 25 N. 25 und § 55 N. 2, wonach die aufschiebende Wirkung ausschliesslich die Vollziehbarkeit einer Anordnung betreffe). Das Bundesgericht vertritt demgegenüber die Auffassung, es sei von Fall zu Fall zu entscheiden, ob die aufschiebende Wirkung lediglich die Vollziehbarkeit oder aber auch die Wirksamkeit einer Verfügung hemme. Danach kommt es auf die Besonderheiten des Einzelfalls und die jeweilige Interessenlage an und ist darauf abzustellen, welchen Zwecken die aufschiebende Wirkung vernünftigerweise dienen soll (BGE 112 V 76, 106 Ia 159 f.). Diesem pragmatischen Vorgehen ist der Vorzug zu geben (vgl. zum Ganzen § 25 N. 1). 3

Der Entzug der aufschiebenden Wirkung durch eine Vorinstanz (§ 55 Abs. 1) oder das Verwaltungsgericht (§ 55 Abs. 2) setzt besondere Gründe voraus. Wird mit der Beschwerde um Wiederherstellung der aufschiebenden Wirkung ersucht, hat das Verwaltungsgericht frei zu prüfen, ob «besondere Gründe» den vorinstanzlichen Entzug zu rechtfertigen vermögen (RB 1963 Nr. 29). Das gilt 4

§ 55

nicht ohne weiteres in einem Beschwerdeverfahren betreffend den von der vorinstanzlichen Rekursbehörde durch Zwischenentscheid bestätigten Entzug der aufschiebenden Wirkung. Ist der Entzug der aufschiebenden Wirkung von der Vorinstanz gestützt auf ein amtliches Gutachten mit der gleichen Gefahrenlage wie der Erlass der Sachverfügung begründet oder bestätigt worden, so ist von den Erkenntnissen und Bewertungen des Gutachtens nur dann abzuweichen, wenn das Gutachten offensichtliche Mängel aufweist (RB 1997 Nr. 9).

5 Das Verwaltungsgericht und dessen Vorsitzender können zum Schutz der Streitsache oder öffentlicher bzw. privater Interessen auch *vorsorgliche Massnahmen* treffen (§ 70 i.V.m. § 6; Sommer, Verwaltungsgericht, S. 282). Die Abgrenzung der aufschiebenden Wirkung von vorsorglichen Anordnungen ist mitunter nicht einfach (vgl. RB 1970 Nr. 14). Bei negativen Verfügungen, insbesondere Bewilligungsverweigerungen, kommen nur vorsorgliche Massnahmen in Betracht (RB 1983 Nr. 1).

6 Vor dem Erlass einer vorsorglichen Massnahme oder einer «gegenteiligen Verfügung» im Sinn des Entzugs oder der Wiederherstellung der aufschiebenden Wirkung (was in der Praxis selten vorkommt) sind die Betroffenen anzuhören.

7 Anders als im Rekursverfahren (vgl. § 25 Abs. 2) ist der (Kammer-)Vorsitzende selbständig befugt, eine «gegenteilige Verfügung» zu treffen; seine Kompetenz hängt nicht von der Dringlichkeit ab. Entgegen der in der ersten Auflage vertretenen Auffassung hat er eine solche Verfügung nicht der Kammer zur Genehmigung zu unterbreiten; allerdings kann die Kammer kraft ihrer konkurrierenden Kompetenz und entsprechend dem Grundsatz, dass prozessleitende Anordnungen nicht in Rechtskraft erwachsen, die gegenteilige Verfügung des Vorsitzenden widerrufen.

8 Der Beschwerde gegen den von der Verwaltungsbehörde verfügten und von der Rekursinstanz bestätigten Entzug der aufschiebenden Wirkung kommt keine aufschiebende Wirkung zu. Das bedeutet, dass bis zu ihrer Erledigung oder bis zu einer «gegenteiligen Verfügung» im Sinn von § 55 Abs. 2 der angefochtene Entzug wirksam bleibt (RB 1997 Nr. 15).

9 Zur aufschiebenden Wirkung von Rechtmitteln gegen *baurechtliche Bewilligungen* vgl. § 339 PBG (dazu § 25 N. 28 f.). Beschwerden gegen *Massnahmen des Natur- und Heimatschutzes* im Sinn von §§ 205 ff. PBG kommt von Gesetzes wegen keine aufschiebende Wirkung zu (§ 211 Abs. 4 PBG; vgl. Weisung RR vom 5.12.1973 zum PBG, ABl 1973 II, S. 1850).

10 Im *Submissionswesen* kommt der Beschwerde gegen anfechtbare Entscheide (vgl. § 4 IVöB-BeitrittsG, dazu § 19 N. 28 ff., § 41 N. 21 ff.) keine aufschiebende Wirkung zu (Art. 17 Abs. 1 IVöB). Das Verwaltungsgericht als Beschwerdeinstanz kann jedoch die aufschiebende Wirkung auf Gesuch hin oder von Amtes wegen erteilen, wenn die Beschwerde als ausreichend begründet erscheint

und keine überwiegenden privaten oder öffentlichen Interessen entgegenstehen (Art. 17 Abs. 2 IVöB). Die Erteilung der aufschiebenden Wirkung kann von einer Kautionsleistung für Verfahrenskosten und Parteientschädigungen abhängig gemacht werden (Art. 17 Abs. 3 IVöB). – Dem Entscheid über die aufschiebende Wirkung kommt hier eine besondere Tragweite zu: Wird die aufschiebende Wirkung gewährt, so kann allenfalls durch die Rechtsmittelinstanz oder die Beschaffungsinstanz ein neuer Vergabeentscheid getroffen werden (Art. 18 Abs. 1 IVöB). Andernfalls ist der Vertrag im Zeitpunkt des materiellen Entscheids der Rechtsmittelinstanz in der Regel bereits abgeschlossen; mit der Gutheissung der Beschwerde kann diesfalls, sofern der Vertragsabschluss zeitlich zulässig war, nur noch festgestellt werden, dass die Vergabe rechtswidrig war (Art. 18 Abs. 2 IVöB); ein solcher Feststellungsentscheid dient als Grundlage für allfällige Schadenersatzbegehren gegen die vergebende Amtsstelle, deren Haftung sich jedoch auf den Ersatz von Aufwendungen des Anbieters in Zusammenhang mit dem Vergabe- und Rechtsmittelverfahren, also im Wesentlichen auf die Offertstellungs- und die Anwaltskosten beschränkt (§ 6 IVöB-BeitrittsG). Zu beachten ist allerdings, dass nach Art. 14 Abs. 1 IVöB der Vertrag erst nach Ablauf der Beschwerdefrist bzw. nur dann abgeschlossen werden darf, wenn einer Beschwerde keine aufschiebende Wirkung erteilt wird; nach der hierzu getroffenen Auslegung des Verwaltungsgerichts ist die Vergabebehörde im Fall der Beschwerdeerhebung zum Vertragsabschluss befugt, sobald ihr Frist für die Beschwerdeantwort angesetzt wird, ohne dass gleichzeitig die aufschiebende Wirkung angeordnet wird (VGr. 24.3.1999, ZBl 100/1999, S. 372 = BEZ 1999 Nr. 13; hinsichtlich der analogen Praxis der Eidgenössischen Rekurskommission für das öffentliche Beschaffungswesen vgl. VPB 61/1997 Nr. 24 E. 2c–e = ZBl 98/1997, S. 218 ff.; VPB 62/1998 Nr. 79 E. 2; hinsichtlich der – umstrittenen – Rechtsfolgen eines verfrühten Vertragsabschlusses vgl. VPB 62/1998 Nr. 32.I E. 2a und 2c, Nr. 32.II E. 3d, Nr. 79 E. 2d). – Zu der nach Art. 17 Abs. 2 IVöB vorzunehmenden *Abwägung* gehören vorab das Interesse des Beschwerdeführenden an der Aufrechterhaltung seiner Chancen im Hinblick auf den Zuschlag, das Interesse der Vergabeinstanz an einer möglichst verzögerungsfreien Beschaffung und das Interesse des ausgewählten Anbieters am baldigen Vertragsschluss. Art. 17 Abs. 2 IVöB bietet keine Grundlage, um die Interessen der vergebenden Instanz generell zu bevorzugen (VPB 61/1997 Nr. 77, 62/1998 Nr. 32). Es liegt jedoch in der Natur der Sache, dass Beschwerden in Submissionssachen aufgrund der massgebenden Kriterien weniger oft aufschiebende Wirkung zukommen wird als anderen Beschwerden, bei welchen die nach § 55 VRG grundsätzlich gegebene aufschiebende Wirkung nur ausnahmsweise aus besonderen Gründen entzogen wird (VGr. 25.11.1998, BEZ 1999 Nr. 9).

Mit Bezug auf Bewilligungsstreitigkeiten betreffend *Tierversuche* konkretisiert 11
§ 12 Abs. 4 des kantonalen Tierschutzgesetzes vom 2.6.1991 (LS 554.1) den in §§ 25 Abs. 1 und 55 Abs. 1 VRG verwendeten Begriff der «besonderen Grün-

§ 55 / § 56

de» näher. Danach kann dem Rekurs und der Beschwerde die aufschiebende Wirkung entzogen werden, wenn der Schutz übergeordneter Rechtsgüter, namentlich Leben und Gesundheit von Menschen und Tieren, eine rasche Durchführung des Versuchs erfordern. § 12 Abs. 4 darf indessen nicht dahin verstanden werden, dass der Entzug der aufschiebenden Wirkung nur unter den dort genannten Voraussetzungen zulässig wäre. Eine solche Massnahme kann sich zumindest bei sogenannten Fortsetzungsbewilligungen für Tierversuche aufgrund des Verhältnismässigkeitsprinzips allenfalls auch aus andern Gründen rechtfertigen (VGr. 16.6.1995, VB.95.00076).

12 Bei Beschwerde gegen einen Rekursentscheid, womit die Verweigerung der Verlängerung einer Aufenthaltsbewilligung gestützt auf Art. 17 Abs. 2 ANAG bestätigt worden ist, bedeutet die aufschiebende Wirkung nicht, dass die Verlängerung als gewährt gilt. Eine Ausweisung während des Rechtsmittelverfahrens könnte jedoch nur vollzogen werden, wenn die aufschiebende Wirkung entzogen würde, weil der Betroffene während der anzusetzenden Ausreisefrist nach Art. 12 Abs. 3 ANAG aufenthaltsberechtigt bleibt (RB 1997 Nr. 11).

13 Vgl. die Zusammenstellung der Praxis des Verwaltungsgerichts und der Verwaltungsbehörden in § 25 N. 28 ff. Die Absätze 1 der §§ 25 und 55 lauten inhaltlich gleich.

VII. Beschwerdeverfahren
1. Vorprüfung

§ 56. Der Vorsitzende des Verwaltungsgerichtes prüft die eingehenden Beschwerden und ordnet zur Verbesserung allfälliger Mängel das Nötige an.

Kann auf eine Beschwerde nicht eingetreten werden oder erweist sie sich als offensichtlich unbegründet, so legt sie der Vorsitzende ohne Weiterungen oder nach Beizug der Akten dem Gericht zur Erledigung vor.

Der Entscheid des Verwaltungsgerichtes über die Behandlung der Beschwerde bleibt vorbehalten.

Materialien
Weisung 1957, S. 1051 f.; Prot. KK 11.3.1958, 7.10.1958; Prot. KR 1955–1959, S. 3404; Beleuchtender Bericht 1959, S. 411.

Übersicht Note
1. Kompetenzregelung bezüglich Prozessleitung im Beschwerdeverfahren 1
2. Vorprüfung als erste Phase der Prozessleitung 7
3. Begründung und Anfechtbarkeit prozessleitender Anordnungen 10

§ 56

1. Kompetenzregelung bezüglich Prozessleitung im Beschwerdeverfahren

Der Gesetzgeber hat die innere Organisation des Gerichts absichtlich nur summarisch geregelt, um dem Verwaltungsgericht selber genügend Spielraum für zweckmässige Lösungen zu geben (Prot. KR 1955–1959, S. 3404). Das Verwaltungsgericht hat von seiner Organisationsautonomie mit dem Erlass der Verordnung über die Organisation und den Geschäftsgang vom 26.6.1997 Gebrauch gemacht (vgl. §§ 39 und 40). Zur organisatorischen Struktur des Gerichts betreffend die rechtsprechende Tätigkeit und zum Geschäftsgang im Allgemeinen vgl. § 38 N. 12 ff.

Mit Bezug auf die *Prozessleitung* legt das Gesetz selber in § 55 Abs. 2, § 56 und § 59 Abs. 1 gewisse Kompetenzen des «Vorsitzenden» unmittelbar fest. Mit Vorsitzendem ist in erster Linie der *Kammervorsitzende* gemeint; das ergibt sich schon daraus, dass die genannten Bestimmungen nicht auf die Justizverwaltung, sondern eben auf die Prozessleitung Bezug nehmen. Das Gesetz verwendet denn auch den Ausdruck «Verwaltungsgericht» meistens nicht im Sinn von «Gesamtgericht» (letzterer Begriff wird in §§ 39 und 40 ausdrücklich verwendet und ist auch in den übrigen Bestimmungen des Unterabschnitts über die Organisation – §§ 32–40 – gemeint); im Zusammenhang mit der Prozessleitung ist damit durchwegs der «Spruchkörper» (Kammer oder Einzelrichter; vgl. § 38) gemeint.

So wenig wie aus § 55 Abs. 2 und § 59 Abs. 1 kann aus § 56 geschlossen werden, andere verfahrensleitende Anordnungen dürften bei Kammergeschäften (vgl. § 38 Abs. 1) nur in Form eines Kammerbeschlusses getroffen werden. Vielmehr obliegt die Prozessleitung in solchen Geschäften *allgemein dem Vorsitzenden*, der die zu diesem Zweck erforderlichen Anordnungen zu erlassen und die mündlichen Parteiverhandlungen zu leiten hat (§ 17 Abs. 1 Satz 1, § 17 Abs. 3 Satz 1 GeschV VGr). Vorbehalten bleiben Anordnungen der Kammer im Beweisverfahren (§ 17 Abs. 1 Satz 1 GeschV VGr), die jedoch dessen Durchführung ganz oder teilweise einer Abordnung oder einem Gerichtsmitglied übertragen kann (§ 60 Satz 2 VRG, § 17 Abs. 4 GeschV VGr; dazu § 60 N. 19 ff.).

Der Vorsitzende kann seinerseits die Prozessleitung ganz oder teilweise dem von ihm zu bestimmenden *Referenten* übertragen sowie diesem bei mündlichen Verhandlungen der Kammer «Teile der Verhandlungsleitung» überlassen. Mit «Teilen der Verhandlungsleitung» ist vorab die Befragung zur Sache gemeint. Ferner ist der Referent zur Durchführung von Referentenaudienzen befugt (§ 17 Abs. 2 und 3 GeschV VGr).

§ 56 Abs. 1 und 2 räumen dem Vorsitzenden bei Kammergeschäften (vgl. § 38 Abs. 1 Satz 1) *keine abschliessende Kompetenz* ein. Abs. 3 stellt klar, dass die zuständige Kammer verfahrensleitende Anordnungen nach Abs. 1 und 2 wider-

§ 56

rufen oder nachholen kann. Gleiches gilt im Übrigen kraft ausdrücklicher Erwähnung im Gesetz für die in § 55 Abs. 2 und § 59 Abs. 1 genannten Kompetenzen des Vorsitzenden zum Entscheid über die aufschiebende Wirkung der Beschwerde bzw. zur Anordnung einer mündlichen Verhandlung, darüber hinaus aber auch für alle andern prozessleitenden Anordnungen. Das ergibt sich letztlich aus der Kompetenz der Kammer zur Erledigung der ihr zugewiesenen Geschäfte (§ 38 Abs. 1 Satz 1). Die rechtmässige Prozesserledigung darf nicht durch prozessleitende Anordnungen des Vorsitzenden bzw. durch den Verzicht auf solche präjudiziert werden, sofern die übrigen mitwirkenden Kammermitglieder aus verfahrensrechtlichen Gründen ein anderes Vorgehen für erforderlich halten.

6   § 56 regelt die Kompetenzverteilung für die in Dreierbesetzung abzuwickelnden Verfahren; aus dieser Bestimmung folgt nicht, dass in den *Fällen mit Einzelrichterzuständigkeit* (vgl. § 38 Abs. 2) die Vorprüfung ebenfalls durch den Kammervorsitzenden – mit späterer Weiterbehandlung durch den Einzelrichter – vorzunehmen sei. Vielmehr lässt diese Bestimmung Raum für beide Lösungen (Vorprüfung durch den Abteilungsvorsitzenden oder den Einzelrichter). Die weitere Prozessleitung obliegt jedenfalls dem Einzelrichter, der die zu diesem Zweck nötigen prozessleitenden Anordnungen zu treffen hat (§ 18 Abs. 1 GeschV VGr).

2. Vorprüfung als erste Phase der Prozessleitung

7   § 56 auferlegt dem Vorsitzenden bzw. dem Einzelrichter (N. 6) eine «Vorprüfung» hinsichtlich der Frage, ob zur Verbesserung allfälliger Mängel der Beschwerde eine Nachfrist anzusetzen sei (Abs. 1), sowie hinsichtlich der Frage, ob die weitere Behandlung in einem vereinfachten Verfahren erfolgen solle (Abs. 2). Neben der Kompetenzzuweisung an den Vorsitzenden in Kammergeschäften legt die Bestimmung damit – sowohl für Kammer- wie auch für Einzelrichtergeschäfte – vorab fest, *dass* unter gewissen Voraussetzungen die Beschwerdeschrift verbessert werden kann bzw. ein vereinfachtes Verfahren anzuwenden ist.

8   *Mängel* im Sinn von Abs. 1 sind formelle Mängel, die nach dem Willen des Gesetzgebers verbesserungsfähig sind. Ist eine Begründung zwar vorhanden, jedoch bezüglich der Sachverhaltsdarstellung ungenügend substanziert oder in rechtlicher Hinsicht summarisch, liegt grundsätzlich kein «Mangel» im Sinn von § 56 Abs. 1 vor und braucht daher keine Nachfrist angesetzt zu werden. Rechtskundigen oder rechtskundig vertretenen Beschwerdeführenden ist selbst bei gänzlich fehlender Begründung keine Nachfrist anzusetzen; es geht nicht an, dass sie sich mittels Verzicht auf Begründung eine Erstreckung der Beschwerdefrist verschaffen (RB 1980 Nr. 21, 1989 Nr. 15, 1989 Nr. 16; vgl.

§ 54 N. 6; zur nämlichen Praxis bezüglich Nachfristansetzung bei Rekurserhebung vgl. § 23 N. 26 f.; RB 1987 Nr. 36; BGE 108 Ia 209). – Bei Erfordernissen, die *Gültigkeitsvoraussetzung* der Beschwerde bilden, ist dem Beschwerdeführer gemäss § 70 i.V.m. § 23 Abs. 2 Frist zur Behebung unter *Androhung des Nichteintretens* anzusetzen (vgl. § 23 N. 26 ff.). Solche Mängel sind: mangelnde Schriftlichkeit, fehlende Unterschrift, fehlende Beschwerdeerklärung, fehlende Vollmacht, fehlender Antrag oder Begründung, ungebührliche oder übermässig weitschweifige Eingabe, fehlende Zustimmung des gesetzlichen Vertreters bei Handlungsunfähigen (RB 1964 Nr. 36, 1963 Nr. 30, 1963 Nr. 31, 1983 Nr. 12, 1983 Nr. 21, 1992 Nr. 36). Bei Mängeln, welche blosse *Ordnungsvorschriften* betreffen (vgl. § 54 Satz 2 und 3), darf das Nichteintreten nicht angedroht werden. – Die Nachfrist ist nicht erstreckbar (RB 1995 Nr. 7; vgl. RB 1986 Nr. 56).

Nach Abs. 2 legt der Vorsitzende Beschwerden, auf welche wegen fehlender Prozessvoraussetzung nicht eingetreten werden kann oder die sich als offensichtlich unbegründet erweisen, dem Gericht «ohne Weiterungen» zur Erledigung vor. Bei in die Zuständigkeit des Einzelrichters fallenden Geschäften bedeutet dies, dass dieser, sofern ihm auch die Vorprüfung übertragen ist (N. 6), «ohne Weiterungen» zur Erledigung schreiten kann. *Prozessvoraussetzungen,* deren Fehlen zu Nichteintreten führt (vgl. § 63 N. 1), sind: einerseits Rechtzeitigkeit, Zuständigkeit, Parteifähigkeit, Prozessfähigkeit, Legitimation, Anfechtbarkeit, Beschwerdeerklärung, anderseits Antrag, Begründung, Schriftform, Unterzeichnung, bei Vertretung Vollmacht, Zustimmung des gesetzlichen Vertreters (Bosshart, § 56 N. 2). Betreffen Mängel der Beschwerdeschrift die zweitgenannte Kategorie von Prozessvoraussetzungen, so sind sie verbesserungsfähig im Sinn von Abs. 1. Mit *«Weiterungen»* im Sinn von Abs. 2 sind demnach nicht solche Verbesserungen gemeint, sondern die weiteren Verfahrensschritte wie der Aktenbeizug, die Vernehmlassung sowie ein allfälliges Beweisverfahren (§§ 57–62). Bei offensichtlichem Fehlen einer Prozessvoraussetzung brauchen weder die Akten beigezogen noch Vernehmlassungen eingeholt zu werden. Ist das Vorhandensein einer Prozessvoraussetzung lediglich zweifelhaft, so sind die Akten beizuziehen und ist eventuell Vernehmlassungen einzuholen (vor allem bezüglich der Legitimation). Es bleibt dem Gericht auch unbenommen, zur Klärung einer Prozessvoraussetzung ein Beweisverfahren durchzuführen. – In ähnlicher Weise umschreibt das Gesetz in § 38 Abs. 1 Satz 2 die Voraussetzungen, unter denen das Gericht auf dem Zirkulationsweg und mit summarischer Begründung entscheiden kann.

3. Begründung und Anfechtbarkeit prozessleitender Anordnungen

Verfahrensleitende Anordnungen sind jedenfalls dann zu *begründen,* wenn sie mit staatsrechtlicher oder mit Verwaltungsgerichtsbeschwerde direkt ans Bundes-

§ 56

gericht weitergezogen werden können (dazu N. 11). Im Übrigen liegt dies im Ermessen des Vorsitzenden bzw. des Gerichts. In der Praxis werden verfahrensleitende Anordnungen, mit denen prozessuale Begehren einer Partei abgelehnt werden, in der Regel summarisch begründet.

11 Weil das Verwaltungsgericht als letzte kantonale Instanz entscheidet, bestimmt sich die Anfechtbarkeit prozessleitender Anordnungen nach den bundesrechtlichen Verfahrensbestimmungen. Dabei ist danach zu unterscheiden, ob in der *Hauptsache* die staatsrechtliche Beschwerde oder die Verwaltungsgerichtsbeschwerde an das Bundesgericht offen steht. Bei beiden bundesrechtlichen Rechtsmitteln fallen prozessleitende Anordnungen in die Kategorie der Zwischenentscheide. Bei staatsrechtlichen Beschwerden wegen Verletzung von Art. 4 aBV und bei Verwaltungsgerichtsbeschwerden setzt die Anfechtbarkeit einen «nicht wiedergutzumachenden Nachteil» voraus (Art. 87 OG; Art. 97 OG i.V.m. Art. 5 und 45 VwVG). An das Vorliegen dieser Voraussetzungen werden jedoch bei der staatsrechtlichen Beschwerde strengere Anforderungen als bei der Verwaltungsgerichtsbeschwerde gestellt.

12 Im *staatsrechtlichen Beschwerdeverfahren* wegen Verletzung von Art. 4 aBV muss der Nachteil rechtlicher Natur sein; ein tatsächlicher Nachteil genügt nicht; überdies muss er aktuell, d.h. bereits eingetreten sein oder doch mit einer gewissen naheliegenden Wahrscheinlichkeit drohen (BGE 120 Ia 264, 117 Ia 249; Kälin, S. 335 ff.). Als anfechtbaren Zwischenentscheid gewürdigt hat das Bundesgericht die Verweigerung der aufschiebenden Wirkung eines Rechtsmittels (120 Ia 264, 116 Ia 179; anders jedoch BGE 117 Ia 249), die Verweigerung der unentgeltlichen Rechtspflege (BGE 121 I 322; 111 Ia 278 f.), die Festlegung des Anwaltshonorars (BGE 93 I 120). Verneint worden ist die Anfechtbarkeit einer Beweisverfügung (BGE 99 Ia 438; vgl. die Kritik bei Kälin, S. 343 Anm. 135). Weil verwaltungsgerichtliche Verfügungen, Beschlüsse und Entscheide mit Bezug auf die staatsrechtliche Beschwerde keine Rechtsmittelbelehrung enthalten müssen, obliegt die – vorläufige – Beurteilung ihrer Anfechtbarkeit praktisch den Betroffenen.

13 Im Verfahren der *Verwaltungsgerichtsbeschwerde* wird ein nicht wiedergutzumachender Nachteil bereits dann bejaht, wenn der Beschwerdeführer ein schutzwürdiges Interesse an der sofortigen Aufhebung oder Abänderung der Verfügung hat; insbesondere braucht der Nachteil kein rechtlicher zu sein (BGE 120 Ib 100, 116 Ib 238; Kölz/Häner, Rz. 514). Anderseits muss der Nachweis des nicht wiedergutzumachenden Nachteils auch dann erbracht sein, wenn sich der Betroffene gegen eine der in Art. 45 Abs. 2 VwVG ausdrücklich als anfechtbar bezeichneten Zwischenverfügungen beschwert (BGE 99 Ib 415 f.). Als selbständig anfechtbar gewürdigt hat das Bundesgericht prozessleitende Verfügungen über die Sistierung des Verfahrens (BGE 115 Ib 17), die Verweigerung der unentgeltlichen Rechtspflege (vgl. BGE 123 I 145 ff.) sowie vorsorgliche Massnahmen (BGE 116 Ib 346 ff.).

§ 57. Die für die Beurteilung nötigen Akten werden beigezogen. Sie stehen den am Verfahren Beteiligten zur Einsicht offen.

Zur Wahrung wichtiger öffentlicher und schutzwürdiger privater Interessen kann die am Verfahren beteiligte Verwaltungsbehörde einzelne, dem Verwaltungsgericht näher zu bezeichnende Aktenstücke zurückbehalten. Soweit es ohne Verletzung der zu schützenden Interessen möglich ist, soll sie dem Gericht über deren Inhalt schriftlich Bericht erstatten.

Materialien
Weisung 1957, S. 1050 f.; Prot. KK 11.3.1958, 7.10.1958; Prot. KR 1955–1959, S. 3404; Beleuchtender Bericht 1959, S. 411.

Literatur
DUBACH ALEXANDER, Das Recht auf Akteneinsicht, Zürich 1990; KEISER, S. 1 ff.; FISCHLI ERNST, Die Akteneinsicht im Verwaltungsprozess, in: Mélanges Henri Zwahlen, Lausanne 1977, S. 279 ff.; vgl. ferner die bei § 8 angeführte Literatur.

Übersicht

	Note
1. Aktenbeizug (Abs. 1 Satz 1)	1
2. Akteneinsicht (Abs. 1 Satz 2)	2
3. Zurückbehaltungsrecht (Abs. 2)	4

1. Aktenbeizug (Abs. 1 Satz 1)

Das Verwaltungsgericht hat die Akten stets dann beizuziehen, wenn das Fehlen einer Prozessvoraussetzung nicht offensichtlich ist (vgl. § 56 N. 9). Zur Rückbehaltungsbefugnis der beteiligten Verwaltungsbehörde vgl. N. 4.

2. Akteneinsicht (Abs. 1 Satz 2)

Das Recht der Beteiligten auf Akteneinsicht gemäss Abs. 1 ist Ausfluss des Grundsatzes des rechtlichen Gehörs (vgl. §§ 8/9). Das Recht auf Akteneinsicht steht allen *Beteiligten,* also Beschwerdeführern, Beschwerdegegnern und Mitbeteiligten, zu (vgl. § 58; Sommer, Verwaltungsgericht, S. 279). Es bedarf zur Einsichtnahme in die Akten keiner besonderen Fristansetzung (RB 1962 Nr. 44). Für die Einsicht in Akten, die nicht von den Parteien, sondern vom Verwaltungsgericht selbst erhoben wurden, gelten die in § 9 umschriebenen Einschränkungen (Sommer, Verwaltungsgericht, S. 283).

Aus § 57 Abs. 1 kann nicht abgeleitet werden, dass Dritten von vornherein jede Akteneinsicht verwehrt sei (Keiser, S. 17). Zur Akteneinsicht durch Dritte vgl. § 40 N. 14 ff.

§ 57

3. Zurückbehaltungsrecht (Abs. 2)

4   Abs. 2 regelt das Recht der am Verfahren beteiligten Verwaltungsbehörden, zur Wahrung wichtiger öffentlicher und schutzwürdiger privater Interessen einzelne Aktenstücke zurückzubehalten. Befugnis und Verantwortung für die Nichtherausgabe von Akten liegen – unter Vorbehalt der gerichtlichen Durchsetzung des Anspruchs auf rechtliches Gehör – bei der beteiligten Verwaltungsbehörde; diese hat im Einzelfall die entgegenstehenden Interessen abzuwägen. Sie muss dem Verwaltungsgericht die Weigerung der Herausgabe begründen (VGr. 24.11.1972, DR 3/1971; Bosshart, § 57 N. 3). § 57 Abs. 2 ist enger formuliert als § 9 Abs. 1; er umfasst nicht die Verweigerung der Akteneinsicht «im Interesse einer noch nicht abgeschlossenen Untersuchung». Die Zurückbehaltung von Akten muss nach dem Willen des Gesetzgebers die Ausnahme sein; dabei steht der Schutz *privater Interessen* im Vordergrund (Prot. KK 11.3.1958). Abs. 2 ist somit restriktiv auszulegen (vgl. Bosshart, § 57 N. 3). Soweit als möglich hat die Verwaltungsbehörde dem Gericht über den Inhalt zurückbehaltener Schriftstücke schriftlich Bericht zu erstatten.

5   Überweist die Verwaltungsbehörde vorbehaltlos alle Akten, so ist es nicht Aufgabe des Verwaltungsgerichts, zwischen dem öffentlichen Interesse an der Geheimhaltung interner Sitzungsprotokolle von Behörden und dem Interesse des Rekurrenten an vollständiger Akteneinsicht abzuwägen (VGr. 24.11.1972, DR 3/1971). Gewisse Akten nur dem Gericht für seinen Gebrauch unter Ausschluss des beschwerdeführenden Bürgers zur Verfügung zu stellen, verbietet sich schon nach dem Wortlaut des § 57 und ist auch aus weiteren Gründen abzulehnen (Fischli, a.a.O., S. 288). Ebenso wenig soll differenziert werden zwischen einer Fassung mit Namensabdeckung, die den Parteien zugänglich ist, und einer Fassung ohne Abdeckung, die nur vom Gericht eingesehen werden darf (VGr. 27.1.1995, DR 94/0008+VK 95/0003).

6   Die in Abs. 2 vorgesehene Möglichkeit der Zurückbehaltung einzelner Aktenstücke und der Bezeichnung oder Berichterstattung über zurückbehaltene Akten bringt mannigfache praktische Schwierigkeiten, so vor allem deshalb, weil es meist schwierig ist, ohne Missachtung des Zusammenhangs einzelne Textstellen isoliert darzustellen (Fischli, a.a.O., S. 291). In den meisten Fällen können heute dem Gericht alle Akten herausgegeben werden; den schützenswerten Interessen kann allenfalls dadurch Rechnung getragen werden, dass die Namen von beteiligten Personen abgedeckt werden und das Schriftstück kopiert wird (vgl. § 9 N. 8). Ein öffentliches Interesse an der Zurückbehaltung dürfte selten gegeben sein (vgl. BGr. 23.2.1977, ZBl 78/1977, S. 378).

7   Vgl. ferner §§ 8/9.

§ 58. Die Vorinstanz und die am Verfahren Beteiligten erhalten Gelegenheit zur schriftlichen Vernehmlassung. Das Verwaltungsgericht kann einen weitern Schriftenwechsel anordnen.

3. Schriftliches Verfahren

Materialien
Weisung 1957, S. 1051; Prot. KK 11.3.1958, 7.10.1958; Prot. KR 1955–1959, S. 3404; Beleuchtender Bericht 1959, S. 411.

Übersicht	Note
1. Die Vernehmlassungsberechtigten	1
2. Vernehmlassung	6
3. Zweiter Schriftenwechsel	9

1. Die Vernehmlassungsberechtigten

Nach dem Wortlaut sind die Vorinstanz und die Verfahrensbeteiligten vernehmlassungsberechtigt. Der zweite Begriff ist weiter gefasst als in § 26 Abs. 2 Satz 1, gemäss welcher Bestimmung lediglich die am «vorinstanzlichen» Verfahren Beteiligten vernehmlassungsberechtigt sind. Die vom Gesetz nicht beantwortete Grundfrage geht dahin, wer in welcher Rolle am Verfahren zu beteiligen sei. Während § 26 Abs. 2 Satz 1 daran anknüpft, wen die Vorinstanz an ihrem Verfahren formell als Beteiligten behandelt hat, fehlt ein solcher Anknüpfungspunkt in § 58. In Anlehnung an den Parteibegriff (vgl. § 21 N. 100) sind neben dem Rechtsmittelkläger jene privaten (natürlichen oder juristischen) Personen und öffentlichrechtlichen Körperschaften (Gemeinwesen bzw. die für sie handelnden Behörden, allenfalls ideelle Verbände) am Beschwerdeverfahren zu beteiligen, deren Rechtsstellung durch den angefochtenen Entscheid berührt ist und die ein schutzwürdiges Interesse an dessen Aufrechterhaltung oder Änderung haben. In aller Regel handelt es sich um Private, Verbände und Gemeinwesen bzw. Behörden, die am vorinstanzlichen Verfahren beteiligt waren. War jemand *am vorinstanzlichen Verfahren zu Unrecht nicht beteiligt*, so kann das Verwaltungsgericht die betroffene Person *beiladen* oder die Sache zur Beiladung und Neubeurteilung an die Vorinstanz zurückweisen (zur Beiladung vgl. § 21 N. 107 ff.; RB 1997 Nr. 5, 1984 Nr. 15; RB 1983 Nr. 13 = BEZ 1984 Nr. 6). War jemand *am vorinstanzlichen Verfahren zu Recht nicht beteiligt*, bedeutet dies nicht zwingend, dass er vom Beschwerdeverfahren ausgeschlossen ist: In den – allerdings seltenen – Fällen, in denen das Verwaltungsgericht erstmals durch den in Aussicht genommenen Entscheid in die Rechtsstellung einer bisher nicht am Verfahren beteiligten Person eingreift, ist diese beizuladen (vgl. BGr. 21.12.1993, 1P.444/1992, 1P.738/1992; vgl. RB 1974 Nrn. 14 und 18; Rhinow/Krähenmann, Nr. 92 B III).

1

Eine Beteiligung am Beschwerdeverfahren – in einer anderen Position als jener des Beschwerdeführers – kommt in verschiedenen Eigenschaften oder Rollen

2

§ 58

vor (zum Unterschied zwischen Parteirolle und echter Parteieigenschaft vgl. RB 1962 Nr. 45): als Beschwerdegegner, Mitbeteiligter und Vorinstanz. Gelegenheit zur Vernehmlassung erhalten neben der Vorinstanz sowohl die Beschwerdegegner wie auch die Mitbeteiligten. Dabei werden die Stellungnahmen der Beschwerdegegner und der Mitbeteiligten als «Beschwerdeantwort» bezeichnet.

3 *Private und Verbände,* die am vorinstanzlichen Verfahren beteiligt waren und sich dem Beschwerdebegehren widersetzen, werden grundsätzlich als Beschwerdegegner behandelt. Sind sie mit dem Beschwerdebegehren einverstanden, so werden sie als Mitbeteiligte einbezogen, sofern sie trotz Verzicht auf eigene Beschwerdeerhebung ein schutzwürdiges Interesse an der Aufhebung des angefochtenen Entscheids bzw. an der Gutheissung der Beschwerde haben.

4 Eine differenzierte Praxis besteht zur Frage, ob und in welcher Eigenschaft *die bisher mit der Streitsache befassten Behörden* – sofern sie bzw. das durch sie vertretene Gemeinwesen nicht selber Beschwerde führen – in das Beschwerdeverfahren einzubeziehen seien:

- Die *verfügende Instanz* wird stets als *Verfahrensbeteiligte* (Beschwerdegegnerin/Mitbeteiligte) einbezogen (zur Stellung der verfügenden Instanz vgl. allgemein Kölz, Beschwerdebefugnis, S. 116). In finanziellen Streitigkeiten ist dabei als Verfahrensbeteiligte (Beschwerdegegnerin/Mitbeteiligte) das Gemeinwesen (vgl. § 30 N. 15), in anderen Streitigkeiten die verfügende Behörde einzubeziehen.

- Wirkt das Verwaltungsgericht als *zweite Rechtsmittelinstanz,* so wird die *Rekursbehörde,* deren Entscheid angefochten ist, als *Vorinstanz* einbezogen. Richtet sich dabei die Beschwerde eines Privaten oder ideellen Verbandes gegen einen andern Privaten oder ideellen Verband (*Mehrparteienverfahren*), so ist hinsichtlich der Stellung des verfügenden Gemeinwesens bzw. der verfügenden Behörde zu unterscheiden: Sofern die Verfügung von der Vorinstanz bestätigt wurde, ist es bzw. sie Beschwerdegegnerin (z.B. Beschwerde des Bauherrn gegen eine bestätigte Bauverweigerung oder des Nachbarn gegen eine bestätigte Baubewilligung). Wurde dagegen die Verfügung von der Vorinstanz aufgehoben, so ist das verfügende Gemeinwesen bzw. die verfügende Behörde Mitbeteiligte (z.B. Beschwerde des Bauherrn gegen eine aufgehoben Baubewilligung oder des Nachbarn gegen eine aufgehobene Bauverweigerung).

- Bei Beschwerden betreffend die Pflicht zur Abtretung von Grundeigentum kommt sowohl dem Staat wie auch dem Regierungsrat die Stellung eines Beschwerdegegners zu (RB 1962 Nr. 45).

- Berührt eine *kantonale* Anordnung die Interessen einer bisher nicht verfahrensbeteiligten Gemeinde, so wird diese – entgegen früherer Praxis (vgl. RB 1962 Nr. 47) – als Mitbeteiligte einbezogen, und zwar unabhängig davon, wie sie sich zum Beschwerdebegehren stellt, so namentlich bei

§ 58

Streitigkeiten über (Ausnahme-)Bewilligungs- und Genehmigungsentscheide kantonaler Instanzen, sofern solche Anordnungen ihre planerische Autonomie berühren; anders dann, wenn die Gemeinde lediglich in untergeordneter Weise am erstinstanzlichen Verfahren mitwirkt (RB 1962 Nr. 46).

Mitbeteiligten können Verfahrenskosten auferlegt werden, falls sie sich den Anträgen der obsiegenden Partei widersetzt haben (RB 1995 Nr. 2). Der obsiegende Rekurrent gilt im Beschwerdeverfahren, wenn dort zu seinen Ungunsten als Beschwerdegegner entschieden worden ist, auch dann als unterliegende und damit als kosten- und entschädigungspflichtige Partei, wenn er auf eigene Anträge verzichtet hat (RB 1997 Nr. 6 = BEZ 1997 Nr. 16). 5

2. Vernehmlassung

Die neben dem Beschwerdeführer beteiligten Parteien haben unter dem Vorbehalt von § 56 Abs. 2 einen *Anspruch* auf Vernehmlassung. Wird ein Berechtigter nicht in den Schriftenwechsel einbezogen, so bedeutet dies eine Verletzung des rechtlichen Gehörs. 6

Heisst die Baurekurskommission den Rekurs eines Nachbarn nur hinsichtlich einzelner Rügen gut, die zur Bauverweigerung führen, und weist sie die übrigen Rügen ab, so kann der Nachbar in dem vom Baugesuchsteller angestrengten Beschwerdeverfahren als Beschwerdegegner die verworfenen Einwände neu vorbringen (RB 1983 Nr. 22). 7

Auch das Verwaltungsgericht muss als befugt angesehen werden, die Vorinstanz zur Abgabe einer Vernehmlassung zu verpflichten (§ 70 i.V.m. § 26 Abs. 2 Satz 2; Bosshart, § 58 N. 1). Dies ist allerdings nur sinnvoll, wenn von der Vorinstanz weitere Informationen zum rechtserheblichen Sachverhalt erwartet werden. Als Sanktion steht diesfalls das Mittel der Rückweisung der Sache zur Verfügung (§ 64 Abs. 1). 8

3. Zweiter Schriftenwechsel

Unter Vorbehalt des Gehörsanspruchs (vgl. N. 10) steht es im *Ermessen* des Verwaltungsgerichts, ob ein zweiter Schriftenwechsel durchgeführt wird (RB 1983 Nr. 21, 1962 Nr. 48). Das Gericht übt – nicht zuletzt im Interesse speditiver Verfahrensabwicklung (vgl. § 4a) – dabei Zurückhaltung. Ein solcher kann etwa dann als zweckmässig erscheinen, wenn davon eine weitere Klärung des Sachverhalts zu erwarten ist und dadurch eine anderweitige eigene Untersuchung durch das Gericht (vgl. § 60) oder eine Rückweisung an die Vorinstanz (§ 64) vermieden werden kann. 9

§ 58 / § 59

10 Die Durchführung eines zweiten Schriftenwechsels ist zur Wahrung des rechtlichen Gehörs *notwendig*, wenn das Verwaltungsgericht zum Nachteil des Beschwerdeführers auf erstmals in der Beschwerdeantwort vorgebrachte tatsächliche Behauptungen abstellen oder von sich aus neu eingetretene oder bisher ausser Acht gelassene Tatsachen berücksichtigen will (vgl. RB 1982 Nr. 6). Erachtet das Gericht den Entscheid der Vorinstanz als unzutreffend begründet, will es aber aus anderen Gründen die Beschwerde abweisen (Motivsubstitution), so muss es den Beschwerdeführer jedenfalls dann anhören, wenn es diese nämliche Rechtsfolge aus einem wesentlich verschiedenen Sachverhalt, verbunden mit einem anderen Rechtssatz ableiten, mithin einen «anderen Rechtsgrund» (Gygi, S. 213 f.) heranziehen will.

11 Ein zweiter Schriftenwechsel ist dann *nicht* anzuordnen, wenn sich der Beschwerdeführer zu Akten äussern will, die ihm bereits im vorinstanzlichen Verfahren zur Einsicht offen standen (RB 1964 Nr. 37).

12 Mit der Replik dürfen nicht beliebige neue Tatsachenbehauptungen in das Verfahren eingebracht werden; der zweite Schriftenwechsel darf nicht dazu dienen, Darlegungen nachzuholen, die schon in der Beschwerdeschrift hätten vorgebracht werden können (RB 1983 Nr. 21; vgl. demgegenüber § 114 ZPO); solche Vorbringen sind allerdings dann – diesfalls sogar nach Abschluss des zweiten Schriftenwechsels – zu berücksichtigen, wenn dies aufgrund der Untersuchungsmaxime geboten erscheint (vgl. § 54 N. 8).

13 Wird zulässigerweise von der Anordnung eines zweiten Schriftenwechsels abgesehen, so braucht dem Beschwerdeführer die Beschwerdeantwort nicht zugestellt zu werden (RB 1985 Nr. 19). In der Praxis wird sie ihm indessen auch in diesen Fällen – anlässlich der Mitteilung, dass auf einen zweiten Schriftenwechsel verzichtet wird – zugestellt.

4. Mündliche Verhandlung

§ 59. Das Verwaltungsgericht, dessen Vorsitzende oder die Einzelrichter können vom Amtes wegen oder auf Antrag der Parteien eine mündliche Verhandlung anordnen. Diese kann neben der schriftlichen Vernehmlassung durchgeführt werden oder auch an deren Stelle treten.

Die Vorladung ist mit der Androhung zu verbinden, dass bei Nichterscheinen Verzicht auf die mündliche Darlegung des eigenen Standpunktes angenommen werde.

Materialien
Weisung 1957, S. 1050; Prot. KK 11.3.1958; Prot. KR 1955–1959, S. 3404; Beleuchtender Bericht 1959, S. 411; Weisung 1995, S. 1539; Prot. KK 1995/96, S. 122; Prot. KR 1995–1999, S. 6505; Beleuchtender Bericht 1997, S. 6.

Literatur
HERZOG, S. 333 ff., 404 f.; KEISER, S. 1 ff.

§ 59

Übersicht	Note
1. Allgemeines	1
2. Mündliche Verhandlung aufgrund von Art. 6 Ziff. 1 EMRK	5

1. Allgemeines

Unter Vorbehalt der sich aus Art. 6 Ziff. 1 EMRK ergebenden Anforderungen (dazu unten N. 5 ff.) haben die Beteiligten keinen Rechtsanspruch auf Durchführung einer mündlichen Verhandlung. Es liegt im Ermessen des Gerichts, ob es eine mündliche Verhandlung durchführen will oder nicht. Auch aus Art. 4 Abs. 1 aBV (Art. 29 Abs. 2 BV) ergibt sich grundsätzlich kein Anspruch auf mündliche Anhörung (BGE 122 II 469; RB 1998 Nrn. 38 und 39; vgl. Vorbem. zu §§ 19–28 N. 82). 1

Eine mündliche Verhandlung kann schon nach Eingang der Beschwerde, also um die Beschwerdeantwort zu ersetzen, durchgeführt werden. Eine solche kann auch in jedem weiteren Verfahrensstadium angeordnet werden, also nach dem ersten oder zweiten Schriftenwechsel oder als sogenannte Schlussverhandlung zur Aussprache über Beweiserhebungen (§ 61). 2

Das Verwaltungsgericht übt Zurückhaltung in der Anordnung mündlicher Verhandlungen (Sommer, Verwaltungsgericht, S. 282). Die Durchführung einer solchen Verhandlung anstelle einer schriftlichen Vernehmlassung ist zumeist unzweckmässig. Bieten die Akten nach durchgeführtem Schriftenwechsel eine hinreichende Entscheidungsgrundlage, wird in der Regel keine mündliche Verhandlung anberaumt (RB 1961 Nr. 27). Ist die Angelegenheit nicht spruchreif, so drängen sich zumeist – zumindest vorerst – andere Verfahrensschritte wie ein zweiter Schriftenwechsel (§ 58) und/oder ein Beweisverfahren (§ 60) auf. Im Klageverfahren über personalrechtliche Streitigkeiten ist dagegen eine mündliche Verhandlung im Sinn von § 59 zwingend geboten (§ 80a Abs. 2 Satz 2). Eine mündliche Schlussverhandlung im Sinn von § 60 findet regelmässig nach einem Augenschein statt. 3

Aus Abs. 2 kann negativ geschlossen werden, dass kein Beteiligter zur Teilnahme an einer allfälligen mündlichen Verhandlung gezwungen werden kann. Die Androhung darf nicht weiter gehen als hier umschrieben (Bosshart, § 59 N. 2). 4

2. Mündliche Verhandlung aufgrund von Art. 6 Ziff. 1 EMRK

In Fällen, die als zivilrechtliche Streitigkeiten oder als strafrechtliche Anklagen im Sinn von Art. 6 Ziff. 1 EMRK gelten, ergibt sich ein Anspruch auf mündliche Verhandlung mittelbar dadurch, dass die in dieser Konventionsbestimmung verlangte (Publikums-)Öffentlichkeit des Verfahrens nur im Rahmen einer 5

§ 59

mündlichen Verhandlung hergestellt werden kann (Herzog, S. 331 f.; Keiser, S. 6. – Ordnet das Gericht aus eigenem Ermessen eine mündliche Verhandlung an, ergibt sich deren Öffentlichkeit schon aus § 62 Abs. 1.). Ob im Einzelfall eine zivilrechtliche Streitigkeit oder eine strafrechtliche Anklage vorliege, hat das Verwaltungsgericht zumeist (nur) unter dem Gesichtswinkel dieser konventionsrechtlichen Teilgarantie zu prüfen. Zum Anspruch auf Zugang zu einem Gericht vgl. § 41 N. 1, § 43 N. 4, 49 ff.; zum Anspruch auf öffentliche Urteilsverkündigung vgl. § 65 N. 6 ff.

6 *Kasuistik:* Verneint oder nur bedingt anerkannt hat das Gericht das Vorliegen einer zivilrechtlichen Streitigkeit und damit einen Anspruch auf öffentliche Verhandlung in Streitigkeiten aus dem öffentlichrechtlichen Dienstverhältnis (RB 1993 Nr. 6 = ZBl 95/1994, S. 177, betreffend die Verweigerung des Wählbarkeitszeugnisses für einen Volksschullehrer; RB 1994 Nr. 19 = ZBl 96/1995, S. 70, betreffend die disziplinarische Amtsenthebung eines Volksschullehrers), in Streitigkeiten über Administrativkosten im Quartierplan (RB 1993 Nr. 7), in Streitigkeiten über den Entzug des Jagdpasses (VGr. 28.2.1996, VB.95.00158). – In Beschwerdeverfahren über die probeweise Entlassung aus einer stationären Massnahme im Sinn von Art. 43 StGB sowie über den Widerruf der bedingten Entlassung im Sinn von Art. 38 Ziff. 4 StGB besteht weder nach Art. 5 Ziff. 4 noch nach Art. 6 Ziff. 1 EMRK ein Anspruch auf mündliche gerichtliche Anhörung (RB 1998 Nrn. 38 und 39). – Der gegen ein Bauvorhaben rekurrierende *Nachbar* hat in der Regel keinen Anspruch auf Durchführung einer öffentlichen Verhandlung; denn er kann sich auf diese Verfahrensgarantie nur dann berufen, wenn die ihm aus der Baubewilligung erwachsende Belastung einer Enteignung gleichkommt (RB 1995 Nr. 13, 1994 Nrn. 14 und 15; zur nämlichen Argumentation bezüglich der Frage der Zuständigkeit des Verwaltungsgerichts vgl. RB 1994 Nr. 13). – *Natur- und Heimatschutzorganisationen* haben keinen Anspruch auf öffentliche Verhandlungen, weil sie sich von vornherein nicht auf Art. 6 Ziff. 1 EMRK berufen können (vgl. RB 1994 Nr. 12). Diese Entscheide beruhen auf einem «legitimationsrechtlichen» Ansatz bei der Auslegung von Art. 6 Ziff. 1 EMRK, indem das Vorliegen einer zivilrechtlichen Streitigkeit spezifisch für Nachbarn bzw. für ideelle Organisationen verneint wird (vgl. auch BGE 125 I 12 f. mit Bezug auf beschwerdeführende Konkurrenten). – Weil Fälle, in denen der Streitgegenstand *ausschliesslich prozessuale Fragen* betrifft (z.B. Anfechtung von Nichteintretensbeschlüssen), nicht in den Anwendungsbereich von Art. 6 Ziff. 1 EMRK fallen, besteht in solchen Verfahren kein Anspruch auf mündliche Verhandlung (RB 1997 Nr. 16, 1995 Nr. 13). Tritt das Verwaltungsgericht auf formell ungenügende Beschwerden nicht ein (vgl. §§ 53 und 54), hat es keine mündliche Verhandlung nach Art. 6 Ziff. 1 EMRK anzuordnen (RB 1997 Nr. 16).

7 Nach der Praxis des Strassburger Gerichtshofs und des Bundesgerichts kann eine Partei ausdrücklich oder stillschweigend auf eine öffentliche mündliche

Verhandlung *verzichten* (BGE 119 Ia 229, 119 Ib 328; Herzog, S. 351 f.). Zumindest bei anwaltlich vertretenen Prozessparteien darf angesichts der auf ein schriftliches Verfahren ausgerichteten Ordnung von §§ 57 ff. VRG stets dann ein stillschweigender Verzicht vermutet werden, wenn eine öffentliche Verhandlung nicht ausdrücklich beantragt worden ist (BGE 121 I 40 f.). Im Hinblick auf diese Praxis, d.h. zur Verstärkung der «Vermutungsbasis», ist in der Gesetzesrevision vom 8.6.1997 der Passus «von Amtes wegen oder auf Antrag der Parteien» eingefügt worden; damit soll den Prozessparteien vor Augen geführt werden, dass sie eine solche Verhandlung verlangen können (Weisung 1995, S. 1539). Ersucht eine Prozesspartei um Durchführung eines Augenscheins, ist hieraus nicht ohne weiteres auf ein Begehren um Durchführung einer öffentlichen Verhandlung zu schliessen; denn ob ein Augenschein durchzuführen sei, ist eine nach innerstaatlichem Verfahrensrecht zu beurteilende beweisrechtliche Frage, während es sich bei der in Art. 6 Ziff. 1 EMRK vorgesehenen öffentlichen Verhandlung um eine nach Konventionsrecht zu beurteilende Verfahrensgarantie handelt (RB 1995 Nr. 12). Das Begehren um eine öffentliche Verhandlung muss vorbehaltlos gestellt werden (VGr. 6.6.1996, RG.96.00004).

Unter bestimmten Voraussetzungen ist bei zivilrechtlichen Streitigkeiten oder strafrechtlichen Anklagen selbst dann keine öffentliche Verhandlung durchzuführen, wenn eine solche beantragt wird. Das gilt einmal dort, wo einer der *in Art. 6 Ziff. 1 Satz 2 EMRK genannten Ausschlussgründe* vorliegt. Diese Ausschlussgründe betreffen zwar primär nur die Öffentlichkeit der Verhandlung; mittelbar sind sie aber auch massgebend dafür, ob gegen den Willen einer Prozesspartei von einer Verhandlung überhaupt abgesehen werden dürfe (vgl. N. 5). Sodann kann von einer öffentlichen Verhandlung vor Verwaltungsgericht abgesehen werden, wenn bereits eine als im Sinn von Art. 6 Ziff. 1 EMRK anerkannte *richterliche Vorinstanz* eine solche Verhandlung durchgeführt hat, dies jedenfalls dann, wenn vor Verwaltungsgericht nur Rechtsfragen zu beurteilen sind oder noch streitige Tatfragen aufgrund der Aktenlage angemessen beurteilt werden können (Herzog, S. 338 und 375 f.; Keiser, S. 7). Dem Begehren um öffentliche Verhandlung ist nicht zu entsprechen, wenn der Beschwerdeführer vor der Baurekurskommission als Vorinstanz noch keinen solchen Antrag gestellt hat und die Beschwerde aussichtslos ist (VGr. 28.6.1996, VB.96.00073). 8

Der Anspruch auf öffentliche Verhandlung bedeutet nicht, dass Letztere das schriftliche Verfahren ersetzen kann. Der Anspruch entbindet den Beschwerdeführer nicht davon, seine Begehren in der Beschwerdeschrift gemäss § 54 zu begründen (Keiser, S. 6). Soweit im Beschwerdeverfahren überhaupt neue tatsächliche Behauptungen zulässig sind (vgl. § 52 Abs. 2), stellt sich die Frage, ob und inwieweit solche Noven erst an der Verhandlung vorgebracht werden dürfen. Dazu hat sich noch keine verwaltungsgerichtliche Praxis entwickelt (Keiser, S. 14 f.). Ausgehend davon, dass es den Vertragsstaaten unbenommen ist, in ihren Prozessgesetzen zu bestimmen, bis zu welchem Zeitpunkt Noven ins ge- 9

§ 59 / § 60

richtliche Verfahren eingebracht werden dürfen (Herzog, S. 372), dürfte ein Novenverbot bezüglich der öffentlichen Verhandlung (nicht bezüglich der Beschwerde als solcher) mit Art. 6 Ziff. 1 EMRK vereinbar sein. Ein Novenausschluss verstösst namentlich nicht gegen den Zweck der Öffentlichkeitsgarantie, eine Geheimjustiz zu verhindern und dadurch eine korrekte Behandlung der Verfahrensbeteiligten zu gewährleisten sowie das Vertrauen in die Gerichte aufrechtzuerhalten. Anderseits wird schon nach innerstaatlichem Recht die Obliegenheit des Beschwerdeführers, tatsächliche Behauptungen in der Beschwerdebegründung und damit innerhalb der Beschwerdefrist vorzubringen, durch die Untersuchungspflicht des Gerichts relativiert, die es rechtfertigen kann, auch verspätete Parteivorbringen zu berücksichtigen (RB 1994 Nr. 16; vgl. § 53 N. 15, § 54 N. 8).

10 Der Öffentlichkeitsgrundsatz schreibt sodann nicht vor, dass bestimmte *Prozesshandlungen* an der Verhandlung vorgenommen werden müssen (BGE 113 Ia 417). Die verwaltungsgerichtliche Praxis geht dahin, öffentliche Verhandlungen lediglich zur ergänzenden Darlegung von Parteistandpunkten oder – im Sinn einer «Schlussverhandlung» nach § 61 VRG – zur Stellungnahme zu Beweiserhebungen anzuordnen; eigentliche «Hauptverhandlungen» (im Sinn von §§ 120, 121 und 128 Satz 1 ZPO) werden nicht durchgeführt (anders in den sich nicht nach dem VRG richtenden Nach- und Strafsteuerverfahren; vgl. RB 1991 Nr. 29).

5. Beweiserhebungen

§ 60. **Die zur Abklärung des Sachverhaltes erforderlichen Beweise werden von Amtes wegen erhoben. Die Durchführung des Beweisverfahrens kann ganz oder teilweise einer Abordnung oder einem Mitglied des Gerichtes übertragen werden. Die Bestimmungen der Zivilprozessordnung über das Beweisverfahren sind sinngemäss anzuwenden.**

Materialien
Weisung 1957, S. 1051 f.; Prot. KK 11.3.1958; Prot. KR 1955–1959, S. 3404; Beleuchtender Bericht 1959, S. 411.

Literatur
BOSSHART, Überprüfung, S. 1 ff.; FRANK/STRÄULI/MESSMER, Vorbem. zu §§ 133 ff.; MARX MANFRED, Die Notwendigkeit und Tragweite der Untersuchungsmaxime in den Verwaltungsprozessgesetzen (VwGO, SGG, FGO), Frankfurt a.M. u.a. 1985; PFEIFER, S. 94 ff.; SCHROMEK KLAUS-DIETER, Die Mitwirkungspflichten der am Verwaltungsverfahren Beteiligten – eine Grenze des Untersuchungsgrundsatzes?, Frankfurt a.M. u.a. 1989; vgl. auch die bei § 7 angeführte Literatur.

Übersicht	Note
1. Allgemeines	1
2. Verweis auf ZPO	6
3. Beweisverfahren	8
4. Delegation	19

§ 60

1. Allgemeines

§ 60 Satz 1 ist Ausfluss der *Untersuchungsmaxime* (vgl. Vorbem. zu §§ 19–28   1
N. 68 ff.; vgl. Bosshart, Überprüfung, S. 10 f., 19 f. und 40 f.). Als *Modellvorstellung* bedeutet diese Maxime, dass das Gericht selber für die Beschaffung des für den Entscheid notwendigen Tatsachenmaterials verantwortlich ist, die Parteien nicht zum Vorbringen tatsächlicher Behauptungen verpflichtet sind und das Gericht an freiwillig aufgestellte Parteibehauptungen und Beweisanträge nicht gebunden ist. – Der Unterschied zwischen Untersuchungs- und Verhandlungsmaxime ist indessen in der Praxis nicht so gross, wie gemeinhin angenommen wird: Zwar hat das Gericht von Amtes wegen entweder in reformatorischer Weise die notwendigen tatsächlichen Abklärungen durchzuführen oder durch Rückweisungsentscheid dafür zu sorgen, dass solche Ermittlungen durch eine Vorinstanz nachgeholt werden. Ebenso trifft zu, dass keine Partei eine subjektive Beweislast (Beweisführungslast) trägt. Die Untersuchungsmaxime entbindet jedoch die Parteien nicht von der Obliegenheit, den massgebenden Sachverhalt in den Rechtsschriften darzustellen (RB 1982 Nr. 5, 1980 Nr. 22; RB 1961 Nr. 28 = ZR 60 Nr. 117; Imboden/Rhinow/Krähenmann, Nr. 88 B II). Die objektive Beweislast tragen die Parteien trotz Geltung der Untersuchungsmaxime (vgl. Vorbem. zu §§ 19–28 N. 69). Sie sind daher schon aus praktischen Gründen gezwungen, die ihnen nützlich scheinenden tatsächlichen Behauptungen aufzustellen und entsprechende Beweisbegehren zu stellen. Es ist nicht Aufgabe des Verwaltungsgerichts, systematisch die für die eine oder andere Partei günstigen Tatsachenelemente zu erforschen; der Richter ist in hohem Masse auf die Mitwirkung der Parteien angewiesen (Birchmeier, S. 440; Kölz, Prozessmaximen, S. 100 ff., 130 f.). Das Gericht darf daher von der natürlichen Vermutung ausgehen, der Beschwerdeführer habe die für sein Begehren günstigen und die Gegenpartei die für ihn ungünstigen Umstände vorgebracht.

Die Untersuchungsmaxime wird im Beschwerdeverfahren zusätzlich dort relativiert, wo das Verwaltungsgericht als *zweite Rechtsmittelinstanz* wirkt, was in der Regel der Fall ist (vgl. § 19a). Im Beschwerdeverfahren vor Verwaltungsgericht geht es nicht darum, das tatsächliche Fundament einer Streitsache von Grund auf zu schaffen; die Verwaltungsbehörden haben dies im vorangehenden Rekursverfahren in der Regel weitgehend getan (Weisung 1957, S. 1047). Dementsprechend können vor Verwaltungsgericht als zweiter gerichtlicher Rechtsmittelinstanz neue Tatsachenbehauptungen nur sehr beschränkt vorgebracht werden (§ 52 Abs. 2). Das schliesst nicht aus, dass das Gericht Richtigkeit und Vollständigkeit der vorinstanzlichen Sachverhaltsermittlungen überprüft. Dementsprechend nennt das Gesetz als «sachverhaltsbezogenen» Beschwerdegrund die unrichtige Feststellung des Sachverhalts (§ 51) und gilt die Verletzung der Untersuchungspflicht als wichtiger Anwendungsfall des Beschwerdegrunds von § 50 Abs. 2 lit. d (Verletzung einer wesentlichen Form- oder Verfahrensvorschrift). Dabei hat das Verwaltungsgericht indessen – dies   2

§ 60

wiederum ein Ausfluss der Untersuchungsmaxime – die Verletzung der verwaltungsbehördlichen Untersuchungspflicht nicht nur auf Rüge hin, sondern von Amtes wegen zu berücksichtigen (Bosshardt, Erste Ergebnisse, S. 253; Sommer, Verwaltungsgericht, S. 280).

3 Das Verwaltungsgericht muss insbesondere dort keine Untersuchung von Amtes wegen führen, wo die Parteien aufgrund einer *Mitwirkungspflicht* selber zur Substanzierung des rechtserheblichen Sachverhalts gehalten sind (zur Mitwirkungspflicht vgl. § 7 N. 59 ff., Vorbem. zu §§ 19–28 N. 70). Beweisanträge entbinden die Parteien diesfalls nicht von der Obliegenheit einer genügenden Sachverhaltsdarstellung (RB 1998 Nr. 16).

4 Anderseits wird die Obliegenheit der Parteien, Tatsachenbehauptungen und Beweisanträge binnen der Beschwerde- bzw. der Beschwerdeantwortfrist vorzubringen, durch die Untersuchungsmaxime relativiert. Diese kann es rechtfertigen, auch verspätete Parteivorbringen und Beweisanträge zu berücksichtigen, und zwar insbesondere dann, wenn das Verwaltungsgericht als erste Rechtsmittelinstanz dadurch die Rückweisung an die Vorinstanz vermeiden kann (RB 1994 Nr. 16). Das Gericht entscheidet über die Zulässigkeit von verspäteten Beweisbegehren nach seinem Ermessen im Rahmen der Untersuchungsmaxime und der freien richterlichen Beweiswürdigung.

5 Zur Abnahme eines Beweises ist das Verwaltungsgericht demnach jedenfalls dann gehalten, wenn damit eine Tatsache bewiesen werden soll, die für die Beurteilung erheblich ist, ob der Vorinstanz eine ungenügende Feststellung des Sachverhalts, d.h. eine Verletzung der Untersuchungspflicht vorzuwerfen sei. Diese Frage kann jedoch in aller Regel ohne Beweisverfahren beurteilt werden. Eigene gerichtliche Beweiserhebungen werden daher zumeist erst notwendig, wenn das Gericht den genannten Beschwerdegrund als gegeben erachtet und gemäss § 63 Abs. 1 in reformatorischer Weise den notwendigen Neuentscheid selber treffen will (RB 1964 Nr. 38 = ZR 64 Nr. 185). Das Rückweisungsrecht gemäss § 64 Abs. 1 erlaubt es dem Gericht, seine eigenen Beweiserhebungen stark zu beschränken. Es muss jedoch dann, wenn auf Aussagen von Personen abzustellen ist, von seinem Recht auf Einvernahme von Zeugen Gebrauch machen und auf eine Rückweisung verzichten (Sommer, Verwaltungsgericht, S. 283; vgl. auch Bosshart, § 52 N. 4), denn die Verwaltungsbehörden verfügen nicht über dieses Beweismittel (vgl. § 7 N. 14).

2. Verweis auf ZPO

6 Infolge der im Verwaltungsprozess geltenden Untersuchungsmaxime sind die Bestimmungen der ZPO über das Beweisverfahren nur mit Einschränkungen anwendbar (Sommer, Verwaltungsgericht, S. 283). «*Sinngemässe*» Anwendung dieser Bestimmungen bedeutet, dass das Gericht in weitgehender Ermessens-

freiheit sein Untersuchungsverfahren gestalten kann; es hat dabei der besonderen Struktur des Verwaltungsprozesses, insbesondere der Untersuchungsmaxime, Rechnung zu tragen (Bosshart, § 60 N. 3). Praktisch bedeutet dies, dass das Beweisverfahren vor Verwaltungsgericht weit weniger gegliedert und formalisiert ist als vor den Zivilgerichten. So sind *nicht* anwendbar die Vorschriften über die Behauptungslast (§ 113 ZPO; vgl. jedoch N. 1 ff.), die Beweisauflage (§ 136 ZPO), die Beweisantretung (§ 137 ZPO) und die Beweiseinwendungen (§ 139 ZPO). Nur *beschränkt* anwendbar ist infolge der Untersuchungsmaxime § 114 ZPO (verspätete Vorbringen). *Weitgehend* anwendbar auf das Verfahren vor Verwaltungsgericht sind dagegen die Vorschriften der ZPO über die Beweismittel (§§ 149 ff.), insbesondere die Verfahrensvorschriften über die persönliche Befragung, die Beweisaussage, die Zeugenaussage (eingeschlossen die Vorschriften über Zeugnisverweigerung), den Augenschein, das Gutachten (eingeschlossen die Vorschriften über den Ausstand von Sachverständigen) und über Urkunden. Die in der ZPO aufgeführten Beweismittel sind jedoch für das Verfahren vor Verwaltungsgericht nicht abschliessend; es kommen für Letzteres insbesondere noch Amtsberichte und die Aussagen von Auskunftspersonen in Frage (§ 70 i.V.m. § 7 Abs. 1 VRG).

Das Verfahren vor Verwaltungsgericht als einziger Instanz (§§ 81 ff.) hat stärker als das Beschwerdeverfahren zivilprozessualen Charakter (vgl. RB 1961 Nr. 28 = ZR 60 Nr. 117; Vorbem. zu §§ 81–86 N. 9, § 83 N. 1 ff.). In diesem Bereich sind die Bestimmungen der ZPO in weiterem Umfang als im Beschwerdeverfahren anwendbar. 7

3. Beweisverfahren

Zur *Sicherstellung* gefährdeter Beweise trifft das Gericht nach Eintritt der Rechtshängigkeit von sich aus oder auf Parteiantrag die geeigneten Vorkehren (§ 70 i.V.m. § 6 Satz 1 VRG; vgl. § 135 ZPO); in dringlichen Fällen ist auch der Vorsitzende dazu befugt (§ 70 i.V.m. § 6 Satz 2 VRG). 8

Sofern notwendig, ergeht unmittelbar nach Abschluss des Schriftenwechsels ein *Beweisabnahmebeschluss*. Das Gericht erlässt in der Regel keinen Beweisauflagebeschluss (früher Beweisbescheid genannt); auch Beweisantretungs- und Beweiseinwendungsschrift werden nicht einverlangt, wobei es den Parteien unbenommen ist, gegen die Erhebung eines Beweises Einwendungen zu erheben oder die Vornahme von weiteren Beweismassnahmen zu beantragen. 9

Beweismittel, zu deren Erhebung die Mitwirkung des Verwaltungsgerichts erforderlich ist, sind: persönliche Befragung (§ 149 ZPO), Beweisaussage der Partei (§ 150 ZPO), Zeugenaussage (§§ 157 ff. ZPO), Augenschein (§§ 169 f. ZPO), Gutachten (§§ 171 ff. ZPO), Beizug von Urkunden (§§ 183 ff. ZPO), Befragung von Auskunftspersonen (§ 70 i.V.m. § 7 VRG), Einholung von Amts- 10

§ 60

berichten (§ 70 i.V.m. § 7 VRG). Zu den einzelnen Beweismitteln vgl. ausführlich Frank/Sträuli/Messmer, vor §§ 133 ff. N. 5. Die Parteien können im Übrigen alle möglichen Gegenstände, die nach ihrer Auffassung einen Beweiswert haben, einreichen oder deren gerichtliche Wahrnehmung durch einen Augenschein verlangen. Ersteres kommt namentlich hinsichtlich Plänen, Modellen, Fotos, Tonbandaufnahmen usw., Letzteres hinsichtlich fester Anlagen in Betracht.

11 Die sich bei reformatorischer Tätigkeit des Gerichts allenfalls ergebende Verpflichtung zur Abnahme angebotener Beweise (vgl. N. 5) bestimmt sich im Einzelnen nach dem Grundsatz des rechtlichen Gehörs. Auf die Abnahme eines angebotenen Beweismittels darf verzichtet werden, wenn die Tatsache, die eine Partei beweisen will, nicht rechtserheblich ist, wenn ein bereits feststehender Sachverhalt bewiesen werden soll oder wenn in antizipierter Beweiswürdigung von vornherein gewiss ist, dass der angebotene Beweis keine wesentliche Abklärung herbeizuführen vermag (vgl. RB 1961 Nr. 29 = ZR 60 Nr. 117; RB 1966 Nr. 1; Imboden/Rhinow/Krähenmann, Nr. 82 B IV b). Eine zulässige antizipierte Beweiswürdigung kann auch darin bestehen, dass der Richter aufgrund bereits erhobener Beweise vom Vorhandensein oder Nichtvorhandensein einer zu beweisenden Tatsache überzeugt ist und deswegen das Beweisverfahren abbricht, obwohl noch nicht alle angerufenen Beweise erhoben sind (Guldener, S. 321; BGE 115 Ia 100 f., 119 Ib 505 f.). Über allgemein bekannte und gerichtsnotorische Tatsachen braucht nicht Beweis erhoben zu werden (Guldener, S. 320). Von einem feststehenden Sachverhalt kann das Gericht auch dann ausgehen, wenn eine Tatsachenbehauptung von der Gegenpartei anerkannt wird; nur falls es den Eindruck hat, die Verwaltungsbehörde wolle den Beschwerdeführer privilegieren, gebietet die Untersuchungsmaxime eine eigene Beweiserhebung (Kölz, Prozessmaximen, S. 131 f.).

12 Ein Beweisantrag ist ferner dann abzulehnen, wenn die Erhebung des entsprechenden Beweises unzulässig wäre, beispielsweise bei rechtswidrig erlangten Beweismitteln (vgl. § 7 N. 52 ff.).

13 Kommen für dasselbe Beweisthema mehrere Beweismittel in Betracht, entscheidet das Gericht entsprechend dem Grundsatz des rechtlichen Gehörs nach pflichtgemässem Ermessen, welche Beweismittel es verwenden will; massgebend dafür ist die Natur des Streitgegenstands sowie die Sorgfalt der verwaltungsbehördlichen Tatsachenfeststellung. Das gilt namentlich für die Wahl zwischen Vernehmung von Zeugen (§§ 157 ff. ZPO) und Befragung von Auskunftspersonen (§ 7 VRG). Eine Zeugeneinvernahme muss angeordnet werden, wenn eine Partei dies beantragt oder wenn von Amtes wegen der Sachverhalt in einem wichtigen streitigen Punkt aufgeklärt werden soll; Befragung von Auskunftspersonen ist geboten, wenn eine Partei dies verlangt und nicht von Amtes wegen die Zeugeneinvernahme durchgeführt werden muss oder wenn von Amtes

§ 60

wegen der Sachverhalt in einem weniger bedeutsamen Punkt ermittelt werden soll (Sommer, Verwaltungsgericht, S. 283).

Die auf einem Augenschein beruhenden Feststellungen der Vorinstanz über die örtlichen Verhältnisse können auch im Beschwerdeverfahren berücksichtigt werden; hat die Vorinstanz einen Augenschein genommen, erübrigt sich daher häufig ein gerichtlicher Augenschein (RB 1981 Nr. 2; VGr. 26.1.1996, VB.95.00110 + 95.00112). 14

Für aufwendige, im Interesse eines Privaten veranlasste Beweismassnahmen kann das Verwaltungsgericht gemäss § 15 Abs. 1 einen Barvorschuss verlangen (vgl. § 15 N. 14 ff.). Von dieser Möglichkeit ist nur mit Zurückhaltung Gebrauch zu machen, weil sonst die Untersuchungsmaxime zu stark relativiert würde. Ein Vorschuss sollte einzig bei von einer Partei selber beantragten Beweismassnahmen verlangt werden und nur dann, wenn die diesen zugrunde liegenden tatsächlichen Behauptungen als vage oder die beantragten Beweismittel hinsichtlich ihrer Eignung als zweifelhaft erscheinen, der Beschwerdeführer jedoch daran festhalten will. Eine weitergehende Kostenvorschusspflicht nach § 83 ZPO ist mit der Untersuchungsmaxime und dem Zweck des VRG, Rechtsschutz zu gewährleisten, schwer vereinbar (Tinner, S. 554). 15

Nach dem Grundsatz der *Parteiöffentlichkeit* (dazu Vorbem. zu §§ 19–28 N. 84) müssen die Parteien Gelegenheit haben, der Beweisaufnahme beizuwohnen (RB 1966 Nr. 1, 1961 Nr. 54; Imboden/Rhinow/Krähenmann, Nr. 82 B III c 1). Dies gilt für alle in Frage kommenden Beweismassnahmen. Lässt sich ein wahres Bild der tatsächlichen Verhältnisse nur aufgrund unangemeldeter und in grösserer Zahl durchgeführter Augenscheine gewinnen, darf auf den Beizug der Parteien verzichtet werden (RB 1969 Nr. 3). Die Parteien müssen von allen Beweisterminen rechtzeitig benachrichtigt werden. Sie haben bei der Beweisaufnahme das Recht, Fragen zu stellen, insbesondere an Zeugen und Auskunftspersonen. 16

Zum Recht der Parteien auf Stellungnahme zum Beweisergebnis vgl. § 61. 17

Das Gericht hat eine *freie Beweiswürdigung* vorzunehmen (vgl. § 7 N. 76 ff.; Vorbem. zu §§ 19–28 N. 78). Es ist bei der Beweiswürdigung an keine formalen Regeln gebunden. Massgebend dafür, ob eine Tatsache aufgrund der vorliegenden Beweise als eingetreten zu betrachten sei oder nicht, ist allein die Überzeugung des Richters (§ 148 ZPO). Es existieren daher auch keine gesetzlichen Beweisvermutungen (Sommer, Verwaltungsgericht, S. 283). Ist bei der Beurteilung des massgebenden Sachverhalts auf Erkenntnisse und Wertungen abzustellen, die vom nichtrichterlichen Fachmann zu treffen und in einem entsprechenden *Gutachten* festgehalten sind, so beschränkt das Verwaltungsgericht seine Prüfung darauf, ob das auf zutreffender Rechtsgrundlage beruhende Gutachten vollständig, klar, gehörig begründet und widerspruchsfrei ist und ob der 18

§ 60 / § 61

Gutachter die notwendige Sachkenntnis und Unbefangenheit bewiesen habe (RB 1985 Nr. 47, 1982 Nr. 35, 1964 Nr. 127; § 51 N. 7).

4. Delegation

19 Der Beschluss über die Durchführung eines Beweisverfahrens fällt in die Zuständigkeit der Kammer, nicht des Vorsitzenden oder Referenten. Der Referent stellt bei der Kammer entsprechende Anträge. Die Kammer kann indessen im Einzelfall ein oder mehrere Mitglieder, meist den Referenten, zu Beweiserhebungen ermächtigen (RB 1967 Nr. 12; § 17 Abs. 1 und 4 GeschV VGr). Die Übertragung kann stillschweigend erfolgen, und sie gilt als nachgeholt, wenn die Kammer auf die ohne förmliche Delegation erhobenen Beweise abstellt. Gegenstand der Übertragung kann entweder die Beweiserhebung als Ganzes, einschliesslich der Anordnung, oder nur die Beweisabnahme sein (vgl. Frank/Sträuli/Messmer, § 144 N. 2).

20 § 60 Satz 2 hält vor Art. 4 Abs. 1 aBV (Art. 29 BV) stand; der verfassungsrechtliche Minimalanspruch auf rechtliches Gehör verlangt nicht, dass alle urteilenden Richter an den vorangegangenen Beweisaufnahmen bzw. Verhandlungen teilgenommen haben (RB 1994 Nr. 5). Die Delegation des Beweisverfahrens steht allerdings in einem Spannungsverhältnis mit dem *Grundsatz der Unmittelbarkeit*. Nach diesem im Verwaltungsprozess ohnehin nicht allgemein geltenden Prinzip (vgl. Vorbem. zu §§ 19–28 N. 83) dürfte das Gericht bei seinem Entscheid in der Sache nur berücksichtigen, was auf der Wahrnehmung aller an der Entscheidfindung mitwirkenden Richter beruht oder den Akten entnommen werden kann (Merker, § 57 Rz. 15). In direktem Widerspruch zum Unmittelbarkeitsprinzip wird die Delegation des Beweisverfahrens formell betrachtet im Übrigen kaum je geraten, weil Beweisaufnahmen protokolliert werden. Von einer Delegation ist aber dort abzusehen, wo es im Einzelfall nach der Art der Beweisaufnahme auf die unmittelbare Wahrnehmung durch alle Richter ankommt (vgl. Imboden/Rhinow/Krähenmann, Nr. 82 B IV c). So muss bei der Beurteilung der Frage, ob einer Filmaufführung polizeiliche Hindernisse entgegenstehen, die vollzählige Kollegialbehörde den Film visionieren (RB 1967 Nr. 12). Bei Augenscheinen kommt es auf die Umstände des Einzelfalls an (vgl. § 7 N. 44). Auch in solchen Fällen kann mit Zustimmung der Parteien eine Delegation erfolgen.

6. Schlussverhandlung

§ 61. Sind Beweise erhoben worden, so erhalten die am Beschwerdeverfahren Beteiligten Gelegenheit, sich hiezu mündlich vor dem Gericht oder schriftlich zu äussern.

§ 61 / § 62

Materialien
Weisung 1957, S. 1052; Prot. KK 11.3.1958; Prot. KR 1955–1959, S. 3404; Beleuchtender Bericht 1959, S. 411.

Die Bestimmung ist Ausfluss des Grundsatzes des rechtlichen Gehörs (vgl. § 8 N. 31 ff.; Imboden/Rhinow/Krähenmann, Nr. 82 B III c 2). Der Gesetzgeber wollte mit § 61 ferner bewirken, dass die Verwaltung ihren bisherigen Standpunkt aufgrund des Beweisergebnisses revidieren kann und das gerichtliche Verfahren durch Anerkennung (bzw. neue Verfügung) gegenstandslos wird (vgl. Weisung 1957, S. 1052; Beleuchtender Bericht 1959, S. 411). 1

Die Stellungnahme kann – wie im Zivilprozess (§ 147 ZPO) – auch schriftlich erfolgen; insofern erscheint der Randtitel «Schlussverhandlung» antiquiert. Es steht im Ermessen des Gerichts, ob es eine schriftliche oder mündliche Aussprache durchführen will (Bosshart, § 61 N. 2). 2

Unter «am Beschwerdeverfahren Beteiligte» sind neben dem Beschwerdeführer Beschwerdegegner und Mitbeteiligte zu verstehen (vgl. § 58 N. 1–5). 3

Bei *mündlichen Beweisaufnahmen* (Zeugeneinvernahmen, Augenscheinen) kann den Beteiligten die Gelegenheit zur Stellungnahme unmittelbar im Anschluss an eine in deren Anwesenheit stattfindende Beweisaufnahme eingeräumt werden, ohne dass in der Vorladung darauf hingewiesen werden muss (Frank/Sträuli/Messmer, § 147 N. 1a). Die Vorladung an die Beteiligten zur Beweisaufnahme kann mit der Androhung verbunden werden, dass bei Fernbleiben Verzicht auf Anhörung angenommen werde (übliches Vorgehen bei Augenscheinen). Unterbleibt eine solche Androhung, muss ein nicht an der Beweisverhandlung anwesender Beteiligter Gelegenheit haben, sich schriftlich zum Protokoll zu äussern (häufiges Vorgehen bei Zeugenvernehmungen). 4

Der Gesetzgeber ging zwar davon aus, dass bei einer mündlichen Schlussverhandlung die Kammer vollzählig anwesend sein müsse (Beleuchtender Bericht 1959, S. 411). In den Fällen, da die Beweisaufnahme an eine Abordnung delegiert werden darf (vgl. § 60 N. 19 f.), ist es im Hinblick auf die Möglichkeit einer schriftlichen Stellungnahme (N. 2) zulässig, dass die mündliche Stellungnahme lediglich vor der gerichtlichen Abordnung erfolgt (vgl. Frank/Sträuli/Messmer, § 147 N. 6). 5

§ 62. Die Verhandlungen vor Verwaltungsgericht sind öffentlich. Die Beratungen des Gerichtes finden unter Ausschluss der Parteien und der Öffentlichkeit statt.

7. Öffentlichkeit

Das Verwaltungsgericht kann die Öffentlichkeit aus wichtigen Gründen von den Verhandlungen ausschliessen.

§ 62

Materialien
Weisung 1957, S. 1052; Prot. KK 21.3.1958; Prot. KR 1955–1959, S. 3404; Beleuchtender Bericht 1959, S. 411; Prot. KK 1995/96, S. 122 ff.

Literatur
HERZOG, S. 333 ff.; KEISER, S. 1 ff.

1 *§ 62 Abs. 1 Satz 1* statuiert den Grundsatz, dass gerichtliche Verhandlungen der Öffentlichkeit zugänglich sind. Unter mündlichen *Verhandlungen* sind solche im Sinn von § 59 und § 61 zu verstehen; Referentenaudienzen fallen nicht darunter.

2 Gemeint ist vorab die *Publikumsöffentlichkeit:* Die Verhandlungen sind den Vertretern der Medien sowie (anderen) Drittpersonen zugänglich, wobei jedoch Bild- und Tonaufnahmen nicht gestattet sind (§ 71 VRG i.V.m. § 135 Abs. 1 GVG). Die *Parteiöffentlichkeit* von Verhandlungen ergibt sich schon aus dem Grundsatz des rechtlichen Gehörs (Rhinow/Koller/Kiss, Rz. 932).

3 Abs. 1 Satz 1 statuiert keinen Anspruch der Parteien oder der Öffentlichkeit auf Durchführung einer Verhandlung; ob eine solche anzuordnen ist, bestimmt sich nach den §§ 59 und 61, mittelbar auch nach Art. 6 Ziff. 1 EMRK. Zum Verhältnis von § 59 VRG und Art. 6 Ziff. 1 EMRK hinsichtlich mündlicher Verhandlungen im Allgemeinen vgl. § 59 N. 5 ff.

4 Aus § 62 VRG folgt kein Recht der Öffentlichkeit, in die *Akten* Einblick zu nehmen. Ebenso wenig ergibt sich ein solcher Anspruch aus Art. 6 Ziff. 1 EMRK; soweit diese Konventionsbestimmung Öffentlichkeit vorschreibt, werden lediglich Verhandlungen und Entscheide zu allgemein zugänglichen Informationsquellen und gewährleistet die Informationsfreiheit das Recht, sich daraus ohne behördliche Eingriffe aktiv zu unterrichten (Keiser, S. 17 f.).

5 Der *Ausschluss* der Öffentlichkeit ist in Verfahren, die unter Art. 6 Ziff. 1 EMRK fallen, nur im Rahmen dieser Konventionsbestimmung zulässig. Sofern die Parteien nicht auf Öffentlichkeit verzichten (Herzog, S. 346 ff.), darf diese nur ausgeschlossen werden, wenn einer der – allerdings sehr weit gefassten – Ausschlussgründe von Art. 6 Ziff. 1 Satz 2 EMRK (dazu Herzog, S. 343 ff.) gegeben ist (zum Verhältnis zwischen *Verzicht* und Ausschluss vgl. Herzog, S. 348 f.). Ausserhalb des Anwendungsbereichs von Art. 6 Ziff. 1 EMRK ist ein Ausschluss nach dem Wortlaut von § 62 Abs. 2 VRG «aus wichtigen Gründen» und damit wohl in einem weiteren Rahmen als nach der Konventionsgarantie möglich (zu den öffentlichen und privaten Geheimhaltungsinteressen vgl. Keiser, S. 10 f.); im Licht der Rechtsprechung zu Art. 6 Ziff. 1 EMRK dürfte auch hier ein Verzicht auf Öffentlichkeit durch die Prozessparteien möglich sein. Zumindest dann, wenn eine Prozesspartei eine öffentliche Verhandlung verlangt, darf der Ausschluss der Öffentlichkeit nur aufgrund einer *Abwägung* der gegenläufigen privaten und öffentlichen Interessen verfügt werden (Herzog, S. 345).

Innerhalb und ausserhalb des Anwendungsbereichs von Art. 6 Ziff. 1 EMRK 6
ist ein *Teilausschluss* der Öffentlichkeit in dem Sinn möglich, dass zwar das allgemeine Publikum, nicht aber die Presse von der Verhandlung ausgeschlossen werden kann (BGE 117 Ia 390 f.).

Zur *Bekanntmachung* von öffentlichen Verhandlungen genügt eine entsprechen- 7
de Anzeige in der Gerichtskanzlei; eine Publikation im Amtsblatt ist nicht erforderlich.

Anders als vor Obergericht und Kassationsgericht (§ 135 Abs. 1 GVG) sind 8
nach *§ 62 Abs. 1 Satz 2 VRG* beim Verwaltungsgericht nur die Verhandlungen, *nicht aber die Beratungen* öffentlich. Am Ausschluss der Öffentlichkeit und der Parteien von den Urteilsberatungen wurde anlässlich der Gesetzesrevision vom 8.6.1997 festgehalten (vgl. Prot. KK 1995/96, S. 122 ff.).

§ 63. Hebt das Verwaltungsgericht die angefochtene Anordnung auf, so entscheidet es selbst.

Dabei darf es über die gestellten Rechtsbegehren nicht hinausgehen und die aufgehobene Anordnung nicht zum Nachteil des Beschwerdeführers abändern.

VIII. Erledigung der Beschwerde

1. Überprüfungsbefugnis

Materialien
Weisung 1957, S. 1052; Prot. KK 21.3.1958; Prot. KR 1955–1959, S. 3404; Beleuchtender Bericht 1959, S. 411 f.

Literatur
CAVELTI ULRICH, Gütliche Verständigung vor Instanzen der Verwaltungsrechtspflege, AJP 1995, S. 175 ff.; FROMER LEO, Gilt das Verbot der reformatio in pejus im eidg. Verfahrensrecht?, SJZ 41/1945, S. 135 ff.; FRÜH PETER, Die reformatio in pejus in der verwaltungsgerichtlichen Rechtsprechung, SJZ 43/1947, S. 133 ff.; GADOLA ATTILIO, Die reformatio in peius vel melius in der Bundesverwaltungsrechtspflege – eine Übersicht der neuesten Rechtsprechung, AJP 1998, S. 59 ff.; GIACOMETTI, S. 501; GYGI, S. 317 ff., 325 ff.; HINDERLING ADRIAN, Die reformatorische Verwaltungsgerichtsbarkeit, Zürich 1957; KEISER DAGOBERT, Die reformatio in peius in der Verwaltungsrechtspflege, Zürich 1979; KÖLZ, Prozessmaximen, S. 25 ff., 76 ff.; NEF HANS, Sinn und Schutz verfassungsmässiger Gesetzgebung und rechtmässiger Verwaltung im Bunde, ZSR 69/1950, S. 329a ff.; SCHMID ANATOL, Betrachtungen zur verwaltungsgerichtlichen reformatio in pejus, SJZ 43/1947, S. 140 ff.; ZIMMERLI ULRICH, Zur reformatio in peius vel melius im Verwaltungsrechtspflegeverfahren des Bundes, in: Mélanges Henri Zwahlen, Lausanne 1977, S. 511 ff.

Übersicht	Note
1. Formen der Prozesserledigung	1
2. Reformatorische und kassatorische Funktionen	8
3. Bindung an Parteibegehren	13

§ 63

1. Formen der Prozesserledigung

1 Eine Sache kann durch materiellen oder formellen Entscheid erledigt werden. Der *materielle* Entscheid lautet auf *Gutheissung, teilweise Gutheissung oder Abweisung;* er ergeht in Entscheidform. Der in Beschlussform ergehende *formelle* Entscheid lautet auf *Nichteintreten* infolge fehlender Prozessvoraussetzungen oder auf *Verfahrensabschreibung* infolge Beschwerderückzugs oder Gegenstandslosigkeit. Bei Abschreibung des Verfahrens erfolgt die Erledigung des Prozesses ohne Anspruchsprüfung. Vgl. § 19 N. 45, § 48 N. 2.

2 Der *Beschwerderückzug* ist bis zur Zustellung des Entscheids zulässig (RB 1965 Nr. 13). Er muss bedingungslos erfolgen (vgl. RB 1963 Nr. 30). Der Beschwerderückzug ist nicht frei widerruflich (RB 1983 Nr. 61; vgl. RB 1976 Nr. 28 = ZBl 77/1976, S. 559, mit Hinweisen). Kann der Beschwerdeführer jedoch nachweisen, dass sein Rückzug unter einem Willensmangel leidet, so muss der Widerruf möglich sein (vgl. Vorbem. zu §§ 19–28 N. 61). Nach Zustellung des Abschreibungsbeschlusses ist ein Widerruf ausgeschlossen; der Abschreibungsbeschluss ist einer Revision zugänglich, sofern der Beschwerdeführer Willensmängel geltend macht (RB 1993 Nr. 11; vgl. § 86a N. 19).

3 Als *gegenstandlos* geworden kann das Beschwerdeverfahren dann abgeschrieben werden, wenn die streitbetroffene Verfügung durch Wiedererwägung, Widerruf, Zeitablauf, Untergang des Streitobjekts oder aus anderen Gründen nachträglich dahingefallen ist (RB 1981 Nr. 21). Gegenstandslosigkeit ergibt sich ferner dort, wo das Rechtsschutzinteresse des Beschwerdeführers nachträglich weggefallen ist (RB 1981 Nr. 21), z.B. weil der private Beschwerdegegner das streitige Bewilligungsgesuch zurückgezogen hat, weil der Beschwerdeführer das streitbetroffene Grundstück veräussert hat (RB 1983 Nr. 11) oder weil der Beschwerdeführer auf eine Bewilligung, deren Entzug streitig ist, nachträglich verzichtet hat. Ein solcher Verzicht kann auch stillschweigend dadurch erfolgen, dass der Beschwerdeführer die bewilligungspflichtige Tätigkeit aufgibt (VGr. 30.1.1996, VB.95.00137). Die Abschreibung des Beschwerdeverfahrens infolge Gegenstandslosigkeit hat mit der vollen oder teilweisen Gutheissung gemeinsam und unterscheidet sich von allen anderen Formen der Prozesserledigung dadurch, dass die dem Streitverfahren zugrunde liegende Verfügung nicht in Rechtskraft erwächst (Gygi, S. 326; Merker, § 58 Rz. 2).

4 Der gerichtliche *Vergleich* ist ein materiellrechtlicher Vertrag des öffentlichen Rechts und gleichzeitig eine Prozesshandlung, also formeller Natur (Kölz, Prozessmaximen, S. 35, 46). Die *Anerkennung* erscheint als ein Sonderfall des Vergleichs, indem die Streitbeseitigung nicht durch gegenseitiges Nachgeben, sondern durch volles Einlenken seitens des Beschwerdegegners herbeigeführt werden soll.

§ 63

Nach der Praxis des Verwaltungsgerichts kann ein Beschwerdeverfahren, anders 5
als ein Klageverfahren gemäss §§ 81 ff., in der Regel nicht als durch *Vergleich*
erledigt abgeschrieben werden. Begründet wird dies ausser mit der zwingenden
Natur des öffentlichen Rechts damit, dass durch eine derartige Erledigung der
angefochtene Entscheid weiterbestehen und rechtskräftig würde, was im Allgemeinen nur bei einem Rückzug der Beschwerde beabsichtigt werde (VGr.
21.12.1989, VB 88/0020). Immerhin erlaubt nach dieser Praxis das Vorliegen
eines Vergleichs eine bloss summarische Prüfung der Rechtslage (VGr. 17.12.1993,
VB 93/0146; 12.5.1995, VB 95/0009). Gleiches gilt nach der verwaltungsgerichtlichen Praxis bei *Anerkennung* der Beschwerde durch den Beschwerdegegner.
Vergleich und Anerkennung können danach ein Sachurteil nicht ersetzen, wobei dieses allerdings summarisch begründet werden darf.

Diese Betrachtungsweise ist indessen nicht zwingend. Richtig ist, dass ein Ver- 6
gleich nur insoweit Grundlage für eine formelle Verfahrenserledigung bilden
kann, als sein Inhalt nicht gegen öffentlichrechtliche Normen verstösst, was
durch das Gericht zu prüfen ist. Dies schliesst eine Verfahrensabschreibung bei
Streitgegenständen, für deren Regelung das öffentliche Recht den Parteien keinen Gestaltungsspielraum belässt, von vornherein aus, weshalb der Vergleich in
der öffentlichen Rechtspflege eine geringe Rolle spielt (Kölz/Häner, Rz. 685;
Rhinow/Koller/Kiss, Rz. 877, 1361). Hingegen trifft es nicht zu, dass durch die
Abschreibung des Beschwerdeverfahrens der angefochtene Entscheid in Rechtskraft erwächst. In Fällen, in denen sich die ursprünglich verfügende Behörde
dem Begehren des Beschwerdeführers durch Anerkennung ganz oder im Rahmen eines Vergleichs teilweise anschliesst, läuft dies allerdings auf eine gänzliche bzw. teilweise Wiedererwägung hinaus; in solchen Fällen bedarf es daher
einer neuen förmlichen Verfügung; alsdann bildet richtig betrachtet diese Wiedererwägungsverfügung die Grundlage für die Verfahrensabschreibung. In Fällen, in denen der Private, dessen Begehren von der vorinstanzlichen Rekursbehörde geschützt worden ist, vor Verwaltungsgericht als Beschwerdegegner die
ursprüngliche Verfügung anerkennt, kann hingegen das Beschwerdeverfahren
ohne Rücksicht auf den anderslautenden Rekursentscheid unmittelbar aufgrund
der Anerkennung oder Einigung als erledigt abgeschrieben werden, wobei über
die Verteilung der vorinstanzlichen Rekurskosten neu zu befinden ist. – In der
Lehre wird teilweise die Auffassung vertreten, die Verfahrensabschreibung ohne
Sachurteil sei in einem noch weiteren Rahmen, d.h. unmittelbar aufgrund des
Parteivergleichs und ungeachtet der dadurch bedingten Änderung der ursprünglichen Verfügung, möglich (Merker, § 58 Rz. 14 f., der die mit der zürcherischen übereinstimmende Praxis des Aargauer Verwaltungsgerichts kritisiert; vgl.
ferner Merkli/Aeschlimann/Herzog, Art. 39 N. 5 ff.).

In Lehre und Rechtsprechung wird vereinzelt zwischen gerichtlichem und *aus-* 7
sergerichtlichem Vergleich unterschieden, wobei die Terminologie jedoch uneinheitlich ist. Wird ein ohne Mitwirkung des Gerichts abgeschlossener Vergleich

§ 63

diesem mitgeteilt, so ist eine Verfahrensabschreibung grundsätzlich unter den nämlichen Voraussetzungen wie bei einem unter gerichtlicher Mitwirkung abgeschlossenen Vergleich zulässig; denn mit der Mitteilung wird er einer gerichtlichen Überprüfung zugänglich, was die ursprünglich fehlende Mitwirkung des Gerichts wettmachen kann. Rein «aussergerichtlich» bleibt ein Vergleich dort, wo er zu einer Wiedererwägungsverfügung führt; denn alsdann bildet diese neue Verfügung Grundlage für die Abschreibung des Beschwerdeverfahrens, bei bloss teilweiser Wiedererwägung allenfalls verbunden mit einem Beschwerderückzug. Vergleich und Anerkennung sind vor Fällung und Zustellung des Abschreibungsbeschlusses unter den gleichen Voraussetzungen widerrufbar wie der Beschwerderückzug; der Abschreibungsbeschluss infolge Vergleichs oder Anerkennung ist unter den nämlichen Voraussetzungen wie jener infolge Beschwerderückzugs einer Revision zugänglich (RB 1993 Nr. 11; vgl. N. 2).

2. Reformatorische und kassatorische Funktionen

8   Mit Abs. 1 wird in erster Linie festgelegt, dass die Beschwerde ein reformatorisches Rechtsmittel ist, d.h. dass das Verwaltungsgericht bei Aufhebung des vorinstanzlichen Entscheids befugt ist, selber einen neuen Endentscheid zu treffen (vgl. Vorbem. zu §§ 19–28 N. 18, Vorbem. zu §§ 41–71 N. 9). Das will nicht heissen, dass es dazu verpflichtet sei. Es kann auch rein kassatorisch tätig sein und tut dies dann, wenn es die Sache zum Neuentscheid an eine untere Instanz zurückweist (vgl. § 64 Abs. 1). Von rein kassatorischer Tätigkeit darf indessen nicht immer dann gesprochen werden, wenn laut Dispositiv lediglich der vorinstanzliche Entscheid aufgehoben wird. Denn auch in solchen Fällen enthält das Urteil häufig einen «verfügungsmässigen» und damit einen reformatorischen Teil, indem das Gericht stellvertretend für die zum Verfügen zuständige Behörde in Urteilsform stillschweigend eine Verfügung trifft (Gygi, S. 232 f.). So verhält es sich z.B. bei Aufhebung einer im Beschwerdeverfahren angefochtenen Bewilligung; damit wird das streitige Rechtsverhältnis verfügungsmässig durch Verweigerung der nachgesuchten Bewilligung geregelt. Eine reformatorische Funktion erfüllt das Gericht demnach nicht nur dort, wo es ausdrücklich einen «Neuentscheid» trifft.

9   Gegen die reformatorische Tätigkeit wurde in der älteren Literatur zuweilen eingewendet, sie verletze das Prinzip der Gewaltenteilung, indem das Gericht Verwaltung, nicht Rechtsprechung ausübe (Hinderling, a.a.O., S. 77 ff.). Die Kompetenz des Verwaltungsgerichts zur reformatorischen Tätigkeit ist indessen dort, wo nicht ausgesprochene Ermessensfragen zu beurteilen sind (vgl. § 64 N. 5), aus prozessökonomischen Gründen sinnvoll und heute allgemein anerkannt. Eine allzulange Verfahrensdauer kann damit vermieden werden; diese Durchbrechung des Gewaltenteilungsprinzips liegt im Interesse des rechtsuchenden Individuums selber (vgl. Gygi, S. 232). Die Wiederherstellung einer

§ 63

von der Verwaltung erteilten und von der Vorinstanz aufgehobenen Bewilligung verfügt das Gericht in der Regel selber. Hält es die Erteilung einer von allen Vorinstanzen verweigerten Bewilligung für richtig, so lädt es die zuständige Behörde zur Erteilung der Bewilligung ein; bleibt der verfügenden Behörde dabei kein Entscheidungsspielraum, so handelt es sich dabei zwar formell gleichwohl um einen (kassatorischen) Rückweisungsentscheid, praktisch aber um einen (reformatorischen) gerichtlichen Neuentscheid.

Hebt das Verwaltungsgericht den angefochtenen Entscheid nicht auf, so ist es grundsätzlich weder reformatorisch noch kassatorisch tätig. Allerdings sind hier zwei besondere Konstellationen zu erwähnen, bei denen die gerichtliche Tätigkeit der reformatorischen Funktion nahekommt. Zum einen dort, wo das Gericht notwendige ergänzende Sachverhaltsabklärungen selber vornimmt (§ 60), die jedoch im Ergebnis nicht zu einer Aufhebung oder Änderung des angefochtenen Entscheids führen. Zum andern dort, wo das Gericht einen falsch begründeten Entscheid der Vorinstanz mit anderen rechtlichen Überlegungen bestätigt (Motivsubstitution; vgl. Gygi, S. 212). 10

Damit die funktionelle Zuständigkeit gewahrt bleibt, darf das Verwaltungsgericht nur über Punkte entscheiden, über welche die erstinstanzlich verfügende Behörde entschieden hat oder hätte entscheiden sollen (vgl. RB 1963 Nr. 19). Aus verfahrensökonomischen Gründen sind hier aber Ausnahmen möglich: Hat die Baurekurskommission verschiedene Rügen gegen ein Bauvorhaben nicht geprüft, so kann das Verwaltungsgericht diese ausnahmsweise erstinstanzlich beurteilen, wenn sich nur Rechtsfragen stellen und deren Beantwortung zu einem klaren Ergebnis führt (VGr. 16.12.1994, VB 94/0110); Rückweisung sollte jedoch bei solchen Konstellationen die Regel bilden (VGr. 7.4.1995, VB 94/0168). Ausnahmsweise kann das Gericht sogar bei Aufhebung eines Nichteintretensbeschlusses der Vorinstanz direkt einen Sachentscheid fällen (VGr. 9.7.1993, VB 92/0103). Das Gericht verfügt im Rahmen seiner Kompetenz zur Neuentscheidung ausnahmsweise auch über die Befugnis, Ermessensfragen zu beurteilen (RB 1987 Nr. 12, 1998 Nr. 60). Es wird jedoch in der Regel in solchen Fällen von der Rückweisung (§ 64 Abs. 1) Gebrauch machen. 11

Trifft das Verwaltungsgericht einen Neuentscheid, so folgt dieser hinsichtlich der Rechtskraft den Grundsätzen, die für Verwaltungsverfügungen gelten, nicht jenen für Gerichtsurteile (Gygi, S. 233). Vgl. zu diesen Grundsätzen § 86b N. 5 ff. 12

3. Bindung an Parteibegehren

Nach § 63 Abs. 2 darf das Verwaltungsgericht dem Beschwerdeführer nicht mehr zusprechen, als er mit seinem Rechtsbegehren verlangt (Verbot der reformatio in melius), und nicht weniger, als ihm durch die angefochtene Anordnung zu- 13

§ 63

gesprochen worden ist (Verbot der reformatio in peius). Damit wird – entgegen dem irreführenden Randtitel – nicht die Überprüfungsbefugnis (Kognition), sondern die Entscheidungsbefugnis des Gerichts eingeschränkt. Diese Einschränkung ist Ausdruck der im verwaltungsgerichtlichen Verfahren konsequent verwirklichten Dispositionsmaxime. Demgegenüber ist im vorinstanzlichen Rekursverfahren die reformatio in peius vel in melius zulässig (§ 27; vgl. auch § 7 Abs. 4 Satz 3). § 63 Abs. 2 ist als Gegenstück zu § 27 zu verstehen: Mit «Rechtsbegehren» sind die Begehren des Beschwerdeführers, nicht auch jene der Gegenpartei, gemeint. Hebt das Verwaltungsgericht neben dem vorinstanzlichen Entscheid auch jenen einer unteren Instanz auf, so bezieht sich das Schlechterstellungsverbot auf den Entscheid der Vorinstanz.

14 § 63 Abs. 2 ist auf Verfahren zugeschnitten, in denen nur eine Partei Beschwerde erhoben hat. Nur in diesen Fällen liegt die richterliche Entscheidungskompetenz zwischen dem Antrag des Beschwerdeführers und dem Entscheid der Vorinstanz. Obwohl Letztere nicht eigentliche Partei ist, spricht man hier ebenfalls von der Bindung des Richters an die Parteibegehren. Diese ist hier jedoch gleichbedeutend mit dem Verbot der reformatio in peius vel melius (Gygi, S. 203 f.).

15 Komplizierter ist die Lage, wenn mehrere Parteien (z.B. Verfügungsadressat, Drittbetroffener und Gemeinwesen) Beschwerde führen. Das Beschwerderecht der Drittbetroffenen wäre in solchen Fällen sinnlos, wenn es dem Verwaltungsgericht verwehrt wäre, dem Verfügungsadressaten weniger zuzusprechen, als dies die Vorinstanz getan hat. Bei mehreren Beschwerdeführern mit gegensätzlichen Begehren ergibt sich demnach der Rahmen der richterlichen Entscheidungsbefugnis aus den Anträgen *aller* beschwerdelegitimierten Parteien, unabhängig vom Verbot der reformatio in peius; nur dann, wenn der Entscheid der Vorinstanz ausserhalb der Parteianträge liegt, bildet er Schranke der richterlichen Entscheidungsbefugnis.

16 Die mit der Bindung des Richters an die Parteibegehren zusammenhängenden Probleme sind im Verwaltungsprozess – im Gegensatz zum Zivilprozess – ausserordentlich komplex. Das hängt damit zusammen, dass der Parteibegriff und insbesondere die Stellung der Vorinstanz nicht hinreichend geklärt sind (vgl. § 21 N. 99 ff.) und deshalb das Modell des zivilprozessualen echten Zweiparteienverfahrens nur beschränkt beigezogen werden kann. Eine weitere Schwierigkeit ergibt sich daraus, dass im allgemeinen Verwaltungsrecht häufig nicht unmittelbar vermögensrechtliche Streitigkeiten vorliegen. Es kann daher auch nicht immer eindeutig gesagt werden, wann ein «Mehr» oder «Weniger» oder aber ein «Aliud» vorliegt (vgl. Kölz, Prozessmaximen, S. 5). Eine formal klare Lösung ergäbe sich nur dann, wenn die überwiegende Orientierung der Verwaltungsgerichtsbarkeit auf den Rechtsschutz des Individuums fallen gelassen und das zivilrechtliche Institut der Anschlussbeschwerde übernommen würde (vgl. Kölz, Prozessmaximen, S. 62). Stets aber bleibt das eigentliche Parteiverfahren

§ 63

in einem Spannungsverhältnis zum Gebot, den materiell richtigen Entscheid zu fällen. Dieses Spannungsverhältnis ist im öffentlichen Recht stärker als im Zivilrecht.

Das Verbot der reformatio in peius oder in melius gilt nach der Praxis nicht absolut. Unabhängig vom Begehren des Beschwerdeführers kann das Verwaltungsgericht den Entscheid der Vorinstanz aufheben, wenn diese in schwerwiegender Weise wesentliche Prozessgrundsätze – namentlich betreffend eine Prozessvoraussetzung (Zuständigkeit, Legitimation usw.) oder das rechtliche Gehör – verletzt hat. Verficht eine Gemeinde mit ihrer Beschwerde nur das objektive Recht, so ist ihr gegenüber eine reformatio in peius nicht ausgeschlossen (RB 1980 Nr. 23). Ist die Vorinstanz zu Unrecht auf einen Rekurs eingetreten und hat sie diesen teilweise gutgeheissen, so ist die dagegen erhobene Beschwerde des teilweise unterlegenen Rekurrenten im Sinn der Erwägungen abzuweisen, mit der Folge, dass es bei der ursprünglichen Verfügung bleibt (VGr. 11.3.1999, VB.98.00391). 17

Aus der Dispositionsmaxime ergibt sich, dass das Verwaltungsgericht nur streitige Fragen entscheiden soll (vgl. Kölz, Prozessmaximen, S. 105 f., 120). Indessen müssen nach dem Grundsatz der richterlichen Rechtsanwendung (iura novit curia) auch nichtstreitige Fragen überprüft werden, sofern zwischen streitigen und nichtstreitigen Fragen ein derart enger Zusammenhang besteht, dass sich die gleichzeitige Behandlung aufdrängt. Geht z.B. eine Quartierplanbehörde irrtümlich davon aus, der Rechtserwerb für eine Erschliessungsanlage erübrige sich, so ist der Mangel – ungeachtet des auf die Entschädigungsfrage beschränkten Beschwerdeantrags – durch Rückweisung an den Gemeinderat zur entsprechenden Verbesserung zu beheben (VGr. 7.4.1995, VB 94/0127). – Die Dispositionsmaxime schliesst von vornherein nicht aus, dass das Verwaltungsgericht eine Beschwerde aus Erwägungen gutheisst, die nicht mit der Beschwerdebegründung übereinstimmen (RB 1979 Nr. 24). 18

Das Verwaltungsgericht darf etwas *Anderes* entscheiden als die Vorinstanz, jedoch nur dann, wenn dies aus der Sicht des Beschwerdeführers weder eine reformatio in peius noch in melius ergibt und wenn die Verwaltung selber diesen Entscheid hätte treffen dürfen und müssen (vgl. RB 1963 Nr. 19). Bei der Anfechtung mehrerer gemeinsam verfügter Gebührenauflagen ergibt sich der für das Verbot einer reformatio in peius oder in melius massgebende Rahmen aus einer Gesamtbetrachtung (RB 1983 Nr. 23). 19

Zur Zulässigkeit der reformatio in peius im zweiten Rechtsgang vor der Vorinstanz nach einem verwaltungsgerichtlichen Rückweisungsentscheid vgl. § 64 N. 12; RB 1992 Nr. 94. 20

§ 64

2. Rückweisung an die Vorinstanz

§ 64. Das Verwaltungsgericht kann die Angelegenheit zu neuer Entscheidung an die Vorinstanz zurückweisen, insbesondere wenn mit der angefochtenen Anordnung nicht auf die Sache eingetreten oder der Tatbestand ungenügend festgestellt wurde.

Im Verwaltungsverfahren sind neue tatsächliche Behauptungen und die Bezeichnung neuer Beweismittel zulässig. Dem neuen Entscheid ist die rechtliche Beurteilung zugrunde zu legen, mit der die Rückweisung begründet wurde.

Materialien
Weisung 1957, S. 1052; Prot. KK 21.3.1958, 21.10.1958; Prot. KR 1955–1959, S. 3404; Beleuchtender Bericht 1959, S. 412.

Literatur vgl. § 63.

Übersicht Note
1. Rückweisung 1
2. Neuentscheid durch die Vorinstanz 10

1. Rückweisung

1   Das Verwaltungsgericht hat in der Regel reformatorische und nicht bloss kassatorische Funktion. Dies kommt in der vom Gesetzgeber getroffenen Rückweisungsregelung zum Ausdruck. Die Rückweisung an die untere Instanz verlängert ein Verfahren regelmässig, was dem Rechtsschutzgedanken abträglich ist. Der Gesetzgeber hat daher die Rückweisung als Ausnahme verstanden. Nach seinem Willen soll das Verwaltungsgericht von ihr nur spärlich Gebrauch machen (Beleuchtender Bericht 1959, S. 412). Lediglich in besonders gelagerten Fällen soll daher eine Rückweisung vorgenommen werden (Weisung 1957, S. 1052). Diese Fälle sind in Abs. 1 allerdings nicht abschliessend aufgezählt. Das Verwaltungsgericht kann nach seinem Ermessen auch aus andern Gründen zurückweisen (vgl. Bosshart, § 64 N. 2). Massgebend für die Frage, ob das Gericht bei Aufhebung des vorinstanzlichen Entscheids einen eigenen Neuentscheid oder einen Rückweisungsentscheid treffen soll, ist zum einen die Art des Mangels, der zur Aufhebung des angefochtenen Entscheids führt (vgl. N. 2–4), und zum anderen die Art der Tätigkeit, die für den Neuentscheid erforderlich ist (vgl. N. 5).

2   Der erste im Gesetz erwähnte Rückweisungsgrund betrifft den Fall, da die Vorinstanz zu Unrecht *auf eine Sache nicht eingetreten* ist. Hat die Verwaltungsbehörde erhebliche Gründe für eine Wiederaufnahme des Verfahrens zu Unrecht verneint, so ist die Sache an die zuständige Instanz zurückzuweisen, welche darüber materiell zu entscheiden hat (RB 1961 Nr. 30 = ZR 60 Nr. 103). Dasselbe muss gelten, wenn die Vorinstanz zu Unrecht die Parteifähigkeit, die Legi-

timation, die Zuständigkeit oder andere Prozessvoraussetzungen für nicht gegeben erachtet hat (vgl. RB 1984 Nr. 55; vgl. Vorbem. zu §§ 19–28 N. 98). Selbst wenn sie ihren Nichteintretensbeschluss mit einer summarischen materiellen Prüfung verbunden hat, steht dies einer Rückweisung nicht entgegen (RB 1978 Nr. 12). Umgekehrt können Gründe der Verfahrensökonomie bei Aufhebung eines vorinstanzlichen Nichteintretensbeschlusses ausnahmsweise einen Verzicht auf Rückweisung, d.h. einen reformatorischen Entscheid des Verwaltungsgerichts rechtfertigen (vgl. § 63 N. 11).

Der zweite im Gesetz aufgeführte Rückweisungsgrund betrifft die *ungenügende* 3 *Feststellung des Sachverhalts*. Hier ist zu differenzieren: Sind mehrere und für einen sachgemässen Entscheid bedeutsame Teile des Sachverhalts nicht oder ungenügend abgeklärt worden, so rechtfertigt sich eine Rückweisung. Betrifft die ungenügende Sachverhaltsabklärung jedoch nicht das Entscheidfundament, sondern nur einzelne, nebensächliche Punkte des Sachverhalts, so soll das Gericht in der Regel selber die Sachverhaltsabklärung vervollständigen; es verfügt dazu über die notwendigen Mittel (vgl. § 60).

Hat eine untere Instanz dem Beschwerdeführer das *rechtliche Gehör verweigert*, 4 so führt dies nicht zwingend zu einer Rückweisung. Ein reformatorischer Entscheid des Gerichts setzt bei derartigen Mängeln allerdings voraus, dass sie als «heilbar» betrachtet werden. Nach der Praxis des Bundesgerichts kann trotz der formellen Natur des Gehörsanspruchs dessen Verletzung geheilt werden, wenn der Betroffene die Möglichkeit hat, sich vor einer Beschwerdeinstanz zu äussern, die zur freien Prüfung aller Fragen befugt ist, welche der unteren Instanz hätten unterbreitet werden können (BGE 114 Ia 314, mit Hinweisen; RB 1995 Nr. 23, mit Hinweisen). Nach Auffassung namhafter Autoren sollte der Rahmen für die Heilung von Gehörsverletzungen enger gesteckt werden (Georg Müller, in: Kommentar aBV, Art. 4 Rz. 103; Imboden/Rhinow/Krähenmann, Nr. 87 B III). Das Verwaltungsgericht ist dieser Kritik nicht gefolgt; es entscheidet im Einzelfall nach der konkreten Interessenlage darüber, ob die festgestellte Verletzung des Gehörsanspruchs zur Rückweisung der Sache an die untere Instanz oder zu einem reformatorischen Gerichtsentscheid führt (RB 1995 Nr. 23). Zur Heilung von Gehörsverweigerungen vgl. § 8 N. 48 ff.

Die Rückweisung ist geboten, wenn sich die Kognition des Gerichts nach § 50 5 Abs. 1 und 2 richtet und für den zu treffenden Neuentscheid *Ermessen* auszuüben ist (RB 1982 Nr. 42 = ZBl 84/1983, S. 41 = ZR 82 Nr. 18; RB 1976 Nr. 19; vgl. RB 1961 Nr. 30 = ZR 60 Nr. 103). Auch in solchen Fällen ist die Rückweisung jedoch nicht zwingend, weil das Gericht im Fall des Neuentscheids ausnahmsweise über die Kompetenz zur Entscheidung von Ermessensfragen verfügt (vgl. § 63 N. 11; RB 1987 Nr. 12). Im Interesse der speditiven Streiterledigung sollte das Gericht nur bei schwierigen und voraussichtlich umstrittenen Ermessensfragen zurückweisen, es sei denn, es gehe um Ermessensfragen des kommunalen Rechts. Eine Rückweisung kommt ferner dort in Betracht,

§ 64

wo nur die Verwaltung, nicht aber das Gericht über die für die Klärung der tatsächlichen Verhältnisse notwendige *Sachkunde* verfügt. Allerdings kann das Verwaltungsgericht, um eine Rückweisung zu vermeiden, von der Verwaltung Amtsberichte sowie von Sachverständigen Gutachten einholen; es gibt jedoch Fälle, bei denen diese Mittel ihrer Natur nach nicht ausreichen und deshalb eine Rückweisung geboten ist (vgl. BGE 95 I 77 E. 3).

6 Nach dem Wortlaut des Abs. 1 kann das Verwaltungsgericht nur an die Vorinstanz zurückweisen (vgl. RB 1994 Nr. 68); dieser bleibt es unbenommen, die Sache an eine untere Instanz weiter zurückzuweisen. Über den Wortlaut hinaus kommt aber eine direkte Rückweisung an eine *untere Instanz* in Betracht (Sprungrückweisung). Das gilt einmal für Verfügungen der *Gemeinden,* die sich auf kommunales Recht stützen (vgl. RB 1961 Nr. 30 = ZR 60 Nr. 103; Fehr, S. 351 f.); geht es dabei um Ermessensfragen des kommunalen Rechts, ist die Rückweisung an die Gemeindebehörde zur Wahrung der Gemeindeautonomie sogar geboten. Entgegen der in der ersten Auflage vertretenen Auffassung kann das Verwaltungsgericht die Sache auch an untere *staatliche* Behörden zurückweisen.

7 Bei der Gutheissung von Nachbarbeschwerden besteht im Allgemeinen kein Bedarf nach Rückweisung, weil hier mit der Aufhebung der Baubewilligung, einer Polizeibewilligung, der Rechtsstreit entschieden ist. Wenn der beschwerdeführende Nachbar nicht die Verweigerung der Baubewilligung, sondern etwa den Erlass einer den privaten Beschwerdegegner beschwerenden Nebenbestimmung verlangt, oder wenn das Gericht die Baubewilligung lediglich zugunsten des Nachbarn abändert, soll das Gericht den Neuentscheid in der Regel ebenfalls selber treffen.

8 Weil mit dem Rückweisungsentscheid das streitige Rechtsverhältnis nicht – reformatorisch – geregelt wird (zum reformatorischen Gehalt des Sachentscheids vgl. § 63 N. 8), wird im Dispositiv lediglich die Aufhebung des angefochtenen Entscheids sowie die Anordnung der Rückweisung, allenfalls verbunden mit der Aufforderung zur weiteren Untersuchung und/oder Neubeurteilung, festgehalten. Obwohl sich die Bindung der unteren Instanz an die rechtliche Beurteilung in den Erwägungen des Rückweisungsentscheids unmittelbar aus dem Gesetz ergibt (dazu N. 10 f.), wird im Dispositiv regelmässig auf die Erwägungen oder auf einen Teil derselben verwiesen. Die Verweisung auf bestimmte Erwägungen empfiehlt sich dann, wenn klargestellt werden soll, dass den übrigen Erwägungen kein Dispositivcharakter, mithin keine Verbindlichkeit, zukommen soll.

9 Rückweisungsentscheide des Verwaltungsgerichts, mit denen eine für die Streiterledigung grundsätzliche Frage beurteilt wird, sind mit Verwaltungsgerichtsbeschwerde wie Endentscheide anfechtbar (BGE 107 Ib 221 f.), mit staatsrechtlicher Beschwerde wegen Verletzung von Art. 4 aBV nach Art. 87 OG hingegen nur unter der Voraussetzung eines nicht wiedergutzumachenden Nachteils

(BGE 116 Ia 199), was für Gemeinden in der Regel bejaht wird (BGE 116 Ia 44, 225; vgl. § 48 N. 18).

2. Neuentscheid durch die Vorinstanz

Bei ihrem Neuentscheid ist die Vorinstanz an die in der Begründung des Rückweisungsentscheids enthaltene *rechtliche Beurteilung der Streitsache gebunden* (Abs. 2 Satz 2). Diese Bindungswirkung entspricht jener, welche den Erwägungen in Entscheiden des Bundesgerichts zukommt (BGE 117 V 241 betreffend Verwaltungsgerichtsbeschwerde; BGE 112 Ia 353 ff. betreffend staatsrechtliche Beschwerde; vgl. auch § 336 Abs. 1 PBG, § 104 Abs. 2 GVG). Damit soll verhindert werden, dass über dieselbe rechtliche Streitfrage ein zweites Verfahren vor Verwaltungsgericht stattfindet. Die Bindung gilt nicht nur, wie dem Wortlaut von Abs. 2 Satz 2 entnommen werden könnte, bezüglich der Erwägungen, mit denen «die Rückweisung begründet» wurde. Wird z.B. die Bewilligungsfähigkeit eines Projekts in den übrigen – nicht die Rückweisung betreffenden – Punkten aufgrund zusätzlicher Erwägungen bestätigt, so sind die Vorinstanzen im zweiten Rechtsgang auch an diese gebunden (vgl. RB 1993 Nr. 57 = BEZ 1993 Nr. 28). Anderseits sind allgemeine Hinweise und obiter dicta im Rückweisungsentscheid nicht verbindlich (BGE 112 Ib 288). Dass die Vorinstanz ihren neuen Entscheid auf zusätzliche Erwägungen stützen darf, die weder im aufgehobenen noch im rückweisenden Entscheid enthalten sind (BGE 112 Ia 354 ff.), versteht sich von selbst; ohne diesen Spielraum wären Rückweisungen bei einem ordentlichen und grundsätzlich reformatorischen Rechtsmittel, wie es die Beschwerde an das Verwaltungsgericht darstellt, kaum zu rechtfertigen.

Im Verwaltungsverfahren vor unterer Instanz sind *neue tatsächliche Behauptungen und neue Beweismittel zulässig* (Abs. 2 Satz 1). Das Gesetz trägt damit dem Umstand Rechnung, dass der wichtigste Rückweisungsgrund eine ungenügende Sachverhaltsabklärung ist; auch bei der Neuentscheidung von Ermessensfragen können neue Sachverhaltsabklärungen notwendig werden. Der Umfang der zulässigen Noven ergibt sich im Einzelnen allerdings aus den Erwägungen des Rückweisungsentscheids; ist danach eine ergänzende Sachverhaltsermittlung nur bezüglich einzelner Streitpunkte erforderlich, so dürfen sich neue Tatsachenbehauptungen und Beweismittel nur auf diese beziehen (RB 1983 Nr. 24). Neue *rechtliche* Vorbringen sind unbeachtlich, soweit ihnen die vom Verwaltungsgericht vorgenommene Beurteilung entgegensteht. Sie sind jedoch dann zu berücksichtigen, wenn neu in das Verfahren eingebrachte Tatsachen neue Rechtsfragen aufwerfen oder nach einer neuen Beurteilung der vom Gericht entschiedenen Rechtsfragen rufen. In solchen Fällen liegt jedoch meist ein veränderter Streitgegenstand vor, weshalb hier die Bindung an die rechtliche Beurteilung durch das Verwaltungsgericht dahinfällt.

12 An der in der ersten Auflage (N. 11) vertretenen Auffassung, dass die Vorinstanz in ihrem Neuentscheid ohne weiteres eine reformatio in peius vornehmen dürfe, ist nicht festzuhalten. Zu dieser Frage besteht allerdings keine einheitliche Praxis (vgl. RB 1992 Nr. 94, mit Hinweisen; § 27 N. 24).

13 Wird ein auf Rückweisung hin ergangener vorinstanzlicher Entscheid erneut an das Verwaltungsgericht weitergezogen, so ist dieses nicht – auch nicht kraft Bundesrechts nicht (BGE 92 I 508) – an seine im ersten Rechtsgang vertretene Rechtsauffassung gebunden; vielmehr kann es diese überprüfen, bestätigen, ergänzen oder ändern. Denn der Rückweisungsentscheid steht einer prozessleitenden Anordnung nahe (vgl. § 19 N. 57, § 48 N. 16) und entfaltet wie diese keine materielle Rechtskraft (RB 1984 Nr. 16; vgl. RB 1981 Nr. 23).

3. Form und Mitteilung des Entscheides

§ 65. Der Entscheid des Verwaltungsgerichtes ist den am Beschwerdeverfahren Beteiligten und dem Regierungsrat schriftlich und begründet mitzuteilen.

Der Entscheid kann vor der schriftlichen Mitteilung mündlich oder durch Zustellung des Dispositives eröffnet werden.

Materialien
Weisung 1957, S. 1052; Prot. KK 21.3.1958; Prot. KR 1955–1959, S. 3404; Beleuchtender Bericht 1959, S. 412.

Übersicht	Note
1. Form	1
2. Eröffnung	4
3. Öffentliche Urteilsverkündung	6
4. Rechtsmittel	9

1. Form

1 Der Entscheid des Verwaltungsgerichts enthält in der Regel vier *Teile:* Urteilskopf (Gericht, Datum, Besetzung, Beteiligte), Darlegungen zum Streitgegenstand (Sachverhaltsumschreibung, Verfahrensablauf, Parteianträge), Erwägungen und Dispositiv.

2 Den *Erwägungen* soll entnommen werden können, aufgrund welcher tatsächlichen Feststellungen und welcher rechtlichen Gründe der Entscheid getroffen worden ist; nicht notwendig ist eine Auseinandersetzung mit allen Parteierörterungen (RB 1961 Nr. 11, 1968 Nr. 24; Gygi, S. 321; Rolf Tinner, Das rechtliche Gehör, ZSR 98/1964 II, S. 363). Bestätigt das Gericht den angefochtenen Entscheid, so kann es auf dessen Erwägungen verweisen, soweit es ihnen beipflichtet und sich der Beschwerdeführer damit nicht im Einzelnen auseinandergesetzt hat (§ 70 i.V.m. 28 Abs. 1). Sogenannte *obiter dicta,* d.h.

Erörterungen nicht entscheidungswesentlicher Rechtsfragen, sind gelegentlich sinnvoll, sollten aber nur zurückhaltend eingesetzt werden. Zu den Anforderungen an die Begründung eines Rekursentscheids vgl. § 28 N. 4.

Eine *Rechtsmittelbelehrung* ist erforderlich, soweit gegen den Entscheid die 3 Verwaltungsgerichtsbeschwerde an das Bundesgericht offen steht (§ 70 i.V.m. § 10 Abs. 2). Für ausserordentliche Rechtsmittel wie die Revision oder die staatsrechtliche Beschwerde ist eine Rechtsmittelbelehrung nicht notwendig (RB 1976 Nr. 2, mit Hinweisen).

2. Eröffnung

Die verwaltungsgerichtlichen Entscheide sind nach dem Wortlaut allen *Betei-* 4 *ligten* im formellen Sinn (dazu § 58 N. 1 ff.) sowie dem *Regierungsrat* mitzuteilen, Letzterem mithin auch dann, wenn er nicht zu den Beteiligten zählt. Das Verwaltungsgericht stellt darüber hinaus seine Entscheide den am vorangegangenen Verfahren oder am Vollzug mitwirkenden Instanzen selbst dann zu, wenn sie formell nicht zu den Beteiligten gehören (z.B. Gemeinderat, Statthalter). Soweit die Verwaltungsgerichtsbeschwerde an das Bundesgericht offen steht, sind die Entscheide auch der beschwerdeberechtigten *Bundesbehörde,* d.h. dem zuständigen Departement oder der zuständigen Dienstabteilung der Bundesverwaltung, zuzustellen (Art. 103 lit. b OG). Entscheide, die in Anwendung des SVG ergehen, sind der erstinstanzlich verfügenden Behörde mitzuteilen, da diese zur Verwaltungsgerichtsbeschwerde legitimiert ist (Art. 24 Abs. 5 lit. a SVG; Kölz/Häner, Rz. 585; vgl. § 21 N. 81).

Abs. 2 sieht die Möglichkeit vor, das *Dispositiv* vor der «schriftlichen» (gemeint 5 ist der begründeten) Mitteilung des Entscheids mündlich oder schriftlich zu eröffnen. Damit kann bei Entscheiden, die mit staatsrechtlicher Beschwerde anfechtbar sind, die sofortige Vollstreckbarkeit herbeigeführt werden (vgl. § 66). Die mündliche Eröffnung des Dispositivs ist selten. Desgleichen wird von der Möglichkeit, das Dispositiv im Voraus schriftlich zu eröffnen, kaum Gebrauch gemacht, denn ohne begründeten Entscheid kann die unterliegende Partei weder staatsrechtliche noch Verwaltungsgerichtsbeschwerde führen und damit beim Bundesgericht auch nicht um aufschiebende Wirkung ersuchen. Die Zustellung des Dispositivs kommt – vom Amtes wegen oder auf Parteibegehren hin – etwa in Frage, wenn damit einer trölerischen Prozessführung begegnet werden soll oder wenn die Vollstreckung besonders dringlich ist. Ein schriftlicher, begründeter Entscheid muss in jedem Fall zugestellt werden, auch wenn mündliche oder schriftliche Mitteilung des Dispositivs vorangehen.

§ 65

3. Öffentliche Urteilsverkündung

6 In Verfahren mit verwaltungsrechtlichen Zivil- und Strafsachen im Sinn von Art. 6 Ziff. 1 EMRK muss das Urteil «öffentlich verkündet» werden. Nach der Rechtsprechung der Strassburger Organe ist dies nicht wörtlich in dem Sinn zu verstehen, dass der Entscheid im Anschluss an die Urteilsfällung verlesen werden müsste. Als rechtsgenügende Formen der Bekanntmachung gelten auch die Auflage der schriftlich begründeten Urteile in der Gerichtskanzlei, die Aushändigung von Urteilskopien oder die Veröffentlichung in allgemein zugänglichen Publikationen (Herzog, S. 336 f.). Ein Anspruch Dritter (nicht am Verfahren Beteiligter) auf Einsichtnahme in – weitere – Akten kann aus dem Gebot der öffentlichen Urteilsverkündung nicht abgeleitet werden.

7 Das Verwaltungsgericht hat die öffentliche Urteilsverkündung im Reglement über die Aktenöffnung und Auskunftserteilung an Dritte vom 23.6.1997 geregelt (zu diesem Reglement vgl. eingehend § 40 N. 14 ff.). In der Gerichtskanzlei wird eine Liste der nach Art. 6 Ziff. 1 EMRK öffentlich verhandelten Geschäfte geführt. Darin werden diese Geschäfte nach Zustellung des Entscheids an die Parteien noch während 30 Tagen aufgeführt, unter Angabe der Parteien sowie des Verhandlungs-, des Erledigungs- und des Versanddatums. Aufgrund dieser öffentlichen Liste können Dritte innerhalb der genannten Frist Einsicht in den Entscheid verlangen (§ 5 Abs. 1 Reglement). Weitere Akten können nicht eingesehen werden. Bei Ausschluss des Publikums wird der Entscheid in der Regel nur im Dispositiv bekannt gegeben. Es werden keine Kopien des Entscheids ausgehändigt (§ 5 Abs. 2 Reglement).

8 Ob die Parteien auf die öffentliche Urteilsbekanntgabe – in gleicher Weise wie auf die öffentliche Verhandlung (dazu § 59 N. 7) – verzichten können, ist umstritten (bejahend BGE 116 Ia 66 ff.; kritisch Herzog, S. 353 f.).

4. Rechtsmittel

9 Gegen Entscheide des Verwaltungsgerichts, die in Anwendung von Bundesverwaltungsrecht ergehen, steht die Verwaltungsgerichtsbeschwerde an das Bundesgericht nach Art. 97 ff. OG offen (vgl. § 42 N. 3). Soweit dieses Rechtsmittel nicht gegeben ist, kann staatsrechtliche Beschwerde nach Art. 84 OG erhoben werden. Stets vorbehalten bleibt das ausserordentlichen Rechtsmittel der Revision nach § 86a VRG. Sofern die Verwaltungsgerichtsbeschwerde offen steht, ist eine entsprechende Rechtsmittelbelehrung erforderlich (Art. 1 Abs. 3 i.V.m. Art. 35 VwVG).

10 Die Verwaltungsgerichtsbeschwerde ist zulässig gegen Verfügungen, die sich auf öffentliches Recht des Bundes stützen oder hätten stützen sollen (Art. 5 VwVG i.V.m. Art. 97 OG), sofern diese von einer der in Art. 98 OG genannten Vorin-

stanzen erlassen worden ist und keiner der in Art. 99 ff. OG oder in der Spezialgesetzgebung vorgesehenen Ausschlussgründe greift. Sodann unterliegen der Verwaltungsgerichtsbeschwerde gemischtrechtliche Verfügungen bzw. (auch) auf unselbständiges kantonales Ausführungsrecht zum Bundesrecht gestützte Anordnungen sowie auf übrigem kantonalem Recht beruhende Anordnungen, die einen hinreichend engen Sachzusammenhang mit der im Rahmen der Verwaltungsgerichtsbeschwerde zu beurteilenden Frage des Bundesverwaltungsrechts aufweisen. Soweit dem angefochtenen Entscheid selbständiges kantonales Recht ohne den genannten Sachzusammenhang zugrunde liegt, steht die staatsrechtliche Beschwerde zur Verfügung (BGE 123 I 277, 123 II 361; Kälin, S. 291 ff.; Karlen, Rz. 3.23). Mit Verwaltungsgerichtsbeschwerde kann ferner selbst gegenüber einem ausschliesslich auf kantonalem Recht beruhenden Nichteintretensentscheid geltend gemacht werden, formelles oder materielles Bundesverwaltungsrecht sei zu Unrecht nicht angewendet worden, dies allerdings nur dann, wenn der angefochtene Nichteintretensentscheid in einer grundsätzlich der eidgenössischen Verwaltungsgerichtsbarkeit unterstehenden Angelegenheit ergangen ist (BGE 123 II 234, 121 II 192, 120 Ib 382). Selbständiges kantonales Recht mit dem genannten Sachzusammenhang prüft das Bundesgericht im Rahmen der Verwaltungsgerichtsbeschwerde nur mit der Kognition, wie sie für die staatsrechtliche Beschwerde massgeblich ist (BGE 118 Ib 199, 237). Für die Frage des Rechtsmittelwegs kommt es nicht auf die in der Beschwerdeschrift formal erhobenen Rügen an, sondern darauf, ob die Grundlage der Verfügung dem öffentlichen Recht des Bundes oder dem selbständigen kantonalen Recht angehört (BGE 118 Ib 132). Stützt sich der angefochtene Entscheid sowohl auf selbständiges kantonales Recht als auch auf eidgenössisches Recht, sind beide Rechtsmittel zu ergreifen, die dem Bundesgericht in einer einzigen Eingabe unterbreitet werden können (BGE 118 Ia 11).

§ 66. Entscheide des Verwaltungsgerichts sind mit Eintritt der Rechtskraft vollstreckbar. 4. Vollstreckung

Materialien
Weisung 1957, S. 1052; Prot. KK 21.3.1958; Prot. KR 1955–1959, S. 3404; Beleuchtender Bericht 1959, S. 412; Weisung 1995, S. 1539; Prot. KK 1995/96, S. 132; Prot. KR 1995–1999, S. 6505; Beleuchtender Bericht 1997, S. 6.

Übersicht Note
1. Rechtskraft 1
2. Vollstreckbarkeit 5

§ 66

1. Rechtskraft

1 Die *formelle* Rechtskraft bedeutet Unanfechtbarkeit und beendet die Rechtshängigkeit (Gygi, S. 322). Entscheide des Verwaltungsgerichts, gegen welche lediglich die staatsrechtliche Beschwerde offen steht, werden mit der Eröffnung des Dispositivs an die Beteiligten formell rechtskräftig. Ist die Verwaltungsgerichtsbeschwerde an das Bundesgericht zulässig, beginnt die Rechtskraftwirkung mit Ablauf der Rechtsmittelfrist, sofern das Rechtsmittel nicht erhoben wird (Art. 106 OG).

2 Verwaltungsgerichtliche Entscheide werden mit dem Eintritt der formellen Rechtskraft auch inhaltlich unabänderlich und damit *materiell* rechtskräftig; das Verwaltungsgericht kann darauf – vorbehältlich der Revision – nicht zurückkommen (RB 1960 Nr. 7, mit Hinweisen). Die Rechtskraft schliesst das ganze Dispositiv, insbesondere auch die Kosten- und Entschädigungsregelung ein (vgl. RB 1963 Nr. 32).

3 Wegen ihrer materiellen Rechtskraft ist die Rechtsbeständigkeit der verwaltungsgerichtlichen Entscheide stärker als jene von Verwaltungsverfügungen; d.h. die gerichtlichen Entscheide selber können nur mit einer Revision nach § 86a abgeändert werden (Vorbem. zu §§ 86a–86d N. 5). Dies bedeutet jedoch nicht, dass vom Verwaltungsgericht letztinstanzlich festgelegte Rechtsverhältnisse bei veränderten Verhältnissen nur unter erschwerteren Voraussetzungen modifiziert werden dürften, als dies bei unangefochtenen Verfügungen der Fall ist; sonst würde die Rechtsbeständigkeit eines Aktes davon abhängen, ob er an das Gericht weitergezogen worden ist (vgl. Kölz, Prozessmaximen, S. 47, 74). Bei Anordnungen mit Dauerwirkungen – also bei Verfügungen, die ohne Anfechtung nur in formelle, nicht in materielle Rechtskraft erwachsen wären (Vorbem. zu §§ 86a–86d N. 13) – geht vielmehr die Kompetenz zur Neuregelung wieder an die Verwaltung über, die neu verfügen kann, sofern sich die Verhältnisse wesentlich verändert haben (RB 1963 Nr. 33; RB 1961 Nr. 31 = ZR 60 Nr. 103; BGE 97 I 752 f.; Sommer, Weiterentwicklung, S. 153). Die neue Verfügung ist dann wiederum gerichtlich anfechtbar.

4 Vgl. zur Rechtskraft auch Vorbem. zu §§ 86a–86d N. 5 ff.

2. Vollstreckbarkeit

5 Formell rechtskräftige Urteile sind auf jeden Fall vollstreckbar (Gygi, S. 322; Kölz, Prozessmaximen, S. 47). Nach der ursprünglichen Fassung von § 66 waren verwaltungsgerichtliche Entscheide mit ihrer Eröffnung vollstreckbar. Diese Regelung beruhte auf dem damaligen Konzept des Gesetzes, wonach die Beschwerde an das Verwaltungsgericht in den Fällen, die einem *ordentlichen* Rechtsmittel an eine eidgenössische Instanz unterlagen, unter Vorbehalt abwei-

chender gesetzlicher Vorschriften unzulässig war (§ 49); abgesehen von solchen Ausnahmen wurden somit Verwaltungsgerichtsurteile regelmässig mit ihrer Eröffnung formell rechtskräftig. Schon nach damaliger Praxis wurde in der Regel mit der Vollstreckung bis zum Ablauf der 30-tägigen Frist für das ausserordentliche Rechtsmittel der staatsrechtlichen Beschwerde zugewartet, damit die allfällige Anordnung vorsorglicher Massnahmen bzw. der aufschiebenden Wirkung durch das Bundesgericht nicht präjudiziert wurde. Die revidierte Fassung ist ausgerichtet auf die Erweiterung der gerichtlichen Zuständigkeit auf Streitigkeiten des Bundesverwaltungsrechts, die mit Verwaltungsgerichtsbeschwerde an das Bundesgericht weitergezogen werden können (Art. 98a OG). Sie will der Regelung von Art. 111 Abs. 1 OG Rechnung tragen, wonach Verwaltungsgerichtsbeschwerden an das Bundesgericht gegen Verfügungen, die den Privaten zu einer Geldleistung verpflichten, von Gesetzes wegen aufschiebende Wirkung haben (Weisung 1995, S. 1539). Der Gesetzgeber hat aber dabei verkannt, dass Entscheide auch bei fehlender Rechtskraft vollstreckbar sind, sofern dem Rechtsmittel keine aufschiebende Wirkung zukommt (vgl. Gygi, S. 243). Verwaltungsgerichtsbeschwerden gegen Entscheide, die nicht einen Privaten zu einer Geldleistung verpflichten, kommt nur aufschiebende Wirkung zu, wenn sie vom Bundesgericht angeordnet wird (Art. 111 Abs. 2 OG). Auch in solchen Fällen ist daher der Verwaltungsgerichtsentscheid gemäss § 66 während der Dauer des bundesgerichtlichen Verfahrens nicht vollstreckbar, ungeachtet dessen, dass der Verwaltungsgerichtsbeschwerde keine aufschiebende Wirkung zukommt.

Verwaltungsgerichtliche Entscheide sind durch die erstinstanzlich verfügende Behörde zu vollstrecken (§ 70 i.V.m. § 29 Abs. 1). Zur Vollstreckung vgl. §§ 29–31. 6

§§ 67–69. aufgehoben.

§ 70. Soweit keine besonderen Bestimmungen für das Verfahren bestehen, sind die Vorschriften über das Verwaltungsverfahren entsprechend anwendbar.

IX. Ergänzende Vorschriften

1. Verwaltungsverfahren

Materialien
Weisung 1957, S. 1042 ff.; Prot. KK 21.3.1958, 21.10.1958; Prot. KR 1955–1959, S. 3403 f.; Beleuchtender Bericht 1959, S. 57.

Mit fehlenden «Bestimmungen für das Verfahren» innerhalb des Unterabschnitts B (Das Verwaltungsgericht als Beschwerdeinstanz; §§ 41–71) sind Bestimmungen über das Beschwerdeverfahren im weiteren Sinn gemeint. Darunter fällt nicht nur das Beschwerdeverfahren im engeren Sinn (§§ 56–62), sondern der weitergreifende Regelungsbereich von §§ 53–66. Schon von der Sache her kaum 1

§ 70

berührt werden anderseits die Bestimmungen über die Zulässigkeit der Beschwerde (§§ 41–43) und über die Beschwerdegründe (§§ 50–52). Durch die Verweisung in § 70 werden subsidiär die Bestimmungen über das Verwaltungsverfahren (§§ 4–31) als anwendbar erklärt (vgl. Bosshart, § 70 N. 1). Für die Beurteilung der Zulässigkeit der Beschwerde (§§ 41–43) ist zudem § 1 (Beschränkung der sachlichen Zuständigkeit auf öffentlichrechtliche Angelegenheiten) zu beachten, obwohl diese Bestimmung nicht ausdrücklich von der Verweisung erfasst wird.

2 Weil die §§ 80c und 86 auf die Bestimmungen über das Beschwerdeverfahren verweisen, kommen die §§ 4–31 subsidiär auch für die Verfahren vor dem Verwaltungsgericht als Personalgericht und als einziger Instanz zur Anwendung (Bosshart, § 70 N. 1).

3 Nur dort, wo für entscheidnotwendige Fragen im abgesteckten Regelungsbereich besondere Bestimmungen fehlen, kommen die §§ 4–31 zur Anwendung (vgl. RB 1961 Nr. 5 = ZR 60 Nr. 112). Zudem sind diese Vorschriften nur «entsprechend» anwendbar, was insbesondere bedeutet, dass dem «parteimässigen» (kontradiktorischen) Charakter des Beschwerdeverfahrens Rechnung zu tragen ist. Die Verweisung in § 70 geht der ergänzenden Verweisung auf die allgemeinen Vorschriften des Gerichtsverfassungsgesetzes betreffend das Verfahren in § 71 vor (Sommer, Verwaltungsgericht, S. 284).

4 Aufgrund ihres Regelungsgegenstands bzw. mangels eigenständiger Regelung in §§ 53–66 sind folgende Normen über das Verwaltungsverfahren subsidiär anwendbar: § 5 (Prüfung der Zuständigkeit, Überweisung an die zuständige Behörde), § 5a (Ausstand; vgl. Weisung 1995, S. 1540), § 6 (vorsorgliche Massnahmen), § 6a (Bezeichnung eines gemeinsamen Zustellungsdomizils oder eines gemeinsamen Vertreters), § 6b (Bezeichnung eines Zustellungsdomizils oder eines Vertreters in der Schweiz), § 10 Abs. 2 (Rechtsmittelbelehrung), § 10 Abs. 3 (Mitteilung durch amtliche Veröffentlichung des Entscheids), § 11 (Fristen), § 12 (Fristerstreckung, Fristwiederherstellung), §§ 13/14 (Kostenauflage), § 15 (Kostenvorschuss), § 16 (Unentgeltliche Rechtspflege), § 21 (Legitimation), § 26 Abs. 2 Satz 2 (Verpflichtung der Vorinstanz zur Vernehmlassung), § 26 Abs. 3 (Dauer der Vernehmlassungsfrist und deren Erstreckung), § 28 Abs. 1 Satz 2 (Verweis auf vorinstanzliche Erwägungen), § 29 Abs. 2 (Zuständigkeit bezüglich der Vollstreckung von Rekursentscheiden), § 30 Abs. 1 lit. b (Ersatzvornahme auf Kosten des Pflichtigen).

5 Der in § 7 normierte Grundsatz der Untersuchung vom Amtes wegen gilt im Beschwerdeverfahren nur sehr abgeschwächt (dazu § 60 N. 1–3). Der das Recht zur Akteneinsicht gewährleistende § 8 ist nicht subsidiär anwendbar, da mit § 57 Abs. 1 eine Sondernorm besteht. Für deren Einschränkungen gilt hingegen auch im Beschwerdeverfahren § 9 (vgl. zudem § 57 Abs. 2, der sich im Beschwerdeverfahren als eine zusätzliche Einschränkung auswirkt). Nicht bloss

«entsprechend» sondern unmittelbar anwendbar ist § 17 Abs. 2 (Parteientschädigung), da diese Bestimmung ausdrücklich Bezug auf das Verfahren vor Verwaltungsgericht nimmt. «Ergänzend» – zu § 56 Abs. 1 (vgl. § 56 N. 8) – anwendbar ist § 23 Abs. 2 (Verbesserung der Rekursschrift).

Ausgeschlossen ist die Anwendung folgender Bestimmungen: § 10a (Verzicht auf Begründung), §§ 19–19c (Weiterziehbare Anordnungen), § 20 (Rekursgründe), § 22 (Rekurserhebung), § 23 Abs. 1 (Form der Rekurserklärung), § 24 (Beweismittel), § 25 (Aufschiebende Wirkung), § 26 Abs. 1 (Vorprüfung und Aktenbeizug), § 26 Abs. 2 Satz 1 (Gelegenheit zur Vernehmlassung), § 26 Abs. 4 (weiterer Schriftenwechsel, mündliche Verhandlung), § 26a (Verfahren vor dem Regierungsrat), § 27 (Überprüfungsbefugnis), § 27a (Behandlungsfrist), § 28 Abs. 1 Satz 1 und Abs. 2 (Rekursentscheid). 6

§ 71. Die für Zivilsachen geltenden allgemeinen Vorschriften des Gerichtsverfassungsgesetzes betreffend das Verfahren finden ergänzend Anwendung.

2. Gerichtsverfassungsgesetz

Materialien
Weisung 1957, S. 1052; Prot. KK 21.3.1958; Prot. KR 1955–1959, S. 3404; Beleuchtender Bericht 1959, S. 412; Weisung 1995, S. 1540; Prot. KK 1995/96, S. 132; Prot. KR 1995–1999, S. 6505; Beleuchtender Bericht 1997, S. 6.

Literatur
FRANK/STRÄULI/MESSMER, GVG §§ 121 ff.; GULDENER; HABSCHEID; HAUSER/HAUSER, §§ 135–221; WALDER.

Die Verweisung beschränkt sich heute auf die Bestimmungen des GVG über das *Verfahren* (§§ 121–200 GVG). Mit der Gesetzesrevision vom 8.6.1997 ist die Verweisung auf die Bestimmungen des GVG über den *Ausstand* (§§ 95–103) weggefallen, weil dieses im VRG bisher nicht geregelte Institut neu in § 5a normiert wird. § 5a kommt kraft der Verweisung in § 70 auch im Beschwerdeverfahren vor Verwaltungsgericht – i.V.m. §§ 80c und 86 zudem im Personalgerichts- und im Klageverfahren – zur Anwendung. Weil der Befangenheitsbegriff in § 5a Abs. 1 lit. a–c nicht abschliessend konkretisiert wird und das Ausstandsverfahren in § 5a Abs. 2 nur lückenhaft geregelt ist, ist die Praxis zu §§ 95–103 GVG, namentlich jene zu den materiellen Ausstandsgründen von §§ 95 und 96 GVG, nach wie vor zu berücksichtigen (Rotach, S. 439). Das gilt insbesondere für das Verfahren vor Verwaltungsgericht, wo aufgrund der zusätzlich wirksamen Garantien von Art. 58 Abs. 1 aBV bzw. Art. 30 Abs. 1 BV und Art. 6 Ziff. 1 EMRK strengere Anforderungen an die Unbefangenheit als im Verwaltungsverfahren gelten (dazu Rhinow/Koller/Kiss, Rz. 148 ff.). Die §§ 1–94, §§ 104–120 sowie §§ 201–209 GVG sind auf das Beschwerdeverfahren nicht anwendbar. 1

§ 71

2 Aufgrund seiner Stellung im Gesetz erklärt § 71 VRG die Vorschriften des GVG betreffend das Verfahren (§§ 121–200) ergänzend anwendbar nur mit Bezug auf den Unterabschnitt B (Das Verwaltungsgericht als Beschwerdeinstanz; §§ 41–71), nicht mit Bezug auf den Unterabschnitt A (Organisation des Verwaltungsgerichtes; §§ 32–40). Die §§ 121–131 GVG enthalten indessen vorwiegend organisatorische Bestimmungen über die Kompetenzen des Präsidenten und des Gerichtsschreibers. Der Sache nach sind diese von der Verweisung in § 71 VRG mitumfassten Bestimmungen ergänzend auch zu den §§ 32–40 VRG anwendbar.

3 Die Bestimmungen des GVG über das Verfahren (§§ 121–200) sind für das Beschwerdeverfahren in zweifacher Hinsicht nur subsidiär anwendbar. Einmal gehen die §§ 32–66 VRG sowie die Verordnungen über die Organisation und den Geschäftsgang des Verwaltungsgerichts bzw. über die Organisation und die Aufgaben des Sekretariats und der Kanzlei vor. Zudem finden die Vorschriften über das Verwaltungsverfahren (§§ 4–31 VRG) subsidiär Anwendung (§ 70 VRG). Erst in dritter Linie kommt die Anwendung des GVG in Betracht, und zwar nur dann, wenn in den erwähnten Bestimmungen entscheidnotwendige Fragen nicht beantwortet werden.

4 Im Einzelnen sind folgende Bestimmungen des GVG ergänzend anwendbar: § 121 Abs. 2 (Überwachung der Tätigkeit der Richter und Kanzleibeamten), § 122 (Leitung des Verfahrens), § 124 (Sitzungspolizei), § 125 (Stellvertretung), § 126 (Leitung der Kanzlei), § 128 (Amtsgeheimnis), § 129 (Verbot des Berichtens), § 130 (Amtssprache), § 131 (Form der Eingaben), § 132 (Zahl der Sitzungen), § 133 (Teilnahmepflicht), § 134 (Stellung des mitwirkenden Sekretärs), § 137 (Beratung), § 138 (Abstimmung), § 140 (Gerichtsferien; vgl. Sommer, Weiterentwicklung, S. 155), §§ 141–147 sowie §§ 149–154 (Protokoll), §§ 162–166 (Erläuterung und Berichtigung), §§ 167–171 (Ordnung der Akten und eingereichter Gegenstände), §§ 173–183 (Vorladungen), § 187 (Zustellung), § 189 Abs. 1 (Gesetzliche Fristen), § 190 (richterliche Fristen), § 195 (Verschiebung von Verhandlungen), § 196 (Säumnisfolgen), § 197 (Respektstunde), § 198 (Entschädigungsfolgen und Ordnungsbusse), § 200 (Wiederherstellung). Bei der Anwendung der Bestimmungen des GVG ist dem Charakter des Beschwerdeverfahrens Rechnung zu tragen (vgl. Bosshart, § 71 N. 1).

5 *Kasuistik:* Die Bestimmungen des Gerichtsverfassungsgesetzes über den Stillstand der Fristen während der Gerichtsferien gelten nur für das Verfahren vor Verwaltungsgericht, nicht für das Verwaltungs(rekurs)verfahren (RB 1985 Nr. 7). Im Revisionsverfahren vor Verwaltungsgericht steht die Revisionsfrist von § 86b Abs. 2 Satz 1 während der Gerichtsferien still (vgl. RB 1985 Nr. 22). Die Frist für die Rekurserhebung gegen Entscheide der Schätzungskommissionen nach § 46 AbtrG (i.d.F.v. 8.6.1997) steht während der Gerichtsferien still (vgl. bezüglich der früheren Einsprachefrist RB 1986 Nr. 114). Der Fristenlauf für die Anfechtung eines während der Gerichtsferien zugestellten Rekursentscheids

beginnt am ersten Tag nach Ablauf der Gerichtsferien (RB 1991 Nr. 13 = BEZ 1991 Nr. 24). Ist das Dispositiv eines verwaltungsgerichtlichen Entscheids unklar, unvollständig, zweideutig oder in sich bzw. zu den Entscheidungsgründen widersprüchlich, so kann, falls ein schützenswertes Interesse dargetan wird, Erläuterung verlangt werden (RB 1991 Nr. 15). Ein Ausstandsbegehren, das allein damit begründet wird, dass der abgelehnte Justizbeamte an einem für den Gesuchsteller ungünstig ausgegangenen früheren Verfahren vor der nämlichen Instanz mitgewirkt habe, ist unbeachtlich (RB 1990 Nr. 19).

C. Das Verwaltungsgericht als Rekurs- und Beschwerdeinstanz in Steuersachen

§ 72. Das Verwaltungsgericht ist in Steuersachen letzte Rekurs- und Beschwerdeinstanz nach den besonderen Bestimmungen der Steuergesetzgebung.

I. Zuständigkeit

Materialien
Weisung 1957, S. 1052; Prot. KK 24.3.1958, 28.3.1958; Beleuchtender Bericht 1959, S. 412; Weisung 1995, S. 1540; Weisung RR vom 13.7.1994 zum Steuergesetz, ABl 1994 II, S. 1335 ff., insb. S. 1513 ff.

Literatur
BOSSHART, Überprüfung; FISCHER ROLF, Verwaltungsgerichtlicher Schutz im Steuerrecht der Kantone, Zürich 1973; OESCH PATRICK K., Rekurs- und Beschwerde gegen zürcherische Staatssteuereinschätzungen, Zürich 1990; REIMANN AUGUST/ZUPPINGER FERDINAND/ SCHÄRRER ERWIN, Kommentar zum Zürcher Steuergesetz, Bde. I–IV, Bern 1961–1969, insb. Bd. III, §§ 95–97, 100/101, 106/107, 108–113; RICHNER FELIX/FREI WALTER, Kommentar zum Zürcher Erbschafts- und Schenkungssteuergesetz, Zürich 1996; RICHNER FELIX/ FREI WALTER/WEBER BARBARA/BRÜTSCH HANS R., Zürcher Steuergesetz, Kurzkommentar, 2. A., Zürich 1997; ZUPPINGER FERDINAND/SCHÄRRER ERWIN/FESSLER FERDINAND/REICH MARKUS, Kommentar zum Zürcher Steuergesetz, Ergänzungsband, 2. A., Bern 1983, insb. §§ 95–97, 100/101, 106/107, 108–113; ZWEIFEL MARTIN/ATHANAS PETER (Hrsg.), Kommentar zum Schweizerischen Steuerrecht, Bd. I/1, Bundesgesetz über die Harmonisierung der direkten Steuern der Kantone und Gemeinden, Basel/Frankfurt a.M. 1997, insb. Fünfter Titel: Verfahrensrecht (Art. 39–54).

Im Steuerrecht bildeten sich viel früher als im übrigen Verwaltungsrecht gerichtsähnliche Rechtsschutzeinrichtungen (vgl. Sommer, Weiterentwicklung, S. 157). Der zeitliche Vorsprung der Steuerjustiz gegenüber der allgemeinen Verwaltungsjustiz führte dazu, dass die beiden Bereiche organisations- und verfahrensmässig nicht ineinander integriert wurden, obwohl dies von der Sache her möglich und auch sinnvoll gewesen wäre. Auf organisationsrechtlicher Ebene erfolgte bei Schaffung des Verwaltungsrechtspflegegesetzes insofern ein Zusammenschluss, als das Verwaltungsgericht die Oberrekurskommission als oberste kantonale Rekurs- und Beschwerdeinstanz in Steuersachen ablöste. Mit den §§ 72

1

§ 72

und 73 sollte sichergestellt werden, dass die bezüglich Zuständigkeit und Verfahren bestehende Ordnung der Steuerrechtspflege im Übrigen unverändert weiter galt (vgl. RB 1961 Nr. 14 mit Verweis; RB 1961 Nr. 84).

2 § 72 hat nicht unmittelbar zuständigkeitsbegründende Wirkung, sondern lediglich deklaratorischen Charakter. Ob und inwieweit das Verwaltungsgericht in Steuersachen zuständige Rechtsmittelinstanz ist, bestimmt sich nach den besonderen Bestimmungen der Steuergesetzgebung. Letztere umfasst das *Steuergesetz*, das *Erbschafts- und Schenkungssteuergesetz* sowie die sich auf diese Gesetze stützenden Erlasse unterer Stufe. Das Steuergesetz regelt im ersten Teil (*«Staatssteuern»*) die Einkommens- und Vermögenssteuern von natürlichen Personen, die Gewinn- und Kapitalsteuern von juristischen Personen sowie die Quellensteuern von bestimmten natürlichen und juristischen Personen (vgl. § 1 StG), im zweiten Teil (*«Gemeindesteuern»*) die entsprechenden Steuern der politischen und der Kirchgemeinden (vgl. § 187 StG) sowie die Grundstückgewinn- und die Handänderungssteuern der politischen Gemeinden (vgl. § 205 StG) und im dritten Teil (*«Steuerstrafrecht»*) die Steuerbussen.

3 Verfügende Behörden und zugleich Einspracheinstanzen sind:
   – das kantonale Steueramt: Veranlagung der staatlichen Einkommens- und Vermögenssteuern, Gewinn- und Kapitalsteuern (§§ 138–142 StG) und Quellensteuern (§§ 144/146 StG), Revision solcher Veranlagungen (§ 158 StG), Erhebung der staatlichen und kommunalen Nachsteuern (§ 162 StG), Steuerbefreiung (§ 170 StG), interkommunale Steuerausscheidung (§§ 194/195 StG), Strafbescheid wegen Steuerwiderhandlung und Steuerhinterziehung (§ 243 Abs. 1 StG, ohne Einsprache);
   – eine kommunale Behörde: Erlass von Staats- und Gemeindesteuern (§§ 184, 206 StG, ohne Einsprache), Veranlagung der Grundsteuern einschliesslich Entscheid über Steuerbefreiungen, Nachsteuern und Bussen sowie Pfandrechte (§§ 210/211, 243 Abs. 2 StG);
   – die zuständige Kirchenbehörde: Bestand und Umfang der Kirchensteuerpflicht (§ 204 StG);
   – das Gemeindesteueramt: Bezug und Sicherstellung der Staats- und der Gemeindesteuern (§§ 172, 178, 181, 206 StG), kommunale Steuerhoheit (§ 192 StG), interkommunale Steuerausscheidung (§§ 194/195 StG);
   – die Finanzdirektion: Veranlagung der Erbschafts- und Schenkungssteuern einschliesslich Revision, Nachsteuererhebung, Bezug, Sicherstellung, Erlass und Bussen (§§ 41, 48, 53, 55, 58, 62, 71 ESchG).

4 Erstinstanzliche *Rekursbehörden in den nicht oder nicht unmittelbar an das Verwaltungsgericht weiterziehbaren Streitigkeiten* sind:
   – die *Steuerrekurskommissionen* in erster Linie (§§ 147, 158, 171, 196, 212 StG; zu deren Organisation vgl. §§ 112–118 StG);

§ 72 / § 73

- das kantonale Steueramt bezüglich Steuerbezug (§§ 172, 178, 206 StG);
- die Finanzdirektion hinsichtlich Steuererlass (§§ 185, 186, 206 StG).

Nicht an das Verwaltungsgericht weiterziehbar sind Streitigkeiten betreffend 5
Steuerbezug und Steuererlass (§§ 178, 185, 186 StG).

Das *Verwaltungsgericht* ist *Rekursbehörde* und damit einzige Rechtsmittelinstanz 6
in Streitigkeiten betreffend Erbschafts- und Schenkungssteuern (Veranlagung,
Revision, Nachsteuererhebung, Bezug, Sicherstellung, Strafsteuer; §§ 43, 51,
54, 71 ESchG) sowie in Streitigkeiten betreffend Nachsteuerveranlagung der
Staats- und Gemeindesteuern (§§ 162, 206 StG), Sicherstellung der Staats- und
Gemeindesteuern (§ 181 StG). In ähnlicher Stellung wie als Rekursinstanz wirkt
das Verwaltungsgericht bei Begehren um gerichtliche Beurteilung von Strafbescheiden wegen Verletzung von Verfahrenspflichten und Hinterziehung von
Steuern (§§ 252–257 StG).

In allen anderen Streitigkeiten betreffend Staats- und Gemeindesteuern – d.h. 7
bezüglich Veranlagung, Steuerbefreiung, bei den allgemeinen Gemeindesteuern zudem hinsichtlich Gemeindesteuerhoheit, Steuerausscheidung, Kirchensteuerpflicht – ist das Verwaltungsgericht zweite Rechtsmittelinstanz und damit *Beschwerdebehörde*, wobei als Vorinstanz durchwegs eine Steuerrekurskommission wirkt (§§ 153, 158, 171, 196, 213 StG).

Entscheide des Verwaltungsgerichts betreffend Staats- und Gemeindesteuern 8
unterliegen – mit Ausnahme solcher betreffend Steuerbezug, Sicherstellung und
Steuererlass – der *Verwaltungsgerichtsbeschwerde an das Bundesgericht*, sofern eine
Verletzung des Bundesgesetzes über die Harmonisierung der direkten Steuern
der Kantone und Gemeinden geltend gemacht wird (Art. 73 Abs. 1 StHG;
§§ 154, 214, 258 StG). Beschwerdebefugt sind die steuerpflichtige Person, die
nach kantonalem Recht zuständige Behörde und die Eidgenössische Steuerverwaltung (Art. 73 Abs. 2 StHG). Bei Erhebung der Quellensteuer steht das Beschwerderecht auch dem Schuldner der steuerbaren Leistungen zu (§ 154 Abs. 2
StG); bei Veranlagung der Grundstückgewinnsteuer gehört zu den beschwerdeberechtigten Behörden neben der Gemeinde und der Eidgenössischen Steuerverwaltung auch das kantonale Steueramt (§ 214 StG).

§ 73. Für Beschwerde, Rekurs und Revision sowie für deren Wirkung, Verfahren und Entscheid gelten die Bestimmungen des Steuergesetzes.

II. Verfahren

Materialien
Weisung 1957, S. 1052; Prot. KK 24.3.1958, 28.3.1958; Beleuchtender Bericht 1959,
S. 412; Weisung 1995, S. 1540; Prot. KK 1995/96, S. 132; Prot. KR 1995–1999, S. 6505;
Beleuchtender Bericht 1997, S. 6; Weisung RR vom 13.7.1994 zum Steuergesetz, ABl
1994 II, S. 1335 ff., insb. S. 1513 ff.

Literatur vgl. § 72.

§ 73

1 Dass für Beschwerde, Rekurs und Revision sowie für deren Wirkung, Verfahren und Entscheid die Bestimmungen des Steuergesetzes gelten, ist auf die eigenständige Entwicklung der Steuerrechtspflege zurückzuführen (vgl. § 72 N. 1). Unter «Steuergesetz» im Sinn von § 73 ist die Steuergesetzgebung (vgl. § 72 N. 2) gemeint. Anwendbar sind damit auch die einschlägigen Bestimmungen des Gesetzes über die Erbschafts- und Schenkungssteuer (§§ 43/44 ESchG), das jedoch seinerseits subsidiär auf die Bestimmungen des Steuergesetzes betreffend das Verfahren vor Rekurskommission verweist (§ 43 Abs. 4 ESchG).

2 Für das *verwaltungsgerichtliche Steuerrekursverfahren* – d.h. in Streitigkeiten betreffend Nachsteuerveranlagung der Staats- und Gemeindesteuern, Sicherstellung der Staats- und Gemeindesteuern sowie in solchen betreffend Erbschafts- und Schenkungssteuern (Veranlagung, Revision, Nachsteuererhebung, Bezug, Sicherstellung) – sind die steuergesetzlichen Bestimmungen über das Rekursverfahren, d.h. die primär für die Rekurskommission massgebenden §§ 147–152 StG sinngemäss anwendbar (§§ 162 Abs. 3, 181 Abs. 3 StG; § 43 Abs. 4 ESchG). Die dortige Regelung entspricht weitgehend jener für das Verwaltungsrekursverfahren (vgl. §§ 20–28 VRG). So können mit dem Steuerrekurs alle Mängel des angefochtenen Entscheids und des vorangegangenen Verfahrens gerügt werden (§ 147 Abs. 3 StG; § 43 Abs. 2 ESchG); das Verwaltungsgericht übt damit als Rekursinstanz neben voller Rechts- und Sachverhaltskontrolle auch Ermessenskontrolle aus. Das Verwaltungsgericht ist nicht an die Parteianträge gebunden (§ 149 Abs. 2 StG). Nicht anwendbar auf das verwaltungsgerichtliche Verfahren ist § 149 Abs. 1 StG (Behandlungsfrist von 60 Tagen); denn mit dieser Vorschrift sollten entsprechend § 27a VRG lediglich die dem Gericht vorgeschalteten Rekursinstanzen eingebunden werden.

3 Eine *besondere Regelung* besteht für das *Steuerstrafverfahren vor Verwaltungsgericht*, d.h. für die gerichtliche Beurteilung von Strafbescheiden (§§ 252–259 StG); hier sind die Bestimmungen über das Rekursverfahren (§§ 147–152 StG) nur subsidiär anwendbar (§ 257 StG). Die neue Regelung berücksichtigt die vom Verwaltungsgericht zum altrechtlichen Strafsteuerverfahren (§ 191 aStG) entwickelten Grundsätze (vgl. RB 1987 Nrn. 43, 47, 49, 1988 Nr. 39, 1989 Nrn. 39, 40, 1990 Nrn. 46–49, 1991 Nrn. 29, 32, 33, 34).

4 Für das *verwaltungsgerichtliche Steuerbeschwerdeverfahren,* d.h. für den grössten Teil der in die gerichtliche Zuständigkeit fallenden Steuerstreitigkeiten (vgl. § 72 N. 7), enthält § 153 StG eine rudimentäre Regelung (vgl. die Verweisungen auf diese Bestimmung in §§ 171, 196 und 213 StG): Mit der Beschwerde können alle Rechtsverletzungen, einschliesslich Überschreitung oder Missbrauch des Ermessens, und die unrichtige oder unvollständige Feststellung des rechtserheblichen Sachverhalts geltend gemacht werden (§ 153 Abs. 3 StG); die Ermessenskontrolle ist damit ausgeschlossen. Im Übrigen gelten die Bestimmungen über das Rekursverfahren vor Rekurskommission (§§ 147–152 StG) sinngemäss (§ 153 Abs. 4 StG). Nach früherem Recht waren im Steuerbeschwerdeverfahren

§ 73

die vorinstanzlichen Sachverhaltsfeststellungen weitgehend verbindlich, neue tatsächliche Behauptungen und Beweismittel unzulässig sowie die Parteianträge im Sinn des Verbots einer reformatio in peius vel melius bindend (§§ 95 Abs. 3 und 4, 97 Abs. 2 aStG; vgl. Bosshart, Überprüfung, S. 30 ff.). Im neuen Recht sind diese Einschränkungen der Kognitions- und Entscheidungsbefugnisse fallengelassen worden, weil sie im Hinblick auf die nach Art. 73 Abs. 1 StHG zulässige Verwaltungsgerichtsbeschwerde mit dem Grundsatz der Einheit des Verfahrens kaum mehr vereinbar gewesen wären (vgl. Art. 105 Abs. 2 und Art. 114 Abs. 1 OG; dazu Weisung RR vom 13.7.1994 zum StG, ABl 1994 II, S. 1514).

Die «Isolierung» des Steuerverfahrensrechts wirkt sich heute eher nachteilig aus, 5 indem das allgemeine Verwaltungsprozessrecht mindestens ebenso eingehend wie das Steuerjustizverfahren normiert ist. Es wäre daher gesetzgeberisch sinnvoll, für Beschwerde, Rekurs und Revision sowie für deren Wirkung, Verfahren und Entscheid in Steuersachen generell die entsprechenden Bestimmungen des VRG als anwendbar zu erklären (a.M. Sommer, Weiterentwicklung, S. 157). Zweckmässig wäre zumindest eine subsidiäre Verweisung im Steuergesetz auf die §§ 1–71 VRG. Beides ist jedoch auch bei der Revision vom 8.6.1997 nicht in Betracht gezogen worden (Weisung 1995, S. 1540).

§ 17 Abs. 2 über die Zusprechung einer Parteientschädigung im Verfahren vor 6 Verwaltungsgericht ist auch auf das verwaltungsgerichtliche Verfahren in Steuersachen anwendbar. Das galt früher kraft der Verweisung in § 73 Satz 2 VRG (aufgehoben am 8.6.1997; vgl. RB 1984 Nr. 3) und gilt heute gemäss der Rückverweisung in § 152 StG.

Kasuistik: Der Rekursentscheid der Finanzdirektion über Verzugszinsen für 7 Steuerforderungen kann nicht mit Beschwerde an das Verwaltungsgericht weitergezogen werden (RB 1961 Nr. 14). Im verwaltungsgerichtlichen Revisionsverfahren in Steuersachen besteht keine gesetzliche Grundlage zum Erlass einer vorsorglichen Verfügung mit aufschiebender Wirkung (RB 1991 Nr. 36).

Die *Vorschriften des VRG betreffend die Organisation des Verwaltungsgerichts* (§§ 32– 8 40) gelten auch für dessen Tätigkeit als Rekurs- und Beschwerdeinstanz in Steuersachen (Bosshart, Überprüfung, S. 4). Dazu gehören auch die Bestimmungen über die Kosten (§§ 13–16; RB 1982 Nr. 89; vgl. aber § 151 StG).

Vorbem. zu §§ 74–80d

D. **Das Verwaltungsgericht als Personalgericht**

Vorbemerkungen zu §§ 74–80d

Literatur

ARIOLI KATHRIN/FURRER ISELI FELICITAS, Die Anwendung des Gleichstellungsgesetzes auf öffentlichrechtliche Arbeitsverhältnisse, Basel/Genf/München 1999; BELLWALD PETER, Die disziplinarische Verantwortlichkeit der Beamten, Bern 1985; BIGLER-EGGENBERGER MARGRITH/KAUFMANN CLAUDIA (Hrsg.), Kommentar zum Gleichstellungsgesetz, Basel/Frankfurt a.M. 1997; GRISEL I, S. 457 ff.; HÄFELIN/MÜLLER, Rz. 1205–1264; HAFNER FELIX, Öffentlicher Dienst im Wandel, ZBl 93/1992, S. 481 ff.; HÄNNI PETER, Die Treupflicht im öffentlichen Dienstrecht, Freiburg 1982; HANGARTNER YVO, Entwicklungstendenzen im öffentlichen Dienstverhältnis, ZSR 98/1979 I, S. 389 ff.; DERSELBE, Treuepflicht und Vertrauenswürdigkeit der Beamten, ZBl 85/1984, S. 385 ff.; DERSELBE, Geschlechtergleichheit und Frauenquoten in der öffentlichen Verwaltung, AJP 1992, S. 835 ff.; DERSELBE, Reform des Beamtendisziplinarrechts, ZBl 71/1970, S. 425 ff.; HELBLING PETER/POLEDNA TOMAS (Hrsg.), Personalrecht des öffentlichen Dienstes, Bern 1999; HINTERBERGER WALTER, Disziplinarfehler und Disziplinarmassnahmen im Recht des öffentlichen Dienstes, St. Gallen 1986; IMBODEN/RHINOW/KRÄHENMANN, Nrn. 147–151; JAAG TOBIAS, Das öffentliche Dienstverhältnis im Bund und im Kanton Zürich – ausgewählte Fragen, ZBl 95/1994, S. 433 ff.; JUD ELMAR MARIO, Besonderheiten öffentlichrechtlicher Dienstverhältnisse nach schweizerischem Recht, insbesondere bei deren Beendigung aus nichtdisziplinarischen Gründen, St. Gallen 1975; KÄMPFER WALTER, Die ausserdienstliche Meinungsäusserungsfreiheit und die Vereinsfreiheit des Beamten im politischen Bereich in neuerer Sicht, in: Mélanges André Grisel, Neuchâtel 1983, S. 481 ff.; KEISER, Personalrecht; KLAUS EMIL, Einleitung und Kommentar zum Gesetz betreffend die Ordnungsstrafen, Zürich 1937; KLETT KATHRIN, Das Gleichstellungsgesetz, ZBl 98/1997, S. 49 ff.; MEILI CHRISTOPH, Das öffentlichrechtliche Dienstverhältnis, insbesondere dessen Beendigung nach zürcherischem Recht, Zürich 1958; MOOR III, S. 203 ff.; MÜLLER GEORG, Quotenregelung – Rechtssetzung im Spannungsverhältnis von Gleichheit und Verhältnismässigkeit, ZBl 91/1990, S. 306 ff.; MÜLLER STEFAN, Die Bedeutung von Art. 4 BV bei der Besetzung öffentlicher Stellen, Diessenhofen 1981; POLEDNA TOMAS, Disziplinarische und administrative Entlassungen von Beamten – vom Sinn und Unsinn einer Unterscheidung, ZBl 96/1995, S. 49 ff.; RAUSCH HERIBERT, Die Meinungsäusserungsfreiheit der Staatsangestellten, ZBl 80/1979, S. 97 ff.; RICHLI PAUL, Öffentliches Dienstrecht im Zeichen des New Public Management, Bern 1996; RHINOW RENÉ A., Privatrechtliche Arbeitsverhältnisse in der öffentlichen Verwaltung, in: Festschrift Frank Vischer, Zürich 1983, S. 429 ff.; SCHROFF HERMANN/GERBER DAVID, Die Beendigung der Dienstverhältnisse in Bund und Kantonen, St. Gallen 1985; SCHWANDER IVO/SCHAFFHAUSER RENÉ (Hrsg.), Das Bundesgesetz über die Gleichstellung von Frau und Mann, St. Gallen 1996; STÄHELIN PHILIPP, Öffentlicher Dienst im Wandel, ZBl 94/1993, S. 156 ff.; THALMANN, § 72; VISCHER GEORG RUDOLF, Privatrechtliche Arbeitsverhältnisse bei staatlichen Organisationen, Basel 1989; WEBER-DÜRLER BEATRICE, Aktuelle Aspekte der Gleichberechtigung von Mann und Frau, ZBJV 128/1992, S. 357 ff.; WYSS THOMAS, Die dienstrechtliche Stellung des Volksschullehrers im Kanton Zürich, Zürich 1986.

1 In seiner ursprünglichen Fassung sah das VRG für öffentliche Bedienstete nur einen rudimentären Rechtsschutz vor. § 4 Abs. 2 lit. b schloss Angelegenheiten betreffend das öffentliche Dienstverhältnis, ausgenommen Disziplinarfälle, vom

Vorbem. zu §§ 74–80d

Geltungsbereich des Gesetzes überhaupt aus. Die Praxis anerkannte allerdings einen verwaltungsinternen Rechtsweg (Kom. 1. A., § 4 N. 17–26; vgl. RB 1991 Nr. 14), so unter anderem gegen die Nichtwiederwahl, gegen die administrative Entlassung (RB 1977 Nr. 36 = ZBl 79/1978, S. 151) sowie in neuerer Zeit auch gegen die ordentliche Kündigung (RR 6.12.1995, ZBl 97/1996, S. 323). Auf verwaltungsgerichtlicher Ebene stand einerseits der Disziplinarrekurs gegen schwere Disziplinarmassnahmen (vorzeitige Entlassung, Einstellung im Amt und Versetzung ins provisorische Dienstverhältnis), andererseits die Klage in vermögensrechtlichen Streitigkeiten aus dem öffentlichen Dienstverhältnis zur Verfügung (zum Umfang jener Zuständigkeit vgl. bezüglich Disziplinarrekurs RB 1976 Nrn. 20–23, 1978 Nr. 13, 1982 Nr. 44, 1985 Nrn. 20, 21, 1986 Nr. 25, 1987 Nr. 14, 1989 Nr. 18, 1990 Nrn. 20–22, 1995 Nrn. 17, 28; bezüglich Klage RB 1977 Nrn. 24–26, 1978 Nr. 14, 1980 Nrn. 1, 25, 26, 1982 Nrn. 46, 47, 1984 Nr. 21, 1986 Nrn. 25, 26, 1987 Nr. 14, 1988 Nrn. 15, 16, 1991 Nr. 14, 1992 Nr. 10, 1995 Nrn. 18, 19).

Mit der Gesetzesrevision vom 8.6.1997 ist in personalrechtlichen Angelegenheiten ein integraler Rechtsschutz eingeführt worden. § 4 VRG nimmt solche Angelegenheiten nicht mehr vom Geltungsbereich des Gesetzes aus, womit der Rekursweg nach §§ 19 ff. ohne Einschränkungen offen steht. Im Unterabschnitt D des Gesetzes ist die Zuständigkeit des Verwaltungsgerichts von der blossen Disziplinar- zu einer umfassenden Personalgerichtsbarkeit ausgedehnt worden (§§ 74–80d). Dem Verwaltungsgericht können neu auch andere als disziplinarrechtliche und vermögensrechtliche Streitigkeiten aus dem Dienstverhältnis – z.B. betreffend Arbeitszeugnis – unterbreitet werden. Der Rechtsschutz für das Personal öffentlicher Dienste wird damit übereinstimmend mit dem Konzept des neuen Personalgesetzes (vgl. § 33 PG) jenem des privaten Arbeitsrechts angeglichen (Weisung 1995, S. 1540). Mit diesem Ausbau ist nicht nur das bisherige Defizit an Rechtsschutz beseitigt, sondern auch die sich aus der Abschaffung der Amtsdauer ergebende Verschlechterung der Rechtsstellung jener Bediensteter kompensiert worden, die bisher auf Amtsdauer gewählt wurden. Zur Gewährleistung dieses Rechtsschutzes stehen drei Rechtsmittel zur Verfügung: die Beschwerde (§ 74), der Disziplinarrekurs (§ 76) und die Klage (§ 79).

Die gewählte bzw. beibehaltene Gesetzessystematik mit einem eigenen Unterabschnitt über das Verwaltungsgericht als Personalgericht sowie einer eigenständigen Regelung des Disziplinarrekurses befriedigt nicht ganz. Sie führt dazu, dass zwischen einer allgemeinen und einer personalrechtlichen Beschwerde sowie zwischen einer allgemeinen und einer personalrechtlichen Klage unterschieden und zudem der disziplinarrechtliche Rekurs von der personalrechtlichen Beschwerde abgegrenzt werden muss. Dies obwohl zwischen allgemeiner und personalrechtlicher Beschwerde bezüglich Verfahren, Prüfungs- und Entscheidungsbefugnis lediglich geringfügige Unterschiede bestehen und die personal-

Vorbem. zu §§ 74–80d

rechtliche Klage gegenüber der allgemeinen Klage nur wenige Besonderheiten aufweist. Die Bestimmungen über den richterlichen Rechtsschutz in personalrechtlichen Streitigkeiten wären wohl besser in die Grundordnung integriert worden, d.h. in die Unterabschnitte B und E, welche die verwaltungsgerichtliche Zuständigkeit und das entsprechende Verfahren als Beschwerde- und als Klageinstanz regeln (vgl. auch § 41 N. 43). Schliesslich unterscheidet sich der «Disziplinarrekurs» von der personalrechtlichen Beschwerde einzig hinsichtlich der Kognition, was ebenso gut unter Verzicht auf ein eigenständiges Rechtsmittel hätte geregelt werden können (vgl. § 50 Abs. 3).

4   Personalrechtliche Angelegenheiten, die der verwaltungsgerichtlichen Überprüfung nach §§ 74 ff. unterliegen, müssen einem Dienstverhältnis mit einem *öffentlichen Arbeitgeber* entspringen (RB 1998 Nr. 46). Es ist davon auszugehen, dass die diesbezüglich für die Klage gewählte Umschreibung (§ 79: Körperschaften des kantonalen öffentlichen Rechts) auch für die Beschwerde (§ 74) und den Disziplinarrekurs (§ 76) massgebend ist; das ergibt sich mittelbar aus den in §§ 74 und 76 genannten Vorinstanzen, deren Entscheide anfechtbar sind. Als Personalgericht ist das Verwaltungsgericht demnach zuständig für Streitigkeiten aus dem Dienstverhältnis zwischen Angestellten und *Körperschaften des kantonalen öffentlichen Rechts* (zum Begriff der öffentlichrechtlichen Körperschaft vgl. Häfelin/Müller, Rz. 1019 ff.). Dazu gehören: das Personal des Staates und seiner unselbständigen Anstalten, die Lehrkräfte an Mittelschulen, Berufsschulen und Seminaren, die Lehrpersonen der Volksschule, das Personal der politischen Gemeinden und ihrer unselbständigen Anstalten, das Personal von Schul- und Zivilgemeinden sowie von Zweckverbänden, die Bediensteten der evangelisch-reformierten Landeskirche und ihrer Kirchgemeinden, der römisch-katholischen Körperschaft und ihrer Kirchgemeinden sowie der christkatholischen Kirchgemeinde. Der personalgerichtliche Zuständigkeitsbereich beschränkt sich damit nicht auf jene Bedienstete, die dem Personalgesetz unmittelbar unterstellt sind (vgl. § 1 Abs. 1 PG) oder auf die dieses Gesetz subsidiär anwendbar ist. Zur unter dem Vorbehalt abweichender Vorschriften stehenden Geltung des Personalgesetzes in besonderen Bereichen vgl. für die Lehrpersonen der Volksschule § 2 LehrerpersonalG, für die Lehrkräfte an Seminaren, Mittelschulen und Berufschulen § 1 Abs. 2 PG, für die Lehrkräfte und das weitere Schulpersonal an Fachhochschulen § 32 FachhochschulG, für die Lehrkräfte und das weitere Personal an der Universität § 11 UniversitätsG, für das Personal der Rechtspflege § 56 Abs. 3 PG, für das Personal der evangelisch-reformierten Landeskirche § 10 Abs. 2 refKG. Zur subsidiären Anwendung des Personalgesetzes auf das Personal der Gemeinden vgl. § 72 Abs. 3 Satz 1 GemeindeG.

5   Für das Personal von *selbständigen Anstalten* des kantonalen öffentlichen Rechts (zum Begriff der öffentlichrechtlichen Anstalt vgl. Häfelin/Müller, Rz. 1042 ff.) gilt der Rechtsschutz nach §§ 74 ff. jedenfalls dann, wenn dies spezialgesetzlich vorgesehen ist. So verhält es sich mit dem Universitätspersonal (Lehrkörper,

Vorbem. zu §§ 74–80d

Mittelbau, Betriebspersonal; vgl. § 46 UniversitätsG). Gleich dürfte es sich für das Personal der ebenfalls als selbständige Anstalten ausgestalteten staatlichen Fachhochschulen verhalten (vgl. § 32 FachhochschulG). Es fragt sich, ob der verwaltungsgerichtliche Rechtsschutz für das Personal selbständiger Anstalten des kantonalen öffentlichen Rechts auch dort bestehe, wo eine solche spezialgesetzliche Grundlage fehlt, so namentlich mit Bezug auf die Kantonalbank und die Elektrizitätswerke des Kantons Zürich. Das ist aufgrund der Praxis zum alten Recht (§ 82 lit. a VRG i.d.F.v. 24.5.1959), die hierfür auf den zivilprozessualen Rechtsschutz verwiesen hat, zu verneinen. Aus dem gleichen Grund dürfte dem Personal kantonaler *öffentlichrechtlicher Stiftungen* (zum Begriff vgl. Häfelin/Müller, Rz. 1067 ff.) der Rechtsweg nach §§ 74 ff. nicht offen stehen (offen gelassen in RB 1998 Nr. 46, wo es um eine privatrechtliche Stiftung ging).

Dienstverhältnisse bei Körperschaften des kantonalen öffentlichen Rechts sind in aller Regel *öffentlichrechtlicher* Natur. Zwingend vorgeschrieben ist dies für das Staats- und Gemeindepersonal (Art. 11 Abs. 2 KV, § 7 PG, § 72 Abs. 3 Satz 1 GemeindeG), einschliesslich des Personals unselbständiger staatlicher Anstalten (vgl. § 1 Abs. 1 PG). Damit verbleibt praktisch kein Raum für privatrechtliche Anstellungsverhältnisse bei Angestellten von Körperschaften des kantonalen öffentlichen Rechts. Möglich sind privatrechtliche Anstellungsverhältnisse noch bei Zweckverbänden. Gleiches gilt für Anstellungsverhältnisse bei selbständigen Anstalten, z.B. der Kantonalbank und den Elektrizitätswerken des Kantons Zürich, bei denen jedoch fraglich ist, ob sie unter die Personalgerichtsbarkeit nach §§ 74 ff. fallen (dazu N. 5). Zu beachten ist, dass ein Dienstverhältnis mit einer Körperschaft oder Anstalt des öffentlichen Rechts nicht schon deswegen als privatrechtlicher Arbeitsvertrag zu qualifizieren ist, weil hierauf allenfalls subsidiär oder ergänzend Bestimmungen des privaten Arbeitsvertragsrechts (Art. 319 ff. OR) anzuwenden sind; zivilrechtliche Bestimmungen, auf die im öffentlichen Personalrecht verwiesen wird, werden dadurch zum Bestandteil des Letzteren (Häfelin/Müller, Rz. 244; Imboden/Rhinow/Krähenmann, Nr. 2 B III; RB 1977 Nr. 24 = ZBl 79/1978, S. 151 = ZR 77 Nr. 33). 6

Soweit privatrechtliche Dienstverhältnisse mit dem Gemeinwesen ausnahmsweise vorkommen, fragt es sich, ob diesbezügliche Streitigkeiten der verwaltungsinternen und der verwaltungsgerichtlichen Überprüfung unterliegen. Die Praxis zum alten Recht (§ 82 lit. a) hat dies verneint (RB 1980 Nr. 26; zu den Abgrenzungsschwierigkeiten betreffend die Rechtsnatur des Arbeitsverhältnisses nach altem Recht vgl. RB 1988 Nr. 16 = ZBl 90/1989, S. 205). Die Materialien zur Gesetzesrevision geben hierüber keine schlüssige Antwort; der Regierungsrat ist offenbar davon ausgegangen, das Verwaltungsgericht sei auch für privatrechtliche Arbeitsverhältnisse zuständig (Weisung 1995, S. 1540; vgl. auch Weisung RR vom 22.5.1996 zum PG, ABl 1996 II, S. 1151). Für eine solche Auslegung liesse sich zudem anführen, dass der revidierte § 79, anders als der aufgehobene § 82 lit. a, nicht mehr von «öffentlichen» Angestellten spricht. 7

Vorbem. zu §§ 74–80d

8   Wichtigstes Rechtsmittel der Personalgerichtsbarkeit ist die Beschwerde (§ 76). Dem Gemeinwesen kommt als Arbeitgeber weitgehend Verfügungskompetenz zur Begründung und Gestaltung des öffentlichrechtlichen Dienstverhältnisses zu (vgl. §§ 12 und 31 PG). Mit der Beschwerde können auch vermögensrechtliche Ansprüche aus dem Dienstverhältnis geltend gemacht werden. Die personalrechtliche Klage steht nur subsidiär, d.h. in jenen Fällen offen, in denen das Gemeinwesen über solche vermögensrechtliche Ansprüche nicht verfügen kann. Der personalrechtliche Rekurs steht einzig im Disziplinarrecht zur Verfügung. Dieses ist allerdings weitgehend – so namentlich im Geltungsbereich des Personalgesetzes – abgeschafft worden.

9   Personalrechtliche Angelegenheiten sind nach der Praxis zu *Art. 6 Ziff. 1 EMRK* zu einem erheblichen Teil von dieser Konventionsbestimmung ausgenommen (kritisch Herzog, S. 241 ff.). Das gilt vorbehaltlos für die Begründung des Dienstverhältnisses (RB 1992 Nr. 10; RB 1993 Nr. 6 = ZBl 95/1994, S. 177) sowie für die Versetzung und die Beendigung des Dienstverhältnisses. Streitigkeiten über Rechte und Pflichten des Angestellten aus dem Dienstverhältnis, insbesondere Besoldungsstreitigkeiten unterliegen Art. 6 Ziff. 1 EMRK dann nicht, wenn der Behörde Entschliessungsermessen zusteht. Letzteres trifft auf Fragen der Beförderung und der gehaltsmässigen Einreihung zu; fraglich bleibt dies mit Bezug auf den Leistungsanteil der Besoldung (Herzog, S. 250 f.; Merkli/ Aeschlimann/Herzog, Art. 78 N. 11). Zivilrechtlich sind Streitigkeiten über den Inhalt eines Dienstzeugnisses (BGr. 11.7.1997, ZBl 99/1998, S. 226). Streitigkeiten über die vermögensrechtliche Verantwortlichkeit von öffentlichen Bediensteten unterliegen in Analogie zu privatrechtlichen Haftpflichtprozessen Art. 6 Ziff. 1 EMRK. Dienstrechtliche Disziplinarmassnahmen gelten weder als zivilrechtliche Angelegenheiten noch als strafrechtliche Anklagen im Sinn von Art. 6 Ziff. 1 EMRK; die Praxis lässt jedoch eine Tendenz erkennen, schwere Disziplinarsanktionen, die wie die Entlassung oder die Amtseinstellung unmittelbar in die Berufsausübung eingreifen, dem Schutz der Konventionsbestimmung zu unterstellen (Herzog, S. 255 ff.).

10 In Streitigkeiten betreffend die *Gleichberechtigung von Mann und Frau* kommt den bundesrechtlichen Vorgaben (*Art. 4 Abs. 2 aBV bzw. Art. 8 Abs. 3 BV; GlG*) erhebliche Bedeutung zu; sie ergänzen und durchbrechen teilweise die kantonale Zuständigkeits- und Verfahrensregelung. Das gilt insbesondere für den Entschädigungsanspruch bei diskriminierender Ablehnung einer Anstellung (Art. 5 Abs. 2 GlG), die Beweislasterleichterung (Art. 6 GlG) sowie das Klage- und Beschwerderecht von Organisationen (Art. 7 GlG). Entgegen dem Wortlaut von Art. 13 Abs. 1 Satz 1 GlG derogieren allerdings die «allgemeinen Bestimmungen über die Bundesrechtspflege» im Anwendungsbereich des GlG nicht sämtliche anderslautenden Verfahrensbestimmungen des kantonalen Rechts; die bundesrechtlichen Verfahrensbestimmungen gelten nur insoweit, als dies nach dem Grundsatz der Einheit des Verfahrens (dazu § 4 N. 14 f.) geboten ist

(vgl. Botschaft BR vom 24.2.1993 zum GlG, BBl 1993 I, S. 1313 und 1323). Im Anwendungsbereich des GlG steht die Verwaltungsgerichtsbeschwerde an das Bundesgericht offen (RB 1997 Nr. 19 E. 4). Zur Beschwerde gegen ein Urteil des Verwaltungsgerichts legitimiert nach Art. 103 lit. a OG ist auch der zu einer Lohnzahlung verpflichtete Kanton (BGE 124 II 409 ff.).

Das *freiwillige Schlichtungsverfahren* (Art. 11 GlG) ist im Kanton Zürich auch für die öffentlichrechtlichen Arbeitsverhältnisse der staatlichen Zentral- und Bezirksverwaltung eingeführt worden (Einführungsverordnung zum Gleichstellungsgesetz vom 11.9.1996, EV GlG, LS 151). Das Begehren um Durchführung des Schlichtungsverfahrens ist spätestens innerhalb der Rechtsmittelfrist gegen die erstinstanzliche Verfügung anzubringen und unterbricht diese Frist nicht; zu deren Wahrung ist das Rechtsmittel bei der zuständigen Behörde anzumelden (§ 9 Abs. 2 EV GlG). Kommt eine Einigung zustande, erlässt die Behörde, soweit notwendig, eine entsprechende Verfügung (§ 14 Abs. 2 EV GlG). Andernfalls setzt die Behörde Frist an, um die Rechtsmittelanträge zu stellen und diese zu begründen (§ 9 Abs. 2 EV GlG).

11

Kasuistik zum GlG: Das am 1.6.1996 in Kraft getretene GlG kommt auch zur Anwendung, wenn Lohnansprüche rückwirkend geltend gemacht werden (RB 1997 Nr. 19 E. 1; bestätigt in BGE 124 II 413). Zur Durchsetzung ihres Feststellungsanspruchs nach Art. 7 GlG können legitimierte Organisationen eine Feststellungsverfügung der Bildungsdirektion bzw. des Bildungsrats darüber erwirken, dass die kantonalen Empfehlungen zur Besoldung kommunaler Kindergärtnerinnen diskriminierend seien (RB 1997 Nr. 17). Glaubhaftmachen einer Diskriminierung nach Art. 6 GlG erfordert mehr als darlegen, jedoch weniger als beweisen (RB 1997 Nr. 19 E. 2). Eine diskriminierende Besoldung wird vermutet, wenn die Ungleichheit der Besoldung und die Gleichwertigkeit der Arbeit glaubhaft gemacht werden (RB 1998 Nr. 171 = ZBl 99/1998, S. 480).

12

§ 74. Mit der Beschwerde können personalrechtliche Anordnungen des Regierungsrates, der obersten kantonalen Gerichte, des Bildungsrates, des Kirchenrates und der römisch-katholischen Zentralkommission, der Ombudsperson sowie erstinstanzliche Rekursentscheide über personalrechtliche Anordnungen anderer Organe angefochten werden.

I. Beschwerde
1. Anfechtbare Anordnungen

Die Beschwerde ist unzulässig in Disziplinarsachen sowie gegen Anordnungen und Rekursentscheide über die Begründung von Dienstverhältnissen und die Einreihung und Beförderung in Besoldungsklassen und -stufen.

Materialien
Weisung 1995, S. 1540 ff.; Prot. KK 1995/96, S. 132 ff.; Prot. KR 1995–1999, S. 6505; Beleuchtender Bericht 1997, S. 6.

Literatur vgl. Vorbem. zu §§ 74–80d.

§ 74

Übersicht	Note
1. Allgemeines	1
2. Anordnungen	5
3. Nicht anfechtbare Anordnungen	9
4. Vorinstanzen	14

1. Allgemeines

1 § 74 regelt sowohl die sachliche wie auch die funktionelle Zuständigkeit des Verwaltungsgerichts als Beschwerdeinstanz in personalrechtlichen Angelegenheiten. Abs. 1 regelt mit der Aufzählung der Vorinstanzen primär die funktionelle Zuständigkeit. Der sachliche Zuständigkeitsbereich deckt sich grundsätzlich mit jenem der personalrechtlichen Klage nach § 79 (vgl. Vorbem. zu §§ 74– 80d N. 4): Als personalrechtliche Beschwerdeinstanz ist das Verwaltungsgericht demnach zuständig für Streitigkeiten aus dem Dienstverhältnis zwischen Angestellten und *Körperschaften des kantonalen öffentlichen Rechts*. Die Regelung der sachlichen Zuständigkeit wird in § 74 präzisiert, indem Abs. 1 lediglich personalrechtliche «Anordnungen» (Verfügungen) als anfechtbar bezeichnet und indem Abs. 2 bestimmte Anordnungen von der Beschwerde ausschliesst.

2 Die *Legitimation* zur Beschwerde – wie auch jene zu einem allfälligen verwaltungsinternen Rekurs – richtet sich nach § 21 VRG (§ 80c i.V.m. § 70). Legitimiert ist nach § 21 lit. a, welche Bestimmung in ihrer neuen Fassung im Einklang mit Art. 48 lit. a VwVG und Art. 103 lit. a OG kein rechtlich geschütztes Interesse fordert, sondern ein faktisches Interesse an der Aufhebung oder Änderung der angefochtenen Verfügung genügen lässt, vorab der von einer personalrechtlichen Anordnung (dazu N. 5 ff.) betroffene *Angestellte* als *Adressat* der Verfügung.

3 Ob und inwieweit in personalrechtlichen Streitigkeiten *Drittbetroffene* nach § 21 lit. a zu verwaltungsinternem Rekurs und zu Beschwerde legitimiert sind, wird sich in der Praxis weisen müssen. Für *Arbeitslosenversicherungskassen* stellt sich die Frage nach der Rechtmittellegitimation mit Bezug auf vom Arbeitnehmer geltend gemachte Besoldungsansprüche, die nach Art. 29 Abs. 2 Satz 1 AVIG auf die Kasse übergegangen sind; das Verwaltungsgericht hat im Klageverfahren die Aktivlegitimation der Kasse zur Geltendmachung solcher Ansprüche bejaht (VGr. 20.12.1990, VK 89/0025). Im Anwendungsbereich des GlG können *Organisationen,* die nach ihren Statuten die Gleichstellung von Mann und Frau fördern oder die Interessen der Arbeitnehmerinnen und Arbeitnehmer wahren und seit mindestens zwei Jahren bestehen, im eigenen Namen feststellen lassen, dass eine Diskriminierung vorliegt, wenn der Ausgang des Verfahrens sich voraussichtlich auf eine grössere Zahl von Arbeitsverhältnissen auswirken wird (Art. 7 Abs. 1 GlG). Ob und inwieweit Personalverbände nach den zur Verbandsbeschwerde entwickelten Grundsätzen (vgl. RB 1983 Nr. 9, 1991 Nr. 8) auch

in weiteren dienstrechtlichen Streitigkeiten zur Rekurs- und Beschwerdeerhebung für ihre Mitglieder befugt sind, wird sich in der Praxis weisen müssen.

Soweit vor Verwaltungsgericht erstinstanzliche Rekursentscheide über personalrechtliche Anordnungen kommunaler Organe anfechtbar sind (dazu N. 14), steht das Beschwerderecht auch den beteiligten *Gemeinden und Zweckverbänden* zur Wahrung der von ihnen vertretenen schutzwürdigen Interessen zu (§ 80c i.V.m. § 70 und § 21 lit. b). Das trifft namentlich dort zu, wo sich die Gemeinde für die richtige Anwendung und Durchsetzung ihres kommunalen Personalrechts wehrt. Hingegen ergibt sich aus § 21 lit. b kein Beschwerderecht des Kantons zur Anfechtung eines verwaltungsinternen Personalrekursentscheids. Im Anwendungsbereich des GlG kann sich auch der zur Lohnzahlung verpflichtete *Kanton* mit Verwaltungsgerichtsbeschwerde an das Bundesgericht zur Wehr setzen (BGE 124 II 409 ff.). 4

2. Anordnungen

Anfechtbar sind personalrechtliche *Verfügungen*. Verfügungscharakter kommt nur jenen Dispositionen zu, welche die Rechtsstellung des Bediensteten in irgendeiner Weise berühren, indem durch sie Rechte oder Pflichten begründet, geändert oder aufgehoben werden. Es kommt darauf an, ob ein *objektives* Anfechtungsinteresse vorhanden ist (Keiser, Personalrecht, S. 199). Im Zweifelsfall ist eine formelle Anordnung zu erlassen (vgl. § 19 N. 10). 5

Verfügungscharakter haben insbesondere folgende Dispositionen: die Ausrichtung von einmaligen Leistungsprämien, die Gewährung von Zulagen, die Vergütung von Überstunden, individuelle Unterbrechung des Stufenaufstiegs oder Rückstufung, die Versetzung im Amt eines auf eine bestimmte Stelle gewählten Bediensteten, die Zuweisung einer wesentlich anderen Tätigkeit, die Kündigung durch den Arbeitgeber, die sofortige administrative Entlassung, die vorzeitige Pensionierung. Die Begründung von Dienstverhältnissen sowie die Einreihung und die Beförderung in Besoldungsklassen und -stufen erfolgt zwar, abgesehen von der nur ausnahmsweise gewählten Handlungsform des verwaltungsrechtlichen Vertrags, ebenfalls in Verfügungsform; indessen sind solche Anordnungen aus anderen Gründen von der verwaltungsgerichtlichen Kontrolle ausgeschlossen (§ 74 Abs. 2, dazu N. 10 f.). Gleiches gilt für Disziplinarmassnahmen. Für die Nichtwiederwahl eines gewählten Beamten wäre keine förmliche Anordnung erforderlich, weil mit dem Ablauf der Amtsdauer das Dienstverhältnis von Gesetzes wegen endet; um den gebotenen Rechtsschutz zu gewährleisten, wird in der Praxis die Nichtwiederwahl gleichwohl förmlich verfügt (vgl. Jaag, a.a.O., S. 461 f., 470 f.). Aus dem nämlichen Grund hat auch die Behörde, welche den Stimmberechtigten die Nichtwiederwahl eines bisherigen Amtsinhabers beantragt, diesen Antrag als förmliche Anordnung zu beschliessen (vgl. RR 8.6.1988, ZR 1990 Nr. 20). Das Dienstzeugnis öffentlich- 6

§ 74

rechtlicher Arbeitnehmer fällt an sich nicht unter den Verfügungsbegriff; auch hier ist jedoch ein objektives Anfechtungsinteresse zu bejahen; die Weigerung, ein Dienstzeugnis zu ändern, muss daher in Verfügungsform ergehen (Keiser, Personalrecht, S. 201; zur früheren gegenteiligen Praxis des Verwaltungsgerichts, die jedoch zum aufgehobenen § 82 lit. a entwickelt wurde und damit nicht den Begriff der Verfügung, sondern jenen der vermögensrechtlichen Streitigkeit betraf, vgl. RB 1963 Nr. 35, 1988 Nr. 15).

7 Nicht anfechtbar sind generelle Dienstanweisungen und konkrete Dienstbefehle, soweit sie die Rechtsstellung des Bediensteten nicht unmittelbar berühren; ihnen geht die Verfügungsqualität ab (Rotach, S. 451; zur Abgrenzung vgl. auch § 50 N. 62). Sie sind auch im Personalrecht des Bundes von der verwaltungsgerichtlichen Kontrolle ausgeschlossen (Art. 100 Abs. 1 lit. e Ziff. 2 OG). Desgleichen zu verneinen ist der Verfügungscharakter von organisatorischen Massnahmen wie unwesentlichen Änderungen des Tätigkeitsbereichs, kleinräumigen Verlegungen des Arbeitsplatzes. Gleiches gilt mit Bezug auf nichtdisziplinarische Beanstandungen, wie Ermahnung oder Tadel, was im Einklang damit steht, dass gegen den disziplinarischen Verweis auch der Disziplinarrekurs nicht zulässig ist (§ 76 Abs. 2). Obwohl Mitarbeiterbeurteilungen von erheblicher Bedeutung für die Ausgestaltung des Arbeitsverhältnisses sind, sind sie keine Anordnungen; sie bilden lediglich die Grundlage für Beförderungen, Rückstufungen und dergleichen und können nur im Zusammenhang mit solchen Anordnungen im Rechtsmittelverfahren überprüft werden (Keiser, Personalrecht, S. 201 f.).

8 Soweit dem Gemeinwesen als Arbeitgeber die Verfügungskompetenz fehlt, sind vermögensrechtliche Streitigkeiten aus dem Dienstverhältnis mit Klage geltend zu machen (§ 79).

3. Nicht anfechtbare Anordnungen

9 Die Beschwerde ist in *Disziplinarsachen* unzulässig, weil diesbezüglich der Rekurs nach § 76 offen steht.

10 Die erstmalige *Begründung* des Dienstverhältnisses steht im Ermessen der zuständigen Behörde und eignet sich daher schlecht für eine richterliche Überprüfung. Das gilt in besonderem Masse für den Entscheid über die Berücksichtigung bzw. Ablehnung einer Bewerbung. Mit Bezug auf bundesrechtliche Dienstverhältnisse, d.h. die Anstellung von Bundespersonal, ist die Verwaltungsgerichtsbeschwerde an das Bundesgericht ausgeschlossen (Art. 100 Abs. 1 lit. e Ziff. 1 OG). Mit Bezug auf kantonalrechtliche Dienstverhältnisse spricht das Bundesgericht im staatsrechtlichen Beschwerdeverfahren nichtberücksichtigten Mitbewerbern die Legitimation ab (BGE 112 Ia 178). Im Kanton Zürich stand vor der VRG-Revision diesbezüglich nicht einmal der verwaltungsinterne Rekursweg offen, was sich aufgrund der Revision ändern dürfte (vgl. RR AG 2.6.1993,

ZBl 95/1994, S. 429 ff.). Die *verwaltungsgerichtliche Kontrolle* von Anordnungen und Rekursentscheiden über die Begründung eines Dienstverhältnisses bleibt auch aufgrund des revidierten VRG *ausgeschlossen*. Vorbehalten bleibt die gerichtliche Geltendmachung einer Entschädigung wegen diskriminierender Ablehnung einer Anstellung nach Art. 13 Abs. 2 i.V.m. Art. 5 Abs. 2 und 4 GlG.

Ausgeschlossen ist die Beschwerde ferner gegen Anordnungen und Rekursentscheide über die *Einreihung und Beförderung in Besoldungsklassen und -stufen*. Dem Begriff der *Beförderung* kommt insoweit keine selbständige Bedeutung zu, als er im kantonalen und kommunalen Personalrecht praktisch ausschliesslich im Zusammenhang mit der gehaltsmässigen Besserstellung verwendet wird; darunter fällt sowohl die Versetzung in eine höhere Besoldungsklasse oder -stufe aufgrund besonderer Leistungen (vgl. § 40 Abs. 2 PG; §§ 17 f. PVO) wie auch die Ernennung in eine andere, höher eingestufte Funktion. Der Ausschluss von Einreihungs- und Beförderungsstreitigkeiten knüpft an die *Praxis zum aufgehobenen § 82 lit. a* an, wonach solche Streitsachen mit der Begründung von der verwaltungsgerichtlichen Überprüfung ausgeschlossen wurden, es handle sich nicht um vermögensrechtliche Streitigkeiten, ungeachtet dessen, dass derartige Gestaltungen des Dienstverhältnisses mittelbar mit vermögensrechtlichen Wirkungen verbunden seien (RB 1974 Nr. 21, 1975 Nr. 21, 1978 Nr. 14, 1984 Nr. 21; desgleichen die frühere Praxis des Bundesgerichts zu Art. 116 lit. a OG in der alten Fassung). In seiner späteren Praxis zum aufgehobenen § 82 lit. a trat das Verwaltungsgericht allerdings insoweit auf Klagen betreffend Einreihung ein, als damit eine Verletzung verfassungsmässiger Rechte, insbesondere des Gleichheitsgebots, geltend gemacht wurde (RB 1996 Nrn. 19 und 20; VGr. 20.8.1996, ZBl 98/1997, S. 88 ff.). Zum Ausschluss der Beschwerde gegen Anordnungen über die Einreihung und Beförderung in Besoldungsklassen und -stufen nach § 74 Abs. 1 hat sich noch keine gefestigte Praxis entwickelt. Es fragt sich insbesondere, ob und inwieweit Raum für eine beschränkte verwaltungsgerichtliche Kontrolle im Sinn der späteren Praxis zum aufgehobenen § 82 lit. a bleibt; aufgrund des klaren Wortlauts der neuen gesetzlichen Bestimmung ist dies zu verneinen. Ferner fragt es sich, inwieweit besoldungsmässige *Rückstufungen* (vgl. § 19 PVO) sowie individuelle Unterbrechungen des Stufenaufstiegs (vgl. § 16 Abs. 2 PVO) vom Gericht überprüfbar sind. Das hängt namentlich davon ab, wie das Verhältnis zwischen den Begriffen «Einreihung» und «Beförderung» verstanden wird. Wird unter Einreihung richtigerweise nur jene anlässlich der Anstellung oder eines Funktionswechsels verstanden (vgl. § 15 PVO), so unterliegen Rückstufungen und Unterbrechungen der Beschwerde (Keiser, Personalrecht, S. 217).

Einreihungs- und Beförderungsstreitigkeiten unterliegen der verwaltungsgerichtlichen Überprüfung insoweit, als die beschwerdeführende Partei eine Verletzung des geschlechtsspezifischen Anspruchs auf gleichen Lohn für gleichwertige Arbeit nach Art. 4 Abs. 2 Satz 3 aBV bzw. Art. 8 Abs. 3 Satz 3 BV und

§ 74

Art. 3 GlG geltend macht (BGE 124 II 409 ff. und 436 ff., 117 Ia 262 ff., 113 Ia 110 ff.; BGr. 11.11.1983, ZBl 85/1984, S. 164; RB 1998 Nr. 171 = ZBl 99/ 1998, S. 480; vgl. RB 1996 Nr. 20).

13 Weil es bei Streitigkeiten im Sinn von § 74 Abs. 2 nicht um die Anwendung von Bundesverwaltungsrecht geht (unter Vorbehalt von Gleichstellungsbegehren, vgl. N. 12), greift hier Art. 98a Abs. 1 OG nicht im Sinn einer Gegenausnahme ein. Streitigkeiten betreffend Begründung des Dienstverhältnisses sowie Einreihung/Beförderung des Bediensteten fallen auch nicht unter Art. 6 Ziff. 1 EMRK (Herzog, S. 244, 251 f.). Gleiches gilt bezüglich dienstrechtlicher Disziplinarmassnahmen (Herzog, S. 255 f.), die jedoch einer gerichtlichen Überprüfung ohnehin nicht entzogen bleiben (vgl. § 76).

4. Vorinstanzen

14 Abs. 1 sieht in personalrechtlichen Streitigkeiten grundsätzlich einen zweistufigen Rechtsmittelweg vor. In allen Fällen, in denen nicht eine der in Abs. 1 genannten, sondern eine untere Behörde erstinstanzlich verfügt, kann die personalrechtliche Anordnung zunächst entsprechend § 19 Abs. 1 mit Rekurs an die obere Behörde weitergezogen werden:
- Anordnungen von kommunalen Behörden (Gemeinderat, Zivilvorsteherschaft, Schulpflege, Kirchenpflege, Verwaltungsvorstand/Ausschuss mit selbständigen Befugnissen im Sinn von § 57 GemeindeG, Beamter mit selbständigen Befugnissen im Sinn von § 115a GemeindeG, Organ eines Zweckverbands): an den Bezirksrat;
- Anordnungen von kantonalen Ämtern: an die Direktion;
- Anordnungen von Direktionen oder ihnen gleichgestellten Kommissionen (mit Ausnahme von Anordnungen des Bildungsrats, die in der Regel – unter Vorbehalt von § 74 Abs. 2 – unmittelbar beim Verwaltungsgericht angefochten werden können): an den Regierungsrat.

Unmittelbar mit Beschwerde an das Verwaltungsgericht weiterziehbar sind Anordnungen des Regierungsrats, des Bildungsrats, der (anderen) obersten kantonalen Gerichte (Kassations-, Ober- und Sozialversicherungsgericht), des Kirchenrats, der römisch-katholischen Zentralkommission und der Ombudsperson. Unmittelbar mit Beschwerde anfechtbar dürften auch personalrechtliche Anordnungen des Universitätsrats betreffend Rektoren, Prorektoren sowie die Professoren sein (§ 29 Abs. 5 und § 46 UniversitätsG; vgl. Vorbem. zu §§ 74–80 N. 5). Ausgeschlossen bleiben stets Anordnungen im Sinn von § 74 Abs. 2 (dazu N. 9 ff.), die der Beschwerde an das Verwaltungsgericht auch dann nicht unterliegen, wenn sie erstinstanzlich von einer der in § 74 Abs. 1 oder spezialgesetzlich genannten Instanzen getroffen wurden.

§ 74

Beim Personalrecht im *schulischen* Bereich ist zu unterscheiden: Die mit kantonaler Beteiligung entlöhnten Lehrpersonen der Volksschule (Primar- und Oberstufenlehrer/innen, Handarbeits-, Hauswirtschafts- und Fortbildungslehrer/innen) unterstehen dem kantonalen Personalrecht (§ 1 LehrerpersonalG). Für gemeindeeigene Lehrpersonen, Kindergärtnerinnen und Kindergärtner, die ausschliesslich in einem Dienstverhältnis mit der Gemeinde (Schulgemeinde oder politische Gemeinde, vgl. § 4 GemeindeG) stehen, gilt kommunales Personalrecht (Thalmann, § 72 N. 2.2; vgl. RB 1995 Nr. 28). Über *kommunale* personalrechtliche Streitigkeiten entscheidet als Rekursbehörde nicht die Bezirksschulpflege, sondern der Bezirksrat (vgl. VGr. 25.3.1997, DR.97.00002; Thalmann, § 153 N. 5), gegen dessen Entscheid Beschwerde an das Verwaltungsgericht geführt werden kann. Bei personalrechtlichen Streitigkeiten mit den dem *kantonalen* Recht unterstehenden Lehrkräften ist zu unterscheiden: Gegen personalrechtliche Anordnungen der Gemeindeschulpflege kann an die Bildungsdirektion rekurriert werden (§ 10 LehrerpersonalG), deren Entscheid der Beschwerde an das Verwaltungsgericht unterliegt (§ 74 Abs. 1 VRG). Ist die Bildungsdirektion verfügende Behörde, so entscheidet als Rekursinstanz der Regierungsrat, dessen Entscheid an das Verwaltungsgericht weiterziehbar ist. Liegt die Verfügungskompetenz beim Bildungsrat, so steht gegen dessen Anordnung unmittelbar die Beschwerde an das Verwaltungsgericht offen (vgl. bezüglich der disziplinarischen und administrativen Entlassung aus dem Schuldienst RB 1994 Nr. 28 = ZBl 96/1995, S. 70). Vorbehalten bleiben Anordnungen des Bildungsrats im Sinn von § 74 Abs. 2, die mangels Zuständigkeit des Verwaltungsgerichts mit Rekurs beim Regierungsrat anfechtbar sind (vgl. § 19a Abs. 1). Zum Rechtsweg bei anderen als personalrechtlichen Streitigkeiten innerhalb des Bildungswesens vgl. § 19 N. 129.

15

Die Pfarrer der *evangelisch-reformierten Landeskirche* stehen teilweise unter landeskirchlicher, teilweise unter kommunaler Dienstgewalt (§§ 16–19, 39–53 refKG; Art. 110–142 refKO; Rübel, S. 55 ff.; Thalmann, § 72 N. 2.3; BGE 47 I 484). Gleiches gilt für die Angestellten der Kirchgemeinde (§§ 143–149 refKO; Rübel, S. 96 f.; Thalmann, § 72 N. 2.3). Weil solche Anordnungen nicht «kirchlicher Natur» im Sinn von § 26 Abs. 2 refKG sind und damit nicht in die Zuständigkeit der Bezirkskirchenpflege fallen (zur Abgrenzung vgl. Rübel, S. 152 ff.; Thalmann, § 153 N. 6), entscheidet hierüber als Rekursinstanz der Bezirksrat. Personalrechtliche Anordnungen des Kirchenrats sind unmittelbar beim Verwaltungsgericht anfechtbar (§ 74 Abs. 1 VRG). Für solche (erstinstanzliche) Anordnungen des Kirchenrats entfällt damit die – gegenüber dem Verwaltungsgericht subsidiäre – Zuständigkeit der landeskirchlichen Rekurskommission (§ 37 Abs. 3 refKG; Rübel, S. 45 f.). Zum Rechtsweg bei anderen als personalrechtlichen Streitigkeiten innerhalb der evangelisch-reformierten Landeskirche vgl. § 19 N. 131.

16

§ 74 / § 75

17 *Römisch-katholische* Pfarrer sind nicht, Hilfsgeistliche nur beschränkt der Dienstgewalt der Kirchenpflege unterstellt (Thalmann, § 72 N. 2; Schmid, S. 330 f.; vgl. § 5, 16, 17 kathKG; Art. 55 kathKO). Hilfsgeistliche sowie die weiteren im Dienst einer Kirchgemeinde stehenden Personen werden in der Regel privatrechtlich angestellt. Weil über personalrechtliche Streitigkeiten mit Pfarrern, Hilfsgeistlichen und Gemeindeangestellten kirchenintern nicht die römisch-katholische Zentralkommission zu entscheiden hat, steht dagegen auch nicht die Beschwerde an das Verwaltungsgericht offen. Hingegen können die genannten Funktionäre in besoldungsrechtlichen Angelegenheiten Klage an das Verwaltungsgericht erheben (§ 79 VRG; vgl. Schmid, S. 330 Anm. 93). Angestellte der römisch-katholischen Zentralkommission können hingegen personalrechtliche Anordnungen (einschliesslich besoldungsmässige) mit Beschwerde beim Verwaltungsgericht anfechten (§ 74 Abs. 1). Zum Rechtsweg bei anderen als personalrechtlichen Streitigkeiten innerhalb der römisch-katholischen Kirche vgl. § 19 N. 133.

18 Bei den obersten kantonalen Gerichten (Kassations-, Ober- und Sozialversicherungsgericht; bezüglich Verwaltungsgericht vgl. § 80d) steht die Verfügungskompetenz den leitenden Organen dieser Gerichte zu. Bezüglich der Bediensteten bei den dem Obergericht unterstellten Gerichten und Notariaten verfügt das Obergericht. Anordnungen des Kassations-, des Ober- und des Sozialversicherungsgerichts sind unmittelbar mit Beschwerde beim Verwaltungsgericht anfechtbar.

2. Beschwerdegründe

§ 75. **Mit der Beschwerde können geltend gemacht werden:**

a) **Rechtsverletzungen einschliesslich Überschreitung oder Missbrauch des Ermessens;**

b) **unrichtige oder unvollständige Feststellung des rechtserheblichen Sachverhalts.**

Materialien
Weisung 1995, S. 1540 ff.; Prot. KK 1995/96, S. 132 ff.; Prot. KR 1995–1999, S. 6505; Beleuchtender Bericht 1997, S. 6.

Literatur vgl. Vorbem. zu §§ 74–80d.

1 Im personalrechtlichen Beschwerdeverfahren kommt dem Verwaltungsgericht grundsätzlich die nämliche Kognition zu wie im allgemeinen Beschwerdeverfahren: volle Rechtskontrolle (vgl. § 50 Abs. 1 und 2) sowie uneingeschränkte Sachverhaltskontrolle (vgl. § 51), keine Ermessenskontrolle.

§ 76

§ 76. Mit dem Rekurs können Disziplinarmassnahmen der obersten kantonalen Gerichte, des Bildungsrates, des Kirchenrates und der römisch-katholischen Zentralkommission, der Ombudsperson sowie erstinstanzliche Rekursentscheide über Disziplinarmassnahmen anderer Organe angefochten werden.

Ausgeschlossen ist der Rekurs gegen Verweise.

II. Disziplinarrekurs
1. Anfechtbare Anordnungen

Materialien
Weisung 1995, S. 1540 ff.; Prot. KK 1995/96, S. 132 ff.; Prot. KR 1995–1999, S. 6505; Beleuchtender Bericht 1997, S. 6.

Literatur vgl. Vorbem. zu §§ 74–80d.

Übersicht	Note
1. Allgemeines	1
2. Disziplinarmassnahmen	4
3. Exkurs: Für Disziplinarverfahren und Sanktionswahl massgebende Grundsätze	10
4. Vorinstanzen	13

1. Allgemeines

Mit der Gesetzesrevision vom 8.6.1997 ist die Zuständigkeit des Verwaltungsgerichts in Disziplinarsachen erweitert worden, indem nicht nur wie bisher die schwersten Sanktionen – Entlassung aus dem Dienstverhältnis, Einstellung im Amt und Versetzung in das provisorische Dienstverhältnis – anfechtbar sind, sondern auch alle anderen Disziplinarmassnahmen mit Ausnahme des Verweises (vgl. Abs. 2). Die Bedeutung dieses erweiterten Rechtsschutzes wird aber anderseits dadurch relativiert, dass nur noch in wenigen öffentlichrechtlichen Personalordnungen eine disziplinarrechtliche Verantwortlichkeit vorgesehen ist: Mit dem Erlass des Personalgesetzes ist das Disziplinarrecht für die jenem Gesetz unterstellten Bediensteten abgeschafft worden (vgl. Weisung RR vom 22.5.1996 zum PG, ABl 1996 II, S. 1156 ff.). Desgleichen haben die obersten Gerichte sowie viele Gemeinden von ihrer Kompetenz, abweichend vom Personalgesetz für ihr Personal ein Disziplinarrecht einzuführen (vgl. § 56 Abs. 3 PG i.V.m. § 215 Abs. 1 GVG; § 72 Abs. 3 Satz 2 GemeindeG), bis heute keinen Gebrauch gemacht. § 76 enthält kein materielles Personalrecht; Disziplinarmassnahmen dürfen nur ausgesprochen werden, sofern sie im materiellen Disziplinarrecht eine gesetzliche Grundlage haben.

1

Zum Rekurs *legitimiert* ist der von einer Disziplinarmassnahme (dazu N. 4 ff.) betroffene Angestellte (§ 80c i.V.m. § 70 und § 21 lit. a). Dabei handelt es sich um den *Adressaten* der Verfügung. Das wurde bei der Gesetzesrevision als selbstverständlich erachtet, weshalb entgegen dem Antrag des Regierungsrats die Aufnahme einer dem bisherigen § 75 entsprechenden Legitimationsbestimmung

2

§ 76

abgelehnt wurde (Prot. KK 1995/96, S. 164 f.). Stirbt der Adressat der Disziplinarmassnahme vor Ergreifung des Disziplinarrekurses, so können seine Rechtsnachfolger lediglich hinsichtlich des vermögensrechtlichen Aspekts verwaltungsrechtliche Klage gemäss § 79 erheben; diesfalls hat das Verwaltungsgericht vorfrageweise darüber zu befinden, ob die disziplinarische Entlassung gerechtfertigt war (§ 79 Abs. 1). Stirbt ein Rekurrent während der Rechtshängigkeit des Disziplinarverfahrens, so ist dieses abzuschreiben; die Rechtsnachfolger können hinsichtlich der vermögensrechtlichen Ansprüche Klage erheben; auch in diesem Fall ist vorfrageweise über die Disziplinarmassnahme zu befinden (vgl. RB 1966 Nr. 24 = ZBl 67/1966, S. 336 = ZR 65 Nr. 148).

3   Soweit vor Verwaltungsgericht erstinstanzliche Rekursentscheide über personalrechtliche Anordnungen kommunaler Organe anfechtbar sind (dazu N. 13), steht das Beschwerderecht auch der *Gemeinde* zu (§ 80c i.V.m. § 70 und § 21 lit. b), namentlich dort, wo sie sich für die richtige Anwendung und Durchsetzung ihres kommunalen Personalrechts wehrt. Zur Legitimation zur personalrechtlichen Beschwerde vgl. § 74 N. 2 ff.

2. Disziplinarmassnahmen

4   Mit Disziplinarrekurs nach § 76 sind *nur «personalrechtliche» Disziplinarmassnahmen* anfechtbar. Disziplinarsanktionen im Rahmen anderer Rechtsverhältnisse, insbesondere im Unterrichtswesen sowie im Straf- und Massnahmenvollzug, fallen nicht darunter. Gegen Disziplinarsanktionen im *Schulwesen* kann (mit Ausnahme des disziplinarischen Ausschlusses) auch nicht Beschwerde an das Verwaltungsgericht geführt werden (§ 43 Abs. 1 lit. f). Gegen Disziplinarmassnahmen im *Straf- und Massnahmenvollzug* steht die Beschwerde nur dann offen, wenn die Sanktion als strafrechtliche Anklage im Sinn von Art. 6 Ziff. 1 EMRK zu würdigen ist (vgl. § 43 N. 28). Der Rekursentscheid des Gesamtobergerichts über die Einstellung eines Rechtsanwalts im Beruf (§ 29 AnwaltsG) kann nicht mit Rekurs beim Verwaltungsgericht angefochten werden, weil der Rechtsanwalt nicht in einem öffentlichrechtlichen Dienstverhältnis zu Staat oder Gemeinden steht.

5   Dem Disziplinarrekurs unterliegen alle Disziplinarmassnahmen mit Ausnahme des Verweises (vgl. Abs. 2). In Betracht fallen etwa (vgl. Art. 88 des Personalrechts der Stadt Zürich vom 15.7.1993): Busse, Versetzung in das provisorische Dienstverhältnis, Versetzung an einen andern, allenfalls niedriger eingereihten Arbeitsplatz, sofortige Entlassung. In Betracht fällt ferner der disziplinarisch motivierte Entzug eines Wählbarkeitszeugnisses (vgl. RB 1992 Nr. 9 betreffend den Entzug des heute nicht mehr erforderlichen Wählbarkeitszeugnisses für Lehrpersonen der Volksschule). Der Entzug der Wählbarkeit zu einem Amt durch den Strafrichter gemäss Art. 51 Abs. 1 StGB ist von der verwaltungsgerichtlichen Disziplinarrechtspflege unabhängig (Bosshart, § 76 N. 3).

§ 76

Disziplinarmassnahmen bezwecken, auf ein fehlbares Verhalten eines öffentlichen Bediensteten hin den geordneten Gang der Verwaltungstätigkeit und das Vertrauen der Bevölkerung in die Verwaltung zu erhalten. Sie dienen der Erziehung und der «Reinigung»; sie haben spezial- sowie generalpräventiven Charakter, wobei der spezialpräventive Zweck bei einer disziplinarischen Entlassung von vornherein nicht mehr erreicht werden kann. Disziplinarmassnahmen stellen einen Sanktionstyp eigener Art dar, der zwischen rein administrativen Massnahmen und strafrechtlichen Sanktionen steht und sowohl administrative wie auch pönale Elemente enthält (RB 1992 Nr. 11; RB 1966 Nr. 23 = ZBl 68/1967, S. 327 = ZR 66 Nr. 176; RB 1963 Nr. 38). Wie erwähnt (N. 1) wird in zeitgemässen Personalordnungen zunehmend auf das disziplinarrechtliche Instrumentarium verzichtet.

6

Disziplinarische Sanktionen setzen voraus, dass der Betroffene eine *Dienstpflicht verletzt* hat. Häufig geht es um eine Verletzung der Treuepflicht; dabei handelt es sich um die Pflicht zur Wahrung der Interessen des Gemeinwesens, die dem Bediensteten gewisse Verhaltensweisen, nicht aber eine bestimmte Gesinnung untersagt (zur Treuepflicht von Lehrkräften vgl. eingehend RB 1995 Nr. 27 = ZBl 96/1995, S. 335 f.). Eine Verletzung von Dienstpflichten kann allerdings auch Motiv für administrative Massnahmen gleichen Inhalts sein. Im Unterschied zu administrativen Massnahmen setzten jedoch Disziplinarsanktionen stets ein *Verschulden* des Betroffenen voraus (Jaag, a.a.O., S. 457 f.; VGr. 26.9.1994, ZBl 96/1995, S. 71 f.). Mit dem Erfordernis des Verschuldens ist im Disziplinarrecht in erster Linie gemeint, dass das als Verletzung von Berufspflichten gewürdigte Verhalten einem Vorsatz oder einer Fahrlässigkeit (pflichtwidriger Unvorsichtigkeit) entspringen muss. Damit unterscheidet sich das Disziplinarrecht vom Strafrecht, wo dieses subjektive Element nach herrschender Lehre und Rechtsprechung der Tatbestandmässigkeit zugeordnet wird, während der strafrechtliche Begriff der Schuld die Frage nach der Verantwortlichkeit des Täters unter den Gesichtswinkeln der Schuldfähigkeit, des Unrechtsbewusstseins und der Zumutbarkeit betrifft. Dementsprechend ist ein disziplinarisches Verschulden nicht nur im Sinn des Strafrechts dann zu verneinen, wenn der Fehlbare nicht zurechnungsfähig war (mangelnde Schuldfähigkeit), wenn er sich der Pflichtwidrigkeit nicht bewusst war und nicht bewusst sein musste (fehlendes Unrechtsbewusstsein) oder wenn er aus einer unverschuldeten Zwangslage handelte (mangelnde Zumutbarkeit), sondern auch dann, wenn das Fehlverhalten auf mangelnde Eignung zurückzuführen ist. Zur Eigenständigkeit des Disziplinarrechts gegenüber dem Strafrecht vgl. auch RB 1968 Nr. 11, 1974 Nr. 19.

7

Abgrenzung zwischen disziplinarischer und administrativer Entlassung: Häufig, namentlich bei vorzeitigen Entlassungen, ist nicht von vornherein klar, ob eine personalrechtliche Massnahme administrativer oder disziplinarischer Natur ist. Vor der VRG-Revision hatte sich das Gericht mit dieser heiklen Abgrenzung

8

§ 76

im Hinblick auf seine Zuständigkeit zu befassen, da administrative Massnahmen nicht anfechtbar waren. Mit der Gesetzesrevision ist leider die Notwendigkeit dieser Abgrenzung nicht dahingefallen, weil Administrativmassnahmen nicht im disziplinarrechtlichen Rekursverfahren, sondern im personalrechtlichen Beschwerdeverfahren zu überprüfen sind, in welchem die Ermessenskontrolle, anders als beim Disziplinarrekurs, ausgeschlossen ist (vgl. §§ 75 und 78). *Kasuistik:* Nicht disziplinarisch ist eine Entlassung infolge mangelnder Eignung des Betroffenen (vgl. RB 1960 Nr. 4), wegen fachlichem Unvermögen des Bediensteten (RB 1966 Nr. 21; RB 1962 Nr. 49 = ZR 62 Nr. 57; RB 1977 Nr. 33). Die aufsichtsrechtlich angeordnete Amtsenthebung des Mitglieds eines Gemeinderats oder Stadtrats, die damit begründet wird, das betreffende Behördenmitglied sei wegen einer strafrechtlichen Verurteilung bzw. wegen der damit verbundenen Schmälerung seines Ansehens nicht mehr tragbar, ist administrativer und nicht disziplinarischer Natur; dies gilt sowohl für einen Akt der Dienst- wie auch der Verbandsaufsicht (RB 1976 Nr. 21). Hat die Hochschulkommission die Mitglieder des kleinen Studentenrats wegen Überschreitung des «studentenpolitischen» Mandates ihres Amts enthoben, um ohne Rücksicht auf deren allfälliges Verschulden den Fortbestand der Studentenschaft als Zwangskörperschaft zu gewährleisten, so hat sie eine administrative Massnahme getroffen, nicht eine Disziplinarstrafe verhängt (RB 1976 Nr. 23; an der in der ersten Auflage geäusserten Kritik gegen diesen Entscheid wird festgehalten). Knüpft die Entlassung des Bediensteten ausschliesslich an ein schuldhaftes Verhalten an, wird in der Praxis nur die disziplinarische Entlassung als zulässig erachtet, ungeachtet dessen, dass in solchen Fällen zugleich Umstände vorliegen, die nach Treu und Glauben dem Arbeitgeber die Fortsetzung des Arbeitsverhältnisses als unzumutbar erscheinen lassen (RB 1985 Nr. 21, 1995 Nr. 16). Jedenfalls darf der Betroffene nicht dadurch um den disziplinarrechtlichen Rechtsschutz gebracht werden, dass die Entlassung als Administrativmassnahme bezeichnet wird, wirkliches Motiv jedoch ein disziplinarisch relevantes Verhalten bildet (RB 1976 Nr. 20; VGr. 13.6.1975, ZBl 76/1975, S. 481). Werden neben Vorwürfen, die allenfalls eine disziplinarische Entlassung rechtfertigen würden, zugleich solche erhoben, die mangels Verschulden zu einer administrativen Entlassung führen können, so wird die Möglichkeit einer administrativen Entlassung nicht eingeschränkt, zumindest dann nicht, wenn Letztere für sich allein genügen (VGr. 26.9.1994, ZBl 96/1995, S. 76, mit Hinweisen; vgl. Jaag, a.a.O., S. 460).

9 Unabhängig davon, aus welchen Gründen der Betroffene nicht wiedergewählt worden ist, steht gegen die Nichtwiederwahl nicht der Disziplinarrekurs (vgl. RB 1985 Nr. 20, 1975 Nr. 20, 1967 Nr. 13), sondern die Personalbeschwerde offen, ebenso gegen einen Beschluss, womit der Bedienstete für die neue Amtsdauer nicht wiedergewählt, sondern nur noch provisorisch angestellt wird (vgl. RB 1963 Nr. 34 = ZBl 65/1964, S. 212 = ZR 64 Nr. 179; RB 1978 Nr. 13, 1990 Nr. 20). Gleiches gilt bezüglich der ordentlichen – fristgerechten – Kündigung (RB 1985 Nr. 20). Die vorläufige Diensteinstellung bei der Eröffnung

einer Strafuntersuchung (vgl. § 29 PG, § 4 Abs. 2 OrdnungsstrafG) unterliegt nicht dem Disziplinarrekurs, sondern der Beschwerde (vgl. RB 1982 Nr. 44, 1990 Nr. 22); Gleiches gilt für die mit der vorläufigen Amtsenthebung verbundene vorsorgliche Besoldungseinstellung (RB 1998 Nr. 173). Die Nichtzulassung zum öffentlichen Schuldienst kann nicht mit Disziplinarrekurs angefochten werden (vgl. RB 1976 Nr. 24); die Beschwerde ist ebenfalls unzulässig (vgl. § 74 Abs. 2). Wird ein öffentlichrechtliches Anstellungsverhältnis unter Wahrung der ordentlichen Kündigungsfrist aufgelöst, so kann die in der Entlassungsverfügung getroffene Feststellung, die Kündigung sei nicht unverschuldet im Sinn der Statuten der Versicherungskasse, nicht mit Disziplinarrekurs angefochten werden; zuständig zur Beurteilung ist das Sozialversicherungsgericht (vgl. RB 1990 Nr. 21).

3. Exkurs: Für Disziplinarverfahren und Sanktionswahl massgebende Grundsätze

Wesentliche Züge des Disziplinarrechts sind strafrechtlichen Grundsätzen gleichgerichtet (vgl. N. 6): Hohe Anforderungen formeller Natur sind namentlich an die Anhörung des Betroffenen zu stellen (RB 1994 Nr. 26 = ZBl 96/1995, S. 78; leicht relativiert in RB 1995 Nr. 20). Der Grundsatz «ne bis in idem» gilt auch im Disziplinarrecht, wobei es allerdings nicht gegen diesen Grundsatz verstösst, wenn nach einer formlos ergangenen Mahnung in der nämlichen Sache aufgrund eines später eröffneten Disziplinarverfahrens eine Disziplinarstrafe verhängt wird (RB 1994 Nr. 24). Aus der eigenständigen Zwecksetzung des Disziplinarrechts ergeben sich anderseits erhebliche Unterschiede zum Straf- und Strafprozessrecht: Zur Verjährung von Disziplinarfehlern vgl. RB 1994 Nr. 25 = ZB 96/1995, S. 78; RB 1992 Nr. 12. Der Entscheid über Disziplinarmassnahmen kann vor Abschluss eines allfälligen Strafverfahrens gefällt werden (RB 1992 Nr. 11). 10

Zu den Voraussetzungen, unter denen im Rekursverfahren über eine disziplinarische Entlassung die im Disziplinarverfahren begangene Gehörsverweigerung geheilt werden kann, vgl. RB 1994 Nr. 21 = ZBl 96/1995, S. 78; RB 1995 Nr. 23 = ZBl 97/1996, S. 332 ff. 11

Massgebend für die *Auswahl und Bemessung* der zu verhängenden Massnahme ist die Schwere der Verfehlung; diese wiederum wird objektiv durch die Bedeutung der verletzten administrativen Interessen und subjektiv durch das Mass des Verschuldens bestimmt (VGr. 26.9.1994, ZBl 96/1995, S. 71 f.). Je höher und wichtiger das gefährdete oder verletzte Dienstinteresse und je intensiver dessen Gefährdung oder Verletzung ist, desto schwerwiegender erscheint die Pflichtverletzung. Auf der subjektiven Seite sind neben der Form des Verschuldens (vorsätzliche oder fahrlässige Begehung) die Gesamtpersönlichkeit des 12

§ 76 / § 77 / § 78

Beschuldigten und dessen Einstellung zu der von ihm begangenen Dienstpflichtverletzung in Betracht zu ziehen. Von Bedeutung ist insbesondere auch die dienstliche Stellung des Fehlbaren, indem die Verantwortlichkeit umso schwerer wiegt, je höher seine Stellung ist. An einen hohen Amtsträger mit grossem Selbständigkeitsbereich, welcher der Kritik der Öffentlichkeit in besonderem Mass ausgesetzt ist, müssen strengere Anforderungen gestellt werden als an einen subalternen Bediensteten. Die Entlassung oder Amtsenthebung setzt als härteste Disziplinarmassnahme in der Regel ein schweres Verschulden voraus (RB 1974 Nrn. 25 und 27).

4. Vorinstanzen

13 Die funktionelle Zuständigkeit des Verwaltungsgerichts – und damit der Instanzenzug – wird in § 76 Abs. 1 für den Disziplinarrekurs im Wesentlichen gleich geregelt wie in § 74 Abs. 1 für die Personalbeschwerde (vgl. § 74 N. 14 ff.). Dabei ist allerdings zu beachten, dass nur noch wenige Personalordnungen ein Disziplinarrecht kennen (vgl. N. 1): Mit dem Erlass des Personalgesetzes, welches für die ihm unterstellten Bediensteten kein Disziplinarrecht mehr kennt, ist § 76 Abs. 1 denn auch dahin geändert worden, dass der Regierungsrat nicht mehr als Vorinstanz erwähnt wird. Sodann haben die obersten kantonalen Gerichte von ihrer Kompetenz, abweichend vom Personalgesetz für ihr Personal ein Disziplinarrecht einzuführen (vgl. § 56 Abs. 3 PG; § 215 Abs. 1 PBG), bis heute keinen Gebrauch gemacht. In der Praxis geht es daher vorab noch um *kommunale Disziplinarmassnahmen,* zu deren Überprüfung der *Bezirksrat als erste Rekursbehörde* zuständig ist. Dem zweitinstanzlichen Disziplinarrekurs an das Verwaltungsgericht unterliegen auch Rekursentscheide des Bezirksrats betreffend Disziplinarbeschlüsse eines Zweckverbands (vgl. RB 1982 Nr. 45) sowie betreffend Disziplinarbeschlüsse einer Kommission mit selbständigen Verwaltungsbefugnissen im Sinn von § 56 GemeindeG (RB 1989 Nr. 17).

§ 77. aufgehoben.

2. Rekursgründe § 78. Mit dem Rekurs kann geltend gemacht werden, die angefochtene Massnahme verletze das Recht, stelle den Sachverhalt unrichtig fest oder sei nicht angemessen.

Materialien
Weisung 1995, S. 1540 ff.; Prot. KK 1995/96, S. 132 ff.; Prot. KR 1995–1999, S. 6505; Beleuchtender Bericht 1997, S. 6.

Literatur vgl. Vorbem. zu §§ 74–80d.

§ 78

Wie im allgemeinen Beschwerdeverfahren (§§ 50 und 51) sowie bei der personalrechtlichen Beschwerde (§ 75) steht dem Verwaltungsgericht als Disziplinarrekursinstanz volle Rechtskontrolle sowie uneingeschränkte Sachverhaltskontrolle zu. Darüber hinaus kann mit dem Disziplinarrekurs geltend gemacht werden, die angefochtene Massnahme sei nicht angemessen. Diese umfassende Kognition kommt dem Verwaltungsgericht grundsätzlich auch in jenen Fällen zu, in denen es als zweite Rekursbehörde einen erstinstanzlichen Disziplinarrekursentscheid zu überprüfen hat.

Weil das Disziplinarrecht in wesentlichen Zügen dem Strafrecht nahesteht, sind im Rahmen der *Rechtskontrolle* hohe Anforderungen an die angefochtene Massnahme zu stellen. Das gilt insbesondere hinsichtlich des Legalitätsprinzips (vgl. RB 1977 Nr. 33, 1985 Nr. 26, 1995 Nr. 16) sowie des Gehörsanspruchs (RB 1994 Nr. 26 = ZBl 96/1995, S. 78; leicht relativiert in RB 1995 Nr. 20). Zur Rechtskontrolle gehört auch hier das akzessorische Prüfungsrecht.

Die tatsächlichen Erhebungen der Disziplinarbehörden würdigt das Verwaltungsgericht frei (RB 1974 Nr. 19).

Die dem Gericht zustehende *Ermessenskontrolle* ist schon deswegen für einen wirksamen gerichtlichen Rechtsschutz erforderlich, weil für die Wahl und Bemessung von Disziplinarsanktionen vorab das Verschulden des Betroffenen zu würdigen ist. Allerdings ist die Ermessensüberprüfung beschränkt: Zum einen ergeben sich Einschränkungen aus der Gemeindeautonomie, wenn es um die Anwendung von Ermessensbestimmungen oder die Auslegung von unbestimmten Rechtsbegriffen des kommunalen Rechts geht. Zum andern soll die Eigenverantwortung unterer kantonaler Instanzen im Rahmen der Personalführung gewahrt werden.

Bezüglich der *Entscheidungsbefugnis* des Verwaltungsgerichts in Disziplinarsachen ist zu unterscheiden: Eine von ihm für unrechtmässig befundene disziplinarische Entlassung kann es nicht aufheben; es ist lediglich zu einem Feststellungsentscheid sowie zur Festlegung der allfälligen Entschädigung befugt (§ 80 Abs. 2). Bei der Überprüfung anderer Disziplinarmassnahmen kann es diese aufheben, wenn es sie für ungerechtfertigt hält; es kann an deren Stelle eine leichtere Disziplinarmassnahme treffen. In der Wahl einer leichteren Massnahme ist es allerdings nicht frei; nach dem Grundsatz der Gesetzmässigkeit kommen nur jene Massnahmen in Betracht, die nach der massgebenden Dienstordnung vorgesehen sind (RB 1981 Nr. 35; Bellwald, a.a.O., S. 143).

§ 79

III. Klage § 79. Im Klageverfahren beurteilt das Verwaltungsgericht als einzige Instanz vermögensrechtliche Streitigkeiten aus dem Dienstverhältnis zwischen Angestellten und Körperschaften des kantonalen öffentlichen Rechts, einschliesslich der Schadenersatzforderungen, soweit nicht das Beschwerde- oder Disziplinarrekursverfahren offensteht.

Materialien
Weisung 1995, S. 1540 ff.; Prot. KK 1995/96, S. 132 ff.; Prot. KR 1995–1999, S. 6505; Beleuchtender Bericht 1997, S. 6.

Literatur vgl. Vorbem. zu §§ 74–80d; Vorbem. zu §§ 81–86.

1 Während nach der ursprünglichen Gesetzesfassung (§ 82 lit. a) vermögensrechtliche Streitigkeiten aus dem Dienstverhältnis zwischen Angestellten und Körperschaften des kantonalen öffentlichen Rechts einschliesslich der Schadenersatzforderungen ausnahmslos im Klageverfahren zu beurteilen waren, sieht die revidierte Fassung in § 79 den Klageweg nur noch subsidiär, d.h. nur insoweit vor, als nicht das Beschwerde- oder Disziplinarrekursverfahren offen steht (RB 1998 Nr. 45).

2 Nicht im Klageverfahren, sondern im *Anfechtungsverfahren* (Beschwerde bzw. Disziplinarrekurs mit allenfalls vorangehendem verwaltungsinternem Rekurs) zu beurteilen sind vermögensrechtliche Forderungen aus dem Dienstverhältnis stets dann, wenn dem Gemeinwesen bzw. der zuständigen Behörde *Verfügungskompetenz* zukommt. Dienstverhältnisse werden in der Regel durch Verfügung begründet (vgl. § 12 Abs. 1 PG; dazu Vorbem. §§ 74–80d N. 8) und in verfügungsmässig begründeten Dienstverhältnissen kann über auftretende Meinungsverschiedenheiten eine Verfügung getroffen werden (vgl. § 31 PG). Macht der Betroffene *vermögensrechtliche Ansprüche im Zusammenhang mit einer Kündigung, Nichtwiederwahl, Amtseinstellung oder vorzeitigen Entlassung* geltend, sind diese Ansprüche ebenfalls im Anfechtungsverfahren – bei Amtseinstellungen und vorzeitigen Entlassungen disziplinarischer Natur im Disziplinarrekursverfahren – zu beurteilen. In diesen Fällen bedarf es zur Öffnung des Anfechtungswegs, welcher – vorbehältlich der Anfechtung einer diskriminierenden Entlassung nach Art. 5 GlG – ohnehin nicht zur Wiedereinstellung des Betroffenen führen kann (vgl. § 80 Abs. 2 VRG), nicht einer zusätzlichen Verfügung über die geltend gemachten Forderungen; vielmehr muss der Betroffene zur Geltendmachung seiner Forderungen rechtzeitig Rekurs bzw. Beschwerde gegen die Verfügung über die Auflösung des Dienstverhältnisses erheben (vgl. Rotach, S. 452 Anm. 82).

3 Im Klageverfahren zu beurteilen sind *Haftungsansprüche des Gemeinwesens gegen Angestellte und der Angestellten gegen das Gemeinwesen* nach § 19 Abs. 2 HaftungsG; denn diese Bestimmung sieht für solche Streitigkeiten ausschliesslich den Klageweg vor. Im Bund ist nach Abschaffung des Klageweges mit der OG-Revision vom 4.10.1991 Art. 10 Abs. 1 des Bundesgesetzes über die Verant-

wortlichkeit des Bundes sowie seiner Behördemitglieder und Beamten vom 14.3.1958 (Verantwortlichkeitsgesetz; SR 170.32) dahin revidiert worden, dass über streitige Ansprüche des Bundes oder gegen den Bund die zuständige Behörde eine Verfügung erlässt. Dass § 19 Abs. 2 HaftungsG im Rahmen der VRG-Revision nicht der neuen Ordnung von §§ 74 ff. VRG angeglichen worden ist, beruht nicht auf einem qualifizierten Schweigen des Gesetzgebers. Zumindest in jenen Fällen, in denen neben anderen, ohnehin im Anfechtungsverfahren zu behandelnden Ansprüchen zusätzlich gestützt auf das Haftungsgesetz der Ersatz weiteren Schadens oder Genugtuung geltend gemacht wird (vgl. etwa RB 1995 Nr. 25), ist über die haftungsrechtlichen Ansprüche im Anfechtungsverfahren zu entscheiden.

Bei *vertraglich begründeten Dienstverhältnissen* fragt es sich, ob nicht ebenfalls eine Verfügungskompetenz des Gemeinwesens bzw. der zuständigen Behörde besteht. Der Gesetzgeber scheint davon ausgegangen zu sein, dass derartige Streitigkeiten durchwegs im Klageverfahren zu behandeln seien (Weisung 1995, S. 1542). Gewichtige Gründe sprechen indessen für die Zulässigkeit des Anfechtungsverfahrens auch bei vertraglich begründeten Anstellungsverhältnissen (vgl. Rotach, S. 452 Anm. 83; Keiser, Personalrecht, S. 219): Die vertraglich begründeten Dienstverhältnisse unterscheiden sich hinsichtlich der Rechtsnatur des Begründungsaktes nicht grundsätzlich von den durch – zustimmungsbedürftige – Verfügung begründeten Anstellungsverhältnissen (vgl. allerdings Jaag, a.a.O., S. 442). Das Anfechtungsverfahren entspricht dem Gebot, für Streitigkeiten aus dem Dienstverhältnis einen einfachen und raschen Rechtsschutz zu gewährleisten, weit besser. Schliesslich gibt es keinen allgemeingültigen Grundsatz, wonach im Bereich öffentlichrechtlicher Verträge Verfügungen unzulässig wären (vgl. Vorbem. §§ 81–86 N. 3; § 82 N. 38). 4

§ 80. Den Rechtsmitteln gegen Kündigung, Nichtwiederwahl, Einstellung im Amt und vorzeitige Entlassung kommt keine aufschiebende Wirkung zu.

Hält das Verwaltungsgericht eine Kündigung, Nichtwiederwahl, Einstellung im Amt oder vorzeitige Entlassung für nicht gerechtfertigt, stellt es dies fest und bestimmt die Entschädigung, welche das Gemeinwesen zu entrichten hat.

IV. Verfahren
1. Rechtsmittel gegen Kündigung, Nichtwiederwahl, Einstellung im Amt und vorzeitige Entlassung

Materialien
Weisung 1995, S. 1540 ff.; Prot. KK 1995/96, S. 132 ff.; Prot. KR 1995–1999, S. 6505; Beleuchtender Bericht 1997, S. 6.

Literatur vgl. Vorbem. zu §§ 74–80d.

§ 80 will in erster Linie die Entscheidungsbefugnis des Verwaltungsgerichts bei Rechtsmitteln gegen Kündigung, Nichtwiederwahl, Amtseinstellung und vorzeitiger Entlassung einschränken. In diesen Fällen kann das Verwaltungsgericht, 1

§ 80

hält es die angefochtene Massnahme für nicht gerechtfertigt, die Verfügung nicht aufheben, d.h. die Auflösung des Dienstverhältnisses nicht rückgängig machen; es kann die Weiterbeschäftigung des Betroffenen nicht erzwingen. Diese Regelung entspricht jener im altrechtlichen Disziplinarrekursverfahren bezüglich der vorzeitigen Entlassung (vgl. § 79 Abs. 1 in der ursprünglichen Fassung). Sie gilt nicht für die allenfalls dem Verwaltungsgericht vorgeschalteten Rekursinstanzen (VGr. 8.7.1998, PB.98.00002).

2   Kündigung und Nichtwiederwahl sind ausnahmslos administrative Massnahmen; Amtseinstellung und vorzeitige Entlassung können sowohl administrativer wie auch disziplinarischer Natur sein. Mit *vorzeitiger Entlassung* ist jede nicht in gegenseitigem Einvernehmen erfolgende vorzeitige Auflösung des Dienstverhältnisses gemeint; vorzeitig bedeutet, dass das Dienstverhältnis vor Ablauf der Kündigungsfrist oder der Amtsdauer aufgelöst wird. Die disziplinarische Entlassung ist regelmässig vorzeitig (RB 1967 Nr. 13). Die vorzeitige administrative Entlassung setzt einen «wichtigen Grund» voraus, als welcher jeder Umstand gilt, bei dessen Vorhandensein die Fortsetzung des Dienstverhältnisses nach Treu und Glauben nicht zumutbar ist (vgl. § 22 PG; VGr. 26.9.1994, ZBl 96/1995, S. 75 f.). Wird die *Einstellung im Amt* als vorsorgliche Massnahme angeordnet (vgl. § 6 VRG, § 29 PG), ist sie rein administrativer Natur (vgl. RB 1990 Nr. 22). Wo das Personalrecht die Einstellung im Amt als disziplinarische Sanktion vorsieht, ist damit die vorübergehende Amtseinstellung von befristeter Dauer gemeint (RB 1966 Nr. 22 = ZBl 67/1966, S. 336 = ZR 65 Nr. 148). Die bis zum Ablauf der Amtsdauer verfügte Einstellung im Amt kommt der vorzeitigen Entlassung gleich (vgl. RB 1994 Nr. 20).

3   Die in *Abs. 1* enthaltene Regel, wonach den Rechtsmitteln gegen Kündigung, Nichtwiederwahl, Amtseinstellung und vorzeitige Entlassung *keine aufschiebende Wirkung* zukommt, ergibt sich folgerichtig aus der in diesen Fällen beschränkten Entscheidungsbefugnis des Gerichts, das auch im Fall der Gutheissung des Rechtsmittels die Auflösung des Arbeitsverhältnisses nicht rückgängig machen kann (RB 1994 Nr. 20, 1969 Nr. 19, 1963 Nr. 28).

4   Trotz dieser Beschränkung der Entscheidungsbefugnis hat das Verwaltungsgericht nicht einen blossen Feststellungsentscheid zu treffen, sofern es die angefochtene Auflösung des Dienstverhältnisses für ungerechtfertigt hält; vielmehr hat es diesfalls im *gleichen* Verfahren über die vermögensrechtlichen Folgen zu entscheiden. Anders als der altrechtliche Disziplinarrekurs gegen die vorzeitige Entlassung (§ 79 Abs. 1 in der ursprünglichen Fassung) ermöglicht demnach § 80 Abs. 2 die Beurteilung der vermögensrechtlichen Folgen einer unrechtmässigen Auflösung des Dienstverhältnisses im Anfechtungsverfahren. Dementsprechend muss der Betroffene seine vermögensrechtlichen Forderungen bereits mit Rekurs bzw. Beschwerde gegen die Verfügung über die Auflösung des Dienstverhältnisses geltend machen (vgl. § 79 N. 2).

Schwierigkeiten ergeben sich dann, wenn das Verwaltungsgericht zum Schluss 5
gelangt, das erstinstanzliche oder vorinstanzliche Verfahren sei mit formellen
Mängeln behaftet. In solchen Fällen stehen dem Gericht drei Möglichkeiten
offen (RB 1995 Nr. 23 = ZBl 96/1995, S. 334):
– Es kann das Verfahren fortführen, indem es die Verfahrensmängel durch
  eigene prozessuale Vorkehren heilt.
– Es kann die Sache zur Verbesserung der Mängel an die Vorinstanz zurückweisen.
– Es kann unmittelbar aufgrund der festgestellten Verfahrensmängel eine
  Entschädigung zusprechen.

Die letztgenannte Verfahrenserledigung ist deswegen problematisch, weil dabei
die materielle Rechtmässigkeit der angefochtenen Massnahme in der Schwebe
bleibt (gl.M. bezüglich der entsprechenden Praxis des VGr. AG: Merker, § 59
Rz. 14).

Sonderfälle: § 80 Abs. 2 gilt nicht in verwaltungsgerichtlichen Verfahren, in denen 6
der Betroffene Rechtsansprüche nach Art. 5 Abs. 1 GlG geltend macht.
Eine im Sinn dieser bundesrechtlichen Bestimmung als diskriminierend gewürdigte Auflösung des Dienstverhältnisses kann vom Verwaltungsgericht rückgängig gemacht werden. Fraglich ist, ob in solchen Verfahren § 80 Abs. 1 ebenfalls nicht gelte, d.h. die Beschwerde entsprechend der allgemeinen Regel (§ 80c
i.V.m. § 55) aufschiebende Wirkung habe. Soll der bundesrechtliche Anspruch
auf Wiedereinstellung nicht vereitelt werden, muss es dem Verwaltungsgericht
zumindest möglich sein, von Amtes wegen oder auf Begehren hin die aufschiebende Wirkung mit prozessleitender Verfügung anzuordnen. – Ist eine vorzeitige disziplinarische Entlassung von einer unzuständigen Behörde angeordnet
worden, so ist sie auf Rekurs hin vom Verwaltungsgericht aufzuheben (RB 1972
Nr. 19).

§ 80 gilt nur im verwaltungsgerichtlichen Beschwerde- oder Rekursverfahren, 7
nicht in einem allfälligen vorinstanzlichen Rekursverfahren. Dem verwaltungsinternen Rekurs kommt auch in personalrechtlichen Angelegenheiten aufschiebende Wirkung zu (§ 25 Abs. 1), die jedoch entzogen werden kann (§ 25 Abs. 2).
Die verwaltungsinterne Rekursinstanz kann auch ausserhalb des Anwendungsbereichs von Art. 5 Abs. 1 GlG die Fortsetzung des Dienstverhältnisses anordnen (VGr. 8.7.1998, PB.98.00002).

§ 80a

2. Klagen aus vermögensrechtlichen Streitigkeiten

§ 80a. Klagen aus vermögensrechtlichen Streitigkeiten aus dem Dienstverhältnis sind beim Verwaltungsgericht schriftlich einzureichen. Dabei ist das Rechtsbegehren zu nennen und kurz zu begründen.

Das beklagte Gemeinwesen erhält Gelegenheit zur schriftlichen Stellungnahme. Nach Eingang der Antwort werden die Parteien zu einer mündlichen Verhandlung vorgeladen.

Das Verwaltungsgericht stellt den Sachverhalt von Amtes wegen fest und würdigt die Beweise nach freiem Ermessen.

Materialien
Weisung 1995, S. 1540 ff.; Prot. KK 1995/96, S. 132 ff.; Prot. KR 1995–1999, S. 6505; Beleuchtender Bericht 1997, S. 6.

Literatur vgl. Vorbem. zu §§ 74–80d; Vorbem. zu §§ 81–86.

1 Das personalrechtliche Klageverfahren weist gegenüber dem allgemeinen Klageverfahren nur wenige Besonderheiten auf (zur Problematik der eigenständigen Regelung der Personalgerichtsbarkeit vgl. Vorbem. zu §§ 74–80d N. 3). Grundsätzlich sind nach § 80c die «im Klageverfahren geltenden allgemeinen Bestimmungen» anwendbar. Diese Verweisung bezieht sich nicht nur auf die §§ 83 und 84 unter dem gemeinsamen Randtitel «II. Verfahren»», sondern auch auf den § 85 mit dem Randtitel «III. Erledigung der Klage». Sie erfasst zudem auch die Weiterverweisung in § 86, wonach beim Fehlen besonderer Vorschriften für das – allgemeine – Klageverfahren die im – allgemeinen – Beschwerdeverfahren geltenden Bestimmungen sinngemäss anwendbar sind; die nämliche Weiterverweisung ergibt sich im Übrigen unmittelbar aus § 80c, indem diese Bestimmung – allerdings in erster Linie mit Blick auf das personalrechtliche Beschwerdeverfahren – auch auf die «im Beschwerdeverfahren geltenden allgemeinen Bestimmungen» verweist.

2 Die personalrechtliche Klage ist gemäss *§ 80a Abs. 1 Satz 1* beim Verwaltungsgericht *schriftlich* einzureichen, was der allgemeinen Ordnung entspricht (§ 83 Abs. 1).

3 Die personalrechtliche Klage muss nach *§ 80a Abs. 1 Satz 2* das *Rechtsbegehren nennen*. Dem Wortlaut dieser Bestimmung lässt sich kaum ein andere Bedeutung entnehmen, als sich aus § 83 Abs. 1 mit dem dortigen Erfordernis eines «Antrags» für das allgemeine Klageverfahren ergibt. Zu beachten ist jedoch, dass bereits die frühere Praxis zu § 83 Abs. 1 das Erfordernis des Antrags mit Bezug auf personalrechtliche Klagen weniger streng handhabte als mit Bezug auf andere Klagen (vgl. § 83 N. 25): Weil es einem öffentlichen Angestellten oft schwer fällt oder unmöglich ist, seine Ansprüche exakt zu beziffern, wurde bzw. wird nur insoweit ein zahlenmässig bestimmter bzw. bestimmbarer Antrag verlangt, als der Beklagte zur Wahrung seiner Verteidigungsrechte und das Ver-

§ 80a

waltungsgericht zur Urteilsfindung innerhalb der Schranken der Parteibegehren darauf angewiesen sind (RB 1976 Nr. 27).

In der schriftlichen Klage ist das Rechtsbegehren nach *§ 80a Abs. 1 Satz 2 «kurz zu begründen»*. Die Formulierung weicht von jener in § 83 Abs. 1 ab, wonach die (allgemeine) Klage eine «Begründung» enthalten muss. Bei der Revision vom 8.6.1997 sollte damit dem Anliegen Rechnung getragen werden, in personalrechtlichen Streitigkeiten ein einfaches und rasches Verfahren zu gewährleisten (vgl. Art. 343 Abs. 3 OR) und vor allem für den Arbeitnehmer den Zugang zum gerichtlichen Verfahren nicht zu erschweren (Prot. KK 1995/96, S. 138 f.). Ergänzt wird das reduzierte Erfordernis einer bloss kurzen Begründung in der Klageschrift dadurch, dass nach Eingang der Klageantwort eine mündliche Verhandlung durchzuführen ist (§ 80a Abs. 2 Satz 2; dazu N. 7). Zu beachten ist indessen, dass die Praxis zu § 83 Abs. 1 auch bei anderen Klagen das Begründungserfordernis, soweit es Eintretensvoraussetzung bildet, nicht sehr streng handhabt, d.h. eine summarische Begründung genügen lässt. Mit Bezug auf diese – primäre – Funktion des Begründungserfordernisses kommt daher der abweichenden Formulierung in § 80a Abs. 1 Satz 2 keine grosse Bedeutung zu. Anderseits weist das Erfordernis der Begründung über die genannte Funktion hinaus stets einen Bezug zur Frage auf, inwieweit ein Verfahren von der Untersuchungs- oder der Verhandlungsmaxime geprägt ist. Die in § 80a Abs. 1 Satz 2 gewählte Formulierung bringt – zusammen mit dem Erfordernis einer mündlichen Verhandlung (§ 80a Abs. 2 Satz 2) sowie dem expliziten Hinweis auf die Untersuchungsmaxime (§ 80a Abs. 3) zum Ausdruck, dass diese Maxime in personalrechtlichen Streitigkeiten stärker als in anderen Klageverfahren gilt (vgl. § 83 N. 26 f.).

4

Genügt die Klageschrift den Erfordernissen von § 80a Abs. 1 nicht, so setzt der Vorsitzende oder der Einzelrichter dem Kläger eine kurze Frist zur Behebung des Mangels unter der Androhung an, dass sonst auf die Klage nicht eingetreten werde (§ 80c i.V.m. § 83 Abs. 2). Die Beweismittel, auf die sich der Kläger beruft, sollen bezeichnet und soweit möglich der Klageschrift beigelegt werden (§ 80c i.V.m. § 83 Abs. 3).

5

Gemäss *§ 80a Abs. 2 Satz 1* erhält «das beklagte Gemeinwesen» Gelegenheit zur schriftlichen Stellungnahme. Selbstverständlich besteht ein *Recht auf Klageantwort* auch dort, wo als Beklagter der Dienstnehmer auftritt (vgl. § 84 Abs. 1 Satz 1). Die Klageantwort ist in zweifacher Ausfertigung einzureichen; die Beweismittel sollen bezeichnet und soweit möglich beigelegt werden (§ 80c i.V.m. § 84 Abs. 1 Satz 2 und 3).

6

Nach Eingang der Klageantwort werden die Parteien zu einer *mündlichen Verhandlung* eingeladen. Anders als im allgemeinen Klageverfahren (§ 84 Abs. 2), ist nach *§ 80a Abs. 2 Satz 2* eine mündlichen Verhandlung zwingend vorgeschrieben und hat sie nach Abschluss des ersten Schriftenwechsels stattzufin-

7

785

§ 80a

den. Es handelt sich um einen prozessualen Anspruch, auf den die Parteien verzichten können; in deren Einvernehmen kann demnach von einer mündlichen Verhandlung – allenfalls unter Durchführung eines zweiten Schriftenwechsels – abgesehen werden. Zeigt sich aufgrund der Vorprüfung (§ 80c i.V.m. § 56 Abs. 2), dass auf eine personalrechtliche Klage nicht eingetreten werden kann oder diese Klage offenkundig unbegründet ist, so erübrigt sich eine mündliche Verhandlung (RB 1998 Nr. 47).

8 Gemäss *§ 80a Abs. 3* stellt das Verwaltungsgericht *den Sachverhalt von Amtes wegen fest* und würdigt die Beweise nach freiem Ermessen. Die Vorschrift ist wörtlich Art. 343 Abs. 4 OR nachgebildet; sie bezweckt damit ebenfalls eine Angleichung an den Rechtsschutz im privaten Arbeitsrecht. Zu beachten ist indessen, dass Art. 343 Abs. 4 OR für den Bereich arbeitsrechtlicher Streitigkeiten den Untersuchungsgrundsatz deswegen für massgeblich erklärt, weil dieser Grundsatz in dem von der Verhandlungsmaxime geprägten Zivilprozess ohne ausdrückliche Anordnung nicht gelten würde. Demgegenüber hat in der Verwaltungsrechtspflege die Untersuchungsmaxime allgemein Vorrang vor der Verhandlungsmaxime (vgl. Vorbem. zu §§ 19–28 N. 69 f.). Allerdings unterliegt im allgemeinen Klageverfahren vor Verwaltungsgericht die Untersuchungsmaxime weitergehenden Einschränkungen als im allgemeinen Beschwerdeverfahren nach §§ 41 ff. (vgl. einerseits Vorbem. zu §§ 81–86 N. 9, § 83 N. 12; anderseits § 60 N. 1–3). Demnach kommt § 80a Abs. 3 trotz der anderen Ausgangslage als im Zivilprozess gleichwohl eine gewisse Bedeutung zu: Indem die Bestimmung den Grundsatz der amtlichen Sachverhaltsermittlung ausdrücklich festschreibt, bringt sie zum Ausdruck, dass in personalrechtlichen Streitigkeiten die Untersuchungsmaxime mindestens so streng wie im allgemeinen Beschwerdeverfahren, d.h. ohne die Lockerungen im allgemeinen verwaltungsgerichtlichen Klageverfahren, zu handhaben ist (vgl. N. 4). Uneingeschränkt anwendbar ist die Untersuchungsmaxime in Gleichstellungsverfahren, in denen die Klägerin eine geschlechtsspezifische Diskriminierung durch konkrete Massnahmen rügt (BGE 121 I 52 = Pra 84/1995 Nr. 245; BGE 118 Ia 39); dies gilt im Übrigen auch für Gleichstellungsbegehren im personalgerichtlichen Beschwerdeverfahren nach §§ 74 ff.

9 Der in § 80a Abs. 3 im Weiteren festgehaltene Grundsatz der freien Beweiswürdigung bedeutet, dass der Richter aufgrund des Beweisergebnisses nach freier Überzeugung – insbesondere ohne Bindung an starre Beweisregeln – darüber befindet, was er als bewiesen erachtet. Er stellt keine Besonderheit des personalrechtlichen Klageverfahrens dar, sondern gilt gleichermassen in der übrigen Verwaltungsrechtspflege (vgl. Vorbem. zu §§ 19–28 N. 79, § 60 N. 18, § 85 N. 6).

§ 80b

§ 80b. Für Streitigkeiten mit einem Streitwert von unter Fr. 20'000.– werden keine Gerichtskosten erhoben; vorbehalten bleibt die Kostenauflage an die unterliegende Partei, die durch ihre Prozessführung einen unangemessenen Aufwand verursacht hat.

3. Kosten

Materialien
Weisung 1995, S. 1540 ff.; Prot. KK 1995/96, S. 132 ff.; Prot. KR 1995–1999, S. 6505; Beleuchtender Bericht 1997, S. 6.

§ 80b gilt für alle verwaltungsgerichtlichen Verfahren in personalrechtlichen Streitigkeiten, d.h. für das Beschwerde-, Disziplinarrekurs- und das Klageverfahren. Die Bestimmung ist nicht nur auf die klagenden oder beklagten Arbeitnehmer anwendbar, sondern auch auf die als Partei auftretenden Gemeinwesen bzw. Behörden (Keiser, Personalrecht, S. 215). Anders als § 13 Abs. 3 für das verwaltungsinterne Rekursverfahren in personalrechtlichen Streitigkeiten sieht § 80b für das personalgerichtliche Verfahren Kostenlosigkeit nur bei Streitwerten von unter Fr. 20'000.– vor. § 80b ist Art. 343 Abs. 3 OR nachgebildet. 1

Die *Streitwertgrenze* in § 80b Halbsatz 1 nimmt Bezug auf jene für die Zuständigkeit des Einzelrichters (§ 38 Abs. 2). Sie ist allerdings nicht präzis auf jene abgestimmt: Der Einzelrichter behandelt Rekurse, Beschwerden und Klagen *bis* zu einem Streitwert von Fr. 20'000.–; § 80b Halbsatz 1 statuiert Kostenlosigkeit in personalrechtlichen Verfahren mit einem Streitwert *unter* Fr. 20'000.–. 2

Streitwertbemessung: Bei noch andauernden Dienstverhältnissen ergibt sich der Streitwert aus den Bruttobesoldungsansprüchen bis zum Zeitpunkt der Hängigkeit beim Verwaltungsgericht zuzüglich Ansprüche bis zur nächstmöglichen Auflösung des Dienstverhältnisses (RB 1998 Nr. 48). Im personalrechtlichen Klageverfahren bemisst sich der Streitwert ohne Rücksicht auf Widerklagebegehren (zur Zulässigkeit von Widerklagebegehren im verwaltungsgerichtlichen Klageverfahren vgl. RB 1978 Nr. 19; § 83 N. 7; § 60 Abs. 1 ZPO). Im personalrechtlichen Beschwerde- und Disziplinarrekursverfahren fehlt mitunter ein unmittelbar bezifferbarer Streitwert; in solchen Fällen sind in sinngemässer Anwendung von § 80b nur Gerichtskosten zu erheben, wenn es um Entscheidungen grosser Tragweite geht (VGr. 14.4.1999, DR.99.00001). 3

Bei Streitwerten von Fr. 20'000.– oder mehr stellt sich die Frage, ob § 80b gleichwohl in dem Sinn anzuwenden sei, dass nur für den Streitwertteil ab Fr. 20'000.– Gerichtskosten zu erheben seien. Eine solche Auslegung würde nicht nur dem klaren Wortlaut der Bestimmung, sondern auch der Praxis zu Art. 343 Abs. 3 OR, dem sie nachgebildet ist, widersprechen. 4

§ 80b Halbsatz 2 behält auch bei Streitwerten von unter Fr. 20'000.– Kostenauflagen an die unterliegende Partei vor, die durch ihre Prozessführung einen unangemessenen Aufwand verursacht hat. Die Bestimmung lässt damit – wie § 13 Abs. 3 im verwaltungsinternen Rekursverfahren – Kostenauflagen an die 5

§ 80b / § 80c

unterliegende Partei in einem weiteren Rahmen als Art. 343 Abs. 3 OR zu, welcher dies nur «bei mutwilliger Prozessführung» gestattet. Bei der Auslegung des unbestimmten Rechtsbegriffs «unangemessener Aufwand» ist anzuknüpfen an die Praxis zu § 13 Abs. 2 Satz 2. Danach sind einem Beteiligten Kosten, die er durch Verletzung von Verfahrensvorschriften oder durch verspätetes Vorbringen von Tatsachen oder Beweismitteln verursacht, ohne Rücksicht auf den Ausgang des Verfahren zu überbinden (vgl. RB 1967 Nr. 1, 1970 Nr. 1; § 13 N. 20). In personalrechtlichen Verfahren, in denen eine Partei einen «unangemessenen Aufwand» verursacht, ist demnach zu differenzieren: Bei Streitwerten von unter Fr. 20'000.– kann diese Partei nur mit Kosten belastet werden, wenn sie unterliegt; bei Streitwerten von Fr. 20'000.– oder mehr können ihr die auf den durch sie verursachten unangemessenen Aufwand entfallenden Kosten nach der allgemeineren Regel von § 13 Abs. 2 unabhängig davon auferlegt werden, ob sie unterliegt oder obsiegt.

6   Eine von § 80b abweichende Kostenregelung gilt im Anwendungsbereich des Gleichstellungsgesetzes; hier ist nach Art. 13 Abs. 5 GlG das Rechtsmittelverfahren unabhängig vom Streitwert kostenlos, ausgenommen in Fällen von mutwilliger Prozessführung. Art. 13 Abs. 5 GlG knüpft mit dem Begriff der mutwilligen Prozessführung an Art. 343 Abs. 3 OR an (RB 1997 Nr. 19 E. 3); nach der dazu entwickelten Praxis ist einerseits eine objektive Aussichtslosigkeit erforderlich, anderseits bedarf es eines groben prozessualen Verschuldens wie etwa Prozessführung wider besseres Wissen (VGr. 3.3.1999, PK.99.00005).

7   Wenn nach Massgabe von § 80b VRG und von Art. 13 Abs. 5 GlG keine Kosten erhoben werden dürfen, ändert dies nichts daran, dass im personalgerichtlichen Verfahren – wie auch in einem vorangehenden Rekursverfahren – die unterliegende Partei oder Amtsstelle zu einer angemessenen Entschädigung für die Umtriebe ihres Gegners verpflichtet werden kann (RB 1997 Nr. 19 E. 3).

4. Ergänzende Vorschriften

§ 80c. Soweit für die personalrechtlichen Verfahren keine besonderen Bestimmungen bestehen, sind die für das Verwaltungsgericht im Beschwerde- oder im Klageverfahren geltenden allgemeinen Bestimmungen anwendbar.

Materialien
Weisung 1995, S. 1540 ff.; Prot. KK 1995/96, S. 132 ff.; Prot. KR 1995–1999, S. 6505; Beleuchtender Bericht 1997, S. 6.

1   Für die personalrechtlichen Verfahren vor Verwaltungsgericht – Beschwerde-, Disziplinarrekurs- und Klageverfahren – bestehen im Unterabschnitt D des 3. Gesetzesabschnitts nur wenige Sonderbestimmungen (§§ 80–80b). Die subsidiäre Verweisung auf «die für das Verwaltungsgericht im Beschwerde- oder im Klageverfahren geltenden allgemeinen Bestimmungen» ist daher von erheblicher Tragweite. Damit sind nicht nur die Verfahrensbestimmungen im engeren

§ 80c

Sinn, d.h. die §§ 56–62 bzw. die §§ 83 und 84 mit dem Randtitel «Beschwerdeverfahren» bzw. (Klage-)«Verfahren» gemeint. Die subsidiäre Verweisung umfasst vielmehr auch die weiteren verfahrensbezogenen Bestimmungen in den Unterabschnitten B (Verwaltungsgericht als Beschwerdeinstanz) und E (Verwaltungsgericht als einzige Instanz).

Im *personalgerichtlichen Beschwerde- und Disziplinarrekursverfahren* sind folgende im allgemeinen Beschwerdeverfahren geltenden Bestimmungen subsidiär anwendbar: § 53 (Beschwerdefrist), § 54 (Beschwerdeschrift), § 55 (Aufschiebende Wirkung; ausser bei Beschwerden und Disziplinarrekursen gegen Kündigung, Nichtwiederwahl, Amtseinstellung und vorzeitige Entlassung, vgl. § 80 Abs. 1), § 56 (Vorprüfung), § 57 (Aktenbeizug), § 58 (Schriftenwechsel), § 59 (mündliche Verhandlung), § 60 (Beweiserhebungen), § 61 (Schlussverhandlung), § 62 (Öffentlichkeit), § 63 («Überprüfungsbefugnis», womit nicht die Kognition, sondern die Entscheidungsbefugnis, d.h. einerseits die Kompetenz zu reformatorischer Entscheidung und anderseits die Bindung an die Parteibegehren gemeint ist), § 64 (Rückweisungskompetenz), § 65 (Form und Mitteilung des Entscheids), § 66 (Vollstreckung).

2

Kraft Weiterverweisung in § 70 sind auch im personalgerichtlichen Beschwerde- und Disziplinarrekursverfahren subsidiär die Vorschriften über das Verwaltungsverfahren entsprechend anwendbar. «Entsprechend» bedeutet, dass dem parteimässigen Charakter des Beschwerdeverfahrens Rechnung zu tragen ist. Zur Tragweite dieser Weiterverweisung vgl. § 70 N. 1 ff.; die dortigen Bemerkungen betreffend das allgemeine Beschwerdeverfahren gelten auch für das personalgerichtliche Beschwerde- und Disziplinarrekursverfahren.

3

Aufgrund der Weiterverweisung in § 71 sind auch im personalgerichtlichen Beschwerde- und Disziplinarrekursverfahren die für Zivilsachen geltenden allgemeinen Vorschriften des Gerichtsverfassungsgesetzes betreffend das Verfahren (§§ 121–200 GVG) «ergänzend» anwendbar. Zur Tragweite dieser Weiterverweisung vgl. § 71 N. 1 ff.; die dortigen Bemerkungen betreffend das allgemeine Beschwerdeverfahren gelten auch für das personalgerichtliche Beschwerde- und Disziplinarrekursverfahren.

4

Im *personalgerichtlichen Klageverfahren* sind folgende, im allgemeinen Klageverfahren geltenden Bestimmungen subsidiär anwendbar: § 83 Abs. 2 (Verbesserung formeller Mängel in der Klageschrift), § 83 Abs. 3 (Bezeichnung und Beilegung von Beweismitteln), § 84 Abs. 1 Satz 2 und 3 (formelle Anforderungen an die Klageantwort), § 85 (Erledigung der Klage).

5

Kraft Weiterverweisung in § 86 sind auch im personalgerichtlichen Klageverfahren subsidiär die im allgemeinen Beschwerdeverfahren geltenden Vorschriften sinngemäss anwendbar (vgl. RB 1998 Nr. 47 mit Bezug auf die summarische Erledigung nach § 56 Abs. 2). Die Weiterverweisung in § 86 umfasst auch die zusätzlichen Verweisungen von § 70 auf die Vorschriften über das Verwal-

6

§ 80c / § 80d

tungsverfahren (§§ 4–31) und von § 71 auf die Verfahrensvorschriften des Gerichtsverfassungsgesetzes (§§ 121–200 GVG). Zur Tragweite dieser primären und zusätzlichen Weiterverweisungen vgl. § 86 N. 2 ff.; die dortigen Bemerkungen betreffend das allgemeine Klageverfahren gelten im Wesentlichen auch für das personalrechtliche Klageverfahren.

7 Während im allgemeinen Klageverfahren vor Verwaltungsgericht die *Untersuchungsmaxime* (vgl. Vorbem. zu §§ 19–28 N. 69 f.) weitergehenden Einschränkungen als im verwaltungsgerichtlichen Beschwerdeverfahren unterliegt (vgl. einerseits Vorbem. zu §§ 81–86 N. 9, § 83 N. 12; anderseits § 60 N. 1–3), kommt dieser Maxime im personalrechtlichen Klageverfahren die gleiche Bedeutung wie im Beschwerdeverfahren zu (vgl. § 80a N. 4 und 8).

V. Ausnahme von der Personalgerichtsbarkeit des Verwaltungsgerichts

§ 80d. Erstinstanzliche personalrechtliche Anordnungen sowie erstinstanzliche Disziplinarmassnahmen des Verwaltungsgerichts können mit Beschwerde beziehungsweise mit Disziplinarrekurs beim Obergericht angefochten werden.

Im Klageverfahren beurteilt das Obergericht vermögensrechtliche Streitigkeiten aus dem Dienstverhältnis zwischen Angestellten des Verwaltungsgerichts und dem Verwaltungsgericht.

Für personalrechtliche Verfahren vor dem Obergericht sind die für das Verwaltungsgericht als Personalgericht geltenden Bestimmungen anwendbar.

Materialien
Weisung 1995, S. 1540 ff.; Prot. KK 1995/96, S. 132 ff.; Prot. KR 1995–1999, S. 6505; Beleuchtender Bericht 1997, S. 6.

1 § 80d regelt den Rechtsschutz für den Generalsekretär sowie das juristische und administrative Personal des Verwaltungsgerichts (vgl. § 36 Abs. 2), für deren Dienstverhältnis grundsätzlich das Personalgesetz massgebend ist (vgl. § 1 und § 56 Abs. 3 PG). Soll für diese Personen ein personalrechtlicher Rechtsschutz bestehen, bedarf es zwingend einer von den §§ 74, 76 und 79 abweichenden Zuständigkeit, da das Verwaltungsgericht als verfügende Behörde nicht zugleich Rechtsmittelinstanz sein kann.

2 § 80d Abs. 1 sieht daher für die Anfechtung erstinstanzlicher personalrechtlicher Anordnungen sowie erstinstanzlicher Disziplinarmassnahmen des Verwaltungsgerichts das Obergericht als zuständige Rechtsmittelbehörde vor. Im gleichen Sinn sieht § 80d Abs. 2 die Zuständigkeit des Obergerichts für die Beurteilung vermögensrechtlicher Streitigkeiten zwischen dem Verwaltungsgericht und dessen Angestellten aus dem Dienstverhältnis im Klageverfahren vor.

3 Anwendbar sind die für das Verwaltungsgericht als Personalgericht geltenden Bestimmungen. Das bedeutet insbesondere, dass eine Beschwerde an das Ober-

gericht nach Massgabe von § 74 Abs. 2 ausgeschlossen ist und dass Rechtsmittel gegen das Dienstverhältnis auflösende Anordnungen nach Massgabe von § 80 weder mit aufschiebender Wirkung verbunden sind noch zur Wiedereinstellung der betroffenen Person führen können. Ferner ergibt sich daraus, dass das Klageverfahren nach Abs. 2 nur subsidiär zum Zug kommt (vgl. § 79).

Weil die obersten kantonalen Gerichte von ihrer Kompetenz, abweichend vom Personalgesetz für ihr Personal ein Disziplinarrecht einzuführen (vgl. § 56 Abs. 3 PG, § 215 Abs. 1 GVG), bis heute keinen Gebrauch gemacht haben (vgl. § 76 N. 1 und 13), kommt § 80d als Rechtsschutznorm für Disziplinarmassnahmen keine Bedeutung zu. 4

E. Das Verwaltungsgericht als einzige Instanz

Vorbemerkungen zu §§ 81–86

Literatur
BIRCHMEIER, S. 447 ff.; FRANK/STRÄULI/MESSMER, §§ 133 ff.; GRISEL II, S. 940 f., 996 ff.; GYGI, S. 29 f., 100 ff.; HÄFELIN/MÜLLER, Rz. 1556–1563; KIRCHHOFER EMIL, Die Verwaltungsrechtspflege beim Bundesgericht, ZSR 49/1930, S. 75 ff.; KÖLZ, Prozessmaximen, S. 19 ff., 94 ff., 126 ff., 133; KÖLZ/HÄNER, Rz. 16 ff., 198, 1037 ff.; MARX MANFRED, Die Notwendigkeit und Tragweite der Untersuchungsmaxime in den Verwaltungsprozessgesetzen (VwGO, SGG, FGO), Frankfurt a.M. u.a. 1985; METZ MARKUS, Der direkte Verwaltungsprozess in der Bundesrechtspflege, Basel/Stuttgart 1980; PFEIFER; RHINOW/KOLLER/KISS, Rz. 591, 1446, 1636–1647; SCHROMEK KLAUS-DIETER, Die Mitwirkungspflichten der am Verwaltungsverfahren Beteiligten – eine Grenze des Untersuchungsgrundsatzes?, Frankfurt a.M. u.a. 1989; SCHWARZENBACH, Staats- und Beamtenhaftung; UEBERSAX PETER, Zur Entlastung der eidgenössischen Gerichte durch eidgenössische Schieds- und Rekurskommissionen sowie durch die Neuregelung des verwaltungsrechtlichen Klageverfahrens, AJP 1994, S. 1223 ff.; ZÜRCHER HANS, Die verwaltungsrechtliche Klage, Aarau 1944.

Die Tätigkeit des Verwaltungsgerichts als einziger Instanz ist *ursprüngliche Verwaltungsgerichtsbarkeit*. Diese wickelt sich in der Form der *verwaltungsrechtlichen Klage* ab. 1

Die ursprüngliche Verwaltungsgerichtsbarkeit ist eine merkwürdige Erscheinung im Gesamtsystem der Verwaltungsrechtspflege. Das Verfahren weicht in augenfälliger Weise von den Grundsätzen des Rekurs- und Beschwerdeverfahrens ab. Mit Bezug auf einzelne Materien ist nicht klar ersichtlich, weshalb sie der ursprünglichen und nicht der nachträglichen Verwaltungsgerichtsbarkeit zugewiesen worden sind. Die Erscheinung der ursprünglichen Verwaltungsgerichtsbarkeit ist nur historisch erklärbar. Das trifft auch auf den Kanton Zürich zu, wo sie nach dem Vorbild des Bundes entstand. Zur Zeit der Geltung der Fiskustheorie, nach welcher alle vermögensrechtlichen Streitigkeiten als zi- 2 vilrechtlich qualifiziert wurden (Näheres dazu Einleitung N. 6 sowie § 1 N. 12), hatten die Zivilgerichte über eine Reihe von vermögensrechtlichen Streitigkeiten (materiell) öffentlichrechtlicher Natur zu entscheiden (vgl. RB 1966 Nr. 24 = ZBl 67/1966, S. 336 = ZR 65 Nr. 148; Fehr, S. 123 ff.). Die Fiskustheorie war eine Zweckschöpfung; weil damals nur die ordentlichen Gerichte bestanden, das Rechtsschutzbedürfnis jedoch die Entscheidung durch einen unabhängigen Richter gebot, deklarierte man die entsprechenden Materien einfach als zivilrechtlich. Mit der Einführung des Verwaltungsgerichts wurde dann ein Teil dieser Streitigkeiten von den Zivilgerichten in das Beschwerdeverfahren (vgl. § 42 Abs. 1, § 45 lit. i, je i.d.F.v. 24.5.1959), ein anderer Teil in das Klageverfahren (§ 81 lit. a, § 82 lit. a, e, g) übergeführt. Man glaubte, wegen der besonderen Natur gewisser Streitigkeiten einen vom Anfechtungsverfahren abweichenden Rechtspflegetypus schaffen zu müssen. Zusätzlich zu den früher in die Zuständigkeit der Zivilgerichte fallenden Streitigkeiten wurden noch weitere Materien der gerichtlichen Kontrolle in der Form des Klageverfahrens der Verwaltungsgerichtsbarkeit unterstellt (§ 81 lit. b und c, Letztere durch das PBG; § 82 lit. c–g). Zur Beurteilung von Streitigkeiten zwischen Privaten und Staat aus dem HaftungsG sind nach wie vor die Zivilgerichte zuständig (vgl. § 2 Abs. 1), was nicht befriedigt.

3   Aus gesetzgeberischer Sicht unabdingbar ist das Klageverfahren eigentlich nur dort, wo der Staat wegen der besonderen Natur der Sache – bzw. ihrer Regelung im betreffenden Sachgesetz – nicht selber ein Rechtsverhältnis durch verbindliche, formelle Verfügung regeln darf. Dies ist dann der Fall, wenn sich ein Gemeinwesen und ein Individuum – der Sache bzw. der betreffenden Regelung nach – als gleichgeordnete Rechtssubjekte gegenüberstehen. Dasselbe gilt für Streitigkeiten zwischen gleichgeordneten Subjekten des öffentlichen Rechts, z.B. Gemeinden, sofern nicht einem oberen Verband in solchen Angelegenheiten Verfügungskompetenz zukommt (vgl. z.B. § 9 lit. e SozialhilfeG, wonach die für das Fürsorgewesen zuständige Direktion Streitigkeiten der Gemeinden über die Hilfepflicht entscheidet). Aus dem gleichen Grund ist der Einbezug von Streitigkeiten zwischen Körperschaften verschiedener Stufen in das Klageverfahren dort zweckmässig, wo die obere Körperschaft im Bereich der Verbandsaufsicht nicht verbindlich verfügen kann. In allen anderen Fällen ist das Anfechtungsverfahren zweckmässiger als das Klageverfahren. Selbst dort, wo die Beteiligten das streitbetroffene Rechtsverhältnis – zulässigerweise – durch öffentlichrechtlichen Vertrag geregelt haben, kann hieraus nicht ohne weiteres auf mangelnde Verfügungsbefugnis geschlossen werden (Metz, a.a.O., S. 66 f., 79 ff.). In der Wahl der Vertragsform liegt allerdings häufig ein starkes Indiz für fehlende Verfügungsbefugnis; das Motiv für diese Wahl kann gerade darin liegen, dass der Private zu einer Leistung im öffentlichen Interesse verpflichtet werden soll, zu welcher ihn die Verwaltungsbehörde mangels gesetzlicher Grundlage mittels Verfügung nicht zwingen könnte (Häfelin/Müller, Rz. 867).

Bei der Gesetzesrevision vom 8.6.1997 ist indessen der Zuständigkeitsbereich 4
des Verwaltungsgerichts als einziger Instanz weitgehend beibehalten und sogar
noch ergänzt worden. Dies im Gegensatz zur Revision des Bundesrechtspflegegesetzes vom 4.10.1991, wo das Klageverfahren grösstenteils durch das Beschwerdeverfahren ersetzt wurde (vgl. BBl 1991 II, S. 496 ff. zu Art. 116 OG; Kölz/
Häner, Rz. 1039 f.; Uebersax, a.a.O., S. 1228 f.). Davon wurde im Kanton
Zürich abgesehen, weil zusätzliche Instanzen zur Überprüfung entsprechender
Rekurse hätten geschaffen werden müssen (Weisung 1995, S. 1543). Immerhin wurde die Klage in zwei wichtigen Bereichen *abgeschafft: Vermögensrechtliche
Streitigkeiten aus öffentlichrechtlichen Dienstverhältnissen* (bisher § 82 lit. a) werden nunmehr vom Verwaltungsgericht als Personalgericht behandelt (Unterabschnitt D, §§ 74–80d), und zwar primär im Anfechtungsverfahren; nur soweit
das Beschwerde- oder das Disziplinarrekursverfahren nicht offen steht, sind solche
Streitigkeiten nach wie vor im Klageverfahren auszutragen (§ 79), wofür im
Unterabschnitt D eigene Verfahrensbestimmungen enthalten sind (§ 80a) und
nur subsidiär auf jene im Unterabschnitt E verwiesen wird (§ 80c). Für *finanzielle Streitigkeiten im Bereich des Enteignungsrechts* (bisher § 82 lit. g) ist das
Klageverfahren – schon dieses nach früherer Praxis eine Mischung zwischen
Beschwerde und Klage (vgl. RB 1984 Nrn. 23, 24, 123; RB 1986 Nr. 115 =
ZBl 88/1987, S. 174 = BEZ 1986 Nr. 7; RB 1987 Nr. 89; RB 1990 Nr. 106 =
ZBl 91/1990, S. 549; RB 1990 Nr. 107 = BEZ 1990 Nr. 31) – durch eine
Regelung ersetzt worden, wonach die Schätzungskommissionen als Spezialverwaltungsgerichte Urteile fällen, die mit Rekurs an das Verwaltungsgericht weitergezogen werden können (Art. XIII der Schluss- und Übergangsbestimmungen der Revision vom 8.6.1997 betreffend §§ 42–51 AbtrG). *Neu* eingeführt
wurde das Klageverfahren für *Streitigkeiten aus verwaltungsrechtlichen Verträgen*
(§ 82 lit. k).

Die Zuständigkeit des Gerichts als einziger Instanz ist punktuell durch *Enume-* 5
ration aufgezählt; eine Generalklausel wäre für die ursprüngliche Verwaltungsgerichtsbarkeit angesichts ihrer historischen Entwicklung und ihrer beschränkten heutigen Funktion nicht denkbar. Möglich sind hingegen *Teilgeneralklauseln*.
Eine solche enthält § 81 lit. a bezüglich vermögensrechtlicher Streitigkeiten
zwischen Gemeinden oder Gemeindeverbänden, § 82 lit. k hinsichtlich Streitigkeiten aus öffentlichrechtlichen Verträgen. Hingegen fehlt eine Teilgeneralklausel bezüglich vermögensrechtlicher Streitigkeiten zwischen Gemeinden und
Staat; punktuell ist die Zuständigkeit für solche Streitigkeiten in § 81 lit. b, c
und d sowie § 82 lit. k begründet. Das Verwaltungsgericht besitzt ferner keine
allgemeine Zuständigkeit zur Entscheidung von Kompetenzkonflikten zwischen
Staat und Gemeinden oder von solchen unter Gemeinden; eine solche Kompetenz wäre materiell Staats- und nicht Verwaltungsgerichtsbarkeit. In den weitaus meisten Fällen handelt es sich bei den im Klageverfahren zu beurteilenden
Streitigkeiten um solche vermögensrechtlicher Natur; Streitigkeiten anderer Art
sind nicht ausgeschlossen, jedoch selten (z.B. solche nach § 82 lit. c und d).

Vorbem. zu §§ 81–86

6   Neben dem VRG (§§ 81/82) können – gleich wie bei der Beschwerde – auch andere Gesetze im formellen Sinn die gerichtliche Zuständigkeit begründen. Verwaltungsrechtliche Verhältnisse, die das Gesetz weder der Beschwerde oder dem Rekurs noch der Klage an das Verwaltungsgericht unterwirft, sind von der verwaltungsgerichtlichen Prüfung ausgenommen (vgl. RB 1973 Nr. 17 = ZBl 74/1973, S. 467 = ZR 72 Nr. 100). Die gerichtliche Zuständigkeit kann nicht durch Parteiübereinkunft begründet werden (RB 1983 Nr. 14; vgl. § 5 N. 2).

7   Die Zuständigkeit des Verwaltungsgerichts als Beschwerde- und jene als Klageinstanz schliessen sich gegenseitig aus. Welchem Verfahren der Vorrang vor dem anderen zukommt, bestimmt sich letztlich danach, ob in einer Sache verfügt werden kann oder nicht: Die der im betreffenden Sachgebiet zuständigen Behörde stets *stillschweigend* zukommende Verfügungskompetenz wird in den dem Klageverfahren nach §§ 81/82 VRG unterstellten Materien wegbedungen. Es gilt der Grundsatz, dass es der Verwaltung mangels ausdrücklicher Verfügungskompetenz in den dem Klageverfahren unterstellten Materien verwehrt ist, eine Sache verbindlich durch Verfügung zu regeln (Kölz, Prozessmaximen, S. 19; Metz, a.a.O., S. 45, 123). Das ergibt sich schon aus der generellen Umschreibung der Zulässigkeit der verwaltungsgerichtlichen Beschwerde und der enumerativen Aufzählung der Zuständigkeit als einziger Instanz, was die Klage als den spezielleren Rechtsbehelf erscheinen lässt. Der Ausschluss der Verfügungsbefugnis in diesem prozessualen Sinn folgt demnach nicht schon aus der Art der Rechtsbeziehungen zwischen den Beteiligten (dazu N. 3), sondern aus der gesetzlichen Regelung des Rechtsschutzes. Sieht aber die Sachgesetzgebung eine Verfügungskompetenz *ausdrücklich* vor, so steht der Klageweg selbst dann nicht offen, wenn dies nach dem Wortlaut von §§ 81/82 zutreffen würde (vgl. Art. 117 lit. c OG; Gygi, S. 100 f.; Metz, a.a.O., S. 122 ff.; vgl. § 81 N. 6). Zum Verhältnis zwischen Verwaltungsgerichtsbeschwerde und verwaltungsrechtlicher Klage an das Bundesgericht vgl. Rhinow/Koller/Kiss, Rz. 1499, 1646.

8   Eine Kumulation beider Verfahrenstypen ergibt sich nunmehr in Enteignungsstreitigkeiten: Hierüber entscheidet erstinstanzlich im Klageverfahren eine Schätzungskommission; deren Entscheid kommt einer Verfügung gleich, die mit Rekurs an das Verwaltungsgericht angefochten werden kann (dazu N. 4). Die nämliche Funktion üben im Bund in zahlreichen Materien die Schiedskommissionen als Vorinstanzen des Bundesgerichts aus (Art. 71a VwVG; Kölz/Häner, Rz. 786; Rhinow/Koller/Kiss, Rz. 416, 1624).

9   Das Klageverfahren ist in Bezug auf die Parteien klarer durchgebildet als das Rekurs- und Beschwerdeverfahren. Es stehen sich Kläger und Beklagter in einem echten Zweiparteienstreit gegenüber (vgl. Grisel II, S. 940). Der Staat bzw. die Gemeinde, vertreten durch das entsprechende Organ, tritt je nach Konstellation als Kläger bzw. Beklagter auf; dasselbe gilt für den Privaten. Verfahrensmässig ist daher die verwaltungsrechtliche Klage dem erstinstanzlichen Zivilprozess ähnlich (dazu eingehend § 83 N. 1 ff.).

Vorbem. zu §§ 81–86 / § 81

Das Gesetz enthält keine dem Art. 119 Abs. 3 OG analoge Bestimmung, wonach vor Einreichung einer Klage zunächst die «Stellungnahme» der zuständigen Behörde einzuholen ist. Das Verwaltungsgericht verlangt jedoch analog der bundesrechtlichen Regelung eine solche Stellungnahme (RB 1973 Nr. 18), was im Sinn des Gesetzgebers ist (Beleuchtender Bericht 1959, S. 414). Mit dieser – allerdings nicht konsequent befolgten Praxis (vgl. § 83 N. 14) – wird verhindert, dass der Richter Nichtstreitiges entscheiden (vgl. Birchmeier, S. 449) und Rechtsprechung lediglich im formellen Sinn ausüben muss (vgl. Kölz, Prozessmaximen, S. 19, 119, 127). Anerkennt die Behörde die Forderung, so ist die Sache erledigt; die mangelnde Verfügungsbefugnis schliesst die formlose Erfüllung nicht aus. Die Parteien können daher ihre Verbindlichkeiten realiter erfüllen. Allerdings muss unter Umständen später dennoch Klage erhoben werden, so wenn sich eine Partei bei der Vollstreckung weigert, eine früher gegebene Zusicherung zu erfüllen. 10

Die Verwaltungsbehörde hat ihrer «Stellungnahme» (RB 1973 Nr. 18) kraft Verweisung in § 86 und Weiterverweisung in § 70 auf § 10 Abs. 2 eine *Rechtsmittelbelehrung* beizufügen; dies umso mehr, als das Verwaltungsgericht dem praktischen Ergebnis nach als zweite Instanz urteilt und die Klage primäres, ordentliches Rechtsmittel ist. 11

§ 81. Das Verwaltungsgericht beurteilt als einzige Instanz:
a) vermögensrechtliche Streitigkeiten aus öffentlichem Recht zwischen Gemeinden oder Gemeindeverbänden, soweit ein Gesetz deren Beurteilung nicht einer anderen Behörde überträgt;
b) Streitigkeiten über die Ablösung staatlicher Leistungen für kirchliche Zwecke;
c) Streitigkeiten über Rückgriffsansprüche von Planungs- und Werkträgern;
d) Streitigkeiten zwischen dem Staat und einem bisherigen Berufsschulträger über Abschluss, Inhalt und Vollzug von Vereinbarungen gemäss §§ 10 und 12 sowie über Streitigkeiten gemäss § 11 des Gesetzes über die Trägerschaft der Berufsschulen.

I. Zuständigkeit
1. Streitigkeiten zwischen Körperschaften des öffentlichen Rechts

Materialien
Weisung 1957, S. 1052 ff.; Prot. KK 28.3.1958; Prot. KR 1955–1959, S. 3406; Beleuchtender Bericht 1959, S. 413 f.; Weisung 1995, S. 1543.

Literatur vgl. Vorbem. zu §§ 81–86.

Übersicht	Note
1. lit. a	1
2. lit. b	7
3. lit. c	8
4. lit. d	13

§ 81

1. lit. a

1 Nur *vermögensrechtliche* Streitigkeiten zwischen kommunalen Körperschaften bilden Gegenstand der Klage nach lit. a. Vermögensrechtlich sind Streitigkeiten über Rechte, die zum Vermögen gehören, das heisst einen Geld- oder Nutzwert besitzen, ferner Rechte, die für sich allein zwar keinen Geld- oder Nutzwert haben, aber eng mit einem vermögensrechtlichen Rechtsverhältnis verbunden sind. Das vermögensrechtliche Begehren muss dabei *selbständige Natur* haben; es darf nicht als blosses Nebenbegehren neben dem andersartigen Hauptbegehren erscheinen und von dessen Beurteilung abhängig sein (RB 1973 Nr. 17 = ZBl 74/1973, S. 467 = ZR 72 Nr. 100). Nicht vermögensrechtliche Streitigkeiten zwischen Gemeinden oder Gemeindeverbänden fallen nicht unter diese Bestimmung, weil man vermeiden wollte, dass das Verwaltungsgericht als einzige Instanz solche Streitigkeiten unter Ausschaltung des Regierungsrats entscheidet (Prot. KK 28.3.1958). Bei vermögensrechtlichen Streitigkeiten zwischen kommunalen Körperschaften aus verwaltungsrechtlichen Verträgen ergibt sich die Zuständigkeit des Verwaltungsgerichts im Klageverfahren nicht nur aus § 81 lit. a, sondern auch aus § 82 lit. k.

2 Im Streit zwischen Gemeinden um die Rückerstattung bevorschusster Unterhaltsbeiträge nach §§ 20 ff. des Gesetzes über die Jugendhilfe vom 14.6.1981 (Jugendhilfegesetz; LS 852.1) ist das Verwaltungsgericht zuständig (RB 1986 Nr. 20). Dasselbe gilt für Streitigkeiten zwischen Gemeinden über die Kosten der Fremdplazierung bedürftiger Kinder im Volksschulalter in Sonderschulen und Jugendheimen nach § 15 lit. a des Gesetzes über die Leistungen des Staates für das Volksschulwesen vom 2.2.1919 (Schulleistungsgesetz; LS 412.32; RB 1988 Nr. 18) sowie für Entschädigungsstreitigkeiten aus dem Recht politischer Gemeinden zur Benützung von Kirchen und Schulhäusern (Thalmann, § 17 N. 4).

3 Eine Streitigkeit über den Fortbestand eines Vertrags betreffend die Besorgung des Bestattungs- und Friedhofwesens ist keine vermögensrechtliche, denn die klagende Gemeinde strebt nur die autoritative Feststellung des Wegfalls ihrer vertraglichen Pflicht zur Übernahme öffentlicher Aufgaben der beklagten Gemeinde an; der Streit um die Beendigung einer vertraglichen Verpflichtung zur Übernahme nicht finanzieller öffentlicher Aufgaben kann aber nicht Gegenstand einer verwaltungsrechtlichen Klage sein (RB 1973 Nr. 17 = ZBl 74/1973, S. 467 = ZR 72 Nr. 100).

4 In Betracht kommen Streitigkeiten zwischen Gemeindeverbänden und den ihnen angeschlossenen Gemeinden, zwischen Gemeindeverbänden und anderen Gemeindeverbänden oder anderen Gemeinden (z.B. solchen, die mit einem Zweckverband einen Anschlussvertrag geschlossen haben; vgl. VGr. 29.3.1977, ZBl 78/1977, S. 459) sowie zwischen Gemeinden und Gemeinden (Bosshart, § 81 N. 3). Der entsprechende Passus von lit. a müsste somit lauten: «zwischen

§ 81

Gemeinden und/oder Gemeindeverbänden». Bei den Gemeinden kann es sich um politische, Zivil-, Schul- oder Kirchgemeinden handeln (vgl. § 1 GemeindeG). Unter Gemeindeverbänden sind in erster Linie Zweckverbände im Sinn von § 7 GemeindeG zu verstehen (dazu Thalmann, § 7 N. 4). Diesen kommt zumeist Rechtspersönlichkeit wie den Gemeinden zu (Thalmann, § 7 N. 4.2.1; Barbara Schellenberg, Die Organisation der Zweckverbände, Zürich 1975, S. 22).

Zur Statuierung einer abweichenden Zuständigkeit bedarf es eines Gesetzes im formellen Sinn. Weil das Gemeindegesetz keine derartige Bestimmung enthält, kann durch Zweckverbandsstatuten die Zuständigkeit des Verwaltungsgerichts nicht ausgeschlossen werden. 5

Vermögensrechtliche Streitigkeiten zwischen Gemeinden oder Gemeindeverbänden nach § 81 lit. a unterliegen der verwaltungsgerichtlichen Klage dann nicht, wenn einem oberen Verband in solchen Angelegenheiten kraft ausdrücklicher Vorschrift Verfügungskompetenz zukommt und gegen eine solche Verfügung bzw. einen anschliessenden Rekursentscheid die Beschwerde an das Verwaltungsgericht offen steht. Das trifft z.B. auf Streitigkeiten der Gemeinden über die Hilfepflicht im Sinn von § 9 lit. e SozialhilfeG zu, über welche erstinstanzlich die für das Fürsorgewesen zuständige Direktion entscheidet (vgl. Vorbem. zu §§ 81–86 N. 3). Insofern ist die Klage gegenüber der Beschwerde subsidiärer Natur (vgl. Vorbem. zu §§ 81–86 N. 7). 6

2. lit. b

Erstellung und Unterhalt der Kirchen, Kirchgemeindehäuser, Pfarrhäuser und der Unterrichtslokale sind Sache der Kirchgemeinde, sofern sie nicht kraft bestehender Rechtsverhältnisse dem Staat oder Dritten obliegen (§ 20 Abs. 1 refKG). Soweit solche besondere Rechtsverhältnisse zwischen dem Staat und einzelnen Kirchgemeinden über staatliche Leistungen für kirchliche Zwecke bestehen, kann von beiden Teilen jederzeit deren Ablösung verlangt werden (§ 20 Abs. 2 refKG). Der Staat wird in solchen Fällen das Eigentum an die Gemeinde abtreten und für die Ablösung der Unterhaltspflicht eine Entschädigung bezahlen (Rübel, S. 37). Kommt es nicht zu einer Einigung, so kann nach § 81 lit. b VRG direkt das Verwaltungsgericht angerufen werden. 7

3. lit. c

Lit. c ist durch § 349 PBG eingefügt worden. Grundsätzlich hat jeder Planungsträger selber für die Kosten der Planung aufzukommen. Rückgriffsansprüche von Planungsträgern können sich jedoch ergeben, wenn planerische Festlegungen auch im Interesse von Planungsträgern über-, unter- oder nebengeordne- 8

§ 81

ter Stufe liegen (Weisung RR vom 5.12.1973 zum PBG, ABl 1973 II, S. 1790). Der Planungsträger kann für die Kosten der Planung sowie für die Folgekosten derselben nach Massgabe des Interesses Rückgriff auf die anderen Planungsträger nehmen. Streitige Rückgriffsansprüche fallen in die Zuständigkeit des Verwaltungsgerichts als einziger Instanz.

9   Im Einzelnen handelt es sich um Streitigkeiten aus Rückgriffsansprüchen infolge: Festsetzung von *Freihalte- und Erholungszonen* (§§ 44/62 Abs. 1 PBG, Kosten infolge Entschädigung für materielle Enteignung, Heimschlagsrecht, Zugrecht), Festsetzung von *Baulinien* sowie von *Ski- und Schlittellinien* (§§ 102, 104 Abs. 2, 113 Abs. 3 PBG, Kosten infolge Entschädigung für materielle Enteignung, Heimschlagsrecht), Erlass von *Natur- und Heimatschutzmassnahmen* (§ 211 Abs. 3 PBG, Kosten infolge Entschädigung für materielle Enteignung, Heimschlagsrecht, Übernahme). Ferner beurteilt das Verwaltungsgericht als einzige Instanz Rückgriffsansprüche von Gemeinwesen und von öffentliche Verkehrsaufgaben erfüllenden Unternehmungen für die Schaffung von *Parkraum* gegen Gemeinden, die selbst Parkraum hätten bereitstellen müssen (§ 247 Abs. 4 PBG; Weisung RR vom 5.12.1973 zum PBG, ABl 1973 II, S. 1879).

10 Dieselbe Ordnung gilt für die Kosten der *Werkplanung*. Weil Werkpläne nicht stets vom Träger des Werks, sondern bei Ungewissheit über die Trägerschaft vom Ersteller des betreffenden Richtplans festgesetzt werden (§§ 115 Abs. 1, 118 Abs. 3, 119 Abs. 3 PBG; vgl. Weisung, a.a.O., S. 1846), hat Letzterer einen Rückgriffsanspruch *gegen* den Werkträger, welcher im Streitfall endgültig vom Verwaltungsgericht festzusetzen ist.

11 Das Verwaltungsgericht ist ausschliesslich für vermögensrechtliche Streitigkeiten zwischen Planungs- und Werkträgern zuständig. Als Planungs- und Werkträger kommen der Staat, die regionalen Planungsvereinigungen und die Gemeinden in Betracht, ferner jene Körperschaften, Stiftungen und selbständigen Anstalten des öffentlichen und privaten Rechts, die öffentliche Aufgaben erfüllen und deren Tätigkeit das Planungs- und Bauwesen beeinflusst oder davon abhängig ist (§ 8 PBG). Aktiv- und passivlegitimiert sind auch die privatrechtlichen Planungsträger im Sinn von § 8 PBG; insoweit ist der Randtitel zu § 81 VRG mit der Einfügung von lit. c zu eng geworden. Die Klägerrolle kommt bei lit. c nicht immer der Gemeinde zu; als Kläger hat vielmehr aufzutreten, wer ein streitiges Begehren verficht (Sommer, Weiterentwicklung, S. 154).

12 Gemäss § 60 WasserwirtschaftsG kann ein Konzessionär bei Vorliegen wichtiger Bedürfnisse eines andern Berechtigten in der Ausübung seines Rechts eingeschränkt werden, wenn dies gesamthaft im öffentlichen Interesse liegt (Abs. 1). Rückgriffsansprüche des Gemeinwesens gegenüber dem Begünstigten werden nach § 81 lit. c VRG beurteilt (Abs. 2).

4. lit. d

Nach dem Gesetz über die Trägerschaft der Berufsschulen, das die Grundlage für die Kantonalisierung der Berufsschulen bildet, treten die Gemeinden aufgrund von Vereinbarungen mit dem Regierungsrat ihre dauernd Berufsschulzwecken dienenden Bauten sowie deren Einrichtungen dem Staat ab und vermieten diesem ihre anderen von den Berufsschulen benützten Räumlichkeiten gegen einen kostendeckenden Mietzins (§ 10 BerufsschulG). Werden die übernommenen Bauten vor Ablauf von hundert Jahren für den Berufsschulunterricht nicht mehr benötigt, kann die Gemeinde die Rückgabe verlangen (§ 11 BerufsschulG). Bei der ebenfalls aufgrund von Vereinbarungen mit dem Regierungsrat erfolgenden Übernahme von privaten Berufsschulen und Lehrwerkstätten stellt der bisherige Schulträger dem Staat eigene Schulgebäude gegen eine kostendeckende Entschädigung zur Verfügung (§ 12 BerufsschulG). – In die Beurteilung durch das Verwaltungsgericht fallende Streitigkeiten zwischen Gemeinden und Staat aus § 10 BerufsschulG betreffen ausschliesslich Übergangsentschädigung und Mietzins. Gleiches dürfte für Streitigkeiten zwischen privaten Schulträgern und Staat aus § 12 BerufsschulG gelten. Streitigkeiten aus § 11 BerufsschulG können sowohl die Rückgabeverpflichtung des Staats wie auch die Höhe der Entschädigung betreffen (vgl. zum Ganzen Weisung RR vom 18.5.1983 zur Änderung der Aufgabenteilung zwischen dem Kanton und den Gemeinden im Bildungswesen, ABl 1983 II, S. 788 ff., 825 ff.).

13

§ 82. Das Verwaltungsgericht beurteilt ferner als einzige Instanz:
a) aufgehoben;
b) vermögensrechtliche Streitigkeiten zwischen dem Inhaber einer behördlichen Konzession und der die Konzession erteilenden Körperschaft des kantonalen öffentlichen Rechtes;
c) Streitigkeiten zwischen dem Beliehenen und andern Nutzungsberechtigten oder der Verleihungsbehörde nach Art. 70 und 71 Abs. 1 des Bundesgesetzes über die Nutzbarmachung der Wasserkräfte vom 22. Dezember 1916;
d) Streitigkeiten im Sinn von Art. 35 und 37 des Bundesgesetzes über die Nutzbarmachung der Wasserkräfte vom 22. Dezember 1916;
e) Ansprüche des Viehbesitzers gegen öffentliche Viehversicherungskassen;
f) aufgehoben;
g) Streitigkeiten über Rückforderungen von im Enteignungsverfahren abgetretenen Rechten;
h) Streitigkeiten über das Vorkaufsrecht, das Kaufrecht, das Rückgriffsrecht gegenüber Dritten und den Übernahmeanspruch des Gemeinwe-

2. Andere Streitigkeiten aus öffentlichem Recht

§ 82

  sens nach dem Planungs- und Baugesetz, dem Abfallgesetz und dem Einführungsgesetz zum Gewässerschutzgesetz;
i) Streitigkeiten der Elektrizitätswerke des Kantons Zürich mit den Wiederverkäufern über die Verteilung der elektrischen Energie im Absatzgebiet sowie mit Selbstversorgern über die Abnahme überschüssiger Energie gemäss § 7 Abs. 2 und 3 des EKZ-Gesetzes;
k) Streitigkeiten aus verwaltungsrechtlichen Verträgen.

Materialien
Weisung 1957, S. 1052 ff.; Prot. KK 28.3.1958; Prot. KR 1955–1959, S. 3406; Beleuchtender Bericht 1959, S. 413 f.; Weisung 1995, S. 1543; Prot. KK 1995/96, S. 154 ff.; Prot. KR 1995–1999, S. 6505; Beleuchtender Bericht 1997, S. 6.

Literatur vgl. Vorbem. zu §§ 81–86.

Übersicht	Note
1. Allgemeines	1
2. lit. a	2
3. lit. b	3
4. lit. c und d	6
5. lit. e	14
6. lit. f	16
7. lit. g	19
8. lit. h	23
9. lit. i	30
10. lit. k	32
11. Rückgriffsansprüche aus dem Haftungsgesetz	43

1. Allgemeines

1 Die Bestimmung betrifft Streitigkeiten zwischen Privaten und öffentlichrechtlichen Körperschaften. Das Verwaltungsgericht hat auch hier ausschliesslich öffentlichrechtliche Streitigkeiten zu entscheiden (Bosshart, § 82 N. 1; RB 1964 Nr. 40 = ZBl 66/1965, S. 101 = ZR 64 Nr. 177). In der überwiegenden Zahl der Klagefälle nach § 82 handelt es sich ausschliesslich um *vermögensrechtliche* Streitigkeiten (lit. b, e, f). Solche *nicht vermögensrechtlicher* Natur können unter lit. c, d, g, h und i fallen.

2. lit. a

2 Lit. a, welcher die Zuständigkeit zur Beurteilung vermögensrechtlicher Streitigkeiten aus dem Dienstverhältnis zwischen Angestellten und Körperschaften des kantonalen öffentlichen Rechts, einschliesslich Schadenersatzforderungen (zu Letzteren vgl. RB 1964 Nr. 40 = ZBl 66/1965, S. 101 = ZR 64 Nr. 177; RB 1977 Nr. 25, 26 = ZBl 79/1978, S. 151 = ZR 77 Nr. 33) im Klageverfahren

§ 82

begründet hatte, ist mit der Gesetzesrevision vom 8.6.1997 aufgehoben worden. Diese Zuständigkeit ist indessen beim Verwaltungsgericht verblieben, das hierüber neu als Personalgericht, teilweise im Beschwerde- und im Disziplinarrekursverfahren sowie subsidiär im dortigen Klageverfahren, entscheidet (vgl. §§ 74, 76, 79). § 82 lit. a konnte deswegen vollständig aufgehoben werden.

3. lit. b

Die Konzession ist die Verleihung des Rechts zur Ausübung einer monopolisierten Tätigkeit oder zur Sondernutzung einer öffentlichen Sache im Gemeingebrauch (vgl. Häfelin/Müller, Rz. 2008 ff.). Lit. b begründet die verwaltungsgerichtliche Zuständigkeit für Streitigkeiten sowohl aus Monopol- wie aus Sondernutzungskonzessionen.

3

Das Verwaltungsgericht ist als einzige Instanz ausschliesslich für die *vermögensrechtliche* Seite solcher Streitigkeiten zuständig, womit zugleich der *Bestand* einer Konzession vorausgesetzt wird. Nicht vermögensrechtliche Aspekte fallen in die Zuständigkeit des Verwaltungsgerichts als Beschwerdeinstanz, wobei zuvor das verwaltungsinterne Rekursverfahren durchlaufen werden muss. Derartige nicht vermögensrechtliche Streitigkeiten können die Erteilung, den Entzug oder den Inhalt der Konzession betreffen (RB 1966 Nr. 14 betreffend Inhalt einer Wasserrechtskonzession; RB 1983 Nrn. 7 und 16 betreffend Verleihung einer Wassernutzungskonzession; RB 1986 Nr. 108 betreffend Konzessionserteilung für eine Seebaute; RB 1986 Nr. 109 betreffend Konzessionserweiterung für eine Seebaute/Landanlage; RB 1990 Nr. 103 betreffend Nebenbestimmung einer Wasserbaukonzession; RB 1984 Nr. 22 sowie RB 1978 Nr. 111 = ZBl 80/1979, S. 224 = ZR 78 Nr. 39 betreffend Plakataushang auf öffentlichem Grund; RB 1988 Nr. 77 betreffend Einordnung einer Reklameanlage auf öffentlichem Grund; RB 1989 Nr. 81 betreffend Konzessionspflicht für einen gewerblichen Bahnnebenbetrieb in öffentlichem Grund). Selbst gewisse vermögensrechtliche Streitigkeiten im Zusammenhang mit einer Konzession fallen wegen ihrer besonderen Art nicht in den Zuständigkeitsbereich von § 82 lit. a. Das gilt für Streitigkeiten betreffend Gebühren für Seebautenkonzessionen, die im Beschwerdeverfahren zu beurteilen sind (RB 1980 Nr. 130, 1986 Nr. 111); ferner für Ansprüche aus materieller Enteignung infolge von Konzessionsland betreffenden Planungsmassnahmen, die trotz der mit der Konzession verbundenen Zusicherung einer Baubewilligung von der Schätzungskommission und anschliessend vom Verwaltungsgericht im Rekursverfahren nach § 46 AbtrG zu beurteilen sind (RB 1986 Nr. 110 = BEZ 1986 Nr. 39). Vgl. auch § 19 N. 32.

4

Schadenersatzansprüche wegen Nichterfüllung eines Konzessionsvertrags sind mit Klage gemäss § 82 lit. b geltend zu machen (RB 1984 Nr. 22). Dagegen fallen finanzielle Ansprüche, die mit rechtswidrigem Verhalten von Beamten in

5

§ 82

Zusammenhang mit der Vorbereitung und Nichterteilung einer Konzession (culpa in contrahendo) begründet werden, nicht unter § 82 lit. b; sie sind gemäss § 19 Abs. 1 HaftungsG auf den Zivilweg zu verweisen (VGr. 15.6.1994, VK 93/0022).

4. lit. c und d

Materialien
Weisung RR vom 10.2.1988 zum Wasserwirtschaftsgesetz, ABl 1988 I, S. 641 ff.; Botschaft BR vom 18.3.1991 betreffend die Änderung des Gesetzes über die Organisation der Bundesrechtspflege, BBl 1991 II, S. 551; Botschaft BR vom 16.8.1995 über die Teilrevision des Bundesgesetzes über die Nutzbarmachung der Wasserkräfte, BBl 1995 IV, S. 991 ff.

Literatur
AUGUSTIN VINZENS, Das Ende der Wasserrechtskonzessionen, Freiburg 1983; JAGMETTI RICARDO, in: Kommentar aBV, Art. 24bis Rz. 35–43; ISLER REINHARD, Die Kompetenzabgrenzung zwischen Bund und Kantonen auf dem Gebiete der Wasserkraftnutzung, Affoltern a.A. 1935, S. 94 ff.; TRÜEB HANS, Die Streitigkeiten über Wasserrechtskonzessionen, Bern 1951, S. 57 ff.; VOGEL CHRISTIAN, Einschränkungen der Verwaltungsgerichtsbeschwerde an das Bundesgericht – Dargestellt an den Beispielen der Streitigkeiten über Konzessionsverleihungen und Bewilligungen öffentlich-rechtlicher Zuwendungen, Zürich 1973, S. 144 ff.

6 Lit. c und d unterstellen bestimmte Streitigkeiten, die sich aus der Anwendung des Bundesgesetzes über die Nutzbarmachung der Wasserkräfte vom 22.12.1916 (WRG) ergeben, der Zuständigkeit des Verwaltungsgerichts im Klageverfahren.

7 Die Regelung des Rechtsschutzes bezüglich der Anwendung von Bestimmungen über die Nutzung der Wasservorkommen – insbesondere der Wasserkraft – ist ausserordentlich komplex, was schon durch die enge Verschränkung der Gesetzgebungskompetenzen von Bund und Kantonen bedingt ist (vgl. Art. 24bis aBV bzw. Art. 76 BV). Massgebend sind im Bund das WRG, im Kanton früher das Gesetz über die Gewässer vom 15.12.1901/2.7.1967/8.12.1974 (WasserG), heute das Wasserwirtschaftsgesetz vom 2.6.1991 (WasserwirtschaftsG). *Konzessionen zur Wasserkraftnutzung* erteilt die zuständige kantonale Behörde (§ 65 WasserwirtschaftsG); der Bund ist einzig zuständig bezüglich Grenzgewässer und, sofern sich die beteiligten Kantone nicht einigen können, bezüglich interkantonaler Gewässerstrecken (Art. 38 WRG). *Wasserrechtliche Konzessionen anderer Art* erteilt die zuständige kantonale Behörde (vgl. Konzessionsverordnung zum Wasserwirtschaftsgesetz vom 21.10.1992). Soweit sich der Konzessionsentscheid der kantonalen Behörde auf *Bundesrecht* stützt, war früher die Beschwerde an das Verwaltungsgericht ausgeschlossen; der letztinstanzliche kantonale Entscheid unterlag der Beschwerde an den Bundesrat (Jagmetti, a.a.O., Rz. 40). Seit der VRG-Revision vom 8.6.1997 ist auch bezüglich der Anwen-

§ 82

dung von Bundesrecht die Beschwerde an das Verwaltungsgericht zulässig, dessen Entscheid in dieser Hinsicht der Verwaltungsgerichtsbeschwerde an das Bundesgericht unterliegt (Art. 99 Abs. 1 lit. d OG i.d.F.v. 21.6.1991 i.V.m. Abs. 2 lit. a). Konzessionsentscheide, die ausschliesslich in Anwendung von *kantonalem Recht* getroffen werden, waren und sind mit Beschwerde an das Verwaltungsgericht anfechtbar (RB 1983 Nr. 16), dessen Entscheid der staatsrechtlichen Beschwerde unterliegt (vgl. BGE 119 Ib 30 f. E. 3).

Unter *lit. c* fallen Streitigkeiten zwischen dem *Inhaber einer Wasserkraftkonzession* und anderen Nutzungsberechtigten über den Umfang ihrer Nutzungsrechte (Art. 70 WRG i.d.F.v. 13.12.1996) sowie solche zwischen dem Konzessionär und der Verleihungsbehörde über die sich aus dem Konzessionsverhältnis ergebenden Rechte und Pflichten (Art. 71 Abs. 1 WRG i.d.F.v. 13.12.1996). Diesbezügliche Urteile des Verwaltungsgerichts sind mit Verwaltungsgerichtsbeschwerde an das Bundesgericht weiterziehbar, soweit sie sich auf Bundesrecht stützen (bezüglich Art. 71 Abs. 1 WRG vgl. Isler, a.a.O., S. 101; Kirchhofer, a.a.O., S. 89; Vogel, a.a.O., S. 146; BGE 119 1b 23 ff.). 8

Bezüglich Streitigkeiten zwischen Konzessionär und Verleihungsbehörde ist das Verwaltungsgericht allerdings dann nicht zuständig, wenn die betreffende Konzession von mehreren Kantonen oder vom Bund erteilt worden ist; diesfalls entscheidet im Streitfall über die sich aus dem Konzessionsverhältnis ergebenden Rechte und Pflichten die Rekurskommission für Wasserwirtschaft als Schiedskommission (d.h. ebenfalls im Klageverfahren), deren Entscheid mit Verwaltungsgerichtsbeschwerde beim Bundesgericht angefochten werden kann (Art. 71 Abs. 2 WRG). Früher stand bei Streitigkeiten im Sinn von Art. 71 Abs. 2 WRG die verwaltungsrechtliche Klage an das Bundesgericht offen. Das galt auch für weitere Streitigkeiten aus der Anwendung des WRG (Isler, a.a.O., S. 100 f.); seit der OG-Revision vom 4.10.1991 hat in diesen früheren Klagefällen die zuständige Bundesbehörde eine Verfügung zu treffen, die mit Beschwerde an die Rekurskommission für Wasserwirtschaft weiterziehbar ist; deren Beschwerdeentscheid unterliegt der Verwaltungsgerichtsbeschwerde an das Bundesgericht, soweit diese nach Art. 97 ff. OG zulässig ist (BBl 1991 II, S. 551). 9

Die Zuständigkeitsregelung von § 82 lit. c ist atypisch, weil die meisten Streitigkeiten aus der Anwendung des WRG wie dargelegt auf Verfügung hin im Anfechtungsverfahren zu beurteilen sind. Sie ist nur damit zu erklären, dass das WRG in Art. 70 und 71 die Zivilgerichte («die Gerichte») als zuständig erklärt, mit der Schaffung des VRG jedoch ein ganzes Paket zivilgerichtlicher Zuständigkeiten dem Verwaltungsgericht übertragen wurden. Sämtliche Streitigkeiten nach Art. 70 und 71 Abs. 1 WRG, also auch solche nicht vermögensrechtlicher Natur zwischen dem Konzessionär und anderen Nutzungsberechtigten sowie zwischen der Verleihungsbehörde und dem Konzessionär, unterliegen der Klage. 10

§ 82

11 Nach der früheren Fassung unterstellte *lit. d* dem Klageverfahren eine Reihe von Streitigkeiten aus dem kantonalen Gesetz über die Gewässer vom 15.12.1901/ 2.7.1967/8.12.1974 (WasserG). Das Verwaltungsgericht war zuständig zum Entscheid über Einsprachen gegen die Errichtung, Änderung und Erweiterung von Wasserkraftanlagen und anderen Wasserbenützungsanlagen, soweit darin die Verletzung entgegenstehender Rechte geltend gemacht wurde (§§ 26 und 46 WasserG); es hatte dabei lediglich einen Feststellungsentscheid über die der Erteilung der Konzession entgegenstehenden Rechte Dritter zu fällen (RB 1978 Nr. 15, 1983 Nr. 16; vgl. RB 1978 Nr. 16). Das Gericht war ferner zuständig für Streitigkeiten wasserrechtlicher Natur unter Nutzungsberechtigten an öffentlichen Gewässern (§§ 44 und 56 WasserG) sowie für Streitigkeiten, die sich aus der Feststellung von noch nicht durch Konzessionen des Regierungsrats umschriebenen Wasserrechten ergaben (§ 66 WasserG). Mit dem Erlass des das WasserG aufhebenden WasserwirtschaftsG sind diese Zuständigkeiten abgeschafft worden; diesbezügliche Streitigkeiten sind nunmehr im Einsprache-, Rekurs- und Beschwerdeverfahren zu beurteilen (§§ 42, 64 WasserwirtschaftsG; ABl 1988 I, S. 666 ff.; vgl. § 19 N. 32). Streitigkeiten darüber, ob ein Gewässer öffentlicher oder privater Natur sei, entscheidet nach wie vor der Zivilrichter (§ 6 Abs. 3 WasserwirtschaftsG; zum alten Recht: RB 1978 Nr. 15).

12 Ebenfalls dahingefallen ist die Zuständigkeit zur Beurteilung von Streitigkeiten unter Mitgliedern kantonalrechtlicher Genossenschaften (§ 29 WasserG), da das WasserwirtschaftsG solche Genossenschaften nicht mehr vorsieht. Mit § 81 lit. b WasserwirtschaftsG ist daher die Zuständigkeit des Verwaltungsgerichts als einziger Instanz nach § 82 lit. d VRG auf Streitigkeiten aus bundesrechtlich vorgesehenen Genossenschaften (Art. 35 und 37 WRG) beschränkt worden (ABl 1988 I, S. 667).

13 Mit der VRG-Revision vom 8.6.1997 ist für Projekte des *Gewässerbaus* ein Festsetzungsverfahren eingeführt worden, in dem koordiniert darüber zu entscheiden ist, ob das Projekt sämtlichen massgebenden Bestimmungen von Bund und Kanton entspricht (Weisung 1995, S. 1556 ff.). Zuständig für die Festsetzung ist bei grösseren staatlichen Projekten der Regierungsrat, bei kreditrechtlich in ihrer Kompetenz liegenden staatlichen Projekten und bei kommunalen Projekten die Baudirektion (§ 18 Abs. 4 WasserwirtschaftsG i.d.F.v. 8.6.1997). Es besteht ein umfassender Rechtsschutz in Form eines Einsprache- und eines anschliessenden Rechtsmittelverfahrens (§§ 18a und 24 WasserwirtschaftsG, je i.d.F.v. 8.6.1997). Vgl. dazu § 19 N. 125 ff.

5. lit. e

14 Viehversicherungskassen sind öffentlichrechtliche Korporationen (§ 3 ViehversG). Lit. e ist so zu verstehen, dass nur Schadenersatzansprüche aus Krankheit oder Unfall von versicherten Tieren gegen die Viehversicherungskassen mit

§ 82

Klage geltend gemacht werden können (RB 1976 Nrn. 95–97 = ZBl 78/1977, S. 72 = ZR 75 Nr. 110).

Schätzungsentscheide bei der Aufnahme von Tieren in die Kasse sind mit verwaltungsinternem Rekurs an die Volkswirtschaftsdirektion weiterziehbar (§ 37 Abs. 3 ViehversG). Streitigkeiten über Ansprüche der Viehversicherungskassen gegen die Versicherten sind im Rekursverfahren vom Bezirksrat zu entscheiden (vgl. § 38 Abs. 1 ViehversG). 15

6.   lit. f

Das GebäudeversG sah früher für die sich daraus ergebenden Streitigkeiten drei verschiedene Rechtswege vor: Gegen die von den Schätzungsorganen (vgl. §§ 21 und 31 der Verordnung über die Gebäudeversicherung vom 21.5.1975 [LS 862.11]) vorzunehmenden Gebäudeschätzungen (Versicherungswerte) und Schadenabschätzungen sowie gegen Versicherungsausschlüsse und Prämienzuschläge konnte Rekurs an die Rekurskommission für Gebäudeversicherung (vgl. § 9 GebäudeversG) erhoben werden, die endgültig entschied (§ 75 GebäudeversG). Durch Klage beim Verwaltungsgericht konnten lediglich Ansprüche des Versicherten auf Vergütung des von den Schätzungsorganen festzustellenden Schadens geltend gemacht werden (§ 77 GebäudeversG; § 82 lit. f VRG). Schliesslich stand dem Versicherten gegen Verfügungen der Gebäudeversicherungsanstalt, die weder bei der Rekurskommission noch beim Verwaltungsgericht angefochten werden konnten, der Rekurs an die zuständige Direktion offen (§ 78 GebäudeversG). Die Klage war somit nur dann zulässig, wenn die Gebäudeversicherungsanstalt ihre Leistungspflicht ganz oder teilweise verneinte, also bei Streitigkeiten über die Leistungspflicht an sich. Die Zuständigkeiten des Verwaltungsgerichts und der Gebäudeversicherungsrekurskommission waren damit nur schwer voneinander abzugrenzen (RB 1989 Nr. 95, 1994 Nrn. 22 und 98). 16

Mit der Revision des GebäudeversG vom 7.2.1999 ist § 82 lit. f VRG und damit die verwaltungsgerichtliche Zuständigkeit im Klageverfahren aufgehoben worden. Nunmehr besteht ein zweistufiges Anfechtungsverfahren (Weisung RR vom 12.2.1997 zum GebäudeversG, ABl 1997 I, S. 338 f.): Gegen alle Anordnungen der Anstalt im Versicherungsbereich kann Rekurs an die in ihrer Rechtsprechung unabhängige Rekurskommission der Gebäudeversicherung erhoben werden (§§ 75 f. GebäudeversG). Auf das Verfahren sind die Bestimmungen des VRG anwendbar, wobei der Regierungsrat eine Geschäftsordnung und eine Gebührenverordnung erlässt sowie das Sekretariat bestellt (§ 77 GebäudeversG). Entscheide der Rekurskommission unterliegen der Beschwerde an das Verwaltungsgericht (§ 78 GebäudeversG). 17

§ 82

18 Verschiedene Entscheide zum altrechtlichen Klageverfahren dürften auch für das Anfechtungsverfahren massgebend bleiben: Zur klageweisen Geltendmachung von Ansprüchen gegenüber der Gebäudeversicherung ist grundsätzlich nur der Versicherte – in der Regel der Gebäudeeigentümer –, nicht jedoch der Hausverwalter aktivlegitimiert (RB 1987 Nr. 13). Indessen ist die Abtretung von Versicherungsansprüchen jedenfalls dann zulässig, wenn keine sozial unerwünschten Folgen zu befürchten sind; dementsprechend ist die Aktivlegitimation einer Bauunternehmung als Zessionarin allfälliger Versicherungsansprüche bejaht worden (RB 1989 Nr. 96). Passivlegitimiert ist die Gebäudeversicherungsanstalt, nicht der Staat (§ 1 Abs. 2 GebäudeversG i.d.F.v. 2.3.1975). Zur Beweislastverteilung im Gebäudeversicherungsrecht vgl. RB 1983 Nr. 117.

7. lit. g

19 Streitigkeiten über Entschädigungen und Beiträge aufgrund von Entscheiden der Schätzungskommissionen waren nach altem Recht im Klageverfahren zu beurteilen (vgl. Bosshardt, Zuständigkeit, S. 38 f.); seit der Gesetzesrevision vom 8.6.1997 sind sie im Rekursverfahren zu beurteilen (vgl. § 19 N. 121 ff., § 41 N. 38 ff.). Das gilt auch für die übrigen mit einer Abtretung in Zusammenhang stehenden Streitigkeiten, sofern sie schon bisher von den Schätzungskommissionen zu beurteilen waren, so namentlich über Anpassungsarbeiten (RB 1969 Nr. 79, 1963 Nr. 125, 1972 Nr. 107). Schon nach der Praxis zu § 82 lit. g in der ursprüng-lichen Fassung ist das vorgeschaltete Schätzungsverfahren weitgehend einem eigentlichen erstinstanzlichen Verfahren gleichgestellt worden (RB 1987 Nr. 89).

20 Nach dem Wortlaut von § 82 lit. g in der revidierten Fassung ist das Verwaltungsgericht nur noch zuständig für Streitigkeiten über die Rückforderung abgetretener Rechte (vgl. §§ 58–61 AbtrG). Gleiches gilt für die Rückforderung von Beiträgen (RB 1977 Nr. 29; vgl. RB 1975 Nr. 118, 1967 Nr. 89).

21 Folgerichtig wäre es, wenn – analog zum Rechtsschutz bei der formellen Enteignung – über die Pflicht zur Rückübertragung des abgetretenen Rechts (vgl. § 58 AbtrG) auf Verfügung hin im Rekurs- und Beschwerdeverfahren entschieden würde. In diesem Sinn hat das Verwaltungsgericht in Streitigkeiten über die Ablösung von im Zusammenhang mit Wohnbausubventionen auferlegten öffentlichrechtlichen Eigentumsbeschränkungen die Beschwerde als zulässig erklärt; der Beschwerdeweg müsse bezüglich der Rückforderung abgetretener Eigentumsrechte und der Ablösung öffentlichrechtlicher Eigentumsbeschränkungen jedenfalls dort offen stehen, wo eine anfechtbare Anordnung ergangen und eine Klage nach § 82 lit. g VRG unterblieben sei (RB 1968 Nr. 9; vgl. RB 1968 Nrn. 42–44). Dieser in der späteren Praxis nicht weiterverfolgte Ansatz würde es nahelegen, Streitigkeiten betreffend die Höhe der zurückzuerstatten-

§ 82

den Entschädigung (vgl. § 59 AbtrG) adhäsionsweise ebenfalls im Anfechtungsverfahren zu entscheiden. Eine solche Lösung widerspricht allerdings dem Grundsatz, dass eine bloss stillschweigend begründete Verfügungskompetenz in einer ausdrücklich dem Klageverfahren unterstellten Materie wegbedungen wird (Vorbem. zu §§ 81–86 N. 7). § 82 lit. g VRG wäre daher bei der Gesetzesrevision vom 8.6.1997 besser gänzlich aufgehoben worden.

Streitigkeiten über Zustandekommen und Bestand von Abtretungsverträgen (RB 1964 Nrn. 2 und 39 = ZBl 66/1965, S. 120; RB 1968 Nr. 12) sowie von Erschliessungsverträgen (RB 1980 Nr. 24) waren bisher vom Verwaltungsgericht *direkt* (ohne vorgängige Beurteilung durch die Schätzungskommission) zu beurteilen, es sei denn, ein solcher Vertrag sei im Schätzungsverfahren geschlossen worden (RB 1973 Nr. 82). Daran ändert die Gesetzesrevision vom 8.6.1997 nichts; für solche Streitigkeiten ergibt sich nunmehr die Zuständigkeit des Verwaltungsgerichts aus § 82 lit. k. 22

8. lit. h

Literatur
HALLER/KARLEN, N. 478 ff., 1107; RÜSSLI MARKUS, Die Heimschlagsrechte des zürcherischen Planungs- und Baugesetzes, Zürich 1996; VOLLENWEIDER WALTER, Neues Planungs- und Baurecht für den Kanton Zürich, ZBl 76/1975, S. 321 ff.; WIEDERKEHR PETER, Das zürcherische Quartierplanrecht, Dietikon 1972.

Lit. h ist durch § 349 PBG in das VRG eingefügt worden. Das PBG sieht eine Reihe von Vorkaufs- und Kaufrechten zugunsten von Staat und Gemeinden bzw. von Werkträgern vor. Nach dem Willen des Gesetzgebers unterliegen auch Streitigkeiten aus den sogenannten *Heimschlagsrechten* zugunsten Privater (dazu N. 26) der verwaltungsgerichtlichen Entscheidung (Weisung RR vom 5.12.1973 zum PBG, ABl 1973 II, S. 1879). 23

Zugunsten der Gemeinde oder des Kantons besteht ein *Vorkaufsrecht* aus Freihalte- und Erholungszonen (§ 64 PBG). Zugunsten von Werkträgern (bzw. von Staat oder Gemeinde) besteht ein Vorkaufsrecht für die vom Werkplan erfassten Grundstücke (§ 118 PBG). 24

Unter *Kaufrecht* zugunsten des Staats und der Gemeinde im Sinn von § 82 lit. h VRG ist das *Zugrecht* bezüglich Freihalte- und Erholungszonen (§§ 43a und 62 Abs. 1 PBG) gemeint (dazu RB 1990 Nr. 108 = ZBl 91/1990, S. 553). Verwandt mit dem Zugrecht ist der *Übernahmeanspruch* des Gemeinwesens bei dauernden Schutzmassnahmen (§ 212 PBG) sowie bezüglich Deponieanlagen und Deponiegrundstücken (§ 29 AbfallG; dazu Weisung RR vom 27.5.1992 zum AbfallG, ABl 1992 II, S. 947 f.). 25

§ 82

26 *Heimschlagsrechte* des Grundeigentümers bestehen bezüglich
- *Freihalte- und Erholungszonen* (§§ 41–43, 62 PBG; dazu RB 1987 Nr. 96 = ZBl 89/1988, S. 159; RB 1989 Nr. 89 = BEZ 1989 Nrn. 38, 39; RB 1990 Nr. 105; RB 1992 Nr. 95 = BEZ 1992 Nr. 3),
- *Baulinien* (§§ 103 f. PBG; dazu RB 1989 Nr. 90),
- *Werkplänen* (§ 119 PBG),
- *Quartierplänen* (§ 165 PBG),
- *Grenzbereinigungen* (§ 185 PBG),
- *Gebietssanierungen* (§ 202 PBG),
- *Schutzmassnahmen* (§ 214 PBG),
- *Deponiegrundstücken* (§ 29 AbfallG).

Das Heimschlagsrecht nach § 214 PBG steht dem Grundeigentümer nur bei Vorliegen einer materiellen Enteignung zu; die Heimschlagsrechte nach §§ 41/62, § 103, § 119 und § 202 PBG können unabhängig vom Vorliegen eine materiellen Enteignung ausgeübt werden (Rüssli, a.a.O., S. 49; RB 1986 Nr. 80 = ZBl 88/1987, S. 174 = BEZ 1986 Nr. 7). Die Heimschlagsrechte nach §§ 103 und 119 PBG sind alternativ; der Grundeigentümer muss sich entscheiden, ob er eine Entschädigung wegen materieller Enteignung oder den Heimschlag verlangen will. Die Heimschlagsrechte nach §§ 41/62 und nach § 214 PB sind kumulativ; sie gehen mit der Geltendmachung einer Entschädigung aus materieller Enteignung nicht unter, sondern können auch noch in einem späteren Zeitpunkt ausgeübt werden.

27 Mit der VRG-Revision vom 8.6.1997 ist für alle Streitigkeiten, welche im Verfahren nach Abtretungsgesetz durch die Schätzungskommissionen zu beurteilen sind, das verwaltungsgerichtliche Klageverfahren durch das verwaltungsgerichtliche Rekursverfahren ersetzt worden (§ 46 AbtrG). Obwohl dabei § 82 lit. h VRG formell nicht angepasst wurde, ist damit dessen Anwendungsbereich erheblich eingeschränkt worden: Soweit über die von dieser Bestimmung erfassten Rechte zunächst die Schätzungskommissionen zu entscheiden haben, ist nunmehr deren Entscheid mit Rekurs an das Verwaltungsgericht anfechtbar. Das gilt für Streitigkeiten betreffend das *Zugrecht* (§§ 43a, 62 PBG); das Gemeinwesen muss daher das Zugrecht schon vor Schätzungskommission geltend machen. An der Rechtsprechung, wonach die erstmalige Geltendmachung vor Verwaltungsgericht möglich ist (RB 1990 Nr. 106 = ZBl 91/1990, S. 549), kann nicht festgehalten werden (vgl. RB 1990 Nr. 107 = BEZ 1990 Nr. 31). Streitigkeiten betreffend *Heimschlagsrechte* fallen ebenfalls in die Zuständigkeit der Schätzungskommissionen (§ 43 Abs. 2, auf welche Grundordnung §§ 62 Abs. 1, 104 Abs. 2, 119 Abs. 2 und 214 Abs. 2 PBG verweisen; ferner §§ 165 Abs. 3, 202 Abs. 4; Rüssli, a.a.O., S. 123), womit auch bei derartigen Streitsachen der Rekursweg an das Verwaltungsgericht offen steht. Bei Streitigkeiten

§ 82

betreffend den *Übernahmeanspruch* nach § 212 PBG wäre kraft ausdrücklicher Vorschrift (Abs. 3) über den Anspruch selber «auf verwaltungsgerichtliche Klage» (d.h. gestützt auf § 82 lit. h VRG) zu entscheiden, während über die Entschädigung aufgrund des Abtretungsgesetzes (d.h. nunmehr im Rekursverfahren im Anschluss an das Schätzungsverfahren) zu befinden ist. Entgegen dem nicht an die VRG-Revision angepassten Wortlaut von § 212 Abs. 3 PBG rechtfertigt es sich indessen, die Schätzungskommission auch für die Beurteilung des Anspruchs als zuständig zu erachten. Somit sind einzig noch die Streitigkeiten über die Ausübung von *Vorkaufsrechten* nach § 64 und § 118 PBG im Klageverfahren nach § 82 lit. h VRG zu behandeln (RB 1981 Nr. 33).

Die in lit. h weiter angeführten *Rückgriffsrechte* gegenüber Dritten sind systematisch unter § 81 lit. c einzuordnen. Solche Rückgriffsansprüche sind im PBG (dazu § 81 N. 8 ff.), in § 60 WasserwirtschaftsG (dazu § 81 N. 12) und in § 35 Abs. 1 EG GSchG vorgesehen. 28

Verfahrensmässig besondere Probleme ergeben sich bei den kumulativen Heimschlagsrechten, die «neben» einem allfälligen Entschädigungsanspruch aus materieller Enteignung geltend gemacht werden können (§§ 41/62, § 214 PBG). Das erst im Schätzungsverfahren gestellte Heimschlagsbegehren nach §§ 41 ff. PBG lässt jenes um Zusprechung einer Entschädigung wegen materieller Enteignung nicht gegenstandslos werden; wird eine materielle Enteignung bejaht, sind im Hinblick auf den unterschiedlichen Zinsenlauf die Vergütung für die materielle Enteignung und den Heimschlag gesondert festzusetzen (RB 1992 Nr. 95 = BEZ 1992 Nr. 3; vgl. Rüssli, a.a.O., S. 112 ff.). Die Ausübung des dem Heimschlagsberechtigten und dem Planungsträger nach § 41 Abs. 2 PBG zustehenden Ausdehnungsrechts nach §§ 8 f. AbtrG setzt voraus, dass das Heimschlagsrecht ausgeübt worden ist; das Ausdehnungsbegehren muss wie das Heimschlagsbegehren bereits im Verfahren vor Schätzungskommission gestellt werden (RB 1987 Nr. 96 = ZBl 89/1988, S. 159). 29

9. lit. i

§ 7 Abs. 2 EKZ-Gesetz erklärt *Wiederverkäufer* für berechtigt, die elektrische Energie in ihrem Absatzgebiet selbst zu verteilen. § 82 lit. i VRG begründet die Zuständigkeit des Verwaltungsgerichts lediglich für den Fall, dass die Autonomie der Wiederverkäufer in der Elektrizitätsverteilung in Frage steht; für andere Streitigkeiten zwischen EKZ und Wiederverkäufer steht der Rekurs- und Beschwerdeweg nach §§ 19 und 41 VRG offen (Prot. KR 1979–1983 IX, S. 11604 ff.). 30

Das EKZ-Gesetz gestattet Privaten und Werkträgern die Erzeugung, Übertragung und Verwendung elektrischer Energie nur zum Eigenbedarf (§ 7 Abs. 1). Die EKZ nehmen im Rahmen ihrer Verpflichtungen gegenüber den Nordost- 31

§ 82

schweizerischen Kraftwerken (NOK) den in § 7 Abs. 1 EKZ-Gesetz genannten Erzeugern («*Selbstversorgern*») die überschüssige Energie in einer für das Netz geeigneten Form ab. Streitigkeiten betreffend diese Abnahmeverpflichtung unterliegen ebenfalls der Klage an das Verwaltungsgericht.

10. lit. k

Literatur
BRÜHWILER-FRÉSEY LUKAS, Verfügung, Vertrag und andere verwaltungsrechtliche Handlungssysteme, Bern/Fribourg 1984; FLEINER-GERSTER THOMAS, Probleme des öffentlichrechtlichen Vertrags in der Leistungsverwaltung, ZBl 90/1989, S. 185 ff.; GIACOMINI SERGIO, Verwaltungsrechtlicher Vertrag und Verfügung im Subventionsverhältnis «Staat-Privater», Fribourg 1992; HÄFELIN/MÜLLER, Rz. 843 ff.; HUGUENIN CLAIRE, Die bundesgerichtliche Praxis zum öffentlich-rechtlichen Vertrag, ZBJV 118/1982, S. 489 ff.; IMBODEN MAX, Der verwaltungsrechtliche Vertrag, ZSR 77/1958 II, S. 1a ff.; IMBODEN/RHINOW/ KRÄHENMANN, Nr. 46; MAEGLI ROLF, Gesetzmässigkeit im kooperativen Verwaltungshandeln, URP 1990, S. 265 ff.; MÜLLER GEORG, Das Verhältnis zwischen einem privatrechtlichen Vertrag über die Abtretung von öffentlichem Grund zu einer verwaltungsrechtlichen Erschliessungsvereinbarung, recht 1988, S. 25 ff.; RHINOW RENÉ A., Verfügung, Verwaltungsvertrag und privatrechtlicher Vertrag, in: Festgabe zum Schweizerischen Juristentag 1985, Basel/Frankfurt a.M. 1985, S. 295 ff.; DERSELBE, Verwaltungsrechtlicher oder privatrechtlicher Vertrag, recht 1985, S. 57 ff.; DERSELBE, Wohlerworbene und vertragliche Rechte im öffentlichen Recht, ZBl 80/1979, S. 1 ff.; RICHLI PAUL, Rechtsformen für die Gewährung von Finanzhilfen, ZSR 105/1986 I, S. 79 ff.; DERSELBE, Zu den Gründen, Möglichkeiten und Grenzen für Verhandlungselemente im öffentlichen Recht, ZBl 92/1991, S. 381 ff.; ZWAHLEN HENRI, Le contrat de droit administratif, ZSR 77/ 1958 II, S. 461a ff.; vgl. auch die bei den Vorbem. zu §§ 81–86 angeführte Literatur.

32 Die Zuständigkeit des Verwaltungsgerichts zur Beurteilung von Streitigkeiten aus verwaltungsrechtlichen Verträgen ist mit der Gesetzesrevision vom 8.6.1997 eingeführt worden. Schon zuvor hat sich das Gericht unter Annahme einer ausfüllungsbedürftigen Gesetzeslücke zur Beurteilung von Streitigkeiten aus einem Expropriationsvertrag (RB 1964 Nr. 39 = ZBl 66/1965, S. 120) und aus einem Erschliessungsvertrag (RB 1980 Nr. 24) für zuständig erklärt; mitentscheidend war allerdings in beiden Fällen, dass ohne Abschluss des streitbetroffenen Vertrags der Rechtsschutz im Verfahren nach AbtrG gegeben gewesen wäre, womit das Verwaltungsgericht ohnehin – gestützt auf § 82 lit. g in der damals massgebenden Fassung allerdings erst im Anschluss an das Schätzungsverfahren – hätte angerufen werden können. Mit § 82 lit. k ist an sich eine *Teilgeneralklausel* geschaffen worden. Darin liegt eine folgerichtige Ergänzung zur Einführung der Generalklausel bezüglich der verwaltungsgerichtlichen Zuständigkeit im Beschwerdeverfahren. Diesem Grundgedanken entsprechend soll die verwaltungsgerichtliche Zuständigkeit unabhängig davon gegeben sein, ob die streitige Rechtsbeziehung durch Verfügung oder durch Vertrag geregelt worden ist oder geregelt werden kann.

§ 82

In der Bundesrechtspflege ist die Zuständigkeit des Bundesgerichts zur Behandlung von Streitigkeiten «über Leistungen aus öffentlichrechtlichen Verträgen» (Art. 116 lit. b OG in der ursprünglichen Fassung) mit der Revision vom 4.10.1991 abgeschafft worden (vgl. Vorbem. zu §§ 81–86 N. 4). Die zuvor bestehende Erwartung, dass das Bedürfnis für diese Zuständigkeit proportional zur zunehmenden Bedeutung und Verbreitung des verwaltungsrechtlichen Vertrags wachse (BBl 1965 II, S. 1273 f.), hatte sich nicht bestätigt; das Bundesgericht hatte nur eine sehr geringe Anzahl von derartigen Streitfällen im Klageverfahren zu behandeln (Metz, a.a.O., S. 79 ff.; Uebersax, a.a.O., S. 1229). 33

Der verwaltungsrechtliche Vertrag ist die auf übereinstimmenden Willenserklärungen von zwei oder mehreren Rechtssubjekten beruhende Vereinbarung, welche die Regelung einer konkreten verwaltungsrechtlichen Rechtsbeziehung, vor allem in Zusammenhang mit der Erfüllung öffentlicher Aufgaben, zum Gegenstand hat (Häfelin/Müller, Rz. 843; RB 1997 Nr. 8). 34

Gegenüber *Vereinbarungen rechtsetzender Natur* (vgl. Beispiele bei Jaag, Verwaltungsrecht, Rz. 470) unterscheidet sich der verwaltungsrechtliche Vertrag – wie gegenüber Rechtssätzen – durch die individuell-konkrete Ausgestaltung des geregelten Rechtsverhältnisses. Nur ein indvidiuell-konkret geregeltes Rechtsverhältnis kann Streitgegenstand eines Klageverfahrens sein. 35

Neben der *Verfügung* ist der verwaltungsrechtliche Vertrag die wichtigste Handlungsform der Verwaltung. Das Legalitätsprinzip steht verwaltungsrechtlichen Verträgen zwischen öffentlichrechtlichen Organisationen und Privaten nur entgegen, wenn das Gesetz eine erschöpfende Ordnung trifft bzw. vertragliche Regelungen ausdrücklich oder stillschweigend ausschliesst (Häfelin/Müller, Rz. 862). Demnach sind die Anforderungen an die gesetzliche Grundlage für vertragliche Leistungspflichten weniger streng als für verfügte. Verträge dürfen allerdings dem Gesetz nicht direkt widersprechen, und sie müssen zumindest mittelbar auf eine legale Grundlage zurückführbar sein (vgl. RB 1968 Nrn. 44 und 76, 1982 Nr. 131; RB 1983 Nr. 29 = ZBl 85/1984, S. 63 = ZR 83/1984 Nr. 43). Sodann muss ein zulässiges Motiv für die Wahl der Vertragsform vorliegen und sich die Verfügung nicht aus anderen Gründen (z.B. zur Gewährleistung der rechtsgleichen Behandlung bei einer Vielzahl von Anwendungsfällen) als die angemessene Handlungsform erweisen (Häfelin/Müller, Rz. 859). Als solches Motiv kommt etwa eine erhebliche Gestaltungsfreiheit der zuständigen Behörde bei der Regelung eines Rechtsverhältnisses in Betracht (vgl. RB 1996 Nr. 27, 1995 Nr. 98). Zur *Abgrenzung* des verwaltungsrechtlichen Vertrags von der Verfügung vgl. auch Vorbem. zu §§ 4–31 N. 15. 36

Zur Abgrenzung des verwaltungsrechtlichen vom *privatrechtlichen Vertrag* vgl. § 1 N. 18. Als öffentlichrechtlich gewürdigt worden sind namentlich Verträge betreffend Stipendiengewährung (RB 1997 Nr. 8 E. 1), Elektrizitätsversorgung (1995 Nr. 98) und Baulanderschliessung (RB 1990 Nr. 2). Ob ein verwaltungs- 37

§ 82

rechtlicher Vertrag *Willensmängel* aufweist, ist in analoger Anwendung von Art. 23 ff. OR zu beurteilen (Häfelin/Müller, Rz. 901; Imboden/Rhinow/Krähenmann, Nr. 46 B V a; RB 1964 Nr. 124 = ZBl 66/1965, S. 120).

38 Die Zuständigkeiten des Verwaltungsgerichts bezüglich *Streitigkeiten* aus öffentlichrechtlichen Verträgen im Klageverfahren einerseits und solchen aus Verfügungen im Anfechtungsverfahren anderseits lassen sich nicht nahtlos gegeneinander abgrenzen. Es gibt keinen allgemeinen Grundsatz und folgt auch nicht zwingend aus § 82 lit. k, dass der gerichtliche Rechtsschutz bei Streitigkeiten aus verwaltungsrechtlichen Verträgen regelmässig im Klageverfahren zu gewährleisten sei (vgl. Vorbem. zu §§ 81–86 N. 3): Haben die Beteiligten das streitbetroffene Rechtsverhältnis – zulässigerweise – durch öffentlichrechtlichen Vertrag geregelt, so kann hieraus nicht ohne weiteres auf mangelnde Verfügungsbefugnis geschlossen werden (Metz, a.a.O., S. 66 f., 79 ff.; kritisch: Häfelin/Müller, Rz. 1563). Es ist daher nach den Umständen des Einzelfalls denkbar, dass auch bei Streitigkeiten aus einem solchen Vertrag die öffentliche Vertragspartei eine Verfügung treffen *kann*, um den Rechtsschutz im Anfechtungsverfahren zu gewährleisten (vgl. VGr. 15.5.1990, VB 90/0048 E. 3c). Bei Streitigkeiten aus öffentlichrechtlichen Verträgen in Zusammenhang mit Dienstverhältnissen hat sich die Frage bis zur VRG-Revision vom 8.6.1997 nicht gestellt, da bis dahin die verwaltungsgerichtliche Zuständigkeit insoweit nur im Klageverfahren – § 82 lit. a – gegeben war (dazu RB 1983 Nr. 29 = ZBl 85/1984, S. 63 = ZR 83 Nr. 43; VGr. 6.6.1989, VK 88/0019). In der Wahl der Vertragsform liegt allerdings häufig ein starkes Indiz für fehlende Verfügungsbefugnis; das Motiv für diese Wahl kann gerade darin liegen, dass der Private zu einer Leistung im öffentlichen Interesse verpflichtet werden soll, zu welcher ihn die Verwaltungsbehörde mangels gesetzlicher Grundlage mittels Verfügung nicht zwingen könnte (Häfelin/Müller, Rz. 867). – Im Übrigen kann die Auslegung verwaltungsrechtlicher Verträge auch in Angelegenheiten streitig sein, die *zwingend* oder jedenfalls primär durch Verfügung zu regeln sind (vgl. RB 1985 Nr. 98 betreffend Verweigerung einer Umbaubewilligung wegen einer durch öffentlichrechtlichen Vertrag festgelegten Unterschutzstellung; RB 1962 Nr. 21 = ZBl 63/1962, S. 510 = ZR 62 Nr. 64 betreffend Anfechtung einer Baubewilligung wegen einer durch verwaltungsrechtlichen Vertrag begründeten Baubeschränkung; RB 1995 Nr. 98 betreffend Energielieferung).

39 Unter verwaltungsvertraglichen Streitigkeiten sind nicht nur solche über Geld zu verstehen, sondern *sämtliche Leistungsstörungen,* die sich aus dem Abschluss und der Abwicklung solcher Verträge ergeben können. Zulässig ist auch die Anfechtung des Vertrags wegen Irrtums, Täuschung und Drohung, da sich der verwaltungsrechtliche *Vertragsbegriff* nicht vom privatrechtlichen unterscheidet (Merker, § 60 Rz. 8 und 14). Zulässig sind neben Leistungsklagen auch Feststellungs- und Gestaltungsklagen (dazu § 83 N. 16 ff.).

§ 82

Fraglich ist, ob *Ansprüche aus culpa in contrahendo* im verwaltungsgerichtlichen Klageverfahren nach § 82 lit. k gelten gemacht werden können oder ob sie als Staatshaftungsfall nach § 2 VRG und § 19 Abs. 1 HaftungsG dem Zivilrichter zu unterbreiten sind. Das Verwaltungsgericht hat Letzteres angenommen (VGr. 15.6.1994, VK 93/0022). Für die Zuständigkeit des Verwaltungsgerichts im Klageverfahren spricht neben dem engen Zusammenhang mit (möglicherweise zustande gekommenen) vertraglichen Absprachen die Rechtsnatur der vorvertraglichen Haftung, die in der Lehre als Haftungstatbestand eigener Art näher bei der Vertrags- als der Deliktshaftung positioniert wird (Merker, § 60 Rz. 16 mit Hinweisen in Anm. 27). 40

Dem gesetzgeberischen Grundgedanken entsprechend (vgl. N. 32), ist die Zuständigkeit des Gerichts nach § 82 lit. k in Analogie zur Regelung von §§ 41 ff. dort zu verneinen, wo die Streitsache, wäre darüber eine anfechtbare Verfügung ergangen, unter den Ausnahmekatalog von § 43 fallen würde. 41

Bei vermögensrechtlichen Streitigkeiten zwischen kommunalen Körperschaften aus verwaltungsrechtlichen Verträgen ergibt sich die Zuständigkeit des Verwaltungsgerichts im Klageverfahren nicht nur nach § 82 lit. k, sondern auch aus § 81 lit. a. 42

11. Rückgriffsansprüche aus dem Haftungsgesetz

Bei Erlass des HaftungsG vom 14.9.1969 wurde dem Verwaltungsgericht ohne Änderung des VRG eine neue Zuständigkeit übertragen. § 19 Abs. 2 HaftungsG in der ursprünglichen Fassung bestimmte zunächst, dass das Gericht als einzige Instanz Ansprüche des Staats gegen Beamte beurteilt. Es handelt sich um Haftungs- oder Rückgriffsansprüche des Staats aus direkter oder indirekter Schädigung nach §§ 14 und 15 HaftungsG (vgl. Schwarzenbach, Staats- und Beamtenhaftung, § 19 N. 6). Mit der Revision des HaftungsG vom 2.12.1990 ist die Zuständigkeit des Verwaltungsgerichts erweitert worden auf die Beurteilung von Ansprüchen von Beamten gegen den Staat. Es handelt sich um Regressansprüche des Beamten in jenen Fällen, in denen er kraft Bundesrechts persönlich haftet und hierfür vom Gemeinwesen nach § 28 HaftungsG i.d.F.v. 2.12.1990 schadlos gehalten werden soll (vgl. Weisung RR vom 26.10.1988, ABl 1988 II, S. 1726). 43

Mit der Revision des HaftungsG vom 2.12.1990 ist ferner das Rückgriffsrecht der nach § 27 HaftungsG extern haftenden Körperschaft gegenüber anderen beteiligten Körperschaften und demensprechend auch die Zuständigkeit des Verwaltungsgerichts zur Beurteilung derartiger Rückgriffsansprüche (dazu Kom. 1. A., § 81 N. 13 f.) aufgehoben worden (Weisung RR vom 26.10.1988, ABl 1988 II, S. 1731). 44

45 Auch soweit in einer *Streitigkeit aus dem Dienstverhältnis* zwischen einem öffentlichen Angestellten und einer Körperschaft des kantonalen öffentlichen Rechts das Haftungsgesetz anwendbar ist, wird die Zuständigkeit des Verwaltungsgerichts nicht durch jene des Zivilrichters nach § 19 Abs. 1 HaftungsG beschränkt (RB 1977 Nr. 25 = ZBl 79/1978, S. 151). Diese unter der Geltung von § 81 lit. a VRG entwickelte Praxis gilt auch nach der Revision des VRG vom 8.6.1997: Zuständig zur Beurteilung von Ansprüchen nach Haftungsgesetz im Rahmen öffentlicher Dienstverhältnisse ist das Verwaltungsgericht als Personalgericht im Beschwerde- oder Klageverfahren nach §§ 74 ff. VRG.

II. Verfahren
1. Klageschrift

§ 83. Die Klageschrift ist dem Verwaltungsgericht in zweifacher Ausfertigung einzureichen. Sie muss einen Antrag und eine Begründung enthalten.

Genügt die Klageschrift diesen Erfordernissen nicht, so setzt der Vorsitzende des Verwaltungsgerichtes dem Kläger eine kurze Frist zur Behebung des Mangels an unter der Androhung, dass sonst auf die Klage nicht eingetreten würde.

Die Beweismittel, auf die sich der Kläger beruft, sollen bezeichnet und soweit möglich der Klageschrift beigelegt werden.

Materialien
Weisung 1957, S. 1052 ff.; Prot. KK 28.3.1958; Prot. KR 1955–1959, S. 3406; Beleuchtender Bericht 1959, S. 413 f.; Weisung 1995, S. 1543, 1558.

Literatur vgl. Vorbem. zu §§ 81–86.

Übersicht

	Note
1. Allgemeines zum Klageverfahren	1
1.1. Gemeinsamkeiten mit dem Zivilprozess	1
1.2. Besonderheiten	14
1.3. Klageformen	16
2. Formelle Anforderungen an die Klageschrift (Abs. 1 und 3)	21
2.1. Allgemeines	21
2.2. Antrag	24
2.3. Begründung	26
2.4. Beweismittel	29
3. Nachfristansetzung zur Verbesserung (Abs. 2)	30

1. Allgemeines zum Klageverfahren

1.1. Gemeinsamkeiten mit dem Zivilprozess

1 Das Verfahren vor Verwaltungsgericht als einziger Instanz gleicht in seiner Struktur eher dem erstinstanzlichen Zivilprozess als dem Beschwerdeverfahren (vgl. Vorbem. zu §§ 81–86 N. 9). Enthält das VRG zur Lösung einer prozessualen

§ 83

Frage keine passende Bestimmung, wendet das Gericht subsidiär auch die ZPO an, obwohl § 86 VRG lediglich die im Verfahren vor Verwaltungsgericht als Beschwerdeinstanz geltenden Vorschriften als sinngemäss anwendbar erklärt (VGr. 16.7.1976, VK 7/1976; vgl. auch Art. 120 OG), womit immerhin kraft Weiterverweisung in § 60 Satz 3 VRG die Bestimmungen der ZPO über das Beweisverfahren als sinngemäss anwendbar erklärt werden (vgl. § 60 N. 6 f.). Demzufolge ist das Klageverfahren stärker als eigentliches *Parteiverfahren* ausgestaltet als das Beschwerdeverfahren.

Die prozessuale Zulässigkeit der Klage entscheidet sich wie im Zivilprozess anhand der *Sachurteilsvoraussetzungen*. Solche sind, gleich oder ähnlich wie bei der Beschwerde: sachliche Zuständigkeit (§§ 81 und 82), örtliche Zuständigkeit (vgl. § 41 N. 2), zulässiger Rechtsweg (Klageverfahren, nicht Beschwerdeweg oder Zivilgericht; vgl. Vorbem. zu §§ 81–86 N. 7, § 82 N. 38), Partei- und Prozessfähigkeit (vgl. § 21 N. 9 ff.), Rechtsschutzinteresse (dazu N. 4), ablehnende Stellungnahme der Verwaltung (dazu N. 14), formrichtige Klageerhebung einschliesslich Antrag und Begründung sowie Vollmacht eines allfälligen Vertreters (dazu N. 21 ff.; vgl. auch § 5 Abs. 3), keine res iudicata mit materieller Rechtskraft (Frank/Sträuli/Messmer, § 191 N. 2; Vorbem. zu 86a–86d N. 5), Kautionsleistung (vgl. § 15 Abs. 2). 2

Hinsichtlich der *Legitimation* zur Klage sind wegen des vertragsähnlichen Charakters der im Klageverfahren zu beurteilenden Rechtsverhältnisse die Bestimmungen der ZPO in analoger Weise anzuwenden. § 21 VRG findet auf das Klageverfahren keine Anwendung. Vielmehr ist hier, abweichend vom Anfechtungsverfahren, der Begriff der *Sachlegitimation* (Aktiv- und Passivlegitimation) heranzuziehen (RB 1994 Nr. 23; Gygi, S. 147, 176; BGE 106 Ib 364; vgl. Frank/Sträuli/Messmer, §§ 27/28 N. 65 ff.). Darunter wird die Berechtigung verstanden, das eingeklagte Recht oder Rechtsverhältnis als Kläger in eigenem Namen (Aktivlegitimation des Klägers) bzw. dem Beklagten gegenüber geltend zu machen (Passivlegitimation des Beklagten). Wer als Kläger bzw. Beklagter auftreten muss, damit eine Klage durchdringen kann, ist eine Frage des materiellen Rechts. Für die prozessuale Zulässigkeit der Klage ist es hingegen unerheblich, ob dem Kläger der behauptete Anspruch materiell zusteht oder nicht; die Sachlegitimation ist im verwaltungsgerichtlichen Klageverfahren keine Sachurteilsvoraussetzung; die fehlende Sachlegitimation bzw. der fehlende Rechtsanspruch führt nicht zu einem Prozessurteil (Merker, § 61 Rz. 4 ff.). Dementsprechend unterscheidet sich auch der *Parteibegriff* im Klageverfahren von jenem im Beschwerdeverfahren; er entspricht dem Parteibegriff des Zivilprozesses: Kläger ist, wer in eigenem Namen vor dem Richter Rechtsschutz verlangt, Beklagter, gegen den sich der Rechtsschutz richtet. 3

Wenngleich die prozessuale Zulässigkeit der Klage keine Betroffenheit im Sinn von § 21 voraussetzt, muss der Kläger ein Rechtsschutzinteresse an der Beurteilung der Klage haben, wie es auch im Zivilprozess als Sachurteilsvoraussetzung 4

§ 83

erforderlich ist (vgl. § 51 Abs. 1 ZPO). Darunter ist jedoch nicht ein schutzwürdiges Interesse im Sinn von § 21 zu verstehen. Mit dem zivilprozessualen Erfordernis des Rechtsschutzinteresses sollen lediglich Klagen ausgeschlossen werden, mit denen nachweisbar unlautere Ziele verfolgt werden oder welche sich nicht auf konkrete Streitigkeiten beziehen (Merker, § 61 Rz. 10; vgl. Frank/Sträuli/Messmer, § 51 N. 3; Guldener, S. 205, 207, 209).

5 Die Klage ist – anders als die Beschwerde – an keine Frist gebunden, denn es fehlt ein vorinstanzlicher Entscheid. Eine Verwirkung des Klagerechts durch Zeitablauf kann daher nicht eintreten. Verjähren oder verwirken kann jedoch der materiellrechtliche Anspruch; in einem solchen Fall ist der Prozess nicht durch Nichteintreten, sondern durch Abweisung zu erledigen (VGr. 18.5.1962, zit. bei Sommer, Verwaltungsgericht, S. 306). Manchmal wird es notwendig, auf eine Klage «zur Zeit» nicht einzutreten, so wenn die Rechtskraft eines Entscheids abgewartet werden muss (RB 1963 Nr. 36 und 1971 Nr. 24 zu § 81 lit. a i.d.F.v. 24.5.1959).

6 Während im Anfechtungsverfahren die im Rechtsmittelbegehren enthaltene Rechtsfolgebehauptung im Rahmen der angefochtenen Verfügung den *Streitgegenstand* bildet (Vorbem. zu §§ 19–28 N. 86 ff., § 20 N. 35, § 52 N. 3), wird Letzterer im Klageverfahren durch die klägerische Rechtsfolgebehauptung im Rahmen der Bestreitung seitens des Beklagten sowie durch dessen allfällige Widerklage (N. 7) bestimmt. Es ist somit Sache der Parteien, das Thema des Prozesses (Streitgegenstand) zu bestimmen; die Parteianträge sind für das Verwaltungsgericht verbindlich (RB 1961 Nr. 32).

7 Dem Beklagten steht nach den Grundsätzen der Zivilprozessordnung (vgl. § 60 ZPO) das Recht zur *Widerklage* zu (RB 1978 Nr. 19). Dieses erlaubt es ihm, im selben Prozess einen Anspruch gegen den Kläger geltend zu machen. Die Widerklage ermöglicht im Interesse der Verfahrensökonomie eine *Erweiterung des Streitgegenstands*. Die Widerklage ist zulässig, wenn das Gericht auch für den Gegenanspruch zuständig und für diesen die gleiche Verfahrensart vorgesehen ist (§ 60 Abs. 1 ZPO). Ein Sachzusammenhang zwischen Haupt- und Widerklage ist grundsätzlich nicht erforderlich (Habscheid, Nr. 407). Eine rechtshängige Widerklage fällt durch Rückzug oder Anerkennung der Hauptklage nicht dahin (§ 60 Abs. 2 ZPO).

8 Im Zivilprozess ist die *Klageänderung* – als *Änderung des Streitgegenstands* – unter bestimmten Voraussetzungen zulässig (Guldener, S. 235 f.; Habscheid, Nrn. 412 ff.). Im zürcherischen Zivilprozess kann der Kläger in einem rechtshängigen Prozess im Rahmen der Zuständigkeit des angerufenen Gerichts einen andern oder weiteren Anspruch erheben, sofern der neue Anspruch mit dem bisher geltend gemachten in engem Zusammenhang steht; das Gericht kann die Zulassung der Klageänderung ablehnen, wenn durch sie die Rechtsstellung des Beklagten wesentlich beeinträchtigt oder das Verfahren ungebühr-

lich verzögert wird (Frank/Sträuli/Messmer, § 61 N. 1 ff.; Thomas Ch. Soliva, Die Klageänderung nach zürcherischem Zivilprozess, Zürich 1992; Walder, § 27 Rz. 10 ff.). Im verwaltungsgerichtlichen Beschwerdeverfahren werden demgegenüber Änderungen des Streitgegenstands grundsätzlich nicht zugelassen (§ 52 N. 3; Gygi, S. 256 f.). Die verwaltungsgerichtliche Rechtsprechung zur Zulässigkeit der Klageänderung im Klageverfahren orientiert sich diesbezüglich mehr an den für das Beschwerdeverfahren als an den für den Zivilprozess geltenden Grundsätzen: Der in der Klageschrift gestellte Antrag kann im Verlauf des Verfahrens grundsätzlich nicht erweitert werden (RB 1964 Nr. 41 = ZBl 66/1965, S. 101 = ZR 64 Nr. 177; RB 1984 Nr. 23), ausser in Nebenpunkten wie Kostenauflage, Parteientschädigung und Verzugszinsen (RB 1965 Nr. 27 = ZBl 67/1966, S. 515). Das Thema der Klage darf in der Replik nicht erweitert werden (RB 1997 Nr. 18, 1985 Nr. 25 E. 3a). Der Antrag kann indessen stets auf ein Minus des Ursprünglichen reduziert werden (vgl. § 52 N. 5).

Im zürcherischen Zivilprozess gelten bei «Rechtsverhältnissen, über welche die Parteien nicht frei verfügen können», anstelle der Dispositions- und der Verhandlungsmaxime die Offizial- und die Untersuchungsmaxime (§ 54 Abs. 3 ZPO; vgl. §§ 115 Ziff. 4, 131 Abs. 2, 142 Abs. 1 ZPO). Auf öffentlichem Recht beruhende Rechtsverhältnisse sind regelmässig der freien Disposition der Parteien insofern entzogen, als das Gemeinwesen bei der Gestaltung von Rechtsbeziehungen mit Privaten oder mit anderen öffentlichrechtlichen Partnern an das Gesetz gebunden ist. Häufig belässt dieses jedoch Ermessensspielräume, die lediglich durch verfassungsrechtliche Prinzipien, insbesondere das Willkürverbot, beschränkt werden. Das gilt namentlich dort, wo Rechtsverhältnisse teilweise (RB 1983 Nr. 29 = ZBl 85/1984, S. 63 = ZR 83 Nr. 43) oder ganz durch öffentlichrechtlichen Vertrag geregelt werden. Es verhält sich daher nicht so, dass die im Klageverfahren vor Verwaltungsgericht zu beurteilenden Streitigkeiten stets als der Dispositionsfreiheit der Parteien entzogene Rechtsverhältnisse im Sinn von § 54 Abs. 3 ZPO zu würdigen wären. Im Übrigen kommt der Offizialmaxime auch im Zivilprozess, bei den unter § 54 Abs. 3 ZPO fallenden Klagen, je nach Art des in Frage stehenden Rechtsverhältnisses unterschiedliche rechtliche Tragweite zu. 9

Der *Klagerückzug* ist in jedem Verfahrensstadium zulässig. Das ist selbstverständlich auch im Beschwerdeverfahren möglich; anders als dort, stellt sich indessen beim Klagerückzug die Frage, ob dadurch der materielle Anspruch verloren geht und die zurückgezogene Klage nicht wiedereingebracht werden darf (dazu RB 1982 Nr. 48; bejahend Kölz, Prozessmaximen, S. 38; verneinend Metz, a.a.O., S. 144). Es besteht kein Grund, von der zivilprozessualen Regelung abzuweichen, wonach die Klage ausser zur Verbesserung bei fehlerhafter Klageeinleitung nicht unter Vorbehalt der Wiedereinbringung zurückgezogen werden kann (§ 107 Abs. 1 Ziff. 3 ZPO; dazu Frank/Sträuli/Messmer, § 107 N. 19) und dem infolge Klagerückzug ergangenen Erledigungsbeschluss materielle 10

§ 83

Rechtskraft zukommt (§ 191 Abs. 2 ZPO). Dieser Auffassung entspricht es auch, dass der vor Ausfällung des Abschreibungsbeschlusses erklärte Klagerückzug nicht frei, sondern nur bei Nachweis von Willensmängeln widerruflich ist (RB 1976 Nr. 28 = ZBl 77/1976, S. 559; vgl. RB 1983 Nr. 61 betreffend Widerruf eines Rechtsmittelverzichts).

11 Anders als das Beschwerdeverfahren (§ 63 N. 5) kann das Klageverfahren – auch dies Ausfluss der *Dispositionsmaxime* – ohne Anspruchsprüfung, also durch Vergleich, Verzicht oder Anerkennung materiell erledigt werden, sofern die Parteien über die streitbetroffenen Rechtsverhältnisse verfügen können (vgl. Kölz, Prozessmaximen, S. 30 ff. mit Hinweisen, insb. S. 33). Geht es ausschliesslich um Anwendung von zwingendem öffentlichem Recht, so ist die materielle Erledigung ohne Anspruchsprüfung nicht zulässig. Bei «gemischten» Rechtsverhältnissen, wie sie zumeist im Klageverfahren zu beurteilen sind, hat sich der Richter von der Einhaltung der zwingenden Normen zu überzeugen (vgl. Kölz, Prozessmaximen, S. 32 Anm. 227 mit Hinweis); bei gesetzwidrigen Parteierklärungen hat er auf eine gesetzeskonforme Lösung hinzuwirken, weil der Abschreibungsbeschluss Vollstreckungstitel bildet (vgl. Kölz, Prozessmaximen, S. 35). Die richterliche Prüfungspflicht beschränkt sich jedoch darauf, offenkundige Gesetzesverstösse zu verhindern. Wegen des vertragsähnlichen Charakters der im Klageverfahren zu beurteilenden Rechtsverhältnisse bleibt in diesem Verfahren vielfach ein grösserer Spielraum für eine Prozesserledigung durch Vergleich oder Anerkennung als im Beschwerdeverfahren (zu dieser Art der Prozesserledigung im Beschwerdeverfahren vgl. § 63 N. 5 ff.). Dieser Spielraum ist mindestens so gross wie im Anwendungsbereich der Offizialmaxime im Zivilprozess. Während dort bei den der Verfügung der – privaten – Parteien entzogenen Rechtsverhältnissen zumeist einzig der Richter zur Wahrung der involvierten öffentlichen Interessen berufen ist (vgl. etwa Art. 158 ZGB), kommt diese Rolle im verwaltungsgerichtlichen Klageverfahren in erster Linie dem als Partei beteiligten Gemeinwesen zu.

12 Die *Untersuchungsmaxime* unterliegt im Klageverfahren weitergehenden und anders motivierten Einschränkungen zugunsten der *Verhandlungsmaxime* als im Beschwerdeverfahren (zu Letzterem vgl. § 60 N. 1–3): Weil im Klageverfahren kein vorinstanzlicher Entscheid vorhanden ist, muss die Darstellung des massgebenden Sachverhalts möglichst eingehend sein. Der rechtserhebliche Sachverhalt ist in den Parteivorbringen darzustellen; es ist nicht zulässig, sich zur Substanzierung auf einen Zeugen zu berufen. Das Gericht beschränkt sich im Allgemeinen darauf, die Vorbringen der Parteien zu prüfen und die angebotenen, rechtlich erheblichen und tauglichen Beweise abzunehmen. Eine weitergehende Untersuchung wird nur dann geführt, wenn aufgrund der Parteivorbringen und nach Abnahme der angebotenen Beweise Unklarheit oder Ungewissheit besteht, die wahrscheinlich durch amtliche Untersuchung behoben werden kann. Es sind daher im Einzelnen Behauptungen aufzustellen und

§ 83

dazu die entsprechenden Beweisanträge zu stellen (RB 1961 Nr. 28 = ZR 60 Nr. 117; RB 1976 Nr. 26).

In *personalrechtlichen Streitigkeiten* kommt hingegen der Untersuchungsmaxime grössere Tragweite zu. Das Verwaltungsgericht stellt den Sachverhalt von Amtes wegen fest (§ 80a Abs. 3). 13

1.2. Besonderheiten

Das Verwaltungsgericht verlangt als Prozessvoraussetzung der Klage eine *ablehnende «Stellungnahme» der Verwaltung* zum eingeklagten Anspruch (RB 1973 Nr. 18; vgl. Vorbem. zu §§ 81–86 N. 10). Wird ohne diese «Stellungnahme» Klage eingeleitet, so ist darauf «zur Zeit» nicht einzutreten. In der Praxis wird dieses Erfordernis allerdings nicht streng gehandhabt; vielfach ergibt sich die ablehnende Stellungnahme sinngemäss aus der vor Klageeinreichung zwischen den Parteien geführten Korrespondenz. Der Kläger trägt aber die Kosten eines allenfalls wegen Anerkennung seines Begehrens durch die Verwaltung nutzlosen Verfahrens (vgl. Art. 119 Abs. 3 i.V.m. Art. 156 Abs. 6 OG). 14

Weil mit der Gesetzesrevision vom 8.6.1997 für Streitigkeiten nach AbtrG das Klageverfahren durch ein Rekursverfahren ersetzt wurde, konnte auch § 83 Abs. 4 VRG (Ansetzung einer Frist für den Enteigner zur Einreichung der Klageschrift) aufgehoben werden. 15

1.3. Klageformen

Im Normalfall ist *Leistungsklage* zu erheben. Das Begehren lautet dahin, den Beklagten zu einem Tun, einem Unterlassen oder einem Dulden, mithin zur Erbringung einer bestimmten Leistung (meist einer Geldleistung) zu verpflichten (Habscheid, Nr. 342; Walder, § 24 Rz. 1). 16

Zulässig ist ferner die *Feststellungsklage*. Gegenstand der Feststellungsklage ist das Bestehen oder Nichtbestehen eines bestimmten Rechtsverhältnisses zwischen zwei Parteien (Frank/Sträuli/Messmer, § 59 N. 2, 5). Voraussetzung für die Zulassung der Feststellungsklage ist ein rechtliches Interesse des Klägers an der Feststellung (vgl. § 59 ZPO). Der Begriff des rechtlichen Interesses ist weit auszulegen (Frank/Sträuli/Messmer, § 59 N. 13). Die Feststellungsklage muss allgemein zulässig sein, um eine Ungewissheit zu beseitigen, durch die der Kläger in seiner wirtschaftlichen Bewegungsfreiheit behindert ist (vgl. RB 1966 Nr. 26 = ZBl 67/1966, S. 518 = ZR 65 Nr. 147). Zulässig ist ferner eine Klage auf Feststellung einer grundsätzlichen Schadenersatzpflicht, sofern Verlust von Beweismitteln droht und die Höhe des Schadens nicht bekannt ist. In gewissen Fällen genügt sogar ein ideelles Interesse des Klägers an der Klärung der Rechtslage. Nicht zulässig sind jedoch Begehren auf Entscheidung von abstrakten Rechtsfragen (Frank/Sträuli/Messmer, § 59 N. 9). 17

§ 83

18 Ein rechtliches Feststellungsinteresse fehlt in der Regel, wenn der Kläger in der Lage ist, ein Leistungsbegehren zu stellen (vgl. Frank/Sträuli/Messmer, § 59 N. 15; Habscheid, Nr. 352; RB 1982 Nr. 46). Dieser Grundsatz gilt indessen nicht absolut. Mit der Leistungsklage können in der Regel nur fällige Ansprüche geltend gemacht werden. Trotz Möglichkeit einer späteren Leistungsklage ist ein rechtliches Feststellungsinteresse zu bejahen, wenn es dem Kläger darum geht, nicht nur die fällige Leistung zu erhalten, sondern die Gültigkeit des ihr zugrunde liegenden Rechtsverhältnisses auch für dessen künftige Abwicklung feststellen zu lassen, oder darum, das Bestehen einer Verpflichtung feststellen zu lassen, deren Erfüllung auf blosse Feststellung hin zweifelsfrei gesichert ist (Walder, § 24 Rz. 15). Diese Voraussetzungen können namentlich bei Besoldungsklagen erfüllt sein. Bei sich auf Art. 4 Abs. 2 aBV bzw. Art. 8 Abs. 3 BV stützenden Besoldungsklagen wurde dies vom Bundesgericht schon vor Inkrafttreten des Gleichstellungsgesetzes bejaht (BGr. 14.5.1987, ZBl 90/1989, S. 203) und ergibt sich der Feststellungsanspruch nunmehr aus Art. 5 Abs. 1 lit. c GlG.

19 Auch die *negative Feststellungsklage* ist bei Vorliegen eines rechtlichen Interesses zulässig; so etwa wenn ein Beamter, insbesondere zur Verhinderung einer drohenden Verrechnung seitens des Staats, feststellen lassen will, dass er dem Staat aus ihm vorgeworfener direkter oder indirekter Schädigung nichts schulde (Schwarzenbach, Staats- und Beamtenhaftung, § 19 N. 6; vgl. BGE 89 I 418, 102 Ib 106) oder dass eine vom Gemeinwesen geltend gemachte Rückerstattungspflicht nicht bestehe (RB 1981 Nr. 34).

20 In besonderen Fällen (so etwa bei § 82 lit. c und d) kommt die *Gestaltungsklage* in Betracht, welche dahin geht, dass durch richterlichen Entscheid ein Rechtsverhältnis begründet, geändert oder aufgehoben werde (Habscheid, Nrn. 358 ff.; Walder, § 24 Rz. 30 ff.).

2. Formelle Anforderungen an die Klageschrift (Abs. 1 und 3)

2.1. Allgemeines

21 Die Klage bedarf der schriftlichen Form. Die *Schriftlichkeit* bildet samt Unterschrift Gültigkeitserfordernis (vgl. § 53 N. 7 ff.; Bosshart, § 83 N. 2).

22 Die Klageschrift muss leserlich sein; sie darf nicht ungebührlich und übermässig weitschweifig sein (§ 5 Abs. 3). Bei nicht in eigenem Namen erhobenen Klagen ist die *Vollmacht* Gültigkeitserfordernis.

23 Die Klageschrift ist nach ausdrücklicher Gesetzesvorschrift in zweifacher Ausfertigung einzureichen. Es handelt sich um eine blosse Ordnungsvorschrift.

2.2. Antrag

Die Klageschrift muss einen bestimmten Antrag enthalten (RB 1961 Nr. 32), denn der Beklagte muss wissen, wogegen er sich zu verteidigen, und das Gericht, worüber es zu entscheiden hat. Der bestimmte Antrag ist deshalb Gültigkeitserfordernis (Bosshart, § 83 N. 1). 24

Bei Klagen aus vermögensrechtlichen Streitigkeiten aus dem Dienstverhältnis ist «das Rechtsbegehren zu nennen» (§ 80a Abs. 1). Schon die Praxis zum alten Recht war bei solchen Klagen mit dem Erfordernis des bestimmten Antrags weniger streng. Weil es einem öffentlichen Angestellten oft schwer fällt oder unmöglich ist, seine Ansprüche exakt zu beziffern, wurde bzw. wird nur insoweit ein zahlenmässig bestimmter bzw. bestimmbarer Antrag verlangt, als der Beklagte zur Wahrung seiner Verteidigungsrechte und das Verwaltungsgericht zur Urteilsfindung innerhalb der Schranken der Parteibegehren darauf angewiesen sind (RB 1976 Nr. 27). 25

2.3. Begründung

Die Klageschrift muss eine Begründung enthalten. Diese ist Gültigkeitserfordernis der Klage (Bosshart, § 83 N. 1). Der Kläger muss darin die massgebenden Sachumstände darlegen und die gestellten Anträge begründen (RB 1961 Nr. 28 = ZR 60 117; VGr. 18.3.1964, ZBl 65/1964, S. 268; RB 1976 Nr. 26). Wie bei der Beschwerde werden auch bei der Klage in zweierlei Hinsicht Anforderungen an die Begründung gestellt: Einerseits im Sinn von Minimalanforderungen als Eintretensvoraussetzung; diese sind in § 83 gemeint (bezüglich der Rekursbegründung vgl. § 23 N. 19). Anderseits als Ausfluss der beschränkt – immerhin stärker als im Beschwerdeverfahren – geltenden Verhandlungsmaxime (dazu N. 12; bezüglich der Beschwerde vgl. § 60 N. 1–3). 26

Bei Klagen aus *vermögensrechtlichen Streitigkeiten aus dem Dienstverhältnis* ist das Rechtsbegehren «kurz zu begründen» (§ 80a Abs. 1). Weil auch bei allen anderen Klagen das Begründungserfordernis – im Sinn der Eintretensvoraussetzung – nicht mehr als eine kurze Begründung verlangt, liegt insoweit keine abweichende Regelung, sondern nur eine andere Formulierung vor. Diese bringt jedoch zum Ausdruck, dass hier die Untersuchungsmaxime stärker als bei anderen Klageverfahren gilt (N. 13; vgl. § 80a N. 4). 27

Die Klagebegründung kann nur in Nebenpunkten, wie in Bezug auf Verzugszinsen oder Parteientschädigung, erweitert werden (RB 1965 Nr. 27). 28

2.4. Beweismittel

Die Beweismittel sollen der Klageschrift beigelegt werden. Diese Bestimmung ist zwar blosse Ordnungsvorschrift (Bosshart, § 83 N. 5); sie hat aber im Klage- 29

§ 83 / § 84

verfahren deshalb grosse Bedeutung, weil hier die Untersuchungsmaxime nur beschränkt gilt (N. 12).

3. Nachfristansetzung zur Verbesserung (Abs. 2)

30 Fehlen Unterschrift, Antrag, Begründung oder – bei nicht in eigenem Namen erhobenen Klagen – Vollmacht, so ist dem Kläger eine kurze Frist zur Behebung des Mangels anzusetzen unter der Androhung, dass sonst auf die Klage nicht eingetreten würde. Gleiches gilt bei unleserlichen, ungebührlichen oder weitschweifigen Eingaben (§ 5 Abs. 3).

31 Ist eine Begründung vorhanden, jedoch bezüglich der Sachverhaltsdarstellung lückenhaft, so liegt kein Mangel im Sinn von § 83 Abs. 2 vor und ist keine Nachfrist anzusetzen. Wie weit in solchen Fällen, sofern nicht schon die Klageantwort die nötige Klärung bringt, weitere prozessuale Anordnungen – insbesondere ein zweiter Schriftenwechsel oder eine mündliche Verhandlung – zu treffen sind, ist eine Frage, die der Richter im Einzelfall im Spannungsfeld zwischen Untersuchungs- und Verhandlungsmaxime zu beantworten hat.

2. Weitere Rechtsschriften; mündliche Verhandlung

§ 84. Der Beklagte erhält Gelegenheit zur schriftlichen Beantwortung der Klage. Die Klageantwort ist in zweifacher Ausfertigung einzureichen. Die Beweismittel sollen bezeichnet und soweit möglich beigelegt werden.

Es kann ein weiterer Schriftenwechsel angeordnet oder zu einer mündlichen Verhandlung vorgeladen werden.

Materialien
Weisung 1957, S. 1052 ff.; Prot. KK 28.3.1958; Prot. KR 1955–1959, S. 3406; Beleuchtender Bericht 1959, S. 415 f.

Literatur vgl. Vorbem. zu §§ 81–86.

Übersicht Note
1. Formelle Anforderungen an die Klageantwort (Abs. 1)   1
2. Weiteres Verfahren (Abs. 2)   5

1. Formelle Anforderungen an die Klageantwort (Abs. 1)

1 Die Klageantwort muss schriftlich in zweifacher Ausfertigung erfolgen. Anders als im Beschwerdeverfahren (vgl. § 59 Abs. 1), kann sie ohne Einverständnis des Beklagten nicht durch eine mündliche Verhandlung ersetzt werden.

2 Die Klageantwort muss wie die Klageschrift (vgl. § 83 Abs. 1) einen *Antrag* und eine *Begründung* enthalten, im Rahmen Letzterer insbesondere eine Dar-

§ 84

stellung des massgebenden Sachverhalts aus der Sicht des Beklagten (Sommer, Verwaltungsgericht, S. 306; vgl. RB 1961 Nr. 28 = ZR 60 Nr. 117; RB 1976 Nr. 26).

Diese formellen Erfordernisse können aber, anders als bei der Klageschrift (vgl. § 83 Abs. 2), nicht zu Sachurteilsvoraussetzungen gemacht werden. Das Verfahren wird bei Säumnis des Beklagten fortgesetzt. Weitere Anordnungen und Entscheidungen des Gerichts sind auch der säumigen Partei mitzuteilen (Frank/Sträuli/Messmer, § 131 N. 1). Angesichts dessen, dass die zivilprozessuale Unterscheidung zwischen Rechtsverhältnissen mit und solchen ohne Dispositionsfreiheit der Parteien (vgl. einerseits § 130 Abs. 1 ZPO, andererseits § 131 Abs. 2 ZPO) in der Verwaltungsrechtspflege kaum praktikabel ist (dazu § 83 N. 9), ist stets die mildere, d.h. jene Sanktion anzudrohen, die im Zivilprozess nach § 131 Abs. 2 ZPO unter der Herrschaft der Untersuchungs- und Offizialmaxime (vgl. §§ 54 Abs. 3 und 142 Abs. 1 ZPO) zulässig wäre. Demnach ist dem Beklagten anzudrohen, dass bei Säumnis aufgrund der Akten entschieden würde (vgl. Frank/Sträuli/Messmer, § 54 N. 36). Diese Androhung lässt dem Gericht Spielraum, gleichwohl von Amtes wegen ergänzende Sachverhaltsabklärungen vorzunehmen oder vom Kläger den Beweis seiner unbestritten gebliebenen Behauptungen zu verlangen. 3

Der Klageantwort sollen die *Beweismittel* beigelegt oder diese bezeichnet werden (Abs. 1 Satz 3); diese Bestimmung ist als Ordnungsvorschrift zu verstehen (Bosshart, § 84 N. 2). 4

2. Weiteres Verfahren (Abs. 2)

Die Parteien haben keinen unbedingten Anspruch auf einen *zweiten Schriftenwechsel*. Ein solcher ist zur Wahrung des rechtlichen Gehörs notwendig, wenn im Entscheid zum Nachteil des Klägers auf in der Klageantwort vorgebrachte tatsächliche Behauptungen abgestellt werden soll. Das ist naturgemäss häufiger der Fall als im Beschwerdeverfahren (vgl. § 58), wo zumeist der Sachverhalt unter Mitwirkung beider Parteien schon vor Anrufung des Verwaltungsgerichts ganz oder teilweise ermittelt worden ist. 5

Es steht im Ermessen des Gerichts, ob es im Anschluss an den ersten oder einen weiteren Schriftenwechsel eine *mündliche Verhandlung* anordnen will. Eine abweichende Regelung gilt für Klagen aus vermögensrechtlichen Streitigkeiten aus dem Dienstverhältnis, wo die Parteien nach Eingang der schriftlichen Klageantwort zu einer mündlichen Verhandlung vorgeladen werden (§ 80a Abs. 2). 6

Es gilt die *Eventualmaxime:* Erstmals in der Replik geltend gemachte Begehren, die mit dem ursprünglichen Klagebegehren in keinem ausreichenden Sachzusammenhang stehen, stellen eine unzulässige Klageänderung dar (RB 1997 7

§ 84 / § 85

Nr. 18). Nach abgeschlossenem Hauptverfahren sind die Parteien mit neuen Tatsachenbehauptungen und Beweismitteln grundsätzlich nicht mehr zugelassen (RB 1966 Nr. 28, 1978 Nr. 20; vgl. § 114 ZPO). Die Parteien können jedoch nachträglich noch Tatsachenbehauptungen und Beweismittel vorbringen, die sie auch bei angemessener Sorgfalt nicht fristgerecht hätten vorbringen können (RB 1978 Nr. 20; vgl. § 115 Ziff. 3 ZPO). Unter dieser Voraussetzung muss auch eine durch die neuen Tatsachen und Beweismittel veranlasste Änderung der Anträge zulässig sein (dazu § 83 N. 8). Eine rigorose Handhabung der Eventualmaxime wirkt sich im verwaltungsgerichtlichen Klageverfahren insofern einschneidender als im Zivilprozess aus, als hier anders als dort kein Anspruch der Parteien auf einen zweiten Schriftenwechsel besteht. Diese wissen daher bei Einreichung ihrer ersten Rechtsschrift nicht, ob sie mit einem weiteren Vortrag zum Zug kommen. Anderseits wird die Eventualmaxime im verwaltungsgerichtlichen Klageverfahren durch die Untersuchungsmaxime relativiert. Diese Maxime, die hier häufiger als im Zivilprozess (vgl. dort § 115 Ziff. 4 und 5 ZPO) zur Anwendung kommt, kann es rechtfertigen oder gebieten, auch verspätete Parteivorbringen zu berücksichtigen (vgl. zum Beschwerdeverfahren RB 1994 Nr. 16; § 60 N. 4).

8 Für das *Beweisverfahren* gelten kraft ausdrücklicher Verweisung in § 86 i.V.m. § 60 Satz 3 die Vorschriften der ZPO sinngemäss (dazu § 60 N. 6 f.). Anders als im Beschwerdeverfahren (vgl. § 60 N. 9) erlässt das Verwaltungsgericht im Klageverfahren auch Beweisauflagebeschlüsse.

III. Erledigung der Klage

§ 85. Das Verwaltungsgericht beurteilt die ihm vorgelegten Anträge in tatsächlicher und rechtlicher Hinsicht frei.

Materialien
Weisung 1957, S. 1052 ff.; Prot. KK 28.3.1958; Prot. KR 1955–1959, S. 3406; Beleuchtender Bericht 1959, S. 413 f.

Literatur vgl. Vorbem. zu §§ 81–86.

1 Dem Verwaltungsgericht kommt im Klageverfahren grundsätzlich dieselbe *Kognition* wie dem *erstinstanzlichen* Zivilrichter zu. Dass dieser über *volle* Kognition verfügt, wird in Zivilprozessordnungen in der Regel als selbstverständlich vorausgesetzt, weshalb sich dort diesbezügliche Bestimmungen nur für die Rechtsmittel finden (vgl. §§ 269, 279, 290 i.V.m. §§ 281/282 ZPO). Das Verwaltungsgericht ist demnach keinerlei Kognitionsbeschränkungen unterworfen (Bosshart, § 85 N. 1).

2 In rechtlicher Hinsicht hat das Verwaltungsgericht nach dem Grundsatz der richterlichen Rechtsanwendung (iura novit curia) alle massgebenden kommunalen, kantonalen, eidgenössischen und staatsvertraglichen Normen anzuwen-

den. Es kann Rechtssätze unterer Stufe auf Übereinstimmung mit solchen oberer Stufe hin überprüfen und insbesondere verfassungskonform interpretieren (vgl. § 50 N. 117 ff.). Den massgebenden Rechtssätzen gibt es diejenige Auslegung, welche es für richtig hält. Bei der Interpretation von autonomem kommunalem Recht wahrt es allerdings die nämliche Zurückhaltung wie im Beschwerdeverfahren (dazu § 50 N. 8).

Bei Bestimmungen, die einen Ermessensspielraum einräumen, lässt das Gericht sein *eigenes Ermessen* walten (vgl. Sommer, Verwaltungsgericht, S. 306). Dass es nicht an eine allfällige Ermessenspraxis der Verwaltungsbehörde gebunden sei (so Kom. 1. A., § 85 N. 1 mit Hinweis auf RB 1964 Nr. 44), trifft allerdings nur insoweit zu, als im Klageverfahren keine Verfügung vorliegt und der Richter daher an keine Kognitionsbeschränkungen gebunden ist, die sich aus der Existenz einer Verfügung bei deren Überprüfung ergeben können (vgl. Gygi, S. 302; Merker, Vorbem. zu den §§ 60–67 Rz. 12). Ermessen und unbestimmter Rechtsbegriff sind denn auch Erscheinungen, die mit dem materiellen Verfügungsbegriff – der Verfügung als Handlungsform der Verwaltung (Gygi, S. 128) – zusammenhängen (vgl. § 50 N. 70 ff.). Im Klageverfahren ist es der Richter, der die Rechtsbeziehungen der Parteien in verbindlicher Weise originär festsetzt, was indessen die Berücksichtigung einer rechtmässigen Verwaltungspraxis in Belangen, die bei Vorliegen einer Verfügung als Ermessensfragen gelten würden, nicht ausschliesst. 3

Das Verwaltungsgericht ist auch bezüglich der *Sachverhaltsermittlung* an keine Kognitionsbeschränkungen gebunden. Richtig gesehen sind derartige Beschränkungen ohnehin nur in Anfechtungsverfahren möglich; denn nur dort stellt sich die Frage, ob und inwiefern die Rechtsmittelbehörde an die tatsächlichen Feststellungen der Vorinstanz gebunden sei (zur freien Kognition des Verwaltungsgerichts als Beschwerdeinstanz vgl. § 51 VRG; zur beschränkten Kognition des Bundesgerichts vgl. Art. 105 Abs. 2 OG). 4

Obwohl das Gericht sich bezüglich der Sachverhaltsermittlung im Allgemeinen darauf beschränkt, die tatsächlichen Vorbringen der Parteien zu berücksichtigen und dazu – bei Bestreitung durch die Gegenpartei – die angebotenen, rechtlich erheblichen und tauglichen Beweise abzunehmen, ist es frei, eigene Sachverhaltsermittlungen vorzunehmen, um das Tatsachenfundament eines Rechtsstreits zu vervollständigen. Von dieser Möglichkeit muss es bei Streitgegenständen Gebrauch machen, über die die Parteien nicht selber verfügen können oder wenn nach Abnahme der von den Parteien angebotenen Beweise Unklarheit oder Ungewissheit besteht (vgl. RB 1961 Nr. 28 = ZR 60 Nr. 117); denn auch bei der ursprünglichen Verwaltungsgerichtsbarkeit muss sich der Entscheid auf die «materielle Wahrheit», den wirklich zugetragenen Sachverhalt stützen (vgl. Kölz, Prozessmaximen, S. 99, 129). Das ist indessen nicht Ausdruck einer (unbeschränkten) Kognition (vgl. N. 4), sondern ein Ausfluss der *Untersuchungsmaxime* (dazu § 83 N. 12). 5

§ 85 / § 86

6   Wie im Verwaltungs-, Rekurs- und Beschwerdeverfahren (vgl. § 7 Abs. 4 Satz 1 VRG; Vorbem. zu §§ 19–28 N. 78, § 60 N. 18) sowie im Zivilprozess (vgl. § 148 ZPO) gilt im Klageverfahren der Grundsatz der *freien Beweiswürdigung*, wonach der Richter aufgrund des Beweisergebnisses nach freier Überzeugung – insbesondere ohne Bindung an starre Beweisregeln – darüber befindet, was er als bewiesen erachtet (Gygi, S. 278).

7   Mit der Formulierung, dass das Gericht «die ihm vorgelegten Anträge» zu beurteilen habe, wird ausgesprochen, dass die Parteien das Thema des Prozesses bestimmen und dass die Parteianträge für das Gericht insoweit verbindlich sind. Es darf dem Kläger weder mehr noch anderes zusprechen, als dieser verlangt hat, und nicht weniger, als der Beklagte anerkannt hat (RB 1961 Nr. 32). Die unbedingte Bindung des Richters an die Parteibegehren entspricht dem zivilprozessähnlichen Charakter der ursprünglichen Verwaltungsgerichtsbarkeit (vgl. Kölz, Prozessmaximen, S. 25, 40) und ist – wie die Freiheit der Parteien, das Verfahren durch Vergleich, Verzicht oder Anerkennung zu beenden (dazu § 83 N. 11) – Ausfluss der *Dispositionsmaxime*. Mit dieser Bindung wird nicht die Überprüfungsbefugnis des Gerichts (Kognition), sondern dessen Entscheidungsbefugnis beschränkt. Das Verbot der reformatio in peius (oder in melius), das im Beschwerdeverfahren die nämliche Bindung bewirkt (vgl. § 63 N. 13 ff.), hat im Klageverfahren keine Bedeutung, weil es an einem vorinstanzlichen Entscheid fehlt.

IV. Ergänzende Vorschriften

§ 86. Soweit keine besonderen Bestimmungen bestehen, sind vor Verwaltungsgericht als einziger Instanz die im Verfahren vor Verwaltungsgericht als Beschwerdeinstanz geltenden Vorschriften sinngemäss anwendbar.

Materialien
Weisung 1957, S. 1052 ff.; Prot. KK 28.3.1958; Prot. KR 1955–1959, S. 3406; Beleuchtender Bericht 1959, S. 413 f.

Literatur vgl. Vorbem. zu §§ 81–86.

1   Weil das Verfahren vor Verwaltungsgericht als einziger Instanz in seiner Struktur eher dem erstinstanzlichen Zivilprozess als dem Anfechtungsverfahren gleicht, ist der Verweis auf die im Verfahren vor Verwaltungsgericht als Beschwerdeinstanz geltenden Vorschriften (§§ 41–71) nicht ganz sachgerecht; immerhin verweist das Gesetz bloss «sinngemäss» auf diese Bestimmungen. Das Verwaltungsgericht trägt denn auch der stärker parteimässigen Struktur des Klageverfahrens unter verschiedenen Aspekten Rechnung und zieht dabei subsidiär die Bestimmungen der ZPO heran (dazu § 83 N. 1 ff.). So schränkt es insbesondere die Untersuchungsmaxime zugunsten der Verhandlungsmaxime ein (§ 83 N. 12) und betont es die Dispositionsmaxime stärker als im Beschwerdeverfahren (§ 83 N. 11).

§ 86

Immerhin sind entsprechend der Verweisung eine ganze Reihe von Vorschriften des Beschwerdeverfahrens auf das Klageverfahren ohne weiteres anwendbar, so etwa § 56 (Vorprüfung), § 57 (Aktenbeizug), § 60 (Beweiserhebungen), § 61 (Schlussverhandlung), § 62 (Öffentlichkeit), § 66 (Vollstreckbarkeit).

2

Kraft Weiterverweisung in § 70 finden subsidiär auch die Vorschriften über das Verwaltungsverfahren (§§ 1–31) auf die verwaltungsrechtliche Klage Anwendung. Folgende Bestimmungen können auch im Klageverfahren Bedeutung haben: § 1 (öffentlichrechtliche Streitigkeit; vgl. VGr. 29.3.1977, ZBl 78/1977, S. 459), § 6 (vorsorgliche Massnahmen), § 7 (Untersuchungsmaxime), §§ 8/9 (rechtliches Gehör, Akteneinsicht), § 10 (Mitteilung), § 11 Abs. 2 (Fristenlauf), § 12 (Fristerstreckung und Wiederherstellung), §§ 13/14 (Kostenauflage), §§ 15/16 (Kostenvorschuss bzw. -erlass), § 17 (Parteientschädigung), §§ 29–31 (Vollstreckung).

3

Kraft Weiterverweisung in § 71 sind ferner die Vorschriften des Gerichtsverfassungsgesetzes betreffend das Verfahren (§§ 121–200 GVG) ergänzend anwendbar (vgl. § 71 N. 4 f.).

4

Gegen Urteile und Erledigungsbeschlüsse des Verwaltungsgerichts kann Revision erhoben werden (§§ 86a–86d). Ferner sind Erläuterungen und Berichtigung von Kanzleiversehen möglich (vgl. RB 1973 Nr. 20).

5

Vierter Abschnitt
Die Revision

Vorbemerkungen zu §§ 86a–86d

Literatur
AUER MATTHIAS, Das ausserordentliche Rechtsmittel der Revision nach schweizerischem Steuerrecht im Vergleich zur Revision nach dem Verwaltungsverfahrensgesetz des Bundes, Zürich 1981; BEERLI-BONORAND URSINA, Die ausserordentlichen Rechtsmittel in der Verwaltungsrechtspflege des Bundes und der Kantone, Zürich 1985; BOSSHART, Verfahrensmängel, S. 473 ff.; BRUHIN URS PETER, Planänderung im Raumplanungsrecht, Zürich 1975; BÜCKING HANS-JÖRG, Rechtsschutz bei zurückgenommenen und erledigten Verwaltungsakten, Bern/Frankfurt a.M. 1976; DICKE DETLEV, Der Irrtum bei der Verwaltungsmassnahme, ZSR 103/1984 I, S. 525 ff.; ESCHER ELISABETH, Revision und Erläuterung, in: Geiser Thomas/Münch Peter (Hrsg.), Prozessieren vor Bundesgericht, 2. A., Basel/Frankfurt a.M. 1998, S. 271 ff.; GRAF ARTHUR, Die Revision rechtskräftiger Steuerentscheide zugunsten des Steuerpflichtigen, Zürich 1953; GYGI, S. 260 ff., 321 ff.; DERSELBE, Zur Rechtsbeständigkeit von Verwaltungsverfügungen, ZBl 83/1982, S. 149 ff.; HÄFELIN/MÜLLER, Rz. 802 ff., 1416 ff.; HANGARTNER YVO, Widerruf und Änderung von Verwaltungsakten aus nachträglich eingetretenen Gründen, Zürich/St. Gallen 1959; DERSELBE, Widerruf von Verwaltungsakten bei Meinungswandel der Behörde und bei Änderung der tatsächlichen Verhältnisse, ZBl 62/1961, S. 169 ff.; IMBODEN/RHINOW/KRÄHENMANN, Nrn. 41–45; KIESER UELI, Die Abänderung der formell rechtskräftigen Verfügung nach der Rechtsprechung des EVG, Bemerkungen zur Revision, Wiedererwägung und Anpassung, in: Schweizerische Zeitschrift für Sozialversicherung und berufliche Vorsorge 35/1991, S. 132 ff.; KÖLZ/HÄNER, Rz. 733 ff., 1027 ff.; MÜLLER URS, Die Entschädigungspflicht beim Widerruf von Verfügungen, Bern 1984; RHINOW/KOLLER/KISS, Rz. 595 ff., 634 f., 1196 ff., 1426 ff., 1655 ff.; RUST BALZ, Die Revision im Zürcher Zivilprozess, Zürich 1981; SALADIN PETER, Der Widerruf von Verwaltungsakten, Basel 1960 (Saladin, Widerruf); DERSELBE, Wiedererwägung und Widerruf formell rechtskräftiger Verfügungen: die Rechtsprechung des Eidgenössischen Versicherungsgerichts im Vergleich zur Praxis des Bundesgerichts in Lausanne, in: Sozialversicherungsrecht im Wandel, Festschrift 75 Jahre Eidgenössisches Versicherungsgericht, Bern 1992, S. 113 ff. (Saladin, Wiedererwägung); SCHMID LUZIUS, Die Rechtskraft des negativen Verwaltungsaktes, Bern 1978.

1 Anordnungen (Verfügungen und Rechtsmittelentscheide) sind (rechts-)*fehlerhaft*, wenn sie bezüglich ihres Zustandekommens (Zuständigkeit und Verfahren), ihrer Form oder ihres Inhalts Rechtsnormen verletzen. Die ursprünglich fehlerhafte Verfügung ist bereits bei ihrem Erlass mangelhaft. Die ursprünglich fehlerfreie Verfügung ist dagegen im Zeitpunkt ihres Erlasses rechtmässig; sie kann jedoch später infolge veränderter Tatsachen oder Rechtsgrundlagen mangelhaft werden.

2 Auch fehlerhafte Anordnungen sind *rechtswirksam,* es sei denn, sie seien wegen besonders schwerer und offenkundiger Mängel nichtig. Rechtswirksamkeit der Anordnung bedeutet, dass – ohne Rücksicht auf ihr allenfalls anhaftende Rechtsmängel und eine noch mögliche Anfechtung – die in ihr angeordnete Rechts-

Vorbem. zu §§ 86a–86d

folge (Dispositiv) verbindlich und wirksam ausgesprochen ist. Die Rechtswirksamkeit ist daher auch von der Rechtskraft zu unterscheiden.

Eine *nichtige Verfügung* ist vom Erlass an (ex tunc) und ohne amtliche Aufhebung absolut unwirksam; sie entfaltet keinerlei Rechtswirkungen. Die Nichtigkeit ist von Amtes wegen zu beachten; sie kann von jedermann jederzeit geltend gemacht werden. Die Vollstreckungsbehörden dürfen eine nichtige Verfügung nicht vollziehen. Die Adressaten einer nichtigen Verfügung dürfen nicht wegen Zuwiderhandlung bestraft werden. Eine Verfügung ist nach der in der Rechtsprechung befolgten Evidenztheorie nichtig, wenn der ihr anhaftende Mangel besonders schwer und offensichtlich oder zumindest leicht erkennbar ist und wenn durch die Annahme der Nichtigkeit die Rechtssicherheit nicht ernsthaft gefährdet wird (BGE 98 Ia 571, 104 Ia 176). Um festzustellen, ob eine Verfügung nichtig oder bloss anfechtbar sei, ist daher eine Wertabwägung der für und der gegen die praktische Folge der Unwirksamkeit sprechenden Interessen erforderlich. Sachliche Unzuständigkeit der verfügenden Behörde stellt in der Regel einen Nichtigkeitsgrund dar, nicht jedoch örtliche Unzuständigkeit. Bei verfahrensmässigen und bei inhaltlichen Mängeln ist die Praxis zurückhaltend in der Annahme von Nichtigkeit (vgl. Häfelin/Müller, Rz. 770 ff.; Imboden/Rhinow/Krähenmann, Nr. 40 B V). Die so definierte Nichtigkeit ist zu unterscheiden vom prozessualen Nichtigkeitsbegriff, wie er in jenen Prozessgesetzen verwendet wird, welche das Institut der Nichtigkeitsbeschwerde kennen (vgl. z.B. § 281 ZPO, Art. 268 des Bundesgesetzes über die Bundesstrafrechtspflege vom 15.6.1934 [SR 312.0]). 3

Ist eine fehlerhafte Verfügung nicht mit einem derart schweren und offenkundigen Mangel behaftet, der sie als nichtig erscheinen lässt, kann die Fehlerhaftigkeit nur durch *Aufhebung* oder Änderung der Verfügung beseitigt werden. Das ist solange kein Problem, als sie noch nicht in formelle Rechtskraft erwachsen ist. Wird die ursprünglich fehlerhafte Verfügung rechtzeitig von einem dazu Legitimierten mit dem ordentlichen Rechtsmittel angefochten, wird sie von der *Rechtsmittelinstanz* aufgehoben. Noch nicht in formelle Rechtskraft erwachsene Verfügungen können aber auch – zugunsten des Adressaten – durch *Wiedererwägung* aufgehoben werden. 4

Formelle Rechtskraft einer Verfügung oder eines Rechtsmittelentscheids bedeutet, dass die Betroffenen die Anordnung nicht mehr mit einem ordentlichen Rechtsmittel anfechten können. Formell rechtskräftige Verfügungen und Rechtsmittelentscheide sind rechtsbeständig, d.h. inhaltlich unabänderlich, wenn und weil sie durch spätere Verfügungen bzw. Rechtsmittelentscheide nicht voraussetzungslos wieder aufgehoben werden können; die sich hieraus ergebende Bindungswirkung gilt – und darin liegt ihre eigentliche Bedeutung – auch für die Behörde, die verfügt bzw. entschieden hat. Für diese *Rechtsbeständigkeit* wird in Lehre und Rechtsprechung häufig in Analogie zum Zivilprozessrecht der Begriff der *materiellen Rechtskraft* verwendet, dessen unbesehene Übertragung auf 5

Vorbem. zu §§ 86a–86d

das Verwaltungsrecht indessen mehr Probleme schafft als löst (Gygi, a.a.O., S. 152; Saladin, a.a.O., Wiedererwägung, S. 116 Anm. 11): Überwiegend wird angenommen, dass jedenfalls Rechtsmittelentscheide – d.h. im streitigen Prozessverfahren ergangene Entscheide – in materielle Rechtskraft erwachsen. Indessen schliesst die materielle Rechtskraft eines Rechtsmittelentscheids nicht von vornherein aus, dass der darin beurteilte Verwaltungsakt später von der zuständigen Verwaltungsbehörde geändert oder widerrufen wird. Mit Bezug auf die Frage, ob und inwieweit erstinstanzliche Verwaltungsverfügungen in materielle Rechtskraft erwachsen können, lassen sich in Lehre und Rechtsprechung zwei Grundtendenzen erkennen. Teilweise wird gewissen Kategorien von Verfügungen, die als prinzipiell unabänderlich bezeichnet werden, materielle Rechtskraft zuerkannt; deren Abänderung soll einzig auf dem Weg einer förmlichen Revision möglich sein, d.h. nur bei Vorliegen eines prozessualen Revisionsgrundes, der sich aus der anwendbaren Verfahrensordnung, allenfalls unter analoger Heranziehung zivilprozessualer Revisionsvorschriften, ergibt (Bosshart, Verfahrensmängel, S. 475; Imboden/Rhinow/Krähenmann, Nr. 43 B II; vgl. auch Kom. 1. A., § 20 N. 51–56). Als der materiellen Rechtskraft fähig gelten dabei vorab urteilsähnliche Verfügungen, die ein Rechtsverhältnis für einen zeitlich abgeschlossenen Sachverhalt und eine einmalige – allenfalls noch für eine wiederholte, aber unveränderbare – Rechtsfolge regeln. Den wichtigsten Anwendungsbereich bilden steuerrechtliche und andere abgaberechtliche Veranlagungen. Teilweise wird der Begriff der materiellen Rechtskraft nicht bestimmten Kategorien von Verfügungen vorbehalten; nach dieser Terminologie bedeutet materielle Rechtskraft lediglich relative Rechtsbeständigkeit, d.h. eine Bestandeskraft, die unter dem Vorbehalt von sich aus dem materiellen Recht ergebenden Widerrufsgründen steht (Gygi, a.a.O., S. 152; Häfelin/Müller, Rz. 812 ff.).

6 Formell rechtskräftige Verfügungen sind zwar – wie noch nicht in Rechtskraft erwachsene – einer Wiedererwägung zugunsten des Adressaten zugänglich. Weil jedoch auf Wiedererwägung kein Anspruch besteht, bildet die formelle Rechtskraft, bei deren Eintritt ein ordentliches Rechtsmittel nicht mehr zur Verfügung steht, zumindest aus der Sicht des Betroffenen ein erhebliches Hindernis für eine zu seinen Gunsten erfolgende Aufhebung der Verfügung, welches nur unter besonderen Voraussetzungen beseitigt werden kann. Gleiches gilt für die von der Behörde angestrebte Aufhebung formell rechtskräftiger Verfügungen zulasten des Adressaten. Dazu dienen verschiedene Rechtsinstitute, für welche in Lehre und Rechtsprechung keine einheitliche Terminologie besteht (Kölz/Häner, Rz. 418). Gemeinsam ist diesen Instituten, dass damit, anders als bei der Wiedererwägung, bestimmte Voraussetzungen formuliert werden, unter denen ein *Anspruch des Betroffenen* bzw. eine *Befugnis der Behörde* besteht, *zugunsten bzw. zulasten des Betroffenen* auf die Verfügung zurückzukommen. Zwar spricht das Bundesgericht auch in jenen Fällen von «Wiedererwägung», in denen es aus Art. 4 aBV einen Anspruch des Verfügungsadressaten auf Rückkommen ableitet (BGE 120 Ib 46 ff., 113 Ia 151 f., 109 Ib 253, 100 Ib 371 f.);

Vorbem. zu §§ 86a–86d

doch werden die hierfür formulierten Voraussetzungen durch besondere Rechtsinstitute, wie sie regelmässig in den Prozessgesetzen formuliert oder in der Praxis anerkannt sind, abgedeckt, so vorab durch die Institute der Revision und der Anpassung. Die Voraussetzungen, unter denen auf eine formell rechtskräftige Verfügung zurückzukommen ist, werden in Gesetzgebung und Praxis teils verfahrensrechtlich, teils materiellrechtlich umschrieben. Verfahrensrechtlich sind Regeln darüber, ob überhaupt in einem neuen Verfahren ein Zurückkommen auf die rechtskräftige Verfügung geprüft werden soll, ohne dass sie die Frage präjudizieren, ob eine inhaltlich abweichende Verfügung zu treffen sei. Materiellrechtliche Grundsätze setzen direkt bei der Frage nach der Rechtsbeständigkeit der Verfügung an. Nach ihnen beurteilt sich, ob überwiegende Gründe für oder gegen die Aufhebung der Verfügung sprechen; wichtigste Antagonisten bilden dabei das Gesetzmässigkeitsprinzip, das für die Korrektur der fehlerhaften Verfügung spricht, sowie anderseits das Rechtssicherheitsgebot, das einem Widerruf entgegensteht. Wie bei der zivilprozessualen Revision, wo nur solche Tatsachen und Beweismittel als Revisionsgrund relevant sind, welche im Ergebnis den Entscheid für den Gesuchsteller günstiger gestaltet hätten (vgl. §§ 293 und 298 ZPO; Rust, a.a.O., S. 122 ff., 172 ff.), lässt sich indessen auch im öffentlichen Recht die Frage des verfahrensmässigen Zurückkommens nicht strikt von jener der Widerrufbarkeit trennen und enthält anderseits die Widerrufsformel mit der im Rahmen der Interessenabwägung erforderlichen Berücksichtigung des Rechtssicherheitsgebots ein verfahrensrechtliches Element, das sich aus der Ausgangslage – der formellen Rechtskraft der Verfügung oder des Entscheids – ergibt.

Die verschiedenen der Beseitigung oder Überwindung der formellen Rechtskraft dienenden Rechtsinstitute werden in Gesetzgebung, Rechtsprechung und Lehre nicht einheitlich abgegrenzt; schon die Terminologie ist nicht einheitlich. Im Rahmen der Betrachtungsweise, welche primär zwischen Verfügungen mit und solchen ohne materielle Rechtskraft unterscheidet (vgl. N. 5), kennzeichnet sich die Revision als Rechtsinstitut, das (auch) Verfügungen mit materieller Rechtskraft aufzuheben ermöglicht, während ein Widerruf aufgrund einer Interessenabwägung (jedenfalls im Sinn der Rücknahme ursprünglich fehlerhafter Verfügungen) nur bezüglich Verfügungen ohne materielle Rechtskraft zulässig ist (vgl. Häfelin/Müller, Rz. 830; Imboden/Rhinow/Krähenmann, Nr. 41 B I a). Weil es problematisch ist, den Begriff der materiellen Rechtskraft auf erstinstanzliche Verfügungen anzuwenden, bzw. kaum möglich, den Kreis der «grundsätzlich unwiderruflichen», d.h. der materiellen Rechtskraft zugänglichen Verfügungen abstrakt und abschliessend festzulegen (vgl. Gygi, a.a.O., S. 152; Häfelin/Müller, Rz. 813, 813a; Imboden/Rhinow/Krähenmann, Nr. 41 B II a; Saladin, a.a.O., Wiedererwägung, S. 116 Anm. 11), werden im Folgenden, abweichend von der genannten Betrachtungsweise sowie teilweise abweichend von der in der ersten Auflage des Kommentars verwendeten Terminologie (vgl. Kom. 1. A., § 20 N. 44 ff., 51 ff., 59 ff.), die Begriffe der *Wiederer-*

7

831

Vorbem. zu §§ 86a–86d

wägung, der *Revision,* der *Rücknahme* und der *Anpassung* im nachstehend erläuterten Sinn verwendet. Sie sind in erster Linie verfahrensbezogen zu verstehen, indem sie das verfahrensmässige Zurückkommen auf eine formell rechtskräftige Verfügung oder einen formell rechtskräftigen Entscheid bezeichnen. Als *Widerruf* wird dagegen das Ergebnis der als gerechtfertigt erachteten Neubeurteilung bezeichnet, unabhängig davon, ob diese im Rahmen einer Wiedererwägung, einer Revision, einer Rücknahme oder einer Anpassung erfolgt ist (im gleichen Sinn bezüglich der Abgrenzung von Widerruf und Wiedererwägung: Kölz/Häner, Rz. 424; Saladin, a.a.O., Wiedererwägung, S. 116). Die Wiedererwägung nimmt dabei insofern eine Sonderstellung ein, als sie auch und vorab mit Bezug auf Verfügungen möglich ist, die (noch) nicht in formelle Rechtskraft erwachsen sind. Die Revision hat insofern einen weiteren Anwendungsbereich als die anderen Institute, als sie auch und vorab mit Bezug auf (im Rechtsmittelverfahren oder im gerichtlichen Klageverfahren ergangene) Entscheide möglich ist.

8 Der Begriff der *Wiedererwägung* wird wie erwähnt in Lehre und Rechtsprechung nicht einheitlich und häufig auch mit Bezug auf die Änderung formell rechtskräftiger Verfügungen verwendet (vgl. Gygi, a.a.O., S. 158; Häfelin/Müller, Rz. 837 ff., 1421 ff.; Rhinow/Koller/Kiss, Rz. 595 ff.). Teilweise abweichend von der ersten Auflage des Kommentars (§ 20 N. 44 ff.) wird hier darunter das im VRG nach wie vor nicht geregelte *Verfahren* verstanden, in welchem die Frage geprüft wird, ob *zugunsten des Adressaten* auf eine Verfügung zurückzukommen sei, *ohne* dass diesem gestützt auf einen gesetzlichen Revisionsgrund ein *Rückkommensanspruch* zusteht. Die Wiedererwägung dient aber wie die Revision der Aufhebung einer fehlerhaft zustande gekommenen Verfügung, nicht der Anpassung einer ursprünglich fehlerfreien Verfügung an eine veränderte Sach- oder Rechtslage. Die Wiedererwägung kann sowohl auf Antrag des Betroffenen wie auch von Amtes wegen erfolgen. Dementsprechend ist das *Wiedererwägungsgesuch* der formlose Rechtsbehelf, durch den der Betroffene die verfügende Verwaltungsbehörde ersucht, auf ihre Verfügung zurückzukommen und eine für ihn günstigere Anordnung zu treffen. Das Wiedererwägungsgesuch ist bezüglich der Einreichung weder an eine Frist noch an eine bestimmte Form gebunden. Die um Wiedererwägung ersuchte Behörde ist nicht verpflichtet, auf das Gesuch einzutreten. Es besteht demnach kein Anspruch auf materielle Prüfung des Wiedererwägungsgesuchs, unter Vorbehalt jener Fälle, in denen sich nach der bundesgerichtlichen Praxis ein Anspruch aus Art. 4 aBV ergibt (Revision, Anpassung), die jedoch wie erwähnt (N. 6) nicht unter den hier verwendeten Begriff der Wiedererwägung fallen. Lehnt es die Behörde ab, auf ein Wiedererwägungsgesuch einzutreten, kann dagegen grundsätzlich kein ordentliches Rechtsmittel ergriffen werden. Trifft sie dagegen aufgrund des Wiedererwägungsgesuchs eine neue Sachverfügung, steht dagegen der Rekurs offen. Der Wiedererwägung zugänglich sollten richtig betrachtet nur erstinstanzliche Verfügungen, nicht hingegen Rechtsmittelentscheide sein. Zum Rechtsbehelf der Wiedererwägung vgl. auch eingehend Vorbem. zu §§ 19–28 N. 23 ff.

Weil die Einreichung eines Wiedererwägungsgesuchs vor Eintritt der formellen Rechtskraft eher erfolgversprechend ist, jedoch den Fristenlauf für das ordentliche Rechtsmittel nicht hinausschiebt, wird in der Praxis häufig zugleich Rekurs an die obere Instanz erhoben und Wiedererwägung bei der verfügenden Instanz verlangt. In diesen Fällen, die den wichtigsten Anwendungsbereich dieses Instituts ausmachen, bedeutet ein (positiver) Wiedererwägungsentscheid Neuentscheid der Vorinstanz während eines hängigen Rekursverfahrens (vgl. auch Art. 58 VwVG).

Unter *Revision* im Sinn von §§ 86a ff. ist das Zurückkommen auf eine *fehlerhaft zustandegekommene* Anordnung (Verfügung oder Entscheid) *zugunsten des Verfügungsadressaten oder eines anderen Verfahrensbeteiligten* zu verstehen (vgl. Imboden/Rhinow/Krähenmann, Nr. 43). Die Revision bzw. genauer das Revisionsbegehren ist nicht ein blosser Rechtsbehelf wie die Wiedererwägung, sondern ein eigentliches, allerdings ausserordentliches *Rechtsmittel* (vgl. Vorbem. zu §§ 19–28 N. 20). Das bedeutet, dass der Gesuchsteller bei Bejahung eines gesetzlichen oder in der Praxis anerkannten Revisionsgrundes *Anspruch* auf Rückkommen hat. Revisionsfähig sind sowohl im nichtstreitigen Verfahren erlassene Verfügungen wie auch im Rechtsmittel- oder im gerichtlichen Klageverfahren ergangene Entscheide.

Die im Verwaltungsprozess durch Gesetz und Rechtsprechung anerkannten *Revisionsgründe* lassen sich in zwei Hauptgruppen einteilen, die kein einheitliches Prozessinstitut bilden (Bosshart, Verfahrensmängel, S. 474 f.; Gygi, S. 260). «Klassischer», im Zivilprozessrecht entwickelter Revisionsgrund (vgl. § 293 ZPO) ist die *Neuentdeckung von erheblichen Tatsachen und Beweismitteln,* die der Betroffene bei der ihm zumutbaren Sorgfalt nicht schon vor Eintritt der formellen Rechtskraft hätte geltend machen können (vgl. Art. 137 lit. b OG, Art. 66 Abs. 2 lit. a VwVG, § 86a lit. b VRG). Dieser Gruppe lassen sich auch jene Bestimmungen zuordnen, welche durch ein Verbrechen oder Vergehen beeinflusste Entscheide als revisionsfähig bezeichnen (vgl. Art. 137 lit. a OG, Art. 66 Abs. 1 lit. a VwVG, § 86a lit. a VRG). Die zweite Gruppe umfasst jene Tatbestände, die eine Revision wegen *Verletzung wesentlicher Verfahrensgrundsätze,* einschliesslich der versehentlichen Nichtberücksichtigung von erheblichen aktenkundigen Tatsachen, ermöglichen (vgl. Art. 136 OG, Art. 66 Abs. 2 lit. b und c VwVG). Auch diese Revisionsgründe sind in Anlehnung an ein zivilprozessuales Rechtsinstitut entwickelt worden: Die Verletzung wesentlicher Verfahrensgrundsätze gehört zu den traditionellen zivilprozessualen Nichtigkeitsgründen, d.h. zu jenen Mängeln, die im Zivilprozess mit dem ausserordentlichen Rechtsmittel der Nichtigkeitsbeschwerde gerügt werden können (vgl. § 281 Ziff. 1 und 2 ZPO).

Unter *Rücknahme* ist das *von der Behörde angestrebte* Zurückkommen auf eine von *Anfang an* fehlerhafte (in der Regel begünstigende) Verfügung zu verstehen (vgl. Imboden/Rhinow/Krähenmann, Nr. 41). Sie erfolgt in der Regel *zulasten*

Vorbem. zu §§ 86a–86d

des Verfügungsadressaten. Sie kommt nur durch eine neue erstinstanzliche Verfügung in Betracht, und nur insoweit, als die ursprüngliche Verfügung nicht im Rechtsmittelverfahren überprüft worden ist. Sie erfolgt nicht aufgrund eines Gesuchs eines Verfahrensbeteiligten, sondern auf Anstoss der verfügenden Behörde (vgl. RB 1988 Nr. 86, 1990 Nr. 82). Als Grundvoraussetzung («Vorbedingung»; Gygi, a.a.O., S. 161) für eine Rücknahme wird in Lehre und Rechtsprechung fast durchwegs die Fehlerhaftigkeit, d.h. Rechtswidrigkeit der Verfügung verlangt (Grisel I, S. 431; Häfelin/Müller, Rz. 810); es genügt nicht, dass die Verfügung im Nachhinein als unzweckmässig erscheint. Massgebend ist zudem grundsätzlich die im Zeitpunkt ihres Erlasses herrschende Rechtsauffassung; eine Praxisänderung bildet keinen Rücknahmegrund. Nach einer anderen Lehrmeinung soll sich die Verwaltung auf das Gebot der richtigen Rechtsanwendung nicht nur zur Beseitigung gesetzwidriger Verwaltungsakte berufen können, sondern auch dort, wo sie durch die gesetzliche Ordnung zur selbständigen Wahrung bestimmter öffentlicher Interessen aufgerufen sei und von ihrem Entscheidungsspielraum in entsprechender Weise Gebrauch machen wolle (Weber-Dürler, S. 189). Das Verwaltungsgericht ist dieser Auffassung nicht beigetreten (VGr. 20.8.1992, BEZ 1992 Nr. 28; bestätigt mit BGr. 14.10.1993, 1P.651/1992; vgl. allerdings RB 1997 Nr. 76 E. 3). – Alsdann ist aufgrund einer Interessenabwägung im Einzelfall zu entscheiden, ob das Interesse an der richtigen Durchsetzung des objektiven Rechts das Interesse an der Rechtssicherheit bzw. am Bestand der Verfügung überwiegt (BGE 106 Ib 255 f., 115 Ib 155, 121 II 276; VGr. 20.8.1992, BEZ 1992 Nr. 28). In bestimmten von der Praxis entwickelten Fallgruppen geht das Postulat der Rechtssicherheit grundsätzlich dem Interesse an der richtigen Durchsetzung des objektiven Rechts vor, so wenn durch die Verfügung ein subjektives Recht begründet worden ist, oder wenn sie in einem Verfahren ergangen ist, in welchem die sich gegenüberstehenden Interessen allseitig zu prüfen und gegeneinander abzuwägen sind, oder wenn der Private von einer ihm durch die Verfügung eingeräumten Befugnis bereits Gebrauch gemacht hat. Dabei handelt es sich immerhin nicht um eine absolute Regel; selbst in diesen Fällen können gewichtige öffentliche Interessen an einer Rücknahme dem Rechtssicherheitsinteresse vorgehen.

13 Als *Anpassung* wird das Ändern oder Ersetzen von *Dauerverfügungen* zufolge Änderung der massgebenden Sachumstände oder Rechtsgrundlagen verstanden (vgl. Imboden/Rhinow/Krähenmann, Nr. 45). Es sind dies Verfügungen, die ein Rechtsverhältnis angesichts eines dannzumal gegebenen Sachverhalts regeln, wobei jedoch die Rechtsfolge in die Zukunft wirkt und Veränderungen erfahren kann, wie auch der rechtsmassgebliche Sachverhalt späteren Wandlungen unterworfen sein kann (vgl. RB 1963 Nr. 33). Eine Anpassung kommt nur durch eine neue erstinstanzliche Verfügung in Betracht, und zwar auch insoweit, als die ursprüngliche Verfügung in einem Rechtsmittelverfahren überprüft worden ist. Sie erfolgt entweder aufgrund eines Gesuchs eines Verfahrensbeteiligten oder auf Anstoss der verfügenden Behörde. Wie bei der Rücknahme

ist auch bei der Anpassung im Einzelfall abzuwägen, ob das Interesse an der Rechtssicherheit bzw. am Bestand der Verfügung das Interesse an der richtigen Durchsetzung des objektiven Rechts überwiegt (BGE 109 Ib 252 f., 107 Ia 197; RB 1982 Nr. 156 = ZBl 84/1983, S. 140 = BEZ 1982 Nr. 38; RB 1983 Nr. 108, 1984 Nr. 132; RB 1987 Nr. 83 = BEZ 1987 Nr. 37). Besondere Grundsätze gelten für die Anpassung von *Plänen* (vgl. Art. 21 Abs. 3 RPG, § 9 Abs. 2 PBG; RB 1996 Nr. 62). Die Anpassung von Verfügungen und Plänen entzieht sich naturgemäss einer genauen Fristenregelung; sie kann aber nach Treu und Glauben nicht beliebig lange nach der als Anpassungsgrund angerufenen Änderung der Sachumstände oder Rechtsgrundlagen verlangt werden (RB 1994 Nr. 77 = BEZ 1994 Nr. 25 bezüglich der Änderung eines Quartierplans).

Rechtsbeständigkeit (dazu N. 5) kommt auch *negativen Verfügungen* in dem Sinn zu, dass die Behörde, welche die Bewilligung für ein Vorhaben verweigert hat, nicht verpflichtet ist, auf ein neues Bewilligungsgesuch für das gleiche Projekt einzutreten, sofern sich die Sach- und Rechtslage seither nicht verändert hat (RB 1971 Nr. 65, 1983 Nr. 108). Der Anpassung verwandt ist hingegen das Verfahren, in welchem nach Ergehen einer negativen Verfügung, namentlich der Verweigerung einer Bewilligung, aufgrund veränderter Sachumstände oder Rechtsgrundlagen um Erlass einer neuen, positiven Verfügung ersucht wird. Das hängt damit zusammen, dass sich negative Verfügungen zumeist auf Dauerrechtsverhältnisse beziehen und daher unter den nämlichen Voraussetzungen wie Dauerverfügungen durch eine neue Anordnung ersetzt werden können sollen. Hinsichtlich *befristeter Bewilligungen,* um deren Verlängerung oder Erneuerung nach Ablauf der Gültigkeitsdauer ersucht wird, ist umstritten, ob und inwieweit sich der Gesuchsteller auf Vertrauensschutz berufen könne (verneint in RB 1979 Nr. 96 hinsichtlich der Erneuerung einer befristeten Baubewilligung). Einer unbenützten und *verfallenen Baubewilligung* kommt keine Rechtsbeständigkeit mehr zu (RB 1988 Nr. 83). 14

Als *Berichtigung* wird die Korrektur von Fehlern bezeichnet, die nicht der Willensbildung der entscheidenden Behörde anhaften, sondern anlässlich der schriftlichen Formulierung der ausgefertigten Anordnung unterlaufen sind. Es handelt sich dabei um sogenannte «Kanzleifehler»; darunter fallen im Wesentlichen nur blosse Schreib- oder Rechnungsfehler (vgl. Art. 69 Abs. 3 VwVG). Letztere können jedenfalls insoweit berichtigt werden, als sie aus der Anordnung hervorgehen. Einer Berichtigung in diesem Sinn zugänglich sind sowohl Verfügungen wie auch Rechtsmittelentscheide. Sie ist zugunsten und zulasten der von der Anordnung Betroffenen möglich, Letzteres jedenfalls dann, wenn sie ohne zeitliche Verzögerung erfolgt und nicht berechtigtes Vertrauen enttäuscht (vgl. Häfelin/Müller, Rz. 841; Imboden/Rhinow/Krähenmann, Nr. 44). Die Berichtigung von blossen Kanzleifehlern steht, anders als die Beseitigung von eigentlichen «Verfügungsfehlern», nicht in einem unmittelbaren Spannungsverhältnis zur formellen Rechtskraft; Berichtigung in diesem Sinn bedeutet rechtlich nicht 15

Vorbem. zu §§ 86a–86d

Aufhebung oder Abänderung der Verfügung. Kanzleifehler in Rechtsmittelentscheiden werden vom mitwirkenden Sekretär im Einverständnis mit dem Präsidenten und unter Mitteilung an die Parteien berichtigt (§ 166 GVG).

16 Eine Verfügung oder ein Entscheid bedarf der *Erläuterung*, wenn das Dispositiv unklar, unvollständig, zweideutig oder in sich bzw. zu den Entscheidungsgründen widersprüchlich ist (vgl. § 162 GVG, Art. 69 Abs. 1 VwVG; RB 1991 Nr. 15, 1973 Nr. 20). Das Bedürfnis nach Erläuterung ergibt sich oft erst nach Ablauf der Rechtsmittelfrist, etwa beim Vollzug; die Rechtskraft der Verfügung oder des Entscheids schliesst daher eine Erläuterung nicht aus. Die Erläuterung kann auf Begehren oder von Amtes wegen erfolgen (vgl. § 162 GVG). Befugt zur Einreichung eines *Erläuterungsgesuchs* ist jedermann, der ein schutzwürdiges Interesse an der Erläuterung hat, so neben den Parteien etwa die für den Vollzug zuständige Behörde, bei Rückweisungsentscheiden auch die Vorinstanz. Das Erläuterungsgesuch ist schriftlich einzureichen; die beanstandeten Stellen und die verlangte Neufassung sind wörtlich anzugeben (vgl. § 163 GVG). Ersteres Erfordernis gilt für alle Erläuterungsbegehren; Letzteres jedenfalls für Begehren um Erläuterung von Entscheiden (RB 1975 Nr. 19). Auf Gesuche, die diesen Formerfordernissen nicht genügen, ist nicht einzutreten. Dabei darf allerdings das bei Gesuchen um Erläuterung von Entscheiden zusätzlich geltende Erfordernis der wörtlichen Beanstandung und Bezeichnung nicht zu streng gehandhabt werden. Mit dem Gesuch kann nur die Erläuterung des Dispositivs verlangt werden. Rügen gegen nachfolgende Anordnungen der Vollstreckungsbehörde können damit nicht verbunden werden (RB 1975 Nr. 18). Wird innerhalb der Rechtsmittelfrist um Erläuterung einer Anordnung ersucht, beginnt diese Frist erst mit der Eröffnung des Erläuterungsentscheids zu laufen. Wird das Erläuterungsgesuch nach Ablauf der Rechtsmittelfrist gestellt, so beginnt eine neue Rechtsmittelfrist dann zu laufen, wenn der erläuterte Entscheid anders als der ursprüngliche gefasst wird (vgl. § 165 GVG, Art. 69 Abs. 2 VwVG).

17 In seiner *ursprünglichen Fassung* regelte das *VRG* die Revision im Unterabschnitt B betreffend das Verwaltungsgericht als Beschwerdeinstanz des dritten Gesetzesabschnitts über die Verwaltungsgerichtsbarkeit (§§ 67–69). Die Praxis anerkannte indessen die Revision als ausserordentliches Rechtsmittel auch gegen im streitigen Verwaltungsverfahren ergangene Entscheide, ja sogar gegen im nichtstreitigen Verwaltungsverfahren getroffene Verfügungen (RB 1961 Nrn. 3 und 31 = ZR 60 Nr. 103; RB 1982 Nr. 156 = ZBl 84/1983, S. 140 = BEZ 1982 Nr. 38; RB 1984 Nr. 79 = ZBl 85/1984, S. 374 = ZR 83 Nr. 103; RB 1984 Nr. 85; RB 1994 Nr. 77 = BEZ 1994 Nr. 25). Revisionsgründe bildeten sowohl die Neuentdeckung erheblicher Tatsachen oder Beweismittel einschliesslich der Beeinflussung des Entscheids durch ein Verbrechen oder Vergehen (§ 67 lit. c und d) wie auch die Verletzung wesentlicher Verfahrensvorschriften einschliesslich der versehentlichen Nichtberücksichtigung erheblicher aktenkundiger Tatsachen (§ 67 lit. a und b). Mit der *Gesetzesrevision* vom 8.6.1997 ist das

Rechtsinstitut der Revision in zweierlei Hinsicht neu geregelt worden. Zum einen ist die bisherige Praxis, wonach auch im nichtstreitigen Verfahren ergangene Verfügungen und im streitigen Verwaltungsverfahren getroffene Entscheide einer förmlichen Revision zugänglich sind, gesetzlich verankert worden. Dementsprechend wird die Revision in einem neu eingefügten vierten Abschnitt des Gesetzes geregelt (§§ 86a–86d), d.h. gesetzessystematisch auf gleicher Stufe wie die vorangehenden Abschnitte über das Verwaltungsverfahren (§§ 4–31) und die Verwaltungsgerichtsbarkeit (§§ 32–86), und bezeichnet § 86a als einer Revision zugänglich «rechtskräftige Anordnungen von Verwaltungsbehörden, Rekurskommissionen und Verwaltungsgericht». Zum andern sind die Revisionsgründe der Verletzung wesentlicher Verfahrensvorschriften und der versehentlichen Nichtberücksichtigung erheblicher sich aus den Akten ergebenden Tatsachen nach § 67 lit. a und b (vgl. RB 1970 Nr. 15 = ZBl 72/1971, S. 397 = ZR 69 Nr. 127; RB 1982 Nr. 43, 1984 Nr. 61) abgeschafft worden. Diese Revision wegen Verfahrensmängeln hatte zu Abgrenzungsschwierigkeiten bezüglich der staatsrechtlichen Beschwerde an das Bundesgericht geführt, welches zumeist, aber nicht durchwegs klar, ohne vorgängiges kantonales Revisionsverfahren die Voraussetzung der Letztinstanzlichkeit im Sinn von Art. 87 OG verneint hatte (BGE 106 Ia 52 ff.; Bosshart, Verfahrensmängel, S. 491 f.; Rotach, S. 453).

Wenn die Gesetzesrevision vom 8.6.1997 nicht zum Anlass genommen worden ist, neben der Revision auch die vorstehend umschriebenen anderen Institute zur Beseitigung der formellen Rechtskraft gesetzlich zu regeln, bedeutet dies nicht, dass die Aufhebung formell rechtskräftiger Verfügungen nur durch Revision im Sinn von §§ 86a–86d möglich sei. Trotz nach wie vor fehlender gesetzlicher Regelung können formell rechtskräftige Verfügungen durch Wiedererwägung, Rücknahme oder Anpassung im vorstehend umschriebenen Sinn widerrufen werden. Gleiches gilt mit Bezug auf die Berichtigung und Erläuterung formell rechtskräftiger Verfügungen und Entscheide. Die Anwendbarkeit dieser anderen Institute ergibt sich aus allgemeinen Rechtsgrundsätzen, bezüglich der Wiedererwägung zudem aus den Gesetzesmaterialien (Prot. KK 1995/96, S. 157 ff., 307 ff.). 18

§ 86a. **Die Revision rechtskräftiger Anordnungen von Verwaltungsbehörden, Rekurskommissionen und Verwaltungsgericht kann von den am Verfahren Beteiligten verlangt werden, wenn**

I. Gründe

a) **im Rahmen eines Strafverfahrens festgestellt wird, dass ein Verbrechen oder ein Vergehen sie beeinflusst hat;**

b) **diese neue erhebliche Tatsachen oder Beweismittel auffinden, die sie im früheren Verfahren nicht beibringen konnten.**

§ 86a

Materialien
Weisung 1957, S. 1052; Prot. KK 21.3.1958; Prot. KR 1955–1959, S. 3404; Beleuchtender Bericht 1959, S. 412; Weisung 1995, S. 1543 f.; Prot. KK 1995/96, S. 157 ff., 307 ff.; Prot. KR 1995–1999, S. 6506.

Literatur vgl. Vorbem. zu §§ 86a–86d.

1 Unter *Revision* im Sinn von §§ 86a ff. ist das Zurückkommen auf eine fehlerhaft zustandegekommene Anordnung (Verfügung oder Entscheid) *zugunsten des Verfügungsadressaten oder eines anderen Verfahrensbeteiligten* zu verstehen (Vorbem. zu §§ 86a–86d N. 10). Nachdem in der Gesetzesänderung vom 8.6.1997 die «Kassationsbeschwerde» – d.h. die Revision wegen Verletzung wesentlicher Verfahrensvorschriften und wegen versehentlicher Nichtberücksichtigung aktenkundiger erheblicher Tatsachen (§ 67 lit. a und b) – abgeschafft worden ist (Vorbem. zu §§ 86a–86d N. 17), kann eine Revision nur noch gestützt auf die «klassischen», dem Zivilprozess entstammenden Revisionsgründe von § 86a lit. a und b (früher § 67 lit. c und d) verlangt werden. Die Revision in diesem engeren Rahmen bezweckt die Korrektur rechtskräftiger Verfügungen und Entscheide für den Fall, dass sich herausstellt, dass diese auf einem unrichtigen oder unvollständigen Sachverhalt beruhen oder dass strafbares Handeln auf sie eingewirkt hat. Neben der Revision dienen der Beseitigung der formellen Rechtskraft von Verfügungen auch die in Lehre und Rechtsprechung anerkannten weiteren Institute: Wiedererwägung, Rücknahme und Anpassung (Vorbem. zu §§ 86a–86d N. 8 ff.).

2 In Revision gezogen werden können *Anordnungen von Verwaltungsbehörden, Rekurskommissionen und Verwaltungsgericht*. Damit ist die bisherige Praxis, wonach neben verwaltungsgerichtlichen Urteilen auch im nichtstreitigen Verfahren ergangene Verfügungen und im streitigen Verwaltungsverfahren getroffene Entscheide einer förmlichen Revision zugänglich sind (RB 1961 Nrn. 3 und 31 = ZR 60 Nr. 103; RB 1982 Nr. 156 = ZBl 84/1983, S. 140 = BEZ 1982 Nr. 38; RB 1984 Nr. 79 = ZBl 85/1984, S. 374 = ZR 83 Nr. 103; RB 1984 Nr. 85; RB 1994 Nr. 77 = BEZ 1994 Nr. 25), gesetzlich verankert worden. Als Anordnungen des Verwaltungsgerichts gelten auch im Klageverfahren ergangene Urteile.

3 Die Revision bezweckt – wie die Rücknahme und die Anpassung sowie teilweise die Wiedererwägung (N. 1, Vorbem. zu §§ 86a–86d N. 8, 12 und 13) – die Aufhebung *rechtskräftiger* Anordnungen. Damit ist die *formelle* Rechtskraft gemeint. Die Revision dient indessen zugleich der Beseitigung der materiellen Rechtskraft, wenn und soweit Anordnungen überhaupt in materielle Rechtskraft erwachsen können. Das trifft regelmässig auf im streitigen Verwaltungsverfahren und im gerichtlichen Verfahren ergangene Entscheide zu. Umstritten ist hingegen, ob und inwieweit der Begriff der materiellen Rechtskraft für die Rechtsbeständigkeit von Verfügungen zu verwenden sei (Vorbem. zu §§ 86a–86d N. 5).

§ 86a

Die Revision ist auch zulässig gegenüber *formellen Erledigungsbeschlüssen* (Nichteintreten, Abschreibung). Bei Erledigungsbeschlüssen aufgrund von Anerkennung, Rückzug oder Vergleich kommen dabei vor allem die an einem *Willensmangel* im Sinn von Art. 23 ff. OR leidenden, d.h. unter Irrtum, Täuschung oder Zwang erfolgten *Prozesserklärungen* in Frage. Während derartige zivilrechtlich unwirksame Prozesserklärungen im Zivilprozessrecht einen eigenständigen Revisionstatbestand bilden (vgl. § 293 Abs. 2 ZPO; Frank/Sträuli/Messmer, § 293 N. 10 ff.), sind sie in der Verwaltungsrechtspflege entweder als Sonderfall neuer erheblicher Tatsachen im Sinn von § 86a lit. b VRG oder als aussergesetzlicher Revisionsgrund sui generis zu betrachten (RB 1993 Nr. 11). Gegenstand der Revision kann bloss das *Entscheiddispositiv* sein, weil nur dieses in Rechtskraft erwächst; Erwägungen sind der Revision höchstens dann zugänglich, wenn das Dispositiv auf sie verweist und sie daher an der Rechtskraft teilhaben (RB 1986 Nr. 22). Ein Revisionsentscheid kann wiederum Gegenstand einer Revision bilden. 4

Die Revision von Verfügungen und Entscheiden ist nur auf *Gesuch* hin zulässig; sie ist ein ausserordentliches *Rechtsmittel*. Darin unterscheidet sie sich von der Rücknahme von Verfügungen, die stets von Amtes wegen erfolgt (Vorbem. zu §§ 86a–86d N. 12) sowie von der Anpassung von Verfügungen, die auf Gesuch hin oder von Amtes wegen erfolgen kann (Vorbem. zu §§ 86a–86d N. 13). Auf das ausserordentliche Rechtsmittel der Revision kann nicht zum Voraus verzichtet werden (RB 1971 Nr. 81). 5

Befugt zur Einreichung eines Revisionsbegehrens sind *die am Verfahren Beteiligten*. Die Revision eines *Rechtsmittelentscheids* kann demnach *auch die Verwaltungsbehörde*, die verfügt hat, bzw. das von ihr vertretene Gemeinwesen verlangen, sofern Letzteres zur Anfechtung dieses Entscheids mittels Rekurs oder Beschwerde legitimiert gewesen wäre. Insoweit dient die Revision einem ähnlichen Zweck wie die Rücknahme, mit welcher die verfügende Behörde von sich aus auf ihre eigene Verfügung zurückkommen will (dazu Vorbem. zu §§ 86a–86d N. 12). Fehlerhaft zustande gekommene *Verfügungen* können demnach die am nichtstreitigen Verfahren Beteiligten zu einem Revisionsbegehren und die verfügende Behörde zu einem Rücknahmeverfahren veranlassen. Fehlerhaft zustande gekommene *Entscheide* können hingegen sowohl für die verfügende Behörde wie auch für die übrigen am Rechtsmittelverfahren Beteiligten Anlass für ein Revisionsbegehren sein. Ist jemand zu Unrecht nicht am Verfahren beteiligt worden, ohne diesen Mangel rechtzeitig mit einem ordentlichen Rechtsmittel oder mit staatsrechtlicher Beschwerde rügen zu können, so liegt darin ein aussergesetzlicher Revisionsgrund sui generis (vgl. N. 17); unter dieser besonderen Voraussetzung steht die Befugnis zur Einreichung eines Revisionsbegehrens auch Personen zu, die bisher nicht am Verfahren beteiligt worden, aber gleichwohl von der Anordnung betroffen sind. 6

§ 86a

7 § 86a umschreibt die *Revisionsgründe* grundsätzlich abschliessend, was allerdings dadurch relativiert wird, dass der Beseitigung der formellen Rechtskraft auch die in Lehre und Rechtsprechung anerkannten Institute der Wiedererwägung, Rücknahme und Anpassung dienen. Vgl. zudem N. 18 und 19.

8 Nach § 86a *lit. a* kann Revision verlangt werden, wenn im Rahmen eines Strafverfahrens festgestellt wird, dass die Anordnung durch ein Verbrechen oder Vergehen beeinflusst worden ist. § 86a lit. a stellt einen Spezialfall von § 86a lit. b dar. Deswegen bildet auch die nicht strafbare fahrlässig begangene falsche Zeugenaussage unmittelbar gestützt auf § 86 lit. b einen Revisionsgrund (vgl. Frank/Sträuli/Messmer, § 293 N. 4). Auf eine eigenständige Normierung des Tatbestands von § 86a lit. a hätte daher – wie in neueren Zivilprozessordnungen (vgl. § 293 ZPO) – verzichtet werden können (vgl. aber die unterschiedliche Verwirkungsregelung in § 86b Abs. 2).

9 Die Beeinflussung der Anordnung durch ein Verbrechen oder Vergehen muss im *Rahmen eines Strafverfahrens* festgestellt worden sein. Das setzt nicht eine strafrechtliche Verurteilung des Täters voraus; es genügt der im Strafverfahren erfolgte objektive Nachweis der Tatbestandsmässigkeit der fraglichen Handlung. Es ist daher angezeigt, das Revisionsbegehren erst nach Abschluss des Strafverfahrens einzureichen. Wird ein Revisionsgesuch vor Einleitung des Strafverfahrens eingereicht, so soll die Revisionsinstanz unter Fristansetzung und Androhung des Nichteintretens die Einleitung desselben verlangen.

10 Unter *Verbrechen* und *Vergehen* sind die Begriffe des Schweizerischen Strafgesetzbuches zu verstehen (Art. 9 StGB). Solche Einwirkungen sind etwa: Falsche Zeugenaussage (Art. 307 StGB), falsche Beweisaussage einer Partei (Art. 306 StGB), falsches Gutachten (Art. 307 StGB) und Urkundenfälschung (Art. 251 StGB). Als weitere Einwirkungen kommen die Erpressung (Art. 156 StGB) und die Nötigung (Art. 181 StGB) von Verfahrensbeteiligten sowie Amtsmissbrauch (Art. 312 StGB) und Bestechung (Art. 288 StGB) in Betracht.

11 Obwohl in der revidierten Fassung nicht mehr erwähnt, muss sich das Verbrechen oder Vergehen *zum Nachteil des Gesuchstellers* auf die zu revidierende Anordnung ausgewirkt haben. Das ist insofern selbstverständlich, als eine Revision zulasten des Gesuchstellers – mit der Begründung, auf die zu revidierende Anordnung sei zu seinen Gunsten eingewirkt worden – auf eine unzulässige reformatio in peius hinausliefe. Zu seinem Nachteil *beeinflusst* worden ist die Anordnung dann, wenn zwischen dieser und der Straftat ein Zusammenhang besteht. Dass die Behörde wegen der strafbaren Einflussnahme tatsächlich anders verfügt oder entschieden hat, als sie dies ohne Einwirkung getan hätte, ist zwar keine Eintretensvoraussetzung für ein Rückkommen (vgl. Merkli/Aeschlimann/Herzog, Art. 56 N. 10). Analog zum Begriff der «erheblichen» Tatsache nach § 86 lit. b muss jedoch eine *erhebliche* Beeinflussung durch das Verbre-

chen oder Vergehen gegeben sein, damit im Ergebnis ein Revisionsgrund bejaht und infolgedessen ein abweichender Neuentscheid getroffen wird.

Von den beiden Revisionsgründen in § 86a kommt *lit. b* die grössere Tragweite zu. Dieser «klassische» Revisionsgrund verschafft jedem am früheren Verfahren Beteiligten den Anspruch auf Korrektur einer auf einem unrichtigen oder unvollständigen Sachverhalt beruhenden Anordnung, sofern er die unvollständige oder unrichtige Sachverhaltsermittlung nicht selber zu vertreten hat. Demnach muss die Anordnung *ursprünglich* fehlerhaft sein, und zwar mit Bezug auf den *Sachverhalt*. Die Fehlerhaftigkeit darf *nicht dem Gesuchsteller selber als früherem Verfahrensbeteiligten zuzurechnen* sein; dieser Vorbehalt schliesst eine Revision stets aus, wenn der Gesuchsteller die erheblichen Tatsachen und Beweismittel schon in dem der rechtskräftigen Anordnung vorausgehenden Verfahren oder mit einem ordentlichen Rechtsmittel hätte geltend machen können (vgl. auch § 86b Abs. 1). 12

Lit. b spricht ungenau von «neuen» Tatsachen. Gemeint sind damit ausschliesslich *neu entdeckte Tatsachen*. Es muss sich mithin um Tatsachen handeln, die bei Fällung des angefochtenen Entscheids bereits bestanden haben (RB 1961 Nr. 31 = ZR 60 Nr. 103; Frank/Sträuli/Messmer, § 293 N. 5). *Beweismittel* müssen sich jedenfalls auf Tatsachen beziehen, die vor dem Erlass der rechtskräftigen Anordnung bestanden. In Betracht fallen einmal Beweismittel, die bei Erlass der Anordnung bereits bestanden, jedoch dem Revisionskläger damals nicht zugänglich waren. In Frage kommen ferner Beweismittel, die erst später entstanden sind und nun rückwirkend geeignet erscheinen, eine vom Revisionskläger vor dem Erlass der Anordnung behauptete Tatsache zu beweisen (Frank/Sträuli/Messmer, § 293 N. 6). An dieser Voraussetzung fehlt es bei einem später beigebrachten Gutachten, das lediglich eine andere Tatsachen*würdigung* stützt. – Der so zu verstehende Begriff der «neuen» Tatsachen und Beweismittel kennzeichnet die Revision als ein Rechtsmittel, welches vorab bei urteilsähnlichen Verfügungen bzw. bei sich auf solche Verfügungen beziehenden Rechtsmittelentscheiden von Bedeutung ist, d.h. bei Verfügungen und Entscheiden, die sich auf einen Sachverhalt stützen, wie er an einem Stichtag oder in einem abgelaufenen Zeitabschnitt bestanden hat. Davon zu unterscheiden ist die Aufhebung oder Änderung von Verfügungen mit Dauerwirkung wegen *nachträglich eingetretener* Tatsachen; eine derartige *Anpassung* von Dauerverfügungen ist unter bestimmten Voraussetzungen zulässig, gilt jedoch nicht als Revision im Sinn von § 86a lit. b (vgl. Vorbem. zu §§ 86a–86d N. 13). 13

Mängel in der *Rechtsanwendung*, die sich nicht auf die Ermittlung des massgebenden Sachverhalts beziehen, sind kein Revisionsgrund nach § 86a lit. b (vgl. RB 1977 Nr. 79 = ZBl 78/1977, S. 467 = ZR 76 Nr. 91). Das gilt namentlich für die Anwendung unrichtigen Rechts und für die unrichtige Normanwendung. Die Revision ist nicht dazu da, um eine andere Rechtsauffassung durchzusetzen oder eine neue rechtliche Würdigung der beim Entscheid bekannten Tatsachen her- 14

§ 86a

beizuführen. Umso weniger bildet eine Praxisänderung – welche die frühere Anordnung rückwirkend als rechtswidrig erscheinen lässt – einen Revisionsgrund.

15 Es muss sich um *erhebliche* Tatsachen bzw. um Beweismittel betreffend solchermassen zu qualifizierende Tatsachen handeln. Darunter sind wie im Zivilprozess nur Tatsachen zu verstehen, welche den Entscheid für den Gesuchsteller günstiger gestaltet hätten; zu prüfen ist also, ob der Verfahrensausgang von den geltend gemachten Noven abhing (vgl. § 293 Abs. 1 ZPO; Frank/Sträuli/Messmer, § 293 N. 8; Rust, a.a.O., S. 122 ff., 172 ff.). Mit dem Begriff «erheblich» ist demnach mehr gemeint als bei der Ermittlung des Sachverhalts im nichtstreitigen Verfahren und im ordentlichen Rechtsmittelverfahren, wo eine Tatsache rechtserheblich sein kann, ohne gerade ausschlaggebend dafür sein zu müssen, dass der Entscheid so und nicht anders ausgefallen ist.

16 Es muss sich um Tatsachen oder Beweismittel handeln, welche der Gesuchsteller *im früheren Verfahren nicht beibringen konnte*. Dieses Erfordernis ist auch in der weitergefassten Bestimmung von § 86b Abs. 1 enthalten, welche als Eintretensvoraussetzung formuliert ist. Danach bilden von vornherein keinen Revisionsgrund neue Tatsachen und Beweismittel, die in dem der Anordnung vorausgehenden Verfahren oder mit einem ordentlichen Rechtsmittel hätten geltend gemacht werden können. Damit soll verhindert werden, dass eine rechtskräftige Anordnung auf dem Weg der Revision wegen neu entdeckter Tatsachen geändert werden kann, die der private Gesuchsteller bei ordentlicher Mitwirkung am früheren Verfahren schon damals hätte geltend machen können bzw. die gesuchstellende Behörde damals von Amtes wegen hätte ermitteln müssen. Es ist in erster Linie dieser Grundsatz, welcher die Revision als ein ausserordentliches Rechtsmittel kennzeichnet und ihren schmalen Anwendungsbereich absteckt. Vgl. dazu im Einzelnen § 86b N. 1 ff.

17 Wie verhält es sich, wenn jemand am Verfahren zu Unrecht nicht beteiligt worden ist und davon erst nach Ablauf der Frist für die Einreichung des ordentlichen Rechtsmittels bzw. der staatsrechtlichen Beschwerde erfährt? Nach früherem Recht konnte ein solcher Mangel den Tatbestand der Verletzung wesentlicher Verfahrensvorschriften (§ 67 lit. a) erfüllen. Nach dem revidierten VRG steht dieser Revisiongrund nicht mehr zur Verfügung. Wer zu Unrecht nicht am Verfahren beteiligt worden ist und diesen Mangel nicht rechtzeitig mit einem ordentlichen oder anderen ausserordentlichen Rechtsmittel rügen konnte, sollte jedoch die Revision der Anordnung verlangen können (BGr. 21.12.1993, 1P.444/1992 + 1P.738/1992). Insofern ist in Anlehnung an den früheren Tatbestand von § 67 lit. a ein aussergesetzlicher Revisionsgrund sui generis anzunehmen.

18 Einen bundesrechtlichen Revisionsgrund sieht Art. 139a OG vor. Danach ist die Revision von Entscheiden des Bundesgerichts oder einer Vorinstanz zulässig, wenn der EGMR eine Individualbeschwerde wegen Verletzung der EMRK

gutgeheissen hat und die Wiedergutmachung nur durch eine Revision möglich ist (Abs. 1). Die kantonale Vorinstanz hat auch dann auf das Revisionsgesuch einzutreten, wenn das kantonale Recht diesen Revisionsgrund nicht vorsieht (Abs. 3). Ein kantonales Revisionsverfahren muss dann durchgeführt werden, wenn die regelmässig vorangehende Revision des in der Sache letztinstanzlich ergangenen Bundesgerichtsurteils nicht zur Wiedergutmachung führt; das Bundesgericht überweist die Sache gegebenenfalls an die kantonale Vorinstanz (Abs. 2). Im Unterschied zu § 86a VRG erlaubt dieser bundesrechtliche Revisionsgrund die Revision wegen fehlerhafter Rechtsanwendung. Art. 139a OG soll eine effektive Wiedergutmachung von Konventionsverletzungen gewährleisten in Fällen, in denen eine Entschädigung wirkungslos oder unangebracht wäre (BBl 1991 II, S. 509; BGE 120 V 155, 124 II 485). Keinen Revisionsgrund bildet hingegen ein in einem anderen Fall ergangenes Urteil des EGMR, selbst wenn es die rechtskräftige kantonale Anordnung, um deren Revision ersucht wird, als EMRK-widrig erscheinen lässt (RB 1993 Nr. 10).

In Revision gezogen werden können auch die aufgrund von Rückzug, Vergleich und Anerkennung getroffenen Erledigungsbeschlüsse, sofern die betreffenden Prozesserklärungen wegen Willensmängeln zivilrechtlich unwirksam sind. Darin ist entweder ein in Anlehnung an § 293 Abs. 2 ZPO zu anerkennender aussergesetzlicher Revisionsgrund sui generis zu erblicken oder ein Sonderfall neuer erheblicher Tatsachen im Sinn von § 86a lit. b VRG (RB 1993 Nr. 11; vgl. N. 4).   19

§ 86b. Revisionsgesuche sind unzulässig, wenn die Revisionsgründe im Verfahren, das der Anordnung vorausging, oder mit Rekurs oder Beschwerde gegen die Anordnung hätten geltend gemacht werden können.   II. Gesuche

Das Revisionsgesuch ist bei der Behörde, welche die Anordnung getroffen hat, innert 90 Tagen seit Entdeckung des Revisionsgrundes einzureichen. Nach Ablauf von zehn Jahren seit Mitteilung der Anordnung ist ein Revisionsgesuch nur noch aus dem in § 86 lit. a) genannten Grunde zulässig.

Materialien
Weisung 1957, S. 1052; Prot. KK 21.3.1958; Prot. KR 1955–1959, S. 3404; Beleuchtender Bericht 1959, S. 412; Weisung 1995, S. 1543 f.; Prot. KK 1995/96, S. 157 ff., 307 ff.; Prot. KR 1995–1999, S. 6506.

Literatur vgl. Vorbem. zu §§ 86a–86d.

Übersicht	Note
1. Subsidiarität	1
2. Funktionelle Zuständigkeit	5
3. Frist	8

§ 86b

1. Subsidiarität

1 § 86b Abs. 1 hält den Grundsatz der Subsidiarität der Revision als ausserordentliches Rechtsmittel allgemein fest. Danach bilden von vornherein keinen Revisionsgrund neue Tatsachen und Beweismittel im Sinn von § 86a lit. b und Erkenntnisse über strafrechtlich relevante Beeinflussungen im Sinn von § 86a lit. a, die in dem der Anordnung vorausgehenden Verfahren oder mit einem ordentlichen Rechtsmittel hätten geltend gemacht werden können. Hinsichtlich des praktisch bedeutsamen Revisionsgrundes von § 86a lit. b ist dieser Grundsatz im Übrigen bereits in jener Bestimmung ausgesprochen (§ 86a N. 16). Damit soll verhindert werden, dass eine rechtskräftige Anordnung auf dem Weg der Revision wegen neu entdeckter Tatsachen geändert werden kann, die der private Gesuchsteller bei ordentlicher Mitwirkung am früheren Verfahren schon damals hätte geltend machen können bzw. die gesuchstellende Behörde damals von Amtes wegen hätte ermitteln müssen. Es ist in erster Linie dieser Grundsatz, welcher die Revision als ein ausserordentliches Rechtsmittel kennzeichnet und ihren schmalen Anwendungsbereich absteckt (Bosshart, Verfahrensmängel, S. 481).

2 Ob die neu geltend gemachten Tatsachen und Beweismittel bereits in dem der rechtskräftigen Anordnung *vorausgegangenen Verfahren* «hätten geltend gemacht werden können», ist unter Mitberücksichtigung der Untersuchungspflicht der Behörde (§ 7 Abs. 1, § 60) zu beurteilen. In dieser Hinsicht unterscheidet sich die Revision in der Verwaltungsrechtspflege von jener im Zivilprozess. Allerdings wird die verwaltungsbehördliche Untersuchungspflicht durch die Mitwirkungspflicht der Parteien relativiert (§ 7 Abs. 2). Der Private kann sich demnach nicht revisionsweise auf Tatsachen und Beweismittel berufen, die er aufgrund der Mitwirkungspflicht bereits im der Anordnung vorangegangenen Verfahren hätte vorbringen sollen. Da diese Mitwirkungspflicht im nichtstreitigen Verfahren stärker als im streitigen sowie im Rekursverfahren stärker als im Beschwerdeverfahren ausgebildet ist, hängt der Massstab für die «erforderliche Sorgfalt» (vgl. § 293 Abs. 1 ZPO) davon ab, ob um Revision einer Verfügung, eines Rekursentscheids, eines Beschwerdeentscheids oder eines im Klageverfahren ergangenen Urteils ersucht wird. Umgekehrt kann die verfügende Behörde bzw. das durch sie vertretene Gemeinwesen nicht Revision eines Rekurs- oder Beschwerdeentscheids aufgrund neu entdeckter Tatsachen und Beweismittel verlangen, die sie aufgrund ihrer Untersuchungspflicht bereits im nichtstreitigen Verwaltungsverfahren hätte ermitteln sollen (zur Legitimation der verfügenden Behörde vgl. § 86a N. 6).

3 Richtet sich das Revisionsbegehren nicht gegen einen Verwaltungsgerichtsentscheid, sondern gegen eine Anordnung, die einem ordentlichen kantonalen Rechtsmittel unterlag, gilt der weitere Vorbehalt, dass die Berufung auf Gründe unzulässig ist, die mit *Rekurs oder Beschwerde gegen die Anordnung* hätten gel-

§ 86b

tend gemacht werden können. Für den privaten Revisionskläger sind damit praktisch alle Tatsachen und Beweismittel ausgeschlossen, die sich bereits damals in seinem Wahrnehmungsbereich befanden; das gilt selbst hinsichtlich solcher Tatsachen, die in dem der Anordnung vorangehenden Verfahren nach dem Untersuchungsgrundsatz von Amtes wegen hätten ermittelt werden müssen. Hingegen muss sich der Bürger bei einem Verwaltungsentscheid auf behördliche Angaben über Tatsachen, die seinem Wahrnehmungsbereich entzogen sind, im Hinblick auf die Untersuchungspflicht der Behörde verlassen können; entdeckt er die Unrichtigkeit erst nach Ablauf der ordentlichen Rechtsmittelfrist, so kann ihm, wenn er hierauf ein Revisionsgesuch stellt, kein Mangel an Umsicht vorgeworfen werden (RB 1983 Nr. 25). Tatsachen und Beweismittel, die ein Verfahrensbeteiligter erst nach Abschluss des Rekursverfahrens entdeckt, kann er trotz eines allfälligen Novenverbots (vgl. § 52 Abs. 2) auch noch im Beschwerdeverfahren, selbst nach Ablauf der Beschwerdefrist, vorbringen, sofern sie einen Revisionsgrund bilden würden; daraus folgt, dass er diese Gelegenheit wahrnehmen muss und mit einem späteren Revisionsbegehren ausgeschlossen ist (RB 1984 Nr. 54).

Indem § 86b Abs. 1 «Revisionsgesuche», welche die Subsidiarität der Revision im umschriebenen Sinn missachten, als «unzulässig» bezeichnet, wird das Erfordernis der Subsidiarität zur *Eintretensvoraussetzung* erklärt; auf Revisionsgesuche, die dieses Erfordernis nicht erfüllen, ist nicht einzutreten. 4

2. Funktionelle Zuständigkeit

Das Revisionsgesuch ist «bei der Behörde, welche die Anordnung getroffen hat», einzureichen. Damit wird zugleich diese Behörde für zuständig erklärt. Die Revision ist ein *nichtdevolutives Rechtsmittel*. Geht es um die Revision einer Verfügung durch die verfügende Verwaltungsbehörde, ist dies von vornherein unproblematisch. Hat eine Verwaltungsjustizbehörde ihren Entscheid zu revidieren, verstösst dies weder gegen Art. 58 aBV bzw. Art. 30 Abs. 1 BV noch gegen Art. 6 Ziff. 1 EMRK (BGE 113 Ia 64), weil die Revision ein *ausserordentliches* Rechtsmittel ist. 5

Die in § 86b Abs. 2 getroffene Zuständigkeitsregel ist auslegungsbedürftig, sofern in der betreffenden Angelegenheit ein Rechtsmittelentscheid ergangen ist. Funktionell zuständig zur Behandlung eines Revisionsbegehrens ist jene Instanz, die sich mit den nachgebrachten Tatsachenbehauptungen oder Beweismitteln, wären diese schon im ordentlichen Verfahren beigebracht worden, hätte auseinandersetzen müssen. Ist die kantonale Verwaltungsjustizbehörde auf das Rechtsmittel nicht eingetreten, so ist die untere Instanz zur Behandlung des Revisionsbegehrens zuständig (vgl. § 295 Abs. 1 ZPO), es sei denn, die darin geltend gemachten Tatsachen oder Beweismittel beträfen gerade die von der 6

845

§ 86b

Rechtsmittelinstanz verneinten Eintretensvoraussetzungen. Hat die kantonale Rechtsmittelinstanz die Sache materiell überprüft, kommt es vorab darauf an, mit welcher Kognition (mit oder ohne Sachverhaltskontrolle) und Entscheidungsbefugnis (mit oder ohne reformatorische Tätigkeit) sie dies getan hat: Zur Revision einer im Rekursverfahren allseitig überprüften Verfügung ist in der Regel die Rekursinstanz, nicht die verfügende Behörde zuständig, selbst wenn deren Verfügung bestätigt worden ist (vgl. RB 1974 Nr. 45). Zur Revision eines durch Abweisung der Beschwerde bestätigten Rekursentscheids ist nicht das Verwaltungsgericht, sondern die Rekursbehörde zuständig (vgl. RB 1984 Nr. 62).

7 Nach der bundesgerichtlichen Praxis zu Art. 137 lit. a und b OG, welcher die gleichen Revisionstatbestände wie § 86a lit. a und b VRG vorsieht, gelten die nämlichen Kriterien im Verhältnis zwischen bundesgerichtlichen Urteilen und letztinstanzlichen kantonalen Entscheiden (dazu BGE 118 Ia 367 f. = Pra 82/ 1993 Nr. 145; BGE 118 II 478). Danach ist ein im Verfahren der Verwaltungsgerichtsbeschwerde ergangener Entscheid des Bundesgerichts einer Revision nach Art. 137 OG zugänglich, wenn und soweit das Bundesgericht den dem kantonalen Entscheid zugrunde gelegten Sachverhalt zu überprüfen hatte (vgl. Art. 105 OG). Tritt das Bundesgericht auf eine staatsrechtliche Beschwerde nicht ein oder weist es diese ab, so wird der angefochtene kantonale Entscheid dadurch nicht ersetzt; dieser unterliegt der kantonalrechtlichen Revision nach §§ 86a ff. Nur soweit das Bundesgericht eigene tatsächliche Feststellungen getroffen hat (z.B. hinsichtlich des Nichteintretens), sind diese einer bundesrechtlichen Revision nach Art. 137 OG zugänglich.

3. Frist

8 Die – relative – Frist von 90 Tagen beginnt ab «Entdeckung des Revisionsgrundes» zu laufen. Mit Entdecken ist die sichere Kenntnis der früher unbekannten Tatsachen und Beweismittel gemeint; bloss vage Anhaltspunkte muss sich der Betroffene bei der Fristberechnung nicht als Entdeckung entgegenhalten lassen (Frank/Sträuli/Messmer, § 295 N. 1). Beruft sich ein Verfahrensbeteiligter auf den Revisionsgrund von § 86a lit. a, so kann er die Erledigung des Strafverfahrens abwarten (vgl. § 295 Abs. 2 ZPO).

9 Die Frist von 90 Tagen ist als gesetzliche Frist grundsätzlich nicht erstreckbar (§ 12 Abs. 1). Sie ist jedoch wiederherstellbar (vgl. § 12 Abs. 2). Sie ist eine Verwirkungsfrist mit der Folge, dass auf ein nach ihrem Ablauf eingetretenes Gesuch nicht einzutreten ist. Zum alten Recht (§ 68 Abs. 1, aufgehoben am 8.6.1997) ist entschieden worden, die Frist für ein Gesuch um Revision von *verwaltungsgerichtlichen Urteilen* stehe während der *Gerichtsferien* (vgl. § 140 GVG) still (RB 1985 Nr. 22). Daran kann unter dem neuen Recht (§ 86b Abs. 2)

§ 86b / § 86c

nicht festgehalten werden; denn der genannte Entscheid bezog sich auf die in der Gesetzesrevision abgeschaffte Revision wegen Verletzung wesentlicher Verfahrenvorschriften (§ 67 lit. a und b), bei welcher die Revisionsfrist ab Mitteilung des begründeten Urteils zu laufen begann; zudem war § 140 GVG kraft der Verweisungsnorm von § 71 unmittelbar auf die damalige Regelung der Revision in §§ 67–69 anwendbar, welche Anknüpfung für die neue Regelung in §§ 86a–86d fehlt.

§ 86b Abs. 2 Satz 2 statuiert ferner für auf § 86a lit. b gestützte Revisionsbegehren eine *absolute Verwirkungsfrist* von zehn Jahren seit Mitteilung der in Rechtskraft erwachsenen Anordnung. Tatsachen, die erst nach derart langer Zeit entdeckt werden, sollen nach dem Willen des Gesetzgebers im diesfalls überwiegenden Interesse der Rechtssicherheit nicht mehr zu einer Revision der rechtskräftigen Anordnung führen können. Diese absolute Verwirkungsfrist gilt nicht für auf § 86a lit. a gestützte Revisionsbegehren. 10

§ 86c. Das Revisionsgesuch muss die Revisionsgründe angeben und die für den Fall einer neuen Anordnung in der Sache gestellten Anträge enthalten. Beweismittel sollen beigelegt oder, soweit dies nicht möglich ist, genau bezeichnet werden. III. Verfahren

Die Einreichung des Revisionsgesuches schiebt die Vollstreckung der angefochtenen Anordnung nur auf, wenn die angerufene Behörde es bestimmt.

Materialien
Weisung 1957, S. 1052; Prot. KK 21.3.1958; Prot. KR 1955–1959, S. 3404; Beleuchtender Bericht 1959, S. 412; Weisung 1995, S. 1543 f.; Prot. KK 1995/96, S. 157 ff., 307 ff.; Prot. KR 1995–1999, S. 6506.

Literatur vgl. Vorbem. zu §§ 86a–86d.

Übersicht
	Note
1. Formelle Anforderungen an das Revisionsgesuch (Abs. 1)	1
2. Wirkungen des Revisionsgesuchs (Abs. 2)	6
3. Verfahren	7

1. Formelle Anforderungen an das Revisionsgesuch (Abs. 1)

Obwohl im Gesetz nicht (mehr) ausdrücklich vorgesehen, bedarf das Revisionsgesuch der *schriftlichen* Form. Ferner muss es das *Begehren* enthalten, eine bestimmte, in Rechtskraft erwachsene Anordnung in Revision zu ziehen (vgl. § 296 Abs. 1 Ziff. 1 ZPO). Für den Fall, dass sich die verlangte Revision nicht in der ersatzlosen Aufhebung der betreffenden Anordnung erschöpfen soll (was nur bei der Revision von Verfügungen denkbar ist), ist ein Antrag erforderlich, wie die neue Anordnung lauten soll (vgl. § 296 Abs. 1 Ziff. 2 ZPO). 1

847

§ 86c

2   Die Revisionsgründe sind zu bezeichnen. Mit diesem Erfordernis wird eine *Begründung* des Revisionsbegehrens verlangt. Der Gesuchsteller darf sich dabei nicht damit begnügen, einen der gesetzlichen Revisionsgründe anzurufen; vielmehr hat er im Einzelnen darzutun, aufgrund welcher neu entdeckter Tatsachen und/oder Beweismittel der angerufene Tatbestand von § 86a lit. a oder b erfüllt sei. Ferner muss der Gesuchsteller darlegen, dass er die als Revisionsgrund vorgebrachten Tatsachen oder Beweismittel auch bei pflichtgemässer Sorgfalt nicht vor Eintritt der Rechtskraft der Anordnung vorbringen konnte, sei es in dem der zu revidierenden Anordnung vorangehenden Verfahren, sei es mit Rekurs oder Beschwerde gegen diese Anordnung (vgl. § 86b Abs. 1). Rechtliche Ausführungen sind nicht zwingend erforderlich (Rust, a.a.O., S. 77).

3   Obwohl im Gesetz nicht (mehr) ausdrücklich vorgesehen, sind Darlegungen über die Einhaltung der Revisionsfrist (§ 86b Abs. 2 VRG) erforderlich (vgl. § 296 Abs. 1 Ziff. 4 ZPO). Aus solchen Darlegungen wird sich zumeist auch ergeben, ob die als Revisionsgrund vorgebrachten Tatsachen oder Beweismittel auch bei pflichtgemässer Sorgfalt nicht vor Eintritt der Rechtskraft der Anordnung geltend gemacht werden konnten.

4   Antrag und Begründung im umschriebenen Sinn sind *Gültigkeitsvoraussetzungen* für das Revisionsbegehren. Fehlt ein Antrag oder eine Begründung, ist auf das Revisionsbegehren nicht einzutreten, ohne dass dem Gesuchsteller zuvor eine Nachfrist zur Verbesserung anzusetzen wäre (RB 1975 Nr. 17).

5   Mit den in *Abs. 1 Satz 2* erwähnten Beweismitteln, die beigelegt oder, soweit dies nicht möglich ist, genau bezeichnet werden sollen, sind solche gemeint, welche die als Revisionsgrund vorgebrachten Tatsachen stützen sollen. Abs. 1 Satz 2 ist Ordnungsvorschrift, nicht Gültigkeitsvoraussetzung. Anders verhält es sich mit Beweismitteln, die als Revisionsgrund vorgebracht werden; deren genaue Bezeichnung ist Gültigkeitserfordernis.

2.   Wirkungen des Revisionsgesuchs (Abs. 2)

6   Als *ausserordentliches Rechtsmittel* hemmt das Revisionsgesuch die formelle Rechtskraft der angefochtenen Anordnung nicht; vielmehr geht es ja gerade darum, ob die bereits eingetretene Rechtskraft dieser früheren Anordnung durchbrochen werden soll, wozu es nur und erst bei einer Gutheissung des Revisionsbegehrens kommt. Dies wird in § 86c Abs. 2 als selbstverständlich vorausgesetzt. Folgerichtig sieht die Bestimmung vor, dass die *Vollstreckung* der angefochtenen Anordnung durch die Einreichung des Revisionsbegehrens nicht aufgeschoben wird. Die angerufene Behörde kann jedoch auf Gesuch hin oder von Amtes wegen die aufschiebende Wirkung oder (andere) vorsorgliche Massnahmen (§ 6) anordnen.

§ 86c / 86d

3. Verfahren

Trotz seines Randtitels «Verfahren» enthält § 86c abgesehen von Angaben betreffend das Revisionsgesuch und dessen Wirkung keine näheren Vorschriften über das Revisionsverfahren. Anders als nach altem Recht (§ 69, aufgehoben am 8.6.1997), fehlt sodann auch eine Verweisung auf die Vorschriften der Zivilprozessordnung über die Revision (§§ 293 ff. ZPO). Von einer förmlichen Verweisung ist wohl deswegen abgesehen worden, weil die §§ 86a–86d VRG neu auch für die Revision von Verfügungen massgebend sind. Angesichts dessen, dass das Rechtsinstitut der Revision dem Zivilprozess entstammt, dürfte es zumindest bei der Revision von Entscheiden gleichwohl angebracht sein, für die Beantwortung von Verfahrensfragen die in der zivilprozessualen Praxis entwickelten Grundsätze zu berücksichtigen, soweit nicht sinngemäss Bestimmungen des VRG über das Rekurs- und Beschwerdeverfahren heranzuziehen sind. 7

Erweist sich das Revisionsbegehren nicht sofort als unzulässig oder unbegründet, gibt die Revisionsinstanz den übrigen am früheren Verfahren Beteiligten Gelegenheit zur schriftlichen Beantwortung (vgl. §§ 26 Abs. 2 und 58 Satz 1 VRG; § 297 ZPO). Es kann ein zweiter Schriftenwechsel angeordnet werden (vgl. §§ 26 Abs. 4 und 58 Satz 2 VRG). Den am Revisionsverfahren Beteiligten steht das Recht auf Akteneinsicht zu (§§ 8, 9, 26 Abs. 1 Satz 2, 57 Abs. 1 Satz 2 VRG). 8

§ 86d. Die Revision erfolgt, indem die Behörde die fragliche Anordnung aufhebt und eine neue erlässt.

IV. Entscheid

Materialien
Weisung 1957, S. 1052; Prot. KK 21.3.1958; Prot. KR 1955–1959, S. 3404; Beleuchtender Bericht 1959, S. 412; Weisung 1995, S. 1543 f.; Prot. KK 1995/96, S. 157 ff., 307 ff.; Prot. KR 1995–1999, S. 6506.

Literatur vgl. Vorbem. zu §§ 86a–86d.

Die Beurteilung des Revisionsbegehrens erfolgt in verschiedenen Schritten, indem zunächst über die Zulässigkeit des Revisionsbegehrens, hernach bejahendenfalls über das Vorliegen des geltend gemachten Revisionsgrundes und schliesslich gegebenenfalls über den Erlass einer neuen Anordnung zu befinden ist. Die einzelnen Beurteilungsschritte, von denen nach zivilprozessualer Lehre die zwei erstgenannten das iudicium rescindens und der dritte das iudicium rescissorium darstellen, bilden jedoch keine eigenständigen Verfahrensabschnitte in dem Sinn, dass bei positiver Beurteilung je entsprechende Teilentscheide zu treffen wären. 1

Das Revisionsbegehren ist zulässig, wenn es die formellen Gültigkeitserfordernisse – insbesondere Legitimation, Antrag und Begründung, Fristwahrung, 2

§ 86d

Subsidiarität – erfüllt. Nach dem Willen des Gesetzgebers ist auch die Subsidiarität des Begehrens – d.h. die Unmöglichkeit, die darin vorgebrachten Tatsachen und Beweismittel in dem der rechtskräftigen Anordnung vorangegangenen Verfahren oder mit dem damals gegebenen ordentlichen Rechtsmittel geltend zu machen – Gültigkeitsvoraussetzung (§ 86b Abs. 1). Fehlt eine dieser Voraussetzungen, ist auf das Gesuch nicht einzutreten.

3   Im Mittelpunkt der Beurteilung steht die Frage, ob der geltend gemachte Revisionsgrund zu bejahen sei. In diesem Sinn handelt es sich bei der Revision um ein *unvollkommenes* Rechtsmittel (RB 1961 Nr. 3 = ZR 60 Nr. 103). Aus der Regelung der funktionellen Zuständigkeit (dazu § 86b N. 6) ergibt sich jedoch, dass die funktionell zuständige Revisionsinstanz – mithin auch das Verwaltungsgericht, sofern dessen funktionelle Zuständigkeit zu bejahen ist – jedenfalls mit freier Tatsachenkognition das Vorliegen des geltend gemachten Revisionsgrundes prüft. Beruft sich der Gesuchsteller auf den Revisionsgrund von § 86a lit. b, geht es vorab um die Erheblichkeit der geltend gemachten neu entdeckten Tatsachen oder Beweismittel. Dazu genügt es, anders als im ordentlichen Verfahren, nicht, dass die fragliche Tatsache dem rechtserheblichen Sachverhalt zuzurechnen ist; erforderlich ist darüber hinaus, dass sie für den Gesuchsteller zu einer günstigeren Beurteilung führen kann (vgl. § 86a N. 15; Rust, a.a.O., S. 122 ff.). Deswegen geht in vielen Fällen die Prüfung der Begründetheit des Revisionsbegehrens untrennbar in die im dritten Beurteilungsschritt zu prüfende Frage über, welcher Neuentscheid zu treffen sei. Kommt die Revisionsinstanz zum Schluss, der geltend gemachte Revisionsgrund sei nicht gegeben, weist sie das Gesuch ab.

4   Hält die Revisionsinstanz das Revisionsbegehren für begründet, so ist damit in vielen Fällen vorbestimmt, dass und in welcher Weise eine inhaltlich von der alten abweichende neue Anordnung zu treffen ist (dazu N. 3; vgl. Rust, a.a.O., S. 176). In gewissen Fällen sind jedoch trotz Bejahung eines Revisionsgrundes weitere Sachverhaltsermittlungen und damit auch weitere Stellungnahmen der Gegenpartei erforderlich, von denen der Neuentscheid abhängt (vgl. § 298 ZPO). Führen die weiteren Abklärungen und Stellungnahmen zum Schluss, dass gleichwohl im Ergebnis an der angefochtenen Anordnung unverändert festzuhalten ist, so wird diese nicht förmlich aufgehoben und durch eine gleich lautende ersetzt; vielmehr ist in solchen Fällen das Revisionsbegehren in gleicher Weise wie bei Verneinung eines Revisionsgrundes abzuweisen. Eine «Revision» und damit eine «neue» Anordnung im Sinn von § 86d erfolgt demnach nur, wenn im *Ergebnis* eine gegenüber der früheren abweichende Anordnung zu treffen ist. Diesfalls ist das Revisionsbegehren ganz oder teilweise gutzuheissen.

5   Verfügungen und Entscheide über ein Revisionsgesuch unterliegen den nämlichen Rechtsmitteln wie die ursprüngliche Verfügung bzw. der Entscheid, der Anlass zum Revisionsgesuch gegeben hat. Im Rekurs- und Beschwerdeverfahren über eine die Revision ablehnende Anordnung können neue Revisions-

gründe nicht vorgebracht werden; solche sind mit einem neuen Revisionsbegehren bei der funktionell zuständigen unteren Instanz geltend zu machen (RB 1961 Nr. 3 = ZR 60 Nr. 103).

Fünfter Abschnitt
Die Ombudsperson

Vorbemerkungen zu §§ 87–94

Materialien
Weisung Ombudsperson, S. 966 ff.; Prot. KK 29.10.1976–2.6.1977; Prot. KR 1975–1979, S. 5908–5946, 6033–6041; Beleuchtender Bericht Ombudsperson, S. 933 ff.; Prot. KR 1987–1991, S. 6763–6774 (Motion Gerster betreffend den Aufgabenbereich der Ombudsperson).

Literatur
CAIDEN GERALD E. (Hrsg.), International Handbook of the Ombudsman, 2 Bde., Westport/London 1983; CRETTOL GERMAIN, Ombudsman et contrôle de l'administration publique, in: Festgabe Josef Schwarzfischer, Fribourg 1972, S. 141 ff.; FRENKEL MAX, Institutionen der Verwaltungskontrolle, Zürich 1969, Nrn. 1017 ff.; HALLER WALTER, Konsequenzen der Auslagerung von Staatsaufgaben auf den Zuständigkeitsbereich des kantonalzürcherischen Ombudsmannes, ZBl 100/1999, S. 601 ff. (Haller, Auslagerung); DERSELBE, Besetzung von Vollämtern im Job Sharing? Fallstudie: Kantonalzürcherische Ombudsstelle, ZBl 98/1997, S. 193 ff. (Haller, Job Sharing); DERSELBE, Der Ombudsmann im Gefüge der Staatsfunktionen, in: Festschrift Kurt Eichenberger, Basel/Frankfurt a.M. 1982, S. 705 ff. (Haller, Gefüge); DERSELBE, Der Ombudsmann als Mittler zwischen Bürger und Behörden, Verwaltungspraxis 28/1974, S. 367 ff. (Haller, Mittler); DERSELBE, Der Ombudsmann – Erfahrungen im Ausland, Folgerungen für die Schweiz, ZBl 73/1972, S. 177 ff. (Haller, Erfahrungen); DERSELBE, Verstärkung des Rechtsschutzes durch einen Ombudsmann, SJZ 64/1968, S. 245 ff.; DERSELBE, Der Ombudsmann, ZSR 85/1966 I, S. 355 ff.; DERSELBE, Der schwedische Justitieombudsman, Zürich 1965 (Haller, Justitieombudsman); HANSEN JÜRGEN, Die Institution des Ombudsman, Frankfurt a.M. 1972; HELG RENÉ, La haute surveillance du parlement sur le gouvernement et l'administration, ZSR 85/1966 II, S. 85 ff., 147 ff.; JAKOB GERHARD H., Die rechtsstaatliche Stellung des schweizerischen Wehrmannes. Rechtsvergleichende Betrachtungen, insbesondere im Hinblick auf die Einsetzung eines Wehrbeauftragten, ZBl 75/1974, S. 12 ff.; JENT-SØRENSEN INGRID, Der dänische Ombudsmann, Zürich 1985; KELLER BEAT, Der Ombudsmann der Stadt Zürich – ein schweizerisches Modell, Zürich 1979; KLEY-STRULLER, Rechtsschutz, S. 311 ff.; KÖLZ, Ombudsmann; KÖLZ/HÄNER, 1. A., Rz. 625 ff.; LAZZARINI CLAUDIA, Einführung eines Eidgenössischen Ombudsmannes, Zürich 1997; MARTI HANS, Plädoyer für kontrollierte Macht, Bern 1964; DERSELBE, Die aufsehende Gewalt, in: Festschrift Hans Huber, Bern 1961, S. 174 ff. (Marti, Aufsehende Gewalt); MATSCHER FRANZ (Hrsg.), Ombudsmann in Europa – Institutioneller Vergleich, Kehl/Strasbourg/Arlington 1994; MOSER WERNER, Die parlamentarische Kontrolle über Verwaltung und Justiz, Zürich 1969, S. 199 ff.; MÜLLER BERNHARD, Die Geschichte vom Ombudsmann oder das Unbehagen im Sozialstaat, Verwaltungspraxis 28/1974, S. 375 ff.; REIF LINDA C. (Hrsg.), The International Ombudsman Anthology, Den Haag 1999; SCHMID WERNER, Der Ombudsmann in Kanada, Zürich 1976, S. 193 ff.; VONTOBEL JACQUES, Der Ombudsmann der Stadt Zürich: Mittler zwischen Bürger und Verwaltung, ZBl 82/1981, S. 1 ff. (Vontobel, Mittler); DERSELBE, Der Ombudsmann der Stadt Zürich, Verwaltungspraxis 28/1974, S. 385 ff.; WERTENSCHLAG RUDOLF, Die Frage der vierten und der fünften Gewalt im schweizerischen Staatsrecht – Vermittlung und Aufsicht, Gesetzgebung heute 1996/3, S. 47 ff.

Vorbem. zu §§ 87–94

Übersicht	Note
1. Definition	1
2. Bedürfnis nach zusätzlicher Verwaltungskontrolle	2
3. Herkunft und Bezeichnung	8
4. Verfassungsrechtliche Stellung und Funktion	11

1. Definition

Die Ombudsstelle kann als ein zwischen Parlament und Justiz stehendes, mit 1
Funktionen der Verwaltungskontrolle betrautes Staatsorgan sui generis charakterisiert werden. Sie wird definiert als hochrangige, unabhängige, dem Parlament verantwortliche Behörde, die aufgrund von Beschwerden Betroffener oder aus eigener Initiative die Aufsicht hinsichtlich der Rechtmässigkeit, Angemessenheit und Korrektheit von Amtshandlungen bestimmter Amtsträger und Behörden ausübt, wobei ihr keine Entscheidungsgewalt, sondern die Kompetenz zur Abklärung, Vermittlung, Ermahnung und Berichterstattung zukommt (vgl. Frenkel, a.a.O., Nr. 1017a; Haller, a.a.O., Gefüge, S. 707).

2. Bedürfnis nach zusätzlicher Verwaltungskontrolle

Der Bereich der staatlichen Verwaltungstätigkeit hat sich im Zeichen der Um- 2
wandlung des liberalen Staats in den Sozialstaat in bedeutendem Mass ausgedehnt. Zugleich hat der Staat zunehmend die Möglichkeit erhalten, eingreifend und gestaltend weite Lebensbereiche der Bevölkerung zu beeinflussen, was ihm einen bedeutenden Machtzuwachs verschafft hat (vgl. Marti, a.a.O., Aufsehende Gewalt, S. 174; Vontobel, a.a.O., Mittler, S. 5). Weil Machtausübung nur in gebundener Form legitim ist, ergab sich aus dieser Entwicklung das Bedürfnis nach Verstärkung der Verwaltungskontrolle (vgl. Müller, a.a.O., S. 376). Zwar genügen in zahlreichen Fällen die traditionellen Mittel der Verwaltungskontrolle, so die parlamentarische Verwaltungskontrolle, die demokratische Kontrolle der Verwaltungsspitze mittels Volkswahl, die weitgehend institutionalisierten verwaltungsinternen Rechtsmittel und Rechtsbehelfe sowie die Beschwerde- bzw. Klagemöglichkeiten beim unabhängigen Verwaltungsgericht durchaus.

Es mag jedoch vorkommen, dass die herkömmlichen Mittel der Verwaltungs- 3
kontrolle dem Einzelnen keinen ausreichenden Schutz gewähren. Dem unbeholfenen, über keine Beziehungen zu Politikern oder zur Presse verfügenden Privaten dürfte es oft nicht möglich sein, die parlamentarische oder demokratische Verwaltungskontrolle zu seinen Gunsten in Gang zu setzen (vgl. Haller, a.a.O., Erfahrungen, S. 184). Er dürfte auch nicht immer über den vom liberalen Staatsdenken fingierten Mut oder aber über die notwendige finanzielle Risikobereitschaft verfügen, um ein Rechtsmittel gegen einen ihn belastenden Verwaltungsakt

Vorbem. zu §§ 87–94

zu erheben. Die komplizierte Zuständigkeitsordnung, die formellen Schranken der Rechtsmittel und nicht zuletzt das Kostenrisiko können von der Inanspruchnahme des Rechtsschutzes abschrecken. Weiter mögen viele Menschen auch im modernen demokratischen Staat eine oft nur psychologisch begründbare unangebrachte Scheu davor haben, sich einer «hohen» Behörde – wenn auch nur in sachlicher Hinsicht – entgegenzustellen. Besonders grosse Hemmungen, den Rechtsschutz in Anspruch zu nehmen, haben Personen, die in einem Sonderstatusverhältnis zum Staat stehen (Angestellte im öffentlichen Dienst, Schüler, Studierende, Armeeangehörige, Anstaltsbenützer, Strafgefangene; vgl. Haller, a.a.O., Erfahrungen, S. 183).

4 Zudem gibt es trotz der relativ gut ausgebauten zürcherischen Verwaltungsrechtspflege Fälle, in denen der Einzelne mangels Zuständigkeit des Verwaltungsgerichts oder mangels Rechtsmittellegitimation seine Sache nicht von einer verwaltungsunabhängigen Behörde überprüfen lassen kann. Auch in diesen Fällen kann jedoch ein Bedürfnis nach einer verwaltungsexternen Kontrolle bestehen. Obwohl sich die Rekurssachbearbeiter und die entsprechenden Behörden auch im verwaltungsinternen Rechtsschutzverfahren unzweifelhaft bemühen, eine Sache möglichst objektiv zu beurteilen, können sie möglicherweise doch nicht über ihren eigenen Schatten springen: Sie sind und bleiben Teil der Verwaltung, also Partei, und haben primär die Aufgabe, dem öffentlichen Interesse zum Durchbruch zu verhelfen. Zu dieser grundsätzlichen Interessengebundenheit der Verwaltung kann eine gewisse «Beamtensolidarität» hinzutreten, die eine Rekursbehörde im Einzelfall daran hindern kann, einen an sich rechtswidrigen Akt der unteren Behörde aufzuheben (vgl. Haller, a.a.O., Erfahrungen, S. 183). Schliesslich mag es immer noch vorkommen, dass selbst Angestellte im öffentlichen Dienst über rechtsstaatliche Verfahrensgarantien zu wenig Bescheid wissen.

5 Nicht zu unterschätzen sind auch die Konfliktmöglichkeiten zwischen Privaten und Staat beim informellen Handeln der Verwaltung, so bei Realakten, mündlichen Auskünften, Zahlungen, Zahlungsverweigerungen usw. (vgl. auch § 19 N. 9 ff.); auch das Handeln der Verwaltung im «Graubereich» privatrechtlicher Formen schafft Konflikte, zu deren Beilegung ausreichende Mittel fehlen (Weisung Ombudsperson, S. 970). Schliesslich sind die Probleme der Einzelnen mit der Verwaltung oft nicht rechtlich fassbarer Natur, sondern beschlagen das Auftreten der Amtsträger oder die Kommunikation.

6 Aus all diesen Gründen wurde mit der Ombudsperson eine *leicht ansprechbare*, ausserhalb der Verwaltung stehende Instanz eingeführt, die mit der Objektivität eines Richters, jedoch ohne formelle Schranken hilft, Schwierigkeiten mit der Verwaltung auszuräumen (vgl. Haller, a.a.O., Mittler, S. 368).

7 Gemäss dem Eindruck der Ombudsperson ist die Bevölkerung in den Jahren des Bestehens dieser Institution dem Staat gegenüber kritischer geworden (TB

1996, S. 12). Inwiefern sich die in N. 3 ff. geschilderten Probleme des Einzelnen mit der Verwaltung verändert haben und ob die Ombudsperson allenfalls dazu beigetragen hat – ob diese die in sie gesetzten Erwartungen also erfüllt hat –, wäre einer empirischen Untersuchung wert.

3. Herkunft und Bezeichnung

Die Institution des «Ombudsman» stammt aus Schweden, wo sie anfangs des 19. Jahrhunderts eingeführt wurde (Frenkel, a.a.O., Nrn. 1018 ff.; Haller, a.a.O., Justitieombudsman, S. 81 ff.; Marti, a.a.O., Aufsehende Gewalt, S. 176). In schwedischer Sprache bedeutet Ombudsman Beauftragter, Berater oder Vertreter. Die Institution hat sich in der Folge über ganz Skandinavien und schliesslich weltweit verbreitet (vgl. Walter Haller/Alfred Kölz, Allgemeines Staatsrecht, Basel/Frankfurt a.M. 1996, S. 219; zur Verbreitung in den Mitgliedstaaten des Europarats vgl. Michael Mauerer, Die parlamentarischen Ombudsmann-Einrichtungen in den Mitgliedstaaten des Europarates, in: Matscher, a.a.O., S. 123 ff.). In der Schweiz ist das erste Amt einer Ombudsperson im Jahr 1971 von der Stadt Zürich geschaffen worden. Als erster Kanton hat der Kanton Zürich am 25.9.1977 die Einführung einer Ombudsperson beschlossen. Dazu trugen nebst den wissenschaftlichen Vorarbeiten nicht zuletzt auch die guten Erfahrungen bei, die mit der stadtzürcherischen Ombudsperson gemacht worden waren (Weisung Ombudsperson, S. 972 ff.; Beleuchtender Bericht Ombudsperson, S. 934 f.). Mittlerweile kennen auch die Kantone Basel-Stadt (seit 1988) und Basel-Landschaft (seit 1989) sowie die Städte Winterthur (seit 1992) und Bern (seit 1996) dieses Amt. Weiter ermächtigen die Verfassungen der Kantone Bern (Art. 96) und Aargau (§ 101) den Gesetzgeber ausdrücklich zur Einführung einer Ombudsstelle. 8

Im Gegensatz zur Stadt Zürich, wo die Ombudsperson offiziell «Beauftragter in Beschwerdesachen» heisst, hat man im Kanton mangels einer präzisen deutschen Umschreibung die fremdsprachige Bezeichnung «Ombudsman» in eingedeutschter Form gewählt (ursprünglich «Ombudsmann»; vgl. Weisung Ombudsperson, S. 976; Marti, a.a.O., Aufsehende Gewalt, S. 175; zur Terminologie auch Haller, a.a.O., Erfahrungen, S. 179). Das Personalgesetz vom 27.9.1998 führte die geschlechtsneutrale Form «Ombudsperson» ein. 9

Die Bezeichnung «Ombudsperson» sollte der *«parlamentarischen»*, d.h. allein dem Parlament verantwortlichen Ombudsperson vorbehalten bleiben. Diese ist zu unterscheiden von Anlaufstellen zur Beratung, Vermittlung oder Entgegennahme von Reklamationen, wie sie von der Verwaltung, aber auch von privaten Unternehmen zur Verfügung gestellt werden (vgl. Haller, a.a.O., Erfahrungen, S. 178 f.). 10

Vorbem. zu §§ 87–94

4. Verfassungsrechtliche Stellung und Funktion

11 Der zürcherische Gesetzgeber hat wegen der fehlenden Entscheidungsbefugnis der Ombudsperson und im Hinblick auf die schwer vorzunehmende staatsrechtliche Einordnung darauf verzichtet, für die neue Institution eine Verfassungsgrundlage zu schaffen (vgl. Weisung Ombudsperson, S. 975), was aus rechtsstaatlichen Gründen bedauerlich ist (vgl. auch Marti, a.a.O., Aufsehende Gewalt, S. 185).

12 Die *staatsrechtliche Stellung* der Ombudsperson ist schwierig zu umschreiben, weil sich die Institution nicht richtig in das klassische Modell des gewaltenteiligen Staats mit den drei Funktionen Legislative, Exekutive und Judikative einordnen lässt, ohne dass sie deswegen als «vierte Gewalt» bezeichnet werden sollte (Haller, a.a.O., Gefüge, S. 709 f.). Hauptmerkmale der Ombudsperson sind, dass sie vom Parlament gewählt wird, von der Exekutive völlig unabhängig ist und sowohl als Teil der Verwaltungskontrolle die herkömmliche hierarchische Aufsicht ergänzt als auch eine Vermittlerrolle zwischen Privatpersonen und der Verwaltung ausübt (Haller, a.a.O., Gefüge, S. 710). Sie ist mehr als bloss Beauftragte oder Hilfsorgan des Parlaments, dem gegenüber sie über eine Unabhängigkeit verfügt, die derjenigen der Gerichte entspricht (Haller, a.a.O., Gefüge, S. 708). Die Hauptfunktion der Ombudsperson zürcherischer Prägung ist die Gewährung von Rechts- und Interessenschutz zugunsten des Individuums; sie ist nicht primär als langer Arm des Parlaments bei dessen Kontrolle über die Verwaltung gedacht. Insbesondere ist sie nicht verpflichtet, vom Parlament Weisungen entgegenzunehmen (Weisung Ombudsperson, S. 977). Sie verfügt über volles Akteneinsichtsrecht bei der Exekutive. Mit Bezug auf Wahlart, Unabhängigkeit und hierarchische Stellung steht die Ombudsperson den Mitgliedern der obersten Gerichte gleich; mit Bezug auf die Amtsdauer aber leider nicht mehr (vgl. § 87 N. 1).

13 Zur Gewährleistung der Machtbeschränkung im gewaltenteiligen Rechtsstaat werden die unabhängige Stellung und die umfassenden Einsichts- und Prüfungsrechte durch das Fehlen der Entscheidungskompetenz kompensiert. Die Ombudsperson kann keine verbindlichen und erzwingbaren Akte setzen. Sie ist auf die Mittel gemäss den §§ 93 und 87 Abs. 3 beschränkt; daneben ergeben sich einzig gewisse Möglichkeiten zur informellen Einflussnahme. Wesentliche Bedeutung kommt indessen auch der präventiven Wirkung der Institution an sich zu, da jede Amtsstelle möglichst bestrebt sein dürfte, der Ombudsperson keinen Grund zum Einschreiten zu geben (vgl. Haller, a.a.O., Erfahrungen, S. 185).

14 Wer an die Ombudsperson gelangt, sucht vor allem einen «leicht ansprechbaren, ohne Förmlichkeit tätig werdenden Helfer und Berater» (TB 1996, S. 12; Vontobel, a.a.O., Mittler, S. 5). Eine nicht zu unterschätzende Bedeutung hat die Tätigkeit der Ombudsperson für Personen, die sich zwar mit einer Verfü-

gung der Verwaltung abgefunden haben, jedoch Trost und menschliche Anteilnahme suchen oder im Gespräch ernst genommen werden wollen (Kley-Struller, Rechtsschutz, S. 314). Die Ombudsperson soll gewissermassen dem Staat ein menschliches Gesicht geben.

In ihrer vermittelnden Funktion hat die Ombudsperson einerseits Rechtsverletzungen und Fehler der Verwaltung aufzudecken und – soweit möglich – zu deren Behebung beizutragen. Wenn ihre Untersuchungen zum Ergebnis führen, dass die Verwaltung korrekt gehandelt hat, muss sie anderseits dies dem Rechtsuchenden begreiflich zu machen versuchen. Die Ombudsperson stärkt somit gegebenenfalls das Vertrauen in die Verwaltung und schützt diese vor ungerechtfertigten Angriffen (vgl. TB 1996, S. 12; 1981, S. 13). Die Betroffenen, aber auch die Presse und das Parlament, betrachten in der Regel einen Fall als abgeschlossen, wenn die Ombudsperson eine Prüfung vorgenommen und dabei nichts beanstandet hat (vgl. Marti, a.a.O., Aufsehende Gewalt, S. 186). 15

Das Amt der Ombudsperson weist Bezüge auf zur *Mediation,* die im Verwaltungsverfahrensrecht noch wenig beachtet wird. «Mediation» meint ein Verfahren der Problemregelung, in dem die Streitbeteiligten unter Beizug einer unabhängigen, neutralen, vermittelnden Person eine gütliche Einigung anstreben. Der Mediator hat keine Entscheidungskompetenz; ihm obliegt die Verfahrensgestaltung und nicht die Lösung des sachlichen Problems (Kley-Struller, Rechtsschutz, S. 315 ff., mit weiteren Hinweisen; vgl. auch Peter Bösch, Bauen und Mediation, PBG aktuell 2/1998, S. 5 ff.). 16

Informelles Handeln ist im Konzept der Ombudsstelle unterschwellig mitenthalten. Gewisse Unschärfen bei der Zuständigkeitsabgrenzung können deshalb nicht ausgeräumt werden. Umgekehrt können gerade dadurch die Kompetenzkonflikte gemildert werden, die sich aus der Ergänzung der klassischen Verwaltungsaufsicht durch eine andersartige Institution ergeben (vgl. auch § 93 N. 9). 17

Infolge des Fehlens jeglicher Entscheidungskompetenz und der Vermittlungsfunktion nicht nur bei rechtlichen, sondern auch bei vorwiegend zwischenmenschlichen Problemen ist die Ombudsperson in hohem Mass sowohl auf eine gewisse Akzeptanz in der Verwaltung als auch auf das Vertrauen der Rechtsuchenden angewiesen. Wer eine Behörde dazu zu bewegen hat, auf ihre Verfügung zurückzukommen, oder eine Privatperson von der Aussichtslosigkeit ihres Begehrens zu überzeugen hat, benötigt persönliche Überzeugungskraft und Glaubwürdigkeit (vgl. TB 1990, S. 15; vgl. auch TB 1994, S. 10 ff.). Die Ombudsperson sollte deshalb nicht nur fachlich ausgewiesen sein, sondern vor allem hohe menschliche Qualitäten haben. Die Wirksamkeit der Institution hängt somit wesentlich von der Persönlichkeit ab, die das Amt innehat: «Die Wirkung des Amtes steht und fällt mit dem Ansehen seines Inhabers» (Haller, a.a.O., Erfahrungen, S. 190; vgl. auch Haller, a.a.O., Job Sharing, S. 200). 18

Vorbem. zu §§ 87–94 / § 87

19 Es liegt eine Wechselwirkung vor: Wegen des Fehlens jeglicher Entscheidungsgewalt ist die Ombudsperson in überdurchschnittlichem Mass auf charismatische Autorität angewiesen. Da dem gewaltenteiligen Rechtsstaat das berechtigte Misstrauen gegenüber der Korrumpierbarkeit der Amtsträger durch die Macht zugrunde liegt, darf umgekehrt eine Institution nicht auf dem blinden Vertrauen in die hohen menschlichen Qualitäten des Amtsinhabers aufgebaut werden. Eben deshalb darf der Ombudsperson nicht zusätzlich noch autoritative Gewalt zukommen (vgl. auch Peter Pernthaler, Allgemeine Staatslehre und Verfassungslehre, 2. A., Wien/New York 1996, S. 142 f.).

20 Während Behörden in der Schweiz üblicherweise *kollegial* konzipiert sind, wurde das Amt der Ombudsperson im Kanton Zürich *monokratisch* ausgestaltet. Die Institution, deren Wirksamkeit wesentlich von der Persönlichkeit abhängt, die das Amt innehat, sollte nach dem Willen des Gesetzgebers so ausgestaltet werden, dass Letztere im Vordergrund steht (kritisch Müller, a.a.O., S. 377). Ersatzleute dürfen nur amten, wenn die Ombudsperson ihre Obliegenheiten nicht rechtzeitig erfüllen kann (§ 87 Abs. 2). Damit soll auch verhindert werden, dass aus dem Amt eine eigentliche «Gegenadministration» wird, denn ein Zweck der Institution ist es ja gerade, der Bürokratisierung entgegenzuwirken.

I. Wahl und Berichterstattung

§ 87. Der Kantonsrat wählt die kantonale Ombudsperson und ihre Ersatzleute für eine Amtsdauer von vier Jahren. Er bestimmt die Zahl der Ersatzleute. Er ordnet die Besoldung der Ombudsperson und die Entschädigung der Ersatzleute.

Ersatzleute amten nur, wenn die Ombudsperson ihre Obliegenheiten nicht rechtzeitig erfüllen kann.

Die Ombudsperson erstattet dem Kantonsrat jährlich Bericht über ihre Tätigkeit.

Materialien
Weisung Ombudsperson, S. 976 f.; Prot. KK 6.1.1977, 3.3.1977; Prot. KR 1975–1979, S. 5912, 5930; ABl 1978 I, S. 93–96, 215; Prot. KR 1975–1979, S. 8171–8175.

Literatur vgl. Vorbem. zu §§ 87–94.

Übersicht	Note
1. Wahl (Abs. 1)	1
2. Ersatzleute (Abs. 2)	6
3. Berichterstattung (Abs. 3)	7

§ 87

1. Wahl (Abs. 1)

Wahlbehörde der Ombudsperson ist der Kantonsrat. Die Wahl durch das Parlament verschafft dem Amtsinhaber die notwendige Unabhängigkeit von der Exekutive (Weisung Ombudsperson, S. 976 f.). Um ihm auch gegenüber dem Kantonsrat eine gewisse Unabhängigkeit zu geben, hatte der Kantonsrat – entgegen dem Antrag des Regierungsrats – die Amtsdauer 1977 auf sechs Jahre festgesetzt; sie entsprach damit zu Recht derjenigen der Richter (vgl. § 47 Abs. 1 WahlG). Im Entwurf zum Personalgesetz vom 27.9.1998 verkürzte jedoch der Regierungsrat die Amtsdauer sachwidrig und ohne Begründung wieder auf vier Jahre, was der Kantonsrat diesmal diskussionslos guthiess (ABl 1996 II, S. 1186 f.; Prot. KR 1995–1999, S. 11588). Der Kantonsrat wählt die Ombudsperson in geheimer Wahl. Das geheime Wahlverfahren ist jedoch nur obligatorisch, wenn mehr als ein Vorschlag vorliegt (§ 72 lit. c WahlG). 1

Wählbar als Ombudsperson ist jede stimmberechtigte Einwohnerin bzw. jeder stimmberechtigte Einwohner des Kantons. Besondere gesetzliche Wählbarkeitsvoraussetzungen (juristische Bildung, Mindestalter) sind nicht vorgesehen (die bisherigen zwei Amtsinhaber waren bzw. sind im Gegensatz zu den Ersatzleuten keine Juristen). Bisher hat der Kantonsrat unter Einhaltung eines Parteienproporzes stets amtierende oder ehemalige Ratsmitglieder zu Ombuds- und Ersatzleuten gewählt. Die in der Lehre vertretene Meinung, es sei zulässig, in einer konkreten Wahl zwei Personen mit je einem Teilpensum zu wählen (Haller, a.a.O., Job Sharing, S. 200 f., 204, 206), hat sich nicht durchgesetzt; der Kantonsrat hat einen entsprechenden Vorstoss abgelehnt (Prot. KR 1999–2003, S. 160 ff., 169). Ein Amtszwang besteht nicht (§ 114 WahlG e contrario). Es gibt keine Amtszeitbeschränkung; die Pensionierungsgrenze von 65 Jahren gilt für die Ombudsperson nicht (§ 22 Abs. 3 VersStat; vgl. dazu § 33 N. 5). Zur Entlassung sowie zur Entgegennahme von Rücktrittserklärungen während der Amtsdauer ist der Kantonsrat zuständig. Der Kantonsrat bestimmt die Zahl der Ersatzleute und wählt diese. Derzeit ist eine Ersatzstelle vorgesehen (Ziff. II OmbudsB). 2

Das Amt der Ombudsperson ist ein Vollamt. Es ist unvereinbar mit folgenden andern Ämtern: Regierungsrat, Oberrichter, vollamtlicher Verwaltungs- oder Sozialversicherungsrichter, Kassationsrichter, Staatsanwalt, Statthalter, Bezirksrichter, Bezirksanwalt, Notar oder Angestellter der kantonalen Verwaltung, einer Bezirksverwaltung oder eines Gerichts (§ 107 WahlG). Weil das Amt als Vollamt ausgeübt wird, darf sein Inhaber auch keine andere hauptberufliche Tätigkeit ausüben (vgl. § 34 VRG, der auch im Übrigen analog anzuwenden ist). Die Ombudsperson darf ferner weder Mitglied des Kantonsrats oder einer Kirchensynode noch Inhaber eines andern kantonalen, Bezirks- und Gemeindeamts sein (§ 108 Abs. 1 Ziff. 12 WahlG). 3

§ 87

4 Gesetzlich nicht ausgeschlossen ist die Mitgliedschaft der Ombudsperson im eidgenössischen Parlament. Ebenfalls nicht gesetzlich ausgeschlossen ist die Tätigkeit in leitender Funktion einer politischen Partei; hier stellt sich aber die Frage nach der persönlichen Unabhängigkeit der Ombudsperson. Für die Zugehörigkeit zur Verwaltung oder Geschäftsführung einer Handelsgesellschaft oder einer Genossenschaft zu wirtschaftlichen Zwecken vgl. § 34 Abs. 3, der analog auf die Ombudsperson Anwendung finden sollte (dazu § 34 N. 5). Für die Ersatzleute der Ombudsperson gelten keine Unvereinbarkeitsbestimmungen (Prot. KK 18.1.1977).

5 Der Kantonsrat setzt die Anstellungsbedingungen sowie die Besoldung der Ombudsperson und die Entschädigung der Ersatzleute fest. Diese sollten laut dem Willen des Gesetzgebers denjenigen der Regierungsräte, Oberrichter und Verwaltungsrichter bzw. von deren Ersatzleuten entsprechen (Weisung Ombudsperson, S. 977). Die Jahresbesoldung der Ombudsperson beträgt 77% der Jahresbesoldung eines Mitglieds des Regierungsrats und entspricht damit annähernd der Besoldung eines Ober- oder Verwaltungsrichters (vgl. Ziff. IV Abs. 1 OmbudsB i.V.m. Ziff. I Abs. 1 des Beschlusses des Kantonsrates über die Festsetzung der Besoldungen der Mitglieder des Regierungsrates vom 4.3.1991; LS 172.18).

2. Ersatzleute (Abs. 2)

6 Weil das Amt in seiner Struktur monokratisch ist, steht die Person des Amtsinhabers im Vordergrund; Ersatzleute dürfen grundsätzlich nicht neben der Ombudsperson, sondern nur dann wirken, wenn diese ihr Amt nicht ausüben kann (Beleuchtender Bericht Ombudsperson, S. 935). Der Gesetzgeber dachte dabei an eine länger dauernde Verhinderung (Weisung Ombudsperson, S. 977). In der Praxis findet eine Stellvertretung sinnvollerweise auch beim Ausstand, bei kürzer dauernden krankheitsbedingten oder beruflichen Abwesenheiten sowie in den Ferien der Ombudsperson statt. Auch bei chronischer Überlastung der Ombudsperson kann der Ersatz beigezogen werden (Prot. KR 1975–1979, S. 8171). Den Ersatzleuten kann zudem die Funktion von Gesprächspartnern zukommen (TB 1995, S. 11 f.).

3. Berichterstattung (Abs. 3)

7 Die Ombudsperson ist nur dem Kantonsrat Rechenschaft schuldig. Sie hat diesem jährlich Bericht über ihre Tätigkeit zu erstatten. Durch die alljährlichen Tätigkeitsberichte wird dem Kantonsrat ein wertvolles Bild der Verwaltung vermittelt. Inwieweit die Ombudsperson dabei auch Einzelfälle schildern will, entscheidet sie nach ihrem Ermessen (Weisung Ombudsperson, S. 977). Dem Kantonsrat steht es als Aufsichtsbehörde jedoch frei, bei allzu summarischer Be-

richterstattung zusätzliche Aufschlüsse über allgemeine wie auch über spezielle Fragen zu verlangen (Weisung Ombudsperson, S. 977). Die Geschäftsleitung des Kantonsrats prüft zuhanden des Rats den Tätigkeitsbericht sowie allfällige Anträge an den Kantonsrat und behandelt Aufsichtsbeschwerden gegen die Ombudsperson (TB 1996, S. 11; vgl. Ziff. IV Abs. 4 OmbudsB; vgl. auch § 93 N. 2 und sinngemäss Vorbem. zu §§ 32–40 N. 5 ff.). Auskunftsrecht und Auskunftspflicht der Ombudsperson gegenüber dem Kantonsrat finden ihre Grenze an der allgemeinen, auch dem Kantonsrat gegenüber geltenden Geheimhaltungspflicht (§ 92 Abs. 4; Weisung Ombudsperson, S. 977, 982).

Der jährliche Tätigkeitsbericht ist für die Ombudsperson zugleich ein wichtiges Mittel, ihren Beanstandungen generell oder speziell Nachdruck zu verleihen, besonders wenn eine überprüfte Behörde Empfehlungen nicht oder nicht genügend berücksichtigt (vgl. § 93 lit. c). 8

Die Ombudsperson kann und soll – wie das Verwaltungsgericht – in ihrem Tätigkeitsbericht den Kantonsrat auch auf Mängel in der Gesetzgebung hinweisen (vgl. Marti, a.a.O., Aufsehende Gewalt, S. 187; TB 1994 Nr. 7; 1982, S. 14 ff.; RB 1989, S. 4; 1985, S. 5). Ferner ist die Ombudsperson gegebenenfalls in das Vernehmlassungsverfahren einzubeziehen. 9

§ 37 FinanzhaushaltsG, laut dem Ober-, Kassations-, Verwaltungs- und Sozialversicherungsgericht den Entwurf ihres Voranschlags und ihrer Nachtragskreditbegehren sowie ihre Jahresrechnung zuhanden des Kantonsrats erstellen, ist auch auf die Ombudsperson anwendbar (vgl. Prot. KR 1995–1999, S. 9528). 10

§ 88. Der Kantonsrat bestimmt den Amtssitz der Ombudsperson.

II. Sitz und Organisation

Die Ombudsperson bestellt ihre Kanzlei im Rahmen des vom Kantonsrat festzulegenden Stellenplans. Auf das Personal finden die Vorschriften für das Kanzleipersonal des Verwaltungsgerichts entsprechende Anwendung.

Materialien
Weisung Ombudsperson, S. 977; Prot. KK 6.1.1977, 3.3.1977; Prot. KR 1975–1979, S. 5930; ABl 1978 I, S. 93–96, 215; Prot. KR 1975–1979, S. 8171.

Literatur vgl. Vorbem. zu §§ 87–94.

Der Antrag des Regierungsrats sah vor, dass der Amtssitz und die Kanzlei der Ombudsperson durch den Regierungsrat bestimmt werden sollten (Weisung Ombudsperson, S. 977). Um der Ombudsperson eine derjenigen des Verwaltungsgerichts ähnliche Unabhängigkeit von der Exekutive zu verschaffen (vgl. § 32 Abs. 2, § 36 Abs. 2), überträgt das Gesetz die Festsetzung des Amtssitzes dem Kantonsrat, die Organisation und die personelle Besetzung der Kanzlei der Ombudsperson selber. 1

2 Der Amtssitz der Ombudsperson ist Zürich (Ziff. I OmbudsB); dem Willen des Gesetzgebers entsprechend befinden sich ihre Amtsräume in einiger Entfernung von denjenigen der Verwaltung (Prot. KK 6.1.1977, 29.10.1976; vgl. auch Prot. KR 1975–1979, S. 8171).

3 Mit der Kompetenz zur Bestellung der Kanzlei wird der Ombudsperson eine beschränkte Organisationsautonomie eingeräumt. Allerdings ist sie – anders als das Verwaltungsgericht (vgl. § 36 N. 5) – nicht zur Festsetzung des Stellenplans befugt.

4 Für das Kanzleipersonal gelten dieselben Vorschriften wie für das Kanzleipersonal des Verwaltungsgerichts (dazu § 37 N. 2 f.).

III. Aufgabenbereich
1. Grundsatz

§ 89. **Die Ombudsperson prüft, ob die Behörden nach Recht und Billigkeit verfahren.**

Als Behörden gemäss Absatz 1 gelten alle Behörden und Ämter des Kantons und der Bezirke, einschliesslich der unselbständigen und der selbständigen kantonalen Anstalten, ausgenommen die Zürcher Kantonalbank und die Elektrizitätswerke des Kantons Zürich.

Materialien
Weisung Ombudsperson, S. 966 ff., 979; Prot. KK 6.1.1977, 3.3.1977; Prot. KR 1975–1979, S. 5930 ff.; Prot. KR 1995–1999, S. 9497, 9820.

Literatur
Vgl. Vorbem. zu §§ 87–94; Dürr David, in: Zürcher Kommentar zum ZGB, Art. 1–7 ZGB, Zürich 1998, Art. 4.

Übersicht   Note
1. Kognition (Abs. 1)   1
2. Überprüfungsobjekt (Abs. 1)   5
3. Zuständigkeitsbereich (Abs. 2)   7

1. Kognition (Abs. 1)

1 Die Kognition der Ombudsperson ist umfassend.

2 Die Ombudsperson prüft erstens, ob die Behörden nach dem geschriebenen und ungeschriebenen *Recht* verfahren. Ein Einschreiten rechtfertigen Verletzungen von Verfassungsrecht, Gesetzesrecht, Verordnungsrecht und Normen unterer Stufe des Bundes, des Kantons und der Gemeinden sowie von Staatsvertragsrecht (vgl. zum Begriff der Rechtsverletzung § 50). Die Ombudsperson hat in Bezug auf Rechtsverletzungen dieselbe Überprüfungsbefugnis wie das Verwaltungsgericht. Sie ist insbesondere auch zur akzessorischen Normenkon-

trolle befugt. Die Überprüfungsbefugnis muss nicht auf diejenige beschränkt werden, die der kontrollierten Verwaltungsbehörde zukommt, da die Ombudsperson nicht in die Verwaltungshierarchie eingebunden ist und ihre Aufgaben – etwa den Kantonsrat auf Mängel der Gesetzgebung hinzuweisen (vgl. § 87 N. 9) – andernfalls nur eingeschränkt erfüllen könnte. Bei der Erledigung des konkreten Falls muss sie hingegen berücksichtigen, ob die Kognition der überprüften Behörde beschränkt ist; sie darf die Behörde nicht ermuntern, sich über eine Kognitionsbeschränkung hinwegzusetzen.

Zweitens kontrolliert die Ombudsperson die «*Billigkeit*» des Verwaltungshandelns. Dieser Überprüfung kommt wesentlich grössere Bedeutung zu als der Kontrolle auf Rechtmässigkeit. Im Rahmen des Doppelbegriffs «Recht und Billigkeit» im Sinn von Art. 4 ZGB bezeichnet «Billigkeit» die Gerechtigkeit im Einzelfall. Sie knüpft damit unmittelbar bei den Grundwerten der Rechtsordnung an: Sie ist gegeben, wenn die hinter dem Recht stehenden Wertungen im Einzelfall zum Ausdruck gekommen sind (Dürr, a.a.O., N. 73, 87, 138). Besonders dort, wo die Behörde auf ihr Ermessen verwiesen wird, hat sie ihren Entscheid zu objektivieren und begründbar zu machen, indem sie alle tatsächlich relevanten Elemente berücksichtigt (Dürr, a.a.O., N. 97 f.). Die Billigkeit ist somit vom Ermessen zu unterscheiden; bezeichnet Letzteres einen Entscheidungsspielraum der Behörde, so meint Erstere die Methode, mit der dieser ausgeschöpft werden soll (Dürr, a.a.O., N. 77; vgl. Art. 4 ZGB). Die Billigkeit ist im Rahmen des Rechts, besonders auch der Rechtsgleichheit und der Rechtssicherheit, auszuüben. Damit ist sie der «Ausübung pflichtgemässen Ermessens» verwandt. Die Ombudsperson kann daher auch die Angemessenheit des Verwaltungshandelns überprüfen, wobei sie hier eine gewisse Zurückhaltung üben wird, vor allem wenn zur Ausübung des Ermessens besondere Sachkunde erforderlich ist (vgl. Haller, a.a.O., Erfahrungen, S. 180 Anm. 8). Die Bedeutung des Begriffs «Billigkeit» im Sinn von Abs. 1 ist allerdings noch weiter und erfasst auch das korrekte Auftreten und Verhalten der Amtsträger (vgl. N. 6).

Billigkeit ist nicht mit Gnade oder Mitleid gleichzusetzen (vgl. Hans Michael Riemer, Die Einleitungsartikel des Schweizerischen Zivilgesetzbuches, Bern/Zürich 1987, § 4 N. 121). Es ist also nicht Aufgabe der Ombudsperson, stets darauf zu dringen, dass die Behörde ihren Ermessensspielraum möglichst zugunsten des Beschwerdeführers ausschöpft. Zu dessen Gunsten kann und soll sie aber in jenen zahlreichen Fällen wirken, in denen die Behörde aus (oft unbegründeter oder unberechtigter) Furcht, ein Präjudiz zu schaffen, die besonderen, konkreten Interessen des Privaten nicht gebührend gewichtet hat (vgl. TB 1987, S. 10).

§ 89

2. Überprüfungsobjekt (Abs. 1)

5 Die Ombudsperson kann alle Formen des Handelns oder Nichthandelns der ihrem Aufgabenbereich zugeordneten Verwaltungsbehörden vollumfänglich überprüfen. Ihre Überprüfungsbefugnis beschränkt sich nicht auf anfechtbare Verwaltungsakte (vgl. TB 1994 Nr. 3). Insbesondere der Graubereich der vertraglichen oder vertragsähnlichen Beziehungen, der ausdrücklichen oder stillschweigenden Abmachungen sowie die blossen Tathandlungen (Realakte) staatlicher Stellen fallen darunter (Weisung Ombudsperson, S. 978).

6 Die Ombudsperson kann auch bei unkorrektem oder den Einzelnen herabwürdigendem Verhalten einer Behörde tätig werden. Dieser schlichtenden und ermahnenden Funktion der Ombudsperson kommt eine besonders grosse Bedeutung zu, können doch derartige Unkorrektheiten mit den formellen Rechtsmitteln in der Regel nicht erfasst werden (vgl. auch TB 1987, S. 11). Auch in diesem erweiterten, ausserrechtlichen Sinn hat das Verhalten der Behörden «billig» bzw. «fair» zu sein.

3. Zuständigkeitsbereich (Abs. 2)

7 Die Ombudsperson ist für die gesamte *kantonale Verwaltung* und die *Bezirksverwaltung* zuständig. Der Begriff «Verwaltung» ist weit zu fassen. Die gesamte Tätigkeit der Organe des Kantons und der Bezirke, einschliesslich derjenigen der staatlich anerkannten Kirchen und der Anstalten des Kantons (die Kantonalbank und die Elektrizitätswerke ausgenommen), fällt in den Zuständigkeitsbereich der Ombudsperson (Weisung Ombudsperson, S. 979). Auch die Tätigkeit des *Regierungsrats* fällt in die Zuständigkeit der Ombudsperson (Weisung Ombudsperson, S. 979), wobei die Überprüfung in der Praxis vor allem die Vorbereitung der Regierungsratsbeschlüsse durch die Direktionen erfasst (vgl. Weisung Ombudsperson, S. 979). Die *Strafverfolgungsbehörden* (Bezirksanwaltschaften, Staatsanwaltschaft) gehören ebenfalls zum Zuständigkeitsbereich der Ombudsperson (vgl. TB 1997 Nr. 8, 1996 Nr. 1, 1993 Nr. 9). Auf die juristische Form, in der sich die Verwaltungstätigkeit abwickelt, kommt es nicht an (Weisung Ombudsperson, S. 979). Auch Verwaltungseinheiten, die ausserhalb der eigentlichen Verwaltungshierarchie stehen, wie *öffentlichrechtliche Körperschaften, Stiftungen* und *Genossenschaften* sowie *private Rechtssubjekte,* Letztere soweit sie materiell Verwaltungstätigkeit ausüben, sind erfasst. Aus der ausdrücklichen Nennung der kantonalen Anstalten kann nicht abgeleitet werden, dass die Aufzählung in Abs. 2 abschliessend ist; sie erfolgte nur, um Kantonalbank und Elektrizitätswerke vom Zuständigkeitsbereich der Ombudsperson auszuschliessen (vgl. N. 8). Abgrenzungsprobleme ergeben sich bei öffentlichrechtlichen Stiftungen, die vom Kanton und von andern Gemeinwesen gemeinsam getragen werden, wie etwa der Zentralbibliothek (vgl. den Vertrag zwischen dem

§ 89

Kanton Zürich und der Stadt Zürich betreffend die Errichtung einer Zentralbibliothek als öffentliche Stiftung [Stiftungsvertrag] vom 26.11./16.12.1910; LS 432.21).

Abs. 2 in seiner ursprünglichen Fassung schloss die *selbständigen kantonalen* 8 *Anstalten,* im Zeitpunkt seines Erlasses Kantonalbank und Elektrizitätswerke des Kantons Zürich, von der Überprüfung durch die Ombudsperson aus. Als Begründung nannte der Regierungsrat die vorwiegend privatwirtschaftliche Tätigkeit der beiden Anstalten; in Bezug auf die Kantonalbank befürchtete er zudem Kollisionen mit dem bundesrechtlichen Bankgeheimnis (Weisung Ombudsperson, S. 979). In der Debatte des Kantonsrats wurden die Gewichte anders gesetzt; der Kantonsrat befürwortete den Ausschluss der Kantonalbank wegen des Bankgeheimnisses, jenen der Elektrizitätswerke vorab, um die beiden selbständigen Anstalten gleich zu behandeln (Prot. KR 1975–1979, S. 5930 ff.). Die beschlossene Lösung war fragwürdig, hätte doch das Bankgeheimnis auch durch die Pflicht der Ombudsperson zur Geheimhaltung gewahrt werden können (§ 92 Abs. 4; a.M. Weisung Ombudsperson, S. 979) und spielt es doch in wesentlichen Bereichen, etwa bei Fragen des Personalrechts, gar keine Rolle. Mit dem Universitätsgesetz vom 15.3.1998 wurde die Universität als selbständige Anstalt konstituiert (§ 1 Abs. 1 UniversitätsG); weil sie im Zuständigkeitsbereich der Ombudsperson verbleiben sollte, wurden die selbständigen Anstalten allgemein diesem zugeteilt (Prot. KR 1995–1999, S. 9820). Kantonalbank und Elektrizitätswerke blieben jedoch weiterhin ausgenommen; Letztere, obwohl einer der wesentlichen Gründe für ihren ursprünglichen Ausschluss – die Gleichbehandlung der selbständigen Anstalten – mit der Gesetzesänderung beseitigt wurde.

Zur Zuständigkeit bezüglich der richterlichen Behörden und der verwaltungs- 9 internen Rechtsmittelbehörden vgl. § 90 N. 4 ff., 12 und 14 ff.

Die Tätigkeit der *Gemeinden* und der *kommunalen Zweckverbände* ist von der 10 Überprüfung durch die kantonale Ombudsperson ausgeschlossen (Abs. 2 e contrario). Dieser Ausschluss gilt auch für den Fall, dass die Gemeinden kantonales Recht anwenden (Weisung Ombudsperson, S. 980). Der Gesetzgeber begründete diesen Ausschluss zu Recht mit der Gemeindeautonomie und liess sich vom Gedanken leiten, dass die Gemeinden eigene Ombudsstellen schaffen sollten (Prot. KR 1975–1979, S. 5939 ff.; Kölz, Ombudsmann, S. 290). In der Praxis kommt es allerdings vor, dass die Ombudsperson bei Beschwerden, welche Gemeinden oder kommunale Zweckverbände betreffen, eine Stellungnahme der kantonalen Aufsichtsbehörde anfordert und auch erhält (vgl. TB 1995 Nr. 14, 1993 Nrn. 6 und 7; vgl. § 93 N. 9). Dies ist nicht unbedenklich, obwohl davon auszugehen ist, dass die Ombudsperson zur Erhebung von Aufsichtsbeschwerden gegen die Gemeinden berechtigt ist (Vorbem. zu §§ 19–28 N. 36). Die Betreibungs- und Friedensrichterämter sind – im Gegensatz zu den Konkursämtern (Prot. KK 6.1.1977; vgl. aber § 90 N. 17 f.) – Amtsstellen der Gemeinden und

§ 89 / § 90

bereits als solche der Zuständigkeit der kantonalen Ombudsperson entzogen (Weisung Ombudsperson, S. 980).

11 Die Ombudsperson ist nicht zuständig für *interkantonale Institutionen* (z.B. Konkordatsbehörden), an denen der Kanton Zürich beteiligt ist. Wenn es ihr auch ohne weiteres freisteht, die Anwendung des Bundesrechts durch die kantonalen Instanzen zu überprüfen, so kann sie sich selbstverständlich nicht in die Tätigkeit der *Bundesbehörden* einmischen (Weisung Ombudsperson, S. 980).

12 Die *Auslagerung* oder *Privatisierung* von Verwaltungsleistungen bzw. -abteilungen bedingt neue Zuständigkeitsabgrenzungen (vgl. Prot. KR 1995–1999, S. 13503; vgl. auch zur Problematik im Allgemeinen Rolf H. Weber, Outsourcing von Informatik-Dienstleistungen in der Verwaltung, ZBl 100/1999, S. 97 ff., mit weiteren Literaturhinweisen). Die Zuständigkeit der Ombudsperson ist beim Vorliegen folgender, alternativer Voraussetzungen zu bejahen: Einerseits, wenn die ausgelagerten Tätigkeiten öffentlichrechtlicher Natur sind; anderseits, wenn der Kanton massgeblich an der privatwirtschaftlich strukturierten Organisationseinheit beteiligt ist. Angesichts der Unschärfe des ersten Kriteriums und der Vielfalt der möglichen Organisationsformen im zweiten Fall ist jedoch eine einzelfallweise Betrachtung unumgänglich. Ausdrückliche gesetzliche Regelungen wären wünschenswert (zum Ganzen vgl. Haller, a.a.O., Auslagerung, S. 614 ff., der Kriterien für solche Regelungen anführt).

13 Zur Auskunftspflicht von Behörden ausserhalb des Zuständigkeitsbereichs der Ombudsperson vgl. § 92 N. 5 und § 93 N. 9.

2. Ausnahmen § 90. Der Überprüfung durch die Ombudsperson sind entzogen:

a) der Kantonsrat und die Kirchensynode;

b) die Behörden mit richterlicher Unabhängigkeit, soweit sie nicht im Bereich der Justizverwaltung tätig sind;

c) andere Behörden
- hinsichtlich Vorbereitung, Erlass, Änderung, Aufhebung und Genehmigung allgemein verbindlicher Anordnungen,
- in Rechtsmittelverfahren, ausser bei Rechtsverweigerung, Rechtsverzögerung und andern Verletzungen von Amtspflichten.

Materialien
Weisung Ombudsperson, S. 978 ff.; Prot. KK 6.1.1977, 3.3.1977; Prot. KR 1975–1979, S. 5942; Beleuchtender Bericht Ombudsperson, S. 936 f.

Literatur vgl. Vorbem. zu §§ 87–94.

§ 90

Übersicht	Note
1. Allgemeines	1
2. Legislativorgane (lit. a)	2
3. Judikative (lit. b)	4
4. Andere Behörden (lit. c)	10
4.1. Rechtsetzung	10
4.2. Rechtsmittelverfahren	12
5. Bundesrechtliche Schranken?	17

1. Allgemeines

§ 90 sieht verschiedene Ausnahmen von der in § 89 umschriebenen Zuständigkeit der Ombudsperson vor. Lit. a und b schliessen ganze Behörden, lit. c schliesst nur einzelne sachliche Bereiche der Tätigkeit von Behörden aus. Ferner stellt sich die Frage, ob aufgrund derogierenden Bundesrechts weitere Ausnahmen bestehen.

2. Legislativorgane (lit. a)

Der generelle Ausschluss des *Kantonsrats* vom Zuständigkeitsbereich der Ombudsperson ist besonders deshalb gerechtfertigt, weil dieser als Legislativorgan vor allem rechtsetzende Funktionen wahrnimmt. Die unmittelbare politische und demokratische Kontrolle ist für die wenigen Bereiche der (materiellen) Verwaltungstätigkeit des Kantonsrats ausreichend. Eine Kontrolle des Kantonsrats durch die Ombudsperson wäre zudem kaum denkbar, da Ersterer die Letztere wählt (Weisung Ombudsperson, S. 980). Auch die kantonsrätlichen Kommissionen sind vom Zuständigkeitsbereich der Ombudsperson ausgeschlossen.

Die *Kirchensynoden* fallen ebenfalls nicht in den Kontrollbereich der Ombudsperson, weil sie vor allem mit Rechtsetzung und Aufsicht beauftragt sind (vgl. § 30 refKG, § 7d kathKG). «Kirchensynode» steht in lit. a einzig deshalb im Singular, weil die Bestimmung bei der Schaffung der katholischen Kirchensynode sprachlich nicht angepasst wurde. Der Kirchenrat und die Zentralkommission als Exekutivorgane sind nicht ausgenommen; sie haben vor allem in Angelegenheiten des öffentlichen Dienstverhältnisses Aufgaben, die der Ombudsperson Gelegenheit zum Einschreiten geben können.

3. Judikative (lit. b)

Der Überprüfung durch die Ombudsperson entzogen sind alle Behörden mit richterlicher Unabhängigkeit. Dazu gehören Verwaltungsgericht, Sozialversicherungsgericht und Schiedsgericht, Kassationsgericht, Obergericht, Geschwore-

§ 90

nengericht, Handelsgericht, Landwirtschaftsgericht, Bezirksgerichte, Arbeitsgericht und Mietgerichte. Der Ausschluss gilt auch für den Bereich der freiwilligen Gerichtsbarkeit. Die Friedensrichter sind von der Überprüfung durch die Ombudsperson schon deshalb ausgenommen, weil sie als Gemeindebehörden gelten (Weisung Ombudsperson, S. 980). Zu den Behörden mit richterlicher Unabhängigkeit zählen nicht nur die unabhängigen Gerichte, sondern auch Behörden mit nur beschränkter richterlicher Unabhängigkeit, also allgemein Rechtsprechungsorgane des kantonalen Rechts, welche für ihre Sachentscheide keine Weisungen vorgesetzter Stellen entgegennehmen dürfen (vgl. Weisung Ombudsperson, S. 980). Dazu gehören im Bereich der Verwaltungsrechtspflege die meisten Rekurskommissionen (dazu im Einzelnen § 19 N. 83 ff.). Die verwaltungsinternen Rekursbehörden, welche organisatorisch nicht aus der funktionellen Verwaltungshierarchie ausgegliedert sind (Bezirksrat, Bildungsrat usw.), fallen nicht unter lit. b (vgl. § 19 N. 82).

5 Nur die eigentliche Rechtsfindungstätigkeit der genannten rechtsprechenden Behörden, nicht aber der Bereich der *Justizverwaltung* ist von der Überprüfung durch die Ombudsperson ausgenommen (zum Begriff der Justizverwaltung vgl. Vorbem. zu §§ 32–40 N. 2 ff.). Die Ombudsperson ist somit sowohl im Zuständigkeitsbereich der *gerichtsübergreifenden Justizverwaltungsorgane* nach §§ 210–216 GVG i.d.F.v. 27.9.1998 als auch in jenem Bereich der Justizverwaltung, der in der Kompetenz der einzelnen Gericht liegt, zur Überprüfung befugt. Zur Justizverwaltung gehört das gesamte Personalrecht, welches das Dienstverhältnis der in der Justiz beschäftigten Personen regelt (vgl. den Vorbehalt der Befugnisse der Ombudsperson in § 208 Abs. 5 GVG). Ferner sind die Anhandnahme von Rechtsmitteln an sich sowie die Dauer der Verfahren Gegenstand der Justizverwaltung (§ 108 Abs. 1 GVG; vgl. Weisung Ombudsperson, S. 980; Beleuchtender Bericht Ombudsperson, S. 936; vgl. auch § 35 N. 5). Die Ombudsperson kann daher bei Rechtsverweigerung oder Rechtsverzögerung auch bei Behörden mit richterlicher Unabhängigkeit intervenieren (vgl. TB 1996 Nr. 15, 1987 Nrn. 12 und 18). Dies gilt nach wie vor, obwohl die Rechtsverweigerungs- und Rechtsverzögerungsbeschwerde mittlerweile zugelassen werden dürfte (vgl. Vorbem. zu §§ 19–28 N. 49; vgl. auch N. 8). Entscheide, in denen ein Gericht seine Zuständigkeit mit zureichender Begründung verneint, unterstehen jedoch in Bezug auf Rechtsverweigerung weder der Kontrolle der Ombudsperson noch jener des Kantonsrats.

6 Die Frage, ob Kosten- und Gebührenentscheide der Behörden mit richterlicher Unabhängigkeit der Überprüfungsbefugnis der Ombudsperson unterstehen oder nicht, muss differenziert beantwortet werden. Im *Verwaltungsrecht* werden Kosten- und Gebührenentscheide nicht als Justizverwaltungssache qualifiziert, was sich darin äussert, dass gegen Entscheide der Verwaltung die formelle Beschwerde an das Verwaltungsgericht auch dann zulässig ist, wenn allein die Kosten oder die Gebühren angefochten werden. Im Bereich der Verwaltungsgerichtsbarkeit

ist die Ombudsperson demnach für Kosten- und Gebührenentscheide nicht zuständig. Eine Justizverwaltungssache liegt nach § 215 Abs. 2 Ziff. 1 GVG i.d.F.v. 27.9.1998 hingegen vor, wenn sich Zeugen oder Sachverständige für ihre Entschädigung zur Wehr setzen.

In *Zivil- und Strafsachen* werden Entscheide über Gebühren- und Kostenansätze, nicht aber solche über die Kostenverteilung unter die Parteien als Justizverwaltungssache qualifiziert; zu ihrer Beurteilung ist auf Beschwerde hin die Verwaltungskommission des Obergerichts zuständig, sofern die Anfechtung allein im Kostenpunkt erfolgt (§ 206 GVG i.V.m. §§ 108 ff. GVG; Frank/Sträuli/Messmer, § 271 N. 21, § 64 N. 14, GVG § 108 N. 4 ff.; Hauser/Hauser, § 238 N. 1; Niklaus Schmid, in: Andreas Donatsch/Niklaus Schmid, Kommentar zur Strafprozessordnung des Kantons Zürich vom 4. Mai 1919, Zürich 1996, § 402 N. 33; OGr. 2.12.1993, ZR 93 Nr. 44; KassGr. 13.9.1991, ZR 90 Nr. 34). Darunter fallen auch Beschwerden wegen der Höhe der Kosten von Gutachtern (Verwaltungskommission OGr. 4.3.1993, ZR 91/92 Nr. 47) und der Entschädigung unentgeltlicher Rechtsvertreter (KassGr. 30.6.1994, ZR 94 Nr. 38). Hingegen ist die Festsetzung der Parteientschädigung Justiztätigkeit und mit dem jeweils gegebenen Rechtsmittel, nicht mit der Beschwerde nach §§ 108 ff. GVG, anzufechten (vgl. Frank/Sträuli/Messmer, § 271 N. 21). Gegen die Kostenfestsetzung durch ein Schiedsgericht ist die Beschwerde ebenfalls ausgeschlossen (Hauser/Hauser, § 238 N. 2.VII, unter Berufung auf Verwaltungskommission OGr. 7.7.1931, ZR 31 Nr. 86). Die Ombudsperson ist also in Zivil- und Strafsachen für Gebühren- und Kostenentscheide zuständig, soweit die Beschwerde nach §§ 108 ff. GVG gegeben ist (vgl. den Vorbehalt der Befugnisse der Ombudsperson in § 108 Abs. 2 GVG und dazu Weisung Ombudsperson, S. 980; vgl. auch TB 1997 Nr. 14, 1994 Nrn. 19 und 20).

Auch im Bereich der Justizverwaltung kann unter Umständen ein formelles Rechtsmittel ergriffen werden; teils gilt die Beschwerde nach §§ 108 ff. GVG als solches (vgl. zur Rechtsverweigerungs- und Rechtsverzögerungsbeschwerde Vorbem. zu §§ 19–28 N. 49; Frank/Sträuli/Messmer, GVG § 108 N. 3b). Wird ein Rekurs oder eine Beschwerde eingelegt, ist ferner die Kostenbeschwerde nach § 206 GVG i.V.m. §§ 108 ff. GVG damit zu verbinden (§ 206 Satz 2 GVG). Zwar sind die Materialien in diesem Punkt unklar (vgl. Weisung Ombudsperson, S. 980), doch ist – nach dem Wortlaut von lit. b und im Sinn einer möglichst umfassenden Verwaltungskontrolle – davon auszugehen, dass der Ombudsperson die Kontrolle über die Justizverwaltung gesamthaft zukommen sollte und nicht nur subsidiär, wenn kein Rechtsmittel ausser der Beschwerde nach §§ 108 ff. GVG zulässig ist. Wenn die Beschwerde nach §§ 108 ff. GVG gegeben ist, ist somit die Zuständigkeit der Ombudsperson zu bejahen, unabhängig davon, ob die konkrete Beschwerde als Rechtsbehelf oder als Rechtsmittel zu qualifizieren ist (vgl. hierzu Frank/Sträuli/Messmer, GVG § 108 N. 1 ff.). Die Einschränkungen von lit. c sind allerdings analog anzuwenden; während

§ 90

der Rechtshängigkeit des Rechtsmittelverfahrens ist ein Eingreifen der Ombudsperson unter Vorbehalt der dort erwähnten Ausnahmen deshalb ausgeschlossen. Dies gilt auch, wenn eine Rechtsverweigerungs- oder Rechtsverzögerungsbeschwerde hängig ist; lit. c sieht eine Kontrolle durch die Ombudsperson nur für den Fall vor, dass der Rechtsmittelinstanz eine Rechtsverweigerung oder Rechtsverzögerung unterläuft.

9   Das Inkasso von Kostenurteilen ist der Überprüfung durch die Ombudsperson zugänglich (vgl. TB 1995 Nr. 16, 1994 Nr. 19; vgl. aber zur Schuldbetreibung N. 17 f.).

4. Andere Behörden (lit. c)

4.1. Rechtsetzung

10 Die Ombudsperson ist für die Behörden gemäss § 89 Abs. 2 hinsichtlich deren Rechtsetzungstätigkeit nicht zuständig (Weisung Ombudsperson, S. 978). Gleiches muss für die Rechtsetzung durch Gerichte gelten. Rechtsetzungstätigkeit bedeutet behördliches Handeln in Zusammenhang mit der Schaffung oder Änderung generell-abstrakter Akte wie etwa Verordnungen, Vollziehungsverordnungen, Reglemente und Gebührenordnungen. Diese Akte sind jedoch im konkreten Einzelfall der akzessorischen Überprüfung durch die Ombudsperson zugänglich (Kölz, Ombudsmann, S. 282; vgl. § 89 N. 2).

11 Der Erlass von *Allgemeinverfügungen* kann von der Ombudsperson überprüft werden. Dies ergibt sich im Wesentlichen daraus, dass sie mit Rekurs und Beschwerde angefochten werden können (Kölz, Ombudsmann, S. 283; vgl. § 19 N. 8, Vorbem. zu §§ 4–31 N. 16).

4.2. Rechtsmittelverfahren

12 Weiter ist die Zuständigkeit der Ombudsperson für die in § 89 Abs. 2 genannten Behörden im Bereich der Rechtsmittelverfahren eingeschränkt. Die Ombudsperson darf nicht tätig werden, wenn ein Rechtsmittelverfahren hängig ist. Diese Einschränkung gilt nur für die Dauer der Rechtshängigkeit. Als Rechtsmittelverfahren gelten die Verfahren aufgrund formeller Rechtsmittel. In Frage kommen die Rechtsmittel des Verwaltungsprozesses (im materiellen Sinn), nämlich Einsprache, Rekurs, Beschwerde (eingeschlossen die Rechtsverweigerungs- und Rechtsverzögerungsbeschwerde), Revision, Erläuterung und Berichtigung (vgl. Vorbem. zu §§ 19–28 N. 12 ff.). Das Verfahren der Anpassung ist ebenfalls dazu zu zählen, weil ein Anspruch auf Behandlung des Gesuchs besteht (vgl. Vorbem. zu §§ 86a–86d N. 7 ff.). Insbesondere das Aufsichtsbeschwerdeverfahren gilt nicht als Rechtsmittelverfahren gemäss lit. c; die Ombudsperson wird indessen in der Regel aus Zweckmässigkeitsgründen vor ihrem Eingreifen

den Bescheid auf eine Aufsichtsbeschwerde abwarten. Ferner gehört die Wiedererwägung nicht zu den Rechtsmitteln gemäss lit. c (zum Begriff vgl. Vorbem. zu §§ 19–28 N. 23 ff., Vorbem. zu §§ 86a–86d N. 8).

Im nichtstreitigen Verwaltungsverfahren, also im Stadium vor dem Erlass einer Verfügung, darf die Ombudsperson tätig werden (Weisung Ombudsperson, S. 983), ebenso nach dem Eintritt der Rechtskraft eines Rechtsmittelentscheids. Die Ombudsperson darf nicht erst dann handeln, wenn der Beschwerdeführer alle Mittel ausgeschöpft hat. Sie darf auch tätig werden, wenn gegen einen Akt zwar ein Rechtsmittel zulässig ist, ein solches aber nicht oder noch nicht ergriffen wurde (TB 1996 Nr. 12, 1994 Nr. 18, 1987 Nr. 5). Die Ombudsperson kann also während laufender Rechtsmittelfrist tätig werden (vgl. TB 1982, S. 14). In diesem Fall steht die Beratung im Vordergrund (vgl. TB 1996 Nr. 12). 13

Das Gesetz will eine Einflussnahme der Ombudsperson auf den eigentlichen *Inhalt* von Rechtsmittelentscheidungen verhindern. Sie darf deshalb nicht gestaltend in das Verfahren eingreifen (vgl. TB 1993 Nr. 21). Auch eine «Darlegung der Sichtweise» der Ombudsperson gegenüber der Rechtsmittelbehörde im Rechtsmittelverfahren wird dadurch ausgeschlossen (a.M. TB 1993 Nr. 18). Da die Ombudsperson das Vorliegen einer Rechtsverweigerung oder Rechtsverzögerung überprüfen kann, bleibt es ihr jedoch unbenommen, sich bei einer Rechtsmittelbehörde nach dem Stand der Dinge zu erkundigen (vgl. Haller, a.a.O., Erfahrungen, S. 192 f.). 14

Bei Rechtsverweigerung (so etwa bei Nichtanhandnahme eines Rechtsmittels) oder bei Rechtsverzögerung (beispielsweise bei zu langer Verfahrensdauer) gilt die Einschränkung gemäss lit. c nicht, ebenso wenig bei Verletzung von Amtspflichten durch Rechtsmittelinstanzen. Zu Letzteren ist die Ausstandspflicht zu zählen (vgl. dazu § 5a); als Verletzung einer Amtspflicht gilt auch die Verneinung der Zuständigkeit durch eine Rechtsmittelinstanz ohne Prüfung dieser Frage. 15

Zusammenfassend kann festgestellt werden, dass die Ombudsperson für die richterlichen Behörden und die verwaltungsinternen Rechtsmittelbehörden im Ergebnis gleichermassen zuständig ist. Der Unterschied besteht allein darin, dass das Gesetz die Überprüfung durch die Ombudsperson hinsichtlich der Ersteren als Ausnahme (lit. b), hinsichtlich der Letzteren als Regelfall (lit. c) formuliert. 16

5. Bundesrechtliche Schranken?

Es stellt sich die Frage, ob die Tätigkeit gewisser kantonaler oder kommunaler Behörden von Bundesrechts wegen der Überprüfung der zuständigen Ombudspersonen entzogen ist. Laut einer Stellungnahme des Bundesgerichts verbleibe 17

§ 90

wegen der «abschliessenden» Regelung der Aufsicht namentlich in Art. 13 SchKG kein Raum für die Kontrolle der Betreibungsbeamten durch die kommunalen Ombudsleute der Städte Zürich und Winterthur; unzulässig sei aus demselben Grund auch die Überprüfung des Konkursamts durch die kantonale Ombudsperson (Stellungnahme BGr. 28.6.1996, BlSchK 60/1996, S. 132 ff.). Die Frage kann auch bei anderen Behörden gestellt werden, vorab bei den Vormundschafts- und den Handelsregisterbehörden (vgl. Art. 361 Abs. 2 ZGB, Art. 927 Abs. 2 OR, Art. 1 Abs. 3 Verordnung über das Handelsregister vom 7.6.1937 [HRV; SR 221.411]), allenfalls bei Verwaltungsträgern in gewissen Sozialversicherungszweigen, während die Kantone bei den Zivilstands- und Grundbuchbehörden über weitreichendere Organisationskompetenzen verfügen, sodass hier von vornherein kaum von einer «abschliessenden» Regelung gesprochen werden kann (vgl. Art. 40 ZGB, Art. 17 Zivilstandsverordnung vom 1.6.1953 [ZStV; SR 211.112.1]; Art. 956 Abs. 1 ZGB, Art. 102 und 103 Abs. 2 GBV; Henri-Robert Schüpbach, Der Personenstand. Erfassung und Beurkundung des Zivilstandes; in: Schweizerisches Privatrecht, Bd. II/3, Basel/Frankfurt a.M. 1996, S. 78; Henri Deschenaux, Das Grundbuch, in: Schweizerisches Privatrecht, Bd. V/3/1, Basel/Frankfurt a.M. 1988, S. 136 f.; Jürg Schmid, in: Kommentar zum Schweizerischen Privatrecht, Zivilgesetzbuch II, Basel/Frankfurt a.M. 1998, Art. 956 N. 7).

18 Keines der einschlägigen Bundesgesetze äussert sich ausdrücklich zu den Kompetenzen kantonaler oder kommunaler Ombudspersonen; auch ein qualifiziertes Schweigen liegt nirgends vor. Die Grundsatzfrage ist, ob organisatorische und verfahrensmässige bundesrechtliche Regelungen, beispielsweise die Festlegung der Anzahl und der Aufgaben der Aufsichtsbehörden überhaupt in dem Sinn «abschliessend» sein können, dass sie die andersartige, nicht aufsichtsführende, nicht autoritative, sondern beobachtende, informierende und vermittelnde Kontrolltätigkeit der Ombudspersonen erfassen. Damit hat sich jedoch das Bundesgericht in seiner Stellungnahme nicht vertieft auseinandergesetzt (Stellungnahme BGr. 28.6.1996, BlSchK 60/1996, S. 133). Ebensowenig hat es sich mit dem Wesen des *Vollzugsföderalismus* auseinandergesetzt, durch den die genannten Sachbereiche erfasst werden: Wenn der Bund in seiner Gesetzgebung den administrativen und justizmässigen Vollzug an die Kantone delegiert, so werden Letztere für den richtigen Vollzug dieser Materien mitverantwortlich (Walter Haller/Alfred Kölz, Allgemeines Staatsrecht, Basel 1996, S. 126). Diese Verantwortung tragen die Kantone auch dann, wenn die Bundesgesetzgebung den Kantonen mehr oder weniger weitreichende organisatorische Vorschriften für die delegierten Vollzugsbereiche macht. Motiv dafür kann beispielsweise die Vermeidung von unnötigen Verlängerungen und Verteuerungen von kantonalen Verfahren sein; Art. 361 Abs. 2 ZGB etwa lässt aus diesem Grunde nicht mehr als zwei kantonale vormundschaftliche Aufsichtsbehörden zu (Cyril Hegnauer, Zur Zuständigkeit des kommunalen Ombudsmanns in Vormundschaftssachen, Rechtsgutachten vom 15.12.1998, S. 3). Diese Zwecke wer-

den durch die Verwaltungskontrolle der Ombudsperson, welche keinerlei Entscheidungsbefugnisse in der Sache miteinschliesst, nicht in Frage gestellt (gl.M. Hegnauer, a.a.O., S. 2/3; ebenso Haller, a.a.O., Auslagerung, S. 603 f.). Andere Motive für den Erlass organisatorischer und verfahrensmässiger Vorschriften für den Vollzug des delegierten Bundesrechts sind denkbar (vgl. die Übersicht bei Kölz/Kottusch, S. 430 ff.). Es handelt sich dabei durchwegs nur um bundesrechtliche Spezialbestimmungen, welche den grundsätzlich kantonalen Vollzug nicht in Frage stellen. Von einer «abschliessenden» Regelung desselben durch den Bundesgesetzgeber kann daher auch dann nicht gesprochen werden, wenn dieser zahlreiche derartige Normen erlässt; wäre dies der Fall, so würde das Prinzip des Vollzugsföderalismus und der entsprechenden kantonalen Mitverantwortung überhaupt in Frage gestellt. Der Begriff der «abschliessenden» Regelung durch Bundesrecht – der sich übrigens in keinem Bundeserlass findet – bezieht sich in erster Linie auf das materielle Bundesrecht. Er ist kaum anwendbar auf delegiertes formelles Recht, denn überall, wo der Bund den Vollzug des materiellen Rechts an die Kantone delegiert, ist zumindest ergänzendes kantonales Organisations- und Verfahrensrecht notwendig.

Die Tätigkeit kantonaler oder kommunaler Ombudspersonen wäre im Bereich des delegierten Bundesrechts nur dann ausgeschlossen, wenn dies durch den Bundesgesetzgeber ausdrücklich geschähe. Solche Vorschriften existieren jedoch nicht; ebenso wenig existiert ein qualifiziertes Schweigen des Bundesgesetzgebers (vgl. Hegnauer, a.a.O., S. 3). Solche Vorschriften würden auch den eigenen Interessen des Bundes zuwiderlaufen: Die Tätigkeit der Ombudspersonen ist nämlich geeignet, die «Qualität der kantonalen Rechtsanwendung zu verbessern» (Hegnauer, a.a.O., S. 4), denn jene haben ja zu prüfen, ob die Behörden nach Recht und Billigkeit verfahren (§ 89 Abs. 1). Der Kanton Zürich besitzt ein schutzwürdiges öffentliches Interesse an der Tätigkeit der Ombudsperson im Bereich des delegierten Bundesrechts: Gelingt es dieser in bestimmten Fällen, die kantonalen Behörden zu einer bundesrechtskonformen Anwendung zu veranlassen, erspart er sich Konflikte mit den Bundesbehörden, allenfalls den Einsatz der Mittel der Bundesaufsicht. Solches Verhalten des Kantons respektiert zugleich «Sinn und Geist» des Bundeszivilrechts (für das Vormundschaftswesen, Hegnauer, a.a.O., S. 4). Mangels ausdrücklicher kantonaler oder Bundesvorschriften kann also die Tätigkeit kantonaler und kommunaler Ombudspersonen im Bereich des delegierten Bundesrechts nicht eingeschränkt werden, weder bei den sich stellenden materiell-rechtlichen Fragen, noch im organisatorischen, verfahrensrechtlichen und personalrechtlichen Bereich. Die kantonale Ombudsperson ist somit unter Vorbehalt des § 90 für alle Behörden und Ämter des Kantons und der Bezirke sowie die in § 89 Abs. 2 genannten Anstalten zuständig – unabhängig von organisations- und verfahrensrechtlichen Vorschriften und des bundesrechtlichen Charakters des anzuwendenden materiellen Rechts.

§ 91

IV. Verfahren
1. Einleitung

§ 91. Die Ombudsperson wird auf Beschwerde eines an der Überprüfung rechtlich oder tatsächlich Interessierten hin tätig. Die Überprüfung kann sich auf eine laufende oder abgeschlossene Angelegenheit beziehen.

Sie kann auch von sich aus tätig werden.

Materialien
Weisung Ombudsperson, S. 981 f.; Prot. KK 6.1.1977, 3.3.1977; Prot. KR 1975–1979, S. 5942 ff., 6034 ff.; Beleuchtender Bericht Ombudsperson, S. 936.

Literatur vgl. Vorbem. zu §§ 87–94.

Übersicht	Note
1. Tätigwerden aufgrund von Beschwerden (Abs. 1)	1
2. Tätigwerden aus eigener Initiative (Abs. 2)	7
3. Vereinbarungen mit dem Kantonsrat oder dem Regierungsrat	8

1. Tätigwerden aufgrund von Beschwerden (Abs. 1)

1   Die Tätigkeit der Ombudsperson soll nicht durch Formalitäten erschwert werden, weshalb an die Beschwerde keine formellen Anforderungen gestellt werden (Haller, a.a.O., Erfahrungen, S. 180, 194). Eine Beschwerde bei der Ombudsperson muss nicht formell als solche bezeichnet werden; es genügt, wenn der Betreffende mitteilt, die Haltung einer Behörde oder eines Amtes sei ihm unverständlich, er wünsche deshalb Rat und allenfalls eine Untersuchung (Beleuchtender Bericht Ombudsperson, S. 936). Die Ombudsperson nimmt schriftliche, mündliche oder telefonische Beschwerden entgegen; sie lädt in der Mehrzahl der Fälle den Beschwerdeführer zu einer persönlichen Besprechung ein (vgl. TB 1997, S. 10; 1996, S. 5; 1989, S. 4; 1983, S. 6). Erscheint ein Beschwerdeführer unentschuldigt nicht zur anberaumten Besprechung, so darf die Ombudsperson ohne weiteres annehmen, dieser sei an einer weiteren Verfolgung der Sache nicht mehr interessiert, und den Fall abschreiben (vgl. N. 6). Das Verfahren vor der Ombudsperson ist weitgehend mündlich; durch den Verzicht auf die Schriftform wird die Hemmschwelle für unbeholfene Beschwerdeführer wirksam gesenkt (vgl. Vontobel, a.a.O., Mittler, S. 9 ff.). Beschwerden können auch von der Geschäftsleitung des Kantonsrats an die Ombudsperson weitergeleitet werden (§ 44 Abs. 2 KantonsratsG).

2   Jede natürliche oder juristische Person kann an die Ombudsperson gelangen. Der zivil- oder öffentlichrechtliche Status spielt keine Rolle. Auch Unmündige und Bevormundete können sich bei der Ombudsperson beschweren; Wohnsitz oder Aufenthalt im Kanton sind ebenso wenig Beschwerdevoraussetzung wie das Schweizer Bürgerrecht oder irgendein bestimmter ausländerrechtlicher Status. Es kommt auch nicht auf die Beziehung des Beschwerdeführers zur Verwaltung an. Auch Personen, die sich in einem Sonderstatusverhältnis zum Staat

befinden, wie Angestellte im öffentlichen Dienst, Schüler, Studierende, Armeeangehörige, Heim- und Anstaltsinsassen, Anstaltsbenützer, Strafgefangene usw., können an die Ombudsperson gelangen. Gerade bei den Personen im Sonderstatusverhältnis ist das Schutzbedürfnis gross. Der Anteil der Staatsangestellten unter den Beschwerdeführern ist seit der Schaffung der Ombudsstelle von etwa 10% mit einigen Schwankungen auf über 20% angestiegen (1997: 27,3%; vgl. TB 1997, S. 6 ff., 10; 1996, S. 7; 1986, S. 9).

Das Gesetz verlangt ein irgendwie geartetes *eigenes* Interesse, wobei dieses rechtlicher oder rein faktischer Natur sein kann. Die Anrufung der Ombudsperson soll keine Popularbeschwerde sein (Weisung Ombudsperson, S. 981). Eine minimale Beziehung des Beschwerdeführers zum beanstandeten Verwaltungshandeln sollte bestehen. Verfolgt der Beschwerdeführer keine eigenen, sondern ausschliesslich öffentliche Interessen, so kann die Ombudsperson, muss aber nicht tätig werden. Weil die Ombudsperson jedoch einerseits aus eigenem Antrieb tätig werden kann (vgl. Abs. 2) und anderseits stets nach ihrem Ermessen entscheidet, inwieweit sie sich mit einer Beschwerde befassen will, kommt der Voraussetzung des eigenen Interesses des Beschwerdeführers kein grosses Gewicht zu. Ihr Vorliegen ist allerdings beim Entscheid, wie weit eine Beschwerde verfolgt werden soll, mitzuberücksichtigen. Grosszügig ist bei der Frage der Vertretung (z.B. durch Angehörige) zu verfahren. 3

Auch bei Beschwerden von *Querulanten* kann nach sorgfältiger Überprüfung ein ernstzunehmendes Bedürfnis bestehen (Haller, a.a.O., Erfahrungen, S. 194); Personen, die keine ernsthaften Anliegen haben, soll die Ombudsperson ihre Arbeitskraft jedoch nicht zur Verfügung stellen (vgl. Haller, a.a.O., Erfahrungen, S. 194). Die Befürchtung, die Ombudsstelle werde vor allem von Querulanten beansprucht, hat sich nicht bewahrheitet (TB 1996, S. 12). 4

Umstritten ist, ob sich *Gemeinden* und *kommunale Zweckverbände* an die Ombudsperson wenden können. Geht man von der Funktion der Ombudsperson als Mittlerin zwischen Privaten und Behörden aus, muss diese Frage verneint werden (so Kölz, Ombudsmann, S. 285 ff.). Allerdings bejaht die Praxis ein Rechtsschutzinteresse der Gemeinden, indem sie ihnen unter bestimmten Voraussetzungen die Rekurs- und Beschwerdelegitimation zuerkennt (vgl. § 21 N. 53 ff.; Kölz, Ombudsmann, S. 287, hält dies für nicht ausschlaggebend). In der Praxis nimmt die Ombudsperson Beschwerden von Gemeinden, welche einen sehr geringen Anteil (weniger als 1%) an der Gesamtzahl der Beschwerden ausmachen, entgegen (TB 1997, S. 10; 1996, S. 7; 1985, S. 9; vgl. TB 1992 Nr. 20, 1982 Nr. 21, 1980 Nr. 21). Da sie auch auf eigene Initiative tätig werden kann, kann dagegen nichts eingewendet werden. 5

Der vom Regierungsrat vorgeschlagene Abs. 1 Satz 3, wonach es im Ermessen der Ombudsperson gestanden hätte, *ob* und wieweit sie eine Beschwerde anhand nehmen wolle, wurde von der Kantonsratskommission zwar gestrichen 6

§ 91

(vgl. Antrag des Regierungsrats, ABl 1976 II, S. 964; Prot. KR 1975–1979, S. 5942 f.). Dennoch entscheidet die Ombudsperson nach ihrem Ermessen, wie weitgehend sie sich mit einer Beschwerde befassen will (vgl. § 93 N. 2; vgl. auch Prot. KR 1975–1979, S. 5928; Haller, a.a.O., Erfahrungen, S. 194). Dies gilt auch, wenn eine Beschwerde von der Geschäftsleitung des Kantonsrats gemäss § 44 Abs. 2 KantonsratsG an sie weitergeleitet wurde.

2. Tätigwerden aus eigener Initiative (Abs. 2)

7   Im Normalfall wird die Ombudsperson aufgrund von Beschwerden tätig. Das Gesetz gestattet jedoch ein Tätigwerden aus eigener Initiative, da es in gewissen Ausnahmefällen angemessen erscheint, wenn sie von sich aus Untersuchungen vornimmt, etwa wenn sie bei der Verfolgung eines Beschwerdefalls auf weitere Fehler der Verwaltung stösst und das öffentliche Interesse gebietet, diese zu korrigieren (vgl. Beleuchtender Bericht Ombudsperson, S. 936). Auch wenn ein Betroffener sich nicht exponieren will oder kann, soll die Ombudsperson (formell) im eigenen Namen auftreten können (Beleuchtender Bericht Ombudsperson, S. 936). In der Praxis nimmt sie nur in einem verschwindend kleinen Teil der Fälle die Untersuchung aus eigenem Antrieb auf (TB 1998, S. 10; 1997, S. 10). Das der Ombudsperson zustehende Recht, von sich aus tätig zu werden, hat jedenfalls den Vorteil, dass ihre Unabhängigkeit erhöht wird, indem sie sich bei den Behörden nicht mit einer eingegangenen Beschwerde legitimieren muss.

3. Vereinbarungen mit dem Kantonsrat oder dem Regierungsrat

8   Der Kantonsrat darf der Ombudsperson keinen verbindlichen Auftrag geben, sich mit einer bestimmten Sache zu befassen. Er darf ihr auch nicht verbieten, bestimmte Abklärungen durchzuführen. Dasselbe gilt umso mehr für den Regierungsrat. Die Ombudsperson ist zwar in einem Ausnahmefall für den Regierungsrat tätig geworden, korrekterweise jedoch nicht auf einseitige Anordnung hin: Aufgrund einer Vereinbarung vom 28.2.1990 zwischen dem vom Regierungsrat hierzu ermächtigten Polizeidirektor und der Ombudsperson überwachte Letztere die Vernichtung der kantonalen Staatsschutzakten im Rahmen der vom Regierungsrat erlassenen Weisungen und erstattete hierüber dem Polizeidirektor einen Bericht (TB 1990, S. 8 ff.; 1991, S. 8 f.; 1993, S. 7 ff.). Ein analoger Beizug durch den Kantonsrat wurde nicht grundsätzlich ausgeschlossen, unterblieb aber im konkreten Fall aus Sorge um die politische Unabhängigkeit der Ombudsstelle (TB 1990, S. 10; Prot. KR 1991–1995, S. 912 f.).

§ 92. Die Ombudsperson kann den Sachverhalt nach § 7 Abs. 1 abklären. 2. Erhebungen

Die Behörden, mit denen sich die Ombudsperson in einem bestimmten Fall befasst, sind ihr zur Auskunft und zur Vorlage der Akten verpflichtet. Vorbehalten bleiben einschränkende Vorschriften des Bundes.

Die Behörden haben ihrerseits Anspruch auf Stellungnahme.

Die Ombudsperson ist gegenüber Dritten und gegenüber dem Beschwerdeführer in gleichem Mass zur Geheimhaltung verpflichtet wie die betreffenden Behörden.

Materialien
Weisung Ombudsperson, S. 982; Prot. KK 18.1.1977, 3.3.1977; Prot. KR 1975–1979, S. 5944; Beleuchtender Bericht Ombudsperson, S. 935 f.

Literatur vgl. Vorbem. zu §§ 87–94.

Übersicht | Note
1. Allgemeines | 1
2. Untersuchungsmittel (Abs. 1) | 2
3. Pflicht der Behörden zur Aktenvorlage und Auskunftserteilung (Abs. 2) | 3
4. Anspruch der Behörden auf Stellungnahme (Abs. 3) | 6
5. Geheimhaltungspflicht (Abs. 4) | 7

1. Allgemeines

Die Ombudsperson entscheidet nach ihrem pflichtgemäss ausgeübten Ermessen, inwieweit sie einer Sache nachgehen will oder nicht. Ihr Entscheid, einen ihr unterbreiteten Fall nicht weiterzuverfolgen, kann nicht angefochten werden (vgl. Haller, a.a.O., Erfahrungen, S. 194; vgl. auch § 93 N. 2). 1

2. Untersuchungsmittel (Abs. 1)

Die Ombudsperson muss in der Lage sein, ihre Fälle restlos abzuklären. Nur eine umfassende Kenntnis des Konflikts und seiner Zusammenhänge, die unter Umständen weiter gehen als das Wissen der Betroffenen, macht es ihr möglich, ihre Aufgabe zu erfüllen (Beleuchtender Bericht Ombudsperson, S. 935 f.). Sie verfügt daher über dieselben Mittel der Sachverhaltsabklärung wie die Verwaltungsbehörden (vgl. dazu § 7 N. 14 ff.): Einholen von Sachverständigengutachten und Amtsberichten, Befragung von Auskunftspersonen, Beizug von Urkunden, Durchführung von Augenscheinen. Auch sie kann keine Zeugen einvernehmen. In der Regel wird ein Gespräch mit dem Beschwerdeführer geführt, werden Vernehmlassungen der Verwaltung angefordert, Akten eingesehen oder Angehörige der Verwaltung als Auskunftspersonen befragt; wesentlich seltener 2

§ 92

werden Augenscheine vorgenommen (vgl. TB 1997, S. 10; 1996, S. 5; 1989, S. 4; 1983, S. 6). Kommt die Ombudsperson zum Schluss, die Behörde habe den ihrem Handeln zugrunde liegenden Sachverhalt zu wenig gründlich geklärt, so kann sie dieser gegenüber bestimmte Untersuchungshandlungen anregen, statt sie selber vorzunehmen, was oft zweckmässiger sein dürfte als eine eigene Untersuchung. Sie kann auch eine Stellungnahme der Behörde zur Frage anfordern, ob bestimmte Beweise eingeholt werden sollten; sie ist jedoch nicht befugt, der Behörde die Abnahme von Beweisen vorzuschreiben (Haller, a.a.O., Erfahrungen, S. 193).

3. Pflicht der Behörden zur Aktenvorlage und Auskunftserteilung (Abs. 2)

3 Die Ombudsperson kann bei ihrer Ermittlungstätigkeit stets direkt an die unmittelbar mit der Sache befasste Instanz gelangen; sie ist nicht an einen Dienstweg gebunden. Die in Abs. 2 geregelten Mitwirkungspflichten der Behörden gegenüber der Ombudsperson entsprechen weitgehend der im Verwaltungsverfahren geltenden Amtshilfepflicht gemäss § 7 Abs. 3 (vgl. dazu § 7 N. 71 ff.).

4 Die zuständigerweise kontrollierten Behörden haben der Ombudsperson alle zu einem Fall gehörenden Akten vorzulegen. Sie haben ihr auch die gewünschten Auskünfte über die Sach- und Rechtslage zu erteilen und ihr insbesondere Einblick in die Gesetzesmaterialien zu gewähren. Unter besonderen Umständen muss die Ombudsperson für die Akteneinsicht die Zustimmung des Beschwerdeführers einholen, so etwa für die Einsicht in Arztgutachten, die für eine Versicherungskasse erstellt worden sind, oder in Vormundschaftsakten.

5 Die Gemeinden und die kantonalen Behörden, die nicht der Zuständigkeit der Ombudsperson unterstehen, haben dieser Auskünfte zu erteilen, wenn sie solche in einem andern Zusammenhang benötigt (Beleuchtender Bericht Ombudsperson, S. 937). Für Bundesbehörden und Behörden anderer Kantone ist dies aus dem Grundsatz der bundesstaatlichen Treuepflicht abzuleiten, wie nun aus der ausdrücklichen Verankerung der Verpflichtung zur Amtshilfe in Art. 44 Abs. 2 BV hervorgeht (gl.M. Eidgenössische Datenschutzkommission, 10.1.1997, ZBl 99/1998, S. 283; unklar BBl 1997 I, S. 208 f.; Peter Saladin, in: Kommentar aBV, Art. 3 Rz. 34, 36; a.M. noch Hans Reinhard, Allgemeines Polizeirecht, Bern/Stuttgart/Wien 1993, S. 140 f.; Jürg Walter Simon, Amtshilfe, Chur/Zürich 1991, S. 139 f.; Jean-Philippe Walter, in: Kommentar zum Schweizerischen Datenschutzgesetz, Basel/Frankfurt a.M. 1995, Art. 19. N. 5). Handelt die Ombudsperson ausserhalb des Rahmens ihrer Zuständigkeit (vgl. § 93 N. 9), dürfen Auskünfte nur innerhalb der allgemeinen gesetzlichen Schranken erteilt werden (vgl. Art. 19 Abs. 1 DSG, § 8 DatenschutzG).

4. Anspruch der Behörden auf Stellungnahme (Abs. 3)

Die Behörden haben ein formelles Recht auf Stellungnahme zu den Vorbringen des Beschwerdeführers, was mündlich oder schriftlich geschehen kann (Weisung Ombudsperson, S. 982). Die Ombudsperson soll den Behörden auch zu den von ihr vorgenommenen tatsächlichen Erhebungen rechtliches Gehör gewähren.

6

5. Geheimhaltungspflicht (Abs. 4)

Die Ombudsperson unterliegt den gleichen Geheimhaltungsregeln wie die Verwaltungsbehörden. Ihre Geheimhaltungspflicht gilt in beschränktem Umfang auch gegenüber dem Beschwerdeführer (vgl. besonders § 9 Abs. 1), vor allem aber gegenüber Dritten, anderen Behörden und dem Kantonsrat (Weisung Ombudsperson, S. 982).

7

Nicht an das Amtsgeheimnis gebunden ist die Ombudsperson dort, wo sie gemäss § 21 StPO eine Anzeigepflicht trifft. Die Ombudsperson ist vor allem in Bezug auf strafbare Handlungen von Behörden und von Dritten zur Anzeige verpflichtet. Weil sie zu den Beschwerdeführern ein persönliches Vertrauensverhältnis haben muss, fällt sie unter § 21 Abs. 1 Satz 2 StPO, womit sie mit Bezug auf diese zur Anzeige nur berechtigt, nicht aber verpflichtet ist (a.M. Niklaus Schmid, in: Andreas Donatsch/Niklaus Schmid, Kommentar zur Strafprozessordnung des Kantons Zürich vom 4. Mai 1919, Zürich 1996/1999, § 21 N. 4) – unabhängig davon, dass das Vertrauensverhältnis nicht so stark ist wie jene, auf die diese Ausnahmeregelung gemünzt war: etwa jenes zwischen Lehrern und Schülern oder jenes zwischen in der Fürsorge Tätigen und ihren Schützlingen (vgl. ABl 1974 II, S. 747). Die Auskunfts- und Anzeigepflicht nach § 121 StG – diese Bestimmung entspricht § 81 aStG (ABl 1994 II, S. 1504) – gilt für die Ombudsperson nicht (Kölz, Ombudsmann, S. 287 ff.). Das Gleiche dürfte mit Bezug auf § 40 AnwaltsG gelten.

8

§ 93. Die Ombudsperson ist nicht befugt, Anordnungen zu treffen. Aufgrund ihrer Überprüfung kann sie

3. Erledigung

a) dem Beschwerdeführer Rat für sein weiteres Verhalten erteilen;
b) die Angelegenheit mit den Behörden besprechen;
c) nötigenfalls eine schriftliche Empfehlung zuhanden der überprüften Behörde erlassen. Sie stellt diese Empfehlung auch der vorgesetzten Verwaltungsstelle, dem Beschwerdeführer und nach ihrem Ermessen weiteren Beteiligten und andern daran interessierten kantonalen Behörden zu.

§ 93

Materialien
Weisung Ombudsperson, S. 982 ff.; Prot. KK 18.1.1977, 3.3.1977; Prot. KR 1975–1979, S. 5944; Beleuchtender Bericht Ombudsperson, S. 936.

Literatur vgl. Vorbem. zu §§ 87–94.

Übersicht	Note
1. Allgemeines	1
2. Raterteilung und Besprechung (lit. a/b)	3
3. Schriftliche Empfehlung (lit. c)	5
4. Weitere Einflussmittel	6

1. Allgemeines

1   Die Ombudsperson kann das Verhalten der von ihr überprüften Behörden nicht mit verbindlicher Wirkung beeinflussen (Satz 1). Sie darf insbesondere weder den Erlass von Verwaltungsakten anordnen noch Verwaltungsakte aufheben, abändern oder selber vorwegnehmen (Weisung Ombudsperson, S. 983; Haller, a.a.O., Gefüge, S. 708 f.). Dem Eingreifen der Ombudsperson kommt auch keine aufschiebende Wirkung zu. Dennoch verfügt sie über eine Reihe von Einflussmöglichkeiten, deren Wirkung in Anbetracht ihrer Unabhängigkeit nicht zu unterschätzen ist. Es steht in ihrem Ermessen, von welchen der in den lit. a–c genannten Mittel sie Gebrauch machen will (Weisung Ombudsperson, S. 982). In der Praxis werden die Geschäfte je etwa hälftig nach lit. a oder lit. b erledigt. Eine schriftliche Empfehlung wird in weniger als einem Prozent der Fälle abgegeben (TB 1998, S. 10; 1997, S. 10; 1996, S. 6; 1989, S. 5; 1983, S. 6).

2   Auch der Entscheid, eine Sache *nicht* weiterzuverfolgen, liegt im Ermessen der Ombudsperson und kann nicht angefochten werden (vgl. § 91 N. 6). Zwar untersteht die Ombudsperson der Oberaufsicht des Kantonsrats; doch können die Entscheide der Ombudsperson inhaltlich nicht überprüft werden (vgl. sinngemäss Vorbem. zu §§ 32–40 N. 5 ff.). Die Ombudsperson ist sodann nicht verpflichtet, solche Entscheide zu begründen (Haller, a.a.O., Erfahrungen, S. 194). In besonders gelagerten Fällen kann jedoch eine summarische Begründung angezeigt sein.

2. Raterteilung und Besprechung (lit. a/b)

3   Das Hauptgewicht der Tätigkeit der Ombudsperson liegt nach dem Willen des Gesetzgebers bei der Vermittlung unter den Beteiligten. Sie soll daher danach trachten, ihre Fälle gütlich zu erledigen und die Seite, welche im Irrtum oder im Fehler ist, zum freiwilligen Nachgeben zu bewegen. Als Fehler der Behörde gelten dabei nicht nur Rechtsverletzungen, sondern auch Verstösse gegen die

Billigkeit im Rahmen des Ermessens sowie von Anstand und Menschlichkeit im Umgang (Beleuchtender Bericht Ombudsperson, S. 936; vgl. § 89 N. 2 ff.). Die Ombudsperson kann dem Beschwerdeführer Rat erteilen und/oder die Angelegenheit mit den Behörden besprechen. Sie kann auch eine gemeinsame Besprechung mit den Beteiligten durchführen. Die Behörde ist verpflichtet, an Besprechungen mit der Ombudsperson teilzunehmen. Selbstverständlich steht es dieser frei, das Verhalten der Behörde und/oder des Beschwerdeführers zu kritisieren und entsprechende Verhaltensvorschläge zu machen. Sie kann den Behörden Verbesserungen empfehlen, sei es in Bezug auf Weisungen oder die Rechtspraxis, sei es im Bereich des informellen oder realen Handelns, der Kommunikation oder des Auftretens (vgl. TB 1993 Nr. 1, 1991 Nr. 11, 1990 Nr. 12, 1983 Nr. 14; 1982, S. 14 ff.). Es steht ihr jedoch nicht zu, die Einhaltung dieser Anregungen autoritativ zu fordern.

Die Ombudsperson kann ihre Besprechungen stets mit der unmittelbar in der Sache handelnden Behörde führen; sie ist nicht an den Dienstweg gebunden (vgl. § 92 N. 3). 4

3. Schriftliche Empfehlung (lit. c)

Stellt die Ombudsperson ein Fehlverhalten der Behörde fest und bleibt diese trotz Kritik uneinsichtig, so erlässt sie die gesetzlich vorgesehene formelle «schriftliche Empfehlung». Diese geht neben dem Beschwerdeführer auch der übergeordneten Instanz zu, die manchmal noch eingreifen kann (Beleuchtender Bericht Ombudsperson, S. 936). Die vorgesetzte Verwaltungsstelle und insbesondere der Beschwerdeführer haben einen unbedingten Anspruch auf Zustellung der schriftlichen Empfehlung (Prot. KK 18.1.1977). Die Ombudsperson stellt die Empfehlung nach ihrem Ermessen im Rahmen der Geheimhaltungspflicht weiteren Beteiligten und andern interessierten kantonalen Behörden zu (vgl. TB 1983 Nr. 9). Zu Letzteren gehört vorab der Regierungsrat als oberste vollziehende und verwaltende Kantonalbehörde. Die Zustellung an die vorgesetzte Behörde stellt ein wirksames Druckmittel dar. Die Empfehlung hat deshalb nicht zu unterschätzende präventive Wirkung. Umgekehrt verbietet sich der Ombudsperson ein übermässiger Gebrauch dieses Mittels, weil sie zur Wahrnehmung ihrer Aufgabe letztlich auf ein grundsätzliches Einvernehmen mit der Verwaltung angewiesen ist (vgl. TB 1995, S. 13). 5

4. Weitere Einflussmittel

Eine weitere Einflussmöglichkeit besteht darin, dass die Ombudsperson in ihrem Jahresbericht an den Kantonsrat auf eine nicht oder unbefriedigend gelöste Angelegenheit hinweist (vgl. § 87 Abs. 3). Sie muss auch in der Lage sein, in 6

§ 93

gravierenden Fällen Einzelberichte an den Kantonsrat zu richten. Sie kann und soll in den Tätigkeitsbericht Hinweise auf Mängel der Gesetzgebung aufnehmen (vgl. § 87 N. 9).

7 Stellt die Ombudsperson strafbare Handlungen von *Behörden* fest, so muss sie gemäss § 21 StPO bei den zuständigen Strafverfolgungsbehörden Anzeige erstatten. Die Auskunfts- und Anzeigepflichten nach § 121 StG und § 40 AnwaltsG treffen sie jedoch nicht (vgl. § 92 N. 8).

8 Die Ombudsperson kann im Rahmen ihrer Geheimhaltungspflichten Medienmitteilungen abgeben. Gegen die Wirksamkeit des Drucks der Öffentlichkeit wird sie dabei allfällige Gefahren für die Suche nach einvernehmlichen Lösungen abwägen (TB 1995, S. 13). In der Praxis findet jährlich eine Medienkonferenz statt, an welcher der Tätigkeitsbericht vorgestellt wird.

9 Der Aufgabenbereich der Ombudsperson ist abschliessend formuliert; das Legalitätsprinzip verbietet die aussergesetzliche freiwillige Amtsausübung (Kölz, Ombudsmann, S. 290). *Ausserhalb ihres Zuständigkeitsbereichs* darf die Ombudsperson deshalb nicht tätig werden. Eine Grauzone besteht allerdings, weil informelles Handeln im Konzept der Ombudsstelle angelegt ist (Vorbem. zu §§ 87–94 N. 17). Zudem können bereits zur Prüfung der Zuständigkeit Abklärungen der Rechtslage nötig werden. Auch bei fehlender Zuständigkeit scheint sodann eine kurze Beratung des Beschwerdeführers, die den Hinweis auf allenfalls gegebene Rechtsmittel wie etwa die Erläuterung und die Berichtigung (vgl. hierzu Vorbem. zu §§ 19–28 N. 21 f.) enthält, nicht nur zulässig, sondern in der Regel geboten. Ergeben sich informelle Kontakte mit Behörden, unterliegen Letztere jedenfalls der Geheimhaltungspflicht. Unzulässig ist, dass die Ombudsperson mit materiellrechtlichen «Darlegungen der Sichtweise» ins Rechtsmittelverfahren eingreift (a.M. TB 1993 Nr. 18). Bedenken weckt auch, wenn sie gegenüber der kantonalen Aufsichtsbehörde über die Gemeinden ihren Rechtsstandpunkt in Bezug auf kommunales Handeln darlegt (so aber TB 1993 Nr. 7). Allerdings kann dies als Aufsichtsbeschwerde interpretiert werden. Dazu muss auch die Ombudsperson berechtigt sein (Vorbem. zu §§ 19–28 N. 36), wodurch der Ausschluss der Gemeinden aus deren Überprüfungsbereich relativiert wird. Tätigwerden als Privatperson (etwa aufgrund von Mediationsaufträgen von Gemeinden) ist als Nebenerwerbstätigkeit an sich zulässig. Infolge ihrer exponierten Stellung im Rahmen einer monokratisch organisierten Behörde und wegen der zeitlichen Belastung soll die Ombudsperson hiebei grösste Zurückhaltung üben (Kölz, Ombudsmann, S. 291).

§ 94. **Die Inanspruchnahme der Ombudsperson ist unentgeltlich.** 4. Kosten

Materialien
Weisung Ombudsperson, S. 981; Prot. KK 18.1.1977, 3.3.1977; Prot. KR 1975–1979, S. 5944.

Literatur vgl. Vorbem. zu §§ 87–94.

Dem Beschwerdeführer erwachsen aus der Inanspruchnahme der Ombudsperson 1 in keinem Fall Kosten oder Gebühren. Dies gilt auch für die von der Ombudsperson angeordneten besonderen Sachverhaltsermittlungen (z.B. Sachverständigengutachten); die hieraus allenfalls entstehenden Kosten sind auf die Staatskasse zu nehmen. Andernfalls würde gerade für unbeholfene Personen eine unerwünschte Hemmschwelle aufgebaut (Weisung Ombudsperson, S. 981).

Sechster Abschnitt
Schluss- und Übergangsbestimmungen

I. Aufhebung und Änderung von Gesetzen

1. Grundsatz

§ 95. Durch dieses Gesetz werden alle ihm widersprechenden Vorschriften früherer Gesetze und Verordnungen aufgehoben.

Materialien
Weisung 1957, S. 1056 ff.; Prot. KK 24.3.1958; Beleuchtender Bericht 1959, S. 414 f.; Weisung 1995, S. 1544 f.; Prot. KK 1995/96, S. 161 ff., 186.

1 Es war beim Erlass des VRG nicht möglich, sämtliche dem neuen Recht widersprechenden Bestimmungen formell aufzuheben bzw. abzuändern. In den §§ 96–100 sind lediglich die wichtigsten Änderungen angeführt, darunter die Aufhebung des Gesetzes über die Streitigkeiten im Verwaltungsfach vom 23.6.1831 (vgl. § 96), an dessen Stelle das VRG trat. § 95 bildet daher eine subsidiäre Übergangsbestimmung in Form einer Generalklausel (Prot. KK 24.3.1958). In der zürcherischen Gesetzessammlung hat man sich dort, wo eine formelle Änderung unterblieben ist, verschiedentlich damit beholfen, in Fussnoten auf die Bestimmungen des VRG hinzuweisen (z.B. § 128 Abs. 1 WahlG mit Bezug auf die heute 30-tägige Rekursfrist). Indessen sind auch diese Hinweise nicht vollständig, sodass eine materielle Überprüfung oft unumgänglich ist.

2 Im Zug der Revision vom 8.6.1997 beantragte der Regierungsrat dem Kantonsrat, in Gestalt von § 95 Abs. 2 eine Bestimmung in das VRG aufzunehmen, die es dem Regierungsrat ermöglicht hätte, das VRG auf dem Verordnungsweg dem übergeordneten Recht vorläufig anzupassen. Damit sollte für jene Fälle ein gesicherter Rechtszustand geschaffen werden, in denen übergeordnetes Recht – namentlich die Rechtsetzung der Bundesbehörden sowie die Rechtsprechung des Bundesgerichts und des Europäischen Gerichtshofes für Menschenrechte in Strassburg – Teile des VRG in Frage stellt. Der Regierungsrat hielt die vorgeschlagene Lösung auch unter den Gesichtspunkten des Rechtsstaats und der Gewaltenteilung für tragbar, weil der Ermessensspielraum des Regierungsrats eng begrenzt und die zu treffende Lösung durch das übergeordnete Recht stets vorgegeben sei sowie die getroffene Regelung nur vorläufig bis zur Überführung ins ordentliche Recht auf dem ordentlichen Gesetzgebungsweg Geltung besitze (Weisung 1995, S. 1544 f.). Die vorberatende Kantonsratskommission äusserte jedoch gegenüber dem vorgeschlagenen § 95 Abs. 2 erhebliche Bedenken rechtsstaatlicher Natur; diese bewogen sie schliesslich dazu, § 95 Abs. 2 aus der Revisionsvorlage zu streichen (vgl. Prot. KK 1995/96, S. 161 ff.).

§ 96. Das Gesetz über die Streitigkeiten im Verwaltungsfach vom 23. Juni 1831 sowie die §§ 8–10 des Gesetzes über die Konflikte vom 23. Juni 1831 werden aufgehoben.

2. Gesetz über die Streitigkeiten im Verwaltungsfach und über die Konflikte

 Materialien vgl. § 95.

§ 97. Das Einführungsgesetz zum Schweizerischen Zivilgesetzbuch vom 2. April 1911 wird wie folgt abgeändert: ...[1]

3. Einführungsgesetz zum Schweizerischen Zivilgesetzbuch

[1] Text siehe OS 40, 566 f.

 Materialien vgl. § 95.

§ 98. Das Gesetz über die Armenfürsorge vom 23. Oktober 1927 wird wie folgt abgeändert und ergänzt: ...[1]

4. Armenfürsorgegesetz

[1] Text siehe OS 40, 567.

 Materialien vgl. § 95.

§ 99. Das Gesetz über die direkten Steuern vom 8. Juli 1951, das Gesetz über die Erbschafts- und Schenkungssteuer vom 26. April 1936 sowie das Gesetz über die Billettsteuer vom 16. Dezember 1934 werden dahin abgeändert, dass anstelle der Oberrekurskommission das Verwaltungsgericht tritt.

5. Steuergesetze

§ 67 des Gesetzes über die direkten Steuern vom 8. Juli 1951 wird aufgehoben.

 Materialien vgl. § 95.

§ 100. Die nachstehenden Gesetze werden wie folgt abgeändert: ...[1]

6. Verschiedene Gesetze

[1] Text siehe OS 40, 568 ff.

 Materialien vgl. § 95.

Änderungen weiterer Gesetze waren nicht nur im Zusammenhang mit der Schaffung des VRG erforderlich (vgl. OS 40, 566 ff.). Auch die Ergänzung des VRG vom 25.9.1977 durch die §§ 87–94 (Vorlage über die Ombudsperson; vgl. OS 46, 667 ff. sowie Einleitung N. 21) zog zahlreiche Änderungen anderer Gesetze nach sich (vgl. OS 46, 669 ff.).

 1

§ 101 / § 102 / § 103

II. Übergangs-
bestimmungen
1. Anhängige
Verfahren

§ 101. Die bei Inkrafttreten dieses Gesetzes bei einer Rekursbehörde, beim Versicherungsgericht oder bei einem Zivilgericht anhängigen Streitigkeiten sind ungeachtet der durch dieses Gesetz geänderten Zuständigkeit auf Grund der bisherigen Vorschriften zu beurteilen und weiterzuziehen.

Materialien vgl. § 95.

1 Diese Übergangsbestimmung will eine Verbindung des altrechtlichen mit dem neurechtlichen Verfahren ausschliessen (Sommer, Verwaltungsgericht, S. 307). Sie hat heute keine unmittelbare praktische Bedeutung mehr. Ihre mittelbare Bedeutung liegt aber darin, dass sie bei der Auslegung von Art. XV Abs. 3 der Übergangsbestimmungen der Gesetzesrevision vom 8.6.1997 heranzuziehen ist (vgl. Weisung 1995, S. 1559; Art. XV N. 3).

2 Weil sich die Überprüfungsbefugnis der Ombudsperson auch auf abgeschlossene (insbesondere rechtskräftige) Angelegenheiten erstreckt (§ 91 Abs. 1), braucht es für deren Tätigkeit kein materielles Übergangsrecht.

2. Erste Amts-
dauer der
Mitglieder des
Verwaltungs-
gerichts

§ 102. Die erste Amtsdauer der Mitglieder und Ersatzmänner des Verwaltungsgerichtes endigt mit der laufenden Amtsdauer des Obergerichtes.

Materialien vgl. § 95.

3. Inkrafttreten
des Gesetzes

§ 103. Dieses Gesetz tritt nach der Annahme durch die Stimmberechtigten und nach der amtlichen Veröffentlichung des kantonsrätlichen Erwahrungsbeschlusses auf einen vom Regierungsrat zu bestimmenden Zeitpunkt in Kraft, spätestens aber ein Jahr nach der Annahme in der Volksabstimmung.

Materialien vgl. § 95.

1 Das Gesetz ist auf den 1. Mai 1960 in Kraft gesetzt worden (RRB vom 2.7.1959).

Schluss- und Übergangsbestimmungen der Gesetzesrevision vom 8.6.1997

Art. II. Das Gemeindegesetz vom 6. Juni 1926 wird wie folgt geändert: ...[1]

[1] Text siehe OS 54, 279 f.

> **Materialien**
> Weisung 1995, S. 1545; Prot. KK 1995/96, S. 163 ff., 165 ff., 311 f.; Prot. KR 1995–1999, S. 6506, 6833; Beleuchtender Bericht 1997, S. 6.

Art. III. Das Finanzausgleichsgesetz vom 11. September 1966 wird wie folgt geändert: ...[1]

[1] Text siehe OS 54, 280.

> **Materialien**
> Prot. KK 1995/96, S. 354 f.; Prot. KR 1995–1999, S. 6506, 6834; Beleuchtender Bericht 1997, S. 6.

Art. IV. Das Wahlgesetz vom 4. September 1983 wird wie folgt geändert: ...[1]

[1] Text siehe OS 54, 281 f.

> **Materialien**
> Weisung 1995, S. 1545; Prot. KK 1995/96, S. 165 f.; Prot. KR 1995–1999, S. 6506, 6834.

Art. V. Das Gesetz betreffend die Organisation und Geschäftsordnung des Regierungsrates und seiner Direktionen vom 26. Februar 1899 wird wie folgt geändert: ...[1]

[1] Text siehe OS 54, 281.

> **Materialien**
> Weisung 1995, S. 1546 f.; Prot. KK 1995/96, S. 166 f.; Prot. KR 1995–1999, S. 6506, 6834; Beleuchtender Bericht 1997, S. 6.

Art. VI. Das Gesetz über die Konflikte vom 23. Juni 1831 wird aufgehoben.

> **Materialien**
> Weisung 1995, S. 1547; Prot. KK 1995/96, S. 167; Prot. KR 1995–1999, S. 6507, 6834; Beleuchtender Bericht 1997, S. 6.

Schluss- und Übergangsbestimmungen

Art. VII. Das Kantonale Straf- und Vollzugsgesetz vom 30. Juni 1974 wird wie folgt geändert: ...[1]

[1] Text siehe OS 54, 282 f.

> **Materialien**
> Weisung 1995, S. 1547 f.; Prot. KK 1995/96, S. 157 ff., 167, 312 f.; Prot. KR 1995–1999, S. 6507, 6834; Beleuchtender Bericht 1997, S. 6.

Art. VIII. Das Steuergesetz vom 8. Juli 1951 wird wie folgt geändert: ...[1]

[1] Text siehe OS 54, 283.

> **Materialien**
> Weisung 1995, S. 1548; Prot. KK 1995/96, S. 167; Prot. KR 1995–1999, S. 6507, 6834.

Art. IX. Das Planungs- und Baugesetz vom 7. September 1975 wird wie folgt geändert: ...[1]

[1] Text siehe OS 54, 283 ff.

> **Materialien**
> Weisung 1995, S. 1548 ff.; Prot. KK 1995/96, S. 168 ff., 184 ff., 190 ff., 209 ff., 320 ff., 356 ff., 362 f.; Prot. KR 1995–1999, S. 6428 ff., 6435 ff., 6507 ff., 6834; Beleuchtender Bericht 1997, S. 6.

Art. X. Das Strassengesetz vom 27. September 1981 wird wie folgt geändert: ...[1]

[1] Text siehe OS 54, 285 ff.

> **Materialien**
> Weisung 1995, S. 1556 ff.; Prot. KK 1995/96, S. 168 ff., 337 ff., 355, 360 f., 363; Prot. KR 1995–1999, S. 6527, 6834; Beleuchtender Bericht 1997, S. 6.

Art. XI. Das Wasserwirtschaftsgesetz vom 2. Juni 1991 wird wie folgt geändert: ...[1]

[1] Text siehe OS 54, 287 f.

> **Materialien**
> Weisung 1995, S. 1556 ff.; Prot. KK 1995/96, S. 168 ff., 346 ff., 355 f., 361; Prot. KR 1995–1999, S. 6527, 6834 f.; Beleuchtender Bericht 1997, S. 6.

Schluss- und Übergangsbestimmungen

Art. XII. Das Verkehrsabgabengesetz vom 11. November 1966 wird wie folgt geändert: ...[1]

[1] Text siehe OS 54, 288.

> Materialien: Prot. KK 1995/96, S. 313, 316; Prot. KR 1995–1999, S. 6527, 6835.

Art. XIII. Das Gesetz betreffend die Abtretung von Privatrechten vom 30. November 1879 wird wie folgt geändert: ...[1]

[1] Text siehe OS 54, 288 f.

> Materialien
> Weisung 1995, S. 1558 f.; Prot. KK 1995/96, S. 154 ff., 168 ff., 361, 363; Prot. KR 1995–1999, S. 6527, 6835; Beleuchtender Bericht 1997, S. 6.

Art. XIV. Das Sozialhilfegesetz vom 14. Juli 1981 wird wie folgt geändert: ...[1]

[1] Text siehe OS 54, 289.

> Materialien
> Prot. KK 1995/96, S. 163; Prot. KR 1995–1999, S. 6527, 6835; Beleuchtender Bericht 1997, S. 6.

Art. XV. Dieses Gesetz untersteht der Volksabstimmung.

Der Regierungsrat legt den Zeitpunkt des Inkrafttretens fest.

Die Zuständigkeit der im Zeitpunkt des Inkrafttretens hängigen Rechtsmittelverfahren bestimmt sich nach bisherigem Recht. Im übrigen findet das neue Recht auf hängige Verfahren Anwendung.

> Materialien
> Weisung 1995, S. 1559; Prot. KR 1995–1999, S. 6527, 6835 f.
>
> Literatur
> ROTACH, S. 457.

1 Die Gesetzesänderung vom 8.6.1997 ist auf den 1.1.1998 in Kraft gesetzt worden (OS 54, 290).

2 Die praktische Bedeutung von Art. XV Abs. 3 dürfte inzwischen nur mehr gering sein. Gleichwohl ist hervorzuheben, dass die revidierten Bestimmungen des VRG mit ihrem Inkrafttreten auch auf bereits bei einer Verwaltungs- oder Verwaltungsrechtspflegebehörde hängige Verfahren anwendbar sind. Ausdrücklich davon ausgenommen wird die (sachliche und funktionelle) Zuständigkeit

Schluss- und Übergangsbestimmungen

in Rechtsmittelverfahren, die im Zeitpunkt des Inkrafttretens der Revisionsvorlage am 1.1.1998 schon bei einer Rechtsmittelinstanz hängig waren (zur Rechtshängigkeit vgl. Vorbem. zu §§ 4–31 N. 23 ff.). Die mit dem Rechtsmittel befasste Instanz bleibt zuständig, selbst wenn nach revidiertem Recht eine andere Behörde zu entscheiden hätte.

3   Als auslegungsbedürftig erweist sich Art. XV Abs. 3 in Fällen, in denen die Frist für die Anfechtung eines von der zweiten Rekursinstanz (insbesondere dem Regierungsrat) vor dem Inkrafttreten der neuen Ordnung getroffenen Rekursentscheids nach diesem Zeitpunkt abläuft oder in denen diese zweite Rekursinstanz aufgrund des insoweit klaren Wortlauts von Art. XV Abs. 3 den Rekurs nach dem Inkrafttreten der neuen Ordnung entschieden hat, weil das Verfahren am 1.1.1998 bei ihr hängig war. Diesbezüglich kann aus Art. XV Abs. 3 Satz 2 nicht ohne weiteres geschlossen werden, dass in solchen Fällen für den Weiterzug das neue Recht gilt. Zu beachten ist in diesem Zusammenhang, dass mit Art. XV Abs. 3 eine analoge Regelung zu § 101, der Übergangsbestimmung beim Inkrafttreten des VRG am 1.5.1960, geschaffen werden sollte (Weisung 1995, S. 1559). Laut § 101 richtet sich der Weiterzug eines Rechtsmittelentscheids ausdrücklich nach den bisherigen Vorschriften. Das Verwaltungsgericht lehnte es demgemäss ab, auf die Beschwerde gegen einen nach Inkrafttreten des VRG am 1.5.1960 gefällten zweitinstanzlichen Rekursentscheid des Regierungsrats einzutreten (RB 1960 Nr. 9). Weil die Revision vom 8.6.1997 zudem bezweckte, die Zahl der zulässigen Rechtsmittel im Kanton auf in der Regel zwei zu beschränken (Rotach, S. 443), und dementsprechend nach dem Willen des Gesetzgebers der kantonale Instanzenzug gegenüber der bisherigen Ordnung nicht verlängert werden soll, ist Art. XV Abs. 3 in Anlehnung an § 101 dahingehend auszulegen, dass zweitinstanzliche Rekursentscheide in den genannten Fällen grundsätzlich nicht gestützt auf das neue Recht mit Beschwerde an das Verwaltungsgericht weitergezogen werden können (RB 1998 Nr. 43).

4   Für vor dem 1.1.1998 eingereichte Revisionsgesuche, die sich auf die im Rahmen der Gesetzesrevision vom 8.6.1997 aufgehobenen Revisionsgründe von § 67 lit. a und b stützen, ist Art. XV Abs. 3 Satz 1 massgebend, weshalb das Verwaltungsgericht solche Gesuche noch zu behandeln hatte (BGr. 17.8.1998, 1P.234/1998).

Sachregister

A

Abbruch widerrechtlicher Bauten § 20 N. 53; § 30 N. 11, **52–56**
Abbruchverbot § 6 N. 15
Abgaben siehe Kausalabgaben
Ablehnung § 5a N. 10; siehe auch Ausstand
Abschreibungsbeschluss
– Allgemeines, Gründe: Vorbem. zu §§ 19–28 N. 28; § 21 N. 106; § 27 N. 21; § 28 N. 7, 11, **13–18**; § 63 N. **1–7**; § 76 N. 2; siehe auch Gegenstandslosigkeit, Rückzug
– Anerkennung/Vergleich § 28 N. 7, 23, 26; § 63 N. 5–6
– Anfechtung § 28 N. 13; § 48 N. 2
– Form/Rechtskraft § 19 N. 45; § 63 N. 3, 5–6; § 83 N. 11
– Kosten/Parteientschädigung § 13 N. 16–17; § 17 N. 25; Vorbem. zu §§ 19–28 N. 28
– Revision § 28 N. 15; § 63 N. 2, 7; § 86a N. 4, 19
– Zuständigkeit § 28 N. 13; § 38 N. 4, 10
Abstimmung siehe Stimmrecht
Abteilung des Verwaltungsgerichts § 38 N. 12–17; § 39 N. 2; § 55 N. 7; § 56 N. 5; § 60 N. 19
– Abteilungskanzlei § 38 N. 13; § 39 N. 6
– Abteilungspräsident § 38 N. 12, 15; § 55 N. 7; § 56 N. 2–6, 9; § 60 N. 8, 19
– Abteilungssekretär § 38 N. 13; § 40 N. 16
Abtretung siehe Enteignung
Administrative Massnahmen
– Personalrecht § 76 N. 7–8; § 80 N. 2
– im Strassenverkehr: siehe Führerausweisentzug
Administrative Rechtsnachteile § 30 N. 4, 8, 45–47, 49
Administrative Sicherungsmittel § 30 N. 5
Administrativverfahren (Enteignungsverfahren) § 19 N. 113–120; § 41 N. 24
Adressat
– einer Verfügung, Legitimation § 21 N. 31–32, 46; § 74 N. 2; § 76 N. 2
– von Vollstreckungsmassnahmen: Vorbem. zu §§ 29–31 N. 6; § 30 N. 56
– der Zustellung § 10 N. 24–25
Adressatenliste § 28 N. 5
Aktenbeizug § 8 N. 70; § 26 N. **3–9**; § 56 N. 9; § 57; § 70 N. 6; § 86 N. 2
– Verzicht § 26 N. 3

– Zurückbehaltungsrecht § 57 N. 4–6
Akteneinsichtsrecht
– im Allgemeinen § 8 N. 1, **60–83**; § 9 N. 58
– und Datenschutz § 8 N. 77–80; § 43 N. 58
– Gebühren § 8 N. 74
– in Gesetzesmaterialien § 9 N. 10
– Modalitäten § 8 N. 71–75, 81–83
  – keine Zustellung § 8 N. 13, 71–72; § 26 N. 40; § 50 N. 44
  – Mitteilungspflicht § 8 N. 71
– Rechtsnatur § 8 N. 1; § 50 N. 104; § 57 N. 2
– Träger § 8 N. 61–62
  – Aufsichtsbeschwerdeführer § 8 N. 61
  – Dritte § 10 N. 13; Vorbem. zu §§ 32–40 N. 3; § 40 N. 14, 17–19; § 57 N. 3; § 62 N. 4; § 65 N. 6–7
  – Gerichtsberichterstatter: Vorbem. zu §§ 32–40 N. 3; § 40 N. 14–16, 19
– Umfang § 8 N. 66–70
  – Beschränkungen § 8 N. 65; § 9; § 57 N. 4–6
  – Geheimhaltungsinteressen § 9 N. 5–7
  – Interessenabwägung § 9 N. 2–8
– Verzicht § 8 N. 65
– Zeitpunkt § 8 N. 64
– Zuständigkeit zum Entscheid § 8 N. 63
  – Anfechtung des Entscheids § 9 N. 15; § 19 N. 50, 52; § 20 N. 15; § 41 N. 18; § 43 N. 58
– in bestimmten Verfahrensstadien
  – ausserhalb eines Verfahrens § 8 N. 61; § 43 N. 58
  – im Rekursverfahren § 8 N. 70; § 26 N. 9, 40
  – vor Verwaltungsgericht § 40 N. 14–19; § 57 N. 2–7; § 70 N. 5; § 86 N. 3; § 86c N. 8
– von Behörden
  – der Justizkommission: Vorbem. zu §§ 32–40 N. 7
  – der Ombudsperson: Vorbem. zu §§ 87–94 N. 12; § 92 N. 4
Aktenführungspflicht § 8 N. 60
Aktenherausgabepflicht § 7 N. 20, 40, 73
Aktivlegitimation im Klageverfahren § 83 N. 3
Aktivprozess der Konkursmasse § 21 N. 16

Sachregister

Akzessorisches Prüfungsrecht siehe Normenkontrolle, konkrete
Allgemeiner Rechtsgrundsatz § 1 N. 21; § 4 N. 2; § 50 N. 34
Allgemeinverfügung
– Begriff: Vorbem. zu §§ 4–31 N. 16
– Anfechtung/Überprüfung § 19 N. 8; § 41 N. 8, 11; § 90 N. 11
– Eröffnung § 10 N. 35, 47
– rechtliches Gehör § 8 N. 4
– Verkehrsanordnung § 21 N. 33, 52, 83
Amt/Amtsstelle § 19 N. 71, 89; Vorbem. zu §§ 41–71 N. 7; § 41 N. 26–29; § 74 N. 14
Amtliche Veröffentlichung § 6b N. 5–6; § 10 N. 27, 33, **57–61**; § 22 N. 5; § 70 N. 4
Amtsbericht § 7 N. 30–36; § 8 N. 37; § 19 N. 13; § 26 N. 24; § 60 N. 6, 10; § 64 N. 5; § 92 N. 2
– und Datenschutz § 7 N. 33
– rechtliches Gehör § 8 N. 37
Amtsbetrieb Vorbem. zu §§ 4–31 N. **24**; Vorbem. zu §§ 19–28 N. 74; § 26 N. 1
Amtseinstellung § 80
Amtsgeheimnis § 7 N. 73; Vorbem. zu §§ 32–40 N. 7; § 71 N. 4; § 92 N. 7–8; § 93 N. 5, 9
Amtshilfe § 7 N. 32, 71–74; § 92 N. 3–5; siehe auch Rechtshilfe
Amtsnotorietät § 7 N. 9
Amtspflichtverletzung § 5a N. 14; Vorbem. zu §§ 19–28 N. 54; Vorbem. zu §§ 32–40 N. 8; § 90 N. 15
Amtssprache § 8 N. 16, 21; § 22 N. 15; § 23 N. 6; § 53 N. 10; § 71 N. 4
Analogieschluss § 50 N. 17
Ancien Régime Einleitung N. 1–2
Androhung
– Verfügungscharakter § 19 N. 14; § 48 N. 21
– der Säumnisfolgen § 5 N. 44; § 6b N. 4; § 7 N. 68–69; § 8 N. 43; § 12 N. 3; § 15 N. 9; § 23 N. 31; § 24 N. 3; § 26 N. 26; § 56 N. 8; § 59 N. 4; § 83 N. 30
siehe auch Zwangsandrohung
Anerkennung
– Allgemeines: Vorbem. zu §§ 19–28 N. 28, 67; § 21 N. 16, 105; § 28 N. 7, **19–20**; § 61 N. 1; § 63 N. 4–7
– Form der Verfahrenserledigung § 28 N. 7, 26; § 60 N. 5–6
– Kosten/Parteientschädigung § 13 N. 17; § 17 N. 25
– Widerruf/Revision § 28 N. 25; § 63 N. 7; § 86a N. 4, 19
– im Klageverfahren § 83 N. 11; § 85 N. 7

Anfechtungsinteresse
– objektives: Vorbem. zu §§ 4–31 N. 11, 19; § 19 N. 10, 47; § 21 N. 8; § 41 N. 6; § 48 N. 4
– subjektives § 19 N. 47; § 21 N. 8; § 48 N. 4, 17
Anfechtungsobjekt
– im Allgemeinen/des Rekurses § 19 N. **1–69**
– und Legitimation § 21 N. 8
– in Bausachen § 19 N. 102
– Natur- und Heimatschutz § 19 N. 7, 98, 111
– der einzelnen Rechtsbehelfe/-mittel
  – Aufsichtsbeschwerde: Vorbem. zu §§ 19–28 N. 33
  – Beschwerde an das Verwaltungsgericht: siehe dort
  – Beschwerde an die Ombudsperson § 89 N. 5–6
  – Disziplinarrekurs § 43 N. 42; § 76 N. 4–9
  – Gemeindebeschwerde/-rekurs: siehe dort
  – personalrechtliche Beschwerde an das Verwaltungsgericht: siehe dort
  – Rechtsverweigerungs- und Rechtsverzögerungsbeschwerde § 19 N. 66
  – bei Wahlen/Abstimmungen § 19 N. 40
– bundesrechtliche Vorgaben § 41 N. 1, 19
– prozessuale Erscheinungsformen § 19 N. 43–69; siehe auch End-, Teil-, Vor-, Zwischenentscheid
– und Streitgegenstand: Vorbem. zu §§ 19–28 N. 86
siehe auch Verfügung; Submission
Anfechtungsverfahren, Abgrenzung zum Klageverfahren: Vorbem. zu §§ 32–86 N. 7–8; Vorbem. zu §§ 81–86 N. 3, 7
siehe auch Beschwerde, Rekurs
Anfechtungswillen § 23 N. 5; § 54 N. 2
Angestellter im öffentlichen Dienst § 2 N. 4; siehe auch Personalrecht
Anordnung siehe Verfügung
– prozessleitende: siehe Verfahrensleitung
Anpassung
– von Dauerverfügungen: Einleitung N. 27; § 8 N. 59; Vorbem. zu §§ 19–28 N. 24; § 27 N. 3, 22; § 66 N. 3; Vorbem. zu §§ 86a–86d N. 6, **13**, 18; § 86a N. 1, 5, 13; § 90 N. 12
– Kosten/Parteientschädigung § 13 N. 17; § 17 N. 25
– prozessleitender Anordnungen § 25 N. 22
– von Plänen: Vorbem. zu §§ 86a–86d N. 13
– des VRG an übergeordnetes Recht § 95 N. 2

892

Sachregister

Anschluss an die Kanalisation, Pflicht zum
§ 1 N. 23; § 50 N. 91
Anschlussrechtsmittel Vorbem. zu §§ 19–28
N. 62; § 26 N. 20; § 63 N. 16
Anstösser an öffentliche Strassen § 2 N. 9;
§ 21 N. 33
Antrag siehe Beschwerdeschrift, Klageantwort,
Klageschrift, personalrechtliche Klage,
Rekursschrift, Revisionsbegehren; Noven,
Verspätete Vorbringen
Anwalt siehe Rechtsanwalt
Anwaltszwang § 8 N. 56; § 16 N. 44; § 17
N. 16; § 21 N. 14
Anzeige siehe Aufsichtsbeschwerde
Anzeigepflicht der Ombudsperson § 92 N. 8;
§ 93 N. 7
Apotheker § 19a N. 1; § 21 N. 42, 44
Äquivalenzprinzip § 13 N. 5
Arbeitsgesetz, Verbandsbeschwerde § 21 N. 94
Arbeitslosenversicherungskasse § 74 N. 3
Archäologiekommission § 7 N. 30
Archivreglement des Verwaltungsgerichts § 8
N. 61
Arzt § 1 N. 24; § 21 N. 44; § 50 N. 138, 141
– Bewilligung § 7 N. 62; § 19a N. 1; § 25
N. 35
Asylwesen § 41 N. 45; siehe auch Fremdenpolizei
Aufenthaltsbewilligung § 25 N. 34; § 43
N. 31; § 55 N. 12
Aufklärung Einleitung N. 1
Aufklärungspflicht siehe Fürsorgepflicht,
Mitwirkungspflicht: Aufklärungspflicht der
Behörden, reformatio in peius vel in melius:
rechtliches Gehör; Mitteilungspflicht
Auflage § 19 N. 41; siehe auch Nebenbestimmung
Aufschiebende Wirkung
– im Allgemeinen/des Rekurses § 25
 – Abgrenzung zu den vorsorglichen Massnahmen § 6 N. **3**; § 25 N. 3, 7, 9; § 55
 N. 5
 – Dahinfallen § 25 N. 43
 – Entscheid über § 25 N. 18–20, 23
  – Anfechtung § 19 N. 49; § 25 N. **20–22**, 26; § 55 N. 8; § 56 N. 12
 – Entzug § 7 N. 78; § 22 N. 21; § 25
 N. **13–23**, 26, 44
 – teilweiser § 25 N. 8, 15
 – Interessenabwägung § 25 N. 14–15
 – rechtliches Gehör § 25 N. 17; § 55 N. 6
 – und Vollstreckbarkeit/Wirksamkeit:
 Vorbem. zu §§ 19–28 N. 7; § 25 N. **1**;
 § 30 N. 7, 12; § 55 N. **3**

– Wiederherstellung § 25 N. 23, 26, 44
– Zuständigkeit § 25 N. 16–17, 23–24,
26; § 26a N. 7
– Kasuistik § 25 N. 28–42
– nicht von Rechtsbehelfen § 25 N. 5
– der einzelnen Rechtsmittel
 – Beschwerde an das Verwaltungsgericht
 § 41 N. 23; § **55**; § 70 N. 6
 – Entzug § 55 N. 4, 6–8
 – Wiederherstellung § 55 N. 1, 4
 – Zuständigkeit § 55 N. 7; § 56 N. 5
– nicht der Beschwerde an die Ombudsperson § 93 N. 1
– Disziplinarrekurs/personalrechtliche
 Beschwerde an das Verwaltungsgericht
 § 80 N. 3, 6–7
– Einsprache § 10a N. 21; § 25 N. 5
– nicht der Rechtsverweigerungs- und
 Rechtverzögerungsbeschwerde § 25 N. 5
– Revisionsbegehren § 73 N. 7; § 86c N. 6
– Verwaltungs- und Verwaltungsgerichtsbeschwerde im Bund § 4 N. 14; § 25
 N. 4; § 66 N. 5
– nach Sachgebieten
 – Bildungswesen § 25 N. 30–32
 – öffentliches Beschaffungswesen § 25
 N. 42; § 41 N. 23; § 55 N. 10
 – Personalrecht § 80 N. 7
 – Planungs- und Baurecht § 19 N. 102;
 § 25 N. **25–29**; § 55 N. 9
  – Natur- und Heimatschutzmassnahmen § 25 N. 27; § 55 N. 9
 – Polizeirecht § 25 N. **33–39**; § 55 N. 12
Aufsicht
– Dienstaufsicht (administrative): Vorbem. zu
§§ 19–28 N. 31–32, **34**; § 20 N. 39; § 27
N. 3; § 28 N. 9, 35; § 50 N. 60
– bundesrechtlich geregelte § 90 N. 17–19
– und verwaltungsinternes Rekursverfahren:
Vorbem. zu §§ 19–28 N. 89–90
– über die Schätzungskommissionen § 19
N. 87; Vorbem. zu §§ 32–40 N. 4; § 39
N. 3
– Oberaufsicht des Kantonsrats
 – über die Ombudsperson § 87 N. 7; § 91
 N. 8; § 93 N. 2
 – über das Verwaltungsgericht: Vorbem. zu
 §§ 32–40 N. 2, **5–11**; § 35 N. 4–5; § 90
 N. 5
– Verbandsaufsicht
 – des Bundes über die Kantone § 21 N. 76,
 80; § 35 N. 2
 – über die Gemeinden § 8 N. 7, 30; Vorbem. zu §§ 19–28 N. **34**; § 26 N. 17

893

Sachregister

siehe auch Ombudsperson
Aufsichtsbeschwerde Vorbem. zu §§ 19–28 N. 29–45; § 41 N. 16–18
- Allgemeines: Einleitung N. 27; § 4 N. 33; Vorbem. zu §§ 19–28 N. 29; § 90 N. 12
- Anfechtungsobjekt: Vorbem. zu §§ 19–28 N. 33; § 27a N. 10; § 30 N. 6, 62; § 39 N. 3
- Legitimation: Vorbem. zu §§ 19–28 N. 36; § 89 N. 10; § 93 N. 9
- Form-/Fristlosigkeit: Vorbem. zu §§ 19–28 N. 37; § 22 N. 26
- keine aufschiebende Wirkung § 25 N. 5
- Stellung des Anzeigers § 8 N. 61; § 10 N. 49; Vorbem. zu §§ 19–28 N. 30, 38; § 41 N. 16
- zuständige Instanz: Vorbem. zu §§ 19–28 N. 34, 37
- Behandlung/Verfahren: Vorbem. zu §§ 19–28 N. 30
- Kognition: Vorbem. zu §§ 19–28 N. 39
- Entscheid § 10 N. 49; Vorbem. zu §§ 19–28 N. 40–41; § 19 N. 42
- Kosten/Parteientschädigung § 13 N. 30; § 17 N. 23; Vorbem. zu §§ 19–28 N. 42
- Anfechtung des Entscheids: Vorbem. zu §§ 19–28 N. 42–44; § 41 N. 16
- gegen bestimmte Behörden
  - Ombudsperson § 89 N. 7
  - Regierungsrat: Vorbem. zu §§ 19–28 N. 35
  - Schätzungskommissionen: Vorbem. zu §§ 32–40 N. 4; § 39 N. 3
  - Verwaltungsgericht: Vorbem. zu §§ 32–40 N. 8
- Beschwerde nach §§ 108 ff. GVG § 90 N. 7–8

Aufsichtskommission § 20 N. 26

Augenschein
- Allgemeines: § 7 N. 41–51; § 59 N. 7; § 60 N. 6, 10, 14, 20; § 92 N. 2
- rechtliches Gehör § 7 N. 46–49; § 8 N. 9, 36; § 60 N. 16; § 61 N. 4
- Verzicht § 61 N. 4
- Referentenaugenschein § 7 N. 44; § 60 N. 20
- durch den Regierungsrat § 7 N. 43–44

Auskunft, behördliche § 19 N. 13

Auskunft Privater/Auskunftsperson Vorbem. zu §§ 4–31 N. 22; § 7 N. 20–21; § 60 N. 6, 10, 13; § 92 N. 2
- Geheimhaltungsinteresse § 9 N. 7

Auskunftspflicht
- Privater § 7 N. 20

- von Behörden gegenüber der Ombudsperson § 92 N. 4
siehe auch Aktenbeizug, Amtshilfe, Anzeigepflicht

Auslagerung von Verwaltungsabteilungen/-leistungen § 89 N. 12

Ausland
- Fristwahrung bei Eingaben/Zahlungen § 11 N. 8–9, 11; § 15 N. 7; § 22 N. 11
- Zustellung § 6b N. 2; § 10 N. 34; siehe auch Zustellungsdomizil: schweizerisches
siehe auch Rekurskommissionen, kantonale: Rekurskommission für Grunderwerb

Ausländische Gemeinde § 21 N. 57, 61

Ausländischer Sitz/Wohnsitz § 6b; § 15 N. 22–23; § 70 N. 4

Ausländisches Recht § 7 N. 82

Auslegung
- Methoden § 50 N. 10–29
  - Analogieschluss/Umkehrschluss/formale Auslegungsregeln § 50 N. 17
  - authentische § 50 N. 18
  - EMRK-konforme § 50 N. 48, 56
  - gesetzeskonforme § 20 N. 26
  - grammatikalische § 50 N. 11, 22
  - historische § 50 N. 13–15, 22
  - objektive/zeitgemässe § 50 N. 15
  - systematische § 50 N. 12
  - teleologische § 50 N. 16
  - verfassungskonforme § 20 N. 26; § 50 N. 20, **24–26**, 28, 40, 127; § 85 N. 2
  - bei konkreter Normenkontrolle § 50 N. 127
- Methodenpluralismus § 50 N. 13, 21–22
- bestimmter Rechtsquellen
  - von Art. 6 EMRK § 4 N. 23, 28; § 50 N. 52
  - von Ausnahmevorschriften § 50 N. 27
  - unbestimmter Rechtsbegriffe § 50 N. 20, 40
  - von Verträgen § 50 N. 19, 27
- weitere Fragen
  - Berücksichtigung technischer Richtlinien § 50 N. 65
  - und Lückenfüllung § 50 N. 17, 23
  - unrichtige § 50 N. 40
- Kasuistik § 50 N. 27–28

Ausnahmebewilligung nach Art. 24 RPG § 1 N. 22; § 19 N. 99; § 21 N. 97; § 50 N. 84

Ausnahmekatalog § 43 N. 1–48, 55–58

Ausschaffungshaft § 41 N. 45

Sachregister

Ausstand § 5a; § 34 N. 1
– Anspruch, Rechtsnatur/Nichtbeachtung, Folgen § 5a N. 7, **21**, 31; Vorbem. zu §§ 19–28 N. 45; § 20 N. 15; § 41 N. 18; § 50 N. 102, 104; § 90 N. 15
– Zeitpunkt der Geltendmachung § 5a N. 5–6; § 22 N. 18; § 53 N. 15
– Prüfung von Amtes wegen § 5a N. 5–6; § 8 N. 57; § 15 N. 33
– Ausstandsgründe § 5a N. 10–18; § 71 N. 5
– Entscheid
 – prozessuale Form § 5a N. 30
 – Zuständigkeit § 5a N. 6, **20–28**
 – Anfechtung § 5a N. 30–31; § 19 N. 49; § 20 N. 15; § 41 N. 18
– Pflichtige § 5a N. 8–9
– einer Gesamtbehörde § 5a N. 8, 28
– von Sachverständigen § 5a N. 9; § 7 N. 28; § 60 N. 6
– von Verwaltungsrichtern § 5a N. 25; Vorbem. zu §§ 32–40 N. 8; § 34 N. 11; § 53 N. 15; § 70 N. 4; § 71 N. 1, 5
Autonome Satzung § 50 N. 33

B

Bahnnebenbetrieb § 50 N. 143
Barauslagen § 13 N. 6; § 15 N. 14–17; § 17 N. 14; § 40 N. 5–6, 13
Bauarbeiten, Einstellung § 6 N. 15; § 19 N. 49
Bauausschreibung § 19 N. 17
Baubeschränkung mit obligatorischer Wirkung § 1 N. 22
Baubewilligung, Rechtsnatur § 64 N. 7
Baubewilligungsverfahren
– Ausnahmebewilligung § 1 N. 22; § 19 N. 99; § 21 N. 97; § 50 N. 84
– Beiladung § 21 N. 111
– Beschleunigungsgebot § 4a N. 3
– Ermessen, Beispiele § 50 N. 84
– Genehmigung § 19 N. 109
– Kosten/Parteientschädigung § 13 N. 21; § 16 N. 27; § 17 N. 50
– Legitimation § 21 N. 21, 34–41, 67
– Rechtsmittelordnung/Instanzenzug § 4 N. 8, 19–20; § 19 N. 92–102, 109–111; § 64 N. 7
 – keine Einsprache § 10a N. 15; Vorbem. zu §§ 19–28 N. 15; § 19 N. 80, 92; § 21 N. 27, 90
– Rügeprinzip: Vorbem. zu §§ 19–28 N. 73; § 50 N. 5; § 52 N. 4

– Streitgegenstand/Noven § 52 N. 4–5
– aufschiebende Wirkung § 25 N. 25–26, 28–29
– Zustellung des baurechtlichen Entscheids § 8 N. 8; § 10 N. **11–12**; § 21 N. 15, 27, 40, 90, 103, 106, 111; § 22 N. 10; § 26 N. 16
siehe auch Planungs- und Baurecht
Baudirektion, Zuständigkeit § 19 N. 92, 96, 106, 109, 126, 128; § 20 N. 31; § 41 N. 47; § 82 N. 13
Baufreigabe § 6 N. 38
Baulärm § 21 N. 36
Baulinien § 19 N. 22, 114; § 43 N. 13; § 50 N. 83; § 81 N. 9; § 82 N. 26
Baurecht siehe Baubewilligungsverfahren, Planungs- und Baurecht
Baurechtsinhaber, Legitimation § 21 N. 39
Baurekurskommissionen
– Gerichte im Sinn von Art. 6 EMRK § 4 N. 26, 31; § 19 N. 86; § 28 N. 45; § 52 N. 11
– Wahl/Organisation/Stellung § 4 N. 5; § 19 N. 83; § 34a N. 4
– Zuständigkeit § 19 N. 92–101, 106–108, 110–111
– Zuständigkeitskonflikt § 1 N. 39
– Verfahren: Vorbem. zu §§ 19–28 N. 85; § 19 N. 86; § 20 N. 17; § 25 N. 26; § 27a N. 3
– Entscheid § 28 N. 2, 4, 8, 12, 27, 45; § 48 N. 17
– Vorinstanz des Verwaltungsgerichts: Vorbem. zu §§ 41–71 N. 7; § 41 N. 34, 46–47; § 48 N. 5; § 52 N. 11
Baute, widerrechtliche
– Abbruch § 20 N. 53; § 30 N. 11, **52–56**
– Einziehung unrechtmässiger Vorteile § 30 N. 44
Beamtenhaftung siehe Schadenersatzansprüche
Beamter § 2 N. 4; siehe auch Personalrecht
Bedingung § 19 N. 41; siehe auch Nebenbestimmung
Bedingungsfeindlichkeit von Prozesshandlungen Vorbem. zu §§ 19–28 N. 59; § 23 N. 8
Befangenheit
– von Behördenmitgliedern § 5a N. **11–18**; § 34 N. 4
– des Sachverständigen § 7 N. 25
Beförderung Vorbem. zu §§ 74–80d N. 9; § 74 N. 6, 11–13
Befristung einer Verfügung § 19 N. 41; siehe auch Nebenbestimmung

895

Sachregister

Begnadigung § 10 N. 38; § 19 N. 4
Begründung eines Dienstverhältnisses
Vorbem. zu §§ 74–80d N. 9; § 74 N. 6, 10, 13; § 79 N. 4
Begründung von Eingaben
– Beschwerde § 54 N. **6–11**; § 56 N. 8–9; § 59 N. 9
– Einsprache § 10a N. 20
– Klage § 83 N. 2, 26–28, 30
   – Klageantwort § 84 N. 2
– personalrechtliche Klage § 80a N. 4; § 83 N. 27
– Rekurs § 23 N. 1–3, 5–6, **16–23**
– Revisionsbegehren § 86c N. 2–4; § 86d N. 2
– und Rechtsanwendung von Amtes wegen § 20 N. 44; § 23 N. 2, 17, 19–20; § 52 N. 7
– und Streitgegenstand: Vorbem. zu §§ 19–28 N. 87; § 20 N. 35, 44–45; § 52 N. 3, 7
– und Untersuchungsmaxime § 7 N. 11; Vorbem. zu §§ 19–28 N. 69
Begründung von Verfügungen/Entscheiden
– im Allgemeinen § 10 N. **36–46**
– Anspruchsgrundlage § 4 N. 25; § 8 N. 12, 55; § 10 N. 2, **36**; § 50 N. 51, 104
– bestimmter Entscheide/Verfahrensschritte
   – Begnadigungsentscheid § 10 N. 38
   – Beschwerdeentscheid § 65 N. 2; § 70 N. 6
      – summarisch begründeter § 38 N. 18–20
   – Beschwerdeentscheid der Ombudsperson § 93 N. 2
   – Einspracheentscheid § 10a N. 23
   – Kosten-/Entschädigungsentscheid § 10 N. 41; § 17 N. 8
   – Prüfungsentscheid § 10 N. 42
   – Rekursentscheid § 28 N. 4
   – Verfügungen der Massenverwaltung § 10 N. 42
   – Überschreitung von Behandlungsfristen: Vorbem. zu §§ 19–28 N. 55; § 27a N. 2, 8–9
   – Zwischenentscheid/prozessleitende Anordnung § 9 N. 11; § 10a N. 5; § 22 N. 22; § 25 N. 19; § 56 N. 10
– weitere Fragen
   – Dichte § 10 N. 39–43
   – Eventualbegründung § 28 N. 10, 30; § 64 N. 2
   – Nachschieben § 10 N. 45
   – Schriftlichkeit § 10 N. 44
   – standardisierte § 10 N. 42
   – auf Verlangen § 10a N. 11

– Verzicht auf § 10a; § 28 N. 4
   – endgültiger § 10a N. 5, 7, 11
– Verweisung auf Erwägungen der Vorinstanz § 10 N. 43; § 28 N. 4
siehe auch Motivsubstitution
Behandlungsfrist Einleitung N. 26; Vorbem. zu §§ 19–28 N. 55, 76; § **27a**
– Beginn § 27a N. 4
– Mitteilungs- und Begründungspflicht: Vorbem. zu §§ 19–28 N. 55; § 27a N. 2, 7–11
– nicht vor Verwaltungsgericht § 35 N. 5; § 70 N. 6; § 73 N. 2
siehe auch Beschleunigungsgebot, Vernehmlassung: Frist
Behauptungslast § 7 N. 6; Vorbem. zu §§ 19–28 N. 69; § 60 N. 6
Behördenbeschwerde § 21 N. **76–85**
– abstrakte § 21 N. 77
– integrale § 21 N. 80–81; § 28 N. 44
– nach Bundesrecht § 21 N. 80–84
   – Bundesbehörden § 10 N. 14; § 21 N. 18, **80–81**; § 28 N. 44; § 65 N. 4
   – Gemeinden § 21 N. 83; § 72 N. 8
   – Kantone/kantonale Behörden § 21 N. 82; § 65 N. 4; § 72 N. 8
– nach kantonalem Recht § 21 N. 85
– nicht des Regierungsrats § 21 N. 6
– rechtliches Gehör § 27 N. 18
Beigeladener/Beiladung
– Allgemeines: Vorbem. zu §§ 4–31 N. 21; § 8 N. 8; § 10 N. 12; § 21 N. 10, 101, **107–116**; § 28 N. 43; § 58 N. 1
– Begriff im Kanton Bern § 21 N. 109, 113
– Begriff im Kanton Zürich § 21 N. 110–111, 114, 116
– Anfechtung der Verweigerung § 19 N. 49
– Kosten-/Entschädigungsfolgen § 13 N. 15; § 17 N. 15, 50; § 21 N. 112
Beilagen siehe Beschwerdeschrift, Klageantwort, Klageschrift, personalrechtliche Klage, Rekursschrift, Revisionsbegehren
Bericht
– besonderer: Vorbem. zu §§ 32–40 N. 7; § 35 N. 5; § 93 N. 6
– Rechenschaftsbericht des Verwaltungsgerichts: Vorbem. zu §§ 32–40 N. 7; § 35 N. 5; § 39 N. 2
– Tätigkeitsbericht der Ombudsperson § 87 N. 7–9; § 93 N. 6, 8
Berichtigung von Kanzleiversehen Einleitung N. 27; Vorbem. zu §§ 19–28 N. 22; § 71 N. 4; § 86 N. 5; Vorbem. zu §§ 86a–86d N. **15**, 18; § 90 N. 12

896

Sachregister

Berufsausübung, Entzug der Bewilligung/Verbot § 4 N. 29; § 43 N. 27, 53; § 50 N. 90–91, 136, 141
Berufsschulen § 81 N. 13
Beschleunigungsgebot § 4a
- verfassungs-/konventionsrechtliche Grundlagen § 4 N. 25, 27; Vorbem. zu §§ 19–28 N. 76; § 50 N. 51
- im Baubewilligungsverfahren § 4a N. 3
- im Rekursverfahren § 26 N. 2; § 28 N. 29
- vor Verwaltungsgericht § 26 N. 2; § 35 N. 5
siehe auch Behandlungsfrist, Rechtsverzögerung
Beschluss siehe Abschreibungsbeschluss, Nichteintretensentscheid
Beschwerde
- an den Bundesrat § 42 N. 6–8
- an die Ombudsperson; siehe auch dort
  - Anfechtungsobjekt § 89 N. 5–6
  - keine aufschiebende Wirkung § 93 N. 1
  - Form, Verfahren § 91 N. **1**, 6; **§ 92**
  - Kostenlosigkeit § 94
  - Legitimation § 91 N. 2–5
  - Verfahrenserledigung § 92 N. 1; **§ 93**
- nach §§ 108 ff. GVG § 90 N. 7–8
- wirksame, im Sinn von Art. 13 EMRK § 4 N. **33**; § 6 N. 33; § 50 N. 55
Beschwerde, allgemeine, an das Verwaltungsgericht
- Allgemeines: Vorbem. zu §§ 19–28 N. 18; Vorbem. zu §§ 32–86 N. 6; **Vorbem. zu §§ 41–71**; § 90 N. 12
- Rechtsnatur: Vorbem. zu §§ 41–71 N. 9
- Rechtsmittelkonkurrenz
  - Bundesrechtsmittel **§ 42**
  - andere Rechtsmittel an das Verwaltungsgericht: Vorbem. zu §§ 41–71 N. 8; § 41 N. **41–43**
    - Disziplinarrekurs § 76 N. 4
    - Klage: Vorbem. zu §§ 32–86 N. 7; Vorbem. zu §§ 81–86 N. 3, 7; § 81 N. 6; § 82 N. 21
    - personalrechtliche Beschwerde: Vorbem. zu §§ 32–86 N. 3–5; § 41 N. **43**; § 43 N. 6; Vorbem. zu §§ 74–80d N. 3
    - Revision § 86b N. 1–4
  - Rechtsmittel an andere kantonale Behörden § 41 N. 44–45
- Prozessvoraussetzungen im Allgemeinen § 52 N. 13; § 54 N. 10; § 56 N. **9**
- Anfechtungsobjekt: Vorbem. zu §§ 41–71 N. 3; § 41 N. **5–23**

- prozessuale Erscheinungsformen § 48
- nicht Dienstbefehl § 50 N. 62
- nicht generell-abstrakte Normen § 41 N. 8–11
- Rechtsverweigerung und Rechtsverzögerung § 41 N. 18–20
- Revisionsentscheid § 52 N. 8; § 86d N. 5
- aufsichtsrechtliche Massnahmen § 41 N. 16–18
- im öffentlichen Beschaffungswesen: siehe Submission
- im Planungs- und Baurecht § 41 N. 12–15
- aufschiebende Wirkung § 4 N. 14; § 41 N. 23; **§ 55**; § 70 N. 6
- vorsorgliche Massnahmen § 60 N. 12; § 70 N. 4
- Verfahren: siehe Aktenbeizug, Beweisverfahren, Verfahrensleitung, Vernehmlassung, Vorprüfungsverfahren; Mündliche Verhandlung, Öffentlichkeit, Rechtliches Gehör
- subsidiär anwendbare Bestimmungen §§ 70–71
siehe auch Direktbeschwerde; Kognition, Legitimation, Noven, Vorinstanz, Zuständigkeit des Verwaltungsgerichts
Beschwerdeantwort § 56 N. 2; siehe auch Vernehmlassung
Beschwerdebefugnis siehe Legitimation
Beschwerdeentscheid § 4 N. 14; **§§ 63–66**
- Anfechtung § 48 N. 18; § 65 N. 9–10
- Arten
  - formeller/materieller § 63 N. 1
  - kassatorischer § 48 N. 18; **§ 64**; siehe auch Rückweisung
  - reformatorischer § 63 N. 8–12; § 64 N. 1
- Begründung § 38 N. 18–20; § 65 N. **2**; § 70 N. 6
- Eröffnung § 65 N. 4–8; § 70 N. 4
- Form § 63 N. 1; § 65 N. 1–3
- Rechtsmittelbelehrung § 65 N. 3, 9; § 70 N. 4
- Kosten/Parteientschädigung § 40 N. **5–13**; § 70 N. 4–5
- Rechtskraft § 63 N. 12; § 66 N. 1–4
- reformatio in peius vel in melius § 7 N. 86; Vorbem. zu §§ 32–86 N. 10; § 63 N. **13–20**
- Vollstreckbarkeit § 66 N. 5–6
Beschwerdefrist § 11 N. 13; § 53 N. **1–6**; § 70 N. 4–5
- Rechtsnatur § 53 N. 1
- Einhaltung § 53 N. 6
- Verkürzung § 53 N. 5

897

Sachregister

- Wirkung des Fristablaufs § 53 N. 13–15; § 54 N. 5
- Erstreckung/Wiederherstellung § 6 N. 12; § 53 N. 1; § 70 N. 4
- bei Anfechtung des Zuschlags § 22 N. 31

Beschwerdegründe siehe Kognition
Beschwerderückzug § 54 N. 5; § 63 N. 1–2, 5
Beschwerdeschrift § 53 N. 7–15; § 54
- Gültigkeitserfordernisse im Allgemeinen § 56 N. 8
- im Einzelnen
  - Antrag § 54 N. 1–5; § 56 N. 8–9
    - bei Verletzung wesentlicher Verfahrensvorschriften § 54 N. 3
    - und Streitgegenstand § 54 N. 1, 3–4
  - Begründung § 54 N. 6–11; § 56 N. 8–9; § 59 N. 9
  - Beilagen § 54 N. 12–13
  - Form § 53 N. 7–12
    - Schriftlichkeit/Unterschrift § 53 N. 8; § 56 N. 8–9
  - Vollmacht § 53 N. 11–12, 14; § 54 N. 13; § 56 N. 8–9
  - Zustimmung des gesetzlichen Vertreters § 56 N. 8–9
- Mängel § 54 N. 1; § 56 N. 7–9; § 70 N. 5
- Ort der Einlegung § 53 N. 6

Besoldungsklassen und -stufen, Beförderung/Einreihung Vorbem. zu §§ 74–80d N. 9; § 74 N. 6, 11–13

Bestrafung siehe Strafe; siehe auch Administrative Rechtsnachteile, Disziplinarmassnahmen, Ordnungsstrafe, Ungehorsamsstrafe

Betäubungsmittelgesetzgebung § 19a N. 1
Beteiligtenbefragung § 7 N. 17–19
Betreibungsbehörden § 2 N. 4; § 4 N. 5; § 89 N. 10; § 90 N. 17–19
Beurteilungsspielraum § 50 N. 73–77, 95
Beweisabnahmebeschluss § 60 N. 9
Beweisabnahmepflicht § 7 N. 10; § 8 N. 31, 34; § 60 N. 5, 11
Beweisantrag § 60 N. 3–4; § 83 N. 12
Beweisauflagebeschluss § 7 N. 56; § 60 N. 6, 9; § 84 N. 3
Beweisaussage § 52 N. 15; § 60 N. 6, 10; § 86a N. 10
Beweisführungslast (subjektive Beweislast) § 7 N. 6; Vorbem. zu §§ 19–28 N. 69; § 60 N. 1
Beweisgrad § 7 N. 7; § 23 N. 17
Beweislast
- objektive § 7 N. 5, 61; Vorbem. zu §§ 19–28 N. 69; § 60 N. 1

- subjektive § 7 N. 6; Vorbem. zu §§ 19–28 N. 69; § 60 N. 1

Beweismittel § 7 N. 14–54
- Bezeichnung/Beilage § 23 N. 25; § 24 N. 1; § 54 N. 12–13; § 80a N. 5; § 83 N. 4, 29; § 86c N. 5
- im Einzelnen
  - Amtsbericht § 7 N. 30–36; § 8 N. 37; § 26 N. 24; § 60 N. 6, 10; § 64 N. 5; § 92 N. 2
  - Augenschein § 7 N. 41–51; § 8 N. 9, 36; § 60 N. 6, 10, 14, 16, 20; § 61 N. 4; § 92 N. 2
  - Auskünfte von Privaten § 7 N. 20–21; § 9 N. 7; § 60 N. 6, 10, 13; § 92 N. 2
  - Beteiligtenbefragung § 7 N. 17–19
  - Beweisaussage § 52 N. 15; § 60 N. 6, 10; § 86a N. 10
  - Parteiaussage/persönliche Befragung § 7 N. 14; § 60 N. 6, 10
  - Sachverständigengutachten § 7 N. 22, 24–30, 78; § 8 N. 20, 37; § 60 N. 6, 10, 18; § 64 N. 5; § 86a N. 10; § 92 N. 2; siehe auch Gutachten, Sachverständiger
  - Urkunde § 7 N. 37–40; § 60 N. 6, 10; § 86a N. 10; § 92 N. 2
  - Zeugenbeweis § 7 N. 14; § 52 N. 15; § 60 N. 5–6, 10, 13; § 61 N. 4; § 83 N. 12; § 86a N. 8, 10; § 92 N. 2
    - Zeugnisverweigerungsrecht § 60 N. 6
  - weitere § 7 N. 14, 16; § 60 N. 10
  - siehe auch unter den einzelnen Stichwörtern
- neue: siehe Noven, Revision
- rechtswidrig erlangte § 7 N. 52–54; § 60 N. 12
- rechtliches Gehör § 7 N. 19, 21, 26–27, 35, 46–49; § 8 N. 9, 20, 36–38; § 60 N. 16; § 61 N. 4
- vor der Ombudsperson § 92 N. 2
- vor Verwaltungsgericht § 52 N. 14–15; § 60 N. 6, 10; § 70 N. 6

Beweisverfahren
- analoge Anwendung der ZPO § 7 N. 55–56; Vorbem. zu §§ 32–86 N. 8; § 60 N. 6–7; § 84 N. 8
- Fristwiederherstellung § 12 N. 28
- Parteiöffentlichkeit § 7 N. 21; § 8 N. 31; § 60 N. 16
- rechtliches Gehör § 7 N. 10, 60; § 8 N. 31–40; § 60 N. 11; § 61
- vor Verwaltungsgericht § 38 N. 15; § 56 N. 3, 9; § 60 N. 6, 8–18; § 84 N. 8; § 86 N. 2

Sachregister

Beweisverfügung (Beweisauflagebeschluss)
§ 7 N. 56; § 60 N. 6, 9; § 84 N. 8
Beweiswürdigung
- antizipierte § 7 N. 10; § 8 N. 34; § 60 N. 11
- freie § 7 N. **76–78**; § 8 N. 39; Vorbem. zu §§ 19–28 N. **78**; § 50 N. 69; § 60 N. 18; § 80a N. 9; § 85 N. 6
- unrichtige § 51 N. 4

Bewilligung
- befristete/verfallene: Vorbem. zu §§ 86a–86d N. 14
- Entzug § 4 N. 29; § 30 N. 4; § 43 N. 27
- Haftung des Inhabers § 2 N. 6
- Streitigkeiten über, Streitwert § 38 N. 5
- und Verfassungsrecht/EMRK § 4 N. 29; § 43 N. 27; § 50 N. 141

siehe auch Arzt, Aufenthalts-, Ausnahme-, Baubewilligung, Berufsausübung, Demonstrations-, Taxibewilligung, Tierversuche

Bezirksanwaltschaft § 89 N. 7
Bezirksbehörden
- Behandlungsfrist § 27a N. 3
- erstinstanzlich verfügende § 19 N. 72
- Rekursbehörden § 19 N. 81–82; § 28 N. 8, 12, 27
  - keine Gerichte im Sinn von Art. 6 EMRK § 4 N. 26; § 19 N. 82; § 41 N. 33; § 52 N. 11

Bezirkskirchenpflege § 19 N. 72, 81, 131; § 28 N. 8, 12; § 43 N. 42; § 74 N. 16

Bezirksrat
- Behandlungsfrist § 27a N. 3
- kein Gericht im Sinn von Art. 6 EMRK § 4 N. 26, 31; § 41 N. 33; § 52 N. 11
- als Verwaltungsbehörde § 4 N. **5**; § 21 N. 75; § 90 N. 4
- als Vorinstanz § 26a N. 3; Vorbem. zu §§ 41–71 N. 7; § 41 N. 26, 28; § 43 N. 51; § 52 N. 11
- Zuständigkeit
  - Auffangzuständigkeit § 5 N. 9
  - Aufsicht über Gemeinden: Vorbem. zu §§ 19–28 N. 34
  - als erste Instanz § 19 N. 72; § 19c
  - als Rekursbehörde im Allgemeinen/Verfahren § 19 N. 81, 89; § 19c; § 20 N. 26; § 28 N. 8, 12
  - im Enteignungsverfahren § 19 N. 113, 120
  - im Kirchenwesen § 19 N. 131, 133; § 43 N. 42; § 74 N. 16
  - im Personalrecht § 74 N. 14–16; § 76 N. 13
  - in Planungs- und Bausachen § 19 N. 107–108, 110
  - im Schulwesen § 5 N. 10; § 19 N. 129
  - bei Strassen- und Gewässerbauprojekten § 19 N. 126
  - in der Viehversicherung § 82 N. 15
  - bei Wahlen und Abstimmungen § 19 N. 135

Bezirksschulpflege § 4 N. 5; § 5 N. 10; § 19 N. 72, 81, 91, 129; § 28 N. 8, 12; § 41 N. 33; § 74 N. 15

Bildungsdirektion § 5 N. 11; § 74 N. 15
Bildungsrat § 5 N. 11; § 19 N. 71, 81–82, 85; Vorbem. zu §§ 41–71 N. 7; § 41 N. 26; § 74 N. 14; § 90 N. 4

siehe auch Erziehungsrat, Kommissionen
Bildungswesen siehe Schulwesen
Billigkeit § 89 N. **3–4**, 6
Bindung
- an Gutachten § 25 N. 23; § 51 N. 7; § 55 N. 4; § 60 N. 18
- an Parteibegehren: siehe Klage; reformatio in peius vel in melius
- nicht an die Rechtsauffassung der Vorinstanz: siehe Motivsubstitution
- an Rückweisungsentscheid § 1 N. 36; § 7 N. 83; § 28 N. 33, 35–36; § 64 N. 8, 10–11
- nicht für rückweisende Behörde § 28 N. 38; § 64 N. 13
- nicht an eine anerkannte Sachverhaltsdarstellung § 7 N. 8
- an Vorfrageentscheid der zuständigen Behörde § 1 N. 19, 31; § 7 N. 83
- des Strafrichters an die Verwaltungsverfügung § 30 N. 41
- der Vollstreckungsbehörden § 30 N. 6, 12, 14, 41

Binnenmarkt § 41 N. 22
Brandmauer § 1 N. 22
Bundesbehörden
- Behördenbeschwerde § 10 N. 14; § 21 N. 18, **80–81**; § 28 N. 44; § 65 N. 4
- keine Überprüfung durch Ombudsperson § 89 N. 11; § 92 N. 5

Bundesrat als Beschwerdeinstanz § 42 N. 6–8
Bundesrecht siehe Anfechtungsobjekt, Delegation, Derogatorische Kraft, Kantonal letztinstanzlicher Entscheid, Kantonales Recht, Kognition, Koordinationsgebot, Legitimation, Vereitelungsverbot, Verfahrenseinheit

Bundesverfassung siehe Derogatorische Kraft, Grundrechte, Normenkontrolle, Verfahrensgarantien

Bürgerrecht § 43 N. 44–47, 52

Sachregister

C

culpa in contrahendo § 19 N. 32; § 82 N. 5, 40

D

Datenschutz § 6a N. 5; § 6b N. 6; § 7 N. 33; § 8 N. 77–80; § 43 N. 58
Dauerverwaltungsakte Vorbem. zu §§ 19–28 N. 24; § 20 N. 52; § 66 N. 3; Vorbem. zu §§ 86a–86d N. 13–14; § 86a N. 13
Delegation
– des Beweisverfahrens § 7 N. 44; § 8 N. 9; Vorbem. zu §§ 19–28 N. 83; § 38 N. 15; § 60 N. 19–20; § 61 N. 5
– von Entscheidungsbefugnissen § 5 N. 21; § 19 N. 71; § 26a N. 5, 8; Vorbem. zu §§ 41–71 N. 7; § 41 N. 27
– Gesetzesdelegation § 50 N. 127, **135**
  – Blankettdelegation § 50 N. 135
  – Subdelegation § 50 N. 135
– der Vollstreckung § 29 N. 1–2
– des Vollzugs von Bundesrecht § 4 N. 10; § 90 N. 17–19
Demokratische Bewegung Einleitung N. 4, **9**, 15; § 1 N. 12
Demonstrationsbewilligung § 50 N. 91
Denkmalpflegekommission § 7 N. 30
Denkmalschutz § 20 N. 20; § 21 N. 34; § 50 N. 85
Dentalhygieniker § 50 N. 141
Deponie § 82 N. 25–26
Derogatorische Kraft des Bundesrechts § 4 N. 2, 12; § 21 N. 17; § 30 N. 12; § 50 N. 118, 143; Vorbem. zu §§ 74–80d N. 10; § 90 N. 17–19
– Anpassung des VRG § 95 N. 2
Devolutivwirkung Vorbem. zu §§ 19–28 N. 9
Dienstanweisung
– generell-abstrakte (Verwaltungsverordnung): Vorbem. zu §§ 4–31 N. 16; Vorbem. zu §§ 19–28 N. 90; § 20 N. 22; § 50 N. **58–65**; § 74 N. 7
– individuell-konkrete (Dienstbefehl) § 19 N. 18–20; § 41 N. 17; § 50 N. 62; § 74 N. 7
  – Vollstreckungsanweisung § 28 N. 9; § 29 N. 2
Dienstbarkeit § 1 N. 22–23; § 21 N. 31
Dienstbeschwerde nach Art. 36 MG § 43 N. 37
Dienstpflicht § 76 N. 7

Dienstrecht/-verhältnis, öffentliches siehe Personalrecht
Dienstzeugnis Vorbem. zu §§ 74–80d N. 9; § 74 N. 6
Direktbeschwerde an das Verwaltungsgericht § 19 N. 90; § 19a; § 41 N. 21–23, 29–30; § 50 N. 109, 111–113; § 72 N. 6; siehe auch Submission
Direktion des Regierungsrats
– als Verwaltungsbehörde § 4 N. 5; § 21 N. 75; § 89 N. 7
– kein Gericht im Sinn von Art. 6 EMRK § 4 N. 31; § 19 N. 82; § 52 N. 11
– Verfahrensfragen § 8 N. 9; § 26a N. 3–4, 6; § 27a N. 3; § 28 N. 13
– Zuständigkeit
  – delegierte § 5 N. 21; § 19 N. 71; § 26a N. 5; § 41 N. 27; § 50 N. 135
  – erstinstanzliche § 19 N. 71; § 19a; § 74 N. 14
  – als Rekursinstanz § 19 N. 81–82, 89; § 19b; § 20 N. 26; § 74 N. 14
  – bei Wahlen und Abstimmungen § 19 N. 136
– Vorinstanz des VBS § 43 N. 37
– Vorinstanz des Verwaltungsgerichts: Vorbem. zu §§ 41–71 N. 7; § 41 N. **26–29**; § 43 N. 51; § 52 N. 11
siehe auch Bau-, Bildungs-, Finanzdirektion
Diskriminierung siehe Gleichstellung von Frau und Mann
Dispositionsmaxime Vorbem. zu §§ 19–28 N. **66–67**; § 27 N. 3; Vorbem. zu §§ 32–86 N. 8; § 63 N. 13; § 83 N. 9; § 85 N. 7; § 86 N. 1
Dispositiv § 19 N. 6; § 27 N. 5; § 28 N. 3, **5**, 33, 35; § 65 N. 5; § 66 N. 2; § 86a N. 4
Dissenting opinion § 10 N. 46; § 38 N. 16
Disziplinarmassnahmen
– Arten/Rechtsnatur § 30 N. 2, 33; § 43 N. 26
  – Geltung von Art. 6 EMRK § 4 N. 30; § 43 N. **27–28**, 53; § 50 N. 53; Vorbem. zu §§ 74–80d N. 9; § 74 N. 13; § 76 N. 4
  – und Strafrecht § 76 N. 7, 10
– im Prozess § 5 N. 38, 45; § 30 N. 32–33, 36; § 71 N. 4
– gegen Rechtsanwälte § 43 N. 26, 53; § 76 N. 4
– gegen Verwaltungsrichter: Vorbem. zu §§ 32–40 N. 11
– Rechtsmittel im Allgemeinen § 43 N. 26–30

Sachregister

- im Personalrecht § 43 N. 26, 29, 42; Vorbem. zu §§ 74–80d N. 1, 9; § 74 N. 6–7; § 76 N. 1, 4–9, 13; § 80d N. 4; siehe auch Disziplinarrekurs
- im Schulwesen § 25 N. 30; § 43 N. 19, 30; § 76 N. 4
- im Straf- und Massnahmenvollzug § 25 N. 41; § 43 N. 28; § 76 N. 4
- Verfahrensgrundsätze
  - ne bis in idem § 76 N. 10
  - rechtliches Gehör § 7 N. 19; § 8 N. 25; § 76 N. 10–11; § 78 N. 2
- Verjährung von Disziplinarfehlern § 76 N. 10
- Voraussetzungen/Auswahl/Bemessung § 76 N. 7, 12
- Verschulden § 76 N. 7, 12; § 78 N. 4

Disziplinarrekurs
- an das Obergericht § 80d
- an das Verwaltungsgericht: Vorbem. zu §§ 41–71 N. 8–9; § 41 N. 43; § 43 N. 29, 42; § 70 N. 2; Vorbem. zu §§ 74–80d N. **1–3**, 8; § 74 N. 7, 9; § **76**; § **78**
  - Abgrenzung zur allgemeinen Beschwerde: Vorbem. zu §§ 41–71 N. 8; § 76 N. 4
  - Abgrenzung zur personalrechtlichen Beschwerde § 41 N. 43; Vorbem. zu §§ 74–80d N. 3; § 74 N. 9; § 76 N. 8–9
  - Abgrenzung zur personalrechtlichen Klage: Vorbem. zu §§ 74–80d N. 8; § 74 N. 8; § **79**
  - Anfechtungsobjekt § 43 N. 42; § 76 N. **4–9**
  - Vorinstanzen § 43 N. 42; § 76 N. 13
  - Legitimation § 76 N. 2–3
  - Kognition: Vorbem. zu §§ 32–86 N. 9; § 41 N. 43; § 76 N. 8; § 78 N. **1–4**
  - Entscheidungsbefugnis § 78 N. 5; § 80 N. 1, 3–6
  - aufschiebende Wirkung § 80 N. 3, 6–7
  - ergänzende Bestimmungen § 70 N. 2; § 71 N. 1; § 80c N. 1–4
- verwaltungsinterner § 25 N. 30, 41; § 76 N. 13; § 80 N. 1, 7
siehe auch Disziplinarmassnahmen: Rechtsmittel/Verfahrensgrundsätze

Dolmetscher § 8 N. 16, 21; § 16 N. 54; § 22 N. 15; § 50 N. 54; § 53 N. 10

Doppelnorm § 1 N. 19

Drittbeschwerde/-rekurs
- aufschiebende Wirkung § 25 N. 14
- Legitimation § 21 N. 34–49; § 22 N. 10; § 74 N. 3; siehe auch dort

Dritte
- Akteneinsichtsrecht § 10 N. 13; Vorbem. zu §§ 32–40 N. 3; § 40 N. 14, 17–19; § 57 N. 3; § 62 N. 4; § 65 N. 6–7
- Mitteilungsanspruch § 10 N. 9–10
- Mitwirkungspflicht § 7 N. 20, 40, 50
siehe auch Öffentlichkeit

E

Editionspflicht § 7 N. 20, 40, 73
Egoistische Verbandsbeschwerde § 21 N. 4, 15, **50–52**
Eidgenössische Steuerverwaltung § 72 N. 8
Eigenmietwert § 30 N. 44; § 50 N. 136
Eigentumsgarantie § 50 N. 140
Einfache Gesellschaft § 6a N. 4; § 10 N. 8; § 14 N. 3; § 16 N. 11; § 17 N. 35; § 21 N. 10
Eingaben
- gemeinsame § 6a N. 3–4
- inhaltlich gleiche § 6a N. 3, 5
- mangelhafte § 11 N. 10; § 23 N. 5, 10, 14, **26–32**; § 24 N. 2–3; § 54 N. 1; § 56 N. 7–9; § 70 N. 5; § 80a N. 5; § 83 N. 30–31
- irrtümlich bei der falschen Behörde eingereichte: siehe Weiterleitungspflicht
- ungebührliche, unleserliche, unnötig weitschweifige § 5 N. **39–45**; § 13 N. 34; § 22 N. 12; § 23 N. 23; § 53 N. 9; § 54 N. 11; § 56 N. 8; § 83 N. 22, 30
- unrichtig bezeichnete § 23 N. 4; § 54 N. 2

Einlassung § 1 N. 37; § 5 N. 2; Vorbem. zu §§ 81–86 N. 6

Einreihung in Besoldungsklassen und -stufen Vorbem. zu §§ 74–80d N. 9; § 74 N. 6, 11–13

Einschreiben § 10 N. 25, 27

Einsprache
- allgemeine, nach VRG § 10a N. 3, **13–26**; Vorbem. zu §§ 19–28 N. **12–15**; § 19 N. **76–80**; § 22 N. 24; § 90 N. 12
- Rechtsnatur/Abgrenzungen § 10a N. 13; Vorbem. zu §§ 19–28 N. 12; § 19 N. 77
- Zweck § 10a N. 14, 24–25
- Legitimation § 10a N. 18
- rechtliches Gehör § 8 N. 51
- Frist/Form § 10a N. 17, 19; § 22 N. 24
- Begründung der Einsprache § 10a N. 20
- aufschiebende Wirkung § 25 N. 5; § 10a N. 21
- Kognition § 10a N. 17, 22; Vorbem. zu §§ 19–28 N. 12

901

Sachregister

- Einspracheentscheid § 10a N. 22–23
- Kosten/Parteientschädigung § 10a N. 23; § 17 N. 23
- Ausschluss im Baubewilligungsverfahren § 10a N. 15; Vorbem. zu §§ 19–28 N. 15; § 19 N. 80, 92; § 21 N. 27, 90
- im Enteignungsverfahren § 19 N. 113–115, 118, 120; § 52 N. 13
- nach Gemeindegesetz § 10a N. 13; § 17 N. 23; Vorbem. zu §§ 19–28 N. 13–14; § 19 N. 76, 78; § 22 N. 25
- im Steuerrecht, Instanzen § 72 N. 3
- gegen Strassen- und Gewässerbauprojekte § 19 N. 125–127; § 82 N. 13

Einwendungsverfahren § 10a N. 13

Einzelrichter am Verwaltungsgericht § 38 N. 4, **8–12**, 15, 17, 19; § 56 N. 6, 9; § 80b N. 2

Einziehung von Vermögenswerten § 30 N. 44

Eisenbahnbau § 21 N. 36

Elektrizitätsversorgung § 82 N. 30–31, 37

Elektrizitätswerke § 1 N. 24; § 2 N. 4; § 4 N. 6; § 21 N. 11; Vorbem. zu §§ 74–80d N. 5–6; § 89 N. 8

E-Mail § 10 N. 23

Empfangsschein § 10 N. 22

Empfehlung
- behördliche § 19 N. 13; § 50 N. 58
- schriftliche, der Ombudsperson § 93 N. 1, 5

Endentscheid § 19 N. 45; § 28 N. 6; § 41 N. 21; § 48 N. **2–3**

Enteignungsverfahren (Abtretungsverfahren) § 4 N. 8; § 19 N. **112–124**
- Administrativverfahren § 19 N. 113–120; § 41 N. 24
- Planauflageverfahren § 19 N. 115
- Expropriationsbann § 19 N. 117
- Verständigungsverfahren § 19 N. 118
- Mängel § 19 N. 116
- Schätzungsverfahren § 19 N. 121–124
- Kosten/Parteientschädigung § 13 N. 31; § 17 N. 23; § 19 N. 123
- Rekurs an das Verwaltungsgericht: Vorbem. zu §§ 32–86 N. 9; Vorbem. zu §§ 32–40 N. 4; § 41 N. **38–40**; Vorbem. zu §§ 81–86 N. 4, 8; § 82 N. 19–22, 27
- verwaltungsrechtliche Klage § 82 N. 19–22, 27
- Ermessensfragen § 50 N. 88
- Expropriationsvertrag § 1 N. 24; § 19 N. 119; § 82 N. 22, 32
- Fristen § 22 N. 30

- materielle Enteignung § 13 N. 31; § 19 N. 32, 112, 121, 123; § 81 N. 9; § 82 N. 4, 26, 29
siehe auch Schätzungskommissionen

Entlassung Vorbem. zu §§ 74–80d N. 9; § 74 N. 6; § 76 N. 8, 12; § 80
- Abgrenzung administrative/disziplinarische § 76 N. 8; § 80 N. 2

Entscheid Vorbem. zu §§ 4–31 N. 9–10; siehe auch Verfügung; Beschwerdeentscheid, Einsprache, Rekursentscheid, Revision; Abschreibungsbeschluss, Nichteintretens-, Prozess-, Sachentscheid; End-, Teil-, Vor-, Zwischenentscheid; Feststellungsentscheid

Entscheidungsbefugnis
- der Aufsichtsbehörde: Vorbem. zu §§ 19–28 N. 40
- der Ombudsperson: Vorbem. zu §§ 87–94 N. 1, 13; § 92 N. 1; **§ 93**
- der Rekursbehörden § 20 N. 1; § 27 N. 1
- im Personalrecht § 80 N. 1, 7
- des Verwaltungsgerichts
- im Beschwerdeverfahren § 63 N. 13; § 70 N. 6
- im Klageverfahren § 85 N. 7
- als Personalgericht § 78 N. 5; 80 N. 1, 3–6
- im Steuerbeschwerdeverfahren § 73 N. 4
siehe auch reformatio in peius vel in melius

Entscheidungsverfahren § 19 N. 67; Vorbem. zu §§ 29–31 N. 2–3

Enumeration/Enumerativprinzip Einleitung N. 13–14, 16, 18; § 41 N. 1; Vorbem. zu §§ 81–86 N. 5

Erbengemeinschaft § 6a N. 4; § 10 N. 8; § 14 N. 3; § 16 N. 11; § 17 N. 35; § 21 N. 10

Erbschaft § 21 N. 10

Erfahrungssatz § 7 N. 9

Erkenntnisverfahren § 19 N. 67; Vorbem. zu §§ 29–31 N. 2–3

Erker § 50 N. 84

Erlass
- Kausalabgaben/öffentliche Unterstützungsleistungen § 43 N. 10, 14–15, 52
- Verfahrenskosten § 16 N. 14; § 39 N. 3; § 40 N. 11

Erläuterung Einleitung N. 27; § 10 N. 49; Vorbem. zu §§ 19–28 N. **21**; § 19 N. 68; § 22 N. 5; Vorbem. zu §§ 32–86 N. 11; § 71 N. 4–5; § 86 N. 5; Vorbem. zu §§ 86a–86d N. **16**; § 90 N. 12

Ermessen § 50 N. **70–98**
- Begriffe/Abgrenzungen
- «freies» § 50 N. 97

Sachregister

- pflichtgemässes § 50 N. 80, 97–98
- Rechtsfolgeermessen (Auswahl-/Entschliessungsermessen) § 50 N. 72, 95
- «Tatbestandsermessen» § 50 N. 74
- und Beurteilungsspielraum § 50 N. 73–77, 95
- und Billigkeit § 89 N. 3
- und unbestimmter Rechtsbegriff § 50 N. 73–77
  - Praxis des Verwaltungsgerichts zur Abgrenzung § 50 N. 81–99
    - Grundsatz § 50 N. 82, 95–99
    - nach Sachgebieten § 50 N. 83–98
- Ermessensausübung
  - durch Gemeinden § 8 N. 53; § 20 N. 19; § 21 N. 62, 66–72; § 50 N. 9; § 64 N. 5–6; § 78 N. 4
  - durch die Ombudsperson § 91 N. 3, 6; § 92 N. 1; § 93 N. 1
  - durch Verwaltungsbehörden, Spezialfragen
    - Begründung § 52 N. 8
    - Praxisänderung § 50 N. 87
    - Verträge § 83 N. 9
  - durch das Verwaltungsgericht § 50 N. 114; § 63 N. 11; § 64 N. 5; § 83 N. 9; § 85 N. **1, 3**
- Ermessenskontrolle
  - durch die Ombudsperson § 89 N. 1, 3
  - durch Verwaltungsbehörden § 20 N. 2, **17–22**
  - durch das Verwaltungsgericht § 19a N. 3; § 41 N. 30; § 50 N. 9, **109–113**; § 76 N. 8; § 78 N. 1, 4
- Ermessensfehler als Rechtsverletzung (Ermessensmissbrauch, -überschreitung, -unterschreitung) § 50 N. 70, **78–80**, 98
- Ermessensschrumpfung § 50 N. 77

Eröffnung von Verfügungen und Entscheiden
- im Allgemeinen §§ 10–10a; § 22 N. 5
- Anspruch/Rechtsgrundlage § 4 N. 16; § 20 N. 15; § 10 N. 1; § 50 N. 51, 102
- Form § 10 N. 15–19
  - durch amtliche Veröffentlichung § 6b N. 5–6; § 10 N. 27, 33, **57–61**; § 22 N. 5; § 70 N. 4
- Mitteilungspflicht § 10 N. 2–5
- Berechtigte § 10 N. 6–14
- Nachweis § 10 N. 16
- Rechtswirkungen § 10 N. 3
- bei einzelnen Rechtsmitteln
  - Beschwerdeentscheid § 65 N. **4–8**; § 70 N. 4
- Klageurteil § 86 N. 3
- Rekursentscheid § 28 N. 1–5, 41–45
- Mängel
  - Rechtsfolgen im Allgemeinen § 4 N. 16; § 10 N. **62–65**; § 13 N. 23
  - Fristbeginn/-wiederherstellung § 10 N. 62; § 12 N. 18; § 22 N. 5; § 30 N. 58
  - Heilung § 10 N. 45, 63
siehe auch Begründung, Mitteilung, Rechtsmittelbelehrung, Zustellung

Ersatz der Ombudsperson Vorbem. zu §§ 87–94 N. 20; § 87 N. 2, **5–6**

Ersatzmitglied des Verwaltungsgerichts § 32 N. 4; § 33; § 34 N. 10; § 34a N. 4; § 37; § 38 N. 12; § 39 N. 2

Ersatzvornahme
- Allgemeines § 30 N. 1, **17–27**; § 70 N. 4
- Androhung § 31 N. 1–3
- antizipierte § 30 N. 21, 24; § 31 N. 3
  - Abgrenzung zu vorsorglichen Massnahmen § 6 N. 4
- Bezeichnung eines Zustellungsdomizils/Vertreters § 6a N. 8
- Kosten § 30 N. 11, **23–27**, 60
siehe auch Vollstreckung, Zwangsmittel

Ersatzweg § 50 N. 87

Erschliessungsbeitrag § 50 N. 143

Erschliessungsplan § 19 N. 22; § 41 N. 14; § 43 N. 13

Erschliessungsvertrag § 1 N. 22; § 50 N. 29; § 82 N. 22, 32, 37

Erstinstanzlich verfügende Behörde siehe Instanzenzug, Verfügende Behörde; Bezirksrat, Direktion, Regierungsrat

Erstreckung von Fristen siehe Frist; Beschwerde-, Rekursfrist; Nachfrist

Erwägungen § 28 N. 3–5, 33, 35; § 64 N. 8, 10; § 65 N. **2**; § 86a N. 4

Erziehungsrat Einleitung N. 3–4, 10; siehe auch Bildungsrat

Europäische Menschenrechtskonvention
- Allgemeines § 4 N. **21–33**; § 50 N. **46–56**
- Anpassung des VRG § 95 N. 2
- Grundrechtsgarantien im Allgemeinen § 50 N. 48–51
- self-executing § 50 N. 48
- ne bis in idem § 30 N. 43; § 50 N. 46, 138, 146; § 76 N. 10
- Schutz des Familienlebens § 43 N. 34
- Verfahrensgarantien nach Art. 6 EMRK, Übersicht § 4 N. 25; § 50 N. 51

Sachregister

siehe auch Beschleunigungsgebot, Fairness, Gericht, Mündliche Verhandlung, Öffentlichkeit, Rechtsverweigerung, Rechtsverzögerung, Rechtsweggarantie, Übersetzer, Unentgeltliche Rechtspflege, Waffengleichheit
- Auslegende Erklärung § 4 N. 31; § 50 N. 54
- Auslegung § 4 N. 23, 28; § 50 N. 52
- Geltungsbereich
  - persönlicher § 4 N. 24
  - sachlicher: siehe Strafrechtliche Anklage, Zivilrechtlicher Anspruch
  - verfahrensmässiger § 4 N. 26–28
    - Auswirkungen auf das Verwaltungsverfahren § 4 N. 27
- Vorbehalt § 4 N. 31; § 50 N. 54
- Verletzung als Revisionsgrund § 86a N. 18
- Zusatzprotokolle § 50 N. 46–47

Europäischer Gerichtshof für Menschenrechte § 50 N. 47

Eventualbegehren § 23 N. 11, 14; § 26 N. 20

Eventualbegründung § 28 N. 10, 30; § 64 N. 2

Eventualmaxime Vorbem. zu §§ 19–28 N. 77; § 20 N. 32; § 52 N. 1; § 84 N. 7

Evidenztheorie Vorbem. zu §§ 86a–86d N. 3

Expropriation siehe Enteignung

Expropriationsbann § 19 N. 117

Expropriationsvertrag § 1 N. 24; § 19 N. 119; § 82 N. 22, 32

F

Fachhochschule § 19 N. 85; § 21 N. 11; Vorbem. zu §§ 74–80d N. 5

Fahrlässigkeit § 6 N. 42; § 12 N. 14; § 30 N. 55

Fairness § 4 N. 25; Vorbem. zu §§ 19–28 N. 82; § 50 N. 51

Familienleben, Schutz § 43 N. 34

Feiertag § 11 N. 4

Feststellungsentscheid
- Allgemeines § 19 N. 10, **58–64**
- Anspruch § 4 N. 14; § 19 N. 59; § 48 N. 19; Vorbem. zu §§ 74–80d N. 12
- Voraussetzungen § 19 N. 60–62
- Zuständigkeit § 19 N. 63
- Anfechtung § 19 N. 64; § 43 N. 56; § 48 N. 19–20
- baurechtlicher Vorentscheid § 19 N. 53, 56, 58

- im Personalrecht: Vorbem. zu §§ 74–80d N. 12; § 80 N. 4
- und Normenkontrolle § 20 N. 29; § 50 N. 115, 128

Feststellungsklage § 83 N. 17–19

Feuerwehrwesen § 5 N. 9; § 50 N. 139

Fiktion § 7 N. 9

Filmfreigabe § 50 N. 91

Finanzdirektion § 72 N. 3–4; § 73 N. 7

Fiskustheorie Einleitung N. 2, **6**; § 1 N. **12**; § 2 N. 1; Vorbem. zu §§ 81–86 N. 2

Flughafen § 1 N. 23; § 41 N. 10; § 50 N. 87

Formelle Beschwer § 21 N. 27

Formvorschriften, Verletzung wesentlicher § 50 N. 100–108; § 51 N. 4; § 54 N. 3; § 60 N. 2; § 63 N. 17

Freihalte- und Erholungszonen § 81 N. 9; § 82 N. 24–26

Freistellung siehe Bindung, reformatio in peius vel in melius

Fremdenpolizei § 25 N. 34; § 41 N. 45; § 43 N. **31–36**, 50, 52; § 55 N. 12

Friedensrichter § 89 N. 10; § 90 N. 4

Friedhof § 50 N. 88

Frist §§ **11–12**
- Beginn § 10 N. **18**, 20, 24, 44, 60; § 10a N. 12; § 11 N. **3**
  - bei mangelhafter Eröffnung § 10 N. 62; § 22 N. 5
  - Gerichtsferien § 11 N. 13; § 53 N. 2; § 71 N. 5
- Berechnung, Ablauf § 11 N. 4–5
- Stillstand § 11 N. 13–14
- Verkürzung § 22 N. 20–22; § 53 N. 5
- Wahrung § 11 N. 4–15
  - bei Eingabe an unzuständige Behörde § 5 N. 32, 37; § 11 N. 12
  - durch Personen im Ausland § 11 N. 8–9, 11; § 15 N. 7; § 22 N. 11
  - bei vorsorglicher Rechtsmittelerhebung § 11 N. 15; § 12 N. 7; § 22 N. 9
  - Beweislast/-grad § 11 N. 7–8; § 22 N. 8; § 23 N. 17
- Säumnisfolgen § 11 N. 1; § 12 N. 1–3, 5
- Erstreckung § 10 N. 65; § 12 N. 4–12; § 15 N. 8
  - behördlicher Fristen § 12 N. 8–9
  - gesetzlicher Fristen § 12 N. 4–7
- Wiederherstellung § 4 N. 16; § 10 N. 65; § 12 N. **13–28**
- bestimmte Fristen im Einzelnen
  - Einsprache § 10a N. 17, 19; § 22 N. 24–25
  - im Enteignungsverfahren § 22 N. 30

Sachregister

- Gemeindebeschwerde/-rekurs § 22 N. 25
- Klage § 6 N. 12; § 86 N. 3
- nicht für Rechtsbehelfe § 22 N. 26
- Rechtsverweigerungs- und Rechtsverzögerungsbeschwerde: Vorbem. zu §§ 19–28 N. 50; § 22 N. 26; § 41 N. 20
- Revision § 71 N. 5; § 86b N. 8–10; § 86d N. 2
- in Stimmrechtsangelegenheiten: Vorbem. zu §§ 19–28 N. 19; § 22 N. 25
- zur Verbesserung von Mängeln der Eingabe § 5 N. 44; § 11 N. 10; siehe auch Nachfrist
- Vernehmlassungsfrist § 26 N. 27–31; § 70 N. 4
- für Zahlungspflichten § 11 N. 11; § 15 N. 7
- zur Bezeichnung eines Zustellungsdomizils/Vertreters § 6a N. 8; § 6b N. 4
- bei Zwangsandrohung § 31 N. 5
- gegen Zwischenentscheide § 6 N. 34; § 19 N. 52; § 22 N. 3

siehe auch Beschwerde-, Rekursfrist

Führerausweisentzug § 15 N. 16; § 25 N. 33; § 27 N. 12; § 30 N. 45; § 50 N. 146
- strafrechtliche Anklage nach Art. 6 EMRK § 4 N. 30; § 30 N. 34; § 38 N. 6; § 50 N. 53, 91, 110

Fürsorgepflicht für unbeholfene Beteiligte § 7 N. 63; § 16 N. 40; Vorbem. zu §§ 19–28 N. 80; § 21 N. 14; § 23 N. **21, 27**

Fürsorgerische Freiheitsentziehung § 4 N. 8; § 8 N. 20, 24; § 21 N. 98; § 41 N. 45

Funktionstheorie § 1 N. 7, 14–15

G

Gabelung des Rechtswegs (Beispiele) § 5a N. 20; § 10 N. 49; § 19 N. 100, 120; § 43 N. 51

Gastgewerbe § 50 N. 90

Gebäudeversicherung Einleitung N. 28; § 19 N. 85; § 21 N. 11; § 82 N. 16–18

siehe auch Rekurskommissionen, kantonale

Gebühren siehe Kosten

Gebührentarif § 41 N. 9–10

Gefahrenvorsorge § 6 N. 4

Gegenstandslosigkeit
- Form der Prozesserledigung § 19 N. 45; § 28 N. 7, 11, 18; § 63 N. 1, 3
- Zuständigkeit § 28 N. 13

- Gründe: Vorbem. zu §§ 19–28 N. 95; § 21 N. 9, 25, 106; § 28 N. **17**; § 41 N. 20; § 61 N. 1; § 63 N. **3**
- Kosten/Parteientschädigung § 13 N. 19; § 17 N. 25

Geheimhaltung siehe Akteneinsichtsrecht, Amtsgeheimnis

Geldausgleich nach § 145 PBG § 50 N. 83

Geldforderung/-leistung § 1 N. 23–24; § 5 N. 2; § 25 N. 4; § 29 N. 1; § 66 N. 5

Geltungsbereich des VRG § 4 N. 1–9

Gemeinde
- Aufsicht über § 8 N. 7, 30; Vorbem. zu §§ 19–28 N. 34; § 26 N. 17
- Ermessen § 8 N. 53; § 20 N. 19; § 21 N. 62, 66–72; § 50 N. 9; § 64 N. 5–6; § 78 N. 4
- im Rekurs- und Beschwerdeverfahren
  - Legitimation im Allgemeinen § 21 N. 6, 61–74
  - nach Bundesrecht § 21 N. **53–60**, 71–72, 84, 89
  - nach kantonalem Recht § 19 N. 25; § 21 N. 6, **61–73**, 89; § 25 N. 20; § 48 N. 17; § 72 N. 8; § 74 N. 4; § 76 N. 3
  - bei Betroffenheit wie Private § 21 N. 62–63
  - bei Betroffenheit in kommunalen Aufgaben § 19 N. 25; § 21 N. **62, 71**; § 26 N. 15
  - bei Anwendung kommunalen Rechts § 19 N. 25; § 21 N. **62–65**; § 48 N. 17; § 74 N. 4; § 76 N. 3
  - bei qualifizierter Entscheidungs- und Ermessensfreiheit § 21 N. 62, **66–72**
  - Vereinbarkeit der Praxis mit dem Bundesrecht § 21 N. 71–72
  - ausländische Gemeinde § 21 N. 57, 61
  - zuständiges Organ § 21 N. 73
- Legitimation zur Behördenbeschwerde § 21 N. 83, 85, 89; § 72 N. 8
- vorsorgliche Rekurserhebung § 22 N. 9
- rechtliches Gehör/Recht auf Vernehmlassung § 8 N. 7, 30; § 26 N. 13–15, 17
- Einbezug vor Verwaltungsgericht § 58 N. 4
- als direkte Vorinstanz des Verwaltungsgerichts § 41 N. 22, 29
- Rückweisung an § 21 N. 64; § 28 N. 29, 32; § 48 N. 17–18; § 64 N. 6
- vermögensrechtliche Streitigkeiten, Klage: Vorbem. zu §§ 81–86 N. 5; § 81 N. 1–6; § 82 N. 42

905

Sachregister

- und Ombudsperson § 89 N. 10; § 91 N. 5; § 92 N. 5; § 93 N. 9
siehe auch Gemeinwesen
Gemeindeammann § 4 N. 4; § 10 N. 21, 27
Gemeindeautonomie § 19 N. 36; § 20 N. 19–20; § 28 N. 29; § 64 N. 6; § 78 N. 4; § 89 N. 10
Gemeindebehörden mit Verfügungskompetenz § 19 N. 73
Gemeindebeschwerde/-rekurs nach §§ 151/ 152 GemeindeG
- im Allgemeinen § 4 N. 8; Vorbem. zu §§ 19–28 N. 19
- Anfechtungsobjekt: Vorbem. zu §§ 19–28 N. 19; § 19 N. 8, 36, **39–40**, 98; § 20 N. 24; Vorbem. zu §§ 41–71 N. 5; § 41 N. 8, 24; § 50 N. 116
- Frist § 22 N. 25
- Legitimation § 19 N. **39**; § 21 N. 26, 61
- und Stimmrechtsbeschwerde nach §§ 123 ff. WahlG § 19 N. 107, 135
Gemeinderatsbeschluss § 19 N. 69
Gemeinderekurs siehe Gemeindebeschwerde/ -rekurs
Gemeindesteueramt § 72 N. 3
Gemeindeverband § 4 N. 6; § 21 N. 11, 74; Vorbem. zu §§ 74–80d N. 4, 6; § 74 N. 4; § 76 N. 13; § 81 N. 4–6; § 89 N. 10; § 91 N. 5
Gemeindeversammlung § 8 N. 27
Gemeindezulagen § 50 N. 29
Gemeinwesen
- Betreibungsfähigkeit § 30 N. 15
- rechtliches Gehör § 27 N. 18
- Rekurs- und Beschwerdelegitimation § 21 N. **53–85**; siehe auch Behördenbeschwerde, Gemeinde, Legitimation
- Kosten/Parteientschädigung § 13 N. 24–25; § 17 N. 19–21
Gemischtrechtliche Norm § 1 N. 19
Gemischtrechtliche Verfügung § 42 N. 1; § 43 N. 51; § 65 N. 10
Gemischtrechtliches Rechtsverhältnis § 83 N. 11
Genehmigung
- von Erlassen § 19 N. 35–36; § 20 N. 26; § 43 N. 2, 11; § 50 N. 126
  - der Verordnungen des Verwaltungsgerichts § 40 N. 1
- von Raumplänen § 19 N. 38, 106; § 20 N. 20, 31; § 43 N. 12–13; § 50 N. 9, 110
- von Strassen- und Gewässerbauprojekten § 19 N. 126–128

- von Verfügungen § 19 N. 37
- von Baubewilligungen § 19 N. 109
- und Normenkontrolle § 20 N. 26, 31; § 43 N. 11; § 50 N. 126
Generalklausel Einleitung N. 12–13, 24; Vorbem. zu §§ 32–86 N. 5; Vorbem. zu §§ 41–71 N. 3; § 41 N. 1
- Einschränkungen/Ausnahmen: Vorbem. zu §§ 41–71 N. 3; § 41 N. 2, 41–47
- Ausnahmekatalog § 43 N. 1–48, 55–58
Generalsekretär des Verwaltungsgerichts § 36 N. 4–5; § 38 N. 17; § 39 N. 1–5; § 40 N. **16**; § 80d N. 1
- Stellvertreter § 36 N. 5; § 39 N. 5
Genugtuungsanspruch § 2 N. 8
Gericht im Sinn von Art. 6 EMRK § 4 N. 26, 31; § 50 N. 51
- Rekurskommissionen § 4 N. **26**, 31; Vorbem. zu §§ 19–28 N. 85; § 19 N. **86**; § 52 N. 11
- nicht die Bezirksbehörden § 4 N. 26, 31; § 19 N. 82; § 41 N. 33; § 52 N. 11
- nicht Regierungsrat und Direktionen § 4 N. 31; § 19 N. 82; § 52 N. 11
siehe auch Rechtsweggarantie
Gerichtsauditoren Vorbem. zu §§ 32–40 N. 3
Gerichtsberichterstatter Vorbem. zu §§ 32–40 N. 3; § 40 N. 14–16, 19; § 62 N. 2, 6
Gerichtsferien § 11 N. **13**; § 22 N. 7; § 53 N. 2; § 71 N. 4–5; § 86b N. 9
Gerichtsfreie Hoheitsakte Einleitung N. 6, 15, 17
Gerichtsgebühren siehe Kosten
Gerichtsnotorietät § 7 N. 9
Gerichtsstand siehe Wohnsitzgerichtsstand, Zuständigkeit
Gerichtsurkunde § 10 N. 22
Gerichtsverfassungsgesetz
- analoge/subsidiäre Anwendung § 5a N. 2; Vorbem. zu §§ 4a–17 N. **3**; § 10 N. 21; § 71; § 80c N. 4, 6; § 86 N. 4
- (Kosten-)Beschwerde nach §§ 108 ff./§ 206 GVG § 90 N. 7–8
Gesamthandschaft § 6a N. 4; § 10 N. 8; § 14 N. 3; § 16 N. 11; § 17 N. 35; § 21 N. 10, 39
Geschäftsleitung des Kantonsrats Vorbem. zu §§ 32–40 N. 8; § 87 N. 7; § 91 N. 1, 6
Gesetz siehe Rechtssatz; Normenkontrolle
Gesetzesmaterialien § 9 N. 10; § 50 N. 13, 22
Gestaltungsentscheid § 19 N. 58
Gestaltungsklage § 83 N. 20
Gestaltungsplan § 19 N. 22, 100, 102; § 21 N. 96; § 41 N. 14; § 43 N. 13

Sachregister

Gesundheitswesen § 6 N. 15; § 19a; § 25 N. 35; § 50 N. 89, 111–113
Gewässer § 1 N. 24
Gewässerbauprojekte siehe Strassen- und Gewässerbauprojekte
Gewässerkorrektion § 50 N. 83, 88
Gewaltentrennung Einleitung N. 4, 6, 15; Vorbem. zu §§ 32–40 N. 2; § 34 N. 1; § 50 N. 71, 135; siehe auch Richterliche Unabhängigkeit
Gewohnheitsrecht § 50 N. 34, 43–44
Glaubens- und Gewissensfreiheit § 50 N. 142
Gleichbehandlung der Gewerbegenossen § 21 N. 44
Gleichbehandlung der Parteien § 4 N. 25; § 7 N. 63; Vorbem. zu §§ 19–28 N. 70, **80**; § 21 N. 14; § 50 N. 51
Gleichstellung von Frau und Mann
– nach Bundesverfassung § 50 N. 130, 136, 139; § 74 N. 12
– nach Gleichstellungsgesetz
  – Rechtsschutz im Allgemeinen: Vorbem. zu §§ 74–80d N. **10–12**; § 74 N. 10, 12–13
  – Legitimation § 21 N. 46, 94; Vorbem. zu §§ 74–80d N. 10; § 74 N. 3
  – Feststellungsanspruch: Vorbem. zu §§ 74–80d N. 12; § 83 N. 18
  – Schlichtungsverfahren: Vorbem. zu §§ 74–80d N. 11
  – Untersuchungsmaxime § 80a N. 8
  – Entscheidungsbefugnis § 79 N. 2; § 80 N. 6
  – Kostenlosigkeit des Verfahrens § 13 N. 35; § 80b N. 6
Grossbauvorhaben § 6a N. 1; § 10 N. 58; § 21 N. 23, 37
Grosser Rat Einleitung N. 4, 6–7
Grundbuchbehörden § 2 N. 4; § 90 N. 17
Grundbuchbeschwerde § 21 N. 98
Grundeigentümer, Legitimation § 21 N. 39, 49
Grunderwerb durch Personen im Ausland siehe Rekurskommissionen, kantonale
Grundrechte § 50 N. 45
– Eingriff § 20 N. 23; § 50 N. 92
– unverjährbare und unverzichtbare § 30 N. 61
siehe auch Eigentumsgarantie, Glaubens- und Gewissensfreiheit, Informationsfreiheit, Handels- und Gewerbefreiheit, Persönliche Freiheit, Petitionsrecht; Europäische Menschenrechtskonvention
Gutachten
– Ergänzungsgutachten § 7 N. 25
– Obergutachten § 7 N. 25; § 8 N. 34

– Parteigutachten § 7 N. 23–24, 30; § 17 N. 14
– Sachverständigengutachten § 7 N. **22**, 24–30, 78; § 25 N. 23; § 51 N. 7; § 60 N. 6, 10, 18; § 64 N. 5; § 86a N. 10; § 90 N. 7; § 92 N. 2; siehe auch Sachverständiger
– über Rechtsfragen § 7 N. 22
– verkehrspsychologisches § 15 N. 16
– verwaltungsinternes: siehe Amtsbericht
– Bindung an § 25 N. 23; § 51 N. 7; § 55 N. 4; § 60 N. 18
– rechtliches Gehör/Akteneinsicht § 7 N. 26; § 8 N. 20, 37; § 9 N. 5
– Kostenvorschuss § 7 N. 29; § 15 N. 16

H

Haftrichter § 41 N. 45; § 43 N. 36
Haftung
– im Allgemeinen: siehe Genugtuungsanspruch, Rückgriffsansprüche, Schadenersatzansprüche
– für Verfahrenskosten/Parteientschädigung
  – solidarische § 14 N. **3**; § 15 N. 10; § 16 N. 11; § 17 N. 35
  – subsidiäre § 14 N. **2**
Hammerschlagsrecht § 1 N. 22
Handels- und Gewerbefreiheit § 50 N. 136, 141
Handelsregisterbehörden § 2 N. 4; § 90 N. 17–19
Handelsregisterstreitigkeiten § 19 N. 90; § 41 N. 29
Handlungsfähigkeit § 21 N. 13
Hauptfassade § 50 N. 84
Hauptfrage § 1 N. 30
Hauptverhandlung § 50 N. 144; § 59 N. 10
Hebebühne § 50 N. 84
Heilung von Verfahrensmängeln
– Ausstand § 5a N. 7
– Eröffnungsmängel § 10 N. 45, 63
– Gehörsverletzung § 8 N. 48–53; § 20 N. 16; § 21 N. 28; § 26 N. 17; § 27 N. 19; § 50 N. 103; § 64 N. 4; § 76 N. 11; § 80 N. 5
Heimschlagsrecht § 19 N. 112, 121; § 21 N. 10; § 81 N. 9; § 82 N. 23, **26–27**, 29
Helvetik Einleitung N. 3
Hilfsperson § 10 N. 25; § 12 N. 14, 16
Hinweis, behördlicher § 19 N. 13; siehe auch Informelles Verwaltungshandeln
Hinweispflicht siehe Fürsorgepflicht, Mitwirkungspflicht: Aufklärungspflicht, reformatio in peius vel in melius: Hinweispflicht; Mitteilungspflicht

907

Sachregister

Hochhaus § 19 N. 109; § 21 N. 34; § 43 N. 13

I

Ideelle Organisationen
– Anspruch auf erstinstanzliche Verfügungen § 21 N. 91, 97; § 41 N. 6
– nach Gleichstellungsgesetz: Vorbem. zu §§ 74–80d N. 12
– kein Anspruch auf mündliche Verhandlung § 59 N. 6
– Kosten/Parteientschädigung § 17 N. 31; § 21 N. 90

Ideelle Verbandsbeschwerde § 17 N. 31; § 19 N. 111; § 21 N. 50, 76–78, 86–97; § 22 N. 10; § 59 N. 6; Vorbem. zu §§ 74–80d N. 10; § 74 N. 3

Immission § 21 N. 34–37, 39; § 50 N. 86, 89

Immunität von Magistratspersonen Vorbem. zu §§ 32–40 N. 9

Informationsfreiheit § 50 N. 142; § 62 N. 4

Informelles Verwaltungshandeln Vorbem. zu §§ 4–31 N. 10; Vorbem. zu §§ 19–28 N. 33, 39; § 19 N. 9–15; Vorbem. zu §§ 87–94 N. 5; § 89 N. 5; § 93 N. 9

Inkrafttreten des VRG § 103; Art. XV N. 1

Instanzenzug § 19 N. 70–138; §§ 19a–19c
– Grundsätze § 19 N. 88; § 41 N. 27
– erstinstanzlich verfügende Behörden § 19 N. 71–75
  – Zentralverwaltung § 19 N. 71
  – Bezirksbehörden § 19 N. 72
  – Gemeindebehörden § 19 N. 73–74
  – Rekursbehörden § 19 N. 81–91
– in kirchlichen Angelegenheiten § 19 N. 131–134
– in schulischen Angelegenheiten § 19 N. 129–130
– im Enteignungsverfahren § 19 N. 112–124
– im Personalrecht § 74 N. 14–18; § 76 N. 13
– in Planungs- und Bausachen § 19 N. 92–111
– im Steuerrecht § 72 N. 3–8
– in Stimmrechtsangelegenheiten § 19 N. 135–138
– bei Strassen- und Gewässerbauprojekten § 19 N. 125–128

Instruktion siehe Verfahrensleitung

Interesse
– affektives § 21 N. 21
– aktuelles
  – Dahinfallen: Vorbem. zu §§ 19–28 N. 95; § 21 N. 25; § 28 N. 17; § 63 N. 3
  – am Feststellungsentscheid § 19 N. 61
  – an Rekurs und Beschwerde § 21 N. 20, 25, 64, 77
– öffentliches § 21 N. 3, 22; siehe auch Behördenbeschwerde; Gemeinde: Rekurs- und Beschwerdelegitimation im Allgemeinen; Ideelle Verbandsbeschwerde
– rechtliches § 21 N. 1–5, 21, 108–109, 113
– Rechtsschutzinteresse im Klageverfahren § 83 N. 2, 4
– schutzwürdiges
  – Beiladung § 21 N. 109
  – Erläuterung: Vorbem. zu §§ 86a–86d N. 16, 18
  – Feststellungsentscheid § 19 N. 60–61; § 48 N. 19
  – Rekurs/Beschwerde § 21 N. 20–21
    – Anfechtung von Zwischenentscheiden: siehe Nachteil
– virtuelles § 21 N. 26; § 41 N. 15
siehe auch Anfechtungsinteresse

Interessenbindungen, Offenlegung § 34a

Interessentheorie § 1 N. 6

Intertemporales Recht § 20 N. 50–53; § 50 N. 42; § 101; Art. XV N. 2–4

Inventar § 19 N. 111; § 21 N. 97; § 41 N. 6

Irrige Parteibezeichnung § 21 N. 106

J

Journalist siehe Gerichtsberichterstatter

Juristische Person des Privatrechts
– Kirchensteuerpflicht § 50 N. 142
– Parteifähigkeit § 21 N. 10–11
– Steuerstrafrechtliche Deliktsfähigkeit § 50 N. 144
– kein Anspruch auf unentgeltliche Rechtspflege § 16 N. 8, 52

Juristische Sekretäre
– Ausstand § 5a N. 9
– des Verwaltungsgerichts: Vorbem. zu §§ 32–40 N. 8; § 36 N. 4–5; § 37 N. 2–3; § 38 N. 12–13, 16–17; § 39 N. 3, 5; § 80d N. 1

Justizfreie Hoheitsakte Einleitung N. 6, 15, 17

Justizkommission Vorbem. zu §§ 32–40 N. 7–8

Justizverwaltung Vorbem. zu §§ 32–40 N. 2–5
– gerichtsübergreifende: Vorbem. zu §§ 32–40 N. 3; § 90 N. 5

Sachregister

– Kosten/Entschädigungen § 16 N. 51; § 90 N. 7–8
– Selbstverwaltung der Gerichte: Vorbem. zu §§ 32–40 N. 2–3; § 36 N. 1; § 37 N. 3; § 56 N. 1
– Zuständigkeit innerhalb des Verwaltungsgerichts § 39 N. 2–3
– Zuständigkeit der Ombudsperson: Vorbem. zu §§ 32–40 N. 13; § 90 N. 5–9

K

Kammer des Verwaltungsgerichts siehe Abteilung
Kanalisation § 1 N. 23; § 50 N. 88, 91
Kanton
– Legitimation § 21 N. 74, 82
– Verfahrens- und Organisationszuständigkeit § 4 N. **10**; § 21 N. 17
siehe auch Gemeinwesen
Kantonal letztinstanzlicher Entscheid, bundesrechtliche Anforderungen § 4 N. 14, 16; § 6 N. 2; § 10 N. 14, 49; § 25 N. 4; § 27 N. 27; § 28 N. 41, 44; § 65 N. 4
Kantonalbank § 2 N. 4; § 4 N. 6; § 21 N. 11; Vorbem. zu §§ 74–80d N. 5–6; § 89 N. 8
Kantonales Recht, Abgrenzung zum Bundesrecht § 41 N. 4; § 42 N. 1; § 43 N. 51; § 65 N. **10**
Kantonsrat
– Geschäftsleitung: Vorbem. zu §§ 32–40 N. 8; § 87 N. 7; § 91 N. 1, 6
– keine Überprüfung durch Ombudsperson § 90 N. 2
– Zuständigkeit
  – Erteilung des Enteignungsrechts § 19 N. 113; § 41 N. 24
  – Entscheid über Kompetenzkonflikte § 1 N. 38–39
  – Ombudsperson, Wahl/Oberaufsicht § 87 N. 1–2, 7; § 91 N. 8; § 93 N. 2
  – Regierungsrat, Ausstandsbegehren/Aufsichtsbeschwerden § 5a N. 25; Vorbem. zu §§ 19–28 N. 35
  – in Stimmrechtsangelegenheiten § 19 N. 136
  – Verwaltungsgericht, Wahl/Oberaufsicht: Vorbem. zu §§ 32–40 N. 2, **5–11**; § 33 N. 2; § 35 N. 4–5; § 40 N. 1; § 90 N. 5
Kantonsverfassung § 50 N. 45, 120–121
Kanzlei des Verwaltungsgerichts § 39 N. 3, 6; § 40 N. 10
Kanzleigebühr § 13 N. 6; siehe auch Kosten

Kanzleipersonal § 5a N. 9
– der Ombudsperson § 74 N. 14; § 88 N. 3–4
– des Verwaltungsgerichts: Vorbem. zu §§ 32–40 N. 8; § 36 N. **4–5**; § 37 N. **2–3**; § 38 N. **12–13**; § 39 N. 3, 5; § 80d N. 1
Kanzleiversehen, Berichtigung Einleitung N. 27; Vorbem. zu §§ 19–28 N. 22; § 71 N. 4; Vorbem. zu §§ 86a–86d N. **15**, 18; § 86 N. 5; § 90 N. 12
Kassationsgericht Vorbem. zu §§ 32–40 N. 3; § 62 N. 8; § 74 N. 14, 18; § 76 N. 1, 13; § 80d N. 4; § 87 N. 10
Kaufrecht § 82 N. 23, 25
Kausalabgaben, Stundung und Erlass § 43 N. 10, 14–15, 52
Kaution siehe Kostenvorschuss
Kernzonenvorschriften § 21 N. 65
Kiesgrube § 50 N. 85
Kirchen § 4 N. 6; § 19 N. 85, **131–134**; § 43 N. **40–43**, 52; Vorbem. zu §§ 74–80d N. 4; § 74 N. 16–17; § 81 N. 7
– christ-katholische § 4 N. 6; § 43 N. 40
– evangelisch-reformierte § 4 N. 6; § 19 N. **131–132**; § 43 N. 40; § 74 N. 16
– römisch-katholische § 4 N. 6; § 19 N. **133–134**; § 43 N. 40; § 74 N. 17
– Personalrecht § 19 N. 131; § 43 N. 42; Vorbem. zu §§ 74–80d N. 4; § 74 N. **16–17**
siehe auch Bezirkskirchenpflege; Rekurskommissionen, kantonale; Zentralkommission
Kirchenrat § 19 N. 85, 131; § 43 N. 42; § 74 N. 14, 16; § 90 N. 3
Kirchensteuer § 43 N. 43; § 50 N. 142; § 72 N. 3, 7
Kirchensynode § 19 N. 85, 133; § 90 N. 3
Klage, verwaltungsrechtliche: Vorbem. zu §§ 81–86; §§ 81–86
– Abgrenzung zum Anfechtungsverfahren: Vorbem. zu §§ 32–86 N. 7–8; Vorbem. zu §§ 81–86 N. 3, 7; § 81 N. 6; § 82 N. 21
– Verfügungskompetenz: Vorbem. zu §§ 81–86 N. 7
– Abgrenzung zur personalrechtlichen Klage § 41 N. 43; Vorbem. zu §§ 74–80 N. 3; § 82 N. 2
– Klageformen (Leistungs-/Feststellungs-/Gestaltungsklage) § 83 N. 16–20
– ergänzend anwendbares Recht: Vorbem. zu §§ 32–86 N. 8; § 60 N. 7; § 70 N. 2; § 71 N. 1; § 83 N. 1; **§ 86**
– sachliche Zuständigkeit: Vorbem. zu §§ 81–86 N. **2–8**; §§ 81–82
– Streitigkeiten zwischen öffentlichrechtlichen Körperschaften § 81

Sachregister

- zwischen Gemeinden/Gemeindeverbänden § 81 N. **1–6**; § 82 N. 42
- Rückgriffsansprüche von Planungs- und Werkträgern § 81 N. **8–12**
- weitere § 81 N. 7, 11
- Streitigkeiten zwischen Privaten und öffentlichrechtlichen Körperschaften § 81 N. 11; **§ 82**
  - vermögensrechtliche/nicht vermögensrechtliche § 82 N. 1, 10
- Verfahren
  - Verfahrensmaximen § 80a N. 8; § 80c N. 7; § 83 N. 9, **12**, 26, 29; § 84 N. 7; § 86 N. **1**, 3
  - Zweiparteienverfahren: Vorbem. zu §§ 81–86 N. 9; § 83 N. 1
  - rechtliches Gehör § 84 N. 5; § 86 N. 3
  - Sachurteilsvoraussetzungen § 83 N. 2
  - Legitimation/Parteibegriff § 81 N. 11; § 83 N. **3**
  - Frist § 6 N. 12; § 86 N. 3
  - Stellungnahme der Verwaltung: Vorbem. zu §§ 81–86 N. **10–11**; § 83 N. 14
  - Streitgegenstand § 83 N. 6–8
  - Widerklage § 83 N. 6–7
  - Eventualmaxime/Noven § 84 N. 7
  - zweiter Schriftenwechsel/mündliche Verhandlung § 83 N. 31; § 84 N. 5–7
  - Kognition § 85 N. 1–6
  - Bindung an Parteianträge/Entscheidungsbefugnis § 85 N. 7
  - Kosten/Parteientschädigung § 83 N. 8, 14, 28; § 86 N. 3

Klageänderung § 83 N. 8; § 84 N. 7

Klageantwort § 84 N. 1–4
- Antrag § 84 N. 2
- Begründung § 84 N. 2
- Beilage/Bezeichnung der Beweismittel § 83 N. 4
- Säumnis des Beklagten § 84 N. 3

Klagerückzug § 83 N. 10

Klageschrift
- Form/Gültigkeitsvoraussetzungen § 83 N. 2, 21–23, 30
  - Antrag § 83 N. 2, 24–25, 30
  - Begründung § 83 N. 2, 26–28, 30
  - Beilage/Bezeichnung der Beweismittel § 83 N. 29
  - Vollmacht § 83 N. 2, 22, 30
- Mängel § 83 N. 30–31

Klageverfahren vor Schätzungskommission § 19 N. 87, 122; Vorbem. zu §§ 81–86 N. 8

Kleiner Rat Einleitung N. 2, 4, 6

Kognition
- Allgemeines: Vorbem. zu §§ 19–28 N. 8; § 20 N. 5, 32
- bundesrechtliche Vorgaben: Einleitung N. 2; § 4 N. 15; § 21 N. 18; § 41 N. 1
- Aufsichtsbeschwerde: Vorbem. zu §§ 19–28 N. 39
- Einsprache § 10a N. 17
- Rekurs § 20 N. **1–23**
  - Rechtskontrolle § 20 N. 2, 6–9, 23
  - Verletzung von Verfahrensvorschriften § 20 N. **15–16**; § 41 N. 18
  - Sachverhaltskontrolle § 20 N. 2, **10–14**
  - freie Tatsachenkognition § 20 N. 11
  - Ermessenskontrolle § 20 N. 2, **17–22**
- Beschwerde an das Verwaltungsgericht: Vorbem. zu §§ 32–86 N. 10; **§§ 50–51**; § 70 N. 6
  - Rechtskontrolle § 50 N. **1–3, 7–8, 30–70**
  - Ermessensfehler § 50 N. 70, **78–80**
  - Verletzung von Verfahrensvorschriften § 41 N. 18; § 50 N. **100–108**
  - Sachverhaltskontrolle **§ 51**; § 60 N. 2
  - freie Tatsachenkognition § 20 N. 11; § 52 N. 10
  - Ermessenskontrolle § 19a N. 3; § 41 N. 30; § 50 N. 9, 109–113; siehe auch Ermessen
  - Kosten- und Parteientschädigungsentscheide § 13 N. 37; § 17 N. 9
- Disziplinarrekurs an das Verwaltungsgericht: Vorbem. zu §§ 32–86 N. 9; § 41 N. 43; § 76 N. 8; § 78 N. 1–4
- personalrechtliche Beschwerde: Vorbem. §§ 32–86 N. 10; § 41 N. 43; § 75; § 76 N. 8
- Rekurs in Enteignungssachen: Vorbem. zu §§ 32–86 N. 9; § 41 N. 40
- Steuerbeschwerde: Vorbem. zu §§ 32–86 N. 10; § 73 N. 4
- Steuerrekurs an das Verwaltungsgericht: Vorbem. zu §§ 32–86 N. 9; § 73 N. 2
- verwaltungsrechtliche Klage § 85 N. **1–6**
- Revision § 86d N. 3
- der Ombudsperson § 89 N. 1–4, 6

Kognitionsbeschränkung
- unzulässige § 20 N. 3; § 50 N. 104
- Zurückhaltung § 20 N. 4, 14, **19–22**; § 21 N. 46; § 50 N. **1, 7–9, 73–74**
  - Überprüfung von Gutachten § 25 N. 23; § 51 N. 7; § 55 N. 4; § 60 N. 18
  - Überprüfung unbestimmter Rechtsbegriffe § 50 N. 73–74
  - des kommunalen Rechts § 50 N. 8; § 85 N. 2

Sachregister

– Überprüfung kommunalen Ermessens § 50 N. 9
– und Überprüfung durch die Ombudsperson § 89 N. 2
Kollegialbehörde
– Beschlussfähigkeit § 28 N. 8
– Zuständigkeit des Präsidenten § 6 N. 20–21; § 25 N. 24, 26; § 28 N. 12, 27; § 48 N. 5
siehe auch Mittelbarkeit
Kollektivgesellschaft § 16 N. 8; § 21 N. 10
Kommanditgesellschaft § 16 N. 8; § 21 N. 10
Kommission für administrative Streitigkeiten Einleitung N. 4–5
Kommissionen, den Direktionen gleichgestellte § 19 N. 71, **81–82**, 89; § 19b; § 26a N. 3; Vorbem. zu §§ 41–71 N. 7; § 41 N. 26, 28; § 74 N. 14
siehe auch Bildungsrat, Verkehrsrat
Kommissionsbericht § 7 N. 30
Kommunaler Zweckverband § 4 N. 6; § 21 N. 11, 74; Vorbem. zu §§ 74–80d N. 4, 6; § 74 N. 4; § 76 N. 13; § 81 N. 4–6; § 89 N. 10; § 91 N. 5
Konkordat § 4 N. 35; § 50 N. 100
– über gegenseitige Rechtshilfe zur Vollstreckung öffentlich-rechtlicher Ansprüche § 15 N. 22; § 30 N. 12, 14
Konkordatsbehörden § 89 N. 11
Konkurrent
– Geheimhaltungsinteresse § 9 N. 7
– Legitimation § 21 N. 34, **42–45**
Konkursamt § 89 N. 10; § 90 N. 17–19
Konkursmasse § 16 N. 9, 52; § 21 N. 10, 16; § 22 N. 9
Konkursschuldner, Prozessführungsbefugnis § 21 N. 16
Konservative Erhebung Einleitung N. 15
Konsument, Legitimation § 21 N. 37, 47
Konzentrationsmaxime (Eventualmaxime) Vorbem. zu §§ 19–28 N. 77; § 20 N. 32; § 52 N. 1; § 84 N. 7
Konzentrationsmodell § 4 N. 18
Konzession
– Entzug § 30 N. 4
– Haftung des Inhabers § 2 N. 6
– Streitigkeiten, Verfahren § 19 N. **31–34**; § 81 N. 12; § 82 N. **3–5**, 7–10
– zur Wassernutzung § 19 N. 33; § 82 N. 7–10
Koordinationsgebot Einleitung N. 25; § 4 N. **17–20**; § 19 N. 13; § 41 N. 1; § 43 N. 51; § 48 N. 23; § 50 N. 143

– im baurechtlichen Verfahren § 4 N. 20; § 19 N. 38, 93, **96–97**, 100, 106; § 43 N. 51
– Gewässerbauprojekte § 82 N. 13
Koordinationsmodell § 4 N. 18
Kosten
– Allgemeines, gesetzliche Grundlagen, Maximen § 13 N. **1–13**; § 27 N. 9
– Begriffe § 13 N. **6**
– in bestimmten Verfahren
 – Aufsichtsbeschwerdeverfahren § 13 N. 30; Vorbem. zu §§ 19–28 N. 42
 – Baubewilligungsverfahren § 13 N. 21
 – Einspracheverfahren § 10a N. 23
 – Enteignungsverfahren § 13 N. 31, 123
 – erstinstanzliches Verwaltungsverfahren § 13 N. 12
 – öffentliche Sozialhilfe § 13 N. 10
 – vor der Ombudsperson § 94
 – personalrechtliche Streitigkeiten § 13 N. 12, **33–36**; § 40 N. 7; § **80b**
 – vor Verwaltungsgericht § 40 N. **5–11**; § 70 N. 4; § 80b
  – Klageverfahren § 83 N. 8, 14; § 86 N. 3
  – in Steuersachen § 73 N. 8
– bei bestimmten Verfahrenshandlungen/Erledigungsarten
 – Abschreibung § 13 N. 16–19, 21; Vorbem. zu §§ 19–28 N. 60
 – prozessuale Anregungen § 27 N. 23
 – Rückweisung § 13 N. 11
 – Verfahrenstrennung/-vereinigung: Vorbem. zu §§ 4–31 N. 35, 37
 – Verletzung von Verfahrensvorschriften/verspätete Vorbringen § 13 N. 20; § 80b N. 5
 – Verzicht auf Begründung/Einsprache § 10a N. 10
– für bestimmte Verfahrenshandlungen
 – Akteneinsicht § 8 N. 74
 – Fristerstreckung/-wiederherstellung § 12 N. 11, 25
 – Mahnung/Betreibung § 13 N. 21
 – Zustellung des baurechtlichen Entscheids § 21 N. 90, 92
 – Zwischenentscheid § 13 N. 29, 39; § 19 N. 52
– weitere Fragen
 – Justizverwaltungssache/Zuständigkeit der Ombudsperson § 90 N. 6–7, 9
 – bei Praxisänderung § 13 N. 23
 – Verzicht/Abschreibung § 13 N. 12, 19; § 16 N. 22
 – Vollstreckung § 13 N. 42
 – bei Zuständigkeitskonflikt § 13 N. 23

911

Sachregister

siehe auch Barauslagen; Kostenbemessung, -bezug, -entscheid, -pflichtige, -verteilung; Vollstreckungskosten; Erlass, Stundung, Unentgeltliche Rechtspflege

Kostenbemessung § 13 N. 7–13
Kostenbeschwerde nach §§ 108 ff./§ 206 GVG § 90 N. 7–8
Kostenbezug § 13 N. 40–43; § 39 N. 3; § 40 N. 10–11
Kostendeckungsprinzip § 13 N. 5, 9
Kostenentscheid § 10 N. 41, 49; § 28 N. 3, 5; § 66 N. 2
– Anfechtung § 13 N. 37–38; § 21 N. 27; § 43 N. 2, 55; § 48 N. 2; § 50 N. 91
– Ermessen § 13 N. 8
Kostenpflichtige § 13 N. 5, 14–15, 20–26; § 58 N. 5
– Beteiligte im Allgemeinen § 13 N. 15, 21; § 21 N. 104, 112; § 58 N. 5
– Gemeinwesen/Behörden § 13 N. 24–26
– ideelle Organisationen § 21 N. 90
– Vertreter § 13 N. 22
Kostenschulden, Sicherstellung wegen § 15 N. 24–26
Kostenverteilung § 13 N. 14–32; § 14
– Billigkeit § 13 N. 16, 19, 23, 27
– Unterliegerprinzip § 13 N. 14–15; § 14 N. 1
– Verursacherprinzip § 13 N. 14, 20–22
– mehrere Beteiligte § 14
– der Kosten des vorinstanzlichen Verfahrens § 13 N. 28; § 63 N. 6
Kostenvorschuss
– im Allgemeinen § 15
– und Art. 6 EMRK § 15 N. 31
– in kostenlosen Verfahren § 15 N. 35
– im Quartierplanverfahren § 15 N. 36
– vor Verwaltungsgericht § 40 N. 8; § 70 N. 4; § 83 N. 2; § 86 N. 3
– für bestimmte Verfahrenshandlungen
  – nicht für Ausstandsbegehren § 8 N. 57; § 15 N. 33
  – für Beweismassnahmen § 7 N. 29; § 15 N. 14–17; § 60 N. 15
  – für vorsorgliche Massnahmen § 15 N. 32; § 55 N. 10
  – nicht für Parteientschädigung § 17 N. 51
  – für Vollstreckungsmassnahmen § 30 N. 5, 59
– weitere Fragen
  – Barauslagen § 15 N. 14–17; § 17 N. 51
  – Bemessung § 15 N. 6
  – Entscheid, Anfechtung § 15 N. 5, 17
  – Fristwahrung/Zahlungsmodalitäten § 11 N. 11; § 15 N. 7, 11

– Pflichtige § 15 N. 4
– Kostenschulden § 15 N. 24–26
– Wohnsitz/Sitz im Ausland § 15 N. 22–23
– Zahlungsunfähigkeit § 15 N. 27–30
– Säumnisfolgen § 15 N. 9, 17–19
– und unentgeltliche Rechtspflege § 15 N. 34; § 16 N. 36
– Verlegung bei mehreren Beteiligten § 15 N. 13
– keine Verzinsung § 15 N. 12; § 40 N. 8
– Zuständigkeit § 15 N. 5; § 26a N. 6
Kündigung § 8 N. 25; Vorbem. zu §§ 74–80d N. 9; § 74 N. 6; § 76 N. 9; § 80

L

Laie
– als Partei, geringere Anforderungen § 6 N. 42; 22 N. 7; § 10 N. 51–52; § 12 N. 14; § 16 N. 42; § 23 N. 3, 5, 12, 16, 21, 27; § 28 N. 15; § 56 N. 8; siehe auch Unbeholfenheit
– als Richter § 33 N. 1
– als Vertreter § 10 N. 24; § 16 N. 44; § 17 N. 11
Landwirtschaftsgericht § 41 N. 45
Legalitätsprinzip § 1 N. 7, 14; § 7 N. 3; § 20 N. 6; § 35 N. 3; § 50 N. 2, 71, 78; § 78 N. 2; § 82 N. 36; § 93 N. 8
– keine Heilung der Verletzung § 50 N. 133
Legitimation
– Beschwerde und Rekurs § 21 N. 1–98, 101, 109; Vorbem. zu §§ 41–71 N. 2; § 70 N. 4
– Vorgeschichte § 21 N. 1–6
– als Prozessvoraussetzung § 21 N. 7; § 56 N. 9
– bundesrechtliche Vorgaben: Einleitung N. 24; § 4 N. 14–15; § 6a N. 1; § 21 N. 5, 17–18; § 41 N. 1
– Elemente § 21 N. 20–28; siehe auch Interesse, Nachbar
– Nachweis § 21 N. 29–30, 33, 41, 78, 97; § 23 N. 17; § 54 N. 10
– berechtigte Private
  – Adressaten (primäre/materielle) § 21 N. 31–32, 46; § 74 N. 2; § 76 N. 2
  – Dritte zugunsten der Adressaten § 21 N. 48–49
  – Konkurrenten § 21 N. 34, 42–45
  – Konsumenten § 21 N. 37, 47
  – Mitbewerber § 21 N. 46; § 74 N. 10; siehe auch Submission

Sachregister

- Nachbarn § 19 N. 109; § 21 N. 34–41; § 25 N. 25; siehe auch dort
- Strassenbenützer/Anstösser § 21 N. 33
- wegen Verletzung von Verfahrensvorschriften: Vorbem. zu §§ 19–28 N. 98; § 21 N. 28, 30
- egoistische Verbandsbeschwerde § 21 N. 4, 15, 50–52
- ideelle Verbandsbeschwerde § 19 N. 111; § 21 N. 50, 76–78, 86–97; § 22 N. 10; § 59 N. 6; Vorbem. zu §§ 74–80d N. 10; § 74 N. 3
- Gemeinwesen im Allgemeinen § 21 N. 53–75
  - im Bund/nach Bundesrecht § 21 N. 53–60, 71–72, 84, 89
  - Kanton: Vorbem. zu §§ 74–80d N. 10
  - im Kanton Zürich
    - Gemeinden § 19 N. 25; § 21 N. 6, 61–74; § 48 N. 17; § 74 N. 4; § 76 N. 3; siehe auch dort
  - Vereinbarkeit mit Bundesrecht § 21 N. 71–72
  - andere § 21 N. 74
  - nicht der Kanton § 21 N. 74; § 74 N. 4
  - nach der Lehre § 21 N. 60
- Behördenbeschwerde § 21 N. 6, 18, 76–85; § 72 N. 8; siehe auch dort
- Verwirkung § 10 N. 11; § 10a N. 16; § 21 N. 27, 40, 111; § 22 N. 10
- andere Verfahren
  - Aufsichtsbeschwerde: Vorbem. zu §§ 19–28 N. 36
  - Aufsichtsmassnahmen, Anfechtung § 41 N. 17
  - Bausachen § 19 N. 102
  - Beschwerde an die Ombudsperson § 91 N. 1–5
  - Disziplinarrekurs § 76 N. 2–3
  - Einsprache § 10a N. 18
  - Enteignungsverfahren § 19 N. 113, 123; § 41 N. 40
  - Erläuterung: Vorbem. zu §§ 86a–86d N. 16
  - Gebäudeversicherungssachen § 82 N. 18
  - Gemeindebeschwerde/-rekurs § 19 N. 39; § 21 N. 26, 61
  - personalrechtliche Beschwerde § 74 N. 2–4
  - Revision § 86a N. 6; § 86d N. 2
  - Steuerverfahren § 72 N. 8
  - verwaltungsrechtliche Klage § 83 N. 3
  - Zivilprozess § 21 N. 7

Lehrer § 6 N. 15; § 21 N. 32; Vorbem. zu §§ 74–80d N. 4; § 74 N. 15; § 76 N. 5, 9
Leistungsklage § 83 N. 16
Liberalismus Einleitung N. 15
Lichtreklame § 50 N. 84
Lohngleichheit § 50 N. 130; Vorbem. zu §§ 74–80d N. 12; § 74 N. 12; § 83 N. 18
Lotterie § 50 N. 44, 134
Lückenfüllung
- und Auslegung § 50 N. 17, 23
- Beispiele § 50 N. 29

M

Mahnung siehe Androhung
Mangel siehe Eingabe, Eröffnung
Marktzugangsbeschränkungen § 41 N. 22
Massenverfahren/-verfügung § 6a; § 10 N. 58
Massenverwaltung § 8 N. 51; § 10 N. 19, 42; § 10a N. 8
Materialien § 9 N. 10; § 50 N. 13, 22
Maulkorb § 25 N. 37
Mediation Vorbem. zu §§ 87–94 N. 16
Mediationsverfassung/-zeit Einleitung N. 4, 10
Medien § 93 N. 8; siehe auch Gerichtsberichterstatter
Mehrparteienverfahren § 8 N. 28; § 27 N. 12–13, 16; § 58 N. 4
Mehrwertsbeiträge § 19 N. 112, 115, 123
Meinungsaustausch § 1 N. 40; § 5 N. 24, 33 siehe auch Zuständigkeitskonflikt
Mieter, Legitimation § 21 N. 39, 41, 49
Militärwesen § 43 N. 37–38, 52
Minderheitsmeinung § 10 N. 46; § 38 N. 16
Minimalgarantien, verfahrensrechtliche siehe Verfahrensgarantien
Mitarbeiterbeurteilung § 74 N. 7
Mitbeteiligte siehe Verfahrensbeteiligte
Mitbewerber, Legitimation § 19 N. 4; § 21 N. 46; § 74 N. 10; siehe auch Submission
Miteigentümer § 10 N. 8
Mitteilung, behördliche § 19 N. 13; siehe auch Informelles Verwaltungshandeln
Mitteilung von Verfügungen und Entscheiden
- an Beteiligte: siehe Eröffnung, Zustellung
- an beschwerdeberechtigte Bundesbehörde § 10 N. 14; § 28 N. 44; § 65 N. 4
Mitteilungsbegehren § 10a N. 6; § 10 N. 10
Mitteilungspflicht siehe Akteneinsichtsrecht, Behandlungsfrist, Eröffnung; Hinweispflicht

913

Sachregister

Mittelbarkeit des Verfahrens § 7 N. 44; § 8 N. 9; Vorbem. zu §§ 19–28 N. 83; § 38 N. 15; § 60 N. 19–20; § 61 N. 5

Mitwirkungspflicht
- der Beteiligten
  - Abklärung ausländischen Rechts § 7 N. 82
  - Sachverhaltsermittlung § 7 N. 5, 8, 11, 50, **59–70**; Vorbem. zu §§ 19–28 N. 69–70; § 20 N. 10; § 21 N. 15, 112; § 23 N. 19; § 24 N. 2; § 60 N. 3
  - Gesuch um unentgeltliche Rechtspflege § 16 N. 29
  - Zuständigkeitsabklärung § 5 N. 3
  - Aufklärungspflicht der Behörden § 7 N. 56, 63
  - und rechtliches Gehör § 7 N. 10, 60; § 8 N. **31–40**; § 60 N. 11; § 61
  - Säumnisfolgen § 7 N. 68–70; § 8 N. 43; § 23 N. 24; § 24 N. 2; § 51 N. 4; § 86b N. 2–3
- Dritter § 7 N. 20, 40, 50
- der Behörden gegenüber der Ombudsperson § 92 N. 3–5

Modale Theorie § 1 N. 9

Motivsubstitution § 7 N. 81; Vorbem. zu §§ 19–28 N. 71; § 20 N. 5, 44; § 27 N. 5, 7; § 28 N. 4; § 50 N. 6; § 52 N. 7; § 63 N. 10, 18
- rechtliches Gehör § 7 N. 84; § 8 N. 19; § 58 N. 10

Mündliche Eröffnung § 10 N. 15–16, 18; § 28 N. 42; § 65 N. 5

Mündliche Verhandlung
- Anspruch nach Art. 6 EMRK § 26 N. 39; § 59 N. **5–10**; siehe auch Öffentlichkeit
  - Verzicht § 59 N. 7; § 80a N. 7
  - Ausschluss/Absehen § 59 N. 8
- kein Anspruch aus Bundesverfassungsrecht § 8 N. 20; Vorbem. zu §§ 19–28 N. 82, 84; § 59 N. 1
- Rekurs § 23 N. 22; § 26 N. **38–39**
- Beschwerde an das Verwaltungsgericht § 59; § 70 N. 6
  - Vorladung/Säumnisfolgen § 59 N. 4
  - Hauptverhandlung § 50 N. 144; § 59 N. **10**
  - Schlussverhandlung § 59 N. 2–3, 10
- Klage § 83 N. 31; § 84 N. 6
- personalrechtliche Klage § 59 N. 3; § 80a N. 4, 7; § 84 N. 6

Musterprozess Vorbem. zu §§ 4–31 N. 29

Mutwillige Prozessführung § 80b N. 6

N

Nachbar
- Legitimation § 19 N. 109; § 21 N. **34–41**; § 25 N. 25
- dinglich und obligatorisch Berechtigte § 21 N. 39
- enge nachbarliche Raumbeziehung § 21 N. 34, 41
- Berührtsein in eigenen, qualifizierten Interessen § 21 N. 35, 41
- Mängel des Baubewilligungsverfahrens § 21 N. 38
- kein Anspruch auf mündliche Verhandlung § 59 N. 6
- Beschwerdeentscheid § 64 N. 7
siehe auch Zustellung des baurechtlichen Entscheids

Nachfrist
- für Kostenvorschuss § 15 N. 8
- bei Mängeln der Eingabe
  - im Allgemeinen § 5 N. 44; § 11 N. 10
  - Rekursschrift § 22 N. 4, 17; § 23 N. 5, 10, 14, **26–32**; § 26 N. 6
    - Dauer/Erstreckung/Erneuerung § 23 N. 29, 31
  - Beschwerdeschrift § 53 N. 12; § 54 N. 1; § 56 N. 7–8
  - Klageschrift § 83 N. 30–31
  - personalrechtliche Klageschrift § 80a N. 5
  - nicht beim Revisionsgesuch § 86c N. 4
  - nicht zur Ergänzung der Begründung § 23 N. 22
- bei ausbleibender Mitwirkung § 7 N. 68–69

Nachlässigkeit § 12 N. 14

Nachlassmasse § 16 N. 9, 52

Nachnahme § 10 N. 30; § 13 N. 43

Nachsteuerverfahren § 30 N. 34; § 59 N. 10

Nachteil
- als Voraussetzung des Entzugs der aufschiebenden Wirkung § 25 N. 13
- als Voraussetzung vorsorglicher Massnahmen § 6 N. **10**; § 50 N. 89
- als Voraussetzung der Anfechtung von Zwischenentscheiden § 6 N. 32; § 8 N. 47; § 9 N. 15; § 16 N. 18; § 19 N. **47–51**; § 25 N. 20; § 26 N. 26, 41, § 48 N. 4, **6–7**; § 56 N. **11–13**
- staatsrechtliche Beschwerde § 48 N. 6; § 56 N. **11–12**
- Verwaltungsgerichtsbeschwerde an das Bundesgericht § 56 N. 11, **13**

Nationalstrassen § 21 N. 36

914

Sachregister

Natur- und Heimatschutz § 19 N. 98, 111; § 25 N. 27; § 50 N. 85; § 81 N. 9; § 82 N. 25–26
Natur- und Heimatschutzkommission § 7 N. 30
Natur- und Heimatschutzorganisationen § 19 N. 7, 111; § 21 N. **86–93, 96–97**; § 22 N. 10; § 41 N. 6; § 59 N. 6
siehe auch Ideelle Organisationen, Ideelle Verbandsbeschwerde
ne bis in idem § 30 N. 43; § 50 N. 46, 138, 146; § 76 N. 10
Nebenamt, Abgrenzung zum Teilamt § 32 N. 1–3; § 34 N. 4, 8
Nebenbestimmung § 19 N. 41; § 25 N. 8; Vorbem. zu §§ 29–31 N. 5; § 30 N. 53
Nebenintervention § 21 N. 117
Negativkatalog § 43 N. 1–48, 55–58
Neuentscheid durch die Vorinstanz § 13 N. 11; § 28 N. **35–39**; § 64 N. **10–13**
New Public Management Vorbem. zu §§ 19–28 N. 76
Nichteintretensentscheid
– wegen Fristablaufs § 12 N. 1–2; § 22 N. 19
– mangels Kostenvorschusses § 15 N. 9, 18–19
– wegen Mängeln der Eingabe § 23 N. 26, 30–31; § 56 N. 8–9
   – nicht mangels Amtssprache § 8 N. 21; § 22 N. 17
   – mangels Rekursbeilagen § 23 N. 24; § 24 N. 2
– mangels Mitwirkung § 7 N. 69
– mangels Prozessvoraussetzungen: Vorbem. zu §§ 19–28 N. **91**; § 19 N. 45; § 21 N. 7; § 26 N. 3; § 28 N. 7, 9–12; § 48 N. 2; § 56 N. 9; § 63 N. 1; § 64 N. 2; § 86d N. 2
– wegen Unzuständigkeit § 5 N. 25, 33
– mangels inländischen Zustellungsdomizils/Vertreters § 6b N. 5, 7
– Anfechtung § 4 N. 16; § 10 N. 49; Vorbem. zu §§ 19–28 N. 98; § 21 N. 28; § 23 N. 21; § 28 N. 12; § 48 N. 2–3; § 54 N. 9; § 59 N. 6; § 86a N. 4
– materielle Eventualbegründung § 28 N. 10, 30; § 64 N. 2
– Zuständigkeit im Rekursverfahren § 26a N. 7–8; § 28 N. 12
Nichtiger Verwaltungsakt § 5 N. 28, 30; § 5a N. 7; § 8 N. 5; § 10 N. 3, 63; Vorbem. zu §§ 86a–86d N. **3–4**
– Anfechtung § 12 N. 20; Vorbem. zu §§ 19–28 N. 56; § 19 N. 6; § 48 N. 22; Vorbem. zu §§ 86a–86d N. 4

Nichtwiederwahl Vorbem. zu §§ 74–80d N. 9; § 74 N. 6; § 76 N. 9; § 80
Niederlassungsbewilligung § 43 N. 31
Niveaulinien § 19 N. 22, 114; § 43 N. 13
Normenkontrolle
– abstrakte
   – Ausschluss im Allgemeinen § 19 N. 8; § 20 N. 24; Vorbem. zu §§ 41–71 N. 5; § 41 N. **8**, 15; § 43 N. 11; § 50 N. 36, **115–116**
   – Gemeindebeschwerde/-rekurs § 19 N. 8, 39, 98; § 20 N. 24; § 21 N. 26; Vorbem. zu §§ 41–71 N. 5; § 41 N. 8; § 50 N. 116
– konkrete
   – und Genehmigung § 20 N. 26, 31; § 50 N. 126
   – Prüfung von Amtes wegen § 20 N. 25; § 50 N. 128
   – Rechtsfolge § 20 N. 30; § 50 N. 129–130
   – im Rekursverfahren § 7 N. 85; § 20 N. **25–31**
   – Instanzen unterer Stufe § 7 N. 85; § 20 N. 26
   – Regierungsrat § 7 N. 85; § 20 N. 27
   – von Richt- und Nutzungsplänen § 19 N. 26–27; § 20 N. 31; § 21 N. 68, 87
   – im Beschwerdeverfahren § 50 N. 36, **117–146**
   – von Ausführungsbestimmungen zu Bundesgesetzen § 50 N. 124
   – von Bundesgesetzen/-beschlüssen/Staatsverträgen § 50 N. 122, 146
   – von Dienstanweisungen § 50 N. 61
   – der Kantonsverfassung § 50 N. 121
   – von Raumplänen § 50 N. 145
   – von Verordnungen § 50 N. 127
   – von Verordnungen des Bundesrats § 50 N. 123
   – auf Übereinstimmung mit der Kantonsverfassung § 50 N. 120
   – auf Übereinstimmung mit Staatsverträgen § 50 N. 125, 146
   – Kasuistik § 50 N. 131–146
   – beim Disziplinarrekurs § 78 N. 2
   – im Klageverfahren § 85 N. 2
   – durch die Ombudsperson § 89 N. 2; § 90 N. 10
– rechtliches Gehör § 8 N. 4; § 50 N. 128
Notariat § 4 N. 4
Notorietät § 7 N. 9
Noven
– im Allgemeinen, Begriff § 7 N. 13; § 52 N. 2
– und Eventualmaxime § 20 N. 32

Sachregister

- und funktionelle Zuständigkeit § 20 N. 32, 35, 37, 48; § 52 N. 1
- und Kognition § 20 N. 32
- und Streitgegenstand § 20 N. 34–35, 41–45, 47–48; § 23 N. 1; § 52 N. 3–6
- im Rekursverfahren § 20 N. 13, 32–53; § 26 N. 21, 35
  - neue Sachbegehren § 20 N. 35–39
    - neuer Rechtsgrund § 20 N. 35
  - neue rechtliche Begründungen/Vorbringen § 20 N. 33, 44
  - neue verfahrensrechtliche Begehren § 20 N. 40–41
  - neue Tatsachenbehauptungen/Beweismittel § 20 N. 13, 33, 42–43
  - im Verfahren über Revisionsentscheid § 20 N. 46
  - massgebender Zeitpunkt § 20 N. 47–53
- im Beschwerdeverfahren: Vorbem. zu §§ 32–86 N. 10; § 51 N. 1, 4; **§ 52**; § 54 N. 8; § 60 N. 2
  - Art. 6 EMRK § 52 N. 11; § 59 N. 9
  - neue Sachbegehren/Anträge § 52 N. 3–6
    - neuer Rechtsgrund § 52 N. 3
    - in baurechtlichen Streitigkeiten § 52 N. 4–5
  - neue rechtliche Begründung § 52 N. 7–8
  - neue tatsächliche Behauptungen § 52 N. 9–13
  - neue Beweismittel § 52 N. 14–15
  - massgebender Zeitpunkt § 52 N. 16–18
- im zweiten Rechtsgang § 28 N. 36; § 52 N. 6; § 64 N. 11
- im Klageverfahren § 84 N. 7
siehe auch Verspätete Vorbringen
Numerus clausus § 43 N. 17
Nutzniesser, Legitimation § 21 N. 39
Nutzungsplan/-planung § 4 N. 19; § 8 N. 4; § 19 N. **22–23**, 25–27, 74, 95, 106; § 20 N. 20, 31; § 21 N. 68, 87; § 41 N. 13; § 43 N. 12–13
siehe auch Plan, Planungs- und Baurecht

O

Oberamtmann Einleitung N. 5
Obergericht Einleitung N. 12; Vorbem. zu §§ 32–40 N. 3; § 43 N. 53; § 62 N. 8; § 74 N. 14, 18; § 76 N. 1, 13; § 80d N. 4; § 87 N. 10; § 90 N. 7
- Rekurs- und Beschwerdeinstanz in Personalsachen **§ 80d**

Oberrekurskommission in Steuersachen Einleitung N. 11, 18; § 72 N. 1
obiter dictum § 28 N. 10, 35; § 64 N. 10; § 65 N. 2
Offenkundiges § 7 N. 9
Offenlegung von Interessenbindungen § 34a
Öffentliche Sachen § 1 N. 23
Öffentliche Unterstützungsleistungen § 43 N. 7–10, 15, 52; § 50 N. 91
siehe auch Sozialhilfe, Staatsbeitrag, Stipendien
Öffentlicher Aushang § 6b N. 6; § 22 N. 5
Öffentlicher Ruhetag § 11 N. 4
Öffentliches Beschaffungswesen siehe Submission
Öffentliches Dienstrecht siehe Personalrecht
Öffentliches Recht, Abgrenzung zum Zivilrecht: Einleitung N. 3; § 1 N. **1–24**; § 41 N. 3
- Abgrenzungstheorien § 1 N. 4–15
  - Methodenpluralismus § 1 N. 15
- formell/materiell § 1 N. 2–3
- nach Sachgebieten
  - im Planungs- und Baurecht § 1 N. 22
  - im Strassenrecht § 1 N. 23
- gemischtrechtliche Normen/Rechtsverhältnisse § 1 N. 19; § 83 N. 11
siehe auch Verwaltungsrecht; Zivilrechtlicher Anspruch
Öffentlichkeit
- Parteiöffentlichkeit: Vorbem. zu §§ 19–28 N. 84; § 62 N. 2; § 86 N. 2
  - im Beweisverfahren § 7 N. 21; § 8 N. 31; § 60 N. 16; siehe auch Rechtliches Gehör
- Publikumsöffentlichkeit
  - des Verfahrens
    - Anspruchsgrundlage § 4 N. 25; § 50 N. 51
    - nicht vor Verwaltungsbehörden: Vorbem. zu §§ 19–28 N. 85
    - vor Verwaltungsgericht § 40 N. 15, 17; § 41 N. 32; § 59 N. **5–10**; **§ 62**; § 86 N. 2
    - Ausschluss/Verzicht § 62 N. 5–6
  - der Entscheidverkündung § 28 N. 45; § 41 N. 32; § 62 N. 7; § 65 N. **6–8**
    - Verzicht § 65 N. 8
  - (nicht) der Urteilsberatung § 62 N. 8
Öffentlichrechtliche Anstalt § 1 N. 24; § 4 N. 6; § 21 N. 6, **11**, 53–54, 74; § 50 N. 33; Vorbem. zu §§ 74–80d N. 4–6; § 89 N. 7–8; § 91 N. 2
Öffentlichrechtliche Geldforderung/-leistung § 1 N. 23–24; § 5 N. 2; § 25 N. 4; § 29 N. 1; § 66 N. 5

Öffentlichrechtliche Genossenschaft § 4 N. 6; § 89 N. 7
Öffentlichrechtliche Körperschaft § 4 N. 6; § 21 N. 6, **11**, 53–54, **74**; § 50 N. 33; Vorbem. zu §§ 74–80d N. 6; § 82 N. 14; § 89 N. 7; siehe auch Gemeinde, Gemeinwesen
Öffentlichrechtliche Stiftung § 4 N. 6; § 21 N. **11**, 53–54, **74**; Vorbem. zu §§ 74–80d N. 5; § 89 N. 7
Offizialmaxime § 7 N. 3, 86; Vorbem. zu §§ 19–28 N. **65**, 67; § 83 N. 9
– in Bezug auf Kosten § 13 N. 3; § 27 N. 9
Ohne-Not-Praxis § 20 N. 22; siehe auch Kognitionsbeschränkung
Ombudsperson: **Vorbem. zu §§ 87–94; §§ 87–94**
– Definition: Vorbem. zu §§ 87–94 N. 1, 12–13
– Herkunft/Verbreitung: Vorbem. zu §§ 87–94 N. 8
– Grundlagen/Funktion/Stellung: Einleitung N. 21; Vorbem. zu §§ 87–94 N. 2–7, 11–19
– Aufsichtsfunktion: Vorbem. zu §§ 87–94 N. 12
– Mittlerfunktion: Vorbem. zu §§ 87–94 N. 6, 12, 14–15
– Unabhängigkeit: Vorbem. zu §§ 87–94 N. 1, 12; § 87 N. 4; §§ 88 N. 1; § 91 N. 8
– monokratische Amtsstruktur: Vorbem. zu §§ 87–94 N. **20**; § 87 N. 6; § 93 N. 9
– Wahl/Anstellungsbedingungen § 87 N. 1–5
– Amtssitz § 88 N. 2
– Organisationsautonomie § 88 N. 3
– Personal § 74 N. 14; § 88 N. 3–4
– Rechenschaftspflicht § 87 N. 7–10; § 93 N. 6, 8
– Überprüfungsobjekt § 89 N. 5–6
– Kognition § 89 N. 1–4, 6
– Ermessen § 91 N. 3, 6; § 92 N. 1; § 93 N. 1
– Tätigwerden **§ 91**; siehe auch Beschwerde: an die Ombudsperson
– Erhebungen/Verfahren § 92
 – Untersuchungsmittel § 92 N. 2
 – Akteneinsichtsrecht/Auskunftsrecht: Vorbem. zu §§ 87–94 N. 12; § 92 N. 4
 – Anspruch der Behörden auf Stellungnahme § 92 N. 6
 – Geheimhaltung/Anzeigepflicht § 92 N. 7–8; § 93 N. 7
– Verfahrenserledigung/Entscheidungsbefugnis: Vorbem. zu §§ 87–94 N. 1, 13; § 92 N. 1; **§ 93**

– Raterteilung/Besprechung § 93 N. 3–4, 9
– schriftliche Empfehlung § 93 N. 5
– informelles Handeln: Vorbem. zu §§ 87–94 N. 13, 17; § 93 N. 9
siehe auch Beschwerde: an die Ombudsperson, Ersatz, Zuständigkeit der Ombudsperson
Opferhilfe § 16 N. 53; § 41 N. 45
Ordnungsstrafe
– Rechtsnatur § 1 N. **29**; § 30 N. 2, **32–33**
– strafrechtliche Anklage im Sinn von Art. 6 EMRK § 4 N. 30; § 50 N. 53
– nicht prozessrechtliche Sanktionen § 1 N. **29**; § 30 N. 33
– Tatbestände § 5 N. 45; 7 N. 70
– Verschulden § 30 N. 42
– wiederholte Verhängung/Kumulation § 30 N. 43, 51
– Zuständigkeit/Anfechtung § 1 N. **29**; § 30 N. **36–37**; § 43 N. 26–27; § 71 N. 4
Ordonnanzen Einleitung N. 1
Organ § 12 N. 14, 16
Organisatorische Massnahmen Vorbem. zu §§ 19–28 N. 33; § 19 N. 11; § 74 N. 7
Ortspolizei § 5 N. 9

P

Pächter
– Auswahl § 21 N. 69; § 50 N. **91**
– Legitimation § 21 N. 39, 49
Parkplatz § 19 N. 121; § 21 N. 35; § 50 N. 84
Parlamentarische Aufsichtskommission Vorbem. zu §§ 32–40 N. 7, 10
Parlamentarische Kontrolle
– über die Ombudsperson/das Verwaltungsgericht: siehe Aufsicht
– über die Verwaltung: Einleitung N. 8
Parlamentarische Untersuchungskommission Vorbem. zu §§ 32–40 N. 10
Partei
– Allgemeines/Begriff: Einleitung N. 27; Vorbem. zu §§ 4–31 N. 21–22; § 21 N. 9, **99–106**; § 58 N. 2; § 83 N. 3
– irrige Bezeichnung § 21 N. 106
– im erstinstanzlichen Verfahren § 21 N. 102–103
– Obsiegender des vorinstanzlichen Verfahrens § 21 N. 104
– verfügende Instanz § 4–31 N. 22; § 21 N. 12, 101, **105**; § 58 N. 4
– Vorinstanz § 21 N. 99, 105
 – Stellung der Rekursinstanz vor Verwaltungsgericht § 21 N. 105; § 58 N. 4

Sachregister

- erhöhte Anforderungen an rechtskundige/rechtskundig vertretene § 6 N. 42; § 10 N. 51–52; § 12 N. 14; § 16 N. 42; § 22 N. 7; § 23 N. 3, 5, 12, 16, 21, 27; § 28 N. 15; § 56 N. 8
- Unbeholfenheit § 7 N. 63; § 16 N. 40; Vorbem. zu §§ 19–28 N. 70, 80; § 21 N. 14; § 23 N. 21, 27
- Handlungsunfähigkeit § 12 N. 5–6
- Konkurs § 21 N. 16
- Tod: Vorbem. zu §§ 4–31 N. 29, 36; § 12 N. 5–6; § 21 N. 106; § 28 N. 17; § 76 N. 2

siehe auch Verfahrensbeteiligte

Parteiaussage/persönliche Befragung § 7 N. 14; § 60 N. 6, 10

Parteibegehren siehe Beschwerdeschrift, Klageantwort, Klageschrift, personalrechtliche Klage, Rekursschrift, Revisionsbegehren; Noven, Verspätete Vorbringen

Parteientschädigung § 17
- Begriff/Allgemeines § 17 N. 1–8
- entschädigungsberechtigte Parteikosten § 17 N. 1, **10–14**, **36–45**
- entschädigungsberechtigte Beteiligte § 17 N. **15–21**
  - Gemeinwesen/Behörden § 17 N. 19–21, 46
  - teilweise Obsiegende § 17 N. 29, 32
- entschädigungspflichtige Beteiligte/Verlegung § 17 N. **31–35**; § 58 N. 5
  - Gemeinwesen § 17 N. 46, 49
  - ideelle Organisationen § 17 N. 31; § 21 N. 90
  - im vorinstanzlichen Verfahren Obsiegende § 58 N. 5
  - mehrere Pflichtige § 17 N. 35
  - Unterlieger-/Verursacherprinzip § 17 N. 31, 33–34, 49
  - im Mehrparteienverfahren § 17 N. 32, 46–50
- Bemessung § 17 N. **36–45**
- Voraussetzungen der Zusprechung § 17 N. **24–30**
- keine Sicherstellung § 17 N. 51
- Entscheid § 17 N. 8; § 28 N. 3, 5; § 66 N. 2
  - Anfechtung § 17 N. 9; § 43 N. 2, 55
  - Überprüfung durch Ombudsperson § 90 N. 6–7
- und unentgeltliche Rechtspflege § 16 N. 36; § 17 N. 7
- in bestimmten Verfahren § 17 N. **22–23**
  - Baubewilligungsverfahren § 17 N. 50
  - Rekursverfahren § 17 N. 24

- Beschwerdeverfahren vor Verwaltungsgericht § 17 N. 24; § 40 N. 12–13; § 58 N. 4; § 70 N. 5
- Klageverfahren § 83 N. 8, 28; § 86 N. 3
- personalrechtliche Verfahren § 13 N. 36; § 17 N. 7; § 80b N. 7
- Steuerrekurs- und Steuerbeschwerdeverfahren § 13 N. 3; § 17 N. 38; § 73 N. 6
- kostenlose Verfahren § 17 N. 7

Parteifähigkeit § 21 N. **9–12**, 101; § 23 N. 17; § 56 N. 9; § 83 N. 2

Parteivorbringen siehe Beschwerdeschrift, Klageantwort, Klageschrift, personalrechtliche Klage, Rekursschrift, Revisionsbegehren; Noven, Verspätete Vorbringen

Parteiwechsel § 21 N. 15, **106**

Passivlegitimation im Klageverfahren § 83 N. 3

Passivprozess der Konkursmasse § 21 N. 16

perpetuatio fori Vorbem. zu §§ 4–31 N. 25; § 5 N. 4; Vorbem. zu §§ 19–28 N. 95; § 28 N. 11

siehe auch Zuständigkeit

Personalrecht
- Allgemeines/Anwendung des VRG: Einleitung N. 17; § 4 N. 7; Vorbem. zu §§ 74–80d N. 1–8
- bestimmte Akte: siehe Beförderung, Begründung eines Dienstverhältnisses, Einreihung, Entlassung, Kündigung, Nichtwiederwahl
- Disziplinarmassnahmen § 43 N. 26, 29, 42; Vorbem. zu §§ 74–80d N. 1, 9; § 74 N. **6–7**; § 76 N. 1, **4–9**, 13; § 80d N. 4; siehe auch dort, Disziplinarrekurs
- organisatorische Massnahmen § 74 N. 7
- Rechtsschutz im Allgemeinen: Vorbem. zu §§ 74–80d
- zivilrechtlicher Anspruch nach Art. 6 EMRK § 59 N. 6; Vorbem. zu §§ 74–80d N. 9
- rechtliches Gehör § 8 N. 25, 33; siehe auch Disziplinarmassnahmen
- Legitimation § 21 N. 32, 46; § 74 N. 10
- Kosten/Parteientschädigung § 13 N. 12, **33–36**; § 15 N. 35; § 17 N. 7; § 40 N. 7; § 80b
- Überprüfung durch Ombudsperson § 90 N. 5; § 91 N. 2
- Zuständigkeit im Allgemeinen § 74 N. **14–18**
  - im Kirchenwesen § 19 N. 131; § 43 N. 42; Vorbem. zu §§ 74–80d N. 4; § 74 N. **16–17**

– im Schulwesen § 19 N. 85, 130; Vorbem. zu §§ 74–80d N. 4; § 74 N. 15
– selbständige öffentlichrechtliche Anstalten: Vorbem. zu §§ 74–80d N. 5
– vermögensrechtliche Streitigkeiten § 1 N. 24; § 74 N. 17; § 79 N. 2; § 80 N. 4; § 80d N. 2; Vorbem. zu §§ 81–86 N. 4; § 82 N. 2, 45
– bei vertraglich begründetem Dienstverhältnis: Vorbem. zu §§ 74–80d N. 6–7; § 79 N. 4

siehe auch Disziplinarrekurs, personalrechtliche Beschwerde, personalrechtliche Klage

Personalrechtliche Beschwerde an das Obergericht § 80d

Personalrechtliche Beschwerde an das Verwaltungsgericht §§ 74–75
– Rechtsnatur: Vorbem. zu §§ 41–71 N. 9
– sachliche Zuständigkeit im Allgemeinen: Vorbem. zu §§ 32–86 N. 3–5; Vorbem. zu §§ 74–80d N. 4; § 74 N. 1
– vermögensrechtliche Streitigkeiten aus öffentlichem Dienstverhältnis § 79; § 80 N. 4; § 80d N. 2; Vorbem. zu §§ 81–86 N. 4; § 82 N. 2, 45
– Abgrenzungen
  – zur allgemeinen Beschwerde: Vorbem. zu §§ 32–86 N. 3–5; § 41 N. 43; § 43 N. 6; Vorbem. zu §§ 41–71 N. 8; Vorbem. zu §§ 74–80d N. 3
  – zum Disziplinarrekurs § 41 N. 43; Vorbem. zu §§ 74–80d N. 3; § 74 N. 9; § 76 N. 8–9
  – zur personalrechtlichen Klage: Vorbem. zu §§ 74–80d N. 8; § 74 N. 8; § 79
– Anfechtungsobjekt § 74 N. 5–6; § 76 N. 8–9
  – Abgrenzung § 74 N. 7, 9–13
  – Administrativmassnahmen § 76 N. 8
– Vorinstanzen § 43 N. 42; § 74 N. **14–18**
– Legitimation § 74 N. **2–4**
– Kognition: Vorbem. zu §§ 32–86 N. 10; § 41 N. 43; § 75; § 76 N. 8
– aufschiebende Wirkung § 80 N. 3, 6
– Entscheidungsbefugnis § 80 N. 1, 3–6
– ergänzende Bestimmungen § 70 N. 2; § 71 N. 1; § 80c N. **1–4**

Personalrechtliche Klage an das Obergericht § 80d N. 2

Personalrechtliche Klage an das Verwaltungsgericht § 79; § 80a; § 80c
– sachliche Zuständigkeit § 74 N. 17; § 79; Vorbem. zu §§ 81–86 N. 4; § 82 N. 2, 45

– Abgrenzungen
  – zum personalrechtlichen Anfechtungsverfahren: Vorbem. zu §§ 74–80d N. 8; § 74 N. 8; **§ 79**
  – zur verwaltungsrechtlichen Klage § 41 N. 43; Vorbem. zu §§ 74–80 N. 3; § 82 N. 2
– Aktivlegitimation
  – Arbeitslosenversicherungkasse § 74 N. 3
  – Rechtsnachfolger § 76 N. 2
– Klageschrift
  – Form/Ort § 80a N. 2
  – Antrag § 80a N. 3; § 83 N. 25
  – Begründung § 80a N. 4; § 83 N. 27
  – Beilagen § 80a N. 5
  – Mängel, Folgen § 80a N. 5
– Klageantwort § 80a N. 6
– Untersuchungsmaxime § 80a N. 4, 8; § 80c N. 7; § 83 N. 13, 27
– mündliche Verhandlung § 59 N. 3; § 80a N. 4, 7; § 84 N. 6
– summarische Erledigung § 80c N. 6
– ergänzende Bestimmungen § 70 N. 2; § 71 N. 1; § 80a N. 1; **§ 80c**

Personalverband, Legitimation § 21 N. 94; Vorbem. zu §§ 74–80d N. 10; § 74 N. 3

Personalverordnung Vorbem. zu §§ 32–40 N. 3

Persönliche Befragung/Parteiaussage § 7 N. 14; § 60 N. 6, 10

Persönliche Freiheit § 8 N. 24

Petitionsrecht Vorbem. zu §§ 19–28 N. 29; § 26 N. 25

Pfarrer § 74 N. 16–17

Pilotprozess Vorbem. zu §§ 4–31 N. 29

Plan
– Allgemeines/Rechtsnatur § 19 N. **21–27**; § 50 N. 66
– Anpassung: Vorbem. zu §§ 86a–86d N. 13
– Genehmigung § 19 N. 38, 106; § 20 N. 20, 31; § 43 N. 12–13; § 50 N. 9, 110
– konkrete Normenkontrolle § 19 N. 26–27; § 20 N. 31; § 21 N. 68, 87; § 50 N. 145
– Verfügung über § 43 N. 3

siehe auch Gestaltungsplan, Nutzungsplan, Quartierplanverfahren, Richtplan

Planauflageverfahren § 19 N. 115

Planerlassverfahren § 4 N. 3; § 8 N. 4

Planungs- und Baurecht
– Abgrenzung öffentliches Recht/Privatrecht § 1 N. 22
– Ermessen, Beispiele § 50 N. 83–84
– Legitimation § 21 N. 34–41, 67–68

919

Sachregister

– Rechtsmittelordnung § 4 N. 8; § 19 N. 92–111; § 41 N. 12–15; § 43 N. 12–13; § 50 N. 143; § 82 N. 23–29
– aufschiebende Wirkung § 25 N. 25–29
Planungsträger § 81 N. 8–12
Plenarausschuss Vorbem. zu §§ 32–40 N. 3; § 37 N. 3; § 39 N. 2; § 40 N. 19; siehe auch Justizverwaltung
Polizei, Zustellung/Vollstreckung durch § 10 N. 21, 27; § 30 N. 30
Polizeistaat Einleitung N. 1
Polizeistrafsache § 1 N. 26; § 4 N. 8; § 43 N. 2, 21
Polizeiverordnungskompetenz § 50 N. 134
Popularrechtsbehelf/-rechtsmittel Vorbem. zu §§ 19–28 N. 36; § 21 N. 1, 5, 37; § 91 N. 3
Post
– Fristwahrung § 11 N. 8–9, 11; § 15 N. 7; § 22 N. 8, 11
– Zustellung § 10 N. 21–22, 25–34
Poststempel § 11 N. 8; § 22 N. 8
Postulationsfähigkeit § 16 N. 40; § 21 N. 14
Präsident des Verwaltungsgerichts § 36 N. 2–3; § 38 N. 12; § 39 N. 1–4
Präsident einer Kollegialbehörde, Zuständigkeit § 6 N. 20–21; § 25 N. 24, 26; § 28 N. 12–13, 27; § 48 N. 5
Präsidialverfügung § 28 N. 12
Praxisänderung § 7 N. 81; § 13 N. 23; § 50 N. 87; Vorbem. zu §§ 86a–86d N. 12; § 86a N. 14
Presse § 93 N. 8; siehe auch Gerichtsberichterstatter
Preussisches Modell (Funktion der Verwaltungsrechtspflege): Einleitung N. 12; § 21 N. 4
Privatisierung von Verwaltungsabteilungen/-leistungen § 89 N. 12
Privatrecht siehe Öffentliches Recht, Zivilrecht
Prognose § 20 N. 14, 22; § 50 N. 94; § 51 N. 7
– Beispiele § 50 N. 84, 86, 88–89, 91
Promotion siehe Prüfungsentscheid
Prorogation § 1 N. 37; § 5 N. 2; Vorbem. zu §§ 81–86 N. 6
Protokoll § 7 N. 19, 21, 49; § 8 N. 9, 15, 20; § 9 N. 14; § 10 N. 16; § 28 N. 24; § 38 N. 13; § 71 N. 4
Prozessentscheid § 19 N. 45; § 28 N. 6–8, 9–26; § 43 N. 2–3; § 63 N. 1
siehe auch Abschreibungsbeschluss, Nichteintretensentscheid

Prozessfähigkeit § 21 N. **13**, 16; § 23 N. 17; § 56 N. 9; § 83 N. 2
Prozessuale Anregung § 26 N. 20; § 27 N. 23
Prozessvoraussetzungen Vorbem. zu §§ 19–28 N. **91–98**
– bundesrechtliche Vorgaben: Einleitung N. 24; § 4 N. 14–16; § 6a N. 1; § 21 N. **17–18**; § 41 N. 1
– objektive/subjektive: Vorbem. zu §§ 19–28 N. 92
– massgeblicher Zeitpunkt des Vorliegens: Vorbem. zu §§ 19–28 N. 95
– Prüfung von Amtes wegen/Substanzierungslast: Vorbem. zu §§ 19–28 N. **93**; § 21 N. 29, 41; § 23 N. 17; § 27 N. 7; § 52 N. 13; § 54 N. 10
– Nichteintreten bei Fehlen: Vorbem. zu §§ 19–28 N. **91**; § 19 N. 45; § 21 N. 7; § 26 N. 3; § 28 N. 7, 9–12; § 56 N. 9; § 64 N. 2; § 86d N. 2
– Eintreten trotz Fehlens: Vorbem. zu §§ 19–28 N. 94; § 28 N. 9
Prüfungsentscheid
– Rechtsweg § 19 N. 85, 129; § 43 N. 16–17, 20, 52
– weitere Verfahrensfragen § 7 N. 25; § 10 N. 42; § 19 N. **16**; § 20 N. 21; § 21 N. **32**; § 25 N. 31
Prüfungspflicht § 8 N. 42, 55; § 23 N. 2
Psychotherapie § 50 N. 141
Publikation von Verfügungen und Entscheiden § 6b N. 5–6; § 10 N. 27, 33, **57–61**; § 22 N. 5; § 70 N. 4

Q

Qualifizierte Entscheidungs- und Ermessensfreiheit der Gemeinde § 21 N. 62, 66–72
Quartierplan/Quartierplanverfahren
– Zuständigkeit/Rechtsweg § 1 N. 22; § 19 N. 49, 74, 108; § 43 N. 13; § 48 N. 9, 23; § 52 N. 5
– Einleitungsbeschluss als Vorentscheid § 19 N. 54; § 48 N. 12
– Rekurs- und Beschwerdelegitimation der Gemeinde § 21 N. 67
– rechtliches Gehör § 8 N. 27, 64
– Kostenvorschuss § 15 N. 36
– Kognition § 20 N. 20; § 50 N. 83–84
– weitere Fragen § 19 N. 22; § 50 N. 83–84, 143; § 59 N. 6; § 63 N. 18; § 82 N. 26
Querulant § 13 N. 20; § 21 N. 13; § 26 N. 5; § 91 N. 4

Sachregister

R

Raumplan siehe Plan, Planungs- und Baurecht; Gestaltungsplan, Nutzungsplan, Quartierplanverfahren, Richtplan

Realakt Vorbem. zu §§ 19–28 N. 33; § 19 N. 9–17; Vorbem. zu §§ 87–94 N. 5; § 89 N. 5

Rechenschaftsbericht des Verwaltungsgerichts Vorbem. zu §§ 32–40 N. 7; § 35 N. 5; § 39 N. 2

Rechnung § 19 N. 15

Rechnungsfehler Vorbem. zu §§ 86a–86d N. 15; siehe auch Kanzleiversehen

Rechtliches Gehör §§ 8–9
– Definition/Zweck § 8 N. 2
– Rechtsgrundlagen: Einleitung N. 27; § 4 N. 24; § 8 N. 3; § 50 N. 51, 102, 104
– Rechtsnatur § 8 N. **5–6**; § 20 N. 15–16; § 27 N. 7; § 50 N. 103; § 54 N. 3
– Abgrenzung zum Vernehmlassungsrecht § 8 N. 7
– Geltungsbereich § 8 N. 4; Vorbem. zu §§ 19–28 N. 79; § 21 N. 103
– Träger § 8 N. **7–8**, 30; § 21 N. 100
– Adressaten § 8 N. **9–10**, 27
– Zeitpunkt § 8 N. 18, 54
– Teilgehalte
  – Übersicht § 8 N. 11; § 20 N. 15; § 50 N. 102
  – Recht auf Orientierung § 8 N. **12–16**, 35; § 10 N. 2, 5
    – Akteneinsichtsrecht: siehe dort
    – Recht auf Eröffnung § 10 N. 2, 5
    – Recht auf Begründung § 8 N. 12, 55; § 10 N. 2, 36–46
    – (kein) Recht auf Rechtsmittelbelehrung § 8 N. 12, 55
  – Recht auf Äusserung und Anhörung § 8 N. **17–30**; § 58 N. 6
  – Recht auf Mitwirkung im Beweisverfahren § 7 N. 10, 60; § 8 N. **31–40**; § 60 N. 11
    – Recht auf Stellungnahme zu den Beweiserhebungen § 7 N. 19, 21, 26–27, 35, 46–49; § 8 N. 9, 20, 36–38; § 60 N. 16; § 61 N. 4
    – Recht auf Stellungnahme zum Beweisergebnis § 61
  – Verfahrenspflichten der Behörden § 8 N. **41–42**, 55, 71; § 9 N. 11; § 10 N. 2–5, 36–46; siehe auch Hinweispflicht

siehe auch Unentgeltliche Rechtspflege, Unentgeltlicher Rechtsbeistand, Vertreter: Recht auf, Zusammensetzung der Behörde
– in bestimmten Verfahren
  – Beschwerdeverfahren § 8 N. 28; § 58 N. 6, 10
  – Disziplinarverfahren § 7 N. 19; § 8 N. 25; § 76 N. 10–11; § 78 N. 2
  – Klageverfahren § 84 N. 5; § 86 N. 3
  – vor der Ombudsperson § 92 N. 6
  – Raumplanungsverfahren § 8 N. 4
  – Rechtsetzungsverfahren/bei Allgemeinverfügungen § 8 N. 4
  – Rekursverfahren § 8 N. 28; § 26 N. 2, 11, 17, 28, 32
– bei bestimmten Verfahrenshandlungen/-schritten
  – bei Motivsubstitution § 7 N. 84; § 8 N. 19; § 58 N. 10
  – bei Normenkontrolle § 8 N. 4; § 50 N. 128
  – bei reformatio in peius § 8 N. 28; § 27 N. 15–19, 22, 26
  – bei Sistierung: Vorbem. zu §§ 4–31 N. 31
  – bei vorsorglichen Massnahmen/aufschiebender Wirkung § 6 N. 23; § 8 N. 45; § 25 N. 17; § 55 N. 6
– Ausnahmen § 8 N. 43–47
– Verwirkung/Verzicht § 8 N. 26, 43, 54; § 26 N. 18; § 61 N. 4
– Vollstreckungsanordnung § 8 N. 46
– Zwischenentscheid § 8 N. 47
– Folgen der Verletzung § 8 N. 5–6; § 17 N. 29, 33; § 20 N. 15–16; § 27 N. 7; § 50 N. 103
– Heilung § 8 N. **48–53**; § 20 N. 16; § 21 N. 28; § 26 N. 17; § 27 N. 19; § 50 N. 103; § 64 N. 4; § 76 N. 11; § 80 N. 5

Rechtsanwalt
– Stellung im Verfahren § 8 N. 72; § 12 N. 17; Vorbem. zu §§ 19–28 N. 81; § 23 N. 3, 16; siehe auch Vertreter
– kein Anwaltszwang § 8 N. 56; § 16 N. 44; § 17 N. 16; § 21 N. 14
– als Verwaltungsrichter § 32 N. 1–2; § 34 N. 3–4
– Disziplinarrecht § 43 N. 26, 53; § 76 N. 4

Rechtsanwendung § 50 N. 10

Rechtsanwendung von Amtes wegen
– im Allgemeinen § 4 N. 16; § 7 N. 79–85; Vorbem. zu §§ 19–28 N. 71–73; § 28 N. 31; § 50 N. 41

Sachregister

- bezüglich Prozessvoraussetzungen: Vorbem. zu §§ 19–28 N. **93**; § 23 N. 17; § 27 N. 7; § 54 N. 10
- bezüglich ausländischen Rechts § 7 N. 82
- und Begründungserfordernis § 20 N. 44; § 23 N. 2, 17, 19–20; § 52 N. 7
- und Rügeprinzip § 7 N. 82; Vorbem. zu §§ 19–28 N. 73; § 20 N. 5; § 50 N. 4; § 52 N. 4
  - im Baurecht § 52 N. 4
- und Streitgegenstand § 7 N. 82; Vorbem. zu §§ 19–28 N. 72
- durch das Verwaltungsgericht § 50 N. 4–6; § 51 N. 5; § 52 N. 4, 7; § 63 N. 18; § 85 N. 2

Rechtsbehelf § 10 N. 48; Vorbem. zu §§ 19–28 N. 4–6; § 22 N. 26

Rechtsbeständigkeit Vorbem. zu §§ 86a–86d N. 5, 14; § 86a N. 3
- negativer Verfügungen: Vorbem. zu §§ 86a–86d N. 14

Rechtsetzungsverfahren § 8 N. 4; § 90 N. 10

Rechtsfähigkeit § 21 N. 9

Rechtsformentheorie § 1 N. 11

Rechtsgleichheit siehe Gleichstellung

Rechtshängigkeit Vorbem. zu §§ 4–31 N. 23–26; § 4 N. 27; § 5 N. 37; § 15 N. 19; § 26 N. 1; § 66 N. 1; § 90 N. 12

Rechtshilfe
- interkantonale, zur Vollstreckung öffentlich-rechtlicher Ansprüche § 15 N. 22; § 30 N. 12, 14
- internationale, in Strafsachen § 21 N. 32; § 30 N. 14

siehe auch Amtshilfe

Rechtskraft
- Allgemeines: Vorbem. zu §§ 19–28 N. 7; § 28 N. 5
- formelle § 22 N. 19; § 30 N. 7; § 66 N. **1**; Vorbem. zu §§ 86a–86d N. 5–7, 15; § 86a N. 3
- materielle § 66 N. **2–3**; § 83 N. 2, 10; Vorbem. zu §§ 86a–86d N. 5; § 86a N. 3
- von Beschwerdeentscheiden § 63 N. 12; § 66 N. **1–5**
- von Prozessentscheiden § 28 N. 14, 18, 26
- von Rückweisungsentscheiden § 28 N. 38; § 64 N. 13
- und Ombudsperson § 90 N. 13

Rechtskundige/rechtskundig vertretene Partei § 6 N. 42; § 10 N. 51–52; § 12 N. 14; § 16 N. 42; § 22 N. 7; § 23 N. 3, 5, 12, 16, 21, 27; § 28 N. 15; § 56 N. 8

Rechtsmittel
- Allgemeines: Vorbem. zu §§ 19–28 N. 4–11
- Arten: Vorbem. zu §§ 19–28 N. 7–11
  - devolutive/nichtdevolutive: Vorbem. zu §§ 19–28 N. 9
  - ordentliche (appellatorische)/ausserordentliche § 10 N. 48; Vorbem. zu §§ 19–28 N. 7
  - reformatorische (meritorische)/kassatorische: Vorbem. zu §§ 19–28 N. 10
  - subsidiäre/prinzipale: Vorbem. zu §§ 19–28 N. 11
  - vollkommene/unvollkommene: Vorbem. zu §§ 19–28 N. 8

Rechtsmittelbelehrung
- Allgemeines/Rechtsgrundlagen § 4 N. 14, 16; § 5 N. 2; § 8 N. 12, 55; § 10 N. 47–**56**; § 10a
- fehlende/unrichtige, Folgen § 10 N. 51–55, 62–65; § 12 N. 18; § 13 N. 23; Vorbem. zu §§ 19–28 N. 81; § 22 N. 5, 7; § 43 N. 54; § 53 N. 4
- Verzicht § 10a N. **1–3, 7–26**
  - nicht bei Zulassung der Einsprache § 10a N. 26
- nur für ordentliche Rechtsmittel § 10 N. 47; § 65 N. 3
- bei Gabelung des Rechtswegs § 10 N. 49
- bei voller Gutheissung des Begehrens § 10a N. 4
- negative § 10 N. 47
- trotz Weiterleitungspflicht § 22 N. 11
- und aufschiebende Wirkung § 25 N. 12; § 55 N. 2
- in bestimmten Entscheiden/Verwaltungsakten
  - Allgemeinverfügung § 10 N. 47
  - Beschwerdeentscheid § 10a N. 2; § 65 N. 3, 9; § 70 N. 4
  - Einspracheentscheid § 10a N. 23
  - Feststellungsentscheid § 19 N. 64
  - kantonal letztinstanzlicher Entscheid § 4 N. 16; § 10 N. 49; § 65 N. 3
  - Klageurteil § 86 N. 3
  - Rechtsbehelf/Erläuterungsentscheid § 10 N. 49
  - Rekursentscheid § 10a N. 2, § 28 N. 2, 5
  - Stellungnahme im Klageverfahren: Vorbem. zu §§ 81–86 N. 11
  - vorsorgliche Massnahmen § 6 N. 24; § 25 N. 19

Rechtsmittelgarantie gemäss Art. 13 EMRK § 4 N. **33**; § 6 N. 33; § 50 N. 55

Sachregister

Rechtsmittellegitimation im Zivilprozess § 21 N. 7
Rechtsmittelrückzug siehe Rückzug
Rechtsmittelverzicht Vorbem. zu §§ 19–28 N. 56–58, 67; § 86a N. 5
- bedingter § 23 N. 10
- Widerruf: Vorbem. zu §§ 19–28 N. 58; § 83 N. 10

Rechtsöffnung § 30 N. 12–13
- durch Verwaltungsbehörde § 30 N. 16
- Überprüfung der Sachverfügung § 30 N. 12, 14
- Vollstreckungstitel § 13 N. 42; § 19 N. 123; § 28 N. 24, 26; § 30 N. 7; § 83 N. 11

Rechtssatz
- Allgemeines § 50 N. 35–38
- materielles Gesetz § 50 N. 32–33
- ungeschriebenes Recht § 50 N. 34
  – Gewohnheitsrecht § 50 N. 43–44
- Verfassungsrecht § 50 N. 45
- ungültiger § 50 N. 2; siehe auch Normenkontrolle
- Abgrenzung zur Verfügung: Vorbem. zu §§ 4–31 N. 16; § 41 N. 8–11

Rechtsschutzinteresse im Klageverfahren § 83 N. 2, 4
Rechtsschutzversicherung § 16 N. 25; § 17 N. 12, 16
Rechtsstaat Vorbem. zu §§ 19–28 N. 76; § 50 N. 71; Vorbem. zu §§ 87–94 N. 19
Rechtsverletzung § 20 N. 6–9, 23; § 50 N. 2, 30–70, 78–80
- Ermessensfehler als § 50 N. 70, **78–80**, 98
- Verletzung von Form- und Verfahrensvorschriften § 20 N. 15–16; § 41 N. 18; § 50 N. 100–108

Rechtsverweigerung, formelle
- im weiteren Sinn § 8 N. 58; Vorbem. zu §§ 19–28 N. 46; § 20 N. 15; § 21 N. 28; § 50 N. 102–105
  – durch unzulässige Kognitionsbeschränkung § 20 N. 3; § 50 N. 104
- im engeren Sinn § 4a N. 5; Vorbem. zu §§ 19–28 N. **46**; § 20 N. 15; § 28 N. 39; § 50 N. 102
- Zuständigkeit der Ombudsperson: Vorbem. zu §§ 32–40 N. 13; § 90 N. 5, 8, 12, 14–15

Rechtsverweigerungs- und Rechtsverzögerungsbeschwerde
- im Allgemeinen § 4a N. 4; Vorbem. zu §§ 19–28 N. **46–55**; § 27a N. 10; § 28 N. 39; § 30 N. 6
- Anfechtungsobjekt § 19 N. 66

- Frist: Vorbem. zu §§ 19–28 N. 50; § 22 N. 26; § 41 N. 20
- der Natur- und Heimatschutzorganisationen § 21 N. 97
- keine Parteientschädigung § 17 N. 23
- an das Verwaltungsgericht: Vorbem. zu §§ 19–28 N. 49; § 41 N. 18–20; § 43 N. 56
- im Bund: Vorbem. zu §§ 19–28 N. 49; § 30 N. 6; § 41 N. 19

Rechtsverzögerung
- Begriff: Vorbem. zu §§ 19–28 N. 47
- Rechtsnatur/-grundlage § 4a N. 5; § 20 N. 15; § 50 N. 51, 102
- weitere Fragen: Vorbem. zu §§ 4–31 N. 30; § 7 N. 10
- Zuständigkeit der Ombudsperson: Vorbem. zu §§ 32–40 N. 13; § 90 N. 5, 8, 12, 14–15

Rechtsweggarantie
- gemäss Art. 6 EMRK § 4 N. 26, **31**; § 16 N. 3; § 19 N. 86; § 21 N. 19; § 43 N. 4, 49–54; § 50 N. 51
  – gegenüber Akten der Legislative § 19 N. 113; § 41 N. 24
  – Verzicht auf § 43 N. 54
- gemäss Entwurf zur Justizreform: Vorbem. zu §§ 32–86 N. 12

Referent § 38 N. 15–16; § 56 N. 4; § 60 N. 19
- Referentenaugenschein § 7 N. 44; § 60 N. 20

Reflexwirkung
- des kantonalen Rechts § 21 N. 65
- des objektiven Rechts § 21 N. 3

reformatio in peius vel in melius
- Allgemeines § 7 N. 86; Vorbem. zu §§ 19–28 N. 66–67
- nichtstreitiges Verwaltungsverfahren § 7 N. 3, 86
- Einspracheverfahren § 10a N. 22
- Rekursverfahren § 7 N. 86; Vorbem. zu §§ 19–28 N. 3; § 21 N. 10; § 26 N. 20; § 27
  – Verfahren § 27 N. 15–25
  – rechtliches Gehör § 8 N. 28; § 27 N. 15–19
    – Hinweispflicht § 27 N. 15, 22, 26
  – Mehrparteienverfahren § 27 N. 12–13, 16
  – und Streitgegenstand § 26 N. 20; § 27 N. 10
- Beschwerdeverfahren § 7 N. 86; Vorbem. zu §§ 32–86 N. 10; § 63 N. **13–20**
  – Mehrparteienverfahren § 63 N. 15
- Steuerrekursverfahren § 73 N. 2
- Steuerbeschwerdeverfahren § 73 N. 4

923

Sachregister

- Revision § 86a N. 11
- letztinstanzlicher kantonaler Entscheid § 27 N. 27
- zweiter Rechtsgang § 27 N. 24; § 63 N. 20; § 64 N. 12
- bei vorsorglichen Massnahmen § 6 N. 30
- nicht Entzug/Wiederherstellung der aufschiebenden Wirkung § 25 N. 44

Regenerationsbewegung Einleitung N. 6–7, 15

Regierungspräsident § 16 N. 15; § 25 N. 24; § 26a N. 2, 5–8; § 28 N. 12; § 48 N. 5

Regierungsrat
- Allgemeines: Einleitung N. 7, 10, 13; § 4 N. 5; § 7 N. 43
- Aufsichtsbeschwerden gegen: Vorbem. zu §§ 19–28 N. 35
- Ausstand § 5a N. 25
- kein Gericht im Sinn von Art. 6 EMRK § 4 N. 31; § 19 N. 82; § 52 N. 11
- und Ombudsperson § 89 N. 7; § 91 N. 8; § 93 N. 5
- Rekursverfahren vor § 16 N. 15; § 25 N. 24, 26; § 26a N. 5–8; § 27a N. 3; § 28 N. 8, 12–13
- Augenschein § 7 N. 43–44; § 8 N. 9
- konkrete Normenkontrolle § 20 N. 27
- als Vorinstanz § 38 N. 9; Vorbem. zu §§ 41–71 N. 7; § 41 N. 26–29, 47; § 43 N. 48; § 48 N. 5; § 52 N. 11; § 76 N. 13
- Zuständigkeit
  - erstinstanzliche § 19 N. 71
  - als Rekursbehörde § 19 N. 81–82, 89; §§ 19a–19c; § 41 N. 44; § 43 N. 48, 51
  - nicht zur Behördenbeschwerde § 21 N. 6, 74
  - Enteignungsverfahren § 19 N. 113–114, 120
  - Personalrecht § 74 N. 14–15; § 76 N. 13
  - Planungs- und Bausachen § 19 N. 92–93, 96–101, 106, 111; § 20 N. 31
  - keine Polizeiverordnungskompetenz § 50 N. 134
  - Stimmrechtsangelegenheiten § 19 N. 135–136
  - Strassen- und Gewässerbauprojekte § 19 N. 126; § 82 N. 13
  - weitere § 19 N. 83–85; § 65 N. 4
  - Delegation § 5 N. 21; § 19 N. 71; § 26a N. 5, 8; § 41 N. 27; § 50 N. 135
- Zuständigkeitskonflikt § 1 N. 39

Rekurs
- Allgemeines: Vorbem. zu §§ 19–28 N. **1–3**, 7–10, 16; §§ **19–28**
- und Aufsichtsbeschwerde: Vorbem. zu §§ 19–28 N. 32
- und Dienstaufsicht: Vorbem. zu §§ 19–28 N. 89–90
- und Revision § 86b N. 3
- gegen Revisionsentscheid § 52 N. 8
- bedingte Erhebung § 23 N. **8–10**
- vorsorgliche Erhebung § 11 N. 15; § 12 N. 7; § 22 N. 9
- Prozessvoraussetzungen: siehe Anfechtungsobjekt, Kognition, Legitimation, Rekursfrist, -schrift
- Verfahren **§ 26**; siehe auch Aktenbeizug, Aufschiebende Wirkung, Beweisverfahren, Verfahrensleitung, Vernehmlassung, Vorprüfungsverfahren; Mündliche Verhandlung, Öffentlichkeit, Rechtliches Gehör
- Zuständigkeit: siehe Instanzenzug, Zuständigkeit; Bezirksrat, Direktion, Regierungsrat, Rekurskommissionen
siehe auch Rekursantwort, -beilagen, -entscheid; Disziplinarrekurs, Steuerrechtliches Verfahren: Steuerrekurs

Rekurs in vermögensrechtlichen Enteignungsstreitigkeiten Vorbem. zu §§ 32–86 N. 9; Vorbem. zu §§ 32–40 N. 4; Vorbem. zu §§ 41–71 N. 7; § 41 N. 26, **38–40**; Vorbem. zu §§ 81–86 N. 4, 8; § 82 N. 19–22, 27

Rekursantwort § 26 N. 12; siehe auch Vernehmlassung

Rekursbeilagen § 23 N. 24–25; § 24

Rekursentscheid § 28
- Eröffnung § 28 N. 1–5, **41–45**
- Dispositiv § 28 N. 3, 5, 33, 35
- Erwägungen § 28 N. 3–5, 33, 35
- Begründung § 28 N. 4
- Prozessentscheid § 28 N. 6–8, **9–26**; siehe auch Abschreibungsbeschluss, Nichteintretensentscheid
- Sachentscheid § 28 N. 6–8, **27–28**
- kassatorischer § 28 N. **28–40**; siehe auch Rückweisung
- reformatorischer § 28 N. 28
- Entscheidungsbefugnis
  - im Allgemeinen § 20 N. 1; § 27 N. 1
  - im Personalrecht § 80 N. 1, 7

Rekursfrist § 22
- Rechtsnatur § 22 N. 4
- Auslösung § 22 N. 5
- Verkürzung § 22 N. 20–22
- und Entzug der aufschiebenden Wirkung § 22 N. 21
- Wahrung § 22 N. 7–8

Sachregister

- durch Personen im Ausland § 22 N. 11
- Wirkung des Fristablaufs § 22 N. 18–19
- Erstreckung/Wiederherstellung § 22 N. 4, 17; § 23 N. 27
- Rekurs in vermögensrechtlichen Enteignungsstreitigkeiten § 4 N. 8; § 22 N. 30; § 71 N. 5

siehe auch Frist, Nachfrist

Rekursgründe siehe Kognition

Rekurskommissionen, eidgenössische § 42 N. 3, **8**; § 43 N. 37, 39; § 82 N. 9

Rekurskommissionen, kantonale
- als Verwaltungsbehörden § 4 N. 5
- Gerichte im Sinn von Art. 6 EMRK § 4 N. 26, 31; § 19 N. 86; § 52 N. 11
- Organisation/Stellung/Zuständigkeit § 19 N. 83–86; § 34a N. 4; § 90 N. 4
- Verfahren § 16 N. 15; Vorbem. zu §§ 19–28 N. 85; § 20 N. 18, 26; § 25 N. 24; § 27a N. 3; § 28 N. 12, 45
- Vorinstanzen des Verwaltungsgerichts § 41 N. 34–37, 46
- Zuständigkeitskonflikte § 1 N. 39
- im Einzelnen
  - Baurekurskommissionen: siehe dort
  - Bundessteuer-Rekurskommission § 43 N. 38
  - Gebäudeversicherungsrekurskommission § 4 N. 5, 26; § 19 N. 85; § 20 N. 26; § 41 N. 34; § 82 N. 16–17
  - Landeskirchliche Rekurskommission § 4 N. 5; § 19 N. 85, 131; § 41 N. 35; § 74 N. 16
  - Rekurskommission für Arbeitsbeschaffungsreserven § 19 N. 85; § 41 N. 35
  - Rekurskommission für Grunderwerb § 19 N. 85; § 41 N. 35
  - Schulrekurskommission § 4 N. 5, 26; § 16 N. 15; § 19 N. 85–86, 91, 129; § 20 N. 21; § 25 N. 24; § 28 N. 12; § 41 N. 31, 36
  - Steuerrekurskommissionen: Vorbem. zu §§ 19–28 N. 85; § 19 N. **84**, 86; § 27a N. 3; § 34a N. 4; § 41 N. 34; § 72 N. 4, 7
  - Universitätsrekurskommission § 4 N. 5, 26; § 16 N. 15; § 19 N. 85–86, 129; § 20 N. 21, 26; § 25 N. 24; § 28 N. 12; § 41 N. 34
  - aufgehobene: Einleitung N. 14, 18

Rekursrückzug siehe Rückzug

Rekursschrift
- Gültigkeitserfordernisse im Allgemeinen § 23 N. 6, 30

- Form § 22 N. 12–17
- Schriftlichkeit/Unterschrift § 22 N. 12–13; § 23 N. 6, 30
- Antrag § 23 N. 1–7, **11–15**
  - Änderung/Ergänzung § 23 N. 15
  - bei Verletzung von Verfahrensvorschriften § 23 N. 13
- Begründung § 23 N. 1–3, 5–6, **16–23**
  - Änderung/Ergänzung § 23 N. 22
- Vollmacht § 22 N. 16–17; § 23 N. 6, 25, 28
- Bezeichnung der Beweismittel § 23 N. 25; § 24
- Mängel § 23 N. 5, 10, 14, **26–32**; § 24 N. 2–3
- Ort der Einreichung § 22 N. 11

Religionsfreiheit § 50 N. 142

Replik und Duplik siehe Zweiter Schriftenwechsel

res iudicata § 15 N. 19; § 83 N. 2

Restaurationszeit Einleitung N. 5–6

Revision: Vorbem. zu §§ 86a–86d; §§ 86a–86d
- im Allgemeinen/Begriff: Vorbem. zu §§ 19–28 N. 20; Vorbem. zu §§ 86a–86d N. **10**, 17; § 86a N. 1
- Abgrenzungen: Vorbem. zu §§ 86a–86d N. **7–18**
- funktionelle Zuständigkeit § 86b N. 5–7; § 86d N. 5; Art. XV N. 4
- Subsidiarität § 86b N. 1–4; § 86d N. 2
- Revisionsobjekte: Vorbem. zu §§ 19–28 N. 20; Vorbem. zu §§ 86a–86d N. 10; § 86a N. **2–4**, 19
  - Entscheide des Verwaltungsgerichts: Vorbem. zu §§ 32–86 N. 11
  - Erledigungsbeschlüsse § 28 N. 15, 25; § 63 N. 2, 7; § 86a N. 4, 19
  - Klageurteile § 86 N. 5
  - Revisionsentscheide § 20 N. 46; § 86a N. 4
  - Schätzungsentscheide § 19 N. 123
  - Verfügungen: Vorbem. zu §§ 86a–86d N. 5–7
- Legitimation § 86a N. 5–6; § 86d N. 2
- Revisionsgründe: Vorbem. zu §§ 86a–86d N. 11, 17; § 86a N. 1, **6–19**
  - Verbrechen oder Vergehen § 86a N. **8–11**; § 86b N. 1
  - Neuentdeckung erheblicher Tatsachen/Beweismittel: Vorbem. zu §§ 86a–86d N. 11; § 86a N. **12–16**; § 86b N. 1
  - vom EGMR festgestellte Verletzung der EMRK § 86a N. 18

Sachregister

- Willensmängel von Prozesserklärungen § 86a N. 4, 19
- Nichtbeteiligung am Verfahren § 86a N. 6, 17
- Verletzung wesentlicher Verfahrensgrundsätze (VwVG/OG): Vorbem. zu §§ 86a–86d N. 11
- Kognition § 86d N. 3
- Verfahren § 86c N. 7–8
- Parteientschädigung § 17 N. 23
- Entscheid § 86a N. 11; § 86d
  - Anfechtung § 20 N. 46; § 52 N. 8; § 86a N. 4; § 86d N. 5
- in Steuersachen § 73 N. 1, 5, 7
- Verzicht § 86a N. 5
- intertemporales Recht Art. XV N. 4
- zivilprozessuale: Vorbem. zu §§ 86a–86d N. 11; § 86a N. 4

Revisionsbegehren
- Gültigkeitsvoraussetzungen § 86c N. 4; § 86d N. 2
- Form § 86c N. 1–5
  - Begehren § 86c N. 1, 4; § 86d N. 2
  - Begründung § 86c N. 2–4; § 86d N. 2
  - Beilage/Bezeichnung der Beweismittel § 86c N. 5
  - Mängel § 86c N. 4
- Frist § 71 N. 5; § 86b N. 8–10; § 86c N. 2; § 86d N. 2
  - absolute § 86b N. 10
  - relative § 86b N. 8–9
- Wirkung § 86c N. 6

Richterliche Rechtsanwendung siehe Rechtsanwendung von Amtes wegen

Richterliche Unabhängigkeit § 4 N. 26, 31; § 8 N. 59; Vorbem. zu §§ 32–86 N. 2; Vorbem. zu §§ 32–40 N. 6; § 35 N. 1–4; § 37 N. 3; § 50 N. 51; § 71 N. 1

Richtlinie Vorbem. zu §§ 19–28 N. 33; § 50 N. 58, 65

Richtplan § 19 N. 22–23, 25, 74; § 20 N. 31; § 21 N. 68
siehe auch Plan; Planungs- und Baurecht

Risikovorsorge § 6 N. 4

Rodungsverbot § 6 N. 15

Rückforderung abgetretener Rechte/von Beiträgen § 82 N. 20–21

Rückgriffsansprüche
- aus Haftungsgesetz § 82 N. 43–45
- von Planungs- und Werkträgern § 81 N. 8–12; § 82 N. 28
siehe auch Schadenersatzansprüche

Rücknahme Einleitung N. 27; § 13 N. 17; § 17 N. 22; § 27 N. 3, 22; § 30 N. 4, 8, 45–46; Vorbem. zu §§ 86a–86d N. **12**, 18; § 86a N. 1, 5

Rückschein § 10 N. 22

Rückstufung § 74 N. 11

Rückweisung
- Rechtsnatur § 28 N. 40; § 48 N. 8, **16–18**; § 19 N. 57
- Rechtskraft § 28 N. 38; § 64 N. 13
- Bindungswirkung § 1 N. 36; § 7 N. 83; § 28 N. 33, 35–36; § 64 N. 8, 10–11
  – nicht für rückweisende Behörde § 28 N. 38; § 64 N. 13
- und Beschleunigungsgebot § 28 N. 29
- Neuentscheid durch die Vorinstanz § 13 N. 11; § 28 N. **35–39**; § 64 N. **10–13**
- und reformatio in peius § 27 N. 6, 24; § 63 N. 20; § 64 N. 12
- Sprungrückweisung § 28 N. 32; § 64 N. 6
- und Streitgegenstand § 52 N. 6
- im Rekursverfahren § 20 N. 12; § 27 N. 6, 24; § 28 N. **29–40**
  – Anfechtung § 28 N. 40; § 43 N. 56
- im Beschwerdeverfahren § 54 N. 3; § 58 N. 8; **§ 64**
  – Anfechtung § 48 N. 18; § 64 N. 9
  – Nachbarbeschwerde § 64 N. 7
- Disziplinarrekurs/personalrechtliche Beschwerde § 80 N. 5

Rückwirkung § 20 N. 51; § 50 N. 133

Rückzug
- Allgemeines: Vorbem. zu §§ 4–31 N. 36; Vorbem. zu §§ 19–28 N. 28, **59–61**, 67; § 19 N. 45; § 28 N. 7, **13–16**; § 54 N. 5; § 63 N. 1–2, 5
- Bedingungslosigkeit § 63 N. 2
- entgeltlicher § 21 N. 21; § 28 N. 16
- Klagerückzug § 83 N. 10
- Kosten/Parteientschädigung § 13 N. 16; § 17 N. 25; Vorbem. zu §§ 19–28 N. 60
- bei reformatio in peius, rechtliches Gehör § 27 N. 15, 20–22, 26
- Revision § 86a N. 4, 19
- teilweiser: Vorbem. zu §§ 19–28 N. 28; § 20 N. 36; § 23 N. 15; § 52 N. 5; § 54 N. 5
- Widerruf: Vorbem. zu §§ 19–28 N. 61; § 27 N. 20; § 28 N. 15; § 63 N. 2

Rügeprinzip
- im Allgemeinen/Rekursverfahren § 7 N. 11, 82; Vorbem. zu §§ 19–28 N. 73; § 23 N. 2
- im Beschwerdeverfahren § 50 N. 3–6; § 52 N. 4
- im Baurecht: Vorbem. zu §§ 19–28 N. 73; § 50 N. 5; § 52 N. 4
- Mängel der Sachverhaltsfeststellung § 50 N. 6

Sachregister

- und Rechtsanwendung von Amtes wegen § 7 N. 82; Vorbem. zu §§ 19–28 N. 73; § 20 N. 5; § 50 N. 4; § 52 N. 4

S

Sachbearbeiter § 5a N. 9; Vorbem. zu §§ 19–28 N. 83
Sachentscheid
- im Gegensatz zum Prozessentscheid § 19 N. 45; § 28 N. 6–8, **27–28**; § 48 N. 2; § 63 N. 1
  - Anerkennung und Vergleich § 28 N. 26; § 63 N. 5–6
- im Gegensatz zur Vollstreckungsverfügung § 19 N. 67; Vorbem. zu §§ 29–31 N. **2–5**; § 30 N. 57
  - Konkretisierung: Vorbem. zu §§ 29–31 N. 5; § 30 N. 53
  - Überprüfung durch Vollstreckungsbehörde § 30 N. 6, 12, 14, 41

Sachlegitimation § 21 N. 7; § 83 N. 3
Sachverhaltsermittlung
- im Allgemeinen § 7 N. **1–74**
- Umfang § 7 N. 7–13
- keine Bindung an anerkannten Sachverhalt § 7 N. 8
- Mittel: siehe Beweismittel
  - Prognose/Schätzung § 20 N. 14, 22; § 51 N. 7
- Verfahren § 7 N. 55–58; siehe auch Beweisverfahren
- unrichtige/unvollständige § 20 N. 10–14; § 27 N. 14; § 50 N. 6, 68; **§ 51**; § 60 N. 2
  - Begriffe § 51 N. 2–3
  - Überprüfung **§ 51**; § 60 N. 2
  - Rückweisung § 64 N. 3, 11
- im nichtstreitigen Verwaltungsverfahren § 7 N. 11
- im Rekursverfahren: Vorbem. zu §§ 19–28 N. 69; § 23 N. 2, 19–20; § 24 N. 2; § 26 N. 11; § 26a N. 6; § 27a N. 4
- im Beschwerdeverfahren **§ 60**
- im Klageverfahren § 85 N. 4–5
- durch Ombudsperson § 92 N. 1–6

Sachverständiger
- Ausstand § 5a N. 9; § 7 N. 28; § 60 N. 6
- Befangenheit § 7 N. 25
- Entschädigung: Vorbem. zu §§ 32–40 N. 3; § 40 N. 1; § 90 N. 6–7
- Geheimhaltung § 9 N. 5
- Gutachten: siehe dort

- keine Parteistellung: Vorbem. zu §§ 4–31 N. 22; § 21 N. 101
- analoge Anwendung der ZPO § 7 N. 27; § 8 N. 37

Samstag § 11 N. 4
Sanktion § 30 N. 1; siehe auch Zwangsmittel; Administrative Rechtsnachteile, Ersatzvornahme, Schuldbetreibung, Strafe, Unmittelbarer Zwang
- prozessrechtliche § 1 N. 29; § 30 N. 33

Säumnis
- des Beklagten § 84 N. 3
- der Partei im Allgemeinen, Folgen
  - Mängel der Eingabe § 5 N. 44; § 11 N. 10; § 12 N. 1–3; § 23 N. 30–31; § 24 N. 2–3; § 56 N. 7–9; § 71 N. 4; § 83 N. 30–31
  - mangelnde Mitwirkung § 7 N. 68–70; § 8 N. 43; § 23 N. 24; § 24 N. 2; § 51 N. 4; § 86b N. 2
  - Nichtleistung des Kostenvorschusses § 15 N. 9
  - keine Bezeichnung eines Zustellungsdomizils/Vertreters § 6a N. 8; § 6b N. 4
  - keine Teilnahme an der mündlichen Verhandlung § 59 N. 4
  - keine Teilnahme an der Vernehmlassung § 26 N. 18
  - Androhung der Säumnisfolgen § 5 N. 44; § 6b N. 4; § 7 N. 68–69; § 8 N. 43; § 12 N. **3**; § 15 N. 9; § 23 N. 31; § 24 N. 3; § 26 N. 26; § 56 N. 8; § 59 N. 4; § 83 N. 30
- von Hilfspersonen/Organen/Vertretern § 12 N. 14, 16
- der Rekursinstanz § 27a N. 8–10; siehe auch Rechtsverzögerung

Schadenersatzansprüche
- Zuständigkeitsordnung im Allgemeinen: Einleitung N. 10; **§ 2**; Vorbem. zu §§ 81–86 N. 2
- aus dem Dienstverhältnis § 2 N. 7; § 79 N. 3; Vorbem. zu §§ 74–80d N. 9; § 82 N. 43, 45
- Privater gegen den Staat (Staats- und Beamtenhaftung) § 2 N. **1–4**; § 6 N. 39–41; § 17 N. 52; § 19 N. 10; Vorbem. zu §§ 32–40 N. 10; § 41 N. 23, 45; Vorbem. zu §§ 81–86 N. 2; § 82 N. 5
- Voraussetzungen § 17 N. 52
- Privater gegen Konzessions-/Bewilligungsinhaber § 2 N. 6
- gegen Private § 2 N. 5; § 6 N. 42; Vorbem. zu §§ 81–86 N. 2

927

Sachregister

– wegen vorsorglicher Massnahmen § 6 N. 39–42; § 25 N. 45
– wegen Nichterfüllung eines Konzessionsvertrags § 19 N. 32; § 82 N. 5

Schätzung (Sachverhaltsermittlung) § 20 N. 14, 22; § 51 N. 7

Schätzungsentscheid § 19 N. 123–124; § 27a N. 3

Schätzungskommissionen
– Allgemeines/Verfahren § 4 N. 8, 26; § 19 N. 87, 121–124; § 27a N. 3; Vorbem. zu §§ 81–86 N. 8
– Gerichte im Sinn von Art. 6 EMRK § 4 N. 26; § 19 N. 87
– materielle Enteignung, Zuständigkeit § 19 N. 32, 112, 121
– Klageverfahren § 19 N. 87, 122; Vorbem. zu §§ 81–86 N. 8
– Kosten/Parteientschädigung § 13 N. 31; § 17 N. 23; § 19 N. 123
– als Vorinstanz: Vorbem. zu §§ 32–40 N. 4; Vorbem. zu §§ 41–71 N. 7; § 41 N. 26, 38–40; Vorbem. zu §§ 81–86 N. 4, 8; § 82 N. 19–22, 27
– Wahl/Aufsicht über § 19 N. 87; Vorbem. zu §§ 32–40 N. 4; § 39 N. 2–3

Schätzungsverfahren § 19 N. 121–124

Schiedsabrede § 5 N. 2

Schiedsgericht § 90 N. 7

Schlichtungsverfahren nach Art. 11 GlG Vorbem. zu §§ 74–80d N. 11

Schluss- und Übergangsbestimmungen §§ 95–103; Art. II–XV

Schlussverhandlung § 59 N. 2–3, 10; § 61 N. 2, 5; § 86 N. 2

Schriftenwechsel siehe Vernehmlassung, Zweiter Schriftenwechsel

Schriftlichkeit
– Grundsatz § 8 N. 20; Vorbem. zu §§ 19–28 N. 82
– Eröffnung von Verfügungen und Entscheiden § 10 N. 15–19, 44; § 25 N. 19; § 28 N. 1–2, 4; § 65 N. 5
– Eingaben § 22 N. 12–13; § 23 N. 6, 30; § 53 N. 8; § 56 N. 8–9; § 80a N. 2; § 83 N. 21, 30; § 86c N. 1
– nicht bei der Beschwerde an die Ombudsperson § 91 N. 1
– Vergleich § 28 N. 24

Schuldbetreibung § 30 N. 1, 12–16

Schulwesen
– Instanzenzug/Zuständigkeit § 5 N. 10–11; § 19 N. 91, 129–130; § 41 N. 31; § 43 N. 16–20, 30, 52; § 81 N. 13

– Disziplinarmassnahmen § 43 N. 19, 30; § 76 N. 4
– Personalrecht § 74 N. 15; § 76 N. 9
– weitere Verfahrensfragen § 21 N. 32; § 25 N. 30–32; § 50 N. 91
siehe auch Bildungsdirektion, -rat; Prüfungsentscheid; Rekurskommissionen, kantonale

Schutzzone § 50 N. 85

Selbstdispensation durch Ärzte § 21 N. 44; § 50 N. 138, 144

Selbstverwaltung der Gerichte Vorbem. zu §§ 32–40 N. 2–3; § 36 N. 1; § 37 N. 3; § 56 N. 1

Sicherstellung von Beweismitteln § 60 N. 8

Sistierung § 1 N. 32–33; Vorbem. zu §§ 4–31 N. 27–32; § 7 N. 15; § 23 N. 9; § 52 N. 16
– als Zwischenentscheid § 1 N. 32; Vorbem. zu §§ 4–31 N. 32; § 19 N. 46, 50; § 56 N. 13
– im Konkurs § 21 N. 16
– Ruhen der Fristen § 11 N. 14

Sittenmandat Einleitung N. 1

Sitzungspolizei § 71 N. 4

Ski- und Schlittellinien § 19 N. 22; § 43 N. 13; § 81 N. 9

Solidarhaftung § 14 N. 3; § 15 N. 10; § 16 N. 11; § 17 N. 35

Sonderbauvorschriften § 41 N. 13–14; § 43 N. 13

Sondernutzungsplan § 19 N. 22

Sonderstatusverhältnis Vorbem. zu §§ 87–94 N. 3; § 91 N. 2

Sonntag § 11 N. 4

Sozialhilfe, Verfahren § 13 N. 10; § 15 N. 35; § 43 N. 9, 15; § 81 N. 6

Sozialversicherung § 4 N. 8; § 21 N. 98; § 41 N. 45

Sozialversicherungsanstalt § 21 N. 11

Sozialversicherungsgericht § 4 N. 8; Vorbem. zu §§ 32–40 N. 3; § 41 N. 45; § 74 N. 14, 18; § 76 N. 1, 9, 13; § 80d N. 4; § 87 N. 10

Spezialverwaltungsgerichte siehe Landwirtschaftsgericht, Rekurskommissionen, Schätzungskommissionen, Sozialversicherungsgericht
– historische Entwicklung: Einleitung N. 11, 14, 18; § 1 N. 12

Spital § 1 N. 24; § 6 N. 15; § 19a N. 1

Sprache siehe Amtssprache

Staatsanwaltschaft § 89 N. 7

Staatsbeitrag § 43 N. 7–10, 15, 52

Staatshaftung siehe Schadenersatzansprüche

Staatskanzlei § 26a N. 2, 6; § 28 N. 13

Sachregister

Staatsrechtliche Beschwerde
- Rechtsmittelkonkurrenz § 42 N. 2; § 65 N. 9–10
- Anfechtungsobjekt § 13 N. 38; § 16 N. 20, 51; § 41 N. 16; § 82 N. 7
  - Verwaltungsverordnungen § 50 N. 61
  - Vollstreckungsentscheide § 30 N. 6, 61
  - Zwischen- und Rückweisungsentscheide § 16 N. 20; § 48 N. 4, 6, 18; § 56 N. **11–12**
- Legitimation § 19 N. 4; § 21 N. 45, 51
- Rügeprinzip: Vorbem. zu §§ 19–28 N. 73; § 50 N. 3
- Autonomiebeschwerde § 19 N. 25; § 21 N. 72; § 48 N. 18
- Rechtsverweigerungs- und Rechtsverzögerungsbeschwerde: Vorbem. zu §§ 19–28 N. 49; § 30 N. 6; § 41 N. 19
- Stimmrechtsbeschwerde § 19 N. 40, 137; § 43 N. 5
- und Art. 6 EMRK § 19 N. 113
- «kleine», an den Bundesrat § 42 N. 6–7

Staatsrechtliche Klage § 42 N. 2

Staatsvertrag § 4 N. **35**; § 20 N. 7; § 35 N. 3; § 43 N. 34; § 50 N. 32, 100, **122, 125**
siehe auch Europäische Menschenrechtskonvention, UNO-Pakte

Statthalter Einleitung N. 3; § 4 N. 5, 26, 31; § 5 N. 9; § 19 N. 81, 89, 122; § 20 N. 26; § 26a N. 3; Vorbem. zu §§ 41–71 N. 7; § 41 N. 26, 28
siehe auch Bezirksbehörden

Stellenplan § 32 N. 5; § 36 N. 5; § 88 N. 3

Stellungnahme, behördliche § 19 N. 13; § 26 N. 12, 24
- im Klageverfahren: Vorbem. zu §§ 81–86 N. 10–11; § 83 N. 14
- vor der Ombudsperson § 92 N. 6

Stellungnahme zum Beweisergebnis § 61

Steueramt § 72 N. 3–4, 8

Steuerbetrug und -hinterziehung siehe Steuerstrafverfahren

Steuerharmonisierungsgesetz § 21 N. 83; § 72 N. 8

Steuerrecht, materielles § 50 N. 138; § 72 N. 2

Steuerrechtliches Verfahren
- Allgemeines
  - Anwendbares Recht: Einleitung N. 17; § 4 N. 8; § 41 N. 42; § 43 N. 14; § 72 N. 2; § 73 N. 8
  - Fristen § 22 N. 29
  - Legitimation § 21 N. 83, 85, 98; § 72 N. 8
  - Zuständigkeit § 72 N. 3–4
- Steuerrekurs: Vorbem. zu §§ 19–28 N. 16; § 72 N. 4; siehe auch Rekurskommissionen, kantonale
- vor Verwaltungsgericht: Vorbem. zu §§ 32–86 N. 3–5, 9–10; Vorbem. zu §§ 41–71 N. 8–9; §§ **72–73**
- Steuerbeschwerde: Vorbem. zu §§ 32–86 N. 10; Vorbem. zu §§ 41–71 N. **8–9**; § 72 N. 7; § 73 N. **4–5**, 7
- Steuerrekurs: Vorbem. zu §§ 32–86 N. 9; Vorbem. zu §§ 41–71 N. **8–9**; § 73 N. **2**, 5
- Kosten/Parteientschädigung § 13 N. 2; § 15 N. 3; § 17 N. 38; § 73 N. 6, 8
- Unentgeltliche Rechtspflege § 16 N. 6
- Verwaltungsgerichtsbeschwerde an das Bundesgericht § 72 N. 8; § 73 N. 4

Steuerrekurskommissionen siehe Rekurskommissionen, kantonale

Steuerstrafverfahren Vorbem. zu §§ 32–86 N. 9; § 50 N. 138, 144; § 59 N. 10; § 72 N. 6; § 73 N. 3
- Anwendbarkeit von Art. 6 EMRK § 4 N. 30; § 30 N. 34; § 50 N. 53

Stiftungsaufsicht § 1 N. 3; § 41 N. 3

Stimmrecht, Rechtsmittel Vorbem. zu §§ 19–28 N. 19; § 19 N. 40, **135–138**; § 21 N. 98; § 22 N. 25; § 43 N. 5, 52

Stipendien § 43 N. 9, 15; § 50 N. 136, 138; § 82 N. 37

Stockwerkeigentümergemeinschaft § 21 N. 10

Störer Vorbem. zu §§ 29–31 N. 6; § 30 N. 24, 56

Straf- und Massnahmenvollzug § 1 N. 26; § 4 N. 8; § 38 N. 7, 11; § 41 N. 3; § 43 N. **23–25**, 28; § 50 N. 91; § 59 N. 6; § 76 N. 4

Strafe § 30 N. 1, **32–44**
- gesetzliche Grundlage § 30 N. 35
- Einziehung § 30 N. 44
siehe auch Administrative Rechtsnachteile, Disziplinarmassnahmen, Ordnungsstrafe, Ungehorsamsstrafe, Verwaltungsstrafe

Strafgericht Vorbem. zu §§ 1–3 N. 1; § 30 N. 40–41

Strafrecht
- Abgrenzung zum Verwaltungsrecht: Einleitung N. 17; § 1 N. **25–29**; § 4 N. 8; § 41 N. 3; § 43 N. 2, 21–22
- und Disziplinarrecht § 76 N. 7, 10
- kantonales § 30 N. 36
- Polizeistrafrecht § 1 N. 26; § 43 N. 2, 21
- Übertretungsstrafrecht § 5 N. 9

929

Sachregister

- Verwaltungsstrafrecht § 30 N. 32–33, 36

Strafrechtliche Anklage im Sinn von Art. 6 EMRK
- sachlicher Geltungsbereich im Allgemeinen § 4 N. **28, 30**; § 15 N. 31; § 30 N. 34; § 41 N. 3; § 43 N. 4, 49; § 50 N. 53; § 59 N. 6
- Disziplinarmassnahmen § 4 N. 30; § 43 N. 28; § 50 N. 53; Vorbem. zu §§ 74–80d N. 9; § 74 N. 13; § 76 N. 4
- Führerausweisentzug § 4 N. 30; § 30 N. 34; § 38 N. 6; § 50 N. 53, 91, 110
- Ordnungsstrafen § 4 N. 30; § 50 N. 53
- Strafsteuer § 4 N. 30; § 30 N. 34; § 50 N. 53
- nicht prozessrechtliche Sanktionen § 1 N. 29; § 30 N. 33
- Ermessenskontrolle § 50 N. 110
- Recht auf Übersetzer § 8 N. 16; § 16 N. 54; § 50 N. 54

Strafsteuer/-verfahren siehe Steuerstrafverfahren

Strafurteil, Bindung an § 1 N. 31

Strasse
- Aufhebung § 2 N. 9
- Umbenennung § 19 N. 11

Strassen- und Gewässerbauprojekte, Verfahren § 19 N. 114–115, **125–128**; § 82 N. 13

Strassen- und Trottoirbeiträge § 1 N. 23; § 19 N. 112, 123; § 50 N. 28

Strassenbenützer, Legitimation § 21 N. 33

Strassenrecht § 1 N. 23; § 43 N. 12–13; § 50 N. 87

Strassenverkehrsgesetz § 21 N. 81–82; § 65 N. 4; siehe auch Führerausweisentzug

Streitbetroffenes Objekt
- Veräusserung § 21 N. 25, 106; § 28 N. 17; § 63 N. 3
- Zerstörung/Untergang § 25 N. 28; § 63 N. 3

Streitgegenstand Vorbem. zu §§ 19–28 N. **86–88**; § 52 N. 3
- und Anfechtungsobjekt: Vorbem. zu §§ 19–28 N. 86
- und Antrag § 54 N. 1, 3–4
- und Begründung: Vorbem. zu §§ 19–28 N. 87; § 20 N. 35, 44–45; § 52 N. 3, 7
- und Dispositionsmaxime: Vorbem. zu §§ 19–28 N. 67
- im Klageverfahren § 83 N. 6–8
- und Kognition § 20 N. 5
- und Novenrecht § 20 N. 34–35, 41–45, 47–48; § 23 N. 1; § 52 N. 3–6
- und Rechtsanwendung von Amtes wegen § 7 N. 82; Vorbem. zu §§ 19–28 N. 72

- und reformatio in peius vel in melius § 26 N. 20; § 27 N. 10
- Sicherung durch vorsorgliche Massnahmen § 6 N. 6
- im zweiten Rechtsgang § 52 N. 6

Streitgenossenschaft Vorbem. zu §§ 4–31 N. 35; § 6a N. 4; § 12 N. 19; § 15 N. 10; § 16 N. 11; § 17 N. 18; § 21 N. 10

Streitwert § 38 N. 5, 10–11; § 40 N. 6; § 80b N. 2–3

Stundung
- Kausalabgaben/öffentliche Unterstützungsleistungen § 43 N. 10, 14–15, 52
- Verfahrenskosten § 13 N. 40; § 16 N. 14; § 39 N. 3; § 40 N. 11

Subdelegation § 50 N. 135

Subjektionstheorie § 1 N. 5

Subjektives öffentliches Recht Einleitung N. 12, 19; § 21 N. 2–5, 24, 42

Subjekttheorie § 1 N. 8

Submission
- Rechtsnatur/-grundlagen § 1 N. 20; § 19 N. 12, **28–30**; § 41 N. 21–23
- Beschwerde an das Verwaltungsgericht § 9 N. 7; § 19 N. 29, 90; Vorbem. zu §§ 41–71 N. 7; § 41 N. **21–23**
- Anfechtungsobjekt § 1 N. 20; § 19 N. 28–29; § 41 N. 21–22
- Legitimation § 21 N. 31, 46, 49, 52
- Frist § 22 N. 31
- aufschiebende Wirkung § 41 N. 23; § 55 N. **10**
- Anfechtung von Zwischenentscheiden § 41 N. **21**; § 48 N. 4, 9, 23
- Vergabevertrag § 1 N. 20; § 19 N. 28; § 41 N. 23; § 55 N. 10

Subordinationstheorie § 1 N. 5, 15

Subsidiäre Haftung § 14 N. 2

Subsidiarität des VRG § 4 N. 1; § 19 N. 84; § 22 N. 23

Substanzierungslast siehe Begründung, Prozessvoraussetzungen

Subsumtionsirrtum § 50 N. 67

Subvention § 30 N. 4; § 43 N. 7–10, 15, 52

Süddeutsches Modell (Funktion der Verwaltungsrechtspflege): Einleitung N. 12, 19; § 21 N. 4

Summarisches Verfahren nach §§ 222/228 ZPO § 6 N. 12

Superprovisorische Massnahmen § 6 N. 23

Suspensivwirkung siehe Aufschiebende Wirkung

Sachregister

T

Tarif § 41 N. 9–10; § 43 N. 48
– Verfügung über § 43 N. 3
Tätigkeitsbericht der Ombudsperson § 87 N. 7–9; § 93 N. 6, 8
Taxibewilligung/-standplatz § 21 N. 49; § 25 N. 39; § 50 N. 87
Teilamt § 32 N. 1–3; § 34 N. 4–5, 8; § 38 N. 12; § 39 N. 2
Teilentscheid § 19 N. 53; § 28 N. 6
Teilgeneralklausel Einleitung N. 18; § 41 N. 1; Vorbem. zu §§ 81–86 N. 5; § 82 N. 32
Telefax § 10 N. 23; § 11 N. 3, 10; § 22 N. 13
Textbaustein § 10 N. 42
Tierversuche § 25 N. 36; § 55 N. 11
Trennung von Verfahren Vorbem. zu §§ 4–31 N. **36–37**; § 19 N. 50
Treu und Glauben
– Grundsatz/Rechtsgrundlagen: Vorbem. zu §§ 19–28 N. **81**; § 20 N. 15; § 50 N. 101–102
– beim Abbruch widerrechtlicher Bauten § 30 N. 54–55
– bei Anfechtung von Zwischenentscheiden § 19 N. 47; § 48 N. 9
– bei unrichtiger Auskunft über Fristen § 12 N. 19
– bei fehlender oder unrichtiger Rechtsmittelbelehrung § 10 N. 51–52; § 50 N. 101
– Vertrauensschutz: Vorbem. zu §§ 19–28 N. 22
siehe auch Hinweispflicht, Mitteilungspflicht
Treuepflicht im öffentlichen Dienst § 76 N. 7
Trölerei § 13 N. 20; § 17 N. 29; § 65 N. 5
Typologische Methode § 1 N. 6

U

Übergangsbestimmungen §§ 95–103; Art. II–XV; siehe auch Intertemporales Recht
Überprüfungsbefugnis siehe Kognition
Übersetzer, Übersetzung § 8 N. 16, 21; § 16 N. 54; § 22 N. 15; § 50 N. 54; § 53 N. 10
Überspitzter Formalismus § 8 N. 21; § 20 N. 15; § 22 N. 17; § 23 N. 3; § 50 N. 102, 104
Übertretungsstrafrecht § 5 N. 9
Überweisungspflicht siehe Weiterleitungspflicht
Umweltschutzorganisationen § 21 N. 86–93
siehe auch Ideelle Organisationen, Ideelle Verbandsbeschwerde
Umweltschutzrecht § 50 N. 86
Umweltverträglichkeitsprüfung § 7 N. 30; § 19 N. 100; § 21 N. 86
Unabhängigkeit siehe Richterliche Unabhängigkeit, Ombudsperson, Rekurskommissionen, Verwaltungsgericht
Unbefangenheit von Verwaltungsbehörden § 5a N. 1–4; § 8 N. 57, 59; § 71 N. 1
siehe auch Ausstand, Zusammensetzung
Unbeholfenheit § 7 N. 63; § 16 N. 40; Vorbem. zu §§ 19–28 N. 70, 80; § 21 N. 14; § 23 N. 21, 27; Vorbem. zu §§ 87–94 N. 3; § 91 N. 1; § 94 N. 2; siehe auch Laie
Unbestimmter Rechtsbegriff
– Auslegung § 50 N. 20, 40
– Beurteilungsspielraum § 50 N. 73–77, 95
– und Ermessen § 50 N. **73–77**, 81–99; siehe auch dort
– Kognition des Verwaltungsgerichts § 50 N. 8; § 85 N. 2
Unentgeltliche Rechtspflege § 16
– Rechtsgrundlagen § 16 N. 2–5; § 20 N. 15; § 50 N. 102, 104
– Geltungsbereich § 16 N. 2, 6
 – vor Verwaltungsgericht § 40 N. 9; § 70 N. 4; § 86 N. 3
 – nicht im Verfahren der abstrakten Normenkontrolle § 16 N. 7
– zeitlicher Geltungsbereich § 16 N. 12–14
– Berechtigte § 16 N. **8–11**, 52
– Zuständigkeit § 16 N. 15–16; § 26a N. 7
– Entscheid, Anfechtung § 16 N. 17–20; § 19 N. 49; § 20 N. 15; § 48 N. 20; § 56 N. 12–13
– Unentgeltliches Verfahren § 16 N. 21–38
 – Voraussetzungen
  – Bedürftigkeit/Mittellosigkeit § 16 N. 24–30
  – Nichtaussichtslosigkeit § 16 N. 31–34
  – weitere § 16 N. 35
 – Beweisgrad § 16 N. 30
 – Umfang § 15 N. 34; § 16 N. **36–38**; § 17 N. 7
– Unentgeltlicher Rechtsbeistand: siehe dort
– Übersetzungskosten § 8 N. 16; § 16 N. 54; § 22 N. 15; § 50 N. 54; § 53 N. 10
– und Opferhilfe § 16 N. 53
– Entzug § 16 N. 13, 34
– endgültige Befreiung/Stundung § 16 N. 14; § 50 N. 54
Unentgeltlicher Rechtsbeistand § 16 N. **39–51**
– Rechtsgrundlagen § 16 N. 1–5; § 20 N. 15; § 50 N. 54, 102, 104

Sachregister

- im nichtstreitigen Verfahren § 16 N. 42
- Voraussetzungen der Bestellung § 16 N. 24–35, **39–41**; § 40 N. 13
  - Notwendigkeit § 16 N. **41**
- Anfechtung des Entscheids § 19 N. 49; § 20 N. 15; § 48 N. 20; § 56 N. 12–13
- Entschädigungsanspruch des Vertreters § 16 N. 46–51; § 17 N. 15; § 40 N. 13; § 90 N. 7

Ungehorsamsstrafe § 7 N. 70; § 30 N. 2, 33, **37–43**, 50–51
- nach Art. 292 StGB § 30 N. **38–43**, 50–51
- nach § 328 StPO § 30 N. **37–38**, 43, 50–51
- Androhung § 30 N. 37–39, 50
- wiederholte Verhängung/Kumulation § 30 N. 43, 51

Universalsukzession § 21 N. 106
Universität § 4 N. 6; § 21 N. 11; Vorbem. zu §§ 74–80d N. 5; § 89 N. 8
Universitätsrat § 74 N. 14
Universitätsrekurskommission siehe Rekurskommissionen, kantonale
Unmittelbarer Zwang § 7 N. 70; § 30 N. 1, **28–31**; § 31 N. 1–3
siehe auch Vollstreckung, Zwangsmittel
Unmittelbarkeit Vorbem. zu §§ 19–28 N. 83; § 60 N. 20
UNO-Pakte § 4 N. 34; § 50 N. 57
Unparteilichkeit siehe Ausstand, Richterliche Unabhängigkeit, Unbefangenheit, Zusammensetzung
Unschuldsvermutung § 4 N. 30
Unterliegerprinzip § 13 N. 14–15; § 14 N. 1; § 17 N. 31, 33–34, 49
Unterschrift
- Eingaben § 11 N. **10**; § 22 N. **13**; § 23 N. 6; § 53 N. 8; § 56 N. 8–9; § 83 N. 21, 30
- Verfügungen und Entscheide § 10 N. 19; § 28 N. 2

Unterstatthalter Einleitung N. 3, 5
Untersuchungsmaxime/-pflicht
- Begriffe/Abgrenzung § 7 N. 3
- Allgemeines § 7 N. 1–13, 16; § 8 N. 42; Vorbem. zu §§ 19–28 N. 69–70, 93; § 50 N. 104, 107; § 54 N. 3
- Untersuchungsrecht § 7 N. 8, 16
- Folgen für Beweis-/Behauptungslast § 7 N. 5, 6; Vorbem. zu §§ 19–28 N. 69–70
- bei Überprüfung der Prozessvoraussetzungen: Vorbem. zu §§ 19–28 N. 93
- bei Überprüfung der Zuständigkeit § 5 N. 3
- und Kostenvorschuss § 15 N. 17; § 60 N. 15

- und Mitwirkungspflicht § 7 N. 5, 59, 61–62; Vorbem. zu §§ 19–28 N. 69; § 86b N. 2–3
- und Novenrecht § 20 N. 42; § 26 N. 21; § 52 N. 10
- und Parteientschädigung § 17 N. 40
- und Revision § 86b N. 2–3
- und Rügeprinzip § 50 N. 6
- und verspätete Parteivorbringen § 11 N. 1; § 12 N. 2; § 22 N. 18; § 23 N. 22; § 53 N. 15; § 54 N. 8; § 58 N. 12; § 59 N. 9; § 60 N. 4, 6
- in bestimmten Verfahren
  - Rekursverfahren § 20 N. 12, 47; § 22 N. 18; § 23 N. 22, 30; § 24 N. 1; § 26 N. 21; § 27a N. 4
  - Beschwerdeverfahren § 51 N. 4, 6; § 52 N. 10; § 53 N. 15; § 54 N. 6, 8; § 58 N. 12; § 59 N. 9; § 60 N. **1–6**, 11, 15; § 70 N. 5
  - verwaltungsrechtliche Klage: Vorbem. zu §§ 32–86 N. 8; § 80a N. 8; § 80c N. 7; § 83 N. 9, **12**, 26, 29; § 84 N. 7; § 86 N. **1**, 3
  - personalrechtliche Klage § 80a N. 4, 8; § 80c N. 7; § 83 N. 13, 27
  - Gleichstellungsverfahren § 80a N. 8

Unvereinbarkeit
- Ombudsperson § 87 N. 3–4
- Verwaltungsrichter: Vorbem. zu §§ 32–40 N. 8; § 34

Unverjährbare und unverzichtbare Grundrechte § 30 N. 61
Unvoreingenommenheit siehe Ausstand, Richterliche Unabhängigkeit, Unbefangenheit, Zusammensetzung
Urkunde § 7 N. 37–40; § 86a N. 10
Urteilsfähigkeit § 21 N. 13

V

Verantwortlichkeit der Verwaltungsrichter Vorbem. zu §§ 32–40 N. 9–12
Verbandsbeschwerde siehe Legitimation
Verbeiständung siehe Vertreter
Vereinfachtes Verfahren vor Verwaltungsgericht § 38 N. 18–20; § 56 N. 7
Vereinigung von Verfahren Vorbem. zu §§ 4–31 N. **33–35**, 37; § 14 N. 1; § 19 N. 50
Vereitelungsverbot Vorbem. zu §§ 4–31 N. 11; § 4 N. **12–13**, 15–18; § 6 N. 2; § 21 N. 5, 17, 90

Sachregister

Verfahrensbeschleunigung siehe Beschleunigungsgebot
Verfahrensbeteiligte
– mit Parteistellung: Vorbem. zu §§ 4–31 N. 21–22; § 21 N. 100; siehe auch Partei
– ohne Parteistellung: Vorbem. zu §§ 4–31 N. 21–22
  – Vorinstanzen: Vorbem. zu §§ 4–31 N. 22; § 21 N. 105; § 58 N. 4
  – Entschädigungspflicht § 17 N. 33
– Verzicht auf Beteiligung § 21 N. 112; § 27 N. 17
Verfahrensdisziplin § 1 N. 29; § 5 N. 38, 45; § 30 N. 32–33, 36; § 71 N. 4
Verfahrenseinheit
– als bundesrechtliche Anforderung: Einleitung N. 24; § 4 N. 12–15; § 20 N. 1; § 21 N. 5, 17–18; § 41 N. 1; Vorbem. zu §§ 74–80d N. 10
– besondere Anwendungsfälle § 21 N. 102; § 25 N. 5; § 41 N. 19
– in Bezug auf Zuständigkeit § 13 N. 37; § 17 N. 9; § 30 N. 60; § 43 N. **2, 55**; § 48 N. **20**
Verfahrensgarantien
– der Bundesverfassung § 4 N. 2, 11; § 8 N. 3; siehe auch Rechtliches Gehör, Rechtsverweigerung, Richterliche Unabhängigkeit, Treu und Glauben, Überspitzter Formalismus, Unbefangenheit, Unentgeltliche Rechtspflege, Zusammensetzung
– der Europäischen Menschenrechtskonvention: siehe dort
– des UNO-Pakts II § 4 N. 34; § 50 N. 57
– und Verfahrensmaximen: Vorbem. zu §§ 19–28 N. 64
Verfahrensleitung
– im Allgemeinen: Vorbem. zu §§ 4–31 N. 24; Vorbem. zu §§ 19–28 N. 74
– unabhängige § 26a N. 1, 3–4
– im Rekursverfahren **§§ 26, 26a**
  – Zuständigkeit vor Direktion § 26a N. 4
  – Zuständigkeit vor Regierungsrat **§ 26a**
– im Beschwerdeverfahren **§ 56**; § 71 N. 4
  – Zuständigkeit § 38 N. 13, 15; § 56 N. 1–6
– prozessleitende Anordnungen § 25 N. 20, 22; § 26 N. 26; § 38 N. 13, 15; § 56 N. 3, 5–6, 10–13
– Begründung § 56 N. 10
– Anfechtung § 43 N. 2, 56; § 56 N. 11
– Anpassung § 25 N. 22
– Zuständigkeit § 38 N. 13; § 56 N. 3, 5–6
Verfahrensmaximen Vorbem. zu §§ 19–28 N. 63–85

– Allgemeines: Vorbem. zu §§ 19–28 N. 63–64
– Offizial-/Dispositionsmaxime: Vorbem. zu §§ 19–28 N. 65–67
– Untersuchungs-/Verhandlungsmaxime: Vorbem. zu §§ 19–28 N. 68–70; § 60 N. 1
– Rechtsanwendung von Amtes wegen/Rügeprinzip: Vorbem. zu §§ 19–28 N. 71–73
– Schriftlichkeit/Mündlichkeit: Vorbem. zu §§ 19–28 N. 82
– Unmittelbarkeit/Mittelbarkeit: Vorbem. zu §§ 19–28 N. 83
siehe auch unter den einzelnen Stichwörtern; siehe auch Amtsbetrieb, Beschleunigungsgebot, Beweiswürdigung, Eventualmaxime, Öffentlichkeit, Rechtliches Gehör, Treu und Glauben, Verfahrensökonomie, Waffengleichheit
Verfahrenspflichten der Behörden § 8 N. 41–42, 55, 71; § 9 N. 11; § 10 N. 2–5, 36–46; siehe auch Hinweispflicht, Mitteilungspflicht
Verfahrensökonomie
– Grundsatz: Vorbem. zu §§ 19–28 N. 75–76
– und rechtliches Gehör § 8 N. 45, 49, 51–52
– und Rückweisung § 63 N. 9; § 64 N. 2
– und Vorentscheid § 19 N. 53–54; § 48 N. 12
Verfahrensvorschriften, Verletzung wesentlicher
– Anfechtung: Vorbem. zu §§ 19–28 N. 45; § 20 N. 15–16; § 41 N. 18; § 50 N. 100–108; § 51 N. 4; § 54 N. 3; § 60 N. 2; § 63 N. 17
– als Revisionsgrund (VwVG/OG): Vorbem. zu §§ 86a–86d N. 11
Verfügende Behörden
– Parteirolle: Vorbem. zu §§ 4–31 N. 22; § 13 N. 26; § 21 N. 12, 101, 105; § 58 N. 4
– Legitimation zum Revisionsbegehren § 86a N. 6
siehe auch Instanzenzug, Vorinstanz
Verfügung
– Allgemeines: Einleitung N. 27; § 1 N. 11; Vorbem. zu §§ 4–31 N. **8–20**; § 21 N. 8
– bundesrechtliche Vorgaben: Vorbem. zu §§ 4–31 N. 11
– begriffliche Elemente: Vorbem. zu §§ 4–31 N. **12–18**
– Anordnung eines Verwaltungsträgers: Vorbem. zu §§ 4–31 N. 13
– Einseitigkeit: Vorbem. zu §§ 4–31 N. 15
– Hoheitlichkeit: Vorbem. zu §§ 4–31 N. 14
– individuell-konkret: Vorbem. zu §§ 4–31 N. 16

933

Sachregister

- Rechtswirksamkeit: Vorbem. zu §§ 4–31 N. 17; § 10 N. 3; Vorbem. zu §§ 86a–86d N. 2
- Verbindlichkeit: Vorbem. zu §§ 4–31 N. 18
- als Anfechtungsobjekt: Vorbem. zu §§ 4–31 N. 11; § 19 N. **1–8**
- Abgrenzungen § 19 N. **8–42**
  - objektives Anfechtungsinteresse: Vorbem. zu §§ 4–31 N. 11, 19; § 19 N. 10, 47; § 21 N. 8; § 41 N. 6; § 48 N. 4
  - Allgemeinverfügung: Vorbem. zu §§ 4–31 N. 16; § 41 N. 8, 11; § 90 N. 11
  - Dienstanweisung § 19 N. 18–20; § 74 N. 7
  - Genehmigungsakt § 19 N. 35–38
  - Inventaraufnahme/-entlassung, Unterschutzstellung § 19 N. 7, 111; § 41 N. 6
  - Konzession § 19 N. 31–34
  - Plan § 19 N. 21–27
  - Realakt § 19 N. 9–17; § 41 N. 6
  - Rechtssatz: Vorbem. zu §§ 4–31 N. 16; § 41 N. 8–11
  - Vertrag: Vorbem. zu §§ 4–31 N. 15; § 19 N. 12, 28; § 82 N. 36
- prozessuale Erscheinungsformen § 19 N. 43–69; siehe auch End-, Teil-, Vor-, Zwischenentscheid
- besondere Formen
  - Entscheid über Aufsichtsbeschwerde § 19 N. 42
  - endgültige § 41 N. 35, 46–47; § 48 N. 5
  - fehlerhafte: Vorbem. zu §§ 86a–86d N. **1–4**; § 86a N. 6, 12; siehe auch Nichtiger Verwaltungsakt; Anpassung, Revision, Rücknahme, Widerruf, Wiedererwägung
  - Marktzugangsbeschränkung § 41 N. 22
  - mitwirkungsbedürftige: Vorbem. zu §§ 4–31 N. 15
  - negative § 6 N. 6, 37; § 19 N. 66; § 55 N. 5, 12; Vorbem. zu §§ 86a–86d N. 14
  - personalrechtliche § 74 N. 5–13
  - über Tarife und Pläne § 43 N. 3
  - vorbehaltene § 48 N. 21
  - Nebenbestimmungen § 19 N. 41; § 25 N. 8; Vorbem. zu §§ 29–31 N. 5; § 30 N. 53
  - Verweigerung/Verzögerung § 19 N. 66; siehe auch Rechtsverweigerungs- und Rechtsverzögerungsbeschwerde
siehe auch Feststellungsentscheid, Vollstreckungsverfügung; Submission

Verfügungstheorie § 1 N. 10

Vergabeverfahren siehe Submission

Vergleich
- Allgemeines: Vorbem. zu §§ 19–28 N. 28, 67; § 28 N. 7, 16, **21–26**; § 63 N. **4–7**
- Schriftform § 28 N. 24
- Form der Verfahrenserledigung § 28 N. 7, 26; § 63 N. 5–6
- gerichtlicher/aussergerichtlicher § 28 N. 23; § 63 N. 7
- im Klageverfahren § 83 N. 11; § 85 N. 7
- Kosten/Parteientschädigung § 13 N. 18; § 17 N. 25, 31
- Widerruf/Revision § 28 N. 25; § 63 N. 7; § 86a N. 4, 19
- Mediation: Vorbem. zu §§ 87–94 N. 16

Verhältnismässigkeit § 6 N. 10; § 30 N. 49; § 50 N. 98

Verhandlungsmaxime Vorbem. zu §§ 19–28 N. **68**; § 60 N. 1; § 83 N. 9, 12, 26; § 86 N. 1

Verjährung
- Disziplinarrecht § 76 N. 10
- öffentlichrechtliche Ansprüche § 30 N. 11, 54; § 83 N. 5
- Verfahrenskosten § 13 N. 40–41

Verkehrsangebote § 43 N. 48

Verkehrsanordnung § 21 N. 33, 52, 83

Verkehrsrat § 19 N. 71, 81–82; Vorbem. zu §§ 41–71 N. 7; § 41 N. 26; § 43 N. 48
siehe auch Kommissionen

Verkehrsverbund § 4 N. 6; § 21 N. 11; § 43 N. 48

Verletzung wesentlicher Verfahrensvorschriften siehe Verfahrensvorschriften

Vermögensrechtliche Streitigkeiten
- Definition § 81 N. 1
- zwischen Gemeinden/Gemeindeverbänden: Vorbem. zu §§ 81–86 N. 5; § 81 N. 1–6
- zwischen Kanton und Gemeinden: Vorbem. zu §§ 81–86 N. 5
- zwischen Privaten und Gemeinwesen § 82
- aus dem öffentlichrechtlichen Dienstverhältnis § 1 N. 24; § 74 N. 17; § 79 N. 2; § 80 N. 4; § 80d N. 2; Vorbem. zu §§ 81–86 N. 4; § 82 N. 2, 45

Vernehmlassung
- Allgemeines/Abgrenzung vom rechtlichen Gehör § 8 N. 7, 28
- Rekursverfahren
  - im Allgemeinen § 26 N. 4, 6, **10–26**; § 50 N. 107
  - Funktion/Begriff § 26 N. 11–12
  - Berechtigte § 26 N. 13–18
  - Verpflichtung der Vorinstanz § 26 N. 18
  - Form § 26 N. 19

Sachregister

- Inhalt § 26 N. 20–21, 23–24
- Frist § 26 N. 27–31
- Verzicht auf Durchführung § 26 N. 10
- Verzicht auf Beteiligung § 26 N. 18
- Zuständigkeit vor Regierungsrat § 26a N. 6
- Beschwerdeverfahren **§ 58**; § 70 N. 4, 6
- Berechtigte § 21 N. 105; § 58 N. **1–5**
- Verpflichtung der Vorinstanz § 58 N. 8; § 70 N. 4
- Verzicht auf Durchführung § 56 N. 9
- Zustellung der Rekurs-/Beschwerdeantwort § 8 N. 14, 28

siehe auch Rechtliches Gehör, Zweiter Schriftenwechsel

Vernehmlassung, behördliche § 19 N. 13
Vernehmlassung im Gesetzgebungsverfahren § 87 N. 9
Verordnung
- als Rekursobjekt § 19 N. 98, 111
- konkrete Normenkontrolle § 50 N. 123, 127

Verordnungskompetenz des Verwaltungsgerichts Einleitung N. 28; § 37 N. 2; § 40 N. **1–3**
Verrechnung
- Verfahrenskosten § 13 N. 40
- Parteientschädigung § 17 N. 32

Versicherungsgericht Einleitung N. 11, 18
Verspätete Vorbringen § 11 N. 1; § 12 N. 2; § 22 N. 18; § 23 N. 22; § 53 N. 15; § 54 N. 8; § 58 N. 12; § 59 N. 9; § 60 N. 4, 6
- Kostenauflage § 13 N. 20; § 80b N. 5

Verständigungsverfahren § 19 N. 118
Vertrag
- Abgrenzung öffentlich-/privatrechtlicher § 1 N. 18; § 82 N. 37
- anwendbares Recht § 4 N. 3
- Auslegung § 50 N. 19, 27
- privatrechtlicher
  - im Personalrecht, Rechtsweg: Vorbem. zu §§ 74–80d N. 6–7; § 79 N. 4
  - über entgeltlichen Rückzug eines Rechtsmittels § 21 N. 21
- Befehl zur Auflösung § 30 N. 47
- verwaltungsrechtlicher
  - Definition § 82 N. 34–35
  - Ermessensspielraum § 83 N. 9
  - Voraussetzungen § 82 N. 36
  - culpa in contrahendo § 82 N. 40
  - Willensmängel § 50 N. 29; § 82 N. 37, 39
  - Leistungsstörungen § 82 N. 39
  - Rechtsweg: Vorbem. zu §§ 19–28 N. 33; § 19 N. 119; Vorbem. zu §§ 81–86 N. 4–6; § 82 N. 32–33, **37–42**; § 89 N. 5

- und Verfügung: Vorbem. zu §§ 4–31 N. 15; § 19 N. 12; Vorbem. zu §§ 81–86 N. 3; § 82 N. 36

siehe auch Expropriationsvertrag; Erschliessungsvertrag; Submission: Vergabevertrag

Vertrauensschutz Vorbem. zu §§ 19–28 N. 22; siehe auch Treu und Glauben
Vertreter
- berufsmässiger § 34 N. 3; siehe auch Rechtsanwalt
- gemeinsamer § 6a N. 3–8; § 70 N. 4
- gesetzlicher § 21 N. 13, 15; § 23 N. 6; § 56 N. 8–9
- inländischer § 6b N. 1–4; § 10 N. 34; § 15 N. 23; § 70 N. 4
- Laie § 10 N. 24; § 16 N. 44; § 17 N. 11
- rechtskundiger, höhere Anforderungen § 6 N. 42; § 10 N. 51–52; § 12 N. 14; § 16 N. 42; § 22 N. 7; § 23 N. 3, 5, 12, 16, 21, 27; § 28 N. 15; § 56 N. 8
- unentgeltlicher § 16 N. 44–51; siehe auch Unentgeltlicher Rechtsbeistand
- entschädigungsberechtigte Parteikosten § 17 N. 11, 16, 27, 43
- Kostenauflage § 13 N. 22; § 53 N. 14
- Offenlegung von Vertretungsverhältnissen § 21 N. 15, 106; § 22 N. 10; § 23 N. 6, 17
- vor der Ombudsperson § 91 N. 3
- Recht auf § 8 N. 56; § 20 N. 15; § 21 N. 15; § 50 N. 102
- Säumnis § 12 N. 16
- Teilnahme am Augenschein § 7 N. 47
- Vollmacht § 22 N. 16–17; § 23 N. 6, 25, 28; § 53 N. 11–12, 14; § 54 N. 13; § 56 N. 8–9; § 83 N. 2, 22, 30
- Zustellung an § 10 N. 24

Verursacherprinzip § 13 N. 14, 20–22; § 17 N. 33–34, 49; § 30 N. 31
Verwaltungsbehörde
- im Sinn des VRG § 4 N. **4–6**; § 42 N. 1; § 89 N. 7
- Parteifähigkeit/Rekurslegitimation 21 N. 12, 75

siehe auch Verfügende Behörde, Vorinstanz, Zuständigkeit; Unbefangenheit, Zusammensetzung

Verwaltungsbeschwerde im Bund § 13 N. 38; Vorbem. zu §§ 19–28 N. 49; § 19 N. 47; § 21 N. 18, 43, 51; § 23 N. 22; **§ 42**; § 48 N. 4
- an den Bundesrat § 42 N. 6–8
- und Verwaltungsgerichtsbeschwerde § 42 N. 3

Sachregister

Verwaltungsgericht
- Geschichte: Einleitung N. 11, 18, 22, 24
- Bestand § 32 N. 1–5
- Stellung
  - Oberaufsicht des Kantonsrats: Vorbem. zu §§ 32–40 N. 2, **5–11**; § 35 N. 4–5; § 90 N. 5
  - Richterliche Unabhängigkeit § 4 N. 26; Vorbem. zu §§ 32–86 N. 2; Vorbem. zu §§ 32–40 N. 6; § 35 N. **1–4**; § 37 N. 3; § 71 N. 1
  - Verordnungskompetenz: Einleitung N. 28; § 37 N. 2; § 40 N. **1–3**
  - Voranschlag: Vorbem. zu §§ 32–40 N. 3, 8; § 87 N. 10
  - Stellenplan § 32 N. 5; § 36 N. 5
- Sitz § 32 N. 6
- Organisation im Allgemeinen: Vorbem. zu §§ 32–86 N. 2; § 36; **§ 39**; § 71 N. 2; § 73 N. 8
  - Gesamtgericht § 39 N. 1–3; § 40 N. 3
  - Pressesprecher § 40 N. 16
  - Zentralkanzlei § 39 N. **4–6**
  siehe auch Verwaltungskommission, Präsident, Vizepräsident, Generalsekretär
- Organisation der Rechtsprechung § 38 N. 1, 12–13; § 71 N. 4
  - Besetzung § 38 N. 2–11
  - Stimmzwang § 39 N. 2
  - Verfahren/Geschäftsgang § 38 N. 14–20
  siehe auch Abteilung, Einzelrichter
- Mitglieder: siehe Verwaltungsrichter
- Personal
  - Disziplinarrecht § 76 N. 1, 13; § 80d N. 4
  siehe auch Juristische Sekretäre, Kanzleipersonal
- Zuständigkeit: siehe dort
- Zuständigkeitskonflikte § 1 N. 39

Verwaltungsgerichtsbarkeit
- nachträgliche: siehe Beschwerde, allgemeine; Disziplinarrekurs, personalrechtliche Beschwerde, Rechtsverweigerungs- und Rechtsverzögerungsbeschwerde, Rekurs in vermögensrechtlichen Enteignungsstreitigkeiten, steuerrechtliches Verfahren: Steuerbeschwerde, Steuerrekurs; Verwaltungsgerichtsbeschwerde
- ursprüngliche: siehe Klage, personalrechtliche Klage

Verwaltungsgerichtsbeschwerde an das Bundesgericht
- und Beschwerde an das Verwaltungsgericht § 42 N. 2; § 43 N. 49–51; siehe auch Verfahrenseinheit
- und staatsrechtliche Beschwerde § 65 N. 9–10
- und Verwaltungsbeschwerde § 42 N. 3
- Anfechtungsobjekte
  - Entscheide des Verwaltungsgerichts § 42 N. 2; § 65 N. 9–10
  - Rechtsverweigerung/Rechtsverzögerung: Vorbem. zu §§ 19–28 N. 49
  - Rückweisungsentscheide § 48 N. 18; § 64 N. 9
  - Zwischenentscheide § 56 N. 11, **13**
- Zuständigkeit, Beispiele § 13 N. 38; § 16 N. 20; § 42 N. 8; § 43 N. 38–39; § 73 N. 4; Vorbem. zu §§ 74–80d N. 10; § 82 N. 7–9
- Negativkatalog von Art. 99 ff. OG § 43 N. **1**, **3–5**, 9, 14, 16, 21, 23–25, 33–37, 45, 56
- Legitimation § 21 N. 42, 51, 80–84; § 65 N. 4
- Kognition § 51 N. 1
- aufschiebende Wirkung § 66 N. 5

Verwaltungskommission
- gerichtsübergreifende: Vorbem. zu §§ 32–40 N. 3; siehe auch Justizverwaltung
- des Obergerichts § 90 N. 7
- des Verwaltungsgerichts § 16 N. 51; § 39 N. 1, **3**

Verwaltungskontrolle Einleitung N. 8; § 1 N. 7
siehe auch Aufsicht, Ombudsperson, Verwaltungsgerichtsbarkeit

Verwaltungsleistungen, Verweigerung von § 30 N. 4, 45

Verwaltungsrecht
- Abgrenzung materielles Verwaltungsrecht/Verwaltungsverfahrensrecht: Vorbem. zu §§ 4–31 N. 6–7
- Abgrenzung Verwaltungsrecht des Bundes/des Kantons § 41 N. 4; § 65 N. **10**
  - gemischtrechtliche Verfügungen § 42 N. 1; § 43 N. 51; § 65 N. 10
- Abgrenzung zum Strafrecht: Einleitung N. 17; § 1 N. **25–29**; § 4 N. 8; § 41 N. 3; § 43 N. 2, 21–22

Verwaltungsrechtliche Klage siehe Klage
- im Bund § 42 N. 2

Verwaltungsrichter
- Amtsdauer § 33 N. 4
- Ausstand § 5a N. 25; Vorbem. zu §§ 32–40 N. 8; § 34 N. 11; § 53 N. 15; § 70 N. 4; § 71 N. 1, 5
- Besoldung § 37
- Ersatzmitglieder § 32 N. 4; § 33; § 34 N. 10; § 34a N. 4; § 37; § 38 N. 12; § 39 N. 2

Sachregister

- Offenlegung von Interessenbindungen § 34a
- teilamtliche § 32 N. 1–3; § 34 N. 4–5, 8; § 38 N. 12; § 39 N. 2
- Unvereinbarkeit: Vorbem. zu §§ 32–40 N. 8; § 34
- Verantwortlichkeit: Vorbem. zu §§ 32–40 N. 9–12
- Wahl § 33 N. 2
- Wählbarkeit § 33 N. 1; § 34 N. 9

Verwaltungsstrafe/-strafrecht § 30 N. 32–33, 36–37

Verwaltungsverfahren
- nichtstreitiges im Allgemeinen: Vorbem. zu §§ 4–31 N. 1, 3–5
  - Einleitung als Zwischenverfügung § 19 N. 65
  - Parteibegriff § 21 N. 102–103
  - Kosten/Parteientschädigung § 13 N. 12; § 17 N. 22
  - unentgeltliche Rechtspflege § 16 N. 6, 42
  - Untersuchungsmaxime § 7 N. 11
  - reformatio in peius vel in melius § 7 N. 3, 86
- streitiges im Allgemeinen: Vorbem. zu §§ 4–31 N. 1, 3–5
- und Dienstaufsicht: Vorbem. zu §§ 19–28 N. 89–90

Verwaltungsverfahrensgesetz des Bundes, Geltungsbereich § 4 N. 13–14; § 6 N. 2; § 25 N. 4; § 48 N. 41

Verwaltungsverfahrensrecht, Abgrenzung zum materiellen Verwaltungsrecht: Vorbem. zu §§ 4–31 N. 6–7

Verwaltungsverordnung siehe Dienstanweisung

Verwirkung
- von Ansprüchen § 83 N. 5
- der Legitimation § 10 N. **11**; § 10a N. 16; § 21 N. 27, 40, 111; § 22 N. 10
- des rechtlichen Gehörs § 8 N. 26

Verwirkungsfrist § 12 N. 5; § 22 N. 4; § 86b N. 9

Verzicht
- auf Anspruch: Vorbem. zu §§ 19–28 N. 67; § 83 N. 11; § 85 N. 7
- auf Begründung/Rechtsmittelbelehrung § 10a; § 28 N. 4
- auf Einsprache gegen Erteilung des Enteignungsrechts § 52 N. 13
- auf rechtliches Gehör § 8 N. 43, 54, 65; § 26 N. 18; § 61 N. 4
- auf Rechtsmittel: siehe Rechtsmittelverzicht
- auf Verfahrensbeteiligung § 21 N. 112; § 27 N. 17

- auf Verfahrensgarantien der EMRK § 43 N. 54; § 59 N. 7; § 62 N. 5; § 80a N. 7

Verzinsung
- nicht Kostenvorschuss § 15 N. 12; § 40 N. 8
- im Strassenrecht § 1 N. 23
- Verfahrenskosten § 13 N. 40–41

Verzugszins § 13 N. 40–41; § 40 N. 8; § 73 N. 7; § 83 N. 8, 28

Viehversicherung § 82 N. 14–15

Vizepräsident des Verwaltungsgerichts § 36 N. 2–3; § 38 N. 12; § 39 N. 2–3

Vollmacht § 22 N. 16–17; § 23 N. 6, 25, 28; § 53 N. 11–12, 14; § 54 N. 13; § 56 N. 8–9; § 83 N. 2, 22, 30

Vollstreckbarkeit
- im Allgemeinen: Vorbem. zu §§ 4–31 N. 16; Vorbem. zu §§ 19–28 N. 7; § 25 N. 1, 6; Vorbem. zu §§ 29–31 N. 1; § 30 N. 7, 12; § 55 N. 3; § 86c N. 6
- Beschwerdeentscheide § 65 N. 5; § 66 N. 5–6
- Klageurteile § 83 N. 6; § 86 N. 2

Vollstreckung: Vorbem. zu §§ 29–31; §§ 29–31
- Allgemeines/Voraussetzungen: Vorbem. zu §§ 29–31; § 30 N. 6–11
- Zuständigkeit § 29; § 66 N. 6; § 70 N. 4
- Befugnisse der ausführenden Behörde § 30 N. 6, 12, 14, 41; Vorbem. zu §§ 86a–86d N. 16
- Säumnis der Behörde § 29 N. 2, 4; § 30 N. 6
- rechtliches Gehör § 8 N. 46
- von Kostenentscheiden § 13 N. 42
- antizipierte § 30 N. 21, 24; § 31 N. **3**
siehe auch Vollstreckbarkeit, Vollstreckungskosten, -verfahren, -verfügung; Zwangsmittel; Administrative Rechtsnachteile, Ersatzvornahme, Schuldbetreibung, Strafe, Unmittelbarer Zwang; Zwangsandrohung

Vollstreckungsanweisung § 28 N. 9; § 29 N. 2

Vollstreckungskosten
- Bezug § 29 N. 3
- Anfechtung § 30 N. 60
- Verjährung § 30 N. 11
- der Ersatzvornahme § 30 N. 23–27
- des unmittelbaren Zwangs § 30 N. 31

Vollstreckungsmittel siehe Zwangsmittel; Ersatzvornahme, Schuldbetreibung, Strafe, Unmittelbarer Zwang

Vollstreckungstitel § 13 N. 42; § 19 N. 123; § 28 N. 24, 26; § 30 N. 7; § 83 N. 11; siehe auch Rechtsöffnung

937

Sachregister

Vollstreckungsverfahren § 19 N. 67; Vorbem. zu §§ 29–31 N. 2–3
Vollstreckungsverfügung
– im Allgemeinen § 19 N. 67, 99; Vorbem. zu §§ 29–31 N. 2, 4; § 30 N. 18
– und Sachverfügung § 19 N. 67; Vorbem. zu §§ 29–31 N. 2
– Adressat: Vorbem. zu §§ 29–31 N. 6, 56
– Anfechtung § 19 N. 67; § 21 N. 69; Vorbem. zu §§ 29–31 N. 4; § 30 N. 57–62; § 31 N. 4; Vorbem. zu §§ 41–71 N. 3; § 43 N. 56
– wegen Mängeln der Sachverfügung § 30 N. 58
– des Unterlassens der Vollstreckung § 30 N. 6
– vor Verwaltungsgericht § 30 N. 60
Vollzug siehe Straf- und Massnahmenvollzug, Vollstreckung
Vollzugsföderalismus § 4 N. 10; § 90 N. 17–18
Vollzugsmeldung § 29 N. 2
Vorbefassung § 5a N. 12–14
Vorbescheid § 19 N. 13
Vorbeugender Rechtsschutz § 6 N. 4
Vorentscheid § 19 N. 53–56; § 28 N. 6
– Anfechtung § 19 N. 54; § 43 N. 56; § 48 N. 10–15, 20
– baurechtlicher § 19 N. 53, 56, 58
– und Feststellungsentscheid § 19 N. 53, 56, 58
– informeller § 20 N. 37
– ohne Drittverbindlichkeit § 50 N. 137
– und Prozessökonomie § 19 N. 53–54; § 48 N. 12
– Rückweisungsentscheid § 28 N. 40; § 48 N. 16
– steuerrechtlicher § 19 N. 56
– und Teilentscheid § 19 N. 53; § 48 N. 10
Vorfragen aus andern Rechtsgebieten § 1 N. 30–36; Vorbem. zu §§ 4–31 N. 29
Vorinstanz
– Parteistellung/Legitimation: Vorbem. zu §§ 4–31 N. 22; § 21 N. 75, 99, 105; § 27 N. 18
– Vernehmlassung § 26 N. 13–14, 18; § 58 N. 8; § 70 N. 4
– Kostenpflicht § 13 N. 26
– des Verwaltungsgerichts im Beschwerdeverfahren § 21 N. 105; § 26 N. 13–14; Vorbem. zu §§ 41–71 N. 7; § 41 N. 22, 24–47
– Einbezug ins Verfahren § 58 N. 4
– bei der personalrechtlichen Beschwerde § 43 N. 42; § 74 N. **14–18**

– beim Disziplinarrekurs § 43 N. 42; § 76 N. 13
siehe auch Verfügende Behörde, Instanzenzug; Rückweisung, Neuentscheid
Vorkaufsrecht § 82 N. 23–24, 27
Vormundschaftsbehörden § 2 N. 4; § 90 N. 17–19
Vormundschaftsbeschwerde § 21 N. 98; § 22 N. 27; § 25 N. 40; § 41 N. 45
Vormundschaftsrecht § 1 N. 3; § 41 N. 3
Vorprüfungsverfahren § 26 N. 3–4; § 56 N. 6–9; § 70 N. 6; § 86 N. 2
Vorsitzender siehe Präsident
Vorsorgliche Massnahmen § 4 N. 16; § 6
– Allgemeines § 6 N. 1–8
– Abgrenzung zur aufschiebenden Wirkung § 6 N. **3**; § 25 N. **3**, 7, 9; § 55 N. 5
– Voraussetzungen § 6 N. 9–11
– gesetzliche Grundlage § 6 N. 4
– Beweisgrad § 7 N. 7
– Arten/Inhalt § 6 N. 13–15
– superprovisorische § 6 N. 23
– Antragsberechtigung/Anspruch § 6 N. 18
– rechtliches Gehör § 6 N. 23; § 8 N. 45; § 55 N. 6
– Zuständigkeit § 6 N. **19–22**; § 26a N. 7; § 28 N. 34
– Kostenvorschuss § 15 N. 32
– Eröffnung § 6 N. 24–27
– Rechtsbeständigkeit § 6 N. 28–33
– Verantwortlichkeit § 6 N. 39–42
– Anfechtung § 6 N. 32–34; § 50 N. 89; § 56 N. 13
– Dahinfallen § 6 N. 31
– im Rechtsmittelverfahren § 6 N. 35–38
– vor Verwaltungsgericht § 6 N. 12; § 70 N. 4; § 86 N. 3
– im Revisionsverfahren § 86c N. 6
Vorsorgliche Rechtsmittelerhebung § 11 N. 15; § 12 N. 7; § 22 N. 9
Vorwirkung
– negative: Vorbem. zu §§ 4–31 N. 29; § 6 N. **16**; § 20 N. 53; § 30 N. 48
– positive § 6 N. 16

W

Waffengleichheit § 4 N. 25; § 7 N. **63**; Vorbem. zu §§ 19–28 N. 70, **80**; § 21 N. 14; § 50 N. 51
Waffentragschein § 50 N. 91
Wählbarkeit
– Ombudsperson § 87 N. 2

Sachregister

- Verwaltungsrichter § 33 N. 1; § 34 N. 9
Wählbarkeitszeugnis § 21 N. 32; § 76 N. 5
Wahl
- Ombudsperson § 87 N. 1
- Schätzungskommissionen § 19 N. 87; Vorbem. zu §§ 32–40 N. 4; § 39 N. **2**
- Verwaltungsgericht § 33 N. 2

Wahlen und Abstimmungen siehe Stimmrecht

Wasserkräfte, Bundesgesetz über die Nutzbarmachung § 19 N. 33; § 82 N. 6–13
Wasserversorgung § 1 N. 23
Wasserwirtschaftsgesetz § 82 N. 7, 11–13
Wegrecht § 1 N. 22–23; § 21 N. 31
Wehrpflichtersatzabgabe § 43 N. 38
Weisung siehe Dienstanweisung
Weiterleitung § 19 N. 65
Weiterleitungspflicht § 4 N. 16; § 5 N. **32–37**; § 10 N. 53; § 10a N. 16; Vorbem. zu §§ 19–28 N. 14; § 19 N. 79; § 23 N. 4; § 28 N. 11; § 70 N. 4
- an dritte Instanz § 5 N. 36
- Fristwahrung § 5 N. **37**; § 11 N. 12; § 22 N. 7, 11; § 53 N. 6

Werkplan § 19 N. 22, 74, 114; § 43 N. 13; § 82 N. 24, 26
Werkstudent § 50 N. 138
Werkträger § 81 N. 8–12; § 82 N. 23–24
Widerklage § 80b N. 3; § 83 N. 6–7
Widerruf
- von Anerkennung/Vergleich § 28 N. 25; § 63 N. 7
- des Rechtsmittelrückzugs: Vorbem. zu §§ 19–28 N. 61; § 27 N. 20; § 28 N. 15; § 63 N. 2
- des Rechtsmittelverzichts: Vorbem. zu §§ 19–28 N. 58; § 83 N. 10
- von Verfügungen § 30 N. 4, 8, 45–46; § 43 N. 56; § 50 N. 107; Vorbem. zu §§ 86a–86d N. 6–7; siehe auch Rücknahme; Administrative Rechtsnachteile
- von Staatsbeiträgen § 43 N. 7–8, 56

Wiederaufnahme des Verfahrens Vorbem. zu §§ 4–31 N. 30–31
Wiedereinbringung der Klage § 83 N. 10
Wiedererwägung
- Allgemeines: Einleitung N. 27; Vorbem. zu §§ 19–28 N. **23–28**; Vorbem. zu §§ 86a–86d N. 4, **6–9**, 18; § 86a N. 1; § 90 N. 12
- Begriff/Abgrenzungen: Vorbem. zu §§ 19–28 N. **23–24**; Vorbem. zu §§ 86a–86d N. **6–8**

- als Anerkennung § 13 N. 17; Vorbem. zu §§ 19–28 N. 28, 67; § 21 N. 105; § 28 N. 20; § 63 N. 3
- als Bestandteil des Vergleichs: Vorbem. zu §§ 19–28 N. 28; § 28 N. 16, 23, 26; § 63 N. 6–7
- Objekt § 6 N. 29; Vorbem. zu §§ 19–28 N. **23**; § 16 N. 51; Vorbem. zu §§ 86a–86d N. 4
- zuständige Instanz: Vorbem. zu §§ 19–28 N. 27; § 26 N. 22
- keine Kosten/Parteientschädigung § 13 N. 17; § 17 N. 22; Vorbem. zu §§ 19–28 N. 28
- Entscheid § 10 N. 49; § 19 N. **68**
- Anfechtung: Vorbem. zu §§ 86a–86d N. 8
- weitere Verfahrensfragen § 22 N. 7; § 27 N. 22; § 28 N. 13

Wiedererwägungsgesuch
- Form- und Fristlosigkeit: Vorbem. zu §§ 19–28 N. 25; § 22 N. 26; Vorbem. zu §§ 86a–86d N. 8
- keine aufschiebende Wirkung § 25 N. 5

Wiederherstellung von Fristen siehe Frist; Beschwerde-, Rekursfrist

Willensbildung der Behörden siehe Ausstand, Richterliche Unabhängigkeit, Unbefangenheit, Zusammensetzung

Willensmängel
- bei Prozesshandlungen: Vorbem. zu §§ 19–28 N. 61; § 48 N. 2; § 63 N. 2; § 83 N. 10; § 86a N. 4, 19
- bei verwaltungsrechtlichen Verträgen § 50 N. 29; § 82 N. 37, 39

Willensvollstrecker § 21 N. 10
Willkür § 50 N. 10, 39, 93
Wirksamkeit § 25 N. 1, 6; Vorbem. zu §§ 29–31 N. 1; § 55 N. 3
Wirtschaftsfreiheit § 50 N. 136, 141
Wohlerworbene Rechte Einleitung N. 6–7
Wohnsitz im Ausland § 6b; § 15 N. 22–23; § 70 N. 4
Wohnsitzgerichtsstand § 5 N. 16–18

Z

Zahlungsunfähigkeit § 15 N. 27–30
Zeitpunkt, massgebender
- im Verwaltungsverfahren § 7 N. 13
- im Rekursverfahren § 20 N. 47–53
  - der Sachlage § 20 N. 47–49; § 52 N. 16–17
  - der Rechtslage § 20 N. 50–53; § 52 N. 18

939

Sachregister

– im Beschwerdeverfahren vor Verwaltungsgericht § 52 N. 16–18
Zentralbibliothek § 4 N. 6; § 21 N. 11; § 89 N. 7
Zentraler Rechtsdienst § 19 N. 81; § 26a N. 1–6
Zentralkommission, römisch-katholische § 19 N. 133; § 43 N. 42; § 74 N. 14, 17; § 90 N. 3
Zeuge, Entschädigung für Vorbem. zu §§ 32–40 N. 3; § 40 N. 1; § 90 N. 6
Zeugenbeweis § 7 N. 14; § 52 N. 15; § 60 N. 5–6, 10, 13; § 61 N. 4; § 83 N. 12; § 86a N. 8, 10; § 92 N. 2
– Zeugnisverweigerungsrecht § 60 N. 6
Zins siehe Verzinsung
Zirkulationsverfahren § 38 N. 18–20
Zivilgerichte Einleitung N. 7–10; Vorbem. zu §§ 1–3; § 1 N. 1; § 2; § 19 N. 32, 34; § 41 N. 45; Vorbem. zu §§ 81–86 N. 2; § 82 N. 5, 40
Zivilprozessrecht
– analoge Anwendung: Vorbem. zu §§ 4a–17 N. 3
  – Beweisverfahren § 7 N. 55–56; Vorbem. zu §§ 32–86 N. 8; § 60 N. 6–7; § 84 N. 8
  – Bestimmungen über den Sachverständigen § 7 N. 27; § 8 N. 37
  – summarisches Verfahren § 6 N. 12
– subsidiäre Anwendung im Klageverfahren § 83 N. 1–20
– Legitimation § 21 N. 7; § 83 N. 3
– Revision: Vorbem. zu §§ 86a–86d N. 11; § 86a N. 4
Zivilrecht
– Abgrenzung zum öffentlichen Recht: siehe Öffentliches Recht
– als subsidiäres öffentliches Recht § 1 N. 21; Vorbem. zu §§ 74–80d N. 6
Zivilrechtlicher Anspruch im Sinn von Art. 6 EMRK
– keine Ermessenskontrolle § 50 N. 110
– sachlicher Geltungsbereich im Allgemeinen § 1 N. 35; § 4 N. 28–29; § 15 N. 31; § 41 N. 3, 24; § 43 N. 4, 49; § 50 N. 52; § 59 N. 6
  – Berufsausübung § 43 N. 27, 53; § 50 N. 52; § 59 N. 6; Vorbem. zu §§ 74–80d N. 9; § 74 N. 13
Zivilschutz § 43 N. 39, 52
Zivilschutzanlage § 50 N. 143
Zivilstandsamtliches Beschwerdeverfahren § 17 N. 23
Zivilstandsbehörden § 2 N. 4; § 90 N. 17

Zivilstandsregisterstreitigkeiten § 19 N. 90; § 41 N. 29
Zonenplan § 19 N. 27, 107; § 41 N. 13–14; § 43 N. 12–13; § 50 N. 9
Zufahrtsstrasse § 21 N. 36
Zufallsfund § 7 N. 53–54
Zugang zu einem Gericht, Recht auf siehe Rechtsweggarantie
Zugrecht § 19 N. 112, 121; § 81 N. 9; § 82 N. 23, 25, 27
Zulassungsbeschränkung § 43 N. 17
Zulassungsentscheid § 43 N. 17
Zurückhaltung beim Prüfungsvorgang siehe Kognitionsbeschränkung
Zusammensetzung von Behörden und Gerichten
– Anspruch auf gehörige § 5a N. 6; § 8 N. 57, 59; § 19 N. 47; § 20 N. 15; § 50 N. 102
– Anspruch auf Bekanntgabe § 5a N. 4; § 8 N. 57; § 28 N. 2
Zuschlag § 1 N. 20; § 19 N. 28–29; § 41 N. 21 siehe auch Submission
Zuständigkeit der Ombudsperson § 89 N. 7–13; § 90; § 93 N. 9
– Verwaltungsbehörden im Allgemeinen § 89 N. 7
– nicht im Rechtsmittelverfahren § 90 N. 8, 12–16
  – Rechtsverweigerung/-verzögerung § 90 N. 12, 14–15
– nicht Gemeinden/Gemeindeverbände § 89 N. 10; § 93 N. 9
– Judikative § 90 N. 4–9, 16
  – Justizverwaltung: Vorbem. zu §§ 32–40 N. 13; § 90 N. 5–9
  – Kosten/Gebühren § 90 N. 6–7, 9
  – Rechtsverweigerung/-verzögerung: Vorbem. zu §§ 32–40 N. 13; § 90 N. 5, 8
– nicht Legislative § 90 N. 2–3
– öffentlichrechtliche Anstalten § 89 N. 8
– ausgelagerte/privatisierte Verwaltungsabteilungen § 89 N. 12
– bei Amtspflichtverletzung § 90 N. 15
– nicht im Rechtsetzungsverfahren § 90 N. 10–11
– keine bundesrechtlichen Schranken § 90 N. 17–19
Zuständigkeit der Verwaltungsbehörden
– allgemein: Vorbem. zu §§ 1–3; §§ 1–3; § 5 N. 1–31; Vorbem. zu §§ 19–28 N. 91–92
– funktionelle § 5 N. 20–22, 30; siehe auch Instanzenzug
– Revision § 86b N. 5–7; § 86d N. 5; Art. XV N. 4

Sachregister

- örtliche § 5 N. **13–19**, 29
- perpetuatio fori: Vorbem. zu §§ 4–31 N. 25; § 5 N. 4; Vorbem. zu §§ 19–28 N. 95; § 28 N. 11
- sachliche § 5 N. **5–12**, 30
- Prüfung von Amtes wegen § 1 N. 37; § 5 N. 3
- Anfechtung des Zuständigkeitsentscheids § 5 N. 27; § 19 N. 47
- Ausnahme wegen Ausstands § 5a N. 28
- Folgen der Unzuständigkeit § 5 N. 28–31
- rechtswidrige Unzuständigkeitserklärung § 50 N. 104
- intertemporales Recht Art. XV N. 2–4

Zuständigkeit des Verwaltungsgerichts
- Allgemeines: Vorbem. zu §§ 1–3; §§ 1–3; § 5 N. 1–31; Vorbem. zu §§ 32–86 N. 3–5; § 56 N. 9; § 70 N. 4
- als Beschwerdeinstanz
    - örtliche § 41 N. 2
    - sachliche/funktionelle: Vorbem. zu §§ 32–86 N. 3–5; Vorbem. zu §§ 41–71 N. 3, 6–7; **§§ 41–43**; § 82 N. 7; siehe auch Instanzenzug, Vorinstanz
        - Generalklausel: Vorbem. zu §§ 32–86 N. 5; Vorbem. zu §§ 41–71 N. 3; § 41 N. 1
        - Ausnahmen/Einschränkungen: Vorbem. zu §§ 41–71 N. 3; § 41 N. 2, 41–47
            - fehlende Zuständigkeit in der Hauptsache § 13 N. 37; § 17 N. 9; § 30 N. 60; § 43 N. **2, 55**; § 48 N. **20**
            - Ausschluss durch Negativkatalog § 43 N. 1–48, 55–58
                - «unechte» Ausnahmen § 43 N. 2, 55–58
                - auch in Bezug auf Verfahrensmängel § 43 N. 20, 57
            - Gegenausnahmen § 43 N. 4, 12–13, 49–54
- als Disziplinargericht: siehe Disziplinarrekurs
- als einzige Instanz: siehe Klage, personalrechtliche Klage
- als einzige Rechtsmittelinstanz § 19 N. 90; § 19a; § 41 N. 21–23, 29–30; § 72 N. 6
- als Personalgericht: siehe personalrechtliche Beschwerde, personalrechtliche Klage
- als Rekursinstanz in Enteignungssachen: Vorbem. zu §§ 32–40 N. 4; Vorbem. zu §§ 41–71 N. 7; § 41 N. 26, 38–40; Vorbem. zu §§ 81–86 N. 4, 8; § 82 N. 19–22, 27
- in Steuersachen: siehe Steuerrechtliches Verfahren
- als Wahl- und Aufsichtsorgan der Schätzungskommissionen § 19 N. 87; Vorbem. zu §§ 32–40 N. 4; § 39 N. 2–3
- intertemporales Recht Art. XV N. 2–4

Zuständigkeitskonflikt
- allgemein § 1 N. 38–40
- Meinungsaustausch § 1 N. 40; § 5 N. 24, 33
- Verfahren/Zuständigkeit § 1 N. 39; § 5 N. 23–27; Vorbem. zu §§ 81–86 N. 5
- Kostenverlegung § 13 N. 23
- und Zuständigkeit zum Erlass vorsorglicher Massnahmen § 6 N. 19

Zustellung
- von Akten zur Einsicht § 8 N. 13, 71–72; § 26 N. 40; § 50 N. 44
- des baurechtlichen Entscheids nach §§ 315 f. PBG § 8 N. 8; § 10 N. **11–12**; § 21 N. 15, 27, 40, 90, 103, 106, 111; § 22 N. 10; § 26 N. 16
- der Rekurs-/Beschwerdeantwort § 8 N. 14, 28
- von Verfügungen und Entscheiden § 10 N. 3, **20–35**
    - Arten/Modalitäten § 10 N. 22–23, 27, 30–31; siehe auch Amtliche Veröffentlichung
    - Adressat § 10 N. 24–25
        - Obliegenheiten § 10 N. 28–30
    - Annahmeverweigerung § 10 N. 28–30, 61
    - Beweislast § 10 N. 22; § 11 N. 3; § 22 N. 8
    - Rechtswirkungen § 10 N. 26; Vorbem. zu §§ 19–28 N. 59; § 21 N. 16; § 22 N. 5; § 53 N. 3
- ins Ausland § 6b N. 2; § 10 N. 34
- fingierte § 10 N. 27, 60
- mehrmalige § 10 N. 33
- tatsächlich unmögliche § 10 N. 58
- von Allgemeinverfügungen § 10 N. 35
- des Beschwerdeentscheids § 65 N. 4–5; § 71 N. 4
- von Zwischenentscheiden § 10 N. 20

siehe auch Mitteilung

Zustellungsdomizil
- gemeinsames § 6a N. 3–6, 8; § 70 N. 4
- schweizerisches § 6b N. 1–3; § 10 N. 34; § 15 N. 23; § 70 N. 4

Zwangsandrohung § 6a N. 8; Vorbem. zu §§ 29–31 N. 2; § 30 N. 10, 18, 49; **§ 31**
- anzusetzende Frist § 31 N. 5
- Anfechtung § 31 N. 4; § 48 N. 21
- der Ungehorsamsstrafe § 30 N. 37–39, 50

Sachregister

Zwangsmittel
– exekutorische/repressive § 30 N. 1–3, 8–9, 32–33
– Voraussetzungen § 30 N. 8–10; siehe auch Zwangsandrohung
– Rangfolge § 30 N. 37–38, 49–50
– Kumulation § 30 N. 51
siehe auch Administrative Rechtsnachteile, Ersatzvornahme, Schuldbetreibung, Strafe, Unmittelbarer Zwang; Vollstreckung, Vollstreckungsverfahren, -verfügung

Zweistufentheorie § 19 N. 12, 28

Zweiter Rechtsgang siehe Neuentscheid, Rückweisung; Streitgegenstand

Zweiter Schriftenwechsel
– und rechtliches Gehör § 8 N. 14, 28
– Rekursverfahren § 23 N. 31; § 26 N. 32–41; § 26a N. 6
– Noven § 23 N. 15, 22
– Beschwerdeverfahren § 54 N. 5; § 58 N. 9–13; § 70 N. 6

– Klageverfahren § 83 N. 31; § 84 N. 5, 7
– Revision § 86c N. 8

Zwischenentscheid
– im Allgemeinen § 19 N. 46–52
– rechtliches Gehör § 8 N. 47
– Form § 10 N. 17
– Begründung § 10a N. 5
– Kosten § 13 N. 29, 39; § 19 N. 52
– Zustellung § 10 N. 20
– Anfechtung § 19 N. 47–52; § 43 N. 55–56; § 48 N. 4–9, 20, 23; § 56 N. 11–13
– Nachteil als Voraussetzung § 19 N. 47–51; § 48 N. 4, 6–7; § 56 N. 11–13
– Frist § 6 N. 34; § 19 N. 52; § 22 N. 3
– Obliegenheit zur sofortigen Anfechtung § 19 N. 47; § 48 N. 9
– Verweigerung: Vorbem. zu §§ 19–28 N. 52
– Rückweisungsentscheid § 28 N. 40; § 48 N. 16